简明国际百科全书 名誉主编 李铁映 主编 滕藤

简明西欧百科全书

《简明西欧百科全书》编委会 主编

Concise Western Europe Encyclopedia

中国社会科学出版社

图书在版编目（CIP）数据

简明西欧百科全书/《简明西欧百科全书》编委会主编．—北京：中国社会科学出版社，2019.9
ISBN 978－7－5203－3982－7

Ⅰ．①简…　Ⅱ．①简…　Ⅲ．①西欧－概况－通俗读物　Ⅳ．①K956－49

中国版本图书馆 CIP 数据核字（2019）第 013175 号

出 版 人　赵剑英
责任编辑　赵　丽
责任校对　韩天炜
责任印制　王　超

出　　版　中国社会科学出版社
社　　址　北京鼓楼西大街甲 158 号
邮　　编　100720
网　　址　http：//www.csspw.cn
发 行 部　010－84083685
门 市 部　010－84029450
经　　销　新华书店及其他书店

印刷装订　北京君升印刷有限公司
版　　次　2019 年 9 月第 1 版
印　　次　2019 年 9 月第 1 次印刷

开　　本　787×1092　1/16
印　　张　78
字　　数　2354 千字
定　　价　298.00 元

冰岛冰湖

比萨斜塔

冰岛黄金圈 Kerid 火山口

法国马赛港

丹麦哥本哈根新港

德国新天鹅堡

法国阿维尼翁断桥

德国乡村

英国伦敦大本钟

摩纳哥

丹麦国家历史博物馆

丹麦奥胡斯

阿姆斯特丹街景

荷兰羊角村

瑞士日内瓦湖畔

瑞士日内瓦大学孔子学院

巴塞罗那圣心教堂

瑞士山色

瑞士少女峰鸟瞰

罗马斗兽场

意大利庞贝古城

法国图卢兹

荷兰莱顿大学

意大利威尼斯

挪威首都奥斯陆海边

挪威峡湾沿途小镇

挪威峡湾沿途

英国剑桥大学

挪威峡湾沿途小镇

瑞典斯德哥尔摩街景

法国安纳西小镇

芬兰赫尔辛基教堂

瑞典国会大厦

《简明国际百科全书》

总 编 委 会

《简明西欧百科全书》

学术委员会名单

编委会名单

总　　序

李铁映

在21世纪的今天，认真审视人类在20世纪所经历的一些重大事件，以史为鉴，以史为师，有助于我们在未来前进的道路上保持清醒的头脑。

在过去的100年间，世界上发生了许多重大的事件，对人类社会进程产生了或将要产生深刻的影响。

两次世界大战给人类带来了深重的灾难。由于帝国主义国家发展的不平衡性和它们之间矛盾的不可调和性，它们为争夺世界霸权、重新瓜分世界而进行的斗争，酿成了20世纪初期和中期的两次世界大战。这两次战争造成了1亿多人的死亡和伤残、数万亿美元的财产损失。同时，战争也削弱了帝国主义的力量，增强了和平、民主的力量。要和平，求发展，已成为世界人民的共同心声。

社会主义制度的建立,开创了人类历史的新纪元。第一次世界大战后期,十月社会主义革命首先在帝国主义链条的薄弱环节——俄国——取得胜利。从此,人类历史上出现了一种崭新的社会制度。第二次世界大战以后,又有一批国家走上社会主义道路,社会主义成了一支令帝国主义感到威胁的力量。尽管社会主义在某些国家遭受挫折,但是社会主义终将代替资本主义的总趋势是不会改变的。

殖民体系瓦解，一大批殖民地国家走上独立发展的道路。在社会主义运动的鼓舞下，亚洲、非洲、拉丁美洲的殖民地、半殖民地国家的人民，为争取民族独立和解放开展了英勇的斗争并且取得了胜利，汇成了20世纪中期又一股革命洪流。获得独立和新生的发展中国家，克服重重困难，发展民族经济，积极参与国际生活，已经成为争取建立公正合理的国际政治经济新秩序、推进和平与发展事业的重要力量。

经济和科技的发展,特别是信息技术的应用和传播,极大地推动了经济全球化的进程,给世界经济、政治和社会生活带来深刻变化。如何利用经济全球化带来的历史性机遇,应对经济全球化提出的挑战,已经成为世界各国特别是发展中国家必须认真研究的、关乎国家命运和前途的重大课题。

我国对国际问题的研究已有很长的历史，尤其是在近40年改革开放期间，取得了很大的成绩，科研成果累累，著译作品难于计数，其中不乏优秀之作。然而，在国内外有较大影响的高层次学术专著和全面、系统地介绍各国、各地区、各国际组织和国际事件的大型基础性科学著作尚不多见。基于这种情况，为了适应我国社会主义现代化建设对借鉴国际先进经验和理论、避免别国走过的弯路的需要，在国家编制“八五”出版计划和十年科研规划时，我们提出组织编纂出版多卷本《简明国际百科全书》的计划。这个计划得到国家新闻出版署批准，这套《全书》被列入“八五”、“九五”计划期间国家《重点图书选题、出版计划》。中国社会科学院将这套《全书》列为重点研究项目。这套《全书》包括：

《简明东亚百科全书》（上下卷）

《简明南亚中亚百科全书》

《简明西亚北非百科全书》（中东）

《简明非洲百科全书》（撒哈拉以南）

《简明东欧百科全书》

《简明西欧百科全书》

《简明北美百科全书》（美国 加拿大）

《简明拉丁美洲百科全书》（含加勒比地区）

《简明大洋洲百科全书》（澳大利亚 新西兰 太平洋岛国）

《简明国际组织百科全书》

在编写过程中，我们力图以马克思列宁主义、毛泽东思想、邓小平理论为指导，全面、客观、准确地反映各国、各地区、各国际组织和重大国际事件的历史、现状和特点，使这套《全书》成为可信赖的科学著作和工具书。这个目的是否达到，还有待时间的检验和读者的评判。

这套《全书》由中国社会科学院主持，院属各国际问题研究所组织编写，院内外近300位专家、学者参与了这一工作。可以说，这套《全书》是院内外国际问题专家、学者团结协作、辛勤劳动的结晶。借《全书》出版之机，我对他们表示衷心的谢意！

序

《简明西欧百科全书》是国家新闻出版署确定的“八五”期间重点选题、出版项目和中国社会科学院确定的重点项目——《简明国际百科全书》大型套书的子项目。它是我国编撰出版的第一部全面、系统、客观地阐述西欧各个领域历史和现状以及未来发展的重要科学著作和工具书。

本书的“西欧”概念基本沿用冷战时期的东、西欧的分界，即囊括了除原苏联东欧社会主义国家阵营外的所有欧洲国家，它们是：英国、法国、德国、意大利、荷兰、比利时、卢森堡、爱尔兰、奥地利、瑞士、西班牙、葡萄牙、希腊、瑞典、丹麦、挪威、芬兰、冰岛、安道尔、梵蒂冈、列支敦士登、马耳他、摩纳哥、圣马力诺，共 24 个国家。

西欧地区是当代资本主义的发源地，也是西方文明的发源地，对世界历史的发展有着重要的影响，并在当今国际政治和世界经济的舞台上继续发挥着举足轻重的作用。欧洲与世界其他各洲相比，国家众多，历史文化内涵丰厚，具有十分显著的特点。要将这一地区在今天的发展状况写成一部“百科”，既要写出其诸多共性，亦应有各个国家之许多特性，难度很大，工作量十分繁重。为此，本书分为上下两部。上部为西欧地区各个方面情况的综合，即：自然环境、人文环境及历史、政治、经济、社会、国际关系等，力求写出西欧地区的整体特征。下部为欧洲联盟和 24 国的分别概述；力求写出欧盟及西欧各国的基本概况和各自的特点。其中各国因国家大小、资料多寡而篇幅各不相等。我们认为，按照这样的体例，基本上可以为读者提供一部了解西欧这一地区有关知识的工具书。本着“厚今薄古”的原则，我们在介绍当代西欧的发展时，也简要地概述了西欧地区及 24 国有关问题的历史背景。

本书 1997 年立项。作为中国社会科学院欧洲研究所的集体项目，原由中国社会科学院欧洲研究所副所长周荣耀教授主持；周荣耀教授调任中国社会科学院世界历史研究所副所长后，改由中国欧洲学会副会长（原中国社会科学院欧洲研究所编辑部主任、《欧洲》杂志副主编）沈雁南教授主持。在通读初稿的基础上，对全书体例作了调整和细化，并请各位作者作了大量的补充修改工作，终于完成了现在读者所看到的《简明欧洲百科全书》。

本书各卷的作者为：

前　言　沈雁南

第一部分　地区综合

第一编　概述——邝杨、龚丽娟、杨解朴、刘立群、杨筱

第二编　西欧简史——杨光明、马胜利

第三编　政治与法律制度——陈志瑞

第四编　西欧经济与社会——马文增、田德文

第五编　西欧科学、教育和文化——张敏、喻帅、何明明

第六编　西欧军事和安全——吴学永、赵刚箴

第七编　西欧国际关系——刘作奎、江时学、赵俊杰、孔田平、赵晨、潘琪昌、王振华、肖元恺、胡宁、李靖堃、宋晓敏

第八编　欧洲联盟——吴弦、王晓晔、周牧

第二部分　各国概况

英国——王振华、胡康大

爱尔兰——王振华、贵琳

法国——吴国庆

德国——吕耀坤、苏惠民、龚荷花、冯中林

意大利——罗红波、徐映

荷兰——施辉业、赵柯

比利时——王平贞、赵俊杰、张金岭

卢森堡——王平贞、赵俊杰

奥地利——杨焕勤、杨伟国

瑞士——任丁秋

西班牙——张敏

葡萄牙——杨解朴

希腊——宋晓敏

瑞典——王洁明、郭灵凤、梁光延

丹麦——张桂萍、秦爱华

挪威——卢春龙、赵柯

芬兰——王平贞

冰岛——卢春龙、李罡

安道尔——杨解朴

梵蒂冈——罗红波、徐映

列支敦士登——任丁秋

马耳他——徐映

摩纳哥——杨解朴

圣马力诺——罗红波、徐映

第三部分　文献与附录

大事记——沈雁南、钱小平

基本统计资料——钱小平

单一欧洲法令——刘绯

阿姆斯特丹条约——刘绯

本着“文责自负”的原则，各章作者对其文字及数字统计负责。

本书完稿后，本书学术委员会分别对各章进行审读，他们认真负责的工作，使本书得以在付印之前避免了更多的错误。他们的分工如下：

邝杨——自然环境

刘立群——人文环境

沈雁南——自然、人文、大事记

马胜利——西欧简史、历史人物、法国

陈志瑞——政治与法律制度
程卫东——法律
裘元伦——经济
周弘——社会保障
陈新——社保、德国、奥地利、丹麦、列支敦士登、冰岛、瑞士
刘绯、张浚——国际关系
张浚、郑广琯——军事和安全
吴弦——欧洲联盟
王振华——英国、爱尔兰
张健雄——荷比卢
顾俊礼——德国、列支敦士登
田德文——古代史及人物、奥地利、英国、爱尔兰、法国、荷兰、比利时、卢森堡、摩纳哥、瑞典、挪威
罗红波——意大利、梵蒂冈、圣马力诺
张敏——科学、教育和文化、西班牙、葡萄牙、希腊、芬兰
王鹤——瑞典、丹麦、挪威、芬兰、冰岛。
江时学——意大利、梵蒂冈、圣马力诺、安道尔、马尔他、统计资料

刘立群教授对学术委员审读的稿件进行了核对，沈雁南教授最后定稿。

本书的图片资料由牟薇同志负责采集，她的辛勤工作亦使本书大为增色。

特别需要指出的是，中国社会科学院欧洲研究所前所长裘元伦教授在任期间，对本书的工作给予了极大的支持，除了担任本书学术委员会主任之职外，还在繁忙的工作中亲自审读部分稿件。现任所长周弘博士、副所长郑秉文教授、罗红波教授和所长助理刘立群教授也对本书编写工作给予了支持。

本书是中国社会科学院欧洲研究所的集体成果，从提纲的修改讨论，到图书资料的采集整理，从与所外作者的联系，到初稿的打印复印，无不体现了该所研究室、图书室、行政办公室及编辑部同人之间的团结协作精神。

特别需要感谢的是中国社会科学出版社刘颖编审。他自本书立项之日起便对此项工作给予了极大的、热情的关注，不仅担任了本书学术委员的工作，先后数次通读稿件，对本书的不足之处提出了十分有价值的修改意见。没有刘颖编审的大力支持和辛勤工作，本书的出版是难以想象的。

尽管我们尽了很大努力，但错误亦难避免，希望广大读者和学界同人多予批评指正。

主编：沈雁南

2002 年 12 月 31 日

前　言

我们向读者奉献的是一本关于西欧知识的简明百科全书。

西欧位于欧亚大陆西端北纬36°00和71°08之间，面积约339万平方公里。西欧三面环海，好比欧亚大陆伸出的巨大半岛，北临北冰洋，西临大西洋，南临地中海。东面接欧亚大陆，与俄罗斯、波兰、捷克、斯洛伐克、匈牙利、保加利亚、斯洛文尼亚、阿尔巴尼亚、南斯拉夫、马其顿等国家相邻。西欧海岸线漫长而弯曲复杂，岛屿众多，内陆最深处距海岸线不超过400公里，水陆交通便利，这对西欧社会经济的发展有着非常重要的作用。

西欧共有24个国家，它们是：英国、爱尔兰、法国、荷兰、比利时、卢森堡、马耳他、德国、奥地利、瑞士、意大利、西班牙、葡萄牙、希腊、列支敦士登、摩纳哥、圣马力诺、梵蒂冈、安道尔、冰岛、丹麦、挪威、瑞典、芬兰。西欧是世界上国家最为密集的地区之一，也是经济发达国家最为集中的地区。

这片区域，我们谓之“西欧”。它既不是相对欧洲东部而言的一个简单的地理概念，也不是从冷战时期东西欧分裂而来的政治概念；它更是一种文明的概念。西欧是“欧洲文明”的发源地。今日“欧洲”的概念是从西欧这块土地诞生后一步一步地扩张而来的。东西欧的概念最早可以追溯到公元4世纪到10世纪的这一时期。在基督教文明不断扩张的过程中，先是罗马帝国于公元395年分裂为东西两个部分，随后教会也分裂成东西两大教派，并于1054年正式分裂。自此以后，东西欧的分野便逐渐清晰起来，尽管其地理上犬牙交错，多有融合、分离之举（包括冷战结束后欧洲一体化的“东扩”和东欧国家“重返欧洲”的回归）。但是，作为一个包括政治、经济、文化、社会、民族、宗教等因素在内的文明概念，“西欧”具有特定的涵义，并且是明确的。

作为欧洲文明/西方文明的发祥地，西欧也是资本主义的发源地。

今天所谓的西方文明是从古代的希腊—罗马文明和基督教发展而来，再早还可以往两河流域追溯而去。但最终形成欧洲的早期文明则是先在西欧，并由西欧开始向全欧传播。基督教在这一传播过程中起到了重要的作用。从古代的希腊人文思想和理性主义，到罗马的政治与制度文化，再到经过文艺复兴的伟大思想革命，直至马克思主义的诞生，西欧为欧洲乃至人类社会发展贡献了极为宝贵的文化财富。

作为资本主义的发源地，发轫于西欧的启蒙运动、产业革命和资产阶级政治革命，催生了资本主义的萌芽。资本主义产生于西欧并得到迅速发展。在这一过程中，西欧最早产生了现代意义上的民族国家，由此带动了经济与社会的发展。人类社会以此为标记，进入了一个基督教工业化文明的历史阶段，其精神文明、物质文明和制度文明，为现代世界文明的发展做出了重要贡献。

西欧在其鼎盛时期，列强林立，它们不仅在欧洲争雄逐利，频频发生战争，而且也在全世界的范围内争夺霸权。在殖民主义、帝国主义的扩张中，西欧列强依仗着“船坚炮利”，从殖民地掠夺了大量财富，并改变了它们的历史发展进程，同时也将主要诞生于西欧的欧洲文明带到了全世界，由此促进了当代世界文明的形成。在世界近现代历史上，西欧曾是世界政治与经济的中心。

从历史上看，欧洲文明在欧洲的扩张基本上是沿着由西向东的路线发展的，即由西欧向东欧传播，因此在欧洲由西向东留下了发展阶段的落差。东西欧洲的分离给以后欧洲的发展留下了深刻烙印。此后东西欧便在拥有共同文化渊源的情况下走上各有特色的发展道路。在西罗马帝国时期，西欧一度衰落，以后逐渐兴盛。特别是资本主义诞生以后，西欧日益强盛。而东欧因受东方蛮族侵扰等原因，民族国家的形成滞后，在资本主义发展阶段上明显落后于西欧。在第二次世界大战以后更因两大阵营的对峙而进一步与西欧拉开了距离。

历史上东西欧洲的分野并非泾渭分明和一成不变的，冷战时期的政治划分，大体上符合欧洲历史演变的轮廓，同时也反映了当代欧洲发展的现实。

20 世纪上半叶，西欧在经历了两次世界大战之后衰落下来，原来不可一世的强国沦为世界的二流国家。在经过五六十年代的重建以后，西欧再度复兴。特别是欧洲一体化进程的启动和发展，使西欧各国实力日益强盛，成为当今世界经济和国际政治格局中最为引人关注的地区之一。

基于两次世界大战的惨痛教训，战后西欧国家抛弃了相互残杀、相互争霸的发展方式，选择了“联合图强”的发展道路。欧洲一体化进程是欧洲文明对当代世界所做出的又一杰出贡献，在人类社会发展史上具有极为积极的意义，影响深远。

欧洲一体化的积极意义表现在多个方面。在政治上，欧洲一体化使得历史上相互为仇的国家摒弃宿怨，改兵戈相见为和平对话和制度建设来解决国家之间的问题。这不能不说是西欧国家文明成熟的表现。虽然它是二战后诸多因素的综合使然，但它符合人类社会以和平方式解决国家发展的大方向，符合当今和平与发展的时代特征，给国际争端的解决和人类社会的共同发展带来新的启迪。同时，欧洲一体化进程也改变了西欧国家的政治、经济和社会生活。

在经济上，欧洲一体化进程成果比较显赫，它在一定程度上反映了西欧各国生产力发展的需要。参加欧洲一体化进程的国家绝大部分为资本主义经济发达国家，它们最早确立资本主义的生产方式，市场经济发展成熟，经济发展水平相近，这为欧洲一体化最先从经济入手提供了可靠的基础。一体化法律体系和政治体制的确立为之提供了法律和制度的保证，加之共同的文化背景，一体化进程在 20 世纪下半叶里虽然历经风波曲折，但取得了举世瞩目的成果，西欧国家首先在经济领域里重新崛起，成为世界经济格局中举足轻重的重要一极。在欧洲一体化进程的示范效应影响下，世界经济区域化得到迅速发展。

近代以降，世界历史的每一重大变化几乎无不以欧洲为其震源。20 世纪 90 年代以后，欧洲发生的巨大变化又一次震撼了世界。冷战结束，两大阵营对抗格局的解体，使欧洲进入了一个新的历史发展时期。世界是带着欧洲剧变的余震迈进新世纪的门坎的。这是一个一超多强、两极格局已不复存在而多极化尚在形成中的新世界。在这个历史的转折时期，世界向何处去成为人们瞩目的焦点。而西欧因其对欧洲的特殊影响，因其一体化进程的新进展更为世人关注。在 2003 年年初，西欧主要国家法、德等国对美国欲对伊拉克发动的战争响亮地喊出了“不”。西欧已经成为冷战后推动世界多极化和国际社会民主化的重要力量。

在东欧剧变、冷战结束之后，西欧国家不失时机地发动了新一轮的整合运动。欧洲联盟的诞生、欧元的问世、欧盟东扩的启动、欧洲共同安全防务体制的建立，以及 2002—2003 年间欧盟提出的“制宪”目标等等，我们看到西欧国家正以欧盟为主体整合欧洲，进而成为日后多极化世界中重要一极力量的一系列的努力。特别是欧元于 2002 年正式进入流通领域，开始改变了国际金融和世界经济发展的格局。西欧的发展一直是国际社会最为关注的目标之一。

历史上，中国和欧洲早有交往，古代丝绸之路的驼铃曾经谱写出了中欧交通史上美丽的乐章。但是，中国对欧洲有较多的了解却是在近代以后，在西学东渐的年代，中国人对欧洲的认识日渐丰富，及至鸦片战争爆发，中国的知识分子出于对西方国家“船坚炮利”的切肤之痛，抱着富民强国的愿望，大规模地翻译、介绍欧洲的科技和人文思想，探索欧洲国家的强国之路，彼时有关欧洲各种知识的书籍大量问世。但是，过去中国人对欧洲的了解或一味崇尚、全盘欧化；或一概排斥、全面抵制，两种极端倾向均比较明显。直到马克思主义传入中国，对欧洲文明的认识才具有了科学意义上的研究。

当代中国的欧洲研究当从1949年中华人民共和国成立起计。新中华人民共和国成立以后，中国与西欧国家的关系开始具有新型的、平等的、主权国家之间的意义。作为一个独立的、新兴的主权国家，作为一个在当代世界舞台上具有重要影响的发展中国家，同时也基于新中国成立前后所面临的严峻的国内外政治和经济形势，中华人民共和国从其成立之初便对国际问题给予极大的重视，国际问题研究作为一门专门学科得到迅速发展，并逐步形成了专门的研究队伍和特定的学科范畴。欧洲研究也由此得到发展，一些研究机构和大专院校等部门都开始有专业人员对西欧国家的政治、经济、社会和国际关系等问题进行研究，出版了许多学术著述，奠定了当代欧洲问题研究的基本框架。然而，由于受冷战政治的影响，中国学者对当代欧洲的研究主要从国际政治的角度来进行，因而仍然受到一定的制约，未能得到充分的发展。

十一届三中全会以后，在全国思想大解放、学术研究蓬勃兴旺的改革开放的年代里，现代意义上的欧洲研究才有了充分的发展。1981年，当代“西欧研究”意义上的中国第一个西欧问题专业学术研究机构——中国社会科学院西欧研究所成立（1993年改名为欧洲研究所），并于1983年公开出版了中国第一份全国性的西欧研究专业学术刊物——《西欧研究》杂志（1993年改名为《欧洲》杂志，2001年更名为《欧洲研究》）；1983年中国举行了首次西欧学科规划会议，会议讨论了欧洲一体化研究等方面的科研协调工作，并将欧洲一体化列为今后的重点研究项目。1984年，第一个全国性学术团体——中国西欧学会（1991年改名为中国欧洲学会）在北京成立。20世纪90年代以后，随着中国改革开放的不断深入，中欧关系的进一步全面发展，特别是欧洲与世界格局的变化，以及中欧学术交流的发展，使中国的西欧研究无论在深度和广度上都有了前所未有的进步，在全国范围内形成了专事西欧问题研究的专业队伍。学界有关西欧和欧盟的各种书籍纷纷问世，中国西欧问题的学术研究取得了很大的成果。这些学术成果为我们今天编撰《简明西欧百科全书》提供了深厚的学术准备基础。

在此期间，特别是进入新世纪以后，随着中国与西欧国家的政治、经济、文化关系不断发展，中国民间对当代西欧的了解也表现出久盛不衰的热情。特别是习近平总书记在2013年提出“一带一路”倡议以后，中国大踏步地走向世界，为中欧关系新的发展注入新的动力。因此，无论从推动学术研究的进一步发展来看，还是从中欧关系的发展需要来看，出版一部全面介绍当代西欧国家和地区基本情况的工具书，都具有十分重要的现实意义。在此背景下，《简明西欧百科全书》的出版正当其时。

《简明西欧百科全书》属于20世纪90年代中国社会科学院重大课题《简明国际百科全书》子项目。《简明国际百科全书》于1991年被列入国家新闻署发布的《国家“八五”重点图书选题、出版计划》；1994年被列为中国社会科学院重点项目。随后，《简明西欧百科全书》正式启动，项目最初主持人为欧洲研究所副所长周荣耀。1999年，在周荣耀调离欧洲研究所后，时任所长裘元伦指派当时的编辑部主任沈雁南担任主持人。此后，周弘研究员接任欧洲研究所所长并出任《简明西欧百科全书》编委会主任；日常项目工作仍由沈雁南负责。2004年8月，《简明西欧百科全书》绝大部分书稿的初稿完成定稿送交出版社，但部分章节交稿延误而致使出版拖期，直至2013年沈雁南退休，《简明西欧百科全书》由欧洲研究所副所长江时学接手负责。

《简明西欧百科全书》自1997年立项以来，历时20载，今日得以成书付印，令人不胜唏嘘。在此期间，因欧洲局势多变，作者们几易其稿，费心颇多。更令人扼腕的是，中国社会科学出版社最初负责本书出版事项并为此付出极大心血的刘颖老编辑，终因病逝而未能看到书稿付梓。

《简明西欧百科全书》篇幅巨大，涉及世界三大文明之一欧洲文明的起源及其历史与当代的发展。从学科来看，囊括了政治、经济、社会、法律、军事、文化、宗教、民族、国际关系乃至自然地理、科学技术等广泛的知识领域。编撰工程可谓浩大，成书过程可谓曲折漫长。以中国社会科学院欧洲研究所研究人员为骨干的编撰队伍，在裘元仑、周弘、黄平前后三任所长的领导下，与所外作者团结合作，克服重重困难，终于在今天向中国读者奉献出了一部全面介绍、解析西欧的百科全书，其功莫大焉！在此，我谨向多年来为此项目付出艰辛劳作的同事们致以崇高的敬意！

今天，欧洲已无复当年的辉煌，而中国正在走向更加灿烂的明天。在习近平总书记领导下，特别是在“一带一路”建设的背景下，中国正在以更加坚实有力的脚步走向世界。帮助中国读者更深入地了解世界，是当代中国国际问题研究者责无旁贷的义务。帮助中国读者更深入地了解欧洲，是中国欧洲学者应尽的职责。《简明西欧百科全书》出版之际，欧洲正面临着发展的关键时刻，命运多舛。但是，曾经在世界历史上有过重要影响，并且在今天依然具有重要影响的欧洲，仍是我们走向世界无法回避的地域。同时，作为我国发展经济、推动世界和谐发展、构建人类命运共同体的重要合作伙伴，中国与西欧国家关系的发展正有着更为广阔的前景。展望未来，世界正面临数百年未遇之大变局，我们需要深入了解曾经在世界上独领风骚数百年之西欧的过去与现在，需要研究其发展经验与成败得失。因此，《简明西欧百科全书》的出版尽管晚了几年，但是仍然具有重要的学术和社会价值。特别是西欧作为马克思主义的故乡，在我们进入中国特色社会主义新时代之际，《简明西欧百科全书》提供的有关知识，对于我们的社会主义建设和相关理论的研究，也会具有一定的参考价值。

需要说明的是，出于技术原因，并根据中国社会科学院的相关部署，《简明西欧百科全书》使用资料截止期为2008年。这些资料主要涉及政治、经济等领域的动态性介绍，并不影响西欧基本情况的呈现。同时，我们也欢迎各界读者对本书提出批评。

中国欧洲学会原副会长　沈雁南

2001年3月5日初稿

2002年10月6日二稿

2012年1月16日三稿

2016年3月17日四稿

2017年10月19日五稿并定稿

目 录

第一部分 地区综合

第一编 概述

第二编 西欧简史

第三编 政治与法律制度

第五编 西欧科学、教育和文化

第六编 西欧军事与安全

第七编 西欧国际关系

第八编 欧洲联盟

第二部分 各国概况

第一编 欧洲西部国家

第二编 欧洲中部国家

第三编 欧洲南部国家

第四编 欧洲北部国家

第三部分　文献与附录

第一编　西欧大事记
（公元前150万年至公元2010年）

第二编　基本统计资料

第一部分　地区综合

第一编

概　述

第一章　自然环境

第一节　地理位置

第二次世界大战后，欧洲由于“雅尔塔体系”的确立，在政治上分为“西欧”和“东欧”两大部分。西欧在政区上包括北欧的国家，即冰岛、丹麦、挪威、瑞典和芬兰，以及欧洲西部的国家，即英国、爱尔兰、法国、荷兰、比利时、卢森堡，还包括中欧和南欧的部分国家，即联邦德国、奥地利、瑞士、意大利、西班牙、葡萄牙、希腊，还有马耳他、列支敦士登、摩纳哥、圣马力诺、梵蒂冈、安道尔几个小国。政区上西欧总共包括 24 个国家。

西欧位于北纬 36°和北纬 71°08′之间。它三面环海，北面为北冰洋，西面是大西洋，南面则是地中海。东面背靠大陆，与俄罗斯、波兰、捷克、斯洛伐克、匈牙利、保加利亚、斯洛文尼亚、阿尔巴尼亚、南斯拉夫、马其顿等国家相邻。

西欧的最南端是位于伊比利亚半岛南边的马罗基角，位于北纬 36°；最北端则在斯堪的纳维亚半岛北部的诺尔辰角，位于北纬 71°08′；最西端为伊比利亚半岛西边的罗卡角，位于西经 9°31′。

第二节　地质构造与地表形态

西欧就像是欧洲向西伸出的巨大半岛。西欧三面环海，波罗的海、北海、比斯开湾、地中海等边缘海和陆间海深入大陆内部，使西欧的大陆水平轮廓显得支离破碎，海岸线十分曲折。西欧的绝大多数地方距海不超过 400 公里，这在世界其他地区是少见的。西欧三面邻海的地理位置在西欧的经济发展史上曾起过非常重要的作用。

整个欧洲的半岛与岛屿所占的面积很大，这在西欧表现得十分明显。西欧最大的半岛为斯堪的纳维亚半岛，此外，亚平宁半岛和伊比利亚半岛的面积也较大。岛屿中最大的为大不列颠岛，还有爱尔兰岛、冰岛等大岛。

整个欧洲以平原占优势，尤其是东欧平原的面积非常广大。但西欧的地形同东欧相比要复杂得多，山地、丘陵、平原相互交错分布，地势起伏比较大。而东欧地形则简单得多，地形完整、平坦，主要是平原。

一　地质构造的演变特点

西欧是欧洲的一部分，其地质构造与整个欧洲的地质构造联为一体，它的地质构造是整个欧洲地质构造的延续。一个地区的形成，须经过漫长的地质年代，通过内力与外力的交互作用，逐渐演变才产生出今天的地貌特点。西欧正是经过几次漫长的构造运动，通过内力的隆起与塌陷，外力的侵蚀、风化与搬运等作用，才形成今天的地表形态。

（一）前寒武纪的陆台构造

在前寒武纪时期，地球上只存在一块泛大陆，是由泛非古陆（又称冈瓦纳古陆）和贝加尔古陆（又称劳亚古陆）缝合而成。大约在寒武纪至奥陶纪期间，劳亚古陆开始分裂，分裂为北美板块、东北欧板块和西伯利亚板块三个板块。而东北欧板块即由今天所称的波罗的地盾和俄罗斯地台组成。这两者是整个欧洲地块的核心，两者合称为“原始欧罗巴”，整个欧洲就是围绕它们而逐渐形成的。

波罗的地盾相当于现在瑞典的东部、芬兰及科拉半岛和卡累利一带。波罗的地盾的基岩和俄罗斯地台的基底是连在一起的，它主要由太古界至元古界的结晶岩组成。距今 20 多亿年的基岩裸露于地表，由片麻岩、混合岩、片岩构成。波罗的地盾自前寒武纪成陆以后，虽然经历了几次隆起与下降并伴随褶皱与断裂作用，但并没有沉降到海平面以下，而是保持着缓慢地上升。自前寒武纪以来的地层基本保持水平状态，在其表面除有第四纪的沉积物以外，没有其他沉积物。

（二）加里东褶皱构造

加里东褶皱构造运动发生在古生代的寒武纪至志留纪初的海侵间歇期以后，主要影响西欧的北部和西部，包括斯堪的纳维亚半岛的西部、冰岛和不列颠群岛的大部。其褶皱带从西面呈半圆形环绕波罗的地盾。此次运动所造成的山脉从爱尔兰向东北经苏格兰、挪威，延伸至俄罗斯北部的提曼岭，由一系列较狭窄的褶皱构成。因为这次运动造成的山脉以苏格兰地区最为发育，而苏格兰在古代称为加里东，因此这次造山运动被称为加里东运动。

加里东海原是陆地，后由于陆地的分裂而不断扩大与加深，到古生代的寒武纪晚期至奥陶纪早期，加里东海扩大至最大宽度，约有 2000 公里，同时加里东海也成为一个深海，即原始大西洋。它的西北面为北美板块，东南面为欧洲板块。奥陶纪中期，加里东海两侧出现岛弧与海沟，大洋壳开始向欧洲板块与北美板块俯冲并慢慢消亡。北美板块与欧洲板块产生相向运动，加里东板块由于处于两板块之间而受到挤压产生褶皱。古生代的志留纪末到泥盆纪，欧洲板块和北美板块碰撞缝合，发生强烈的褶皱运动。运动的结果就是欧洲板块与北美板块结合在一起，加里东海消失，代之而起的是环列于波罗的地盾西缘的高大的褶皱山脉。

（三）海西褶皱构造

在晚古生代的石炭纪，大约在比利时、德国的北部、法国的北部和不列颠群岛及至苏格兰的米德兰等地区，发生一次海侵运动，继这次海侵运动后是一个巨大的造山运动，即海西运动。海西褶皱运动（又称为华力西运动）发生在古生代末期的石炭纪和二叠纪，其影响包括不列颠群岛南部、伊比利亚半岛的大部分、法国和比利时的一部分及德国的南部和捷克斯洛伐克一线的广大地区。

海西地槽位于欧美板块和冈瓦纳古陆之间。海西地槽几乎是和加里东地槽一起产生的，只是它的发展比较缓慢，在加里东褶皱带形成后才真正形成。它发育的规模同加里东地槽相比较而言，要小得多。海西地槽也就是原始的地中海。海西褶皱运动就是在原始地中海地槽的基础上进行的。

在泥盆纪时，冈瓦纳古陆的非洲北部出现裂谷，中欧板块从冈瓦纳古陆分出。到早石炭纪末期，中欧板块和欧美板块相向运动，海西地槽受到挤压产生强烈的褶皱运动，至中石炭纪时，中欧板块和欧美板块碰撞缝合，而形成了横跨欧美古陆南部的连接欧美和中欧板块的巨大的褶皱山脉。这条山脉从爱尔兰向东经过中欧，一直延伸到俄罗斯的顿涅盆地消失。海西褶皱山脉分为两支，一支为阿摩里干山脉，它占有爱尔兰、南英格兰和布列塔尼半岛；另一支为华力西山脉。孚日山脉、黑林山脉、哈茨山脉、波西米亚山脉及苏台德山脉属于华力西山脉。这两个分支在法国的中央高原相会。海西山脉经过长期的侵蚀与风化，被侵夷为准平原状态，在阿尔卑斯造山运动中又被重新抬升。

（四）阿尔卑斯褶皱构造

阿尔卑斯褶皱运动产生于第三纪，这是欧洲最新的褶皱构造，它分布于中欧与南欧一带。在今天的欧洲，比利牛斯山脉、阿尔卑斯山脉、亚平宁山脉等都属于阿尔卑斯褶皱山脉。

阿尔卑斯山系的形成与大西洋的变化密切相关。中生代的早侏罗纪期间，非洲大陆板块和亚欧大陆板块开始不断地裂开，大约至中侏罗纪时，在南北两大陆之间形成了古特斯提洋，也就是古地中海，阿尔卑斯山系的形成就是在古地中海地槽的基础上进行的。在中侏罗纪至上白垩纪，欧美板块还没有分开，中大西洋的中部洋脊开始扩张，促使非洲板块向东移动，向亚欧板块靠拢。同时伊比利亚板块与阿普利亚等一些小的板块从非洲北部分裂出来。大约从上白垩纪开始，北美与欧洲分离，北大西洋开始扩张，由于北大西洋扩张的速度比中大西洋扩张的速度快，欧洲板块向东移动的速度要快于非洲板块向东移动的速度。因此非洲板块相对于欧洲板块是向西移动。到新生代始新世晚期，中大西洋和北大西洋扩张的速度大致相近，由于非洲的西面、南面和东面分别被大西洋、印度洋和南极洲周围的扩张力所包围，只有在其北面有古地中海海沟存在，因此非洲板块开始向北移动，向亚欧板块下面俯冲，使欧洲板块与伊比利亚板块和阿普利亚板块等一些小板块相碰撞，阿尔卑斯山系慢慢形成。特斯提洋日益消亡，形成今天的地中海。

由于在阿尔卑斯山系的形成过程中，各个板块的移动速度不同，同时各个板块自身还发生不同的旋转，使阿尔卑斯褶皱山脉的走向很复杂。另外，阿尔卑斯褶皱运动不仅影响阿尔卑斯褶皱带，还影响了古生代和前寒武纪各次褶皱运动的古地块，如断层作用使海西山系被分割为几个地块，有些上升为高地，有些下降为低地。

（五）新构造运动与第四纪冰川作用

到新生代的第三纪末，整个欧洲的大致轮廓和海陆分布基本形成，但是地壳的运动并没有停止。新构造运动和第四纪冰川对整个欧洲的地貌有很大的作用。欧洲的新构造运动表现得很显著，形态多种多样，有水平运动、垂直运动。在各个地方也不尽相同。如北海和波罗的海就是由于第四纪时陆地下沉而形成的；爱尔兰和大不列颠岛从欧洲大陆分离而成为岛屿；第三纪末以后，斯堪的纳维亚地区陆地上升的幅度为400—600米；挪威的西海岸和不列颠群岛的峡湾海岸都是新时期地壳构造的结果。另外，南欧地区的维苏威火山、斯特朗博利火山等以及地震活动，也是新构造运动的标志。

在第四纪冰期时，北欧成为欧洲的一个冰川中心，并向四周延伸。阿尔卑斯山脉是欧洲的另一个冰川中心。在几次冰川作用中，里斯冰期是欧洲大陆冰川最发育的时期，北欧大陆冰川中心的厚度达2公里，冰川的范围延伸到爱尔兰和泰晤士河流域、莱茵河下游、中欧的海西山地、喀尔巴阡山、第聂伯河中游、顿河上游及乌拉尔一线以北的广大地区。在冰川的发源地及其周围附近的地区，如芬兰、瑞典，都有冰蚀地形，像冰蚀湖、羊额石和冰蚀低地等。第四纪冰川对西欧的地形有强烈的作用，使其更加复杂。冰川消退后，当地留下大量的冰蚀与冰川地貌。

二 西欧的地形分区

（一）北欧台地—山地区

本区包括斯堪的纳维亚半岛、科拉半岛、芬兰和卡累利，大西洋的冰岛也包括在本区内。

在地质构造上，本区的大陆部分属于波罗的地盾和加里东褶皱，这两个地质构造单元从古生代中期就开始联结在一起。

瑞典的大部和芬兰属于波罗的地盾，其结晶岩裸露于地表。地势低平，大部分地区的高度在100—200米，地势由西北向东南倾斜。

西北部的斯堪的纳维亚山脉属于加里东褶皱，后经过长期侵蚀被夷为准平原状态。在第三纪时由于阿尔卑斯造山运动的影响，本区的许多地方受到不同程度的抬升和产生断裂。斯堪的纳维亚山脉就是在这次褶皱构造运动中重新抬升而形成的，而且它的抬升作用非常强烈。因在抬升的过程中，西部的抬升程度较大，而相比之下东部抬升程度就小得多，因此斯堪的纳维亚山脉具有强烈的不对称，西坡陡峭壁立，而东坡则较平缓。西坡因断裂系统发育和冰川侵蚀作用，形成最典型的峡湾型海岸。斯堪的纳维亚山脉的最高峰为加尔赫峰，高2468米。

在地形上，挪威以高地占优势，国土面积一半以上高于500米，山地的面积占国土面积的2/3。瑞典的地势是西北部高，东南部低。芬兰的大部分地区高出海面不到200米，平均海拔仅为152米，哈尔提亚峰高达1324米，是芬兰的最高点，终年积雪不化。在北纬64°以北的西北部地区，海拔为600—700米，这是芬兰最高的地区。中部地势高低起伏，断裂作用很普遍，是湖区。西部波尼亚湾沿岸是一海成平原。

本区中，冰岛的地质构造与北欧大陆的地质构造是完全不同的。整个冰岛都是由第三纪和第四纪的岩浆岩构成，没有古老的岩层。该岛的形成与大西洋中脊的产生有关。大西洋中脊开裂喷出的岩浆堆积而成冰岛。冰岛全境为一个主要由玄武岩构成的高地，平原所占面积则只有7%。在高地上分布许多圆形的山峰和长条形的岭脉。冰岛境内多火山、冰川和温泉，是一个火山和冰川共存的奇异地区。

（二）中欧平原区

本区包括西自北海沿岸，东到涅曼河畔这一狭长地带。大部分地区的高度在50—100米，总的地形趋势为南高北低与东高西低，沿海的部分地区处于海平面以下。

本区的地貌与第四纪冰川作用有密切关系，但因武木期冰川只占据了易北河以东的地带，从而使本区的东部与西部在现代地貌上有较大的差异。

本区西部为一片低平原，冰碛地貌并不很显著。北海的沿岸为一低地，高度在20米以下，并且有相当大的面积低于海平面。由沿海平原向内则为冰碛砂质平原，它分布在荷兰、日德兰半岛，以及威悉河与易北河之间，土壤比较贫瘠。南边的中欧块状山地北麓，是一条黄土地带，地面有一定起伏。

在本区东部，冰碛地貌保存得较好。波罗的海沿岸有狭窄的砂丘带，与此相接的则是高度不大、略有起伏的底碛平原。在底碛平原的外侧为一典型的终碛丘陵带，它西起日德兰半岛东部，东到波兰，形成一条高度为200—300米的弧形高地，个别地段超出300米，地形起伏比较大。在此丘陵带的洼地里分布有很多面积不大的湖泊。终碛丘陵带的南面则为一条宽阔的低地带，这是一条由冰碛和冰水沉积物构成的低地，高度一般为50—150米，有些地点高于200米，较高的地方为老终碛的残余。

（三）中—西欧断块山地与盆地区

本区位于中欧平原与比利牛斯山脉及阿尔卑斯山脉之间。地质构造属于加里东褶皱构造和海西褶皱构造，不列颠群岛大部分属于加里东褶皱构造，其他地区属于海西褶皱构造。

本区的地形复杂，主要与第四纪的褶皱运动有关。在第三纪时，原是褶皱山脉的地方经长期的侵蚀呈准平原状态，后在第四纪的褶皱运动中被再次抬升断裂，有的成为高地，有的下降为低地。中山是其主要地形，但盆地、丘陵、低地、平原又分布其中，地表形态复杂多样。

本区包括不列颠群岛、海西法兰西（法国的大部分和比利时的一部分）与中欧块状山地三个地带：

1. 不列颠群岛

不列颠群岛主要由大不列颠岛和爱尔兰岛等岛屿组成，共有大小岛屿5500多个。在地质构造上，分别属于两个褶皱带。苏格兰、爱尔兰的北部和英格兰西北部属于加里东褶皱带。奔宁山脉、南威尔士山地、爱尔兰南部、康沃尔半岛属于东西向的海西褶皱带，其中奔宁山脉是最大的海西褶皱。海西褶皱带主要由泥盆纪和石炭纪的砂岩、石灰岩，侏罗纪的石灰岩和页岩等构成。在群岛西北端的赫布里底群岛、苏格兰和爱尔兰的北部有古老的前寒武纪片麻岩，以及其他结晶岩与变质岩的露头。不列颠群岛的大部分为山地，苏格兰高原是其最高部分。

2. 海西法兰西

法国的中央高原由古老的结晶岩所构成，沉积岩分布的范围并不广泛，它只分布于东北部和南部。中央高原是一个地垒山块，其东南方是陡峭的断崖，西部和北部是逐渐下降的。中央高原的中部火山地形普遍，主要是由于第三纪和第四纪的断层通过高地中部，在断裂地带发生强烈的火山作用而形成一系列火山峰和火山锥。多尔峰海拔为1886米，是中央高原的最高峰。东南部为塞文山，海拔为1700米，由花岗岩、片麻岩和页岩构成，以阶梯状断层下降到罗讷河下游低地和郎格多克丘陵状海岸。中央高原的西北部为里母圣台地，主要由花岗岩组成，海拔200—500米，它向西北逐渐降低。

巴黎盆地是一个构造性盆地，它的底部是由第三纪地层组成，由可塑性黏土、砂土、粗石灰岩、砂岩、泥灰岩等组成。盆地由于流水的侵蚀作用，地表起伏不平。

布列塔尼—诺曼底高地的高度一般不超过400米，包括布列塔尼和诺曼底两半岛，主要由结晶岩、变质岩及古生代的沉积岩构成，经过长期的强烈侵蚀作用，它成为一系列东西走向、互相平行的低缓的丘陵地。向大西洋突出的布列塔尼半岛的海岸线极为曲折，沿岸有大量的小半岛和岛屿。而东部的诺曼底的海岸线比较平直。

比利牛斯山前冲积扇平原，其地表起伏不平。在比斯开湾沿岸地区的郎德平原，是一个平坦而瘠薄的砂质平原。

3. 中欧块状山地

中欧块状山地是位于阿尔卑斯山脉与东北欧古陆之间的海西块状山地，在地质构造上属于海西褶皱。因受到强烈的断裂、破碎作用，分为小的地堑、地块盆地等单元，包括孚日山、黑林山、莱茵片岩山地、哈茨山、图林根山、图林根盆地、施瓦布—佛兰康盆地等。它包括的范围较广，以中等高度的古老山地为其主要地形特征，山不成脉，各山的走向也不相同。这主要是由于这些山脉长期暴露在侵蚀作用中，且在阿尔卑斯造山运动中受到强烈的影响。

孚日山和黑林山位于莱茵谷地的两侧，都是由古老的结晶岩组成。黑林山高1493米，孚日山高1426米。两山的内侧较陡，沿着断裂线陡立于莱茵谷地上，而外侧的坡度则较平缓。山的顶部呈浑圆形，在东西两侧覆盖着中生代地层。

莱茵片岩地块高400—800米，是一个丘陵性台地，为西南—东北向的海西褶皱山，长近400公里，久经侵蚀与风化，成为准平原，第四纪抬升为台地。地块主要由页岩、砂质页岩和石英岩构成，莱茵河切割其中，在坚硬的岩石处，形成峡谷与急流。在台地的北部边缘分布有石炭纪地层，含有优质而又丰富的煤层。上莱茵谷地宽约40公里，是一个典型的地沟，沟底又宽又平，为莱茵河所流经，两侧有多级阶地。

施瓦本—弗兰康盆地是一个中心岩层较老的侵蚀盆地，边缘地带分布着单面山，盆地中心为三叠纪的砂岩和石灰岩。哈茨山和图林根山，是地垒断块山，哈茨山的海拔为1142米，图林根山海拔为900多米，边缘陡峭，山顶呈波状的准平原状态。

（四）中—南欧新褶皱山地与平原区

本区包括南欧与中欧的南部。这里的山系是新生代造山运动形成的，属于阿尔卑斯褶皱带。本区山势高，年龄小。

阿尔卑斯山西起利古里亚海滨，东至维也纳盆地，长达1000公里，宽约200—300公里不等，西窄东宽。它是欧洲最高大雄伟的山脉，平均海拔为3000米，许多山峰在4000米左右，是由不同时代的地层组成的。阿尔卑斯山脉在更新世是欧洲最大的山地冰川中心，山地被冰盖所覆盖，受到冰川的强烈作用，因此冰川地貌尤其是冰蚀地貌在此十分典型，如U形谷地、冰斗、悬谷、冰蚀湖、陡峭的峰峦等，形成十分典型的阿尔卑斯地貌。即使在现代，阿尔卑斯山仍然有约4140平方公里的冰川，雪线高度在北部降水丰富的地区约为2500米，中部雪线的高度达3000—3200米，在中阿尔卑斯山麓瑞士西南的阿莱奇冰川，长约22.5公里，面积为130平方公里。阿尔卑斯山的主脉分布于瑞士、奥地利两国境内，具有极复杂的褶皱构造，主要由花岗岩和片麻岩构成，还有板岩和页岩。主脉是阿尔卑斯最高的部分，分布有许多的高峰，最高的山峰为勃朗峰，它位于法国、瑞士、意大利三国边境地区，高达4810米，是欧洲最高的山峰，山峰高出雪线高度，在山峰存在永久积雪和冰川。此外，还有玫瑰峰、少女峰、大角峰，是现代冰川最发达的地区。在阿尔卑斯的南北两侧的边缘地带，也就是法国的阿尔卑斯、奥地利和瑞士的阿尔卑斯的北面及奥地利的南部山区，是一系列由中生代石灰岩所围成的山岭。

侏罗山地、瑞士高原和巴伐利亚台地构成了阿尔卑斯山脉的山前地带。侏罗山位于法国与瑞士的交界处，呈东南—西北走向。它形成于第三纪，以侏罗纪的岩层最为发达，主要由侏罗纪石灰岩与泥灰岩组成，长约250公里，最大宽度为65公里，海拔为1000—1500米，是一条地势起伏较缓的中等高度的山脉。侏罗山在冰期时被冰川所覆盖，冰川地貌较发育，到处可见冰碛。山脉的西部，地层呈水平状，被河流所切割。在阿尔卑斯山与侏罗山之间为瑞士高原，这里原是一个陷落地带，后来随阿尔卑斯山的抬升而上升，成为一高原，海拔为400—600米。由第三纪和第四纪的陆相沉积物构成，高原的地势从东南向西北降低。在高原面上分布着许多河流，切割地面，使高原成为丘陵与河谷相间的地区。整个高原受到冰川沉积作用，其上覆盖着厚层的冰碛和冰川沉积物。瑞士高原地表起伏不平，并多湖泊，西南有日内瓦湖，东北有博登湖，另有苏黎世湖等。

南欧地区地形以山地占优势，而平原所占的面积小。波河平原是南欧最大的平原，包括威尼斯沿海平原在内，面积为45600平方公里，东西长400公里，南北宽50公里到200公里不等。波河平原介于阿尔卑斯山脉与亚平宁山脉之间，是一个陷落地带，地势是北部高，南部低，由北向南倾斜。大部分海拔低于100米。西部亚得里亚海沿岸，地势低平，海拔为500米。波河平原由阿尔卑斯山脉的冲刷下来的碎屑物组成，地表平坦，切割少，土壤肥沃，是意大利的农业区。

伊比利亚半岛以梅塞塔高原为核心，而四周则是褶皱山脉，如伊贝里卡山脉、坎塔布连达山脉等。亚平宁半岛主要由亚平宁山脉构成。希腊半岛的地势复杂，山地多，平原少，整个岛屿的面积为2.5万平方公里。品都斯山构成半岛的主轴，它南北延伸270公里，宽约40—60公里。它大部分由中生代的石灰岩构成，两侧有砂岩和页岩分布，品都斯山东坡陡降到阿萨利亚低地。在阿萨利亚低地的东部边缘分布着奥萨山、彼利昂山、奥林波斯山等。在品都斯山的东面为色萨利盆地，它是希腊最大的内陆山间盆地。

三　半岛、岛屿和海峡

西欧的地表被各个海域、峡湾所切割分隔，多半岛、岛屿和海峡。半岛、岛屿和海峡所占的面积很广。

（一）斯堪的纳维亚半岛

斯堪的纳维亚半岛为欧洲最大的半岛，位于北欧，处于巴仑支海、挪威海、北海和波罗的海之间，在北端与芬兰和科拉半岛相连。整个半岛形状北边狭窄南边宽阔，包括挪威、瑞典和芬兰的北部。南北长1850公里，东西宽400—700公里，整个半岛面积为75万平方公里。

在地质构造上，斯堪的纳维亚半岛大部分属于波罗的地盾，只有在斯塔万格—北角一线以西的边缘地带属于古生代的加里东褶皱。

斯堪的纳维亚山脉属于加里东褶皱，在志留纪时期，褶皱成山脉，后经侵蚀，整个山脉侵夷为准平原状态，第三纪时，又被抬升为山地。斯堪的纳维亚山脉纵贯半岛的中西部，构成了半岛的轴脊。它南北长达1700公里，宽度则200—600公里不等。斯堪的纳维亚山脉具有不对称性，山脉的西坡较陡，陡降于挪威海，东坡则较缓，以一系列的丘陵台地逐步降到波罗的海。斯堪的纳维亚山脉的海拔为1000米左右，顶部是平坦的块状地。最高峰为挪威境内的加尔赫峰，海拔为2468米。山地可分为南、北、中三个部分。南北段山势高，而中部低，海拔在500—1000米，具有丘陵地的特征。北段位于瑞典境内，海拔在1500米以上，山势狭窄陡峭，南段伸入挪威境内，山峰大多在2000米左右。

在北纬60°以北的瑞典北部为诺尔兰高原。诺尔兰高原属于波罗的地盾的一部分，基岩为古老的结晶岩。诺尔兰高原的地形特征是在高原面上分布着低缓的丘陵。全区地势西部高，东南部低，是一个向东倾斜的阶梯状斜面。西部是山地，海拔为600米以上，中部高地海拔在400—600米，东部波罗的海沿岸是狭窄状平原，宽为30—50公里，海拔在200米以下。

在诺尔兰高原以南为中部瑞典低地，这是一个断层陷落地带，地表形态比较复杂，主要是由断层、冰川和海侵相互作用所造成。有海水沉积的黏土平原，有丘陵，而且多湖泊。较大的湖泊有维纳恩湖、维特恩湖、梅拉伦湖等，大小不等的湖泊星罗棋布。

瑞典南部中央为斯莫兰高地，海拔为100—400米，高地的北部较高，南部较低。在地质构造上同瑞典中部是相连的。

第四纪时，斯堪的纳维亚半岛是欧洲大陆的冰川中心之一。就是在现代北欧也存在许多现代冰川，有总面积为8000平方公里的冰原。著名的约斯特谷冰原，面积达815平方公里，是欧洲大陆上最大的冰原。在山地高处全年有积雪，挪威南部雪线平均高度为1500—2000米，挪威北部和瑞典北部雪线高度在800米左右。斯堪的纳维亚半岛受冰川的强烈作用，冰川地貌十分普遍。因为冰川消退的时间晚，大约是在距今8000—12000年前消退的，且由于受流水侵蚀的作用很小，因此各种冰川地貌完好。刀脊、羊背石、冰川槽谷等冰蚀地貌，鼓丘、蛇行丘等冰碛地貌遍布各地。此外还有众多的冰川湖。

斯堪的纳维亚半岛海岸线长约27500公里，海岸十分曲折，尤其是其西部海岸。由于受第四纪冰川的切割、挖蚀作用形成狭长而幽深的峡湾，是著名的峡湾地带。这些峡湾宽约一至几公里，长度往往超过100公里，如桑格纳峡湾长220公里，宽6—8公里。峡湾两岸峭立，湾水很深，可避风浪。

斯堪的纳维亚半岛介于北纬56°—71°，属于高纬度地区，它的气候属于寒温带气候。斯堪的纳维亚半岛其南面、东面和西面三面被海所包围，大体处于西风带内，受北大西洋暖流的影响，其温度比同纬度地区要高得多，位于北纬70°的挪威海冬季海水不结冰。但由于受地形的影响，各地的气候有所差别。斯堪的纳维亚西部沿海地带，受北大西洋暖流的影响，属于海洋性气候，冬季温暖。在挪威西岸，1月份平均气温从北部的－4℃增加到南部的2℃，夏季比较凉爽，7月气温为10℃—14℃。斯堪的纳维亚山脉对西风有一定的阻挡作用，使东部和西部的气候有所不同。东部属于大陆性气候，冬季寒冷，夏季温热。瑞典和芬兰的北部1月气温在-14℃—-16℃，夏季7月瑞典北部为2℃左右，南部增加到15℃—17℃。降水量在东西面也有差异，西部沿岸降水丰富，斯堪的纳维亚山脉的迎风坡年降水量高达3000—3500毫米，而以10月到次年1月的秋冬季降水最多。而半岛东侧的瑞典中部和北部的年降水量只有400—600毫米。

斯堪的纳维亚半岛由于其气候比较温暖，它的森林分布带比其他地区更向北凸出。针叶林在挪威70°的地方都能生长，但是由于第四纪冰川的作用，其种类较贫乏。在斯堪的纳维亚半岛的北纬61°—68°，以苏格兰松和挪威云杉占优势。阔叶林主要分布于瑞典的南部，主要是山毛榉林，此外有桦树、槭树、榆树等。在针叶阔叶混交林中针叶林占优势。斯堪的纳维亚半岛的森林资源很丰富。挪威的森林面积占国土面积近1/4，瑞典的森林面积约占国土面积的1/2。斯堪的纳维亚半岛的野生动物主要是生长在北部的驯鹿，另外还有狼、熊、山猫和松貂。

斯堪的纳维亚半岛主要的矿产资源之一是铁矿石，主要分布在瑞典的中部和北部，在挪威也有丰富的黄铁矿。挪威和瑞典境内有众多的河流，富有水利资源。挪威是世界上水电生产比重最大的国家，水力发电量约占全国总发电量的90%，瑞典的水力发电量占全国总发电量的60%以上。

（二）伊比利亚半岛

伊比利亚半岛位于欧洲的西南端，三面环海，只有在东北面以比利牛斯山脉和法国相接。其西面濒临大西洋，北面靠着比斯开湾，西南则以狭窄的直布罗陀海峡和非洲相望。伊比利亚半岛的总面积为58.4万平方公里。它包括西班牙和葡萄牙两个国家。

伊比利亚半岛西北部为梅塞塔高原，面积占半岛的60%，它是整个伊比利亚半岛的核心。平均高度为600米。它大部分属于海西褶皱带，在其漫长的地质年代中，被侵夷为准平原状态，后在第三纪发生强烈的造山运动，梅塞塔高原也随之而抬升，并发生强烈的断层作用，形成中部的断块山地。

梅塞塔高原的南北边缘地带为褶皱山脉。其南部边缘为摩勒纳山脉。东北边缘为伊贝里卡山脉，长约450公里，海拔1000—1500米。北部为坎塔布连山脉，长600公里，最高点为佩尼亚维耶哈峰，海拔为2815米。中央山脉呈东西走向，是最大的断块山地，延伸700公里，将梅塞塔高原分为两部分。在中央山脉和摩勒纳山脉之间为新卡斯蒂利亚盆地，平均高度为600米，地形切割较强烈。在中央山脉以北为旧卡斯蒂利亚盆地，海拔为700米左右，地形完整而平坦。在梅塞塔高原面上还分布着三条较大的河流，即杜罗河、塔古斯河和瓜的亚纳河。

在伊比利亚半岛北部边缘有雄伟的比利牛斯山脉，它位于西班牙和法国之间，山势完整，它西起比斯开湾，向东延至地中海，长约435公里，宽约80—140公里。一般海拔在2000米以上。东南边缘则延伸着东北—西南向的安达卢西亚山系，它是第三纪新褶皱山地，长630公里，宽度不等，一般为100—160公里，海拔2000米左右。其中内华达山脉的穆拉森山海拔为3478米，这是半岛的最高点，山顶终年覆盖着积雪。

伊比利亚半岛的平原面积较小，最大平原为西南部的葡萄牙丘陵平原。位于比利牛斯山脉和伊贝里卡山脉之间的阿拉贡平原，大致呈三角形。而平均海拔在200米以下的安达卢西亚盆地位于内华达山与摩勒纳山之间，盆地内覆盖第三纪黏土。

伊比利亚半岛的各地气候有很大差异性。它的北部包括比利牛斯山脉区、西班牙的西北岸和葡萄牙的北部，这里冬季温和，夏季凉爽，1月的平均气温在7℃以上，7月的平均气温在21℃以下，年降水量在800—1500毫米之间，而冬季降雨量较多，属西欧气候型。而西班牙的中部和南部，则属于地中海式气候区，冬季温和多雨，夏季炎热干燥，降水北部多，南部少。梅塞塔高原周围被山脉所阻挡，属于内陆干燥气候区，气候干燥，降雨量少，温差大。

伊比利亚半岛各地气候的差异性，使其各地的植被类型也不同，种类较多。半岛的西部和西北部主要是阔叶林，树种主要有山毛榉、橡树、榆树、黑杨等。在西班牙的北部分布着石楠树种组成的欧石楠灌木群落，没有森林。大部分地区分布着栎树林、松树林，在栎林中常有冬青栎、木栓栎和葡萄牙栎。高原内部具有干草原景观，小植物普遍。在比利牛斯山脉和内华达山等山坡上生长高山型植被。

（三）亚平宁半岛

亚平宁半岛位于地中海中部，其东面为亚得里亚海，东南面为伊奥尼亚海，西面是第勒尼安海和利古里亚海。该半岛的面积为25.1万平方公里。绝大部分意大利国土即位于此半岛。

亚平宁山脉是半岛的骨架，它是在第三纪阿尔卑斯造山运动时形成的，是由一系列山地和丘陵组成的年轻褶皱山。该山脉长约1100公里，呈西北东南向，纵贯半岛的南北，并延伸至西西里岛。亚平宁山脉的南北两端较为狭窄，宽约30公里，中部较为宽展。亚平宁山脉可分为南亚平宁、中亚平宁和北亚平宁。南亚平宁主要由石灰岩、花岗岩组成，是古老的结晶岩分布区。山势平缓，断层较多，断裂形成许多山块和盆地，条状山脉少。中亚平宁由石灰岩和白云岩组成，山幅加宽，山度加高，宽可达200公里。它是整个亚平宁山脉山幅最宽、高度最高的地段，许多山峰的高度在2500米以上。北亚平宁主要由砂岩、黏土和片岩构成，岩石比较疏松。它伸展在亚得里亚海和第勒尼安海之间，海拔高度为1500米。在褶皱与古地层的接触地带，地壳并不稳定，多火山与地震。

在亚平宁山脉以西地区，地形较复杂。北部为阿诺盆地，阿诺盆地以南为山地与丘陵，称为副亚平宁区。这里火山口很多，那不勒斯附近的维苏威火山是世界闻名的活火山，海拔为1280米，它原是海湾中的小岛，后经过火山喷发，喷出的火山堆积物将它与陆地连接起来。

亚平宁半岛属于地中海气候区，夏季燥热，冬季较暖，如罗马的7月温度为24.5℃，1月平均温度为7℃。亚平宁半岛的降水也是地中海型，冬季降雨多于夏季，夏季较干燥。

亚平宁半岛沿海一带的自然植被多为常绿灌木，山地主要是落叶林，高山地带分布着山毛榉。

（四）日德兰半岛

日德兰半岛位于北欧，处于北海和波罗的海之间。其西面是北海，北面是斯卡格拉克海峡，东面以卡特加海峡和厄勒海峡与瑞典相隔，南面则与德国相连。日德兰半岛的面积为4.5万平方公里，它包括丹麦与德国的北部。

在地质构造上，日德兰半岛以白垩纪泥灰岩和石灰岩为基岩，上面覆盖着第三纪黏土和砂土，地表则覆盖着第四纪冰碛沉积物。在地形上，日德兰半岛的地势低平，海拔大多在200米以下。日德兰丘陵纵贯日德兰半岛的东部，高度较低，多在200米以下。第四纪时半岛被冰川所覆盖，冰川消退后，留下了大量的冰碛物，形成了冰碛平原和冰碛湖，最大的冰碛湖为阿勒湖，面积为41平方公里。半岛的东部土壤肥沃，主要是由武木冰期的冰川堆积物形成的泥黏土。西南部土壤相比而言则较贫瘠，是由里斯冰期时斯堪的纳维亚冰盖中的冰碛物溶水沉积下来而形成的。

日德兰半岛属于海洋性气候，1月温度为0℃—10℃，7月温度为15℃—17℃。半岛大部分盛行大西洋气流，全年有雨，年降水量450—750毫米，降水量从西向东逐渐减少。

日德兰半岛属于阔叶林区，主要有山毛榉、栎、榆等，在丹麦北部逐渐向针叶林—阔叶林过渡。

（五）大不列颠岛

大不列颠岛是欧洲的第一大岛，位于欧洲的西面。东南是英吉利海峡，西面是大西洋，东面是北海。整个岛屿面积为21.98万平方公里，是英国领土的一部分。大不列颠岛是不列颠群岛的主体。

大不列颠岛原是欧洲古陆的一部分，是和欧洲大陆相连的。后来由于地表下沉，第四纪冰期以后气候变暖，大陆冰川融化，海平面上升，便与欧洲大陆分离，成为岛屿。整个岛屿全部位于大陆架上，附近的海底都很浅。

大不列颠岛的地形很复杂，有高原、低山、丘陵及平原，相互错落分布。但总的地势是从西北向东南逐渐降低。山地和高原分布在大不列颠岛的北部、西部，平原和丘陵多分布于其东南部。大不列颠岛由三部分组成，即苏格兰、英格兰和威尔士。

苏格兰高原位于大不列颠岛的北部，其面积79000平方公里，是大不列颠岛的最高部分。地形是南北两边高，中间低。它的北部是北苏格兰高原和格兰扁山地，中部是苏格兰中央低地，南部则是苏格兰台地。北部高原海拔一般为600—1000米，是一个地垒性地块，其西部较高，陡立于海滨，而东岸地势低，有较宽的沿海平原；受第四纪冰川作用与河流的切割，地形并不完整，非常破碎，在高原面上耸立着许多由坚硬岩石构成的山地，尼维斯山高1343米，是大不列颠岛的最高峰。中部低地介于两个高原之间，是加里东构造运动后所形成的地堑性谷地，地堑内沉积着古红色砂岩和石炭纪的煤田，同时有许多不高的火山丘陵也分布其中。南部高地的地势是西高东低，高度一般为500—600米；高原面被河流所切割，地形破碎，但地表起伏较平缓。

威尔士位于大不列颠岛的西南面，面积为19300平方公里，它的北面、西面、南面靠海，而在东面与英格兰相邻。地形以中等山地为主。它的全境几乎被坎布连山脉占领，海拔为200—600米，地表被河流切割，由于受冰川的作用，山地普遍保存着冰斗、冰川槽谷等冰川地貌。在其南部存在一个煤层。

位于英格兰北部的奔宁山脉则是大不列颠岛的中轴脊梁，是一个东西坡逐渐降低的构造山地，主要由石灰岩和砂岩构成，高400—600米。山脉约作南北走向，是北部英格兰气候上的一个天然屏障，但因河流切割，河谷地较开阔，因此对东西交通并没有造成障碍，地势由北向南逐渐降低。奔宁山脉东西坡不对称，西坡陡峻，而东坡较缓，逐渐降低到约克郡平原。在奔宁山的西北分布着康布里安山地，山地呈圆形，中部地势隆起，最高的斯科费尔峰，海拔为978米。英格兰的东南部为波状平原，地势高低起伏。上面沉积着中生代的砂岩、石灰岩和第三纪黏土层。布里斯托湾以南的康沃尔岛，位于英格兰的西南面，地势低，有平原，有丘陵。

在更新世时，大不列颠岛的大部分地区遭受冰川作用，因此冰川地貌较多，如在英格兰低地发育着大量的冰川堆积的蛇形丘和鼓丘地形。在苏格兰和西北英格兰山地有冰川和冰碛的堆积。同时由于冰川的作用，形成许多面积大小不等的湖泊，尤其在北苏格兰和西北英格兰湖区，湖泊最多。

大不列颠岛位于北纬50°—58°40′，正处于西风带内。四面被海所包围，深受海洋的影响，是典型的温带海洋气候区。夏季，陆地气温比海洋气温高，海水对陆地起降温作用。冬季，强大的北大西洋暖流从西面带来大量的暖气与水气，使大不列颠岛的冬季既温暖又湿润，1月份的平均气温一般为3℃左右，比同纬度的其他地区高得多。伦敦1月的气温可达4.2℃。夏季气温在13℃—17℃左右。整个大不列颠岛终年受气旋的控制，气旋活动频繁，降水丰富，各个季节都有降水，降水分配比较均匀，但秋冬两季稍多。由于受地形的影响，各个地区的降水并不相同。苏格兰西部高原降水最多，在1500毫米以上。英格兰东南部降水量少，在750毫米以下，威尔士、英格兰西部的降水量在1000毫米以上。

大不列颠岛气候的另一特点是阴湿多雾。主要是雨日多以及海洋上的潮湿空气和岛屿上的冷空气相遇形成多雾的天气。如苏格兰高原西部平均每7天中就有5天在下雨，格拉斯哥一年中75%是云雾天气。著名的伦敦大雾多在秋冬季节出现。伦敦的雨日为160多天，格拉斯哥的雨日可达200天。

大不列颠岛上的自然植被除西欧型阔叶林外，还广泛分布着石楠灌木。

（六）爱尔兰岛

爱尔兰岛也是不列颠群岛的主体之一，它的面积为8.44万平方公里，位于大不列颠岛的西面。中间以北海海峡、爱尔兰海、圣乔治海峡相隔。它同大不列颠岛一样，在第四纪冰期以前是同整个欧洲大陆相连的，第四纪冰期结束后，它才完全和大陆分离。爱尔兰岛海岸线非常曲折，在这个岛上没有离海湾超过90公里的地方。整个爱尔兰岛的海岸线长1228公里，也就是每66.8平方公里的面积上就有1公里的海岸。

爱尔兰岛的地形像个盆地，中部为平原和低地。其中平原占的面积较广，整个平原南北长160公里，东西宽80公里。平均高度为60米，在平原上间或有200—300米的丘陵。中部丘陵主要由石炭系石灰岩所构成，上面是冰碛黏土。由于地势比较低，地下水位高。又加上排水不良，许多地方多沼泽。其沿海地带为高原与山地。西南部山地属于海西褶皱，以志留纪和泥盆纪的岩层为主。北部的山地属于加里东褶皱，以花岗岩、变质岩和玄武岩为主，在地质构造上是苏格兰高地的延续。爱尔兰岛东北部为玄武岩台地。西南部的卡郎图厄尔山是爱尔兰岛的最高点，海拔为1041米。西部地区喀斯特地貌特别发育。

在爱尔兰岛上分布着许多湖泊，最大的湖泊内伊湖位于爱尔兰岛的北部，面积为396平方公里，西南部的厄恩湖面积为123平方公里，科里布湖面积为168平方公里，前两个湖泊是冰川湖。

爱尔兰岛气候深受海洋的影响，因此降雨丰

富，年降水量为750—1000毫米，湿度大。降水西部多于东部，西部降水量在1000毫米以上，东部的降水量在1000毫米以下。爱尔兰岛冬季气温并不低，1月份的平均气温在4℃左右。

爱尔兰岛的天然林非常少，森林主要是人工林。但该岛潮湿的气候利于草的生长，因此草甸是爱尔兰岛的主要植被。

（七）冰岛

冰岛位于北大西洋中，它介于北纬63°23′—67°，西经13°31′—24°30′。冰岛的一部分已伸入北极圈内。它的面积为10.3万平方公里。冰岛的海岸线长4970公里，北部和西部的海岸较曲折，海岸高而陡，南部的海岸平直。

冰岛的产生与大西洋海岭裂谷带的岩浆活动有关。它位于大西洋的海岭上，后由于海岭发生岩浆喷发堆积而形成。冰岛在第三纪末期和第四纪时，火山作用强烈，并伴有断裂，形成许多南北向的断层与裂谷。第四纪时，在冰川的切割作用下，西部和北部形成了许多峡湾，如布雷迪峡湾、法克萨湾、斯卡峡湾。

第三纪以来，冰岛已发生许多次强烈的火山喷发，从而积累了很厚的火山熔岩层，厚达3000米。冰岛以火山多而著名，它属于大西洋—地中海—印度洋沿岸火山带的一部分。大约有200多座火山，其中30多座是活火山，是世界上最有名的活火山中心之一。最大最有名的火山有华纳达斯赫努克火山、赫克拉火山、拉基火山和卡特火山等。

冰岛上还分布着面积广大的冰川，面积达13000平方公里，主要是冰盾冰川，此外还有少量的冰斗冰川。最大的冰川为伐特纳冰川，其冰原面积为8500平方公里，厚度不等，有几百米厚的，有上千米厚的。它是世界上除格陵兰岛和南极地区以外最大的冰盖。

整个冰岛的地形以高原为主，3/4的地区为高原。岛中央是500米以上的高地，海拔400—500米，在高原面上还分布着火山峰。仅在沿海地区存在平原，且面积狭小，占全岛面积的7%。在岛屿的西部和西南部存在较大的海成平原和冲积平原。冰岛上的最高峰为华纳达尔斯赫努克山，高达2119米。

冰岛的地热资源比较丰富，这里有众多的温泉和间歇泉，它们的形成与火山作用有关。较大间歇泉喷出的水汽高达十几米，这些丰富的地热资源已得到广泛的利用，用于取暖、发电、游泳和医疗。

冰岛的气候属于极地海洋气候。它处于北纬63°以北，整个岛屿的纬度较高，但由于受到世界上最强大的北大西洋暖流的影响，它的气温并不低。北大西洋暖流从它南面经过，另有一支环绕于它的西面、北面。只有在其西北部有格陵兰寒流经过时，使其西北部气候较寒冷。它的中部因地势低，气温亦低。雷克雅未克1月份平均气温为－1.2℃，7月平均气温为10.9℃。冰岛的西南部和南部降水最丰富，年平均降水量为1000—1500毫米。北岸和东北岸受北风的影响，气候干冷，年降水量在400毫米以下。

冰岛的自然植被以苔原和灌木苔原为主，主要的植物有地衣、白杨、矮柳、越橘等。由于岛上风力大，火山熔岩风化物又缺少腐殖质，对森林的生长不利，因此岛上缺乏森林。高大的植物种类也较少，而寒漠、半寒漠植物居多。

（八）西西里岛

西西里岛位于意大利半岛西南面，处于意大利半岛和北非之间。它与意大利半岛之间隔有墨西拿海峡，宽仅3公里。与非洲之间隔着突尼斯海峡，宽为140公里。西西里岛的面积为25460平方公里。

西西里岛原是同意大利半岛相连的，后由于墨西拿海峡下沉，而彼此分离。西西里岛的地形以丘陵为主，整个丘陵占全岛面积的61%，一般高度在300—400米，山地则主要分布在东北部。北部的纳布迪山脉主要由太古界岩层组成。纳布迪山的南面是埃特纳火山，火山口高3279米，全部由熔岩构成，是西西里岛的最高点，它以世界上喷发次数最多的火山而著称。从有历史记载到现在，已喷发200多次，近几十年喷发最猛烈的一次为1987年3月，从火山喷出的熔岩，掩埋了几十公顷的森林和葡萄园，毁坏数百间房屋。西部的列马多山，海拔为1975米，主要由页岩、石灰岩、白灰岩构成。西西里岛的平原面积并不大，最大的平原是西米托河下游的卡塔尼亚平原。

西西里岛属于地中海气候。冬季温和，如北岸的巴勒莫的1月份气温为10.2℃，而夏季较炎热，巴勒莫的7月份的气温为24.6℃。半岛的大部地区降水在600毫米以下，冬季降水量多，夏季干燥。西西里岛的自然植被为长绿灌木，山毛榉分布于山地。埃特纳山在海拔1980米以下是森林带，以山毛榉、栎树、栗树为主。在山坡下部因土壤肥沃，多果园。1980米以上，仅有稀疏的灌木。

（九）撒丁岛

撒丁岛位于第勒尼安海之西，亚平宁半岛的西面。它的北面是科西嘉岛，中间以博尼乔海峡相隔，宽大约有 10 公里。南岸隔地中海与非洲北岸相望，宽约 180 公里。东面隔第勒尼安海与亚平宁半岛相望。整个撒丁岛的面积仅有23800平方公里。

撒丁岛是地中海海盆地块的残存部分。大约在亚平宁山脉向上褶皱隆起，海盆大部分沉陷时而形成。

撒丁岛的地势并不高，是由断层和河谷所分割的台地，地表起伏比较大。由于撒丁岛在古生代褶皱隆起后，经侵蚀风化，在第三纪重新抬升，断层作用发达，因此块状构造普遍。岛上火山岩分布面积广，主要集中在岛上的西部，如菲鲁火山等。东部则是由各个山脉组成。如马尔莫腊山，其海拔为1834米，亚拉山海拔为1094米。撒丁岛的平原面积很小，仅在岛的西南部有一较大的现代冲积平原，即马尼乌河谷平原。

撒丁岛的气候炎热，1 月份的气温为 10℃，7 月份的气温为 26℃。大部分地区的降水在 500—700 毫米，东南部年降水量不足 500 毫米。冬季降水多。

（十）科西嘉岛

科西嘉岛位于撒丁岛的北部，它在构造上是撒丁岛的延续。整个岛屿面积为8720平方公里，在行政上属于法国。

科西嘉岛由花岗岩、片麻岩和古生代地层构成。岛屿地形以山地为主，山势构成南北向，中部山势大，许多山峰在2000米以上，其中蒙谢托山海拔为2710米，是岛上的最高峰。科西嘉岛的气候是典型的地中海气候。由于风带的移动和气压的变化，使秋冬两季的降水多，而夏季降水量少。

（十一）直布罗陀海峡

直布罗陀海峡位于欧洲西南部的伊比利亚半岛南端和非洲大陆的西北角之间，它的南岸为摩洛哥，在其北岸为西班牙。整个直布罗陀海峡长约 90 公里，宽度为 14—43 公里，东窄西宽，西端入峡处最宽，形状像一个漏斗。直布罗陀海峡两岸的山地原是相连的，大约在第三纪末第四纪初，由于地面断裂下陷，海水入侵，形成今天的海峡。海峡的平均深度为 366 米，其东部比西部深，最深处达 1180 米，在海峡东部有一个深1000—1180 米的深区，而西部入口最浅处约 50 米。

直布罗陀海峡东通地中海，西与大西洋相连。它是地中海与大西洋的唯一通道，因此地理位置非常重要。有地中海的“咽喉”之称，是沟通世界大洲的海上交通枢纽。从这里向南可到达南非，向西可到达南北美洲，向东与地中海相连。

直布罗陀海峡属于地中海气候，冬季温暖，盛行西风，夏季干燥，盛行东风。在直布罗陀海峡的上表层海水和深表层海水之间有两股方向相反的海流，这主要是由于地中海和大西洋的海水盐度不同所引起的。表层海水从西向东流向地中海，深层海水从东向西流向大西洋，两者在距海面 120—125 米深的界面进行交换。

（十二）英吉利海峡

英吉利海峡位于欧洲西部的法国和英国之间。其东北面经多佛尔海峡与北海相连，西面与大西洋相通。大不列颠岛原是与欧洲大陆相连在一起的，后来由于受阿尔卑斯造山运动的影响，陆地下沉，第四纪冰期结束后，海水上升，大约在新石器时代的初期，大不列颠岛与欧洲大陆最终分离，形成英吉利海峡。

英吉利海峡东西长约 560 公里，西部较宽，东部较窄，平均宽度为 180 公里，最宽处为 220 公里。整个海峡面积大约有8990平方公里。海峡西深东浅，平均深度为 60 米，最大深度达 172 米。海峡内礁石和浅滩多，尤其在近法国一侧浅滩比较多。海水的盐度也是从西向东逐渐减小，由 35. 5‰降到 34. 5‰。

英吉利海峡以潮差大而著称于世。由于海峡西面宽东面窄，形状像个喇叭，海水从西向东流，而海峡的宽度变窄，造成了很大的海潮，大潮时，潮差约为 9—12 米，而最大潮差可达 13. 5 米。因此海峡内有丰富的潮汐动力资源，海洋潮汐能为8000万千瓦，是世界上潮汐发电潜力最大的地方。

英吉利海峡位于西风带内，盛行西风，属于温带海洋性气候。该地区冬暖夏凉，1 月份的平均气温为 4℃—6℃，7 月份的平均气温为 17℃，气温的年较差小。年降水量丰富，常年湿润有雨。

第三节 水体

一 边缘海与陆间海

边缘海是位于大陆边缘，以岛屿、群岛或半岛与大洋相隔，而仅以海峡或水道与大洋相连的海域，它主要的潮波和海流系统直接来自外海。西欧的海岸线被岛屿、半岛所分割，各海域深入大陆，多边缘海。北海是最大的边缘海。西欧的南面有世界上最大的陆间海——地中海。

（一）挪威海

挪威海位于斯堪的纳维亚半岛与法罗群岛、设得兰群岛之间。北面与格陵兰海相连，南面经设得兰群岛与北海相连，东面是斯堪的纳维亚半岛，西北面经法罗群岛、冰岛与大西洋相连，东北面与巴仑支海相连。它是北大西洋的边缘海，面积为238.3万平方公里。

挪威海平均深度为1742米，最深处为4487米。海水盐度在34‰—35.2‰之间。挪威海处于北纬60°以北，已属于高纬度地区，但由于北大西洋暖流从此通过，使挪威海的温度明显高于周围海域，即使在冬季也不结冰。挪威海2月的温度在2℃—7℃，8月温度为8℃—12℃，具有温带海洋性气候的特点。

挪威海由于处于寒暖流的交汇地带，浮游生物多，有机物丰富，为鱼类提供良好的生活环境，渔产丰富，是著名的渔场之一。

（二）北海

北海位于大不列颠岛、斯堪的纳维亚半岛和欧洲大陆之间，它是大西洋的边缘海。北临北冰洋，南面通过斯卡格拉克海峡、卡特加海峡和厄勒海峡与波罗的海相连，南边通过多佛尔海峡和英吉利海峡与大西洋相通，北面与挪威海相连。

北海的形状大致像个长方形，南北长约965.4公里，东西宽约643.6公里，面积为57万平方公里。它是世界上最浅的海洋之一，海域的大部分面积位于大陆架上。深度多在100米以内，最浅处仅14米。而位于英格兰北面的多格尔浅滩，长约50公里，宽约70公里，面积为650平方公里，深不到40米。北海的地势很不规则，由南向北倾斜。在北海的西部的德弗尔斯海穴，深达500米，锡尔布海穴为106米，位于挪威与比利时之间的挪威海槽，水深在200—800米，南部的斯卡格拉克海峡深730米。

北海的盐度为35‰，但在其南部由于莱茵河、易北河等河流河水的注入及波罗的海的海水渗入的缘故，含盐度比其他海区有所下降，降到31‰—32‰。

北海处于北纬52°—60°，处于西风带范围内，受北大西洋暖流的影响，气候属于温带气候，海水的平均温度高，2月的平均温度为0℃—5℃，8月的平均温度为15℃—17℃，海水常年不结冰。北海北部的年降水量较多，可达1000毫米，而南部较北部要少，为200—600毫米。北海海域多风暴，尤其在东部海区，气旋频繁发生。

北海的大陆架宽广，大陆架面积为50万平方公里。同时有众多的河流流入，有丰富的有机、无机养料和鱼饵，为鱼类的生长提供丰富的食物，渔产丰富，是世界上著名的渔场之一，主要有鲱、鳕、黑线鳕、绿鳕、鲨鱼、鲭等。北海的海底蕴藏着丰富的石油与天然气。

（三）地中海

地中海是分隔非洲与欧洲的一个边界海。西边通过直布罗陀海峡与大西洋相通，东北面通过达达尼尔海峡、博斯普鲁斯海峡与黑海相通。它东西长4000公里，南北宽度不一，最宽处为1800公里，面积为251万平方公里，是世界上最大的陆间海，平均深度为1541米，其最深处为5093米。

地中海是浩瀚的特斯提洋也就是古地中海的残存部分。古地中海的海域面积相当大，它不仅包括现在的地中海，还包括南欧、中西欧的部分地方，以及亚洲和澳大利亚大陆的部分地方。但是后来由于非洲板块、阿拉伯板块和印度板块向北移动，与欧亚板块相互碰撞，使古地中海范围逐渐减小，形成今天的地中海。

由于地中海的地质构造较复杂，使整个地中海的水平轮廓比较复杂。一般以亚平宁半岛、西西里岛至突尼斯一带为界，将地中海分为东地中海与西地中海。西地中海包括第勒尼安海、阿尔沃兰海和巴利阿里海。第勒尼安海位于科西嘉岛和撒丁岛以西，亚平宁半岛以东，面积为21.4万平方公里，其周围浅水海域较广，海底地形复杂，最深处为3730米。阿尔沃兰海的位置处于最西部，位于直布罗陀海峡以东，摩洛哥和西班牙之间，面积为5.4万平方公里。巴利阿里海处于阿尔沃兰海与第勒尼安海之间，在西地中海各海盆中面积最大，海域面积为24万平方公里，深度在3000米左右，最深处达3332米。东地中海包括亚得里亚海、伊奥尼亚海、爱琴海和黎凡特海。亚得里亚海介于亚平宁半岛和巴尔干半岛之间，形状狭长。亚得里亚海以南为伊奥尼亚海，最深处4594米，也是地中海最深的地方。爱琴海处于希腊半岛与小亚细亚半岛之间，海盆中岛屿星罗棋布，海岸较曲折。爱琴海以南为黎凡特海。

地中海的地理位置决定其夏季处于副热带高压控制之下，冬季处于西风带范围内，是典型的地中海气候区。冬季温暖湿润，夏季炎热干燥，北岸在2月份平均气温为5℃，南岸为14℃—16℃，8月份，北岸的平均气温为22℃，南岸在5℃以上。由于夏季炎热干燥，其蒸发量非常旺盛，蒸发量大，年蒸发量最大的地方可达1300毫米。加上缺少大河的注入，蒸发量超过其降水量和河水的补给量。因此地中海的含盐度很高，表层盐度达37‰—39‰。

地中海盐分浓度与其他海洋存在很大的区别，使地中海的海水通过直布罗陀海峡和大西洋的海水发生水分交换。由于地中海的盐度大，下沉向西流入大西洋，流速达168万立方米/秒。而上层海水由盐度低的大西洋向东流向地中海，流速达175万立方米/秒。因此从大西洋流入地中海的水量远远大于从地中海流入大西洋的水量，使大西洋成为地中海的主要海水补给来源。据测算地中海71%的海水补给来源于大西洋，而来源于降水和周围河水补给的水量仅占26%。另外在地中海与黑海也有类似的海水交换现象，但其交换的水量与地中海和大西洋之间的海水交换相比要小得多，上层海水从黑海流向地中海的流速为1.26万立方米/秒，下层海水从地中海流向黑海的流速为6200立方米/秒，这两者的差别使地中海得到3%的海水补给来源。

（四）波罗的海

波罗的海位于斯堪的纳维亚半岛和欧洲大陆之间的北欧地带，是一个内海，是大西洋的一个属海，面积约42.2万平方公里，西濒丹麦、挪威，东北临芬兰、俄罗斯，南临波兰与德国，大致呈西南—东北向的狭长形。

波罗的海原是一古大陆的沉陷谷地，大约在第四纪冰期时，它被大陆冰川所覆盖，经过冰川的刨蚀与挖蚀，沉陷谷地变得又深又宽。冰期过后，气候逐渐变暖，冰川消退，沉陷谷地被海水所侵，形成今天的海盆。波罗的海是个浅水海盆，平均深度为86米，最深处在瑞典和哥得兰岛之间，为459米。

波罗的海的海峡和海湾占的面积较大，占了1/3。在波罗的海的西面入口，被丹麦岛屿分裂为三个海峡，即大贝尔特海峡、小贝尔特海峡和厄勒海峡，通过这三个海峡波罗的海与北海相通。波罗的海有许多海湾，东边有位于芬兰与俄罗斯之间的芬兰湾，北边有位于瑞典和芬兰间的波的尼亚湾。

波罗的海所处的纬度较高，处于北纬54°以北，气候寒冷，蒸发率较小。由于波罗的海只有在其西面通过大贝尔特海峡、小贝尔特海峡和厄勒海峡与外海相通，而小贝尔特海峡深不过14米，厄勒海峡深不过7米，且又较窄，阻碍了波罗的海海水与外海的海水交换。其北面、南面、东面被大陆所包围。再加上许多河流特别是源自斯堪的纳维亚半岛的多雨山脊的河流的注入，每年河川的径流量为437立方公里，使波罗的海的海水盐度非常低，中部的海水盐度为7‰—8‰，是世界上最淡的海。大贝尔特海峡的海水盐度为15‰，而到摩恩岛以东降到8‰，芬兰湾为6‰，波的尼亚湾北端仅2‰—3‰。但波罗的海的海层深处盐度比较高，这主要是由于大西洋的海水渗透的缘故。

波罗的海的气候为海洋气候。北部冬季表层水温在0℃以下，南部为2℃，7月的温度为15.6℃—17.5℃。年降水量南部多于北部，南部年平均降水量超过600毫米，北部不足500毫米，在个别海域可达到1000毫米。

波罗的海由于所处的地理位置和海水盐度低，使其海水温度在冬季较低。由于北部冬季表层水温在0℃以下，海水封冻。波的尼亚湾的封冻期长达6个月，芬兰附近每年封冻期也长达3—4个月。

（五）比斯开湾

比斯开湾是大西洋的东部海湾，位于法国布列塔尼半岛和西班牙北部之间。形状大致呈直角三角形，长约550公里，宽400公里，面积为22.3万平方公里。比斯开湾的海岸较平直。法国海岸低平，多沙丘和泻湖，大陆架较宽阔，而西班牙北部的大陆架却狭窄。比斯开湾的东北部浅，西南较深，最深达4732米。海水盐度为35‰。

比斯开湾属于温带海洋性气候，年温差较小，降雨丰富，气候较湿润，海域内多风暴。

二　河流

由于地形和气候的影响，欧洲有密集和水量丰富的水系。西欧的年降水量远远大于实际蒸发量，多余的水就作为河流的补给，使河流有丰富的水量。欧洲的河流分布，有一个东北—西南向的分水岭，使欧洲的河流分属于北冰洋—大西洋和地中海—黑海两个斜面。这条分水岭大致是东欧平原的冰碛丘陵地区到中欧的海西山地、南欧的阿尔卑斯山。发源于阿尔卑斯山的河流除莱茵河注入北海或通过多瑙河流入黑海，大多注入地中海。注入大西洋的河流有伊比利亚半岛的杜罗河、塔古斯河、瓜的亚纳河和瓜达尔基维尔河，法国的塞纳河、卢瓦尔河、加龙河，此外还有易北河、威悉河和莱茵河注入大西洋的边缘海——北海。

西欧的河流由于地势低平，分水岭并不高，各个河流的上源都很近，又都有运河把各河流相连，形成密集的河流水系。而且各河流的通航里程长，从其河口到上源几乎都能通航。西欧的气候除地中海沿岸和其北部降雨量较少外，其他地区都潮湿多雨，流经山地的河流，富有水利资源，使各个河流的可航距离长。如塞纳河的80%能够通航，莱茵河的66%、多瑙河的91%能够通航。西欧跨越国界的河流较多。

（一）莱茵河

莱茵河源于阿尔卑斯山的圣哥塔峰下，它的上源由前莱茵河和后莱茵河组成，前莱茵河发源于中阿尔卑斯山口的托马湖，后莱茵河发源于瑞士和意大利边境的阿尔卑斯山，两源汇合后，出阿尔卑斯山向北流经德国西部中等山地和荷兰低地，最后注入北海。莱茵河干流长达1360公里，流域面积为22.4万平方公里。莱茵河位于北纬47°48′—52°，由于流经的区域降水丰富，又有许多的支流注入，因此莱茵河常年水满。它的支流主要有内卡河、美茵河、鲁尔河和摩泽尔河。

莱茵河流域内总的地势自北向南倾斜。根据莱茵河的水文状况，可将莱茵河分为上、中、下三段。

从它的发源地到巴塞尔是它的上游。主要流经阿尔卑斯山区，河谷比较狭窄，山地比降大，河流坡度很陡，且呈阶梯状，形成峡谷。水流急，径流系数大，可达75%，洪峰大，且携带大量的泥沙顺江而下。上游的水源主要来自冰川和积雪，因此水量的季节变化大，在春末夏初，积雪融化时，水位最高，而冬季时，水位最低。在博登湖因为有阿勒河汇入莱茵河，水量增加。

从巴塞尔到波恩为中游，流经海西断块山地，地势相对上游较平缓，汇集的支流很多，大都从海西山地来，水文状况复杂。从巴塞尔到宾根，莱茵河流经莱茵地沟带中，这是一条长300多公里，宽40公里的断层地沟，河床比降大，河道弯曲。从宾根到波恩再到莱茵峡谷，河床切穿片岩山地，谷地变窄，流速增加。在巴塞尔附近，莱茵河的流向由东西向骤变为南北向，向北流入上莱茵低地。在中游许多支流汇入莱茵河，如内卡河、美茵河等。但水源仍主要来源于春季融雪水，还有部分雨水，因此河水一般在春季高涨，时有春汛。

从波恩开始，莱茵河流入下游，这里进入平原地区。由于莱茵河的含沙量较大，因此下游的沉积作用发达，常因河床淤积而引起河水泛滥。下游地区属于海洋性气候，降水丰富，水流较稳，右岸有鲁尔河、利珀河等河流注入，使河水终年流量都很大。河口年平均流量为2500立方米/秒。冬季降水略大于夏季，因此冬季水位高于夏季。莱茵河进入荷兰后，分为三股岔流。最南的为伐尔河，它向西流入北海。最北的为艾塞哥河，流入须德河，中间为累克河，向西经过荷兰鹿特丹港流入北海。

莱茵河流经欧洲的经济发达区，同时与附近的河流有运河相通，其航运价值很大。自巴塞尔以下莱茵河的通航里程为886公里，洪水季节，1500吨的轮船可达上游的巴塞尔，5000吨的轮船可达距河口1200公里的斯特拉斯堡，7000吨的船可达距河口500公里的科隆。

（二）多瑙河

多瑙河流经西欧与东欧，是欧洲的第二大河。它发源于德国西南部的黑林山东坡的不列盖河和不里加哈河，为横贯中欧地区的最长的河流。它大致呈东西走向，最后注入黑海。多瑙河干流长为2860公里，流域面积为81.7万平方公里。多瑙河的大小支流有300多条，较大的主要支流有摩拉瓦河、提索河、奥尔特河、普鲁特河、德拉瓦河、萨瓦河等，并有运河与奥德河、莱茵河相通，是中欧重要的航运要道。

从其源头到“匈牙利门”（西喀尔巴阡山脉和

奥地利阿尔卑斯山脉之间的峡谷）为多瑙河的上游，主要流经巴伐利亚高原的北部和阿尔卑斯山和捷克高原之间的丘陵地。在它的上游汇集了阿尔卑斯山的雪水和冰川水，同时又接受了黑林山、施瓦本汝拉山和波希米亚山等海西山脉的水源，因此具有高山流水的特征，河床深而且狭窄，比降大，急流较多。水量在春季和夏季大，而秋季和冬季较小，有暴涨暴落的特点。

从“匈牙利门”到铁门为多瑙河的中游。主要流经匈牙利盆地，地形起伏较大，河谷加大加宽，坡度不大。但河道很弯曲，常出现截弯取直的牛轭湖。在铁门附近，多峡谷，水流湍急，河中多浅滩，建有铁门大坝。中游有许多支流汇入，这些支流多源于阿尔卑斯山和喀尔巴阡山，水源主要来自融雪积水，因此多瑙河在中游仍然保持上游的特点，春季的水量最大。多瑙河在上游的含沙量不大，每年通过维也纳的泥沙量为200万吨，而经过匈牙利平原后，泥沙量大增。其提索河每年带入多瑙河的泥沙量为7500万立方米。

从铁门开始进入下游平原区，河谷较宽，坡度较平，每年春夏河水泛滥，造成大面积的湖泊沼泽。在河口处形成一个巨大的三角洲，面积达4300平方公里，是重要的芦苇区，盛产各种野生动物和鱼类。

多瑙河是世界上流经国家最多的一条河流，是一条重要的国际河流，它沿途流经德国、奥地利、捷克、斯洛伐克、匈牙利、南斯拉夫、罗马尼亚、保加利亚。同时它还是一些内陆国家如奥地利的入海通道。另外多瑙河还有运河同其他河流相通，因此它的河运价值很大。多瑙河还蕴藏着丰富的水利资源。

（三）易北河

易北河发源于苏台德山和波希米亚山，大致呈东南西北向，最后注入北海。干流长1150公里，流域面积为14.8万平方公里，主要流经中欧北部平原，沿途接纳了许多的支流。

易北河由于流经的区域地势平坦，气候潮湿，降雨丰富，因此河流整年都有丰富的水量。易北河的水量主要靠雨水和积雪融水补给，河流有春汛的水文特征，在春季洪水季节，河水水位最高，夏季温度较高，蒸发旺盛，水位最低，径流系数在30%以下。而到秋季以后，温度降低，蒸发减少，河水的水位开始上升。奥德河为北德平原最为重要的河流，它可航行的距离为900公里，并有支流通过运河同奥德河和威悉河相通。

（四）奥德河

奥德河发源于中欧断块山地苏台德山中的耶塞尼亚山，然后向北流，最后在波罗的海西南部的什切青港口注入波罗的海。河流全长861公里，流域面积为11.9万平方公里，主要流经中欧的北部平原。奥德河的支流主要有瓦尔河、布尔河、尼斯克兹卡河等。

奥德河从其发源地向东北流经狭窄的森林谷地，河谷狭窄，水流急。后穿越摩拉维亚凹地，河谷扩展，宽约10—20公里。奥德河下游距河口的地方，奥德河分为西奥德河和东奥德河，两条河流平行注入波罗的海。

（五）塞纳河

塞纳河位于法国的北部，发源于朗格勒高原，向西流经香槟地区南部，再穿过诺曼底，最后在英吉利海峡的塞纳湾入海。塞纳河长776公里，流域面积为7.865万平方公里。塞纳河的支流很多，较大的有马恩河和瓦兹河。马恩河是塞纳河的最大支流，发源于朗格勒高原的北部，全长525公里，在巴黎的东面注入塞纳河。

塞纳河主要靠雨水补给，其流经的区域降水丰富。但夏季的降水较少，冬季降水较夏季多，因此其低水位主要出现在夏季，而洪水出现在冬季，但变化的幅度并不大，例如巴黎在1月和2月的平均流量为500立方米/秒，8月的流量为100立方米/秒。塞纳河流经的地区起伏平缓，坡度较小，水位变化并不大。塞纳河在其上游切割高原后，坡度减小。从蒙特罗到鲁昂，河流流经平原地，河床展宽，坡度小。自鲁昂至河口，河床的坡度几乎为零。

塞纳河有许多运河同莱茵河、罗纳河和卢瓦尔河相连，是法国最富有航利的河，其通航里程为560公里。

（六）卢瓦尔河

卢瓦尔河源于法国的中央高原东南边缘的塞文山西侧，沿着中央高地的西北部向西北流，流经平原与丘陵地区，最后注入大西洋的比斯开湾。全长1020公里，流域面积达12.1万平方公里。

卢瓦尔河上游流经中央高地，具有山区的河流特征。由于地势较陡，径流系数很大。卢瓦尔河河水补给有雨水也有雪水。下游流经平原与丘陵地区，降雪量少，河水主要靠雨水和地下水补给。卢瓦尔河因全流域都有丰富的降水，因此它全年的流量都很大，最大流量达1万立方米/秒。但卢瓦尔河的水流较急，河水暴涨暴落，涨落变化很大，8月和9月为枯水期，不能通航，而2月和3月为洪水期，又常造成河水的泛滥，给周围地区造成损失。虽然它有运河同马恩河和塞纳河相通，但其航运价值并不大。

（七）波河

波河发源于西阿尔卑斯山的维左山，是意大利最长的河流，长652公里，流域面积7.5万平方公里。它自西向东穿过意大利的北部地区，最后在亚得里亚湾汇入亚得里亚海。波河的支流很多，如明乔河、奥利奥河、塔纳罗河和帕纳罗河等，这些河流主要发源于阿尔卑斯山和亚平宁山地。波河流经的区域属于地中海气候，冬季温暖湿润，夏季炎热干燥，冬季降水多，夏季降水少。因此波河冬季流量大，在冬季大雨时易造成河水泛滥。另外，波河水文特征还受其支流的影响。由于波河源于阿尔卑斯山支流的水源主要来自冰川融水和雨水，洪峰出现于春末夏初，而源于亚平宁山的支流水源主要来自雨水，在春季和秋季水位最高。因此波河全年的流量都很大，只在夏末出现枯水期。

波河在其上游主要流经山麓地带，河床狭窄，水流湍急。但在其中下游坡度很缓，如它在都灵处的海拔为212米，而从都灵到它入海口达580公里。另外由于波河的含沙量非常高，因此在下游的沉积作用很大，在洪水期易造成泛滥，给周围的地区造成生命财产损失。但波河由于流经平原地区，水流缓慢，水量充沛，利于航行，其干支流总航线达1200公里。

（八）塔古斯河

塔古斯河是伊比利亚半岛的最长河流，也是欧洲的大河之一。发源于西班牙东部的阿尔瓦拉辛山，向西流经伊比利亚半岛，最后在里斯本湾注入大西洋。全长1007公里，流域面积达8.16万平方公里，跨越西班牙与葡萄牙的重要核心地区。西班牙境内河段为785公里，葡萄牙境内河段为179公里，两国边界河段44公里。该河在西班牙称塔霍河，在葡萄牙称特茹河。

河流上游切割石灰岩地带，流过狭窄与弯曲的河谷，途经崎岖的山地，向西南流去。在博拉尔圭城附近通过一个面积为132平方公里的水库。出水库后流向西南，途经肥沃的阿兰胡埃斯地区，往西流经塔拉韦腊城至卡塞雷斯，然后进入由石英岩和页岩形成的陡峻峡谷。在阿尔坎塔拉流入一个长为92公里的大型人工湖。出湖之后，成为西、葡两国的界河。然后流经葡萄牙肥沃的阿布兰特什地区，最后流入大西洋。塔古斯河上建有许多拦河坝，以利发电和灌溉。

三 湖泊

西欧的湖泊众多，大大小小的湖泊遍布各地，但主要分布在北部和阿尔卑斯山地。由于第四纪冰川的影响，冰川成因的湖泊较多。但还有许多其他成因的湖泊，如海迹湖、沉积湖、构造湖等。在意大利半岛，一些活火山或死活山的火山口有火山湖。

（一）芬诺斯堪的亚湖区

此区包括斯堪的纳维亚半岛与芬兰，这里分布着许多大小不等的湖泊。芬兰的湖泊最多，有6万多个，素有“千湖之国”之称，湖泊占全国面积的12%。因在第四纪这里是欧洲的冰川中心之一，因此这里的湖泊主要是冰川湖。这些湖泊多数是由于断裂或断层的作用，处于由构造作用形成的洼地里，在第四纪冰期时被冰川所覆盖，由于冰川的侵蚀作用或堆积作用，使洼地加深加宽，冰期过后形成湖。

芬诺斯堪的亚湖区最大的湖泊为维纳恩湖，面积为5584平方公里，深89米。此外还有赛马湖、维特恩湖、伊纳里湖、大卡拉湖、派延内湖等。这里的湖长而弯曲，也有圆形和椭圆形。湖中多由冰碛石所造成的岛屿。

（二）阿尔卑斯山地湖区

阿尔卑斯山地在第四纪是欧洲另一冰川中心，因此这里的湖泊也多是由冰川作用形成的。阿尔卑斯山的湖泊有两种类型，第一类是高山的冰斗湖，这些湖泊面积小，但数量多，大多分布在山顶和山间，深度较深。第二类是山麓地带的冰碛湖，出现在大河谷与山脉相连接的地方。这些湖泊面积较大，深度深。如日内瓦湖，面积有581平方公里，深度为310米，博登湖539平方公里，深度为252米。这些湖泊较窄长，呈方形，大多为冰川槽谷的末端。分布在阿尔卑斯山地带的湖泊，多被河流通过，是一些河流的上源，调节着这些河流上游的水量并可防止破坏性的水灾发生。

第四节　气候

一　气候的特点

西欧位于北纬 36°—71°，南北跨度达 35 度，这就使从南到北的温度差异很大。如斯堪的纳维亚半岛 1 月的平均气温在 2℃—4℃，7 月的均温在 3℃—15℃，而在意大利的北部，1 月平均气温在 0℃左右，夏季炎热，一般在 20℃以上。

虽然各地的气候变化不同，但由于同处于西风带，受北大西洋的影响，整个西欧的气候主要有三个特点：

第一，温带气候占绝对优势。这主要与所处的纬度有关，整个欧洲都处于北纬 36°以北，远离赤道，没有热带，使整个欧洲都处于温带地区。同时寒带所占的面积很少，仅处于大陆的北部边缘地带及北大西洋的岛屿中。

第二，气候的海洋性显著。西欧处于高纬度地区，但冬季并不寒冷，而是较温暖湿润，比同纬度的其他地区的温度高许多，在冬季没有极冷的情况。如在冬季，最冷的 1 月，爱尔兰的瓦伦西亚平均气温为 6. 8℃，而波兰的华沙则达到 -4. 3℃。在夏季，除了地中海沿岸地区外，其他地区都不炎热，如英国的 7 月平均气温为 13℃—17℃，芬兰的夏季气温为 16℃—18℃。整个西欧的降水充沛，且降水的季节分配较均匀，全年没有干季，相对湿度较大。在平原地区年降水量达 750—1000 毫米，在个别地区可达到2000 毫米以上，如挪威的沿海山地。

西欧气候的海洋性特别明显，全年没有极热的现象，也没有极冷的现象，年温差较小。这主要是由于西欧就像欧洲大陆向西伸出的一个半岛，西濒大西洋，东临地中海，北接北冰洋，三面环海的地形使西欧深受海洋的影响。而大陆被各个岛屿与半岛切割较深，大陆的轮廓支离破碎，各个海和海湾深入大陆，使海洋影响的范围更广。从纬度上看，整个欧洲在全球的行星风系中，刚好处于西风带中，除南欧外，吹着恒久的西风。从海洋面上吹过来的西风，给大陆带来了大量的水汽和温暖，形成了潮湿的温带海洋气候，它在西欧所占的面积之广，是其他地区所无法比拟的。而源于墨西哥湾的暖流，经过佛罗里达海峡后，由西向东而来，进入西风带后到达欧洲西海岸，称为北大西洋暖流，给西欧带来大量的热量。在多种因素的影响下，使西欧虽然纬度较高，但气候并不寒冷。

第三，具有典型的地中海气候。在南欧的地中海沿岸地区，气候类型属于地中海气候，在欧洲分布的范围广，面积大。主要分布在地中海沿岸，大致在伊比利亚半岛到黑海这一广阔的领域。地中海气候有典型的特征，就是冬季温暖湿润，夏季炎热干燥。如意大利的罗马 1 月的平均气温为 7℃，7 月的平均气温为 24. 5℃，年平均降水量为 841 毫米，而下半年的降水量占全年降水量的 68% 以上。那不勒斯的 1 月平均气温为 9℃，7 月的平均气温为 24. 8℃，年平均降水量为 894. 5 毫米，而主要集中在 10 月到次年 2 月，其中 12 月的降水最多。

二　气温与降水的分布特点

西欧由于其海陆分布特点与纬度位置，冬季较为温暖，夏季较为凉爽，这在整个欧洲表现得非常明显。

（一）气温

冬季，冰岛低压强盛，延伸的范围很广，而冰岛低压附近是暖流地区，很容易产生气旋，因此气旋活动频繁。大西洋给欧洲大陆带来大量的热量与水汽，尤其是西欧与大西洋之间的热量交换的规模非常巨大，使整个西欧的冬季非常温暖。1 月份的等温线在西欧大致呈南北延伸，南北之间几乎没有差别，足以说明大西洋对西欧气候的影响。0℃的等温线通过冰岛的南岸，向东北延伸到斯堪的纳维亚半岛西海岸，再向南经波河平原到阿尔卑斯山的西麓，然后东折，沿多瑙河南岸到达多瑙河的河口地区。10℃的等温线从西欧的南部边缘通过，-10℃的等温线从斯堪的纳维亚半岛的北部通过。由此可以看出，西欧的大西洋沿岸地区，如英国、法国、荷兰、比利时、丹麦、挪威等国家，冬季平均气温在 0℃ 以上，而南欧一带地区的气温更温暖，平均气温在 6℃ 以上。南部的国家如西班牙、葡萄牙、希腊等最南部的地区，1 月份的气温高达 12℃—18℃。在北欧由于受北大西洋暖流的影响，冬季气温比同纬度的地区高得多，挪威海即使在冬季也不结冰。而斯堪的纳维亚山脉的东侧则较冷，

1月均温在-5℃以下。

夏季，整个西欧比较凉爽，7月等温线呈纬向分布，大致呈西南—东北走向。从北到南气温逐渐升高。但东西也有差异，大西洋沿岸地区凉爽，越向东越热，但其差异并没有冬季那样显著。20℃等温线自西班牙西海岸向东北延伸，绕过巴黎盆地，向东至维也纳。10℃等温线经过北冰洋的沿岸地区，即挪威和瑞典的北部地区，这是西欧最凉爽的地区。20℃等温线以南的南欧地区，夏季气温高，气候炎热，西班牙的梅塞塔高原内部和东南部、西西里岛、希腊的南部，7月均温达26℃—28℃。

（二）降水

整个西欧的降水普遍较多。但降水的地区分布一般自西向东逐渐减少，这主要是受大西洋气团和西风的影响。大西洋气团自西向东移动，同时将大量的水汽带到大陆，西部降水多，越向东降水越少，再加上地形特别是山脉的影响，使东西坡的差异更加明显。如挪威西岸，山脉西坡年降水量在3000—3500毫米，而瑞典东岸降水量在400—600毫米。西海岸面向大西洋的迎风坡，是降水最多的地方。冰岛南岸、斯堪的纳维亚半岛、伊比利亚半岛和不列颠群岛的西部及阿尔卑斯山和亚平宁山脉的西侧，年降水量在1000—2000毫米，有的多达3000—4000毫米。阿尔卑斯山脉、中欧块状山地的一些山岭，降水在1000毫米以上，而其他地区降水量在500—1000毫米。

欧洲大部分地区四季都有降水，没有明显的干湿季之分。但由于各地受海洋影响的程度不同，降雨类型仍有区别，大西洋沿岸地区的降水分配均匀，但东半年气旋活动频繁，秋冬两季降水较多，多于上半年。中欧及北欧的东部地区，夏季降雨较多。南欧由于受副热带高压的南北移动，是典型的地中海气候区，冬雨夏干。

三　气候分区

（一）极地长寒气候区

本区包括欧洲大陆的北部边缘和冰岛，自然景观为苔原和森林苔原，所以又被称为苔原气候。本带的纬度较高，接近或位于北极圈内，所以有极昼和极夜现象。全年的气温都很低，冬季时西部气温高于东部。冰岛南部沿海地区最冷均温在0℃左右，夏季的气温在10℃以上。

（二）亚寒带大陆性气候区

本区主要分布在北欧，在景观上属于针叶林地带。本区纬度位置较高，冬季较冷而且漫长，夏季凉爽且短促。其位置大体处于西风带内，受西风带来的海洋影响，特别是北大西洋暖流在西风影响下，沿挪威海岸北上，使其西岸和北岸都不封冻。斯堪的纳维亚山脉位于斯堪的纳维亚半岛的西北部，山脉的大部分高度在1000米左右，对气流有一定的阻挡作用，形成了气候上的障碍，使半岛的西部和东部产生了差异。在其西部沿海地带受极地海洋气团的影响，冬季气温在0℃左右，降水丰富。斯堪的纳维亚山脉以东受极地大陆气团和冰洋气团的影响，冬季气温较低，气候较冷。如芬兰湖区台地的东北部1月平均气温为-10℃，北部高地约-14℃。夏季凉爽，7月平均气温在挪威西海岸为10℃—14℃，瑞典北部为12℃左右，芬兰南部为16℃，向北逐渐降到12℃。

本区西部沿海地区降水丰富，如挪威西岸的北部年降水量为1000毫米，且秋冬季节较多，而向东向北降水量则减少，瑞典年降水量在500毫米以下，芬兰年降水量为400—600毫米，夏季降雨较集中。

（三）温带海洋性气候区

本区位于欧洲的西部，包括英国、法国、荷兰、比利时、丹麦及斯堪的纳维亚半岛的南部大西洋沿岸和伊比利亚半岛比斯开湾的沿岸地带。本区包括的范围在西欧所占的面积最广。本区受极地海洋气团的控制，全年吹偏西风。在冬季，从温暖的洋面吹来的西风，不仅带来大量的水汽，同时带来大量的热量，使本区冬季的温度要比大陆其他纬度地区高，最冷月均温在0℃以上，西部沿海更高，在6℃左右，如法国的布勒斯特，最冷月均温在7.2℃，因此河流都不结冰。夏季受到海洋的调节，气温并不高，而较凉爽，7月平均气温在14℃—22℃。

本区正处于温带锋面气旋活动的路径上，气旋雨充沛，尤其是在冬季，北大西洋极锋活跃，气旋频繁，降水较多，年降水量在600毫米以上，有的地区高达2000毫米以上。如苏格兰西部沿海年降水量为2000毫米。降雨季节分配均匀，全年没有干季，湿度大。本区的气候的另一特点是雨日多，阴暗多雾，尤其在大西洋沿岸的大不列颠岛、荷兰、比利时和法国沿岸地区更加明显。

（四）地中海气候区

本区包括伊比利亚半岛的大部分地区、法国地中海沿岸地区、亚平宁半岛、巴尔干半岛的西部和南部及散布在地中海的各个岛屿。地中海的气候特点是夏季炎热干燥，冬季温和多雨，是热带半干旱气候和温带海洋性气候之间的一种过渡气候。

地中海气候的形成与风带的南北移动和冬季气压的变化及地中海本身有关。地中海所处的位置正处于大气环流的过渡地带。它的北面是西风带，终年吹着西风，常年有雨，而它的南面是副热带高压带和信风带，多东北风，气候干燥。地中海处于两大地带之间。冬季时，西风带南移，亚速尔高压退到大西洋上，地中海受极地海洋气团的影响，气旋活动频繁，降水较多。同时冬季地中海的海水温度比西欧大陆气温高，形成一个局部低压区。它不仅吸引大西洋极锋气旋，同时吸引各种不同性质的气团到此相遇，形成地中海锋，因此地中海冬季温和多雨，使地中海的月平均气温在5℃以上。而夏季则相反，副热带高压北移，地中海由于气温比大陆气温低，在其上空形成一个局部高压，对亚速尔高压起加强作用，地中海在下沉气流的作用下炎热干燥。

地中海气候的主要特色为夏干冬湿，降雨多在冬季。如里斯本年平均降水量为754毫米，而冬季则占全年降水量的38%，夏季仅占3%，春季占31%，秋季占28%。亚平宁半岛的罗马降水量为880.6毫米，而夏季只占10.6%，只有84.3毫米。

第五节 土壤、植被与动物

一 土壤类型与植被带

欧洲的植被在区系上属于泛北区的四个亚区，也就是：北极亚区，以苔原植被为主；欧洲—西伯利亚地区，是以乔木为主的森林植物区；地中海亚区，以地中海特殊植物为主；黑海—中亚亚区，以草原植被占优势。西欧的植被是欧洲植被的一部分。西欧没有荒漠带，因此没有荒漠植被。西欧植被的组成和种类，受第四纪冰川的影响非常大。在第四纪时西欧的大部分地区被冰川所覆盖，尤其是斯堪的纳维亚地区和阿尔卑斯地区。在冰川到来时，有些植物来不及迁移而冻死。冰期过后，一些植物才又迁移进来。因此西欧植物的种类贫乏。但西欧的森林资源比较丰富，绿地覆盖率高。特别是北欧国家，森林覆盖率很高，芬兰3/4的土地上有森林，瑞典的森林面积占全国面积的1/2。另外西欧的植被受人类的影响很大，由于人类的活动，天然林很少，大多是再生林或人造林。

土壤和植被是相互联系、相互作用、密不可分的。在一定的植被带中，分布着一定类型的土壤，表现出一定的纬度地带性。因为受到各个区域的地形、水文等条件的影响，这种地带性会被打破。但从总体上看，西欧的植被和土壤的地带性是明显的，从北向南可分为：

（一）苔原—冰沼土带

此带所占的面积非常少，主要分布于大陆的北部边缘地带，即在斯堪的纳维亚半岛和芬兰的北部沿岸及冰岛。此带的地理纬度非常高，部分地区已进入北极圈境内，出现极昼与极夜现象。受极地海洋气团的影响，气候寒冷，气温很低，蒸发量少。虽然降水量少，但湿度很大。由于纬度高再加上气温低，冰沼土有终年冰冻和沼泽化的特点。在苔原带内有一个终年冰冻层，即使在夏季也只有表层土解冻，底土仍然冰冻。这样，由于冰冻层的存在，阻碍了水分的下渗，在一些低洼处易形成沼泽。冰沼土土层很薄，腐殖质的含量很低，仅在1%—2%之间，这主要是因为气温低，对植物和动物的残体分解能力很小。冰沼土沼泽化程度高，酸性大，土壤的肥力很差。

苔原带的土壤和气候特性，使这里的植被覆盖率很低，苔藓、地衣占优势，而森林植物很少，因此地表景观很开阔。本区的植物为了适应这里的气候条件，一般是多年生植物，很少有一年生植物，多数植物为常绿植物。植物的叶面减小到最低程度，以抵御寒冷，在气温刚升高，天气刚有好转时，植物就能够发芽。此区的植物主要是苔类，在一些干燥的地区，生长着灌木苔原植物，有矮柳树、矮桦木和一些低矮灌木。在灌木苔原带的南面是森林苔原带，以苔原为主，而森林稀疏，主要由云杉、松、桦等组成，在林中分布着苔藓、地衣、矮桦等。

（二）针叶林—灰化土带

针叶林分布在苔原带以南，在欧洲的北部，它西起大西洋，向东与东欧的针叶林相连。它包括瑞典、芬兰和挪威的南部及德波平原的西部和苏格兰等地。这里气温较高，降水丰富，为植物的生长提供了有利的条件。植物大多呈针叶状，以适应气温低和生长季短的气候条件，且树木多端直，群落结构简单，结构层次分明。但本区的植物组成种类较单纯。欧洲云杉是其代表性树种，另外还有落叶松、冷杉、苏格兰松和雪松等。而云杉和冷杉是耐荫树种，组成的群落较郁闭，阳光很少能透过来，林中较阴暗，属于“暗针叶林”。

针叶林带的土壤是灰化土，这里降雨丰富，但气温较低，蒸发量少，水分大多渗入地表或流失。而随着水分的流失和下渗，必然是地表土壤中的可溶性有机矿物质的流失和下渗，在土壤的底层中沉积下来，而上层中仅有一些难溶物质存在，因此土壤的肥力较差，但相对于苔原带土壤其肥力较强，利于针叶林的生长。在本区的北部，由于土壤过于潮湿，形成潜育灰化土；在中部分布着典型的灰化土，淋溶作用强，在剖面中有明显的淋溶层和淀积，它是在亚寒带针叶林的覆盖下发育形成的；在灰化土带的南部，除发生灰化作用外，还发生有机质的累积过程，形成生草灰化土。

（三）针叶阔叶混交林—生草灰化带

针叶阔叶混交林主要分布在针叶林以南，属于针叶林向阔叶林的过渡地带，一般是北部的针叶林较多，而越向南，阔叶林越多。阔叶林的树种以栎、鹅耳栎、椴等为主，针叶林以云杉和松为主。

生草灰化土是本区的地带性土壤。它的腐殖质呈暗色，腐殖质含量较高。这主要是由于在稀疏的林木中，阳光能够透过来，使生长在树下的植物得到较多的阳光，因此在林下生长着许多的草本植物，使土壤能够进行有机质的累积过程，在表层土壤中产生一个暗色的腐殖质层。

（四）阔叶林—棕色森林带

阔叶林带分布的范围较广，包括整个大西洋的沿岸地带和中欧的大部地区。阔叶林带的气候温暖，即使在冬季，平均温度也在0℃以上，同时受大西洋的影响，降水丰富。因此适于需要充足的阳光、水汽和适宜的温度的阔叶林生长。但是树种较贫乏，主要有山毛榉和栎，此外还有鹅耳栎、槭属、榆属、椴属等。

山毛榉是一种喜湿喜温暖的植物，要求湿度较高，冬季不寒冷，因此在西部分布很广，在东部主要生长在较湿润的山区，在山的下部和平原区，则和栎林组成混交林。山毛榉林树冠浓密，阳光难以透进来，林下阴暗，使林下的植物较稀少。栎是阔叶林中分布最广的树，常形成纯林，利于砍伐。如英国的汉普郡有英国栎构成的纯林，高度达25米。栎不像山毛榉那样耐阴，树冠稀疏，形成明亮的栎林，林下的植物较复杂，发育得较好。

阔叶林的地带性土壤是棕色森林土。它是介于灰化土和亚热带红壤的一种过渡性土壤。土壤的形成过程有明显的黏化作用，在阔叶林带，冬季降雨量大，而温度较高，气温几乎在0℃以上，地表几乎不冻结，夏季相对较凉爽。树木的落叶堆积在地面，淋溶作用强，出现一定的灰化作用，但其灰化作用不如灰化土带。各种矿物养料并不能全部洗淋，酸性并不强，因此棕壤呈中性或微酸性反应。土壤的团粒结构好，腐殖质含量高，土壤肥力较灰化土的肥力高。此外还有黏化棕壤，有明显的淋溶作用。

（五）亚热带硬叶常绿林—褐色土带

亚热带硬叶常绿林带分布在地中海沿岸地区，这里属于地中海气候，夏季炎热干燥，降雨量少，因此这里的植被树种主要是那些适应干旱气候条件的树种。同时由于在第四纪时，本区的植被没有受到冰川的影响与破坏，因此这里的植被种类在西欧最为丰富。树种的种类主要有南欧松、常青栎树、板栗、栓皮栎和油橄榄，其中油橄榄是能够代表地中海特征的一种植物。地中海地区的硬叶常绿林可以分为硬叶常绿乔木和硬叶长绿灌木群落。硬叶常绿乔木群落以栎属植物为主，主要有冬青栎、栓皮栎。在地中海地区灌木丛林主要是在森林被毁以后形成的稠密的丛林，所占面积较广，种类比较多，有桃金娘、月桂、夹竹桃、黄连木、灌木栎等。

地中海区夏季干燥，因此这里的植物有旱生的特征。为了适应这里的气候条件，本区的植物一般在冬季温暖和夏季干旱间断期及时生长。植物的根系发达，深入地下，从地表深处吸收水分。有的植物叶子上置上一层蜡质，防止树叶的增温，有的叶子小而带毛，防止水分的蒸发，有的饱含油类，借以阻止蒸发。

常绿硬叶林带的地带性土壤是褐色土。由于气温较高，并有明显的干季，使土壤的黏化作用不能持续不断地进行，而是不断地被打断。土壤中进行氧化作用强，表层土中含有丰富的氧化铁，土壤较松散。褐色土的淋溶作用较弱，没有灰化作用，呈中性反应，但有明显的钙化作用，这是它不同于棕壤的地方。褐色土当中的腐殖质含量为4%—7%，为亚热带的植物提供丰富的养分，利于植被的生长。

另外，在一些山脉的坡地上，植被的垂直地带性很明显。如比利牛斯山脉，400 米以下及山麓地带，有典型的地中海型植物，如油橄榄、栓皮栎等，在海拔 400—1300 米，是落叶林和其他阔叶落叶林带，在1300—1700米是高山针叶林，2300米以上是高山草甸。阿尔卑斯山脉在海拔 800 米以下是亚热带常绿硬叶林，800—1800 米为森林带，下部为山毛榉和冷杉为主的混交林，上部为冷杉和云杉、雪松组成的针叶林，在森林上限为高山草甸，再向上为岩石和积雪。

二　动物

欧洲的动物同亚洲的动物有着密切的关系，另外由于地域上的接近，在欧洲的南部还有一些非洲的动物。西欧的动物组成与分布受第四纪冰川的影响非常大，在冰期期间，气温下降，北欧和阿尔卑斯区成为大陆冰川中心，除南欧外，其他地区几乎都被冰川所覆盖。在被冰川覆盖的地区，有的动物逃离，有的动物来不及逃离，又无法适应环境的变化而大量死亡。在冰期过后，一些动物才陆续迁入。因此，总的说来，西欧的动物种类贫乏。

（一）苔原动物

此带分布于北冰洋沿岸。北部苔原地区气候寒冷，植被缺少。因而苔原带的动物食物条件差，主要食物为地衣、苔藓和灌木叶子。同时，苔原带的景观开阔，动物缺少天然的保护场所，使苔原带的动物种类较少。哺乳类的动物主要有北极狐、雪兔、旅鼠。鸟类主要有雷鸟、柳雷鸟等。海上有海豹、海象、白熊等，此外还有海鸥、海雀、绵凫等候鸟，在夏季各种各样的鸟到此，集中在沿海一带的岩石上。

苔原带的气候恶劣，为了适应这里的气候条件。苔原带的动物的繁殖能力很高。有的鸟兽的皮毛呈白色，有的鸟兽在冬季处于冬眠状态，有的皮毛长、脂肪厚，而且季节变化显著。

（二）森林带动物

本带包括的范围较广，包括针叶林、阔叶林和混合林带，分布的面积广。森林是动物生活和栖息的最佳场所，因此动物数量多，但是动物种类并不多，种类单纯而贫乏。针叶林的动物由耐寒动物组成。有松鼠、狐、森林旅鼠、野兔、熊、狼等，鸟类有雷鸟、松鸡、啄木鸟、野鸭等，其中许多动物是苔原带的动物，它们在寒冷的冬季从苔原带迁移过来。

阔叶林和混交林的动物种类较多，主要的动物有松貂、鹿、野猪、刺猬、獾等。鸟类有黄鸟、莺、雀、啄木鸟、鸠等。另外在法国和西班牙还可发现狼。但是由于人类的干预，许多森林被砍伐，使许多动物灭绝或濒于灭绝。

（三）地中海区动物

地中海区的动物种类较多。主要是第四纪冰期时没有受到冰川的影响，许多动物到此避难。本区的动物种类有过渡性的特点，动物组成比较复杂。哺乳动物有扁角鹿、赤鹿、猴。另外在西班牙还有野兔、棕熊、西班牙麝香鼠等。在科西嘉岛和撒丁岛产有典型的有趾类盘羊。鸟类有蓝鹊、西班牙雀、石雀等。

地中海区虽然动物多，但是由于人们随意砍伐森林、开垦土地，使许多动物丧失赖以生存的场所，许多动物面临灭绝或已灭绝。

第六节　矿产资源

矿床的生成与地质的发展过程有密切的关系。在前寒武纪陆台的结晶岩中，有多种金属矿床，其中以铁矿最为出名。而加里东褶皱带的矿藏种类较少。海西褶皱带是煤层的重要分布地带。在地中海附近的阿尔卑斯褶皱带中，铝土矿分布广泛。

一　金属矿藏

西欧的金属矿分布很不均匀。铁是西欧重要的金属矿产之一，在西欧各个国家中，法国的铁矿最为丰富，储量约为 70 亿吨，主要分布于洛林地区，该地区的铁矿储量占法国储量的 4/5，但品位低、含磷量高。瑞典的铁矿也较丰富，探明储量为 36. 5 亿吨，铁矿分布于该国的中部和北部。瑞典中部的铁矿虽数量较多，但规模小，其矿石几乎不含磷，已开采了几百年之久。瑞典北部的铁矿尤为著名，主要产地位于基律纳和耶利瓦勒地区，铁矿品质优良，含铁率可达 60%—70%，是世界上少有的优质富矿。但瑞典北部的铁矿位于北极圈内地带，多山且远离海洋，因而开采不便。另外在大不列颠岛和伊比利亚半岛的毕尔巴鄂地区、坎塔布连山、摩勒纳山等地都有铁矿分布。英国的铁矿储量约为 30 亿吨，但大多为贫矿，含硫、磷成分较多。

西班牙毕尔巴鄂附近的山脉数世纪以来以其赤铁矿而著称。

地处爱尔兰的纳万的锌矿，是世界上少有的大锌矿之一，储量为7700万吨，品位为11%。在伊比利亚半岛的坎塔布连山以及撒丁岛，德国的亚琛和弗赖贝格，也有锌矿分布。在伊比利亚半岛梅塞塔高原南部，其水银矿储量居世界前列，但品位低，矿石的水银含量一般为5%左右，但也有含量高达15%—20%的富矿。此外还有意大利、伊比利亚半岛的摩勒纳山等地也在开采汞矿。葡萄牙的帕纳什凯拉钨矿是西欧最大的钨矿。西欧主要的铜矿分布于伊比利亚半岛的瓜达尔基维尔河和瓜的亚纳河之间以及德国哈尔茨山等地带。西班牙的利纳雷斯是世界上著名的采铅中心，它处于梅塞塔高原南部边缘的断裂带。法国的铝土矿主要分布在地中海沿岸的土伦地区，储量居西欧首位。

二　非金属矿

西欧的煤储量非常丰富，这些煤多产于石炭纪。储量丰富的煤田从英国开始，经过比利时、法国越过莱茵河一直延伸到西里西亚。英国的煤炭储量居西欧首位，硬煤的储量为1700亿吨，探明储量为460亿吨。英国的煤田分布很广，主要分布在三个地区：南部地区的威尔士南面煤田，其储量占全国的1/4；中部的奔宁山脉东侧有东密德兰和约克夏煤田，储量占全国的40%，山脉西侧有兰开夏煤田；北部地区则有英格兰东北部和苏格兰中部煤田，储量占全国的1/4。德国的煤炭资源也很丰富，硬煤储量为670亿吨，其中36%为优质无烟煤，褐煤储量为430亿吨。德国鲁尔区的煤田与附近的铁矿相结合，对德国的经济起到很大的作用。法国的摩泽尔河右岸的摩泽尔煤田是该国的大煤田。另外，在西班牙也有大的煤田。

西欧的石油和天然气在北海油气田发现以前，其探明储量很少，仅在英国、法国、德国等国家分布有小油田。20世纪60年代，在北海海底发现了丰富的石油和天然气资源。1965年在英格兰以东的北海海域发现了西索尔天然气田，1969年在苏格兰以东海域发现第一个油田——蒙特里斯油田，1970年又在挪威以南海域发现了埃科斯菲克油田，此后又陆续发现了一系列油田。北海北部海域的福蒂斯、布伦特与马格纳斯都是重要的大油田。英国、挪威等北海沿岸国家投入大量资金进行开发，使北海成为仅次于波斯湾的世界第二大海洋石油产区。

德国的钾盐储量十分丰富，主要分布在易北河和威悉河之间的二叠系的沉积岩中。法国的阿尔萨斯和孚日山地也有钾盐分布。法国洛林地区的岩盐储量较丰。意大利的托斯卡纳地区盛产硼砂。

（邝杨　龚丽娟）

第二章　人文环境

第一节　人口概况

一　西欧居民的历史来源

从现代考古学来看，早在第二次冰期晚期，西欧就有人类居住，但是直到新石器时代，随着西欧的第一批农耕者的定居才开始了垦荒，农业开始发展，所以说西欧居民始于新石器时代。

在现代西欧几个主要民族中，西班牙人和葡萄牙人是本地土著人与入侵并统治他们的罗马人融合形成的讲拉丁语的民族；法兰西人来源于高卢人，罗马统治者给他们带来拉丁语言，在罗马衰亡之后兴起的法兰克王国的一部分经过演变形成现代法兰西人；意大利人是罗马人和诸多北方移民共同形成的另一个拉丁民族；英格兰人来源于与日耳曼人同源的凯尔特人，在经历罗马人入侵和与海峡对岸的居民长期冲突之后形成的民族；日耳曼人是波罗的海沿岸高地的古老移民在古代社会结束和中世纪初期迁移扩散到整个中欧的日耳曼人后代。

在长期的历史发展中，罗马人的扩张和北方民族对罗马帝国的入侵、基督教教派的分裂和对立、日耳曼人与斯拉夫人的持续冲突、伊斯兰教势力与基督教势力的冲突等因素使得这块古老土地上的居民和民族状况变得十分复杂而模糊。

在现代西欧民族形成过程中，起到关键作用的是罗马人的扩张和日耳曼人的入侵。

罗马人至少在“语言上”——拉丁语——创造了现代西欧的四个重要国家和民族：意大利、法国、西班牙和葡萄牙。此外，罗马人继凯尔特人之后成功地将海岛上的英格兰人与高卢人相融合，这种“联姻”虽然因为日后的多次离异而中断，但从未遭到完全破坏，这对于现代西欧两个重要民族——法兰西民族和英格兰民族的形成有着重要影响。在罗马帝国末期的日耳曼人入侵对现代西欧主要民族的形成具有重要塑造作用，日耳曼人的移民和日耳曼人与紧随着他们南下的斯拉夫人之间的斗争不仅形成阿尔卑斯山以北的欧洲主要民族日耳曼人和斯拉夫各民族，而且形成传统政治划分上的东欧和西欧，它们之间的分界线，就是日耳曼人和斯拉夫人不断冲突（包括第一次世界大战和第二次世界大战）的地带。这条地带一直延续到第二次世界大战之后，冷战时期东西欧的划分基本是沿着这一条地带被隔开的。

二　西欧人口的城市化

欧洲是世界上人口密度最大的一个洲，共有人口 7.28 亿（维基百科 2005 年数据，包括俄罗斯全部人口），约占世界总人口数的 11%。欧洲的城市人口约占其总人口的 64%，在各洲中仅次于大洋洲和北美洲，居世界第三位。西欧是欧洲人口分布最密的，莱茵河中游谷地、巴黎盆地、比利时东部和泰晤士河下游的人口密度每平方公里都在 200 人以上。

西欧是世界上人口城市化最早的地区，也是目前世界上人口城市化最高的地区之一。中世纪时期的西欧城市规模小，人口少，功能不多，真正的城市化从 18 世纪工业革命以后开始。从那时候起，西欧城市的功能与结构都发生了变化，人口迅速增加，城市开始取代农村成为人类主要的生活空间。20 世纪初，西欧又开始了现代城市化，现代城市化的特征是人口更密集，区域更扩大，功能更发达，城市之间出现功能区分，交通通信等基础设施大大发展，现代建筑的出现使城市面貌大大改观并日新月异，第三产业日趋发达，城市文化成为社会文化的主体。尤其是第二次世界大战以后，西欧城市现代化步伐加快，城市人口大大超过农村人口。

城市是在手工业与农业分离、原始社会向奴隶社会发展过程中出现的。它是劳动分工的产物，是手工业者为了同周围地区进行产品交换而建立的固定市场，也是私有制的产物，是奴隶主实行统治和剥削的据点。最早的城市规模很小，以行政、军事为主要职能，集中一定的手工业人口，筑有坚固的城墙。奴隶社会后期的罗马、波斯等奴隶制大国，创建了一批建筑宏丽的大城市，例如雅典、巴比伦、斯巴达、迦太基、亚历山大等，公元 3 世纪的罗马城曾达 80 万人。

中世纪西欧因诸侯混战，列国并立，城市明显衰败，罗马城仅剩下 4 万人。为了突破这种封建割据局面，疏通商品经济渠道，德意志、意大利等沿海地区出现了一系列“自由城市”，即城市国家，最著名的有汉堡、不来梅、威尼斯等。

公元 1000 年前后，在罗马帝国城市的故址上产生了一大批重要的城市，如科隆、维也纳、巴黎、里昂、伦敦等。这些城市在中世纪是西欧各国的宗教中心。10—11 世纪，新型城市首先从意大利和法国南部，继而在法国北部、尼德兰、英国和南部德国兴起，如威尼斯、热那亚、那不勒斯、马赛等。

11—13 世纪，西欧城市人口开始增加，地方性商业和跨地区远距离商贸的发展，是导致城市发展的必然因素。15、16 世纪，西欧城市吸纳农村出现的大量过剩人口，从而使城市人口普遍增加。此后，城市不断扩大，人口从农村流向城市的趋势，一直都在继续。

近代工商业的兴起给城市发展带来新的机遇，也改变了城市的自治模式。到 15 世纪初，西欧城市已具备商业、军事、行政、城市文化和手工生产多种功能。它既是经济和文化的中心，也是宗教活动中心。商业活跃带来金融业的繁荣，货币经济和银行的同步发展使农村的经济结构和生产方式发生变化。西欧城市是在两种明显不同的道路上发展起来的：在意大利和德国，是自治的城邦和城市；在英国、法国和西班牙，因为王权发展，城市开始与王权结盟，于是出现王权统治下的城市转变。西欧城市的发展道路是多元的。

从 15 世纪开始，西欧向外寻求殖民地，西欧殖民者触角开始伸向全球各个角落，从海上贸易和掠夺殖民地的战争中获得大量财富，使伦敦、巴黎、马德里、里斯本、阿姆斯特丹等城市迅速发展，依靠掠夺的财富，这些城市建造了很多高大宏伟的建筑，商业繁荣，城市生活日益奢华。

西欧城市在18世纪工业革命之后进入一个新的发展阶段，因为工业化，分工合作范围大大增加，制造业和服务业取代传统农业成为主要产业，人口开始涌向交通便利、综合功能强的城市就业。伴随着工业化进程，西欧的社会、人口、文化进入城市化阶段。

第一次世界大战后，西欧人口增长缓慢。在两次世界大战之间，西欧人口增长主要是城市人口增长。虽然农村的出生率仍高于城镇地区，但多余的人口并不滞留在耕地上，青年男女离开农场到城市就业。20世纪50年代，西欧城市人口增长迅速。同时，西欧城市开始向城市群发展，一些城市之间界限开始模糊，或者围绕着某个大城市出现多个卫星城，或者是出现城市化的郊区，前者有德国鲁尔区，后者有巴黎盆地和大伦敦市区。这样，城市规模进一步扩大，容纳人口更多，综合功能极其发达。20世纪50年代，西欧城市人口占50%以上，到20世纪60年代，这个数字超过60%，西欧在很大程度上已经是一个城市化社会。20世纪70年代，西欧城市人口超过70%，有些国家如比利时、荷兰、英国、德国，这一比例都接近或超过90%。最近20年，西欧一些超级城市如伦敦、巴黎出现人口郊区化趋向，市中心常住人口减少，居民迁往郊区居住，市中心白天人口密度比过去更高，而晚上则空旷无人，这一趋势表明西欧城市进一步走向现代化、信息化、密集化，但是带来的负面影响是城市交通的压力加大了。

西欧城市化过程中曾经出现很多问题，比如环境质量问题严重，城市基础设施、生态环境脆弱，人类居住条件恶化、交通紧张、生存竞争加剧、犯罪率上升等，通常被称为“城市病”。20世纪50年代以后，西欧国家普遍加强了环境意识，加强了对城市环境的治理，同时随着产业结构的调整和转换，城市环境污染得到了控制，生态环境、交通、基础设施好转。20世纪70年代以后，大城市盲目的膨胀已经停止，大城市郊区、卫星城、中小城市得到发展，这一方面有利于解决城市人口过于集中、交通拥挤以及环境污染等问题；另一方面，这也是城市走向现代化、信息化和文化上回归自然的必然结果。

西欧各国人口超过百万的城市有：哥本哈根、斯德哥尔摩、柏林、汉堡、慕尼黑、维也纳、布鲁塞尔、伦敦、曼彻斯特、格拉斯哥、利兹、利物浦、伯明翰、都柏林、巴黎、里昂、马赛、马德里、巴塞罗那、巴伦西亚、里斯本、波尔多、罗马、米兰、那不勒斯、都灵等。

三　西欧人口的老龄化

西欧是世界上最早出现人口老龄化的地区，也是世界上最早关注人口老龄化问题的地区。早在19世纪，法国、瑞典等国家就出现了人口出生率下降的趋势，老年人口占总人口的比例逐步上升。到20世纪，作为西方发达社会的西欧国家纷纷进入老龄化，人口减少、人口结构发生变化，人口自然增长率降到很低水平，很多国家出现人口停止增长，甚至负增长的现象，对西欧社会和经济都产生了很大的影响。至21世纪初，西欧社会的人口结构已经完成了转变，人口增长率趋于零，人口严重老龄化问题日益突出。

第二次世界大战以后，西欧各国人口出生率多年来一直偏低。根据欧盟统计局的数据，2008年欧盟每个育龄妇女平均生育1.60个孩子。人口出生率低的原因是多方面的，有经济的因素，也有婚育观念的变化，等等。目前西欧社会单亲家庭增多，青年人结婚年龄普遍推迟，许多已婚夫妇不愿生育孩子，即使愿意生孩子的育龄妇女也将生育年龄推迟到40岁左右。

另外，西欧各国医疗卫生条件的改善和多年的和平环境又使人的平均寿命大大延长，老年人在总人口中的比例不断上升。1950年，欧洲人口中65岁以上的老年人在总人口中只占8.2%，1995年，这个比例已上升到13.9%，预计2050年这一比例将达到27.6%。出生率偏低加上人均寿命的延长，使得西欧人口年龄结构严重失调，60岁以上的老人与20—60岁的人口之比即人口负担比接近35%，按现在的发展趋势，到2050年时，几乎所有欧盟国家的这一比例都将超过50%，届时老年人将成为社会主体，西欧真正成为一个老年社会。这种趋势被一些学者称为“灰色革命”。“灰色革命”打破了人口结构的平衡，其后果是社会上的退休者在数目上大大超过就业者，就业者创造的社会财富将难以养活自己和退休者。人口的老龄化已经成为西欧一个严重的社会问题。

第二节　民族概况

当代欧洲大约有60个基本民族，同时有来自世界各地的移民。西欧主要民族有：德意志人、英格兰人、意大利人、法兰西人、西班牙人等，西欧比较单纯的民族国家（即其占支配地位的民族占该国总人口的90%以上）主要有德国、丹麦、瑞典等。多民族国家主要有：英国（由英格兰人、苏格兰人、威尔士人和爱尔兰人等组成）、瑞士（由德意志瑞士人、法兰西瑞士人、意大利瑞士人等组成），西班牙（由加泰罗尼亚人、加利西亚人、巴斯克人等组成），比利时（主要由佛拉芒人和瓦隆人组成）等。

居住在西欧地区的主要民族大约有36个。

一　英格兰人

异译“英吉利人”，英国人口占多数的民族。英格兰人有4890万人（1998年），占全国人口的81.5%，主要分布在英格兰和威尔士，少数分布在苏格兰和北爱尔兰。英格兰人属欧罗巴人种，大多为大西洋—波罗的海类型，使用英语，多信基督教新教，属英国国教派，也有少数人信天主教。

英格兰民族是在长期历史发展过程中由凯尔特部落群的不列颠人和日耳曼部落群的盎格鲁人、撒克逊人等融合而成，1066年诺曼人征服英格兰后，盎格鲁—撒克逊人亦与之逐步融合。此后，经过多次曲折反复，1536年英格兰与威尔士统一，1707年与苏格兰联合，1801年又与爱尔兰共同组成“大不列颠及爱尔兰联合王国”。在联合王国版图内，英格兰民族成为政治、经济、文化方面的主导力量。

17—19世纪，大量英格兰人向海外移居，成为美利坚人、英裔加拿大人、澳大利亚人、新西兰人等民族的主要成分。英格兰人至今保持着日耳曼人的一些性格和习惯，如崇尚传统、比较保守、注重实际、不尚空谈、讲究社会等级、喜好体育运动和博彩（如赛马）等。

二　苏格兰人

英国四大民族之一，自称“盖尔人”。民族语言为苏格兰盖尔语，但目前能讲该语言的人仅约6万。苏格兰人通用英语，现有576万人（1998年），占英国总人口的9.6%，主要聚居在不列颠岛北部的苏格兰，占当地人口90%以上，另有几十万人散居在英国各地。苏格兰人属欧罗巴人种大西洋—波罗的海类型，多信基督教的长老会教派，少数信天主教。

苏格兰人主要由皮克特人和斯科特人融合而成，并吸收有不列颠人和盎格鲁—撒克逊人的成分。从13世纪末开始，在反对英格兰入侵的斗争中，苏格兰人的民族意识日益增强。在宗教改革过程中，苏格兰议会于1560年确认长老会为国教，这是苏格兰人的民族特征之一。1997年苏格兰全民公决赞同成立苏格兰地方议会，并于2000年经选举正式产生。这是苏格兰人加强地方自治权的一件大事。

在传统文化和习俗上，苏格兰人与爱尔兰人相近，较多保留了凯尔特人的特点。传统服装是男子的方格短裙，特有的乐器是苏格兰风笛。苏格兰地区艰苦的自然环境造就了苏格兰人吃苦耐劳、严肃诚实、简朴节约的性格。17—18世纪，苏格兰人曾大量移居海外，与英格兰人等同为构成北美、澳洲各民族的重要成分，现约有80万苏格兰人散居在美国、加拿大、澳大利亚、新西兰等国。

三　威尔士人

英国四大民族之一，有110多万人（1998年），占英国总人口的1.9%，聚居在不列颠的威尔士半岛，威尔士人属欧罗巴人种大西洋—波罗的海类型，除北部山区农业居民仍用威尔士语之外（占威尔士人的26%），大多已通用英语。威尔士人信奉基督新教。

威尔士人由公元初就在当地定居的金姆里人和不列颠人形成，二者均为来自欧洲大陆的凯尔特部落群。威尔士人于罗马统治时期接受了基督教，10世纪中叶到11世纪一度建立统一的国家，从13世纪起被原为日耳曼部落的盎格鲁—撒克逊人所征服。征服者在威尔士推行英格兰化。威尔士人为维护本民族的语言和文化进行了不懈斗争，于16世纪赢得将《圣经》译成威尔士语的权利。此后，由于现代市场经济的发展，威尔士与英格兰融合的趋势不断加深，尤其在城市及工业中心。但威尔士人仍有一定的民族意识，仍力图保存若干传统民族文化及自治权利。1997年，威尔士人终于通过公民投票争得了成立独立议会的权利，并于1999年通过选举产生。

威尔士人喜爱合唱，威尔士因此被誉为“歌咏之乡”，每年一度的威尔士诗歌音乐比赛和国际音乐比赛享有国际声誉。威尔士文学也是西欧最古老、内容最丰富的民族文学之一。

四 爱尔兰人

自称“盖尔人”，属欧罗巴人种大西洋—波罗的海类型。爱尔兰共和国的主体民族（有350万人）及英国四大民族之一（约140多万人，占英国人口的2.4%），其中约70万人居住在北爱尔兰，约占北爱尔兰人口的42%。此外，还有100多万人散居在英国、加拿大、澳大利亚、新西兰等国。爱尔兰移民后裔的数目则高达几千万，尤其在美国是一支重要的社会力量。爱尔兰人使用英语和爱尔兰语。在爱尔兰共和国93%的人信奉罗马天主教，3%的人信奉英国国教。

爱尔兰人的祖先主要是属于凯尔特部落群的盖尔人，后吸收有伊比利亚人、诺曼人、盎格鲁—撒克逊人的成分。爱尔兰人宗教观念强，家庭纽带紧密，例如自古就有父亲去世后儿子才能完婚的晚婚习俗。爱尔兰人酷爱音乐，其国徽上有自中世纪便最受欢迎的乐器——竖琴的图案，故美国俚语把爱尔兰人称为“竖琴”（Harp）。其民谣故事亦以富于想象力和魅力闻名于世。

五 奥尔斯特人

英国北爱尔兰地区的民族群体，系17世纪英格兰移民、苏格兰移民及土著爱尔兰人相融合的后代。北爱尔兰在历史上曾称作奥尔斯特，故而得名。奥尔斯特人自称“英格兰爱尔兰人”或“苏格兰爱尔兰人”，约有108万人（1998年），占英国人口的1.8%、北爱尔兰人口的54%。奥尔斯特人讲英语，信基督新教。

奥尔斯特人重视自己的历史和传统，在贝尔法斯特市内的奥尔斯特博物馆及市郊的奥尔斯特民间及运输博物馆中均保存有大量历史文物。17世纪奥伦治·威廉战胜天主教势力的纪念日被称为“奥伦治日”，每年这一天奥尔斯特人都举行庆祝大会和游行，这也往往成为与信天主教的爱尔兰族人发生暴力冲突的导火索。

六 法兰西人

法国的主体民族，约5290万人（1998年），占全国人口的90%。另有约1500万人侨居在美国、加拿大、比利时、意大利等。主要有3种类型：南部多为地中海型；中部多为阿尔卑斯型；北部以大西洋—波罗的海型为主。法兰西人多信天主教，少数信基督新教、东正教等。

法兰西人的祖先主要是公元前4世纪迁入现法国地域的凯尔特人部落，罗马人称之为“高卢人”。公元51年，整个高卢被罗马帝国征服，开始了罗马化进程，形成“高卢罗马人”。5世纪，日耳曼人侵入法国，建立了横跨高卢全境及莱茵河以东地区的法兰克王国。843年，查理曼帝国分裂，莱茵河以东的德语地区成为东法兰克王国，以西的罗曼语地区多划归西法兰克王国，并开始出现“法兰西人”这一称谓。法国大革命则标志着法兰西现代民族的最终形成。

法兰西人以富于浪漫精神和政治激情而著称，前者尤其体现在敢于标新立异、领导世界潮流的建筑及时装设计上，后者的典型例子是法国大革命、巴黎公社起义、1968年大规模学生运动以及时常爆发的全国性大罢工。法兰西民族近代以来涌现出一大批文化名人，为丰富世界文化宝库做出很大贡献。法兰西人为此深感自豪，并由此具有很强的民族意识和民族自豪感，在西欧各民族中十分突出。

七 布列塔尼人

法国西北部布列塔尼半岛上的居民，有110万人，占全国人口2%，属欧罗巴人种，信天主教。布列塔尼语与古代高卢语相近，同属印欧语系凯尔特语族不列颠语支。近代以来，其使用人数迅速减少。布列塔尼人现只有约25万，并且几乎均为农民和渔民。

布列塔尼人的祖先为不列颠人，于公元前5至公元1世纪由今法国沿海地区移居不列颠岛，公元5—6世纪又返回欧洲大陆，在今布列塔尼半岛定居，其风俗习惯有别于当时罗马化的高卢人。他们保留了“不列颠人”的称呼，并把该地称为“不列颠塔尼”，意为“小不列颠”。布列塔尼人的特点是对宗教的虔诚、恪守古老的传统和讲究服饰的美丽。他们主要从事畜牧业、渔业和航海业，还种植小麦、饲料作物及亚麻等。

八 科西嘉人

法国科西嘉岛上的居民，有28万人，占法国人口的0.5%，属欧罗巴人种，通用法语，民间亦使用意大利的两种方言，信天主教。

科西嘉人的族源及其所受的文化影响十分复杂。该岛最早居民是伊比利亚人，尔后相继受到腓尼基人、希腊人、罗马人、汪达尔人、哥特人、法兰克人、阿拉伯人等的影响或入侵。11—18 世纪先后受意大利比萨和热那亚所统治。1768 年归属法国。法国皇帝拿破仑一世就出生于科西嘉一个破落的贵族家庭。

科西嘉人在民间传统和物质文明方面原与意大利撒丁人相近，后来在语言文化等方面受法国影响较大。科西嘉人主要从事畜牧业、农业、渔业、旅游业等，以前多去国外谋生，现多在法国的警察局、军队等部门任职，法国警察中约有 15% 是科西嘉人。

九 阿尔萨斯人

法国阿尔萨斯和洛林地区的居民，有 140 万人，占法国人口的 2.4%，属欧罗巴人种。阿尔萨斯人多信天主教，部分人信基督新教路德宗和加尔文宗。现有 80% 的阿尔萨斯人以法语为主要语言，学习德语的愿望正在复活，约有半数学生学习德语。

阿尔萨斯人主要由公元前该地的凯尔特部落和 4 世纪迁来的阿勒曼尼人、法兰克人等日耳曼部落结合而成。其族源与德意志人相近，文化上则受法国影响很大，法国大革命时更加强了其与法国各地区的融合。1871—1918 年，阿尔萨斯和洛林东部曾一度归德国，德国当局强制学校用德语教学取代法语。1919 年回归法国。虽与法兰西人联系愈益密切，但仍有一定自我民族意识，注意保持本民族文化传统。

十 荷兰人

荷兰的主体民族，约1510万人，占荷兰1573万人口（1998 年）的 96%。属欧罗巴人种，使用荷兰语。荷兰人现约有 34% 信天主教，25% 信基督新教。

凯尔特人早在公元前 5 世纪左右就居住在现今荷兰、比利时的土地上。以后，弗里斯人、巴塔维人、法兰克人、撒克逊人等相继来到并与之融合，成为后来荷兰人的基础。1581 年荷兰共和国成立，1648 年被国际上公认为独立国家。17 世纪时，荷兰人是西欧最发达的民族。荷兰的工商业和航运业都很发达，其经济及政治体制当时也最为开明、进步，诞生了一系列杰出人物，并成为当时其他国家思想进步人士的避难处。

荷兰人有较为鲜明的民族特色。风车是荷兰民族的象征，每年 5 月第二个星期六是“风车日”；郁金香是荷兰的国花，每年距 5 月 15 日最近的星期三是郁金香节；荷兰人船形木鞋更是别具一格，为各国游客所喜爱。

十一 弗里斯人

弗里斯人约 41 万人，主要分布在荷兰北部的弗里斯兰、格罗宁根和西弗里西亚群岛，另有一部分分布在德国的西北部（东弗里西亚群岛和黑尔戈兰岛）及丹麦西部的北弗里西亚群岛。弗里斯人属欧罗巴人种，使用弗里斯语，与英语相近，同属西欧语系日耳曼语族西支。弗里斯人多信基督新教加尔文宗。

古弗里斯人属日耳曼部落群的西支，与盎格鲁人和撒克逊人为邻，公元初分布在北海的东南岸和东岸，从事沿海贸易，是构成荷兰人、佛拉芒人、英格兰人和丹麦人的成分之一。现在的弗里斯人正处于被周围较大民族同化的过程中，但仍保留一定自我民族意识。弗里斯人多从事农业和畜牧业，亦从事渔业。

十二 佛拉芒人

佛拉芒人亦称“佛兰德人”或“佛来米人”。主要分布在比利时，有 586 万人（1998 年），占该国人口1018万的55%，是比利时两大民族之一。在荷兰的佛拉芒人近百年来已经同荷兰人融合为统一的荷兰族。属欧罗巴人种，使用佛拉芒语（即荷兰语），信天主教。

佛拉芒人的族源与荷兰人基本相同，主要由古代日耳曼部落与凯尔特人融合而成。16 世纪尼德兰市民阶级革命中，北部居民改宗加尔文派，建立荷兰共和国，发展成荷兰人；南部居民仍处于西班牙统治之下，继续信天主教，发展为佛拉芒人。1830 年，大部分佛拉芒人与瓦隆人共同建立了比利时王国。目前，比利时这两个民族出现了某种融合的趋向。不过，讲荷兰语的佛拉芒人与讲法语的瓦隆人在社会生活许多领域都仍存在不少摩擦，例如，虽然佛拉芒人的人数比瓦隆人多，但法语在比利时的地位和普及程度高于荷兰语，因为佛拉芒人普遍通晓法语，而会讲荷兰语的瓦隆人则很少。

十三 瓦隆人

比利时两大民族之一，属欧罗巴人种，使用法语，信奉天主教。有 400 多万人，其中在瓦隆区有 334 万多人（1998 年），其余在布鲁塞尔区，约占全国人口 33%。瓦隆人的族源与法兰西人相近，其祖先主要是罗马化的别尔格人，并吸收有法兰克人的成分，因此在语言和文化上，瓦隆人和法兰西人大体一样。瓦隆语是法语的北部方言之一，17世纪时一度得到发展，后逐渐被标准法语所取代。1830年，瓦隆人与信天主教的那部分佛拉芒人共同建立比利时王国。不过同佛拉芒人相比，瓦隆人的宗教意识不那么强烈。

十四　摩纳哥人

摩纳哥公国的基本居民，约5100人，占全国人口3.2万人（1998年）的16%，是西欧最小的民族之一。属欧罗巴人种，法语为官方语言，通用英语、意大利语和摩纳哥语。摩纳哥人多信天主教。公元前6世纪摩诺尼哥部落在此居住，摩纳哥由此得名。1338年成为独立的公国，1525—1641年受西班牙保护，1641年与法国结盟，被并入法国，1861年重新独立。旅游业和赌博业是其经济支柱，其赌城蒙特卡洛世界闻名。

十五　卢森堡人

卢森堡大公国人口占多数的民族，属欧罗巴人种大西洋—波罗的海类型，信奉天主教。约29万人（1998年），占全国42.5万人的68%。主要由法兰克人和罗马化的别尔格人融合而成，是处于法兰西人和德意志人之间的小民族，历史上多次被洛林王国、西班牙王国、法国、奥地利、荷兰等周边较大民族所统治。1815年成为大公国，1867年获得永久中立地位，1890年摆脱荷兰统治。在文化上受到法国很大影响，从17世纪起便以法语为文化用语。目前法语和德语为两种官方用语，几乎每个人都掌握法语、德语、英语以及作为民间口语的卢森堡语，卢森堡人均国民生产总值为36905美元（1997年），连续数年为世界第一位，以银行业和旅游业最为著称。

十六　列支敦士登人

列支敦士登公国的基本居民，约2.76万人（1998年），占全国3.17万人的87.5%，是西欧最小的民族之一，属欧罗巴人种。国语使用德语，口语则为德语的阿勒曼尼方言，80%信天主教。主要由古代雷托人和属于日耳曼部落群的阿勒曼尼人融合而成，13世纪又融入一支由瑞士迁入的讲法语的群体。1719年成立了公国，1815—1866年成为德意志邦联的一部分，1866年独立。主要生产精密仪器、牙医用品等，自1912年起制作邮票，以邮票印制精美闻名于世。

十七　瑞士人

瑞士4个民族的总称，有568.7万人（1997年），占全国总人口702万的81%。其中德语瑞士人占73.4%，法语瑞士人占20.5%，意大利语瑞士人占4.1%，罗曼什语瑞士人占0.7%，均属欧罗巴人种。瑞士人44%信基督教新教，48%信天主教。

德语瑞士人分布在瑞士的东北部和中部各州，系由阿勒曼尼人（日耳曼民族）同化土著居民而成，大多于13—16世纪加入瑞士联邦；以标准德语为书面语，口语使用德语的阿勒曼尼方言，亦称瑞士德语。法语瑞士人由罗马化的土著居民与勃艮第人融合而成，分别于14—15世纪和19世纪加瑞士联邦，其语言和文化与法兰西人基本相同。意大利语瑞士人集中在提契诺州（1803年加入瑞士联邦），由罗马化土著居民和伦巴德人融合而成，口语使用意大利北方方言即伦巴德方言。罗曼什语瑞士人居住在格劳宾登州（1803年加入瑞士联邦），是罗马化雷托人的后裔。

瑞士人文化传统各异，风俗习惯不同，节日也丰富多彩，如苏黎世的钟鸣节、伯尔尼的洋葱节、阿尔卑斯山仲夏之际的牧场节等。

瑞士由于地处阿尔卑斯山区，瑞士人因而有山区居民较为封闭保守、特立独行的特点，实行独特的直接民主制，至今未加入联合国及欧洲联盟等重要国际组织便是例证。瑞士人还以充当雇佣兵闻名，如梵蒂冈的卫队便由瑞士人组成。

十八　奥地利人

奥地利的主体民族，约780万人，占全国人口813万人（1998年）的96%。另有近200万人分布在西欧和北美。属欧罗巴人种，多为阿尔卑斯类型。奥地利人使用德语，但其口语是德语的几种方言，又称奥地利土语，与标准德语差别较大。78%的人信天主教，6%的人信基督新教加尔文宗。主要由属于日耳曼部落群的阿勒曼尼人、巴伐利亚人、法兰克人融合而成，并吸收斯拉夫人及罗马化土著居民的成分。在族源及语言上，与德意志人既有相同处，又有不同处。公元843年查理曼帝国分裂，奥地利属东法兰克王国，但它作为边区有较大独立性。公元976年，奥地利成为巴伐利亚公爵们的“东方边区”或“东方帝国”。1156年成立奥地利公国。1273 年神圣罗马帝国哈布斯堡王朝诞生，并以奥地利为世袭封地，此后疆域不断扩大，形成多民族的奥地利大帝国。第一次世界大战后哈布斯堡王朝覆亡，各民族获得独立。1920 年成立奥地利共和国，1938 年被希特勒德国吞并。1945 年恢复共和国，1955 年宣布永久中立。1995 年加入欧洲联盟。

奥地利的工农业及文化教育均发达。在文化方面，尤以“音乐之乡”闻名于世，近代以来涌现出众多著名音乐家。

十九　西班牙人

西班牙的主体民族，又称卡斯蒂利亚人，有 2895万人（1998 年），占全国人口3913 万人的 74%，另有 335 万人分布在美洲和西欧各国。西班牙人大多属欧罗巴人种地中海类型，部分属阿尔卑斯类型，使用西班牙语，信奉天主教。

西班牙人的民族来源复杂。伊比利亚半岛上的古老居民系由北非迁入的伊比利亚人，以后有腓尼基人、希腊人、迦太基人、凯尔特人、罗马人等先后移入。在罗马人统治的 600 多年间，当地居民与罗马人逐渐融合，接受了罗马文化和拉丁口语，在此基础上形成自己的民族语言和文化。5 世纪后受到日耳曼部落等的入侵和占领。8—15 世纪起掀起反抗摩尔人统治的运动，于 1492 年完成国家的统一。但西班牙民族内部至今可分为三大支系，即卡斯蒂利亚人、阿拉贡人和安达卢西亚人。

西班牙人自古多以农业为生，畜牧业和渔业亦较发达。20 世纪 60 年代推行开放政策后工业发展较快，尤其是 1986 年加入欧洲共同体后其经济水平与西欧其他发达国家的差距逐步缩小。其风俗以舞蹈热情奔放、斗牛场面惊险激烈等著称于世。

二十　加泰隆人

西班牙最大的少数民族，异译“加泰罗尼亚人”，约665 万人（1998 年），占全国人口的17%，另有约 60 万人分布在西欧及拉丁美洲各国。加泰隆人属欧罗巴人种地中海类型，混有阿尔卑斯类型成分，使用加泰隆语，属印欧语系罗曼语族，与法语的普罗旺斯方言相近。加泰隆人通用西班牙语，主要信奉天主教。

加泰隆人在人种及历史方面与西班牙人大体相同，但由于在历史上受法兰克人影响较深，从而具有自己的民族特点。加泰隆地区自古以来经济、文化较发达，比西班牙其他地区先进。根据 1978 年新宪法重新恢复自治，成立自治区。

加泰隆人主要从事农、牧、渔业及手工业和商业。人民文化教育水平较高。

二十一　加利西亚人

西班牙第二大少数民族，自称“加列戈斯人”，约 274 万人（1998 年），占全国人口的 6.9%，另有约 100 万人分布在国外，主要在阿根廷。加利西亚人属欧罗巴人种地中海类型，混有阿尔卑斯类型成分，使用加利西亚语，属印欧语系罗曼语族，与葡萄牙语相近。加利西亚人通用西班牙语，信奉天主教。

加利西亚人的直接祖先是伊比利亚人的加莱克部落，后受到凯尔特人、罗马人、日耳曼人、摩尔人等的入侵并与之融合。其族源及历史与葡萄牙人和西班牙人大体相同。加利西亚人地处西班牙西北部偏僻山区，多从事农、牧、渔业，经济发展较为落后。自 19 世纪起开展民族运动，为争取平等权利而斗争。根据 1978 年宪法实行地方自治，成立了自治区。

其风俗有较浓厚的母系社会色彩。母亲为一家之长并有财产所有权及继承权，重要事务由女性承担及决定。结婚要男子入赘女方家，并听从岳母指挥干活。一年中男子只有在国庆节等有三次机会尽情欢乐。

二十二　巴斯克人

西班牙第三大少数民族，自称“欧斯卡尔杜纳克人”，约 78 万人，占西班牙人口的 2%（1998 年），另分布在法国及拉丁美洲等地。巴斯克人属欧罗巴人种地中海类型，通用西班牙语或法语，信奉天主教。

巴斯克人系古代巴斯孔人的后裔。其民族形成的历史与伊比利亚半岛其他民族显著不同，虽也受到各种外族文化的影响，但在血统及语言方面一直保持自己的特点。西班牙的巴斯克人在 13 世纪与卡斯蒂利亚王国联合后，长期拥有自己的权利。1876 年其特权被取消，后为争取其自治权进行了不懈斗争。1978 年获得自治权，并成立自治区。

巴斯克人自古从事农、牧、渔业。进入 20 世纪后工业发展迅速。其风俗是牧羊人每年举办“牧羊犬比赛”，此外还有劈柴、举巨石等传统比赛。传统婚礼也十分隆重、热闹。

二十三　葡萄牙人

葡萄牙的主体民族，约982万人（1998年），占全国人口992万的99%。另有200多万分布在法国、巴西、美国等。在中国澳门有1.1万土生葡人（即葡裔人）。属欧罗巴人种地中海类型。使用葡萄牙语。94%的人信天主教，无教派者占4.6%。

葡萄牙人与西班牙人在人种上并无差异，其祖先是伊比利亚人的卢西坦部落。以后有腓尼基人、希腊人、迦太基人、凯尔特人、罗马人等先后移入并与之融合，尤其在罗马人统治的600多年间，由于罗马人文化先进，当地居民逐步被罗马化，并皈依基督教，通用拉丁语。此后，当地居民在此基础上形成自己的民族语言和文化。5世纪后先后受到日耳曼部落及信奉伊斯兰教的摩尔人的入侵和统治。葡萄牙人自公元718年起掀起收复失地运动，于1143年建立独立王国。15—16世纪，葡萄牙一度成为海上强国和殖民帝国，1581—1640年曾被西班牙吞并，1703—1820年沦为英国属地；1932年建立独裁政权，1974年确立多党民主制。

葡萄牙人自古主要以农业为主，畜牧业及渔业也较发达。1986年加入欧共体后发展较快。在文化传统方面，葡萄牙人崇拜圣母玛利亚的风气较盛；其斗牛只供观赏，并不杀牛，与西班牙式斗牛截然不同。

二十四　安道尔人

安道尔公国的基本居民，约有19400人（1998年），占总人口6.47万人的30%。属欧罗巴人种地中海类型。使用加泰隆语，通用法语和西班牙语。信奉天主教。

安道尔人的祖先系定居于当地山谷的加泰隆族农民。9世纪时，查理曼帝国为防范摩尔人骚扰，在西班牙边境建立若干小的缓冲国，安道尔便是其中之一。法国和西班牙为结束对安道尔的长期争夺，于1278年缔约，共享对安道尔的宗主权，双方均派驻代表，并接受象征性贡金，法国每年得960法郎，西班牙得430比塞塔以及6只火腿、12只阉鸡和24块乳酪。这一制度延续至今。近几十年来，有大批西班牙人和法国人迁入，现已占安道尔人口的3/4。安道尔人原以农、牧业为主，现多转向商业和旅游业。安道尔无本国货币，邮票可充当货币流通，政府每年为此发行大量邮票。

二十五　意大利人

意大利的主体民族，占意大利总人口5678万人（1998年）的95%以上。此外，现侨居国外的意大利人已逾1000万。属欧罗巴人种，北部多为阿尔卑斯类型，南部多为地中海类型。使用意大利语。多信天主教，少数信基督新教。

远在旧石器时代就有人类在亚平宁半岛居住，但讲印欧语的意大利部落系公元前2000—1000年从北方迁入。曾受古希腊文化较大影响。历经王政、共和、帝国时期，形成共同的民族意识及民族语言（即拉丁口语）。公元5—10世纪受哥特人等的入侵，962年起受神圣罗马帝国统治，11世纪时南部遭诺曼人入侵，16—19世纪先后被法国、西班牙和奥地利占领，1861年建立意大利王国，1870年完成统一，1946年改为共和国。

意大利人自古多以农、牧、渔业为生，手工业、商业及航海业亦发达很早，13世纪诞生近代工商业及银行业。第二次世界大战后成为发达的工业国。其文化传统悠久、灿烂，尤以古罗马文化和文艺复兴运动为甚，对欧洲文明产生很大影响。其造型艺术、歌剧、电影等均举世闻名。

二十六　圣马力诺人

圣马力诺共和国基本居民，约2.25万人（1998年），另有约2万人侨居国外，属欧罗巴人种阿尔卑斯类型，与意大利人同源。使用意大利语托斯卡纳方言。信奉天主教。

圣马力诺建国于公元301年，1244年组成城邦行政机构，1448年建立共和国，是西欧最古老的共和国之一。圣马力诺人原主要以农牧业为生，现发展起工业、旅游业等。其邮票以图案精美、印制精细蜚声世界，邮票业占国民经济收入的20%，是其支柱产业之一。

二十七　马耳他人

马耳他的主体民族，约34万人，占总人口38万人（1998年）的90%。另有约10万人侨居国外。属欧罗巴人种地中海类型。使用马耳他语。马耳他语和英语同为官方语言，约1/6人口通晓意大利语。多信天主教，少数信基督新教和希腊正教。

马耳他人的民族来源复杂。最早的居民来自北非。公元前10—8世纪，腓尼基人来此殖民。以后先后受到希腊人、迦太基人、罗马人、哥特人、阿拉伯人、土耳其人、法国人、英国人的入侵或统治；历史上意大利人也曾对其产生很大影响。1947年起获得自治，1964年独立。马耳他人以造船修船业以及轻工业、旅游业为主，农、牧、渔业不发达。其宗教及民族节日非常多，多举行民间庆祝活动，吸引大量旅客。

二十八　希腊人

希腊的主体民族，约1040万人，占总人口1066万人（1998 年）的 98%，另有 180 多万人侨居国外。多属欧罗巴人种地中海类型，部分属阿尔卑斯类型。使用希腊语。信奉希腊正教。

爱琴海地区的最早居民是佩拉斯吉人、勒勒吉人和卡里亚人。公元前 2 世纪开始，操印欧语的部落陆续进入希腊半岛，与当地居民逐步融合后形成古希腊民族，创造了自爱琴文明、荷马时代至古典时代辉煌的古希腊文明，对后世产生深远影响。公元前 146 年古希腊被罗马征服，公元 395 年后成为拜占庭帝国一部分，1453—1829 年受奥斯曼帝国统治，在此期间，先后融入斯拉夫人、瓦拉几亚人、阿尔巴尼亚人、土耳其人等成分。

希腊人过去多以农业为生，现代工业较落后。1981 年加入欧共体后获大量资助，经济发展较快。希腊人热爱自己的文化传统，注意保护文物古迹，旅游业因而发达。

二十九　德意志人

德国的主体民族，约7510万人，占总人口8208万人的 91.5%（1998 年）。另有1000多万人侨居国外。多属欧罗巴人种北欧类型，部分属阿尔卑斯类型。使用德语。38% 信基督新教，34% 信天主教。

德意志人系古日耳曼人直系后裔，但在历史上混入多种异族成分，包括凯尔特人、雷托人、讲斯拉夫语和立陶宛语的部落及诺曼人等。843 年法兰克王国一分为三，东法兰克王国成为后来德意志国家的核心，919 年建立萨克森王朝，962 年诞生“德意志民族神圣罗马帝国”，即德意志第一帝国，后分为 300 多个小邦，联系松散，于 1806 年被拿破仑所灭。1871—1918 年为第二帝国时期，1919 年成立魏玛共和国。1933 年希特勒上台至 1945 年垮台，史称“第三帝国”。1949 年分裂为民主德国和联邦德国两个国家，1990 年重新统一。

德意志人自古多以农牧业为生，手工业及商业亦较发达。19 世纪以来现代工业迅速发展。德意志人素以注重理性、办事严谨、遵守纪律、讲究效率而著称，近代以来涌现出众多思想家和科学家，为人类文明进步做出了突出贡献。但也以在 20 世纪成为两次世界大战的主要策源地而遭人诟病。

三十　芬兰人

芬兰的主体民族，自称“索马莱塞特人”。约 480 万人，占全国人口 514.9 万人的 93%（1998 年）。另约有 70 多万人侨居国外。属乌拉尔人种，为蒙古人种和欧罗巴人种的混合类型。使用芬兰语，但瑞典语与芬兰语同是官方语言。多信基督新教路德宗，少数信希腊正教。

公元前 3 世纪，原始芬兰人陆续迁入芬兰。但现代芬兰人的直接祖先是公元初期从波罗的海南岸等地迁入的日耳曼部落，与当地居民混合后逐步形成三大部落联盟，在此基础上形成芬兰民族。1155—1809 年，芬兰受瑞典统治长达 600 多年，但芬兰人与瑞典人之间并未发生战争。1809—1917 年芬兰受俄国统治，1917 年 12 月获得独立。1995 年加入欧洲联盟。芬兰人原以农、牧业为主，20 世纪以来工业迅速发展。森林工业和冶金机电是其两大支柱产业。圣诞老人和桑拿浴均源于芬兰。

三十一　瑞典人

瑞典的主体民族，约 800 万人，占全国人口 888.7 万人的 90%（1998 年）。另有 120 多万人侨居国外。属欧罗巴人种北欧类型。使用瑞典语。多信基督新教路德宗。

公元前 2 世纪起，日耳曼部落开始迁入，与当地原始居民逐步融合，形成原始瑞典人。公元初期形成部落联盟。800—1050 年为北欧海盗时期，11 世纪瑞典建成统一国家。1397 年与丹麦、挪威共立丹麦国王为 3 国的国王，但内政仍由各国自理。1523 年重新获得独立。瑞典人自古以农、牧、渔业为主，手工业和商业亦发达。19 世纪下半叶起工业迅速发展。1995 年加入欧洲联盟。其文化教育及科学技术均高度发达，并以高福利制度著称于世。

三十二　挪威人

挪威的主体民族，约 420 万人，占总人口 442 万人的 95%（1998 年）。另约有 80 万人侨居瑞典、丹麦及北美等。属欧罗巴人种北欧类型。使用挪威语。87.8% 的人信基督新教路德宗。

公元前 2 世纪起，日耳曼人部落等陆续迁入，经与原居民及部分拉普人、芬兰人融合之后，于 9—11 世纪形成挪威民族，建立统一王国，并向外扩张、移民。1380 年丹麦国王继承挪威王位，从此挪威受丹麦统治达 400 多年。1814—1905 年又受瑞典统治。1905 年方获独立。

挪威人自古以从事木材业、渔业、航运业为主，1945 年以后工业发展迅速。由于地理位置、气候及民族历史等原因，挪威人有一些别具一格的习俗，包括滑雪节、北极地区的“太阳日”等。

三十三 拉普人

自称“萨阿米人”，约近 6 万人，主要分布在挪威（3 万）、瑞典（近 2 万）、芬兰（0.5 万）和俄罗斯（0.3 万）4 国境内的北极地区。属乌拉尔人种，为蒙古人种与欧罗巴人种的混合类型。使用拉普语。多信基督新教路德宗，但保留有原始宗教残余。

拉普人的祖先于 1 万年前开始陆续迁自乌拉尔地区。后受到日耳曼人及芬兰人等部落的排挤而逐渐北移，部分拉普人则与之融合。古代曾以捕鱼及猎鹿为生，约1000年前驯鹿成功，成为他们的主要谋生手段，并创造出独特的驯鹿文明。其传统社会以父系大家族和氏族为单位。近些年因受现代文明的影响，大部分转向定居并使用现代工业产品及交通工具。

三十四 丹麦人

丹麦的主体民族，约 513 万人，占丹麦总人口 533.4 万人的 96% 以上（1998 年）。另有近 70 万人侨居国外。属欧罗巴人种北欧类型。使用丹麦语。多信基督新教路德宗。

丹麦在 1.2 万年前就有原始人类居住。公元前后日耳曼部落迁入，经多次民族融合并吸收一部弗里斯人和斯拉夫人的成分，于公元 10—11 世纪形成丹麦民族，并于 985 年建立统一的丹麦王国。丹麦人从 793 年开始不断扩张并渡海侵袭英格兰，从此开始持续 3 个世纪的北欧海盗时期。1397—1814 年丹麦人在北欧处于统治地位。1849 年建立君主立宪政体至今。

丹麦人的经济文化发达较早，造船业、航海业、手工业、商业等自古便较发达。1945 年以后现代工业迅速发展。丹麦以高福利及高税收著称于世，但自杀率在西欧也最高，因而讨论自杀问题是禁忌。

三十五 冰岛人

冰岛的主体民族，约 27 万人（1998 年），占冰岛人口的 99%。另有几万人侨居国外。属欧罗巴人种北欧类型。使用冰岛语。多信基督新教路德宗。

公元 800 年，爱尔兰僧侣最先发现该岛。9 世纪下半叶北欧的诺曼人陆续迁入，并最早建立永久性居留点。约 874 年，挪威人命名该岛为“冰岛”。移民多来自挪威，少数来自瑞典及不列颠群岛。经民族融合，于 11—13 世纪形成冰岛民族。1262 年沦为挪威属地，1380 年后归丹麦统治。1904 年实行内部自治，1944 年正式独立。原以渔业及牧业为主，现旅游业十分发达。冰岛人保持了他们祖先所用的古挪威语，也保留了许多北欧古代神话和传说。

三十六 法罗人

系丹麦海外领地法罗群岛的主要居民，有 4.18 万人（1998 年），另有 6000 人分布在丹麦。属欧罗巴人种北欧类型。主要使用法罗语，但丹麦语是学校的必修课。多信基督新教路德宗。

法罗群岛的最早居民是公元 700 年前后迁居岛上的凯尔特人。9 世纪上半叶起挪威人侵入并移民于此，逐步同化凯尔特人，形成了后来的法罗人。法罗群岛 1035 年并入挪威，1380—1948 年受丹麦管辖。1948 年丹麦允许法罗人建立自治政府，但外交、国防、货币仍由丹麦政府掌管。法罗人除少数从事农牧业外，主要从事捕鱼业和鱼产品加工业。其特有的娱乐项目是捕捉海鸟。

第三节 语言概况

一 英语

属印欧语系日耳曼语西支。英国以及美国、加拿大、澳大利亚、新西兰等国的国语，也是爱尔兰、南非、巴基斯坦等 40 多个国家（主要是英联邦成员国）的官方语言，是联合国正式语言和工作语言之一。是 20 世纪初以来，尤其是第二次世界大战结束以来国际交往中最为通用的语言。

“英语”一词原意为“地角语”。5 世纪中叶，欧洲大陆一个称为“地角人”（Engle）的部落从石勒苏益格（现德国北部）渡海移居不列颠，他们的“地角语”（Englisc，古代拼法）取代了当地的凯尔特语。于是该地区称为“英格兰”，其语言称为“英语”。

世界各地英语在语音、风格和用词上不尽相

同，大致分为英国英语、美国英语、加拿大英语、澳洲英语等，但主要是英国英语和美国英语两个分支。从历史上看，英国英语是它们的共同源头。英语公认的标准发音是英格兰南部和东南部，即伦敦、牛津、剑桥一带的发音，这也是英国广播公司（BBC）所用的发音。目前全世界约有1/2以上的报刊用英文出版，70%以上的科技文献用英文书写，3/5的电台有英语广播。英语的使用范围遍及各国交往的各个领域，因此各国大多数学校都讲授英语。

现代英语对外来语兼收并蓄，其词汇因而丰富多彩，并具有世界性特征，词汇量已达100万以上，成为现代英语的突出特点之一。它的另一特点是语法比较简单，词形变化几乎已减少到最低限度。名词、代词只有2个格，形容词不变化，动词实际上只有2种人称变位，因而易于学习和掌握，十分有利于英语的广泛使用和传播。采用26个拉丁字母，没有其他附加符号。但读音比较复杂，读音和拼写之间的脱节现象严重，已为此多次酝酿拼写法改革。

二　德语

属印欧语系日耳曼语族西支，是德国、奥地利和列支敦士登的国语，也是瑞士和卢森堡的主要语言之一。法国的阿尔萨斯和洛林地区、俄罗斯和罗马尼亚等国的德意志族人区，以及美国宾夕法尼亚州等地也有少数人用德语。目前在中欧、东欧地区德语的使用呈上升趋势，使用人口总计约1.1亿。同时，德语也是联合国工作语言之一。

德语方言分为高地德语、中部德语和低地德语，此外还有奥地利德语和瑞士德语方言，其中高地德语是共同语，通用的书面语以高地德语为准，各方言间的差别较大。低地德语包括下法兰克语、下萨克森语等。高地德语包括南法兰克语、东法兰克语、巴伐利亚语等。

德语的语法比较复杂，名词、形容词、冠词都有3种性（阳性、阴性、中性）、4个格和2种数（单数、复数）变化，动词的变位包括人称、数、时态、语态（主动、被动）和语式（直陈式、命令式和虚拟式），因此不易学习和掌握。德语在构词上的一个突出特点是可以组成很长的复合词，句法上的典型特点是谓语的框形结构（可变部分居第二位，可分离前缀放在句尾）。德语名词第一个字母一律大写。德语采用26个拉丁字母，另有附加符号“··”表示变元音形式，还有“β”作为“ss”的代用形式（瑞士德语已正式废除“β”）。

德国于1996年公布德语改革方案，主要涉用拼写法及语法的简化，但引起很大争议，并招致奥地利、瑞士等国舆论的异议，由于改动范围过大以及有不少不尽合理之处，试行几年之后，已于2000年在事实上宣告失败。

三　荷兰语

属印欧语系日耳曼语族西支。荷兰的国语，比利时的官方语言之一（也称为弗拉芒语），也是苏里南、安的列斯群岛的官方语言。法国北部、美国、南非、印度尼西亚等地也有使用者。使用总人口约2000多万。

荷兰语源自原始日耳曼语，其历史可分为三个时期：（1）古荷兰语（约公元1100年以前）；（2）中古荷兰语（1100—1500年），荷兰省方言逐渐成为共同语。当时拉丁语仍是教会和学术界的语言，民间使用的语言称为“迪茨”（Diets，意即“民间语言”），英语中称荷兰语为Dutch即源于此；（3）近代荷兰语，约始于1600年，在荷兰北部经济、文化迅速发展的背景下，形成了标准荷兰语。

荷兰语的名词、代词、形容词、冠词有性、数、格的变化，动词有人称、时态、语式、语态等变化。主要动词常放在句末，宾语和助动词放在主要动词之前。主语常不放在句首，词序比较灵活。使用26个拉丁字母。单词中常出现下列双元音：“aa”、“ee”、“oo”、“uu”。如“daar”（那里），“voor”（在……之前），“door”（穿过）。“ij”字母组合如在句首，应同时大写，如：“IJs”（冰、水），“IJvering”（热心的）。手写时“ij”常写成“ÿ”。

四　佛拉芒语

比利时两种官方语言之一（另一种是法语），又译佛兰芒语。属印欧语系日耳曼语族西支，通行于比利时北部，使用人口约600万。在历史上荷兰、比利时曾是一个国家，所以佛拉芒语实际上是南部荷兰语。但由于两地文化和宗教不同，历史上便使用不同的名称来称呼同一种语言。

现代人类的频繁交往使佛拉芒语和荷兰语差别日益缩小。1980年荷、比两国签约成立“荷兰语联盟”，条约规定共同促进两国荷兰语区语言及文学方面的一体化，并在语言文学的教学和科研方面进行合作。现在荷、比两国在官方文件及正式场合均不再使用“佛拉芒语”一词，而统一用“荷兰语”这个名称。

五 丹麦语

丹麦的国语，也是格陵兰和法罗群岛的官方语言，属印欧语系日耳曼语族北支（又称斯堪的纳维亚语支）。德国北部等地也有使用者，使用人口共约600多万人。

在历史上丹麦、挪威、瑞典3国联系密切，曾是一个国家，因此丹麦语与挪威语、瑞典语十分接近，尤其是在词汇方面。丹麦语的历史可分为4个时期：（1）早期中古丹麦语（1100—1350年），丹麦语与瑞典语分离，成为独立的语言，并吸收了许多拉丁语及希腊语词汇；（2）后期中古丹麦语（1350—1500年），此时期丹麦语从德语中吸收了许多词汇；（3）早期近代丹麦语（1500—1700年），1550年《圣经》丹麦文译本出版，标准国语初步形成；（4）晚期近代丹麦语（1700年以后），1889年制定第一部丹麦语拼写法。

近代丹麦语语法已经简化，只有两个格（主格和属格）、两个性（通性和中性）。动词有时态变化。使用26个拉丁字母，另增加了3个元音字母。1948年以前，丹麦语的名词像德语一样一律开头大写，1948年以后则一律小写（专有名词除外）。但句首第一个字母仍大写。

六 瑞典语

瑞典的国语，也是芬兰的两种官方语言之一（另一种是芬兰语），属印欧语系日耳曼语族北支。是斯堪的纳维亚半岛流通最广的语言，使用人口共约900多万人，其中瑞典的使用者约800万。

瑞典语形成于9世纪前后，可分为古瑞典语（800—1526年）和近代瑞典语（1526年至今）两个时期。1526年《新约全书》瑞典文译本出版，被视为近代瑞典语的开端。标准语开始于17世纪，以斯德哥尔摩和梅拉伦湖地区的斯维亚诸方言为基础，也吸收了约特诸方言的某些成分。在1814—1905年成立瑞挪联盟及瑞典统治挪威的时期，瑞典语和挪威语掺杂在一起难以区分。

近代瑞典语元音有长短之分，没有复合元音，分单重音词和双重音词。无论陈述句、疑问句或祈使句一般都用降调。名词有性（中性、通性）和数的变化，有肯定式和不定式。除了所有格需加词尾“-s”之外，标准瑞典语名词没有其他的格词尾。人称代词有性、数、格的变化。动词没有人称变化，但有时态、语态、语式等语法范畴。自1225年起采用拉丁字母。除26个拉丁字母外，另有3个特殊字母表示3个变元音。

七 挪威语

挪威的国语，属印欧语系日耳曼语族北支。除挪威本国的420多万人外，美国也有数十万挪威移民讲挪威语。

1814年以前挪威由丹麦统治，400多年时间内书面语言一直使用丹麦语，形成一种丹—挪混合语。1814—1905年瑞典统治挪威期间，挪威语又受到瑞典语很大影响。1917年以来，挪威书面语存在两种不同的类型：“书面语”（布克莫尔语，可类比于汉语中的文言）和“新挪威语”（可类比于汉语中的白话）。“书面语”的前身称“国语”（里克斯莫尔语），即丹—挪混合语。“新挪威”的前身称“乡土语”（兰斯莫尔语），是19世纪中叶语言学家为继承和维护挪威本族语的传统而拟制的，二者可以互通。使用“书面语”的人约占其人口的80%，“新挪威语”则在农民和渔民中使用较广。挪威政府曾采取措施缩小二者的差别，以形成一种共同挪威语。

挪威语的名词有两个格（共同格和所有格），定冠词以前置冠词和后置冠词并同时使用，形容词分强、弱两种，动词没有人称词尾。共有29个字母，其中有26个拉丁字母。挪威语从德语和英语中吸收了许多语词，丰富了其语汇。挪威语同丹麦语和瑞典语十分接近，这3种语言基本上可以互通。

八 冰岛语

冰岛的国语，属印欧语系日耳曼语族北支，使用人口约28万。冰岛人的祖先主要是始于9世纪下半叶的来自挪威西部的移民。由于冰岛远离欧洲大陆，冰岛语受外来语影响很少，始终保持着古代挪威语西部方言的特点。冰岛语曾经吸收丹麦语、凯尔特语、拉丁语和罗曼语族的一些词汇，但由于19世纪在振兴民族文化浪潮中开展了纯化语言运动，这些外来语已多让位于原冰岛语词汇，从而使现代冰岛人仍能阅读1000年前的古冰岛语史诗。

冰岛语保持着完整的屈折变化系统。动词有人称、时态等变化，名词有4个格，名词、代词有单数、复数及阴性、阳性、中性（其他斯堪的纳维亚语现只有中性和通性），定冠词通常作为后缀附着于名词之后。冰岛语的语法和词汇相当稳定，但古今发音有很大差别。使用拉丁字母，此外还使用出自古代北欧文字的两个特殊字母分别表示清、浊齿擦音。

九　法罗语

法罗群岛的官方语言之一（另一种是丹麦语），属印欧语系日耳曼语族北支。使用人口约4万，与冰岛语有较多相似处。主要由于19世纪振兴民族文化传统浪潮的兴起，法罗语等才得以保存和发扬。

十　法语

法国的国语，属印欧语系罗曼语族西支。除法国外，还通用于比利时南部（瓦隆方言）、加拿大魁北克省、瑞士部分地区、卢森堡、美国新英格兰州、意大利北部、海地及非洲一些国家，是这些国家官方语言或官方语言之一，也是联合国6种正式语言和2种工作语言之一。目前全世界约有1.15亿人以法语为第一语言。

古法语在10—13世纪时分为许多方言。由于当时巴黎及周围地区的政治经济发展水平较高，到13世纪时，巴黎方言便成为法国北部的共同语言，即后来法国的民族语言。法国南部则至今仍有各种方言，包括马尔舍方言，上、下朗格多克方言，上、下奥佛尼方言，利木赞方言，加斯科尼方言，普罗旺斯方言等。此外还有皮卡尔方言、瓦隆方言、洛林方言等。法语是规范化及普及水平很高的语言之一，其各种方言渐趋衰落。近些年法国提倡学生学习本地方言，但只有0.7%的学生愿意这样做。

第一次世界大战前，法国是欧洲大陆最强大的国家，法语是国际通用语言。第一次世界大战后，法国势力锐减，1922年举行华盛顿会议时，美国与法国协商，将英语和法语一起列为会议语言，法国表示同意，从此便改变了语言国际形势，英语很快成为最通用的语言。由于英语词汇对法语的影响越来越大，法国有关方面一再提倡净化法语，但英文词仍随处可见，例如人们喜用“software”一词（软件）而不愿用“logiciel”。

现代法语的词形变化与拉丁语相比已大大简化。冠词、名词、形容词有性（阳性、阴性）和数（单数、复数）之分，名词已没有格的变化，代词有3个格，动词变位则十分复杂。

十一　意大利语

意大利的国语，属印欧语系罗曼语族。除意大利外，还通行于圣马力诺、梵蒂冈、瑞士南部的提契诺州，美国、阿根廷等国的意大利移民及其后裔许多也讲意大利语。全世界使用人口共6000多万。

意大利语源自古罗马的拉丁语。公元476年罗马帝国崩溃之后，托斯卡纳地区的佛罗伦萨通俗拉丁语逐渐成为意大利民族的共同语言。1870年意大利成为统一的王国后，意大利语便成为全国的标准语。其方言有托斯卡纳方言、威尼斯方言、罗马方言、那波里方言、西西里方言、撒丁方言等。

意大利语使用21个拉丁字母，另有“j”、“k”、“w”、“x”、“y”5个字母被称为外来字母，用于拼写各种外来词。发音十分规则，拼写和发音几乎完全一致。单词大多是开音节（以元音结尾），读来朗朗上口，唱起歌来悦耳动听，意大利声乐因此闻名于世。仅专有名词、句首及表尊称词的第一个字母大写，其他场合都小写。

语法和其他罗曼语的语法较相似。名词有性、数变化，格的词尾则已消失。动词变位较复杂，有人称、数、语式和时态。名词复数词尾不是像法语、西语、英语等那样加“-s”和“-es”，而是用“-e”作阴性复数词尾，“-i”为阳性及某些阴性的复数词尾。

十二　西班牙语

西班牙的国语，也是拉丁美洲大多数国家的官方语言，属印欧语系罗曼语族西支。联合国6种工作语言之一。美国南部几个州约有1000多万拉美裔移民讲西班牙语，菲律宾及非洲的部分国家也有相当数量的使用者。据估计，现在全世界说西班牙语的人在3.18亿以上，仅次于汉语、英语、俄语的使用人数，居世界第四位。

西班牙语起源于古罗马的通俗拉丁语。12—13世纪，卡斯蒂利亚方言成为最具优势的方言，现代标准西班牙语就是在这一方言的基础上形成的。在拉丁美洲，西班牙语因此也被称为卡斯蒂利亚语。西班牙语的词汇约有75%源自拉丁语，14%源自希腊语，6%源自阿拉伯语，5%来自英语、法语、意大利语等。

西班牙语使用 26 个拉丁字母，另有“ñ”、“ch”、“ll”、“rr”，共算作 30 个字母。发音相当规则，词的拼写和读音一致。西班牙语的语法经长期演变现在已变得比较简单，名词有性和数的变化，已没有格的变化；动词的变位则较复杂，有人称、数、时态、语态（主动、被动）和语式（陈述式、可能式、虚拟式和命令式 4 种）。西班牙文标点符号的独有特点是疑问句和感叹句分别在句首用倒疑问号“¿”和倒感叹号“¡”，句尾用正疑句号“?”和正感叹号“!”。

十三　葡萄牙语

葡萄牙的国语，也是巴西、安哥拉、莫桑比克等国的官方语言，属印欧语系罗曼语族西支。在中国于 1999 年 12 月恢复行使主权前的澳门也使用葡萄牙语。使用总人口约有 2 亿。

最早的葡萄牙语文献见于 12 世纪，标准语形成于 16 世纪。其历史可分为古代葡语（12—15 世纪）和近代葡语（16 世纪至今）两个阶段。葡语和西班牙语发音十分相近，但保留了较多的古代语言特征。葡语元音比西语多，共有 14 个元音，包括 9 个口腔元音和 5 个鼻腔元音（后者西语没有），发音因此比西语更柔和。

葡语语法和西语语法颇不相同。名词、代词、冠词、形容词有性和数的变化，动词有人称、数、时态、语态、语式的变化。词汇大多来自拉丁文，科技词汇的词根多来自希腊文，从阿拉伯语、法语、西班牙语等以及某些非洲语言也吸收了不少语词。葡萄牙的葡语与巴西的葡语基本语法相同，但语音差异较大，词汇也有所不同。使用拉丁字母，有若干附加符号表示不同的读音。

十四　威尔士语

英国威尔士人的语言。《威尔士语法案》确认，它是威尔士地区的官方语言。属印欧语系凯尔特语族海岛凯尔特语南支（即不列颠语支）。在现今 110 多万（1998 年）威尔士人中，只有约 30 多万人仍使用威尔士语。但威尔士的地名多用威尔士语，如许多小地名以“Llan”（音“兰”）为词头，原意为“礼拜集会的地点”。

威尔士语同海岛凯尔特诸语一样有普遍的“头音交替”音变，如“dyn”（男人），“dau ddyn”（两个男人）。名词分阳性和阴性，复数的构成方式很复杂。有定冠词，没有不定冠词。动词有复杂的屈折变化；有动名词，没有分词和不定式。人称代词除单独使用外，还常与名词、动词或介词融为一体。句法的特点是动词位于句首。

十五　布列塔尼语

法国布列塔尼人的语言，属印欧语系凯尔特语族海岛凯尔特语南支。使用人口在 20 世纪上半叶仍有近百万，后迅速减少，现仅约 25 万人。这是欧洲大陆上唯一残存的凯尔特语言。

十六　苏格兰盖尔语

英国苏格兰地区凯尔特人（斯科特人）的语言，属印欧语系凯尔特语族海岛凯尔特语北支。在 16 世纪时，苏格兰操盖尔语的人占该地人口的 50%，到 20 世纪下半叶只占约 1.5%，为 8 万人左右，并且主要集中于赫布里底群岛。

盖尔语内部方言分歧较大，它与爱尔兰语有较多相似处。词形变化较为复杂。句法的一个突出特点是动词位于句首。有不少词汇已进入英语，如“clann”→“clan”（氏族），“çluagh”→“slogan”（口号）。使用拉丁字母，拼写形式复杂。

十七　爱尔兰语

又称爱尔兰盖尔语，与苏格兰盖尔语和马恩岛语同称为戈伊德尔语（Goidelic），属印欧语系凯尔特语族海岛凯尔特语北支。爱尔兰共和国的第一官方语言（另一种官方语言是英语），但其用途在逐步缩小。爱尔兰于 17 世纪并入英国后，英语逐渐占优势地位。1893 年盖尔联盟成立，致力于提倡盖尔语言和文化。1922 年爱尔兰独立后，爱尔兰语重新用于学校教育。不过，在全国 350 万（1998 年）人口中，爱尔兰语使用者仅为少数（约 50 万）。

爱尔兰语的词形变化是现存各种凯尔特语中最复杂的。动词有人称、数、时态、语式、语态（主动、自动）的变化，名词、形容词、定冠词也有性、数、格的变化。名词有 4 个格。句子中的语序是动词位于主语之前。爱尔兰语语法的繁复难学与英语语法的简单易学形成鲜明对照，也是它不易得到普及的重要原因。

十八　希腊语

希腊的国语。属印欧语系古希腊语族，是印欧语系中一种独立的语言。是希腊本土及地中海东部岛上官方语言，全世界使用人口现共约1200万。希腊语是世界上历史悠久的语言之一，也是印欧语系最早有文字记录的语言之一，最早的文献见于公元前15世纪。公元前11世纪，希腊人在只有辅音字母的腓尼基字母基础上，增补了元音字母，创造了作为欧洲字母乃至世界拼音字母源泉和基础的希腊字母体系。

古希腊语主要分为4种方言。公元前4世纪，由于雅典在政治上和文化上的卓越成就，逐步形成了通行于希腊文化世界的“共同语”，以后演变为近代和现代希腊语。从《荷马史诗》起一直到公元前4世纪，希腊的文学、哲学和历史著作都用希腊方言写就。而公元1世纪基督教兴起时，希腊共同语已成为《圣经》传布的主要媒介。近代希腊语有“民间语”（可类比于中国的白话）和“纯语”（可类比于中国的文言）这两种形式。到20世纪初民间语才取得优先地位。

现代希腊语的名词、定冠词、形容词和代词都有数（单数、复数）、性（阴性、阳性、中性）、格（5个格）的变化。形容词可放在名词前，也可放在名词后。动词有人称、数、时态、语式、语态变化，也有分词形式。希腊语和拉丁语一样都是许多国际通用术语的源泉，尤其是用作构词的前缀和后缀，如“anti－”（反）、“auto－”（自动）、“geo－”（地球）、“photo－”（光）、“－gram”（写成之物）、“－meter”（仪器）等。

十九　芬兰语

芬兰的第一官方语言（另一种是瑞典语）。属乌拉尔语系芬兰—乌戈尔语族芬兰语支。通行于芬兰、瑞典北部、俄罗斯西北部等。使用人口共约500多万人。芬兰人的祖先是原始乌拉尔人，于公元1—8世纪迁入芬兰南部定居，芬兰语也随之形成。12世纪后半叶芬兰被瑞典所占，瑞典语成为官方语言，芬兰语成为民间语言。芬兰语书面语的形成始于16世纪，1809年成为官方语言之一。

芬兰语没有冠词，名词不分性，有单数、复数及15个格，是世界上格最多的语言之一。动词有人称、语态、时态和语式的变化，但没有将来时，而以现在时兼表将来时。动词有4种不定式和2种分词。芬兰语大量使用动词不定式和分词，可起到名词、形容词、副词等的作用。有16个双元音和7个重叠元音（即长元音），主要重音总是在第一个音节上。芬兰语使用26个拉丁字母。

二十　巴斯克语

也称欧斯卡拉语，语系归属未定，分布于西班牙北部及法国西南部西班牙巴斯克自治区的官方语言。使用人口近100万。主要属黏着型语言。句法与突厥语族诸语言相似，为多式综合，即一个单词常相当于其他语言中的一个句子。有8种方言，其语言结构基本一致。由于缺少历史文献，对巴斯克语的起源知之甚少。德国著名学者威廉·冯·洪堡（1767—1835年）曾对巴斯克语进行过实地考察和研究，认为它与古伊比利亚人有渊源。

巴斯克语有6个元音，几个二合元音。新词的构成主要用词根合成法和加后缀的派生法。名词性词类没有语法上的性，自然性别用不同的词表示。冠词置于名词后面并连写，形如后缀。动词变化很复杂。数词使用20进位法。巴斯克语采用拉丁字母。

二十一　马耳他语

马耳他的官方语言之一（另一种是英语）。属阿非罗—亚细亚语系闪语族。使用人口逾30万。马耳他语起源于古代迦太基语（一种闪族语言）。9—11世纪，阿拉伯人占领马耳他，形成含有迦太基语成分的阿拉伯语。此后几个世纪，马耳他多次被外来势力侵占，从意大利语、法语和英语中吸收了大量语词，并逐渐脱离阿拉伯语成为一种独立语言。在很长时间内，马耳他语只是口头语言，没有文字。18世纪末19世纪初，马耳他出现了用拉丁字母编纂的第一部马耳他语词典。1934年，马耳他文字形式修改定型。

第四节　宗教信仰

一　基督教

基督教与佛教、伊斯兰教并列为世界三大宗教，崇奉耶稣为救世主。基督教分为许多派系，包括罗马公教（在中国亦称天主教）、正教（亦称东正教）、新教三大派系和其他一些较小派系。基督教起源于公元1世纪的巴勒斯坦地区，相传为犹太的拿撒勒人耶稣所创立。信奉者称耶稣为基督。最初为犹太教一下层派别。1—2世纪间逐步同犹太教分裂，成为新的宗教。此后传至地中海东部沿岸各地。4世纪成为罗马帝国国教。中世纪时在欧洲占统治地位，是欧洲封建制度的重要支柱。11世纪分裂为罗马公教和东正教。16世纪宗教改革运动，新教又从罗马公教中分裂出来。以后，基督教各派系逐渐传布世界各大洲，对欧美各国历史、文化有深远影响。

（一）基督教的诞生

公元前后，罗马皇帝奥古斯都征服地中海沿岸欧洲、西亚、北非的大部分地区，建立起庞大的奴隶制世界性帝国——罗马帝国。统一的大帝国促使希腊和罗马哲学熔于一炉，东、西方民俗和宗教互相渗透。这时帝国境内的阶级矛盾和民族矛盾十分尖锐，各被压迫民族，尤其是其下层劳动群众，无力在经济、政治、军事上获得解放，其义愤和渴望更加强烈地表现于宗教激情。当时罗马帝国境内，各种形式的宗教到处滋生并流传。基督教即产生于这样的历史环境中。

（二）哲学基础和神学思想

就哲学思想而言，对基督教诞生初期影响较著者，有强调理念论、神秘经验和灵魂不灭的柏拉图主义，宣扬人类一体、天人谐和、同由一位主宰支配并提倡恬淡寡欲、节制有度的宗教道德的斯多葛主义。两者又被亚历山大的犹太哲学家斐洛熔为一炉，并同犹太教教义杂糅为一体。他用寓意释经法，力图使犹太教的圣经作为解释上帝本身及其与世界和人类关系的基本概念。

（三）早期的传播

基督教根据《新约·使徒行传》称：1 世纪30—40 年代，即相传耶稣死后的十几年内，耶稣所选使徒们以耶路撒冷为中心，建立初期教会，过着“凡物公用”、互通有无的集体生活，遵守犹太教教规，参加犹太教圣殿的崇拜。这时的核心领袖是众使徒之首彼得和耶稣之弟雅各。他们确信耶稣就是弥赛亚，虽然被杀，但已经复活升天，不久还将再临。30 年代后期，原来热衷于迫害基督教徒的犹太教徒保罗，在经历了一次异常的宗教经验后改信基督教，并积极参加传教活动。这时基督教已开始传播到小亚细亚和塞浦路斯一带。在接触各地其他民族时，发生了一个对基督教前途具决定意义的问题：是继续遵奉犹太教的教规，尤其是割礼，把自己局限于犹太民族之内，还是打破狭隘的民族意识，向非犹太人传教。约在 40 年代后期，在耶路撒冷的一次会议上，以保罗为首的世界派和恪守犹太传统的民族派展开辩论。结果保罗派获胜，从此基督教便沿着世界化宗教的方向发展，并远传到希腊、罗马等地，建立教会。至 70 年代犹太人起义失败，耶路撒冷被毁，犹太人失去了他们的民族宗教中心。在此后 40 余年中，教会经历着一些重要的变化和发展。这时教会的成员还大多是贫苦的劳动群众，有时还遭到罗马帝国当局的迫害。随着基督教向地中海西部传播，教会通过和各地各族人民的接触，吸收一些其他宗教的思想和习俗，逐渐形成比较定型的组织制度、圣礼、节期和崇拜仪式。

（四）教会与世俗社会的关系

公元 2 世纪，基督教已传播到地中海西部沿岸各地。到 3 世纪末，基督教已成为一支相当显著的社会力量，其多数领导成员的社会成分虽已上层化，但基本群众仍多属中、下层平民和奴隶。在几次大规模的迫害中，基督教非但没有被消灭，反而在人数和社会影响上有所发展。4 世纪初，内外矛盾日益加剧，罗马帝国当局对基督教的政策有所改变。313 年帝国西部皇帝君士坦丁一世和东部皇帝李锡尼在米兰会见，联名发布“宽容敕令”（史称“米兰敕令”），宣布基督教可与所有其他宗教同享自由，不受歧视。从此基督教成为官方认可的合法宗教，并得以收回教产。君士坦丁在战胜李锡尼后，进一步扶植基督教，于 325 年在帝国东部尼西亚召开基督教普世主教会议，后被称为第一次尼西亚公会议，此为帝国政权直接干预教会内部事务以及教义和崇拜仪礼的开端。

从第一次尼西亚公会议到 787 年第二次尼西亚公会议，在东部共举行七次基督教普世主教会议，均由帝国皇帝召开。从此，东部教会的发展历史与拜占庭帝国的政治和宫廷斗争有了不可分割的联系。392 年，狄奥多西一世以罗马帝国的名义正式宣布基督教为国教。在西部，476 年罗马帝国灭亡后，法兰克王克洛维也仿效君士坦丁的做法，于496 年改信基督教，对基督教上层人物实行收买、控制、利用，以扩张其政治势力。教会在国王的扶持下，发展迅速，并拥有大量土地财富。

在西欧长达1000多年的封建时期，教会与世俗政权互相利用和斗争，对基督教的发展有重要影响。8 世纪中叶，矮子丕平统一法兰克王国，教皇撒迦利亚派大主教卜尼法斯前往祝福，并为封他为国王而举行膏油礼；丕平则将拉文那到罗马的大片土地赠给教皇作为酬谢，史称丕平献土。这标志着教皇国的开始。800 年，教皇利奥三世又为报答丕平之子查理曼对他的支持，为其加冕称帝。此后，教会为提高教皇势力，摆脱世俗政权的控制，利用《伪伊西多尔教令集》宣称教会拥有高于国王的权力，教、俗争权更趋尖锐。从11世纪末叶教皇格列高利七世与德皇亨利四世展开主教叙任权之争开始，其后200年间，教皇与皇帝进行了激烈复杂的斗争。到13世纪教皇英诺森三世在位时（1198—1216），教廷权势达最高点。13世纪末教皇卜尼法斯八世与法王腓力四世斗争失败后，教皇威信和权力急剧下降。最后教廷不得不迁至法国边境的阿维尼翁，托庇于法国的荫护。其间，七任教皇都是法国人，历时73年（1305—1378），史称阿维尼翁教皇。1378年教廷迁回罗马。由于教廷亲法势力和亲意势力之间的争夺，造成在罗马与阿维尼翁同时并存两个教皇的局面，双方都自称正统，互相攻讦。1409年以后还出现过三个教皇鼎立之局，史称天主教会大分裂。至1417年选出马丁五世为教皇，驻罗马，才结束了40年的分裂。但教皇的威信已大为下降。

（五）基督教的分裂

由于政治区划和语言、文化传统等方面的差异，罗马帝国全境在事实上一直分为东、西两部分。基督教从3世纪以来，也逐渐形成东西两大派。西派以罗马为中心，传播于高卢、意大利到北非迦太基一带及以西地区，通行拉丁语，又称拉丁教会。东派散布在马其顿、希腊半岛至埃及及其以东地区，通行希腊语，又称希腊教会；初以亚历山大里亚、安提阿、耶路撒冷等地为中心。330年君士坦丁一世设东都于拜占庭，改名君士坦丁堡，又称新罗马。此后君士坦丁堡教会在东部教会中逐渐居于首位，和西部的罗马对峙。

4—5世纪间，帝国西部常受北方异族侵扰。410年西哥特人攻陷罗马城，476年西罗马帝国正式灭亡。452年，罗马主教利奥一世以西部帝国当局庸弱无能为由借口主动向入侵的匈奴王阿提拉媾和，解救罗马危局，从而提高了自己的政治地位，进而宣称罗马主教乃使徒彼得的继承人，故位居众主教之首，为后世确立教皇制提出了理论依据。6世纪末，当伦巴德人侵扰意大利时，罗马主教格列高利一世在罗马城建立政教合一的统治，并扩大统辖范围，进一步提高罗马主教的权力。至此，东西部教会对峙之势已成定局。在神学思想上，东部教会受希腊哲学传统的影响，较重视具有玄学倾向的三一论和基督论等神学论争。西部教会则受罗马法学传统的影响，其主要神学争论是关于人性、罪、意志自由和教会等问题。拉丁教父希波主教奥古斯丁所主张的原罪论、恩宠论和预定论，对后来西方正统派神学有深远影响。主张自由意志说而与奥古斯丁对立的贝拉基则被斥为异端。奥古斯丁所著《论上帝之城》，为中世纪西欧教会的教权至上论提供了理论依据。这时期另一拉丁教父哲罗姆奉罗马主教达马苏一世之命重新整理圣经的拉丁文旧译本，并对其中一部分进行重译，后被称为“通俗译本”。格列高利一世还对教会的组织、修院制度和崇拜仪式进行了一些改革整顿。

6世纪上半叶，拜占庭皇帝查士丁尼一世自称为教会元首，将东部教会置于帝国权力监护之下，直接干预教会审订教义和人事组织事务，教会则依附于国家政权。后来东西教会正式分裂。此后，西部教会自称公教，东派自称正教，后来虽曾几度谋求和解，终未奏效。

9世纪时，君士坦丁堡教会即开始向东欧及北方传教，并将圣经译为斯拉夫语。988年，基辅罗斯公国大公弗拉基米尔一世信奉基督教，宣布东正教为国教。13世纪初，罗马教皇英诺森三世发动第四次十字军东征，一度攻陷君士坦丁堡，东正教君士坦丁堡牧首的权力受挫。1453年奥斯曼帝国征服拜占庭后，俄罗斯正教会在东正教中的地位逐渐上升，有将世界东正教的中心移至莫斯科的企图，并别称莫斯科为“第三罗马”。

（六）新教的诞生

在阿维尼翁教皇之后，教廷迁回罗马，接着又出现天主教会大分裂。这时教廷内部主张依附法国的高卢派提出“公会议权力高于教皇”的理论，要求对教会进行改革，遭到亲意大利的越山派的反对。同一时期，英国的威克里夫、捷克的胡斯和15世纪后期的萨伏那洛拉发起一系列的改革运动，先后遭到教廷的镇压。16世纪初，马丁·路德为抗议教皇在各地销售赎罪券，于1517年10月31日在维滕贝格大教堂门前贴出《九十五条论纲》，是为欧洲宗教改革运动的开端。

随后，茨温利和加尔文在瑞士、亨利八世和克兰麦在英国也发动改教运动，其影响很快波及欧洲广大地区，并形成路德宗、归正宗和安立甘宗三大新教主流派系，脱离了天主教，是为基督教历史上的第二次大分裂。16世纪中到17世纪初，新教各派在教义和教政问题上发生一系列的争辩，结果产生了一批以信文作为各派规范的信仰宣言。在传播过程中，新教各派还得到所在地的民族国家世俗政权或诸侯的支持。与拥护天主教的政治势力和集团展开了长期的宗教战争，最后签订了一些和约，如1555年的《奥格斯堡和约》、1598年的《南特敕令》和1648年的《威斯特伐利亚和约》等。根据“教随国定”的原则，基本上形成了新教在西欧各国分布的格局：路德宗在德国的东北部和北欧诸国；归正宗在苏格兰、瑞士、荷兰及德国的一部分；安立甘宗主要在英格兰。后从安立甘宗和归正宗中又分出一些新的派别，如长老会、公理宗、浸礼宗和卫斯理宗等。1620年，“五月花号”载着第一批新教清教徒到达北美洲，新教随之在北美逐渐传播，并形成许多宗派，对美国的宗教、文化、政治生活起了很大影响。

18—19世纪，新教在信仰和神学思想上受启蒙运动和唯理主义哲学的影响，发生了深刻变化。这时期出现了一些神学家，如施莱尔马赫、里敕尔和哈那克等。在他们的倡导和影响下产生的自由主义神学，对传统的教义做了新的解释，有些新教神学家还受到社会主义思潮的影响，提倡社会改良，形成了英国的基督教社会主义派和美国的社会福音派。20世纪初，自由主义神学受到坚持传统教义的保守派的反对，在美国发生了一场基要主义和现代派的论战，导致一些新教教会的分裂。第二次世界大战期间，自由主义神学受到以巴特和布鲁内尔等为代表的新正统神学的冲击，逐渐衰落。50—60年代，随着西方社会的非宗教化和多元化，新正统神学也失去原有的势头。在西方新教神学中，还出现一些新的流派，如在德国信义宗神学家潘霍华提出世俗化和“非宗教化的基督教”的影响下，美国出现“神死神学”；在存在主义哲学影响下，由布尔特曼倡导的“非神话化”神学；受德国布洛赫希望哲学的启发，有莫尔特曼的希望神学。还有以怀特海和哈尔特松为代表的“过程神学”。那些继承20年代基要主义、在神学思想上捍卫传统教义的神学家们，对上述各派新神学教持批判态度，但他们除强调传播福音和追求个人得救外，对各种社会道德问题也表示关注，被统称为新福音派，他们在新教广大信徒中，影响颇大。40年代以来，新教在派系和组织上，出现按宗派、地区或国家重新联合的趋势。

（七）天主教的改革

由于宗教改革运动的冲击，天主教在欧洲的势力大为削弱。为了重振教廷威信，天主教采取了一系列措施，改革内部，以对新教的改教运动采取统一对策，史称反宗教改革。1545—1564年，教廷召开特兰托公会议，会议谴责马丁·路德和茨温利等在教义上的改革主张，并对天主教内的教仪体制等方面做出一些规定，1564年通过的特兰托公会议信纲成为直到第二次梵蒂冈公会议召开前天主教的信仰规范；同时，对修会制度进行了改革。1534年成立的新型修会组织——耶稣会，在欧洲许多国家迅速发展，成为拥护教皇和抵制新教的有力组织。17世纪，天主教内部发生了詹森主义的争论，以荷兰天主教反正统派神学家詹森及法国神学家巴斯克等为一方，与耶稣会展开激烈论争。在神学思想上詹森派信守奥古斯丁的预定论和恩宠论，耶稣会派则支持莫林那主义，用“中介知识”的概念，调和上帝的预定和人的自由意志。詹森派还支持高卢主义，在法国教会中力图削弱教皇的权威。1713年，克雷芒十一世公布教皇诏书，谴责詹森主义为谬误。一部分詹森派成员后来移居荷兰，继续发展。在法国的詹森派坚持高卢主义立场，造成法国天主教会的分裂。

18世纪，在启蒙运动和理性主义的影响下，西欧一些民族国家如法国、葡萄牙、西班牙等对教廷的离心倾向日益增强。各国不满于耶稣会士干预内政和外交，要求将其取缔，教皇克雷芒十四世迫于法国政府压力，于1773年宣布解散耶稣会。至1814年教皇庇护七世时开始再恢复。1789年法国革命爆发后，拿破仑入侵意大利；1797年教皇国遭到洗劫。两年后，庇护六世被掳，死于法国。这时教皇威信降至历史上的最低点。1800年，庇护七世重建教皇国。1809年拿破仑又将其并入法国版图。1929年，庇护十一世和墨索里尼签订《拉特兰条约》，教皇拥有独立的梵蒂冈城国的主权方被正式承认。

这一时期，天主教在神学思想上恪守特兰托会议以来的教条，教廷多次颁发“教廷禁书目录”。1869—1870年庇护九世召开第一次梵蒂冈公会议，重申“马利亚无原罪始胎”的信条，并通过“教皇无讹”信条。20 世纪初天主教内出现现代主义思潮，代表人物为卢瓦齐、蒂雷尔、拉勒滕尼尔等，他们主张用历史方法对圣经进行考证研究，反对经院主义神学对传统教义的解释。天主教现代主义于 1907 年被庇护十世宣布为“一切异端的总汇”而遭正式禁绝，大部分现代主义者被处绝罚。

20 世纪 60 年代为天主教进入新时期的转折点。1962 年，教皇约翰二十三世召开第二次梵蒂冈公会议，后由保罗六世继续主持，到 1965 年 12 月闭幕。会议为使天主教适应新形势，一反过去保守的方针，强调要“跟上时代”，在教会内进行一系列改革，并对外采取开放政策，主张与天主教以外的基督教各派以至其他宗教和不信宗教的人们对话。因而有人认为天主教进入了“普世合一运动的时代”。

第二次梵蒂冈公会议之后，神学上打破了以往天主教权威主义和教条主义的禁锢，呈现了前所未有的活跃局面。一些天主教神学家力图用历史的观点对待过去的传统，将天主教神学和现代科学技术、哲学、社会政治思想调和起来，也出现了多元化和世俗化的现象。最重要的是由新托马斯主义演变而来的“超验托马斯主义”，将康德的超验哲学、现代存在主义与天主教经院哲学相结合。当代较有影响的天主教神学家有冉诺、龙诺甘、卢柏克、史莱尔克和汉斯·昆等。

（八）东正教的演变

1453 年君士坦丁堡陷落以后，原属拜占庭帝国的领土处于奥斯曼土耳其治下。君士坦丁堡、亚历山大里亚、安提阿和耶路撒冷 4 个牧首区成为各自独立的自主的教会。土耳其对东正教采取宽容政策，仍承认君士坦丁堡普世牧首为被征服地区的东正教总管，在传统的四大牧首区中享有首席地位，但这种地位仅在形式和名义上得到承认，实际权力很小。这样，俄罗斯正教的地位便逐步提高，并宣称负有保护基督教正统的神圣使命。1589 年，莫斯科牧首区正式成立，得到君士坦丁堡普世牧首的承认。17 世纪，尼廉任牧首时，在俄罗斯正教内推行礼仪改革，一切均采用希腊正教体制，受到下级教士和教徒的抵制，结果造成旧礼仪派分裂。1721 年，沙皇彼得一世对俄罗斯正教进行改革，废除牧首制，建立最高宗教会议负责管理教会，其首脑直接由沙皇任命，教会实际上成了政府的一个部门。各地修院受到严厉限制和削弱。同时颁布长篇的《宗教规程》，作为俄罗斯境内一切宗教活动的法规。这时期教会因旧礼仪派分裂而遭到削弱，对这种改革，只能顺受。这种情况，一直继续到 1917 年，史称“最高宗教会议时期”。这 200 年中，教会虽受制于沙皇，但内部仍展开活动，如兴办神学院，提倡学术研究并对外传教。东正教传入中国，便是从 18 世纪初开始的。1917 年 8 月，沙皇尼古拉二世已被废黜，临时政府于莫斯科召开全俄宗教会议，决定取消最高宗教会议制，恢复牧首制，选出莫斯科都主教吉洪兼莫斯科牧首。

19 世纪以来，除 4 个传统牧首区和莫斯科及全俄牧首区外，各国各地又先后成立正教自主教会。目前全世界共有正教自主教会 17 个，一般按地区或民族划分。

（九）基督教对欧洲文化的影响

基督教有大约两千年的悠久历史，在世界上，尤其是在西方社会中有着广泛的传播。因此，它对人类各民族文化产生过巨大的影响，对许多国家的政治、经济、法律、哲学、文学艺术及科学发展等都起过不可忽视的作用。基督教的这种包罗万象的文化影响，迄今仍可强烈地感受到。

基督教的文化影响开始于古罗马帝国时期。罗马帝国达到鼎盛之际，其疆域广阔，横跨欧、亚、非三大洲，其人口众多，统摄数十、上百个民族。为了坐稳其征战多年而打下的江山，罗马人曾兼收并蓄各个民族的文化传统和宗教观念，全国以文化归一的“万神庙”来巩固其多民族的帝国统治。这说明一个世界性帝国已产生了对一种世界性宗教的需求。“但是一种新的世界宗教是不能这样用皇帝的敕令创造出来的。新的世界宗教，即基督教，已经从普遍化了的东方神学，特别是犹太神学和庸俗化了的希腊哲学，特别是斯多葛派哲学的混合中悄悄地产生了。”流行于罗马帝国的基督教由于融合于希腊罗马的哲学观念，吸收了犹太人及其东西方民族的宗教因素，因而从一种产生于巴勒斯坦地区的犹太教异端发展为世界性宗教，以其通俗、宽容的形式出现于走向解体的罗马帝国，拨动了各阶层人士的心弦，结果为古代罗马人所信奉，也被推翻罗马统治的日耳曼等民族所接受，形成影响世界达两千年的基督教文化。

西欧中世纪的社会体系，基本上是一种以基督教为特色和形式的文化体系。基督教将古代希腊哲学、犹太宗教和罗马律法这三大文化因素包摄于内，加以综合和改进，并罩上一层神圣的亮光，从而构成了中世纪的基督教哲学、遂相依属的宗教群体和权威性的教会法律戒律，影响到中世纪社会生活和人们思想意识的每一方面。

从哲学上看，源自古代教父神学的中世纪哲学从鲍埃蒂经安瑟伦、托马斯·阿奎那到库萨的尼古拉，有过繁荣和鼎盛；它在神学的外衣下闪现出人类理性之光，发扬了古希腊逻各斯的辩证传统，一直影响着西方智者的思辨之路。

从教育上看，严格意义上的高等教育、大学制度乃是渊源于中世纪的大教堂学校和修道院学校，其文化知识的多种学科也是从中世纪早期兴起的文法、修辞、逻辑、几何、数学、天文、音乐这“七艺”上发展而来的。从文化交流上看，中世纪教会与犹太人、阿拉伯人的接触和交往，促进了西方人对亚里士多德哲学和古代文化的重新发现和认识，刺激了中世纪西方社会文化的变革和突进。

从文学艺术上来看，从教会的“圣经文学”发展出中世纪社会盛行的圣剧、圣乐、灵修文学和骑士文学；但丁的《神曲》使其成为“中世纪的最后一位诗人”，“新时代的最初一位诗人”；与基督教发展密切相关的“罗马式”、“哥特式”和“文艺复兴式”等建筑艺术风格，构成了西方建筑的特色；而拉斐尔、达·芬奇和米开朗琪罗等人关涉基督教主题的绘画、雕塑珍品更为西方文化宝库增添了奇光异彩。

文艺复兴所体现的人文主义并非与基督教格格不入，相反，中世纪后期的一些教皇本身就是人文主义者。他们给文艺复兴的英杰们提供了用武之地，从而使体现人体美的绘画，雕刻作品也进入了基督教的圣殿楼堂，给神权主义的国度注入了人文主义的阵阵清风，使之萌发出生机与活力。

在自然科学发展方面，同样也有不少基督教修会的修士们以毕生精力来探索自然的奥秘和规律。他们顶住保守势力的压力和威胁，以其不屈不挠的探索精神为近代科学的发展埋下了种子，培育了幼芽。因此，中世纪基督教虽然在西方历史发展中留下了种种遗憾，却仍为西方文化史册写下了不可磨灭、非常重要的一章。

随着近代以来基督教声势浩大的海外传教活动，基督教的文化影响开始波及全世界。北美文化从总体上讲基本上源自欧洲的基督教文化传统，而且作为其思想文化中心的众多著名大学最初也是因基督教传教士或基督徒们的倡导及帮助而建立起来的。此后，随着16世纪耶稣会会士到非洲、亚洲等地传教，基督教的文化影响也渗入这两大洲的众多国家和众多民族，在其政治、经济、教育、出版、文学、艺术、建筑等方面都有着非常明显的体现。在人们讨论的热门话题——西方政治体制、工业模式和社会结构中，基督教价值观念和文化传统的影响更是显而易见的。

二 犹太教

世界各地犹太人信奉的宗教为犹太教。犹太教奉雅赫维为“唯一真神”，认为犹太人是雅赫维的特选子民。

（一）古代犹太教

根据考古发现，公元前13世纪末—前12世纪期间，以色列人及其他一些半游牧民族自美索不达米亚跨越沙漠，进入当时已发展农业生产的迦南（今巴勒斯坦）地区定居，公元前12—前11世纪期间，以色列人在与外族冲突及内部纷争中，各民族间先后形成几个部落，共同信奉雅赫维为唯一真神。约公元前993年，迦南南部犹太部落大卫王统率以色列各部落，战胜迦南西部地中海沿岸的非利士人及叙利亚、约旦河以东各族，建立统一的以色列人国家，以耶路撒冷为统治中心。其子所罗门继位后在此修建圣殿。公元前933年，以色列分裂为南部犹太和北部以色列两国，彼此连年征战。公元前722年，以色列国亡于亚述。犹太国臣服苟存。公元前7世纪末，亚述帝国衰落，埃及、巴比伦相继统治巴勒斯坦。公元前587年，巴比伦占领耶路撒冷，焚毁圣殿，并将大部分居民掳往巴比伦。犹太人认为此乃自身犯罪、背叛雅赫维另拜其他神祇所受的惩罚，唯有向雅赫维认罪祈求，方能重返故园；民族与宗教意识由此愈益加深。

公元前538年，波斯王居鲁士释放以色列人回耶路撒冷重建圣殿。耶路撒冷成为犹太人聚居的犹太地区中心城市，政治上受波斯统治。直至公元70年，罗马军队攻陷耶路撒冷、焚毁圣殿为止，在犹太教历史上称第二圣殿时期。在公元前2世纪初—公元1世纪末的300年间，地中海东岸各种新宗派、新宗教不断出现，犹太教内部也分化为许多派别。

（二）拉比犹太教

公元70—630年这一时期，西亚地区犹太人以巴勒斯坦及巴比伦为聚居中心，分别处于罗马帝国及波斯帝国统治下，罗马及波斯均通过扶植犹太教上层分子，对犹太人实行间接统治。在犹太教内部，自古流传的经典律法书需要不断更新解释，以适应政治与宗教的现实需要。因此，精通律法的法利赛人，逐渐取得领导权，被称为拉比（希伯来语，意为师傅）。这一时期的犹太教称为拉比犹太教。第二圣殿时期，犹太教侧重祭司献祭仪式，自耶路撒冷圣殿第二次被毁后，到圣殿献祭已不可能。因此，拉比犹太教强调社会个人伦理、祈祷及研习律法，这对后世犹太教思想、礼仪、制度有巨大影响。犹太教公会成为犹太人最高立法、司法机构。3世纪初，罗马塞佛鲁斯王朝时期，授权公会主持人（纳西）收税，向各地犹太人法庭委派法官，派遣特使到帝国各地区巡视犹太人聚居地区，并赠予公会主持人大量产业。

自2世纪上半叶罗马皇帝哈德良统治时期起，罗马法学家开始编纂法典，在其影响下，2世纪末犹大·哈·纳西执掌巴勒斯坦公会时期，将以前历代口传律法汇编成书，称“密西拿”，约于3世纪初开始流传，此后变成为犹太教尊崇的经典《塔木德》的一部分。

拉比犹太教与同时期西亚其他宗教相比，出世色彩最少；与当时的基督教比较，它并未力图用希腊哲学解释教义，以对外族传教，而专重宗教律法。在宗教律法与世俗法律的关系上，承认世俗法律在社会生活中居统治地位。

（三）中世纪犹太教

630—644年，由于伊斯兰教的兴起，叙利亚、巴勒斯坦、埃及、巴比伦及波斯先后被阿拉伯军队征服。至711年时，形成跨越西亚、北非、欧洲的阿拉伯大帝国。犹太人虽被列为次等居民，但其地位尚受法律保护。帝国辽阔的幅员，使商品贸易得到很大的发展，犹太族的下层居民由农村流入城市，成为各种手工艺工人。中上层犹太人从事商业、银钱业，或成为宫廷官吏。原在西亚的犹太人大量移居欧洲，由于采用阿拉伯语，使犹太人得以接触并推动阿拉伯天文、数学、医学、哲学、文学的发展；犹太教律法的诠释、应用，也相应地发生变化。

8世纪，巴比伦犹太教学者与拉比学院共同将巴比伦派律法诠释传播到各国犹太教社团。拉比学院不仅培训拉比，而且成为立法机构，实际控制各国犹太社团，使中世纪欧洲各国犹太人具有共同律法传统及生活方式。7—11世纪，巴格达拉比学院拥有权势、财富，且其领导权落入少数人之手，因此引起部分犹太人的不满。他们否认拉比口传律法的权威性，主张按圣经训诲，过禁欲生活，被称为卡拉派（经典派）。10世纪初，巴勒斯坦、伊拉克、波斯相继出现反对拉比派的犹太社团，各自制定律法条例。这些派别一度活跃于西亚，11世纪后逐渐衰落。10世纪末，随着阿拉伯大帝国的分裂，拉比派犹太教权威亦趋没落。欧洲犹太社团中形成反对拉比派律法的潮流，一部分人诉诸理性，发展了中世纪欧洲犹太教神学和哲学；一部分犹太教信徒则直接寻求神秘宗教经验，形成中世纪犹太教神秘主义思潮，12世纪下半叶到13世纪上半叶，一度盛行于西班牙、法国与德国。

犹太教神秘主义由来已久，宣传靠一些神秘图像、数字及希伯来文字母的排列，能释放神力，解救犹太人的苦难。这些神秘观念经历口传之后，自9世纪起形成著述，总称喀巴拉（希伯来语，意为传统）。主要为9世纪中叶以后出现的《创世之书》《光华》及约13世纪初开始形成的《荣光》，用神秘观念解释律法书，神不是直接创造世上万物，而是以其光照，经过十个层次，造成世上万物。除反映了新柏拉图派哲学影响外，并杂会星象学、天使、魔鬼、魂游象外等描述，以至民间犹太教仪式如星期五晚礼拜、为死者周年忌日背诵密西拿、守夜祷告等。它强调犹太教仪式习俗的神秘性，使狂热信徒相信自身是神所安排的宇宙中心，应与不洁的俗世完全隔离，期待末世来到、弥赛亚自天降临。犹太哲学家强调犹太教与其他一神教的共同点，喀巴拉则强调犹太教的独特性，使犹太人与所在国广大民众隔绝。15世纪，在法国、西班牙、德国，犹太人到处被驱逐。喀巴拉派鼓吹犹太人虽在地上受迫害、被仇视，在天上将获得胜利，从而使传统犹太教在犹太人中更加巩固。

16世纪欧洲犹太人主要分布于德国、波兰、立陶宛地区及土耳其部分地区。18世纪以后，各国犹太人在基督教或伊斯兰教社会中，成为城市中等阶层，但仍保持中世纪惯例，遵守犹太教法律与风俗习惯，犹太教神学仍在喀巴拉影响之下。欧洲人文主义思想、16世纪宗教改革和17世纪科学革命对多数犹太人聚居的波兰、立陶宛地区影响极微。与古希腊文明时期及早期伊斯兰教时期相比，近代前期西方犹太人处于孤立的精神状态之中。

1492年，西班牙驱逐犹太人。大批犹太人移居奥斯曼帝国，随之传入制造武器、火药以及织布、医药的精良技术，并继续发展与西欧的贸易。来自西班牙的拉比，在奥斯曼帝国各地设立拉比学院，重新阐述犹太律法。约瑟·本·艾弗莱姆·凯罗所著的《约瑟之家》，在注释14世纪犹太律法著作时，概述了16世纪全新犹太律法。1564年，凯罗又编纂一部名为《备妥的餐桌》的律法概要，成为传统犹太律法范本，沿用至今。在西班牙，葡萄牙被逐而移居西亚的犹太人中，期待弥塞亚降临的思想十分普遍，宗教生活强调禁欲主义。

在西欧，犹太人长期处于被歧视状态。15—16世纪之交，意大利上层犹太人曾受文艺复兴思潮的影响，致使少数犹太学者对传统犹太教持批判考察态度，其中突出者为阿札利亚·迪·罗西。他晚年发表《耀眼的亮光》一书，总结其对犹太有关文献的研究，并运用非犹太人资料考证《塔木德》中各项传说的真伪。在宗教信仰上，他仍笃守中世纪犹太教信仰，但并不回避犹太教经典中的矛盾，他认为《塔木德》中的传说具有道德训诲价值，而非历史事实。他以历史观点校订犹太文献中的人和事，由此论证从创世纪算起的犹太纪年是拉比犹太教后期才开始推行的。其著作激起意大利、中欧及西亚各地拉比的愤怒，规定非经特别批准，禁止阅读。其思想为19世纪后犹太历史考据学之先河。

16世纪末，荷兰从西班牙统治下取得实际独立地位，被逐出西班牙、葡萄牙的犹太人，一部分移居荷兰。17世纪中叶，犹太人在阿姆斯特丹商业金融活动中起着重要作用；他们在宗教上享有自由，出版了各种希伯来文神学及神秘主义教义著作。阿姆斯特丹犹太社团在宗教信仰上原属保守派，但在近代科学、哲学的影响下，出现分化。

（四）近现代犹太教

17世纪西欧思想界在近代科学影响下，对古代传统权威、中世纪经院哲学思维方法提出疑问。17世纪上半叶，阿姆斯特丹犹太思想家尤里·阿科斯塔公开否认拉比权威及个人灵魂不灭，认为律法书不可能出于神授，因其中包含许多违反自然律的事件；神既创造了自然与自然律，便不可能自相矛盾。

18世纪，以法国、英国为中心的思想启蒙运动在西欧各国兴起，提倡思想、经济、政治自由和人道主义。德国思想启蒙运动受自然科学的影响比英国和法国小，政治上也不如法国激进；因此，在反对传统束缚的同时，仍保持对宗教哲学的兴趣。德国犹太思想家摩西·门德尔松主张以理性为基础的自然宗教，认为万有系神意所造，神乃最完全的存在，理性能发现神的实在性，神的旨意与灵魂不朽，否则生命便无价值可言。他在晚年所著《耶路撒冷》一书中，认为犹太教仅为犹太人的特殊律法，并无独特的信仰体系或世界观；主张犹太人谨守犹太教礼仪，放弃文化孤立的传统，广泛吸收其他民族文化。在他的推动下，形成犹太人思想启蒙运动，吸收欧洲世俗文化，被称为“哈斯喀拉”。它并不反对犹太教，但反对犹太传统生活方式及拉比权威，主张改革专重讲授《塔木德》的传统教育制度，提倡尊崇科学、吸收新知识、生活方式现代化。这些主张得到欧洲犹太商人的支持并获得发展。

三 伊斯兰教

在西欧许多国家里，信奉伊斯兰教的穆斯林是合法定居的少数民族。据统计，英国大约有150万穆斯林（穆斯林组织声称有200万），约占总人口的2%。英国的穆斯林主要是英帝国时期的移民的后裔和第二次世界大战以后的劳工移民后裔，一般祖籍南亚，但也包括来自东非、伊朗、马来西亚、索马里、塞浦路斯和其他不同民族的阿拉伯人。他们聚居于伦敦、曼彻斯特、南威尔士和约克郡等地。比利时约有25万穆斯林，主要是北非和土耳其移民后代，散居在各主要工业城市。穆斯林已成为人口仅次于基督徒人数的第二大宗教群体。伊斯兰教在比利时是获得官方承认的宗教，有权从国家获得财政和其他支持。在法国，伊斯兰教是仅次于天主教的第二大宗教，大约有250万—350万信奉者，其中大约75万人居住在南部城市马赛附近地区。法国穆斯林主要是阿尔及利亚人、摩洛哥人、突尼斯人的后裔，还有一部分土耳其人、塞内加尔人、马里人、巴基斯坦人、印度尼西亚人及伊朗人等民族的后裔。在德国，伊斯兰教是仅次于路德宗和天主教的第三大宗教。20 世纪 90 年代初居住在德国的穆斯林人数约为 170 万，占总人口的 2.1%，他们主要是土耳其库尔德人，其余来自阿富汗、摩洛哥、巴基斯坦、前南斯拉夫和其他阿拉伯国家。多数为非技术性工人，聚居于北莱茵—威斯特法伦州、巴登—符腾堡州和柏林市。意大利估计有 15 万穆斯林，主要来自东欧、北非和索马里。另外，西班牙估计有 30 万穆斯林，他们是经济移民的第二、三代后裔。希腊大约有 20 万穆斯林，包括阿尔巴尼亚穆斯林难民和马其顿穆斯林等。

第五节　各国人口状况和人口政策

一　西欧西部国家

（一）英国

英国人口总数从 1960 年的52373000人增长到 2009 年的61838154人，其中男性占 49.1%，女性占 50.9%；0—14 岁人口占总人口的 17%，15—64 岁人口占总人口的 66%，65 岁以上人口占总人口的 17%。2008 年出生预期寿命为 80 岁，粗出生率为 13‰，粗死亡率为 9‰，总和生育率为 1.96。

21 世纪初期，英国人口结构变化的主要趋势是人口增长相对较快、地区分布不平衡、老龄化日益严重和移民数量不断增加。英国政府一直没有独立的人口政策，政府主要是从社会政策和移民政策等方面对人口结构的变化进行间接的干预，尽量减少人口结构变化对于经济与社会发展的消极影响。

英国人口总量在西欧国家中低于德国和法国，位列第三。英国全境人口密度为平均每平方公里 253 人，在西欧属于人口密度最高的国家之一。进入 20 世纪后，英国农村人口的比例逐渐下降，城市中心区人口不断膨胀。但 20 世纪中期后，人们开始选择与自己的工作地点有一定距离的地方居住，通常是在市郊、邻近的城镇或农村地区，这导致伦敦、曼彻斯特、利物浦、伯明翰、利兹等大城市的居民人数下降。目前大约有 20% 的英国人居住在乡间，其余人口住在大城市或小城镇。人口最密集的地区是大伦敦以及英格兰南部与东部地区。人口密度最低的地方是苏格兰北部、湖区以及威尔士和北爱尔兰的农村地区。

由于实施鼓励生育的政策，近年来英国人口的增长速度在欧盟国家中是比较快的。2007 年 6 月到 2008 年 6 月，英国人口净增加 40.8 万，年度增幅为 0.7%，达到 20 世纪以来的最高水平。与同期相比，欧盟 27 国的人口净增总量仅为 210 万人，年度增幅为 0.4%。2008 年以前的 10 年中，外来移名一直是推动英国人口增长的首要因素，2008 年人口的自然增长替代外来移民成为影响英国人口总量的主因。但是，统计数据显示，移民仍然对英国人口的增长有很大的影响，2008 年有 56% 的新生儿的母亲是外来移民。

根据 2008 年的官方统计，英国有 11% 的人口是“非本土出生的”。同时，在英国的人口增量中，近十年来移民的比重一直超过 1/3，其中来自欧盟新成员国——东欧八国（波兰、匈牙利、捷克、斯洛伐克、斯洛文尼亚、爱沙尼亚、拉脱维亚、立陶宛）的移民所占比例较大。这些移民迁入英国是为了寻求就业机会，2008 年以后，由于经济和金融危机的影响，英国国内经济下滑、失业率上升，有很多来自这些国家的侨民返回了自己的国家。近年来，为更有效地管理外来移民，吸引英国经济发展所需的高技能移民，英国开始实施更严厉的移民政策，对新移民采取新的五级计分制度。除高技能移民外，其他级别的申请移民者必须有雇主或学校提供担保。除非劳工临时短缺，英国不再为来自非欧盟地区的低技能劳工提供工作签证。

英国人口老龄化的程度在西欧居中等水平，老龄化加速发展的首要原因医疗水平的提高延长了公民的平均寿命。同时，20 世纪 80—90 年代过低的人口出生率也从反面促进了英国人口老龄化的趋势。在未来一段时期里，尽管移民因素有可能对英国老龄化的态势产生一定程度的抑制作用，但长远而言老龄化趋势却是很难根本改变的。

（二）爱尔兰

爱尔兰人口总数从 1960 年的2833997人增长到 2009 年的4450446人，其中男性占 50.1%，女性占 49.9%；0—14 岁人口占总人口的 21%，15—64 岁人口占总人口的 68%，65 岁以上人口占总人口的 11%。2008 年出生预期寿命为 80 岁，粗出生率为 17‰，粗死亡率为 6‰，总和生育率为 2.10。

在过去 200 多年的时间里，爱尔兰的人口分布发生了巨大变化，随着城市化和现代化的发展，越来越多的人从农村迁往城市，目前约有 60% 以上的人口生活在城镇，而在1841年，仅有20%的人口生活在城镇。爱尔兰人口密度为平均每平方公里63人，但各地差别很大，东南部人口密度高，而西部居民较为稀少。

近几十年来，爱尔兰人口增长的最主要的一个原因是大量移民涌入爱尔兰。2004年以前爱尔兰是欧盟唯一可以根据出生地获得国籍的国家，即只要在爱尔兰（包括北爱尔兰）出生的婴儿均可获得爱尔兰国籍，而无须其他任何条件。而根据欧盟"自由流动"条款，任何一个成员国公民的父母、子女或配偶都可在欧盟范围内自由流动或居住。这一政策的结果是大量非欧盟成员国的公民前往爱尔兰生孩子，以便凭借其子女的爱尔兰国籍获得在欧盟成员国的居住权。因而，相对于其他西欧国家，爱尔兰人口结构中0—14岁的人口所占比重较大。为控制移民数量的过快增长，爱尔兰政府已于2004年通过公决修改了这一法案，新法案规定只有父母一方在婴儿出生前至少在爱尔兰合法居住3年以上者，其在爱尔兰出生的孩子才能获得爱尔兰国籍。2005年，为解决大量移民带来的问题，爱尔兰政府又公布了新的"移民与居住法"草案。

（三）法国

法国人口总数从1960年的45684002人增长到2009年的62616488人，其中男性占48.6%，女性占51.4%；0—14岁人口占总人口的18%，15—64岁人口占总人口的65%，65岁以上人口占总人口的17%。2008年出生预期寿命为82岁，粗出生率为13‰，粗死亡率为9‰，总和生育率为2.01。

按照世界银行的统计数字，2009年法国人口总数目前在西欧列第二位。法国人口密度平均每平方公里115人。尽管2009年法国人口密度比1800年提高了一倍多，但在西欧国家属于中等水平。在法国本土，人口密度因地区不同差异悬殊。在经济发达的北方地区人口密集，在经济相对落后或偏远的山区则人口稀少。自18世纪到20世纪60年代，法国人口的流动主要表现为农村人口向城市集结的过程，在这个过程中出现过两次高潮，第一次高潮发生在1850—1914年法国工业化时期，法国农民和农村手工业者纷纷破产，被迫离开家园来到城市。第二次高潮发生在第二次世界大战后法国经济高速发展时期，再次出现了农民和农村手工业者进入城市和经济发达地区的高潮。20世纪60年代末到80年代初，法国经济发展减速，大量人员失业，从而造成城市人口向农村倒流。1982年开始，法国农村人口再次流向城市，从而使1982—1990年的城市人口年平均增长率为0.46%。20世纪90年代开始，随着城市化的发展，法国人口出现了双向流动，即农村人口向城市特别是中小城市流动，同时大城市人口向中小城镇迁移。目前法国本土有超过80%的人口生活在城市，20%的人口生活在农村。在西欧国家中，法国女性人口比例居于较高水平，而人口预期寿命在西欧国家中也属最高之列。

尽管法国已经是西欧生育率最高的国家之一，但人口增长缓慢（2009年人口增长率为0.5%）、老龄化问题严重。其中一个重要原因就是，法国女性就业率非常高，81%的25—49岁女性为在职，中产阶级和职业女性都在向后推延结婚和生育的年龄（2004年平均头胎育龄为29.6岁），而且这些妇女还把头胎与二胎的间隔拉长。鉴于生理原因，她们生育第三胎的比率也因此减少。据人口学家统计，平均每名妇女要生育2.07个孩子才能维持人口正常更新的水平。为促进人口增长，法国采取了多种措施鼓励生育。例如，为了鼓励中产阶级的女性多生育，法国政府2005年推出一项奖励性社会福利：生育第三胎的妇女可以获得每月1000欧元和产假一年的"优待"。

（四）比利时

比利时人口总数从1960年的9119000人增长到2009年的10788760人，其中男性占49.0%，女性占51.0%；0—14岁人口占总人口的17%，15—64岁人口占总人口的66%，65岁以上人口占总人口的17%。2008年出生预期寿命为80岁，粗出生率为12‰，粗死亡率为9‰，总和生育率为1.86。

比利时人口密度为平均每平方公里353人，是西欧人口最稠密的国家之一。在安特卫普—布鲁塞尔—根特经济发达的三角地带，人口密度达每平方公里600人以上。除人口密度大以外，在人口分布上，比利时城乡差别不明显。农村人口密度也超过100人/平方公里。比利时人口老龄化明显。

长期以来，比利时一直执行较为慷慨的社会政策以鼓励生育，但自然人口增长率对人口总量的影响远不及移民。近年来相对于其他欧盟国家，比利时人口增加速度非常快（2009年比利时人口增长速度为0.7%，比欧盟的平均值高出2倍多），人口增长原因主要来自移民。新增移民的数量占新增人口数量的 70% 以上。移民主要来自意大利、法国、摩洛哥、荷兰、西班牙以及土耳其等国家。由于外来移民数量增加过快，目前移民问题已经成为比利时一个棘手的政治、社会问题。

（五）荷兰

荷兰人口总数从 1960 年的11486630人增长到 2009 年的16531294人，其中男性占 49. 6%，女性占 50. 4%；0—14 岁人口占总人口的 18%，15—64 岁人口占总人口的 67%，65 岁以上人口占总人口的 15%。2008 年出生预期寿命为 80 岁，粗出生率为 11‰，粗死亡率为 8‰，总和生育率为 1. 77。

荷兰是世界上人口密度最高的国家之一。它的人口密度超过平均每平方公里 400 人，如果扣除内陆水面的不可居住面积，荷兰的人口密度超过平均每平方公里 480 人。荷兰的城市化程度也非常高，大约 90% 的人口居住在城镇。

荷兰人口结构呈现老龄化和移民化的特点。2009 年，荷兰中央统计局预测未来 30 年内荷兰人口将从目前的 1650 万人增长到 1750 万人，然后逐步下降。与此同时，荷兰老龄化现象将日趋严重，外来移民将日益增多。荷兰人口的老龄化要晚于其他欧盟国家，但是其发展趋势仍然不容乐观。尤其是 2010 年后，荷兰的老龄化发展开始加速，主要原因是于第二次世界大战后生育高峰出生的一代恰好在这个时期接近和达到 65 岁。由于卫生福利条件改善，荷兰人平均寿命不断延长。寿命延长将导致老年人口增加。根据荷兰中央统计局预测，到 2040 年荷兰 65 岁以上人口占总人口的比例将从目前的 15% 上升到 26%。这意味着适龄劳动人口与退休人员之比将从现在的 4:1 降至 2:1，荷兰国家养老福利体系将承受更沉重的负担。荷兰人口状况的另一显著变化将是具有移民背景人口的大幅上升。荷兰中央统计局报告说，到 2050 年，父母中至少有一方是外国人的荷兰人将从目前的 320 万增至 500 万，占总人口的比例将从目前的 20% 升至近 30%。

长期以来荷兰一直采取较为慷慨的社会政策鼓励生育，于 1963 年立法的儿童津贴计划虽经过了或大或小的多次修改，减少了儿童津贴的受益人数和降低津贴水平，但总体来说，荷兰政府为增加生育率，在社会保障方面进行了大量的投资。

（六）卢森堡

卢森堡人口总数从 1960 年的314900人增长到 2009 年的497854人，其中男性占 49. 6%，女性占 50. 4%；0—14 岁人口占总人口的 18%，15—64 岁人口占总人口的 68%，65 岁以上人口占总人口的 14%。2008 年出生预期寿命为 81 岁，粗出生率为 11‰，粗死亡率为 7‰，总和生育率为 1. 61。

卢森堡人口密度为平均每平方公里 193 人。其人口分布不均匀，城市人口比例远远大于农村，大约有 92% 的人口生活在城市。经济发达的南部地区人口密度大大高于经济相对落后的北部地区。卢森堡堪称是西欧乃至世界外来人口比例最高的国家，其外来人口占总人口的比例将近四成。外来人口 90% 来自欧洲国家。卢森堡之所以能接纳这么多的外国人，根本原因是其人口有限，出生率低，人口老龄化严重，本国劳动力严重不足。为发展经济，卢政府根据本国劳动力市场的需求及需求程度确定移民政策。考虑到社会团结的因素，卢森堡倾向于接纳在地理上接近、文化上同源的国家的移民，限制距离遥远、文化背景迥异的国家的移民。

为加快本国人口的自然增长，卢森堡政府采取鼓励生育的社会政策。卢森堡政府通过税收向父母提供家庭津贴，津贴的金额根据孩子的数量而定。另外政府还向符合条件的家庭提供生育补贴、教育补贴、开学补贴等。

（七）摩纳哥

摩纳哥人口总数从 1960 年的22134人增长到 2009 年的32812人，摩纳哥国土面积仅为 1. 95 平方公里，因而堪称西欧人口最密集的国家。2009 年摩纳哥人口增长率为 0. 3%。

二　西欧中部国家

（一）德国

德国人口总数从 1960 年的72674000人增长到 2009 年的81879976人，其中男性占 49. 0%，女性占 51. 0%；0—14 岁人口占总人口的 14%，15—64 岁人口占总人口的 66%，65 岁以上人口占总人口的 20%。2008 年出生预期寿命为 80 岁，粗出生率为 8‰，粗死亡率为 10‰，总和生育率为 1. 38。

两德统一以来，德国成为欧洲联盟中人口最多的国家，遥遥领先于其他国家。德国人口密度为每平方公里 229 人，是西欧人口最稠密的国家之一。其人口分布很不均匀，现代化的大城市以及工业区人口密度非常大，而北部低地的草原和沼泽地区、东部农业区、艾佛尔山区以及巴伐利亚林区则人烟稀少。另外德国西部人口密度明显大于东部，人口30万以上的19个城市中，仅有3个在东部。德国总人口中有不到1/5的人生活在东部德国。

德国人口结构表现为三大发展趋势：低出生率、预期寿命日趋增长、社会人口老龄化。近30年来，德国人口一直处于出生低谷。2009年德国人口增长率为-0.3%，是当年西欧国家中唯一一个人口增长率为负值的国家。据统计，1975年以来，每个德国妇女的生产次数在1.3个子女上下浮动。30多年来，子女一辈比父母一辈少了约1/3的人。随着医学技术的进步和德国社会保障制度的发展完善，人们的预期寿命也在不断延长，1901—1910年德国男性预期寿命仅为44.8岁、女性预期寿命仅48.3岁，而2005—2007年男性预期寿命上升到76.9岁，女性预期寿命上升到82.3岁。预计到2050年男性预期寿命可达88岁，女性预期寿命可达83.5岁。

预期寿命的不断延长、出生率降低造成年轻人占总人口的比例逐渐下降，同时老年人的比例在不断增加，德国社会人口老龄化趋势日趋严重。65岁以上的人口1950年占总人口的9.7%，2000年为16.4%，2005年为18.7%，2009年为20%，预计到2050年将达到总人口的31%，届时德国人口结构的"倒梨型"将更加明显。

为改变人口结构，提高人口自然增长，德国实行鼓励生育的社会政策。为父母每月提供一定数额的子女津贴（子女年龄应在18岁以下，如没有就业在21岁以下，若在接受全职教育或从事志愿工作在27岁以下）；为新生婴儿父母提供为期两年的特别补助；生育后母亲可以申请12个月的带薪产假，父亲在家照顾孩子的，父母合计可以申请14个月的带薪产假；大力兴建幼儿园，托儿实行全免费；另外还发放住房补贴、医疗补贴，医疗保险费以家庭为单位计算，增人不增费。另外，各联邦州还制定了各自的鼓励生育的措施。

（二）奥地利

奥地利人口总数从1960年的7048001人增长到2009年的8364095人，其中男性占48.8%，女性占51.2%；0—14岁人口占总人口的15%，15—64岁人口占总人口的68%，65岁以上人口占总人口的17%。2008年出生预期寿命为80岁，粗出生率为9‰，粗死亡率为9‰，总和生育率为1.41。

奥地利全国人口密度平均每平方公里100人。其人口主要分布在维也纳、下奥地利州、上奥地利州以及福拉尔贝格州，其中维也纳人口密度最高。近几十年来，奥地利人口增长来源于两大因素：一是新生人口，特别是乡村新生人口的增长；二是移民数量的增长。截至2008年1月1日，奥地利有移民背景的人约140万，占总人口的17%左右。奥地利的移民主要来自德国、意大利、其他欧盟国家、塞尔维亚及黑山、克罗地亚等。

由于奥地利生育率较低、人口增长缓慢（2009年人口增长率为0.3%）、老龄化严重，国家实施覆盖面较广的家庭补贴政策，以鼓励生育。另外自2011年起，奥地利准备放宽管制，吸引欧盟外部的外国人定居。根据新的移民政策，今后欧盟以外的外国人，如果申请移民奥地利，奥地利将根据他们年龄，教育程度，专业经验和语言能力，为他们打分，分数最高的人，就可以获准到奥地利定居。

（三）瑞士

瑞士人口总数从1960年的5361995人增长到2009年的7731167人，其中男性占48.8%，女性占51.2%；0—14岁人口占总人口的15%，15—64岁人口占总人口的68%，65岁以上人口占总人口的17%。2008年出生预期寿命为82岁，粗出生率为10‰，粗死亡率为8‰，总和生育率为1。

瑞士人口密度超过了每平方公里187人，加上瑞士相当大部分国土为高山和湖泊等不适合人类居住的地区，所以瑞士人口的真正密度要在每平方公里250人以上。瑞士城市化程度很高，其总人口的2/3以上居住在城市地区（城镇中心加上日益扩展的郊区）。由于人口城市化程度的升高，近几十年瑞士人口又呈现出向城市外围发展的趋势。原因是市中心大量的服务性行业抬高了周围的地产价格，在经济压力下，迫使许多居民不断地向城市的外围搬迁。但是比起西欧其他发达资本主义国家，瑞士人口的城市化率并不高，这主要和瑞士社会经济结构有关。在20世纪中叶，瑞士劳动人口中有一半以上从事农牧业，到了1960年，这一比例下降至13%，现在这一比例不到5%。瑞士人口城市化的过程同时也是瑞士产业结构和产业人口从第一、第二产业向第三产业转移的过程。但是瑞士的农村人口大迁移过程并没有像其他工业化国家那样对整个国家产生很大的冲击，因为瑞士的大部分工业都是牢牢地建立在乡村的基础上的。近100年来，从事个体经营的瑞士人的比例从26%下降到了10%（仍高于其他发达西方国家）。这些都反映了瑞士社会经济结构的深刻变化。目前瑞士人口约80%从事第三产业，约15%从事第二产业，约5%从事第一产业。比起其他西方发达国家，瑞士从事第三产业的人口比例更高，这和瑞士旅游、餐饮、饭店、会展、金融、服务业等第三产业高度发达相吻合。

总体上瑞士人口的发展趋势是低增长、老龄化，基本与西方发达国家的人口发展趋势相同。影响瑞士人口的另外一个主要趋势是移民因素。瑞士人口中大约有1/5为外籍居民，外籍人口包括在瑞士拥有工作许可证的外籍劳工、边境工（居住在外国却在瑞士上班）、季节工（在不同的季节来瑞士从事短期工作）、在联合国和其他国际组织中工作的外交官和职员、来自世界各国的难民等。由于地理和经济原因，外籍人口在各州所占比例不同。在城市与乡村中外籍人口分布比例相差更大，外籍人口中只有3%的人生活在农村，而35%的外籍人口住在日内瓦。总之，在城市以及边境地区外籍人口比例较高，而在伯尔尼中央高原、阿尔卑斯山区以及前阿尔卑斯山脉和瑞士中部地区则比例较低。

为鼓励生育，瑞士实行在联邦和州两个层次共同发放家庭津贴的政策。根据2009年生效的《联邦家庭补贴法》，16岁以下孩子每人每月最低得到200瑞士法郎的补助，16—25岁者每人每月获得至少250瑞士法郎教育津贴。

（四）列支敦士登

列支敦士登人口总数从1960年的16560人增长到2009年的35911人。2008年出生预期寿命为83岁，粗出生率为10‰，粗死亡率为6‰，总和生育率为1。2009年列支敦士登人口增长率为0.8%。

三　西欧南部国家

（一）意大利

意大利人口总数从1960年的50199700人增长到2009年的60221211人，其中男性占48.6%，女性占51.4%；0—14岁人口占总人口的14%，15—64岁人口占总人口的66%，65岁以上人口占总人口的20%。2008年出生预期寿命为82岁，粗出生率为10‰，粗死亡率为10‰，总和生育率为1.42。

意大利总人口在西欧位列第四位（低于德国、法国和英国），人口密度平均每平方公里已经接近200人。近30年来，外来移民是意大利人口增长的主要因素。外来移民占意大利总人口的4%以上，其中最多的移民来自阿尔巴尼亚，其次为摩洛哥、罗马尼亚、中国和乌克兰，还有大量来自土耳其、马其顿、塞尔维亚和菲律宾的移民。意大利也面临出生率低、预期寿命延长、人口老龄化日益严重的问题。2009年意大利人口增长率为0.6%，其总人口中65岁以上的老龄人口比例与德国一样同居西欧国家榜首。

意大利政府借助社会政策向有子女的家庭提供家庭补贴，以鼓励生育。但就目前情况看，鼓励生育需要改变年轻一代的社会文化观和道德价值观，而宣传和提供经济援助效果有限，无法解决人口危机，唯一的捷径是吸引外来移民，以此保证意大利有足够的适龄劳动力维持社会的正常运转。

（二）西班牙

西班牙人口总数从1960年的30455155人增长到2009年的45957671人，其中男性占49.3%，女性占50.7%；0—14岁人口占总人口的15%，15—64岁人口占总人口的68%，65岁以上人口占总人口的17%。2008年出生预期寿命为81岁，粗出生率为11‰，粗死亡率为9‰，总和生育率为1.46。

西班牙的人口总量在西欧国家中位列第5位，人口密度为平均每平方公里91人。西班牙人口分布极不均匀，除马德里外，人口稠密的地区主要集中在沿海地区、加那利群岛和巴利阿里群岛，而内陆地区人口密度相对较低。西班牙全国城市化水平比较高，人口主要分布在经济发达的大城市，农村人口不到全国总人口的1/5。西班牙人口老龄化趋势日益严重，其老龄化呈现出预期寿命增加和出生率下降的两大特点。出生率的下降在未来50年无疑会减少经济活动人口的比重。而预期寿命的增加也会加重老龄人口在总人口中的比重。此外，西班牙是西欧移民率较高的国家之一。目前西班牙的移民数量已经从1996年的50万人增加到2008年的520万人。进入21世纪后，西班牙外来移民数量呈剧烈增长的态势，移民占总人口的比例从2000年的2.28%飙升到2008年的11.3%。

20世纪90年代初以后，西班牙人口增长率一直比较低。1981年时，每个育龄妇女平均生育2.04个子女，到1996年下降到1.16个，2006年回升到1.37个，其中占人口总数将近10%的移民起了很大作用，移民生育的子女占新生儿总数的16.46%。为鼓励生育、增加人口数量，2007年7月，西班牙政府出台了奖励生育的措施，只要生育或领养一个孩子，就可以获得2500欧元的奖金。在国际经济和金融危机的背景下，西班牙政府削减开支，实行财政紧缩政策，这奖励政策于2010年12月31日到期。为了搭上末班车，2010年西班牙各地都出现了罕见的“婴儿潮”。

（三）葡萄牙

葡萄牙人口总数从1960年的8943100人增长到2009年的10632069人，其中男性占48.4%，女性占51.6%；0—14岁人口占总人口的15%，15—64岁人口占总人口的67%，65岁以上人口占总人口的18%。2008年出生预期寿命为79岁，粗出生率为10‰，粗死亡率为10‰，总和生育率为1.37。

葡萄牙全国人口密度平均为每平方公里114人。其人口分布极不均匀，沿海地区人口密度大，内陆地区人口密度小。从里斯本以南的塞图巴尔区到北部的维亚纳堡区这片宽约80公里的沿海地区的面积只占全国总面积的25%，但却集中了全国70%的人口。另外由于工业化和城市化的发展，葡萄牙城市人口所占比例越来越大。近年来，葡萄牙的移民数量比较巨大，移民中有相当大的比例来自葡萄牙前殖民地国家，目前移民约占葡萄牙总人口的5%左右。由于人口出生率低，自然人口增长缓慢，移民成为葡萄牙人口增长的主要力量。2002年到2007年期间，葡萄牙新增的27万人口中有91%是移民。2007年，葡萄牙新生人口中有9.7%的婴儿母亲是外国人。其中外国移民后代最多的是阿尔加威（Algarve）地区，新生儿中有11.8%婴儿的父亲是外国人。葡萄牙人口结构的另外一个特点就是老龄化趋势日益严重，葡萄牙政府预测65岁及以上的人口所占总人口的比重将从2009年的18%升至2050年的32%。

为加快人口自然增长，葡萄牙政府推行了一系列的社会政策鼓励生育。包括为母亲提供生育补贴、怀孕补贴，每位生育妇女以其纳税和就业与待业情况不同领取额度不等的生育补贴。葡萄牙政府还一次性为生育妇女提供一定数额的生活补助。另外，在妇女怀孕、生产以及哺育婴儿期间给予必要的支持，还向孩子的父亲提供生育补贴。

（四）希腊

希腊人口总数从1960年的8327000人增长到2009年的11283293人，其中男性占49.6%，女性占50.4%；0—14岁人口占总人口的14%，15—64岁人口占总人口的68%，65岁以上人口占总人口的18%。2008年出生预期寿命为80岁，粗出生率为10‰，粗死亡率为10‰，总和生育率为1.51。

希腊人口密度为平均每平方公里86人。其人口分布不均衡，城乡差异大。有将近2/3的希腊人口居住在城市，而在山地几乎无人居住。另外希腊的外来移民不断增加，正在改变希腊的人口结构。目前希腊总人口中大约有10%左右为外来移民，在欧盟国家中位居前列。移民中有一半为阿尔巴尼亚人，其余为库尔德难民以及来自中东、印度次大陆以及非洲的经济移民。

相对于希腊的国土面积和经济发展水平，希腊的人口规模偏大，从20世纪90年代中后期开始其人口增长趋势显著放缓，2009年其人口增长率为0.4%。希腊人口呈现出生率降低、死亡率略高、老年化趋势明显的特征，因此希腊实行鼓励生育的政策，生得多，补得多。补贴的多少与家庭收入有关。如果在领取补贴时又怀孕，则同时可领取两项补贴，双胞胎、多胞胎也可领取双份或多份补贴。

（五）梵蒂冈

梵蒂冈0.44平方公里的国土面积上居住着791人（2008年），其中565人拥有梵蒂冈国籍。人口密度达1798人/平方公里。

（六）圣马力诺

2009年圣马力诺人口总数为31451人。2008年粗出生率为11‰，粗死亡率为6‰，总和生育率为2。2009年圣马力诺人口增长率为1.3%。

（七）安道尔

2009年安道尔人口总数为85168人。2008年粗出生率为10‰，粗死亡率为3‰，总和生育率为1。2009年圣马力诺人口增长率为1.6%。

（八）马耳他

马耳他人口总数从1960年的323173人增长到2009年的414971人，其中男性占49.8%，女性占

50.2%；0—14 岁人口占总人口的 16%，15—64 岁人口占总人口的 70%，65 岁以上人口占总人口的 14%。2008 年出生预期寿命为 80 岁，粗出生率为 10‰，粗死亡率为 8‰，总和生育率为 1.44。

马耳他是位于地中海中部的岛国，面积为 316 平方公里，由 5 个岛屿组成。人口密度为平均每平方公里 1313 人。其人口分布不均匀，马耳他岛以及瓦莱塔和比尔基卡拉等主要城市人口密集，科米诺岛和科米诺托岛则无人居住。自 1948 年以来，马耳他人口出生率和死亡率均呈下降趋势，但死亡率下降速度高于出生率，因而，其人口数量呈增长态势，2009 年，马耳他人口增长率为 0.7%。

马耳他政府通过执行一系列的社会政策鼓励生育。在马耳他社会保障制度下，为父母提供儿童养护津贴、儿童津贴、伤残儿津贴以减轻养育孩子的家庭的经济负担，并通过提供医疗服务、免费教育、住房补贴等福利保障提高育儿家庭的生活质量。

四　西欧北部国家

（一）瑞典

瑞典人口总数从 1960 年的7480002 人增长到 2009 年的9302123人，其中男性占 49.6%，女性占 50.4%；0—14 岁人口占总人口的 17%，15—64 岁人口占总人口的 65%，65 岁以上人口占总人口的 18%。2008 年出生预期寿命为 81 岁，粗出生率为 12‰，粗死亡率为 10‰，总和生育率为 1.91。

瑞典地广人稀，人口密度为平均每平方公里 21 人。其人口分布极不均衡，约一半人口集中居住在 3% 的国土上。另外人口分布的城乡差别严重，约 80% 的人口居住在南部的大城市，自然条件较差的北部和大部分农村则人烟稀少。瑞典人口的发展趋势是出生率下降、预期寿命延长、人口老龄化严重。

瑞典没有明确的干预人口生育与规模的人口政策。瑞典政府通过全面的、“从摇篮到墓地”的社会福利政策，减少家庭抚养子女的各项经济负担和社会负担，实际上达到鼓励人口早婚多育，实现维持人口增长的目的。政府通过提供单亲家庭生活补助、病儿残疾儿童看护津贴、住房补贴、儿童津贴、领养补助、父母津贴等为有子女家庭达到良好生活水平提供经济支持，缩小有子女家庭和无子女家庭的生活水平差距。

（二）丹麦

丹麦人口总数从 1960 年的4581000 人增长到 2009 年的5529270人，其中男性占 49.6%，女性占 50.4%；0—14 岁人口占总人口的 18%，15—64 岁人口占总人口的 65%，65 岁以上人口占总人口的 16%。2008 年出生预期寿命为 79 岁，粗出生率为 12‰，粗死亡率为 10‰，总和生育率为 1.89。

丹麦是北欧人口最稠密的国家，人口密度约为平均每平方公里 128 人。丹麦各地人口分布极不均匀，占全国面积 30% 的岛屿上生活着占总人口 63% 的居民。虽然丹麦传统上是一个农业国，但由于农业生产效率显著提高、工业化的迅猛发展，城镇人口膨胀、农村人口数量下降，目前丹麦的城镇人口占总人口的 80% 以上。

丹麦女性就业率极高，2005 年丹麦女性就业率为 73.1%，在欧盟国家中位居首位。如此高的就业率并没有影响丹麦女性的生育率。这是由于政府建立了比较完备的公共育儿系统，丹麦妇女在休完产假后可将幼儿送进政府开办的托儿所。而其他欧盟国家，公共幼儿园只接收年满 3 周岁的幼儿。根据调查，只有 20% 的丹麦妇女表示，她们需要在职业和生孩子之间做出抉择；而在其他欧盟国家，需要在这两者之间做出抉择的妇女多达 70%。

（三）挪威

挪威人口总数从 1960 年的3580998 人增长到 2009 年的4827038人，其中男性占 49.7%，女性占 50.3%；0—14 岁人口占总人口的 19%，15—64 岁人口占总人口的 66%，65 岁以上人口占总人口的 15%。2008 年出生预期寿命为 81 岁，粗出生率为 13‰，粗死亡率为 9‰，总和生育率为 2。

挪威地广人稀，人口密度为平均每平方公里 11.7 人（2005 年），是世界上人口密度最小的国家之一。受自然条件的限制，挪威人口主要集中在南部和西南部沿海地区的城市中，同时各郡的人口密度也有很大的差别。首都奥斯陆的居民数量占挪威总人口的 40% 以上，人口密度超过每平方公里 1140 人。

与多数西欧国家一样，第二次世界大战后挪威人口增长率一直较低。2009 年其人口增长率为 1.2%。挪威人口增长缓慢的主要原因是出生率较低。在人口政策方面，挪威采取了一系列措施鼓励生育，如提供免费的看护服务，为生育孩子的家庭提供收入和就业激励政策，等等。挪威人均收入在北欧中最高，但其总和生育率一直稳定在1.8左右，在西欧国家中可以算是维持在相对较高的水平上。维持在接近人口更替水平的生育率和较低的失业率，使得挪威的人口老龄化问题不仅在北欧国家中相对较轻，而且即使在西欧各国中比较也不算严重。

（四）芬兰

芬兰人口总数从1960年的4430001人增长到2009年的5338395人，其中男性占49.0%，女性占51.0%；0—14岁人口占总人口的17%，15—64岁人口占总人口的67%，65岁以上人口占总人口的17%。2008年出生预期寿命为80岁，粗出生率为11‰，粗死亡率为9‰，总和生育率为1.85。

芬兰地广人稀，人口密度为平均每平方公里16人。由于芬兰特殊的自然条件，使其南北人口分布极不平衡，大部分人口居住在气候比较温和的南部，芬兰湾沿岸平均每平方公里达100人；而北部人烟稀少，萨米兰地区每平方公里不足1人。芬兰城市人口约占总人口的62%，农村人口占38%。同西欧许多国家一样芬兰人口老龄化日趋严重。

为抑制人口老龄化、促进人口增长，芬兰政府采取多种措施鼓励生育。芬兰妇女生育几乎全部免费，夫妇均享有生育假期，尤其是母亲可享有长达11个月的产假。不论母亲生育前有无工作，政府都会根据情况支付生育补贴。而孩子自出生起，每月均可领取一定金额的儿童津贴，直至18岁。所有这些待遇不但覆盖芬兰公民，也覆盖拥有芬兰居住证的外国人。在芬兰培育下一代成为政府的头等大事，除幼儿园外，芬兰实施免费教育，而幼儿园的托儿费是按照家庭收入情况收取的。在芬兰随处可以感受到“儿童友好”的政策，推有婴儿的母亲可以免费乘坐公共交通工具，大多数公交车都有低台阶，方便童车上下。

（五）冰岛

冰岛人口总数从1960年的175998人增长到2009年的319062人，其中男性占51.2%，女性占48.8%；0—14岁人口占总人口的21%，15—64岁人口占总人口的68%，65岁以上人口占总人口的12%。2008年出生预期寿命为82岁，粗出生率为15‰，粗死亡率为6‰，总和生育率为2。冰岛人口分布极不平衡，约40%的土地无人居住，而城市，特别是首都地区呈现人口集中的趋势。

第二次世界大战期间及战后初期，由于生活水平的提高，冰岛人口增长率迅速上升，在20世纪50年代达到顶峰，1960年后由于出生率降低以及向外移民，人口增长率放缓。20世纪90年代后，随着冰岛经济的快速发展，出生率有所提高，向外移民数量减少，而东欧和亚洲移民移入数量逐年增多，人口数量增加较快。2005年以后人口增长速度放慢，2009年人口年增长率仅为0.5%。

目前冰岛平均每个妇女生育近2个孩子，其生育率在西欧属最高水平之列。但由于冰岛人口稀少，人口密度平均每平方公里仅为3人（2005年），是西欧平均人口密度最低的国家，因此政府仍然采取多种促使鼓励生育。冰岛法律规定，只要年满16岁以上就可以生育，不论是否正式结婚。冰岛目前大约有50%的孩子为非婚生子女，而且越来越多的孩子是生活在重组的家庭里。

（杨解朴　刘立群　杨　筱）

第二编

西欧简史

第一章　古代史

第一节　古代希腊

一　克里特—迈锡尼文明

克里特—迈锡尼文明是指古希腊人在爱琴海地区创造的辉煌的青铜文化。这一时期，古希腊的原始社会逐渐解体，出现了奴隶制城邦。此时，古希腊文明的中心是克里特岛和迈锡尼城，所以被称为“克里特—迈锡尼文明”，也叫“爱琴文化”。

约公元前30世纪中期，克里特进入金石并用时期，原始社会开始瓦解。公元前2000年，克里特进入青铜时代，出现了最早的奴隶制国家。这些国家分布在北部的诺萨斯、南部的法埃斯特等地，各自为政。这时，克里特的手工业和农业已经分离，青铜器相当发达，考古发现的克里特青铜双面剑、短剑、长剑及金质、银质碗等工艺品做工精美，具有相当高的水平。农业开始使用犁耕，造船业已经可以造出甲板设有坚固库房的大船，扬帆出海，可以远航。经济的发展促进了文化的进步，此时的克里特出现了线形文字。克里特诸城邦中以诺萨斯的势力为最大，公元前17—前16世纪。在诺萨斯建立的米诺斯王朝处于鼎盛时期，它不仅称雄于克里特岛，而且控制了爱琴海中的一些岛屿和中希腊的雅典等地，成为爱琴海地区的霸主。公元前1450年前后，诺萨斯王宫为迈锡尼人占领，不久遭到破坏。克里特其他城邦也遭遇了同样的命运，克里特文明迅速衰落。古希腊文明转入了迈锡尼文明时期。

公元前20世纪后期，希腊半岛上的迈锡尼、提林斯等地出现了发达的青铜文明，奴隶制国家产生，其中以迈锡尼为其代表，因而称之为迈锡尼文明。迈锡尼文明出现后，其生产力迅速发展，金属冶炼和手工业品制造很快达到并超过了克里特的技术水平。其陶器远销埃及、腓尼基、特洛伊等地。从公元前16世纪起，迈锡尼与克里特展开了激烈的竞争，公元前1450年前后，迈锡尼人渡海占领了克里特岛的诺萨斯，取得最后胜利。

迈锡尼社会是典型的奴隶制社会。迈锡尼国家的土地分为两类，一是公社所有地或公有地，一是不属公社掌管的土地或私有地，在这两种土地上迈锡尼人都大量使用奴隶。奴隶也分两类，一是公有奴隶，一是私人的奴隶。公元前12世纪初，迈锡尼文明末期，发生了著名的特洛伊战争。以迈锡尼为首的希腊诸国联军，东渡爱琴海远征小亚细亚的富庶城邦特洛伊，苦战十年仍不能取胜。最后使用了“木马计”才得以攻陷特洛伊。希腊诸国虽取得了战争的最后胜利，但实力大受损失。不久，希腊人的另一支——多利安人从北部侵入，灭亡了迈锡尼诸国。希腊历史进入了一个新的时期——荷马时代。

二　荷马时代

荷马时代是指希腊公元前11—前9世纪这一阶

段，《荷马史诗》是记录这一阶段希腊历史的唯一文字史料，因而得名。《荷马史诗》相传是由盲诗人荷马所作，实际上它是许多民间行吟歌手集体口头创作而成，史诗不仅反映公元前11—前9世纪的希腊情况，而且反映了迈锡尼文明。多利安人南下，征服迈锡尼诸国以后，古希腊出现的奴隶制社会遭到了破坏，王宫等代表迈锡尼文明的宏伟建筑被毁灭。文化水平部分地下降了，手工业、商业趋于衰落，社会关系方面也发生了某些暂时倒退的现象，氏族部落制重新取得统治地位，奴隶劳动的使用大大降低。这时的氏族部落制有些是入侵者多利安人带来的，有些是本来就有的。这一时期，迈锡尼的早期奴隶制国家结束，希腊历史又从氏族末期重新开始。

荷马时代部落的管理实行军事民主制，有三种机构：民众会、议事会和军事首领。民众会由部落的全体成年男子亦即全体战士组成，对迁徙、作战、媾和、推举首领之类的重大问题，通过举手或呼声进行表决，在原则上它具有最高权力。议事会由各氏族长老组成，拥有广泛权力，重大问题首先由议事会讨论。军事首领是推举出来的部落领袖，平时管理祭祀和裁决争讼，战时统率军队。荷马时代虽然在社会关系方面有些倒退，但在生产力方面取得了不少的进步。公元前11世纪初希腊即已开始广泛使用铁器，铁器的出现是社会生产力发展的一个明显标志。在农业方面，这时的希腊已大量使用双牛牵引的犁，进行深耕，使用天然肥料。在手工业方面，手工业开始脱离农业，手工业内部已出现木匠、皮革匠、铁匠等行业粗略的分工。随着生产力的发展，氏族内部开始出现私有财产和阶级分化。氏族首领开始利用自己的权力侵吞氏族的公有财产，氏族贵族出现，许多普通氏族成员开始沦为雇工、乞丐。部落的管理权也开始发生变化，军事首领和长老的权力越来越大，民众会一步步成为一种形式。荷马时代后期，部落的管理机构开始向国家统治机关过渡，希腊的文明时代呼之欲出。

三 希腊城邦

所谓希腊城邦是指公元前8—前4世纪古代希腊并存的数百个小国。希腊境内山脉纵横、陆路交通困难，这样的地理环境再加上当时希腊各地经济、政治发展不平衡，使得古代希腊出现国家后，呈现的是一种数百个小城邦并立的局面。

希腊城邦都是小国，都是以一个城市为中心，包括附近的若干村落，典型的小国寡民。即使是当时希腊首屈一指的大国——斯巴达面积也仅有8400平方公里。希腊城邦按其构成可分为三类：一是在早期移民和后来的大殖民运动中建立的城邦；二是原迈锡尼文明地区的城邦被毁灭后，在氏族制解体的基础上重新建立起来，或者通过征服过程在压迫、奴役被征服居民的基础上形成新城邦；三是迈锡尼文明时代尚未形成国家，又未遭外族入侵的地区，在氏族制度自身解体、阶级分化的基础上产生的城邦。希腊城邦的居民也可分为三类：一是拥有公民权的自由人，这部分人一般来源于原部落成员，可从事政治活动；二是没有公民权的自由人，他们或是来自外邦的移民或是因贫困而失去公民资格者，或是因违法而被剥夺公民权者，或是被释放的奴隶；三是奴隶，奴隶多为非希腊人，但也有一些是希腊人，如斯巴达的黑劳士。希腊城邦的公民集体剥削和压迫没有公民权的自由人和奴隶，但并非所有公民都是奴隶主，多数城邦的多数公民是小生产者。

希腊城邦没有由职业官吏组成的官僚机构，它们的国家管理由3个政治机构完成：公民大会、议事会（如雅典的500人会议）和选举产生的公职人员。希腊城邦中也曾出现过君主制、有个人独裁色彩的僭主政治，但大部分城邦始终采用共和体制。共和政体又有民主共和与贵族共和之分，大多数的希腊城邦采用的是贵族共和政体，只有雅典等少数城邦实行民主共和制。希腊城邦一般没有脱离公民集体并凌驾于公民集体之上的常备军，保卫国家独立、内部安全的任务由城邦的全体公民来完成，城邦的每个公民都有随时应征参军的义务，并且应征者要自己负担武器装备和军需。

以雅典、斯巴达为代表的希腊城邦公元前8世纪建立后，经过近3个世纪的发展，公元前5世纪达到鼎盛时期，这一时期，希腊在希波战争中击败了不可一世的波斯帝国，势力对外扩张达到顶峰，本土经济增长迅速，希腊各地一片繁荣景象。公元前4世纪，希腊城邦开始衰落，公民中贫富分化加剧，内部矛盾增加，奴隶反抗此起彼伏等，这一切使希腊城邦陷入极度的困境。公元前338年，马其顿国王亚历山大大帝进攻希腊，击败希腊诸城邦，剥夺了希腊大多数城邦的政治独立，希腊城邦名存实亡。公元前 2 世纪，希腊城邦完全并入罗马帝国版图。

四　雅典

雅典是古代希腊的重要城邦，位于希腊中部的阿提卡半岛。雅典原是爱奥尼亚人居住的地方，迈锡尼文明时代，处在迈锡尼的势力统治之下，但其本身处于原始社会。公元前 12 世纪多利安人南下入侵伯罗奔尼撒半岛的时候，这里迁来了许多来自迈锡尼各邦的居民。荷马时代的雅典同希腊其他地方一样，也处于原始社会解体时期。公元前 700 年前后，雅典形成了统一的奴隶制国家。

起初，雅典国家的权力全部掌握在贵族手里，它的主要国家机关——贵族会议、执政官成员全部来自贵族。贵族凭借他们掌握的政权残酷地剥削、压迫农民和手工业者，甚至于将欠债的平民卖到国外为奴，这引起平民日益强烈的不满，由此引发一系列政治事件。公元前 630 年，出身于贵族的基伦暴动，企图利用平民对贵族的不满夺取政权，但由于未得到平民的支持而失败。公元前 621 年，迫于平民的压力，雅典通过了德拉古法典，在一定程度上限制了贵族的权力。公元前 6 世纪初，贵族与平民的矛盾发展到相当尖锐的程度，在这种情况下，公元前 594 年，由双方共同推选出的仲裁人梭伦进行改革，废除了债务奴隶制，提高了公民大会的权力，奠定了雅典民主政治的基础，但这并没有调和双方的矛盾。公元前 560 年，贵族出身的庇西特拉图依靠平民的力量建立了僭主政治，僭主政治期间，平民的处境有所改善。公元前 509 年，平民领袖克里斯梯尼上台，实行了民主改革，以地域组织取代血缘组织作为国家的行政单位，削弱贵族在各方面的影响，最终在雅典确立了奴隶主民主政治，雅典平民反对贵族的斗争结束。

公元前 500 年，希波战争爆发。在希波战争中雅典起到了相当重要的作用，希腊方面取得希波战争的胜利，雅典功不可没。在战争中，雅典自身的力量也得到发展壮大，成为左右希腊局势的强国，公元前 478 年，雅典海上同盟建立，雅典是这一同盟名副其实的盟主。公元前 431 年，为了争夺全希腊的霸权，雅典及其盟友与以斯巴达为首的伯罗奔尼撒同盟展开大战，公元前 404 年战争以雅典方面的失败而告终，雅典海上同盟瓦解，雅典元气大伤，并一度沦为斯巴达的附庸。此后，其实力虽有所恢复，但已无法重现昔日王者风采。公元前 322 年败于马其顿手下，附属于马其顿，从此完全失去了政治独立，民主政体名存实亡。公元前 2 世纪中期并入罗马版图。

五　斯巴达

斯巴达是希腊城邦时期位于伯罗奔尼撒半岛南部拉哥尼亚的一个城邦，又称拉西第梦，意即“拉哥尼亚的首府”。拉哥尼亚原由阿卡亚人在此居住。公元前1000年前后，多利安人侵入，征服了阿卡亚人，并且在征服过程中，氏族制度解体，建立起了斯巴达国家。

斯巴达国家的居民分为三种，即斯巴达人、皮里阿西人和希洛人。征服阿卡亚人，建立斯巴达国家的多利安人被称为斯巴达人，他们是征服者，其成年男人享有公民权。公元前 5 世纪前后斯巴达的公民约为9000 人，包括其亲属在内约为40000 人。斯巴达人集体占有被征服地区肥沃的土地，这些土地按斯巴达人家庭的数目分为均等的份地，分给各家，份地由希洛人耕种，斯巴达人坐享其成。份地是世袭的，不许分割、买卖或转让。斯巴达内部实际上也有贵族与平民之分，贵族除份地外还拥有其他的土地和不动产。斯巴人的毕生职责是从事军事活动，对内镇压希洛人的反抗，对外进行扩张。皮里阿西人是边区居民的意思，是被征服阶级的一种，他们散居在山区和沿海地区的村镇里，约30000 人。他们没有公民权，不能在国家内担任任何职务，也不能与斯巴达人通婚，但他们有人身自由，有权占有土地和动产。他们多从事农业、手工业和商业等，须向斯巴达纳税和服兵役。希洛人是斯巴达人的集体奴隶，由国家分配给每一个斯巴达人。希洛人有两种，一种是用钱买来的奴隶，一种是被征服的拉哥尼亚原居民。希洛人约有 20 万人，他们每 7 家依附于斯巴达人的一块份地上，从事农业劳动，每年向份地主人缴纳苛重的赋税，战时，他们必须随斯巴达人出征，从事运输及修筑工事等苦役。斯巴达人不能任意买卖希洛人，但可加以杀害。

斯巴达的政体是奴隶主贵族专政制。它的国家机构由国王、公民大会、长老会议和监督官组成。国王有两人，分别由两个家族世袭，国王平时主持国家祭祀和处理家族案件，战时一个在国内坐镇，一个外出领兵作战。公民大会是国家最高权力机构，凡年满30岁以上的男子皆有权参加，但实际上它权力并不大，对长老会议的提议它只有表决权，没有讨论权，表决时以呼喊声的高低来决定，高声表示通过，长老会议成员和监察官由公民大会选出。长老会议是斯巴达的最高政治机关，除2个国王外，其余28人从年逾60岁的贵族中选出，任期终职。长老会议的基本职能是刑事审判，还可以指挥政务，拟定法律，然后交公民大会表决，监察官共有5人，由公民大会一年一选，全由贵族充任，他们的职责是监督国王，审理国王不法行为，监察公民生活和镇压希洛人的反抗。从公元前7世纪后期起，他们的权力越来越大。

对外，斯巴达凭借其强大的军事力量，不断进行扩张。经过一系列战争，至公元前546年，在斯巴达的武力威胁下，伯罗奔尼撒半岛上的大部分城邦接受了斯巴达的领导，组成伯罗奔尼撒同盟。此后，斯巴达凭借这个同盟，常常干预希腊各邦的内政，充当维护希腊贵族政治的堡垒。公元前4世纪，斯巴达开始衰败，后为罗马帝国所吞并。

六　希波战争

希波战争是以雅典为核心的希腊城邦与波斯帝国之间的战争。公元前6世纪后半期，波斯帝国日益强盛，不断向西侵略。公元前546年，波斯消灭了吕底亚，接着征服了小亚细亚诸希腊城邦。公元前514年，波斯又占领了色雷斯海峡和黑海海峡，截断了希腊与黑海的交通，使希腊的海上贸易大受影响。波斯并未就此满足，它还企图征服整个希腊半岛。面临如此严峻的形势，无论是为了本身的生存还是为了海上贸易的发展，希腊各城邦都需要一场反对波斯侵略的战争。

公元前500年，小亚的米利都等希腊城邦奋起反抗波斯的统治，引发了长达半个世纪的希波战争。在这次暴动中，应米利都的请求，雅典和爱勒多里亚城邦派出了25艘舰船助战。波斯集重兵镇压了小亚希腊各邦的反抗后，直接将矛头指向希腊半岛。公元前492年，波斯海陆大军进攻希腊半岛。当波斯海军行至亚陀斯海角时突遇大风暴，大部分舰船沉没，2万海军葬身海底。陆军进军也不顺利，在色雷斯遇到了当地人民的奋力抵抗，伤亡惨重，被迫返回。

公元前490年，波斯再度进攻希腊。波斯海军在雅典的马拉松平原登陆后，与雅典的1万精兵在马拉松展开酣战。雅典军队面对数倍于己的敌人没有硬拼，而是施巧计诱敌深入，最终将波斯军一举击溃。雅典军队胜利后，派一名战士回雅典报捷，他一口气跑了42公里又195米，抵达雅典城后，只喊了“雅典得救了”一句话便倒地而死，后世为纪念这一壮举，创办了马拉松赛跑。

马拉松战役后，双方都积极准备再战。雅典与其他31个希腊城邦联合，结成了反抗波斯侵略同盟。公元前480年，波斯国王薛西斯亲率海陆大军，兵分2路，入侵希腊。在中希腊的温泉关，斯巴达国王李奥尼达率300勇士抗击波斯陆军，英勇顽强，最后全部壮烈牺牲，为后世所称颂。公元前480年9月20日，双方在萨拉米海湾进行决战。在萨拉米海湾狭窄的水道里，波斯大型战舰无用武之地，而希腊小型战舰运转自由。战役最终以波斯海军大败结束。这一战波斯海军损失了300艘战舰，元气大伤，而希腊仅损失了40艘战舰。萨拉米海战使希腊基本上取得了反对波斯战争的胜利。希腊之所以能取得战争的胜利，主要是因为希腊人是在为自己的祖国命运而战，士气高，战斗力强。此外，希腊将领能征惯战，采取了灵活的战略战术，这也是希腊取胜的原因之一。

萨拉米海战后，希波战争仍在继续，但战争的性质发生了变化，以雅典为核心的希腊方面由自卫战争变成了对外扩张，公元前468年和公元前449年以雅典为首的希腊海军又分别于攸里梅敦河、塞浦路斯岛两次大败波斯海军，至此，希波战争结束。同年双方签订和约，和约规定波斯承认小亚希腊各邦独立，放弃对爱琴海和黑海一带的统治。希波战争的结果是一方面使波斯帝国的国势日衰，另一方面使希腊，尤其是雅典的势力日盛，希腊击退了波斯的进攻，重新打开了通往黑海之航路，确立了它在东地中海的霸权。

七　伯罗奔尼撒战争

伯罗奔尼撒战争是雅典海上同盟和伯罗奔尼撒同盟两个集团之间的争霸战争。在希波战争中，雅典利用希腊各城邦反抗波斯侵略的共同需要建立了以它为核心的雅典海上同盟。战争结束后，雅典一方面逐步加强对同盟国的控制，将同盟国降于附属地位，另一方面利用同盟国进一步扩张，妄图称霸全希腊，这就与同样想称霸全希腊的斯巴达产生了尖锐矛盾。它们的矛盾一方面表现为双方在经济上争夺富有粮食、原料和奴隶的势力范围地区，争夺海外的广大市场和殖民地，另一方面表现为双方在政治上争相向希腊各城邦推行自己的政治制度，以巩固本国的政治制度，称霸全希腊。雅典是奴隶主民主政治的代表，斯巴达则是奴隶主贵族政治的代表。双方矛盾的日益尖锐化，最终导致了战争。

公元前431年3月斯巴达的同盟者底比斯袭击雅典的同盟者普拉提亚，战争爆发。伯罗奔尼撒战争分为两个阶段，公元前431—前421年为第一阶段，称作10年战争，公元前415—前404年为第二阶段，其间发生了西西里远征、狄西里亚战争。第一阶段和第二阶段之间，战争曾中止了6年。10年战争时期，作战双方互有长短，势均力敌。斯巴达长于陆军，而雅典拥有强大的海军，同时财力充裕。因而双方互有胜负，不分上下。后雅典由于盟国在其高压下反抗日增，且军事上连续失利，提出议和，斯巴达方面由于战争负担太重也希望和平。公元前421年双方缔结了《尼西阿斯和约》，为期50年，和约的主要条款是恢复战前原状。

但一纸和约并没有解决双方的矛盾，双方仍然占据着对方的领土。经过6年的短暂和平后，公元前415年，雅典军队从比里犹斯港出发远征西西里，烽烟再起。雅典军队在西西里初期虽然取得了一些胜利，但终因劳师远征、指挥不当而大败，雅典海陆大军几乎尽遭歼灭，残存者被卖为奴隶。雅典元气大伤，其海上同盟开始瓦解，战争双方的均势被打破。公元前413年，斯巴达军队占领了离雅典20多里的狄克里亚，切断了阿提卡东北部与优卑亚岛的联系，使雅典经济生活陷于瘫痪，其后双方展开了最后的决战。虽然雅典人顽强地坚持了10年，但最终不得不承认了自己的失败。

公元前404年4月，双方再次缔结和约，和约签订后雅典除了阿提卡本土和萨拉米岛以外，失去了一切海外领土和盟国。至此，延续达27年之久的伯罗奔尼撒战争最终结束。在这场战争中，雅典之所以失败主要是因为国内的阶级矛盾和雅典与同盟各邦之间的矛盾。就战争问题，雅典国内有不同的主张，备受战争之苦的农民反对战争，同时，雅典的盟国不甘心永远处于“臣属”地位，时常想利用雅典军事失利的机会恢复自己的独立。这在某种程度上预示着雅典将最后失败。斯巴达虽取得了战争的最后胜利，但实际不上并没得到多少好处，长年的战争使它疲惫不堪。可以说这次战争的真正结果是两败俱伤，加深了希腊城邦的危机。

八 古代马其顿

古代马其顿是公元前5—前2世纪期间的一个奴隶制国家，位于希腊北部，可以称之为半希腊国家。它分为两部分，境内的山区部分称上马其顿，濒临爱琴海地区称下马其顿。其居民主要是希腊人（多利安人）、色雷斯人和伊利里亚人。公元前5世纪后期，奴隶制国家开始形成。

公元前4世纪中期马其顿逐渐强盛起来。当时腓力二世在位，他推行了一系列改革，在政治上削弱氏族贵族的权力，增加王权，在经济上实行币制改革，采用金银复本位制，在军事上组建常备军，采用密集而纵深的马其顿方阵，这从各个方面大大推动了马其顿的发展，增强了国力，其国势日盛。此时马其顿开始积极向外扩张。腓力巧妙利用了希腊诸城邦之间的纷争，运用外交、军事等各种手段，很快使马其顿成为了主宰希腊政局的力量。公元前338年，腓力二世在喀罗尼亚战胜了希腊联军，从而成为了希腊诸城邦的主宰。公元前336年腓力二世遇刺身亡，其子亚历山大继位。亚历山大继承其父遗志，继续大力对外扩张，公元前330年亚历山大灭亡波斯帝国，不久他建立了一个地跨欧、亚、非三洲的庞大帝国，马其顿达到极盛。

公元前323年亚历山大病死，马其顿帝国随即分裂，马其顿王国成了偏居一隅的小国。公元前276年安提柯二世（跛子）被马其顿军队拥立为王，建立安提柯王朝。该王朝积极向外扩张，妄图重现马其顿昔日雄风。腓力五世时期该王朝与逐渐向地中海东部渗透的罗马发生激烈冲突，公元前215年爆发了第一次马其顿战争，战争历时10年，双方均未取得决定性胜利，以基本维持现状的和约告终。其后双方又进行了第二次、第三次马其顿战争，这两次战争都以马其顿的失败而告终。第三次马其顿战争失败后，马其顿国王佩尔修斯被处斩，马其顿的独立不复存在，马其顿被罗马划分成了4个彼此分离但仍有一定自治权的地区。公元前148年，罗马镇压了马其顿的大规模起义后，取消了这4个地区的自治权，将这4个地区与其他地区合并成一个由罗马人直接统治的行省。

九 希腊化时代

希腊化时代通常是指从公元前323年古代马其

顿国王亚历山大去世到公元前30年罗马征服托勒密王朝统治下的埃及为止这一历史时期。所谓希腊化是指希腊的政治制度、文化传播到亚洲、非洲后与当地固有文化融合从而形成希腊化文化的过程。

亚历山大死后，盛极一时的马其顿帝国随即分崩离析，他的部将之间展开了激烈的争权夺利斗争。在此期间，大批的马其顿人、希腊人、色雷斯人向东迁移，在东方建立起新的城市和军事基地，给东方带去了希腊文化。希腊文化与当地文化相融合造就了一批希腊化国家，其中最重要的是托勒密王国、塞琉西王国、马其顿王国三个大国。这些国家彼此之间矛盾重重，它们的疆域常因战争而发生变化。从公元前229年起，罗马不断利用希腊化国家之间的矛盾制造它们之间的争斗，使之相互削弱，自己趁机向地中海东部地区扩张，一步步将希腊化地区并入自己的版图。

在希腊化时代，希腊化国家在政治制度上发生了东方君主制与希腊城邦制的独特结合。在以军队和庞大官僚机构为支柱的专制政府统治下，享有一定特权的城市与广大城市建制地区并存。城市内部有公民选举的自治机构，公民享有土地私有权，这在原来的东方君主制国家是不可想象的。在经济方面，希腊产品、技术、文化的传入使希腊化国家的生产力水平有所提高，农业、手工业和商业都有一定程度的发展。尤其是商业，希腊商业文化的传入使希腊化国家涌现了一批新兴城市，许多地区之间新建了商路，流通货币大量增加，这些都说明商品经济有所发展。希腊化也使奴隶制在东方各国得到了发展，希腊化国家之间的连年征战使大批人民群众沦为奴隶，此时，掠夺奴隶已不仅是战争的后果，甚至是战争的直接目的，这使得奴隶数量大量增加。希腊文化的传播、不同文化的交流也促进了科学文化的发展，这一时期数学、物理学、天文学、文学、艺术等都取得了令人注目的成就。

公元前1世纪，希腊化各国的内部矛盾激化，其间不仅有奴隶主与奴隶的矛盾，而且还交织着城市富人与贫民之间的矛盾，希腊、马其顿征服者与希腊化各国土著居民之间的矛盾，这些错综复杂的矛盾最终导致了希腊化各国的土崩瓦解。

第二节　古代希腊文化

一　神话和宗教

古希腊文化初期，神话和宗教密不可分地交织在一起。当时古希腊人不能正确地认识支配着他们的自然力量和社会力量，于是意识之中产生了对这两种力量的一种幻想的、荒诞的、歪曲的反映，于是产生了神话和宗教。

古希腊人信奉多神教，并为诸神编制了丰富多彩的神话。这些神话是古希腊人民在劳动中、在与环境及命运做斗争之中口头创作的，因而表达了他们的理想、愿望、爱憎和反抗，反映了许多他们的现实生活。古希腊神话内容丰富、活泼、有生气，趣味横生，不仅为研究古代希腊社会发展提供了重要史料，而且是古希腊艺术宝库中的一块瑰宝，为古希腊其他艺术的发展奠定了坚实的基础。古希腊神话和宗教也是随着社会经济生活的发展而变化的。在古希腊文化发展的早期阶段，对人兽之间尚未划分出严格的界限，这时的古希腊崇拜禽兽形状的神祇，以禽兽为图腾。到氏族部落后期古希腊各个部落都有了自己非禽兽状的保护神。后来，古希腊又出现了整个希腊世界都普遍尊重的诸神。公元前8世纪末—前7世纪初的诗人赫西奥德在他的《神谱》中对当时古希腊人普遍信奉的宙斯、阿波罗、雅典娜等奥林匹斯山诸神做了比较详尽的叙述。

古希腊的宗教没有经典、没有主教，父亲就是家庭的祭司，行政长官就是各城邦的祭司，近乎原始的自然神教。希腊国家实行政教合一，国家掌握着宗教的领导权。古希腊在各神庙虽然设立专职祭司，但古希腊的神庙祭司仅仅是一种公共的职务官，只是处理有关宗教仪式的事务，并未将其势力伸展到意识形态、宗教观念方面。古希腊的统治者经常利用神威胁、恫吓普通民众，假借神的名义要求普遍民众服从他们的统治，做羔羊似的顺民，对那些敢于反抗他们统治的人，他们则时常以不信神、污辱神的罪名将这些人治罪或驱逐出国境，在某种程度上可以说宗教是古希腊统治者的一种统治工具。

二　建筑和艺术

以雅典为中心，古希腊的建筑艺术取得了很大成就。宗教在古希腊人的社会生活中起着重要作用，因而古希腊的大型建筑以神庙为主。最早的神庙为木结构，后来发展为石结构，多用希腊盛产的大理石建筑。公元前7世纪形成了两种圆柱式神庙构筑法，即多利亚式和伊奥尼亚式。多利亚式神庙圆柱柱身粗壮，刻有沟纹，直接竖立在基座之上，没有柱脚石，柱头呈圆盘形，无修饰，这种神庙主要盛行于希腊半岛、西西里岛。伊奥尼亚式神庙圆柱柱身纤细，柱下有柱脚石，柱头有涡卷形装饰，比多利亚式优美，主要在小亚细亚半岛流行。后来，又出现了科林斯式，科林斯式与伊奥尼亚式大体相同，唯柱身更加细长，柱头装饰得像花篮，显得更为华丽精巧，以雅典的奥林匹亚神庙为代表，科林斯式公元前 4 世纪被广泛采用。神庙的装饰从无到有，逐渐丰富，这带动了古希腊雕塑艺术的发展。神庙圆柱上的花纹、神庙中的神像、祭坛，这些地方都为雕塑家提供了用武之地。

除塑造神像外，古希腊雕塑家还创造了众多被理想化了的人体雕像，这些人体体态健美、形象逼真、比例匀称，获得了普遍称赞。初期，古希腊雕塑家多致力于雕塑运动员人体，取得了巨大成功，其中米隆创造的“掷铁饼者”堪称代表作，它生动地表现了运动员在投刹前一刹那间的姿态，至今仍令人们赞叹不已。公元前 4 世纪开始，雕塑家开始注意表现人的情感，在希腊化时代出现一些描述普通人日常生活的作品。

古希腊涌现了一大批闻名于世的雕塑家。其中的代表人物有擅长表现运动中的竞技者的米隆，精于创造精妙运动员青铜塑像的波利克利图斯和长于雕塑神像的菲迪亚斯。其中尤以菲迪亚斯最为著名，他创作的奥林匹亚宙斯庙中的宙斯像，被誉为“世界七大奇迹”之一，他指挥修建的耸立于雅典卫城上的帕台农神庙，至今仍被视为古希腊建筑艺术的最高成就。古希腊在陶器制作、绘画方面也取得了不凡的成就，从公元前 7 世纪起，古希腊的陶器已经显示出不同的地方特色，根据陶器上面的绘画就可以判断出它来自何方。古希腊的杰出绘画艺术成就不仅表现在陶器绘画方面，在其他地方也有所表现，当时的著名画家波力诺塔斯所作的壁画就是一绝，具有极高的艺术价值。古希腊绘画的写实水平很高，具备了相当高的写实技巧，公元前 5 世纪末一前 4 世纪初的著名画家巴尔赫修斯所画的《赛跑者》如此逼真，以至于让看的人总觉得汗会从画中落下来。

三　文字、诗歌和戏剧

公元前 14 世纪，腓尼基字母传入古希腊，古希腊人在改造腓尼基字母的基础上于公元前 8 世纪创造了自己的字母——希腊字母。希腊字母不仅能够表现辅音，而且能够表现元音，这样就形成了比较完善的拼音文字，读音也更为准确，拉丁文就是罗马人在改造希腊字母的基础上创立的。

古希腊在诗歌方面取得了令人瞩目的成就，广为流传的荷马史诗《伊利亚特》和《奥德赛》是其中的代表作。荷马史诗不仅是古希腊人从野蛮过渡到文明这一时代留下的宝贵遗产，而且也是研究希腊上古历史的重要文献。古希腊诗坛可谓百花齐放，各种题材的诗歌竞相登场，大放异彩，既有指导农业生产、赞颂农业劳动的田园诗篇，又有叙述日常生活、具有教诲意味的叙事诗，又有表现人的情感、人的意志的抒情诗等。伴随着古希腊诗歌的兴盛，古希腊涌现了赫西俄德、阿尔希洛科斯、西摩尼得斯、品达等一大批才华横溢的诗人，他们风格各异，从不同的角度反映了他们所处时代的希腊风貌。

古希腊在戏剧方面亦取得了丰硕的成果。公元前 6—前 5 世纪间，在祭奠酒神狄俄尼索斯的活动中首先产生了悲剧。古希腊久负盛名的悲剧作家有 3 个。第一个是埃斯库罗斯（约公元前 525—前 456 年），被称为“希腊悲剧之父”。相传他共写作剧本约 70 部，现仅存 7 部。埃斯库罗斯所著《波斯人》，描写了希腊人英勇抗击波斯侵略军，取得伟大胜利的情景，他的《被幽囚的普洛米修斯》则塑造了一个敢于同强暴势力作斗争的被压迫者形象。第二个著名的悲剧作家是索福克利斯（约公元前 496—前 406 年）。相传他一共写过 100 多部悲剧，而流传下来的只有 7 部，即《俄狄浦斯王》《俄狄浦斯在科隆诺斯》《安提戈尼》等。第三个著名的悲剧作家是欧里庇得斯（约公元前 485—前 406 年）。他大约写过 90 多部悲剧，现存有《美狄亚》《特洛伊妇女》《希波吕塔斯》等 18 部作品。喜剧的出现比悲剧要晚，它同样产生于对酒神狄俄尼索斯的祭奠。古希腊最著名的喜剧作家是阿里斯托芬（约公元前 450—前 385 年）。他一生共写过 44 部喜剧，现存 11 部。其中有暴露政治家、野心家利用民主欺骗民众的《骑士》和《马蜂》；有描写教育和文坛上不良现象的《云》和《蛙》；有讽刺冒险家为雅典人带来灾难的《鸟》；有反映党派斗争和贫富不均的《女公民大会》和《财神》等，可谓涉及方方面面。阿里斯托芬通过这些喜剧表达了自己对当时社会和政治问题的独到见解。

戏剧在古希腊人的生活中占有十分重要的地位。戏剧的上演通常由城邦的官方主办，上演各剧目进行比赛，优胜者获荣誉并获赏。在古希腊人看来，观看一场戏剧是一种极好的享受。也正是由于古希腊人对戏剧的这种热衷，使古希腊的戏剧取得了骄人的成就，古希腊戏剧无论从内容上还是从形式上，都对后世西方戏剧的发展产生了深刻的影响。

四　哲学和史学

古代希腊的哲学十分发达，西方所用的"哲学"一词就源于古希腊，其本义为"爱智慧之学"。公元前8世纪—前6世纪古希腊奴隶制城邦形成时期，在哲学领域里出现了唯物论和唯心论之间的斗争，这一斗争主要是围绕世界万物的本原及其运动变化问题而进行的。唯物论一方主要是米利都学派和赫拉克利特等一批早期唯物论哲学家。他们肯定运动变化的真实性，并为之寻求物质的本原，赫拉克利特曾说过这样一句名言："人不能两次踏进同一条河流。"唯心论一方主要是毕达哥拉斯学派和爱利亚学派，他们否认运动变化的真实性，并把事物的本原说成是某种非物质的东西。公元前5世纪，随着古希腊奴隶制城邦进入繁荣时期，古希腊哲学有了新的发展，涌现出了一大批著名哲学家，其中包括杰出的唯物论者德谟克利特，著名唯心论哲学家苏格拉底和柏拉图。德谟克利特提出了认为万物的本原是原子和虚空的原子论，柏拉图则在欧洲第一个建立了完整的唯心论体系。无论是古希腊的唯心主义哲学，还是古希腊的唯物主义哲学，都对后世产生了巨大影响。

古希腊的史学亦十分发达，西方所用的"史学"一词同样来源于古希腊，其本意是"经调查研究的记事"。古希腊的历史学萌芽于公元前6世纪，当时在小亚细亚沿岸的希腊城市中，出现了一些记述上古希腊史和神话传说的散文，虽然这些散文算不上真正的历史著作，但它们为后来希腊历史著作的出现准备了条件。古希腊第一个著名史学家是希罗多德，他著有9卷本历史著作《希腊波斯战争史》，这套书可以说是当时西亚、北非和希腊的一部通志。希罗多德是西方第一个系统叙述历史的学者，他创立的以史事为中心的记叙体成为后来欧洲历史著作的正规体裁。希罗多德在西方有"历史学之父"的称号。古希腊第二个著名史学家是修昔底德，他著有《伯罗奔尼撒战争史》。《伯罗奔尼撒战争史》共分8卷，严格按照编年体记事，为研究公元前5世纪后半叶的古希腊历史提供了宝贵的史料。修昔底德著述相当严谨，他避免以神意来说明历史，并十分注意经济因素在历史进程中的作用，这在当时是相当难得的，对后来西方史学的发展产生过不小的影响。另一位古希腊的著名史学家是色诺芬，他著有7卷本《希腊史》。《希腊史》是修昔底德《伯罗奔尼撒战争史》的续编，记录了从公元前411年起到362年期间的古希腊历史，具有很高的史料价值。

五　希腊化时代的文化

希腊化时代，东西方文化交流加强，古希腊得以直接吸收大量东方文化遗产，这大大推动了古希腊文化的发展。这一时期，古希腊文化的最大成就在于自然科学开始从哲学中分离出来，数学、几何学、物理学、天文学、地理学、生物学等自然科学领域都有了突飞猛进的发展。数学、几何学方面，这一时期涌现出了负有盛名的欧几里得。欧几里得是亚历山大里亚数学学派奠基人，著有《几何原本》一书。这本书博采前人成果，集当时几何学之大成，把各种定理、命题和论证按逻辑加以排列，构成了一个严整体系，对后世影响很大。西西里岛叙拉古学者阿基米德也是当时一位著名数学家，著有《论重心》《论球体与圆柱体》等论著，在其论著中，他运用了"穷竭法"（用逐步近似而求极限的方法），奠定了现代积分计算的基础，并初具现代微积分雏形。与此同时，阿基米德还是一位杰出的物理学家，是力学、流体力学的奠基人。他的名言"给我一个支点，我将翻转地球"至今仍广为流传。天文学的发展在古埃及、巴比伦天文学的基础上达到新的高度。萨摩斯岛的阿里斯塔克是当时著名的天文学家，他提出了太阳中心说，认为太阳和其他恒星都是不动的，包括地球在内的所有行星都是依圆形轨道绕日而行，这在当时无疑是个天才的预见。

自然科学取得巨大发展的同时，这一时期的古希腊哲学仍以不同形式继续进行着唯物主义和唯心主义的斗争。当时著名的唯物主义哲学家是伊壁鸠鲁。伊壁鸠鲁继承了德谟克利特的原子论，并将之发展到了一个新的高度。他认为原子之间不仅有大小、形式、排列、状态上的差别，而且有重量上的不同，原子不仅有直线运动，而且由于原子内部的原因还可以产生脱离直线的偏向。伊壁鸠鲁的这种学说大大推动了唯物主义的发展。与伊壁鸠鲁相对立的是斯多葛派，他们宣扬“宇宙理性”，宣扬整个世界都是由神安排好的，这样他们就完全陷入了唯心论的宿命论。

这一时期希腊文学艺术的成就远逊于自然科学。随着城邦的衰落和君主专制的兴起，文艺逐渐成了为王室、权贵、豪富们服务的工具。这时的文学作品失去了直接反映城邦现实政治生活和公民思想感情的深刻内容，不再有为公民所喜闻乐见的形式。希腊化诸国沦为罗马的行省以后，在地中海东部地区古希腊文化长期居于主导地位，对罗马文化的发展产生了重大影响。但总的看来，古希腊文化随着希腊化诸国的消失而日益衰落。

第三节　古代罗马

一　罗马王政时代

古代罗马国家是以意大利半岛上的罗马城为中心建立起来的。早在旧石器时代意大利半岛上就已经有居民定居。新石器时代时，利古里亚人来到意大利。公元前 2000 年代初的青铜时代，操印欧语系的部落开始进入意大利，这其中就包括拉丁人。公元前1000—前 800 年，拉丁人在台伯河沿岸建立了聚居地，到公元前 8—前 6 世纪逐渐发展而成为罗马城。这里除拉丁人外，还有伊特鲁里亚人等其他部落。到公元前 6 世纪末时开始形成城市国家。人们通常把公元前 8 世纪中叶罗马出现到公元前 6 世纪共和国建立这一历史时期称为罗马的“王政时代”。王政时代的罗马处于父系氏族公社的晚期，氏族仍然是基层社会组织。相传此时共有三百个氏族，氏族之上是胞族，每 10 个氏族构成一个胞族，即库里亚，胞族之上是部落，即特里布斯，每 10 个胞族构成一个部落，罗马总共有 3 个部落。此时罗马的管理机构类似于军事民主制，由勒克斯元老院和库里亚会议共同管理社会公共事务，勒克斯就是王的意思，王政的说法即源于此。王集军事首领、最高审判官和最高祭司于一身，具有相当大的权力，但尚不具有以后国王那样的权力，王的职位是非世袭的，元老则由氏族的族长担任。库里亚会议是以库里亚为单位召开的民众大会。相传罗马王政时代前后共有过 7 个王，前 4 个王是罗马人公社的军事首领，后 3 个王是伊特鲁里亚人。王政时代是罗马由原始公社向阶级社会过渡的时期，土地是公社的私有财产，王政时代晚期，贫富开始出现分化，开始有了贵族和平民之分。平民不具备氏族成员身份，但人身自由，有服兵役的义务。这时奴隶制也日渐形成，奴隶主要来源于战俘。传说王政时期的最后一个王塔克文厉行苛政，独断专横，人民不堪重负，贵族们也不满塔克文的专权行径，罗马人民终于在公元前 509 年发起暴动，推翻了塔克文的统治，至此“王政时代”宣告终结，罗马进入了一个新的历史时期，即共和国时代。

二　罗马法

在罗马奴隶制国家形成和发展的同时，罗马法也形成并不断发展，历经几个世纪的演变后，罗马法成为奴隶制社会最有代表性、最发达、也最完备的法律体系。罗马法一般泛指罗马奴隶制国家的全部法律，包括自罗马国家产生直至罗马帝国灭亡后 7 世纪东罗马帝国的法律。罗马王政时代的法主要是习惯法，到共和时期开始出现由立法机构颁布的法律。公元前 451—前 450 年颁行的《十二铜表法》是古罗马第一部成文法典，由古代的习惯法发展革新而成，它是罗马法的结晶。这时的法律被称为“市民法”或“公民法”（Jus Civile），只有享受罗马公民权的人才能得到法律的保护。公元前 4—前 3 世纪，开始产生对罗马人和非罗马人一概适用的“万民法”（Jus gentium）。随着奴隶制经济的不断发展，罗马法的内容和形式都日趋完善。帝国时期罗马法空前繁荣，先后出现了五大法学家，他们是巴比尼安、包鲁斯、盖尤斯、乌尔比安和摩狄斯梯努。皇帝授予这些法学家解释法律的特权。公元 212 年，卡拉卡拉帝把市民权授予罗马帝国境内的自由民，罗马人与非罗马人在法律上的差别日渐消失，“市民法”和“万民法”开始统一起来。公元 6 世纪罗马皇帝查士丁尼下令编纂《查士丁尼法典》和《法学阶梯》及《查士丁尼学说汇纂》，它们和后来的《查士丁尼新律》合称《国法大全》或《罗马法大全》。罗马法传统上分为人法、物法和诉讼法三部分。人法是规定关于权利主体的法律，包括人的权利能力、行为能力、亲属、婚姻和法人关系。此外，罗马法的人法也涉及具有“独立法律人格”的团体，类似于今天所谓的法人。物法是关于一切可以构成人们财产的有形物和无形物的法律。包括物权、继承和债法。物权对所有权、用益物权、担保物权和占有准占有作了规定。继承规定了遗嘱继承和法定继承。债法规定了各种契约、准契约、侵权责任及债的保全、转让和消灭。诉讼法则规定了诉讼的种类、起诉、答辩和审理等。罗马法是古代希腊自然法思想的继承和发展，它体现了平等原则，尽管这种平等只限于自由人之间，而且只涉及私法领域。罗马法强调契约自由原则，及私有财产神圣不可侵犯原则。这些都为保护私有财产调整商品经济关系起了积极进步的作用。正如恩格斯所说，罗马法是“商品生产者社会的第一个世界性法律”。查士丁尼之后罗马法曾一度衰落，但到中世纪又再度复兴。近代资本主义最完备最有代表性的民法典《拿破仑法典》就是以罗马法为蓝本改造而成的。罗马法对后世的深远影响超出了罗马法系范围，它所倡导的契约自由、个人权利平等、私有财产神圣不可侵犯等原则对英美法系乃至其他地区法律文化的丰富发展都做出了重大贡献。

三　古代罗马军事制度

王政初期，罗马按氏族部落召集武装力量。王政后期，塞尔维乌斯·图里乌斯实行改革，按财产原则把公民划分为5个等级，规定每个等级中17—60岁的公民都有服军役义务，从而创建了公民兵制。王负责征集和统率军队。公民兵自备武器和给养，战后即解散务农。作战队形是密集方阵，重装步兵在战斗中起决定性作用。共和初期，由于萨姆尼乌姆战争显示了罗马原有军事组织的缺陷，公元前3世纪罗马人形成了新的军事制度，并沿用到公元前2世纪。新的军事组织有以下诸特点：军团是基本战术单位，通常由4500—6000人组成，包括3000名重装步兵、1200名轻装步兵和300名骑兵。其中重装步兵为战斗主力，配备投枪、短剑、盾、头盔、胸铠和胫甲。军团分成30个战术单位，即中队。中队里战士的数目不一致：在前两列里，它是由120名重武装的士兵组成，而在第三列是由60名组成。每个中队后来又分成两个百人团，每团60人或30人。军团中的中队根据战士们战斗经验的不同排成三列。第一列是最年轻的战士。他们被称为“枪兵”。第二列是由成年的有经验的战士组成，他们被称为“主力兵”。最后，第三列是后备兵，这是受过锻炼具有胆识的老兵。每一排由10个中队组成，中队之间有等于中队正面宽度的间隔。每一队战士列队时的深度大概是4排。战斗中轻装步兵通常置于军团前面，而骑兵则两翼包抄。中队队形的优点就在于它具有较大的灵活性。除去主要的核心队伍——完全从公民中征集来的军团——以外，罗马的军队中还有联盟者所提供的军队。通常每一个军团有5000名联盟的步兵和900名骑兵。这些士兵从来不单独作战，只是配置在军团两翼。步兵分为步兵队（大约每队500人）百人团；骑兵分成两翼和骑兵小队。联盟军队的最高统帅隶属于罗马将领，而中级和低级军官则是由联盟者本身来补充的。军团的首长是6位军事保民官，他们轮流统率军队。他们一部分是民选的，一部分是由执政官任命的。后者是总司令官。百夫长是最低级的长官，由有军功的战士提拔起来。第一个百人团的百夫长也是整个中队的队长。共和国初期，军队是由四个军团所组成并形成两支执政官的军队；每一位执政官统率两个军团，并且还负责招兵事宜。营地是罗马军事制度中最重要的一部分。营地建筑是由营地与工兵勤务规则所精确规定的。公民兵制随着城邦危机显露出其弱点。公元前2世纪末，军事家马略（公元前157—前86年）实施军事改革。其主要特点是推行募兵制，招募以前无权参军的贫苦公民加入军队；提高薪饷，延长服役期限；同时加强了军队的机动性，改变军团的编制和作战队形。此后，罗马出现了职业军人，军队加入了社会斗争，逐渐成为奴隶主争权夺利和实现独裁统治的工具。

四　罗马共和国时代

王政时期的末代君主“高傲者”塔克文暴虐无道，被罗马人民驱逐。据说由此罗马人民建立了共和国。史学传统认为公元前509年是共和国之始，但考古材料证明，古罗马的伊特鲁里亚文化直到公元前474年才明显中断。

平民与贵族的斗争构成了早期共和时代历史的主要过程。贵族广占土地，把持政权；平民则苦于赋税和兵役，甚至变成债务奴隶。因此平民进行了两个世纪的斗争，终于取得设置保民官和平民会议、担任高级官职、颁行《十二铜表法》、废除债务奴役、占用公有地等一系列权益。这一斗争使罗马公民公社得到巩固和发展，使公社内部的阶级结构发生了变化，为城邦的昌盛和奴隶制的繁荣创造了条件。为了自己的发展，从公元前5世纪开始，经3次维伊战争、3次萨姆尼乌姆战争以及皮洛斯战争等，先后战胜了拉丁同盟中的一些城市和伊特拉斯坎人等近邻，控制了意大利南部和中部。至公元前3世纪上半叶，意大利除北部波河流域以外尽属罗马控制。罗马在被征服地区采取“分而治之”的政策。把被征服地区分为军事统治区、有投票权的自治公社、无投票权的自治公社、同盟者、臣属地等不同类型。统一意大利之后，罗马向海外扩张，与地中海强国迦太基发生了3次布匿战争并彻底摧毁了迦太基。同时，经过3次马其顿战争征服马其顿并控制了整个希腊。又通过叙利亚战争和外交手段控制了部分西亚。至公元前2世纪下半叶，罗马成为地跨欧、亚、非的大国。迅速扩张促使罗马社会经济的发展和阶级关系的变化。公元前3—前2世纪骑士阶层兴起，逐渐成为社会的主要政治力量。古代罗马大地产制的发展，导致小农破产，部分农民流入城市，成为无业游民。同时奴隶制空前繁荣。奴隶来源广泛，数量巨大，奴隶主的生活日益奢靡。

公元前2世纪30年代至公元前1世纪30年代，是所谓的内战时期。这时罗马陷于危机，内部各种矛盾激化，奴隶起义此起彼伏。公元前137年爆发了第一次西西里奴隶起义。不久发生了由奴隶主阶级改革派格拉古兄弟领导的、以城乡平民争取土地和民主权利为主要内容的改革运动。此后罗马公民内部发生剧烈分化，形成了以元老院保守集团为首的贵族派和受到骑士阶层及平民拥护的民主派。公元前107年，在民主派的支持下马略进行了军事改革，不仅使罗马出现了雇佣兵，而且使当兵成为获得土地的条件。公元前101年爆发第二次西西里奴隶起义。为了获得公民权，意大利人在公元前90年也举行了起义，史称“同盟者战争”。罗马虽然最终获得了胜利，但不得不授予意大利人公民权。同时由于外族的入侵，使将领对兵权的争夺激烈起来。苏拉战胜了马略成为独裁官。公元前73年又爆发了斯巴达克领导的奴隶起义，给罗马共和国沉重的打击。对于独裁权的争夺使政坛上出现了前三巨头——恺撒、庞培和克拉苏（公元前60—前48年）和后三头——安东尼、李必达和屋大维（公元前43—前30年）。公元前27年，屋大维被任命为“奥古斯都”，确立了他个人的专制统治，共和国宣告覆亡。

五　古代罗马大地产制度

公元前2世纪，罗马成为地中海的强国，领土迅速扩张，公有地猛增。监察官主持出租甚至拍卖公有地。元老和骑士通过购买、承租公有地和兼并小土地，占有数百甚至数千尤格（1尤格等于1/4公顷）的田产。格拉古兄弟改革中推行的限制占有公有地的措施，以及公元前1世纪内战时期广泛采用的没收政敌地产和安置老兵的措施，曾经一度抑制了大地产制的发展。随着罗马帝国的建立和领土的进一步扩张，从公元前1世纪起大地产制日益盛行，公元2—5世纪成为整个地中海地区重要的土地所有制形式。皇室是最大的土地所有者，在许多地方拥有大地产。私人大地产也日益发展起来。由于3世纪危机及其后的战乱和苛税，自治市内的中、小土地所有者纷纷破产，更有利于大地主兼并土地。大地产的经营形式因时因地而异。在公元前2世纪至公元1世纪，罗马奴隶占有制经济的繁荣是与使用奴隶劳动的中、小农庄的兴旺联系在一起的。在中部意大利土质肥沃、交通方便地带，多建立面积100—200尤格的中型农庄，设置管庄人员，利用奴隶劳动，种植葡萄、油橄榄等经济作物，从事商品性的专业化生产。在南部意大利，多是粗放经营的大片牧场，叫做萨尔图斯。意大利比较偏远地区的农田则出租给自由佃农耕种。在西西里和阿非利加行省，主要是奴隶制的大型谷物庄园。大地产主往往同时有多处地产，并兼用各种经营方式。后来由于奴隶反抗加剧，使用奴隶生产变得无利可图，中型农庄趋于衰落。许多大地产被分成小块出租给隶农和其他类型的小农。只有少部分大地产仍采取集中经营的方式，使用奴隶和服劳役的隶农劳动。公元2世纪开始出现带有越来越明显自然经济性质的大庄园，这种庄园中有为其自身需要服务的手工作坊。随着奴隶占有制生产方式危机的不断深化，城市日趋衰落，商业萧条。大地产的闭塞性和独立性日益增长，有的庄园中开始出现集市。独立于城市之外的私人大地产，不仅蚕食城市公有地，而且通过庇护制兼并中、小土地所有者的土地，使越来越多的隶农固定在土地上。公元3—5世纪罗马帝国各地大庄园的发展和隶农人身依附程度的加深，标志着奴隶占有制社会内部封建生产方式的因素逐渐增长。

六　罗马奴隶起义

由于奴隶主统治的残酷，罗马共和国末期爆发了大规模奴隶起义。最初的起义是两次西西里奴隶起义。第一次起义爆发于公元前137年（一说公元前138年）。不堪奴隶主虐待的奴隶在恩那城首举义旗，叙利亚籍奴隶攸努斯被推为王。不久，与克里昂领导的阿格里琴托的奴隶起义队伍联合起来。奴隶们捣毁庄园，但不侵扰小农，因而得到贫苦农民的同情和支持。起义者曾达到20万人之众。起义军屡败罗马军队，占领了西西里东部和中部的许多城市，建立了新叙利亚王国，设民众会和议事会。至公元前132年，起义军被罗马执政官鲁皮留镇压下去，克里昂阵亡，攸努斯被俘后死于狱中。第二次起义爆发于公元前104年，因西西里总督受贿停止释放奴隶而爆发。赫拉克利亚城奴隶首先发难，拥立萨维阿斯为王，号称特里丰。后来起义军与雅典尼昂领导的另一支起义军在特里奥拉会合，达3万众，并定都于此，设立了议事会和民众大会。起义军转战西西里各地，屡败罗马军队。特里丰死后，雅典尼昂统率全军。公元前101年（一说是公元前99年），雅典尼昂在战斗中阵亡，后来余部失败被镇压。西西里两次奴隶起义对当时小亚细亚、黑海北岸等地的奴隶起义产生了一定影响。

奴隶起义最后的高潮是斯巴达克起义。斯巴达克是色雷斯人，被罗马军队俘虏后沦为角斗士。公元前73年，他在卡普亚角斗士训练学校密谋暴动事泄，遂偕同70多名角斗士逃往维苏威山。逃亡奴隶纷纷响应，起义队伍迅速扩大，极盛时达到12万人以上。起义军屡败罗马军，活动范围遍及意大利南部。公元前72年，罗马军进攻时，起义军内部发生分裂，以克里克苏斯为首的一支军队单独行动，在阿普利亚境内被消灭。斯巴达克率军北上，频频取胜。但他并未进军阿尔卑斯山，反而再次南下，想要借助海盗的船只，渡海到西西里，但是受到海盗的欺骗反将自己逼入绝境。公元前71年，克拉苏在布鲁提乌姆挖掘了横贯整个地峡的壕沟，围困起义军。起义军突出重围，但行程受阻。同年，双方在阿普利亚决战。克拉苏得到庞培的支援，起义军惨败，斯巴达克牺牲。斯巴达克起义虽然失败了，但它沉重打击了罗马奴隶主阶级的统治，加速了共和国的灭亡。

七　恺撒的独裁统治

恺撒（公元前100—前44年）是古代罗马政治家、军事家。由于前三巨头政治以恺撒的胜利而告终，公元前48年他获得了终身执政官的称号，同年，他被授予终生保民官的权力。他还是祭司长，同时具有监察官的职权和向人民推荐候选人的权利。如此一来，在本质上是君主制度的恺撒政权，在法律上便由于最高共和国官职集中于他的一身而产生出来了。恺撒在他的独裁统治期间进行了一系列改革。在宪法方面，元老的数目被他增加到900人，其中掺进了大量全新的人物：自己的军官、被释放的奴隶和诸如此类的人，削弱了元老院的职能，使之成为附属于他本人的一个咨询机关。同时，官吏，特别是财务官的数目增加了，从20人增加到40人；营造官从3人增加到6人；行政长官从8人增加到16人。人民大会继续存在着，但照例是听命于独裁者。在改革中最重要和有进步意义的是他调整行省管理制度的措施。恺撒在行省建立了自己老兵的许多殖民地，使行省罗马化；出于同样的目的，他还扩大了公民权，特兰斯帕达努斯高卢和某些西班牙城市获得了充分的罗马公民权，那尔波高卢、西班牙、西西里和阿非利加的许多城市获得了拉丁权。恺撒在税收方面进行了重大改革：在许多行省，包税人不再能进行直接的税收而是在恺撒的代理人——他的被释奴隶和奴隶——的监督之下将税收交给公社。只有关税和国有土地地租的征收等实行包收制度，许多公社完全或部分地免缴租税。恺撒剥夺了行省长官的军权，只是在自己的监督之下把法庭和民政管理权交给他们，领导行省军队的是有副行政长官之名的恺撒的副将。恺撒完善了罗马的市政制度。他还发行了新的金币，并以埃及的历法为基础进行了历法改革，颁行“儒略历”。恺撒非常注意城市各种公共事业和文化生活，在罗马展开了大规模建设活动，修建了优里乌斯广场、剧院、母亲女神、玛尔斯的神殿，等等。虽然恺撒采取宽容政敌、尽量顾及不同阶层利益以扩大政权社会基础的政策，但他的独裁统治仍然引起共和派的强烈不满。公元前44年3月15日，恺撒被刺杀于元老院。恺撒的独裁统治为以后帝国君主制的实施提供了经验。

八　帝国的社会经济

在帝国阶段，国内相对和平和对外侵略的显著减弱，对行省的剥削比较有组织和较少掠夺性质，海盗行径的大大减少，优良道路制度的发展和统一帝国货币的实施，为社会经济的发展带来积极因素。首先是技术的发展。帝国的最初两个世纪正是技术在古典形式范围内达到最高发展水平的时代。不但继承了过去的全部技术，还掌握了希腊化时代的许多技术成就，比如起重装置、水磨等。国内与对外贸易的发展刺激了手工业技术的发展。城市建设对于建筑和实用机械学提出了更高的要求。奴隶的减少和奴隶经济的衰落增加了自由和半自由劳动形式的比重。帝国时代，许多新的技术方法被发现和广泛运用，比如吹造玻璃和用锡镀器皿的方法。其次是手工业的发展。早期帝国（1 世纪）使意大利的手工业有了短暂的高潮，出现了许多新的生产中心，甚至罗马也发展了某些专业的生产部门（珠宝业），手工作坊和店铺数量巨大。到 2 世纪，意大利的繁荣衰落了。同时由于西部行省的冶金术迅猛发展，矿脉开采成为主要工业。工业发展到了最高点，高卢的成就特别大。生产的组织形式仍然是小手工业。通常是作坊的主人亲自做工。建筑业中则广泛施行了包工制度。再次是商业的发展。地方生产的发展使帝国时期意大利与行省之间及行省与行省之间的商业大大地活跃起来了。地区间交易的不仅是奢侈品，还有大量普通家庭用品，帝国的对外贸易也日益活跃。由于季风的发现，人们可以容易地往返于红海和印度之间，与印度建立了比较正规的商业关系。由于汉朝的对外活动，罗马与中国建立了商业关系。罗马每年从印度、中国和阿拉伯输入的香料、宝石和纺织品总值达 1 亿谢斯铁尔提乌斯。罗马城成为国内和对外贸易的中心。虽然高利贷资本的一统天下随着帝国时代的到来而消亡，但大商人和手工业者对金融资本仍有需求，使高利贷者——特别是兑换人——的活动活跃起来。包税制仍然存在；日常的小额高利贷也没有消灭。最后，最主要的是农业出现新情况，土地的集中化很快使大庄园和大领地经济发展起来。出租成为经营土地的主要方式。意大利的土地危机使自由小农失去土地成为依附于别人土地的隶农，奴隶数量的减少和劳动率的低下使隶农成为大庄园的主要劳作者。罗马帝国的经济比以前任何一个阶段都要发达，但是它也存在着许多衰落象征：意大利的土地危机，奴隶数目的减少，缺乏有效的新的剥削方式，广大群众的贫困化等。这些都预示着罗马帝国经济的衰亡。

九　后期帝国的统治

经过 3 世纪的危机，罗马帝国后期实行君主制（多米那特）的统治方式。君主制的主要社会支柱是军事官僚显贵，他们在经济上依靠的是自己的大领地，并且剥削大量依附他们的不自由的人——隶农和奴隶。镇压了 3 世纪革命运动的狄奥克列齐亚努斯迁都到尼科美地亚，并建立了新的政权组织形式——四君执政制。实际上是把国家分成四个部分来统治。为了巩固统治，他及其后继者实行了一系列改革。为了管理上的方便，旧的大行省在区域上被缩小了，数目增加到 100 个省。领导各省的是有着不同名称的官员：镇守使、副执政官、指导官。几个行省再被合并成较大的单位，称为行政区，共有 12 个行政区。行政区长官是副近卫军长官。由于官僚机构获得了严整的组织形式，元老和骑士之间的区别消失了。为了获取大量的资财来维持官僚机构和军队，还实行了税收改革。帝国的全部乡村居民要交纳人头税和土地税。人头税的单位是头，成年男子是一个单位，成年女子是半个单位。土地税的单位是轭，单位的大小随着土地的质量和种植物的性质不同而有所不同。各行省为首都居民、军队和官吏提供作为租税的粮食。手工业者、商人和其他职业人员都要交纳各种不同的税，但官吏、老兵、无产者、奴隶等是不交税的。税制改革加重了劳动人民的负担。为了整顿币制，狄奥克列齐亚努斯在公元 301 年规定了新的硬币标准，金币必须有 1/60 斤的黄金，戴纳里乌斯必须有 1/96 斤的白银。为了稳定物价，还颁布了《商品价格敕令》。规定了各职业的工资等级和各种商品的最高价格，但不久被废止。在宗教问题上，罗马统治者最初认为基督教是与国家相敌对的，决定恢复旧罗马的宗教，并迫害基督教徒，禁止基督教徒举行宗教仪式，基督教徒被排除在军队和官吏队伍之外。后来随着基督教性质的逐渐变化，它被统治者所接受并于 312 年被确立为国教。康士坦提努斯实施独裁统治之后，于 330 年迁都，并命名新都为康士坦丁堡。至 395 年罗马帝国分裂为东、西两部分。

十　基督教的兴起

基督教的产生有着深刻的政治背景和思想背景。在公元前 2 世纪—公元 1 世纪革命运动被镇压以后，罗马社会的下层等级极为绝望和麻木，他们没有任何期望和前景，这种情况非常有利于宗教情绪的发展。因此，基督教最初是作为一个特殊的群众运动而产生的。同时，由于罗马帝国的扩张，旧的宗教不能满足人们的需要，而东方的宗教信仰广泛传播也为产生新宗教奠定了基础。犹太教的“救世主信仰”成为新宗教的基础之一。这一流派的出发点是承认世界的罪恶性和人类本质的软弱，是人不能用自己的力量来拯救自己。因此产生了对“弥赛亚”的信仰，它被认为是上帝的使节，是上帝的化身和儿子。基督教还受到犹太教哲学家披罗的学说的影响，产生了完全的一神论。它还受到了诺斯替派哲学的影响，认为可以用神秘的认识窥见世界的神圣本质，世界进程的最终目的是世界与上帝合而为一。由于种种因素的影响，在1世纪中叶，基督教形成了。最早的基督教文献是约翰“启示录”，基督教的组织形式使它迅速地流传。每一个城市的基督教徒都组织了信徒公社。这不仅是同教教徒的团体，还是互助和慈善事业一种特殊的联盟。最初的公社成员大多是无产与薄产的城市居民，主要思想是：平均的倾向、对富人的攻击、对贫穷的赞扬、对罗马的憎恨。公元2世纪时，基督教逐渐发生了变化。由于罗马社会思想危机的范围日益扩大和加入基督教的切实利益，商人、手工业者、农民和其他有产分子成为基督教公社中的主要成员。公社的组织也发生了变化，有了比较巩固的性质。公社的管理权在常设的公制人员——长老、执事、主教手中。基督教的文献也受到了改编，反财产和反国家的倾向都被剔除出去，教会承认的正规教典正是在这时制定的。在3世纪，危机使各阶层包括大私有者都加入到新宗教中来，全帝国总的教会组织形成了。主教成了公社的首领，教会出现了根据君主制原则建立的等级制度，把持大权的是大地主、商人和高利贷者。也正是在3世纪，基督教受到来自国家的前所未有的迫害，最后也是最大的一次是狄奥克列齐亚努斯当政时期的迫害。经过这次迫害，在公元314年基督教被合法化了。

十一　人民起义和外族入侵

公元3世纪是罗马帝国内忧外患交加的时期。玛克西米努斯当政之后实行严酷的君主专制统治，致使阶级矛盾激化，统治阶级内部产生了分歧。由于税收的苛刻，238年在非洲首先开始了较大规模的运动。几个被没收财产的大地主纠集自己的奴隶和隶农，推举戈尔狄亚努斯为元首，发动了起义。戈尔狄亚努斯向罗马元老院保证：取消恐怖统治制度、重新审查诉讼程序、使放逐者归还、提高军队的饷银、赈济人民等。起义得到元老院的支持，并组成了12个人的委员会，以组织意大利的保卫工作。但由于内部不和及玛克西米亚努斯的镇压，起义失败。此后非洲又爆发了一次起义，一个叫萨比尼亚努斯的人被推举为元首，后也被镇压。269年，高卢发生了“巴高达运动”。起义者袭击和占领庄园，杀死或赶走地主，分配土地、财物和农具。到3世纪80年代，这一运动席卷大半个高卢，其首领阿曼德和埃里安自称皇帝，并铸造钱币，后在罗马军队镇压下失败。3世纪70年代，罗马爆发了造币工起义。由于钱币成色极差，元首清查造币厂的营私舞弊问题，造币厂的手工工人和国家奴隶在厂长的教唆下发动骚乱，并很快成为一次真正的起义。起义虽然被镇压，却使罗马军队受到沉重打击。同一时期，亚历山大里亚的工商业者爆发了起义，领导者是大工厂主和商人菲尔姆。由于帝国内部的动荡不安，外族不断入侵，248年哥特人渡过多瑙河进入下美西亚，迫使城市交出大量款项，防卫不力的士兵为免受惩罚发动了起义。之后高卢和罗马爆发过两次起义。250年哥特人重新渡过多瑙河，进入色雷斯，双方在尼科波里斯展开决战，戴克优斯阵亡。此后波斯人、日耳曼人和哥特人的入侵日甚。哥特人占领了小亚细亚的大部分城市。阿勒曼尼人和其他部落越过阿尔卑斯山进入意大利，罗马受到严重的威胁，城市居民被武装起来抵抗蛮族的入侵，保全了罗马城。波斯人以急攻的方式占领了叙利亚的首都，获得大量财物和俘虏，但在归程中被罗马军队击溃。267年，黑海沿岸的蛮族对小亚细亚和巴尔干半岛进行了大规模进攻。希腊被劫掠，许多文化中心落入蛮族手中。虽然所有起义和外族入侵都被镇压和击退了，但它们给没落的罗马帝国以沉重的打击，完全的君主制代替了元首制。

十二　文字和文学

在公元前7世纪，罗马人把由希腊字母改造而成的伊特里亚字母进一步发展，从而创造出了拉丁字母。拉丁字母是罗马人对后世的重大贡献。

古罗马人在文学领域也取得了辉煌的成就。很早以来罗马就有原始的民间诗歌，以后在罗马向外扩张的过程中，特别是在受到先进的希腊文化的影响下，罗马文学取得了长足进步。到公元前3世纪时，罗马文学开始形成。人们通常认为，真正的罗马文学肇始于安德罗尼库斯（公元前284—前204年）。他本是希腊人，后被俘至罗马，他是罗马的第一位诗人，公元前3世纪中叶他把荷马史诗《奥德赛》按照古代罗马诗歌的韵律译成拉丁文，该书后成为罗马学校中的第一部文学教本。他还按照希腊剧本的方式改编了最早的罗马悲剧和喜剧，并在剧院上演。尼维阿斯（约公元前270—前200年）是拉丁人中的第一个诗人，他把大量希腊悲剧、喜剧译成拉丁文，并写就了第一部罗马史诗《布匿战争》。稍晚的普罗塔斯（约公元前254—前184年）则是位多产的喜剧家。共和晚期到帝国前期是罗马文学的黄金时代。共和晚期的大雄辩家西塞罗（公元前106—前43年）也是位著名的文学家，有大量演说辞和哲学伦理学作品遗世，这些都是拉丁散文中的精品。屋大维当政后积极支持文学家们的文学创作活动。这一时期产生了大量有实力的作家，如诗人维吉尔（公元前70—前19年）模仿荷马史诗写就的十二卷史诗《埃尼伊德》，贺拉西的《颂歌》，两人都为屋大维歌功颂德、粉饰太平。还有奥维德（公元前43—公元17年），著有《变形记》。公元1世纪以后还产生了马尔提阿利斯、尤维纳利斯、阿普列尤斯、琉善等有影响的作家，他们的作品题材广泛，内容丰富，影响深远。到帝国后期，随着世风的没落，曾经辉煌一时的史诗和抒情诗让位于讽刺诗，作家们往往借助过去的历史和神话故事讽喻现实社会，发泄心中的苦闷。到安东尼统治时，再没有出现什么优秀的作品。

十三　史学

和高度发达的罗马文化相一致，罗马史学也取得了很高成就，许多优秀的历史学家写下大量优秀的史学作品。希腊著名历史学家波里比阿被俘至罗马后，写下了著名的40卷本《罗马史》，波里比阿治学态度严谨，方法科学，他坚持历史著作必须真实可靠，因而被称作“历史学家中的历史学家”。诗人兼史学家费边·皮克托（生于约公元前254年）写有《罗马编年史》。被人称为“罗马最古老的历史学家”，罗马史学的奠基人是政治家老加图（公元前234—前149年），他第一个使用拉丁文撰写的关于罗马历史著作《罗马起源论》详细记述了罗马和意大利其他城邦的起源以及两次布匿战争的经过，此外，他还著有《农业志》一书。罗马著名的政治家、军事家尤力乌斯·恺撒也是一位著名的历史学家，他写有《高卢战记》和《内战记》两本历史著作。前者主要记载了恺撒征服和统治高卢的历程，今人证明其论述有极高的可靠性；后者则主要记述他战胜政敌庞培及其同党的经过，多有偏激失实之处。李维（公元前59—公元17年）是罗马帝国初期著名的历史学家，他集毕生心血写出了罗马人的全史《罗马建城以来史》，文中赞扬了罗马历史上的英雄人物，以激发人们的爱国热情，文辞华丽优美，但在史学求实求真的精神上，不及修昔底德和波里比阿等人。古罗马最伟大的历史学家当推塔西佗（公元55—120年），他的代表作是《日耳曼尼亚志》，该书详细记载了古代日耳曼诸部落的起源、分布地区和风俗习惯，具有很高史料价值。塔西佗还写有《罗马编年史》和《罗马史》，基本上算是实录和信史。塔西佗文辞简约，思想深邃，且尤注重历史的道德教化作用。苏托尼厄斯（公元75—160年）是古代罗马最后一位重要的历史学家，他流传下来的史著仅有一部《罗马十二帝王传》，是人物传记汇编，该书开创了西方史学中的传记体。通观罗马史学，是以人的活动为中心、以人为本的历史。帝国末年基督教的兴起从根本上改变了罗马史学的面貌。基督教史学以神为本，以神的活动为中心，用宗教迷信替代了求真精神。基督教史学的代表人物有圣·奥古斯丁（公元354—430年），著有《上帝之城》；尤西比厄斯（公元260—340年），著有《编年史》和《教会史》；奥罗修斯（公元380—420年），著有《反世俗的历史七卷》。基督教史学使人从属于神，使历史学成为神学的婢女。但基督教史学认为历史是连续不断地发展的思想，及其首创的纪年方法等则对西方史学做出了贡献。

（杨光明）

第二章　中世纪史

第一节　西欧封建社会

一　民族大迁徙与封建国家的建立

公元3—5世纪是罗马帝国奴隶制危机总暴露的时期，也是封建制因素在奴隶制帝国体内孕生的时期。这一时期帝国范围内盛行的隶农制已走向末路，而日耳曼蛮族的大规模入侵则加速了奴隶制覆亡的脚步。公元374年，匈奴人从中亚经里海进入顿河、第聂伯河一带，迫使当地日耳曼民族的一支西哥特人越过多瑙河迁向巴尔干半岛，从而揭开了日耳曼民族大迁徙的序幕。公元395年，罗马帝国分裂为东西帝国两部分。这时的西罗马帝国已极度衰微，根本无力抵御“蛮族”的侵入。公元410年，西哥特人攻占罗马城，419年，西哥特人在高卢南部和西班牙地区建立了以土鲁斯为中心的第一个蛮族王国。继西哥特人之后，日耳曼民族的另一支汪达尔人先由高卢进入西班牙，再渡过直布罗陀海峡进入北非，公元439年，他们建立了汪达尔王国。在当地奴隶和隶农的配合下，迅即占领整个北非。476年，西罗马帝国灭亡，493年，东哥特人入侵意大利建立东哥特王国，555年为拜占庭帝国所灭。534年汪达尔王国为拜占庭帝国所灭。公元457年前后勃艮第人在高卢一带建立了勃艮第王国，后被法兰克人征服，并于613年成为后起的法兰克王国的一个行省。在日耳曼民族大迁徙的浪潮中，法兰克人的迁徙影响最深远。法兰克人最初居住在莱茵河下游一带，西罗马帝国灭亡后，他们开始侵入高卢北部，486年，在他们卓越的首领克洛维的带领下，彻底击溃罗马人，占领高卢北部，建立了法兰克王国，这是在西罗马帝国废墟上建立起来的最为强大的蛮族国家。5世纪中叶时，在欧洲大陆生息的盎格鲁、撒克逊和朱特等部落乘帝国的纷乱横渡北海进入不列颠，在岛上建立了众多大小不等的王国，7世纪初期，合并为7个王国，直到9世纪上半叶才形成统一的国家。568年，伦巴德人入侵意大利，击败拜占庭军队建立了伦巴德王国，这是民族大迁徙的尾声。持续近两个世纪的日耳曼民族大迁徙的直接后果是众多日耳曼王国的建立，并且加速罗马奴隶制帝国灭亡和封建制生产关系兴起的历史进程。在这一过程中，日耳曼人的民族组织变为国家机构，军事领袖变为国王，亲信成为贵族，其原始的生产关系越过奴隶制生产关系直接过渡到封建制生产关系。

二　城市的兴起

罗马帝国瓦解，西欧封建社会形成之初，古代的城市如米兰、罗马、伦敦、巴黎等均已衰落，它们的经济中心地位大不如前。因而，西欧城市是大约在10—11世纪时重新构建的。封建社会初期，西欧的生产力比较低下，手工业仍然和农业结合在一起，直到10世纪这一状况开始有了改观。以铁犁为代表的农业用具的改进和二圃制、三圃制等新型土地耕作方式的出现，大幅度提高了生产效率，小麦、大麦、豌豆等主要农作物的产量迅速增加。与农业发展同时，手工业的生产力也有提高。这是西欧城市兴起的重要前提。在11—15世纪，西欧诸国大量旧城市开始复兴和新城市开始建立。西欧中世纪城市首先在意大利和法兰西南部发展起来。如意大利的威尼斯、米兰、热那亚、佛罗伦萨和法国的马赛，以及尼德兰一带的布鲁日、根特等城市先后兴起。新兴城市的规模一般都不大，人口一般在1000—2000人之间。中世纪城市多在封建领主土地上兴起，因而城市兴起后，封建领主就开始了对城市的压榨，新兴城市也掀起了反对封建主和争取城市自治的运动。出于自身统治的需要，在一定时期内王权是站在一些城市一边反对领主的。在斗争的过程中，城市居民结成了“公社”。有的城市通过武装斗争的形式进行抵抗；有的富有城市采取金钱赎买的办法求取自由；而有的城市则两种方法并用。经过长期反复的斗争，一些城市取得了城市自治的权利。但自治的程度又有所不同，有些城市完全自治，城市有自己的武装，有宣战、媾和的权利，市民选举产生市议会；有些则只具有很有限度的自治权。还有一些弱小城市，依然处于领主势力统治之下。新兴城市以手工业的发达为特征，为了联合起来对抗封建势力，同时抵制逃入城市的农奴的竞争，城市手工业者建立了保护自己利益的组织——行会。行会制度兴起于11—12世纪，与城市的兴起大致同步，在最初一段时期，起到了积极作用，但到14、15世纪以后，行会制度日益阻碍生产力的发展，因而逐渐衰亡。

三　强大的教会势力

公元476年西罗马帝国灭亡以后，欧洲由奴隶社会逐渐过渡到封建社会。基督教的力量日益增长，到十二三世纪达到了顶峰。在整个中世纪的欧洲，基督教是封建社会的精神支柱，教会僧侣们长期垄断着知识和教育，神学在文化领域具有无上的权威，哲学、政治、法律、道德、文学等都处于神学的控制之下。教会本身是欧洲最大的封建主，占有西欧各国耕地总数的约1/3。基督教教会仿罗马帝国官阶体制设立了教阶制度，教阶制分主教、神父、助祭三个品阶，主教又分教皇、枢机主教、大主教和一般主教等级别，依此等级结构，从教皇以下逐级管理。教阶制度为世俗封建等级制的形成提供了理论依据。基督教的教义、理论以及教会的具体行动都服务于世俗权力，教权与俗权互为依存。封建社会形成之初，世俗权力居主导地位，10世纪左右起，随着贵族势力的膨胀和王权的衰微，教会借机拓展势力，并使教权压倒王权。1054年基督教发生分裂，以东部的君士坦丁堡为中心的一支称“东正教”（又叫“正教”或希腊正教），教权从属于东罗马皇帝。以西部的罗马为中心的另一支称“天主教”（又叫“公教”或“加特力教”）。从11世纪末开始近200年间，罗马教廷联合各国国王、贵族发动了8次十字军东征。13世纪罗马教廷达到极盛。罗马教廷企图用天主教一统世界，阻碍了西欧诸国的统一，阻碍了社会经济的发展。在基督教大发展的同时自10世纪下半期起，在法、英、德、意等，先后出现大规模异端运动。12世纪后期，在法国南部以阿尔比城为中心发生了阿尔比派异端运动，但遭到教会的残酷镇压。从1220年开始，教皇在各地设立“宗教裁判所”（又称异端法庭、宗教法庭）镇压异端，打击进步思想。十四五世纪，异端运动的发展以及市民阶级和民族国家兴起，沉重打击了教会势力，教权盛极而衰。

四　十字军东侵

1096—1291年，西欧的天主教会、世俗封建主、大商人在罗马教皇的鼓动下，以从伊斯兰教徒手中夺回“圣地”为旗号，对地中海东部地区进行了持续近200年的侵略远征，因侵略军以红十字缝在衣服上为标志而得名十字军。十字军东征具有复杂而深刻的历史背景，它是西欧中世纪城市兴起、商业发展条件下的必然产物。11世纪的西欧商品经济有了发展，东西方贸易兴起，而此时的西欧盛行长子继承制，长子以外的其余诸子则失去了领地的继承权，他们生活骄奢，向往冒险，并以富庶的东方为他们的掠夺对象。所以，大小封建主是十字军东征的主要力量。农民也是东征的重要力量。1089—1095年西欧出现多次严重的灾荒，连年干旱，疫病流行，他们也愿意到东方寻求摆脱困境的出路，意大利城市的商人为了打击商业劲敌阿拉伯和拜占庭商人，也希望通过东征夺取地中海的贸易优势。经克吕尼修道院改革和教皇选举制度改革之后的罗马天主教会正在发展成一种超越国家的权力。他们热衷于对外扩张，企图把无地封建主和农民的注意力吸引到东方，从而消除西欧封建社会内部的不稳定因素，并且进一步提高教会的威信。同时，教皇还企图通过东征使希腊东正教皈依自己的统治，使天主教的势力扩展到拜占庭帝国，重建统一基督教世界甚至把势力扩及东方伊斯兰国家。当时地中海沿岸的局势使西欧封建主的东侵计划成为可能。1055年，塞尔柱突厥人攻占巴格达，推翻哈里发的统治。1071年，突厥人大败拜占庭军队后，占领了包括叙利亚和巴勒斯坦的西亚广大地区。但塞尔柱帝国政权并不稳固，内部不和，互相敌视，并发生了分裂。这给西方教会封建主以可乘之机。他们认为塞尔柱突厥人攻占圣地、玷污“圣墓”、加害朝圣者，于是在教皇号召下他们以此为借口发动了夺取圣地的“圣战”。

第一次十字军东侵时间是1096—1099年，第二次是1147—1148年，第三次是1189—1192年，第四次是1202—1204年，第五次是1218—1221年，第六次是1228—1229年，第七次1248—1254年，第八次是1270年。十字军东侵给西亚和北非以及拜占庭的社会与文化造成了严重破坏，给这些国家的人民带来了深重的灾难。东方国家人民反抗十字军的胜利维护了国家和民族的统一。十字军东侵加重了西欧人民的负担，加深了基督教和伊斯兰教之间的矛盾，东侵最后的失败削弱了教会的威信。但东侵增加了西欧内部的认同感，客观上促进了西欧社会统治的发展。

第二节　资本主义的产生

一　新航路的发现和殖民掠夺

15世纪中叶，奥斯曼帝国兴起之后，东西方传统的商贸之路受阻，引发西欧各国对开辟新航路的需求。特别是意大利和大西洋沿岸诸国的商人希望找到一条绕过地中海东部和阿拉伯人的直通东方的新航路。此时，黄金渐已成为国际贸易的通行货币，在西欧盛传东方极富庶，印度和中国黄金遍地，这极大诱惑了西欧的封建主、教士和航海家，他们渴望到东方圆他们的黄金梦。15世纪末的西班牙和葡萄牙已完成了政治统一，造船业和航海业也比较发达，因而具备了资助远航的政治因素和物质力量。同时，到15世纪末，航海术、造船术、指南针等技术的发展，以及地圆说的流行，为远航提供了理论和技术保证。从15世纪末开始到17世纪，在葡萄牙、西班牙等封建国家的资助下，一些航海家通过一系列航海活动，终于先后发现了为前人所不知的新航路。这其中主要有受葡萄牙资助的达·伽马1498年绕过非洲好望角成功到达印度所开辟的新航线；1492年开始，在西班牙资助下，哥伦布横渡大西洋抵达美洲，发现另一条航线并“发现”美洲；1519—1521年在西班牙国王资助下，麦哲伦横渡大西洋，经由麦哲伦海峡进入太平洋的首次环球航行。新航路的开辟改变了欧洲、非洲、美洲乃至全世界的面貌。新航路开辟后对欧洲的直接经济后果是“价格革命”，银价贬值、物价上涨改变了西欧社会阶级力量的对比，资产阶级经济地位迅速提升。新航路开辟后，欧洲主要商路由地中海转向大西洋沿岸，西班牙、葡萄牙、英国取代意大利成为商贸中心。新航路的开辟使欧、非、亚、美之间的贸易开始扩大，经济文化往来开始增加，世界各地区间的联系更加紧密。同时，新航路开辟的过程也是西欧封建国家开始殖民扩张、殖民掠夺的过程。新航路成功开辟后，以葡萄牙、西班牙为代表的老牌封建国家加紧了对海外的殖民扩张，在非洲、美洲建立殖民地，划分势力范围。由此拉开了历时数百年的殖民和反殖民、殖民地反对宗主国的历史的序幕。

二　英国圈地运动

圈地运动是15世纪末至19世纪中叶，英、德、法、荷等国的新贵族和资产阶级为了追逐利润，进行资本原始积累，利用暴力手段把农民从土地上赶走，用栅栏、篱笆或者壕沟把强占的土地圈起来饲养羊的过程。这一持续300余年的圈地过程以英国最为典型。15世纪末，绕道非洲到亚洲和直通美洲新航路的开辟及环球航行的成功，刺激了英国外贸业的发展，国内毛纺织业欣欣向荣，羊毛供不应求，价格不断上涨，养羊业成为一项非常有利可图的行业。于是地主贵族首先开始圈占村庄的公有土地，接着就圈占农民的耕地，将这些土地改为牧场，廉价雇用无业工人牧羊。大批无地农民四处流浪，处境悲惨。托马斯·莫尔在《乌托邦》中把圈地运动形象地比喻为“羊吃人”。16世纪中期，英国圈地运动先后引发林肯郡和约克郡的农民起义以及凯德起义。农民的破产使政府的兵源和税源受到限制，因而都铎王朝曾颁布《反圈地条例》，基本上反对圈地运动。早期斯图亚特王朝也采取了类似的政策，圈地运动受到一定程度的限制。到16世纪末17世纪初，圈地活动进一步勃兴。1640年资产阶级革命后，反圈地的力量渐趋衰微，资产阶级大力鼓吹圈地，议会在18世纪通过许多准许圈地的法案，从而使圈地活动彻底合法化。19世纪中期，圈地运动已近尾声，农民作为一个阶级在英国不复存在。圈地运动是资产阶级性质的土地变革运动，以农民的灾难为代价促成了农业资本主义在英国的发展。被剥夺了土地的农民为了生存不得不出卖自己的劳动力，这为资本主义生产创造了重要条件。圈地运动是资本原始积累的重要手段，促进了资本主义生产关系的形成。

第三节　文艺复兴运动

一　人文主义

人文主义，有时又称人本主义或人道主义，是文艺复兴时期哲学、文学、艺术、教育、法学和自然科学等领域表现出的思想倾向的总称。文艺复兴于14世纪兴起于意大利，后传往西欧诸国，波及东欧和北欧，历时300余年。文艺复兴打着“复兴古典文化”的旗号，事实上进行的是资产阶级性质的文化创新，并不是古典文化的简单“再生”和“复兴”。与天主教神学贬低人的价值、以神为中心的世界观截然不同，人文主义思想以人为本，提倡人道，反对神道，提倡个性自由，反对封建特权。

提倡理性和科学，反对教权和俗权，它使古希腊和古罗马璀璨的文明获得新的生命，又赋予其一种富于创造力的时代精神。人文主义是在为新社会的政治和经济发展鼓吹、呐喊，具有开辟新时代的意义。14 世纪的意大利佛罗伦萨先后产生了但丁、彼得拉克、薄伽丘三位文化巨人，他们在文学艺术领域首倡人文主义。进入 15 世纪，人文主义思潮蓬勃发展，人才辈出。16 世纪出现达・芬奇、米开朗基罗、拉斐尔三位艺术大师。同期，人文主义传入德、法、英等欧洲国家，在英国出现了莎士比亚、培根和牛顿，在法国出现了拉伯雷和蒙田，德国出现了马丁・路德和丢勒，西班牙出现了塞万提斯等文艺与科学巨匠。在这个需要巨人的时代产生了巨人。

人文主义的主要特征有：(1）以人而非神为中心，强调人的才能，歌颂人的本领；(2）肯定现世而非来生，推崇追求幸福和快乐，贬斥遁世和禁欲；(3）否定神圣教皇和教会的权威，也反对落后的封建特权及等级制度；(4）提倡理性和科学。在反封建俗权、反教会神权的斗争中，人文主义起过积极的历史作用。它为现代资本主义的统治奠定了牢固的思想基础，也为后来欧洲近代文化的形成起了整合的作用。但人文主义毕竟是新兴资产阶级的思想体系，它虽反对封建教会但并不反对上帝和宗教，他们所为之鼓与呼的是资产阶级生活方式，因而也带有明显的时代局限性。

二　文学艺术

文学艺术是文艺复兴萌生的土壤。文艺复兴发端之始的主要表现形式即文学，通过文学来宣扬表述人文主义见解。早期文学艺术的代表是意大利“文学三杰”：但丁、彼得拉克和薄伽丘。阿利格里・但丁（1265—1321 年），他的代表作长诗《神曲》（1307—1321 年）是文艺复兴开端的重要标志。佛罗伦萨诗人彼得拉克（1304—1374 年）用意大利文创作十四行体抒情诗集《歌集》，他首先提出了“人学”和“神学”的对立，通常被认为是人文主义的始祖，他攻击罗马教会，鞭挞中世纪的经院哲学，认为哲学应该以人为核心命题。同样生于佛罗伦萨的薄伽丘（1313—1375 年），代表作是《十日谈》，书中揭露了教会的虚伪和贪淫，攻击了封建道德和封建特权，反对禁欲主义，主张个性发展。以这三人的文学作品为代表开创了早期的文艺复兴。

与文学一样，艺术领域也是文艺复兴运动的重要表现形式。文艺复兴早期的意大利诞生了欧洲“绘画之父”乔托（1266—1377 年）和近代现实主义雕塑的奠基者多那台罗（1386—1466 年），以及大画家马萨乔（1401—1428 年）。意大利文艺复兴后期，艺术达到了前所未有的高度，产生了“艺术三杰”：达・芬奇（1452—1519 年）是现实主义绘画论的主要奠基者，举世闻名的作品有《最后的晚餐》和《蒙娜丽莎》；米开朗基罗（1475—1564 年）是雕刻和绘画大师，代表作雕塑有大卫像，画作有《创世纪》和《末日审判》；拉斐尔（1483—1520 年）以绘画圣母像闻名于世。

16 世纪起，文艺复兴在欧洲各地生根开花，硕果累累，在文学和艺术领域产生了众多能人巨匠。在荷兰有文学家兼翻译家伊拉斯谟（1466—1536 年），代表作有长篇讽刺著作《愚人颂》。德国有胡滕（1488—1523 年）和鲁比阿努斯（1480—1539 年），他们是《蒙昧者书简》的作者，以及集画家、雕塑家、艺术理论家于一身的阿・丢勒（1471—1528 年）。在法国，文学领域的代表人物是拉伯雷（1494—1553 年），他的长篇讽刺小说《巨人传》闻名于世。在英国，以大戏剧家兼诗人莎士比亚（1564—1616 年）为杰出代表，他一生创作了大量戏剧，如《罗密欧与朱丽叶》《哈姆雷特》《李尔王》，在剧中表达了人文主义思想。在西班牙，以现实主义作家塞万提斯（1547—1616 年）为代表，他的代表作是长篇小说《堂吉诃德》，书中批判了封建制度，反映了人民的愿望。此外，16 世纪后，在东欧也出现了包含人道主义精神的大量文学和艺术作品。

三　政治思想

文艺复兴时期政治思潮百花齐放。最知名、最具代表性的政治思想家有英国的托马斯・莫尔，法国的让・博丹，意大利的马基雅维里和康帕内拉。托马斯・莫尔（1478—1535 年）是空想社会主义的先驱之一。他的代表作是《乌托邦》（写于 1515 年），在书中他构想了理想的社会制度“乌托邦”，在这里生产资料公有，人人参加劳动，人民选举官员，领导人也由选举产生，国家主要以德而治，只需要很有限的法律即可。莫尔认为私有制是一切罪恶的源泉，法律只为有钱人服务，因而是非正义的。让·博丹（1530—1596 年）代表作是《国家论六卷集》，书中他提出了关于国家的起源，目的和定义问题，并首次系统阐述了国家主权理论。他认为主权是一个国家绝对的、客观的权力，不可分割、不能转让，主权是国家最本质的特征，在国内是至高无上的，是凌驾于其他一切权力之上的统治力量。他还认为主权的首要任务就是立法，君主是主权者，因而也是立法者。他主张把国家和政府分开，他认为政体的形式因主权的归属而有所不同，但君主权力仍要受到自然法和社会契约的限制。16 世纪是封建国家解体和民族国家形成的时期，历史需要强有力的集权国家，国家需要强有力的领导人。马基雅维里（1469—1527 年）的政治哲学观就反映了这样的政治现实。1513 年他写就《君主论》一书，书中他认为任何国家最重要的是要有强有力的统治，要有具有绝对权威的强力君主。他认为一个君主要达到自己的目的，可以不择手段，政治的本质就是权力问题，在政治上没有道德伦理可言。他详尽阐释了他所推崇的政治权术和强权政治，后人称之为“马基雅维里主义”。康帕内拉（1568—1639 年）是著名的空想社会主义先驱之一。他的代表作是《太阳城》，同莫尔一样，他认为作为万恶之源的私有制必须铲除，在他构建的社会主义制度内，人人平等，共同劳动，由德才兼备的大祭司即“太阳”来领导。

四　自然科学

在文艺复兴晚期，近代自然科学产生，这是人类科学史上的一次重大革命。资本主义手工工场的兴起，提高了生产力，促进了技术进步。在人文主义精神激励下，在反对封建经院哲学的过程中，先进的人文主义者和思想家、哲学家们一起使自然科学逐渐摆脱了教会和神学的束缚，赢得了独立的地位。近代自然科学的产生，也是广大劳动人民长期生产实践和大量科学工作者辛勤钻研的结果。在这场自然科学大兴起、大发展的历史时期，诞生了一系列新的理论学说，出现了一系列新的发明、发现，创设了一批仪器设置，出现了一系列新兴学科，也造就了一批伟大的科学巨匠。科学家们为了进行实验研究，发明了必需的物理实验仪器，如显微镜、天文望远镜、温度计、湿度计、水银气压计等。新航路的成功开辟，环球试航的成功，证实了地圆学说的正确性，拓宽了人们的视野，增长了人们的见识。在进行理论研究、解决实际问题的过程中，出现了数学、物理学、天文学、动物学、植物学等新兴学科。在同教会神权斗争的同时，冲破了宗教神学观的限制，使自然科学的理论获得重大发展，它认为世界是物质的，是有自身运动规律的，这些规律应由人通过观察和实验的方法去认识和把握。在这一历史时期，出现了几位伟大的科学家。波兰天文学家尼古拉·哥白尼（1473—1543 年），他依据前人的研究成果和自己多年的观察计算，认为由托勒密提出并受到教会支持的“地球中心说”站不住脚，从而提出“太阳中心说”，写就的《天体运行论》一书，在科学史上具有划时代意义。意大利天文学家乔尔丹诺·布鲁诺（1548—1600 年），他不畏教会的压力，继承并发展了哥白尼的唯物主义学说。最后被罗马教廷以反圣经、反神学的罪名用火刑烧死，他用生命维护了科学的尊严。意大利天文学家、物理学家伽利略（1564—1642 年），作为天文学家，他顶住教会压力，为哥白尼体系的科学性做了辩护，打击了基督教和经院哲学；作为物理学家，他发明了望远镜，做了自由落体实验，发现了摆的定时性定律。德国天文学家、数学家开普勒（1571—1630 年），通过科学研究，证明了哥白尼的日心说，创立了行星运动的三大定律。还有研究流体力学的物理学家托里切利（1606—1647 年），英国化学家波义耳（1627—1691 年），以及血液循环的发现者、英国生理学家哈维（1578—1657 年），小循环的发现者西班牙医生塞尔维特（1509—1553 年），以及笛卡尔（1596—1650 年），他把几何代数化，创立了解析几何学。

第四节　宗教改革运动

一　宗教改革的背景

宗教改革运动是指在 16 世纪的欧洲发端于德意志，扩及瑞士、奥地利、尼德兰、英国、法国、捷克、匈牙利、波兰及北欧诸国的反对罗马天主教会的社会改革运动。这场运动的兴起有复杂的社会背景。中世纪的天主教是欧洲最大的封建主，起着维护封建政治、经济和文化制度的作用，是封建势力的护身符。随着西欧资本主义因素的出现，新兴资产阶级开始与封建阶级之间产生矛盾并日益尖锐化。后来，到 16 世纪，欧洲的封建制度已开始解体，民族国家日渐形成，在这种情形下，以罗马教廷为代表的天主教已成为阻碍资本主义发展、阻碍社会进步的焦点。从宗教改革率先发端的德意志当时的社会历史条件来看，当时德意志政治上四分五裂，大大小小的诸侯林立割据，皇帝、诸侯、骑士、城市之间时常发生冲突和战争，这都严重阻碍了经济的发展。在经济上，德意志各地区间的发展很不平衡，国内关卡林立，没有统一的关税和币制。从阶级关系上看，诸侯是最具实力的统治阶级，实际上拥有最高的权力。中小贵族日趋没落，他们不满诸侯的统治权，反对罗马教会的力量，希望结束诸侯分裂割据的局面，完成国家的统一。僧侣阶级两极分化，上层僧侣构成贵族集团，既是大地主，又多兼为诸侯，下层僧侣属于平民集团。市民阶级包括手工业者、商人和新兴的手工工场主，人数比较多，他们激烈反对上层僧侣，一些人还要求建立"廉俭教会"，国家实行中央集权。农民阶级是社会最下层阶级。因而，在当时的德意志，反罗马教会的斗争与争取国家统一的斗争紧密相关。天主教会是当时所有反封建斗争的共同对象。

二　路德教派

路德教派，或称路德宗，16 世纪宗教改革运动中由德意志维滕堡大学教授马丁·路德（1483—1546 年）创立，产生于德意志，后传播到斯堪的纳维亚诸国以及瑞士、法国等国家，作为新教三大宗派之一，属于温和一派。1517 年 10 月，罗马教皇利奥十世派特使到德意志出售赎罪券，实质是进行敲诈勒索，引起德意志人民的反抗。10 月 31 日，马丁·路德写就批判教皇出售赎罪券行径的《九十五条论纲》，拉开宗教改革运动的序幕。路德指出，出售赎罪券是"欺骗"和"捏造"，是宣传"与基督教不符的道理"。他声称信徒得救不靠教皇，也不靠圣礼，只有靠"悔改"。这与传统天主教的学说大相径庭。路德遂成为德意志各阶层人民反教会浪潮的旗帜和舵手。1520 年，路德先后发表三篇重要论文：《致德意志民族的基督教贵族书》《基督徒自由》和《罗马教皇权》，第一篇是路德的政治纲领，也是德意志的独立宣言，文章号召德意志贵族联合起来，反对教皇，解放德国。后两篇是路德的宗教纲领，认为人只凭信仰即得救，不必通过教士们主持的宗教仪式，倡导建立廉洁教会，主张文化教育改革。1521 年，马丁·路德当众烧毁教皇革除他教籍的谕令，促使宗教改革运动进一步发展。宗教改革运动中新生的教派，统称为新教，以区别于旧教即天主教。路德教派强调"因信得救"，反对天主教的教阶制，简化了宗教仪式，反对崇拜偶像，强调《圣经》是信仰的唯一依据，牧师可以结婚，用德语做礼拜。1521 年后，宗教改革迅猛发展，德意志北部、东北部的萨克森、普鲁士等诸侯改信路德教，新教诸侯结成反对皇帝的"施马尔卡登同盟"，1555 年签订的《奥格斯堡和约》规定"教随国定"，即诸侯有权决定臣民的信仰，从此路德教取得合法地位。但德意志分裂割据的局面依然如故，南部、西南部的天主教诸侯与北部、东北部的新教诸侯两大集团之间、诸侯与皇帝之间经常发生冲突和斗争。16 世纪，斯堪的纳维亚半岛的瑞典、丹麦、挪威等国纷纷改信路德教。路德教的势力和影响进一步扩大。

三　加尔文教派

加尔文教派是是由路德宗教学说引发出的持激进社会政治主张的新教派别。它发展了路德教义非主流的反抗暴君的思想。生于法国的让·加尔文（1509—1564 年）受路德影响倡导宗教改革，1536 年先后来到瑞士的巴塞尔和日内瓦，发表了《基督教要义》一书来阐述他的宗教改革思想。与路德一样，加尔文主张人因信仰得救，反对盲目信仰天主教会，并且进一步把信仰得救解释为"前定论"，认为上帝已预先决定了哪些人能得救，哪些人不能得救。前者就是上帝的"选民"，后者则是"弃民"，这是人力不能解释、不能改变的。加尔文否定贵族的出身和特权，主张彻底改革教会组织，建立民主教会，如简化教会组织和仪式，民主选举产生神职人员。加尔文的宗教改革迎合了新兴资产阶级激进派的需要，适应了时代发展的要求。因而，加尔文教在西欧广泛传播，除瑞士以外，加尔文教迅猛扩展到法国、尼德兰、苏格兰等国家和地区，这些地方都纷纷建立了独立于天主教的新教组织。加尔文教在政治上具有激进主义倾向，日后逐渐演变成一种反对专制主权的革命的意识形态。早在 16 世纪 50 年代末，加尔文教在苏格兰引发了一场反抗暴君的革命。16 世纪 60 年代，在尼德兰引发了反对西班牙专制统治的革命，在法国，激发了长达 36 年的宗教战争"胡格诺战争"，令法国王权的大厦岌岌可危。甚至 17 世纪英国资产阶级革命，也是在加尔文教旗帜的指导下展开的。

四　英国的宗教改革

16世纪英国在都铎王朝统治下建立起了专制王权，强大的王权不愿罗马教会继续干预国家的政治事务，资产阶级和新贵族也不满教会的做法，他们要求夺取教会掌握的土地和财富。在这种背景下英王亨利八世（1509—1547年）推行了自上而下的宗教改革，借以打击天主教会的势力，增强民族意识，巩固自身的统治。1533年，亨利八世与罗马教皇决裂，禁止英国教会向罗马教廷缴纳岁贡，1534年，国会通过《至尊法案》，宣布英王为英国教会的最高首脑，具有任命教会各种教职和决定教义的权力，不再从属于罗马教皇。改宗教法庭为国王法庭，不经国王同意，教会无权召集宗教会议。现行教规须经由国王任命的“三十二人委员会”审查，凡与国家法令相抵触的条文一律废除。这样，它否定了教皇的权威地位，使英国教会脱离罗马教廷而成为国家机构的一部分。但改革后天主教的教义、主教制度和仪式仍然保留。改革后的教会称为英国国教，又称圣公会（亦译安立甘教）。1553—1558年在玛丽女王统治时期，曾一度恢复天主教。伊丽莎白女王继位后，继续进行宗教改革，1571年国会颁布《三十九条信条》，规定英国国教的教义，标榜信仰得救，以《圣经》为信仰的唯一准则，否认教皇的绝对权力，进一步简化宗教仪式，但主教制度仍保留下来。改革后的英国国教居于天主教和新教之间，既保留了天主教的某些制度和仪式，又同时承认新教的“信仰得救”思想。英国宗教改革很不彻底，教会成为专制王权的统治工具，并不完全适合资产阶级和新贵族的需要。随着力量的日益强大，新兴资产阶级和新贵族要求按照加尔文教的精神彻底改革教会，清除英国国教中的天主教成分，因而他们被称为“清教徒”。英国对清教徒同样采取了镇压措施。到17世纪，在清教运动的旗帜下，英国资产阶级成功发动革命，建立了自己的统治。

五　德国的农民战争

15世纪末16世纪初，德意志的工商业经济获得进一步发展，资本主义因素日渐成长，但各地经济发展并不平衡，政治上德意志四分五裂，教俗诸侯分裂割据，皇权衰微。社会阶级矛盾极为复杂，农民阶级处于社会的最下层，遭受的剥削和压迫最为深重。16世纪初，已经开始瓦解的农奴制度在各地特别是东南部和中部又死灰复燃，从农奴制下解脱出来的自由农民重又陷入农奴制的枷锁中。在这种情况下，农民起而反抗封建统治和压迫。最初他们采取的是“鞋会”和“穷康拉德”这样秘密会社的形式，路德宗教改革开始后，他们掀起了大规模的起义活动。这次以托马斯·闵采尔（1489—1525年）为领袖，领导了1524年夏的伟大农民战争，波及德意志大部分地区，主要有4个中心，即士瓦本、法兰克尼亚、萨克森和图林根、提罗尔和萨尔茨堡，参加战争的农民和其他阶层民众超过10万人。1524年8月24日，起义爆发于士瓦本地区，在闵采尔的影响下，起义军制定了自己的斗争纲领《书简》，主张用暴力推翻封建统治，建立平等社会。1525年3月，起义军制定了著名的《十二条款》，这一新的纲领要求废除农奴制，取消什一税，减轻农民的负担。《十二条款》比《书简》温和，主要反映了富裕农民的利益。1524年5月—1525年7月，德国农民战争达到高潮，法兰克尼亚、图林根和萨克森、提罗尔和萨尔茨堡先后发生起义。1525年5月，法兰克尼亚起义军提出了著名的《海尔布琅纲领》，要求改革教阶制度，没收教会土地，建立中央集权的政府，废除国境内关税，统一货币和度量衡，取消贵族的商业垄断，该纲领主要反映了市民和骑士的利益。1525年5月5日，在弗兰肯豪森之战中，闵采尔被害，起义遭受重创。1525年末到1526年初，提罗尔和萨尔茨堡地区的矿工和农民起义也遭到失败，德国农民战争至此宣告结束。德国农民战争是资产阶级性质的农民反封建斗争，它从根本上动摇了天主教会和封建贵族在德国的统治，打击了腐朽的封建制度。

六　尼德兰革命

“尼德兰”一词在荷兰文中是“低地”的意思。它包括今天的荷兰、比利时、卢森堡和法国的东北部。中世纪初尼德兰是法兰克王国的中心，后又曾隶属于德国和法国，14世纪时归属于勃艮第王国，1477年受哈布斯堡王朝的统治，从16世纪开始，又从属于西班牙。

早在13—15世纪，尼德兰的手工业和商业已经发展起来，到16世纪，尼德兰成为欧洲人口最稠密经济最发达的地区。但西班牙王国腐朽的封建统治严重地阻碍着尼德兰资本主义的发展。此时，城乡资产阶级在社会和政治生活中的作用越来越重要，它们日益不满王朝的统治，开始以加尔文教为思想武器，向封建帝国发起挑战，力图脱离封建关系的束缚，推翻西班牙的统治，按自己的愿望发展资本主义。而广大的人民大众则以再洗礼派的教义为利器，加入到反封建大军中，并成为主要的力量。1560年以反天主教为名的群众性破坏圣像运动实质上是一场社会和政治抗议运动，但很快被西班牙总督镇压。这场运动是尼德兰革命的开端。随后，革命不断深入发展。1574年后革命进入高潮，先是北方各省于1572年4月爆发起义，接着，南方诸省也于1576年9月爆发起义。在革命过程中，保守的南方和激进的北方之间的矛盾冲突愈演愈烈。至1579年，南北方发生分裂。北方各省组成"乌得勒支同盟"，并于1581年7月26日正式宣布脱离西班牙独立，成立联省共和国，又称荷兰共和国，这是历史上第一个资产阶级性质的共和国。南方的阿拉斯同盟则继续接受西班牙国王的统治，1585年南方革命失败。立国之后，荷兰共和国与英法两国结盟对西班牙作战，到1609年4月，西班牙被迫与荷兰签订为期12年的停战协定，事实上承认了荷兰的独立。在1648年三十年战争结束后订立的《威斯特伐利亚和约》中，欧洲列强正式承认了荷兰联省共和国。（杨光明）

第三章　近代史

第一节　启蒙运动

一　启蒙运动的历史背景

"启蒙"，英文是Enlightenment，法文是Lumière，是启发、启迪的意思。启蒙运动是欧洲自文艺复兴运动之后的第二次思想大解放运动。这场运动贯穿于整个18世纪，它强烈冲击了封建专制制度和天主教会，把人们从中世纪神学教条、传统偏见、封建专制及教会神学的压迫下解放出来，为资产阶级革命做了理论上和思想上的准备。启蒙运动的产生具有深刻的历史背景。首先，这场运动是在西欧资本主义大发展的背景下发生的，反映了资产阶级反封建专制制度的时代要求。17—18世纪的欧洲处于从封建社会向资本主义社会过渡的历史时期，资产阶级的力量日渐强大起来，但腐朽的封建制度成为资本主义发展的绊脚石，资产阶级为了推翻旧的封建制度，就必须先从思想上、舆论上制造声势。于是，一大批代表先进的资产阶级的思想家起而批判封建意识形态，为资产阶级思想文化的传播与发展开启道路。其次，启蒙运动也是在近代哲学、科学获得重大发展的情况下产生的。受笛卡尔及培根的影响，到17世纪理性主义已成为普遍的思潮，他们两人击碎了中世纪经院哲学的枷锁，倡导科学实验、科学精神，提倡研究客观的自然界；在自然科学领域，由于伽利略、牛顿等大科学家在天文学、物理学、植物学、地理学上的巨大成就，使人们认识到人类可以通过自身理性的力量认识自然、征服自然及发现自然和人类社会进步的规律。自然科学的发展为启蒙运动的发生提供了坚实的基础。

二　英国的启蒙思想家

英国是启蒙运动的发源地。英国虽不具备法国那样典型的"启蒙时期"，但英国有众多闻名于世的启蒙思想家。主要代表人物有培根、霍布斯、洛克。弗朗西斯·培根（1561—1620年）是唯物主义哲学家，近代归纳法的创始人，著有《学术的进步》（1605年）和《新工具》（1620年）。培根重视知识的作用，首举"知识就是力量"的大旗，他相信人类通过自身的力量，依靠科学发明，必能成功地驾驭自然。在哲学世界观上，他反对唯心论和中世纪的经院哲学，认为世界是由物质组成的，而物质又是由分子组成的。培根还首创归纳法，要求在大量经验观察的基础上归纳出科学的结论。这是对演绎法的补充，丰富了自然科学的研究方法，在科学史上有重大的影响。霍布斯（1588—1679年）的主要著作有《论政体》（1650年）、《利维坦》（1651年）、《论人》（1658年）。在科学观上属机械唯物论者，他把物质运动的多种形式归结为机械运动，在认识论上，他是感觉论者，认为感觉是知识的唯一源泉。在政治思想方面，他的观点代表了贵族和大资产阶级的利益。他认为专制君主制是最好的国家形式，否认人民的自由和权力，他强调国家的作用，用人的眼光考察国家的起源，他反对王权神授说，提倡社会契约论。约翰·洛克（1632—1704年）主要著作有《政府论》《人类理智论》（1690年），在哲学上承继了培根和霍布斯的观点，是机械唯物论者，相信物质的客观存在，认为思想和观念是物体对人的感官发生作用的结果；知识完全来源于经验。在政治理论上，洛克反映了资产阶级和新贵族的利益。他也提出了社会契约理论，认为“私有财产”在“自然状态”下已出现，从而为私有财产的合法性辩护，为资产阶级财产所有制辩护。他认为代议制政府是最好的国家政权形式，因为这种形式“依照多数人的意志”行动。主张立法权、行政权和联邦权三权分立，其中议会的立法权具有优越地位，但也要受到限制。除上述三人外，英国知名的启蒙思想家还有：倡导自然神学理论的赫伯特（1582—1648年），主张个人凭自己的理性即能理解圣经的托兰德（1670—1722年），以及提出身心一致说的哈特利（1705—1757年）等。

三　法国的启蒙运动

法国是启蒙运动的中心。在18世纪法国诞生了伏尔泰、孟德斯鸠、卢梭、达朗贝、狄德罗、孔多塞、布丰、博马舍等杰出的启蒙思想家。伏尔泰（1694—1778年）著有《论宽容》《哲学辞典》等大量有深远影响的著作。他平生致力于批判法国社会，攻击天主教的学说教义，号召人们为科学和进步而斗争。他提倡自然权利学说，主张人人在法律面前一律平等，在政治观上，反对专制君主制，赞赏开明专制。孟德斯鸠（1689—1755年）著有《波斯人信札》（1721年）、《罗马盛衰原因论》（1734年），其代表作为1748年发表的《论法的精神》。他的著作批判了法国的天主教会和贵族的愚昧无知和虚伪骄奢。他认为国家的法律受到地理、自然、宗教、政制等诸多因素的制约，而以政制为最。他认为民主政体、贵族政体、君主政体都是合理的，唯独暴君政体违背人性，要规避暴政就必须使国家的立法、行政、司法三权分立、互相制约，这是对当时法国君主专制制度的挑战。卢梭（1712—1778年）主要著作有《论人类不平等的起源和基础》（1754年）、《社会契约论》（1762年），后者是他的代表作。他认为人生而自由，平等、自由是天赋的权利，他揭批法国的封建旧制度，谴责专制暴君对人民自由的压制，他认为人民运用暴力推翻暴君统治是合乎情理的。他反对人剥削人、人压迫人的不平等现象，坚持人民主权原则，在政体观上，他不赞成三权分立说，倡导建立小型的民主共和国。1751年，在唯物主义哲学家狄德罗的主持下开始编撰《百科全书或科学艺术技艺详解辞典》，其作者集中了大量的启蒙思想家。自然科学家如达朗贝·孔多塞；哲学家如爱尔维修、霍尔巴赫；经济学家如魁奈、杜尔阁等人。他们高扬理性主义、唯物主义的旗帜，被人们总称为“百科全书派”，并成为法国启蒙运动的中心。

四　德国的启蒙思想

德国的启蒙思想家主要有沃尔夫、莱辛、席勒、歌德、康德和赫尔德等人。莱辛（1729—1781年）是戏剧家和哲学家，他认为人类历史是向前发展的，教育是人类进步的动力。康德（1724—1804年）是德国最重要的启蒙思想家，除著名的《纯粹理性批判》《实践理性批判》《判断力批判》外，还著有《从世界主义的观点看普遍史的思想》《关于人类起源的猜测》《什么是启蒙?》《论永久和平》等。康德的哲学体系高扬人的主体性，他说：“启蒙就是人摆脱他自己造成的不成熟状态。……要有勇气运用你自己的理性。”他认为人生而自由、平等，最好的政府不是受人的统治，而是受法律的统治。德国经济、政治上的落后性决定了德国的启蒙思想具有自己的特点。从时间上看，德国的启蒙运动晚于英、法，当德国启蒙运动开始的时候，英国的启蒙运动已近完成，法国的启蒙运动也已到了晚期。从启蒙思想本身看，德国的启蒙思想从一开始就和浪漫主义思想交织在一起，因而德国的启蒙运动既包括了对启蒙思想的承继，又内涵了对早期启蒙思想某些内容的扬弃，如德国的启蒙思想家大都宣扬直觉、想象、历史感等。从表现形式上看，与直接批判现实的法国有所不同，德国启蒙运动走的是一条曲折又隐蔽的道路，特别是表现为从莱辛、赫尔德、康德直至黑格尔、费尔巴哈等采取纯粹哲学思辨方式构建古典哲学的大厦。

第二节　资产阶级革命

一　英国革命

英国革命又称清教革命。十五六世纪，资本主义生产在英国迅速发展起来。圈地运动后在农业中兴起的采取资本主义经营方式的新贵族在许多方面同资产阶级有着一致的利益，它们结盟后共同成为资产阶级革命的领导力量。而在此时，资本主义的发展受到了腐朽封建制度的严重阻碍。至 17 世纪初，资产阶级、新贵族同斯图亚特王朝封建专制制度、英格兰国教会之间的矛盾日益尖锐，到 17 世纪上半叶已呈一触即发之势。资产阶级和新贵族用 16 世纪兴起的清教作为斗争的武器。1628 年斯图亚特王朝的查理一世召开议会以图解决财政问题，但议会中的反对派提出《权利请愿书》，重申非经议会同意国王不得强行借贷和征税。查理一世虽被迫签字，但并不愿执行。1629 年查理一世解散了桀骜不驯的议会，实行专制独裁统治直至 1640 年。1637 年苏格兰人民举行起义，并成为日后革命的导火线。国王为筹措镇压起义的军费，被迫重新召开议会。1646 年召开的议会一直存在到 1653 年，史称“长期议会”，长期议会成为资产阶级革命的组织中心。1641 年议会通过《大抗议书》，与国王间的矛盾更为激烈，以致到了非通过武力不能解决的地步。查理一世迫于革命压力，逃离伦敦北上约克城组织反革命武装。1642 年国王向议会宣战，挑起了第一次内战。内战开始后，英国按地域形成两个敌对阵营，一个是由王党控制的北部、西北部地区，一个是由议会控制的包括伦敦在内的东南部地区。王党控制地区经济比较落后，封建经济占优势；议会控制地区资本主义经济占优势，相对比较发达。1642—1646 年的第一次内战期间，代表新兴资产阶级和资产阶级化的新贵族利益的独立派领导人克伦威尔率领新模范军击溃王军，代表着大资产阶级利益的长老派企图跟国王妥协，与独立派发生冲突。王党乘机于 1648 年挑起第二次内战，但很快又被克伦威尔打得大败，1649 年 1 月查理一世被处死。同年 5 月成立了以克伦威尔为首的资产阶级性质的共和国，独立派掌握了政权，他们开始镇压掘地派，远征爱尔兰和苏格兰，革命由此走下坡路。克伦威尔于 1653 年成立护国的制度，自任终身护国公，护国公制实质上是军事专政体制。1658 年 9 月克伦威尔去世，查理一世的儿子乘机发动王党叛乱，并于 1660 年复辟了斯图亚特王朝。1685 年查理二世去世，詹姆士二世继位，他的政治、宗教、文化等统治策略妨碍了资产阶级和新贵族的利益。1688 年辉格党人联合托利党人发动“光荣革命”，推翻了詹姆士二世的统治，邀请他的女婿、荷兰执政威廉和女儿玛丽共同统治英国。在议会上、下两院共同召开的全体会议上通过了“权利宣言”，要求国王今后未经议会同意不能终止任何法律的效力，不经议会同意不能征收赋税，天主教教徒不能担任英国国王。1689 年 10 月，议会通过了著名的《权利法案》。以法律的形式确认了议会的权力和地位，建立起了资产阶级性质的君主立宪制度。历史实践表明，这种制度适合英国资本主义发展的需要。英国资产阶级革命对欧洲和世界都产生了重大影响，是世界近代史的开端。

二　三十年战争

三十年战争是欧洲历史上第一次大规模的国际战争，爆发于 1618 年，终止于 1648 年，历时三十年。13 世纪后，在哈布斯堡王朝统治下的神圣罗马帝国诸侯割据，皇权衰微。宗教改革后，信奉路德教、加尔文教的新教诸侯和信奉天主教的旧教诸侯于 1608 年、1609 年先后结成“新教联盟”和“天主教联盟”，两大联盟间展开了激烈的争斗。神圣罗马帝国皇帝站在天主教联盟一边，以图拉拢旧教诸侯，巩固哈布斯堡王室的统治。新教和旧教诸侯的宗教意识争执只是表象，实质上他们都想以此来扩大自己的地盘，加强自己的实力。哈布斯堡王室一直打击压迫捷克新教徒。1618 年 5 月，不堪忍受的捷克布拉格人民爆发起义。他们冲进皇宫，把皇家官员从皇室的窗口掷出去，史称“掷出窗外事件”，这是三十年战争的开端。战争爆发后，欧洲各国基于各自国家的政治、经济利益，纷纷卷入其中，从而使这场战争由德国的内战演化为一场欧洲范围的大规模国际战争，战场主要集中在德国。参战国分为两方，一方以法国为首，包括瑞典、丹麦及德意志新教诸侯，一方以神圣罗马帝国皇帝为首，包括奥地利、西班牙及德意志旧教诸侯。战争分为四个阶段:（1）捷克—普法尔茨阶段（1618—1624 年），捷克先摆脱哈布斯堡王朝的统治，后败于神圣罗马帝国的反扑，普法尔茨被西班牙占领；（2）丹麦阶段（1625—1629 年），在法、英支持下，丹麦与神圣罗马帝国及天主教联盟作战，战败后签订《卢卑克和约》，保证不再干涉德意志事务；（3）瑞典阶段（1630—1635 年），瑞典参战，先败天主教联盟，后又被皇帝和西班牙军队击溃；（4）法国、瑞典阶段（1635—1648 年），法国向天主教联盟宣战，帝国皇帝被迫求和。1648 年各方在德意志召开威斯特伐利亚和会，签订《威斯特伐里亚和约》，三十年战争宣告结束。威斯特伐里亚和约使法国、瑞典及德意志的新教诸侯获取大片领土，皇帝权力受到很大的限制，和约承认了瑞士、荷兰的独立，承认各诸侯享有独立的外交权。战争使德意志经济遭到重创，政治上依旧处于分裂状态。欧洲三十年战争从根本上改变了欧洲的政治版图，结束战争的威斯特伐利亚和会的召开和《威斯特伐利亚和约》的签订在欧洲近代历史发展以及近代国际法的发展中起了积极的作用，是国际关系史上划时代的事件。会议首开了以国际会议的形式解决国际争端、国际问题的先河，会议在实践上肯定了格劳秀斯等国际法学家们提出的国家主权、国家独立等国际关系准则。

三 法国大革命

法国大革命是 1789—1804 年在法国资产阶级领导下推翻封建旧制度、建立资本主义新制度的一场革命运动。18 世纪以来法国资本主义商品经济的稳步发展，使新兴资产阶级产生了在政治上拥有发言权的迫切要求。同时，18 世纪初以来启蒙思潮在法国的兴起，使得自由、理性的观念浸染了人们的思想；英国革命的成功也给法国的资产阶级提供了可资借鉴的经验。而 18 世纪中后期以来，法国的封建专制制度日趋腐朽没落，严重阻碍了资本主义的成长壮大，封建旧制度已成为阻止历史前进的桎梏，法国各阶级间的矛盾日益激烈。特别是资本主义商品经济与封建专制制度间的矛盾已成不可调和之势，资产阶级虽然在经济上占据了重要位置，但在政治上仍然属于最低下的第三等级。1789 年 5 月，法王路易十六迫于形势召开了三级会议，在得到广大人民群众的支持后，第三等级在资产阶级领导下掀起了反对以国王为首的封建特权等级的斗争。7 月 14 日，巴黎人民武装起义攻占巴士底狱，大革命从此拉开序幕。起义胜利后，由代表资产阶级和自由贵族的君主立宪派掌权，他们宣布废除封建制度以及教会和贵族的特权，8 月 26 日，通过《人权与公民权宣言》，这是资产阶级性质的革命纲领，确立了人权、法治、私有财产权等原则。1792 年 8 月 10 日巴黎人民发动第二次武装起义，随后召开国民公会，结束君主立宪派统治，代表工商业资产阶级利益的共和派吉伦特派掌握了政权，他们审理并处死了国王。1793 年 5—6 月，巴黎人民发动第三次武装起义，推翻了吉伦特派的统治，代表中小资产阶级利益的民主派雅各宾派掌权。在罗伯斯庇尔领导下的雅各宾派专政期间，颁行了一系列革命措施和改革政策，并实行恐怖统治。到这时为止，法国革命一直沿着上升路线发展并达到了顶峰。1794 年 7 月，热月政变后雅各宾派的统治被颠覆，代表大资产阶级利益的热月党人掌握了政权，革命由此走下坡路。热月党人废除了雅各宾派限制资产阶级的政策，1795 年热月党人成立督政府，1799 年 11 月 9 日拿破仑 · 波拿巴将军发动雾月政变，推翻督政府统治，夺取政权建立了临时执政府。雾月政变标志着法国大革命的结束。法国大革命以彻底的革命手段推翻了法国封建阶级的统治，为资本主义的大发展开拓了道路。它为以后欧洲乃至其他地区的资产阶级革命树立了典范，革命期间通过的《人权宣言》及其所宣扬的诸项原则对欧美资本主义政治文化的发展产生了久远的影响。法国革命是近代资产阶级革命中最彻底、最激进的一次革命。

四 拿破仑帝国

拿破仑 · 波拿巴 1799 年 11 月 9 日成功发动雾月政变，推翻了执政府的统治，成立了以自己为第一执政的临时执政府，从此开始了独裁统治。在任内，波拿巴在国内颁行了一系列资产阶级性质的政策、法令，巩固资产阶级革命的成果，在国外击退了反法同盟的军事干涉。1802 年 8 月 2 日波拿巴成为终身执政，8 月 4 日通过《共和十年宪法》。1804 年 3 月 21 日颁布了著名的《法国民法典》，1807 年改名为《拿破仑法典》，从而使资产阶级统治法律化。1804 年 5 月修改《共和十年宪法》，宣布法国改制为帝国，第一执政为皇帝，号称拿破仑一世，这就是法兰西第一帝国。12 月 2 日，拿破仑举行加冕典礼。拿破仑称帝后，国家的政治体制和官制发生了变化，但基本的内外政策均未改变：对内经济上继续推行保护主义政策，重视工农业的发展；对外不断进行扩张，向英国和欧洲主要封建国家组成的反法同盟作战，并取得第三、第四次反击反法同盟战争的胜利。在这一过程中，拿破仑一世任命他的家族成员统治意大利王国、莱茵邦联、威斯特伐利亚王国、那不勒斯王国、西班牙王国和华沙大公国等王国，它们和法兰西本土一起构成了拿破仑大帝国，这时帝国的势力盛极，在欧洲大陆已没有法国的对手。1806 年 11 月，拿破仑宣布封锁不列颠群岛，实施企图孤立并扼杀英国的大陆封锁政策。然而由于亲族的离心倾向，统治区人民的反抗情绪，拿破仑大帝国内部潜藏着不可调和的严重矛盾。1809 年拿破仑虽然仍能勉强打败第五次反法同盟，但此时的大帝国已盛极而衰，内外矛盾日益严重。特别是拿破仑所推行的大陆政策，随着时间的推移越来越不符合本国资产阶级的利益，而拿破仑政权自身的贵族化、封建化家天下倾向严重挫伤了法国人民的情感。1812 年拿破仑远征俄国，大败而回。1813 年拿破仑尽管打败了第六次反法同盟，但却输掉了 10 月份的莱比锡战役。这时的帝国已陷于分崩离析之中。1814 年 3 月初，拿破仑被瑞典、普鲁士、奥地利军队击溃，4 月 4 日宣告退位，路易十八回国复辟。拿破仑在被囚厄尔巴岛 10 个月后，于 1815 年 2 月 28 日秘密返回法国，重登帝位，在著名的滑铁卢战役中败于第七次反法同盟后，拿破仑于同年 6 月 22 日第二次退位，至此拿破仑帝国寿终正寝。法国的历史虽因帝国的覆灭而暂时向后倒退，但法国革命所开启的精神却已深入人心。

五　维也纳会议

维也纳会议是第六次反法同盟击溃拿破仑、大帝国土崩瓦解之际于 1814 年 10 月—1815 年 6 月在奥地利首都维也纳召开的世界近代史上规模空前的一次国际会议。除奥斯曼帝国外的所有欧洲国家都参加了，共有各国代表 216 名，主宰会议的是俄、英、奥、普四国。会议宣称的口号是重建社会秩序，树立欧洲均势，建立永久和平等，实质上却是一次战胜国借机瓜分欧洲政治版图和划分势力范围、复辟封建王朝、镇压各国民族民主运动的会议。在会议上，战胜的四大盟国与战败的法国之间存在矛盾，四大盟国内部同样勾心斗角，内讧不断。俄国沙皇亚历山大试图吞并华沙大公国，成立俄属波兰王国，由他兼任国王，使奥地利与普鲁士相互敌对，使德意志的分裂永久化。英国除了力图保持从法国、西班牙、荷兰手中夺过来的殖民地外，在欧洲大陆推行均势外交，力图削弱法国、抑制俄国，扶植普鲁士和奥地利。奥地利首相梅特涅在会上意欲恢复奥地利在意大利北部的统治，扼制俄国，削弱普鲁士，巩固奥地利在德意志的主导地位。普鲁士代表哈尔登堡公爵则试图吞并萨克森王国，在莱茵河流域扩大版图。这样，会议上形成了以俄、普为一方，以英、奥为另一方的两大阵营。作为战败国参加会议的法国外交大臣塔列朗充分发挥个人才能，巧妙周旋于四大国之间，利用了它们的明争暗斗，借机改善了法国的处境。随着英奥和俄普两方在波兰和萨克森问题上矛盾的尖锐化，法国最终站到了英奥一边，反对俄普。1815 年 1 月 3 日，英、奥、法三国的代表秘密签订了《维也纳秘密防御同盟条约》，规定缔约国三方中的任何一方如果受到他国攻击时，应互相援助，每个缔约国须提供 15 万军队，并且不得与敌方单独媾和，把斗争的矛头直指俄国和普鲁士。在英奥的支持下，塔列朗应邀参加了四国会议，塔列朗就这样轻松地分化了反法同盟，使战败的法国得以跻身欧洲五强之列。在会议上，塔列朗提出了所谓“正统原则”，就是在欧洲恢复在法国革命和拿破仑战争中被推翻的各个“正统”王朝和封建君主制度。与正统原则相配套，战胜国提出了所谓“补偿原则”，就是以一定的领土作为旧时统治者损失的补偿。当两大阵营的争斗不可开交、几近决裂的地步时，拿破仑于 1815 年 3 月重返法国，重组军队。迫于压力，战胜国在军事上联手组建第七次反法同盟的同时只好于 6 月 9 日匆匆通过了《最后议定书》，维也纳会议草草收场。《最后议定书》的主要内容有：（1）恢复欧洲许多国家的封建王朝统治，法、西、葡及德意志诸邦王朝全面复辟；（2）列强瓜分欧洲和海外领土，波兰再遭瓜分。沙俄、普鲁士、奥地利的领土要求都得到不同程度的满足。英国从中获利最大，取得世界殖民地霸主地位；（3）德意志继续维持了分裂局面；（4）法国的疆界线恢复到 1790 年的状况，并对它进行了赔款惩罚。维也纳会议后建立的国际秩序被称为“维也纳体系”，又因奥地利首相梅涅特既是会议主席，又是会议的主谋之一，因而又有人称这一体系为“梅涅特体系”。维也纳会议上的正统原则、补偿原则等违背了近代以来的民族主义和自由主义精神。从拿破仑战争中获得解放的民族重又置身于大国的民族压迫之下，被推翻的反动封建君主又恢复了各自的统治。

第三节　欧洲工业革命

一　英国工业革命

工业革命开始的标志，是机器的发明和使用，完成的标志是机器本身也用机器来生产。世界上第一次工业革命是18世纪60年代从英国首先开始的。它最早具备了工业革命的基本条件：在18世纪，工场手工业已有相当发展，培养了一批熟练工人；分工生产又使劳动工具专门化，为过渡到大机器生产准备了物质技术前提；而且，英国资产阶级已确立了自己的统治，为资本主义发展创造了有利的政治条件；圈地运动和对殖民地的血腥掠夺，为工业革命准备了必要的资本、自由劳动力以及广大的国内市场、殖民地市场和国外市场；此外，水陆交通运输的改善促进商业的繁荣，为工业积累了资金。18世纪60年代，英国的工业革命，首先是从棉纺织业开始的，纺织机器不断发明出来，使劳动效率也随之不断提高。1733年机械师凯伊发明飞梭，织布效率提高了一倍。1767年哈格里夫斯发明珍妮纺纱机，使纺纱速度得到很大提高。1769年，阿克莱特发明水力纺纱机，使织布效率提高40倍，并使纺织业逐步实现机械化，随后出现了大规模的织布厂。生产的发展迫切需要解决动力问题。为此，1784年，机械师瓦特创造了改良的蒸汽机，取得划时代的技术成就。1785年，棉纺织厂开始使用蒸汽机作为动力。以后，蒸汽机逐步扩展到化工、冶金、采矿、机器制造、运输等部门。在化工工业领域，硫酸、漂白剂、盐酸、苏打的发明适应了纺织、玻璃、肥皂等行业的需要。对法战争以后，英国化工工业进入黄金时代。采煤业普遍使用了蒸汽抽水机，1820年卷扬机代替人工背运，煤产量更加迅速增加，成为欧洲最大产煤国。蒸汽机的制造和改良，使冶铁业走向繁荣。对法战争以后，工业革命进入以冶铁和机器制造为主的阶段。1824年议会取消部分机器禁止出口的禁令，更刺激了机器生产。到19世纪40年代，已能用机器制造工作母机，主要部件已标准化。交通运输部门也随之得到革新，火车的发明从根本上解决了陆路交通问题。1825年斯托克顿至达灵顿的铁路通车；1830年利物浦和曼彻斯特用铁路连接起来。到50年代，英国的主要铁路干线全部连通。19世纪上半叶，将蒸汽机使用于船舶上获得成功。1838年蒸汽轮船横渡大西洋成功。到19世纪三四十年代，英国进入了用机器代替手工制造机器的近代工业时期，完成了人类有史以来的第一次工业革命。工业革命给英国带来深刻的影响：生产力得到突飞猛进的发展，并出现了一批新的工业中心；英国从农业国发展为工业国，奠定了成为世界工厂的基础。工业革命不仅是一场技术革命，而且是一场深刻的社会变革。这场革命造就了近代社会两大对立的阶级——工业资产阶级及其掘墓人——现代无产阶级，这是工业革命最伟大的产物。

二　比利时工业革命

比利时是西欧最早发生及完成工业革命的国家。在比利时，农奴制很早就已经废除，农业和作为传统工业的纺织工业都比较发达。拿破仑一世占领比利时后，在冶铁业中开始了工业革命。比利时工业革命时，棉纺织工业得到很大发展，根特成为棉纺织业的中心。1810年比利时拥有129000个纺锭，1829年达到30万纺锭。1830年独立后发展得更快了。英国制造商W. 科可里尔（1759—1832年）在塞兰建立了一座铁工厂，这是30年代欧洲大陆上最大的工厂。1825年安装第1台动力织机，1845—1846年全国的动力机达到3500台。到40年代工业革命已经完成，比利时制造的机器可以同英国的相竞争。1833—1834年开始兴建铁路。比利时的工业革命尽管开始得比较早，但在欧洲大陆影响不太大。

三　法国工业革命

法国本来就是欧洲大陆上资本主义工场手工业十分发达的国家，18世纪末的大革命摧毁了专制制度、封建土地所有制和行会制度，国内市场得到了统一，农业生产也得到提高，这为法国向资本主义过渡扫清了道路。拿破仑统治时期，毛织业因军事需要得到发展，一批化工工业开始用N. 吕布兰法制造苏打。波旁王朝复辟时期工业革命业已开始。七月王朝时工业革命进入极盛时代。像英国一样，法国的工业革命也是从轻工业开始的。自19世纪20年代起，机器和工厂制度首先在纺织业各部门中得到推广。到1848年革命前，全国的棉纺纱机已有11.6万台，丝织机达9万台，仅里昂（丝织工业中心）一地就有丝织机8万台。大型棉纺厂多达566家，原棉消费量由1830年的320万公斤增加到1848年的650万公斤。毛纺织业和麻纺织业中也出现了使用机器生产的大型工厂。机器的采用提高了生产效率，纺织品产量剧增，在法国出口商品中占据首要地位，其中，毛纺织品已在国际市场上与英国展开竞争。制糖、造纸、印刷等工业部门也开始使用机器。蒸汽机的数量迅速增加。在1820年时，全国只有39台蒸汽机，到1848年增加到5200台，总功率达到6.5万匹马力。重工业部门的技术改造起步较晚，不过，在19世纪30—40年代，也开始采用某些新设备和新技术，如冶金业开始使用焦炭作燃料，替代了木炭。在金属加工业中，出现了气锤、滚轧和切削机床，初步奠定了机器制造业的基础。铁路建筑也开始了。30年代初，法国第一条铁路建成通车，到40年代末，总长度近2000公里。到19世纪中叶，法国拥有的蒸汽机台数和马力超过欧洲大陆其他国家的总和，工业生产居世界第二位。但与英国相比仍有很大距离，尤其是重工业和交通运输业。50年代后，法国工业革命进入完成阶段，其重心也转向重工业。第二帝国政府采取了一系列有利于工业的政策，诸如提供贷款和补助金、降低关税、实行自由贸易等，这些政策有力地促进了法国工业的高涨。在50—60年代，焦炭炼铁法基本上普及，占冶铁业的92%。贝氏炼钢法和西门子炼钢法被引进国内，并且得到迅速推广，使得钢铁产量大幅度增加。1870年，生铁产量达到138万吨，钢产量达到10万吨，煤产量1330万吨。蒸汽机的使用更加普遍，1869年时全国共有3.2万台，总功率达到32万匹马力，相当于20年前的5倍。铁路建筑业的发展尤为突出，到1870年，铁路总长度接近1.8万公里，全国铁路网基本建成。轻工业的发展继续保持着较高的速度，越来越多的企业用机器代替了手工劳动，生产效率大大提高。在这20年内，法国的工业总产值翻了两番。60年代末，机器大生产已经成为法国工业生产的主要形式，至此，工业革命完成。

四　德国工业革命

19世纪30年代当英国工业革命即将完成的时候，四分五裂的德意志开始走上了工业革命的道路。1834年以普鲁士为首的18个邦国建立了德意志关税同盟，取消同盟内的关税壁垒，制定统一税制，加速了商品流通，有力推动了德国工业的发展。在19世纪40年代末期德国工业大为发展。纺织工业捷足先登，1846年关税同盟各邦已建成313家纺织厂，棉纺织业中心在巴伐利亚、符腾堡和巴登诸邦，1847年始用蒸汽机作动力，50年代出现股份公司办的大工厂。采矿业和冶金业也得到一定发展，但主要仍集中在矿区所在地的山区。毛纺织业在20年代曾发展为小型工业，但在19世纪中叶衰落，德意志统一后恢复成为大企业。到1852年，关税同盟扩大到德国全境，以经济为纽带，突破政治分裂状态，把全德意志连接成统一的国内市场，大大促进了资本主义工商业的发展。五六十年代德国出现了工业高涨。各种名目繁多的信贷机构和股份公司也纷纷出现，它们集中社会游资投入工业生产，在很大程度上克服了工业资金不足的弱点。全德统一市场的形成促进了交通运输业的大发展。1850—1870年德国掀起了修筑铁路的热潮。修筑铁路对冶金业及其他工业有很大刺激。1850—1870年德国的煤产量增加了4.3倍，生铁产量增加了5.6倍，钢产量增加了近28倍。恩格斯说，1848年革命后，德国“在20年中带来的成就比以前整整1个世纪还要多”。在五六十年代德国的工业高涨中，重视重工业是其突出特点。1835—1860年间生产资料（煤、铁等）的增长比消费资料（纺织品）的增长快3倍。德国统一前的煤、铁、钢产量都已超过法国，只有蒸汽机的使用还落在后面。重工业的发展为德国较快地成为资本主义工业强国奠定了基础。19世纪五六十年代德国工业发展速度超过英、法。1850—1869年年增长率为10.2%，同时期法国为6.7%，而英国在1849—1870年间仅为5.2%。德意志统一后很重视利用最新科学成就，突出的是电气工业和化工工业，这也是德国工业革命的重要特点之一。40年代电气工程师与实业家西门子打下了德国电气工业的基础，1882年化学染料产量占世界2/3以上。化肥工业也处于领先地位，精密仪器也受到重视。到19世纪80年代，德国煤、生铁和钢的产量已分别达到5910万吨、1273万吨和62万吨，进入世界先进行列。1889年工业总产值超过农业，德国成为工业国。德国工业革命起步较晚，但发展迅速，19世纪80年代便完成了工业革命。而且，它的第一次工业革命的完成和第二次工业革命的开始是交错在一起的。

第四节　欧洲1848年革命

一　法国革命

1830年七月革命后，在法国掌握政权的金融贵族集团推行有利于本集团的内外政策，反对任何政治、经济改革，加深了金融贵族同工业资产阶级以及人民大众之间的矛盾。首相基佐甚至公开声言：

"要得到选举权吗？就请发财吧！" 1848 年初基佐颁布的严禁举行史称"宴会活动"的群众性聚餐活动的法令，成了二月革命爆发的导火索。在巴黎，原定 2 月 22 日举行大规模宴会活动并进行示威游行。因遭禁止，以工人为主体的巴黎群众于当天上街示威。在与军警发生冲突后，示威于次日演变为武装起义。群众唱着《马赛曲》，高呼"打倒基佐"、"革命万岁"、"共和国万岁"等口号，冲向首相基佐的官邸。24 日晨，工人和革命群众占领了巴黎所有的兵营和武器库，并向杜伊勒里宫进攻。国王路易·菲利浦见大势已去，仓皇出逃英国。资产阶级独占了胜利果实。2 月 24 日晚组成了临时政府。由 11 人组成，其成员名单是由拉马丁和勒德律—罗兰拟定的。拉马丁是浪漫主义诗人和政治活动家，反对君主制，赞成共和制，捍卫工业资产阶级的利益，主张保护关税制度，攻击共产主义和社会主义。他在临时政府中担任外交部部长，实际上控制着政府的权力。勒德律—罗兰是政论家和政治活动家，小资产阶级民主主义者领导人之一。以他为首组成了改革报派，主张推翻七月王朝，建立共和国，实行社会经济改革，改善人民生活，实行普选，在临时政府中担任内务部长。临时政府当时是集立法权和行政权于一身的最高权力机构，它在成立宣言中提出，希望建立"一个共和国"。次日即 2 月 25 日，它正式宣布废除君主制，建立共和国，这就是历史上的法兰西第二共和国。巴黎二月革命胜利后，资产阶级为了对付无产阶级，下令解散"国家工场"，把工场中的工人编入军队或赶到外省做苦工，巴黎无产阶级被迫举行了六月起义（6 月 23—26 日），6 月 22 日傍晚，数千工人举行示威，布朗基派号召工人拿起武器。起义者总计4 万—5 万人。起义共进行 4 天，26 日被镇压下去。起义者提出了"自由或死亡"、"民主的社会的共和国万岁"等口号，同大约 30 万镇压的军队浴血奋战。起义者牺牲 1 万余人，被捕者 2 万余人。六月起义被镇压后，政权转入卡芬雅克将军手中，开始了资产阶级共和派的统治时期。1848 年 11 月 12 日，制宪议会公布了宪法，即《1848 年宪法》。12 月 10 日举行总统选举，路易·拿破仑·波拿巴当选总统。1851 年 12 月 1 日夜，波拿巴发动军事政变。1852 年 12 月 2 日，波拿巴即皇帝位，称拿破仑三世，史称法兰西第二帝国。

二　德国革命

1815 年，根据维也纳会议决议，德意志邦联由 35 个邦和 4 个自由市组成，各邦或自由市各自为政。在除普鲁士和奥地利外的其他地区，由于推行《拿破仑法典》，旧的行会制度和农奴制度瓦解了。1807 年开始，普鲁士先后有两个首相施太因和哈登堡推行了资产阶级的政治改革。同时，德国在 30 年代开始了工业革命。这些都推动了资本主义的发展。然而，四分五裂的邦联状态严重阻碍着资本主义的发展，使德国资本主义远远落后于英法，消除封建割据，实现国家统一，就成为首要任务。1848 年初，德国的革命正处于一触即发的时刻。法国二月革命的消息加快了革命的爆发，南德毗邻法国的巴登公国首先发难，迅速波及德国西部和西南各邦，有些地区还发生了武装起义，迫使这些邦的封建君主让步，允许资产阶级自由派组阁。德国革命的中心在普鲁士的首都柏林。3 月 13—16 日，柏林的工人、市民和大学生不断举行游行示威，还与军队发生流血冲突。18 日晨，国王威廉四世为缓和局势，颁布了取消书报检查和尽快召开制宪议会的命令。但这并没有满足群众的要求，他们包围了王宫，要求军队撤离柏林。国王拒绝了这个要求，调动大批军队，向起义中心地区进攻。激怒的群众立即进行武装起义，经过 10 小时奋勇战斗，赢得了士兵的同情，他们不再向群众开枪，起义人民取得了胜利。国王被迫把军队撤出柏林，同意召开有资产阶级参加的议会，并于 3 月 29 日任命资产阶级自由派首领 L. 康普豪森组阁，柏林三月革命的胜利果实落入大资产阶级手中。德意志各邦革命的胜利，并未使德意志的各邦统一起来。人民群众强烈要求实现统一。资产阶级为了稳定民心，以解决德意志统一为名，于 5 月 18 日在法兰克福召开国民议会。参加法兰克福国民议会的都是地主资产阶级代表人物。会议进行了冗长的宪法讨论，没有任何实际结果，因此，被恩格斯讥笑为"老太婆议会"。会议贻误了革命时机，加上巴黎六月起义失败，革命形势逆转，反动势力占了上风。6 月 29 日，议会选举奥地利的约翰大公为德意志帝国摄政，并组成了帝国政府，但这个中央政权形同虚设。1849 年 3 月，议会通过帝国宪法，确定某些自由、民主权利，选举普鲁士国王腓特烈·威廉四世为统一的德意志帝国皇帝。但威廉拒绝加冕，普鲁士和奥地利各邦君主也不接受国民议会通过的宪法。同年5月，德意志西南各邦再次发动起义，开展维护帝国宪法的斗争，结果失败。在此期间，大多数议员被各自的邦政府召回，剩下的议员则迁至斯图加特，后于6月18日被符腾堡的军队驱散。7月，法兰克福国民议会瓦解，德国1848年革命结束。

三 奥地利革命

1848年革命前，奥地利是一个拥有20多个民族的封建专制主义的帝国，阶级矛盾和民族矛盾相互交织，十分尖锐，资本主义处于发展时期，但远落后于英法普，农村的封建关系占统治地位，人民生活异常困苦。各族人民的首要任务，就是推翻哈布斯堡王朝的专制统治，建立各自的民族国家。在法国二月革命、意大利革命和南德各邦革命的影响下，1848年3月13日，奥地利首都维也纳爆发了推翻梅特涅政府的示威游行，上街的群众高呼“自由！宪法！打倒政府！打倒梅特涅！”等口号，筑起街垒，举行起义，与政府军展开战斗。梅特涅被迫辞职，次日乔装逃亡到英国。在人民的压力下，斐迪南一世不得不作出让步，于3月17日改组内阁。4月25日颁布宪法。但新内阁不过是御用工具，宪法也仅仅是把奥皇的权力扩至无限大而已。5月15日公布的选举法规定了很高的财产资格，剥夺了工人和其他劳动人民的选举权。这些措施激起人民群众强烈不满，维也纳人民再次起义，迫使奥皇携其皇室逃出维也纳。

维也纳五月起义胜利的消息传到奥地利统治下的捷克，布拉格人民为争取国家独立，反对法兰克福议会把捷克列入德国的版图，也于6月12日晨举行起义。起义者同奥地利军队展开激烈战斗，逮捕了地方议会议长。但议长不久就被忠于哈布斯堡王朝的资产阶级自由派释放。地方议长于是联合奥地利元帅温迪施格雷茨进行反攻，布拉格六月起义失败。匈牙利在三月革命后，组织了独立政府，获得在奥地利帝国内自治的权利。奥地利皇帝唆使匈牙利的克罗地亚人起来反对马扎尔人。克罗地亚贵族首领耶拉契奇被任命为克罗地亚总督，宣布克罗地亚脱离匈牙利政府，并奉命率领军队攻入匈牙利。9月29日，匈牙利国民自卫军一举击溃耶拉契奇的军队，10月10日开到奥地利边境。奥皇调兵增援耶拉契奇。维也纳人民为反对政府镇压匈牙利革命，掀起了十月起义。斐迪南一世一度逃出维也纳，然后派耶拉契奇和镇压布拉格六月起义的温迪施格雷茨率军包围维也纳，用大炮轰击城内。起义群众终因寡不敌众，被反动军镇压。11月1日维也纳陷落，奥地利革命最终失败。

四 意大利革命

1848年革命前，意大利是一个受到奥地利的统治和压迫、政治上分崩离析的封建专制的政治实体，没有形成像英法那样的统一民族国家。这种情况严重阻碍着意大利资本主义的发展。驱逐奥地利势力，消除政治分裂，推翻封建专制制度，建立一个独立、统一的民主共和国上升为意大利人民的首要任务。G. 马志尼在30年代创建了“青年意大利党”，第一次为人民指出了建立独立统一的民主共和国的斗争任务。为此，他强调要走“自下而上”的革命道路。40年代，在意大利又出现了由大资产阶级和资产阶级化了的贵族组成的自由派，反对用革命手段实现统一，主张依靠教皇或撒丁王国的萨伏依王朝，在外国的帮助下完成革命统一任务。1848年1月，西西里岛首府巴勒莫首先爆发了武装起义，揭开1848年意大利资产阶级革命的序幕。在农民的支援下，经过激烈斗争，起义者击败了国王的军队，建立了资产阶级自由派临时政府。在两西西里王国起义和维也纳三月起义的推动下，教皇国、撒丁王国、托斯卡纳也爆发了革命，在人民运动的强大压力下，三国的封建统治者先后颁布了宪法。米兰起义者解放了米兰城，把奥地利军驱逐出伦巴底。威尼斯也爆发了起义，武装群众与奥军血战两天后，迫使奥军逃窜，威尼斯宣布成立临时政府，由民主派领导。在意大利各个地区，反奥情绪都十分高涨。但由于封建君主和资产阶级自由派的妥协，战局发生有利于奥地利的重大变化。6月到8月，威尼西亚大部分地区和米兰相继失陷。查理·阿尔伯特与奥地利签订了停战协定，重新把意大利北部地区让给奥地利统治。马志尼号召人民发动战争来反对奥地利。他说：“国王的战争结束了，民族的或者说人民的战争开始了。”此后，战争进入了新阶段——资产阶级民主派成为革命的主要领导力量的阶段。当资产阶级自由派脱离革命而成为领导者之后，出现了以罗马为中心的革命新高潮。1849年2月9日，以G. 马志尼为首的罗马共和国宣告成立。7月3日，法国、奥地利和两西西里王的反动联军颠覆了罗马共和国，马志尼逃亡国外，教皇政权重新恢复。8月22日坚持斗争达11个月之久的威尼斯陷落，标志着意大利1848年革命失败。

第五节 欧洲社会主义运动

一 空想社会主义

空想社会主义亦称“乌托邦社会主义”，是建立在唯心史观基础上的一种社会主义学说。它是在资本主义工业制度刚刚萌芽、无产阶级和资产阶级之间的对立尚未确定的时代产生的。它否定现存的资本主义制度，建立一种脱离现实的无阶级、无剥削和压迫的理想社会。有时根据它是否主张生产资料公有把科学社会主义出现之前的各种空想社会主义学说区别为空想社会主义和空想共产主义；有时，泛指从16到19世纪中叶各种空想社会主义和共产主义学说。最早的空想社会主义著作是英国的T. 莫尔于1516年写成的《关于最完美的国家制度和乌托邦新岛的既有益又有趣的全书》（简称为《乌托邦》）。16世纪德国农民战争领袖T. 闵采尔的“千年天国”是带有宗教色彩的理想社会，农民战争为空想社会主义留下了革命传统。在17世纪，意大利的T. 康帕内拉在狱中写成《太阳城》一书，宣扬实行“哲人政治”的新型理想社会。法国的D. 维拉斯对“塞瓦兰国”的描述，表现对共有共享社会的美好构想。英国掘土派领袖G. 温斯坦利结合农民要求平分土地的斗争实践，其著作《自由法》首次以立法方式表述建立新社会的设想。18世纪，法国是空想社会主义的中心。J. 梅叶的《遗书》、摩莱里的《自然法典》和马布利的《论法制和法律的原则》等著述，根据理性原则对资本主义进行了批判和对共产主义的理论探索，并试图把新社会法律化和制度化。这一阶段最重要的代表人是18世纪末的F. －N. 巴贝夫，他领导了平等派运动，主张通过密谋组织武装夺取政权，实行“人民专政”。16—18世纪末期的空想社会主义具有明显的平均主义和禁欲主义色彩。工业革命后，资本主义经济迅速发展，阶级斗争日益显露。19世纪初，空想社会主义发展到高峰，社会主义成为一股时代思潮，并产生了“社会主义”的名称。主要代表人物为法国的圣西门、傅立叶和英国的欧文这三大思想家。他们不仅对资本主义的矛盾和弊端作了尖锐的批判，而且努力探求这些矛盾和弊端产生的根源，对资本主义社会的基础作了有力的抨击，宣称所谓“文明制度”的资本主义将被新的“和谐制度”代替，提出了人类历史发展有规律的思想。他们提出一套比较完整的系统的天才构想：消灭城乡对立，把国家变成单纯管理生产的机构，劳动成为享受，社会实行生产资料公有制和各尽所能、按需分配的原则。此外还有法国的E. 卡贝、T. 德萨米、L. －A. 布朗基和德国的W. 魏特林等空想社会主义思想家。他们有的本身就是工人运动的著名领袖，如魏特林和布朗基。空想社会主义曾经在历史上起过进步的作用，它的优秀成果，特别是圣西门、傅立叶和欧文的空想社会主义，成为科学社会主义的三大思想来源之一。但与科学社会主义有本质的区别。在科学社会主义诞生以后，坚持空想社会主义就成为无产阶级革命运动的障碍。

二 科学社会主义

科学社会主义是在西欧资本主义发展、阶级斗争公开化、思想文化发展到一定水平的前提下，马克思和恩格斯共同创立的关于社会主义和共产主义的科学理论。1844年年初，马克思研究政治经济学，综合了对资产阶级政治经济学、德国古典哲学和各种空想社会主义的研究成果，写下了《1844年经济学哲学手稿》，用异化劳动理论阐发了科学世界观的雏形。1844年8月底，马克思和恩格斯在巴黎会面，从此开始了共同创立科学社会主义的伟大事业。首先，他们通过对黑格尔、费尔巴哈哲学以及青年黑格尔派思想的批判，共同创立了唯物史观，1844年9—11月，马克思和恩格斯首次合作写出了《神圣家族》一书，标志着他们开始共同创立科学社会主义。在此书中，他们共同创立唯物史观，明确地提出了物质财富的生产是社会发展的决定性因素的思想，“无产阶级能够而且必须自己解放自己”的思想，1845年3月，恩格斯完成了他的《英国工人阶级状况》，书中深刻揭露了资本主义的矛盾，控诉了资产阶级的种种罪行，初步揭示了资本主义必然灭亡的规律。1845年9月—1846年8月，马克思和恩格斯再次合作写出了《德意志意识形态》一书，它标志着科学社会主义哲学论证的初步完成，第一次比较全面系统地阐述了历史唯物主义基本原理。其次，马克思、恩格斯运用唯物主义历史观，在政治经济学领域实现了变革，提出了剩余价值学说。1844年，恩格斯发表《政治经济学批判大纲》，促进了马克思对经济学的研究。《1844年经济学哲学手稿》是马克思研究经济学的起点。1846年马克思发表了《哲学的贫困》一书，它是马克思第一次公开发表的经济学著作。1847年秋，马克思又写了《雇佣劳动与资本》一书，开始创立自己的经济理论体系。马克思在上述著作中指出，在资本主义制度下，工人以劳动产品的形式向资本家提供的价值量，大于工人以工资形式从资本家那里得到的价值量，这个多出的部分，就是由雇佣工人的劳动创造但被资本家无偿占有的剩余价值。因此，对无偿劳动的占有是资本主义对工人剥削的基本形式。依照马克思的剩余价值学说，随着资本主义的发展，资产阶级占有的剩余价值越多，无产阶级就越贫困，从而使两大阶级之间的矛盾日益尖锐。这种矛盾斗争必然导致无产阶级革命和无产阶级专政，最终消灭资本主义，实现社会主义和共产主义。唯物史观和剩余价值学说的发现，使社会主义变成了科学。1848年2月《共产党宣言》的发表标志着科学社会主义的诞生。

三 第一国际

第一国际即国际工人协会，简称“国际”，世界无产阶级的第一个国际联合组织。19世纪60年代，随着国际工人运动的日益高涨，各国先进工人要求加强团结，建立起有组织的联系。1864年9月28日，为了抗议俄国政府对波兰人民起义的血腥镇压，支持波兰独立，英国、法国、德国、意大利、波兰等国近2000名工人代表在伦敦圣·马丁会堂举行国际大会。马克思应邀出席会议并当选为主席团成员。会上，根据法国工人的提议，决定成立国际工人组织，并选出由21人组成的领导机构临时中央委员会（1866年底改为总委员会），马克思当选为委员。同年10月初委员会会议上，正式定名为“国际工人协会”。马克思是“国际工人协会”的创始者和领袖。他亲自起草了《国际工人协会的成立宣言》和《临时章程》，规定了国际工人运动的斗争纲领和无产阶级的基本任务，强调工人一定要建立自己独立的政党，必须进行政治斗争，推翻资产阶级的统治，建立无产阶级专政，并再次提出“全世界无产者联合起来！”的口号。国际工人协会在马克思和恩格斯的主持下，领导了各国工人运动。国际工人协会刚一成立，便积极在各国建立支部（局），争取把欧美各地的工人团结到第一国际中来。国际对英国、法国、比利时、瑞士等国工人的罢工斗争都给予了积极的声援和支持，在欧美各国广泛传播马克思主义。在国际内部，与蒲鲁东主义、巴枯宁主义、拉萨尔主义、工联主义等各种机会主义反动思潮进行了激烈的斗争。同时，发扬无产阶级国际主义精神，积极支持1871年的巴黎公社。巴黎公社失败后，国际总委员会迁到美国，几乎停止了活动。当选的总书记左尔格很难与欧洲取得联系，国际工人协会的组织形式已经不能适应工人运动的要求。根据马克思的建议，1876年7月在费城代表会议上共产国际宣告解散。1889年第二国际成立后，国际工人协会开始被称为第一国际。第一国际是国际共产主义运动的先驱，对国际无产阶级革命的发展起了巨大的促进作用。

四 巴黎公社

巴黎无产阶级在1871年3月18日革命后建立的无产阶级政权，是世界历史上推翻资产阶级统治、实行无产阶级专政的第一次尝试。1871年巴黎公社是普法战争期间法国的阶级矛盾和民族危机相交织而出现的革命形势的高涨。1870年9月4日发生的巴黎革命推翻了法兰西第二共和国。革命后建立的“国防政府”不积极抗击普鲁士军队，巴黎人民不断起义，要“推翻政府”，建立自己的政权——公社。1871年，梯也尔政府在德军的威迫下签订了割地赔款的和约。国防政府和梯也尔政府的丧权辱国激起人民群众的极大愤慨。梯也尔政府签订和约后加紧准备内战，出动军队袭击蒙马特尔和梭蒙高地，从而触发武装起义。当晚，国民自卫军控制了巴黎所有政府机关和塞纳河上的桥梁。梯也尔政府成员及其军队、警察和官吏出逃凡尔赛。以工人为主体的国民自卫军是巴黎武装起义胜利的决定性力量，它的中央委员会成为事实上的临时革命政府，开展了大量工作。1871年3月28日，20万巴黎人隆重集会，欢庆巴黎公社成立。巴黎公社实行了一系列措施，展现了无产阶级领导的新型民主国家的雏形。3月29日，公社委员会宣告巴黎公社为现今唯一政权。公社设立10个委员会（执行、军事、财政、司法、治安、劳动与交换、粮食、教育、社会服务、对外联络）作为新的政权机构，执行以前各部职能；解除资产阶级常备军，取缔旧警察机构；4月2日颁布教会与国家分离法令。根本改造司法机关，实行法官选举制，颁布关于逮捕手续、起诉法庭、军事法庭、死刑判决等法令和条例。为保障工人阶级发挥社会首创作用，4 月 1 日，公社通过全体公职人员需经选举才得以任命的决议。同日颁布废除国家机关高薪法令，规定公职人员最高年薪6000法郎，相当于一个熟练工人的工资水平。废除了资产阶级国家官吏享有的种种特权。由于正与凡尔赛政府作战，对国民自卫军团以上高级指挥官以及政府职能机构负责人实行委任制。同时强调人民对公职人员实行公开普遍的监督，并可根据选民要求随时撤换。公社还在社会经济和文化教育方面也实行了许多改善工人和劳动人民生活的措施。在此期间，逃到凡尔赛的梯也尔政府组织了反革命武装，4 月 2 日，开始对巴黎发动了突然进攻。由于敌众我寡，加以指挥不力，5 月 28 日凡尔赛军占领了整个巴黎，存在 72 天的巴黎公社失败了。巴黎公社具有重大的历史意义。它是 19 世纪最伟大的社会革命，是人类历史上第一次无产阶级革命。公社革命的发生和失败，是世界近代史和无产阶级解放运动史上发生的一个重大历史转折。巴黎公社革命标志着从此在欧洲范围内结束了资产阶级革命时代，还宣告开始了无产阶级革命的世界历史历程。这场革命为国际工人运动积累了极其宝贵的历史经验。

五　第二国际

各国社会民主党和社会主义工人团体的国际联合组织。1889 年 7 月 14 日在巴黎国际社会主义者代表大会上正式成立。其名称是相对于第一国际（国际工人协会）而言。第二国际不是各国党的上级组织，各国党是独立自主的。它没有发表过成立宣言或纲领性文献，而是通过历次代表大会的决议给各国党指出行动方向。它在很长时间内没有常设领导机构和共同规章，没有机关报。第二国际只在每次代表大会上选出一个委员会负责筹备下次代表大会，直到 1900 年巴黎大会上才决定成立常务委员会，名为社会党国际局（1905 年后改称社会党国际局执行委员会），由每个国家的党选派代表一名（后增为两名）组成。创建初期，在恩格斯的领导下，第二国际在开展反对无政府主义的斗争，传播马克思主义，促进各国工人运动的发展，组织各国无产阶级队伍，反对资产阶级的革命活动等方面起了积极的作用。恩格斯为了打击第二国际内和德国党内日益滋长的右倾机会主义思潮，捍卫马克思主义理论和无产阶级革命路线，冲破当时德国党内领导人的阻挠，在 1891 年发表了马克思的《哥达纲领批判》，再版了《法西兰内战》，并为此书写了“导言”，六月写成了《爱尔福特纲领草案批判》。这些著作阐明了打碎资产阶级国家机器、建立无产阶级专政等革命原理，给右倾机会主义以有力的回击。1895 年恩格斯逝世后，第二国际各国党内的修正主义思潮立即成长起来，以伯恩斯坦为代表的右派向马克思主义发起疯狂进攻，以德国卢森堡、卡尔·李卜克内西、蔡特金等为代表的革命左派对右派进行了回击。但是，打着“中派”旗号且掌握了第二国际领导权的考茨基等，竭力包庇伯恩斯坦，并暗中攻击马克思主义。第二国际的领导权逐渐被伯恩斯坦、考茨基所篡夺，从而使它蜕化变质，成为国际资产阶级的奴仆。以列宁为首的俄国布尔什维克党诞生后，高举马克思主义旗帜，团结各国左派，同第二国际修正主义者开展了不懈的斗争，尤其是对考茨基进行了深刻的揭露和批判。第一次世界大战后，党的议会党团在议会中支持本国资产阶级政府，投票赞成军事预算，支持政府“保卫祖国”，促使各交战国无产阶级互相残杀，从而背叛了无产阶级国际主义原则。在德国社会民主党带头之下，第二国际大多数政党纷纷表态支持本国帝国主义政府。这标志着第二国际瓦解。战争期间第二国际在组织上停止活动。战后，1919 年恢复活动的第二国际已经完全蜕变为主张改良主义并与革命的第三国际相对抗的组织，1923 年改组为工党和社会党国际。

第六节　帝国主义的兴起

一　德国——容克资产阶级帝国主义

德国是后起的资本主义国家。自 19 世纪 70 年代完成统一后，经济发展迅速。从 1870 年至 1913 年，德国的工业制造生产从占世界总额的 13.3% 增加到 15.7%，即在它进入帝国主义阶段时，已超过英、法，跃居欧洲第一位，仅次于美国，居世界第二位。但是，德国的统一是在容克（原意为“地主之子”或“小主人”）地主阶级的领导下完成的，因此统一后保留了普鲁士的专制制度和军国主义传统。在垄断资本主义发展过程中，大资产阶级同容克贵族结合起来了。容克贵族占有全国耕地一半左右，在保存封建残余的基础上，进行资本主义经营，并投资于工业和银行业、参加卡特尔，成为许多银行和公司的股东。第一次世界大战前夕，财产在500万马克以上的大富翁中，有43%是容克贵族。大工业资本家也购入大批地产，成为大土地占有者。容克地主阶级不仅在农村占据着大地产，而且垄断国家的军政要职，控制着国家的领导权，进一步加强了容克贵族和垄断资产阶级的联合专政。垄断资产阶级虽然在经济上占据优势，但在政治上却拜倒在容克贵族的脚下。容克贵族仍占统治地位，它包揽了帝国的一切军政要职，帝国议会形同虚设。德国的垄断资本在经济上和容克地主结成联盟，在政治上实行联合专政的情况，使德国垄断资本争夺市场和扩张领土的要求与容克地主的军国主义扩张狂热结合在一起。这样，德国帝国主义具有强烈的侵略性和军事性。德帝国主义为达到狂妄的侵略野心，宣称它的经济实力和占领的殖民地不相“适应”，要使用武力重新瓜分世界。于是，加强了对亚非各地的侵略活动。1897年，德国侵略者占领了中国的胶州湾。1900年伙同侵略中国的其他七国组成“八国联军”绞杀义和团运动。1903年，德帝国主义同土耳其签订条约，取得了修建巴格达铁路的特权，为其“向东推进”作准备。在非洲北部，德国为同法国争夺摩洛哥，曾于1905年和1911年两次挑起摩洛哥事端，险些将欧洲推向战争边缘。垄断资本家和容克贵族在经济上的紧密结合和政治上的联盟，使德国成为“容克资产阶级帝国主义”，具有强烈的沙文主义、军国主义性质。

二　英国——殖民帝国主义

19世纪末至20世纪初，英国从自由资本主义发展到帝国主义阶段。列宁指出：英国从19世纪中叶起至少就具备了帝国主义的两大特征：（1）占有极为广大的殖民地；（2）拥有雄厚的垄断利润。16世纪末以来，英国一直不断进行海外扩张。19世纪是英国积极向外进行殖民扩展的时期。这时期英国在海外所拥有的殖民地比其他列强要多得多，特别在1860—1880年间，英国在世界五大洲掠夺了广大的殖民地，号称“日不落帝国”。1860年，其殖民地面积已达647.3万平方英里，殖民地人口1.4亿。1880年，殖民地面积扩大到1944.3万平方英里，相当于本土面积的82倍，殖民地人口达2.6亿，已成为世界最大的殖民帝国。1899年，其殖民地面积又增至2930万平方英里，殖民地人口超过了3亿。到第一次世界大战前，英国占有殖民地面积达3300多万平方英里，比本国的国土面积大100多倍；殖民地人口近4亿，等于本国人口的9倍。对殖民地的残酷压榨是英国垄断资本发展的重要条件。第一次世界大战爆发前夕，英国资本对外输出的总额相当于法国和德国两大国的总和，居世界首位，食利者阶层的收入超过了对外贸易额的4倍。由于殖民地无论对于英国的政治变迁，还是对于其经济发展都有着特别重要的意义，而且，英国的殖民地在世界各国中也是最多的，所以列宁称英国帝国主义为“殖民帝国主义”。

三　法国——高利贷帝国主义

法国是个老牌的殖民主义国家。到1900年时，它所占领的殖民地面积达370万平方公里，殖民地人口达5600万。普法战争后，因为对德国的巨额赔款和割地，严重影响了法国资本主义的发展。法国垄断资产阶级在国内生产不断高速发展的情况下，把资本的大部分投在借贷领域而不是生产领域。19世纪末，法国工业发展速度落在美、德的后面。由于生产得不到高度发展，垄断资产阶级就把大量资本向国外（欧洲，尤以俄国为主）输出，从中榨取高额垄断利润。资本输出逐年上升：1869年为100亿法郎，1890年为200亿法郎，1914年第一次世界大战前，达到600亿法郎，仅次于英国，占世界第二位。而且它的资本输出与英国不同，主要是输出借贷资本，具有明显的高利贷性质。据历史资料统计，法国从1909—1913年间，仅高利贷的利息收入每年就有17.05亿法郎到18.05亿法郎。在法国，不仅大资本家进行高利贷活动，中小资本家也以收购证券的方式发放高利贷借款，形成了一个庞大的食利寄生阶层，战前已达200万人之多，连同其家属在内总数约500万人，占全国人口的八分之一。由于法国垄断资产阶级以这种高利贷性质的资本输出，对法国帝国主义的形成和经济发展具有特殊意义。列宁指出：“法国帝国主义与英国殖民帝国主义不同，可以叫作高利贷帝国主义。”

四　意大利统一后的政治经济情况

统一后的意大利是一个资产阶级君主立宪制国家，它承袭了许多旧封建国家的成分。宪法保障了保守势力的很大权力。国王是元首，掌握行政大权，可以任免大臣和高级文武官员，决定外交政策和指挥武装力量，并有权提前解散议院。国王和两院（上议院和下议院）一起行使立法权。统一后，在国内占统治地位的社会势力是大资产阶级（农业资产阶级、商业和高利贷资产阶级，以及少数工业资产阶级）与资产阶级化的地主集团。在这个集团中，起决定作用的是大地主。代表这个集团利益的是所谓的“右翼”党，即统一运动中自由派的继承者，他们在议会中占优势，并领导了意大利国家的头几届政府，意大利的全国性行政机构、陆军和海军都是在他们控制下建立的。“左翼”党代表着另一个资产阶级政治集团。这个集团由中小资产阶级比较激进的分子组成，它作为政府的反对面存在。到19世纪90年代，随着资本主义的经济发展，两派之间的一切差异都消失了，“左翼”和“右翼”不复存在，一个时期内，意大利没有出现持久的资产阶级政党。统一后政府采取了一些经济政策巩固国家统一的局面，为建立全国性的民族市场采取了许多措施：取消了昔日各邦之间的关税壁垒，建立起全国统一的度量衡和货币制度，加快了铁路和公路的修筑，全国省区由中央委派行政长官管辖，教育制度也标准化了。统一后的国家面临着复杂的财政问题，1866年战争开支、外债和铁路、军队开支数额庞大。外国资本，主要是法国资本大规模渗入意大利。广大人民群众负担加重。统一后社会经济得到较大的发展。工业发展速度比统一前迅速得多，特别表现在铁路建设上，从1870年至1900年，意大利铁路线长度增加了1.5倍。1877年，商船队的吨位数跃居世界第三位。工业革命在纺织业中大规模展开。还出现了一大批新兴的工业部门，如食品业、酿酒业、农业机器制造业和建筑材料业等。机器制造业、冶金工业和电力工业也有长足的进步。19世纪末，银行资本和工业资本开始结合，意大利资本主义向帝国主义过渡。意大利的农业，尤其是在北方，得到了发展。大农场在统一后开始逐渐占据主导地位。大规模的排灌工程、采用新技术和使用化肥，农业生产专业化加强了。但是，资本主义在意大利农业中是沿着近似“普鲁士道路”发展的，即把半封建关系逐渐改变为资产阶级关系，而使农民群众遭受贫穷和破产的灾难。封建残余的长期存在，农村资本主义改造过程的缓慢，使意大利农业的发展速度远远落后于先进资本主义国家。到第一次世界大战前夕，意大利依然是一个农业国。因为意大利的落后，人们把意大利的帝国主义叫做“穷人的帝国主义”。

五　奥匈帝国的建立和民族运动

奥匈帝国是在奥地利帝国的基础上，通过奥匈协约建立的二元制君主国。1866年的普奥战争，奥地利被普鲁士打败。普鲁士使德意志走向统一，而奥地利却被排除在外。奥地利被迫在巴尔干、地中海地区寻求发展，而对国内的民族矛盾不太重视。1867年6月经帝国议会通过，正式建立奥地利—匈牙利君主国，简称奥匈帝国。奥地利皇帝既是帝国元首，又兼匈牙利国王。帝国以莱塔河为界分为两部分，同为主权国家，有各自的议会和政府。有统一的外交、军事、财政，共同按比例分担国家支出，有货币、关税盟约协调两国经济。两国议会代表团定期开会商定共同事务。奥匈帝国没有统一的宪法，奥地利仍使用1867年颁布的根本法。帝国君主与两院组成的帝国议会共享立法权。奥匈帝国是一个多民族的国家，民族矛盾复杂而尖锐。它实行的二元体制根本不能解决境内民族矛盾，日耳曼人和匈牙利的马扎尔人对其他少数民族的歧视，使民族之间的冲突和斗争不断出现，政局非常不稳定。20世纪初，民族斗争更加激烈，捷克人、意大利人、波兰人和南部斯拉夫人争取民族自治的斗争高涨。日耳曼人和匈牙利人的统治阶级间也发生矛盾冲突，奥皇曾一度解散匈牙利议会。1881年奥地利在巴尔干扩张成功，与塞尔维亚订立同盟条约，将塞尔维亚置于自己的控制之中。1882年5月与德、意结成三国同盟。1908年又正式合并波斯尼亚—黑塞哥维那，由此导致了1912—1913年的巴尔干战争。战后，塞尔维亚逐渐强大起来，构成对奥地利的威胁。1914年6月，奥皇储斐迪南在波斯尼亚指挥军事演习，把塞尔维亚和门的内哥罗视为假想的敌人，引起塞尔维亚人的民族不满情绪，28日在波斯尼亚首府萨拉热窝被塞尔维亚民族爱国主义者炸死。德奥集团立即以此为借口，挑起第一次世界大战。1918年，德奥集团战败，奥匈帝国内部工人运动和民族解放运动高涨，维也纳和布达佩斯等地同时爆发革命，11月1日，帝国皇帝查理一世（1916—1918年在位）被迫退位，奥匈帝国解体。根据《圣日耳曼和约》和《特里亚农和约》，建立奥地利、匈牙利、捷克斯洛伐克3个独立的国家，部分领土分别归还波兰、南斯拉夫、罗马尼亚和意大利。

六 欧洲列强的殖民扩张

开辟新航路和发现美洲大陆后，西欧国家掀起了海外殖民活动和争夺殖民地的狂潮。15—16世纪，葡萄牙和西班牙建立起近代早期殖民帝国。17世纪新兴的荷兰崛起，从事海外殖民活动，一度成为垄断海上贸易的霸主。继荷兰之后，英法也开始进入殖民争夺的行列。16世纪末到19世纪20年代，欧洲和美洲的政治局势发生了剧烈变化，海外殖民活动在这段时期处于低潮状态。拿破仑帝国的崩溃，使法国几乎丧失了全部海外殖民地。1830年七月王朝建立后，才在有限的程度上重新开始海外殖民活动。到第二帝国时期，法国的殖民扩张大为加强起来，在非洲，在阿尔及利亚、象牙海岸、塞内加尔、几内亚都建立了殖民地，在摩洛哥和突尼斯也取得一些特权；在亚洲，通过《黄埔条约》《天津条约》和《北京条约》的签订，获得不少特权。法国还强行占领了越南南部，宣布柬埔寨为“保护国”。此外，在40年代法国占领了太平洋岛屿。此期间的资产阶级征服世界的活动中，殖民扩张表现突出的是英国和俄国。17世纪中期到18世纪中期，英国先后打败荷兰和法国，确立了海上霸权，成为当时最强大的殖民国家。18世纪末19世纪初，英国进一步扩大了自己的地盘。爱尔兰、南非的开普地区、塞拉利昂先后成为英国的殖民地。在维也纳会议上，英国夺得的战利品最多。20年代以后，随着工业革命的基本完成，英国资产阶级更加紧了海外殖民扩张。英国殖民者占领了新加坡、马六甲、亚丁和整个印度。1862年英国把两次侵缅战争中占领的领土合并为英属缅甸，划为英属印度的一个省。在19世纪30、40年代宣布对整个澳大利亚、新西兰享有主权。同时，加强了对非洲的侵略和扩张活动。19世纪是英国积极向外进行殖民扩张的时期，成为世界最大的殖民帝国。19世纪上半期也是俄国疯狂对外扩张的重要阶段。1809年，俄夺得芬兰。在俄土战争后，夺取了比萨拉比亚，并获得在多瑙河的贸易航行权。1813年迫使伊朗将里海西南岸地区割让给俄国。根据1815年维也纳会议的有关决议，俄国攫取了原来拿破仑控制的华沙公国的领土，成立了由沙皇兼任国王的波兰王国。维也纳会议后俄主要着力于向南和向东扩张，不断对土耳其、伊朗、中亚和中国发动侵略战争，扩张领土。夺得南高加索、多瑙河三角洲等地和黑海东岸绝大部分地区。1875年完全侵占了中亚的3个汗国。到70年代，共侵占中国领土约150万平方公里。

第七节 科学技术与文学艺术

一 电磁学

电磁学是物理学的一个重要分支，是研究电磁现象的规律和应用的科学，包括静电现象、磁现象、电流现象、电磁辐射、电磁场等内容。电磁学知识体系范围很广泛，是物理学科和工程技术的基础。在古代，人们对电现象和磁现象就有所认识，如用琥珀和毛皮摩擦可以吸引轻小物体，利用磁石制造成指南针等。富兰克林首次提出了“正电”和“负电”的概念，提出了电荷守恒的观点。到18世纪末期，库仑在实验中总结出电荷间相互作用的基本定律，即库仑定律。在此基础之上，德国人高斯给出了电量单位的意义，成为静力学的基本定律。随后意大利人伽伐尼发明了动物电，伏打制成了伏打电池，标志着电磁学由静电研究进入动电（稳恒电流）研究，此时还发现了欧姆定律、基尔霍夫定律等。在丹麦，奥斯特通过带稳恒电流的导线使磁针偏转的实验基础上，法国物理学家安培进一步从电流的角度对磁的本质进行了研究，在电磁相互作用方面取得显著成就，提出著名的安培定律：磁场中通过任何闭合线，磁场强度的环流正比于闭合线所围电流的代数和。在电磁单位制中，闭合线的环流是闭合线内电流代数和的4万倍。而且，他还发现了电流与它引起的磁场方向的关系法则，被称为安培定则。关于电与磁的作用关系，法拉第提出了电磁场理论：电荷与电荷、磁极与磁极之间的相互作用不是超距的，而是通过带电体或磁性物质周围的场发生的。电场与磁场相互影响，是统一的电磁场的两个方面。之后，英国物理学家麦克斯韦综合前人理论对电磁学进行了总结。他建立了电磁学的基本方程，即麦克斯韦方程组：电磁过程是在空间以相当于光速传播的电磁波，从而否定了电的超距离作用的错误认识，并指出光的本质是电磁波，从而把光、电、磁统一起来。运用电磁学理论产生了一系列重要发明，包括直流电动机、直流发电机、交流电机、电报、电话等。

二 物理学

物理学，简称物理。在古代欧洲，物理学是自然科学的总称。随着自然科学的发展，物理学成为自然科学中的一个基础部门，主要研究物质运动最一般的规律和物质的基本结构。19 世纪末，物理学面临着一场深刻的危机，这场危机是从以太漂移实验和黑体辐射现象研究开始的。实际上，19 世纪末关于物质结构的三大发现，已经向机械唯物主义的物质观提出了挑战。这三大发现是：1895 年伦琴发现了 X 射线；1896 年贝克勒尔发现了天然放射性；1897 年汤姆生发现了电子。通过研究，人们发现了原子的可变性和大量同位素，认识深入原子核层面，这为量子力学和粒子物理学研究奠定了基础。这场危机酿成了空前的物理学革命，而相对论和量子论就是这场革命的最主要成果，也标志着物理学由经典物理学进入到现代物理学阶段。相对论是关于物质运动与时间空间关系的理论，是现代物理学和科学技术的重要理论基础之一，是在经典力学基础上产生和发展起来的。相对论分为狭义相对论和广义相对论，由德国著名物理学家爱因斯坦创立。1905 年爱因斯坦在分析研究的基础上，否定了"以太"和"绝对时空"观念，提出了狭义相对论的两条基本原理，并得出狭义相对论的系统理论。但是狭义相对论揭示的规律仍然局限于惯性系内。1916 年，爱因斯坦建立了"广义相对论"，提出了著名的引力场方程，给出了对一切参考系都适用的原理。量子力学是研究微观粒子（如电子、原子、分子等）运动规律的理论，其与"黑体辐射"现象的研究密不可分。1900 年普朗克提出了热辐射公式及"量子"概念。1905 年，爱因斯坦更彻底地将量子理论引入光电效应中，明确提出"光量子"概念，成功地解释了单纯波动理论根本无法解决的"光电效应"。他把光看成光量子流，赋予每个光量子以能量 $\varepsilon = h\nu$（其中 h 为普朗克常数，ν 为波动频率），这就是光量子说。光量子说所体现的光的本性就是光的"波粒二象性"。这为以后量子力学的发展奠定了基础。20 年代，海森堡和薛定谔等科学家分别创立了矩阵力学和波动力学，使量子力学发展成为比较完善的科学理论体系。

三　数学和天文学

自从牛顿、莱布尼兹创立微积分，法国数学家柯西用极限理论把微分、积分、无穷级数学等概念严密化以后，数学就迅速发展起来。这段时期数学发展是从初等几何和代数向高等数学飞跃的时期。德国数学家莫比乌斯和哥廷根天文学家李斯廷在拓扑学方面取得的成就宣布了拓扑学的诞生。俄国数学家罗巴切夫斯基创立的非欧几何包括双曲几何和椭圆几何，改变了欧氏几何的平行公理。德国数学家黎曼创立的黎曼几何成为现代微分几何的基础，而且是微分方程、变分法、复变函数等数学部分所需要的研究工具。20 世纪初，数学有了进一步的发展。康托尔讨论集合论时，发现了无穷集合的悖论。数学大师希尔伯特在第二届国际数学大会上提出了 23 个问题，推动了 20 世纪数学的发展。法国数学家勒贝格创立了测度论和积分论。1910 年德国数学家施泰尼茨奠定了域论基础，以后环论也逐步成熟起来。随着数学、物理学等不断发展，有力地推动了天文学的发展。拉普拉斯在理论上进一步完善了康德提出的星云假说，在天体力学计算方面做出了突出贡献。加勒按照亚当斯和勒维烈的计算发现了海王星。20 世纪初，在太阳系起源问题上，曾经有过各种各样的学说，这些学说或者认为接近太阳的巨大天体依靠引力从太阳上拉出一部分物质形成了行星和卫星，或者认为与太阳相撞的巨大天体从太阳上碰出一部分物质形成行星等天体。这些假说虽貌似合理，但都相继破产。另外，丹麦的赫茨普龙和美国的罗素分别独立发现了恒星光度（以绝对星等表示）——光谱图，此图被称为赫—罗图，借此可以说明恒星一生的变化。19 世纪末 20 世纪初，由于量子论、相对论、原子核物理学和高能物理学引入天文学中，使得天文学发展出一系列分支学科，如太阳物理学、太阳系生物学、恒星物理学、恒星天文学、高能天体物理学。

四　化学

化学包括无机化学、有机化学、物理化学和分析化学等。这些部分在 19 世纪都有很大的发展。在 19 世纪前半期，在道尔顿建立原子理论之后，意大利化学家阿弗加德罗创立了分子理论，60 年代才被人承认，距其发现已有半个世纪，以原子—分子论为中心，建立并发展了物质结构学说和化学理论。1896 年俄国化学家门捷列夫制成第一张化学元素周期表。19 世纪后半期，在进行热力学和动力学研究的基础上，建立和发展了化学反应的理论。同时分析化学也有一定的发展。与 19 世纪末 20 世纪初物理学的革命息息相关，化学在此期间也有了飞速发展。1910 年索第依照研究事实提出了同位素假说：存在着不同原子量和放射性但其物理化学性质完全一样的“化学元素的变种”，这些变种应处于周期表的相同位置上，因而称为“同位素”。随后索第和法扬斯又提出了“位移定律”。而且运用人工方法，周期表中的空位也被填满。现代有机化学随着对碳化钙、煤焦油的深入研究而发展。结构化学方面，1916 年，柯塞尔提出了离子键理论。路易斯则提出了共价键理论。二者解释了许多化学事实，1926 年薛定谔提出了波动方程，把量子力学的理论方法做了适合化学运动形式的改造，创立了量子化学。

五　生物学和进化论

生物学是研究有生命物体及其规律性的科学。虽然古典生物学产生很早，但真正意义上的系统的生物学研究则是从近代开始的。最初是在解剖学和分类学方面，后来在生理学、细胞学、胚胎学、古生物学和进化论等方面取得了发展。近代生物学中成就最为突出的是细胞学、进化论和遗传学。早在 1665 年，英国物理学家胡克就发现了细胞。19 世纪 30 年代，施莱登提出了细胞学说，随后不断发展完善它的内容，主要是：一切有机体都是由细胞构成的，都是由细胞发育而来的。细胞既是有机体形态结构的基础，也是生命活动的基础。关于生命起源问题，人们逐渐摒弃了神创论，认识到原始生命是在地球上产生的。生命产生之后，原始生命还要不断发展变化，不断地由低级向高级进化。关于进化论，在达尔文之前已有一些天才的思想产生。19 世纪初拉马克第一个系统地阐述了进化学说。他指出生物是不断发展变化的；最简单的生物是由非生命物质自然发生的；生物进化的原因是生物内在欲望的作用和环境的影响，如“用进废退”法则。18 世纪以来古生物学、胚胎学、比较解剖学、生物化学、人工育种研究的深入，为达尔文进一步科学阐述进化论提供了依据。达尔文通过大量实地考察并结合前人的研究成果，于 1859 年出版了《物种起源》一书，确立了进化论在生物学中的统治地位。在这部书里，达尔文着重讨论了进化的机理，其基本观点是变异和自然选择。变异就是同一种群中个体之间的差别，这种差别是多方面的，在生物界也是普遍存在的。自然选择是通过生存斗争实现的，生物为了生存和繁殖，要同种内、种外生物体之间以及无机环境之间进行斗争。变异为进化提供了原材料，自然选择则决定变异的留舍，从而规定了进化的方向。整个自然界正是在变异与自然选择的相互作用中不断进化发展的。达尔文生物进化论有力推动了生物学的发展，并深刻影响着人们的思想，与细胞学说、能量守恒和转化定律并列为 19 世纪的三大发现。

六　古典主义

古典主义是欧洲文艺复兴运动后民族国家开始建立、资本主义开始发展这一历史阶段产生的一种文艺思潮。17 世纪的法国是古典主义文学的发祥地，也是古典主义文学最为繁荣昌盛的国家。17 世纪的法国是路易十三和路易十四统治时期，在他们手上，法国成为当时欧洲最强大的中央集权君主专制的国家。在这种历史条件下诞生了古典主义文学，其得名来自当时作家们把古代希腊、罗马文艺奉为典范的缘故。

古典主义文学的基本特征有三：（1）在政治上，主张国家统一，拥护中央王权，歌颂“贤明君主”。由于加强王权、拥护君主和统一国家是三位一体的政治需要，所以要求文学艺术也必须贯彻这一基本精神。（2）在哲学上，崇尚理性原则，宣扬公民义务，克制个人情欲。这与笛卡尔的唯理主义哲学是相关的。出于政治需要，古典主义作家在处理个人与国家的关系上，强调以“理性”来调节文艺复兴以来发展起来的个人情欲，以服从公民义务的要求。（3）在艺术上，模仿古代文学，追求艺术完美，严格遵守戏剧的“三一律”（即时间一致、地点一致、动作一致）。古典主义作家以古代希腊、罗马文学为最高典范，故而他们也常在古希腊、罗马的文学和历史中寻找题材。此外，在表现手法上，他们也遵从戏剧的“三一律”来进行创作。

古典主义文学的代表作家有高乃依（代表作悲剧《熙德》）、拉辛（代表作悲剧《昂朵马格》）、莫里哀（代表作喜剧《伪君子》）等，主要文艺理论家是布瓦洛，作品有《诗的艺术》。到了 18 世纪中期以后，随着君主专制危机的加深，古典主义也发生了分裂，出现了分道扬镳的两个派别。一派蜕化为宫廷派，把古典主义的传统标准变成了僵死的教条；另一派深受启蒙运动的思想影响，在表现方法上作了新的探索，和现实主义结合起来，逐步纳入了现实主义文学的发展轨道。古典主义文学对近代欧洲各国文学艺术的发展有很大影响，在一定程度上反映了当时社会生活的面貌，反映了反对封建专制主义和教权主义的斗争精神，但有较严重的保守性、抽象化、形式主义倾向。

七 启蒙主义文学

欧洲在18世纪爆发的启蒙运动是继文艺复兴运动之后又一次资产阶级的思想解放运动。启蒙运动的指导思想是有着一套完整的资产阶级理论体系的启蒙思想，其基本内容是追求政治思想自由，提倡科学技术，“理性”作为衡量一切思想和行为的准则等，最高理论是建立一个永恒完美的“理性王国”。以宣传启蒙思想为己任，反映18世纪启蒙运动时期的文学就叫“启蒙主义文学”。

启蒙主义文学的基本特征有三：(1) 反对封建专制统治和宗教迷信，主张以“理性”为唯一尺度。启蒙文学深刻揭露了封建专制制度及其精神支柱天主教教会的腐朽本质和罪恶，对封建的法律、道德、等级制度、宗教观念进行了严厉的批判，表达了资产阶级反对封建贵族特权、实现平等自由的强烈愿望。启蒙文学家根据建立“理性王国”的政治理想，主张以“理性”为衡量一切的尺度，反对一切封建宗教权威。(2) 把文学作为宣传启蒙思想的斗争工具，因而文学的倾向鲜明，战斗性强。他们常常在作品中进行辩论、说理、分析，明确表示自己反对什么，提倡什么，因而使作品带有强烈的批判色彩。(3) 以资产阶级和平民作为描写和歌颂的主要对象。这一点在英国的启蒙文学中表现得更明显，资产阶级和平民往往是斗争的胜利者，成为作品中的正面主人公；而在此之前的资产阶级文学中，虽然体现了新兴资产阶级的愿望，但主人公的身份却往往是王公贵族，带有旧时代的烙印。此外，启蒙作家创造了各种新的文学形式，对文艺理论的发展作出了重要贡献。他们摒弃了古典主义的清规戒律，继承和发展了文学的现实主义传统，创造出多种文学形式，如正剧、哲理小说、游记体小说、方言体小说、对话体小说等。同时，启蒙主义文学的弱点也很明显。启蒙主义作家在进行文学创作时往往把它当作宣传启蒙思想的一个工具而忽略对人物性格的艺术塑造，因而使得作品常常倾向性鲜明而人物形象不够丰满，存在着缺陷，仅仅成为“时代精神的单纯的传声筒”。

法国的启蒙文学家主要有孟德斯鸠，代表作是《波斯人信札》；伏尔泰，代表作是《老实人》；狄德罗，代表作是《拉摩的侄儿》；卢梭，代表作是《新爱洛绮丝》；博马舍，代表作是《费加罗的婚姻》。英国的启蒙文学家主要有：笛福，代表作是《鲁滨逊漂流记》；斯威夫特，代表作是《格列佛游记》；菲尔丁，代表作是《弃儿汤姆·琼斯的故事》。德国的启蒙文学家主要有：莱辛，主要戏剧理论著作是《汉堡剧评》；歌德，代表作是《浮士德》；席勒，代表作是《阴谋与爱情》。

八 浪漫主义

“浪漫主义”作为文艺的一种创作方法，古已有之，但作为一种文学思潮，则鼎盛于18世纪末至19世纪30年代的欧洲，其后在长时期内还对世界文学发生深刻的影响。浪漫主义文学是在法国大革命之后，民主运动和民族解放斗争高涨，以及社会上各阶层对启蒙主义者“理性王国”的普遍失望，对资本主义社会现实感到不满，加之唯心主义哲学和空想社会主义学说的影响等条件下产生的。由于对法国大革命及当时社会秩序的态度不同，以及理想性质的不同，浪漫主义大体上形成两个不同的倾向，即积极浪漫主义和消极浪漫主义。前者正视现实，渴望斗争，歌颂民主自由解放，将理想寄于未来；后者逃避现实，怀念过去，美化中世纪宗法社会。浪漫主义文学的实质是一次资产阶级文学革命运动，反映了新兴的资产阶级反对封建贵族文学，要求尊重人的个性和尊严，尊重民族的尊严和自决权，尊重民族文化传统的进步的历史观和文学观，反映了新兴资产阶级自由、平等、博爱的理念，反映了包括下层平民在内的人民群众的审美理想和文化需求。

浪漫主义文学具有以下几个特点：(1) 在思想上，鼓吹个性解放、个性自由和平等，有着反封建等级观念、反宗教文化传统的叛逆精神，把追求理想的社会、理想的精神价值看得比生命的价值更重要。(2) 在美学特征上，带有强烈的主观性，强调人的主体性，强调精神的作用，强调人的感情在作品中的主要地位，作品的抒情色彩极强。(3) 在题材上，喜欢描写大自然的风光，描写异域风情，以此形成对资本主义的城市文明的强烈反差，表现他们对城市文明的诅咒和疏远，对“回到自然去”这一口号怀有极大的向往之情。(4) 在体裁上，吸取了民族文化传统尤其是民间文学的艺术形式，认为中世纪的民间文学既有反宗教的思想倾向和市民意识，又有质朴自然、清新柔美的风格。（5）在艺术表现手法上，喜欢用夸张和对比的手法，以追求强烈的美恶对照和新奇深刻的艺术效果，推崇艺术的独创精神，因而作品中充满了艺术想象力，常常表现为与平淡生活完全不同的故事情节，带有传奇和神秘的色彩。

浪漫主义文学思潮最先出现于德国，以小说家霍夫曼和童话作家格林兄弟为代表；接着在英、法等国得到充分发展，英国以“湖畔派”三诗人（华兹华斯、柯勒律治和骚塞）、拜伦、雪莱、济慈和司各特等作家为代表；法国以雨果、乔治·桑、大仲马和贝郎瑞为代表；在俄、波、匈等国影响也很大，俄国以茹科夫斯基、普希金、莱蒙托夫和雷列耶夫等人为代表；波兰以密茨凯维支为代表，匈牙利以裴多菲为代表。浪漫主义文学在文学史上的影响是十分深远的，不仅开启了19世纪末英国的唯美主义文学和法国的象征主义文学，而且也是20世纪现代主义文学的渊源。

九　批判现实主义

19世纪30年代，在欧洲产生了批判现实主义文学。这种文学思潮的出现是和资本主义生产关系的形成、资本主义制度的建立有着直接的联系。19世纪的西欧，从30年代开始，英、法等国的资本主义势力先后取得了决定性胜利，资本主义进入繁荣发展阶段。但是，资产阶级同封建贵族的斗争并没有结束，大资产阶级同中小资产阶级的矛盾日益加剧，无产阶级反对资产阶级的斗争更趋激化。这一切使资本主义制度固有矛盾暴露出来，资本主义社会的黑暗面也越来越明朗化。在这种历史条件下产生了主要是揭露和批判现实社会之丑恶的批判现实主义文学。

由于社会发展情况和历史文化的差异，各国批判现实主义文学的发展是不平衡的。法、俄、英三国的批判现实主义文学出现最早，成就和影响也最大，其他欧美各国批判现实主义文学大都在19世纪下半期才发展起来。批判现实主义文学的基本特征是：（1）比较客观真实地反映现实。较之过去的文学，批判现实主义文学对社会生活的反映更加具体生动，严格按生活本来面貌去反映生活，强调客观具体性和真实性。这一点，在批判现实主义文学中表现得最为可贵，达到了艺术的真实。（2）深刻揭露和批判社会现实。浪漫主义强调描写理想，抒发个人的强烈感情，批判现实主义则强调揭露和批判现实，表现出对现实强烈的不满和反抗。它的揭露、批判的锋芒主要指向资本主义社会的种种罪恶和暴行，指向腐败的制度、堕落的人物、极端利己主义的社会道德，同时也指向封建社会的旧生活。批判现实主义作家以人道主义作为批判社会的思想武器，表现出了极大的进步意义。（3）注意细节的描写，强调典型环境中的典型性格。批判现实主义作家成功地塑造了各种各样的人物典型，从一系列封建贵族和资产阶级典型到一大批具有叛逆精神的中小资产者的典型，应有尽有。他们在描写典型环境中的典型性格时，力求准确表达出细节的真实，突出环境、事件、人物的真实具体的准确性。批判现实主义文学代表作家有法国的司汤达、巴尔扎克、福楼拜，英国的狄更斯，德国的海涅，俄国的果戈理、托尔斯泰，美国的马克·吐温、德莱塞等。

第八节　第一次世界大战

一　第一次世界大战前的国际关系

第一次世界大战前，资本主义已进入帝国主义阶段，各国发展不平衡加剧。后起的帝国主义国家为了重新瓜分殖民地和势力范围，争夺世界霸权，使国际关系日趋复杂，国际矛盾日趋尖锐，把世界推向了战争的边缘。1870年，英、美、德、法四国工业生产在资本主义世界所占的比重依次为31.8%、23%、13.2%、10%；1913年，四国所占的比重发生了很大的变化，分别为14%、38%、16%、6%，美国由第二位升至第一位，德国由第三位升至第二位，英国则由第一位降至第三位。后起的资本主义国家美国和德国，已经赶上并超过了老牌资本主义国家英国。然而，20世纪初，英国占有的殖民地最多，是俄国的2倍、法国的3倍、德国的11倍。德国经济的增长要求重新瓜分世界，在外交上开始推行“世界政策”，英德矛盾成为帝国主义国家之间的主要矛盾。列强在激烈的竞争中，都在寻找同盟者，于是在欧洲便逐步形成了对立的两大帝国主义军事集团：“三国同盟”和“三国协约”。1882年，意大利同德奥签订了三国同盟条约。条约规定：如果法国进行侵略，德意将互相援助；如果三个盟国中，任何一方受到两个或两个以上的强国的攻击时，其他两国保证给以援助。1907年，英国加入法俄同盟，便构成了三国协约。两大对立的帝国主义军事集团终于形成。帝国主义列强在建立军事同盟的同时，加紧了扩军备战的活动。各国的军备开支都十分庞大。双方都大力扩建陆军。同时，英德两国的海军造舰竞赛也极为激烈。1914年大战爆发时，英国有大小军舰688艘，德国有391艘，一跃成为世界第二海军强国，威胁到英国的海上霸权。第一次世界大战前，巴尔干问题成了各种势力斗争的焦点，欧洲几个大国也纷纷介入。1908年爆发了波斯尼亚危机。奥匈政府于1908年10月7日单方面正式吞并波斯尼亚和黑塞哥维纳。波斯尼亚危机后，1912年爆发了第一次巴尔干战争。这场战争导致巴尔干半岛各民族终于摆脱了土耳其的统治。1913年6月巴尔干各国之间因争夺领土又爆发了第二次巴尔干战争。巴尔干诸国事实上分成了两个集团：一方是塞尔维亚、希腊和罗马尼亚，支持者是俄国；另一方是保加利亚和土耳其，支持者是奥匈和德国。塞尔维亚的领土几乎增加了1倍。波斯尼亚和黑塞哥维纳两地的人民要求摆脱奥匈的统治而与塞尔维亚合并，这就使奥匈对塞尔维亚更加害怕和敌视，决心吞并塞尔维亚。奥塞的冲突必然引起奥俄的冲突，并最终引起同盟国与协约国的冲突。帝国主义两大军事集团的对立必然引起世界大战的爆发。

二 大战的爆发和进程

第一次世界大战的导火线是萨拉热窝刺杀事件。1914年6月28日，奥国皇储弗兰茨·斐迪南在萨拉热窝检阅以塞尔维亚为假想敌人的军事演习中，被塞尔维亚爱国青年普林西刺死。德奥集团借机挑起战争。奥匈帝国于1914年7月28日向塞尔维亚宣战；俄国于7月29日沿着奥地利和奥地利的盟国德国的边界线动员了军队；8月1日德国对俄国宣战，8月3日对俄国的盟国法国宣战，8月4日英国对德国宣战，土耳其（1914年11月）和保加利亚（1916年10月）后来加入德国—奥匈帝国一边。原来的“协约国”有其他18个国家支持，其中有日本（1914年8月）、意大利和罗马尼亚。美国于1917年4月作为“参战国”加入了对德战争，战争同时在几条战线上展开。在西线，最初，德国人向马恩河进犯被挫败后，双方都建立防御阵地。经过三年半时间，交战双方虽然都使用了新式武器，如1916年4月德国在伊普雷首次使用的毒瓦斯和1916年9月英国在索姆河首次使用的坦克，但一直没有一方取得明显优势。1918年德国发动春季攻势，再次攻抵马恩河，但是到8月底在整个战线上协约国军队都取得了进展。东线上，战争一开始俄军前进到喀尔巴阡山，并进入东普鲁士，接着，除了布鲁希洛夫于1916年夏季对奥地利战线的进攻外，俄国人进行了长期的、筋疲力尽的防御战，一直抵抗到1917年发生革命。在巴尔干战线上，塞尔维亚击退了奥地利最初的攻势，但在1915—1916年间被德国、奥地利和保加利亚联军占领。一支以萨洛尼卡为基地的由多民族人组成的远征部队突破了保加利亚人的防线，于1918年9—10月间向北推进到多瑙河。在意大利战线，战争在伊松佐河僵持达两年半之久，1917年10月意大利人被迫从卡波雷托撤退到皮亚韦河。1年后在维多里奥威尼托取得最后胜利。在亚洲，在巴勒斯坦和美索不达米亚进行了反对土耳其人的战斗，日本人则占领了远东的德国属地。海上，在太平洋和南大西洋进行了打击德国水面舰只以及在亚得里亚海进行了打击奥匈舰队的小规模海战，但英德海军的主要交锋是在日德兰半岛附近海面上进行的（1916年）。1917年春季德国人使用了潜水艇，使英国商船遭到严重损失，但是这些德国潜水艇由于恢复护航和新式武器（如深水炸弹）的发展而遭到反击。飞机和飞艇支援了陆、海军作战，并使整个战争扩展到战线后方的城市，包括英国的城镇。战争由于1918年11月11日德国人宣布休战而结束。10周后召开了巴黎和会，以确定条约条款和新欧洲的格局。

三 反战运动

战争带给人民的是劳苦、饥饿和伤亡，战争使各国经济陷入困境。各国人民掀起了反战、反饥饿和反政府的斗争。大战刚刚爆发，许多国家就出现了群众性的革命运动。早在1914年7月27日，仅柏林工人就进行了多达27次的集会和示威游行。在俄国，沙皇政府刚刚宣布动员时，布尔什维克党中央就发出传单，号召人民起来“打倒战争”、“以战争反对战争”，彼得格勒许多工厂举行了罢工。帝国主义战争越来越加深了人民群众的苦难，无产阶级同资产阶级的斗争愈加尖锐。各国人民反对饥饿、反对帝国主义战争、反对各国反动政府的斗争走向高潮。俄国的工人运动由于布尔什维克不懈的努力，处在迅速高涨中。从1915年1月到11月，罢工使统治阶级损失了183.7万个工作日。一些重大的军工生产部门，如普梯洛夫工厂和莫斯科的迪纳莫工厂，都发生了罢工斗争。农村和军队中的革命运动也加强了。在德国，1915年3月2日，将近1500人在国会门前示威，反对帝国主义战争。这是战争期间第一次规模较大的示威。1916年5月1日，在斯巴达克派的号召下，许多地方举行群众性集会和示威游行。英国一些工业中心开始出现了群众性罢工运动。1916年4月26日，爱尔兰爆发了反对帝国主义战争、要求民族独立的起义，由于力量悬殊，起义终于失败，但是它加剧了欧洲的革命的危机，给英帝国主义以有力的打击。法国在1915—1916年掀起了罢工的浪潮。1917年还发生整支部队起义、向巴黎进军的情形。1914—1915年，意大利的伦巴底、皮埃蒙特、西西里和卡拉布利亚都举行了罢工和示威游行，抗议帝国主义的血腥大屠杀。在奥匈帝国，1916年发生了制造军需品工厂工人的罢工。此外，殖民地半殖民地也出现了反帝斗争的民族运动高潮。1914—1915年印度旁遮普的"起义党"曾在士兵中进行活动，企图发动武装起义，推翻英国在印度的统治。1915年2月15日，英国在新加坡的印度籍士兵起义。1916年5月，在越南，一部分即将被派往法国对德作战的士兵试图起义，遭到法国密探的破坏而没有成功。1918年8月，越南太原省的士兵起义，起义士兵打败了法帝国主义驻太原的殖民军，控制了太原省会。波斯的"森林人"游击队常常挫败俄国的进攻。喀麦隆爆发了反对德帝国主义的起义。1916年，阿尔及利亚爆发了反对法国殖民者大规模起义，尼日利亚人民进行了反对法国的游击战争。中国、朝鲜、印度尼西亚、缅甸、暹罗等地反对帝国主义的民族运动也在蓬勃兴起。

四　凡尔赛—华盛顿体系

1918年1月18日—6月28日，参战的27个国家的代表团在巴黎召开了和平会议，讨论战后问题。帝国主义各国根据新的力量对比调整彼此关系，通过巴黎和会上签订的《凡尔赛和约》《国际盟约》以及会后对其他战败国的和约，以条约法律形式，确立了战后资本主义世界政治、经济和军事的一般关系和制度，形成凡尔赛体系。在《凡尔赛和约》中，第一部分是《国际联盟盟约》，确定了国联的组织机构和职能和委任统治制度。第二部分是对德和约，占很大比重。和约就领土割让、对德国殖民地和势力范围的瓜分、军事限制和赔款问题等四个方面作出了明确规定。根据和约，德国将阿尔萨斯和洛林归还法国；德法边界恢复到1870—1871年普法战争以前的状况，还将萨尔区的矿山所有权交与法国，为期15年，然后再以全民表决确定其归属问题；在德国的东部，波兰独立得到承认，但泽成为国联保护下的自由市；德国的所有殖民地全部让予战胜国；废除了德国的义务兵役制，并规定其陆军总数不得超过10万人，军官数不能超过4000人，海军不得超过1.5万人，禁止建造潜艇等。关于德国的战争赔款问题，和约规定，将由一特别委员会确定，在1921年5月1日前向德国政府定出。在该日期前，德国应先支付200亿金马克。

巴黎和会未能解决帝国主义之间的矛盾，1921年11月12日—1922年2月6日又召开了华盛顿会议。华盛顿会议的主要决定有《四国条约》《关于限制海军军备的条约》（亦称《五国海军条约》）和《九国公约》。《四国条约》是美、英、法、日4国签署的《关于太平洋区域岛屿属地和领地的条约》的简称，实际上是承认了4国在太平洋占领岛屿的现状。条约还规定，条约生效之日起，英日同盟自动终止。《五国海军条约》是由美、英、法、意、日5国签订的，规定美、英、日、法、意主力舰总吨位的比例依次是5∶5∶3∶1.75∶1.75，航空母舰总吨位比例为13.5∶13.5∶8.1∶6.6∶6.6。《九国公约》签订之前两天，中日两国经过谈判，签订了中日《解决山东问题悬案条约》和《附约》，日本被迫交还前德国胶州租借地，但仍保留许多特权。同日，发表声明，废除"二十一条"的一些条款。稍后签订的《九国公约》实质是要挟中国政府执行"门户开放"、"机会平等"原则。华盛顿会议签订的各项条约和通过的决议案构成华盛顿体系。它在承认美国优势的基础上，确立了远东、太平洋地区的国际关系体系，它是凡尔赛体系的补充。凡尔赛体系和华盛顿体系共同构成了凡尔赛—华盛顿体系。它的建立只是暂时缓和了第一次世界大战结束后西方强国的若干主要矛盾，但并未消除帝国主义之间的矛盾。（杨光明）

第四章　现代史

第一节　战后的政治、经济危机

一　德国十一月革命

第一次世界大战使德意志帝国的经济陷于崩溃，国内政局动荡，同时俄国十月革命的胜利极大鼓舞了德国无产阶级的革命斗争。1918 年 10 月，海军司令部下令远洋舰队与英军决战，威廉港水兵拒绝出海，出现了反战传单。海军司令部下令逮捕闹事的水兵，并把第三舰队调往基尔港。1918 年 11 月 3 日，基尔港的5000多名水兵在练兵场集合，要求结束战争，要求和平、自由和面包，爆发了水兵起义。工人也参加进来并建立了全德第一个工人士兵代表苏维埃，揭开十一月革命的序幕，革命浪潮迅速席卷全国。柏林、汉堡、不来梅、莱比锡和慕尼黑等地工人和士兵奋起斗争，成立工兵代表苏维埃。9 日，柏林数十万工人和士兵举行武装起义，迫使威廉二世逃到荷兰，霍亨索伦王朝的反动统治彻底垮台。马克斯把首相职务交给了社会民主党右翼领导艾伯特。艾伯特和谢德曼组成联合政府——人民全权代表委员会，获取了革命果实。艾伯特政府实行了一些民主改革，但没有触动旧的国家机构和军队，并十分敌视苏维埃制度。12 月 16 日，在柏林召开全德苏维埃第一次代表大会，宣布翌年 1 月召开国民会议以取代由艾伯特政府行使的国家全部立法和行政权力。此后，艾伯特政府加强对革命群众的镇压，独立社会民主党迫于形势，把自己的代表撤出了政府。斯巴达克同盟决定脱离独立社会民主党，成立自己的组织——德国共产党。12 月 30 日，德共成立大会在柏林举行。卢森堡作了关于党纲问题的报告。大会决定以其起草的《斯巴达克同盟要求什么》一文作为党纲的基础。德共的成立，标志着德国工人运动的一个重大转折，鼓舞了德国工人阶级的革命斗志，也引起了社会民主党领导人的不安。1919 年 1 月 4 日，艾伯特政府宣布解除在群众中较有威望的左翼独立社会民主党人的柏林警察总监职务，引起首都工人的极大愤慨。1 月 5 日，柏林工人举行大规模示威。翌日，示威发展为总罢工和武装起义，参加群众达 50 万。艾伯特等被人困于总理府。11 日，政府军队开进柏林，对工人进行血腥屠杀。15 日，德共领袖李卜克内西和卢森堡被杀。德国革命跌入低潮。1919 年 4 月 13 日，巴伐利亚首府慕尼黑的工人群众举行起义夺取政权，宣布成立巴伐利亚苏维埃共和国，半个多月后被镇压下去。5 月 2 日，反动军队占领慕尼黑，德国十一月革命结束。十一月革命是德国历史上的重大事件，它推翻了德国的君主制度，但由于缺乏一个独立的革命政党的领导，革命失败了。

二　奥匈帝国的民主革命

奥匈帝国是多民族国家，境内的少数民族占帝国人口的 78%。奥匈帝国是奥地利哈布斯堡王朝统治下的二元制国家，匈牙利在帝国中居于次要地位。帝国内部少数民族则处于无权地位。第一次世界大战暴露了奥匈帝国的腐朽反动，使内部矛盾空前尖锐起来。在俄国十月革命的影响推动下，各族人民纷纷起来斗争。1918 年 1 月，维也纳、布达佩斯、布拉格等城市的广大工人举行政治大罢工，要求立即同苏俄签订民主和约。2 月 1 日，卡托罗水兵起义，建立了水兵苏维埃。6 月 18 日，奥地利再次爆发总罢工。20 日，布达佩斯五金工人也举行了罢工，并建立了工人代表苏维埃。1918 年秋，奥匈帝国的崩溃瓦解已是大势所趋。反对哈布斯堡王朝的革命首先在捷克斯洛伐克爆发。1918 年 10 月 14 日，捷克工人举行总罢工，要求脱离奥匈帝国。10 月 28 日，布拉格的民族委员会宣布建立独立的捷克斯洛伐克国家，并接管最高政权。两天后，斯洛伐克民族会议宣布加入统一的捷克斯洛伐克国家。接着，民族委员会吸收其他政党代表参加，并宣布自己为临时国民议会。1918 年 11 月 14 日，正式宣告捷克斯洛伐克共和国成立。马萨里克当选为总统。匈牙利民族独立运动于 1918 年秋掀起高潮。10 月 29 日，首都布达佩斯工人大罢工，提出立即停止战争、宣布独立和建立人民共和国。第二天，10 万工人上街游行，在士兵支持下，罢工变成武装起义。10 月 30 日夜至 31 日晨，起义者占领了首都全部重要战略据点，推翻了哈布斯堡王朝的统治。起义过程中，首都工人建立了工人苏维埃。1918 年 11 月 13 日，卡罗利政府同协约国签订停战协定。1918 年 11 月 16 日，匈牙利正式宣布为共和国，卡罗利当选为总统。南斯拉夫境内的各族人民对奥匈帝国的统治强烈不满，不断掀起反抗斗争。斯洛文尼亚、克罗地亚和塞尔维亚代表于 10 月在萨格勒布召开国民议会，宣布脱离奥匈帝国。11 月，黑山和伏伊伏丁那同塞尔维亚联合。1918 年 12 月 1 日，国王亚历山大一世在贝尔格莱德宣告成立塞尔维亚—克罗地亚—斯洛文尼亚王国，1929 年改名为南斯拉夫王国。在波兰，1921 年 3 月 17 日，议会通过宪法，波兰成为议会制资产阶级共和国。帝国内部各民族的斗争推动了奥地利本土的革命运动。10 月 30 日，维也纳成千上万群众上街示威游行，要求建立共和国。11 月 12 日，国民会议宣布成立奥地利共和国。1919 年 2 月 16 日，举行立宪会议选举，社会民主工党获得 72 席，成为议会中的第一大党。奥匈帝国的民主革命使奥匈帝国彻底解体，在帝国的土地上，建立了捷克斯洛伐克、塞尔维亚—克罗地亚—斯洛文尼亚（南斯拉夫）、波兰、匈牙利、奥地利等民族独立国家。

三　法国的工人运动和政治动荡

第一次世界大战使法国损失很大，1/10 的人口死亡，1/4 的产业遭战争破坏。战后，政府入不敷出，国债日增，使人民生活艰难。1920 年，铁路员工大罢工，被新上台的米勒兰镇压。此后，法国政府更换频繁，政局一直动荡不安。如果从 1920 年 1 月米勒兰组阁算起，到 1940 年 3 月达拉第下台，法国共有 40 届政府。1922 年 1 月，普恩加莱出任总理。1923 年 1 月，法、比军队以德国没有如期偿付赔款为由，出兵占领鲁尔。鲁尔冒险以失败而告终。1924 年 5 月，在法国举行了战后第二次选举，社会党、激进社会党等组成的“左翼联盟”获胜。以赫里欧为首的激进党人组织内阁，社会党人没有入阁，但表示支持政府的内外政策。在外交上，“左翼联盟”一反普恩加莱的强硬路线，采取与德国和解的政策。1924 年 7 月，赫里欧政府接受了道威斯计划，1925 年 10 月潘勒韦政府又接受了《洛迦诺公约》。1924 年 10 月，赫里欧致电莫斯科，表示承认苏联政府。此后，法、苏两国正式建立了外交关系。“左翼联盟”执政期间，国债不断增加，财政异常困难。先后组阁的赫里欧、潘勒韦、白里安企图通过增加税收、发放国库券、增加法兰西银行对政府的预支（法定界限是 410 亿法郎）等办法，解决财政困难，但遭到大资产阶级和右派的反对。1926 年 7 月中旬，数十亿法郎的短期借款已经到期，政府无力偿还，法郎贬值到 1 美元兑 50 法郎。7 月 17 日，白里安政府垮台。7 月 21 日，赫里欧再次组阁。当他将组阁名单交由众议院批准时，以 290∶273 的票数遭到否决。“左翼联盟”政府垮台后，议会内政治力量开始了新的组合。右翼政党不占多数，没有资格组阁。左翼政党虽占议会多数，但社会党和激进党处于分立状况。于是总统任命普恩加莱组织“国民联合”政府，它实质上是右派和中派的联合组织，社会党人拒绝加入。普恩加莱连任两届，他在执政期间，通过缩减开支，增加税收，提高了政府的收入，使收支保持平衡。但税款增加最多的间接税，主要由无产阶级和小资产阶级来交付，增加了工人和小工商业者的负担。1928 年 11 月，激进党退出联合政府，这样，普恩加莱领导的便是纯粹的保守派内阁了。由于法国政党较多，多采取联合组阁形式，政府在议会中没有固定的多数存在，议会就很容易操纵甚至推翻政府，有时，联合政府因其内部矛盾导致分裂而自行瓦解。这些造成法国长期政局不稳，不利于国家的强大。

四　英国的罢工运动

由于战后工人阶级力量的壮大，标榜社会主义的工党势力大大增加，开始取代自由党与保守党轮流执政的格局。1924 年 1 月工党领袖麦克唐纳组成英国历史上第一届工党政府，标志着工党走上执政党的地位。在战后严重的劳资纠纷中工党袒护企业主，反对工人罢工，在对待工人运动和殖民政策上，工党与保守党没有什么两样。第一届工党政府执政不到一年就因社会改革引起资产阶级不满而下台。微不足道的社会改革并未能缓解战后以来一直相对紧张的阶级矛盾。从 1919 年开始，英国罢工运动一直不断，其中以煤矿工人的斗争最为持久激烈。英国煤矿设备陈旧，技术落后，产品因成本高而缺乏竞争力。煤矿主企图通过降低工资、增加工时的办法来摆脱困境，加重了工人阶级的负担，1921 年，爆发了矿工反对降低工资的同盟罢工，因矿业同盟、铁路工会及运输工会三方领导人的妥协使罢工失败。1925 年 6 月，煤矿主宣布工资降低13%—48%，取消最低工资限额，每日延长工作一小时，并以同盟歇业相威胁。英国矿工联合会得到了铁路、运输、机械三大工会组织的支持，决定于7 月 31 日（星期五）举行同盟总罢工以示抗议。鲍尔温的保守党政府采取缓兵之计，宣布给矿主 9 个月的补助金。政府乘机集结力量准备反击，成立专门破坏罢工的“供应维持组织”，逮捕了英共主席、副主席和总书记以及工会领袖等 12 人，并对他们判了刑。1926 年 3 月，公布了“皇家煤业调查委员会”的报告，同意削减工资 10%，每日延长工作一小时，矿工代表大会拒绝了政府的要求。在工人的压力下，拥有 360 万工会会员的职工大会最高委员会决定于 5 月 4 日举行大罢工。这是英国历史上最大的一次总罢工。最初参加罢工的工人有20 万，以后迅速波及全国各个主要工业部门，人数发展到 600 万。总罢工使英国的各大工业区陷入瘫痪，给统治阶级造成严重的威胁。英共在罢工中起了积极作用，它提出“煤矿国有化，不给资本家补偿，让工人来管理”和“组织工人政府”的口号。但是，工党右翼领袖反对工人罢工，背着工人同政府进行秘密谈判，并不顾矿工的抵制，于 5 月12 日强令全国工人停止罢工。总罢工被破坏了，煤矿工人在极端困难的情况下仍坚持斗争到 12 月份。1926 年英国工人总罢工，表明战后英国阶级矛盾相当尖锐。罢工失败后，政府和资本家加紧向工人反扑，于 1927 年 7 月颁布了一项《劳资争议和工会法》，禁止举行总罢工和同盟罢工。随后出现了工会领袖同工业巨头为巩固英国资本主义而实行的合作，被称为“蒙德主义”。

五　意大利的夺厂夺地运动

战后初期，意大利发生了严重的经济危机。意大利每年的国民总收入仅 200 亿里拉，而大战期间的军费支出却高达1459.36亿里拉。战争造成的巨额债务，不仅使意大利战后通货膨胀，物价上涨，还造成严重的金融混乱和财政崩溃。意大利工业生产正处于由战时经济向和平经济的转轨阶段，需要庞大的资金，所以很难顺利完成。加以工厂生产的现代化水平很低，商品生产成本高，缺乏市场竞争力，使意大利在对外贸易中入超严重。随着战争工业的转产，大批中小企业破产倒闭，失业人数日益增多，200 万复员军人难以找到工作。工人阶级的生活水平普遍下降，失业人员极端贫苦，阶级矛盾和冲突日趋尖锐，经济危机引起革命危机。1919 年中，意大利南部发生了农民起义夺取土地的斗争。与此同时，工人罢工斗争广泛开展起来，全国各地举行的罢工达 1871 次，参加者 55.4 万人。1920 年4 月，都灵工人在社会党左派领袖葛兰西领导下举行总罢工，8 月底，以都灵、米兰为中心的北部工业地区工人开始占领工厂，并很快扩展到意大利中部和南部，机械、汽车、造船、发电、纺织和化学等工业的几百座工厂一度处在工人有效管理之下。工人自己供应原料，销售成品，自己发工资，分配食品，还建立了自己的赤卫队。这一年里，工人运动的声势更加浩大，全国举行罢工 2070 次，参加者猛增到 231.4 万人。参加了占领工厂、建立工厂委员会的至少有 60 万工人，罢工工人要求提高工资和实行八小时工作制。工人运动极大鼓舞了农民，在意大利农村，从自发的抗租、抗税斗争到以退伍军人为主的占地运动蓬勃兴起。到 1920 年 4 月，全国有上百万农民和退伍军人参加了占地斗争，占领了 191 户贵族和大地主的 217 万公顷的土地，有的地区的农民甚至夺取了村镇政权，建立了农民自己的组织。工人占厂、农民占地，在意大利统治阶级眼中大有政权难保之势。面对全国性政治危机，政府、企业主和右翼社会党人达成妥协，许愿实行工人监督企业，提高工资 10%—20%，要求工人退还工厂。但是，政府并未实践诺言，舆论指责政府无能，期望有一个强有力的政府和铁腕人物来扭转意大利的局面。在这样的历史背景下，意大利的法西斯势力迅速崛起。

六　1929—1933 年的世界经济危机

1929 年 10 月，以美国纽约股票市场崩溃为标志，爆发了一场资本主义世界规模的生产过剩危机。它很快席卷整个资本主义世界。1929 年 10 月24 日纽约股票市场抛售了股票 300 万股。花旗银行、大通银行等几个银行大老板筹划组织了一个2.4 亿美元的购进集团，但并未能控制市场崩溃。人们称这一天为“黑色星期四”。10 月 29 日，一天的股票抛出量高达 1650 万股，成了最糟糕的一天。到年底，纽约股票交易所上市的各种股票价值总共下跌了 450 亿美元左右。危机期间股票价格指数下降幅度在美国是 51%，德国是 32%，日本是45%。股票市场崩溃、金融货币和信用危机引起大批银行倒闭。1931 年 5 月至 7 月，德国帝国银行的黄金储备减少了 42%。1931 年 5 月 11 日，奥地利最大的信用银行倒闭，随即引起匈牙利、捷克斯洛伐克、罗马尼亚、波兰和德国等国都出现了向银行挤兑存款风潮，国际货币体系和传统金本位制面临严重挑战。1931 年 7 月 18 日，德国四大银行之一达姆施塔特国民银行宣告破产。1931 年 9 月 21 日，英国宣布放弃金本位，禁止黄金出口，英镑贬值近 1/3。1931 年 11 月，日本也放弃了金本位，56 个国家先后宣布货币贬值。资本输出几乎停止，使世界贸易趋于萎缩。危机期间美国的进出口总额下降了 70%，英、法、德、日的进出口总额都减少了 61% 以上。经济危机引起各国工业生产大幅度下降，1932 年工业产值与 1929 年相比美国下降 46.2%，德国下降 40.2%，日本下降 37.4%，意大利下降 32%，法国下降 19%，英国下降 20%。危机使资本主义世界工业大约倒退 20 年，重工业受到的打击尤为严重。危机期间美国倒闭的企业有 13 万家以上。世界性危机蔓延到所有农业部门，包括谷物业、畜牧业、林业和经济作物部门。农业生产严重过剩引起生产力的大倒退和大破坏。危机使失业人数达到创纪录水平。在美国 1933 年失业人达1700万人，失业率为 24.9%。德国失业人数为 806 万人，英国 400 万人。在危机的打击下，各国国民收入急剧减少。美国减少了 54.69%，英国减少了 14.61%，法国减少了 30%，德国减少了 40.4%。这次危机前后持续 4 年，使整个资本主义世界损失价值2500亿美元，成为迄今最严重的一次经济危机。危机期间，资本主义世界工业生产下降了 40% 以上，贸易额下降到 1919 年前的水平，农业收入减少了 25%—60%，全失业和半失业工人约4500万人。这次危机对美国和德国打击最为严重，英国较轻，日本时间较短，法国开始和结束都晚。

七　经济危机的社会政治影响

经济大危机的严重后果加剧了政治危机。劳动人民生活恶化，阶级矛盾日益激烈。在德国、英国、法国、意大利等国，广大人民的生活每况愈下，挣扎在死亡线上。各主要资本主义国家掀起了大规模反饥饿运动和工人运动。在德国从 1930—1932 年每年都有几百次罢工运动。1932 年有 4000 多名代表在埃森召开反饥饿大会，把反饥饿斗争和反法西斯斗争结合起来。1933 年 1 月，柏林劳动人民先后三次举行反饥饿、反法西斯的示威游行。在法国，1930 年一年中就爆发罢工1700次。在英国发生了水兵暴动。在西班牙爆发了资产阶级民主革命。意大利阶级对抗形势也很紧张。在劳动人民不满情绪普遍增高的形势下，不少资本主义国家法西斯主义思潮开始泛滥。在法国，许多法西斯主义组织应运而生，其中规模最大的火十字团，拥有 150 架飞机，积极准备武装夺取政权。1934 年 2 月 6 日，有 2 万多名法西斯分子武装示威，冲击国会大楼，要求法国总理及内阁辞职。法共组织了25000名劳动者上街支援共和制度，粉碎了法西斯的政变阴谋。在英国、西班牙、波兰、匈牙利、罗马尼亚、希腊等国的法西斯势力也很活跃，欧洲法西斯主义发展规模最大的是意大利和德国。

第二节　法西斯主义的兴起与反法西斯战争的胜利

一　意大利法西斯主义

意大利虽然属于第一次世界大战的战胜国，但战争严重损伤了它的元气，激化了国内阶级矛盾，引起了巨大的罢工运动。意大利狂热的沙文主义者墨索里尼在垄断资产阶级大力扶植下，于 1919 年 3 月在米兰组织了第一批法西斯武装战斗队。1921 年 5 月，议会举行选举，右翼势力吸收法西斯分子参加政治联盟，墨索里尼等 35 名法西斯分子获得议席。1921 年 11 月 7 日，正式成立国家法西斯党，墨索里尼被公认为领袖。到 1922 年，国家法西斯党发展到 20 多万人。法西斯党代表垄断资本集团的利益，一贯从事暗杀、绑架和破坏等恐怖活动。1922 年 10 月，为反对法西斯暴行举行的全国总罢工失败后，墨索里尼纠集 4 万名武装法西斯分子“向罗马进军”。因这次进军是在资产阶级的同情和国家机构各部门支持下进行的，所以没遇到军队和警察的任何抵抗就进入罗马。意大利国王维克多·厄曼努尼尔三世在大资产阶级和地主的要求下，任命墨索里尼组阁，法西斯党占内阁中近一半的席位，墨索里尼身兼 10 个部长职位，法西斯专政的独裁就这样在意大利建立起来了。意大利法西斯上台后，颁布《非常法》，取消 123 名反对派议员资格，取缔一切反对派政党，建立特别法庭和秘密警察组织。此外，还取消秘密结社、集会，立法确定了他的独裁地位。在经济上，对保险业、电话业和火柴生产业的私人经营代替了国家垄断；废除资本家和地主欠国家的债务；取消失业保险等，以牺牲工农和下层人民的利益来维护垄断统治。1927 年，意大利公布了《劳动宪章》，规定法西斯国家至上的原则和成立职业社团的规则，剥夺了工人阶级组织工会和罢工的权利。法西斯党垄断了国家机构，他们极力宣扬沙文主义和种族主义，对外实行扩张政策。1935 年，发动侵略埃塞俄比亚（当时叫阿比西尼亚）的战争，1936 年又武装干涉西班牙内战，此后与希特勒结盟，挑起了第二次世界大战。

二 德国法西斯专政的建立

经济危机爆发，使德国的纳粹运动迅猛发展。1930 年，纳粹党在大选中一跃成为仅次于社会民主党的第二大党，党员人数激增。之后，纳粹党的头子们极力争取并获得军队和大资本家的支持。1932 年，政府取消了对纳粹党武装——冲锋队的禁令，纳粹党在随后的大选中，成为第一大党。次年 1 月 30 日，兴登堡任命希特勒为总理。希特勒上台组阁后，最初只有 3 名纳粹党阁员，保守势力仍占上风。1933 年 2 月 1 日，希特勒决定在 3 月 5 日举行大选，在竞选中，纳粹党采取恐怖活动对选民进行种种威胁。2 月 27 日晚发生了国会纵火事件，政府未做任何调查，就宣布罪犯是共产党人，德国共产党国会党团领袖托格勒和当时正在德国的保加利亚共产党员季米特洛夫被捕。2 月 28 日，兴登堡颁布了《保护人民和国家法令》，取消了公民的基本权利，把叛国罪、纵火罪由判处无期徒刑改为死刑。白色恐怖首先是针对德国共产党的，党的机构被摧毁，数千名干部被逮捕，社会民主党和一些著名的左派知识分子也被逮捕。仅 1933 年 3 月、4 月两个月，就有大约25000 人被捕。1933 年 3 月 5 日，德国在白色恐怖的气氛下举行了选举，希特勒对选举结果不满，希望得到更大的权力。1933 年 3 月 23 日，新选出的国会强制通过了《消除人民和国家痛苦法》，即《授权法》，授予希特勒政府为期 4 年的独裁权力，在此期间政府无须国会和参议院的同意，有权颁布法律，于是，国会名存实亡。1933 年 7 月希特勒宣称要将“民主制的最后残余消灭干净”。其他党派被禁止活动，共产党转入地下，社会民主党被迫停止活动，其他的资产阶级政党也都不得不解散了。7 月 14 日，希特勒宣布：“德意志国家社会主义工人党是德国唯一的政党”，多党制被取消了。为谋求总统和总理职位，1934 年 6 月 30 日，希特勒清洗了冲锋队，杀害了一批党内外政敌。1934 年 8 月 2 日，兴登堡去世，此前一日通过的《元首法》规定：把总统与总理的职务合而为一。8 月 19 日，经过所谓的“公民投票”，希特勒成为“元首兼国家总理”，从此集党、政、军大权于一身。德国建立了法西斯专政后，对内实行镇压，对外扩军备战，积极策划发动侵略战争。德国的法西斯专政集中体现为希特勒的个人独裁。

三 欧洲战争策源地的形成

1933 年 1 月 30 日，德国总统兴登堡任命希特勒为总理，从此，德意志国家社会主义工人党（纳粹党）掌握了政权，德国进入法西斯专政时期，欧洲战争策源地逐步形成。希特勒的法西斯个人独裁是在德国遭到 1929—1933 年资本主义世界大危机的严重打击和面临第一次世界大战中遭到惨败并被迫向战胜国支付赔偿的情况下，纳粹党活动的结果。当时，德国垄断资产阶级无能为力，希望一强有力的人物来巩固自己的统治，人民群众也希望解决危机中出现的失业和贫困问题。纳粹党适应这些要求，宣传“社会主义”和“民族主义”，用“解决失业问题”、“增加工资”、“废除《凡尔赛和约》”、“复兴德意志民族”等口号蛊惑群众，争取到占德国全部人口 40% 以上的城乡小资产阶级的支持。在 1932 年 7 月 31 日国会大选中，成为德国第一大党。在垄断资产阶级的扶持下，希特勒在 1933 年 1 月 30 日出任总理。纳粹党执政后，制订了一整套侵略扩张计划：建立一个囊括德国、奥地利、捷克斯洛伐克的苏台德区及但泽等德语国家和地区组成的“大德意志”帝国；在中欧和东欧建立一系列德国的附庸国；向苏联扩张，灭亡法国，使德国的法西斯制度在全世界推行。很快，希特勒便行动起来，做好战争的准备。德国在经济上，大力发展军备工业基础的重工业，扩大战略原料代用品生产，突击进口战略原料。1933—1938 年，德国大幅度增加军事预算，总计军费约 500 亿—600 亿帝国马克。1933 年 10 月 14 日，德国退出了国际裁军会议，10 月 19 日退出国际联盟。1935 年 3 月 16 日德国彻底撕毁《凡尔赛和约》关于限制德国军备的条款，宣布实施普遍义务兵役制，开始了大规模公开的扩军备战。1934 年德国纳粹党唆使奥地利纳粹分子刺杀了奥地利总理陶尔斐斯。纳粹党上台后，德国开始准备进攻波兰、苏联。法西斯德国成为欧洲战争策源地，凡尔赛体系面临彻底崩溃的危险，第二次世界大战正在酝酿之中。

四　反法西斯势力的斗争

第二次世界大战爆发前，欧洲各国便开始了反对法西斯主义的斗争，战争爆发后，反法西斯的斗争也从来没有停止过，并很快就形成由反法西斯国家组织的世界反法西斯联盟。1941 年 6 月苏德战争爆发后，苏联就致力于组织反法西斯国际统一战线。在苏德战争爆发的当天和次日，英国首相丘吉尔和美国总统罗斯福分别发表声明，谴责希特勒德国背信弃义的行为，表示同情苏联人民的抵抗德国法西斯的斗争。1941 年 7 月 12 日，苏联与英国签订了《苏英关于在对德战争中共同行动之协定》；8 月 14 日，罗斯福和丘吉尔在大西洋一艘军舰上会晤并发表共同宣言，即所谓“大西洋宪章”，宣布愿意援助一切反法西斯国家的人民，大小国家平等合作，在莫斯科召开苏、英、美会议的建议等。苏联政府表示基本同意这个宪章的原则。9 月 29 日至 10 月 1 日，苏、美、英 3 国在莫斯科举行会议，签订了 3 国在反法西斯战争中采取联合行动的议定书，至此，国际反法西斯联盟初步形成。1941 年 12 月太平洋战争爆发，更加激起世界人民对德、意、日法西斯的仇恨。

1942 年 1 月 1 日，中、苏、美、英等 26 国在华盛顿签署了共同反对德、意、日法西斯的《联合国家共同宣言》，签字国保证用自己的全部军事力量和经济资源反对德、意、日法西斯国家，不单独同敌人缔结停战协定或和约。这个宣言标志着反法西斯联盟的形成，它广泛团结了一切反法西斯力量，孤立了法西斯国家，加速了世界人民反法西斯战争的胜利进程。此外，世界各国人民也进行了反对德、意、日法西斯的英勇斗争。在亚洲，中国是抗击日本侵略者的主要国家。中国人民广泛开展抗日游击战争，有力支援了世界人民的反法西斯战争。朝鲜、越南、缅甸、菲律宾、马来亚、印度尼西亚等国人民在各国共产党领导下，进行着艰苦的抗日战争。在欧洲，各国人民的民族解放斗争沉重打击了德、意法西斯的后方，在世界反法西斯战争中起了重要作用。在南斯拉夫，以铁托为首的南斯拉夫共产党，经过 4 年反法西斯民族解放战争，于 1945 年 5 月解放了全国。法国人民同德国占领者和贝当卖国政府进行了坚决斗争，戴高乐将军流亡期间，组织了反对法西斯侵略和维护民族独立的“自由法国”运动，1944 年 6 月成立法国临时政府。罗马尼亚、意大利、希腊等国人民，也在本国共产党领导下，广泛开展了抗击德意法西斯的英勇斗争。

五　世界反法西斯战争的胜利

20 世纪 20、30 年代，意大利、德国和日本 3 个国家先后建立了以极权主义和极端民族主义为特色的法西斯主义政权，推行对内专制独裁和对外侵略扩张的政策。它们力图推翻凡尔赛—华盛顿体系下的世界政治格局，因而与英、美、法等欧美资本主义国家之间存在着剧烈的冲突和斗争，同时它们仇恨苏联社会主义共和国，侵略压迫落后弱小的国家，对整个世界的和平与安全构成极大威胁。1931 年日本法西斯在东亚蓄意制造了“九一八事变”，发动了侵略中国的战争，揭开了第二次世界大战的序幕。1935 年意大利侵略埃塞俄比亚，1936 年、1937 年德、意、日先后签订《反共产国际协定》，形成柏林—罗马—东京轴心，结成了法西斯同盟。1937 年日本通过“七七事变”全面发动侵华战争。1939 年 9 月 1 日，德国突袭波兰，随后英法被迫对德宣战，第二次世界大战正式爆发。第二次世界大战初期，英、法等国采取消极措施，宣而不战，结果遭受重创，不久法国被德国占领。美国则奉行所谓中立政策。1940 年 9 月 27 日，德、意、日 3 个法西斯国家在柏林签署《德、意、日三国同盟条约》，正式结成了军事同盟。1940 英国在敦刻尔克大撤退后，组成了以邱吉尔为首相的政府，一改原先的绥靖路线，在不列颠上空与德国展开顽强抵抗。法国战败后，在戴高乐领导下组织了“自由法国”运动，开展抗德斗争。1941 年 6 月 22 日，德国法西斯撕毁《苏德互不侵犯条约》，对苏联发动突然袭击，苏德战争爆发，第二次世界大战的规模进一步扩大。这时英、美开始改变原先的政策，宣布支持苏联，由此逐步形成反对共同敌人法西斯的联盟。1942 年 1 月，苏联取得莫斯科保卫战的胜利，极大鼓舞了世界反法西斯力量。在这一阶段，在中国共产党领导下的中国人民抗日战争占有重要地位，既避免了苏联的两线作战，也延迟了太平洋战争的爆发。1941 年 12 月 7 日，日本偷袭珍珠港，太平洋战争爆发，美国的孤立主义政策宣告破产，美国随后对日本宣战。至此，全世界约4/5的人口卷入了这场大战，反法西斯战争真正具有了世界性。德、意、日法西斯的步步紧逼迫使世界一切反法西斯的民主力量走到一起，1942年元旦，26个国家在华盛顿举行会议，签署了《联合国家共同宣言》，表示将全力对抗德、意、日轴心国组成的法西斯势力。宣言的发表标志着国际反法西斯统一战线正式结成。

1942年11月，美英军队在北非登陆，1943年5月把德意军队赶出北非，并在意大利南部登陆。1942年中途岛海战重创日军，太平洋战争出现转折。1943年2月，苏联取得斯大林格勒保卫战的胜利，从根本上扭转了战局，成为第二次世界大战的转折点。1943年9月，意大利投降。1944年6月6日，英美军队在诺曼底登陆，开辟欧洲第二大战场。从1944年年初开始，苏联收复沦陷国土后向外进攻，解放了周边的东欧国家。1945年年初，苏军和英美军队分别攻入德国本土，5月2日，苏军攻克柏林，德国无条件投降，欧洲战场的反法西斯战争胜利结束。此后，英美的主要力量转向太平洋，中国人民的抗日战争进入大反攻阶段。8月6日、9日，美国在日本广岛和长崎投下两颗原子弹，8月8日苏联对日宣战，日本关东军迅即被歼。1945年8月15日，日本宣布投降，9月2日正式签署投降书，世界反法西斯战争到此结束。世界反法西斯战争的胜利沉重地打击了霸权主义、强权政治及恐怖的法西斯统治，是正义的胜利、和平的胜利。

第二次世界大战对世界历史的进程产生了巨大的影响。在第二次世界大战期间的雅尔塔会议、波茨坦会议等一系列重要国际会议上，美、苏、英等大国为战后世界作出了安排，形成了所谓的雅尔塔体系。以战时反法西斯国家的联盟为雏形，战后创建了联合国这一以维护世界和平与安全为目标的普遍性国际组织。

第三节　科学、哲学与艺术

一　科学技术和哲学思潮

20世纪前半期的科学技术，发生了一系列广泛而深刻的革命性变化，在整个人类科学技术发展史上占据着十分重要的地位。20世纪的科学技术是近代科学技术的继承和发展，其间的所有重大发明都不是以经验为基础，而是由于科学理论上的重大突破而引起的。世纪之交的物理学革命是19世纪末物理学危机的产物，放射性元素的发现、相对论和量子力学的确立是物理学革命的高潮，它为20世纪科学技术的伟大成就奠定了理论基础。科学理论上的重大突破又带来一系列技术进步，以电力的发明和利用为标志的第二次技术革命不断深化，电力、汽车工业蓬勃发展，在第二次世界大战的刺激下，原子能技术、计算机技术和航天技术发展迅速，并成为第三次技术革命兴起的标志。20世纪前半期科学技术的重大突破，引起社会经济、产业结构、生活方式等方面的重大变化，并为战后第三次技术革命的深入发展奠定了基础。

进入20世纪后，科学技术日新月异的发展，不仅迅速提高了工业生产的效率，推动了生产力的发展和社会财富的增长，而且还大大拓宽了人们认识世界的视野，改变了人们的思维方式。同时，资本主义从自由竞争阶段发展到垄断阶段，资本主义社会的弊端进一步暴露出来。垄断资本主义的激烈竞争，不仅导致资本主义经济危机的频繁出现，而且还引发了两次世界大战。所有这些都深刻地影响了20世纪的哲学，西方哲学发生了许多引人瞩目的变化，出现了两个影响最大的思潮——科学主义和人本主义思潮。科学哲学思潮是自然科学发展的抽象反映，它以研究现代自然科学规律和方法为己任，如马赫主义、逻辑实证主义、批判理性主义、结构主义等，其中逻辑实证主义是科学哲学中影响最大的流派。人本主义思潮则主要流行于社会哲学中，它以关注现代西方社会中人的生活和遭遇、价值和地位、自由和命运等最易触动人们心弦的问题为核心，较有影响的流派有生命哲学、实用哲学、现象学和存在主义等，其中，存在主义是影响最大、最有代表性的流派。科学技术革命与哲学思潮的变化，对现代文化产生了最为直接、最为重要的影响。

二　现代主义文学

多元共存是现代主义文学的一个突出特征，它的主要流派有现实主义、自然主义、象征主义、意象主义、达达主义、超现实主义、表现主义、意识流小说。现代文学，就文学创作来说，20世纪的头十年是一个现实主义衰落、现代主义崛起的新旧交替的转折时期。但这种交替并非根本的取代，而是在主流位置上更替了一个角色。这一时期仍然有一大批著名的现实主义作家，取得了丰硕的成果。在主要采取传统的现实主义手法、较少结合现代各种新技巧的作家中，最为著名的有英国的剧作家萧伯纳、法国的罗曼·罗兰和美国的德莱塞。《苹果车》《约翰·克利斯朵夫》《美国的悲剧》分别是他们三个最负盛誉的代表作。结合现代主义手法较多的现实主义作家，主要有英国的劳伦斯和康拉德、法国的纪德、德国的托马斯·曼、奥地利的茨威格、美国的福克纳和海明威。现代主义作为一场文学运动，20 世纪初已悄然崛起，到 30 年代达到全盛时期。现代主义以向传统的理性观念和现实主义文学挑战，在文学作品中以张扬个性和自我为己任，在艺术上致力于探索新奇别致为形式技巧和表现手法。它不属于表面的客观真实的表现，而志在表现意识以下的深沉情感，以冷峻严肃的笔调达到心理深处的客观真实。它是一个由诸多流派组合而成的结合体，各个流派在思想倾向、美学主张上都有相当大的差异，其中最主要的有后期象征主义、表现主义、意识流文学、存在主义文学等。

西方现代文学突出反映了人们对现代资本主义社会的危机感，表现了人与人、人与社会、人与自然关系的全面异化。而现代苏联文学则生机勃勃，反映了苏联无产阶级革命和社会主义建设的现实。20 世纪初著名作家高尔基（1868—1936 年）的《海燕》《母亲》等代表作品，奠定了苏联社会主义文学的基础。此后一大批优秀作家深入生活，敏锐地观察社会，创作了许多反映苏联社会巨大变革的优秀作品，如阿·托尔斯泰的《苦难的历程三部曲》、奥斯特洛夫斯基的《钢铁是怎样炼成的》、肖洛霍夫的《静静的顿河》等，这些作品都享有世界声誉。

三　现代主义艺术

现代主义艺术一个非常重要的特点是艺术以外的各种社会文化思潮蜂拥进入艺术创作领域，对固有的艺术观念、创作方法及艺术家的创作思想和艺术形式技巧形成了强有力的冲击。现代美术流派众多，多姿多彩，但它们也表现出许多共同的特征，在技法上，它们大都反对传统的写实主义，追求新奇，空间结构错乱，色彩配置随意，点线紊乱，缺乏透视，可谓它们共有的特点。在创作主旨上它们都主张强调自我，表现个人情感和内心世界。可以说，现代美术艺术地再现了 20 世纪西方世界的精神状况。野兽派是 20 世纪初出现最早的一个现代主义画派。1905 年，在法国巴黎秋季沙龙中展出了马蒂斯等一批青年艺术家的作品。因其技法一反常规，被评论家称为“野兽般的艺术”，野兽派由此而得名，马蒂斯成为野兽派的著名代表。野兽派各个画家风格不尽相间，但他们都强调在创作中用大色块和豪放不拘的线条，来表现个人的主观感受和自由意志，画面一般都缺乏透视感，具有装饰性很强的图案效果。与野兽派几乎同时出现的表现主义画派，在第一次世界大战前出现在德国。表现主义画派深受挪威著名画家蒙克的影响，他的作品往往以死亡、疾病、精神孤独和相互隔绝的人物为题材，表现出强烈的孤独感和惶恐心情。第一次世界大战的残酷现实，使表现主义画家在艺术创作上接近蒙克，他们以扭曲、粗糙的线条和具有强烈刺激的色彩，发泄内心的愤慨和苦闷。1907 年在法国艺术界出现的立体派，是 20 世纪影响最大的一个画派。它主张把一切形象解体成最简单的几何形块，按画家的意愿组合起来。这一派的杰出代表就是出生在西班牙马拉加、后定居巴黎的毕加索。他于 1907 年创作的《亚威农的少女》，被称为第一幅立体派的作品。此后，他又创作了数以万计的作品，其中以《格尔尼卡》《和平鸽》等最为有名，毕加索也因此而成为 20 世纪影响最大的画家之一。在第一次世界大战期间诞生于瑞士苏黎世的“达达派”，是由不同国籍的青年艺术家组成的一个绘画群体。“达达”意指儿童在摇木马，是这派画家从字典上随意找到的，同艺术上的主张没有什么联系。他们用怪诞、抽象、符号式的东西取代传统艺术，用纸片、抹布、电车票、火柴盒等在画面上组成他们的作品，甚至把瓷质的小便器作为“喷泉”展品搬到展览会。萨尔瓦多·达利是这一派的著名艺术家，其代表作《记忆的永恒》，勾画了一个产生错觉的痛苦世界。现代音乐和舞蹈，也明显地受到现代主义与现代主义文学和美术的影响，并与之具有共同的特征，其中，印象派音乐家德彪西、现代自由舞蹈家伊萨多拉·邓肯是其杰出代表。

四　电影艺术的产生和发展

爱迪生于 1891 年发明的“活动电影放映机”，从技术上说，是现代电影的鼻祖。到 1895 年 12 月 28 日，法国企业主、化学家兼摄影师路易·卢米埃尔和奥古斯特·卢米埃尔兄弟设计了摄影机和能把画面投射到幕布上的机器，成为电影和电影院的诞生日。电影真正成为一门艺术，则是20世纪的事情。20世纪最初几年，几位电影艺术家为现代电影发明了大部分的技术和方法，如法国人乔治·美里埃创造的特技方法。电影这门新兴的艺术，具有十分鲜明的性格，它在成为真正的艺术的同时，也具有了明显的商业性质。1904年，第一部最赚钱的电影，也是第一部美国西部片《火车大劫案》首次放映，首创了电影制作中的剪辑手法。《火车大劫案》的巨大成功，为电影艺术在20世纪迅速发展提供了充足条件。早期的电影没有声音，因而通常称为"无声片时代"。这时电影的一大特征就是类型化，电影的类型化培养了电影史上第一批电影明星。1913年，美国派拉蒙电影公司在洛杉矶郊外10公里处的一块无名荒地上建成了第一个名副其实的摄影棚。这就是"好莱坞"的起源。从1913年起，好莱坞这块地方建造了越来越多的电影摄制棚和电影厂，好莱坞的名声也越来越大。第二次世界大战以前的电影史，主要就是好莱坞的历史。它足足繁荣了40多年，至今仍是世界上最有名的电影城。查理·卓别林是20世纪杰出的大艺术家之一。他代表了整个无声片时代的最高艺术成就。他所主演的《摩登时代》《大独裁者》等电影，已成为电影艺术史上的经典。第二次世界大战之前，电影史上最重要的事件之一，就是电影拥有了声音，而最重要的人物，就是瑞典裔的电影演员嘉宝。在电影的发展历史上曾经有两次现代主义的高潮。第一次是在无声片时代，当时欧洲大陆各种现代主义流派林立，经过一段时期的成长，开始在20年代初渗透到电影艺术中来。到20年代中期，电影中的现代主义已经开始强盛，电影史上通常把这一段时期称为法国先锋派电影运动，在无声片时代制片中商业意识占了最大的比重。一批年轻的知识分子力图摆脱电影通俗的一面，从未来主义、立体派、超现实主义那里吸收了许多概念和技巧，拍出了一批现代主义的影片，同时设立"先锋电影院"，放映这些片子。第二次世界大战后，法国的新浪潮电影运动使现代主义电影再次兴起。电影艺术家们抛弃了20年代现代主义电影的做法。（杨光明）

第五章　著名历史人物

第一节　从古代到文艺复兴

伯里克利（Pericles，约公元前495—前429）古代雅典政治家。其父克赞提普在反对波斯人的战争中屡建战功，其母是著名政治家克利斯提尼的侄女。公元前5世纪60年代，他和厄菲阿尔特一道扩大雅典民主机构公民大会和民众法庭的权力，反对贵族派首领西门，剥夺贵族会议的许多特权，成为民主派的领袖。公元前443年起当选将军，历时15年，在雅典内政、外交等方面起了决定性作用。在他当政期间，雅典民主政治达到极盛，经济、文化处于高度繁荣。伯里克利竭力维护雅典对提洛同盟各城邦的控制和剥削，曾领兵镇压萨莫斯岛的起义。他利用提洛同盟贡金大力扩建舰队，并率舰队远航黑海，扩大雅典声威。在伯罗奔尼撒战争爆发前后，拟定和执行了反斯巴达战略。因战事不利，公元前430年一度落选将军，公元前429年再度当选。伯里克利还大兴土木修建雅典城，执行发展工商业和文化政策。他学识渊博，具有卓越的演说才能，与著名哲学家阿那克萨哥拉、剧作家索福克勒斯、艺术大师菲迪亚斯等人关系密切。公元前429年因染瘟疫病逝。

希罗多德（Herodotus，约公元前484—前430或前420）古希腊历史学家，生于小亚细亚的哈利卡纳苏斯城。因参加反对僭主统治的斗争被迫离开故乡，长期在地中海周围地区游历，到过埃及、巴比伦、黑海沿岸和希腊的许多地方。在雅典居住期间和伯里克利、索福克勒斯等人交往甚密。公元前443年，雅典在意大利南部建立图里城，希罗多德成为该城邦的公民，并在此度过晚年。希罗多德在古罗马时代便被誉为"历史之父"。他所著《历史》一书，亦称《希腊波斯战争史》，共9卷，叙述了西亚、北非及希腊诸地区的历史、地理和民族习俗，以及波斯人和希腊人在公元前478年以前数十年的战争。书名和分卷方法均出自希腊化时代的学者之手。该书也是一部文学作品，语言生动，所描写的众多人物性格鲜明。希罗多德在欧洲史坛最先对史料采取了分析批判态度，而不是盲目相信传闻。他创造了叙述历史的新方法，把记载史实和加以阐释结合起来。希罗多德并没有首尾一贯地解释历史事件的原因，他时而诉诸神的意志和命运，时而认为取决于个别人物的才能，有时还借助于对历史、地理因素的分析。希罗多德崇尚雅典民主，但也能充分肯定古代亚非人民的文化成就。

修昔底德（Thucydides，约公元前 460—前 401）古希腊历史学家，生于雅典一个显贵家庭。公元前 424 年当选为将军，同年冬天，斯巴达军队进攻雅典的据点安菲波利斯，修昔底德因驰援被围困者不力而获罪流放 20 年。伯罗奔尼撒战争结束后返回雅典，不久去世。流传至今的《伯罗奔尼撒战争史》是修昔底德用 30 多年时间编写的未竟之作，记述的事件截至公元前 411 年。全书共 8 卷，书名和分卷方法均出自希腊化时代的学者之手。修昔底德善于借历史人物之口，用自己审时度势撰写的演说辞阐述与该战争有关的各种问题。叙事与当事人演说的紧密结合为该书一大特色。该书不但充满哲理，而且富有文采。他撰写历史的目的对后人有很大启发。他相信存在共通的人性，历史发展有一定的规律，过去的事可供后人借鉴。他对历史资料采取严格批判的态度，努力辨清真伪，并根据当时的遗迹推断历史的实际情况。他力图揭示历史事件之间的因果关系，对神灵的作用持否定态度。他的批判精神和深刻思想受到文艺复兴以来许多历史学家的高度评价。

柏拉图（Platon，公元前 428—前 348 或前 347）古希腊唯心主义哲学家，生于雅典贵族家庭。曾师从苏格拉底，深受其影响，早年游历地中海周围许多地区。与叙拉古僭主狄奥尼西奥斯父子有长期交往，曾希望通过他们实现其治国理想。公元前 386 年前后在雅典开设哲学学园，从此边执教边著述，直到病逝。柏拉图现存的著作有 20 多部，它们对哲学发展和社会政治史研究有巨大影响。柏拉图哲学体系的核心是唯心主义的“理念论”。他的社会政治观点集中体现在《理想国》和《法律篇》中。他参照斯巴达的政治制度，构想了解决当时希腊城邦所面临的重要矛盾的方案。他的“理想国”按严格的社会分工，由三个等级组成：第一个是执政者等级，即富有理性和知识的哲学家，负责教育人民和治理国家；第二个是保卫者等级，即武士，负责保卫国家；第三个是供应营养等级，即农民、手工业者和商人等自由民，负责生产和供应生活资料，而奴隶只是会说话的工具。他认为，国家的主要职能是实现正义。《法律篇》对上述方案作了修改，提出了法治的必要性。

亚里士多德（Aristotle，公元前 384—前 322）古希腊哲学家，著名学者，生于爱琴海北岸的斯塔吉拉城（现称斯塔夫罗斯）。公元前 367 年到雅典，师从柏拉图 20 年。公元前 343—前 342 年担任马其顿王子亚历山大的教师。公元前 335 年返回雅典开设学园，从事教育和学术研究。亚里士多德学识渊博，著述丰富，涉及哲学、经济学、动物学、物理学、伦理学、文学、修辞学等众多领域。他还是逻辑学和政治学的奠基人。他所著《雅典政制》《政治学》是研究古代希腊政治制度、政治思想的重要史料。他的《伦理学》和《修辞学》对了解古希腊的政治法律思想具有重要价值。他的经济学说主要集中在《政治学》中。他认为国家由许多家庭组成，要研究国家先要研究家庭，所以他把奴隶主阶级的家庭管理，即“经济”纳入了政治学。作为奴隶主阶级的思想家，亚里士多德认为奴隶占有制是天经地义的。他在哲学上摇摆于唯心主义与唯物主义、形而上学与辩证法之间。在伦理道德方面，亚里士多德宣扬公平和中庸，力图调和阶级矛盾。在政治上他试图使雅典依附于马其顿帝国，以便巩固古代希腊奴隶制度。

亚历山大大帝（Alexander Ⅲ the Great，公元前 356—前 323）古代马其顿国王、卓越的军事统帅。生于马其顿首都培拉。早年从师于亚里士多德。公元前 336 年，其父腓力二世遇刺身亡后继承王位。公元前 334 年发动侵略亚洲和非洲的远征，历时 10 年之久。公元前 323 年因病死于巴比伦。在东侵过程中，亚历山大利用波斯帝国的政治腐败和指挥无能，果断进攻，公元前 334 年春在格拉尼科斯河畔打败 4 倍于己的波斯军队。公元前 333 年，亚历山大在伊苏斯战役中彻底击败波斯军队，继而入侵北非，公元前 332 年到达埃及，被拥立为法老。公元前 327—前 325 年远征印度。因士兵厌战，被迫撤军，于公元前 324 年回到巴比伦。通过军事征服，亚历山大建立起一个横跨欧、亚、非的庞大帝国。他采用波斯中央集权的专制体制，鼓励将士与东方女子结婚，袭用波斯宫廷的礼仪。在战略要地建立起一批以马其顿人和希腊人为主的要塞和城市。亚历山大的东侵促进了希腊与亚非地区的经济和文化交流。他死后帝国陷于瓦解，经过长期混战，形成了以托勒密王国、塞琉西王国和马其顿王国为主体的一批希腊化国家。

西塞罗（Marcus Tillius Cicero，公元前106—前43）古罗马政治家、演说家和哲学家，出身于富裕的骑士家庭，年轻时曾在希腊学习修辞学和哲学。回到罗马后，以其广博的知识、雄辩的演讲和对苏拉体制的抨击博得赞誉。公元前63年任执政官，支持元老院镇压喀提林阴谋的参与者。公元前60年“前三头同盟”成立后，拒绝恺撒要他参加同盟的邀请。公元前57年被放逐，公元前56年年被召回。公元前51年任奇里乞亚行省总督。公元前49年罗马内战爆发后追随庞培。恺撒被刺身亡后，西塞罗热衷恢复共和制，连续发表14篇演说辞，抨击安东尼。公元前43年12月7日被安东尼部下杀害。西塞罗著述颇多，现存演讲词58篇，有关政治、法律、哲学、修辞学的论著19种以及大量书信，主要著作包括《论国家》《论法律》《论神的本质》《论善与恶之定义》等。西塞罗在政治上属于维护共和制的贵族保守派，认为罗马共和国是最理想的政体。在哲学史上，西塞罗传播了希腊的哲学思想，提供了一套哲学术语，当今不少哲学概念都来源于他的著作。

恺撒（Gaius Julius Caesar，公元前100—前44）古罗马政治家、军事家，出身贵族。公元前62年任大法官。公元前60年，与庞培、克拉苏·迪弗斯秘密结盟，史称“前三头同盟”。公元前61年年任执政官，后任山内高卢总督。公元前58—前51年，通过多次战争征服山外高卢，造就一支善战大军，积累了巨额财产。公元前55年侵入日耳曼地区，之后两次渡海入侵不列颠。公元前53年克拉苏·迪弗斯死后，恺撒与庞培及元老院矛盾激化，终导致内战。公元前49年1月，恺撒率军攻占意大利，随后又击溃庞培在西班牙的军队。公元前48年法萨罗一战全歼庞培军队。自内战期间起，恺撒获得终身独裁官、执政官等职，集大权于一身。在任内实行一系列改革，如改善行省管理制度，建立老兵殖民地，颁布自治市法，增加官员数量，整顿元老院等。此外，还改订历法，颁行“儒略历”。虽然他尽量采取宽容政敌和扩大政权社会基础的政策，但其独裁统治仍引起共和派的不满。公元前44年3月15日，恺撒被以布鲁图和喀西约·龙基纳为首的元老派贵族阴谋刺杀。著有《高卢战记》《内战记》等。“恺撒”后成为罗马和西方一些帝王习用的头衔。

奥古斯都（Augustus，公元前63—公元14）罗马帝国第一位皇帝，元首政制的创立者。出身骑士阶层，系恺撒的甥孙，原名盖约·屋大维。公元前44年被恺撒收为养子，更名为盖约·儒略·恺撒·屋大维安努斯，不久利用恺撒的威望和遗产登上罗马政坛。公元前43年任执政官，与安东尼、李必达公开结成“后三头同盟”。公元前36年剥夺李必达的军权。公元前31年在亚克兴海战中击败安东尼，成为罗马的主宰。公元前28年改组元老院，自任“元首”。公元前27年1月13日，在元老院宣布交卸权力，还政于民；元老院因此授予他“奥古斯都”（意为“神圣”、“伟大”）的尊号。实际上，他一直身兼执政官和终身保民官等要职，集大权于一身。他创立的“元首制”实为共和形式下的君主制。奥古斯都是机智善断、谨慎稳健的政治家。他根据罗马从城邦向庞大帝国发展的变化，对不适应的政治体制进行了改革，从而开创了相对安定的政治局面，为经济的发展和文化的繁荣创造了条件，使罗马奴隶制社会臻于鼎盛。公元14年8月19日死于意大利的诺拉。“奥古斯都”后成为西方帝王的一种头衔。

塔西佗（Cornelius Tacitus，约56—120）古罗马历史学家和文学家，出身旧贵族家庭。在罗马帝国政府中屡任要职，公元97年任执政官，112—113年任亚细亚行省总督。传世著作有：《演说家对话录》，论述演说术衰落的原因；《阿格里科拉传》，叙述其岳父的生平，涉及早期不列颠的历史；《日耳曼尼亚志》，记述日耳曼诸部落的风俗习惯和制度，是研究日耳曼人早期历史的珍贵史料。约在109年完成的巨著《历史》和《编年史》共30卷。《历史》记述了公元69—96年的史实，仅存前4卷和第5卷的一部分；《编年史》记载了公元14—68年的史实，流传下来的有1—4卷，第5、6、11、16卷的一部分以及第12—15卷。这两部著作是研究早期罗马帝国的重要史料。塔西佗的著作材料翔实，语言精练，描写细致，风格典雅，对后世文学有重大影响。在政治思想方面，塔西佗属贵族共和派。他承认帝制不可避免，但憎恨残暴的专制君主，厌恶元老们的奴颜婢膝。其作品对帝国统治阶级极尽嘲讽与揭露，对社会下层也采取轻蔑态度。

克努特大帝（Canute the Great，995—1035）中世纪英格兰、丹麦和挪威国王。丹麦王斯万一世之子。曾多次随父出征英格兰，为此组织强大军队，建造众多大型城堡式兵营。1014 年其父去世后被英格兰的丹麦人拥立为王。但由于遭到英格兰人的反对而被迫回到丹麦。1015 年率领丹麦和挪威联合舰队进攻英格兰。1016 年占领泰晤士河以北广大地区，后征服英格兰全境，并登上英格兰王位。1019 年继承丹麦王位。1028 年打败挪威和瑞典，成为挪威国王，并占领瑞典南部地区。至此，克努特建立起包括英格兰、丹麦、挪威、苏格兰大部和瑞典南部的“北海大帝国”，被拥立为“大帝”。久居伦敦后逐渐尊重英格兰的民族传统，开始推行亲善政策，并皈依基督教。克努特大帝统治时期为丹麦人和北欧海盗时代的鼎盛期。1035 年死后“北海大帝国”逐渐瓦解。

但丁（Dante Alighieri，1265—1321）意大利诗人、文艺复兴运动的先驱。出身于没落贵族家庭，父母早亡。少年生活贫困，刻苦自学，对诗歌、伦理学、哲学、神学以及天文、地理、历史、音乐和绘画等均有研究。早年参加新兴市民阶级反对封建贵族的斗争。1300 年 6 月曾被任命为任期两个月的佛罗伦萨共和国执政官，负责调解归尔甫党内部的黑、白党之争，挫败了教皇干涉佛罗伦萨内政的阴谋。1302 年 1 月，代表罗马教廷利益的黑党夺取佛罗伦萨政权，将但丁判处终身流放。此后但丁流落意大利各地，以讲学和作诗自慰。1315 年，佛罗伦萨统治者以缺席判处其死刑。1317 年应拉文纳统治者邀请，携子女客居拉文纳，并在这里度过晚年。他的第一部诗集《新生》用意大利文写成，歌颂其理想中的恋人贝娅特丽切，表达了对美好生活的向往。其代表作《神曲》分《地狱》《炼狱》和《天堂》三部，共 100 章，以广阔的场景描写了他的悲哀和希望。通过诗歌语言，但丁揭露了中世纪后期的意大利从封建关系向资本主义关系过渡中的社会矛盾，对教会的腐败和虚伪进行了抨击和揭露，表现出人文主义的萌芽，其思想性和艺术性都达到时代的最高水平。其他主要作品有《飨宴》《帝制论》等。

哥伦布（Cristoforo Colombo，1451—1506）著名航海家，出生于意大利热那亚一个纺织工人家庭。青年时读过《马可·波罗游记》，向往东方的富庶。1476 年移居葡萄牙，屡次向葡萄牙国王建议向西环球航行以探索通往东方印度和中国的海上航线，但未被采纳。1485 年移居西班牙。1492 年奉西班牙国王之命，携带致中国皇帝的国书，率 3 只船和 87 名水手，从巴罗斯港出发，横渡大西洋，结果到达了巴哈马群岛和古巴、海地等岛。后在 1493 年、1498 年和 1502 年的 3 次航行中，又到达了牙买加、波多黎各诸岛及中、南美洲大陆沿岸地带。哥伦布始终误认为所到达的新大陆是印度。他的航行未受到西班牙当局的重视。但实际上，15 世纪末 16 世纪初的欧洲正处在商业资本主义发展和封建制度瓦解的转变时期，哥伦布对美洲的发现顺应了欧洲资产阶级掠夺新财富、发展资本主义的迫切要求。哥伦布晚年贫困，抑郁而死。

达·芬奇（Leonard de Vinci，1452—1519）意大利文艺复兴时期的著名艺术家。生于佛罗伦萨附近的达·芬奇，出身中产阶级家庭。达·芬奇既是艺术家，又是科学家，为当时“全面发展的人”的完美典型。他的艺术水平在体现人文主义思想和掌握现实主义手法上都达到新的高度，从而塑造了一系列无与伦比的艺术典型。他的肖像画《蒙娜·丽莎》被誉为世界美术杰作，表现了艺术家对女性美和人的丰富精神生活的赞赏；壁画《最后的晚餐》则反映了艺术家创造典型人物和戏剧性场面的能力，深刻描绘了人物的性格，布局严谨又富于变化，为后人学习的典范。达·芬奇还将精深的艺术创作与广博的科学研究密切结合。他对许多学科都有重大发现，在解剖学、生理学、地质学、植物学、应用技术和机械设计方面建树颇多，被誉为许多现代发明的先驱。

马基雅维利（Niccolo Machiavelli，1469—1527）意大利文艺复兴时期的政治思想家、历史学家。生于佛罗伦萨没落贵族家庭。1494 年参加反美第奇家族的起义。1498 年起任佛罗伦萨共和国掌管军事外交的“十人委员会”秘书，负责起草政府文件和佛罗伦萨防务，并出使意大利各国和法、德等国。1513年美第奇家族复辟，马基雅维利遭逮捕和监禁。恢复自由后，长期隐居庄园，著书立说。1527年美第奇家族被驱逐后，他回到佛罗伦萨，期望重新得到任用，但遭拒绝，遂忧愤成疾，郁闷而死。马基雅维利是中世纪晚期意大利新兴资产阶级的代表，主张结束意大利在政治上的分裂状态，建立强大的中央集权国家。他在其代表作《君主论》中提出共和政体是最好的国家形式，但又认为共和制度无力消除意大利的分裂局面，只有建立拥有无限权力的君主政体才能使臣民服从，抵御强敌入侵。他强调为达目的不择手段的权术政治，认为只要有助于君主统治就都是正当的。这一思想被后人称为“马基雅维利主义”。他还著有《论战争艺术》及《佛罗伦萨史》等著作。

米开朗琪罗（Michelangelo Buonarroti，1475—1564）意大利文艺复兴时期的著名艺术家，生于托斯卡纳。米开朗琪罗是艺术上造诣极高的大师，在建筑、雕刻、绘画、诗歌等方面都留有很多不朽杰作。他在罗马梵蒂冈西斯廷礼拜堂创作的巨幅屋顶壁画《创世纪》和《末日裁判》，虽属宗教题材，却充满热情奔放、力量无穷的英雄形象，表达了新兴资产阶级的人本思想，被誉为世界上最宏伟的艺术作品。他的许多雕塑，如《大卫像》《摩西像》和《垂死的奴隶》等，在技艺上较希腊古典名作有过之而无不及。

莫尔（Thomas More，1477—1535）英国空想社会主义者，出身于伦敦一个富裕家庭。14岁入牛津大学攻读拉丁文和形式逻辑，受到人文主义思想影响，后改学法律。1502年任伦敦市副执政官。1504年当选下议院议员。1509年亨利八世继位后，莫尔曾历任要职，并多次出使国外。1518年任枢密院顾问官和请愿法庭法官。1523年当选下议院议长。1529年任英国大法官。1532年，在宗教改革问题上因反对国王为英国最高宗教领袖而被迫辞职，后于1535年被处死。莫尔的代表作是《乌托邦》。该书以对话形式记叙了作者与一名葡萄牙水手的谈话。在第一部分中，他揭露了圈地运动导致“羊吃人”的现象，反映了资本原始积累给人民带来的苦难，指出私有制是劳动者贫困和社会灾难的根源。在第二部分中，他描述了“乌托邦”理想社会的基本特征：没有私有制和商品货币关系，人人参加劳动，没有脑体劳动的对立，公民一律平等，按计划组织生产，产品极大丰富，实行按需分配，对儿童实行集体教育等，莫尔在世界历史上首次提出了空想社会主义的许多基本思想。他的《乌托邦》在空想社会主义思想史上占有重要地位，对后来社会主义思想的发展产生了深远影响。

拉斐尔（Raffaello Sanzio，1483—1520）意大利文艺复兴时期卓越的画家，被后世尊为“画圣”。他善于博采众家之长，融合意大利两个世纪以来艺术发展的精华，又加以自己的创造，在艺术的典雅、秀美方面大放异彩，留下许多杰作。在《花园中的圣母》《西斯廷圣母》中，他表现的圣母已经不是虔诚的天主教徒所崇拜的圣玛利亚，而是市民阶级所欣赏的温良贤淑的母性。他在梵蒂冈教皇宫中创作的许多壁画，尤其是《雅典学派》《教义的争论》等，都达到构图和形象的完美极致，并表现了世俗思想的胜利。

路德（Martin Luther，1483—1546）宗教改革运动的发起者、基督教新教路德宗的创始人。生于德意志萨克森一个矿业主家庭。1501年进入爱尔富特大学。1505年入奥古斯丁会修道院研究神学，后被送往维滕贝格大学学习。1512年获神学博士学位，并担任神学教授。由于目睹教廷腐败和德意志社会矛盾的尖锐化，决心从事宗教改革。1517年10月，路德提出《九十五条论纲》，认为教皇出卖赎罪券违背基督教的原理，指出基督徒只需忏悔便可得救。1520年，路德发表《罗马教皇权》《论基督徒的自由》等著作，系统地提出信仰得救、建立廉俭教会和改革文化教育等主张，号召驱逐罗马教会势力、建立德意志教会，并当众焚毁教皇的教谕。1521年5月，皇帝颁布敕令，宣布路德为异端，限期捉拿。路德躲进萨克森选帝侯的瓦特堡，从事《圣经》的德文翻译，为德语的统一做出了贡献。1521年12月，他发表《劝基督徒毋从事反叛书》，宣传教皇将自行灭亡，上帝禁止暴动。1523年发表《论世俗权力》，摘引《圣经》拼成赞美诗，歌颂诸侯政权，号召人民服从。1525年，当德意志农民战争进入高潮时，他发表《忠告和平》，主张镇压农民起义，试图和天主教教会和解。但是，1529年的帝国议会重申皇帝反异端的敕令。路德派对此提出抗议，从此新教徒被称为“抗议者”。路德在萨克森选帝侯的庇护下度过晚年，路德宗变为维护诸侯统治的工具。

闵采尔（Thomas Muntzer，1490—1525）德意志宗教改革和农民战争领袖。中学时组织过反对诸侯和天主教会的秘密团体。先后就学于莱比锡大学和法兰克福大学，获文学硕士和神学博士学位。受到人文主义思想影响，精通拉丁文、希腊文和希伯来文。1513 年任见习神父，后任修道院长和中学教师。积极拥护路德宗教改革的主张，同民间的再洗礼派关系密切。当路德倒向诸侯时，闵采尔与之决裂。1521 年，闵采尔流亡布拉格，获得捷克胡斯派中的塔博尔派的支持。同年，他发表《布拉格呼吁书》，号召用暴力实现社会变革。1522 年回国，逐渐形成其宗教和政治理论，建立起基督教同盟组织。1524 年年底到 1525 年年初，闵采尔在德意志农民起义中进行了大量宣传组织工作，并直接领导图林根和萨克森的农民起义，把这次农民战争推向顶点。此后，农民军被诸侯联军击败，闵采尔受伤被俘，遭到杀害。闵采尔是宗教改革运动中的激进派领袖，他否认《圣经》是唯一无误的启示，传布一种接近无神论的泛神论。他认为信仰就是理性，存在于人体之中；每个人都能通过自己的理性升入天堂；基督徒的使命是在现世建立天堂。他的政治主张是以暴力革命建立没有私有财产和阶级差别的理想社会。他的理论超出了时代的要求，带有空想性质，但为当时人民的反封建斗争提供了有力的思想武器。

加尔文（Jean Calvin，1509—1564）法国宗教改革家，基督教新教加尔文宗创始人，生于法国北部努瓦荣。1523 年到巴黎求学，后赴奥尔良大学学习法律，深受人文主义思潮影响。1531 年回到巴黎，专攻神学，后成为新教徒。因受当局迫害，化名逃亡瑞士。1536 年在巴塞尔出版《基督教要义》，对新教教义作了系统阐述，产生很大影响。此后一直在日内瓦领导宗教改革。加尔文提出“先定论”，认为人是否得救皆由上帝事先决定，与本人努力无关；上帝的选民注定能得救，上帝的弃民一定要遭殃。他赞成经营致富和借贷取利，主张民主选举教职人员，建立清廉教会，这反映了新兴资产阶级的要求。在他的建议下，日内瓦成立了由加尔文宗长老、议员和官员组成的宗教法庭，密切监视人们的思想和行动。加尔文是宗教法庭的实际负责人。凡听讲道迟到、念玫瑰经、崇拜偶像、唱歌跳舞、酗酒打架和亵渎上帝者，法庭可对其警告、监禁，甚至烧死。在加尔文的领导下，日内瓦成为政教合一的神权共和国和宗教改革中心，加尔文宗逐渐传播到欧洲各国。因此有人称加尔文是新教的教皇，日内瓦是新教的罗马。其著述有《加尔文全集》。

塞万提斯（Miguel de Cervantes Saavedra，1547—1616）西班牙小说家、剧作家、诗人，生于没落贵族家庭。父亲为外科医生，童年即随父行医到过西班牙的一些大城市。由于家境贫寒，无力上大学，只能刻苦自学。1569 年作为枢机主教的随从到了罗马。1570 年从军，次年参加抗击土耳其的勒班陀海战负伤。1573 年参加对突尼斯的远征，1575 年退役。在返回西班牙的途中遭土耳其海盗袭击，被押至阿尔及尔，在那里过了 5 年奴隶生活，1580 年 5 月才被赎回国。1582 年，塞万提斯开始创作剧本，1584 年发表悲剧《努曼西亚》和田园牧歌小说《伽拉苔亚》。1582—1587 年共写出 20 多部作品。1587 年被委派担任无敌舰队的军官。后因乡绅诬陷，革职入狱，获释后改任税吏。1605 年，塞万提斯最著名的《堂吉诃德》第一卷出版。作品问世后立即获得成功，一年内再版 6 次，成为当时的流行小说。1615 年完成《堂吉诃德》第二卷，同年还出版了《八出喜剧和八出幕间短剧》。其他作品还有《训诫小说》、长诗《巴纳斯游记》和《佩西莱斯和西吉斯蒙达历险记》等。

莎士比亚（William Shakespeare，1564—1616）伟大的英国戏剧家，文艺复兴文学的巨匠，出身于市民家庭。1578 年来到伦敦，1590 年开始写作剧本。他善于从历史和前人的作品以及他周围的社会生活中发掘最突出的事件，作为创作的题材。他用生动的语言体现剧中的人物。他所塑造的舞台形象反映了现实社会的各个阶层，展现了广阔的社会场景。莎士比亚留下了 37 部悲剧、喜剧和历史剧，其代表作品《哈姆雷特》《罗密欧与朱丽叶》《奥赛罗》《威尼斯商人》《李尔王》《麦克白斯》等都是世界剧坛中普遍推崇的名剧。莎士比亚的悲剧是他后期更为成熟的作品。剧中主人公往往在性格中表现出人文主义的理想，他们所经历的悲剧正是英国封建社会后期社会矛盾的深刻反映。莎士比亚以人文主义的观点揭露和批判现实社会的黑暗和丑恶，但他所向往的道德和正义还只是空洞的概念，因此他所歌颂的正面人物不得不以悲剧告终。

伽利略（Galileo Galilei，1564—1642）意大利数学家、天文学家和物理学家，生于意大利的比萨。1581 年入比萨大学攻读医学，1585 年在佛罗伦萨学院任教。1592 年到帕多瓦任数学讲师，在那里的 18 年间完成了大量研究工作。他主张研究自然界必须进行系统的观察和实验，是最早利用望远镜观察天体取得大量成果的第一人。通过实验，他推翻了亚里士多德关于“物体落下的速度和重量成正比”的学说，建立了落体定律。他还发现了物体的惯性定律、摆振动的等时性、抛物运动规律，并确定了伽利略相对性原理，被誉为经典力学和实验物理学的先驱者。他的重要发现有：月球表面凹凸不平、木星的 4 颗卫星、太阳黑子、银河由无数恒星组成，以及金星、水星的盈亏现象等，有力证明了哥白尼的地动说。1632 年发表《关于两种世界体系对话》，反对托勒密的地心体系，发展了地动说，因此遭到罗马教廷的判罪管制。此后他完成了《两种新科学的对话》，总结自己在力学上的工作。他强调，只有可归结为数量特征的物质属性，如大小、形状、重量、速度等是客观存在的，而忽略了色、香、味等物质属性的客观性。1642 年 1 月 8 日于阿切特里去世，享年 78 岁。1983 年，罗马教廷正式承认前宗教裁判所对伽利略的审判是错误的。

格劳秀斯（Hugo Grotius，1583—1645）荷兰政治家、法学家、近代国际法奠基人，出生于知识分子家庭。自幼聪明过人，11 岁进入莱登大学，15 岁赴法国奥尔良大学攻读法律。1599 年回荷兰，在海牙当律师。1601 年在荷兰共和国荷兰省政府任检察长，并积极参与外交活动。1604 年为荷兰联合东印度公司撰写了《捕获法》一书。1609 年开始出版《论海上自由》。1613 年率荷兰政府代表团赴英国解决贸易纠纷。1618 年因宗教问题同莫里斯亲王发生冲突，被判死刑。1621 年越狱，侨居巴黎，从事写作，主要著作为《战争与和平法》。1634 年被瑞典政府委任为瑞典驻法公使，1644 年辞职。1645 年在海上遇难得救，两日后逝世。格劳秀斯主张用国际法约束国家之间的关系。他发展了古希腊罗马哲学中的自然法论，认为法律的基础是自然法。他提出有限制的伦理主权说，认为法律应当符合理性，不应由上帝、国王任意改变。他还提出以尊重人和私人财产的观点来处理战争和战俘问题。这些思想体现了当时荷兰新兴资产阶级的利益。格劳秀斯对历史、文学、神学及自然科学也有研究。

笛卡尔（Rene Descartes，1596—1650）法国数学家和哲学家，解析几何的创始人。出身于穿袍贵族家庭。参加过三十年战争，1629 年定居荷兰，1649 年受瑞典王后邀请，赴瑞典讲学，1650 年卒于该地。他强调科学的目的在于造福人类，使人成为自然界的主人。反对经院哲学，主张“系统的怀疑”方法，但提出了“我思故我在”的原则，强调不能怀疑以思维为属性的独立精神实体。在形而上学或本体论上，他是典型的二元论者。他还企图证明上帝的存在，认为上帝是“有限实体”的创造者和终极的原因。在认识论上，主张唯理论，把几何学的推理方法或演绎法应用到哲学上。其物理学表现出机械唯物主义的思想，但也包含丰富的辩证法因素。他主张物质不灭，运动守恒，物质世界是无限的，没有不具有广延性的、不可分割的原子。并试图用力学、生理学等原理来说明心理现象。他在《方法谈》的附录《几何学》中创始了平面解析几何，主要著作有《方法谈》《形而上学的沉思》《哲学原理》《论世界》《音乐提要》等。

第二节 从英国革命到第一次世界大战前

克伦威尔（Oliver Cromwell，1599—1658）英国资产阶级革命时期的主要军事、政治领导人，独立派领袖，出身于中等贵族家庭。青年时受清教思想熏陶。1628 年被选入议会，1640 年作为剑桥郡代表被选入“短期议会”和“长期议会”。在长期议会中，与反对王党的议员站在一起，参加制定《大抗议书》等文件。在 1642—1648 年两次内战中，先后统率“铁骑军”和新模范军，战胜了王党的军队。1648 年清洗了国会中长老派的势力。1649 年在城市平民和自耕农压力下，处死国王查理一世，宣布成立共和国。随后又残酷镇压了平等派和掘地派的民主运动以及爱尔兰的民族起义。1653 年建立军事独裁统治，自任护国公。为了向外扩张和争夺殖民地，曾对荷兰、西班牙和葡萄牙作战，并取得胜利。恩格斯曾说他在英国资产阶级中“兼罗伯斯比尔和拿破仑于一身”。

洛克（John Locke，1623—1704）英国哲学家，1652 年入牛津大学攻读医学和哲学。1665 年出任驻德国大使馆秘书，结识辉格党领袖沙夫茨伯里伯爵，伯爵掌权时，洛克几度进入政府。1688 年政变后任贸易和殖民大臣，参与英格兰银行的币制改革。晚年隐居乡间，从事宗教问题研究。洛克生活在君主立宪制确立时期，在政治思想上以自然法学说和“社会契约”论阐释国家的起源和本质，反对君权神授和王位世袭理论。认为自由、平等和私有财产是人们在“自然状态”的“天赋权利”，先于国家而存在，国家的主要目的是保护私有财产，否则人们有权反抗之。在政治制度上，他主张将国王置于议会控制之下，提出国家权力三分说，即立法、行政和外交权的分立。在宗教方面，他倡导信仰宽容，反对宗教狂热和宗教迫害，呼吁国教和清教相互妥协，把宗教信仰置于理性基础之上。洛克的国家观为 1688 年政变提供了理论根据，其分权论体现了资产阶级和贵族妥协的倾向以及限制君权、扩大资产阶级议会权利的要求，对孟德斯鸠的三权分立学说有重要影响。主要著作有《政府论》《论宗教宽容》《人类理智论》《基督教之合理性》等。

斯宾诺莎（Baruch Spinoza，1632—1677）荷兰唯物主义哲学家。生在一个犹太人家庭，但他因反对犹太教教义而被开除教籍。早年生活艰苦，以磨镜为生。曾对笛卡尔的哲学进行过深入细致的研究，接受了笛卡尔的物理学，但认为笛卡尔的形而上学有不足之处。他肯定“实体”即自然界是一切事物的统一基础，否定超自然的上帝的存在。但又把“实体”也叫做“上帝”，从而给唯物主义披上泛神论的外衣。认为人们只能认识“实体”的两种属性，即思维和广延；并用“样态”来说明运动变化现象。其哲学体系未能避免形而上学的局限性，例如他认为无限的“实体”不变不动，并把运动解释为机械的位置转移等。但其中也有丰富的辩证法因素，如把“实体”作为自因来理解，坚持从世界本身说明世界，猜测到事物的普遍联系、相互依存、相互作用等。反对唯心主义的目的论和笛卡尔的自由意志说，强调自然界的一切都是必然的。在认识论方面，他是唯理论的主要代表之一，认为感性知识不可靠，只有用理性直觉和推理才能得到真正可靠的知识，主要著作有《神学政治论》《伦理学》《知性改进论》等。

路易十四（Louis XⅣ，1638—1715）法国国王，路易十三之子，5 岁即位，曾因投石党运动而逃离首都。1661 年亲政后强化中央集权，宣称“朕即国家”。他亲自主持国务会议，制定重要决策，排除贵族势力，派钦差大臣监督地方行政。1685 年废除南特敕令，禁止信仰自由，镇压胡格诺教徒。推行重商主义，鼓励商品出口，取消国内关卡，扶植手工工场，使资本主义得到发展，国库收入增加。他实行严格的书报检查制度，但鼓励古典主义戏剧、美术和建筑的发展。在军事方面，为确立法国在欧洲的霸权，在几十年中先后同西班牙、荷兰、奥地利进行一系列征服战争，终使法国精疲力竭，经济面临崩溃。路易十四将法国绝对君主制推到顶峰，但在其统治后期，国库空虚，起义频繁，民怨沸腾，法国封建专制制度开始走向衰落。

牛顿（Isaac Newton，1642—1727）英国物理学家。生于英国乌尔索普一个农民家庭。1661 年进入剑桥三一学院。1703 年起担任英国皇家学会会长。1705 年被女王封为爵士，是第一位得到这个荣誉的科学家。牛顿在伽利略等人工作的基础上建立了成为经典力学基础的牛顿运动定律。他还发展了开普勒等人的研究，发现万有引力定律。在光学方面，他致力于色的现象和光的本性的研究。1666 年用三棱镜分析日光，奠定了光谱分析的基础，并制作了牛顿色盘。1675 年观察到牛顿环。在热学方面，他确定了冷却定律。在天文学方面，他创制了反射望远镜，初步考察了行星运动规律，预言地球不是正球体。在数学方面，他提出了“流数法”，和莱布尼茨一道并称为微积分的创始人。他的《自然哲学的数学原理》一书于 1687 年全部出版，在各国赢得广泛赞誉。牛顿的哲学思想属于自发的唯物主义，例如他承认时间、空间的客观存在，但将其看作是同运动着的物质相脱离的，因而提出了所谓绝对时间和绝对空间的观点，这种观点具有形而上学的性质；他还提出一切行星都在某种外来的“第一推动力”作用下由静止开始运动的说法。晚年停止了科学研究活动，对宗教和神学产生很大兴趣。终身未婚。

孟德斯鸠（Charles-Louis de Secondat Montesquieu，1689—1755）法国著名启蒙思想家、哲学家。生于波尔多附近一贵族家庭。1705 年入波尔多大学攻读法律。1716 年继承伯父爵位，任波尔多高等法院院长，获男爵封号。1721 年匿名发表《波斯人信札》，以两名波斯游客通信的体裁，讽刺法国专制制度，嘲笑上流社会的荒淫无耻，谴责宗教迫害。1726 年出卖了法院院长职务，潜心著述，游历欧洲各国。在英国期间，研究了洛克等人的著作，赞赏英国议会制度。1734 年发表《罗马盛衰原因论》，提出罗马兴盛是由于实行共和制，衰败则由于实行专制暴政。1748 年发表《论法的精神》。他提出，国家的目的在于保护政治自由，而自由就是每个公民有权去做为法律所许可的事。他把政权分为立法、司法、行政三个部分，并强调彼此的分立和约束，即立法权必须掌握在人民代表手中，行政权则归属世袭君主，司法权由选举产生的常任法官行使。这种三权分立理论后来成为许多国家宪法的理论基础。孟德斯鸠的初衷实际上是维护贵族和法院的特权，以此约束专制王权。他只希望改革君主制度，并不想彻底消除它。但他批判封建专制，谴责宗教迷信和奴隶贸易，宣扬政治和信仰自由等思想，在当时的历史条件下起了巨大的进步作用。

伏尔泰（Voltaire，1694—1778）法国著名启蒙思想家。生于中产阶级家庭。早年在路易大王中学读书，毕业后从事文学写作，曾因触犯王室贵族两次被关入巴士底狱。1718 年发表悲剧《奥狄浦斯王》而一举成名。1726—1729 年旅居英国，考察政治制度，深受牛顿、洛克的科学、哲学思想影响，回国后宣传英国社会制度与自由思想。1734 年，为躲避当局迫害而远离巴黎，专门从事写作。后来受到宫廷重视，1745 年被委任法兰西史官，1746 年当选为法兰西学院院士。普鲁士国王腓特烈二世、沙俄女皇叶卡捷琳娜二世都同他通信论学。1750 年应腓特烈二世邀请在柏林居住 3 年，后因意见不合而决裂。最后 20 年在外省从事写作，创办学校，还开垦荒地，建立工场，替受宗教迫害者平反冤案。伏尔泰既反对特权等级，又主张保留君主制；既宣扬自由主义，又害怕人民革命；既反对宗教迷信，又强调宗教的必要性，反映了上层资产阶级的两面性。1778 年 2 月回到巴黎，受到人们热烈欢迎。同年 5 月病逝。1791 年 7 月，法国制宪议会将其遗骸隆重迁至先贤祠。伏尔泰著述颇多，涉及自然科学、哲学、历史、戏剧、诗歌等，主要著作有《老实人》、《哲学辞典》、《路易十四时代》和《风俗论》等。

卢梭（Jean-Jacques Rousseau，1712—1778）法国启蒙思想家。生于日内瓦一钟表匠家庭。幼年丧母，当过徒工、差役，长期流浪生活使他熟悉社会，同情下层人民。他坚持自学，1737 年写出第一部著作《娜尔西斯》。1741 年到巴黎从事音乐和戏剧创作，一度与伏尔泰合作，后来二人反目。1749 年，卢梭撰写《论科学与艺术》，认为文明歪曲天性，崇尚自然生活。该文获第戎学院征文头奖使其一举成名。他与狄德罗过从甚密，为《百科全书》撰写政治经济学和音乐条目。1754 年回到日内瓦，改信新教，取得日内瓦公民身份，同年，发表《论人类不平等的起源和基础》，提出私有财产和社会契约是国家产生的基础，国家是社会不平等的根源，但卢梭并不主张取消私有财产，而只是反对大私有制。1762 年发表《社会契约论》，提出人民主权学说，认为国家主权来自人民，人民有权任命、罢免与监督行政首领，决定国家统治形式和推翻专制制度。该学说对法国大革命以来的民主派有很大影响。卢梭对道德、教育等问题十分关注。1761 年发表《新爱洛绮丝》，描写平民青年与贵族女儿的爱情，抨击封建伦理道德，宣扬人的感情生活。1762 年出版小说《爱弥儿》，主张保护儿童的自然本性，反对封建教育和经院主义。因受教会和当局迫害而流亡瑞士、美国、英国。1767 年回到法国，晚年写成自传体《忏悔录》。法国大革命时，他的遗骸被安放在巴黎先贤祠。

狄德罗（Denis Diderot，1713—1784）法国启蒙思想家。童年入耶稣会创办的路易大王中学。1732 年获巴黎大学文科硕士学位，此后靠写作为生，在哲学、文学、美学等方面都有独创见解。在哲学领域里，他认为自然是一个永远流动的统一的系统或整体，可以自行运动，无须神的干预。他萌发了统一、联系和转化的概念，表露了辩证法思想的因素。他提倡唯物主义的感觉论，重视思维的作用。在政治领域，他宣传“契约论”思想，声称君主的权威来自政治契约，其职责在于保卫公民不受他人欺凌。他抨击神权和政权对社会生活的干扰，大力提倡政治自由、贸易自由以及学术研究自由。他希望理性能恢复力量，期待开明君主出现。他一度对沙俄女皇叶卡捷琳娜二世抱有幻想，1773—1774 年应邀访问圣彼得堡，后失望而归。狄德罗一生最大的成就是主编《百科全书》。在他周围聚集了伏尔泰、达兰贝尔、霍尔巴赫、格里姆、卢梭等一批当时卓越的思想家、科学家、文学家。这部巨著普及科学知识，宣扬理性主义，反对宗教愚昧，希望知识能产生实际效益，启迪人们认清腐败的现状，创造美好的社会环境。该书多次被禁，但狄德罗坚守自己的信念，为真理和正义不懈奋斗。狄德罗其他主要著作有《论解释自然》、《修女》、《拉摩的侄儿》、《达兰贝尔和狄德罗的谈话》、《关于物质和运动的哲学原理》等。

亚当·斯密（Adam Smith，1723—1790）英国资产阶级政治经济学的主要代表人物，以《国富论》一书而闻名。1737 年入格拉斯哥大学，后入牛津大学学习。从 1751 年起受聘为格拉斯哥大学逻辑学教授、伦理学教授。1759 年出版《道德情操论》。1763 年担任布克莱希公爵的私人教师，后陪同其出游欧洲大陆，会晤过启蒙思想家伏尔泰、霍尔巴赫，重农学派代表人物魁奈、杜尔哥，以及银行家内克等，回国后致力于《国富论》写作。斯密处于英国从工场手工业向工厂制转变的时期，国内还存在着相当多封建经济，贵族地区在政治上还处于支配地位，这就决定了《国富论》在反对重商主义的同时，必须反对封建主义。因此该书既攻击特许公司的垄断，也攻击地主阶级的不劳而获。《国富论》出版后对英国政府的经济政策产生很大影响。1767 年被选为皇家学会会员。1777 年被任命为苏格兰海关和盐税专员，移居爱丁堡。1787 年被选为格拉斯哥大学校长。终身未婚。

康德（Immanuel Kant，1724—1804）德国哲学家，生于东普鲁士的哥尼斯堡。1740 年入哥尼斯堡大学学习。从 1755 年起在该大学教授逻辑学和哲学，以及数学、物理学、自然地理学、人类学、教育学等。坚持牛顿的唯物主义自然观，1755 年发表《自然通史和天体论》，提出关于太阳系起源的星云假说。在哲学上，试图调和唯物主义和唯心主义，主张“自在之物”不依赖于人的意识而存在，但又断言这是不能认识的。他认为自然界的一切因果关系都取决于人的意识，并提出这些关系是“知性”本身所固有的先天形式。他主张人类知识是有限度的，理性低于意志，企图为宗教信仰留下地盘，并声称必须假定上帝存在，上帝创造出世界的目的即在于调和必然和自由，使人得以完成其道德的本性。在道德和宗教哲学方面，康德深受卢梭的影响，认为儿童的天性应受到重视，主张教育的目的在于养成儿童自觉遵守纪律的习惯，使之成为自然。康德反对封建特权，强调平民最值得尊敬，但又声称凡人都应服从现有的立法权威。他对法国革命表示同情，同时又认为处死路易十六是罪行。他把现实社会中存在的矛盾看作道德和幸福之间的矛盾，认为道德和幸福的协调只有在彼岸世界中才有可能。主要著作有《纯粹理性批判》《未来形而上学导论》《实践理性批判》《判断力批判》《论永久和平》《道德的形而上学》等。终身未婚。

吉本（Edward Gibbon，1737—1794）英国著名历史学家，生于伦敦附近一个士绅家庭。1752 年入牛津大学莫德林学院。次年赴瑞士洛桑留学，在加尔文派牧师指导下学习，并改信英国国教。1758 年回到英国，在军队服役 5 年。1763 年赴欧旅行。在巴黎结识了狄德罗、达兰贝尔、爱尔维修等启蒙思想家。1764 年，游历意大利那不勒斯、威尼斯、罗马等城，在参观罗马卡皮托废墟时萌生编写罗马帝国衰亡史的念头。1770 年定居伦敦，全力撰写《罗马帝国衰亡史》。1774—1783 年任下院议员，曾反对政府派兵去美国。1776 年《罗马帝国衰亡史》第 1 卷出版，其中论述基督教的篇章遭到宗教界的攻击。《罗马帝国衰亡史》前 4 卷叙述公元 180—641 年的历史，显示出作者的精湛学力；后 2 卷是 641—1453 年拜占庭史摘要，这在西方是创新之作。吉本十分重视对原始史料的研究，他曾大量阅读希腊文和拉丁文的古典著作。《罗马帝国衰亡史》文笔优美，词句含蓄，它讽刺并批判了基督教教会，认为基督教教会破坏了罗马的英勇精神，是罗马帝国衰亡的主要原因。《罗马帝国衰亡史》是欧洲启蒙时期史学的代表作品，继承文艺复兴的人文主义，体现怀疑主义和理性主义，对欧洲中古历史持否定态度。但是，他只记述政治、军事、文化和宗教上的史实，而忽略了社会、经济的发展，漠视人民群众在历史上的作用。

约瑟夫二世（Joseph Ⅱ，1741—1790）神圣罗马帝国皇帝，1765 年继位。先与其母玛丽亚·特蕾西亚共理朝政，1780 年单独执政后继续推行玛丽亚·特蕾西亚的改革政策，致力于建立以军队和官吏为支柱的集中统一的德语国家。约瑟夫二世积极推行“开明专制”。在加利西亚、布科维纳、匈牙利和西本比尔根建立德意志移民区，奖励德意志贵族地产和资本的发展；推行保护关税政策，努力增加财政收入；颁布关于宗教政策的《宽容令》，并废除世袭领地内农民的人身依附关系，限制贵族特权，没收部分教会财产。他还实行严格的书报检查制度，建立起永久性的警察组织。在外交方面推行亲俄反普政策，力图加强奥地利在德意志和欧洲的地位。约瑟夫二世的改革取得了一定成效，但某些过于激进的措施遭到守旧贵族的反对。在非德意志地区推行的德意志化也引起尼德兰和匈牙利各民族的反对。他在去世前已将大部分改革措施收回，去世后所有改革均被取消。

塔列朗（Charles-Maurice de Talleyrand-Périgord，1754—1838）法国政治家、外交家，生于巴黎一个贵族家庭，童年时右脚摔残。1770 年入神学院学习。1775 年为兰斯圣丹尼修道院院长，1780 年任法国教会总代表。1789 年被选为三级会议第一等级代表，在制宪会议中倒向第三等级，提议没收教会财产，属立宪派。1792 年出使英国，劝其不要加入反法联盟。1794 年 1 月被英国驱逐，赴美国旅行，1796 年返回巴黎。1797 年 7 月被督政府任命为外交部部长，积极参与拿破仑·波拿巴发动雾月政变，后担任执政府外交部长和第一帝国外交大臣。在执行拿破仑一世争取沙俄、离间普奥的政策中起重大作用。1807 年后，由于不赞同大陆封锁政策和无限制侵略战争，开始暗中从事反对拿破仑一世的活动。1814 年 3 月，协助反法联盟攻陷巴黎，后主持临时政府。波旁王朝复辟后担任外交大臣，代表法国参加维也纳会议，会上利用反法同盟国之间的矛盾，提出“正统主义原则”，避免法国领土被瓜分。1830—1834 年驻英大使任内努力促使英法接近，并参与决定许多国际问题。他以权变多诈闻名，是 19 世纪初资产阶级外交家的重要代表人物之一。

罗伯斯比尔（Maximilien de Robespierre，1758—1794）18 世纪法国资产阶级革命时期雅各宾派领袖，曾任律师，是卢梭的信徒。大革命初期为制宪会议代表和雅各宾俱乐部会员，曾抨击立宪党人。1792 年 8 月起义后，当选进入巴黎市府和国民公会，领导雅各宾派反对吉伦特派，坚决主张处死国王路易十六和抗击普奥干涉军。1793 年 5 月 31 日到 6 月 2 日起义后，领导雅各宾派政府——救国委员会，摧毁封建土地所有制，实行统制经济，平定吉伦特派的反叛，粉碎欧洲封建势力的武装干涉，在保卫和深化法国资产阶级革命中起了重要作用。在革命形势基本稳定后，继续实行恐怖政策，先后镇压了丹东派和埃贝尔派，从而削弱了统治基础，内部矛盾日益尖锐。1794 年 7 月 27 日，国民公会中反罗伯斯比尔的力量联合发动热月政变，推翻雅各宾派专政，次日将罗伯斯比尔、圣茹斯特、库东等人送上断头台。

圣西门（Claude Henri de Saint-Simon，1760—1825）法国空想社会主义者，贵族出身，参加过北美独立战争，拥护法国资产阶级革命。1805 年后开始著书立说。在哲学上具有唯物主义倾向，但在后天感觉之外又承认先天感觉，并认为在科学上应多用先天的思维。在社会观上，抨击资本主义制度是“是非颠倒的世界”，幻想建立一个人人有劳动权利和义务、不受压迫、有计划的组织起来的社会，宣称这种社会的实现是人类黄金时代的开始。但他不主张消灭私有制，反对暴力革命，把无产阶级看作受苦受难而又无力解放自己的阶级，并寄希望于统治阶级的理性和善心。他提出由知识分子和实业家领导社会改造，通过宣传、教育，以及科学、道德和宗教的进步实现理想社会。主要著作有《人类科学概论》《论实业制度》《新基督教》等。

斯塔尔夫人（Madame de Stael，1766—1817）法国女作家，文艺理论家，原名热尔曼娜·内克。父亲内克是路易十六的财政大臣。自幼以其聪慧和谈吐而崭露头角。1786 年与瑞典驻法大使斯塔尔-霍尔斯坦男爵结婚（1797 年离婚）。1788 年因发表《论卢梭的性格与作品》而一举成名。法国革命爆发后，她期望建立君主立宪制，政治上属吉伦特派。恐怖时期迁居日内瓦附近的科佩，1794 年回到法国，对德国浪漫主义进行研究，写了《论激情对个人与民族幸福的影响》。她在文学理论方面的地位则来自 1800 年发表的《论文学》。她提出，文学作品必然表现一国的思想与历史现实，提出北方文学与南方文学之间的对立，并支持前者。她的小说《黛尔菲娜》和《高丽娜》体现了她的文学观点。执政府时期，她的沙龙成了自由派知识分子反对拿破仑的中心。1803 年被拿破仑驱出巴黎，先后访问了德国和意大利。德国之行促成她写作《论德国》。该书论述了德国的风俗、文学艺术、哲学与宗教。波旁王朝复辟后回国，拿破仑百日统治期间又迁往科佩，1816 年秋才回国。在科佩与拜伦一同度夏，两人结下深厚的友谊。斯塔尔夫人在文学方面的主要成就在于她的浪漫主义文学理论，她在欧洲思想史中的地位甚至超过了她在文学史中的地位。

洪堡（Karl Wilhelm von Humboldt，1767—1835）德意志政治活动家、语言学家、教育家，生于波茨坦一个贵族家庭。1787—1789 年在奥得河畔法兰克福大学和格丁根大学学习法律。1801—1808 年任普鲁士驻罗马教廷代理公使。1809 年任普鲁士教育大臣，次年创办腓特烈·威廉大学（今柏林洪堡大学）。任内制订初级学校教育法，对教育制度进行改革。1810 年后先后任驻维也纳和伦敦大使。1819 年任普鲁士地方内务部大臣，政治上倾向于资产阶级自由派，因遭贵族反对而辞职。在语言学方面提出有关语言本质、发展、分类的理论，对欧洲语言学的发展有一定影响。其弟为著名的自然科学家，二人在德意志历史上均享有盛名。主要著作有《论双数》和《论爪哇岛上的加维语》等。

拿破仑一世（Napoleon Ⅰ，1769—1821）法国资产阶级政治家和军事家，法国皇帝，生于科西嘉岛破落贵族家庭。在巴黎军事学校毕业后担任炮兵少尉。大革命爆发后参加革命军队，1793 年在土伦战役中击溃王党势力，获得少将军衔。督政府时期，欧洲封建反动势力组成反法联盟。1796 年统兵进攻意大利，并侵入埃及。1799 年发动雾月政变，组成执政府，自任第一执政，1804 年称帝。建立中央集权的军事官僚国家机构，颁布《拿破仑法典》，维护有产阶级的利益，把资产阶级革命成果用法律形式固定下来。对外不断进行战争，多次粉碎反法联盟，严重打击欧洲封建反动势力。随着大资产阶级对外扩张欲望的日益强烈，拿破仑的对外战争逐渐变为同英俄争霸和掠夺别国的侵略战争。连年战争导致国内阶级矛盾加剧，被奴役国家反法的民族解放战争纷纷兴起。1812 年对俄战争失败，加速了帝国崩溃。1814 年欧洲反法联军攻陷巴黎，被放逐到厄尔巴岛。1815 年再返巴黎，建立“百日”王朝。滑铁卢战役失败后，被流放到圣赫勒拿岛，后在那里病死。

黑格尔（Georg Wilhelm Friedrich Hegel，1770—1831）德国唯心主义哲学家，早年在图宾根大学学习。1801 年起历任耶拿大学讲师、纽伦堡中学校长、海德堡大学教授、柏林大学教授及校长。曾向往法国大革命，但后来畏惧雅各宾专政，并与普鲁士王朝妥协。他的哲学体系是保守的，而其辩证方法在本质上是革命的。黑格尔认为思维和存在二者同一于绝对理念；绝对理念是一独立主体，也是一自我发展过程。他的“绝对理念”实际上就是上帝的别称。黑格尔哲学的精华主要包含在他的逻辑学中。他以唯心主义的方式，把质量互变、对立统一、否定之否定当作思维规律加以阐明。在自然哲学中，他认为自然界的变化在空间以内和时间以外发生，但也提出了关于物质和运动统一的合理思想。在精神哲学中，他提出了关于社会政治、伦理和历史的唯心主义理论。他的哲学存在着体系和方法的矛盾。他的辩证法主张事物都是运动发展的，但他却宣称其哲学体系是哲学发展的顶点，普鲁士的君主制度是最好的政治制度。马克思主义在革命实践的基础上，批判地吸取了黑格尔辩证法中的合理内核，创造了唯物辩证法，因此黑格尔哲学是马克思主义哲学的理论来源之一。主要著作有《法哲学原理》、《历史哲学讲演录》、《美学讲演录》、《精神现象学》、《逻辑学》、《哲学全书》等。

欧文（Robert Owen，1771—1858）英国空想社会主义者，出身手工业者家庭。10 岁辍学当学徒，后在苏格兰开办企业。作为社会改革家和慈善家，欧文关心工人的工作和福利条件，在工厂中开设廉价商店，缩短劳动时间，改善居住条件，开办托儿所、学校等。主张教育与生产劳动相结合。开展缩短工时和禁止使用童工的工厂立法的斗争。欧文猛烈抨击私有制、宗教和婚姻制度的弊病，揭露资本主义制度造成的阶级对立和劳动人民的贫困想象，建议设立“合作村”，按财产共有、权利平等和共同劳动的原则建立一个没有剥削的理想社会。在哲学上，欧文认为世界是由物质元素构成的，遵照引力和斥力的规律运行。他以这种观点来反对宗教迷信。1824 年，欧文在美国创办了一个共产主义新村。该实验失败后回到英国，积极从事组织生产合作社和工会活动。1834 年当选为英国全国统一工会联合会主席。欧文不赞成宪章运动，反对暴力革命和阶级斗争，后逐渐脱离工人运动，但仍不倦宣传自己的思想，把希望寄托在统治者的仁慈上。欧文晚年逐渐走向唯灵论。欧文促进了英国工会运动和合作社运动的发展，他的学说在启发工人觉悟方面起过积极作用，并对后来社会主义思想的发展有很大影响。主要著作有《新社会观》《人类意识和实践的革命》等。

傅立叶（Francois-Marie-Charles Fourier，1772—1837）法国空想社会主义者。出身于大布商家庭。自学成才。1793 年参加里昂联邦派起义，一度被捕。1809 年后在里昂、巴黎等地任职员。傅立叶认为社会发展存在一般规律，从低级向高级发展，资本主义必定为更高一级的社会制度所取代。傅立叶对资本主义进行了无情地批判，指出资本主义工厂是“温和的监狱”，雇佣劳动是复活的奴隶制。他设想的和谐社会由自给自足的“法郎吉”构成。法郎吉是一种生产消费团体，劳动者和资产者均可入股，以劳动、资本、才能为标准实行分配。他认为法郎吉能合理分配财富，消灭城乡差别和脑体劳动对立，有助于妇女解放，并可在任何政治制度下实施。傅立叶的学说当时在批判资本主义、启发工人觉悟方面起了积极作用。但他在法国、美国所做的社会试验均以失败告终。著有《四种运动论》《普遍统一论》《新工业世界》等。

梅特涅（Klemens Wenzel Nepomuk Lothar von Metternich，1773—1859）奥地利政治家，曾任奥地利帝国外交大臣和首相。出身于贵族家庭。1788—1790 年先后就读于斯特拉斯堡大学、美因茨大学和维也纳大学，攻读法律、历史和外交。受欧洲新实力均衡思想影响，强烈反对法国大革命。1801 年起先后任奥地利驻萨克森公使、驻普鲁士公使和驻法国公使。1809 年任奥地利外交大臣。与拿破仑作战失利后，撮合玛丽亚·路易丝与拿破仑一世的联姻，使奥地利获得喘息之机。1812 年拿破仑侵俄失败后，奥地利与俄、普等国结成第 6 次反法联盟。在维也纳会议上，梅特涅积极推行“大国均势”政策，调和列强瓜分领土和殖民地的矛盾，同时利用矛盾与英、法签订反对俄、普的秘密协定，确保奥地利在意大利和德意志的优势地位。1815 年积极组织“神圣同盟”，成为复辟势力总代表。1821 年 5 月任奥地利首相，推行保守主义的“梅特涅体系”，对内实行专制统治，镇压自由民主运动。1835 年弗兰茨一世皇帝去世，梅特涅辅佐其子斐迪南一世。1848 年奥地利发生资产阶级民主革命，梅特涅被迫辞职，亡命英国，后迁居比利时。1851 年返回奥地利。1859 年 6 月 11 日死于维也纳。

梯也尔（Adolphe Thiers，1787—1877）法国政治家，第三共和国总统，历史学家，生于马赛一个商船船长家庭，曾在艾克斯学习法律。1821 年到巴黎，成为反政府的自由派。1827 年发表《法国革命史》，用历史必然性解释革命，为自由派政治主张服务。1830 年创办《国民报》，反对当局的极右政策，主张议会制。在七月革命中积极促成路易·菲利浦上台。七月王朝期间出任内务大臣、首相和外交大臣。对内镇压正统派复辟活动和共和派起义，对外鼓吹恢复法国荣誉，反对英国干预大陆事务。1840 年 10 月下台后成为议会反对派，攻击基佐政府。1845—1862 年出版 20 卷《执政府与帝国时代的历史》。1848 年革命后，成为秩序党头面人物，先支持路易·波拿巴当总统，继而反对其独裁。1851 年 12 月路易·波拿巴政变后遭放逐。1863 年重新当选议员，要求政治自由，反对拿破仑三世的专制统治和对外冒险。普法战争失败后，为国防政府奔走乞和。1871 年当选政府首脑，后任总统。对德签订合约，镇压巴黎公社起义。他建立“保守共和国”的方针遭到王党和激进派的反对，1873 年被迫辞职。

布朗基（Louis Auguste Blanqui，1805—1881）法国革命家，空想社会主义者。1825 年入巴黎大学攻读法律和医学，接受巴贝夫、傅立叶、圣西门的思想影响，1827 年辍学从事革命活动。积极参加 1830 年七月革命和 1848 年革命，曾组织四季社秘密团体，领导过多次起义，数次被捕。巴黎公社时期被当局囚禁，缺席当选为公社委员。从事革命活动 50 年中有 30 多年在监狱中度过，有“革命囚徒”之称。1879 年 4 月在狱中当选为议会议员，出狱后创办《非大人非上帝报》，继续从事革命活动。他反对私有制度，主张通过政治革命和少数革命家的专政推翻资产阶级统治。马克思和恩格斯赞扬布朗基的革命活动和英勇献身精神，给予很高评价，同时对其宗派主义和秘密活动的方法给予批评。

托克维尔（Alexis de Tocqueville，1805—1859）法国政治学家、历史学家和政治家。其父为保王派官员，复辟王朝时期被封为贵族。托克维尔初入政界时当见习文官，曾密切关注保守派与自由派在宪法问题上的对立，并逐渐同情自由派。1830 年七月革命成为托克维尔一生的转折点，他认识到法国将要继续扩大民主和走向社会平等，并将法国同民主的美国进行比较研究。30 年代初赴美考察后写出

《美国的民主》的第一部分，以敏锐的眼光深刻分析了美国民主的生命力、缺点和前途，这一成果使托克维尔成为著名的政治学家。1841 年当选为法兰西学院院士。1833 年访问英格兰，受到政界和知识界上层的热烈欢迎，并曾与英国著名哲学家穆勒会见。回法国后用 4 年多时间撰写了《美国的民主》的第二部分。托克维尔在 1848 年革命前便意识到，在政治上已觉醒的工人阶级将会把社会主义引入法国政治。1848 年革命后，他被选入制宪议会和宪法起草委员会。1849 年曾出任外交大臣，后被路易·波拿巴解职，因反对路易·波拿巴发动政变而一度被捕入狱。1856 年所著《旧制度与大革命》一书在法国大革命史学中占有重要地位。

马志尼（Giuseppe Mazzini，1805—1872）意大利资产阶级革命家，意大利民族解放运动中的民主派领袖，出身于医生家庭。14 岁进热那亚大学学医，后转学法律。1827 年大学毕业后以当律师为业，并为进步刊物撰写文章，宣传祖国独立统一。1830 年加入烧炭党，后因叛徒告密被捕，被驱逐出意大利。1831 年在马赛创立青年意大利党，其宗旨是发动革命起义，推翻奥地利统治，实现意大利的自由和统一，建立资产阶级民主共和国。1833 年在热那亚发动起义，失败后被缺席判处死刑。意大利 1848 年革命爆发后被推选为罗马共和国三头执政之一，成为政府的实际首脑，并实行一系列民主改革。革命失败后再度流亡国外，继续为意大利统一而斗争。1860 年支持加里波第对西西里和那不勒斯的远征，提出在该地建立共和国的主张，但未达目的。一贯关注工人处境，60 年代积极宣传在“劳资合作”和“生产合作社”的基础上解决工人问题。

加里波第（Giuseppe Garibaldi，1807—1882）意大利民族统一运动领袖，生于尼斯一个海员家庭。早年当过水手和船长。1832 年参加青年意大利党。后与马志尼相识，共同策划推翻撒丁王国的起义，失败后逃亡南美，建立以青年意大利党人为骨干的红衫军，参加巴西南部共和主义者的起义和维护乌拉圭独立的战争，成为擅长游击战的领袖。1848 年意大利革命爆发后，回国组织志愿军参加反对奥地利的独立战争，在保卫罗马共和国的战斗中曾大败法军，共和国失败后再次逃亡各地。1859 年新的革命高潮到来后，加里波第组织红衫军，在反奥战争中获得辉煌胜利，解放西西里和那不勒斯。后与萨伏依王朝妥协，将其所解放的土地合并于撒丁王国。1862 年和 1867 年两度进攻教皇统治下的罗马，均遭失败。第一国际成立后，他宣布拥护第一国际的事业。1871 年巴黎公社建立时，他表示热烈祝贺，并缺席当选为国民自卫军中央委员。

蒲鲁东（Pierre Joseph Proudhon，1809—1865）法国经济学家和社会学家，小资产阶级社会主义者，无政府主义创始人之一。出身于农民兼手工业家庭，早年做过工人和职员。1840 年发表《什么是财产?》，从小资产阶级立场批判资本主义社会，认为摆脱资本主义的办法是保护小生产的私有制。1846 年发表《贫困的哲学》，以政治经济学论证改良主义思想，主张消灭“坏的”而建立“好的”资本主义，反对工人的革命斗争。1848 年二月革命后当选立宪会议议员。1849 年因著文反对路易·波拿巴被捕入狱，在狱中写成《社会问题的解决》《19 世纪革命的总观念》。1858 年在《论革命与教会的正义》中激烈抨击天主教会而被迫流亡比利时。1862 年返国后继续宣扬无政府主义和改良主义。蒲鲁东最先使用“无政府”一词，他否认一切国家和权威，反对政党和政治斗争，提出以“互助主义”解决社会问题，实现“永恒的公平”。其学说在法国社会主义工人运动中颇有影响。

达尔文（Charles Robert Darwin，1809—1882）英国博物学家，进化论的奠基人。幼时学习成绩不佳，后学医未成，改学神学。结识植物学家亨斯罗后对博物学产生兴趣。1831—1836 年以博物学家的身份乘海军勘探船“贝格尔号”进行历时 5 年的环球旅行，在动植物和地质等方面进行了大量的观察和采集，经过综合探讨，形成了生物进化的观念。1859 年出版《物种起源》一书，提出以自然选择为基础的进化学说，对物种的可变性和生物的适应性作了正确的解释，从而摧毁了唯心主义的神造论、目的论和物种不变论。这一学说在学术界引起轰动，也遭到保守派和教会的攻击。后又发表《动物和植物在家养下的变异》《人类起源及性的选择》等著作，提出性选择及人类起源的理论，进一步充实了进化学说。达尔文的进化理论被公认为 19 世纪自然科学三大发现之一。1835 年起即常年患病，诊断不明。73 岁时因心脏病发作逝世。

加富尔（Camillo Benso Cavour，1810—1861）撒丁王国首相、意大利王国首相，意大利统一时期自由贵族和资产阶级君主立宪派领袖。生于贵族家庭。1820 年入都灵军事学院，1826 年获工兵中尉军衔。1831 年辞去军职，到英、法等国考察。回国后兴办实业。1847 年创办《复兴报》，宣传君主立宪思想。1848—1861 年连续当选为众议员。历任农业、商业、海上运输和财政大臣等职。1852 年出任首相，主张意大利在萨伏依王朝的领导下，通过缔结外交协定，实行上层分子联合和采取军事行动的办法实现意大利统一。任内在政治经济方面采取一系列改革措施，推行贸易自由化，改革税收制度，颁布工业垄断法，大力修筑铁路和强化国家银行作用，改革教会等。1855 年 1 月派远征军参加克里木战争，取得胜利。1859 年同法国缔结共同反对奥地利的秘密条约。同年 4 月撒丁与法国发动对奥战争，取得胜利，收复伦巴第。但作为代价，将萨伏依和尼斯割让给法国，因而遭到反对，被迫辞职。1860 年 1 月复任首相，利用高涨的革命形势和加里波第对国王的忠诚使西西里和那不勒斯等地并入撒丁王国，实现了意大利的统一。意大利王国 1861 年 3 月成立后出任首相。同年 6 月在都灵病逝。

俾斯麦（Otto von Bismarck-Schonhausen，1815—1898）普鲁士王国首相，德意志帝国宰相。出身于容克世家。17 岁后在格丁根和柏林大学攻读法学。1836 年担任候补文官职务。1839 年回庄园以资本主义方式经营农业。1847 年任普鲁士联邦议会议员，以维护贵族地产主利益闻名。1848 年革命期间，积极组织军队镇压革命，反对德意志统一。1851—1859 年任普鲁士联邦议会驻法兰克福的代表后改变政治态度，认定德意志统一不可阻挡，强调普鲁士应掌握统一的领导权。60 年代初公开提出解散德意志邦联，把奥地利逐出德意志。1862 年被普王任命为首相和外交大臣。不顾议会反对，大搞军事改革，宣扬以铁血政策自上而下实现统一。通过 1864 年普丹战争、1866 年普奥战争和 1870—1871 年普法战争各个击破对手，建立起统一的德意志帝国。1871—1890 年，俾斯麦任帝国宰相，集内政、外交大权于一身。他一方面加强帝国政府的权力，促进容克和资产阶级的联盟；一方面镇压社会主义工人运动。1872 年发动反天主教会的“文化斗争”。1878 年实施《社会党人法》。在外交方面推行大陆政策，以争夺欧洲霸权。80 年代起实行海外扩张，在亚洲和非洲建立殖民地。但其内政和外交政策未能完全实现预期效果。1890 年被德皇威廉二世解职。下台后隐居庄园，著有《思考与回忆》。

哈尼（George Julian Harney，1817—1897）英国宪章运动领袖。青年时期投身工人运动，参与创立“伦敦工人协会”。1839 年曾被捕入狱。1842 年后任宪章派刊物《北极星报》副主编、主编。1843—1845 年先后结识恩格斯和马克思，受到共产主义思想的影响。1845 年组建国际民主派“兄弟协会”，任书记。1847 年参加共产主义者同盟。1849—1850 年当选为全国宪章派之行委员会委员。1850 年 11 月，在他创办的《红色共和党人》上发表《共产党宣言》第一个英文译本，宣传科学社会主义。但哈尼未能克服空想社会主义和小资产阶级民主主义的影响，并长期脱离革命斗争。1862 年移居美国，曾申请加入第一国际。1888 年返回英国，1897 年 12 月病逝。

马克思（Karl Marx，1818—1883）马克思主义创始人。生于普鲁士莱茵省一律师家庭。先后进波恩大学和柏林大学法律系，1841 年 3 月获哲学博士学位。1842 年 4 月起为《莱茵报》撰稿，后任主编，激烈抨击反动政府。1843 年 10 月迁居巴黎，与德法工人团体建立联系。1844 年创办《法德年鉴》杂志，首次提出唯有无产阶级能消灭剥削制度，主张对现存的一切进行无情批判。同年 8 月与恩格斯会见，从此并肩战斗终身。在《神圣家族》《德意志意识形态》《哲学的贫困》等著作中批判了唯心主义、无政府主义和小资产阶级社会主义，科学论证了辩证唯物主义世界观和历史唯物主义原理。1847 年加入并领导共产主义者同盟，与恩格斯共同起草了同盟纲领，即《共产党宣言》。积极参加欧洲 1848 年革命，革命失败后被迫移居伦敦，为总结革命经验，撰写了《1848 年至 1850 年法兰西阶级斗争》和《路易·波拿巴的雾月十八日》等著作，发展了马克思主义国家学说，得出无产阶级革命必须打碎旧的国家机器的重要结论。1867 年出版了《资本论》第一卷（其他各卷在其逝世后出版），阐明了剩余价值理论，揭示了资本主义社会经济运动规律，论证了资本主义必然灭亡和共产主义必然胜利。1864 年起在伦敦建立国际工人协会，即第一国际，同蒲鲁东派、巴枯宁派、工联派、拉萨尔派进行了原则性的斗争，为马克思主义在国际工人运动中的统治地位奠定了基础。热情支持1871年巴黎公社革命，并在《法兰西内战》中总结了公社的经验，发展了关于无产阶级专政的原理。在70—80年代初，以主要精力继续写作《资本论》，同时关注国际共产主义运动的发展。对英、法、德、美等国工人运动内部的机会主义派别进行了批判和揭露。反动政府的迫害、贫困的生活和繁重的工作损害了马克思的健康，他于1883年3月14日与世长辞。恩格斯指出："马克思首先是一个革命家。以某种方式参加推翻资本主义社会及其所建立的国家制度的事业，参加赖有他才第一次意识到本身地位和要求，意识到本身解放条件的现代无产阶级的解放事业，——这实际上就是他毕生的使命。"

琼斯（Ernest Charles Jones，1819—1869）英国宪章运动领袖。出生于汉诺威一贵族家庭，曾为律师。1846年投身宪章运动，不久当选为全国宪章派协会执行委员会委员，担任宪章派刊物《北极星报》编辑。琼斯参加过国际民主派兄弟协会和共产主义者同盟。1847年11月结识马克思、恩格斯，受到共产主义思想的影响。1848年曾因参加宪章派示威游行而被监禁。19世纪50年代，力图复兴宪章运动，于1851年参与起草宪章派纲领，第一次宣布运动的社会主义目的。他先后创办《寄语人民》和《人民报》等刊物，宣传宪章派纲领。他认为，只有通过根本的政治和社会改革才能有效地改善无产阶级的状况。为吸收广大工人参加斗争，琼斯于1854年倡议在曼彻斯特召开工人议会。50年代末，他在政治上曾出现动摇，受到马克思批评后承认错误。1864年参加第一国际。琼斯还撰写过反映英国工人阶级状况，揭露资本主义罪恶的诗篇，如《牢房的铁栏杆》《下层阶级之歌》《雇农之歌》等。

维多利亚女王（Queen Victoria，1819—1901）英国女王。早年在其舅父利奥波德监护下受教育，长期受自由主义思想熏陶。1837年即位，即位初期，积极参与朝政，与首相墨尔本子爵拉姆配合默契，倾向于辉格党人。1839年授命皮尔组阁时因拒绝更换宫廷女侍而酿成"寝宫危机"，其权势欲受到打击。1846年后在外交政策方面与内阁发生冲突。在位后期同内阁的关系有很大改变，不再与政府争夺权力，安于统而不治。在政治上转向保守党并与迪斯雷利结为至交。积极支持殖民扩张政策，利用女王的声誉巩固大英帝国的统治和内部团结。维多利亚女王是英国历史上在位时间最长的国王，其统治时期被称为维多利亚时代。这60余年正值英国自由资本主义处于鼎盛并向垄断资本主义过渡的转变时期，经济空前繁荣，海外扩张显著，君主立宪制度得到充分发展，因此维多利亚女王被视为英国和平与繁荣的象征。

恩格斯（Friedrich Engels，1820—1895）马克思主义创始人之一。生于普鲁士莱茵省一个纺织厂主家庭。1837年应父亲要求经商。1841年去柏林服兵役，此间常到柏林大学听课，参加了青年黑格尔派小组。1842年到曼彻斯特经营企业，经常了解和研究工人阶级的状况，同英国宪章运动建立联系。1844年在《法德年鉴》上发表《政治经济学批判大纲》，以社会主义观点批判资本主义经济制度。1844年在巴黎会见马克思，合写了《神圣家族》《德意志意识形态》等著作，批判青年黑格尔派的唯心主义，阐述历史唯物主义的基本原理。1847年与马克思加入并领导共产主义同盟，并共同起草了同盟纲领，即《共产党宣言》。积极参加欧洲1848年革命，革命失败后移居伦敦，为总结革命经验，撰写了《德国农民战争》《德国的革命和反革命》，对武装起义问题做了重要的论述。为资助马克思，从1850年到1870年重返曼彻斯特从事经营活动。此间经常与马克思通信，商讨政治、哲学、自然科学和社会科学问题，并发表文章论述重大国际政治事件。1864年后与马克思领导第一国际的工作，同蒲鲁东派、巴枯宁派、工联派、拉萨尔派进行了原则性斗争，为马克思主义在国际工人运动中的统治地位奠定了基础。积极支持和高度评价巴黎公社革命。在马克思主要致力于写作《资本论》的情况下，对法、英、美等国工人运动内的机会主义流派进行了批判，捍卫了科学社会主义。从70年代起还深入研究自然科学中的哲学问题，进一步发展了唯物主义辩证法。1883年马克思逝世后，担负起整理马克思文献和领导国际工人运动的重任。1889年亲自参加了第二国际的建立，并指导它的活动，同形形色色的机会主义展开斗争。晚年给各国活动家写了大量书信，进一步发展了历史唯物主义的原理。1895年8月5日在伦敦逝世。

诺贝尔（Alfred Bernhard Nobel，1833—1896）

瑞典化学家和发明家，诺贝尔奖创立人。早年在圣彼得堡长大和求学，后赴法国和美国深造。回瑞典后从事化学，尤其是炸药的研究与发明。诺贝尔父子在斯德哥尔摩建立实验室，首次研制出解决炸药引爆的雷汞管。1863 年开始生产甘油炸药，1866 年制造出固体的安全炸药“达那马特”，该产品后成为诺贝尔国际集团的基础。1867 年又发明安全雷管引爆装置及威力更大的炸药多种。毕生共有各类发明近 400 项，获 85 项专利，在世界化学史上占有重要地位。通过生产炸药积累了大量财富，拥有瑞典哥尔斯邦军火化工厂的大部分股权，在西欧各地和俄国创立了众多化工公司。1895 年立下遗嘱，将其财产的大部分作为基金，以其年息 20 万美元设立物理、化学、生理或医学、文学以及和平事业 5 种奖金，奖励当年在上述领域做出最大贡献的学者。从 1901 年开始，奖金每年在诺贝尔逝世日 12 月 10 日颁发。

利奥波德二世（Leopold Ⅱ，1835—1909）比利时国王，生于布鲁塞尔，1865 年继位。在位期间对内依靠工商业资产阶级，实行自由贸易政策，使比利时发展成工业国。对外实行殖民侵略，1876 年组织国际非洲协会，以个人名义霸占刚果大片土地。1885 年比利时国会正式授予他刚果自由邦君主称号。1908 年刚果正式沦为比利时的殖民地。他协助英国镇压苏丹的马赫迪起义，力图把自己的势力伸向苏丹南部地区。他对非洲居民的残酷剥削、压迫和屠杀遭到世界舆论的谴责。利奥波德二世时期的比利时政府还多次参与侵略中国，参加“八国联军”，迫使中国清朝政府签订《北京条约》《辛丑条约》。1909 年在布鲁塞尔去世。

克列蒙梭（Georges Clemenceau，1841—1929）法国政治家，生于旺代一个乡村医生家庭，早年从医。第二帝国时期积极参加共和派活动。1870 年 9 月 4 日革命后任巴黎蒙马特区区长，后当选议员，反对签订对德和约。同情巴黎公社，曾试图调解公社与凡尔赛的关系。1875 年 11 月任巴黎市议会议长。80 年代初成为激进派领袖之一，提出对资本征税，取消常备军，缩短工时，工会合法化等主张。在议会多次抨击温和派内阁的殖民政策，有“倒阁者”之称。1893 年因涉入巴拿马运河公司贿赂丑闻而落选议员。1906—1909 年出任总理兼内政部部长，严厉镇压工人罢工，积极准备对德战争。一战期间任内阁总理兼陆军部长，主张一切服从战争，严厉镇压反战运动。战后代表法国出席巴黎和会，参加起草《凡尔赛和约》。参与组织对苏俄的武装干涉，力图建立法国在欧洲的霸权。1920 年竞选总统失败后退出政界。

拉法格（Paul Lafargue，1842—1911）法国工人党创始人之一，社会主义者。生于古巴圣地亚哥城，后随父母回到法国。1864 年入巴黎大学医学院，同进步学生一起组织秘密团体未来社，经常在共和派报刊发表文章，抨击第二帝国专制统治。1868 年同马克思的次女劳拉结婚，在马克思的影响下从无政府主义者变为马克思主义者，热情歌颂巴黎公社革命，与巴枯宁主义进行坚决斗争。1879 年与盖得建立法国工人党。坚决批判“可能派”、“入阁派”的改良主义和伯恩施坦的修正主义倾向。1901 年工人党与革命社会党合并为法兰西社会党，拉法格为领导人之一。1905 年该党与饶勒斯领导的法国社会党合并为法国统一社会党，拉法格担任常设执行委员会委员。他还进行了大量理论研究工作，在哲学、政治经济学、科学社会主义、历史、宗教、语言文学等领域都有建树，但在民族、土地问题上有错误观点，受到过马克思、恩格斯的批评。主要著作有《美国托拉斯》《唯心史观和唯物史观》《卡尔·马克思的经济决定论》《回忆马克思》等。近 70 岁时，拉法格夫妇为避免成为别人的累赘，一起注射氢氰酸自杀。

尼采（Friedrich Wilhelm Nietzsche，1844—1900）德国唯心主义哲学家。出身于牧师家庭。1864 年入波恩大学攻读神学和古典语言学，后转入莱比锡大学。1869 年起在瑞士巴塞尔大学任古典语言学和哲学教授。1889 年神经错乱，1900 年在魏玛去世。尼采的哲学观点以唯意志论、非理性主义和主观唯心主义为特征。宣称客观世界及其规律性都是幻景，权力意志才是一切客观事物的本源和自然界和社会的决定力量。提倡“自我肯定”和主观战斗精神，强调进化就是权力意志实现自身的过程，人生的目的在于发挥权力，“扩张自我”。宣扬“超人”哲学，认为只有“超人”才具有掌握权力的意志，他们是不受道德束缚的统治阶层精英人物，普通人只是其实现权力意志的工具。主要著作有《悲剧的诞生》、《善恶之彼岸》、《论道德的谱系》等。

饶勒斯（Jean Jaures，1859—1914）法国社会主义运动领导人。1881 年毕业于巴黎高等师范学校。先后在阿尔比中学和图卢兹大学任教。80 年代初作为温和共和派投身政治活动。1885—1889 年任众议员。1889 年完成并通过国家博士论文《感觉世界的真实性》和《德国社会主义的起源》。90 年代初受社会主义工人运动影响，转变为社会主义者。1893 年再度当选为众议员，积极投身和领导平反德雷福斯冤案的运动，坚决反对教权派和军国主义。他支持社会党人米勒兰加入政府，倡导“左翼联盟”，以便与资产阶级激进派联合反对保守派。1901 年建立法国社会党，1904 年创办《人道报》。在第二国际敦促下，于 1905 年与盖得、阿列曼等人领导的社会主义党派联合组成法国统一社会党，并成为该党领袖之一。饶勒斯主张以和平方式消灭资本主义，在现存制度下通过政治斗争改变阶级力量对比和国家性质，进而实现无产阶级和人类的解放。饶勒斯坚决反对殖民主义和帝国主义战争，明确指出资本主义是战争的根源，呼吁各国工人阶级制止战争。第一次世界大战爆发前夕遭沙文主义者暗杀。主要著作有《社会主义的法国革命史》《新军论》等。

第三节 从第一次世界大战到第二次世界大战前

劳合·乔治（David Lloyd George，1863—1945）英国首相，自由党领袖。生于一个小学教师家庭。早年曾在一家事务所学习法律，取得律师资格。自 1890 年起当选为自由党下院议员，因反对英布战争而闻名全国。1905 年起参加自由党内阁，于 1909 年任财政大臣时制定“人民预算”，提出征收土地税、奢侈品税、累进所得税和遗产税等，因遭上院反对而导致“宪法危机”。1911 年提出“国民保险法”，规定对工人进行医疗保险和失业保险，这被认为是“福利国家”的先声。第一次世界大战时担任军需大臣、陆军大臣。1916 年逼迫阿斯奎斯下野，自任首相，并奉行自由主义政策，实行选举、教育等项改革。1919 年率英国代表团出席巴黎和会，参与瓜分世界和反对苏俄的活动。极力维护英国的海上霸权，力图把国联建成维护英国利益的工具。战后继续领导联合政府，但因自由党阿斯奎斯派拒绝参加，只得依赖保守党的支持。1921 年通过谈判承认爱尔兰独立，初步解决爱尔兰问题。1922 年因保守党撤销对其政府的支持而被迫辞职。第二次世界大战前反对张伯伦的绥靖政策。1945 年获德怀福伯爵封号。著有《战争回忆录》《和约真相》等。

居里夫人（Marie Sklodowska Curie，1867—1934）法国物理学家、化学家。生于波兰华沙。早年入巴黎大学学习并获得物理学学士学位。1893 年在李普曼实验室工作，第二年获得数学学士学位。1895 年和皮埃尔·居里结婚后开始共同对贝克勒耳发现的铀放射性现象进行研究。1898 年他们宣布发现钋和镭两种元素，同年在研究钍时她第一次使用放射性这个术语。通过测定磁场对镭射线的作用，她证实有三种不同的射线。由于发现放射性，居里夫妇和贝克勒耳共同获得 1903 年诺贝尔物理学奖金。1906 年皮埃尔死于车祸后，她接替皮埃尔在巴黎大学的物理学教授职位，成为该校第一名女教授。1910 年发表关于放射性的重要论文并制取金属态的纯镭。1911 年又获得诺贝尔化学奖。第一次世界大战期间，她应用 X 射线为伤员进行治疗和诊断。1922 年被选为医学研究院会员，此后她即专心致力于化学和放射性物质在医学上的应用研究。著有《放射性通论》《放射性物质的研究》等。

加香（Gilles Marcel Cachin，1869—1958）法国共产党创始人和领导人之一。1869 年 9 月 20 日出生于法国北滨海省潘波尔市。毕业于波尔多文学院并获得哲学学士学位。1891 年加入法国工人党。1905 年成为统一社会党的领导人之一，坚决捍卫马克思主义。1914 年当选为众议院议员。1918 年起任《人道报》社长。1920 年 12 月在图尔举行的社会党第十八次代表大会上，他提出关于成立共产党的决议草案和参加共产国际的建议，为大会多数通过。法国共产党正式成立，加香为中央委员和政治局委员，兼任《人道报》社长。1924 年继续当选为众议院议员。1924 年起先后当选为共产国际执行委员会委员和主席团成员。1936 当选为参议员，第二次世界大战期间积极参加抵抗运动。1941 年在布列塔尼地区被德军逮捕，当年被释放后继续参加政治活动和抵抗运动。1944—1945 年任咨询议会议员。1945—1946 年任两届制宪议会议员。1946—1958 年任国民议会议员，是议员中最年长的议员。1958 年 2 月 12 日病逝。

胡斯曼（Camille Huysmans，1871—1968）比利时政治家，工人党领袖，第二国际社会党国际局书记。早年入列日大学学习语言学，毕业后在伊珀尔自由学院和布鲁塞尔大学任教。19 世纪 90 年代开始在报刊上宣传社会主义。1904—1909 年担任社会党国际局书记处书记，持中派立场。1910 年当选为众议院议员。第一次世界大战爆发后转向社会沙文主义，反对齐美尔瓦尔德国际社会党人会议。1916 年在海牙组织中立国社会党人代表会议。第一次世界大战结束后积极恢复第二国际。1926 年任政府科学与艺术大臣，后两度出任众议院议长。法西斯德国占领比利时期间，流亡英国伦敦，任比利时议会协商委员会副主席。第二次世界大战后任安特卫普市市长。1946 年出任首相。1947 年任教育大臣。多次主张社会党同共产党建立联系，恢复国际工人运动的统一。有关于历史、文学和语言学的著述多种。

勃鲁姆（Leon Blum，1872—1950）法国政治家、社会党领袖，曾任法国总理。1872 年 4 月 9 日出生于巴黎一个布店富商家庭。1894 年毕业于巴黎大学法律系，曾从事文学评论工作。1895 年结识饶勒斯，受其影响，1899 年加入社会主义团体，1902 年参加法国社会党。1919 年当选为众议员，同时成为社会党领袖之一。1920 年 12 月在社会党图尔代表大会上，他拒绝服从多数的决议，反对参加共产国际。12 月 31 日他重建法国社会党，成为该党领导之一。1921 年他创办社会党机关报《人民报》，亲自任主编。1934 年，他号召全国的共和派联合起来反对法西斯。同年 7 月与共产党签订《统一行动公约》，共同反对国内外法西斯主义，停止相互攻击和批评，迈出了左翼联合的重要一步。1936 年 6 月，勃鲁姆组成第一届人民阵线政府，他成为法国历史上第一个社会党人的总理。在执政期间，他进行了大规模的社会改革：加强国家对经济的干预，将一些重要的工业企业收归国有，改组法兰西银行，解决失业问题；积极调整劳资关系，并达成《马提翁协议》，提高工人工资，实行每周 40 小时工作制和每年两周带薪休假制度。1938 年 3 月他领导第二届人民阵线政府。在此期间他对外推行不干涉主义，助长了希特勒嚣张气焰。第二次世界大战爆发后，支持保卫法国的力量，拒绝承认维希政府。1940 年 9 月被捕，后被监禁于德国。1945 年 5 月被盟军释放回国，重建社会党。战后出使美国，谈判重建法国的贷款事宜，并曾主持过渡内阁。他主张在共产党和右翼势力之间组织所谓第三种势力，反对戴高乐的法兰西人民联盟，后退出政界。著有《论政府改革》《布尔什维主义和社会主义》《论婚姻》《用人的尺度来衡量》等。

墨索里尼（Benito Amilcare Andrea Mussolini，1883—1945）意大利独裁者和法西斯党魁、首相。出身于农村铁匠家庭，自幼受布朗基主义和国家主义思想影响。1900 年加入社会党，热衷于进行无政府主义和反对教权的宣传。第一次世界大战后，以资产阶级右翼和反动军人为骨干，组织法西斯党。1922 年纠集 5 万党徒向罗马进军，迫使国王任命他为首相，建立起法西斯独裁统治。对外侵略埃塞俄比亚，武装干涉西班牙和占领阿尔巴尼亚。1937 年加入德日《反共产国际协定》，1940 年追随法西斯德国参加第二次世界大战。1943 年 7 月，由于法西斯军队战败和国内人民反法西斯运动的高涨，墨索里尼的独裁统治垮台。同年 9 月在意大利北部充当德国占领区傀儡政权头子。1945 年 4 月法西斯阵营战败后被意大利游击队捕获处决。著有《我的自传》及剧本、小说等。

吉斯林（Vidkun Abraham Lauritz Jonsson Quisling，1887—1945）挪威法西斯分子，民族叛徒。1911 年进入军界。1918 年任驻苏俄武官，1931 年出任国防大臣，曾调军队镇压工人罢工。推崇希特勒，支持建立欧洲“新秩序”，在挪威鼓吹纳粹主义和排犹思想。1933 年辞去政府职务，成立法西斯组织挪威民族统一党。1939 年底以该党党魁身份出访德国，向希特勒表示支持德国对挪威实行军事占领。1940 年德国侵入挪威，当天吉斯林便出面组织“民族政府”，自任政府首脑。由于举国反对，这个卖国政府仅维持了 1 个星期。1942 年德国占领军成立了由吉斯林任首席部长的挪威法西斯政府。执政期间肆意出卖国家和民族利益，镇压挪威人民的抗德地下活动，流放和迫害千余名犹太人。第二次世界大战结束后，作为挪威最主要的战犯被处以死刑。“吉斯林”的名字已成为民族叛徒的代称。

萨拉查（Antonio de Oliveira Salazar，1889—1970）葡萄牙独裁者，政府总理。早年学习神学，毕业后作神父。后就读于科英布拉大学法律系，1914 年毕业后留校当教员，1918 年任教授。1921

年作为“天主教中心”的右翼代表当选为议员。卡尔莫纳将军发动军事政变后，于1928年应邀出任财政部部长，逐步掌握实权。1930年建立法西斯政党国民同盟，宣扬同个人主义、社会主义和议会制作斗争。在兼任殖民部长期间颁布《殖民地法令》，取消了殖民地人民有限的自治权利。1932年就任总理，他领导的国民同盟成为全国唯一的合法政党。1933年颁布新宪法和《国民劳动条例》，建立法西斯工会，禁止工人罢工。1936年兼任陆军部长、外交部部长。西班牙内战期间，大力支持佛朗哥反动政权。1968年因病重离职。萨拉查统治葡萄牙长达37年，对内实行专制独裁，对外镇压葡属非洲殖民地的民族解放运动，同时注意发展工业、电力，使葡萄牙渡过了经济困难。

希特勒（Adolf Hitler，1889—1945）德国纳粹党党魁，法西斯德国元首。出生于奥地利一个海关职员家庭，受过初中教育，无固定职业。1913年移居慕尼黑。第一次世界大战期间从军作战，获铁十字奖章。1919年加入德国纳粹党，后成为党魁。1923年发动“啤酒馆暴动”失败，被捕入狱，在狱中写《我的奋斗》，鼓吹种族论，仇视共产主义，主张德意志以武力夺取“生存空间”。1924年出狱后重建纳粹党武装组织，煽动沙文主义情绪。1932年参加总统竞选失败，在军国主义势力扶助下被兴登堡任命为德国总理。执政后大搞独裁恐怖，取缔其他政党，排除异己，解散工会组织，迫害共产党人、犹太人和一切反对派。1934年8月通过《元首法》集总统和总理权力于一身，加速扩军备战，对外实行侵略政策。1936年与意大利建立柏林—罗马轴心，后进军莱茵非军事区，干涉西班牙内战，占领奥地利，吞并捷克斯洛伐克。1939年8月与苏联缔结互不侵犯条约，9月1日悍然进攻波兰，挑起第二次世界大战。先后侵占欧洲14国，在集中营大肆屠杀犹太人。斯大林格勒战役后德军节节败退。1944年7月遇刺，仅受轻伤。1944年9月盟军攻入德国本土，1945年4月30日柏林被围时，希特勒自杀身亡。

葛兰西（Antonio Gramsci，1891—1937）意大利共产党创始人和领导人之一，出生于意大利撒丁一个贫寒职员家庭。1911年进入都灵大学攻读语言学、历史和哲学。1913年加入意大利社会党，属于左派。1919年同陶里亚蒂在都灵创办社会党《新秩序》周刊，领导工厂苏维埃运动。1921年领导建立共产党。1922年赴莫斯科出席共产国际第四次代表大会，当选共产国际执行委员会委员。1923年回国后任意共中央总书记和《团结报》社长。1924年当选议员，领导意共国会党团工作。1926年在党的代表大会上提出建立反法西斯统一战线的主张。同年11月被捕，被判20年监禁。在狱中坚持马克思主义的理论研究，写下大量信件和笔记。他的《狱中书简》和《狱中札记》在国际共产主义运动中有很大影响。他的著作涉及历史、哲学、政治、文化各个领域，着重分析西方社会与落后的东方（俄国）的不同情况，探索在高度发达的西方国家无产阶级的战略和革命方式问题。1934年底，葛兰西因健康恶化而假释就医。1937年4月在罗马逝世。

佛朗哥（Francisco Franco Bahamonde，1892—1975）西班牙国家元首，法西斯军人独裁者。生于西班牙一个军官家庭。1907年入步兵学院学习。1912年赴摩洛哥参加西班牙殖民战争。1915年升为少校。1917年参与镇压阿斯图里亚斯的罢工运动。1926年晋升为准将。1931年西班牙第二共和国成立后，被取消现役军人资格。1933年，保守势力控制共和国后，重新受到重用。1934年晋升为少将，次年出任陆军参谋总长。1936年2月西班牙举行大选，人民阵线获得胜利，佛朗哥被调往加那利群岛任职。1936年7月回国，发动反对人民阵线政府的武装叛乱，在希特勒和墨索里尼的支持下，镇压人民的反法西斯斗争。经过3年内战，佛朗哥于1939年占领马德里，推翻共和政府，建立独裁统治，自任国家元首。他取消其他一切政党，大肆逮捕和枪杀共产党人和进步人士，迫使大批西班牙人流亡到欧洲及拉美各国，法西斯政党长枪党成为唯一合法政党。第二次世界大战期间，派遣军队配合德国进攻苏联。1947年宣布西班牙为君主国，自任终身摄政王。1969年7月宣布西班牙前国王阿方索十三之孙胡安·卡洛斯一世在他死后继承王位。1975年11月在马德里病逝。

多列士（Maurice Thorez，1900—1964）法国共产党总书记。1900年4月28日出生于法国加莱海峡省一个矿工家庭，当过矿工和船夫。1919年3月加入法国社会党。1920年社会党分裂后加入多数派成立的共产党。1923年任加莱海峡省党委书记。1924年任法共中央委员和诺尔地区党委书记。1925

年进入法共中央政治局并兼任中央组织书记。1928年当选为共产国际执行委员会委员。1930年起任法共总书记，直至1964年病逝。1928年当选众议院议员。1933年2月，提出建立社会党人、共产党人、共和派、民主派的广泛统一战线，以反对法西斯威胁。1934年7月提出建立人民阵线的主张。第二次世界大战爆发后应征入伍，后逃亡到苏联，被法国政府缺席判处6年徒刑。他认为，法共当时不应提出社会主义要求，而应与戴高乐加强团结，服从他的领导，以便赢得战争的胜利。1944年11月，得到戴高乐赦免后从莫斯科回国。1944—1945年为咨询议会议员。1945—1946年任两届制宪议会议员和戴高乐临时政府国务部部长。1946—1947年先后任古安政府、皮杜尔政府和拉马迪埃政府的副总理。1947年5月在与拉马迪埃政府的内外政策严重分歧的情况下，他和法共部长被排挤出政府。在1956年7月召开的法共第14次代表大会上，他强调法国的社会主义将采取不同于俄国30年前所走的道路。1964年7月在去苏联途中突然发病去世。著有《人民之子》《导致法兰西伟大的一种政策》等，已出版《莫里斯·多列士全集》。

（马胜利）

第三编

政治与法律制度

第一章 西欧政治制度的历史发展

第一节 古希腊罗马的政治制度

一 古希腊城邦制

古希腊的政治制度一般统称为城邦制，因为古希腊是由众多大大小小的城邦国家组成的。大约从公元前 8 世纪到公元前 6 世纪，在荷马时代形成的希腊部族分布范围内，先后出现了 200 多个奴隶制城邦国家。

城邦制的形成和希腊地区的地理条件密切相关。希腊地区既没有丰富的自然资源，也没有肥沃的大河流域和广阔的大平原，只有连绵起伏的山峦，陆地被隔成小块，且这里气候干燥温热，限制了农业生产率的提高。因而，希腊缺乏可形成大范围政治中心的天然地理条件。最初，各个部族入侵以后，就在彼此隔离的村庄安居下来。这些村庄通常坐落在易于防卫的高地附近，因为高地上既可设立供奉诸神的庙宇，又可作为避难设防、抵御外敌的堡垒。这些由村庄扩大而成的居留地一般就称为“城邦”，而提供避难处的地方则称为“卫城”或“高城”。城邦常常设在土壤肥沃的地方或商路附近，这可以吸引更多的移民，进而成为该地区的主要城市。许多小城邦就是这样形成的，彼此分隔而又生气勃勃地发展起来。

城邦制度一般都是从氏族部落或部落联盟直接演化而来的，因此部族血缘关系对城邦政治具有重要影响，当然各个城邦的情况并不一致。与后来形成的帝国等政治实体相比，城邦都是小规模的政治共同体，尽管不同城邦之间也有大小之分。规模小不仅是城邦的外部特征，也是它生存的必要条件。其政治制度只有在这种情况下才行之有效。

（一）斯巴达的贵族寡头制

在古希腊的众多城邦中，斯巴达和雅典影响最大，政治制度最为典型。不过，它们的发展方向却很不一样。斯巴达人据有伯罗奔尼撒半岛的肥沃平原，因而无须发展工商业，也无须向海外扩张。与其长期停滞而缺少变化的农业生活相适应，其贵族政制也显得刻板、保守。

斯巴达的权力机构由国王、元老院和人民大会等构成。其中元老院是最高权力机关，决定城邦所有重大事务。元老院由 28 位元老和两位国王组成。元老理论上由人民大会选举，但一经选任便为终身制，所以基本上是 60 岁以上的氏族贵族。两位国王分别由斯巴达两个王族产生，一位是军事统帅，一位负责平时祭祀。他们对元老院的决定只能服从，连战时军队的重要战略部署皆由元老院集体决定。人民大会对元老院的提案不讨论，只用呐喊表决。此外，斯巴达还设有五位监察官，由人民大会选举产生，一年一任。他们的职责是维护法律，监督国王、元老以及公民的违法行为。这表明斯巴达已建有初步的监察机制。

这种缺乏民主活力的政治体制是与斯巴达的准军事化社会生活相适应的。为了控制大批受管辖的奴隶和外族人，斯巴达人不得不把自己的城邦组织得像个大军营，一切都须服从军事需要。体弱多病的婴孩被遗弃荒野，只有体质好的婴孩才被抚养长大。男孩从7岁起就住到兵营里接受训练，所有不满60岁的男子都得受军纪约束。有组织的娱乐活动、集体进餐、公众事务、军事训练和值勤，几乎构成了生活的全部内容。也因此，斯巴达人军事训练有素，英勇善战，其步兵堪称全希腊最优秀的，在非常时期和紧急情况下能显现出巨大的力量和效能。斯巴达在希波战争中联合雅典等城邦打败了波斯帝国，后来又在伯罗奔尼撒战争中最终打败了雅典。

（二）雅典民主政制

1. 雅典民主政制的产生

雅典的民主政制和斯巴达的贵族寡头政体完全不同。雅典城邦国家大约形成于公元前8世纪，也是直接由氏族社会演变而来的。在建立民主政制之前，雅典最初实行君主政体，后来让位于贵族共和制。城邦权力机构由执政官、元老院和公民大会等共同组成，元老院为城邦最高权力机构，负责推举和监督执政官，拥有最高裁判权。公民大会作为原始民主制遗存，政治作用相当微弱。

雅典的民主政制是一系列因素促成的，是不断进行政治斗争和改革的产物。从根本上说，雅典的民主化是长期经济和社会变革的必然结果。雅典人所在的阿提卡半岛自然条件不佳，他们不可能靠自给自足的农业生产生存下去。因此，他们因势利导，大力发展工商业和海外贸易。商品经济的发展使工商业主的社会地位不断提高，因而要求获得与其经济力量相称的政治地位，并得到了手工业工人、码头装卸工人和水手等城市贫民的支持。与此同时，农业商品化也使小农受到伤害，他们不得不抵押物品，甚至失去人身自由。激烈的阶级斗争在所难免。这些对现实不满的人一道奋起反抗土地贵族掌权的传统政治制度。

军事变革也有利于增强民主化的力量。以往，在战场上起决定性作用的是贵族骑兵，而到公元前6世纪时，贵族骑兵已为重甲步兵所取代。重甲步兵左手持盾、右手执矛，列成方阵，作战时步调一致，能以密集的阵势打败骑兵。这一新事物瓦解了贵族政治权力的军事基础，提高了那些独立的、能够装备自己的农民和工匠的地位，增强了他们的政治影响。而在希波战争中，参战的水手都是没有财力置办重甲步兵装备的下层公民，城市贫民在军事上的作用又胜过有财产的重甲步兵。所以，希腊人的胜利，特别是雅典海军的胜利，更进一步促进了雅典民主政治的发展。

2. 雅典民主政制的建立

雅典民主政制的建立以几次重大改革为标志。其间，几位先后领导改革的政治领袖发挥了关键作用。

公元前594年，雅典各派别一致同意任命梭伦为首席执政官，执掌政权，施行改革。梭伦改革的主要内容有：（1）将债务人失去的全部土地所有权归还债务人，因负债而变成奴隶的所有平民重新获得自由，永远禁止债务奴隶制。（2）根据财产多寡划分公民政治等级，打破血缘贵族对政权的垄断，富裕公民可担任执政官等高级官职。（3）放宽参加公民大会的资格，增加公民大会的权力。所有等级的雅典公民都有权参加公民大会，取消原先对公民大会成员的限制。执政官的选举和监督权划归公民大会，城邦的一切重要事务均须公民大会讨论表决。梭伦还设立了四百人会议作为公民大会的常设机构，由雅典4个血缘部落各选100人组成。（4）设立公民陪审法庭，普通公民开始介入司法审判，公民陪审员的决议决定案件的判决。梭伦改革奠定了雅典民主制的基础。

公元前509年，克里斯梯尼当选为执政官。他继续推进政治改革，完善雅典的民主制度。改革的主要内容包括：（1）以10个地区部落取代原先的4个血缘部落，规定公民权不再按氏族族籍确定，而是按所居村落和地区进行登记，此举使许多由于种种原因失去族籍的雅典人重新获得了公民权，进一步削弱了血缘关系的作用，基本消除了氏族贵族的政治控制和影响力。（2）改四百人会议为五百人会议，所有年满30岁的男性公民都有资格当选代表。五百人会议由10个地区部落各选出50人组成，任期一年。500人又分为10个小组，为“常务委员会”，轮流执政。（3）建立十将军委员会，行使城邦最高军事指挥权。（4）创设“陶片（贝壳）放逐法”，防止“僭主”专权，保持雅典的政局稳定。克里斯梯尼改革对雅典民主政治的发展起到了很大的推动作用。到公元前500年，雅典的民主政制基本定型，迎来了辉煌的古典时代。

雅典著名政治家、军事家伯里克利曾说过："雅典是希腊的学校"，这主要是就雅典的民主政治而言的。在他当政时期（公元前461—前429年），雅典的民主政治达至高峰，城邦的力量和威势臻于鼎盛，演剧、建筑和雕塑等文学艺术方面的公共生活和文化创作活动也高度兴盛繁荣，似乎也证明了城邦民主政治的优势。

3. 雅典民主制的成就和缺陷

雅典民主制是一种脱胎于原始民主制、适合于小国寡民的直接民主制。公民大会为最高权力机构，所有年满20岁的公民皆可参加。公民大会每月召集2—4次，讨论有关内政、外交、军事等方面的城邦大事。参会的公民都可上台发言辩论，一般采用举手表决方式。五百人会议作为公民大会的常设机构，拥有最高的执政权和行政权，负责为公民大会准备提案、安排议程。五百人会议的成员开始是选举出来的，后来逐步变成抽签（或背诗文）产生。雅典民主制的另一重要机构是公民陪审法庭。在伯里克利时代，公民陪审法庭已成为最高司法机构，拥有6000名庞大的陪审员队伍。陪审员由抽签产生，任期一年。6000名陪审员分成10个法庭，每个法庭500人，其余人作为机动。一般案件的审理不超过一天，陪审法庭由抽签决定。这一司法制度使司法执行官、法官仅仅成为案件审理的主持者，而丧失了判决权。判决由陪审团表决作出。

雅典在确立民主制后，元老院仍然保留，但除了凶杀案的审判权外，其大部分权力被化解，对政治生活的干预越来越小。执政官的作用也被逐渐削弱。到伯里克利时代，事实上已经取消了执政官的资格限制，四个等级的人都可担任，其作用也是事务性的，如主持会议、宣示法律等。执政官还受到公民大会的严格监督，任何公民都可以控告其不法行为。执政官卸任时必须接受渎职行为的审查。

雅典民主制无疑是一个伟大的创举，其重大影响遗泽至今。在有些方面，某些举措给予后世民主制的发展颇多启示和借鉴，它也树立了一种直接民主制的理想以感召后人。然而，雅典民主制也存在明显的弱点和缺陷。首先，雅典的民主只是少数奴隶主和自由民的"特权民主"，能够享有"民主"的"公民"数量十分有限（据史学家估计，雅典公民约占城邦人口的1/7，在4万—6万人之间，奴隶、外邦移民、边区的贫苦农民以及妇女都没有公民权）。其次，安邦治国的职位皆以抽签或简单多数决定，一切城邦大事也以简单多数决定，民主在技术和程序上的粗陋使民众的权力无法得到有效的约束和控制，难免出现滥权和极端化，也无法杜绝政客的煽动和党争。在伯里克利时代之后，雅典民主政治发生动荡并走向衰落，是和这些缺陷分不开的。这也说明，即便是在雅典这样一个小规模的城邦，直接民主制也难以行之有效。另外，雅典民主并不自由。当时的"自由"完全是个政治概念，源于城邦，囿于城邦，而个人实际上得不到保护，任由集体摆布。苏格拉底的殉道就是这种情况造成的一场悲剧。

二　罗马政制

（一）从王政到共和

古代罗马的政治制度内容丰富，且具有典型意义。它的演变是罗马内部各种矛盾和斗争以及罗马国家不断向外部世界扩张的结果，其漫长的过程表现了罗马政治制度的创新和适应能力。它创立了一套有效的行政体制和法律体系，并在庞大的帝国内予以实施。

罗马政治制度经历了和希腊城邦类似的演变进程。在王政时代（公元前731—前509年），罗马实行军事民主制。王政后期，由于社会分化，出现了奴隶制，自由公民内部则逐渐形成贵族和贫民两个阶层，氏族贵族在政治上享有很大的特权。为了平抑社会分化，改变以血缘为纽带的氏族制度，王政时代的第六王塞尔维乌斯进行了改革。他以地域划分部落，取代原先的血缘氏族部落，使旧的氏族制度逐渐解体，许多外来移民取得了公民权。他按财产来划分公民等级，在此基础上创建了森杜里亚组织。森杜里亚意即百人队，是一种兵民合一的组织制度，由各个等级分别组成，其数量、义务与各等级的财产和权利成正比。在此基础上，塞尔维乌斯设立了森杜里亚大会，它是一种军事色彩浓厚的人民大会，后来成为罗马国家的主要权力机构之一。强调和突出地域原则是国家形成的重要特征，同时塞尔维乌斯的改革适应了罗马对外扩张和战争的需要。

贵族共和制时期（公元前509—前30年），罗马共和国的基本权力结构承袭王政时代，由最高执政者、元老院和人民大会组成。与王政时代一个显著的不同在于，这时不再存在终身任职的王，而由两位地位相等的执政官取而代之。执政官由森杜里亚大会从贵族中选出，任期一年。他们拥有最高军事权和民事权。值得注意的是，罗马共和国还先后创设了另外一些高级官职，负责某些方面的具体工作，如行政长官、监察官、营造官和财务官等。虽然他们的人数在不同时期有所增减，职权范围也有不尽相同，但他们与执政官一道，共同构成共和国行政体系。罗马国家机构中还任用大批中低级公职人员，如秘书、侍从、传令兵、狱卒、刽子手等。

共和国时期，名义上存在三种人民大会，即库里亚大会（“库里亚”意即胞族）、森杜里亚大会和特里布大会（“特里布”意即部落），它们在选举执政官及其他高级官员、表决法律以及审理案件等方面仍享有一定权力，但权力有限，而且越来越小。相反，共和国时期，元老院发展成为最高权力机关。它是国家决策的核心，权限极为广泛，如管理国家财政、决定战争与和平、指导对外政策、实行对国家宗教事务的最高监督等。某些重大案件如叛国罪、谋杀罪等也由元老院审理。在出现内乱或外患严重威胁的时候，它还可以宣布国家紧急状态，任命独裁官行使非常权力。正是由于元老院在国家政治生活中的核心地位，罗马共和国的政制才被称为贵族制或贵族共和制。

（二）罗马帝制

1. 帝国的政治体制

公元前 30 年，屋大维成为内战时代的最后胜利者，建立了元首制的专制体制，罗马进入帝国时期。

罗马在帝国时期（公元前 30 年—公元 476 年）的政治制度是和统治横跨欧亚非三大洲的庞大帝国这一状态相适应的，权力高度集中在最高统治者手中。虽然名义上元老院仍为国家最高权力机关，但实际上元首总揽大权。公元前 27 年，屋大维被正式授予“奥古斯都”（至尊至圣）称号；公元前 12 年，他又被选为终身大祭司。这样，他就统一执掌了军事、民政和宗教方面的最高权力，其继承者也都沿袭这一体制，君主专制统治日益完善。

帝国时期，对皇帝负责的官僚制度逐步建立起来。在公元前 1 世纪的克劳狄王朝时期，主要的中央政府机构已经形成。元首顾问会议由元首亲信组成，负责拟定法规草案，提供决策意见，是皇帝的重要咨询决策机构。秘书处实际上掌管了帝国的内政、外交和军事大权。秘书处的最高职务是国务秘书，参与制定内外方针政策。司法部为国家最高司法机构，财政部掌管国家的财政经济大权。这些行政机构皆由皇帝的私人办事机构发展而来，官员均实行俸禄制。

皇帝还十分注重对军队的直接控制。大批军队被派驻行省。而近卫军则逐渐发展成为拥有特权的武装力量。军人干政遂成罗马帝国皇位继承混乱、政治纷争不断的一个重要因素。

帝国也建立了庞大的行省管理网络。行省指意大利半岛之外的罗马征服地区。对这些地区，罗马历来采取分而治之的地方管理策略。共和时期，罗马形成向行省委派总督的制度，总督拥有行省军事、民政和司法全权。从屋大维开始，行省被逐步分为元老院省和元首省两类。元老院行省一般是归属已久、比较稳定的地区，它们由元老院委任总督，任期一年。元首省一般是指那些新近征服而有待安定，或者军事意义重大的边境地区，总督由元首本人委派，任期不限，直接对元首负责。元首省驻有常驻军团。据统计，公元 2 世纪帝国全盛时期，罗马大约有 45 个行省，其中只有 11 个属元老院行省。元首控制着大部分行省。

在经历 3 个世纪的危机之后，罗马帝国由盛转衰。后人就罗马的衰亡提出了各种见解，如根源于奴隶制度的劳动力短缺，公民理想的迷失以及社会的衰败等，但帝国的政治体制不稳定，皇位继承混乱也是一个重要原因。皇位世袭制始终没有用法律固定下来，结果导致皇位继承处于多变、无序状态，取决于皇帝个人、元老院、近卫军军官以及皇亲国戚等不同政治力量之间的权力消长和斗争，充斥着宫廷阴谋和流血政变。帝国后期更是如此，从而加重了帝国的危机，加速了帝国的灭亡。

2. 罗马法

帝国自上而下庞大的官僚体系和行政管理网络，固然为维持帝国长达数百年的统治提供了有效的制度支撑，但与之同时发展起来并日臻成熟的罗马法帝国治理中也同样发挥了巨大作用和影响。罗马法产生于王政时代，最初也是习惯法。公元前 450 年前后，这些基于传统的习惯法在被加以整理后以成文法的形式由国家予以颁布，是为《十二铜表法》。在共和国的最后几百年间，《十二铜表法》因新判例和新原则的出现而有所改变。这些新判例和新原则有的来源于习俗的变化，有的来源于斯多葛哲学的教义，有的来自法官的判决，尤其是来自执法官（执掌司法的大法官）每年年初宣布的谕令，亦即司法指导原则。这些原则或是把社会政治生活中面临的新问题纳入原有的法律框架，或者对既有法律提出新的解释。在元首制时期，罗马法发展到了顶峰。法律扩展到更宽广的司法领域，既包括意大利公民，也包括生活在异地他乡的外省人的生活和财产等方面。出于释法的需要，奥古斯都及其后继者授予一些杰出的法学家如盖约斯、乌尔比安、帕皮尼安和保卢斯在庭审时对案件中存在的法律疑问陈述意见的权利。这些法学家陈述的意见即答复逐渐使法学和法律原理具体化，同时被认可为罗马法系的基础。

罗马法包括三个大的分支或组成部分，即民法、万民法和自然法。民法是罗马及其公民的法律，它包括元老院的法令、皇帝的敕令、大法官的谕令，还包括某些具有法律效力的古代习惯。万民法则是不论种族对所有人一视同仁的法律，它承认奴隶制和财产私有的合法性，明确了买卖、合作和契约的原则。万民法并非凌驾于民法之上，而是作为民法的补充，主要适用于罗马帝国的外来居民。

罗马法中最有意思而且在很多方面最为重要的分支是自然法。自然法不是司法实践的产物，而是哲学的结晶。斯多葛派发展了体现为正义和公正的理性自然思想。他们断言，所有人在本性上都是平等的，都有权享有一些基本权利，政府无权侵犯这些权利。然而就作为一项法律原则而言，自然法的真正创始人是西塞罗。西塞罗认为："真正的法律是与自然相一致的正确的理性的反映；它普遍适用，不会变迁而且垂于永远；它的要求成为人们的义务，它的禁令则避免人们为恶……任何篡改这种法律的企图都是犯罪，而且人们也不可能对它有丝毫的改变，更不可能把它完全废止。""无论对于雅典人还是罗马人来说都不会有不同的法律，现在的法律也不会与将来有所不同。在世上只有一种永恒的、不变的法律，它对所有的民族，在任何时候都同样有效。"

作为一种原则，自然法一直指导着罗马对于政治法律的思考和实践。罗马公民在其政治权力逐步扩展的过程中，他们受到法律保护的权利也在不断扩展。从共和到帝制，对于个人权利的保护被认为是国家存在的主要目标，国家在确定的界限内行使自己的权力，而公民则拥有受到法律保护、不受别人以及政府非法侵害的权利。除此之外，罗马法的另一个重要特征就是对公民私有财产的保护和尊重。因此，罗马不仅建立了一套相对完整的公法体系，其私法也达到了相当完善的程度。罗马法对于公与私的区分，对于保护公民的权利，以及明确国家与社会的界限都具有重要的意义。概言之，罗马为古代世界提供了最系统和最完备的法律体系。罗马法对现代西方法律体系及其政治制度产生了不可忽视的影响。

第二节　中世纪西欧的政治制度

一　民族君主国的兴起

4—5世纪的日耳曼蛮族入侵，瓦解了西罗马帝国的统治。在罗马文明的废墟上，西欧开始缓慢地向中世纪的封建社会过渡。其间，法兰克王国加洛林王朝的查理曼国王曾试图恢复帝国统一，到8世纪末，他的帝国已从北海扩展到比利牛斯山脉，从大西洋扩展到斯拉夫诸国，史称查理曼帝国，他也被加冕为"罗马人温和的皇帝查理·奥古斯都"。但在他死后，帝国即分崩离析，并逐渐形成西欧中世纪的各封建王国。与此同时，封建制度普遍建立起来，民族国家开始兴起。

封建制度是一种政体，在这一政体中，拥有地产的人也拥有政权，因此，封建主和封臣之间的契约取代了国家权力。到10世纪时，西欧已变成封建小国的麇集之地，它们一点点地获取原属查理曼帝国的土地和权力。若干世纪之间，几种不同的政治传统和势力在西欧错综复杂地纠缠在一起，争斗不已：封建君主们不断与领有较大封地、行使较多权力的封臣们发生冲突，即国王与贵族之间的斗争；教俗两界提出了棘手的叙任权问题；新兴的商业城市有时结成像伦巴第同盟和汉萨同盟那样强大的组织，并以自己为中心；其间还穿插着一股竭力以罗马教皇或者以查理曼及其前任的继承人"罗马"皇帝为首、以统一天主教世界的反动政治势力。最终，在广泛、深刻的经济社会变化推动下，民族君主国在各种力量的结合和斗争中脱颖而出。

以罗马教皇为代表的天主教势力是民族君主国

兴起中一个不容忽视的因素。在西欧实现封建化的漫长进程中，罗马天主教教会曾以其信仰、知识和文化力量发挥了很大的推动作用。9—11 世纪，教皇和德意志皇帝一般情况下是合作的。教皇帮助皇帝反对世俗贵族，作为回报，皇帝支持教皇反对与之相对立的拜占庭势力。1073 年，格列高利七世任职，罗马教皇的权力开始达到顶峰。在争夺日耳曼主教叙任权的冲突中，格列高利获胜，从而削弱了帝国的行政和皇帝的权力。到 13 世纪，教皇英诺森三世实际上卷入了西欧各国的事务之中，国王和皇帝由他任命或废黜。这个时期，罗马教皇通常被认为是天主教世界的最高统治者。

但是，到 14 世纪，情况发生了变化。日渐强大的封建君主们出于经济和政治需要，开始削弱和控制教会在本国的力量。罗马教皇开始失去在天主教世界的统治地位。西欧中世纪“只知有教，不知有国”的时代结束了。14—16 世纪的文艺复兴，16—17 世纪的宗教改革，使社会、知识和文化生活普遍世俗化，宗教组织与世俗权力合流，摆脱了罗马教皇的控制，国家的民族特征突出出来。

贵族封建势力的削弱，教权的萎缩，君主中央集权的发展，很大程度上取决于君主们同新兴商人阶层的非正式联盟。自治市的自由民向君主提供财政援助和管理才能，成为国王的内侍、监工、账目保管人和皇家造币厂经理等。最初，这些人组成国王的王室，主管国王私人事务。后来，随着王室成员被派去管理整个王国，强有力的中央集权政府发展起来。作为回报，君主为自由民提供保护，抵制封建领主和主教的频繁战争和苛捐杂税。他们还为商人利益服务，废除了五花八门的地方自治政权，这些地方自治政权各有其关税、法律、度量衡制式和货币。随着这些障碍的消失，到 15 世纪，出现了民族君主国，初步形成了今天的英国、法国、葡萄牙以及斐迪南和伊莎贝拉联姻后的西班牙的版图。而后，随着经济和社会的发展，有限君主制逐步向专制君主制过渡。到封建社会中后期，专制君主制成了一种普遍的国家制度，比如路易十四时期的法国，便是西欧封建专制君主政体的典型。有些国家如德国，虽然始终没有确立统一的专制君主制度，但是大部分诸侯国都建立了专制政体，即所谓“王公专制主义”。这种情况也表明，虽然西欧一些主要国家在政治制度上具有相似或一致的发展趋势，但它们彼此又有差异和各自的特性，其中以英国、法国和德国的政治制度演变最具代表性。

二　英国的分权君主制

英国是一个具有独特政治文化传统的国家，其中有两点尤为突出：一是法律至上；二是君主个人的权威始终受到制约。英国王权的强大先于欧洲大陆的封建国家，但从未达到过绝对专制的程度。从盎格鲁—撒克逊时代起，始终存在与君权相对的另一个权力中心，早期是大贵族会议，后来是议会，对君权起着制约作用。这是一种二元体制，即政权内两个权力中心并行，所以可称之为分权君主制。此外，在纵向结构上，英国的地方政府也处于一种半自治状态，与中央政权保持相对平衡。中世纪英国君主制的这种分权结构，成为近代英国立宪君主制的基础。

（一）威廉征服与王权的强化

近代以前英国政治制度的演变可分为 4 个时期。11 世纪威廉征服之前为第一时期。这是封建君主制的首创时期：国家产生，统一国家形成，君主制度建立，但王权受到由贵族组成的贤人会议的较大限制。

11—12 世纪为第二时期。1066 年，诺曼底公爵威廉从法国渡海征战英伦，夺得王位，史称威廉征服。此后，英国迅速封建化，威廉把从英国旧贵族手中没收的土地不断分封给追随他的诺曼底人，农民成为新领主的农奴，威廉则确立了自己最高封建主的地位。

在欧洲大陆的封建国家，封臣取得土地后，往往形成割据一方的诸侯国，将王权拒之门外。封臣的属下（附庸的附庸）对国王不承担直接义务，造成王权虚弱。而威廉则成功地采取了一系列加强王权的措施：第一，他本人直接占有全英国 1/7 的耕地和几乎全部森林，使自己的经济和军事实力远远超过任何一个封臣；第二，因为征服和对土地的封赐是零散的、断断续续的，所以威廉给予封臣的土地也分散于各地，封臣难以集结力量对抗王权；第三，1086 年，威廉要求全国大小封臣和骑士都直接向国王宣誓效忠，确立了自己作为所有封建领主直接宗主的地位；第四，在地方，威廉基本沿袭盎格鲁—撒克逊人的分郡制度，使王权能够通过钦命的郡守影响和控制全国各地。1086 年，威廉派出官员，在地方官员的协助下，对全国所有庄园的田产、农奴人数、牲畜头数以及庄园主的财产进行了实地调查，并将结果汇编成册，作为以后继承和分摊赋税等的依据，也使威廉对各封建主的实力有据可查。

威廉以最高封建领主和国君的双重身份，通过贵族会议和御前会议来统治国家。贵族会议成员一般是全国最大的封建主，国家的重大事务都经由会议讨论，大多数法令以贵族会议的名义颁布，同时，贵族会议还是全国最高法庭。后来，由于政务繁忙，又不可能频繁召集贵族会议，国王便挑选一部分人组成一个专门班子，称为“御前会议”，替国王处理行政和司法事务，王室和宫廷成员在其中占有重要地位。御前会议的出现意味着国家行政权力开始从贵族会议中分离出来，王权开始上升。

12—13 世纪，英国的财政和司法制度也逐渐发展起来。威廉征服后相当长一个时期，英国的国家财政实际上只是国王的个人财务，国王“靠自己的收入过活”是英国直到都铎时代的一条重要原则，国王必须依靠自己的收入维持王室和政府的各项开支。但是到 12 世纪初，专门负责财务的机构开始从御前会议中分离出来，国王个人财务向国家财政转变。12 世纪下半叶，财政署已成为一个政府部门。它是英国最早的专业性政府职能部门。

这一时期，英国的法制也处于大发展之中，司法事务开始专门化。在盎格鲁—撒克逊时期，审判多采用“立誓免罪法”和“神命裁判法”，还曾推行“司法格斗”，即“战斗神判法”。为了寻求一种相对公正的司法方式，诺曼底人所创造的司法令状和陪审制度被引入并长期沿用下来。陪审团帮助调查和澄清事实真相，做出判决。到 1200 年，出现了真正的小型陪审团，到 13—14 世纪，作为现代陪审制度的前身，司法令状和陪审制度被固定下来。事实上，“令状制度”出现后，王室法庭便逐渐取代封建领主法庭，因为陪审团和令状的存在使自由民很容易越过领主法庭直接向王室法庭投诉，这样就出现了一种由御前会议议定和执行的统一的法权，而且亨利二世（1154—1189 年在位）还将不时派出国王大法官巡游各郡的做法制度化，自此设立巡回法庭，中央定期派出巡回法官到各地开庭，代表国王接受上诉案件。这样，除了宗教法之外，在一系列司法活动中，以案例为基础而演绎出来的“习惯法”或称“不成文法”逐渐形成，司法官所执行的法律皆源于民间的判例和习惯。自 1194 年始，王室法庭书记员开始把各种案例记入诉讼档案。13 世纪中叶，王室法庭兼巡回法庭的大法官格兰维尔编写了《论英格兰王国的法律与习惯》，它标志着英国习惯法时代的到来。习惯法对英国政治法律制度的影响十分深远。

（二）议会的兴起

13—15 世纪是英国政治制度演变的第三时期：议会产生，议会制度形成。

英国议会源于负责审理疑难案件的大议事会或御前扩大会议。13 世纪初，为了便于查阅法律档案，会议逐渐固定在藏有档案的威斯敏斯特教堂大厅举行。1236 年，国王的秘书在记录中第一次用“议会”（Parliament）这个词来称呼这一机构。

初期的议会同旧时的御前扩大会议一样，国王是主持人，法官是主体，大贵族只起咨询的作用。随着自身势力的壮大，贵族便开始控制大议事会，以立法限制王权，从而渐渐确立了议会的地位。由于机构的扩充，加上征战频繁，国王无法依靠传统收入来应付支出，而开征新税，按惯例必须获得大议事会或御前会议的批准，国王往往又不愿受此制约，这就必然导致大贵族与国王之间一次又一次的矛盾冲突。1215 年，失地王约翰在贵族的要挟和胁迫下签署《大宪章》。《大宪章》规定，“除非得到本王国一致的同意”，国王不得违反惯例在王国内征收额外的捐税；不经合法裁决和审判，任何人不得被逮捕、监禁、处死，剥夺其财产。《大宪章》是英国中世纪限制王权的著名法律文件，成为英国宪政发展的起点。1258 年，大贵族强迫国王亨利三世接受了一个比《大宪章》更前进一步的条例，即《牛津条例》。《牛津条例》规定每年定期召开三次大议事会，以“审查国务并考虑国家的共同需要及国王的需要”，实质上承认了由贵族组成的大议事会的议政权及其拥有的一定的决策权，意味着大议事会由主要起司法作用且不定期召开的“御前会议”性质，向主要起议政作用并定期举行的“议会”转变。

13 世纪，随着经济和社会的发展，英国出现了一些新兴的社会阶层，即骑士、乡绅和市民。他们经济地位上升，成了主要的纳税人。按照传统，他们的同意是国王向其摊派赋税的必要条件。于是国王偶尔也责成郡守选派他们作为地方代表出席御前扩大会议或议会。1265 年 1 月，英国发生贵族叛乱，控制政局的大贵族西门·蒙特福特伯爵为了解决财政危机，寻求政治上的广泛支持，便以国王的名义召开议会，史称“西门议会”。参加者除了男爵、高级教士和每郡两名骑士外，还增加了各自由市分别派遣的两名市民代表，这表明大贵族开始向中等阶层寻求支持。1295 年，国王爱德华一世又召开了一次议会，每郡和每个城市各派两名代表参加，且成为以后议会的惯例，故而这次议会又称“模范议会”。

14 世纪 20 年代，英国议会正式形成。在大贵族的压力下，国王实行了政治改革，大贵族取代法官、王室秘书成为议会的主体，参加议会成为大贵族固有的权利。地方代表在议会中的地位也发生了根本变化，获得直接提出请愿书的权利，大贵族则成为议案的审理者。1325 年后，地方代表成为议会不可或缺的组成部分，没有一次议会是在他们缺席的情况下召开的。1327 年又规定，凡以地方代表集体名义提交的请愿书必须先经全体地方代表审议，这为下院的形成奠定了基础。

14 世纪中叶，议会演化为上、下两院。上院由国王指定的僧俗大贵族组成（贵族院），负责审理法案、请愿书，对下院行使否决权，同时仍然拥有传统的最高司法权。下院由地方代表组成（平民院）。1327 年以后，下院议员不再由郡长提名指定，而改为各郡、市选举产生，有关征税的法案要先由下院讨论。1430 年，英国颁布了第一部选举法，规定年收入 40 先令的自由人可以参加议员的选举。议会由国王召集，两院分别开会，各自向国王报告。这样，英国的二元政治结构基本形成，议会既服务于国王，同时也约束国王。

（三）都铎王朝时期的议会与国王

都铎王朝（1485—1603 年）构成中世纪英国政治制度演变的第四个阶段。这一时期英国王权明显加强，主要表现在以下几个方面：第一，政府机构进一步完备，1540 年，正式形成枢密院，下设一些专门委员会，负责处理政务；第二，亨利八世实行宗教改革，使国王成为英国国教的最高领袖，不再承认和服从罗马教廷，从而加强了国王的权威；第三，对地方的控制有所加强。14 世纪中期，由国王任命的治安法官逐渐成为郡的首脑；第四，议会很少与国王发生尖锐对立。

这种情形是由诸多因素造成的。王权与中等阶层的联盟是国王与议会关系的基础，都铎诸王的宗教改革与重商主义等大政方针符合英国当时的国家利益。另外，都铎政体也有重要变化，即国王成为议会的一部分，议会变成国王、上院、下院新的三位一体，其中国王居主导地位，拥有议会的召集权与解散权，两院通过的议案未经国王批准便不能成为法律。

然而，法律至上仍然是英国政治的一条重要准则。无论国王个人权威有多大，他只要离开议会就不能立法。而且，尽管国王在议会立法中占有重要地位，但议会并非无所作为，无足轻重。一方面，国王召集议会和对议会施加影响的最终目的是为了取得议会的支持，特别是在财政拨款和征税方面，没有议会的支持难以行得通；另一方面，议会的自主意识也在不断强化。在都铎王朝前期，议会往往根据国王的动议进行讨论，国王是议案的主要提出人。到都铎王朝后期，议会提出的议案逐渐增多。在伊丽莎白时代，议会曾不顾女王的反对，多次讨论伊丽莎白的婚姻和继嗣问题。议会还因要求言论自由（在议会讲坛上）和自主安排议程与女王发生争执，反对女王迫害言论过激的议员。下院议员的资格审查权也已转归下院。尽管国王与议会的矛盾没有激化，但议会自主意识的强化无疑为后来的资产阶级革命埋下了伏笔。

三　法国的专制君主制

法国中世纪政治制度的演变大致经历了三个阶段：封建君主制、等级君主制和专制君主制，在西欧封建国家制度中十分典型。

（一）法国君主制的发展

封建君主制是指建立在土地层层分封基础上的、以领主和附庸之间主从关系为核心内容的君主制，其特点是君权（国家权力）的严重割裂，以及由此导致的国家的封建割据状态。在法国，封建君主制从 9 世纪开始形成，至 11 世纪完成。

随着封建制度的建立，法国社会形成了不同的封建等级。所谓等级，即自由人中不同的社会阶层，依附于大小领主的农民被排除在外。封建等级制度是法国封建统治赖以存在的基础，也是其政治制度的重要组成部分。依照从高到低的顺序，法国的封建等级有三层：教士、贵族和市民。市民是在中世纪新产生的阶层。

封建制度曾严重阻碍法国王权的发展，直到12世纪末，王权仍很微弱。但是到13世纪末，王权逐渐强大起来。在这一过程中，王室的领地不断扩大，因为国王只有拥有绝对优势的领地，才能保证绝对优势的军队和财力。国王主要通过干涉附庸的财产继承权、联姻以及战争等手段来扩充自己的地盘。到13世纪末，国王已经成为全法国最强大的领主。到卡佩王朝（987—1328年）结束时，王室领地面积已占全国土地总面积的70%，人口占到全国总人口的70%—80%。原先“小国王、大诸侯”的局面不复存在。国王还通过不断扩充其实权来提高自身的威望，强化王权。一方面，国王利用自己的宗主权，加强对各地封建贵族的控制。另一方面，国王大力发展其君主权，在整个王室领地内建立直接统治，勘定地方区划，任免地方官吏，治理地方政务，在中央发展健全各种政府官僚机构，同时在王室领地内实行统一的税收制度，逐渐建立国王统率的常备军，等等。史称“圣路易”的路易九世（1226—1270年在位）在亲政后，实行了两项重大改革。一是司法改革，将司法权控制在国王手里。他多次颁布敕令，在王室领地内禁止司法决斗，并将叛逆、铸伪币、伪造王室法令、非法携带武器等案件均收归王室法庭审理。为加强地方司法管理，从1247年起，路易九世每年都向地方派出巡回法庭，审查处理上诉案件，惩治贪赃枉法。二是币制改革。王室开铸新的标准化金、银货币，流通全国。到腓力四世统治时期（1285—1314年在位），法国王权又有了新的发展。此时中央权力机构已经完善起来。原来的国王御前会议内部逐渐分工，形成了不同的职权部门。到13世纪末14世纪初，负责司法事务的高等法院和负责财政事务的审计院等机构已有相当的独立性，封建国家机器日臻完备。英法百年战争期间（1337—1453年），法国王权更经受了严峻考验。

1302年，为解决征收新税问题，腓力四世召开了法国历史上第一次三级会议，与会者除教会贵族和世俗贵族的代表外，还有市民代表，由王室领地内的主要城市各派两名代表组成。这三个等级的代表名额由国王决定。开会时各等级分别讨论，各有一票表决权。三级会议的召开表明了市民力量的上升，国王和市民这种固定的联盟形式，无疑有利于法国的统一。从此，君主与等级代表会议的这种政权形式开始形成，法国的君主制发展到等级君主制阶段。在15—16世纪，法国的王权受到三级会议一定程度的制约。只是法国三级会议的职权远不能和英国的议会相比。它并不是一个固定的议事机构，召开的次数不多，没有立法权，往往是为了解决征税或宗教等方面的特定问题才被临时召集。1439年以后，国王不再为征税召开三级会议。从1614年直至1789年大革命爆发，法国再也没有召开过三级会议。

（二）专制君主制及其特征

17—18世纪，法国形成了专制君主制，并在路易十四（1643—1715年在位）统治时期发展到顶峰。路易十四被称为“太阳王”，俨然是照耀一切的万物之主。

法国的专制君主制具有这样一些典型特征：（1）中央集权的官僚制度。路易十四时代，中央政府的职能已发育得相当完善。国王及其几位亲信大臣组成最高国务会议，做出最高决策。最高国务会议下设各专门会议，也就是现代意义上的“部”，主要有军事国务会议、外交国务会议、财政会议、文件收发会议（负责各机构之间的联系以及对地方发布政令的部门），还有诉讼会议，由大法官主持，负责司法行政事务。国王还通过监察官对外省实行严密控制。（2）国王独享立法权。国王成为国家法律的唯一来源。路易十四有言：“国王就是法律。”路易十六使国王的立法权进一步明确，他宣布一切主权只属于国王，国王在行使最高权力时只对上帝负责，立法权独立地、不可分割地只属于主权者一人。（3）控制教会。路易十四统治时期，天主教教会被置于国王的统治之下，国王亲自任命主教。教会成为法国专制君主统治的工具。（4）建立庞大的常备军。路易十四时代，庞大的常备军成为法国穷兵黩武、对外征战、企图建立欧洲霸权的重要工具。

专制君主政体的形成和完善迎合了法国民族统一的需要，成为近代法国中央集权国家的基础。但是，这种国王集最高行政权和立法权于一身，官僚制度、教会组织、军队系统都以国王为中心的专制制度，使法国从封建社会向资本主义社会的政治转型变得极为艰难，付出了巨大代价。

四 德国的选举君主制

在英国，贵族于抗衡王权中限制王权，法国的贵族最终成了专制君主的侍从，而在德国又是另外一种情形，贵族坐大而王权不振。整个中世纪，德国从未形成像英法那样的中央集权制君主政体。

但是，德国不仅有君主，而且它的君主还是皇帝。开始是“罗马帝国皇帝”，后来变成“神圣罗马帝国皇帝”，再后来成了“德意志民族的神圣罗马帝国皇帝”。德意志的君主们开始是想借重罗马教会的支持来加强自身的力量，但后来又在和罗马教皇的争斗中削弱了自身的权力。由于不断向封建诸侯势力退让，皇权陷于衰微的境地。

德意志保留了古代日耳曼人选举君主的制度。到1356年，皇帝查理四世颁布了一项重要的帝国立法——金玺诏书，正式明确了德国的皇帝选举制度。诏书规定，德皇由7位选帝侯选举产生。这7位选帝侯分别是科隆大主教、美因茨大主教、特里尔大主教、萨克森公爵、巴拉丁伯爵、勃兰登堡侯爵和波希米亚国王，诸侯会议由美因茨大主教召集，选举以多数通过有效。选帝侯地位与皇帝相等，选帝侯在邦国内享有最高统治权，实行长子继承制原则，以便选帝侯的领地、荣誉和权力永保完整。选帝侯的设立，使德国皇权再无可能建立中央集权制的统一国家，德国四分五裂的局面进一步加深。

德国皇帝尽管可以任命官职，授予爵位，也可以依据封建法规要求封臣对他尽一定的义务，但按照封建惯例，帝国内政外交等重要事务都需要经过帝国议会讨论决定。随着皇权的急剧衰落，帝国议会逐渐演变为一个由选帝侯、诸侯和城市代表三个等级所组成的等级会议，每个等级各有一票表决权，这样在帝国议会中起主导作用的始终是选帝侯和诸侯，任何不利于他们的议案都很难通过。除帝国议会之外，虽然皇帝还有一些中央机构，但帝国没有统一的常备军，没有统一的货币和财政税收，也迟迟没有一个统一的帝国法院。而且，罗马教会的势力特别强大。

由于德国缺乏强有力的君权，封建诸侯的独立地位十分稳固。大约在13世纪上半叶，德国出现“邦君”政治，表明帝国内部的封建分裂又发展到了一个新的阶段。邦君拥有大量领地，而且在自己的领地内还拥有大量特权，如铸币权、市场权、关税权、矿山权等，设置堡垒的特权还加强了他们的军事力量。这些要素构成了他们的邦国统治权。此后，不仅公爵和伯爵等大贵族，主教、修道院，甚至骑士和城市，都力争获得邦君的地位，由此形成了众多大小不一但疆域完整的诸侯国，这些诸侯国都设有各自的行政机构和邦议会（等级会议），有自己的税收、军队，享有独立的司法权、外交权，自行对外宣战媾和。到17世纪，所谓“德意志民族的神圣罗马帝国”包含了314个邦国和1475个独立领地。当时的德国地图，被人们形容为一件“狂欢节穿的短上衣”。

由于封建割据，混战频仍，城市经常成为诸侯攻掠的对象。出于自我保护和维护共同商业利益的需要，城市同盟盛极一时，如汉萨同盟、莱茵城市同盟等。在其他西欧封建国家，市民往往成为中央王权的同盟力量，在消除封建割据、促成民族统一过程中发挥重要作用。但是这种情况并没有在德国出现。

第三节 近代西欧政治制度的变革

一 英国代议制的形成和确立

今日的西欧，不论是君主制国家还是共和制国家，代议制均已成为其政治制度的普遍特征，也是其民主制度的重要基础。但是代议制却是近代西欧政治变革的产物。

进入近代，英国在政治制度变革方面走在了欧洲大陆的前面。17—19世纪，英国在西欧率先形成并确立了代议制，并逐渐使其民主化。英国的代议制对西欧政治体制的变革产生了重要影响，很长时间被各国纷纷效法。

（一）光荣革命与君主立宪制的建立

在确立代议制的过程中，英国经历了流血牺牲、曲折反复和艰难的选择。首先需要确立的是议会的主权地位。在17世纪40年代的革命开始以后，这个问题才逐渐明朗起来。议会与国王之间的斗争构成了17世纪英国政治斗争的主线。以新贵族和商人为代表的新兴政治力量为创设一种新的政治体制，在短短几十年内，竟然导致三次全局性的政体变化，从内战到共和再到护国主统治，又重归王权复辟，仍未能恰当、稳妥地解决问题。

1688年革命，即通常所说的“光荣革命”，最终使上述问题得到妥善解决。当时，国王詹姆士二世试图恢复天主教和专制王权的统治，促使托利党和辉格党在国教原则的基础上联合起来，邀请荷兰执政、奥伦治的威廉率军前来英国，帮助捍卫英国人的自由。威廉顺利登陆英伦，一路兵不血刃，直入伦敦，召开议会。出逃的詹姆士二世被宣布擅离职守，背弃职责，自动退位，威廉和玛丽（詹姆士二世的女儿、女婿）共同登上王位。作为新国王登基的条件，议会发布了一项《权利法案》，将只有议会才可以征税、臣民可以自由请愿、议员可以自由发表政见以及议会应该定期召开等“英国人自古就有的”权利，以书面形式、作为人民与国王之间的“契约”确定下来。《权利法案》因此成为英国宪政中最重要的奠基性文件之一。光荣革命还附带有其他几项法律文件，包括《兵变法》（1689 年）、《宽容法》（1689 年）、《三年法》（1694 年）、《叛国法》（1696 年）、《继承法》（1701 年）等，也都是为了巩固革命的成果，加强议会的地位。一个新的政治体制基本成形。“光荣革命”尽量避免了暴力和流血，它其实是一场改革。“光荣革命”的进程表明，新国王可以由议会创造出来，没有议会就没有国王的王位；既然议会创造了国王，主权当然在议会。这就把困扰英国近百年的主权问题解决了。“光荣革命”确立了英国的君主立宪制，在国王、上院和下院三者制衡的权力结构中，议会限制了王权，但王权也得到重新定位，被纳入一个得到更新的、更稳定的政治权力结构之中。“光荣革命”确立了议会的主权地位，为代议制的发展提供了重要前提。“光荣革命”还确立了英国渐进改革的发展模式，自此往后英国再未发生革命。

（二）责任内阁制

“光荣革命”是英国宪政发展史的一个重要转折点，英国近代政治制度的主要方面如立宪君主制度、政党制度、内阁制度，都是从此才真正起步的。英国代议制在渐进改革的过程中逐渐成熟和完善起来。

英国内阁由封建时代的枢密院发展而来。内阁制也并非依据某个成文法产生，而是由不成文的惯例逐步发展形成的。复辟时期，在枢密院内形成了一个新的核心集团，被称为“内阁”，作为国王的高级咨询机构对国王负责。“光荣革命”虽然确立了议会的主权，但并未解决行政权和立法权的关系问题。国王有权遴选政府大臣，主掌国务大事，是实实在在的行政首脑。大臣只对国王负责，以个人身份接受国王的领导。因此，威廉三世延揽两党人士入阁谋事，仍视内阁为国王的仆从，以及加强王权的重要手段。随着王权的削弱，议会权力的增加，政党政治的开展，内阁逐渐转向对议会负责。1694 年，威廉三世任命辉格党人组成第一个一党内阁，但辉格党人并不是议会中的多数派。也就是说，国王的政府并非议会直接选举产生，与议会多数并不一致，政府与议会随时可能发生冲突，使国事陷于混乱。这种情况到安妮女王时期才发生变化。议会开始把内阁置于自己的控制之下，规定任何人必须竞选成为下院议员方可成为内阁大臣，由此政府与议会建立了有机联系。1708 年，安妮女王听从劝告，组织了一个辉格党政府，开创了内阁与议会多数党一致的先例。安妮女王性格软弱，优柔寡断，大臣们为了决断事情，逐步形成遇事内部先行磋商、取得一致意见再予报告的习惯，形成了另一个先例，即内阁意见必须统一，并逐步发展为内阁集体负责制，作为一个整体对议会负责。1714 年德意志汉诺威选帝侯乔治一世继承英国王位。他不懂英语，无意亲自理政，其子乔治二世亦然。由此内阁在议会多数的支持下执掌政务、国王任命议会多数党领袖出任政府首脑、国王不参加内阁会议等做法逐渐确立起来，形成了新的惯例。一般认为，英国历史上第一位“首相”是罗伯特·沃尔波尔。他先后担任财政大臣 20 多年，选任同党议员为内阁大臣，并要求内阁保持意见一致，以取得下院的信任。1742 年，辉格党内讧，沃尔波尔内阁因失去议会支持而集体辞职，由此开创了组阁政党必须在议会中占多数并集体负责的先例。1783 年，托利党人皮特（小）出任首相，次年因得不到下院支持而提请国王解散下院，提前大选，获胜的托利党继续组阁，这一做法也成为惯例。到 18 世纪末，在宪政实践中，英国的责任内阁制通过宪法惯例的累积逐步完善并最终形成。

（三）两党制

两党制是英国议会制度长期发展的产物。两党制的确立是议会政治的重要进展。

英国的政党最早形成于 17 世纪末。1679 年，围绕詹姆士二世的继位问题，议会中出现了对立的两个派别或集团，忠于国王、赞成詹姆士继位的一派被称为宫廷党，又名托利党（“托利”原指爱尔兰歹徒），其对立面被称为乡党，又名辉格党（“辉格”原指苏格兰强盗）。然而在“光荣革命”中，两党又联合展示了政党的力量，并为两党的发展创造了更为有利的政治条件。从此，英国进入两党政治的建立时期。当时，辉格党和托利党不仅在议会中开展活动，也曾分别长期执政。在1714—1760年间，出现了长达半个世纪的辉格党寡头政治优势局面。而伴随着乔治三世个人统治的出现，托利党又借机建立寡头统治。自此直到1830年，除了短暂的间隔，托利党一直把持着政府的权力。这一阶段英国的政党政治还处于幼年时期，从地方选民一直到党的组织体系都未发育成熟。两党没有正规的组织，没有明确的政纲，党派同个人之间的关系松散，且经常处于重组之中，党派的凝聚力主要依靠亲朋故旧家族圈子来维系，在选举中也是如此。然而，正是在反对国王乔治三世专制统治的斗争中，作为议会中主要反对党的辉格党率先摒弃了以家族和社会联系为纽带的传统政党组合方式，加强了党的组织纪律性和政治凝聚力，组成了一个新型的资产阶级政党。

18世纪末19世纪初，党派政治趋向成熟，政党开始突破亲朋故友圈子，而以政治纲领、利益和原则为分野。托利党信奉保守主义，墨守成规，反对改革，代表主张保护关税、以地产为中心的地主贵族集团的利益。辉格党历来支持议会改革，常有某种自由主义倾向，代表主张自由贸易的新兴工业资产阶级集团的利益。19世纪30年代以后，随着一系列议会改革立法的实现，英国议会政治的社会和政治基础不断扩大，两大政党的组织也在全国范围内得到发展。1832年，托利党建立了“卡尔顿俱乐部”，次年改名为保守党。几乎与此同时，辉格党改称为自由党，并于1834年成立了“改革俱乐部”。1867年保守党又建立了“保守党中央选区协会全国联盟”，1877年自由党成立了“全国自由党联盟”。至此，现代英国两党制的主要特征基本具备。这些基本特征包括：（1）在合法存在的诸多政党中，只有两个政党具备竞争议会中多数席位的实力；（2）两大党在议会内外，在中央和地方都有永久性的组织，这些组织与选民不断互相影响；（3）两大党都承认英国宪法并以通过议会选举上台执政为活动目的；（4）反对党得到宪法的承认并成为国家机构不可缺少的组成部分。总体而言，英国两党制的确立和演变反映了英国议会政治发展的内在要求：责任内阁制形成并且权威日益上升，对政党的要求和依靠也日益增强；经济和社会结构的变化与选举制度的改革，调整并改变着政治力量的构成，从而导致政党格局的改变；各种利益集团在议会内外的争斗更加激烈，而由于执政或在野利害攸关，各政党必须不断完善和发展自身。

随着政党政治日趋成熟，两党制的格局开始确定下来，保守党和自由党通过议会选举，长期轮流执政。20世纪初，工党崛起，自由党衰落，但两党制的架构并未根本改变。尽管在2010年的英国大选中，自由民主党得以进入政府，与保守党联合执政，但是，从总体上看，工党与保守党轮流执政的根本局面仍然保持未变。

二 西欧代议民主制的普遍确立

产业革命和启蒙运动推动了欧洲特别是西欧各国的政治变革进程。在从18世纪末到19世纪末的一个世纪里，西欧的一些主要国家先后建立了以代议制为主要特征的近代政治制度。它们都是以英国政治制度为原型和模本，但由于各国的政治传统不同，所面临的局势和时机各异，因而变革的过程和方式、深度与广度也大不相同，各具特色。其中以法、德、意等主要国家比较典型。

在英国确立君主立宪制近一个世纪以后，法国资产阶级不得不通过暴烈的革命方式推翻君主专制，实现平等和民主。法国与英国不同，促使社会变革的矛盾焦点集中在下层，城市贫民和农民成为革命的主力，他们揭竿而起，前赴后继，摧毁了旧的社会秩序和政治制度。法国建立新的政治制度的过程与英国的渐进改革方式也不同。1789年开始的大革命并没有迅速带来政治和社会稳定，而只是开启了一个漫长的、交织着血与火的动荡和冲突过程。社会动员不断深入，各派政治力量明争暗斗，君主制与共和制反复较量，各种政体形式如帝制、共和制、帝制形式下的大资产阶级专政、君主立宪制、以金融贵族为代表的大资产阶级专政形式下的君主立宪制以及议会制等“你方唱罢我登场”。直到1875年通过第三共和国宪法，将议会制和共和制融为一体，法国才最终确立了资产阶级的议会制共和政体。

至此，法国结束了起义和流血革命的历史，政治制度基本上循着合法的途径演变。法国1875年的议会制度吸取了英国的宪政原则，权力结构以议会为中心。但是，法国的多党制使其议会政治呈现出与英国截然不同的风格，党派众多，政局不稳，倒阁频繁（第三共和国更换102届政府，而同一时期英国仅20届）。20世纪中叶，经过戴高乐的政制改革，法国才形成了今天的半总统制政体。

法国大革命后，新旧制度在欧洲展开了激烈的争夺。1814年，瑞典制定了第一部宪法。1831年，比利时建立了议会制度。1848年革命席卷了整个欧洲，丹麦、荷兰开始实行议会制，法国实行了普选制。截至1870年，西欧尚未实行议会制的国家只剩德国、奥地利和意大利。但1848年革命也触发了德国和意大利的武装起义，促使这两个民族得到一定程度的复兴和统一，分别于19世纪中期和晚期建立起统一的政治制度。

意大利曾是罗马文明的发祥地，文艺复兴运动的中心，还曾拥有繁荣的城市经济，但自16世纪以后，由于商业的衰落和异族入侵，国家长期处于分裂局面。直到19世纪六七十年代，撒丁王国在首相加富尔领导下，借助民主和民族解放运动的力量，利用有利的国际局势，才实现了国家的统一。1861年，议会在都灵召开，宣布成立君主立宪制的意大利王国。

德意志的统一是普鲁士王国在俾斯麦领导下，通过王朝战争实现的。1871年1月，德意志帝国宣告成立，颁布宪法，实行君主立宪制。德意志能够成为议会制的统一国家，是大势所趋。启蒙运动、大革命和拿破仑战争、1848年革命、资产阶级宪政运动的尝试（法兰克福议会）等都发挥了长期或直接的作用。但议会制在德国先天不足，缺陷明显。由于普鲁士专制政体的影响，德国议会的权限较英国要小得多。行政权不受帝国议会的制约，政府对皇帝负责，权力重心向君权倾斜。实质上，这种德国式的君主立宪制是由君主掌握实权、直接行使统治权的制度，其显著的专制色彩给民主化进程带来了严重后果。

第四节 现当代西欧政治制度的发展

进入现代，以议会制为特征的近代西欧政治制度尽管已经比较完备，但仍继续处于演变过程之中。社会结构在变化，国家干预在加强，以维护有产阶级传统自由、平等为核心的代议制开始向带有“社会民主”或“新自由主义”特色的当代西欧政治制度转化。选举民主的普遍适用，中央政府立法和行政权力的扩大，使权力重心呈现出某种极化趋势。

然而，代议制是西欧各国政治制度稳定、平衡的重心。两次世界大战期间，法西斯主义的倒行逆施一方面说明了议会制的脆弱性，同时也说明在经济和社会动荡、意识形态纷争盛行的时代，代议制作为一种传统政治制度和价值观的重要性。

因此，代议制迄今仍然是西欧各国政治制度的中枢。种种变化既反映了时代的要求，也表明了代议制作为政治制度基本架构所具有的活力。

一 议会制的恢复

第二次世界大战结束后，在政治领域，西欧各国面临的首要任务是稳定或重建民主政治制度，以便实现民族和解和团结，尽快恢复经济和社会发展。

重建议会制成为欧洲许多国家的共同目标。除西班牙和葡萄牙以外，大部分西欧国家都恢复或重建了议会民主制度。英国、挪威、瑞典、丹麦、荷兰、比利时和希腊等国实行君主立宪制，法国、瑞士、意大利、奥地利和芬兰则实行议会共和制，实行专制制度的只有葡萄牙和西班牙，卢森堡为大公国。1944—1949年间，除法、意、联邦德国等国制定了新宪法之外，丹、比、荷等国也仿效它们制定了类似的宪法。

1946年10月，经过公民投票，法国以微弱多数通过了第四共和国宪法（1946—1958年）。这部宪法给予普选产生的国民议会更多的权力，同时限制政府的越权行为，强调采取“理性的代议制”，以保证行政机关的稳定和权威；它还强调政党必须有坚强的组织和严格的纪律，规定实行比例代表选举制。这部宪法是各派政治力量妥协的产物，既雄心勃勃又疑虑重重，存在着明显的缺陷，是第四共和国政局长期动荡的一个根源。为克服第四共和国政治体制的弊端，戴高乐领导法国于1958年建立了第五共和国，从议会制改为半议会半总统制。1958年宪法大大加强了总统的权力，总统成为政治权力中心，议会的作用被削弱，从此法国政局开始稳定下来，总统和议会的选举，政府的组成和交接，均依据法律规章以及各派政治力量的分散组合有序进行。

1946年，意大利经过公民投票，成立共和国，以议会共和制取代了君主立宪制。1948年的新宪法规定，意大利实行三权分立、主权在民、法律面前人人平等的原则，参议院也改由选民直接选举产生（少数当然议员和总统任命的议员除外）。为避免产生新的专制政权，在建立国家机构时，宪法强调“最大限度地贯彻分权原则和机构多样化原则”，把立法、行政和司法权力明确分开，国家元首不兼任政府首脑，增设宪法法院和最高司法会议，并实行中央和地方分权制。但由于意大利党派林立，没有一个政党能够在议会中保持稳定多数，因此，不同党派联合组阁，政府更迭频繁，成为战后意大利政局的突出特点。

1949 年 5 月，联邦德国议会委员会在盟国的监督下，通过了具有临时宪法性质的《基本法》，成立德意志联邦共和国。《基本法》明确规定，德意志联邦共和国是一个议会制共和国，实行议会民主制。《基本法》吸收了魏玛共和国宪法中的许多内容，但也做出了重要修改：（1）规定联邦议院为国家的最高权力机构，削弱了联邦总统的权力，加强了联邦总理的地位。总统不能动辄解散议会，无权干涉立法和政府工作，也没有武装部队的统率权。总统发布的命令和法令须经联邦总理或有关部长会签后才能生效。总统的大部分权力转移到联邦总理手中，成为礼仪上的国家元首。（2）与魏玛宪法相比，《基本法》更具有联邦性质。根据联邦制原则，扩大了联邦参议院的权力。代表各州利益的联邦参议院享有法律动议权，可以对联邦议院通过的法律提出异议。（3）承认政党的宪法职能，纠正了魏玛宪法忽视政党作用的做法。但政党不能敌视宪法和德国的“民主制度”，凡企图破坏或推翻民主国家秩序的政党，《基本法》规定禁止其活动。显然，《基本法》立法的一个基本点，就是要防范原先纳粹党法西斯主义的反动极权统治，确立分权、制衡的权力体制，维护民主政治制度的稳定。

尽管可以说第二次世界大战是英国政治制度的胜利，但社会经济结构的变化以及战争对英国宪政的影响是巨大而深远的。议会对政府的影响力下降，行政权力加强。首相既向下院负责，又有解散议会的权力，一切重要决策均由内阁制订并付诸实施。首相通过议会党团控制议会，各部大臣、副大臣、政务次官均由议员充任，与内阁共进退。战后初期，随着工党上台执政，英国成为西方第一个“福利国家”，经济民主和社会民主的实践使民主获得了更为广泛的意义。

二　议会权力缩小，行政权力扩大

随着国家对经济和社会生活的干预（包括货币、信贷、生产、社会再分配等各方面）不断加强，国家的职能日益增强。与此相应，政府也不断超越传统的权限范围，在经济和社会领域中发挥更大的作用，各国都建立了强大的行政体系。总之，行政权力在扩大。

因此，西欧传统的三权分立政治体制受到了挑战。立法权控制不了政府，议会已不能垄断制定法律的权力，政府获得了过去属于议会的部分立法权力，有权提出法律草案和颁布法令、政令。在议会讨论的法案中，政府提出的公议案越来越多，议员提出的私议案所占比重越来越小。由于政府部门拥有收集信息资料的专门机构和先进手段，便于提出议案或做出决策，行政机构的能力和权威自然随之增长。而议员个人能力有限，议会规则和程序陈旧，跟不上现代信息社会的发展，其权威和作用相对减弱。总之，议会权力有所缩小。

政党制度的成熟是议会制完善的一个标志，但与此同时，议会也开始受制于政党。这种趋势在当今的西欧各国较以往更为明显。表面上，议会按法定程序与规则开会议事，行使职权，实际上起作用的是各政党在议会中的议席分配，议会的运行说到底是政党的运行。更准确地说，议会的功能和作用在很大程度上受到议会中多数党的影响和左右。议会各级议事机构的组成人选由多数党决定，立法由多数党控制，多数党垄断组阁权。议会对政府的监督职能也有所削弱。由于政府在议会中可以得到多数派政党的有力支持，议员受议会党团投票纪律的约束，议会推翻政府的可能性越来越小。据对 19 个国家第二次世界大战后 314 届政府的调查统计，因议会否决导致政府倒台的只有 34 届政府，仅占 10% 左右。在资产阶级革命时代，议会往往代表着自由民主、反抗专制暴政的力量；而当议会确立优先地位，政党又控制着议会的运作时，政党就有可能专权坐大。在这种情况下，议会的合法性实际上受到了削弱。

行政权力的扩张带来了不少问题，如中央权力过于集中，政府机构臃肿，官僚主义盛行，决策系统超负荷运转等。因此，20 世纪八九十年代以来，英国等国政府都在调整国家干预的领域和方式，限制行政权力，实行地方分权。

三　从普选制到公民投票

现代西欧国家政权的合法性来源于选举，选举制度是西欧民主制度的基础。选举制度特别是普选制的建立和发展，大大推动了西欧国家政治制度的发展。第二次世界大战以后，西欧各国选举制度的演变，对各国的政党格局和整个政治制度都产生了深刻的影响。

从法国大革命宣布普选制原则以来，经过 200 多年，西欧各国对选举的财产、性别、年龄限制已逐步取消或大为降低，不过各国普选制的确立和发展是不平衡的。英国 1918 年承认普选制原则，但对女性的选举资格仍有一定限制，直到 1948 年通过《人民代表选举法》才真正实行普选，1969 年又把男女选民的年龄资格放宽到 18 岁。意大利于 1919 年实行男子普选制，1945 年扩大到妇女，1975 年放宽到 18 岁以上的男女选民，但仍保留了参议员委任制的尾巴，参议员选举的选民年龄资格限制在 25 岁以上。南德意志某些州虽然在 1848 年就通过了普选制原则，德意志帝国却一直奉行男子普选制。1919 年魏玛共和国宪法规定了普遍、直接、秘密的选举原则，宣布妇女拥有选举权，实行比例代表制。联邦德国 1975 年的选举法规定，18 岁以上的公民皆有选举权。法国较早提出普选制原则，但真正实行也较晚。1793 年宪法对选举权的规定较宽，但直到 1944 年才扩大到妇女，1974 年选民年龄资格降至 18 岁。

在一些西欧国家，选举活动非常频繁，既有立法机构议员的选举，也有国家首脑的选举，如法国于 1962 年将总统选举由间接选举改为直接选举。国家元首改由普选直接产生，大大加强了其地位、权力和政治影响。在德国，议会对总统的产生、总理的任命已不能起决定性作用，因为他们的权力和权威直接来自普选。

20 世纪以来特别是第二次世界大战以后，西欧各国的利益群体和压力集团迅速发展，他们公开要求直接参与政治，参与决策。而传统的议会制度和选举方式已经不能满足他们的政治诉求。传统议会制在党派政治的基础上，通过代议制（间接民主）原则，在议会规则内寻求不同利益代表之间的妥协。这样，多数民众必然被排斥在议会活动之外，否则就会破坏议会制固有的决策程序和机制。在这种情况下，一些西欧国家为了顺应社会政治变化，满足广大民众的民主表达诉求，同时也为化解国家和政府所面临的疑难或关键问题，最大限度地凝聚国民或社会共识，强化决策和执政的合法性，在一些重大问题上倾向于采取“公民表决”或“公民投票”这种“直接民主”方式。其适用范围包括宪法修正案、领土主权变更、政府机构调整、争议性的道德问题和政治问题等方面，以政策性议题为主。不少国家如英国、爱尔兰、意大利、法国、丹麦、瑞士、荷兰等，都不同程度地采纳和运用过公民投票。

瑞士联邦由于特殊的历史传统和地理环境，较多地采用“公民表决”和“公民倡议”等直接民主方式。自 20 世纪 40 年代以来，直到 2007 年，瑞士共举行了 410 次公民投票。如从 1848 年瑞士首次实行公民投票算起，更是多达 529 次，公民投票几乎成为瑞士人民生活的一部分，其议题也更加贴近瑞士人民的生活。在瑞士自 1940 年以来举行的 410 次公民投票中，针对道德与生活以及经济与社会议题的次数最多，两者合计超过总数的七成以上。有关主权与领土的议题仅有 13 次。

从 20 世纪 40 年代到 2007 年，除了瑞士，意大利举行公民投票的次数最多，达到 63 次，其次分别是丹麦（16 次）与法国（14 次）。在意大利的公民投票中，超过 1/3 是针对宪法与民主议题的，但也有不少公投涉及薪资与退休金、离婚、堕胎、禁止农用杀虫剂、禁止培育试管婴儿等民生和社会问题。唯一一次讨论国家认同、主权、领土归属议题的，是在 1989 年 6 月 18 日，通过公民投票的方式决定是否“在将来制定一部欧洲宪法时同意增强欧洲议会的权力”。事实上，以欧洲一体化作为公民投票议题几乎是所有欧洲国家的做法，甚至如芬兰、卢森堡、荷兰、英国等四个国家，在 2010 年以前，仅有的一次（全国性）公民投票就是针对欧洲一体化议题进行的。而另外两个只有一次公民投票经历的国家——比利时与希腊，则是为了表决国家应该采取何种政体，这属于宪法议题。其中，比利时是在 1950 年时讨论是否恢复国王利奥波德三世的王权，而希腊则是通过公民投票的方式决定要采取共和制还是君主制。

英国实行公民投票很晚。尽管 1910 年保守党在爱尔兰问题上就曾主张公民投票，但直到 20 世纪 70 年代，由于各个政党内部在英国加入欧共体问题上分歧严重，公民投票方式才登上政治舞台。1975 年，当时的工党威尔逊政府就英国是否退出欧共体举行了英国历史上第一次全民公决，结果多数选民都支持英国留在欧共体内。这种直接征询民意的方式由于多少有悖于英国议会主权的传统，在英国宪政史上是前所未有的。但是一旦有了先例，也就将形成一种新的政治惯例和传统。后来，在涉及地方权力下放的问题上又举行过几次公民投票，但只限于一定的地区，而全国性公民投票在 2010 年之前只有一次。2011 年 5 月英国就是否改革投票制度举行全民公决，但没有通过。

联邦德国只在地方问题上进行过公民投票。德国《基本法》规定，人民通过选举和公民投票的方式行使主权，但实际上却很少使用公民投票。《基本法》第 29 条规定在调整州界时必须举行公民投票，但程序太复杂，从未举行。只是在 1970 年围绕是否保留巴登—符腾堡州问题举行过一次全国公民投票，其他公民投票都是在州一级举行的。

瑞典宪法授权举行公民投票。瑞典公投分为两种：由议会发起的全国公投和由自治市发起的地区公投。自 1994 年以来，有 5% 的自治市曾要求发起公投；若自治市或省议会接受要求，便可进行公投。1922 年至今，瑞典曾举行过 6 次全国公投，议题分别为：禁酒、改变驾驶方向、以政府税收资助退休金、核能发电、加入欧洲联盟、采用欧元。瑞典的公投为咨询性质，不具约束力，议会也未必完全按照投票结果制定政策，例如，尽管在公投中，“改变驾驶方向”的动议遭到压倒性的反对，但议会仍然通过了改为靠右驾驶的法令。

法国历史上曾多次诉诸公民投票来决定修宪和重大立法问题。早在 1793 年，法国曾就当时国民公会所制定的 1793 年宪法提交全国公民投票。法国第五共和国迄今已经先后举行 14 次公投。1958 年，戴高乐将新起草的第五共和国宪法交付公民复决，获压倒性多数支持，第五共和国乃告成立。1962 年，戴高乐发起公投，将总统选举由间接选举改成直接选举。1969 年，戴高乐为了改革地方政府体制，再度诉诸公民投票，并且威胁如果法案在公投中没有通过，他将立刻辞掉总统职务。结果此项法案被否决，戴高乐只得履行誓言，宣布辞职。1972 年，法国就欧洲经济共同体扩大问题举行公投。1992 年，密特朗总统将有关欧盟扩大的《马斯特里赫特条约》提交公民复决。公投虽以微弱多数通过，但密特朗几乎被迫辞职。希拉克总统在任内也曾多次诉诸公民投票。2000 年，希拉克就有关总统任期改为五年的修宪提案提交人民复决。这项议题之前已酝酿了十几年，因此顺利通过。2005 年 5 月 29 日，法国就《欧洲宪法条约》举行全民公决投票，投票率高达 69. 34%，结果 54. 68% 的选民投了反对票，《欧洲宪法条约》未获通过。法国成为欧盟 25 个成员国中第一个否决《欧洲宪法条约》的国家。

如上所述，最近几十年间，由于欧洲一体化进展迅速，不断向前迈进，西欧许多国家都一再面临欧洲一体化重大事项的国内批准问题，因而也在遵循本国宪法和法律的基础上，结合本国政治的实际情况，较多地诉诸公民投票。在欧洲一体化历史上，在欧盟启动《欧洲宪法条约》批准程序之前，各成员国就欧洲一体化事项共举行过 27 次公投，其中 14 次涉及加入欧盟/欧共体的问题，1 次涉及欧洲经济共同体扩大问题（法国，1972 年），1 次涉及起草欧洲宪法可能性问题（意大利，1989 年），1 次涉及继续保留欧共体成员身份问题（英国，1975 年）；涉及欧盟/欧共体条约及相关事项的公投有 10 次，分别是《单一欧洲法令》的批准（丹麦、爱尔兰），《马斯特里赫特条约》的批准（丹麦、法国、爱尔兰），《阿姆斯特丹条约》的批准（丹麦、爱尔兰），《尼斯条约》的批准（爱尔兰），欧元问题（丹麦、瑞典）。此外，法国和荷兰还对《欧洲宪法条约》的批准进行了全民公投；爱尔兰也曾先后两次对《里斯本条约》的批准进行了公投（分别为 2008 年和 2009 年）。实际上，如前所述，就欧洲一体化的条约与实体法问题进行公投的国家主要是丹麦与爱尔兰，因为从法律上看，在欧盟成员国中，只有爱尔兰与丹麦两国要求在批准涉及将国家主权转让给超国家机构的欧盟条约修订时必须进行有约束力的公投。

虽然这种公民投票的“直接民主”方式与古希腊的直接民主制全然不同，它们只是代议制的一种补充，范围和作用都有限，但它真实地反映了西欧民主政治生活的多样性和丰富性。在欧盟层面，公投被认为是消除欧洲民主赤字、创设共同的政治空间，使欧洲各国人民在政治上更为接近的一种手段，它也会激励各国人民更积极地参与欧洲一体化事业。

四　西欧民主政治的若干变化趋势

在过去的半个多世纪里，尽管西欧的民主政治显示出了足够的稳健和弹性，但整个西欧社会的产业结构、劳动市场结构、社会阶级结构的深刻变迁，必然导致西欧社会政治文化的巨大变动，并传导到民主政治制度的运作之中。尤其是在最近的二三十年间，西欧民主政治经历了若干重大变化，既反映了西欧经济、社会和政治发展的某些必然趋势，也折射出民主政治本身所面临的重大问题、危机和挑战。

（一）传统的左右之间的界限日益模糊

第二次世界大战后，随着原来分为左右两派的阶级政党逐渐演变为“全民党”，随着这些政党领导人的更替，群众政治日益被精英政治所取代，群众性政党日益被精英政党所取代，左派与右派之间的矛盾逐渐失去了昔日的明确性和尖锐性，特别是在冷战后淡化意识形态的政治思潮影响下，相互竞争的政党或政治联盟之间形成了对于一系列问题的广泛一致，共同把家庭、工作、祖国这样一些基本的、普遍性的、非政治性的价值放在突出位置，他们的执政理念、竞选纲领以及具体的方针政策都出现了相近乃至趋同的现象。比如，由于政治上左右界限的模糊，以及右翼政府与左翼政府的迅速更替，今天，在法国这个最早出现左右政治派别分野的国家，左派与右派政党都宣称能够提高人们的生活水平，保障就业，保卫自由，提倡容忍，也都把保卫祖国、保卫法兰西文化、实现经济增长视为必须承担的义务，而不再严格地区分为左派或者右派的观点或口号。政党政治失去了原有的标杆和尺度。

左右界限的模糊，导致一些大型政党的意识形态与纲领思想出现紊乱，迷失鲜明的政治立场和方向。以德国社会民主党为例。历史上，德国社民党是一个以加入工会组织的工人和下级职员为主体的工人政党。然而，由于从传统的阶级政党转变为全民党，提倡党内成分多元化与意识形态多元化，社民党的党内成分变得极其混杂。自 20 世纪 70 年代以来，社民党纲领委员会和基本价值委员会一直在寻找一种范式，以便在老无产阶级与新中间等级阶层、计划经济与市场经济、生态主义者与工会、现代派与传统派、左派与右派的矛盾对立之间进行协调，寻求共识，进行平衡。社民党代表大会的各种文件也力求在党内纷繁复杂的派别之间寻找妥协和共识，实现所谓“明镜式的民主”，但实际上，社民党在思想理论方面却难以取得进步，难以提出取代新自由主义经济战略的替代性方案。长期以来，社会民主党能够做到的、唯一合乎自己身份的事情就是作为反对党反对新自由主义削减社会福利、砍杀社会福利国家的主张。

在英国，这种左右界限的模糊则通过富有英国特色的所谓“共识政治”鲜明地表现出来。从 1945 年工党上台执政，到 1979 年撒切尔夫人出任首相，这个时期被称为战后英国的“共识政治”时期。在这 30 多年间，历届工党和保守党政府执行了近乎一致的经济和社会政策：（1）平等主义/集体主义。社会应该更为“平等”、“公正”和“团结”，这是战后两党的共同信念，也是共识政治的基本原则。（2）凯恩斯主义。第二次世界大战后的二三十年间，凯恩斯经济学在英国一直处于正统地位，成为两党政府制定经济政策的基本理论依据。（3）法团主义。政府寻求直接管理价格和收入，“价格和收入政策”成为两党政府周期性的反通胀战略，官僚机制进一步侵入市场。（4）“混合经济”。两党都认为，除了对私有工业加强管制，重点工业部门及主要的公共服务部门都应该收归国有，实行“国有化”。（5）福利国家。国家应对其公民的福利负主要责任，“福利国家”成为英国的长期国策。有意思的是，工党开创了“共识政治”，但并未确立长期的政治优势。反倒是保守党及时反思和调整政策，夺取对手的政治根基和阵地，接受国有化和“福利国家”制度的政策共识，重新赢得了传统选民以及大量中下层民众的信任。保守党的思想和政策调整模糊了两党在意识形态上的分野，无形中挤压了工党的“生存空间”，加之冷战格局的重大影响，工党内部的思想斗争和组织分裂愈演愈烈，削弱了自身的力量。

20 世纪 70 年代中期以后，在世界政治向右转、里根主义和撒切尔主义风行欧美的新保守主义（新自由主义）浪潮中，包括英国工党在内的欧洲社会民主党更是陷入了长达 20 年之久的持续危机与自我怀疑的焦虑之中。

（二）“第三条道路”

20 世纪 90 年代中期，西欧政坛发生重大变化，中左政党或其他左翼政党纷纷上台执政，新保守主义政党纷纷下台。1997 年夏，英国工党与法国社会党分别赢得大选，1998 年德国社会民主党大选获胜，一时间社会民主党在多数欧洲国家上台执政，似乎开始了一个民主社会主义再度繁荣的新时代。

这场欧洲社会民主党的现代化革新，首先是从托尼·布莱尔领导的英国工党开始的。从 20 世纪 70 年代末到 90 年代前期，在撒切尔主义的挤压下，工党一直在野而无缘政权。为了重新赢得选民信任，布莱尔对工党进行了大刀阔斧的思想和组织改造，修改党章中的“公有制”条款，举起了“第三条道路”的思想旗帜。“第三条道路”为新工党执政治国提供了思想理论基础、政治纲领以至具体的政策目标。与此同时，所谓“第三条道路”或者“新中间道路”也成为整个西欧社会民主党阵营的政治标志和口号。其实，西欧社会民主党在历史上曾多次提出“第三条道路”的口号。自 20 世纪初以来，社会民主党就是西欧资本主义国家的左翼改良主义政党。改良活动本身就是要在革命与保守之间寻求一条“第三条道路”。50 年代初社会党国际宣传要在官僚专政的国家社会主义与资本主义之间寻找一条“第三条道路”。而布莱尔新工党所代表的“第三条道路”实际上具有以下双重含义：第一，欧洲社会民主党要推行一种新的政策，既要与 60—70 年代的传统民主社会主义政策决裂，又要区别于 80 年代新保守主义（或新自由主义）的政策；第二，欧洲社会民主党通过上述新政策努力建设一种新的资本主义模式，它既不同于战后西欧国家凯恩斯主义经济政策和社会福利国家的“莱茵模式”，又不同于 80 年代里根主义、撒切尔主义代表的新自由主义的竞争资本主义。也就是说，它试图在传统左派的社会民主主义与新右派的新自由主义之间寻求一条中间治国道路，要更新和重建社会民主主义的思想旗帜和发展模式。

1998 年，安东尼·吉登斯出版《第三条道路：社会民主主义的复兴》一书。按照他的阐释，“第三条道路”“指称社会民主的复兴”。他认为，无论是古典社会民主主义还是新自由主义的政治实践，在不断变化的社会运动面前都暴露出了严重的缺陷和不足，即市场与公正的背离。老左派或新右派也都无法应对最近二三十年主要由全球化所带来的种种两难困境和严峻挑战，如新个人主义思潮的兴起，政治支持结构和政治价值分布的变化，阶级界限或左右分野的模糊，政治行为主体多元化对民族国家和政府权威的侵蚀，以及科技进步所带来的生态风险和危机。而“第三条道路”将在坚持社会公正这一左派传统的价值准则的基础上，超越老派的社会民主主义和新自由主义，把市场与公正有机结合起来，应对上述各种变化和挑战，并为社会民主主义的复兴指出中左方向的思想坐标，提供政策框架。

实质上，“第三条道路”是社会民主党与新保守主义政党、民主社会主义与新自由主义日益趋同的发展趋势在新的历史条件下的进一步演变。

（三）议会民主选举制度的危机

目前，与其说议会民主选举制度陷入了危机，不如说这更是一种常态或发展趋势。它主要表现在两个方面。

首先，选民的投票率和各政党的得票率普遍降低。

近年来，西欧媒体经常使用“厌恶政治”、“厌恶政党”、“政党信任危机”、“民主制度危机”等概念，来描述选民的社会心态以及传统政党乃至整个西欧议会民主政治制度的困境。其实，这种危机现象由来已久。多年以来，选民参加投票的比例（投票率）不断下降。进入 21 世纪以来，情况尤其如此（当然也不排除有特殊情况的存在，例如 2007 年的法国）。在英国，从 1950 年到 1987 年，选举投票率从 84% 下降到 75%。而 21 世纪头十年的三次大选中，投票率分别仅为 59%（2001 年）、61%（2005 年）和 65%（2010 年），其中，2001 年的投票率是 1960 年以来最低的。在法国，1978 年至 1988 年的 10 年间，投票率从 83% 下降到 66%。但此后又有所回升，2007 年总统选举的第二轮投票率高达 84%。联邦德国 1972 年议会选举投票率为 91.1%，达到战后最高水平，此后逐渐下跌，1987 年降至 84.3%。1990 年两德统一后的首届大选，投票率为 77.8%。2009 年，德国大选投票率仅为 72.5%，创第二次世界大战后最低纪录。在奥地利，选民参加选举的比例从 1945 年第二次世界大战后选举的 94% 降至 1990 年的 86%。在意大利 1992 年的选举中，有 17.4% 的选民拒绝投票，或者投空白票、废票。2010 年，意大利选举投票率仅为64%，创15年以来的新低。在比利时，根据法律规定，公民必须履行投票义务，否则将会受到相应处罚，但1991年议会选举时，有7%的选民不顾重罚公开拒绝投票，还有7%的选民投出空白票或者废票。选举前的民意调查证实，几乎一半选民表示自己不愿意参加投票选举。全国性选举尚且如此，地方性选举投票率就更低了。例如，英国2006年地方选举投票率不足40%，最低的北爱尔兰只有30%左右。与此同时，作为欧洲联盟民意代表机构的欧洲议会选举投票率一直不高，从1979年第一次选举时的62%一路走低，到2009年时，欧洲议会选举的投票率只有43%左右。

曾经垄断政坛多年的大型政党的基本选民队伍不断萎缩，党员大量流失，各大党在选举中所获选票的比例（得票率）也呈下跌之势。英国的保守党和工党在议会选举中的合计得票率1950年为97%，几乎垄断了全部选票，1987年就降至72%。在2005年和2010年的两次大选中，两大党得票率加起来不足70%。联邦德国三个主要政党基民盟、基社盟和社民党在1980年议会选举中合计得票率为87.4%，1990年大选降为77%，1998年为76.2%。而在2009年的议会选举中，上述三个政党的得票率加起来仅为58%左右。奥地利人民党和社会党这两个主要政党的得票率合计从1945年的94%下降到1990年的75%；而在2006年的选举中，这两党的得票率合计刚刚超过半数，为55%多一点。上述数字还只是在有效选票中所占的比例，如果以全体选民为基数，那么，欧洲国家主要政党的得票率就更要少得多。

虽然统计数据反映的情况会有起落反复，但最近一二十年来的基本态势并未有大的改变。民众对于民主政治的冷漠和信任危机始终存在。

说明议会民主制度危机的另一方面，是激进右翼民粹主义政党的崛起。所谓西欧激进的右翼民粹主义政党主要包括奥地利自由党、德国共和党、挪威进步党、丹麦进步党、法国民族阵线、比利时佛兰德地区的弗拉芒集团、瑞士人民党、意大利北部的北方同盟。这些政党自20世纪80年代末90年代初以来，在本国的立法选举、地方选举以及欧洲选举中，都在不同程度上有所斩获，政治地位和影响力都有不小的提升。如在1990年10月举行的奥地利国民议会选举中，耶尔格·海德尔领导的奥地利自由党获得了16.6%的选票。在1999年的议会选举中，自由党的得票率更是飙升为27.2%，2000年2月自由党参加中右联合政府，结束了奥地利社会民主党长达30年之久的执政局面。挪威进步党在1997的选举中，获得15.3%的选票和25个议席，上升为第二大政治力量。1988年，法国国民阵线领导人勒庞在总统选举的第一轮投票中获得14.4%的选票，仅次于戴高乐派的候选人，当时对法国朝野震动不小。可见，在少数西欧国家，右翼民粹主义政党已经得到相当一部分选民的支持，个别国家政局甚至因此发生动荡。

这些批判乃至反对现存制度的政治力量，使战后以来维持将近半个世纪的传统政治格局突然失去平衡。右翼民粹主义政党利用许多选民对执政党和官僚的不满和愤恨，以一种极端的新自由主义形式，要求取消社会福利国家，排除国家干预，减少税收负担，代之以个人的主动性和企业主的个人权利。他们利用所谓的人民意愿，提出直接民主的要求和一些片面的、缺乏理智的口号。他们还拥有一种反对多元主义的倾向，坚信民粹主义可以简单直接地解决当今世界的许多复杂问题。劳动力市场的两极分化，社会的新贫困化和个人主义化，在许多国家的一部分居民中引起了强烈的不安定感、恐惧感和失落感，造成了有利于右翼民粹主义衍生发酵的社会政治环境。所以，右翼民粹主义政党也在利用许多民众对外国人或外来移民日益滋长和蔓延的敌视态度，煽动极端的民族主义、种族主义和排外主义情绪，毒化了整个社会的政治气氛。右翼民粹主义与现存的西欧民主政治制度是截然对立的。但从发展趋势上看，右翼民粹主义在西欧还有很大的发展余地和空间，因而具有潜在的、更大的危险性。

第二章　议会制度

一个国家的政治制度即管理公共事务的系统，如果要有效地运转，至少需要具备两种功能，一种是决策，另一种是执行。西欧各国的立法机关即议会，在政治系统中的功能就是决策，即就国家公共事务中最重要的问题进行决策。议会做出决策，再交给行政部门去执行。这些决策既包括严格意义上的法律，也包括对政府预决算案、人事任免、战争与和平等重大问题所做的决定。因此，从现代政治学意义上来说，议会是国家最重要的决策机关。

西欧各国议会的这种性质，也是经过长期历史发展形成的。一般而言，西欧各国的议会制度起源于英国中世纪的封建等级会议，它在反对专制王权的革命斗争中壮大起来，并最终确立了自身的主权地位。随着17、18世纪英美资产阶级革命的胜利，约翰·洛克、孟德斯鸠和让·雅克·卢梭等政治思想家在总结英国议会实际经验的基础上，提出了“三权分立”、“人民主权”等思想，为资产阶级国家政权结构奠定了理论基础，也使议会制度更加系统化、理论化。议会被赋予“代表人民”的神圣职责，成为各国普遍采用的代议制机构的组织形式。在三权分立、权力制衡的政治结构下，立法权是议会最重要的权力和职能，行政机关只能在立法机关做出的决定范围内活动，行政机关的决策（行政命令、行政规则）如果与其相抵触，就不能生效。除此之外，议会一般还拥有财政权、监督权和人事权等重要权力。

第一节　议会的构成

议会一般有全国和地方两个系统。西欧各国的议会作为国家的最高立法机构，主要由议院、议长、委员会以及议会党团、办事机构等组成。其称谓在各国不尽相同，如在英国、意大利等国为议会，法国为国民议会，德国为联邦议院。

一　议院

议院是议会基本的组织结构形式。它主要有两种类型：一院制和两院制。芬兰、瑞典、葡萄牙、丹麦、希腊、卢森堡、冰岛等国均实行一院制，多数西欧国家则采用两院制。一般而言，一院制和两院制两种组织形式各有利弊，但两院的相互牵制更能体现议会制度的制衡原则，而这种制衡作用也能更好地保障资产阶级民主政治的稳定。

在实行两院制的国家中，议会分为上议院（贵族院、参议院）和下议院（平民院、众议院、国民议会、联邦议院），如英国议会由平民院和贵族院组成，法国议会由国民议会和参议院组成，德国议会则由联邦议院和联邦参议院组成。

西欧各国议会上院和下院的组织方式和职权划分不同。首先，产生方法和当选资格不同。下院议员通常按人口比例，由各选区本着普选原则、任期原则、少数服从多数原则，采用直接、自由和秘密的方式选举产生；而上院议员并非全由普选产生。1999年英国实行上院改革之前，上院议员全由贵族担任，根本不通过选举。意大利总统有权指定5人为终身参议员，绝大部分参议员则由选民从大选区直接选举产生。法国的参议员由各省的国民议会议员、省议会议员和市议会议员组成的选举团选举产生，而不由选民直接选举产生。德国联邦参议院议员则由各州政府的成员组成，各州政府负责推选和罢免。

上院议员当选资格一般比下院议员当选资格要高。过去英国上院议员由王室后裔、世袭贵族、因功受封的终身贵族、上诉法院法官和教会的大主教组成，除教会议员必须是在担任教职期间才能拥有议席外，其他议员均为终身任职，无须经过选举，人数也不确定。他们都必须具有贵族封号，进入上院后，必须与党派脱离关系，而下院议员的候选人资格则没有这些要求。1999年11月，布莱尔政府的上院改革法案获得通过，600多名世袭贵族失去上院议席，仅保留92席贵族代表（representative peer），他们也只在有生之年担任议员，议席不得传承后代。非政治任命的上院议员则由专门的皇家委员会推荐。这实际上意味着废除上院的贵族世袭制。法国参议院议员的年龄资格为35周岁，而国民议会议员则为23周岁。意大利参议院议员的年龄资格为40周岁，下院议员则为25周岁。德国联邦参议院议员必须是州政府成员，而联邦议院议员候选人则无职务要求。上院议员任期通常比下院议员任期长，有的国家还实行届期内部分改选制。法国参议院议员任期9年，每3年改选1/3；国民议会议员任期5年，到期全部改选。德国联邦议院议员任期4年，联邦参议院议员却没有统一规定的任期。

上下两院共同拥有某些职权，但各有一些特权或在某些权限方面有优先权。总的来说，下院权力一般要大于上院。在这点上，英国议会最为典型。英国议会享有的立法、监督、决定预算等权力，主要集中在下院。上院基本是个摆设，名义上有限制下院的作用，但实际上它只对下院通过的法案、议案表示赞成、反对或提出修改意见，或拖延一定期限，并无实际决定权。财政法案由下院单独批准，上院无权干预。法国参议院虽然仍有不少立法和政治权力，但总体上，国民议会比参议院享有更多的职权，地位也更重要一些。当两院对法案有分歧时，先是组织人数相等的两院混合委员会协商，如仍不能取得一致，国民议会有权作出最后裁决。在德国，《基本法》赋予联邦参议院的权限要比联邦议院少得多，但联邦参议院作为各州利益的代表机构，其首要职能是保障各州的利益，保持联邦与州之间的平衡，在联邦政府制定涉及各州利益的法律和政策时，享有重要的监督和制约权力。

二　议长

西欧各国议会的领导机构主要由议长和副议长组成。议长是议会的主持人和对外代表。

西欧各国宪法或议会法对议长职权的规定不尽相同。一般来说，议长的主要职权是主持议会活动，其中包括：决定议事日程，决定法案送交常设委员会审议，主持全院大会，宣布停止质询和议会休会；依法召开议会特别会议；主持议会各种议事规则的制订，保证其执行。有些国家还规定，如果国家元首缺位或不能行使职权，议长可以代行国家元首职权。如德国《基本法》规定，联邦总统在无法行使职权或提前卸任时，其职权由联邦参议院议长接替。法国1958年宪法也规定，总统因故缺位或不能行使职权时，由参议院议长代行总统职权。

在一些西欧国家中，同时还设有集体形式的议会主持或领导机构。在法国，议会两院设主席会议，由议长、副议长、各议会党团主席、各委员会主席组成，负责本院日常事务，领导本院办事机构。德国议会两院设有主席团，由议长、副议长、议会党团领袖、议会秘书等组成，其职责是处理本院日常事务，领导本院行政工作，负责制订本院的预算计划等。

议长产生的方式各国不尽相同，主要有三种：一种是由议会全院大会选举产生，如英国议会下院议长；另一种由特定政府官员兼任，如英国司法大臣为上院的当然议长；再一种是轮流担任，如德国参议院议长由各州政府总理按各州人口多少为序，依次轮流担任，任期一年。而所谓选举，实际上是在与反对党协商的基础上，由议会多数党确定的，如英国下院议长一般均为多数党的议会党团领袖。

三　议会委员会

随着社会专业化分工的发展和国家管理的日趋复杂化，以及议会制度的不断完善，议会的立法范围、领域不断扩大，立法数量日益增多，立法专业化、技术化程度也越来越高。为了适应这一发展趋势，西欧各国议会普遍成立了议会委员会，协助议会进行立法和监督等工作。委员会的主要任务即协助议会审议法案，在立法过程中发挥重要作用。实质上，委员会构成了议会内部的权力网络。因而，议会的主要活动便逐渐转移到各种委员会，委员会成了议会的核心。正因为如此，这些委员会也就成了各派政治势力讨价还价、进行政治交易的场所。

概括起来，委员会的作用主要表现在两个方面：第一，在议案列入大会议程前起着过滤筛选作用。一项法案提出后，只有列入全院大会议程方可得到辩论、表决的机会，才有可能成为法律。然而，大量提交议会的立法提案不可能都列入大会议程。因此，在筛选提案方面委员会起着不可替代的作用。在英国议会，根据内容将提案分为两类，即涉及全国并与政府政策有关的议案——“公议案”，以及涉及某一地方、团体、利益集团及个人的议案——“私议案”。前者也就是政府提案，后者一般多由议员个人提出。按规定，议会开会期间的大部分时间用于讨论公议案，对大量私议案则要先经过特别委员会的挑选，再经抽签方可列入大会议程。第二，在法案的审议方面起定型作用。一项法案从提出到最后通过，条款内容往往会有较大变化，对此委员会的审议起了决定作用。

为适应议会的经常性工作和处理一些特定的临时性问题，议会委员会一般相应分为两种基本类型：常设委员会和临时委员会。常设委员会也称专门委员会，一般按专业或与政府部门对口原则设置，有特定的工作范围和对象，只负责某一方面事务，如财政、外交、文化、科技、教育等；临时委员会则指在每届议会期间或每次例会期间为审议处理某一特定问题或为某一特定目的而设置的委员会，问题处理完毕或特定目的达到后便自行解散，如由议会决定就某一专门议题或案件进行审理或调查的委员会，或当议会需作出与两院都有关的决议，或审议与处理议会两院意见不一致的议案时成立的两院协商委员会等。

西欧各国议会的常设委员会数目不一，有的国家只有 2 个，而有的国家却有二三十个，一般与议会的大小、立法期的长短以及各国的政治传统有关。按照《基本法》，德国联邦议院常设委员会包括外交事务委员会和国防委员会，同时又按议会议事规程设立了内务委员会、体育委员会、法律委员会、财政委员会、预算委员会等二十多个常设委员会。联邦参议院也设有外事委员会、欧盟问题委员会、家庭和老人委员会、财政委员会等十几个常设委员会。常设委员会的人选，一般按各党派在议会中占有议席的比例分配。

有些西欧国家的议会还设有全院委员会。如英国下院的全院委员会由下院全体议员组成，讨论财政议案和处于委员会审议阶段的宪法性议案，但开会的程序较议会全体会议简单，议员对同一议题可多次发言，动议也无须复议，只审议问题，不决定问题。实际上也就是一种按特别程序进行活动的全院大会。这种委员会可以增加审议法案的层次，防止有争议的法案匆忙通过，并可使更多的议员参加辩论。

在两院制国家中，当议会须作出与两院有关的决定或审议两院意见不一致的议案时，往往会成立特别的两院联合委员会。在前一种情况下，联合委员会是为两院管理工作和研究某些重要问题而设立的。如英国在 1998 年通过人权法后，议会成立了一个两院联合委员会，对人权问题尤其是各种议案对人权产生的影响以及补救措施进行监督。在后一种情况下，这种联合委员会又称为两院协商委员会，由两院议长在两院任命若干议员组成，就两院有争议的议案进行磋商，达成妥协方案。

四 议会党团

议会党团是政党在议会中的组织形式。现代政治是政党政治。因而，在西欧各国中，为了统一或协调本党议员在议会中的活动，议会中属于同一政党的议员或政治倾向相近的政党的议员通常组成一个团体，统称为议会党团。如在德国联邦议院，基督教民主联盟和基督教社会联盟共同组成一个称为“联盟党”的党团组织。

议会党团一般由同一政党或政党联盟的全体议员组成，但在出现分歧且不可调和时，同一政党的议员也可能分别组成几个不同的议会党团。议会党团的最高决策机构一般是议会党团全体会议，它选举议会党团主席、副主席及各工作委员会负责人。有的国家的议会党团还设立由议会党团主席、副主席以及一些“德高望重”的本党议员组成的议会党团主席团。议会党团主席一般由该党领袖担任。但德国议会法规定，执政党领袖如担任联邦政府总理或政府部长，则不得担任议会党团主席。

议会党团与政党之间具有不可分割的紧密关系，它们政治目标一致，领导成员之间紧密交叉结合，因而相互之间很少发生意见分歧。议会表决时，党员议员必须服从本党议会党团的决定，如有不同政见，可以缺席或弃权，但不得采取相反立场，否则将受到党纪处分。党纪的宽严程度，各国各党差异较大，因而，对违纪的处理差别也较大。

议会党团是议会内政治活动的基本单位，对于选举议长、确定议会日程、选举议会常设委员会等，都具有重要作用。其主要任务有：观察议会内部的政治发展形势；向本议会党团主席团提供议案和各种动议、建议；统一本党议员的思想和行动，组织、指挥本党议员在议会的活动；参与领导议会事务。议会党团最主要的功能是协调本党议员在议会中的活动，保持议会内政党的团结统一。不过，在实践中，议会内政党的团结更多的是依靠议员对本党的忠诚。在英国，议会党团在政府的组成方面也发挥着重要作用。从 1965 年到 1997 年，保守党的领袖都由议会党团选举产生，议会党团中的“1922 年委员会”负责组织政党领袖的选举工作。工党领袖直到 1981 年都由工党议会党团选举产生，之后选举权扩大到由下院议员和欧洲议会工党议员、附属工会以及选区党组成的选举团，三者各占

1/3 选票。为加强对各种专门问题的深入研究，及时调整各方面的利益，议会党团一般还设有若干专门委员会，处理某一方面的事务。

五　辅助机构

西欧各国议会都设有大量辅助机构，直接为议员和各级议事机构提供研究咨询、办公文秘、后勤行政等服务。这些机构可分作四类。

第一类是行政服务部门，负责处理立法机关的事务性工作。除了后勤，还有辅助立法以及负责日常行政管理的部门。前者如英国的公法案办公室、私法案办公室、海外事务办公室，法国的法案处等，为起草、修改、补充议案提供技术性服务；后者如英国的议会秘书处、委员会办公室、议事纪录办公室等。

第二类是研究咨询部门。随着议会工作的复杂化和专门化，西欧各国议会普遍设有阵容强大的研究咨询机构。英国议会的研究室设在图书馆内，约30 人，负责调查研究下院提出的问题，为下院议员提供咨询服务；法国议会两院均设法制研究局，负责情报以及政治、经济等方面的研究工作，阵容也相当强大。

第三是图书馆。图书馆是当代立法机关的重要组成部分，是高质量立法工作的一个重要条件。英国议会就设有议会图书馆，法国国民议会也设图书馆，并为参议院提供服务，规模都较大。

除上述大致相同的机构外，西欧各国议会还根据自身的特殊需要或工作重点设立一些机构，我们将其划入第四类，如英国政府各部要答复下院议员的咨询和报告，因而下院设有审查行政报告的“官方报告办公室”，法国参众两院则设有处理委员会事务的专门机构。

第二节　议会的职权

一个国家议会的职权范围一般由宪法或宪法性法律规定，同时，议会也享有一些依照习惯形成的职权。议会在国家政治生活中的地位和实际作用决定着议会职权的大小。根据议会所处的地位，西欧各国的政治体制以英国的内阁制、法国的半议会半总统制、瑞士的委员会制最为典型。

在内阁制和委员会制的国家中，议会的地位最高，因为内阁制国家的政治制度是同封建专制制度长期斗争的结果，议会主权则是斗争的成果和标志。在瑞士，议会的职权也非常大，联邦的最高权力由议会行使。法国的政治体制是其国内政治斗争的结果，其议会的地位和职权范围具有自己的特点。

西欧各国的议会都是按代议制理论建立起来的，各国虽有自己的特点，但共性也比较明显。不论是哪一种政体的国家的议会，一般都拥有立法权、财政权、监督权和人事权等一些重要权力。

一　立法权

（一）立法权的含义

立法权是议会的传统权力，也是议会最主要的职权。立法权包括：立法创议权或立法提案权；立法提案的讨论和修正权；立法提案的通过和否决权。实际上，就是制定、废止和修改国家法律的权力。

（二）立法创议权

议会所享有的立法创议权并非专权，而且议会也非行使立法创议权的主体。按照有些国家的法律规定，除议会外，国家元首、政府首脑、某些特定组织和群体也享有立法创议权。在丹麦、冰岛、芬兰、希腊等国，国家元首和议会一样享有立法权。但实际上，立法提案的主要力量是政府，议会讨论和通过的大多数议案都是政府提出的。在英国，重要的公议案通常都由政府提出。在德国，大多数立法由联邦政府的部长起草并提交议会。有些国家如法国，宪法明文规定政府提出的法律草案在议会讨论中占优先地位，而在英国，则依宪法惯例，政府提出的法案在议会讨论中享有优先权。此外，在英、法、意等国，有关财政预算和收支方面的议案必须由政府提出。据统计，在议会讨论的全部法案中，英国政府的提案占议会讨论议案总数的 85% 左右，在德国这一比例也在 80% 上下；政府议案的通过率也很高，法国为 81%，英国则高达 96%。当然，有的国家如法国、意大利规定，议员个人或一定数量的议员均有权提出法案。但有的国家对此也加以限制，只有一定数量的议员联署方可提出法案。如德国规定，联邦议院议员至少 26 人联名才可提出法案；西班牙则需 50 人。在一些国家，一定数量的选民也享有立法创议权，如奥地利规定 20 万名以上、意大利 50 名万以上、瑞士 5 万名以上的选民联名即可提出法律草案。

（三）立法权限

在西欧各国，议会行使的立法权即制定国家法律的权力。但在有些国家，尤其是联邦制国家，议会的立法权并不是无限的，本着分权的原则，中央和地方的权限有着明确的分工，因而议会的立法与地方权力机关也有着明确的分工。德国的议会只能在联邦立法权限和联邦与各州共同立法权限内立法，各州的立法权则归地方议会。国家议会的立法专权包括外交、国防、国籍、迁徙自由、货币、铸币、度量衡、历法、关税保护、国外贸易、联邦部分税收、铁路及航空、邮政及通信、联邦统计等。在民法、刑法、人口调查、社会救济、劳动保障等二十几个方面，联邦议院同州立法机关共同行使立法权。联邦没有行使或《基本法》没有规定给予联邦的立法权，则属各州的立法范围。

《法兰西第五共和国宪法》（1958 年通过）第 34 条也对国民议会的立法权限作了明确规定。议会只对该条款所列举的事项有立法权，这些事项是：公民权利和义务；国籍、人的身份和能力、婚姻、继承和赠予；犯罪和刑罚；刑事诉讼程序；赦免；司法制度和法官的地位；税收和货币制度；中央议会和地方议会的选举制度；公共机构的创设；文职和军职人员的保障；企业国有化以及公营企业转为私营企业时所有权的转移。此外，对下列事项，议会可以法律形式确定基本原则，即国防体制；地方体制；教育；财产权、物权以及民事和商事契约；劳动、工会和社会保障；财政法和计划法等。除此之外，议会均不能立法，而由政府经议会授权制定并颁布行政法令。由此可见，在立法事项、立法范围和立法程序方面，法国议会的立法权力都受到严格限制。

（四）立法程序

议会的立法活动必须遵循一定的规则，经过一定的程序，也就是说，必须按照立法程序进行。立法程序主要包括法案的提出、法案的讨论、法案的通过和法律的公布等四个阶段。

法案的讨论包括修改、补充法案以及法案的通过或否决，是议会立法权中的专有权力。法案的讨论是立法程序中最重要的环节，一般采用一读通过、二读通过和三读通过等三种程序。一读程序指将法案交有关委员会直接审议并提出修改意见，然后向议院大会提交审议报告，议院大会对法案进行辩论或提出修改意见，随后进行表决。目前在西欧国家中只有法国、挪威等少数国家采用一读程序。二读程序一般指议院大会在法案提交委员会之前，对其总的原则进行辩论，此为一读；法案提交有关委员会审议和修改，委员会提出审议报告交议院大会，由议员对法案条款和委员会的修正案进行第二次辩论，最后进行表决，此为二读。目前在西欧国家中只有荷兰、希腊等国采用二读程序。英国、德国、意大利等多数西欧国家的议会都采用三读程序审议和通过法案。如在德国，“一读”由提案者宣布法案名称、介绍法案要点、申述立法理由。如多数议员原则上表示支持，便把法案送交有关常设委员会审议；如有人提出异议并有若干人附议，则该法案即被否决。“二读”则先宣读法案全文，然后由常设委员会报告审议情况，常设委员会的审议意见对于法案通过与否具有决定性的影响。接着，由议员提出赞成、反对或修改意见，进行辩论，所以“二读”又称“留给议员们的时间”。英国议会常设委员会对法案的审议，则放在议会辩论之后进行。但它无权搁置法案，只能根据辩论意见进行修改。“三读”一般不再对法案进行辩论，而只是对法案进行文字修改和表决。

法案的通过，即采用表决形式，使法案成为法律，是立法程序中关键的一环。在议会实行两院制的国家中，法案必须采用上述立法程序同时经过两院审议通过才能成为法律。一般法律以普通多数通过即可，宪法和宪法性法律一般要求以 2/3 以上多数通过。有的国家规定，这类法案还必须经过公民复决。德国则规定，对《基本法》的修改和补充必须得到联邦参议院 2/3 多数票的赞同。议会的表决方式大体上分为 5 种：呼声表决、举手表决、起立表决、记名投票表决和不记名投票表决。重大法案一般采用不记名投票方式表决。

公布法律，是指议会通过的法律，按法定的程序和方式予以正式公布，使该法律正式生效，这是立法程序的最后一环。大多数国家的宪法规定，国家元首行使公布法律的权力。在法国，议会通过的法律必须交总统公布方能生效。总统无权否决议会通过的法律，但有权要求议会在法律送达的 15 天内重新审议。而在英国，国王为议会的一部分，国王批准议会两院通过的法案也是议会本身的活动。按照惯例，一项法律只要议会已经通过，英王就必须批准，予以公布。

二　财政权

政府提出的财政预决算、赋税、公债等，只有经议会审议通过，才能付诸实施。所以，财政权又叫财政监督权，或叫预决算议决权，它是议会最古老的权力，也是议会最重要的职权之一。

财政权的主要内容是审查和批准国家的预算和决算。根据规定，政府每年的总收入和总支出都须得到议会事先同意，支出的分配细目也须经议会同意，政府的支出只限于议会同意的范围之内。因此，政府事先编制出某一期限内国家收入和支出数额的方案，以得到议会的同意，这就是财政预算。同时，政府对上一个期限内政府收入和支出的数额做出总结，并向议会报告，这就是财政决算。预算案一般以一年为限，称为财政年度或会计年度。各国财政年度的起止日期并不一致。英国的财政年度为4月1日至次年3月31日；德国和法国的财政年度则为从1月1日至12月31日的自然年度。如在财政年度开始前议会来不及通过全部预算，则可通过临时预算法案。此外还有预算变更，即在预算执行过程中对原已通过的预算做出追加或减少的提案。决算案一般由政府财政部门汇编、制定，送审计机关审核后，转呈议会审议通过。

通过预算案既具有一般立法的特征，又有其特殊性。一般而言，预算案由政府提出。在议会制国家，如英国，预算案只能由政府（内阁）提出。一般先由财政部门的预算机关综合各部的计划，把预算案编制出来，交内阁讨论通过后，再提交议会审议。在议会实行两院制的国家，审议财政议案的权力主要由议会下院行使，上院一般无权否决财政议案。为保证财政议案不被议会久拖不决而导致政府机构不能正常运转，一些国家对议会审议和批准财政议案的程序作了明确规定。如法国1958年宪法第45条和第47条规定：如国民议会在政府财政议案提出后40天内未能一读通过，政府可提请参议院在15天内作出决定；若两院在议决财政议案时产生分歧，总理有权召集由两院相等数量的代表组成的混合委员会审议通过；如议会在70天内仍未作出决定，政府可自行通过法令使之生效。

各国的财政权在内容上并不完全一致，在行使财政监督权的过程中也各有特点。英国议会的财政权主要是讨论和审议政府的公共开支预算及税收方案。为保证国家的收支平衡，欧洲一些国家的法律对本国议会的财政权作了限制。法国宪法第40条规定，如议会提出的法案和修正案导致减少国家收入或增加国家负担，均不得成立。意大利也有类似的规定。凡此种种，都是为了使议会谨慎行事，不要加重政府的财政负担。

三　监督权

监督权，就是议会监督政府的职权。不同政体的国家，议会对政府的监督权力并不一样。在议会制共和国中，议会负责组织政府，并有权对政府提出不信任案，因而监督权比较大。在总统制国家中，选民选举总统和立法机关，然后由总统任命政府，或者总统本人就是政府首脑，总统及其政府不向议会负责。这类国家的议会对政府的监督权就比较小。如法兰西第五共和国，总理虽向议会负责，但只是形式上的政府首脑，行政大权主要掌握在总统手里。总统不对议会负责，却有权解散议会，议会如欲倒阁，便有随时被总统解散的危险。实际上，议会对政府的监督作用很小。在议会制君主立宪国家中，与议会制共和国相似，议会对政府的监督权较大。但不论是什么政体的国家，议会对政府都有一定的监督权，其表现形式主要有倒阁权、质询权、调查权、弹劾权等。

（一）倒阁权

在内阁制国家中，政府对议会负责，主要是指政府在推行政策时必须同议会多数保持一致。议会如果不同意政府的政策和施政方针，有权对政府提出不信任案，即所谓“倒阁权”。议会如果通过不信任案，或由议会通过对内阁的“谴责决议”，那么政府就必须总辞职；或请国家元首下令解散议会，重新大选，由新的议会决定政府的去留。这是内阁制国家中议会行使监督职权最重要的手段。

议会对政府表示不信任，可以采用以下5种不同的方式：（1）议会拒绝通过政府提出的重要议案；（2）议会否决政府就某一政策向议会提出的要求信任案；（3）议会通过对政府的“谴责决议案”或弹劾案；（4）议会通过对内阁或内阁中某一成员的不信任案；（5）议会通过一项反对政府提案的反提案。

法国在第四共和国时期，倒阁权与多党制结合，国民议会经常使用不信任投票来监督政府，致使内阁危机不断，政府更迭频繁。1946—1958年，内阁更换了20届，平均执政半年左右。为摆脱这种困境，1958年宪法对议会行使倒阁权的程序作出了严格限定。在德国，联邦议院只能以通过建设性不信任方案的方式推翻政府。1982 年 10 月，基民盟和基社盟联合原执政党自民党在联邦议院提出对施密特总理的不信任案，并选举基民盟的科尔为新总理，从而推翻了施密特政府。在英国，议会下院一般由多数党所掌控，内阁通常由下院中的多数党议员组成，除非执政党内部分裂或其在下院的稳定多数受到威胁，否则议会不可能通过对内阁的不信任案。1979 年 3 月，由撒切尔夫人领导的保守党对卡拉汉领导的工党政府提出不信任案并获得通过，下院解散，重新大选，工党政府下台，保守党组阁，开启了十多年的“撒切尔时代”。

（二）质询权

在内阁制国家中，议员采用口头或书面形式向政府首脑或政府部长提出问题，要求答复，即所谓质询。质询的目的是使立法机关能够充分了解行政机关的工作情况，保持两者之间的沟通，并使立法机关能够有效地监督行政机关，迫使行政机关认真负责。

如果严格划分，质询可以分为两种具体形式：质问和询问。质问必须是书面的，通常涉及比较重要的问题，往往会在议会引起辩论，甚至可能导致对内阁的信任投票；询问一般由议员口头提出，目的在于通过政府了解情况，说明问题。但现在质问和询问的界限已经十分模糊。执政党议员和反对党议员都可以提出质询，但往往意图不一：前者常借质询为政府提供宣传政绩的机会；后者则是有意给政府出难题，为本党上台制造舆论。政府对议员的质询必须进行答复。

质询制度发源于英国，至今英国的质询制度在西欧诸国仍堪称典型。

（三）调查权

西欧各国议会为能正确行使其职权，一般均拥有国事调查权。议会有必要对国家有关重大事宜适时进行调查。有的国家在宪法中对议会的调查权明确加以规定，如德国《基本法》第44 条：“联邦议院有权，并应以 1/4 议员的要求，有义务设立调查委员会，以便公开收集必要的证据，也可以秘密进行。”但多数国家的法律对此并无明确规定，如英国实行不成文宪法，所以议会的调查权也未能见诸法律，而是以宪法惯例为依据。

议会调查权力的大小，取决于议会在该国的法律地位。调查的范围则以议会行使职权为限，一般包括：（1）围绕行使立法权进行的调查；（2）选举调查；（3）针对有关行政部门及其工作人员“违法”行为而进行的政治调查；（4）涉及国家机关侵犯公民权利问题的调查。调查一般由若干议员提出，随即成立负责调查的专门委员会进行工作，调查工作完成后由委员会向议会提出报告，作为调查的结论。调查结论可以作为议会行使职权、就所涉及提案作出决定的依据。

议会进行的国事调查有很高的权威性。其方式包括传唤证人、听取证言、查看记录。但一般不得使用搜查、扣押、逮捕等刑侦手段，不得对证人施加不正当的心理压力。对于议会的调查，不仅普通公民，而且政府官员皆有义务到场作证，提供证词及有关物证。凡妨碍调查者，必须承担法律责任。

调查权起源于瑞典的“督察专员制度”，至今许多西欧国家都将其视为议会监督权的重要组成部分。其中英国议会的调查权较为独特和完备。议会下院设有与政府各部门对口的部门特别委员会，负责对对口政府部门的某些政策、行政管理和经费开支等进行审查和监督。部门特别委员会主要通过听证会的形式收集口头或书面证词，然后将调查和审议的结论和建议向议院大会报告。议会还设有议会督察专员，负责应议员要求对政府部门的失职行为展开独立调查。

（四）弹劾权

弹劾是议会对政府高级官吏犯罪或严重失职行为进行控告和制裁的一种制度。弹劾制度起源于英国。1342 年，由于议会的斗争，英王爱德华三世宣布，贵族院有权控告和审判国家的高级官吏，是为议会弹劾权的开端。1701 年，英国议会通过的《王位继承法》规定，国王无权赦免弹劾案中的受处罚者。由此，弹劾作为一种议会监督方式被固定下来。

由于国情不同，西欧各国议会的弹劾方式也有所不同。首先，被弹劾对象的范围不一。在英国这样的内阁制国家，由于君主世袭，因此议会不能弹劾君主，受弹劾的对象只有内阁成员和议员，在法国为总统和内阁成员，德国则为总统和法官。其次，弹劾案的提出方式不同。主要有四种情况：（1）由议会下院提出，如英国；（2）两院之中任何一院提出，如德国；（3）由两院共同同意方得提出，如意大利；（4）由议会责成监察专员提出，如瑞典。最后，弹劾案的审理也有不同做法：（1）由上议院审理，如英国；（2）由最高法院审理，如比利时等；（3）由宪法法院审理，如德国、意大利；（4）由其他特定法院审理，如法国的特别高等法院。

弹劾权是议会监督政府、控制行政（在有些国家还包括司法）的重要手段，但各国运用的次数很少，成功率也不高，因为议会弹劾的对象均是国家高级公职人员，弹劾会对国家政治生活造成很大影响，因而各国都对弹劾加以程序和条件上的种种限制。事实上，英国自从 1805 年以来从未弹劾过一人。

议会除了拥有上述职权外，还拥有任免政府高级官吏、决定对外宣战、批准政府与外国缔结的国际条约等重要职权。

第三节 议会的工作程序与议事规则

议会是由民选代表开会讨论问题、作出决定的权力机关，其工作程序和议事规则主要围绕议会会议来制定。

一 议会会议

议会只是在一定期限内才举行会议，而只有在一定会期内，议会才具有议事和决策的能力。议会的会议，一般分为例行会议和非常会议两种。议会例行会议是按法律规定在固定时间内召开的会议，是议会会议的主要形式和工作程序的基础。例行会议实行会期制。西欧各国例行会议的会期各不相同。法国议会每年召开两次例会，第一次始于 10 月，会期 80 天，第二次始于 4 月，不超过 90 天。英国议会每年也召开两次例会，第一次始于 1—2 月，终于 7—8 月，第二次始于 10—11 月，终于圣诞节前夕，每年例会的时间大约为 8 个月。德国联邦议院任期 4 年，每届联邦议院自 10 月中旬以后召集，直至本届联邦议院任期结束。所以原则上联邦议院常年开会议事，没有规定议会的休会制度。

议会例行会议期间，多为议会内部机构的工作时间。议员也经常被召集在一起举行会议。如在英国，下院规定，例会期间，每个星期一到星期四的下午，星期五的全天，均为议院会议的时间。在此期间，未经议会准许，议员不得离开举行会议的城市，不得出访或进行与开会无直接关系的活动。

议会非常会议是指议会在例会之外特别举行的会议。会议的重点不在于日常工作，而是举行辩论和表决。非常会议的会期较短，一般为几天，在此期间，议会每天都开会。西欧各国对于举行议会非常会议的条件并无一致的具体规定，一般是在例行会议会期之外，遇有特殊或紧急情况（如战争、自然灾害、国内动乱以及出现重大经济、社会问题等）才召开。有权要求召开非常会议的通常是国家元首、议长、政府首脑和一定数量的议员。如奥地利、德国、意大利等国规定，议会 1/3 的议员有权要求议会举行非常会议。实际上，非常会议的实例非常少见，因为议会例会会期一般都比较长，此间遇到重大问题，随时可进行辩论和表决。各国对提出非常会议的动议也作了比较严格的限定，以免对国家正常的政治和社会生活造成不必要的影响。

议会会期中，如果议会通过决议中止活动，即为议会休会。休会期间，通常停止议会一切活动。议会休会的决议，一般由议会两院分别作出。休会期间，议会辅助机构的日常活动照常进行。议会依法休会，是议会活动正常的反映。

二 议会的解散

议会的解散与议会依法换届性质完全不同。西欧各国宪法一般都明确规定了本国议会的任期。议会任期届满，另行大选，选举产生新一届议会，即为议会换届。议会依法换届，是议会制度完善的标志之一。在内阁制国家中，提前解散议会则是基于特别原因的政治决策。其原因主要有：（1）多数党政府把握有利时机，谋求连选连任；（2）政党格局发生重大变化，不利于内阁在议会下院形成多数；（3）议会下院对内阁表明不信任；（4）议会上院对下院和内阁重要决策表示反对，而下院为排除这种反对，争取获得 2/3 多数的可能性不大；（5）内阁的政策发生重大变化，需要获得选民的重新认可。因此，解散议会往往是政府稳固执政地位、控制议会或推行重要决策的一种手段。形式上，解散议会的权力一般由国家元首行使。

三 议会的议事规则

为了议会的正常运作，提高议事效率，西欧各国一般都制订有议会法或议会议事规则，确定一些共同遵守的原则。综观各国议会的有关规定，共同原则主要包括 5 项：法定人数原则，会议公开原则，一事不再议原则，发言不得追究原则，两院一致通过原则。

（一）法定人数原则

只有当出席者达到一定数量议会才能议事，且这样作出的决议才能生效。议会出席者的最低限额即为法定人数。除极个别国家，西欧各国对议会会议的出席人数规定有三种情况：一是会议须有半数议员参加才能举行，如挪威、卢森堡等；二是有一定人数即可，如英国议会上院开会的法定人数仅为 3 人，下院仅为 40 人；三是议会开会时并无法定人数限制，但表决时则必须达到法定人数（通常为半数以上）才能有效，如丹麦、意大利、法国等。

（二）会议公开原则

议会会议公开能确保选民通过社会舆论、新闻媒体等途径影响议会工作，间接参与监督行政和司法部门的工作。西欧各国宪法一般都规定，议会两院会议都须公开举行。议会的公开性主要表现在三个方面：公民自由旁听，新闻媒体自由报道会议情况，议事记录全文公开发表。但是，旁听者和报道者若不如实反映情况，则要负民事和刑事上的责任。

在某些特殊问题上，只要一定数量的议员提出要求，议会就可举行秘密会议。在爱尔兰和德国，举行秘密会议需有 2/3 的议员赞同，在奥地利，这一比例为 1/5，荷兰则只需 1/10。除议员联名外，在一些西欧国家，议长、国家元首或政府首脑也有权要求议会举行秘密会议。例如，法国的政府首脑、荷兰的议长均享有这种权力。另外，议会常设委员会的会议一般都秘密举行。举行秘密会议时，由于涉及多方利益或国家机密，非议会组成人员均不得参加。不准旁听，不准报道，不予发表议事记录，但表决结果通常要公之于众。

（三）一事不再议原则

一项议案，如在一次议会会议上作了决定，则在同一会期中不再重复进行审议；如确有异议，只能在另一会期的会议上提出，但这并不包括下院已通过但遭上院否决而下院再次讨论通过的情况。实行这条规则主要是为了节省时间，提高议事效率。

（四）发言不得追究原则

议员在议会辩论或讨论时，只要不使用诽谤、侮辱性语言，不泄露国家机密和揭露他人隐私，发言均受法律保护，不得因观点相异而追究法律责任。

（五）两院一致通过原则

一般而言，在大多数两院制国家，议案只有议会两院讨论一致通过，才能成为法律。

第三章　行政制度

行政制度是一个国家为了有效地执行宪法和法律，实现国家的行政职能而依法规定的有关国家行政权限、行政组织、行政领导体制、行政活动及行政监督等方面的制度。行政制度是一个国家政治制度的重要组成部分。在西欧各国，由于行政权力普遍扩大，无论实行议会制还是总统制，抑或各种混合政体，政府都在现行政治体制中居于核心地位，议会的地位和作用较前有所下降。随着政府机构的职能不断扩大，行政官员的人数不断增加，办公设备和手段不断现代化，政府机构的权力日益增强，在决策中的作用日益重要。同立法机构、司法机构相比，行政机构的权力事实上已占优势。

由于政体的差异和国事的繁简，西欧各国政府行政机构的组织形式、政府首脑及其内阁的地位和权限各有特点，但总体而言，仍具有普遍性和一致性。

在西欧各国中，比较普遍、典型的行政体制是二元行政体制，以英国最具代表性。此外，法国的半议会半总统制、瑞士的联邦委员会制也各具特色。它们都是行政权力优先，但采取了不同的结构和方式。

议会制下的二元行政体制是君主制长期演变的结果。原来由君主享有的权力转移到了政府和首相的手中。国家元首虽然体现了国家和政权机构的连续性，但只能扮演一种象征性的角色。二元行政体制的优越性在于避免权力的过分集中。因此，欧洲的大多数国家，特别是20世纪下半叶才先后摆脱专制主义统治的希腊、西班牙、葡萄牙等国都采用了这种体制。

第一节　国家元首

国家元首是国家对内对外的最高代表，是国家的象征，是国家机构的重要组成部分。在不同政体的国家中，元首的地位不尽相同。但一般认为，元首为行政权的最高领导（事实上或名义上的），是行政机关的组成部分。

在欧洲历史上，国家元首一般指君主，是国家最高权力的体现者。近代资产阶级革命后，由于分权制衡原则取代了君主专制，国家元首不再拥有包括立法权在内的全部最高国家权力。

一　国家元首的类型

在西欧各国，国家元首通常由一人担任，但也有集体国家元首形式。因此，可以把国家元首分作两类，即个人国家元首和集体国家元首。

个人国家元首也叫单一元首，即只有一人独任国家元首。在当代西欧，个人国家元首是比较普遍的形式，如英国、荷兰的女王，法国、联邦德国、意大利的总统，卢森堡的大公等。

在由两人以上组成合议制的机关中，由其全体成员共同担任国家元首职务和行使元首职权者，为集体国家元首。构成集体元首的成员彼此之间地位基本平等，拥有同等权力。他们中虽然有一人作为形式上的首领，行使对外代表、召集会议等职权，但并不具有超越其他成员之上的权限。如圣马力诺的国家元首由两名执政官组成；瑞士的国家元首是由七名委员组成的联邦委员会，元首权由联邦委员会集体行使，联邦主席由七名委员轮流担任，对内主持委员会会议，对外履行元首在礼仪方面的职权。

二　国家元首的产生

西欧各国元首产生的方式均由宪法或法律规定。一般说来，产生方式主要有两种：世袭制和选举制。

（一）世袭制

凡担任国家元首职务，不经民主选举，而是按照血统亲属原则，依法世代继承，叫做世袭制。当代欧洲君主立宪制国家的国家元首普遍采用世袭制产生方式，如英国、荷兰、比利时、西班牙、瑞典、丹麦、挪威等国。虽然各国对王位继承者的资格要求不同，但一般采用顺序继承制，如英国王室的男女成员均可继承王位。以前，男性成员享有优先继承权，但到1998年，经英国政府提议，女王伊丽莎白二世终于同意结束男性的优先继承权。

（二）选举制

选举制指元首由选举产生。西欧共和制政体的国家元首普遍采用选举制。各国选举元首的方式多种多样，概括起来，大致可分为两种类型，一种由公民直接选举产生，如法国宪法规定，总统通过“两轮多数投票制”，由公民直选产生。其他如奥地利、冰岛、葡萄牙等国的总统也均由公民投票直接选举产生。另一种则由议会或选举团选举产生，如联邦德国总统即由数量相等的联邦议院议员和按比例代表制选出的各州代表组成的选举团选举产生。意大利总统则由参众两院联席会议选举产生，参加联席会议的除议员以外，还有各区议会代表，以便未能在国家议会获得席位的少数派代表也有机会参加总统选举。选举采用不记名投票方式，2/3多数通过。

三　国家元首的任期

西欧各国国家元首的任职期限大都经宪法或法律明文规定，或依习惯而行。一般说来，元首的任期分为终身任职制和限期任职制两类。

世袭君主制国家的元首由王位世袭，元首任期必然是终身的，如英国、西班牙、瑞典、挪威、比利时、丹麦、荷兰等国的国王以及卢森堡大公。但并非没有例外，如1936年，英王爱德华八世因坚持与离过两次婚的辛普森夫人结婚而被迫退位；1980年荷兰女王朱丽安娜因年老体弱将王位让给大公主贝亚特丽克丝；1931年，西班牙国王阿方索被佛朗哥废黜等。另外，有个别共和制国家的宪法或法律对元首任职期限没有明确限定，因而元首有可能连选连任，成为事实上的终身元首。芬兰总统吉科宁自1956年当选总统后，多次连选连任，直至1982年81岁高龄才因病不再担任总统职务，成为事实上的终身总统。

在限期任职制下，国家元首的任期有一定期限，不能终身任职。这种期限往往由本国宪法明文规定。元首任职期满后，必须进行改选。共和制国家一般都采用限期任职制。但各国元首的任期并不一致，如联邦德国的总统任期为5年，奥地利、芬兰为6年，意大利、爱尔兰等国则为7年。法国于2000年通过公民投票，将总统任期从7年改为5年。

四　国家元首的地位和职权

元首对外是国家的最高代表，是主权国家行使权力的象征。元首有权派遣使节、签署国书、缔结条约、宣战媾和等。对内元首则居于国家机构的首脑地位，是行政机关的组成部分。

西欧各国都对元首的职权有所规定。根据各国元首行使职权的实际情况，元首普遍享有的职权可概括为八大类：（1）公布法律权；（2）发布命令权；（3）召集议会权（包括停止和解散议会的权力）；（4）外交权；（5）统率军队权；（6）任免权；（7）赦免权；（8）荣典权。

由于西欧各国的国情不同，政治制度不一，各国元首的职权范围和行使方式差别很大。在英国、荷兰、比利时等君主立宪制国家中，作为国家元首的君主只在形式上享有广泛的权力，实际权力则由议会、政府和司法机关等国家权力机构以君主的名义行使。在这些国家中，君主是“临朝不理政”、“统而不治”的虚位君主。其中以英国最为典型。

英国国王是世袭的国家元首，同时是政府首脑、国家武装部队总司令和英国国教世俗领袖。他（她）任命首相、大臣、高级法官、高级军官和英国属地的总督，有权召集、解散议会，批准或否决议会通过的法律，赐封贵族、授予荣衔，宣布战争或和平。但这些权力都是名义上的，实权都由议会，特别是内阁来行使。不过，英王在当代英国的政治体制中仍具有不可替代的作用。她象征着英国的民族团结和凝聚力，使英国政治制度保持独特的连续性；她超然于党派政治斗争之上，有利于政治和社会稳定；在某些特殊时刻，她可以利用被咨询权、警告权和奖励权来表明自己的观点和立场，发挥某种政治平衡作用（如1986年女王以英联邦政治首脑的身份敦促撒切尔首相对南非采取更为坚定的立场）；她还拥有在政府发生危机时任命首相的传统特权；她也是维系英国和英联邦密切关系的重要纽带。

与英王相似，联邦德国、意大利和奥地利等共和制国家的总统也都是“有职无权”的虚职，他们行使的是象征国家、保障宪法和维持平衡等职能，但受到更多的限制。就德国而言，由于魏玛共和国时期总统权力过大，并最终导致法西斯专政，所以《基本法》大大削弱了总统的正式权力。总统只能依例任命联邦议院选举产生的联邦总理和联邦总理提名的联邦部长。在立法方面，总统只能签署由议会两院通过的法律和命令，还必须得到总理或有关部长的会签才能颁布生效。按规定，总统有解散联邦议院的权力，但实际上也受到种种限制，要服从政党和总理的决定。1983年，当科尔总理制造人为危机，以便争取选民支持基民盟—基社盟—自民党联盟时，总统虽然对这种做法是否违背宪法程序有所保留，但最终也只能向总理的要求让步。由此可见，在通常情况下，联邦德国总统只不过是国家权力的象征性代表而已。

在西欧各国中，法兰西第五共和国的半议会半总统制政体具有鲜明的特色。法国总统虽不兼任政府首脑，但却是集大权于一身的国家元首，掌握行政权和其他重要权力，成为国家权力的中心。1958年宪法确立了总统作为行使国家权力的“仲裁”和“保证人”地位，赋予总统一系列重大职权，其中包括任免总理和组织政府、解散国民议会、举行公民投票和“根据形势采取必要措施”的非常权力等。与法兰西第四共和国议会制政体下的总统相比，第五共和国总统的权力和地位得到了极大的加强，有利于法国政局的稳定。

第二节　中央政府

政府有广义和狭义之分。广义的政府泛指依法行使国家权力的一切机关，包括立法机关、行政机关和司法机关。狭义的政府则专指执行和贯彻法律、负责组织国家事务的行政机关，一般指国家最高行政机关，即中央政府，不包括地方政府。我们一般所说的是狭义的政府。

一　政府的组织

政府的组织形式也有广义和狭义之分。广义即指政体，狭义主要指国家行政机关或中央执行机关的组织形式。就狭义而言，西欧国家具有代表性的政府组织形式主要有三种：内阁制政府、半议会半总统制政府、委员会制政府。

内阁制政府是西欧国家普遍采用的一种政府组织形式。在议会制共和国（如联邦德国、意大利）

和一些议会制君主国（如英国、荷兰），政府均采用责任内阁制形式。内阁是中央政府的领导核心，有时人们也以内阁指称中央政府。

内阁制政府的主要特点是：（1）议会至上，为国家最高权力机关。内阁由议会产生，并对议会负责；（2）内阁通常由在议会中占多数席位的政党或政党联盟的领袖受国家元首委托组成，政府必须取得议会多数的支持；（3）国家元首是国家权力的象征，不掌握实权，不负实际责任；（4）内阁总揽一切行政权力，总理（首相）是政府首脑，负实际责任；（5）内阁成员必须同时是议员，他们既是重要的执法者，也是主要的立法者；（6）政府对议会负责，接受议员的质询。当议会通过对内阁的不信任案或否决内阁的信任案时，内阁必须总辞职，或提请国家元首下令解散议会，重新举行议会选举。

法国的半议会半总统制政府，实际上是一种兼有议会制特点的总统制。其主要特征有：（1）总统不是政府的一部分，却负责组织政府，任命总理并根据总理提名任免其他政府成员；（2）总理是政府首脑，但实际上总统是政府决策的中心，总理只起辅佐总统的作用（但是，在总统与总理并非来自同一个政党的情况下，总理有时还是可以发挥实质性作用）；（3）实行不相容组织原则，政府成员不得同时兼任议员；（4）总理代表政府向议会负责，当议会通过对政府的不信任案时，总理必须向总统提出政府总辞职。总统可以在征询总理和议会两院议长意见后，解散国民议会，重新举行大选。

瑞士的委员会制政府是一种特殊的政府组织形式。国家最高行政机关为联邦委员会，由联邦议会两院联席会议选出 7 名委员组成。联邦委员不得兼任议员或其他公私职务。7 名委员分任全国 7 个部的部长。联邦委员会实行集体领导、集体议事和集体负责制。委员的权限彼此平等。由联邦委员会成员每年轮流担任的联邦主席既是国家元首，又是政府首脑，负责主持联邦委员会会议，但无裁决权，也无权解散议会。

二　政府的构成

政府的构成，一方面指政府的成员组成，另一方面指政府的机构组成。政府机构的作用一般说来与政府成员的法律地位相一致。

（一）政府成员

西欧国家的政府通常由政府首脑和各部部长组成。由于各国的政府制度不同，因而各国政府成员的组成及政府产生的程序也各异。

西欧各国的政府首脑一般称为总统、总理（共和制）或首相（君主立宪制）。政府首脑负责组织政府，并在政府履行职责时处于领导地位，就政府政策对国家元首或议会负责。因此，政府首脑的地位和作用十分重要。

总统制政府的成员一般由总统、副总统和各部部长组成。总统由选举产生，既是国家元首，又是政府首脑，政府其他成员均由总统任命。法兰西第五共和国的总统由选举产生，总理由总统任命，各部部长由总理提名，再由总统任命。

西欧绝大多数国家的政府都是内阁制政府，大致可分为两类。

第一类，由国家元首任命下院多数党领袖为总理（首相），并由他组阁。内阁其他成员由总理（首相）提名，国家元首任命。在英国，政府成员包括首相和全体大臣、大法官和检察长、政务次官、执政党督导员、王室官员及其他高级官员。内阁为英国政府的领导核心，负责制定并执行一切重要政策。内阁由出任首相的下院多数党领袖负责组织，无法定人数，一般在 20 人左右。

第二类，通常没有一个政党在议院中拥有多数或稳定多数席位，因此国家元首和议会议长在任命内阁总理、组织政府时发挥着重要作用。在意大利，总统在与主要政党领袖磋商后任命总理，并根据总理的提名任命部长；在荷兰，女王在征询国务委员会副主席、两院议长以及第二院所有议会党团主席的意见后，组织和任命首相及内阁成员；在瑞典，议长同议会党团领袖和副议长磋商后提出首相人选，由议会选举，然后由首相任命内阁和其他成员。

政府成员的组成除了体制和程序上的规定外，还受到政治生活中一些不成文规则的限制。第一条不成文规则是地区代表性。执政党为了稳固并扩展自身的政治势力，一般尽可能从不同地区任命政府成员。如英国在内阁中专门设有苏格兰事务部、威尔士事务部和北爱尔兰事务部，对特定地区负全责。意大利的 20 个行政区中每个区至少要有一名国务秘书，这已成为传统。比利时政府由数量相等的弗拉芒语地区和法语地区代表组成，布鲁塞尔和其他主要城市也有代表参加。这种情况与一些国家种族和语言等的多样性以及地方自治传统密切相关。

第二条不成文规则是“任人唯能”。当然，“能人”的标准因时、因地、因党而异。在英国，能力大小和声望同是否出身于贵族，是否毕业于牛津、剑桥等名校有一定关系。但这种传统在一定程度上已被打破。事实上，专业能力和经验是能否进入政府的重要因素。艾哈德出任总理前就以德国的“经济奇迹之父”知名。安德雷奥蒂和利·隆博在担任外长前是著名的国际问题专家，他们在政府任职长达30年。联邦德国政府中有40%的事务官员转为政务官员。法国的政府部长多从有行政管理经验的人员中挑选，专业人员在政府中起着重要作用，并占据着关键职位。专业人员出身的部长占德勃雷政府的37.5%、蓬皮杜政府的27.4%、第一届希拉克政府的33.3%、巴尔政府的29.2%。

在议员中挑选部长（君主立宪制为大臣），也是西欧内阁制国家的一条不成文规定。因为如果重要政府成员同议会没有任何联系，议会就难以监督他们。对政府而言，为了政府稳定，谋求议会多数的支持，乃至控制议会，政府成员兼任议员就是必要而明智的。以英国为例，1978年7月的卡拉汉政府共有113名成员，其中97名来自下院；1984年2月的撒切尔政府共有101名成员，79名为下院议员。

对内阁制政府来说，不管议会多数派由一个政党还是政党联盟构成，政府首脑在组织政府时都必须考虑到内部平衡和各派力量的对比。执政党联盟内部的职位分配大致有以下几种方式：按比例分配、大党优先、小党照顾、对总理（首相）所属政党给予额外名额或各党一律均等。具体分配方式视各国不同的政治局势而定。实际上，第一种和最后一种方式是很难做到的。例如，在联邦德国和意大利，还没有在执政党联盟内部按比例分配或平均分配政府职位的先例。一般情况下，分配都是不平衡的，占统治地位的政党会多得到几个职位，或将一些重要的政府部门控制在自己手里。而为了形成议会多数派，有时小党也会得到照顾。1953年阿登纳组织的第二届政府就是个突出的例子：基民盟—基社盟获得45%的选票，本应得到19个部长职位，但只得到11个；一个小党只得到3.9%的选票，却得到2个部长职位。

（二）政府机构

西欧各国政府的机构设置是以职能为依据，随着政府职能的发展变化而变化的。早期政府职能主要限于政治领域，因而政府机构以政治、军事部门为多。随着经济和科学技术的发展，政府的经济职能和社会职能日益扩大，政府便大量增加经济和社会领域的机构，以适应经济发展和社会进步的需要。可见，政府机构的设置与政府职能的演变有着十分密切的关系。一般来说，西欧各国政府中的管理、服务性部门多于政治性部门。

在英国，政府主要由各部组成。它们是中央行政组织体系的主要部分，是实施内阁和首相某一领域政策的职能机构。政府各部的设置由法律规定，但部的数目没有法定限制，由历届政府根据实际需要进行调整。20世纪70年代以来，英国政府的部级机构大体保持在17—21个左右。它们大体上可分为三类：（1）职能类，如外交部，国防部，内政部等；（2）地区类，如威尔士事务部、苏格兰事务部、北爱尔兰事务部；（3）中央核心部门，如财政部、内阁办公厅和首相办公室。由于各部的职能不同，规模大小也不同，各部的组织方式差别很大，但架构大同小异，均按职能性质划分为若干司，司以下设处，处以下设科。经济、社会、法律类机构占绝大多数。

在法国，由于宪法和法律未对政府机构的数目及名称作出明确规定，因此政府各部的设置和变动完全由总统和总理根据需要自行决定。第五共和国各届政府中央各部的数目大体保持在20个左右。德国的情况也基本相似，其《基本法》和其他法律未对联邦政府各部的设置作出规定，联邦总理根据宪法授予的组织权，依现实需要自行决定政府各部设置，无须经议会立法或批准。各届政府的部级机构大体上维持在14—20个之间。

随着政治、经济的发展和科技进步，以及社会生活的日益复杂化，西欧各国政府对经济和社会生活的干预不断加强，因而政府机构也日益扩大，文职人员日益增多。这一趋势固然反映了社会发展的要求，但也带来了一些问题，政府机构中的官僚主义日益严重，办事效率降低，财政负担加重。因此，转变政府职能，精简政府机构，提高办事效率，成为西欧许多国家行政改革的当务之急。

三　政府的职权

西欧各国政府拥有十分广泛的职权，关于政府职权的规定也各不相同。但在政府的主要职权方面，各国又非常相似，大致包括以下几个方面：

第一，立法参与权。指政府参与立法过程一些环节的权力。它主要体现在两方面，一是法律公布权，除各国元首共有的法律公布权外，个别国家如芬兰总统还有权否决议会通过的法律。二是法案创议权，即提出法律草案的权力。这种权力普遍存在于内阁制国家中，芬兰总统也和议会一起享有法案创议权。

第二，委托立法权。即政府为实施宪法和法律而制定法规、条例、指令、决定或发布命令的权力。委托立法是指立法机关制定一些法律原则，而具体条文委托给行政机关制定。补充立法是指行政机关制定出一些与法律效力相等的法规以补充法律的不足。这些权限都是政府享有委托立法权的表现。

第三，制定和执行政策权。

第四，外交权。指处理外交事务的权力，包括政府行政首脑代表国家，任命驻外使节，接受外国来使，对外宣战、媾和与缔结条约，参加国际会议等。

第五，掌管军队、警察和监狱。行政机关有统率海、陆、空三军的权力，有权对军队进行编制、训练、调遣和指挥。在总统制国家中，三军统率权属于总统。在内阁制国家中，三军统率权属于内阁。

第六，掌管行政机构，具体领导各部、院、委的工作，负责人事任命和人事管理。

第七，编制并向议会提出预算、决算，干预和调节各项经济事务。

第八，主管文化、科技、教育、卫生、社会福利等方面的工作。

第九，司法行政权。行政首脑有权任命法官，实行大赦、特赦、减刑、免刑以及恢复权利等。

第十，颁赐荣典，授予荣誉职务和称号。

第十一，根据选举法规，组织选举工作。

四　政府的决策

（一）政府的决策机制

从西欧各国的政府行为来看，政府的政策是由政府首脑通过中央政府各决策机构制定的。在议会制国家，根据政府集体向议会负责的原则，内阁会议成为政府集体讨论并作出决策的主要场合。政府的法律草案、预算草案、行政法规、内外政策和人事任免等重大方针和政策都应在内阁会议上决定。

以英国为例。在英国，政府的重大决策一般通过内阁会议讨论决定。内阁会议由首相主持，全体阁员参加，在讨论与某一部门相关的问题时，有时也邀请该部门的非阁员大臣参加。会议的决议一般以首相的意见为准，有时也就不同意见进行投票，但最后决议并不依投票结果而定。实际上，英国内阁在很大程度上发挥着集体领导作用。这种作用主要表现在四个方面：为大臣们提供信息；就下级政府无法解决的问题作出决定；对若干重大政策问题作出最后决策；最后，它还是讨论棘手的政治事宜的论坛，并借此测试领导集体的态度。

但是，内阁会议上作出的决策只是政府决策中很少的一部分，大多数决定是通过内阁下属的内阁委员会作出的。内阁委员会在英国政府决策机制中处于十分重要的地位，承担着大部分政府决策的任务。设置内阁委员会使政府决策机制进一步完善，但同时也使内阁作用有所削弱。

英国于1916年开始设立内阁委员会，此后内阁委员会种类日益增多，作用也逐步增强。英国各届内阁通常设有以下几种委员会：常设委员会、特别委员会、官员委员会、大臣及官员混合委员会。常设委员会和特别委员会皆由大臣组成。常设委员会为常设机构，有固定的职责领域，由与其职责相关的部大臣联合组成。特别委员会专门为协助内阁研究、解决某一问题而设，由与该问题有关的几位大臣组成。官员委员会由文官组成，为每一常设或特别委员会办理具体事务。混合委员会则由若干大臣和文官组成，以从速处理某个紧急问题。由大臣组成的内阁委员会的基本职责是为内阁先期汇集各自领域的情况，予以研究，提出方案，再报内阁定夺。对于若干重要的事项或特别事项，一些内阁委员会也可以代表内阁作出决定。各届内阁设立哪些委员会，以及委员会的组成人选，皆由首相决定。以梅杰政府为例。1995年，梅杰政府总共设立了25个内阁委员会，其中国内政策委员会17个，有关欧共体、国防和外事的委员会8个，而梅杰本人共担任7个委员会的主席，亲自参与内政、外交和国防等重大问题的审议和决策过程。

在内阁制政府的决策机制中，政府首脑无疑处于至关重要、举足轻重的地位。作为核心人物，他负责组织和领导内阁，对重要决策施加影响，并做出最后决定。事实上，政府首脑处于政府金字塔式权力结构的顶峰。仍以英国政府为例。英国首相掌握的权力可以概括为7大项：（1）提名内阁成员和其他政府官员、主教以及册封终身贵族，改组内阁，选择阁员人选；（2）决定内阁议事日程，主持内阁会议，就政府政策和重大事项的讨论进行总结性发言，作出决定；（3）作为政府首脑，在议会代表内阁为政府的重要决策进行解释和辩护，回答下院质询；（4）提请国王解散议会，重新举行大选；（5）掌握对高级文官的任免权，保持对常任公务员的控制；（6）作为执政党领袖，通过党纪约束本党议员，影响和左右议会的立法活动；（7）通过内阁提请国王宣布紧急状态，行使广泛的非常权力。鉴于政府和内阁的权力进一步集中于首相，有学者认为，英国政治已从内阁政治时代过渡到首相政治时代，内阁制已演变为首相制。但事实上，尽管英国首相权力增加了很多，但仍受到不少制约。

联邦德国政府的决策机制和英国类似。内阁会议是联邦政府的最高决策机构，由联邦总理和各部部长参加，总理主持。内阁会议实行集体决议、集体负责原则，会上意见不能统一时，由会议主席决定，决议一经通过，所有阁员必须遵守，不同意见可以保留。内阁例会每周一次。同英国一样，大部分重要决策都是通过若干内阁委员会作出的。内阁委员会均由联邦总理任主席。根据《基本法》的规定，联邦政府的政治方针由联邦总理制定。在政府方针范围内，联邦各部部长可以独立领导本部门工作。总之，联邦政府决策奉行三项原则：总理原则、部门原则和集体原则。

法国政府的决策有所不同。在半议会半总统制下，总统实际扮演着政府首脑的角色，是政府决策的中心，总理只起辅助总统的作用。换句话说，总统掌握政府大政方针，总理处理政府日常事务。法国中央政府决策机构由部长会议和内阁会议组成。部长会议是政府最高决策机构，由总统主持，总理和全体部长参加。总统和与会者听取有关部长就某个问题的汇报并进行讨论，总理作总结性发言，最后由总统决定。此外，还有限制性部长会议，由总统主持，有关部长参加，讨论特定的、技术性较强的问题。部际委员会是为解决专门问题而成立的常设机构，它们主要为部长会议服务，负责准备文件或提供文件、资料等。内阁会议由总理主持，部长和国务秘书参加，所作决定须经部长会议批准。

（二）政府决策的办事机构

行政办事机构对于政府决策也是相当重要的，它同样是政府决策机制完备的一个标志。英国首相的办事机构主要有内阁办公厅和首相办公室。内阁办公厅是内阁办事机构，负责安排内阁议事日程，沟通内阁和政府各部的联系，在最高层次上协调政府各部的政策，负责编写和分发关于内阁决议实施情况的定期报告。内阁办公厅由内阁事务大臣领导，由中央秘书处、国内突发事件处理处、海外与国防处、经济与内务处、欧洲处等五部分组成。首相办公室位于唐宁街10号首相官邸内，由首相私人办公室、政治办公室、战略信息沟通小组、首相政策小组等机构组成，由首相办公室总管领导，负责处理首相个人事务，如组织会客时间表，为首相提供经济、内政、议会事务等方面的信息和政策咨询，准备议会质询的答辩，起草首相演说稿等。意大利政府总理原则上没有自己的预算和专职办事人员。总理府可以使用财政部本身的预算，从其他部门或机构借调工作人员，总数不得超过340人。但实际情况与原则规定并不一致。第二次世界大战战后初期，总理府只有50人，1963年达到300人。但据1986年8月审计院报告，估计总理府（包括设在总理府内的不管部）共有1586名成员，加上其他工作人员共计3828人（超过正式编制10倍!）。

在法国政府的办事机构中，设在巴黎爱丽舍宫的总统府地位非常突出。总统府协助总统工作，实际上是政治决策的中心，负责指导和监督政府的活动，有“法国的隐蔽政府”之称。总统府由总秘书处、总统办公厅、私人秘书处和私人军事参谋部组成。总理府是总理的办事机构，由总理府办公厅和总秘书处等组成。办公厅是总理的参谋部，负责同总统办公厅联系，监督中央各部的工作。总秘书处负责准备和传达部长会议和部际委员会的文件，向议会呈交法律草案，将议会通过的法律交总统和有关部长签字，安排部长们答复议会的质询等。法国总统或总理的顾问们拥有超过部长的权力。

联邦德国总理府的人员组成比较稳定，大约有500名工作人员，负责以总理名义向各部发布指令，收集和处理情报信息，准备内阁会议，协助总理推行政府的方针和政策，检查、监督和协调各部工作。比较而言，联邦总理府人员精干，效率较高。

这同实行联邦制有一定关系。因为各州政府有广泛的权力，政府各部也享有一定的自主权。总理可以检查、督促各部执行政策的举措和成效，但不能直接干预各部的日常工作。除总理府本身外，还有一个庞大的联邦新闻信息局由总理直接领导。

第三节　公职人员的管理制度

公职人员简单地说就是公务员，又可称为文官。西欧各国对其称谓不同，而意义大体一致。在英国称“文官”，在法国和瑞士称“公务员”或“公职人员”，在联邦德国则称“联邦公务员”。

公务员（文官）制度，是指对各级公务员（文官）的考试、录用、考核、奖惩、待遇、培训、晋升、调动、解职、退休、保障以及分类管理等做出系统规定的规章制度和体制。

现代欧洲公务员制度最早产生于法国大革命时期。资产阶级在反对封建君主的“恩赐官职制”和“政党分赃制”的过程中逐渐建立并完善形成了一整套公职人员管理制度。在封建君主统治时代，官吏的任用和升迁主要取决于门第出身和对君主的忠诚，君主的意志和好恶主宰一切，昏庸无能之辈、阿谀奉承之徒往往登上权力宝座，无功受禄者不乏其人。在资产阶级革命胜利后两党制形成初期，执政党的更替，内阁的变迁，经常引起政府行政人员的大换班，执政党公开而合法地进行肥缺分赃，致使营私舞弊、卖官鬻爵盛行，政府工作缺乏连续性和稳定性，效率低下。

19 世纪中叶，随着英国工业革命的结束，工业资产阶级势力日趋强大，一场改革旧的官僚制度、建立常任文官（公务员）制度的运动在英国率先兴起。1854 年，英国政府委托斯坦福・诺斯科特和查理・特里维廉两位爵士进行调研，并提交了《关于建立英国文官制度的报告》（又称《诺斯科特—特里维廉报告》），提出通过公开考试选拔行政人员，根据业绩提升，统一管理各部人员和区分“智力”工作和“机械工作”等四点主要建议，从而奠定了英国近代文官制度的基础。此后，英国政府先后于 1855 年和 1870 年两次颁布枢密院令，对上述四项原则作了比较具体的规定，英国近代文官制度正式确立。尔后，特别是第二次世界大战后，法、德等其他西欧国家纷纷仿效英国建立了现代公务员制度。

随着现代行政管理的改革和发展，某些传统观念和做法逐渐被淘汰或取消，在公职人员的招聘、培养和晋职等方面采纳了一些更为科学、合理、合法的原则和措施。虽然西欧不同国家的公务员制度有很大差异，但相互间也存在一些共同原则或做法。

一　公务员的立法和分类

西欧各国的公务员制度是建立在一系列法律基础之上的，主要有两种情形。第一种以英国为代表，没有制定公务员总法规，而只有一些单项法规、条例和规定。英国的这类法规包括：1834 年制定，后经多次修改的《老年退休法》，1889 年的《新南威尔士文官法》，1927 年的《职业争议法》，1970 年的《平等工资法》，1975 年的《性别歧视法》，1978 年的《（综合）就业保障法》，1993 年颁布的《公务员管理法典》，1996 年实施的《公务员（道德礼仪）法典》等。

另一种是在制定公务员总法规的基础上，另制订各种补充法规、条例和实施细则，如法国、联邦德国和瑞士等。法国于 1946 年制定了《公务员总章程》，以后又陆续颁布了一些补充条例，如《教师条例》《法官章程》《议会工作人员章程》《安全人员章程》《军官和士官章程》等。这些章程和条例必须和总章程保持一致，也可根据本部门的特殊需要，废除或更改其中的个别条文。联邦德国在改造德意志帝国官僚制度的基础上，陆续颁布了《德国公务员法》（1950 年），《联邦公务员法》（1953 年颁行，1961 年和 1981 年加以修订），《联邦法官法》（1972 年），《高等学校总纲法》（1975 年）等法规以及十几个条例和实施细则，如《联邦公务员资历条例》《公务员补助条例》《公务员休假条例》《公务员劳动保障法条例》《公务员工作时间条例》等。

公务员的含义和范围在西欧各国也不尽一致。在英国，对文官并无精确、统一的定义。英国《文官统计资料》的解释是：以公民的身份为王国政府服务、未在政治或司法部门任职的人员；也可包括根据特殊规定担任其他某些职务的人员；以个人身份为王国政府服务、从王室年俸中支薪的工作人员。按照这一解释，文官指在中央政府各部任职的常任官员，不包括政务官、企事业文职人员、军人、法官以及地方政府雇员。在法国，国家机关人员统称“公务员”，分两大类：一类是不适用《公务员法》的公务员，如审判官、议会工作人员、军事人员、国家工商管理部门的人员、工商业性质的公用事业和公益机构的人员，市、乡（镇）、村公职人员等；另一类是适用《公务员法》的公务员，如中央各机关从事国家管理事务的常任官员，其范围大致与英国常任文官相同。联邦德国按性质把公务员分为两大类：政治官员，如内阁总理、国务委员、部长等；职业官员，即适用联邦公务员法的官员，其范围大体与英国的常任文官相当。

为了便于公务员的管理，明确公务员的职责，西欧一些国家对公务员作了更为细致、具体的分类。英国的文官分为工业人员和非工业人员两大类。工业人员指在国防部所属军工厂、海军码头、邮政系统工作的人员和在研究部门工作的技术人员等。非工业人员指在行政机关办公的文书、行政、各类专业管理人员和外交领事人员，其中又分为十大组别：综合类，科学类，专业技术类，培训类，法律类，秘书类，社会保障类，警察类，资料处理类，调查研究类。每一组别又包含若干职系，如综合类由行政、经济、情报、统计、文书和通信等 6 个职系构成，其中的行政职系在英国公务人员中占有重要地位。他们中间包括常务次官、次官、单位主管、主要执行官、高级文书官等。这些高级文官参与中央政府的决策，大约有 4000 人。联邦德国对公务员按教育程度与考试成绩分为普通级、中级、上级和高级官员，等级界限十分清楚，任职资格和权限相当明确。法国对公务员按职位进行分类，有水平分类和垂直分类两种方法。水平分类按职位高低和文化程度把公务员分为甲、乙、丙、丁四大类。垂直分类即纵向分类，按职业领域和特点把公务员分为六大类，即行政类、财会类、技术类、教育和科研类、司法类、军事类。

二　公务员的招聘、培养、考核与晋升

西欧各国招聘公务员实行公开考试、择优录用制度。所谓公开考试、择优录用，是指考生通过公开考试竞争职位，包括笔试、口试、品行和资历评定、实际操作考核、身体检查等几个环节，用人单位根据考生成绩高低顺序，并参考个人资历、学历、品德和健康状况，鉴别优劣，择优录用。

公开考试、择优录用是公务员制度最重要的一条原则，也是近代文官制度确立的根本标志之一。英国文官制度的改革就是以公开考试、择优录用为突破口的。英国常务次官以下的官员和雇员几乎都须经考试后才能被录用。法国 1946 年颁布的《公务员总章程》规定，凡适用该章程的公务员必须经过公开竞争考试才能录用。

为了贯彻和执行这一原则，西欧各国一般都强调下述三项基本原则：（1）机会均等。即对报考者给予均等机会，不因民族、种族、性别、家庭出身、政治见解和倾向、宗教信仰、婚姻状况、生理缺陷等受到歧视，主要应以品行和考试成绩作为衡量标准；（2）公开招考。各种录用考试，都须公告通知、公开进行。考试公告必须通过报刊、广播、电视、互联网、人事部门的业务通信、政府公报等形式，明确招考的职务、责任、待遇、报考资格、考试科目以及时间、地点等。考试合格名单须张榜公布，并通知本人；（3）择优录用。公务员考试竞争性很强，淘汰率也很高。实际上，各国公务员考试的侧重点有所不同。意大利、法国和联邦德国注重考查法律等方面的知识，考题比较抽象，同时辅以口试或实习。也有一部分公务员是从聘任制转过来的，未经考试录取。英国侧重考察其实际工作能力，当然也须有必要的学历证书。

公务员的职责不同，培养的目标也不同。由此可把公务员分作两类，一类是“通才型”公务员，另一类是“专业型”公务员。“通才型”公务员数量最多，负责决策和管理工作，适合行政管理的传统任务。法国、意大利、联邦德国的“通才”官员多是学法律出身，英国文官则多有人文学科的背景。英国、意大利、联邦德国的公职人员中缺乏专业性人才，往往是在招聘进来以后再培训（尤其是联邦德国，经常采取这种方法）。而法国的公职人员中有许多是专业人才。但通才型与专业型人才的界限并不明显，专业型公职人员也经常担任管理性领导职务。

一些欧洲国家设有专业学校培养公务员，在这方面最突出的当属法国。法国由中央政府统一设置高等院校和研究机构，专门培训高级公务员，如国立行政学校培养“通才”型高级文官，巴黎综合工艺学校培养高级技术型公务员。此外，还有政治研究院、政治研究学校、高级行政研究所等。联邦德国参照法国的做法于 1947 年建立了行政科学学院，但其职能和教学方法与法国完全不

同，只是在职行政官员的培训中心。意大利也设有高等公共管理学院，同联邦德国的行政科学学院大体相近。英国基本靠普通大学培养未来的行政官员，其文官学院主要负责高级文官的分阶段培训工作。

考核也是西欧各国公务员制度的重要一环。它以实绩制为核心，即通过制定严格的考核制度和具体的考核标准，对公务员的实绩进行考核，并根据考核结果决定公务员的任用、留用、加薪、晋级、降职、免职等。考核制度主要体现三项原则：（1）职责一致原则。即要求名称其职，职责分明；（2）奖惩结合原则；（3）公平对待原则。将公务员的政绩考核与晋升加薪挂钩，是西欧各国公务员绩效评估制度的普遍特点。

英国的考核制度以考绩为重点，即每年先由文官本人做个人工作总结报告，然后由各部门长官根据工作知识、性情、判断力、责任心、创造力、可靠性、机敏适应程度、监督能力、热心情形、行为道德等十项内容进行考核，每项都按A、B、C、D、E五等打分，再以五等总评，然后由部门长官择优推荐，向文官委员会提出晋级申请。同时，对文官的日常考勤也进行督察和考核。

德国联邦政府制定的《公务员考核及晋升条例》，规定了10个方面的考核标准：观察和分析问题能力、沟通与交流能力、服务意识、宏观决断力、处理人际关系能力、领导和管理能力、组织能力、高效率工作计划与组织能力、团队意识。各级政府每年年底对公务员进行评估，由本部门最高领导人、实际执行人员、工会负责人和相关的第三方人员共同组成“评审团”，负责评估的组织领导以及检查、监督和复议等工作，并由被评估者的直接管理者负责撰写评估报告。评估标准分为四个等级：杰出、高效、有效以及不佳。对于考核为“不佳”的公务员，情况严重的要被辞退。

法国第二次世界大战后对公务员的考核包括专业知识、工作能力、合作精神、积极性、工作效率、工作方法、理解力、组织能力、指挥监督能力、考察能力、守时值勤、健康状况、个人卫生和整洁等14项。年终考核先是在分项打分（不同类别的公务员考核项目有别）的基础上得出总分，按总分分为优异、优良、合格、劣等、非常低劣五等，再参考其他未列入打分的项目如健康状况、个人卫生等，由部门主管做出总评语。总评语只通知对等委员会（由公务员代表和行政机关代表对等组成的仲裁机构），不通知本人，但公务员本人如认为受到不公正对待，可通过对等委员会要求主管出示、修改总评语。

西欧各国公务员的晋升一般有制度上的保障，在择优提升与按年资晋升之间保持适当平衡。大陆国家一般对按年资晋升有明确规定，并有专门机构负责管理和审批。如果要打破年资，择优提升，也应遵守严格的程序，如内部考试（法国、意大利）或晋级考察等。法国和意大利（1980年以后）通过内部考试的方式，按一定限额提升公职人员。英国根据1968年富尔顿委员会的建议，统一了晋升制度，无论哪一级别的文官都可晋升到最高一级，并允许做“蛙跳”。但这类规定一般只针对低级或中级公职人员，高级行政官员的晋升则多根据业绩原则，英国尤其如此。英国的高级文官一般均出自牛津、剑桥等名校，开始时晋升很快，被戏谑为“飞鸟”。但以后晋升的速度就放慢了，担任领导职务的高级文官一般在50岁左右。联邦德国与英国的情况相仿。法国的年资制度对高级行政官员的晋升也不起决定性作用。总体上，择优提升的比例远远低于按年资晋升。择优提升有利有弊，既可人尽其才，也可能被任人唯亲者所利用。

三　公务员的权利与义务

西欧各国一般都通过宪法以及有关法律、法规、条例，对公务员的权利与义务作出了明确规定。有些国家有一些不成文规定，但往往比成文法更有效。公务员的权利包括三个层面：第一个层面是一些普遍性的政治权利，如信仰自由、言论自由、结社及参加工会的权利等。他们可以支持某种意识形态，加入某个政党或参加竞选。但欧洲各国一般均对公务员的工会权利加以限制，如警察、军队、情报机关的公职人员不能加入工会，或不许采取集体罢工形式等。根据一些规定和判例，法国的公务员可以组织和参加罢工，但罢工的公务员必须按参加的天数扣除工资。联邦德国公职人员没有罢工的权利，但可以组织其他形式的“压力集团”，采取怠工等同罢工效果一样的其他行动。在这方面，英国文官受到的限制最多。英国中央政府雇员被禁止参加全国性的政治活动或派别活动，未经大臣同意，也不能介入地方政治。

第二个层面是指公务员所享有的经济和社会权益，如劳动保障、工资、津贴、福利、保险等。此外，还有培训权、休假权、辞职权，等等。在劳动保障方面，最重要的一条就是所谓“无过失不免职”，即公务员中的事务官员一经公开考试、择优录用后，无过失不得被免去职务，也叫职务常任制或职业保险。职务常任制能够满足政府职能日益复杂化、专业化的需要，有利于政府工作的连续性和稳定性。作为对公务员的社会保障，工资和福利是西欧各国公务员制度的重要组成部分。各国对公务员的工资和福利都作了原则性规定，制订了专门的法规和实施细则。一般而言，为了吸引人才，稳定公务员队伍，各国对公务员都实行较为优厚的工资和福利待遇。

第三个层面的权利可以称为申诉权。当公务员的权利受到侵犯，或因违反义务受到不正当的处分时，有权向司法机关或有关专门机构提出申诉。西欧各国一般都设有专门机构，负责受理公务员在其权利受到侵犯或受到不适当处分时提出的申诉案件。英国1972年成立了“文官上诉委员会”，如文官的法定权利受到威胁和侵犯，即可要求该委员会提供法律保障。1978年《(综合）就业保障法》则规定，国家雇员在受到不公平的撤职处分时，不论撤职是否具有破坏人事合同的性质，都有权得到损害赔偿。如果他们没有接到说明处分理由的通知就被撤职，则可依法得到相当于一到两年薪金的赔偿金。在法国，公务员违纪处分不能由行政部门随意作出，而必须经过一定的程序。较重的处分首先由上级提出建议，当事人进行辩护，由对等委员会裁决。凡涉及公务员与主管部门以及行政长官关系的案件，公务员或公务员工会有权向任何法院，特别是行政法院提出申诉。

权利和义务是不可分割的统一体。西欧各国公务员的义务同样可以分为几个层面。首先，公务员作为公民，要履行一般公民应尽的义务。其次，公务员有其特定的身份和职权，因此他们又不同于一般公民，还必须遵守和履行有关法律、规章和条例等所规定的义务。

实际上，公务员的义务通常是以职业道德和行为规范体现出来的。主要包括以下几个方面：(1）公务员必须忠于国家，忠于职守，专心公务；(2）公务员必须严守国家和公务机密。如英国《保密法》规定，文官在受命之日必须在机密法上签字，保证不泄露因其所任职务而得到的未经公开的任何信息，否则应受惩罚；文官在离任或退休后，仍不得泄露在任职期间所获得的机密和非机密信息；非经有关部门批准，任何官员不得向报界提供官方消息。法国《公务员总章程》第10条规定，除严守刑法中关于职业秘密的规则外，公务员还有义务对其在任期内或行使职权的过程中所了解的事实和情报严守秘密。严禁把字据和公文挪用或转告他人的违规行为。(3）禁止公务员经商，原则上禁止公务员兼任有报酬的其他公职。英国《荣誉法典》《防止腐化法》以及文官部行政官员条例规定，禁止公务员以权谋私、经商和从事同本部门业务有关的任何盈利事业，禁止官员（尤其是财政部、外交部的官员）参加赌博和各种商业、金融性投机活动。法国《公务员总章程》第8条规定，禁止任何公务员以职业身份从事任何有利可图的私人活动，禁止任何公务员亲自或通过中间人，以某种名义在其行政部门或公共事业部门所管辖的或与之有关的企业中，谋求可能损害其本身职务独立性的利益。一些国家还禁止公务员家庭成员经商或对此加以限制和监督。瑞士《公务员章程法》第15条规定，公务员家庭成员经营餐馆、咖啡馆和零售酒类，有损于公务员的公务或与公务员身份不相适应。法国《公务员总章程》第8条规定，当公务员的配偶以职业身份从事一项有利可图的私人活动时，该公务员必须向其所属行政部门或公共事业部门说明情况。不过，西欧许多国家如法、德等国允许公务员业余或兼职从事文学、艺术、科学以及授课讲学等活动。(4）禁止公务员接受金钱或礼品的馈赠。如英国《防止腐化法》规定，文官不得接受来自私人企业或利益集团的实物、钱财等馈赠，一般应拒绝宴请，除非得到上级主管部门或首长同意。其他西欧国家的公务员或官员法规也有类似规定。(5）实行政府官员的财产申报制度。(6）公务员在政治上应保持中立，不得参加某些政治活动。所谓政治中立，一般指事务类公务员在执行公务活动过程中，必须对政党政治采取公正超然的态度，对任何敏感政治问题保持缄默。如前所述，西欧各国在这方面的尺度有松有紧，并不一致。实际上，行政管理机构不可能同政权机构分离开来，公务员特别是高级行政管理人员在制订政策和决策过程中往往起着十分重要的作用，他们要在政治上严守中立是不可能的。

总之，无论是行政管理机构与政权机构紧密结合的国家（如法国、联邦德国），抑或二者相对分离的国家（如英国、意大利），行政管理机构都必须服从政权机构，并为政权机构服务。

第四章　司法制度

司法制度是一个国家政治制度的重要组成部分。司法权是与立法权、行政权相对的概念。狭义的司法权指法院对民事诉讼、刑事诉讼、行政诉讼及选举诉讼等各种诉讼案件的裁决权；广义的司法权除了狭义的审判权之外，还包括检察权和司法行政权。与此相应，狭义的司法机关指审判机关即法院，广义的司法机关还包括检察机关和司法行政机关。

西欧各国的司法制度是在继承、借鉴奴隶制时期罗马法原则的基础上，在反对封建专制的斗争中建立和发展起来的。在反封建专制的斗争中，资产阶级从天赋人权理论出发，提出了一整套司法理论和原则，如司法独立原则、司法民主原则及辩护原则、陪审原则等。相对于中世纪野蛮残酷的诉讼制度，这些原则是人类文明的一大进步。随着资本主义制度的普遍建立，西欧各国都将这些原则以法律的形式确立下来，并在实践中不断加以改进和完善。现在，西欧各国都有了较为系统的司法理论和原则、司法组织机构以及相应的各项制度。

与行政机关不同，司法机关是以“独立公断人”的身份，通过审理和裁决各种诉讼来实施法律的，因此，西欧各国的司法机关在维护法治和社会秩序方面发挥着不可替代的作用，同时对于保护公民的合法权益，保障基本人权，也起到了积极的进步作用。然而，在本质上，司法机关与行政机关一样，都是应用和实施法律的机关，都要维护在社会中占统治地位的阶级或阶层的利益或价值观。

第一节　西欧各国的法律体系和司法原则

一　西欧各国的法律体系

英、法、德等西欧国家由于历史传统、风俗习惯等的差异，其法律体系也各不相同。追根溯源，它们主要分属于两大法系，即大陆法系和英美法系。两大法系在历史渊源、结构形式和技术风格上各有特点。

（一）大陆法系

大陆法系又称罗马—日耳曼法系或民法系、成文法系，指的是法、德等欧洲大陆国家在罗马法的原则和形式的基础上，以 1804 年法国民法典和 1900 年德国民法典为范本而形成和发展起来的一种法律体系。

大陆法系的主要渊源是罗马法和法国民法典。罗马法主要是指古罗马从公元前 5 世纪颁布《十二铜表法》到公元 6 世纪查士丁尼大帝编纂《国法大全》这一时期的法律。古罗马由于商业、手工业发达，简单商品经济有了一定程度的发展，规范这种关系的法律也随之得到了发展。随着疆域的扩大，商业的繁荣以及经济关系的日益复杂，罗马法也愈益完备，不仅有调整罗马市民之间关系的市民法，而且出现了调整罗马人与外域人之间、外域人与外域人之间关系的万民法，这两部法典分别成为今天民法与国际私法的渊源。罗马法确立了私有权的概念，规定私有权受法律保护，并且规定了签订契约的自由权，这些法理和规定到近现代发展为私有财产神圣不可侵犯、契约自由等原则。

12 世纪，意大利发现了罗马法，随之出现了研究罗马法的热潮。罗马法对西欧各国产生了极大的影响。法国大革命执政府统治时期，拿破仑根据资产阶级的利益和要求，吸收罗马法的精华，于 19 世纪初制定了《法国民法典》，当时又称《拿破仑法典》，第一次把财产私有权、债务、合同等概念按照资本主义的生产方式作了明确规定。随后，拿破仑又陆续制定了民事诉讼法、商法、刑事诉讼法、刑法等法典。这些法典的基本原则为欧洲大陆国家广泛借鉴和采用，形成了大陆法系。

大陆法系强调法律的逻辑性、合理性和严肃性，因此大陆法系国家的法律结构一般比较单一，法律都是成文法，没有判例法（但法国行政法院除外），而且在民法、商法、刑法等方面都制定了比较系统的法典，有一套比较完整的法律体系。法官在审理案件过程中只能依据和服从法律，判例对法官判案只有参考价值。也就是说，法官只是执行法律，而不能任意解释、创造法律。

（二）英美法系

英美法系又称普通法系、英国法、判例法，指英国早期通过法院审理案件“遵循先例”和制定法等形式，广泛吸收罗马法、教会法的思想和原则以及日耳曼习惯法、地方习俗等成分而逐渐形成的一种法律体系。英国法最初只适用于英格兰和威尔士，后来随着英国的殖民扩张，对外移民的增加，其适用范围逐步扩大，几乎包括所有英语国家。美国原为英国的殖民地，除路易斯安那州外直接承受英国法，独立以后，它继续沿用、扩充英国法，因而英国法又称英美法。在欧洲，这一法系即以英国为代表。

在罗马帝国时期，英国同欧洲大陆国家一样受罗马帝国的统治，并适用罗马法。自公元 5 世纪中叶，古日耳曼族的盎格鲁人、撒克逊人和朱特人陆续入侵英国，把日耳曼人的法律和习惯也带到了英国。诺曼底公爵威廉征服英国以后，为统一司法权，设立了中央司法机关，实行法官巡回审判制。法官在办案时，除依据国王的诏书敕令外，主要依据日耳曼法律和习惯。凡被他们认为正确、合理，并与国王的立法不相抵触的习惯便被确认为判决的依据。因为法官是国王统一委派的，所以在判案中被引为依据的一些习惯便成了习惯法。由于在全国普遍应用这些习惯法，所以称之为普通法。

由于普通法具有明显的保守性和法律程序主义，不能满足日益繁杂的商品经济和财产关系的需要，因此，在普通法之外，英国又发展形成了衡平法。衡平法最初是从保障当事人的正当权益开始的。因为所谓衡平原则，就是道德原则或自然正义。当时有些利益往往得不到普通法的保护，有时甚至受到普通法的损害。例如，按照当时的普通法规定，借贷逾期不还，抵押品全部归债权人所有，这就损害了债务人的利益。在这种情况下，利益得不到保护的当事人可以向正义的“化身”——国王提出申诉，由国王通过王权进行干预。后来由国王的大法官根据国王的公平和正义来处理这些案件，久而久之逐渐形成了一套衡平法的原则和惯例，并设立了衡平法院。根据衡平法，借贷逾期不还，相当于借贷数额的抵押品归债权人，而剩余部分归债务人，这样既保护了债权人的利益，又保护了债务人的利益。衡平法并不违反普通法，而是普通法的补充。其诉讼程序相对简便，不设陪审团，一般采用书面形式。但衡平法只适用于民事案件。

英国法的法律结构比较杂乱，没有一套系统的立法文件，而是由许多来源不一、形式不同的法律组成的，其中主要有判例法和制定法两种。所谓判例法就是法官在判决中得出的法律规则。法官对某一案件的判决，由于符合制定法或已有的法律原则，因此，它作为一种先例，适用于本级或下级法院处理相同或类似的案件，成为同制定法具有相同效力的判例。由此可见，在英国法中，法官的判决不仅解决具体争讼，而且还起着宣示法律原则、解释制定法的作用，也就是说，法官不仅司法，而且立法。因此，判例法又称法官法。

遵循先例是判例法的一个基本原则，所有法院在判案时都必须考虑有关先例。在一般情况下，法院的审级越高，其判例适用的范围越广；下级法院必须遵循其同一管辖权的上级法院的判例；各法院应遵循本院的判例；同一审级的不同法院的判例具有参考价值，不具有约束力；基层法院的判决不作为判例。由此，有人推崇英国法是“长期传统的产物”，具有“适应能力”和“永久价值”。

英国法虽然以不成文法著称，但一直有成文的制定法存在，其中主要包括议会通过的规范性文件、行政机关的委托立法以及与外国签订的协议等。

二 法律体系与司法制度

鉴于英国与欧陆诸国属于不同的法系，它们的法律不仅在历史渊源、结构体系等方面有所不同，而且在法律推理的形式和方法、司法体制、审判活动、法官的作用、对规则的运用等方面也都有明显的区别。

大陆法系采用演绎法。由于法律皆由代议制的立法机关制定，法官不能以任何方式创制法律，而只能运用既定的法律来判案，也就是将案件与适用的法律条款相联系，推论出必然的结果。大陆法系法院的判决书以法院的名义发布，不注明法官个人的姓名和意见，只记载简单的案由、法庭调查结果、使用的法律和结论，简明扼要。

普通法和衡平法是通过法官审理案件创建的判例法体系，其原则是从大量的判例中归纳、概括出来的，并且在以后类似的具体案件中加以应用。可见，英国法在法律推理形式和方法上，采取归纳法。法官判案并不满足于一两个成文法的条款，而是写清判决理由，旁征博引，充分论证。法院判案实行个人负责制，判决书上必须写明参审法官的判决理由和判决意见，所以判决书一般都很长。

一般认为，大陆法国家在司法体制上存在较为严格的权力等级。法院作为一个整体，其职责被明确划分，法官职责的划分则以法官的级别差异为基础，不仅上下级法院的法官之间存在级别差异，同一法院的法官之间也存在级别差异。不同级别意味着不同的权力和职责，如普通法官无违宪审查权，合议庭的审判官享有某些特殊权力等。

英国法不具有严格的权力等级，案件管辖范围也不甚明确。英国法律规定，案件归谁管辖不但以罪名为准，而且还以法定刑幅为准，在有些情况下，还要以诉讼当事人的意见和法庭的判断为准，所以管辖权的划分十分复杂。有的罪，如非预谋杀人、溺婴、强奸等虽然应该由高等法院法官审理，但也可由巡回区首席法官根据情况交给巡回法官审理；有的罪，如抢劫、故意重伤等，法律规定既可由高等法院法官审理，也可以由巡回法官等审理。由于管辖权的复杂化，各级法官之间的职责划分不甚明确，也就不可能建立严格的等级权力体系。

与上述不同的司法体制相适应，大陆法国家各级司法机关的审判活动呈现出集中性的特点：司法服从于立法，反对“法官造法”；大量使用上诉制度来确保审判的集中统一；陪审员在陪审活动中不起至关重要的作用。英国法在审判活动中则呈现某种分散性特征，法官具有很大的自由裁量权，对上诉实行严格限制，以防止对自由裁量权的侵蚀，陪审团在审判活动中具有重要作用。

在大陆法国家，由于广泛采用上诉审查制度，所以法官普遍赞成明确化的法律标准，因为标准越不明确，判决被否决的可能性就越大。法律的明确化并不必然影响法律的发展。在大陆法国家，各种法典规定了法律的确定性，它们是法律稳定的因素；而各种法规则是可变的因素，它们使法律适应社会的变化和发展。由于这些稳定的因素和可变的因素都是由立法来决定的，所以大陆法国家的法官对立法十分敬重，无论什么时候，都不可以背离法律规范。而英国法国家如英国的法官很少认为规则是一成不变的。他们认为，只有流动的、弹性的或有限确定的法律规则才是调节变化中社会关系的最佳规则，法官应当从立法规定的抽象原则中引出细节，通过正确地适用原则来发展原则，并运用自由裁量权创造新规则以适应新情况。总之，大陆法传统和英国法传统的差异，导致了法官对法律规则明确性与灵活性的不同态度。

大陆法国家在司法活动中严格的等级控制，导致了法律文书即卷宗的重要性。首先，法官在审判之前要研读卷宗，卷宗的重要材料可以作为证据在法庭上大声宣示；其次，审判之后，法官要制作判决，整理出新的卷宗；最后，整个诉讼过程的所有正式活动都必须记录在案。卷宗可以作为日后审查的依据，保证司法的统一性。相反，在英国法的司法体系中，由于法官有很大的自主权，书面文件的重要性相应降低，因为他们的判决并不建立在大量的书面文件之上。

总之，由于西欧国家分属大陆法和英国法的不同法律传统，所以它们的司法制度在各个方面均呈现出不同的特点。不过，相较于世界上的其他法律体系，它们的共同和相似之处也很多。

三　司法独立原则

司法独立是西欧国家司法制度的一个重要原则。一般认为，司法权的运用是通过审理和裁决诉讼来进行的，因此，只有实行司法独立，才能确保法院的公正超然，公民的人身权利和自由才有保障。

司法独立原则的目的主要在于限制行政权的干预，它是在资产阶级反对封建王权的斗争中发展起来的。在资产阶级革命初期，新兴的资产阶级掌握了一部分立法权，而行政权、司法权还掌握在封建领主手中。为了限制专制王权，争取行政、司法权力，启蒙思想家们提出了立法、行政、司法三权分立制衡的分权学说。为反对国王控制司法机关，干涉司法审判活动，他们又在分权学说的基础上提出了司法独立的原则，主张非司法机关，以及非按特定的司法程序，不得对任何人进行逮捕和审讯。司法独立的原则对于反对统治者的暴戾和专横，保障人的基本权利和自由，具有明显的进步意义。孟德斯鸠认为，司法权同立法权、行政权分立是自由的前提，如果司法权同立法权合二为一，则将导致对公民的生命和自由施行专断的权力，因为法官就是立法者；如果司法权同行政权合二为一，法官便将握有压迫者的力量。

随着资产阶级革命的胜利及资本主义制度的确立，西欧各主要国家都以法律的形式将司法独立原则确定下来。英国1688年“光荣革命”后通过的《权利法案》和《王位继承法》，在人类历史上首次明确规定行政权不得干预司法权。法国1791年宪法也明确规定，在任何情况下，司法权不得由立法会议和国王行使，而应由法院本身独立行使。三权分立和司法权独立原则从此成为法国司法制度的基础。为了保障司法独立，法兰西第五共和国宪法第64条强调，“共和国总统是司法机关独立的保障者”，总统任最高司法委员会主席，通过最高司法委员会的协助，任命重要法院的法官，监督法官纪律的实施，避免行政机构对法官人事和法官行为的干涉。

司法独立又称法院独立，指司法权由司法机关即法院独立行使，不受立法机关、行政机关及个人的干预。司法独立主要包括几方面的含义：(1) 司法权由法院独立行使，不受立法机关、行政机关及个人的干涉。这里的司法权主要指司法审判权，不包括司法行政权。法院依据宪法及有关法律规定行使司法审判权，立法机关、行政机关或其他任何人既不得行使司法审判权，也不得随意干预司法审判活动。(2) 一个法院的审判活动，不受另一个法院的干涉。上级法院不得干预下级法院的具体审判活动，对下级法院的判决，上级法院只能依据上诉程序进行变更。(3) 法官独立，这是司法独立的核心内容，也是司法独立的保障。在西欧各国，法官不随政府的更迭而进退。西欧各国一般都规定，法官一经法定程序任命，在任期届满前，非经弹劾，不得被免职、撤职或令其提前退休。而且，法官在审判活动中的言行不受法律追究。这样就基本上保证了法官公正地进行审判活动。

但另一方面，司法独立即司法机关独立于立法机关、行政机关仅是相对的，而不是绝对独立。实际上，法院不仅在很大程度上必须依靠行政机关来行使职权，而且在许多方面也受立法机关的控制。在西欧一些国家如英国，行政权坐大，司法权、立法权则相形见绌。此外，司法独立并不意味着司法机关不受任何约束。相反，它仍须在宪法、法律的范围内行使权力，在遵守国际法、国际条约的前提下进行活动。在内政方面，人们一般认为国家行为是一国主权的行使，法院无权审理有关国家行为的案件。在英国，英王是国家的最高权力象征，因此，法院不能对英王进行审判。在外交方面，司法机关要从维护国家利益出发，服从行政机关的决策。也就是说，涉及国家利益问题时，法院不能按自己的见解独立判案，而必须以国家的外交政策为准则，这种情况在间谍案中屡见不鲜。这也说明，司法机关同立法机关、行政机关一样，本质上都是国家机构的重要组成部分，是维护特定法律和秩序的工具。

四　公平审判原则

公平审判原则是西欧各国司法制度的总原则，它既是司法独立、司法民主等原则的反映，又是其最终目标。什么是公平，什么是公平审判，历来众说纷纭，没有统一的标准。人们一般认为，合乎正义或合乎自然正义就是公平。正义在诉讼中主要包含两个方面的含义：一方面，审判官应该是公正无私的，不能审理与自己或与自己利益有关的案件；另一方面，应该平等地通知当事人各方，给他们以同等机会和权利来接受审判，允许被告为自己辩护。从各国的司法实践来看，公平审判作为总的司法原则，除了体现司法独立、司法民主等司法原则及其相应制度外，还指公正的法院、公正的诉讼程序及公正的处罚。

公正的法院主要指法院的设立必须依据宪法和法律，并在宪法和法律规定的范围内活动。欧洲历史上相继出现过皇室法庭、宗教裁判所等特刑庭。这些法庭没有法定的诉讼程序，更谈不上公正的处罚，只是统治者审讯、迫害异己分子的工具。因此，资产阶级革命胜利后，多数国家的宪法都明确规定，法院必须依法设立，严禁私自设立特别法院和私设法庭。在西欧各国的观念中，合乎宪法、法律的法院就是正义的法院。对于公民来说，受这种法院的公平审判是一种天赋的不可剥夺的权利；对于违法者来说，接受法定法院的审判是一种不得逃避的法律责任。

诉讼程序是实施实体法的保证，在一定意义上，程序更为重要。因此，西欧各国都非常重视司法程序，把诉讼程序的一些基本原则以宪法原则的形式加以明确，规定不经正当的法律程序，任何人的生命、自由和财产都不可被剥夺。

所谓公平的诉讼程序，包括控诉、申诉、上诉、辩护等权利以及公开审判、无罪推定等原则和制度，一般都由各国的宪法和法律明确规定。在各国的司法实践中，为保证诉讼过程公平进行，诉讼当事人享有许多权利。一般地说，刑事案件的被告人享有以下权利：

（1）无罪推定，即在判决发生法律效力之前，假定被告无罪；

（2）被告有权知道自己被拘留或逮捕的理由；

（3）被告享有由公正的陪审团予以迅速和公开审判的权利；

（4）被告有权要求律师的帮助，有保持沉默的权利；

（5）被告在审讯中有不自证其罪的权利，相反，控方却要举出证据来证实被告有罪；

（6）被告不得因同一犯罪行为受两次审判；

（7）被告不受残酷和非常的惩罚；

（8）被告有权得到免费的法律援助。

公平诉讼程序的另一个方面，是诉讼程序对任何人都是公正的，不得因出身、种族、性别、宗教信仰、职业、居住地域的不同而区别对待。如瑞士宪法第60条规定：“……诉讼程序，对于他州公民应与本州公民同等待遇。”

公正的处罚是公平审判原则的另一个内容，它主要有两方面的含义：一是法律对于所有犯同种罪行的人，处罚都是一样的，不得因犯罪者的地位、身份、种族等不同而区别对待，凡属同种犯罪，均处同种刑罚；二是犯罪和刑罚必须对等，对他人、社会造成了多大的危害，就应该承担相应的法律责任，既不能重罪轻罚，也不能轻罪重罚。

近年来，西欧国家为确保公平审判原则的实现，开始实行法律援助制度。根据这项制度，低收入和无收入的公民在诉讼中可以请求政府资助诉讼费用或指派律师援助。多数国家都设立了专门机构，负责处理有关事项。但各国都规定了获得法律援助的条件，如英国年收入不超过815英镑者才能获得法律援助。从法律体系的角度看，法律援助的发达，是整个法律制度健全的一个标志。法律援助使贫困的当事人不致因经济困难而失去法律保障，因此具有积极的社会意义。

第二节 西欧各国的司法机关

司法机关是行使国家审判和检察权力的政府部门。在一般情况下，司法机关专指审判机关，即法院。广义的司法机关还包括检察机关和司法行政机关。

一 法院

经过长期的司法实践，西欧各国都形成了一套组织严密、权限广泛的法院体系。但由于各国的历史传统、法律体系和政权组织形式不同，各国的法院在组织和结构上也存在明显差异，名目繁多。从不同的角度，按不同的标准，可以将欧洲各国的法院分为不同的种类。

（一）大陆法院和英美法院

以法系为分类标准，可将法院体系分为大陆法院和英美法院。前者以法国为代表，后者以英国为主。

与大陆国家单一的法律结构相适应，这些国家的法院组织也比较单一。在法国，法院系统由普通法院系统和行政法院系统组成。在这两种法院系统之外，设立权限争议法庭，负责审理普通法院和行政法院在审判权限上的争议案件，另设特别高等法院，审理总统的叛国罪以及政府官员在履行职务中的刑事犯罪和危害国家的犯罪。

普通法院又分为基层法院、上诉法院和最高法院三级。

基层法院分民事和刑事两个系统，主要包括初审法庭、大审法庭、警察法庭、轻罪法庭及专门法庭。初审法庭主要审理小额民事案件，大审法庭主要审理较大的民事案件，还受理初审法庭的上诉案件。警察法庭主要审理轻微的刑事案件，轻罪法庭审理轻罪案件。专门法庭是处理特殊社会问题的基层法院，主要有劳资纠纷仲裁法庭、社会保险事务法院等。

上诉法院统一审理重大的民刑事案件，也受理下一级法院的上诉案件，而且有权变更下级法院的判决。与上诉法院平行的还有巡回法院和国家安全法院。巡回法院专门负责审理重大的刑事案件，但它不是常设的司法机构，而是每年定期在各省开庭。国家安全法院主要审理违反军纪的犯罪案件和间谍、危害国防等和平时期的颠覆活动等案件。

最高法院是普通法院系统的最高审判机关，下设民事审判庭和刑事审判庭，分别受理民事、刑事上诉案件，并有权撤销任何一级法院的判决。其职责主要是审查原判决适用法律是否得当，而不是原案的事实。如果断定原判得当，则维持原判，最终了结案件；如果认为原审法院适用法律有误，或程序不合法，就撤销原判，将案件及法律上的正当解释移交与原判法庭同级的法庭再审。最高法院的结论具有权威性，下级法院必须服从。

英国的法律结构比较复杂，既有制定法，又有判例法；不仅有普通法，而且有衡平法。因此，其法律体系也比较庞杂。19 世纪 70 年代以前，英国有各种各样的法院，如民事法院、刑事法院、衡平法院、习惯法法院、遗嘱法院、王座法院，等等。各种法院在适用法律、诉讼程序、审判方式等方面都有所不同。有鉴于此，英国对法院体系进行了多次改革。1971 年，议会制定通过了《法院法》，对法院体系进行了全面改革和简化，取消了衡平法院，但法院组织仍较复杂。

英国的基层法院是郡法院和治安法院，分别审理轻微的民、刑事案件。高等法院、皇家刑事法院是第二级法院组织。高等法院负责审理赔偿额超过2000英镑的民事案件，由王座分院、大法官分院和家事分院组成，各分院都依法审理特定范围内的案件，如王座分院审理契约、侵权行为等案件，其内部还分设商业法庭、选举法庭和海事法庭。皇家刑事法院是根据《法院法》设置的，以取代以前的巡回法院和四季法院，审理应起诉的刑事案件。它虽然是单一的法院，但分散在各个巡回审判区开庭审案。除苏格兰和北爱尔兰各自拥有相对独立的司法系统外，英格兰和威尔士共划分为 6 个巡回审判区。在每个巡回审判区，还分设第一、第二、第三审判等级中心，分别审理轻重程度不同的刑事案件。上诉法院是第三级法院组织，分设民事庭和刑事庭，分别称作民事上诉法院和刑事上诉法院。前者主要受理不服郡法院、高等法院等判决的上诉案件，后者主要受理不服皇家刑事法院判决的上诉案件。2009 年之前，上议院是英国的最高审判机关，是民事和刑事两大法院系统的最高上诉审级，它受理的上诉案主要来自上诉法院、苏格兰高等法院（只限于民事案件）及军事上诉法院、高等法院审理的重大案件，其判决为终审判决。上议院还可以审理下议院提出的弹劾案，审判被指控犯有叛国罪和重罪的贵族议员。在民、刑事法院系统之外，英国还设有军事法院、少年法院等专门法院。此外，枢密院司法委员会为英联邦某些成员国和殖民地法院的最高上诉机关，负责审理来自上述国家和地区的上诉案件。

根据《2005 年宪政改革法》，2009 年 10 月，联合王国最高法院（中文通称英国最高法院）正式成立，取代上院成为英国的最高终审司法机构，上院 10 名原先兼任“常任上诉法官”的议员不再担任议员，成为全职最高法官（也称大法官），上院不再行使英国最高法院的职能。最高法院对于英格兰、威尔士及北爱尔兰三个司法管辖区的事务拥有终审权，是这些地区的最高上诉司法机关。对于因权力下放而衍生的诉讼，最高法院也拥有审判权。这类诉讼是指涉及北爱尔兰、苏格兰和威尔士三个地方政府法律权力的诉讼，以及由这三个地方政府的立法机关因制定法律而导致的诉讼。有着深远权力制衡和法治传统的英国，第一次有了独立的最高法院，这一改变至少在形式上明确实现了立法、司法和行政权力的分离，更加强调司法独立，也有利于提高司法的透明度。不过，与从前承担司法功能的上院相比，新成立的最高法院权限及职责并未扩张。

最高法院在苏格兰担当的角色相对有限。苏格兰有自己独特的司法体系，其法院组织系统也包括刑事法院和民事法院两套体系。在民事法院中，低级民事法院基本上可以审理所有案件，最高民事法院分为外庭（初审法院）和内庭（主要是上诉法院）两部分，对整个苏格兰的民事案件都有裁决权。民事案件可以向英国最高法院上诉。在刑事法院中，小案件在自治市的警察法院和郡治安法院审理，大多数刑事案件则由郡法院审理。其刑事案件的最高审级为设在首府爱丁堡的苏格兰高等法院，而不是英国最高法院。

（二）联邦法院和州法院

联邦制国家和单一制国家由于国家结构形式不同，法院体制也有很大区别。而同为联邦制国家的瑞士、联邦德国尽管都实行单一的法院体制，但相互之间仍有差异。

根据瑞士宪法，各州享有司法权，可以自行确定司法组织和司法程序。因此，同美国的情况一样，各州法院体系各不相同，法官的产生方式和任期也各异。瑞士的州法院系统分为民事法庭和刑事法庭两种，均分为二级。各州没有最高法院，终审权在联邦法院。瑞士联邦法院是最高司法机关，设有两个公法司和两个民法司，分别设立破产庭、上诉法庭和特别上诉法庭、起诉庭、刑事庭以及联邦刑罚庭。除了审理依法具有初审管辖权的案件外，它还受理州法院的上诉案件，对各州法院的判决拥有终审权。

德国的法院尽管也有联邦和州之分，但联邦法院和州法院不是两个平行的系统，而是单一司法体制，各级法院依类别构成垂直关系，联邦高等法院为州以下三级法院（地方法院、地区法院和州高等法院）的最高审级法院；联邦不在各州专门设立司法机关，而将其法律事务委托各州的机构和官员办理，各州高等法院既执行州的法律（各州均有宪法），也执行联邦法律，它们既是联邦法院的下属法院，又是地区法院和地方法院的上诉法院；各级法院都运用统一的法典。因此，与瑞士相比，德国法院的组织机构更多地体现了单一制国家的特点。

（三）民事法院和刑事法院

从所审理案件的性质来看，法院有民事法院与刑事法院之分。民事案件与刑事案件的起诉、责任承担方式等都有所不同，因此西欧各国基本上都分设民事法院与刑事法院，分别审理民事案件与刑事案件。如英国的民事法院系统由郡法院、高等法院、民事上诉法院组成，刑事法院系统则由治安法院、皇家刑事法院、刑事上诉法院组成，而新成立的最高法院则取代上议院成为统一审理民刑事案件的终审机关。瑞士的州法院系统、法国的基层法院系统也分设民事法院和刑事法院。

（四）普通法院和专门法院

在普通的民事、刑事法院之外，西欧各国一般都设有审理特定案件的专门法院，如军事法院、宗教法院、宪法法院、行政法院，等等。专门法院和普通法院都是统一的审判体系的组成部分，共同行使国家的司法审判权。它们的区别主要在于：（1）专门法院是针对特定组织（如军队）或特定案件（如违宪案件）建立的审判机关，而普通法院则是按行政区划建立的审判机关；（2）专门法院的管辖范围具有专门性，即其受理案件的范围是特定的，如军事法院只受理现役军人的犯罪案件，宪法法院只受理有关违反宪法的案件。

有些西欧国家根据特殊情况，还设立了许多其他的专门法院，负责特定案件的审理。如德国在联邦和各州都设有劳工法院、社会法院和财政法院，分别负责审理劳资纠纷、社会保险和公共福利以及有关赋税和财政等方面的案件。英国也有劳资关系法院，负责审理雇主与雇员之间关于履行劳动契约的纠纷。法国有商务法庭，负责解决一切商务争端。

在专门法院中，由于行政法院专门受理行政诉讼，即公民个人与国家行政机关之间的诉讼，因而占有重要地位。行政法院隶属于行政系统并且自成体系。

行政法院的出现和发展与行政诉讼制度密不可分。众所周知，与立法权、司法权相比，行政权对公民的日常生活有更加直接、广泛的影响。因此，行政权的滥用对公民合法权益的危害程度可能更大。为裁决这种公民与国家行政机关之间的诉讼，保护公民的合法权益不受行政机关违法行政行为的侵害，西欧各国在加强依法行政的同时，还建立了行政诉讼制度。凡其权利由于行政机关违法、失职、越权而受到侵害的公民，均可依法提起诉讼，要求国家给予必要的赔偿。各国也设立了审理、裁决有关行政诉讼的机构。

由于各国的历史传统、具体国情不同，裁决行政诉讼的机构也有所差异。绝大多数欧洲大陆国家在行政系统内设立专门的行政法院或行政裁判所，负责行政诉讼案件的审理。英国不专设行政法院，行政诉讼案件由普通法院统一管辖，但设有为数众多的行政裁判所。还有的国家实行议会司法督察专员制度，由议会选出督察专员，监督中央和地方政府及其官员的行为，并有权作出决定。

行政法院最早出现在大革命时代的法国，其产生也是当时阶级力量对比的结果。经过大革命的洗礼，法国资产阶级掌握了立法权和行政权，但司法权仍在封建势力手中。为巩固革命成果，防止封建势力复辟，资产阶级便依据分权原则，提出司法机关不得干预行政机关的事务，甚至也不能受理行政诉讼，主张行政事务上的争议由行政机关自行处理。1791 年宪法将这一分权原则法律化，明确禁止法院侵犯行政职能。1796 年国民议会通过一项法律，重申了普通法院不得审理行政诉讼案件的原则。这些法律取消了普通法院对行政诉讼案件的管辖权。拿破仑执政时期开始设立专门的行政法院。1799 年，拿破仑在巴黎设置国家行政法院，在各省设省级行政法院，负责审理行政案件并对中央政府和各省政府进行行政监督和咨询。当时的行政法院对行政诉讼的裁决只是对行政机关的建议，并不具有法律效力。直到 1870 年，法律才正式规定国家行政法院独立行使审判权，其裁决具有法律效力。从此，行政法院从普通法院分立出来，自成体系。继法国之后，欧洲一些大陆国家如奥地利、德国、比利时、希腊、意大利、土耳其、瑞士等纷纷效仿，相继设立了行政法院，形成了一种颇具特色的行政裁判制度。

法国的行政法院系统由最高行政法院和地方行政法庭组成。地方行政法庭按照行政区划设立，通常几个省设一个。最高行政法院设在巴黎，设有行政诉讼厅、内务厅、财政厅、公共工程厅、社会厅及报告和研究厅等部门。其中行使行政司法职能的行政诉讼厅是行政法院最重要、最庞大的部门，下设 7 个分厅，负责行政诉讼案件的预审。作为行政裁判机构，行政法院只审理由行政行为即在执行公务过程中发生的行为所引起的诉讼，立法行为、司法行为、行政官员非公务行为所引起的诉讼不在此列。根据法律，除某些特定的行政诉讼案件外，其他的行政诉讼案件均由地方行政法庭进行初审。特定的行政诉讼案件由最高行政法院进行初审，这类案件包括违反政令或法令的权力滥用行为，按共和国总统命令任命的高级公务员的晋升、纪律和待遇等方面的行政控告，以及违反全国委员会行政决定的权力滥用行为等。最高行政法院还审理来自地方行政法庭的上诉案件。无论是一审还是上诉审，最高行政法院的判决都是终审判决。

除了履行行政司法职能，法国的行政法院还兼有法律咨询和监督职能。行政法院对政府的法律、法令、条例以及其他法规草案提出意见和建议，就行政管理和行政改革提供咨询。行政法院有权监督和检查行政管理措施在各政府部门的实施情况。

总之，行政法院通过审理行政诉讼，调整行政部门与公民之间的关系，在保证依法行政、保障公民合法权益方面，可以起到积极的作用。

二　检察机关

根据宪法和法律的规定，检察机关是代表政府（国家）追究刑事责任、提起公诉的机关。它向法院提起诉讼，使刑事犯罪分子得到惩罚，以维护社会秩序。因此，在西欧各国，检察机关一直被标榜为社会公共权利和公共利益的代表。其实，检察机关和法院一样，都是特定社会中维护特定法律制度和社会秩序的机关。

14 世纪以前，西欧各国虽然都设立了审判机关，由国家干预犯罪，但在追诉犯罪方面，则实行私人追诉主义。法院采取“不告不受理”原则，不主动追诉犯罪，将追诉犯罪权赋予公民个人。有的国家虽然对犯罪实行国家追诉，但通常是由同一个机关负责案件的侦查、起诉和审判。这两种追诉犯罪的方式都有弊端。前者由于公民个人力量有限，不易取得证据，再加上恐惧等主观因素，常常自觉或不自觉地放弃对犯罪的追诉权；后者由于干预犯罪的权力过于集中，为法官滥用职权、贪赃枉法提供了方便。这两者都使国家不能有效地制止犯罪，无法切实保护公民的合法权益和社会公益。因此，由国家追诉犯罪，将起诉、审判分离的问题就提到议事日程上来。许多国家先后设置检察官、检察机关，在追诉犯罪方面实行国家公诉，弥补了自诉或起诉与审判合一等方式的不足。检察官最早出现于 14 世纪初的法国，1808 年法国第一部刑事诉讼法典颁布，该法典规定检察官有侦查一切犯罪、向法院提起公诉等权力，标志着检察制度的诞生。在法国的影响下，许多国家先后建立检察制度，采取公诉方式追诉犯罪。

一个国家的检察制度与其社会、政治、经济制度及历史文化传统有着不可分割的联系，也与整个司法制度密不可分。因此，西欧各国的检察机关在组织形式和机构设置上均有所差异。属于大陆法系的国家一般不单独设立检察机关，其检察机关或附属于法院系统，或归司法行政机关领导。例如法国的检察院不是独立设置的，而是设在法院系统内。检察官与审判官虽然职能不同，但地位一样，同为法官。检察官由于在开庭发言中立而不坐，被称为“站着的法官”，而审判官被称为“坐着的法官”。但是，检察院自上而下形成一个系统，不属法院管辖，而归司法与掌玺部领导。属于英美法系的国家一般都设有相对独立的检察机关。英国 1985 年通过了新的《检控犯罪法》，据此，英国在英格兰和威尔士建立了中央检察机构，下设 4 个地区检察署、31 个检察署和 55 个分署，形成了从中央到地方统一的检察系统。检察机关财政独立，实行独立预算。总检察长由首相任命，向议会报告工作。在一般情况下，西欧各国的检察机关均与各级法院对应设置。法院设三级或四级，检察机关也相应设三级或四级。法国检察机关与法院相对应，也设四级，即初审法庭的检察院、大审法庭的检察院、上诉法庭的检察院和最高法院的检察院。

尽管不同国家检察机关的权力和职责不尽相同，但一般说来，各国的检察机关均有下述权力和职责：（1）参加刑事案件的侦查工作，向法院提起公诉，并出庭支持公诉。这是检察机关的基本职责。有的国家检察机关与警察机关互相配合，共同进行侦查，检察机关拥有完全的自由裁量权，并根据侦查结果，自行决定是否起诉。（2）监督法院的刑事审判。在这方面，英美法系国家的检察机关权限较小，大陆法系国家的检察机关权限较大，检察官如认为法院判决不当或有误，可依法提出抗诉。（3）在一定范围内干预民事诉讼。西欧各国的检察机关从维护国家利益和社会公共利益出发，可依法干预民事诉讼。在英国，对涉及英王、英政府重大利益的民事案件，总检察长、副总检察长可代表英王和英政府出庭，进行民事诉讼。法国认为检察机关有责任保护无能力保护自己的人，因此，法院在审理有关未成年人、精神病患者等无行为能力人的民事案件时，必须通知检察机关。（4）充当政府的法律顾问，为政府提供法律咨询。检察机关一般都有义务为政府提供法律咨询，就政府提出的法律问题发表意见，提出解决办法。如英国的总检察长就是国家和政府的法律顾问，其职责是就国王和政府的法律咨询提供意见，充当政府起草法案的顾问，并在议会中代表政府答复议员的有关质询。

三　司法行政机关

司法行政机关是从事司法行政管理的国家行政机关。西欧各国一般都在行政系统内设立司法行政机关，如德国有联邦司法部，法国有司法与掌玺部，它们分别在本国行使最高司法行政权，维护宪法权力，执行各种法律。英国以前没有独立的司法行政机关，其司法行政权通常由大法官行使，同时，总检察长、副总检察长也行使一定的司法行政职权。2003 年 6 月，英国首相布莱尔对内阁进行重大改组，撤销大法官部，设立宪法事务部，由该部大臣总揽原大法官所负责的大部分事务。自公元605 年起，英国就设立了大法官一职，其历史比首相职位还悠久，具有十分特殊和显要的地位。大法官作为大法官部的长官，同时还兼任上议院的议长、内阁法律大臣，负责任命上诉法院和高等法院的首席法官和全国的高级法官，管理全国的法院系统，参加上议院的辩论和投票，负责在女王和议会之间传递情况和文件。此外，在议会开会的第一天，如果女王缺席，则由他代为宣读女王的演说词。2007 年，英国政府把内政部一分为二，改为内政部和司法部两个独立部门，后者专门负责管理法院、监狱、缓刑和宪政事务等。

司法行政机关的主要职责是全面负责有关司法行政管理工作，包括决定法院组织的设置、调整、组织装备、管理监狱和感化设施、负责人事任免和奖惩等。有的国家的司法行政机关还负责起草民法、刑法等相关的法律草案，并参加对各级司法机构的监察工作。

从原则上说，司法行政机关的职权只限于司法行政管理，无权干涉法院的具体审判活动，不能影响或更改法院的判决。对法院审判活动的监督，则来自上级法院或检察机关。把对法院的监督职能和行政管理职能区分开来，在一定程度上保证了法院审判权的独立性。但在实践中，由于司法行政权往往涉及法官的任命、考绩、晋升等人事管理事宜，因此，政府可以通过司法行政权对法官施加影响。最主要的手段就是利用法官的提名权、任命权来选择同一政党或政见相同的人担任法官，这样就能基本上保证法官的判决不超出统治秩序的既定轨道。

第三节　西欧各国的审判制度

在具体的审判实践中，围绕着司法独立、司法民主、公平审判等基本原则，西欧各国都建立了一套与之相适应的制度，其中主要包括法官制度、律师制度、陪审制度、司法审查制度以及行政诉讼制度等。

一　法官制度

法官制度是司法独立原则的核心内容之一，也是司法独立原则的保障。西欧许多国家都以宪法形式对法官的独立地位加以确定。如意大利宪法第 4 章第 101 条规定，“司法权以人民名义行使之。法官只服从法律”。法官的独立性主要包含三层意思：其一，法官不接受立法和行政机关的领导和指示，只服从宪法和法律；其二，不同法院法官的审判活动相对独立，彼此不得干涉，上级法院只能依上诉程序或上告程序改变下级法院的判决；其三，法官在具体的审判活动中坚持独立，并以“自由心证”和“无罪推定”原则办案。为了保证法官的独立地位，各国均实行各种形式的法官保障制度，其中包括法官的不可更换制、专职制、高薪制及退休制。

西欧各国法官的任用主要有两种方式：委任制和选任制。大多数国家的最高法院法官是由国家元首任命的，如英国，其大法官、常任法官、上诉法院法官由首相提名，英王任命，地方法院法官由大法官提名并任命。以选举方式产生法官尤以德国联邦高级法官的选任为典型。根据德国《司法选举法》的规定，所有联邦一级法院的法官均由联邦有关部长会同司法选举委员会选举产生，并由联邦总统任命。瑞士也采用选举的方式产生法官。

在西欧许多国家，要取得法官资格必须经过严格的考试程序。德国《法官法》第5条规定，要取得法官资格必须经过两次考试，在第一次考试之前还必须在大学进行3年半以上的法学研究，之后进行3年以上的实习，然后再通过第二次考试，才能正式取得从事司法工作的资格。在意大利，只有法学院的毕业生才具备成为法官的资格。不过他们仍须经过极为严格的法官资格考试，在两年实习期满后方可被任命为正式法官。

法官的不可更换制是指法官一经任命或选举，在任期届满前，非经弹劾，不得被免职、撤职，或令其提前退休。西欧大多数国家如意大利、德国、法国、荷兰、英国等皆实行法官终身制。法国宪法明确规定法官为终身制。有的国家法官虽有一定任期，如瑞士规定联邦法院法官任期6年，但可连选连任，没有限制，实际上一些有名望的法官几乎都终身任职。无论是终身制还是任期制，在任期届满前非经弹劾程序都是不可更换的。法官不可更换制是权力分立与制衡原则的产物。在法官不可更换制下，国家元首可以任命法官，但在法官得到任命后却无法对法官进行控制，从而为法官独立提供了切实的保障，使司法成为制约行政的有效工具。许多国家还规定，法官享有司法豁免权，在执行公务时，其言论、行为不受追究；对法官进行弹劾只限于叛国罪、贿赂罪或其他严重罪行，而不涉及失职行为。

法官专职制又称法官不得兼职制，指法官在任职期间不得兼任行政职务，不得兼任议员，不得兼任其他营利职务（教学除外），也不得有政党身份或从事政治活动。实行法官专职制，一方面可以避免法官受机关、团体、党派或个人的控制和干涉，保障法官作为公断人的独立地位；另一方面，也可以使法官专心于本职工作，不断积累审判工作经验，提高业务水平。

法官高薪制是保障司法独立的又一个重要措施。西欧主要国家都实行法官高薪制。例如，在英国，以前大法官的年俸基本上与首相相同。法官的高薪制受到法律保护，许多国家都规定法官的薪俸在任期内不得减少。此外，西欧各国普遍规定，法官出差费用不受限制，实报实销。他们还享受优厚的退休金以及其他津贴等。实行法官高薪制，使法官的收入与其社会地位相称，保证法官优厚的生活条件，既可以吸引人才，稳定法官队伍，又可以养廉，避免贿赂、营私舞弊现象发生，确保法官秉公执法。

二 律师制度

律师是指受过法律专业训练，在法律上有权利于法院内外为其当事人提出意见或代表当事人的利益行事的人，又称法律辩护人。西欧各国的律师制度，是其司法民主的一个重要组成部分。

欧洲律师制度的兴起和资产阶级民主的确立密切相关。在封建君主专制时期，司法机关采用秘密的诉讼方式，常常刑讯逼供，有的甚至不许被告的证人出庭作证。对此，资产阶级提出了公开审判、被告人有辩护权等诉讼原则。1679年，英国的《人身保护法》以法律形式确认了公民的辩护权。资产阶级取得政权后，大都在宪法中明确规定被告有辩护的权利，如法国1791年宪法规定，从预审开始，就“不得禁止被告人接受辩护人的援助”。为保证被告行使辩护权，近代律师制度应运而生，并迅速得到发展。

各国对律师的从业资格皆有明确而严格的规定。法国律师的专业化经历了一个漫长的过程。法兰西第五共和国从1971年起颁布了一系列法律和法令，设置“专业律师”，以取代过去属于法院和法庭的律师，以及属于商事法庭的诉讼代理人等。律师的从业条件主要有：①必须是法国国民，但国际条约另有特别规定的不在此列；②具有法学硕士一年级（或同等学力）或法学博士的资格；③持有律师职业资格证书；④没有因品行不端而被判处刑罚或受到行政制裁；⑤没有破产记录。具备上述资格之后，在作为见习律师经过一定时间的学习和进修后方可获得律师资格。

英国的情况比较特殊，其律师分为两类，即出庭律师和诉状律师。这两类律师的资格、业务等都有所不同。出庭律师的资格要求很严，需要加入4个法学会的其中一个学习3年，通过4个法学会评议会主持的初试、复试及终试后，才能取得律师资格。出庭律师可在各级法院出庭为被告辩护。执业10年后，可向大法官申请任命为皇家大律师，以便取得担任最高法院法官的资格。而诉状律师一般要求法学院考试毕业或获得法学士学位，当过执业诉状律师事务所书记员，加入律师协会，由主事官列入名册，授予最高法院诉状律师称号，持有法律协会执业证书，满足这些条件后便可充任。诉状律师一般只能在治安法院和郡法院出庭，在皇家刑事法院出庭需经大法官同意。其职责主要是为当事人写诉状，充当出庭律师与当事人之间的联系人等。

在西欧各国，律师的业务范围极广，从私人到企业、政府部门，从国内经济活动到涉外经济活动，都有律师介入。归纳起来，律师的职能主要包括以下两个方面：（1）参与诉讼，为当事人辩护。律师在民事、刑事诉讼中接受当事人的委托，担任代理人或辩护人，在事实上和法律上为当事人辩护，保护当事人的合法权利和利益。西欧许多国家如英、法等国，在诉讼中实行对抗制，由对抗的双方（在民事诉讼中是双方的律师，在刑事诉讼中是公诉人和被告律师）负责搜集证据，进行辩论。因此，律师的才能对一场诉讼的结局，即当事人的权利和利益受到保护的程度，影响很大。保证被告辩护权的实现，是律师制度发展的原动力，也是律师的重要职责。（2）担任法律顾问，提供法律咨询。担任政府机关、企业、团体及个人的法律顾问，提供法律咨询，已成为西欧各国律师的一个重要活动领域。这方面的业务范围极其广泛，从办理遗嘱、公证，到从事商贸实务，都需要律师的服务。由于律师的介入，许多纠纷得以在法庭外解决。

随着经济的发展，社会生活的复杂化以及各项专门法律的制定，律师的组织和活动形式也趋向公司化、专门化。在19世纪，律师大多是个人单独开业，而现在则多为合伙开业，出现了律师事务所，少则十几人，多则数百人。同时，由于律师往往不可能通晓各种法律，而只能成为特定领域里的行家，所以，律师开始向专门化发展，同一律师事务所内的律师之间在业务上也有所分工。

三　陪审制度

陪审制度同律师制度一样，是西欧各国司法民主的一个组成部分和表现形式。

陪审制度并非资产阶级首创，其历史最早可追溯到古希腊城邦制时期。当时，曾出现过公民陪审法庭，判决结果由公民陪审团通过投票以多数决定。但这种制度并未延续下来。相反，中世纪欧洲广泛实行“神明裁判法”和“决斗裁判法”来解决争执，裁定罪与非罪。显然这种方法愚昧而荒谬，所以最早在法兰克王国出现了一种新的裁决法，即由行政长官或法官在当事人的邻人中选择熟悉事实并最可信者若干人，令其宣誓并就其所知陈述真相，以此作为裁决依据。1066年，随着诺曼底人的征服，这种裁决方式传入英国。从12世纪开始，英国人在这种裁决方式的基础上逐步建立了大陪审团，又在一个世纪后演化出小陪审团，此后这种陪审制慢慢完善，其他国家也加以仿效。

欧洲资产阶级革命时期，许多启蒙思想家都肯定了陪审制度，并从天赋人权的理论出发，赋予它新的意义，强调每个人都有权由“和自己同类的人”来审判。与此同时，资产阶级把陪审制作为向封建主争取司法权、保障自身权益的一种有力手段，提出了“人民代表参加审判”的口号。在资产阶级取得政权后，西欧各国普遍采用陪审制，并把它作为人的一项不可剥夺的权利。

欧洲国家所实行的陪审团制主要有两种，即大陪审团和小陪审团。大陪审团主要用于刑事案件，通常由16—23名陪审员组成，由政府召集。大陪审团不出庭，其主要职能是审查检察官提供的证据是否成立，从而决定是否针对某人提起公诉。大陪审团的裁决要求多数同意。如果大陪审团认为检察官提出的证据不足或不能成立，此案便不得起诉；反之，便由检察官向法院提起公诉。由于大陪审团制形式主义的倾向较重，英国在1933年就已基本放弃这种形式，1948年正式废除。多数西欧国家也都不再采用这种制度。

因此，通常意义的陪审团主要是指小陪审团，一般由12名或12名以下的陪审员组成，出庭参与民事、刑事案件的审理。被告有权无条件地要求与本案有牵连的陪审员回避。在庭审前，陪审员一一宣誓，然后出庭听取原告、被告的陈述，双方律师询问证人，展开辩论。在法庭辩论结束后，由法官就该案的有关法律问题作出说明。陪审员随即退入陪审室，进行讨论和表决。如果是民事案件，陪审团要对原告、被告作出胜诉、败诉裁决。如果遇有请求损害赔偿的情况，陪审团还要裁定是否应予赔偿以及赔偿数额。如果是刑事案件，陪审团只裁定被告有罪或无罪。如陪审团裁定被告无罪，被告即被当庭释放；如裁定被告有罪，则由法官按法律科以刑罚。陪审团的裁决，过去一般遵循全体一致原则，现在只要多数或绝对多数通过即可。

在西欧各国，陪审员虽然均从普通公民中遴选，但仍须具备一定资格。英国自1974年废除了财产资格限制，18—65岁的男女公民只要从13岁起在英国连续居住5年以上者都可以担任陪审员，但下列人员除外：贵族、议员、法官、律师、医生、牙医、皇家军事人员、神职人员、被监禁5年以上并被终身剥夺担任陪审员权利者。法国刑事诉讼法典规定，只有年龄在30周岁以上的男性或女性公民，能够阅读或书写法文，享有政治权利、民事权利和家庭权利，有完全行为能力，并且没有因为拒绝执行陪审员义务等而被宣布为禁止担任陪审员者才能担任陪审员。政府官员、议员、现役军人、警察等不得担任陪审员。

由于陪审员往往不懂法律，又缺乏经验，审案效率低，而且裁决极易流于武断等因素，20世纪以来陪审制度在西欧逐渐衰落，有些国家如法国只在普通法院的重罪法庭中采用陪审制，民事法院系统和其他刑事法庭都不采用陪审制。

四 诉讼程序

诉讼程序是一个极为广泛而又十分复杂的问题，不同国家、不同法院对不同性质的案件所适用的程序往往差异甚大，但概括起来，西欧各国的民事、刑事诉讼主要有3个基本阶段：庭审前阶段、庭审阶段和上诉阶段。

（一）庭审前阶段

民事诉讼在庭审前一般由原告或其代理律师向法院提出起诉书，法院向被告发出相应的传票，被告或其律师提出答辩状。在此过程中，法院可以进行调解，如调解成功，诉讼便不再进入下一个阶段。刑事诉讼（除自诉案件）在庭审前一般要经过警察机关的侦查阶段。如果警察机关确认嫌疑成立，便把案件交给检察官准备起诉。如在法国，预审法官把经过侦查后的案件根据微罪、轻罪和重罪三种情况分别移送有关法院的驻院检察官，由检察官来准备起诉。如果法院不设驻院检察官，就由警方担任公诉人。

（二）庭审阶段

庭审阶段是诉讼的关键阶段。首先要宣读起诉书，接着由被告律师陈述意见，然后进入法庭调查，包括讯问证人、裁定证据等。西欧各国在审判活动中实行“无罪推定”原则，即在裁定其有罪之前每个人均应被视为无罪。在庭审中，举证之责完全由原告承担，即原告必须提供被告有罪的证据，而被告则有权反驳，并且不得被强迫提供于己不利的证据，即自认其罪。在庭审中，西欧各国还实行“言词审理”原则，即案件必须经过合法的言辞辩论才能进行裁决。在这方面，英美法系国家和大陆法系的国家有很大不同。

英美法系国家实行“对审”主义或称“辩论主义”的原则，庭审中原告和被告双方互相对质抗衡，通过双方律师的辩护来澄清事实，法官扮演一个相对消极的角色，在双方辩论结束后进行判决。大陆法系国家在审判中实行“盘诘主义”原则，采用“审问式”或“纠问式”的程序，法官以积极仲裁人的角色出现，主动向被告和证人提问，指出证词矛盾之处，征询鉴定人的意见，向双方和法庭有关人员展示有关证据和勘察检查报告。在德国，检察官和其他法庭成员及辩护律师只有在庭长同意的前提下，才能向原告、被告、证人和鉴定人进行询问，在全部事实确认后，由起诉人提出法院判决建议，接着辩护律师进行抗辩，最后由被告对自己的行为作最后申辩，法官退庭进行裁决。在法国，双方律师只能将有关问题提交庭长去负责询问，但检察官可直接询问证人。终结辩论后，陪审团与法官一起对是否定罪、判处何种刑罚或者采取何种预防性措施进行表决，作出最终判决。

（三）上诉阶段

上诉是由于一方当事人对法院判决不服而提起的，它是诉讼程序的重要阶段，也是最后阶段。以德国为例，当事人如果对法庭判决不服，可采用三种方式表示：抗告、上诉和申请复审。对法院的裁定以抗告的形式表示不服，对法院的判决不服则采用上诉和申请复审的方式。上诉是对一审法院判决不服而向二审法院提出的，申请复审则是对二审法院判决不服而向复审法院提出的。德国复审法院由5个最高司法机关即联邦普通法院、联邦行政法院、联邦财政法院、联邦社会法院和联邦劳工法院组成。州上诉法院可以复审刑事案件。对于上诉案和抗告案，要从事实和法律方面重新研究，当事人原则上有权申诉新的事实或提出新的证据，而对申请复审案则只能考虑原判决是否合法，只作法律问题的判决。上诉和申请复审都必须在原判决宣布一个月内进行。

五　司法审查制度

司法审查制是指司法机关通过司法程序对立法和行政行为进行审查的制度，审查的对象包括两个方面的内容，一是要审查法律法规是否违反宪法，二是要审查政府行政行为的合法性问题，而违宪审查是最主要的，即审查和裁决立法和行政是否违宪。但是，在英国，由于不存在成文宪法，议会立法就是最高形式的法律，因此不存在对议会立法是否违反宪法的所谓“违宪审查”，而只存在一般意义上的司法审查。司法审查制度是西方国家司法制度的一项重要内容，被视为司法权制衡立法权和行政权的重要手段。

司法审查制最早出现在19世纪初期的美国，到20世纪中后期，已为西欧各国普遍接受。不同国家采用不同的司法审查方式。从司法审查机构来看，可以分为三种情况：

（1）由一般法院进行司法审查。瑞士以及瑞典、挪威、丹麦等北欧国家多采用这种司法审查方式。这些国家的司法审查制度主要有以下特点：①附带的案件审查。法院通过审理具体的民事、刑事、行政案件，就适用于该案件的法律是否违宪进行审查。法院不得对法律的合宪性进行抽象审查。②适用司法审级制度。因为是在审理具体案件的过程中审查适用该案件的法律的合宪性，因而对具体案件实行几审终审；③形式上的个别效力与事实上的一般效力。如果法院认为某项法律违宪，可以拒绝将其适用于所审理的案件，但它无权改变或撤销该项法律，裁决只对该案当事人有效，只具有个别效力。不过，在英美法系国家，个别效力会与“遵循先例”原则相结合，使法院的判决事实上具有一般效力，即被法院认定为违宪的法律不能发挥任何实际作用。另外，英国的高等法院（主要指王座法院）可以审查行政行为、法令和下级法院的判决，受理因违法侵权而造成的宪法诉讼案件，并发出人身保护状、执行令、禁止令等，这也被视为英国司法审查的主要内容。

（2）由宪法法院进行司法审查。其中又分为两种情况：①由“宪法诉讼”引起对一般法律规范的违宪审查。所谓宪法诉讼，是指公民等法律行为主体，以某些法律、法规、行政命令等违反宪法关于保障公民基本权利的规定，或以公民权利受到侵害为由，向法院提出诉讼并要求予以裁决。由于“宪法诉讼”不一定是在当事人之间进行，或者当事人可能不是个人，而是团体或政治机构，因此需要采取特别的诉讼程序。②因政府或议会提出请求，宪法法院对已经生效的法律、法规、行政命令等进行违宪审查。这种审查被称为“抽象的违宪审查”，即宪法法院就法律规范是否违宪进行一般性的审查。凡经宪法法院宣布为违宪的法律规范即失去法律效力。德国、意大利、奥地利等国都专门设立宪法法院受理以上两种情形的违宪审查。

（3）由专门机构进行司法审查。即由专门的宪法监督机构对法律规范是否违宪进行审查和裁定。为此，法兰西第五共和国设立了宪法委员会，其职责之一就是进行违宪审查。法国的许多法律、规章在公布和实施前必须提交宪法委员会，“就其是否符合宪法作出裁决”，也属“抽象的违宪审查”。

六　行政诉讼制度

行政诉讼是因行政机关或其官吏的行政行为违法、失职、越权而引起的诉讼。关于行政机关之间权限冲突的诉讼和因执行公务而侵犯公民权益的诉讼是行政诉讼的重要内容。西欧各国的行政诉讼制度主要有两种类型：行政法院型和普通法院型。前者以法国最具代表性，后者以英国为典型。

在欧洲大陆，很多国家专门设立行政法院，它们自成体系，多属于行政系统，不属于法院体系。在这类国家中，法国的行政法体系最为健全，被称为“行政法王国”。法国的行政法院系统共分两级，即国家行政法院和外省的行政法庭。此外，还有审计法院等40多个专门法院。同其他国家相比，法国行政法院具有三个特点：第一，非职业法官。行政法院的审判人员由中央从有经验的公务员中任命，可以随时调动和免职，但由于受公务员法的保护，他们的职位相当稳定；第二，非成文法。行政法院进行裁决，依据的是长期处理案件形成的判例，而不是普通法院适用的成文民刑法典。但行政法院的判决并不囿于先例，法官可以根据实际情况，灵活运用，不断创新；第三，行政法院主要通过周密调查，弄清事实真相，而不以当事人的对质作为判决的依据。

法国的行政法院具有司法和咨询两种职能。它既是某些主要案件的初审法院，又是地方行政法庭的上诉和终审法院。行政法院的司法职能主要包括：根据宪法，在政府提出的法案送交议会之前进行审议，并提出修改意见；审查法律草案是否与现行的其他法律一致等。行政法院的裁定为最终裁定，但可由权限争议法院撤销。行政法院没有执行机关，其裁定一般由行政机关执行。但如果行政当局拒不执行，行政法院除了重新提起诉讼外别无他法。不过行政机关很少拒不执行，所以行政法院的裁定是具有一定约束力的。行政法庭既是外省省长的咨询机关又是地方的行政审判机关，受理所辖地区的行政案件，其裁判权限于取消某项行政行为，下令赔偿经济损失等。

英美法系国家在行政诉讼方面的最大特点是行政诉讼属于司法系统，即归普通法院管辖。在英国，普通法院有权处理有关行政机关或官吏违法、失职、越权以至侵犯公民权益的案件。由于社会生活的复杂化，出现了大量新的社会事务，如国民保险、城市规划、住房供给、医疗保健等，使行政诉讼大量增加，普通法院没有足够的力量处理和裁决这类案件，而且，审理这类案件需要专门的技术和知识，普通法院的法官也难以胜任。鉴于这种情况，英国发展出一种独特的行政裁判所系统，作为普通法院行政裁判权的有益补充。1921 年，英国议会通过《裁判所和调查庭法》，成立了较早的一批行政裁判所，处理各种行政争议和请求。1958 年，议会通过新的《裁判所和调查庭法》，加强对裁判所工作的指导，使它们的诉讼程序更加符合司法标准。英国共有2000多个各种类型的裁判所，可分为六大类：房地产管理、个人福利、运输、工业与就业、外国人入境及其他。其中有些裁判所是民办的，由各种私人团体或公众自愿设立，用以处理某一特殊团体或群体的共同事务，如出庭律师、诉讼律师、医师、建筑师等均有自行设立的裁判所。

第五章　选举制度

选举制度是政治制度的重要组成部分，它包括选举国家代表机关的代表和国家公职人员的原则、程序和方法，是各种选举规则的总称。

选举作为一种社会政治活动，经历了悠久的历史演变过程。不同社会形态、不同国家，实行过不同的选举制度。在原始社会中，氏族的酋长和军事首领由氏族的议事会选举产生。就欧洲而言，早在古希腊的雅典等城邦国家，就有了比较成型的选举活动。在城邦民主制度下，拥有不同数额财产、不同阶层的公民可以分别选举执政官、普通官员和公民大会代表。在古罗马共和时代，平民享有处理公共事务的发言权和选举官吏的权利，执政官也可以从平民中选出。在中世纪西欧的英、法诸国，封建等级会议中也有自由民推选的代表参加。但是，这些选举活动与现代选举制度有着根本性的区别。

现代西欧选举制度是在资产阶级同封建专制制度的斗争胜利之后建立起来的，并在阶级斗争和社会发展的长期过程中，逐渐得以完善。它在很大程度上反映了西欧整体和各个国家的民主化发展水平。当今，选举仍然是西欧各国公民政治参与的主要方式。欧洲近代启蒙思想家提出的“人民主权”思想，主要是通过选举制度体现出来的。同时，它也具有明确的原则、规范和制度以及法律保障措施。它们既反映西欧各国在选举方面的共性，也体现出各国的不同特点。

第一节　西欧各国选举制度的演变及其特征

一　选举制度的演变

近代以前，欧洲各国不同程度都建立了以王权为中心的封建专制统治，国家权力高度集中在君主及少数人手里，并且实行世袭制。封建专制统治导致权力的高度集中，容易滋生腐败和暴政，社会中下层的政治权利得不到保障，更无从分享政治权力。新兴的资产阶级要求通过选举的方式参与国家政治生活，进而享有政治权力。但是，即便在资产阶级革命后的很长一段时间里，各国的选举制度仍存在诸多问题，大多数劳动者并不享有选举权，选举成为少数特权阶层和有产者的专利，由此广大民众展开了争取选举权的长期斗争。19 世纪以来，西欧一些国家先后多次进行选举制度的改革，逐渐建立了普遍、平等的选举制度。

英国选举制度的改革最具代表性。1688 年“光荣革命”以后，英国确立了君主立宪制，王权受到了限制，主权转归议会，但是作为一场有产阶级发动的政治革命，“光荣革命”所建立的不过是贵族寡头的政治统治，贵族通过选举和议会本身来控制政治。而贵族显赫的政治权势正是和混乱、腐败的选举制度密不可分的。当时英国的选举制度有三大特征：一是议席分配不公平，不能与人口和财产的增减相适应，一些衰败选邑仍占据议席，而新兴的工商业城镇却不能派出议员；二是选举权的财产资格限制；三是地主贵族、乡绅对选举权的操纵、控制和利用。因此，从 18 世纪下半期兴起的英国激进主义运动，主要即以争取议会选举制度改革为宗旨。从 18 世纪 90 年代“伦敦通信会”的政治斗争到 19 世纪上半叶的宪章运动，英国中下层人民以工人阶级为主体，相继提出了成年男子普选权、年度议会、秘密投票、平等选区、议员支薪和取消议员财产资格等多项要求，有力推动了英国议会的选举制度改革。1832 年，第一次议会改革调整了议席分配，重新规定了选民财产资格，使工业资产阶级和城市中产阶级获得了选举权。1867 年第二次议会改革，再次调整议席分配并降低选民财产资格，使小资产阶级和工人阶级上层获得了选举权。以后又经过 1884 年、1918 年和 1948 年等多次改革，先后通过了《秘密投票法案》（1872 年），《取缔选举舞弊及非法行为法》（1883 年）等相关法案，使农业工人和妇女获得了选举权，实现了成年公民普选权以及平均代表制、无记名投票法、“一人一票”等原则，规定了选举费用的最高限额及其使用范围，对选举中的贿赂、不正当影响等舞弊行为严加取缔。1969 年，英国又降低了选举的年龄限制，规定年满 18 岁的公民都有选举权，至此英国的议会改革才告一段落，完成了选举制度的民主化。

法国普选制度的确立曾几经反复。大革命时期的 1793 年宪法即提出了普选制原则，规定 21 岁以上的公民不受财产、种族、性别和教育程度的限制，皆享有选举权和被选举权。然而，在随后的半个多世纪里，随着资产阶级同封建势力的长期反复斗争，选举制度也随之发生反复无常的变化，直到 19 世纪 70 年代才基本稳定下来。1875 年的选举法规定，凡年满 21 岁的男性公民均有选举权，没有财产和教育程度的限制。1944 年，经过第二次世界大战的洗礼和考验，法国妇女也获得了选举权。1974 年，法国选民的年龄由原来的 21 岁降为 18 岁，顺应了欧洲各国政治民主化的潮流以及国内客观形势的需要。

其他西欧国家的选举制度也经过了类似的演变过程。普选制的确立大体上经历了严格限制选举权、逐步放宽选举权、实现普选权等三个发展阶段。特别是在第二次世界大战结束后，西欧各国人民普遍要求和平与民主，各国政府适时对其政治体制进行调整，纷纷以建立普遍、平等的选举制为核心进行了选举制度改革，并最终实现了普选制。

二　选举的政治功能

从选举制度演变的简要概述中可以看出，西欧各国选举制度的发展过程就是逐步实现普选制的过程，它与广大民众争取政治民主权利的斗争是分不开的。选举制度的完善对西欧各国的政治生活产生了重要影响，推动了政治民主化进程。其政治功能主要表现在以下几个方面：

第一，选举是西欧各国政府和议会合法存在的重要依据。第二次世界大战后，经由政治民主化进程，西欧各国的政局一直比较稳定，其中一个重要的因素就在于国家权力机关是经过选举方式产生并组织起来的。选举制度为各国统治阶级内部和整个社会确立了一项政治原则，即由多数党执政或由获得多数选民支持的人当选公职。从理论上讲，人民通过参与选举，将治理国家的权力委托给自己的代表，由代表组成议会和政府来行使国家职权。通过选举产生的议会和政府既是合法的，也是民主的。而通过其他方式产生的国家权力机关，则不能广泛地代表民意，因而失去合法性。所以，选举为各国政权的合法性提供了制度保障。

第二，选举为西欧各国国家权力的重新分配和政策选择提供了合理机制。选举制度的重要内容之一就是轮换制，在职者有一定的任期限制，到时选民根据有关规定通过选举重新挑选政治领导人，由此更换政府，重新分配国家权力。这种在否定封建世袭制和终身制基础上建立起来的轮换机制，对防止专制暴政具有重要作用。轮换制是实现国家权力和平交替的重要方式。定期选举也是政府检验政绩、进行政策选择和调整的契机。任何试图保持或执掌政治权力的政党和政治领导人都必须通过合理选择和调整政策方针，赢得选民的支持。

第三，选举也是西欧各国公众表达政治意愿的最好形式。选举制度有助于形成广泛的民主意识，增强选民的政治参与。选民通过选举可以在一定程度上选择政府，影响政府决策，保护自身权益不受侵犯。而且，选民的政治素质越高，选择政府、监督政府的作用就越大，政治参与的能力就越强。在一个民众缺乏政治参与意识和能力的社会里，其政府不会重视选民的权益，而选举制度的完善和发展，则为选民参与国家政治生活提供了条件和保障。

三 选举制度的普遍特征

西欧各国选举的方式多种多样。就选举的对象而言，有选举议员的立法选举，选举国家元首、政府首脑或国家其他高级公职人员的选举；就选举的范围而言，有全国性选举，也有地方性选举；就选举程序而言，则可分为预选、正式选举和补选。西欧各国选举方式不尽相同，但其基本原则是相同的，这就是普遍、平等、直接、秘密的原则。这些原则构成了欧洲各国选举制度的基本特征。

（一）普遍选举权原则

所谓普遍选举权原则，是指每个拥有宪法规定的权利和义务的公民，都有选举与被选举的权利。它是相对于有限选举权而言的。如上所述，过去选举权曾受到严格的限制，选举只是有产者的政治特权。直到20世纪后，西欧各国才在法律上逐步规定了普选权原则。

一些国家早期的选举法中曾普遍存在对选民资格的限制性规定，主要有财产限制、受教育程度限制、种族限制以及性别限制，其中财产限制是根本性的，其他的限制条件都与财产资格规定联系在一起。比如，受教育往往是有产者才能享有的权利，穷人因贫穷而缺乏受教育的机会，所以有限选举权实际上是限制穷人的选举权。至于参选议员等被选举权的财产资格要求则更高。比如英国在1832年议会改革后，仍规定郡区议员必须拥有年收入600镑不动产，城市选区议员必须拥有年收入300镑不动产。法国在1814年波旁王朝复辟后，规定每年交纳300法郎直接税者才享有选举权，每年交纳1000法郎直接税者才能够被选举为众议员。因此，拥有选举权的公民只占当时法国男性公民的1/6，拥有被选举权的公民比例则更少。

妇女长期没有选举权则是选举性别限制的突出例证。大多数西欧国家的妇女到了20世纪以后才开始享有选举权，尤其是，工业革命后兴起的女权运动以及两次世界大战中广泛的社会动员对实现妇女选举权起到了推动和促进作用。

从西欧各国选举法规定的选民年龄条件看，选民年龄逐渐趋于年轻化。到20世纪60、70年代，大多数欧洲国家都将选民年龄规定为18岁，普选制进一步得到完善。

（二）平等选举权原则

所谓平等选举权原则，指的是每个选民所投选票具有同等的价值，同等数量的代表应该由同等数量的选民选举产生。

在一些国家的选举史上，曾经存在不平等的选举制度和规定。如英国曾长期存在一种“复数投票制度”，工商企业主和牛津、剑桥等大学的毕业生除了可以在其住地选区投票外，还可以在其产业所在地或大学选区再次投票。复票制使有产者享有更多的政治特权，造成了选民之间的不平等。到1948年，英国最终废除了“复数投票制度”，确立了“一人一票”的平等原则。

即使实行“一人一票”原则，如果同等数量的选民产生不同数量的代表，或者产生每名代表的选民数量不相等，则仍然不能实现平等的选举权。如英国曾经存在一种等级投票制度，即选举人按照纳税多少排列顺序，分为三个等级，每个级别的纳税额总数各为全部选民纳税总额的1/3，从而使三个级别的选民人数不相等，纳税较多的选民所组成的级别人数较少，纳税较少的选民级别人数较多。每个选民各投一票，每一级各选出相同数量的代表。在这种情况下，每个选民选票的实际价值是不同的，纳税较多的选民的选票价值要高得多。

然而，在平等选举原则确立之后，违背平等选举权的现象仍时有发生，如一些国家的政党在划分选区时，为了在选举中得到多数，从而顺利当选，并长期执掌政治权力，往往利用手中的权力操纵选区的划分，造成有利于本党的选民分布结果，这种做法人为地造成了各个选区人数不等的局面，违反了同等数量的代表由同等数量选民选举产生的原则。

（三）直接选举权原则

直接选举权原则，就是指由选民直接投票选出议会代表或国家公职人员。大多数西欧国家采取直接选举的方式，如英国下院议员的选举，法国的总统选举及国民议会议员选举，等等。实行直接选举权原则是为了公正、准确地表达并实现选民的意志，加强选民对当选者的监督作用。

与直接选举方式并存的还有间接选举制，即选民将选票投给选举人，再由选举人投票选出议员或国家公职人员。德国、意大利、芬兰等国的总统选举，法国参议院议员的选举等都采用间接选举制。

历史上，由于一般公民的参政水平和程度参差不齐，特别是部分公民文化水平较低，缺乏政治判断力，更由于当时民主政治发育水平低下，一些国家曾较多地实行间接选举制。间接选举的缺陷在于选举中间环节过多，不能充分表达民意，甚至出现选举结果与选民意愿相悖的情形。因此，现在西欧各国更多地采用直接选举方式。

（四）秘密投票原则

秘密投票原则是指选民遵循选举法规定，按照自己的意愿填写选票并秘密投票，选票不向他人公开。实行秘密投票制是为了保障选民的权利不受侵犯，真实地表达选民的意愿。

在资本主义初期，一些西欧国家实行公开投票制，即在公开的环境条件下公开表明投票意向。其主要方式有举手表决、欢呼表决（选举事务负责人念及某一候选人名字，选民或选举人鼓掌欢呼，即表示同意当选）、双记名表决（选举人在选票上同时填写候选人和自己的姓名）等方式。公开投票制有利于统治者操纵选举，以权势影响选民，使选民增加顾忌，不能真实表达个人意见，由此产生的选举结果便失去了真实意义。19 世纪中期以来，各国开始普遍确立秘密投票制。现在，秘密投票原则已经成为西欧国家选举制度的重要特征。

秘密投票一般均采用无记名选票，即选票上仅记明被选举人的姓名，而不记选举人的姓名。为了避免书写被选举人的姓名而留下可供追查的笔迹，又采用了秘密圈选制，即将候选人的姓名印在选票上，由选举人按其意愿圈定，而且选举人圈定人选时可以在密室中进行，然后将选票装入套封投入票箱之中。这样任何人都无法以任何方法束缚选民的投票自由了。

（五）自由投票制

自由投票制是相对于强制投票制而言的。所谓强制投票，也称义务投票，是指公民如果无故不尽投票的义务，国家可以进行制裁。过去比利时就曾实行强制投票制。而自由投票制则认定投票是公民的一项权利，既可行使，也可放弃。而且，如果选民无意投票而强令其投票，也未必能够保证他们履行投票义务，因为他们可能投废票，而这是无法干涉的。因此现在西欧各国都普遍实行自由投票制。

普遍、平等、直接、秘密、自由的选举权原则是西欧各国民主化进程的产物和表现，也加强了选举活动对国家政治生活的影响和作用。不过，选举的现实与其原则规定之间仍存在一定差距。

第二节　选民和候选人

有效的选举必须经由一定的程序和流程来完成，简要说来，分为选民登记、选区划分、竞选、投票、计票、公布选举结果等步骤。而选民和候选人则构成选举过程的关键因素。

一　选民

选民，就是合乎法律规定享有选举权的公民。

（一）选民登记

选民登记是选举的一项重要内容。它是负责选举事务的机构依法办理公民参加选举事务的程序之一，是确认选民是否符合条件的必经法律手续。选民登记的目的是完成合法手续，以便选民行使选举权。

选民登记制度大体上有两种，一种是任意登记制，另一种是义务登记制。西欧国家大多采用义务登记制。根据义务登记制，选民不必主动登记，而是根据有关法律，登记人有义务将符合选举资格的选民列入名单。该制度也有两种形式：一是固定登记，选民列入名单后长期有效，但须定期检查；二是专门登记，选民在每次选举前均进行登记。英国选民登记由每一选区所在地政府指派一名选民登记官负责，于每年 10 月将本选区所有合格选民登记入册。瑞典和芬兰等国的选民登记工作则由地方选举委员会负责，在选举前负责核实、编定选民登记册并予以公布。

（二）选民资格

一国公民，在符合法定标准的条件下才拥有选举权，这就是选民资格。由于普选权的确立，西欧各国已经逐步取消或放宽了对选民资格的限制。然而，各国对选民资格仍规定了一些限制性条件，归纳起来有以下几个方面：

1. 国籍资格

选民行使选举权，既是公民的一项基本权利，也是一国内政和国家主权的体现。因此，西欧各国的宪法和选举法都对选民的国籍条件作出严格规定，各国均明确规定外国人没有选举权。至于移民如何取得选举权，各国则规定不一。有的国家规定，外国人一旦取得本国国籍即享有选举权，有的国家则还附有居住时间限制。欧洲联盟 1991 年 12 月缔结的《欧洲联盟条约》（《马斯特里赫特条约》）确立了“联盟公民身份”，规定拥有任何一个成员国国籍者，即为联盟公民，有权在各成员国领土内自由流动和居住，并在欧洲议会选举和各成员国市政选举中享有选举权和被选举权。

2. 年龄资格

尽管已经实现普选，但年龄实际上仍是公民能否成为选民、行使选举权的一个限制条件。西欧绝大多数国家规定选民的参选年龄为 18 周岁，也有个别国家为 21 周岁。

3. 变相的财产资格

财产资格限制在西欧各国选举制度中已被废除。但是，某些国家仍然限制诸如乞丐、流浪者、无偿还能力的破产者等参加选举。如芬兰议会法规定，为教养所收容或判处劳役的无业游民，在其释放后 3 年内无选举权；在丹麦，依济贫法接受社会救济的人也被剥夺选举权。其他如法国、比利时、荷兰等也有类似规定。实际上，这是一种变相的财产限制。

4. 居住资格

很多西欧国家都规定，公民必须在本国的某一地区或选区内居住一定期限后才能获得选举权。但对居住期限的具体要求，各国不尽相同。一般为 3 个月至 1 年，如英国、德国为 3 个月，法国和比利时为 6 个月，最长的如挪威要求居住 5 年以上。这一规定主要限制了一些无固定居所的流动人口或者季节工人的选举资格。

5. 教育资格

在西欧各国，对选民的教育资格越来越持开放态度，一般不再要求选民必须具备一定的教育水平。但极个别国家如葡萄牙仍规定，文盲如不能纳税则丧失选举权。

6. 性别资格

应该说，当今在西欧各国，妇女选举权已经不再成为问题，但在瑞士个别州，妇女在州一级或乡镇一级的选举中无选举权。

7. 身份资格

某些国家对选举人的身份有限制性规定。英国法律规定，贵族不得选举议员，理由是贵族有权成为贵族院成员，所以他们既不需要平民院的代表权利，也无资格。贵族若取得选举权就必须放弃贵族身份。挪威法律规定，未经政府同意而受雇于外国政府者丧失选举权。

8. 品行资格

许多国家对选举人的品行资格作出了限制性规定。品行不端而受到刑事处罚者往往被剥夺选举权。如英国规定，服刑中的罪犯没有选举权，其他国家如芬兰、挪威、丹麦等也有类似规定。

为了确保选举的廉洁和公正，一些国家对选举中犯有腐败行为者和非法行为者加以严厉处置，剥夺他们的选举权。英国对这两类人剥夺 5 年选举权。在芬兰，选举中购买或出售选票、多处投票或以暴力威胁妨碍投票自由而被定罪者，6 年内无选举权。

9. 其他

主要是指有精神和人格疾障者不能享有选举权。如英国规定，接受精神病治疗的住院患者没有选举权；芬兰规定，受监护者无选举权；挪威规定，被宣布为无能力管理本人事务者无选举权，等等。

二 候选人

候选人就是选举前预先提出供选民选择的人选。

（一）候选人资格

候选人资格指的是被选举的资格。一般说来，候选人资格比选民资格要高。因为从理论上讲，候选人要代表一定的选民参与国家政治生活，因而需要具备传达选民的意愿，并能为选民赢得一定利益的能力。大体上，西欧各国选举法规对候选人资格作了如下规定：

1. 国籍资格

候选人必须是本国公民，否则便没有被选举的资格。对此，有的国家还有具体年限规定。

2. 年龄资格

候选人的最低年龄一般都高于选举人的年龄标准，如英国下院议员和德国联邦议员为21岁，法国国民议会议员为23岁，意大利众议员为25岁。在两院制议会中，上议院议员（参议员）年龄标准又普遍高于下议院议员（众议员），如意大利参议员为40岁，法国参议员为35岁。总统候选人的年龄要求则更高些，德国、法国规定要年满40岁，意大利须50岁。规定较高的年龄资格，其目的在于保证候选人具备一定的实际经验，在政治上较为成熟。

3. 居住限制

多数国家规定，候选人应为本选区居民，因为其比较熟悉本选区情况，也更关心本选区事务。

4. 职业限制

有些国家规定，从事某些职业者不得竞选议员或其他公职。如英国规定，上院议员、僧侣（非国教教士除外）、文官、警察、军人、法官不得成为议员候选人。法国、芬兰和挪威等国的有关法律也规定，高级行政官员、法官、军官等国家公职人员一律不得参加议员竞选。他们如竞选议员，须事先辞去原有公职，否则应退出竞选。

对议员候选人的职业限制一般遵循以下原则：第一，不危害分权这一宪政原则。议员在经济上和职业上不从属或依赖于政府，才能保证立法权的独立性。第二，确保议员的独立地位，避免议员可能受私利诱惑而亵渎职权。为此，很多国家的法律规定议员不得兼任政府、国际和外国组织、司法机关或宪法委员会的职务，不得兼任国家或私人营利性机构的职务。第三，保障选民的自由和权利，防止某些人可能利用在特定选区中拥有的地位施加影响，从而破坏选举活动的公正性。

5. 其他

如选举人资格一样，有精神和人格疾障者不能享有被选举权。如英国规定，精神错乱者、破产者、服刑一年以上的罪犯、选举舞弊者不得成为议员候选人。

（二）候选人提名

具备了候选人资格，只有通过法定的提名程序，才能真正成为候选人。

候选人提名制度首先涉及提名权问题。大多数西欧国家规定，候选人的提名权属于选民和政党。一般情况下，有一定数量的选民签名支持就可以成为候选人。如英国规定，经某选区选民1人提议，1人附议，8人联署即可产生下院议员候选人。在丹麦，得到不属于同一政党的25位选民签名提名即可成为议员候选人；在芬兰，获得提名至少要同一选区的100名选民推荐，而意大利、法国等国家则规定必须有300名以上的选民支持才可以提名为议员候选人。有的国家如瑞典、挪威则明确规定，只有政党才能提出候选人。从各国的实践看，候选人由政党提名的情况更为普遍，提名权主要掌握在政党手里。因为以党员名义参加竞选，能够获得政党在竞选资金、组织和舆论等方面的有力支持，当选议员后的影响和作用也更大。

（三）竞选

竞选是选举过程中的重要环节。竞选的组织和效果对选举结果有着直接影响。

在西欧各国，作为候选人首先要筹集一定数量的竞选经费，用于竞选开销。当代西欧各国的选举实际上是以政党为主的竞选活动，政党往往通过募捐、财团捐赠以及党费等渠道筹得大量竞选经费，如英国保守党和工党都规定，全部选举经费由选区党组织负责筹措。由此可见，党派的支持对候选人获得选举胜利是十分重要的。

为了保证竞选顺利进行，候选人必须交纳一定数量的“竞选保证金”。各国对此规定不尽相同。同时，一些国家对竞选经费的管理和开支也有明确规定，以保证竞选的公正。如英国规定，每一位议员候选人必须指定一位代理人，以确保候选人的竞选开支不超过法定最高限额，只有代理人有权以其候选人的名义动用竞选经费，其他组织、个人为该候选人出资竞选则为非法。对于开支超过法定限额的候选人，其选举结果无效。同英国类似，意大利1993年的新选举法对竞选人竞选经费的筹集和管理作了更为明确而严格的规定，以杜绝选举过程中的非法和腐败行为。

为了保证政党及其候选人在平等条件下公平竞选，许多国家的有关法规还对候选人的竞选宣传作了明确而具体的规定。意大利对竞选人在电视、报刊等媒介作竞选宣传的次数、时间做了限制。英国各党用于竞选的广播、电视节目时间，由政党政治广播委员会依据各党上次大选的成绩进行分配，执政党和最大反对党的份额相等。法律限制广播、电视对某一选区的竞选情况进行具体报道，未获竞选对手同意及合作，候选人不得单方面在广播、电视中露面。法国在这方面政府组织的色彩更浓一些。在立法选举中，每个候选人都可以到指定的印刷厂免费印制数量相同、规格统一的竞选宣传品，政府还为候选人设置同等尺寸和数量的竞选广告栏。投票日前一周和投票期间不得公布民意测验结果，以免舆论对选举产生不当影响。

第三节　选区划分和选票计算

选区划分和选票计算也是选举过程中的重要环节，因为不同的选区划分及选票计算方法会影响政党及其候选人的选举结果，影响不同政治力量的消长以及政治格局的稳定。因此，西欧各国政党往往在选区划分或选票计算上做文章，以便在选举中取胜，壮大自身力量，达到执掌政权的目的。

一　选区的划分

选区是组织和进行选举的单位。以议会选举为例。通常情况下，全国被划分为若干选区，以选区为单位投票，选出一定数目的议员。这种以地域为单位选举代表的制度，被称为“地域代表制”。与“地域代表制”不同，还有所谓“职业代表制”，即以职业和社会团体为单位选出代表，如爱尔兰参议院选举产生的参议员大多是代表各行业的（还有一部分议员由政府提名产生）。但总体上看，采用“职业代表制”的国家只是极少数。

根据按选区选出议员这一规则，一般将选区分为小选区和大选区两类。小选区，又称单名制选区，即每个选区只选出一名代表。英国、法国等国采用小选区制。在一个选区里，每个参选政党各提出一名候选人，获得多数票者即可当选。大选区，又称多名制选区，即每个选区可选出两名以上的议员。德国、瑞典、芬兰、挪威和丹麦等国采用大选区制。在每个选区内，各政党提出一份候选人名单，选民对候选人名单投票，也就是对各个政党投票。

有些国家并不实行单一的选区制，如芬兰宪法规定，如果某些地方不适宜采用大选区制，可另设一至数个单名制选区。同一国家在不同历史时期的选区划分方法也会变化。英国历史上较长时期都采用大选区制，1885 年后改行小选区制，但直到 1950 年大选区制才完全取消。法国大小选区制的变化堪称典型。法兰西第三共和国曾频繁改换选区制，在 1875 年、1885 年、1889 年、1919 年、1927 年这些年份，小、大选区制交替变化；第四共和国时期，大多数省份采用大选区制，少数省份采用小选区制；第五共和国恢复小选区制，但仍有反复，1986 年又恢复小选区制。

实行大小不同的选区划分，对不同政党会产生不同的利弊影响。小选区制对大党较为有利。因为每个选区产生一名代表，且通常采用多数代表制的计票方法，由候选人中得票最多者当选，由于大党派候选人往往比小党派候选人更有影响，因此更有机会当选。采用大选区制并实行比例代表制时，相对来说对小党派较为有利。因为每个选区产生多名代表，所以选民投票的选择机会多一些。

从投票效率来看，如果选民意向不统一，投票比较分散，那么，由于实行小选区制，采用相对多数当选的计票方法，这样导致的选举结果往往缺乏应有的代表性，相当一部分选票实际上被浪费掉了；而实行大选区制，每个政党根据所得选票分配议席，选票能够最大限度地得到利用，得票较少的政党也能够按比例取得一定议席。但是，大选区制也有缺陷。由于每个政党并不是只出一名候选人，而是提出一个候选人名单，所以党内容易为竞争候选人资格发生分歧和冲突，而且选举过程比较复杂，费用较高。大选区制也可以采用多数代表制的计票方法，得票多者当选，如果小党派所得选票较少，也难以取得议席。从西欧各国的选举历程来看，通常都是大党派获胜，即使是多党制国家，也不过是由几个主要政党或政党联盟轮流执政。

实行地域代表制，在划分选区时应遵循以下原则：第一，“一人一票”原则，即每个选民拥有平等的投票权，而且每个选区同等数量的代表必须由同等数量的选民选举产生。为此要求每个选区选民的数量应该大体相等，并按照一定的比例产生代表名额。第二，按自然界限划分选区的原则，即按国家的地理或行政区划来划分选区；第三，按照人口变动适时改划选区的原则。因此，需要适时进行人口普查，按人口变动情况定期改划选区，以保证议员的代表权平等。

然而，由于划分选区与各党派有直接的利害关系，因而违背上述原则的情况时有发生。各国主要政党都力求采取对本党有利的选区划分方法，往往违背按照人口比例或者自然界限来划分选区的原则。

二　选票计算方法

采取不同的选票计算方法，有可能产生不同的选举结果，因此选票计算在选举制度中非常重要。西欧各国计算选票主要有多数代表制、比例代表制以及将这两种方法结合起来的混合代表制三种方法。

（一）多数代表制

所谓多数代表制，是指在一个选区中获得多数选票的候选人或候选人名单当选，而得票较少的候选人则不能得到席位。小选区制只能采用多数代表制的计票方法，但多数代表制也可以以候选人名单的形式在大选区中采用。

多数代表制又分为相对多数代表制和绝对多数代表制。

相对多数代表制又称为简单多数制，即在一个选区内，由获得最多选票的候选人或政党当选或取得该选区全部议席。实行这种计票方法，即使仅一票之差，也可决定胜负。实行相对多数代表制往往出现未得到多数选民支持的候选人当选的情况，也就是说，选举结果有可能并不反映大多数选民的意愿，落选者得到的大量选票被忽略不计。进而，从全国范围来说，得到少数选票的政党，反而可能得到多数议席而成为执政党。以英国下院议员选举为例。从英国第二次世界大战后历次大选结果来看，不论是保守党还是工党，都是以得票率不足50%的相对多数取得议会多数议席的。如在1997年大选中，工党大胜，在下院获得占绝对多数的419个席位，而得票率只有44.4%。有时，得票率较高的政党并不一定能够取得较多议席。如在英国1974年2月的选举中，保守党得票率为37.9%，共获297个席位，而工党得票率为37.1%，却得到了301个席位。实行这种制度显然有利于在全国范围内具有普遍影响力的大党，选票相对分散的小党则处于不利地位，只在个别拥有很强实力的选区尚可一争高下。

绝对多数代表制，即在选区内获得超过半数选票的候选人或候选人所在政党当选。如果所有候选人所得选票均未超过总票数的半数，就需要进行第二轮以至更多轮次的投票。所以，这种计票制度又称为二轮选举制或过半数选举制。有的国家将投票轮次限制在二轮或三轮，如法国总统选举就规定为二轮选举制。有的国家在限定投票轮次的同时，还规定第二轮或第三轮投票后采用相对多数计票方法。也有的国家不限制选举轮次，即在没有产生获绝对多数票者之前，投票无限制地进行下去，如意大利总统选举曾出现过23轮投票的纪录。

为了提高投票效率，加快投票进程，在多轮次的投票中，通常采取一些限制方法。这些方法可以概括为以下几种：（1）淘汰制。将第一轮投票得票最多的两个候选人交付投票表决，或者规定第一轮投票所得选票不到一定比率（如5%）的候选人，不得参加第二轮投票；（2）集中选票制。在第二轮投票中，允许各个竞选政党结盟，使它们所获选票集中起来；（3）选择投票制。在第二和第三轮投票中，选民应在其选票上标明自己的选择，即如果所赞成的候选人落选，是否选择其他候选人。另外一种选择方法是，如在第一轮选择投票中没有产生获绝对多数选票的候选人，得票少的候选人可以将其所获选票转让给继续参加下一轮选择投票的某一候选人。

理论上，多数代表制并不符合民主、平等选举的理想。然而，民主政治理想与实际的政治运作总是有距离的，多数代表制仍然被许多西欧国家长期采用。英国在20世纪初就曾提出过以比例代表制取代多数代表制，但是到20世纪末，这个问题仍在争论不休，长期执政的保守党、工党两大政党认为比例代表制会改变两党长期轮流执政的格局，危及本党利益，也会导致很多小党的出现，造成议会四分五裂和政府不稳定。但英国也在缓慢地、谨慎地进行改革，如工党1997年上台后，在欧洲议会议员的选举中，在北爱尔兰全部地方议员的选举以及威尔士和苏格兰部分地方议员的选举中，均采用了比例代表制。英国第三大党自由民主党一直在寻求推进选举制度的改革，寻求实行比例代表制，这也是它2010年与保守党联合组阁之前向保守党提出的条件之一。2011年，英国就选举制度的改革问题进行了全民公决，但没有获得多数通过。

（二）比例代表制

比例代表制是指参加竞选的各政党根据得票多少按比例分配议席，所得议席数额同各自所得选票总数成正比。这种制度较多数代表制出现得要晚，1855年由丹麦首先采用，20世纪以后在欧洲大陆国家广泛实行。比例代表制的计票方法在大选区比较适用，能够比较充分地体现选民的投票意愿，不会造成选票的大量浪费，特别是获得一定选票的小党也能分享议席。现在，欧洲大陆的大多数国家都实行比例代表制。

按比例代表制计算选票，一般首先计算出一个必要的最低限度得票数，即“当选基数”，再以各个党派全部候选人所得选票总数除以“当选基数”，便得出各党应获得的议席数。“当选基数”有多种计算方法，采用比例代表制的国家大都采用“黑尔计算法”。这是一种较为简单易行的计算方法，由英国学者托马斯·黑尔1857年设计产生：当选基数=某一选区有效投票总数/某一选区应选出的代表名额。在一个选区里，参与竞选的各个政党，其所得票数除以这个当选基数，即为该党的当选席位。但是，按照黑尔计算法计算，通常各党或多或少会留下剩余票数，而且议席名额也会出现剩余。碰到这种情况，就需要根据各党剩余票数再次分配剩余议席，直到分配完毕。此外，还有德鲁普计算法、德抗特计算法等。

总之，“当选基数”的计算方法不同，就会产生不同的议席分配结果。此外，在实行比例代表制的国家，还普遍实行选票转让制度，即每个政党提出本党候选人名单，选民就其候选人投票，然后各党根据“当选基数”，扣除得票较多的候选人相应的选票，将其剩余选票转让给本党其他候选人，这样就增加了该党其他候选人当选的机会。

比较而言，比例代表制是较为民主、公平的代表制，它使每个地区、每个阶层的公民都能相对公平地推举自己的代表，因而可以比较充分地表达民意。但是在个别国家，比例代表制并未产生良好的政治效果。意大利即是一个典型的例子。

意大利自第二次世界大战结束以来便长期实行比例代表制。由于政党议会政治是战后意大利“现代民主政治”的基础，因此，竞选人必须由某一党派提名方可参加竞选，而选民只能对政党或政治组织提出的候选人进行选择性投票，选择性投票只限于同一党派候选人名单，不能跨党派。战后意大利实行多党制，党派林立，每次参加竞选的党派不下30个，其中依法能在议会获得席位的政党有10个左右，以天主教民主党、意大利共产党等影响较大。但是采用比例代表制却给意大利政治生活带来了许多弊端，主要表现为以下几点：（1）由于议员候选人由各党领袖指定，选民投票只是推举进入议会的党派，而不是直接选举议员，因而实际上剥夺了选民自由选举议员的权利，而议员候选人也无须对选民负责，只要取得本党领袖的支持即有可能当选，从而造成议员候选人对政党组织的依附性，投机取巧、阿谀奉承等风气盛行。（2）多党政治造成政治力量的分散和割据局面，执政党地位薄弱，因此，意大利经常出现几个党派联合组阁的局面，政府缺乏稳定性。例如，从第二次世界大战结束到1992年的47年间，意大利更换了51届政府。加之意大利选举制度规定，政府为党派活动提供经费，这样更助长了党派林立、政局动荡的不良态势。（3）与多党制并存的另外一个情况是，意大利天民党长期占据执政地位。20世纪50年代，天主教民主党联合右翼，组成右翼政府；20世纪60年代，联合左翼，组成左翼政府；后来又联合其他党派组成所谓四党联合政府、五党联合政府。在频繁的政府更迭中，几个主要大党不断瓜分政治权力。一党长期执掌政权，造成政治效率低下，贪污腐败盛行，以致政治腐败成为意大利长期难以解决的一个严重问题。

为了改变这种政治现状，意大利1993年4月18日就改革选举制度举行全民公决，82%的选民赞成取消比例代表制。此后，意大利开始实施新的选举制度，采用多数代表制和比例代表制结合使用的方法，即所谓“混合代表制”。

（三）混合代表制

所谓混合代表制，就是在选举中分别采用多数代表制和比例代表制两种选票计算方法。有的以多数代表制为主，辅以比例代表制，如意大利新选举制度规定，参众两院75%的议员由各个单名制选区以简单多数选出，25%的议席根据各党派得票多少按比例进行分配；有的则以比例代表制为主，辅以多数代表制；有的则是多数代表制和比例代表制并重。

德国联邦议院议员的选举堪称混合代表制的典型。联邦议院议员通过两次选民投票产生。其中一半议席在各选区中以一轮多数代表制选举产生，另一半议席则根据比例代表制产生。同时规定，在第二次投票中得票不足全联邦有效选票总数5%的政党，则被取消参加议席分配的资格；或者在第一次投票中当选议员不足3人的政党，也不能参加第二次投票后的议席分配，即使该党得票率超过了5%。这种规定可以避免选票过于分散，但在一定程度上限制了小党派和无党派候选人进入联邦议院。

选票如何计算，不仅仅是一个技术性问题，而且具有深刻的政治内涵。事实上，不同的计票方法反映了一个国家的政治传统和政治力量的变化。但大多数西欧国家从未改变过由几个主要党派长期轮流执政的局面，小党只不过是占据议会中的几个议席而已，或作为大党的“小伙伴”以政党联盟的形式进入联合政府。

第六章　政党制度

当代西欧各国的政治是一种政党政治。政党是各国政治运作的主体，在各国政治生活中发挥着决定性作用。政党制度是西欧各国政治制度的重要组成部分。

第一节　西欧各国政党的产生与分类

一　西欧各国政党的产生和演变

政党是阶级和阶级斗争发展到一定历史阶段的产物，是代表一定阶级、阶层或集团的根本利益，为达到某种政治目的，特别是为了取得政权和保持政权而建立的一种政治组织。政党属于政治组织和社会组织，但又有别于一般的政治组织和社会团体。作为一种独特的社会现象，政党具有鲜明的特征。它有一定的政治纲领，有明确的政治目标，比较健全的组织系统和领导机构，强调组织纪律性。

根据政党的这种概念和特征，作为一个历史范畴，现代西欧各国政党是在19世纪资产阶级战胜封建阶级并掌握国家政权后，随着代议制和选举制的建立和演进而逐步产生和发展起来的。同时，各国政党的产生和发展也离不开本国的经济结构、社会结构，受到本国政治制度和宪法原则的制约，是由特定的历史条件和现实状况决定的。

就西欧各国的普遍情况而言，现代意义上的政党最早形成于18世纪末19世纪初的资产阶级革命时期，主要分为自由党和保守党两个党派。这些政党作为阶级斗争和政治斗争的产物和工具，是同新兴贵族和资产阶级争夺政权、行使政治权力紧密联系在一起的。19世纪上半叶，英国等西欧国家中自由党与保守党的对立，其实是贵族阶级与资产阶级之间斗争的反映。19世纪下半叶，工业革命造就了自觉的工人阶级，出现了代表工人利益的第三大政治力量——社会党。当贵族阶级的统治仍十分牢固、社会党的发展尚未构成对资产阶级的威胁时，自由党联合社会党反对贵族阶级和君主制。在资产阶级的统治地位确立后，保守党与自由党之间的分歧和对抗便日益消弭，双方在维护私有制和现行社会秩序的基础上联合起来对付工人阶级政党。自由党有时在保守党与社会党之间摇摆，但多数情况下支持保守党。19世纪末，北欧的一部分农民为了保护自身的权益，建立了独立的农民政党。

宗教、种族和地区的认同与分野，这些因素相互交织，且互有矛盾，这也对西欧各国政党和政党政治的演变起到了推动作用。在德、意等欧陆国家，先后出现了一些以基督教信仰为宗旨和意识形态核心的政党，有的还在本国的政治舞台上长期发挥重要作用。以民族和地区认同为基础的政党并不算多，但它们在少数国家的政治生活中仍具有不可忽视的影响和作用。

俄国十月革命之后，在德国、法国、意大利和芬兰等国成立了强大的共产党，社会党则在北欧国家、比利时、荷兰、英国等国保持了原有的地位。

第二次世界大战前，法西斯政党在一些国家兴起并猖獗一时，最终走向独裁专制，挑起世界大战，战后虽然受到各国摈弃，但在一些国家仍有残余，不时兴风作浪。

第二次世界大战后，德、意等国的政党政治得以恢复和健全。20 世纪 60、70 年代，在民主化进程中，希腊、葡萄牙和西班牙先后结束了独裁统治，多党制在西欧各国得到全面恢复和发展。进入 80 年代，由于生态和环境保护问题在欧洲乃至整个世界日渐突出，在西欧一些国家，环境保护主义政党从群众性环境保护运动中脱颖而出，并逐渐发展壮大起来。

一般而言，西欧各国政党的产生有两种途径。一种是议会内的党派组织为适应选举需要而发展为全国性政党。英国的托利、辉格两党最初只是议会内围绕王位继承问题而划分的两大政治派别。但是自 1832 年到 19 世纪下半叶，英国进行了多次议会选举制度改革，选民范围一再扩大。为适应形势，争取更多选票，议会内的两大党派便着手建立和扩大自己的组织。1832 年，托利党改称为保守党，开始在各选区设立选区协会，组织竞选，争取选民。1867 年的选举改革法促进了中央和地方各级政党组织的建立和发展，"保守党中央选区协会全国联盟"成立。1870 年，保守党设立"中央事务所"，管理全国党务工作。随后，保守党又开始建立地方性组织机构，组织体系日趋完备。辉格党演变为自由党也经历了大致相似的过程。

另一种途径是议会外的社团组织通过参加选举和其他政治活动，逐渐演变为政党。英国工党就是以议会外的工会组织为基础建立起来的。1900 年，英国职工大会领导人邀请独立工党、费边社、社会民主联盟成立工人代表委员会，随后提出候选人参加竞选。1906 年，工人代表委员会有 26 名代表当选为议员，由此更名为工党。德国、意大利等国的主要政党，都是在第二次世界大战以后先在议会外建立或恢复起来，然后才在议会内组建本党的议会党团的。

二 西欧各国政党的分类

由于上述种种因素的影响，西欧各国政党产生和发展的过程不尽一致，在不同时期出现了不同性质和形式的政党。从政党的社会基础、意识形态、纲领政策、参政方式等方面综合分析，可以把西欧各国的政党分为自由党、保守党、基督教民主党、社会党、共产党以及环境保护主义政党等几大类。

（一）自由党

自由党包括英国自由民主党、法国民主联盟、德国自由民主党、意大利自由党、瑞典自由党、挪威进步党、丹麦自由党、荷兰自由民主人民党、希腊新民主主义党等。

历史上，自由党在欧洲是作为政治左派的组织表达而出现的，对宪政、议会政府的要求，以及对世俗国家，尤其是世俗国家教育体制的要求，使它们与支持古老的君主或贵族政府原则的保守派势力、与国家宗教观点的捍卫者（通常是天主教势力）发生了冲突。自由党后来的发展随其主要的右派对手不同而大相径庭，在英国和斯堪的纳维亚半岛，其对手是保守党，在比利时和荷兰是基督教民主党，在德国和法国则两者皆有。再后来，在经济理念上，几乎所有自由党均与持左派观点的社会党持相反观点，这样导致的结果是，它们不再是左翼的重要力量，而是被推向中间或偏右的立场上。

19 世纪末期，西欧各国的自由党经常能够得到足够的民众支持，组成一党多数派政府，而在一个世纪后，自由党的力量同鼎盛时期相比已是江河日下，多沦为小党，但在某些国家中仍具有重要地位，并经常参政，如德国自由民主党、法国民主联盟、希腊新民主主义党等。由于自由党在欧洲政治体系中的中间地位，它们经常成为左翼或右翼联盟的执政伙伴，在许多国家中，自由党执政的时候多于在野，但都是通过加入联合政府这一形式。20 世纪 70 年代，丹麦和瑞典曾出现过短期的自由党少数派一党政府。英国自由民主党则由于英国的选举制度被长期排除于政权之外，这种情形直到 2010 年 5 月的大选才有了重大变化。保守党未能赢得议会绝对多数，它联合自由民主党组成了新一届英国政府，也是英国 1974 年以来的第一届联合政府。

今天，西欧自由党的共同特点是强调政治自由、人权和宪政，坚决维护私有制，反对国家干预经济生活，主张本国向外部世界，特别是向欧洲伙伴开放，赞成欧洲一体化。在北约成员国内部，大多数自由党都支持大西洋联盟和防务开支，但是英国自由民主党和丹麦激进自由党则维系了独特的和平主义传统。

（二）保守党

"保守党"一词最早出现于1817 年英国的《保守党人》杂志，主要指维护君主制、君主制原则或正统主义原则的政治力量。19 世纪 30 年代，英国"托利党"开始被称为保守党并逐渐确定下来。当代保守党主要指奉行传统资产阶级意识形态、坚持自由资本主义制度的具有保守倾向的政党。在西欧，保守党主要包括英国保守党、丹麦保守人民党和进步党、法国保卫共和联盟、爱尔兰共和党、芬兰民族联合党、挪威保守党等。其中英国保守党的历史最为久远，最具连续性和代表性。近两个世纪以来，英国保守党始终是英国两党政治中的一个重要政党，无论执政或在野，都发挥着重要的政治作用。

在欧洲大陆，保守党有时会避开政党的真实概念，而使用诸如联盟、人民党、进步党等名称，以此表明和一些右翼或极右翼政党的区别，同时也显示了保守党对于时势变化的适应能力。当初，保守党通常维护传统社会结构，反对自由主义和民主，反对激烈的社会变革，但在现当代，西欧许多国家的保守党却以维护自由主义为己任，在这个过程中，保守党的社会基础也发生了很大变化，除了传统的土地贵族、教士以及大工商业主以外，中产阶级乃至工人阶级的相当一部分也成了保守党的主体。

尽管保守党的思想渊源可谓久远复杂，但它与保守主义的思想传统关系更为密切。“保守主义之父”埃德蒙·伯克在《法国革命感想录》等写于大革命期间的一系列著作中，坚定地反对法国大革命，明确地表达了近代保守主义的主要思想和原则。随后保守主义在欧洲大陆也得到了阐释和传播。传统的保守主义被认为缺乏普遍的理论和原则，保守党的思想家和政治家们也总是表示反对抽象理论，因而相较于自由党和社会党，对保守党的纲领性原则进行归纳要困难得多。事实上，保守党的政策往往带有浓厚的实用主义色彩。不过，就西欧许多国家保守党的主流而言，依然存在普遍性和一致性。它们以维护有产阶级的利益为己任，强调自由市场经济和私有化，反对国家干预，倾向降低税收，削减公共开支，对福利国家政策持更为灵活的态度。

（三）基督教民主党

基督教民主党包括联邦德国的基督教民主联盟和基督教社会联盟、意大利的天主教民主党（1994年改名为意大利人民党）、希腊基督教民主党、瑞典基督教民主社会党、挪威基督教民主党、丹麦基督教人民党、荷兰基督教民主联盟、爱尔兰统一党和卢森堡基督教社会党等。

基督教民主党是在19世纪为了维护教义，而同自由党、激进党的对抗中产生和发展起来的。作为个人主义的对立物，它力图反对放任主义和教权主义。它把天主教关于社会和经济公正的观点同关于政治民主的自由主义观点结合起来，因而不能简单地把它划归右翼政党或左翼政党。它捍卫传统的特别是有关教会和家庭的价值观，就此而言，基督教民主党是“保守的”，但鉴于它支持经济干预和社会福利计划，它又是“进步的”。正因为其政治思想倾向很难归类，所以基督教民主党的类型也千差万别。

1945年以来，西欧各国的基督教民主党经历了三个阶段——战后10年的兴盛；60年代和70年代的衰落；70年代后期到80年代初的重新复活。第二次世界大战结束后，基督教民主党在一些国家得到了迅猛发展。它们有着反法西斯主义的光辉历史，不必为两次世界大战之间的政治、经济和社会衰退而承担责任，它们承诺确立一种崭新的政治风格，其基础是参与、合作和传统的道德价值，因而很适合填补战后的政治真空。随着冷战的加剧，基督教民主党得到了进一步加强，被看作是反对共产主义的主要屏障。到20世纪50年代初期，意大利、德国、比利时、荷兰和奥地利的基督教民主党都获得了40%以上的选票，并且成为各自国家唯一或主要的执政党。在法兰西第四共和国（1946—1958年）时期，基督教民主党也建立了一系列温和派政府。同时，西欧国家的基督教民主党开始了更加密切的合作，而欧洲联合的主要推动者几乎无一例外的都是基督教民主主义者：德国总理阿登纳、意大利总理加斯佩里、法国外长罗伯特·舒曼。

从20世纪60年代末到20世纪70年代初，由于东西方缓和，社会世俗化和“非宗教团体化”等因素的影响，基督教民主党原有的特征和主干机构都有所削弱，经历了一个相对衰落的时期，直到70年代中期才得以缓解。到80年代中期，基督教民主党成为德国、意大利、比利时、荷兰和卢森堡等国家的执政党。进入20世纪90年代，随着冷战的终结以及欧洲各国中左翼政治力量的增强，基督教民主党似乎又向低潮回落。首先是在意大利长期执政的天主教民主党从1992年开始一路下滑，从议会第一大党蜕化成了一个无足轻重的小党派，而后在1998年的德国联邦议会选举中，连续执政16年之久的基民盟—基社盟失利，社民党联合联盟90—绿党上台执政。不过，就整个西欧而言，基督教民主党仍然是一支重要的政治力量。2005年，由基民盟和基社盟组成的联盟党在德国大选中获胜，2009年再度赢得大选。

（四）社会党

社会党包括联邦德国社会民主党、英国工党、法国社会党、意大利社会党、荷兰工党、比利时社会党、瑞典社会民主党、芬兰社会民主党、挪威工党、丹麦社会民主党、西班牙工人社会党、葡萄牙社会党、奥地利社会党、卢森堡社会主义工人党、爱尔兰工党以及泛希腊社会主义运动等。

19世纪下半叶，随着欧洲工人运动的发展，西欧出现了第一批群众性政党——社会党、社会民主党。它们的组织结构与传统自由党或保守党有很大不同。更重要的是，它们在第二次世界大战后竞相举起“民主社会主义”的旗帜，奉行既不同于传统资产阶级政党也不同于共产党的政治纲领和方针政策。尽管它们在理论和实践两方面都各有特色，但其共性也是显而易见的：（1）多元化的思想基础。西欧各国的社会党都在不同程度上背离马克思主义，而把基督教伦理、人道主义和欧洲古典哲学等奉为思想源泉；（2）改良主义。反对以任何暴力革命的形式来改变资本主义制度，主张用温和的、渐进的和改良的手段进行社会变革，走“福利国家”之路；（3）中左路线。鉴于经济发展和社会结构的变化，以及冷战后的国际环境，淡化意识形态色彩和阶级特征，将本党改造为“全民党”、“人民的党”、“多阶级的党”等，以便争取选民，实现政治联盟；（4）政治自由主义。反对任何形式的独裁和一党专政，主张普选制基础上的多党制和议会民主制，保障个人的自由权利；（5）混合经济。各国的社会党先后放弃原有的生产资料公有制的纲领和立场，转而奉行多种所有制并存的“混合经济”，执行社会市场经济乃至自由市场经济政策。

西欧各国社会党经过曲折的发展，在第二次世界大战结束后的半个多世纪以来，均先后在本国参政或执政，其中英国工党、法国社会党、德国社会民主党、西班牙工人社会党、瑞典社会民主党和奥地利社会党还曾在本国的政坛和国际舞台上发挥过重要作用。进入20世纪90年代中后期，一些国家的政治周期正好与冷战结束后的欧洲政治环境相契合，欧洲似乎进入了一个由社会党主导的中左政治时代。1996年，意大利中左联盟在议会大选中取得胜利，由意大利共产党改名而来的左翼民主党成为议会中的第一大党。英国工党在沉寂多年后于1997年一举赢得大选的胜利；同年，以社会党为主的法国左翼联盟在立法选举中获胜，使法国再一次出现了左右共治的局面。1998年，德国社会民主党也在联邦大选中击败基民盟—基社盟，在野16年后重新上台。此外，到1998年，社会党在希腊、荷兰、卢森堡、芬兰、瑞典、丹麦、奥地利等国执政或联合执政，甚至引发了对欧洲是否在“向左转”的疑虑。尽管后来社会党在西欧的势力又有所减弱，但是，无论如何，社会党都是当代西欧各国的一支主要政治力量。

（五）共产党

共产党和社会民主党均起源于19世纪欧洲的社会党。第一次世界大战后，俄国革命和布尔什维克主义的胜利使欧洲许多社会党发生分裂，不少国家建立了共产党并加入共产国际。随后，共产党与社会党时而联合，时而对抗。第二次世界大战期间，各国共产党参与或领导了本国的反法西斯斗争，壮大了自身的力量。所以，第二次世界大战结束后，一些国家的共产党取得了巨大而持久的政治影响力，特别是意大利共产党和法国共产党。长期以来，意共都是西欧最大的共产党，也是意大利第二大党。法共在第二次世界大战后曾多次参加联合政府，是不同时期左翼联盟中的重要力量。但是，随着国内外形势的变化，各国共产党也在不断调整纲领、组织和策略。1989年后，意共最终分裂并于1991年改名为左翼民主党，1998年左翼民主党书记马西姆·达莱马出任总理，组成意大利历史上第一个由前共产党人领导的政府。可以说，西欧国家的共产党仍处于一个曲折、起伏的发展过程之中。

（六）绿党

绿党包括德国联盟90—绿党、法国绿党、瑞典绿党、芬兰绿色联盟、比利时弗拉芒绿党、意大利绿党等。

绿党是第二次世界大战以后欧洲经济、社会和文化演变的产物。其成员和选民来自各个社会阶层，没有统一的意识形态和组织形式，以保护自然环境免遭破坏为出发点，逐步扩大到反对军事化、反对种族主义、维护人权和争取妇女解放等运动。绿党在德、法、瑞典、芬兰等国家已发展到一定规模，政治地位持续上升，并产生了广泛的社会影响。

德国绿党的发展颇具代表性。它成立于1980年，是在德国环保运动、和平主义运动、反核运动、民主社会改革运动和妇女运动的基础上发展起来的。1983年，绿党在联邦议院选举中，获得5.6%的选票（首次超过5%的门槛），进入议会；1987年，得票率增至8.3%；1993年，德国东西部绿党联合组建新党——联盟90—绿党，1994年在联邦大选中获7.3%的选票，1998年以7.1%的得票率与社民党组成联合政府，参与执政。其他如芬兰绿色联盟、法国绿党、爱尔兰绿党等近年来也开始参与执政。

各国绿党目前普遍存在党员人数少、组织机构较为松散等问题，但这些问题正在引起注意并有所改善，如德国绿党正由松散的“公民行动”组织向成熟的政党发展，可以预见在不久的将来，欧洲绿党的力量将继续壮大。

（七）其他政党

包括形形色色的极右翼政党、极左翼政党、地方主义政党除上述几类政党外，欧洲还存在其他一些类别的政党。

按照政党谱系，政党总是可以根据政治倾向而分为左、中、右。值得注意的是，西欧的极右翼政党往往比极左翼政党更具号召力和影响力。20世纪20年代先后成立的德国民族社会主义工人党（纳粹党）、意大利国家法西斯党以及西班牙的长枪党，可以说是欧洲历史上臭名昭著的几个极右翼政党，而且破坏性极强。极右翼政党的极端民族主义最能蛊惑人心。第二次世界大战以后，极右翼政党趋于衰落，但进入20世纪90年代，似乎又在回潮。在意大利，原来的意大利社会运动1993年改名为民族联盟以后，力量大增，竟成为意大利第三大党。在法国，成立于1972年的国民阵线鼓吹民族主义和种族主义，势力逐渐上升，进入了国民议会。在德国，德意志人民联盟等极右翼政党在州议会选举中有所扩张。1999年10月，在奥地利的议会选举中，由约尔格·海德尔领导的具有极端主义特征的右翼民粹党——奥地利自由党成为第二大党，2000年2月，中右翼的人民党与其组成联合政府，从而引起美国、以色列和其他欧盟成员国的强烈反应和外交制裁。虽然该届奥地利联合政府的执政期很短，但这一事态表明即使在奥地利这样的国家，极右翼政党也有其存在和滋长的土壤。在欧洲债务危机持续期间，欧洲极右翼力量又有所上升。

地方主义政党产生的历史根源可以追溯到民族国家形成时期，到20世纪60、70年代，逐渐成为某些国家如西班牙、英国、比利时、意大利、法国的突出政治问题。地方主义政党虽然限于局部地区，所获选票也不占很大比重，却有不容忽视的政治影响。如英国，工党政府的地方分权改革反而助长了苏格兰、威尔士的地方民族主义运动，独立和分离势力有所抬头。意大利由于西西里岛、撒丁岛等一些地区的语言、文化和经济各有自己的特性，地方自治问题成为战后意大利政坛经常争论的话题之一。西班牙的加泰罗尼亚、巴斯克等地区都存在地方性的民族主义政党，如巴斯克民主党和加泰罗尼亚民主联合党，它们一直在为地方分权而斗争，而巴斯克地区埃塔组织的分裂恐怖活动也难以平息。

第二节　西欧各国政党的地位与功能

一　西欧各国政党的法律地位

政党在西欧各国的政治生活中早已占有十分重要的地位，但在第二次世界大战前各国并未在宪法或有关法律中对政党作出正式规定。进入20世纪，欧洲各国的政党迅速发展起来。一方面，国际共产主义运动、反法西斯战争催生了众多的政党，对各国的政治整合提出了新的要求；另一方面，德、意法西斯政党的独裁专制和侵略扩张，也给西欧的政党体制留下了惨痛的教训。在这种背景下，第二次世界大战以后，联邦德国、意大利、法国、西班牙等国宪法先后对政党的法律地位作出明确规定，将政党正式纳入国家的政治体制。英国等不成文宪法国家也通过普通法或最高法院的裁决，规定了政党在本国政治体制中的地位与作用。

意大利是在宪法中对政党地位作出明确规定的第一个西欧国家。1948年的意大利宪法第49条规定：“全体公民有自由地组织政党之权利。”联邦德国1949年《基本法》规定，各政党的“建立是自由的”。法兰西第五共和国1958年宪法第4条规定："各政党和政治团体协助选民表达意见。它们可以自由地组织起来并开展活动。"1975 年的希腊宪法第 29 条第 1 款也规定："凡有选举权的希腊公民均有建立和参加政党的自由。"

关于政党的组织原则，法国 1958 年宪法规定，各政党"必须遵守国家主权原则和民主原则"。联邦德国根据战后形势，为了限制德国共产党的影响，防止新纳粹党复活，作了特别严格的规定：《基本法》第 21 条要求政党的"内部组织必须与民主原则相符合"，"经费来源必须公诸于众"。西班牙宪法规定，"在遵守宪法和法律的条件下，它们可以自由建党和开展活动。它们的内部结构和运行应是民主的"。希腊宪法规定，"政党的组织和活动必须是为民主体制自由运行而服务的"。

关于政党的作用，一些国家的宪法也有规定。意大利宪法指出，组织政党是"为了在确定国家政策方针方面以民主方式进行合作"。联邦德国《基本法》第 21 条规定："各政党应互相协作以实现国民的政治愿望。"1978 年的西班牙宪法第 5 条则规定："各政党体现了政治多元主义，可以提出和表达人民的意志，是政治参与的基本工具。"

西欧许多国家为维护正常的政党政治秩序，规范政党的组织和活动，都对政党的组织原则、经费来源和使用等做出了具体规定。1967 年，联邦德国颁布了欧洲国家第一部《政党法》，对政党的性质、地位、职能、组织、经费作了系统而明确的规定。1969 年，为加强政党管理，芬兰也制定了一部《政党法》，用立法的形式确定了政党的一些基本条件。

可见，西欧各国在法律上确认政党地位的同时，也从政党的组织原则、职能等方面对政党加以严格限制。政党只能在资产阶级民主制的范围内活动，主要从事选举和议会斗争，否则就有可能因违宪而失去合法性，甚至遭到取缔。

西欧各国对政党的限制主要有两种形式。第一种是预防制，即由宪法或法律作出规定，政党必须事先经过申请，经有关机关批准后才能合法活动。预防制要求政党在成立和参加竞选前都要向政府当局登记，而获准登记的政党必须在纲领内容、活动形式、党员数量等方面符合有关法律规定。例如，芬兰《政党法》规定，政党是在政府登记注册的一种联盟，应被编入专门的政党登记簿中，在登记簿中注册的政党，必须有纲领和党章，阐明活动的目的和原则，保证在决策和其他活动中与民主原则相一致。

另一种形式即追惩制。国家对成立政党事先不作限制，但对其违法活动实行事后追惩，即政府有权根据宪法和法律，对已成立的政党加以解散或取缔。如法国宪法明文禁止一切可能"损害国家领土完整和共和国政府形式"的政党存在。第二次世界大战以来，法国政府至少取缔过几十个政党团体。联邦德国《基本法》规定，"根据政党的宗旨或者党员的行为表明，某些政党企图侵犯自由民主的宪法秩序，或者推翻、危害德意志联邦共和国的生存，均属违反宪法。由联邦宪法法院来裁决它们的违宪问题"。而联邦宪法法院对"自由民主的宪法秩序"所做的解释是："不得使用暴力和任何形式的专横统治，而是以人民自决为基础，根据大多数人的意志以及自由平等的要求"而建立的"秩序"。据此，联邦宪法法院曾于 1952 年以"政治生活中的反民主行为"为由，取缔了新法西斯政党——社会帝国党；1956 年又以"政治纲领不符合民主原则"为借口，取缔了德国共产党。

二　西欧各国政党的功能

政党是以代议制为特征的西欧各国政治体制的基础要素，在国家政治生活中发挥着至关重要的作用。在代议制下，公民为了实现自身的利益要选出自己的代表，这样便迫切需要有效地实现组织化。因为公民能运用的资源只是"数量"，因此，为了有效地运用"数量"资源，只有通过政党进行"组织化"和加强"团结"。另一方面，对于权力追求者来说，作为获取权力的手段，政党组织也必不可少。当代西欧各国的政党以掌握政权或参加政权和维护政权为主要目的，围绕这个目标，它们的功能主要表现在以下几个方面：

第一是利益表达功能。利益表达是指向政治系统提出利益要求的过程，它可以由不同的结构以不同的方式进行。由于存在比较成熟和完善的政党政治体系，所以尽管利益表达可以由非专业的机构如压力集团来进行，但政党是最主要的利益表达工具。参加选举，通过赢得选举掌握或参加政权是实现这一功能的主要方式。因此，西欧各国政党一般都将其工作中心和重点首先放在选举活动上。为赢得选举胜利，各政党都全力以赴，决定并提出本党候选人，制订竞选纲领，筹集竞选经费，利用传媒展开宣传鼓动，进行民意测验，千方百计吸引广大选民的注意和支持，并力图通过控制和操纵选举保证本党候选人进入议会和政府。

第二是利益聚集和实现功能。利益聚集和实现是指把两个或更多的政治人物相同的利益要求聚集起来或者把不同的利益要求协调起来，形成并实现决策的过程。履行这一功能主要分两个层次，其一是控制议会，通过立法程序，将政党的纲领和意志上升为国家的法律。议会作为西欧各国的最高立法机关，不但制定法律，而且对政府决策有很大影响。各政党主要通过本党在议会中的议席和职权，通过本党的议院领袖、督导员和议会党团等的活动来组织和影响议会的立法工作。在西欧各国的立法机构中，常常是多数党控制和操纵立法过程，少数党或反对党虽不能主导立法，但可以通过各种手段影响立法过程，牵制或阻碍多数党的主导作用。其二是控制政府，贯彻和实现政党所代表的阶级、阶层或集团的利益。西欧各国政党活动的主要目标不仅是通过选举获取政权，还在于通过控制政府以行使国家行政权力。不论是内阁制还是总统制国家，都把直接掌握行政权力的政党称为执政党（或执政联盟），不仅政府首脑由执政党（或执政联盟中最大的政党）领袖担任，而且政府各部部长和政府任命的其他官员基本上也都是执政党或执政联盟的骨干分子，以及执政党或执政联盟内部各派别的头面人物，因此，西欧各国的政府实际上是执政党或执政联盟把持的政府。执政党或执政联盟通过掌管政府，在内政外交的各方面推行本党的政策和主张，通过各种途径实现其所代表的阶级、阶层或集团的利益。此外，执政党或执政联盟还必须考虑统治阶级长远的、整体的利益，不能无视或忽略其他政党或集团的利益和要求。因此，执政党或执政联盟一方面主要代表统治阶级中某个或某些阶层或集团的利益，另一方面又是统治阶级整体利益的代表。

在内阁制国家，执政党或政党联盟实际上控制了政府行政机构，体现出政党对立法机关和行政机关的双重领导作用。在英国，首相通常由执政党领袖担任，首相负责组成内阁，大臣则是根据政党背景任命的。他们既属于政府，也属于政党，而且必须是议员。内阁成员既是执政党在议会中的重要议员，又是政府领导机构的成员。执政党领袖利用组阁权大量任命本党成员充任政府要职，执政党也通过内阁大力推行和实施本党的纲领和政策。因此，英国政府从政党意义上说有两层关联含义：一是政府执行机构由党员组成；二是政党利用政府机器执行政党政策。在德国，联邦议院中的多数党对联邦政府的组成起决定作用。根据《基本法》，“联邦总理由联邦共和国总统提名，由联邦议院不经讨论而进行选举”。通常联邦总统只能选择联邦议院中的多数党领袖作为总理候选人，因为只有多数党领袖才有机会当选。联邦各部部长由联邦总统根据联邦总理的提名任免。在决定政府的组成人选时，联邦总理一般都很尊重本党议会党团的意愿，因为多数党议会党团对此往往起决定性作用。

在总统制国家，立法机构与行政机构遵循比较严格的分权制衡原则，总统经选举产生，与立法机构的选举无关，总统直接对选民负责而不对政党负责。但实际上，总统作为本党的当然领袖，在广大选民心目中是执政党的象征。总统作为国家元首，拥有某些重要权力和手段来实现本党的意志和决策。因此，政党同样可以利用总统权力影响决策的形成和实施过程。

第三是精英的形成与遴选功能。在传统的君主政治和贵族政治时代，政治精英的形成与遴选是封闭而保守的，血缘、世系、爵位和财产等因素在精英的产生过程中具有决定性作用。而在现代政党政治中，政党利益表达、聚集和实现的过程实际上也是精英的形成和遴选过程。目标的制定、政党的组织和运作、广泛而持续的社会动员、代议制等使各个阶级或阶层的广大精英脱颖而出，在政治认同的基础上最终形成国家的政治意志。

第四是政治社会化功能。即政党把公民引入政治领域。也就是说，让公民特别是进入政治场所的人员了解关于政治领域的一般见解、知识和意见。通过选举、议政、执政或参政，政党向公民发布政治信息，培育党派精神，提供行动指南。政治社会化可以实现政治动员和整合，同时也使政党政治本身处于不断的分化和整合之中。新旧交替，动态平衡，由此为政治过程的正常运转提供了重要动力，为政治的多元化和一体化提供了有力保证。

第三节　西欧各国的政党体制

政党体制是指国家法律规定或实际生活中形成

的政党执掌、参与或影响国家政权的方式，政党体制是政治体制的主要组成部分之一。由于西欧各国在政治经济发展状况、历史传统、政治结构和文化背景等方面的差异，国内阶级、阶层或集团力量对比不同，各国的政党体制也不一致。大多数欧洲国家的政党体制并非由法律直接规定，而是政治传统和习惯的产物。

对政党体制有多种不同的分类方法。但其中最普遍的仍然是按照一个国家的执政党数目作为标准来划分，即划分为一党制、两党制和多党制。应该指出，按照这种标准划分的执政党数目，是指一个国家在相当长时期内能够执政的政党数目，而非议会中占有席位的政党数目，更不是指一国内存在的政党数目。

一　一党制

一党制是指一个国家长期由一个政党执掌政权的政党制度。它又可分为两种情形：（1）执政党是唯一合法存在的政党，其他政党在法律上均被禁止，不能合法地存在和活动；（2）国家在法律上允许多党存在，理论上都有执政的可能，但实际上政权长期为某一政党所垄断，其他政党不参与政权。

经过民主化的改造和变革，从20世纪70年代中期以后，西欧各国事实上已不存在一党制。但第二次世界大战前德、意等国的法西斯专制是上述一党制第一种情形的极端体现。德、意法西斯政党禁止、解散或消灭了一切政党和社会团体，取消了议会民主制度，法西斯党成为唯一合法的政党并独揽国家权力。萨拉查领导的葡萄牙民族联盟党虽然在组织结构上同德、意法西斯党不一样，而是近似于19世纪的保守党，实质上同样是法西斯一党专政。

二　两党制

两党制是指在一个政治系统内，由两个主要的、在国家政治生活中居于垄断地位的政党交替掌握政权的政党执政模式。在两党制下，通常情况是一党在定期举行的大选中获得议会的多数议席，上台组织政府，掌握国家权力，成为执政党，另一党成为反对党或在野党。在野党不参加政府，但可以抨击政府的政策，牵制政府的活动，对执政党起某种监督作用。两党制的特点是：（1）两大政党在国家政治生活中长期占据主导地位，都具有单独执政的实力，其他政党无法和它们竞争；（2）两大党势均力敌，关系平等，轮流执政，平分秋色；（3）两大党处于对立状态，彼此互相攻击，除非遇到特殊情况，一般不会联合执政；（4）定期选举保证了两大党之间权力的和平交接。

西欧的两党制最早产生于英国，迄今也以英国最为典型。在发展过程中，英国两党制形成了以下几个主要特征：（1）熔权制，即立法权与行政权的熔合。这是英国两党制的首要特征。每经大选，获下院多数席位的政党即为多数党，负责组阁执政。但内阁成员均为多数党议员，这样，多数党既领导行政机构，又领导议会的立法工作。熔权制使英国的宪政体制不同于西方传统的三权分立原则。（2）具有鲜明特色的反对党制度。依英国宪政惯例，进入英国议会下院的各政党除一个多数党外，其余各党皆为反对党。各反对党中，议席最多的反对党成为“领衔反对党”。反对党的职责主要由领衔反对党履行。由于实行熔权制，英国遂由反对党承担制衡重任，即多数党领导行政和立法，反对党实施监督。反对党在经费、议政和职权等方面享有一系列保障措施，同时，反对党也在履行一系列职责：对政府的决策和工作始终保持尖锐的批评；向选民提出与政府现行政策相对立的政策方案；向选民提供现成的候补政府班子。总之，反对党通过发挥这些作用，已经成为现代英国熔权制不可或缺的组成部分。（3）两党在基本信条、党员构成等方面存在明显差异和分野。保守党的理论基础是保守主义，保守主义的一些基本信条长期为保守党人所信奉，如性恶论、社会有机体论、有限政府论、传统主义等，而工党的信条则来源于各种工会主义与社会主义，是“民主社会主义”。虽然两党党员之间的差异在缩小，都在向中等阶级靠拢，但在年龄、职业、阶级、收入以及政见等方面仍有明显不同。所有这些都是导致两党阵营和势力比较稳定的重要因素。目前虽然英国存在第三党——自由民主党及其他小党，2010年5月自由民主党与保守党还组成联合政府共同执政，但并未从根本上改变英国的两党制。而且，只要依然保持现行议会选举制度，长远来看由保守党和工党构成的两党制格局就难以根本改变。

三　多党制

多党制是指一个国家有两个以上的政党联合轮流执政，或几个政党联盟轮流执政的政党执政模式。与一党制和两党制相比，多党制具有下列特征：（1）由于选举中多党角逐，无一政党具备单独长期执政的实力，因此，通常是几个政党或政党联盟联合执政；（2）多党制通常是实行比例代表制的产物，即各党按所得票数的比例选出相应数目的代表，有利于多党（尤其是小党）联合轮流执政；（3）在多党联合执政的情况下，一旦某一政党退出执政联盟，很容易导致内阁倒台；若各党分歧较大，难以联合，就可能酿成政府危机。

大多数西欧国家采用多党制，比较典型的有法国、德国、意大利、丹麦等。由于各国历史环境、政治体制、文化传统和政党力量对比状况等因素的差异，西欧各国的多党制主要有以下三种具体表现形式：

（1）在议会中，有两个主要政党占一定优势，但都无法获得议会多数，必须由其中一个政党联合第三党上台执政。这种情况德国比较有代表性。1949年，在联邦德国首届联邦议院选举中，总共有基民盟—基社盟、社民党、自民党、德国共产党、巴伐利亚党等11个政党进入联邦议院，其中以基民盟—基社盟和社民党占主要优势，但都未获议会多数席位，因而基民盟—基社盟和自民党组成了联合政府，确立了联邦德国的多党制。到1969年社民党和自民党执政联盟的建立，标志着联邦德国多党联合轮流执政模式的确立。此后，历届联邦政府都是由两个主要政党（基民盟—基社盟和社会民主党）中的一个联合自由民主党组成。1998年，联盟90—绿党以议院第三大党的身份和社民党组成联合政府，但政党格局并未改变，即基民盟—基社盟或社民党作为相对多数党联合相对少数党自民党或绿党组阁执政。这种近似等腰三角形的多党联合轮流执政模式，是联邦德国政局长期稳定的主要原因之一。

（2）在议会多个政党中，其中一个政党长期居于相对优势，或单独执政，或联合组阁（在其中居主导地位），也可能暂时在野，但无论该党处于哪种地位，它对国家政局的影响都举足轻重，能够左右政局。

第二次世界大战后的意大利是这种多党制的典型。在战后历次大选中，进入议会的有天主教民主党（简称天民党）、社会党、共产党、社会民主党、自由党和共和党等众多党派，但无一政党能获绝对多数议席，因而往往由议会第一大党天民党或单独执政，组成少数派政府，或以天民党为主联合其他政党组阁。在1945年至1976年的33届内阁中，12届由天民党单独执政，其余均是由它联合其他政党组阁。20世纪80年代，天民党曾几度在野，但直到20世纪90年代初，仍为议会第一大党，保持着主导执政党地位。1994年，右翼在议会选举中获胜，左翼受挫，中间势力一败涂地，宣告了战后几十年来以天民党为核心的多党联合政治的终结。1996年，以左翼民主党为主的中左联盟在议会选举中获得绝对多数，第一次组阁执政。从此，意大利的多党制似乎由一党主导的两极制进入了两翼相互替代的新时期。

（3）在议会多个政党中，无一政党占绝对多数，在竞选和组阁中，往往由利害相关的几个政党结成联盟，呈现多党两极趋势。

法国多党制形成于第三共和国时期。第四共和国时期，多党制与议会制结合在一起。由于党派林立，往往无一政党能获议会多数席位，导致议会政党纷争，内阁频繁倒台，政府危机严重。第五共和国建立后，1958年宪法大大加强了总统的权力，总统成为政治权力中心，议会作用被削弱，多党制的形式发生了显著变化。从20世纪60年代初至20世纪70年代，在单记名多数两轮投票制的影响下，法国政党两极分化和简化的趋势逐渐增强，形成了“两大派四大党”的政党格局（即社会党和法共组成的左翼，保卫共和联盟和法国民主联盟组成的右翼）。尽管两大政党联盟内部各政党力量的分化组合时有变化，但总体格局一直未变：左、右两大派观点鲜明，彼此对峙，相互制约，四大党则通过组成两大派的政党联盟方式，左右法国政治生活，其他一些小党或政党联盟均无力与之抗衡，由此避免了第四共和国多党制的弊端，使第五共和国的政局保持了相对稳定。1986年和1993年，法国两度出现左翼总统与右翼总理“共治”的局面。1997年，又出现右翼总统和左翼联合政府共治的局面。左右翼政党联盟共治是法国政治体制中的特殊现象，是多党制下各种政治力量互相斗争和妥协的特殊产物。但这一现象并未改变法国议会多党中无一政党占绝对多数的基本特征，在竞选和组阁中，仍然是利害相关的政党组成左、右翼两大政党联盟进行角逐。总之，除英国以外，西欧国家已很少由一党单独执政，都是由一党为主、联合其他政党共同组阁，而建立政党联盟已成为一种普遍趋势。

（陈志瑞）

第四编

西欧经济与社会

第一章　西欧资本主义的产生与发展

第一节　工业革命前的西欧经济

一　西欧资本主义萌芽

在封建社会内部萌生的资本主义生产关系，最早出现于14—15世纪的西欧。西欧封建经济的典型形式是以农业与手工业相结合的、自给自足的经济为特征的领主庄园经济。封建主不仅拥有土地，而且拥有农民（农民是对封建主具有人身依附关系的农奴），并制造生产工具和日用品。11—15世纪，西欧封建社会达到鼎盛阶段，农业和手工业生产力有了显著提高，随着剩余农产品和手工业品增加，商品货币关系发展，庄园中出现了专业手工业工匠，并且逐渐形成了手工业者与农民的劳动分工。同时，封建主对消费品和货币的需求日益增加，为满足这种需求，他们允许农奴手工业者以交纳货币代役租为条件独立地从事手工业生产，手工业者获得了部分人身自由。于是，在手工业者与商人聚居的地方逐渐兴起了城市，这些城市一般分布在沿海、沿江及陆路交通要道。到12世纪，规模不等的城市在西欧已较普遍，它们经过赎买和反封建的斗争摆脱了封建主的统辖，成为自治的城市，城市居民成为自由市民。封建制度下，城市的手工业作坊都组织在“行会”中，商人也组成自己的同业公会。随着城市工商业的繁荣和市场的扩大，行会制度下维持成员间经济均势的种种措施不再能适应工商业发展的新形势，行会制度本身开始发生变革。行会会主逐渐成为行会中的特权阶级，一部分贫困的帮工逐渐沦为行东的雇佣工人；另一部分离开城市，接受商人的订货，用商人提供的原料生产，成为商人控制下的工资劳动者；原来的一部分农村手工业者也逐渐被商人控制；另外一些贫困的小行东不得不接受大行东或大商人的控制。这样，资本主义生产关系就通过两条途径发展起来：一条是在行会内部小生产者的分化过程中产生了资本家和雇佣工人，少数手工作坊成为资本主义手工工场；另一条是商人资本渗入手工业，控制和剥削小生产者，一些商人、包买主转化为资本主义手工工场主。从地域上看，这种资本主义关系萌芽最早于14—15世纪出现于意大利北部地中海沿岸的一些城市，稍后也出现于尼德兰、英国、德意志等国的一些城市。在行业分布上，资本主义萌芽最早发生在毛纺织业和冶铁业，随后在采矿业、航运业和建筑业中也陆续出现。

二　西欧资本原始积累

资本原始积累是资本主义生产方式产生的前提和出发点。所谓资本原始积累，即用暴力强迫直接生产者和生产资料分离，从而是一方面使直接生产者转化为工资劳动者，另一方面把货币转化为资本的过程。这个过程在西欧是从16世纪开始的。它由以下要素构成：剥夺农民的土地，进行殖民掠夺和奴隶贸易，推行国债制度和近代赋税制度，实行保护政策等。对农民土地的剥夺是原始积累全部过程的基础，这种方式以英国的“圈地运动”最为典型，受到皇权支持的地主强行圈占农民的公共地和份地，以大牧场和大农场的形式出租给大农场主经营。经过从16—18世纪连续三个世纪的土地剥夺，英国独立的小农阶层基本上被消灭了。圈地运动最直接的结果是切断了农民与土地的联系，为英国资本主义发展创造了大批劳动力，扩大了国内市场，资本主义关系在英国农业中得到了长足的发展。在西欧其他国家中，对农民土地的剥夺虽然不如英国彻底，但也不同程度地经历了这个过程。殖民掠夺和奴隶贸易是资本原始积累的另两个重要手段。地理大发现后，西欧各国基本上都进行了残酷的殖民掠夺和奴隶贸易（见“三角贸易”、“西欧早期殖民征服”条），为资本主义的发展聚敛了大量的财富；国债制度也是资本原始积累的重要源泉，在荷兰、英国、法国的原始积累过程中都发挥了重要的作用。新兴的资产阶级一方面利用国债获得高额利息，另一方面往往借此从国家取得特权，如包税权（法国）、铸币权等。由国债盛行引起的证券投机业和近代银行的兴起也成为新兴资产阶级另一项财富的源泉，同时，为支付大量国债利息而兴起的近代赋税制度为原始积累提供了必要的支持；另外，保护关税、出口补贴等保护制度也是西欧国家原始积累的重要手段之一。16世纪以后，尤其在17—18世纪，西欧各国都在重商主义政策下对国内的资本主义手工工场实行保护制度，积极扶持资本主义手工工场的发展（法国手工工场的原始资本甚至一部分是直接由国库供给的）。至18世纪末19世纪初，西欧大部分国家都完成了资本原始积累的过程。

三　奴隶贸易

16—19世纪西方殖民者从非洲掠夺黑人并以高价贩卖到美洲作为奴隶的罪恶活动是西方资本主义原始积累方式之一。美洲被发现和开垦后，劳动力大量短缺，欧洲殖民者便把非洲变成掠夺劳动力的场所。以葡萄牙人贩运奴隶为开端，1517年西班牙人也开始奴隶贸易，16世纪后半期，荷兰、丹麦、法国、英国等海盗商人都参与了这一活动。16世纪葡萄牙贩运奴隶处于垄断地位，18世纪英国垄断了奴隶贸易，利物浦成为奴隶贸易中心。为了掩盖其罪恶性，殖民者利用传教的方式，在非洲强行捕获黑人，后在沿岸设立奴隶收购站，唆使部落间俘虏黑人，以商品、枪支等交换。奴隶贸易一般采取欧、非、美之间的“三角贸易”方式进行。其主要内容是商人把欧洲廉价的工业品和武器等运到非洲以换取奴隶；把非洲黑奴运到北美新大陆高价贩卖，购进蔗糖、甜酒、烟草、棉花等殖民地产品；把殖民地产品运回欧洲，作为原料供给日益发展的欧洲工业，制造成商品，再运到非洲以换取奴隶。这种三角贸易涉及三个方面：美洲大陆的殖民地开发经营；捕获和贩运非洲黑奴；资本和原料源源流入欧洲国家。奴隶贸易对欧美，主要是英国的资本原始积累起过重要作用。17世纪至19世纪中叶，从非洲运入美洲的黑奴有1500万—2000万人，400年间，非洲丧失了1亿以上的人口。19世纪末奴隶贸易基本停止。

四　西欧早期殖民征服

16世纪至18世纪中期，西欧国家在资本原始积累时期掀起占领和掠夺殖民地的活动。地理大发现以后，西欧商人和探险家对亚非拉人民进行了残酷的征服、掠夺和奴役，在此基础上建立起血腥的近代殖民制度。1494年，西班牙和葡萄牙两国在教皇亚历山大六世的调停下签署了相关条约，对世界进行第一次殖民地瓜分。到16世纪中期，西、葡两国各自建立起一个庞大的殖民帝国，成为第一代殖民霸主。他们垄断贸易，强取豪夺，攫取了巨额财富，仅西班牙一国在16世纪末就占有世界金银总产量的83%。继西、葡之后，商业共和国荷兰迅速崛起，1588年荷兰联合英国击败西班牙的无敌舰队，成为海外掠夺的主角。1602年建立荷兰东印度公司，对东方进行殖民掠夺；1621年又成立西印度公司，向北美洲和拉美渗透。到17世纪中期，荷兰已成为凌驾于西、葡之上的第二代殖民霸主，其商站、据点遍布全球，荷兰商人被称为“海上马车夫”。荷兰利用大商人集资组织的专营殖民活动的商业公司直接统治殖民地，掠夺了无数的财富。随着工业资本的发展壮大，依靠商业资本建立起优势的荷兰不得不让位于工业资本日益发达的英、法等国。在17—18世纪之交，荷兰的殖民霸权逐步衰落，被英、法取而代之。经过18世纪中期的七年战争（1756—1763年）之后，英国打败法国，削弱了法国的殖民实力，建立起庞大的殖民帝国，号称“日不落帝国”。除了直接掠夺手段外，从16世纪起，欧洲殖民者又开始了奴隶贸易。通过这些活动，新兴资产阶级积累了巨额财富。

早期殖民扩张的特点是：（1）经营殖民事业的主要是享有特许权的大商业资本家；（2）主要手段是暴力和超经济的强制；（3）掠夺对象主要是当地已有的财富；（4）殖民地域范围主要是各大洲的沿海地区。西欧国家的早期殖民扩张正是资本原始积累的关键时期，因此掠夺殖民地财富成为西欧资本原始积累的重要来源，为资本主义生产方式的产生奠定了基础，同时也给亚非拉国家人民带来了深重灾难，这些国家的经济遭到严重破坏，传统文化受到摧残，其影响一直延续到今天。

五　欧洲16世纪商业革命

16世纪欧洲商业流通地域范围和贸易品种数量急剧扩大，商业性质和经营方式发生深刻变革。由于15世纪末美洲新大陆和欧洲通往印度新航路的发现，欧洲人所了解的世界陆地面积成倍增加，欧洲与世界其他地区的经济联系急剧扩大。欧洲经济中心由地中海转移到大西洋后（西班牙、葡萄牙、荷兰、法国和英国取代意大利成为世界贸易的主体），欧洲迅速同美、亚、非三洲若干地区建立起广泛的贸易联系。从16世纪起，海上贸易超过陆地贸易，贸易额和商品种类都大大增加，烟草、咖啡、可可和茶叶等新商品开始进入欧洲市场并成为大宗贸易商品。原来只供贵族富豪享用的香料等奢侈品也逐渐成为大众性商品，进口日增。与此同时，欧洲商业的性质和经营方式也发生了相应变化。中世纪商业的封建行会传统和平均主义特征消失了，商业成为带有投机性的实业，从专门服务于封建贵族转为面向广大居民。资本主义经营方式开始发展起来，出现了商品交易所和证券交易所，以及垄断海外贸易的商业特许公司。这些巨大变革，史称“商业革命”。到16世纪末期，欧洲商业革命基本完成。商业革命促进了欧洲工厂手工业和商人资本的迅速发展，对欧洲封建社会的解体和资本主义生产方式的产生起到了很大推动作用，是促使封建生产方式向资本主义生产方式过渡的一个重要因素。

六　重商主义政策

重商主义政策是封建社会晚期中央集权国家为增加货币财富和促进资本积累而采取的经济政策。最早出现于意大利，14世纪以后西欧各国普遍实行，16—17世纪达到高潮，18世纪中期以后逐渐为自由贸易政策所取代。从历史上看，重商主义政策的发展经历了两个阶段：

第一阶段自14世纪到16世纪中叶，为早期重商主义政策，它以最大限度地获取金银货币并努力把它保持在国内为目标。主要措施有：（1）由国家管理金银进出口；（2）通过贸易使货币的输入超过输出，以便使贵金属流入国内；（3）外国人在本国出售货物所得货款必须全部用于购买本国商品。由于这种政策特别着重金银货币的获得以及储存，重点放在管理金银的进出口上，所以又称为重金主义。早期重商主义政策在14世纪末期的英国表现得最为明显。

第二阶段自16世纪下半叶到18世纪，为晚期重商主义政策。它以保障有利的贸易差额为直接目标，反对限制货币输出。要求加以规定的是对外贸易的流转额而不是货币的输出额，力图通过奖出限入来保证贸易出超，以达到在流通中使货币增值的目标。具体措施包括：（1）实行保护关税制度，保护本国工业，尤其是保护生产出口商品的工业部门；（2）鼓励发展工场手工业；（3）签订带有最惠国待遇条款的国际贸易条约；（4）对某些出口商品发放政府奖金或津贴；（5）限制或直接禁止某些商品的进口。晚期重商主义政策在17—18世纪英法两国的发展最具代表性。重商主义政策的实施促进了有关国家商品和货币关系的发展，加速了资本原始积累，推动了资本主义生产方式的产生和发展。

七　东印度公司

（一）荷兰东印度公司

在东印度群岛和非洲好望角一带进行活动的享有特权的商业股份公司是掠夺殖民地的主要工具，建于1602年，由经营东印度群岛贸易的几家公司联合而成，创业资本为650万荷兰盾。在击败葡萄牙和英国的竞争后，垄断了当地的主要商业。荷兰政府授予其各种特权：建立军队，在殖民地征税和发行货币，代表政府签订条约、宣布战争和媾和，以及制订和颁布条令法规等。它曾经侵占爪哇、摩鹿加群岛和中国的台湾，并与印度和日本等有商业联系。

掠夺殖民地的主要方式是：①在直接统治地区

征收定额实物税；在未完全征服地区实行强制供应制度，即通过专供条约规定每一地区应供应产品的种类和数量，公司按极低的价格收购；②垄断贸易，严格控制殖民地产品的生产和出口数量，严禁生产者自由出售这些产品，违者严加制裁；③建立强制劳动的种植园（它在东南亚拥有许多规模巨大的种植园，种植珍贵作物，由公司收购，运往欧洲，高价出售）；④实行“盗人制度”，抢掳当地居民进行奴隶贩卖。由于采用了这些残酷的剥削手段，所以尽管该公司每年需支付庞大的军事行政费用，但仍能给一般股东赢得20%以上的年红利，在1602—1782年间，共付股息2.32亿荷兰盾，相当于原股本的36倍。17世纪30—40年代为该公司的全盛时期。后来由于英法势力的加强和当地人民的反抗，经营日益艰难，于1798年解散。

（二）英国东印度公司

17世纪至19世纪中叶英国领得“皇家特许状”的殖民公司，主要业务是对印度、中国等东方国家经营垄断贸易。1600年成立，最初在马来群岛经营香料贸易，1620年转向印度建立商馆和军事据点，18世纪中叶依靠英国海上优势和经济力量，逐步排挤了法国和荷兰在印度的势力，1757年占领印度的孟加拉，进而取得了对印度的统治。它以武力洗劫印度王宫国库，掠走巨额财富，并迫使土邦纳贡；强占大量土地，征收高额田赋，造成多次饥荒，使印度饿死几千万人；对印度工商业者征收商业和运输税，打击印度的工商业；垄断印度的进出口贸易，独占食盐和鸦片贸易；迫使印度人种植罂粟，向中国非法大量走私鸦片，毒害中国人民，从中牟取暴利，掠走白银、生丝和茶叶。1757—1815年，英国东印度公司从印度掠夺的财富达到10亿英镑，是英国资本原始积累的一个重要来源。此外，英国还利用东印度公司的基地和武装，对亚洲许多国家和地区进行侵略和掠夺。鉴于英国资本主义发展的需要，英国政府于1813年和1833年先后取消了东印度公司对印度和中国的贸易独占权，并于1858年取消了该公司。

第二节　资本主义的发展

一　俾斯麦经济政策

德国从自由竞争资本主义向垄断资本主义过渡时期推行的经济政策，主要倡导者和实施者是先后担任普鲁士首相和德意志帝国宰相的俾斯麦。其主要内容是：由国家出资收购现有私人企业或投资建立新企业，扩大国有经济的规模和范围，以此强化政府对国民经济的控制，保障“铁血政策”的实施。国有化程度最高的经济部门是具有重要军事意义的铁路。1873年，俾斯麦创设“帝国铁路局”，负责协调各种铁路系统的建设、装备和营运。从1879年到1884年，普鲁士政府先后从23家大公司收购了12000公里私营铁路，从而完成了铁路国有化的主要工作。到1909年，国有铁路占全国铁路比重达到92.8%，铁路成为实施国家经济政策的基础。此外，德国还在1875年把各邦电报系统置于帝国邮政总局管理之下。1889年，德国政府购买两条国际海底电缆。1891年，同英国合作铺设从博尔库姆岛到东海岸的电线。到第一次世界大战前夕，德国国有经济包括采矿、制盐、铁路、邮政、电信、森林、金融业及具有重要经济意义的地方基础设施。此外，政府还通过大规模军事订货、出口补贴及创办公私合营企业来加强国家资本和私人垄断资本的联合。国有企业的董事会常为最大垄断组织的代表所把持。对外采取保护关税政策。1879年5月2日，俾斯麦在德国议会发表演说，要求对德国产业进行“适度的保护”，同年7月，国会通过了新的关税税则，并于次年付诸实施。主要内容包括：（1）加重农产品进口关税；（2）恢复1865年后取消的对于冶金、纺织等各种工业品的关税。其中，不断增加农产品关税是俾斯麦关税政策的主要部分。该政策具有明显的财政和政治动机，满足了地主阶级的要求，但工业品关税相对来说维持在较低的水平上，极大地损害了工业生产者的利益。1890年俾斯麦下台后，其保护关税政策废止。俾斯麦的国有化政策促进了德国国家垄断资本主义的发展，助长了德国帝国主义的侵略性。

二　自由放任

自由放任亦称“经济自由主义”，是一种取消政府对经济干预，让市场本身发挥作用来安排生产、配置资源的学说。“自由放任”一词出自法语。17世纪末18世纪初，法国的工商业受到政府的干预较多，地区间的贸易受到国家关卡的限制。当时法国重商主义主张的支持者、财政大臣柯尔培尔问一位商人，政府可以帮助工商业界做些什么，该商人的答案是“自由放任”。此后，自由放任被看作一种取消政府干预的经济哲学观点与政策，也成为反对国家干预社会经济生活、主张自由竞争和自由贸易的一种西方经济理论思潮。在18世纪重农学派理论中有所体现，最早明确提出“自由放任”原则的是法国的古尔内，后为亚当·斯密竭力倡导，并作了充分论述。亚当·斯密认为听任个人追求个人利益，就能达到社会的最大利益；听任市场自发力量发挥作用，就能使经济自然调节、保持均衡，因此反对国家干预经济生活，主张放任厂商完全自由地从事经济贸易活动，政府的作用只应限制在维持国防、秩序、法律方面。这一理论后来为李嘉图、萨伊、哈耶克和弗里德曼等人进一步发展，在19世纪末自由放任学说盛极一时。1929—1933年世界经济危机使该学说失去影响，西方国家对经济干预有所加强，但随着凯恩斯主义的“失灵”，近年来西方的自由放任经济思想又有所发展。新古典经济学家，尤其是新自由主义经济学家成为该学说的主要支持者，并对近年来西方国家政府的经济政策产生了一定的影响。

三　法国金融帝国主义

法国进入帝国主义时期的突出特点。早在资本主义上升时期，法国的银行资本就达到相当发达的程度。从19世纪70年代起，由于政府大量发行公债、工业生产的增长以及因物价上涨刺激的商业繁荣，使得银行信贷事业获得更进一步的发展，新的金融机构不断涌现。到19世纪末期，法国的银行业已拥有雄厚实力，特别是几家大银行，直接操纵国家的经济和政治生活。大银行之间联系紧密，共同垄断着有价证券的发行和其他银行业务，作为国家银行的法兰西银行，也被当时由200个最富有家族所组成的法国金融资本的最高统治集团控制着。随着银行资本的发展，高度发达的银行资本与工业资本相互融合在一起（大银行的经理和工业资本家还互相兼任职务），控制着国家的经济命脉，形成了金融资本对整个国民经济的统治。而同期，法国工业生产的集中却比较缓慢，银行资本集中的水平远远超过了工业集中的水平，即法国银行资本的发展大大超出了工业资本的发展，法国积累了巨额“过剩资本”。在这种情况下，除了小部分用于国内工业投资外，法国银行资本大部分作为贷款输出到国外，而且规模和速度急剧增长。其资本输出总额1869年为100亿法郎，1900年为300亿法郎，大大超过了同一时期国内投资的总额，法国成为仅次于英国的第二个资本输出大国。由于资本的性质不同，法国的资本输出与英国的作为生产资本输出的做法不同，多半采取借贷资本（公债）的形式，即通过大银行为外国政府和公司发行债券，提供贷款，或在外国交易所中购买有价证券，进行金融投资，而不是对国外工业企业进行直接投资；同时，法国的国外投资主要在欧洲，首先是在沙皇俄国（超过100亿法郎），对其殖民地投资很少。巨额借贷资本输出，曾给法国带来了大量利息收入（第一次世界大战前夕，法国食利者阶层连同家属超过500万人，即占全国人口的1/8以上）和其他经济政治利益。在主要资本主义国家向帝国主义过渡的过程中，尽管法国的人口、工商业和海运等出现停滞现象，但它却可依靠向国外发放高利贷来弥补对外贸易的逆差。此外，银行收取的佣金收入以及贷款附加条件等也使得法国的大资本家获得了巨额利润。由于法国的银行业与资本输出有着密切的联系，大部分资本又都是采用贷款的形式投放出去的，而不是对工业企业的直接投资，所以法国帝国主义具有明显的高利贷性质，在这个意义上，列宁将其称作“高利贷帝国主义”。

四　德国军事帝国主义

过渡到帝国主义阶段后德国的突出特点。19世纪70年代后，德国工业生产出现跳跃式发展，其速度大大超过英国和法国。除了新的工厂、矿山和其他工业设备的出现和生产的急剧高涨，生产也开始集中在少数资本家手里，1851年，德国出现了第一个卡特尔，1897年增加为345个。与此相适应，银行在德国经济和政治中起着主导作用。农业中资本主义也得到了迅速的发展。进入20世纪时，德国已经成为欧洲头号工业强国，同时，德国国家政权与垄断资本结合的程度在帝国主义国家中是最高的。但直到垄断资本主义时期，德国仍然是一个由容克地主和垄断资产阶级联合专政的国家，一小撮金融寡头和具有军国主义传统的容克地主阶级的代表人物紧密地勾结在一起，他们保留了半封建的君主政体和根深蒂固的军阀制度，在国内实行专横的统治，残酷地压迫和剥削广大人民，使德国的阶级矛盾日趋尖锐。代表金融寡头和容克地主利益的德国政府，力图发动侵略战争来摆脱国内日益严重的社会危机，并满足金融寡头和容克地主的掠夺欲。德国社会经济中浓厚的封建残余的存在，一方面使广大农民和工人购买力低下，造成国内市场狭小；另一方面使农业日益落后于工业，国内粮食问题和工业原料问题异常尖锐。垄断资产阶级急切要求对外扩张，以弥补国内市场的狭小和粮食与原料的不足。德国是在普鲁士容克地主阶级领导下实现统一的，普鲁士军国主义者在德国拥有强大的势力，极富争夺世界霸权的野心，致力于扩军备战。同时，国家的军事预算不断增加，使军火工业得到了突出的发展。德国军国主义者和军火工业家都热衷于发动侵略战争，发达的军火工业又为进行侵略战争提供了物质条件。德国帝国主义在疯狂地扩充军备的同时，还捏造德意志民族“优越论”，鼓吹军国主义思想，为发动侵略战争作思想准备，所有这些使得德国帝国主义特别富于侵略性。也正是在这个意义上，列宁把德国帝国主义称作“容克资产阶级帝国主义”。随着垄断资本的发展和金融资本统治的确定，在进行经济扩张的同时，德国为了获得“稳固”的原料产地、商品市场和投资场所，也继英法之后自19世纪80年代初开始疯狂进行殖民扩张，到1914年，德国殖民地面积达到了290万平方公里，人口1230万人。但德国的殖民地多分布在非洲和太平洋，人口少，资源未开发，殖民地所能容纳的对外贸易额和资本输出额也极为有限。同时，殖民地面积远远少于英法，这与德国现实的经济政治实力不相适应。为了改变这一状况，德国积极准备以发动战争为手段来重新瓜分世界，争夺世界霸权。

五　第一次科技革命

16—17世纪自然科学理论取得了重大突破，并在此基础上建立了各门学科。第一次科技革命始于1543年哥白尼发表《天体运行论》，以牛顿在17世纪下半叶进行的大量科学研究工作使近代自然科学理论完成了第一次大综合告终。第一次科学革命的成就包括：波兰科学家哥白尼建立“日心说”；荷兰人维萨留斯创立近代医学和解剖学研究方法；意大利人伽利略发现惯性定律和落体定律，开启了近代力学革命；英国医生哈维发表《心血运动论》，奠定了近代生理学的基础；荷兰人列文霍克制成实用显微镜，直接促进了细胞的发现；英国学者波义尔提出空气体积与压力成反比，使化学成为独立学科；牛顿、莱布尼茨创立了微积分；牛顿发现万有引力定律，完成了近代天文学、光学、数学和力学的革命与创立。第一次科学革命为18世纪下半叶生产技术的突破奠定了理论基础，并直接促成了19世纪下半叶的技术革命。

在科学革命的带动下，西欧产生了人类历史上第一次技术革命，主要内容是机器的发明。棉纺织工业是产业革命的摇篮，工具机的应用是产业革命的起点。1764年，哈格里弗斯发明珍妮纺纱机，开始了英国的工业技术革命；1771年，阿克莱特在克罗隆德创办第一个水力纺纱厂，诞生了工厂制度，产业革命从此开始由单纯的技术变革转为经济与技术的复合运动；1782年，瓦特发明复动式蒸汽机，1785年应用于棉纺织业，从而使机器生产摆脱了自然力的限制，推动工厂由郊区河边向城市集中。随着棉纺织业技术的发展和蒸汽机应用范围的扩大，煤炭、冶金工业也迅速转向机械化生产，并同棉纺织业一起构成产业革命中英国建立的三大支柱产业。到19世纪30年代末期，作为产业革命的最后步骤的“用机器生产机器”完成，英国产业革命至此基本结束。继英国之后，其他欧洲资本主义国家纷纷借助于英国技术革命的成果进行产业革命。法国从18世纪90年代开始，到19世纪70年代完成；德国从19世纪30年代开始，到70年代初德意志帝国建立后完成。机器大工业和工厂制度的建立，为资本主义制度奠定了坚实的物质技术基础，使人类社会的生产力发展到一个空前高度，充分显示了处于上升时期的资本主义的历史进步性。同时，在产业革命过程中形成了以近代无产阶级和资产阶级为主体的社会。

六　第一次周期性经济危机

1825年以英国为中心爆发的生产过剩危机。随着工业革命的发展和深化，英国经济飞速发展，资本主义生产力成倍增长。英国工业制成品凭借其低廉的价格和优良品质而称雄于国际市场。生产力的增长和商品销售市场发展的相对缓慢，很快形成矛盾。1815—1821年英国棉纺织业接连发生恐慌，从1825年第二季度起，英国商品出口开始萎缩，交易所投资破产事件日益增多。七八月间，生产下降，物价骤跌。到八九月之交，股票行市也开始跌落。1825年年末，金融危机引发大批银行破产和工业企业倒闭，倒闭企业总数达3549家。这是一次与以往历次恐慌迥然不同的真正经济危机，它打击了几乎所有经济领域，纺织业、机器制造业、建筑业和造船业等无一幸免，其中尤其以纺织业所受到的打击最为沉重。1826 年，英国棉花进口量锐减 23%，纺织机和其他机器价格剧烈下跌，产品大量积压。由于当时英国工业生产占世界工业生产半数以上，这次经济危机不仅殃及与英国经济联系密切的美国、法国、德国和意大利等许多欧洲国家，而且影响到刚刚独立并成为英国新市场的许多拉丁美洲国家。1825 年危机揭开了资本主义经济周期性危机史的序幕。此后，几乎每 10 年左右都要爆发一次。

第三节 两次大战之间的经济

一 凡尔赛体系

第一次世界大战以后根据《凡尔赛和约》及其他四个条约建立的国际关系新体系。英、法、美等战胜国在 1919 年 6 月 18 日签订以对德和约为主体的《凡尔赛和约》之后，又先后同德国的盟国分别签订对奥地利的《圣日耳曼和约》（1919 年 9 月 10 日），对保加利亚的《纳伊和约》（1919 年 11 月 27 日），对匈牙利的《特里亚农和约》（1920 年 6 月 4 日）和对土耳其的《色佛尔和约》（1920 年 8 月 10 日）。这些条约同《凡尔赛和约》一起，规定了对战败国领土及其殖民地的再分割，确立了战后国际关系的新秩序，即以国际联盟为核心的凡尔赛体系。其实质是：巩固帝国主义的既得利益，维持各战胜国的均势，并最大限度地削弱战败国，加强帝国主义对殖民地的统治。凡尔赛体系巩固了法国在中欧的均势，保证了英国在地中海的霸权，加强了日本在亚洲的地位，扩大了美国经济的势力范围。由于所有和约都是在激烈争吵中签订的，当时政治经济实力最为强大的美国既没有批准凡尔赛和约，也没有参加国际联盟，故该体系从一开始就包含着种种矛盾和不稳定因素。第二次世界大战前夕，凡尔赛体系瓦解。

二 第二次科技革命

19 世纪下半叶出现的一系列重大科学技术突破的总称。其主要内容包括：（1）科学革命。19 世纪 40 年代德国人迈尔和英国人焦耳等独立地发现了热功转换的当量关系，建立了能量守恒和转化定律；英国科学家达尔文 1859 年发表《物种起源》，创立了进化论；1837 年，德国学者施莱登发表《植物发生论》，确立了植物细胞学说。次年德国人施旺提出动物细胞学说，并于 1839 年发表《关于动植物的结构和生长一致性的显微研究》，最终完成细胞学说，这就是 19 世纪中期自然科学理论的三大突破。此外，1869 年，俄国化学家门捷列夫发现化学元素周期律，为化学研究开辟了广阔的前景。（2）技术革命。涉及能源、动力、材料、化工、运输、通信等各个方面。能源和电力技术：1859 年，美国人德雷克在美国打出第一口油井，从而开创了近代石油工业；1866 年和 1878 年德国人西门子先后发明自激式发电机和电动机，1870 年和 1880 年美国人爱迪生先后发明电灯照明系统和大型直流发电机，1882 年法国人德普勒试验高压直流输电成功，近代电气工业由此发端。材料技术：1856 年英国人贝塞迈发明贝塞迈炼钢法，1864 年法国人马丁发明平炉炼钢法，1877 年英国人托马斯发明除磷的托马斯炼钢法。此外，1839 年美国人古德意尔发明天然橡胶的硫化处理技术，1846 年瑞士人薛本发明硝化纤维，法国还出现了专门的水泥制造厂。化学工业技术：1856 年英国人柏琴发明人造染料，开创了煤染料工业，1862 年和 1875 年瑞典化学家诺贝尔先后发明硝化甘油和火药，开创了现代炸药工业，1882 年德国人巴尔发明人工靛蓝，化学染料工业迅速发展；1886 年美国人霍尔发明电解制铝法，奠定了现代制铝工业的基础，另外，制碱技术和化肥生产技术也有较大发展。运输和通信技术：继 1837 年莫尔斯发明有线电报以后，1857—1866 年美国铺设了第一条横跨大西洋的海底电缆，1876 年贝尔发明电话，1897 年无线电技术诞生，从而开始了立体通信时代，1886 年德国人戴姆勒制成汽油内燃机汽车，1896—1897 年德国人狄塞尔制成柴油机，1903 年美国莱特兄弟研制的飞机飞行成功，等等。第二次科技革命直接促成了现代冶金工业、化学工业和电力工业、运输通信事业等一系列新兴工业部门的崛起，促进了资本主义工业化的实现，促进了资本和生产的集中和垄断，以及生产组织形式上的重大变革。同时，也使资本主义经济发展的不平衡加剧了。

三 西欧金本位制的崩溃

1929—1933 年世界经济危机期间，资本主义国家普遍发生了深刻的货币信用危机。1931 年 7 月，德国在停止偿付赔款、外债的同时，宣布对外汇实行严格管制，禁止黄金交易及黄金输出，使德国金汇兑本位解体。同年 9 月，英国宣布英镑贬值，并被迫放弃金本位制，随后一系列英帝国的成员国和部分欧洲国家也放弃金本位。在上述严峻情况下，法国、意大利、比利时、瑞士和波兰六国面对严重的世界货币危机，于 1933 年结成了货币集团（金集团）。他们宣告依靠六国中央银行进行密切联系，彼此支持，来继续维持金本位制，并使各国本位币不贬值。1933 年 3—5 月，美国先后宣布停止银行券兑换、禁止银行和私人贮藏黄金以及输出黄金和美元等措施，事实上终止了金本位制。参加金集团的国家因外贸状况恶化，资金外流，币值也未能稳定，意大利、波兰两国率先退出了金集团，1936 年 3 月起，比利时、法国、荷兰和瑞士四国先后实行货币贬值，金集团终于瓦解。同年 8—9 月，法国、瑞士、意大利、荷兰、比利时等一些欧洲国家最后放弃金本位制，金本位制至此全面崩溃。

四　魏玛共和国的经济政策

（一）1919 年 7 月魏玛共和国通过的宪法

在经济方面，宪法规定“经济生活的措施应适合于公平的原则”，“每个人经济上的自由权应受保障”，人们有工作自由、结社自由、契约自由、经营工商业自由、财产自由等权利，有通过劳动赚取生活费用的机会，国家资助没有职业者的生活，实行社会保障政策。另外，在德国工人运动高涨的情况下，宪法中还包括了若干“经济民主”和“社会主义”的内容，包括企业国有化、成立工人委员会等。

（二）对外经济关系

第一次世界大战结束后不久，德、美之间开始恢复经济往来。1918 年 11 月至 1920 年 3 月，德美贸易额达 1.73 亿美元。两国的垄断资本集团开始恢复战前的合作关系。1921 年 8 月 25 日，美国单独同德国在柏林签订《德国和美国恢复和平协定》，结束了战争状态，两国之间的经济合作关系有了新的发展；1921 年 5 月 6 日与苏联签订了临时通商协定，着手消除两国之间恢复贸易来往的一切障碍。1922 年 5 月 16 日，德苏两国签订了《拉巴洛条约》，条约最重要的条款是：德苏两国都放弃战争费用和战争破坏的赔偿要求；立即恢复外交关系；在最惠国待遇的基础上建立相互间的贸易和经济关系。德苏关系进入一个新的阶段，至第二次世界大战爆发之前，双方贸易往来十分频繁。

（三）德国赔款问题及经济危机下的经济政策

1919 年 6 月 28 日，德国签署了《凡尔赛条约》。《凡尔赛条约》所规定的经济义务和财政义务对于德国人民是一个严重的打击。在这种情况下，德国本来已因战争而濒临崩溃的经济雪上加霜。1919 年德国经济经历了战后的第一次剧烈波动。军事订货的停止，重要自然资源和工业基地的割让，工业原料的异常缺乏等，使得工业生产大大缩减。同 1918 年相比，1919 年工业总产量减少了 1/3，只及战前产量的 33.8%。德国历史上第一个资产阶级民主共和国，从一开始就处于严重的经济困难当中。1921 年 10 月，德国同法国签订偿付协定，德国向法国交付货物和原料抵作赔偿。在交付赔偿货物之后，德国财政迅即陷入崩溃境地，德国政府于是向协约国提出延期交付赔款的请求，导致了法国出兵占领鲁尔，德国在提出强烈抗议的基础上则采取“消极抵抗”政策：经济上，所有可能被法国利用的工厂一律停止生产；铁路、通信不得为占领军服务；鲁尔区的所有德国人不得为法军服务、提供物资等。鲁尔的被占领和“消极抵抗”政策给刚刚恢复的德国经济带来了新的沉重打击。1923 年是战后德国经济空前混乱的一年。工业生产猛烈下降，在最严重时只有 14.7% 的工业企业勉强全部开工，数百万工人失业，工农业商品储备空虚，流动资金极端缺乏，银行信贷制度濒于解体，国库黄金储备几近枯竭，政府预算赤字惊人，爆发了史无前例的恶性通货膨胀。德国政府只能借助于印钞机，到 1923 年年末，流通中的纸币数量比战前增加了17000亿倍以上。德国的社会经济危机引起了美英等国的关注，制订了关于德国赔款问题的道威斯计划。1924 年 8 月 30 日，德国接受道威斯计划（参见“道威斯计划”条），同时，鲁尔危机结束。道威斯计划受到德国资产阶级的欢迎，对 20 年代德国经济的恢复和军国主义的再度崛起了很大作用。在美国帮助下，1923 年年底德国进行了货币改革，稳定了通货，结束了经济混乱局面，开始进入局部稳定时期。道威斯计划实施的同时，以美国为主的大量外国资本涌入德国，解决了德国经济恢复过程中资金紧缺的难题，不仅如此，国际资本对德国提供了大量物资装备和技术帮助，从而使德国淘汰了落后企业，大范围更新了固定设备，带动了整个工业的进步。这一过程主要是通过“产业合理化运动”进行的，其实质就是在采用新技术和科学管理的基础上，通过加强对工人阶级的剥削来促进经济的繁荣和发展，从而大大提高了劳动生产率。主要内容有：（1）技术合理化。即德国企业大量引进外国尤其是美国的先进技术，更新机器设备，淘汰落后企业，建立使用现代化技术的新工厂。以此为基础，国民经济迅速实现电气化、化学化和汽车化。（2）管理合理化。引进美国“福特制”和“标准制”，完成旧式经验管理向“科学管理”的转变。（3）加强产业集中和卡特尔化。（4）完善基础设施。产业合理化运动使德国经济迅速恢复起来，到20年代末，德国工业已经恢复到战前水平，化学、电子技术、精密机械和光学工业重新居于世界领先地位，并且新建了一支现代化远洋舰队。从1924年起，德国经济迅速恢复起来，到1927年，德国工业已经接近战前水平。但从1929年开始，资本主义世界经济危机开始蔓延，建立在对外国经济依赖上的德国经济遭受了历史上最尖锐、最深刻、最持久的一次经济危机。整个工业生产降低了40%左右，大量工厂破产，失业工人总数达600万—800万，居欧洲各国之首。1930年1月20日德国接受了杨格计划，作为道威斯计划的补充，该计划有利于德国资产阶级对劳动人民的剥削，进一步加强了德国帝国主义。但杨格计划下的巨额赔款和大量外债也成了加速德国信用危机爆发的重要因素之一。在德国表示无力支付赔款后，几经讨论，1932年赔款问题专家委员会洛桑会议确定由德国交付最后一笔40亿马克的赔款，其他赔款均予以取消。洛桑会议结束了12年来不断引起国际争端的德国赔款问题，至此，德国在经济上彻底摆脱了《凡尔赛条约》的一切负担和限制，但德国后来仍然没有偿付最后的40亿马克赔款。1931年7月，德国爆发了深刻的货币信用危机。为此，德国政府发放了10亿马克以上的贷款以挽救各大银行，并收购了全国私人银行70%左右的股票。为挽救农业危机，德国政府多次提高农产品进口关税，限制外国农产品倾销，维持本国农产品市场的份额和国内相对较高的农产品价格。为了克服危机，德国政府尤其是布吕宁政府，采取了一系列措施，千方百计地把危机的沉重负担转嫁到劳动人民身上。一方面，布吕宁政府以维护对国民经济有重要作用的企业和生产部门为理由，向垄断组织和容克地主大量提供贷款和补助金，在整个危机期间，布吕宁政府给垄断组织和容克地主提供了100亿马克以上的贷款和救济金，极大地减轻了他们在危机中的损失；另一方面，德国政府大大提高劳动人民的纳税额，开征啤酒税、零售税、人头税、危机税、独身税等，还以延长劳动日方法降低工人工资，或者直接削减计时工资。另外，政府还降低了给残疾者、年老退休者、寡妇和孤儿的救济金，大量减少失业者的补助金。危机造成的严重后果是德国劳动人民大量失业，引发了严重的社会动荡。同时，容克地主阶级和金融资本家阶级也对现政权强烈不满，为德国法西斯的上台创造了条件。

五　道威斯计划

第一次世界大战后协约国提出了德国向战胜国支付赔款的计划。因其由美国银行家道威斯领导的协约国专家委员会制定，故名道威斯计划。1924年4月正式提出，同年8月16日协约国伦敦会议通过，9月1日德国决定接受该计划，开始生效。主要内容有：（1）由美、英两国给予德国8亿金马克贷款，以帮助德国平衡预算，实行币制改革，稳定货币；（2）恢复德国的经济统一，任何外国组织均不得妨碍德国经济的发展；（3）暂时不规定德国的赔款总额和期限，只规定最近五年的赔款额，即1924—1925年度为10亿金马克，1925—1926年度为12.2亿金马克，1926—1927年度为12亿金马克，1927—1928年度为17.5亿金马克，1928—1929年度为25亿金马克；（4）赔款从关税、日用消费品间接税、铁路收入和工业企业利润中按规定比例提取；（5）德国必须尽其最大能力按期支付赔款；（6）成立由美、英、法、意、比五国组成的“拨付赔款委员会”，监督德国履行赔款计划。道威斯计划的目的是通过美、英等国向德国提供贷款来帮助其恢复经济，以便支付战争赔款。计划执行六年的结果是，1924—1929年间德国获得贷款210亿马克，对恢复其经济起了很大的作用。但德国从1924年9月1日到1930年5月17日支付的赔款总共只有75.1亿马克，是1921年4月赔款委员会宣布的赔款总额的5.7%。为了最终解决赔款问题，债权国于1930年签订了杨格计划，取代了道威斯计划。

六 30 年代初大萧条

资本主义经济史上最持久、最深刻、最严重的周期性世界经济危机。首先爆发于美国。1929 年 10 月 28 日纽约股票市场价格在一天之内下跌 12.8%，大危机由此开始，并从美国迅速蔓延到整个欧洲和除苏联等国以外的全世界。同历次危机相比，这次危机持续时间最长，从 1929 年到 1933 年，长达五年之久，最为深刻，金融危机、工业危机与 20 年代开始的农业危机交织在一起，加剧了危机的程度。表现及其后果也最为严重，主要有以下几个方面：（1）工业生产大幅度下降。危机时期，资本主义世界工业生产下降 37.2%，其中美国下降 40.6%、法国下降 28.4%、英国下降 16%，主要资本主义国家的生产退回到 20 世纪初期或 19 世纪末期的水平。（2）企业大批破产，工人大量失业，经济损失严重。危机时期，倒闭的企业数量美国达 14 万家，德国为 6 万家，英国为 3.2 万家。资本主义世界的全失业工人超过3000万，加上半失业者，达4000万—4500万。按完全失业工人计算的失业率，德国为 43.8%，美国为 32%，英国为 22%。由于股价暴跌和生产停工而遭受的经济损失达2600亿美元，超过第一次世界大战造成的损失。（3）世界商品市场急剧萎缩，关税战、贸易战加剧。美国于 1930 年将应税进口商品平均税率提高到 53.2%；英国从 1932 年起实行帝国特惠制；德国限制进口量；法国实行进口配额制。结果，1929—1933 年间资本主义世界贸易额缩小 2/3，退到 1919 年的水平。（4）世界货币秩序遭到破坏，金本位制崩溃。1931 年 7 月，德国实行外汇管制；同年 9 月，英国率先放弃金本位制，英镑汇率自由浮动；美国于 1933 年限制黄金出口和私人拥有黄金，实行美元贬值；法国于 1933 年筹组金集团，失败后于 1936 年也放弃了金本位制，逐渐形成英镑区、美元区和法郎区，统一的资本主义世界货币体系瓦解了。30 年代大危机对资本主义世界经济是个沉重的打击，世界工业生产直到 1936 年才恢复到 1928 年的水平。帝国主义国家之间的矛盾、帝国主义国家与殖民地半殖民地之间的矛盾大大激化了。主要资本主义国家为了维持垄断资产阶级的统治，大力实行生产关系的调整，加强国家对经济的干预。私人垄断资本进一步向国家垄断资本主义发展。

七 凯恩斯主义

英国经济学家凯恩斯所创并为其追随者所发展的经济理论体系，是当代资本主义经济学中影响最大的流派，于 20 世纪 30 年代适应国家垄断资本主义发展需要而产生。第一次世界大战后，凯恩斯针对英国的经济困境，提出以国家干预经济取代传统的“自由放任”的政策主张。1936 年发表了《就业、利息和货币通论》，对 1929—1933 年世界性经济危机中资本主义国家的反危机措施从理论上加以总结，他提出的基本理论和政策主张是：一个国家的就业量是由有效需求决定的，有效需求则是消费（对消费资料的需求）与投资（扩大生产对生产资料的需求）共同构成的；生产停滞、萎缩和经常存在较多失业的根源在于有效需求不足；经济危机的爆发，是由资本边际效率（即资本家进行投资预期可能得到的利润率）的突然下降引起投资的迅猛缩减所造成的。凯恩斯认为，第一次世界大战以后，19 世纪曾有过的那种可以获得足够利润的投资机会已经随着积累的增加而日益枯竭，因而单纯依靠企业家的投资已不能提供足够的有效需求以保证实现充分就业，必须由政府积极干预经济生活，以扩大有效需求。他主张国家直接进行投资，增加公共开支、政府采购，并对资本家实行补贴、减税，压低实际工资，以刺激私人投资。为此，公开提倡赤字财政、通货膨胀等政策。在 1929—1933 年世界经济大危机期间，凯恩斯主义经济学风靡一时，许多资本主义国家按照他的理论，由政府制定政策干预经济，并产生了相当有效的短期效应。凯恩斯主义经济学成了 30 年代以后资本主义经济学中最有影响的流派，对整个资本主义世界发挥了巨大作用，因此凯恩斯经济学被称为官方经济学或主流经济学。第二次世界大战结束后，他的理论成为许多资产阶级政府制定经济政策的指导思想。但 70 年代发生的“滞胀”说明凯恩斯主义经济学也未能真正解决资本主义固有的不治之症，表明了凯恩斯主义的破产，凯恩斯经济学也随之分化为两大流派：一派是以英国的琼·罗宾逊为首的“新剑桥学派”；一派是以美国的保罗·萨缪尔森为代表的“新古典综合派”。两派都力图在战后新形势下修补凯恩斯学说，以适应垄断资本主义的新需要。

八 第二次世界大战前的西欧经济

30 年代是资本主义经济危机空前严重的时期。

西欧各国的生产剧烈下滑，工业危机、农业危机和金融危机交织在一起，造成了社会的激烈动荡和资本主义竞争的加剧。各国政府除了采取措施加强垄断资本的力量外，还都在不同程度上采取了扩军备战的措施。

（一）英国

1929年危机后，英国工业在1935年出现了短暂高涨的局面，保持到1937年下半年。英国在资本主义世界工业生产中的比重由1929年的9%上升为1937年的11%。这一时期英国工业发展的主要特点是：一方面得到关税保护的新兴工业部门和与军事生产相关的重工业有了较大的发展；另一方面，煤矿、造船和纺织等老工业部门仍处于慢性危机中。在保护关税和低利率政策下，国内投资有了迅速增长；在帝国主义国家矛盾进一步尖锐的情况下，英国从1934年起就开始备战活动，1935年正式宣布扩军计划。军费支出猛增，刺激了钢铁、机器制造、飞机、汽车、化学等工业部门的发展。在保护政策和扩军备战的刺激下，新工业部门的迅速发展进一步改变了英国工业的部门结构，新工业部门在工业总产值中占的比重从1929年的13.6%上升到1937年的17.6%。此外，30年代建筑业的发展对这一时期英国经济的复苏和高涨也起了很大的作用。1937年年末，新的经济危机再次爆发，英国政府将解决危机的重点放在扩军备战上，1939年军费开支比1937年增加了一倍，达到53000万英镑。军备竞赛和第二次世界大战的全面爆发，暂时制止了这次危机的发展。农业方面，1931年开始限制食品的进口，同时，政府对某些主要农产品进行补助和拨付津贴，以保证地主和农场主获得高额利润。在政府的保护和津贴下，农业生产得到了一定的恢复，农业技术装备也有很大的改善，但还远未恢复到第一次世界大战结束时的水平。政府对付经济危机的措施为大企业垄断国内市场和生产创造了十分有利的条件。继20年代之后，新工业部门的进一步发展，产业合理化的进一步推行，更加促进了生产和资本的集中以及垄断组织的发展。到30年代末，英国已经成为垄断资本高度发展的国家，在纺织、煤矿、造船、汽车、冶金、化学等部门中都出现了巨型垄断公司，银行“五巨头”的垄断实力有了极大发展，银行资本和工业资本的融合空前加强了。

（二）法国

进入30年代后，法国经济陷入极端的困境之中，1929—1933年资本主义世界经济危机对法国的打击尤其沉重。大批银行和工商业纷纷倒闭和破产，工农业生产下降，失业人数猛增，物价下跌，资本输出锐减，对外贸易萎缩，法国经济陷入危机深渊。这次危机在法国持续的时间特别长，1934年大多数资本主义国家经济开始复苏时，法国仍处于危机当中，直到1936年才略有回升。但从1937年下半年起，随着资本主义世界再次爆发经济危机，法国又卷入一次新的经济危机之中。1937年法国在资本主义世界工业生产中所占比重从1913年的6%下降到5%。危机不仅使工业生产缩减、技术停滞，并使长期处于停滞状态的慢性农业危机更加尖锐，大大增加了国际贸易逆差额（法国在世界资本主义国家贸易中所战的比重由1929年的6.4%下降为1937年的5.1%）。但从1929—1938年，殖民地在法国对外贸易中的比重有了显著增长，法国的垄断巨头大肆掠夺殖民地的资源和财富，力图依靠殖民地来解决再生产问题，但收效甚微。另外，从30年代下半期开始，法国加强了备战活动。1938年，军费支出大大增加，占国家预算的75%，使财政巨头的收益大增。30年代的经济危机使法国经济深受打击，并一直未能摆脱衰退，发展速度落后于其他资本主义国家。到第二次世界大战前夕，法国的国民生产净值仍然低于危机前的水平。

（三）德国

1929年年底，在世界经济危机，特别是在美国经济危机的影响下，德国工业生产开始直线下降，1932年8月落到最低点。整个工业生产下降了40.6%，失业工人达到600万，居欧洲国家之首。随后爆发了深刻的货币信用危机、农业危机，对外贸易急剧萎缩。希特勒上台后，德国经济迅速军事化（参见“九　第二次世界大战前德、意经济军事化”条）。

（四）意大利

1929—1933年的世界经济危机对意大利造成沉重打击。工业生产指数由1929年的100下降到1932年的66.8，各种消费品尤其是农产品价格暴跌。危机期间对外贸易额减少2/3，逆差巨大；海运收入减少63%；侨汇减少77%；银行的储备减少28%；1932年失业人数达到113万。1934年5月，意大利政府宣布对外汇实行严格管制，政府专门设立国家外汇局垄断外币兑换。为缓和财政上的紧张，公职人员薪水削减12%。在工业生产上，实行限额分配制，1933年又规定，工业部门未经政府允许不得扩建或新建工厂。在外贸方面，对一些商品实行进口许可证制度，1934年还致力于实行易货贸易。在经济危机的打击下，再加上法西斯政权固有的闭关锁国思想，到1935年初，实行了更加严厉的进口限制。在这个时期，为了拯救在危机中陷于绝境的企业，意大利政府组建了工业复兴公司，该公司收购了意大利商业银行、信贷银行和罗马银行，同时控制了大批企业，大部分冶金和机器制造部门的企业、几乎全部的造船和军工企业都转到国家手里。从这次危机到第二次世界大战前，意大利的资本和生产集中进一步加强。到30年代后期，意大利垄断资本主义已经发展到相当的规模。

九　第二次世界大战前德、意经济军事化

1933—1939年间，德、意两国经济政策都直接或间接以实现战争经济为目的。

（一）德国

按照纳粹党的设想，1933—1936年这一阶段把恢复经济和“解决失业问题”作为主要目标，为准备战争而全面改组德国经济。为此希特勒采取了一系列强制性措施：颁布“第一项莱因哈特纲领”，通过发行短期的劳动国库券筹措经费，将100万失业者重新吸纳到生产中去；拨款5亿马克津贴用于1933—1934年冬季维修住宅和农用房屋；采取奖励措施限制已婚妇女就业，鼓励妇女离职专营家务；增加公共项目投资，希特勒政府通过兴建土木工程和国防军事工程、扩充军备和实行劳动义务制等手段缓解失业压力。另外，希特勒政府于1933年7月成立“德国经济总委员会”，它负责指导国家经济政策和法令的制定工作，拥有无限权力，其实质是由垄断寡头直接把持的备战经济总参谋部。颁布《卡特尔条例》，大量中小企业被迫并入垄断组织，受垄断资本的直接统治。卡特尔的数目迅速增加。此外还通过了一系列有利于垄断组织发展的法令。这样，垄断资本的实力空前加强，到第二次世界大战前，垄断组织控制着全国70%的工业，重要的经济部门几乎完全掌握在垄断巨头手里。1936—1939年间，希特勒政府的目标是解决战争物资的自给自足，为直接进行战争而强制发展战争经济。1936年10月，希特勒发布关于实施旨在发展军工生产的“四年计划”命令，具体任务是：（1）德国军队必须在四年内做好战争准备；（2）德国经济必须在四年内做到能够应付战争，即德国必须按计划在四年内摆脱对所有外国原料的依赖。为了夺取对军事化经济的直接控制权，“四年计划”总代表戈林设立了“执行四年计划管理局”，其任务就是尽可能为那些接受军事订货和生产代用品的私营企业的发展铺平道路。由于实施了“四年计划”，德国军火生产得到优先发展，武装力量的增长速度大大超过了原定计划。1940年10月，希特勒政府宣布将“四年计划”延期四年，目的在于更彻底地动员一切人力、物力和财力，以满足侵略性的“总体战”的新需要。

（二）意大利

墨索里尼于1922年在意大利建立法西斯统治之初并没有明确的经济政策，1925年后，由于经济萧条和进行战争准备，逐步加强了对经济的干预和控制：（1）在最重要的工业部门和经济领域广泛建立由雇主代表和法西斯工会代表参加的劳资协会。该机构享有经营管理权，从而加强了法西斯政权和垄断寡头对国家经济命脉的控制。（2）实行外贸的国家垄断，缩减非战略物资的进口。（3）把意大利银行改为国家中央发行银行，统管全国货币信用系统。采取措施大力筹集资金，降低银行贴现率，限制股份公司分红，增加税收。（4）为尽快转入战时经济轨道，实行自给自足的经济政策，减少对外经济联系，加强开发本国资源，推行代用品，建立战略物资储备，并在采矿、电力、炼油、冶金等部门建立了许多公私合资企业。（5）大力发展小麦生产，以实现粮食自给。另外，国家还利用政权推动资本和生产的积聚和集中，促进垄断资本主义特别是国家垄断资本主义的发展。政府一方面给企业提供补贴，营建基础设施，并给予军事订货，为大企业的发展创造有利条件；另一方面还直接经营和控制一批企业。从1929年世界性经济危机至第二次世界大战前，意大利的资本和生产集中进一步加强，大公司数目增加很快，经济实力显著增强，逐渐形成了国家垄断资本主义经济的军事化。

（马文增）

第二章　战后西欧经济

战后西欧经历了经济恢复、经济迅速增长、滞胀经济、经济低速稳定发展四个阶段。战后初期至1950年为经济恢复阶段，工业生产恢复到1937年的水平；50—60年代为快速增长阶段，突出表现为国民生产总值和工业生产的增长率高，1951年和1959年分别为4.93%和7.28%；70年代初到80年代初为滞胀阶段，随后进入经济低速增长阶段。80年代以来，西欧的经济实力逐渐增长，工业生产占到世界工业生产的30%，出口贸易占到世界贸易的40%以上，成为对当今世界经济有重大影响的地区。战后西欧经济的发展有以下突出特点：（1）区域经济一体化程度高。从20世纪50年代开始，西欧各国先后建立了欧洲煤钢共同体、欧洲经济共同体、欧洲原子能共同体，于1967年7月1日正式合并为“欧洲共同体”，1993年11月更名为“欧洲联盟”；成员国由最初的6国发展到目前的15国，由西欧地区扩张到中、东欧；经济一体化向纵深发展，1993年统一大市场建成，成员国间的商品、资本、人员与劳务实现了自由流动，1999年1月1日欧元的正式启用标志着欧洲经济与货币联盟进入实质性的实施阶段。（2）经济结构日趋合理。在经济快速增长、劳动生产率提高的同时，产业结构也发生了显著的变化。1987年农业、工业和服务业在国民生产总值中的比例，德国为1∶37∶62，法国为3∶30∶67，英国为2∶28∶70。产业结构的合理化程度已经与美国相似。（3）国家垄断资本主义发展程度高。具体表现在国有经济成分比重大和国家支出所占比重大两个方面。西欧各国的基础设施和原料工业以及金融、电力等部门均由国家经营，同时国家投资比例也较大。1960年，欧共体成员国政府支出平均占国民生产总值的32.1%，1980—1981年提高到48%，国家成为重要的投资者。（4）出口贸易增长快，对世界市场的依赖性大。西欧国家除煤钢外，其他工业生产所需原料严重依赖国外市场，同时，西欧是出口贸易量较大的地区。1988年西欧四大国（德、英、法、意）出口额达7628.52亿美元，高于同期美国的4647亿美元和日本的3622亿美元。因此，对世界市场的依赖性较大是西欧经济发展的显著特点。

第一节　战后经济恢复时期

一　美元的短缺与马歇尔计划

战后西欧国家的经济濒于崩溃，工业萧条、物价飞涨、失业严重，一方面，为恢复经济需要进口大批机器设备、燃料原料、生活用品甚至食品，因此美国的生产资料和生活资料大量涌入西欧。同时，西欧国家还必须归还已经到期的战时积欠美国和其他国家的巨额债务。另一方面，美元收入却极其不足，当时西欧商品出口处于低潮，并无望在短期内得到扭转；西欧的劳务输出也陷于停滞。此外，西欧资本大量逃往美国也加重了美元的短缺，这些因素的综合作用使西欧国家经历了严重的外汇短缺。尤其是1947年在西欧经济危机的打击下，开始大幅度压缩从美国进口，导致重建工作陷于停顿。因此，美元短缺已严重影响到西欧经济复兴。冷战开始后，美国意图将一个经济上强大的西欧纳入自己的全球战略，决定在经济上给予西欧援助，以帮助西欧经济尽快复兴。1947年6月，“马歇尔计划”（欧洲复兴计划）出笼。在美国的策划下，1947年9月2日，英、法等16个西欧国家联合向美国提出了经济援助的要求，希望美国在四年内提供224亿美元援助。1948年4月3日，美国国会通过了《美国对外援助法》，以法律形式规定：美国拨款100多亿美元援助西欧各国，以便为复兴战后经济之用。但受援国必须购买一定数量的美国产品，撤除关税壁垒，取消或放松外汇限制，接受美国对使用美援的监督，削减同社会主义国家的贸易，放弃“国有化”计划，把进步力量排斥出政府等。英、法等17个西欧国家接受了这些条件。1948年4月至1952年1月，在马歇尔计划名下，美国对西欧的援助总额达130亿美元，其中赠款为88%，其余的为贷款。其中分配额度最大的是英国和法国，其次是意大利和联邦德国。它给西欧经济复兴以新的推动，促进了西欧交通和动力等基础设施的更新、工农业企业的现代化、生产过程的重新运转和西欧国家之间的贸易往来，还促进了伦敦货币资本市场的恢复，从而也间接有助于为扩展国际贸易提供资金。同时，马歇尔计划也加强了美国对西欧的经济渗透和政治、军事控制，把西欧纳入了美国对苏联“冷战”的战略轨道。1951 年年底，美国宣布提前结束马歇尔计划，以《共同安全计划》取而代之。

二　欧洲贸易支付合作

为执行马歇尔计划、商讨分配美国援助，西欧国家于 1948 年 4 月在巴黎签订《欧洲经济合作公约》，正式成立了欧洲经济合作组织，成员国包括奥地利、比利时、丹麦、法国、联邦德国、希腊、冰岛、爱尔兰、意大利、卢森堡、荷兰、挪威、葡萄牙、瑞典、瑞士、土耳其、英国和西班牙等 18 国。美国和加拿大为准会员国。南斯拉夫从 1955 年起派观察员参加。1951 年年底马歇尔计划结束以后，该组织继续活动，其目的是促进成员国间的经济合作和贸易自由化，帮助成员国解决国际收支困难。1950 年 9 月，根据成员国签订的《欧洲支付协定》，成立金融机构——欧洲支付同盟，目的是为成员国间的贸易差额进行每月国际结算，并按规定向结算有困难的成员国提供贷款，即通过多边清算制使会员国之间由于贸易关系而发生的债权债务关系可以在同盟内部作多边划拨，相互抵消。任何会员国在出现贸易逆差时，可以从同盟取得一定数量的贷款，其余部分以美元或黄金支付。同盟国之间的结算单位是与美元官方规定的含金量相当的“结算货币单位”。机构设在国际清算银行。随着欧洲经济形势的好转，1955 年 8 月成员国签订《欧洲货币协定》，目的在于解决部分成员国实行货币自由兑换后的贸易差额结算问题，12 月欧洲货币协定生效时，欧洲支付同盟自行解散。欧洲货币协定的主要内容有：（1）成员国间建立多边结算体系，结算差额以黄金或美元支付；（2）各成员国都对黄金、美元规定一个买卖限价，以防止本国货币汇价的大幅度波动；（3）设立 6 亿美元的欧洲贷款基金，国际支付有困难的成员国可向基金申请为期不超过两年的贷款；（4）成员国在特定数额内有相互提供临时信贷的义务，但数额不大、期限较短。协定实行不久，由于成员国越来越多地受到其他国际组织的影响，该协定实际上未发挥重要作用。1972 年年底，欧洲货币协定的成员国签订了“外汇保值协定”，欧洲货币协定即告终止。

三　战后通货膨胀

第二次世界大战给西欧经济造成了巨大的破坏，各国普遍处于物资紧缺、供应不足的状况中。同时，各国又随后取消了物价管制和配给制，被压抑的需求急剧膨胀，与物资供应短缺相对应的却是战争引起的货币量的巨大堆积。1938—1948 年间，在西欧大多数国家经济增长缓慢的情况下，货币量却普遍大大增加。结果是通货膨胀加剧，黑市投机倒把猖獗。据统计，英国在 1949—1953 年物价消费指数平均上涨 5.8%，1948 年意大利的物价水平是 1937 年的 48 倍；法国为 19 倍；德国西部地区虽然由于美国占领当局的物价管制而使通货膨胀在物价消费指数领域变化不明显，但德国居民对马克失去信任而大量采用易货交易。克服通货膨胀已成为西欧各国复兴经济的当务之急。由于此次通货膨胀的主要原因是战争造成的供给不足，各国的措施主要集中在增加供给、控制货币流通量上。比利时在 1944 年 10 月初全国解放之前就开始整顿货币，采取强制兑换和冻结存款的办法，使流通中的货币量从1400亿法郎减少到 250 亿法郎。同时，为解决供应短缺，政府决定实行进口自由化，从而最早解决了供求矛盾问题。英国反通货膨胀的主要办法是把战争费用转嫁到国外。战后美国和加拿大多次向英国提供巨额贷款，英联邦国家继续把美元外汇转给英国，变换成英镑债权。同时，1945 年下半年英国实行新的紧缩政策，冻结工资和利润，通过定量供应进一步限制消费，征收高额间接税，这种政策延续到 1954 年，对于抑制物价上涨有一定作用，但却使英国人民的购买力长期处于低水平。法国由于财政支出巨大，因此治理通货膨胀的措施没有见到效果，导致资本大量外逃。1947 年决定取消价格控制和多重汇率制度，并以 1948 年法郎对美元贬值 20% 作为辅助手段，此后又陆续采取一些措施，但仅取得一定成绩。总体来说，法国的经济重建工作是在严重的通货膨胀情况下完成的。德国西部地区的通货膨胀通过 1948 年 6 月的货币改革得到了彻底解决，使货币量减少了 93.5%，其代价则是牺牲了广大居民多年的储蓄。同时在改革初期物价明显上涨，失业更加严重。但随后的朝鲜战争为德国西部经济起飞创造了有利的条件。

四 西欧经济的黄金时期

第二次世界大战之后，从1948年至1973年的25年左右时间里，西欧国家经历了一个空前高速而又相对稳定的经济发展时期。国民生产总值和工业生产年平均增长率分别相当于18世纪、19世纪和20世纪上半叶的两倍或三倍。随着经济的持续增长，就业人数普遍大量增加，失业率大大下降。与此同时，经济发展相对稳定，经济周期运动比较平缓，没有发生严重的经济危机，物价水平上涨缓慢，币值也较稳定。人们通常把50年代和60年代称为西欧经济发展的黄金时期。从1950年至1973年，西欧国民生产总值增长了346%，从2754亿美元增长到了12250亿美元；工业生产增长了251%；对外贸易增长了1080%，从444亿美元增长到了5240亿美元；黄金外汇储备从102亿美元扩充到980亿美元，在资本主义世界中所占份额从25.1%上升到64.7%。

第二节 经济的恢复与危机

一 70年代的石油提价和经济滞胀对西欧经济的影响

70年代起，西欧国家普遍进入滞胀阶段。70年代发生的两次石油危机，在西欧引起了巨大的经济波动和社会动荡。西欧国家能源的对外依赖程度很高，石油消费量的80%以上依靠进口，70年代两次石油提价使石油价格上涨了将近16倍。西欧国家（不包括英国）用于进口石油的开支剧增。从1970年到1980年，德国用于进口石油的费用在国民生产总值中所占的比重从0.9%上升到4.2%；同期，法国从1.3%上升到4.8%；意大利从1.4%上升到5.9%。该项开支占出口收入的比重提高得更为显著，到1980年，上述各国都超过了25%。这对西欧国家的经济增长、收支的平衡、抑制通货膨胀的效果和物价的波动，都产生了严重的负面影响，标志着西欧经济由持续增长进入了滞胀阶段。从通货膨胀的角度看，石油价格大幅度提高引起了其他产品价格的提高，同时70年代初西欧各国的经济已经出现了生产过剩的迹象，到1973年，各国的市场问题再度尖锐起来，在石油危机的猛烈冲击和资本主义世界货币体系崩溃的打击下，整个西欧国家同步进入1973—1975年的大危机，同时陷入滞胀泥潭。在滞胀阶段，1973—1979年期间，欧洲共同体十国国内生产总值的年平均增长率为2.5%，1979—1984年为0.9%；在西欧主要国家中，英国的工业生产增长最慢，年增长率为1%，法国和意大利年增长率分别为2.9%和3.5%，德国为2.3%。消费物价上涨率，意大利和英国在1973—1983年间分别为17.4%和14.35%，法国为10.8%，德国为4.3%。西欧滞胀的严重还表现在失业率的上升上。60年代，欧洲共同体10国的失业率不到3%，1975年为4.5%，以后逐年上升，1982年年底，失业率达到11.5%，失业人数达1160万人。德国失业率为7.7%，法国为9.5%，意大利为11.2%，荷兰为11.4%，英国为11.9%，比利时为14.9%。同时，西欧出口贸易增长减慢。在1951—1973年和1974—1981年两个时期，德国出口贸易的年平均增长率各为11.6%和4.5%，法国各为8.4%和5.2%，英国各为3.9%和3.6%，意大利各为11.7%和5.5%。这样，欧洲共同体在世界出口贸易总额中所占的比重从1976年的33%下降到1983年的31.4%。

二 英镑区

以英镑为中心的排他性货币集团或货币区域。成立于1939年9月。它是英国在贸易上和金融上控制区内国家和殖民地的工具，也是保护区内市场、排挤区外国家、维护英镑的国际地位，同其他国家的货币特别是同美元对抗，争夺世界市场的武器。英镑区的前身是1931年9月组成的英镑集团。当时英国在西方世界经济危机的打击下，被迫放弃金本位制，宣布英镑贬值，英镑的“世界货币”地位大大削弱。英国为了维护原有的势力范围和殖民体系，加强它同美国及其他西方国家在世界市场上的竞争力，就联合各殖民地、自治领（加拿大除外）以及在财政上与英国有密切联系的国家（巴西、玻利维亚、阿根廷、哥伦比亚、丹麦、埃及、葡萄牙、日本、瑞典、挪威、伊拉克等），成立了英镑集团，但只是一个松散的非正式组织。第二次世界大战爆发后，英国为了解决外汇不足，加强外汇和外贸管制，1939年9月颁布外汇管制条例，实行严格的外汇管理，用法律形式把英镑集团成员国之间的关系固定下来，并改称为英镑区。参加英镑区的国家和地区是英联邦各国以及与英国有密切联系的国家，先后有：英国本土、爱尔兰、冰岛、马来西亚、新加坡、印度、斯里兰卡、马尔代夫、巴基斯坦、科威特、约旦、阿曼、巴林、卡塔尔、阿拉伯联合酋长国、也门民主人民共和国、塞浦路斯、加纳、尼日利亚、塞拉利昂、毛里求斯、肯尼亚、乌干达、坦桑尼亚、赞比亚、马拉维、冈比亚、南非、博茨瓦纳、莱索托、斯威士兰、圭亚那、特立尼达和多巴哥、牙买加、澳大利亚、新西兰、西萨摩亚、斐济以及所有英国海外的殖民地、"保护国"、"保护领"和托管地。英镑区的主要内容是：参加国基本上实行英国外汇管制条例；区内各国和各地区的货币都对英镑保持固定比价，相互间一般可以自由兑换，不受限制；区内贸易、信贷和其他账务一律用英镑结算；资金移动在区内不受限制，兑换区外国家的货币须经英国外汇管理机关批准；各成员国收入的黄金、外汇必须按官价售给英国财政部或其指定银行，集中存入英国的"黄金美元总库"，作为英镑区的"共同储备"，各成员国则换回英镑存款。第二次世界大战后，随着英国政治经济实力的削弱，英镑地位日益衰落，不少英镑区国家相继脱离与英镑的联系，改与美元挂钩，英镑区的范围日渐缩小。

三　法郎区

以法郎为中心的排他性货币集团或货币区域。成立于第二次世界大战期间。它是法国在贸易上和金融上控制区内国家和殖民地的工具，也是保护区内市场，对抗英镑和美元，争夺世界市场的武器。法郎区的主要内容是，区内各国和各地区的货币都钉住法国法郎，同法郎保持固定比价；区内贸易与非贸易支付一律用法郎结算；资金移动，在区内一般不受限制；各成员国收入的黄金、外汇储备都集中在法国保管；区内实行所谓"共同财政金融政策"。法郎区的范围包括法国本土及其当时的殖民地。法郎区原是由法国控制的，既包括货币方面，也包括财政、贸易、运输、邮电、文教以及军事等方面在内的排他性集团。但在第二次世界大战后，随着法国殖民体系的瓦解，原法国所属殖民地纷纷独立，有些在独立之后又退出了法郎区，从 1958 年至 1973 年，就有几内亚、突尼斯、摩洛哥、阿尔及利亚、毛里塔尼亚和马达加斯加等国先后退出。目前，法郎区的成员包括：法国本土、贝宁、喀麦隆、中非、乍得、刚果、加蓬、象牙海岸、马里、尼日尔、塞内加尔、多哥、上沃尔特以及法国的海外殖民地、领地和托管地等。在法郎区适用的有五种法郎：法国法郎、非洲金融共同体法郎、新赫布里底群岛法郎、马里法郎、太平洋法兰西共同体法郎。非洲金融共同体法郎可按照固定比价自由兑换法国法郎；非洲金融共同体国家的货币储备一般以法国法郎方式存放在法国财政部，但在某种情况下，允许各国发行银行拥有的外汇储备中有 35% 不是法国法郎；外汇比价受巴黎市场的影响；按 1967 年的新规定，可以和法郎区外的货币自由兑换；非洲金融共同体货币的进出限制已经取消，虽然某些重大数额的转移须经有关政府的批准，但 1968 年 5 月危机之后，法国实行了严格的外汇管制，其他国家不得不采取类似行动，以维护法郎区内的自由兑换。除了货币方面的措施外，法国和非洲法郎区的联系，还包括法国对非洲法郎区的全面援助。

四　英镑的衰落

第二次世界大战后，英国力量大大削弱，经济长期处于相对停滞和衰退状态，在世界出口总额中，英国所占的份额不断下降；同时，英国的进口不断增加，在海外市场逐渐萎缩的情况下，国内市场也日益被占领，这直接导致了英国国际收支逆差不断扩大；另外，战后英国追随美国的扩军政策，海外军事费用开支猛增，同时，英国私人海外投资也逐年递增，这些更加剧了国际收支状况恶化。第二次世界大战期间，英国建立了以英镑为中心的排他性货币组织——英镑区；第二次世界大战后，英国为了维护其在世界范围内的金融势力，力图巩固英镑作为英镑区储备货币和国际贸易支付手段的地位，但是，随着英国经济、政治的日趋衰落，英镑的地位也迅速下滑，频繁发生危机，从 1947 年到 1972 年共爆发了 11 次危机。1949 年的危机中，英镑贬值 30.5%。1964 年爆发的战后第 9 次英镑危机期间，尽管英国政府将英格兰银行贴现率从 4% 提高到 5%、7% 的高水平，但仍未能阻止抛售英镑狂潮，包括英国本土居民在内的英镑持有人纷纷抛售英镑而购进外币，英镑遭受了巨大损失。1967 年，爆发更严重的英镑危机，11 月英镑被迫再次贬值。在这次危机中，英镑区成员大量提取英镑结存，改与美元挂钩，进一步加剧了英镑危机。1972 年，英国进出口贸易出现了历史上第一次逆差，国际收支的迅速恶化使短期资金大量外逃，直接引发了英镑危机。6 月，英镑发生了第 11 次危机，英国政府不得不宣布英镑在外汇市场上实行自由浮动，同时宣布把英镑区的范围缩小到只包括英国本土和爱尔兰共和国；对海外英镑区实行外汇管制，原海外英镑区的居民账户一律改为境外英镑账户，货币改称外币；英国居民到英镑区国家直接投资必须取得英格兰银行同意，购买海外英镑区证券或购置房地产必须向"投资货币"市场换取外汇。至此，英镑区实际上已经瓦解。此后，英镑的国际地位不断下降，进入90年代，在多元化货币体系下已丧失了同美元、马克、日元等的抗衡能力，英镑对美元的汇率1991年年底比1972年年底下跌了21%。在德国实行高利率政策和英国经济衰退并贸易逆差扩大的诱发下，1992年9月，英镑再次发生严重危机，英格兰银行虽多次干预，仍无法阻止抛售英镑狂潮，英镑外汇价持续下跌，9月16日，英国不得不宣布英镑暂时退出欧洲汇率机制，次日，欧洲货币委员会作出决定允许英镑暂时退出欧洲汇率机制。英镑的衰落导致经济萎缩和金融危机交替出现的恶性循环，严重影响了英国经济的发展，进一步削弱了英国的国际地位，并且直接影响到整个资本主义世界金融货币市场的稳定。

第三节 增长与变革

一 欧洲货币市场的兴起

欧洲货币市场指经营欧洲美元和西欧一些主要国家境外货币交易的国际资金借贷市场，产生于50年代后期。在美国发动侵朝战争时，苏联和东欧国家为了避免美国冻结其资产，将美元存款转入英法境内的银行，产生了最早的欧洲美元。50年代后半期，美国国际收支发生巨额逆差，其他国家的中央银行和私人也积存了大量美元。他们把这些美元转移到管理比较松弛、限制比较少但利息收入较为丰厚的欧洲金融市场上以赚取高利，这使欧洲美元的规模得到了迅速发展。1957年，英国为防止英镑外流，加强了外汇管制，英国银行开始对客户提供美元贷款。1958年西欧大多数国家实行自由兑换外汇，为欧洲美元的借贷提供了必要条件。从此，欧洲美元市场形成并发展起来。进入60年代后，美国为了应付国际收支进一步恶化的局面，采取了诸如征收利息平衡税等限制资金外流的严厉措施，美国的海外企业便把手中的美元资金留在欧洲备用，西欧的美元更加泛滥。此时，除伦敦外，其他西欧各大金融市场也开始经营欧洲美元业务。同时，由于美元危机频繁爆发，一些可以自由兑换的西方主要货币逐渐成为经营的对象，从而出现了欧洲英镑、欧洲法国法郎、欧洲联邦德国马克、欧洲荷兰盾等一系列欧洲货币，人们把这个扩大了的欧洲美元市场统称为欧洲货币市场。其规模在60年代较小，1964年存款约200亿美元，1969年年底存款约900亿美元。70年代以后发展迅猛，存款从1970年的1100亿美元发展到1975年的4850亿美元，1980年达到15380亿美元，欧洲货币市场成为空前庞大的国际借贷市场。欧洲货币的来源包括：跨国银行总行的资本输出，跨国公司的闲置资金存款，各国中央银行的外汇存款，70年代中期以后大量的石油美元存款。欧洲货币市场得以产生的原因包括：（1）美国国际收支逆差，美元大量外流，形成巨额欧洲美元。（2）战后生产和资本国际化直接导致了欧洲货币市场的出现。（3）战后国际贸易的空前发展使官方外汇储备不适应，进出口公司转向欧洲市场借款。（4）硬货币国家采取的限制非居民外币存款的措施客观上使欧洲货币市场成为理想的国际金融中心。（5）欧洲各国的政策倾斜。从1958年以后，西欧为了解决经济发展的资金短缺，即"美元荒"问题，采取了以下货币政策：第一，各国都先后开始放松和取消外汇管制，对外国货币的兑换不加限制，允许资本自由移动；第二，实行外汇存款自由、免交准备金制度；第三，在西欧银行为吸收外币存款，利率普遍很高的情况下，仍然不规定外币存款利率的最高限额；第四，西欧国家还对经营外币的银行实行优厚的税收制度和各种便利措施。西欧国家上述货币政策对跨国银行有很大的吸引力，使跨国银行在西欧首先获得了迅猛发展，成为欧洲货币市场的主体。

二 混合经济

战后初期，在西欧经济复兴的过程中，各国普遍奠定了"混合经济"（即私人经济加国家干预）的基础。国家干预主要包括三个方面：以凯恩斯的有效需求不足理论为基础，以国家干预为手段，对宏观经济运转过程进行调节；国有化；计划化。战后西欧国家对经济的干预普遍发展成为一种长期固定的现象，以国家干预经济为基本内容的国家垄断资本主义确立了支配统治地位。凯恩斯在《通论》中提出了"让国家之权威与私人之策动力量互相合作”的思想，认为挽救资本主义制度的唯一可行的办法就是扩大政府的机能，主张资本主义国家的政府对经济进行干预，借以解决资本主义经济中的失业难题和经济危机。这是混合经济的思想来源。美国经济学家 A. 汉森发挥了凯恩斯的这一思想，提出了“双重经济”的概念。他认为，19 世纪末期之后，大多数资本主义经济已经不再是纯粹的私人资本主义经济，而是同时存在私人经济与公共经济的“双重经济”。双重经济包括双重生产经济，即生产领域中同时有私人活动与政府活动，以及双重消费经济，即消费领域中同时有私人消费与公共消费。但汉森同时认为，混合经济的发展方向并不是企业的国有化，而是要实现从个人主义的经济向以社会福利为重点的公私混合经济的过渡。战后，美国经济学家 P. 萨缪尔森把美国经济称为“国家机关和私人机构都实行控制”的混合经济。这种经济的特点在于，资源配置仍然主要通过市场机制由私人的行动决定，即生产什么、如何生产和为谁生产这三个基本经济问题仍由市场机制决定。生产什么取决于消费者的选择，如何生产取决于不同生产者之间的竞争，为谁生产取决于生产要素市场的供给与需求。但另一方面，政府在经济中的作用日益重要。这就表现在：第一，政府通过经济政策来控制总产量及其他重要的经济总量。第二，政府通过收入分配政策和社会福利政策来干预收入分配，谋求社会平等。第三，政府通过强制性法令对私人经济活动进行干预。在有些混合经济中，政府对部分私人企业实行国有化，或者制定经济计划来指导经济发展。除上述学者外，瑞典经济学家缪尔达尔对混合经济也有论述。在现实经济生活中，从 19 世纪末以来，所有资本主义国家的政府都加强了对经济的干预：（1）政府开支不断增加；（2）国家对收入进行重新分配；（3）政府对经济活动进行干预和控制。所以说，混合经济就是以市场经济为基础而又有国家干预的一种经济制度。在目前大多数工业国家的经济中，都存在着不同程度的政府工业和私营工业的混合。

三　国有化政策与实践

战后初期，各国已经普遍奠定了“混合经济”的基础，以国家干预经济为基本内容的国家垄断资本主义确立了支配统治地位。战后，作为“混合经济”的一个组成部分，西欧国家广泛实行了国有化。国有化首先涉及基础经济部门（公共基础设施和基础工业），主要是动力和交通领域。国有化运动开始于 1944—1946 年，一般延续到 1947—1948 年，有的国家延至 1950—1951 年。在西欧经济复兴期间，国有化在西欧主要国家的发展比战前加快了。英国经过了 40 年代后期和 70 年代中期的两次国有化浪潮，法国也经过了两次时间大致与英国相近的国有化浪潮，联邦德国经过了对战前留下来的国有企业的改组，意大利主要通过发展国家参与制，使国有企业在这些国家的整个社会经济生活中都占据了重要地位。70 年代初，英国国家垄断资本控制了全国邮政、电信、电力、煤气、采煤、造船、铁路等部门的全部或绝大部分，航空和钢铁工业的3/4，汽车工业的1/2，石油业的1/4。英国国有企业占全国投资的 29%，雇员的 12%，营业额和增值额的 10%。国有化运动在法国的规模最大。1982 年社会党执政后，通过了扩大国有化的政策，对许多规模大、实力强的工业企业、金融公司和银行实行国有化。至 1982 年，法国政府控制了全部银行贷款的 90%、公用事业的 100%、航空工业的 84%、军火工业的 75%、有色金属工业的 63%、基础化学工业的 54%、家用和办公用电子工业的 44%，国有企业占全国投资的 33%、雇员的 12%、营业额的 11%、增值额的 13%。联邦德国国有企业 70 年代初约占全国投资的 20%、雇员的 8%—10%、营业额的 8%。在意大利，70 年代后半期，国有企业占全国投资的 47%、就业人数的 25%、国内生产总值的 25%。在奥地利社会党单独执政的 13 年（1970—1983 年）间，将煤炭、石油、钢铁、汽车、电力、煤气、铁路、航空、邮电、电信等部门完全实行了国有化。国有化的方法主要是赎买，对原企业主支付赔偿费，另外还对少数企业实行没收。国有化在加强国家干预经济，促进第二次世界大战后西欧经济的发展以及企业的投资、技术改造、生产机构的改革等方面起了一定的作用，同时部分改善了劳工待遇、缓和了社会矛盾、促进了生产力的发展。

四　私有化

在 70 年代滞胀的打击下，西欧国家进入 80 年代以来普遍调整了国家干预经济的方式，西欧国家出现了国有企业“非国有化”的趋势。“非国有化”也称私有化，是指国家把国有企业全部或部分地出卖或承包给私人。在这个过程中，不仅所有权发生了变化，而且形成了一种观念、环境和压力，促进未私有化的企业改进经营管理。1981 年起，英国保守党政府开始了英国历史上最大规模的私有化。到 1985 年年底，部分或全部私有化的大企业为 20 个左右，被出售的资产为 91 亿英镑，转为私营公司工作的职工有 40 万人。意大利、德国也进行了一系列私有化改革。促使私有化的原因主要有两个，一是国有企业经营不善，亏损严重；二是西方各国都处于经济滞胀的困境之中，过多的国家干预造成了严重的财政赤字，使其无力维持过多的国有企业，所以西欧各国都出现了国有企业私有化的浪潮。私有化浪潮的出现并不是对国有经济的否定，也不是国家垄断资本主义的削弱。从后果上看，私有化使原国有企业劳动生产率和盈利水平都有所提高，在一定程度上打破了原来国有企业在某些部门独家经营的局面，有利于竞争的展开，促进了服务质量的提高和生产成本的降低。国有经济是国家垄断资本的一个重要内容和经济基础，也是国家调节的重要经济力量和工具。实行私有化，一方面是为了摆脱滞胀困境，另一方面是为了部分调节管理体制，使之能实行更有效的调节。因此，实行私有化的国有企业数量是有限的。

五 法国的私有化实践

法国是发达资本主义国家中国有化程度最高的国家，国有化企业对战后法国经济的发展曾起过重要作用，但也暴露出不少妨碍法国经济发展的弊病，如效率低、亏损严重和国际竞争力弱等。1986 年希拉克出任总理后，积极推行私有化政策，目的在于减少国家干预、鼓励自由竞争、调动企业内部活力、提高国际竞争力。1986 年 7 月和 8 月，议会通过了有关私有化的两个法律以及两个实施法律的法令，并于 8 月成立了私有化委员会，负责对私有化企业进行资产评估工作，并将原来的经济、财政和预算部改为经济、财政和私有化部，领导私有化工作。私有化的范围是工业、银行、保险和商业服务业等，对象主要是这些部门中的经营好、盈利多、有竞争力的企业。私有化采取市场方式、非市场方式和互助方式进行。具体措施包括：国家持有一定数量的特定股，培植"股东稳定核心"，企业职工参股，大部分股票公开出售，规定外国购买股票的比例。私有化的实施对法国经济产生了一些积极影响，主要是：迅速而有效地缩小了竞争性合营部门，改善了被私有化企业的管理自治，改善了财政，促进了金融市场的发展。但私有化的实施带来了一些新的矛盾，主要是削弱了国家进行宏观调控经济的力量，加强了私人垄断资本的实力，加深了垄断资本集团之间的矛盾，使一些经济社会问题进一步尖锐等。1988 年密特朗连任总统，希拉克下野，法国私有化运动宣告终止。

六 战后西欧经济的计划化

战后，作为混合经济组成部分之一的计划化在西欧国家经济生活中得到了不同程度的运用。为了实现全国经济协调稳定发展，减少无政府状态，许多国家制订了各种各样的经济发展计划，其中以法国最为典型。法国制订和实施全国性的经济计划始于第二次世界大战后不久，到 1985 年已实行了八个四年或五年计划。第一个计划在计划署长莫内的领导下，规定 1950 年经济要比 1929 年增长 25%，并且把国民经济的发展重点放在当时迫切需要加强的基础设施，特别是能源、运输和钢铁工业上；第二个计划重点是增产生产资料和消费资料、农业、住房和加工工业；第三个计划使法国经济进入高速发展的轨道；从第四个计划开始，法国政府把原来的"现代化和装备计划"改为"经济和社会发展计划"，强调充分就业、物价稳定，增加教育、卫生、道路、电话通信等方面的投资达 50%，并将"成果的分配以及领土整治和社会活动"作为发展目标之一；第五个计划强调重点发展有竞争力的尖端工业部门；第六个计划特别把住房、文化教育、卫生、交通、公共工程等项目列入计划；在 1974 年的经济危机导致失业剧增、物价高涨的情况下，第七个计划特别强调"恢复充分就业"和"制止通货膨胀"；第八个计划继续把"促进就业的均衡增长战略"作为制订计划的一条方针。1981 年社会党执政后，终止了第八个计划，开始计划改革。事实表明，计划化在法国战后经济重建当中曾起过重要作用。1946—1951 年，法国国民经济投资总额中约有 60% 来自国家，1951—1954 年仍占 40%。同法国相比，西欧其他国家的经济"计划化"程度要低一些。英国、意大利、荷兰、挪威、瑞典等也都实行了中长期经济发展计划。联邦德国在 1969 年制订了"联邦促进地区发展计划"，分别对 12 个经济落后地区进行改革和发展。西欧国家的经济计划建构在生产资料私有制的基础上，对企业并不具有强制性和约束性。但是，由于国家拥有巨大的经济实力，掌握调节经济的各种杠杆，通过财政金融政策和经济立法、行政干预等手段，可以诱导和影响私人企业的活动，政府的经济计划也在一定程度上得到了贯彻执行，对经济发展，特别是对一定时期的经济发展方向和产业结构的调整，起到了重要作用。

七　英国病

现代英国经济罹患的一种顽症。开始于20世纪20年代，在1929—1933年危机和第二次世界大战期间得到进一步发展，1967年英镑危机之后趋于激化。其主要症状有：①经济发展缓慢，停滞与缓慢增长交替出现，而且停滞时期明显长于增长时期；②经济危机频繁，通货膨胀和失业并发；③产业结构陈旧，经济效率低下，与其他发达国家的距离逐渐增大；④区域经济发展失衡，地方分权主义趋势日益严重。诱发英国病的因素是多方面的，包括：英国曾经充当“世界工厂”和头号殖民帝国等历史因素；第三产业过分膨胀、固定资本投资增长缓慢、劳动生产率低等经济因素；思想保守、劳资关系紧张等社会因素；以及重科学、轻技术，科技成果应用较差等技术政策因素。为医治“英国病”，英国政府曾先后采取国有化、需求管理等政策，但并没有明显成效。1979年撒切尔夫人的保守党政府上台执政后，转而奉行货币主义经济政策，紧缩银根，实行私有化，减少国家对经济生活的干预，英国病的症状有所缓和，但并未得到根治。

第四节　缓慢增长与货币统一

一　90年代初的欧洲货币体系危机

1992年，欧洲货币体系爆发严重危机。除德国等个别国家以外，丹麦、英国、意大利等大部分欧洲货币体系成员国被卷进货币贬值的狂潮。西欧各国采取了规模空前的干预行动应对汹涌的危机浪潮，如联合干预市场以支持弱币，数次大幅度地调整利率，甚至强行短期关闭金融市场等，但都无济于事。英镑、里拉被迫退出欧洲货币体系，许多成员国的货币也不得不大幅度贬值。

欧洲货币体系危机爆发的主要原因有：第一，德国采取的高利率政策。德国统一以来，面临严重的通货膨胀压力，采取高利率，吸引大量资金买入马克，从而导致马克升值。第二，欧洲各国经济发展差异。欧洲货币体系成员国为了维护汇率安排的基本稳定，必须协调其国内宏观经济政策。如果各成员国面临的宏观经济形势差异过大，势必难以采取步调一致的政策维护彼此汇率稳定。90年代初，德国统一导致的投资剧增使国内需求旺盛，引发严重的通货膨胀压力，德国不得不提高利率。然而，同时期欧洲其他国家却深受经济低迷之苦，无法采取高利率政策。逐利资本必然流向德国马克，从而使其他国家货币面临贬值压力。第三，欧洲货币体系汇率机制本身不够灵活。自1990年1月意大利里拉贬值之后，汇率比价再未改变，各成员国不能随意根据本国的经济与国际收支状况调整汇率，造成一些国家的货币汇率高估严重，因而使市场对这些货币产生贬值的预期而加强投机。

二　欧洲缓慢的经济增长

20世纪90年代初期，受全球性经济危机影响，西欧各国均进入经济下行阶段。在1993年达到谷底之后，西欧各国经济缓慢复苏，徘徊在2%—3%之间。90年代欧盟GDP年均增长率为2.3%，明显低于美国。从具体国家来看，德国、法国、英国、意大利和西班牙在1990—1995年的平均经济增长率约为1.5%，其中法国和意大利的GDP年均增长率仅稍高于1.0%。从1995—2000年，五大国的经济增长状况出现了变化，德国和意大利的GDP年均增长率都在2%左右，西班牙、英国和法国相对较高，分别为4%、3.4%和2.8%。

90年代期间，欧洲经济增长缓慢的主要原因是电子制造业、金融业、物流业等部门的增长相对较低，欧洲在这些部门的技术进步步伐落在美国之后。由于欧洲已经接近技术前沿面，技术创新而不是技术模仿是欧洲技术进步的主要决定因素。欧洲技术进步缓慢的决定因素包括欧洲研究开发活动相对较少、人力资本投资和存量较低、产品市场规制较多、劳动力市场灵活性不足、金融市场规制差异较大等。

三　欧元的引入

80年代末，欧洲经货联盟再一次被关注。欧洲理事会成立了一个由雅克·德洛尔（Jacques Delors）为主席的专门委员会，就如何走向经货联盟提出具体步骤的建议，最后形成了《德洛尔报告》。《德洛尔报告》建议向经货联盟采取分阶段渐进的方式，但没有提供详细的时间表。

1991年12月，欧洲理事会正式通过《马约》，并于1993年11月正式生效。《马约》为欧洲货币联盟的建立制定了明确的路线图，分三个阶段走向经货联盟，在约十年后引入欧元。《马约》还规定了加入经货联盟的标准：一是通货膨胀率不高于候选国中三个最低通货膨胀国家平均水平的1.5个百分点；二是长期利率水平不高于三个最低通货膨胀国家平均利率的2个百分点；三是该国已加入欧洲货币体系的汇率机制，并且货币汇率在加入货币联盟前两年内在机制规定的波动范围之内；四是该国政府预算赤字规模不高于GDP的3%；五是政府债务余额不应超过GDP的60%。

在引入欧元前的过渡期里，各成员国要力争实现趋同和建立负责经货联盟运转的机构。1994年欧洲货币局（European Monetary Institute，EMI）建立，为新的超国家的银行体系顺利运转做准备。欧洲货币局的建立为欧洲中央银行（European Central Bank，ECB）和欧洲中央银行体系（European System of Central Banks，ESCB）的建立打下坚实的基础，为后来引入欧元、制定和执行统一货币政策积累了经验。

1998年5月，奥地利、比利时、芬兰、法国、德国、爱尔兰、意大利、卢森堡、荷兰、葡萄牙和西班牙11个国家成为欧洲货币联盟的成员国。6月，欧洲中央银行和欧洲中央银行体系正式建立。1999年1月，欧元引入，举世瞩目的欧元诞生。2002年1月，欧元区内成员国的货币退出流通领域，欧元成为区内唯一的法定流通货币。在所有欧盟成员国采用欧元之前，欧元区体系（Eurosystem）是欧元运行的主导者，由欧洲中央银行和欧元区内成员国的中央银行共同组成。

第五节 统一货币下的经济增长与危机

一 欧元引入以来欧洲的经济表现

欧盟各国引入欧元的一个重要目的是使经济一体化向更高层次发展，从货币一体化中获益。欧洲中央银行行长让·克劳德·特里谢（Jean-Claude Trichet）认为："欧元在促进欧洲共同大市场的运转上发挥了非常重要的作用，使之成为真正的单一市场，而且欧元使区内经济免受许多外部经济的冲击。"欧元引入以来，欧元区经济表现尚可。1999年后，欧元区经济平稳增长，虽然2002年和2003年有所放缓，但2004年后逐渐走出经济低迷。2006年和2007年经济增长率为分别为2.8%和2.6%，2007年的增长率甚至超过了美国。在经济增长的同时，欧元区在十年间新创造了1600万个工作岗位，有效地减少了失业。截至2007年，欧元区的失业率为1980年以来的最低水平，从1999年的9%下降至7%。

与此同时，欧元由于欧元区庞大经济实力的支持，迅速崛起为仅次于美元的国际强币。欧元在国际债券市场、国际贸易计价结算和国际储备货币市场等领域的国际货币职能正在逐步加强。2004年，以欧元计价的国际债券发行额超过了以美元计价的国际债券发行额。欧元成为外汇干预市场上的第二大货币，超过1/3的外汇交易用欧元进行。从欧元区银行提供给区外的贷款看，欧元贷款的比例上升到36%，稍低于45%的美元贷款比例。一半以上的欧元区对外贸易以欧元作为计价和结算货币。具体来讲，欧元的国际货币职能体现出三个特点：第一，欧元作为国际储备货币职能的提升较为明显。1999年欧元占全球储备货币的份额为18%，2003年提高到25%，在此之后一直稳定在这一比例。第二，欧元的国际化在很大程度上由区内跨境交易所推动。从狭义的国际债券发行市场看，以欧元计价发行的债券占国际债券市场的份额由1999年的22%上升到2007年的31%，但是一半以上的以欧元计价的国际债券由欧元区内部的投资者购买。第三，欧元在其邻近国家的市场发挥显著的作用。欧元区候选国和欧盟附近的国家60%的对外贸易以欧元计价。

二 欧洲主权债务危机的爆发与蔓延

2009年年底，希腊首先陷入主权债务危机的泥淖，引起人们对主权债务危机向其他欧洲国家蔓延的担忧。此后，爱尔兰也爆发了主权债务危机，葡萄牙也在2011年5月向欧盟和国际货币基金组织（IMF）申请救助，西班牙和意大利等其他欧洲国家均被认为有可能陷入危机。

宏观经济不平衡的积累、不断上升的财政赤字、政府债务和外债比例、低级的财政协调和治理水平使得欧洲问题国家的主权信用风险逐步积累，并在2007年底爆发的全球性金融危机的冲击下完全暴露出来。评级机构的不恰当导向和强烈的市场投机更是推动欧洲主权债务危机愈演愈烈。

欧债危机对欧洲的影响主要体现在三方面：一是使欧洲发展模式进一步向社会市场经济模式靠拢；二是使欧洲过高的社会福利制度面临重大调整；三是从长期来看，欧债危机使欧洲一体化提速，财政统一程度加深。

当前，虽然欧债市场的动荡程度在欧洲中央银行的强力干预下得到控制，但导致欧债危机产生的结构性问题并没有完全消除，欧洲难以迅速摆脱沉重的主权债务问题。由于欧盟超国家层面的特殊治理形式，欧盟在主权债务危机爆发后采取了包括引入欧洲央行的干预机制等一系列举措。处于危机中的欧洲国家也采取了大规模的财政紧缩计划和结构性改革计划，期望恢复经济增长，早日走出经济危机。（马文增）

第三章　西欧社会保障制度的形成与发展

现代社会保障制度起源于西欧，是一种由国家出面实施的国民收入再分配体系。经过第二次世界大战后的长足发展，当代西欧已经建成了高度发达的社会保障体系。现在，社会保障事务是西欧各国政府最重要的行政事务之一，社会保障开支是西欧各国最大的公共开支。这一制度牵涉西欧各国每个社会成员的切身利益，对其国内政治、经济和社会生活都具有决定性的影响和作用。

西欧社会保障制度从萌芽到现在已经经历了400年的发展历程，从其发展历史上看，这个过程可以大致分为三个阶段：从1600年英国实施《旧济贫法》开始到1881年俾斯麦社会改革之前为萌芽阶段；从1881年到1945年第二次世界大战结束为起步阶段；从1945年到1973年“布雷顿森林体系”瓦解为建成阶段。

第一节　西欧社会保障制度的两种传统

从历史上看，传统的农业社会也有一定的社会救济、社会援助和社会管理功能；在古代西欧，国家、教会和慈善机构都承担着一定的扶贫济困、赈济灾民、抚恤遗孤的责任。当时社会成员的保障需要，如养老和救济等主要是由家庭、家族和社区来完成。这种保障机制是建立在农业社会人口流动量小和以土地为中心的生产方式基础上的。现代社会保障制度是工业社会的产物。工业瓦解了传统的保障机制，给大规模社会保障制度的出现提出了客观的需要：一方面，工业的生产方式和雇佣劳动制度给劳动者带来了新的社会风险，而缺乏基本保障的劳动者反过来又给社会稳定带来了根本性的威胁。没有有效的社会保障机制，工业化社会就无法维持正常的运作；另一方面，随着城市化的发展，人口流动性大大增强、家庭趋于核心化，以居住地和血缘为中心的农业社会保障机制已经无法继续有效地起作用。在这种情况下，欧洲的现代社会保障制度便应运而生。欧洲社会保障制度有两个来源：一是英国的济贫法传统；二是德国的社会保险传统。

一　济贫法传统

（一）《旧济贫法》

16世纪中期，英国开始进入工业化的原始积累时期。随着毛纺织业的迅速发展，羊毛价格飞涨，大量农业用地被地主收回用来养羊，大批农民被迫背井离乡涌入城镇寻找生路，成为“流浪者”和“游民”。随着这种现象的日益严重，英国政府不得不出面干预。从1530年到1597年间，英国议会通过了13个有关法案，试图采用强制劳动的方法来解决问题。这些措施尽管极其严厉，但是在工业化的强大冲击下却起不到什么作用，流浪者的数量还是与日俱增。在这种情况下，1601年英国女王伊丽莎白批准了一个处理贫民问题的法案，史称《旧济贫法》。这个法案不同于以往，它改变了视流浪者和贫民为“无赖”和“懒汉”、以惩罚为主的野蛮做法，转而将其作为一种社会问题加以解决。法案规定，各个教区应负责向居民征收济贫税，并将其用于救济贫民，建立“贫民习艺所”，组织失业者从事劳动。《旧济贫法》虽然并没有改变强制贫民进行劳动的基本立场，但毕竟开始意识到社会的责任，强化了救济的意识。因而它已经具有了现代社会保障观念的萌芽。

（二）《新济贫法》

从17世纪到18世纪，随着英国工业化进程的加速，与之伴生的失业、贫困等问题也日益严重。相形之下，《旧济贫法》设置的保障体制已经远远不敷使用，“贫民习艺所”往往人满为患。在这种情况下，英国中央政府和地方政府陆续实施了一系列新的措施：或者限制教区的人口，减少贫民数量；或者对部分贫民实行“院外救济”，缓解贫民习艺所的压力。19世纪初期，英国的济贫费用急剧增加，1801年为410万英镑，1813年增加到665万英镑，1818年则达到787万英镑。这种情况引起资产阶级“纳税人”的强烈不满，他们认为济贫法管理不善，浪费严重。在他们的要求下，从1832—1834年英国议会成立了专门的委员会进行调查，并在此基础上通过了无视客观现实、严格限制“院外救济”的济贫法修正案，史称《新济贫法》。这个法律试图通过对接受救济的条件提出苛刻规定来达到减少“申请”贫民的数量，进而达到减少济贫费用的目的。按照它的规定，接受救济的贫民必须住济贫院，进习艺所。而当时习艺所的生活条件甚至比监狱都要差，被人们称为“巴士底狱”。一方面，接受救济的贫民不仅会失去公民权，而且会在相当大程度上失去人身自由，沦为工业社会中的贱民。济贫院里把贫民按年龄、性别进行分类，以防止其“繁殖”。这种残暴野蛮的措施激起了无产阶级的强烈反抗，他们喊出了“砸烂贫民习艺所”的口号；另一方面，由于失业、贫困问题的进一步发展，《新济贫法》在实际上也根本行不通，在巨大的社会压力下，英国的很多地方政府不得不继续实行大规模的院外救济，甚至放宽了救济的条件，因为不这样做社会秩序就无法得到保证。这样，《新济贫法》实际上并没有起到阻止现代社会保障制度出现的作用。因为现代社会保障制度是工业化生产方式的一种不以人的意志为转移的客观产物，不是一个法律或规定可以加以阻止的。

随着工业化的发展，其他欧洲国家也或早或晚地遇到了和英国同样的社会问题，多数西北欧国家早期的社会政策也都经历过和英国类似的发展过程；济贫法中政府作用的理念后来还影响了从农业社会迅速进入工业社会的北欧国家。现代社会保障制度在欧洲发展初期经历过多种方式的尝试，有的企图在工业化社会的背景下建立起平均化的社会救助体系，有的则试图通过民间互助的形式在工业化社会中建立生活安全网。前者的代表是英国的“斯宾汉姆兰德制”，后者的代表则是英国17世纪起大范围出现的“友谊社”。

（三）“斯宾汉姆兰德制”

英国在从农业社会向工业社会转型的过程中不仅出现了济贫法，而且出现了其他民间自我保障的形式。例如英国的伯克郡于1785年开始实行一种家庭津贴制度，后来曾流行于英国的南部农业地区。这种制度的核心是对每个在固定收入水平线下的劳工按面包的市价和劳工家庭成员的人数进行补贴，以杜绝赤贫现象。这种按人口进行救济的方法客观上阻碍了劳动力的跨地区流动，刺激了人口的增长，造成英国农业地区日益严重的人口过剩，加重了“纳税人”的负担。这样，在实行了30年之后，这种制度在经济的压力下濒于破产。到1834年《新济贫法》否定“院外济贫”制度的时候，“斯宾汉姆兰德制”实际上已经实行不下去了。从社会保障制度发展史上看，“斯宾汉姆兰德制”并不符合工业化进程的需要，在当时的经济发展水平下，这种为全社会提供平均生活保障的做法不仅缺乏足够的经济基础，而且也从根本上违背了工业社会强调竞争与风险的价值观念，对经济发展起到了消极的影响和作用。

（四）英国民间的互助保险组织

17—18世纪，英国各地先后出现了各种民间互助保险组织，如“友谊社”、“工会俱乐部”、“信托储蓄银行”等。它们一般按照行业或地区自发组织起来，成员定期缴纳一定数量的互助金，在生病时就可以得到补助，年老时可以得到年金，死亡时可以得到一笔丧葬费。由于这种互助组织可以起到一定的生活保障作用，因而受到人们的广泛欢迎，到1890年，英国的成年男性已经有一半左右都加入了各类友谊社。英国政府认为，这类组织可以大幅度减少政府的社会开支，因而采取了积极鼓励的政策。这种通过民间互助建立社会安全网的做法具有一定的积极意义，但是它在规模和程度上存在着根本的局限性，涵盖面窄，保障度低。当时英国很多低收入阶层由于交纳不起互助金而无从加入互助组织，而且这类组织也都不接受妇女入会。同时，这些互助组织所能提供的保障范围也极其有限，仅包含养老、疾病等项目，无法满足社会成员的其他基本保障需要。

二　社会保险传统

（一）俾斯麦改革

欧洲另一社会保障的传统——社会保险制发端于19世纪80年代俾斯麦执政时期的德国。虽然当时德国的工业化程度远不如英国，但它作为后起的工业化国家，转型速度比较快，对社会保障制度的社会需求十分强烈；同时，德国无产阶级的革命组织比较强大，形成了要求改善工人阶级状况的强大政治压力；加之俾斯麦执政时期，德国实行的是中央集权的政治体制，国家的力量更加强大，具有“自上而下”地推行社会改革、在政治上为社会保障制度建设提供条件的可能性。针对国内社会主义运动不断高涨的现实，为安抚工人、稳定政局，俾斯麦实行“鞭子加糖果”的政策，以维持容克地主和资产阶级的高压统治。1878年，俾斯麦操纵帝国议会通过《镇压社会民主党企图危害治安的法令》，即《非常法》，对社会主义运动进行严厉镇压；同时从1881年起着手实施社会改革，在德国建立现代社会保障制度，以“促进工人阶级的福利”。从1883年到1889年，德国议会先后通过法令，批准由国家出面建立健康保险计划、工伤事故保险计划和退休金保险计划，从而在德国建立了当时世界上最为完备的社会保障制度。

德国19世纪末建立的社会保险制既是一种继承，也是一种创新；它从各种各样的商业保险中继承了风险分担的原则，并通过政治权力将这种原则用于社会领域，形成了一种新制度。首先，这一体系的受益者不是特定的社会群体，而是多数雇佣劳动者，所有有固定收入的劳动者都必须参加保险，把社会保障覆盖面扩大到前所未有的范围；其次，这一体系的组织者是国家，但是劳动者个人、雇主和国家都要承担相应的责任，是一种先纳税后受益、先保险后福利的社会体制，完全不同于以往的社会慈善事业和社会救济体系；再次，这种保险制度的本质特征是强制性，雇主、雇员和国家的义务都受到法律的约束。这不仅使它有别于所有的赢利性私人保险项目，而且使得社会保障实现了制度化。此后，社会保险制度逐渐成为工业社会保障的一种基本的制度选择。在俾斯麦改革的影响下，多数西欧国家的政府先后开始介入社会保险领域，西欧社会保障制度的建设进入全面起步的阶段。

（二）西欧各国的社会保险制度建设

从各个国家的具体情况来看，工业化程度及其国内政治的特殊需要往往决定着其社会改革的范围与方向。因此，在建设社会保险体系的时候，各国的进程也不尽相同。

1. 英国

19世纪末的英国是世界上最先进的工业化国家，但是1873年的世界性经济危机给它造成的损失也最大，当时国内失业问题相当严重。为此，英国政府首先出面解决失业保险问题，于1911年年底通过了世界上第一个强制性的《失业保险法》。同年，英国还通过了《国民健康保险法》，参加保险的人不仅可以免费看病，而且还可以得到一定数额的疾病津贴，从而建立了现代医疗保险制度的基本框架。加上1908年通过的《老年年金法》和1918年通过的《产妇幼儿福利法》，英国在20世纪初已经建立了基本的社会保险体系。

2. 法国

19世纪末，法国的工业化程度还不很高，建立社会保障制度的要求并不很迫切。因此，法国政府采用的是组织社会救济与进行社会立法并重的政策，而不是着手建立完整的社会保障体系。虽然法国在1850年已经建立了“全国退休金管理局”，但是能够享受到退休金的人却一直只占全部工人的1/10左右。第一次世界大战以后，法国收回德国占领的阿尔萨斯和洛林地区。因当地居民从1911年起就享受到社会保障，为求统一，法国政府在1930年颁布第一部完整的《社会保障法》，开始建立现代社会保障制度。

3. 意大利

从1880年意大利工业起飞开始，工会和工人政党在国内政治中就具有强大的力量。这从社会需要方面极大地推动了意大利社会保险制度在19世纪末的发展。在德国俾斯麦改革的影响下，意大利进行了全面的社会立法改革，并有后来居上之势。到1913年，意大利的社会福利开支在国民生产总值中占据的比例已经达到14.7%，超过同期英国的12.7%和德国的14.2%。

4. 北欧各国

北欧各国的工业化进程晚于西欧，但其社会保障制度的建立却普遍较早。瑞典政府在17世纪末就建立了政府文职人员的年金制度，1908年它综合德国和英国的制度建立的普遍有捐年金保险计划在当时世界上最为完善，成为西欧各国建立社会保障制度的一个范本。丹麦在1898年就率先通过了雇主必须承担工伤保险费的法律，而挪威在1894年建立的强制性工伤事故保险在当时也是比较领先的。和西欧各国比较起来，北欧国家的社会保障制度建设是和工业化进程同步发展、相互促进的。因为当时北欧各国的工业生产水平还相当低，农、林、渔、牧业的从业人员一般要占到劳动力的一半左右。在这种情况下，社会保障制度的建立对于促进其工业部门的发展，吸引劳动力，实现产业结构转化是有积极意义的。

第二节 西欧各国社会保障制度的发展历程

西欧社会保障制度经过最初二十几年的发展，已经初具规模。通过社会立法改革，西欧各国在观念上基本完成了由“济贫”向“保险”的过渡，其管理体制也由原来分散于宗教、慈善组织和地方政府的局面开始向中央政府统一管理过渡。在第一次世界大战前，这种制度的覆盖面和保障度还都非常有限。两次世界大战之间，为解决国内政治、经济危机，西欧各国先后建成了比较成型的现代社会保障体系，尤其是和失业有关的各种社会保险制度；同时各国政府普遍更深入地介入了社会保障事务，从而为第二次世界大战后西欧社会保障制度的全面发展奠定了基础。

一 贝弗里奇报告

第二次世界大战期间，当欧洲战场的战争仍在激烈进行的时候，欧洲各同盟国政府和社会精英就已经在积极酝酿对战后的欧洲社会进行彻底改革。1941年6月，英国战时内阁成立了一个以威廉·贝弗里奇为首的委员会专门对英国已有的社会保险计划及其运行状况进行调查，为战后的社会重建准备方案。1942年11月，该委员会提交了一份题为《社会保险及有关服务》的报告，即社会保障史上著名的《贝弗里奇报告》（参见本编第四章第一节“英国”）。报告提出了三条原则：其一，“最低原则”，即社会保障制度的目的是保证全体社会成员的生活水平不低于“维持生存所需要的最低限度”，“保证以劳动为条件获得维持生存的基本收入”；其二，“普遍和全面原则”，即社会保障制度应顾及全体社会成员生活的各个方面，即“每一个人”“从摇篮到坟墓”都应该受到社会保障制度的基本保护；其三，“个人责任原则”，强调社会保障制度不是免费午餐，“不是一个毫无交换条件和随随便便给人提供好处的计划，也不是通过提供好处使受益者从此可以免除个人责任的计划，而是一个以劳动和捐款为条件，保障人们维持生存所必需的收入，以便他们可以劳动和继续保持劳动能力的计划”。这份报告的观点不仅决定了英国战后社会保障制度的基本框架，而且对西欧其他国家也产生了重要的影响，在一定程度上决定了战后西欧社会保障制度的面貌。

二 社会改革的呼声

第二次世界大战期间西欧各国要求社会改革的呼声高涨，主要有以下几个方面原因。首先，从社会心理方面来看，1929—1933年的经济大萧条不仅在经济上沉重打击了西方世界，而且使人们更加认识到“自由放任”的资本主义制度的社会局限性。大萧条期间，生产力遭到严重破坏，欧美各国普遍面临着极其严重的失业问题，人们的生活水平全面下降，已经到了民不聊生的程度。这种现象出现在发达的现代工业化经济背景下，说明资本主义制度存在严重的“缺陷”。经历过大萧条的西欧各国人民普遍希望政府与社会加强对经济领域的宏观管理，以维持充分就业，保障公民的基本生活水平不会下降。因此，必须进一步改进社会保障制度。其次，从政治方面来看，允诺建立完善的社会保障制度也是西欧各国战时进行社会动员的一种重要手段。第二次世界大战不同于以往任何战争的特点之一就是它从一开始就具有明显的“意识形态竞争”色彩，资本主义和法西斯主义试图通过战争的较量来显现各自制度上的“优越性”，能否增进国民的福祉是其中的一个重要方面。公布各种战后社会重建计划是西欧各同盟国论证自身制度合理性的一种方法。与此同时，在反法西斯战争中，西欧各同盟国国内民族团结，各阶级之间的“合作”与“共识”空前加强，也为各国政府的各种社会重建计划提供了必要的社会政治环境。建立完善的社会保障制度在某种意义上也是各国政府为鼓舞人心开出的一张“期票”，使战争中的人民看到美好的生活前景，以增强人民战胜法西斯的决心。

1944年3月，法国“抵抗运动全国委员会”在阿尔及尔通过了《抵抗运动宪章》，其中提出战后的法国要建立完善的社会保障制度，设立由社会与政府共同管理的社会基金，使每个公民都能够得到基本的生活保障。1944年，瑞典社会民主党通过新纲领，其中不仅提出了全面改革社会保障制度的意见，而且强调保持充分就业是该党的基本目标之一。1941年，英国的坦普尔主教创造了“福利国家”和“战争国家”这一对相互对应的概念：前者指的是欧美反法西斯国家；后者指的是法西斯德国。福利国家概念强调国家的目的就是增强全民福利，使人民生活在幸福安宁之中；其中显然包括建立完善的社会保障制度的含义。贝弗里奇在报告中借用了福利国家这一概念，强调了“福利”与“国家”的相关性，使其成为战后西欧各国的代名词。

三　战后社会重建与社会保障制度的完善

第二次世界大战结束后，西欧各国先后着手社会重建工作，建立完善的社会保障制度是其中的主要内容之一，西欧社会保障制度的全面建成正是在这时完成的。在这个过程中，西欧各国由于具体国情不同，所选择的具体方法也不尽相同。但是在总体上，各国的社会保障制度都完成了具有划时代意义的三种转变，建成了现代意义上的社会保障制度。

（一）社会保障制度的体系化

西欧各国在战后社会重建中，通过加强立法和统一管理，完成了社会保障制度由东拼西凑的应急措施向完整的制度化体系的转变。战前西欧各国的社会保障措施都是在一个相当漫长的历史阶段中，迫于具体情况的压力，一项一项地建立起来的。因此，这种体制不可避免地带有结构芜杂、管理混乱的缺陷。第二次世界大战前西欧各国的社会保障制度在项目设置上普遍缺乏统一安排，疾病保险、退休年金和失业保险三大项目一般都分属不同的计划，有各自独立的基金，由不同的部门和机构来管理。如战前英国的国民健康保险、无捐老年年金和补充年金归卫生部管，失业保险和救济归劳工及国民服务部管，而工伤事故保险却归内政部管。意大利社会保障领域更为混乱，不仅中央与地方政府在社会保障事务方面的权责不清，机构庞杂臃肿，而且退休金、失业保险、疾病补助和医疗保健等重要项目直到战后初期还基本上由私营机构，甚至由教会慈善机构经营管理。管理混乱不仅使社会保障项目效率低下、浪费严重，而且还因缺乏协调，使各个项目的保险捐税和津贴标准很不统一，难以形成全国范围内有效的社会保障网。针对这种情况，西欧各国在战后普遍进行了系统的立法，实行统一管理，实现社会保障的系统化和法制化。英国在战争结束后立即进行了一系列社会保障立法，1945年公布了《家庭补助法》，1946年公布了《社会保险法》《国民卫生健康服务法》和《国民保险（工伤）法》，1948年公布了《国民救济法》。这几个法律和1944年公布的旨在为社会保障事务建立统一管理部门的《国民保险部法》一同构成了战后英国社会保障的基本制度框架。法国在1945年公布《社会安全法》，奠定了其战后社会保障制度的基础。意大利战后第一部新宪法明确反映出现代社会保障制度建设的基本观念，从而开创了制度化建设的新局面。西欧各国在战后初期对社会保障的法制化和系统化不仅革除了以往体制的一些弊端，而且为以后的全面发展提供了可靠的保证。

（二）社会保障面向全民

在战后社会重建中，西欧各国完成了社会保障制度由针对特定群体的保险救济体系向覆盖全体公民的社会保障体系的转变。一般而言，多数西欧国家第二次世界大战以前建立的社会保险制度都是针对特定社会群体的特殊需要设置的，覆盖全体公民的保险项目比较少见。相比之下，北欧各国的保险覆盖面通常比较大，其老年年金保险等项目从一开始就包括全体公民；其中瑞典在社会民主党“人民之家”纲领的引导下，已经基本建成面向全民的社会保险体系。德、法、意等国的社会保障面要窄得多，不仅年金计划只包括在职工人和一部分职员，而且也没有建立起全民性的健康保险计划，医疗津贴只提供给投保人，工伤事故险仅限于“雇员”，“自雇者”连保险资格也没有。第二次世界大战结束后，西欧各国普遍把建立覆盖全体公民的社会保障制度作为其社会重建的首要任务。法国于1946年5月22日颁布法令，规定把强制社会保险的范围扩大到在本国领土上居住的所有法国人，1946年8月22日颁布法令规定家庭补贴适用于法国全体居民，同年9月13日颁布法令规定把老年保险扩大到全体居民。这样，法国实际上在战后仅仅一年时间里就已经建成覆盖全体居民的社会保障网。意大利战后第一部宪法特别强调社会保障制度应该针对“每一个”公民，其中第32条规定，每一个公民都有权得到健康保护，第38条规定每一个劳动力和生活无着的人都有权得到赡养和社会救济，每一个劳动者在年老、残废、患病和遭遇工伤事故的时候，都有权得到所需要的救济和补助。这部宪法为意大利建立现代社会保障制度确立了指导思想。

（三）社会保障进入经济体制

在战后社会重建中，西欧各国完成了社会保障事务由外在于经济体制到进入经济体制的转变。第二次世界大战前，西欧各国各种社会保险的功能主要是解决社会问题、保障社会稳定，这与传统的慈善事业有共同之处。从本质上说，这种“消防队”式的社会保险体制基本上是外在于经济体制的，是一种保护机制和补充成分。第二次世界大战后，西欧社会保障制度的根本变化就是更加深入地进入了经济体制，成为其一个不可或缺的组成部分。这个过程是从质和量两个方面来完成的。

在质的方面，西欧各国先后完成了与社会保障制度有关的三种机制上的转变，从就业、消费和分配等方面对经济体制进行全方位的调整。首先，把建立完善的社会保障制度与实施“充分就业”政策结合起来，从就业机制上对全体公民实现社会保护，缓和工业化社会中最为普遍的风险；在没有充分社会保障的情况下，失业不仅直接造成贫困，而且会引发一系列严重的社会问题，危害社会的稳定。因此，现代社会保障制度的基本目标之一就是消除由失业造成的社会压力，建立一种社会性的风险防护网。早在1944年，贝弗里奇在一份有关社会保障建设的建议性报告中就指出，战争结束后的社会重建“必须向失业和其他社会灾害进行总体战争而不是局部战争”，要从体制上解决工业化社会中最为棘手的失业问题。战后，西欧各国在“混合经济”的背景下普遍加大政府对就业事务的调控与管理，形成了各具特色的失业救济与就业政策相结合的社会保护机制。其次，建立社会福利津贴和物价工资水平挂钩的制度，从而把社会保障制度与经济发展紧密地结合起来。在西欧国家中，率先建立这一制度的是瑞典，它在1946年通过《国民年金法》，首先制定了按照生活费用定期调整社会保障年金的制度。其他西欧国家在50年代也先后建立类似的制度，根据具体国情的不同，有的国家采取按照总的工资水平对社会保障标准定期进行调整的制度，有的国家则按照生活费用和工资水平两者中较高的一方对社会标准随时进行调整。最后，重新设定税收标准，建立一种高福利、高税收的现代福利国家制度，实现前所未有的“收入转移”，即社会财富的再分配。从西欧各国国民总收入分配的百分比来看，战后总的趋势是私人消费下降而政府消费开支不断增加。除少数战前公共开支就已经很高的北欧国家以外，西欧各国战后的政府开支一般都激增5个百分点左右。这种消费方式上的转变主要是通过增加税收实现的，并由此与整个经济体制紧密地结合起来。战后西欧各国普遍大幅度增加税收，到70年代，多数西欧国家的税收已经占到其国内生产总值的三成以上，瑞典、荷兰、挪威等国已经接近一半。由于西欧各国普遍采取了累进税制，所以高税收在事实上起到了社会财富再分配的作用，是现代社会保障制度的本质所在。

在量的方面，公共开支在西欧各国国民总收入中所占比重持续增长，社会保障开支一般要占公共开支的三成以上。据统计，多数西欧国家的公共开支从1950—1975年间都实际增加了3—5倍，挪威增加了近8倍，荷兰增加了11倍。这使社会保障开支在西欧各国的经济体制中占据了举足轻重的地位，对其经济发展形成了重要的制约机制。

第三节　西欧社会保障制度的基本结构

从社会保障的项目设置看，西欧各国的体制一般可划分为社会保险、社会救济和社会补助三个类别，其中社会保险制度是主体部分。从社会保障制度运作方式上看，西欧各国的差异性虽然也很大，但是大体上采取：第一，个人、雇主与国家集资并由国家进行再分配的经营体制；第二，社会保险为主、私营保险为辅的保险体制；第三，社会保障收益体现“公平”、工资收益体现“贡献”、财产收益体现“自由”的社会财富分配体制。

一　社会保险制度

社会保险是西欧各国社会保障制度的主体部分，一般是强制性的，由国家按法律组织实施，全体公民都应该参加。投保人按照国家规定的标准交纳社会保险捐税后，在年老、患病、伤残、失业、生育、死亡或丧偶的时候，投保人及其家属可以得到社会保险机构提供的各种津贴，以维持必要的收入水平。没有按照国家规定的标准交满保险捐税的人，津贴标准相应降低。目前，西欧各国的社会保险项目总计 50 多个，其中最主要的是三种保险项目，即老年保险、医疗保险和失业保险。老年保险包括退休金、养老金和老年保健；医疗保险主要包括疾病、伤残、工伤、职业病等保险项目；失业保险主要包括失业救济金和再就业培训费用等。

西欧各国社会保险制度的资金来源一般可以分成三部分，即投保人按照工资收入交纳的一定数量的保险金、雇主为雇佣人员交纳的社会保险捐税以及国家在公共开支中拨付的财政补贴。在不同的国家，这三部分资金所占的比例是不同的。北欧各国国家承担的责任最重，占 80% 左右。在意大利、法国，雇主负担最重，占 50% 以上。其他国家相对要均衡一些。虽然不同国家的比例不同，但一般都是投保人占 20% 左右，其余部分按各国的不同比例由国家和雇主分别承担。在西欧各国，公民的社会保险捐税一般都和工资挂钩，其保险收益一般分为两个部分：基本津贴的标准是统一的，无论交多高的保险金，基本津贴都一样；补充津贴则与保险金挂钩，交得越多得到的收益也越多。但即使如此，西欧各国的社会保险制度仍然具有一定的财富再分配的意义，总的说来有利于低工资人群。

二　老年保险制度

西欧各国现行的老年保险制度区别很大，非常复杂。事实上，这是一种以养老金为核心的保险体系，养老金一般分为基本年金和补充年金两个部分，除养老金之外，老年人专有的住房补贴、疾病补贴及遗属补贴等也属于老年保险的范围。西欧各国的基本养老金制度可分为两种：北欧国家和英国实行“普遍保险制度”；法国、意大利、德国等国实行“职工保险制度”。“普遍制”养老金的标准是统一的，参加保险的人只要达到一定的年龄和居住时间就可以得到养老金；“职工制”养老金的标准是根据投保人退休以前的工资水平决定的，工资越高、交纳保险费越多，最后得到的养老金也就越多；对没有工作的人和个体劳动者，该制度按另外的参照体系进行保险。补充养老金也有两种：一种叫做“公共补充养老金”，一种叫做“职业补充养老金”；前者的目的是在社会再分配的基础上补充按劳分配的成本，而后者有时是功绩性的，有时则起到替代社会保障的作用。在不同的西欧国家，补充养老金的标准和作用存在很大差别，一般实行“普遍制”的国家标准较高，实行“职工制”的国家标准比较低。

三　医疗保险制度

西欧各国的医疗保险制度主要有“国民保险制度”和“健康保险制度”两种。英国、丹麦、意大利等国实行“国民保险制度”，法国、德国、荷兰、比利时、瑞典等国实行“健康保险制度”。前者的覆盖面是所有居民，不仅包括本国居民而且也包括外国居民。其财政来源主要是公共开支，由政府从税收中拨专款进行补贴，政府开支一般要占到全部开支的 90% 以上。后者覆盖面是强制性医疗保险的投保人，没有参加保险的人由其他制度进行医疗补贴。其财政来源有保险费和政府补贴两块，但政府补贴仍然是主要部分，一般要占到 80% 左右。在“国民保险制度”中，公立医院属于政府机构，免费向患者提供医药和治疗；患者如果到私立医院就医，可以到有关机构去报销挂号费、药费和住院费。报销的标准各国不尽相同，但一般不能全部报销。相比之下，“健康保险制度”的保障范围没有这么大，无论是公立医院还是私立医院都要收费，投保人看病后到保险机构去报销，但有些疾病的诊疗费及某些药品是不能报销的，需要投保人自理。70 年代以后，随着人口老龄化的加剧和药品及医疗设备价格的不断上涨，西欧各国医疗保险开支不断升高。医疗保险不同于其他社会保险，它的资金来源主要是公共开支，因而各国政府普遍感到负担日益沉重，非作必要的调整不可。

四　失业保险与失业救济

西欧各国与失业有关的社会保障制度大致有两种，一种是失业保险制度，另一种是失业救济制度；前者是主体，后者是补充。西欧各国的失业保险制度可以分为三种：英国、意大利、奥地利、瑞士等国实行强制保险制度；瑞典、丹麦、芬兰等北欧国家实行自愿保险制度；德国、荷兰、法国等国则实行两种制度相结合的双重制度。强制性失业保险由国家组织实行，资金主要由职工交纳的保险费和雇主为雇员交纳的保险税构成，不足部分由政府进行补贴；这种制度的覆盖面比较宽，包括了工薪阶层的绝大多数；但是这种制度下的失业保险金比较低，如英国的失业保险金就一直低于在职职工平均工资的30%。自愿保险制度由行业工会组织实行，工会成员都必须参加，非工会会员、自雇者则可以自愿参加；这种制度的资金来源主要由雇员的保险费和雇主的保险税两部分组成，由工会专门机构进行管理，国家在必要的时候可以对其提供援助。无论实行哪种失业保险制度，都必须有失业救济制度对之进行补充。英国由于失业保险金很少，便用失业救济来弥补其不足，以保证失业者可以维持基本的生活；法国、德国只对失业保险期限已满却仍未找到工作的人进行失业救济。近年来，西欧各国普遍重视对失业者的职业培训，对参加培训的失业者一般都给予比较高的失业补贴，以此鼓励他们参加培训。

五　社会补助制度

社会补助也是一种保险项目，但与其他项目不同，其资金来源主要是国家的财政补贴，而且往往是政策性的，在全部社会保障开支中一般只占10%左右。社会补助主要包括家庭补助、住房补贴和青少年学习补助等项目，其中最主要的是家庭补助。第二次世界大战以后，西欧国家的家庭补助制度不尽相同，有的采用“普遍家庭补助制度”，有的采用“职工家庭补助制度”，有的采用二者相结合的方法。前一种制度的补助范围包括了所有有子女的家庭，补助金主要由国家财政支出；后一种制度的补助范围只限于工薪阶层家庭，经费主要来自雇主按照职工工资总额的一定比例上缴的“职工家庭补助税”；没有工作的人或自雇者没有这种补助。

第二次世界大战后西欧国家建立家庭补助制度的主要目的是鼓励生育、提高人口出生率，所以只要是有孩子的家庭就可以享受家庭补助，子女越多，补助也就越多，有3个或3个以上孩子的家庭可以享受到相当多的补贴。家庭补助包含的补助项目很多，如子女补助、产假补助、单亲补助、孤儿补助及特殊教育补助等，其中覆盖面最广的是子女补助和产假补助。在西欧各国，从孩子出生开始，这个家庭就可以得到子女补助，直到孩子满15岁或满18岁为止。在德国，如果孩子上大学、当学徒或有残疾，子女补助甚至可以一直领到他（她）满25岁时。西欧各国子女补助的金额差别很大，但一般不是很高。如法国平均为每月三四百法郎，德国为一两百马克。多数西欧国家子女补助的金额首先是由子女的数量决定的，同时也与父母的工资水平挂钩，工资越高、补助越少。西欧各国都有产假补助，补贴时限一般为孩子出生后的14周到1年不等。产假补助的金额一般为平均工资的90%左右，有的国家甚至达到100%。法国、荷兰、挪威、瑞典等国的产假甚至可以延长到两年，可以由孩子的父亲、母亲或父母轮流在家照顾孩子。产假越长，产假补助的金额就越低，但是孩子的父母在产假结束后有权回原单位工作，雇主不得以此为理由解雇雇员。

六　社会救济制度

社会救济或称社会援助，是西欧各国社会保障制度中的补充部分，它主要针对那些社会保险没有覆盖到的人和事。社会救济的对象主要包括：没有固定职业的人、无力上缴社会保险捐税因而没有津贴的人、社会保险津贴不足以维持最基本生活的人和其他生活遇到特殊困难的人，如无家可归者、孤儿、精神失常的人等。社会救济的全部支出都由国家负担，救济金额必须低于社会保险津贴的标准，接受救济的人必须经过有关机构的严格审查，符合条件才可以得到菲薄的救济金。西欧各国的社会救济制度是针对特殊人群的特殊需要而建立的，因而项目的设置极其分散，往往因人而异、因事而异。社会救济的项目可以包括体弱的老年人、残疾人生病时的家庭护理费用、失业者从事某项工作所需要的购买工具的开支、关在监狱里的犯人的妻子儿女的生活费等。西欧各国都设置了“最低生活标准”，只有经过审查、生活水平确实低于这个标准的人，才可以得到具体项目上的社会救济。接受救济的人如果对救济金额不满，可以向专门的法庭进行投诉。除去瑞典等北欧国家的社会救济采用“强制式”，即只要生活水平低于最低标准就必须接受救济之外，大多数西欧国家的社会救济多采用申请—审查—救济的程序进行。由于接受救济意味着沦为“二等公民”，所以很多人都不愿意接受社会救济。目前，社会救济开支在西欧各国的社会保障开支中占的比例很小，一般都不会超过5%；与社会保险和社会补助比较起来，社会救济只是一种应急措施和体制上的补充而已。　（田德文）

第四章　西欧社会保障制度的三种模式

欧洲各国福利国家的体制同中有异：共同之处是均由主权国家出面保障公民的社会安全（或收入安全）；所异之处是实现这一目标的方式、方法不同，在项目设置和运作方式等方面都存在相当大的差异性。其共同性说明现代社会保障制度是工业化进程的必然结果，必须通过这一制度的建立来解决一系列共同面临的问题；其差异性则说明各个国家必须根据自己的国情选择合适的道路，不存在统一的普遍模式。

欧洲的福利国家可大致分为三种模式，即从济贫法传统发展来的“盎格鲁—撒克逊模式”、从社会保险传统发展来的“欧洲大陆模式”以及混合这两种传统的北欧模式。“盎格鲁—撒克逊模式”最典型的国家是英国；“北欧模式”包括瑞典、挪威、丹麦、芬兰等北欧国家；“欧洲大陆模式”则包括德国、法国、意大利、荷兰、比利时等欧洲大陆国家。这种模式的划分只是相对而言的，实际上在福利国家制度不断发展的情况下，这些模式之间的共同之处已经越来越多了。

第一节　“盎格鲁—撒克逊模式”：英国社会保障制度的特点

英国社会保障制度的特点是：在体制设计上强调“普遍性”，社会保障的覆盖面比较宽，但是保障水平远低于欧洲大陆国家和北欧各国；在资金来源上，国家的公共开支比重较大，而投保人缴纳的社会保险税则远低于欧洲大陆国家。英国社会保障制度这种“低出低入”体制的形成原因在于：从历史上看，英国社会保险体制是在工业化推动下，“自下而上”地逐步建立起来的。19 世纪晚期，英国政治逐渐实现民主化，公民的选举权不断扩大；在人民的强大压力下，英国的统治者不得不一步一步地作出让步，逐渐建立了一些社会保险制度。这样的社会保障制度从诞生起就具有阶级间相互妥协让步的色彩，因此标准不可能很高。由于社会保障收益的“低入”是与社会保险税的“低出”是相互联系的，因此英国的工人阶级亦能接受。相比之下，以德国为代表的“欧洲大陆模式”则有很大不同：它们的社会保障体制基本上是“自上而下”地建立起来的，自始就具有稳定工人阶级、维护统治阶级利益的目的；其社会保障制度并不限于补救社会弊病，而是兼及职业福利的功能，因而最终建立了与英国相反的“高出高入”的体制。

一　英国社会保障制度的“普遍性原则”

战后英国社会保障制度的基本原则来自《贝弗里奇报告》。在其建设过程中，首先是通过全民强制保险实现“普遍性原则”。1946 年的英国《国民保险法》规定：凡受完成中等教育（16 岁）、已经就业，而又没有达到退休年龄（男 65 岁，女 60 岁）的公民，都必须缴费参加国民保险。参加保险的人可以享受养老、伤残、失业、疾病以及其他各项津贴。1946 年的英国《国民医疗保健法》规定：凡在英国居住的人，不需要取得保险资格，一律可以享受到免费的医疗服务。1957 年以后，英国医疗保健开始少量收费，但是基本仍属于免费性质。对于极少数没有参加社会保险的人，英国使用各种“无捐”收益制度及社会救济制度加以补救。这样，英国基本上实现了全体社会成员享受社会保障收益的目标。在一定意义上，英国社会保障制度的这种普遍性原则在战后已经被多数西欧国家所接受，变成了一种共同性的原则。英国社会保障制度区别于其他西欧国家的主要特点是它贯彻“最低原则”和“个人责任原则”更为彻底。

二　英国社会保障制度的“最低原则”

英国的社会保障制度以“低入低出”的方法来贯彻其“最低原则”。20 世纪 90 年代以来，英国的社会福利收入占人均总收入的比重一直低于 15%，远远低于法国（45%）、德国（40%）及瑞典（20%）等，在西欧国家中是最低的。目前，英国的基本养老年金每月平均不到 300 英镑，不到体力劳动者平均工资的一半，只能用以维持最基本的生活开支。相比之下，意大利的退休职工可以领到相当于原工资 80% 的退休金，德国的退休者可以平均得到1000马克以上的退休金，远高于英国的水平。英国社会保障收益很低，但同时社会保险税也比较低。2000 年，英国社会保险税占国民生产总值的比重仅为 7.6%，在西欧国家中属于较低水平，远低于同年法国的 18.5% 和德国的 18.7%；而且，英国政府公共开支占国民生产总值的比重在西欧国家中一直也是最低的。所以，英国社会保障制度在一定意义上是一种“低入低出”的制度。实际上，英国就是通过这种模式来确保其社会保障制度贯彻“最低原则”。

英国社会保障制度的这种“低入低出”特点给英国带来三个问题：

（1）社会保障收益太低，使得英国的社会保障制度无法有效解决社会贫困问题。据估计，英国目前生活在官方确定的贫困线以下及略高于贫困线的“贫困人口”接近 1700 万，约占其总人口的 30%，远远高于德国、瑞典、挪威等国。然而，在解决贫困问题方面，英国社会保障制度的作用却极其有限。在英国，单纯依靠养老金生活的老年人和依靠失业津贴生活的失业者都生活在贫困线以下。以失业津贴为例，目前一对失业的夫妇每周得到的失业津贴不到体力劳动者平均工资的 40%；而相比之下，德国的失业者可以得到相当于原工资 68% 的失业津贴，远高于英国的水平。

（2）虽然英国的社会保障支出水平较低，但是由于社会保障税也比较低，因此，英国的社会保障制度仍然面临财政困难，同样要遇到“福利国家”的危机与困境。英国社会保障制度的财政来源可分为两部分，基本上是国家负担一半、雇员和雇主分担另一半。这样，英国政府为社会福利支付费用的比重要超过大多数西欧国家，公共开支的负担反而更为沉重。2000 年，英国政府总支出占国民生产总值的比重为 37.7%，在西欧国家中最低（仅高于爱尔兰）；但是同期英国政府的财政赤字却接近欧洲联盟国家的中等水平。因此，虽然英国的公共开支水平较低，但是财政失衡的状况却仍然比较严重。与此相应，英国的税收水平在西欧国家中也一直居于中等水平，与德国相近，高于法国和意大利等国；英国的福利不高、税收不低，其原因在于不尽合理的资金来源结构。

（3）英国的社会保障水平比较低，所以很难与西欧其他国家实现社会保障制度的一体化，这也使英国被迫在欧洲联盟共同的社会政策中扮演“坏孩子”角色。因为，欧盟的共同社会政策要求其成员国在社会保障标准上逐渐趋同，以防止成员国的社会差异影响经济一体化进程。由于英国社会保障水平远低于多数欧盟成员国，实行共同的社会政策就意味着提高社会标准，这不仅会对英国经济造成巨大冲击，而且也会影响到现行社会保障制度的运行体制。所以，英国对欧盟社会政策一直持消极态度。

三　英国社会保障制度的“个人责任原则”

由于英国的社会保障收益不足以保证生活水平，人们不得不更多地依靠自己的力量。据统计，英国的私人消费开支在总消费开支中所占的比例在西欧国家中一直处于中等偏上，高于德国和瑞典；而在“可支配收入”的储蓄率方面，英国一直是最低，只有德国和法国的一半左右，为瑞典的2/3。换言之，英国人在日常生活中已经承担了更多的“个人责任”。此外，在实行“盎格鲁—撒克逊模式”的国家中，英国比较强调投保人收益与贡献挂钩。英国的社会保障收益严格与缴费次数挂钩：投保人退休前至少需要缴费 156 次才有权享受基本退休年金；至少缴费 26 次才有权享受疾病和失业津贴。因此，虽然英国社会保障制度的特点是“低入低出”，但在出入之间，个人仍需承担不小的责任。

第二节　北欧模式的典型：瑞典社会保障制度的特点

瑞典社会保障制度的特点是由国家进行全面控制，在体制设计上兼顾普遍性与高水平，从而建立一种“全方位”的保障制度。与德国、法国、意大利等欧洲大陆国家相比较，瑞典的社会保障制度具有更强的“普遍性”，具有“盎格鲁—撒克逊”模式的特点；但是与英国等国相比，瑞典社会保障制度的保险额又要高得多，而且项目设置也要完善得多。因此，瑞典的社会保障制度兼具两种体制的优势，但总体上其基本价值取向仍属偏向普遍性，所谓高水平是在普遍性基础上的高水平。

一　兼顾普遍性与高水平的瑞典社会保障制度

瑞典社会保障制度首先强调完整意义上的“普遍性”。瑞典社会保障制度主要由一套独特的“年金保险计划”和一套健康保险制度组成。前者是核心，包括了老年年金、残疾年金和遗属年金等项目。年金保险主要分“基本年金”和“补充年金”

两个部分：全体瑞典公民、侨居国外的瑞典人和在瑞典定居的外国人都在“基本年金计划”的范围之内，而补充年金则只有有工资收入者才能享受到。从体制上看，瑞典的年金计划与其他实行“盎格鲁—撒克逊模式”的西欧国家在本质上是一样的。与其他国家实行的强制保险计划不同的是：瑞典的年金计划不直接向公民征收社会保险税，而是把年金税纳入公民个人所得税中来征收，其余部分由雇主缴纳的社会保险税以及国家的“转移支付”来分摊，其中补充年金则全部由用雇主为雇员缴纳的社会保险金建立的年金基金来负担。这种缴费体制确保了瑞典社会保障制度的普遍性。因为，瑞典的社会保险税是一种“暗税”，基本年金收益与缴费额无关，补充年金也不是雇员个人直接缴费；所得税与收入挂钩，没有收入的人就没有所得税，但基本年金却是人人都有、标准统一的。因此，瑞典的基本年金计划不可能出现“意外”情况，使其社会成员被完全排除在社会福利之外。相比之下，多数西欧国家的社会保险制度很难做到这一点。因为它们的社会保险制度建立在个人缴纳社会保险税的基础上，所以难免会出现一些“特殊情况”。在某种意义上，瑞典的社会保障制度不仅比多数其他西欧国家更具有普遍性，覆盖面更广；而且更重要的是，它在一定程度上把基本社会保障收益变成公民与生俱来的一种“社会权利”，这和多数西欧国家的社会保障制度具有很大不同。

20 世纪 90 年代以来，瑞典社会福利收入平均占工资总额的 20% 左右，远低于“欧洲大陆模式”的法国（44%）和德国（40%），高于“盎格鲁—撒克逊模式”的英国（15%），在西欧国家中居中等水平。总的说来，瑞典的年金水平，尤其是退休金水平低于意大利、法国和德国，约为平均工资的 30%—40%；但瑞典的退休人员可以享受到一些住房与家庭津贴，从而得到一定程度的补偿。与此同时，瑞典的社会保险水平却是西欧国家中比较高的，基本与德国持平，高于法国的水平；年金保险计划体现了瑞典社会保障制度的普遍性，其社会保险制度体现了这一制度的高水平。由于瑞典社会保障制度的普遍性比较强，所以从总体上看，瑞典是世界上社会保障度最高的国家之一。目前，瑞典社会保障收益在总收入中的份额在各个年龄层中的分布差别很大；但总的说来，在欧洲国家中是比较高的。从户主在 65 岁以上的家庭来看，社会福利收益在家庭收入中占 78.1%，是欧洲国家中比较高的，远高于德国（68.5%）和英国（54.6%）。

二　“瑞典模式”的基本条件

瑞典的社会保障制度建立在极高的社会开支基础上；离开高投入，既谈不上“普遍性”，也谈不上“高水平”。瑞典作为西欧最典型的“福利国家”，其高税收、高福利的特点已经达到极端的程度，国家在经济生活中占据统治地位。2000 年，瑞典的政府总收入占其国民生产总值的 59.5%、政府支出总额为国民生产总值的 56.6%，都是发达国家中最高的。尽管如此，瑞典的经济状况却运行良好，1997 年瑞典的财政赤字仅为 2.1%，在欧盟国家中是比较低的；通货膨胀率仅为 0.5%，是欧盟国家中最低的。虽然进入 80 年代以后，瑞典也面临经济持续低速增长、失业严重以及税率过高影响人们的经济热情等困境，瑞典政府也进行了压缩公共开支、削减福利项目的改革，但是瑞典社会保障制度的基本框架并没有改变。瑞典的生活水平很高，居民收入差距较小，阶级矛盾也比较缓和，集中体现了“共同富裕”的“北欧模式”特点。

瑞典之所以能形成如此完善的社会保障制度，是因为它有许多得天独厚的自然、历史条件，所以在很大程度上瑞典的制度也是其他国家难以复制的。首先，瑞典地广人稀、自然资源极其丰富，是一个“天然”的富国。瑞典国土面积为 45 万平方公里，人口仅 850 万，每平方公里人口密度只有 20 人。尽管瑞典的可耕地只有国土面积的 1/10，但是食品却可自给自足。瑞典拥有丰富的木材、水利和矿产资源，为工业发展提供了良好的条件。战后瑞典经济发展非常迅速，为其建立完善的社会保障制度创造了充分的物质基础。其次，瑞典的工业化进程开始较晚，但是发展较快，这在一定程度上避免了“野蛮资本主义”的历史弊端，从而为“阶级合作”创造了基本条件。1917 年，持改良主义意识形态的瑞典社会民主党首次执政，并从 30 年代起一直控制着瑞典政坛，这也极大地促进了瑞典福利国家的建设。瑞典社会民主党一贯致力于把瑞典建设为“人民之家”，由社会为人民提供基本的生活保障，从而开始了建立现代社会保障制度的历史进程。第二次世界大战结束之后，瑞典政府在《贝弗里奇报告》的影响下先后确定“充分就业”和

“普遍保障”等社会保障制度建设的基本原则，确立了瑞典社会保障制度的基本框架。长期以来，瑞典国内阶级矛盾比较缓和，政局稳定，各阶层在社会保障问题上具有“共识”，为这一制度的发展提供了较好的国内环境。没有这两方面的条件，所谓“瑞典模式”的社会保障制度是不可能生存下来的。

第三节　“欧洲大陆模式”的典型：德国、法国、意大利

一　德国的社会保障制度

（一）强调合理地分摊社会保障责任

第二次世界大战以后，德国在战后重建过程中对其社会保障制度进行了重大调整；在“社会市场经济”总体思路的指导下，德国建成了一套既强调“个人责任”，又强调国家与社会（雇主）合理分摊负担的社会保障制度。目前，德国的社会保障水平在西欧国家中是比较高的，社会保障收入占平均工资的比重比法国、荷兰略低，高于其他国家；但是德国的工资水平比较高，所以从绝对额来说，德国的社会保障开支水平是西欧国家中最高的。尽管如此，在西欧国家中，德国的公共开支负担并不过于沉重；2000 年，德国政府总收入占国民生产总值的比重为 46%，仅略高于欧盟成员国的平均水平（45.8%）。

德国的社会保障制度是其“社会市场经济”体制的重要组成部分。在其社会保障制度中，强调“市场”原则意味着强调“个人责任”；而强调“社会”的作用则意味着国家和社会要充分进行协调，建立一种更加“均衡”的体制。在德国社会保障制度的财政来源中，雇员、雇主和国家补贴的比重基本是 3∶4∶3；雇员负担的比重在西欧各国中是比较高的，仅低于荷兰等少数国家，比其他国家都要高一些；雇主负担的比重居中等偏上水平，低于意大利、法国，高于其他国家；国家财政补贴水平高于同属“欧洲大陆模式”的法国、意大利，低于其他欧洲国家。这种资金结构说明：在西欧国家中，德国社会保障制度比较强调“个人责任”，同时也比较重视国家与社会（雇主）之间合理分摊社会开支。这样，德国在保证公民享受很高社会保障水平的同时，一直能够保证社会保障制度较为均衡地运行；由于比较均衡地分摊了社会保障的责任，所以德国能够采用“高入高出”的保障体制，即在收取较高社会保障税的同时，给予投保人较高的社会保障收益。2000 年，德国的社会保障税占政府财政收入的 18.7%，是欧盟成员国中最高的。与此同时，德国社会保障制度给予投保人的保险条件和保险收益综合起来考察也最为优厚，在西欧国家中只有瑞典可与之相比，居于西欧国家之首。

（二）有差别的“社会保障”

德国社会保障制度允许甚至鼓励公民在社会保障收益上存在差异；实际上，这也是“欧洲大陆模式”不同于“盎格鲁—撒克逊模式”的一个共同特点。以养老金保险体制为例。在德国社会保障制度中，不仅收入不同的人的养老金是不同的，而且不同行业的人的养老金也是不同的。总的来看，德国的这种情况不如法国、意大利的严重；但是，德国政府公务员的养老金保险不必投保人自己直接缴费，这在西欧国家中是比较少见的。

战后德国的养老金保险可以分为雇员养老金保险和独立经营者养老金保险两大类：前者包括工人养老金保险、职员养老金保险、公务员养老金保险和煤矿工人养老金保险四种；后者有手工业者养老金保险、农民养老金保险、自由职业者养老金保险三种。20 世纪 60 年代以后，德国将手工业者和自由职业者养老金保险制度与雇员养老金保险制度并轨，所以，目前德国实际上实行着三类不同的养老金制度，分别针对“雇员”、公务员和农民；相比之下，公务员的待遇最高，雇员次之，农民最低。公务员养老金保险的经费全部在国家预算中筹集，公务员本人无须缴费；公务员养老金的标准主要取决于退休者的工龄和最后一个月的工资数量；工龄满 10 年，退休金月标准为其最后一个月工资的 35%；工龄 11—25 年者，工龄每增加 1 年，退休金增加其最后工资的 2%；工龄满 26 年以上者，工龄增加 1 年，退休金增加原工资的 1%；公务员退休金最高不得超过其最后工资的 75%。相比之下，德国的农民养老金保险显得很低。从 1957 年开始，德国把养老金保险的实施范围扩大到独立经营的农民。农民的年金与缴费都采用统一标准，不与收入挂钩。农民要得到年金所必须的条件与工人一样，男女分别年满 65 岁和 60 岁，缴费满 15 年。但是农民养老金保险的缴费水平和收益水平都低于雇员的；而且规定养老金领取者在 50 岁后，必须通过继承、出售或长期租让等方式转移他的农业企业，

脱离农业劳动。

二　法国的社会保障制度

（一）法国社会保障制度的行业差别

历史上，法国的工业化水平一直低于英国和德国，与此相应，法国社会保障制度的发展也一直比它们滞后。法国社会保障制度在总体上没有英国和斯堪的纳维亚国家那样广的覆盖面，但社会保险的标准略高于英国和南欧国家，在欧洲属中等水平。法国社会保障制度的突出特点是行业性比较强。由于工业在国民经济中的比重相对较小，在第二次世界大战结束以前，法国一直没有建立起全面的现代社会保障制度，而是以行业为单位，比较自发地建立了一些社会保险制度。第二次世界大战以后的法国现代社会保障制度是在这种基础上建立起来的；因此，直到现在，建立社会保险较早的老工业部门和政府机构的保障度比较高，而农业、服务业等社会保险制度建立较晚的部门则要差得多。这种现象在西欧国家中或多或少都存在，但法国的情况比较突出。

第二次世界大战结束之后，法国建立了统一的“社会保险总制度”，将社会保障制度的覆盖面扩大到大部分法国公民的范围，但法国社会保障制度“行业性强”的特点并未得到根本改变。建立社会保险制度较早的老工业部门和政府机关都有自己的“特殊保险制度”，继续享受着较高的社会保障收益；而农民则不能参加社会保险总制度。不仅如此，法国不同社会保险体系的保险收益也有很大差异。以老年保险为例，法国社会保险总制度规定：投保人领取退休金的条件是年满 60 岁，缴纳社会保险税累计 37 年半（150 个季度），退休金为投保期间最高 10 年平均工资的 50%，缴款不足者以每季度 1.25% 的速率递减。由于很少有人能达到 37 年半的工龄，所以参加社会保险总制度的人实际上很难拿到“足额”的退休金。与此相比，实行“特殊退休制度”的老工业化部门和国家机关则要优越得多。如法国国家公务员的退休金计算方法完全不同于社会保险总制度：公务员每工作一年退休金可以增加最后工资的 2%，如工龄达 37 年半即可领到原工资的 75%；不仅如此，公务员的退休年龄也低于社会保险总制度的规定，其中“流动性强”的政府文职人员 55 岁即可退休。

（二）法国社会保障资金结构的特点

在法国社会保障的资金来源中，社会保险税所占的比重在西欧国家中最高，其中雇主所分摊的部分又最多，在西欧国家中仅次于意大利。20 世纪 90 年代，法国的社会保险税一直占其全部社会保障开支的 80% 以上，其中雇主缴纳的部分则占 50% 以上；而同期欧盟成员国社会保险税平均所占份额不到 30%，雇主缴纳的部分不到 20%。资金的这种特殊结构使法国社会保障面临这样一些突出的问题：

第一，使法国的社会保障制度与其经济发展状况的关系过于紧密；与其他发达国家相比，社会保障开支增加对法国经济发展的影响更加直接。由于法国的社会保障资金主要来自社会保险税，而社会保险税收入的高低则是由职业收入，特别是工资收入来决定的。这样，经济状况不好的时候，就非常难办。例如，失业人数增加必然导致社会保险开支扩大；但失业严重的时期纳税人的收入一般也会倾向于停滞或增长缓慢。据估计，失业者每增加 10 万，失业保险金和补贴金就要增加 30 亿法郎，同时减少社会保险收入 30 亿法郎。在这种情况下，维持社会保障制度预算平衡的办法只有两种：或提高社会保险税，或降低社会保障标准；如果这两种做法都行不通，法国的社会保障制度就只能靠“赤字运行”了。实际上，法国政府每年都不得不对其社会保障制度进行财政补贴，并开征一些特别税捐，如烟酒附加税、药品广告税等，以弥补社会保障开支上的赤字。这样，虽然表面上法国政府的开支在社会保障资金结构中所占的比例是比较低的，但是其经常性转移支付水平在发达国家中却一直处于中等偏上。

第二，法国社会保障资金的征收方式不尽合理，国家补贴的流向也很不平衡，由此造成行业间及企业间巨大的不平等。一方面，法国社会保障制度中获益越多的行业，其社会保险税反而越低。在社会保险总制度中，来自企业抽征的比例超过 70%，来自职工的抽征收入为 25% 左右，国家补贴不足 2%，转移支付仅为 1% 左右；相较之下，法国的国营铁路、电力、煤气、矿业等公司所承担的责任则要小得多：来自企业抽征的比例不过 65%，来自企业职工的部分仅为 12% 左右，而国家对它们的补贴则高达 13%，转移支付率接近 6%。另一方面，即使同在“社会保险总制度”中，不同企业的地位也是不平等的。因为法国的社会保险税是按照雇员人数用统一的标准征收的，所以雇用低工资工人较多的企业，社会保险费用负担就比其他企业重得多，工人缴纳的社会保险税在工资中所占比重相对也比较大，使得这类企业的生存更加困难。

三 意大利的社会保障制度

（一）意大利社会保障制度的政治因素

在西欧国家中，意大利的工业化进程起步较晚，因此其社会保障制度建设也远远滞后于西欧和北欧国家，直至战后五六十年代，各种项目才逐渐趋于完备。由于起步较晚，意大利的社会保障制度从德国、英国等先行国家的制度中吸取了不少经验，带有较强的人为设计的色彩；而且具体项目的建设往往与一定的政治局势有直接关系，受政治因素的影响比较深，有时不免与经济发展的实际需要脱节，增长过快的势头难以控制。总体上，意大利的社会保障水平和社会保障开支在西欧国家中都处于中下等水平。从社会保障制度的资金结构考察，意大利雇主所承担的比重在西欧国家中最高，接近60%；国家和雇员承担的比重在西欧国家中均属中下水平。

意大利政治相对缺乏稳定性，政治力量比较分散，极左、极右翼的政治势力都比较大。意大利政治的这种特点对其社会保障制度建设有着直接的影响。从起源上看，20世纪初意大利刚刚进入工业化全面发展阶段，社会保障制度建设的步伐异常迅猛，在很多项目上超过英国和德国。如在失业保险方面，意大利于1919年制定了第一部法律，规定对失业进行强制保险；时间上在欧洲仅晚于英国（1910年），而德国直到1927年才通过同类法律。当时，意大利正值“自由派”执政时期，各党派为了取得选民的支持，竞相推动社会保障制度建设。1918—1920年期间，在意大利自由党、社会党、人民党的竞选纲领中，强制退休保险和失业保险政策都占据重要地位。1919年，政府通过了这两项制度，使积极推动其实施的社会党选票猛增至31.9%。直到第二次世界大战结束以后，意大利的社会福利通常也是在竞选年份提高较快；不仅执政党在这些年份里尽力提高社会保障水平，以增强自己的业绩；即使是在野党也往往在这个问题上大做文章，作出种种允诺，以增加自己的得票率。各政党和政治力量对意大利社会保障制度的长期干预与利用，使意大利形成一种明显的“政治救济市场”，各个社会福利的压力集团向政党或者政界人物施加压力，甚至直接提供选票，来使自己的要求得到满足。被复杂的权力关系所掩盖的这种“供求关系”最终从意大利社会保障制度在项目、行业和地区设置方面的畸形发展中鲜明地表现出来。这种情况在西欧其他国家也不同程度地存在，但在意大利表现得尤为突出。

（二）政治因素干预的弊端

意大利社会保障制度在项目设置和地区分布方面存在严重问题。因为意大利社会保障制度缺乏统一的项目设计，具体的项目设置和不同行业、地区执行的社会保障标准大多是议会分别立法制定的，立法过程较易受到政治因素的影响；代表各个地区及行业的压力集团，可以通过施加压力为自己的群体争取更多的利益。哪个集团的影响力大，哪个集团的获益就比较高；哪个集团的政治势力弱，哪个集团获得的收益也就比较小。

在这种情况下，意大利各个部门、行业、地区的社会保险办法极不统一，各类从业人员“苦乐不均”，社会福利差距很大。以养老保险为例，目前意大利至少并行着四种不同的退休金体系，其中私营企业职工、独立经营者和公共部门职工的退休金缴费方法不同，计算方法也完全不同：私营部门以缴费工龄来计算退休金，公共部门职工以工资为计算退休金的主要依据，而独立经营者则是按缴纳社会保险税的多少来计算退休金。这样，三类人员在退休金收益方面存在较大差别，公共部门最高，私营部门次之，独立经营者最低。意大利的第四种退休金体系是针对各种“特殊行业”实行的“特别退休规定”，自由职业者、工业企业领导人、记者、电影电视工作者以及空中工作人员等都属于这个范畴，每个行业的退休金缴费方法和计算方法都各有不同。显然，意大利社会保障制度具有明显的“特权”色彩，在某种意义上延续甚至加大着社会的不公正现象。

政治因素的干预使得意大利社会保障制度的项目发展畸形，与经济发展的实际需要严重脱节。在各个社会保障项目中，养老保险的支出最为庞大。据统计，意大利人口同英国人口相差无几，但退休人员却比英国几乎多出一倍；因为养老保险条款比较宽松、优惠，致使不少人以各种借口“选择退休”；意大利因“残疾”而退休的人数超过因“年老”而退休的人数，在西欧国家中也是独一无二的。同时，虽然意大利失业问题在西欧国家中比较严重，但是其失业补助在福利开支中所占比重却最小。而且，在失业补助方面，长期失业和短期失业、全失业和半失业之间的待遇相差悬殊，后者的社会保障收益远高于前者，这使本来就已经相对较低的失业补助起到的作用更小。在社会保障的地区设计方面，意大利北部比较富裕的工业地区一直享受着较高的社会福利，而南部地区尽管经济比较落后、工资水平较低、失业人口较多，但社会福利水平却低于北方地区。所有这些现象都说明：政治因素的干预已经严重降低了意大利社会保障制度的工作效率。

意大利政治的弱点对其社会保障制度的管理体制也产生了较大的消极影响。由于种种原因，在西欧国家中，意大利的行政效率一直比较低，受此影响，其社会保障制度也存在着官僚主义严重、浪费巨大、工作效率低下、服务质量不高等问题。意大利行政效率低下与立法过于随意、过于频繁有关。据统计，到目前为止，意大利议会有关社会保障制度的立法已接近 3000 件。如此大量的立法使得意大利社会保障机关的手续极其复杂，严重妨碍了其保险机关的工作效率；有时这些立法甚至相互矛盾，令人无所适从。在众多的立法中，只有家庭补助、工伤事故、国家工作人员退休和战争参与者退休等项目有统一规定，其他项目都是“因人而异”、“因事而异”，处理起来往往非常复杂。因此意大利的社会保险机构普遍都积压着大量案卷，增加了办理社会保险事务的难度，有时申请办理退休的人需等半年甚至更长的时间。医疗保健方面的管理混乱和开支浪费更是惊人，各级地方保健站经常弄虚作假、营私舞弊，造成巨大的损失。在社会救济方面，由于体制问题，各级救济组织日趋官僚化，管理不善，很难及时有效地解决社会需求，极大地影响了社会保障制度的效率。　　（田德文）

第五章　西欧福利国家制度的困境与变革

20 世纪 80 年代以后，西欧各国的福利国家制度普遍面临财政困境和失业问题。总体上看，这种困境集中表现为福利国家的财政危机：在经济持续低速增长的同时社会保障开支不断提高，造成了公共开支的财政困难。这种困境是由西欧福利国家面临的一系列经济、政治、社会、文化困境综合形成的。为了促进经济发展、维持在世界经济中的竞争力，西欧各国不得不进行调整与改革。从其实践上看，西欧各国改革的主要目标是减少公共开支，一般通过两种途径：其一是在现行体制下开源节流、增收节支，提高个人的社会保障捐税、降低社会保障标准；其二是尝试对一些社会保障项目实行私有化，转变机制、减少国家对社会保障事务的责任。由于现代社会保障制度特殊的重要性与高度的复杂性，到目前为止，第二种途径还只是试验性的，只能起到补充作用。与此同时，西欧各国普遍重视将福利国家开支向促进就业的方向转移，争取“用就业替代福利”，以使经济进入良性循环。

第一节　西欧福利国家的困境

一　福利国家的财政危机

20 世纪 70 年代石油危机之后，西欧国家先后进入经济持续低速增长和高失业并存的“滞胀”局面，社会保障制度开始面临战后以来最大的财政困境。从历史上看，西欧现代社会保障制度的基础是大规模的资金投入，尤其是公共开支的大量投入。到 80 年代初期，与社会保障制度有关的公共开支一般都已经占到西欧各国政府公共开支的 30%—40%，北欧一些国家已接近 50%。一般而言，经济增长越慢，政府财政收入增长得也越慢，而作为恒定开支的社会保障费用所占的比例也就越高。显然，没有经济的持续增长，社会保障制度会立即成为现代西欧社会中一项沉重的负担。

与此同时，西欧各国社会保障制度正常运行所需要的费用却越来越高，增长势头难以逆转。首先，70 年代以后西欧各国人口老龄化日益严重，因此养老金费用和医疗费用越来越高。以英国为例，1981—1991 年，英国 60 岁以上的老人以每年 50 万的速度递增，其中 75 岁以上的老人达 400 万，占英国总人口的 7%；1978—1991 年，英国用于老龄人口的医疗费用上升了 41%。其次，进入 80 年代以后，欧洲各国的失业问题普遍比较严重，与失业有关的社会保障费用也越来越高。由于社会保障体制方面的差异，西欧各国在失业保险上的开支方式与开支数额上差别很大；表面上看，一般失业保险在社会保障费用中占的比例不是很大，很少超过总量的 15%；但实际上还应考虑到失业造成的贫困问题，这样西欧各国在失业项目上的开支将不低于其社会保障开支的 20%。最后，经过战后几十年的发展，西欧各国的社会保障制度已经具备一种自我发展的机制。随着全社会生活水平的普遍提高，公民对"生活质量"、"闲暇"的追求越来越高。因此人们对福利制度的期待也就越来越高，社会保障费用在整体上呈自然上升趋势。从西欧各国的情况来看，从 50 年代社会保障制度全面建立时起，一般每 10 年社会保障开支就会自然增长 50% 左右，而且在 80 年代以前一直呈加速度增长的态势。在经济持续低速增长的背景下，日益庞大的社会保障开支越来越成为西欧各国政府的一项沉重负担，社会保障制度普遍面临财政困难与费用攀升的困境。

二 福利国家陷入困境

（一）经济困境

西欧各国社会保障制度面临的经济困境是：一方面，社会保障制度为西欧各国的经济发展提供了必要的社会条件，包括社会稳定、高质量的劳动力再生产、充分的国内购买力等；另一方面，维持现有社会保障制度所必需的高税收严重影响了各国的经济活力，大幅度提高了其劳动力成本，阻碍了投资的热情。目前，西欧是世界上税收最高的地区，瑞典、丹麦、荷兰、法国的税收已经占到国民生产总值的 40%—50%，英国、德国、意大利、瑞士等国也都超过 30%，而美国和日本则从未达到过 30%。不仅如此，西欧社会保障制度下大规模的转移支付还限制了社会成员的经济积极性，降低了劳动者工作的动力。西欧各国的雇员病假缺勤率一直是世界上最高的，经常占到全部雇员的 5% 以上，而美国和日本则极少超过 2%。因为在西欧各国，病假缺勤的雇员从社会保障收入中可以得到可观的补偿，在某些极端的情况下，"病假收入"甚至超过工资收入。与此同时，失业问题仍然是西欧福利国家面临的最大经济困境。90 年代以来，多数西欧国家的失业率一直在 10% 左右徘徊，而同期美国、日本的失业率仅为 3% 左右。经过 10 年的改革，2000 年欧盟的平均失业率仍然保持在 8.9% 的高位。

（二）政治困境

西欧各国社会保障制度面临的政治困境是：一方面，西欧各国的政治体制有利于社会保障标准的提高，而不利于降低标准。在西欧的议会民主制下，为取悦选民，多数政治纲领都喜欢在提高公共福利方面作出种种允诺；相反，主张削减福利的政治家会受到强大的政治压力。在这种情况下，即使是主张改革的人也很难从根本上触动社会保障制度。另一方面，各个政党也都希望能够促进经济发展，而要达到这个目标，又必须削减公共开支，调整社会保障制度。所以西欧多数政党在社会保障制度改革方面都不得不谨慎行事，极大地影响了改革的效率。进入 80 年代以后，英国政府曾试图在私有化的同时大规模地改革社会保障制度，掀起了一场所谓的"撒切尔革命"。但是从结果上看，在这场"革命"中真正受到削减的只有住房补贴一个项目，而这种"削减"还主要是通过转变机制实现的。对社会保障的其他项目，撒切尔政府只能做到尽力抑制其过快的增长势头，而无法从根本上触动。但即使这样，实行改革的撒切尔夫人最终还是在"人头税"（社会福利附加税）的风波中下台。

（三）社会困境

实行近半个世纪的西欧社会保障制度已经造成新的社会分化，并形成了强有力的政策既得利益集团，改革首先遭到这些集团的强烈反对。西欧社会保障制度实际上是一种国家出面组织的"转移支付"体系，这种转移支付的目标在本意上是为全体社会成员提供一种最基本的生活保障，但是在实际运作的过程中，由于这种"生活保障"标准的不统一，不同行业从业人员的社会保障收益差别非常大。一般而言，在国民经济发展中越重要的行业，工会组织越强大的行业，其从业人员的社会保障收益也越高。从实践上看，西欧社会保障制度的转移支付一方面的确缓解了低收入阶层的实际生活困难，起到了一定的保障作用；而另一方面，也造成了一些社会保障特权阶层，改革无疑会触动他们的既得利益。以法国为例，目前享受社会保障程度最高的是政府雇员和国有企业的雇员，他们有强大的工会组织，在法国政治中的影响非常大。1995 年年底法国政府为达到欧盟规定的经济趋同指标，决定大幅度削减社会保障方面的公共开支，直接影响到法国公有部门雇员的利益，引发了大规模的社会危机。示威、游行、罢工长达三个星期，几乎波及所有公有部门；危机期间，法国的地铁、铁路、航空、邮电乃至政府机关几乎陷入全面瘫痪。据统计，罢工期间仅巴黎运输管理局和法国铁路局每天给国家造成的损失即达 1 亿法郎。

第二节　减少社会保障开支的举措

一　“开源”措施

从 20 世纪 70 年代末 80 年代初开始，西欧各国先后对社会保障制度进行了改革。总的来说，这场改革是对现有体制进行修补和微调，试图通过开源节流来减少公共开支。所谓“开源”就是增加社会保障收费，提高公民的个人责任。各国的做法大致可分为三种：第一种是直接提高社会保障捐税。具体的做法在各国差别很大，如英国个人社会保障税额一直偏低，为转变机制，近年来英国大幅度提高个人的社会保障税，10 年间提高了 30%—40%。相比之下，德国的提高幅度则比较小，只以每年不到 1% 的速度匀速增加。因为德国社会保障制度中个人承担的责任本已较大，除失业者的社会保险税款由联邦劳动局支付、工伤项目完全由雇主支付外，其余均由雇主和雇员各付一半。目前，德国社会保障税已经超过了工资总额的 40%。在这种情况下，继续提高个人的保险捐税已不太可能。第二种做法是提高缴纳社会保险费的上限，或者干脆取消上限。在西欧各国的社会保障制度中，多数项目是依照个人收入来决定缴费额的，收入越多费额越高；为公平起见，各国普遍规定了缴费的个人收入上限，超过这个限度的收入不再计费。为了增加社会保障费，80 年代起西欧各国普遍上调了缴费上限。以英国为例，1982—1983 财政年度，雇员缴社会保险费的上限是周工资 260 英镑，而到 1999—2000 年财政年度，这一上限已经调到 500 英镑；同期雇主为雇员缴纳的社会保险费上限由 280 英镑提高到“没有上限”。第三种做法是开征社会保障收益税，公民从社会保险中获得的养老金、疾病保险金、伤残补贴、失业救济金，甚至寡妇年金都要交一定比例的所得税。目前，这种税的数额很小，只是一种象征性的、强调“个人责任”的举措；尽管如此，它仍然在西欧各国引起了广泛的争议。

二　“节流”措施

在提高社会保险费的同时，西欧各国还普遍降低了社会保险金的支出，也就是所谓的“节流”。主要的做法有两种：第一种是直接降低社会保险金，通过取消社会保障项目、降低社会保障标准来减少公共开支的压力。英国政府从 1982 年起就取消了对病人、孕妇、残废人和失业者的附加补助；德国政府更是从 1977 年就开始减低养老金、失业救济金、住房补贴、教育补贴等项目的保障标准。与此同时，西欧各国还先后提高公费医疗的处方费，规定许多药品不再免费供应。这样实际上也降低了社会保险的“含金量”。第二种做法是改变社会保险金的调整办法，减缓其上涨的速度。80 年代以前，西欧各国的社会保障项目一般都已实现“指数化”，即把保险金和物价、工资或生活指数挂钩，水涨船高，以确保保险金的数额不会相对降低。英国从 1980 年起将所有社会保障收入与工资脱钩；意大利、荷兰、比利时等国也先后对保险金的指数化从项目和数额方面进行限制；德国则建立了一种“滞后的指数化体系”，即延迟社会保险金对工资和物价的反应速度，先涨工资和物价，社会保险金半年乃至 1 年后再涨；丹麦等国干脆取消了许多保险项目的指数化体系。这些做法不仅相对降低了社会保障收益，而且实际上等于从机制上对其进行重新定义，使人们认识到不可能完全依靠社会保险金维持生活。

值得注意的是，西欧各国在改革中普遍综合使用提高社会保障税款和削减社会保险开支的手段；增收与节支双管齐下，以求理顺机制，彻底缓解公共开支的压力。90 年代中期以来，法国的社会保障制度改革力度较大。1993 年，法国政府决定从 1994 年起在 10 年内逐步提高养老金税款，在支出方面则按本人最高 25 年平均工资的 50% 领取，由此降低养老金的支付水平。按照计划，在 2030 年以前，法国将把养老金税款与支付分别上调与下调 10 个百分点，以维持公共开支的平衡。同时，法国从 90 年代起提高了医疗保险税款额，并开始通过限制医院的开支来减少医疗费用的支出。自 1992

年起，法国医疗开支增长速度几乎每年减少一个百分点，1994 年甚至达到两个百分点，由 5.7% 降到 3.4%，从而有效地削减了医疗项目上的公共开支。

90 年代以后，西欧各国社会保障改革的差异性很大，由于改革已进行了十几年，目前它们主要是分别针对自己的情况进行体制上的微调。英国由于前几年调整力度较大，新机制已经形成，90 年代的改革步伐已明显放慢，只是采取一些比较小的调整；如进一步限制 25 岁以下单身青年的住房补贴，同时将单亲家庭的保障收益与其他家庭统一起来，将儿童补贴由每周 40 英镑提高到 60 英镑，以帮助母亲离家工作，减少对补助的经济依赖性。德国则把社会保障改革的重点放在解决东部问题上。因为两德统一后，德国的社会保障开支增加，1996 年已出现占国民生产总值 4% 的财政赤字，其中最重要的原因是向东部地区的“转移支付”增加。为控制开支，德国政府规定，在医疗保险方面东部地区的居民只能从东部地区的岁入中得到支付。同时在养老金上则加快东西部的接轨，缩小差距。从 1996 年起，东部地区的养老金也由两年调整一次改为一年一次。德国政府的社会保障改革反映了其内部的困境：拉开东西部的差距则会造成东西部社会分裂，而缩小差距又无法控制财政开支，因而其政策更具有明显的矛盾性。

90 年代以来，欧洲各国主要把改革的注意力放在削减养老金项目的开支以及进行医疗保险改革方面。因为西欧各国人口老龄化普遍严重，如不及时控制这方面的支出，势必会出现公共开支急剧攀升的局面。德国政府 1996 年 2 月提交的财务预算拟在 1997 年以前从养老金项目中削减 90 亿马克，主要通过提高妇女退休年龄、减少移民养老金收入来实施；同时准备通过降低疾病支付、控制健康费用的一揽子计划从医疗项目中削减 75 亿马克。结果，议会通过了养老金改革项目而搁置了医疗项目改革，因为后者的牵涉面太大，更容易遭到广泛的反对。1994 年 12 月，几经波折之后，意大利政府公布了进行养老金改革的原则。1995 年，意大利政府决定对现有养老金体制进行改革：一是改变把养老金与平均收入挂钩的做法，把养老金与终生累计税款额联系起来，同时与五年内的国民生产总值增长率挂钩；二是建立“余生预期”制，57 岁以上的退休者可随年龄的增加每年提高 1.5% 的养老金，以此消除养老金增长的不确定性；三是原体制中规定，凡工作满 35 年者无论年龄多大均可退休，这项规定到 2013 年将被终止，新体制中只有工作满 40 年或工作满 35 年同时年龄在 57 岁以上的人才可以退休。据测算，在 1995 年后的 10 年内，意大利政府每年有望从养老金改革中省下 108 亿里拉，平均每年节省国民生产总值的 6%。

第三节　西欧福利国家改革的趋势

一　总的思路

20 世纪 80 年代以来，西欧福利国家改革总的思路是通过削减公共开支提高国际竞争力、增加就业、增强个人责任、激发经济热情、促进经济发展。改革的根本目的是转变福利国家的运作机制，而不仅仅是减轻财政困难。从实践上看，西欧各国实现机制转变的途径主要有两条：其一是利用现有社会保障制度为西欧经济结构调整服务，把这种纯消费性的制度转变为一种具有建设性的制度，从而实现社会保障制度在功能上的转变；其二是对社会保障制度中的许多项目进行私有化改革试验，重新定义国家、企业和劳动者个人在社会保障中的责任，从而实现从机制上减少公共财政负担的目的。

西欧各国在 80 年代以来普遍进行了经济结构调整，试图以此走出经济持续低速增长、失业率居高不下的困难局面。从总体上看，进行劳动力市场改革、提高劳动力市场弹性是这场改革的重点内容。西欧各国和美国、日本比较起来，不仅劳动力成本过高，而且劳动力市场严重僵化。80 年代中期以来欧盟平均失业率一直在 12% 左右的高位徘徊。这种局面严重地制约了西欧各国的经济竞争力，进一步提高了劳动力成本，造成大量的人力资源浪费。在劳动力市场改革中，西欧各国普遍注意到对现有社会保障制度的充分利用，试图在福利国家的框架内利用现有社会机制提高劳动力市场的弹性。也就是说，在劳动力成本总额基本稳定的前提下，通过提高劳动力成本在要素、地区和年龄等方面的分布弹性，以及增强劳动力的流动性和劳动时间的灵活性来提高劳动力市场的灵敏度，从而达到减少失业的目的。

二　机制的转变

在社会保障制度改革中，西欧各国普遍注意机制的转变，使其有利于提高劳动力成本在要素、地区和年龄方面的分布弹性。西欧各国结构性失业的特点之一是青年失业率高，而且失业的地区分布、要素分布极不平衡。近年来欧盟平均青年失业率一直在1/5以上，而同期美国和日本在1/10上下。同时，欧盟各国的失业状况差异很大；即使在一国之内，地区间的情况也有天壤之别。如德国东部、意大利南部的失业率远高于其国内平均失业率。对此，欧盟和各个成员国结合社会保障制度改革普遍进行政策调整。如90年代以前，意大利为了缓解南部地区的失业现象，一直在采用福利国家惯用的优惠和补助相结合的倾斜政策，然而效果并不理想。1993年，意大利政府在欧盟帮助下重构了南部政策，决定分阶段取消优惠补助，转而利用结构基金加大南部地区基础设施建设的力度，同时刺激投资，增加就业。这种转变经济机制的尝试有利于解决其结构性问题。另外，对于青年失业和长期失业的问题，西欧国家也普遍改变了以往消极补助为主的思路，开始采取多渠道加强培训、设立就业资格证书的方法，力求把社会保障开支使用得更符合经济规律，更有利于经济发展。如英国政府规定受训的失业者可获得一笔旅行补助和少量津贴，而获得职业资格的失业者可以领到更多的失业救济金，以此来吸引更多的失业者参加培训，从而把社会保障制度改革与解决结构性失业问题紧密地结合起来。

三　劳动力市场的政策调整

西欧各国在社会保障制度改革中普遍注意把增强劳动力的流动性、缩短劳动时间等目标纳入进来，用社会保障费用来对其进行支持。在欧盟层面上，各成员国注意政策协调，从疾病补贴、养老金、失业救济金和家庭补助等方面鼓励劳动力的跨国流动。这固然是经济一体化的需要，但从长远来看，也势必会对西欧各国劳动力的地区流动性产生积极影响。另外，在强化劳动力的转岗培训、增强职业流动性方面，西欧各国也普遍使用了福利国家的补贴手段，对参加培训的人给予各种补贴和优惠。从80年代中期开始，西欧各国普遍开始缩短劳动时间，目的也是降低失业率、增强劳动力市场的参与率。缩短劳动时间往往意味着名义工资的小部分降低，这种做法之所以可以顺利实行，不仅较高的社会保障度起到了积极作用，而且西欧人对“闲暇”和“生活质量”的追求在观念上也有一定支持作用。西欧各国结合社会保障制度改革对劳动力市场的适应性进行的调整是一个良性过程的开端，虽然在短期内也许见不到明显效果，但是从机制转变的角度来看，无疑是有重大意义的。

四　责任多元化

转变社会保障制度运行机制的另一条思路是分清社会保障事务中国家、社会和个人的责任问题：国家只负责公民最基本的生活保障，起“监护人”的作用；社会因素应积极参与社会保障事务、分解公共财政压力；劳动者个人不仅应该为自己的社会福利负起一定责任，而且应该强化自我保障的意识，减少对国家和社会的依赖。这是促成西欧社会保障制度实现机制转变的基本思路。但是目前尚在试验之中，其实际效果如何还有待观察。目前主要是尝试把社会保障更加“社会化”：对某些项目实行私有化，改变现行的、国家管得过宽的做法；政府尽量缩小干预社会保障的范围和项目，把一小部分项目交由非政府机构、工人合作社甚至企业去承担；同时更加充分地发挥慈善机构、家庭、互助组织的社会保障功能，分担社会福利的责任。在医疗保险方面，英国为减轻政府的财政负担，鼓励公民进行私人保险、与私立医院订立医疗合同；丹麦、比利时、葡萄牙把工伤事故保险交给私人保险公司管理；德国则对医疗保险中的部分项目实行合作社性质的集体管理。相比之下，英国对社会保障制度进行的私有化改革步伐比较大，在养老金、疾病与伤残、产妇补贴等项目上都更加强调雇主责任，改变以往由国家统一付费的体制，强制雇主按雇员工资给予津贴和补助，国家只担负监督和补救的责任。1993年9月起，英国政府开始推行与国家退休年金平行的“职业与年金体系”，雇主可自愿选择让雇员“协议退出”国家退休年金体系，雇员自愿参加，不受限制。雇主应保证雇员的退休金不低于当时国家年金的标准，同时国家也负有必要时向这部分雇员支付基本年金的责任。1993—1994财政年度，英国67%的退休人员加入了这种年金体系，其基本年金均在每周58英镑以上，略高于国家标准。虽然这种机制调整还不足以立即改变西欧社会保障制度的面貌，但是责任的多元化无疑代表着西欧各国社会保障制度改革的未来发展方向。

（田德文）

第六章　欧洲联盟的社会政策

第一节　欧盟社会政策的法律基础

从历史上看，欧共体的社会政策经历了一个历时四十几年的从“虚”到“实”的渐进发展过程，这个过程完整地反映在共同体社会政策法律基础的嬗变中。共同体社会政策的主要法律基础是《建立欧洲共同体条约》，即《罗马条约》，1986 年的《单一欧洲法令》和 1992 年的《马斯特里赫特条约》（简称《马约》）对其进行两次重大修改；1997 年签署的《阿姆斯特丹条约》（简称《阿约》）将《马约》的《社会政策议定书》纳入条约正文，使欧盟阶段共同体的社会政策获得了完整的法律基础。

一　欧盟社会政策的适用范围

在 1957 年签署的《罗马条约》中，共同体社会政策的目标被一般性地表述为“促进工人工作条件与生活水平的改善”。在适用范围方面，共同体在成员国社会政策的就业、社会保障和劳工标准三个方面承担义务；其中劳工标准指的是劳动条件和劳资关系，主要包括劳动法与工作条件、初级与高级职业培训、职业事故与疾病的预防、职业卫生、结社权及雇主与工人间的集体谈判。从政策目标来看，当时的共同体社会政策表现得已相当完整；但实际上由于没有明确共同体在上述领域中发挥作用的具体范围，所以这项政策是比较“虚”的。直至 1986 年签署《单一欧洲法令》才明确了共同体社会政策的适用范围。该法令强调共同体对“改善工作环境”及“发展欧洲一级的劳资对话”负有责任，使共同体在劳工标准方面承担了更加明确的义务，其社会政策也由此得到进一步落实。

欧盟在共同体社会政策的适用范围方面实现了彻底的具体化，从而取得突破性进展。在经过《阿约》修改的联盟条约中，共同体社会政策目标被明确表述为“促进就业、生活与工作条件的改善，适当的社会保护，管理者与劳动者的对话和开发人力资源，为实现持久的高就业以及努力避免被排除在劳动力市场之外”，这比《罗马条约》中的原则性表述前进了一大步。同时，阿约还特别决定在《罗马条约》中增补有关就业的一章，确立了共同体就业政策的基本框架，进一步明确了欧盟在成员国的就业、社会保护和劳资对话等社会政策领域中的责任。责任的明确意味着权力的明确；欧盟的共同体社会政策通过对政策目标和适用范围的具体化而提高了地位。

二　欧盟社会政策的执行手段

在 1957 年的《罗马条约》中，共同体在社会领域的主要责任是“促进成员国间在社会领域中紧密合作”，共同体委员会可以就特定的社会政策问题“进行研究，发表意见和安排磋商”；同时决定建立旨在促进就业和劳动力流动的欧洲社会基金。除对促进就业和人员流动的社会保险事务做出一些安排之外，此时共同体的社会政策从总体上看是软弱无力的。《单一欧洲法令》在共同体社会政策的执行手段方面取得一些进展，法令规定在“改善工作环境”方面，理事会可以“以特定多数议决和以指令的方式”，逐步制定出这方面在共同体范围内适用的“最低要求”。这标志着共同体在社会政策领域开始具有一些超国家的权力，成为社会政策领域中一个重要的行为者。

在经过《阿约》修改的联盟条约中，欧盟在共同体社会政策的决策机制中扩大了多数表决制的适用范围，从而在社会政策领域强化了欧盟的超国家权力。条约规定，理事会在改善工作环境、工作条件、促进男女平等以及解决长期失业问题等政策领域中适用多数表决制；而在涉及社会保障、对合同期满工人的保护、集体谈判、移民工人的就业条件、资助创造就业机会等政策领域时，理事会仍应适用一致通过的决策体制。从发展趋势看，共同体在社会政策领域中全面采用多数表决制是大势所趋。

三　欧盟的《社会宪章》

从法理方面看，任何社会政策体系的基础都是关于公民社会权利的界定，共同体的社会政策也不例外。实际上，1961 年签署的《社会宪章》已经对共同体公民的基本社会权利进行了完整的界定，此后的40年间，共同体所做的工作就是将其不断地落实到法律中去。1989年，《社会宪章》的基本内容被移入《工人基本社会权利宪章》，修订后的《社会宪章》主要包含12项原则：工人有在个人选定的欧盟国家中工作的权利；有选择职业的自由和得到公正工资的权利；有改善生活与工作条件的权利；有在通行的国家制度中获得社会保护的权利；有成立工会的自由与集体谈判的权利；有得到职业培训的权利；有要求男女平等待遇的权利；工人对工作有得到信息、咨询和参与的权利；有得到健康保护和工作安全的权利；对儿童与青年应予保护；老年人享受体面生活水平的权利；为残疾人改善社会与职业整合。修正后的《社会宪章》全面包括了公民的基本社会权利，但它只是一种原则性的框架，只说明共同体希望在上述领域发挥作用，却并没有规定这种作用的方式与具体范围。更为重要的是，在纳入共同体的法律框架之前，《社会宪章》只是一种意向性的约定，在实践中没有约束力。

从历史上看，共同体社会政策的发展过程实际就是逐步将《社会宪章》纳入法律体系，将意向性约定转化为共同体法律的过程。1986年，《单一欧洲法令》将《社会宪章》中有关“改善工作条件”的条款纳入了共同体条约。在《马约》的讨论阶段，欧共体委员会在条约草案中将《工人基本社会权利宪章》的主要内容纳入《建立欧洲联盟条约》的社会政策条款。由于当时英国撒切尔政府坚持不加入《社会宪章》的立场，如果《马约》包含这方面的内容，将可能出现整个条约无法通过的尴尬局面。在这种情况下，首脑会议不得不采取权宜之计，允许英国对《马约》的社会政策条款“选择例外”，由其他11个成员国签署一项有关社会政策的议定书作为《马约》的附件。《社会政策议定书》包含了欧盟阶段共同体社会政策的基本框架，但因英国的“选择例外”，议定书的内容在很长时间内没有法律效力。根据议定书达成的各项条约和指令必须转化为成员国的国内法之后方得有效。在1997年6月举行的阿姆斯特丹欧盟首脑会议上，英国布莱尔工党政府最终签署了《社会宪章》，从而使《马约》的社会政策议定书的基本内容正式纳入《建立欧洲联盟条约》，解决了欧盟社会政策的法律基础问题。可以说，欧盟阶段共同体社会政策的基本特点就是以法律形式落实《社会宪章》的主要内容，从而完成了共同体在公民基本社会权利保护方面从“虚”到“实”的过程。

第二节　欧盟社会政策的基本内容

欧盟成立之后，共同体社会政策在社会保障建设、劳工标准确立和共同的就业战略方面取得了突破性的进展。欧盟采用发布共同体指令建立最低标准、统一成员国法律和采取共同行动相结合的方法，在各个领域中逐渐取得越来越多的成果，全面强化了其在社会事务中的独立地位。

一　有关人员流动的社会保障法规

目前，欧盟内有200多万人在别的成员国就业。他们的情况非常复杂：既有长期在别国工作的，也有在别国短期工作的；既有只在一个别国工作的，也有在多个成员国间流动工作的。由于多数成员国社会保障项目以“居住”为给付条件，所以“跨国工人”既有可能在本国和居住国同时得到保障，也有可能得不到任何一国的保障。解决这部分人的社会保障安排问题是保护人员自由流动的要求，也一直是共同体社会政策的基本内容。共同体的主要法律依据是1971年6月14日发布的《欧洲经济共同体第1408/71号法规》和1972年3月21日发布的《欧共体574/72号法规》，这两个法规分别从疾病、伤残、年金、工伤、死亡、失业、家庭补贴以及儿童补贴等七个社会保障方面，对跨国工人的社会保障进行了全面的安排。此后，共同体对这两个法规进行不断修改补充，使其逐渐趋于完善。1998年，共同体扩展了法规中有关公务员跨国就业的几条规定，并对1408/71号法规的若干内容进行简化。同时，理事会新公布了有关跨国工人补充年金管理办法的欧共体98/49号指令。共同体的法规和指令是欧盟法的组成部分，对所有成员国均有约束力，当事人可以据此向欧洲法院或成员国地方法院提起诉讼。

二　欧盟范围内劳工标准的“最低标准”

《单一欧洲法令》规定共同体可以采用指令的方式制定共同体在上述两方面的最低标准，《马约》议定书将范围扩大到工作条件、工人的信息与咨询、男女平等以及解决长期失业问题（条约中的提法是“融合被排除在劳动力市场之外的人们”）等，从而扩大了共同体劳工标准的管辖范围。但到目前为止，共同体直接发布指令的领域主要是工人健康与工作安全以及男女平等方面。1998 年，欧盟对有关接触易爆物工人保护的《欧洲经济共同体 82/130 号指令》《有关致癌物保护的欧洲经济共同体 90/394 号指令》《有关防止煤矿塌方的欧洲经济共同体 89/665 号指令》分别进行修正；同时还发布《欧共体 98/24 号指令》对工作场所的石棉浓度作出具体的规定，并由理事会通过了有关易爆工作环境保护的指令等。

共同体在促进劳动力市场的男女平等方面发布的指令主要涉及：男女同工同酬；在就业、培训、晋升等方面的男女平等；在社会保障方面的平等待遇；孕产妇的劳动保护及 14 周产假等。1998 年英国通过《社会宪章》之后，共同体旨在防止就业中的性别歧视的 97/80 号指令即已适用于欧盟全境，成为欧盟男女平等标准的法律基础。

三　成员国在社会保障方面的共同行动

欧盟在这方面采取各种常规或非常规的行动，其中非常规行动包括：在共同体范围内建立反贫困网络，对成员国的反贫困措施进行评估；在禁止吸烟、防治癌症、制止毒品泛滥等方面采取共同体行动等。残疾人保护一直是共同体采取常规共同行动的重要领域之一，按照欧盟现行标准，约有 1/10 的欧盟公民在生理、心理或精神方面存在不同程度的残疾，让这些人在劳动力市场上享有必要的就业保护是欧盟的一贯方针。这方面最为重要的常设项目是共同体的 Helios 项目，该项目的宗旨是促进残疾人康复事业的发展，为残疾人提供平等的教育、培训机会，为他们充分融入经济与社会发展、实现独立生活创造条件。该项目资助了许多面向残疾人的项目开发，如利用计算机信息技术为残疾人提供更好的教育、通信方式等；与此同时，该项目特别鼓励残疾人参加共同体的教育培训项目，如 Socrates 项目之下的 Eramus 项目和 Lingua 项目等。

四　欧盟就业战略

欧盟成立后，共同体开始把社会行动的主要目标限定在促进解决失业问题方面。1994 年 12 月，欧盟埃森首脑会议决定在成员国就业政策的五个优先领域内采取共同行动，1997 年，阿姆斯特丹欧盟首脑会议决定全面展开欧盟就业战略，将就业问题作为成员国“共同关心的事务”放在欧盟决策的核心位置上，把它纳入欧盟的日常工作之中并予以程序化。1998 年“卢森堡进程”的启动标志着欧盟就业战略已按照《阿约》设立的机制开始运行。此后，欧盟每年公布一项就业指导方针，对欧盟就业政策主要理念进行阐示；同时利用多种机制对成员国贯彻就业战略的情况进行督促检查，从而实现了就业政策共同行动的空前机制化与实质化。

在欧盟就业战略中，欧盟委员会不仅扮演着倡导者和组织者的角色，而且开始发挥提出理念、实施管理的作用，这说明欧盟阶段共同体社会政策中超国家因素有了很大增强。1999 年，欧盟继续推动就业战略的深化，确立了自己在这个领域内的指导作用。一方面，欧盟在年度就业指导方针中不断提出新的政策理念，开阔成员国解决失业问题的思路。在 1999 年 10 月公布的《2000 年就业指导方针》中，欧盟在继续强调提高劳动力素质、提高劳动力市场的适应性、促进就业机会平等诸原则的同时，还增加了一些新的内容，其中包括要求成员国进一步把预防失业的措施具体化、改革学校的课程设置以适应信息时代的就业需要、促进劳动组织的现代化、加强公共就业服务机构的作用等。

另一方面，欧盟开始积极促进成员国政府的就业政策与其他经济政策的相互协调。1999 年 6 月，欧盟科隆首脑会议通过了《就业公约》，决定将其作为欧盟中长期共同就业战略的指导方针。该公约的目标是使欧盟各国在物价稳定的基础上达到较高的就业水平，具体策略包括：努力协调成员国政府工资政策、财务税收政策和货币金融政策，使其与就业政策协调起来；进一步推动成员国的劳动力市场改革、提高企业的国际竞争力；在欧盟层面上进一步协调成员国就业政策，更好地落实卢森堡首脑会议提出的欧盟就业战略。虽然目前这种协调只停留在指导性的阶段，但它的影响深远，因为，这说明欧盟有可能以就业政策作为一种新的工具，对成员国的国内经济政策的工资、税收等方面进行进一步的整合。

五　共同体层面上的“社会对话”机制

促进共同体劳资双方在欧盟法规框架内进行集体谈判，允许依照共同体法令法规进行劳资对话的规定，最早是《单一欧洲法令》将其纳入《罗马条约》的，但只是做了一般性的表述；《马约》议定书对这部分内容进行了充实，强调这种协议在成员国范围内的有效性，增加了理事会可以就欧盟委员会的建议对协议内容进行表决的条款。这增强了在欧盟层面上达成劳资协议的可操作性。不仅如此，欧盟还强化了共同体高级“社会对话委员会”的作用，在共同体社会政策的制定过程中应充分听取他们的意见。这个委员会主要由欧盟有关专家、欧洲工会联盟以及欧洲雇主协会三方代表组成；他们定期举行协商对话，在劳资协议框架内对社会问题尤其是对就业问题进行探讨。1998 年，委员会共召开了五次讨论会，讨论了欧洲就业战略、工作时间问题、就业指导方针、共同体 1998—2000 年社会行动计划等问题。强化“劳资对话”机制有力加强了欧盟社会政策的影响力：它在一定程度上突破了欧盟社会政策必须通过成员国政府来执行的局面，欧盟可以凭借这种机制直接将自己的社会政策贯彻到劳动力市场的改革进程中去。（田德文）

第七章　西欧著名经济学家

第一节　西欧近代经济学家

威廉·配第（William Petty，1623—1687） 英国古典政治经济学创始人，统计学家，出生于英国汉普郡的一个手工业者家庭。1649 年获牛津大学医学博士学位，曾任医学教授。1658 年当选为英国议会议员，斯图亚特王朝复辟时期被封为男爵，晚年成为一个资产阶级化的土地贵族。在经济思想史上，配第最早提出了劳动决定价值的基本原理，他首先区分了市场的价格和价值，把前者称为政治价格，把后者称为自然价格，并认为自然价格是其他经济现象的基础；指出商品的价值与劳动生产率成反比，进而提出了“土地是财富之母，劳动是财富之父”的命题。在劳动价值论的基础上，他进一步考察了工资、地租、利息和货币等经济范畴。并认为，自然工资由工人维持最低生活所必需的生活资料决定，而地租则是农产品价值扣除种子和工资以后的余额，它实际上就是剩余价值的基本形态。配第的论述中包含了利润，还引申出了利息。他认为，贷放货币应同收取地租一样获得利息，并有一个自然标准，所以国家用法律来限制利息率就徒劳无功；认为土地价格相当于购买一定年份的地租总额；货币的价值也是由劳动决定的。配第摆脱了重商主义的影响，把经济研究从流通领域转向生产领域，并注重利用经济统计资料研究经济现象之间的关系，从而为资产阶级古典政治经济学的创立和发展作出了杰出贡献。主要经济学著述包括《赋税论》（1662 年）、《政治算术》（1690 年）、《献给英明人士》（1691 年）、《爱尔兰政治剖析》（1691 年）、《货币略论》（1695 年）等，其中《赋税论》的问世被当做英国古典政治经济学诞生的标志。

约翰·洛克（John Locke，1632—1704） 17 世纪英国著名哲学家、政治思想家和经济学家，出生于英格兰一个律师家庭，曾获牛津大学硕士学位。流亡国外数年。1689 年后担任过政府大臣要职，1691 年起隐居直至去世。洛克在经济思想上是配第的追随者，并做了若干补充和发展，对英国古典政治经济学的形成和发展起了积极的作用。洛克的经济学说代表着新兴资产阶级的利益，他从“自然权利”的观点阐发了地租—利息的关系，认为人对自己的人身享有自然赋予的所有权，因此，对于自己的劳动和劳动产品也都有自然的所有权，即每个人的劳动成果理应归自己所有，但一旦社会产生货币占有的不均等，出借货币者就应该能从债务人的劳动收入中获得利息；认为利息率的变动取决于流通的货币量，不能用法律加以限制，人为降低利息率会妨碍生产发展和对外贸易，使国家财富遭受损失；通过探讨利息的本质，洛克还发表了关于价值、价格和货币的见解。他认为，劳动是价值的主要源泉，价格是由商品的供求关系决定的（后来有人称之为价格的供求理论）。但同时他又把货币只看作一种交换媒介，指出货币流通数量的变化必然会影响价值和价格。另外，为了维护金融贵族的利益，他对国家铸造分量不足的铸币来偿还债务的做法表示了坚决的斥责。洛克的主要经济著作包括《论降低利息和提高货币价值的后果》（1692 年）、《再论提高货币价值》（1695 年）和《关于政府的两篇论文》（1690 年）。

达德利·诺思（Dudley North，1641—1691） 17 世纪英国经济学家，出生于商人家庭，二十几岁就成为著名商人。1680年回英国从政，曾被英王授予爵位。诺思是对英国古典政治经济学的形成起过重要作用的经济学家。他竭力主张经济自由，坚决反对重商主义的国家干预国内外贸易的政策。诺思最先把利息与作为资本的货币相联系，明确指出利息率的高低取决于借贷资本的供应量，从而纠正了配第和洛克在论述利息率问题时将资本与货币混为一谈的错误，成为第一个正确理解利息的经济学家。他认为，资本的供给大于需求时利息将下降，而借者多于贷者时利息将上升，这是一条普遍的规律。由于出借资本要冒较大的风险，资本利息要多于土地的地租。诺思批评了重商主义的财富观和致富主张，明确指出：货币不过是一种商品，用作买卖的尺度；把它储藏起来并不能增加个人或国家的财富，而只有把它不断投入交易，即将货币当做资本来运用，个人和国家才会富裕起来；一个富裕民族不可能缺乏货币，因为流通的货币量不能超过商品交换的需要，其在国内外的流动会自行调节，根本无须政治家的干预。这些论述对后来的英国古典政治经济学者产生了影响。《贸易论》是他的代表作，1691年匿名出版。

大卫·休谟（David Hume，1711—1776） 18世纪英国著名哲学家、历史学家和经济学家，出生于苏格兰一个没落贵族家庭，曾就读于爱丁堡大学。1734年开始研究哲学，并出版多部著作。1763—1769年曾任英国外交官和副国务大臣，此后回爱丁堡隐居。休谟是英国古典经济学产生时期的代表人物，他从人性论出发，把人类社会经济活动和私有制都归结为人类“自私”和“贪欲”本性的结果，主张对不妨碍公益的追逐私利活动不必加以限制。他第一个对货币数量说作了系统完整的论述，他否认货币具有内在的价值，认为货币只是劳动和商品的代表，是计量商品价格的工具，指出一国的物价水平取决于流通中的货币，货币量过多会抬高商品的价格，并导致对外贸易逆差。货币数量论后来成为资产阶级经济学家解释纸币管理的理论依据，当代的货币理论仍是沿着早期的货币数量论发展起来的。在分配理论方面，他还赞同关于利息与利润相互促进的观点，论证了利息率与利润率大致同方向变化。但他同时反对关于利润决定利息的观点，断言两者没有因果关系，低利润和低利率都是一国工商业发展的结果，是经济发达的象征。主要著作有《人性论》（1739—1740年）、《道德与政治论文集》（1741—1742年）、《政治论丛》（1752年）、《英格兰史》（1754—1762年）等。其经济学说主要见诸《政治论丛》（1752年）一书中的7篇经济论文。

詹姆斯·斯图亚特（James Steuart，1712—1780） 18世纪英国经济学家。出生于英国爱丁堡，1729年入爱丁堡大学学习法律，毕业后获律师资格。1746年政治流亡在外，开始研究经济学。1763年回国后开始著书立说。他主张商品的价值由三个因素决定，即单位时间平均完成的劳动量、购置生存资料和必要生产工具的价值、材料的价值。这三者构成“实际价值”，超过部分则成为厂主的利润。他发展了配第关于创造商品的劳动与创造金银的劳动有区别的思想，强调劳动是生活必需品供应的唯一源泉，认为那些促进社会财富扩大或增加的利润“是劳动、勤勉或技能的增加产生的”。另外，他提出“相对利润”的概念，认为在商品交换过程中财富在买卖双方之间转移，一个人的所得是另一个人的所失，没有财富的增加。突出了重商主义对让渡利润的认识，看到了剩余价值的真正来源是在生产领域。他还接受诺思关于流通中的货币量应同商品交换的需要相适应的说法，认为多余的货币应被贮藏或铸成金银条块。另外，他还纠正了洛克和休谟在货币分析中的一些错误。虽然斯图亚特是古典政治经济学家，但他的理论体系仍然立足于重商主义的基础上，如主张国家干预经济生活等，因此马克思称之为重商主义的“合理表达者”。他的主要代表作是《政治经济学原理》（1767年），该书第一次将“政治经济学”一词用于书名，试图建立起政治经济学的完整体系。

亚当·斯密（Adam Smith，1723—1790） 英国古典政治经济学的杰出代表和理论体系的创立者。出生于苏格兰，14岁进格拉斯哥大学学习，1740年获文学硕士学位，同年获斯内尔奖学金，后就读于牛津大学，1746年毕业。1748—1751年在爱丁堡大学讲授修辞学、纯文学和法学，其间兼讲经济学，并与休谟结为好友。1751—1763任格拉斯格大学教授，1762年获法学博士学位。1764年辞职，游历欧洲大陆三年。1767年当选为英国皇家学会会员。1778年被任命为海关税务专员，后两次当选为格拉斯哥大学名誉校长。斯密的经济学说在经济学史上占有重要地位，他把经济研究从流通领域转到生产领域，认为财富都是在生产领域创造出来的。他第一个系统地论述了劳动价值论的基本原理，认为劳动是衡量一切商品交换的真实尺度。明确指出了资本主义社会存在的三大阶级，接触到了剩余价值的来源问题，在一定程度上揭露了资本主义社会阶级利益对立的经济根源。斯密的著作很多，但多在其去世后出版。斯密被资产阶级学者称为政治经济学之父，其唯一的纯经济学著作是《国民财富的性质和原因的研究》（即《国富论》，1776 年），此书建立了资产阶级政治经济学第一个比较完整的理论体系。

大卫·李嘉图（David Ricardo，1772—1823） 英国19 世纪初期资产阶级古典政治经济学的杰出代表和完成者。出生于英国一个犹太族资产阶级家庭，少年时代受过两年商业学校教育，1786 年起随其父从事证券交易活动。其后，他转向自然科学研究，在数学、物理学和化学等领域取得丰硕成果。1809 年起开始从事政治经济学研究。1819 年曾被选为国会议员。李嘉图在经济学史上的主要贡献是坚持和发展了古典政治经济学的劳动决定价值原理。他认为，一切商品价值的大小和它们生产过程中消耗的劳动量成正比，而和劳动的生产率成反比。不论是在社会的原始状态还是在资本主义社会形态下，商品价值只能由商品所包含的劳动所决定，并在此基础上论述了工资、利润和地租，揭示了资本主义社会三个阶级之间经济利益的对立关系；其经济理论的核心是地租理论。他从劳动价值论出发，论述了地租的性质及其涨落的规律，认为“地租是为使用土地的原有和不可摧毁的生产力而付给地主的那部分土地产品”，并最先系统探讨了级差地租的两种形式，承认利润是商品价值超过工资的余额；提出了更加系统的自由贸易理论，建立了新的“比较成本学说”，认为一国的某种商品只需具有相对优势就可专门生产，同时发现国家之间交换的商品的价值，不是由各自生产上所用的劳动量决定的。对外贸易不会增加一国的价值量，其作用在于取得使用价值，因此，对外贸易不能增加利润，不能增加资本积累。此外，他还阐述了货币理论、资本理论和财政税收理论等。主要著作有《黄金的价格》（1809 年）、《关于一种经济而稳定的通货的建议》（1816 年）、《政治经济学及赋税原理》（1817 年）、《论对农业的保护》（1822 年）等。其中《政治经济学及其赋税原理》是他的代表作。

弗朗索瓦·魁奈（Francois Quesnay，1694—1774） 18 世纪后半期法国古典政治经济学家，重农学派的创始人，出生于巴黎。16 岁开始学医，1752 年被封为贵族，60 岁左右开始研究经济学。1756—1757 年，他先后为《百科全书》撰写了论述租地农场主、谷物、人口和赋税问题的四篇文章。1758 年发表了著名的《经济表》，创立了重农学派的各项基本理论。“纯产品”学说是魁奈经济理论的核心内容，其他重要理论都是以此为基础的。所谓“纯产品”是指农产品价值扣除生产耗费后的余额。在他看来，农业是唯一的生产部门，只有它才能增加物质财富，而工业只是改变农产品原料的物质形式，并没有生产出新的物质财富。所以纯产品完全是由农业部分生产的。依据与“纯产品”的关系，魁奈把法国社会划分为生产阶级、土地所有者阶级和不生产阶级，最早对资本主义阶级关系作了经济分析。魁奈从再生产的角度出发，把农业资本划分为两部分：一部分是“年预付”，即以年为单位的经营资本；另一部分是“原预付”，即长期投资。他认为，前者应全部算入生产费用，由每年的生产物给予补偿，后者只部分地算入生产费用，其补偿须经过相当长的时间。在上述诸种理论的基础上，魁奈用《经济表》深入分析了社会总产品的再生产及其在社会各阶级之间的流通和分配，这是历史上第一次对社会资本的再生产过程和流通过程所作的系统而深刻的分析。基于他的基本经济理论，魁奈还阐述了其资产阶级性质鲜明的经济纲领，反映了法国资产阶级发展资本主义经济的愿望和要求，也为法国古典政治经济学的形成和发展奠定了坚实的基础。

让·巴蒂斯特·萨伊（Jean Baptiste Say，1767—1832） 法国经济学家。出生于法国里昂一个商人家庭，少年时从事商业活动，曾在英国一商业学校学习。1794—1799 年间担任《哲学、文学和政治旬刊》杂志主编，并发表过许多经济学文章。1799 年被任命为参议员。1803 年完成其代表作《政治经济学概论》。1830 年担任法兰西学院第一位政治经济学教授。萨伊倡导了“经济学三分法”，即政治经济学的对象是研究财富的生产、分配和消费，因而其理论体系可以分成三部分。萨伊认为生产的本质是创造效用，主张商品的价值取决于其效用的大小，在创造效用的过程中，劳动、资本和土地这三个生产要素各自提供了“生产性服务”，因而它们是创造商品价值的要素；认为生产三要素的所有者可以根据各自提供的生产性服务分别获取各自应得的收入：劳动—工资，资本—利息，土地—地租，并称之为“三位一体”的分配理论；萨伊认为货币只是交换媒介，商品交换的实质是物物交换，买与卖是一个同时进行的过程，据此可以说生产给需求创造需求，即供给会自行创造需求。他进一步指出普遍的生产过剩经济危机不会出现，局部的生产过剩是暂时现象，社会总产品的供给是平衡的。这种以供给会自行创造需求为中心思想的销售理论，史称“萨伊定律”。此外，萨伊第一个系统地论述了西方消费理论，区分了生产性消费和非生产性消费、个人消费和公共消费，并对赋税原则作了阐述，第一个充分论述了“企业家”在经济生活中的重要性。萨伊的主要著作有《政治经济学概论》(1803 年)、《政治经济学问答》(1817 年)、《政治经济学教程》(1828—1829 年) 等。

托马斯·罗伯特·马尔萨斯（Thomas Robert Malthus，1766—1834） 英国经济学家、人口学家。出生于英格兰一个小土地贵族家庭，曾在剑桥大学攻读神学和哲学。1798 年匿名发表《人口原理》。1805 年起在黑利伯里学院任历史和政治经济学教授，直至去世。在此期间，先后发表了一系列政治经济学著作，主要论题集中在经济人口理论、价值理论、地租理论和产品实现理论方面。马尔萨斯认为，在没有障碍的前提下，人口以几何级数率增加，而生活资料只以算术级数率增加，由于生活资料的增长受到土地数量的限制，因此保持人口与粮食平衡的唯一方法就是限制人口增长，并进而提出了“直接抑制”（罪恶与贫困，如战争等）和“道德抑制”（禁欲与晚婚）的解决办法。马尔萨斯支持斯密关于价值由商品所能支配的劳动量决定的观点，进一步指出商品所能支配的劳动量取决于商品的生产费用，它由直接劳动、累积劳动和利润三者构成，但强调“供求关系就是决定市场价格和自然价格的最主要的因素，而生产费用只能处于从属地位”；反对指责地租收入来自对土地的垄断的说法，竭力论证地租的合理性和必要性。认为地租是农产品总价值超过生产费用（工资和利润）的余额，它产生的基本原因在于土地具有生产剩余生活必需品的性质，是自然对人类的赐予，与垄断完全没有关系；明确反对资本主义没有普遍经济危机的论点，认为资本主义生产的发展必须依靠足够的有效需求加以维持，否则不断增加的产品就无法找到扩大的市场和增长的消费，从而发生生产过剩的经济危机。马尔萨斯的经济学著作主要包括《人口原理》（1798 年）、《地租的性质和进化的研究》(1815 年)、《政治经济学原理的实际应用》（1820 年)、《政治经济学定义》(1827 年) 等。

西·西斯蒙第（Jean Charles Leonard Simode de Sismondi，1773—1842） 法国古典政治经济学的完成者，小资产阶级经济学的创始人。出生于瑞士法语区的一个牧师家庭，曾在巴黎上大学，中途辍学后在里昂一家银行当职员。法国大革命后曾迁居英国和意大利。1800 年重返日内瓦后，除一度从事政治活动外，一直潜心研究和著述，后成为著名的经济学家和历史学家。西斯蒙第对经济自由主义持反对态度，公开同古典经济学传统决裂。他认为，政治经济学的目的并不仅仅是追求财富的增加和积累，更重要的是人们对财富的享受，而资本主义不公平分配是一切贫困和弊害的根源，因此收入的分配问题应成为研究的中心问题。从劳动价值论出发，西斯蒙第把劳动所创造的价值分解为工资与利润两个相对立的部分，指出，工资已日益低于工人应得的份额，利润是对工人阶级的掠夺，即工人创造的额外价值。这种掠夺导致了社会阶级的两极分化，而自由竞争又加剧了这个过程；他较充分地揭露了资本主义的矛盾和弊端，指出资本主义的经济危机是不可避免的。西斯蒙第提出了自己的理想社会模式，主张国家积极干预经济生活，用一整套法律行政措施来提高人们的物质利益，经济发展应当仿效宗法和行会的原则，并用来制约资本主义社会，使社会各阶级都当“私有者”。主要经济学著作包括《政治经济学新原理》（1819 年）、《论商业财富》（1803 年）、《政治经济学研究》（1837—1838 年）等。

昂利·克劳德·圣西门（Henri Claude Saint-Simon，1760—1825） 19 世纪伟大的法国空想社会主义者，出生于巴黎一个著名的贵族家庭，曾从师于一些著名学者。曾随军参加美国独立战争，后因投机生意而暴富，40 岁之后开始著书立说，后在贫困中去世。圣西门主要的经济思想是“实业制度”。他依据“理性发展的不同阶段”论把人类历史划分成几个阶段，认为“实业制度”是人类社会发展的必然结果，资本主义社会是封建社会到实业制度的过渡阶段，并尖锐抨击了资本主义社会以国王为首的富人集团对广大劳动者的剥削。他认为，实业家（包括工人、农民和各类资本家）创造着一切社会财富，又具有管理生产的能力，是该制度的领导力量。实业制度中的领导机构应由实业家和科学家掌握，它将从现在只为少数统治阶级服务的国家机构转变成为最大多数人谋幸福的组织，主要职能是组织发展社会生产；社会生产是为了满足全社会的需要，必须将一切科学、艺术和手工业生产加以联合和协调，并且有组织、有计划地进行；实业制度是从事有益工作的人联合的社会，因此人人都要劳动，不承认任何特权。同样，人们的收入也是按照才能和贡献进行分配。圣西门设想的实业制度并没有消灭私有制，主张有必要保留私有制及其剥削收入，并将“实业制度”的实现寄托于国王和资产者“主动的”社会改革上。主要著作有《一个日内瓦居民给当代人的信》（1802 年）、《人类科学概论》（1813 年）、《论实业制度》（1821 年）、《实业家问答》（1823—1824 年）和《新基督教》（1825 年）等。

沙利·傅立叶（Charles Fourier，1772—1837） 19 世纪的法国空想社会主义者。出生于法国贝桑松的一个商人家庭。曾学习经商，1793 年由于雅各宾派与吉伦特派发生战斗而几次被捕，并损失了全部财产。此后从事过会计等多种商业职务直至晚年退休。傅立叶在经济学方面的突出贡献是对资本主义制度作了深刻的批判。他强调个人利益与集体利益的矛盾造成全社会人与人处于对立和斗争的状态，商业活动充满着欺骗和罪恶，因此它是资本主义产生一切灾祸的主要原因；资本主义社会中 2/3 的人从事非生产劳动，靠少数劳动者供养，雇佣工人的体力和精神受到企业家严重的摧残，并随着工业的发展日益恶化；他还指明资本主义生产过剩的经济危机是不可避免的。在对资本主义社会进行深入批判的基础上，傅立叶设想了一种“和谐社会”的社会模式，其基层组织是一种叫作“法郎吉”的生产—消费合作社，认为只要向投资者支付优厚的利息便可募集到足够的股份来实现这个目标。作为集体的生产组织和生活组织，法郎吉应保证人人都参加劳动，而分配则以各人的劳动、资本和才能按比例进行。法郎吉的生产以农业为主，兼营工业，以求实现工农业和城乡的结合。同时傅立叶仍主张保留私有制和剥削收入。主要著作有《关于四种运动和普遍命运的理论》（1808 年）、《论家务农业协作》（1822 年）、《经济的和协作的新世界》（1827 年）、《伪实业》（1835—1836 年）等。

罗伯特·欧文（Robert Owen，1771—1858） 19 世纪英国伟大的空想社会主义者。出生于英国威尔士一个小手工业者家庭。1791 年起曾先后任多家公司的经理，成绩卓著。1824 年带信徒到美国进行“新协和公社”试验，失败后投身英国工人运动，1833 年领导成立了英国第一个全国性工会组织，次年该组织被迫解散，后继续进行小型试验，但都未取得成功。在经济思想上，欧文完全接受李嘉图的劳动价值论，认为劳动者创造了全部财富，而资本家付给工人的只是劳动所创造的价值的一部分，因此资本家的利润来源于对工人的剥削；大机器的使用加剧了劳动阶级的贫困和痛苦；经济危机的产生是资本主义制度本身的产物，存在不可避免性；欧文对货币持否定的态度，认为它破坏等价交换的原则，不仅使资本家有可能剥削工人，而且限制了财富的生产。他主张，既然劳动创造价值，就应直接以劳动为价值尺度，并为此进行了实验，建立了劳动公平交换市场，实行劳动券制度，但以失败告终。欧文深刻批判了资本主义制度，明确指出，私有制是资本主义一切罪恶的根源，是阻挡资本主义制度改造的三大障碍的祸首。在此基础上，欧文提出了自己的理想社会，其基层组织是“合作公社”。它实行财产公有制，公社全体成员集体进行生产劳动和消费，在产品十分丰富的基础上实行按需分配，公社应当把城市和农村的优点结合起来。欧文的代表作包括《新道德世界书》（1842—1844 年）、《致拉纳克郡的报告》（1820 年）、《人类思想和实践中的革命》（1849 年）等。

弗里德里希·李斯特（Friedrich List，1789—1864） 德国经济学家，历史学派的先驱者，德国国民经济学的创始人。出生于符腾堡的一个手工业者家庭，就学于图宾根。1817 年被聘为图宾根大学教授，还曾当选为图宾根议会议员。1825 年移居美国，在美国期间宣扬保护主义贸易理论。1832 年返回德国，1834 年参加了成立德意志关税同盟的活动。此后十年间完成和出版了数部重要经济学著作，最后因久病厌世而自杀。他的经济学说从民族利益出发，主要探究落后国家如何发展经济和繁荣富强。李斯特经济学说的核心内容是生产力理论，他主张生产力是财富的源头，强调财富的生产比财富本身更重要，并进而系统阐述了“生产力”的内容及其发展的源泉。他认为生产力包括物质资本、“精神资本”和国家、宗教和社会道德等社会状况，并论述了物质生产力与精神生产力之间以及物质生产力内部的相互联系；提出了经济发展阶段理论，他认为各国的经济发展都要经历五个时期，即原始时期、畜牧业时期、农业时期、农工业时期和农工商业时期，划分标准是国民经济中哪些因素占主导地位，并指出每个国家在其不同发展阶段应采取相应的政策。李斯特在经济学说史上第一个提出了完整的保护贸易理论。在对英国古典政治经济学进行了批判之后，他指出，对于经济落后国家来说，如果不推行保护贸易政策，不但不能促进国内工业和经济发展，反而会危及自己的独立地位，并提出了一些有关贸易保护的原则和主张。其主要著作包括《政治经济学的国民体系》（1841 年）、《美国政治经济学大纲》（1827 年）、《政治经济学的自然体系》（1837 年）、《德国政治经济的民族统一》（1846 年）等。

第二节　西欧现代经济学家

威廉·罗雪尔（Wilhelm Georg Friedrich Roscher，1817—1894） 德国经济学家，历史学派的创始人。出生于汉诺威一个高级法官家庭，早年在哥廷根大学和柏林大学攻读历史学和政治学。从 1840 年起在哥廷根大学任教，1848 年转任莱比锡大学教授，任教达 46 年之久。罗雪尔是历史学派研究方法的奠基者。他认为政治经济学应当论述一国经济生活的发展规律和进程，而作为整体的国民生活，其各方面现象相互之间有着紧密联系，因此，政治经济学要作出这种描述，须密切地结合法律、政治和文化的发展历史来进行。据此，他把政治经济学称为“国民经济的解剖学和生理学”，并把自己的研究方法叫作“历史的方法”，意指尽量忠实地记述人类经济生活的历史发展和现实状况，即按照时代的顺序，对每个国家的经济生活进行历史归纳的研究，并提出了历史方法的四个基本原理：个别考察法、历史考察法、综合考察法和相对考察法。罗雪尔认为生产的进行需要劳动、自然和资本三者结合，并根据某种生产要素在生产中的优势地位，把经济发展过程划分为三个历史阶段，国民经济在“幼年”时期“自然”占主导地位，“成年”时期“劳动”成为最重要的因素，而到了“老年”时期则是“资本”占优势地位，此时国民进入最幸福的时代。但他承认这种理想状况不会长久，因此需要国家采取“人工治疗”法加以干预，使之继续保持平静状态。代表作包括《历史方法的国民经济学讲义大纲》（1834 年，此书被称为“历史学派宣言”）、《国民经济学体系》（1854—1894，共 5 卷）、《16 和 17 世纪英国经济学说史》（1851—1852 年）、《德国经济学说史》（1874 年）等。

古斯塔夫·施穆勒（Gustav Schmoller，1838—1917） 德国经济学家，新历史学派的创始人。出生于德国符腾堡的一个公务员家庭。1860 年毕业于图宾根大学。1864 年进哈勒大学任教，1882 年被聘为柏林大学教授，直至 1912 年退休。曾被任命为普鲁士枢密院顾问和上院议员，1907 年受封为贵族。施穆勒排斥古典经济学的抽象演绎法，否认社会经济发展中存在规律性，认为国民经济的构成既包括自然的技术的因素，也有精神的道德的因素，它们在不断变动且相互发生错综复杂的作用，因此不可能从中找出一个最终的统一的经济规律，所谓的“经济规律”不过是经常重演的经济现象和史实，是依靠收集资料并加以分类归纳而得出的，所以充分运用统计资料和统计学方法至关重要。据此，他把自己的研究方法称为“历史的统计方法”。就理论内容而言，施穆勒的学说把精神因素放在优先于物质生产的首要地位，强调心理、伦理道德和法律等因素对经济生活的重要作用，声称应该从一切成熟的心理学命题出发去归纳地找出自己所需的有关国民经济学的结论，主张经济问题必需联系伦理道德加以说明。施穆勒还提出了新的经济发展阶段论，他以社会集团为标准，把社会经济发展过程分为六个阶段：（1）种族或马克公社经济；（2）村落经济；（3）庄园经济；（4）都市经济；（5）领域经济；（6）国民经济。其主要代表作是《一般国民经济学大纲》(1900 年、1904 年)。

维尔纳·桑巴特（Werner Sombart，1863—1941）德国经济学家，新历史学派的代表人物之一。出生于德国艾姆斯勒本的一个富裕家庭，1882 年起在比萨大学和柏林大学攻读法律和经济，曾师从施穆勒和瓦格纳，1888 年获柏林大学博士学位。1917 年任柏林大学教授，1931 年退休后被聘为名誉教授。其间曾参与社会政策协会和社会学会的创立工作，还担任过主席。1904 年同马克斯·韦伯联合主编《社会科学和社会政策》杂志。在经济理论上，他在承袭历史学派思想遗产的同时追求理论与历史的完美统一，提出了“经济体制”和“经济时代”两个概念，推进了新历史学派的理论和方法。所谓“经济体制”是指具有一定性质的经济方式，由经济意识、技术和组织三个要素组成，所谓“经济时代”是指历史上受一定经济方式所支配的时期。他利用“理想类型”作为工具来测定经济现象及社会经济发展时期，符合“理想类型”的则是全盛时期，此前此后则为“前期”和“后期”。作为新历史学派的一员，他主张研究经济现象应当同社会整体相联系，经济学应该是“经济社会学”，提出“三种经济学”的研究方法，引申发挥了施穆勒的思想。他强调精神力量对于经济发展的首要地位，声称“资本主义精神”是资本主义经济得以迅速发展的“策动力量”，并把它解释为由企业家精神（集中表现为征服和盈利）和市民精神（表现为遵守契约、计算正确、目的确切等）组成的一种统一的整体心态。它宣扬国家政权在社会发展中占有特殊地位，认为它是资本主义发展的基本条件，并且是实行保护与统治政策和干预经济的基本力量。代表作是《现代资本主义》(1902 年、1916 年)。

赫尔曼·亨利希·戈森（Hermann Heinrich Gossen，1810—1858）德国经济学家。出生于杜伦的一个税务官家庭。1829 年及 1833 年先后两次入波恩大学攻读法律和公共管理课程，毕业后曾任律师和地方政府税务官。1850 年后专心从事著述，1858 年因肺病去世。作为边际分析的主要先驱者，戈森主要围绕如何最合理地组织消费和生产来展开其理论阐述。他从边沁的功利主义出发，声称追求享乐是人类行为的主要目的，发现享乐法则是政治经济学的主要任务。为此，他首先关注的是消费问题，并系统论述了他提出的享乐法则。他认为，假定在一次持续的消费行为中，不断满足一种或相同的享乐，则享乐程度会连续递减，最终达到饱和。假定消费者单纯地重复满足某种已有的享乐，则反复次数越多，最初的享乐程度就越小，享乐的持续实践就越小，享乐的持续时间就越短，达到的饱和就越快，在某种享受最后一次享用的满足为零时，该种享用的效用就达到饱和，如果继续增加享用次数，效用将变成负数，享受变成痛苦（后人称之为“戈森第一定律”）。在此基础上，他提出了“戈森第二定律”，消费者要在一定时间内实现最大享乐量，必须依次选择各种享受中的效用最大者用于消费。他进而又提出主观效用价值论，把价值看成是物品满足人们享乐的能力，即一种基于主观评价的相对效用，而且物品价值量的大小随其数量的增加而递减，要获得最大的价值量，则应使每种物品的最后一单位具有相等的价值，在原有欲望已被满足的情况下，要想取得更多的享受量，只有发现新享乐或者扩充旧享乐，即“戈森第三定律”。戈森的上述论述成为后来边际效用学派的重要理论基础，并因大量使用几何图形和数学公式而被看成是数理经济学的发端者。其经济学著作是《人类交换规律及由此而生的人类行为规范的发展》(1854 年)。

卡尔·门格尔（Carl Menger，1849—1921）奥地利经济学家，奥地利学派的创始人。曾先后就读于维也纳大学和布拉格大学，专攻法学和国家学。1867 年获法学博士学位，1872 年始在维也纳大学任教，曾游历瑞士、英国、法国等，1900 年被选为奥地利上议院终身议员，1903 年退休后被聘为名誉教授。在经济学说史上门格尔被认为有两项成就：阐明边际效用论；同新历史学派展开经济方法论争辩。他认为，历史学派用经济史代替和取消经济理论，是“理论的不生产”；经济学可以划分为历史经济学、理论经济学和应用经济学，分别用来考察同一国民经济现象；其中理论经济学的任务就是要采用“抽象演绎法”，从直接经验中抽象出一般规律，从而建立起经济学的永久的普遍原理。门格尔理论的核心是边际效用价值论，认为物品成为财货必须具备四个前提条件，需要量大于支配量的财货叫经济财货，而只有经济财货才具有价值，他否认价值是商品的内在属性，认为价值的本质和衡量尺度是主观的，财货的价值取决于该财货所能满足的各种欲望中其重要性最小的欲望，后人称之为“边际效用决定价值论”；把财货区分为低级财货和高级财货，前者指直接满足生活需要的消费品，后者指用以生产消费品的各种生产要素。高级财货的价值取决于它所生产出来的低级财货的价值，不过由于生产需要一定时间，所以只是取决于低级财货的“预期价值”，所以价值最终由欲望满足的强度来决定，后人称之为“归算理论”。门格尔的理论经过后人承袭、阐述和发展，形成一套较完整的学说体系，他本人成为边际效用学派的主要代表。著作包括《国民经济学原理》（1871 年）、《社会科学和经济学的方法的研究》（1883 年）、《德国国民经济学的历史主义谬误》（1884 年）。

欧根·冯·庞巴维克（Eugen von Bohm-Bawerk，1851—1914）奥地利经济学家，奥地利学派中最有影响的代表人物。出生于奥地利的梅伦省，1872 年毕业于维也纳大学法律系。1881—1889 年任因斯布鲁克大学经济学教授，1889 年任职于奥地利财政部，三次出任财政部长。1904 年起任维也纳大学经济学教授，直至去世。曾担任维也纳科学院院长。他对奥地利学派的主观价值理论作了最系统完整的阐述。他以人的欲望及其满足为出发点，认为一种物品要具有价值，必须既具有有用性又有稀缺性。有用性即物品的效用，是指欲望的满足，它取决于人们的主观评价，而这种主观评价又是以物品的数量为转移的。所以，效用是价值的源泉，稀缺性则是价值存在的条件。庞巴维克提出了独特的利息理论，主要着眼于时间偏好分析，对利息的源泉、形式以及利率给予了新的解释，认为利息是现在物品的价值高于同种同量的未来物品的差额，利息就来自现在与未来的时差，即时差利息论。该理论是当时占主导地位的西方利息学说，并对以后西方经济学分配理论的发展起着较深广的影响。他还提出了“边际对偶”说，认为人们在市场上只有在换进物品的主观价值大于换出物品的主观价值时才愿交换。此外，他提出了替代原理、迂回生产概念、边际计算方法等，对经济学发展作出了一定贡献，并曾全面系统地攻击马克思主义经济学。主要著作包括《利息理论的历史和批判》（《资本与利息》第一卷，1884 年）、《资本实证论》（《资本与利息》第二卷，1888 年）、《马克思主义体系的终结》（1896 年）等。

威廉·斯坦利·杰文斯（William Stanley Jevons，1835—1882）英国经济学家，边际效用学派的创始人之一，数理经济学派的早期代表人物之一，以纯理论研究而闻名于世。出生于英国利物浦的一个商人家庭，曾两度入伦敦大学学院深造。1876 年任伦敦大学学院政治经济学教授。46 岁时溺水身亡。杰文斯从边沁的功利主义出发，强调经济学的各种规律须用数学加以表述，称“经济学为快乐与痛苦的微积分学”。他完全从主观感觉来解释价值，认为商品的价值取决于它的效用，而其效用就在于使人产生“快乐”和避免“痛苦”。根据边际效用递减律，提出了“最后效用程度”概念，强调物品的价值量就是由它的最后效用程度决定的。交换理论是杰文斯经济思想中最重要的组成部分，他认为价值实际指的是交换比例或该比例所表示的最后效用程度，并据此提出了著名的无差别法则。他否认劳动是价值的源泉，认为劳动在产品中一旦耗费了，就永远消失了，劳动只是通过影响商品的供应量，从而又影响商品的最后效用程度，才间接影响价值。用主观因素解释劳动，认为劳动进行到一定点后就带有“痛苦”，成为一种负效用，对后来英国边际效用学派影响深远。此外，杰文斯依据太阳黑子周期变化影响农业收成的数据提出了“太阳黑子”经济周期论，用来证明资本主义经济活动的上下波动具有周期性的规律。他始终用微积分语言阐述其经济思想，将数学引入经济学研究，对数理经济学的最终形成起了相当重要的作用。他在应用经济学上的贡献是引申发展了物价指数理论。经济学著作包括《政治经济学原理》（1871 年）、《煤炭问题》（1878 年）、《政治经济学入门》（1878 年）、《货币和金融研究》（1884 年）等。

里昂·瓦尔拉斯（Marie-Esprit Leon Walras，1834—1910）法国经济学家，洛桑学派的创建者，边际效用学派的创始人之一，数理经济学的主要代表者。出生于法国一个经济学家家庭，50 年代后期自学经济学，1870 年被聘任为瑞士洛桑大学政治经济学讲座教授，直至 1892 年退休。他认为，研究政治经济学首先必须区分科学、技术和伦理学，与此相对应，经济学应划分为纯粹经济学、应用经济学和社会经济学（经济伦理学）三部分。其中纯粹经济学是社会财富的一般理论，其核心内容则是价格分析，而其他两者则分别为社会财富的生产论和分配论。强调纯粹经济学只有借助数学方法才能对有关理论进行准确的计算和验证。他充分运用代数、几何等数学工具阐述了完全自由竞争下的价格决定理论，并集中论证了他的两个主要理论——“稀缺价值论”和“一般均衡论”。前者主要是削弱了主观性后的边际效用论，后者是对西方经济学的杰出贡献，基本思想是一种商品的需求或供给不仅取决于该商品的价格也取决于其他商品的价格，因此，一种商品的价格决不能孤立地加以决定，而必须同其他商品的价格联合作出决定，当整个价格体系使得一切商品的供求都相等时，市场就达到一般均衡。瓦尔拉斯对数理经济学的最终形成以及数学方法在经济学中全面广泛的应用起到了十分重要的推动作用。此外，瓦尔拉斯学说还提出了生产要素要实现最优配置和生产要素的报酬等于其边际产量价值两个重要思想。经济学著作包括《纯粹经济学要义》（1874 年）、《社会财富的数学理论》（1883 年）、《社会经济学研究》（1896 年）、《应用经济学研究》（1898 年）等。

维尔弗里多·帕累托（Vilfredo Pareto，1848—1923） 意大利经济学家，洛桑学派的代表人物，出生于法国巴黎。1869 年毕业于都灵工艺学院。推崇瓦尔拉斯的一般均衡理论，从 1876 年起发表了许多经济学论文，1893 年任洛桑大学经济学讲座教授。1906 年退休后继续从事研究著述工作。帕累托发展了洛桑学派的一般均衡理论，把理论分析同经济资料和数学工具密切结合，分别论证了自由竞争、垄断、寡头垄断以及“集体主义”类型的经济状况，进一步深化了瓦尔拉学说，并作出了一些在经济学史上有独创性的贡献：创制了指数函数理论，明确提出序数效用论，为主观价值学说提供了一个新的理论依据，对经济理论的发展影响深远；真正创制出至今广泛流行于西方经济学理论中的“无差异曲线”，它不仅在他的整个理论体系中占有极重要的地位，并直接推动着一些微观分析工具的产生；独创地论证用于测定经济福利极大化的“最优状态”，提出了“帕累托定律”和“帕累托最优状态”等理论，成为现代新福利经济学得以产生和发展的重要前提，甚至成为许多计量经济模式的必要基础。主要经济著作包括《政治经济学讲义》（1896—1897 年）、《社会主义制度》（1902 年）、《政治经济学手册》（1906 年）等。

阿尔弗里德·马歇尔（Alfred Marshall，1842—1924） 英国著名经济学家，剑桥学派的创始人。出生于英格兰银行高级职员家庭，1861 年在剑桥大学攻读数学。1867 年开始研究经济学，曾在牛津、剑桥等大学任政治经济学教授，1908 年退休。马歇尔总结和发展了西方经济学说业已取得的理论成果，其经济学说中包含了供求论、边际效用理论、边际生产力理论、生产费用论等；认为人类社会的发展只有渐进，没有飞跃，经济现象以及在经济概念之间存在着连续的关系；以供求均衡论为基轴来展开经济分析是马歇尔学说的根本特点。马歇尔认为产品的生产与分配同其“边际增量”之间存在着连续的函数关系，其整个体系先分别讨论了商品需求与供给的有关理论，进而在两者均衡的基础上阐发了价值论和分配论，由此首创和运用了局部均衡论；广泛而深入地展开边际分析，强调时间因素对经济分析的重要意义，使用大量几何图示法来表述重要的经济学原理，并首先提出了具体表示相互需求规律的几何曲线（马歇尔曲线），有力地推动了西方经济学中数理分析的迅速发展。此外，他还阐述了一些后来划入宏观经济学和国际经济学的理论命题，其中发生重要影响的有货币理论、国际贸易理论和福利思想等。马歇尔的主要代表作包括《工业经济学》（1879 年）、《经济学原理》（1890 年）、《工业与贸易》（1919 年）、《货币、信用与贸易》（1923 年）等。

古斯塔夫·卡塞尔（Karl Gustaf Cassel，1866—1945） 瑞典经济学家，瑞典学派的先驱者。出生于斯德哥尔摩，曾获数学博士学位，后赴德国学习经济学。从 1904 年起担任斯德哥尔摩大学经济学教授，至 1933 年退休。作为著名的货币金融专家，多次代表瑞典政府出席国际会议，并应邀在英美等国的多所大学做过讲座或演讲，还当过苏联国家银行的顾问。卡塞尔以价值取消论、购买力平价说和经济周期理论在经济学说史上享有盛誉。他认为以往的价值理论由空洞无用的理论所构成，它在研究交换经济时错误地抛弃了货币这个评价尺度，完全缺乏数量上的基础，因此应当重建以价格理论为基础的整套的社会经济理论。该论点对西方经济学家起到了潜移默化的影响。卡塞尔主张两国单位货币之间的汇率可以根据各自的国内购买力加以计算，即一国货币的汇率取决于该货币的国内购买力与另一国货币购买力之间的关系，这里的货币购买力用一般价格水平加以表现，而不是指单位货币购买特定商品数量的能力。“购买力平价说”后经过修正和补充，至今在外汇理论中占据主导地位。他最初认为经济危机的出现主要同固定资本的生产而不是个人消费品的生产直接相联系。第一次世界大战后修正了这一观点，认为经济危机是由于通货紧缩使得支付工具不足造成的，此说后湮没。主要著作包括《利息的性质和必要性》（1903 年）、《社会经济理论》（1918 年）等。

约瑟夫·阿洛伊斯·熊彼特（Joseph Alois Schumpeter，1883—1950） 美籍奥地利经济学家，“创新理论”的首创者，出生于奥匈帝国。1906 年获法学博士学位。第一次世界大战后，曾在奥地利任教，期间曾出任德国社会民主党“社会化委员会”顾问、奥地利混合内阁财政部长以及皮达曼银行总经理等职。1932 年迁居美国，任哈佛大学经济学教授，直至去世。其间还担任过“经济计量学会”会长、“美国经济学会”会长和“国际经济学会”会长等职。熊彼特在经济学史上首次提出了“创新理论”，并以此作为分析资本主义历史发展的基础。其基本观点是：所谓创新就是建立一种新的生产函数，即在生产中实现一种新的生产要素和生产条件的组合，包括引进新产品、采用新技术、开辟新市场、控制新原料来源和实现企业的新组织五个方面的内容；“企业家”是“创新”的核心，企业家的职能就是要实现创新，引进新组合，资本主义的经济发展就是这种不断创新的结果；创新过程的非连续性和非均衡性导致了周期性的经济波动，不同的创新对经济发展产生不同的影响，由此形成时间不一的经济周期；资本主义只是经济变动的一种形式或方法，它不可能是静止的，也不可能永远存在下去，当经济进步使得创新活动本身成为例行事务时，企业家将随着创新职能减弱、投机机会减少而消亡，社会经济就由中央机构统一管理，资本主义不能再存在下去，社会将自动地、和平地进入社会主义。主要经济学著作包括《国民经济理论的实质和主要内容》（1908 年）、《经济发展理论》（1912 年）、《教条与方法论的时代》（1914 年）、《经济周期》（1939 年）、《资本主义、社会主义和民主》（1942 年）以及遗著《经济分析史》（1954 年）等。

约翰·梅纳德·凯恩斯（John Maynard Keynes，1883—1946） 英国著名经济学家，现代西方经济学革命的奠基人，出生于英格兰剑桥。1905 年取得剑桥大学文学硕士学位，1906—1908 年就职于英国印度事务部。曾两度担任英国财政部文官。1908—1942 年出任剑桥大学经济学教授，还曾任英国科学院研究员、英国皇家经济学会会长、国际复兴开发银行总裁、英格兰银行董事。1911—1944 年担任《经济学杂志》主编，1942 年被封为勋爵。在 20 年代危机期间，凯恩斯发现紧缩通货政策是诸多问题的起因，认为资本主义不可能靠利息率的自由浮动来保持“充分就业”状态，他摒弃了以往经济学的传统理论，指出资本主义经济在通常情况下是“小于充分就业的均衡”，提出了有效需求理论和总量分析的方法。他认为社会的就业量取决于有效需求（包括消费和投资），有三种基本心理因素及一项客观因素分别支配着消费需求和投资需求，即“心理上的消费倾向”、“心理上的灵活偏好”、“对资本未来收益的预期”和货币数量。“有效需求不足”是导致资本主义社会产生失业和萧条的根本原因。基于此，凯恩斯强调实行“国家调节”：在经济衰退时，主张扩大政府开支并减税，增加货币供给，降低利息率，以刺激私人投资，扩大总需求；当经济高涨时，则采取相反的政策。为了进一步阐述该理论，他又辅之以“乘数”理论，即投资支出或政府购买支出有一定增加，必然导致收入成倍地增长；他针对传统经济学关于工资率具有充分弹性的假说，提出了“工资刚性”问题，开创了新的就业、利息、工资和货币理论；他还积极参与英国经济政策的制订，对布雷顿森林会议的召开、国际货币基金组织的创立和战后经济的复兴都作出过重要贡献。其主要著作包括：《印度通货与财政》（1913 年）、《凡尔赛和约的经济后果》（1919 年）、《概率论》（1921 年）、《货币改革论》（1923 年）、《货币论》（1930 年）、《就业、利息和货币通论》（1936 年）等。

第三节　西欧当代经济学家

扬·丁伯根（Jan Tinbergen，1903—1994） 荷兰当代著名经济学家，出生于荷兰海牙，早年在莱顿大学学习，1929 年毕业并获得物理学博士学位。曾先后任鹿特丹大学、莱顿大学的发展计划教授、荷兰科学院院士、荷兰中央计划局局长等职务，1955 年退休。后继续从事教学和科研工作，并担任许多政府机关和国际组织的顾问。1967 年获得埃拉斯穆斯奖金，有 20 个大学授予他荣誉学位。丁伯根因对经济计量学的开拓与阐发作出了贡献，发展和运用了动态模型区去分析经济过程而成为 1969 年第一届诺贝尔经济学奖获得者之一。丁伯根被西方经济学界公认为经济计量学的创建者之一。他在西方经济学方面的主要理论成就在于：创建或参与创建了现代动态经济、经济计量学、经验宏观经济学、现代经济预测方法、现代经济政策理论、发展计划理论、国际经济合作和一体化的理论与政策。其中“蛛网理论”试图对一些农产品的价格及产量波动方向与通常供求理论所阐释的方向相反的情况予以解释，受到西方经济学界的高度重视；在实践上重视经济过程及其决定因素的分析以及经济政策的逻辑、目的、手段的研究；在第三世界长期发展计划方法方面，他从现代福利经济学推演出“最优增长轨道”、“大路理论”、“动态效率”等理论。主要著作有：《商业循环理论的统计检验》（1939 年）、《经济计量学》（1941 年）、《经济政策论》（1952 年）、《经济政策的集中与分散》（1954 年）、《经济政策：原理与设计》（1956 年）、《改造世界经济》（1962 年）、《国际经济一体化》（1965 年）等。

约翰·希克斯（John Hichs，1904—1989）英国当代著名经济学家，1972 年诺贝尔经济学奖获得者之一。出生于英格兰沃里克，毕业于克里夫顿学院和牛津大学。1926 年获硕士学位，1932 年获博士学位。1962—1965 年任伦敦经济学院讲师，后历任剑桥大学研究员、曼彻斯特大学教授、牛津大学努菲尔德学院研究员、牛津大学教授。曾于 1943 年任英国皇家科学院研究员，1960—1962 年任英国皇家经济学会会长，1966 年被封为爵士，1972 年获诺贝尔经济学奖。其在经济学上的贡献为：发展了建立在序数效用论和无差异曲线上的一般均衡理论，建立了一个静态和动态的一般均衡模型，前者考察在没有时间变化条件下交换和生产达到一般均衡的稳定条件，后者则考察达到均衡状态的时间过程；希克斯把一般均衡运用于宏观分析领域，提出了 IS—LM 模型，对在西方经济学中占统治地位的凯恩斯体系进行了修正，对现代收入决定理论作出了新的解释。在经济周期理论方面，他试图用乘数—加速模型来系统地解释经济周期问题。在福利经济学方面，提出研究效率、交换和生产的最佳状态以及排除收入分配问题，并提出检验福利的补偿标准（一般称为卡尔多—希克斯标准）；在货币问题研究方面，系统地提出了结构性通货膨胀理论，认为西方国家存在的同生产停滞并存的通货膨胀主要源自劳动市场结构的特点。主要著作有：《工资理论》（1932 年）、《价值与资本》（1939 年）、《福利经济学的基础》（1939 年）、《经济周期理论》（1950 年）、《资本与增长》（1965 年）、《货币理论评论文集》（1967 年）、《资本与时间》（1973 年）、《凯恩斯经济学的危机》（1974 年）等。

琼·罗宾逊（Joan Robinson，1903—1983）英国著名经济学家，垄断竞争理论的创始人之一，后凯恩斯主义的重要代表人物，被誉为女性中最伟大的经济学家。出生于英国坎特伯里，1921 年进入剑桥大学攻读经济学，1927 年获硕士学位。1930—1971 年在剑桥大学经济系任教，退休后任该校名誉教授。罗宾逊夫人的研究涉及的经济理论领域十分广泛，包括不完全竞争理论、凯恩斯主义就业理论、经济哲学、经济增长理论、资本理论以及马克思主义经济学等。她提出了一套新的分析工具，运用边际收益和边际成本等概念来考察不完全竞争条件下厂商价格和产量的决定，即从垄断的角度看，假定每个企业的产品都有某种程度的不可替代性，那么在不完全竞争的条件下，为实现利益最大化，产品的边际效益必须推进到等于其边际成本为止。因此，完全竞争和完全垄断是不完全竞争的两种极端状况，从而形成了自己的一套理论体系。该理论同美国著名经济学家张伯伦的垄断竞争理论一起被西方经济学界视为现代价格理论的基础。在宏观经济学方面，她认为，当经济接近于充分就业时，出现通货膨胀的趋势问题，是凯恩斯理论尚未解决的重大问题。在经济增长理论方面，她把经济增长同国民收入分配问题联系起来，将生产部门分为投资品和消费品两大部类，把总收入分为利润和工资两大部分，建立了新剑桥经济增长模型。该模型与以边际生产率为基础的新古典增长模型不同，强调收入的再分配对经济稳定增长的重要性。另外，她推崇马克思主义经济学，提出了西方经济理论面临“第二次危机”的著名观点。其主要著作有《不完全竞争经济学》（1933年）、《论马克思经济学》（1942年）、《资本积累论》（1956年）、《现代经济学导论》（合著1973年）等。

贝特尔·戈特哈德·俄林（Bertil Gotthard Ohlin，1889—1979） 瑞典经济学家，瑞典学派的代表人物，1977年度诺贝尔经济学奖获得者之一。早年就读于隆德大学和斯德哥尔摩大学，后在剑桥大学和哈佛大学留学。1925年任哥本哈根大学经济学教授，1930—1965年间任斯德哥尔摩商学院教授。期间曾当选国会议员，担任过政府部长，并曾长期领导瑞典自由党。在经济学史上，俄林以国际贸易理论和经济稳定政策理论著称。前者是他的主要研究课题，影响深远。俄林的国际贸易理论是在阐发其导师赫克歇尔有关理论的基础上建立起来的，故史称赫克歇尔—俄林学说。该学说认为，国际贸易的产生原因在于不同国家之间的商品价格存在差异，而这种相对价格不同是由生产要素的相对价格不同所决定的。一般来说，生产要素的价格会受供求双方的影响，但要素的供给是主要的。这样，一国生产要素价格的高低是由其生产要素禀赋即供给状况的不同所决定的（该理论被称为生产要素禀赋说，是西方国际贸易理论的基石）。俄林又进一步提出，由于各国都出口本国由优裕的生产要素组成的工业品、进口本国由稀缺的生产要素构成的工业品，商品的流动实际上代替了生产要素的流动，最终会导致各国生产要素的价格出现均等化的趋势。俄林还早于凯恩斯采用总供给与总需求相平衡的基本模式来阐发国际资本流动与国际贸易的关系。在经济稳定政策方面，主张实行扩张性财政政策，用举办公共工程的办法减少高失业率；注重研究总有效需求同总供给水平的关系等。其代表作为《区际贸易和国际贸易》（1933年）。

弗里德里希·哈耶克（Friedrich Hayek，1899—　） 奥地利经济学家，新奥地利学派和维也纳学派的代表人物，1974年诺贝尔经济学奖获得者之一，出生于奥地利维也纳。1921年获维也纳大学法学博士，1923年获政治学博士，1927年获经济学博士。1940年获伦敦大学理学博士。1929—1931兼任维也纳大学经济讲师。1945年英国皇家研究院研究员。哈耶克致力于资本理论、经济周期理论和货币理论的研究，探索了价格在决定资本积累、工业波动和全部经济生产率方面的指导性作用，主张经济自由主义，把自由竞争的制度作为当前大多数人生存的基本条件；竭力抨击凯恩斯主义，宣传货币供应量增长是导致经济危机的决定因素，从而呼吁实行“自由货币”制度，即废除国家发行货币的垄断权并回到私人银行发行货币的制度；认为失业和通货膨胀并存的现象是国家干预造成的，是实行所谓的充分就业政策不可避免的、直接的后果。主要著作包括《物价与生产》（1931年）、《资本纯理论》（1941年）、《法律、立法和自由》（1973年）等。

冈纳·缪尔达尔（Gunnar Myrdal，1898—1987） 瑞典经济学家，1923年毕业于斯德哥尔摩大学法学院，1927年获该校哲学博士学位，并担任该校政治经济学与财政学讲师、教授。1931—1932年间曾任日内瓦大学副教授。1934年当选社会民主党参议员。1942年担任瑞典银行董事会董事及战后计划委员会主席；1945—1947任瑞典商业部部长。1948年担任联合国经济委员会欧洲局执行秘书。1957年辞去该职务，供职于20世纪基金会，负责对南亚各国经济政策作全面探讨。1961年返回瑞典，再任斯德哥尔摩大学教授，并组织筹建了国际经济研究所和国际和平研究所及拉丁美洲研究所。他曾获得包括哈佛大学在内的30多所大学的荣誉博士头衔，并于1974年获诺贝尔经济学奖。他对经济学上的贡献是多方面的。他坚持认为：实证经济学与规范经济学紧密相关，一切经济学主张都存在价值判断的前提，如果经济学家们都能坦诚地说明他们的价值前提，那么经济学便能够具有准客观性。在治学方法上，他坚决拒斥一般经济学家们的封闭式研究，认为经济与社会、政治因素密不可分，经济学在预测方面的失败，就在于经济学家们关于现实的视野过于狭窄。对货币和经济波动理论作了开创性的探索，在货币理论方面，他建立了动态化的货币理论。对社会的制度现象的内在依赖性给予精辟的分析，并且研究了社会平等问题以及发达国家的发展问题。主要经济学著作包括《经济理论发展中的政治因素》（1930年）、《货币均衡论》（1939年）、《经济理论与欠发达地区》（1957年）等。

约翰·理查德·尼古拉·斯通（John Richard Nicholas Stone，1913—1991） 英国著名经济学家，1984年诺贝尔经济学奖获得者，国民经济核算、经济计量学和投入产出法方面的权威。出生于伦敦，早年就读于威斯敏斯特公学，后进入剑桥大学。1938 年获文学硕士学位，1957 年获理学博士学位。1936—1939 年供职于英国希思公司和劳埃德银行，第二次世界大战中曾供职于英国经济作战部和英国中央统计局，为战时内阁官员。1945 年后任剑桥大学研究员、系主任和教授。1946 年为英帝国勋爵。1955 年为国际经济计量学会会长，1978 年被晋封为爵士。1978—1980 年任英国皇家经济学会会长。1965—1978 年间曾被多所大学授予名誉学位，1980 年退休，为该校名誉退休教授。他创立了使国家和国际的各种经济活动的数据能够准确、统一、相互联系而又反映出经济活动的全貌的统计法，并用表格的形式把它们表现出来，提供了对一个特定时间内宏观经济分析的途径，使制定经济政策能够有所依据。由于斯通在国民经济核算体系方面的先驱性研究和首创精神，对经济学发展作出了重要贡献而被称为“国民经济统计之父”，并获 1984 年诺贝尔经济学奖。斯通著述众多，其主要代表作包括《国民收入和支出》（合著，1944 年）、《国民账户中的物量指数和价格指数》（1956 年）、《国民账户》（1961 年）、《人口核算和模型的建立》（1971 年）、《建立经济和社会模型的若干问题》（1980 年）等。

詹姆斯·米德（James Meade，1907—1995） 英国当代著名经济学家，1977 年诺贝尔经济学奖获得者。出生于英国，先后就读于牛津大学和剑桥大学。获硕士学位后在牛津大学任经济学讲师，曾以专家身份在日内瓦的国际联盟总部工作，主编《世界经济概览》。曾任英国丘吉尔内阁秘书处的经济处处长。1947 年任伦敦大学经济学院商科教授。1957 年后任剑桥大学经济学教授、英国政府税制改革研究委员会主席、英国皇家经济学会会长等。英国女王曾授予他“巴施勋位”。1969 年退休。米德从凯恩斯的总量分析出发，以洛桑学派的一般均衡论为基础，论证了各国不仅要在对外政策上而且要在国内经济政策上相互协调配合，以求得国内经济和国际经济的双重平衡；以福利经济学的观点和方法为基础，认为只有在国际组织的督促下，消除贸易壁垒，建立自由贸易体制，各国才能持久地维持双重平衡，并使全世界的经济福利达到最优化。西方经济学家认为他是把一般均衡论和福利经济学用于研究国际经济政策理论的先驱者，他关于双重平衡的论述在国际经济学领域内“做出了一次巨大的突破”。其主要著作有《国民收入与支出》（1944 年）、《国际经济政策的理论》（1951—1955 年）、《通货膨胀的控制》（1958 年）、《经济增长的新典型理论》（1961 年）、《效率、平等与财产所有权》（1964 年）、《政治经济学原理》（1965—1976 年）等。其中《国际经济政策的理论》是 1977 年其获得诺贝尔奖的代表作，被西方经济学界誉为“国际经济学界的一个里程碑”。（马文增）

第五编

西欧科学、教育和文化

第一章　欧洲教育

第一节　教育发展历程

欧洲教育具有十分悠久的历史。古代希腊是西方教育的重要发祥地。古代希腊的教育可以分为相对独立的三个阶段：一是荷马时代的教育；二是希腊城邦制时代的教育；三是希腊化时代的教育。公元前10—前8世纪，希腊氏族制度瓦解，出现了数目众多的小规模城邦，进入希腊城邦制时代。斯巴达和雅典是当时最强大的两大城邦，其教育对后代乃至现代欧美教育产生了重要影响。

在西欧中世纪早期，文化和教育几乎全部为教会所垄断，教育、科学和文化处于衰退状态。但随着封建经济的发展，僧、俗封建主对教育表现了一定程度的关心。因此，文化教育事业也得到了相应的发展。可以说，教会教育是中世纪欧洲教育的主干，封建主的世俗教育是中世纪教育的另一方面。

中世纪晚期的西欧，社会生产力有所发展，城市兴起，而且大都成为经济和文化的中心。当时商贸活动日趋频繁，手工业者从农民中分化出来，商人和手工业者阶层形成且力量不断扩大。这些条件给教育的发展提供了新的机遇，出现了中世纪的大学和城市学校。

进入近代，各国资产阶级革命和改革使资本主义制度确立和巩固下来。各国资本主义产业革命极大地促进了资产阶级经济实力的增长，必然要求新的教育的发展，以至各资本主义国家几乎都在这一历史时期确立了本国的资本主义教育制度。当然，由于各国社会条件以及各自的教育历史传统不同，它们的资本主义教育制度的发展水平、速度、特色也各不相同，但总的发展趋势是完全一致的。

一　古代教育

英国

英国教育的历史源远流长，其教育实践可以追溯到罗马统治时期。英格兰学校主要创立于公元5世纪—6世纪。教育主要为教会和修道院服务，平民教育的水平相当低下。从16世纪下半叶起，英国封建制度日趋没落，资本主义迅速发展。17世纪后半叶，英国教育中出现了一些新的情况，创建了一种被称之为学院的新型学校，这些学院能享受办学的自由，设置了自然科学、近代语和商业方面的学科，以适应时代发展的需要。从17世纪后期开始，宗教组织和慈善团体开始关注普及初等教育。1698年，基督教知识普及协会成立，该协会在英国各地创办了不少教义问答学校，在不到30年的时间内，在英格兰和威尔士有近3万名儿童参加学习。

18世纪后期，英国进入工业革命时期，这对英国近代教育制度的创建和发展具有重要意义。在中等教育方面，公学是贵族、大资本家及富人子弟才能进入的学校。文法学校的等级制也十分明显。

1869 年，专门研究文法学校的汤顿委员会把文法学校分成三种类型，为不同的社会阶层服务。第一类学校实行寄宿制，以升学为目的，为上层资产阶级服务；第二类学校培养军队、医务、法律、文官、工程和商业方面的人才；第三类学校为下层阶级而设，学生离校年龄为 14 岁。当时英国的教育制度保持了贵族的特权，同时也为专业人员和富商开辟了新的受教育机会，但不利于工人阶级。在高等教育方面，17 世纪到 18 世纪末，英国仍然只有贵族和资产阶级可以享受高等教育。19 世纪 50 年代以后，英国教育开始出现大的变革，政府加强了对大学的管理，成立了皇家大学委员会（1850—1852），目的是改革旧的大学章程和条例，开设新的课程，以适应时代的需要。先后在议会通过了《牛津大学法案》（1854）和《剑桥大学法案》（1856），开始了英国高等教育改革的新时期。

法国

法国最早的大学来源于一种由学校的教师和学生组成的合作组织，并受教会控制。18 世纪上半叶，法国开展了一场轰轰烈烈的启蒙运动，提出教育是启迪民智、反对愚昧的武器，主张教育平等和自由。教育的目的是培养具有"健全理性的自由人"，即具有自由、平等、博爱思想和科学知识技能的人。启蒙主义者提出人人都有优良的天然禀赋，都可以接受教育，要求改革法国的封建教育，设立初等学校，实行免费的普及制义务教育。

法国大革命不仅扫除了封建主义的政治制度，同时也冲击了封建主义的教育制度。《1791 年宪法》提出，国家应创立公共教育制度，授予所有公民不可缺少的知识。塔列朗于 1789 年 9 月代表公共教育委员会提出教育改革方案，要求国家管理教育，实行免费的初等教育，国家支付中小学教师的工资，推行新教育制度等。1793 年宪法第 22 条规定"人人都需要受教育。社会应当尽其所能地促进公众理性的发展，让所有公民都能够接受教育"。

德国

封建时期，教会和国家是推动德国教育发展的两大因素。教会的传统可追溯到中世纪早期，各领地都宣称为教育负责。在 17 世纪末，德国各地基本普及初等教育，私立学校比较少。在 18—19 世纪，德国设立了一些福利机构，专门为贫穷孩子提供基本的《圣经》教义教育。在西方近代教育的发展进程中，德国作出了重要贡献。近代西方的义务教育、师范教育、双元制职业教育等制度大多起源于德国。17—18 世纪，德国的初等教育机构主要是德语学校，中等学校主要是文科中学。在大学教育方面，创建于 1694 年的哈勒大学被称为"第一所现代大学"和普鲁士振兴的基石。当时，哈勒大学汇集了当时全欧洲一些卓有远见的进步人士，发起了哈勒大学的现代化运动。以哈勒大学改革为起点，德国高校开始了一场新的大学运动，很多大学都按照哈勒大学的模式进行了改革，使得近代哲学和近代科学的精神影响到大学的所有教学领域，研究自由、教学自由成为政府认可的大学的基本法权；学术报告替代了传统的依据标准材料照本宣科的教授方法。改革后的大学在德国的学术研究和国家生活中发挥了重要作用，成为当时世界各国大学效法的典范。

丹麦

1536 年改革之后，在丹麦的城市由学校教育学生如何阅读和写作，在农村则由牧师或教会的教士每周一次或两次对学生进行指导。18 世纪以来国家对儿童的教育状况更加关注。1708 年，穷人救济法要求在农村设立学校。18 世纪 20 年代由丹麦王室建立了 240 所学校，1736 年通过教会的批准和制定法律，规定在农村教区为 5—6 岁以上的孩子建立学校，这表明国家和教会注重将儿童培养成敬畏上帝、有文化的基督徒。1814 年，丹麦宣布实行 7 年义务教育，是世界上实施义务教育比较早的国家。1844 年，在著名教育家格隆维的倡议下，创建了第一所为成人设立的民众高等学校，为世界各国的成人教育提供了范例。

瑞士

中世纪时，瑞士人口中大部分是文盲。当时，学校隶属于大教堂或修道院，各教区的神父或修道院的修士即为教师。这一时期教育的目的是培养神职人员，只有特权阶级才能够享受教育。中世纪下半叶，随着资本主义工商业的发展，普通民众和世俗人家也要求接受教育。新兴资产阶级的子弟开始进入教会学校，修士学校、教士学校、城市学校和行政学校先后成立。到 12 世纪时，瑞士各地涌现出一批小型学校，教授拉丁语、算术、地理知识及外语。16 世纪产生的宗教改革运动推动了瑞士私立学校的发展。新旧教两派都加紧开办公共教育，为宣传各自的教义主张、培养自己的接班人而努力。1525 年苏黎世建立了第一所“师范学校”。1559 年，“日内瓦学校”（日内瓦大学的前身）创建。作为一所神学院，它最初主要教授修辞学、辩证法、希伯来语和古典希腊语，在欧洲宗教改革期间获得广泛声誉。经过启蒙时代，其学科领域逐渐扩展，在 1873 年建立医学系后，正式更名为大学。

二　近代教育

英国

英国政府从 1833 年开始资助教育。1870 年英政府为英格兰和威尔士颁布了《教育法》，确定了由政府资助实行初级义务教育的原则。当时有两种初级学校，即教会民办学校和由学校董事会提供支持的公立学校。1880 年，政府规定 5—10 岁的儿童必须上学，1918 年又把孩子的离校年龄提高到 14 岁。

1902 年的《教育法》第一次规定实行全国统一的教育制度。地方政府对公立学校负责，同时在财政上帮助民办学校，并由教育委员会负责监督这一制度的实施。1944 年颁布的《新教育法》制定了英国教育制度的基本法规，确立了英国初等教育、中等教育以及继续教育的公共教育体系，为战后的教育发展奠定了基础。该法将孩子的离校年龄提高到 15 岁，规定所有儿童都要接受中等教育。新设立的教育部被授权制定全国的教育政策，地方政府则仍负责进行管理。儿童到 11 岁时，通过成绩测试后再被分配到各类学校，例如文法学校、中等技校或中等现代学校。

法国

法国自拿破仑时期开始实行中央集权式的教育制度。当时帝国大学是教育的行政首脑机构，管理第一帝国的一切国立教育。从第一帝国到巴黎公社之前，除了法兰西第二共和国时期学校与教会脱钩外，其他各个时期学校都受教会控制。1850 年 3 月颁布的《法鲁法案》规定，神父和教会代表有权任命教职工、指导各级学校教育、监督学校风纪和督察教师。

法兰西第三共和国时期，法国对教育制度进行改革。1881 年 6 月和 1882 年 3 月通过的两个《费里法案》，确立了法国教育制度“中立（即世俗化）、义务、免费”三原则。根据规定，对 6—13 岁儿童实行义务教育；国立幼儿园和初等学校免收学费，师范学校免收膳宿费；废除教会监督国立小学和幼儿园及其教士担任教师的特权；以伦理课和公民课代替宗教课。1896 年，法国颁布的法令规定，把学院组合成大学，学区总长兼大学校长，各个学院的审议会合并为大学总审议会。1902 年，法国政府关闭了 3000 多所教会学校。1918 年和 1919 年，法国政府又规定每个市镇必须设立一所职业学校。1933 年，法国政府规定中学实行免费教育。1936 年，法国政府又将义务教育延长至 14 岁。这一系列改革措施促进了法国教育事业的发展。

瑞士

到 17—18 世纪，公共教育愈益受到重视，公立学校在城市的影响也越来越大，逐渐树立了新的办学观念。学校摆脱了教会的管理，拉丁文学科逐渐减少，新开设了自然科学课程，学校教育更适应社会的需要。19 世纪下半叶，工业化发展推动了瑞士职业教育的发展，许多地方开办了职业教育学校，不仅教授专业技术，也教授职业道德。1884 年，瑞士议会通过决议，支持“手工业工人和工业学校”，以促进和提高手工业的竞争力。

1840 年，教皇拨款创建了瑞士最早的一所大学——巴塞尔大学。1848 年，瑞士颁布第一部联邦宪法，其中第 27 条涉及教育：规定除了现有的综合工科大学外，联邦有权成立联邦大学以及其他高等院校或资助这类高等学校。1855 年，第一所全国性的高等院校——苏黎世联邦高等理工学院便应运而生。1874 年通过的宪法规定各州负责建立小学，公立小学必须实行免费教育。苏黎世州于 1895 年通过的学校法，体现了教育平等、教育协调发展的进步思想。

爱尔兰

19 世纪中叶以来，爱尔兰所有的儿童都可接受免费初等教育。各小学都由教会管辖，但教育经费由政府统一支付，各级学校接受教育部（1924 年成立）的指导。中学均为私立学校，中等教育费用由学生家长负担；由天主教和基督教教会负责教育的补助经费，规定初等和中等教育的目标和方法，补助各中学教师薪俸和仪器设备，使爱尔兰中等教育水平能与西欧其他国家持平。政府还资助初等和高等教育研究，以改革教育制度。教育改革后，爱尔兰就读于中学和职业学校的学生人数大量增加。20 世纪 60 年代，政府斥资设立许多综合性中等学校，还为师范学院和大学大量添置设备。

丹麦

18 世纪末开始，在城市成立男、女生分开的私立学校，家庭教师开始增多。1899 年之后，免费学校开始接受国家补助。义务教育和自由办学原则推动了各种学校的创建，如天主教学校、德意志少数民族学校、移民者学校等。1903 年，丹麦进行学校改革，内容包括实现高等教育民主化，引入四年制中学等。从 20 世纪 50 年代开始，在社会对技术进步需求的推动下，教育部门不断扩大。在随后的几十年中，建立了更多的教育机构，包括从中心学校到大学。

芬兰

早在 1921 年，芬兰政府就开始实行义务教育。1958 年的宪法规定实行八年义务教育。20 世纪 50 年代以来芬兰人口增长了大约 1/4，增长大约持续到世纪之交。16—19 岁年龄段的人口增加，但是综合学校学生年龄却逐渐降低。随着 20 世纪 60 年代以来的经济增长，各级教育也在不断扩张和改革：70 年代，实行九年制义务教育综合学校方案；80 年代，改革中学教育和职业培训。1977—1984 年间，大学教育管理和奖励机制进行改革。教育机构数量扩大，特别是职业教育和高等教育。芬兰政府为实施保持全民族知识和技能水平的战略，把普及教育置于国家政策的中心，于 1976 年开始采取小学基础教育和初中综合教育连贯的九年制义务、免费教育体制。

奥地利

奥地利国家教育事业的起源可以追溯到玛利娅·特雷西亚统治时期的 1774 年教育改革（Schulreform）。通过此次改革，国家建立了国立学校，实行六年制义务教育，规定教育受国家管理，从而结束了教会统治学校的局面。1869 年，奥匈帝国国民教育法提出了全面统一的义务教育制度，义务教育的时间从六年提高到八年。1918 年后，国家再次对教育进行改革，保证所有儿童享有受教育的权利。1927 年，奥地利创办了对 10—14 岁的孩子进行义务教育的中学。

三　当代教育

英国

英国分别于 1964 年、1976 年颁布了《教育法》，但仅在教育的组织安排、财政安排上有所变动，并未触动 1944 年教育法的基本教育体制。1988 年的《教育改革法》对教育进行了较大改革，对英格兰和威尔士的中小学进行的改革包括：开设各种形式的国家课程，家长对学校有更多的选择权，要求学校提供更多关于学校教育活动的情况等。该法同时也对英格兰、威尔士和苏格兰的高等教育和继续教育制度进行了改革，特别是对高等教育体制及经费的来源等方面提出了改革建议。

布莱尔政府时期对教育进行了较大力度的改革，改革涉及高等教育、培训以及终生学习等诸多方面，基础教育是改革重点。首先，大规模增加对教育的投资；其次，加强基础教学，主要包括建立质量目标评估体系，提高核心课程的要求，放宽历史、地理、艺术和音乐等基础课程的尺度，改革教学法，加强校外辅导和督促；最后，推出“教育行动区”试点计划，帮助那些教学质量低劣的地区提高教育水平。政府还采取措施提高教师形象，改善教学条件。如提名教师参加授勋评选，设立“教师奖”等。

2006—2007 学年，英国共有 33892 所中小学校，共有 1391 所特殊学校。2007 年，英国政府投入教育中的经费约为 14135 亿美元，占 GDP 比重约为 5.5%，全国中小学中有 97% 为公立学校，实行免费义务教育，40% 的中学毕业生可进入高等院校学习，全国共有 110 所高等院校，约有 30 万海外留学生在英国的高等学府深造。2010 财年教育经费为 890 亿英镑。

法国

法兰西第五共和国成立初期，法国政府先后颁布有关教育的法律和法令，规定 3—16 岁的儿童和青少年一律实行义务教育；确立大学的自主权，院校领导有权挑选教职工、考核业绩、选择研究项目和决定考试；增加教育经费，提高教师待遇，对私立学校也给予财政补贴。提高学生享受奖学金的比例；坚持学校与宗教分离的原则；允许私人办教育；接受国家财政补贴的私立学校必须接受国家有关教育部门的监督；提高职业培训的地位。

1983 年年底法国议会通过并于 1984 年 1 月颁布的《萨瓦里法案》（即《高教指导法案》）是第五共和国成立以来最大规模的教育改革。该法案承认法国高等学校是科学、文化和职业的独立实体，享有教学、科研、行政和财务上的自主权。该法案指出改革的目的是：加强对学生的指导，使之更快地提高到与美、日和德等先进国家的水平；坚持在高等教育和中等教育中推行“自治、民主参与管理和多学科”三原则，使法国广大青年能机会均等地接受高等教育，并增加对贫困学生的资助，减少社会不平等现象；学制进一步灵活，对获得每种学位和文凭所需的时间不再作硬性规定；实行高等教育的对外开放，即全方位地向各个地区、经济界、工业界、科技界和国际社会开放；进一步明确高等教育培养目标的职业化方向，各类高等教育机构统称为“公立科学、文化、职业性机构”。

目前法国拥有54875所小学，7919所中学，83所大学，2009—2010学年，各类在校生人数1495.9万人，其中小学生664.7万人，中学生533.2万，大学生231.6万人。2010年全国教职人员共112.7万人，其中教师94.4万人，行政技术人员18.3万人。2009年教育支出达1321亿欧元，占GDP的6.99%。

德国

第二次世界大战后，德国政府对传统教育进行改革和调整，开始实行12年义务教育制度。教育体制包括初等教育、中等教育、职业和继续教育及高等教育等，具体包括幼儿园、小学、中学和职业学校、高等院校等各级各类学校。如今，德国是世界公认的教育水平较高的国家，这与其完善的教育体制是分不开的。

德国实行联邦制，各州在文化教育领域享有自治和自主权。教育事务的管辖权在联邦和各州之间分配。各州在《基本法》规定的范围内独立管理、发展其教育事业，并颁布专门的法规。《基本法》保证个人或团体在自由、负责的前提下有建立和经营学校的权利。所有公立学校都是免费的，教学用具一部分免费提供。个人或团体创建的私立学校丰富了公共教育计划，政府给予一定的财政补助。

2008年，德国政府将占GDP 3.72%的经费投入教育领域，截至2008年末，德国学前教育和中小学在校学生共计936.6万人，职业学校学生278万人，高等院校在校生193万人。2010年教育经费为1028亿欧元，占国内生产总值的4.1%。2009/2010年德国有各类学校及学生、教师情况如下：各类中小学及学前班35566所，学生人数890.77万人，教师66.43万人。职业学校8981所，大专院校410所。

荷兰

荷兰在1848年制定的宪法中就规定公民可以根据不同的宗教、信仰和教育思想来建立自己的学校。因此，荷兰创建了不同风格和特点的学校，如罗马天主教的学校、加尔文派的学校等。与其他发达国家一样，荷兰具有高质量的成熟的教育体系，与其他国家的最大不同之处是，荷兰并没有统一的教育制度，但是荷兰所有学校的教学质量都设有衡量标准，随时接受政府教育官员的监督。20世纪60年代后，政治和宗教对教育领域的影响开始下降。

按办学资金来源划分，荷兰的学校有公立和私立之分。荷兰75%的学校是私立学校。公立学校的办学资金多半来自市、镇政府拨款。私立学校办学资金主要来自教会，或来源于各类基金组织，凡是符合政府颁布的办学标准的私立学校都可以从政府得到一定的财政补贴。荷兰对5—18岁的青少年实行义务教育，最后两年的义务教育可以采取半工半读的形式。

2004—2005年间，荷兰政府在教育领域投入的经费约为260亿欧元，截至2005年末，荷兰在校学生总数约为361万人，其中小学在校学生共155万人，中学在校学生141万人，高等院校在校生54万人。2008/2009学年，荷兰全国共有8342所各类学校，学生总数372万人，教育和科研经费260亿欧元。目前小学在校生159万余人，中学在校生159万人，成人和职业教育在校生为56万人。高等院校在校生22万人。

比利时

1831年，比利时法律规定了教育自由的基本原则。第二次世界大战后比利时的教育政策以提高民众的教育水平、促进教育民主化为宗旨。1958年后，在比利时三种教育体制并存：国立学校、省立学校和市镇学校。1963年后，教育和学校按语言文化区划分教学语言。1965年，在蒙斯和安特卫普建立了公立大学。在布鲁塞尔、根特、烈日、安特卫普、蒙斯设有皇家美术学院、皇家音乐学院以及农学院。布鲁塞尔自由大学（VUB-Vrije Universiteit Brussel）英文译名为布鲁塞尔大学，创建于1834年，全校分佛拉芒语和法语区，佛拉芒语有一万多名学生，法语区有两万余名学生。两区除各自采用荷兰语和法语外，也均有以英语授课的本科到博士的学位课程。布鲁塞尔大学在世界排名第69位，有三名毕业生获得诺贝尔奖，其中包括世界著名的布鲁塞尔学派的创立者普里高津。

比利时在1988年4月8日起将教育事务全部转交给社区和地区负责，同年通过的财政和预算法将教育、教学和研究的财政预算期定为10年。比利时的每个社区都是几种教育制度并存，包括接受官方补助的教育、由教会提供的教育以及以前由国家和政府提供资助的教育。

比利时提倡高教育标准，规定18岁以前的教育是免费的。任何教育体系的主要目标都是为每个公民提供最好的教育机会。

2007—2008年间，比利时政府将占GDP 5.5%的经费投入教育领域，截至2008年末，比利时小学在校学生共73.6万人，中学在校生共83万人，高等院校在校生32.1万人。

奥地利

自1955年奥地利成为一个独立的国家后，于1962年通过了奠定现行教育制度的基础法律。从20世纪60年代末开始，奥地利政府提出了提高国民普遍教育水平的目标。采取的主要措施包括：在国家的每个区建立高级中等学校；快速发展职业教育和高等教育；国家提供教育经费，不断提高公民对教育的参与度。

奥地利全国的教育由联邦政府控制，外国学生在奥地利求学，根据奥地利有关规定，收取部分学费，第三世界国家（含中国）学生免收学费，只缴纳数额有限的教育管理费。根据欧盟的规定，在奥地利高等中学获得高中毕业文凭的学生，可以直接升入奥地利或欧盟任何一所大学继续学习，不需考试，可根据个人志愿选择专业。

奥地利的教育十分发达，特别是高等教育和科研。奥地利大学的教育质量和文凭为世界所公认，公立大学全部实行免费教育。教育投资约占国民经济总投资的4.5%，仅次于德国、美国、日本等少数几个国家。

截至2008年末，奥地利共有各类中小学及职业院校6263所，在校学生120.2万；共有高等院校189所，在校生24.87万人。2009年，奥地利政府投入教育领域的经费约为65.6亿欧元，占GDP的10%左右。2009年奥地利教育预算65.6亿欧元，占总预算的支出10%。2009—2010年度有各类中小学、职业学校6263所，在校学生118.9万人，各类高等院校189所，大学生31万人。

卢森堡

卢森堡教育部在1992年颁布的《明日的学校》中规定：卢森堡教育的目标应致力于全球技术、能力和自我学习能力的发展，努力使移民家庭的儿童教育融入卢森堡的教育体系，提高教学方法，扩大大学生的毕业人数。

教育在卢森堡占有重要地位。《卢森堡基本宪章》规定国家负有组织、管理和监督教学的义务。卢森堡教育系统在行政上隶属于国民教育与职业培训部，文化、高等教育与研究部。国家对教育事业实行"中央集权"，即教育方面的主要决策，如教学大纲的制定、教学时间的安排、教师的招聘等都由国家负责。

卢森堡实行11年制的国民义务教育：包括2年学前教育、6年小学教育和3年初等教育。卢森堡法律规定，小学教育的课本费由学校所在市镇支付；学校免费提供校车；国家为每个6—18岁的孩子提供一定数额的开学补贴，用于减轻在开学时因购买教材、校服等给家长带来的额外开销。

2007—2008年间，卢森堡政府将占GDP1.2%的经费投入教育领域，约合1.417亿欧元，截至2008年末，卢森堡小学在校学生共33020人，中学在校人数12122人，职业院校在校学生23805人，在国内高等院校就读的卢森堡学生为3824人，在国外高等院校就读的卢森堡学生为6407人。卢森堡政府重视教育，2010年教育投入1.18亿欧元，占国家支出的1.2%。

瑞士

《瑞士联邦法》规定，教育由各州主办。瑞士分为26个州，有26种不同的教育制度，各州之间的差异很大。到20世纪，各州学校都很注重发展自身的优势和强项，相互间的合作问题受到关注。1985年，全瑞士举行了一次全民投票，确定学校一律在8—9月间开始新的学年。

瑞士高度重视教育事业，将其视为经济成功与社会发展的基础。教育经费在联邦政府预算中占8%，在州和市镇预算中约占25%。瑞士联邦不设教育部，由内政部的科学与技术领导小组和联邦科教局管理教育事务，国民经济部的联邦职业教育和技术局管理全国的职业教育。全国性教育协调机构有大学联席会议、大学校长联席会议、州教育局长联席会议、瑞士高教中心等。小学、初中和高级中学教育由各州负责，自定学校类型、学制长短、教材和教师薪俸。

1874年的瑞士宪法就规定全国实行九年制义务教育，人口识字率为100%。儿童从6岁或7岁开始接受义务教育，包括小学和初中一般为九年，这是基础教育阶段。瑞士现有各类学校12400所，2007—2008学年的义务教育学生共为78.8万人，教师7.58万名。学前教育学生总数为15.1万人，高中及职业中学学生共33万人，高等院校在校生22.6万人。2008/2009年度9年义务教育学生77.7万余人，学前教育学生15.2万人，高中及职业学校学生33.6万人，高等院校学生23.5万人。

爱尔兰

20世纪80年代末以来，爱尔兰政府加强了对教育和技术培训的投资力度。1995年的教育经费占国内生产总值的5.2%，相当于欧盟15国的平均水平。1996年爱尔兰教育白皮书指出：爱尔兰中学毕业率达到77%，爱尔兰用于初等和中等教育的开支较大多数欧盟伙伴国都明显偏低。此外，学校教育的国际化水平低而不稳。尽管爱尔兰语的使用范围在缩小，但其仍是中学的必修课以及在一些公共部门就业的必备语言条件。受传统教育制度的影响，青少年受教育至18岁，但很少有参加职业培训的机会。

爱尔兰政府注重加强三级教育，在经合组织国家中，爱尔兰的三级教育入学率最高；在世界范围内，25—34岁的青年人受教育程度居世界前列。爱尔兰大学培养的理工科毕业生增长比例在经合组织国家中仅次于日本。但这些毕业生仍然供不应求，尤其是在电子和计算机学科方面，人才短缺可能会影响到未来的经济增长。目前爱尔兰实行6—15岁未成年人免费义务教育制度。初等教育为期六年。学生毕业后进入中学学习，15岁或16岁时可取得中学毕业证书，17岁或18岁时可取得深造证书。2001年，爱尔兰共有中小学校4489所，在校学生81.45万人，教师4.23万人。大学在校生约为10.55万人。

爱尔兰现有文盲约占全国总人口的2%，为改变这一现状，政府计划在2007—2013年将258亿欧元投入教育领域，提高国民素质。

西班牙

战后西班牙的教育体制建立在两个教育法规之上，即1970年颁布的教育总法和1990年颁布的新教育管理法。新教育管理法从1992年开始逐步实施，到1999年年底全部得到贯彻落实。新教育管理法将1970年教育法规中义务教育的年限由8年延长至10年。在20世纪90年代初期，年龄在6—14岁的孩子全部入校就读。在新的教育体制下，政府投入了大量教育资金，实行开放教育，着重培养学生从小养成独立思考的能力，除中、小学教育已普及外，大学教育也相当普及。1995年接受高等教育的人数也从80年代初的50万增加到140万左右。1998—1999年在校大学生人数比十年前翻了一番，为156.39万人。西班牙政府鼓励发展私立学校，在1998—1999年度，有33%的小学生和29%的中学生进入私立学校。1998年教育经费为GDP的5.8%。2007年，教育费用为456.1亿欧元，占国内生产总值的4.36%，其中大部分为公共部门投资。2008—2009学年，小学、中学的学生数分别为266.3万人和296.1万人。2006—2007学年的大学生总数为141万人。

西班牙宪法对中央政府、自治区政府和市政当局在教育方面享有的不同权力均有明确规定。中央政府在教育方面的主要权力有：教育基本立法权、文凭有效期的控制权及课程、课时和教学内容的安排权、总的教学计划权等。其他教育权力分属自治区政府和市政当局管理，但总的说来，总的教育大权仍然掌握在中央政府手中。西班牙教育经费的来源是多渠道的：一是政府拨款；二是社会公共资金；三是私人提供赞助。教育经费主要用于新建、扩建和修缮校舍、教学与科研开支及教师工资福利、购置教学设备等。

丹麦

丹麦从20世纪50年代起开始推行政府教育资助制度。资助包括拨款与贷款两种形式，凡年满18岁的丹麦公民，在校参加考试并基本达到课程要求的均可获得政府资助。其中拨款计划建立在机会均等的原则上，每个符合条件的学生均可得到拨款补助，不需偿还。贷款则需要学生申请，并于学习结束后一年开始偿还，15年内必须还清。无论是拨款补助还是贷款补助都与学生的经济条件相联系，学生年满19岁以前一般根据父母的收入而定，如果学生个人年收入超过4万丹麦克朗便不再给予资助。1973年起实行九年制免费义务教育。最著名的高等学府有哥本哈根大学（创建于1479年）、奥胡斯大学（创建于1928年）、丹麦技术大学和皇家兽医和农业大学。2007年国家教育经费预算为313亿克朗，约占国内生产总值的1.8%。2008年全国共有学校2857所，学生116.8万人，其中小学2052所，学生71.8万人；高中156所，学生8.3万人；职业学校535所，学生18万人；综合性大学8所，学生13.1万人；师范、技术、农业、商业、艺术、音乐等院校106所，学生5.6万人。2009年国家教育经费预算为764.8亿克朗，占当年国内生产总值的4.6%。

丹麦的教育管理体制由国家、县、市（地方当局）负责，小学和初中教育由地方当局管理。文科中学（高中）和高等学校预备班归县领导。大学和其他高等教育机构主要由国家管理。国家向县、市和各类私立学校发放补助金，并承担认可学校的全部和部分行政费用。

挪威

挪威教育政策的基础是全体社会成员享有教育权利平等原则，而不论社会、文化背景或在挪威何地居住。学校的作用是传播知识和文化、促进社会进步和为所有人提供创造财富与福利的基础。

挪威强调学校的教学必须与学生的能力与技能相适应。残疾人或因无法参加普通学校教学活动而接受特殊教育。由于移民增加的缘故，使用少数民族语言的学生人数不断增多。挪威的教育政策要求考虑少数民族语言学生的特殊需要，以便使他们能够更好地完成高中学业，接受高等教育和就业。

教育的目标和预算由挪威议会和政府制定。教育科研部是负责教育事业的行政机构，并负责执行国家的教育政策。挪威推行统一的教育体制，制定共同的教育标准和目标，全国使用统一教材有助于确保达到政府规定的教育水准。

挪威实行10年义务教育制，包括小学和初高中教育。确保所有郡、市的儿童、青少年和成年人得到适当的学校教育是各级教育部门的责任。各个市政府负责小学和初中的管理，而高中的管理则由郡政府负责。

高等教育由大学和专业学院构成，接受高等教育一般必须首先完成三年高中课程。除少数私立学院外，挪威所有的高等教育机构均由国家管理，同时也享有高度学术与行政自治权。

挪威高中以下的公共教育是免费的。由国家管理的高等教育机构的学费一般较低。国家教育贷款基金成立于1947年，为接受高等教育的学生提供学生贷款和生活补贴。独立的私人学校作为公共教育体制的补充。初、中等教育管理局负责这些学校的审批。私立学校的课程设置必须达到相关规定的要求，获得批准的私立学校可以申请政府资助。

2008年挪威的教育经费为904亿挪威克朗，约占国内生产总值的4%。各类学校在校学生总数为105万人，教师为7.6万人。挪威现有高等院校71所，学生约20万人。目前，在国立大学和大学级学院或接受政府资助的私立高等院校就读的学生人数为22.5万人，女大学生约占60%。2009年教育经费318亿克朗，约占政府预算的3.9%。

芬兰

芬兰教育面向全民，人人都有免费接受从学前教育到终身教育的平等机会，教育的责任是提高全民族的知识和技能素质，使每个人都能顺利进入知识信息社会。芬兰政府非常重视教育，早在1921年就开始实行义务教育。1980年起在全国实行九年一贯制义务和免费基础教育。每年的教育经费在政府预算中所占的比例超过10%，仅次于社会福利开支。1998年颁布的《基础教育法》规定：九年义务教育的培养目标是循序渐进地教授儿童生活所需的基本知识和技能，培养自主学习的能力，使他们成长为热爱生活、乐于探索、有基本知识和技能、有道德的社会成员。义务教育完成后不进行全国考试，学生可以报五个志愿升学。芬兰目前有450所普通高中，50所特色高中，50所成人高中。高中学校归学校所在地教育局管理。芬兰人均拥有大学比例和受教育程度在世界上名列前茅，53%的人口完成高中学业，12%的人拥有大学文凭。

芬兰政府长期坚持执行教育科研经费持续增长战略，教育科研经费增长率始终比GDP增长率高。每年的教育经费在政府预算中所占的比例在13%左右，仅次于社会福利开支。芬兰学生享有免费的教育、午餐、医疗服务，在学校发生意外事故或疾病的医疗保险。在芬兰，448个城乡政府负责义务教育工作。九年制学校、高中属于城乡政府所有，由教育局负责行政和教学管理。芬兰教育法规定，所有学前教育、义务教育、高等教育、成人教育的教师，都必须具备硕士以上学历，并通过教师资格考试，才能申请教师职位（多科技术学院毕业的学生可在职业高中任教）。在经合组织国家中，芬兰年轻的一代被列入受教育程度最高者的行列。据统计，在25—29岁的年轻人中，90%的人从基础学校毕业后继续进入高中或中等职业学校学习。芬兰还十分重视成人教育和进修教育，通过各种方式为在职人员创造接受文化教育和职业培训的机会。2008年教育预算为73亿欧元，占政府预算的15.9%。著名高校有赫尔辛基大学、赫尔辛基技术大学、坦佩雷大学等。2010年教育预算62亿欧元，占政府预算的12%。

冰岛

冰岛在很长时间内只有极少数教会学校。直到19世纪后期，受宗教和家族的深刻影响，其教育基本上以家庭教育为基础，教育水平不高且不规范。从19世纪末到第一次世界大战前夕，冰岛开始建立全国统一的教育体系，但由于冰岛当时仍隶属于丹麦，这种情况阻碍了冰岛教育事业的发展。冰岛于1944年取得完全独立后，教育事业获得了新的生机。从这时开始，冰岛注重吸收欧美各国先进的教育思想，设立了专门的教育研究机构，积极改革本国的教育体制，使教育事业向现代化迈进。经过几十年的努力，冰岛目前的教育水平已经有了很大提高。2008年教育经费约占政府支出的17.9%，在校学生约10.4万人，另外有2237人在国外学习，全国在校学生约10万人，占全国人口的1/3。其中大学生有1.6万人。全民文化程度较高，早在100多年前就已消灭文盲。实行10年免费义务教育。冰岛大学的经费来源主要有两个：一是国家拨款，二是彩票收入。2004年国家拨款约合8315万美元。彩票收入为校舍修建专用。2010年教育经费约占政府开支的8.8%。

葡萄牙

葡萄牙的现代教育始于1976年。随着葡萄牙开始走上民主化进程，教育体系才逐渐摆脱混乱状态，走上正轨。1976年葡萄牙宪法第43条规定：保证所有公民受教育的自由；国家不能干预受教育者的哲学观、政治观、意识形态以及宗教信仰的权利，1976年之后的历届政府都十分重视发展教育。葡萄牙推行的教育方针是：教育面向社会，积极推进素质教育，保障人人受教育的权利；加强对教育的管理责任；鼓励社会参与教育事业和逐步完善民主制度。

葡萄牙教育部是管理全国教育事业的最高行政机构，负责贯彻执行国家制定的有关法律、法规和方针、政策，制定教育工作的具体政策，统筹整个教育事业的发展，协调全国教育工作，统一部署和指导教育体制的改革。葡萄牙实行以政府办学为主、社会各界共同办学为辅的教育体制。在现阶段，基础教育（包括初中）、中等教育、高等教育以政府办学为主，社会各界广泛参与；职业教育和成人教育则在政府的统筹管理下，主要依靠行业、企业、事业单位和社会各方面联合办学。

通过一系列改革和调整，葡萄牙的教育规模有了较大发展，教育结构也趋于合理。葡萄牙实行十二年制义务教育，包括基础教育（小学4年，中学预备班2年，初中3年）和中等教育（3年，相当于我国高中）。高等教育为大学4—5年。主要高等院校有里斯本大学、科英布拉大学、波尔图大学、里斯本理工大学、米尼奥大学、阿威罗大学、埃武拉大学和国家行政管理学院。其中，科英布拉大学在世界上颇具影响。2010年义务教育预算为58.96亿欧元，高教预算为13.47亿欧元。2009年文盲率为9%。2009/2010学年全国高等院校教师及学生人数情况如下：高等院校296所，注册学生38.36万人，教师3.62万人。

瑞典

瑞典是世界上教育事业比较发达的国家，建立起了从幼儿到老人的全程教育体系。该体系包括学前教育、义务教育、义务后教育三个阶段。瑞典的教育体系自20世纪50年代开始进行了一系列改革。结合理论课程和职业教育的九年制义务教育和高中教育已付诸实施，成人教育也得到发展，高等教育（所有大学教育）和非大学教育（不同类型的职业教育及培训）经过改革也不断完善，并在1977年合并成一个体系。2007年全国教育科研经费支出共计68亿克朗，共有小学在校生103.7万人，高中在校生35.4万人。全国有各类高校47所（其中综合性大学7所，艺术类院校9所），在校学生41万人，教师15万人。著名高等学校有斯德哥尔摩大学、乌普萨拉大学、隆德大学、皇家工学院等。

意大利

2003年2月和3月，意大利众议院、参议院分别通过《教育改革法》，由政府在未来两年内加以实施。改革涉及教育体制中重新划分学制、初中毕业后可自行选择高中或职业高中、加强教师培训、设置教学和文化水平评估小组、规定3—18岁接受初中等教育是权利和义务等项内容。现有中小学7550所，高中3209所，大学81所。著名大学有罗马大学、米兰"博可尼"大学、博洛尼亚大学、帕多瓦大学、那不勒斯大学、比萨大学和佛罗伦萨大学等。

第二节 基础教育

基础教育包括幼儿教育、初等教育和中等教育，是使受教育者打下文化知识基础和做好初步生活准备的教育，对提高国家民族文化水平极为重要，因此各国在其经济文化发展的一定历史阶段都把它确定为实施义务教育或普及教育的目标，并在初等教育基础上继续实施中等普通教育和中等专业教育。实施中等教育的各类学校为中等学校，普通中学是其主要部分，担负着为高一级学校输送合格新生以及为国家建设培养劳动后备力量的双重任务。中等专业学校包括中等技术学校、中等师范学校，担负着为国民经济各部门培养中等专业技术人员的任务。

一 幼儿教育

英国

英国有将近一半以上的3—4岁幼儿上幼儿园或初等学校中的幼儿班，还有许多幼儿去由家长们组织的学前游戏场。公立和私立幼儿教育都必须达到政府关于在文化和社会经验等方面规定的最低要求，同时必须接受正规的定期检查。为帮助单亲父母就业，英国还开办了校外儿童活动中心，拟拨款为近100万名儿童提供校外活动场所。

法国

法国的幼儿园创建于1887年，招收2—6岁儿童。幼儿园不仅看管儿童，还要对儿童进行学前教育即启蒙教育，同时可以发现幼儿是否有学习方面的心理障碍或生理上的障碍，以便及时治疗。法国幼儿园由市镇举办，但教师归国民教育部管辖。

德国

德国的学前教育和幼儿园设施不属于国家的学校教育体系，而属于青少年福利事业。学前教育的主要内容是社会教育，目的在于发展儿童既对自己负责又能合群的个性。负责幼儿园的主要是教会、福利联合会及乡镇，有时也有企业和协会。

荷兰

从1985年8月起，义务教育的起始年龄是5岁。荷兰不存在正式的独立的学前教育，幼儿园不由政府开办，通常由私人或地方权威组织开办，但福利、健康和文化事务部一直致力于帮助幼儿园发展。有些学校在校内建立了幼儿园。

比利时

比利时的学前教育分为三个年龄段：2.5—4岁、4—5岁、5—6岁。2.5岁时的平均学前教育入学率超过了30%。幼儿园通常设置在靠近孩子生活的地方，由社区和教会负责。教师们通常不采用传统的教学方式，主要是开发孩子的智力和体力，使他们富有创造性和自足感。

奥地利

奥地利对学龄前儿童实行一年幼儿义务教育，教育他们如何保护环境和注意交通安全。学前教育不是义务教育，它由两类幼儿园构成：一种是为小婴儿提供养护的保育园，另一种是为3—6岁的儿童提供教育的幼儿园。学前教育以各省立法为基础，由公立机构和私立机构共同负责。

卢森堡

卢森堡的幼儿教育分为两个部分，即早期教育和学前教育。早期教育开创于1998年，对象是年满3岁的儿童，教育时间为1年。卢森堡法律规定，任何年满3岁的幼儿都可以进入市（镇）立的幼儿园学习。卢森堡政府对早期教育十分重视。学前教育是卢森堡义务教育的开始，为期2年，年满4岁的儿童均可免费进入幼儿园。学前教育总体上由国民教育与职业教育培训部负责，幼儿园由各市（镇）负责管理，幼儿教师的聘用也是由国民教育与职业培训部统一负责。

瑞士

瑞士的学前教育1—3年不等。4—6岁的幼儿可以自愿进入幼儿园，幼儿园一般是由社区或私人筹办，在城市里十分普遍。幼儿教育主要通过游戏、歌舞、绘画和手工劳动来启发幼儿智力。在瑞士，9个州没有规定学前教育制度；7个州参考小学教育制度进行学前教育；4个州的小学教育制度包括有关幼儿园的责任、幼儿园的经费以及幼儿园对孩子身体健康的规定；5 个州专门制定了学前教育制度。瑞士的学前教育大体分为两种教学法：一种是在德语区普遍实行的快乐教学法；另一种是在法语区流行的心理教学法，即日内瓦教学法，后者强调从了解孩子心理出发进行教育。

爱尔兰

在爱尔兰，几乎所有 5 岁和 2/3 的 4 岁儿童上国立学校的学前班。在某种程度上，学前教育阶段被融入了初等学校体系。学前教育是卫生部的职责。只有一小部分家长把孩子送到付费的私立学前教育机构。

西班牙

学龄前教育分托儿所（0—3 岁）和幼儿园（3—6 岁），一般都是自愿和免费的。幼儿园的教师必须是师范大学的毕业生，托儿所的教员也都是经过幼教专业培训的合格人才。一般说来 0—3 岁的孩子入园较少，只占总数的 15%，但 3—6 岁的儿童入园率高达 95%。西班牙现有幼教教师近 5 万人。2008—2009 学年，幼儿园的在读人数为 176.6 万人。

丹麦

学前教育是自愿的。约有 50% 的年龄在 3—6 岁的儿童进入了幼儿园，幼儿园与学校教育并不衔接。约有 98% 的年龄在 5—6 岁的儿童进入了可选择的幼儿园，这一类幼儿园和学校教育是衔接的。从理论和实践上来讲，在小学之前不存在正规的教育形式。学前教育仅仅是在一定程度上包含了很有限的教学课程（丹麦语、数学等）。其主要目的是社会教育。丹麦于 1975 年规定，6 岁儿童可入幼儿班。自 20 世纪 80 年代以来，学前班级和小学的老师已经有了合作关系，但目的并不是为了使学前教育和学校教育衔接起来。

芬兰

芬兰自 2001 年 8 月 1 日起，在全国广泛开展学龄前儿童教育，并取得了显著效果。2003 年，全国近 96% 的 6 岁儿童接受了学前教育，这一比例在世界上名列前茅。芬兰政府把对儿童的学前教育作为孩子早期教育的重要组成部分。根据芬兰基础教育法的有关规定，每名 6 岁的学龄前儿童都有权利自愿接受一年的免费学前教育，芬兰全国各地的市政当局有义务为本地区的学龄前儿童提供和安排免费的学前教育，包括免费的课本、学习材料及手工材料等。

瑞典

学前教育在瑞典很普遍。目前，学前教育机构分为三类：一是日托中心。招收 0—6 岁儿童，全年开放，每周 5 天，每天 12 小时，混合年龄编班。二是托管中心。招收 4—6 岁儿童，每班有 20 名儿童，1 名教师和 1 名教师助手。三是学前教育中心。招收学前儿童，每周开放几次，父母或保姆陪儿童一起来中心活动。除上述三类外，还有家庭日托即父母雇请保姆在家里教养 0—6 岁的儿童。政府规定，每个家庭日托招收的儿童数最多不能超过 4 名。其他学前教育形式还有儿童护理中心、公园游戏场所、玩具图书馆、视听辅助机构等。瑞典学前教育的目标涉及儿童的保育和教育两大方面，目的是使幼儿得到比较全面的发展，强调让幼儿在体力、认知、社会性、情感等方面得到和谐发展，使幼儿将来成为对社会有用的人。

冰岛

冰岛有为 6 个月到 6 岁儿童开设的游戏学校和日托中心。1991 年出台了涉及该类学校的法律。地方政府负责建立和运作该类学校。教育部确认这些学校设施齐备之后，才允许其运作。教育部为游戏学校和日托中心提供教育计划，规定此类学校在养育和教育儿童中应起的作用。学校的目标是为儿童提供全面的教育环境，使儿童的学习和游戏能够促进其全面发展，激发儿童的创造力和交往能力。

二　初等教育

英国

英国 1944 年的教育法规定，5—11 岁的儿童必须接受初等教育，而且是强制性的。5—7 岁的幼儿在幼儿园接受教育，7—11 岁的儿童在小学接受教育。幼儿园和小学或分设，或合为一校，但大部分是合校的。小学幼儿部也是男女同校，大部分小学也同样如此。

在英格兰、威尔士和北爱尔兰，通常从初等学校转学到中等学校时的年龄是 11 岁。但在英格兰，有些地方政府为 5—8 岁、9 岁或 10 岁的孩子设立了初级小学，为 8—14 岁年龄段的孩子设立了中级学校。在苏格兰，初级学校则接收 5—12 岁的孩子。在北爱尔兰，孩子们在 11 岁时便转学到中等学校。

政府规定，初等教育由教育和科学部负责管理，凡有关教育体制、课程设置、教学要求、师资培训、校舍标准等重大事项均需教育和科学部批准，具体教育工作则由各地方教育当局管理。

法国

小学教育是法国义务教育的基础阶段。儿童自6岁起进入小学，接受5年小学教育。小学教育的第一学年为预备班，第二学年和第三学年为基础班，第四学年和第五学年为中级班。小学的课程有法语和算术等基础课程，还有历史、地理、道德、图画、唱歌、体育和观察实习等。小学由市镇管理。教师都受学年过三年的师范教育，考试后录用。

德国

德国儿童6岁开始上小学，一般为4年，在柏林和勃兰登堡州为6年。在大多数州内，小学一、二年级不给孩子的学习成绩打分数，只给一个报告形式的评语，总结孩子在各个学习科目中的优势与弱点。学生学习满4年后，如果学完教学计划内的课程，成绩合格就可以毕业。毕业后要升入哪类学校，一般不需要考试，而是根据学生自己的情况，由教师和家长商量决定。

荷兰

荷兰的初等教育对象是4—12岁的儿童，包括学龄前教育。从8岁开始才是真正的小学教育，学校开始对儿童进行知识的传输、智力开发和思想培养，同时在社会和文化知识与体能方面进行必要的辅导。小学开设语文、地理、数学、体育和游泳课。小学的最后两年开设英语课。

比利时

考虑到语言分化问题，比利时初等教育分别采用佛拉芒语和法语两种语言授课。初等教育一般为6年，全部实行免费教育。比利时人只有到了12岁，并且获得了初等学业的结业证书后，才能进入中学学习。

奥地利

根据奥地利实行九年制义务教育的规定，所有儿童，无论其出身、性别、种族、语言、宗教信仰，6岁以上都必须入学。家长必须带孩子到学校注册。已经达到入学年龄，但学校当局认为还不能参加正常小学1年级学习的儿童（大约占相应年龄组人口的10%）要参加为期1年的学前班学习。一个儿童的正常学校教育从参加学前班或初等学校开始，初等教育包括四个年级，其目标是为所有儿童提供一种共同的基础教育。儿童的普通义务教育从6岁开始，共九年（到15岁）。普通义务教育的1—4年级是初级小学阶段；5—8年级是中学、普通高级中学，基础学校高级阶段或特种学校高年级阶段。9年级是义务教育的最后一年，也是义务教育向非义务教育的过渡阶段。

卢森堡

小学教育是义务教育的第二阶段，年满6岁的儿童必须进入学校学习。小学教育为期六年，主要由各市（镇）创建的公立学校负责，这类学校全部免费，占全国小学的绝大多数。小学教育内容全面，旨在使学生德、智、体各方面全面发展，教授的课程主要有卢森堡语、德语、法语、数学、科学启蒙、自然科学、地理、历史、信息技术、艺术、音乐、体育、宗教知识、德育和社会教育等。

瑞士

瑞士的小学阶段分4—6年不等，大部分州是6年，少数州是4年或5年。在小学一年级，一位教师负责一个班的教育，教授识字、书写和基本计算等。二年级后开设语文、算术、写作、艺术和体育等课程。五年级后开设历史、地理、自然科学和外语等课程。瑞士小学的平均班级规模是19人，且外籍学生占比重较大。

爱尔兰

绝大多数儿童在国家资助的国民教育体系中接受初等教育。每座学校由其自己的校董会管理，校董会由国家、老师和地方代表共同组成，但从国家接受大部分资金，包括老师的工资。大多数国立学校是由宗教团体组织管理的，带有宗教性质。小学阶段的课程需八年完成，最初两年是启蒙教育。学年从当年9月到次年6月。课程包括数学、英语、爱尔兰语、历史、地理、艺术、音乐、手工、社会和环境研究以及体育。经过修订的小学课程正在逐步分阶段启用。修订过的课程包括科学和社会、个人和健康教育，以及在现行科目中新的、经过修订的内容和方法。小学基本上没有正式考试，大多数小学和国际学校实行走读制，但也有一些是寄宿制学校。

丹麦

小学和初中教育主要在国民学校中实施。国民学校是为7—16岁儿童而设立的九年一贯制综合学校。丹麦1975年规定，小学和初中为义务教育，学生可选读第十学年。国民学校的目的是与家长协作，使学生获得知识和技能，促使他们全面发展。丹麦实行免费义务教育，教育年限为九年。学生入学年龄为7岁，毕业年龄是16岁。约有90%的学生进入了公立的小学和初中，约有10%的学生进入了私立学校。这些私立学校是由国家财政支持的，其中约有80%的学校财政开支是由国家提供的，这些资金主要用来支付教师工资和学校的其他开支。在六年的小学学习阶段，其学习内容全部是必修的，中小学的基本课程包括丹麦语、初等数学、历史、地理、生物、音乐、体育、艺术和宗教。六年级开始设立自然科学和外语（英语），除了各种基本课程以外，还必须进行各种专题教育，包括交通安全教育、健康教育、性教育、职业指导、禁用的兴奋剂和其他药物知识、新的信息技术等。

挪威

挪威实行小学和初中一体化的十年义务教育制，儿童从6岁入学。小学和初中阶段遵循的是全体学生在平等与个性教学面前一视同仁的原则。一体化的教育体制采用全国统一教材。所有儿童和青少年都要学习相同的有关挪威文化、知识与价值观的基础课程。挪威要求各城市必须为1—4年级的儿童提供课前与课后看护服务。这些服务必须为儿童提供与其年龄、体能和兴趣相适应的游戏和文化娱乐设施。这些服务的设计也要照顾到残疾儿童的特殊需要。这些服务项目必须为弱智儿童提供良好发展的机会。

芬兰

芬兰的义务教育从7岁开始，一共10年，直到毕业。特殊情况下，一个学生可以早上学一年或晚上学一年。从实际情况来看，整个适龄人口都完成了义务教育。综合学校采用九年制，分为初级阶段6年，高级阶段3年，在初级阶段，每周上课课时从19小时到26小时不等。在高级阶段，每周有30小时。学校也提供额外的（可选择的）第10年级。

瑞典

早在1842年，瑞典议会就已通过法律，开始实行四年制的初等教育。但直到1950—1951年，全国才实行七年制义务教育制度。在很长一段时间内，瑞典初等教育实行两元制，即初等教育分为初等学校和文法学校。1962年，瑞典议会通过了《教育法》，决定废除两元的学校体制，将初等学校和文法学校以及市立女中、职业学校中相当于初中教育的部分合并为综合义务教育学校，并把义务教育从原来的7年延长为9年。与一些国家不同的是，瑞典的初等学校里不划分“尖子班”或低级班，而是对所有学生一视同仁。初等教育划分为三个阶段：一年级至三年级为“低级阶段”，四年级至六年级为“中级阶段”，七年级至九年级为“高级阶段”。每个阶段三个学年。每学年共有40周，每周学习5天。一个学年分成秋季和春季上下两个学期，中间相隔3个星期的圣诞假期。

初等学校的规模一般不大，通常一个年级有2个班。初级班人数最多不超过25人，中级和高级班不得超过30人。每所初等学校的工作通常由一个管理委员会领导。初等学校的教学课时安排得不是很多，每节课时40—50分钟不等。

初等学校低年级的主要学习科目是瑞典语，其次是数学、一般的社会科学、自然科学知识，以及体育、手工、音乐和英语等。中年级增加艺术教育和家庭经济教育，数学、英语及科学知识的课程都相应增加课时。在高年级教学中，社会科学和自然科学以及实用科目的比例加大，增加宗教教育、历史、公民学、地理、物理、化学和生物等课程。在义务教育期间，所有学生都必须接受6—10周的校外职业训练课程。

葡萄牙

葡萄牙从1987年才开始实行九年制义务教育，规定所有6—15岁的儿童都必须接受基础教育。基础教育分为三个阶段：第一阶段4年，相当于小学教育；第二阶段2年，相当于中学预备班；第三阶段3年，相当于初中。之后学生再自行选择进入中学或者其他专科学校。第一阶段的教育主要培养学生的口头语言能力，使学生逐步掌握阅读和书写技能、掌握算术和计算的基本概念。第二阶段则要对学生进行人文主义、艺术、体育运动和科学技术的教育，进行道德和公民教育，旨在使学生具有判断、评判事业的能力和创造力。第三阶段的教育目的是使学生系统地掌握将来走向社会或继续学习所必需的人文、文学、艺术、体育运动、科学技术等领域的现代文化知识，并对学生进行与将来的继续深造或社会生活有关的学习指导和教育指导。

冰岛

冰岛的教育体制分为四级或四个阶段。第一阶段为学前教育，第二阶段是对6—15岁的少年实行十年义务教育，包括小学和初中教育，目前所依据的是1995年颁布的《义务教育法》，该法和以往相比最大的变化是完全由市镇政府负责管理义务教育阶段的学校，在义务教育阶段，学生免收学杂费和教材费。在冰岛，十年制义务教育通常在同一所学校实施，即十年制学校；但是在一些小市镇，只有七年制学校即小学，在较大的市镇设有8—10年的学校即初中，以接纳周围地区七年制学校毕业的学生。

三　中等教育

英国

1965年以前，根据1944年的《教育法》，中等教育采用的是文法中学、技术中学和现代中学并存的制度。到20世纪80年代初，综合中学已在中等教育中占主导地位，目前已成为英国中等教育的主体。在英格兰和威尔士，主要有三种类型：接收11—18岁年龄段孩子的综合中学；与初级小学校相衔接的中级学校；接收11岁或12—16岁年龄段孩子的中学。另外，还有一种16岁以后升入“第六学级”的综合中学。

苏格兰的中等教育接收12—18岁年龄段的孩子，且都是综合性学校，基本上不采用选择程序。北爱尔兰的中等教育大部分是依据选择程序组织的。71所文法学校在对英语、数学和科学进行考试的基础上接收学生，但也有一些学校并不进行选择。

法国

法国中等教育的学习年限为7年。它分为前4年和后3年两个阶段，相当于中国的初中和高中，采用倒序排列。第一阶段从六年级到三年级，国立的初中学校占80%，由省负责管理，学费基本上由国家负担。第二阶段从二年级到一年级，再加1年结业班。法国国立高中共有2600所，拥有78%的高中生，其余为私立高中的高中生。高中由大区负责管理，学费基本上由国家负担。高中分为普通高中和职业高中两类，都由大区管理。普通高中在高一学年时，课程设文科、理科和工业技术三组。高二和高三则要完成六组课程：哲学和文学；经济和社会；数学和物理；数学和自然科学；农业科学和技术；数学和技术。结业后学生要参加全国会考，以取得毕业文凭。

德国

德国的中学教育分为不同的类型，不同类型中学的在校年限有所不同，一般介于5—9年之间。大约1/5的儿童在小学毕业后升入普通中学，普通中学给学生以一般的基础教育。每一个普通中学的学生首先都上德语、数学、自然科学、社会科学、一门外语课（通常是英语）和劳动理论课，以便他们走上职业道路。实科中学介于普通中学和文理中学之间，是对学生进行拓展的普通教育。文理中学一般为九年制，对学生进行深化的普及教育，文理中学以4个科目的考试结束学习，考试及格者获得“升入普通高等院校资格证书”，持此证书可以在高等院校的任何专业学习。另外一种中学的类型是综合学校，学生通常在此接受5—10年级的教育。有些综合学校有自己的高中，其安排与文理中学的高中相同。在个别州，还有教育进程更多的其他种类学校，如“常规学校”（图林根）、“中等学校”（萨克森）等。

荷兰

荷兰中等教育的正常入学年龄是12岁。荷兰的中等教育有着多元化的特点，中等学校一共有四种类型：初等职业学校、普通初等中学、普通高等中学、大学预备学校。其中，只有第四类学校才是培养未来大学生的中学。许多荷兰的中学都是综合性学校，即包含了上述四种学校中的两种以上。初等职业学校和普通初等中学学制都是四年，完成四年学业的学生才能进入高级职业培训或当学徒。普通高等中学学制五年，完成了普通高等中学学业的学生才能进入高等职业教育学校。大学预备学校学制六年，从大学预备学校毕业之后学生才能进入大学学习。这种多元化的中等教育体制表明了荷兰中学教育有着很强的针对性，从进入初等中学阶段起，就基本明确了学生未来的前途。

荷兰的中学开设15门基础课程，学生在完成初等职业学校、普通初等中学、普通高等中学、大学预备学校的专门课程学习前必须修完这15门课程。在中学阶段的最后一年，中学生必须参加学校的考试及政府监督下的统考。

除了上述4种中学外，荷兰还有高级职业培训学校和工艺学徒学校两种中等学校。这两种学校也被归入高中教育的范畴，但学生必须从上述4种学校之一毕业后才能入校学习，所以有点像中国的大专。

比利时

比利时的中等教育分为三类，在法语社区存在两类，在佛拉芒语社区存在一类。教育的这三种结构反映了比利时教育制度的复杂性。设计这种教育体制的目的是通过从一种教育到另一种教育的转换，从而将普通教育与技术教育、艺术教育、职业教育结合起来，从而使年轻人能够根据其能力发展，不断给自己重新定位。

比利时中学全部免费，并分三个阶段，每个阶段为2年。中学教育包括普通中学、技术中学、艺术中学和职业中学。从第二年起，学生便有众多选择。

奥地利

奥地利的初级中等教育从10岁开始，奥地利中学有国立和私立之分，私立学校为私人、社会团体或教会办的学校，私立学校的教育水平和生活条件略高于国立学校。奥地利各个学校都有自己的特长及培养方向，如音乐、语言、绘画等。另外，高中阶段还有经济类、旅游类或技术类的专业高等中学，学生可以提前进入专业课程的学习。

初级中等教育阶段可分为：（1）高级小学，它是初级小学的继续，学制4年，在年级安排上为五年级至八年级，学生毕业后可就业，也可以继续上学；（2）初级普通中学，学制4年，属义务教育；（3）高级中学低级部，学制4年，主要为进入教育的高级阶段作准备。在高级中等教育阶段，又分为高级中学高级部，学制4年，在这期间学生能够学习足够的知识，将来可以免试进入大学。还有技术学校，学制长短不等，学生学完后便可以就业。

卢森堡

卢森堡的中等教育分为两种形式：中等技术中学（67%的学生），为期至少3年，并且到毕业或能进大学之前至少6—7年。或者普通中学（33%的学生），7年后毕业拿到证书可以进入大学学习。在6年的基础教育之后，学生可以在两种中等教育之间进行选择，两种中等教育皆分为两个阶段：第一阶段为期3年，相当于中国的初中；第二阶段为期4年，相当于中国的高中。第一阶段仍是免费义务教育，第二阶段不是义务教育，但依然免费。在第一阶段学习结束后，学生可以在第一阶段期间自由跳到另一种中学。

普通中等教育的目的是向学生传授人文社会科学、数学和自然科学等领域的一般知识，为其将来进入高等院校做准备。该中学阶段的语言学习包括法语、德语、卢森堡语。教学语言是德语，但数学用法语教授。学生在第一阶段（共3年）的第二年起要选择接受古典或现代教育，选择古典教育的学生须加修拉丁语。学生在第二阶段（共4年）的第二年起要分科，进入专业教育阶段，共有人文、经济、语言、自然科学、音乐、信息等7个专业方向。

中等技术教育的目的是让学生掌握一门专业技术，以便将来能够自食其力，它相当于中国的职业中学。中等技术教育的第一阶段（共3年）要学习一般性的知识，然后在校方引导和自身选择下慢慢转向某一专业领域。第二阶段分为三种不同类型，分别是职业培训（3年）、技师培训（4年）和技术培训（4年），若是医疗和社会方面的专业则需要5年。针对直接就读技术学校比较困难的小学毕业生，卢森堡还引进了中等技术学校预科制度。

瑞士

瑞士的初中阶段为期3—5年不等，多数州3年，少数州5年或4年。初中阶段又分为三种类型。第一种是按照学生智力水平分校和分班，相当于重点初中，偏重知识的广泛和深入，强调外语和自然科学，为学生今后通过证书考试进入大学做准备。第二种是混合学校，将正规课堂教育与实际知识的传授相结合，为学生日后成为学徒学习手工技艺打基础。第三种是综合学校，不同层次和水平的教育都有。后两种类型的学校在7个法语区和意大利语区实行。

高级中等教育大致分为几类。第一种是中等职业教育，学生通过做学徒和技术学校的学习，获得工业技术、商业、贸易、工艺美术或农业技术方面的毕业证书。第二种是比较综合的教育，课程设置2—3年，在医疗护理、社会工作、教师和工艺美术方面进行职业训练。第三种是文法学校，一般是州立或政府成立的，目标是为大学培养和输送学生。在新的体制下，毕业考试包括7门基本课程和一门选修的主课和一门副课，共 9 门课程。学生要独立完成论文，由学校和教师作出评语。

爱尔兰

中等教育的对象为 12 岁以上的学生。中学有各种不同类型：普通中学，综合和社区学校，职业学校。接受中等教育的学生大多数（约占 60%）集中在普通中学，普通中学是私立的，其中许多为宗教团体所有，但它们的大部分开支系由国家资助。综合和社区学校是国立的中等学校。国家有关中等教育政策的重要方针之一，是将中等教育和职业教育合而为一，建立更多的公立综合性中等学校。爱尔兰从 20 世纪 30 年代起即由政府出资建立职业学校。这类学校是为了接纳未能进入中学就读的学生，其课程内容不同于普通中学。职业学校由国家通过地方职业教育委员会开设和管理。原来的职业学校主要针对技术教育，但现在它所提供的科目与其他中学所提供的科目相似。

中学的老师必须具有大学学位和教育学研究生文凭。由职业教育委员会聘用的教师则无须教育学研究生文凭。工科老师必须具有其领域内相应的资格证书。

西班牙

中学分为 2 年制的义务必修课阶段和 2 年制的自由学习阶段。中学基础教育的主要课程为自然科学、社会科学、地理和历史、体育、视听和艺术、西班牙语、外语、数学、音乐和技术。除了开设这些公共课程外，还开设了一些选修课，以培养学生的兴趣，提高学生的接受能力和社会适应能力。学生顺利完成中学学业，将获得中学毕业文凭，凭此学生可以有机会进入总计划和中级水平的职业培训计划继续学习，而对于那些肄业的学生，则只能将其纳入特定的社会保障计划，通过该计划使学生获得基本的职业培训，为今后可能进入中级水平的特定的职业培训作准备。每年的 9 月 1 日到次年的 6 月 30 日为一学年，这期间的圣诞节和复活节放假两次。

丹麦

后义务教育可以是综合的也可以是职业的高等中学教育，学生一般是 16—19 岁。综合的高中教育可以是在高中读三年，或者参加一个两年或三年的继续教育课程，最后通过一个高中结业；或者参加两年的课程，最后通过高等预科考试。这些学校都不提供职业资格。后义务教育也包括 2—3 年的相当于高中程度的职业培训，通常包括一年的职业培训或者完全的学徒期，结业时进行高等商业考试和高等技术考试，这些考试证书适用于劳动力市场和继续教育。学生接受完义务教育后有三个去向：一是进入为期三年的文科中学。基本课程有现代语和古典语、数学、自然科学、社会科学、艺术和音乐等。文科中学分文理两门主科，目的是为了升大学或参加“高级预备考试”。二是进行学徒训练或 3—4 年的基本职业训练。三是就业或在职培训。

挪威

挪威的中等教育机构包括高中、技校、职业高中和民族高中等。根据 1994 年教育法的规定，中等教育由郡政府免费提供，每个 16—19 岁的挪威人都有接受三年中等教育的权利。目前挪威接受中等教育的学生人数为 24 万多，其中普通高中为主体部分，占到学生总数的 80% 以上。高中教育包括所有介于初中与高等教育之间的全面能力提高训练课程。1994 年颁布的法律给予每个 16—19 岁的挪威人接受三年高中教育的权利。这一阶段教育的目的在于取得进一步接受高等教育、职业教育或其他教育的资格。每个人都有权接受三种高中级基本课程的教育，并在其后两年攻读相关的基础课程。

具有特殊学习需要的学生有权接受最多额外两年的高中阶段的教育，以便达到他们个人预期要接受的教育目标。

芬兰

1994 年年初，芬兰全国教育事务委员会颁布了《芬兰高中教育课程教育大纲》，明确规定高中教育的目标是“培养综合素质高、个性健康、全面发展、有创造力和合作精神、能够独立探求知识、热爱和平的社会成员”。高中学制改为较有伸缩性的 2—4 年学制，每学年分为 5—6 个学段，每个学段包括 6—7 个星期。各学段最后一个星期为考试周。学程分为必修课 45 门和选修课 30 门，选修课还包括部分学校自设课程，学生多选不限。一些高中必修课仅占 1/3。

芬兰各高中根据大纲要求灵活设置课程，安排了多种多样的学习内容。大部分的学校要求学生最低须修完 75 门课程，其中必修课 45 门，选修课 30 门，多选不限。学校没有留级制度，学生的学习成绩也不是只由考试来决定，如所选某一课程没有按计划通过考试，可以在下个学段或间隔几个学段后重新选修，直到考试合格为止。新的评价标准着眼于学生的综合素质，如学生参加社会活动和自我管理活动的表现也都计入学分；而且考试的形式也随之变得较为多样化，如开卷考试、写论文考试、做实验考试等。

1999 年 1 月，芬兰颁布了《芬兰高中教育法》，该法案明确规定，所有的芬兰高中都应采纳“无固定班级授课制”的教学模式，即学校不再为学生分班级或分配固定教室，不同学年入学的学生选择同一门课而坐同一个教室。目前芬兰全国教育委员会不再统一审查教材，所有教材都由国有、私有的出版社自行组织编写出版，不同出版社不同版权的教材在激烈的竞争中和听取教师、学生意见的基础上，得以不断改进。

瑞典

高中教育在瑞典被视为整个教育系列中的关键环节。因为它在终身教育中具有承上启下的作用。根据瑞典《教育法》，高中教育是使学生在义务教育的基础上继续得到个人的发展，帮助他们逐步进入成人社会。在瑞典，提供高中教育的除高中学校外，还有市立成人教育学校、民间高中、劳动市场训练等。但是相比之下，无论是从学习科目、规模还是从学生的数量来看，都是以高中学校为主。瑞典的高中大都建立在人口比较多的城市，学生来自周围几个地区。每个学校的学生数量为 300—1500 人不等。

瑞典的高中大致可以分为三种类型：（1）规模在千人以上的学校，既能提供学期较长的理论专业，也能提供职业学习计划以及一些长短不一的特别课程；（2）侧重于 2 年和 3 年理论专业的学校；（3）侧重于提供职业课程的学校。高中学校的教学大纲是由国家统一制定的。它的内容同初等学校的教学大纲很相似，包括教育目标、指导方针、总的方向和课程表。在高中开设的 30 项专业学习计划中，有的侧重于理论，有的侧重于职业训练。同初等学校高年级一样，瑞典高中实行学分制，不进行期末考试。每个学期结束时，各个专业课程的老师根据平时测验、课堂回答问题、参加训练和实习的情况评定学分。

20 世纪 90 年代之前的很长一段时间里，瑞典议会和中央政府对高中学校是通过立法、条令和教学大纲给予严格的控制和领导。中央政府甚至对学校的具体活动发布详细的指示。此后，瑞典中央政府将部分权力逐步交给地方政府，由市政府负责计划和领导高中的一部分教学活动。

葡萄牙

中等教育学制三年，分为两种类型：一种是职业培训学校，包括中等技术教育和中等职业教育，另一种是为学生进入高等院校继续深造而设立的普通高中。这两种中等教育均属非义务教育。

葡萄牙教育学制规定，在普通高中学习的学生毕业后，只能报考公立大学、私立大学或高等专科院校，不能直接就业。绝大多数在基础教育阶段成绩较好的学生都能进入普通高中学习。普通高中的课程大致分为四类：自然科学、艺术、社会—经济，以及人文科学。

冰岛

高中阶段的教育，主要接纳 16—20 岁的青年入学，学制四年。它所依据的是 1996 年颁布的《高级中学法》。各类文理高级中学通常是独立的学校；属于这个阶段的还有职业学校和特种专业学校，学制为 3—5 年，学制的长短主要是根据学校的类型而定。虽然国家规定对 6—15 岁的青少年实行十年制义务教育，但是地方教育当局可以把义务教育年龄提高到 16 岁或降低到 14 岁，这主要是根据当地对教育的要求和就业状况而定。冰岛的教育历来属于公共部门，虽然有少数私立教育机构，但是它们也都得到公共部门的资助。学前教育和义务教育主要是由地方政府负责。高中教育和高等教育则由中央政府负责。高中阶段的学生免收学费，但须缴纳杂费和教材费，数额由学校董事会决定。

第三节　高等教育

英国

英国的高等教育有着悠久的历史，且享有较高声誉。举世闻名的牛津大学、剑桥大学创建于 12—13 世纪，苏格兰的一些大学如圣·安德鲁斯大学、格拉斯哥大学、阿伯丁大学和爱丁堡大学建于 15 世纪前后，其他的大学则大都建于 19—20 世纪。第一个专业化的技术学院沃灵顿学院创建于 18 世纪中叶。经过 20 世纪 60 年代的改革，英国的高等教育取得了新的发展，不仅新建了一批大学，特别是科技大学，而且原有大学在规模和课程设置上均有所扩大。20 世纪 70 年代以来，英国又开设了开放大学，从而进一步提高了大学教育的普及率，并使英国传统教育中的陈旧课程以及忽视技术教育的缺点有了明显的改变。1992 年，由于专科大学获得了授予学位的权力，并允许采用“大学”的称号，故大学的数目又有较大增加。同时，高等教育学院达到规定的标准，同样可以获得“大学”称号。

在英格兰、威尔士和苏格兰，当地高等教育基金理事会负责对学科教学及其质量进行评估和鉴定，并正式公布在检查中发现的问题，敦促其纠正。英格兰的高等教育基金理事会还代表北爱尔兰的教育部，检查并公布北爱尔兰两所大学的教学质量报告。

英国高等教育资金的来源有以下几部分：政府拨款；高教机构和院校的有偿培训，为商业机构提供咨询，以及从科研合同中所获得的收入；学费及其他收入。

在最近 10 年中，英国研究生的数目增加了一半以上。政府鼓励各大学在研究项目方面与工业界建立密切合作。现在，高等教育机构与工业和技术领域里的专家大约已建立起 50 个科学园区来促进先进技术的发展和在商业上的广泛应用。

开放大学是一种没有校舍，但面向英国、欧盟、瑞士、直布罗陀和斯洛文尼亚等地的所有成年学生，并提供大学学科教学和授予学位的大学。开放大学实施综合性办学，它提供的教学设施包括采用特殊印刷的课本、函授、电视和电台广播、盒式录音和录像，以及计算机等，还有一种为半日制学生提供的学习中心网络。

法国

法国的大学都是国立学校，兼有教学和科研双重任务。法国的大学和学院教育分三个阶段。每个阶段结束，如成绩合格都会得到国家授予的文凭。中学毕业文凭持有者可进入第一阶段学习，第一阶段有两年，结业后获得第一阶段结业证书。第二阶段也是两年，先后获得学士和硕士学位。在第三阶段，学生主要从事研究工作，毕业后可取得博士学位和大学及中学教师资格。

法国高校的学习成绩均采用 20 分计分制，16 分以上的优秀，14—16 分为很好，12—14 分为好，10—12 分为及格，10 分以下为不及格。

除了一般大学外，还有一种叫高等专业学校，如国家行政学院、巴黎高等师范学院、巴黎军事工程学校和综合工科高等学校等，它们都是专门培养行政、教育、军事和外交的名牌高等学府。在法国，高等院校及其大学生的分布不平均，仅在首都巴黎市区就集中了近 1/6 的大学生，如果计入巴黎郊区，则集中了全国 1/4 的大学生。

法国最著名的大学为巴黎大学，它是欧洲著名的古老学府，创建于 9 世纪末，1261 年正式使用巴黎大学名称。巴黎大学的规模之大、学科之齐全、知名教授之多，在欧洲乃至世界亦不多见。

德国

在德国高等教育中，学位包括学士、硕士、理工科硕士（德制）、文科硕士（德制）和博士。博士教育在高等教育中占很大的比重，在大学毕业生中有 40% 的人会继续攻读博士学位。德国的大学不设专门的研究生院，研究生的培养主要由各个研究所承担。攻读博士学位的人不需要进行专门考试，而是要研究所的教授选定。一般来说，攻读博士学位的途径有三种：一是获得硕士学位后又得到奖学金的人，可以直接成为博士生；二是大学毕业后留校正式任教的人，他们经研究所的教授考察后，认为有培养前途，便可接受为博士生；三是毕业后已从事某种工作，后来自愿攻读博士，且有教授愿意接收者，可以攻读博士学位。

德国的高等教育事业最重要的支柱始终是综合性大学以及与它相当的其他高等学校，在这些高等学校里的学生以通过文凭考试、硕士考试或国家考试而结束学业。德国对几乎所有的专业课程都有联邦统一体系，在此基础上，各州制定和颁布自己的学习和考试章程。如今，德国大约有高等学校 372 所，包括 102 所综合性大学和 180 所专科大学，在校生大学 200 万。

德国最古老的高等院校是建于 1386 年的海德堡大学，还有几所大学也已度过了 500 年校庆，其中包括历史悠久的莱比锡大学（1409 年建立）和罗斯托克大学（1419 年建立）。19 世纪和 20 世纪上半叶是德国大学发展史上的重要阶段，洪堡在 1810 年创建柏林大学所承载的教育理念对德国的高等学校起了决定性的作用。

荷兰

荷兰的高等教育包括两种学校：一种是高等职

业学院，另一种是普通大学。高等职业教育学院和大学的学制都是4年。学生在这些学校里学习的时间不能超过6年。高等职业学校对学生不仅进行理论教育，而且还进行实践培训。高等职业学院和普通大学都设有师范教育系或专业。普通大学不仅培养本科生和研究生，也从事研究工作。高等职业学院的学生毕业后获得工程师的学位（缩写为 ir）或学士学位，工科大学的学生毕业后也获得工程师的学位（缩写为 ing）。在荷兰高等教育中，学位包括学士、硕士和博士。其中法律系的毕业生获得法学学士，其他科系的大学毕业生获得学士或硕士学位，完成博士课程的学生可获得博士学位。

比利时

比利时高等教育的基本任务是积累、传播发展科学技术，教学与科研密切结合。按照学术方向、组织形式和目的要求分为综合性大学和高等专科学校。目前比利时共有20所高等院校，其中6所为综合大学：荷语（即佛拉芒语）鲁汶大学、法语鲁汶大学、荷语布鲁塞尔自由大学、法语布鲁塞尔自由大学、国立列日大学（法语）、国立根特大学（荷语）。大学至少要包括以下五个传统的学院：哲学和文学院、法律学院、理学院、医学院、工学院。

综合性大学学制为4—7年，一般文科为4—5年，工科为5—6年，农科为5年，医科为7年。大学学习分三个阶段：第一阶段为基础阶段，需2—3年；第二阶段为本科阶段，也叫学士阶段，需2—3年，结业可取得学士学位，医学、药学和工科毕业生授予医生、药剂师、工程师资格；第三阶段为专业学科的研究阶段，即博士论文阶段或大学后的专业化学习阶段。在比利时，大学本科毕业可直接注册攻读博士学位，时间为2—3年。

高等专科学校负责高等技术教育、高等经济教育、高等农业教育、高等医学教育、高等社会学教育、高等艺术教育、高等师范教育等七种专科教育形式。

卢森堡

卢森堡的高等教育起步很晚。以前，卢森堡没有一所严格意义上的大学，只有几所高等教育机构，提供部分或全部大学课程，学制类似邻近的法、德等国，目的是使在国内修完部分大学学业的学生可以到邻国继续深造。2003年以后卢森堡才有了一所独立的大学，将医学领域、自然科学、科技、法律、经济、社会学和教育学分为5个学院。然而卢森堡并不具备完整的学年，必须在外国选修更多学期的课程。卢森堡的学生目前大部分仍然是在外国获得毕业文凭的，在外国就读的学生超过6000人。大约19.6%的学生在德国大学注册（特别是在科技的专门领域或自然科学领域），另有22.6%的学生是在比利时和法国的大学就读。

卢森堡的高等教育机构主要包括卢森堡大学、卢森堡高等工艺学院、高等教育学校语言学院、教育与社会学院、卢森堡国际大学学院。

瑞士

在瑞士，进入大学无须考试。在中等教育第二阶段后，取得中学毕业的资格证书，学生即可直接升入大学。

瑞士全国有12所国家承认的高等院校。按照大学所在的语区划分，德语区有6所：苏黎世高等理工大学、苏黎世大学、伯尔尼大学、巴塞尔大学、圣加仑大学、卢塞恩大学。法语区有5所：日内瓦大学、洛桑大学、洛桑高等理工大学、纳沙泰尔大学、弗里堡大学。意大利语区有1所大学，在提契诺。12所高等院校中，有两所国立大学，即苏黎世高等理工大学和洛桑高等理工大学，直属联邦；另外10所为州立大学。大学的教育经费大部分由各州筹集，来自联邦的款项大约占到40%。大学除了完成传统的教学职责外，还大力发展科学研究，为高等教育增添了新的活力，大学创办的信息服务产业也日益重要。

瑞士的师范教育分为三个层次或类型：大学、高等教育学院或者专科学校。要取得小学教师资格，必须进入师范学院学习五年课程。要取得中学教师资格，须在获得文法学校毕业证书后，在高等师范学院学习2—3年课程。中学教师资格证书要求至少三年大学学历或者相当的教育水平。要取得高等学校教师资格证书，必须在大学学习八个学期，并接受2—4个学期的专业培训。要取得职业学校教师资格，必须接受该专业学院教育，或者经过该专业课程培训。这一规定同样适用于残疾人学校的教师。

爱尔兰

爱尔兰的高等教育包括综合性大学、技术学院和教育学院。所有这些学校都以国家资助为主，实行自治和自我管理。最近几年开办了几所提供商务课程的独立的私立学院。爱尔兰政府注重加强三级教育，超过55%的中学毕业生都选择到高等学校继续深造。在经合组织国家中，爱尔兰的三级教育入学率最高；爱尔兰有4所大学，它们分别是：都柏林大学、国立爱尔兰大学、利默里克大学和都柏林城市大学。都柏林大学的前身系建立于1951年的三一学院（Trinity College），是爱尔兰历史最悠久的一所著名大学。国立爱尔兰大学成立于1909年，是爱尔兰最大的一所联合大学。皇家外科医生学院、国立美术设计学院和共同管理学院，也属国立，为爱尔兰大学公认的著名学院。而利默里克大学和都柏林市立大学则是1989年作为独立的大学新建的。

另外，爱尔兰设有13个技术研究所，表明其对应用科学和技术教育的高度重视，特别是在新兴技术领域。在科克的国立爱尔兰大学校区和利默里克的普拉赛技术园区各有一所微电子研究中心。爱尔兰的皇家医学院认定从医资格，并从事医学研究。除大学外，爱尔兰还设有14所理工学院和3所大专。它们包括技术学院、师范学院、医学院，以及艺术学院和音乐学院等。

西班牙

西班牙高教网络发达，其中包括一百多所大学、三百多所高等专科学校和众多著名的科研中心。西班牙公立大学的教育经费由国家部分承担。

西班牙教育制度是中央集权的管理体制，国家负责教育投资和管理整个教育体制。除几所私立大学外，其余均为公立大学；经费的87%来自国家的直接拨款。西班牙的教育，从幼儿教育起，直至完成2—3年制职业学院教育（相当于中国的大学本科），均实行免费教育（私立学院除外）。西班牙的综合性大学对外国学生同样只收取少量的学费。

接受大学教育期间，为了鼓励发展教育，国家和私人机构设立名目繁多的奖学金，只要是学习勤奋努力、能够完成校方学习要求的学生，均可以申请奖学金。西班牙政府每年还向国外学生提供一定比例的奖学金。西班牙政府用于奖学金的经费占全部教育经费的3%。从1985—1995年的10年间，西班牙各大学的奖学金名额增加了10倍。西班牙政府对教育十分重视，不仅每年投入大量资金，而且尽力从政策上予以扶持。商科、工程、建筑、艺术类专业尤为突出。在完成职业培训后，大多数学生进入普通高等院校学习。其中96%的学生进入公立大学学习。西班牙的高等教育有着悠久的历史，世界著名的萨拉曼卡大学和格拉纳达大学都是在中世纪前后创立的。目前全国共有30所公立大学、4所私立大学。私立大学大都属天主教教会主办。现有的公立和私立大学中，约有一半是1970年以后兴办的。近些年来，各省还办了一些学院，大学里的系除了教学外，还从事学术和科研活动。各系的规模大小不一，系主任由系学术委员会选举产生。公立大学的教员分为教授、讲师、助教和合同教员。在一些大学里，最受欢迎的专业是人文和社会科学，尤其是法学，其次是经济学、历史学、语言学和医学。大学里选修其他学科的次序依次为：企业管理、生物学、工业工程、建筑学等。为适应国家经济发展需要，1983年通过的《大学改革法》（*Ley de Reforma Universitaria*）对原有的大学教育体制进行了重大改革，各个大学纷纷开始教学改革进程，大学社团享有的学习自由、教学自由和大学自治等权利被写进西班牙宪法。凡实行自治的大学，可以自定章程、自选学校领导机构、自定预算和人员编制，在学位的评定和教学方面也有自主权。大学学制根据专业来设定，主要有三种类型：三年制大学，包括技术类、工程和建筑业、商业、工业关系、护理专业和小学教师专业等。5—6年学制大学，包括技术类、工程和建筑（6年制的）、医学类、经济学、工商、法律专业（5年制）、艺术、科学类（5年）等。第三阶段的研究生学习阶段，包括2年的研究生课程和2—3年的论文写作期，论文答辩通过后可授予博士学位。

西班牙大学的录取条件是：第一，进入大学必须通过一年两次的全国大学入学考试，该考试在每年的6月和9月举行，学校不单独进行招生考试；第二，完成高等职业培训的学生可进入三年制大学学习；第三，年龄超过25周岁的人通过专门的成人高考后才可入学；第四，进入研究生阶段学习不需要通过任何入学考试。

丹麦

丹麦高等教育制度给学生以多样化的选择，大约130所院校提供不同程度的各种课程，这些院校可以分为大学、大学中心和其他学院。丹麦的高等院校也采用免费制度，并有奖学金、助学金和学生贷款。高等教育被分为短期、中期和长期课程，分别为少于3年、3—4年和超过4年。长期的高等教育课程包括可以获得相当于文学硕士或理学硕士程度的课程，包括艺术、社会研究、自然科学、医学、食品科学、科学技术、神学、企业经济学等领域，在大学以及其他高等教育机构进行学习。为了保证高等教育政策的协调执行，教育部下设五个专业国家顾问委员会：人文学科、健康教育、自然科学、技术和社会科学国家顾问委员会。每个委员会均有10名由教育大臣任命的委员。丹麦高等教育财政由国家负担，但各院校有权通过提供特殊课程的教学来创收。

丹麦有五所综合性大学：哥本哈根大学是北欧最早的高等学府，创建于1479年，现有学生2万多人，是一所设有社会科学、艺术、神学、医学、数学、物理、地质动物学等多种学科的综合性大学；丹麦工业大学于1829年建校；皇家兽医农业大学于1856年建校；奥胡斯大学于1928年建校；欧登塞大学于1964年建校，该校专门成立了“安徒生研究中心”。大学学习年限一般为5—8年。

挪威

挪威的高等院校统称为“第三级教育机构”，全国有6所大学、6所专业性的大学级学院、25所国立大学级学院、2所国家级艺术大学和学院及29所私立大学级学院。高等教育系统包括所有大学与大学级学院的教育课程，以及进入高等教育院校学习一般要求首先完成的为期三年的高中教育。除为数不多的私立大学级学院外，所有高等教育院校均由国家管理。根据规定，在挪威高等教育不需交纳学费，但是学习某些专业课程和特殊课程有可能要单独交费，某些私立机构也可能要单独收费。除日常教学活动外，所有高等教育机构，尤其是大学均承担通过设置硕士和博士生课程来进行基础研究和培养研究人员的职责。

挪威的六所大学分别是：奥斯陆大学（历史最悠久、规模最大）、卑尔根大学、挪威科技大学、特隆姆瑟大学、斯塔万格大学和挪威生命科学大学（UMB）。六所专业性的大学级学院是：挪威经济和商业管理学院、挪威音乐学院、挪威运动科学学院、挪威兽医科学院、挪威神学院（MF）和奥斯陆建筑与设计学院。此外，在奥斯陆和卑尔根还各有一所大学级艺术院校。

希腊

根据法律条文，希腊的大学教育是高等教育的一部分，对学生进行独立开展科学工作的训练；为专门性研究作准备；鼓励学生全面了解学科领域。希腊大学主要从事教学与科研，并鼓励将研究成果应用于实际以造福社会。希腊各大学的课程设置不同，如果开设新的学位课程，须经政府批准，以决定政府是否为其提供经费。

随着希腊成为欧盟成员国和其经济的快速发展，高等教育得到迅速发展。目前，已有许多国外著名学府开始在希腊办学，其中包括美国纽约大学、美国欧洲东南大学等。

芬兰

芬兰有20所高校，全部为公立大学，其中10所为跨学科综合大学，3所为科学技术大学，3所为经济与工商管理学院，4所为艺术院校。另外芬兰还有29所高等专科学院。芬兰是世界上人均占有大学最多的国家。

高等教育机构分大学与工专，正常情形下高中或高职毕业通过会考，19岁进大专院校。大学提供学士、硕士、执业证书、博士四级学位；工学院提供学士、硕士两级学位。工学院毕业后可进入大学完成更高级的学位。

20世纪90年代创建的高等技术学院是芬兰高等教育新的组成部分，提供高等职业教育，现有31所。芬兰高等教育学制主要分为两个阶段：第一阶段为本科生教育，第二阶段为研究生教育。大学学年为两学期制，分秋季和春季。秋季学期从9月初开始至12月底结束，春季学期从1月中旬开始至5月底结束。

芬兰政府对高等院校的学位授予办法有明确的法令和具体规定。根据政府规定，每一种学位的学习框架、学位目标、主要学习内容和学位名称都很详细，每一个专业都建立了一种可选择的多种学位课程。各高等院校在授予学位时对不同的专业有自己单独的规定，该规定要得到芬兰教育部的批准。芬兰现行的学位制度有下列几种：①基础学位：芬兰学生要获得基础学位，通常需要5—6年的全日制时间，有些专业还会更长。除基础学位外，芬兰还存在一些较低的文凭证书。②研究生学习：传统上芬兰的研究生学习包括两个学位阶段，即硕士学位和博士学位。由于芬兰实行全民免费教育，所以，芬兰的学校不对世界开放申请，除少部分通过国际大学联盟和国家间大学交流计划能进入芬兰学习外，其他非欧盟国家学生几乎不可能直接进入芬兰学习。

芬兰的著名高校包括：赫尔辛基大学、赫尔辛基技术大学、奥卢大学、奥卢理工大学、约恩苏大学、瓦萨大学、坦佩雷大学。其他大学还有：坦佩雷理工大学、图尔库大学、图尔库经济与工商管理学院、于韦斯屈莱理工学院、哈姆理工学院、埃博学术大学、美术学院、阿兰德理工学院、迪卡尼亚理工学院等。

瑞典

瑞典的高等教育有数百年的历史，但直到20世纪40年代，高等教育规模还相当小。从20世纪50年代开始，这一状况发生了明显的变化。60年代末，全国在校大学生的人数增加到60年代初的三倍。从70年代中期到80年代末，高等教育进入了一个相对平稳的发展时期，但是，到80年代末，一轮新的发展高潮又开始了，这次大发展一直持续到整个90年代。瑞典将所有高中后的教育都划入高等教育的范畴，同时将高等教育划分为专科、本科和研究生教育等不同的层次。国家专门为高等教育制定了两部法律：一部是《高等教育法》，另一部是《高等教育条例》。在瑞典，办高等教育是一种国家行为，私立高等学校必须接受政府的指导，对政府负责。而政府则依据国家法律来履行行政管理的职能。为了适应高等教育发展的需要，1995年，瑞典政府设立了一个专门的高等教育管理机构——国家高等教育署，负责高等教育的跟踪调查、质量评估、督导、法律权益保护以及国际合作等。

瑞典的高等学校分为公立和私立两类，按学科可分为专科学校、理工科大学、单科性大学和综合大学。根据《高等教育法》，每所高等学校必须成立监督委员会。监督委员会是学校的最高决策机构，由主席、副主席和不多于13名的其他成员组成。

政府公共投入是瑞典绝大部分高等学校的最主要经费来源。私立大学并非完全私立，其财政在相当大的程度上是由中央财政和地方财政提供的。国家向高等教育机构的拨款根据政府的计划确定，由议会决定，直接一次性拨付给每个教育机构。大学教育经费中不包括研究和研究生教育经费。

瑞典的普通高等教育分为本科和专科两个层次。专科学制为3年，本科学制为4—5年，均实行学分制。专科学生要求修完110学分的课程（其中50学分必须来自必修课），并完成相当于10学分的毕业论文，成绩合格，方可毕业并获得学士学位。本科学生要求修完160学分的课程（其中80学分必须来自必修课），并完成一篇相当于20学分的毕业论文，成绩合格，方准予毕业并获得硕士学位。瑞典不举行全国统一的高等学校招生考试，而是举办国家学术能力考试，主要测试在高校学习所必须具备的知识水平和能力，但参加这项考试并不是被一所大学录取的必要条件。高等学校录取学生的最基本条件是完成普通高中的学业且成绩合格；后者能提供同等学力的证明。

瑞典的大学新生秋季入学。希望上大学的人必须在春季向一所或几所大学的招生办公室提交书面入学申请，申请材料包括申请者的简历和高中毕业证书（复印件）以及其他证明材料。学校的招生部门在申请日期截止后，开始审查申请者的基本条件，不符合条件的申请材料会直接退给申请者。在大学学习期间，大学生可以申请国家的经济资助，资助的形式包括助学金和学习贷款。助学金是不用归还的，学习贷款则在学生毕业参加工作后逐年扣还。获得国家经济资助是有条件的。首先，学生没有其他的收入或收入很少。对有收入的学生，资助的额度会相应减少。其次，能否获得国家的经济资助，还与学生的学习成绩有关。学生必须至少接受三年的大学本科教育才能就读研究生。在瑞典，所有的大学和某些大学学院都设有研究生培养课程。

葡萄牙

1290年，在里斯本建立了葡萄牙第一所大学（即现在的科英布拉大学），它也是欧洲最古老的高等院校之一。第二共和国成立后，葡萄牙的高等教育得到了突飞猛进的发展。目前，葡萄牙的高等教育包括专科、本科和研究生等学历教育层次，高等院校的升学考试由全国统一安排。另外，各大学也可在统一考试的基础上分别进行特殊考试。葡萄牙高等专科学校学制三年，主要以专业课学习为主。专科学校的学生约占葡萄牙高等院校全部在校生的40%。学生在三年内修满国家和学校规定的所有课程，并达到各科所规定的学分标准，即可毕业并获得大学专科证书。最近，葡萄牙政府对专科教育进行了相应的改革和调整，全国高等专科学校全部实行大专和大学本科学历教育两种体制，大专学制继续保留三年制，学生毕业后可直接就业。若学生希望继续深造，只要通过相应的专业考试就可以继续本科阶段的学习。该阶段学制2年。本科教育学制为4—6年。研究生教育包括硕士研究生和博士研究生两种。葡萄牙的高等教育分为公立和私立两种。葡萄牙的公立大学享有很大的自治权，有权设立或者取消某些课程，有权支配本校的财产，有权管理国家每年下拨的款项，有权创收，有权依照法律规定处罚教师、研究人员、其他公务员或工作人员的违纪行为，等等。各大学的管理机构包括代表大会、校长、大学参议会和行政管理委员会。代表大会由教师、其他教职员工、研究人员、学生和公务员选举产生，负责讨论、通过和修改大学章程、选举或替换校长。校长由代表大会按照本校章程的规定，以无记名投票方式从正式教授中选举产生，任期四年。

葡萄牙的主要大学包括里斯本大学、科英布拉大学、波尔图大学、里斯本理工大学、米纽大学、阿威罗大学、埃武拉大学、国家行政管理学院等。其中，里斯本大学是葡萄牙规模最大、就读学生最多的一所综合性大学；科英布拉大学是葡萄牙乃至欧洲历史最悠久的大学之一，葡萄牙历史上的大多数名流均毕业于此；波尔图大学的名声仅次于这两所大学，它们并称为葡萄牙的三大高等学府。

冰岛

根据《高等教育法》的规定，高等学校有责任建立内部质量保证机制，教育、科研及文化部有权对高校进行评估和检查。1996年该部成立了独立的评估与检查处，负责对冰岛从学前教育到高等教育的所有学校进行检查。

冰岛唯一的综合性大学是冰岛大学，建立于1911年，位于首都雷克雅未克。冰岛大学设有人文科学系、经济与工商管理系、工程系、法律系、医学系、药学系、护理系、理科系、牙医系、社会科学及神学系，一共11个系，约30多个学科，包括数百个专业。各系还设有30多个不同学科的研究所（部）、科研中心。国家图书馆和国家博物馆也归属冰岛大学管理。大学内多数研究所的经费主要由国家直拨，不经过大学，故其行政、财务均独立。各个系则由大学直接领导，无财权。自然科学研究所是冰岛大学最大的科研所之一，设有物理、化学、应有数学及计算机科学、地球科学、地球物理等6个研究室、30多个研究小组（实验室）。有职员100多人，其中教授33个，其他中高级研究人员37个。大学附设的其他研究所有病理研究所、细菌研究所、解剖学研究所、卫生研究所、生理研究所、药物研究所、牙医学研究所、自然科学研究所。

冰岛大学的经费来源主要有两个：一是国家拨款，二是彩票收入。凡在冰岛大学读书的学生均须缴纳学费，其余费用（教材费、食宿费）自理，没有任何资助。冰岛师范大学位于首都雷克雅未克，其规模目前在冰岛高等学校中排名第二，大约有170名教职员工和1800名学生。它成立于1908年，当时称冰岛师范学院。在30年前，升格为大学。冰岛农业大学位于博加内斯市，距雷克雅未克市乘车需一个半小时。它有三个学院：自然资源学院、环境科学学院和应用教育与继续教育学院。该校从1988年起出版英文版《冰岛农业科学》年刊，至今已经出版了18卷。雷克雅未克大学现有四个学院：科技工程学院、法学院、医学与教育学院、工商学院。

奥地利

奥地利大学分为普通大学和高等专科学院。大学学制一般为4—5年，其中基础学习阶段为2年，专业学习阶段为2—3年。奥地利的高等教育传统学制中无学士学位。学生在规定的年限内要完成必修课、选修课的学习，并通过考试取得必要的学分，学习的最后阶段撰写毕业论文，在通过之后即可毕业。毕业后即获得硕士学位。获得硕士学位的学生可以攻读博士学位，博士论文通过答辩后依学术分类授予不同的博士学位。

奥地利高等院校的最高权力机构是校务委员会，校务委员由教授、助教、教员和学生四方组成，负责处理学校的重大事务。奥地利高等院校实行教授治校，教授的席位是根据国家专业的需要而设置，教授的任期是终身制。奥地利高等院校的办学经费主要来源于国家财政支出。一般情况下国家用于教育、科研方面的支出占整个预算的3%，这其中的23%分配给大学和学院作为事业经费和基本建设费。奥地利大学还向学生提供家庭补助金和助学金。家庭补助金包括家庭补贴和子女减免税款。

奥地利共有 12 所国立综合性大学和 6 所国立高等音乐艺术类院校，约 490 个专业方向、640 个学位课程。奥地利的 12 所综合性大学分别是维也纳大学、因斯布鲁克大学、格拉茨大学、萨贝茨堡大学、维也纳工业大学、格拉茨工业大学、林茨大学、克拉根福大学、莱奥本矿业大学、维也纳农业大学、维也纳兽医大学、维也纳经济大学。6 所高等音乐艺术类院校分别是：维也纳造型艺术学院、维也纳应用艺术大学、维也纳音乐和表演艺术大学、萨尔茨堡莫扎特音乐和表演艺术大学、格拉茨音乐和表演艺术大学、林茨艺术和工业造型大学。

第四节　成人教育和特殊教育

一　成人教育

英国

英国约有 550 个进修机构或学校。进修分全日制和半日制两种，但选择半日制的学生占多数。进修制度同商业、工业有着密切的联系，雇主一般都参与进修课程的设置。在英格兰和威尔士，每一个进修机构或学校都受一个自主的公司和来自企业的管理委员会的监控。进修基金理事会负责向进修机构或学校分配基金。在苏格兰则由其教育和工业部负责这一工作。以上三地进修机构或学校都必须公开各自的财务开支情况。

在英格兰和威尔士，基金理事会还向进修机构或学校派出检查员，检查并鉴定它们的教育质量、公布其检查报告。受到严重批评的机构或学校必须说明如何进行纠正。每个进修机构或学校每年还必须公布学生的考试成绩。在苏格兰由女王陛下学校检查员负责，在北爱尔兰由教育和培训检查员检查。

法国

1971 年 7 月，法国颁布了《终身教育法》《学徒制法》《工艺和经济教学法》《雇主以财政参与工艺教育和职业教育的初步培训法》。根据这些法规建立了由国民教育、研究和技术部牵头，中央各部和地方政府、企业共同参加的职业培训的管理体制。法规规定，所有进入新职业的职工都有义务接受"继续培训"，以适应新工作岗位的需要。对那些义务教育结业后的青年工人，还要进行一般理论和实践技能的培训。

法国目前最大的职业培训机构是法国成人职业培训协会（AFPA）。该协会以国家劳动、就业与职业培训部为依托，由雇主、雇员及政府三方代表组成，在 22 个大区有分会，有 405 个培训点及 5000 多名培训教员，此外还有一些心理工作者、技术顾问及劳工专家等在协会工作。政府行政部门都设有自己的培训学校，对新来的公务员必须进行半年至一年的培训，然后分配工作。

在 20 世纪 80 年代，法国进行经济结构、产业结构和工业结构的调整，一方面大量职工失业，另一方面在新的行业中又需要新的劳动力。为此，法国政府投入巨资进行职业教育和职业培训，开办了许多职业培训学校，新行业和新开办的企业可以在经过培训的职工中招聘。政府行政部门都设有自己的培训学校，对新来的公务员必须进行半年至一年的培训，然后才分配工作。在企业中，雇主有义务出资接受学生来企业实习，对新来职工进行培训，对原来的职工进行轮训，以便进一步提高他们的技能。

法国开始发展远程教育作为教育的重要组成部分，以便吸引国内外学生。由 12 所高等院校和一些私营企业组成的财团正着手组建第一所数字化学校，法国政府还提供了必要的经费。

德国

德国的成人教育属于继续教育的范畴，继续教育在德国已被列入继初等教育、中等教育和高等教育之后的又一个重要阶段。德国的成人教育包括职业性成人教育和非职业性成人教育。成人教育机构按照主办者不同可以分为三大类：第一类是企业或企业联合会举办的成人教育机构；第二类是国家、社会团体和大学主办的成人教育机构；第三类是教会举办的成人教育机构。于 1974 年成立的哈根函授大学是德语地区唯一的函授大学。

德国企业越来越注重在职人员的再培训，每年约有 40% 的员工参加再培训。德国把这种职业的培训视为增强经济竞争力和促进社会发展的保证。2009 年，在德国西部各州，1/3 以上的雇员接受培训或参加专业讲座，在东部各州，参加者高达 40% 以上。许多企业都有职业培训，全国有跨地区的职业培训和进修机构 40 余所。德国还有 1000多所业余大学，每年参加进修的人高达

1000万。

荷兰

荷兰的成人教育面向18岁以上的人，包括成人基础教育、成人中等教育、成人职业教育和非正规成人教育。其中，基础教育旨在帮助成人获得对个人和社区必要的最低限度的知识、态度和技能，而职业教育主要是指为取得职业资格而设计的课程。成人教育既有全日制也有非全日制，既有白天的学校也有夜校。其他欧洲国家的开放大学在荷兰的成人教育中也占有特殊的地位。成人教育不由公共资金资助，但它却是一个很大的部门，每年都有超过23万人参加。

荷兰的开放大学成立于1984年，它提供远程教育课程。开放大学在全国设有18个学习中心，学生可以自由设计自己的学习计划，并且可以在家里自己学习。教学主要是通过函授进行。

比利时

比利时为成年人和在接受正规教育时遇到问题的年轻人提供了几种课程。成人教育使超过26万人能够补偿基础教育，或是使他们重新定位、提高技能以及从更新知识或再培训与培训中受益。

远程教育在比利时的法语社区和佛拉芒语社区的发展是不一样的。法语社区的远程教育可分为四种类型：使成年人做好参加招聘考试或各种考试的准备；参与教师继续培训；补偿初等教育；发展这些课程学习者的个性。非正规培训的其他领域包括以下方面的内容：培训军官；交替的教育—工作培训；一些分支领域的培训，如建筑业、金属工业、电子、化学等。

奥地利

继续教育或成人教育机构是奥地利第三级教育机构的补充机构。有一系列的机构，开设了很多课程：公立机构，如教育学院；商业部和劳动部设立的各类继续教育机构；半私立的机构；出售课程的私人公司，如培训管理机构等。有长期及短期课程，非正规一般兴趣课程、职业资格课程等。奥地利从1981年开始，制订了一个发展计划，以协调各种成人教育活动，但到目前为止并没有取得预期的效果。

卢森堡

终身教育与培训也是卢森堡教育体系的一个重要部分，主要针对成年人，目的是帮助从业者更新自己的知识和技能，以适应时代发展和社会需求，进行失业者的再培训。终身教育与培训的主要内容包括：持续的职业再教育、语言培训、攻读某种文凭和证书的培训。承担终身教育与培训的机构主要有职业培训处、成人培训处和卢森堡语言中心。

瑞士

瑞士的成人职业教育同时具有企业主导的学徒培训和以全日制学校为主导的岗位培训两种模式。前者在其职教体系中占据主导地位，主要集中在德语区，后者集中在法语区。岗位培训相当于中学第二阶段的教育，但又同中学第二阶段的教育存在很大的差别，这部分年轻人接受学校和公司的“双重”培训，他们可以通过考试取得专业技术文凭。学徒培训是瑞士特有的制度，已经形成了规模。学徒培训主要是对企业内部和服务行业的实际业务操作进行培训，除上班外，企业老板必须允许学徒每周有2—3天的学习时间在学校接受理论学习。学徒培训也可是全日制的，学徒经过2—3年的学习后可以取得联邦承认的资格证书。

瑞士的高等职业教育通常由高等技术学校、经济和商业管理学校等提供，培养工程师、经济师和商业管理人员。培训年限2—4年不等。高等职业教育也包括职业培训班，它是为高级职业考试如行业技师考试的参加者准备的。

爱尔兰

爱尔兰政府注重加强成人教育，“终身学习”的观念被普遍接受。提供成人教育的机构非常广泛。社区和不断增加的综合中学都在成人教育中起到了很大的作用。地方的技术学院和绝大多数大学都提供成人教育和课外教育课程。成年人可以再次接受中等教育。大学实施灵活的计划促使成人学生进一步接受高等教育。国家远程学习中心开设证书及学位课程，使远离大学的人们能够有机会学习。

工会和自愿团体等团体提供各种各样的成人教育课程。在某些地区开设成人识字班课程。国家成人教育协会（AONTAS）得到教育部的资助，是成人教育的主要监管和顾问机构。

西班牙

中学毕业后，年龄在16—18周岁的学生，可以进入中学学院即大学预科学习，也可以参加职业培训或普通培训。在为期两年的普通培训期间，学生主要学习艺术、自然科学、社会和技术科学。预期实现三大目标：为进入大学做准备，获得特殊的高等职业培训技能和为进入劳动力市场作准备。自1994年起，该计划开始试行，在1998—1999学年和1999—2000学年，这一为期两年的普通培训项目正式实行，学生获得毕业证书后可进入高等职业培训和大学阶段学习。特殊的职业培训阶段为期2年，提供高级水平的职业培训，学业结束后颁发技师证书。但那些完成了中等水平职业培训的学生不能直接进入高等水平的职业培训项目，他们必须重新回到普通的中学阶段去学习，获得基本技能，在完成了高等职业培训后，学生才可跨入大学校门。

丹麦

成人教育是丹麦教育的一个重要组成部分，占有举足轻重的地位，它为丹麦的现代化建设源源不断地提供着高质量的劳动人才。每年约有150万人参加职业培训或成人综合教育课程学习，国家通过成人教育资助和成人教育基金等不同的资助框架对成人教育给予资金支持。

成人职业教育在丹麦有着悠久的历史，可以一直追溯到中世纪，当时的手工艺行会已对学徒的训练制定了非常严格的规定。1989年丹麦制定了一项关于综合成人教育（AVU）的立法，确定了普通成人教育的有关事宜。国家培训中心为成人提供课程和考试，其宗旨是作为基础教育的补充，为成人获得职业资格和进入高等教育机构学习的资格提供服务。从1992年开始，成人的职业课程使成人能够参加专门的教育课程，教育理念也从早期的职业经验培训转化为获得与青年人的职业院校相同的专业资格。

民众高等学校是成人教育的主要形式。它一般是私立的，接受政府的补助，但教学不受政府的干预。第二次世界大战前几年，约有1/3的农村和城镇居民进入这类学校。民众高等学校的学制长短不一，学习内容主要有丹麦语（丹麦文学）、历史、社会事务、外交事务、外国语、心理学和音乐欣赏等。入学和结业均不用考试，也不发给结业证书。

希腊

希腊的高等职业教育是高等教育的一种形式，旨在对学生实际专业的理论和实践进行训练，以满足高等职业的要求，鼓励学生在社会中发挥个人的才能。希腊的高等职业教育已发展成为一个层次较高的教育领域。高等职业学校的学科范围包括金融、贸易、旅游、体育、计算机与通信、工商管理、艺术等。

芬兰

随着工作的不断变化，劳动力的老龄化以及失业率不断增长的趋势使成人教育的重要性凸显出来。芬兰按照继续教育的原则，努力将成人教育列入教育系统。1978年，芬兰政府规定了成人教育当时的发展目标，将优先目标放在职业教育的发展上。职业教育的管理和组织机构在20世纪80年代建立，全国的各个地区都提供职业教育课程。大约有1000个机构和组织每年为大约1500万名成年人提供教育。1/3参加成人教育的成年人是在正规教育系统内接受教育。自1980年以来，接受成人教育的人迅速增加，职业成人教育学生的数量增长了10倍。1989年，有大约44%的雇员参加在职培训。

普通成人教育由人文教育机构如成人教育中心、民间中学、夜校和学习中心安排。20世纪80年代所有的大学都成立了继续教育中心。在开放大学和夏季大学，也可以接受到大学层次的成人教育。公共图书馆网络为学习提供了很好的支撑服务。职业成人教育几乎都由职业成人教育中心、职业机构、由企业和实业经营的特殊机构、作为学徒培训中心的机构提供，职业成人教育提供学徒培训。劳动力市场培训也是职业成人教育的一个重要方面。

成人教育机构的资金由国家、自治区、雇主和学生来提供。各种形式的成人教育由政府资助，学生在职业教育机构的学费由国家和地方当局负担。芬兰为成年学生设立了一个特别资助计划，申请的学生不仅可以获得奖学金和贷款，还可获得收入损失的补偿。

瑞典

瑞典特别重视成人的继续教育，将其列为义务后教育的一部分。瑞典的成人教育可以分为如下几种类型：各种民众高级学校等学校课程；有志于教育的团体组织的学习小组；国家、地方及民间企业协同对从业人员进行的实地职业训练；劳动市场训练；国立、公立的成人学校；工会联合会的训练计划；广播、电视、函授学校所提供的各种课程。

约150家民众高级学校（又称民间高中）是公共学校系统之外的最大的成人教育体系。这些民间高中大多是由省市委员会、商贸联合会、教堂、节欲社团或是其他非营利性组织开办的。教学课程由全国 11 个自发教育协会共同制定。瑞典将本国成人教育的目的概括为：使未能充分受到学校教育的年纪大的人能达到和今天青年人同样的知识水平，得到补习教育的机会；向劳动者提供适应产业结构变化与劳动力市场需要的职业教育机会，以及受到更高技能训练和再教育的机会；给予国民不断改善本国政治、社会、文化生活的基础；使成人教育成为不限工作时间、家庭状况和居住地区的任何人均可参加并有利于经济的事业。政府规定，凡是愿意接受成人教育的人，都可以获得政府给予的一份额外的工资补偿。

挪威

为鼓励公民终身学习，挪威政府对成人教育给予高度重视，1976 年通过了世界上第一个成人教育法。目前，挪威高等教育机构和一些志愿组织开设了大量的成年教育课程，课程涉及的领域十分广泛，从娱乐活动的课程到大学水平的专业课程都有。挪威现有 19 个成人教育协会，其中包括 400 多个成员组织，分别代表政党、劳工组织，宗教派别，人权组织和其他利益团体。2004 年，有超过 63.3% 的成年人参加了成人教育协会举办的各种课程，其中约 30.9% 的人学习了高中课程，3.8% 学习了大学和大学级学院水平的课程。在普通高校和成人教育系统中，挪威都建立了比较发达的远程教育机制，运用信息通信技术（ICT）和电子学习（E-learning）的方式授课。据统计，目前有 2 万—3 万多名挪威成人学生正在 13 所经国家授权的独立远程教育机构中学习。

葡萄牙

成人教育被分成两个子系统。回归教育是学术性教育的一种特殊类型的教育，拥有独立的方法和组织形式，授予和正式教育一样的证书。继续教育由国家或私立组织的教育活动构成，旨在促进个人在社会中的全面发展。这些活动对学校教育既是一种补充又是一种替代。为年龄在 15 岁以上的人群提供的回归教育包括三个阶段的课程，其和基础教育的三个阶段等同，并授予和正规教育一样的证书。远程教育涉及学校教育和高等教育层次，由开放大学提供。政府开设特殊的课程，提供在职教师培训。

冰岛

成人教育由各种各样的机构提供。许多高级中学提供成人教育的晚间课程。除此之外，它们还与工业界或者某一领域的雇员工会合作，组织和开设特殊课程，那些参加这些课程学习的人最低付 1/3 的学费。

冰岛正在努力在某些领域和职业中实现远程学习计划。在未来的几年中，这种教育形式很可能会有所增加。

有一些协会联合开办相应的成人学校。这类学校接受国家资助，但主要的收入来源于学费。各种各样的机构和社团也提供成人教育，但与普通教育制度没有关系。同时，有些私立学校提供特殊领域的课程，如计算机和外语等。

二　特殊教育

英国

英国为需要特殊教育的儿童提供在特殊学校受教育的机会。但是自 1981 年之后，特殊教育的目的是尽可能地和一般学校合并起来。把私人开办的学校计算在内，现在全英国约有 2000 所特殊学校，它们为所有年龄段的学生提供特殊教育。每个年龄段约有 1.4% 的人进入这种学校，约有 1/4 的学校提供食宿。那些在教育上一般弱智或是严重弱智的人占了入学总人数的 2/3，约 10% 的学生遭受着精神失常的痛苦，其余的人有着各种各样的生理缺陷。此外，一般学校也可能设有特殊班级或单元，用以对待那些由于智力、情感或生理问题而学习困难的学生。

法国

法国为残疾儿童提供的教育大多由公立学校承担。初等教育可在普通学校的特殊班级进行或在特殊的机构进行。自 20 世纪 70 年代中期起，残疾学生的人数减少了一半，这主要是由于早期诊断和将残疾学生融入普通教育系统的政策。残疾学生在普通中学的特殊教育部继续其中等教育，也有可能在特殊学校接受职业训练。这一数字自 20 世纪 80 年代以来一直保持不变。除此之外，有 0.8% 的残疾学生在卫生部管理下的机构中接受教育。

荷兰

荷兰特殊教育的服务对象是 3 岁以上的残疾儿童以及有学习或行为障碍的儿童，特殊教育为他们提供比普通中小学更多的帮助。原则上，特殊小学的入学年龄与普通小学的入学年龄相同。荷兰特殊学校的种类一直在增加，面临各种困难的学生都可以找到适合自己的中小学。大约有60%的离开特殊学校的学生进入中等教育，6%的学生进入初等教育，其余则离开教育系统。现在越来越多的人强调应该让残疾孩子进入主流的普通学校。1985年通过的特殊教育法案的目的就是鼓励特殊学校和普通学校进行衔接和合作。

比利时

1986年对1970年法案进行修订，确定了比利时有关身体或智力残疾的儿童教育的国家政策，3—21岁可以接受教育的残疾儿童在正常教育系统以外接受教育。法律规定特殊教育在入学条件、课程组织等方面要与正常学校相同。特殊教育在特别设立的公立或私立教育机构中进行。目前在特殊教育机构注册的学生已超过6万人。他们可以通过日校、函授等多种形式参加学习。特殊教育的教师与医生、语言治疗学家、社会工作者等以团队的形式一起工作。

奥地利

奥地利在整个义务教育阶段，为在身体或智力方面有缺陷的儿童建立了独立的特殊学校，这些学校有独立的教学大纲。一个年龄组中，全国有1.4%—3.3%的儿童在这种学校学习。随着特殊学校中人数的减少，将这些学生纳入正规学校的融合运动已经取得了一定的效果。奥地利在1989年开创了融合教育的法律基础，为融合班级提供一名额外的特殊教育的教师，这些教师提供适合残疾儿童的辅助教学。

卢森堡

卢森堡将针对残障儿童的教育称为分类教育，这也是卢森堡教育体系一个不可分割的组成部分。分类教育的主要目的是保证残障儿童接受教育，给他们以必要的心理治疗与指导，鼓励其积极乐观，帮助其实现生活自理并融入社会。卢森堡有一所聋哑儿童学校，一所视力障碍儿童学校，一所小脑习惯性不足学校和一所严重残障儿童学校。全国共有超过250名心理学家、专门教师、教育者和教育助手照顾一千余名残障儿童。

瑞士

为了扩展学校义务教育，瑞士为有缺陷的儿童提供特殊教育。像许多国家一样，在90年代，特殊教育领域的发展也经历了争论，为了保持在正常班级中学习有困难儿童的增加比例，也为了减少重读比例（在义务教育课程中有14%的儿童复读），各种形式的特殊教育辅助手段被开发出来，这些辅助在越来越多的州发挥了重大作用。

爱尔兰

仅有2%的学生接受特殊教育，但是，特殊教育的教育供给在过去的30年中在公共政策领域越来越重要，为智力、身体、感官有残疾的儿童，以及有情感障碍的儿童提供教育。这些残障儿童既可在特殊学校中接受教育，也可以选择在普通学校接受教育。政府正在设法使特殊教育融入正规教育之中。师生比在普通学校的特殊班级和特殊学校的比例都非常低。

丹麦

随着丹麦社会对学生要求的不断增加，社会各界开始关注特殊教育的发展。在20世纪70年代，从一定程度上讲，特殊班级和特殊学校的发展成为特殊教育发展的重心。它以就近原则在普通学校、普通班级以及家庭里开展教育。特殊学前学校服务的对象是年满6岁的残疾儿童，在1992年，大约有2.3%的这一年龄段的儿童接受了特殊教育，其中接受特殊教育的男孩的人数是女孩人数的2倍。现在，将近12.5%的学生在丹麦公立学校接受特殊教育，其接受教育的时间是有规定的。把所有形式的特殊教育都考虑在内的话，约有25%的在校学生在他们上学过程中都要接受一定的特殊教育服务。这些接受特殊教育的学生共有两种类型：一类是接受过较短时间的特殊教育（可能只有几个月的时间），一类是一直在接受特殊教育。

14—18岁的年轻人可以进入青年学校接受教育和培训，以便提高他们的就业率和融入社会的程度。那些不能完成特定培训任务的、再进入教育系统接受教育有困难的、已经失业的年轻人还可以到生产学校接受相关的教育以改变原有的现状。有残疾的儿童也可以接受高中阶段的特殊教育。

要求为成人提供特殊教育的法律规定，地方当局要为身体或精神上有残疾的成人提供普通教育和特殊教育，其目的在于补偿和限制这些残疾人给社会造成的影响。特殊教育机构包括治疗言语障碍的诊所，帮助盲人和耳聋人的教育机构，帮助学习障碍者和有心理障碍者的学校等教育场所。地方当局也可以和私人组织合作，让私人组织提供特殊教育费用。

芬兰

芬兰的义务教育对残疾儿童也适用。对于那些不能在正常综合学校学习的学生来说，义务教育从6岁开始（有2年基本教育），持续11年。

综合学校为不能参加正常学校学习的残疾儿童提供特殊教育。教育在特殊课堂教学，如学生学习或适应有困难，就以业余家教辅导的形式进行。特殊学校，由自治区或国家办的学校，或私立学校，是为有严重残疾的学生开设的。1990年，有362所这种学校，这些学校遵循综合学校的目标，但作了一些调整。还有一些特别安排和设施来帮助参加高中或大学学习的残疾学生。在职业教育中，按照特殊教育的需要，学生可以参加正常教育，也可参加特殊课程学习，或可以参加特殊职业教育机构的学习。这种教育的目的是使这些学生获得和其他同学同样的职业资格。

瑞典

在强调平等的瑞典，特殊教育也受到高度重视。瑞典的科学研究表明，对残疾儿童进行单独教育弊大于利，所以主张把残疾儿童和正常儿童放在一起教育。大多数有某种身体残疾的学生，均就读于正规义务教育学校。不过，在义务教育阶段，全国共设有8所专门供听力、视力或语言表达有残疾的孩子就读的特殊学校。在一些九年制义务教育学校中，设有为智障孩子就读的特殊班级，为其提供特殊的帮助。但学生既可以选择就读正规学校或班级，也可以选择就读特殊学校或班级。特殊学校的课程设置和要求，也要尽可能向正规教育学校看齐。为了提高特殊教育的质量，瑞典非常重视对普通教师进行特殊教育训练，注意降低教师与学生的比例。

挪威

1975年教育法规定残疾儿童和正常儿童一样享有受教育的权利。残疾儿童在家庭环境中接受教育或者到当地的学校接受教育。这是一个基本原则。招收残疾儿童的班级，应该增设特殊的设备。如果学生不能被完全融入班级，那么应该以小组形式向他们提供教育。极少数特殊学校是为那些在正常学校学习但需求仍然得不到满足的学生设立的（2%）。

1985年高中教育法修正案规定残疾学生有被优先录取的权利。至1990年，6%的适龄儿童在这一法规下进入了高中。为落实该政策，该法案同时要求当地和地区政府应该建立教学/心理咨询服务中心。

葡萄牙

特殊教育针对基础、中等阶段公立学校中有特殊需要的学生，包括一系列的措施，其中有补偿性的教育措施、教学材料和课程的改编、入学的特殊条件、辅导、改变班级的结构组织、额外的教学支持以及特殊教育。

国家有责任支持和促进特殊教育的发展，确定实施特殊教育的一半标准——尤其是在教育学和技术的领域。特殊教育可以由中央、区域或地方机构以及私人团体举办。根据现有的统计数字，在特殊学校或者在主流体系的学校中，有10%的学生享受特殊教育的服务。对那些已超过15岁以上才接受教育或那些18岁以上才接受中等教育的人，国家设有成人教育。此外还规定通过多种手段和电脑新技术来开展函授教育，由阿贝尔塔大学主持，主要抓成人教育和教师进修。

冰岛

一般的政策是鼓励需要特殊照顾的残疾学生上普通学校，这些学生按照其残疾程度得到特殊的帮助。为不能上普通学校的残疾学生开设特殊课程，这些课程的目的在于为学生提供某些工作的知识，或使不能工作的学生学会如何自理。有严重残疾的学生则上专门为不同种类的残疾学生设计的特殊学校或机构。

第五节 存在的问题和发展方向

一 存在的问题

欧洲重要智库——西班牙社会研究与分析基金会（Fundación para el Análisis y los Estudios Sociales，FAES）在2009年11月成立20周年之际发表了一份题为《欧洲自由议程》的研究报告。报告的第六章“教育面向未来”简要而深入地分析了教育对知识经济时代研究与创新的关键作用，并在总结《里斯本战略》失败教训的基础上，提出了欧洲教育体系及高等教育面临的挑战问题。

就高等教育而言，十多年前发起的“博洛尼亚进程”反映出不同欧洲国家在自愿合作进程中的困难。“博洛尼亚进程”的重要目标是建设“欧洲高教区”，以促进高校学生与教师的自由流动，因此采取了三个必要步骤：一是建立欧洲范围的本科、硕士、博士三段式教育体系；二是完善统一的欧洲学分制，更加注重学生获得的技能、能力和知识；三是创造不同但又兼容的知识评价体系。

然而，“博洛尼亚进程”却很少触及欧洲大学问题的核心。多年来，在某些领域甚至是几个世纪以来，大多数欧洲国家发展了封闭、缺少竞争、资金匮乏的大学体系，自由度很小，不够透明，逃学率又高。欧洲需要优秀的大学，培养世界最优秀的领导者。

具体到成员国而言，多年来英国基础教育投资不足，师资短缺，教师收入偏低，教学质量下降。根据英国教育部门的统计，1998 年，在参加水平测试的 11 岁小学生中，主干课程英语、数学和科学的达标率分别只有 57%、62% 和 60%。14 岁年龄组学生的考试成绩有所提高，但也只有 60% 的人达标。法国的教育制度、教育体制以及教学内容和教学方法存在诸多问题，如依然有 20% 的青少年在私立学校就读，而绝大部分私立学校属于教会学校，与教育“世俗化”的目标不相符合；教育体制缺乏多样性，限制了各个学校之间的竞争；政府行政部门对学校的干预过多过死；学生通过考试的淘汰率太高等。进入 90 年代，法国政府试图进一步进行教育制度和教育体制的改革，并出台了许多改革方案和措施，但不是因遭到学生的反对就是因遇到反对派的阻力而夭折。目前，法国政府仍在继续努力，寻求各方都能接受的方案，加速教育制度、教育体制以及教学内容和教学方法的改革，以便迎接 21 世纪的挑战。卢森堡的教育制度有许多问题，例如花费许多时间在德语、法语和英语的语言课程上，以及特别是从德语课程不成功、讲罗曼语族语言的国家来的外国学生占了相当高的比例。

二　发展趋势

欧盟委员会发表一份题为《欧洲高等教育改革进展：管理体制改革》的研究报告。作为“2006 欧洲高等教育现代化议程”的重要组成部分，欧委会委托荷兰高等教育政策研究中心（CHEPS）等研究机构对 1995—2008 年 33 个欧洲国家（欧盟 27 国及克罗地亚、土耳其、冰岛、列支敦士登、挪威和瑞士）高等教育管理体制改革的进展情况进行了整体和国别分析研究，并就如何深化未来改革提出了建议。欧洲高教管理体制改革研究集中于以下四个关键问题：（1）1995—2008 年欧洲国家高等教育管理体制改革发生了哪些政策变化？（2）目前欧洲高等教育管理体制的现状在何种程度上反映出了“欧洲高等教育现代化议程”？（3）高等教育管理体制改革和高等教育体制之间可能的联系是什么？（4）未来欧洲高等教育的发展，有哪些教训可以吸取，哪些可能是未来管理政策的关键主题？

自 1995 年以来，几乎所有的欧洲国家都在高等教育管理体制方面发生了重大变化。许多国家已通过了新的高等教育法案。受“博洛尼亚进程”的启发，高等教育质量保证和认证体系已经成为改革的一个重要主题。

作为高等教育持续发展的结果，应用科学类大学形成一个新的分支并日趋成熟。同时在其他国家，普通大学和应用科学类大学之间的双轨制界限面临着压力。一些国家通过合并及整合高等教育部门，对高等教育机构进行了重组。此外，各国出台了很多鼓励高等教育机构、公立大学和私营公司之间（通过网络、联盟和集群等形式）开展科研合作的举措。

教育管理体制改革的另一发展趋势是提高高等教育机构自治权（Institutional autonomy）。该研究将机构自治权分为四类：

组织自治权（Organisational autonomy）指大学可以自行决定其内部管理结构。但在一些国家大学受相关法律限制，还不能自行选定领导班子。只有少数国家通过改革使大学享有自行决定其内部机构的权力。

政策自治权（Policy autonomy）指大学可自行选定教师和学生组成学术研究体并决定教学和科研计划。至 2008 年，大多数欧洲大学在一定程度上享有政策自治权，但只有少数国家赋予大学此项充分权力。

财务自治权（Financial autonomy）包括自行决定公共和私人基金的校内分配、收入渠道多样化、资金储备、向资本市场借贷等。大多数欧洲大学在一定程度上享有财务自治权，许多国家通过一揽子预算拨款来扩大大学的财务自治权。

干预性自治权（Interventional autonomy）指大学可免于问责的程度。大多数欧洲公立大学在履行报告制和问责制相关要求基础上享有中等程度的干预性自治权。

总的看来，尽管欧洲各国高教管理体制存在差异，大学的机构自治权普遍有所提高，使其能够自行确定自身定位和发展战略，但并非上述四类自治权都得到平衡发展。许多国家的公立大学在自主管理的灵活性方面，特别在内部机构安排、招生和招聘教职工和应对问责等方面受到限制。

“欧洲高教现代化的议程”提供了一系列建议和改革选项，各国各校可根据自身具体情况作出选择。研究结果显示，11 个国家的大学在选择学术研究人员方面享有高度自治权；14 个国家的大学享有较高的财政自治权；20 个国家的大学在使用新的教学和研究计划方面有很大的自治权；16 个国家的大学与外部利益攸关方建立了监督或管理委员会；绝大多数欧洲大学有内部和外部的教学与研究评估机制；5 个国家的大学在确定其内部管理结构方面享有高度自治权。

欧洲各国高等教育系统改革的时机和深度不同。20 世纪 90 年代初，欧洲一些国家的激烈政治变革在很短的时间内极大地改变了其高等教育体系，而在其他欧洲国家，“高教现代化议程”的某些特定要求早已成为现实。

（张敏　喻帅　何明明）

第二章　科学技术

第一节　科技发展历程

一　欧洲主要国家科技发展史

从古代到现代，欧洲地区在世界科技发展中都起到较为重要的作用。欧洲的第一次、第二次工业革命对世界的科技发展与进步具有重大的推动作用。

英国

英国的科技发展较早，一些基础雄厚的著名高等学府，如牛津大学、剑桥大学在公元 12、13 世纪就已成立并发展成英国乃至世界有名的重要科研基地。历史悠久的英国皇家学会成立于 17 世纪，300 多年来更是一直致力于自然科学的研究和发展，享有很高的世界声誉。在历史上，英国科学家人才辈出，如牛顿、达尔文、法拉第等，在学科领域方面尤以物理学、生物学、数学、天文学、地质学等方面的成就最为突出。1764 年，珍妮纺纱机的问世使纺织业进入了工业化时代；1785 年，英国人瓦特发明蒸汽机；1814 年，英国人史蒂芬森发明了蒸汽机车；1830 年，英国正式使用火车，此后，人们开始大规模建设铁路。科技方面的成就使英国成为第一次工业革命的发源地。

1900 年以前，英国已有格林尼治天文台、地质勘探局、国家化学实验室、国家气象局等研究单位和政府实验室。19 世纪初，工业革命率先从英国扩展到美国、法国等国家。19 世纪中叶，英国率先完成工业革命，成为当时世界上唯一的工业国。第二次世界大战前，英国在自然科学方面对世界科学技术发展作出了很大的贡献，建立了量子力学和核物理学的理论基础，在射电天文学、高能物理学、固体物理学、神经生理学、分子生物学等领域都取得了较大的突破。

第二次世界大战以来，英国在科学技术方面最显著的成绩是雷达和原子弹、青霉素的发明和应用。此外，英国在航空、电子技术、化工医学、海洋和环境等广泛领域且数量众多。1948 年英国在全球建立了第一座核电站，并建立了 DNA 双螺旋结构模型。此外，胆固醇、维生素 D 和胰岛素等的发现也均出自英国。自 1901 年设立诺贝尔奖以来，英国籍科学家获此奖的人数在世界上仅次于美国，居第二位。

法国

法国一向重视和提倡科技的研究，在法国大革命前就有许多重大的科学发现，涌现出一批世界著名的科学家，推动了世界科学技术的进步。法兰西第一帝国建立起一些机构，政府资助科研活动并集中了当时一大批科学家从事科学研究，使法国在数学、物理学、化学、生物学等领域取得了辉煌的成就。

法国是世界数学故乡。法国于 17 世纪创立了解析几何，并于19世纪奠定了微积分学的主要基础。法国于1935年建立了布尔巴基团体，每年出版一期《数学原理》，成为世界各国数学书库中必备的巨著。

在第一次工业革命前后，法国的科技发明和创新，为推动工业革命和加速工业革命的完成作出了巨大的贡献。19世纪末至20世纪初，法国科技依然处在世界的前列，如1882年发明了太阳能印刷机和远距离高压直流输电，1856年开发自动售货机，1896年发现铀和镭的放射性。1901—1915年间，法国人先后获得11项诺贝尔奖。同期，英国人仅获得7项，美国人仅获得5项。居里夫妇、让·佩兰等均是当时蜚声世界的著名法国物理学家。

德国

德国的科学研究具有较长的历史和优秀的传统。德国的基础研究非常发达，曾是许多科学发明和技术成果的发源地，许多发明影响了现代世界，如自行车。1796年，“以毒攻毒”这一思想由塞缪尔·哈内德提出，这是顺势疗法的基本原则；1817年，卡尔·冯·德莱思发明了自行车；菲利普·赖斯于1861年发明了电话，开启了全新的通信技术时代；1876年，卡尔·冯·德林用氨作为制冷剂，发明了第一台冰箱；卡尔·本茨和戈特布利·戴姆勒发明了汽车；此外，在20世纪50年代之前，德国人还发明了滑翔机、电视机，喷气式发动机、早期电脑等。

意大利

早在古罗马时期，罗马人就有较强的适用科学理念，他们继承了古希腊的科学知识并将其发扬光大，有些学科更形成了精深而又有创新的理论体系。他们重视科学知识在各生产领域的实际应用，使之转变为生产力。罗马帝国的农业、手工业、天文学、医学、城市建筑和工程技术等都达到了古代世界的最高水平，为人类的文明与进步作出了巨大贡献。

著名的天文学家托勒密（约公元100—170年）综合并发展了前人的研究成果，撰写完成了13卷的《天文学大成》。著名医学家赛尔苏斯所著的医学著作被视为医学百科全书，他的临床实践经验和理论对西方有深远影响。在外科和解剖学方面贡献尤其大。博物学家普林尼（公元23—79年）用他毕业的精力完成了37卷巨著《自然史》。罗马人的实用科学理念又表现在他们擅长于在应用技术中将科学知识变为现实的生产力。罗马帝国的科学家们留下了很多论著，它们都在世界科技史上留下了光辉的印记。

13世纪后期，资本主义生产方式在意大利已经开始萌芽，资本主义经济也开始发展，那里的手工业技艺有了很大的提高，生产力也有了明显的发展。15世纪前半叶被视为佛罗伦萨技术与艺术领袖人物的菲利普·布鲁内斯基（1377—1446年），复兴了古典几何学和数学的研究，解决了起重机、杠杆和滑车等器械的设计问题，确立了科学透视法则。被恩格斯赞为科学巨人的达·芬奇（1452—1519年）是文艺复兴全盛时期的代表人物。他出生于佛罗伦萨附近的一个小镇，14岁开始学绘画、素描和雕刻，后来他又学习科学技术，很快又掌握了数学、光学、天文学、生物学、解剖学、水力学、地质学、机械学等方面的知识，并有诸多发明和技术创新。

佛罗伦萨是欧洲文艺复兴的摇篮。乔尔丹诺·布鲁诺（1548—1600年）是著名的哲学家和天文学家，他不但宣传哥白尼的学说，还提出了宇宙新理论。他彻底否定了教会的宇宙观，被天主教宣布为“异教徒”，开除教籍，但他始终不放弃自己的学说，最终在1600年2月8日被烧死在罗马市中心的鲜花广场上。伟大的物理学家和天文学家伽利莱·伽利略（1564—1642年）也是一个神学的叛逆者。1590年只有26岁的伽利略在比萨斜塔上进行落体运动试验，挑战了亚里士多德关于“物体落下的速度同质量成正比”的理论。在天文学领域，伽利略也取得了巨大的成就，他发明了望远镜和温度计。伽利略一生不顾教会和反动势力的压制，勇敢地开展科学实验和进行科学探索，推动了唯物论思想的发展，被誉为近代科技之父。

西班牙

在公元前3世纪到公元5世纪的罗马统治时期，西班牙已有了科学萌芽，当时主要的科学家有农学家路西·科尔曼拉和自然学家庞波尼·曼腊等。在西哥特人统治时期，西班牙出现了经院派学说。在阿拉伯人统治时期，出现了科学繁荣局面，公元10世纪，哈里发王朝的首都发展成为科学研究中心，那里设有专门的研究机构，修建了观象台、图书馆，出现了天文学家马士拉马和医学家阿尔布·卡西蒙等一批著名学者。公元12—13世纪上半叶，托莱多城成为传播西班牙摩尔文化的主要基地，阿拉伯世界的自然科学家、医学家的著作从此地传播到了欧洲各地。公元14—15世纪，西班牙在航海、造船和制图等领域取得了巨大成就，对欧洲的科学发展产生了重大影响。16世纪在机械学和航海学领域出现了加布里尔·加莱、安东尼·波特勒尔、胡安·德科多瓦、加尔西·桑切斯等科学家。

从16世纪中叶开始，强大的宗教势力压制了科技的发展，科技界出现日趋衰落的景象，在医学、生物学和自然科学方面，西班牙远远落后于英、法、荷、意等国，航海学和地理学在17世纪后半叶也陷入了一蹶不振的状态。

瑞士

瑞士在数学方面取得过开创性的显著成就。17世纪，瑞士的贝尔努利家族对数学作出了显赫的贡献，家族三代人中产生了8名数学家和物理学家。首届数学家大会于1897年在瑞士的苏黎世召开。在医学方面，瑞士的研究也取得了举世瞩目的成就。19世纪末，瑞士在精神病学研究方面达到了顶峰。瑞士法语区的奥古斯特—亨利·福雷尔是当时最好的昆虫学家之一，他在脑解剖学、法医学和催眠术方面也有重大贡献。自19世纪中后期以来，瑞士的创造发明层出不穷，极大地丰富了人类的科学文明宝库，为瑞士带来了数不清的荣誉。例如嵌齿铁路、牛奶巧克力、速溶咖啡、滴滴涕、三相交流器、圆珠笔尖、电阻焊接、尼龙带及拉链、精密手表、假肢修复和移植技术、环氧树脂等。

葡萄牙

始于15世纪末的“航海大发现”对葡萄牙的科学技术发展产生了极大的促进作用。当时葡萄牙是少数几个海上强国之一，它的航海业和与此相关的各种技术在世界上都名列前茅。

“大发现”时期有三位科学家最为著名。佩德罗·努内斯是闻名全欧洲的数学家和宇宙学家，他对航海天文学的数学基础理论提出了一系列独到见解，他著有《代数学》，并编译了《球体学》。加西亚·达·奥尔塔是研究东方医学和药物的葡萄牙专家，在印度研究医药近30年，著有《印度药物杂谈》，生动地描述了57种药物和药材，以及当时欧洲人尚不知道的一些疾病及其治疗方法。唐·若昂·卡斯特罗主要致力于地磁问题的实践性研究，他发现了地磁的两个基本特征：磁针偏离和局部地段引力。

从总体上看，17世纪后，葡萄牙一直没能在科学技术领域取得出色的成果，也没有产生著名的科学家。而且，一些小有名气的科学家均是在国外从事科学研究。

18世纪末，葡萄牙开始实行一种比较开明的专制主义，在这种氛围下，科学技术得到了一定的发展。1779年建立的皇家科学院的宗旨之一是推动里斯本大学开展经济和科学研究。但是没能在科学技术领域取得出色的成果，也没有产生著名的科学家。之后葡萄牙很快就陷入专制主义者与自由主义者之间旷日持久的对立和冲突之中，直到1820年之后，随着君主立宪制的确立，葡萄牙自由党人才开始在教育和科技方面实行一系列改革。

丹麦

历史上，丹麦在基础科学领域取得过重大成果：哥本哈根大学教授奥斯特（1777—1851年）第一次确立了电流与磁的关系。今天使用的各种各样的电话、收音机、电视机和电信设备等都源于他的发明。第谷（1546—1601年）在松德海峡维恩岛上的天文台进行了前所未有的天文观测，因在仙后星座发现了一颗新星而赢得殊荣。哥本哈根大学教授罗默（1644—1710年）第一次测定了光速。芬森（1860—1904年）向世界介绍了治疗皮肤病的光线疗法，1903年获得诺贝尔奖。浦耳生（1869—1942年）于1898年发明录音电话，为磁带录音机的问世打下基础，1907年第一次显示了可供实用的广播方式。当代著名的玻尔教授（1885—1962年）是核物理学的鼻祖，他提出了原子核构造和衰变理论。他和他的儿子奥格·玻尔都是诺贝尔奖的获得者。20世纪以来，共有11位丹麦人获得诺贝尔奖。在哲学方面，丹麦神学家和哲学家瑟伦·克尔凯郭尔（1813—1855年）是世界著名的哲学家。他一生著作甚丰，主要涉猎宗教及哲学等问题。他的论著对欧美各国的哲学思想有着很大影响，迄今仍是哲学界研究的课题。

瑞典

从宗教改革和启蒙运动时候起，瑞典就非常重视科学。国家投资科学有着悠久的传统，成立于

1477年的乌普萨拉大学是欧洲最古老的大学之一。1710年，乌普萨拉成立了第一个科学家联合机构——皇家科学协会，以协调和促进科学研究。1739年，瑞典皇家科学院建立。1811年，皇家农林科学院建立。从那时起，瑞典涌现出了很多著名科学家，实现了许多在世界上具有重大影响的科学技术发现、发明和创造，对人类科学技术进步事业作出了重大贡献。主要有天文学家和数学家安德斯·摄尔修斯、植物分类学家卡尔·林奈、化学家卡尔·舍勒、理论化学家斯万特·阿伦尼乌斯、眼科学家阿尔瓦尔·古尔斯特兰德、物理学家曼内·西格巴恩、生物化学家孙奈·贝格斯特罗姆。

诺贝尔奖是以19世纪瑞典化学家和发明家阿尔弗雷德·诺贝尔的名字命名的。诺贝尔的发明涉及炸药、合成橡胶、皮革和人造丝等，在世界各国的专利总数达355项。1896年，诺贝尔去世，他把从发明中得到的巨款（按当时汇率计算为8311000美元）留给了诺贝尔基金会，其利息每年“以奖金的形式授予那些在上一年对人类作出最大贡献的人”。诺贝尔奖最初为五种，即物理学、化学、生理学或医学、文学及和平奖，1968年，增设了经济学奖。

爱尔兰

爱尔兰具有优良的科学传统，曾产生过一大批对促进新知识、新发现和新技术应用作出巨大贡献的科学家。其代表人物有罗伯特·波义耳、约翰·廷达尔和科尔文勋爵等。罗伯特·波义耳（Robert Boyle）是17世纪的物理学家，以提出波义耳定律著称。约翰·廷达尔（John Tyndall，1820—1893）在一系列科学和技术发现上具有重大贡献。科尔文勋爵（Lord Kelvin，1824—1907）因其在越洋电缆方面的贡献而闻名于世。其他的杰出科学家还有四元数数学理论（quaternion calculus）的发明者威廉·罗恩·汉密尔顿（William Rowan Hamilton，1805—1865）。世界上第一座巨型望远镜的建造者威廉·帕森斯（William Parsons，1800—1867）。“英语世界最主要的天文学家”阿格尼斯·玛丽·克拉克（Agnes Mary Clerke，1842—1907），月球上的一座环形山就是以她的名字命名的。威廉·帕森斯的第一个侄女玛丽·沃德（Mary Ward，1827—1869）是显微镜的早期制作者之一，是《显微镜教学》一书的作者，该书对普及显微镜颇有助益。安妮·玛西（Annie Massy，1867—1931）是动物学家、海洋生物学家。尼古拉斯·卡伦（Nicholas callan，1799—1864）是电池技术和磁学之父。圣三一学院的恩斯特·T. 沃尔顿（Ernest T. Walton），则因参与原子核裂变研究而于1951年共同获得了诺贝尔物理学奖。

爱尔兰的科学研究机构同样也不乏革新者。都柏林学会（The Dublin Society）成立于1731年，后来改名为都柏林皇家学会（Royal Dublin Society），它是最早的一批科学院之一。1785年，爱尔兰皇家科学院的成立为爱尔兰的科学和技术研究提供了一个独立的中心。这些机构加上大学方面的科研工作，使都柏林在19世纪成为欧洲数学和天文学的重要中心。

二　各国当代科技发展概述

欧洲是近代科技革命的发源地，从16世纪到20世纪前期的400多年时间里，欧洲的科技一直居于世界领先地位。然而，第二次世界大战严重破坏了欧洲各国的经济发展基础，削弱了各国的综合国力，欧洲科技发展水平逐渐落后于美国。1957年欧共体成立后，欧洲在加快经济一体化建设的过程中注重科技资源的整合与创新，通过实施各种研发框架计划，创建欧洲单一知识共同体，保持和提升欧盟科技优势，积极应对美、日等国家展开的新一轮科技竞争。2000年“里斯本议程”提出了占GDP的3%的研发投入目标，实际上这一目标对欧盟成员国并不具有法律约束力，但却能够敦促各国不同程度地调整科技创新政策，加大研发投入规模，客观上推动了欧盟科技一体化的进程。

英国

近二三十年来，英国在宇宙的本质和起源的研究方面作出了显著贡献，开创了超导技术、无线电天体物理学等。1985年英国南极观察站的科学家发现了南极上空的臭氧洞。此外，在遗传学方面也有重大突破，分子生物学的诞生地——剑桥大学分子生物学实验室的科学家用基因工程的方法在世界上第一次制造出单克隆抗体，其被广泛地应用于疾病的诊治。在遗传生物学领域取得的突破性进展包括用于确定性别的基因Y染色体的识别技术；与诸如囊性纤维变性、乳腺癌等疾病相关的染色体识别技术；剑桥大学的科学家饲养成活了世界上第一头有遗传变异心脏的猪，这一成果被视为用饲养动物向人类提供可植入器官的一个重要里程碑；在人类第一个试管婴儿诞生地的英国，1997 年，爱丁堡罗斯林（Roslin）研究所的科学家又成功地用绵羊的冷冻乳腺细胞克隆出绵羊“多利”。

在医药化学领域，伦敦附近建有世界最大的药物研发中心。据统计，英国研制并开发了世界上二十种畅销药物中的五种，正在研制的新药有二百多个品种。在半导体材料的研制方面，英国亦处于世界领先地位（该种材料可广泛地应用于光纤通信、卫星微波通信的高性能太阳电池等领域）；在通信方面，英国电信公司（BT）研制出世界上第一个全光（all optical）中继站；在电子产品的研制生产方面，医疗诊断设备、机载和卫星红外遥感设备、光电子产品、自动化测试设备、红外成像设备、传感器、激光定位议、夜视仪等，被各国广泛采用；在电子信息领域，其科学家正在开发研制用于建筑设计、汽车制造和制药工业的“虚拟现实”技术。目前欧洲最大的数字电视和数字声广播公共网均已建成开通。英国拥有西欧最大、最完整的航空航天工业。现在其民用雷达、军用雷达、空中交通管制系统和船用雷达的制造技术仍是世界一流的；民用飞机、军用飞机（如协和式飞机）、直升机、飞机发动机、飞行模拟器的制造和飞机垂直起降、自动着陆技术等均处于世界领先地位；对于新材料在航空航天领域的应用，英国亦有独到之处。

此外，英国 50% 左右的航空航天计划是与卫星遥感的商业和环境应用有关的，其卫星制造及其相关技术是世界领先的：英国为欧洲航天局（ESA）1991 年发射的 BRS－1 卫星提供合成孔径雷达，使该卫星可以提供 24 小时全天候高分辨率的地球观测图像；为 1995 年 ESA 发射的 ERS－2 提供了沿径迹扫描射线探测器（Along Track Scanning Radiometer），使得该卫星对全球海洋表面温度的测量达到相当高的精度；英国是 ESA 预计于 1999 年发射的地球观测卫星 ENVISAT 的主要承揽人，为该卫星提供新式雷达、射线探测系统和一系列由英国设计制造的环境科学仪器；在微型卫星（microsatellite）的研制方面，英国处于世界领先地位，比如成功地发射过各类科学和商业用途的微型卫星。此外，英国在太空科学领域取得的成就也是举世瞩目的：创立了天体黑洞理论；为从哈勃太空望远镜到 Ulysses 太空探测器、为从 SOHO 的太阳系研究到为研究恒星的产生与消逝机理所进行的红外区空间观测，以及 ESA 用于研究黑洞 X 射线发射量的名为 XMM 的 X 射线谱测量任务等，均作出过或正在作出重大贡献。

英国工党政府于 2000 年发表了新一轮政府科技政策白皮书，是英国面对 21 世纪作出的加强英国科技、提升国家竞争力的纲领性文件。该白皮书明确提出政府要对基础研究、战略性研究方面重点扶持；要促进企业加强研发投入，推进研究成果转化和高科技产品转化；扶持中小企业进行研发等。由于有政府的支持，英国在数学、物理学、地质学、天文学及生物技术、生物医药、纳米技术等领域拥有绝对一流的水平。同时，英国十分重视生物和信息技术的发展。

德国

德国目前的重点科技领域包括基础研究、应用研究、信息及通信技术、生物技术、卫生、环保、新材料、能源、交通、航空航天、海洋、地球科学和国防。在研究领域，德国的大学扮演着很重要的角色。迄今有 76 名德国人先后获得过诺贝尔奖，其中有 65 人是因其在自然科学领域或医学领域所作出的贡献。

2005 年，德国政府出台了新的促进科研的政策和措施，重点技术领域又获得新发展。此外，联邦政府还确定了未来重点发展的八大技术领域：汽车工业和道路研发、纳米汽车研发；微型燃料电池；用于生物技术的集成微系统技术；生物技术；纳米技术；医学技术；信息通信技术；光学技术。

法国

第二次世界大战结束后，戴高乐将军认识到强国的竞争在经济领域主要表现为工业竞争，其关键是科学水平和技术实现能力的竞争。因此，法国一方面狠抓战后经济的恢复和发展，一方面采取积极有效措施大力发展科学技术，先后创建了一批全国性的科研机构，如法国钢铁研究院、国家空间研究中心、国家科研中心、原子能委员会、海洋开发研究院、国家信息自动化研究院、石油开发研究院等，逐步建立起一套完整的科学研究体系。

在 20 世纪 70 年代，由于经济危机和对科技经费投入的不足，法国科研的速度开始放慢，科研水平落后于西方其他主要国家。20 世纪 80 年代以来，法国深感在许多科技领域与美国等国的差距越来越大，因此，法国制定了《研究和技术发展纲领和方针法》，以支持本国的科技研发。在法国政府的推动下，法国在信息、生物工程、新材料等科学领域不断缩小同世界先进水平的差距。科技研究也取得许多重大成果，为国家带来巨大的经济和社会效益。法国参与研究的阿丽亚娜火箭名扬四海，航天和航空工业成为法国外贸中名列第一的创汇部门。高速列车、核电站技术、深海潜水器、光纤通信等也处在世界前列。

法国在信号和成像处理、邮电、邮电材料、机器人技术、银行业务电脑化系统、计算机通信技术等方面成绩显著。法国于20世纪80年代发明和在国内推广应用的视频文字终端使法国成为计算机通信的先驱，最新一代的视频文字终端已经作为法国自己的网站和因特网连接起来。1987年让—马里·莱恩发明结构性异性相互作用的分子获得诺贝尔化学奖。1997年克洛德·科昂—塔努德日发明冷却和捕获原子的方法（以便研究弱相互作用和传播）而获得诺贝尔物理学奖。

为了迎接21世纪国际科技的挑战，法国自90年代后期以来，采取了多项有力措施：第一，对法国科研体制和大型科研机构进行体制改革，以适应新形势的需要；第二，加强科技和科研与企业之间的转化；第三，大力吸收和培养年轻科研人员，并鼓励科技人员承担重任，提高科技人员待遇；第四，确定了农业食品工业、地面和航空运输、电子和信息技术工业、组合化学、医学研究、环境和生活质量、产品和工艺技术革新七个优先研究领域以及四个大型技术开发计划。这些改革对科技的发展产生了重大的影响，20世纪90年代法国有两人获得了诺贝尔奖。

目前，法国已经在若干基础研究和应用领域确立了自己的优势和特长技术。它们是：军用及民用飞机、高速火车和地铁技术、天文学、生物学、遗传学、神经系统、化学工程、加工技术、土木工程、计算机软件、理论和应用化学、地球物理和地球化学、核动力工程、石油技术、原子物理、高能物理、核物理、固体物理、机器人视觉、综合机器人学、远程通信、火箭和卫星制造技术、卫星遥感和对地观察、核电和核安全、国防电子工业等。

意大利

第二次世界大战后，为了恢复遭到战争破坏的国民经济，意大利不仅大力发展本国的科学技术，还不断地引进国外的先进技术与设备。同时利用外援，特别是从美国获得的多达31亿美元的援助，逐步建立起自己的科技发展体系并先后制定了多个科技发展规划。经过几十年的努力，其经济和科技都得到了快速发展，经济实力已排列世界第六。科学发现和技术创新硕果累累，尤其在数学、物理、天文学、化学、医学等基础学科领域，意大利的科学家都取得了重要成果，近百年来，共有19名意大利人荣获诺贝尔奖（其中5名为美籍意大利人）。

诺贝尔奖获得者、著名科学家马可尼发明了无线电通信；诺贝尔奖获得者、著名物理学家费米利用慢中子轰击原子核，使37种元素发生放射现象，并解决了受控核裂变反应问题，于1942年领导建成了世界上第一座原子核反应堆；诺贝尔奖获得者、著名化学家朱利奥·纳塔于1954年发明了“定向聚合”技术，生产出多种不同特性的高分子聚合物，从而引起了塑料工业的一场革命。意大利在机场空中交通指挥系统、制药、食品加工、制革、染料、石材加工、电机、机器人、机床和纺织机械等领域也拥有世界一流的技术和设备，在国际上享有很高的声誉。

意大利有良好的科学传统，20世纪先后有9位科学家获得过诺贝尔物理、化学、医学奖。基础研究中的物理与天文（如超导托克马克、同步辐射加速器、宇宙射线的研究和大型天体望远镜的研制等）、临床医学、生物医学、化学等领域处于世界前列。高新技术领域如空间技术、信息通信、高性能并行计算机（运算速度已经达到每秒万亿次）、核能等有一定的竞争力。自1997年意大利大学科研部向意大利国会提交《国家科学技术体系改革大纲》并获批准以来，意大利科技管理与科研体制改革进入了新的阶段。

与欧洲发达国家相比，意大利对科研的投入一直都不高，致使其总体研发能力和水平落后于英、法、德等国，意大利拥有雄厚的文化遗产和独特的传统工艺，特别是以家族为特点的中小企业十分活跃，具有很强的开发创新能力并打造了众多闻名于世的世界级品牌。

西班牙

战后由于西班牙经济发展缓慢、在佛朗哥专制统治下大批科学人才外流，该机构的研究工作受到了严重的影响。20 世纪 70 年代末佛朗哥独裁统治结束后，科学研究才开始出现新的发展生机。1982 年年末工社党上台执政，将制定科学研究政策和创建科学研究制度作为政策重点之一。第 13/1986 年法令颁布的《科学技术研究促进协调法》（简称《科学法》）第一次确立了具体的科技政策和指导思想。《科学法》规定，国内科学技术人员可自由制定科研计划，确定科研项目，也可同国外科研机构进行交流和合作，同时政府投入了大量的科研经费，扶持技术的开发，并优先考虑对农业仪器加工、交通运输、自然资源、信息通信、新材料、微电子、生物工程、环保技术等领域的开发。

2004 年 3 月西班牙政府更迭，但政局稳定，经济继续保持稳定增长。新政府上台后，为改变西班牙在欧盟国家中科技投入较少、科研资金不足的落后局面，教育科技部首先促使议会通过了增加 2005 年科研预算的提案，使当年科研教育经费预算大幅度增加，同时对科技政策进行调整。近年来西班牙科技方面的主要成果有：（1）研制出欧洲最大的超级计算机。西班牙政府投资 7000 万欧元与 IBM 公司合作研制欧洲第一、世界第二大的超级计算机系统。与世界其他国家有专门用途的超级计算机不同，这是世界上第一台通用型超级计算机。主要用于人类基因、医药、气候变化、航空和机械工程新材料等领域的科学研究。（2）疟疾疫苗研制取得重大成果。由西班牙巴塞罗那临床医院医师佩德罗·阿隆索领导的医学研究小组首次研制成功疟疾疫苗，该小组的最新临床试验研究结果显示，他们研制出的疫苗在 1—4 岁的幼儿中预防疟疾的有效率达 58%，其中 1—2 岁的儿童的有效率达 77%，在非洲成年人中有效率达到 50%。（3）建成欧盟最大的风力发电厂。西班牙政府在再生能源政策方面，确定了优先发展风能的战略。该国风力发电能力居世界第二位，仅次于德国。2004 年发电能力比 2003 年增长了 28.1%，达到 7953 兆瓦。其风力发电工业在国际上具有十分重要的地位。全世界十大风电设备制造公司中，西班牙独占了 3 家。（4）大力推进生物燃料开发。西班牙是欧盟最大的生物乙醇生产国，目前已投产的有两个厂，年产量达到 18 万吨，占欧盟总产量的 58%。

比利时

比利时是一个靠进口原料、以高附加值进行贸易加工的工业发达国家，历届政府都十分重视教育与科研发展的投入和加速科研成果的商品化。企业素以重视研究与开发而著称。企业界用于研究与开发的经费在全国投入中的份额始终保持在 70% 左右。有些电子、通信和生物制药领域的大企业，用于研究与技术开发的经费高达年营业额的 15%—20%。自 1993 年进行联邦制改革以来，联邦政府的科技政策及研究重点已开始转向解决重大社会、经济和科技问题，其主要特点是：（1）科研的重点是应用技术的研究与开发，基础研究的重点领域是生命科学、生物技术、遥感、空间、信息科学和环保技术；（2）现有较先进的研究和开发领域是农牧业、医药、核能、钻石、有色金属和通信技术等；（3）比利时的重点科技领域有微电子技术、生物技术、语音技术、通信、环保、航天技术、材料再生和材料表面处理技术等。各大区政府根据各自的情况，制定适合本地的重点科技领域。

瑞典

瑞典是一个科学技术发达的国家，尊重科学、尊重知识是社会推崇的风尚。瑞典由落后的农业国迅速实现工业化并发展成为世界上经济最发达的国家之一，一个重要的因素是大力推动科学技术的发展。第二次世界大战后，特别是 20 世纪 70 年代以来，面对科学技术日新月异的发展，瑞典政府提出追求新知识、新技术和新产品的科学技术发展方针，大力促进高等院校、科研机构和工厂企业不断更新知识，加速新技术的研究开发与推广，生产更多新产品，提高经济竞争力。

瑞典的科研力量主要集中在国家资助的全国各级高校、专业研究所、皇家科学院和工程院以及企业自主的下属研发部门。所有工业部门都十分重视技术发展和产品开发。国民生产总值的 3% 用于研究开发，位居经合组织成员国之首，每年开发研究项目 5300 多个。研究经费大部分由企业提供，大学和中央政府则提供 1/3。瑞典的主要研究领域为交通设备、机械制造和电信器材等；基础研究集中在材料、生物工程、药品、环境保护技术等方面。近几年来，科研主要集中在信息技术工业及化学和制药工业。

ASEA 是瑞典国家与企业界在科研开发领域进行合作的良好范例。战后时期，国家对大的工业项目一直给予支持，使瑞典公司得以在新技术领域从事探索与开发。由于有瑞典政府对核反应堆的订单，ASEA 开发了自己的核电技术。在 X2000 型高速列车的研制中，瑞典国营铁路公司是最积极的合作伙伴。国营电话公司（TELIA）同爱立信公司一同在电信业处于主导地位。由于有瑞典空军的军用飞机订单，SAAB 公司能够向本公司的飞机生产投资。瑞典是个小国，无力为许多领域的基础研究提供资金，它只能把力量集中在研究项目的国际合作上，例如欧洲航天局的航天项目和欧洲原子能研究组织的核研究项目。

丹麦

丹麦具有很好的科学传统，科学技术在国际上享有盛誉，20 世纪共有十多位丹麦人获得诺贝尔奖。在科技发展战略中，强调科技必须为经济和社会发展服务。国家研究战略主要围绕三个目标：一是提高技术创新能力和增强就业；二是改进人民生活、健康和环境质量；三是促进教育和知识更新。确定的研究开发重点领域为农业、生命科学及健康、环境及能源、信息技术、材料科学。

在丹麦，信息技术的应用已到了较高的水平。52% 的家庭拥有至少一台电脑，在世界上排第六位；31% 的家庭与互联网相连，仅次于美国、冰岛和瑞典，在世界上排第四位。2/3 的小企业（雇员数少于 50 人）以及所有 50 人以上的企业都已应用 IT 技术。丹麦在企业间电子商务（Business to Business，B2B）方面是领先者，人均 B2B 交易额为全欧洲的两倍。60% 的丹麦家庭拥有手机。丹麦首相波尔・尼鲁普・拉斯穆森（Poul Nyrup Rasmussen）在 2001 年的新年致辞中，提出丹麦要成为世界领先的 IT 国家，人人可以上网，每人拥有 E-mail 地址。

丹麦十分重视能源和环保技术的开发应用。丹麦的能源构成包括燃煤发电、重油发电、风力发电、生物质能（如燃草发电）等。风力发电已超过能源总量的 10%，燃煤发电效率达到 48%，时效提高到 55%。丹麦能源构成的目标是：风能 50%、太阳能 15%、生物质能 35%。丹麦在垃圾焚烧发电和城市污水处理技术方面也有独到之处。

生物医药领域是丹麦的传统强项。2000 年丹麦医药产品出口额首次超过了传统的知名出口商品猪肉等，销售额达到了 220 亿丹麦克朗。丹麦在 HIV 治疗研究方面居世界领先地位。哥本哈根是世界艾滋病研究中心之一，丹麦国家血清研究所和丹麦技术大学、哥本哈根大学在该领域开展了长期的研究工作。HIV 疫苗研究也是丹麦政府资助额最高的单一研究项目。

丹麦在科技开发方面取得了一些重要成果。1999 年 1 月 19 日，丹麦第一颗卫星奥斯忒号发射升空。该卫星总重 62 公斤，外形尺寸为 34 × 45 × 72 厘米。主要用于精确测量地球磁场。1992 年 2 月，丹麦女科学家莱维・维斯特加德・豪（Leve Vestergaard Hau）领导课题组，在美国波士顿劳兰德科学研究所成功地将光速降低到 1.7 米/秒，取得了具有重大科学价值的成果。

挪威

近几十年挪威由落后的农业国迅速发展成富足的发达工业国，主要依靠的是开发利用石油、天然气等自然资源，它们为挪威带来了巨额财富。进入知识经济时代，挪威逐渐认识到过分依赖资源的经济将会在日趋全球化的经济发展过程中失去竞争优势。1993 年，挪威政府向议会提交了《科技政策白皮书》，提出提高科技在国民经济中的地位和作用。1995 年，挪威研究理事会出台“面向未来的研究”国家科技发展总体规划，并提出挪威应大幅度提高科技投入，提高 R&D 在国民生产总值中的比例，增强国家科技整体实力，保持国家经济增长的后劲，迎接知识经济的挑战。

多年来，挪威政府在经济发展和科研开发方面实行了集中资源、发挥优势、有限目标、重点突出的方针，在许多领域取得了具有国际水平的科技成果。欧盟是挪威的重要合作伙伴，挪威的企业和研究机构积极参加欧盟所主持的各类科研项目。

其研发的成就与特色主要表现在水力发电方面，挪威实力较强的技术产品包括水轮机组、发电机、变电器、电力陶瓷、电缆等。

在金属材料方面，挪威的硅铁合金、硅金属、硬质合金、镁、铝等均处于世界领先地位。石油、天然气工业已成为挪威国民经济的一个支柱。巨额石油的出口收入为挪威工业带来了新的重要影响。著名的泰诺公司的拳头产品乳化炸药闻名于世。

在工程设计及工程项目管理方面，挪威拥有一批高素质的跨学科的专业人员，他们在发电设备、电子产品、非电力机械、近海工程结构、船舶、船上设备等工程技术领域具有较高水平。在电子信息技术方面，挪威起步较晚，目前在计算机系统、航空电子产品、海上电子系统、通信设备等方面发展较快。特别是在电子网络通信方面有专长，其中包括高级光缆、宽带网络技术、无线电微波通信、高性能天线、卫星地面站等。信息通信技术在挪威发展迅速，现在挪威电脑人均拥有量居世界前列，信息通信技术是挪威的重要出口产业。在海洋渔业方面，挪威成功地将生物技术、信息技术等高新技术应用在渔业生产上，海洋渔业资源调查、预报、捕捞、养殖、网具、船具设备和渔业加工等方面在研究和技术上均处于世界先进水平。在环境技术方面，挪威环保标准居世界之首，工业和技术界投入很大。能源需求增长和环境恶化相互矛盾，能源与环境是挪威优先研发的领域，以促进高效和环境安全能源生产，降低环境污染。面向环境的能源研究具有学科交叉性，包括技术、科学和社会等。挪威Energos公司研究开发了低排放垃圾能源再生技术，以从垃圾中再生能源。

极地研究成为挪威科研中的特殊组成部分。北极在挪威极地研究中占90%的分量。挪威优先研究项目包括冰川和海底沉积、臭氧层、温室气体、北极生态系统与生物多样性和环境保护。磷虾及生态系统是挪威南极研究的重要内容。挪威南极研究的重要领域包括冰川及古气候等。

荷兰

荷兰是个小国，但经济实力较强，通过引进新技术、更新设备提高产品质量，开发新产品，在保持自身专长领域具有国际先进水平。

荷兰政府对科技管理工作只采取宏观调控的方法。靠税收政策和经费投入的数量来引导和鼓励科技发展的方向。荷兰政府为了促进技术含量高的公司与公有研究和开发机构的战略性结合，特积极推行一种所谓集成政策。1994年共批准14个集成性研究项目。

荷兰的主要研究力量可分三部分：（1）国家资助的研究机构。如皇家科学院、荷兰科研组织（NWO）和荷兰应用科研组织（TNO），以及五大研究所，即国家航空航天研究所（NLR）、海洋研究所（MARIN）、能源研究所（ECN）、水力实验研究所（WL）和土壤力学研究所（GD）。这些研究机构均有明确的分工，又有相互渗透和衔接。（2）高等学校。荷兰全国共有14所大学，也是荷兰进行科研开发的另一支队伍。这些大学与科研机构和工商企业保持全力的合作。（3）企业的研究开发部门。荷兰的大公司都有自己的研究开发部门，例如，英荷壳牌石油公司（世界第二大石油垄断组织），尤尼莱佛公司（英荷合资的世界最大食品工业垄断组织之一），荷兰化学制药公司（荷兰最大的化学和纺织工业垄断组织），飞利浦电器公司（世界最大的电子电器工业垄断组织之一）等都有强大的研究开发力量。荷兰基础研究和应用研究的优先领域是生物技术、医学、环境科学、信息科学和材料技术等。

微电子技术、石油化工技术、煤油气化利用技术都具备国际先进水平。

荷兰的农业生物技术、畜牧育种、温室园艺及无土栽培技术、水利港口工程和信息技术，特别是用于商业金融服务的网络建设等方面都处于世界领先地位。

卢森堡

虽然是袖珍小国，但卢森堡经济实力雄厚，科技水平较高，无论是企业还是政府都比较重视研发工作。私立企业开展研发工作由来已久，公共研究事业相对起步较晚。1984年，为加强欧洲工业的科技基础，使之在国际市场上更具竞争力，欧盟推出了第一个研究与发展框架计划。在此背景下，作为欧盟积极一员的卢森堡于1987年3月9日制定了本国第一部有关科研事务的框架法，从法律上对大公国的公共科研事业进行了规范。

奥地利

奥地利科技发达、人才辈出，在世界科技蓬勃发展的进程中，奥地利的科学家占有重要地位，仅获诺贝尔奖的科学家就有16位之多。他们是：诺贝尔医学奖获得者罗伯特·巴拉尼（1914），尤利乌斯·瓦格纳—约莱克（1927），卡尔·兰德施泰纳（1930），奥托·罗维（1936），卡尔·弗·柯里和盖蒂·柯里（1947），卡尔·冯·弗利施和康拉德·劳伦茨（1973）；诺贝尔物理学奖获得者埃尔温·薛定谔（1933），维克托·弗朗茨·赫斯（1936），沃尔夫冈·泡利（1945）；诺贝尔化学奖获得者弗里茨·普雷格尔（1923），里夏德·齐克蒙迪（1925），里夏德·库恩（1938），马克斯·佩鲁茨（1962）；诺贝尔经济学奖获得者弗里德里希·冯·哈耶克。

过去10年是奥地利科技能力迅速发展提高的10年，不断涌现出世界水平的研究成果。例如，奥地利因斯布鲁克研究所的一项科学实验中，玻色—爱因斯坦—凝聚物物态的熔融状锂原子巨分子整整存在了20秒钟，轰动了世界量子物理界；在数学领域，维也纳大学依据库尔特·哥德尔对数学非完整性的了解，在逻辑的边界对新的公理进行了研究，为解决所有重要的数学问题作出了贡献。奥地利在某些传统科研领域有其独到之处，在林业技术、畜牧养殖技术、优质钢冶炼技术、低水头发电技术、新材料技术、汽车发动机和能源设备制造技术以及环保等方面都有建树。

近几年来，奥地利在技术创新与科研领域取得了令人满意的成绩。然而，奥地利现有的技术创新与科技能力仍然不能完全反映出国家实际的经济发展水平。自20世纪90年代以来，奥地利正在改变依靠引进技术的被动竞争模式，加速科技研发和改革。目前，奥地利制造业技术创新率达到了53%，其制造业技术创新产量为21%，位居欧盟国家的第三位（位居第一位的是德国，为37%；第二位是芬兰，为27%）。

奥地利的科学研究分为学术研究和应用研究两大类。为了使奥地利的科学研究在东欧开放和加入欧盟以后达到最佳水平，奥地利成立了“奥地利科学研究中心”作为奥地利国家科学研究事业的最高组织机构。奥地利著名的学术研究阵地有赛贝斯多夫研究中心，施蒂利亚州约安诺姆研究股份公司，克里斯蒂安·多普勒协会，奥地利经济研究所和高级研究院。

葡萄牙

20世纪，葡萄牙在医学和航空方面取得了一定的成果。在医学方面，里卡多·乔治为探索黑热病及其传播作出了重大贡献。癌症的研究也已经展开。此外，在神经学、精神病学、解剖学和生理学等领域也都发表了一系列有意义的论文和著作。在航空方面，葡萄牙取得的成就尤其令世人瞩目。1921年，两个葡萄牙人卡果·科乌蒂纽和沙卡杜拉·卡布拉尔从里斯本飞到马德拉，中间没做任何停留，这是人类第一次完成这样的飞行。1924年，另外两个勇敢的葡萄牙飞行员完成了从里斯本到澳门的飞行。

在“新国家”时期，政府的独裁统治压制了科学的进步。由于残酷的政治迫害以及缺乏必要的资金和研究经费，许多门科学停滞不前，甚至开始衰落。当然，公平地说，“新国家”也为后来葡萄牙科学的发展作出了一定的贡献。最重要的是，当时在政府机构内部建立了许多国家实验室，主要开展应用于经济活动各个领域的研究。第二共和国成立后，为了集中精力发展与经济部门的需求相关的领域，葡萄牙政府首先对原有的全国性实验室进行了改组。1977年，全国工业工程实验室也在合并全国工业研究所和核物理及核能实验室的基础上成立，后来又陆续成立了一些大型的国家实验室，例如1988年成立的化学和生物技术中心。20世纪70年代以来，高等院校在科研工作中的作用越来越重要，目前已有半数以上的科研人员集中在高等教育部门。各大学还越来越多地通过创办非营利性私立协会的形式，来建立一些学科间或部门间的科研机构。经过葡萄牙政府的不断努力，葡萄牙的科学技术在某些领域取得了长足进展，在生物技术、新材料和电子信息等高科技领域也具备了初步的研究开发能力。这些领域的多数实验室设备精良，有的在欧洲堪称一流。

冰岛

作为小国，北欧各国无力广泛涉及所有的高科技领域，只能紧跟世界科技发展的趋势，依据国力和自身的科技优势有所为有所不为。它们集中力量发展能够带动本国国民经济整体增长的尖端技术领域，如信息科学、生物技术、环境保护研究等。此外，北欧各国还根据国情，开发传统产业优势项目，诸如瑞典的生命科学、芬兰的林业和机械、挪威的水力发电和海洋开发技术、丹麦的医药以及冰岛的地热技术与基金工程。20世纪80年代，经济实力雄厚的瑞士、美国、日本等19个国家处于全球新药研究开发核心圈；80—90年代时，冰岛等国加入这一核心圈。据瑞士国际管理发展研究所于2004年11月公布的对1999年一些国家和地区专利数目的统计，冰岛的专利数目为6件，排名第48位。冰岛是火山和地震高发区，因此十分重视对火山和地震的观测和研究。在雷克雅未克市设有“北欧火山学研究中心”。该中心发明通过测定地热水中化学物质的变化来预报地震，并通过2002年9月发生在冰岛旅游城市胡萨维克市附近的5.8级地震验证了其理论。

第二节　欧盟及主要国家科技政策与管理体制

一　科技政策与计划

欧共体（欧盟）研究框架计划在1984年欧共体国家推出第一个研究框架计划之前，欧共体国家在经济一体化领域中的主要进展在于建立了关税同盟、共同农业政策，并努力朝着以商品、货物、资本和服务四大自由流通为目标的单一市场方向发展。但在高科技产业领域，欧共体成员国各自为政，缺乏协调性和统一发展战略，造成欧洲国家科技产业发展水平的严重不均衡现象，无法体现欧共体作为一个区域组织的科技优势和真正实力。为此，从1984年开始，欧共体提出了第一个科技研究框架计划，迄今为止，欧盟先后发布了七个科技研究框架计划。欧盟的这一系列科技研究框架计划是目前世界上规模最大的官方综合性科研与开发计划之一，具有投资规模最大、研发领域最宽、参与机构和人员最多等特点，是近二十年来欧盟实施其科技战略和行动的最主要政策工具和手段。

（一）第一个研究框架计划（1984—1987年）

20世纪80年代早期，欧共体的科研工作处于相对无序时期，尽管1974年的理事会达成了有关决议，但是欧共体尚未形成其整体的科学技术政策。在1982—1983年间，欧共体委员达维农和当时的研究总司司长法赛拉（Paolo Fasella）提出了实习研究框架计划的设想，目的是将所有分散的科技研发项目整合起来，并协调欧共体和成员国的研发活动，进而形成整体优势。

1983年7月25日，欧共体理事会批准了历史上第一个研究框架计划，该计划实施期为1984—1987年，总预算为32.7亿欧洲货币单位。框架计划的预算与以前的研发项目相比，作了较大的调整。以1982年和1985年的为例，能源领域的研究开支从占欧共体总研究资金的65.5%下降到50%，提高工业竞争力的研究资金从17%提高到32%。虽然联合研究中心仍然占有相当大的比重，但欧共体一半以上的研究资金投入到了间接的研究活动。

（二）第二个研究框架计划（1987—1991年）

1985年1月至1989年1月，那耶斯（Karl Heinz Narjes）任欧共体的工业、信息技术和科研委员。1986年，欧共体委员会提出了第二个研究框架计划，为期五年，总预算100亿欧洲货币单位，相当于欧共体年度预算的5%。然而，英国和德国对研究框架计划投入的显著增加表示明确反对。后来，欧共体委员会将预算多次下调，终于在1987年9月28日，欧共体理事会批准了预算为54亿欧洲货币单位的第二个研究框架计划，实施期为1987—1991年。这一预算远低于欧共体委员会的期望，仅占欧共体总预算的不足3%（其中，农业研究占研究框架计划总预算的70%），相当于成员国科研投入总额的1.8%。

第二个研究框架计划的行动共包括以下八类：（1）生活质量：健康、防辐射、环境保护；（2）建设单一市场和信息通信社会的研发活动；（3）工业现代化：制造业及先进材料的科学和技术、原材料和材料的循环利用、技术标准、检测方法和标样材料；（4）生物资源的探索和优化利用：生物技术、农业食品技术、农工竞争力和农业资源管理；（5）能源：核裂变、可控核聚变、非核能源、能源效率；（6）服务业的科学和技术；（7）海底探索、海洋资源开发、海洋科学技术、渔业；（8）提高欧洲科技合作水平：人才资源开发、大型设施的利用、科研活动的预测评估、科研成果的推广应用。与第一个研究框架计划相比，第二个研究框架计划的研究重点有了明显的变化，最主要的变化是从以能源研究为主变为以工业创新研究为主。根据欧洲单一法令，第二个研究框架计划包括了经济和社会协调发展的研究内容。

（三）第三个研究框架计划（1990—1994年）

1990年4月23日，欧共体理事会批准了第三个研究框架计划，总预算为57亿欧洲货币单位，实施后的实际开支达到了66亿欧洲货币单位。理事会为制定和实施第三个研究框架计划确定了以下六大原则：（1）提高欧共体的工业竞争力；（2）解决单一市场建立过程中面临的问题；（3）研究逐渐向跨国联合方向发展；（4）向欧洲科技人员灌输欧洲整体概念；（5）通过实施科研项目增强经济和社会的协调发展；（6）关注环境保护和生活质量。第三个研究框架计划的研究领域分为三大类：推广技术、自然资源管理和人才资源开发。

（四）第四个研究框架计划（1994—1998年）

欧盟于1994—1998年实施了第四个研究框架计划，预算总额比第三个研究框架计划（实际支出为66亿欧洲货币单位）增加了一倍，达到123亿欧洲货币单位（实际支出总额为131亿欧洲货币单位）。20世纪90年代早期，随着欧洲政治经济联盟步伐加快，特别是自1993年《马约》生效以来，欧盟研究框架计划在决策和组织管理方面发生了重要的变化。与前三个研究框架计划相比，第四个研究框架计划在管理和布局上有三个不同之处：《马约》为第四个研究框架计划制定了新的法律审批程序；欧盟破天荒地将国际合作纳入研究框架计划，并制定了相应的财政管理细则；欧盟在这一时期的科技研发投入与过去（占GDP的2%）相比有了较大的增加。

欧盟第四个研究框架计划的总预算为123亿欧洲货币单位，共支持四个行动计划：行动计划一——研究与技术发展及示范，预算为106.86亿欧洲货币单位，其中信息与通信技术为34.05亿欧洲货币单位，工业技术和材料为19.95亿欧洲货币单位，环境为10.8亿欧洲货币单位，生命科学与技术为15.72亿欧洲货币单位，能源为22.56亿欧洲货币单位，交通为2.4亿欧洲货币单位，社会经济研究为1.38亿欧洲货币单位。行动计划二——国际合作，预算为5.4亿欧洲货币单位，其中与欧洲其他科技合作计划的合作占7%—8.5%，与中东欧国家的科技合作占39%—47%，与欧洲以外发达国家的科技合作占6%—7.5%，与发展中国家的科技合作占39%—47%。行动计划三——研究成果的优化和推广，预算为3.3亿欧洲货币单位，其中研究成果推广与开发占48%—55%，向企业推广新技术占40%—45%，技术推广的财政环境（包括支持措施和中小企业的技术开发与转让）占5%—7%。行动计划四——研究人员培训和流动，预算为7.44亿欧洲货币单位，其中研究网络占44%—50%，大型研究设备占13%—17%，培训占30%—40%，配套措施占4%—6%。

与前几个计划相比，欧盟第四个研究框架计划的重点和有限领域愈趋集中，更加强调信息通信技术、新能源和生命科学技术等重要领域，而且将交通和社会经济方面的政策研究纳入框架计划。

（五）第五个研究框架计划（1998—2002年）

欧盟第五个研究框架计划的战略目标是利用研究与发展的多种手段解决欧盟面临的社会、经济问题和各种挑战以及将精力集中在有限的研究目标和研究领域。该计划的总预算为149.60亿欧元，执行期限为1998—2002年。第五个研究框架计划包括四项主题计划和三项横向计划。

四项主题计划包括：（1）生活质量和生活资源的管理：预算为24.13亿欧元，包括食品、营养和健康，传染病控制，细胞工程，环境与健康，可持续农业、渔业和林业，农区包括山区综合开发以及老龄化人口和残疾人口。（2）用户友好信息社会：预算为36亿欧元，包括公共设施与服务，新工作方法与电子商务，多媒体的内容和工具以及基本技术与基础设施。（3）竞争力与可持续增长和能源：预算为27.05亿欧元，包括创新性产品、工艺和组织，可持续的机动能力和联运，陆路交通和海运技术以及航空新前景。（4）环境与可持续发展：预算为21.25亿欧元，外加欧洲原子能共同体预算为9.79亿欧元，包括可持续管理与水质量，全球变化、气候和生物多样性，可持续海洋生态系统，未来城市与文化遗产，洁净能源系统（包括可再生能源），有利于竞争性欧洲的经济和高效能源，可控热核聚变以及核裂变。

三项横向计划包括：（1）确立欧盟研究的国际作用，预算为4.75亿欧元；（2）促进创新及鼓励中小企业的参与，预算为3.63亿欧元；（3）改善人类研究潜力与社会经济知识基础，预算为12.8亿欧元。

第五个研究框架计划下的国际合作得到了广泛的认可和支持，巩固了欧盟内部的多边合作，加强了欧盟在环境、健康和农业领域的研究能力。

欧盟第五个研究框架计划为提升欧盟的科技管理水平和开发实力发挥了积极作用，但问题也十分突出，一是缺乏整体战略考虑，二是各主题计划的横向协调薄弱，特别是国际合作和促进创新方面的问题突出，三是项目数量过多、规模太小、重点不突出，四是申请项目的评审程序复杂繁琐、耗时太长、

（六）第六个研究框架计划（2002—2006年）

第六个研究框架计划的五大目标为：提高欧洲的研究水平，加强欧洲的技术创新能力，增强欧洲研究基础设施，为发展欧洲知识经济提供支撑以及建立科学、社会与公民之间的新型关系。

第六个研究框架计划总预算为175亿欧元，主要内容为四项，即融合并加强欧洲研究区，预算为

125.05 亿欧元，目的是支持欧洲科学优先领域、协助成员国国家计划之间的联系以及评估欧洲科学和创新的优势；构筑欧洲研究区，预算为 30.50 亿欧元，目的是通过融合研究与创新，促进研究人员流动、协调研究基础设施的规划和准入，克服欧洲研究领域的结构缺陷；核领域专门研究，预算为 9 亿欧元，主要是以核废料处理和储藏及反应堆安全为重点的裂变和聚变研究；强化联合研究中心的工作，预算为 10.45 亿欧元，其两项计划之一是食品安全与健康、环境与可持续发展、技术预测、反伪以及自然灾害监测和数据安全；二是核研究，包括核废料的处理与储藏、监督人员培训、反应堆安全、核医学和辐射监测。

优先领域为七项，即生命科学、基因组学和生物技术，信息社会技术，纳米技术和纳米科学、多功能材料和新生产工艺，航空航天，食品安全和质量，可持续发展、全球变化和生态系统，欧洲知识社会中的公民与行政管理。

第六研究框架计划的五大特点是：从独立项目向综合项目发展；强调扩大项目规模，解决关键问题；倾向长期性、结构性投入；注重框架计划与成员国计划的结合；改革机构设置和管理模式，重组欧委员特别是研究总司的机构，简化项目申报、评审和管理程序，下放权力，提高效率，以适应新的框架计划。

第六个研究框架计划的新举措可归纳为三项：建立优秀中心网络，以加强欧洲科技合力，进一步融合研究能力，并集中优秀人才对专项研究主题进行攻关；上马集成型项目，目的是通过集中欧洲研究与开发的人力和财力开展集成型项目研究，进而强化欧洲竞争力，解决重大社会问题；联合参与成员国计划，促使成员国大部分研究计划的重点与欧盟的优先研究领域相吻合，通过协调工作计划和预算提高整体研究效率，每个项目申请必须由至少 3 个成员国或 2 个成员国加 1 个联合类国家参与合作。

第六个研究框架计划下的国际合作的总目标是向世界开放欧洲研究区，促进欧盟和成员国的联合行动。具体而言，是向第三国的研究人员和机构开放“优秀中心网络”和“集成型项目”。国际合作的经费支持分别包括与地中海国家的合作、与俄罗斯和独联体国家的合作以及与发展中国家的合作。新框架计划对发展中国家“国际合作计划”进行了修改，新做法主要是融合在主题计划中实施及与第三国的国际合作。

（七）欧盟第七研发框架计划（2007—2013 年）

欧盟第七研发框架计划支持经过筛选的优先领域，致力于欧盟占领或保持世界某些领域的领先地位。它由四个专项计划和一个核研究特殊计划组成：（1）合作计划（Cooperation，324.13 亿欧元）分为十大主题研究领域：健康、食品、农业和生物技术、信息通信技术、纳米科学技术、材料和新制造技术、能源、环境（包括气候变化）、交通（包括航空）、社会经济学和人文科学、空间和安全。（2）创新计划（Ideas，75.10 亿欧元）。该计划由欧洲研究理事会负责实施，致力于吸引最有聪明才智的科学家增强欧洲竞争力，支持有风险并高影响力的研究，促进新兴和有快速影响力的领域达到世界级科学研究水平。（3）人力资源计划（People，47.50 亿欧元）。该计划的目标是通过与外国科学家的合作来加强欧洲研究，通过研究人员的流动建立持久的联系，具体实施则通过“玛丽·居里行动计划”（the Marie Curie Actions）实现。（4）研究能力建设计划（Capacities，40.97 亿欧元）支持欧洲研究和创新能力建设。欧洲原子能共同体计划（Euratom，27.51 亿欧元）包括两个特殊计划：核聚变能研究计划及核裂变和辐射保护计划。

这些框架计划的根本出发点是为了整合欧洲各国相对分散的科技资源，加快欧洲的科技一体化进程，建立协调而统一的高科技政策体制，从整体上提升欧洲的科技竞争力，目前正在实施的是第七个框架计划。作为欧盟科研活动的主体，科技框架计划已经发展为欧盟最为重要的发展战略计划。这些框架计划的总体变化特征是：研发经费规模不断扩大、重点研究领域逐渐拓宽、国际影响力有所上升，纵观第 1—6 研发框架计划的目标、内容和实施范围，具有如下共性：（1）随着科技框架计划的发展，欧盟的研发投入规模显著增加，由最初的 32.7 亿欧元上升到第六个框架计划的 175 亿欧元，增长了近 6 倍。（2）研究领域逐步拓宽，从当初以能源和工农业为主，转变为紧跟前沿学科、向多领域综合性方向发展。FP1 项目的征集、运作和管理还处于起步阶段，以能源研究为主，主旨是开展工业技术创新研究。FP2 从以能源研究为主转变为以农业和工业创新为主，首次增加了有关经济和社会协调发展的内容。FP3 以生命科学作为重点，提出“以科学技术促进发展的概念”，首次将“人力资源开发”作为专项研究，强调科研成果推广应用。FP4 为欧盟诞生后的首个框架计划，经费大幅攀升，信息通信计划、新能源、交通和生命科学作为重点，首次把国际合作作为专项计划，使欧盟框架计划跨出欧洲。FP5 国际合作得到了各国科学家的广泛认可和支持，研究目标和领域更加集中，项目数量多但研究重点不突出。FP6 更加强调项目的规模效应，从独立项目向综合性项目发展，倾向长期性和结构性投入，改进了项目的申报、评审和管理程序，制定了明确的战略目标，即建立“欧洲研究区”，努力实现欧盟科技一体化。（3）计划的全球影响力与日俱增，最初局限于在少数欧盟成员国内开展，此后不断吸引来自世界上约 60 个国家近百万个高水平科研机构、大学和企业的广泛参与。

正在实施中的第七个研究框架计划在经费投入和重点支持领域均与以往的框架计划具有显著的不同：（1）首先欧盟对第七个框架计划的资金投入实现了翻两番，预计将超过 750 亿欧元。“空间技术”和“与安全有关的研发活动”成为两个重要的战略领域。（2）从经费和具体援助行动上更重视“国际合作”和“人力资源流动”两大专项计划，鼓励第三国科学家与欧洲科学家共同参与框架计划，以实现欧盟“把欧洲变成更能吸引世界顶尖人才的欧洲”的目标。通过第七个框架计划促进欧盟多个大型科技研发平台的建设（如氢能源研发平台、移动通信技术研究平台、纳米电子技术研发平台等），把有些平台建设的项目放在第七框架下立项，政府发挥桥梁作用，吸引更多的公共和私有机构参与，使整个欧洲在这些领域的应用研究方面达到世界领先。加强“科学与社会”专项计划，推动欧盟实现其在 2010 年成为“世界上最具活力和竞争力的知识经济体”的宏伟目标。

英国

1992 年 4 月，梅杰接替撒切尔夫人出任首相。梅杰政府继续其前任足迹，进一步建立健全了英政府的科技政策体系，分别于 1993 年 5 月和 1994 年 4 月制定出台了英政府科技发展的两个标志性文件：《实现我们的潜能——科学、工程与技术战略》和《政府资助的科学、工程与技术展望》，前者是英国政府的科技白皮书，后者被视为英国政府的年度科技报告。此外，1998 年 12 月，英国工党政府出台了名为《我们竞争的未来——构筑知识经济》（*Our Competitive Future：Building the Knowledge Driven Economy*）的“政府竞争力白皮书”。为了在基础科研方面仍然保持其领先水平，并且在企业技术创新方面取得长足的进步。2000 年 7 月，工党政府又发表了《卓越与机遇——面向 21 世纪的科学与创新政策》白皮书，政府比以往更加强调：（1）基础科研在知识经济竞争中的作用；（2）国家科研机构和大学与企业的密切合作；（3）企业应站在迎接新科学发现带来的挑战和开拓新的市场机遇的第一线；（4）人才在知识积累和技术创新中的首要作用；（5）建立适合科技创新的新的环境和体制；（6）公众对科学研究与发展的监督与支持。英政府现行的科研计划包括技术预测计划、“发挥我们的潜能”奖励计划、科学与工程合作奖励计划、“联系”计划、小型企业研究与技术奖励计划和公众认知计划等。

2001 年白皮书《变化世界中我们的机会》集中关注企业、技术、创新和区域经济发展，提出将为企业发展采取一系列措施和增加在创新包括电子商务等新技术领域的投入。2002 年白皮书《为创新投资——科学、工程与技术的发展战略》阐述了英国的科技战略，对科学与创新价值的认识，国家创新体系建设的总体部署，加强 R&D 和创新活动、加强大学研究、提高全民科学素质和技能、促进知识转移、鼓励企业创新等作了详细阐述。白皮书强调政府的目标是提高英国创新的效果，并把创新作为提高生产效率和加快经济增长的核心。政府已经意识到，若要提高长期的经济效果，就必须在下列领域中采取有效的措施：竞争、企业、创新、技能和投资。科学、工程和技术战略目标不可避免地集中在创新上。

2009 年 4 月，英国商业、企业与管制改革部（BERR）和英国创新大学技能部（DIUS）共同发布了《打造英国的未来——新产业、新就业》综合战略，其中提出了把生命科学、低碳产业、数字产业、先进制造业作为英国未来发展的四大战略产业，实现其经济结构转变，把英国打造成为数字英国、绿色英国、健康英国。鉴于英国的研究基础和国际表现，英国研究理事会启动了面向未来10—20年需要多学科综合应对的六大领域科学计划，这六大计划分别是能源计划、适应环境变化计划、全球不确定性计划、老龄化研究计划、数字经济计划和纳米应用计划。

法国

法国政府认为科技创新是经济复苏的关键，在世纪之交法国政府确定了七个优先研究领域和四个大型技术开发计划。七个优先研究领域是农业食品工业、地面运输和航空运输、电子和信息技术工业、组合化学、医学研究、环境与生活质量、产品和工艺技术革新。它们都是技术含量高、具有竞争优势、能够创造就业机会的领域。四个大型技术开发计划是化学应用研究计划、生物技术研究计划、微生物学研究计划、基因图谱测序计划。法国政府宣布，将建立欧洲最大的基因谷，其中包括高技术企业园、世界一流的生物技术综合研究基地和新型的高等教育园区。这些大型技术发展计划涉及法国科研机构和工业部门拥有优势、具有潜在重大经济效益的战略领域。

法国于2005年7月通过《能源政策法》，用以促进可持续发展相关计划，政府通过“追求平衡和可持续发展目标的国家货运计划”以实现降低污染和汽车能耗的新技术研究。2006年法国根据“研究协议”实施了“卡诺研究所”计划，目的在于鼓励技术转移，加强公共研究机构与企业间的联系，促进创新发展。国家科研署根据“卡诺研究所”上一年度与企业开展“合同研究”的收入，决定给予一定比例的资助。“卡诺研究所”的标签有效期为四年，可以重新投标。经过两次招标评选，目前在法国共有33个“卡诺研究所”。

法国在纳米科学领域具有卓越的研究实力，2006年发表学术文章3526篇，占全球总量的5.6%，居全球第五位。为了促进纳米技术的发展，法国决定实施“国家纳米创新计划”，成立“纳米创新计划指导委员会”。该计划不仅对微电子行业产生重大影响，同时也将促使材料科学、医学和生物技术发生革命性变革。

法国于2009年制订第一个国家研究与创新战略，明确了未来四年国家优先目标，并与2012年实现研发投入占GDP3%的目标。该战略在2009—2010年的三大研究领域为：（1）健康、福祉、食品和生物技术；（2）重大环境、健康、安全等领域突发事件应对技术；（3）信息、通信和纳米技术。确定三大优先领域主要是强化科研自身的发展目标，从而实现技术突破。

德国

1995年2月，在科尔总理倡议下成立了由科学界、经济界、政界代表组成的“研究、技术、创新委员会”，以便对重要技术创新领域达成共识并提出行动计划。该委员会提出的第一个重点题目是“信息社会——机遇、创新与挑战”。

于1996年开始实施的“主导项目”计划是德国政府推动技术创新的重要举措之一。“主导项目”实际上就是“国家重大科研项目”。政府将涉及社会、生态、国家安全问题等具有战略意义的关键技术，作为重大科研项目给予重点资助，其目的是加速具有战略意义的技术创新向适应市场需求的新产品、新方法、新服务方式的转化，使德国尽快成为一个高技术国家。1998年9月，新一届联邦政府上台后，进一步加大了对“主导项目”的投资力度。自1999年以来，联邦教研部在继续推动业已启动的7个“主导项目”的同时，又陆续出台了8个对社会经济发展具有重要指导意义的“主导项目”。

1999年9月，德国联邦议会批准了德国政府《二十一世纪信息社会创新与就业行动计划》，该行动计划是德国政府关于信息社会的白皮书，也是德国政府迎接信息社会挑战的行动纲领。计划提出的今后五年的主要目标是：大幅度提高利用国际互联网的比例；至2000年建成一个具有世界领先水平、覆盖全国、为所有科研机构服务的高效率的计算机网；推进教学领域多媒体的应用；在信息技术及基础设施方面继续保持领先地位，至2010年实现每户拥有光纤接口；促进国家行政管理现代化，广泛使用现代信息通信技术（如电子招标、电子纳税申报），提高工作效率。随着该计划的实施，德国信息基础设施将进一步现代化，为从工业社会迈向信息社会奠定基础，迎接信息社会新的挑战。

2009年德国联邦教研部制定了《信息与通信技术2020创新研究计划》，在该计划框架下，德国将加大纳米电子、软件系统、微系统的研发力度。同时，联邦政府制定了有关纳米技术、电动汽车技术和可再生能源的相关计划，联邦政府将增加在这些领域的投资，支持纳米技术成果转化、电动汽车电池技术提升、电动汽车安全性的提升和能效的降低。同时政府将加快绿色能源——太阳能、风能、地热、燃料电池——的研究开发。

比利时

1996 年 3 月，比利时政府部长理事会通过一项《1996—2000 年可持续发展政策的科技支持计划》，旨在促进相互独立的科学研究活动与整体社会发展战略的有机结合。实施这项多年计划的总预算经费为 0.87 亿美元。该计划的重点方面是：温室效应问题（主要是 CO_2 的排放）；海洋环境保护；可持续交通运输；可持续生产和消费方式的倡导；产品标准；在经济指标中结合采用可持续标准和制定保护环境的税收政策。

为了加强在参加国际和欧洲空间合作领域中的研究力度，比利时政府相应制定了一项《1996—2000 年比利时空间研究计划》，总预算经费达 1.7 亿美元。联邦政府还加强对建立大学校际研究中心计划的实施，该计划自 1995 年开始，至 2001 年结束，总预算经费约 1.3 亿美元。联邦政府科技政策部门积极采取措施加快科研成果转化步伐。继续执行发展重点科技领域、实现欧洲经济小巨人的政策。2000 年 7 月，比利时联邦政府内阁会议通过了《联邦政府科技研究政策》。这个政策包含了振兴比利时科技的行动方案，内容涉及 11 个方面：（1）建立先进技术联合小组；（2）建立大学间和欧洲的研究网络；（3）研究、技术及其在空间领域的应用；（4）联邦科学机构现代化；（5）联邦政府的研究计划；（6）促进专利申请；（7）对科研人员的减税措施；（8）对创办科技企业的减税措施；（9）以比网（Belnet）和奇格网（Giganet）为基础，建立科研网络；（10）防止人才流失的措施；（11）鼓励人们从小热爱科学的措施。

比利时南部瓦隆大区五省是传统工业聚集地，为了实现瓦隆地区的经济转型，比利时于 2006 年起实施“马歇尔经济振兴计划 2006—2009”。2009 年年初经过重新评估审定，开始实施新的“绿色马歇尔经济振兴计划 2009—2014”，该振兴计划与前马歇尔计划的目标相同，但更加强调就业和气候变化的重要性，要求企业、研究、教育、科研都要为增加就业作出贡献，鼓励进行能源革命，优化政府管理。该计划意在整合比利时的科研力量，在以下六个领域达到国际先进水平：航天和航空、农业和农业产品、生命科学、交通和物流、机械工程、就业和环境。

意大利

意大利作为世界经济大国之一，在经济发展中，坚持重视基础研究、支持工业研究和鼓励创新的科技政策。意大利政府在 2002 年发布了科技政策指导方针，提出了新的国家科技发展战略。2004 年 9 月，教育大学研究部莫拉蒂部长正式向部长理事会提交了 2004—2006 年度国家研究计划。这一新战略强调国家将大力加强知识在生产系统中的应用，通过利用研究和创新作为竞争优势的源泉，增强国家经济体系中工业系统的自主创新能力，激励国家研究体系面向国家生产体系的现代化，通过包括创办高技术企业在内的手段支持科技与市场相结合，为经济增长和提高就业率作贡献。

迄今为止，除了国家研究计划外，意大利政府为推动科技发展和技术进步，制订了一系列研究和发展计划，主要包括：

（1）攻关计划。该计划是由国家研究委员会（CNR）于 1976 年实施的国家范围的研究计划，五年一期（1998 年改为三年一期），旨在加强知识和技术与产品和服务之间的联系，加强科研与技术创新的相互结合。攻关计划覆盖的技术领域为：信息通信、机器人、光电技术、精细化工、新材料、超导与制冷技术、企业国际化与产品出口、并行计算系统、生物技术和仪器仪表等。

（2）战略项目计划。该计划是国家研究委员会内部的基础研究计划。

（3）加强落后地区科技网络计划。为支持落后地区科研机构的发展，1998 年大学科研部推出了“加强落后地区科技网络计划”。项目涉及分子遗传、分子工程、生物制药、食品新技术、海洋环境、多媒体、新材料、电子商务、技术转移等 29 个领域。

（4）南方科技发展与高等教育实施计划。该计划由大学科研部负责制定和实施。1999 年出台的 2000—2006 年意大利南方科技发展和高等教育实施计划，强调要加强科研机构、大学与企业的结合，突出创新与发展，调整南方的生产结构，提高企业竞争力，明确提出文化遗产、环境、农业产业、运输等为南方优先发展的行业。

（5）国家空间计划。1998—2002 年国家空间计划于 1998 年 3 月经意大利经济计划部际协调委员会（CIPE）批准出台。总预算经费为 43 亿美元。主要领域包括空间基础研究、国际和平空间站利用、通信、对地观测、技术开发、地面数据处理中心、培训等。

（6）国家环境研究计划。该计划于 1990 年开始实施，旨在解决环境领域科研投入不足等问题。资金筹措渠道为国家财政支出，分配方式为研究合同制，由大学科研部和环境部共同协调、管理。

（7）国家可持续发展计划。该计划于 1993 年 12 月 28 日由部际经济计划委员会审批通过。这是意大利政府首次在发展国民经济、兼顾环境质量方面制订并实施可持续发展的国家计划。

（8）国家新能源发展计划。意大利政府于 1998 年年底召开了全国能源与环境大会，颁布了《可再生能源白皮书》，大力倡导发展可再生能源。其中“万顶计划”决定到 2002 年在意大利建筑物顶上安装 1 万个光伏电池系统。“太阳能城项目”计划决定每年在意大利中南部地区的公共建筑物上安装24000平方米的太阳能集热板。“国家生物质能计划”决定将生物质能的利用量由目前的每年 3.5Mtoe 提高到每年 8—10Mtoe。

希腊

希腊政府十分重视高新技术的研究和开发，积极参加欧盟各项研究和开发计划，国家财政在科技投入上又作出一定的调整，并制定了一系列的科技发展计划，来促进科学技术发展。希腊政府根据 20 世纪 90 年代欧盟科技政策和结构基金项目的要求，制定了研究与技术五年计划。该计划包括五个子计划。第一子计划：支持环保、农业和医学、信息技术、新材料、社会和文化发展五个领域的项目，占用预算 26%。第二子计划：支持工业研究、技术创新、技术转让、电子网络、数据库开发、国际科技合作等方面的项目，也支持技术转让、示范项目、技术中介、技术标准方面的研究，资助科技园、科研院所，促进大型、国际研究中心和工业设计机构等的密切配合，占用预算 40%。第三子计划：占用预算 18%，支持现有实验室和新建实验室、研究所，强调国家科研单位为工业生产提供服务的效率。重点支持海洋科研，支持在信息技术、工业自动化、卫生、交通运输等领域建立新的科研机构，支持航天科学研究开发和欧洲空间局的科研活动。第四子计划：支持大型基础研究项目，增强国家科研骨干队伍，设置博士后研究工作岗位，进一步完善国家奖学金制度，占用预算 8%。第五子计划：支持科技政策研究和对行动计划的评估、宣传和管理活动，占用预算 8%。

西班牙

1999 年年底，西班牙政府公布了《2000—2003 年科技研发和技术创新计划》，对西班牙现行科学—技术—企业体系的优缺点及其对阻碍该体系发展的原因进行了分析。2000 年 4 月成立了科技部。科技大臣安娜·比鲁雷斯上台后立即表示要增加对科技的投入，许诺在该届政府期间，科技投入将由原来的占国民生产总值的 0.9% 增加到 2.0%；表示要加快发展信息产业以及建立信息社会；加快研发与创新能力建设是西班牙社会各界的热门话题。虽然西班牙已经步入发达工业国家的行列，其经济总量在世界上排名第八，国内生产总值占到欧盟的 8%，但西班牙人还是意识到：在激烈竞争的经济全球化时代，强大的研发和创新能力是保持经济和社会可持续发展的基础，是提升国家和企业竞争力的关键要素。因此，由西班牙政府牵头，中央和地方政府、科研机构与高等院校、企业与专家学者共同研究制定了《2004 至 2007 年国家科研、技术开发和创新计划》。重视基础科研，提高国家、企业研发和创新能力，培养高素质的创新人才，建设研发创新基础设施，增强全社会创新意识，鼓励企业、高校、科技园区、公共研发机构在研发创新方面的合作和积极参与国际科研交流合作等，成为这项计划的主要内容。根据这一计划，到 2007 年研发投入要提高到国内生产总值的 1.4%。

西班牙政府还批准了《2005—2010 年可再生能源发展计划》。该计划显示，2010 年西班牙新能源发电量将占总发电量的 12%。西班牙政府计划为该系统项目投资 29 亿美元，其中电力公司出资 77%，银行、不动产开发商和技术集团出资 20%，另外 3% 为社会赞助出资。该计划提出到 2010 年，风力发电量将由现在的 1300 万千瓦增加到 2016 千瓦，特别是生物质能和太阳能将会得到大力开发。

挪威

21 世纪初，挪威出台了《新世纪的科学研究》新的科技政策白皮书，提出了挪威有史以来最为雄心勃勃的科技发展政策和规划。报告中提出，在2005年前，挪威R&D投入要达到OECD水平，鼓励私有部门加大科技投入。挪威通过增加基础研究基金长期支持，来增强基础科研队伍，特别是加强大学、科研单位的科研力量，同时，努力提高科研质量水平，将科研质量水平的评估作为资源分配的重要基础。增加科研资源配置，更新科研仪器设备，增加科研人员，到2005年科研队伍人数增加30%。在科研系统提供平等的工作机会，更多地吸收女性到数学/自然科学和高层科技职位上。按照新的科技政策，挪威采取了一系列科技调整措施，包括：（1）增加科技投入，大幅度提高科技投入。（2）确定优先领域。结合挪威自身的产业结构和科技优势及社会发展需求，挪威确立了四个重要优先领域：海洋研究、信息通信、医药健康和环境能源。（3）鼓励企业科技投入。（4）加强国际合作。（5）增强科研体系和提高科技质量。

奥地利

1995年奥地利加入欧盟后积极推行科研体制的改革，10多年间发生了巨大变化。1999年下半年，奥地利政府发表了《科技政策绿皮书》，制定了面向21世纪的中期科技政策和发展战略。为了协调国家的科技管理工作，2000年国会通过法律，成立了统一的联邦最高科技咨询机构“研究和技术发展理事会”，并对政府部门分管科技的职能进行了调整。2004年6月奥地利又制定了《研究促进体制改革法》，并于9月1日正式生效。这意味着奥地利新科研体制的建设完成立法并付诸实施。欧盟巴塞罗那会议提出了2010年R&D经费投入要达到国民生产总值的3%，这已经成为奥地利追求和实施的目标。

2005年奥地利的研究开发经费投入大约为58亿欧元，与1998年相比增长70%，与1993年相比增长达150%，占国民生产总值的2.35%，超过欧盟国家的平均水平。在R&D总投入中36%来自政府，政府投入比10年前增加了65%，达到20亿欧元；43%来自企业投入，在此10年期间对研究开发的投入翻了一番，达到近25亿欧元。

根据新的体制，奥地利在议会里设立了“科技、工业、经济委员会”，在政府层次建立了“研究和技术发展理事会”和“国家研究、技术、开发基金”。“研究和技术发展理事会”为一个特殊的独立法人机构，有8名成员，由联邦教科文部和联邦交通创新技术部从国内外著名科技专家中各选4名理事，两部部长为理事会顾问。理事会的主要任务是为联邦政府科技政策提供咨询，制定科技发展长期战略，制定国家科技计划和重点领域指导方针，对国有科技机构进行评估等。“国家研究、技术、开发基金”主要资助和服务于高质量、高水平的中长期研究和技术创新项目，2006年大约有3亿欧元基金。另外有国家研究开发攻关计划资金6亿欧元，由“研究和技术发展理事会”提出建议，通过透明的决定程序用于计划项目。在进行科研体制改革后，负责科研促进和管理的相关政府部门分别为：联邦财政部，重点负责基金管理；联邦教科文部，主要负责大学基础研究和学术交流；联邦交通创新技术部，负责工业应用研究；联邦经济部，主要负责企业创新开发和科研促进组织。重要事宜由部长协调会议共同研究决定。

联邦政府还要求各科研机构制定中期发展战略。为保证实施科研发展战略的投资，政府制定中长期的科研预算。奥地利联邦政府的科研经费70%集中在科学部，其次是卫生部、财政部、教育部、农业部、环保部等部门。

奥地利还建立了以大学研究、企业研究、校外独立研究机构组成的奥地利研究开发创新体系。目前奥地利比较重要的科学研究机构有：奥地利科学基金会、奥地利研究促进署、奥地利经济服务公司、奥地利多普勒研究协会、奥地利学术交流署、奥地利科学院、奥地利研究中心、奥地利合作研究联盟、奥地利博茨曼协会、约安劳姆研究有限公司。

2009年6月，奥地利技术研究所（AIT）成立，这是欧盟国家中第一家按照《欧盟公司法》注册的大型研究型企业。奥地利联邦交通创新技术部部长多里斯·布里斯（Doris Bures）称其为“为欧洲校外研究机构提供了一个可以借鉴的良好运行模式”。AIT内设能源、汽车、健康与环境、安全与防卫、展望与发展政策五个部门，人员编制为500人。AIT的主要任务：一是承担国家项目；二是争取欧盟项目；三是接受奥地利工业联合会的委托。为此，奥地利工业联合会成立了“研究与创新促进会”，收集成员企业的开发意向，并与联邦交通创新技术部的技术发展总体考虑相结合，形成具体任务后委托AIT执行，在企业向AIT委托任务的过程中增加了“汇总与综合”过程，使研究项目与国家目标保持一致。

AIT的成立是奥地利技术开发取向调整的产物，是奥地利政府为部署未来技术开发工作而采取的重大举措，其目的是力促形成对国民经济发展起重大推动作用的关键技术，培育国民经济发展新的增长点。

瑞士

自20世纪七八十年代以来，重视科技发展的瑞士先后制订实施了《国家科研计划》《重点研究计划》以及《国家研究重点计划》等系列国家级科研计划和科技发展战略，联邦政府投入了大量科研经费。通过这些计划的实施，不仅取得了大量科研成果，而且有效促进了瑞士科研和教育结构的改善；加强了科研机构、大学和企业的技术合作，对科研成果转化具有积极推动作用；增强了组织跨领域和跨学科的综合性研究项目的能力，使整个国家具有战略意义的重点科研领域不断巩固和加强持续研究创新的能力，保持国际领先地位。

瑞士十分重视生物质利用，2009年先后出台了生物质能源化利用计划、行动方针，可再生能源目标，以及生物质利用国家战略等。瑞士联邦科研基金会和瑞士科学院把生物质利用研究列为长期战略性研究领域，并予以重点支持，瑞士联邦会议、政府调整和制定了一系列方针、政策、法律法规，甚至在各类学校教育计划中也加入了生物质内容。可以说，瑞士正将生物质产业纳入整个社会的经济发展规划中，作为一项关乎国家可持续发展的长远战略进行落实。

葡萄牙

1978年以前，葡萄牙基本上没有具有连续性和长期性的科学政策。1978年，葡萄牙开始实施第一个科研政策纲要。1987年，国家依据科技协调原则制定了新的科学政策框架。全国科学技术委员会制定了科学发展《动员纲要》，一方面制定资助科研与开发的宏伟财政计划，另一方面决定成立一个评估科研成果的代理机构，并且明确指出科研活动的重心是要将科研成果的供给与市场需求结合起来。

葡萄牙早在1996年就拟定了关于“加速发展知识与信息社会”的政策，并于1997年4月通过《信息社会绿皮书》，制定了建设信息社会的各项措施。“信息社会计划”是绿皮书的重要内容之一。该计划强调，在全球化、市场开放和电信自由时代，葡萄牙应参与“处在数字化进程中的全球经济变革运动”，采取相应措施，改革传统工业、重组就业结构，提高企业竞争力，推广电子商务，发展信息产业。同时，要建立联结大学、科研机构的“科学、技术和社会网络”，形成与全国科学、技术和社会相关的“骨干工程”。实施整个“信息社会计划”大约需要6.25亿欧元，其中3.16亿欧元来自欧盟的“结构基金”。为实施这项计划，葡萄牙政府设立了“部长会议信息社会委员会”，同时设立“计划管理”和“科学与技术监控”等辅助性机构。此后，葡萄牙政府先后出台多项法律，并且从政策和资金等各方面对“信息社会”的建设给予大力支持。葡萄牙政府于2004年1月17日宣布将把科研作为工作重点，并计划2004—2006年投入10亿欧元资金，用于战略性科学研究与技术发展计划，以提高葡萄牙在欧洲及世界的竞争力。

芬兰

近几年，芬兰科学院和芬兰创新基金分别筹划了三项研究计划和两项新计划。芬兰科学院积极筹划的三项研究计划是：（1）第三期优秀研究中心计划（2012—2017）。该期计划将把优秀严格界定为“处于本研究领域国际前沿”。项目征集从2010年1—2月开始，计划为期六年。芬兰科学院已经实施过两期优秀中心计划，资助了41个优秀中心。（2）气候变化研究计划。重点研究领域是气候变化的影响和治理。此计划将与芬兰技术创新资助局等联合开展，具体于2011—2014年进行。（3）未来生活研究计划。该计划将研究与生活有关的不同发展趋势以及生活的社会、技术和环境问题。研究主题包括城市化、建设、土地使用、生活变化、锻炼和生活环境等。计划于2011—2014年进行。

芬兰创新基金发起的两项计划是“智库芬兰创新基金”2009年确定的两个新计划领域：一个是为把乡村地区作为社会资源加以发展的“农村地区作为芬兰竞争力来源计划”，该计划为期4—5年，旨在寻求和推广帮助乡村地区提升竞争力、产生新的增加值并为芬兰所有居民带来福祉的新视角和创新模式。另一个是“公共行政管理发展计划”，特别关注公务员和国家及市政当局政治管理之间的界面，以及涉及合作的管理挑战。

二　各国科技管理体制

英国

英国的科技管理体制相对松散，可大致分为两个系统：议会附设的科技管理、咨询机构和政府科技管理机构。议会附设的科技管理、咨询机构主要包括议会与科学委员会、议会科技办公室、选择委员会等。其职能是对政府的科技预算、政府科技政策的制定及其执行、政府职能部门的科技管理等情况提供咨询、监督；同时对与科技相关的提案为两院议员提供交换意见的场所。政府科技管理的最高权力机关是内阁。内阁中，政府宏观科技管理是由贸工大臣（即内阁科技大臣）负责；贸工大臣下设负责科技的国务部长或次官，辅佐贸工大臣具体负责政府的科技管理。现归属贸工部（DTI）的科学与技术办公室（OST）为政府宏观科技管理部门；政府各部负责各自所辖领域的科技管理；同时通过 OST，对政府的总体科技管理负责。英政府的科技管理部门可分为“专业的”和“非专业的”。前者包括内阁生产力与竞争力委员会、科技顾问委员会、科学与技术办公室等；非专业的科技管理部门是指英政府的各职能部门，主要包括贸易与工业部（DTI），国防部，环境、运输与地区部（DETR），农业、渔业与粮食部（MAFF），卫生部（DOH），国际发展部（DFID）。

英国的科研体系大体由研究理事会、高等教育机构、专业机构、企事业的研究技术组织和私人基金慈善机构等五部分组成。研究理事会是指如下七个具有“准政府”性质的科技管理机构：工程和物理科学研究理事会（EPSRC）、医学研究理事会（MRC）、粒子物理学与天文学研究理事会（PPARC）、生物技术与生物科学研究理事会（BBSRC）、自然环境研究理事会（NERC）、经济与社会研究理事会（ESRC）和中央实验室委员会研究理事会（CCLRC）。高等教育机构（HEIs）是指英国的大学长期从事政府绝大多数战略性的和基础性的科研任务。专业机构是指在英国，有各种大量的专业学术和技术社团，其中很多有自己的教育、培训机构，培养所需的各类专业人才。这类专业机构中最具代表性的有皇家学会、皇家工程院等。其中，皇家学会相当于英国的科学院。

德国

德国拥有一整套结构完善、分工明确、协调一致的科研体系。高等院校、独立研究机构、企业科研机构是德国科研体系的三大支柱。联邦教育研究部是主管国家科技发展的政府职能部门，负责制定并实施科学技术发展方针、政策，利用政策法规和管理科研经费等手段，对国家科技活动进行宏观调控。同时，还负责协调联邦政府各部之间以及联邦政府与州政府之间的科技政策和科研活动。联邦教育研究部管理联邦政府约 70% 的研究与开发经费。这些经费中的一部分作为向国家非营利科研机构提供的事业费，一部分作为资助科研项目经费使用。

德国共有 300 余所大学及专科学院，它们既是一支很强的基础理论及应用研究队伍，又是培养科研后备力量、保证科研力量不断更新的重要基地。德国独立科研机构是由联邦政府和州政府共同资助的非营利科研机构。这些机构包括从事自然科学、人文科学、社会科学领域基础研究的马普学会，从事应用研究的弗朗霍夫学会，从事综合性跨学科战略研究的 16 个国家研究中心以及 84 个“蓝名单”科研机构。马普学会拥有 79 个规模、结构、任务各不相同的研究所、研究站、工作小组。弗朗霍夫学会拥有 48 个研究所。

为了提高科研机构的运行效率，增强科研机构的技术创新活力，德国政府提出了评估科研机构、引入激励机制、改革科研体制等一系列重大措施，相继成立了由国内外专家组成的评估委员会，分别对马普学会、弗朗霍夫学会、国家研究中心、“蓝名单”科研机构等由联邦、州政府共同资助的非营利科研机构进行了评估，并提出了评估报告。随着德国“科学顾问委员会”对国家研究中心的评估报告的发表，评估工作于 2001 年年初顺利结束。作为改革科研体制的第一步，德国十六个国家研究中心之一的信息技术研究中心，已与弗朗霍夫学会有关的研究所合并。合并后新成立的科研机构将拥有 2500 名工作人员，成为欧洲信息通信领域最大的研究机构。

瑞典

在瑞典科学研究体制中，议会与政府负责研究政策的制定以及政府科研经费的分配。政府研究经费通过两个渠道下拨：一是直接拨给高教部门，二是拨给研究理事会和政府部门研究资助机构。与其他国家相比，瑞典政府支持的大学科研规模较大。自1997年开始，瑞典所有高校都能得到政府固定的经费支持，用于科学研究和研究教育（研究生培训）。高教部门经费分四个领域：自然科学、工程科学、医学、人文和社会科学。政府向议会提出分配方案，获批准后高教部门各机构再自行分配下拨。瑞典有10所高校承担了主要的科研任务，它们分别是隆德大学、乌普萨拉大学、哥德堡大学、斯德哥尔摩大学、乌米尔大学、林雪平大学、卡罗林斯卡医学院、皇家工学院、查尔莫斯技术大学和瑞典农业大学。

瑞典研究理事会主要负责对基础研究的资助，它们依据基本的科学或学术标准，通过评审委员会对项目进行评估来分配研究经费。理事会成员由政府指定的研究界代表和社会公众代表组成，经常在外国专家学者的参与下对其支持的研究项目进行评估审核，还对其他部门的研究项目和设施进行评审。

瑞典有约30个政府部门研究资助机构，它们同时负责资助各部门内专业知识领域的研究与开发。其中较为主要的有国家创新局、农林研究理事会、瑞典交通与通信研究局、瑞典劳动生活研究理事会、国家空间局。其中，国家创新局（Swedish Agency of Innovation System）是一个新的R&D资助机构，将对技术创新起到重要的推动作用，其承担原交通运输局、国家工业与技术发展局（NUTEK）和劳动生活研究理事会的部分职能，主要负责创新体系、可持续发展和经济增长等方面的研究与开发，促进研究与开发之间的协调与合作。

瑞典还有众多研究基金会，负责对某些领域的研究和资助，具有一定的政府职能。资金主要来自社会公共积累（如原有的工薪者基金）等。较重要的有瑞典战略研究基金会、知识和能力发展基金会、战略环境研究基金会、瑞典保健科学和过敏症研究基金会、瑞典研究与高教国际合作基金会。

意大利

意大利科技管理机构可分为三个层次：

一是重大科技战略及科技资源分配决策机构，主要包括：（1）国家研究与创新政策部长委员会。委员会主席由总理担任，副主席由大学科研部长担任，成员包括外交部、预算和经济计划部、工商手工业部、卫生部和农业政策部的部长。主要负责国家科技政策和国家其他重大战略决策，并对全国的科技工作进行协调、规划。（2）经济计划部际协调委员会（CIPE）主席、副主席由历届总理、预算部部长兼任，成员为大学科研部部长及各有关部长。其主要职能是制定经济政策，确定年度预算及资源分配。

二是科技主管部门，即大学科研部（MURST），它是意大利大学和科研系统政策制定、实施和科研项目经费管理的核心部门。其主要任务是提出国家科研计划和科研情况报告，根据预算向各个大学和公共研究机构划拨经费，协调全国公共基金资助的科研活动，协调全国参加欧盟和国际科研项目的活动。另外，大学科研部还有三个重要的咨询、管理机构：（1）科学技术大会及国家科学理事会；（2）研究政策专家委员会；（3）研究评估委员会。

三是兼有管理职能的综合及专业研究机构，主要包括国家新技术能源与环境委员会（ENEA）、国家高等卫生研究院（ISS）、国家核物理研究院（INFN）、国家材料物理研究院（INFM）、国家空间局（ASI）等。

希腊

希腊的科学技术管理体系包括三个部分：（1）政府归口管理科学技术工作的职能部门是隶属于发展部的研究与技术总秘书处（简称GSRT）。其主要任务是：组织起草科技法规，并监督执行；制订全国科技规划和计划，并组织实施和评价；管理科研机构、科技人员和科研经费；归口管理政府对外科技合作和交流、技术引进；促进科技信息传播和交流；调查科技对经济和社会发展的影响和后果；协调与其他政府部门有关的研究和技术政策等。同时在有关部内成立科技活动协调办公室，与发展部研究与技术总秘书处联合制定对科研课题及科研成果进行评审的有关规定。（2）为了协调政府的科技工作，成立由农业部、教育部、卫生部和发展部组成的部际决策机构，发展部为主席部。（3）国家科研与技术顾问委员会是科研与技术部长委员会和发展部研究与技术总秘书处的咨询机构，由国内外的希腊杰出科学家、有关部委和生产企业代表组成。其任务是为部长委员会和总秘书处作科技咨询，并提出建议。委员会分成自然科学和技术组及社会科学和人文组两部分，下面又分为若干个产业小组。

西班牙

西班牙实行中央政府集中协调的科技管理体制。原来管理科学技术的职能部门是部际间科学技术委员会。该委员会由10个与科技工作相关的政府部门派代表组成，委员会主席由教育科技大臣担任。2000年，西班牙科技部从原来的教育科技部中单独划分出来，并划拨原工业部、能源部、公共工程部和其他部中有关科技的部门由它来统一管理，但是原属国防部的科研单位，例如国家航空航天技术研究所的隶属关系没有变化。目前，科技部分为两大块：一块称科技政策国务秘书处（副部级），负责传统意义上的科学技术研究开发工作；另一块称电信和信息化社会国务秘书处（副部级）。现科技部科技政策国务秘书处下属的主要研究管理部门有：（1）最高科研理事会（Consejo Superior de Investigaciones Cientificas，CSIC），相当于中国的中国科学院加中国社会科学院。（2）工业技术发展中心（Centro para el Desarrollo Tecnologico Industrial，CDTI）。它的主要职能是管理国家开发新技术的基金，同时也是一个全国性的负责技术开发和成果转让的中介部门。

科技部直属的研究机构有：（1）能源多样化和节能委员会（IDEA）；（2）能源和环境研究中心（CIEMAT）；（3）农业和食品研究中心（INIA）；（4）海洋研究中心（IEO）；（5）地质矿产研究所（ITGE）；（6）加纳利天文研究所大学，有许多基础科学研究在该大学进行。西班牙主要的大学有：马德里自治大学、贡布鲁滕塞大学（Complutense）、马德里理工大学（高等技术学院）、巴塞罗那大学、萨拉曼卡大学等。

丹麦

丹麦科技主管部门是研究与信息技术部，下辖六个专业研究理事会、丹麦电信局、政府信息局、瑞索国家实验室和丹麦空间研究所。除研究与信息技术部直辖的研究所外，主要的研究组织和研究机构还有丹麦皇家文理科学院、丹麦技术科学院、尼尔斯·玻尔研究所、国家血清研究所等。著名的学府有哥本哈根大学、奥胡斯大学、丹麦技术大学等。

大学是科学研究的一支重要力量。为了增强大学的科研、教学实力，丹麦研究与信息技术部提出并实行了“大学实绩合同制”的新模式。具体由研究与信息技术部联合教育部与每个大学通过谈判，签订中长期合同（现定为四年），确定大学发展的目标、重点指标及财务安排等，改变了过去国家对高等教育的人均拨款体制。

在促进科技成果转化方面，丹麦也实行了新的措施。过去，国家研究机构（包括大学）研究人员的发明，即便所有经费由国家资助，根据知识产权的相关法律规定，其研究发明的所有产权归研究人员个人。这种规定的后果是，大学或研究所对技术发明的转化缺乏积极性。为了改变这个现象，丹麦制定了新的法律。根据新法律的规定，国家研究机构将与私营企业一样，可以拥有所属研究人员的发明专利权。在新政策的激励下，研究机构对科技成果的转化积极性明显提高。一些大学建立了新的技术联络办公室，也有的与当地科学园区加强了合作，将成果转让给企业或创建新的高新技术企业。

丹麦科技发展的主要决策机构是议会和政府。议会是丹麦最主要的科技决策机构；政府的职责更多的是协调各部门的研究与开发活动。议会下设科研委员会，其任务是为议会讨论科技政策和有关科研开发问题作准备。科研委员会设有“科学联系小组”，由7名议员、科学政策和计划委员会主席以及6个研究协会主席组成。该小组负责安排议员与科学家之间的各种会议，共同讨论与科学和社会发展有关的重大问题，以便向议会提出议案和建议。科学政策和计划委员会是1972年根据议会的一项法令建立的，它是议会和政府有关科学政策的咨询机构，任务是推动和促进研究为社会发展服务，提供科研开发的统计和预测，对科研开发预算提出建议和意见。委员会共有15名成员，其中7名分别代表6个研究协会和1个设在里斯的原子能研究机构管理委员会，其余8名则根据个人才能选出。70年代初，又建立了科学技术情报和文献委员会。它也是一个咨询机构，负责这个领域的计划与协调任务。科学政策和计划委员会、六个研究协会以及科学技术情报和文献委员会的日常事务，由丹麦研究管理局统一管理。研究管理局属教育部管理，是中央政府部门管理科学研究事务的行政机构，也管理参加国际研究与发展合作事宜。

丹麦有关科学技术的重大决策，均由议会作出，但是，政府在影响议会决策方面也发挥出了很大作用。在政府部门中，在科技政策的实施和科技管理中发挥作用最大的是教育部，其次是工业部。教育部对大多数政府研究机构以及负责科技规划和管理的中央机构进行协调，但并不具有全面协调的权力。教育部下设研究管理局。工业部下设工业贸易局，负责技术创新、技术进步和管理工作；能源管理委员会，管理有关能源的研究与开发工作，协助工业部制定能源研究与发展计划。有关科技发展政策方面的工作，主要由科学政策和计划委员会以及一些有关领域的研究协会具体处理。工业企业部门的科研开发工作完全由企业本身提供资金，政府只限于一些比较间接的措施，如政府财政补助的安排等。大学系统的研究与开发工作比较独立，经费几乎全部由政府预算提供。发展科技领域的国际合作，是丹麦科技政策的重要组成部分。政府十分注重从政策上提高科技合作的灵活性和弹性。

1973 年，丹麦建立了技术委员会，属工业部领导。技术委员会负责丹麦以及外国的技术评价和工业发展问题，为满足丹麦的社会发展需要和工商业利益，采取有效措施促进科学技术发展。此外，技术委员会还有制定和协调政府在支持发展科学技术方面政策的任务。

芬兰

20 世纪 60 年代初，芬兰成立了科学技术委员会，后改名为科技政策委员会。其职能是加强对全国科研活动的规划与协调。该委员会主席由总理担任，委员由有关部长及大学、科研部门和工业部门的代表担任。该委员会负责制定和修改国家的科技政策，跟踪不同科技领域的研究与技术开发，向政府提出有关计划和建议。随着芬兰创新政策重心从技术发明向社会创新的转变，根据芬兰政府 2008 年 12 月的政府令，芬兰科学技术政策委员会于 2009 年 1 月 1 日起改为研究创新委员会，其职能的调整包括：（1）新委员会还将研究处理涉及全面监督和促进创新政策的问题。（2）修改委员会成员任职标准。在成员总数保持不变的情况下，减少基于配额的成员数。（3）现有的科学政策分委员会和技术政策分委员会将由科学教育分委员会和技术创新分委员会取代。（4）加强委员会秘书处的力量，现有的科学技术政策委员会秘书处将继续作为新委员会的秘书处。

挪威

挪威科研体系可分为三个层次，即议会和政府进行政治决策、研究理事会主管科研政策的制定和执行、大学及科研机构具体开展科研工作。

挪威议会和政府制定科技政策框架、目标和重点领域。议会是挪威的最高科技决策机构，各部门制定的科技计划、财政预算等均需经议会审议通过后才能实施。内阁下设各类专家组成的部级专业研究委员会和理事会，作为国家制订和评审各种政策的咨询顾问机构。教育、科技和宗教事务部在总体上主管协调全国科技事务以及基础科学和大学的科研活动。挪威政府对科技工作历来采取由部门归口负责的分散管理体制。政府各部门按隶属关系和业务管辖范围分别负责各政府行业部门制定科研计划，并负责本部门的研究经费管理。教研部负责协调科研政策并负责管理全部财政支持科研经费的近一半，工贸部的国家财政科研经费占第二位，挪威政府各行业部门均有财政科研经费。

挪威研究理事会隶属于教育、科技和宗教事务部，主要负责挪威科研政策的制定和执行、为政府提供科技咨询、为科研和国际合作项目经费拨款、协助各部门制定科技计划、协调经费和项目。挪威研究理事会是 1993 年挪威政府将五个专业研究理事会即科学与工业研究理事会、自然科学与人文科学研究理事会、农业研究理事会、渔业研究理事会和应用社会科学研究理事会合并而设立的，目的是调整政府科技管理体制，改变过去科技管理工作中过于分散和层次过多的状况，挪威研究理事会现有工作人员 290 名，下设 5 个业务部门，分别是生物与利用部、工业与能源部、文化与社会部、医药与健康部、科学与技术部。

研究理事会设有来自大学、科研、工商等各界有关人员组成的董事会，负责研究理事会的政策制定。董事会是挪威研究理事会最高决策机构，下设六个研究委员会，负责相应的六个业务部门的政策制定。

大学和科研机构是挪威科研项目执行的主体。挪威从事研究与开发工作的院所、大学和公司企业共有 500 多个，挪威科学和工业研究基金会（SINTEF）是挪威著名的科研与开发机构，它有 40 多个专业研究院所、中心、实验室和开发公司，1000 多名科学家、工程师和各方面的专家。60% 的研究项目与海洋、石油有关，是欧洲第四大研究中心。另外，米卡森林研究院（CHR · MICHELSEN）、罗格兰德研究院（ROGALAND）、挪威数据中心

(NORSKDATA)、能源研究所、大气研究所(NILU)、水研究所(NIVA)和地质研究所等在欧洲都享有盛誉。

荷兰

荷兰教育、文化、科学部负责协调全国科技发展政策。经济部通过咨询服务、中介和财政支持来推动和影响科技方面的发展。荷兰科学院(KNAW)是政府在各个学科领域的咨询、顾问实体,并负责管理下属公立的基础研究机构和国家对外的科技交往与协作事务。

爱尔兰

政府认识到科学和技术在经济和社会发展中的中心地位。在科学及其相关学科中确保足够数量的、受过良好教育的大学毕业生、文凭持有者和具有大学教育学资格证书的人,是政府决策的一个基石。

在爱尔兰,科学和技术事务具体由各个部门负责。政府各部门分别负责各自相关领域的科学和技术研究开发事务。设在企业、贸易和就业部内的科学和技术办公室,负责为本部及其下属机构制定科学和技术政策。科技办公室也负责在欧盟层面和其他国际论坛上协调爱尔兰对科学和技术问题的投入。爱尔兰工业发展和科技政策咨询与合作管理委员会是国家有关工业发展和科学技术的政策年,咨询和协调机构。

为了帮助确定国家科学与技术发展的优先顺序和重点,设计其长期发展战略,促进科技开支计划的实施,政府已经提出了新的结构和程序,一个由科学、技术和商业部部长牵头的科学技术部际委员会已经成立。1997 年,政府又依据工业发展和科技政策咨询与合作管理委员会的立法,成立了爱尔兰科学、技术和革新理事会。该理事会负责为政府对科学、技术和革新政策的战略指导建言献策。理事会的作用涵盖了诸如对小学、中学和大学教育,科学研究,技术及其研发,国家开支重点,以及公众对科学、技术和革新问题的意识等各个政策层面。理事会的观点对于部际委员会的工作至关重要。理事会有 25 名成员。其他涉及研究与技术开发的部门,包括教育和科学部、农业、食品和农村发展部、卫生与儿童部,以及海洋和自然资源部。

葡萄牙

1995 年,葡萄牙设立科技部,这在葡萄牙历史上属首创,但它的成立比其他大多数发达国家晚了起码有半个世纪。在这之前,葡萄牙的科研工作主要由全国科学技术委员会负责协调。此外,还设有最高科技委员会,是政府各部的咨询机构。议会自 1986 年起也设立了教育、科学和文化委员会。科技部的成立充分显示了政府加强科学技术工作的决心。科技部成立之后,制定了一套比较系统、完善的科技政策。之后,科技部进行了一系列的机构改革,首先设立了三个新机构:科学与技术基金会,负责对科技机构和项目进行推广、资助和评估;科学与技术观测站,负责科技信息的收集、处理和传播;国际科学与技术合作研究所,负责国际合作活动的协调。其次,为了改变企业对科技投入过少的局面,政府颁布了一套鼓励私人企业从事研发工作的措施。

第三节 各国和地区科技实力比较

综合研发强度、科研智力资源、创新能力等多项指标,目前欧盟科技实力仍然落后于美国和日本,但差距呈缩小趋势。欧盟大部分国家的科技实力较强,欧盟 27 个成员国在科研经费、科研人员方面的总投入仅次于美国,位列全球第二。

一 科研经费投入的比较

(一)成员国和地区之间的研发强度(R&D Intensity)差异显著

欧盟统计局资料显示:2007 年欧盟 27 国研发总投入达到 2287 亿欧元,美国为 3680.98 亿美元。英、法、德、意四大成员国的研发投入占了欧盟总投入的 50% 以上。欧盟 27 国的研发强度为 1.85%,与里斯本战略提出的占 GDP 的 3% 的研发目标尚有不小差距,更落后于美国和日本,其中日本的研发强度最高(2006 年为 3.6%),紧随其后的是韩国(2006 年为 3.0%),美国位居第三(2007 年为 2.67%)。研发强度的强弱大致可以勾勒出欧盟成员国及地区经济发展和创新理念上的差异性。欧盟 27 国只有瑞典和芬兰两国的研发强度超过了里斯本战略中的研发目标,其研发强度分别高达 3.6% 和 3.47%。就区域而言,研发强度较高的区域几乎均分布在德国、瑞典和芬兰境内。据统计,2006 年名列研发强度前五强的地区分别是德国的不伦瑞克(Braunschweig,5.83%)、瑞典西部地区(Västsverige,5.40%)、德国的斯图加特地区

(Stuttgart，5.37%)、北芬兰地区（Pohjois-Suomi，4.75%)、德国的上巴伐利亚地区（Oberbayern，4.71%)。研发强度排名前10位的区域中，德国和瑞典各有四个地区榜上有名，其余两个地区分属芬兰和法国。

（二）研发经费来源及投向的差别

欧盟27国中，2007年55.4%的研发经费来自企业。在成员国层面上，包括卢森堡（79.7%)、芬兰（68.2%）和德国（68.1%)，这三个国家来自企业的研发经费比例达到了里斯本新战略提出的第二个目标：研发经费的2/3应来源于企业。企业、政府和高教部门是研发投入的主体，研发经费的63.9%投入企业部门（BES)，其余的35.1%投入高教部门和政府部门。按照产业和部门结构划分，制造业始终是研发投入的重点领域和投入规模最大的部门，德国和斯洛文尼亚的企业分别将90.0%和85.6%研发经费投入制造业。在高教部门，各国研发经费投入的重点学科有所侧重，但大多数国家将2/3的经费投入自然科学、工程技术和医学领域。

2008年欧盟公司的研发投入规模超过了美国与日本。总部设在欧盟的公司其研发投入增长率为8.1%，连续第二年超过了美国（5.7%）和日本(4.4%)。跻身全球研发投入十强的两大欧盟公司是大众汽车公司（研发投入为59.3亿欧元，位居全球第三）和诺基亚公司（全球排名第八)。

英国

英国之所以能在科技上较长时间地保持世界领先地位，与其在科技上的高投入是密不可分的。根据英国国家统计局2009年3月20日公布的统计数据，2007年英国研发投入总支出为254亿英镑，占GDP的1.79%。近几年来，特别是2005年以来，英国的研发投入占GDP的比重逐渐回升，2007年的投入接近1999年和2001年的最高水平(1.8%)。

公共部门是英国基础科学的主要资助者。企事业部门则主要承担研究和开发新产品与改进已有的产品和服务事宜。政府通过诸如制定远期规划的办法努力创造一种适宜于研究与开发和成功运用新思想的环境，并促进技术的转让和使用。政府鼓励工业界在研究与开发方面进行更多的投资并使之在这一领域持一种更为长远的观点。政府提供全部科研经费的32%，工业界提供49%，来自海外的资助占15%。私人的捐助同样很重要，包括托拉斯和慈善事业。工业界还资助大学以及政府确立的科研项目。

法国

自20世纪80年代以来，法国历届总统和政府就强调科研是摆脱经济危机的手段，是法国置身于世界强国行列的保证。正因如此，法国自60年代以来不断增加对科技和发展的投入。法国60年代的科研经费已占国内生产总值的1.3%，80年代中期用于民间的科研经费已占国内生产总值的2.5%；2006年，法国的科研开发开支达379.8亿欧元，占国内生产总值的2.3%，在经合组织成员国中居第四位。法国科研水平在经合组织中排名第四，位于美国、日本和德国之后。

2008年，法国研发投入共计427亿欧元，其中政府投入206亿欧元，占48.2%，企业投入221亿欧元，占51.8%。法国2009年高等教育与研究支出为277.06亿欧元，2010年将提升到291.72亿欧元。新增预算中的5.65亿欧元用于高教与研究，5.3亿欧元用于“科研税收信贷”。高教和科研预算已连续三年成为政府的首要优先预算。事实上，由于经济振兴计划的实施，2009年法国高教和科研支出较上一年度增长了21亿欧元。

德国

德国研发活动的经费主要来自政府、经济界、私人非盈利科研机构和基金会。截至目前，德国的研发教育经费占GDP的比重已超过3%，仅次于美国和日本，居世界第三位。德国超过70%的研发经费由联邦教育研究部管理，这些经费中的一部分作为向国家非盈利科研机构提供的事业费，一部分作为资助科研项目经费使用。此外，默克尔政府还于2006年8月推出了德国的首个高科技战略，政府决定在未来四年内为促进未来高技术的研究和推广投入近150亿欧元，同时进一步改善经济界与科研机构的合作。

2009年德国全社会研发经费支出占其国民生产总值的比例为2.9%，2009年，德国联邦政府公共研发经费总投入约为120亿欧元，比2008年增长8%。其中，德国联邦教研部2009年度科研项目经费总预算约为35亿欧元，比上年增长约13.5%。新增的科研经费主要投入老龄化社会与健康、气候变化与能源、创新能力建设、中小企业创新和国际科技合作等领域。

意大利

2003年，意大利执行部门研发支出合计为147.69亿欧元，比上年增长1.2%；2004年意大利执行部门研发支出合计为152.52亿欧元，比上年增长3.3%；2005年，研发支出合计为155.99亿欧元，比上年增长2.3%；2007年意大利的研发支出总额为211.16亿美元（总额排在世界第9位），研发支出占GDP的比重为1.13%（排在世界第29位）。2007年，意大利人均研发支出为361.4美元，排在世界第23位；2007年，意大利的企业研发支出总额为116.68亿美元，排在世界第10位。2007年，意大利的研发人员数量为192.0（全时工作当量/千人），排在世界第10位。2007年，意大利的专利授予量为5257件，排在世界第9位。2008年意大利被收录的SCI论文为63042篇、EI论文为13661篇、ISTP论文为21629篇，排名为世界第7位。

2009年，意大利经济发展部"工业2015"计划（2006年11月启动）专门针对节能环保领域的项目进行了征集和评审，政府从86个参评项目中选择了30个项目，计划投入2亿欧元进行资助。这些项目主要涉及风能、太阳能、生物质能、低功耗电机、高效节能家电、废弃物资源化利用等领域，分别由234家企业和160家研究机构参与执行，研发总投入约为5亿欧元，此外，意大利政府还与企业签订协议，支持企业参与节能环保技术研发。2009年7月，环境部与Enel、Eni、Edison等11家企业在总理府共同签署了《环境公约》。根据该公约，政府将在"京都基金"的框架内支持企业开展高效减排技术的研发与推广，在2009—2012年与这些企业共同吸引总额达30亿欧元的投资，使意大利二氧化碳排放量在此期间减少500万吨/年。此外，根据该公约，环境部还与各企业分别签订了长期合作协议，签约企业均在可再生能源、节能技术领域有具体的投资计划，预计投资总额可达120亿欧元，自2014年起，二氧化碳排放量将减少850万吨/年。

为适应国家在能源特别是在核能方面的长期发展战略，意大利政府在2009年颁布的第99号法令中正式确认建立国家核安全局。意大利核安全局为隶属总理府、由环境部进行业务指导的独立法人单位，职责是管理核能、放射性废料、电站和医疗以及工业核材料，确保放射保护的安全性，对厂房、核材料以及相关基础设施和后勤的建设、使用和保护进行全国范围的技术监督、控制和授权。意大利核安全局由局长、总司长、4名委员以及100名工作人员组成。100名工作人员中有50名来自意大利2008年刚成立的环境保护和研究高等研究院（ISPRA），另外50名来自意大利新技术能源环境委员会（ENEA）。

为应对气候变化，履行《京都议定书》规定的义务，意大利于2009年4月27日正式启动了根据2008年11月环境部法令建立的"京都基金"。该基金目前由2007年、2008年、2009年政府划拨用于履约的共6亿欧元经费和现行的政策优惠资助构成，主要资助微型联合发电推广、可再生能源发电、大于90千瓦当量的高效电动发电机、增加终端用户节能和提高效益、消除工农业生产过程中一氧化二氮的排放、温室气体低排放或零排放的新技术和新能源的研发示范等措施和项目。该基金由意大利环境部拨款，委托意大利储贷银行（CDP Spa）负责管理。

西班牙

相比其他西欧国家，政府投入的科研经费较低，1996—2003年，科研经费占国内生产总值的比重不到1%。一般来说，被列入国家科技发展计划的项目依靠国家预算拨款，各个项目之间经费的发放由该委员会对项目经费申请书进行全面评估后决定，一些基础性的科研项目由政府单独预算拨款，不归入历年的国家科研发展计划的经费中，80年代末期还设立了研究人员培养经费，政府每隔六年对国家科研发展计划所有项目的实施情况进行全面的审核和评估。2007年西班牙的研发支出总额为148.23亿美元，同年，西班牙的研发支出占GDP的比例为1.2%，排在世界第25位。2007年西班牙的人均研发支出为331.5美元，排在世界第24位。2008年西班牙的研发支出为180亿美元。根据瑞士洛桑国际管理发展研究所的排名，2008年西班牙的全球竞争力排名为第33位，2009年为第39位。

比利时

比利时国内每年用于科技研发的经费总计超过

国民生产总值1.6%以上。这些经费70%以上由各企业承担，其他来自政府预算和其他机构。用于联邦科技文化事务的经费分配一般如下：国际空间合作略高于30%，文化教育约为25%，研究与网络计划约18%，欧洲科学基金18%，管理费用约2%，其他用于国际科技合作与交流。其中，比利时国家科研基金会的年度经费约为20多亿比利时法郎，该基金会的资金主要来自各级政府部门及雇主委员会的拨款和个人捐赠。

2008年下半年的世界金融危机对比利时的公共研发支出没有造成影响，比利时2008年公共研发支出约为17.77亿欧元，高于2007年的17.62亿欧元。2009年，比利时实现了研发资金和研究人员数量双增。以比利时的弗拉芒大区为例，该区GDP占比利时GDP的60%以上，2009年资助的科研人员数量比2008年增加了6.5%，经费增加了4%。

奥地利

据奥地利统计局最新统计，2009年奥地利整体研发经费达76.52亿欧元，与2008年的75.12亿欧元相比，增长了1.8%，占GDP的2.73%，与2008年8.1%的增长率相比，出现了比较大幅度的下滑，这主要归因于国际金融危机导致的全球经济衰退。

奥地利研发经费由政府公共财政、企业投入和国外资本三大部分组成。2009年政府公共财政达29.47亿欧元，其中联邦投入25.45亿欧元，同比增长8.9%；9个联邦州财政投入4.02亿欧元，同比增长9.5%。企业投入34.4亿欧元，同比下降1.3%。国外资本投入11.32亿欧元，同比下降6.2%。其他非营利机构研发经费投入达1.33亿欧元，同比增长9.6%。可见，奥地利政府公共财政对研发经费的投入成为唯一的亮点，整体上使2009年奥地利研发总经费实现了增长，但是，要实现2010年研发总经费投入占GDP3%的目标，在当前的经济形势下很难完成。

近期，奥地利实施了设立科研奖金鼓励科研人员从事科研工作的措施，这一措施主要由奥地利科学院自然科学领域的各项科研奖励、奖学金资助计划和奥地利科学基金会（FWF）的人力资源资助计划等三大部分构成。

奥地利科学院自然科学领域的各项科研奖励共10项，奖金额度为2000—2.5万欧元。资助对象是奥地利科学院系统的科研人员。2008年有200多名青年科研人员获得奖励，专业涉及所有科研领域。奥地利科学院的奖学金资助计划在2008年设立了8个项目，每人获得的资助为1.5万—5万欧元/年。

奥地利科学基金会的人力资源资助计划包括：

博士生计划。面向奥地利大学和大学以外非营利科研机构中的青年科研人员，专业领域不限，5—20名为一组，为期12年，每4年评估一次。保证5—20名博士生和1—2名博士后的工作合同。

国外奖学金计划。面向已获得博士学位的奥地利青年科学家，年龄在35岁以下，资助其到国外高水平科研机构开展科研活动，期限为10个月至3年，资助额度为29600—36000欧元/年。

外籍科研人员资助计划。面向已获得博士学位并且在奥地利从事科研的外籍高水平科学家，无年龄限制，要求在国际科学期刊上发表过论文，资助期限为1—2年，资助额度为博士后56110欧元/年，资深博士后63420欧元/年。

客座科学家计划。面向全球高水平科学家，吸引其到奥地利开展基础研究和应用研究工作。要求其在执行项目期间，至少在奥地利从事9个月的科研工作，帮助其所在的奥地利科研团队的科研人员到其国外的科研单位进行学术访问。资助额度平均为每个项目84000欧元/年，另外每年提供3万欧元补助作为差旅费和房租，资助期限最长3年。

瑞士

瑞士联邦科技投入分为三部分：第一部分是部门内部科研投入，是指各个联邦机构为提高管理水平和开展相关专业研究而进行的投入；第二部分是以研发合同委托形式进行的投入，要接受政府相关部门的审查；第三部分是以科研基金形式列出的预算资金，通过联邦科研基金会进行管理。2008年联邦财政科技投入增至15.27亿瑞士法郎，约为国民生产总值的2.9%，其中联邦科研基金占到了86%，年均增长约为4.6%。联邦政府机构内部科研投入略有下降，2008年投入额约为1.23亿瑞士法郎。为了提高效率，联邦政府通过私有化措施把部门所属科研机构推行社会和私营经济界，大大减少了政府对非战略研发的干预。

爱尔兰

政府政策把教育和培养在研究和发展方面具有

新技能的人才置于优先地位。国家开发计划（2000—2006）为政府各部和其他机构的研究、技术开发和革新活动，曾提供总额为19.5亿爱尔兰镑的经费。不久前，爱尔兰政府又通过2007—2013年间的《政府科技与创新战略》，作为完成2007—2013年国家发展计划的关键。到2013年，政府将拨款38亿欧元以促进科学研究，另外还将吸引25亿欧元的私营企业研究资金。该战略计划投入6.4亿欧元加强高等教育科研基础设施建设，投入3.4亿欧元以促进企业科研，投入9亿欧元帮助将科研成果转化为公司产品等。该战略还将帮助提高学生对科研的兴趣，帮助科研人员提高对政府建立知识经济计划的信心。爱尔兰参加了欧盟的研究和技术开发项目。它是尤里卡计划（EUREKA）即欧洲工业主导的研究和发展项目的一个成员，该计划旨在利用技术以提高其全球竞争力。爱尔兰也是欧洲空间署的成员。除此之外，爱尔兰也与其他国家，特别是与欧洲国家达成了大量的双边科技合作协议，促进研究机构和个人之间的协作。2007年，爱尔兰的研发支出总额为34.23亿美元，排名世界第26位；研发支出总额占GDP的比例为1.31%，排名世界第24位；人均研发支出为788.9美元，排名世界第16位。2007年，爱尔兰研发人员数量为18.6人（全时工作当量/千人），排名世界第40位，2007年的专利授予量为263件，为世界第31位。根据瑞士洛桑国际管理发展研究所的全球竞争力排名，2008年爱尔兰排名第12位，而2009年排名世界第19位，稍有下滑。

瑞典

传统上，瑞典用于科学研究的公共资源直接投入到大学之中，但从20世纪40年代起，按英美方式组建起来的研究理事会制度在瑞典逐步确立，科研资金的提供开始采取比较灵活的制度。60年代，由于高等教育机构的扩大和各行业研发力度的加大，投入科研的资源迅速增多。1979年，政府首次提出科学研究政策法案，议会决定政府在议会的每届任期内都要提交一份这种法案。随后，这些法案成了对公共部门研发投资进行长期规划和协调的手段。在制定科学研究法案的同时，议会还确立了“部门研究原则”，即社会的每个部门对自己所需要进行的研发项目进行评估，权衡各种研究需要，以推动该部门的发展。

国家研究资金的分配有两种方式：向高等教育机构直接拨款，向研究理事会、部门研究机构直接拨款。因此，科技界从国家获得的研究资金来源也分成两个部门：固定部分，高等教育机构中每个科学领域获得的直接拨款；弹性部分，研究机构和人员通过竞争从研究理事会、部门研究机构和研究基金会取得的研究资金。政府提供的研究资金，最终大部分流向大学和其他高等教育机构。目前，瑞典有13所国家开办的综合性大学和23所有国家开办的其他高等教育机构。此外，还有3所私立大学和若干所其他组织开办的较小的高等教育机构。

2001年，瑞典成立了三个新的研究理事会和一个新的研发促进机构，以取代过去的多个理事会和其他机构。这种组织结构改变的目的，是推动关键领域的研究、鼓励跨学科和多学科研究、促进不同研究领域的协作和研究成果的传播。2003年，国家直接拨款占到了高等教育机构研发经费的47%，其余资金则来自“外部来源”，主要来自全国性的研究理事会、中央政府机构和研究基金会。“外部来源”所占比例，各个学科并不相同。在工程领域，“外部来源”资金占2/3，而人文科学和法律只占1/3，自然科学、医学和社会科学则占到1/2左右。总体上，以2001年为例，综合性大学和其他高等教育机构投入医学科学的研发资源的比例最大，为27%，投入工程学的比例为23%，自然科学占19%，社会科学占11%，人文科学占6%，林业和农业科学占5%。

2007年瑞典的研发支出总额为165.04亿美元，排名世界第10位，当年研发支出总额占GDP的比例为3.64%，排名世界第2位；2007年瑞典的人均研发支出为1797.2美元，排名世界第1位；2007年企业研发支出为120.03亿美元，排名世界第9位；2007年瑞典的研发人员数量为81.7人（全时工作当量/千人），排名世界第17位。2007年瑞典的专利授予量为1252件，排名世界第16位。根据世界经济论坛的全球竞争力排名，瑞典排在世界第4位。根据瑞士洛桑国际管理发展研究所的全球竞争力排名，2008年瑞典为第9位，2009年为第6位。

葡萄牙

据经合组织公布的数据，葡萄牙2002年政府研究开发预算占国内生产总值的比例还不足1%，在当时的欧盟25国中只高于希腊、波兰和斯洛伐克，远远低于25国的平均值（约2.9%），更不用说瑞典（4.2%）、芬兰（3.4%）等国了。2007年，葡萄牙的研发支出总额为26.29亿美元，排名世界第30位；当年研发支出总额占GDP的比例为1.18%，排名世界第26位；人均研发支出为248美元，排名第27位；企业研发支出为13.53亿美元，排名世界第28位；研发人员数量为34.6名（全时工作当量/千人），排名世界第30位。根据洛桑国际管理发展研究所的全球竞争力排名，葡萄牙在2008年为第37位，2009年为第34位。

挪威

在发达国家中，挪威在科技发展方面居于中等偏下水平。2003年，挪威的研发总开支为国内生产总值的1.75%，远低于同期经合组织的平均数（2.24%）。同时，挪威的研发经费主要来自公共支出，私有部门投入较低。2003年，挪威研发资金中有42%来自公共开支，高于经合组织国家的平均数（30%）。但从发展速度上来看，挪威自从进入石油经济时代之后，科技研发投入的数量增加还是比较快的。2004年，挪威科技研发费用总额达到277亿克朗，比1970年增加了30倍，同期科研人员总量增加也超过了1倍。2007年，挪威的研发支出总额为61.1亿美元，排名世界第23名；当年研发支出总额占GDP的比例为1.57%，排名世界第20位；人均研发开支总额为1305美元，排名世界第6位。2007年挪威研发人员数量为33.9名（全时工作当量/千人），排名世界第31位。根据洛桑国际管理发展研究所的全球竞争力排名，挪威在2008年和2009年都排名世界第11位。

目前，挪威政府对科技发展给予了高度的重视，在增加国家科研投入和培养科技人才方面形成了广泛的政治共识。根据挪威政府设定的目标，2010年挪威的科研经费支出将达到国内生产总值的3%，其中公共性科研经费支出占国内生产总值的1%，来自工商界、国际和其他渠道的科研经费则应达到国内生产总值的2%。1999年，挪威政府建立了“国家科研创新基金”，确保本国的科研活动能够得到更加稳定和长期的公共资助，基金的资金主要来自出售政府债券的收入。2005年，该基金的资金金额达到360多亿克朗，投资的回报用于支持更多的重点科研项目，尤其是国际科研合作、基础科研项目和科技创新项目。目前挪威的政府与议会负责确立公共科研拨款框架和国家科研政策的总目标，主要科研管理机构为“挪威科研理事会”；理事会下设6个部门，分别负责工业和能源、生物生产和改良、环境与发展、文化与社会、自然科学和技术等方面的科研管理工作，包括制定与执行国家科研战略，审批发放科研公共拨款等工作。目前，挪威科研投入较高的企业主要集中在造纸、轻金属、纺织、电子设备、办公设备和电脑工业等行业。为鼓励企业和私有机构增加科研经费，挪威政府从2002年开始实施相应的减税计划，企业最高可以获得20%的研发经费减税。该计划目前由挪威科研理事会与“创新挪威”共同管理。

芬兰

芬兰的科技政策和创新环境都处于世界前沿水平。芬兰政府非常重视科技对社会经济发展的促进作用，不断加大投入。1996年年底决定，在1997—1999年间大幅度增加科研和产品研制方面的投资。1999年芬兰全国的科研经费达到180亿芬兰马克（约合32亿美元）。1997年芬兰技术开发经费在国民生产总值中所占的比例已达到2.7%。芬兰已跻身于世界科研经费投入最多的国家的行列。国家和企业共同投资搞研究开发，是芬兰科研的一大特点。目前，全国科研经费中，国家投入占40%，私营部门占60%。国家投入的重点是基础和应用研究，企业则侧重于新技术和产品的开发。2007年，芬兰研发支出总额为85.45亿美元，排名世界第20位；占GDP比重为3.47%，排名世界第3位；2007年芬兰人均研发支出为1617.7美元，排名世界第3位；2007年芬兰企业研发支出为61.78亿美元，排名世界第19位；研发人员数量为56.5人（全时工作当量/千人），排名世界第20位。2007年，芬兰授予专利1009件，排名世界第19位。根据瑞士洛桑国际管理发展研究所的全球竞争力排名，芬兰2008年排名世界第15位，2009年排名世界第9位。

冰岛

冰岛科技研发费用占国内生产总值的比重在1990年时为1.1%，1995年下降为1.01%，2000年又迅速上升为2.3%，2001年、2002年均达到3%，已经提前实现欧盟所提出的在2010年要达到的目标，超过欧盟15个成员国1.9%的平均水平和经合组织成员国2.26%的平均水平，在世界上属于最高的行列。2000—2001年政府研发经费预算增加了5.1%，但是由于民营部门研发经费的快速增长，公共资金所占的比例却在降低。冰岛政府2001年决定在未来三年中，每年追加1亿克朗科研费用，以加强大学的科学研究。同时，它还决定在未来的三年中向科学基金会和研究生培训基金会投入5000万克朗，增强大学在支撑知识社会中的作用。

人均研发支出费用是衡量一个国家研发投入强度的重要指标。在2002年，日本、瑞士、瑞典和美国人均研发经费都超过或接近1000美元，冰岛以人均752.9美元名列世界第6，仅次于芬兰的人均774.7美元，高于丹麦的680.5美元。当然，由于冰岛是个小国，其研发经费仅占经合组织研发经费的0.03%。欧盟统计局2006年公布的统计数字显示，冰岛和芬兰科研人员及研发部门雇员的比例最高。这项统计包括欧盟国家及冰岛、挪威、土耳其、俄罗斯和日本等国。2003年，在冰岛所有从业人员中有2.24%是科研人员，而欧盟25国科研人员的平均比例为1.44%。冰岛企业中研发部门的雇员占0.81%，而欧盟国家的相应数字为0.35%。

二　科技人才培养的比较

研发人员占总就业人口的比例较低，以男性为主。欧盟国家从事研发的人员比重较低，2006年欧盟27国从事研发的人数占总就业人口的比重仅为1.54%。按照全日制工作当量计算（full-time equivalents，FTE），2007年欧盟从事研发人员为230万，2002—2007年期间，所有产业部门和企业的研发人员年均增幅为2.2%，高教和政府部门的研发人员增幅略微小些，分别为2.1%和2.0%。政府、企业和高校从事研发的人员分布情况因国而异，很难加以简单概括。笼统地说，欧盟27国企业雇佣的研发人员占了研发总人数的48.8%。在性别构成上，研发人员以男性为主，没有哪一个成员国在研发人员上实现了性别平等。2006年从事研发的女性比重为34.8%，其中立陶宛（53.9%）、拉脱维亚（50.8%）和保加利亚（50.2%）这三个国家的研发人员中女性的比例高达50%。在企业部门，由于制造业吸收的研发投入最多，多数欧盟成员国制造业中的研发人员比重也最大，只有个别国家，例如，爱沙尼亚、塞浦路斯、拉脱维亚和斯洛文尼亚服务业的研发人员接近60%。在地区分布上，2006年，维也纳的研发人员比重最大为4.58%，其次为捷克的布拉格（4.53%）、挪威的特伦德拉格（4.36%），欧洲其他地区研发人员占总就业的比重均低于4%。

三　科技产出的比较

欧盟是世界最大的科学成果产出地。截至2009年11月，在10年的时间里，欧盟产出的国际科技论文支出占世界的比重为35%。论文被引用数占世界的比重为36%，分别高于美国的25%和35%。欧盟论文被引用次数为11.7%，高于世界平均水平的11.1%，但低于美国的15%。成员国中，德国、英国、意大利三国的论文产出数量和影响力均分列前四位。

英国

2009年英国商业、创新与技能部公布的《英国研究基础国际比较报告》显示：英国的科研世界领先，2008年英国论文总数占到了全球的7.9%，仅次于美国和中国；2008年其科学论文的引用率占到了世界总引用率的12%，仅次于美国。特别是在目前世界经济不景气的情况下，英国单位研发投入所产生的论文引用率最高，在G8国家中排名第一；在世界引用率最高的1%论文中，英国的论文所占的比重比2007年又有一定的提高，从13.4%上升到了14.4%。

德国

德国是世界第三大“研究者国度”，即便是以专利登记数量作为纯创新力的尺度，德国每年在欧洲专利登记局的专利数量也超过23000项，明显领先于其他欧洲国家。

比利时

比利时的专利申请数量和人均数是很低的，按人口统计申请专利件数，欧盟是比利时的2.8倍，美国是比利时的4.4倍，日本是比利时的7.8倍。为改变这一现状，比利时政府采取了一系列措施大力鼓励发明专利申请，并改进专利申请程序，降低专利申请成本，加强专利信息的传播，大力开发和销售专利产品。

第四节　技术创新能力及重大项目进展

一　科技创新能力综合评价

科技创新能力与美国仍有距离，但明显强于金砖四国（BRIC)。2000 年以来，欧盟委员会每年都会发表《欧洲创新指数报告》，其中采用的综合创新指数（Summary Innovation Index，SII）是衡量欧盟国家创新能力的主要工具之一。综合创新指数是多种参考指标的集合，每年选取的指标并不是固定不变的，通常会随着经贸结构、科技水平的变化而加以调整。2001 年综合创新指数包含了 17 项指标，2006 年指标数增加到 25 项，2009 年又增加到了 29 项。最新数据显示，欧盟的创新能力与美、日之间仍然存有差异，但美、日在创新能力上的主导地位呈削弱之势。2005 年欧盟与美国的创新综合指数之间的差距为 32，2008 年这一差距缩小到了 22，2009 年基本未变。相比金砖四国（BRIC，巴西、俄国、印度和中国)，欧盟在创新能力上保持了较大的优势。2005—2009 年期间，欧盟与中国的创新优势在缩小，从 39 缩小到了 25，同期欧盟与印度的创新优势介于 63—58 之间，与巴西的创新优势保持在 53 左右，与俄罗斯的创新优势约在 25—29 之间。

由于美国和日本采用的统计指标与欧洲综合创新指数不能完全吻合，因此对比欧盟与美、日的创新能力时，仅采用了 19 个指标（指采用 29 个指标中的 19 个指标)，其中有 14 个指标是美、日和欧盟所共有的（美国、日本、欧盟的统计中有 14 个指标是相同的)。结果显示美国有 11 个指标表现好于欧盟 27 国。欧盟得分高于美国的指标是：科学和工程类专业毕业生的比例、私人信贷、欧盟商标数、国际技术贸易、中高科技与高科技制造企业的就业、知识密集型服务业。日本在 12 个指标上的创新能力优于欧盟，欧盟在私人信贷、新注册的欧盟商标数量、技术转让费、知识密集新服务业就业人数和知识密集型服务业出口上的创新能力上的表现也好于日本。

从创新动力、创业活动和创新成果三大类别看，尽管美国或日本的表现均要好于欧盟，但美、日的领先优势呈削弱之势。美国创新成果年均增幅仅为 1.63%，日本为 1.16%，欧盟 27 国则高达 3.17%。欧盟几乎所有指标中的创新成果增幅（Growth Performance）都高于美国或日本，只有在企业研发支出、新注册的欧洲专利数（EPO patents)，技术转让费（TBO flows)、专利合作条约专利（PCT patents）上的创新成果增幅变化稍逊于美国和日本。欧盟 27 国与在科技与工程专业毕业生人数、高等教育、研发人员、公共研发支出、宽带用户、公私合作出版物、新注册的欧盟商标数量、中高和高科技制造业出口方面欧盟与美日之间的差距在缩小。欧盟在私人信贷、商标、技术转让费、知识密集型服务业就业人数、知识密集型服务业出口方面也逐渐占据主导地位，美国和日本在企业研发支出和 PCT 专利上的创新成果的领先优势有所扩大。

参照欧盟创新指数体系可以将欧盟 27 个国家划分为四种类型：创新领先国家（the Innovation leaders)，包括丹麦、芬兰、德国、瑞典和英国。其中，德国和芬兰是创新能力提升最快的两个国家，丹麦和英国的创新能力趋于停滞状态。创新跟进国家（the Innovation followers)，包括奥地利、比利时、塞浦路斯、爱沙尼亚、法国、爱尔兰、卢森堡、荷兰和斯洛文尼亚。由于创新进程加快，创新能力持续增强，从 2008 年起，塞浦路斯、爱沙尼亚和斯洛文尼亚跻身为这一类型。创新一般国家（the Moderate innovators)，包括捷克、希腊、匈牙利、意大利、立陶宛、马耳他、波兰、葡萄牙、斯洛伐克、西班牙。创新追赶国家（the Catching-up countries)，属于这一类型的国家有保加利亚、拉脱维亚、罗马尼亚。这些国家的创新水平与欧盟 27 国的平均水平尚有不小的差距，为此，这三个国家均在设法尽快提高创新能力，其中，罗马尼亚和保加利亚是所有欧盟成员国中创新水平追赶速度最快的两个国家。

2000 年欧洲研究区建设启动后，欧盟及其成员国均采取了一系列提高创新能力的政策与行动，科技一体化建设进程得以加快。然而，国际金融危机和欧洲主权债务危机严重影响了欧洲各国经济发展，特别是那些创新能力较弱的国家，企业活动受危机的冲击更为严重。2009 年的创新晴雨表显示：欧盟 29% 的企业因受经济衰退影响而削减了创新投入，29% 的企业 2009 年的创新支出低于 2008 年，而 2006—2008 年只有 9% 的企业削减创新开支，27 个国家中最具创新活力的企业受经济危机的影响程度很小。经济危机导致欧盟 27 国创新能力趋同进程有所逆转：2008 年欧盟创新指数报告显示欧盟 27 国创新能力呈显著的趋同性，而 2009 年的创新报告表示各国创新能力趋同性有所减弱，呈离散倾向。创新追赶国家的创新能力快速增长态势出现了停滞状态，这些国家受经济危机影响最大，经济下滑最严重国家的企业则更倾向于削减创新支出。

为了尽快摆脱经济衰退，欧盟继续加大了研究和创新投入，加快实现经济复苏。欧盟委员会在2010年7月连续公布《第七个研究框架计划(2007—2013)》下两项规模庞大的科研投资。7月19日，欧盟委员会提出将在2011年投资约64亿欧元用于科研和创新领域，这是迄今为止欧盟在科研和创新领域推出的最大年度投资计划，该计划将覆盖51个科研项目，主要涵括通信通信、公共卫生、工业产品创新、能源和粮食安全等九大领域。此外，欧盟委员会20日还提出，将追加投资8.6亿欧元至欧盟参加的国际热核能试验性反应堆（ITER）项目，以填补该项目14亿欧元的资金短缺。ITER项目也是《第七个科研框架计划（2007—2013)》的一部分，由欧盟、中国、印度、日本、俄罗斯、韩国和美国共同参与。其中欧盟覆盖该项目资金的45%，预计约72亿欧元，以换取该反应堆项目设立于法国。项目资金预计将于2012年启动。科研资金主要面向科技人员及机构、以及中小企业。

二　重大研发项目与政策最新进展

（一）欧盟第七研发框架计划（FP7）成为欧洲研究区创建的核心推动力

从1984年欧共体实施第一个研发框架计划以来，迄今为止，欧盟已经完成了六大研发框架计划，目前正在实施中的是欧盟第七研发框架计划(FP7)(2007—2013年)。这些研发框架计划通过共同开发项目与成果应用，目的在于整合欧洲各国相对分散的科技资源，加快欧洲的科技一体化进程，建立协调而统一的科技政策体制，从整体上提升欧洲的科技竞争力。

第七研发框架计划分为非核研究与核研究两类。非核研究项目通常称之为第七框架计划，总预算为505.21亿欧元，项目执行期为2007—2013年，核研究部分即欧洲原子能共同体计划，总预算为27.51亿欧元，项目执行期为2007—2011年。

与前六大研发框架计划相比，第七研发框架计划具有研究水平高、涉及领域广、参与国家多、投资力度大等多个特点：（1）欧盟对第七个研发框架计划的资金投入实现了翻两番，“空间技术”和“与安全有关的研发活动”成为两个重要的战略领域；（2）从经费和具体资助行动上更重视“国际合作”和“人力资源流动”两大专项计划，鼓励第三国科学家与欧洲科学家共同参与框架计划，以实现欧盟“把欧洲变成更能吸引世界顶尖人才的欧洲”的目标；通过第七框架计划促进欧盟多个大型科技研发平台的建设（如氢能源研发平台、移动通信技术研究平台、纳米电子技术研发平台等），把有些平台建设的项目放在第七框架下立项，政府可以发挥桥梁作用，吸引更多的公共机构和私有机构的参与，使整个欧洲在这些领域的应用研究方面达到世界领先；加强“科学与社会”专项计划，推动欧盟成为最具创新活力和研发水平知识经济体。

第七研发框架计划支持特定的优先领域，分为四大专项计划：合作计划、创新理念计划、人力资源计划、能力建设计划。欧洲原子共同体计划分核聚变能研究、核裂变和辐射保护两大计划。在具体实施中，合作计划通过联合研究（JRC）、联合技术项目（JTIs）、成员国研究项目的协调、欧洲技术平台（ETPs）方式加以执行。创新理念计划由欧洲研究理事会负责实施，人力资源计划则以“玛丽·居里行动计划”方式加以落实。

在2007—2008年期间，第七研发框架计划项目取得了一系列的进展：（1）科学研究人员踊跃申请项目，提交项目申请书高达36000份，项目资助率为15%。（2）欧盟研究理事会正式创建并卓有成效。理事会第一轮项目招标就收到项目申请书11000份，从中筛选出了500个前沿研究项目，分别由欧洲著名研究机构承担。（3）设立了欧洲研究理事会独立研究人员启动资金项目（ERC Starting Grant，简称启动基金）和欧洲研究理事会高级研究人员基金项目（ERC Advanced Grant schemes，简称高级基金）。对于举一国之力或者单纯依靠一个学科无法完成的科技新问题和高尖端疑难问题，采取联合技术项目的方式进行跨国、跨地区、多种学科的联合研究。技术联合项目设立了五大重点公私伙伴关系项目：创新药物（IMI）、嵌入式电脑系统（ARTEMIS）、洁净天空、纳米电子（ENIAC）燃料电池和氢能（FCH）。（4）创建了30个新的风险分担融资工具（RSFF），截至2009年年初，通过这一机制共签署贷款额20亿欧元。（5）新设了两大项目管理机构：欧洲研究执行局和欧洲研究区执行局。对第七研发框架计划项目实施科学管理，不同程度地简化了项目申请、执行、评估等诸多程序。

（二）信息欧洲建设全面启动

由于信息和通信法规缺失和内部信息市场分隔，欧洲与美国在信息技术应用上存在着差距。30%的欧洲人从来没有接触过互联网。美国下载的音乐量是欧盟的四倍。欧洲在通信和信息技术的投资及高速网络的应用上明显落后于美国和日本。只有1%的欧洲人采用光纤高速信息网络，日本和韩国的这一比例分别是12%和15%，欧盟用于信息和通信技术上的投资还不及美国的40%。

国际金融危机之后，欧盟将发展信息技术作为实现经济复苏的重要手段。2009年3月，欧盟委员会提出了《信息通信技术研发和创新战略》，呼吁加大对信息技术研发和创新的支持、投入，力争使欧盟在该领域领先全球。这一战略要求欧盟未来10年对信息技术的研发投资实现翻番，信息技术合作方面的年度研发投资将从2010年的11亿欧元增加到2013年的17亿欧元。欧盟还倡议通过建立公私伙伴关系，制定共同技术发展战略，整合资源，灵活运作，促进信息技术领域的创新和发展。

“欧洲数字化议程”被正式确定为实现“欧洲2020战略”的七大重大创议行动之一，这一议程正在由理念转变为行动计划。2010年5月19日正式发布《欧洲数字化议程》，提出了七大重点行动领域：一是要在欧盟建立单一的充满活力的数字化市场；二是改进信息通信技术标准的制定，提高可操作性；三是增强网络安全；四是实现高速和超高速互联网连接；五是促进信息通信技术前沿领域的研究和创新；六是提高数字素养、数字技能和数字包容；七是利用信息通信技术应对气候变化、医疗费用高昂和人口老龄化等社会问题。

（三）推出战略性能源技术开发路线图，为向低碳经济转型奠定基础

发展低碳技术，开发绿色、清洁和可再生能源是欧洲向低碳经济转型的关键。国际金融危机暴露出欧盟经济结构问题和创新能力不足等弊病，促使欧盟加快了低碳技术的开发行动。欧盟委员会在2009年10月9日发布了未来10年低碳技术发展与投资路线图，总投资为585亿—715亿欧元，确定在风能、太阳能、智能电网、生物能源、碳捕获、运输与储存、核能七大领域发起欧洲产业行动，并配套推进氢燃料电池联合技术行动，智能城市能源效率改善行动，以及欧盟能源联合联盟，加快向低碳经济转型。

具体来说，七大低碳技术发展基本路径是：（1）风能：力争到2020年投入风力发电的总投资（包括公共和私人投资）为60亿欧元，欧盟20%的电力来自风能。创造大约25万个技术岗位。（2）太阳能：在太阳能上投入160亿欧元，实现15%的电力来自太阳能。创造20万个新的就业岗位。（3）智能电网：在智能电网上投入20亿欧元，将35%的可再生能源电力并入欧洲电网，有效满足市场供给与需求。（4）生物质能：未来10年预计总投资90亿欧元，在欧盟能源基本构成中，至少14%是具有成本竞争力、可持续性的生物质能。创造20万个新的就业岗位。（5）碳捕获与储存（CCS）：总投资130亿欧元，每吨二氧化碳的CCS成本削减30—50欧元，使得2020—2025年碳定价符合低成本高效率原则，碳捕获与储存技术将具有价格竞争优势。（6）到2040年，在30年左右的时间里投入70亿欧元，使现有的核技术能够继续提供给欧盟30%的电力，到2020年第一个第四代核反应堆投入运营，到2040年使之商业化（注：运营与正式商业化之间需要有20年左右的实践时期）。（7）低碳城市示范区：投入110亿欧元，到2020年将25—30个欧洲城市将率先发展为低碳经济示范区。这些城市将作为智能网络枢纽，新的城市建筑和低碳交通设施将在欧洲普及，大规模地改变现有的能源供应体系。

（四）完善欧洲研究区的治理结构，加快欧共体知识共同体的建设

按照里斯本议程的基本设想，2000年欧洲研究区的创建工作正式启动。欧洲研究区旨在促进欧共体国家研究人员在区内自由流动，通过共同研发项目，提升欧盟竞争力，实现欧共体第五大自由流动，创建单一知识共同体。2007年发表欧洲研究区绿皮书，全面评估欧洲研究区进展，指出了欧洲研究区在投资和市场割裂方面遇到挑战。在未来的知识社会中，将优先关注的六大目标是：第一，研究机构与成员国之间的研究人员的频繁流动。第二，创建世界级的研究基础设施。第三，建立高效的公私合作与伙伴关系。第四，公共研究部门、企业和公民之间实现知识共享。第五，研究项目与共同研究重点之间的协调。第六，欧洲研究区向世界开放，解决全球性挑战问题。这为欧洲研究区发展注入了新的活力。2007 年启动的第七研发框架计划就是专门为创建欧洲研究区而设立的重大研发计划。2008 年欧盟理事会启动了卢布尔雅那议程（the Ljubljana Process），旨在重点改善欧洲研究区的治理能力。在这一进程推动下，欧洲研究区的治理结构取得了实质性的进展：设立了一系列新的伙伴关系项目；2007 年欧洲研究理事会正式启动；2008 年 9 月 15 日欧洲技术与创新学院（简称欧洲理工学院）的创建为欧洲梦想打造世界级的“知识和创新共同体”提供了现实可能性。2009 年 12 月 16 日，欧洲理工学院（EIT）宣布启动首批三个知识与创新社区（KICs）的建立。KICs 保持高度的合作伙伴关系，会聚一流大学、研究机构和企业界，重点关注气候变化减缓与适应（Climate-KIC）、可持续能源（KIC InnoEnergy）和未来信息与传播社会（EIT ICT Labs）三个领域。KICs 的启动是 EIT 成立后的关键一步。

为使欧洲经济尽快复苏和实现低碳发展目标，2009—2010 年欧洲研究区侧重于如下重要研究平台：联合项目、联合技术项目（JTIs）、战略性能源技术计划（SET Plan）和绿色汽车、未来节能住宅和未来工厂三大公共这三大私人伙伴关系项目。这些计划的全面实施将有助于欧洲经济寻求到一条复苏和复兴之路。

第五节 国际科技交流与合作

25 年来，欧盟开展了广泛的国际合作，在全球化和相互依赖的世界中，积极应对新挑战，不断进行科技创新，努力为欧洲公民创造和平与稳定的社会经济环境。欧盟正致力于构筑全方位、多层次的国际合作关系网络，进一步发挥其在全球研发领域中的主导地位和影响力。

2009—2010 年欧盟与世界主要大洲之间的科技合作关系又向前推进了一步。2009 年 9 月 7—9 日欧盟科技委员雅奈兹·波托奇尼克（Janez Potočnik）首次正式出访非盟和肯尼亚，并参加一系列高层政治会晤，专程前往内罗毕和亚的斯亚贝巴考察欧盟资助的科技研究中心。此次访问是 2007 年 12 月欧盟与非盟建立科技合作伙伴关系框架下的一次重要活动，为扩大欧洲在非洲地区的科技影响力具有重大意义。欧盟与非盟建立科技伙伴关系，旨在加强非洲在科技领域中的研究能力，促使非洲能够创造并利用自身的科技知识解决发展中面临的各种挑战，提升其在全球科技中的地位。

2009 年 11 月 30 日，欧盟与约旦和日本分别签署了科技合作协议。约旦是欧盟睦邻友好政策的重要合作伙伴之一，欧盟与约旦将重点在能源、可持续性发展等领域广泛开展合作研究，共同解决科技领域面临的各种挑战。在 FP7（2007—2013）项目执行的最初三年中，大约有 19 个约旦的研究机构获得了欧盟项目的资助，项目资助的重点领域是环境、食品、农业和生物技术。按照欧日科技合作协议，未来欧盟与日本也将重点在能源、环境等领域开展合作，双方将通过联合申请、共同研发重大科技项目等方式，提升欧日双方科技界学者之间的交流和合作关系。

欧盟与拉美地区的科技合作趋向知识一体化。2010 年 5 月 17—19 日，在马德里召开的欧盟—拉美加勒比首脑会议上，欧盟与拉美加勒比地区国家签署了“欧盟与拉美加勒比地区联合研究和创新倡议”（EU-LAC Joint Initiative for Research and Innovation），首次提出创立欧盟拉美知识区的设想。这是继 2004 年瓜达拉哈拉首脑（Guadalajara Summit）会议后，欧盟与拉美—加勒比国家之间在科研合作上的重大举措。在欧盟第七框架计划中，2011 年欧盟将与拉美—加勒比国家就食品、农业、渔业和生物技术、社会人文科学、环境与气候、交通等专题举行多次视频会议，推动欧盟与拉美—加勒比国家知识区的创建与发展。

中国与欧盟科技合作范围不断拓展，进入战略性产业合作阶段。2009 年 11 月 30 日，在第十二次中欧领导人正式会晤期间，中欧双方签署了五个合作文件，即《中欧科技合作协定》《中国科技部与欧盟委员会关于通过碳捕集与封存示范项目开展煤炭利用近零排放发电技术合作的谅解备忘录》《中国住房和城乡建设部与欧盟委员会企业与工业总司及能源与交通总司关于建筑能效与质量的合作框架》《支持中国可持续贸易和投资体系》和《中欧环境治理项目》。这些协议为中欧双方在战略性产业上的合作奠定了法规基础，加快了中欧在高科技贸易及产业上的合作。2010 年 4 月 30 日中国和欧盟在清洁能源领域的重要合作项目——中欧清洁能源中心在清华大学正式启动。欧盟委员会主席若泽·曼努埃尔·巴罗佐出席启动仪式并发表演讲。中欧清洁能源中心是中国和欧盟在清洁能源方面合作的标志性项目，中欧双方将着重推动低碳经济的发展，共同应对经济危机、气候变化、能源危机等全球性挑战。中欧清洁能源中心的项目实施由意大利都灵理工大学和中国清华大学承担，资金规模达1240万欧元，执行期限为5年。该中心着力于实现欧洲清洁能源和节能技术在中国的本土化，并将为中国提供能够有效回报政府和企业的在清洁能源和节能领域投资的技术方案。涉及清洁煤、可再生能源、低能耗建筑及智能电网等领域。

中欧科技合作协议将有助于双方致力于发展新型的战略性合作伙伴关系，这一新的合作机制将打破单纯由中方参与欧方资助项目的传统模式，在卫生、生物技术、食品、航空、核裂变安全等领域开展中欧双方共同资助项目。2007—2009年，在欧盟第七研发框架计划下，大约有900多个中国研究团队与欧盟合作伙伴联合申请了项目，获得资助的项目为145个项目。中国项目合作伙伴方获得的欧盟资助额为2000万欧元。

美欧跨大西洋之间的科技合作始终是欧盟国际合作的关键部分。欧盟与美国于1999年正式签署科技合作协议，此后在2004年和2009年两次续签科技合作协议。双方在生物技术、环境、材料科学（包括纳米技术）、非核和可再生能源领域广泛开展合作。2009年11月，欧盟与美国合作成立能源部长理事会，旨在推动双方在能源安全、市场、研究及发展清洁和环境友好型能源等领域的合作。双方还成立了抗生物障碍工作组，研究应对威胁人类健康的主要问题并提出行动计划。

此外，欧盟与联系国之间的科技合作也在不断扩大。2010年6月3日欧盟与法罗群岛（Faroes）签署了欧盟第七框架计划下的联系国科技合作协议，使得参与欧盟FP7的联系国达到了13个，分别是挪威、冰岛、列支敦士登、以色列、瑞士、土耳其、克罗地亚、马其顿、塞尔维亚、黑山、阿尔巴尼亚、波黑和法罗群岛。

英国

800多家英国机构参加了“尤里卡计划”。这是一项以工业为主导的计划，目的在于推动欧洲国家在开发具有世界竞争力的先进产品和工程技术方面进行合作。约有700多个项目正在进行当中，300多项已经结束。英国公司为成功开发数字无线通信系统作出了贡献。英国还参加了欧洲“科技合作计划”。这是一项鼓励欧洲国家进行跨国科研合作的计划，共有32个成员国。英国参加了该计划的176项活动中的157项。英国也是设在日内瓦的欧洲粒子物理实验室的成员国，并参加了设在海德尔堡的欧洲分子生物学实验室。

英国是经合组织和北约组织属下的一些科学和技术委员会的成员，也是联合国各专门机构的成员。英国研究理事会、皇家学会和英国学术院是欧洲科学基金会的成员。

英国政府还同其他国家的政府订有双边协议，以促进双方在科学、工程和技术领域的密切合作。英国文化委员会及其驻外代表机构（英各驻外使馆文化处）在这方面扮演着重要角色。

2009年1月，英国出台了《英中合作框架》（以下简称《框架》）。《框架》把发展全面对华关系作为英国政府今后数年外交工作的“重大优先目标”，英国坚定地发展与中国的关系，坦诚对待两国间的分歧，确保中英关系是合作而不是对抗。《框架》提出启动中英医疗合作计划，促进双方在医疗领域的技术合作和交流；加强双方大学和研究机构在教育和科技方面的合作，以及研究人员的双向流动。英国相关部门联合发起了“China Tomorrow”计划，目的在于促进英中创新科技合作，重点推动创新合作成果的商业化。英国将陆续在知识转让、产权保护等方面与中国开展合作。

法国

法国重视与国际科技界的合作，通过广泛的国际科技合作和交流促进科技进步，提高科技的竞争力，发展本国经济，扩大影响。面对美国和日本等国在科技方面的强大竞争力，法国积极倡导和推进西欧科技合作，认为这是关系到法国和西欧生死存亡的重大问题。

目前，法国在以下几个方面加强与国外的科研合作：第一，法国发起并与欧洲19个国家一起共同参与的、包含近500个高科技研究项目的“尤里卡”计划，法国承担了其中127项研究项目。第二，法国与其他国家共同研究防治艾滋病的疫苗。第三，参加国际组织的环境保护研究。第四，法国参与国际合作，研究南极和南极上空的臭氧层空洞。第五，参与欧洲的空间研究。第六，参与日本提出的“人类极限”的研究，探讨人脑的活动，发展人工智能。

自80年代以来，法国与中国在航天和航空、海洋、交通运输、石油和地质勘探、太阳能、地热等自然科学领域开展了交流和合作，在广度和深度上都在进一步发展。如法国对广东核电站建设和对山西煤炭基地的技术改造等，以及中国在尤里卡项目内的合作研究，等等。

近年来，中法科技合作显示出积极发展的态势，法国相关科研机构、高校十分重视与我国的合作。2009年，中国工程院和法国医学科学院签署合作谅解备忘录；中国科学院与法国国家科研中心签署了“环境科学可持续发展合作协议”；中国科学技术部与法国科研署共同组织“可持续生产和环境技术”项目合作；国家自然科学基金委员会与法国科研署公共资助材料科学、信息技术领域的12个项目。

德国

德国至今已与50余个国家签署了科技合作协定或协议。此外，德国还是30余个国际科学组织及科研机构的成员。德国国际科技合作的总体目标是：集中使用世界范围内的人力、物力、财力资源，共同承担超越国家财力的大型研究设备及设施的费用和开展特定研究领域的研究；交流科学技术知识，解决当代在环境保护、地学等领域中产生的需要由国际合作才能解决的全球性问题；加强与欧洲国家特别是欧盟国家的合作，共同完成大型研究计划，加快欧洲统一进程；支持中东欧以及独联体国家的政治、经济改革进程，特别是将这些国家纳入欧洲及世界的科技合作；通过技术转让和技术援助，加强与新兴工业国家和第三世界国家的合作等。

德国参与国际合作的新特点包括：加强与欧洲工业国家的合作，共同实施大型多边合作计划，如《欧盟科技发展框架计划》《尤里卡计划》《欧洲科技合作计划》；通过参与欧洲三大科技计划、共同执行合作项目，不断推进与中东欧国家的合作；积极推进与亚洲国家的合作。

中德两国于1978年10月9日签订了《中华人民共和国和德意志联邦共和国政府科技合作协定》，正式建立政府间合作关系。为执行两国科技合作协定而成立的“中德科技合作委员会”，对两国科技合作的发展发挥了良好的协调和促进作用。双方在联合委员会内紧密合作，自1978年签订政府科技合作协定以来，两国执行了100余个较大型的合作研究开发项目，共500余个单位参加了合作，其中包括中国科学院、高等院校、公益性科研机构、国家研究中心、研究协会、工业企业等，取得了丰硕的成果。2009年，中德两国共同举办了“中德科教年”活动，并签署了《中华人民共和国科学技术部与德意志联邦共和国联邦教育和研究部关于加强中德科技合作的备忘录》。

意大利

在世界各经济强国中，除个别领域外，意大利的总体科研和国际科技合作都处于中下水平。为提升其科技创新能力和保持其经济强国地位，意大利始终积极参与国际合作，特别是与强国合作，借助和吸收国际上的先进经验和技术，提升自己的科研水平和创新能力。意大利注重发挥自身的优势，在强项上重点投入，发挥中小企业的优势，加强科技创新体系建设和科技创新能力开发。

意大利特别重视加强对欧盟的科技合作计划（如框架计划、尤里卡计划和伽利略计划等）的参与度，意大利对世界大科学计划的参与度也很高。意大利政府十分重视基础研究和大科学项目，在基础研究方面的投入占其科研经费总额的22%。意大利科研单位参与的许多大科学项目与其所进行的基础研究课题密切相关，参与的主要计划有：

（1）人类基因组项目。意大利国家研究委员会等单位于1987年开始参加人类基因组项目，主要完成了X染色体的部分图谱和寻找致病基因的研究工作，累计投入760万欧元。2000年初，以前大学研究部副部长德·思卡（De. Sica）教授为首的一批生物学家倡议设立后基因组计划（Post-Genome），主要研究内容包括生物信息学、基因表达分析等内容，计划投入1.4亿欧元。

（2）全球气候变化项目。意大利是《京都议定书》的签署国，全球气候变化项目（Global Climate Change）是意大利长期重视的大科学项目，在减排达标方面做了很多努力并开展了国际合作，特别是与中国的合作，富有成效。

（3）大型强子对撞机项目。该项目总投资4亿美元，于2005年建成并投入使用，主要用于基本粒子物理等方面的研究；意大利核物理研究院（INFN）于1993年为建成的Daone双环式正负电子对撞机（double annular o factory for nice experiments）投入6000万美元。已经有意、美、俄等国家的科学家利用Dafone对撞机进行物质和反物质的研究实验；INFN的Gran Sasso国家实验室拥有许多用于研究宇宙射线和基本粒子等大型科研设备，1982年建造时的总投入超过了5000万美元。该实验室与世界许多同行机构有合作，如麻省理工学院、欧洲核子研究中心等。目前约有200多位外国科研人员（包括中国科学院高能物理所）参加了研究工作，主要从事中微子探测、暗物质等方面的研究。中意重要科技合作项目——世界最大的宇宙射线实验室2001年6月在西藏羊八井开建，一期工程INFN投资900万美元，将逐步建成国际一流的实验室，2004年已建成并部分投入使用。

（4）南极研究是联合国教科文组织发起的国际地球生物圈计划的重要组成部分。意大利从1985年开始参与南极研究计划，迄今已经投入了约3.5亿美元，组织了14次南极科学考察，参加科考的科技人员达到1800多人次，建立了1200平方米的南极考察站，可容纳80多人同时开展工作。参加项目的科研人员主要来自国家研究委员会、新技术环境与能源委员会及30多所大学。

（5）意大利积极参与美国宇航局和欧洲空间局合作的哈勃太空望远镜（Hubble spatial telescope）项目，每年承担5000万美元的研究费用。

（6）意大利和瑞典等国联合进行的艾滋病疫苗研究计划（AIDS Vaccine Research），计划实施期为5年，每年意大利卫生部和外交部共同投入约1200万美元，由意大利高等卫生研究院的研究人员参与研究。

（7）意大利积极参与欧洲空间局和欧盟共同开发的伽利略全球卫星导航系统计划（Galileo Global Satellite Navigation）。该计划于2002年3月正式立项，总投资36亿欧元。伽利略全球卫星导航系统将由30颗卫星组成，分布在高度为2万公里和4万公里的三个轨道上。预计2005年开始布星，2008年开始运营。

（8）意大利十分重视其科研机构和企业参与欧盟的框架计划，以争取更多的欧盟科研经费，提升本国的科研能力。根据意大利教育大学研究部公布的统计数字，在欧盟第五框架计划中，意大利科研机构和企业共参与了1392项合作，获得欧盟项目经费5.6亿欧元。在欧盟第五框架计划的项目经费总额中，意大利获得的经费比例约为9.33%，与欧盟其他主要国家相比，意大利位于德国（19.1%）、英国（15.64%）、法国（13.81%）之后，位于荷兰（6.47%）、西班牙（5.23%）之前，居第四位，基本符合其实力。意大利对欧盟第六框架计划也十分重视，制订了诸多措施，鼓励有关机构积极参与竞争。

西班牙

西班牙的各科研机构十分重视开展与国内外的科研合作。在国内，各科研机构在国家科研理事会的协调下开展相互间的横向合作，大力促进科技交流。其中，各个大学之间的合作最为频繁，它们建立混合科研中心，此外在公私企业集团之间也建立起科研合作关系，签订科研合同，开发新技术、新产品。同时，各自治州之间也进行科研合作与交流，主要是为企业培训科技和商业人才，制订科研计划。

提倡科技为生产实践服务，并以新技术带动经济起飞，政府鼓励各地方政府建立工业技术园区，即科技“苗圃”。在20世纪80年代中期，各自治州相继建立了区域性的科技园区，园区由各区政府和大学倡导成立，为企业和研发中心提供场地。1985年位于北部的巴斯克大区的毕尔巴鄂城建立了第一个科技园区（PTV）。三年后成立了西班牙科技园区协会（APTE），该协会的宗旨是传播和转让新技术，鼓动园区内的企业建立将科技和商业相结合的机制，以科技为基础进行创新，协会还对外提供科技园区的信息。随后，加泰罗尼亚、马德里、巴利阿里、安达卢西亚和巴伦西亚相继成立了各自的科技园区，这些园区也是西班牙科技园区协会AP会员。根据国家科技园区协会提供的资料，目前全国已有12个科技园区，另有29个园区正在建设和规划中。进入园区的企业近年来迅速增加，截至2005年年底，已有1080家企业将园区作为公司经营所在地，其中11.9%的企业在园区的经营已达一年以上时间；园区内员工总人数为29036人，其中一半以上为大学毕业生。虽然受世界经济不景气影响，2001年进入园区的公司数目比2000

年有所下降，但园区全部的经营额仍高达 37.9 亿欧元，比上年增加 24.9%。园区内共有 293 家信息技术、电脑和通信高科技企业，是西班牙科技园区的主要部分，约占 27%，其他行业有：工程和咨询评估业（11.4%）、工业（7.4%）、能源和环保业（5.6%）、电子业（4%）、医保业（3.6%）。此外，园区内另有 108 家从事高科技的研发中心，从业人员有六千多人。这些科技园区大多在政府的资助下，以科研、生产和商业为一体，形成新兴的工业卫星城，其中以马德里、巴塞罗那和塞维利亚的工业技术开发区为最大。

在国际上，积极开展多边和双边的合作和交流，积极参与欧盟的科研活动。通过参与研究与发展活动的马科计划和欧洲尤里卡计划，先后加入了工业、航空、信息、交通、农业、医学等技术项目的研究与开发，取得了丰硕的成果。除与欧盟合作外，还同 20 多个国家签署了科技合作计划，参与了 16 个科技组织的 24 项多边合作计划，大大推动了本国的科技发展。

比利时

目前比利时联邦政府与以下七个国家签署了政府间双边科技合作协定：阿根廷、保加利亚、中国、波兰、巴西、俄罗斯和越南。同时，比利时与俄罗斯、阿根廷、巴西还签署了航天科技合作协议；与巴西签署了核能科技合作协议。同时，比利时积极参与多边科技合作，主要包括：

（1）欧盟框架计划。这是比利时国际科技合作的主要计划，如欧盟第五个框架计划共有 16889 个科研项目，比利时参与了 2360 个，比利时作为项目协调单位的项目有 741 个。

（2）泛欧国际合作计划（COST）是一个欧洲政府间的科技合作计划，主要侧重于基础和竞争前研究项目。COST 也对非欧洲国家开放，COST 合作项目的特点是由科学家自下而上提出，按菜单定做，每个项目平均经费80000欧元，至少有不同成员国的五个参加单位，项目执行期为 4 年。项目经费主要用于协调、研讨会、旅差费、出版费、实验室短期工作费等。

（3）尤里卡计划（EUREKA）是一个由市场引导的重要泛欧工业科技合作计划，经费主要来自企业自筹资金，政府在政策上给予大力支持。到目前为止，比利时已参与了 204 个尤里卡项目，总资金为 3.3 亿欧元，316 个比利时的企业、大学和科研单位参加。

（4）欧洲自然基金会（ESF）。研究活动集中在中长期项目，一般为 3—5 年。项目选择采取自下而上和自上而下两种形式，既可由科学家提出，也可根据成员国优先发展领域提出，评估标准是看能否通过合作使项目达到增值效果。

（5）联合国教科文组织（UNESCO）。比利时参与了联合国教科文组织的多个科技、文化和教育项目，如比利时科技和文化署与 UNECO 签署的合作协议，双方在未来五年内投资 75 万欧元利用卫星技术保护发展中国家的文化遗产，例如利用空间技术监测文化遗产保护现状，开发改善信息库工具，培训技术人员；与发展中国家开展双边或多边科技合作，促进公民尤其年轻人对世界遗产的认识。

（6）经济合作与发展组织（OECD）。OECD 通过调研和比较统计向成员国提供经济、社会和环境政策分析和监控手段。成员国可使用 OECD 的专家库以及秘书处的研究和分析数据。

（7）北约 CDSM 项目。比利时参与北约现代社会挑战委员会项目（Committee on the challenge of Modem Society，CDSM），主要内容有：国防，污染控制，卫生危险和技术危险，生活质量和规划。

（8）欧洲空间局（ESA）。比利时对欧空局的经费支持度排在成员国第五位。对外合作包括空间通用技术、发射器、微重力试验、空间科学、地球观测、通信、遥感、导航、载人航天器、国际空间站等。比利时在把空间数据转变成信息产品方面有独到之处，比如地球观测应用计划（STEREO）和 GMES 计划（Global Monitoring for Environment and Security）。

同时，比利时与国际重大科学研究机构合作，如欧洲原子和分子计算中心（CECAM）、欧洲核研究组织（CERN）、欧洲分子生物组织（ENBO）、欧洲分子生物实验室（EMBL）、欧洲南半球天文台（ESO）、欧洲北半球天文台（ENO）。此外，比利时还参与了联合国发展计划（UNDP）、联合国环境计划（UNEP）、欧洲—东南亚联盟、亚欧环境对话、北大西洋公约科学计划等国际合作项目。

奥地利

奥地利政府充分认识到在科学研究领域进行国

际合作的重要性。在过去数十年里，奥地利签订了一系列关于科学和技术合作的协议（如同保加利亚、中国、法国、以色列、罗马尼亚、俄罗斯、斯洛文尼亚、西班牙和匈牙利等）。对奥地利来说，积极参加欧盟研究和开发框架计划是挑战和机遇。这有利于提高科研水平、提升竞争能力，无论是双边和多边合作都符合奥地利的期望。奥地利以1350个研究项目参加了第五个欧盟框架计划（1998—2002年）。欧盟计划资金中划拨给奥地利参加者的额度为2.8亿多欧元。奥地利共同参与制定了第六个欧盟框架计划（2002—2006年）。2001年12月，欧盟成员国研究部长统一签署了总预算为175亿欧元的第六个欧盟框架计划。这个计划包括基因研究和生物技术、信息技术、纳米技术、航空学和航天、食品安全、可持续发展、经济和社会科学等。

奥地利也参加了“欧洲科学技术研究合作”项目（COST，如通信、交通、气象学、生物技术等）和“市场主导的工业研究与发展网络”（EUREKA）计划。奥地利在1993年就设立了一个国际研究和技术合作办公室（BIT），除了已经提到的以奥地利科学院作为基础研究的核心合作机构以外，国际应用系统分析研究所（IIASA）、国际信息处理合作研究机构（IFIP）、国际自动化控制合作机构（IFAC）以及国际埃尔文·施罗丁格数学物理研究所（ESI）都是国际科研工作者在奥地利的会聚之地，并且在专业领域里享有很高的声誉。在社会科学领域里，国际文化学研究中心（IFK）和人类科学研究所（IWM）的研究重点首先放在中欧和东欧的政治和经济思想领域以及性别研究方面。面对欧盟的东扩，奥地利研究合作的一个重要任务就是与中欧和东欧国家的合作。

瑞士

瑞士不仅高度重视本国科学技术的发展，而且十分重视参与国际科技合作。自80年代以来，瑞士一直积极参加欧洲科技合作，特别是欧盟科技发展总体规划、欧洲科技合作计划和尤里卡计划，这三大科技发展规划，被称为欧洲科技发展的“三大支柱”。瑞士技术创新委员会多年来一直资助高等院校、研究机构同工业企业之间的研究和开发工作，鼓励他们积极参与国际（主要是欧洲）科研合作。通过科技合作，不仅极大地提高了瑞士的科学技术水平及科研能力，而且拓展增加了新的研究领域，改善了瑞士的科技地位，同时还开发提供了有市场前景的产品和服务。

自20世纪80年代以来，亚洲、拉美等新兴国家快速崛起，瑞士加强了与这些国家的科技合作，如加强同韩国的科技合作，双方计划以两国科技战略重点为基础。在两国间建立联合研究中心JRC，JRC是一个跨学科虚拟中心，起催化器作用，推动学术界和私营企业合作开发新技术。

2002年6月瑞士联邦内政部国务秘书克伯莱伯博士访华。其率领的政府科技教育代表团参加了中国举办的“瑞士科技创新周”，并访问了我国科技部、教育部、中科院以及北京大学、清华大学等科研机构。双方提出了在传统中医药、新材料特别是纳米科学以及燃料电池研究领域的合作建议。2007年7月上海“瑞士科技之家”正式挂牌。其旨在加强对瑞士为科技强国的宣传，提供稳定高效的合作交流平台，综合协调科技、文化和经济等领域的合作，促进高水平、高质量的科技合作。2009年是瑞士和中国签署科技合作协定20周年，第一批双边合作研究项目于2009年正式实施，瑞士很多重点大学和研究机构都参与了进来。

爱尔兰

爱尔兰政府2007年发布了《2007—2013国家发展计划》，目标是把爱尔兰建设成为世界优秀的研发基地。其中，加强国际科技合作对于科研力量有限的爱尔兰而言是一个重要途径和必然要求。为此，爱尔兰科学顾问委员会在研究了相关国家经验的基础上，对爱尔兰国际科技合作情况开展了大范围的调研，并于2008年发布了《爱尔兰国际科技合作报告》。2009年，爱尔兰政府根据报告建议，加强了与美国、欧盟以外的其他国家和地区的科技合作。2009年2月，埃及通信信息技术部部长率领埃及信息技术领域的企业代表和专家访问了爱尔兰，与爱尔兰副总理兼企业贸易部部长进行了会谈，希望双方在与卫生、教育、银行和金融业、技术基础设施相关的信息技术系统方面进行合作，并宣称埃及将是爱尔兰通向中东和非洲的门户。

2009年5月，爱尔兰企业贸易就业部与印度科学技术部签订了科学技术合作计划。通过该计划，爱尔兰和印度将加强可持续能源、医疗科学、信息技术和食品科学方面的研究合作。该计划将鼓励两国科学家在上述领域进行项目研发合作，两国科学家也可联合提出研究项目，经两国评估后给予联合资金支持。

2009 年 11 月，爱尔兰投资发展署和科学基金会与日本对外贸易组织在都柏林共同举办日本爱尔兰技术论坛，探讨在信息技术、生命科学、能源与环境等战略领域的研究合作。此外，爱尔兰还派出部长级贸易代表团出访俄罗斯、沙特阿拉伯、卡塔尔和中国等被其视为新兴市场的国家，利用贸易推动技术合作与转让。

爱尔兰参加了欧盟的研究和技术开发项目。它是尤里卡计划（EUREKA）即欧洲工业主导的研究和发展项目的一个成员，该计划旨在利用技术以提高其全球竞争力。爱尔兰也是欧洲空间署（European Space Agency）的成员。除此之外，爱尔兰也与其他国家，特别是与欧洲国家达成了大量的双边科技合作协议，促进研究机构和个人之间的协作。

葡萄牙

在国际科技合作方面，葡萄牙同样起步晚、规模小、投资少。葡萄牙于 1986 年加入欧共体后才开始融入国际科技社会，并且积极参与欧盟的研究框架计划、尤里卡计划、信息高速公路计划、空间计划等大型综合性研究与技术开发计划，但在双边和多边科技合作方面的力度尚嫌不够。在双边合作方面，葡萄牙目前仅与 30 多个国家和地区签订科技合作协定，其中相当一部分是近几年才建立合作关系的，且多数合作伙伴局限在欧洲范围。葡萄牙与中国的合作始于 1994 年，10 年来发展比较迅速，两国科技合作规模不断扩大。在多边科技合作方面，葡萄牙参加的国际学术机构或国际研究发展计划也不多，而且多是欧洲联盟框架下的项目。现在，葡萄牙已经参加了欧洲科技发展组织、国际农业研究咨询小组、欧洲科技合作机构和欧洲科学基金等组织。同时，它也是欧洲核子研究中心、欧洲分子生物实验室、欧洲分子生物组织、欧洲同步辐射装置、南欧观察站和欧空局等重要研究机构的成员国。但是，在葡萄牙参与的机构或计划中（尤里卡计划除外），葡萄牙的介入程度并不深，承担的合作经费也比较少。在 1991—1996 年，葡萄牙用于国际合作方面的经费总共还不到 900 万美元，这几年有所增加，但平均每年仅为 250 万美元左右。2007 年，葡萄牙的研发支出总额为 26.29 亿美元。

挪威

加强科研领域中的国际合作是挪威政府提高本国科研质量战略的重要组成部分。2002 年，挪威用于国际科研合作的经费占到国内生产总值的 0.14%，约为同期科研总投入的 10%。目前挪威的大部分国际科研合作都是在“欧盟科研与发展计划框架”下进行的。挪威从 1987 年开始参与该框架的研究工作，于 1994 年获得了全面的参与权。挪威对欧盟科研框架的投入约占其在欧洲经济区（EEA）科研项目总投入的 3/4，是挪威与欧盟合作的一个重要方面。到目前为止，挪威参与的欧盟科研合作项目主要集中在能源、环境、运输、公共卫生、医药和海洋研究等领域，参与的科研计划和项目主要包括欧盟科学研究与技术发展计划框架、尤里卡计划、欧盟科技研究合作委员会项目、欧洲航天局项目、欧洲粒子物理实验室项目、欧洲同步辐射机构项目、欧洲分子生物学实验室项目、欧洲异调散射雷达站项目等。

在国际科研合作中，挪威在很多领域中有着优越的研究环境和科研条件，对外国研究人员具有巨大的吸引力。在极地研究方面，挪威具有非常优越的自然条件。斯瓦尔巴德群岛是目前世界上进入北极地区最方便的地区之一，对很多研究工作非常有利。目前，有 20 多个国家在斯瓦尔巴德群岛上建立了从事各类科研活动的研究机构，是挪威参与国际科研合作的一个重要方面。

芬兰

芬兰重视开展国际科技合作，除了保持同其他北欧国家的传统合作外，还加强与西欧国家的合作，积极参与欧洲的重大科技项目和计划。1985 年，芬兰参加尤里卡计划；1989 年参加欧共体（即现在的欧盟）科学计划；1995 年正式成为欧洲航天局的成员。

芬兰为提升国民的科学素养，经常举办科学周，通过学术报告会、专题研讨会、展览、放映有关科教录像等形式，向广大公众介绍科普知识、最新科研成果以及科学发展的前景。

2008 年，芬兰就业经济部与俄罗斯纳米技术公司在莫斯科签署了合作谅解备忘录，芬兰与俄罗斯于 2009 年 11 月举办纳米技术配对研讨会，双方希望借此形成纳米技术企业战略伙伴关系。

2009 年，芬兰科学院筹划启动未来生活研究计划，研究与生活有关的不同发展趋势以及生活的社会、技术和环境问题。芬兰科学院与日本方面联合征集项目。芬兰自1995年成为欧空局正式成员以来，积极参与欧空局与地球观测、卫星通信和导航以及空间科学技术有关的计划。芬兰占欧空局预算的0.6%，约为2000万欧元，低于欧盟平均值，2009年欧空局将两颗科研卫星成功发射进入太空，芬兰为其中的普朗克卫星研制了70吉赫兹无线电接收仪，为Herschel卫星打磨抛光了直径3.6米的碳化硅主反射镜。控制两颗卫星功能的中央数据管理单元应用软件和Herschel卫星的低温恒定控制单元也均由芬兰控制。

冰岛

冰岛作为北冰洋沿岸国家之一，于1988年参加了在列宁格勒（今圣彼得堡）举行的北冰洋沿岸国家科学家会议，共同协商北极科学研究计划，建议成立非政府的国际北极科学委员会（IASC）。经过四年多的艰苦谈判，在北极圈内有领土和领海的共8个国家的代表，于1990年8月28日在加拿大签署了国际北极科学委员会章程条款，成立了第一个统一的、非同一的非政府国家科学组织——国际北极科学委员会。这虽然是一个“非政府机构”，但章程条款明确规定，只有达到国家级科学机构标准才有资格代表其所属国家参加该委员会。1991年1月，该委员会在挪威奥斯陆召开了第一次会议，并接纳法国、德国、日本、荷兰、英国等六个国家为其正式成员国。至此，人类在北极地区的国际科学合作迈出了有历史意义的一步。1996年4月23日，国际北极科学委员会通过决议，接受已在北极地区开展过实质性科学考察的中国为其第16个成员国。

1985年5月欧共体正式启动“尤里卡计划”。1986年6月底在伦敦举行的第三次部长会议上确定了62个新的科研项目，并把冰岛作为第19个成员国吸收进来。虽然冰岛的生物技术研究处于领先地位，但是法律明确规定禁止胚胎干细胞的研究，和法国、波兰等国迄今的立场相同。

冰岛和其他北欧国家一起于2005年成立了“北欧能源研究机构”，通过生物制氢系统分析，提高生产生物氢的能力。2003年11月美国与14个国家的部长及欧盟委员会签署协议，正式建立“氢能经济国际伙伴关系（IPHE）”，协调国际氢燃料及技术开发。IPHE部长级会议第一次会议于11月18—21日在美国举行。澳大利亚、巴西、加拿大、中国、欧盟委员会、法国、德国、冰岛、印度、意大利、日本、韩国、挪威、俄罗斯和英国的代表与美国代表共同签署了这项协议，并成立了指导委员会和执行委员会。

丹麦

政府对于国际科技合作一贯给予重视，规定对于丹麦参与的国际科技合作项目，在立项时必须给予优先考虑。当前，丹麦的国际科技合作主要还是局限在欧洲，与欧洲大多数研究机构有着合作关系，例如，欧洲空间局（ESA）、欧洲核研究组织（CER）、欧洲分子生物学实验室等。与北欧的合作历史悠久，重点在长期性合作方面，如基础研究领域的合作。丹麦对于尤里卡计划的技术合作也持积极的态度，目前，丹麦参加了该计划的十多个项目。丹麦参加国际和地区的科技合作的管理机构，主要是研究管理局。但是，政府的一些部以及其他有关机构也参与其事，如能源部、教育部、农业部等。

丹麦与欧洲国家主要在欧盟第七框架计划下开展合作。

一是欧洲散裂中子源（ESS）建设。在瑞典和丹麦政府的积极努力下，2009年5月，ESS委员会决定在丹麦哥本哈根和瑞典马尔默之间的厄松地区建立ESS。ESS将和已建成的第四代同步辐射光源（MAX-IV）一起位于瑞典的Lund市。

ESS是利用中子散裂技术开展研究的大型设施，由1.3GeV的直线加速器和两个累计环构成，采用汇流技术，将两股相同的束流纵向会合。ESS是世界上最大和最先进的中子源，将极大地推动欧洲各国特别是瑞典和丹麦在气候变化研究、化学、新材料、卫生、能源、环境、机械工程等领域的研究和创新。ESS于2010年启动建设，预计在2020年全面投入运行，总造价估计为13.8亿欧元，建成后的每年运行费用约为1亿欧元。丹麦将承担12.5%的建设费用和一定比例的年运行费用。

二是欧洲自由电子X射线激光器（XFEL）建设。2009年11月30日，丹麦正式加入位于德国汉堡的XFEL建设，该设施由德国牵头建造，总耗资10亿欧元以上，预计于2016年建成，将成为世界上最先进的科研用X射线激光器。丹麦在2009—

2016年须按比例出资9000万丹麦克朗。XFEL旨在帮助研究者们近距离观察、研究原子在形态转换时期的位置和状态，推动药物设计、新材料研究等取得新进展。（张敏　何明明　喻帅）

第三章　文化

第一节　欧洲文化源流及其特点

一　欧洲文化源流

欧洲文化是犹太—基督教—希腊—拉丁文化融合的产物，融合了精神性、人文主义、理性和民主性等多元化特性。

欧洲具有深厚的文化底蕴。史前美术体现了欧洲旧石器时代、中石器时代和新石器时代的建筑、雕刻、绘画和工艺成就。旧石器时代艺术是迄今所知人类最早的真正的艺术品。欧洲的史前器具艺术具有很强的表现力，被学者们称之为活动艺术。11—17世纪，欧洲中世纪大学的兴起奠定了现代高等教育的模式。欧洲“古典时期”的文化是由地处南欧的希腊人创立的，希腊作为整个欧洲文化的发源地，创造了古希腊文明及古罗马文明。

二　欧洲文化特点

欧洲文化具有丰富的内涵和鲜明的特点，可以对其进行不同的划分。总体上看，可以将欧洲文化分为两大部分，即内隐部分和外显部分，或称之为观念性文化和结构性文化。同时，欧洲文化不是单一的，它既是一个拥有共同文化内涵的同一性的文化，又是一个包容了不同民族文化特性的多样性的文化。综合而言，同一性的欧洲文化，从观念性文化角度看，其内涵是基督教文明、法制观念、人权观念、自由观念、平等观念、竞争意识、权利义务观念、和解精神、容忍态度、协商精神、非暴力观念、秩序观念、互助观念、个人主义、理性主义、实证主义、浪漫主义；从结构性文化角度看，其内涵是宪政、三权分立、普选制、代议民主制、内阁制、独立的法律制度和法律体系、自由贸易和市场体制等。多样性的欧洲文化主要是指欧洲各国不同的民族主义情感、不同的民主观念及其实施方式、法律体系的差异、不同的经济自由度、不同的宗教信仰、对各自文化及其表征（语言、货币、艺术等）的钟爱以及民族历史自豪感等。

三　欧洲文化的思想渊源

当代欧洲文化的新特点继承了传统文化的四大特性，即精神性、人文主义、理性和民主性特征。

（一）精神性

欧洲文化的精神性来源于基督教。基督教结合了犹太教的许多内容和古希腊罗马哲学家的思想，给欧洲提供了理想人格的楷模。在基督教教义中，信仰是其他一切的前提，它的信仰是指神即上帝的存在；1517年，马丁·路德开始宗教改革，建立了新教。他提出了人的双重本性的思想：人有一个双重的本性，心灵的本性和肉体的本性。肉体的本性是受束缚的，心灵的本性是自由的。这种自由不是来自政治上和肉体上的自由，不是为所欲为的自由，而是精神上的自由，它依靠基督的福音，凭借对上帝的信仰，是真正的自由。

（二）人文主义

人文主义的主要精神是突出人的地位，反对宗教迷信神学教条和权威主义对人的精神的愚弄，主张自由、平等、博爱，提倡个性解放。崇尚个人的价值观在欧洲文化中有悠久的历史。早在古希腊，德谟克利特就提出原子是真实存在的，是世界万物的本源。14—17世纪的欧洲文艺复兴，揭开了人文主义思想的篇章。这时的人文主义强调个人的至上性。17世纪以后，个人主义被进一步理论化和系统化，笛卡尔提出“我思故我在”的著名命题，洛克提出了天赋人权说，“崇尚自我”渗透在西方文化的每个角落。

（三）理性

强调理性与科学，强调逻辑推理与分析的理性主义在欧洲有着悠久的历史和坚实的基础。早在古希腊，人们就十分注重研究自然，穷理致知，他们抬高理性、崇尚智慧，强调观察，推崇演绎。“知识乃是美德”，是古希腊人的价值观念。亚里士多德把人的心灵划分为两部分：理性的部分和非理性的部分。理性又分为纯粹的理性和实践的理性两部分，纯粹理性也就是哲学的思考。实践理性思考的对象是与人类道德有关的，其目的在于培养人的善行，它要求人们思考不断变动的特殊知识。新兴的资产阶级思想家把一切都拿到科学和理性面前来重新估计，宗教神学和经院哲学受到严厉的批判，理性科学获得了彻底的解放和长足的发展。理性科学的思维方式对西方人的思维方式产生了深远影响。

（四）民主

要求民主是人文主义观点发展的必然结果。作为现代科技文明的发源地，欧洲的生产力水平在18—19 世纪已经超过其他地方，生产力的发展提高了普通市民在经济生活中的地位，唤起了对民主的强烈要求，因此，18 世纪相继在欧洲爆发了资产阶级民主革命。

第二节　哲学

一　古代哲学

欧洲古代哲学大致可以分为四个时期。

（一）神话、传说时期

从神话喻意时代开始一直到苏格拉底出现之前。这时期的哲学探究人的根源及情绪现象，是对宇宙论、认识论及伦理观的初步分析。

（二）古希腊哲学时期

从苏格拉底到亚里士多德的一段时间。这时期的哲学逐渐成型并走向成熟。形而上学、伦理学、美学等哲学正式出现。其代表人物是苏格拉底（公元前 469—前 399 年）、柏拉图（约公元前427—前 347 年）、亚里士多德（公元前 384—前322 年）。

（三）中世纪哲学时期

从古希腊哲学时代至法国笛卡尔出现为止。这时是信仰探索最旺盛的年代，但也是非神学的黑暗年代。神学（主要是指基督教）及相关的人生哲学课题，主导了一切的思想探究。中世纪哲学主要是指西欧 5—15 世纪的基督教哲学，包括教父哲学、早期经院哲学等。

（四）文艺复兴时期哲学

从公元 14 世纪后半期起，新型的资本主义生产关系推动了欧洲封建社会内部阶级结构的变革，城市平民力量得以壮大。同时产生了新思想，包括最重要的人文主义思潮和以新兴自然科学为基础的唯物主义思想，进而出现了宗教改革，为资本主义的发展开辟了道路。这一时期哲学的主要特点是：

1. 人文主义思潮和社会政治学说

人文主义思潮是最早的资产阶级反封建的思想解放运动和新文化运动。这一思潮发端于 14 世纪的意大利，后遍及欧洲各国。它在思想战线所席卷的领域包括哲学、文学、艺术、科学甚至宗教。人文主义思潮的一般特征是宣扬以人为中心的世界观和人道主义精神，与基督教以神为中心的世界观相对抗。该思潮主要表现在这样几个方面：歌颂人的伟大，颂扬人的价值，提倡尊重人、爱护人；肯定现世的人生享乐，反对禁欲主义；提倡个性解放；高扬理性，重视人的知识的作用；宣扬超阶级的人类普遍之爱。其代表人物包括但丁、彼特拉克、薄伽丘、瓦拉爱拉斯谟、斐微斯、拉伯雷、莎士比亚等。

2. 哲学的“复兴”

尼古拉继承了新柏拉图主义、中世纪神秘主义和毕达哥拉斯学派的思想，结合当时数学和自然科学的成果，制订出一种具有独特性和过渡特色的哲学学说。他提出了“对立一致”的思想，成为近代辩证法思想的重要来源之一。他把认识能力区分为感性、理智和心智，论述了“有学问的无知”，即认为人能够不断地接近真理的认识，但却不能达到绝对的终极的真理。他提出一种泛神论形式的唯物主义思想，主张上帝创造万物与上帝万物是一回事，物质世界是统一的、无限的。

3. 宗教改革

16 世纪在德国、瑞士、英法等国先后掀起了一场声势浩大的宗教改革运动，其中以路德和加尔文的改革最具代表性。

路德的宗教改革的核心是灵魂如何获救的问题，他全面系统地阐述了“因信称义”的学说。强调外在东西对于灵魂的义与不义、自由或受束缚并无任何影响，人只能通过信仰获得拯救。加尔文重新推出奥古斯丁的“先定说”，认为上帝预行安排好了宇宙中的一切，包括对人的拯救。这是上帝的恩典，不以个人的善恶功罪为转移，从而否定了罗马教会的救赎理论，并揭露了教会以此来牟利、勒索钱财。

4. 科学革命和自然科学

15—16 世纪近代自然科学逐步摆脱了神学的羁绊，从无所不包的“哲学”中分化出来，形成了独立的科学，在新兴科学的基础上发展出了新颖的哲学思想。

达·芬奇持有泛神论的唯物主义思想，肯定自然界具有客观的规律，倡导科学采用观察和实验的方法去研究自然，但他也不排斥理性对经验的指导作用，指出“科学是指挥官，实践是士兵”。哥白尼推翻了统治千百年的亚里士多德—托勒密地心说，创立了日心说。这一学说是自然科学和世界观中的一次伟大革命，给宗教神学世界观以沉重打击，引起教会强烈反对。意大利人特勒肖认为世界万物的“原则”或本原是物质以及热和冷这两种力量，后两者之间争夺物质，于是引起物质的运动，并导致多种多样事物的产生。

二　近现代哲学

近现代哲学从文艺复兴、工业革命到尼采离世的1900年为止。这是哲学史上继古希腊后的第二个黄金年代。英、德、法、荷等国家先后诞生了多位大哲学家。

16世纪末到18世纪中叶的西欧哲学发展时期，一般被称为英国经验论和大陆唯理论对立和斗争的时期。英国唯物主义哲学是英国资产阶级在夺取政权之前的哲学思想的主要形式，在欧洲大陆也有广泛影响。恩格斯说：“从17世纪以来，全部现代唯物主义的发祥地正是英国。”这一时期的欧洲近代唯物主义不但同中世纪的唯名论在思想上有渊源关系，而且也受到了古希腊罗马时期的唯物主义者的影响。由于这个时期的唯物主义是在概括和总结近代自然科学发展成果的基础上产生的，克服了古代唯物主义的直观性和素朴性，从而把唯物主义提高到了一个新的阶段，即形而上学唯物主义阶段。它具有进步性，但也存在自身的缺陷。

这一时期的西欧资产阶级哲学，在欧洲哲学发展史上占有十分重要的地位。其丰富的哲学思想，对18世纪的法国唯物主义和19世纪德国的费尔巴哈的唯物主义的建立，都产生了积极的影响。主要代表人物及其哲学思想主要有：

勒奈·笛卡尔（Rene Descartes）**（1596—1650）**　笛卡尔是欧洲近代资产阶级哲学的奠基人之一。黑格尔称他为“现代哲学之父”。他的思想自成体系，熔唯物主义与唯心主义于一炉，在哲学史上有深远的影响。

笛卡尔强调科学的目的在于造福人类，使人成为自然界的主人和统治者。他反对经院哲学和神学，提出怀疑一切的“系统怀疑的方法”。他还提出了“我思故我在”的原则，强调不能怀疑以思维为其属性的独立的精神实体的存在，并论证以广延为其属性的独立物质实体的存在。他认为上述两种实体都是有限实体，把它们并列起来，说明了在形而上学或本体论上，他是典型的二元论者。笛卡尔还企图证明无限实体，即上帝的存在。他认为上帝是有限实体的创造者和终极的原因。笛卡尔的认识论基本上是唯心主义的。他主张唯理论，把几何学的推理方法和演绎法应用于哲学上，认为清晰明白的概念就是真理，提出“天赋观念”。笛卡尔的自然哲学观同亚里士多德的学说是完全对立的。他认为，所有物质的东西，都是为同一机械规律所支配的机器，甚至人体也是如此。同时他又认为，除了机械的世界外，还有一个精神世界存在，这种二元论的观点后来成了欧洲人的根本思想方法。最著名的思想就是“我思故我在”，即“当我怀疑一切事物的存在时，我却不用怀疑我本身的思想，因为此时我唯一可以确定的事就是我自己思想的存在”。

格奥尔格·威廉·弗里德里希·黑格尔（1770—1831）　黑格尔把绝对精神看做世界的本原，绝对精神并不是超越于世界之上的东西，自然、人类社会和人的精神现象都是它在不同发展阶段上的表现形式。因此，事物的更替、发展、永恒的生命过程，就是绝对精神本身。黑格尔哲学的任务和目的，就是要展示通过自然、社会和思维体现出来的绝对精神，揭示它的发展过程及其规律性，实际上是在探讨思维与存在的辩证关系，在唯心主义基础上揭示二者的辩证统一。围绕这个基本命题，黑格尔建立起令人叹为观止的客观唯心主义体系，主要讲述绝对精神自我发展的三个阶段：逻辑学、自然哲学、精神哲学。黑格尔在论述每一个概念、事物和整个体系的发展中自始至终都贯彻了这种辩证法的原则。这是人类思想史上最惊人的大胆思考之一。黑格尔一生著述颇丰，其代表作品有《精神现象学》《逻辑学》《哲学全书》《法哲学原理》《哲学史讲演录》《历史哲学》和《美学》等。

卡尔·马克思（1818—1883）和弗里德里希·恩格斯（1820—1895）　马克思和恩格斯共同创立了马克思主义哲学。马克思主义哲学是关于自然、社会和思维发展一般规律的科学，是唯物论和辩证法的统一、唯物论自然观和历史观的统一。它是一个相对真理，继承和发展了德国的古典哲学，英国的古典政治经济学，英国、法国的空想社会主义下形成的马克思主义的三个组成部分，其主要理论来源是辩证法和唯物论。马克思主义是哲学史上的革命性的变革，马克思主义哲学的诞生是当时社会政治与经济的发展、自然科学的巨大进步和哲学理论自身发展的必然产物。19 世纪 40 年代的欧洲，资本主义已经进入较高的发展阶段；成熟的资本主义生产方式孕育成无产阶级，欧洲无产阶级正从一个自在的阶级逐渐成长为一个自为的阶级，工人运动兴起需要科学理论的指导；这一时期自然科学取得前所未有的巨大成就，三大科学发现（细胞学说、能量守恒和转化定律、达尔文进化论）是对当时欧洲社会科学优秀成果的概括和总结，更是对人类哲学思维中的唯物主义和辩证法传统的批判继承与创造性的发展，为马克思主义哲学的创立作了理论上的准备。马克思主义哲学的直接理论渊源是以亚当·斯密和大卫·李嘉图为代表的古典经济学，特别是其中的劳动价值论；19 世纪法国复辟时期的历史学家基佐、米涅、梯叶里关于阶级斗争作用的论述；19 世纪初以圣西门、傅立叶、欧文为代表的英法空想社会主义学说；以及德国古典哲学，主要是黑格尔的辩证法和费尔巴哈的唯物主义。

马克思主义哲学首要的和基本的观点：实践的观点是马克思主义哲学首要的和基本的观点，实践的原则是马克思主义哲学的建构原则。马克思主义哲学在实践的基础上揭示了自然观和历史观的统一，从而正确地、彻底地解决了哲学的基本问题，把唯物主义贯彻到底。批判性是马克思主义哲学的基本精神。批判就是破旧立新，以新物质代替旧物质，是实践的内在要求。

马克思主义哲学从实践出发解决哲学基本问题，即思维和存在的关系问题，是对人与世界的关系的最高抽象。马克思主义哲学深刻地指出人与世界的关系实质上是以实践为中介的人对世界的认识和改造关系。从实践出发解决人与世界的关系问题是马克思主义哲学实现伟大哲学变革的实质和关键。是实践为人提供了认知对象，因此在实践中，人不仅认识了世界，而且改造了世界，在天然、自然的自在世界的基础上创造了人类的属人世界。所以，实践不仅具有认识论意义，而且具有世界观意义。

弗里德里希·威廉·尼采（Friedrich Wilhelm Nietzsche）（**1844—1900**）著名德国哲学家。他是西方现代哲学的开创者，同时也是卓越的诗人和散文家。他最早开始批判西方现代社会，然而他的学说在他的时代却没有反映，直到下一个世纪——20 世纪，才激起深远的调门各异的回声。后来的生命哲学、存在主义、弗洛伊德主义、后现代主义，都以各自的形式回应尼采的哲学思想。尼采哲学在当时曾经被当作一种“行动哲学”，一种声称要使个人的要求和欲望得到最大限度的发挥的哲学。尼采猛烈地揭露和批判了传统的基督教道德和现代理性，他对任何理性哲学都进行了最彻底的批判。尼采鼓吹人生的目的就是实现权力意志，扩张自我，成为驾驭一切的超人。尼采的唯意志论哲学价值具有两重性：一方面，尼采继承了启蒙运动的精髓，反映了现代意识的觉醒。他对人生价值的积极肯定，引发了人们对人生意义、人生价值的思考，重新定位人生；他对工具理性和工业文明的否定性批判，开启了现代非理性主义思潮。另一方面，他对理性的批判，对传统的否定也存在着片面性，这正是后现代主义欣赏的一面。他的伦理思想反映了正在形成的垄断资产阶级的利益。

三　当代哲学

由尼采离世后所引起的哲学回响一直延续到现代。这时工业革命已发展到一个前所未有的阶段，中间又经历了两次世界大战。哲学分成两大主要方向：一是探讨人的生存意义，结合文学、社会思潮等成一个阵营；二是专攻哲学技术的探讨，结合数学、科学去展开新的探索。前者可简约为是存在主义及当代伦理学，而后者则是分析哲学及科学哲学。

第二次世界大战以后，西方马克思主义发生了很大变化。首先，问题中心转向对发达资本主义社会的分析。他们强调理论要适应现时代特征，认为战后的资本主义进入了发达工业社会，技术进步带来的自动化生产和富裕的生活，改变了劳动者的观念，使工人阶级融合进了资本主义制度；革命将不单是经济领域和政治领域里的事情，革命的力量也不再是工人阶级，而是整个社会的总体革命，其中最主要的是意识革命，革命将依靠新的力量去完成。哲学观点及流派多样化与战后西方哲学多元化的趋势相一致。除影响最大的法兰克福学派外，弗洛伊德主义的马克思主义、存在主义的马克思主义有新的发展，出现了新的观点及流派，如日常生活批判理论的马克思主义、结构主义的马克思主义、新实证主义的马克思主义和新工人阶级论的马克思主义等。

战后西方马克思主义的各流派中，萨特的存在主义马克思主义是影响最大的流派之一。萨特是一位密切关注社会动态并富有社会责任心的思想家。他在匈牙利事件中与法国共产党断绝关系后，希望用存在主义补充和革新马克思主义这一“我们时代的不可超越的哲学”。他认为现时代的马克思主义由一群不愿意承认错误的官僚主义者强制执行，变成了一种强加于现实的暴力，其思想被“停滞”了，成了“非人的人学”。为此，要把人本身重新纳入马克思主义，建立“人学辩证法”，补充辩证唯物主义中心的那块“人学的空场”。萨特所讲的“人”，当然是存在主义基础上的个人，而不是作为阶级、群体的人。他认为对具体的个人的研究正是马克思主义所缺乏的内容，即“人学的空场”。同样，历史唯物主义也应建立在“人”的基础上，以“历史人学”为理论核心，“历史人学”也就是他建立在“匮乏”概念及其理论上的存在主义的社会集团论。到70年代以后，这一理论随着存在主义的衰落一起被忘却。

阿尔都塞的结构主义马克思主义也是西方马克思主义的一个有影响的流派。

20世纪60年代后期，西方国家出现了震荡社会的学潮和工潮，西德、美国、意大利都时有发生。其中，以1968年5—6月的法国风潮规模和影响最大，即“五月风暴”。风潮中的一些学生曾是西方马克思主义的热心者，他们喊出的口号也带有西方马克思主义的鲜明色彩。一些西方马克思主义的代表也积极地关注、支持、参加了这次风潮，试图印证他们的理论见解。然而，“五月风暴”的无政治性、无组织性、无目的性和无结果性，并没能证明太多的东西。因此，70年代以后，西方马克思主义渐趋消沉下去。当代哲学的代表性特征是：

1. 德国法兰克福学派的发展及其社会批判理论

法兰克福学派是指20世纪20年代成立于德国法兰克福城的“社会研究所”成员的理论观点。研究所隶属于法兰克福大学，以对社会现实进行经验研究、跨学科综合研究为宗旨，以社会哲学研究为侧重。法兰克福学派在战后的主要理论家，第一代有阿道尔诺、马尔库塞、弗洛姆等，第二代有哈贝马斯、施密特（1931—　）、涅格特（1934—　）等，第三代有韦尔姆尔（1933—　）、奥菲（1940—　）等。

“社会批判理论”是法兰克福学派的理论出发点。它最早由社会研究所第二任所长霍克海默教授（1885—1973）提出，由各主要成员从不同的方面加以阐述。霍克海默认为，马克思主义在本质上是一种社会批判理论，而不是所谓主体对历史客体的反映。“批判”是马克思主义的核心精神，马克思本人的著作主线就是批判，许多重要著作也是以“批判”命名的。这种“批判理论”与“传统理论”根本不同，它不把自己放在现存社会的既定合理性上去帮助现存社会维持秩序，而是对一切既定的、事实的东西进行重新审视和考察，揭示它们的不真实性，使人们意识到合理性背后的矛盾性，推翻现存社会的再发展。因此它是一种否定理论。

2. 阿道尔诺的“否定的辩证法”

泰欧多尔·维森格隆特·阿道尔诺（1903—1969），德国法兰克福人，“社会批判理论”的创立者之一，法兰克福社会研究所的第三任所长。“否定的辩证法”是阿道尔诺最主要的、影响最大的哲学思想。他试图通过“否定”概念的阐发去表达他的批判观点。首先，阿道尔诺用“否定”为辩证法定性。他认为，辩证法的根本是“否定”，但在黑格尔那里所强调的却是“否定的否定”，即调和；在马克思那里由于强调同一性，因而也不彻底。因此，在辩证法中应去掉同一性和否定之否定，使非同一性和绝对否定突出出来。其次，阿道尔诺视“否定”为逻辑学、认识论的方法。他认为，辩证地思考也就是在矛盾中思考，使思维摆脱形式逻辑同一律的限制，解除一切概念的束缚。因为同一律、概念都仅仅是一种抽象，是虚假的，其本身是可怀疑的。为此，阿道尔诺反对理论体系。再次，阿道尔诺以“否定”表达他的社会历史观。他认为，历史的发展需要一种绝对否定的理论，这种理论不相信“未来总是包含在现实之中”，而是承认“在进步面前决不停止批判”，相信“进步就发生在它结束的地方”。因此，在历史面前，要以“否定的深度”去“割断历史的连续性”，把否定性推进到时代的中心。阿道尔诺的这一思想被德国左翼学生接受，并发挥为“拒绝一切”的运动纲领。

3. 马尔库塞的发达资本主义批判理论

海尔伯托·马尔库塞（1898—1979），德国柏林犹太人，后入美国国籍。他是法兰克福学派第一代中的重要成员，社会批判理论的主要代表。他的主要著作有：《理性和革命》《爱欲与文明》《苏联的马克思主义，批判的分析》《单面的人》《心理分析和政治》《论解放》《反革命和造反》等。马尔库塞的思想主要有两方面：对当代发达资本主义的批判和对马克思主义的批判，哲学的作用是否定现实并指导实践。这是马尔库塞理论的出发点。他认为，源于古希腊的传统哲学，暗示着对现存现实的颠覆，使哲学成为批判性的思想，在肯定的“是”中包含着“应该”的指令。马尔库塞认为批判的马克思主义自身需要批判，马克思主义的批判性本质使它应当担负起指导实践的任务，但在科学技术已发生巨变的当代，马克思主义的一些理论已经过时，必须进行现代化更新。马尔库塞提出对发达资本主义社会的批判。第二次世界大战后的当代工业社会，是物质上富裕的社会，同时又是“最病态的社会”。解决这一问题的出路包括政治变革和社会关系变革在内的社会运动，因而也将包含着必要的暴力。

第三节　文学

欧洲文学从古希腊、古罗马以来已有两千多年的历史，在世界文学中占有重要地位。古希腊、古罗马文学是欧洲最早的文学，可以说是欧洲文学的开端。古希腊文学中的神话和史诗则反映了更早的、从氏族社会过渡到奴隶社会时的希腊生活和斗争。罗马文学产生于古希腊文学之后，它使我们对欧洲奴隶社会的生活和斗争有了更充分的认识。近代欧洲各国文学在古希腊、古罗马文学中获得了不少启示，不断从中汲取养分。公元5世纪以后，欧洲许多地区相继进入封建社会。欧洲中古文学的主要成就是在各族民间文学基础上发展起来的英雄史诗，反映世俗封建主内部骑士阶层理想的骑士文学，以及城市兴起后作为资产阶级文学前身的城市文学。14—16世纪，资本主义因素在欧洲不少地区得到发展，在封建王国的基础上，许多近代国家开始出现。资本主义在西欧发展最早，新兴资产阶级的反封建斗争表现为文艺复兴和宗教改革。文艺复兴是一次新兴资产阶级反教会、反封建的文化思想启蒙运动。在古代文化重新被发现的条件下，产生了以人文主义思想为核心的新文学。这种新文学成为当时文学的主流，起过巨大的进步作用，是资产阶级文学的开端。17世纪，资本主义在欧洲各发达国家有所增长，古典主义是这时期欧洲文学的主要潮流。进入18世纪，在法国资产阶级革命前夕，再一次产生了启蒙运动文学。法国资产阶级革命爆发后，欧洲民族解放运动在19世纪初蓬勃发展，浪漫主义文学潮流几乎在所有国家都应运而生。一部分浪漫主义作家在革命的鼓舞下歌颂进步的理想，另一部分则对于革命后的社会感到失望，缅怀往古，表现出消沉的情绪。

19世纪中期，资本主义经济在欧洲各发达国家急剧发展，资本主义社会的固有矛盾日益暴露，批判现实主义在欧洲许多国家先后得到发展，它反映当时的社会生活，揭露现实的丑恶和黑暗，对资本主义秩序起了一定的破坏作用，艺术技巧也取得了巨大成就，达到资产阶级文学发展的顶峰。但是贯穿其中的个人主义、人道主义和改良主义思想，在工人运动日益高涨的情况下，也暴露出它的消极和保守的一面。19世纪后期至20世纪初，批判现实主义文学继续发展，同时，欧洲文学中出现了两种突出的现象；一方面是自然主义和形形色色的颓废文学，另一方面是无产阶级文学的兴起。巴黎公社文学继英国宪章派诗歌和德国1848年革命文学之后，唱出了时代的最强音。特别是在俄国1905年革命的进程中，产生了无产阶级文学最成功的代表者，第一次塑造了工人和劳动人民的新典型，表现了工人阶级的伟大斗争和共产主义理想。无产阶级文学开始了自己的艺术新探索，标志了欧洲文学以及世界文学发展的新方向，预示着社会主义文学时代的来临。

英国文学

英国文学是世界文学艺术宝库中的一个重要组成部分，几个世纪以来涌现出许多卓越的作家、诗人和戏剧艺术大师，其不朽巨著堪称欧洲乃至世界文学中的瑰宝。历史上著名的作家有：乔叟（Geoffrey Chaucer，1340—1400，代表作为《坎特伯雷故事集》)、莎士比亚(William Shakespeare, 1564—1616,代表作有《哈姆雷特》《李尔王》《罗密欧与朱丽叶》《威尼斯商人》等)、笛福(Daniel Defoe, 1660—1731,代表作为《鲁滨逊漂流记》)、斯威夫特(Jonathan Swift, 1667—1745,代表作是《格列佛游记》)、菲尔丁(Henry Fielding, 1707—1754,代表作是《弃儿汤姆·琼斯的故事》)、司各特(Sir Walter Scott, 1771—1832,代表作为《清教徒》《古董家》《米德洛辛之心》《艾凡赫》《罗布·罗伊》)、奥斯汀(Jane Austen, 1775—1817,代表作为《傲慢与偏见》)、拜伦(George Gordon Noel Byron, 1788—1824,代表作有《查尔德·哈罗尔德游记》和《唐·璜》等)、雪莱(Percy Bysshe Shelley, 1792—1822,以诗剧《解放了的普罗米修斯》和《西风颂》等知名于世)、狄更斯(Charles Dickens, 1812—1870,代表作包括《雾都孤儿》《艰难时世》和《双城记》等)、夏洛蒂·勃朗特(Charlotte Bronte, 1816—1843,代表作《简·爱》)、萨克雷(William Makepiece Thackeray, 1811—1863,代表作《名利场》广为流传)、哈代(Thomas Hardy, 1840—1928,代表作《远离尘嚣》《德伯家的苔丝》和《无名的裘德》备受世人称赞,其诗作《旅途之后》也很有名)。其中,莎士比亚的戏剧,18—19世纪的现实主义小说,以拜伦和雪莱为代表的浪漫主义诗歌,以及20世纪以来的现代派文艺,对当时及后来的欧洲和世界文学艺术的发展产生了深远而重要的影响,成为人类文化中的一份宝贵遗产。

法国文学

公元842年发表的《斯特拉斯堡誓言》代表着法国文学的起源,最早的民族史诗是《罗兰之歌》。16世纪,法国文学的主流是人文主义文学,其代表作有《巨人传》《随笔集》等。17世纪,法国文学的主流是古典主义文学,以古希腊和古罗马为典范。其主要成就在戏剧方面,如高乃依和拉辛的古典主义悲剧、莫里哀的古典主义喜剧,其代表作有《吝啬鬼》《伪君子》等。

18世纪,在启蒙运动的影响下,法国诞生了启蒙文学。他们以创作哲理小说为主,如伏尔泰的《老实人》和《天真汉》,孟德斯鸠的《波斯人信札》,卢梭的《爱弥儿》和《新爱洛绮丝》。19世纪上半叶,法国出现了浪漫主义文学。雨果的《巴黎圣母院》《悲惨世界》和《海上劳工》,大仲马的通俗历史小说《三个火枪手》和《基度山伯爵》以及女作家乔治·桑的《魔沼》等田园小说特别受人青睐。在诗歌方面,有雨果的《东方集》《惩罚集》和《秋叶集》,拉马丁的《沉思集》和《新沉思集》。在戏剧方面,大仲马的《亨利第三及其宫廷》和雨果的《欧那尼》都是浪漫主义的代表作。

19世纪上半叶,法国还诞生了批判现实主义的新文学流派,如斯汤达的《红与黑》和《巴马修道院》,巴尔扎克的《人间喜剧》不仅在法国文学史,而且在世界文学史上也占有极其重要的地位。福楼拜的《包法利夫人》和《情感教育》,梅里美的《卡门》和《高龙巴》,小仲马的《茶花女》《私生子》和《半上流社会》,中短篇小说家莫泊桑的《羊脂球》等,揭露了资本主义社会的丑恶和腐败。

19世纪末,法国还产生了巴黎公社文学,如公社诗人欧仁·鲍狄埃的《国际歌》。自然主义流派的左拉创作的《卢贡—马卡尔家族》,是继《人间喜剧》之后的长篇巨著。这个时期,还出现了韩波、马拉美等象征派诗人。20世纪初,法国最著名的文学家有罗曼·罗兰和阿纳托尔·法朗士。前者的代表作有《约翰·克利斯朵夫》和《母与子》两部长篇巨著;后者著有具有强烈讽刺性的《企鹅岛》和《诸神渴了》。

第一次世界大战后,法国先是产生了达达主义文学流派,它否定一切传统的写作技巧,在法国文坛上出现了超现实主义。第二次世界大战后,法国存在主义文学曾风靡一时,其代表人物是萨特和加缪。萨特著有《恶心》《墙》等小说,加缪著有《局外人》和《鼠疫》等小说。与此同时,法国还出现了新小说流派,代表作家及其作品有娜塔丽·萨洛特及其作品《陌生者的肖像》,克劳德·西蒙及其作品《风》《草》等,阿兰·罗伯—格里耶及其作品《橡皮》等。20世纪80年代以来,历史小说在法国又重新崛起,出版了《炼金术》《深宫之夜》《美丽的夫人》等作品。当代法国最著名的诗人有圣琼·拜斯,他著有《流亡》《颂歌》和《阿纳巴斯》。

德国文学

德国文学的历史可追溯到古日耳曼时期。12世纪以骑士文学为主。宫廷史诗是骑士文学的主要形式，主要作品有封·奥埃的《可怜的亨利希》、沃尔夫拉姆·封·埃申巴赫的《帕尔齐法尔》、戈特夫里德·封·斯特拉斯堡的《特里斯丹和绮瑟》。15世纪下半叶，人文主义在德国开始传播。约翰·罗伊希林和乌尔里希·封·胡滕是德国文艺复兴运动的主要代表，代表作是拉丁文写的《蒙昧者书简》和《愚人船》。18世纪70年代，一批青年作家发动了“文学革命”，即德国文学史上的“狂飙突进”运动。这场运动作为启蒙运动的继续和发展，是资产阶级进步文学向上发展的一个重要阶段。1773年歌德发表的《铁手骑士葛兹·封·贝利欣根》是“狂飙突进”的第一部代表作。1774年出版的《少年维特之烦恼》是德国文学中第一部具有世界性影响的作品。歌德和席勒完成了奠定德国文学在世界文学中占重要地位的光辉作品。如席勒的剧本《华伦斯坦》(1800)、《奥尔良的姑娘》(1801)、《威廉·退尔》(1804)和美学著作《论素朴的与感伤的诗》(1796)，歌德的小说《威廉·迈斯特的学习时代》(1795—1796)、长篇叙事诗《赫尔曼与窦绿苔》(1797)和诗剧《浮士德》(第一部，1808)。

19世纪80年代，德国工人运动空前高涨，马克思主义广泛传播，1884年出版的诗集《现代诗人的性格》是自然主义的第一部重要作品。19世纪末，德国进入了帝国主义时期，文学上出现了名目繁多的各种主义，如印象主义、新浪漫主义、新古典主义、象征主义、唯美主义，等等。它们的代表作家有戴默尔、李利恩克龙、恩斯特、格奥尔格、胡赫、闵希豪森、里尔克等。

1917年俄国十月革命胜利，无产阶级文学队伍不断壮大发展。出现了奥多尔夫、瓦尔特·哈岑克莱弗、明娜·考茨基以及施韦策等一批作家。1933年希特勒取得政权，大部分无产阶级作家和进步的资产阶级作家被迫流亡国外。亨利希·曼的历史小说《亨利四世》(1935—1938)，托马斯·曼的四部曲《约瑟和他的兄弟们》(1933—1943)、《洛蒂在魏玛》(1939)和《浮士德博士》(1947)，布莱希特的剧本《大胆妈妈和她的孩子们》(1939)和《伽利略传》(1947)，西格斯的小说《第七个十字架》(1942)以及贝希尔最优秀的诗歌都是在这个时期写成的。

第二次世界大战以后的德国文学流派纷繁，风格各异，但就其本质来说仍是世纪转折以来的各种文艺倾向的继续和发展。

荷兰文学

荷兰早期文学遗产主要有各种民间故事，例如关于列那狐的故事。16—17世纪荷兰文学发展很快，涌现了人文主义代表人物伊拉斯谟。他的《愚人颂》尖锐地批判了天主教会，在整个欧洲影响很大。荷兰现代文学始于19世纪中叶。最著名的作家是穆尔塔图里即埃德华·道维斯·戴克尔。其名著《马克斯·哈弗拉尔》对荷兰在印度尼西亚的殖民主义统治的深刻揭露和尖锐批判，产生了很大的社会影响。德弗里斯是战后的著名作家，以爱国主义为主要题材，著名的作品有《红发姑娘》，描写了第二次世界大战期间荷兰反德女英雄斯哈夫特的英勇事迹。作家穆里斯、赫尔曼斯、瑞弗、德弗里斯等人的作品不断被译成外文和搬上银幕，其中根据穆里斯的《暗杀》改编的电影曾获得奥斯卡奖。外交官高罗佩凭借他关于中国的渊博知识而创造的《狄公案》也是荷兰公众喜爱的作品。

比利时文学

比利时通用两种语言——法语和佛拉芒语。9世纪末产生于皮卡第地区的《圣女欧拉丽赞歌》是迄今发现的最早的古法语文学作品。13世纪左右出现了《道德经》。生活在布拉班特公爵府中的阿德内·勒鲁瓦约写了一些武功歌和冒险小说。13世纪初的埃诺省编出了说唱体的弹词《奥卡森与尼柯莱特》。14世纪有列日人若望·勒贝尔的《实录》、若望·德·乌特勒默兹的诗体《列日武功歌》和散文体《历史宝鉴》，雅克·德·昂里库的《埃斯拜贵族宝鉴》。16世纪印刷术发达，创作活动趋于活跃，这时著名作家有若望·勒梅尔·德·贝尔热，以及与法国“七星诗社”有联系的诗人路易·德·马叙尔、沙尔·于唐奥夫、亚历山大·范登比施等。

在西班牙统治时期（1555—1713）和奥地利统治时期（1713—1795），比利时法语文学趋于衰落，1789年法国资产阶级革命后又渐趋活跃。菲利浦·莱斯布鲁萨的爱国诗歌《比利时人》和勒马耶的颂诗《比利时的诗》很受人们喜爱。

1830年比利时获得独立，文学上出现浪漫主义运动。浪漫派诗人泰奥多尔·弗斯滕拉德于1834年发起成立鼓励和发展比利时文学全国协会，并出版机关刊物《比利时杂志》。随着工人运动的兴起，

1850—1880 年比利时文学逐渐进入现实主义时期。作家沙尔·德·科斯特的名著《欧伦施皮格尔的传说》(1867）取材于 16 世纪尼德兰民族解放斗争，把人民群众表现成创造历史的动力，充满革命乐观主义精神。

19 世纪 80 年代后，比利时文坛出现文艺复兴的景象。1874—1884 年间发行了 25 种文学报刊，其中三种对比利时的文学发展产生重大的影响。20 世纪初，比利时文坛出现一批“地方派”小说家，分别描写他们的家乡，如乔治·维雷斯写的林堡地区的小说《悲惨的陌生人》（1906），埃德蒙·格莱瑟纳反映列日省生活的小说《弗朗索瓦·雷米的心》(1904）等。现代作家中，弗朗兹·埃伦斯的作品兼具现实主义与“魔幻现实主义”的色彩。

瑞士文学

瑞士分为四个语言区，没有统一的民族文学。德语区的圣加仑修道院是古代高地德语文学的发祥地之一。在当代瑞士德语文学中，马克斯·弗里施和弗里德里希·迪仑马特为杰出代表，他们的作品具有世界影响。中国中央戏剧学院先后将其名剧《贵妇还乡》《安道尔》等搬上中国舞台。法语区从 16 世纪宗教改革时期才开始有独立的文学创作，曾出现过卢梭、斯达尔夫人等著名作家。意大利语区的文学以弗兰契斯科·基耶扎的作品为开端，包括诗歌、散文和小说。20 世纪最重要的作家是乔尔吉奥·奥雷里，被誉为现代意大利最优秀的诗人。

西班牙文学

西班牙文学历史悠久，受西哥特人和摩尔人的影响，表现形式丰富多彩。卡斯蒂利亚文学是西班牙主要的文学流派，此外还有始于中世纪的加泰兰文学和加里西亚文学。早期的西班牙文学融合了希腊、罗马文学和阿拉伯文学的精华。最早的文学作品始于公元 10 世纪的史诗，其中流传至今比较完整的《熙德之歌》，创作于 1140 年前后。15 世纪是西班牙历史的重大转折点。受意大利文学流派的影响，人文主义思想开始发展，同时也出现了宫廷文学，这些都改变了教士在文学领域里的主导地位。这个时期的主要代表作是弗朗西斯科·因佩里亚尔（1373—1408）的《七种美德的格言》，开创了但丁式的寓言诗流派。

16 世纪中叶到 17 世纪初期是西班牙文学史上的黄金时期。西班牙伟大作家米格尔·德·塞万提斯·萨维德拉（1547—1616）的创作，达到了“黄金时期”的高峰。他的著名长篇小说《堂吉诃德》是世界文学宝库中的瑰宝。作品本身所包含的意义，远远超出了它原来嘲弄骑士的目的，对当时西班牙社会现实作了极为广泛而深刻的讽刺性的描绘。同时代的剧作家洛佩·德·维加（1562—1653）是杰出的戏剧革新家。

17 世纪以后的西班牙文学，反映了西班牙王国的衰败和没落，作品中表现出浓重的悲观失望情绪，艺术上追求感性的享受。代表作家是路易斯·德·贡戈拉·伊·阿尔戈特（1561—1627)，他创作出一种辞藻华丽而冷僻的风格，被称为“夸饰主义”，他的诗歌受到赞赏也受到批评。西班牙王位继承战争后，软弱的西班牙一切都仿效法国，因此当时一些文学评论家认为 18 世纪的西班牙文学毫无光彩。

19 世纪 30 年代以后，一批流亡到欧洲各国的西班牙文化人士纷纷回国，对西班牙浪漫主义文学思潮的出现和发展起到重要作用。在戏剧方面，以弗朗西斯科·马丁内斯·德·拉·罗萨（1787—1862）的《威尼斯阴谋》为代表。其他浪漫主义戏剧还有安东尼奥·加西亚·古特雷斯（1812—1884）的以反封建为主题的《行吟诗人》和胡安·欧亨尼奥·阿尔森布斯（1806—1880）的谴责宗教裁判所的《堂娜门西亚》。这个时期最优秀的浪漫主义诗人是何塞·德·埃斯普龙塞达（1808—1842)，其抒情诗表达了对不平的社会的愤恨、对帝制和教权的抗议。

1898 年的美西战争以西班牙失败而告终。对西班牙现状和未来的担忧激励了年轻一代的作家。他们把欧洲的新思想介绍到西班牙，宣扬尼采、叔本华、易卜生、托尔斯泰的哲学思想和艺术观点，与国内陈腐的传统思想相抗衡。他们自称是“98 年一代”。1898 年成为 20 世纪西班牙近代文学的开端。与此同时，拉丁美洲现代主义诗歌的浪潮影响到西班牙，著名诗人萨尔瓦多·鲁埃达（1857—1936)、弗朗西斯科·比利亚埃斯佩萨（1877—1936)、曼努埃尔·马查多（1874—1947)、爱德华多·马基纳（1879—1946）等，以尼加拉瓜诗人鲁文·达里奥为典范进行创作，形成了西班牙的现代主义诗歌流派。

20世纪20年代出现了一批优秀的诗人，被称为“27年一代”。他们的诗歌倾向各不相同，都以自己独特的方式去认识世界和进行创作。20世纪30年代，西班牙文学受到内战爆发的影响，许多作家流亡国外，整个40年代，西班牙文学缺乏生气。从50年代开始，卡米洛·何塞·塞拉和卡门·拉福雷特的小说使得西班牙文学开始复苏，他们及其他小说家米格尔·德利维斯、安娜·马图特和胡安·戈伊蒂索洛等的创作，形成了西班牙“战后小说”的新浪潮。

何塞·奥尔加特·伊·加塞特（1883—1955）是20世纪以来在散文、哲学和评论方面最有代表性的作家，同时代重要的文学评论家还有格雷戈里奥·马拉尼翁（1887—1960）、欧亨尼奥·多尔斯（1882—1954）和萨尔瓦多·马达里亚加（1886—1978）等。

希腊文学

举世闻名的希腊神话是人类文学的珍宝。它产生于上古时代，在民间广为流传，几千年经久不衰。希腊神话的两大内容是神的故事和英雄的传说。西方享誉世界的作家和作品，荷马、古希腊三大悲剧作者、罗马神话和文学、但丁、莎士比亚、歌德等都从希腊神话中吸取过灵感。《荷马史诗》和《伊索寓言》是世界文学史中史诗和寓言创作的光辉典范，已有多种语言的译本，流传至世界各地。

古希腊戏剧，在公元前5世纪最为繁荣，曾产生过埃斯库罗斯、索福克勒斯和欧里庇德斯三大悲剧作家。埃斯库罗斯被誉为“悲剧之父”，其代表作为《波斯人》和《被幽禁的普罗米修斯》。古希腊的喜剧比悲剧发展得晚，喜剧作家阿里斯托芬被誉为“喜剧之父”；后期的米南德的作品则代表一个新的喜剧流派。古希腊的悲剧和喜剧都是希腊乃至世界文学宝库中的珍品。

瑞典文学

19世纪的约翰尼·奥古斯特·斯特林堡是瑞典历史上最伟大的作家，他的表现主义戏剧对现代剧作家产生了很大影响，代表作有戏剧《父亲》《到大马士革去》和小说《红房子》等。著名女作家塞尔玛·拉格洛芙（1858—1940年）于1909年获得诺贝尔文学奖，她的《古斯泰·贝林的故事》被列入瑞典文学的最佳作品，而她的《尼尔斯骑鹅旅行记》更是在全世界广为流传。1920年以来，哈里·马丁松一直是瑞典最受欢迎的诗人。他的题材从浪漫的瑞典乡村到遥远的宇宙，无所不包。在小说家中，威廉·莫贝里撰写的在美国的瑞典移民以及农村士兵的小说在瑞典文学史上占据了重要地位。儿童文学作家阿斯特丽德·林德格伦塑造的长袜子皮皮的故事已被翻译成包括中文在内的60多种语言。此外，著名的瑞典作家还有获得过诺贝尔文学奖的诗人弗纳·冯·海登斯塔姆和埃瑞克·阿克塞特·卡尔费文特。

丹麦文学

汉斯·克里斯蒂安·安徒生（Andersen，Hans Christian，1805年4月2日—1875年8月4日）是丹麦历史上最著名的作家、童话大师，其作品闻名全世界。他的童话故事被译成100多种文字，是世界各国小朋友最喜爱读的书。他的小说大多是自传性质的，著名的有《即兴诗人》（1835）、《奥·特》（1836）和《不过是个提琴手》（1837）。他还发表了多篇国外游记。他的第一本童话集《讲给孩子们听的故事集》中有《卖火柴的小女孩》《小克劳斯和大克劳斯》《豌豆上的公主》《小意达的花儿》等，于1835年出版。1843年后又有新的童话集《新童话和历史》等作品出版。安徒生的童话体现着现实主义和民主主义精神，在创作上把现实主义和浪漫主义结合为一体，文笔活泼而优美。早在40年代，翻译家叶君健先生就开始把安徒生的童话介绍到中国。

19世纪末20世纪初北欧文学取得了很大的发展，出现了不少世界闻名的作家。主要作家有雅各布森、赫尔曼·邦·彭托皮丹、1944年获得诺贝尔奖的扬森以及被称为北欧无产阶级文学奠基者的马丁·尼克索。马丁·尼克索的长篇三部曲《征服者贝莱》《蒂特——人的女儿》和《红莫尔顿》蜚声国际文坛，特别是在苏联大量印刷，被誉为北欧的高尔基。19世纪末20世纪初的盖奥尔格·勃兰兑斯是著名的文学评论家，他的主要贡献是第一次对19世纪欧洲文学发展的历史进行了系统研究，《19世纪欧洲文学中的主要思潮》一书是他文艺批评的最高成就，此外，还著有介绍莎士比亚、歌德、伏尔泰、易卜生等欧洲各国作家的专著。进入20世纪以后，丹麦杰出的作家有法罗群岛的威廉·海恩森，他擅长写作以北欧风情为主题的散文；诗人皮埃·海恩则以其简捷明快的四行诗享誉世界。卡伦·布里克森是20世纪最著名的丹麦小说家，发表的作品主要有《草原上的阴影》《七个哥特人的故事》以及很多短篇故事集。

芬兰文学

长篇叙事诗《卡勒瓦拉》（又名《英雄国》）是芬兰著名的民族史诗，记录了公元8世纪末至10世纪初前后民族英雄们的传奇事迹。《卡勒瓦拉》对战争的描述很少，着重描写了法术、咒语和祈祷所发出的超自然的力量，歌颂了芬兰的民族精神，对芬兰民族意识的形成产生了深远的影响。《卡勒瓦拉》以口头形式世代相传，到19世纪初，这些诗歌只是在芬兰东部卡累利阿地区一些上年纪的老歌手的记忆中保存着，而且有不少诗歌已被人遗忘。后经民俗学者、教授和语言学家利阿斯·伦洛特的抢救整理，才得以重新面世。《卡勒瓦拉》已被译成瑞典语、西班牙语、法语、英语、德语和中文等43种文字在世界各国出版。

第四节　艺术

一　英国艺术

音乐

英国人民对音乐有着广泛的爱好和兴趣，如管弦乐和合唱队音乐、流行音乐和摇滚音乐、爵士音乐、民间通俗音乐、世界音乐、钢管乐队等。英国每年举办各种艺术节，其中有许多都有着强烈的音乐背景，吸引着成千上万的国内外爱好者及游客。每年在全国许多大城市都举行季节性的管弦乐和合唱活动，活动的主要中心在伦敦的皇家节日大厅（Royal Festival Hall）、伊丽莎白女王大厅、珀塞尔公寓（Purcell Room）、巴比坎艺术和会议中心（Barbican Centre）、皇家艾伯特大厅等。在伦敦的主要交响乐队有伦敦交响乐团（London Symphony Orchestra）、菲尔哈莫尼交响乐团、伦敦爱乐乐团、皇家爱乐乐团和BBC交响乐队等。英国有名的指挥家有科林·戴维斯勋爵（Sir Colin Davis）、费农·汉德利（Vernon Handley）、特雷弗·平诺克（Trevor Pinnock）、约翰·埃利奥特·加德纳（John Eliot Gardiner）、安德鲁·戴维斯（Andrew Davis）、西蒙·拉特尔勋爵（Sir Simon Rattle）等。著名的作曲家有迈克尔·蒂皮特勋爵（Sir Michael Tippett）、彼德·马克斯威尔·戴维斯勋爵（Sir Peter Maxwell Davis）和哈利逊·伯特威斯特尔勋爵（Sir Harrison Birtwistle）等，都享有国际声誉。

舞蹈

英国的舞蹈有着广泛的群众基础，是人们广泛参与的主要活动之一。英国有许多世界有名的芭蕾舞公司，如皇家芭蕾公司、伯明翰皇家芭蕾公司、英格兰国家芭蕾公司、北部芭蕾剧团、兰伯特舞蹈公司，它们都配有职业交响乐队。著名舞蹈家有达塞·巴塞尔（Darcey Bussell）、吉尔·克拉克（Gill Clarke）、亚当·库珀（Adam Cooper）、德博拉·布尔（Deborah Bull）等。皇家芭蕾学校、芭蕾中心学校、北部当代舞蹈学校、伦敦当代舞蹈学校等专门承担培训舞蹈生和舞蹈动作设计人才的任务。

电影与戏剧

进入20世纪90年代，英国的电影业从20世纪80年代初期的不景气中恢复过来。到1996年后期，电影观众和国内生产的影片已达到过去20年来的最高点。《四个婚礼和一个葬礼》《火车库夜总会》等影片吸引了大批观众，并在重大的国际电影节上获得了大奖。享有国际声誉的演员有肯尼思·布拉纳（Kenneth Branagh）、迈克尔·凯恩（Michael Caine）、肖恩·康纳里（Sean Connery）、拉尔夫·法因斯（Ralph Fiennes）、休·格兰特（Hugh Grant）、理查德·E. 格兰特（Richard E. Grant）、安东尼·霍普金斯勋爵（Sir Anthony Hopkins）等。有名的英国导演有艾伦·帕克（Alan Parker）、迈克·纽厄尔（Mike Newell）、萨利·波特（Sally Potter）、迈克尔·雷德福（Michael Radford）、肯·洛歇（Ken Loach）、迈克·利（Mike Leigh）、安东尼·明赫拉（Anthony Minghella，他执导的影片《英国病人》获得1997年奥斯卡最佳导演奖）等。据估计，全国约有2200个银幕，每周的观众有250万人之多。

戏剧演出有悠久的历史，目前全国有300多所剧院和音乐厅，其中约有100所在伦敦。“老维克剧团”是最大的巡回演出团体，该团在伦敦的基地是“老维克剧院”。“莎士比亚纪念剧院”专在莎翁故乡斯特拉斯福演出他所写的剧目。

二　法国艺术

音乐

中世纪法国音乐的主要形式是歌唱，叙述爱情、友谊和日常生活。文艺复兴时期，法国音乐的主要形式是歌谣，叙述了当时的战争、集市和大自然，巴黎成为法国的文化和音乐中心。17 世纪，法国出现了以歌剧为主的音乐和歌曲，题材以悲剧性为主。18 世纪，法国音乐转变成喜歌剧的音乐和歌曲。

法国大革命时期，法国音乐发展到了“拯救歌剧”的阶段。拯救歌剧叙述为解除人民苦难向暴君作斗争的英雄，其间还插入了爱情故事。与此同时，法国作曲家创作了大量音乐和歌曲，如士兵音乐家鲁日·德·李尔于 1792 年创作了闻名世界的《马赛曲》，专业作曲家戈塞克创作了 20 多部交响曲。他的交响曲对以后法国音乐和交响乐的发展有着很大影响。

19 世纪，法国音乐进入了繁荣时期。柏辽兹是标题音乐创作的浪漫派作曲家，著有《幻想交响乐》《哈罗尔德在意大利》《罗密欧与朱丽叶》等交响乐。德彪西是印象派音乐家，著有《牧神午后前奏曲》《佩里亚斯和梅丽桑德》和《大海》等。雅克·奥芬巴赫擅长小型歌剧，如《美丽的海伦》《地狱中的奥菲欧》《格罗什坦公爵夫人》以及浪漫歌剧《霍夫曼的故事》等。此外，这时期著名的歌剧作家及其作品还有古诺的《浮士德》和《罗密欧与朱丽叶》，比才的《卡门》。《卡门》标志着法国现实主义歌剧的诞生。在巴黎公社时期，工人作曲家皮埃尔·狄盖特于 1888 年谱写了《国际歌》，成为不朽的国际无产阶级战歌。

进入 20 世纪，法国音乐呈现出丰富多彩、不断创新的景象。萨蒂著有钢琴曲《诺西昂纳》和《伊姆诺佩迪》、交响戏剧《苏格拉底》等。第二次世界大战后，皮埃尔·布莱发明了 12 音体系音乐，调和音乐的结构、节奏和演奏的关系，创作出许多先锋派的作品。法国轻音乐开始发展起来。

目前，法国有4300所专门音乐机构，其中有 100 所以上的各种类型音乐院校。共有 14 个交响乐团，最著名的有巴黎交响乐团、巴黎歌剧院乐团。在法国举办的各种音乐比赛中，最为著名的有每年一届的巴黎国际音乐比赛。

舞蹈

芭蕾是法语“ballet”一词的译音。16 世纪以来，法国王宫每逢节日或宴会都要举行舞剧表演。18 世纪上半叶，芭蕾逐渐从歌剧中分离出来，成为独立的演出形式。18 世纪末至 19 世纪初，法国诞生了第一部以现实主义为题材的芭蕾舞剧《无益的谨慎》，第一次在舞台上塑造了普通农民的形象。19 世纪，法国芭蕾受到浪漫主义的影响，产生了许多流传至今的作品。

20 世纪，法国的芭蕾得到长足发展，涌现出一些新剧目，如马兰及其作品《灰姑娘》等。目前，法国著名的芭蕾舞团有香榭丽舍芭蕾舞团、巴黎芭蕾舞团和巴黎歌剧院芭蕾舞团等。法国还拥有丰富的民间舞蹈节目，特别是地方民间舞蹈具有乡土气息和独特的地方风格，如布列塔尼的雅布多舞蹈等。

戏剧

法国戏剧历史悠久，有闻名世界的剧作家和作品，如莫里哀和高乃依等。第二次世界大战后，法国的戏剧除了原有的传统节目（即古典剧目）外，还出现了大量现代剧种，如生活戏剧、荒诞戏剧、边缘戏剧、咖啡戏剧等，反映了法国各种文艺流派和思潮。与此同时，法国诞生了一批优秀剧作家，如阿达莫夫、萨特、萨米埃尔等，还出现了一批著名的导演，如维拉尔、巴罗等。

目前，法国每年大约演出50000场戏剧，定期观众约 800 万人次。在巴黎，著名的剧院有法兰西喜剧院、奥代翁国家剧院、夏约国家剧院等。法国每年还举办国内或国际戏剧艺术节，如阿维尼翁戏剧节等。

美术

法国绘画艺术在世界美术史上占有极其重要的地位。17—19 世纪，法国绘画艺术经历了从古典主义、浪漫主义到现实主义的演变过程，产生了许多流派，既有历史画、肖像画和宗教画，也有风俗画、风景画和静物画。这个时期的著名画家有弗朗索瓦·波席、大卫、葛洛、米勒等，名画有《油灯前的马德莱娜》《马拉之死》《幸福家庭》《饭前祷告》《葡萄和石榴》《蒂沃利风光》和《林中》等。20 世纪，法国绘画艺术更是丰富多彩，从“立体派”到“野兽派”、从“抽象派”到“超现实主义”、从“现代派”到“传统派”。第二次世界大战以来，法国的绘画还出现了“造型派”、“几何抽象派”或“线条派”，著名的画家有巴拉克、沙加勒、罗尔特、波纳等。巴黎集中了法国著名的高等美术院校、美术市场和优秀的画家。法国每年都要举行规模盛大的美术展览会。此外，法国的壁画和漫画也在世界美术中占有重要地位。

电影

法国于1895年发明了电影，之后电影成为文艺和文化的一个重要形式。20世纪20年代，法国电影中先锋派是主流，代表人物是德吕克，代表作是《贝壳与僧侣》。第二次世界大战后，法国电影经过50年代的改革，建立了以导演为中心的体制，电影业有了较大发展。20世纪60年代，法国电影受“新浪潮”和“左岸派”的影响，主要以娱乐片和色情片为主，如《胡作非为》《广岛之恋》等。70年代，法国推出了许多政治片和惊险片。80年代以来，法国电影流派纷呈，各自探索不同的表现手法，并开始注重现实和情节，如《最后一班地铁》等。法国南部地中海滨海城市戛纳，一年一度举行国际电影节。

三 德国艺术

音乐

德国素有“音乐之国”的美称，著名音乐家有世界著名的作曲家“巴赫三父子”、路德维希·贝多芬、约·勃拉姆斯、里夏德·瓦格纳、里·施特劳斯等。

巴赫是一位多产的作曲家，一生写出过800多首严肃乐曲。巴赫的《法国组曲》《英国组曲》和六首《勃兰登堡协奏曲》等乐队作品，表达了作曲家对和平和美好生活的祈求与渴望。路德维希·贝多芬创作了大量充满时代气息的优秀作品，如交响曲《英雄》《命运》，序曲《哀格蒙特》，钢琴曲《悲怆》《月光曲》《暴风雨》《热情》等。

德国目前全国有141个职业乐队或乐团，其中属世界一流的有柏林爱乐乐团、班贝格交响乐团、慕尼黑交响乐团、莱比锡交响乐团和德累斯顿交响乐团等。著名指挥有赫伯特·冯·卡拉扬、库尔特·马苏尔、克里斯托夫·冯·多纳尼等。德国全国有剧院160个，私立剧院190个和30多个供节日演出的剧场。每年戏剧演出和音乐会演出多达10万场，观众约有3500万人次，每年都有300多场首演式。

电影

德国是世界上重要的电影大国之一。1895年11月，斯克拉达诺夫斯基兄弟用自己发明的活动放映机在柏林冬宫首次放映了自己制作的活动画面。之后，他们的三弟建议在节目中加进杂耍，由此产生了德国最早的“故事片”。

随着电影技术和电影业在各国的勃兴和发展，斯氏兄弟公司的机器和影片无力竞争，终被淘汰。1896年，O. E. 梅斯特也搞起电影机械和影片制造业。他在自己的“人造光摄影室”里拍摄出一些影片，如《莎乐美》（1902）等。1911年，他拍摄了影片《一个盲女的幸福爱情》，获得了巨大成功。第一次世界大战期间，德国电影统治了中欧，公司数量和制片数量激增。除摄制故事片外，德国在这一时期更拍摄了大量新闻片和宣传战争的纪录片。1914年E. 刘别谦进入电影界，因拍摄喜剧影片而崭露头角，1918年拍出由P. 尼格丽主演的《卡门》，从而名声大振。

德国战败，魏玛共和国成立后，乌发公司落入德意志银行手中，它把一些独立小公司吞并为乌发子公司，扩大了制片实力，使德国电影在20年代出现了空前繁荣的局面，不仅数量可观，而且流派纷呈。其中最有影响的是表现主义电影和室内剧电影。最重要的一部表现主义电影作品，是由C. 梅育和H. 雅诺维茨编剧、R. 维内导演的《卡里加里博士》（1919），影片故事是离奇的，主人公是变态的，活动空间是荒诞的。为了取得所追求的效果，它的创作者们用取景角度和光线照明使物体影像变形，同时，为达到与奇异画景的和谐，演员的化妆是奇特的，服装是奇特的，表演也是造作的。其他表现主义的作品还有：《盖努茵》（1920，导演是R. 维内）、《从清晨到午夜》（1920，导演是K. H. 马丁）、《托尔古斯》（1920，导演为H. 柯贝）等。

四 荷兰艺术

荷兰在美术和绘画方面的成就举世闻名。在17世纪荷兰的黄金世纪里，以世界著名画家伦勃朗为代表的荷兰绘画艺术，其题材已不再局限于圣经故事和人物，也包括大量的风景、人民日常生活等世俗题材。荷兰不仅在传统绘画方面取得了伟大成就，如19世纪初的印象派鼻祖凡·高，此后还产生了像蒙德里安、阿佩尔、克莱默、埃歇尔等现代派画家。他们在色彩的选用、绘画技巧、绘画形式等方面都有重大的革新。

在表演艺术方面，荷兰舞剧院、皇家管弦乐团堪称世界一流。范·马嫩是具有国际知名度的舞蹈编导。北海爵士音乐节的艺术创作表现出当代最前卫的风格。荷兰导演拉德马克尔斯导演的电影《暗杀》在1987年获得奥斯卡奖。女导演葛里斯导演的《安东妮亚的路线》1996年获得奥斯卡奖。荷兰导演尤里斯·伊文斯以其所拍摄的关于中国革命和建设的纪录片在荷兰乃至全世界获得了很高声誉。

五 瑞士艺术

绘画

19世纪初，瑞士涌现出许多喜爱风景、历史、乡村生活题材的画家。这些画家仍然受旧时代的影响，例如阿尔诺德·伯克林（Arnold Bocklin，1827—1901），作品带有深厚的象征派烙印。意大利出生的乔瓦尼·塞甘蒂尼（Giovanni Segantini，1858—1899）的作品开始体现出现代派的萌芽。费迪南德·霍德勒（Ferdinand Hodler，1853—1918）被誉为现代瑞士绘画艺术之父，他创作的民族历史题材的壁画带来了新的艺术活力。

20世纪的瑞士艺术家主要是在国内各自的专业领域进行创作，并不断创新。乔瓦尼·贾科梅蒂与塞甘蒂尼一起，发展了一种接近法国新印象主义的艺术形式，他的堂兄奥古斯托·贾科梅尼创作出近乎前抽象派绘画法的风景画。库诺·阿米艾特深受戈甘的影响，是野兽派先驱之一。

音乐

从19世纪到20世纪初，瑞士人将法国和德国音乐融合，形成了独特的瑞士音乐。生于19世纪末的一代作曲家，谱写了现代瑞士音乐的篇章。弗兰克·马丹（Frank Martin，1890—1974）和阿图尔·昂纳格尔（Arthur Honegger，1892—1955）享有国际声誉，对当代音乐作出了重要贡献。昂纳格尔、马丹以及后来的维利·布克哈德（Willy Burkhard）对后辈有诸多启迪与教诲，阿曼·席伯尔等许多年轻音乐家都深受这些大师的影响。

瑞士的民间音乐活动非常普及和活跃。20世纪30年代，爵士乐在瑞士开始流行并受到普遍欢迎。伯尔尼专门成立了一个培训青年爵士乐手的学校。蒙特勒、维利藻和卢加诺每年举办爵士乐节。民乐和摇滚乐也拥有众多爱好者，尼翁节的表演场面十分热烈。许多地方甚至最小的市镇都组织了民间音乐团体，有些还在海外演出并获得成功。几乎所有村庄都有自己的歌唱队、管乐队或者变嗓山歌歌咏队（变嗓山歌是瑞士山里人反复用长声和假声演唱的一种曲子）。

瑞士现有30个大的专业管弦乐队、40多个音乐团体、15个爵士乐队、22个音乐学院、16个音乐出版商和15个录音制片人。瑞士音乐家协会成立于1900年，是全国性的专业组织和民间文化团体。

电影

瑞士电影业分为几个发展阶段。1965年后出现了“新瑞士电影”——类似法国的新浪潮派，划分为法语和德语两派。前者集中发展故事片；后者首先发展批评纪录片。20世纪70—80年代，瑞士出现了一批卓有成就的导演。1981年，阿兰·塔奈尔执导的故事片《光明年代》获法国戛纳电影节评委特别奖。艾克萨维尔·科莱尔因其执导的难民题材的叙事片《希望之旅》，成为荣获奥斯卡奖的第一个瑞士导演。近20年来，瑞士电影业发展规模不大，但内容却很丰富，有故事片、纪录片、传记片、叙事片等所有种类，涉及国家社会生活、国际争端矛盾等多种题材。瑞士约有55名导演。目前，瑞士共有电影院457家，总计100378个座位，电影观众约1590万。影院及座位的1/3集中在苏黎世、伯尔尼、巴塞尔、日内瓦和洛桑五大城市。瑞士有约150个剧院分布于各语区——德语区90个，法语区50个，意大利语区10个。瑞士戏剧家协会是民间文化团体。

六 西班牙艺术

音乐

受古希腊和古罗马文化、基督教文化、阿拉伯文化以及吉卜赛文化的影响，西班牙的音乐极为丰富多彩，并带有东方色彩。西班牙人能歌善舞，不少民间舞曲都被欧洲艺术音乐所吸收采用，如“恰空”、“萨拉班德”、“弗拉门戈”、“博莱罗”等。西班牙的民间乐器主要是吉他类的拨弦乐器，打击乐器铃鼓、响板、小铃以及各种管乐器，主要是盖塔风袋管。

一直到11世纪，西哥特人的仪式和圣歌依然为整个伊比利亚半岛教会采用，被称为“莫萨拉布圣咏”。在12世纪，西北地区的圣地亚哥·德孔波斯特拉大教堂的音乐家们是形成中世纪初期多声部音乐的一个重要乐派，而民间艺人和游吟歌手则发展了单声部音乐。15世纪，吉卜赛人进入南方安达卢西亚地区，又与当地民间音乐结合产生了所谓的“弗拉门戈”音乐。

文艺复兴时期，西班牙最主要的世俗音乐形式是浪漫曲和田园歌。这时期最著名的宗教音乐作曲家是莫拉莱斯（约 1500—1553）和他的弟子格雷罗（1528—1599）。18 世纪唯一的音乐家是索莱尔（1729—1783），管风琴家，以键盘奏鸣曲著称。19 世纪是西班牙音乐逐渐取得世界影响的时期。19 世纪中叶，先后在马德里和巴塞罗那创办了音乐学院，西班牙的传统歌剧“萨拉埃拉”也开始复兴，马德里还有专演萨拉埃拉的剧院。19 世纪末和 20 世纪初，作曲家和音乐家佩德雷利（1841—1922）领导了民族音乐文化的复兴运动，他编辑的《西班牙民间音乐歌曲集》4 卷，除收集了民间曲调和配置和声外，还有西班牙古典音乐的范例。20 世纪比较重要的西班牙作曲家还有埃斯普拉（1886—1976）、坎波（1878—1953）。50 年代后，涌现出了一批采用各种现代主义音乐创作技巧的、属于先锋派的作曲家，其中最为人所知的是巴勃罗。

美术

在西班牙阿尔塔米山洞发现了旧石器时代晚期的岩洞壁画，这是至今为止发现的世界上最早的绘画，形象有野牛、驯鹿和野马等，艺术水平很高。类似的壁画，从北部的莱利达到南部的加的斯地区，约有 40 多处。在中部发现的岩画《战争图》是新石器时代的作品，可能是最早的军事题材绘画。在一座公元前 3—前 2 世纪墓室的壁画中发现了一个画家的名字——席瓦尔，这恐怕是至今知道的最早的西班牙画家。

从 5 世纪下半叶开始进入中世纪，伊比利亚半岛成为西哥特王国的领地，至今保存下来的西哥特建筑有著名的圣佩德罗·德拉纳韦教堂（8—10 世纪）等。

西班牙中世纪雕塑基本上分成两种形式：建筑物上的浮雕和祭坛上的彩色木雕，如 13 世纪精美的彩色木雕《悲哀的圣母》，形象十分生动。西班牙中世纪的绘画以教堂壁画和作为插图的细密画为主，知名的壁画家是 F. 巴萨。

16 世纪上半叶西班牙国王查理五世提倡向意大利学习美术，意大利和西班牙两国画家之间的交流增多，同期荷兰的艺术对西班牙也有很大的影响。文艺复兴时期最为著名的建筑物是格拉纳达的卡洛斯五世宫（始建于 1527 年）和在费利佩二世在位时建筑的埃尔埃斯科里亚尔建筑群（1567—1583），后一座建筑规模宏大。在这些建筑物上，可以看出注重装饰风格的西班牙宫廷的特色。西班牙文艺复兴时期的著名雕塑家有福门特、西洛埃、贝鲁格特等。

西班牙早期文艺复兴时代在绘画方面的代表是巴伦西亚画派的达尔、巴科和加泰罗尼亚画派的乌格特等人。16 世纪下半叶，西班牙宫廷艺术由开放变为保守，在马德里宫廷里最为流行的是王族肖像，著名的宫廷画家有纳瓦雷特、科埃略等。16—17 世纪之交是西班牙流浪汉小说的流行时期，在美术上也出现了描绘世俗生活和市井人物的绘画。巴伦西亚的里瓦尔塔、塞维利亚的埃雷拉和帕切科等人都是西班牙第一代现实主义画家，为西班牙 17 世纪艺术黄金时代的到来做好了准备。

17 世纪是西班牙艺术最辉煌的时代之一。这一时期的三大艺术代表是里韦拉、苏尔瓦兰和委拉斯开兹。这一时期的雕塑分为南北两派。北派的代表人物是巴拉多利德的费尔南德斯。南派的代表人物有塞维利亚的蒙塔涅斯及其学生卡诺。这些雕塑呈现三大特点：第一，大多为宗教题材；第二，多为彩色的木雕，有祭坛木雕和人像木雕；第三，注重外在的刻画，缺乏人物内在感情的表达。

18 世纪是西班牙艺术的低潮时期。1744 年在马德里成立了圣费尔南多美术学院，后成为古典主义艺术中心。直到 18 世纪末戈雅的出现（1746—1828），才打破了西班牙美术界的沉闷局面。1808 年后，戈雅创作了《这是真理》《巨人》《抱水罐的姑娘》等一些充满生气的作品。戈雅的绘画新鲜热情，代表作有《裸体》《穿衣的马哈》《卡洛斯四世全家像》《狂想曲》《5 月 3 日的枪杀》《斗牛》《卖水少女》等。

受法国艺术的影响，19 世纪西班牙兴起了古典主义，其主要代表人物是阿尔瓦雷斯—库韦罗、马德拉索、洛佩斯—波塔纳等人。19 世纪 30 年代出现了浪漫主义思潮，比较著名的人物有阿伦萨·涅托、卢卡斯·帕迪利亚等人。19 世纪下半叶涌现出描绘历史题材的画家。在法国的影响下，19 世纪末和 20 世纪初西班牙先后兴起了印象主义、新印象主义和后印象主义。索罗利亚是一位杰出的印象主义画家，曾在法国和意大利学习绘画，他是一位追求色彩和外光的大师，创作了不少佳作。其他印象主义画家还有雷戈约斯、米尔、贝鲁埃特等。20 世纪的立体主义画家有毕加索、格里斯、阿吉雷等人。

戏剧

西班牙戏剧具有 700 多年的历史，最早来源于中世纪的宗教宣传，节日期间在教堂内外演出的圣经故事、圣徒事迹、耶稣生平，后逐渐与庆祝节日的民间歌舞、哑剧、游行、滑稽表演等结合，成为群众性娱乐活动。最早并保存至今的剧本残稿是《三王剧》。

从 15 世纪开始，戏剧逐渐由宗教向世俗方向转移，当时著名的演员兼剧作家 J. 恩西纳（约 1468—1537）把圣礼剧中牧人的情节改变成世俗的牧歌剧，以《三牧人牧歌剧》《克里斯蒂诺和费贝亚牧歌剧》《普拉西达和维克托里亚诺牧歌剧》奠定了西班牙牧歌剧的艺术形式。L. 费尔南德斯（约 1474—1542）的《受难圣礼剧》，使用大量对白描写耶稣受难时的痛苦，以呻吟、抽泣、悲叹为衬托，具有强烈的戏剧效果。

16 世纪中期，西班牙戏剧形成独特的演出风格：一次演出往往表演一出以上的戏，没有严格的悲喜剧区分，两出戏之间有一场短小的“幕间剧”。剧中的滑稽插曲最后演变为成滑稽剧。伴随正剧同时演出的音乐、舞蹈和歌唱，到 17 世纪时与正剧结合，发展成“轻歌剧”。16 世纪 50 年代剧团老板兼剧作家和演员 L. 鲁埃达（约 1510—1565）带领剧团进行巡回演出，他的以民间语言和民间场景组成的插曲剧，推动了民族歌剧的发展。16 世纪末在马德里和塞维利亚等大城市建立了永久性剧场。1579 年建立克鲁斯剧场。M. 德·塞万提斯也对这个时期的西班牙戏剧作出了贡献，写出《阿尔及尔的交易》和《努曼西亚之围》等剧本。

德·维加是黄金世纪西班牙戏剧界最为活跃的人物，他以大量剧作和独有的戏剧风格为西班牙民族戏剧开辟了道路。与维加同时代的著名剧作家还有两位：德·莫利纳（1584—1648），他具有高超的创造力和想象力，善于构成戏剧冲突和戏剧高潮、塑造富于个性的人物；德·阿拉尔孔（1581—1963），他的作品更加注重剧情的结构，以紧凑、简洁的风格来处理社会问题或伦理问题，但缺乏想象力。

波旁王室登上西班牙的王位之后，法国文化对西班牙的影响不断加深，新古典主义思潮成为文学艺术的主流，西班牙民族戏剧大师的作品从戏剧舞台上退下，换上了法国名作的仿制品。从 1765 年起，圣礼剧的演出被禁止。进入 19 世纪，黄金时代的戏剧遗产重新受到重视，浪漫主义思潮复苏，其标志是马蒂内斯·德·拉·罗萨（1787—1862）的《威尼斯的魔法》，同年还出现了 J. 德·拉腊的著名浪漫主义悲剧《马西亚斯》。1835 年，A. 德·萨阿维德拉《命运的力量》的演出，把浪漫主义戏剧推向了高潮，该剧表现出西班牙浪漫主义戏剧的丰富抒情性、崇尚古代题材以及色彩绚丽的特点。浪漫主义戏剧的另一个重要代表人物是J. 索里拉（1817—1893），主要作品有《胡安·特诺里奥》《鞋匠和国王》。

从 1868 年开始，轻歌剧开始流行，吸引了许多观众。这个潮流的代表人物有：塔马约·伊·巴乌斯，代表作是《一种新剧》；路易斯·德·埃吉拉斯，代表作为《婚姻的十字架》。

19 世纪与 20 世纪之交，是西班牙戏剧由浪漫主义向多方面转化的时期，其代表人物是 J. 埃切加赖（1832—1916）。埃切加赖的戏剧被称为新浪漫主义流派，属于这一流派的还有 E. 塞利斯（1844—1926）和莱奥波尔多·卡诺（1844—1934）。与此同时，现代戏剧也逐渐形成为一股浪潮，著名小说家加尔多斯（1843—1920）把小说改写成剧本，坚持现实主义风格，在人物性格的发展方面具有高度的戏剧性，如《祖父》（1904）；E. 加斯帕尔（1842—1902）在问题剧《儿子们的罢工》（1893）、《永恒的问题》（1895）中，揭露了中产阶级道德的堕落。

近代戏剧中最重要的人物是 J. 贝纳文特（1866—1954）。他以对欧洲当代戏剧的深刻了解、多方面的才华、敏锐的思考和观察，创作了大量各种不同风格的戏剧，把现实主义和浪漫主义结合在一起，如《利害关系》（1907）等。

另外，以民族史诗和历史轶事为题材的诗剧也在 E. 马尔基纳（1879—1946）的笔下得以复苏，他在“98’一代”强调文艺的民族化、现代化思潮的影响下，以现代主义的诗风，转向本民族的主题，力图发扬西班牙的民族精神。

内战爆发后，西班牙的文化活动中断了几乎达

10 年之久。战前已经崭露头角的戏剧家，多数流亡国外，留在国内的有 E. J. 庞塞拉（1901—1952），他主张用荒诞和幻想替代真实的和日常的事务，使观众陶醉于忘情的大笑之中。

40—60 年代文化活动开始恢复，出现了一种“通俗戏剧”，它具有批判社会问题的倾向，然而其风格主要采用讽刺和嘲笑的手法，题材往往局限于男女爱情、家庭问题、社会弊病。这一流派的代表人物是：J. M. 佩曼，“通俗戏剧”占了他 60 余部作品的一半以上；德·特纳，他的两部剧本《没有翅膀的鹰》（1951）、《堂何塞、佩贝和佩比托》（1952）获得了国家戏剧奖；德·拉托雷，运用电影的技巧使戏剧的情节结构更加巧妙；J. 卡尔沃·索特洛，写过 50 多部剧本；卢比奥，其剧本大部分以爱情纠纷为题材，往往以现实与幻想相结合；伊里亚尔特以各种混杂的风格写了 30 多部剧本，在闹剧和喜剧中掺以幻景、魔幻和歌舞，其主题却是严肃的；M. 米乌拉·桑托斯，其作品开始摆脱“通俗戏剧”迎合观众趣味的倾向，其第一部剧本《三顶高通帽》以悲剧性的幽默、深刻的现实主义以及逗人发笑而深思的情节，超越了“通俗戏剧”；布埃罗·巴列霍，其第一部剧本《一座楼梯的故事》的演出，使当代戏剧达到了新的水平，该剧不仅主题贴近现实生活，而且风格趋于多样化，富于独创性，既能为各种观众所接受，也为评论家所称道。1949—1974 年，他一共演出了 18 部剧本，包括现实的和历史的题材。

1973 年以前，尽管存在严格的审查制度，西班牙的当代戏剧仍在迅速发展。一个方向是进行独立的试验性的戏剧革新。活跃于当代西班牙戏剧界的人士，比较突出的有崇尚现实主义的 C. 穆尼斯、L. 奥尔莫、安东尼奥·加拉，带有抽象、寓言、讽刺风格的 J. 鲁伊瓦尔；写试验性闹剧的有 L. 马蒂利亚、L. 莫索、具有强烈社会批判倾向的 A. M. 巴莱斯特罗斯以及专注于探索新技巧、新方法的 M. R. 埃斯特奥等。

电影

西班牙电影始于 1896 年。第一部故事片是《咖啡馆里的争吵》（1897 年），由赫拉贝尔托在巴塞罗那自编、自导、自演。到 1906 年时，他共摄制了 11 部影片，是第一个对西班牙电影业作出贡献的西班牙人。早期无声电影主要是改编话剧，巴尼奥斯兄弟将话剧《唐璜》和《牺牲》等先后被搬上荧幕。

1929 年年底，导演埃利亚斯拍摄了西班牙第一部有声电影《神秘的太阳门》，但由于技术设备不完善，这部电影最终未能拍摄成功。当时有许多导演开始到美国等地拍摄西班牙语电影，严重影响了西班牙有声电影的发展。直到埃利亚斯由法国回到巴塞罗那，在那里成立了奥尔贝阿电影公司，并成功地摄制了第一部有声电影故事片《巴克斯》（1932 年），才使西班牙有声电影走上了正轨。1934—1936 年，美洲西班牙电影公司和西班牙电影公司先后成立，促进了西班牙电影事业的发展。这一时期的影片以民俗片、轻歌剧片和表现农村生活情节剧为主，影片中穿插安达卢西亚舞及斗牛的场面。

在佛朗哥执政时期，从 1940 年至 1950 年，先是由情报部主管电影，后成立了电影总局，制定了严格的审查制度，并强调重视民族电影的发展。而后又成立了电影剧作家协会，创办了圣塞瓦斯蒂安电影节，1947 年开办了西班牙电影研究和试验学院。这一时期，生产的绝大部分是商业片，还有宣传、歌颂长枪党的影片。雷依的无声片《邪恶的村庄》重拍成有声片，在 1942 年的威尼斯国际电影节上获奖。在这个时期，佛朗哥以德安拉德的化名写了电影剧本《家族》，由萨恩斯·雷埃雷迪亚执导，影片通过一个军人家庭的变化表现半个世纪以来西班牙政治上的重大事件，鼓吹佛朗哥精神。受意大利现实主义电影的影响，从 50 年代初期开始，西班牙拍摄了一批反映现实生活的影片。1951 年，孔德导演的《梨沟》获得很高的评价。由贝尔兰加导演的《马歇尔，欢迎你》，描写一个小镇为欢迎“马歇尔计划”的一个委员所做的准备，深刻反映了社会现实，对美国所谓的经济援助计划也进行了讽刺，该片获得 1956 年戛纳电影节评委会特别奖。

1962—1967 年是西班牙新电影时期。1962 年西班牙电影和戏剧总局对电影审查宣布了新的严格条例，但对过去禁演的影片放宽了尺度，并鼓励发展民族电影，力争打入国际市场。当时一批在马德里国立电影学校和巴塞罗那电影学院学习和工作的青年人，在法国新浪潮的影响下，对西班牙电影进行革新，他们拍摄了一批反映现实、抨击社会、格调清新的影片，形成了西班牙的新电影风格。代表人物及作品有绍拉导演的《为一个强盗而哭泣》和《狩猎》，后者在西柏林国际电影节上获得银熊奖；苏梅尔斯执导的《从玫瑰色到黄色》，获圣塞瓦斯蒂安国际电影节银贝壳奖；皮卡索的处女作《图拉姨妈》，也获得了圣塞瓦蒂斯安国际电影节最佳导演奖；迪亚罗的《爱情的时代》和福尔的《燃烧的皮》分别在1964年度和1968年度在巴拉多利德电影节上荣获西班牙文化学院奖和最佳作品奖。

1970—1975年，西班牙电影进入低潮时期，当时政府对电影贷款日益减缩，审查更为严格。1975年11月20日佛朗哥去世后，西班牙在政治、经济、文化等各个方面都发生了重大变化，电影业也进入空前活跃的新时期。一些反映社会问题和政治事件，尤其是反思内战题材的影片相继问世，如绍拉的《妈妈100岁》和《卡门》、卡穆斯的《圣洁无辜的人》、阿拉贡的《黑帮》、加尔斯的《重新开始》等。这些影片受到了西班牙人的喜爱，并在国际重大电影节上多次获奖。

1984年1月，政府颁布了《电影保护法》。进入90年代后，一批年轻导演执导的影片在电影界引起轰动。其中《蝴蝶的翅膀》在圣塞瓦斯蒂安国际电影节上获金贝壳奖，《死去的母亲》《母牛》《我亲爱的兄弟》以及《变形人的行动》等也在国际上获得了较高声誉，为西班牙电影走向世界作出了贡献。目前西班牙每年平均生产70—100部影片，每年上映的外国影片高达350—400部，美国影片基本上控制着西班牙的电影市场。

七　希腊艺术

建筑

古希腊的建筑艺术在世界建筑史上占有独特的地位。考古学家在克里特岛发掘出来的迷宫，规模宏大，大小宫殿错落有致，上粗下细的圆柱别具特色，是爱琴时期建筑艺术的典范。在古典时代的代表作是各种风格的神庙建筑，由巨石、柱廊和宽敞的大殿组成，其特点是创造了各具特色的柱式，主要有多利亚式、爱奥尼亚式和科林斯式三种。其典型的代表是落成于公元前5世纪中叶的雅典卫城建筑群，其中最主要的是帕特农神庙。

古典时代后期，希腊建筑艺术又由以神庙建筑为主转向以议事厅、图书馆、露天剧场、竞技场、城市园林和私人别墅等大规模公共建筑为主。今天，人们从古希腊建筑遗址的断壁残垣中仍可看出历史上这些建筑的规模之宏伟、技术之高超。

雕刻

希腊的雕刻艺术有着悠久的历史。在公元前5—前4世纪古希腊的雕刻艺术便达到顶峰，涌现出了一批举世闻名的雕刻家和稀世之作。他们大多以希腊神话为题材，其最具代表性的是维纳斯雕像（现存于巴黎卢浮宫）。米隆的青铜雕像《掷铁饼者》，直到两千多年后的今天，仍被当做体育运动最好的标志，耸立在世界各国的许多运动场所。菲狄亚斯令人叹为观止的杰作是竖立在雅典卫城广场上巨大的雅典娜铜像、奥林匹亚的宙斯像和帕特农神殿里的雅典娜神像。公元前4世纪以后，雕刻家们日益注重表达人物的内心情感和人体曲线的自然美。当时最杰出的雕刻家有普拉克西特和斯科帕斯。普拉克西特的代表作《尼多斯的阿芙洛狄特》是希腊乃至世界艺术史上的第一尊裸体女人雕像，其成为后来艺术家们学习和借鉴的经典之作。斯科帕斯的代表作《尼阿贝群像》，表现了希腊神话中尼阿贝的14个儿女被阿波罗射死时的痛苦和绝望神情。

由于亚历山大东征和希腊城邦衰落，希腊化时期文化中心转移到罗得岛、小亚细亚的帕加马和埃及的亚历山大。公元前3世纪卡勒斯雕刻的竖立在罗得岛的《太阳神》青铜像，被后世列为“世界七大奇迹”之一。另外三位大雕刻家合作的《拉奥孔》，生动地表现了希腊神话中拉奥孔父子和巨蟒搏斗时痛苦挣扎的表情。它在1506年出土后产生了很大影响。希腊国家考古博物馆珍藏着大批古希腊的大理石、花岗岩雕刻和青铜刻的作品，其中不乏稀世之宝，其馆藏雕刻品数量之多和艺术水平之高堪称世界之最。

八　瑞典艺术

音乐

瑞典人具有良好的爵士乐传统，有众多优秀的世界级流行音乐团体，如阿巴、罗克塞特、爱斯基地等乐队。业余乐队和合唱队也极为普及。斯德哥尔摩皇家歌剧院是被称为“瑞典夜莺”的詹尼·林德初次登台的地方。

戏剧

瑞典戏剧传统发源于斯德哥尔摩的皇家话剧院，嘉宝和褒曼等演员便是在此受到最初训练。出生在瑞典的英格丽·褒曼是好莱坞历史上最著名的电影演员之一，是北欧女性的代表。瑞典话剧和电影导演伊格马·柏格曼是公认的世界电影史上最著名的导演之一。作为瑞典皇家芭蕾舞团的团长和编导，毕吉特·库贝格由于发展了现代芭蕾而在国内外享有盛誉。

绘画和雕塑

瑞典的绘画和雕塑等艺术基本与国际潮流一致。欧斯特·约瑟夫森是19世纪后期最出色的画家之一，其代表作是肖像画《水怪》。古斯塔夫·塞德斯塔朗以军事历史题材的作品闻名于世。著名的现代画家有卡尔·拉尔森等。以制作纪念碑闻名的20年代的雕塑家卡尔·米勒斯同样蜚声国外。瑞典工艺品设计具有鲜明的民族特色，主要产品为玻璃、陶瓷、纺织品，以及家具和工业品设计。家具和室内装潢以简洁、明快和淡雅为特色。

瑞典农村的民间文化主要有乐器、舞蹈、说唱、编织、木雕和手工艺。随着电视等传媒的出现以及民间对外交流的增强，瑞典城乡生活差别逐渐缩小。瑞典的年轻人开始参与国内和国际的政治事务，关心发展中国家以及周边国家的一些问题，但与此同时，他们对传统艺术的兴趣减弱。传统的文化机构由国王设立并受法律保护。在斯德哥尔摩，有18世纪创建的皇后岛剧院，瑞典皇家歌剧院，皇家话剧院，皇家音乐学院，瑞典文学院，皇家文学、历史和文物学院，皇家图书馆以及皇家科学院等。隆德大学和乌普萨拉大学成立于中世纪，它们是当时欧洲重要的文化中心。

九　丹麦艺术

芭蕾

丹麦有着相当悠久的艺术发展史，拥有精湛的芭蕾舞艺术，也不乏杰出的雕塑与绘画艺术家，在世界艺术殿堂中占有一席之地。150多年以前，法国侨民、芭蕾大师布诺维尔为丹麦的芭蕾奠定了基础。他创作了大量优秀的浪漫派芭蕾舞，其中有些剧目至今还在以原有的形式在舞台上演出。20世纪60年代，弗莱明·弗林特担任丹麦皇家芭蕾舞团艺术指导，把全新的现代风格带入舞蹈中，创作了《死亡大胜利》等作品，在当时引起轰动。目前，丹麦皇家芭蕾舞团拥有近百名演员，既能演出古典芭蕾，又能演出现代芭蕾。在皇家芭蕾舞团的赞助下，创立了全新的芭蕾舞奥斯卡奖，即安徒生芭蕾奖，每年奖给世界上最优秀的芭蕾舞表演者，授奖仪式在哥本哈根盛大的国际芭蕾舞节上进行，第一届国际芭蕾舞节于1988年5月举行。

戏剧与音乐

建于1722年的皇家歌剧院是全国歌剧戏剧最重要的舞台，最初几年里经常演出霍尔堡（1684—1754）的喜剧，霍尔堡常被称为“北方的莫里哀”。现在上演的剧目种类繁多，既有丹麦本国的作品，也有许多外国戏剧家的作品。除皇家剧院外，哥本哈根还有近10家私人剧院，许多大的州府都有自己的剧院，小的地方则有流动剧团。在音乐领域中，丹麦最伟大、最著名的作曲家是卡尔·尼尔森（1865—1931），其作品包括交响乐、歌剧和管弦乐。丹麦管弦乐团是丹麦第一流的管弦乐团，经常与世界著名的皇家剧院和广播交响乐团联合演出。丹麦的“无线电大乐队”、“新丛林乐队”等爵士乐队在国际上享有一定声誉。在形形色色的音乐节中，有不少是摇滚乐节，其中罗斯基勒音乐节是丹麦最盛大的摇滚乐节。

电影

丹麦是世界上电影事业发展最早的国家之一。第一个制作电影的丹麦人是摄影师皮特·埃尔费尔特。第一部丹麦影片产生于1906年。1920年，丹麦制作了第一部卡通片《三个小男人》，有两部丹麦电影曾获得最佳奥斯卡外语片奖，一部是由加布里埃尔·阿克塞尔导演的《巴贝特的宴会》，根据布里克森的短篇小说改编，1988年获奖。另一部是由比利·奥古斯特执导的《征服者贝莱》，根据丹麦作家尼克索的同名小说改编，1989年获奖。《征服者贝莱》还获得了世界上包括丹麦的“罗伯特”与“博迪尔”奖、瑞典的金袋奖、法国的戛纳奖与金棕榈奖、美国的金球奖及其他电影节的大奖，影响广泛并给丹麦电影业带来了数百万克朗的收入。为了庆祝丹麦影片荣获奥斯卡奖，1989年丹麦议会通过一项电影立法，决定把政府每年给电影业的拨款从9100万克朗增加到1.06亿克朗。同时还决定，每个电影制片人拍新片时只要筹集到一半资金，即可自动从丹麦电影学院获得另一半资金。奥斯卡奖使丹麦电影在世界影坛名声大振。丹麦现有影院164所，全年播放国内外电影约200部。

雕塑与绘画

丹麦历史上最有名的雕塑家是托瓦尔森（1770—1844）。他在罗马圣彼得大教堂为保罗七世建造了墓碑和许多古典风格的雕像，代表作有“基督和12门徒”等，他的作品为许多博物馆所收藏。与托瓦尔森同一时代的还有一群被喻为“黄金时代画家”的丹麦画家。他们中最出色的有埃克斯伯格（1783—1853）、科布克（1810—1848）和埃克斯纳（1825—1910）等。晚些时候较成功的有克罗耶（1851—1909）。20世纪最著名的丹麦画家是阿斯葛尔·约恩（1914—1973），他以生动的色彩描绘神话动物的抽象绘画赢得了国际赞誉。1987年在慕尼黑举办的大型约恩作品回顾展吸引了众多的参观者。当代雕塑艺术家雅各布森的艺术风格独具特色，他擅长用金属切割机和焊枪雕刻来进行创作。丹麦拥有许多博物馆、美术馆，不仅数量惊人而且各具特色。各大城市都有自己的大博物馆，其中哥本哈根国家艺术博物馆的收藏最为丰富；而奥尔堡博物馆本身的建筑就是一件艺术珍品，它是由世界著名的芬兰设计师阿尔设计的；此外还有西兰岛北部的路易斯安娜博物馆，也以建筑和环境的协调而堪称一绝，在那里可俯瞰在埃尔西诺和柯隆堡南面几公里处的松得海峡，人们可以在欣赏馆藏珍品之余得到心旷神怡的视觉享受。丹麦现有各类博物馆278所，年参观人次约100万。

建筑和设计艺术

丹麦以悠久的建筑历史文化传统和优美的建筑风格著称于世。富丽堂皇的腓特烈堡、深沉古朴的柯隆堡和典雅的罗林堡都堪称世界建筑史上的珍品。在丹麦乡村，至今还留有许多中世纪的杰出建筑物，其中不乏富丽堂皇的城堡和贵族庄园。丹麦的建筑家和设计师开创了美观实用的建筑艺术形式。举世闻名、建造奇妙的悉尼歌剧院便是丹麦著名建筑师乌特松的杰作。他还和儿子扬·乌特松一起承担了科威特议会大厦的设计和建筑工作。另一位丹麦建筑师汉宁·拉森因为沙特拉伯首都利雅得修建了一座宏伟而精美的外交部大楼而享誉全球。20世纪丹麦最大的建筑杰作是哥本哈根的格伦特维教堂。这座教堂于1921年开始修建，1940年竣工，教堂的构思和结构汲取了丹麦古教堂的精华。此外丹麦还有许多设计思想和风格各异的建筑，如建筑师雅各布森教授设计的包括位于哥本哈根市中心的高大的SAS饭店、丹麦中央银行总行的新办公大楼和其他几个城市的市政厅。雅各布森的作品还有英国牛津的圣·凯瑟琳娜学院新校园。

十　挪威艺术

戏剧

挪威有着丰富活跃的文化生活，许多艺术家都具有相当高的国际水平。挪威最为著名的作家是亨里克·易卜生（1828—1906），他的戏剧在世界上具有广泛影响。现在挪威的剧院里还经常上演着易卜生的《群鬼》和《玩偶之家》等著名剧作。挪威先后有三位文学家获得了诺贝尔文学奖：比昂斯提尔纳·比昂森、克努特·汉姆生、西格里德·温赛特。比昂斯提尔纳·比昂森生于1832年，卒于1910年，于1903年获得诺贝尔文学奖。他主要写作民间传说、小说、诗歌和戏剧，并创作了挪威国歌的歌词。克努特·汉姆生生于1859年，卒于1952年，1920年因《土地的成长》一书获得诺贝尔文学奖，而在此之前他已经创作了《饥饿》《潘神》和《维多莉亚》等作品。西格里德·温赛特1928年获奖，其名著是有关克丽斯汀·拉芙朗斯达特的三部曲，该书已被翻译成多种文字出版。

绘画

挪威有爱德华·蒙克这样的现代绘画表现主义大师。他生于1863年，卒于1944年，其作品大多收藏在奥斯陆的蒙克美术馆和国家画廊。蒙克的主要作品有创作于1895年的版画《带手骨的自画像》和著名的《呐喊》，创作于1896年的版画《病室里的死亡》和《嫉妒》，以及创作于1897年的木刻《吻》之三。

音乐

作曲家爱德华·格里格生于1843年，卒于1907年。他一生创作了大量的作品，尤以钢琴协奏曲得名，被誉为“北欧的肖邦”。格里格的音乐大量借鉴了挪威民间音乐的音色与和声，他的A小调钢琴协奏曲是许多钢琴家的保留曲目。

十一　芬兰艺术

音乐

西贝柳斯是芬兰最伟大的民族音乐家。每年6月的“西贝柳斯节”都以赫尔辛基西贝柳斯公园为中心，举办为期1周或10天的各种音乐会。在公园中矗立的纪念碑是由600多根银白色不锈钢管焊接而成的，酷似一架巨型管风琴。每当海风吹过，气流穿过粗细不同、长短不一的钢管时，就会发出不同的风鸣声。公园里还竖有他巨大的铜制头像。西贝柳斯的故居以音乐家妻子的名字阿依诺拉命名，已被辟为纪念馆。它位于赫尔辛基市郊的一座小镇附近，是一幢二层木质结构小楼，对游人开放。纪念馆陈列着音乐家使用过的钢琴、友人赠送的油画、手稿复制品、3000 多册图书，以及西贝柳斯生前坐过的座椅、办公桌等。在离住宅不远的地方，还有西贝柳斯夫妇的墓地，方形的大理石墓碑上刻着他们的名字、生卒日期。芬兰的一些城市以西贝柳斯命名街道，并将他居住过的地方辟为博物馆；他的母校赫尔辛基音乐学院改名为西贝柳斯音乐学院；邮电部门发行了多枚西贝柳斯纪念邮票；在首都，每五年举办 1 次西贝柳斯国际小提琴比赛。

雕塑

奥拉维·拉努是芬兰著名的雕塑家，出生于 1925 年，曾在赫尔辛基艺术学院深造，50 年代赴法国留学。在芬兰南部城市拉赫蒂市有一座以他的名字命名的公园——拉努公园。拉努用三年时间为这座公园专门创作了 12 尊雕塑，《灰色一月》《支撑》《柳》和《爱石》等作品直观表达了情感，《穿越》《双石》《旋树》《拱》和《根》等作品则是以变形的人体形态塑造的。这些作品安放在树林或草丛中，其材质是水泥，日久天长，风吹雨淋，材料的本色渐渐消失，已似石头，更与周围的树林、石头融为一体，艺术效果更佳。

第五节　媒体

一　报纸与期刊

（一）近代欧洲新闻传播事业

从 17 世纪初定期报刊问世到 19 世纪末，这 300 年间的新闻事业通常被称为近代新闻事业，其内容主要是报业。从世界范围来看，近代报业首先兴起于资本主义的发源地欧洲和北美，也即如今的西方发达国家，并向其他地区扩散。

近代报业诞生之初，有过少量的封建阶级报刊，到了发展后期又出现了无产阶级报刊。但整体而言，资产阶级报刊是近代报业的主体。

在世界近代史上，自从尼德兰人民揭开了资产阶级革命的序幕后，英国、法国等西欧国家先后进行了具有世界影响的资产阶级革命。这几个国家在革命前后发展起来的报业，在世界近代报业史上具有重要的地位和典型意义。德国、意大利等国社会变革较为缓慢，19 世纪中叶以后才通过民族统一战争或自上而下的变革，从封建社会演进到资本主义社会。

一般来说，资产阶级革命之后，资产阶级报刊成了新的统治阶级的舆论工具。但是由于革命的彻底程度不同、民主政治实现情况不同，各国资产阶级报刊的实际处境仍有很大差别。有的国家（如英国）对封建传统破除不彻底，新闻出版仍受诸多限制，报业发展比较迟缓；有的国家（如法国）政局多变，时有封建复辟或专制政体出现，报业发展屡屡遭受挫折。因此争取资产阶级新闻出版自由的斗争仍在继续，而且成为政治民主化进程的有机组成部分。只是随着资产阶级民主政治的逐步完善和稳定，才在法律上确认了新闻出版自由的原则，在实践中逐步消除了对资产阶级报刊的政治压制和经济束缚。

工业革命开始后，商业报刊纷纷兴起，各国都出现了政党报刊和商业报刊并存发展的局面。18 世纪后期欧美主要国家先后开始的工业革命，引起了社会经济、政治、文化各方面的重大变化，也给近代报业带来了重大影响。

商业报刊，一般指私营的实行商业化经营的报刊，大致上有两种：一是面向社会上层的独立报刊。这种报刊在工业革命开始后便出现了。它们代表工商资产阶级利益，在政治上标榜独立，不受制于某个党派，经济上自主经营，不依赖政府或政党的津贴，因而被视为“独立报业”。二是面向社会中下层的廉价报刊。这是在 19 世纪前期出现的通俗报刊，因售价较低，通常称为廉价报纸，又因读者均为平民大众，也称为“大众化报纸”。这是一种新兴的资产阶级商业报纸，内容上注重地方新闻、社会新闻以及各种休闲性、趣味性的软新闻；形式上文字通俗，版面活泼，可读性强；经营上完全商业化，大量刊登广告，以此来降低售价，扩大发行，进而赢得更多的广告。

近代报业发展的后期，欧洲各国都出现了无产阶级报刊。它们是在工业革命之后随着工人运动的兴起而创办和发展起来的。无产阶级报刊的发展大体上有三个阶段：工人报刊、无产阶级政治报刊、无产阶级政党报刊，这是各国无产阶级报刊的共同轨迹。早期的工人报刊大都由联谊会、互助会之类的工人组织创办，主要为团结工人共同进行经济斗争服务。由于缺乏科学理论的指导，存在种种历史局限，印刷出版也很简陋，但它们在揭露资本主义剥削、启发工人觉悟方面起过重要的作用。无产阶级报刊的成长道路，充满着艰辛和曲折。国家的政权、社会的财富始终掌握在资产阶级手里，资产阶级一面从封建势力和各种保守势力那里争得了新闻出版自由，一面用政治的、法律的、经济的手段，来限制和扼杀无产阶级报刊的新闻出版自由。无产阶级报刊不得不采取各种合法与非法的斗争方式，维护自己的生存和发展，争取本阶级的新闻出版自由。

无产阶级报刊具有同资产阶级报刊完全不同的特点。它的办报宗旨在于宣传主办组织（工会或政党）的纲领，追求特定的社会目标或政治目标，而不在于追求商业利益或经济目的。它的内容具有很强的战斗性，为了维护阶级的利益，追求阶级的解放，它必定要批判旧世界，同形形色色的阶级敌人作战，也要同工人运动内部的种种错误思潮和资产阶级影响作斗争。它的活动具有很强的群众性，同劳动群众保持着广泛而密切的联系，为群众办报，靠群众办报。马克思、恩格斯、列宁等革命导师在无产阶级报业发展过程中发挥过巨大的作用。

（二）现代报业的出现

19 世纪末期，西方主要国家先后进入垄断资本主义阶段，社会政治经济情况发生了深刻的变化，相应地这些国家的报业也有了重大变化，逐步由近代报业演进为现代报业。现代报业的发展大致经历了三个阶段：

第一阶段，19 世纪末至第一次世界大战，这是近代报业发展为现代报业的转变时期。独立于政府或政党之外的商业性报纸逐步取代政党报纸而成为报业的主体。这些报纸实行商业化经营，广告费和发行费是其主要经济来源。报纸在相互竞争中逐步兼并集中，出现了拥有多家报纸的报业集团，报业垄断开始发展。总之，商业化、社会化和垄断趋势，成了近代报业演变为现代报业的主要标志。

第二阶段，第一次世界大战至第二次世界大战，这是报业垄断基本形成的时期。这一阶段英、法等国报纸的商业化、社会化继续发展，不论战争带来的是刺激还是困难，都使报业竞争和兼并加剧，主要表现为：报纸的数目逐渐减少，“一城一报”现象日渐普遍；报团的数量和规模不断发展，逐渐形成报业垄断的局面。在德、意等国，随着政治上的法西斯化，其报业则走上了法西斯行政性垄断的道路。

第三阶段，第二次世界大战以后，这是报业垄断继续加深的时期。第二次世界大战以后，各国报业经过短暂的恢复、调整，进一步向前发展。英、法等国家的发展缓慢，甚至一度出现停滞局面。所有发达国家报业垄断程度均有所加深，出现了一些新的特点：形成了少数举足轻重的“超级报团”或巨型垄断集团；出现了跨媒介或跨行业的垄断；出现了跨国、跨地区的垄断。与这些特点相对应，就有了多种垄断组织形式：报业集团、传播集团、联合企业或混合企业、跨国集团。报业集团、传播集团、联合企业都有发展为跨国公司的情况。

发达国家的现代报纸，就其发行周期而言，有日报和非日报之分。凡是每周出版四天以上者为日报，它们是报业的骨干和核心。就其发行范围和影响而言，有全国性报纸和地方性报纸之分。就其内容和读者对象而言，有上层报纸（严肃型报纸）和大众报纸（通俗型报纸）之分。这一分野有的国家十分鲜明（如英、美），有的国家则较为模糊（如日本）。除了报纸之外，各国的期刊种类繁多。20 世纪初出现的新闻性期刊，已成为新闻事业的重要组成部分。

发达国家的现代报纸，一直在世界报业中占据主导地位。它们种类多，发行量大。根据联合国教科文组织的资料，20 世纪末全世界共出版日报 8391 种，期发行总量为 54800 万份；其中发达国家有日报 3972 种，占世界总数的 47%，期发 27600 万份，占世界总量的 50%。

发达国家的报业，在第二次世界大战后的信息革命浪潮中，都经过了重大的技术更新。20 世纪 70 年代起，陆续采用了照相排版、胶版印刷、电脑写稿和编辑、版面数字传输等新技术。到 80 年代大多数报纸已告别了传统的笔写铅印的工作方式，依靠电子计算机和卫星通信网络，实现了采、写、传、编、排、印、发全过程的电子化和自动化，效率大为提高，内容更加丰富，编印更加精美，图片更为清晰艳丽。进入 90 年代，随着电子计算机网络的发展，发达国家报纸纷纷在互联网上设立网站，向网络用户发布信息。开始时只是将纸质报纸内容搬上网络，形成报纸的电子版；以后则前进一步，专门为自己的网站制作新闻，提供丰富多样的文字、图片和图像。这是现代报业传播方式的重大转变和飞跃，它极大地增强了报纸的时效性、渗透性和信息功能，也有力地促进了印刷媒介与电子媒介、传统媒介和新兴媒介的会合、互动和渗透，并将对21世纪以后的大众传播格局的变化产生深远影响。

（三）欧洲各国报业的现状及其趋势

英国报业

当前英国仍是世界上报业最为发达的国家之一。2009年共有日报超过100种，每日发行量约2000万份，此外还有每周出版一到三次不等的非日报刊物1000多种。英国的日报在星期天无报，另外专门有一种星期日报，只是在星期天出版，属于非日报的一种。

英国报纸就其影响范围而言，有全国性报纸和地方性报纸之分；就其内容性质而言，又有明显的上层报纸和大众报纸之别。

英国全国性的报纸包括10家日报和10家周报。10家日报有《镜报》（*Mirror*，1903年创办，1999年平均日发行量230余万份）、《每日星报》（*Daily Star*，1978年创办，1999年日平均发行量61.5万份）、《太阳报》（*The Sun*，1964年创办，发行量373万份）、《每日邮报》（*Daily Mail*，1896年创办，发行量235万份）、《快报》（*Express*，1900年创办，发行量109万份）、《金融时报》（*Financial Times*，1888年创办，发行量38.5万份）、《每日电讯报》（*Daily Telegraph*，1855年创办，发行量104.4万份）、《卫报》（*The Guardian*，1821年创办，发行量39.8万份）、《独立报》（*The Independent*，1986年创办，发行量22.3万份）、《泰晤士报》（*The Times*，1785年创办，发行量74万份）。10家周报为：《世界新闻》（1843年创刊，发行量420.9万份）、《周日镜报》（1963年创办，发行量198.1万份）、《人民报》（1881年创办，发行量164.3万份）、《周日邮报》（1982年创办，发行量227.9万份）、《周日快报》（1918年创办，发行量100.3万份）、《周日电讯报》（1961年创办，发行量81.6万份）、《周日独立报》（1990年创办，发行量25万份）、《观察家报》（1791年创办，发行量40.4万份）、《星期日泰晤士报》（1822年创办，发行量137.4万份）、《周日商业报》（1998年创办，发行量5.5万份）。

地方性报纸主要刊登地方新闻和广告，也有少量国内外要闻。现有日报88种、星期日报7种、周报900多种。

英国的杂志共有6500多种，与其他国家相比，历史悠久刊物多、国际性学术刊物多、国际经济和科技情报刊物多。其中有创办于1665年的《伦敦公报》（原为散页单张，以后改为杂志）和《皇家学会哲学汇刊》，迄今已有300多年的历史。

目前有10多家最大的报团左右着英国的报业。主要有：（1）新闻国际公司，它在英国拥有全国性的《泰晤士报》《太阳报》《星期日泰晤士报》《世界新闻报》以及《利物浦邮报》等30多家地方报纸，控制的报纸的发行量占英国报纸总发行量的1/3。它还拥有路透社10%的股权。（2）镜报报业公司：这家公司第二次世界大战后多次易主。现拥有《每日镜报》《星期日镜报》《星期日人民报》三份畅销的全国性报纸，拥有苏格兰的《每日纪录报》等重要的地方报纸。（3）快报报业公司：拥有三家全国性报纸《每日快报》《每日明星报》《星期日快报》，还拥有几家广播电视台的股权。（4）联合报业公司：拥有全国性的《每日邮报》《星期日邮报》以及《旗帜晚报》等10多家地方报纸、几十家周刊。（5）汤姆森集团公司：该公司曾经是战后英国最大的报团。目前尚拥有50多家地方性日报、50多家杂志。作为一家国际性传播集团，它在美国、加拿大、南非、澳大利亚等国拥有大量报刊和广播电台，它还经营石油、旅游、航空、地产等多种产业。（6）皮尔逊—朗曼公司：该公司包括金融时报报团、西敏斯特报团、朗曼图书印刷公司三个主要分支，拥有《金融时报》《金融周报》《金融新闻》和40多家地方报纸以及大批其他出版物，控有《经济学家》的半数股权，还在香港的《远东经济评论》等国外刊物拥有股份。（7）合众报业公司：拥有《约克郡邮报》《兰开夏晚邮报》等九种地方日报、30多家周报和其他刊物，以及多家印刷公司、电视公司的股份。（8）电讯报业公司：拥有《每日电讯报》和《星期日电讯报》。该公司自1928年以来长期为贝里家族所有，1985年因经济困难被加拿大企业家布莱克的电信公司控股。(9) 卫报和曼彻斯特新闻晚报公司等。

伦敦的舰队街曾一度是英国的报业中心，但现在所有全国性报纸都已将其编辑部和印刷设备迁到伦敦的其他地区，有的干脆迁出了伦敦。从内容和风格上来讲，全国性的报纸常被称为“质量型”的或是“受欢迎”的报纸，有5家日报和4家周报被称为是“质量型”报纸。“质量型”的报纸能向读者提供范围广泛而充分的信息。而“受欢迎型”的报纸则更具有娱乐性也更简明。

法国

截至目前，法国共出版日报120余种，期发总数约为1300万份。

法国报纸按习惯分为巴黎报纸和外省报纸两大类。前者在巴黎出版，有全国性影响；后者在巴黎以外出版，属于地方报纸。外省日报的发行量几乎已达巴黎日报的三倍。

巴黎报纸以往有言论性和消息性之分。言论报重视国内外政治时事，有较多的评论分析，一般代表某一政党或政治派别；消息报侧重于新闻报道，特别是地方新闻、社会新闻。第二次世界大战后言论报纷纷淡化党派色彩，增加消息报道和娱乐性、趣味性内容，因而两种报纸的差异缩小。

外省报纸一般都是消息性的，不注重政治评论，侧重于地方新闻。每家外省报纸又发行众多的地方版，占领广大城镇市场，地方版有部分内容是报社统编的，其余则是所在乡镇的新闻和广告。90年代发行量最大的地方报纸是：《法兰西西部报》(44个地方版，1999年期发79.5万份)、《北方之声报》(29个地方版，37.2万份)。

法国的杂志出版远比报纸出版兴旺。目前公开出版的期刊有3000多种，其中期发100万份以上的有6种；全年发行几十亿册，读者普及率居世界前列。除了新闻类期刊外，尤多消闲娱乐性期刊、广博电视期刊。据调查，1993年15岁以上的法国人每天阅读日报的人数占该年龄组总人数的41%，而经常阅读杂志的人数则占49%。1994年千人期刊数达1300份，明显高于其他发达国家。

如今法国报业已高度垄断，全国有30多个报团，其中主要的是埃尔桑报团、阿歇特集团、阿莫里报团、世界出版集团、巴亚德报团、菲力巴奇媒介集团等。

法国最有影响的日报是《世界报》(*Le Monde*)，1944年12月创办于巴黎。

《世界报》是一份严肃的言论性报纸，政治上持中间偏左立场。内容按国际新闻、欧洲新闻、法国新闻、社会新闻、地方新闻的顺序编排。《费加罗报》(*Le Figaro*) 是法国现存历史最久的日报。1854年创办时为周报，1866年改为日报。进入20世纪后多次易主，1925年为经营化妆品的柯蒂集团掌握，1949年柯蒂的遗孀将股份卖给普鲁沃斯特集团，1975年又转手给埃尔桑报团。这是份言论性报纸，政治态度历来保守，主要反映右翼政治力量的观点。《法兰西晚报》(*France-Soir*) 前身是1941年创办的地下报纸《保卫法兰西》，1944年8月公开发行，同年11月改为现名，并且着力模仿第二次世界大战前著名的《巴黎晚报》，办成受社会大众欢迎的报纸。

重要期刊包括《快报》(*L' Express*)，其为新闻周刊。1953年发刊，起初是《回声报》的附刊，1964年仿效美国《时代》周刊进行改革，逐步发展为法国最有影响的新闻周刊，并且还出有国际版。《鸭鸣报》(*Le Canard Enchaine*) 为讽刺性刊物。1916年创办，创办人莫里斯·马雷夏尔起这样的刊名，意在使它成为一份敢讲大实话的刊物。该刊多年来惯于以辛辣的讽刺、诙谐调侃的语气评论时弊、揭露丑闻，很受读者的支持和欢迎。《巴黎竞赛画报》(*Paris-Match*) 为时事画刊，是第二次世界大战前风行一时的《竞赛画报》的翻版，为普鲁沃斯特集团1949年创办，1970年转入阿歇特之手，现为阿歇特报团和菲力巴奇报团共有。

德国

第二次世界大战后德国一直没有全国性的报业中心，地区性报纸一直占据报业的主导地位。这些报纸往往以一个较大的城市为中心，发行众多的地区版或地方版，着重报道本地区的新闻，刊登本地区的广告。联邦德国的报纸绝大部分为商业报纸，为私人所办，依靠广告为生，广告收入占全部收入的2/3左右。在德国，报纸的广告收入一直领先于其他媒介。2009年德国共有日报社380家左右，期发总数约为2600万份。

联邦德国的政党报纸不多，影响也在不断衰微。目前尚存的有：基督教社会联盟的《巴伐利亚信使报》，民主社会主义党（前身为统一社会党）

的《新德意志报》，社会民主党的《前进》以及右倾激进主义的《德国民族报》等，发行量都很小，有的甚至免费发送。

按出版周期来看，德国报纸主要有日报和周报之分。日报中发行量最大的是《图片报》，其次为《南德意志报》《法兰克福汇报》《世界报》。地区性日报发行量最大的是《西德意志汇报》。周报共有26家，其中全国性的9家，地区性的17家。主要的全国性周报是《时代》（1946年创刊）、《周报》（1993年创刊）、《莱茵信使》（1946年创刊）。另外有7家日报出星期日版，其中发行量最大的是《星期日图片报》，期发240万份。

联邦德国杂志业十分发达，总数约有1万种之多。其中销量最大的为消闲娱乐性杂志和广播电视杂志。新闻时事杂志是新闻业的重要组成部分，其中以《明镜》《焦点》《明星》三家最为著名。专业性杂志（包括学术杂志）约有3500多种，有的在国外颇有声誉，但发行量不大。另外，各类组织和联合会出版的期刊占期刊数的1/3，其中全德汽车俱乐部（ADAC）出版的《ADAC马达世界》，列德国期刊之首。

德国最大的报团为施普林格报团、联邦德国意志汇报集团、南德意志报集团、斯图加特报集团、杜蒙·绍贝格出版集团，它们发行的日报占全国日报发行量的40%以上，其中施普林格报团占23%。在杂志业方面，有四家大的出版公司垄断了全部发行量的2/3。它们是鲍尔出版公司、施普林格出版公司、布尔达出版公司、格鲁纳—雅尔出版公司（现在是世界性的贝塔斯曼出版集团的一个子公司）。

德国的重要报纸主要有：

《世界报》（*Die Welt*）：1946年6月创刊，社址原在汉堡，1993年迁至柏林。该报平日版有30—40版，分四个部分：重要新闻和评论、经济、金融、副刊。周六出版的周末版，除正刊外另有30多版增刊，内容包括科学、艺术、汽车、房地产、娱乐、广播电视节目等。广告约占总版面的一半篇幅。该报消息灵通，报道广泛，编排活泼，图片大而且鲜艳。它在国内外有广泛的记者网，首都新闻的报道很有权威，对国际新闻也相当重视，因而在国内外都有较大的影响。

《法兰克福汇报》（*Frankfurter Allgemeine Zeitung*）：1949年11月创刊于法兰克福。该报代表实业界利益，重视经济新闻和国际新闻，读者对象主要为政界、工商界、文教界。该报平时出30—40版，内容分政治、经济、文艺三大部分，另外每天分别有科技、书籍、旅游等专版，版面严肃，标题字小，图片极少。周末版多达180版，图文并茂，题材多样，与单调的平日版形成鲜明的对照。广告约占版面的一半左右。

《南德意志报》（*Sueddeutsche Zeitung*）：1945年10月创刊于慕尼黑。开始时为周二刊，1949年改为日报。创办时持社会民主党执照，以后变为私人报纸，但仍倾向社民党。读者对象主要为自由派知识分子。该报篇幅较大，平时40—50版，周末更多。平日版分三部分：政治新闻与评论、地区新闻和文艺影剧、经济新闻。另外还有些专刊、专页，轮流刊出。该报报道面广，文体很有特色，头版专设抨击时弊的杂文栏“曝光台”。报纸外观庄重而不呆板，广告约占一半。该报还附设图片供应社，向世界各地的报刊、电视台、出版社提供图片资料。

《图片报》（*Bild-Zeitung*）：1952年创刊于汉堡，这是一份图文并茂的大众化报纸，四开小张。80年代每日发行量一度高达600多万份，占联邦德国日报发行量的1/4，居西欧各报之首。该报主要内容是社会新闻、体育新闻、影视新闻、趣味性知识性报道，兼及国内外时事，但极为简明通俗。版面编辑强调新奇、刺激，巨幅图片、大字标题往往占据主要版面。每天通过卫星传真在各大城市同时印刷，发行方式全为街头零售。读者遍及社会各阶层，上至政府要员，下至平民百姓，几乎无所不包。

重要期刊有：

《明镜》（*Der Spiegel*）：1947年创刊，社址汉堡，是德国最有影响的新闻周刊，用德文和英文出版。篇幅有350页，发行量105万份左右。目前股权由创办人奥格斯坦因和格鲁纳—雅尔出版公司各占1/4，社内职工拥有49.5%。该刊政治上中间偏左，以严肃的政治社会问题为主要内容，注重调查性报道，敢于揭露政界内幕和社会弊端，在国内外有相当大的影响，曾被英国《泰晤士报》誉为“德意志的民主堡垒”。

《焦点》（*Focus*）：1993年发刊于慕尼黑，为布尔达出版公司发行，号称是为“信息精英”们创办的新闻周刊。该刊报道题材广泛，内容有深度，多数报道还配有大幅照片和图表，颇具吸引力。短短几年内发行量扶摇直上，20世纪末已达80万份。

《明星》(Der Stern)：1948年创刊于汉堡，是德国最畅销的大众化时事周刊，也是新闻类画报。它的报道广泛，从政治内幕到凡人琐事都有，尤其以揭丑和猎奇著称。形式上讲究标题设计和图片运用，具有较强的视觉冲击力。每期300多页（广告约占一半），发行量110万份以上。

意大利

意大利新闻出版比较发达，全国有各种报纸杂志52种。主要报纸的日平均发行量如下：《晚邮报》，68.99万份；《共和国报》，62.42万份；《体育报》（周一版），58.8万份；《24小时太阳报》，41.52万份；《体育报》，41.50万份；《新闻报》，39.81万份；《赛场体育邮报》（周一版），32.42万份；《信使报》，26.22万份；《赛场体育邮报》，24.34万份；《今日报》，21.79万份。另外，还有一些地方报和主要政党的机关报。主要综合性期刊有：《展望》周刊，55.62万份；《快报》周刊，39.47万份；妇女性周刊《现代妇女》，55.59万份。

安莎通讯社于1945年建立，是意大利最大的通讯社。广播电台有3套节目，年播音1.8万多小时；有3个电视台，年播节目6000小时。此外，还有大量私营广播电台和电视台。

西班牙

在佛朗哥统治时期，政府对报纸和杂志的发行实行严格的审查制度，只有对政府有利的新闻才允许发表。1966年新的新闻法颁布后，新闻出版的自由度比以前扩大了，报纸甚至开始探讨佛朗哥去世后如何组建政府机构等问题。1978年的宪法正式确立了新闻自由，但仍严格禁止新闻记者发表反对政府言论的文章。在佛朗哥长达近40年的独裁统治下，公民对新闻的可信度持很大的怀疑，看书读报的人很少。直到1988年，报刊的发行量仅为每千人80份，远低于欧洲其他国家。目前全国共有报刊155多种，但其中大部分是属于自治区的。国内最有影响力的大报是《国家报》，创刊于1976年，该报在西班牙民主进程中曾起到重要的舆论导向作用，日发行量为50万份左右。其他主要报刊为：《阿贝赛报》（30.2万份）、《世界报》（27.2万份）、《先锋报》（21.2万份）、《加泰罗尼亚报》(20.8万份)，最大的体育报刊是《MARCA》，日发行量为41.7万份。杂志市场十分活跃，各类杂志达200多种，其中有关妇女的杂志居多。西班牙主要通讯社有官方通讯社埃菲社和私营的欧洲通讯社、罗格斯通讯社等。

荷兰

荷兰有日报近90家，其中全国性的8家。有4000种综合性和专业性期刊。主要日报有《电讯报》(1995年发行量为75.64万份)、《总汇日报》(40万份)、《人民报》（36万份)、《新鹿特丹商报》(27.1万份)、《誓言报》《忠诚报》《海牙报》《金融日报》。主要杂志有《埃尔斯维尔斯周刊》(12万份)、《自由荷兰》（9万份）等。新闻机构主要是半官方的荷兰通讯社。

荷兰有七份日报。主要报纸为：《库腊索朋友报》，荷兰文版，发行量为1万份；《新闻消息报》，荷兰文版，发行量为8000份；《消息报》，帕彼曼都语，发行量为1.2万份；《新闻报》，帕彼曼都语，发行量为1.29万份。

主要通讯社为荷兰通讯社。荷兰共有15家广播电台。主要为：加勒比广播电台，1955年建台，用荷兰语、英语、西班牙语和帕彼曼都语播音；库腊索广播协会，1933年建台，用帕彼曼都语播音；世界广播电台，用四种语言对南美、中美、北美和加勒比广播。

荷兰有五家电视台，主要为：背风群岛广播公司电视台，每天播放10小时节目；安的列斯电视台，成立于1960年，是政府办的商业电视台，提供有线电视服务，播放美国卫星电视及两套委内瑞拉电视台的节目；库腊索电视台。

比利时

比利时有日报33种，周报1000多种，其他期刊4000多种，主要用法文和荷文出版，少量用德文出版。主要报刊有《标准报》（荷文)、《自由比利时报》（法文)、《最新消息报》（法文)、《晚安周报》《晚报》（法文）等。

瑞士

瑞士虽然是个小国，但由于独特的政治结构和应用多种语言，报刊的种类多，发行量大，所有主要城市都有本地的报纸。提契诺州有六种报纸，是世界上人均拥有报刊量最高的地区。影响较大的报刊是：德文报纸《一瞥报》《每日导报》和《新苏黎世报》；法文报纸《时报》《24 小时报》和《日内瓦论坛报》。瑞士每年进出口大量的报纸杂志。

卢森堡

卢森堡有 6 家日报：5 种德文报、1 种法文报，如《卢森堡言论报》（德文）、《日报》（德文）、《新闻报》（德文）和《洛林共和报》（法文）。

葡萄牙

卢萨社是葡萄牙的国家通讯社，1987 年由葡萄牙通讯社和葡萄牙新闻社合并而成。葡萄牙国内有各种报纸 200 多种，其中有全国性报刊 23 家、地方性报纸 216 种、各种期刊 1334 种。主要报刊有《新闻日报》，半官方；《快报》，私营周报；《公众报》，私营日报；《晨邮报》，私营日报；《新闻报》，国家参与资本。

希腊

希腊有影响的全国性报纸约为 15 种、地方报纸 3 种，杂志种类很多，较有影响的有五种。主要日报有：《民族报》，1981 年创刊，倾向泛希社运；《自由新闻报》，1986 年创刊，倾向保守派观点；《每日报》，1919 年创刊，倾向新民主党；《新闻报》，1944 年创刊，倾向泛希社运；《激进者报》，1917 年创刊，希腊共产党机关报；《论坛报》（周报），1922 年创刊。

雅典通讯社成立于 1896 年，为官方通讯社。马其顿通讯社是半官方通讯社，成立于 1991 年 10 月。1938 年希腊成立了希腊广播和电视组织，受政府新闻部领导，统一管理国营广播电视台，并依法批准核发地方和私人广播电视台的许可证。国营广播电视台每天 24 小时广播，除希腊语外，还有英、法、阿拉伯语新闻节目。私营商业广播电视台还转播美国和欧洲通过卫星播放的节目。较有影响的私营电视台有“MEGA”、“STAR”、“ANTENNA”、“NEW”和“SKY”。

瑞典

1766 年，瑞典议会将新闻自由写入宪法。1991 年议会又通过一项新的法案——《自由表达法令》，以保障媒介的自由。社会与大众媒介享有的一个重要权利是“公开原则”，即每个公民均有权查阅政府部门的文件，政府机密仅限于国家安全事务和涉及个人隐私的内容。瑞典有专门的委员会监督新闻出版，使其不违背基本的道德准则。

在瑞典，报纸的影响很大，政治和文化杂志的影响力相对较弱。瑞典发行量最大的报纸《快报》和最大的日报《每日新闻》同属斯德哥尔摩一家私营企业。发行量第二大的报纸《晚报》属瑞典总工会所有，代表社会民主党。较大的报纸还有《哥德堡邮报》《瑞典日报》和《南瑞典日报》等。瑞典通讯社于 1921 年成立，为半官方新闻机构。

丹麦

丹麦宪法规定公民享有言论及出版自由。同时丹麦《刑法典》第 116 条 B 项规定，无论何人对他人种族、肤色、国籍、信仰及性别发表侮辱性语言文字都将被处以两年以下徒刑。新闻媒介独立于政府，报纸、电台和电视台有权决定宣传什么和为谁宣传，但它们通常奉行的一致原则是全面、客观和公正。丹麦的报纸、广播和电视有责任监督政府、议会和法院的行为，被称为“国家第四种力量”。丹麦记者联合会总部设在哥本哈根市中心，总部内设有国际通信中心，负责为外国记者提供方便，在这里外国记者可以得到来自丹麦外交部新闻文化司的消息。

丹通社是丹麦唯一的全国性通讯社。1866 年创立，是斯堪的纳维亚建立最早的通讯社。1947 年丹麦各日报联合从创办人之手里购得所有权，从此便一直集体拥有丹麦这家最大的通讯社。

丹麦的第一份报纸于 1666 年出版。全国有日报 32 种，周报 10 种，期刊 108 种，技术及地方报刊 278 种。主要报纸有（括号内为创刊年）：《日德兰邮报》（1871）、《贝林时报》（1749）、《政治报》（1884）。此外还有 12 种画报周刊。每年大约出版 1200 部小说，1000 种儿童读物，7000 种教科书和参考书。最大的出版社是 1770 年成立的基棱道出版社。

丹麦新闻工作者联合会是目前唯一的全国性新闻工作者组织，拥有约 6000 名来自报刊社、广播电视台、出版社等各种大众传播媒介的会员。它起着一种独立的工会组织的作用，其主要任务是与雇主方面谈判和签订工资、工作条件协定，以及维护其会员在各个方面的权益。它还设有失业基金和罢工基金，以便向失业的会员和参加罢工的会员提供财政支持。该联合会的经济来源主要依赖向会员收取会费。

挪威

挪威的主要报纸有《晚邮报》《世界之路报》《日报》《卑尔根时报》《工人日报》。挪威拥有挪威通讯社（非官方通讯社）和挪威国家广播公司。

芬兰

芬兰全国共有报纸220种，各类杂志5078种。主要报刊是《赫尔辛基新闻》《晚间新闻》《晨报》《晚报》《首都日报》和《图尔库新闻》等。2007年，全国共有报纸204种（其中每周发行4—7期的53种），各种杂志和期刊3366种（每年4期以上）。

芬兰有5家通讯社。其中最大的是芬兰通讯社，简称芬通社，成立于1915年，具有半官方性质，同世界各大通讯社保持合作关系。芬兰广播公司成立于1926年，1934年改为国营。采用芬兰语、德语、瑞典语、英语和法语广播。1958年开播电视，现有电视台3家。还有私人经营的广告电视台。70年代组建了赫尔辛基有线电视台。

冰岛

冰岛的主要报纸有《晨报》《每日时报》《萌芽报》《人民意志报》和《人民报》。冰岛没有官方通讯社，有一家私人通讯社。有国营广播电台、电视台各一个，1986年增加商业电视台1个，私人广播电台3个。

奥地利

2007年，全国有各类报纸286种，其中日报32种。主要报纸2008年的发行量为：《皇冠报》，94.9万份；《信使报》，22.8万份；《新闻报》，12万份；《标准报》，11.7万份。主要杂志发行量为：《新闻周刊》，24.2万份；《侧面》周刊，9.4万份；《趋势》经济月刊，8.6万份。

奥地利通讯社于1946年建立，以向奥地利报纸和电台提供世界各大通讯社的消息为主，有时也发布奥地利官方消息。1924年建立国家广播电台。共有5家电台，用德、英、法、西四种语言对外广播。1957年开播电视节目，现有三套节目。

二　通讯社

（一）各国通讯社的发展

英国

路透社创办于1850年，是世界上资格最老、最有名的通讯社之一。开始时，其业务仅限于发布商业新闻，很快便发展成为一个大公司。1916年，路透社将该公司的部分股权出售，并进行改组。之后它又曾进行过多次改组。现在，该社为英国的最大企业之一，在世界90多个国家中拥有1万多名雇员、1800多名记者和摄影师，与138个国家或私人通信机构建立了联系或设立分社。该社向媒体提供各种新闻，包括政治、经济、财政、体育等，同时向各国银行、工商企业提供经济新闻、各地交易情况。该社采用各种先进技术，其工作已计算机化。总部设在伦敦。

新闻联合社创办于1868年。它在英国国内采集新闻，并负责向英全国性及地方性媒体提供综合性新闻服务，包括议会消息、法律、财政、商业、体育以及各种图片等。该社与路透社的区别在于它侧重于国内新闻。该社的总部设在伦敦，为英国和爱尔兰共和国所共有，在英国国内其他城市还设有分社。

法国

法国新闻社是法国的主要通讯社，简称法新社，是世界五大通讯社之一。法新社原名“哈瓦斯通讯社”，成立于1835年，1944年9月经重新组合后改名为“法国新闻社”。1956年，法国政府确定法新社的独立地位，但其财政管理仍由国家控制，实际上仍是法国官方的通讯社。法新社的领导机构有管理委员会、高级委员会和财务委员会等，该社内部设新闻部、技术部和总务部。它在国内18个地区设分社，在国外向112个国家和地区设有分社。法新社总部每天收到新闻稿约30万字，通过各条线路用各种文字编发新闻稿约有100万字，向7000种报纸、2500家电台和400多家电视台供稿。

德国

沃尔夫通讯社乃是德国通讯社的始祖，也是世界上最早及规模最大的通讯社之一。其创办者伯恩纳德·沃尔夫曾在法国哈瓦斯通讯社短暂工作过。1848年回德国接任柏林《国家日报》社长，为了降低该报的采访成本费用，于1849年成立了沃尔夫通讯社。该社业务发展极为顺利、迅速。1856年，与路透社交换经济及股票行情；三年后，又与路透社、哈瓦斯社及纽约美联社共同签约，相互交换政治及经济新闻。但是，由于当时欧洲大陆电信联系尚未畅通，所以直到60年代，沃尔夫社才能对德国的报纸及商业公司，经常性地提供消息服务。

1866年，由于路透社得到普鲁士汉诺威王朝的授权许可，铺设了由德国北部海岸到英国英格兰的海底电缆，沃尔夫社乃愤而退出上述合约，与路透社、哈瓦斯社展开了激烈的竞争。至1869年，由于路透社通过海底专用电缆，将新闻传到印度及远东各地，声势大振。沃尔夫社相形之下，显得势孤力单。

三　广播电视

（一）广播电视事业的发展

广播电视是20世纪前期发展起来的大众传播媒介。它们是顺应社会政治经济的需要而产生的，并极其深刻地改变了人类社会生活的面貌。广播电视传播的内容十分广泛，而新闻时事历来是其中的主干。广播电视的出现，使人类的新闻传播产生了新的飞跃，由以印刷传播为主的时代进入印刷传播和电子传播相互促进、并驾齐驱的时代。

（二）欧洲各国的广播电视

英国

英国是世界无线电事业的发源地。自从1897年马可尼在英国创办无线电公司以后，无线电通信在军事和航海领域得到了广泛运用。自1920年起，马可尼公司又积极进行无线电广播的实验。1922年12月，马可尼公司联合其他五家无线电企业，组建了民营的英国广播公司（British Broadcasting Company），揭开了英国广播事业的历史。

英国议会意识到广播事业的重大影响，几年后决定采用公共企业的形式来经营，使得广播事业既不为私人所占有，又不为政府所控制。根据议会决定，1927年元旦英王颁发“皇家特许证书”，将已建的民营公司改组为公营的英国广播公司（British Broadcasting Corporation，BBC），授予它在全国经营无线电广播的特权。此后三十年间，英国广播电视一直由公营的BBC独家经营。

BBC改为公营后，开始积极在国内各地建立地方台，很快形成了完备的国内广播网，居民拥有收音机并领取使用执照的数字逐年增加，由1923年的12.5万上升至1937年的830万。1932年起开办对外广播，并且随着国际形势的变化和战争的临近，陆续增加语种，扩展播送范围。

1926年英国就开始电视研究和实验。1929年起，英国广播公司和科学家贝尔德合作，多次进行实验性电视播送。1936年BBC建立了电视台，11月在全世界率先定时播放电视节目，每周播放13小时，扫描行数已达240行。1937年进行第一次户外电视实况转播，用405行的扫描技术，播映了英王乔治六世的加冕典礼。1939年，电视播映时间增至每周24小时，当时全国约有电视机2万台。

第二次世界大战期间，英国实行战时体制，BBC改归政府宣传部领导，国内外广播坚持进行，但电视播映暂时中断。战后BBC恢复原有机制，广播事业进一步发展，1955年开设调频电台，开始调频广播，1967年起陆续兴建地方电台。居民拥有收音机的数量1947年为1088万台，1956年为1426万台，基本普及每个家庭。战后1946年6月恢复电视播映，政府积极推进电视发展计划，在各主要城市建立电视发射塔，至1957年年底共建成23座，初步形成全国电视网，覆盖总人口的90%以上。居民拥有电视机的数量，1950年为34.4万台，1956年为574万台。

战后英国各界对广播电视的独家垄断问题发生了争论，历经数年，持反对意见者逐渐占据上风。1954年6月议会决定允许开办商业电视，并组建独立电视局（ITA）负责管理，1955年9月第一家商业电视台（伦敦电视台）开播。1964年，BBC开设电视二台，1967年用PAL制式开播彩色电视。1972年，议会又决定开放商业广播，并将独立电视局改名为独立广播局（IBA），同时管理商业电视和广播。1973年第一家私营电台（伦敦广播公司）开播。从此以后，BBC独家垄断电视和广播的局面被先后打破。然而英国的私营广播电视都受IBA管辖并且都是租用IBA的设备播放的，它们在行政上、设备上、业务上受IBA的多方制约；而且各私营台是按地区批准设立的，一旦获得经营执照，就在各自的地区形成事实上的垄断。所以人们把这种格局称为BBC和IBA的“双头垄断”。

80年代后期，西欧各国出现了广播电视商业化的趋势，原先公共广播电视一统天下的局面，纷纷被公私并存的新体制所取代。英国朝野上下要求全面发展商业竞争的呼声也不断高涨。在这一背景下，1988年11月，英国政府发表了有关变革广播电视体制的白皮书，1989年12月向议会提交了新的广播电视法案。这个名为《1990年广播法》（*Broadcasting Act* 1990）的法案于1990年10月经议会通过，并于1992年起正式施行。

新广播法的基本意图是要放开广播电视市场，

创设更为自由的竞争环境，以促进广电事业的繁荣，同时也要求切实保证节目质量。根据这一法案，原有的独立广播局和有线电视局均被撤销，代之以独立电视委员会（Independent Television Commission，ITC）和无线广播局（Radio Authority，RA）。独立电视委员会负责管理商业电视（包括电缆电视和卫星电视），有权颁发电视台许可证、颁布某些行政法规、对违反法规或节目标准的给予制裁。无线广播局负责管理商业广播，有权颁发电台许可证、制定有关广播的行政法规并监督其执行。根据这一法案，原有的全国性商业电视（第三频道、第四频道）都改为独立经营的公司，并且开办新的全国性商业电视（第五频道）、商业电台，发展地方商业电台。这些商业台都将以招标方式，通过平等竞争选定经营者，经营期满后再次通过招标竞争产生新一轮经营者。

新广播法并未涉及 BBC，但是由于对原属 IBA 系统的私营广播电视体制作了重大变更，原有的“双头垄断”格局已被打破，实际上已为公共广电和商业广电并存发展的局面所替代。此后英国广播电视分属三个系统：一是英国广播公司，现有全国性电视频道 8 个、全国性电台 6 个、地方电台 39 个。二是独立电视委员会，管辖商业性电视，包括全国性地面电视频道 3 个（第三、四、五频道）、地区性地面电视频道 14 个，以及卫星电视（英国空中广播公司等）、有线电视。三是无线广播局，管辖商业性的全国电台 3 个、地方电台 150 个。

德国

1903 年德国设立无线电报公司，开办海岸电台，开始将无线电通信用于航海活动。第一次世界大战期间，无线电通信不仅广泛应用于军事目的，而且成为德国向国外传播新闻的主要途径。1923 年 10 月，在柏林创建了第一座广播电台，即官办的德意志广播电台。第二年又有 9 家广播电台在各州创办。1925 年，德意志广播电台控股的帝国广播公司成立，并控制了全国所有电台，开始实行广播收听费的制度。1929 年 8 月，政府开办了对外广播，用于向海外领地播音。

1933 年希特勒上台，随后德国广播业就完全为法西斯政府控制，由国民教育和宣传部直接掌握，同年，法西斯政府设立德国广播协会，作为全国性的广播机构，下令没收所有私营电台，停办一切地方电台，实行高度的舆论控制，利用广播宣传法西斯主义。随着德国军队向其他国家推进，被占领国家的电台相继被纳入德国的广播网络，统一转播柏林的声音，并向当地居民推销只能收听德国广播的收音机。德国本土的收音机数量也从 1933 年的 400 万台，上升到 1941 年的1500万台。

20 世纪 30 年代初期德国开始进行电视实验，1934 年柏林建立了实验电视台，1935 年起经常播送节目，但清晰度低，收看也有限制，除特定官员外，一般平民只能到指定的地点集体收看。1936 年 8 月该台曾转播过在柏林举行的奥林匹克运动会的实况，引起很大轰动，街头集体收看的人数曾达 15 万。但是，随后发射机烧毁，直到 1938 年德国才建起正式的电视台定时播放节目，并在邮政总署的安排下生产和销售统一规格的电视机，供一般居民收看。战争后期，电视发展陷入停顿。

第二次世界大战后，英、美、法、苏四国盟军占领德国，各占领当局没收了原有的电台，组建了临时广播机构。1949 年联邦德国和民主德国先后成立，随后出现了长达 40 年的民主德国和联邦德国两种体制并行发展的时期。

在联邦德国，宪法规定广播电视是各州的事业，各州自行制定法律进行管理；各州之间或全国性的广播电视事务，由有关各州或全国各州签订协议加以规定。依据上述宪法规定，各州陆续建立了自己的公共广播机构。这些由一州或几州联合组建的地区电台，既不属于政府也不属于个人，由社会各界共同管理，承担为公众传播新闻、提供娱乐、提供教育的责任，通常称为社会公营体制。这种体制的建立，是公众广泛议论的结果。人们鉴于法西斯统治的教训，一致认为新建的广播机构既不能成为政府或政党的工具，也不能被商业集团所控制，于是决定让广播公司作为一种公共法人，由社会各界组建，依法享有独立自主权。

1950 年 8 月，各州的地区电台联合起来，成立了德国公共广播联盟（ARD），加强相互间的合作。后来各地区电台办起了电视，彼此联结，在 1954 年组成了全国性的电视网，名为德国公共广播联盟电视台，简称也是 ARD，这便是现在的电视一台。这些地区电台还先后组建了两个全国性的电台：一个是德意志广播电台（DLF），对民主德国和联邦德国广播；一个是德国之声电台（DW），对世界各国广播。这两个电台后来经1960年通过的《联邦广播法》确认为独立的“具有法人资格，行使自主管理权”的“公用公司”。它们也加入德国公共广播联盟为成员。所以，当时德国的公共广播联盟共有11个成员，包括9个地区性广播电视台、2个全国性电台。

到了60年代，联邦德国各州政府为了给公众更多的选择，商议筹办第二套电视节目。1961年各州政府总理正式签署协议，决定联合开办一个新的“公用公司”，即电视二台（ZDF）。该台于1963年开播。

从80年代起，由于周边国家陆续发展商业广播电视的影响，联邦德国也出现了私营广播电台，1984年又出现了私营的有线电视台。当时各州正在制定新的广播法，在这一问题上意见很不一致，尤其是下萨克森州新广播法载入了有关私营广播电视的条款，更加引起争议。但是随后（1986）联邦宪法法院裁定，州广播法的这种条款不违反宪法，从而为私营广播电视正式开了绿灯。1987年4月各州政府达成共识，签订了新的州际广播协议，确认经州政府许可，可以建立私营广播电视机构。协议还规定经过州政府批准，可以在有线电视系统中转播所有能够收到的公营或私营电视节目。从此以后联邦德国正式走上了公私并存的广播电视双轨制的道路。

在民主德国，苏军占领期间形成了两个广播网。民主德国成立后广播电视实行国有、国营的体制。1952年政府设立国家广播委员会，领导和管理广播事业。1968年9月改设国家广播委员会、国家电视委员会，分别管理广播和电视。和其他社会主义国家一样，民主德国的广播电视是党和政府的宣传工具，承担着向人民进行思想和文化教育、提供娱乐和服务的责任。

此后40年间，民主德国的广播电视有过相当大的发展。截至两德合并时，共有4个中央级电台，11个地方电台、1个国家电视台。

民主德国的中央级电台是：（1）德意志民主共和国电台（Radio DDR），负责对内广播，有两套节目，还同地方台组织定时的联播。（2）德意志民主共和国之声电台（Stimme der DDR），对民主德国以外的德语听众广播。（3）柏林广播电台（BR），面向东柏林居民。（4）柏林国际广播电台（RBI），是面向世界的对外广播机构，创立于1955年。

民主德国的国家电视台（DFF）是50年代建立的，1956年正式定时播映，1969年起播放彩色节目（塞康制式），有两套节目，当时电视普及率已超过法、意、比、荷等西欧国家。另外，民主德国约有2/3的地区可以收看联邦德国的电视节目。

1989年起，民主德国政局发生激烈动荡。1990年3月基督教民主联盟替代德国统一社会党执掌政权。1990年8月31日民主德国和联邦国政府签署《德国统一条约》，其中第36条是关于广播电视的条款，规定到1991年12月31日为止是个转换期，这一期间民主德国的国家电台和电视台合并，成为独立于政府之外的广播机构，转换期结束后自行解散，由各州单独或联合设立的“公共广播机构”经营广播电视。

1990年10月两德实现统一。统一后不久民主德国的国际电台率先并入联邦德国的德国之声电台。随后民主德国的国家电台、电视台相继被原联邦德国的德广联（ARD）和电视二台接管，原先的塞康制式都改为帕尔制式。原来的民主德国地区被划分为五个州，经过各方面协商讨论，设立了两个“公共广播机构”，并加入德广联（ARD）为成员，从而使德广联的成员单位增加到13个。这样，从1992年元旦起民主德国和联邦德国广播电视正式一体化。

统一后的德国沿袭联邦德国的体制模式。广播电视业基本上由各州自行立法并管理；涉及各州之间或全国的事务则由有关的州或全国各州签署协议加以规定并管理。基于这种传统，1991年8月各州政府一起重新制定了《联邦德国广播电视国家协议》，这一协议重申了1987年协议确立的公营和私营广播电视并存的原则，并且完善了各项具体规定，特别是作出了一些防止集中垄断的规定。现在德国各州都有相应的广播电视管理机构。全国的联邦邮电部则负责广播电视节目的传送、转播，通信设施的建设、管理，包括电缆的铺设、卫星广播电视接收设备和通信卫星的研制运营等。

法国的广播电视

早在20世纪初，法国就开始进行无线广播的实验。广播业的先驱德福雷斯特曾经在巴黎的埃菲尔铁塔上设过广播实验台。1922年法国邮电部正式在埃菲尔铁塔设立电台，利用架设在铁塔上的发射天线，定期播放节目，从而开始了法国广播事业的历史。以后的发展，大致可分三个时期：

1. 国营为主、允许私营时期（1922—1944年）

广播诞生后，私营电台纷纷出现。1923年国会通过法案，规定广播事业为国家专利，私人只有经邮电部特许方可经营，并且不得妨碍国营广播和公共利益。根据这一方针，邮电部设立了专门机构，扶植和发展公共广播，在各地兴建发射台网，同时限制私人电台数量。1933 年开始征收收音机执照费，为国营广播筹集资金，同年又把最大的私营台巴黎电台收买并改组为国营台。

这一时期，法国广播事业有了初步发展。至 1937 年，国营系统有全国台 3 个，地方台 18 个，私营系统有 12 家，居民使用的收音机约有 400 多万台。1931 年，开办了对海外殖民地的广播。

1935 年法国开始电视试播，1938 年定时播放少量的电视节目。但是，1940 年德军入侵法国，打断了法国广播电视业的正常发展，电视停办，广播电台都成了法西斯军队和傀儡政权的御用工具。

2. 国家垄断时期（1945—1981 年）

第二次世界大战结束后，戴高乐政府接管了国内所有的广播设施。1945 年颁布法令，取消私营电台特许经营制，不再允许私人经营广播，从此开始了长达三十多年的国家垄断体制。但在垄断管理的形式上，曾有过多次的变化：（1）1945—1964 年间，由法国广播电视公司（RTF）统一领导全国电台、电视台。RTF 是国营的公共机构，由政府新闻部掌管，负责人由政府总理任免，经费主要依靠受众交纳的执照费，并列入国家财政预算。（2）1964 年，议会通过广播电视法案，将 RTF 改为 ORTF，即法国广播电视管理局。ORTF 是个具有工商企业性质的国营机构，直属政府，局长由内阁会议任命，管理局的管理委员会由国家和公众代表组成（各占一半），不过这些成员也都由政府委任。（3）对于广播电视的垄断体制，法国各党派历来有争议，加之 ORTF 官僚习气严重，经营不善，各界纷纷呼吁改革。1974 年德斯坦当选总统后，经议会同意取消 ORTF，将它的业务分散给七个国营公司，即法国广播发射公司、法国制片公司、全国视听研究所、法国广播电台、电视一台、电视二台、电视三台，以便实现“国家垄断下的分工与竞争”。不过这七个公司的领导成员都由内阁任命或批准，政府总理统一协调各公司的事务，经费由政府根据它们的工作质量等因素进行分配。

以上三次管理形式上的变化，并没有改变广播电视国有、国营的基本体制。在这种体制下，历届政府都保持着对广播电视的直接控制，几乎每届政府上台都要迅速改组广播电视机构的领导，安排自己的支持者。广播电视在政治上和业务上的独立性是难以同其他西欧国家相比的。

这一时期法国广播电视事业的规模有了重大发展。在 40 年代末广播业就已超过第二次世界大战前水平，50 年代广播网已覆盖全国，有四套节目，收音机已经在居民中普及。1945 年正式设立电视台，恢复电视播放。1964 年开办电视二台，1967 年用 SECAM 制式开播彩色节目，1972 年增设电视三台。居民拥有电视机 60 年代初为 100 万台，70 年代初增至 1200 多万台。为了弥补资金不足，1967 年议会同意开放电视广告。到 1970 年广告收入已达到 ORTF 总收入的 1/4。

3. 国营私营并存发展时期（1982 年以后）

在国家垄断体制下，法国广播电视业存在许多难以解脱的矛盾。例如，国营机构缺乏经营活力，效率不高，人浮于事，经济情况始终不佳；广播电视内容单调，难以满足受众需求，法国受众纷纷转而接收境外广播电视；广播电视业务的自主性差，行政干预严重，从业人员和社会舆论颇为不满。鉴于各方面的压力，1981 年密特朗就任总统后便着手体制方面的变革。1982 年 7 月议会通过新的广播法《视听传播法》，允许民办广播存在。此后一年间，全国就有1000多家私营电台获得了执照。1985 年 1 月政府又宣布开放商业电视，在此前后，私营的全国性电视“新频道电视台”以及电视六台相继开办。1986 年希拉克上台后继续推进这一进程，再次修改法律，通过了《传播自由法》，确认了公共广播电视和商业广播电视并存的体制，并对有关问题作出了明确规定。1987 年政府将规模最大的国营电视一台的大部分股票出售给私人。此举不仅发展了公私并存的格局，促进了相互之间的竞争，而且使私营电视的总体实力超过了国营电视。1989 年 1 月，议会又对《传播自由法》作了部分修改，决定设立独立的视听最高委员会（CSA），作为广播电视业的最高管理机构。

依据法律，视听最高委员会是独立于政府之外的行业监管机构，由总统、两院议长各推荐 3 名政界和专业界人士，共 9 人组成，主席由总统指定。委员会的职责是按照自由、多元的声像传播方针，对广播电视事业实行管理和监督。其权限包括制定各种法规条例，对频谱进行分配，为商业广播电视经营者发放经营许可证，对违规行为进行制裁，任免公共广播电视机构领导成员等。与此同时，政府的文化部（1995 年 5 月前为传播部）承担部分对广播电视的行政管理事务。

法国现有面向全国的国营广播网 1 个，播送 6 套节目。商业广播网 10 多个，联网电台1000多家；另有独立的商业电台数百家。全国性地面电视网 6 个，其中公共电视 3 家、商业电视 3 家。20 世纪末，法国居民拥有收音机 5530 万台，平均每千人 946 台；拥有电视机 3650 万台，平均每千人 623 台。彩电为 SECAM 制式。

西班牙

西班牙第一家广播电台建于 1924 年，1936 年因内战爆发中断了广播，1939 年在独裁政府的严密控制下成立了西班牙国家电台，同时宣布禁止非法传播任何信息。1975 年起才逐步恢复了广播自由，1977 年完全开放了调频广播。1977 年政府放弃了对电台新闻发布的垄断，不再要求非国有电台播送政府的新闻。此后新闻的发布范围明显扩大、速度明显加快。目前广播电视总局统管着电台、电视台。全国共有 200 多家电台，最重要的是西班牙国家广播电台和私营的西班牙广播公司、州际电台和西班牙人民广播电台。电视在西班牙人的生活中占有不可或缺的重要地位，是公民获取信息和新闻的主要途径，西班牙公民看电视的时间要高于大多数欧洲国家。80 年代初期电视台由国家垄断。1986 年 4 月通过的法案，打破了由国家独家垄断的局面，开始出现私人电视台。官方电视台有两个频道——电视一台和电视二台，此外还有一些自治区电视台。1989 年政府批准建立了多频道、天线—3 和电视 5 台三家私人电视台。在新的竞争局面下，90 年代后电视节目日益丰富多彩。1994 年年底电台开始通过卫星进行转播。1997 年两大数字电视平台正式运行，它们是普利萨集团下属的数字卫星台和数字台。普利萨集团还拥有国家的主要报刊《国家报》和主要电台卡德纳电台。

瑞典

1925 年瑞典设立了广播股份公司；1956 年电视广播实行正规化，成立了瑞典广播电视公司；1993 年 1 月 1 日，该公司改组为三个独立的公司，即瑞典全国广播电台、瑞典电视台和教育广播电台（负责电台和电视台的教育节目）。1984 年开始建立卫星有线电视网。1990 年和 1991 年分别成立了商业性的电视三台和电视四台，而电视一台和电视二台不允许播放商业性广告。瑞典的广播法规定，广播电视不能有任何政治倾向，必须保持客观。

葡萄牙

全国共有 62 座电视信号发射塔（另加 166 座转发站）及 221 座广播信号发射塔（1998 年）。主要有葡萄牙广播电台、复兴电台（宗教背景）、商业电台等。电视台有三家：葡萄牙国家电视台、SIC 电视台（私营）和独立电视台。

丹麦

20 世纪 80 年代以前，无线广播和电视局为政府所垄断，政府控制着拥有三套节目的电台和拥有两个频道的电视台。80 年代，垄断被打破，私人企业及机构被允许开设地方性电台和电视台，也允许开设商业性电台和电视台，它们主要靠广告维持运作。国营的丹麦电台和丹麦电视台仍在全国独占鳌头。丹麦电台创立于 1925 年，是丹麦最大的全国性广播电台，它负责管理 3 个国内广播电台和 12 个遍及各地的地方广播电台。丹麦电视台开播于 1954 年。在 30 余年间，它只有一个电视频道，直到 1988 年，丹麦议会才通过议案批准于当年 10 月增设一个频道，建立了丹麦电视二台，其部分运营费用来自于商业收入。丹麦广播公司于 1925 年创立，是最大的全国性广播电台和电视台，属非营利性公共服务组织，享有在丹麦向公众进行有声广播和电视播送的独家经营权。它下属的广播电台均不得播放任何商业广告。该公司具有独立的地位，公司总裁对所有的节目负责，并负责公司的行政与财政管理。

四　网络媒体

网络媒体是人类在前所未有的信息化革命中的新产品。在整合一系列信息传播新技术的基础上，20 世纪后期，互联网络迅速崛起，发展成为我们这个时代最新颖、最重要、最具有国际性的信息传播系统。互联网络的兴起，给传统的大众传播环境带来了巨大的甚至可以说是革命性的变化，它预示着一个崭新的网络传播时代的到来。

（一）世界互联网的诞生

1995 年 10 月 24 日，国际“联合网络委员会”（FNC）通过一项决议，根据计算机网络的发展、现状和走向对“Internet”作了技术性的界定。根据这一界定，“Internet”指的是具备如下要求的全球性信息系统：①通过全球性的唯一的地址逻辑地链接在一起，这个地址是建立在“网络间协议”（IP）或今后其他协议基础之上的；②可以通过“传输控制协议”和“网络间协议”（TCP /IP），或者今后其他接替的协议或与“网络间协议”（IP）兼容的协议来进行通信；③可以让公共用户或者私人用户使用高水平的服务，这种服务是建立在上述通信及相关的基础设施之上的。

互联网是一种新兴的信息传播媒介，但它更是一个传播或交流信息的平台。通过互联网所进行的信息传输和交流，称为网络传播。这是一种以地空合一的信息高速通道作为传输渠道、以功能齐全的多媒体电脑作为收发媒体的、极具开放性的传播活动。这种网络传播是在20世纪90年代正式进入广大公众的传播领域的。

（二）欧洲互联网的兴起与发展

在美国提出《国家信息基础结构行动计划》之后，欧洲也迅速跟进。1993年欧洲联盟提出了“创建欧洲信息社会，迎接21世纪挑战”的战略纲领，专门成立了信息基础结构工作小组研究行动方案。接着欧洲委员会制订了《欧洲走向信息社会之路：行动计划》，作出了具体规划。同年，欧共体（现欧盟）委员会主席德洛尔在关于“发展和就业”的一份白皮书中提出了建立欧洲的“信息高速公路”的设想，并计划在五年内投资330亿法郎发展欧洲的“信息高速公路”。1994年10月20日，在欧洲运营计算机网络达10年之久的两大组织“欧洲网络机构协会”和“欧洲学术科研网”决定合并，成立泛欧科研教育网络协会，这标志着“欧洲信息高速公路”时代的到来。

据欧盟委员会信息事务组分析指出（2002），就互联网的使用频率而言，欧洲目前仅比美国落后一年左右，为此欧洲正在努力追赶美国，但是有相当多的欧洲企业还没有充分意识到互联网能够带来的商机。欧盟将通过开展一场名为“走向数字化”的运动来鼓励这些企业充分利用互联网。

欧洲各国使用互联网的情况也不平衡，东欧国家平均比欧盟国家落后2—3年。2003年2月的最新报告显示，由于办公以及学校用户的增加，互联网使用率在欧洲中东部有稳步攀升，但仍远远落后于西欧的水平。相对而言，英国、法国、德国等国在欧洲的互联网建设中位居前列。

英国

英国从1994年开始着手电子政务的建设，目标是建立“以公众为中心的政府”。为了让尽可能多的英国家庭能够通过互联网与政府打交道，英国首相布莱尔制订了“在五年内使每个英国家庭都能上网”的计划，计划到2005年，政府所有服务都能上网。

英国的网上新闻传播也在发展，著名的报纸、广播电视公司都已在网上设站。

历史悠久的《泰晤士报》是英国最早上网的大报之一。从1996年1月起，该报每天凌晨两点将当日报纸除了广告以外的内容放上网，而且还滚动变换，及时传播最新信息。如今它的网站（www. timesonline. co. uk）内容丰富翔实，版式清新，分门别类地提供国内外新闻报道，还提供诸多实用信息，如体育赛事、广播电视节目、影剧信息、学校指南等的查询。通过网站还可以阅读近期《泰晤士报》的电子版，但必须是付费的注册用户，年费为39. 99英镑。

英国广播公司网站（BBCi）是欧洲访问量最大的网站之一。BBC在1989年开始实验性上网，1991年正式注册了www. bbc. co. uk的网址。1993—1994年，建立了BBC网络俱乐部，简称BBCNC，为公众提供互联网接入服务，同时也提供一些在线信息，包括电子公告板服务。之后BBC-NC成为网络媒体，尽量满足日益增长的对BBC在线节目的需求。1996年，来自不同广播频道的节目开始在网上播出。1997年，关于香港回归、戴安娜王妃事件的报道引起广泛轰动。这可以看做一个转折的标志，在此之前，BBC的主要使用者是学术界、商界和技术专家，而从此以后，BBC进入了广大互联网用户家庭。1997年12月开始使用BBC Online的名称。如今改称为BBCi，内容不断增加，已发展为一个集个人交流、信息服务和广播于一体的大平台，据2002年5月的统计，英国15岁以上的网民中有36%经常访问该站。另外，英国广播公司已提前完成了网上发展规划，将其所有43种语言广播的文字和声音放在了互联网上。

法国

法国在20世纪90年代初积极推进信息化建

设。1997 年开始着手政府上网工程，建成了 60 个政府机构站点，入网的政府部门包括教育、电信、环境等，普通民众也可以通过 E-mail 方式直接与总统联系。1998 年年初法国政府提出实现社会信息化行动纲领，此后法国的互联网有了长足进步。1998 年法国有 600 万人在全年中至少使用过一次互联网，比 1997 年增加了 163%。1999 年法国政府加大了信息化建设的投资，当时的总理若斯潘曾就互联网问题说过：法国“不要躲在马其诺防线后面，而要驾驶着坦克进行攻击”。这一年全国 PC 机总量达到 1300 万台，每千人平均 222 台，网络用户有 537 万人。

2000 年，法国的社会信息化行动纲领进入第二阶段，法国政府采取了多方面措施。首先，政府继续建设政府部门之间的互联网，在网上免费发布各种政府信息，提供公共资料。政府还建立了一个电子数据图书馆，并培训 5000 名同多媒体新职业有关的公职人员。其次，政府修改法律，将互联网信息的加密数位上限由现在的 40 位提高到 128 位，以增加信息传递的安全保密系数。今后上网加密将分“轻度加密”和“重度加密”，40 位以上的“重度加密”必须到指定机构注册，未经许可使用 40 位以上数位加密者可被判 6 个月徒刑。另外，电信公司进一步降低上网价格，让更多的人能够使用互联网。同时决定待业者可免费利用全国 800 家就业办事处的网址进行职业查询。还有一项重要措施是成立文学艺术版权高级委员会，明确多媒体的版权问题。在保护版权的前提下，把法国重要的博物馆、图书馆、国家剧院等内容输入网络。

目前法国的主要报纸，如《世界报》《费加罗报》《国际先驱论坛报》等都已上网设站。法新社的网站有七种文字，法国国际广播电台的网站用 19 种语言传播新闻。

德国

德国非常重视信息化建设，1999 年制定的“21 世纪信息社会的创新与工作机遇”纲要是德国第一个走向信息社会的战略计划。进入 21 世纪后，德国又制定了《2006 年德国信息社会行动纲领》，强调要通过政府创造环境，实行政府与产业界及社会各界的合作，形成向信息社会转移的体制和机制。2006—2010 年，德国制订并实施了第三套信息化行动计划。政府在 21 世纪初提出了“联邦在线 2005”规划，加速发展电子政务，要求联邦政府在今后四年通过互联网为公民提供大约 350 种服务。一些大的传统媒体已上网设站，其中包括《世界报》《法兰克福汇报》《南得意志报》《明镜》等重要报刊。德国新闻社网站使用德、英、西、阿四种文字。“德国之声”电台已于 1994 年开始网上广播，现在使用 31 种语言，提供音频和视频服务。

五　各国出版业

英国

20 世纪 20 年代，出版业成为英国制造业中的重要行业，年度营业额仅次于食品、机械、化工、电器、车辆，居第五位。这个时期，出版业开始趋向大型化与专业化。例如，麦克米伦出版公司（英国）和梅休因出版公司以专门出版教科书而获得成功。1929 年开始的世界性经济危机，使读者购买力下降，出版业面临危机。1936 年之后，以企鹅图书公司为代表的纸皮书出版社应运而生，出版业重新又繁荣起来。1939 年，英国图书出口额达 320 万英镑，占图书营业总额的 30%。第二次世界大战后，出版业迅速发展。由于历史和语言的原因，英国一直是世界上出版物出口比例最高的国家之一。

全国拥有出版社 2400 多家，其中大部分是只出版年鉴或地方手册的非商业出版社，具有一定规模的商业出版社仅 380 家，它们的年度营业额之和占全国图书出版营业总额的 95%，其中 40 家年度出书在 100 种以上。出版社主要集中在伦敦，其次是爱丁堡、格拉斯哥、牛津、剑桥。主要的大型出版社有培格曼出版公司、朗曼出版集团公司、麦克米伦出版公司、联合图书出版公司、柯林斯出版公司、海纳曼出版集团公司、国际汤姆森出版公司、格拉夫顿图书公司。主要的政府出版机构是皇家出版局。著名的大学出版社有牛津大学出版社、剑桥大学出版社。

英国书刊的发行渠道主要是：出版商—书商—读者，出版商—批发商—书商—读者，出版商—读者。最大的图书与期刊批发公司是布莱克韦尔公司，该公司有一整套为大学、研究所、图书馆服务的职能部门，能为它们订购各种图书、期刊、文献。全国共有约 12 万家书店，其中大中型书店 3000 多家。最大的书店是福伊尔公司、史密斯公司。全国约有 30 个图书俱乐部，最大的图书俱乐部是伙伴图书俱乐部、图书俱乐部、世界图书俱乐部。

全国性的行业组织有：英国与爱尔兰书商协会（1895）、出版商协会（1896）。英国与爱尔兰书商协会约有3000家会员，下分图书馆书商部、教科书供应商部、租赁书商部。出版商协会约有400家会员，下分图书销售委员会、图书发展委员会、教育出版社委员会、大专院校与专业出版部、职业与培训服务部。

政府通常不干预出版业务活动，但实施追惩制。英国文化委员会为促进本国出版业的发展，积极开展工作。政府对图书、期刊免征增值税，对音像制品征收15%的增值税，对进口书刊免税，对进口音像制品征收3%—5.4%的进口税。1886年加入《伯尔尼公约》。1956年颁布新版权法。1957年加入《世界版权公约》。1967年起采用国际标准书号，语区号为0。

全国性出版物目录是《英国在版图书目录》和《英国图书目录》。最有影响的综合性期刊是《经济学家》和《新政治家》。英国图书主要出口美国、澳大利亚、荷兰、联邦德国、日本、新加坡以及中国香港地区。

法国

法国现代出版业是从19世纪逐渐发展起来的，1920—1928年，是法国出版业的繁荣时期。1925年出版新书1.5万种。1930年和第二次世界大战前夕，法国出版业面临危机。第二次世界大战期间，国土被德军占领，出版业十分萧条。1945—1948年，是出版业恢复时期。20世纪50年代，出版业重新进入繁荣时期，中小型出版社纷纷成立。大多数出版社集中在巴黎，其次是里昂。目前主要的大型出版社有：阿歇特出版公司、欧洲出版交流公司、城市出版公司、拉鲁斯出版社、费尔南·纳唐出版社、弗拉马里翁出版社。主要的政府出版机构是法国文献局和国家科学研究中心出版社。其他著名的出版社有博尔达出版公司、马松出版公司、埃罗尔出版社、瑟伊尔出版社、维戈出版社、迪迪埃出版社和法兰西大学出版社。

法国图书的发行，分直接销售与间接销售两种。全国有大型书店2500家，中小型书店17000家。最大的书店是弗纳克书店（巴黎）、北方菲雷书店（里尔）、莫拉书店（波尔多）。全国最大的图书俱乐部是法兰西俱乐部，拥有会员400万人。

出版界的全国性行业组织有全国出版协会、全国书业联谊会、全国专业报刊联合会、全国报刊联合会、全国书商联合会。

政府一般不干预出版活动，但起一定指导作用。法国文化与交流部图书与阅读局负责制订促进出版业发展的政策，统一管理政府用于促进图书出口和资助翻译法国图书事业的“图书文化基金”。政府对一般商品征收18.6%增值税，对图书、期刊、音像制品分别征收7%、4%和33.33%的增值税。对出口书刊免征增值税，对进口书刊征收7%的进口税。对进口音像制品征收3%—5.4%进口税。自1982年起实行统一书价制。图书的国内售价分非完税价与完税价两种。出口图书均为非完税价。1887年加入《伯尔尼公约》。1974年加入《世界版权公约》。采用国际标准书号，语区号为2。

全国性出版物目录是《法国新书目录》和《在版图书目录》。最有影响的期刊的《巴黎竞赛画报》《快报》《问题》等。

德国

1948年德国出版商与书商联合会成立。1949年，举办第二次世界大战后首届法兰克福图书博览会。50年代，联邦德国出版业处于恢复阶段，年度出书未超过2万种。但由于出版历史悠久，基础坚实，60—70年代，出版业迅速发展，是仅次于美国和苏联的世界第三出版大国。出版社主要集中在慕尼黑、西柏林、汉堡、斯图加特、法兰克福和科隆。主要的大型出版社有贝塔斯曼出版集团公司、霍尔茨布林克出版集团公司、施普林格出版公司、卡尔·汉泽尔出版公司等。联邦政府新闻与情报署出版一些发行量大的政府部门出版物。国防部、经济部、外交部等自行出版与发行其出版物，农林部、建筑部、财政部等则将其出版物交私营出版社出版。另有一些政府部门的出版物，部分自己出版，部分交私营出版社出版。政府出版物在所有出版物中，所占比例甚微。全国性行业组织是德国书业协会，其前身是德国出版商与书商联合会，1955年改用现名。

书刊的发行，主要通过批发商发售给零售商。大型出版社都有自己的发行部门，将书刊直接供应给书商。全国大型的书刊批发公司是：内夫·科赫与厄廷格公司、格奥尔格·林根布林克公司、格罗索豪斯·韦格纳公司、G. 乌姆布赖特公司、W. 柯纳曼公司、A. 维克托·韦林公司。全国有书店约4000家。最大的书店是海因里希·胡根杜贝尔书店（慕尼黑）和博维尔大学书店（波恩）。图书俱乐部也是一条重要的发行渠道，全国最大的图书俱乐部是贝塔斯曼图书和唱片俱乐部。

政府无管理出版的部门，不干预出版业务活动。政府对图书、期刊、报纸征收7%的增值税，音像制品14%。对出口书刊免征增值税，对进口书刊征收7%进口税，对进口的音像制品征收3%—5.4%的进口税，自1888年起实行固定零售价格体系。1948年加入《伯尔尼公约》。1955年加入《世界版权公约》。1965年颁布《版权法》，1969年采用国际标准书号，语区号为3。

全国性出版物目录是：《德国图书目录》《德语在版图书目录》（包括联邦德国、瑞士、奥地利的德语出版物）。最有影响的综合性期刊是：《明镜》《明星》《彩色画报》《地理》《资本》。主要进口国是奥地利、瑞士、美国、英国。联邦德国是主要的书刊输出国之一，主要出口国是奥地利、瑞士、法国、荷兰。

意大利

20世纪初，在一些大城市出现大型书店。第二次世界大战以后，出版业迅速得到恢复。1968年，年度出书11612种。70年代，每年出书14000种左右。1986年意大利拥有近2000家出版社，其中大型出版社44家、中型出版社51家。出版社主要集中在米兰，其次是罗马、都灵。主要的大型出版社有：蒙达多里出版社、里佐利出版社、法布里出版集团、阿戈斯蒂尼地理研究所。政府出版机构是创作研究所与造币局。书刊发行渠道是：出版商—书商—读者，出版商—代理商—书商—读者，出版商—批发商—书商—读者。主要的批发公司是图书代理公司。全国共有5000家左右书店。全国性行业组织有意大利出版商协会、意大利书商联合会。政府不干预出版活动。政府对一般商品征收18%的增值税，对图书与期刊免税，对进口和出口图书与期刊均免税。主要的图书俱乐部是出版商俱乐部。1887年加入《伯尔尼公约》。1941年颁布《版权法》。1952年加入《世界版权公约》。1977年采用国际标准书号，语区号为88。全国性出版物目录是《意大利在版书目》。主要从法国、英国、美国、联邦德国进口书刊。主要向法国、联邦德国、瑞士、英国、美国出口书刊。

西班牙

20世纪初，西班牙的版权中心和书业协会以及两者后来合并成的全国会议，为发展本国出版业均作出重大贡献。20世纪20年代平均年度出书2000种。其后逐年稳步增长。1979年达25076种。1987年西班牙拥有出版社1341家，其中大型出版社155家，中型出版社454家。出版社主要集中在马德里和巴塞罗那。主要的大型出版社有：萨尔瓦特出版公司、普拉萨与哈内斯出版公司、行星出版公司、阿利安萨出版公司。政府出版机构主要有：高级科学研究院和国家函授大学的出版社。书刊的发行渠道是：出版商—批发商—书商—读者，出版商—书商—读者。20%的批发商兼营出版业务，60%的批发商兼营零售业务。主要的批发公司是：伊塔卡批发公司、出版发行集团。全国共有4000家书店。最大的书店是图书之家、水晶书店。全国性行业组织有西班牙出版商联合会、西班牙出版商公会联合会。文化部图书与图书馆局指导本国的出版活动。政府对一般商品征收12%的增值税，对图书、期刊征收6%的增值税，对进口和出口图书与期刊免税。主要从英国、法国、美国进口书刊。主要向阿根廷、墨西哥、法国出口书刊。最大的图书俱乐部是读者俱乐部公司。1896年加入《伯尔尼公约》。1952年加入《世界版权公约》。1987年颁布《版权法》。1972年采用国际标准书号，语区号为84。全国性出版物目录是《西班牙在版图书目录》《西班牙图书目录》。

瑞典

20世纪初，瑞典已成立了全国性出版行业组织，出版业比较发达。一些书商不仅零售图书，还是某些出版商的发行代理人，这类书商称为一级书商。专营零售的书商称为二级书商。1967年，年度出书7218种。1986年全国已拥有出版社200多家，其中大型出版社10家，中型出版社15家。出版社主要集中在斯德哥尔摩、哥德堡。主要的出版社是埃塞尔特出版公司、博尼埃尔出版公司、利伯尔公司、自然与文化图书出版公司。政府出版机构有于特比尔德宁出版公司、阿尔梅纳出版公司。唯一的全国性图书发行中心是塞利格公司，唯一的全国性报刊发行中心是瑞典报刊局。全国共有一级书商经营的书店313家，二级书商经营的书店190家。最大的书店是学术书店、埃塞尔特书店。最大的图书俱乐部是布拉图书公司。全国性行业组织有瑞典出版商联合会、瑞典书商联合会。全国文化委员会负责协调与促进出版业的活动。政府对图书征收21.46%的增值税。对进出口书刊免税。1904年加入《伯尔尼公约》。1960年颁布《版权法》。1961年加入《世界版权公约》。采用国际标准书号，语区号为91。全国性出版物目录是《瑞典图书目录》《瑞典期刊目录》。主要同北欧国家、英国、联邦德国、法国进行书刊贸易。

芬兰

20世纪20年代，芬兰每年出书约2000种。其后，出版业萧条。1945年后，年度出书种数开始超过2000种，60年代中期达3300种。由于实行营业税，出版业曾一度不景气。70年代中期，年度出书超过4500种。全国已拥有399家出版社，绝大多数是私营出版社，其中大型出版社9家、中型出版社40家、小型出版社350家。出版社主要集中在赫尔辛基、于韦斯屈莱、海门林纳。主要的大型出版社有：韦尔内·瑟代尔斯勒姆·奥萨凯蒂厄出版社、库斯坦努索萨凯蒂厄·奥塔瓦出版社、阿梅吕蒂马·韦林出版社。政府出版机构是国家印刷中心。书刊的发行渠道是：出版商—书商—读者，出版商—批发商—书商—读者，出版商—读者。出版商向读者邮购图书的营业额占图书营业总额的15%。全国共有520家书店。学术书店和芬兰书店（均在赫尔辛基）是最大的书店，也是最大的图书批发店。书价由出版商标定，但书商可削价出售。全国性行业组织有芬兰出版商协会（1858年成立）、书商与文具商协会（1903年成立）。政府不干预出版业务活动。对图书、期刊、音像制品均征收与一般商品同样的16%增值税。对出口图书免征增值税，对进口图书免征进口税。最大的图书俱乐部是苏里·苏奥马莱宁·基尔亚凯霍图书俱乐部。

1928年加入《伯尔尼公约》。1961年颁布《版权法》。1963年加入《世界版权公约》。1972年采用国际标准书号，语区号为951。全国性出版物目录是《芬兰全国图书目录》。芬兰主要同瑞典、英国、美国、联邦德国进行书刊进出口贸易。

挪威

1924年挪威出版商从丹麦出版商手中买下于尔登达尔出版公司，开始发展本国的出版业。1985年全国已拥有70家出版社，其中大型出版社10家、中型出版社25家、小型出版社35家。全部是私营的，主要集中在奥斯陆。主要出版社有H. 阿斯克豪格出版公司、于尔登达尔挪威出版公司、J. W. 卡佩伦斯出版公司。图书与期刊的发行渠道是：出版商—书商，出版商—批发商—书商，出版商—书亭商与其他零售商，出版商—图书馆，出版商—读者。图书营业额的50%通过书商，4%由图书馆直接订购，10%通过书亭商与其他单位零售，36%通过图书俱乐部和邮购。期刊发行主要通过报刊商。最大的图书、期刊批发店有：挪威图书进口公司、纳尔韦森公司。全国有400家书店，坦尼姆集团公司、奥拉夫·诺尔利斯书店的规模最大。全国性行业组织有挪威书商协会（1851年成立）、挪威出版商协会（1895年成立）。政府不干预出版业务活动。对图书免税，对商业性纸皮书、周刊征发20%的增值税。对进口图书免税，对进口欧洲经济共同体和欧洲自由贸易联盟成员国的音像制品免税，对其他国家的音像制品按每千克0.71克朗征收进口税。最大的图书俱乐部是挪威图书俱乐部。1896年挪威加入《伯尔尼公约》，是《世界版权公约》成员国。1961年颁布《版权法》。1973年采用国际标准书号，语区号为82。全国性出版物目录为《年度图书》《在版图书》。主要进口国是丹麦、英国、美国。

丹麦

20世纪60年代以来，丹麦每年出版图书的品种稳步上升，新书品种从1970年的约5000种上升到1985年的约10000种。全国拥有大型出版社75家，全部是私营出版社，它们的年度营业总额占全国出版业的85%。出版社主要集中在哥本哈根。主要的大型出版社有蒙斯加尔国际出版公司、新北欧出版社、技术出版公司、斯克里普特尔出版公司。图书的发行渠道是：出版商—读者，出版商—书商，出版商—书亭商。出版商通过邮购、上门推销、图书俱乐部直接销售等方式实现的营业额，占全国图书营业总额的27%。出版商批发给书亭商的营业额，占全国图书营业总额的7%。出版商批发给书商的营业额，约为全国图书营业总额的2/3。全国共有520家书店。150多年以来，丹麦一直采用转售价格维持制。每本图书都有定价，书商必须按定价出售图书，只有出版商可以变更定价。书商将图书销售给学校、图书馆时，可根据规定给予一定折扣。全国性行业组织有丹麦出版商协会。政府对图书、期刊等均征收与一般商品一样的22%的增值税，对进口图书征收22%的进口税。对进口音像制品征收3%—5.4%的进口税。1961年颁布《版权法》。丹麦是《伯尔尼公约》成员国。1962年加入《世界版权公约》。采用国际标准书号，语区号为87。全国性出版物目录是《丹麦图书目录》。

比利时

20世纪初，比利时的出版业以法文出版业为主，荷兰文出版业较为薄弱。两次世界大战之间以及1945年后，法文出版业又有进一步发展，60年代之后，荷兰文出版业迅速发展。国内用法文和荷兰文出版的图书品种约各占一半。全国已有出版社129家，其中法文出版社与荷兰文出版社几乎占一半。大型出版社是标准出版社、阿科出版社、南荷出版社、荷兰书店出版社、拉诺印刷与出版公司。其他著名的出版社有卡斯特尔曼出版公司和布鲁塞尔大学出版社。出版社主要集中在布鲁塞尔、安特卫普、卢万及勒芬。书刊的发行渠道是：出版商—书商—读者，出版商—批发商—书商—读者。全国共有1850家书店。全国性的行业组织是比利时出版商协会、佛拉芒书业促进会、比利时书业联谊会。

政府不设机构干预出版业务活动，仅对图书、期刊征收6%的增值税，对进口图书征收6%的进口税。1886年颁布《版权法》，同年加入《伯尔尼公约》。1960年加入《世界版权公约》。1972年采用国际标准书号，语区号为2（法文图书）和90（荷兰文图书）。全国性出版物目录是《比利时图书目录》。

荷兰

20世纪初，荷兰的出版社仍以小型家族式的为主。第二次世界大战后，大中型出版公司日益增多。1966年，年度出书10582种。80年代，为了扩大出口，以英文出版的科技图书与期刊的品种增长很快。荷兰有各类出版机构1800多家，其中商业出版社500多家。在商业出版社中，有大型出版社23家，中型出版社28家。荷兰最大的10家商业出版社年度出书种数占全国年度出书总数的60%。出版社主要集中在阿姆斯特丹，其次是海牙、乌得勒支。主要的出版社有荷兰联合出版公司、埃尔塞维尔科学出版公司、克吕韦尔学术出版集团。政府出版机构主要有国家出版社。书刊发行渠道是：出版商—代理商—书商—读者，出版商—批发商—书商—读者。主要的图书代理公司是汉斯与罗姆巴赫公司、王子公司、国际文献局。最大的图书批发公司是中央书店。最大的期刊代理公司是斯韦茨期刊代理公司。全国共有1716家书店，其中最大的书店是布吕纳书店、克吕韦尔集团书店。全国性行业组织有荷兰出版商与书商联合会、荷兰皇家出版商协会、荷兰期刊出版商协会、荷兰书商协会。政府不干预出版业务活动。政府对一般商品征收19%的增值税，对图书与期刊征收5%的增值税，对进口的图书、期刊征收5%的进口税。主要的图书俱乐部有：欧洲国际图书与唱片俱乐部、荷兰书画读者俱乐部。

1912年加入《伯尔尼公约》。1921年颁布《版权法》。1979年加入《世界版权公约》。采用国际标准书号，语区号为90。全国性出版物目录是《布林克曼图书目录》《布林克曼图书与期刊目录》。主要与比利时、卢森堡、联邦德国、英国进行书刊贸易。

爱尔兰

自20世纪初以来，爱尔兰传统的“印刷—出版—售书”三位一体的出版社，逐渐演变成专门出版的出版社。70年代，每年出书150—200种。全国已拥有727家出版社，其中大型出版社11家。出版社集中在都柏林、科克、戈尔韦、利默里克。主要的出版社有吉尔与麦克米伦出版公司、法伦出版公司、爱尔兰学术出版公司、爱尔兰大学出版社、国际出版公司。书刊发行渠道是：出版商—书商—读者，出版商—批发商—书商—读者。全国有130家书店。全国性行业组织有英国与爱尔兰书商联合会、爱尔兰出版商联合会。政府对图书免税，对期刊征收23%增值税，对进口图书免税。最大的图书俱乐部是利伯尔俱乐部。1947年，加入《伯尔尼公约》。1956年，加入《世界版权公约》。采用国际标准书号（ISBN），语区号为0。主要同英国、美国进行书刊贸易。

葡萄牙

1920年之后，现代出版业开始起步。第二次世界大战前夕的几年里，翻译的外国文学作品与本国文学作品大量出版，振兴了本国的出版业。1945年，出现一批新型出版社。1967年，年度出书5522种。1986年葡萄牙拥有出版社254家，其中大型出版社4家、中型出版社12家。出版社主要集中在里斯本、波尔图，主要的出版社有贝尔博出版社、教育出版社、堂吉诃德出版社、欧美出版社。政府的主要出版机构是国家印刷局。书刊发行渠道是：出版商—书商—读者，出版商—发行商—书商—读者。主要的发行公司有迪格利弗罗发行公司、迪纳利弗罗发行公司。全国共有441家书店，最大的书店是贝尔特兰德书店、葡萄牙书店。全国性行业组织是葡萄牙出版商与书商联合会。政府不干预出版业务活动，但严格实施追惩制。对图书与期刊免税，图书与期刊的进出口也免税。最大的图书俱乐部是读者俱乐部。1948年加入《伯尔尼公约》。1960年加入《世界版权公约》。1966年颁布《版权法》。1988年采用国际标准书号，语区号为972。全国性出版物目录是《在版图书目录》。主要同巴西从事书刊贸易。

希腊

1920年，希腊现代出版业开始起步。雅典和塞萨洛尼基出现一些大型书店，其中有一些书店属于某些出版社。第二次世界大战之后，由于百科全书、历史丛书、科学专著以分册形式陆续出版，使许多收入低的人能够购买，促进了出版业的发展。1968年，年度出书1800种。全国拥有出版社600余家。出版社主要集中在雅典。主要的出版社有大西洋出版社、凯兹罗出版社。政府出版机构有国家统计署出版与信息部。书刊发行渠道是：出版商—书商—读者，出版商—批发商—书商—读者。全国性行业组织有希腊出版商、书商与文具商联合会。政府对图书、期刊免税。对进口图书征收21.5%的进口税。1920年颁布《版权法》。1931年加入《伯尔尼公约》。1962年加入《世界版权公约》。没有采用国际标准书号。全国性出版物目录是《希腊图书目录》。主要同英国、塞浦路斯进行书刊贸易。

第六节 体育——欧洲的著名赛事

欧洲足球锦标赛（UEFA European Championship），即我们熟知的欧洲杯，它是一项由欧洲足协成员国间参加的最高级别国家级足球赛事，于1960年举行第一届，每四年举行一届。赛事创办时名称为European Nations Cup，于1968年改名为European Football Championship。

欧洲足球锦标赛共分为预选赛和决赛周两个阶段进行，除当届赛事主办方可以自动进入决赛周外，其他欧洲足联成员队必须要参加预选赛，并在预选赛获得出线权才能进入决赛周。欧锦赛在创办之初决赛周只有四支球队，直至1980年增至八队，同时决赛周赛事也由原本只有淘汰赛，进而增加了小组赛阶段。在1996年欧锦赛决赛周增加至十六支球队并保持至今。现欧锦赛决赛周赛事由十六支球队分为四组进行小组赛，每组各有四支球队，每组分别进行单循环积分赛制，每个小组积分第一和第二名球队可以出线到8强赛（又称为四分之一决赛），8强赛通过单场淘汰制决出4强参加半决赛（又称为4强赛），半决赛也是通过单场淘汰制进行，胜方进入决赛争夺冠军，值得注意的是欧锦赛并不设季军，所以半决赛的负方无须进行季军争夺战，决赛仍然是以单场淘汰制进行，胜方便为冠军。由于欧洲足球锦标赛的规模及参赛球队的素质仅次于世界杯足球赛，因此欧洲足球锦标赛被称为缺少巴西和阿根廷的世界杯。

欧洲杯历届主办方

届数	年份	举办国家	冠军	亚军
1	1960	法国	苏联	南斯拉夫
2	1964	西班牙	西班牙	苏联
3	1968	意大利	意大利	南斯拉夫
4	1972	比利时	联邦德国	苏联
5	1976	南斯拉夫	捷克斯洛伐克	联邦德国
6	1980	意大利	联邦德国	比利时
7	1984	法国	法国	西班牙
8	1988	联邦德国	荷兰	苏联
9	1992	瑞典	丹麦	德国
10	1996	英格兰	德国	捷克
11	2000	荷兰/比利时	法国	意大利
12	2004	葡萄牙	希腊	葡萄牙
13	2008	奥地利/瑞士	西班牙	德国

英国

英国的全民体育运动十分普及，每年英国都要举行许多重要的国际体育比赛，如温布尔登草地网球公开赛、露天高尔夫球锦标赛、障碍赛马比赛等。国内也有许多重要的体育比赛。英国政府对体育运动很重视，1998年专门建立了一个“体育内阁”，以便确保体育的战略优先项目，该内阁由文化、新闻和体育部大臣主持，同时还包括负责英格兰、威尔士、苏格兰和北爱尔兰各地体育运动的大臣。政府在体育和休闲方面的职责是通过五个理事会加以引导，它们是英国体育理事会、英格兰体育理事会、威尔士体育理事会、苏格兰体育理事会和北爱尔兰理事会。由于英国在体育运动和娱乐活动的许多方面都处于领先地位，这就需要在全国范围内进行战略规划、管理、协调。“英国体育研究所”（U. K. Sports Institute）与体育理事会一起协调支持英国参加的国际体育比赛，处理违禁药品，制定把国际重大体育比赛引进英国举行的政策，在海外代表英国的体育利益并增进英国的国际影响。全国有400多个独立的体育管理机构来管理单个体育项目，其中有的具有全国性或属于大不列颠体育机构的结构，多数建立在地区的基础上。它们的作用就是制定规则、举行比赛、决定会员资格以及挑选和培训全国性的运动队。凡从体育理事会获取资金的管理机构必须拿出它们从基本水平到最高的竞技水平——世界级水平的发展计划。大多数体育俱乐部都属于或是参加某种相应的管理机构。英国体育活动中央理事会（The Central Council of Physical Recreation）是世界上最大的体育活动联合会，包含英国245个机构和61个英格兰的协会；英国奥林匹克协会代表着35个全国奥林匹克体育管理机构，组织英国参加奥林匹克运动的参赛队伍，决定队伍的规模和选择队员的标准，以及筹措资金。该协会接受私人部门和社会公众的赞助和捐款；妇女体育基金组织的目的是促进妇女和女孩在体育和娱乐活动方面的兴趣，鼓励在全国建立妇女体育团体，组织活动和进行比赛。

英国素称“户外运动之乡”，也是许多近代竞技运动的发源地。国际上流行的体育活动项目，绝大部分在英国都有开展。受到广泛欢迎的体育活动有：球类（足球、篮球、网球、羽毛球、冰球、曲棍球、板球、台球、乒乓球、高尔夫球）、田径、体操、游泳、赛艇、赛马、射箭、打猎、钓鱼、拳击、赛车、自行车、登山、徒步、健身操、国际象棋等以及与一些运动项目相结合的博彩活动。

足球是英国最盛行的体育活动之一，有广泛的群众基础，水平较高。英格兰仅职业足球队就有90多支，素有足球之乡的称誉。除足球外，深为人们喜爱的还有拳击、板球、高尔夫球、网球和赛马等项目。登山、探险、摩托车、游泳、划艇、乒乓球、篮球、羽毛球、滑冰等项目开展也较好。游泳、田径、花样滑冰、赛艇等项目，在奥运会上多次获金牌。

英国中小学学生必须参加学校的体育活动，体育课是必修课之一。大学专有自己的体育组织，中小学共有20多个体育协会隶属体委领导。学校体育协会负责根据学校的推荐和比赛中的实际情况，选拔优秀或有培养前途的学生运动员，加以专门训练，再补充到各项目的运动队中去。

英国的国际体育交往很多，常举办一些重大国际比赛。英格兰网球协会得到国际网联的批准，每年夏季在温布尔登举办一次网球比赛，全世界最优秀的职业网球选手都参加比赛，使它成为世界最高水平的网球比赛之一；温布尔登这个城市也由此而闻名于国际体坛。羽毛球运动起源于英国，英格兰羽协每年举办的“全英格兰羽毛球锦标赛”得到国际羽联的承认，已成为国际上一项重要的羽毛球单项比赛。

法国

法国在近代体育的发展史上占有重要地位。法国著名的教育家顾拜旦是近代奥林匹克运动的创始者，对推动世界体育的发展有重大历史功绩。法国在西欧是体育发展较早的国家。在第二次世界大战以前，法国是体育强国之一，奥运会总成绩一直属世界前六名。第二届和第八届奥运会在巴黎举行时，法国曾名列总分第一和第三。法国的击剑、自行车、田径、马术、赛艇、帆船、射击、体操和游泳等项目是随着1896年第一届奥林匹克运动会相继开展起来的。击剑、自行车、马术以及障碍滑雪等冬季奥运会项目，都是法国传统的、水平较高的项目；赛艇、柔道、田径的中长跑、跳远、接力跑及花样滑冰和足球等项目，在世界上也处于较高水平。法国的登山运动有悠久的历史，橄榄球运动也很盛行。

法国体育实行官方和民间相结合的管理。青年与体育部参考民间体育组织和体育人士的意见，对国家体育事业进行统一规划和领导，负责大型体育场馆设施建设的组织工作；地方政府（主要是省和市镇）和民间团体可开办各类体育场馆和举办各种体育活动。法国政府于1887年将体育列入学校课程，1969年规定小学体育课在每周整个27课时中占6课时，每天下午课后锻炼30分钟。学校体育中增加竞技运动成分是目前法国学校体育措施的特点，其组织形式有：①业余体育学校：由俱乐部、市政当局、青体部及青年文化宫等组织举办，主要利用课余时间和假期进行训练。②专项体育班：将数量有限的青少年运动员按专项组织起来，分布在正规学校的各班级，每星期训练4—5次，共12—15小时，由专门教练员指导，有的体育班直接与单项协会挂钩。目前全国有140所中学设有这样的体育班，一般每个学校设一个项目，共有20个重点项目设有专项体育班。③重点体育学校：全国招生，学生免费住宿。文化课与普通中学一样。有单项与多项两种。目前全国共有50多所重点体校。④国立体育运动学院：目前有学生2000多名。

90年代以来，法国的体育运动有了很大发展。约有3/4的法国男性和1/2的法国女性经常从事体育锻炼。法国人喜爱足球、橄榄球等集体体育项目，也喜爱滑雪、赛艇、网球、高尔夫球等竞赛体育项目，还有些法国人爱好探险或冒险性体育项目，如自行车越野、远足、登山、滑翔等。法国的足球运动十分普及，足球场及其设备精良，1998年法国获得了足球世界杯的冠军。接着在2000年欧洲足球锦标赛上又一次夺得冠军，成为法国足球历史上最辉煌的时刻，而法国队的核心齐达内更是被尊称为新一代“球王”，2006年在德国世界杯上，法国队历史性地又一次杀入决赛，可惜在决赛中出现了插曲，最终惜败于意大利队，屈居亚军。法国每年还举行许多国际性和全国性的体育比赛，如环法自行车赛、国际汽车越野赛等。

德国

德国是世界体育强国之一，特别是两德合并前的民主德国，与苏联、美国并称为世界竞技体育三强。德国统一后已经参加过五届奥运会，共获得67枚金牌、56枚银牌、81枚铜牌。但在两德合并后的近20年里，尤其是近些年，德国没有刻意追求竞技体育成绩，而是在全民中培养健康的生活方式，从体育运动中获得乐趣。

德国人口8250万，业余时间自愿参加体育活动的人占11%。德国体育运动的开展主要依靠各体育协会，在德国有9万个体协，会员2700万人。足球是德国第一运动，德国足协（DFB）是全国最有实力和市场的单项协会，拥有17万支球队、会员630万人，其中青少年200多万人。其他受群众喜爱的体育项目依次为体操、网球、射击、田径等，分别拥有会员510万、180万、150万、90万人。各州没有专业队，但足球、手球、篮球等有全国职业联赛。

德国竞技体育曾有过很长的一段辉煌时期，1988年在汉城奥运会民主德国以37金、35银、30铜列金牌榜第二，联邦德国以11金、14银、15铜居第五。1992年在巴塞罗那奥运会，德国以33金、21银、28铜居金牌榜第三。但在2004年的雅典奥运会上，德国以14金、16银、18铜退居金牌榜第六。对成绩的下滑，德国人虽然感到有些伤心，但却认为这是正常的，是真实水平的反映，而以前的辉煌完全是人工雕琢出来的。

德国政府每年下拨体育经费1亿多欧元，其中1/3用于尖子选手和全国600名教练，550万欧元用于反兴奋剂，其他用于场馆建设及下拨31个国家级专业体协。审核体育经费预算和支出的是联邦议会体育委员会。该委员会主席丹柯特先生说，德国宪法中对体育虽无专门规定，但政府对体育是重视的，对竞技体育是扶植的。

德国盛产F1车手，车王迈克尔·舒马赫就来自德国。田径、游泳、赛艇、足球、手球都是德国队的传统强项。历史上出现过很多著名的运动员，如中长跑选手迪—鲍曼、跳高女选手亨克尔、游泳界老将格罗斯、前跳远世界冠军德雷克斯勒等。

德国足球水平一直排在世界的前列，截至2007年，德国国家足球队已获得三座男足世界杯奖杯和两座女足世界杯奖杯。德国足球甲级联赛（德甲）也是欧洲五大联赛之一。2006年在德国本土举办的世界杯中，德国虽然只列第三名，可他们在这届比赛中的表现也是令人满意的。2008年欧洲杯决赛，德国惜败西班牙获得亚军。2010年在南非世界杯上，德国再次得到了第三名，可以说德国国家足球队一直是世界杯上的一支劲旅。

意大利

意大利开展的体育运动比较广泛，是足球运动的一个浪漫国度。另外，在这里每年还举行环意大利自行车赛，吸引了世界各地的众多顶尖车手。

在奥运会的众多项目中，田径、足球、自行

车、击剑、男篮、女排、拳击、体操、花样游泳等项目是意大利的强项。意大利历史上涌现出一大批奥运冠军，例如曼贾罗蒂、内纳迪、高迪尼、德芬诺、阿哈蒂、梅迪奇、帕维西、弗利杰利奥、迪比亚西、梅尼契利、比扬凯托等。运动新生代击剑选手韦扎利、三级跳选手马丁内斯等运动员，目前正活跃在国际赛场上。

意大利是最早参加国际奥林匹克运动的国家之一。国际奥委会的创始委员中，有两位就是意大利人。意大利的体育宣传，在欧洲享有盛誉。《罗马体育邮报》《都灵体育报》《米兰体育报》三大媒体的知名度非常高，是当地奥委会的有力助手。除20世纪70年代成绩下滑之外，意大利代表队在奥运会的成绩几乎一直排在前10位。2008年的北京奥运会上，意大利获得奖牌榜总数第9名，获得了8枚金牌、10枚银牌和10枚铜牌。截至2008年北京奥运会结束，意大利在夏季奥运会中，共获得190枚金牌、158枚银牌、174枚铜牌。

荷兰

体育运动是荷兰人日常生活中的一个重要组成部分。目前近1/3的人是各种体育俱乐部的成员，全荷兰约有4万家体育俱乐部，另有同样多的人在俱乐部外从事体育活动。最大的体育组织是荷兰体育联合会，它包括荷兰的奥林匹克委员会。政府对各体育运动机构都提供财政补贴。但各体育俱乐部的主要收入来源则为会员费、门票收入以及各种博彩游戏。另外公司企业更为各类体育运动提供赞助。体育运动政策主要由体育界本身决定，以荷兰奥林匹克委员会——荷兰体育运动联会的形式进行，这是一个机构庞大的组织。

荷兰的体育运动在迅速发展。职业足球方面，荷兰球队阿贾克斯、费耶诺德、埃因霍温等球员均闻名世界。对其他体育项目而言，荷兰的一流运动员也在参与最高水平的竞争：排球、马术运动、网球等。足球在荷兰民间运动中位列第一，拥有逾100万会员的足球协会也是最大的体育组织。每个州都有现代化的运动设施，建在阿姆斯特丹的体育馆“阿锐拿”是欧洲最先进的体育馆。值得一提的是，荷兰国家足球队在2010年南非世界杯上再次杀入决赛，本来很有可能改写历史，第一次夺得世界杯冠军，可惜在决赛中惜败于西班牙，屈居亚军，又一次成了“无冕之王”。

网球运动在最近的若干年内发展迅速。网球协会拥有近百万会员，在荷兰名列第二。其他的常见运动有：体操、游泳、排球、自行车赛、柔道、滑冰、曲棍球、帆板、手球和篮球。高尔夫球运动也在迅速发展。此外，业余时间很多人做骑自行车运动，自行车也被称为荷兰的“国车”。滑冰在荷兰非常流行，只要河沟湖面有足够厚的冰，成千上万的荷兰人就在溜冰，其中最有名的当属费里斯兰省组织的全程达220公里的十一镇溜冰赛。老人、残疾人或有慢性疾病者等特殊群体的人，也有特殊场所供他们进行运动。荷兰向来选派阵容庞大的代表团参加残疾人运动会、残疾人奥运会以及世界聋哑人运动会。

比利时

比利时像其他欧洲国家一样，也是一个基础体育运动很健全的国家。比利时对于体育一贯十分重视，在安特卫普有很多大众体育优惠政策，而最有普及性的应该算是比利时联邦奥委会发起的“体育进学校”运动，这项运动主要让年轻人认识到体育锻炼和健康饮食的重要性，奥林匹克精神已经贯彻到了小学教育当中。

比利时政府在推动大众体育上作了相当大的努力。首先，比利时为优秀运动员提供更多的择业机会，使他们在现役和退役后都没有更多的后顾之忧；还支持学校培养优秀运动员，并承认优秀运动员、优秀教练员和体育官员、科技人员的社会地位。体育联合会内部必须设立专门的体育科研部门，并委派科研指导，这能让比利时的整体竞技水平上升，当然各体育联合会在筹建高新体育中心的同时，也要注意基础体育设施的修建。还有一些措施就是为体育教师提供更多的机会，使他们在学校或体育俱乐部授课的同时，与各体育联合会保持联系。其次，推广体育。强调体育的重要性和体育的质量是比利时国家推广体育运动的原则，尤其是把主要精力放在青年人身上。再次，才是老年人、妇女、移民、残疾人和一些特殊人群；测量各种参与水平对人们健康的作用；政府为减少人们参与体育活动的障碍采取了一些措施，比如在税收、社会地位、义工方面出台了一些政策，建立向青年人传授体育知识的研究院所，在学校推广体育，开设向广大青少年提供有关体育活动的咨询，增加地区体育中心的数量等。最后，就是重新定义了大众体育的任务。重新构建和重新组织；提供更多的信息；为各种体育服务设施、联合会和俱乐部培养高素质的体育咨询人员；起草修建体育基础设施的规划；通过学校培养更多的体育教练。

比利时人十分喜爱登山、滑雪、网球、高尔夫球、扬帆出海、打猎、钓鱼等运动。此外，还有一些别出心裁的民间娱乐比赛。

信鸽比赛是一项全国性的运动项目。比利时人口仅有1000多万，但登记注册的信鸽比赛者竟有10万多人，拥有600万—800万只鸽子。鸽赛时间是每年的4月到9月。期间，比利时国家电视台每小时都要报告天气情况和比赛地点放鸽的时间。信鸽通常在周四或周五装笼，运到远处的比赛出发点，有时远至法国南部或西班牙。参加比赛的信鸽数量不限。每只信鸽的腿上绑着带编号的小圈，信鸽回窝后，这个圈立即被主人取下放进密封的计时盒，检查每只鸽子飞行所花的时间。鸽子识家的天性使它成为可靠的战士，在战争中它作为“通信兵”传递信息。在布鲁塞尔城中心矗立着一座半裸体的妇女雕像，她张开的一只手上托着一只鸽子，这是为了纪念一只不知名的信鸽，它在第二次世界大战中作出了贡献。

瑞士

瑞士并不是一个体育强国，但是瑞士人平均体育水平很高，每个人会3—5种的体育运动非常正常。瑞士广泛开展群众体育运动，全国所有的体育场馆均向民众开放，国家免费按期发给居民体育手册及体育知识书籍。瑞士体育联合会成立于1922年，拥有300万会员，下设73个单项运动协会、3万个俱乐部。最为普及的体育项目是高山滑雪、健身跑、网球、自行车、徒步旅行、足球等。在大城市，还有不少人参加太极拳、太极剑活动。滑雪是全民族最喜爱的运动，参加者达200万人。由于位于阿尔卑斯山脚下，阿尔卑斯山常年积雪，瑞士人尤其酷爱滑雪等冬季运动，所以瑞士在冰雪运动竞技中都有不错的表现，同时，瑞士在体操、射击、马术、摔跤、赛艇、女子铁人三项等项目中，曾获得世界金牌。国际奥委会总部设在瑞士的洛桑。

瑞士的强项是网球和冬季运动。两个优秀的网球运动员马丁娜·辛吉斯和罗杰·费德勒都是瑞士人，其中费德勒更是男子网坛历史上最优秀的网球运动员。

在足球方面，2010年南非世界杯决赛阶段小组赛第一场比赛中，瑞士以1:0的比分爆冷击败了被众人看好的夺冠大热门西班牙队。

卢森堡

卢森堡1900年首次参加奥运会，1924年获得1金1银。在1952年的赫尔辛基奥运会上，卢森堡的巴塞尔意外夺得男子1500米的金牌，震惊体育界，并因夺金的突然性而导致举办者在颁奖时放错卢森堡的国歌。之后至2004年卢森堡再无夺牌记录。

西班牙

当代西班牙人最喜爱的体育运动是足球、网球和摩托车。特别是足球，当属西班牙最大的体育运动，全国有8万支足球队，其中女子足球队有300多支，跻身世界足球强队的有皇家马德里队、巴塞罗那队和马德里竞技队等多支球队。西班牙的足球联赛是世界上最有影响的联赛之一。

两个欧洲顶级的足球俱乐部是皇家马德里俱乐部和巴塞罗那俱乐部。巴塞罗那队创建于1899年，目前为止获得过3次欧洲冠军杯、3次欧洲超级杯、4次欧洲优胜者杯、20次西班牙联赛冠军、25次西班牙杯赛冠军、8次西班牙超级杯、3次欧洲联盟杯。2009年巴塞罗那俱乐部更是创造了史无前例的“六冠王”奇迹。巴塞罗那队造就过五位世界足球先生：罗马里奥、罗纳尔多、里瓦尔多、罗纳尔迪尼奥和梅西。皇马队创建于1902年，到目前为止曾9次捧得欧洲冠军杯、2次欧洲联盟杯、31次联赛冠军、17次西班牙杯、8次超级杯、1次欧洲超级杯。西班牙国内足球甲级联赛几乎成为世界上水平最高的联赛，它为西班牙国家队培养了众多优秀的足球运动员。2008年西班牙足球队第一次捧得欧洲杯冠军，进一步促进了西班牙足球的繁荣。2010年7月，西班牙国家队第一次成为世界杯冠军，这无疑是西班牙足球最辉煌的时刻。

西班牙的网球运动相当普及，全国拥有的职业网球协会有1100多家，活跃在世界网坛上的著名球星有纳达尔、费雷罗、桑切斯等。摩托车是西班牙青少年最喜爱的一项运动之一，著名运动员有马丁内斯·阿斯帕尔，他曾经36次获得各项世界比赛冠军。其他如狩猎与钓鱼、帆船、高尔夫球也是西班牙人热衷的体育运动。1992年，西班牙主办的巴塞罗那奥运会获得很大成功，也进一步促进了西班牙体育事业的发展。

葡萄牙

足球是葡萄牙人最喜欢的体育运动，葡萄牙队在世界杯上的最好成绩是1966年的第三名，尤西比奥带领着当时还是世界杯黑马的葡萄牙队夺得了季军，他本人也以9球荣膺最佳射手称号。在2006年的德国世界杯上，由克里斯蒂亚诺·罗纳尔多领衔的葡萄牙队在半决赛中不敌法国获得了第四名。2004年欧洲杯上，葡萄牙队获得亚军，创造了葡萄牙队欧洲杯的最好成绩。但是在2010年南非世界杯上，葡萄牙国家队表现不佳。

希腊

希腊有悠久的体育和竞技的历史传统，当代的国际奥林匹克运动会和马拉松长跑比赛都起源于古希腊。早在公元前776年，在希腊伯罗奔尼撒半岛西部奥林匹亚村便举行了希腊首届竞技会，以后每四年举行一次，共举行了293次。古竞技会名义上是祭奠“众神之主”宙斯，实际上是因为希腊各城邦之间连年互相征战，要求青年人通过体育竞技运动锻炼坚强的意志和强壮的体魄，以提供高素质的兵源。但在竞技会期间，交战的各城邦都要休战，借以增进友谊、促进和平，这就逐渐成为奥林匹克精神并在今天发扬光大。初期的竞赛项目只有短跑一项，以后逐渐增加了长跑、战车、角力、铁饼、标枪和五项全能等24个项目。人们对优胜者非常崇敬，给他们戴上用月桂树枝编成的桂冠，这就是现在的冠军和桂冠的由来。

1896年3月25日开幕的现代第一届国际奥林匹克运动会在雅典市中心的体育场举行。当时点燃运动场上火炬的火种，是在古奥林匹亚竞技场的纳姆非翁神坛点燃的，从此成了沿袭至今的惯例：每次在各国举行的奥林匹克运动会，都要到希腊奥林匹亚村的纳姆非翁神坛采集火种。2004年，奥运会又重新回到了雅典，这极大地推动了希腊体育事业的发展。

马拉松长跑起源于古希腊的马拉松战役。公元前490年，波斯帝国军队入侵希腊，一万名雅典军队奋起同三倍于己的波斯军队浴血奋战，在马拉松平原歼敌6400人，赢得伟大胜利。希腊士兵裴迪辟奉命由马拉松跑回雅典报捷，全程40公里。他跑到雅典卫城下只喊了一句：“我们胜利了！”便因疲劳过度而倒地死去。人们便在他奉命起跑的马拉松竖立了一座起跑点纪念碑，并在地面上划了起跑线标记。在希腊举行首届国际奥林匹克运动会期间，国际奥委会正式决定设马拉松国际长跑项目，跑程40公里。1908年，第四届奥运会在伦敦举行时，因照顾英国王室成员在温莎广场观看比赛，才将马拉松的赛程改42.195公里。其后国际业余田径联合会便决定将这一长度作为正式赛程，并延续至今。

瑞典

瑞典人在现代体育兴起之初就投身其中。早在1912年，斯德哥尔摩就举办了奥运会。山地滑雪、足球、冰球、田径和赛车等运动吸引了大量参加者和观众。瑞典以网球著称，还以滑雪和乒乓球享誉世界。北欧特有的运动包括班底球和定向赛跑。瑞典的残疾人运动在国际上成绩显著，集体运动、骑马、高尔夫和跑步也甚为流行。比约恩·博格在1976—1980年间曾连续五次获得温布尔登网球赛冠军，是网球史上最大的奇迹之一。

在瑞典，人人都从事体育运动，群众性的体育比赛在瑞典有悠久的传统。瓦萨滑雪赛始于1922年，每年有1.5万名来自世界各国的滑雪好手参加。

瑞典人有一个独特的传统观念，即“人人有权”到森林和野外远足，采摘野果和蘑菇、游泳或者泛舟，前提是不要侵犯私人财产，不破坏或者污染环境。瑞典乡间有大量自然保护区，面积约占全国土地总面积的8%。法律严禁在湖滨海岸建筑房屋，但景区内有设备齐全的野营地和青年旅馆对不同年龄层次的人开放。

丹麦

丹麦民族是一个热爱体育运动的民族，他们通过参加体育俱乐部来开展运动。丹麦的体育俱乐部不仅仅以锻炼身体为目的，而是一种把人们组织起来的团体，加入其中意味着参加社会交往。健身运动是丹麦最普及的活动，政府从法律上、财政上给予支持。1995，丹麦用于体育运动的经费达2亿克朗。1992年，丹麦有体育馆1533个、游泳馆289个、足球场5343个、健身房2498个以及为数众多的各种其他体育设施。体育俱乐部更是数不胜数，大约有1/3以上的丹麦人为俱乐部成员，开展的运动项目有50多种。丹麦是一个酷爱足球的民族，有30万足球爱好者。1984年和1986年丹麦足球队分别打入了在法国举行的欧洲杯锦标赛和其后的墨西哥世界杯锦标赛的决赛圈。1992 年在瑞典举办的欧洲杯赛中，丹麦捧回金牌。丹麦是世界羽毛球运动的强国。在游泳、划船和赛艇帆船一类的体育项目中，丹麦也曾多次取得世界级优秀成绩。著名的帆船运动员埃尔维特拉姆因在 1948、1952、1956 和 1960 年奥运会上获得金牌而在丹麦享有盛名。丹麦的自行车运动比较普及，平均每 2 个人就有一辆自行车。在 1988 年汉城奥运会上，丹麦获得自行车赛的金牌。丹麦群众性的体育活动也十分广泛。丹麦每年举行的 10 公里马拉松赛跑，参加者多达 15 万—20 万人。而每年夏季举行的沿风景区 60 公里的自行车比赛，则更像是欢乐的节日，届时哥本哈根北部比赛路经的街道两侧熙熙攘攘，热闹非凡。

（张敏　何明明　喻帅）

第六编

西欧军事与安全

第一章　西欧军事概况

第一节　西欧国家国防体制

西欧国家的国防体制一般由6个层次组成：国家元首和政府首脑、国防最高决策机构、国防部、最高军事指挥机关、军种领导机构和军区、作战部队。

国家元首　在绝大多数西欧国家中，国家元首是全国武装力量的最高统帅。但是，每个国家授予国家元首的权力有很大区别，大体上可分为3种情况。第一种情况是，一些国家赋予国家元首的权力比较大。如法国，宪法规定总统在国防问题上的权力很大，不仅是全国武装力量的最高统帅，而且还直接领导权力很大的几个国防决策和咨询机构。这些机构是：部长会议、国防委员会、限制性国防委员会和高级国防会议。再如瑞士，国家元首联邦委员会主席为全国武装力量的最高统帅，联邦委员会、联邦委员会军事委员会、联邦军事部等重要决策和指挥机构均在其直接领导下。第二种情况是，一些国家的国家元首在国防问题上的权力比较小，如芬兰、奥地利，总统虽然是国家武装力量最高统帅，但是，关于国防问题的最高决策机构是内阁。内阁有权对国防政策、军备计划、军事理论、防务思想、军事预算等重大国防问题做出决定。第三种情况是，国家元首仅仅是名义上的全国武装力量最高统帅。例如，在意大利及西欧的大多数王国中（如英国、挪威、丹麦、比利时等），总统和国王仅仅是名义上的全国武装力量最高统帅。国家安全和国防的决策和指挥权则由总理或首相领导的政府掌管。如意大利，总统虽然是全国武装力量的最高统帅并且是最高国防决策机构国防最高委员会的主席，但实际上仅有权宣布国家进入战争状态，而且国家进入战争状态的决定还必须由议会做出。对国家安全与防务政策负责的是意大利政府，总理全面负责和协调政府各部门的防务工作。

政府首脑　在西欧国家中，政府首脑在国防体制中的作用，大体上可以分为三种情况。第一种情况是，政府首脑在国防决策问题上的作用通过参加国家元首领导的国防最高决策机构来体现。如法国，总理通过参加总统主持的部长会议、国防委员会、限制性国防委员会和高级国防委员会等决策机构参与国防问题的决策。同时，总理作为执行国防决策的最高负责人，负责防务问题的总体领导、军事领导和军事行动的准备和实施，协调政府各部门有关防务方面的工作。再如葡萄牙，总理通过参加总统领导的最高国防委员会参与关于国防问题的决策。第二种情况是，总理为军队最高统帅，并拥有关于国防问题的决策权。如德国，根据《德意志联邦共和国基本法》（1949年生效，两德统一后作了修改，1990年10月3日起适用于全德），总理为战时军队最高统帅，同时，由总理任主席的联邦安全委员会是国防最高决策机构。第三种情况是，政府首脑虽不是武装部队统帅，但拥有关于国防问题的决策权。在西欧的绝大多数王国中，如英国、挪威、丹麦、比利时等，属于这种情况。在这些国家中，国王虽然是名义上的武装部队最高统帅，但首相拥有国防问题的最高决策权。如英国，由首相任主席的国防与海外政策委员会是国家安全的最高决策机构。在西欧的个别共和国中，也有这种情况。如希腊，总统名义上是武装部队最高统帅，但总理拥有国防问题的最高决策权。由总理任主席的最高外交国防委员会是最高国防决策机构。再如，奥地利，总统是名义上的武装力量最高统帅，但对军队无指挥权。总理领导的内阁是国防最高决策机构，负责制定国防与安全政策，确定军事理论与防务思想，有权下达全国总动员令和紧急状态令。

国防最高决策机构　在西欧国家的国防体制中，都设有最高国防决策机构。由于各国的历史、国家体制、政治体制不同，最高国防决策机构的名称也五花八门。如西班牙、爱尔兰的最高国防决策机构称为国防委员会；挪威称为国防理事会；英国称为国防与海外政策委员会；德国称为联邦安全委员会；意大利称为国防最高委员会；希腊称为最高外交国防委员会；瑞士称为联邦委员会；比利时称为内阁防务委员会；芬兰、奥地利、丹麦等国最高国防决策机构则是内阁；等等。虽然西欧国家的最高国防决策机构名称不同，但是，最高国防决策机构的任务和组成人员却是基本相同的。一般说来，各国最高国防决策机构的主要任务有5项：①决定国防方针和政策；②制定有关国防的组织原则；③审议有关国防问题的法律、法令和国防预算；④决定重大军事行动；⑤协调政府各部门有关防务方面的事务。各国最高国防决策机构的组成人员一般包括：国家元首、政府首脑、内阁有关成员（如外交、国防、内政、财政等方面的内阁成员）、军方首长（如国防参谋长，陆、海、空三军参谋长）等。

有的国家国防决策机构比较多，国防决策权力比较分散。如法国，总统领导下的国防决策机构有四个：①部长会议。负责制定全面的防务政策，审议有关防务和国防组织等方面的法律、法令，审议年度国防预算。组成人员包括总统、总理和所有内阁部长。②国防委员会。决定建军方针，统一安排国防的人力、物力，确定战略核力量的任务和动用战略核力量的条件。组成人员包括总统、总理、外交部部长、国防部部长、内政部部长、财政部部长等，军方的有关领导列席会议。③限制性国防委员会。主要职责是对军事领导问题进行决策。组成人员包括总统、总理、三军参谋长、各军种参谋长和临时指定的其他人员。④高级国防会议。主要负责防务问题的研究工作。组成人员包括总统、总理、三军参谋长、各军种参谋长、部际情报委员会负责人和临时指定的其他人员。再如英国，有关国防决策的机构有两个：一是国防与海外政策委员会。主要职责是审定国防政策，决定重大军事行动等。组成人员包括首相，有关国防、外交与联邦事务、内政、财政大臣等。有时国防参谋长、陆海空三军参谋长列席。二是国防委员会。该委员会作为国防部的决策机构，负责重大国防政策问题。组成人员包括国防大臣、负责武装力量的国防国务大臣、负责装备采购的国防国务大臣、负责议会事务的次官、国防参谋长、各军种参谋长、第一国防副参谋长、第二常务次官、国防采购总监、科学总顾问等。

国防部　西欧各国国家武装力量的最高行政机关一般称为国防部，但也有个别国家例外，如瑞士称为联邦军事部。一般来说，国防部主要职责有五个方面：①执行国家元首、政府首脑和最高国防决策机构的指示、决议，及既定的法律、法令、方针、政策；②负责武装力量的指挥、组织、管理、训练工作；③制定国防预算、掌管军费和武器装备采购，组织军事科研；④实施兵役动员和征兵工作；⑤处理军民关系等。

西欧各国国防部一般设以下机构：①国防部机关；②国防参谋部；③陆、海、空三军参谋部；④其他直属单位（如武器装备部、国家宪兵总局等）。

最高军事指挥机关　西欧各国武装力量均设有最高军事指挥机关。各国最高军事指挥机关的名称不尽相同，如：英国、意大利、希腊、西班牙等国称国防参谋部；比利时、瑞士、葡萄牙等国称总参谋部；挪威、丹麦等国称国防司令部；芬兰称国防军司令部；法国称参谋长委员会；德国称武装力量指挥参谋部；瑞典称三军总司令部；奥地利称总监部。

军种领导机构　西欧各国武装力量一般都设立陆、海、空三军的军种领导机构。各国军种领导机构的称谓不一致。英国、法国、意大利、挪威、比利时等不少国家称为军种参谋部；有的国家称为军种指挥参谋部，如德国；还有的国家称为军种司令部，如瑞典。在一般情况下，军种领导机构是本军种的最高行政机构，其主要职能是：制定作战原则；负责组织、教育、训练、行政管理和后勤保障方面的事务；制定武器装备的发展规划；制定本军种的预算和动员计划等。有些国家军种领导机构（如英军的军种参谋部、德军的军种指挥参谋部、意大利的军种参谋部、丹麦军队的军种司令部、瑞士的陆军部等）同时还负责本军种的作战指挥。

军区　在西欧，有的国家最高军事指挥机关下设军区，作为第二个层次的三军联合指挥机构，负责指挥辖区内的各军种部队。如挪威国防司令部下设北部军区和南部军区，对军区所属部队实施作战指挥。再如，瑞典三军总司令部下设相当于军区的3个地区指挥部，对辖区内的三军部队实施作战指挥。有的国家在最高军事指挥机关下设单一军种的军区。例如法国，设有3个陆军军区、2个海军军区、3个空军军区。

作战部队　在西欧国家中，作战部队编成的一般规律是：陆军按军、师、团（旅）、营、连、排、班7个层次编成；海军按舰队、分舰队两个层次编成；空军按联队（大队）、中队两个层次编成，个别国家（如德国）在联队上面有师一级编制。

第二节　西欧国家国防政策的共同性特点

在西欧国家中，由于在意识形态、面临的威胁、社会经济发展水平等方面有很多相同和相似之处，所以西欧国家，特别是一些西欧大国，在国防政策上大同小异，有许多共同之处。

西欧国家普遍重视北约对本国安全的作用　冷战结束后，由于苏联和华约解体，欧洲安全格局发生了巨大变化，西欧国家面临大规模军事入侵的可能性已经基本排除。但是，北约成员国继续重视北约集体防御对本国安全的重要作用，将北约集体防御政策作为本国国防政策的重要方面。英国认为，冷战后欧洲地区的民族和宗教矛盾、领土纠纷、一些地区的战乱，仍然影响着英国和欧洲地区的安全，因此北约集体防御仍是英国国防政策的“基石”。在这种思想指导下，英国积极支持北约的改革和东扩，继续承担北约防御义务，并把参与北约提出的解决欧洲地区冲突、组建快速反应部队、推动军控进程、防止大规模杀伤性武器扩散等方面的事务置于国防政策的重要位置。法国在冷战后继续奉行借助北约集体防御力量维护自身安全的政策，并在一些问题上加强与北约的关系。1995年底，法国决定改善与北约的关系，参加北约国防部长和参谋长例会。1966年初，法国进一步决定三军参谋部与北约盟军最高司令部建立工作联系，把法国核力量纳入北约核武器范畴。德国在冷战后仍然将北约集体防御置于德国防政策的突出地位，继续依靠北约应对俄罗斯的“潜在威胁”。意大利认为，冷战虽然已经结束，但欧洲仍然存在各种不稳定因素，西方的安全继续需要美国的帮助，参加北约集体防御仍是保证意大利安全的“基石”。挪威认为，冷战结束后，安全环境有了较大的改善，但挪威仍然面临众多潜在威胁和不安全因素。挪威自身军力有限，只有依靠北约集体防御才能维护挪的安全。丹麦认为，本国国力弱小，很难依靠自身力量维护国家安全，北约是其维护国家安全的“最佳保证”。荷兰认为，北约有强大的军事实力和完善的组织指挥机制，是目前和将来荷兰安全的根本保证和“基石”。比利时认为，北约拥有强大的军事实力和完善的组织指挥机制，是维护欧洲稳定和比的安全的基本保证。希腊认为，自身国力薄弱，难以独立自卫，应继续坚持依靠北约集体防御维护本国的独立和安全。西班牙、葡萄牙等国也都继续依靠北约维护国家安全。

冷战结束后，西欧地区的一些坚持中立的非北约国家，如奥地利、瑞典、瑞士、芬兰、爱尔兰等，在继续坚持中立政策的同时，重视借助北约的力量维护本国安全，因此，重视发展与北约的关系，积极向北约靠拢。奥地利认为，冷战结束后，欧洲的安全格局发生根本变化，东西方之间的军事冲突已经排除，奥地利的安全环境有根本改善。但是，奥地利仍然面临着许多不安全因素。奥地利政府1995年发表的《国防政策报告》称，在今后很长时期内，奥地利仍然面临许多不安全因素，地区性军事冲突、内战、生态灾难、国际犯罪、恐怖活动等问题带来的新风险将直接或间接威胁奥的安全。威胁的多样性要求奥地利不能只依靠本国力量维护国家安全，应更多地利用国际力量增强防御能力。因此，奥地利开始向北约靠拢，1995 年2 月成为北约“和平伙伴国”。瑞典认为，冷战结束后，欧洲不稳定因素仍然存在，俄罗斯在瑞典周边继续部署重兵。在这种形势下，瑞典为维护国家安全，在继续坚持武装中立政策的同时，应借助北约维护国家安全。1994 年 5 月，瑞典成为北约“和平伙伴国”。芬兰、瑞士和爱尔兰等国也先后于 1994 年 5 月、1996 年 12 月和 1999 年 12 月与北约建立“和平伙伴关系”，成为北约“和平伙伴国”。

西欧国家将参加和支持北约以外的多边防务机制视为国防政策的重要内容 冷战时期，欧洲分裂为以美国为首的北约和以苏联为首的华约两个严重对立的军事集团。在这两大军事集团的长期对峙过程中，采取除了直接战争之外的一切形式对抗。在这种极其危险的对抗中，东西欧各国的国防政策受美苏两个超级大国的严格控制。在这种大背景下，西欧的北约国家的国防政策只能追随美国。个别国家虽然有些独立性，但独立自主的余地很小，在总体上不得不与美国保持一致。而西欧的非北约国家的国防政策则保持中立。冷战结束后，华约瓦解，美欧的共同敌人消失，美欧之间竞争加剧，一些矛盾表面化。西欧国家普遍认为，在可以预见的时期内，欧洲爆发大规模战争的传统安全威胁已经解除。因此，西欧国家不愿继续听命于美国，要求与美国建立平等的伙伴关系。同时，西欧国家也认识到，欧洲地区由于民族和宗教矛盾、社会动荡、边界争端等问题引发的局部冲突和战争，以及国际恐怖主义、走私、贩毒等跨国犯罪活动，严重威胁西欧国家的安全。解决这些问题，单个国家能力有限，需要西欧国家采取多边措施。因此，西欧国家将参加和支持北约以外的欧洲多边防务机制作为本国国防政策的重要内容。法国把推动欧盟一体化防务建设作为法国防政策的重要方面，主张建立以欧盟和西欧联盟为主体的所有欧洲国家参加的欧洲安全机制。法国还强调，欧盟要加强防务联合，使欧盟逐步具有独立担负保卫欧洲安全的军事能力。德国把建立欧洲集体安全机制作为其国防政策的核心，积极推动欧盟在维护欧洲安全与稳定方面发挥更大的作用。德国十分重视西欧联盟的作用，积极倡导西欧联盟筹建自己的武装力量，促使西欧联盟在欧洲安全事务中发挥重要作用。英国也开始主张加强“欧洲防务支柱”，强调西欧多国安全合作机制。意大利积极推动欧盟实施南下战略，并与法国、西班牙、葡萄牙一起组建“南欧快速反应部队”。挪威认为，冷战后，随着国际战略形势的发展和变化，欧洲的防务联合将有新的发展。挪威除依靠北约集体防务维护国家安全外，还通过同北欧国家、波罗的海国家、巴伦支国家的防务合作，加强信任，促进地区稳定和挪威的自身安全。丹麦认为，欧盟在维护欧洲安全方面是北约的重要补充，因此积极支持建立欧洲防务支柱，参加欧洲防务联合。除以上列举的北约国家外，西欧的中立国家，在防务政策上趋向灵活，以不同形式参加多边安全机制。芬兰在继续奉行“独立可靠防务政策”和不结盟的前提下，开始参加西欧的防务联合，与冷战时期相比其国防政策趋向务实、灵活。瑞士在冷战后继续奉行“确保中立”的防务政策。但同时瑞士也认为，冷战后两大军事集团对峙的局面已经消失，为了适应新的形势，瑞士应积极参与有助于欧洲安全与稳定的各种国际努力，以预防战争。奥地利一直奉行“永久中立”的防务政策。奥地利认为，冷战后欧洲安全环境发生根本变化，发生东西方军事冲突的可能性基本消失，欧洲面临的威胁多样化，因此，奥地利对国防政策作了明显调整。除向北约靠拢外，还参加西欧联盟等其他多边军事机制，主张强化欧安组织的作用。爱尔兰奉行“武装中立政策”，但冷战后对传统的中立政策作了调整，积极介入欧洲安全事务，对欧盟防务一体化持积极态度。

冷战后西欧国家将大力提高部队的快速反应能力作为军队建设的主要目标。冷战时期，北约和华约两大军事集团重兵对峙，双方将主要兵力分兵把口，准备在预设战场打大规模坦克战。在这种情况下，北约和华约首先强调在人员和武器装备数量上压倒对方，军备控制机制实质上成了限制对方和发展自己的手段。那时北约国家在军队建设上虽然也讲快速反应能力，但主要强调在预设战场、同预定作战对象作战、有一定预警时间的情况下的快速反应能力。例如，在冷战时期，联邦德国作为北约与华约军事对峙的“前线国家”，执行“前沿防御”战略。在这一战略指导下，把以苏联为首的华约作为唯一作战对象，在与华约接壤的前沿地带建立稳固的防御，联邦德国全部野战陆军均部署在前沿地带，平时保持高度戒备状态，随时准备应付不测事件。那时所说的快速反应能力，要求部队保持着对华约大规模进攻做出反应的单一的快速反应能力。法国冷战时期执行“逐步反应”战略。设想在遭到大规模武装入侵时，首先运用常规力量实施“前沿战斗”，然后视情况用战术核武器对入侵之敌进行警告性打击，如还不能阻止敌人入侵，将进行战略核报复。英国在冷战结束前，其战略目标是首先对付以苏联为首的华约的挑战，确保本土和西欧的安全；其次是应付海外“军事紧急情况”。为实现这样的战略目标，英国虽然强调快速机动部队建设，但没有成为部队建设的主要目标，到冷战结束时，英国的“应急机动部队”只有约10000人。西欧一些中立国家在快速反应能力上也大致如此。比如瑞士，冷战时期执行“整体防御”的国防政策。在这种政策指导下，瑞士防御作战的基本设想是：利用地理情况和自然条件，遍建要塞工事，分兵把守，实施要塞防御。

冷战结束后，西欧的北约和非北约国家普遍认为，西欧面临的威胁已由冷战时期华约和苏联可能发动的大规模入侵转变为是多元威胁。如：对本国利益的威胁、恐怖主义、地区和种族冲突、军火和毒品走私、经济发展不平衡、移民、难民、各种灾害等，对付这些多元威胁，要求武装部队有比冷战时期更加迅速的反应能力。因此，西欧国家都把应对多元威胁，提高部队的反应能力作为国防政策的重要方面。例如：德国认为，德国已经不是冷战时期两大军事集团严重对峙的“前线国家”，不再处于战略对手的有效打击范围内，同时，由于北约增加了对全球危机做出快速反应等方面的新任务，因此德国必须提高部队应对多元威胁的快速反应能力。这种反应能力，要求部队更加灵活，反应更加迅速。为适应这种要求，德国陆军划分为危机反应部队和主要防御部队，其中，危机反应部队多达6个旅。空军10个战斗机中队中，6个中队为危机反应部队，海军指定了供危机反应部队调动的力量。英国认为，英军当前和未来的主要任务是，应付远离国土的局部战争和武装冲突。因此，与冷战时期相比，英军更加注重快速反应部队建设，将提高快速反应能力和应对突发事件的能力作为军队建设的重点和主要目标。目前，英军的快速反应部队已增加到2个师和1个旅。这些部队随时准备对付低、中强度战争和地区武装冲突。法国为了提高部队的快速反应能力，改进部队编制，采用适应执行国外机动作战和干预行动的反应速度快、合成化程度高的“模块”式作战编组。海军取消舰队建制，将海军常规力量编成水面作战、水下与反潜作战、扫雷作战等作战集群。空军取消联队建制，将航空兵统一编成20个作战中队。其他的西欧国家，如比利时、丹麦、芬兰、挪威、瑞士、瑞典、奥地利、希腊、西班牙、意大利等国，也都强调加强部队的快速反应能力和危机处理能力。

广泛采用高新技术，大力推进武器装备现代化建设　冷战后，西欧国家在军队建设上，普遍贯彻压缩数量提高质量的指导思想，广泛采用高新技术，大力推进武器装备现代化建设。英国更加强调质量建军，实行“少而精”的建军原则。英国陆军在逐步压缩规模的同时，重视改善部队的装备，提高部队的灵活性和机动性。大量采购“挑战者—2”型主战坦克、“勇士”装甲车、AS－90自行火炮、多管火箭炮、“虎”式直升机等新型武器装备。英国海军减少人员和一般舰艇，不断加强高精尖武器装备的研制和生产，加快主要舰艇的更新换代。英国空军在裁减人员和装备的同时，对现有装备进行现代化改装。主要项目有：大量订购2000型欧洲战斗机作为21世纪主力战斗机；提高“狂风－GR1”型战斗机的攻击能力；改进巡逻机，提高巡逻能力。同时，英国认为核武器仍然是维护其大国地位的重要手段，因此不断更新核武器，装备了“三叉戟”级导弹核潜艇。法国以空间技术和其他高新技术为重点，大力推进武器装备现代化。主要项目有：发展空间技术，与德国合作研制“太阳神—2”型光学侦察卫星和“奥鲁斯”雷达侦察卫星；逐步换装“勒克莱尔”型主战坦克；采购“美洲虎”式武装直升机和NH－90运输直升机；装备核动力航母；采购新型导弹护卫舰、防空护卫舰、登陆舰和舰载战斗机；改装“幻影－2000RDM”战斗机；与欧洲盟国合作研制新一代反舰导弹、巡航导弹、反坦克导弹、导弹防御系统和军用运输机。德国在压缩军队员额的同时，大力发展通信、侦察、精确制导武器和快速投送装备。其他西欧国家，冷战后也都提出本国武器装备现代化计划。

第三节　西欧国家军事力量

西欧国家经济和科学技术发达，有坚实的军事工业基础和现代化军队所需的先进科学技术，有比较丰富的战争资源和较强的后勤供应能力，军事潜力巨大，因此，西欧国家拥有规模可观、结构比较合理、编制比较科学、武器装备比较先进的军事力量。

西欧国家军队员额　截至 2008 年年底，西欧各国军队共约 173 万人。其中，陆军约 84 万人，海军 27 万余人，空军约 35 万人，其他部队约 27 万人（详见附表：西欧国家军事概况表）。

西欧国家军事力量的结构 西欧各国军事力量的构成比较合理，一般都是按照国际惯例，采用陆军、海军、空军三军种结构。如：英国、法国、德国、意大利、西班牙、葡萄牙、挪威、瑞典、芬兰、荷兰、比利时等。只有个别内陆国家，如瑞士、奥地利采用陆、空军两军种结构。

西欧国家陆军一般分为兵种部队、保障部队和后勤部队。兵种部队主要由步兵、坦克兵、导弹兵、炮兵、防空兵、空降兵等组成。保障部队主要由侦察、通信、电子战、工程、防护、技术保障等方面的部队组成。后勤部队主要由物资、运输、技术、医疗、生活服务、营房管理、财务等方面的保障部队和单位组成。西欧国家陆军的使命主要是保卫国土，参加北约、欧盟和联合国等国际组织的军事行动，执行救灾、抢险等特殊紧急任务。

西欧国家海军一般分为海军兵种部队、海军保障部队、海军后勤部队。海军兵种部队主要由水面舰艇部队、潜艇部队、海航部队、陆战部队、岸防部队等组成。海军保障部队主要由侦察、海军工程、防护、通信、电子战、技术保障、搜寻、抢险、救灾、海道测量等方面的部队组成。海军后勤部队主要由后勤部队、舰艇修理单位和其他有关后勤的部队组成。西欧国家海军的使命主要是保卫国土和海洋利益，参加北约、欧盟和联合国等国际组织的军事行动，执行救灾、抢险等特殊紧急任务。

西欧国家空军一般分为航空兵部队、空军保障部队和后勤部队。航空兵部队一般由作战航空兵、运输航空兵组成。空军保障部队主要由侦察、通信、电子战、工程、防护、技术保障等方面的部队组成。空军后勤主要由对空军各种部队和机关进行后勤保障的部队和单位组成。西欧国家空军的主要使命是保卫国土和领空，参加北约、欧盟和联合国等国际组织的军事行动，执行救灾、抢险等特殊紧急任务。

西欧国家军队的编制　民族国家军队的编制体制是由生产力发展水平和国家赋予军队的使命决定的。由于西欧国家生产力水平发展较高，军队的使命多种多样，因此西欧国家对军队编制的要求比较高。通观各国情况，西欧国家对军队编制的基本要求，主要有以下 6 条：（1）各级部队编成合理；（2）各军、兵种和各种武器比例适当，便于协同和联合作战；（3）编制结构灵活，适应战备、各种作战活动和快速反应的要求，能顺利遂行各种任务；（4）能适应不同战区和各种自然环境作战要求；（5）便于有效发挥各种武器装备作用；（6）确保迅速、可靠和不间断的指挥控制。贯彻上述要求，西欧国家的陆、海、空军部队形成了比较合理的编制。

西欧国家陆军部队的编制　在西欧国家中，陆军一般按军、师、团（旅）、营、连、排、班 7 个层次编成。也有些国家，如意大利、芬兰、奥地利、葡萄牙等国的陆军没有师一级编制。军是陆军战役/战术军团，在西欧国家中，军的典型编制辖：数个陆军师和若干军直属旅（团）；通信兵、炮兵、工程兵、导弹兵、防空兵等兵种部队；后勤和技术保障部队及军机关。军无固定的编制员额，一般可辖数万人。师是陆军的战术兵团，在西欧国家的陆军师，主要是装甲师、机械化师、空降师、空中机动师、山地师等不同类型的师。装甲师的编成以装备主战坦克的坦克部队为主，装备各种装甲车的机械化步兵部队为辅；机械化师的编成以装备各种装甲车的机械化步兵部队为主，装备主战坦克的坦克部队为辅；空降师的编成以空降部队为主；空中机动师以战斗直升机部队为主；山地师以山地机械化步兵部队为主，机械化步兵部队和坦克部队为辅。各种不同的师，都编有通信兵、炮兵、工程兵、导弹兵、防空兵等兵种部（分）队；后勤和技术保障部（分）队及师机关。师的典型编制员额通常在 1 万人左右。

西欧国家海军部队的编制　西欧国家海军各国差异较大，通常按舰队、分舰队两个层次编成。舰队和分舰队编制比较灵活，没有规律性比较强的固定编制。

西欧国家空军部队的编制 西欧国家空军一般编成联队（或大队）、中队两个层次，个别国家（如德国）在联队上面有师一级编制。典型的联队编制辖 3 个中队及若干勤务支援中队。空军战斗机中队典型的编制是辖 18 架飞机。

西欧国家军队的武器装备 西欧国家军队装备坦克约6900辆，装甲车3000余辆，各种火炮 3 万余门（含自行火炮2600余门、火箭炮约 460 余门、高炮3500余门），反坦克导弹10800余具，地空导弹约4100门，固定翼飞机约6140架（其中作战飞机3500余架），直升机2000余架（其中武装直升机 550 余架），各型舰艇约1450艘，核武器运载工具 193 件，核弹头约 557—753 板（详见附表：西欧国家军事概况表）。这些武器装备在世界上属于比较先进的，一些武器装备，如武装直升机、运输直升机、装甲车辆、一些海军舰艇、舰载反导系统等，均可跻身世界最高水平行列。

西欧国家军事概况表

国家	现役部队（人）					主要武器装备											(预备役)——准军事部队(人)	外国驻军（人）	参加联合国维和部队人数	备注
	总兵力	陆军	海军	空军	其他	坦克 装甲车辆（辆）	火炮（门） 牵引炮	迫击炮（门）	无坐力炮	高炮	导弹 反坦克（具）	地—空（部）	飞机（其中作战飞机）（架）	直升机（其中武装直升机）（架）	舰艇（艘）	其他				
爱尔兰	10460	8500	1110	850		(14)/133	66	471	444	32	57	7	19	13	8	火箭筒若干具	(14875)		31	
奥地利	34900	28200		6700		(233)/803	105	374	1420	615	461	34	75(59)	78		自行火炮189门，火箭炮16门	(195000)		398	
比利时	38844	14263	1628	7322	卫生部队1919，联合部队13719	(40)/367	12	66	132	36	140(60)	37	16	空军装备地空导弹24枚，空空、空地导弹若干枚	(2040)	英军400，美军1301	498			
丹麦	29550	14240	3498	3572	联军8240	91/622	157	53	349		76	若干	83(48)	47	83	自行火炮24门，火箭炮12门，火箭筒4200具	(53507)	北约部队若干	37	
德国	244300	160790	22950	60580		(2035)/4874	165	391		1288	1277	148	1552(1298)	405(192)	111	自行火炮679门，火箭炮129门	161812/24650	北约部队65483	278	
法国	352771	134000	46195	57600		(637)/6305	98	349		328	399	455	1027(421)	401(288)	165	自行火炮90门，火箭炮61门	25350	德国209，新加坡空军200	190	
芬兰	39700	21500	5700	4700	文职人员7800	(100)/518	654	610		102	138(61)	20	132	自行火炮90门	(237000)/3100					
荷兰	40537	21483	9468	9586		60/986	181	211		60	906	370	131(105)	99	56	自行火炮120门，火箭筒若干门	(3339)/5953	英军120，美军552	28	
卢森堡	900	900		6	6		20		612		1									
马耳他	现役兵力1954人，预备役兵力167人，拥有意大利驻军49人																			
挪威	19100	6500	3150	2700	内卫部队750，支援部队6000	(72)/774	260	262	2517	252	807	若干	74(52)	56	74	自行火炮92门，火箭炮12门，火箭筒若干具	(45250)	美军79	42	
葡萄牙	43920	26700	10120	7100		(224)/393	135	174	402	93	118	52	117(19)	30	45	自行火炮20门，岸炮21门	47700	美军792	3	
瑞典	16900	10200	3100	3600	自愿服务组织42000	(280)/1209	282	208	若干	30	若干	16	264(165)	54	263	自行火炮24门，空军配备空地导弹若干，空空导弹若干，炸弹若干	(26200)/600		303	
瑞士	22823					(353)/1781		434		若干	3503	若干	16(90)	63	11	自行火炮348门，火箭筒10958具	218200		20	

续表

国家	现役部队(人)					主要武器装备											(预备役)——准军事部队(人)	外国驻军(人)	参加联合国维和部队人数	备注
	总兵力	陆军	海军	空军	其他	坦克	火炮(门)				导弹		飞机(其中作战飞机)(架)	直升机(其中武装直升机)(架)	舰艇(艘)	其他				
						装甲车辆(辆)	牵引炮	迫击炮(门)	无坐力炮	高炮	反坦克(具)	地—空(部)								
西班牙	221750	95600	23200	27300	海军陆战队5300,海军航空兵814	(420)/1865	290	1469	507		916	226	571(181)	68	49	自行火炮220门,岸炮50门,火箭炮14门	(221800)/73360	美军1238	1525	
希腊	156600	93500	20000	31500		(1620)/2724	412	2252	4090	683		1722	296(271)	43	99	自行火炮348门,火箭炮131门	(251000)/4000	美军358	4	
意大利	293000	108000	34000	43000	海军航空兵2200,海军陆战队2000,宪兵108000,海岸警卫队11300	(320)/2847	164	401	482	64	1406	132	765(387)	110	191	自行火炮254门,火箭炮22门,火箭筒2000具	(41900)/142900	美军9965,德军200	2439	
英国	160280	95780	30900	33620	海军航空兵6200,皇家海军陆战队7500,战略核力量1000	(386)/3768	166	470	800	715	855(304)	483(67)	149	自行火炮178门,火箭炮63门,空空导弹若干,空舰 导弹若干	(199280)	美军9613	19			

注:1. 安道尔、冰岛、梵蒂冈、列支敦士登、圣马力诺等国无正规军队。
2. 英国海军装备32枚"三叉戟-2"型潜射导弹,可携带96—192枚核弹头。
3. 法军拥有161件核运载工具和561枚核弹头。
4. 主要资料来源为2009年《世界军事年鉴》(解放军出版社)。
5. 在《世界军事年鉴2009》中,瑞士的"飞机(其中作战飞机)"一栏标记为"16(90)",实际应为"90(16)"。

第四节　西欧国家军队的训练

西欧国家普遍重视军队的训练工作,把军事训练放在军队建设的重点位置,强调通过训练提高部队的素质和战斗力,除保证足够的训练经费、物资和器材外,还在长期实践中形成一套训练工作的领导体制和训练方法。

西欧国家军事训练的领导体制　西欧国家的军事训练一般采取中央协调分级管理的领导体制。例如:英国训练工作分三级管理。第一级是主管计划与人事的国防副参谋长,负责协调全军的训练工作。第二级是陆、海、空三军国防参谋部的训练局,负责管理本军种的训练工作。其职责是制定本军种的训练方针和训练计划,并根据训练方针和训练计划组织实施本军种的训练工作。第三级是部队指挥官,部队指挥官根据上级指示具体执行训练任务。法军三军参谋部负责协调和组织实施三军联合演习;各军种参谋部负责制定本军种训练和演习计划,组织、协调和监督部队执行本军种的训练和演习计划;各部队根据本军种的训练和演习计划,制定本部队的训练和演习计划,并组织实施。瑞士军队的训练工作由陆军部统一领导,各级部队和军校负责组织实施。其他西欧国家也大体类似。

西欧国家军队的训练方法　西欧国家为保证部队的训练质量,各国都有适合本国情况的训练方法。西欧各国训练方法概括起来有如下几个方面:院校培训、单兵训练、部队训练、模拟训练、文化教育和就业培训。

院校培训　西欧国家的军事院校一般分为初级、中级、高级3个等级。例如:法国把各类军事院校分为初级军事院校、中级军事院校、高级军事院校。法国的初级军事院校包括军官培训学校、专业技术学校、训练中心等。初级军事院校的学制一般是两年至四年,学员一般是高中毕业生、初中毕业生和部队优秀士官。学员毕业后一般授予中尉、少尉军衔,担任初级指挥军官和专业技术军官。法国的中级军事院校主要招收营、连级军官,学制一般是3个月到1年,毕业后担任营、团级主官或参谋军官。法国高级军事院校学制一般是9—10个月,学员一般是有实际工作经验的上校和准将军官,毕业后担任旅、师级主官或高级机关参谋。英国初级和中级军事院校主要为陆、海、空三军培养初级军官和专业技术人员。高级军事院校主要培养中、高级军官。此外,西欧国家军队一般还开设士官学校,主要是为部队培养士官。例如:法国的士官学校从军队士兵和地方青年中招收学员,学制

6—9 个月，学习期满并考试合格者发给证书。意大利陆、海、空三军均开办士官学校。士官学校招收对象是士官、候补士官（志愿兵）和义务兵。学制视专业而定，短的 60 天，长的可达 3 年。以志愿兵为培训对象的正规班的学制是 1—3 年；以超期服役的义务兵为培训对象的职业班的学制是 60—90 天；以服役 7 年以上的士官为培训对象的中级班的学制是 5 个月；以服役 12 年以上的士官为培训对象的高级班的学制是 75 天；以长期服役的职业士官为培训对象的专业资格班的学制是 1 年。士官学校毕业的部分学员回到原部队，另一部分学员可到专业技术学校继续深造。

单兵训练　西欧各国军队的单兵训练主要是对新兵进行基础训练。单兵训练的主要目的是保证补充到部队的新兵的质量，为部队训练打下良好基础。因此，各国军队对单兵训练的要求都比较高，训练强度也比较大。单兵训练的内容一般包括队列、纪律、军体、军事知识、单兵武器使用等。单兵训练一般在训练中心或有关军事院校进行。例如：英国为保证部队士兵的质量和训练水平，补充新兵时采取“先训后补”的方式。英军各军兵种都建立常设的单兵训练机构和相关的专业技术学校，负责对新兵进行单兵训练。英国单兵的训练分为基础军事训练和专业训练。基础军事训练时间是 6—8 周，训练内容包括队列、纪律、军体、军事知识和单兵武器使用等。训练期间每人平均打小口径子弹 150 发，常规子弹 850 发。专业训练的时间视专业而定，如炊事兵训练 17 周，步兵、运输兵、通信兵训练 10 周。

部队训练　西欧国家军队的部队训练以战术训练为主，是提高部队战斗力的重要环节。西欧各国的部队训练一般由各军种部队组织实施。由于各国军队的实际情况不同，具体做法也有所不同，但基本要求是大体一致的。例如：法国军队的部队训练由各军种针对本军种的情况，提出不同要求。法国陆军的部队训练分为营区内训练和野外训练，两种训练的时间共计 100 天。营区内训练以连为单位实施。主要要求是掌握射击、反坦克、防空、三防、侦察等方面的技术和战术。野外训练主要是进行各种武器的应用射击及分队的攻防战术训练。法国海军舰艇部队的部队训练分为泊港训练和出海训练。泊港训练主要进行各种技术操作、排除故障等方面的基础训练。出海训练主要进行战术训练。战术训练分单舰训练和编队训练。单舰训练主要进行近程和远程航行、海上救生、甲板机降、跟踪目标，以及防空、防潜和水面舰艇攻击等方面的训练。海上编队训练主要进行编队航行、防空、防潜、水面舰艇攻击、机降作战、电子战、扫雷、通信联络、救生、补给等方面的合练。法国空军飞行部队的部队训练分为单机飞行训练、编队飞行训练和协同作战训练。训练的主要内容包括高低空飞行、全天候飞行、夜航编队飞行、截击、轰炸、地面支援、侦察、空降、空投、掩护登陆、海上攻击、机降、电子战、扫雷、通信联络、救生补给等。英军则是根据各部队执行的任务，确定部队训练的要求，因此，英军的部队训练分为全训部队、半训部队和全部执勤部队三种情况进行训练。尽管各有不同，但是，各国关于部队训练的基本要求则是大体相同的。

演习是部队训练的重要和最高形式，是对部队训练效果和战斗力的检验。因此，西欧国家军队都非常重视通过演习进行部队训练，许多国家军队的演习都已经制度化和规范化。例如：英军旅级部队的演习每年举行 1 次，师级部队的演习 1—2 年举行 1 次。法国陆军团以下分队的演习每月 1 次，团级部队的演习每年 3 次，师级部队的演习每年 1 次，军级部队的演习每 2 年 1 次。法国海空军部队每年也举行各种不同规模的演习。法军还定期举行诸军种的联合演习。

模拟训练　随着科学技术的发展，高科技成果在军队的广泛应有，模拟训练在西欧国家军队中越来越受到重视。由于模拟训练实战感强，训练效果好，训练费用低，许多西欧国家都在军事训练中采用越来越多的模拟训练方式。例如：德军认为，模拟训练方法是现代军队训练的必然发展趋势。德军规定，士兵为熟练掌握比较复杂的武器系统，必须进行理论学习、模拟训练和实战训练等 3 个阶段训练。在这些环节中，模拟训练是关键环节。德军的模拟训练有两种方式，一是到模拟训练中心。主要进行坦克、飞机、重型火炮等重型、复杂武器系统的训练。二是使用部队自己的模拟训练器材。如战术激光器、反坦克导弹的模拟训练。法国 1994 年出版的《国防白皮书》要求，为了提高训练效果和训练水平，法军要广泛采用模拟训练方式。

此外，西欧国家比较重视军队文化教育和就业培训。例如英国，陆海空三军均设立专职文化教育部门，配备专职军官，负责对军人的文化教育。英军还规定，服役达到一定年限的军人，退役前有资格参加就业培训。

第五节 西欧国家军事工业概况

西欧国家经济发达，科学技术先进，历史上爆发大规模、高强度、高技术战争较多，在经济、科技和战争实践的推动下，西欧国家现代军事工业起步较早，水平较高，处于世界先进行列。

西欧国家发达的军事工业 西欧许多国家，特别是一些西欧大国军事工业水平较高，规模较大，门类齐全，产品先进，在世界军火市场占有重要地位。在世界十大武器出口国中，有5个是西欧国家。美国《防务新闻》网站评出的2004年度世界100强军工企业。排在前十名的企业中美国占7家，西欧有3家。

英国是军事工业历史较长，门类比较齐全，水平较高的西欧军事工业大国。英国的军事工业部门主要有航空航天、导弹、核工业、常规兵器、造船、电机、仪表等。英国的一些军工产品，如“挑战者”坦克、“乔巴姆”装甲战等，是国际上比较有名的军工产品。英国军工产品出口较多，2003年武器出口额仅次于美国，居世界第二位。法国也是世界军事工业发展较早的国家，其军事工业的产生可追溯到中世纪。法国在长期发展军事工业的过程中，逐步建立起完善的军事工业体系，造就一支较好的军事工业科研队伍，成为国民经济的重要门类，一直站在世界军事工业最发达国家的行列。20世纪末全球军火市场急剧缩减，因此，法国从20世纪90年代开始，积极采取措施，大力调整军事工业结构，提高军事工业产品的竞争力，在全球军事工业不景气的情况下，保持着军事工业和军品出口的大国地位。据法国国防部2003年7月统计，法国武器出口居世界第三位。法国主要军事工业包括航空航天、导弹、核工业、常规兵器、造船、电子机械等。在战斗机、直升机、战术导弹和核动力等方面拥有比较先进的军事工技术。法国的一些军工产品，如“幻影”战斗机、“西北风”防空导弹、“勒克莱尔”坦克、“拉法耶特”级护卫舰等，在国际上比较有名。德国军事工业在西欧国家中仅次于英国和法国，其现代化水平和竞争力也是比较高的。2003年武器出口仅次于美国、英国、法国和俄罗斯，居世界第五位。目前，德国的军事工业与英法比较虽然还有些差距，但在某些方面的技术在西欧国家中居领先地位。一些军工产品在国际上是比较知名的。与法国合作生产的“米兰”式、“霍克”式反坦克导弹和“罗兰特”防空导弹性能良好，是国际上公认的可靠的武器系统。德国的“豹-2”坦克属世界最先进坦克的行列。德国生产的120毫米滑膛炮已被美国采购，安装在美国的新式坦克上。德国的舰艇制造技术在世界上处于先进水平，其生产的潜艇安全可靠，性能先进，在国际上比较畅销。意大利的军事工业也比较发达，是世界武器出口大国，2003年武器出口居世界第八位。西欧的一些小国，虽然军备规模不大，但军事工业比较发达，技术先进，他们的军工产品在国际上也有比较高的知名度。例如：瑞典军事工业十分发达，一些产品相当先进。瑞典生产的“鹰狮-JAS39”型战斗机的性能超过美国的F-16和F-18战斗机。瑞典的末端制导技术，红外、热寻的、智能技术居世界领先地位。瑞典的军事工业产品除供本国军队需要外，还大量出口。2003年瑞典武器出口居世界第九位。瑞士军事工业规模虽然不大，但有些武器比较先进，在国际上有较好的声誉。奥地利也有门类较全、设施配套、颇具规模的军事工业体系。奥地利军事工业的主要产品有重型火炮、轻武器、军用车辆、通信器材、工兵器材、光学器材、军用装具、后勤装备等。奥地利军事工业产品大量出口，其某些武器装备已被美国、德国、法国等世界20多个国家军队列装。

西欧国家军事工业政策的共性 西欧国家军事工业在长期生产实践中，制定了符合本国情况的军事工业政策，这些政策对于西欧国家的军事工业生产发挥着重要的指导作用。虽然西欧国家的军事工业政策各具特色，但也有许多共性。主要有以下几个方面。

第一，建立军民结合的军事工业科研和生产体系。多数西欧国家的军事工业以国营企业为主，有的国家国营和民营并重，有的国家以民营企业为主，但不论国营为主还是民营为主，军民结合发展军事工业则是共同的。例如：法国是在军事工业方面实行军民结合比较典型的国家，其军事工业企业分为两类：一是国有企业（又分为国有国营和国有私营两种），二是私营企业。从数量上看，国有企业和私营企业大约各占一半，是西欧国家中国有企业所占比重最大的国家。国有企业主要是造船、兵工、核武器、航空航天、炸药、车辆等方面的工厂和企业；私营企业主要是军用电子设备和部分兵器制造工厂和企业。国有企业是法国军事工业的骨干，私营企业也发挥着重要作用。意大利的军工企业分为国营、私营、公私合营和跨国公司等类型，其中国营军工企业占主导地位。英国则在国防科研的军民结合方面比较突出；一些重点的国防科研项目往往采取军内外结合的方式完成。这种军民结合、互为补充的做法，能有效发挥国家整体的技术优势，促进军事和民用高科技协调发展。瑞士军事工业中的国营和私营企业并重，其产品各有侧重，国营企业主要从事飞机、导弹、坦克、大口径火炮等装备的研究和生产；私营军工企业主要从事火控系统、弹药、枪械、小口径炮等方面的研究和生产。在科研和生产中，国营和私营企业密切合作，合理分工，使两种企业的人力、技术和设备都得到充分发挥。德国没有独立的军事工业，武器装备的研究、开发和生产均由私营企业承包。但是，由于在国防科研和军工生产方面由国防部相关部门统一管理，因此，德国军事工业的军民结合，是通过“寓军于民”的方式进行的。在这种体制下，每个与军事工业有关的企业，都较好地实现军民结合。如德国的奔驰集团，除了生产导弹、飞机等军事装备外，还生产汽车、太阳能等民用产品。西欧国家军民结合、“寓军于民”政策已经成为推动军工企业发展的有效体制。西欧军工大国积极推动军用与民用领域技术的双向转移，即“军转民”和“民转军”，以加快科技进步在军事领域的应用，促进了军用和民用工业的一体化发展，增强了军事工业的竞争力。

第二，强调军事工业的发展以高科技为先导。一般来说，科学技术是影响军事工业的关键的因素。在武器生产中，科学技术发展是最根本的条件，并且具有战略和经济意义。技术的发展促进武器装备在检测、射程、精确度、杀伤力等性能方面的不断改进。对大型武器装备来说，这种改进是看得见的；对那些最简单的武器来说，这种改进也是相当有效的。武器装备的迅速改进，减弱了那些功效不高、不太先进的武器系统的战略价值。因此，为了得到现代化的、有竞争力的武器装备，军工企业就必须努力进行科研开发。西欧国家在军事工业方面保持世界上先进水平的一个重要原因是重视科学技术，不仅重视技术创新，而且重视基础研究，用科学技术带动军事工业发展。例如：英国十分重视军事工业领域的科研工作。在军事工业和国防科研领域，集中国家最优秀的科学家和工程技术人员；在国防科研领域的科研人员占全国科研人员25%以上。国防科研经费在国防开支中所占比例，接近美国，在世界上是比较高的。瑞典将“争夺武器技术优势”作为军事工业发展的重要指导思想，非常重视抢占军事工业和国防科技领域的前沿。瑞典作为一个军备规模不大的小国，能够保持军事工业的先进地位和武器装备出口大国地位，与其重视军事工作中的高科技的作用是分不开的。法国、德国、意大利等国，也都从制度、管理、经费、人力等方面保障科学技术在武器装备发展的各个环节，如规划、计划、科研、试验、鉴定、验收、采购等，发挥先导作用。

第三，西欧国家在军事工业领域重视国际合作。西欧国家历来重视在军事工业领域的国际合作，并且取得明显成效。例如，法德合作研究和生产的“罗兰特”防空导弹、“米兰”式和“霍克”式反坦克导弹都是世界公认的良好可靠的武器系统。

20 世纪末以来，西欧国家在军事工业领域的合作明显加强。1997 年 12 月，法、德、英等 3 个西欧主要军事工业大国的领导人发表联合声明，呼吁欧洲加强航空航天和国防电子工业领域的合作，以改善西欧在国际军工市场上的竞争地位和促进西欧的防务建设。

1998 年 7 月，法国、英国、德国、意大利、西班牙和瑞典等 6 个主要的西欧军事工业国家的国防部长就加强军事工业合作签署一份意向性文件。2000 年 7 月 27 日，上述 6 国的国防部部长，在英国法恩伯勒国际航空工业博览会上签署一项旨在最终组建西欧军工集团的框架协议。这标志着西欧军事工业一体化进程迈出新的一步。根据协议，6 个签字国将在出口程序、促进科研、信息处理技术、保障军工设备和信息产业安全以及协调军事设备需求等方面展开合作。这项协议具有对各签字国在军工企业结构重组方面进行统一协调的作用，有利于组建西欧军工联合企业集团。法国媒体就此事发表评论认为，欧洲6国签署军备合作协议意味着欧洲在军备联合方面取得具体进展。法国国防部部长里夏尔称，这项欧洲军备协议将考虑欧美之间的平衡，并将在协议涉及的领域同美国展开合作。按照协议精神，西欧国家开展一系列军事合作。

2001年9月，瑞典政府决定参加法国、英国、德国、西班牙和意大利等5个欧盟国家联合研制新型战斗机及相关系统的合作项目。这一项目最早是法国和英国为了在国际市场需求减少的情况下，为占领国际战斗机市场，使本国的军事工业得以生存下去，于1997年提出的。德、西、意为了同样目的，相继参加该合作项目。瑞典参加，使该项目包括了西欧军事工业6强，这6个国家的军事工业产量约占西欧的90%。

2004年6月8日，法国国防部部长阿利奥—马里和英国国防大臣杰夫·胡恩在法国“戴高乐”号核动力航空母舰上会面，双方表示将展开多层面军事合作，其中包括共同打造3艘航空母舰。胡恩当天在参观“戴高乐”号航母后说，“戴高乐”号有可能就是英国新航母的样板，“它比英国服现役的任何一艘航母都要强”。胡恩还说，英国准备建造两艘航母，法国也计划建造第二艘航母，这是两国合作的最佳机会。

2004年6月14日，法国国防部长阿利奥—马里宣布，法国将启动第二个无人驾驶飞机研制计划，以发展欧洲侦察机和战斗机工业。阿利奥—马里说，法国欢迎欧洲其他国家的政府和企业加入无人驾驶侦察机和地对空立体作战系统的研制。她强调，为了使欧洲获得战略自主权，保障欧洲在国际舞台上发挥政治作用，法国将与欧洲国家保持牢固的伙伴关系，建设和发展真正属于欧洲的、富有竞争力的军事工业。

第四，以军品出口带动军事工业发展。军事工业作为一门产业，虽然有其特殊性，但它的发展历史说明，军事工业与任何产业一样，也需要用产品的出口来促进和拉动自身的发展。因此，西欧国家一贯重视本国军事工业产品在世界武器市场上的竞争力，积极促进军事工业产品的出口。冷战结束后，全球军火市场一度缩减，武器交易额由20世纪80年代平均每年920亿美元，骤减到90年代的每年300亿—450亿美元。为了适应这种变化，西欧国家更加重视促进军事工业产品的出口。例如：法国五六十年代军事工业迅速发展，军事工业产品出口大幅度增加，在内需和出口的带动下，成为世界军事工业最发达的国家之一。冷战结束后，由于世界军火贸易骤然减少，法国军事工业陷入也不景气状态。为挽救不景气的军事工业，法国采取措施，调整军事工业结构、提高军工产品竞争力、积极开拓市场，使军事工业情况已经逐步得到好转。英国历来重视军事工业产品的出口，20世纪50年代之前，一直是世界最大的武器出口国。此后，为了促进军事工业产品出口，英国通过增军事工业的投资、放宽出口限制、降低成本、提高技术含量等措施，保持军工产品的较大规模出口能力；2003年军事工业产品出口总额仅次于美国，居世界第二位。西班牙、意大利、挪威等国也都十分重视军事工业产品的出口，保持着世界军火出口的大国地位。德国虽然在第二次世界大战后对军事工业产品出口制定了比较严格的限制政策，但是，近些年来在军事工业产品出口方面，出现了较大的灵活性。

第二章 欧盟主要国家军事转型概况

“9·11”后的伊拉克战争给包括俄罗斯在内的几乎所有世界军事强国都造成了强烈的震撼，因为这是迄今为止第一场最接近信息化战争的高技术战争，其所具备的战场高度透明、近实时指挥和近乎发现即摧毁，以及大规模使用精确化、智能化和隐身化武器装备的特点，使人们在某种程度上从中窥视到了未来信息战的雏形和影子。从伊拉克迅速溃败中世界主要军事强国认识到，在新军事变革和信息技术的发展正导致工业时代向信息时代迈进的今天，工业时代适合于打机械化战争的机械化军队，已经难以对抗高技术程度很高并正向信息化军队方向发展以适应未来信息化战争要求的军队。因此，伊拉克战争给世界主要军事强国敲响了这样的警钟：若不抓住此次新军事变革的机遇尽快实现本国军队的转型，就有在未来的竞争中落伍而沦为弱国并被时代所抛弃的危险。因为未来的战争将是信息化战争，而信息化战争不仅是先进的技术与技术、武器装备与武器装备的对抗，而且是拥有知识和智慧的人才与人才以及整个体系与体系的对抗，以前那种靠连衽成帏、举袂成幕、挥汗成雨的人海战术取胜的经验将永远成为历史。所以，伊拉克战争后，为了适应未来时代的发展和信息化战争的需要，以便在未来的国际斗争和较量中争取主动和立于不败之地，世界各主要军事强国在迅速转变观念的基础上，开始着手谋划本国军队的未来发展，借新军事变革之契机，在世界范围内掀起了一次空前的军事转型大浪潮，以建立具有本国特色的新型军队。作为欧盟主要国家和欧洲的强国与军事大国，英国、法国和德国在世界军事转型的浪潮中不甘示弱，颇有作为和建树，主要情况如下：

第一节 军事战略的调整

冷战结束后，欧洲战略格局发生了深刻的变化。英、法、德等欧盟主要国家纷纷对其军事战略进行调整。进入 21 世纪后，面对新的安全威胁和挑战，这些国家对其冷战后形成的军事战略又进行了进一步的调整，主要体现在战略方向、战略目标和战略指导原则这三个方面。

战略方向：由单向前沿防御向多向全方位防御转变 两极格局的瓦解使英国、法国和德国的安全环境发生了根本性改变。冷战时期，这些国家为了确保自身安全，一直奉行单向前沿防御战略，组织坚固的常规防御，阻止华约部队的入侵。随着华约的解散和苏联的解体，主要威胁和敌人已不复存在，这些国家纷纷调整军事战略。

1998 年 7 月，英国国防部继开展冷战后的首次全面防务评估之后，发表了《战略防务审查》国防白皮书。英国认为，随着冷战的结束，英国的安全环境已经发生了改变，世界大战爆发的可能性基本排除，针对西欧和英国的直接威胁已不复存在，所有英国的海外领地也没有面临重大的军事威胁。但是，英国的安全形势并不容乐观。全球安全环境日益复杂，地区不稳定因素增长，由民族、种族矛盾和边界争端引发的战争和冲突增多，大规模毁伤性武器特别是核武器及其运载工具扩散严重，国际恐怖主义活动猖獗。特别是“9·11”事件发生后，英国认识到，虽然英国没有面临重大的常规威胁，但国际恐怖主义的非对称式攻击、大规模毁伤性武器扩散和“失败”国家对英国安全构成现实威胁，英国必须坚决运用政治、经济和军事等手段加以应对。英国认为，欧洲安全仍然是其国家安全利益的中心，欧洲和与其相邻的近东、北非和海湾地区对于英国和整个西方的安全利益而言是至关重要的地区，其中，中东局势是最大的安全挑战。

法国在冷战后对其面临的战略形势做出的评估是，在其边界附近不再有直接的军事威胁，今后对法国安全的威胁主要来自欧洲东部地区动荡不安的局势，以及由民族矛盾引发的武装冲突和局部战争，还有中东、地中海方向的战乱和各种危机。随着世界局势的发展，特别是科索沃问题的解决，2008 年 6 月法国发表《国家安全与防务白皮书》，白皮书重新确定了法国几个主要军事方向。首先是从大西洋至地中海、波斯湾和印度洋这一地理轴心。法国认为如果这一地带所涉及的地域发生危机，将最大限度地影响法国和欧洲的战略利益。其次，亚洲特别是印度洋一线也是法国特别关注的地区。同时，非洲在法国军事战略中还保持着比较大的重要性，法国要在非洲大陆的东线和西线以及阿尔及利亚和突尼斯沿海地区保持预防和行动能力。同时，法国的海外领地也是法国的重点防御地区。

德国联邦国防部于 1994 年 4 月颁布了统一后第一部国防白皮书。德国认为，冷战后德国面临着更多新的威胁，这些新的威胁既有西方内部日益明显和突出的矛盾、猜疑、摩擦、争端和冲突，也有原苏联后继国家（尤其是俄罗斯）的潜在军事威胁，而最主要、更现实和最直接的威胁则是不断出现的、原来被两极体制所掩盖的各种矛盾，如民族矛盾、种族矛盾、宗教矛盾、领土纠纷等。由这些矛盾和纠纷所引起的冲突使冷战时期世界较稳定的地区——欧洲变成了世界最动荡的热点地区。这样的冲突不仅存在于苏联与东欧地区，而且也存在于欧洲其他地区，从而使德国处于四面危机的包围之中。为了确保安全，德国提出了“全方位防御战略”，以应对来自不同方向和不同层次的威胁。进入 21 世纪，特别是“9·11”后，德国面临的威胁和挑战更加严峻。除了原有的威胁外，还出现了恐怖主义、能源危机、网络安全等非传统安全威胁。鉴于此，德国对其冷战后的“全方位防御战略”赋予了新的内容，更加强调在北约和欧盟的框架内，依靠集体的力量和共同努力进行新的“全方位防御”。

战略目标：由主要应对大规模战争向主要对付各种危机和冲突及非传统威胁为主转变 “9·11”事件后，面对新的安全威胁和挑战，欧盟主要国家英国、法国和德国又对军事战略进行了相应的调整，将战略目标由进行传统战争向对付各种危机和冲突及非传统威胁为主转变。

2008年3月，英国政府发表《英国国家安全战略：在相互依存的世界中的安全》，指出英国的安全形势正在变得日益复杂和不可预测。英国面临的威胁不是来自于某个国家的直接威胁，而是一组多样而相互联系的威胁与风险，包括国际恐怖主义、大规模毁伤性武器、冲突与“失败”国家、流行性疾病、跨国犯罪等。当前，英国在海外的优先战略目标是应对以下涉及英国国家安全的地区危机和冲突威胁：一是巴基斯坦和阿富汗，主要涉及地区冲突预防和国内反恐问题；二是达尔富尔和南非等非洲地区，针对那里的冲突或极端主义倾向；三是包括伊拉克在内的中东地区，该地区不仅关系到全球的安全和稳定，而且是暴力极端主义者的重要活动场所；四是东欧地区，英国支持将其纳入扩大欧盟的进程。

法国国防部在2000年出台的《军事总体战略》文件中指出，“存在针对欧洲的重大军事威胁这样一种认识已经被另外一种认识所取代，即西方民主国家今后要面对各种各样的危险，以及各种各样的威胁。‘9·11’事件就不容置疑地证明了大规模恐怖主义运用非对称原则的有效性”。法国指出，不仅要应对来自其陆地边界的不明威胁，尤其要预防和制止各种危机的发生；它的安全空间的边界已不限于其地理边界，法国的内部安全和外部安全今后是联系在一起的；法国对外干预的能力越强，就越能有效地保证国内的安全。

“9·11”事件和伊拉克战争后，德国鉴于其面临的安全威胁已由传统的单一军事威胁转向包括传统与非传统安全威胁在内的复杂的多元化威胁，因此，它要求其武装力量随时做好准备，预防和及时应对可能出现的各种威胁和挑战，包括各种危机和冲突及非传统威胁，以确保其国民的安全。为此，联邦国防军被赋予了新的使命和任务。新的使命是：①确保外交的行动能力；②为欧洲和全球范围内的稳定做出贡献；③确保国家安全，巩固国防；④为盟国的防御贡献力量；⑤促进多国合作与一体化。新的任务是：①防止国际冲突，消除危机，包括进行国际反恐作战；②为联盟的防御贡献力量；③保卫德国及其公民；④遂行救援与疏散行动；⑤增强伙伴关系，加强合作；⑥在国内外自然灾害和重大事故中提供帮助和人道主义援助。

战略指导原则：由原来的“威慑+实战”向“威慑+危机处理+实战”转变 随着世界形势的变化，危机处理在欧盟主要国家军事战略中的地位越来越重要。英国国防部2003年发表国防白皮书指出，英国未来必须具备遂行多样化的应急行动（从高强度作战到维和）的军事能力，这些行动体现为18项军事任务：第一类为3项长期不变的战略任务，即战略情报，核威慑，水文、地理与气象勤务；第二类为5项长期不变的本土任务，即对民政当局的军事援助，对北爱尔兰民事权力机构的军事援助，英国海域的完整，英国空域的完整，公共职责和要员运输；第三类为3项长期不变的海外任务，即海外领地的防御与安全，塞浦路斯主权基地区的防御与安全，防务外交、联盟与对更广泛的英国利益的支持；第四类为7项海外应急行动，即人道主义援助与救灾援助，海外英国公民的撤运，维持和平，强制实施和平，力量投送，聚焦干涉，预有准备的干涉。

法国历来将处理危机的快速反应能力视为维护安全利益、提高其世界大国地位和主导欧洲事务的重要手段。冷战结束后，法国认为尽管周边没有直接的军事冲突威胁，世界各国也致力于塑造安全稳定的国际环境，但全球热点地区存在的不稳定因素、大规模毁伤性武器扩散以及国际恐怖主义等因素使法国面临的威胁趋于多元化，法军面临的大量任务将是塑造安全环境、危机预防和对突发事件的应急反应行动。危机处理与应急反应能力不仅涉及法国的安全利益，而且很大程度上将决定法国参与欧洲和国际事务的能力。为此，法军实施了战略转变，将对外干预，执行国际维和任务，预防、制止各种地区性冲突和危机作为法军未来的主要任务，并组建了对外干涉部队。

“9・11”事件后，面对新的安全威胁和挑战，德国对“全方位防御”战略进行了相应的补充，认为共同安全比以往任何时候更加重要，强调在现实世界中任何一个国家都不可能单独保障其和平与安全，更不可能独自包揽世界安全事务；只有加强国际合作，才能确保自身与国际的安全。因此，德国进一步强调：军事战略的目标和重点是预防危机和遏制冲突，防止国际冲突、消除危机和国际反恐作战将取代国土防御而成为主要的战略行动样式，并依此决定联邦国防军的结构和能力；军事战略的手段应突破纯军事范畴而向多样性和综合性方向发展，即以军事实力为后盾，通过政治、经济、社会、文化、生态等多种途径建立起广泛的安全基础，以及与盟国、伙伴国及国际组织协调与合作，更有效地预防危机和冲突的产生，以达成自身与国际安全之目的。

第二节　军事理论的创新

英、法、德既是欧盟成员国，同时也是北约成员国，并且是北约军事一体化组织的重要成员（法国1966年退出北约军事一体化组织后，仍有代表参与该组织的活动；2009年4月在北约成立60周年纪念峰会上，法国正式重返北约军事一体化组织）。北约的军事力量、训练演习以及近年来相继参与的军事行动和准军事行动都是在北约一体化军事指挥系统中统一规划、统一部署和统一指挥的。北约出台了一系列的条令，如《北约联合作战原则》《北约联合作战条令》《北约联合作战的指挥与控制》《北约联合部队使用原则》《北约陆地作战原则》《北约非战争军事行动原则》等，共十余部，北约成员国的军事作战行动基本上都根据这些原则，在这些原则所规定的框架内展开。由于美国在北约组织中的核心地位及其超强的军事实力，北约国家的作战思想基本也是以美国的联合作战思想为蓝本，同时根据本国具体情况，在某些方面有所侧重。

英国：发展完善非对称作战的思想　20世纪90年代，由美军率先提出的非对称作战理论开始为英军所接受。英国国防部1998年发表的《战略防务审查》报告承认非对称威胁的存在，正式提出非对称作战概念：随着英国及其盟国利用高科技不断强化自身在常规军事领域占据的优势，一些潜在对手将选择使用非传统武器或非传统策略（也称“非对称作战”）对其实施攻击。根据英国国防白皮书中的注解，这里提到的“非对称”实际上与“非传统”、“非常规”含义相同，而所谓“非对称威胁”，即“使用非常规方法实施、会产生巨大效果的攻击所带来的威胁”。

“9・11”事件发生后，英国进一步认识到非对称威胁的现实性，即恐怖分子可以利用非对称形式的攻击达成战略性效果，在最坏的情况下会导致大量人员伤亡，而且对国家经济和人民的生活方式造成严重破坏。上述分析促使英国下定决心，使用包括政治、经济、军事在内的各种手段对此类威胁加以应对。近年来，英军先后介入阿富汗和伊拉克两场大规模局部战争。通过结合其作战经验，英国2003年版国防白皮书把“更加注重应对由国家和非国家行为体发起的非对称攻击”列为调整英国防务计划的四大指针之一。英军已将非对称作战概念纳入一系列新版联合作战条令，用于指导其实施非对称行动及应对非对称威胁。

英军2004年第3—00号联合战争出版物《联合作战的实施》和第01号联合条令出版物《联合作战》从英军的视角对非对称作战概念做出如下概括：非对称作战没有既定规则，关键是要利用对手的弱点获取优势，同时针对己方的弱点进行防护。交战中的“非对称”因素主要体现在三个方面：一是对手本身的非对称性，例如对手难以认定，己方难以将其作为目标或者与之进行谈判；二是对手文化的非对称性，是指对手在信仰、优先考虑的问题以及道德约束上与己方存在的差异，例如对手甘愿承受人员伤亡，或者把平民作为目标；三是对手作战方法的非对称性，即对手为对付己方的数量或质量优势而可能使用非对称方法，包括使用非传统武器和非传统战术。

英军非对称作战思想的基本内容可以归纳为以下5个方面：

第一，关于实施非对称作战的主体。英军认为，实施非对称作战的主体既可以是实力弱的一方，也可以是强势的一方。实施非对称作战的主体既可以是国家，也可以是非国家行为体。

第二，关于英国可能被对手利用对其实施非对称攻击的弱点。英军非对称作战思想的核心是扬长避短。所谓“短”，即薄弱环节。《战略防务审查》

报告指出，技术变革和社会发展在给英国带来新的机遇的同时，也带来新的弱点，可能被对手用于对英国实施非对称作战。它们包括：信息战（对部队和社会日益依赖的计算机系统实施攻击）等新的作战方式；战争决策面临更大的压力（从前线发回即时的媒体报道）；可能会被用于对付英国的技术（如生物武器）的更广泛传播；以及英国及其潜在敌手唾手可得的尖端民用能力。

第三，关于未来英军可能遭到的非对称攻击的形式。英军认为，鉴于西方部队占据巨大的常规军事优势，潜在对手一旦认为自己无法以常规方式与其作战，他们会更多地采取非常规手段，包括恐怖活动、以各种方式运载的大规模杀伤性武器以及非常规军事战术的使用。运载方式除使用弹道导弹、巡航导弹外，还包括使用民用飞机、船舶或火车的非对称性运载方式。武器方面，除使用核生化武器外，诸如电磁脉冲武器、辐射和致癌化学武器等延缓致命性和非致命性武器的使用，也会产生巨大的效果。非常规战术包括：由非对称部队使用简易武器和爆炸装置（这是目前造成驻伊拉克联军部队伤亡的最主要原因），叛乱战术和对主基地或沿交通线发动攻击等。

第四，关于英军相对于潜在对手的优势能力。英军认为自身具备应对非对称威胁及采取非对称行动的三大优势：一是高技术武器装备的优势，其核心是信息优势（特别是借助“网络赋予的能力”和C4ISR）。《国防技术战略报告》指出：信息战能力将在非对称作战中发挥日益重要的作用。此外，还包括利用传感技术对对手进行探测、识别和跟踪的能力。二是能够快速部署的干涉部队，拥有在高风险环境中作战所需的特殊能力；三是在长期的国内外反恐斗争过程中积累的经验。

法国：提出进攻性信息战作战样式和“空地作战气泡”概念 法军在其最新的军事理论体系中，将军事行动分为两类：稳定行动和大规模武装行动。稳定行动的内容包括在冲突中隔离作战双方，在冲突发生后稳定局势，维护国家或地区安全的行动等。参与稳定行动的部队规模一般为1000—5000人，可同时在多个战场展开行动。而大规模武装行动则包括军队的先期准备和部署，激烈交锋阶段，强制阶段，也包括可能持续数年的稳定行动阶段。法军这两种作战行动同时也可相互转化，大规模武装行动最后可能转化为稳定行动，而稳定行动也可能升级为大规模武装行动。这也决定了法军“多能化”的发展目标，要求军队具备多种作战能力，能遂行多种任务。

法军在2008年6月《国家安全与防务白皮书》中提出一种新的作战样式——进攻性信息战。法军认为，在未来的信息化战争中，最好的防守就是进攻，提出要进行进攻性的信息战，目标是攻击对手的信息中心，造成敌人的信息瘫痪。法军提出的目标和步骤是，确定信息战定义，发展信息战专门装备，制定信息战条令，以及进行信息战作战人员的培训。

为适应未来网络中心战的要求，法国陆军提出了“空地作战气泡”概念，将陆军战场设想为一种立体的、像气泡一样的透明圆罩，这个气泡的作战范围通常限定在发生直接交战的7—10公里内，在“作战气泡”内，以新一代装甲车辆为核心，主战坦克、无人侦察机、武装直升机等作战平台形成一个网络化的相互协同的作战整体。这一概念形象地反映了未来网络中心战的特点。在网络中心战环境下，单个武器都是整个作战网络的一个节点，武器的攻防性能通过与其他武器平台的网络连接得到增强和延伸，战场上坦克、装甲车辆、侦察平台及指挥控制平台具有高度的协同作战能力。按照“空地作战气泡”概念所形成的作战系统能够在开阔地带及城市中心等多种地理环境下，执行火力打击、火力支援、运输、侦察等多种任务。

德国：充实和完善部队指挥原则，独创“内心引导”理论，提出“网络化作战指挥”新概念、新原则 德意志民族是一个善于思辨的民族，在这片国土上，既产生过莱布尼茨、莱辛、康德、歌德、席勒、贝多芬、黑格尔、费尔巴哈、马克思、恩格斯、叔本华、尼采、爱因斯坦、韦伯等思想、文化和科学巨匠，也出现过克劳塞维茨、老毛奇、施利芬、鲁登道夫、古德里安等著名的军事思想家，他们创造的“总体战”、“闪击战”等经典的军事理论成为理论创新的楷模。第二次世界大战后，德军仍在不断继承发扬和创新军事理论。

充实和完善部队指挥原则 20世纪90年代中期以来，为“履行国际义务”和“为联盟防御做贡献”，德军日益热衷和致力于参加联合国框架内的国际维和行动以及北约框架内的多国军事行动，并积累了较丰富的经验。进入 21 世纪后，随着世界形势与国际安全环境的变化以及军事变革广泛深入的发展，为了更好地履行全球化和信息化条件下的使命和任务，在总结近年来军事实践的基础上，德军于 2006 年 12 月修订了其陆军指挥条令——《HDv100/100 陆军部队指挥》，充实和完善了部队指挥原则，以适应未来作战与其他军事行动的需要。

德军指出，所谓部队指挥，是指本国或多国陆军与其他军种及非军事力量在作战行动的准备、实施与善后诸方面协同进行的战术指挥。部队指挥要将陆军任务区的各种能力和效能有机地结合在一起，并使之与其他军种以及国际、政府和非政府组织的作用紧密相连。对此，部队指挥要以所有基本指挥区和任务区为支撑。

德军强调，部队指挥是一种艺术，是一种建立在性格、能力和精神力量基础之上的创造性活动。因而，部队指挥对军事指挥人员在人格个性方面具有极高的要求。部队指挥要以指挥基本原则为基础，而指挥基本原则是要使各兵种、各任务区和其他组织要素联合起来，形成合力，协同作战。因此，指挥基本原则必须由军事指挥人员根据具体情况灵活运用。而作战基本原则和方法则由各兵种、职能或任务区贯彻实施。

德军认为，现代条件下，部队指挥的基本特征是：①必胜的意志；②目标坚定；③简明；④合法与合度；⑤快速与机动；⑥出其不意与欺骗；⑦重点；⑧预备队；⑨巧用夜间与能见度差；⑩节约兵力；⑪支援；⑫技术的影响。部队指挥的要素包括：兵力、时间、空间和信息。部队指挥的本质和任务，就是使兵力、时间、空间和信息这四大要素与所要达到的目标协调一致，同时始终选择那种在可能的范围内确保取得最大战果的方法。

德军着重强调，由于在作战中始终存在不确定性，为确保下级指挥人员的行动自由和目标的实现，“任务式指挥”（旧译“委托式指挥”）仍然是德国军队的最高指挥原则。责任的不可分割性和思想与行动的一致性是“任务式指挥”的基础和基本要求。“任务式指挥”建立在相互信任的基础之上，它要求每个军人除了认真履行义务和拥有达到所规定的目标之意志外，还应时刻做好准备，去承担责任，进行合作，以及在任务的框架内自主地、创造性地采取行动。“任务式指挥”还有一个前提条件，即上级要时刻准备接受实施过程中出现的失误，但以不危及其意图的实现或不造成不必要的人员伤亡为限。

独创“内心引导”理论　联邦国防军《作战指挥条令》指出，“即使在技术高度发达的社会里，其主体仍然是人”。“无论平时和战时，都要求军人具有良好的精神状态、道德观念和身体素质。”这些就是军队领导工作的目的所在。而领导工作中的最重要内容就是对人的思想的引导，即思想教育。为了防止纳粹德国军队被滥用的悲剧重演，搞好对军人的思想教育，联邦国防军在 1956 年成立后不久，就创立了“内心引导”（Innere Führung）理论。德军认为，联邦国防军是一支民主的军队，“内心引导”就是使民主法治国家的自由原则与武装力量履行宪法使命的秩序原则和功能原则相互协调起来。其任务是，帮助减缓和忍耐心理上的紧张和压力。这些紧张和压力一方面产生于自由公民的个人权利，另一方面产生于军事义务。在联邦国防军中，“内心引导”既是军事参谋机构和武装力量训练中的一个专业名称，同时也是一个原则的标志，这一原则的基本思想是，使基本法的价值观和规范体系与联邦国防军中的指挥、教育和训练紧密相连。“着军装的国家公民”便是这一结合的最佳体现，即其国家公民的权利应与其作为军人的义务协调一致。

冷战后，德国 1994 年和 2006 年颁布的国防白皮书都强调指出，实施“内心引导”的目的是使每个军人从法律、政治和伦理的高度，了解军队及其成员在社会中所处的地位，所担负的义务及其在国家、社会中的意义，协调军队及其成员与国家和社会的关系，化解各种矛盾，使每个成员都能安心服役，尽心尽职。具体来说，“内心引导”有三大主要目标，它们是：合法证明，即对联邦国防军的使命从法律上、政治上和伦理上予以论证，使作为军人的国家公民明确了解国防军以及每个军人在国家和社会中的作用和意义，并接受其固有的义务；一体化，就是使整个联邦国防军及单个的军人融入国家和社会中去，以此维护国防军的团结统一；激发动机，也就是使军人出于信念乐意服役，忠于职守，创造性地圆满完成所担负的任务，竭尽全力履行自己的义务。同时接受军人法对其基本权利的限制。除此之外，“内心引导”还有一个目标——内在秩序，即，使武装力量的内在秩序在合乎人的尊严的情况下，朝着法律秩序的方向发展并使之成为履行使命的力量源泉。所有这些目标归结为一点，就是使联邦国防军的每个军人成为理想的着军装的国家公民。为此，德军要求每个军人：第一，拥有自由的个性和人格；第二，作为国家公民，要有责任感，要对自己的行动负责；第三，随时准备履行自己的使命。“内心引导”所遵循的基本原则是：以德国《基本法》和《军人法》为依据，使军人享有一定权利，同时也承担一定义务。“内心引导”理论自创立以来，一直是德军日常工作的重要组成部分，并在不断发扬光大，因而成为德军提高士气和增强凝聚力的最有效手段之一。德军专门建有“内心引导”中心，负责全军“内心引导”工作的指导、监督和训练。部队各级指挥官负责本单位的“内心引导”工作，工作内容包括对人的心理和行为引导、政治教育、军人秩序、照料与关怀、违纪与申诉、军事法与国际法等。

提出“网络化作战指挥”新概念、新原则 为把联邦国防军真正建设成为一支新型的、精干的、基于能力的一体化联合军队，德国根据目前军事技术的新发展和未来信息化时代的要求，适时提出了“网络化作战指挥”新思想，并以此作为目前和今后军队建设的指导思想。

德军指出，所谓网络化作战指挥，就是以共同的情况理解、共同的情况意识、技术上的联网以及以信息技术为支撑的合作为基本前提条件，通过更强的能力和更有效的任务实施以及更科学的计划与决策所形成的指挥优势和信息优势，达成效果优势。德国认为，网络化作战指挥可使武装力量的指挥与军事行动，得以在跨越所有指挥层级和实现情报与通信互操作的基础上顺利进行。由于这种互操作将所有重要的人、部队、组织机构以及侦察与武器系统联为一体，在未来居于中心位置的将不再是传统的战场决战，而是力争通过共同的情况理解和信息与指挥优势取得最佳作战效果。这意味着，除了取得战场上的胜利外，还要对敌人意志的形成施加负面影响，从而使各种军事行动变得更迅速和更有成效。因此，德国要求将网络化作战指挥引入未来整个联邦国防军的建设与转型之中，以提高其指挥能力、情报获取与侦察能力、机动能力、（打击）效果能力、支援与持续作战能力、生存与防护能力，并要求在这整个过程中遵循“集中控制—分散实施”的原则。

第三节　编制体制的改革

为了贯彻新的军事战略和作战思想，英、法、德等欧盟主要国家进行了全面的军事改革。其目标是：通过调整军队的领导指挥体制和部队的编制体制以及加强重点部队的建设等措施，全面提升武装力量的整体作战能力，有效应对各种威胁和挑战。

改革军队指挥体制　英军对高级领导指挥机构进行了多项改革。为了提高三军联合作战能力和快速反应能力，英国国防部于1996年成立了常设联合司令部，该机构直属国防参谋长领导。常设联合司令部自成立以来进行了两次重大调整：一次是于1998年，编制人数由300多人增至400余人，还增设少将衔战备与训练局主任及其下辖的联合部队司令部训练与演习局；另一次是于2004年，撤销参谋长职位及战备与训练局主任编制，增设2名分管作战和作战支援的少将衔副司令，成立联合部队后勤司令部，编制人数由400余人增至580人。常设联合司令部的建立及不断调整达到下述几个目的：集中统一指挥，促进各军种的联合；战训一致，战勤一致，保证了一体化联合作战顺利实施；妥善处理了战略与战役、前方与后方的指挥关系，快速实现平战转换。同时，为了加强联合后勤支援能力，英军对后勤系统也进行了一系列重大改革。国防部于2000年4月将原来三军的后勤机构合并，成立了统一的国防后勤局。合并使人员和机构得以减少，各种资源的利用更为充分，对部队的保障更加符合作战需要，效率大大提高。2007年4月，英军又进一步将国防部专门实施装备研究和采购的单位国防采办局与国防后勤局合并，正式成立了“国防装备与保障总署”。国防装备与保障总署沿用了前国防采办局和国防后勤局的三层管理体制。第一层为决策层，决策部门是以总署署长为主席、由12名成员组成的“总务委员会”，下设5个分管委员会——管理委员会、投资委员会、人力委员会、审计委员会和安全委员会。第二层为管理层，由各武器系统群、保障群的总管或主任组成。其主要任务是，对上执行决策层的指示与规定，对下管理各群内的一体化项目小组或保障小组。第三层是执行层，由各一体化项目小组和保障小组组成，基本职责是对各个武器装备采办项目进行全程管理。国防装备与保障总署的成立是英国武器装备采办管理的一项重大改革，是其进一步实现装备全系统、全寿命管理的重要举措。2006—2007 年，英国国防部还对军种领导指挥体制进行了重大调整，主要内容包括：对陆军地面司令部与副长官部进行改组与整合，把海军舰队司令部与本土司令部合并为新的舰队司令部，对空军打击司令部及人员与训练司令部进行初步整合，预计 2009 年将完全实现精简与合并。这些调整的主要目的是理顺关系，精简机构，提高效率。

法军认为，采取集中统一的联合指挥控制，既适应应急反应行动的要求，又有利于控制行动的强度和规模，使作战行动始终围绕达成战略目的展开和进行。法军实行军政、军令分离的领导指挥体制，总参谋长在军事指挥中居于核心地位。法军成立了总参谋长指挥的联合参谋部，统一计划、组织和协调联合行动。法军根据每次任务需要，从各军兵种临时抽调部队组成作战群，并设立作战司令部，形成由总参谋长—联合作战中心—战区联合作战指挥部构成的三级作战指挥体制。总参谋部是法军作战行动的主要指挥控制机构。总参谋长在总统的直接领导下负责指挥战略层次的军事行动，通过总参谋部的联合作战计划部和联合作战中心，制定兵力运用计划，对法军单独或与盟军联合采取的所有军事行动，对准备和投送部队、作战及相关军事行动、战斗支援和撤出等全过程实施指挥与控制，并负责与盟军进行联络与协调。法军采取的这种高度集中统一的联合指挥控制机制具有很强的可靠性、适应性和高效率。联合作战中心兼具“政府军事顾问”和“部队作战指挥机关”双重职能，该机构平时主要负责对可能引发危机的各种因素进行综合判断，向总参谋长提供军事情报评估报告，影响最高决策。这使其在战时能够充分理解最高决策的战略企图，有效将战略企图转化为作战任务，确保政治目标与军事手段的一致性。如在 1999 年的科索沃战争中，联合作战中心在其“全面指挥法军军事行动”的职责框架范围内，积极参与北约的决策与行动，反映了法国的原则，维护了法国的利益。“联盟力量行动”中，联合作战中心成立高效精干的“三叉戟作战中心”，下设仅由 15 名军官和士官组成的陆、海、空军组及情报与人道主义行动组 4 个职能单位，对法军和联军的作战行动实施指挥与控制。行动期间，海、空军组共指挥实施空袭 10466 架次，其中 1217 架次由法军飞机完成，空袭了 312 处目标；陆军组完成了组建赴马其顿维和部队及法军“勒克莱尔旅”的工作，对派驻阿尔巴尼亚的法军实施指挥，并指挥法军在战后进驻科索沃；情报组为高层的战略决策和缩短决策周期提供了高效的情报保障；人道主义行动组就科索沃难民问题在政府各部门间、法国政府与国际组织及非政府组织间进行了卓有成效的协调。

为适应未来信息化条件下的作战需要，2006 年年底，德国开始重视全军性指挥机构建设，其做法是：将 2001 年军事改革开始时设立的与陆、海、空和卫勤中心平级的“武装力量基础”（统领全军的指挥勤务、侦察、支援和训练）的地位予以加强和提升，使“武装力量基础”监察长同时兼任副总监察长，与另一副总监察长共同协助总监察长的工作，并将原来的“武装力量基础”指挥参谋部并入总监察长的办事机构——武装力量指挥参谋部，使之真正成为一个指挥实体，下设联邦国防军行动指挥司令部、武装力量支援司令部、干预部队作战指挥司令部（新建立）、特种部队作战指挥司令部（新建立）以及武装力量局和其他直属机构，负责各种全军性的军事行动指挥、作战支援与后勤保障，全军性的院校教育与科研管理，以及全国四大军区的指挥与管理。特别值得指出的是，新建立的“特种部队作战指挥司令部”和“干预部队作战指挥司令部”，是武装力量共同指挥机构，专门负责指挥联邦国防军的海外军事行动。这表明，德国已开始向建立统一的联合指挥机构迈进。

调整部队编制体制　以建设精干的信息化军队为目标，2004 年 7 月，英国提出裁军减员的部队编制体制调整方案。3 年来，英国陆军已按计划撤编 4 个步兵营、7 个“挑战者”—2 坦克中队和 6 个重型炮兵连，皇家海军已有 12 艘舰艇退出现役，皇家空军裁减了 4 个“旋风” F－3 轰炸机中队和“美洲豹”战斗机中队。另外，位于英格兰东部的一个空军基地也将于 2008 年年底关闭。裁军后，英国陆军已从 10.8 万人减至 10.2 万人，海军由 3.75 万人减至 3.6 万人，空军由 4.85 万人减至 4.1

万人。

1996—2002年，法军进行了职业化改革，压缩军队规模，法军从1996年的57.3万人（包括文职人员）压缩至2002年的44万人，义务兵从法军中消失，这部分人员由志愿兵补充，军队中文职人员的质量和数量都大大提升。法军在陆军部队的建制上，打破了原来以师为作战单位的做法，建立了以旅为作战单位的系统。法军于1998年成立地面部队司令部和地面后勤部队司令部。地面部队司令部可作为军一级的指挥部，它拥有4个可投送部队司令部和9个合成旅司令部，同时还编入4个支援旅，同时它还负责部队的计划和训练。地面部队司令部负责制定每一次参与作战行动的部队的组织和规模、行动目的、行动方式和使用条件，还负责组织、领导和评估部队的所有训练活动。地面后勤部队司令部则为所有这些活动提供后勤保障。

德国部队的编制体制调整情况主要是：2006年10月，将陆军7个师指挥部减至5个，对陆军部队指挥部进行改组和人员调动，旅由22个减至12个。将海军的5个典型分舰队整合为2个行动分舰队，将保留下来的2个海军航空兵联队直接隶属于舰队指挥部，人员和主要武器装备系统将以“模块”的形式编入新的武装力量种类（指干预部队、维持稳定部队和支援部队）。空军的4个师指挥部由4个减至3个，其部分力量将以跨编队的“模块”形式编入新的武装力量种类；空军运输司令部成为欧洲运输司令部的行动预备指挥部。另外，联邦国防军医院由目前的8个减至4个，另外将与地方合作组建一个新的医院。

加强重点部队建设 20世纪90年代末，英国开始大规模军事改革，提出远征战略思想。英国认为，只有具备全球军事反应能力，才能有效地保卫自身的安全利益。这就要求英军成为一支拥有精良装备和有效支援，可以作为联军成员快速部署并实施远征作战的现代化军队。转型的目标是提高海、陆、空三军的快速部署和灵活反应能力，向“基于效果”的作战转变。转型的核心是发展“网络赋予的能力”，实质是通过连接传感器、决策者和武器系统，实现态势感知信息共享，使信息转化为部队的战斗力，从而达到决定性的、快速而精确的作战效果；在装备建设上，强调大力发展先进的通信系统、机载远程雷达、无人侦察机和电子战系统等，以此构成“网络赋予的能力”的基础。目前，英国国防部正在加紧推进空军部队由“一般任务部队”向“远征作战部队”转型。2006年3月，英国空军已将其主力作战部队编组为14个远征联队，其中9个驻在本土，5个部署在海外。这是英国空军部队向“远征作战部队”转型迈出的重要一步。各远征联队所属分队平时进行联训，战时或危机时按联队编制遂行海外作战任务，并由相应基地统一提供通信和后勤保障。同时，英国海军转变了战略思想，从准备在大西洋海上作战转为近海作战和进行兵力投送。英国陆军为适应未来信息化战争的需要，加快了推进部队轻型化的步伐。英国陆军的“未来快速奏效系统”，核心是以装备的更新和网络化来推动军事转型，建设介于重型部队与轻型部队之间的中型快反部队。这支部队具有机动力强、火力强、防护性好的特点，并且能与盟军在联合作战中互通互联，特别是具备与美军的“斯特赖克”和“未来战斗系统”交换数据的能力。2006年，英军把第19机械化旅改编为第19轻型旅，并将其纳入北约快反部队序列，第4装甲旅也改编为比较轻型的机械化旅。英国陆军还组建了4个炮兵分队、4个支援团和一些通信分队，以加强旅级部队的作战能力。为了使英军特种部队能执行更多的打击全球各地恐怖组织的任务，英军于2005年组建了一支新的特种作战部队——特种部队联合支援分队。新组建的特战分队有650人，与英军原有的两支特种部队——特种航空团和特种舟艇中队构成英国的特种作战部队。特种航空团和特种舟艇中队侧重于执行特殊任务，如深入敌后开展广泛的渗透行动，执行反叛乱伏击和在敌对国家擒获恐怖嫌疑分子，而特种部队联合支援分队执行其他特种作战任务，如在阿富汗和伊拉克战争中的作战任务等。

法军1994年颁布的《国防白皮书》指出，情报是政治和军事当局正确决策必不可少的手段，军事情报工作的重点应从过去搜集主要敌人的军事实力，转变为更多地关注潜在的危险地区，全面搜集关系到法国利益的政治、军事、经济、军事科技、军品贸易、武器扩散、军控、恐怖活动和走私贩毒等各方面情况。为此，要增加军事情报工作的监视和预警职能，从人力、财力、装备和技术等方面来加强军事情报单位，特别是军事情报局和对外安全总局的工作。在装备方面重点发展采用光学、红外、电磁、电子、雷达等各种技术手段的军事侦察卫星系统，确保法国拥有独立的战略情报保障能力，同时努力提高军事情报的准确性、时效性以及综合分析水平。法国从1992年春就开始着手加强情报单位的建设，先后组建了国防部战略事务局、军事情报局、情报与电子战旅和特种部队参谋部。而最新的《国家安全和防务白皮书》进一步加强了情报工作的战略地位，认为“全方位”的情报工作事关国家的安全与自主。为此，一个由总统领导的国家情报委员会将负责指导国内外情报工作，在技术方面则强调增加侦察卫星系统投入，确保太空情报的掌控。

德国根据当前和未来的需要，在2004—2006年间对联邦国防军进行了全面改组，并进一步压缩其规模，即在维持陆、海、空三军种，卫勤及“武装力量基础”等5大机构的基础上，将原来危机反应部队、主要防御部队和军事基本组织这三部分组成的结构改为干预部队、维持稳定部队和支援部队，总兵力减至25.25万人，其中：干预部队3.5万人，优先遂行多国联合的高强度网络化作战，通过使用强制和平的手段，以尽可能小的损失，重点打击军事对手，为后续的稳定和平作战创造条件；干预部队由装备最精良、反应最迅速的部队以及必要的联合指挥和支援单元组成；此外，还包括能够遂行应急作战的特种部队。维持稳定部队共7万人，骨干力量由陆军装甲部队组成。主要任务是在各种维持和平与稳定的行动中，执行低、中强度和持续时间较长的诸军种联合军事行动，可一次投入1.4万人的兵力，并能同时在5个不同行动地区执行任务；由于任务性质的特别，该部队必须具备较强的战斗力和全面情报获取与侦察的能力；既能以尽可能小的损失打击常规军事武装和对抗非对称性军事对手，又能很好地履行行动区内的文化与社会职能。支援部队共14.75万人，由一般部队组成（包括一定数量的职业和合同军人），主要任务是在后勤、卫勤和侦察等方面为干预部队和维持稳定部队的作战准备及实施提供全面有效的支援；此外，还在国内负责全面、持续地支援武装力量的共同任务以及联邦国防军的正常运转，具体任务主要包括指挥支援、情报获取、侦察、后勤及卫勤支援、测绘、战剂防护及消防等。此三类部队均为跨军种的一体化联合部队，按各自的任务进行训练、配备武器装备和投入使用。其整体能力的发挥有赖于陆、空、海军和“武装力量基础”及卫勤中心的共同行动。

第四节　武器装备的发展

是否拥有先进的武器装备，是衡量一支军队强大与否的重要标志。因此，每一个时代，每一个国家无不尽其所能，掌握和拥有这个时代最先进的军事技术和武器装备，以避免落后挨打和在国际舞台上赢得主动。欧盟主要国家英、法、德认识到了这一点，把发展信息化武器装备作为信息化时代军队建设的重要举措。

发展军事航天装备　在1999年爆发的科索沃战争中，欧洲部队只能依靠美国卫星所提供的情报实施作战计划，使欧盟处于被动局面。近年来欧洲在军事航天上急欲摆脱对美国的依赖，建立欧洲自己的军事航天体系，欧洲首先发展光学成像侦察卫星，又在雷达成像卫星领域取得新的进展。

2005年，法国“锡拉库斯—3A”军事通信卫星顺利升空。“锡拉库斯—3A”卫星配有专为法国军方准备的电子设备，通信能力与前两代卫星相比大为提高。该卫星设计用于加强通信的安全性，将使法军在通信速率、操作灵活性及抵御攻击性干扰等方面有显著提高。迄今为止，法国已发展了“锡拉库斯—1、2”两代军用通信卫星系统，这次发射的是其第3代军用通信卫星系统中的首颗，装有9个超高频（SHF）转发器和6个极高频（EHF）转发器。与“锡拉库斯—2”相比，“锡拉库斯--3”卫星的转发能力有数量级的提高，具有一定的抗核辐射和电子防护能力，新卫星通信系统将提供法国本土和国外战区之间的端对端通信服务，并能在战场提供互联网服务，可增强部队的作战有效性和协同作战能力。该卫星还能将卫星通信网络与法国的防务系统及指挥、控制、通信和计算机、情报侦察与监视集成在一起。法国还将用“昴星团”卫星的光学图像数据来交换德国的“合成孔径雷达—放大镜”（SAR-Lupe）卫星（分辨率为0.5米）的雷达图像数据，后者由5颗卫星组成。2005年底发射首颗卫星，整个SAR-Lupe系统到2007年最终建成，将为德国军队提供为期10年的全天候、全天时的高分辨率航天成像侦察能力。法德两国将实现共享对方卫星图像数据。

2007年1月，德国首颗雷达成像侦察卫星“合成孔径雷达—放大镜”进入轨道，它旨在帮助德国构建本国太空侦察体系，从而引起了世界军事航天界的广泛关注。这颗雷达成像侦察卫星也是目前世界上重量最小的雷达成像侦察卫星，为德国提供天基军用侦察能力。同时，德国将与法国分享“合成孔径雷达—放大镜”卫星图像。作为回报，法国也将允许德国使用由其“太阳神—2”光学成像侦察卫星所提供的图像。

2007年3月12日，英国“天网”5A型军事通信卫星成功发射升空。它被喻为“英军向电子时代迈出的重要一步”。专家称，此次发射的5A星体现了英国在军事卫星通信的前沿技术。它重量为4700千克，装有先进的接收天线，可以允许卫星有选择地监听信号，过滤掉干扰信号，具有很强的抗干扰能力。卫星配备的4具可控天线及超高频和特高频通信转发器可在需要时将带宽集中于某一地区，从而大大提高通信容量与效率。“天网”5型系统的后续两颗星5B和5C计划于2007年底和2008年发射升空。届时，该系统将取代现有的“天网”4型系统，可将英军指挥系统的通信容量增加2.5倍，通信速度也大大提高，可允许英国陆、海、空三军的每一个平台甚至每一个人之间实时进行加密语音和数据通信，为英军全球机动作战提供保障。指挥官可随时随地与英军任何一艘舰船、一架飞机甚至是士兵直接联系。此外，该系统还与美国的“国防卫星通信系统”相互兼容和联通，其“富裕”容量还可以允许“友军”使用，大大提高了系统的利用率。

英国发展信息化装备的主要计划和举措

大力发展信息化作战装备 英国十分重视发展军队的信息化作战装备，包括信息化作战平台、军事无人系统和单兵数字化系统等。

近年来，英国国防部出台了很多信息化建设项目，为陆、海、空三军研制新型信息化作战平台，并对老装备进行信息化改造。陆军的项目主要有三个：一是“间接火力精确打击系统”，又称为“未来炮兵武器系统”；二是“未来快速奏效系统”，旨在为陆军开发轻/中型装甲车族；三是“挑战者”—2主战坦克升级项目。海军主要有两大项目：一项是从2007年7月开始实施的“新型航母建造计划”，英国国防部将在3年内投入77亿英镑用于建造两艘排水量达6.5万吨的航母，预计它们分别于2014年和2016年开始服役；另一项是于2006年12月公布的“战略导弹核潜艇研制计划”，根据该计划，英国将研制3—4艘新型弹道导弹核潜艇，改进现役潜射弹道导弹和研制新型核弹头，以保持其独立的战略核威慑能力。空军已完成对24架GR9型“海鹞”战斗机、1架T—12型双座教练机的改装升级；计划对12架“猎迷”战斗机进行改装，对其发动机及机载电子设备进行升级换代；对E—3D型预警机雷达和指挥自动化系统进行信息化改造，使其具备地面情报处理能力和对地面目标打击的指挥控制能力。英军各军种在研制新型信息化作战平台的同时，也加快了对武器装备的更新换代步伐，以不断提升主战装备的信息化水平和作战效能。仅在2006—2007年，海军就退役了3艘护卫舰和2艘攻击核潜艇，新装备了1艘45型“勇敢”级驱逐舰、3艘新型登陆舰以及新型2087反潜声呐系统、新式鱼雷防护系统和一批防空导弹；空军淘汰了12架GR3A型“美洲虎”战术侦察机和5架PR9型“堪培拉”侦察机，新装备了34架“台风”欧洲战斗机以及“风暴阴影”巡航导弹和“硫黄石”空射反坦克导弹。

同时，英军还制定了多个军事无人系统研发和试验计划。英国国防部在其颁发的《面向21世纪的国防技术战略》报告中，详细描述了研制隐身无人作战飞机和无人侦察机的构想。该战略报告强调指出，英军在可以预见的未来已经没有必要再去规划和研制有人驾驶的高速喷气式战斗机，因为正在批量生产和进行信息化升级改造的EF2000“台风”战斗机和2010年后将装备部队的F—35“闪电”Ⅱ战斗机完全可以满足未来作战需求，因此应重点开发“无人航空系统”。自2001年以来，英国国防部实施的军事无人系统研制项目主要有以下7个：“渡鸦”无人作战飞机、“雷神”无人作战飞机、“守望者”无人机、“科莱克斯”高空无人侦察机、“赫提”无人侦察机、“茶隼”无人侦察机和“护身符”先进无人潜航器。

英军的单兵数字化系统称为“未来一体化士兵系统”。该系统的研制工作于2001年初正式开始，是一个三军联合项目，旨在提供一种能够帮助徒步士兵执行近战任务的综合作战系统，总投资超过20亿英镑。它将装备英国陆军步兵部队、海军陆战队、空军部队以及部分装甲兵、炮兵和工程兵部队。“未来一体化士兵系统”将使士兵特别使徒步作战士兵具备更强的突击能力、生存能力和战场态势感知能力，预计2010—2011年开始服役。

重点建设军事信息系统　军事信息系统是信息化武器装备体系的核心。英军从科索沃战争、阿富汗战争和伊拉克战争中认识到，导致其作战能力与美军差距扩大的主要原因，是没有建立完备的战略级、战役级和战术级军事信息系统。因此，英军近年来非常重视军事信息系统建设，大力开发国防信息基础设施、情报侦察系统和指挥控制系统，并积极准备建设全军性综合信息系统。英军信息系统建设的基本思路是：改造原有信息系统与开发新型信息系统相结合，积极发展卫星通信系统，不断提升陆、海、空侦察监视平台的持续工作能力，提高图像分辨率，缩短信息处理、分析和目标定位时间，强化各系统间的互联互通能力，逐步建成集情报侦察预警、指挥控制和精确火力打击于一身的一体化综合军事信息网络系统。英军刚刚建成、正在建设和计划建设的新型军事信息系统主要有以下9个：“鸬鹚”战场通信系统、“弓箭手”战术无线电通信系统、战术光学卫星系统、国防信息基础设施网、“猎鹰”战术通信系统、机载远程雷达系统、“天网4”卫星通信系统、“天网5”卫星通信系统和“苹果酒”综合军事信息系统。

德国发展信息化装备的主要计划和举措　在所有军事转型的目标和重点中，提高网络战能力又被锁定为最关键的。德军认为这既是实现一体化联合作战的基础，也是进行未来信息化作战的关键，因此要求所有联网的武装力量、各指挥层级和各种行动部队要相互联通，形成一体化作战能力。因为唯有如此，武装力量的机动性才能更高，指挥才能更顺畅，作战效能才能更高，手段的利用率才能更好，作战时的反应速度才能更快，与盟国部队的一体化作战能力才能更强。

于是，加快发展信息化武器装备在德军的信息化建设和转型中很快跃居头等重要的位置。其主要做法是：

第一，对原有的机械化武器装备进行信息化改造，提高其自动化和智能化水平及作战效能，使其适应信息化作战的需要。如：将“豹”2 A5型主战坦克改进成“豹”2 A6，提高装甲部队的战斗力和突防力；为“PzH 2000”型自行榴弹炮等火炮装备COBRA式火炮定位雷达，提高其精确打击能力；为MARS式中型火箭炮系统配备GMLRS式精确定位系统，提高其远距离精确打击能力；为212A型潜艇装备TAU式反鱼雷系统，提高该潜艇对轻型和重型鱼雷的积极自卫能力。

第二，和盟国一起共同研制，弥补自己财力和人力的不足。以国际合作方式联合研制武器装备，已成为欧洲国家武器装备发展的主要方法。西欧国家研究表明，两国合作研制比一国单独研制可节省经费30%以上，多国联合研制可节省经费50%以上。为了加强合作，西欧国家还成立了相应的组织机构。欧洲国家联合研制和改造的武器装备既有坦克、飞机、舰艇等作战平台，也有机载与舰载雷达、反坦克导弹、反舰与反潜导弹等技术装备和武器弹药。早在20世纪70年代，德国就同英国和意大利联合研制了“旋风”式作战飞机，90年代，德国又同英国、意大利和西班牙一起联合研制了新一代的作战飞机“EF－2000”型欧洲战斗机。目前，德国正同法、英、意进行战略性信息领域——军事航天领域的合作，努力建立欧洲自己的军事航天体系，以摆脱对美国的依赖，并在光学成像侦察卫星和雷达成像卫星领域取得了较大的进展。

第三，加强信息系统建设，提高互联互通能力。为建立一个共同的通信与信息联合体系，联邦国防军信息技术局制定了一系列的全军信息技术发展规划，主要包括各种通信系统、各种指挥信息系统和各种信息网络三大类。这些系统和网络既能确保战时的情报传递，又能确保平时的信息需求，因而将成为德军获取和保持信息优势和随之而生的指挥优势之基础。例如，“联邦国防军第二期卫星通信系统”将于2009年建成投入使用，届时德军将拥有自己的军事卫星通信系统，借助于该系统，德军可在本土和海外任务区之间自主地、安全地进行信息的传递和联络。又如，总投资达21.42亿欧元的“标准应用软件产品系列”项目，包括大约90个子项目，已有28个完成，其中16个是2006年完成的，至2008年1月又有另外13个完成，剩余的将于2013年前全部完成。该项目是联邦国防军信息技术局最重要的规划之一，总的目标是，借助于“标准应用软件产品系列”的中央软件处理，为联邦国防军提供核心程序支持。该项目建成后，可为42.5万个用户（军地兼用）提供服务。其他项目，如“武装力量指挥信息系统”已于2006年秋建成投入使用；“陆军指挥信息系统”已于2007年秋提交部队，并于2008年年初投入使用；“空军指挥和控制系统”和“海军指挥和控制信息系统”亦将于近几年内先后建成和投入使用。届时，德军的信息化建设和网络战能力将全面跃上一个新的台阶。

法国：发展以平台建设为核心的信息化装备建设，坚持“有所为有所不为”的装备发展原则

陆军　法军的“空地作战气泡”概念需要相应武器装备的支持，其中，“一体化步兵装备与通信系统”是整个系统的基础，新一代装甲车辆是核心。法国的“一体化步兵与通信系统”发展计划是迈向完全的现代化战场的一个重要步骤。该系统的前提是把士兵作为“系统”发展，一体化的士兵系统包括新式作战服，单兵战斗武器和作战装备。它能够满足信息中心战士兵进行近距离作战的需求，使士兵能够观察周围的情况，进行通信联络和在突变的环境中采取行动，同时减少他们面临的危险。法军在原有战车的基础上发展了一种类似于地面作战平台、可执行多种任务的车辆，并有多种派生车型。这种战车要能够满足空地作战气泡系统所提出的多项要求。首先，这种战车必须做到一车多能，能够在开阔地带及城市中心等多种地理环境下，执行火力打击、火力支援、运输、侦察等多种任务。其次，为了便于利用运输机从空中快速部署，战车重量要严格限制在25吨之内。同时，战车还应具备机动性好、火力强、防护性强等特点。作为网络中心战的核心节点，战车还必须具备强大的数字化能力，拥有出色的电子系统和通信系统。

空军　法军认为，在航空工程方面，各项计划的研制周期和造价决定了不可能发生根本性的变化。2003年投入使用的“阵风”战斗机的作战寿命可持续到2040年，“幻影2000”战斗机2025年还可使用。但是未来的战斗机的使用，将被纳入包括战斗机、无人驾驶飞机、巡航导弹，甚至还包括弹道导弹的平台系统中进行使用。一个“平台”就是一个可飞行的，具备侦察、通信、观测、实施空空或空地打击和干扰等不同能力的结合体。法国最新型的“阵风”战斗机就是从这个角度设计的。它具备多种能力，并且完成多种任务，这使其成为一个真正的“平台”，能够胜任从拦截到轰炸的各种任务。目前的研究不是要取代它，而是将它与无人机和巡航导弹等新的平台结合。

法军的最终目标是建立一个以“阵风”战斗机为核心，以各类外挂传感器和无人机为辅助条件的空中网络，战斗机、无人机、武装无人机和巡航导弹有效合成，实现信息在网络中的高速流动。法军在2006年加载了北约16号数据链的“阵风F2”战斗机可以初步具备这种能力。16号数据链是美军和北约各国共同制定的具有扩频、跳频抗干扰能力的数据链，通过该数据链，“阵风”战斗机能够与周围系统（飞机、舰船、地面基地）形成不间断的信息交换，通过预警机得到不间断的信息更新。法军预计在2012年空军的空中网络系统将会初步形成。

海军　法军历来重视发展航空母舰及其飞机群。随着2001年“夏尔·戴高乐号”航母进入现役，海军把研究的目标转移到发展“飓风（RAFALE）”和“鹰眼（HAWKEYE）”舰载机上。第一支“飓风”战斗机小队在2002年投入实战。该机有单双座之分，备有可遂行昼夜和全天候精确打击的武器系统及相应的战术资料。同时，海军订购的第三代“鹰眼”侦察机于2003年到货。该机能够完成对海洋和陆地目标监测与攻击任务的支援，评估战场态势。同时，还可承担飞行作战群中的信息中转任务，参与特种作战中的搜索与求援行动。

海军水陆两栖部队的现代化也正在进行当中。法军认为，通过海上运送部队、装备以及在危险的情况下将作战部队投送至危机区域，是海军义不容辞的任务。海军要对这些部队所不可缺少的平台系统进行改造，使其能够满足迅速反应作战行动对投送时限、规模和手段的要求。因此，海军必须发展能够充分利用海洋优势进行作战的各种手段，目的是保证部队在海上完成先期展开不中断，然后进行陆上作战，从而缩短陆空与海空的间隔。为此，法国海军要求未来的两栖作战舰只必须能够完成先期展开、空中机动、指挥和后勤支援等任务。海军在2000年定购的2艘“台风”级干涉直升机航母就具有多种性能，如能够供直升机（特别是未来的NH90型直升机）起降、运输、输送登陆器材和提供医疗支援等。该舰可容纳450人，内设1个拥有

150 个工作台的指挥所，可与 250—300 人的海军或诸军兵种参谋部保持联系。根据需要，该舰通过增加一些附属设施，性能还可以提高。

与此同时，法国海军还非常重视掌握海上制空权，驱逐舰和核动力攻击型潜艇是法国海军争夺海上制空权的两种主要武器。当前，海军正在对其所拥有的大部分驱逐舰进行更新。鉴于防空驱逐舰的武器系统具有特殊性，海军专门制定了“地平线（HORIZON）”更新计划。海军已将 2 艘“地平线”级驱逐舰投入现役。这 2 艘驱逐舰的吨位为 6700 吨，装备有防空系统和先进的“紫苑（ASTER）”导弹。这些驱逐舰是法国与意大利联合制造的，英国负责研制舰载武器系统。

法国海军制定了多功能驱逐舰研发计划，旨在替换现有的驱逐舰和护卫舰。法国海军计划装备 17 艘多用途驱逐舰。这些驱逐舰将成为争夺海上制空权的主要手段。它们还将承担两种特殊使命：协助地面作战和潜水作战。协助地面作战是指其部队投送的支援和保障能力，具体来说就是指深度打击、监视、情报收集、投送特种部队、护卫和战区控制等。潜水作战主要包括部队投送中的反潜保护，以确保海上战略力量的安全。总之，它是用来遂行各种防卫和反潜作战任务的。

除此之外，海军还在实施“梭子鱼”（BARRACUDA）计划，也就是更换核动力攻击型潜艇计划，旨在对其所拥有的 6 艘“红宝石”级核动力攻击型潜艇进行更新。新的核动力攻击型潜艇数量保持不变，从 2012 年起陆续进入现役。

在 2008 年出台的《国家安全与防务白皮书》中，法国提出，要协调国防的发展，兼顾两种考虑，要在最短时间内改善最常用作战装备的可用性和现代化程度，同时还要展开有关情报和面向未来的装备发展项目。它首先提出要在陆、海、空军中加强对士兵的保护（作战者的单兵保护，装甲车，作战条件下的物资维护，海军舰船防空和反巡航导弹的能力）。同时它还准备展开一些新项目，特别是在了解—预测方面（观测、电子侦听、预警），在陆地、海面和空中，加强侦察无人机和武装无人机的发展，以及攻击性和防御性信息作战的能力。

同时，法国还认为必须坚决贯彻国防工业欧洲化的原则，在装备发展上必须“有所为，有所不为”，法国应在一些领域保卫自己的优势，集中发展国家政治和战略自主所必需的一些能力：核威慑、弹道导弹运载工具、攻击型核潜艇、信息系统安全是其中最核心的内容。对于其他需要掌握的技术和能力，法国认为应将它们优先置于欧洲的框架内：战斗机、无人机、巡航导弹、卫星、电子设备等，同时武器装备的采购政策还应该包括在世界市场上进行采购。

第三章　欧盟安全概况

安全是人类社会得以生存和发展的首要前提条件。因此，在某种意义上说，人类的历史就是不断谋求安全的历史。所谓安全，就是行为主体的生存与发展不受威胁，其行动意志不受遏制。由于人类在本性上是一个政治动物，天生自爱，且向善，因此和谐、自保和利他便成了人类的 3 个根本法则，其核心是安全，而安全的前提是人类必须遵守其最高行为准则——正义。正义以个人正义中的良心、社会正义中的平等和国际正义中的善的力量，分别作用于个人、社会群体和国家，调节着人类社会中各行为主体之间的关系，并在这种关系的基础上建立起相对和谐的秩序。

经受过无数次的战乱，特别是经受过两次世界大战浩劫的欧洲，把安全看得更加重要。欧洲各国越来越意识和认识到，每个国家的安全，只有在共同安全的前提下才更有保障。因此，战后以来，欧洲一直在努力追求这种共同安全，并在冷战结束以来取得了一定的实质性进展和成果，其具体体现就是欧洲一体化进程的不断深化，即在欧共体（欧盟）由战后的经济性组织向冷战后的经济、政治一体化组织过渡，以及进入 21 世纪后向经济、政治、防务一体化方向迈进的过程中，安全要素的分量不断增强。现概述如下。

第一节 欧盟安全合作机制

欧盟安全合作机制由以下组织机构组成，经过一段时期的运行，这些组织机构已形成一个有机的系统和完整的整体，对于欧盟的安全合作以及欧盟安全秩序的建立起作越来越重要的作用。特别值得指出的是，欧盟在安全合作的实践中，已建立起独立于北约的指挥机构，并且基本上明确了指挥关系、协同关系和隶属关系等，从而使欧盟独立实施军事行动成为可能，这在欧洲一体化建设的道路上是一个巨大的突破。

欧洲理事会 欧洲理事会即欧盟首脑会议，是由成员国的国家元首、政府首脑与欧洲委员会主席，以及各个成员国的外交部部长和欧盟委员会负责对外关系的专员共同参加的会议。尽管它表面上并不是一个机构，然而它却是欧盟的最高决策机构，任何涉及欧盟重大制度创新和变革的决策都是由欧洲理事会决定的。因此，欧洲理事会是为欧盟一体化进程提供动力的机构，常常在一体化进程遭受挫折或停步不前时起到关键性的推动作用。所以，欧洲理事会也在安全合作领域扮演着重要角色。欧洲理事会提供安全合作的总的指导方针，形成欧盟成员国在外交和安全事务上的共同立场，但是它不介入安全合作的具体事务，具体的各项事务由欧盟理事会承担。

欧盟理事会 欧盟理事会由各成员国的政府部长组成，也称为“部长理事会”。欧盟理事会有一名主席，由轮值主席国的外交部部长出任。欧盟理事会中处理安全事务的机构为总务及对外关系理事会，由各国的外交部部长组成，他们在执行欧洲理事会的决策时还会咨询各成员国国防部长的意见。同时，在欧盟理事会中还设有一位高级代表的职位，作为欧盟外部形象的代表，并且推动理事会在政策议题上能够达成一致。根据欧盟的法律规定，如果在理事会制定具有军事与防务意义的决策时，需要理事会的全体成员一致通过。但是，弃权的成员国并不受制于理事会的这一决策，即所谓的“建设性弃权”，这也是欧盟在安全领域谋求有所作为的具体举措之一。

欧盟政治与安全委员会 欧盟政治与安全委员会是制定和实施欧盟共同外交和安全政策的最高权力机构，也是欧盟国家安全合作的核心机构。政治与安全委员会在欧盟理事会的监督下，主要的职责是处理有关安全方面的大量议题，确定欧盟在危机处理方面的决策，并且监督着决策执行情况。

欧盟政治与安全委员会通过常驻代表会议和部长会议运行。常驻代表会议由各成员国派驻的大使级代表组成，负责处理日常事务，每周召开一次例会。部长会议由各成员国外交部部长组成，必要时国防部长也参加，负责审议与欧盟共同外交与防务政策有关的重大问题并做出决定。根据需要，欧盟军事委员会主席可列席上述有关会议。

欧盟政治与安全委员会的主要职能是根据形势需要和欧盟理事会的指示，就外交、安全和防务问题作出决策，及时向欧盟理事会报告，并负责监督上述决策的落实；研讨欧盟部长理事会会议中涉及安全和防务问题的议题；开展与欧盟其他委员会的交流和对话，向其通报有关安全与防务问题的重要情况及决定；审议欧盟军事委员会提供的信息、情报和建议，并向其发出指示和要求，审议其工作报告；根据欧盟有关规定，以欧盟特别机构的身份，就安全与防务问题与欧盟成员国、非欧盟北约国家及北约理事会展开政治对话；根据欧盟理事会授权，在欧盟军事委员会和军事参谋部的配合下，对欧盟军事力量建设实施政治指导。

欧盟军事委员会 欧盟军事委员会是欧盟理事会领导下的最高军事指挥机构，由欧盟各成员国的总参谋长及军事代表组成。军事委员会的任务是向欧盟政治和安全委员会提出军事方面的意见和建议，不同的军事行动方案也是在这里最终确定下来。并向欧盟军事参谋部发出军事方面的指令和要求。军事委员会的主席通常为上将军衔，一般由欧盟团轮值主席国的历任参谋长担任，任期一般为3年。军事委员会主席平时是欧盟共同外交和安全政策高级代表的军事顾问，在军事行动中担任最高指挥官。

欧盟军事委员会是欧盟成员国之间在预防冲突和处理危机问题上进行军事磋商和合作的中心场所。根据政治和安全委员会的指示和要求，军事委员会的具体工作包括：从军事角度提出处理危机的基本设想；在处理危机的军事行动中，解决对军事问题中的政治控制和战略指导问题；对可能导致危机和冲突的风险形势做出评估；对某一危机局势的发展前景做出预测；拟定以军事方式处理危机的预期目标；处理欧盟与北约、与非欧盟北约成员国、与欧盟候选成员国及其他国家和国际组织的军事关系；提出欧盟军事干预行动和军事演习的财政预算；在制定危机处理行动计划时，军事委员会对军事参谋部和军事行动指挥官提出要求，并发布行动命令。军事委员会负责监督军事干预行动的实施。每次军事干预行动结束后，军事委员会要求政治和安全委员会提交报告。在处理危机和突发事件中，军事委员会负责欧盟各成员国之间的军事协调。

欧盟军事参谋部　欧盟军事参谋部成立于2001年7月，隶属欧盟理事会，由各成员国军事代表组成，负责分析军事形势和制定具体的军事行动计划。参谋部下设政策计划、情报、作战演习、后勤资源和通信信息系统等5个局和1个民事与军事小组，各主官均为准将军衔军官。其中，政策计划局下设政策处、条令与计划处、部队与能力发展处，情报局下设情报政策处、情报需求处和情报生产处，作战演习局下设危机反应计划与行动处、演训与分析处；后勤资源局下设后勤处、资源保障处、管理处；通信信息系统局下设政策与需求计划处、信息技术与安全处；民事与军事小组下设民事与军事战略计划处和作战中心，其中作战中心应急启动后可独立运作。参谋部主任、参谋长及上述各局、处主官由各成员国人员轮流担任。现任参谋部主任为英国中将利基，于2007年3月任职。参谋部目前编有200名军官、士官和文职人员。

军事参谋部在欧盟安全战略的框架内，履行早期预警、形势评估和战略计划等职能任务。具体包括：向欧盟有关机构提供军事建议；向“欧盟形势分析中心”提供军事信息并接收其反馈的情况；依托有关国家及多国联合情况资源，监控潜在危机；拟制军事计划；协调与北约的关系，确定并编制参加欧盟领导的军事行动力量或多国部队；在联合国或其他国际组织的框架下，发展与特定对话国的关系；为欧盟理事长秘书长、政治与安全委员会、欧盟作战中心等机构制定民事与军事行动政策与计划，组织实施民事与军事行动任务，评估行动和演习情况；负责欧盟部队的发展与战备；对欧盟危机处理和军事行动进行规则、计划、指导和评估参与对军事行动和演习的财政预算评估。

2003年12月，欧盟决定在军事参谋部下设立一个民事与军事计划小组，负责欧盟独立军事任务的规划、协调与指挥，2004年年底该小组开始工作。在此基础上，欧盟还建立了一个军事行动中心，使欧盟具备了计划与执行军事任务的能力。

欧盟作战中心　欧盟作战中心成立于2007年初，隶属欧洲军事参谋部。作战中心编制，军人75人，文职13人，其中8名军人为中心常驻人员，37名军人为欧盟军事参谋部人员，同时兼任中心职务；另30名军人为各成员国增援力量，文职人员则由欧盟委员会对外关系总局选派。

作战中心的主要任务是为欧盟领导的军事—民事行动制定计划，并实施指挥和监督。根据与北约达成的协议，必要时欧盟作战中心可借用北约资源。欧盟作战中心在2007年6月7日至15日举行的演习“MILIEX－07”演习中首次正式启用，演练在未来的实际角色——充当欧盟独立对外军事行动时的战略级计划和指挥机构。欧盟作战中心的启用标志着欧盟真正形成了独立于北约的战略级计划和指挥机构。

欧洲防务局　欧洲防务局是欧盟最重要的外交和安全决策与咨询机构之一，2004年7月正式成立，2007年年底投入运转。它的主要任务是，推动欧盟共同安全与防务政策的实施，协调欧盟军备开支，提高成员国在危机处理、军备合作、军事技术研发等方面的能力以及欧洲军备市场的竞争力，评估成员国承担义务的能力，确定未来欧盟军队和装备的发展需要，并对欧盟作战行动提出建议。

欧洲防务局直接对欧盟理事会负责，同时向欧盟政治与安全委员会提交工作报告并接受该委员会指导。欧洲防务局的决策机构是欧盟国防部长会议，每年举行两次会议。欧洲防务局的成立是欧盟在独立防务建设方面迈出的实质性一步，有利于欧盟各国在武器研发、生产和采购等环节的统一协调和管理，通过走欧洲装备一体化道路，实现欧盟内部优势互补，最大限度地发挥规模效益，显著提高欧盟武器装备的国际竞争力，促进欧洲武器装备共同市场的形成与发展，加快欧盟防务建设的步伐。

第二节　欧盟共同安全战略

“9·11”事件和伊拉克战争后，面对新的国际形势和安全环境，为了便于联合行动，应对国际新的安全威胁；特别是为了统一欧盟安全理念和行动，扩大欧盟的国际影响，同时弥合欧美安全认识上的分歧，平衡跨大西洋伙伴关系，以达到维护和确保欧盟的利益和安全之目的，进而巩固和促进欧洲一体化建设，2003 年 5 月，欧盟外长会议授权共同外交和安全政策高级代表索拉纳起草欧盟共同安全战略。同年 6 月 19 日，索拉纳向欧盟萨洛尼卡首脑会议提交了欧洲历史上第一部安全战略纲要，提出了“主动”、“协调”、“实力”三位一体的战略。该战略强调在扩大欧洲安全区、建立多边国际体系与维护联合国权威的基础上，通过先行介入和先发制人的行动，及时、快速、有效地应对和处理各种新威胁和危机，制止可能发生的冲突，确保欧盟的安全并为全球安全承担责任。20 日，欧盟萨洛尼卡首脑会议审议了索拉纳提交的《共同安全战略》纲要，并就此初步达成共识。这不仅是欧洲历史上第一部关于共同安全战略的文件，而且标志着欧盟破天荒第一次有了自己真正的战略，是欧盟在共同防务问题上由松散论坛向一体化迈进的里程碑和转折点，因而必将对欧盟今后的发展乃至世界战略格局产生重要影响。

产生的原因与背景

欧洲的觉醒与认识的不断提高 历史与现实的教训使欧盟认识到，欧洲的安全、利益和国际地位只有依靠自身的力量、能力和团结一致才能得到真正有效的保卫、维护和体现。

第二次世界大战后，由于历史的原因和冷战的开始，欧洲分裂为两大对抗的阵营。东、西欧分别加入华约、北约，名义上受苏、美的保护，实际上完全受制于它们，成为它们战略棋盘上的“棋子”。特别是进入 20 世纪 80 年代后，苏美为争夺世界霸权，军备竞赛不断升级，东西方军事对峙加剧，西欧因被排除在直接与其安全攸关的苏美军控谈判之外而对美产生信任危机。为寻求减少对美的军事依赖，在苏美既对抗又对话中更好地维护自身安全利益，西欧国家产生了探索防务合作的紧迫感。尤其是，1986 年 10 月，苏美两国出于自身的战略需要，双方领导人在冰岛举行会晤，谈判大幅度削减欧洲中程导弹问题，并达成初步协议。此举在西欧引起极大反响，西欧看到美国无视其利益同苏联搞越顶外交的现实危险，意识到依靠自己的力量和相互间的合作来维护自身安全的迫切性。

冷战结束后，为填补苏联和华约解体后留下的权力真空，以美国为首的北约不仅没有解散，并且实施了东扩。欧共体紧跟其后，在实现从经济联盟向政治联盟过渡（改名为欧盟）之后，也进行了扩展，欲与美国一争高低，实现欧洲人自己掌管欧洲的目的。因此，科索沃危机爆发后，欧盟将其视为契机，力图按自己的利益和战略意图来处理，以展示其在欧洲政治舞台上的作用，同时也希望借此减少或摆脱对美国的依赖。但是，随着危机升级为战争，欧盟认识到自身尚无能力独自解决科索沃问题，最终还得由美国拍板，并依靠以美国为首的北约出面解决。这从另一方面使欧盟进一步认识到加快自身防务建设的迫切性和重要性，因为良好的愿望代替不了实力和能力，目标必须靠有效的手段去实现。

进入 21 世纪后，在欧盟即将进一步扩大之际，在伊拉克战争问题上，欧盟内部出现了“反战”和“主战”两种不同的声音，“新”、“老”欧洲两派凸现。这不仅使欧盟共同安全和防务政策大大倒退，而且直接影响到欧盟的进一步发展和在国际舞台上的形象。由此，欧盟清醒地认识到，欧盟要想在国际事务中有所作为，必须团结一致。而要做到真正团结一致，光有统一的货币和组织机构还不够，必须在欧洲共同的传统与文化的基础上尽快形成统一的安全理念和战略，实现经济、政治和防务一体化。

一体化进程的必然结果

欧盟实现政治、经济和防务一体化的目标本身客观上要求有统一的战略，这是欧洲一体化进程的必然趋势与结果。

冷战时期的欧共体，其总的目标尚不明确，只有一个笼统的欧洲联合，并设想建立“欧洲联邦”或“欧洲合众国”，实现西欧一体化。更为具体的则是为了成员国之间互惠互利、经济合作与共同发展，如根据《罗马条约》的规定，将建立工业品关税同盟和实施共同农业政策，逐步协调经济、社会及对外政策，实现成员国间商品、劳动力和资本的自由流通等。直到冷战后的 1991 年 12 月 9 日，欧共体在荷兰马斯特里赫特召开特别首脑会议，签订《欧洲经济和货币联盟条约》与《欧洲政治联盟条约》，统称《欧洲联盟条约》，亦即《马斯特里赫特条约》（简称《马约》），并于1993年11月1日正式生效之后，欧盟才有了自己的明确目标，即实现政治、经济和防务一体化。这三个目标中，经济一体化由于有以前欧共体这个良好的基础而得以最先实现，已于20世纪90年代末先后建立欧洲中央银行和实行欧洲单一货币。政治一体化已初见成效，不仅成立了欧盟理事会和欧盟委员会，建立了欧洲警察局，改革和完善了欧洲议会和欧洲法院的运行机制；而且决定成立欧洲司法合作署，起草了欧盟宪法。随着欧盟宪法的最后确定，欧盟政治一体化将跃上一个新的台阶。

相比之下，防务一体化则严重滞后。长期以来，由于欧盟缺乏真正意义上的防务机构，没有统一的强大的武装力量，没有理顺与北约的关系，特别是未能形成统一的安全理念和战略，其防务一体化建设一直进展缓慢。

欧洲防务一体化的雏形可追溯到1948年8月由英、法、荷、比、卢建立的“布鲁塞尔条约组织”，1949年北约成立后，该组织于1950年并入北约。1955年5月，“布鲁塞尔条约组织”正式更名为西欧联盟（简称西盟），并吸收德、意加入，欧洲防务一体化组织正式出现。但是，随着冷战的加剧，西欧的防务由北约承担，西盟一度长期处于“沉睡”之中，直到20世纪80年代才“复苏”和重新启动，但无重大建树，基本处于“论坛”状态。80年代后期建立“德法混合旅”后，这一状态才有所改变。冷战后，随着《马约》的签署和生效，欧盟防务一体化建设开始步入正轨，并取得了实质性进展。90年代，欧盟除在“德法混合旅”的基础上组建“欧洲军团”外，还组建了“欧洲海/空部队”、“多国快速反应部队”、“英法联合空军指挥部”等多种作战部队和指挥机构，同时加强了武器装备的联合研制与采购。进入21世纪后，欧盟加快了防务一体化建设的步伐，不仅将西盟并入到了欧盟，并在已有部队的基础上组建了“欧盟快速反应部队”；而且决定设立统一的防务决策与指挥机构（拟在欧盟理事会下成立政治和安全委员会、军事委员会和军事参谋部）。此外，还初步理顺了与北约的关系，确立双方在处理危机过程中为“战略伙伴关系”。欧盟防务一体化建设发展到此，可谓万事俱备，只欠统一的战略这个“东风”。欧盟的《共同安全战略》纲要正是在这种“呼之欲出”的背景下顺势出台的。

主要内容和特点

主要内容　《共同安全战略》纲要通过对世界安全形势的分析和欧盟面临的主要威胁之判断，提出了欧盟的战略目标及实现这些目标的战略方针和手段。

纲要认为，地区冲突、国际恐怖主义、大规模毁伤性武器扩散、有组织犯罪、贩毒和非法移民是当前世界面临的主要威胁。纲要将国际恐怖主义威胁定性为“战略性威胁”，认为恐怖分子通过获取和使用大规模毁伤性武器，将对世界造成巨大灾难。为防范恐怖袭击及其他威胁，欧盟将致力于实现以下三大战略目标：

（1）扩大欧洲安全区。即在欧盟周边地区建立一个安全链，以防止在东欧和环地中海地区出现“失败国家”。欧盟将通过东扩和建立伙伴关系使东欧国家融入欧洲大家庭，并通过政治对话和建立自由贸易区加强与环地中海国家的联系。

（2）建立多边国际体系。纲要称，在一个多元化的世界里，安全与繁荣取决于多边国际体系，建立一个有效的、制度化的多边国际体系是欧盟努力的目标。

（3）维护联合国的权威。纲要认为，国际关系的基本框架是《联合国宪章》，维护《联合国宪章》。的合法性和权威性，确保联合国履行职责和有效行动是欧盟的首要目标。欧盟必须准备与破坏国际规则的行为作斗争。

为实现上述目标，纲要提出了以下战略方针和手段：一是主动出击，应对威胁。即御敌于欧盟之外，对威胁实施“先发制人”的打击。纲要认为，欧盟应改变防御观念，将应对威胁的第一道防线建立在传统防区之外。由于新威胁更具破坏力和危险性，因此应在危机爆发前采取主动行动。二是加强国际协调与合作。即建立广泛的统一战线，共同应对新的安全威胁。纲要认为，欧盟应加强成员国之间的行动协调，并与国际组织和美、俄、日、中、加、印等世界主要国家密切合作，建立起集体防御体系，其中欧美合作是世界安全与稳定的决定力量。三是以实力为后盾，多种手段并举。即强调实力是行为的基础，是欧盟共同外交和安全政策的保证。与传统军事威胁相比，新威胁更为复杂，应对手段也应多样化，需综合运用军事、政治和外交等多种手段。

主要特点　《共同安全战略》纲要作为欧盟第一部战略文献，所提出的第一个欧盟战略具有以下特点：

1. 具有一定的纲领性和指导性。该纲要是在欧盟不断扩大、一体化进程与程度日益加快与提高，以及国际战略格局与大国关系发生微妙变化的大背景下形成出台的；同时也是欧盟在加紧制定欧盟宪法、规划欧盟前途的关键时机在安全领域采取的重要举措，其目的是弥补防务一体化方面的不足，尽快使防务一体化进程与经济、政治一体化进程同步。由于该纲领首次提出了欧盟统一的战略，把欧盟作为一个完整的、统一的国际行为主体，站在全局的高度提出了其未来的战略目标与方针，这无疑会成为欧盟未来安全与防务建设的纲领性文献，对于欧盟未来的发展，特别是对于欧盟未来防务一体化进程具有较重要的指导意义。

2. 具有明显的进攻性和一定的冒险性。尽管该纲要强调欧盟的战略主要是为了防范恐怖袭击和应对“多元”、“隐蔽”和“难以预测”的新威胁，但由于它主张通过先行介入和先发制人的方式解决问题，并且是基于实力的基础之上，在这种前提下，只要欧盟认为有“威胁”，它就可以随时采取行动和主动出击。特别是，当欧盟与北约“并肩”和“联合”采取行动时，这种战略就更具进攻性和冒险性。

3. 具有隐藏的脆弱性。首先，欧盟不断扩大本身就埋下了内部不和、矛盾与分歧的种子。任何一个联盟，当它无限制地不断扩大时，由于成员国一再增多，随着时间的推移，就会在联盟内产生新的利益集团和派别，并进而形成新的权力中心。于是，不和谐的声音开始出现，分歧不断增加，矛盾迭起。当新的权力中心不被大家认可时，联盟就有解散和瓦解的危险。欧盟发展到今天，已由原先的6个成员国扩大到15个，并即将扩大到25个。然而在这“壮大”的表象背后，却隐藏着矛盾与分歧，如：在伊拉克战争问题上，欧盟内部出现的“反战”和“主战”两种不同的声音；在制定欧盟宪法上难以达成一致；中东欧国家在谋求加入欧盟的同时，又在谋求加入北约，以捞取经济好处和寻求安全保障的双重心理等。凡此种种，已暴露出欧盟固有的弱点与不足。

其次，欧洲文明的多样性所衍生出的传统与宗教的差异性决定了欧盟不可能那么容易地一下子形成真正的统一的安全理念和战略。欧洲文明由古希腊、古罗马的农耕文明和古代蛮族的游牧文明以及岛国的海洋文明交会而成，并经过民族大迁徙、商业往来和十字军东征以及宗教的渗透和工业革命的洗礼，逐步融合和发展为今天的欧洲文明。但由于欧洲文明或多或少地保留有古代各种文明的影子，并在宗教上存在新教、旧教和东正教之分，加之近代以来各种战争和冲突所造成的恩恩怨怨，这就使欧洲各民族和各国家之间总是隐隐约约地存在着一些隔阂和潜在的矛盾。这就是目前欧洲各国，尤其是各大国谁也不服谁的根本原因之所在。而这种原因是深层次的，影响也是深远的。

一个是固有的弱点与不足，一个是深层次的矛盾，这就决定了欧盟第一个战略的脆弱性和局限性。坐观其变便是，无须担心。

主要影响　无论怎样，《共同安全战略》纲要是欧洲历史上第一部关于共同安全战略的文件，欧盟第一次有了自己的战略，它标志着欧盟在共同防务问题上松散论坛历史的结束和防务一体化的真正开始，因而在欧盟历史上具有里程碑的意义。从可预见的未来来看，主要具有以下几个方面的影响：

首先，有利于欧盟共同外交和防务的建设与欧盟一体化的发展。该纲要在理论上统一了欧盟安全理念，在一定程度上可避免成员国在国际事务中各行其是，乃至自拆己台，确保欧盟及时、快速和有效地应对各种危机与冲突，保卫和维护自身的安全和利益。由于这将大大缩小防务一体化与经济、政治一体化的差距，无疑会有利于欧盟整个一体化的发展。其次，可起到牵制美国的作用。该纲要强调国际协调，呼吁维护《联合国宪章》的合法性和权威性以及注重发挥联合国的作用，这与大多数国家的主张一致，具有一定的正义性，对抑制美国企图建立单极世界体系和主宰全球具有一定的积极意义和牵制作用。再次，有助于多极化世界格局的形成和世界和平与稳定的维护。扩大后的欧盟总人口超过4.5亿人，生产总值占世界总产值的1/4，是多极世界中的重要一极；特别是欧元自正式流通以来，不断升值，已对美元构成挑战，从而动摇了美国在国际金融体系中的霸主地位。欧盟如能参与全球治理，在国际事务中主持公道，并与霸权主义行径划清界限；那么，向防务一体化迈进的欧盟必将成为一支重要的正义力量，这支力量必然会为世界和平与稳定做出重要贡献。

从欧盟一体化特别是其防务一体化的发展中，我们可悟出这样一个道理：任何一个新的政策、战略或方针的出台，必须立足于自身的发展与现状，并考虑到今后的可能发展趋势；同时要站在国际全局的高度，审时度势，即根据整个时代与国际战略格局的发展，仔细分析和考量安全环境和敌我战略态势。这样制定出的政策、战略或方针方能使最高当局在实践中达到静察秋毫、顺势而动、待机而发、无往而不胜之至高境界。

第三节　恐怖主义与欧盟反恐战略

恐怖主义是不公正的产物，最早起源于欧洲，因为欧洲是不公正的发源地，这种不公正随着资本主义由欧洲向世界扩张而遍及全球，其核心要素是基于利益主义的强权政治、霸权主义和无止境的剥削。与此相随，反恐也始于欧洲。在恐怖主义越来越成为一种国际化现象并危及国际安全以及国际反恐格局逐步形成的今天，研究欧盟的反恐战略具有较重要的学术价值和社会现实意义。

恐怖主义概述

恐怖主义的定义　关于恐怖主义，不同的词典、不同的国家官方和不同的专家学者有着不同的解释和界定。如，《辞海》将其定义为："主要通过对无辜平民采取暴力手段以达到一定的政治和宗教目的的犯罪行为的总称。较多采用制造爆炸事件、劫机、扣押或屠杀人质等方式造成社会恐怖，打击有关政府和组织，以满足其某些要求或扩大其影响。"《不列颠百科全书》则将其定义为："对政府、公众或个人蓄意使用恐怖手段或令人莫测的暴力，以达到某种政治目的。各种右翼和左翼的政治组织、民族主义团体、民族集团、革命者以及军队和政府秘密警察都有利用恐怖主义者。"据中外有关学者罗列统计，1981 年前共有 109 种，1982 年后较有影响的共 50 余种。但综合起来看，趋于一致的结论和观点主要有以下四种：一是将恐怖主义界定为一种暴力（或武力）行动；二是认为恐怖主义往往具有政治性目标；三是认为恐怖主义主要是通过制造恐惧、恐怖气氛或打心理战来达成目标；四是认为恐怖主义概念应包含威胁（使用暴力）的行为要素。笔者认为，所谓恐怖主义，是指一种有计划和预谋的，旨在通过针对不确定的无辜对象使用或威胁使用暴力，以制造恐惧气氛和引起广泛社会关注，从而迫使有关国家政府或社会主体妥协，进而达成其政治性目标的非法活动与组织的总称。

恐怖主义的历史演变　恐怖主义的历史根源可以追溯到阶级社会产生之时，因为只有在阶级社会里，才会出现以占有和侵略为目的和特征的政治性暴力活动。据史料记载，最早的恐怖活动至少可以追溯到古希腊和古罗马。古希腊著名历史学家色诺芬（约公元前 430—前 354 年）就曾记述过他所带领的部队通过恐怖活动（放火烧城）对敌方造成的心理震撼并利用这种震撼安全撤退的事件经过。罗马皇帝康茂德（180—192 年在位）在其当政第三年的一个晚上遇刺，虽然幸免于难，"但刺杀这个字眼却从此深深印入康茂德的头脑中，并留下了对整个人类恐惧和仇恨的不可磨灭的印记"。

中世纪，西班牙宗教法庭使用任意逮捕、酷刑和判处死刑等手段，惩治他们认为的宗教异端。11 世纪末 12 世纪初，穆斯林什叶派中的新易司马仪派（或阿萨辛派）在里海海岸与波斯高地之间的险要高山，构筑堡垒，发展秘密组织——"互助会"。其最高首领为总传道师，下辖许多的大传道师，每个大传道师负责一个地区的工作；在大传道师的下面，又有许多的普通宣传员，他们是基层组织的骨干；每个基层组织又有不少的狂热信徒——"义侠"，在总传道师的训导下，为了实现"互助会"扩大势力、拓展地盘的目的，"他们只问目的，不择手段，滥用匕首，把暗杀变成一种艺术"，并"随时准备着执行总传道师的任何命令，虽牺牲生命，也在所不惜"。因为其教义教导说："往杀某人，归后，将命我之天神导汝辈至天堂。脱死于彼，则将命我之天神领汝辈重还天堂中。"这些，无不与当代的恐怖主义组织——基地组织具有惊人的相似。

近代，法国大革命期间，在雅各宾派执政之初，面对国外强大敌军的侵逼和国内反革命派的叛乱以及粮食短缺引起的骚动，为解决这些严峻而紧迫的问题，以罗伯斯比尔为首的执政党不得不推行恐怖政策，主张“经济的恐怖要与政治的恐怖同时并行”。尤其是在平叛中，救国委员会大施报复、恐怖手段，实行“最残酷的大举杀戮……通过战争来消灭敌人，又利用法律来铲除异己”。这一时期因此被称为“恐怖统治”时期（1793—1794 年），所实行的恐怖政策被称为“恐怖主义”。美国南北战争（1861—1865 年）后，持反抗态度的南方人组成“三 K 党”（1866 年），恐吓重建的支持者，并很快发展成“一个政治恐怖的工具，它袭击忠诚同盟，恫吓黑人选民，破坏地方黑人组织者的有效工作”，南部地区因此一度处于“三 K 党”的恐怖笼罩之中。

19 世纪中叶至 20 世纪初期，西欧、俄国和美国的无政府主义信徒和民族主义者都把恐怖主义作为实现其政治目标的手段，一些国王、总统、总理等国家元首和政府首脑以及其他政府官员惨死于他们的暗杀和谋杀之下，恐怖主义开始超越一国的范围而在国际政治中扮演越来越重要的角色。一些民族主义者企图利用恐怖手段来影响国家间的关系和国际形势的变化，使之朝有利于本民族利益的方向发展，最典型的案例莫过于 1914 年奥匈帝国弗兰兹・斐迪南大公及其妻子在刚吞并的波斯尼亚首府萨拉热窝遇刺事件，该事件为塞尔维亚民族主义秘密组织“黑手社”所为，并因成为第一次世界大战的导火索而成为恐怖主义走向国际化的标志。此后，恐怖主义迅速发展并出现了重大变化，成为各种极端主义党派政治运动的标志。恐怖主义在一些极权国家，例如希特勒统治下的纳粹德国，事实上被当作一种国策，在这种恐怖主义国策的“治理”下，无数犹太人惨遭折磨、迫害和屠杀。

恐怖主义产生的原因　综上所述，恐怖主义作为政治、军事、宗教、社会等斗争的手段自古有之且历史悠久。总的来看，恐怖主义往往是弱者不得已而采取的手段，但强者在必要时也可能积极采用。因此，综而分析，恐怖主义产生的直接原因主要是：①对镇压的反抗，当弱者被宣布为非法组织而遭到镇压和取缔时，通过合法手段改变现状的途径已被堵死，出于生存的需要，他们只能诉诸非法的乃至极端的暴力手段；②对信仰和天赋人权的捍卫，当弱者认为其至高无上的信仰和天赋人权正在被亵渎和剥夺时，他们在既无足够的力量，又无自主的权利进行捍卫的情况下，出于对信仰和天赋人权的忠诚和追求，他们有时会采取与无辜者同归于尽的自杀性恐怖行为方式；③对权力的争夺，当弱者欲谋求权力但又难以达成时，出于对政治欲望的满足，他们往往铤而走险，采取暗杀和谋杀行动；④对社会的报复，当弱者感到社会对他们极不公平，并因此而陷于极度的心理、生理和生活的压力与恐惧之中时，出于对压力的释放，他们往往对社会采取非理性的泛目标的破坏性报复行为；⑤对对手的警示与威慑，当强者认为其地位正受到动摇和挑战，而对手又藏而不露时，出于对权力和地位的巩固乃至势力范围的扩展，在这种非常时期，他们往往利用自己掌握的强力机关和暴力机器，对对手采取先发制人的杀一儆百的惩罚性暴力行动或拉网式的剿灭行动。

更进一步地讲，产生恐怖主义的终极原因则是不公正及其导致的不平等。弱者为了追求和谋求精神和物质上的平等，在别无他法时，只能采取恐怖主义手段；强者为了保持和加强精神和物质上的优势地位，必要时也采取“合法”的恐怖主义手段。不平等在国内主要表现为：经济发展不平衡和分配不公导致的贫困、失业、贫富两极分化以及由此而引起的阶级矛盾激化；不合理的民族政策造成的民族矛盾激化；宗教歧视所造成的宗教矛盾以及宗教矛盾的政治化和政治矛盾的宗教化；种族歧视所导致的种族矛盾与冲突及其引发的移民与难民问题；文化危机和精神危机所造成的心理空虚与恐慌。不平等在国际上则表现为：霸权主义和强权政治所造成的各种冲突和对抗；国际政治多极化所导致的国际格局重组与各种联盟的产生；国际经济全球化所造成的贫富地区鸿沟的加大与两极分化的加深；国际社会信息化所导致的对精神与物质资源掠夺的加剧和新的边缘化地带的产生；国际文化的差异性和不同文明的冲突所造成的民族心理隔阂与不同文明群体之间的对抗。国内和国际的不平等所导致的各种矛盾、问题和冲突，便是恐怖主义产生的深层次原因。

国际反恐格局的形成　国际反恐格局是在当代国际恐怖主义迅速发展并对国际社会与国家安全造成严重危害与威胁的形势下形成的。

当代国际恐怖主义的发展 战后，由于传媒的现代化和多样化，恐怖主义对公众的影响也日益增加，一次惨烈的恐怖事件所造成的恐怖气氛可通过这些多样化的媒体传向世界的每一个角落而对广大民众的心理产生长时间的消极影响。为了造成这种恐怖气氛，当代恐怖主义改变了以往恐怖主义针对具体目标的做法，尽可能在任意的公共场所采取行动。这样做的结果是，被害者中许多往往是纯属偶然地置身于恐怖事件现场的无辜平民，而且这样的无辜平民越多，恐怖气氛就越浓——这正是现代恐怖主义分子所期待的。因为在恐怖主义分子看来，“屠杀无辜可以散布恐怖从而造成政治的、社会的和经济的混乱”。而其任意性则可将整个社会置于恐怖气氛之中，因为没有任何人是特别的攻击目标，就意味着没有任何人是安全的。

冷战结束后，特别是进入21世纪以来，科学技术突飞猛进的发展和军事技术的不断进步，尤其是网络化和信息化技术的发展以及高尖武器技术的扩散，使恐怖主义的国际化、破坏性和震撼性都达到了空前的程度。被美国等西方国家列为国际恐怖主义的“基地”组织，以世人意想不到的非常手段，于2001年9月11日对美国发起的突然袭击，无论从规模和强度，还是从毁伤效果和国际影响来看，都丝毫不亚于一场战争。尤其是军事经济实力如此超强、满怀统治全球野心的美国，自从建国以来，其本土还未遭受任何外来的袭击，在其如日中天之时，竟遭到“恐怖主义”的袭击。这足以证明，当代国际“恐怖主义”已经发展成为一种危及国家安全乃至国际社会稳定的不可忽视的力量。

各国政府与地区性组织所列的恐怖主义组织名单各有区别，不尽相同，尽管种类繁多，但大体可分为4种基本类型，即宗教极端型恐怖主义、极右型恐怖主义、极左型恐怖主义、民族主义型恐怖主义。

宗教极端型恐怖主义是带有明显宗教狂热色彩或打着宗教旗号的新兴教派和具有狂热性的膜拜团体，为了捍卫其所信奉宗教的神圣性与至高性，并实现其建立至纯的单一宗教制国家的企图，而主动采取的铲除“异己”和滥杀无辜的血腥残暴行为。它不仅历史悠久（已有近两千年的历史），而且是当代世界最普遍最严重的恐怖活动类型之一。据不完全统计，当今世界活跃的国际恐怖主义组织中，至少1/5—1/4具有宗教狂热性质，其发动的恐怖活动的比例甚至更高，而且其残忍性和破坏性随着其狂热性的增加而增加。当今世界，宗教极端型恐怖主义的典型代表，是宗教激进主义的一些极端组织，如“穆斯林兄弟会”及其派生组织“哈马斯”。特别是在很多国家和地区，这种恐怖主义与极端民族主义结合在一起，成为危害国家安全与地区稳定的主要因素。

极右型恐怖主义是极右势力为了维护现状，阻止社会进步，针对左派政党与组织在社会广泛采取的恐怖破坏活动，20世纪60年代末期以后开始泛滥。由于该类型的恐怖主义既有明确的目标对象——犹太人、有色人种、外来移民以及政治要人与政府设施等，又有不确定的随意性目标对象——广大的无辜平民与普通公共设施，因而表现出很强的滥杀无辜之特点与制造恐怖气氛的能力。其典型代表是泛滥于欧美的极右恐怖组织，如意大利的“新秩序”、“革命武装核心”、“光头党”等，德国的“霍夫曼军团小组”、“日耳曼民盟”、“光头党”、“德国人民和家乡联盟”等，法国的“欧洲民族行动联合会”、“欧洲民族主义联盟”、“维护法兰西运动”等，英国的“C18”、“白色闪电”等，俄罗斯的“俄罗斯民族统一运动”、“民族主义联盟”、“光头党”等，美国的“三K党”、“雅利安民族党”、“秩序党”等，其中绝大多数都属于新纳粹组织，它们通过现代化的网络联为一体，频频制造恐怖事件，已成为欧洲和美国的社会难题。

极左型恐怖主义是激进的极左组织因对现行的社会政治制度极度不满，为了改变社会政治进程以至夺取政权，而采取的暗杀、爆炸等个人冒险恐怖活动与行为。这种恐怖主义产生于20世纪60年代。60年代以来，由于冷战的加剧，国际局势动荡不安，两个阵营都出现分化、分裂现象，社会矛盾日趋尖锐，尤其是各资本主义国家内部阶级矛盾突出，社会关系紧张，并开始出现严重的社会问题，如教育制度的缺陷，失业人口的增加等。在这种复杂的国际国内形势下，各种激进的极左组织纷纷诞生，为了尽快实现其“理想”，他们也走上了恐怖主义之路，大肆宣扬暴力恐怖活动的“崇高性”与“正义性”，并将其视为“必须手段”、“有效手段”乃至“唯一手段”。其典型代表有：德国的“红军派”，意大利的“红色旅”，法国的“直接行动”，日本的“赤军”，以及秘鲁的“光辉道路”组织等。

民族主义型恐怖主义是民族主义者基于对本民族地域（领土）、语言文化、历史传统、宗教信仰、心理特征、风俗习惯、生活方式等的认同，为了追求本民族的独立或完全自治，在受到压制和限制而无法实现其目标的情况下，被迫采取的非理性极端暴力行为与主张。原始形态的民族主义恐怖活动可追溯到大约2000年以前，当代的民族主义型恐怖主义则出现在20世纪初期第一次世界大战前后。据不完全统计，目前世界上的恐怖组织约有1/3是民族主义恐怖组织，它们制造的恐怖活动不仅波及范围广，而且危害深，已成为国家安全与稳定乃至世界和平的重要威胁因素。典型的民族主义型恐怖主义组织主要有：英国北爱尔兰的“爱尔兰共和军（临时派）”，西班牙的“埃塔”（即巴斯克民族与自由组织），法国的“科西嘉民族解放阵线”，巴勒斯坦的“阿布·尼达尔”组织，斯里兰卡的“泰米尔猛虎组织”，俄罗斯的车臣民族分离主义等。

当代国际恐怖主义的特点 当代国际恐怖主义尽管种类不同，但它们都具有一些共同的特点，主要是：

第一，组织联系国际化。在世界变成“地球村”和“你中有我，我中有你”的同时，由于目标和对手的一致，当今世界上，不同的恐怖主义组织借助现代化的通信与网络技术，已结成广泛的“统一战线”，形成了一个松散的国际恐怖主义网络联盟，其国际化趋势越来越明显。他们相互勾结，协同行动，甚至多次召开秘密国际会议，互通情报，交流经验，制定合作与相互策应计划，并成立了“国际革命军”等国际性恐怖联盟。有关调查证明，“基地”组织与世界各地恐怖组织之间存在着一个相互勾连的国际性网络；一些专家指出，目前以“基地”组织为核心的国际恐怖组织网络分散在全球60多个国家。因此，随着各国恐怖主义组织的跨国合作日益紧密和跨国活动日益频繁，国际反恐斗争的形势变得越来越严峻。

第二，成员分子年轻化。随着世界进入后现代社会和信息化时代，贫困两极分化越来越加剧，社会越来越不稳定，生活节奏越来越加快，生理和心理压力越来越大，社会问题越来越多，矛盾和冲突越来越复杂，不公正、不合理的现象比比皆是。这些沉重的背景和消极的因素给许多青年的人生道路无疑设置了种种无形的障碍，致使他们工作无着落、生活没保障、精神无寄托、安全感荡然无存。在此情况下，由于他们阅历浅，世界观、人生观和价值观正处于形成之中，加之年少气盛，其本已心怀不满和怨恨的心理，一旦受到某种教义或学说的怂恿，就会化为铤而走险的行动而成为某个恐怖组织的忠实成员和骨干分子。从当代国际恐怖主义组织的成员和骨干来看，其年龄大多低于30岁，最小的仅19岁，而且不乏青年女子。

第三，恐怖手段多样化。20世纪60年代以前，恐怖主义组织主要通过暗杀和绑架从事恐怖活动，手段较单一，受害者主要是少数个人，因而危害性也较小。60—70年代，劫机、袭击并占领大使馆成为新的恐怖手段，受害者已扩大为群体和国家的代表体，因而危害性增加，影响扩大。80年代以后，特别是冷战结束以来，随着现代科技和军事工业的发展以及各种武器技术的扩散，恐怖主义组织采取的恐怖手段和方式日趋多样化和残暴化，除了原有的手段外，还包括爆炸及自杀性爆炸、纵火、生化攻击、网络攻击、电磁攻击等，危害更加惨烈，恐怖气氛更加浓厚，影响更加广泛，“9·11”事件就是一个最典型的登峰造极的例子。

第四，袭击目标扩大化。随着恐怖主义组织的国际化和恐怖手段的多样化，恐怖主义分子袭击的目标也呈现出日益扩大化的趋势，因为这样更有利于扩大其袭击的效果和影响。如果说20世纪60—80年代，恐怖袭击的目标以外交和商业目标为主，同时也不放过军事和政府目标的话；那么90年代以后，其袭击的目标则进一步扩展到非官方和平民目标以及公共设施和标志性建筑等，外交官、军事人员、政府官员、警宪人员和广大的无辜平民以及跨国企业、商贸大厦、机场、输油管道、水上航线、无线电塔、雷达观察站乃至原子能发电站送电塔等都成了国际恐怖主义袭击的对象和目标。

第五，主要对象明确化。事实表明，美国越来越成为恐怖主义袭击的主要对象。据有关资料统计，1968—2001年全世界平均每年有1/3以上的国际恐怖主义活动是针对美国目标的，最高时甚至高达75%。美国之所以成为国际恐怖主义的众矢之的和主要打击对象，完全是咎由自取。主要原因是：(1)美国推行全球霸权主义，到处插手他国事务，干涉别国内政，引起民族主义型恐怖主义的极端不满和反抗；(2)美国为维护其世界霸主地位，竭力维护旧的不合理的国际政治经济秩序，打压其他国家力图建立世界政治经济新秩序的努力，因而成为极左型恐怖主义的首要打击对象；(3)美国到处推行其西方基督世界的意识形态、价值观和社会政治制度，人为地制造文明与文化的冲突，成为宗教极端型恐怖主义的不共戴天之敌；(4)美国凭借其超级大国的优势，在全球进行政治军事干预、经济扩张、资源掠夺、文化渗透，造成国际局势的不稳定、贫困两极分化和思想的混乱，因而成为极左型恐怖主义的头号大敌和打击对象。“9·11”事件后，这一特点则发展为：谁紧跟美国反恐，谁就会成为恐怖主义袭击的对象。

国际反恐格局的形成　冷战结束后，随着两极国际体制的瓦解，以前被两极对峙局面长期掩盖的各种矛盾和冲突，如民族矛盾、种族矛盾、宗教矛盾、领土纠纷等浮出国际政治斗争的“水面”，不仅成为引发世界动荡不稳的主要因素，而且成为滋生各种恐怖主义的合适土壤。在经济全球化和社会信息化的推动下，恐怖主义更是愈演愈烈。进入21世纪后的“9·11”事件成为国际恐怖主义发展史上的一个重要转折点，标志着国际恐怖主义无论从规模上看，还是从组织、指挥与协调能力，以及战略筹划与策略和战术的运用能力上看，都已丝毫不亚于一个国家行为体。特别是，由国际恐怖主义的反理性、反人性和反人类本质所决定的其行为与活动的残暴性、惨烈性和极端危害性，证明国际恐怖主义已经成为当今世界的一大公害和威胁世界安全与稳定的重要因素。与此同时，国际恐怖主义的国际化及其恐怖活动的日益猖獗促使国际社会达成这样的共识：国际社会唯有广泛地联合起来，采取有力的措施和行动，方能有效地防范和打击恐怖主义。于是，“9·11”事件后，国际联合反恐怖斗争应运而生，国际反恐格局逐步形成。主要表现在以下两个方面：

一是在联合国的主导和促进下，形成了全球性的“反恐联盟”。联合国作为全球最大、最重要的政府间国际组织，进一步加强了对国际反恐怖合作的协调作用，采取召开反恐怖会议、通过反恐怖决议、拟订反恐怖公约、设立专门机构和协调机制等途径，在国际反恐怖合作中发挥了不可替代的作用。由于各国的积极响应和支持，联合国在国际反恐怖合作中发挥的主导作用和权威性影响也得到了普遍的认同。在联合国的努力下，不仅制定了国际反恐怖决议（1373号、1535号、1566号决议），确立了国际反恐怖法律体系（已通过包括《制止核恐怖行为国际公约》在内的13个与反恐怖有关的法律文件），促进各成员国展开有效合作（目前，反恐委员会与大多数联合国成员国之间合作关系良好，全球反恐怖网络开始运转，世界反恐怖斗争不断深入），而且促成了全球性的“反恐联盟”的形成（由于联合国在反恐怖斗争中所发挥的不可替代的主导作用，“9·11”事件后，国际社会在联合国主导下，基本形成了全球性的“反恐联盟”）。

二是一些国家和地区性组织形成了独具特色且相互呼应的反恐战略。“9·11”事件后，许多国家和地区性组织开始把恐怖主义威胁作为当前面临的最直接、最严重的威胁，并针对自身不同情况，逐步形成了适应本国需要和具有本国特色的反恐战略。如：2003年2月，美国正式发布了《抗击恐怖主义国家战略》，其重点是在威胁抵达美国边境之前，发现并消除之（该战略既是对《美国国家安全战略》的支持，也是对其重要内容的扩充，并且与有关国土安全、应对大规模杀伤性武器、电脑网络安全等各项国家战略相辅相成）；欧盟在“共同安全观”基本理论的指导下，确立了其反恐战略所遵循的最根本原则——合作、预防、发展；俄罗斯针对本国民族分裂恐怖主义采取的战略则是“先发制人”的打击与“搜剿”并举，等等。特别值得指出的是，这些国家和地区性组织的反恐战略形成了相互呼应之势，这又在另一种意义上进一步促进了国际反恐格局的形成。

欧盟反恐战略　欧盟作为西方世界的重要一员和一个地区性超国家组织，在国际反恐格局中起着十分重要的作用。尽管欧盟还是一个松散的联盟，但其在国际舞台上正在成为一支不可忽视的力量，特别是在重大国际问题上已形成同一个声音，尤其在反恐方面，欧盟已形成自己独特的反恐战略。

欧盟反恐战略的目标　作为国际反恐的一支重要力量，欧盟认为，恐怖主义是对民主、人权、法治、繁荣的威胁，并将恐怖主义分为传统恐怖主义

（包括伊斯兰恐怖主义）、生态恐怖主义和极权恐怖主义。对欧盟来说，这三种恐怖主义的威胁最大，因而也是其打击的目标和重点。“9·11”事件后，欧盟进一步将反恐怖的重点锁定在伊斯兰极端恐怖主义以及把欧洲作为恐怖活动基地的恐怖主义组织。

欧盟反恐战略的策略 欧盟反恐战略的策略主要是依法反恐和以“共同安全观”为理论基础进行反恐。

作为一个超国家机构，欧盟采取任何行动都讲求法律依据。因此，欧盟反恐的主要策略是依法反恐。欧盟反恐的法律依据是：联合国关于反恐怖的相关决议，尤其是2001年12月28日通过的联合国安理会1373号决议；1991年签署的《马斯特里赫特条约》和1997年签署的《阿姆斯特丹条约》中关于共同外交与安全政策、共同司法与内政政策的相关条文；2001年9月21日在布鲁塞尔召开的欧盟特别首脑会议所通过的《反恐怖行动纲领》；“9·11”事件之后历次欧盟首脑会议最后声明中关于反恐怖的内容，尤其是2003年2月17日在布鲁塞尔举行关于反恐怖主题的欧盟特别首脑会议的最后声明等；2004年“3·11”事件后，欧盟15国首脑发表的《反恐声明》，该声明强化了一系列反恐举措：一是设立反恐协调员，二是将“团结条款”写进有待通过的欧盟宪法，三是强化安保措施，建立欧盟国家间的边界控制体系，四是加大执法机构和情报机构的反恐合作力度。2005年12月1日，欧盟通过一项旨在阻止欧洲恐怖组织扩大规模的反恐新协议，该协议包括阻止恐怖组织在网络上散播极端主义思想，以及培养同阿拉伯组织之间更加良好的关系等内容；2005年12月14日，欧洲议会成员以压倒性多数票批准旨在加强反恐力度的电信新法规，法规要求各大电信公司及因特网服务提供商延长数据保存时间，以便对恐怖主义嫌疑分子进行监视和跟踪；2005年欧盟通过“反洗钱法”，阻止恐怖主义组织利用欧洲国家融资，以切断其资金来源。这些决议、条约、纲领、法规和声明对欧盟实施国际反恐合作具有重要的法律意义。

欧盟反恐的理论基础是“共同安全观”。2002年2月，在德国慕尼黑召开的第38届国际安全政策会议上，欧盟及其成员国在该会议上提出了一种全新的安全观——“共同安全观”，强调互利合作、共同发展和预防为主。其主要内容是：第一，恐怖主义是目前世界上面临的主要威胁，欧盟必须责无旁贷地给予坚决的打击；第二，造成国际恐怖主义的根源是贫穷、欠发达、战乱和冲突，消除恐怖主义的最好办法是互利合作、共同发展；第三，反恐必须以相互依存的国际背景为出发点，反恐手段应以预防为主，反恐斗争应在联合国的框架内进行有效的多边国际合作，只有发挥多边主义和国际机制的作用，才能更有效地反对恐怖主义；第四，欧盟反恐的重点关注地区是欧盟周边地区的“动荡弧线”，包括东欧、南欧、中东、中亚、北非等地区，反恐的重点对象是伊斯兰极端恐怖主义，欧盟地区传统的极左、极右、极端民族主义，生化恐怖主义和极权恐怖主义。由此不难看出，欧盟反恐所遵循的基本原则是：合作、预防、发展。

欧盟反恐战略的手段 1993年11月1日生效的《欧洲联盟条约》为欧盟提供了三大政策支柱。第一大支柱是欧洲经济共同体，即经济与货币联盟政策；第二大支柱是共同司法与内政政策；第三大支柱是共同外交与安全政策。这三大政策支柱既是欧盟存在和发展的基石，同时也是欧盟反恐战略赖以实施的主要依据，因而在反恐中发挥着十分重要而不可替代的作用。欧盟反恐战略的手段正是由其派生出来的。

1. 在“经济与货币联盟政策”方面

欧盟反恐战略的主要手段是，根据需要，及时加大资金投入，为反恐提供经费保障。2005年9月21日，欧盟委员会批准为欧盟反恐“先导计划”拨款700万欧元，以提高欧盟的反恐预防、处理和反应能力，增强民众的反恐意识，填补欧盟在反恐领域的空白；随后，欧盟委员又制定了“安全与保护自由”反恐框架计划，于2007年至2013年间付诸实施，以接替“先导计划”。此反恐框架计划主要包括“预防和处理恐怖袭击”以及“预防和打击犯罪”等具体行动，欧盟将分别为这两项行动拨款1.374亿欧元和5.976亿欧元。2006年8月21日，欧盟内政部部长会议上提出提高欧洲各国之间情报共享的程度，加强对炸药尤其是液体炸药的研究，提高对商业雷管和爆炸物来源的可追溯性。为此，欧盟立即决定将紧急拨款23.7万英镑，用于研究检测液体炸弹的方法以及建立一个泛欧盟的武器和炸药数据库。此外，欧盟各国的内政部部长也考虑组建一个由反恐专家组成的紧急行动队，以及引入基于生物统计学而不是种族背景来辨认乘客特征的机制等，这都需要大量的经费支持。只要论证可行，欧盟就会根据需要拨款。2007 年 5 月 11 日，路透社报道称，欧洲科学家历时两年，耗资230 万欧元，完成一项名为“拥挤场所公共安全监控综合系统”的最新项目，开发出一种“智能安全摄像头”，能主动分析摄像头在公共场所拍下的录像画面，查找可疑行迹，帮助安全人员尽量不遗漏可疑画面，从而使电脑能够监测到公共场所的异常行为，这无异于提高了防范恐怖袭击的安全系数。如果没有欧盟提供的经费保障，是很难及时完成这一科研项目的。

2. 在“共同司法与内政政策”方面

“9・11”事件之后，欧盟更加重视共同司法与内政的一体化建设，并且取得了一定的成效，为欧盟反恐提供了常规性手段。主要是：

（1）建立反恐情报交流与快速反应体系。欧洲申根国之间的自由边界为恐怖组织在欧洲的活动提供了极为便利的条件，恐怖分子利用欧盟成员国之间的法律差异频繁往返，不断伪造身份证转换身份，给反恐情报机构的定向跟踪造成很多障碍；特别是，近几年来，随着欧洲开始成为国际恐怖主义袭击的新目标，欧洲国家面临的恐怖威胁日益增加，欧洲国家清醒地认识到反恐情报是遏制恐怖威胁的重要一环，因而积极加强反恐情报交流与反恐合作，建立反恐情报交流与快速反应体系。2005 年 3 月 17 日，西班牙、德国、法国、英国和意大利等欧洲五国内政部部长在西班牙南部城市格拉纳达举行非正式会议，决定建立反恐情报交流网络和对炸药等盗窃案件快速反应的体系，以进一步加强合作，共同打击国际恐怖主义。2005 年 10 月 17—18 日，意大利、德国、法国、英国、西班牙五国在意大利佛罗伦萨举行内政部部长非正式会议，一致同意，为确保成员国内部的安全，各国加强反恐、共同打击非法移民等方面的信息交流与合作，其中包括实行护照指纹制和联手打击以贩卖非法移民为经营活动的有组织犯罪集团。自 2003 年 2 月，整个欧洲执法机构与美国结成伙伴关系相互交流反恐情报后，2007 年 6 月，欧盟又与美国达成两项新的反恐协议：一是欧盟允许美国获取“环球银行金融电信协会”的客户信息，二是美国获得欧洲前往美国航班的乘客个人信息，以备反恐调查和反恐之用。

（2）建立反恐情报、司法与警务合作机制。2004 年“3・11”西班牙马德里事件后，欧盟各国内政和司法部部长都表示要在欧洲实行生物检测措施，所有外国人进入欧盟国家都得留下指纹数据，欧盟也要给自己的公民做生物护照，并将采用统一的签证系统。自 2005 年“7・7”伦敦爆炸案发生后，欧盟要求各国警察部门加大情报及警务部门的合作力度。其中，欧盟“逮捕令”制度的实施加快了欧洲警察部门跨境追捕恐怖分子的效率，使引渡一个恐怖嫌疑犯从原来的 9 个月缩短到 43 天。此外，总部设在荷兰海牙的欧盟警察局和欧盟司法局也在促进各成员国之间的情报共享和警务合作中发挥了协调人的作用。2005 年 5 月，法国、德国、西班牙、荷兰、比利时、卢森堡和奥地利七国签署了《普吕姆条约》，该条约在欧盟跨境安全合作上迈出了新的一步。该条约规定：各成员国分享 DNA 和指纹资料，制定共同的航空安全准则以及在特殊情况下警察部门可不通知对方跨境追捕犯罪。七国还将把这种合作模式推广到欧盟其他国家。2007 年 11 月 6 日，欧盟委员会就打击恐怖主义提出一揽子建议，其中包括欧盟各成员国司法部门有权使用航空公司收集的飞机乘客个人资料，这些个人资料将被保存 13 年。

（3）建立与美国在情报和司法方面的反恐合作机制。自 2003 年 2 月，欧洲国家就与美国建立了一个多国情报小组。参加这个小组的国家包括德、美、法、英以及加拿大和澳大利亚。该小组的中心任务是追捕恐怖分子、挫败恐怖阴谋。特别是 2004 年西班牙“3・11”连环爆炸事件后，欧洲把以“基地”及“伊斯兰极端主义”为代表的国际恐怖主义视为最现实的安全威胁，增强了美欧对国际恐怖主义威胁的“认同感”和“共同利害感”。事件发生后，欧美都表示加强反恐合作，共同对付恐怖威胁。欧盟《反恐声明》提出，要进一步强化与美国及其他伙伴的反恐合作。很快，欧盟加强了与美国的反恐情报合作力度。2004 年 9 月 18 日，欧盟与美国在荷兰海牙就反恐问题举行部长级会议，双方同意加强高层磋商机制和反恐信息交流，以进一步推动跨大西洋的反恐合作。9 月 30 日，欧盟 25 国司法和内政部长与美国司法部长在荷兰海牙举行会谈，双方同意进一步加强反恐司法合作，双方宣布，美国将向总部设在荷兰的欧洲刑警组织派驻一位联络员，以加强双方在反恐和其他司法领域的情报交流和信息合作。

3. 在“共同外交与安全政策”方面

欧盟反恐战略的手段主要有：

（1）建立专业反恐机构。一是成立“反恐专家小组”，进行反恐政策监督。该小组是2003年5月18日由西班牙、英国、法国、德国和意大利5国决定共同成立的，专门负责监督各国制定反恐政策，并在欧盟范围内推广。二是建立“欧洲反恐中心”，进行反恐训练。该中心于2003年5月25日在保加利亚建立，由国际刑警组织提供人力、物力、资金和技术方面的援助，对来自欧洲各国执法人员进行“专门的反恐和反电脑犯罪训练”，以提高受训人员打击恐怖主义犯罪的技能。

（2）促进以联合国为核心的国际反恐合作。“9·11”事件发生后，欧盟立即通过各种声明来支持美国的反恐行动，并在道义、外交、司法上积极参加美国的反恐合作联盟。与美国不同的是，欧盟强调国际反恐联盟应在联合国的框架下进行，主张联合国应在反恐中起主要作用，认为联合国的有关决议是国际反恐的法律基础，反恐应尊重人权和遵守国际法规。除了加强与联合国以及美国的合作外，欧盟还重视与八国集团的反恐合作，特别是与俄罗斯的合作。由于俄罗斯是欧盟重要的邻国，加上它的地缘政治和传统影响，欧盟特别重视与俄罗斯在反恐方面的合作。此外，欧盟还越来越重视加强与非洲国家的反恐合作。为了防止国际恐怖主义组织异地策划，并从源头上遏制恐怖活动的发生，2005年，欧洲多次与非洲国家召开反恐会议，并制定了打击非法移民和恐怖活动的“行动纲领”；欧盟委员会还通过了“欧盟非洲新战略”，提出未来10年欧盟与非盟在安全与发展两个领域中建立“战略伙伴关系”，并与非洲加强包括反恐在内的全面合作。

（3）加强对外援助。欧盟一直坚持对发展中国家的援助，以减少贫穷所带来的社会动荡，逐步从根源上消除恐怖主义。欧盟及其成员国是当代世界上最大的外援提供方，它们用于官方发展援助的拨款超过了全球发展援助总额的一半。目前世界上有150多个国家、地区或组织接受欧盟及其成员国的援助。非洲、加勒比和太平洋（非加太）国家是欧盟及其成员国的主要援助对象。在外援投向方面，除了非加太以外，近年来欧盟及其成员国还特别关注对中东欧和俄罗斯的援助。

（4）注重政治感化。欧盟十分重视发展与所谓“无赖国家”的关系，以消除大规模杀伤性武器和小型武器的扩散，消除难民潮、毒品犯罪等跨国犯罪活动，尽量消除产生恐怖主义的土壤。欧盟反对美国把伊朗等国家称为“邪恶轴心”或“无赖国家”，积极与这些国家发展关系，主张进一步加强与伊朗在经济、社会和其他领域的对话和合作，把不断密切的双边关系提高到一个新的高度。

欧盟主要成员国反恐战略　在欧盟独特的反恐战略指导和影响下，其主要成员国也逐步形成了各自颇具特色的反恐战略，值得我们研究和借鉴。

英国反恐战略

1. 英国反恐战略的目标

英国长期以来一直深受恐怖主义的困扰，这种困扰主要来自国内的恐怖主义组织和国外恐怖主义组织在其国内的活动。因此，英国反恐战略的目标主要是打击本国的恐怖主义组织，同时积极配合打击国际恐怖主义组织。

英国国内的恐怖主义组织主要是“爱尔兰共和军”。该组织发源于1913年，以爱尔兰共和主义者同盟为中心结成“爱尔兰义勇军”，号称16万人。1919年改为现名，但正式成立于1969年，属于新芬党的秘密武装组织。其目标是将北爱尔兰从英国分离出去，建立统一的爱尔兰。主要有四个派别：正统派、临时派、爱尔兰民族解放军和爱尔兰人民解放组织。该组织的袭击目标主要是驻北爱尔兰英军和英政府首脑，使用的手段主要是暗杀和制造炸弹爆炸事件。由于英国政府近几年加强了追剿活动，所以“爱尔兰共和军”这几年处于低潮，成员只剩约千人左右。此外，在英国还有另一派恐怖组织，如：与“爱尔兰共和军”相对抗的基督教激进军事组织“北爱尔兰防卫协会”和更激进的“北爱尔兰义勇军”，以及20世纪90年代以来日益猖獗的极右恐怖主义组织。

2. 英国反恐战略的策略

英国反恐战略的策略主要是将反恐纳入法制的轨道，通过反恐决议和法案，制订和修订反恐法，以便调动各方力量和资源进行反恐。具体如下：

（1）通过反恐特别决议。1993年6月8日，英国议会通过决议，赋予北爱尔兰安全部队和司法机构特殊权力。该特别决议允许相关机构不经过诉讼即可拘留某人，尤其是在搜查、逮捕等方面，允许只拥有一个法官的法庭处理与恐怖主义有关的事件。过去，在论战过程中，前首相希思曾激烈地批评过政府在反恐怖斗争中的失败，呼吁政府尽快提高整个反恐怖主义政策的水平。他主张，为了进行反恐怖主义的斗争，必须比恐怖主义分子在思想上、行动上、政治上更聪明。

（2）通过反恐法案。1998 年 8 月 15 日，北爱尔兰中部奥蒂龙郡奥马镇发生汽车炸弹事件，造成 28 人死亡，约 220 人受伤。这次恐怖暴行遭到了英国首相、爱尔兰总理等多国领导人和广大民众的一致谴责。为加大打击恐怖活动力度，制裁诸如真正的爱尔兰共和军之类的分离主义激进组织，英国和爱尔兰政府开始考虑修改有关立法。8 月 19 日，爱尔兰紧急内阁会议所通过反恐措施，该措施包括：限制恐怖活动嫌疑人的保释权和保持沉默的权利，法官可在嫌疑犯拒绝回答问题的情况下对其定罪；拘禁尚未被起诉的嫌疑犯的时限从 48 小时延至 96 小时；被确认为非法组织成员者，其财产曾经或将被用以支持恐怖组织，当予以没收。新的反恐法案将追究在境外犯下恐怖暴行后进入英国的人的刑事责任，嫌疑人最高可被判处终身监禁。英国还将禁止向恐怖分子的银行账号捐款。9 月 2 日，爱尔兰众议院通过该项法案，3 日，参议院未经投票便顺利通过。9 月 3 日，英国下院经过 16 个小时辩论后，以 374 票支持、无反对票也通过了类似的法案。这项法案被视为英国自第二次世界大战以来最重要的法案之一。

（3）出台新的反恐法。英国新的反恐怖主义法于 2001 年 2 月 19 日生效。根据此法，政府有权禁止在国外从事恐怖主义活动的组织在英国的存在，并打击为恐怖主义组织筹措资金及招募人员的人。

（4）修订更为严厉的反恐法案。2005 年“7·7”伦敦爆炸案后，为应对针对英国的恐怖袭击，打击各种形式的恐怖活动，2005 年 10 月 12 日，英国内政部正式公布新的《反恐法》草案。该草案提出：任何鼓励和美化恐怖主义行为、接受和参加恐怖主义训练皆为非法；任何书店、网站散布极端主义资料以及任何策划、准备实施恐怖主义的行动都以犯罪论处；同时，有关部门将审判前拘留恐怖嫌疑人的期限由 14 天延长至 90 天等。此外，英国内政部宣布，将对《移民和国籍法》进行修改，以拒绝为恐怖分子提供庇护，并剥夺那些在英国从事不利于公众利益活动者的英国国籍。同时，有关部门将从速驱逐那些危及国家安全的人员，并使其不再具有申诉权。

（5）公布最新反恐法案。2008 年 1 月 24 日，英国内政部公布了 2008 年反恐法案，建议为保护公众不受恐怖主义侵害，实施严厉的反恐新措施。英国内政部说，新反恐法案的初衷是确保英国的国家安全。新法案建议，英国警方可以在特殊情况下，不经审判对恐怖活动嫌疑人实施 42 天的拘留；调查恐怖活动过程中可以进行 DNA 鉴定；对有恐怖动机的一般罪行严加判处；允许对已宣判的恐怖分子实施监视，必要时阻止其赴国外旅行。英国内政大臣史密斯说：“我们正面临前所未有的恐怖威胁，英国将采取一切必要行动保护公众安全。”该法案已于 2008 年 6 月 11 日获得英国下议院通过。

3. 英国反恐战略的手段

英国反恐战略的手段主要包括以下几个方面：

（1）健全反恐组织机构。为了加强对反恐的统一领导，英国还在内政部增设一名负责协调反恐政策的内阁大臣。英国新首相布朗上任不久，就宣布成立一个新的“国家安全理事会”，由布朗亲自统领，成员有主要内阁部长组成，负责处理国家安全和相关的国际关系事务问题，并取代现有的几个负责恐怖主义和安全课题的内阁委员会。该理事会定期出版一份国家安全策略文件，列出潜在的威胁，为反恐提供权威的指导。为了加强对反恐具体行动的组织、领导、指挥和协调，英国政府明确规定：内务部、国防部、外交部、北爱尔兰部、苏格兰部和各情报机关为反恐负责机构。其中主要从事反恐工作的是内务部的各警察局以及军情五局、军情六局、政府通信中心和国防情报局等情报安全机关。英国警察局分以下几部分：英格兰和威尔士地方自治警察，属内务部，辖 43 个郡警察局；苏格兰地方自治警察，属苏格兰部，辖 8 个郡警察局；北爱尔兰警察，属北爱尔兰部，辖 1 个郡警察局。前两部分共有 132200 人，北爱尔兰警察有 12750 人，其中包括预备役 4460 人。伦敦地区由伦敦警察局负责，金融街由于历史的原因，仍由独立的金融街警察负责，直接归内务部长管辖。伦敦警察局共有警察 26700 人。该警察局负责首相、内阁成员及来访外国要人的警卫工作和对希思罗机场恐怖活动的特别警备。内务部内设有“反恐对策科”，负责指挥和调整各地警察力量的配备。

（2）改革情报机构，增加反恐预算。早在20世纪80年代，为对付恐怖活动，英国不断大力加强情报机关，增加预算。根据部分公开材料，1987年预算规模为9200万英镑，比1986年增加13.6%，创历史最高纪录。增加部分主要是为军情五局增加工资和为军情五、六局增加编制。但这仅是情报机关预算的一小部分。据估计，政府通信中心的预算每年约为3亿—6亿英镑，与北爱尔兰和海外情报活动有关的预算还不包括在内。2004年西班牙“3·11”事件后，为了更加有效地采取反恐行动，英国努力改革情报机构，增加情报人员的数量，并大幅度增加用于反恐方面的预算。英国准备将国内情报人员的数量增加至3000人，将负责搜集反恐情报的秘密情报局（MI5）的编制扩大一半，即额外招聘1000名雇员；在反恐预算方面，则由“9·11”事件前的9.5亿英镑增至2004年的15亿英镑和2007—2008年度的21亿英镑，以满足反恐各个方面的需要。2006年，英国议会通过一项决议，批准秘密情报局（MI5）大幅度扩编，年度经费增加至4亿英镑。这将使该机构情报人员的数量在2009年前翻一番，即从此前的2000人扩大至近4000人，增幅达50%，而其中最为紧缺的是精通阿拉伯语、波斯语及其他小语种的人才，同时还积极招募能渗透进入极端伊斯兰组织的穆斯林线人，以提前掌握这些极端组织的相关动向。

（3）加强反恐力量建设。英国传统的反恐力量主要有3支，即皇家海军陆战队突击旅、特别空勤团和英国海军陆战队特种小艇队。皇家海军陆战队突击旅是英国著名的特种部队，其中以“绿色贝雷帽”著称的第3陆战突击旅，担负着与恐怖组织爱尔兰共和军正面作战的任务，现编员为5500人，最高司令官为英军少将，下辖1个司令部和3个突击营即第40、42、45营，1个轻型炮兵团即第29皇家炮兵团，1个工兵营即第59独立突击营，1个后勤补给团，1个直升机飞行中队，以及1个特种舟艇中队（SBS）等。所有士兵都是经过精心挑选、严格训练、筛选候选后才得以成为正式成员的，战斗力特强。

特别空勤团（SAS）是一支专门从事特种作战的精锐部队，现编有1个指挥连和6个战斗连、1个反骚乱突击队（CRW），总编员为2000人左右，战时可根据需要临时编成战斗营。其所担负的主要任务是：在战时进行特种作战，协同正规部队一起遂行作战任务，如敌后侦察、监视、渗透、埋伏、偷袭、突击、破坏、抢占军事要地等行动，在和平时期主要处理各种突发事件以及反恐怖活动。

英国海军陆战队特种小艇队，简称SBS，共分3个分队，即C分队，精于水上战术、游泳及划舟技巧，负责海岸侦察、渗透破坏等任务；S分队，精于水下及长程渗透载具操作，负责水下爆破、阻绝等任务；M分队，专门负责反恐怖活动作战。自1987年起，SBS由英国特战部队指挥部统一指挥。冷战后，特别是进入21世纪后，英国面临的恐怖威胁越来越严峻。为了应对这种威胁，英国加大了对反恐力量建设的力度，在维持原有反恐力量的基础上，又采取了两种举措。一是赋予秘密保安局（MI6）反恐任务。秘密保安局在过去只负责搜集情报、反间谍、反颠覆活动。冷战后，北爱尔兰问题日益成为英国内政问题中最棘手的问题之一，政府急需制定一项新的、长期有效的反恐怖战略。1993年5月9日，英国内务大臣贝克宣布，秘密保安局今后将在英国本土反爱尔兰共和军方面承担主要责任。这是英国100多年来对反恐怖行动的一次最大调整，秘密保安局的工作由隐蔽逐渐趋向公开。此举表明英政府决心加强反击爱尔兰共和军的力量。二是建立新的反恐特种部队。目前，英国正在组建一支名为“侦察监视团”（RSR）、编制达600人的反恐特种部队，其任务是渗透到“基地”等恐怖组织内部展开谍报工作，并设法对恐怖分子进行策反。它被授权在全球各地执行任务，并与特别空勤团（SAS）和英国海军陆战队特种小艇队（SBS）紧密合作。

（4）成立国家设施保护中心，保护国家公共安全。“9·11”事件后，恐怖主义袭击越来越偏重公共设施和公众目标，以谋求造成更大的恐怖效应和震撼效果。针对恐怖主义袭击的这一新特点，2007年3月，英国秘密保安局局长曼宁厄姆·布勒宣布成立“国家公共设施保护中心”，其主要任务是保护诸如电信、网络、石油站、天然气站以及核电站等重要公共设施免遭恐怖主义袭击。因为“如果没有这样一个机构，英国将会承受严重后果，例如经济受损、社会混乱甚至大规模的伤亡”。

（5）加强国际反恐合作。在反恐斗争中，英国政府一直十分重视与有关国家的合作。还在 20 世纪 80 年代时，英国就强调决不屈服于支持恐怖活动的国家的讹诈，号召欧洲共同体各国团结起来反对恐怖主义。欧洲共同体各国为共同对付恐怖活动已召开了近 10 次内务和司法部部长（大臣）协商会议。1986 年 12 月在伦敦召开的欧洲共同体首脑会议上，撒切尔夫人又以东道主的身份呼吁各国联合起来对付国际恐怖活动，及早解决犯人引渡、防止护照丢失和伪造、滥用政治流亡、非法移民等问题，以杜绝恐怖活动的进一步泛滥。“9・11”事件后，在欧洲英国率先响应美国提出的国际反恐合作主张。2005 年“7・7”伦敦爆炸事件后，英国更加重视通过加强国际合作深化国际反恐斗争。首先是加强与西方国家的合作，成立代号为“联盟基地”的秘密国际反恐行动队，该行动队的成员来自 6 个国家，包括英国的秘密情报局（MI5）和秘密保安局（MI6），美国的中央情报局和联邦调查局，以及加拿大、澳大利亚、德国和法国的警察与情报机构的成员，他们相互配合，密切合作，成为一支重要的国际反恐力量。除了加强与西方国家的合作外，英国还积极与巴基斯坦和阿富汗政府就反恐问题交换意见，以取得更广泛的国际支持。2006 年“8・10”针对英国民航客机的恐怖袭击事件之所以成为未遂事件，就是英国与美国和巴基斯坦情报机构之间卓有成效合作的结果。2008 年 12 月 14 日，英国首相布朗先后访问印度和巴基斯坦，承诺与两国开展更加广泛的反恐合作。其中英巴反恐协议规定，英国将提高两国情报分享能力，向巴方提供反汽车炸弹设备、反极端化宣传的材料等。

值得特别注意的是，2007 年，随着英国面临的恐怖袭击威胁日益增大，为有效应对这种不利局面，英国秘密保安局加大了对国内恐怖嫌疑犯的监控力度，将恐怖嫌疑犯监控黑名单增至 4000 人，并有针对性地制定了融准备（prepare）、保护（protect）、追踪（pursue）、预防（prevent）于一体的“4P”反恐核心战略。此外，英国还更加注重借助高科技手段反恐。2008 年 1 月 14 日起，英国对所有持签证入境者进行指纹检查，以阻止非法入境者进入英国本土。据英国高级官员透露，英国安全机构正对伊斯兰极端分子的网站展开一场秘密的网络战。2008 年 10 月 19 日，英国政府还宣布将实行购买手机实名制，即购买手机者需出示护照或其他身份证明，并将个人信息输入国家数据库，以扩大国家的监控权。这表明，英国的反恐战略又有了进一步的发展，不仅更具针对性、综合性和系统性，而高科技含量增加。

法国反恐战略

1. 法国反恐战略的目标

法国反恐战略的目标是重点打击国内的恐怖组织，同时加强国际反恐合作，打击国际恐怖主义组织。

法国的主要恐怖组织是“科西嘉民族解放阵线”。该组织成立于 1976 年 5 月，领导人为伊维斯・斯泰拉，有数百名成员。该组织要求“承认科西嘉民族解放权利，打碎法国殖民主义的国家机器”并实行“民族自决”，主张用恐怖暴力手段来达到其目的。该组织分为三支队伍：第一队的任务是直接执行暗杀行动；第二队负责爆炸旅馆、别墅和公共建筑；第三队是该组织头目们的贴身助手。“科西嘉民族解放阵线”成立几年后，很快就发生了分裂。20 世纪 80—90 年代，先后分裂为“科西嘉全国联盟”及其武装分支“抵抗”运动、“自决运动”及其武装组织“科西嘉民族解放阵线（传统派系）”、“民族主义同盟”及其武装组织“科西嘉民族解放阵线（历史派系）”、“反抗阵线”以及“科西嘉万岁”等，并一度处于休战状态。但经过几年沉寂后，该组织再度活动，2003 年起，开始在科西嘉和法国本土大搞爆炸活动。此外，法国的恐怖组织还有：

“对抗”，成立于 1973 年，前身是“新秩序”，主要攻击来自北非的阿拉伯人。此后，“对抗”成员又先后加入“新力量党”和勒庞的“国民阵线”，其中少数年轻成员参加“全国青年阵线”，并在巴黎制造爆炸事件。

“AZF”，2004 年法国本土新出现的恐怖组织。“AZF”这三个字母是一家位于法国西南部化学工厂的缩写，该工厂曾在 2001 年发生大爆炸，造成 30 人死亡。自 2004 年 2 月以来，该组织开始不断向法国政府发出恐怖威胁，目标指向法国国营铁路公司。

“萨拉菲斯特呼声与战斗组织”在法分支机构，2005 年 9 月 26 日，法国警方宣布逮捕 9 名企图在法国制造炸弹袭击的嫌疑犯。他们都属于阿尔及利亚“萨拉菲斯特呼声与战斗组织”在法国的分支机构，该组织与“基地”组织有联系，并已被很多国家列入恐怖组织名单。

2. 法国反恐战略的策略

法国反恐战略的策略主要是确立反恐原则、完善反恐法规、遵守国际准则。

（1）确立反恐原则。法国很早就确立了反恐两原则，即国内的恐怖主义被看作是颠覆活动；对国际恐怖主义活动问题保持中立。对于国内的恐怖主义活动，无论是左的、右的、还是分裂主义的，一律以颠覆活动对待，严厉镇压。这包括使用武装警察、情报安全机构和反恐怖特种部队等手段。对于国际恐怖主义活动，则按“避难条例”执行。这种条例的目的是尽可能地使法国保持中立，而把国际恐怖主义活动与这个国家隔离开来。让恐怖主义组织知道它们在法国这里没有什么可做，也不必害怕这个国家。依照该条例，在法国，国际恐怖主义组织的成员既不会被拘留，也不会被逮捕，前提是这些恐怖主义活动不是针对法国的利益。然而，自1980年以来，随着恐怖主义组织的数量不断增加和国际恐怖主义日益多样化，法国也成了国际恐怖主义袭击的目标，“避难条例”显得越来越过时和不适用。20世纪80年代，法国由于“避难条例”而付出的代价迫使其不得不修改反恐政策，主要是：

第一，由内政部取代外交部，主导国际反恐行动。如1982年，内政部长下令驱逐两名叙利亚外交官；1988年在法国人质的释放过程中，内政部不仅起了领导作用，而且也干预了与伊朗关系的正常化。“高德吉事件”很能说明这种作用。当时内政部决定让警察包围伊朗在巴黎的大使馆，直至他们交出怀疑参与1986年9月的恐怖主义活动的不具有外交人员身份的伊朗人高德吉受审。该事件导致了法国与伊朗外交关系的破裂，而总理选择了支持内政部而不是外交部。

第二，当反恐遇到棘手问题时，以国家利益为重。就司法而言，“避难条例”的应用使得司法失去了它的相对独立性。因为恐怖主义分子被逮捕后未经审判就被释放。但随着政府对恐怖主义采取强硬政策，被捕的恐怖主义分子也就难逃受审。如1987年的“阿卜杜拉案件”。但有时也并非完全如此，当考虑到“国家利益”，司法也还是对恐怖主义分子网开一面。如“高德吉事件”，虽然怀疑高德吉在1986年9月的恐怖主义活动中起主要作用，但为了结束法国与伊朗之间的“使馆战”，司法机关最后不得不让高德吉平安离开法国。

（2）完善反恐法规。法国的反恐法规是在1986年9月9日法律的基础上逐步完善起来的。根据法国的反恐怖法，不仅可追究一切恐怖主义犯罪行为，而且恐怖主义行为被认定为从重处罚的故意犯罪。为此，法国还专门设立了一种特殊的司法程序审理恐怖主义犯罪，其特点是将追踪、预审以及定罪集中在一个单独的法庭，该法庭由专门法官组成，负责审理全国范围的恐怖罪行。为了更有力地打击恐怖主义，法国在有关法律中又陆续增加了一些新的法律条文，并出台了新的反恐法案。

1994年的《刑法典》规定，恐怖主义行为可被独立判刑并加重处罚。此后，法国多次补充反恐怖法律条文，使其立法不断得到充实。法国还分别于1994年和1996年增加了有关打击“生态恐怖主义”和“恐怖主义组织”的法律条文。为有效打击恐怖主义，法国的《刑事诉讼法典》在审判程序上也相应地作了调整。一是突出中央集权。对恐怖分子的起诉、预审和审判由巴黎检察院反恐怖中心、专门预审法官和巴黎大诉讼法庭负责。其管辖范围包括：在法国领土上发生的恐怖主义犯罪、法国国籍人在别国领土上进行的恐怖主义犯罪、在别国领土上针对法国侨民的恐怖主义犯罪、外国人在别国领土上犯下的恐怖主义犯罪（如果此人曾在法国领土上受到警方质询）。二是出台一系列有利于起诉嫌疑犯的措施。如对嫌疑犯的拘留可延长至4天；拘留72小时后方可允许律师介入；延长检察机关对嫌疑犯的追诉时效；允许对嫌疑犯住处进行夜间搜查等。

2005年11月29日，法国国民议会投票通过新的反恐怖法案，决定增加在公共场所的录像监视设备、延长犯罪嫌疑人拘留时限和加大对恐怖分子的惩罚力度等措施，以便更有效地预防和打击恐怖主义。新法案规定：在紧急情况下，各省省长有权决定在交通工具、火车站周围、商业和宗教等公共场所安装录像监视设备；调查人员有权进入因特网的管理系统，提取有关数据；加强对人员流动的监控，铁路、航空和海运公司有责任向国家提供相关人员资料；加强对机动车辆的监测和对过境列车乘客的身份验证。新法案还规定：经授权的警察和宪兵有权进入一些行政管理部门，查询档案、车牌登记、驾驶证、身份证、护照、居留申请等。对涉嫌参加恐怖活动的嫌疑人，法官有权将其拘留和审讯的时限从原来的4天延长至6天，对恐怖分子将执行更为严厉的量刑标准。对那些参与恐怖组织，以爆炸、纵火方式危及人身或财产安全，以及策划、参与导致1人或多人死亡的恐怖嫌疑人，首犯判处30年徒刑（原为20年），从犯判处20年徒刑（原为10年）。

（3）遵守国际准则。法国强调在遵守国际准则的基础上开展国际反恐怖主义斗争。首先，法国谴责各种形式的恐怖主义，无论其制造者是谁、动机如何，均予以坚决打击。与此同时，法国也考虑到滋生恐怖主义的人文、政治和社会灾难等因素，主张在尊重人权和基本自由的条件下对恐怖主义进行毫不让步的斗争。法国认为，加强国际司法和警察合作是打击恐怖主义的有效手段。法国注意避免将恐怖主义和有组织犯罪简单地混为一谈，并承认，当前形势下，这两种现象之间，尤其是金融领域的相互联系有增强之势。

3. 法国反恐战略的手段

法国反恐战略的手段主要包括：

（1）建立反恐机构。法国的反恐机构是自下而上逐步建立和完善起来的。第一步是建立各专业性的反恐分部门。1982年密特朗掌权后，建立了一个负责公共安全的国务秘书处；一个武器和炸药运输管制中心；任命警察力量和宪兵队力量，并使有关恐怖主义的资料情况电脑化。第二步是建立合作机制。1983年，建立了警察和“领土监护局”的合作机制。第三步是建立统一的反恐权力机构。从1984年10月开始，警察力量得到进一步加强；建立了专门审判恐怖主义分子的法庭；隶属国家警察的“反恐协调机构”的建立则使反恐行动进一步集权化；1986年9月9日又成立了“反恐斗争中心”。这两个机构在法国反恐斗争中起到了重要的作用。为了加强全国反恐协调行动，法国总理府国防部总秘书处负责宏观调控，内政部长领导的“打击恐怖主义部际联系委员会”协调政府各部之间的有关工作，1984年内政部成立的打击恐怖斗争协调局（UCLAT）抓具体事务。自2004年“3·11”马德里恐怖袭击事件以来，法国政府意识到反恐已成为其面临的一项重要国家安全议题。由于法国反恐任务一直分散在多家安全机构中，其任务及职责相互交叉，因此，建立统一的反恐机构，协调法国反恐情报搜集及情报共享成为其面临的迫切问题，因此，经过反复酝酿，2007年9月，法国成立了国内情报局，由总统直接领导，主要任务是反间谍、反恐怖以及搜集经济情报和研究社会动态。该机构共有4000名工作人员，隶属于法国内政部，由法国领土监护局、普通情报局、反恐司法警察局等机构重组而成。

（2）组建反恐力量。为了更有效地打击恐怖主义，法国组建了两支反恐力量。

一是国家宪兵突击队。1974年3月1日正式成立，原名为“地区安全突击队”，其执行任务的范围仅限于巴黎地区，隶属宪兵安全突击队，成员90人，军官4名，编为4个突击分队。作为宪兵部队的一部分，受法国国防部直接领导，是一支专门从事反恐怖活动的特种突击队，在欧洲和世界享有盛誉。自成立以来，共执行任务650多次，解救人质450名，逮捕恐怖危险分子550名，成为世界反恐部队的佼佼者，其成员素质之高，被誉为“精英中的精英”。在历次反恐怖行动中只有极个别队员牺牲，尤其在行动时重视人的生命，赢得了人们的信任。国家宪兵突击队之所以能以极低的代价成功地解救人质，创造了令人瞩目的战绩，是因为他们极为严格的训练结果。其成员都被要求成为多面手，跳伞、潜水、登山、高速驾驶、射击、拳击、柔道、爆破、救生等必须样样精通，而且还要通晓法律学、犯罪心理学、语言学、电子学、机械学等多门知识。他们经常到设在法国东南部的科利乌尔和蒙路晚地区的法军突击队全国训练中心，进行单兵“隐蔽”、“野炊”、“寻找食物”、“攻击撤退”等专门训练，有时甚至用直升机把队员空投到南美圭亚那的森林沼泽之中，以提高其在极端困难的条件下自我生存的能力。在完成所有的科目并合格后，队员才能得到象征身份的“黑腰带”，成为正式成员，投入到打击恐怖行动的第一线。

二是铁矛突击队。1985年11月成立，主要任务是适应战时需要及应对海外属地可能发生的动乱及恐怖活动。该突击队共384人，编成4个突击组，其成员均为军队中选出来的优秀分子，具有各项技术及战斗专长，包括48名执行海上任务的战斗蛙人。法国人称这支部队为“世界上最小但威力最强的‘铁矛’部队”，它可以随时奉命出动，担负任何地点、任何任务的突击行动。为了不负其“铁矛”之名，这支突击队所使用的都是军中最精良的装备，量轻质优，火力强猛，并配备有防毒面具等特殊装备，可进行化学战。该突击队的训练极其严格，其成员必须会游泳、跳伞、射击、拳击、随机应变，更重要的是能吃苦耐劳。为此，突击队员必须接受两种特殊考验：一是在法属圭亚那森林沼泽中进行行军演习，让队员忍受瘴气、毒蛇、吸血蚂蟥、食人鱼的侵袭。二是在大沙漠的烈日下进行行军训练，每人背负 15 公斤的装备，每小时步行 10 公里，包括用餐在内，6 小时须走完 40 公里，36 小时须走完 100 公里。一年中有 250 天从事这类训练。

此外，法国还十分注重增强军事反恐能力。2008 年 6 月，法国总统萨科齐指出，恐怖主义攻击是法国面临的最大安全威胁。为应对恐怖主义威胁，法国军队必须摆脱冷战模式，变得更加精干高效和机动灵活，为此尤其要增强反恐情报工作。法国用于情报搜集的侦察设备预算翻了一番，还设立新的全国情报协调主任。6 月，法国发布《国防和本土安全白皮书》，首次将本土安全列入国防战略，并指定 1 万人的部队专门负责反恐等本土安全事务。

（3）建立严密和严格的预防警戒和监控检查机制。一是建立严密的金融预防警戒机制，预防和打击利用法国金融体系资助恐怖主义。法国制定了许多措施以迫使法国金融体系加强警戒，如客户和经济权利所有者的鉴别、怀疑申报体制等，特别是实施了打击洗钱的国际标准。这些警戒措施写进法国《货币和金融法典》。法国金融体系的监督和管理机构负责监督其管辖下的机构是否遵守警戒义务。根据 1990 年 7 月 12 日有关金融组织参与打击洗钱的法律规定，金融组织有义务向法国金融情报部门（TRACFIN，即反对地下金融管道的情报处理和行动）申报那些怀疑与毒品走私或犯罪组织行为有关的交易。在必要情况下，TRACFIN 向司法当局移交行政调查的实际结果。

二是建立严密的敏感物品出口监控机制，防止将此类物品非法走私给恐怖主义集团。按规定，国防部每年向议会提交一份武器出口情况报告。法国计划不久将通过有关军火交易佣金监督条例。新的法律条文将针对所有在法国设立的中间机构进行的物质转口交易建立许可证体系。并规定，在实施国际协议、欧盟决策或联合国安理会决议的情况下，或者当国家的基本权利受到威胁时，可以暂停或取消中介以及进出口许可证。国家立法的目的主要是切断恐怖主义组织的武器储备来源，防止向那些侵犯人权的政府、不稳定地区或发生冲突地区提供武器。

三是建立严格的对双重用途材料，尤其是通信系统的监控机制，防止此类物品“合法”流入恐怖主义集团。法国执行欧盟 2000 年第 1334 号条例，对某些材料实施出口检查。此外，法国拥有一个材料出口“监视”系统，能够更好地对这些材料进行检测。法国是许多国际协议正式成员。在欧盟，法国执行欧盟关于军火出口的“行为准则”，除考虑出口标准外，还建立了有关拒绝出口的信息交流和磋商机制。法国还参加了瓦塞纳尔协议，与 33 个军火和双重用途材料进出口国在此框架下进行讨论并交换信息。法国还积极倡议深入思考负责监督敏感物品出口的多边机构内打击恐怖主义的问题。

四是建立严格的边境检查机制，防止与恐怖主义有关的人员和物品入境。法国在欧洲，特别是在申根协议的范围内采取了大幅度的行动，虽然根据申根协议取消了申根区内的边检，但加强了区外边境的检查。负责外国人入境和居留的责任部门（DCPAF、DGGN、海关）从通过边境起就要保证所有入境人员具备允许入境的共同条件，并就下述问题进行核查：查询申根国家间信息共享系统的资料，包括有无驱逐和反对入境等方面的记录；是否存在妨碍公共秩序的威胁；是否存在妨碍国家安全的威胁。此外，无论在海关部门办理商品报关手续和旅游、运输工具及商品检查时，还是在入境点及所有边界进行机动检查时，都要进行监督。这些检查可以对敏感商品以及可被利用来组织非法贸易、偷渡或运载物品秘密入境的运输车辆进行针对性搜查。除边防检查以外，在申根情报体系对全境进行查看的同时，有关部门须将检验可疑体貌特征的任务列为日常工作。2005 年“7·7”伦敦恐怖袭击发生后，法国很快宣布将采用生物签证，即除指纹外，还将获取眼底血管图和面部照片，从而使签证变成一张电子卡，以确保入境检查万无一失。

五是建立严密的电信和网络监控与警戒机制。根据 1991 年 7 月 10 日有关通过电信途径传递通信秘密的法律规定，为达到预防恐怖主义的目的，可对信息进行安全拦截，安全拦截事宜置于全国信息安全拦截监督委员会监督之下。此外，还在全国反高技术犯罪斗争中心内设置技术警戒自动化系统，对电信和网络进行监控和拦截。2001 年 9 月 11 日后，其他管理部门（如海关或宪兵队）也将其警戒部门的技术警戒行动转为反恐行动。

（4）制订全面的反恐计划。为了打击恐怖主义势力，法国政府制定了全面的反恐计划，以预防和打击各种恐怖主义。一是“警惕海盗计划”。该计划根据总理府国防总秘书处 1978 年 2 月 7 日的政令制定，起草工作由当时的德斯坦总统主持，计划分“简单”（第一）和“加强”（第二）两个阶段。第二阶段计划要动用正常时期不承担法国本土个人和财产安全管理任务的军队。1991 年海湾战争期间第一次启动，延续几个月时间，1995 年、1997 年和 1998 年相继启动过 3 次，2001 年“9·11”事件的次日，即 9 月 12 日第 5 次启动“加强警惕海盗计划”。该计划为“国防机密”。此次启动计划时要求所有公共部门和个人都保持高度警惕，加强公共道路，火车站、港口和机场的安全，强化国家领土上的敏感地点和网络的安全，除警察部门（警察和国家宪兵）和海关部门外，政府还调动了1000名左右的军人加入行动。“加强警惕海盗”计划还十分注重对核设施、空中交通和海底隧道的安全保护。

二是“生化防毒计划”。20 世纪 90 年代初，“警惕海盗计划”有专门一章涉及反生物和化学恐怖主义的预防和保护措施，名为“海盗防毒计划”（Piratox）。1999 年，内政部、国防部和卫生部共同协调加强了反生化恐怖主义的斗争，将此章内容发展为打击和预防生物恐怖主义威胁的专门计划，2001 年 10 月通过，被命名为“生化防毒计划”（BIOTOX）。该计划主包括危险预防以及危机监测、报警和干预。危险预防，主要指采取多种安全措施，其中包括饮用水、“敏感”储藏地（主要是药品生产地）的安全，禁止高危生物产品（即可引起鼠疫、炭疽热、天花、布鲁氏杆菌、肉毒中毒、白喉或出血热的微生物）的流通；危机监测和报警，是指加强对传染病例的监测和对伤病患者的诊治和急救能力，此项工作由全国卫生警戒研究所负责，其根据是国家认定的有关某些传染病的体貌特征和来自微生物学和毒物学实验室的信息；危机干预，是打算根据防区筹建一些专门医院，并由这些医院负责派出防疫小组，对可能发生的生化危机进行及时处置，同时制定可接待大批伤病员的医疗计划。为确保得到紧急药品和疫苗，法国医用品健康安全局已做好统计，并在各制药公司的支持下成立了专门的机构，以确保随时对主要抗生素的储备进行调用。

（5）加强国际反恐合作。长期以来，法国在国内外以各种方式与国际恐怖主义进行了坚决斗争。早在 20 世纪 80 年代，法国就开始立法，相继建立切实有效的协调机构，并寻求国际合作。2001 年“9·11”恐怖袭击后，法国根据联合国安理会 1373 号决议要求，在加强国内预防的同时，进一步加强了国际反恐合作。

一是加强情报领域的国际合作。为加强与其他国家的情报交换，法国一方面建立快速警报机制，以便在反恐行动中与有关国家保持经常性关系和及时进行信息交换。另一方面积极加入各种国际反恐情报组织，进行多层次多渠道的情报与信息交流。法国加入的这类组织有：国际警察组织，该组织不仅拥有众多的成员国（179 个），而且拥有覆盖全球的高效率通信设施，是进行国际反恐情报合作必不可少的工具；贝尔尼俱乐部，1971 年创立，该俱乐部是欧洲国家安全和情报部门进行合作的多边机构；欧盟内的各种反恐工作小组，如：由欧盟各国警察首脑组成的特别工作组、欧洲警察局特别工作小组、打击恐怖主义警察工作小组等。此外，法国还积极促进和扩大双边框架内的信息交换。在国际上，法国已同 42 个国家缔结了警察合作的政府间协议，还有 13 个正在谈判之中。在欧洲，法国与比利时、德国、英国、西班牙和意大利等国相互交换反恐怖部门专门负责联络工作的军官，以利于在实战中进行合作。

二是加强司法和金融领域的国际合作。在司法领域，法国积极参与多边和双边公约。迄今为止，法国签署了绝大部分致力于特殊犯罪形式的多边公约，这些公约或多或少都制定了司法互助方面的条款。至 2001 年 1 月 1 日，法国共签订了 50 个双边刑法领域司法互助有效协定。目前，法国仍在继续进行积极的磋商，以签署新的双边协定，加强、简化和改善刑法领域的司法互助关系。在金融领域，由于有组织跨国犯罪金融基地和国际恐怖主义网络之间存在联系，为了堵住和截断国际恐怖主义组织的资金来源，法国积极参加金融领域的国际反恐合作。法国除了根据《货币和金融法典》的有关条款与国外金融组织和机构交换情报、反洗钱和冻结恐怖主义嫌疑犯资金外，法国金融情报部还为国际金融界贡献了其反洗钱的技术和经验，为反恐怖主义资金斗争服务。

三是加强防止恐怖主义者利用大规模杀伤性武器和空中安全等方面的多边合作。为防止恐怖主义分子利用大规模杀伤性武器，法国签署了《禁止生物武器公约》《禁止化学武器公约》《核不扩散条约》等国际公（条）约，尊重各种规定和条款，履行应尽的国际义务，如：每年向联合国秘书处通报其生物领域的活动情况；定期申报和更新其化学武器的储存、运行的生产设备、在这方面的活动的所有情况，以及所有生产（在数量超过公约制定的界限情况下）可能进入化学武器生产的物质的企业的地址；在核供应国集团内，法国严格执行该集团有关监督核材料和设备以及双重用途资料出口的指令。在空中安全领域，法国也积极参与各国际空中安全组织的工作，并自 2001 年“9・11”事件以后，几次修改空中运输安全措施，主动和国际空中安全组织的规定接轨。这些措施涉及所有法国离港飞行，无论运营者和乘客是哪国的国籍。主要是加强对乘客及其随身行李的检查，加强对人员进入机场专用地区的控制，并在总体原则下，对这些人员进行审查，加强对进入飞行器的控制，并改善货运飞机和飞机上储备物的控制程序。

四是加强与非洲国家的反恐合作。2007 年 12 月 24 日，4 名法国旅游者在毛里塔尼亚被恐怖分子杀害，使法国处于反恐的高度警惕状态，为此，法国强化了与非洲国家，特别是马格里布地区国家（包括毛里塔尼亚、阿尔及利亚、摩洛哥、突尼斯等北非国家）的反恐合作，强调国际社会唯有共同努力，才能削弱国际恐怖组织的活动。

德国反恐战略

1. 德国反恐战略的目标

在德国，活跃于 20 世纪 70—90 年代的“红军派”和 70—80 年代的“革命小组”目前均已消亡。因此，德国反恐战略的目标主要是打击跨境恐怖主义和保护全球基础设施。德国认为，跨境恐怖主义已成为当今涉及德国安全的最大危险，因为这种危险源自那些有意制造非对称冲突的非国家主体；而且，与 20 世纪七八十年代的恐怖主义不一样，这些恐怖分子不以国家和社会高层为目标，而是追逐“软目标”，运用准军事手段，谋求受害者数量最大化，动摇国家和社会的根基。由于恐怖暴力跨越国境且日益趋向国际化和网络化，内部安全和外部安全的界限已不再分明，“9・11”事件后，欧洲国家已变成恐怖主义的袭击目标和后勤基地，德国的安全开始受到来自内、外两方面的威胁。因此，从某种意义上说，打击跨境恐怖主义就是保卫德国的内外安全。

德国指出，全球基础设施是恐怖分子袭击的目标，同时也为恐怖分子在世界范围内活动提供便利。阻止恐怖行动，保护全球基础设施，既是德国安全政策的目标，也是德国反恐战略的重要目标。因此，德国强调，通过对恐怖集团金融、通信和人身自由采取控制措施，可以发现并阻止尚处于酝酿阶段的恐怖袭击计划。同时，必须采取其他预防性措施，降低关键基础设施遭受袭击的可能。这些措施包括赋予联邦刑警局在全德国境内展开调查的权利，抵御国际恐怖主义风险，确保各安全部门保持密切沟通，在特别危险情况下在境内投入联邦国防军，支援联邦和州警方工作。这些措施的目的在于，防止恐怖袭击或将恐怖袭击的影响最小化，提高德国抵御恐怖分子的能力。

2. 德国反恐战略的策略

德国反恐战略的策略是综合反恐和依法反恐。所谓综合反恐，就是综合运用政治、外交、民事、发展援助和警察等手段打击恐怖主义。德国认为，单纯通过外交克制减少恐怖袭击的危险是不现实的选择，示弱将增加恐怖袭击的危险性。因此，在德国看来，一方面要弄清恐怖主义的缘由，从源头上打击恐怖主义，如：打击和逮捕策划和实施恐怖袭击的分子，阻止恐怖组织吸纳新成员等；另一方面，要积极使用政治、外交、民事、发展援助和警察等手段打击恐怖主义，并依靠国际社会的紧密配合封堵恐怖分子的退路。

所谓依法反恐，就是进一步完善相关法律，强化反恐的法律工具，为反恐斗争提供有力的法律依据和支撑。自欧洲国家频繁发生恐怖袭击事件后，德国政府不仅对《联邦宪法保护法》《军事反间谍法》《联邦刑事侦察法》以及《联邦情报法》《联邦刑事法》等相关法律进行了修订，以赋予安全部门更多必要的法律权限，加强各部门之间的情报交流，阻止恐怖分子进入德国境内；而且还对《外国人管理法》《避难程序法》和其他有关外国人的法律规定作了修改，以提高签证程序中身份确认的可靠性，加强对外国人出入德国和在德活动的监控和管理。此外，德国还在《反恐法》的框架内，对《安全审查法》《护照法》《个人证件法》《社团法》《空中交通法》《联邦边防法》《联邦登记中心法》以及《能源安全保障法》等也相应地作了修订，以利于执法部门在执行反恐行动中更加有法可依。特别是，2008 年 6 月 4 日，德国联邦内阁会议通过《联邦刑事局防范国际恐怖主义危险法》草案，对原《联邦刑事局法》进行补充，使该局首次拥有防范恐怖主义威胁的独立权限。草案规定，联邦刑事局可对恐怖嫌疑人的私人住宅进行录像监控，并通过安装间谍软件对个人电脑进行在线搜查，此外还有权对可疑人员采取讯问、传讯、搜查、身份确认、存储其个人信息、监听通信等调查手段。

3. 德国反恐战略的手段

德国反恐战略的手段主要有：

（1）成立反恐指挥机构，同时进行全国反恐总动员。“9·11”事件发生后，为加强国内安全，防止恐怖分子再次发动袭击，德国立即在联邦外交部和内政部分别成立了危机指挥部，负责协调全国安全工作，联邦总理府的形势中心也增加了人力，3 个机构相互保持密切联系。同时进行全国反恐总动员，即联邦总理随时从形势中心获悉事件发展情况；外交部对到美国的旅行者发布安全提示；德国安全机构奉命帮助其美国同行侦察事件发生的背景，同时与美欧的安全机构保持密切合作，以防范一切可能发生的危险；联邦国防军加强防空警戒，强化对武器装备和营房的安全保护，所有部队的领导奉命提高戒备；在全国范围内进行大规模的拉网式搜捕，一旦发现可疑分子立即建立专门档案，长期跟踪；宣布禁止德国伊斯兰激进组织“哈里发国家”的一切活动。

（2）建立反恐力量。早在 20 世纪 70 年代，德国就开始建立反恐力量。迄今为止，德国建立的反恐力量有：

一是第 9 边境防卫队。1972 年慕尼黑奥运会期间，发生了恐怖组织“黑色 9 月”屠杀以色列运动员事件。德国联邦政府为对付国内外的恐怖活动，仿效以色列的做法，于 1973 年在陆军中成立一个特别的反恐怖单位——第 9 边境防卫队（GSG－9）。其最初的主要职能仅限于反恐怖活动，后来又增加了保护要员、警卫政府要害部门以及执行秘密活动等功能。为了尽量降低第九边境防卫队的军事色彩，队员均是从联邦边境防卫队（具警察身份）中挑选产生。特战队员有 350 名左右，分为 3 个战斗组。第 1 战斗组约 100 人，编成 5 人一组的 10 个特战小组，小组内有机枪手、步枪手及狙击手等，主要负责反恐怖及营救人质行动。第 2 战斗组的编制约 100 人，除了一般反暴任务外，还负责海上反暴任务，其成员的海上战斗技巧，由德国海军蛙人队训练，队员中还有许多是爆破专家。第 3 战斗组的规模较小，但须接受特殊的空降训练，其任务是空降到目标据点，配合其他两个战斗组的地面行动。所有队员都要经过申请、挑选、预训、正式训练、考核、候选、专业训练（训练的项目包括潜伏技巧、伪装术、潜水、跳伞、高级语言课程、兵器、爆破及高速驾驶训练等）、淘汰等严格的程序后，才能成为正式成员。

二是特警部队。在建立第 9 边境防卫队的同时，德国联邦边境保卫局还作出决定，立即组建一支特警部队，即特别行动指挥部。目前，该指挥部在边防军第 9 军及各州警察局都设有分支机构，掌管着大约 700 名特别警察。他们的职责十分明确：击毙罪犯，解救人质。申请加入特警的人必须是经验老到的现役警察，拥有健壮的体魄、冷酷的性格，智商在 90—100 之间，年龄在 30—40 岁间。合格者还要接受严格的基础训练与特殊训练，除了是神枪手外，还必须了解其他武器、弹药的使用，精通弹道理论，能较准确地估计出子弹在各类自然环境中飞行结束时弹着点位置，并具备超强的耐心和耐力这一独特的素质。

三是海军蛙人特种部队。“9·11”事件后，北约海军执行任务的海域已经扩展到海湾地区的海上通道和非洲海岸，在这些地区，要和全世界的恐怖主义以及潜在的暗杀活动作斗争。为了应对新的形势和任务，作为北约成员国的德国，也于 2003 年成立了营一级的小军种——海军蛙人特种部队（SEKM），它隶属于第 9 边境防卫队（GSG－9）下的海军分队，由蛙人连和扫雷连组成。蛙人连分成 3 个战斗队，其任务是捕获可疑船只。扫雷连编有 2 个排，其任务是摧毁海面和清除陆地浅水区的战斗器材。扫雷连的训练包括扫雷训练，游泳训练，以及在游泳中射击、爆破、强行登船。

（3）通过反恐一揽子方案。面对反恐怖的严峻形势，加强国家内部安全成为德国政府的一项迫切任务，为此，“9・11”事件发生后，德国政府在两个月的时间内先后通过了两个反恐一揽子方案。

第一个反恐一揽子方案于 2001 年 9 月 19 日通过，是关于解决反恐经费问题的，其主要内容是：计划在 2002 年预算中增加 30 亿马克的反恐怖经费，用于改进联邦国防军的快速反应能力和情报部门的反恐怖工作，提高对抗灾难的能力。其中国防部 15 亿马克，内政部 5 亿马克，其他 10 亿马克（其中备用款 5 亿马克，外交部及发展援助部各 2 亿马克，财政及司法部共获得 1 亿马克用于应对洗钱）。资金来源将是提高烟草及保险税。烟草税将分别在 2002 年 1 月 1 日和 2003 年 1 月 1 日两个阶段各提高一个欧分。在损害和事故保险方面，将一般保险税率从 15% 提高到 16%，火险税率从 10% 提高到 11%。

第二个反恐一揽子方案于 2001 年 11 月 7 日通过，是关于解决反恐法律问题的，计划对德国现行有关法律进行一系列修改，使德国能够预先发现类似“9・11”的恐怖袭击事件，以防患于未然。法律修改涉及的面很广，且突破了原法律的一些禁区。方案决定，将松动对隐私权的保护。过去，德国人的隐私权是神圣不可侵犯的。任何人甚至连警察也无权随意调看移民局、大学、银行等机构存放的档案资料。今后所有存放个人数据的机构要与安全部门联网，警察可任意调看怀疑对象的全部档案资料。还将放宽银行保密限制。银行为用户保密是西方金融体系中一个不可动摇的规则，但这给偷漏税、毒品交易和恐怖主义以可乘之机。今后，安全机构有权掌握各银行现金流动情况，同时各银行有义务将可疑的资金流动情况报告给安全部门，以切断恐怖分子的资金来源。反恐怖法于 2002 年 1 月 1 日生效。

（4）建立严密的预防机制。一是启动快速预警系统。2001 年 10 月 15 日，联邦内政部宣布，卫星预警系统开始运行。该系统用于防范来自空中和地面的威胁，可在 20 秒内将恐怖袭击警报从民防部门传达到国家广播电台以及联邦和各州的形势评估中心。

二是建立机场和航空安全预防机制，同时加强对车站、边境和敏感建筑物的安全检查。恐怖分子驾机袭击美国后，航空交通安全成为德国政府考虑的一个重要问题。联邦政府指出，应将犯罪分子控制在地面上。联邦交通部的一位发言人指出，加强航空安全包括：加强对乘客离开机场大厅到登上飞机之前的这段时间的监控、提高安检设备的技术指标、关闭驾驶员座舱以及在飞机上配备携带武器的安全人员。为了提高飞行安全，保持航空交通运输的正常运行，联邦政府采取了一系列预防措施，包括：严格考查机场工作人员的可靠性，防止恐怖分子进入安全敏感区域；加强对行李的检查；派武装人员随机飞行，以防止劫机，确保飞行人员和乘客的安全；为德国飞机受到“战争和恐怖主义”威胁提供担保，保证航空交通运输的正常运行。2004 年“3・11”马德里恐怖袭击后，德国加强了各个交通要道及出入境关卡检查，严格检查手续，各个州也都采取多种安全措施防范恐怖袭击。2005 年，德国还在欧盟内部率先启用新的电子护照，2007 年又对电子护照系统进行升级，增加指纹识别功能，用以严格识别出入境人员，防止恐怖分子进入德国。

三是建立严密的财政金融预防机制。为了截断恐怖主义组织的资金来源，面对日益猖獗的金融犯罪，德国政府早在 1999 年就严格了反洗钱法，规定现金和资产只要来路不明，在澄清之前即可以被没收。“9・11”事件后，德国政府又加强了有关反洗钱规定，加大了打击力度，同时采取必要措施，建立起既严密又透明的财政金融制度。主要包括：联邦财政部在联邦信贷监事会设立账户记录中心，德国银行必须把所有存款者姓名提供给该中心，并且有义务在司法机构需要调查时提供更详细的存款资料，该中心将所有账户资料储存在案，以便摸查恐怖组织和洗钱活动的资金流向；联邦财政部成立反洗钱举报中心，负责搜集和分析涉嫌洗钱活动的情况，并将重大嫌疑者移交给检察机构；完善银行危机管理机制，运用电脑技术保障银行内部安全，防止洗钱和资金诈骗；查禁恐怖分子账户；放宽银行保密限制，安全机构有权掌握银行的现金流动情况，银行也有义务报告可疑的资金流向；加重对偷逃税的处罚，严防恐怖组织通过偷漏税获得活动经费。

（5）加强国内及国际反恐合作。在国内反恐合作方面，德国主要是促进军、警、情部门的合作。联邦国防军委员会要求警察、联邦边防军、行政部门和联邦国防军进行联合行动演习，该委员会主席格尔茨表示，联邦国防军的职责是负责边境安全和对抗生化武器；空军对德国领空实施24小时雷达监控；联邦国防部应与其他部、美国、盟国、伙伴国以及德国驻外大使馆军事专员保持密切联系。2004年德国成立的联邦反恐中心，主要由联邦刑事侦查局和联邦宪法保卫局的成员构成，联邦情报局、海关刑事侦查局、军事反间局、各州刑事侦查局等机构协同配合，目的就是实现各情报安全机构的反恐合作。2005年，德国内政部出台的“反恐资料库草案”，在联邦政府内部建立起统一的“反恐资料数据库”，将警察及情报部门获得的一切反恐信息进行汇总，实现政府各部门之间的“情报共享”，以便更好地进行国内的反恐合作。

在国际反恐合作方面，德国认为，反恐绝不是单个国家的行为，而是需要国际社会的广泛合作。为此，“9·11”事件后，德国采取了一系列积极主动的措施：一是加强欧盟内部的反恐怖合作。德国主张在欧洲范围内发布逮捕令，以简化提交犯罪分子的程序；建议实现各国反恐怖专家成果的共享，欧洲应对避难和移民法问题作出统一规定；提议扩大欧洲警察总署的职权范围，在欧洲范围内通过电脑数据搜查罪犯；德法两国率先决定成立联合反恐怖工作小组；并提议对全球安全体制进行一次大检查，把以飞机为恐怖武器的危险减少到最低限度。二是联手切断恐怖主义的财源。德国主张在欧洲建立对付洗钱的中央机构，统一追踪非法银行业务，切断恐怖组织的资金来源，并拟定了一项旨在对付恐怖主义和洗钱的综合行动计划。三是提供人道主义援助。德政府视援助阿富汗难民为对美反恐战争的重要支持，并与欧盟和联合国难民事务高级专员办事处一起就此进行密切合作，并决定向阿富汗提供约5000万马克的人道主义援助。四是对美提供军事支持，巩固和加强德美反恐合作关系。美国发生“9·11”恐怖袭击后，施罗德总理多次向布什总统许诺，在反恐斗争中德将坚定地与美站在一起，愿意与美进行军事合作，施罗德在访美时还带去了包括提供海上侦察机和运输机在内的一揽子支持计划；双方愿意进一步巩固和加强德国内政部与美国国土安全部长期而有效的合作关系，在反恐行动中相互支持。五是出兵阿富汗，以实际行动支持国际反恐合作。2001年11月7日，德国政府决定派出3900名士兵参加反恐行动并获得议会通过。德国这次派出的部队由侦察、医疗、空运、特殊任务和海军组成，其中执行防原子、生物、化学侦察任务的部队800人，特种部队100人。六是提供国际反恐援助。2008年底孟买遭受恐怖袭击后，德国深化与印度的反恐合作，一方面广泛交流反恐战略、措施和经验，另一方面派遣德反恐精锐部队第9边境防卫队（GSG－9）的成员到印度提供反恐培训。

意大利反恐战略

1. 意大利反恐战略的目标

意大利反恐战略的主要目标是打击国内的恐怖主义组织和进行国际反恐合作，打击国际恐怖主义。意大利国内的恐怖主义组织主要是“红色旅”、“非正式无政府主义联盟”、“黑手党”以及“新恐怖主义”。

“红色旅”成立于1969年，创建人有雷纳托·库尔齐奥及其妻玛尔格里塔·卡戈尔、阿尔贝托·弗朗切斯基尼。其主要打击对象是意大利天民党重要领导人、警察、法官、记者以及北约和欧洲共同体等机构的官员。20世纪80年代初期，“红色旅”曾发展到400—500名专职成员，1000多名协助成员，还有几千名支持者。20世纪70—80年代，“红色旅”使用的恐怖手段主要是绑架和枪杀，进入21世纪后，则扩展为爆炸、绑架、行刺、枪杀、投毒、纵火、抢劫等，作案地点是各机关、各地的重要标志性建筑物、公共场所以及重要人物的住宅等。每次案发后，警方总是收到“红色旅”的确认信，称上述案件均系他们所为。

“非正式无政府主义联盟”成立时间不详，具体领导人不详，大约有350名左右成员，可能是一个松散的恐怖联盟。其宗旨是阻止欧洲一体化进程，建立一个自由和自我管理的世界。他们“拒绝接受一切形式的组织、机构或中央决策”，并且公然反对“新欧洲秩序”。该组织认为欧洲一体化将彻底摧毁“社会保障和退休制度”，未来的欧洲将是一个“剥削者与被剥削者”的欧洲。因此，他们主张“生活在一个自由和自我管理的世界”。该组织下设4个小组织，分别是：5个C组织、国际团结组织、7月20日组织和手工业合作社。具体行动方式取各自为政的分散行动，组织中大多数人没有固定住所，也不使用现代的通信工具。从2003年开始活动，主要是以邮件炸弹的方式进行恐怖袭击和威吓。

“黑手党”起源于18世纪末19世纪初西西里岛的庄园看守和打手，至19世纪末20世纪初，“黑手党”已发展为庞大的黑社会型恐怖组织，其势力不仅取代了庄园主，而且控制了地方权力机构。“黑手党”在百余年的发展过程中，通过走私、贩毒、操纵行业、敲诈勒索、抢劫、收取保护费等手段横征暴敛，不断积累财富。随着财富的积累，各黑手党派开始向政界渗透，与上层官僚机构频频接触，在政府要害部门安插党徒，寻找帮凶。从20世纪70年代起，西西里“黑手党”势力已渗透到社会各部门和各阶层。20世纪80年代以来，西西里“黑手党”开始进行暗杀绑架等恐怖活动，袭击警察、法官和政府官员。仅在1999—2003年的5年中，“黑手党”就杀害了666人。

2. 意大利反恐战略的策略

意大利反恐战略的策略除了依法反恐外，还有一点比较独特，就是坚定地站在美国一边。

和其他欧洲大国一样，意大利也十分注重依法反恐。进入21世纪后，鉴于恐怖主义活动日益猖獗，2001年5月7日，意大利众院表决通过了一项由政府提交的反恐怖主义法案。其主要内容是：扩大警察、宪兵和安全部门在反恐怖活动方面的权力；延长检察院、法院对恐怖犯罪活动进行调查和提起公诉的时间。该法的通过有助于政府和司法机构加强对恐怖活动和其他犯罪活动的打击。“9·11”事件后，意大利政府又很快于2001年10月颁布了新的反恐怖法令，授予司法机关和各级检察官在反恐怖方面更多、更大的权力，且在许多方面拥有与打击黑手党犯罪活动相同的权力。如警察在侦察、追捕或同恐怖分子搏斗中，可使用与同黑手党分子斗争时使用的同样武器；检察官可对恐怖嫌疑人实施财产没收、住所查抄、电话窃听及电子侦察监视；加重对恐怖分子的处罚，在刑法中加入“国际恐怖主义罪”，对参与恐怖组织犯罪活动者判处7—15年徒刑，协助或庇护者也将被判处4年有期徒刑。

“9·11”恐怖袭击发生后，意大利政府立即表明态度，坚定地站在美国一边，支持美国反恐。2001年9月14日，意大利总理贝卢斯科尼在内阁会议上发表讲话时说，意大利毫不犹豫地站在美国一边，将自始至终地支持美国，以任何方式与之共同打击恐怖主义。2001年10月7日，他代表意大利在反恐怖问题上发表声明时再次重申，意大利完全支持美国对付恐怖组织的报复行动。2001年10月15日，他在访美前后和期间表示，意大利将积极参与由美国领导的反恐怖军事行动，并提供一切所需支持，不仅包括道义和精神上的支持，而且还包括全方位的军事援助。并保证，意大利将与美国站在一起，承担其应负的责任。他还恭维美国说，“我们应努力维护自由，自由是我们最大的财富，而世界上的自由没有美国的屏障是无法得到维护的”。2001年11月意政府制定了冻结恐怖分子和组织资产的法案，并根据该法案，很快冻结了20多家公司的银行账户，开展近100次调查取证活动，查封了几十家“黑公司”，相继惩罚了有关人员，对其他几十家可疑公司也进行严密监控，并要求银行和信贷机构随时提示和通报一切可疑的金融动向。

3. 意大利反恐战略的手段

意大利反恐战略的手段主要包括以下几个方面：

（1）确立情报系统的反恐特殊地位。在反恐中，意大利特别重视情报系统的作用，通过一系列的改革，确立了其反恐特殊地位。

一是加强情报组织的领导，明确其职责。“9·11”事件后，意大利政府立即决定更换情报机构的领导层，任命财政警察将军尼科洛·波拉里和宪兵将军、反恐专家马里奥·莫里分别出任“军事安全情报局”和“民主安全情报局”局长。并明确规定：第一，情报机关的所有重要行动计划在任何情况下均需由总理签署批准；第二，“军事安全情报局”和“民主安全情报局”局长，须将行动方式的具体报告通知国防部、内政部和“情报与安全机关执行委员会”；第三，“情报与安全机关执行委员会”除对“军事安全情报局”和“民主安全情报局”拥有监督、管理和协调权外，还有责任将政府锁定的目标变为指令下达给它们，并对其行动方案提出指导意见。

二是赋予情报机关“特殊权力”。主要包括：第一，取消对情报机关的某些限制，以便情报人员在进行调查和侦察时拥有更大的行动自由；第二，宪兵与警察部门中的反恐人员须配合情报特工的工作，着重加强双方在监视恐怖分子方面的协作；第三，准许情报机关在中东国家招募特工，主要对象是广泛接触社会的教师、医生和职员等，其条件是：懂阿拉伯语且最好同时掌握一种阿拉伯方言、了解穆斯林现状、熟谙情报和信息知识等；第四，允许情报人员在特定情况下执行任务时犯罪行为不被追究刑事责任，但不能随便大开杀戒或伤及他人；第五，情报人员拥有跟踪、侦听、搜查、私闯民宅等行动自由，所有以调查为目的的侦察手段均不受司法机关的控制。

三是减少对情报机关的行政干预。议会对情报机关的监管仅限于经费预算方面，仅有权考虑和审议提供给情报机关的资金使用，但无权干预情报机关进行的情报行动；议会只能对已完成的行动进行评估，不必过问情报机关的运转情况和正在进行的行动。

（2）建立反恐力量。早在1978年，意大利就成立反恐作战特种部队——意大利陆军空降部队枪骑兵团特别行动勤务组，简称GIS特别行动勤务组。除了执行反恐任务外，有时也执行其他危险性高的任务，如镇压监狱暴动、打击国际犯罪活动、为来访的外国政要提供贴身保护等。特别行动勤务组现有编员200余人，直接受命于意大利政府总理、内政部部长、国防部部长，其行动归意大利枪骑兵总部指挥，下设2个突击中队和1个训练中队。每个突击中队各有1个狙击侦搜队，是特勤组中最精干的单位。狙击侦搜队在行动中，担任情报搜集、目标观测和狙击任务，是特勤组行动时的耳目。训练中队由兵器、特殊装备、跳伞、山地及雪地训练等方面专家组成，除训练新队员外，必要时也担任突击中队的预备队。特勤组通过每年两次选拔充实和更新队员，挑选出的新队员必须经过严格而残酷训练，以使之具备特殊的战斗力，并足以对付日益猖獗的恐怖势力。经过这种训练后，每个队员不仅是擒拿格斗高手和神枪手，并精通驾驶、潜水等技术，而且还具备紧急着陆和跳伞作战的能力。特勤组始终保留一个24小时警戒待命组。一有任务，头一警戒待命组接到命令后，可随时出发至任何地点执行任务，第二个预备待命组随即做好出发准备。如情况特别紧急，第三个行动组可在3小时内完成准备状态。为保持足够的机动能力，特勤组拥有自己编制内的机动运输车队、直升机和运输机。自创建以来，特别行动勤务组一直战斗在反恐斗争的最前线，频频出动，屡立战功，是一支世界著名的反恐精锐部队。

（3）建立严密的防范机制。一是建立严格的机场防范机制。为防范恐怖袭击，早在1986年9月，意大利政府就决定：取消外交人员免检特权，每位旅客只许携带一件手提行李登机。2001年“9·11”事件后，为确保航空安全，意大利进一步加强了对机场的安全检查，实行更为严格的安检制度，严防再次发生恐怖分子劫机和暗藏爆炸物登机的事件。为便于识别恐怖嫌疑分子，意大利从2004年开始发放带有指纹数据的新身份证，以堵住恐怖分子伪造身份证，混进机场的漏洞。

二是建立严密的搜查机制。“9·11”事件后，意大利对全国所有的非法移民、各种犯罪嫌疑人、可疑社团和非法组织、可疑房屋和处所、所有出入境处等进行了全面彻底的搜索和排查，以后，不定期地进行这种搜查，并将搜查的范围进一步扩大到全国各城市的电话中心、网吧、汇款点等。

三是建立严密的警戒机制。在美英开始对阿军事打击后，意大利总理贝卢斯科尼宣布全国进入紧急状态，以防遭到恐怖分子的袭击；对可能遭袭地区，如美国和以色列使馆、北约基地、机场火车站、美驻意金融与文化机构等，将安全警戒提升为“一级战备状态”，所有外国使馆、航空公司、军事设施、犹太教堂、学校及旅行社均受到特别严密监视和保护；增派6000名警察加强边境执勤，增加火车站和机场的巡逻人员；从2001年11月起，除原先驻防机场和港口的安全人员外，政府开始加派

4000名军人进驻电站、电信电话传播站、水库电厂、军事基地和机场等，加强警戒；进一步加强边境口岸的搜巡力度；在移民偷渡集中的海岸增加巡逻与管理的警力，增设边防警务区和船管站；在首都罗马增加警察、宪兵和便衣侦探，在各重要部门附近以及人群集聚的广场等公共场所加强警戒。2004 年“3・11”马德里爆炸案后，面对恐怖组织发出的威胁，意大利从 8 月初起，提高了包括陆地、空中和港口的安全警戒级别，并重点加强对首都罗马、佛罗伦萨、米兰等文化艺术古迹相对集中的城市的安全保护。

四是建立生化恐怖活动预防机制。2001 年 10 月意政府通过预防恐怖生化武器攻击的紧急计划，决定增加预防天花的疫苗，并采取增加其他药物产量的措施。该计划包括从一个绿色免费电话开始的一系列的行动，这个绿色电话将供公民、卫生行动和机关人员使用。电话总机接到警报后，将传达给医院、卫生高级机构及其他机构。一旦发生危机，将立刻隔离可疑的病例，并将进行治疗、采取标本和迅速诊断的措施。意卫生部还向公众开通了专门免费热线，负责解答公众关于“生化恐怖”的疑问，以减少社会恐慌。

（4）加强国际反恐合作。为有效地打击日趋猖獗的恐怖主义活动，意大利十分重视国际合作的作用，并展开了一系列行动。一是倡导和促进建立国际反恐联盟。“9・11”事件后，意大利总统、总理、外长和内政部部长等政要在美欧、中东和地中海地区大搞穿梭外交，以此表明意大利反恐怖的果断态度，赞同欧盟和北约支持美军事行动及抵制恐怖主义的一切措施，寻求建立“地中海反恐合作联盟”，建议和支持欧盟内部的反恐合作与协调，重视同美国的合作。意一方面无条件支持美国，向美提供军事基地和作战部队，主动要求接替美军在巴尔干的驻防；同时又积极呼吁推进中东和平进程，建议欧盟制定资助巴勒斯坦的“马歇尔计划”，以广泛争取阿拉伯国家对反恐斗争的理解和支持。二是加强国际反恐情报合作。在这方面，意大利的主要做法是：加强与美欧国家的合作，进一步实现情报共享；巩固与埃及、巴勒斯坦等阿拉伯国家情报组织的良好合作关系，以开拓更多的信息渠道；选派综合素质高、能用外语与外国同行自如交流的特工组成“行动小分队”，以便在国际范围广泛开展活动，互通信息，及时达成反恐共识。三是联手打击国际恐怖主义的金融组织。意政府成立了一个专查恐怖组织非法资金流动的“金融委员会”，以便与其他国家联手清查恐怖组织在意大利和欧洲的资产，切断其资金来源，促进国际社会摧毁恐怖组织的经济基础，有效打击国际恐怖主义的金融组织。

西班牙反恐战略

1. 西班牙反恐战略的目标

西班牙反恐战略的主要目标是打击国内的恐怖主义组织，2004 年马德里“3・11”恐怖袭击后，西班牙开始把打击国际恐怖主义列为其反恐战略的重要目标。西班牙最大的恐怖主义组织是“埃塔”（“巴斯克民族和自由组织”的简称），它成立于 1959 年，原为佛朗哥时代西班牙北部巴斯克地区的地下组织，后逐渐发展成为危害整个西班牙社会的、主张暴力的民族分裂主义组织。其政治目标是通过暴力斗争将巴斯克地区从西班牙分裂出去，建立一个包括法国南部一部分巴斯克语地区居民在内的独立国家。“埃塔”成员除在本国活动外，还经常流窜到法国、德国、意大利及拉美的墨西哥、乌拉圭和加勒比的多米尼加等国活动。从 1968 年起，该组织制造了一系列的恐怖活动（暗杀、绑架、投放汽车炸弹等）。截至 2004 年 3 月，“埃塔”策划近 3000 起恐怖事件，杀害 1090 多人，伤害 3800 人，造成的经济损失近 20 亿美元。“埃塔”有成员 1 万多人，其中有 200 名左右潜伏在法国南部。积极参与恐怖活动的“埃塔”核心分子为数不多，大约有 300 人，组成 20 个“突击队”。“埃塔”的训练基地多数设在西班牙和法国交界的高山密林处，其恐怖活动的手段主要是暗杀和破坏。其活动经费主要来源于绑架、抢银行和收缴“革命税”。“埃塔”曾几次宣布停火，但不久后又恢复恐怖活动，且愈加频繁和惨烈，成为西班牙国内安全与稳定的头号威胁。

2. 西班牙反恐战略的策略

西班牙反恐战略的策略是：依法反恐和执政党与在野党协议反恐。西班牙历届政府都十分注重依据法律，严厉打击“埃塔”恐怖组织，特别是 1996 年西班牙人民党执政后，进一步加大了打击力度，许多“埃塔”突击队的骨干分子纷纷落网。为了最大限度地避免、预防和打击恐怖犯罪，西班牙政府对宪法、组织法和刑法中有关反恐怖立法条款进行了修改。《西班牙宪法》通过后，有关反恐怖立法条款后被1980年后颁布的11个组织法代替。《西班牙宪法》第55条款第2条所提及的惩处武装团伙及恐怖分子行为被1984年第9号组织法代替，并对该部分内容进行扩展。1988年有关刑法修改的第3号组织法、1988年有关犯罪审理法修改的第4号组织法及1995年第10号组织法（涉及武器、弹药和爆炸物的贩运、储藏等恐怖主义犯罪行为）相继颁布实施。这些法律构成了西班牙的反恐法。由于恐怖分子的手段越来越高明，常常利用法律的漏洞和法律解释的复杂性来逃避法律的惩罚，为了堵住这一漏洞，防止恐怖分子逍遥法外，2000年12月23日，西班牙又对1995年刑法进行了修改，并颁布了新的组织法、刑法、未成年人与恐怖犯罪有关的刑事责任调整法。

“埃塔”日益猖獗的恐怖行径遭到西班牙社会各界的强烈谴责。面对越来越严重的恐怖主义威胁，2000年12月8日，执政的西班牙人民党和最大的在野党——西班牙工人社会党签署了《争取自由、反对恐怖主义协议》，表明了两党加强团结和捍卫自由、消灭恐怖主义的决心，从而为西班牙全国上下统一思想和意志，进行坚决彻底的反恐行动奠定了良好的基础。《协议》指出：本协议的宗旨即两党进行永久合作来共同推动自由和反恐政策。这意味着两党在信息交流、协议所涉及范围（包括立法改革、监禁政策、国际合作、动员公民及各机构等）采取一致行动，并在涉及反恐政策的所有方面力求保持一致立场。两党还公开重申：双方坚决承诺，将为捍卫所有西班牙公民的生命权利和自由权利而共同努力；并一致赞成反恐斗争中的原则及政策。2004年“3·11”马德里爆炸案后的第3天，即3月14日，西班牙举行全国大选，一味追随美国的执政党人民党被在野党工人社会党击败。尽管如此，但两党签署的反恐协议仍然有效。

3. 西班牙反恐战略的手段

西班牙反恐战略的手段主要是：

（1）加强反恐力量建设。西班牙的反恐力量主要是国民警卫队、国家警察及其管辖下的巴斯克自治警察。这些力量是在巴斯克和西班牙其他地区消除恐怖分子及其所属势力实施的暴力、威胁和要挟行为的主力军。随着恐怖活动的日益猖獗和恐怖威胁的增加，特别是2004年“3·11”马德里惨案后，为了增强反恐力量，西班牙政府已经在国民警卫队、警察部队和国家情报中心增加500名反恐人员，其中包括40名阿拉伯语翻译人员。同时决定2005年在国民警卫队中建立一支由1600人组成的防核武器和生化武器威胁的生化特种部队。

（2）依靠广大的民众反恐。西班牙两大政党在反恐协议中指出，彻底根除西班牙恐怖暴力并不仅仅是民主政党专有的任务，它需要各个机构、各级政府和所有公民的支持。因此两党决心：动员、推动和支持民众起来反对恐怖暴力和谋杀活动；支持媒体和记者宣传西班牙人和睦共处价值观和宪法中的其他价值观。因为对于谋杀和阴谋所寻求的强迫、威胁和沉默而言，言论自由和新闻多元化则是一份珍贵的民主遗产。为此，两党特别呼吁青年一代——他们应该成为以特殊方式反对暴力的中流砥柱，只要他们继承了民主与和睦共处的价值观，只要所有巴斯克人民和所有西班牙人对恐怖分子的卑劣行径给予团结、民主、坚定的反击，“埃塔”分子就会失去所有希望。

（3）借助科技反恐，推行电子身份证。2008年2月15日西班牙媒体报道，西班牙内政部宣布，西班牙将耗资1.5亿欧元推行首批10万份电子身份证。由于这种电子身份证里面安有一个芯片，储存了身份证持有者的电子签名和个人的基本信息，其推行将使西班牙的身份确认系统发挥更大作用，其安全性也将有所加强。

（4）积极加强国际反恐合作。西班牙的恐怖组织“埃塔”除了在西班牙本土进行恐怖袭击外，还在西班牙的邻国如法国、德国进行恐怖活动，其成员甚至在比利时、墨西哥、委内瑞拉和乌拉圭等国寻找藏身之地和寻求政治援助。面对这种现实，为了有效地打击恐怖主义，西班牙非常注重加强双边和多边合作，依靠国际社会的力量进行反恐。除了积极参加欧盟内的反恐多边合作外，西班牙尤其重视与有关国家建立双边反恐合作关系，合力打击恐怖主义。从1996年5月到1999年12月，在委内瑞拉、荷兰、比利时、德国共抓获6名“埃塔”合作者或成员，同期共有14名“埃塔”成员被别国驱逐出境，其中墨西哥11名，多米尼加3名，另有1名从美国引渡回西班牙。西班牙政府与法国政府的合作日益密切，法国警方已经抓获了数十名在法国本土上计划实施犯罪活动、为西班牙境内突击队藏匿枪支弹药的“埃塔”组织重要头目。2001年10月西法两国签订反恐合作协议后，两国合作反恐的成效日益明显，在两国警方的通力合作下，2004年10月3日在法国境内成功地逮捕了该组织的第一、二号头子安特萨、安博托及该组织的另外20名成员。按照西班牙与法国和墨西哥等国签订的引渡协议，20多名恐怖分子已被遣送回西班牙。此外，西班牙与葡萄牙、摩洛哥等地中海沿岸国家也都建立有反恐合作关系。为加强反恐力度，西班牙2008年构建和强化了一些双边与多边反恐合作机制：在欧洲，与法国达成新的反恐情报合作协议，并为此成立了专门的机构；在北非，与阿尔及利亚签署合作协议，加强两国在打击恐怖主义和有组织犯罪等方面的合作；在亚洲，支持并积极参与中国倡导的亚欧会议反恐会议，加强与相关各国在情报交流、人员培训、加强立法和执法机构间的联系等方面的合作。在多边合作方面，西班牙2008年6月16—18日举办第四届“打击核恐怖主义全球倡议”第四次会议，积极参与国际反恐合作。

小结

综上所述，所谓恐怖主义，是指一种有计划和预谋的，旨在通过针对不确定的无辜对象使用或威胁使用暴力，以制造恐惧气氛和引起广泛社会关注，从而迫使有关国家政府或社会主体妥协，进而达成其政治性目标的非法活动与组织的总称。恐怖主义的历史根源可以追溯到阶级社会产生之时，因为只有在阶级社会里，才会出现以占有和侵略为目的和特征的政治性暴力活动。但真正意义上的恐怖主义则产生于19世纪中叶至20世纪初叶。第二次世界大战后，恐怖主义迅速发展，冷战后进入新的发展阶段，成为影响世界安全的一个重要因素。进入21世纪后，恐怖主义进一步发展，成为威胁世界安全与稳定的最主要因素之一，反恐几乎成了国际社会的头等大事。于是国际反恐格局形成，各国反恐战略纷纷出台。由于恐怖主义的历史悠久，种类多样，原因复杂，发展迅速，且越来越向网络化、国际化和反人类化方向发展，这就决定了反恐斗争的艰巨性和长期性。

综观欧盟及其主要成员国的反恐战略，我们不难发现，欧盟的反恐战略可归结为：以国际法为依据，以“共同安全观”为理论基础，在联合国的旗帜下，通过“经济与货币联盟政策”、“共同司法与内政政策”和“共同外交与安全政策”，在“合作、预防、发展”总的原则框架内，软硬兼顾，标本同治，以实现最终消除恐怖主义之目的。这种反恐战略既有利于维护联合国的权威和国际地位，也有利于完善国际反恐理论和促进国际反恐合作，更有利于推动以大国合作为主的多极化格局的形成。各主要成员国的反恐战略尽管各具特色，但不乏共同点，如：都以打击本国或本地区的恐怖主义为主要目标，以打击国际恐怖主义为重要目标；都以依法反恐为主要策略之一；都以建立反恐机构和力量，加强反恐情报交流和国际反恐合作为主要手段。如果从战略的角度和要素来看，可以说，这样的反恐战略已经是无懈可击了，从理论上讲，应该是成效显著，足以剿灭和铲除一切恐怖主义。然而，实际上并非如此。欧洲继美国之后已经成为国际恐怖主义袭击的又一主要目标，欧洲已变成新的反恐前线。那么，导致这种局面的原因何在？其实原因十分简单：谁追随美国“反恐”，谁就会成为国际恐怖主义袭击的对象。“9·11”事件后，美国举起反恐战争大旗，并以支持与否作为划分朋友和敌人的标准，随后相继发动阿富汗战争和伊拉克战争。表面上，美国达到了战争的目的，摧毁了塔利班和萨达姆的武装力量及政权。然而铲除国际恐怖主义的最终目的不仅没有实现，反而更加激发了国际恐怖主义的发展和壮大。继2001年在美国发生的“9·11”恐怖袭击之后，在欧洲又发生了2004年“3·11”马德里恐怖袭击和2005年“7·7”伦敦恐怖袭击，致使以美国为首的西方世界的公民生活在随时遭袭击的恐惧与惊吓之中。

因此，事实告诉我们：以武止恐很难达到反恐之目的。明智之举应该是：通过实现国际与国内的正义，消除产生恐怖主义的根源——不平等与不公正。那么，怎样才能做到这一点呢？概而言之，应当如是：

（1）停止国际经济剥削，实现全球经济均衡发展，逐步消除贫困、失业和贫富两极分化以及由此而引起的阶级矛盾；

（2）实行平等合理的民族政策，消除种族歧视，实现四海之内皆兄弟；

（3）促进宗教平等与信仰自由，实现所有宗教归于善，所有信徒皆仁圣；

（4）放弃强制性的文化扩张，倡导文化的自然发展，实现世界文化的繁荣、互补与融合；

（5）摒弃霸权主义和强权政治，建立真正公正合理的国际秩序，逐步实现世界大同。

（吴学永）

第七编

西欧国际关系

第一章　欧洲国际关系史上的四大体系

历史上，主要有四大国际体系与欧洲国际关系密切相关，分别是威斯特伐利亚体系、维也纳体系、凡尔赛—华盛顿体系和雅尔塔体系。从本质上讲，四大体系是欧洲乃至世界主要大国对“生存空间”、“霸权”或地区利益争夺所产生的结果。鉴于欧洲在较长的历史时期内一直处于国际政治和经济版图的中心位置，如何处理欧洲问题事实上构成了历次国际体系安排和调整的主要内容，在这当中，如何处理德国问题又是贯穿始终的焦点之一。

第一节　威斯特伐利亚体系

威斯特伐利亚体系是17世纪欧洲三十年战争的产物。从15世纪末期起，欧洲版图上先后出现一些大国，如西班牙、法国、葡萄牙、奥地利和斯堪的纳维亚国家丹麦、瑞典、挪威等。16世纪至17世纪，欧洲出现诸强并列的局面，它们是西班牙、法国、瑞典、俄国和奥地利。德国当时处于分裂状态，列强纷纷把分裂的德国看成是可以攫取利益的目标。

1618年以前，德意志民族神圣罗马帝国（公元962—1806年）境内的各邦已分裂成新教联盟与天主教同盟，前者拥护宗教改革，反对德意志民族神圣罗马帝国与由其控制的奥地利哈布斯堡王室的统治，后者拥立德意志民族神圣罗马帝国皇帝与哈布斯堡王室。两者的矛盾越来越不可调和。德意志民族神圣罗马帝国皇帝和哈布斯堡王室对新教徒采取高压政策，更使矛盾不断激化。矛盾激化点是帝国所属的、捷克人与日耳曼人居住的波希米亚。1617年，德意志民族神圣罗马帝国皇帝提名哈布斯堡王室的斐迪南担任波希米亚国王，斐迪南是一个天主教教义捍卫者，这引起了波希米亚新教徒的不满。1618年5月23日，捷克布拉格爆发了起义，新教徒冲入宫中，然后按照古老的习俗，把国王斐迪南派遣的两名天主教徒特使从20多米高的窗口掷了出去。这一事件震动了欧洲各国的当政者，哈布斯堡王朝统治者乘机大造舆论，决定以武力征服捷克，三十年战争由此爆发。这场由宗教引发的战争先是代表天主教势力的皇帝和王室获胜，新教势力受挫。随后欧洲一些强国介入战争来抢夺领地和势力范围，最后形成两大阵营：一方以法国为首，包括瑞典、丹麦和一些德意志新教邦国如勃兰登堡和萨克森；另一方以德意志民族神圣罗马帝国皇帝为首，包括西班牙、奥地利和一些德意志天主教邦国如巴伐利亚。战争的范围也从原先限于德意志内战蔓延到全欧洲。德意志诸邦、丹麦、瑞典、法国等几十个国家都为扩大自身疆土与政治影响而施尽军事及外交手段。战争断断续续打了30年，史称三十年战争。其间从1643年起双方开始举行和谈，但一直到1648年才在德意志的威斯特伐利亚缔结和约，史称《威斯特伐利亚和约》。

战争的结果是以法国为首的一方占优势，这一点在和约中得到了充分体现。和约主要内容有：（1）法国和瑞典以及德意志新教诸侯得到大片领土。法国获得土尔、麦茨、凡尔登各主教区，阿尔萨斯的大部分地区和德意志西南部的一些地区。瑞典则获得了波罗的海沿岸和北海沿岸最重要的港口。法国和瑞典作为和平的保证国获得干涉德意志民族神圣罗马帝国内部事务的权利；（2）荷兰和瑞士脱离德意志民族神圣罗马帝国独立；（3）德意志民族神圣罗马帝国皇帝的权力被大大削弱，各邦国的领土主权得到承认，它们获得了可以执行独立对外政策的权利；（4）解决了教派纷争问题。和约一方面承认属于新教的权利，并规定在德意志民族神圣罗马帝国法庭中，天主教和新教的法官人数相等，制止天主教利用法庭迫害新教徒，从而扩大了新教力量。另一方面和约又规定，若君主改变其宗教，其土地便被没收，这样也为新教的进一步传播设置了障碍。

《威斯特伐利亚和约》的重要意义在于，首先，它限定了欧洲大陆各国的疆界，此和约成为后来直到18世纪末法国大革命时期为止一切条约的法律基础；其次，和约使德意志分裂的局面进一步加剧并长期持续下去。《威斯特伐利亚和约》确定的欧洲秩序被称为“威斯特伐利亚体系”。

英国在欧洲三十年战争的后期正处在资产阶级革命时期，无暇顾及欧洲大陆战事，因而没有参加和约，但英国作为欧洲一个强国无疑是地区格局中一支极其重要的力量。资产阶级革命后的英国作为海上头号强国不仅在世界各地扩张势力范围和掠夺殖民地，而且也与当时称雄欧洲大陆的法国激烈争夺欧洲霸权，英法争霸因此成为威斯特伐利亚体系的重要内容。直至1756—1763年英法七年战争，法国大败，英国得以称霸欧洲。但1789年法国大革命和拿破仑帝国的扩张又使法国东山再起，至1805年法国在欧洲的势力达到顶峰。为了抑制法国的崛起，英国联合欧洲大陆部分国家多次组成反法同盟来对抗法国，1814年反法同盟攻陷巴黎，拿破仑被迫退位，1815年同盟又在滑铁卢彻底击溃法军。反法同盟为了维护胜利成果，重新规划了欧洲势力范围，威斯特伐利亚体系由此被维也纳体系所取代。

第二节 维也纳体系

反法同盟击败拿破仑后，欧洲各国于1814年10月至1815年6月在奥地利维也纳举行会议，对欧洲势力范围进行重新划分，根据此次会议确定的欧洲格局史称“维也纳体系”。

维也纳会议是世界近代史上一次规模空前的会议，绝大多数欧洲国家都参加了这次会议。会议主角是战胜国俄国、英国、普鲁士和奥地利。法国作为战败国原本应是被清算的对象，但由于各国在如何处理法国问题上分歧较大，加上法国外交大臣夏尔·塔列朗的巧妙斡旋，其大国地位在一定程度上仍得以维持，并且参与了大国对战后格局安排。维也纳会议本质上是一场大国分赃战利品、任意宰割弱小民族的会议，并最终确立了列强之间的均势。1815年6月9日，维也纳会议签订了最后议定书。会议的主要结果是：

（1）重新划分欧洲国家领土及其海外殖民地。法国割出了很多战略要地，退回到1790年（一说1792年）时的边界，交出全部兵舰，赔款7亿法郎。波兰由俄罗斯、普鲁士和奥地利三国瓜分。俄国占有了波兰华沙公国大部分领土。荷兰兼并比利时，成立尼德兰王国，卢森堡也划归尼德兰王国。与法国结盟的挪威划归瑞典，瑞典则将芬兰出让给俄国。奥地利重新获得意大利北部的伦巴底和威尼斯。英国在战争中从法、荷手中夺得的殖民地被确认下来，包括地中海的马耳他岛、爱奥尼亚群岛、西印度群岛的特立尼达和多巴哥及圣卢西亚，以及非洲的毛里求斯、好望角，亚洲的锡兰等；

（2）成立了德意志邦联。德意志邦联由34个邦和4个自由市组成，其中奥地利和普鲁士为最大的邦。德意志邦联虽然仍是一个政治上四分五裂的松散联合体，但它孕育了以后的普奥相争和德国的兴起；

（3）恢复了旧的王朝。主要包括法国、西班牙、那不勒斯的波旁王朝以及葡萄牙的布拉冈扎王朝、荷兰的奥兰治家族、撒丁王国的萨伏依王朝等，旨在维护欧洲旧有统治秩序，压制欧洲革命和民族运动的发生。

1815年9月26日，俄、普、奥三国发表宣言，宣布三国根据基督教教义，组成真正的牢不可破的友谊关系，三国承担互相支援的义务，并规定为维护各国利益及欧洲稳定，应定期召开会议，加强协调，应对欧洲新形势。由于该宣言具有宗教意味，史称“神圣同盟”。此后，英国在1815年11月与俄、普、奥三国签订四国同盟条约。1818年法国也加入四国同盟，演变为五国同盟。五国同盟在某种程度上是维也纳体系的维护者。从1818年到1821年，五国先后召开了亚琛会议、特洛波会议、莱巴赫会议、维罗纳会议，进一步强化了“欧洲协调”机制（the Concert of Europe），即各国在利益冲突时避免相互威胁和挑衅，争取协商解决。整个体系稳定受到威胁的时候，各国不做单方面行动，而是通过集体协调来实现，借此维护欧洲现状和保持欧洲大国的“势力均衡”。

维也纳体系随着1849年至1850年五国同盟的瓦解而开始动摇，1870年和1871年意大利和德国先后统一，欧洲各种力量在此消彼长中重新组合，并重新形成了针锋相对、利益难以调和的两大对立军事集团——三国同盟与三国协约，它们之间的争斗直接导致1914年第一次世界大战爆发，维也纳体系和欧洲协调机制也就此作古。

第三节 凡尔赛—华盛顿体系

凡尔赛—华盛顿体系是第一次世界大战的产物。凡尔赛体系和华盛顿体系共同构成了战胜国对战后世界和平安排的基本内容。但这种安排是建立在战胜国对战败国全面压制和掠夺的基础上的，是一种“强制性的和平”，只维持了短暂的20年和平。

一战结束后，1919年1月18日至6月28日，解决战后问题的巴黎和会在巴黎近郊的凡尔赛宫召开。参加会议的共有27个国家的1000多名代表。和会的决策机构为最高委员会，由美、英、法、意、日五大国的政府首脑和外长组成，被称为“十人会议”。后来又缩小为由美、英、法、意四国首脑组成的“四人会议”，而实权则掌握在美国总统伍德罗·威尔逊、英国首相劳合·乔治和法国总理乔治·克里孟梭三巨头手里，他们有权决定和会的一切重大问题。战胜大国都力图通过和会掠夺战败国、抢占弱小国家的丰富资源，扩大自己的势力范围。最后，经过激烈的讨价还价，与会的主要战胜大国重新安排了战后的国际秩序，形成了凡尔赛体系。

凡尔赛体系由三部分内容构成：一部分是《协约国和参战国对德和约》（即《凡尔赛和约》），它构成凡尔赛体系的主要内容；一部分是作为凡尔赛体系重要支柱的《国际联盟盟约》及国联的成立；一部分是协约国分别同奥地利、保加利亚、匈牙利和土耳其签订的条约，它们也是凡尔赛体系的重要组成部分。

《凡尔赛和约》于1919年6月28日签署，条约内容共有440条，主要涉及领土问题、殖民地问题、军备问题和赔偿问题。关于德国领土问题和约规定：德国西部边界恢复到1870—1871年的状况。阿尔萨斯和洛林重归法国；萨尔区的行政权由国联代管，15年后进行公民投票决定其归属，萨尔煤矿由法国开采；莱茵河右岸为非军事区，不得设防，左岸分成三个占领区，分别由协约国占领5年、10年、15年；在东部，德国承认波兰独立，并将一部分领土划归波兰；在南部，德国承认奥地利独立，德、奥永远不得合并；在北部，将德国与丹麦之间的部分领土划归比利时和丹麦。关于德国的殖民地，由战胜国以委任统治的形式加以瓜分。同时，和约无视中国的主权，将德国在中国山东的非法权益全部转让给日本，但在中国人民反帝爱国运动的推动下，中国代表拒绝在和约上签字。关于德国的军备，和约规定：德国废除普遍义务兵役制，解散总参谋部；陆军人数不得超过10万人，海军不得拥有主力舰和潜水艇，不得拥有空军。德国必须拆除西部边境线上的防御工事，但保留沿海和东线的军事工程。关于德国赔款问题，和约规定：由协约国关于赔偿问题的专门委员会加以确定，在此之前，德国应于1921年5月1日前支付200亿金马克的现金和各种实物，德国须负担占领军的全部费用。

国际联盟是巴黎和会的产物之一。美国总统威尔逊关于战后和平安排的“十四点计划”中提出了建立国际联盟的设想。英、法并不反对建立国际联盟，只是反对美国来控制国际联盟。1919年1月25日，巴黎和会全体会议通过了关于建立国际联盟的建议。随后，英、法、美各起草了自己的国际联盟盟约草案。1919年4月28日，在巴黎和会上通过了英、美两国折中方案的《国际联盟盟约》。1920年1月10日，国际联盟正式成立。国联成立时有44个会员国，其主要机构是全体大会、行政院和秘书处。《国联盟约》宣称其宗旨是促进国际合作，保证国际和平与安全，并提出了会员国的主要义务与职责。盟约中还提出各会员国有保持各国领土完整、行政独立的义务和防御外来侵犯、保持各国之间和平的责任。同时，还规定对战败国的殖民地实行委任统治制。国联实质上是战胜大国重新瓜分殖民地、奴役弱小民族的工具，虽然它在一定程度上反映了时代的进步，但没有改变殖民统治的实质。《国际联盟盟约》被列入巴黎和会制定的各项和约之中，成为凡尔赛体系中不可分割的组成部分。

对德和约签订后，战胜国随后与德国的战时盟国签订了一系列条约。1919 年 9 月 10 日，协约国与奥地利签订了《圣日耳曼条约》。条约确认了匈牙利、捷克斯洛伐克、塞尔维亚—克罗地亚—斯洛文尼亚王国的独立和它们的疆界；规定奥地利废除征兵制，陆军不得超过 3 万人；赔款数额延至 1922 年确定，必须在 30 年内付清。1919 年 11 月 27 日，协约国同保加利亚签订了《纳依条约》，规定：西色雷斯交给战胜国代管；保加利亚必须废除义务兵役制，陆军限额为 2 万人；偿付 4.45 亿美元的战争赔款，自 1921 年起，分 37 年付清。1920 年 6 月 4 日，战胜国同匈牙利签订了《特里亚农条约》。根据条约，匈牙利只剩下了原来国土的 28.6%，陆军限额为 3.5 万人，赔款 22 亿金法郎。1920 年 8 月 10 日，战胜国又与土耳其苏丹政府签订了《色佛尔条约》。这一条约使土耳其失去 4/5 的领土，财政经济由战胜国监督。以上这些条约同《凡尔赛和约》《国际联盟盟约》一起形成了一个互为联系的条约体系，建立了以战胜大国为主导的、列强在欧洲、西亚和非洲的新统治秩序。在《凡尔赛和约》商讨过程中，作为协约国一员的俄国发生革命，沙皇统治被推翻。于是，武装干涉和镇压俄国革命也成为和会商讨的内容。

凡尔赛体系肯定了列强之间的实力对比关系，但美国在和会的外交斗争中未能实现自己的计划，列强也未来得及根据其实力对比在远东和太平洋地区建立一种战后新秩序。一战前，在远东和太平洋地区争霸的是英、法、俄、日、德、美 6 国。战后，德国败北，沙俄消亡，法国则忙于医治战争创伤和处理欧洲事务。因此，在亚太地区的政治舞台上，形成了英、美、日三国角逐的局面。1921 年 8 月 11 日，美国正式向在远东有利害关系的八个国家英、日、中、法、意、比、荷、葡发出邀请，邀请它们参加华盛顿会议。同年 11 月 12 日，由上述九国出席的华盛顿会议开幕。美国在会议中居主导地位，列入会议正式议程的问题有两项：一是限制海军军备，二是太平洋及远东问题。经过近三个月的争吵，会议于 1922 年 12 月 6 日闭幕。会议缔结了 7 项条约和 12 项决议案，主要有《关于太平洋区域岛屿属地和领地的条约》(简称《四国条约》)、《五国海军协定》《九国关于中国事件适用各原则及政策之条约》（简称《九国公约》）和中日《解决山东问题悬案条约》等，重新划分了列强在远东和太平洋地区的利益。《五国海军协定》规定：美、英、法、日、意五国主力舰总吨位的比例为 5∶5∶3∶1.75∶1.75；主力舰排水量不得超过 3.5 万吨；五国航空母舰总吨位的限额是美、英各为 13.5 万吨，日本为 8.1 万吨，法、意各 6 万吨。条约还规定，美、英、日三国在太平洋地区不得建立新的海军基地。条约使美国海军力量取得了与英国平起平坐的地位，英国逐渐失去了海上霸主地位。美、英、日、法签订的《四国条约》规定：缔约各国相互尊重它们在太平洋区域内岛屿属地和领地的权利；如上述权利遭到任何国家侵略行为威胁时，缔约国应进行协商，以便联合或单独地采取应对措施。通过该条约美国成功拆散了英日同盟在远东和太平洋地区的合作，增强了自身在此区域的战略存在。《九国公约》的签订则打破了日本对中国的独占，又使中国处在美、欧、日列强共同支配的局面，实则为美国对远东的进一步渗透打下了基础。

凡尔赛—华盛顿体系是建立在火山口上的一项体系，导致了战败国德国的严重不满和复仇心理，一心要打破这一不平等的体系。在远东地区利益受挫的日本也一心要打破美英等国的控制，积极积蓄力量向该体系发出挑战，这直接导致第二次世界大战的爆发，该体系也随之宣告终结。

第四节　雅尔塔体系

雅尔塔体系得名于 1945 年 2 月 4 日至 11 日美、英、苏三国在位于苏联克里米亚半岛南端的雅尔塔举行的一次首脑会议。但该体系是由一系列会议和条约所形成的，而并不仅仅是雅尔塔会议上确定的内容。

早在第二次世界大战爆发后不久，反法西斯国家就开始考虑重建战后国际秩序问题。1941 年 8 月，英、美联合签署了《美国总统和英国首相的联合宣言》（简称《大西洋宪章》），提出了两国重建未来世界的八项原则：即不追求领土或其他方面的扩张，不承认法西斯通过侵略造成的领土变更，尊重各国人民选择其政府形式的权利，恢复被暴力剥夺的各国人民的主权，各国在贸易和原料方面享受平等待遇，促成一切国家在经济方面最全面的合作，摧毁纳粹暴政后重建和平，公海航行自由，各国必须放弃武力削减军备，解除侵略国家的武装。1942 年 1 月由反法西斯国家联合签署的《联合国家宣言》重申了这些原则，在法律上为重建战后世界奠定了基础。1943 年 9 月意大利法西斯投降，同年 10 月，苏、美、英三国外长在莫斯科举行会议，就处置德国和意大利问题交换了看法，一致同意废除德国对奥地利的占领，把奥地利重建为自由、独立的国家，并决定成立欧洲咨询委员会和意大利问题委员会分别研究相关问题。1943 年 11 月 22 日至 26 日，美、英、中三国首脑举行了开罗会议，签署了《开罗宣言》。宣言称，日本窃取的中国领土要全部归还，朝鲜应获得自由和独立。这为战后处理日本问题提供了重要的法律依据。1943 年 11 月 28 日至 12 月 1 日，苏、美、英三国首脑举行了德黑兰会议。三国首脑就战后处置德国、波兰边界的变迁、成立国际组织、苏联参加对日作战等问题交换了意见。1944 年 8 月至 10 月，美、英、苏三国和美、英、中三国先后在美国敦巴顿橡树园举行会议，专门就建立战后国际组织问题进行讨论，最后通过了《关于建立普遍性的国际组织的建议案》。建议案把拟建的国际组织定名为“联合国”，并规定了联合国的宗旨、原则、会员国的资格、联合国主要机构的组成和职权等问题。1944 年秋，苏军因追击德军进入了东欧，对英国在巴尔干地区的势力范围造成了威胁。为了同苏联划分在巴尔干地区的利益，丘吉尔于 1944 年 10 月访问莫斯科，提出了在巴尔干划分势力范围的方案：罗马尼亚作为苏联的势力范围、希腊作为英国的势力范围、英苏在南斯拉夫和匈牙利各有一半发言权等。丘吉尔的方案得到了斯大林的同意，双方从而达成了在巴尔干划分势力范围的“百分比协定”：苏联在罗马尼亚占 90%，在保加利亚占 75%；英国在希腊占 90%，在南斯拉夫和匈牙利双方各占 50%。这一协定后来得到了美国的默认，成为盟国解决战后巴尔干问题的依据，构成了雅尔塔体系的重要内容。1945 年 2 月 4 日至 11 日，苏、美、英三国首脑在雅尔塔举行首脑会议。这次会议在安排战后世界问题上达成了许多协议。关于处置德国问题，三国一致同意对德国实行分区占领；关于波兰问题，三国最后通过了决议，决定对苏联支持的波兰临时政府进行改组，波兰的东部边界以寇松线为界，扩增其西部和北部的领土；关于苏联参加对日作战问题，苏联许诺在欧战结束后两至三个月参加对日作战，而苏联提出的维持外蒙古现状、恢复 1904 年日俄战争所破坏的俄国权益、千岛群岛归还苏联等条件也为美、英所接受。雅尔塔会议的结束并不意味着雅尔塔体系的形成，根据该会议的决定，1945 年 4 月 25 日，48 个国家的代表在旧金山召开了联合国制宪会议。6 月 25 日，与会代表一致通过了《联合国宪章》。宪章确定了联合国这一国际组织的宗旨和原则，这些宗旨和原则成为维护战后世界和平的最高纲领，宪章也成为雅尔塔体系的重要支柱。1945 年 7 月 17 日至 8 月 2 日，苏、美、英三国首脑在波茨坦举行了战时最后一次会晤，就安排战后世界问题进行讨论。关于德国问题，三国就在占领区内管制德国的政治原则和经济原则达成了协议；在波兰问题上，三国基本达成了划定波兰西部边界的协议，但协议又指出“波兰西部边界的最后确定应留待和会解决”。波茨坦会议达成的协议也是雅尔塔体系的重要组成部分。

第二次世界大战结束后，对雅尔塔体系的构建继续进行，主要围绕对意大利、罗马尼亚、芬兰、保加利亚、匈牙利五个德国“仆从国”的处置问题，战胜国为此先后举行了几次会议。1946 年 12 月 12 日苏、美、英、法四国外长在纽约确定了《五国和约》的最后文本。1947 年 2 月 10 日，在巴黎正式举行了《五国和约》签字仪式，从而完成了对德国仆从国的处置。《五国和约》的缔结，标志着战后欧洲国际新秩序的确立。关于对日本的处置，盟国于 1945 年 12 月成立了远东委员会和盟国管制日本委员会两个机构，但日本实际上处于美国的单独控制之下。

总结上述一系列会议和协议的最终成果，雅尔塔体系的核心内容主要包括四个方面：（1）如何打败法西斯，如何处置战败国，防止法西斯主义东山再起。波茨坦会议基本确定了对德国处置的政治原则和经济原则。政治原则是：解除德国武装，使其非军国主义化；摧毁纳粹主义，实现民主化；废除一切形成希特勒政权基础的或由种族信仰及政见而造成歧视的纳粹法律；逮捕并审判纳粹战犯；消灭德国垄断财团等。同时确定，“德国境内的最高权力由苏、美、英、法四国占领军总司令遵照本国政府的指令，分别在各自的占领区内实行”，并以盟国管制委员会成员的身份共同处置德国问题。经济原则主要是：消灭德国的作战潜力，禁止军事生产。在德国赔偿问题上，在美、英的斡旋下最后规定，“苏联所提及赔偿要求，将以迁移德境苏占区物资及适当的在国外的德国资产满足之”。对美、英等国的赔偿要求，将以西部区域以及适当的在国外的德国资产予以满足。此外，苏联还可从德国西部区域拆迁的工业设备中抽取10%的补偿等。（2）重新绘制战后的政治地图，基本上形成了以美苏为首所形成的两大势力范围，为两极格局的最终形成奠定了基础。（3）建立维持战后和平与安全的国际组织——联合国。（4）原则上承认被压迫民族的独立权利，对德、日、意的殖民地和国际联盟的委任统治地实行托管。

雅尔塔体系作为第二次世界大战这场具有反法西斯性质的正义战争的产物，比凡尔赛—华盛顿体系有一定的历史进步性。它大力倡导并在一定程度上遵循了和平、民主原则，以民主原则对战败国进行了改造，承认了被压迫民族的权利。然而，由于雅尔塔体系是在几个大国特别是在美、苏两国斗争和妥协的基础上形成的，因而带有明显的大国强权主义色彩。它在事实上划分了美、苏的势力范围，随着美、苏之间矛盾的加剧，导致以美、苏为首的两大阵营的确立和欧洲的分裂。

第二章　第二次世界大战后的欧洲国际关系

第一节　德国的分裂

一　大国对德国的分割

1945年5月8日，德方代表在柏林近郊卡尔斯霍斯特的苏军司令部签署了投降书，第二次世界大战欧洲战区战事结束。鉴于德国连续两次成为发动世界大战祸首，美、苏、英、法四大战胜国从一开始就主张肢解德国，防止德国再度东山再起，但肢解的方案并不相同。

苏联方案：1941年12月16日，在与英国外交大臣安东尼·艾登会晤时，斯大林提出肢解德国的设想。他主张：把莱茵兰和巴伐利亚从德国分割出来组成两个独立的国家，东普鲁士划归波兰，苏台德区归还捷克斯洛伐克，奥地利则重新独立。在以后的德黑兰会议和雅尔塔会议上，苏联一再坚持分割德国的方案，直到雅尔塔会议后才改变。

美国方案：在德黑兰会议上，罗斯福提出把德国分割为五个自治区：（1）东普鲁士；（2）汉诺威和德国西北部地区；（3）萨克森和莱比锡地区；（4）黑森—达姆施塔特、黑森—卡塞尔以及莱茵河南部地区；（5）巴伐利亚、巴登和符腾堡地区。此外，把基尔运河地区、汉堡市以及鲁尔和萨尔地区划出来由国际共管。1944年，美国财政部部长亨利·摩根索起草制订了一项旨在肢解德国的名为“防止德国发动第三次世界大战的计划”，简称“摩根索计划”。该计划的主要内容是：把西里西亚和部分东普鲁士地区割让给波兰，另一部分东普鲁士给苏联，萨尔割让给法国，莱茵—鲁尔区由国际共管，剩下来的德国领土分为南北两个独立的自治国。在1944年9月11日至16日的美英第二次魁北克会议上，罗斯福说服丘吉尔同意了这个计划。但后来由于美国国内部分政治势力的反对，罗斯福将此计划搁置起来，不过其影响依然存在。在1945年的雅尔塔会议上，罗斯福仍然坚持要把德国肢解成5个或7个国家。

英国方案：与苏、美相比，英国对肢解德国并不热心。英国历来对欧洲大陆推行均势政策，肢解德国有可能破坏欧洲大陆的均势。然而，战争期间，英国迫切需要同美、苏结盟来打击德国，不得不附和美、苏处置德国的方案。除此之外，英国对把德国南部诸州从德国分割出来与多瑙河沿岸国家组成一个亲英的多瑙河联邦很感兴趣。在德黑兰会议期间，丘吉尔提出关于多瑙河联邦的设想。总的来说，英国在肢解德国问题上三心二意，并没有成熟的方案。在1944年9月魁北克会议上，对美国提出来的“摩根索计划”，丘吉尔一开始持反对态度，只是在美国许以65亿美元贷款和在战争结束后由英国占领鲁尔区一部分以后，才勉强接受了这个计划。在雅尔塔会议上，丘吉尔一直变化，直到最后，他才接受分割德国的原则。

法国方案：对肢解德国态度最坚决的是法国。按戴高乐的主张，德国应回到1871年统一以前小国割据的状态中去。具体的方案是：莱茵兰脱离德国成为自治区并建立自己的货币和关税制度；将鲁尔区置于国际共管之下；萨尔并入法国或从德国分割出来，组成一个在经济和对外政策方面与法国保持一致的自治区。戴高乐甚至还想占领鲁尔区、卡尔斯鲁厄、斯图加特和威斯巴登等地，但被英美拒绝。法国虽然对肢解德国雄心勃勃，但由于它在战争中被德国占领，戴高乐的法国临时政府直到1944年10月才被苏、美、英三国承认，有关处置德国的三次重大会议——德黑兰会议、雅尔塔会议以及战后的波茨坦会议，法国都未能参加，所以，法国肢解德国的意图几乎没有得到关注和重视。

1944年11月，由苏、美、英三国派员组成的欧洲咨询委员会提出了一个由三国分区占领德国的协定草案：由英国占领德国西北部，美国占领西南部，苏联占领东部，首都柏林由3国共同占领。这个草案在雅尔塔会议上被三国通过。三国还共同邀请法国作为第四国参与占领，其占领区从美、英占领区中划出。德国宣布投降后，1945年6月5日，苏、美、英、法四大国在柏林发表联合声明，正式宣布：“柏林东区给苏维埃社会主义共和国联盟；西北区给联合王国；西南区给美利坚合众国；西区给法兰西。”

二 德国分裂

随着冷战的兴起，美、苏双方对德政策有了很大的变化，冲突也越来越尖锐。美国率先采取分裂行动，联合英、法两国把三国所占的德国地区组建成一个国家。美国分裂德国的行动大致可分为三个阶段。第一阶段致力于重建德国的政治生活，这一阶段为期约一年，到1946年年中已基本完成；第二阶段实行西部占领区的合并，这是美、英从政治和经济上扶植联邦德国的重要阶段，时间大致从1946年到1948年中；第三阶段到1949年，美、英、法三大国筹建联邦德国政府，并正式成立德意志联邦共和国。

（一）西部占领区合并

美国想将美、英两个占领区合并的想法最早是由美占区军事长官卢修斯·克莱及其政治顾问罗伯特·墨菲在1946年4月向美国国务卿詹姆斯·贝尔纳斯提出来的。贝尔纳斯一开始同意这个想法，但他和克莱一样认识到，合并占领区会遭到苏联和一直想削弱德国的法国的反对。7月11日贝尔纳斯在巴黎召开的苏、美、英、法四国外长会议上正式提出建议，将所有占领区在经济上合并。7月20日，美国在盟国管制委员会上重提此议。正如美国所预料的那样，苏联和法国反对合并，只有英国在8月1日正式同意将英占区与美占区合并。12月2日，美、英两方在纽约签订占领区合并协定，协定于1947年1月1日生效。双占区的成立是美英联合反苏、分裂德国的一项重大行动。美英的做法直接引发了随后苏联和西方矛盾，第一次柏林危机也由此爆发。

（二）第一次柏林危机

1947年11月25日至12月15日，苏、美、英、法四国在伦敦举行会议，主要讨论对德和约、德波边界、对苏赔偿等问题。会上各方争论激烈，未达成任何协议。会议破裂后，美国随即在1948年2月与英国、法国、荷兰、比利时、卢森堡五国在伦敦召开会议，协商成立联邦德国政府问题。对于西方国家的不断挑衅，苏联先采取禁止西方代表进入柏林苏占区的措施。3月20日，苏方代表瓦西里·索科洛科夫斯基在盟国管制委员会上提出西方三国应向苏联公开伦敦会议情况，但被三国拒绝。随后苏方宣读了一份书面讲话，谴责美、英、法三国破坏四国共同达成的协议。10天后，柏林苏占区发布命令：凡进入柏林的军用列车及随车人员，必须接受苏方人员的检查。次日，苏方又发布命令：进入柏林的货车必须得到苏联城防司令的批准。4月，苏联要求美国驻柏林的电台迁出柏林。6月24日，西方占区与柏林之间的铁路交通被切断，从8月4日起，苏联对柏林从陆路和水路实行了全面封锁，但保留了西方国家进出柏林的“空中走廊”。第一次柏林危机爆发。

柏林封锁期间，美国联合英国对西柏林进行食品空运，至 1949 年 5 月 12 日，总共空运了1402644 吨食品、煤、衣服等各种生活必需品。空运量最多时每天达到13000吨，每隔 30 秒钟就有一架飞机在西柏林起落。另一方面，西方三国对苏联实行反封锁，切断从西欧通往柏林苏占区的陆路和水路交通。

1949 年 1 月 27 日，斯大林在同美国国际新闻社欧洲分社社长金斯伯里・史密斯谈话时暗示，如果西方三国同意在德国西部建立国家之前举行一次苏、美、英、法四国外长会议，并撤销针对苏联在柏林苏占区的运输与贸易限制，苏联可以考虑取消对柏林的封锁。经过谈判，5 月 4 日，苏、美、英、法达成协议：取消柏林封锁和反封锁，并在取消封锁后 10 天在巴黎召开四国外长会议，讨论德国问题。5 月 12 日起，柏林的交通恢复到 1948 年 4 月 1 日前的状态，第一次柏林危机解除。

苏联封锁柏林的目的是想对西方三国施加压力，阻止它们在西占区建立新的德国国家。然而这一目的并未达到。四国于 5 月 4 日达成的协议除了解除双方的封锁之外，并没有解决其他任何问题。整个柏林在封锁期间一分为二，出现两个对立的政府。柏林的分裂又加速了德国的分裂以及西方建立联邦德国的步伐。

（三）联邦德国成立

继 1948 年 2 月召开商讨筹建联邦德国的伦敦会议后，1948 年 4 月 20 日至 6 月 2 日，美、英、法、荷、比、卢西方六国再次聚会伦敦，讨论建立联邦德国的具体事宜，会后发表公报，宣布将成立联邦德国政府。7 月 1 日，美、英、法三国占领区军事长官和西占区 11 个州的州代表在法兰克福举行会议，三方代表共宣读了三份文件，第一份文件敦促州代表们召开制宪会议，制订宪法，通过公民投票建立一个联邦式政府；第二份文件要求各州审核自己现行的边界；第三份文件要求联邦德国政府成立后，西方三个占领国保留必要的权限监督联邦德国政府，在紧急情况下，三国将重新行使全部权力。

在联邦德国建国过程中，法国出于经济利益和战略利益的考虑，改变了原先激烈反对的态度，并由此得到了实惠。1947 年 4 月 10 日，美国国务卿马歇尔发表声明，支持法国在经济上把萨尔地区从德国分离出去，并纳入法国的经济财政体系。5 月 7 日，法国又从美国控制下的欧洲复兴开发银行获得两亿五千万美元的贷款。1947 年 12 月四国伦敦会议破裂后，联邦德国立国已是大势所趋，法国如不改变立场将失去其在德国问题上已有的地位。从 1948 年春起，法占区开始和美英双占区接近，先是法占区加入马歇尔计划，接着法占区的中央银行加入双占区的德意志州立银行。在币制改革后，1948 年 8 月 20 日，法国取消了法占区和双占区之间来往的通行证，在法占区边界上撤掉了最后一根界桩。但即使如此，法国在筹建联邦德国政府过程中仍处处表现出对联邦德国复兴的担忧，千方百计限制未来联邦德国的实力。

对西方三国筹建联邦德国的活动，西占区的德国政治家们亦喜亦忧：喜的是德国复兴有望，忧的是德国将由此被正式分裂为两个国家。1948 年中下旬，西占区 11 个州代表在科布伦茨讨论三个占领国发布的三份文件时，各州代表们一致欢迎西方三个占领国的意见，在西部 11 个州成立一个由德国人组成的政府，但坚决反对占领国提出的制定宪法、举行公民投票的要求，因为这将意味着西部地区成为一个具有法律意义的国家，从而意味着德国被正式分裂。会议最终决定制定一部《基本法》以代替宪法。1949 年 5 月 8 日，在德国无条件投降四周年之际，《基本法》在以阿登纳为主席的议会委员会上获得通过。5 月 12 日，美、英、法三国占领区军事长官批准《基本法》。8 月 14 日，联邦德国举行联邦议院大选，9 月 12 日特奥多尔・豪斯被选举为联邦总统，9 月 15 日阿登纳被选为联邦政府总理，德意志联邦共和国就此正式成立。

（四）民主德国成立

随着西方国家分裂德国计划的实施，苏联也加快了建立民主德国的步伐。1945 年 6 月 9 日，苏联驻德军事委员会成立，掌管苏占区内一切事宜。6 月 10 日，该委员会宣布，允许在苏占区内建立反法西斯主义的政党。6 月 11 日，德国共产党宣布恢复成立。此后在不到一个月的时间内，德国社会民主党、德国基督教民主联盟和德国自由民主党先后恢复或新建。7 月 14 日，四个党结成统一战线，也称“反法西斯集团”。同时，苏联驻德军事委员会还在占区内逐步建立起由德国人管理的地方行政机构。

1946 年 4 月，在苏联的影响下，苏占区的德国共产党和德国社会民主党合并成为德国统一社会党，德共的威廉·皮克和社民党奥托·格罗提渥同时出任党主席，德共的瓦尔特·乌布利希和社民党的马克思·费希纳担任党的副主席。1946 年 9 月，统一社会党在苏占区的地方选举中获得 57.1% 的绝对多数票。此后，苏联依靠这个党来建立苏占区的政权。1947 年 6 月 10 日，美英占领当局在法兰克福成立经济委员会，成为日后美英占领区合并的先声，苏联驻德军事委员会在 6 月 14 日宣布成立“德国经济委员会”，作为苏占区协调各部门经济的中央机构。西占区和苏占区这两个经济委员会的成立实际上宣告了德国在经济上的分裂。1948 年 3 月，德国统一社会党继上一年 12 月举行第一次德国人民代表大会后又举行了第二次大会，会上选出了在统一社会党主导下的德国人民委员会。1948 年 6 月，当西方六国伦敦会议宣布成立西德政府后，苏联立即联合波兰、罗马尼亚、匈牙利等七个东欧和南欧国家于 6 月 23 日至 24 日在华沙举行会议，谴责西方国家的伦敦决议，声称“伦敦会议不但完成了分裂德国的计划，同时还进一步加深了……已经分裂为两个对立阵营的欧洲国家间的裂痕”。此后，一个由德国人民委员会任命的工作委员会开始起草宪法，为即将成立的德意志民主共和国作法律上的准备。1949 年 5 月 15 至 16 日，第三次德国人民代表大会召开，在这届大会上选出的德国人民委员会被赋予筹建德意志民主共和国的任务。1949 年 9 月，皮克、乌布利希和格罗提渥赴莫斯科与苏联领导人商谈建立民主德国具体事宜。在德意志联邦共和国正式成立以后，10 月 7 日，作为德国最高权力机构的德国人民委员会在皮克主持下举行会议，宣布成立德意志民主共和国，同时宣布《德意志民主共和国宪法》生效。10 月 11 日，皮克当选为德意志民主共和国总统，12 日，人民议院批准了以格罗提渥为总理的民主德国政府，乌布利希任部长会议第一副主席。至此，德国正式分裂为两个国家。

第二节 美苏对峙与欧洲的分裂

一 欧洲的分裂

第二次世界大战从根本上改变了欧洲的力量对比和列强争霸的传统格局。战争结束时，美国和苏联以超级大国的姿态出现于欧洲和世界舞台。西欧国家则在战争中受到严重削弱。西欧各国局势动荡，经济上的困难则使政局变得更不稳定。在美苏主导和控制下，欧洲进入了分裂状态，形成了东欧和西欧两个对立的阵营。而雅尔塔体制则在事实上确立了欧洲的分裂。

（1）政治方面，雅尔塔体制明确承认了美苏各自在欧洲的势力范围。由此，欧洲一分为二：西欧大部分地区隶属于美国的势力范围，而东欧大部分地区隶属于苏联的势力范围。战后两个德国的成立成为欧洲分裂的标志性事件。雅尔塔体制对波德边界、波苏边界、苏芬边界、苏罗边界做出划定，使苏联在战后新扩张的土地达 72 万平方公里，其中大部分在欧洲地区。英苏巴尔干协定则进一步促成了欧洲的分裂。

（2）经济方面，美国主导的“马歇尔计划”的实施和苏联主导的“经济互助委员会”（简称“经互会”）的建立造成了欧洲在经济上的分裂。1947 年 6 月美国提出了旨在复兴欧洲经济的“马歇尔计划”，决定对欧洲国家实行大规模经济援助。接受美国援助后，受援国需要改变原来的贸易保护主义，向美国开放市场。因此，马歇尔计划实为控制西欧、拉拢东欧而抛出的经济诱饵。以苏联为首的东欧社会主义国家，为了打破西方的经济封锁，促进东欧各国经济的合作与发展，采取相应的措施，于 1949 年 4 月成立了经互会。美苏两大势力集团在经济上的对抗由此产生。

（3）军事方面，“北约”与“华约”的建立造成东西欧在军事上的对抗。1949 年建立的北大西洋公约组织，是美国协同其西欧盟国对苏联、东欧实行军事遏制的集团体系。1955 年，苏联、东欧国家针对美国和西欧国家重新武装联邦德国，为维护社会主义国家的安全而建立了华沙条约组织。两大军事集团的建立使欧洲彻底生活在了冷战的阴影下。

二 “杜鲁门主义”

1946 年 3 月希腊大选，右翼保皇派的人民党获胜执掌政权，并残酷迫害由希腊共产党和某些左翼党派组成的“民族解放阵线”人士。“民族解放阵线”在南斯拉夫等国的支持下展开了游击战争，给政府以沉重打击，并使得内战形势越来越不利于保皇派。英国认为，如果听任事态发展下去，不仅会影响希腊的政治前途，而且在西欧和邻近国家还可能引起连锁反应。但是英国当时财政困难，无力对希腊提供必要的援助和支持。英国外交大臣欧内斯特·贝文于1947年2月21日要求英国驻美使馆通知美国国务院，英国将从3月底起停止对希腊的全部援助，要求美国接管对希腊和土耳其的援助责任。这样既把美国推到与苏联对抗的前台，也摆脱了英国在希腊的困境。英国的这一决定是“杜鲁门主义”得以出笼的重要催化剂。

1947年3月12日杜鲁门总统在向国会提交的国情咨文中称，美国对外政策的一个“首要目标”就是“创造各种条件”，使美国和其他西方国家都能采用一种“不受强制行径支配的生活方式”；表示美国“支持自由国家抵抗那些武装的少数派集团或外来压力奴役它们的图谋”；指责所谓“极权政体”削弱国际和平的基础，危害美国的安全和繁荣。国情咨文要求美国领导自由世界，对共产主义“进行一场全球圣战”。“杜鲁门主义”实际上是宣布对苏联实行遏制战略的一项政治宣言。1947年5月22日杜鲁门正式签署法令，给希腊和土耳其达4亿美元的援助，并派遣军事人员到那里镇压希腊的革命武装。7月12日美国和土耳其签订了协定，控制了土耳其军队并在土耳其建立了军事基地，从而在实际上达到了在这两个地区遏制苏联的目的，“杜鲁门主义”从理论酝酿走上历史前台。

杜鲁门主义的出台拥有较为明确的理论基础，即遏制理论。1946年时任美国驻苏临时代办乔治·凯南向美国务院拍发著名的“8000字”电报，全面分析了战后苏联的动机、意图、政策和做法，并提出了美国相应采取的对策。这份报告尽管在当时没有明确使用“遏制”一词，但对遏制思想作了初步的阐述。凯南认为，苏联官方对外部世界的认识及其行为是“俄国传统的不安全感的产物”。消除其固有的不安全感，是苏联的行为动机。电文指出，俄国统治者学到的谋求安全的唯一办法，就是为了彻底毁灭同它竞争的国家而进行耐心、殊死的斗争，绝不同敌手达成妥协或协议。美国必须拥有足够的武力，并准备使用武力才能避免“摊牌”，要采取“联合非共产主义世界中存在大片软弱和脆弱地区的办法，来遏制苏联”；必须把苏联看成是政治上的“敌手”，而不是“伙伴”。1947年7月，凯南在《外交季刊》上以“x先生”署名发表《苏联行为的根源》一文，进一步阐述了“8000字”电报的内容和观点，从而提出了一整套“遏制苏联”的理论。凯南的遏制理论有两个要点：一是“重点防御”。主张对苏联和各人民民主国家区分主次，对主要地区死守不放，如大西洋共同体的国家和地区、地中海和中东各国等。而对次要地区在迫不得已时应准备放弃，提出要避免“把手伸得太长”，以免美国自己无力承受；二是认为苏联并不想对西欧、日本等国进行军事打击，只是想从政治和心理上加以威胁。因此，主张从经济援助下手，以美之长攻苏之短，进行和平演变，分化国际共产主义运动和社会主义阵营。

三　“马歇尔计划”

“杜鲁门主义”提出两个多月后，美国政府出台了“马歇尔计划”。

战后初期西欧国家经济极度衰落，不仅生产力下降，物资匮乏，经济上难以自主发展，而且普遍因严重缺乏美元而无力购买它们所需要的美国商品和劳务。这不仅严重影响了欧洲的经济复兴和政治稳定，而且也危及了美国对欧洲的出口和它自身的繁荣。同时，美国也感到必须立即实行扶植西欧的政策，并且支持它联合成一个整体，以抵御苏联的势力对西欧的影响和扩展。基于这些考虑，美国国务卿乔治·马歇尔1947年6月5日在哈佛大学讲演时，提出了一个欧洲经济复兴计划的初步纲要。纲要表示美国愿尽其所能帮助欧洲国家，但要求欧洲各国就形势需要和自己将承担什么义务取得一定的共识，并与美国共同设计出一套符合它们需要的解决办法。

马歇尔的演说立刻在欧洲各国引起强烈反响。1947年7月12日，英、法、奥、比、丹麦、希腊、冰岛、爱尔兰、意大利、卢森堡、荷兰、挪威、葡萄牙、瑞典、瑞士、土耳其等16国在巴黎召开经济会议。联邦德国虽然没有正式参加，但它的需要在会议考虑范围之内。巴黎经济会议成立了常设联合机构——欧洲经济合作委员会，以后改为欧洲经济合作组织。9月22日，英、法等16个西欧国家正式联合提出要求美国在4年内提供援助和贷款224亿美元的总报告。12月9日，杜鲁门向国会提出“美国支持欧洲复兴计划”的咨文，要求国会在1948年至1952年拨款170亿美元。1948年4月3日，杜鲁门签署了国会通过的欧洲复兴法。马歇尔计划正式运行。

马歇尔计划原定期限为5年（1948—1952）。1951年底，美国宣布提前结束该计划，而代之以

1951 年 10 月美国国会通过的共同安全计划。自 1948 年 4 月 3 日至 1952 年 6 月底，美国国会为马歇尔计划共拨款 131.5 亿美元，其中英国获得最多，达 32 亿美元，法国次之，为 27 亿美元，意大利 15 亿美元，联邦德国 13.9 亿美元，冰岛最少，只有0.29亿美元。马歇尔计划是战后美国对外经济技术援助最成功的计划之一。它帮助欧洲渡过了战后最困难的时刻，促进了西欧经济的恢复和发展。马歇尔计划也促进了西欧国家的联合和欧洲经济共同体的建立。美国为了抗衡苏联的扩张，从全球战略布局考虑，希望建立一个美国控制下的经济上发展、军事上强大、政治上稳定的统一的欧洲。因此，美国在提出马歇尔计划时，就赞同和鼓励西欧联合。1948 年接受马歇尔计划的 16 个国家建立了欧洲经济合作组织，1950 年成立促进贸易和支付自由化的欧洲支付同盟，直接导致 1951 年法、意、荷、比、卢、德 6 国政府代表在巴黎签订为期 50 年的《欧洲煤钢联营条约》。它以法、德两国的煤钢工业为基础，以跨国形式把 6 国的煤钢工业联合起来，朝着西欧一体化迈出了重要一步。

四　《敦刻尔克条约》和《布鲁塞尔条约》

欧洲经济一体化进展顺利，但欧洲政治合作尤其是共同防务问题也在此时提上了日程。在这方面，英国一直保持着较为浓厚的兴趣。第二次世界大战结束后初期，英国力主欧洲防务的关键是由美国承担义务来保卫欧洲大陆的安全。而美国则强调，一个软弱和四分五裂的西欧不能与苏联抗衡，只有西欧先联合起来，然后美国才能考虑对其安全承担义务。因此，战后不久，英国首要的外交目标就是以推动西欧防务联合为手段，建立西方集团进而使美国与西欧安全牢牢拴在一起。英国首先从英法联合做起。它曾积极支持法国作为四大国之一参与对德国的占领，并积极回应法国关于签订英法联盟条约的建议，双方最终于 1947 年 3 月签署了英法《敦刻尔克条约》。条约规定如果在发生德国侵略威胁时两国互相磋商，联合行动，彼此支援。这表明英国修正了所谓和平时期不对欧洲大陆承担义务的传统政策，以共同防止德国侵略为借口，迈出了组织西欧国家政治军事联盟的第一步。这一条约的签订与杜鲁门主义几乎同时问世。当时英美扶植德国以制约苏联的方针已经公开化，西方战略重点实际上已经开始东移。因此，尽管条约是针对德国的，但却奠定了英国计划建立的西欧防务集团的基础。

《敦刻尔克条约》签字不久，1947 年在莫斯科和伦敦先后举行的讨论德国问题的苏、美、英、法四国外长会议宣告失败，东西方关系更趋紧张。此时防止德国法西斯东山再起问题在西方战略中逐渐退居次要地位，而在战略上遏制苏联明显上升为首位。

1947 年 12 月英国外交大臣贝文告知美、法等国外长，英国考虑促成西欧国家的某种防务合作。1948 年 1 月 13 日，贝文向美国国务院提交了一份题为《英国对外政策的首要目标》的备忘录，系统阐述了英国建立西欧联盟的设想。贝文指出，苏联已组成一个牢固的政治和经济封锁线，马歇尔计划已不足以遏制这种威胁，为此需要组建“一个以美国和大不列颠及其自治领为支柱的西方民主体系”。贝文表示，这种联盟可以是非正式的，也可以是正式的，而且把低地国家、北欧、南欧，乃至德国都包括进他的结盟计划。1 月 22 日，贝文在英国下院发表讲话，正式提出成立西欧联盟的建议，表示要抛弃“老式的以大国均势为目标的概念”，同西欧国家“紧密地团结在一起”，宣称“西欧统一的时机业已成熟”。英国关于建立西欧联盟的建议很快得到法国和比利时、荷兰、卢森堡三国的响应，并希望能由美国出面组织西欧联盟。美国政府虽已意识到西欧联盟的重要性，但认为要美国承担保护西欧的军事重担，无疑风险极大。所以美国虽然对西欧联盟计划一再表示赞同，却并不做出任何实质性的许诺。再加上英国既想充当盟主，又不愿充分承担义务，对西欧联合若即若离，因而建立西欧联盟问题一时陷入僵局。1948 年捷克斯洛伐克发生“二月事件”，在资本主义世界引起极大震动。同时，苏联对挪威和芬兰施加压力，要求它们同苏联签订双边防御条约。芬兰因与苏联毗邻被迫屈从，挪威则向英美求援。于是，美国指责苏联有“扩张野心”，渲染随时都有爆发战争的危险，因而准备对西欧联盟做出承诺。英国抓住了这一时机，1948 年 3 月 11 日贝文向美国建议，除了西欧之外，还应把北大西洋和地中海国家也纳入到集体安全体系之中。这一建议因为触及了对美国利益来说至关重要的两个地区而得到了它的支持。次日，美国国务卿马歇尔表示，美国“准备在联合讨论中立刻筹建大西洋安全体系”。在美国的敦促下，3 月 17 日，英、法、荷、比、卢 5 国签订了为期 50 年的《合作和集体防御条约》，即《布鲁塞尔条约》，成立了 5 国组成的“布鲁塞尔条约组织”。该条约规定，缔约国在欧洲遭到侵略时，其他缔约国应给以军事和其他方面的援助。《布鲁塞尔条约》虽然打着防止“德国侵略政策的复活”的旗帜，但作为“集体防御”条约，其范围比《敦刻尔克条约》广泛得多，其真实意图是为了对付“苏联的威胁”。

五　北大西洋公约组织

签订《布鲁塞尔条约》并非英国的最终目的。在这一条约的酝酿过程中，贝文就向美国明确表示，“除非美国保证给西欧防务以支持，否则我们拟议中的任何条约都不能充分有效”。1948 年 2 月的“二月事件”和 1948 年 6 月苏联开始对柏林实行封锁，正好提供了这样一个契机。1948 年 6 月 11 日美国参议院通过了参议员亚瑟·范登堡的提案，要求通过立法使美国同地区性的集体安全安排联系起来，从而为美国同西欧结盟打开了通路。杜鲁门很快于 7 月 2 日批准了一项政策声明，表示美国国务院将着手进行《布鲁塞尔条约》缔约国所建议的初步会谈。从 7 月 6 日起，美国、加拿大和《布鲁塞尔条约》的五个签约国在华盛顿举行了筹备建立北约的工作会议。会议制定了《华盛顿文件》，并作为成立大西洋区域安全体系的会议备忘录提交给有关国家政府。与此同时，美、英又利用它们在西欧的影响，积极争取有更多的西欧国家参加拟议中的北约组织。1949 年 4 月 4 日，美、英、法、荷、比、卢、加、挪、冰、葡、意、丹共 12 个国家在华盛顿签订了《北大西洋公约》，宣告了北大西洋公约组织的建立。

《北大西洋公约》基本抛弃了《布鲁塞尔条约》中关于制止德国侵略的内容，明确提出西欧的“不安全感”来自苏联。作为《北大西洋公约》核心条款的第 5 条宣称：“各缔约国同意，在欧洲或北美，对它们当中一国或数国的武装攻击均应视为对所有缔约国的武装攻击；如果发生这种攻击，则它们之中的每一国均将行使《联合国宪章》第 51 条所承认的单独或集体自卫的权利，单独或与其他缔约国协同合作，立即采取必要的行动，向遭到这种攻击的一国或数国提供包括使用武力在内的援助，以求恢复和维持北大西洋地区的安全。”北约组织的建立标志着反法西斯战时联盟的正式终结。它表明美国与西欧结成了以第二次世界大战时的盟友苏联为主要对手的军事联盟。

面对西方国家联合反苏的态势，苏联与东欧国家也加快了集团化的进程。早在 1947 年马歇尔计划宣布不久，苏联、东欧国家与法国、意大利的共产党和工人党就于当年 9 月在华沙举行了代表会议，决定成立欧洲九国共产党与工人党情报局。1948 年西欧国家为管理和协调马歇尔计划的执行，成立了欧洲经济合作组织，作为回应，苏东国家于 1949 年建立了经济互助委员会。为回击西方建立北约组织的行动，苏联与包括民主德国在内的东欧国家于 1955 年 5 月 14 日正式缔结了《友好合作互助条约》，建立了华沙条约组织。至此，在欧洲出现了两个平行而又相互对峙的政治和军事集团——北约和华约。

第三节　德法之争和联邦德国重新武装

一　《萨尔协定》

萨尔地处德、法边境，第二次世界大战结束时，约有 95 万德国人生活在这个地区。萨尔面积仅 2500 多平方公里，虽是弹丸之地，但矿藏丰富，煤矿业和钢铁业十分发达。萨尔的矿藏资源使其在历史上一直是德、法激烈争夺的目标，曾几度在德、法之间改变归属。第一次世界大战结束时，按照《凡尔赛和约》的规定，萨尔脱离德国，由国际联盟托管 15 年，法国作为战胜国获得该地区的矿产开采权。1935 年，托管期满，萨尔举行公民投票，在希特勒纳粹政府竭力煽动下，91% 的人选择德国，于是萨尔归并德国。第二次世界大战后，萨尔处在法国占领区内。法国在占领萨尔后，为使这一地区脱离德国而永久处在法国的控制之下，对萨尔采取了与其他法占区明显不同的政策。萨尔起初与其他占领区一样，一概由设在柏林的盟国管制委员会管辖。1946 年 2 月 12 日，法国照会美、英、苏三国，要求萨尔在经济上归并法国，在政治上脱离德国。在遭到拒绝后，法国仍径直在萨尔与其他占领区之间设立关卡，把萨尔从其他占领区分离出来。1947 年春，法国在莫斯科外长会议上重提合并萨尔的要求，苏联援引《波茨坦协定》的规定予以拒绝；而美英两国为拉拢法国共同反对苏联，对法国的这一要求表示支持。此后，法国便通过自己的占领当局发布一系列命令来改变萨尔的地位，1947年6月法国在萨尔发行萨尔马克，同年11月又使法国的货币法郎在萨尔流通。与此同时，法国于1947年2月在萨尔成立宪法委员会，该委员会于当年9月25日提出宪法草案，草案的前言中写明萨尔永久脱离德国。10月，在法国的扶植下，萨尔自治政府成立并通过萨尔宪法草案，12月15日，法国批准了萨尔宪法。这样，在联邦德国建立时，萨尔在经济和政治上实际上已与法国连在一起。

法国对萨尔采取的合并措施引起联邦德国各党派的一致反对。1950年1月15日，阿登纳与法国外交部部长罗贝尔·舒曼举行了两个多小时会谈，他向舒曼表示了德国对法国的强烈不满，特别是法国打算同萨尔签订协定的消息，更是在德国引起不满和反抗情绪。阿登纳建议把萨尔问题暂时搁置起来，法国也不要马上同萨尔政府签订协议。然而，1950年3月3日，舒曼和萨尔政府总理约翰内斯·霍夫曼签订了《萨尔协定》。该协定由四个协议组成：《总协议》《法国和萨尔经济合并实施协议》《萨尔矿藏开采协议》和《萨尔铁路经营管理协议》。根据这些协议，萨尔在立法、行政和司法上实行自治，但经济上与法国连在一起，萨尔矿由法国租借50年，法国派驻萨尔的代表有权对萨尔在货币和关税事务方面的问题做出规定和立法干预。萨尔在军事上由法国保护，外交代表权由法国掌握。根据协议的规定，法国有可能永久保留它在萨尔的权利。

《萨尔协定》遭到联邦德国的反对。一度对法国持谅解态度的阿登纳感到无法容忍法国的做法。他认为：（1）萨尔问题的最终解决有待对德和约的签订，因此在和约签订之前，不得在萨尔以任何方式改变既有事实；（2）法国与萨尔签订的协定，就其作用来说，将会在萨尔造成一种和约不再能改变的状况；（3）无论从国际法还是民法上来说，法国都无权签订如1950年3月3日的协定，而萨尔政府无权支配铁路和矿山，因此也无权签订这类协定；（4）联邦德国要求在萨尔实现自由和民主的原则，并希望萨尔问题的解决能符合包括法国在内的所有相关国家的利益。

面对上述争执，阿登纳寻求新的解决办法。1950年3月23日，阿登纳分别给美、英、法三个盟国高级专员发出信函，要求他们以信件形式表明西方三个盟国迫切希望联邦德国加入欧洲委员会。欧洲委员会于1949年5月5日因英、法、意、荷等十个欧洲国家在伦敦签订“欧洲委员会法规”而宣告成立。在国内因萨尔问题引起的反法声浪和民族主义情绪日益高涨的情况下，阿登纳要求西方盟国高级专员先作出接纳联邦德国为欧洲委员会正式成员的保证。1950年3月31日，欧洲委员会向阿登纳发出了邀请联邦德国参加欧洲委员会的信件。5月9日，联邦内阁作出联邦德国申请加入欧洲委员会的决议。5月13日，萨尔作为联系成员国加入欧洲委员会。6月15日，联邦议院就加入欧洲委员会的提案进行表决，提案以220票同意、152票反对获得通过。联邦德国于是正式向欧洲委员会提出入会申请。同年7月8日，联邦德国作为联系成员国进入欧洲委员会。8月28日，联邦德国和萨尔的代表同时出席欧洲委员会的咨询会议。

至此，德法的萨尔之争以联邦德国和萨尔同时加入欧洲委员会而暂时告一段落，但这场争端远未结束。在这场争端中，阿登纳一再作出重大让步，而法国则做了想要做的一切。德法的萨尔之争充分表明战后联邦德国政治地位的孱弱。

二　联邦德国重新武装

重新武装联邦德国，把它纳入与苏联相抗衡的西方军事集团，是美国的既定政策。1950年朝鲜战争爆发后，美国加快了重新武装联邦德国的步伐。1950年7月，美国五角大楼公开提出，希望联邦德国加入北约。9月初，美国制订了一份关于北约防务的计划并获杜鲁门总统批准。按此计划，北约应组建一支由包括联邦德国在内的西欧各国参加的欧洲防务部队。阿登纳立即对此做出积极反应。他在8月17日与美、英、法三国高级专员会晤时，以苏联和民主德国拥有强大的军事力量为由，要求加强西方盟国在联邦德国的武装力量，并要求允许联邦德国建立一支总兵力为15万人的防卫部队和一支警察部队。但在9月12日开始举行的纽约美、英、法三国外长会议上，由于英法两国的坚决反对，联邦德国的要求遭到了否决。会后，美国仍继续做出努力。它一面说服英、比、荷、卢和斯堪的纳维亚国家同意美国的计划，一面对持反对态度的法国施加压力，要求法国最晚在北约10月28日举行国防部部长会议前对美国关于武装联邦德国的一揽子建议作明确表态。最后，法国因在经济和军事上均急需美国的援助，同时也出于反苏的立场，不得不屈服于美国的压力。1950年10月24日，法国总理勒内·普利文在法国政府关于西方防务联合的声明中提出下列建议：建立一个由部长级人员组成的“欧洲防务共同体”，各成员国提供军队，组成“欧洲军”，由成员国的某一国国防部长担任统帅。吸收联邦德国加入欧洲军，但联邦德国不得建立自己独立的国防军，也不能参加北约（因北约的军队基本上都是各国自己的军队），不得设立自己的国防部和总参谋部。普利文提出的这个建议后被称为“普利文计划”。但“普利文计划”在法国国内并未得到广泛的支持。

1951年2月25日，建立欧洲防务集团的会议在巴黎开幕，法国、联邦德国、意大利、比利时、卢森堡正式参加，美国、加拿大、英国、丹麦、挪威、荷兰、葡萄牙作为观察员参加。法国外长舒曼在会上指出，欧洲军将是一支逐步取代各国军队的超国家的部队。美国同意这一主张，认为建立欧洲军具有双重意义，既是“通向德国重新武装的唯一途径”，又是“实现欧洲一体化的工具”，因此同意放弃按北约方式重新武装联邦德国的计划。经多次讨论，有关各方终于在1952年2月1日，以法国外交部备忘录的形式，提出欧洲防务集团条约草案。随后在2月8日和2月19日，联邦德国与法国议会分别通过参加欧洲防务集团的决议，但双方仍有很多分歧。经2月17至19日在伦敦举行的美、英、法、联邦德国四国外长会议协调，最终为条约的缔结扫清了最后的障碍。1952年5月26日，美、英、法与联邦德国签署关于德国问题的《波恩条约》，结束西方盟国对德国的占领及管制。5月27日，法国、联邦德国、意大利、比利时、荷兰、卢森堡六国外长在巴黎正式签署《建立欧洲防务集团条约》。

该条约包括正文及17个附件，共132条，其主要内容是：（1）各缔约国之间组织超国家性质的欧洲防务集团，其中包括共同的机构、共同的武装力量和共同的预算；（2）在北大西洋公约的框架内，参加西方的防务，并实现各成员国防御力量的整体化及资源使用的合理化；（3）各成员国按本条约规定的条件向本集团提供部队，合并编制组成欧洲防务军。大约在3年内，编成40个常备师和15个后备师，其中法国提供14个师，联邦德国提供12个师，意大利提供11个师，比利时、荷兰、卢森堡共提供3个师。该军隶属于北约的欧洲盟军最高司令部统辖。（4）对任何一个成员国的任何侵略将被视为对所有成员国的侵略，将采取一切军事的或其他的方法给予援助。条约还规定，设立部长理事会、公共议会、常务委员会和审判委员会等机构，并规定该条约自签字国交存批准书之日起生效，有效期50年。

然而，该条约签订后，只有联邦德国、荷兰、比利时、卢森堡议会予以批准，意大利政府未向议会提交。法国国民议会经激烈辩论后，于1954年8月30日宣布拒绝批准该条约，从而使成立欧洲防务集团的努力终告流产。

《欧洲防务共同体条约》在法国国民议会遭到否决后，英国内阁马上举行会议，商讨采取其他使联邦德国参加西方防务的办法。英国提出举行欧洲防务共同体六国加英、美两国的八国会议。这一想法立即得到美国和联邦德国的积极响应。从1954年9月11日起，英国外交大臣艾登积极奔走于欧洲防务共同体条约签字国进行游说，他提出，修订《布鲁塞尔条约》，使联邦德国和意大利参加该条约，成为一个“西欧联盟”，最终让联邦德国加入北约。艾登的倡议得到有关各方的积极响应。法国也表示愿意接受西欧联盟，认为这是控制联邦德国军事力量的另一种理想形式，但仍反对联邦德国加入北约，并提出让西欧联盟独立于北约之外。最后，美英联合对法国施加了压力，并威胁，如果法国坚持不让联邦德国加入北约，它们在必要时将单独和联邦德国签订军事条约。1954年9月28日，英、法、荷、比、卢、德、意七国加上美国和加拿大共九国的外交部部长在伦敦举行会议，再次讨论西欧防务问题。10月3日，伦敦会议结束。会议作出决议：把《布鲁塞尔条约》扩大为“西欧联盟”，对原《布鲁塞尔条约》的既定目标进行修改和补充，某些反对德国的措辞予以删除，在北约防务组织范围内，联邦德国应与《布鲁塞尔条约》所有成员国以相同的条件承担自己的军事责任。在定于10月举行的北约理事会部长会议上，北约将邀请联邦德国参加该组织；与此相应，美、英、法三国结束对联邦德国的占领，废除占领法规，撤销盟国高级专员委员会。所有这些决定都写进了与会九国签署的一份《最后决议书》中。至此，联邦德国终于走向了重新武装之路。

按照伦敦会议商定的计划，与会国还应在1954年10月20日在巴黎举行会议，把伦敦会议的决议变成条约交由与会国正式签署，才算最后完成伦敦会议的决议。所以，人们常将伦敦和巴黎两个会议联在一起，对最后在巴黎达成的《巴黎协定》也合称为《伦敦—巴黎协定》。巴黎会议本来只是确认伦敦会议达成的协议，但由于法国重新提出萨尔问题，致使会议一度陷入僵局。

1950年联邦德国和萨尔同时加入欧洲委员会使德法间的争端暂时平息。但1952年1月法国政府将原法国驻萨尔的高级专员格朗瓦尔升格为大使。1953年5月，法国对1950年的《萨尔协定》进行修改和补充，授予萨尔保持同法国的外交和领事关系以及签署国际条约的权力。在10月20日举行的巴黎会议上，法国坚决要求，萨尔应保持政治上自治地位和经济上并入法国的现状，而且在经德法签署的包含这些内容的萨尔法规生效后3个月，在萨尔就萨尔法规举行公民投票；萨尔法规一经公民表决通过，就成为最后协议，不受今后对德和约的影响。法方代表则在会上声明，如果不解决萨尔问题，法国将不在《巴黎协定》上签字。巴黎会议预定于10月23日就联邦德国加入北约、西欧联盟有关条约以及德国条约签字。当天凌晨，阿登纳和法国总理兼外交部部长皮埃尔·孟戴斯—弗朗斯互相达成了妥协，妥协中最为关键的一点是：阿登纳同意就萨尔法规在萨尔举行全民公决，并同意该法规经公决赞成后，联邦德国直至对德和约签署前不得提出异议；孟戴斯—弗朗斯则放弃了法国一直坚持的萨尔法规为最后文件的要求，同意如果萨尔法规获得萨尔居民的赞同，那么在缔结对德和约时，还须将萨尔问题的最终解决再次提交给萨尔人民表决。阿登纳的这一重大妥协使《伦敦—巴黎协定》得以正式签署。1954年10月23日下午，《萨尔协定》和关于结束占领制度的议定书（其中包括《德国条约》及四项经过修改的附加议定书）、关于建立西欧联盟的条约（其中把原《布鲁塞尔条约》中所载的“防止德国侵略复活”的词句改为“促进欧洲的团结并鼓励逐步统一”），以及关于联邦德国加入北大西洋公约组织的议定书（其中规定，把布鲁塞尔条约的联合防务的职能转由北约承担）等先后签署。1955年5月5日，在法英两国最后递交了对德国条约的批准书后，《伦敦—巴黎协定》正式生效。通过这些协议，联邦德国终于在获得主权国家地位的道路上取得了关键性的突破。

第四节　《奥地利国家条约》

奥地利问题是第二次世界大战的遗留问题。1938年3月希特勒德国无视国际法，悍然出兵吞并奥地利后，奥地利就作为德国的一部分参加了第二次世界大战。1945年春起，反法西斯同盟国军队攻入奥地利，国内抵抗运动也予以积极的支持，奥地利因此迅速与德国分离。1945年5月中旬，盟国控制奥地利全境，奥地利和德国一样被苏、美、英、法四国分区占领，首都维也纳也像柏林一样被分区占领。1945年7月，四国就占领区的最后边界等问题达成协议，按照管制协定规定，盟国委员会为最高占领当局。战后，由奥地利几个主要政党组成的联合政府一直致力于早日缔结和约，结束外国占领，恢复奥地利的主权和独立。但由于苏、美、英、法之间的利益矛盾和两大集团的形成与对立，奥地利问题长期得不到合理和妥善的解决，和约也久拖未决。

1952年12月，根据巴西的动议，联合国大会呼吁结束对奥地利的占领。此后苏联因斯大林逝世和赫鲁晓夫上台，其对外政策发生变化。在奥地利苏占区，占领当局废除了书报检查制度。与此同时西方国家也撤回了《简要条约草案》。四大国先后放弃了奥地利对占领费用的偿付，遂使关于奥地利国家条约的谈判出现转机。1954年1月，苏联外交人民委员维亚切斯拉夫·莫洛托夫在柏林认可缔结奥地利和约，但又补充提出占领军在对德和约签订前仍留在奥地利。《巴黎协定》于1954年10月签订后，苏联意识到联邦德国重新武装并参加北约已是大势所趋，于是开始主动寻求缓和与西方的关系。但美国认为苏联应先做出实际行动，包括签订对奥地利的和约，以作为改善关系和进行东西方谈判的先决条件。

苏联认为，奥地利是否宣布永久中立是其签署国家条约的必要条件。因为一个中立的奥地利可以影响北约阵营的西方小国和刚刚加入北约的联邦德国，同时还可以在德国南部建立一个将西方与意大利军队分开的中立地带，这对苏联是十分有益的。为了换取苏联的让步以结束大国的占领，同时也为了重新获得完全主权与独立，奥地利外长哈洛德·

菲格尔正式宣布，奥地利愿意以中立主义为其立国原则，但不能在未规定占领军撤退期限的情况下签订条约。对此，苏联也作出让步，表示不以签订对德和约作为对奥和约及从奥撤军的先决条件，但必须排除德国重新兼并奥地利的可能性。1955 年 2 月莫洛托夫宣布："苏联方面现在提议，不再等待缔结对德和约，四大国即从奥地利撤走它们的军队。但苏联政府重申，奥地利不得加入任何联盟或军事同盟，以及奥地利的领土不得用来建立外国的军事基地。"

苏联政府建议立即召开四国外长会议讨论奥地利问题，但是莫斯科的骤然转变也引起美国的疑虑。美国务卿杜勒斯建议先召开大使级预备会议。苏联未理会西方的消极态度，决定直接同奥地利政府谈判。苏联邀请奥地利总理朱利乌斯·拉布率奥地利政府代表团访问莫斯科，就对奥和约问题举行会谈，双方达成撤军协议。从 1955 年 4 月 12 日至 15 日的谈判结果，均记载于《莫斯科备忘录》内。苏奥双方发表声明表示，应迅速缔结关于恢复奥地利独立和民主的和约。奥地利政府承诺奥将永远保持像瑞士那样的中立，不允许任何外国势力介入，四国应保证奥地利领土完整和不受侵犯。苏联方面愿意立即签订奥地利和约，承认关于奥地利中立的声明，并同意在和约生效后，四国军队最迟于 1955 年 12 月 31 日撤出奥地利。在解决经济问题方面，奥地利向苏联提供价值 1.5 亿美元的货物，并以 200 万美元的价格重新赎回多瑙河轮船公司的权利。此外，以奥地利提供 1000 万吨石油为条件，苏联放弃已取得多年的东部石油租让权和探矿权。这些决定，为奥地利和约的签署奠定了基础。由于奥地利政府担心西方国家会对奥苏双边谈判作出不利的反应，因而要求只有在有关国家都参加的会议上，才能达成最终解决奥地利问题的方案。1955 年 5 月 2 至 12 日在维也纳举行了各有关国家大使会议，会议终于就条约的所有条款达成协议。1955 年 5 月 15 日，苏、美、英、法四国与奥地利在维也纳贝尔维德雷宫签署了《奥地利和约》。

《奥地利和约》全称为《重建独立和民主奥地利的国家条约》，包括一个序言、9 个章节共 38 个条款，两个附件和 5 个清单。条约规定 1938 年德国吞并奥地利为非法，苏、美、英、法四国承认奥地利恢复成为一个主权、独立和民主国家，按照 1938 年 1 月 1 日的状况恢复奥地利战前边界；奥地利应组成民主政府，保证人民享有人权和基本自由；奥地利保持永久中立，四大国保证奥地利的中立地位；不参加军事集团，不准在其领土上建立外国军事基地，禁止德奥合并或建立任何形式的政治和经济同盟；彻底消灭一切法西斯组织，不得拥有、制造和试验原子武器及条约规定的其他武器等；在条约生效后，苏、美、英、法占领军在 90 天内，即最迟于 12 月 31 日撤走；四国不向奥地利索取战争赔偿，在奥地利没收的德国资产由奥地利赎回。在文件起草酝酿时，序言部分曾提到的奥地利对战争负有某种连带责任的提法，在正式条约中被删除了。

1955 年 6 月 7 日，奥地利执政党向国民议会提交了一项宣布奥地利永久中立的决定，国民议会一致通过该项决定。条约生效后，四大国对奥地利管制委员会结束其活动。同年 10 月 25 日，四国占领军全部撤出奥地利，奥战俘也全部返回家园。10 月 26 日，关于中立的宪法性法律亦由奥地利国民议会通过。《奥地利和约》的签订，解决了造成东西方尖锐对立的一个战后遗留问题，使奥地利历经 17 年外国统治和监护之后重又完全恢复独立。

第五节　东西方缓和的努力

一　日内瓦会议

第二次世界大战结束不久，欧洲出现了彼此对立和抗衡的东西方两大军事政治集团，昔日共同反抗法西斯的盟国成了冷战的对手。波茨坦会议以后，美、苏、英、法四国一直没有召开过最高级会议，而它们之间的隔阂与猜疑却越来越深。如果当事各方能举行一次首脑会议，商讨解决一些棘手的事关双方切身利益的国际问题，对于缓和国际紧张局势、打破对峙僵局会大有裨益。1954 年底，苏联提议召开四国首脑会议，但被西方三国拒绝，原因是它们认为《巴黎条约》尚未批准，在此之前召开这样的会议不合时宜。1955 年 1 月，苏联方面又一次提出召开四国首脑会议，以改善国际气氛和讨论有关争议问题，但美国仍拒绝参加。时至 1955 年春，美、英、法、意、荷、比、卢及联邦德国等国相继批准《巴黎协定》。5 月 9 日至 11 日北约在巴黎举行会议，正式接纳联邦德国为会员国。此时西欧联盟已形成，西方认为可以对苏联采取一种新的政策，于是在5月10日正式向苏联提出举行政府首脑会议。1955年5月15日《奥地利和约》的签订，也为举行四国首脑会议清除了障碍，西方认为苏联此举已表明它作出了实质性让步，因此首脑会议不但可行，而且有了紧迫性。对西方国家的提议，苏联作出了积极响应。在此后通过外交渠道进行的谈判中，双方达成了关于1955年7月18日在日瓦召开首脑会议的协议。

虽然美、苏、英、法就召开四国首脑会议达成协议，但就会议内容安排发生的争执却暴露出东西方之间尖锐的矛盾。苏联认为解决裁军问题应是会议首要大事，缓和国际紧张局势和增进不同社会制度国家间的信任应是会议的根本目的；而西方国家则想把裁军问题同其他国际问题放在一起考虑，即把裁军、欧洲安全、德国问题以及关于东欧国家的“地位”和“国际共产主义的活动”等问题放在一起，拿出一个一揽子解决方案。1955年7月18日，美、苏、英、法四国首脑会议在日内瓦举行。出席会议的有美国总统艾森豪威尔、英国首相艾登、法国总理富尔、苏联部长会议主席布尔加宁和苏共中央第一书记赫鲁晓夫。经过讨价还价，四国最后决定把德国问题、欧洲安全问题、裁军和发展东西方之间接触问题列入主要议事日程，基本上顾及到了各方面的利益要求。

在具体讨论德国问题时，英国首相艾登坚持在东西两德进行自由选举解决德国统一问题。英法之间略有嫌隙，艾登明确反对建立欧洲集体安全，主张用与会国和统一后的德国之间签订安全条约的办法来代替共同防务政策。根据条约应向苏联提供“安全保障”，规定统一后的德国应加入北大西洋公约组织。法国总理富尔则认为形成某种共同的防务机制对欧洲安全至关重要，统一后的德国可以在这种共同防务机制里发挥重要作用，但不能用分别签订对德条约来取代防务问题。苏联反对西方国家以提供“安全保障”来换取苏联同意统一后的德国加入北约的建议，苏联认为这是一种失衡的“不等价交换”，在逻辑上是矛盾的：因为怂恿德国加盟的是针对苏联的军事集团，这种行为本身就是对苏联安全的一种威胁。苏联代表指出，联邦德国的重新武装和把它纳入西方国家的军事集团，已经成为德国统一道路上的主要障碍。苏联强调，在德国土地上已形成两个具有不同社会经济结构的国家，而联邦德国又加入了北约和西欧联盟，在这种情况下，德国的统一已变得很难实现。苏联提出分两个阶段建立欧洲集体安全体系：第一阶段，联邦德国和民主德国分别参加的北约和华约继续存在，各国承诺不使用武力，从欧洲撤走外国军队；第二阶段，北约、华约及《巴黎协定》均停止生效，代之以集体安全体系。

会议最后通过的确立外长们今后工作方针的指示文件中，关于“欧洲安全和德国”部分笼统地表示，四国政府首脑责成相关各国外长研究会议所有代表团提出的有关建立欧洲安全体系的各种建议；关于德国问题的解决和通过自由选举而实现重新统一德国的工作，应当在符合德国人民的民族利益和欧洲安全利益的情况下进行。苏联以西方国家在裁军问题上的一些主张为蓝本，提出了建立国与国之间信任和裁军新方案，方案在某些方面作了一些折中的妥协，例如放弃了原先提出的全面禁止核武器的要求。该方案还规定与会全体国家承担不使用原子武器和氢武器的义务，并建议对大国武装力量水平问题达成协议。从总体上讲，苏联在坚持原则的基础上，一定程度上顾及到了西方国家的现状，通过采纳西方国家建议中可资利用的部分，来争取其对裁军建议的整体认可。美国提出“开放天空”方案，称美苏应彼此提供一份全面军事设施蓝图，以便彼此在本国内为对方国家进行空中摄影提供方便。这样才能让全世界相信美苏两国正在为防止相互间发生大规模冲突而努力，由此减少战争危险并缓和紧张局势。苏联宣布准备加入北约，西方三国领导人对此避而不答。

日内瓦首脑会议在一定程度上具有缓和国际紧张局势的作用。会后，东西方之间剑拔弩张的对立通过会议得到了缓解，与会国同意逐步消除人员往来和贸易障碍，促进相互接触和交流。尽管对于一些敏感问题双方还抱着截然相反的态度，但比起武力威慑来说，这种首脑对话的方式显然是一种进步，它也为战后不同社会体制国家间寻求政治合作提供了有益的经验。另外，日内瓦首脑会议还使两个敌对的超级大国开始走上商讨签订核禁试协定和核不扩散条约、进行限制战略武器谈判及其他双边谅解的道路，使世界范围内的军事竞赛势头有所减弱。日内瓦会议之后，大国通过协商来解决国际争端的模式被称为“日内瓦精神”，但也不应过分夸大“日内瓦精神”，无论在德国问题上，还是在欧洲安全和裁军问题上，或者在促进东西方接触方面，东西方并没有改变自己原来的基本立场。

二　第二次柏林危机

1955 年 7 月日内瓦会议后，欧洲的缓和局面仅维持了很短一段时间。1956 年的“波匈事件”以及苏伊士运河危机使欧洲局势再度紧张。1957 年东西方之间的裁军谈判失败后，西方国家加强了对苏联的核讹诈攻势。4 月初，联邦德国扬言要用战术核武器武装德军；11 月，美国国务卿杜勒斯宣布，要在欧洲的北约国家地区建设核武器基地；一个月后，杜勒斯又在北约部长理事会上声明，美国准备向北约成员国提供中程导弹。对此局面，苏联加紧了研制核武器的步伐。1957 年 8 月，苏联宣布洲际导弹试验成功；10 月 4 日，苏联成功地发射了世界上第一颗人造卫星；两天后，苏联又进行了新型氢弹的试验。核军备的有利地位，使苏联具备了以强硬手段回应西方压力的能力。

1948 年 6 月至 1949 年 5 月的柏林危机虽得以解除，但柏林问题本身并未得到根本解决。两个德国建立后，东柏林成为民主德国的首都，西柏林则与联邦德国保持密切联系。整个柏林分成两部分，但其界线没有也难以像两国边界那样得到严密管制，东西柏林的居民仍可自由来往。这样，位于民主德国境内的西柏林便成为一个特殊的地区。对西方来说，它可以作为设在民主德国腹地的一个据点对民主德国进行渗透和破坏，因而也被苏联和民主德国视为一个“毒瘤”。

1958 年 11 月，苏联部长会议主席赫鲁晓夫在发表演讲时说，西方三大国把西柏林变成了国中之国，并且从西柏林对华约国家施加不良影响，由于西方三大国和联邦德国违反了《波茨坦协定》，因此柏林迄今为止由四大国共管的地位已经过时，现在必须让西方三大国放弃它们在柏林的权利，苏联也将放弃自己对柏林的管制权而让民主德国接管。11 月 27 日，苏联政府正式向西方三大国发出照会，要求东、西柏林合并并归属民主德国，或者将西柏林变成一个独立的政治单位。苏联在照会中指出，如 6 个月之内不能解决问题，苏联将单方面把自己对柏林的权利转交给民主德国，第二次柏林危机由此引发。

苏联这份照会引起了西方的震动。美、英、法三国表示绝不放弃自己在西柏林的利益，但同时它们也不想为此同苏联兵戎相见。1959 年 2 月 16 日，三国向苏联建议，举行四大国外长会议讨论德国和柏林问题，两个德国派代表以观察员身份与会。苏联接受了这一建议。同年 5 月 11 日，四大国外长会议在日内瓦举行。会上，美国国务卿克里斯蒂安・赫脱代表西方三国提出一项分四阶段解决柏林和德国问题的计划，其要点是先在东、西柏林进行自由选举选出统一的市议会；然后由 25 名联邦德国代表和 20 名民主德国代表组成全德委员会，并制定选举法；在国际监督下举行自由选举，最终实现德国统一。这个计划因要将东柏林从民主德国分离出去，且全德委员会组成不对等，遭到苏联拒绝。苏联坚持其 11 月 27 日照会中提出的外国军队撤出德国、西柏林成为非军事化的自由城市等要求。日内瓦会议曾两度中断，直到 8 月 5 日才结束。会议最终以美、苏两国私下协商并在美国邀请赫鲁晓夫当年 9 月访美时达成协议而收场，但就解决柏林与德国问题而言则是毫无成果。

1959 年 9 月，赫鲁晓夫与美国总统艾森豪威尔在美国戴维营举行会谈，双方就德国、柏林、裁军和美苏关系进行了交流，“戴维营精神”一时充斥了世界各种媒体。但时隔不到一年，就因美国 U－2 间谍飞机入侵苏联被击落而使东西方关系再度紧张。1961 年 6 月，在赫鲁晓夫提议下，他与 1960 年出任美国总统的肯尼迪在维也纳举行会谈。赫鲁晓夫要求“从法律上确定现有德国边界的不可侵犯性”，并要求使西柏林形势正常化。在遭到肯尼迪的坚决回绝后，苏联宣布增加防务开支；肯尼迪则声称要追加国防开支和增加兵员。东西方局势再次呈现剑拔弩张的态势。

在这种极度紧张的局势下，处于冲突焦点的柏林市出现人心惶惶的混乱局面。东柏林的居民大量逃往西柏林，1961 年 1 月有16697人逃到西柏林，7 月达到创纪录的30415人。人员的大量外逃在政治上和经济上给民主德国造成巨大的困难和压力。当 1961 年 3 月 29 日华约在莫斯科举行首脑会议时，民主德国首脑乌布利希提出用铁丝网封锁东、西柏林边界的要求，但遭匈牙利和罗马尼亚两国反对，苏联对此举棋不定。同年 8 月华约国家召开会议，当乌布利希再次提出这个封锁边界的要求时，赫鲁晓夫支持了他。于是会议作出了在东、西柏林交界处筑墙的秘密决定。

1961 年 8 月 13 日零时，民主德国人民警察开始封锁东、西柏林间的交通，同时官方组织的工人战斗队在东柏林一侧用铁丝网筑起了一道封锁墙。当天色破晓时，东、西柏林已被铁丝网截然分开了。这道铁丝网以后又被用水泥和砖石筑成的封锁墙所代替，这就是举世闻名的“柏林墙”。

柏林墙使 1958 年以来围绕柏林问题的危机一时平息下来，苏联不再向西方三大国提出限期使西柏林成为非军事化的自由市的要求。而西方三大国对柏林墙的建立在一番严厉的抗议之后也并无实际行动。

三　《部分禁止核试验条约》

1961 年第二次柏林危机后，苏联于 8 月 30 日宣布恢复核试验，美国也加紧恢复核试验，1962 年初，三国禁止核试验的谈判被无限期推迟。美苏双方又进入了新一轮核竞赛。然而，古巴导弹危机过后，情况发生很大变化。美苏双方都感到有必要稳定相互关系，并对核军备竞赛加以适当的管理。同时，他们也不愿意看到中法两国发展自己的独立核力量。这种情况促使美苏双方重开谈判，并决心加强合作。1962 年 8 月 6 日，美方向苏方提出了一个与 1961 年方案相比略有修改的方案，它包含两种选择：或者缔结一项全面禁止核试验条约，并在一定程度上对彼此进行核查和监督；或者只禁止大气层和水下核试验，而暂不禁止地下核试验。苏联表示不接受任何一种方案，而是提出，以 1963 年 1 月 1 日为最后期限，停止一切核试验，美国立即表示同意。从 1963 年 1 月起，美苏双方又进行了多次谈判。2 月 12 日，日内瓦会议复会。1963 年 7 月 15 日，美、苏、英三国在莫斯科就部分禁止核试验问题召开了三国领导人高层谈判，25 日达成协议并草签了条约。条约于 10 月 10 日生效。

条约的正式名称为《禁止在大气层、外层空间和水下进行核武器试验条约》。全文由前言和 5 款条文组成。条约的主要内容包括：缔约各国保证不在大气层（包括外层空间）或水下（包括领海和公海）进行任何形式的核武器试验；并保证不发起、鼓励或以任何方式参加上述核试验；缔约国如断定与本条约有关的非常事件危及到了本国的最高利益，则有权退出条约，但应提前三个月通知其他缔约国；本条约向一切国家开放签字；对本条约提出的任何修正案必须由参加国以多数票原则（包括所有原缔约国美、苏、英三国）通过。实际上，该条约具有极大的欺骗性。由于该条约主要禁止在大气层进行核试验，而没有禁止地下核试验的任何规定，同时该条约也回避了监督和检查问题，且原缔约三国对修正案拥有否决权，等于三国有权限制其他国家发展核武器的权力。这是美苏双方为保持自己的核大国地位而成功地进行的一次合作。因此，在条约签订之后，美苏两国并没有减少它们的核试验。1968 年 7 月，美、英、苏三国又签订了为期 25 年的《防止核武器扩散条约》，并于 1970 年生效。

四　欧洲安全与合作会议和中欧裁军谈判

（一）欧洲安全与合作会议

欧洲安全与合作会议最早可追溯到 1954 年苏联外长莫洛托夫在苏、美、英、法四国于柏林举行的外长会议上所提出的设想。此后，苏联和东欧国家逐渐把这一设想具体化。1958 年，波兰外长亚·腊帕茨基提出建立中欧无核区的主张。1964 年 12 月，在联合国第十九届大会上，腊帕茨基又提出召开全欧安全会议的建议。1965 年 3 月 29 日，在苏联共产党第二十三次代表大会上，以及同年 4 月 6 日在访问波兰时，苏共第一书记勃列日涅夫一再提出举行全欧安全会议的建议。1966 年 7 月，华沙条约组织成员国在布加勒斯特举行首脑会议，会议通过《关于加强欧洲安全与和平的宣言》，提出承认战后欧洲边界、承认两个德国、取消欧洲两大对立军事集团——华约和北约、一切外国军队从欧洲撤走、在欧洲建立无核区、召开全欧安全会议等七项主张。作为对苏联建议的回应，1968 年 6 月，北约外长会议提出举行中欧裁军谈判的建议。于是双方陆续展开了谈判。

1968 年因苏联侵捷，双方会谈中断。1969 年 3 月 17 日，华约国家在布达佩斯举行会议，重提召开欧洲安全会议的主张，会议建议举行由所有欧洲国家代表参加的筹备会议，以确定召开欧洲安全会议的具体议程。同年 4 月，北约国家在华盛顿举行会议，表示同意有条件地参加这样的会议。1972 年 5 月，美国总统尼克松访问苏联，双方就召开“欧洲安全与合作会议”（简称“欧安会”）达成共识。

欧安会的参加国包括除阿尔巴尼亚和安道尔外的所有欧洲国家，加上美国和加拿大，共 35 个国家，会议历时两年，分三个阶段进行。第一阶段会议分两次举行：1973 年 7 月 3 日至 6 日在赫尔辛基举行外长会议，8 月 29 日至 9 月 2 日在日内瓦举行协调委员会会议。这一阶段会议批准了此前 35 国大使级筹备会议上制定的《赫尔辛基最后建议蓝皮书》，确定了会议议程为：（1）欧洲安全问题；（2）经济与科技合作问题；（3）人道主义合作问题；（4）贯彻会议最后文件的办法。同时决定成立三个委员会，三个委员会再下设 11 个小组委员会，以就各议程的问题进行讨论；第二阶段会议是专家会议，从 1973 年 9 月 18 日至 1975 年 7 月 21 日在日内瓦举行，各国共有 375 名专家进行实质性谈判。由于分歧众多，谈判进行得异常艰苦，会议时断时续，总共开会 2400 多次，历时近两年，最终拟定了一个《欧洲安全和合作最后文件》；第三阶段会议是首脑会议，由各国国家的政府首脑参加，1975 年 7 月 31 日开始，8 月 1 日结束。此会的主要议程是签署《最后文件》。

《最后文件》主要涉及三大问题，即欧洲安全问题、经济与科技合作问题、人员和思想交流问题。在安全问题上，《最后文件》列出 10 项原则，包括：主权平等，尊重由主权产生的各项权利，禁止使用武力或以武力相威胁，边界不可侵犯，尊重国家领土完整，和平解决争端，不干涉别国内部事务，尊重人权和人的思想和宗教信仰等各项基本自由；在经济与科技合作方面，《最后文件》提出要开展商务交流、工业合作、科技合作和环境保护合作，发展交通运输，促进旅游业，在外籍劳工的经济和社会问题上进行合作，对专业和技术人员培训等；在人员交流方面，《最后文件》规定，在相互可以接受的条件下，各国根据自己的方式，可以进行人员、机构和组织之间的往来和接触，并在家庭团聚、旅游、青年会晤及文化艺术交流方面提供方便。

《最后文件》是美苏两大阵营互相妥协的产物。大体说来，苏联通过《最后文件》的签署使战后形成的欧洲边界现状得到了确认，并通过与西方国家的经贸往来获取经济和技术上的实惠；美国方面则通过经济和人员方面的交流，打开了对苏联和东欧国家进行渗透的渠道，以促其内部发生有利于西方的演变。《最后文件》实际上只是一份意向性宣言，对与会国没有法律约束力。但是，欧安会的诞生毕竟使全欧洲确立了一个安全与合作的机制，它为欧洲东西方不同体制和意识形态国家之间提供了一个讨论问题的场所，对欧洲的缓和起了一定的作用。

（二）中欧裁军谈判

中欧裁军谈判是 20 世纪 70 年代上半期欧洲在其缓和进程中与欧安会并列的重要议题。不同的是，欧安会的积极倡导者是苏联，而中欧裁军谈判则是由美国和北约推动的。

1967 年 12 月，北约部长理事会通过了由比利时外交大臣皮埃尔·哈默尔提交的关于北约面临的新任务的研究报告，即著名的《哈默尔报告》。《哈默尔报告》创新之处在于提出“缓和加防务”原则，对北约过去一味强调防务的战略方针提出修正。这份报告还首次提出“均衡裁军”要求。翌年 6 月，北约部长理事会在冰岛雷克雅未克举行的会议上正式提出同华约举行“共同均衡裁军”谈判的建议。1970 年 5 月，北约部长在罗马会议上再次向华约发出共同均衡裁军的呼吁。对于北约建议，苏联方面直到 1971 年才作出反应。1971 年 3 月 30 日，苏共中央委员会总书记勃列日涅夫在苏共二十四大上表示，要首先在中欧这一军事对抗最危险的地区裁减军备。5 月 14 日，勃列日涅夫在一次演讲中明确表示接受北约关于举行均衡裁军谈判的建议。1972 年 5 月，在美国总统尼克松为达成第一阶段限制战略核武器协议而访问苏联期间，双方就欧安会与裁军谈判分别但同时进行的原则达成一致意见。随后，双方确定于 1973 年 1 月 31 日在维也纳举行中欧裁军谈判的筹备会议。举行筹备会议期间，双方分歧较多，争吵不断。

1973 年 10 月 30 日，中欧裁军会议正式在维也纳的霍夫堡宫召开。华约首先提交一个方案。其主要内容是，华约和北约在 1975 年各裁军 2 万人，并相应裁减各自的军事设施和装备；1976 年双方再各裁 5%；1977 年再各裁 10%，除裁减军备之外，必须限定裁军区内各国兵力的最高数额，外国军队必须撤回本国。北约拒绝接受这个方案，并于 11 月 22 日提出自己的方案，即美苏两国先各自在中欧裁军区内裁减其 15% 的地面部队，在此基础上，北约和华约国家再行裁军，最终使北约和华约双方地面部队总兵力的最高限额各为 70 万。北约的方案实际是不均衡裁军。因为按美苏各裁 15% 的比例，苏联要裁掉 6.8 万人，而美国只需裁 2.9 万人；而且再经过第二阶段北约和华约的总体裁军，最终结果是华约裁减的兵力将是北约的 3 倍。这样的方案华约当然不可能同意。

此后，会谈双方开始了拉锯战。1975 年，美国代表北约提出新建议：美国从联邦德国撤除 1000 个核弹头、54 架鬼怪式战斗机、36 枚“潘兴”I 型导弹发射器和 2.9 万名美军。作为交换，苏联须从民主德国撤走一个坦克集团军，其中包括 1.7 万辆坦克和 6.8 万名苏联士兵。苏联表示反对，并在 1976 年 2 月提出反建议：美国从联邦德国撤走上述核武器以及飞机、导弹和 2 万至 3 万名美军，而苏联从民主德国撤走 1 千辆坦克和 2.2 万至 3.3 万苏军。美国再次拒绝。1978 年及以后，双方又在各自驻中欧部队的实际人数上发生争执，争吵激烈。

截至 1980 年 9 月，中欧裁军谈判共进行了 21 轮，召开会议 246 次，但没有取得任何实质性的进展。虽然如此，这场谈判仍然构成了欧洲在 20 世纪 70 年代缓和进程的一个部分。至 70 年代末，围绕着北约提出的“双重决议”，欧洲缓和再次中断，进入新一轮的危机。

五 北约的“双重决议”

20 世纪 70 年代末 80 年代初，欧洲局势变得日趋紧张。苏联入侵阿富汗后，美苏对抗加剧，这使得处在夹缝中的欧洲处境十分微妙；同时，欧洲中程导弹问题的迟迟不决也对西欧安全构成了直接威胁。1975 年，苏联 SS－20 导弹研制成功，并从 1976 年开始在欧洲地区部署。这种新型陆基导弹机动性强、精确度高，一枚导弹可携带 3 个分导式核弹头。弹头当量为 15 万—50 万吨，其射程达5000 公里，可以打到西欧的任何地方。然而，由于美国卡特政府低估了这种核武器对西欧构成的威胁，未能在第二阶段限制战略核武器谈判中将其列入限制范围。西欧认为，在欧洲军事力量对比上，华约本来就占有优势，现再加上 SS－20 导弹，形势对北约更加不利。它不仅打破了欧洲地区的核均势，更对欧洲安全构成直接威胁，这种情况引起西欧各国的严重不安。1977 年 10 月 28 日，联邦德国总理施密特在伦敦国际战略研究所发表重要演讲。他提出：如果不能在限制战略核武器谈判中解决欧洲地区的均势问题，北约就必须采取措施实现欧洲的核力量的平衡。施密特在演讲中提出保持东西方军事力量“低水平均势”的理论，提出欧美战略“挂钩”以及战略武器谈判和战术武器谈判“挂钩”的主张。施密特的观点反映了西欧国家在欧洲中程导弹问题上的看法：首先是争取东西方军力的低水平均势，确保欧洲安全，必要时采取包括部署美国中程导弹在内的各种手段；其次是力促美苏认真谈判，防止军备竞赛无限升级，期望以谈判求得减少部署或不再部署战略武器；最后是防止欧美战略脱钩。施密特在这篇演讲中提出的主张，被认为是两年后北约在中程导弹问题上采取“双重决议”的基础。

1979 年 1 月 5 日至 6 日，美国、法国、英国、联邦德国四国首脑在瓜德罗普岛（西印度群岛）举行首脑会议，讨论苏联 SS－20 型导弹问题。经过讨论，四国首脑一致同意在西欧部署美国的两种新导弹，同时建议同苏联就欧洲中程核武器问题举行谈判。1979 年秋，北约核计划小组根据四国首脑会议提出的双重决议的思想，正式提出部署和谈判的两手准备方案。1979 年 12 月 12 日，北约外长和国防部部长（法国和冰岛除外）在布鲁塞尔举行特别会议，正式通过核计划小组的方案，即著名的“双重决议”，主要内容为：（1）“决定使北约远程战区核力量现代化”；（2）充分支持美国向“苏联建议尽快开始谈判”。如果到 1983 年底仍达不成协议，将在西欧部署美国“潘兴” Ⅱ式导弹 108 枚和陆基巡航导弹 464 枚。全部中程导弹置于美国控制之下。对于“双重决议”，西欧与美国立场不尽一致。美国从与苏联争夺核优势的角度出发，侧重部署；西欧则从自身安全和东西方缓和关系出发，将谈判放在首位。因此，虽然西欧各国在原则上都同意“双重决议”，但在部署行动上仍有保留。比利时政府提出推迟 6 个月，先观美苏谈判成效，再作部署决定。荷兰政府声明将推迟到 1981 年底再作部署决定，并且希望北约优先考虑美苏削减中程核武器的谈判。而联邦德国政府面对国内各种压力，也表示不愿独自充当美国中程导弹的“东道主”。因此，北约“双重决议”一方面显示了欧美在联合抗苏上具有共同的战略利益，另一方面也暴露了双方战略上的不一致。

六 美苏日内瓦中程核武器谈判

1981 年 11 月 30 日，美苏两国在日内瓦开始有关中程核武器问题的谈判。谈判历时两年，共进行了六轮会谈，但没有取得任何协议。这期间，苏美双方提出各种各样的建议和反建议十多个，但谁也没有从自己的立场后退一步，都以保持均势为借口争取自己的优势。

美国提出的建议主要有：（1）1981 年 11 月 18 日，美国总统里根提出“零点方案”：如果苏联拆除在欧洲部署的导弹，美国愿意取消部署“潘兴”Ⅱ式导弹和陆基巡航导弹的计划，以促使双方的中程导弹回到零的基点。“零点方案”是美国立场的基础，其实质就是把苏联在欧洲部署的核优势拉下来，这是美国参加谈判的目的；（2）1983 年 3 月 30 日，里根提出“临时方案”，主张美苏签订“临时协定”：即美国大幅度减少原计划在西欧部署的新式导弹，苏联则在全球范围内把它的中程导弹减少到与美国同等的水平，并且苏联从欧洲拆下的导弹不得东移；（3）1983 年 9 月 26 日，里根提出，如果对美国和苏联全部中程导弹弹头规定同样的限额，美国将减少它在欧洲部署的导弹数量，并把中程轰炸机列入谈判之内；（4）1983 年 11 月 14 日，美国建议把两国的中程导弹弹头限制在 420 枚以内。

苏联先后提出的建议是要求北约取消在西欧部署美国导弹的计划，而苏联则削减其在西部地区的中程导弹数量。具体内容包括：（1）1982 年 2 月，勃列日涅夫建议分阶段减少每一方中程核武器的数量，在今后几年先减少 1/3，到 1990 年减少 2/3。而且，美国的前沿基地系统和英法的核力量也应包括在内；（2）1982 年 10 月 21 日，苏共中央委员会总书记安德罗波夫提出“对等削减方案”：即美国不在欧洲部署中程导弹，苏联则将其部署在欧洲的中程导弹削减到与英法两国现有导弹总数相等的水平；（3）1983 年 8 月 27 日，安德罗波夫提出：美国不在西欧部署导弹；苏联把从欧洲地区裁减下来的 SS – 20 导弹销毁，而不是东移；（4）1983 年 10 月 27 日，安德罗波夫建议：苏联把 SS – 20 导弹减少到 140 枚，美国不在西欧部署导弹。苏联的立场始终是保持自己在欧洲的核优势，阻挠美国在西欧部署新导弹。

上述双方建议虽然名目繁多，但万变不离其宗：苏联的目的是千方百计阻挠美国部署新导弹，以图保持既得优势，其实质是不许美国在欧洲部署新导弹；美国则坚持按计划部署，以削弱苏联在欧洲中程导弹上的优势地位，加强美欧战略合作和西方联盟。1983 年 10 月，美苏在第六轮会谈中陷入僵局，美国决定采取实际行动，开始在西欧部署中导。西欧国家对此表现了少有的决心与团结，一致支持美国的行动。11 月 23 日，苏联代表退出日内瓦谈判，并宣布无限期中止谈判。此后不久，削减战略武器谈判和中欧裁军谈判也宣告终止，美苏核竞赛进入新的紧张阶段。双方都在加强和更新核攻击力量，其争夺领域也从地面扩展到太空。1985 年，美国正式宣布实施其太空战略计划（SDI），苏联紧随其后宣布大幅度提高军费，加紧试验新的太空武器。

1984 年 1 月，里根就美苏关系发表电视演说，建议美苏恢复军备控制谈判。9 月 1 日，苏联《真理报》发表苏共中央总书记契尔年科就美苏关系答记者问，表示愿同美国政府进行诚实而认真的谈判。美苏关系开始出现松动的迹象。1984 年 10 月 4 日，美苏关于军控问题的常设磋商委员会在莫斯科正式启动。1985 年 1 月 7—8 日，美国国务卿舒尔茨和苏联外长葛罗米柯在日内瓦举行会谈，最后商定双方将组成包括 3 个小组的代表团，分别就太空武器、战略核武器和中程核武器进行谈判。1985 年 3 月 12 日，美苏在日内瓦恢复军备控制谈判。苏联的谈判目标是阻止美国实施战略防御计划（SDI），因此坚持要把中程武器、战略武器和太空武器作为一个整体进行一揽子谈判。也就是削减中程武器、战略武器要以美国不推行战略防御计划（SDI）为条件。美国的主要目标是坚决实施战略防御计划以最终取得美国在军备竞赛中的优势，同时大幅度削减战略核武器，在这两个领域中实现“低水平均衡”，以削弱苏联现有优势。美苏双方为达到各自的目的，也在谈判桌外展开较量。苏联率先提出在半年内暂停在欧洲部署中导和暂停实施其他反措施，呼吁美国一起行动；宣布自 1985 年 8 月 6 日起至 1986 年 1 月 1 日止，苏联将单方面停止核试验，如果美国积极跟进的话，苏联将继续停止核试验；提出在 15 年内分三阶段裁减和彻底消除核武器的建议等。美国则提出：第一，继续实行战略核武器现代化的同时，加速推进战略防御计划的研究和试验，以既成事实来打破苏联的阻挠；第二，开展宣传攻势阐释美国战略防御计划的防御作用和意义，另一方面披露苏联在此之前早有类似试验；第三，也提出一些和平建议和单方面行动措施。如 1985 年 6 月 10 日，美国正式通知苏联，美将继续遵守即将于 1985 年 12 月 31 日到期的美苏第二个限制战略武器条约等。

七　《中导条约》

1987年，美苏日内瓦军控谈判取得突破性进展。2月28日，在陷于僵局的第七轮谈判结束前夕，苏共中央委员会总书记戈尔巴乔夫提出一项新建议，即把中程导弹问题从一揽子解决方案中分离出来，就中程导弹单独达成一项协议：双方在5年内拆除所有在欧洲部署的中程导弹，但允许苏联在亚洲保留100枚中程导弹弹头，美国可在其本土部署同样数目的中程导弹弹头。这一建议实际上等于放弃了苏联过去坚持中程导弹要与太空武器挂钩的要求，是苏联在军控谈判问题上的重大让步。

戈尔巴乔夫这一新建议引起强烈反响，西方有些人士称之为“一个真正的突破”，是“向前迈出了实质性的一步”。里根认为这一建议使美国在中程导弹方面以少换多，显然对美国有利。因此美国政府很快接受了这一建议，并于3月初在日内瓦美苏第七轮核谈判中提出消除中导的条约草案。西欧则在表示欢迎的同时，又担心美国的中程导弹一旦撤出欧洲，西欧将面临苏联占绝对优势的短程导弹的威胁。对此，苏联又做出重大让步。4月份，戈尔巴乔夫又提出苏联愿意承诺在较短时间内完全消除它在欧洲的中短程导弹，前提是美国不在欧洲部署这些导弹，此即“欧洲双零点方案”。6月15日里根在向全国发表的广播演说中宣布接受这一方案的原则，同时再次提出希望在全国范围内消除陆基中程导弹。7月22日，戈尔巴乔夫接受美国建议，表示如果美国采取同样做法，苏联也准备消除在亚洲的全部中程导弹，而且美国还必须撤除在联邦德国的72枚“潘兴”Ⅱ式导弹，美国一方面表示欢迎苏联接受“全球双零点方案”，另一方面则声称“潘兴”Ⅱ式导弹属于第三国武器系统（“潘兴”Ⅱ式导弹本身为联邦德国所有，核弹头由美国控制），不应包括在美苏谈判范围内。最后，联邦德国政府作了让步，于8月26日宣布在美苏达成并认真履行中导协议的条件下，联邦德国将消除72枚“潘兴”Ⅱ式导弹的发射架。随后，美国迅速表示同意拆除安装在这些导弹上的核弹头。至此，达成中导协议的主要障碍基本消除。

1987年12月8日，里根和戈尔巴乔夫在美国华盛顿进行首脑会晤时，双方签署了《全部销毁两国中程和短程核导弹的条约》（简称《中导条约》），条约规定：在条约正式生效后立即禁止所有射程为500—5500公里的中短导和中导的生产和实验；3年内将全部消除双方的中导，中短导则将应在18个月内全部消除；美国将销毁867枚（均为单弹头），其中“潘兴”Ⅱ式导弹和陆基巡航导弹689枚（内含已部署的429枚），“潘兴”IA导弹178枚（尚未部署）；苏联将销毁导弹1836枚，其中SS－20、SS－4、SS－5和SSC－X－4导弹910枚（已部署的470枚），SS－12和SS－23导弹926枚（已部署387枚）。条约还规定了严格的核查制度，包括在对方领土上，特别对生产或装配导弹的工厂派驻常设核查小组，进行为期13年之久的核查；对原部署、储存、生产的场所以及销毁情况均可进行就地核查或突击核查等。

《中导条约》的签订意义重大，它是美苏经过40多年核军备竞赛之后达成的第一个真正裁减核军备的条约。它的签订使美苏核武库中一整个级别的核武器得以销毁，同时它突破了过去军备谈判中“均衡裁减”、“向上平衡”的原则，开创了“向下平衡”和多者多裁的先例，积极推动了美苏军备控制谈判，同时也推进了欧洲裁军进程。《中导条约》的政治意义远远大于它的军事价值，它标志着美苏关系结束了对抗和僵持的阶段，进入了一个新的缓和时期。

第六节　第二次世界大战后英国的外交政策

一　英国的“三环外交”

“三环外交”思想是丘吉尔1948年10月9日在保守党年会上发表演说时提出的。他说：“在这个关系到人类命运的变化时刻，当展望英国未来时，我感到在自由和民主国家中存在着三个大环。……对于我们来说，第一环自然是英联邦和英帝国及其所包括的一切。其次是包括我国、加拿大及其他英联邦自治领在内，以及美国在其中起着如此重要作用的英语世界。最后是联合起来的欧洲。这三个大环同时并存，一旦它们连接在一起，就没有任何一种力量或力量的联合足以推翻它们，或敢于向它们挑战。现在假如你们想象一下，你们就会看到，我们是在这三环中的每一环里都占有重要地位的唯一国家。事实上我们正处在三环的连接点上。”在丘吉尔看来，英国由于其广泛的国际联系和它在国际关系中所处的关键地位，注定要在国际政治中执牛耳，发挥中心作用，使它可以充当不同国家和地区之间的桥梁和代言人。

（1）担当“帝国环”的代言人。英国将维持英帝国及其同英联邦国家的独特联系，看作是维护战后英国世界大国地位的一个重要因素。第二次世界大战严重动摇了英帝国殖民体系的基础，导致战后英帝国的迅速解体。在高涨的民族独立运动面前，在自身实力不济又面临美、苏外来压力的情况下，英国意识到，现在再抓住昔日的殖民地不放已行不通了，而顺应历史潮流，在局势无法控制的地方作适当的让步，甚至同意让其独立，以便使它们和英国保持尽可能良好的关系，就有可能在那里更多地保持英国的影响力（具体详见“英国的非殖民化政策”词条）。

（2）巩固英美特殊关系。“英美特殊关系”一词最早见于第二次世界大战期间的英国文献，用来描述两国战时结成的同盟合作关系。第一次世界大战中，美国站在英国一边作战，两国结成了同盟。第二次世界大战爆发后，面临法西斯侵略的共同威胁，两国确立了战时同盟关系。两国具有相似的政治制度和价值观以及血缘亲情与传统的文化联系，使在共同利害基础上建立起来的英美合作关系变得更为亲密。第二次世界大战结束冷战爆发，使得两国联系与合作更加紧密。丘吉尔认为，要恢复英国的大国地位，就必须巩固和加强英美的特殊关系。

（3）支持但不融入欧洲一体化。英国是一个欧洲国家，其安全与政治经济利益直接同欧洲大陆的状况相关。但是英国又自视不完全属于欧洲，丘吉尔曾用 WITH，而不用 OF 来表示英国同欧洲的关系。他在谈到欧洲一体化时说：“我们同欧洲在一起，但并不属于它。我们与之联系在一起，但不是其组成部分。我们对它感兴趣，同其联系交往，但不能被并入或同化。”

不过，第二次世界大战后随着英国实力的相对衰落及其内外环境的发展变化，英国不得不对其在全球范围内承担的广泛义务和责任实行收缩，并对其外交政策目标及其轻重缓急次序加以调整，被迫放弃大国全球外交，实行重点面向欧洲的转变。主要表现在：

①从“帝国环”撤退。战后初期英国的帝国政策是将“撤退”与“挖壕据守”相结合。英国一方面从印度次大陆、巴勒斯坦这些事实上已难以继续控制的地方迅速撤退；另一方面，在远东、非洲和加勒比海的一些国家和地区步步为营，尽量将剩下的殖民地领土继续置于英国的统治和影响之下。但是从 20 世纪 50 年代后期开始，英国实力衰落的趋势日益明显，为适应形势的变化，英国推行迅速从殖民地全面撤退的战略。从 60 年代开始，英国政府大大加快了英属殖民地的非殖民化进程。60 年代末英国外交部一份权威性报告中，提出“英国外交的集中地区”的概念，其主要内容是：“二等强国”英国再也不要像一等强国那样行事了，为此英国外交政策应分出优先次序，重大利益就应该放在“集中地区”，次要利益只能放在“外边地区”，集中地区则包括西欧和北美。

②为英美特殊关系降温。第二次世界大战结束后，随着英国经济、军事实力的下降，英美关系在美国全球战略中的地位与作用日趋下降，与美国同其他西方国家的双边关系相比，英美关系的“特殊性”也在逐渐减弱。1956 年的苏伊士运河危机给英美关系造成严重损害，美国不理会英美的特殊关系而多方向英国施加压力，英美关系一度相当紧张。1964 年 10 月工党威尔逊政府上台执政以后，对苏联在欧洲以外地区的威胁远不像美国看得那样严重，因此对于美国在捍卫西方全球战略利益的旗号下所采取的行动配合乏力。特别是在越南战争问题上，英美时有不谐之音。鉴于英国国内和工党内部存在着强烈的反对越战的情绪，威尔逊政府不仅拒绝派出部队，而且还竭力在美、苏和越南之间进行斡旋，试图促成越南问题的和平解决；威尔逊甚至劝告美国人避免进一步卷入东南亚。当美国深陷越战泥沼、亟须盟国支持的时候，1956 年英国政府又作出了从苏伊士以东撤退的决定，从 1957 年到 1963 年间先后撤出锡兰（今斯里兰卡）、马来亚、北婆罗洲、海峡殖民地（新加坡、马六甲和槟榔屿）、南也门、巴林、科威特、卡塔尔、特鲁西尔阿曼（今阿拉伯联合酋长国）、桑给巴尔、肯尼亚和乌干达。威尔逊政府的决策和行动，直接危及和降低了英国在美国全球战略中的作用和地位。1970 年上台的希思政府较之威尔逊政府更侧重于西欧，他将英美“特殊关系”变为“自然关系”。他认为唯有“自然关系”的表述，才能证明英国并不乞求美国的特别优待也不强求特殊照顾，应只限于英美关系中的那些联合因素，而这些因素乃是不可变更

的历史的一部分，即共同语言、相同的法律和其他传统、家庭联系及两次大战中的友谊等。

③积极接近西欧。英国经济贸易利益向欧洲转移和集中，是促使英国对外政策从大国全球外交向重点面向欧洲转变的一个根本原因，特别是欧共体的建立极大地扩大了西欧内部市场的容量，为英国扩大向西欧的出口提供了机会。英国这样做，当然并不仅是出于经济上的考虑，政治、外交上的需要也是一个重要因素。因为如果英国同西欧联合进程的联系被切断，未来全球重大外交活动的渠道就有可能绕过英国而从欧共体通过，从而给英国的大国地位造成严重的威胁。特别是在欧洲一体化过程中不断加强的法德关系，更使英国感到担心。麦克米伦 1960 年 3 月在会见美国总统肯尼迪时曾表示，如果出现法德联盟的情况，英国从长远考虑将不得不在周边地区组织并领导一个联盟，他甚至提到了历史上同俄国结盟反对拿破仑的类似事例。麦克米伦还认为，20 世纪 60 年代以后最主要的任务之一，就是调整英欧关系。他把欧共体看成拿破仑时代以来欧洲大陆主要国家第一次结成的具有政治性质的经济集团。这个集团虽不是针对英国的，但可能把英国排斥于欧洲市场和欧洲的政策协商之外。从 1961 年 8 月开始，英国开始申请加入欧洲经济共同体。1973 年 1 月，英国加入了欧洲经济共同体。

二 撒切尔主义

撒切尔夫人执政时期（1979—1990）的英国外交，就其基本政策目标而言，与战后历届英国政府保持了明显的连续性。但撒切尔夫人在政策重点和外交风格上，具有某些新的特点，打上了“撒切尔主义”的印记。

（1）重回英美“特殊关系”。撒切尔政府特别重视英美关系，它一改 20 世纪 70 年代以来两国关系日趋疏远的状况，由“自然关系”又重新回到了“特殊关系”。1985 年撒切尔访美时就明确指出：“我可以毫不犹豫地称我们的关系是非常特殊的。”撒切尔夫人认为，英国的对外政策应当建立在英美深刻的谅解基础之上。因此，尽管英国加入了欧共体，但在相当长一段时间内对欧共体的失望情绪，以及同法国等欧共体伙伴之间的矛盾，使它难以成为一个全心全意的“欧洲人”。此外，就欧共体的性质而言，它主要是一个经济组织，西欧的安全和防务以及东西方关系一些重大问题，仍要通过大西洋联盟来协调。在这种情况下，撒切尔政府自然把重振英国大国地位的希望，寄托在跨大西洋两岸更为紧密的关系上。

（2）投入欧共体建设。20 世纪 60 年代末 70 年代初英国对外政策完成了重点从大国全球外交向欧洲的转变。英国通过欧共体、欧洲政治合作机制和西欧联盟等多种正式和特定的安排，在经济、政治和安全方面，努力发展同西欧国家之间的相互依赖和合作关系。1979 年撒切尔夫人执政后，表示要推行一种建设性的欧洲政策，谋求扩大英国在欧共体中的作用和影响。撒切尔夫人强调，英国应利用欧洲的整体效应，在外交方面采取主动行动，通过欧共体的逐步发展，使英国自身的特点变为一个强点，而不是一个弱点。但是英国在欧共体中地位和作用的转变并不顺利。在撒切尔夫人执政的头 5 年中，英国围绕欧共体预算摊款份额和共同农业政策问题，同法国等欧共体伙伴进行了持续而激烈的斗争。1984 年在枫丹白露举行的欧共体首脑会议被认为是一个分水岭，英国政府在这次会议期间向各国提交了一份题为《欧洲的前途》的文件，通过呼吁建成一个真正自由的内部统一市场，英国第一次为确定欧共体的未来议程做出了重大贡献——1992 年建成欧洲统一市场被作为欧共体的首要目标确定下来。英国还表示愿意与西欧其他国家建立更为紧密的关系，主张使欧洲一体化在更广泛的领域内取得进展。枫丹白露会议就英国的预算摊款问题达成的协议，消除了英国同其他欧共体国家长期发生摩擦的一个焦点，使英国能够以更为积极的态度参与欧共体建设。

（3）反对建立欧洲联邦。撒切尔政府虽然以积极的态度投入了欧共体的建设，但在建设一个什么样的欧洲以及如何建设问题上，则与大多数欧共体伙伴之间存在着深刻的分歧。撒切尔夫人主张建设的是一个“自由企业的欧洲”，实际上只是一个大自由贸易区。她在欧洲建设的方针问题上同欧共体委员会主席德洛尔发生了尖锐的争论。1988 年 9 月撒切尔夫人在比利时的欧洲学院发表演讲，主张建设一个基于主权国家联合基础上的欧洲，反对德洛尔建立一个联邦主义的统一的欧洲。在 1990 年 10 月在罗马举行的欧共体首脑会议上，她不顾其他欧共体伙伴一致同意从 1994 年开始实施欧洲经济与货币联盟第二阶段计划的立场，以 1 比 11 的票数反对建立统一的欧洲中央银行和设立单一的欧洲货币；在此之前，她还在1989年12月举行的斯特拉斯堡会议上，以同样的方式反对制定欧洲统一的“社会宪章”。英国在欧共体内的这种空前孤立状况，使英国内阁和执政党内温和的“欧洲派”人士深感焦虑不安，担心英国有可能被完全排除在欧洲急剧变化的进程之外，从而失去对其施加影响的机会。为此外交大臣杰弗里·豪挂冠而去，以此表明与撒切尔夫人划清界限，并进而引发了一场全面的政府危机。撒切尔夫人也在这场危机中于1990年11月被迫辞职。

（4）灵活处理对苏关系。撒切尔政府的对苏政策是非常有特色的。它不像前几届那样踟蹰徘徊，而是采取十分明确的“两点论”——在意识形态上毫不含糊的“反苏反共”，在东西方关系上坚定西方立场，同时放手同苏联改善关系。撒切尔夫人的强硬而又灵活的对苏政策，为英国赢得了在国际舞台——首先是东西方关系上较为宽广的活动天地。1979年苏联入侵阿富汗，英国做出强烈反应，1980年1月28日，撒切尔在下院发表演说，希望西方国家在面对苏联挑战时要“坚定和团结”，要求欧共体国家支持美国的反苏侵略立场。随后英国政府宣布对苏采取制裁措施：取消英国和苏联之间的军事交往，停止高级和部长级接触，停止向苏联出口提供优惠信贷，同西方国家进一步磋商控制向苏联出口先进武器问题。不过，英国还是通过各种渠道与苏东集团保持接触和沟通，继续发展与苏联经贸关系。1980年2月和1981年6月，英国在欧洲政治合作机制范围内先后两次提出关于政治解决阿富汗问题的倡议，1981年7月外交大臣卡灵顿还访问苏联协调解决危机。从1983年开始，撒切尔出台着手改善对苏关系的政策。1984年2月她到莫斯科参加了苏联领导人安德罗波夫的葬礼，1984年12月戈尔巴乔夫率领最高苏维埃代表团对英国进行访问，双方就军备控制、东西方关系、太空问题和英苏贸易问题进行了广泛的交流和协商。在这种缓和气氛下，英苏贸易获得了较大的发展。

（5）不支持德国统一。撒切尔政府试图延缓和阻挠德国统一进程。1989年底1990年初，撒切尔夫人曾公开表示德国统一“不是近期的事”，“在东欧经济和政治改革完成之前英国反对德国实现统一”。但德国统一的进程比人们预料的要快得多，于是英国政府在承认德国统一势在必行的同时，强调“反对匆忙统一”。撒切尔夫人在1990年2、3月间不止一次发表谈话，认为欧洲会由于德国统一而面临“巨大的动荡”，坚持要在对其国际影响给予充分考虑的情况下为德国统一确定应有的原则；认为必须认真考虑“欧洲其他国家的感情和利益”。她说:“你不能无视本世纪的历史”，不能采取“我们统一了，其他问题等统一后再说”的态度。英国政府不仅通过“2+4”谈判、北约、欧共体和欧安会等各种机制，试图对德国统一进程和统一后的德国施加种种影响和限制，而且还试图联合法国、意大利等西欧盟国，以及通过支持波兰、争取苏联来共同减缓德国统一的步伐，为制约统一后的德国做组织上的准备。英国在德国统一问题上所采取的态度，是与它在欧洲联合问题上反对建设联邦主义的欧洲立场一致的。德国的统一，会严重打破欧洲旧有的力量平衡。撒切尔政府担心有可能出现一个德国支配下的欧洲。它认为在一个联邦主义的欧共体内，德国人会完全掌握支配权，英国和其他国家的主权和行动自由就会减少或受到损害。

第七节　戴高乐主义与法国外交政策

一　戴高乐的外交政策

1958年，戴高乐再次上台执政并建立起法兰西第五共和国。戴高乐为重塑法国大国地位提出的内外政策思想，后被人称为“戴高乐主义”。其政策主要包含下列方面：

（1）退出北约，挑战美国霸权。戴高乐主义的一个突出表现就是挑战美国的霸主地位，坚决维护法国的独立与自主。在北大西洋公约组织问题上，戴高乐认为，北约组织应是一个由彼此完全平等、主权独立的国家组成的联盟，而不应是一个带有从属性质的组织。1958年9月17日，戴高乐在致美国总统艾森豪威尔和英国首相麦克米伦的备忘录中，明确提出改组北约的要求：一是扩大北大西洋联盟的职责范围，将联盟的职责扩大到全球所有地区；二是改变北大西洋联盟的内部结构。戴高乐声称鉴于法国的责任及其安全的全球性，法国应直接参与北大西洋联盟的政治和战略决策，联盟的领导权应由美、英、法三国而不是由美、英两家掌握。在英美拒绝了法国的要求后，法国于1959年3月宣布地中海舰队不再接受北约军事一体化机构指挥，6 月，法国拒绝在自己的国土上储存美国核武器，美国被迫将驻法国的核轰炸机撤往英国和联邦德国。1960 年 2 月，法国试爆原子弹成功。5 月，法国拒绝将空防系统纳入北约军事一体化。1963 年 1 月，戴高乐在记者招待会上宣布，拒绝参加 1962 年底美英“拿骚会谈”建议组建的北约“多边核力量”，认为把法国的军事手段并入受外国人指挥的多边核力量，与法国的防务政策原则背道而驰。6 月，法国宣布法国大西洋舰队在战时不再“自动”归北约指挥，并收回北约对法国飞机中队的指挥权。1964—1965 年，法国撤回了在北约海军司令部任职的军官，拒绝参加北约军事演习。1966 年 10 月，法国宣布退出北约军事委员会。

（2）对苏联实行缓和政策。在向美国挑战的同时，戴高乐还力主同苏联及其他社会主义国家建立“缓和、谅解、合作”关系。他认为，法国可以借助苏联来抗衡美国，通过改善对苏关系来增加对美分庭抗礼的筹码；同时，发展法苏关系，也能使法国斡旋于美苏两国之间，以此提高法国国际地位。1960 年 3 月 23 日，应戴高乐的邀请，赫鲁晓夫正式访问法国，访问期间，两国领导人就一系列重大国际问题，特别是德国和欧洲问题、核裁军问题交换了意见。1966 年 6 月 21 日至 7 月 1 日，戴高乐对苏联进行正式访问。双方发表了法苏联合声明，并签订了贸易、文化协定以及空间探索与技术合作协定。联合声明称，双方同意欧洲问题首先应在欧洲范围内进行讨论；欧洲大陆国家应该努力为缓和东西方国家之间关系创造必要条件。双方还决定，在两国政府间继续进行经常性磋商；宣布成立法苏混合委员会，负责定期研究贸易、经济和科技协定执行过程中的实际问题；决定在克里姆林宫和爱丽舍宫之间架设“热线”。戴高乐此行将他“缓和、谅解、合作”的东方政策推向了高潮。同年 12 月 1—9 日，苏联部长会议主席尼古拉耶维奇·柯西金回访法国。1967 年 7 月，戴高乐出访了与法国有着传统关系的波兰，作为他出访东欧的第一站。1968 年 5 月，他又出访了罗马尼亚。此后法国加速推进同东欧其他社会主义国家的关系。

（3）推动以法德为核心的欧洲联合。戴高乐同时计划建立一个摆脱美苏控制、以法国为中心的、法德联合为支柱的、由欧洲主权国家联合起来的“大欧洲联合”。戴高乐认为，“如果不建立一个统一的、强大的欧洲，欧洲就将成为美苏窥伺的地方，成为美苏争夺势力范围的战场”。但是戴高乐所要建立的欧洲联合不同于欧洲联邦主义者的想法。戴高乐在欧洲建设中反对超国家一体化的欧洲联邦，主张建立一个保持民族独立和国家主权的各国之间合作的欧洲邦联，这个邦联应该是以法国为领导的、法德轴心为基础的“欧洲人的欧洲”。1962 年 5 月 15 日在一次记者招待会上，戴高乐明确说出了自己的上述想法。1963 年 1 月法德签订了《法德合作条约》，实现了历史性和解，使法国和联邦德国的关系发展到一个新高度，标志着“法德轴心”的形成。戴高乐还强调联合起来的欧洲应保持独立，摆脱美国的控制。在戴高乐眼里，与美国保持特殊关系的英国是美国在欧洲的“特洛伊木马”，因此，法国于 1963 年和 1967 年两次否决了英国加入欧共体的申请，防止美国利用英国控制欧洲。

（4）积极推动中法建交。戴高乐还积极发展同中国的友好关系。1964 年 1 月 27 日，法国承认中华人民共和国。中法同时发布联合公报，内容是：“中华人民共和国和法兰西共和国政府一致决定建立外交关系。两国政府商定在 3 个月内任命大使”。此后，西方国家纷纷效法法国，改变孤立中国立场，与中国建立外交关系。中法建交使法国成为同中国建立大使级外交关系的第一个西方大国。这不仅提高了法国的战略地位及其在国际舞台上的活动空间，而且冲击了两极体制，促使了世界格局朝着多极化的方向发展。

（5）实行非殖民化。20 世纪 50 年代，法国遇到的最大外交考验是阿尔及利亚问题——法兰西第四共和国政府对阿尔及利亚民族解放运动进行严厉的军事镇压。戴高乐上台后，在非洲民族解放运动的冲击下，为顺应历史潮流，提出“阿尔及利亚人的阿尔及利亚”，并克服重重阻力，终于通过谈判解决了这一难题。以此为契机，大多数说法语的非洲国家在 60 年代初获得了独立。“非殖民化政策”的实施，解决了法国统治集团头疼的阿尔及利亚问题，使法国抛掉了沉重的包袱。

1969 年 4 月 28 日，戴高乐因日益严重的国内危机宣布下台，此后，法国外交政策出现了没有戴高乐的戴高乐主义现象。无论是戴高乐派的乔治·蓬皮杜，独立共和党人吉斯卡尔·德斯坦，还是社会党领袖弗朗索瓦·密特朗和总统雅克·希拉克，虽然他们的政治见解不尽相同，外交事务的决策思路带有自己的特色，具体的策略和方针时有调整与发展，但他们都没有离开戴高乐主义的基本主干。

二　蓬皮杜的外交政策

1969 年，充当戴高乐亲密助手达 24 年之久的乔治·蓬皮杜当选总统，并继承了戴高乐的政治遗产和外交上的大政方针。由于务实是蓬皮杜主政的最大特点，现实的经济利益是蓬皮杜时期对外关系的一个重要坐标，因此，他所执行的外交政策被称为“现实的戴高乐主义”。

（1）追求“欧洲第一”政策。蓬皮杜谋求使法国成为名副其实的经济大国。“欧洲第一”是蓬皮杜坚持的外交方向。蓬皮杜之所以突显欧洲，不再像戴高乐那样向全球布局，是要实现法国力量向本土和欧洲大陆的战略收缩。蓬皮杜认为法国是一个“典型的中等国家”，力量有限，必须使法国的外交政策从全球向地区转移，并在两个超级大国的夹缝中寻求生存之道。从 1973 年开始美国加强了与西欧在各方面的联系，以寻求与西欧形成更密切的联盟。2 月 15 日美国总统尼克松宣布该年是美国的“欧洲年”。4 月 23 日尼克松又提出了“新大西洋宪章”草案，草案明确要把大西洋联盟从目前的军事领域扩展到政治和经济领域，形成全面的共同体，共同制定对苏战略。蓬皮杜认为所谓的“新大西洋宪章”仍是力图使西欧依附于美国。在同尼克松几次会谈中蓬皮杜抵制了“新大西洋宪章”和美方单独提出的“欧洲年”计划，并提出要建立“欧洲自主防务”。

（2）在经济领域抵制美国霸权。20 世纪 70 年代，美国经济增长速度出现下滑，经济危机的征兆出现，久拖不决的越南战争开支让政府的财政赤字激增。同时，欧、日两大经济体在国际市场与美国展开激烈竞争，美国的贸易逆差不断扩大，国际收支状况日益恶化。在这种情况下，尼克松政府于 1971 年 8 月 15 日宣布：各国政府和中央银行都不能自由兑换黄金，并对进口到美国的商品课以 10% 的附加税。该决定实际上是要逼迫西欧各国的货币升值，从而让美元的汇率保持稳定。法国强烈谴责了美国的做法。蓬皮杜认为，美国是在向西欧各国输出通货膨胀和贸易逆差，是典型的转嫁危机和以邻为壑的做法。因而，他一方面努力使法郎的汇率保持稳定，另一方面说服欧共体其他国家采取相似做法，以此来反攻美元，逼其贬值。在 1971 年 11 月举行的欧共体罗马会议上，各成员国结成欧洲联合战线一致要求美元贬值。1971 年 12 月 13—14 日，蓬皮杜与尼克松在亚速尔举行会晤。蓬皮杜表示，法国不会接受浮动汇率制度，因为这会造成国际货币体系的混乱，要根据各国真实的经济实力确定货币之间的比价。若美元实现贬值，法郎也会略微升值。经过双方的讨论，尼克松基本同意了蓬皮杜的上述主张。蓬皮杜在这次会晤中的表现凸显了法国在大西洋联盟的特殊地位，法国能够与美国一起为西方主要货币拟定比价，法国俨然成了“欧洲的代言人”。

（3）与苏缓和并保持警惕。比起戴高乐的政策，蓬皮杜的对苏“缓和观”也有自己独到的内容，这就是在奉行缓和政策的同时，保持独立和警惕。在认可东西方现状的基础上，蓬皮杜主张对苏联应该实行“武装的缓和”政策，一方面继续保持法苏特殊关系，另一方面对“勃列日涅夫主义”有所警惕，防止美苏接近和出卖西欧国家利益。法苏特殊关系是法国缓和政策的中心，如果说戴高乐更多地强调缓和的话，蓬皮杜则不断重复安全与防务的重要性，这也是由于苏联出兵捷克等事件所造成的。

三　德斯坦的外交政策

1974 年 4 月蓬皮杜突然病逝，时年 48 岁的吉斯卡尔·德斯坦成为法国第五共和国首位非戴派总统。虽然德斯坦上台伊始就标榜“世界主义”，以“中间力量”的代表自居，但从他的外交实践中可以看出，特别是在维护民族独立和谋求大国地位问题上，德斯坦堪称一位“非戴派的戴高乐主义者”。

（1）奉行外交的“世界主义”。德斯坦提倡多极体系，认为一个多种力量均衡的多极世界对法国有利。他认为在未来多极世界中，法国已无力单独成为一极，只有在联合起来的西欧内，才能发挥大国作用。因此，他主张借重与阿拉伯和非洲的传统联系，形成欧洲、阿拉伯和非洲的“战略三角”。法国在德斯坦执政时两度参与扎伊尔的沙巴战争，出兵乍得，都是在这方面所采取的实际步骤。而在经济外交方面，法国尽力在南北关系和西西关系之间寻找平衡点，以期借此克服西方经济危机，同时扩大在不发达国家的政治影响。为此，德斯坦总是不失时机地倡导南北国家之间的沟通，并身体力行，推动以能源为主题的国际经济合作会议于1975年12月在巴黎召开，实现了第一次世界范围的南北对话。也正是在德斯坦的倡议下，1975年7月召开了“富国经济会议”。此会是“七国集团”或“七国首脑经济会议”的前身。

（2）加强对中东的外交。中东政策是“欧、阿、非战略三角”的重要组成部分，德斯坦把中东作为法国发挥“大国作用”的一个场所，在他看来，无论从地理位置、政治历史、还是经贸关系来看，中东和阿拉伯海湾地区都是法国的“战略中枢”。因为中东地区既是法国的主要石油来源，又是法国军火出口的最重要对象。德斯坦努力谋求阿以冲突调停人的角色。德斯坦认为，解决中东问题的核心是巴勒斯坦人应该拥有自己的“祖国”；他还认为中东问题的全面解决，既要承认巴勒斯坦解放组织的政治地位，要求以色列撤出阿拉伯被占领土，也要尊重以色列的安全权利。

（3）追求法苏特殊关系。德斯坦把“独立的缓和政策”作为重中之重，并将缓和的范围扩大到意识形态领域，把法苏特殊关系作为这种缓和政策的核心。为此德斯坦对西欧防务联合三缄其口，目的是为了打消苏联的顾虑。德斯坦认为：“除了公开批评苏联之外，不希望再做其他得罪苏联的事。”

（4）积极提升法德关系。他力主在欧共体框架内强化法德轴心，正是在他执政期间，法德关系达到一个高峰。法国试图一方面通过加强与联邦德国的合作，寻求进一步深化西欧联合；另一方面通过欧洲共同体内部成员国的增加和多元化，达到平衡德国实力的目的。基于此，德斯坦提出要对欧共体南部地带予以充分重视，把西欧这个最大的联合组织积极扩大到葡萄牙、西班牙和希腊。德斯坦还被称为“现代欧元之父”。1979年他和当时的德国总理施密特共同倡议建立欧洲货币联盟，为欧元诞生奠定了基础。

四 密特朗在冷战结束前的外交政策

1981年5月10日，法国社会党领袖弗朗索瓦·密特朗成为第五共和国总统。密特朗执政时间较长，从1981一直持续到1995年，跨越了冷战前后。冷战前，密特朗部分继承了戴高乐外交思想的重要内容。他任内更加重视欧洲安全问题，其外交的几项重点领域均与安全问题有着密切的联系。

（1）强调核威慑作用。密特朗执政以后，明确把核威慑力量作为独立防务的支柱，优先发展海洋核力量，联合西欧其他国家开发太空军事技术。他主张有条件地与北约协调防务计划，保持与美国在防务问题上的对话，这种合作以不影响独立防务为前提。依靠核威慑建立预防性的本土防御体系，是密特朗所划定的防务战略主体。密特朗认为美苏的核“恐怖均衡”祸根是第二次世界大战末所确立的雅尔塔体系，只有突破该体系，才能从根本上解决战争与和平问题。正是基于上述思想，当苏联和华约增加在东欧地区的核力量时，法国就积极推动美国在欧洲部署中程导弹，以避免欧洲“战略天平”的失重和美欧防务关系的“脱钩”。他反对欧洲的“非核化”，特别反对美国取消或减少在联邦德国的导弹部署。

（2）维持法苏特殊关系。为了实现欧洲力量的均衡，密特朗坚持发展法苏特殊关系，但这种特殊关系增添了更多的前提条件。当苏军入侵阿富汗时，法国出于自身战略利益的考虑，冻结了与苏联的年度首脑会晤制度。随后密特朗又维持一种政经分离的做法，在政治关系极度紧张的情况下继续甚至扩大与苏联的贸易额度。而当戈尔巴乔夫执政后推行改革路线时，密特朗原则上认同苏联方面提出来的“欧洲共同大厦”设想，同时大大增加对东欧的关注和多层面的往来。与苏联的特殊关系是法国在国际社会发挥特殊作用的一张王牌，使法国在两极体制的夹缝中开拓出更多的生存空间。在苏联解体已成定局的情况下，法国正视失去特殊地位的现实，密特朗通过与叶利钦的晤谈，将关注的焦点转向独联体核武器的控制，并重新开始评估欧洲的战略安全环境。

（3）积极推进法德政治合作。1982年，密特朗分别与施密特和不久继任德国总理的科尔举行了多次会晤，在防务与安全领域作出协调长期战略的决定。1987年法德联合举行大规模军事演习，1988年则正式签署建立双边防务和安全委员会议定书，建成法德混合旅，这是西欧国家在北约之外建立的第一支联合部队。但从实质上来看，由于法国核战略是不可分享的禁区，所以法德军事合作的意义主要还是体现在政治层面上。在德国问题上，密特朗认为仅靠经济上的联合，还不足以稳住德国，只有政治一体化才能真正解决德国问题，使统一后的德国完全纳入欧洲整体的联合轨道，形成一种机制上的束缚。这也是密特朗特别强调欧共体发展政治功能的一个原因，他多次表示应该在可预见的时期内，建立起执行共同外交政策和安全政策的欧洲政治联盟。正是在法国推动下，西欧联盟于 1984 年 6 月成立“防务论坛”，这是战后首次没有美国参加的有关防务安全的重大活动。

（4）推进第三世界国家外交。密特朗把第三世界作为主要联络伙伴，推行高格调的“第三世界主义”，声称南北平衡与东西平衡有同样重要的作用。在对第三世界政策中，重点扶持非洲，并在 1980 年乍得和利比亚之间的交战中发挥重要作用，成为左右政局的关键一方。同时密特朗也比前任总统对亚洲予以更多的关注，先后恢复了与印支三国的正常关系，试图利用历史上的传统联系来谋求在该地区的实际利益。

第八节　联邦德国外交政策

一　联邦德国的新东方政策

在 1949 年 8 月 14 日的首届联邦议院选举中，社会民主党败给了以阿登纳为首的联盟党。到 1955 年为止，阿登纳集政府总理和外交部部长的权力于一身，决定着联邦德国对外政策的航向，其政策的显著特点是采取向西方一边倒的政策。主要表现在：

首先是融入西方国际体系中。1949 年 11 月 22 日联邦德国同美、英、法三国签订《彼得斯贝格协定》，这是联邦德国建立以后明确表明联邦德国加入西方阵营的第一个协议。三国承诺要促成德国参加一切国际组织；其次是同法国实现和解。为此，阿登纳积极赞同法国外长舒曼提出的建议，参加欧洲煤钢联营。1951 年阿登纳作为联邦德国总理兼外长第一次访问巴黎，对法德间最为棘手的萨尔归属问题，阿登纳做出了一定让步而与法国达成妥协。萨尔问题的解决打通了联邦德国加入西方联盟的道路；再次是积极推动联邦德国重新武装。在美国支持下，联邦德国于 1952 年 5 月 26 日在波恩与美、英、法三国签订《德国条约》（也称《一般性条约》或《波恩条约》）。在欧洲防务集团由于法国的否决而破产后，联邦德国又积极促成 1954 年 4 月《巴黎协定》的签订。《巴黎协定》规定联邦德国加入西欧联盟和北约，并规定西方三国结束在联邦德国的占领制度。联邦德国作为一个主权国家正式在经济、政治、军事上成为西方联盟的一员。

在阿登纳坚决向西方一边倒的同时，相应地对苏联和东欧国家推行一种极端敌对的政策。它主要体现在两个方面：第一是拒不承认战后形成的民主德国和波兰间的奥得—尼斯河边界，第二是拒不承认民主德国。

20 世纪 60 年代后，随着美苏关系趋向缓和，特别是 1961 年柏林墙的建立和 1963 年美、苏、英三国《部分禁止核试验条约》的签订，阿登纳的对外政策逐渐陷入困境，当联邦德国的西方盟友无视联邦德国的利益同苏联和东欧国家搞“越顶外交”的时候，联邦德国却被束缚在自己的茧壳里而无所作为。为了走出这种外交困境，1963 年，西柏林市市长维利·勃兰特的助手、社民党人埃贡·巴尔在一次讲演中提出“以接近求转变”的思想，即以承认民主德国和战后边界为代价，换取联邦德国与民主德国及苏联和其他东欧国家的接近，最终为德国统一创造条件。这一思想成为后来的新东方政策的理论基础。1966 年，社民党进入政府，勃兰特出任外交部部长，开始贯彻其同东方国家接近的主张。1967 年，联邦德国先后与罗马尼亚和南斯拉夫建立或恢复外交关系。1969 年联邦德国开始推行其新东方政策，通过同苏联和东欧各社会主义国家签订一系列条约和协定打破了联邦德国同这些国家战后以来的外交僵局，既大大缓和了联邦德国与这些国家的关系，也使欧洲的东西方关系出现了缓和的新局面。为区别于此前联邦德国对苏联东欧国家所采取的敌对的外交政策，人们称之为“新东方政策”。

1970 年 8 月，联邦德国与苏联在莫斯科签订了《德意志联邦共和国和苏维埃社会主义共和国联盟条约》，也称《莫斯科条约》。条约规定：双方“尊重欧洲所有国家在现有疆界内的领土完整”，“不对任何人提出领土要求”，双方“现在和将来都视此条约签署之日的欧洲各国边界，包括奥得—尼斯河和两个德国之间的边界在内，为“不可侵犯”。这一条约为联邦德国此后同东欧各国签订条约定下了基调。1970 年 12 月，联邦德国与波兰在华沙签订两国《关于相互关系正常化基础的条约》，也称《华沙条约》。条约第一条规定：“《波茨坦协定》规定的边界是波兰的西部边界”，并重申了《莫斯科条约》中关于现有边界不可侵犯、放弃领土要求等条款。勃兰特在为签署条约而访波期间，为了表明联邦德国对当年法西斯德国在华沙屠杀犹太人罪行的道歉和悔过，专门拜谒了华沙犹太人牺牲者纪念碑并在碑前下跪。

在欧洲局势趋向缓和的形势下，1971 年 9 月 3 日，苏、美、英、法四国签订了关于柏林问题的协定。勃兰特政府通过一系列条约，打开了同苏联和东欧各国外交关系正常化的大门。1973 年 12 月 21 日，联邦德国同时与匈牙利和保加利亚发表建交公报。新东方政策也直接导致了联邦德国在 1972 年 10 月、12 月、1974 年 1 月和 1976 年 4 月先后同中国、芬兰、蒙古国和越南实现关系正常化。1975 年，联邦德国恢复了同古巴的外交关系。

新东方政策的实施是以联邦德国做出巨大让步为前提的，它从阿登纳以来一直坚持的立场大大后退，承认了战后欧洲的边界，承认民主德国是一个独立主权国家。联邦德国虽然作出了重大让步，但总的说来，这是联邦德国在外交夹缝中另辟蹊径的明智抉择，它为联邦德国的发展提供了更广阔的空间：（1）扩大了联邦德国的外交活动空间，改善了它在国际上的形象，提高了它在国际舞台上的地位；（2）联邦德国地处两大对立集团交界的中心，同苏联国家关系的改善和正常化，有利于使其经济发展获得稳定的环境和更多的机遇；（3）新东方政策打开了民主德国和联邦德国人员的交流渠道，两德关系和德国统一问题从此进入一个新的阶段；（4）推动了东西方，特别是欧洲东西方的缓和。正是在联邦德国的新东方政策造成的缓和气氛中，1975 年召开了对欧洲缓和具有标志性意义的欧洲安全与合作会议。

二　施密特的外交政策

勃兰特完成了联邦德国对外政策的一次重大革新，1972 年他为此获诺贝尔和平奖，但两年后因“纪尧姆间谍事件”而引咎辞职。不过，社民党和自民党的联合政府仍保持下来，社民党副主席施密特被推选为联邦总理。其执政的外交政策有如下几方面内容：

（1）在东方和西方之间寻找均势。施密特是均势战略的信奉者。他曾在自己撰写的《均势战略：德国的和平战略和超级大国》一书中明确地表述道：“从我们自己防务利益的观点来看，欧洲的军事均势仍将是政治稳定的一个必须的条件，而政治稳定乃是我们的安全必须具有的基础。我们只有预先规定均势的必要，才能发展对未来的欧洲安全体系的设想。”在这种均势战略的主导下，施密特政府对外政策的主要特点表现为：立足西方，依靠以美国为主的西方，在力量对比上同以苏联为主的东方保持一种均势水平，与此同时寻求与东方缓和关系并在可能情况下加强合作，扩大勃兰特政府开创的新东方政策的成果。这实际上是一种东西方政策并举的政策。

施密特 1974—1982 年执政期间，联邦德国进一步密切了与苏联东欧国家的政治和经济联系。除双方领导人不时互访以外，双方的经济贸易额大大增加。1981 年 12 月，施密特访问民主德国，与民主德国最高领导人昂纳克在韦尔贝林湖畔举行了会谈，达成了“永远不许再从德国的土地上爆发战争，永远不许德国再一次受战争的蹂躏”的共识，但施密特在努力同苏联东欧缓和关系的同时，一直密切注视着苏联军事力量增长对西方造成的威胁。1977 年施密特首次在伦敦的国际战略研究所就美苏在欧洲战区的核力量对比失去平衡发出警告，指出苏联在欧洲的核力量已占优势，要求西方增补军备。施密特的警告，最后导致了北约在 1979 年 12 月作出了“双重决议”。

（2）维持德法良好关系。施密特执政期间，联邦德国和法国的关系出现了过去从未有过的“黄金时期”。施密特积极联合法国推动欧洲联合的进程，施密特本人和法国总统德斯坦建立了亲密的私人关系，两人的首脑会晤由 1963 年《德法条约》规定的每年两次增加到三次。在联邦德国和法国的共同努力下，欧洲共同体在长期争执不休的联合问题上取得了新的进展。如组成了由各国首脑参加的欧洲理事会；1979 年举行了首次欧洲议会直接选举；建立了欧洲货币体系等。在国际事务中，联邦德国和法国带头协调政策，努力使欧洲共同体对外“用一个声音讲话”。

（3）对美政策保持一定的独立性。联邦德国一方面仍然离不开美国的核保护，需要借美国的核力量来对付苏联的军事威胁，因此仍然强调和美国的联盟。但另一方面，联邦德国在美国的政策有损联邦德国利益时，越来越表示出维护自身利益的独立倾向。施密特在 1980 年的一次记者招待会上说：“我们不再被迫毫无批判地采取美国人的任何立场了。今天，美国和德意志联邦共和国的关系与十五年或二十年前的关系不同了。那时我们是处在从属地位，今天我们是美国的一位重要伙伴。”联邦德国的这种对美独立倾向不可避免地导致它和美国之间出现一系列分歧和争吵。1977 年，联邦德国和美国在争夺向巴西出售原子能反应堆时进行了激烈的争吵。1979 年底，苏联入侵阿富汗后，美国要求联邦德国和其他西方盟国跟着美国对苏联实行经济制裁，尤其想打掉联邦德国在其中占有很大份额的西欧和苏联钢管—天然气交易。但联邦德国及其西方伙伴极力反对美国，最后迫使美国让步。在对待 1979 年的北约"双重决议"上，施密特政府和美国政府的侧重点也不一样。美国侧重部署导弹，而联邦德国则侧重谈判。1981 年里根政府为抑制国内通货膨胀，把银行利息率提高到 20%。美国这一以邻为壑的政策激起了联邦德国和许多西欧国家的强烈不满。联邦德国政府为此削减了约 12 亿马克的防务开支，使美国希望西欧盟国增加国防开支 3% 的要求落空。联邦德国和美国的争吵在施密特执政期间显得十分突出，这种情况直到 1982 年科尔政府上台后才有所改变。

三　科尔在德国统一前的外交政策

1982 年 10 月，德国联盟党与自民党联合重新上台执政，赫尔穆特・科尔出任总理。自任职到 1990 年德国统一前，科尔政府在外交上颇有建树。科尔在这 8 年期间的主要外交思想是：立足于欧洲共同体和西方联盟，推动西欧一体化，使西欧成为多极世界中的一极；依靠美国的核威慑与核保护，密切与美国的友谊与合作，维护自身的安全。

（1）推动欧洲一体化取得积极进展。科尔认为，欧洲的未来在于欧共体从经济一体化逐渐走向政治一体化和防务一体化，然后在这一基础上建立联邦式的欧洲合众国。他强调这个目标如不能实现，欧洲就会成为二流地区，不能成为"国际政治三极中的一极"。德国统一后，科尔发表电视谈话，提出"德国是我们的祖国，联合的欧洲是我们的未来"的口号，表示要把德国统一变成"欧洲统一的发动机"。他不仅赞成欧共体的进一步完善，而且主张加以扩大，以其为核心，首先与欧洲自由贸易联盟一起建成欧洲经济区，然后把东欧国家纳入，最终建立欧洲联邦。

（2）修补德美关系。科尔政府在对外政策上最明显的调整是修补联邦德国和美国的关系。科尔上台伊始，在 1982 年 10 月发表的政府声明中指责社民党执政时搞坏了同美国的关系，声称要"驱散笼罩在德美关系上的阴影，加强和稳定联邦德国和美国的友谊"。科尔政府于 1983 年使联邦议会通过了在联邦德国如期部署美国中程导弹的决议，解决了施密特政府长期争执不下、久拖不决的问题。1985 年上半年，当西欧北约各成员国围绕美国 1983 年提出的"战略防御倡议"进行激烈辩论时，联邦德国一开始就表示在原则上支持这个倡议。

（3）推动苏东关系的缓和。科尔政府一方面以坚决支持部署美国中程导弹而表示了比施密特政府更强硬的政策，但另一方面，科尔政府仍积极主动地寻求和保持同苏联对话的渠道。在苏联猛烈攻击联邦德国时，科尔政府表现克制。科尔政府利用多种场合一再声明联邦德国尊重欧洲边界现状，继续跟苏联及东欧国家缓和关系的政策。在联邦德国与民主德国关系上，在科尔上台后最初几个月内，双方关系曾一度紧张。1984 年围绕联邦德国国务委员会主席昂纳克访问联邦德国一事，苏联曾对联邦德国发动了前所未有的宣传攻击，指责联邦德国复活复仇主义。然而，事实证明，两德关系并未倒退。相反，以 1983 年夏天联邦德国向民主德国提供十亿马克贷款为契机，两个德国的关系出现了有史以来罕见的和解局面。1984 年，昂纳克访问联邦德国（"科尔在德国统一后的外交政策"见后文）。

第九节　欧洲与非殖民化

第二次世界大战结束后，恢复殖民主义体系成为包括英国和法国在内的一些曾经殖民他国的欧洲国家战后重建的重要内容之一。但是，因战争的冲击，这些国家的国际地位下降、国内问题重重，维持殖民统治越来越力不从心。与此同时，亚、非、拉殖民地人民纷纷要求民族独立，联合国和不结盟运动积极推动非殖民化运动，在"冷战"背景下苏联和美国也对非殖民化运动给予支持，上述种种因素最终导致了世界范围内非殖民化运动的开启。无论是在英国、法国，还是比利时、葡萄牙、荷兰等国，都经历了大体相似的过程，即从殖民宗主国极力维护殖民统治，到殖民地人民的抵制或反抗迫使宗主国实行非殖民化政策，再到殖民地人民获得民族独立、殖民化走向终结。

一　英国的非殖民化政策

第二次世界大战结束后英国的非殖民化政策经历了一定的历史发展进程，从战后初期到 1956 年苏伊士运河危机之前，英国对殖民地的独立运动采取了坚决抵制和镇压的政策，干预苏伊士运河危机的失败使英国认识到自身已无力阻挡殖民地的独立浪潮，此后英国的对殖民地的“非殖民化”政策加快，到1968年大英帝国在全世界的殖民体系已经彻底土崩瓦解。

（1）从第二次世界大战结束到1956年苏伊士运河危机之间，对殖民地独立采取强硬政策。英国认为，作为第二次世界大战的主要战胜国和世界三大强国之一，英国应该与美苏一起主宰世界事务，而英国赖以凭借的基础就是大英帝国。因此，英国的外交、防务政策的全部目的都在于维护大英帝国的存在和复兴。1945年，工党领袖迈克尔·富特在议会说，英国正处于权力和光荣之巅，英国可以成为世界的精神领袖，英国加上英联邦可以形成第三种势力，以自己的模范作用改造世界。这一时期，英国对殖民地的政策基本上是以回归和重建为主，对殖民地人民的独立要求则以镇压为主。1948年在马来亚、1949年在尼日利亚、1950年在黄金海岸、1952年在肯尼亚、直到1956年的苏伊士运河危机，英国频频出兵武装干预。

（2）从苏伊士运河危机后到1962年，英国对殖民地独立采取收缩政策。1956年干预苏伊士运河危机的失败标志着英国重建殖民地政策的失败。苏伊士运河危机不仅说明了英国的衰弱，它已无力重建和维持原有的殖民统治，而且表明了英国不再是一个世界大国，不再具备处理世界事务的能力。1957年麦克米伦上台后，决心推行“非殖民化”政策。麦克米伦“变革”的主要内容就是从一些民族独立运动高涨、殖民统治难以坚守的区域撤退，英国从全球范围内收缩到殖民统治较为稳固和战略地位重要的区域。但是在殖民地不断高涨的独立浪潮面前，英国所谓的“稳固地带”也不稳固了。在1957年前，英国认为绝对要保卫的是中东、非洲和东南亚广大殖民地。但是到了1958年10月，英国就已经收缩到肯尼亚、新加坡、亚丁、塞浦路斯、马耳他和直布罗陀一线，英国认为，这些地方是最核心的地区，必须加以有效的治理，决不允许当地的民族主义运动威胁到它们作为英国保卫自由世界的桥头堡的地位。这一时期，英国撤离了它所认为的难以坚守或必须要丢弃的加勒比海、东南亚、非洲以及中东的部分地区，尼日利亚（1960）、塞拉利昂和坦葛尼喀（1961）、牙买加（1962）、特立尼达（1962）和乌干达（1962），这些原殖民地人民经过斗争相继取得独立。也就是在这个时候，英国开始加快开发非洲并建设在肯尼亚的军事基地。

（3）从1963年到1968年通过缔结条约来维系与前殖民地国家的关系。麦克米伦政府的收缩战略依然不能抵御越来越激烈的民族独立风暴。1961—1963年肯尼亚人民的斗争表明英国依靠残留的帝国遗产来避免自己的大国梦的破灭。英国政府认识到，因为大多数法属和比属殖民地都获得了独立，因此不能再保证在这些地方的所属权了。英国试图以地区联邦的形式把几块殖民地拼凑在一起，继续维持它的殖民统治。但是随着位于加勒比海的西印度联邦（1962）、中南非洲的中非联邦（1963）、东南亚的马来西亚联邦（1965）、中东的南阿拉伯联邦（1967）等的相继破裂，为了继续保持它在这些地方的政治、经济和战略利益，英国不得不允许殖民地独立，而采取以条约和英联邦的形式来继续维系它在这些地方的利益。在肯尼亚独立后与英国达成的协议中，英国获得了广泛的权利，包括使用军事基地、军队训练、经济合作、肯尼亚成为英联邦一员等。英国这时的策略是：放弃对殖民地的直接统治，但是希望独立后的新国家能够继续留在英联邦内部，而英国作为英联邦的领袖，继续对世界事务保持发言权。1963年肯尼亚独立前后，牙买加（1962）、特立尼达和多巴哥（1962）、马耳他（1964）、北罗得西亚（1964）、马尔代夫（1965）、新加坡（1965）、巴巴多斯（1966）、也门（1967）相继获得独立，而英国通过条约在这些地方相应的获得了军事或经济权利，其中一些新独立的国家留在了英联邦内部。“肯尼亚模式”逐渐成为英国处理殖民地问题的一个新模式。

（4）从1968年以后，英国战略重心开始回归欧洲。1968年以后，英国按照“肯尼亚模式”加速从全球撤离，包括在中东地区。但是英国对于英联邦的期望也就如它在战后初期对于大英帝国的梦想一样，很难实现，英国不得不开始回归欧洲。1968年1月，英国工党宣布将在1971年底撤出其在苏伊士运河以东的驻军。就在这一年，英国下院以488票对62票的压倒多数同意加入欧共体。英国的殖民地政策彻底实现了全球撤离的过程。此后，英国在拉丁美洲的殖民地国家又出现了一波“独立潮”，巴哈马（1973）、格林纳达（1974）、多米尼克（1978）、圣卢西亚（1979）分别独立，并成为英联邦的一员。

二　法国的非殖民化政策

法国是仅次于英国的殖民帝国，其殖民地遍及世界各大洲，主要集中在非洲，殖民地总面积相当于本土的21倍。1962年阿尔及利亚殖民战争以法国同意其独立而宣告结束，而此前非洲前法属殖民地纷纷宣告独立。法国的非殖民化政策与英国有所不同，英国在承认殖民地独立的过程中保留对殖民地的影响，而法国则是逐渐从殖民地淡出。这一点在阿尔及利亚和黑非洲表现得比较明显。

法国殖民者自19世纪30年代就侵入了阿尔及利亚，从此把它当作法国的一个政治上和经济上都十分重要的"海外省"。到1905年，阿尔及利亚全部领土都沦为法国殖民地。1954年，阿尔及利亚民族解放阵线成立，发动了反对法国殖民主义的武装斗争；1958年9月，阿尔及利亚共和国临时政府宣告成立。法国政府从一开始就把赌注压在武力镇压上。1956年法国居伊·摩勒政府表示要解决阿尔及利亚问题，但其行动却是加紧所谓"绥靖"活动，殖民战争反而扩大了。

法国最顽固地反对阿尔及利亚独立的是那些在阿尔及利亚有直接利益的殖民者和右翼军人。他们认为第四共和国政府对阿尔及利亚镇压还不够坚决，但越来越多的人反对使用武力镇压的办法。以阿尔及利亚民族解放阵线为代表的反殖力量，越来越壮大，阿尔及利亚的民族觉醒赢得了国际社会的广泛支持。法国政府逆历史潮流而动，继印度支那战争惨败之后，又继续了几年阿尔及利亚殖民战争，搞得政局动荡、国库空虚。

法国政府由于在阿尔及利亚殖民镇压政策在国际上陷入极其孤立的境地。摩勒政府倒台后，法国出现了长达35天的内阁危机，勒内·科蒂总统艰难地物色下届组阁的人。人民共和党人加亚尔政府于困顿中上台后，不得不靠增加税收和向美国举债来填补一下殖民战争造成的无底洞。

1958年戴高乐重新上台执政。同年6月4日他在阿尔及利亚的演说中就坚持"法国军队是这块土地的促进因素"，法国要"继续完成争取谅解和绥靖的辉煌事业"。不过，戴高乐毕竟是一个有远见的政治家，他没有按照那些极端殖民主义者的要求来制定第五共和国的阿尔及利亚政策，在取得政权后不久就不再提"法国的阿尔及利亚"的口号了。1959年9月16日，戴高乐在电视广播演说中首次提出了在阿尔及利亚实行"自决"的问题。他说："我们将通过唯一值得采取的办法来解决问题，我是指通过阿尔及利亚人自己自由选择来决定他们前途的办法。"他说，阿尔及利亚人可以在三种方案中作出选择："分离"（即与法国"分离"，亦即宣布独立），"完全法国化"和与法国紧密合作的"自治"。戴高乐在一步一步地接受阿尔及利亚独立的现实。

1960年9月5日，也就是在承认阿尔及利亚有自决权一年以后，戴高乐在记者招待会上宣布："阿尔及利亚人的阿尔及利亚在发展中，它在前进着，这就是说，这是一个依靠阿尔及利亚人民决定其命运的阿尔及利亚，一个由阿尔及利亚人管理自己事务的阿尔及利亚。但是，良知再次决定，这样一个阿尔及利亚人的阿尔及利亚应该紧密地同法国联系在一起。"1961年3月30日，法国政府和阿尔及利亚共和国临时政府同时宣布，双方在瑞士的埃维昂举行停战谈判。1962年3月18日，双方达成停火协议。同年7月1日，阿尔及利亚在关于自决问题的公民投票中以99.72%的绝对多数宣告独立。至此，阿尔及利亚终于摆脱了法国的殖民统治，成为一个独立的国家。阿尔及利亚问题的解决，使法国的"非殖民化"政策向前跨了一大步。戴高乐事后认为："殖民化的终结是我国历史当中的一页。在翻过这一页的时候，法国既对过去的事情感到遗憾，也对将要到来的事情满怀希望。"

法国在黑非洲的非殖民化进程进展也非常迅速。黑非洲一般指撒哈拉以南的非洲，即除阿拉伯非洲以南的非洲，大部分是英国和法国的殖民地，小部分是葡萄牙和西班牙殖民地。这片广漠的地区，是殖民压迫最久、最深的地区。第一个获得政治独立的黑非洲国家是当时被叫作"黄金海岸"的加纳。1957年3月6日加纳人民取得独立。接着在1958年9月，法属非洲国家在"法兰西共同体"内取得了一定程度的自治权：除几内亚在公民投票中反对加入"共同体"而取得独立外，其他法属非洲国家都成了"法兰西共同体"的成员国，法国总统兼任"法兰西共同体"主席。各成员国享有的自治权是很有限的，因为对外政策、国防、货币等大权都还属于"共同体"。显然，这种"共同体"式的自治显然不能持久，只能是一种过渡的形式。从1959年开始，"共同体"的樊篱就被冲破了，经过一年多的时间，以马里联邦为先导，其他法属非洲国家都先后宣布了独立。法国在非洲的殖民政策逐渐成为历史。

三 荷兰、比利时、葡萄牙的非殖民化政策

第二次世界大战后，荷兰继续拥有的殖民地主要是战时被日本占领的印度尼西亚。这里早在第二次世界大战期间就已出现了民族独立运动。1945 年 8 月建立了以苏加诺为首的印尼共和国。但是，保守的荷兰天主教人民党政府决意要恢复它在印尼的殖民统治，它先是勉强地同印尼共和国领导人签订了《井里汶协定》，让印尼以“荷印联邦”的身份获得独立，但当其军事力量得到加强之后，便寻找借口，对印尼共和国发动了武装进攻。此后，在联合国安理会的协调下，荷兰被迫承认印尼的独立，但不久又与印尼在荷属新几内亚的归属问题上发生了分歧，以至两国断绝了外交关系。最后，由于印度尼西亚采取了有力的斗争手段，荷兰无奈于 1961 年 9 月放弃了对新几内亚的宗主权。荷兰在拉美的非殖民化过程则比较复杂，荷兰在加勒比地区的属地有苏里南、荷属安的列斯（包括库拉索岛、阿鲁巴岛、博奈尔岛、圣马丁岛、圣尤斯特歇岛和萨巴岛）。1954 年，荷兰政府出台了《尼德兰王国宪章》，确定荷兰、苏里南和荷属安的列斯以平等的地位共同组成尼德兰王国，荷兰政府仅掌管海外属地的外交和防务。1975 年，苏里南实现独立。与此同时，荷属安的列斯内部出现了分裂，第二大岛阿鲁巴要求分离出来成为独立实体，但由于经济实力很弱，一直依附于荷兰而无法选择独立，2010 年安地列斯宣布解体，分离出来的主要岛屿仍隶属荷兰。

比利时对其殖民地刚果实行的是“家长式”统治，有意识地把殖民地人民的教育限制在技术基础知识训练的范围内，不让他们产生独立的想法。然而到 20 世纪 50 年代末，比属刚果还是出现了民族主义的“骚动”。保守的比利时基督教社会党政府立即调部队镇压，但未取得效果。随后政府宣布在比属刚果分阶段实行自治，遭到刚果民族主义领袖的拒绝，后者要求立即独立。1960 年 6 月，国王博杜安宣布比属刚果成为独立的刚果共和国。刚果的独立似乎还算顺利，但后来的事实证明，比利时并不甘心刚果的丧失。同年 7 月初，当刚果人民要求驱逐比利时的顾问和军官时，比利时迅速作出反应，用飞机运入部队，打算利用刚果内乱，扶植自己的代理人。后在联合国安理会的干预下，比利时才撤出了它的军事人员。

在萨拉查法西斯独裁统治下的葡萄牙更是殖民主义势力的反动堡垒，始终拒绝放弃殖民地。它在印度领土上的三小块殖民地，也于 1961 年被印度强行派兵占领后并入印度联邦。而在非洲的三块殖民地：包括几内亚（比绍）、安哥拉和莫桑比克，则都经历了长期流血战争。只是在 20 世纪 70 年代葡萄牙革命推翻了独裁政权后，新政府才于 1974 年和 1975 年承认了三国的独立。

（本部分内容部分参考了西安教育学院王双静和外交学院贾健的成果）。

第三章　冷战后的欧洲国际关系

第一节　冷战的终结

一　柏林墙的倒塌和德国的统一

柏林墙竖起之后，仍不能阻止民主德国人逃往联邦德国。从 1989 年开始，东欧部分国家政局动荡，民主德国社会也日益动荡。1989 年 5 月 2 日，匈牙利打开了同奥地利接壤的边界，民主德国居民立即利用这个缺口逃往奥地利，然后辗转到联邦德国。也有些人先到联邦德国驻匈牙利、波兰和捷克斯洛伐克大使馆避难，并要求使馆把他们送到联邦德国。民主德国政府虽采取种种措施加强监控，但人心难抚，人员外逃愈演愈烈，由小股的零星出走，最后发展成大规模的逃亡潮。

1989 年 10 月，在民主德国国庆 40 周年前后，开始出现群众示威浪潮。示威运动最先在莱比锡爆发，继而迅速蔓延到东柏林等许多大城市。示威者的口号逐渐从经济要求升级为政治要求，公开提出了要与联邦德国统一。正在群众示威高涨之际，苏联领导人戈尔巴乔夫到民主德国参加国庆活动。他认为民主德国目前的形势不存在危险，“危险只威胁那些对尖锐的生活问题熟视无睹的人”。10 月 7 日，戈尔巴乔夫在同民主德国领导人会晤时又说：“谁跟不上形势，谁就会受到生活的惩罚”。戈尔巴乔夫的讲话加重了民主德国政局的动荡，尤其是加剧

了民主德国领导层内部的分裂。10月18日，民主德国执政党——德国统一社会党总书记埃里希·昂纳克在党内强大压力下被迫辞职，由政治局委员埃贡·克伦茨接任总书记。尔后，人民议院、政府和工会也先后改组。11月7日，以维利·斯多夫为首的部长会议集体辞职，两天后，德累斯顿专区党委第一书记汉斯·莫德罗出任部长会议主席。同日，新一届包括各党派的大联合政府组成。11月9日，克伦茨迫于各方压力下令打开柏林墙，数以百万计的民主德国人如开了闸的洪水般涌向西柏林和联邦德国。民主德国的政治、经济和社会形势顿时陷入全面混乱。12月3日，克伦茨率政治局成员集体辞职。12月16日，德国统一社会党更名为“德国统一社会党—民主社会主义党”，1990年2月25日又改称“民主社会主义党”。3月18日，民主德国举行大选，在政局动荡中新成立的德国联盟获票最多，达48.15%，而民主社会主义党仅获16.33%的选票。德国联盟联合其他党派组成新政府，民主社会主义党沦为反对党。在民主德国政局演变时，联邦德国一直高度密切地注视其动向。联邦德国一面推动东民主德国局势朝有利于自己的方向发展，一面借势把德国统一问题提上议事日程。

1989年11月28日，联邦德国总理科尔一反以往重大决策先通报西方盟国的做法，在事先未同美、英、法三大盟国商量的情况下发表了关于统一德国的十点计划。其中第五点明确提出：建立两个德国的邦联，并最终建立联邦国家。12月19日，科尔与民主德国部长会议主席莫德罗发表联合公报，宣布两国决定建立“条约共同体”，即两国通过条约联合为共同体。随着民主德国内局势的发展，联邦德国很快抛开“条约共同体”之议，开始将德国向真正的统一方向推进。联邦德国首先利用苏联经济衰败而对其有所求的困境及戈尔巴乔夫“新思维”的改革口号，大力游说苏联。1990年2月10日，科尔在访苏时终于使戈尔巴乔夫松口。戈氏称：“现在，苏联、联邦德国和民主德国之间关于两个德国统一的问题没有什么分歧”，应当让德国人“自己确定，采取什么样的国家形式、在什么时候、以什么速度和在什么样的条件下实现统一”。紧接着联邦德国争取到了美、英、法三个盟国的支持。2月13日，在北约和华约共23个国家商讨开放天空事宜的渥太华会议上，联邦德国同苏、美、英、法四大国以及民主德国秘密达成举行2+4会议解决德国统一问题的决议。所谓2+4会议就是，先由两个德国讨论有关统一的法律、政治和经济等问题，再由两个德国同四大国讨论涉及外交与安全的外部问题。2+4会议的方案实际是把开启德国统一的钥匙交给了民主德国和联邦德国。3月18日民主德国大选后，亲联邦德国的德国联盟获胜，民主德国开始全速向同联邦德国合并的目标前进。5月18日，两个德国签订了《关于货币、经济和社会联盟的条约》，7月1日，民主德国马克被联邦德国马克取代；8月31日，两德签订《国家统一条约》。条约第一条规定：民主德国于1990年10月3日按联邦德国《基本法》第23条规定加入联邦德国，条约第三条规定，从1990年10月3日起，联邦德国的法律除个别条款外，立即在民主德国生效。1990年10月3日，德国在经历战后长达41年的分裂后重新统一。

二　苏联解体和两极格局的终结

1989年的东欧剧变，最终波及苏联。1990年3月10日，波罗的海三国中的立陶宛率先宣布独立，紧接着，爱沙尼亚提出了向独立过渡的方针，不久拉脱维亚也采取了从苏联独立出去的措施。苏联的其他加盟共和国也纷纷发表主权宣言，宣称本共和国的宪法和法律高于一切。苏联中央政府权力被大大削弱。1991年4月，戈尔巴乔夫同俄罗斯共和国总统叶利钦达成协议，建立由9个加盟共和国领导人加戈尔巴乔夫执掌苏联最高权力的“9+1体制”。8月14日，苏联公布新联盟条约文本，将苏联国名由“苏维埃社会主义共和国联盟”改称为“苏维埃主权共和国联盟”，条约各参加国都是主权国家，其土地、矿藏、水资源及其他自然资源均归各国所有，各共和国有权同外国建立直接的外交、经济和贸易关系。新联盟条约的实施将使苏联变成一个松散的联邦制国家，而其他没有参加条约联盟的国家将意味着成为完全独立的国家。这个新联盟条约文本的公布促使苏联党内对戈尔巴乔夫不满的高层领导人采取非常手段阻止该文本的实施。

8月19日，在新联盟条约正式签署前一天，以副总统根纳季·亚纳耶夫为首的8个苏联最高层领导人，利用戈尔巴乔夫在克里米亚休假之机，组成“国家紧急状态委员会”，宣布戈尔巴乔夫因健康原因不能履行总统职务，亚纳耶夫自即日起行使总统职权。但是，这场宫廷政变只持续了72个小时就流产了。叶利钦以果断的胆略和手段粉碎了政变。8月22日，戈尔巴乔夫回到莫斯科。“8·19”政变的失败加速了苏联解体的进程。戈尔巴乔夫很快辞去了苏共中央总书记的职务，并解散了苏共中央，使成立了88年之久的苏联共产党毁于一旦。政变后的第五天，苏联第二大加盟共和国乌克兰宣布独立，它声明不签署具有保留中央权力内容的新联盟条约。1991年12月1日，乌克兰就独立问题举行全民公决，有90%的人赞成独立。12月8日，俄罗斯、乌克兰和白俄罗斯三个共和国的领导人在明斯克共同签署了3个文件：“关于建立独立国家联合体（简称独联体）的协议”、“三国元首的联合声明”和“关于协调经济政策的声明”。在第一个文件的序言中，三国指出：“苏联作为国际法主体和地缘政治实体已经不存在。”这三个国家的人口总和占苏联总人口的75%，自然资源占苏联的50%以上，对苏联整体有着决定性的影响。12月12日和13日，位于中亚地区的哈萨克等五个共和国决定以平等的创始国身份参加独联体。接着，亚美尼亚、阿塞拜疆、摩尔多瓦三个共和国也宣布要加入独联体。12月21日，11个苏联原加盟共和国的领导人在阿拉木图举行会谈，签署了一系列关于建立独联体的文件并正式宣布苏联停止存在。戈尔巴乔夫没有被邀请与会。11国领导人联名写信给戈尔巴乔夫，通知他苏联已停止存在，苏联总统的职位也同时撤销，他必须把苏联的核按钮交给叶利钦，把军队最高统帅权交给武装力量临时司令沙布什尼科夫。12月25日，戈尔巴乔夫交出一切权力；同日，莫斯科克里姆林宫上飘扬了69年的苏联国旗被降下。

东欧剧变和苏联解体完全改变了欧洲的政治地图。第二次世界大战后在欧洲形成的两大集团的对峙局面不复存在；战后以两个超级大国争霸为特征的国际关系格局也因苏联的消亡而不复存在。欧洲进入冷战后时代。

第二节 冷战后英国外交政策

一 约翰·梅杰政府对外政策

1990年11月曾在撒切尔政府担任外交大臣和财政大臣的约翰·梅杰继任英国首相。此时，随着后冷战时代世界新格局的逐渐形成、波黑战争的爆发，英国不可避免地开始调整其外交战略。梅杰政府外交政策的总体出发点是，在“英国利益第一”的原则下，多方纵横捭阖，拓展外交空间，并利用自己的优势，在欧洲乃至全球牟取有利位置，在国际事务中发挥尽可能大的作用。

（1）对欧共体/欧盟若即若离。梅杰执政不久，曾主动向欧洲靠拢，不再使英国游离于欧洲事务中心之外。1991年3月1日，他表示英国将与欧共体伙伴密切合作建设欧洲的未来，他说：“我认为，帮助建立和形成欧洲未来的格局并且以极大的热情去这样做，对我们国家是有益的。我们应该成为欧共体的核心。”1991年6月15日，梅杰发表对欧洲政策讲话中指出：“别人在谈论欧洲的命运，如果我们站在旁边生闷气，那么这不是英国应起的正确作用。欧洲不是他们与我们之间的一场战斗，欧洲也是我们的大陆，我们必须在协助确定其未来方面起历史性作用，我不想让英国处于靠边站的地位。”但是由于传统的影响，梅杰政府的对欧政策不时有所退缩。他在1991年的保守党年会上说，要在欧洲问题上采取维护主权路线，在任何情况下都不会放弃我们的安全、我们的外交政策以及防务等问题采取重大决策的权力——我们的民族权力。1991年欧共体首脑会议开幕前，梅杰警告说，他不会同意欧共体伙伴在经济和政治联盟条约中提出的任何建议，不接受欧共体未来可能结成联邦的条约。在该年马斯特里赫特首脑会议上，梅杰虽同意建立经济货币联盟，最迟在1999年1月1日建立欧洲中央银行，实行单一货币，但要求不能规定英国必须加入，英国是否加入将由英国议会决定，即英国具有加入单一货币的“例外权”。另外，梅杰坚决拒绝英国参加欧洲“社会宪章”，在政治条约方面，要求删去建立“欧洲联邦”的字眼，代之以建立“更为紧密的国家联盟”。

1996年3月英国政府发表了《国家间伙伴关系》的欧洲政策白皮书，强调英国坚决反对建立一个“整齐划一的、集权的和联邦的欧洲”，反对取消国家否决权和扩大欧盟委员会、欧洲法院和欧洲议会的权力，重申将保留在共同外交和安全政策以及欧洲单一货币问题上的“例外权”。在1996年6月《欧洲的分水岭》的演讲中，梅杰表示，欧洲是由许多单一民族国家组成的大陆，英国不会加入中央集权的欧洲联邦结构中去，但也不会背弃欧洲，而是必须参与欧洲的决策过程。

（2）加强英美特殊关系。在对美政策上，英国已把英美关系纳入整个欧美关系的范畴，利用英美之间的特殊联系．谋求在欧美关系的调整中发挥桥梁作用。1990 年梅杰当选首相后出访的第一个国家就是美国，访美期间，他反复强调英美“共同利益”，以示他对两国特殊关系的诚意。1991 年海湾危机为英美特殊关系的维持提供了历史契机，梅杰政府派出 3.5 万兵力参加以美国为首的多国部队，成为布什总统海湾政策的最坚定支持者。这一时期，在军备控制、对原苏联的援助、防止苏联解体后核扩散，对东欧、独联体国家推行西化以及彻底消除伊拉克的军事能力等一系列问题上，英国的立场和态度都明显与美国趋同，是对美国支持最有力的盟国。此外，在西欧的共同防务问题上，英国也附和美国反对西欧搞独立的防务共同体。梅杰认为，40 多年来，正是由于有美军驻在欧洲，欧洲的安全才得到了保障。

（3）重视发展英俄关系。为了拓展国际空间，英国比其他欧盟国家更接近俄罗斯和东欧国家，并呼吁欧盟向这些国家开放市场。经过频繁的高层互访，英俄经贸合作发展迅速，英国成为俄国的主要贸易伙伴。在北约东扩问题上，英国希望谨慎从事，避免刺激俄罗斯。

1991 年 3 月 4 日，梅杰成为海湾战争后第一个到莫斯科访问的西方领导人，他承诺坚定支持苏联的民主和市场改革。在叶利钦 1992 年 2 月对伦敦进行短暂访问期间，英与俄发表了 15 点联合声明：英国承认俄罗斯继续承担苏联以前的国际权利和义务，宣布英俄是友好国家和伙伴，不存在意识形态障碍。支持叶利钦的西式改革，使俄罗斯避免经济崩溃和社会动乱。梅杰还曾努力说服美国和日本建立旨在稳定卢布的 100 亿美元基金，并主张让俄罗斯取代原苏联在国际货币基金组织和世界银行的成员国地位。英国一再强调欧洲联盟应摒弃贸易保护主义，尽快向苏联、东欧国家开放市场。在北约东扩问题上，英国主张采取谨慎做法，避免刺激俄罗斯。1992 年 11 月 9 日，叶利钦再次访问英国，两国签署了 226 年来的第一个友好条约，这次达成的协议几乎触及俄罗斯国家生活的每个方面。

（4）提升中东与亚太的战略地位。英国还利用它同中东和海湾国家的传统联系，插手中东和平进程。梅杰等人先后于 1995 年 3 月访问了一系列中东和海湾国家，并成为第一位到巴勒斯坦自治领土拜访阿拉法特的西方大国领导人。对亚太地区，早在 1993 年 11 月梅杰就明确宣布，亚洲在英国外交政策中占据重要位置。后他又多次声明要给太平洋地区以更多的注意。英国政府还积极推动和参与了亚欧会议的创建，并在此过程中加强了同新加坡、马来西亚等英联邦成员国的关系。到 20 世纪 90 年代中期，英国已成为欧洲国家在亚太地区的最大投资者以及第二大商品出口国。

二　布莱尔的“枢纽外交”

1997 年英国工党领袖布莱尔上台，其对外政策既对“三环外交”有所继承，又充分考虑国际形势的变化，采取了更加灵活、务实的外交路线，力图恢复英国的大国形象和国际地位。

“9・11 事件”发生以后，布莱尔借反恐战争引发的大国关系变化，推出了所谓的“枢纽外交论”。2002 年初，布莱尔访问印度时在一次集会上称，“英国虽然失去了大英帝国，但却重新找到了自己的位置”，“在相互依存的全球化世界当中，英国的作用正在不断加强。我们已经没有了帝国，我们也不再是超级大国。但英国可以通过与其他国家合作，扮演重要的枢纽角色”。布莱尔的这一理论，反映了英国“三环外交”关于自身独特性定位在新条件下的复归，即利用自身的历史、地理和语言优势，以及与美国、欧洲、英联邦的密切联系，借助英国在一些重要国际组织中的影响力，发挥英国在国际事务中重要而独特的作用。

布莱尔在“9・11”后的一系列外交活动，的确在国际舞台上增强和突显了英国的作用。2001 年 11 月 4 日，欧盟各国首脑聚会伦敦，由并非欧盟轮值主席国的英国首相布莱尔主持商讨反恐大计。圣诞节前夕，俄罗斯总统普京又飞抵伦敦，与布莱尔一起在伦敦郊外的古堡共度圣诞节，似乎更向外界彰显了英国是“国际关系中的轴心”和“枢纽”的角色。不过，一个国家的外交毕竟是以其实力为后盾的，尽管英国在联络各种外交渠道上发挥了很大作用，但在以美国为主的单极世界中，英国仍要服从于美国的战略布局安排。“美主英从”的局面没有根本的改观。布莱尔的外交重点体现在下列几个方面：

（1）对欧盟采取更为积极、更富建设性的政策，谋求在欧洲的领导地位。英国希望作为欧盟的一支主导力量推动欧洲建设按照英国的路线向前发展。布莱尔在1996年底英国工党年会上宣称，工党“将带领英国进入一个全新的时代意味着英国对欧洲的领导……为了商业和为了英国，我们将同欧洲建立起崭新的关系”。他摒弃了梅杰政府对欧洲采取的游移不定的政策，认为欧盟是机会而不是威胁，成为欧盟一个受尊重的和发挥强大作用的国家符合英国的利益，并保证签署有关雇员权利的“社会宪章”，象征性地结束了英国对欧洲约20年的对抗政策。布莱尔一再强调，英国不是欧盟的半个成员国，它应在欧盟建设中发挥主导作用。在1997年5月23日的欧盟首脑会议上，布莱尔指出，他是来寻求对话并谋求推动英国欧盟关系的前进。1998年初，布莱尔以欧盟轮值主席身份向欧洲抛出“双赢”绣球——让英国更相信欧洲，让欧洲更相信英国。布莱尔支持按计划扩大欧盟，并主张欧盟可以逐渐增加防务功能。在经济改革方面，布莱尔设法引导欧洲在“放任自由和国家干预的办法”之间找到“第三条道路”。他为欧盟单一货币的成功启动做了积极努力，而且表示政府为英国日后加入欧元进行积极准备。不过，布莱尔仍没有放弃欧盟发展的“政府间主义”这一立场，在1996年的竞选纲领中他仍明确表示，“欧洲不应成为一个超级联邦，而是一个独立国家的联盟”。在英镑是否加入欧洲单一货币问题上，布莱尔也只是强调保持加入的开放态度，认为英国不会登上第一趟列车，并承诺做出决策时将举行全民公决。

（2）加强英美关系。工党政府上台执政以来，英美关系继续加强。布莱尔与克林顿之间存在着良好个人关系。但更重要的是，两国政府在一些重大国际问题和双边关系问题上采取了协调一致的政策立场。工党政府表示它将为建设一个以北约为中心的欧洲安全和防务体系而努力，强调在北约框架内加强欧洲防务支柱，发展欧洲防务特性，重视维护美国在欧洲的领导地位，并将积极推动北约和欧盟的东扩进程。英美关系往往在危机时刻会显得更为“特殊”，这在海湾战争、科索沃战争以及伊拉克战争中都表现得十分明显。以科索沃战争为例，自科索沃危机爆发以来，布莱尔和英国工党政府一直是美国克林顿政府最忠实的伙伴，甚至在某些方面起着“推动者”与“带头人”的作用。在危机前期英外交大臣参与主持了朗布伊埃谈判。在1999年3月24日北约开始对南斯拉夫实施空袭后，英国不仅积极为北约提供军事力量，而且它所提出的军事行动方案及情报在空袭行动中发挥了重要作用。在2003年的伊拉克战争中，英美仍然保持并肩作战的态势。

（3）继续加强同俄罗斯关系。布莱尔的外交大臣库克评价俄罗斯时说：“没有俄罗斯的欧洲是不完整的。如果我们希望欧洲能够持久和平与繁荣，我们就必须与一个稳定的、民主的和经济活跃的俄罗斯合作。”“没有欧盟与俄罗斯的密切合作，就不能解决欧洲面临的所有问题。”布莱尔在任上一直谋求与俄罗斯领导人建立起牢固的私人友好关系。为此在他上台后短短几个月，就在巴黎和丹佛两次会见了叶利钦。1997年10月布莱尔到莫斯科进行工作访问，双方建立了最高级磋商对话机制。由于科索沃战争英俄关系出现冷战后的紧张和不和谐，但布莱尔事后仍努力谋求对俄缓和政策，力图通过英俄关系来制衡法德关系，增强英国在欧洲的主导地位。

（4）坚持以人权为核心的新干涉主义。上台伊始，布莱尔政府就宣称，人权问题是其对外政策的中心问题，并显示出积极参与解决地区冲突并发挥作用的姿态。1999年3月在科索沃危机中，布莱尔奉行“行动第一”主义，扮演“冲在前面”的角色，积极介入北约对南斯拉夫的轰炸，并极力主张进行地面军事进攻。同年4月22日，布莱尔在芝加哥经济俱乐部发表题为《国际社团主义》的演说，公开鼓吹“新国际主义”。他认为，国家主权不及人权和防止种族灭绝重要，对国际关系中通行的不干涉原则必须在一些重要方面加以修正。布莱尔声称，“种族灭绝行为绝不是纯粹的内政”，科索沃的民族清洗已经构成对国际和平的威胁，而北约对南联盟的空袭是基于普遍价值基础之上的“正义战争”，西方应以坚定的态度赢得这场战争。

三　布朗的外交政策

2007年6月27日，布莱尔向英国女王递交辞呈辞去英国首相职务，时任财政大臣的戈登·布朗成为新一任英国首相。布朗上台后，在对外政策方面既与前任政策相互衔接，又吸取布莱尔政府在对美、对伊拉克战争政策上的教训，做出调整以弥补其不足。2010年5月布朗宣布辞去总理和工党领袖职务。由于任期较短，他出台的很多政策难以形成明确的结论，但大致可以归结为下列几个方面：

（1）超越“英美特殊关系”。在对英国最重要的盟友美国的关系上，布朗的政策有所微调，刻意与美国保持一定的距离。英国的外交政策表现为力图超越“英美特殊关系”的框架，通过加强同法国、德国等欧洲国家以及印度、中国等经济快速发展国家的关系，保持对外政策的整体“均衡”。2007年7月29日，刚上台的布朗就访问了美国。布朗在一份声明中说，与美国的关系是英国最重要的一个双边关系，这是符合英国国家利益的。声明还说，因为英美两国在自由、机会、个人尊严等方面拥有同样的价值观念，两国之间的关系在今后有可能“更加牢固”。布朗也表示，英国和美国过去曾经肩并肩地应对世界面临的挑战，今后也将继续作为朋友紧密合作，应对世界面临的挑战。但事实上，英国虽然对美关系不会背离前任布莱尔很远，但一直在调整过程中。布朗刚一上台就宣布，“将从伊拉克战争所犯的错误中吸取教训”。就在布朗访美前夕还告诉美国，英国要从伊拉克撤军。伊拉克战争中英美一直并肩作战，这种政策转向明显暗含着英国对美政策的调整。2009年7月，英军从伊拉克全面撤出。

（2）参与但不融入欧洲一体化。对欧关系方面，从布朗执政后的实际情况看，英国延续不对欧元或加入欧元区问题进行重新评估的政策，继续在欧洲一体化进程中游离。但英国对欧洲政策也体现出对一体化的积极调控，在欧洲推行自由主义的社会经济发展模式，促使其提高市场开放程度，并且借助欧盟这个舞台，进一步扩大英国的对外影响。2007年12月13日外交大臣米利班德代表布朗参加了《里斯本条约》的签署仪式，当时议会的反对派和舆论要求布朗就是否批准里约进行全民公决，但布朗坚持认为，经过修改和简化的里约离真正的欧盟宪法条约已经差得很多，没有必要进行公决。

（3）扮演全球性角色。布朗将应对全球性问题作为展示英国外交特色的重要领域，强调英国对国际发展的承诺，加大在这方面的投入，力图通过提供援助、债务减免和贸易政策来消除贫困、文盲、疾病和环境恶化。布朗政府还把核裁军问题当作外交政策的重点。2007年6月英国外交大臣玛格丽特·贝克特在华盛顿演讲中指出，英国非常愿意成为“裁军实验室”，并公布英国拥护多边核裁军的具体举措。布朗政府一如既往地反对恐怖主义。他刚刚上任英国便遭遇恐怖主义的袭击，为此布朗毅然决定将英国安全警戒级别提至最高级，并主张采取更加严厉的反恐措施，包括增加安全开支、加强国际合作、延长对恐怖嫌疑人的拘留期限等。

第三节　冷战后法国外交政策

一　密特朗冷战后的外交政策

冷战结束后，法国面临的国际环境发生很大变化。美国日益追求单极霸权，德国的统一使得法德力量对比发生新的变化，这两大重要事件迫使密特朗任内积极布局其外交政策以应对新形势。

（一）积极推进欧洲一体化，约束德国

面对德国的统一，法国的政策是进一步推动欧洲一体化，以构建更为强有力的框架来保证德国统一后仍然是“欧洲的德国”，防止统一的德国给欧洲和平秩序带来风险。1990年初，密特朗在同德国总理科尔会晤时提出建立包括东西欧国家的“欧洲邦联”的建议，不久又提出建立“欧洲政治联盟”的设想。1990年4月，他与科尔联名发出倡议，建议在1993年1月1日实现欧洲经济货币联盟和政治联盟。在法国的积极推动下，1991年底，欧洲共同体首脑会议在马斯特里赫特通过了建立欧洲联盟的条约。法国还积极推动欧盟实行共同的安全和防务政策。1990年，法国再次提出北约的“欧洲支柱”，它包括英、法的核力量和一个与北约联系但不从属于北约的高级司令部。为此，法国主张西欧联盟发挥更大的作用，并使它与欧共体建立组织上的关系。1991年10月，法国倡议建立欧洲军团。1992年法、德宣布，组成35000人的法德联军，其任务是在北约和西欧联盟的框架内保卫西欧，在欧洲区域或以外维持和平，执行人道主义任务，并拟吸收其他国家参加，组成一支“欧洲军”。不过，在欧洲建设上法国依然坚持戴高乐传统，密特朗虽然坚持欧洲需要制定一部宪法，但是反对搞“欧洲合众国”。在关于欧洲联盟建设的讨论中，密特朗考虑的是沿着加强主权国家合作的路线行进，认为应该强化由政府首脑组成的欧洲理事会的决策权。

（二）调整与美国和北约关系

在冷战后建立怎样的国际新秩序问题上，法国与美国存在分歧。密特朗在许多场合明确表示，法国不赞成世界事务由美国一手操纵，不赞成建立单极世界秩序。20 世纪 90 年代初，法国曾经反对北约扩大职能和地域范围。1991 年，法国反对东欧国家加入北约相关机构，防止美国借机扩大对欧洲安全事务的影响。法国的主张是，欧洲安全机制以欧洲共同体—西欧联盟为框架，并致力于以法德混合部队为核心建立欧洲自主防务。1991 年，密特朗宣布不参加美国为首的北约“快速反应部队”。在处理南斯拉夫冲突问题上，法国积极主张欧洲发挥作用，1992 年密特朗曾亲自飞往萨拉热窝为欧洲维和和援助设立通道，强化欧洲在周边安全中的作用。

但是，无论法国还是欧盟，在处理欧洲安全问题上仍力不从心，欧洲独立防务仍面临重重困难。维持欧美联盟仍然是法国的利益所在。法国不久就调整了对北约扩大的态度，表示欧洲努力建立共同防务并不想架空北约。1992 年底法国表示，法德联合部队在一定条件下可以由北约来指挥。1993 年，法国表示不再反对北约在其成员国边界之外进行干涉，并支持北约在波黑的干涉行动，同年，法国还把它驻北约的观察员升格为正式代表团，意在加强与美国和北约的关系。

（三）调整法俄关系，推动俄罗斯改革

冷战期间，法国致力于建立法苏特殊关系有两个想法：一是用法苏友谊来平衡美苏关系、牵制德国并维护欧洲安全；二是法国试图在美苏对抗中充当中间人来发挥大国作用。德国统一后，苏联牵制德国的作用大大下降。苏联解体后，俄罗斯实力明显下降，俄国不可能也无意与美国进行全球对抗，法国因此失去了充当中间人的空间。所以，从密特朗执政晚期起，基本上采取弱化法苏特殊关系的政策。

1992 年 2 月 5—7 日俄罗斯总统叶利钦访问法国。密特朗强调，法国将努力“帮助俄罗斯重振经济，从而使它具有走向民主政治的一切必要手段”。不过，双方都避而不用法俄特殊关系的表述。2 月 7 日，两国总统签署了《法国与俄罗斯之间的条约》，根据欧共体在承认独联体国家问题上制定的“指导准则”，以独联体国家同意实行民主政治、市场经济和尊重人权作为先决条件，法国把西方价值观作为发展法俄关系的基础。条约规定双方将在“忠于自由、民主、公正、团结的价值的基础之上发展两国关系”。两国决意共同采取行动来“捍卫人权和倡导民主”。双方将通过合作促使俄罗斯过渡到市场经济。

（四）改善法国同非洲国家的关系

法语非洲是法国大国地位的一个重要支撑点，密特朗任内积极经营对非关系。1990 年，密特朗宣布减轻非洲法语国家债务负担，包括减少加蓬等国的债务约 2.5 亿法郎，把最贫困国家的全部贷款转为赠款。同时，法国加强了对一些非洲国家内政的干涉，在向非洲国家提供援助时，强调与“民主化”、“多党制”和经济“自由化”联系起来。但是法国推行“民主化”的结果并不理想，反而加剧了一些国家的动荡，也引起法非关系的麻烦。1992 年后法国开始改变政策，一方面仍然鼓励非洲的“民主化”，另一方面强调“稳定”的重要性。1994 年密特朗明确宣布不再把援助与“民主化”挂钩，而是提出以援助促稳定，积极修补法非关系。

（五）干涉中国内政，中法关系受损

法国在冷战后的对华政策走了一条曲折的道路。密特朗政府在 1989 年中国“政治风波”之后积极对中国实行制裁，干涉中国内政，带头在联合国人权会议上提出反华提案。法国政府还不顾中国交涉，批准法国公司向台湾地区出售先进的武器。这些做法使法中关系受损，两国关系一度陷入停滞。不过，中法之间的矛盾很快成为过去，在冷战后一些重大国际问题上，两国具有共同点，例如，都不赞成美国的单极霸权，都希望推动世界的多极化发展。所以，法国不久改弦更张，1994 年密特朗邀请时任国家主席江泽民对法国进行访问，密切了双方的交流与合作，中法走上了正常发展的道路。

（冷战后密特朗外交政策部分参考了黄正柏教授的成果）

二　希拉克的外交政策

在 1995 年年中出任法国总统的希拉克，其外交政策体现了务实而灵活的风格，并致力于寻求法国的大国地位。具体体现为下列几点：

（1）加强欧洲建设，推进欧洲防务。希拉克强调，欧洲建设是法国外交政策的重点，但将一如既往地为建设统一的欧洲而努力。在这当中，欧洲防务建设是其外交重点。“欧洲防务支柱”是希拉克有创意的外交理念，早在出任德斯坦和密特朗届内的法国总理时，他就主张推进西欧在安全防务领域的协调与合作，以“安全原则宪章”的形式确定西欧对欧洲安全的共同方针。优先发展战略核力量，把核威慑作为保障欧洲和平的“唯一有效手段”和主要防务工具。希拉克身体力行，刚任总统即恢复已中断3年的地下核试验。

1996年12月9日，希拉克与科尔在纽伦堡签署《法德安全和防务共同构想文件》。这是两国第一份专门涉及安全防务合作的书面文件，阐明了两国在安全和防务政策方面的共同目标，即保障领土完整和国家安全，维护和加强欧洲大陆地区的稳定，在参与防范和控制危机的行动级别方面共同协商。文件特别强调冷战后要从对付确知的军事威胁转向预防危险，并就核威慑力量在欧洲防务政策背景下的作用问题进行对话。而核武器问题一直是两国防务合作中的一大难题，因为法国历来把自己的核武器视为禁区，该份文件则明确提出法德在常规力量与核力量结合基础上建立防务合作，意在增强以法德为主体的欧洲防务特性。

（2）重新调整对北约政策。希拉克上台后，对法国的北约政策进行调整。1995年12月5日，法国决定重返北约军事委员会，参加北约部长会议，强调与北约建立新型关系，此举受到北约大部分盟国的欢迎。1996年，法国的这一决策取得了显著进展，但1997年法国推动在北约内部建立独立的欧洲防务计划处处受挫，举步艰难。1999年的科索沃战争，对于在北约内建独立的欧洲防务起了催化剂作用，尤其是美国对这一问题的态度也发生变化，美国认识到在实现其全球战略中需要一支“欧洲支柱”以“减轻负担”。法国希望借助北约的力量，在北约内部的美国支柱下再建立一个欧洲支柱，以制约美国主宰欧洲事务，并建立一个以法国为首的“欧洲人的欧洲”。

（3）积极约束统一后的德国。对德国的重新统一，希拉克提出要德国保证不成为核大国。在希拉克执政之初，提出法德需要“根本和解”。自第四共和国以来，虽然法国坚持执行对德和解的政策，但对德国的戒备心态扎根于法兰西民族的内心深处。希拉克政府世纪之交的对德政策已有微妙的调整，防范德国的方式有所变化，谋求在欧洲范围内建立新的均势——借欧盟和北约东扩，阻止德国恢复与东欧和波罗的海国家的传统联系，约束德国势力，维持一种互相牵制和交错咬合的态势。实际上这是用欧洲一体化结构拴住德国策略的延续。希拉克采取“南下”与“东进”并举的策略，既促进欧盟与地中海和非洲的联系，平衡德国在东部的传统势力，又利用东欧国家尚存的“恐德心理”和“潜在的亲法情绪”，积极“重返东欧”，取得与德国共同主导东欧事务的地位。

（4）调整法美关系，反对美国霸权。希拉克上台后，法美关系得到改善。希拉克认为，“法国是西方联盟忠实的一员”，现在欧洲还离不开美国，两国仍需保持良好的盟友关系。1996年1月31日至2月2日，希拉克对美国进行3天的国事访问，这是12年来法国总统首次对美进行正式访问。希拉克此举是出于法国调整对外政策的总体考虑：针对当前“一超多强”的世界格局，法国想完全排斥美国是行不通的。与美在有关欧洲事务和世界事务中进行合作，反而能显示法国是与美国是平起平坐的大国。但这并不妨碍法国在国际问题上保持对美国的独立性。希拉克明确表示：法美关系一向是，而且将永远是相互冲突的。1991年6月17日在法兰西学院院士会议上，他公开批评美国的强权政治，断言美国搞“单极世界”或“以美国为轴心的世界”不会为国际社会所接受，是不可能实现的。希拉克担任总统职务后一直坚持认为“明天的世界将是多极世界”、“美国搞单极世界不能得逞”。2003年，希拉克公开对美国入侵伊拉克的行为说“不”，坚决不同意美国对伊拉克动武，甚至以在联合国安理会投否决票相威胁，并严厉谴责美国的单边主义和强权政治做法，这也使得法美关系一度降到冰点。法国还坚决抵制美国文化对欧洲和法国文化的渗透，明确表示反对好莱坞文化对法国的污染。

（5）协调与俄关系。希拉克认为，苏联解体后的俄罗斯仍然是国际事务中有着重要影响的大国，也是欧洲安全和稳定的一个潜在的合作者。他一再表示，“对俄罗斯不要掉以轻心”，不要因为它现在有困难而“轻视它”、“羞辱它”，而应该“帮助它”，法国、欧盟与俄罗斯要建立一种“特殊伙伴关系”。在北约东扩问题上，他反对仓促行事，认为应考虑俄罗斯对其安全的担忧。法国的主张因此深得俄罗斯的好感，俄罗斯称法国是西方国家中“立场同俄罗斯基本一致的国家”。因此，在希拉克任内，法俄在反对美国单边主义、共同打击恐怖主义、深化能源合作、共同应对气候变化和强化核安全等方面取得重要进展，形成了较为紧密的伙伴关系。

（6）加强在非洲、中东和地中海的势力存在。法国在非洲、中东和地中海等地区有着重要的政治、经济和战略利益，并把这些地区视为“不可失去”的势力范围。密特朗时期，法国由于政策的失误，导致法非关系明显削弱，希拉克上台后，立即着手恢复法非信任关系。他提出了一套新的对非政策：一是将“援助与民主”挂钩原则改为“以援助促稳定”的政策；二是带头援助非洲，并减少对非洲内部事务的干涉。他上台后不久就出访非洲，同14个非洲国家元首会晤，并于1999年7月再次访问非洲。在中东方面，希拉克执政后发动频繁的外交攻势，并于1996年4月、7月和10月连续三次访问中东主要国家，表明法国对中东事务的极大关注和谋求重返中东的战略意图，积极参与并推动中东和平进程。在对待伊朗、伊拉克等中东国家上，希拉克也采取了新的政策：加强与两伊经济合作，希望通过加强与伊斯兰教之间的相互理解和通过加强它们与欧洲经济合作的方式，化解它们与西方的矛盾。地中海地区是对欧洲安全威胁最大的地区，希拉克政策的目标是，通过经济合作和政治对话，建立一个横贯欧盟和北非的“地中海共同体”或者“欧盟—地中海大自由贸易区”。

（7）积极推动亚欧合作。希拉克对亚洲文化有较深的理解，他把促进法国经济繁荣和解决就业问题的希望寄托在“征服”这个“新疆界”。为此，他调整了亚洲政策，其特点是：加强政治对话，以带动经济关系的发展；淡化意识形态分歧，注重强调“多元文化”，不在人权问题上搞对抗。自1996年3月初以来，希拉克为推动亚欧首脑会议的多次成功召开做出了积极贡献。

希拉克认为，要实现加强其在亚洲的地位这一目标，“中国、日本、印度等大国具有重要的作用”。对于中国，希拉克认为，“一个联合的欧洲和中国都将是推动21世纪发展的主要力量”。他上台后，抛弃了前总统某些敌视中国的政策，决心推动法中关系向更深层次发展。1997年，中法关系正因法国售台武器而陷入历史最低潮，但希拉克首次对中国进行了国事访问。正是在他的倡议下，中法在1997年建立了全面伙伴关系，开启了中法友好关系的新时期。2004年胡锦涛同志应邀访问法国，与希拉克共同确立了中法全面战略伙伴关系。希拉克为推动法中关系还做了其他很多工作：他反对在日内瓦人权会议上批评中国，明确反对陈水扁借公投名义搞“台独”，并力主解除欧盟对华武器禁运。希拉克任内还倡导2003—2004年法中互办文化年，开启了法中交流的新模式。希拉克也很重视与日本关系，据称，希拉克就任总统前曾44次访日，被日本称为“知日派”。1996年11月，希拉克作为时隔14年第一次访问日本的法国总统，同日本签署了《法国、日本：2000年20项行动》协议，将两国关系推向了一个全面合作的新阶段。希拉克认为，世界第二大经济体的日本，正在成为政治大国，是法国在亚洲的“天然联系国”；法国应该同日本建立密切的政治、经济关系，甚至是战略联盟关系。法国对同印度发展关系也持十分积极主动的态度。1998年1月希拉克访问印度时曾表示，对法国和印度关系的发展前景表示乐观。

三 萨科齐的外交政策

2007年5月7日，执政党人民运动联盟主席尼古拉·萨科齐以53%的支持率赢得大选，当选为“法兰西第五共和国”的第六位总统。在法国外交政策上，萨科齐有为有守，既继承了戴高乐的自主外交以及大欧洲建设，又对法国的部分外交传统进行大胆改革。

（1）推进欧洲一体化建设。萨科齐在2007年8月27日巴黎第15届使节会议上的演讲中表示，要通过欧洲建设加强法兰西在国际舞台上的影响力，以应对目前各种重大挑战。他强调，欧洲一体化建设是法国的“绝对头等大事”。萨科齐希望加强欧洲的防卫力量。他宣称，“我们必须共同制定一项欧洲安全新战略”。在法国2008年7月担任欧盟轮值主席国期间，因爱尔兰否决《里斯本条约》使欧洲一体化陷入困境。法国展开积极斡旋，7月21日，法国总统萨科齐对爱尔兰共和国进行了正式访问。他倾听了爱尔兰各界对这一条约的意见，进而寻求拯救《里斯本条约》的途径。2008年全球爆发金融危机后，欧盟同样受到影响，萨科齐多次召集欧盟峰会，商讨应对金融危机之策。自2009年开始欧元区部分国家开始陷入主权债务危机，萨科齐与包括德国总理默克尔在内的欧盟主要国家领导人，积极寻求改革欧盟，破解走出危机之道。“法德轴心”在危机中表现得更为团结，法国力图借助危机来改革欧盟有货币无财政的弊端，进一步在危机中将欧洲一体化推向前进。

（2）拉近法美关系。萨科齐对美国态度友好，并倡议与美国建立“深厚、真诚、坚定”的伙伴关系。他上台后即宣布：“我想告诉美国朋友，他们可以依靠我们的友谊，在他们需要我们的时候，法国将永远站在他们身边，但法国可以有自己的想法。”在外交上，萨科齐一改希拉克对美国敬而远之甚至大唱反调的做法，全力促进法美关系的改善，推动美欧关系的协调。为了提升军事实力，萨科齐还力主重返北约。2009 年 3 月 11 日，萨科齐宣布法国重返北大西洋公约组织，意味着法国一直以来在欧洲“独树一帜”的安全和外交政策理念发生重大转变。萨科齐认为，如果法国要在未来全球安全事务中发挥影响力，必须摒弃“旁观者”立场，成为北约军事决策的“圈内人”。“单一孤立的国家是没有影响力的国家，如果我们想指望什么，我们必须知道如何与盟友保持紧密联系。”他说，加入北约后，法国将更强大、更有影响力。同时，他认为法国全面加入北约有助于欧洲与美国的对话。

（3）稳定周边，积极打造“地中海联盟”。萨科齐任内还积极打造“地中海联盟”，这是他在 2007 年竞选法国总统时提出的构想。经过一番筹备，2008 年 7 月 13 日，包括以色列、叙利亚和巴勒斯坦等国以及 27 个欧盟成员国在内的 43 国领导人在巴黎出席地中海峰会，宣布成立地中海联盟。与会领导人在会上通过联合声明，决定正式启动“地中海联盟”计划。法国总统萨科齐说，“地中海联盟”计划旨在深化欧盟和地中海沿岸国家间的合作，以实现该地区的和平、安全和繁荣为目标。该计划确定了 6 个重点合作项目，包括地中海太阳能计划、跨地中海学生交流项目、地中海污染治理、沿海和陆地公路建设、民事保护以及地中海商业发展项目。联合声明还决定今后每两年举行一次地中海峰会，采用双主席国轮值机制，每期从欧盟成员国和地中海国家中各选一个国家共同组成轮值国。

（4）积极推行“新干预主义”，与英国牵头干预利比亚危机。2009 年底利比亚内部发生动荡，政府反对派要求推翻卡扎菲的统治，法国在干预危机中扮演了“急先锋”的角色，萨科齐率先宣布反政府的利比亚全国过渡委员会为利比亚政府合法代表，并敦促卡扎菲下台。2010 年 3 月法国联合英国积极干预利比亚危机，推翻了卡扎菲政权。萨科齐积极推行“新干预主义”有着多重考虑，维护在利比亚的石油利益、重振法国的大国地位都是其重要外交政策目标。

（5）调整对华政策，中法关系出现诸多摩擦。如果说希拉克将中法友好关系提升到新的水平，萨科齐则在上台一年后就使中法关系出现明显倒退。萨科齐在外交政策中比较注重价值观因素，对中国的民主和人权状况多有指责。2008 年是中国的奥运年，也是中法关系的多事之年。当中国西藏发生“3·14 打砸抢烧”事件后，法国借宗教和人权问题向中国发难。当中国火炬传递到巴黎时，遭到藏独分子的无端挑衅，激起了中国国民的愤怒，并出现“抵制家乐福”事件。同年 12 月，萨科齐以欧盟轮值主席的身份接见了达赖，中方随即宣布取消当年的中欧峰会，中法关系随之降到了冰点。此后，萨科齐逐渐认识到其对华政策的问题，开始寻求积极改善对华关系。2009 年 4 月萨科齐再度访华，主动寻求改善对华关系，法中关系有所缓解。2010 年 4 月萨科齐再度访华，并预祝中国上海世博会能够取得成功，并表明中法不友好的时光已经过去，双方积极寻求在新的领域的务实合作。

第四节　统一后德国的外交政策

一　科尔在德国统一后的外交政策

1990 年 10 月 3 日，德国实现了统一。德国的统一是以民主德国归并到联邦德国的形式完成的，因此统一后德国的外交政策沿着原联邦德国的外交路线延续下去，这一点集中地表现在它仍然牢牢地立足于同西方联盟的基础之上。科尔的外交政策具体体现在下列几点：

（1）加强德法合作，推动一体化取得积极进展。科尔政府接过施密特政府时期与法国的良好关系，积极推动德法合作并以这一合作为核心推进欧洲共同体更深入的发展。1990 年 12 月，科尔与密特朗共同发表了关于建立欧洲货币、经济联盟和政治联盟的方案。为增强西欧防务能力，科尔于 1991 年 10 月同密特朗一起倡议，在扩大德法混合旅（拟扩大至 3.5 万人）的基础上，最终建立一支包括西欧联盟其他成员国的总兵力约 5 万人的欧洲联合军。1992 年 4 月 1 日，德国外长汉斯·根舍在西欧联盟举行的题为“欧洲新的安全秩序”的讨论会上明确表示，作为长期目标，应建立一支欧洲联军，它将是欧洲安全与稳定的最好保证。1992年5月2日，德国同法国决定组建德法联军，两国为这支联军确定的首要任务是，在西欧联盟和北约的范围内保卫欧洲。这支联军向所有的欧洲共同体国家敞开大门。一年后，这支德法联军发展成为有5个国家（德、法、卢、西、比）参加的欧洲军团。但1999年的科索沃战争使德国认识到，欧洲在防务上还需进一步加强合作，才能获得自己在政治上和军事上解决问题的能力。在欧盟其他国家的共同努力下，德国终于和欧盟其他14个国家在1999年12月的赫尔辛基会议做出决定：建立一支没有北约参与的、纯欧盟的快速反应部队，从而为欧盟的自主防务走出了至关重要的一步。当然，德法之间也存在矛盾，例如在推进一体化进程中，德法为谋求主导地位经常产生矛盾。

（2）建立德美新型伙伴关系。1990年10月4日，德国统一后的第二天，科尔总理在联邦议院发表声明：“我们仍要坚决维护与西方自由民主国家，尤其与美国结成的联盟、团结和价值共同体。”科尔为让美国参与建立欧洲新秩序，一再催促欧洲盟国签署《欧美宣言》，从而为欧美关系确立了新的基础。1991年5月，科尔与美国总统布什会谈时表示，为有效应对对西方安全构成的新威胁，统一后的德国仍然需要依赖大西洋联盟和大西洋两岸的合作关系，这也包括美国军队在欧洲的继续存在。但他也主张建立共同的欧洲防务，强调以主权国家的身份与美国加强协调与合作。

（3）加强与苏东国家的联系与合作。苏联“8·19事件”后，德国主张与原苏联的各共和国领导人保持接触，它不仅率先承认了波罗的海三国的独立，与其建立外交关系，而且还主动邀请俄罗斯总统叶利钦访问德国。东欧剧变后，科尔积极致力于同东欧各国签署双边条约，扩大与它们的经济技术合作，以扩大自己在该地区的影响和推动这些国家的民主化进程。1995年德国向中欧、东欧国家的商品出口约占其总出口的7.5%，其中波兰是德国在中欧、东欧的最大贸易伙伴国，1995年两国贸易额为239亿马克，捷克名列第二，同年两国的贸易额达到216.6亿马克。

（4）积极拓展与发展中国家关系。亚太地区是德国推行其外交战略的重点之一。1993年10月，德国制定了“亚洲方案”以加强与亚洲的合作。1993年9月26日，科尔在德国《星期日世界报》上发表了一篇题为《德国亚洲政策的意义》的长文，强调这是他对亚洲的新决策。他预言亚洲将成为21世纪最重要的大陆，同年，科尔对印度、新加坡、日本和韩国及中国进行了访问。德国在发展与亚洲的关系中，特别看好中国这一巨大的潜在市场，将中国列为德国政策的重点。科尔曾多次访问中国，在1995年访问中国时，他还参观了天津附近的中国人民解放军部队。科尔认为，中国既是亚太地区的一个重要国家，也是一个潜在的大市场。此外，在拉美、非洲和中东地区，科尔也分别加大了经济战略的推广，密切与上述地区的合作。

（5）争取做一个政治大国。德国统一后，德国领导人在多种场合不厌其烦地宣称，德国要在世界上承担更多的责任，使德国在世界政治中占有相称的地位。1992年5月，科尔在美国访问期间发表讲话说：“我们德国人今天作为统一和主权国家在欧洲和全世界担负着越来越大的责任。”德国统一后，科尔政府便积极谋求联合国安理会常任理事国席位。1992年5月5日科尔在美国访问时，提议将联合国开发计划署、人口活动基金会及妇女发展基金会三个机构由纽约迁往波恩，表示德国将为联合国提供优惠条件。同时，科尔政府早在统一之初，就准备修改宪法。1991年5月28日，科尔会见日本新闻代表团时谈及德国要求修宪时说：“修宪不仅是为了能够与联合国维持和平部队合作，也是为了将来能够实现欧罗巴这一目标。同时，为了使德国在世界政治中占有相称的地位，也应修改宪法。”与修宪相联系，德国要求派兵海外，参与解决国际争端。《德国基本法》第87条第1款和第24条均限制德国向国外派兵。德国在统一伊始，面对南斯拉夫和世界其他地区的众多武装冲突一开始表现得很克制。海湾战争期间顶住美国压力没有出兵。1992年5月，德国应联合国要求派遣了130名非军事武装人员去柬埔寨参与联合国维和行动。1993年4月21日，德国联邦议院在尚未修宪的情况下，以341票赞成，206票反对，8票弃权的表决结果通过德国向索马里派兵1640人以援助联合国重建该非洲国家的行动。

二 施罗德的外交政策

1998年9月，在德国第十四届联邦议院选举中，德国社会民主党候选人施罗德击败连续执政16年之久的科尔总理，成为德国新总理。施罗德的外交政策也根据形势变化而进行调整，主要有下列几点：

（1）反对美国霸权。随着德国的统一和冷战的结束，德国外交政策开始了重大调整，由新东方政策中的对美关系一边倒开始寻求扮演更加积极的角色。在对美关系上，德国更加注重扮演一种平衡性的角色，通过发展欧盟，把欧盟变成一个美国可以信赖的伙伴，并坚持将欧洲安全置于北约框架下。

但是，在世纪之交，随着小布什的上台，美国在国际事务中越来越热衷于奉行单边主义，而德国在国际事务中奉行协商、对话的多边主义传统，这就导致德美之间冲突加深。德美之间的第一个重要分歧是由小布什政府不顾德国政府的强烈反对而计划发展“国家导弹防御体系（NMD）”引发的。德国人认为美国这一举动违反了《反弹道导弹条约》，而对德国而言，这一条约对于确保美俄关系的持续稳定以及欧洲的长久和平极为重要。德美之间的另一场较量是有关《京都议定书》。该议定书旨在敦促工业化国家到2012年把温室气体的排放量减至1990年的水平。但是，布什政府拒不签署该协议。

德美之间的分歧与不和在2002—2003年围绕着伊拉克战争而达到高峰。对于小布什政府在没有得到联合国授权的情况下悍然发动伊拉克战争，施罗德称之为“一场冒险”，并暗示这样一场冒险不仅不能阻止恐怖主义的蔓延，甚至会引发更大范围的恐怖主义。他声称，对于这场所谓的“先发制人”的战争，即便是联合国授权，德国也不打算介入。这样，在2003年共同的反美努力中，以法国、德国和俄国为轴心的“圣彼得堡三角”呼之欲出，而德美关系也跌至第二次世界大战以来的最低点。

（2）维持“法德轴心”，克服双方分歧。冷战结束后，随着世界格局的转变，苏东国家作为共同的敌人消失，德国经济和政治力量不断增长，法德之间的分歧和矛盾开始凸显出来。如在1999年柏林峰会上，德法在欧盟未来的财政安排问题上矛盾公开；而2000年底在讨论扩大后欧盟的权力分配的尼斯会议上，法国总统希拉克与德国总理施罗德为争夺在欧盟部长理事会中的表决权票数几乎反目。法国政界、舆论界更是发出了“欧洲不能按德国的笛子跳舞”这样的声音。另外，在土耳其入盟、共同农业政策等诸多问题上，法德都存在着分歧。

德法分歧首先表现在如何发展跨大西洋关系问题上。法国秉承一贯的反美立场，主张逐步消除美国对欧洲事务尤其是安全事务的影响，并试图在此过程中确立法国的领导权。但是德国认为，法国还不足以承担起对欧洲提供充分的安全保障的责任，认为欧盟仍然需要美国和北约。对于欧盟是“先深化还是先扩大”这一事关欧盟发展方向的重大问题上，德法也存在着较大的矛盾。德国是西欧唯一既在西欧一体化又在东扩方面有着重要利益的国家，出于自身地缘因素的考虑，德国主张先扩大再深化。然而法国却认为，由于欧盟东扩步伐太快，导致内部矛盾重重，欧盟需要一定的时间消化东扩的成果。更有甚者，法国认为“欧盟内部的实力对比变化已经倾向于德国，如果再通过东扩进一步加强德国的影响，就会造成成员国之间民族主义情绪的抬头”。德法之间的另一个重要分歧在于欧盟建设的最终目标上。德国希望将欧盟建设成联邦式的“欧洲合众国”，而历来主张独立自主、强调国家主权的法国则希望建立主权国家的“国家间联盟”。2003年法国民众否决了《欧盟宪法条约》，除了表明法国民众对于扩大的欧盟表示不满外，也暂时为法德之间对欧盟发展前景的争执画上了句号。

德法虽然有着不少矛盾，但“法德轴心”依然存在，法德关系依然是最为制度化的双边关系，这也保证了双方在关键时刻仍能团结起来，共同维护欧洲稳定。2002—2003年，围绕着伊拉克战争，由于美国单边主义和“先发制人”战略，德法两国又重新走到一起，并结成了坚定的同盟，共同的反战立场以及新老欧洲的争吵使德法两国重新认识了对方的价值，双边关系再度活跃。2003年1月22日，两国隆重庆祝了象征着特殊关系的《爱丽舍条约》签署40周年；在2003年10月的一次欧盟首脑会议上，法国总统希拉克受德国总理施罗德委托，有史以来第一次代表德国发言；2004年6月，希拉克主动邀请施罗德出席诺曼底登陆60周年纪念活动，使沉寂多年的德法“发动机”重又成为人们关注的焦点。

（3）提升德俄关系。德俄关系随着冷战结束、德国战略东移而得到了较大的提升。德国认为，俄罗斯的稳定以及其成功地实现社会转型并“融入”西方社会具有重要意义。与美国把俄罗斯看作是外在于西方世界不同，德国倾向于把俄罗斯看作是“欧洲”的一部分，认为俄罗斯的稳定和经济繁荣对于欧洲的未来是不可或缺的，而且在德国关于后冷战时期欧洲秩序的设想中，欧洲持久的“自由”和“和平”是建立在与俄罗斯的紧密合作之上的。而且从现实的角度来看，要想维持与德国具有切身利益的中东欧地区的稳定，消除该地区由狂热的民族主义所引发的族群冲突，避免大规模的移民和难民潮，以及防止该地区的军备竞赛、核武器扩散和国际恐怖主义，都离不开俄罗斯的合作和支持。而对于俄罗斯而言，德国是其重返“欧洲”和融入“西方社会”的一个重要跳板，是其成功地实现社会转型的重要的外部资源。正是基于这样的利益结合，德俄关系迅速升温。

当然，德国和俄国在一些问题上——如欧盟和北约东扩问题上——也存在着冲突和矛盾。从稳定中东欧地区出发，德国一贯主张欧盟和北约东扩。但是，从自身的安全考虑，为了不让自己的战略生存空间受到过度的压缩，俄罗斯则一直坚决反对欧盟、特别是北约东扩。德国力图解除俄罗斯的担忧，并向俄表示，德国将努力保证北约认真考虑俄罗斯的关切和利益。施罗德任内与普京发展了良好的私人关系。施罗德致力于让俄罗斯融入“欧洲”和“西方”。

（4）重视和加强对华关系。1998 年 10 月德国施罗德政府组成后，强调要保持对外政策的连续性，重视与中国的关系。因此，在其任内中德的政治、经济和科技交流与合作达到了一个新的水平，双边交往非常频繁。2002 年 5 月，德政府修订亚洲战略，更加重视中国的国际地位和发展对华关系。2004 年 5 月，温家宝总理正式访问德国，两国发表联合声明，宣布在中国与欧盟全面战略伙伴关系框架内建立具有全球责任的伙伴关系。中国明确支持德国在安理会谋求常任理事国席位，施罗德则承诺推动欧盟取消对华武器禁运。双方强调彼此在国际事务中有着诸多共识，如加强联合国和多边体制、对抗国际恐怖主义、提倡可持续发展和保护自然资源等。同年 12 月，施罗德总理对华进行工作访问，双方签署了《中德关于在北京中南海与柏林联邦总理府之间建立直通保密线路的协议》等多项政府协议和经贸合同。

三　默克尔的“价值观外交”

默克尔执政后，一直强调在对外关系中“必须不遗余力地确保价值观在外交中的地位”。2007 年 10 月，默克尔所在的基督教民主联盟（简称基民盟）与友党基督教社会联盟（简称基社盟）结成的议会党团通过“亚洲战略文件”，对“价值观外交”作了初步阐述。2007 年 12 月，基民盟出台新党纲，着重强调“价值观外交”对于德国应对新世纪挑战的重要性，并进一步阐述了价值观外交理念。默克尔“价值观外交”即成为德国执政党对外政策纲领，其核心是意识形态挂帅，其主旨是将外交政策作为推进西方价值观的工具和手段。默克尔“价值观外交”的基本内涵有如下几点：

（1）修复和加强与美国的盟友关系。默克尔上台伊始，即把改善前任施罗德时期处于僵冷以至紧张状态的德美关系置于外交的首位。她认为，施罗德政府执意同美国拉开距离，导致恶化同美国关系的政策，不符合德国的国家利益，因而倾力重振与美国的亲密盟友关系。她执政后，率先并多次访美，利用各种场合与布什总统会晤，在国际事务中加强与美国的协调与配合；积极倡导建立“跨大西洋经济理事会”和“欧美自贸区”。在默克尔的努力下，一度趋冷的德美关系得到较大改善。

（2）以“人权为中心”重塑“亚洲外交”。默克尔批评施罗德时期以经济合作为核心的亚洲政策是片面的，冲淡以至丢掉“普世价值”在外交中的作用。她明确：“在对外关系中，人权应优于经济利益，贸易问题也应该遵守（价值观的）基本原则。”她认为，在对亚洲外交中，德国不应忘记推进自由与民主的责任与使命，不能因为经济利益而纵容专制的泛滥与民主的倒退。为此，她制定新版“亚洲战略”。首先是重新审视和调整对华关系，主张对华政策的中心不应仅局限于经济合作，而应是人权、能源、环境、知识产权等多个目标并重。她认为，鉴于中国在地区和全球的战略地位因其经济持续快速增长而空前提高，它不再只是充满诱惑力的市场，而是德国与欧洲国家在原材料和能源领域日益强劲的竞争对手；如果不断强大的中国继续在民主道路上没有进展，很不利于亚洲乃至全球的民主进程，对西方的民主体制更是一个严峻的挑战。

在对华外交中必须增加基本价值观因素，即在民主、人权领域加大对华施压力度，促使中国改善人权、推行良政，逐渐使中国走西化道路，最终将其纳入西方民主国家体系。其次是调整对印度政策，默克尔认为，长期以来，德国和欧洲推行了重华轻印政策，忽视和疏远了印度，使印度从德国和欧洲得到的政治关注和经济投资都远不及中国。这对于印度这个亚洲“最大的民主国家”是不公正的，也是德国政治家所做出的错误选择。现在，印度同中国一样正在快速崛起，有所不同的是，印度的兴起是建立在西方价值观基础之上，经济发展以成熟的民主体制作保证。德国必须调整以中国为中心的亚洲政策，更多地倾向印度，增强与印度、日本、澳大利亚等民主国家的关系，同亚洲民主国家加强合作，以应对亚洲变化尤其是中国崛起给德国带来的挑战。

（3）以共同价值观为基础推进欧洲一体化。德国历届政府都推行促进欧洲团结与融合政策，都看到德国的发展壮大依托于一个强大的欧洲，而欧洲要强大就必须走联合和一体化之路。因此，欧洲的团结和统一，即欧洲的一体化发展是德国的核心利益之所在。默克尔承袭了这一政策，重视欧洲融合与一体化建设，并以此作为德国外交政策支柱之一。但她更强调价值观在欧洲整合进程中的作用，提出德国将致力于建设一个“以价值观为导向的、公民民主权利广泛的、社会公正的欧洲”。对于欧盟进一步扩大问题，默克尔主张量力而行，严格入盟标准，必须坚持经济指标与民主政治双合格的原则。她认为，目前欧洲国家之间还存在“边界”，但这一边界不再是地理概念，而是民主政治概念。对于那些从前南斯拉夫分裂出来的巴尔干国家和土耳其，如果它们的民主依然存在“缺陷”而未能跨越“边界”，那么，德国不主张它们现在就加入欧盟。

“价值观外交”不是默克尔任内外交政策的全部，只是具有鲜明外交特色之一。默克尔任内同样加强了法德关系，发展与亚非国家关系等。从2009年开始在应对欧洲主权债务危机中，德国扮演了危机协调者的重要角色。此外，随着形势的发展，默克尔也逐渐调整其外交政策，力主加强同新兴市场国家如中国的联系，淡化意识形态色彩。

（“价值观外交”内容部分参考了国际问题研究所王友明的成果）

第五节　冷战后欧共体/欧盟对外重要双边关系

一　欧美关系

欧美文化同源，价值观相近，是具有血缘继承关系的两种文明，欧美天然具有亲和性。但第二次世界大战之后欧美的经济和军事实力却存在巨大差异，欧洲作为第二次世界大战的策源地和主要战场，饱受战火蹂躏，丧失了在世界政治中发号施令的权力，而大西洋彼岸的美国则取代欧洲列强成为资本主义世界的霸主，经济和军事实力一枝独秀。第二次世界大战后欧美关系的演变，就是欧洲国家通过联合自强，不断努力摆脱美国附属地位，争得平等合作关系的过程。我们可以简单将第二次世界大战后欧美关系史分成三个阶段进行回顾：

（1）从1945年到20世纪50年代末，冷战逐渐开启，欧洲分裂为东欧和西欧，分属东西两大阵营；西欧急需战后重建，美国推行“马歇尔计划”，对西欧进行大规模经济援助，并在西欧建立以美国为领导的“北约”安全架构体系；西欧各国在经济恢复之余，开始探索联合之路，法国和联邦德国等六国创立了欧洲经济共同体。

1946年3月英国前首相丘吉尔发表“铁幕”演说，宣称“一幅横贯欧洲大陆的铁幕已经降落下来”，鼓动美国干预欧洲政治与安全，以制止苏联“侵略”。一年后美国总统杜鲁门在美国国会宣读了被称为“杜鲁门主义”的国情咨文，宣称美国要在全世界反对共产主义的扩张，并说服美国国会拨款援助希腊和土耳其政府，帮助它们镇压人民革命运动，正式介入欧洲事务。当时西欧经济凋敝，包括法国在内的一些国家政局动荡，美国深恐西欧经济社会动荡会导致共产主义“乘虚而入”，因此决定给予欧洲大规模的经济援助，帮助西欧盟友复兴经济。1947年6月，美国国务卿马歇尔在哈佛大学发表了援助欧洲的演说，之后根据其精神制定了“欧洲复兴计划”（通常称之为“马歇尔计划”），1948年4月杜鲁门签署了这一计划，美国向英、法等16个西欧国家提供170亿美元的经济援助，这是美国历史上最大的一次对外援助活动。史学界对“马歇尔计划”对西欧经济恢复是否起到决定性作用仍有很大争论，不过无疑美国的经济援助在西欧经济混乱状态下还是为各国政府稳住市场、增强信心提供了帮助。安全上，美、英、法与苏联在德国问题上的分歧越来越大，1948 年苏联封锁西柏林，柏林危机爆发，1949 年德国正式分裂为民主德国和联邦德国。冷战态势改变了美国不打算在欧洲长期驻军的原计划，响应英国等一些西欧国家的号召，从 1948 年 4 月开始，与加拿大和西欧国家谈判建立某种安全体系协定，1949 年 4 月正式签署成立“北大西洋公约组织”，美国向西欧国家提供安全保护，对抗来自苏联的安全威胁。

西欧国家尝试着从安全、政治和经济角度开启欧洲一体化道路，最终莫内、舒曼、斯巴克等欧洲精英在经济领域的尝试取得了成功。1951 年欧洲煤钢共同体成立，1958 年欧洲经济共同体建成，法国、德国、意大利、荷兰、比利时和卢森堡开始进行经济整合。欧洲经济一体化初期得到美国的大力支持，莫内和斯巴克都曾得到当时美国总统艾森豪威尔和国务卿杜勒斯的帮助。欧洲经济共同体成立后，美国率先承认。美国支持西欧的联合，既有冷战中加强己方力量的安全需要，也有扩大自己产品市场这样的经济考虑。不过这一时期，美国同西欧也有矛盾，突出表现在殖民地问题上。在印度支那战争和苏伊士运河危机中，美国利用英法殖民体系的衰落，插手东南亚和北非地区，并未支持英法的殖民主张，借民族解放运动之手驱逐了英法在亚非地区的影响力。

（2）20 世纪 60 年代初到 80 年代末冷战结束，西欧经济迅速发展，并通过一体化建成关税同盟和共同市场，拉近了与美国的经济实力差距，成为与美国并立的资本主义世界三强之一，西欧与美国的经贸和金融摩擦急剧增多，欧美经济地位趋向平等；政治和安全上以法国为代表的西欧已经产生较强的独立意识，开展多边核力量建设，对苏实施缓和外交政策。

20 世纪 60 年代之后，随着西欧经济的恢复和发展，欧美经济失衡的状况开始改变，同时欧洲共同体实施共同农业政策和建立关税同盟，这种保护内部市场的举措制约了美国企业进入西欧。在这种情况下美国对欧洲一体化的支持态度开始有所动摇，不过总体上美国依旧赞成欧洲一体化，1962 年肯尼迪发表“大西洋相互依存”演说，称愿意同一个“联合的欧洲”建设“大西洋伙伴关系”。美国鼓励英国加入欧共体，只是它希望欧洲一体化向自由贸易区方向发展，并力图通过关贸总协定内的贸易谈判来协调美欧关系，并将欧共体纳入全球自由贸易框架。70 年代后，货币成为美欧关系中的突出问题。经历了战后二十年持续高速增长后，欧美经济均陷入滞涨之中，美国仅从自身利益出发，放弃了以金本位制为核心的布雷顿森林体系，导致世界金融市场陷入无序状态。欧洲共同体国家提出了建设货币联盟的设想，并于 1979 年建成“欧洲货币体系”，西欧国家联合起来抵御美元危机带来的经济冲击，但它间接对美元的世界霸权地位提出了挑战。

政治领域，60 年代法国总统戴高乐上台后，奉行独立自主和恢复法国大国地位的外交政策，力图以“法德轴心”为基础将西欧国家联合起来，建立与美苏相抗衡的“第三种力量”。戴高乐反对欧洲依附美国，要求在北约内取得与美国平起平坐的地位，在遭到拒绝后 1962 年法国退出了北约军事一体化机构，并要求北约将其总部迁出巴黎，美军离开法国。同时法国还实行独立的核战略，自己独立生产核武器，摆脱美国的核垄断。法国对美独立政策的另一个重要内容是甩开美国，自己调整与苏联的关系。1960 年戴高乐与赫鲁晓夫会谈时，提出了“缓和、谅解和合作”的三部曲政策，建议同苏联和东欧缓和关系，进行合作。70 年代联邦德国的外交政策也开始调整，尽管美国疑虑重重，但勃兰特任总理后还是推行“新东方政策”，独立打开了同苏联交往的大门。20 世纪 70 年代中期之后，冷战进入缓和期，西欧国家不愿将自己被动系在美国的核保护伞下，推动美国同苏联在 1975 年召开了欧洲安全与合作会议，80 年代开启中程导弹谈判。同时，法德等西欧国家也开始探索独立防务建设，通过西欧联盟加强共同防务，协调各国武器生产和管理。

（3）20 世纪 90 年代初到现在，进入后冷战时代，欧洲结束了东西分裂的状况，德国统一，欧洲联盟成立，欧洲一体化扩展到政治领域，欧洲建成经济和货币联盟，发行欧元，欧盟也成为世界上最大的市场，欧美在经济领域内竞争与合作并存；失去苏联威胁之后，欧洲对美国的安全依赖减弱，但二者相互依靠，共同处理世界范围内的安全问题，欧美关系已成为一对平等的伙伴关系。

冷战结束后，欧洲一体化在扩大和深化两方面都取得突破性进展，1992年《马斯特里赫特条约》生效，宣布欧洲联盟建成，欧洲各国的联合进入政治和安全层面。在经济领域，欧盟已经形成一个包括27国、拥有5亿人口、国民生产总值居世界首位的世界最大市场，欧盟充分利用这一优势，通过制订市场规则影响世界经济运行；1999年欧元问世，欧元成为美元之外世界各国储备和使用最广泛的货币，动摇了美元的世界货币地位，美欧之间竞争性一面加剧。不过另一方面，直到2011年，欧美仍然互为最大贸易伙伴，欧美间相互投资的力度和深度也是世界其他地区无法比拟的，欧美在世界贸易组织、国际货币基金组织和世界银行等全球经济治理机构中的合作非常密切，所以说，欧美经济的合作依旧广泛而深入。

安全方面，苏联解体消除了欧洲安全的最大威胁，对欧洲来说，美国的军事存在同冷战时期相比重要性下降。欧洲独立防务建设取得一定进展，共同外交与安全政策是欧盟努力建设的一根支柱，1998年英法首脑发表《圣马洛声明》，主张建设欧洲自主的军事干预力量。但冷战后欧洲在军事高科技革命中落后于美国，军事投入也相对不足，与美国的军事差距并没有缩小，欧洲在安全事务方面主要仍在北约框架，而不是欧盟框架下活动，在处理欧洲和世界范围内安全危机时，仍然需要借助美国的军事力量，这在1999年的科索沃危机、2001年的阿富汗战争和2011年的利比亚危机中都表现得很明显。

进入21世纪后，伴随欧洲总体力量和自信心的上升，欧美之间的政治矛盾增多并凸显出来。欧美政治分歧曾经导致2003年伊拉克战争期间大西洋联盟短暂破裂，美国小布什政府的"先发制人"军事战略，无须盟友和国际机构同意的单边主义对外政策引发欧洲民众的反美情绪，法德等国领导人直接反对美国攻打伊拉克，美欧关系降至第二次世界大战后的最低点。小布什政府第二任期和奥巴马任总统期间，美欧关系逐渐恢复，但政治对话建立在欧美平等地位基础上已经成为双方的共识。

（欧美关系部分内容由中国社会科学院欧洲研究所赵晨撰写）

二 欧俄关系

（一）欧共体承认独联体新国家

苏联解体后，如何确立与包括俄罗斯联邦在内的苏联加盟共和国的关系成为了欧共体必须面对的一个紧迫外交问题。1991年12月16日，欧共体成员国举行部长级特别会议，会后发表的联合宣言宣布，如果在苏联领土上出现的新国家能够遵守以下原则，欧共体将原则上承认这些国家，并与之建立外交关系，这些原则主要包括：遵守《联合国宪章》，履行《赫尔辛基最终议定书》和巴黎宪章所规定的义务，特别是涉及法制、民主和人权的各项条款所规定的义务；根据欧洲安全与合作会议规定的义务，保护境内少数民族的权利；尊重现有边界的现状，如须改变，则需要通过和平的途径共同协商予以解决；遵守有关裁军与防止核武器扩散的相关条约，遵守有关维护地区安全与稳定相关条约；涉及国家和地区冲突的有关问题必须通过协商，或者通过国际仲裁法庭解决。

1991年12月21日，原苏联加盟共和国中的阿塞拜疆共和国、亚美尼亚共和国、白俄罗斯共和国、哈萨克斯坦、吉尔吉斯斯坦、摩尔多瓦共和国、俄罗斯联邦、塔吉克斯坦、土库曼斯坦、乌兹别克共和国和乌克兰11国元首共同以创立国的身份在哈萨克斯坦原首都阿拉木图举行会议，会议上通过了《关于独立国家联合体协议的议定书》等一系列文件，正式宣告建立独立国家联合体。欧共体对独联体的成立反应十分积极。12月23日，欧共体委员会发表了有关俄罗斯和其他原苏联加盟共和国未来地位的宣言，其中强调，欧共体及其成员国对阿拉木图会议上做出的关于独联体成立的决议感到非常满意，同时指出，依据《联合国宪章》苏联在国际上的权利和义务将由俄罗斯来承担。欧共体赞同俄罗斯政府提出将承担苏联时期所有外国、国际组织和私人投资的债务的决定。欧共体委员会还表示，如果俄罗斯能够坚定不移地实行市场经济，推动国内的民主化进程，欧共体将与俄罗斯建立长期友好的双边关系。

（二）《俄罗斯与欧盟伙伴关系与合作协定》

为了表示对俄罗斯经济改革的支持，欧共体还积极协助俄罗斯加入一些有影响的国际金融机构。在欧共体的帮助下，1992年4月和6月俄罗斯分别加入了国际货币基金组织和国际复兴开发银行。欧共体的善意之举无疑为俄欧双边关系的建立和发展奠定了一个良好的基础。

1992年5月，时任欧盟委员会主席的法国人雅克·德洛尔访问莫斯科。俄欧双方首次就建立双边关系问题深入地交换了意见。在这次会谈中，俄欧双方明确了未来双边协定的最终形式为《伙伴关系与合作协定》。1992 年 10 月俄罗斯与欧盟正式开始谈判，艰苦的谈判经过整整 12 轮，持续了一年半的时间。俄罗斯 30 多个政府部门的代表参加了谈判，欧盟方面的谈判代表包括欧盟委员会的所有成员。1993 年 9 月 9 日，俄罗斯与欧盟在布鲁塞尔签署了共同政治宣言，其中确定了未来协定的基本框架。宣言指出，俄罗斯与欧盟已经就合作伙伴关系的基本原则，在政治、经贸和文化等领域的合作方向问题上取得了一致意见，这无疑为以后合作协定的出台奠定了坚实的基础。1994 年 6 月 24 日双方在希腊的科孚岛上签订了《俄罗斯与欧盟伙伴关系与合作协定》，共同翻开了俄欧关系的新一页。

伙伴关系与合作协定共包括 11 个部分、112 条款、10 个附件和 2 个备忘录，概括来说主要涉及了俄罗斯与欧盟双边关系中三个最重要方面的内容：政治关系、经济关系和文化关系，该协定近 80% 的内容涉及俄欧经贸领域的合作。该协定的主要内容包括：确定俄罗斯与欧盟及其成员国之间是伙伴关系；帮助推进俄罗斯的政治和经济改革，协定明确了实现全方位的伙伴关系与继续推进和完善俄罗斯的政治与经济改革之间的关系；建立定期政治对话的机制。为保障协议的顺利实施，俄欧双方首次决定建立双边政治磋商机制，以此来监督该协定的实施情况，研究双方提出的新建议，解决不断出现的涉及双方利益的新问题和新冲突。定期机制包括俄罗斯总统与欧洲理事会和欧盟委员会代表一年两次的高峰会谈，在合作委员会框架内的部长级会谈及其他政府高级官员的会晤等。此外，俄罗斯与欧盟的议会议员还可以通过议会合作委员会进行交流；致力于发展双边经贸关系，相互给予各种优惠政策。俄罗斯与欧盟都承诺将在双方的贸易往来中给予对方各种优惠政策，其中主要包括相互提供最惠国待遇。采用世界贸易组织相关准则处理贸易纠纷。尽管当时俄罗斯并没有加入世界贸易组织，但是该协定规定双方可以采用世贸组织的部分相关准则来处理贸易纠纷。保护双方企业的跨境活动。实施最广泛的经济合作计划；积极推动双方在文化领域内的合作。通过自由互换信息，互相学习语言、文化，开放文化领域的交流来加强双方人员的联系。

（三）《欧盟与俄罗斯关系集体战略》

1994 年到 1998 年金融危机前，俄罗斯与欧盟之间的关系总体上是沿着上升的趋势发展。但 1998—1999 年俄罗斯的金融危机使俄欧盟关系处于严重的危机之中，集中表现在贸易、投资及财政金融三个关键的领域。在贸易方面，首次发生了自 1992 年以来商品流转的绝对缩小，俄罗斯 1999 年出口欧盟国家的货物出口量较之 1997 年减少了 22%，同期进口则缩减了 45%；在外国投资方面，首次出现了自 1992 年以来外国投资减少的情况，其中欧盟国家对俄罗斯经济的投资额锐减；在财政金融方面，危机的顶峰出现在 1998 年 8 月 17 日，俄罗斯政府总理基里延科通过了一项决议，冻结俄罗斯所应该偿还的到期内外债务，放开卢布的汇率，这直接造成了卢布近四倍的贬值。金融危机导致了俄罗斯与欧盟关系的危机。这场危机引起了欧盟各国对俄罗斯能否真正成为一个伙伴国家的信任危机。西欧国家开始重新审视与俄罗斯之间的关系现状及发展前景，并且一致认为，为了双方的合作伙伴关系的发展有必要重新调整对俄合作态度，选择某种新的合作方式。基于这一认识，1998 年 12 月欧盟委员会开始研究新的对俄罗斯集体战略。

1999 年 2 月 18 日在俄欧莫斯科峰会上，双方发表共同宣言：“我们（俄罗斯与欧盟）一致认为，保持俄欧关系的健康、正常发展是世纪之交欧洲大陆和平与稳定的基本要素之一，为此我们将携手合作寻找共同的途径以迎接 21 世纪的挑战。”经过对俄罗斯国内社会政治经济环境的详细评估，欧盟委员会于 1999 年 6 月 3 日正式提出了《欧盟与俄罗斯关系集体战略》。作为回应，俄罗斯也在同年 10 月举行的俄欧赫尔辛基首脑峰会上正式提出了《俄罗斯联邦与欧盟关系发展中期战略（2000—2010 年）》。在随后发表的共同声明中，欧俄双方一致认为，“在世纪之交，这两个战略性文件的及时出台无疑具有极为重要的意义，它们使俄欧之间的政治经济伙伴关系更加紧密，双方关系在《伙伴关系与合作协定》的框架内有望得到更进一步的发展”。

《欧盟与俄罗斯关系集体战略》是欧盟实施共同的外交和安全政策以来首次针对一个非成员国提出统一的长远发展设想，它主要包括四个方面的内容。第一，更加明确了欧盟对俄政策的长远目标，即将来不仅要与俄罗斯建立统一自由贸易区，而且为了加强欧洲内部及其外界的稳定与安全要实现俄罗斯与欧洲经济社会空间一体化，实现双方真正意义上的战略合作。第二，欧盟进一步明确了对俄战略的目标，即推动俄罗斯的全面改革，帮助俄罗斯实现稳定、民主和良性的市场经济环境，促进俄罗斯经济的发展。第三，重新界定欧俄政治对话的方向及内容。鉴于欧盟正在向实行共同的外交安全政策和建立统一的防务体系努力，而俄罗斯也一直致力于参与欧洲安全格局的构建，因此欧盟认为有必要对双方在这一领域的合作做出较为全面的规划。第四，与《伙伴关系与合作协定》相比，该战略对双方在环境保护、能源供应、核安全、高等教育及干部的培养、立法和标准的接近、地区发展和边界交通、共同应对有组织的犯罪及司法合作等领域的合作与相互协调做了进一步的明确和补充。

与欧盟推出的对俄战略一样，《俄罗斯联邦与欧盟关系发展中期战略（2000—2010 年）》也是俄罗斯独立以来专门就与某一地区性组织发展关系提出的少数纲领性文件之一。该战略的主要目的是，保障俄罗斯在欧洲和全世界的民族利益，提高自身的主权地位。为此，需要在有欧盟各成员国的共同参与下构建牢固可靠的全欧洲集体安全体系，吸引欧盟的经济潜能和先进的管理经验，在公平竞争和保证国家的民主法制建设不动摇的前提下推动俄罗斯市场经济改革的健康发展。该战略强调，要加强俄罗斯与欧盟在欧洲和国际事务中的交流与合作，为应付欧洲地区性的冲突，在不违背国际法的准则和不使用武力的前提下采取协调一致的和平行动，以达到预防冲突和化解危机的目的。该战略还建议建立一个没有边界的统一欧洲，在 21 世纪的国际社会中加强俄罗斯与欧盟的相互联系，协调双方的立场。

（四）欧俄“路线图”计划

在俄罗斯与欧盟之间建立四个统一空间的设想最早是在 2003 年的俄欧圣彼得堡峰会上提出的，原计划在 2004 年 11 月举行的俄欧海牙首脑峰会上签署，但由于双方在俄罗斯人赴欧签证、非法移民的遣返和欧盟的航空公司飞机飞越西伯利亚领空等问题上难以达成妥协，文件的签署被迫推迟。后来经过多轮谈判，俄欧双方最终于 2005 年 5 月 10 日在莫斯科举行的第 15 次俄欧首脑峰会上批准了有关建立俄欧四个统一空间的“路线图”的一揽子文件。

“路线图”计划主要对未来俄欧关系发展的共同目标和中长期合作的时间安排进行了较为详细的规划，它是一个目标明确的具体行动纲领，涵盖了经济、安全、司法和文化教育等四个领域的合作，主要包括以下四个方面的内容：

（1）建立统一的经济空间。这是“路线图”计划的核心内容。统一经济空间涵盖十分广泛，主要包括在电信、交通、能源、宇航和环保等领域开展合作。其总体目标是：在俄罗斯和欧盟之间建立开放的和一体化的大市场，为扩大统一空间内部的经济流通创造条件，促进贸易和投资的发展，根据对等原则简化各自在对方领土上创建新公司的手续，加强在能源、交通、农业和环境保护等领域的合作，推进经济改革，提高本地区、本国民族工业的竞争力。

（2）建立统一的自由、安全和司法空间。主要包括三个方面的合作：第一，加强司法和内务方面的紧密合作。未来双方需要加大对边境管理、移民准入和互免签证等问题的研究力度，这是最终构建一个没有国界线的大欧洲的重要前提。第二，构建一个相互尊重的民主价值体系。其中包括履行应尽的国际义务、尊重人权、保护侨民和少数民族的权益、新闻自由和加强民主法制建设。第三，加强在非传统安全领域内的合作。有组织犯罪、恐怖主义、洗钱、贩毒和贩卖人口等一系列具有跨境性质的非法犯罪活动已经成为双方面临的共同威胁，加强司法合作是解决上述问题的有效途径之一。

（3）建立统一的外部安全空间。双方一致认为建立多极化的国际新秩序是维护世界和平与稳定的基础。双方坚持联合国在解决重大国际问题方面具有不可替代的作用，《联合国宪章》是处理国际事务应遵循的基本准则，主张尊重和发挥联合国及安理会在国际舞台上的重要作用。此外，双方还承诺共同努力加强欧洲安全与合作组织和欧洲理事会等国际组织的作用，巩固双方在全球及地区问题上（例如地区性冲突）的合作，加强在反恐、防止武器扩散和人道主义救援等领域的合作等。

（4）建立统一的文化教育空间。其中包括：通过加强科学文化联系、联合办学、交换学习、跨文化对话等方式增进双方，尤其是青年之间的相互学习和了解，为未来双方关系的深入发展奠定坚实的人文基础；加强在宇航、新材料和纳米技术、生命科学、信息技术、清洁和可再生能源等所设定的科技优先合作领域的合作，促进双方经济的健康发展。

（五）俄格冲突与欧俄关系

2008 年 8 月 7 日夜，格鲁吉亚对境内一直寻求独立的南奥塞梯突然发动军事进攻，试图迅速控制南奥塞梯，并在西方支持下迫使俄方接受既成事实。但在南奥塞梯有着巨大战略利益的俄罗斯迅速做出反应。8 月 11 日，俄罗斯以保护南奥塞梯境内的俄公民为由，出动了第 58 军同格鲁吉亚政府军展开激战。10 日，俄军基本控制了南奥塞梯，格方宣布停火，要求进行谈判。11 日，格军退出南奥塞梯，转入防御。8 月 15、16 日，格俄两国签署停战协定。8 月 25 日，俄罗斯议会两院先后全票通过决议，呼吁政府承认南奥塞梯和阿布哈兹独立。26 日，梅德韦杰夫总统发表电视讲话宣布，俄承认两地独立。9 月 2 日，格鲁吉亚宣布同俄罗斯断交。9 月 9 日，俄罗斯宣布同南奥塞梯和阿布哈兹建立大使级外交关系。

俄格冲突爆发期间，欧盟一直进行积极干预。8 月 8 日，以欧盟轮值主席国法国为首，德国、英国等欧洲各国政府均要求格鲁吉亚和俄罗斯停火并举行和平谈判。8 月 10 日，法国外长贝尔纳·库什内与格鲁吉亚总统米哈伊尔·萨卡什维利举行了会谈，格总统接受了库什内提出的立即停火、救治伤员、双方部队有序撤离、随后举行政治和谈等四项建议。11 日，萨科齐和库什内又到达俄罗斯与梅德韦杰夫会谈。8 月 12 日法国促成俄格双方签署了停火协议，协议包括六点：放弃使用武力；彻底停止所有军事行动；开展人道主义援助行动；格鲁吉亚军队回到出兵前的常驻地点；俄罗斯军队返回开始军事行动前的位置，在国际维和机制形成之前，俄维和部队可采取必要的安全措施；就南奥塞梯和阿布哈兹未来地位及安全保障途径问题展开国际讨论。

8 月 26 日，梅德韦杰夫总统宣布俄罗斯承认两地独立，引起了欧盟的震动。欧盟负责外交和安全事务的高级代表哈维尔·索拉纳当天表示，欧盟支持格鲁吉亚领土完整。8 月 28 日，法国外长库什内表示，欧盟国家领导人正在考虑制裁俄罗斯。他说，欧盟正在试图起草一份态度强硬的声明，以表示其坚决不能接受在格鲁吉亚正在发生的一切，他说，“我们考虑了制裁，也考虑了其他手段”。9 月 1 日举行的欧盟特别首脑会议经过 3 小时的磋商最终一致认为：“俄罗斯对格鲁吉亚的入侵不能接受”，呼吁俄全面落实已经达成的停火协议。会议决定，在俄完全撤回到冲突前位置之前，欧盟将暂时推迟与俄罗斯的双边关系框架协定谈判。欧盟峰会还决定向格鲁吉亚提供经济援助，并且任命一名格鲁吉亚危机特别代表。

俄格冲突凸显了欧俄在涉及各自重大利益关切时所产生的难以调和的矛盾。俄格冲突是俄罗斯对欧美一直挤压自己的战略空间、频繁实施“颜色革命”的反击。由于格鲁吉亚事关欧盟能源供应，如果处理不好将危及能源安全，因此欧盟也采取不妥协的立场。不过，由于欧俄都深受金融危机的影响，加上欧盟业已与俄罗斯形成了紧密的合作伙伴关系，因此，双方并不想让矛盾进一步恶化。这在事实上促成了双方仍保持了密切的磋商和对话，双边正常关系仍在危机过后得以继续发展。

（此部分内容参考了国际关系学院罗英杰教授的部分资料）

三　欧非关系

非洲在欧共体/欧盟外交战略中占据非常重要的地位。早在欧共体发展的初期阶段，就将一些成员国的前非洲殖民地纳入与整个共同体的“特殊关系”框架内，建立了行之有效的联系制度，并通过加大对非洲的贸易和援助，维系欧洲对前殖民地的控制。随着冷战结束后国际形势的深刻变化，尤其是非洲战略地位的不断提高，欧共体/欧盟为了自身的经济和安全利益，积极调整对非政策，深化双方的战略伙伴关系。

（一）《柏林宣言》

1994 年 9 月，欧盟与南部非洲发展共同体召开了外长会议，并发表了《柏林宣言》。双方一致同意对总的对外政策进行定期交换意见，“尤其是为了促进南部非洲地区的和平与长期稳定而进行政治对话”，并同意在地区发展计划方面加强合作。1997 年 6 月，欧盟外长理事会确定关于预防和解决非洲地区冲突的原则立场：一是避免采取一切可能被认为是强加于人的解决办法，强调预防和解决非洲大陆的各类冲突应由非洲人自己负责；二是根据非统组织和次区域组织等提出的建议以及欧盟代表实地考察的结果，决定是否向有关国家提供帮助；三是为有效解决冲突，可以采取一切必要手段，包括军事手段，但预防冲突是首选措施；四是成员国应大力气限制武器出口。

（二）第一届欧盟—非洲首脑会议

1996年欧盟成员国葡萄牙提出举行欧盟—非洲首脑会议的建议，1999年7月举行的非统组织第35届首脑会议接受了这一建议。2000年4月，在开罗召开的首次欧盟—非洲首脑会议正式启动了欧盟—非洲对话机制，这次会议是两个大陆迄今为止举行的最大的一次国家元首或政府首脑会议。首脑会议旨在探讨欧非大陆在政治、经济和社会等领域的合作，构筑面向21世纪的欧非新型战略伙伴关系。此次会议议题涉及军事与安全、政治、经济和社会四个方面。

军事与安全方面：尽早结束非洲战乱，实现和平；加强非洲地区预防、处理和解决冲突的机制；建立一个非洲统一组织的预警系统以增强非洲自身维持和平及解决冲突的能力；清除地雷以及建立无核区等；

政治方面：定期举行透明、自由而公正的选举；促进并充分尊重人权，保障妇女权利；确保基本自由，包括新闻自由以及支持民主、法治和独立的司法系统等；

经济方面：加快非洲经济融入世界经济的步伐；完善地区间合作；实现贸易自由化；扩大对非援助；鼓励私人部门投资；控制非洲的资本外流和增加对非洲的外资投入；改善工业和基础设施建设；发展高科技；加强双方在贸易方面的互利合作，进一步消除双方的贸易壁垒，特别是非关税性贸易壁垒，加大非洲产品进入欧洲市场的机会等；

社会方面：妥善处理非洲难民问题；积极应对与可持续发展相关的消除贫困、改善教育等问题；采取有效措施防止政府官员贪污腐败和任人唯亲；制止非法开采自然资源和贵重商品的非法交易；加强合作，打击恐怖活动；禁止常规武器的流失与走私活动以及职业武装人员重返公民社会等。

（三）《欧盟非洲新战略》

2005年10月12日，欧盟委员会通过《欧盟非洲新战略》，为欧盟帮助非洲国家实现联合国“千年目标”提供了一个行动框架。该战略提出，未来10年间要在欧盟与非洲之间在安全与发展两大领域建立“战略伙伴关系”。该战略所涉及的主要是一些与可持续发展相关的核心问题，如和平与安全、高效管理、贸易、社会团结及生态保护等。此外，根据当年6月所确立的原则，欧盟将加大对非洲的发展援助。欧盟委员会主席巴罗佐强调，只有通过密切合作，帮助非洲走上发展之路，困扰各方的移民问题才能从根本上得到解决。根据欧盟委员会的说法，《欧盟非洲战略》的顺利通过，标志着“2005年的顶峰”，尤其是“欧盟已经聚焦非洲”。这一战略意味着欧盟在处理对非洲大陆的问题上迈出了改革步伐。

（四）第二届欧盟—非洲首脑会议

欧盟非洲首脑会议三年举行一次。第二次欧非首脑会议本应于2003年在里斯本召开，但因欧盟对津巴布韦实施制裁而使欧非双方在召开峰会的问题上陷入僵局，第二次峰会也因此多次延期。2007年12月，在欧盟轮值主席国葡萄牙的推动下，第二届欧盟—非洲首脑会议（里斯本峰会）经4年搁置之后终于在葡萄牙首都里斯本召开。第二届欧非峰会通过了《欧非共同战略》（*Joint Africa-EU Strategy*）以及实施这一战略的《行动计划》。在新的对非战略中，欧盟强调要改变以往欧洲国家与非洲国家之间的“援助者和受益人”关系模式，建立新的“平等伙伴关系”。欧盟迫切需要构筑欧非新型战略伙伴关系。该战略反映了来自欧洲（27国）和非洲（53国）的80位国家或政府领导人在战略伙伴关系框架下重新定义两大洲关系的愿望，以此来共同应对全球挑战。

《欧非共同战略》为建立双方的战略伙伴关系确立了四大优先行动领域：和平与安全、良政与人权、贸易与地区融合以及重要的发展项目。非洲和欧盟都认为，双方不仅将在两大洲加强和平与安全方面的合作，也应共同努力解决全球性问题。欧盟将采取措施，增强非洲的行动能力；双方把“推行良政和改善人权”作为伙伴关系的“核心特点”；双方鼓励私人领域投资，加强非洲基础设施网络建设，实现“贸易融合”；促进“南南和北南”商品流通。双方还将共同为实现“千年发展目标”做出贡献，为实施联合战略，双方表示将每两三年制定一项行动计划。

根据此次峰会通过的第一个《行动计划》，欧非将建立和平与安全、良政与人权、贸易与地区融合、“千年发展目标”、能源、气候变化、科学与信息社会、移民与就业等8个伙伴关系，加强在这些领域的对话与合作。双方将建立机构性框架和实施机构，推动伙伴关系。此外，非盟和欧盟还将增加彼此在布鲁塞尔和亚的斯亚贝巴的外交人员。

尽管欧非双方领导人形成了很多共识，但在人权与民主以及贸易问题上仍存在明显分歧。会议期间，部分欧盟国家对津巴布韦的人权状况横加指责，非洲国家领导人则批评他们根本不了解真实情况。非洲国家领导人还严厉批评欧盟在贸易谈判上对非洲国家施加压力。

（五）第一行动计划

2008年10月1日在布鲁塞尔举行的欧共体—非洲联盟会议上，欧盟成员国与非盟成员国讨论了双方的制度关系，并一致同意实施在欧非共同战略框架下的第一行动计划（2008—2010），该计划涉及8项战略合作议题。《欧非共同战略》（Joint Africa-EU Strategy）为欧非关系提供了一个长期的发展框架，而第一行动计划详细规定了2008—2010年双边合作的具体建议，构建了8项欧非战略伙伴关系内容。

（1）和平与安全：在非洲际的层面（非盟和平与安全理事会以及欧盟政治和安全委员会）、地区层面（如与西非国家经济共同体进行的例行交流）和国家层面（根据《科托努协议》第8条的规定）加强政治对话。欧盟出资10亿欧元资助非洲的和平与安全建设；（2）民主治理与人权：在选举监察领域进行合作，资助非盟选举援助基金100万欧元来提高选举监察能力。从政治和财政两方面支持非洲国家在这一领域的评议制度；（3）贸易、区域一体化和基础设施建设：非洲地区和欧共体在2008—2013年签署三个区域建设项目。2009年2月签署非洲统计宪章，为非洲的统计事业提供政策框架和支持工具。发起一项大规模改善卫生状况的计划，到2010年末这项投资规模为一千万欧元；（4）联合国千年发展目标：欧盟委员会提供必要的食品设施来加强非洲国家的食品安全，总共投资约5.6亿欧元。欧盟同样向全球基金（Global Fund）提供专项资金来帮助非洲抗击艾滋病和其他传染性疾病。欧盟委员会建立教育基金（Fund of the Education）来资助非洲国家的教育事业；（5）能源问题：欧盟和非盟致力于能源市场的标准化和一体化。同时，欧盟支持马格里布国家电力市场一体化以及向下撒哈拉非洲提供能源服务。与非洲国家合作开发地中海太阳能计划（Mediterranean Solar Plan）；（6）气候变化：根据全球气候变化联盟（Global Climate Change Alliance）的倡议，欧盟选择马里、毛里求斯、莫桑比克、卢旺达、塞内加尔、塞舌尔和坦桑尼亚为2009—2010年度强化合作对象；欧盟资助发起实施第二阶段的撒哈拉和萨赫勒（北非一规模庞大的干旱区）绿色长城倡议行动计划。该计划旨在通过跨部门合作来维持对自然资源的可持续管理；（7）移民、人口流动和就业：资助非洲研究相关研究机构和非洲难民网络，开展欧非关于移民、人口流动和就业问题的政治对话。建立非洲国家专家区域网络来打击贩卖人口行为；（8）科学、信息社会和空间战略：欧盟资助关于水和食品安全、环境和改善健康等领域的研究。投资建设非洲东海岸水下多点光纤电缆，2010年将正式运营，以此帮助建立信息社会。欧共体及其成员国支持全球环境和安全监测以及非洲倡议。这一倡议旨在使用空间对地观测技术支持可持续发展，帮助管理非洲大陆环境、自然资源以及支持危机监控和人道主义行动。

《欧盟非洲新战略》以及《欧非共同战略》的出台，确定了欧非战略伙伴关系的合作框架，为双边关系发展注入了新的动力。

四 欧亚关系

欧洲和亚洲的交流有着较为久远的历史。冷战结束后，亚洲的战略地位日益提升，全球的地缘经济和政治重心逐渐向亚洲转移。在这种背景下，欧盟积极调整对亚洲政策，寻求双方更为紧密的合作。

（一）《面向亚洲新战略》

1994年7月13日欧盟委员会发表了首份对亚洲政策文件。文件回顾了欧盟同亚洲国家双边关系发展状况，如欧盟同日本、中国、印度、巴基斯坦、斯里兰卡及韩国等国建立的不同类型的共同协议或宣言。特别是在市场准入和投资问题上，通过世界贸易组织的乌拉圭回合谈判，亚洲国家对欧盟的市场开放程度不断扩大，贸易壁垒逐渐减少，欧盟也通过很多规章政策，积极鼓励欧洲企业增加对亚洲的投资，开发亚洲市场以创造更多就业机会。

文件认为亚洲地区经济的迅速发展必将增加其在国际舞台上的战略地位，不过在美日主导亚洲事务的前提下，欧盟很难找到直接介入亚洲事务的切入点，为此需要寻找新的政治合作途径来加强同亚洲国家的关系，以增强欧盟对亚洲事务的介入力度。为此，欧盟认为1980年同东盟建立的双边政治对话以及1994年成立的东盟地区论坛是参与亚洲地区事务的重要平台。文件认为在未来几年，应强化欧亚间政治对话机制，讨论消减军备、防止大规模杀伤性武器的扩散及禁止核试验，以及加强亚洲国家对人权的保障及防止毒品的非法交易等问题。欧盟认为可以从扩大经贸关系和增加经济援助两方面来推动与亚洲国家的经贸合作关系。

（二）《加强欧亚伙伴关系的战略框架》

欧盟1994年发表《面向亚洲新战略》之后，开始有重点地开展活动，它首先将目标锁定在经济稳定增长的东亚地区。欧盟一方面通过积极增加同东亚新兴市场国家之间的经贸合作，另一方面通过积极参加东盟地区论坛和亚欧会议来介入东亚地区的安全事务。在双边合作上，欧盟于1995年和1998年分别出台了《中欧关系长期政策》和《与中国建立全面伙伴关系》两份文件，推动了欧中关系的发展。在多边合作上，1996年第一次亚欧会议的召开以及欧盟于1997年成为东盟地区论坛的正式成员，标志着欧盟与亚洲关系迅速升温。正是在这种迅速发展的背景下，欧盟委员会于2001年9月公布了新的亚洲政策文件《加强欧亚伙伴关系的战略框架》。

此份文件除了总结欧亚关系的历史和现况外，更进一步提出新的政策目标：

①通过加强与亚洲国家的政治对话与安全合作维持欧亚双边的和平与安全；②通过强化欧亚双边贸易及投资关系以促进双边经贸合作；③通过加强经济援助以改善贫穷问题；④促进民主法治建设；⑤与亚洲重要国家建立全球伙伴关系。亚洲国家在全球关系中的地位日渐重要，除日本外，中国、印度等大国不仅在经济上发展迅速，对国际事务而言更是举足轻重。所以欧盟更应与亚洲国家在联合国、世界贸易组织等国际组织框架内加强合作，共同应对环境污染、国际恐怖主义等全球性课题；⑥增进民间的认知与交易。通过设立代表处以增进人民对彼此的认知和了解，这些代表处不仅有利于双边企业或私人投资的进行，也可以增加文化互动或教育交流。

（三）《面向亚洲的战略文件和指导计划2005—2006》

“9·11”事件之后，恐怖主义威胁的上升和美国单边主义的盛行使得欧盟认识到有必要进一步调整亚洲政策，试图通过加强同亚洲国家的双边与多边合作来共同应对重要的全球性议题。为此，欧盟委员会于2003年7月提出了针对东南亚地区的《与东南亚的新伙伴关系文件》，再次强调与东南亚国家长期以来的经贸关系及援助计划，并把反恐议题列入了亚欧会议及欧盟—东盟合作的重要议题。2004年欧盟再度提出了《面向亚洲的战略文件和指导计划2005—2006》的新文件。

此份文件所涵盖的时间仅是2005年到2006年，欧盟希望通过此指导计划将以往对单一国家的政策整合到区域性的政策中，所以文件除了继续强调亚洲的经贸合作、提升教育和环境议题外，重点强调了针对亚欧会议与南亚区域合作联盟的政策及合作。这一政策文件体现了欧盟希望通过加强同亚洲国家的多边合作来打击恐怖主义、平衡美国单边主义影响的意图。

（四）亚欧会议

1994年7月，欧盟制定《面向亚洲新战略》，主张与亚洲进行更广泛的对话，建立一种建设性的、稳定和平等的伙伴关系后，当年10月，新加坡总理吴作栋访法期间提出建立亚欧会议的倡议，得到许多国家积极响应。欧盟先是在1995年12月的马德里首脑会议中，通过了有关亚欧会议的文件，强调要与东亚国家在政治、经贸以及文化方面建立一种新的关系，以便促进东亚地区与世界的和平与稳定，促进不同文化之间的了解。1996年3月，首届亚欧首脑会议在泰国曼谷举行，标志着亚欧会议（ASEM）正式诞生。成员包括当时的东盟7国（泰国、马来西亚、菲律宾、印度尼西亚、文莱、新加坡、越南）和中、日、韩3国以及欧盟15国（意大利、德国、法国、荷兰、比利时、卢森堡、丹麦、爱尔兰、英国、希腊、西班牙、葡萄牙、奥地利、芬兰、瑞典）和欧盟委员会共26方。

曼谷会议明确提出了亚欧会议的宗旨、合作领域及指导原则。会议将政治对话、经济合作、文化及其他领域交流确定为亚欧会议的三大支柱，并通过指导亚欧合作的基本原则，强调“对话应在遵循相互尊重、平等、促进基本权利和根据国际法的规定和义务，互不以直接或间接的方式干涉内政的原则基础上进行”，目的是“突出和扩大共识，增进理解和友谊，促进和深化合作”，促进建立亚欧新型全面伙伴关系。

在亚欧会议框架下，东亚国家首次以东盟+3的形式出现，与欧盟进行对话与交流，这既弥补了亚、欧间缺乏联系渠道的不足，也为东北亚3国和东盟进行交流与协调提供了平台，从而催生了东亚10+3区域合作。此后，亚欧会议每两年举行一次首脑会议，在亚洲和欧洲轮流举行。到2010年，亚欧会议共举办了八届，取得了很多会议成果。不过，由于亚欧会议缺乏制度性常设机构，目前的主要功能是为欧亚国家提供沟通对话的平台，其本质上是一个论坛性质的合作机制。

五　欧拉关系

欧洲与拉美的关系由来已久。1823年，美国提出《门罗宣言》，警告其他国家（主要是欧洲国家）不要在西半球扩大其势力范围。但当时的欧洲大国英国和法国并没有放弃对该区域政治和经济事务的介入。第二次世界大战后，欧洲因忙于经济建设而无暇顾及与拉美发展关系。不过，自欧共体建立之后，欧洲开始重新重视与拉美的关系。1975年2月28日，欧洲经济共同体（以下简称欧共体）与非洲、加勒比海地区和太平洋地区的46个发展中国家在多哥首都洛美签署了《洛美协定》。此外，欧共体还与阿根廷、巴西、墨西哥和乌拉圭等国达成了一些双边优惠贸易协定。但1982年爆发的英国与阿根廷之间的马尔维纳斯群岛战争对欧拉关系产生了严重的负面影响。欧共体支持英国的立场，并对阿根廷采取了制裁措施。绝大多数拉美国家则同情阿根廷。

20世纪80年代的中美洲危机为欧洲接近拉美提供了一个机遇。中美洲危机使多个中美洲国家的经济陷入了停滞不前的境地，人民的生命和财产蒙受了巨大的损失。欧共体与联合国、美洲国家组织密切配合，为实现该地区的和平而开展了卓有成效的合作。1984年，欧共体与中美洲国家建立了“圣何塞对话”。这一对话机制的宗旨是通过谈判的形式结束中美洲危机。1985年，欧共体还与中美洲国家达成了一个双边合作协定。

20世纪90年代，拉美实施了声势浩大的经济改革。在这一过程中，拉美的外交政策也发生了引人注目的变化。变化之一就是拉美在维系与美国关系的同时积极发展与欧洲和亚洲的关系。欧盟作出了积极的响应。1995年，欧盟发表了《1996—2000年欧盟与拉美的关系与未来更为密切的伙伴关系》。这一文件指出，20世纪80年代以来，世界格局发生了重大的变化，欧盟和拉美内部也都发生了重大的变化，因此，双方在应对全球挑战时需要加强合作。这一文件还指出，欧盟应该对不同的拉美国家和不同的次区域采取不同的政策。

欧拉关系中的首个“里程碑”事件是1999年6月28—29日在巴西里约热内卢举行的首届欧盟—拉美首脑会议。会议的目的是促进两地区的政治和经济关系以及文化交流，以构筑一种符合双方利益的战略伙伴关系。在政治领域，双方将强化对话机制，巩固民主，促进人权和自由，应对国际和平和安全面临的威胁；在经济领域，双方将强化多边贸易体制和开放的地区主义，加强欧拉经贸关系，推动自由贸易，减少资本流动不稳定带来的负面影响，鼓励在经济规模较小的国家进行生产性投资；在文化领域，双方将保护文化遗产，促进全民教育事业，鼓励文化多样性。该首脑会议还宣布，双方决定建立战略伙伴关系，这一伙伴关系将以双方共同的文化遗产和共同的价值观为基础，以推动政治、经济、文化和科技等领域的合作为目标。此后几届欧盟—拉美首脑会议都反复强调这一跨大西洋合作的宗旨。

2009年9月30日，欧盟又发表了题为《欧盟与拉美的十年战略伙伴关系》的文件。该文件指出，在欧盟的努力下，欧拉关系得到了加强。欧盟高兴地看到，自1999年第一届欧拉首脑会议以来，两地区在多个领域展开了卓有成效的双边或多边合作。在过去的十年中，欧盟在拉美实施了450多个项目，耗资30亿欧元，双边合作进一步加深。

（欧拉关系词条由中国社会科学院欧洲研究所江时学研究员撰写）

六　中欧关系

（一）总体概况

中华人民共和国成立至20世纪70年代中期，中欧关系经历了从互相对峙、孤立对抗走向改革开放、竞争合作的阶段。1975年5月，欧共体与中国正式建交，但双边交往密切是在1978年中国实行改革开放政策之后。1978年4月，中国与欧共体签署贸易协议，相互给予最惠国待遇，同时成立了欧中经济贸易混合委员会。1985 年，中欧双边签署了贸易和经济合作协定，同意在工业、农业、科技、能源、交通运输、环境保护、发展援助等领域开展合作。1988 年中欧双方互派外交使团，标志着中欧关系有所发展。但在整个 80 年代，中欧关系的发展受制于美苏争霸，欧共体尚未体现出独立自主的外交特性，中国与欧共体的政治交往尚属较低层次。而 80 年代末 90 年代初，双边关系的发展曾因欧共体通过制裁中国的政治决议而陷入低谷。中欧关系真正得到发展是在 90 年代中期以后，随着亚洲特别是中国经济的高速增长，欧共体发展成为国际政治舞台上日益具有影响力的欧洲联盟，中欧关系出现了良性的互动。欧盟委员会在 1995 年首次出台《欧中关系长期政策》对华关系文件，初步形成了欧盟对华战略性政策框架。1996 年至 2006 年，欧盟委员会相继制定并出台了一系列对华关系战略文件，包括《同中国建立全面伙伴关系》和《成熟的伙伴关系：欧盟—中国关系中的共同利益与挑战》等，这些文件逐步将欧盟对华政策具体化，并突出欧盟重视发展对华关系的长期性和战略性。

从 20 世纪 90 年代后期开始，在中欧两代领导人的重视和推动下，中欧关系定性从“长期关系”到“全面伙伴关系”，再从“走向成熟的伙伴关系”到今天的“全面战略伙伴关系”，这不单纯是文字内涵的深度表述，更重要的是双边关系的深刻调整和良性发展，表明政治和战略关系已成为中欧关系的重要基石和支柱。正因如此，中国政府在 2003 年 10 月公布了《中国对欧盟政策文件》，阐述了中国对欧盟的政策目标，表达了中国政府与欧盟进行全面合作的愿望。随后，在第六次中欧领导人会晤《联合声明》中，双方领导人正式将中欧关系确定为“全面战略伙伴关系”。到 2005 年中欧建交 30 周年之际，双边政治关系的良性互动显现出“蜜月期”的一些特点：领导人互访频繁，政治关系急剧升温，彼此都发表了大量赞美之词。中欧双边已构建起一个全方位、宽领域、多层次的合作框架，并确立起包括首脑峰会在内的一整套、40 多个对话磋商机制，涉及政治、经济、金融、科技及文教等诸多领域。中欧全面战略伙伴关系作为一种国际制度的综合体，既可为中欧双方带来实际的政治经济利益，也能在国际政治经济新秩序的构建过程中发挥不可替代的积极作用。

（二）改革开放 30 余年的中欧关系

1978 年至 2012 年，中国改革开放走过了 34 年的历程。其间，中欧关系的发展取得了举世瞩目的成就，浓缩了新中国对外开放的精华。中欧全面战略伙伴关系的创建，集中体现出中欧政治经济关系的发展脉络和深刻内涵。

（1）在政治领域，不断调整和提升双边关系

1995 年 7 月，欧盟委员会制定了首份《欧中关系长期政策》文件，确定了长期发展对华关系的基本框架。1996 年 11 月，欧盟委员会提出了《欧盟对华合作新战略》，将欧盟对华政策具体化，强调这一政策要提高到“战略高度”，体现全面性、独立性和长期性。1998 年 3 月，欧盟委员会公布了《同中国建立全面伙伴关系》的战略性文件，表示要把欧中双边政治关系提高到与欧美、欧日关系同等的水平，支持中国加入世贸组织。欧盟在其文件中列出了欧盟对华政策五项目标：将中国进一步纳入国际社会，支持中国向以法治和尊重人权为基础的开放型社会转化，将中国进一步融入世界经济，更有效运作对华资助合作项目，提升欧盟在中国的形象。2001 年 6 月，欧盟委员会出台了《欧盟对华战略：1998 年文件的执行情况和促进欧盟政策更加有效的未来步骤》文件，制定了务实的中短期目标及行动要点。2003 年 10 月，欧盟委员会发表了新的对华关系战略文件：《成熟的伙伴关系：欧盟—中国关系中的共同利益与挑战》，阐述了未来三年欧盟对华政策和行动的指导方针和战略发展框架。2006 年 10 月，欧盟再度出台了对华政策文件《欧盟与中国：更紧密的伙伴、承担更多责任》。这一系列重要文件的出台，说明双边政治关系经过磨合调整后不断得到提升，表明政治和战略关系已经成为中欧关系的重要基石。近 10 年来，中欧高端互访频繁，胡锦涛主席、温家宝总理及吴邦国委员长多次访问欧洲及欧盟总部，欧盟委员会主席巴罗佐（2005 年、2008 年、2010 年）、欧盟外交与安全政策高级代表兼欧盟委员副主席阿什顿（2010 年）、欧洲议会议长布泽克（2010 年）以及欧洲理事会常任主席范龙佩（2011 年）等相继访华。欧盟主要成员国领导人法国总统萨科齐、德国总理默克尔及英国首相克莱格等也多次来华访问。自 1998 年中欧建立领导人年度会晤机制以来，迄今已举行

过13次首脑会晤，发表过13次中欧领导人会晤联合新闻公报，在应对全球气候变化、联合国改革、加强南北合作、反对国际恐怖主义以及维护亚欧大陆稳定等重大国际问题上，双方形成了若干战略共识。

（2）在经贸领域，合作深入且强劲发力

中欧经贸合作在30多年间硕果累累，双边贸易关系不断密切。1975—1989年中欧双边贸易额从24亿美元增至235亿美元，14年间增长了近10倍。之后，1990—1992年，由于特殊政治原因，双边贸易额从222亿美元降至174亿美元。但总的说来，在整个90年代中欧经贸关系处于稳定增长期，1990—1999年双边贸易总额从222亿美元增加到557亿美元，年均增长率为16.76%。进入21世纪，中欧贸易额增长提速。2010年中欧双边贸易额达4797亿美元，同比增长31.8%，比金融危机前的2008年增长了12.7%，在中国外贸总额中所占比重16.1%，创历史新高。其中，中国对欧盟出口3112亿美元，同比增长31.8%；中国从欧盟进口1685亿美元，同比增长31.9%。2011年中欧双边贸易抵御住欧债危机的寒流，总额高达5672亿美元，同比增长18.3%，再攀新高。其中，中国对欧盟出口3560亿美元，同比增长14.4%，中国从欧盟进口2112亿美元，同比增长25.4%。

截至2010年底，欧盟27国在华累计设立企业33562家，实际投资745.89亿美元。2011年1—11月，欧盟又在华新设企业1554家，同比增长4.23%；实际投资59.82亿美元，同比增长0.29%。其中，英国、德国、荷兰和法国实际投资15.57亿、11.06亿、7.64亿和7.25亿美元，位列全球对华投资前十位国家/地区的第7位至第10位。在欧洲深陷债务危机、对华投资增幅不大的同时，中国对欧洲国家的投资却在迅速扩大。2009年中国对欧盟投资流量为29.7亿美元，占中国境外投资流量总额的5.3%，同比增长5.35倍。2010年中国对欧盟直接投资59.63亿美元，同比增长101%，占境外投资流量总额的8.7%。2010年末中国在欧洲的直接投资存量为157.1亿美元，是2005年末的12.3倍。其中，对欧盟的直接投资存量为124.96亿美元，占对发达国家或地区投资比重的42.1%。截至2010年年底，中国在欧洲设立企业2386家。中国对欧洲直接投资的主要行业涉及商务服务业、制造业、金融业、批发和零售业、交通运输等多个领域。中国加大对欧洲的直接投资，既是国家实力提升的标志，也是对欧洲国家有能力应对债务危机、走出经济困境的肯定。目前，欧盟是中国最大贸易伙伴、出口市场和技术引进来源地，中国则是欧盟第二大贸易伙伴和第一大进口来源地。

（3）在科技及文化领域，深化合作势头良好

中欧在科技、教育和文化等领域的交流，也经历了从无到有、由少到多、逐渐完善的过程。目前，双方的合作正向广度和深度推进，涉及自然科学、人文科学、各层次教育等许多领域。在科技领域，中欧开展了“伽利略”卫星导航合作，对地遥感领域的“龙计划”合作以及欧盟研发框架计划的合作，举办了“中欧科技年”及“中欧世博科技周”活动，中欧双方共同执行的科研项目就有400多个。在人文和社科领域，中欧双方实施了“中欧高等教育合作项目”以及“中国—欧盟：欧洲研究中心项目”，启动了“中欧奖学金”计划，举办了“中欧文化高峰论坛”。30年前，中国留学欧洲的人数屈指可数，而今天仅中国在欧洲的留学人员数已达20余万人。2004年2月，中欧签署了《旅游目的地国地位谅解备忘录》，欧洲大陆从此向广大中国游客开放。

（三）中欧关系演变提升的原因

存在重大的共同利益是中欧重视发展双边关系的客观基础。

一是广泛的战略性。中欧没有根本的利害冲突，在许多重大国际问题上有着广泛共识。中欧都主张世界多极化和文明多样性；都提倡坚持多边主义，改善全球治理，通过谈判解决国际争端；都主张世界格局多极化，反对霸权主义和强权政治；在联合国的作用和改革问题上，都主张依靠联合国，通过对话、协商的方式，积极推动国际关系民主化。双边加强和发展相互关系的共同利益具有长期性和根本性。

二是巨大的互利性。中欧合作是最大发展中国家和最大发达国家集团的合作，同时也是东西方两大文明之间的合作。中欧在经济上有很强的互补性和相互依存度，欧盟属发达国家集团，可以向中国提供现代化建设必需的资金、技术、高端产品以及市场经济协调和法治社会管理经验；而中国具备世

界上最丰富的人力资源和最广阔的市场潜力，它所蕴含的巨大商机，是欧盟及其成员国十分看重的。

三是稳定的成长性。中欧关系存在深化发展的巨大空间。“9·11”事件后国际形势的发展，美国单边主义倾向的加强，使中国和欧盟之间在对国际冲突的认知和处理途径上更趋接近。为了有效抵制美国的单边主义，维护自己的主权、安全和战略利益，中欧尤其需要加强协调与合作。“9·11”事件和伊拉克战争后，欧盟对其外交政策进行反思，同美国单边主义拉开了距离。中欧各自认识到对方的重要性，是双方关系进一步发展的基本前提。

（四）中欧关系的复杂性

改革开放30多年，中欧关系的发展一方面体现出对称、协调、互动与合作的特性，但另一方面，又显现出复杂性、不确定性和不对称性。中欧高层年度会晤机制和各类磋商与对话机制的存在，并不能保证双边政治关系的持续健康发展。几年来，由于双边关系中固有的和谐与不和谐的政经特性，使得全面战略伙伴关系的深化面临困难和障碍。

中欧经贸合作硕果累累的背后却隐藏着结构性的矛盾和利益冲突，巨额贸易逆差问题已成为欧盟成员国的一大心病。“十五”期间，中国贸易进出口总量突飞猛进，但中国同日本、韩国及东盟等周边国家均处于贸易赤字状态，唯有同欧美国家中国整体处于贸易顺差，且差距还在扩大。据欧方统计，2001—2005年欧盟对华贸易逆差从510亿欧元上升到1061亿欧元，4年就翻了一番（实际上欧方的统计有误）。据中方统计，欧盟对华贸易逆差由2005年的1080亿欧元上升到2006年的1300亿欧元，2007年欧盟对华贸易逆差预计将达到2000亿欧元。中欧贸易存在巨额逆差问题固然与双边经贸结构有关，但中国对欧盟长期的贸易顺差必然引起欧方的关注和不满。另外，围绕知识产权的保护中欧之间的博弈更加激烈。中国领导人为缩小中欧贸易逆差，反复向欧盟领导人呼吁加强中欧在高科技领域的合作，要求欧方更多地对华转让高技术，包括军事技术，而欧盟领导人则声称中国必须加大打击盗版力度，真正保护来自欧洲的知识产权，否则欧洲的高技术有可能被中国“剽窃”。面对来自欧洲社会各方的压力，欧盟委员会从2006年10月起一改惯常的做法，发表了“1+1”形式的对华政策新文件，即一份新的对华政策文件和一份新的对华贸易政策文件。前者名为《欧盟与中国：更紧密的伙伴、承担更多责任》，从政治的角度重新审视中欧关系，表达欧洲“规制主义”的外交立场，即要求中国更多地借鉴欧洲的价值观和法律理念，要求中国尊重欧盟在全球范围的既得利益，要求中国强化对知识产权的保护，要求中国恪守西方主导的国际贸易规则等。后者名为《竞争与合作——更紧密的伙伴关系和不断增加的责任》，旨在重新规制中欧经贸关系，制定对己有利的贸易规则。

改革开放40年，中欧关系进入利益调整期。“中国威胁论”、“奥运政治化”以及“中国化妖魔”等不正常现象的背后，体现的是一些欧洲政客对中国的偏见、误解和敌视，体现出双边关系的复杂性。一是“中国威胁论”，强调中国综合国力的增强已经日益威胁到欧洲的利益和国际地位，此谬论又可细化为“中国能源威胁论”和“中国科技威胁论”等。前者将中欧关系的本质定位于零和的博弈关系，认为一个大国的发展占据了更多的国际空间，必然导致其他大国可占据的空间减少；后者更是长篇大论地论述中国科技力的提高对欧盟构成的“威胁”。二是“机遇+挑战论”，它把中国的崛起视为一个机遇，但更强调是一个挑战。三是“责任观冲突论”，它声称中国的外交政策是不负责任的。四是“崛起代价论”，它强调中国的崛起应付出代价。五是“对华警戒论”，它基于中国的崛起不可避免这一事实，而中国崛起的内政外交的方向则是不确定的这一说法，进而强调要警惕中国。由于上述谬误或错误看法的存在，欧洲政治家和普通民众从来没有像今天这样的关注中国问题，热衷于评论中国。欧洲对华消极和忧虑的因素增多，有可能影响欧盟官方制定对华政策的态度和立场。

（五）多重变量：考验中欧关系成熟性

2006年开始中欧关系体现出来的复杂性和利益冲突，不是一两个因素所能决定了的，说明中欧关系深化过程受多重变数的影响，正是诸多的变量左右了中欧关系的演变方向。

第一，中欧双方虽有高姿态和好愿景，尚缺乏政治互信，利益协调不够。全面战略伙伴关系是中欧领导人定下的基调，它的建立有益于亚欧大陆的稳定和繁荣，也有助于世界向多极化发展。然而，中欧领导人虽有若干共识，却缺乏政治互信，尤其是欧盟成员国领导人对华态度迥异，更多的欧盟领导人对中国缺乏了解和真正的信任。因此，中欧全面战略伙伴关系的构建绝非易事，更何况双边经济关系存在矛盾和利益冲突。中国领导人每次访欧，都要再三向欧洲政要声明中国的立场和观点，尤其是强调中国“走的是和平发展道路，无论是过去、现在，还是将来都不会对别国构成威胁”。尽管如此，欧洲社会还是表现出对中国的不少疑虑，说明中欧政治关系中的确缺乏互信。至于中欧经贸关系中存在的矛盾和问题，则说明利益协调不够，中欧经济互补性固然很强，但各自的优势互补的确不多，中国更需要欧洲的高技术而不是缺乏技术含量和成本较高的欧洲产品，中欧经济利益博弈总是摇摆于合作和非合作之间。

第二，欧盟核心成员国领导人的更替也会影响中欧关系的深化。德国在施罗德任总理期间，同中国保持着最亲密的合作关系，同样，法国与中国的关系也因希拉克总统对华的友好态度而变得格外亲密。但如今德国总理已换人，法国在2007年6月也换了总统，英国首相布莱尔也挂冠而去。一旦主要成员国领导人更迭，就很难维持中欧关系的亲密程度，这也反映出中欧关系还缺乏一个长效的政治互信机制。

第三，欧盟共同决策机制存在固有的缺陷，难以保障中欧关系的健康发展。欧盟由27个成员国组成，各自的利益与共同的“欧洲利益”未必完全重合，加之内部决策机制固有的缺陷（如重大事务须一致通过的表决原则），往往导致有关务虚的中欧关系提案容易一致通过，而事关具体成员国利益的务实议题则难以达成共识，更谈不上一致通过。比如，类似中国鞋业反倾销提案，它只涉及意大利、葡萄牙和西班牙等少数几个南欧国家与中国的博弈，但经过欧盟决策机制后却表现为整个欧盟与中国的矛盾冲突，掩盖了十几个成员国反对征收反倾销税的事实。在共同贸易决策方面，欧盟委员会与成员国政府间相互制约，缺乏统一的并能为所有成员国认可的对华经贸战略，利益难以协调。无论在承认中国的完全市场经济地位问题上，还是在商签中欧新的伙伴关系协定问题上，欧盟内部都争吵不休，难有作为。

第四，欧洲经济缺乏竞争力，欧洲社会问题较多，而当前欧洲一体化又处于十字路口，欧盟宪法条约在公决中受挫，这些看似不关联的因素在中欧关系的深化中，都产生了一定的负面影响。自改革开放以来，中国的经济持续高速增长，综合国力迅速增强。与此同时，欧洲国家却普遍陷入经济低迷状态，不但经济增长乏力、竞争力不足，而且充分暴露出失业严重、社会福利弊端以及移民冲突等诸多问题。中欧关系中的这些不对称特性，自然会影响到双边关系的正常发展。当前，不少欧洲人面对中国的崛起，不去认真反思欧洲深刻的经济社会问题，反而热衷于对中国评头论足、说三道四，把中欧贸易中存在的巨额逆差等问题时常挂在嘴边。其实，这种认识上的误区是相当有害的，好像中欧双边贸易达到均衡，欧洲的经济就会充满活力，欧洲社会问题就能迎刃而解。面对来自欧洲对中国的种种责难，一些欧洲政要和学者倒是从理性的眼光来反思自身的问题，对中欧关系的发展持肯定的态度。德国资深政治家施密特意味深长地指出：“如果没有中国相对廉价的商品进入欧洲，欧洲人可能无法保持富裕的生活品质。中国无论如何也不是欧洲失业率居高不下的罪人，不可调节的劳工市场和老龄化社会才是真正的原因所在。”

第五，从中欧利益博弈的文化效应观之，对传统欧洲中心主义者而言，中国崛起的阴影挥之不去。传统欧洲中心主义所固守的乃是欧洲殖民时代遗留下来的宗主国“主流文化”和欧洲价值观，它把当今欧洲社会所推崇的政治文化包括民主观、人权观等视为宝贝，总喜欢用欧洲价值观和传统的欧洲中心主义来衡量一切，难免对中国指手画脚，欧洲议会再三通过反华决议，包括2006年9月通过的维持对华武器禁售决议，恰好体现出这一特点。

总体观之，中欧关系尚未走向成熟，主要原因是还受制于美国因素的制衡。美国因素对中欧从关系的影响还随处可见——阻止欧盟做出解除对华武器禁令的决议，美欧加强其对华政策的协调（包括人民币升值、知识产权保护和要求中国承担所谓的国际责任等问题）。由此看出中欧关系的发展仍受外在因素的干扰，而每当中欧关系中的矛盾和冲突明显时，欧盟往往有意加强同美国的协调和合作，以此来制衡中国。在中美欧三边关系的互动中，欧洲人往往持这样的战略判断：“中欧利益共同点多于中美利益共同点，而美欧利益共同点又多于中欧利益共同点。”同样，美国华盛顿战略与国际研究中心中国研究部主任季北慈（Bates Gill）认为，总起来说，欧洲跟美国在对中国的问题上的共同立场多于分歧，“因为美国和欧洲彼此之间更经常地、更有效地进行沟通。欧洲和美国更需要彼此合作”。的确，欧美关系不但是一种传统的战略伙伴关系，而且双方有着共同的政治体制和价值观，近年来，美欧舆论大肆渲染“中国威胁论”，美欧政府联手对中国实施贸易战，拒不承认中国的完全市场经济地位，并且不愿意对华出口高技术产品。每到关键时刻，美欧利益的协调和共性总能超越中欧关系和中美关系，所以，中欧关系的发展还很难称得上不受外界的干扰，还谈不上真正成为一种独立而成熟的伙伴关系。我们应从战略的高度重视中美欧三边关系的互动和利益博弈，要避免从局部的利益出发来单纯审视和发展中欧关系，应积极推动中美欧三边关系的良性互动和利益协调，只有这样，中国才能更好地并且有效地维护国家利益和亚欧大陆的繁荣与稳定。

（六）中欧关系的前景展望

从近年来中欧关系出现的不和谐因素表明：中欧实质性的合作还有待增强。如何看待中欧关系中出现的这些新问题，如何化解难题，是摆在中欧领导人面前的头等要务。

首先，经历了前几年政治关系的波折，中欧双方领导人更加意识到维护双边关系稳定的重要性和迫切性。近年来随着欧盟核心国领导人新老交替，中欧政治关系出现了问题，猜疑、误解和麻烦与日俱增，中欧关系的定性甚至受到质疑，一个不稳定且不够成熟的中欧关系正经受严峻考验。当2009年欧盟经济止步不前、一些成员国政府深受金融危机之害时，中国领导人识大体顾大局，主动伸出援助之手，派出大型政府采购团赴欧采购，稳定持有并购买欧元债券，不但帮其渡过难关，而且赢得欧盟官方的肯定。据欧盟统计，在金融危机的影响下，2009年欧盟的出口整体下降16%，但对中国出口反而增长4%，达816亿欧元。正是历经了风雨，中欧关系在2010年才出现彩虹，但最重要的一点是，中欧领导人都意识到稳定双边关系的重要性。因此，时任国务院总理温家宝在第十三次中欧领导人会晤时表示，“希望欧盟客观、公正地看待中国的发展，切实尊重中方的核心利益和重大关切，制定实施更为积极、富有远见的对华政策。”中欧联合声明第3点也强调，“双方充分认识到承认彼此重大关切对于推进中欧整体关系的重要性”。这样的战略意识还有不少表述，如“从大局出发，相互理解、尊重和包容，彼此照顾各自核心利益和重大关切，使中欧关系保持稳定性，沿着正确轨道持续向前发展”。于是，“承认彼此重大关切、尊重对方核心利益”成为2010年中欧领导人峰会和声明中最值得关注的政治术语，它是双边关系稳定发展的基础。

其次，中欧领导人更加意识到双边关系具有全球性，从战略高度看待共同利益，都希冀全方位深化中欧战略合作。面对气候变化、金融危机以及能源短缺等全球性问题，中欧唯有携手合作方能发挥自身优势和作用。欧盟是全球治理的先行者和创新者，具有丰富的实践经验；中国则是全球治理的积极参与者和推动者，中欧在联合国、世贸组织以及二十国集团等重要国际平台上合作，有助于推动国际关系民主化，建立公平有效的全球经济治理体系。

再次，2010年既是《里斯本条约》生效、欧盟选出新一届领导人的开年，又是中国“十一五”计划的收官之年，中欧领导人都以战略家的眼光来审视中欧关系，思考中欧关系今后如何把握发展大局和战略方向问题。第十三次中欧峰会对规划中欧关系未来发展方向具有战略引领作用，欲从宏观和战略上确定中欧关系的发展方向，统筹中欧各领域、各层次的对话和合作，规划未来五年中欧各领域务实合作的内涵。而首次高级别的中欧战略对话，首次中欧政党高层论坛和首届中欧文化高峰论坛，则是在中欧峰会引领下2010年中欧政治关系中出现的三个亮点，体现出中欧关系中带有战略性、全局性、方向性因素的良性互动。

最后，关键转折期应夯实中欧政治互信的战略基石。当前，全球治理体系深层改革问题日渐突出，中欧加强战略合作的迫切性空前上升。在中欧关系走向深入的关键转折期，必须夯实中欧政治互信的战略基石，否则双边关系有可能出现以往那样的政治波折。从2010年中欧关系中存在的主要问题来看，“藏独”、“疆独”以及中欧贸易摩擦等问题，让位于人民币汇率问题。欧盟的诉求是要求人民币对包括欧元在内的一篮子主要货币大幅升值；但温家宝在出访欧洲时反复强调，欧盟应客观公正地看待人民币汇率问题，也不要压人民币升值。他表示一旦人民币汇率升值20%—40%，中国出口企业将大量倒闭，工人将大量失业，社会很难稳定。因此他多次呼吁欧洲，不要参与美国掀起的“压迫人民币升值的大合唱”。

在今后一段时间除应继续关注欧盟对华武器禁令的解除以及承认中国的完全市场经济地位这样的“老”问题，还应思考这样的一些双边战略性问题：欧美联手打压中国的态势正“悄然”成形，传统的中美欧相互制衡的三角关系是否失衡？中欧价值理念差异长期存在，欧洲如不愿放弃价值理念和国际道义的制高点，中欧关系又将如何发展？欧盟酝酿提出“互惠性交往”的概念是否有利于中欧关系的健康发展？权力扩大了的欧洲议会是中欧关系发展的重要利益攸关方，如何避免其对华发出的鼓噪声，推动其在欧盟对华关系中扮演更加积极的角色？欧盟正面临欧债危机的重击，中国对此是伸出援手还是不管不问？中欧关系具有的战略性和复杂性，欧洲议会和欧洲主流传媒对华又存在误解或意识形态偏见，在此背景下发展中欧关系，需要中国付出更多，但最关键的还是尊重彼此的核心利益和重大关切，不断夯实中欧政治互信的战略基石，这样，未来的中欧关系才能经受得住任何考验。

（中欧关系部分由中国社会科学院欧洲研究所赵俊杰研究员供稿）

第六节　中东欧国家的入盟进程

冷战结束后，中东欧国家开始了回归欧洲的进程。2004 年 5 月 1 日，波兰、匈牙利、捷克、斯洛伐克、斯洛文尼亚、爱沙尼亚、拉脱维亚、立陶宛 8 个中东欧国家与塞浦路斯和马耳他一道加入欧盟，这是欧盟历史上规模最大的一次扩大。2007 年 1 月 1 日，罗马尼亚和保加利亚加入欧盟。2011 年克罗地亚结束入盟谈判，签署入盟条约。欧盟扩大促进了欧洲的统一，特别是原苏联集团的中东欧国家加入欧盟不仅增加了欧盟的面积和人口，提升了欧盟在全球政治中的分量，而且彻底终结了雅尔塔体系，结束了第二次世界大战以后欧洲的分裂局面。

一　中东欧 10 国入盟进程

东欧剧变后，从政治和安全利益考虑，欧共体/欧盟希望中东欧国家成为其成员国。但中东欧国家经济发展水平的差异及其与欧共体/欧盟的制度鸿沟，使得入盟进程充满波折。1991 年 12 月 16 日，波兰、匈牙利和捷克斯洛伐克与欧盟签署《欧洲协定》，三国成为欧盟联系国。《欧洲协定》的缔结使中东欧国家顺利加入到欧洲一体化进程中。该协定规定在 10 年期内联系国与欧共体建立工业品的自由贸易区，取消贸易壁垒，并在法尔援助计划框架下向联系国提供财政和技术支持。随后，欧盟又与其他 7 个中东欧国家缔结了《欧洲协定》，分别是保加利亚、罗马尼亚（1992 年），捷克、斯洛伐克（1993 年），立陶宛、爱沙尼亚、拉脱维亚（1995 年）以及斯洛文尼亚（1996 年）。

1993 年 6 月 22 日，欧盟在哥本哈根峰会上首次宣布欢迎渴望加入欧盟的中东欧国家入盟。此次首脑会议明确提出了候选国加入欧盟需达到的三项主要标准即“哥本哈根标准”，分别是具有确保民主、法治、人权和尊重和保护少数民族的稳定的制度；具有行之有效的市场经济和应对欧盟内部市场竞争压力和市场力量的能力；具有履行成员国义务的能力，包括恪守政治、经济和货币联盟的目标。

1994—1996 年哥本哈根峰会之后，匈牙利（1994 年 3 月 31 日）、波兰（1994 年 4 月 8 日）、罗马尼亚（1995 年 6 月 22 日）、斯洛伐克（1995 年 6 月 27 日）、爱沙尼亚（1995 年 11 月 28 日）、拉脱维亚（1995 年 10 月 27 日）、立陶宛（1995 年 12 月 8 日）、保加利亚（1995 年 12 月 14 日）、捷克（1996 年 1 月 23 日）、斯洛文尼亚（1996 年 6 月 10 日）陆续向欧盟提出了入盟申请。1998 年 3 月欧盟与 6 个候选国——波兰、匈牙利、捷克、斯洛文尼亚、爱沙尼亚和塞浦路斯展开入盟谈判。1999 年 12 月欧洲理事会赫尔辛基会议为欧盟扩大敞开绿灯，决定 2000 年 2 月召集双边政府间会议，与罗马尼亚、斯洛伐克、拉脱维亚、立陶宛、保加利亚和马耳他展开入盟谈判。2000 年 2 月欧盟与另外 6 个候选国——罗马尼亚、斯洛伐克、拉脱维亚、立陶宛、保加利亚和马耳他展开入盟谈判。

虽然欧盟与候选国的入盟谈判分两批展开，但是入盟谈判是根据候选国的具体情况分别处理的。欧盟实行了灵活的节奏不同的入盟程序，在谈判中对候选国的实际情况进行评估。当候选国有能力履行成员国义务时即可入盟。

入盟谈判的第一阶是审核。欧盟与候选国举行双边和多边会晤和谈判，并授权欧盟委员会参照“共同体既有法规”（Community Acquis，即构成欧盟法主体的长达10万页的欧盟法律、法令和法院判决）来确定候选国是否符合条件。欧盟“共同体既有法规”分为31项议题（31 Chapters）。这31项议题为：商品自由流动、人员自由流动、自由提供服务、资本自由流动、公司法、竞争法、农业、渔业、交通政策、税收、经济和货币联盟、统计、社会政策与就业、能源、产业政策、中小企业、科学研究、教育培训、通信与信息技术、文化和视听艺术、地区政策和结构工具的协调、环境、消费者保护和卫生防护、司法内务合作、关税同盟、对外关系、共同的外交与安全政策、金融监管、财政和预算拨款、机构和其他问题。欧盟就上述31项议题与候选国进行详细的谈判来完成审核程序。入盟第二阶段为监督，即欧盟委员会监督每个候选国在实施和应用欧盟法律上取得的进展，并推动候选国将欧盟的法律转化为本国法律，以实现候选国法律与欧盟法律的协调。

2002年12月在欧盟哥本哈根首脑会议上，波兰、匈牙利、捷克、斯洛伐克、斯洛文尼亚、爱沙尼亚、拉脱维亚、立陶宛、塞浦路斯和马耳他成功结束入盟谈判。2003年4月16日，在希腊首都雅典举行的欧盟首脑会议上，8个中东欧国家和塞浦路斯和马耳他与欧盟成员国正式签署入盟条约。2004年5月1日，波兰、匈牙利、捷克、斯洛伐克、斯洛文尼亚、爱沙尼亚、拉脱维亚、立陶宛8个中东欧国家与塞浦路斯和马耳他一道加入欧盟。

2004年12月，保加利亚和罗马尼亚结束入盟谈判。2005年4月25日，保加利亚和罗马尼亚在卢森堡签署入盟条约。2007年1月1日，保加利亚和罗马尼亚正式加入欧盟，欧盟从而完成了历史上的第六次扩大。从政治层面看，两国在司法改革和打击腐败和有组织犯罪等问题上进展缓慢，未能达到欧盟的标准，为此欧盟委员会2006年12月设立了合作与核查机制（Mechanism for Cooperation and Verification），以对两国入盟后在司法改革和打击腐败和有组织犯罪的进展进行监督。

二　西巴尔干国家入盟进程

冷战结束后，巴尔干成为欧洲最不稳定的地区。南斯拉夫的解体并伴随着惨烈的冲突与战争，不仅威胁到巴尔干的和平与稳定，而且直接影响到欧洲的和平与稳定。1996—1997年，欧盟开始从区域的角度审视巴尔干作为一个整体对欧盟的影响，并致力于维护该区域的和平与稳定。1998年10月，欧盟正式提出了“西巴尔干”的概念，西巴尔干是指除斯洛文尼亚以外的前南斯拉夫继承国和阿尔巴尼亚。1999年科索沃战争期间，德国倡导并得到欧盟支持的《东南欧稳定公约》（东南欧包含西巴尔干地区国家）于1999年6月的科隆会议上获得通过，其目的在于实现东南欧地区的和平、稳定和经济发展。稳定公约确定了欧盟、美国、俄罗斯、日本、东南欧国家、土耳其、地区和国际组织以及国际金融组织在促进区域稳定上合作的框架。

同期的1999年5月26日，欧盟委员会提议为阿尔巴尼亚、波黑、克罗地亚、塞黑和马其顿设立“稳定与联系进程”。“稳定与联系进程”为欧盟发展与上述东南欧国家关系提供了新的框架。在2000年11月24日举行的欧盟与东南欧国家萨格勒布首脑会议上，欧盟稳定与联系进程的目标与条件获得了上述国家的赞同。2000年下半年，欧盟形成了对东南欧的共同战略，指出所有参加稳定与联系进程的国家都是欧盟的“潜在候选国”。2003年欧洲理事会萨洛尼卡会议通过《西巴尔干萨洛尼卡议程：走向欧洲一体化》，明确支持西巴尔干的入盟前景，强调“西巴尔干的未来在欧盟”。

欧盟提出的“稳定与联系进程”是欧盟对东南欧国家的长期承诺，是欧盟在该地区扩大的主要政策工具。“稳定与联系进程”主要内容如下：（1）《稳定与联系协定》的准备。《稳定与联系协定》不仅是稳定与联系进程的基础，而且也是完成稳定与联系进程的关键步骤。缔结《稳定与联系协定》意味着签字国承诺在过渡期结束后与欧盟建立正式的联系。这样的联系是建立在逐步推行自由贸易区和实行旨在接近欧盟规范的基础上；（2）《稳定与联系协定》的谈判和执行。正如欧盟与中欧国家签署的《欧洲协定》一样，《稳定与联系协定》为欧盟与每一个缔约国合作并使之接近欧盟规范提供了正式机制和公认标准。欧盟根据这些标准与缔约国展开谈判，促使缔约国采取具体改革行动来实现本国法律与欧盟法的趋同；（3）同稳定与联系进程相关的援助。欧盟的“共同体重建、发展和稳定援助”等多个援助计划使得对参加稳定与联系进程的国家的援助更具战略性。援助计划增强了缔约国执行稳定与联系进程的能力。

西巴尔干国家陆续与欧盟签署了《稳定与联系协定》。2001 年 4 月 9 日，马其顿与欧盟签署《稳定与联系协定》，同年 10 月 29 日，克罗地亚与欧盟签署了该协定。2006 年 6 月 12 日，阿尔巴尼亚与欧盟签署了协定。2008 年 4 月 29 日、6 月 16 日和 12 月 15 日塞尔维亚、波黑和黑山分别与欧盟签署《稳定与联系协定》。在签署该协定之后，西巴尔干国家需要根据改革的进展情况向欧盟提出入盟申请。克罗地亚（2003 年 2 月 21 日）、马其顿（2004 年 3 月 22 日）、黑山（2008 年 12 月 15 日）、阿尔巴尼亚（2009 年 4 月 28 日）和塞尔维亚（2009 年 12 月 22 日）陆续向欧盟提出入盟申请。欧盟对西巴尔干国家改革进展进行全面评估，决定是否给予欧盟候选国地位。2004 年 6 月 18 日，克罗地亚获得欧盟候选国地位。2005 年 12 月 17 日，马其顿获得该地位。2010 年 12 月 17 日，黑山获得欧盟候选国地位。2005 年 10 月 3 日，克罗地亚开始入盟谈判。2011 年 6 月 30 日，克罗地亚结束了与欧盟成员国的入盟谈判。同年 12 月 9 日，克罗地亚在布鲁塞尔欧盟总部签署入盟条约。预计克罗地亚将于 2013 年正式加入欧盟，成为欧盟第 28 个成员国。

尽管欧盟开启了西巴尔干国家的欧洲前景，克罗地亚入盟在即，但是其他西巴尔干国家的入盟尚需付出艰巨的能力。大多数西巴尔干国家的转型落后于中东欧国家，民族矛盾仍然存在，国家内部以及国家间尚存在悬而未决的问题，腐败和有组织犯罪活动仍很猖獗，这些因素都将长期影响西巴尔干国家的入盟进程。

（中东欧入盟进程由中国社会科学院欧洲研究所孔田平研究员撰写）

第七节　欧盟周边（邻国）政策

欧盟邻国政策（European Neighborhood Policy）由欧盟在 2004 年开始实施，它是通过欧盟与邻居国紧密合作来创造和平与繁荣的周边。欧盟周边政策框架下包括 16 个最为紧密的邻居，基本上是目前冲突较多或者与欧盟和平与安全以及能源利益密切相关的区域，包括 3 个东部邻国：白俄罗斯、乌克兰、摩尔多瓦；3 个南高加索国家：格鲁吉亚、亚美尼亚、阿塞拜疆；10 个地中海沿岸邻国：约旦、巴勒斯坦被占领区、以色列、黎巴嫩、叙利亚、摩洛哥、阿尔及利亚、突尼斯、利比亚、埃及。该政策框架比较宽泛，其中就包含了三项具体的政策工具，东部伙伴关系（2009 年 5 月发起）、欧盟地中海伙伴关系（2008 年发起，最初叫巴塞罗那进程）以及黑海合作体（2008 年 2 月发起）。

欧盟经过了多轮扩大后，不断产生新的边界，欧盟外部治理也逐渐面临着较大的挑战。欧盟共同外交与安全政策高级代表索拉纳 2002 年曾说过："欧盟的繁荣与稳定至少部分取决于周边地区形势变化，包括欧亚地区、地中海南岸以及中东地区。"2003 年欧盟出台的"欧盟安全战略"报告进一步指出："即便在全球化时代，地理条件仍然是一个重要的因素。邻近国家的善治乃是欧洲利益之所在"，"我们的任务在于使东部一系列善治国家的出现以及在地中海边界谋求分享密切合作的关系"。2004 年中东欧 10 国和 2007 年保加利亚与罗马尼亚的入盟，使得欧盟边界到达欧洲的最东部，对于欧盟来说这既是一个新的挑战，同时也是深化与其东部邻国关系的机会。考虑到这些周边国家的政治形势和安全状况，欧盟大大提高了对外部环境稳定的关注度，并对其外部治理政策作出调整。

2003 年 3 月，欧盟委员会发布了一份题为《大欧洲—邻居：与我们东部和南部邻国关系的一个新框架》的总结报告中首次提出"邻国政策"的概念后，为管理扩大的欧盟与其新近邻国之间的关系，欧盟邻国政策于 2004 年 5 月正式形成，其标志是《欧盟邻国政策战略文件》的出台。

欧盟邻国政策针对的目标国家，最初主要有苏联加盟共和国乌克兰、摩尔多瓦、白俄罗斯、俄罗斯，后来又纳入了"地中海联盟"计划的成员国和南高加索三国（格鲁吉亚、亚美尼亚和阿塞拜疆），其目标旨在"与 2004 年扩大后的邻国之间增进稳定、安全和福利，防止新的分界线出现，并通过更高级别的政治、安全、经济和文化合作提高邻国参与欧盟行动的机会"，"建立一个繁荣和睦邻友好的周边地带——朋友带，欧盟与其共享密切、和平与合作的关系"。欧盟邻国政策的思路受到之前欧盟针对入盟候选国所制定的入盟前战略的启发，但它不提供入盟的前景。

在欧盟邻国政策的指导下，欧盟不断推动与邻国伙伴关系的进程。2004 年，欧盟出台了一份涉及乌克兰、突尼斯、摩洛哥、摩尔多瓦、约旦、以色列和巴勒斯坦七个国家的行动计划。此后，欧盟邻国政策的发展方向往南面和东部延伸。在南面，欧盟通过1995年确立的“巴塞罗那进程”不断加强与地中海国家的经济和金融联系，该进程在2007年初法国总统萨科齐首次提出“地中海联盟”设想，并在法国、西班牙和意大利等国家的支持和推动下于2008年正式成立地中海联盟。在东部，继2004年12月欧盟通过欧盟—乌克兰行动计划后，欧盟又于2005年2月与摩尔多瓦签订了《摩尔多瓦共和国—欧洲联盟行动计划》。欧盟还将触角伸到了中亚，于2007年6月发表了旨在加强与中亚五国进行广泛合作的《欧盟和中亚：新伙伴关系战略》文件。2007年底，波兰提出“东部伙伴关系”计划的设想，旨在适应欧盟新的邻国的经济、政治改革进程，不断促进地区安全和稳定。该设想得到瑞典的支持，两个国家于2008年5月在欧盟外交事务会议上联合发起“东部伙伴关系”倡议，并在6月举行的欧盟首脑会议上获得通过。9月，欧盟举行的关于讨论格鲁吉亚危机的特别会议再次重申了这一倡议。12月，欧盟委员会正式推出东部计划建议，并在2009年3月获得欧盟首脑会议的批准。东部计划的基本架构主要包括以下三个方面：第一，战略目标：它是欧盟往东方推行其邻国政策的一项具体部署，旨在提升与东部邻国间的合作关系，使其向欧盟靠拢，保证“欧盟、伙伴国和整个欧洲大陆的稳定、安全和繁荣”。从欧盟角度说，东部计划的“主要目的是为伙伴国与欧盟加强政治联系和经济融合创造必要条件”，推动其市场经济改革、经济一体化和人员流动，促进民主、法治和人权进步，使欧盟在维护地区安全与解决冲突时拥有更多的渠道；第二，运行机制。为实现上述战略目标，在操作手段与运作方式上，东部计划强调明确、具体、平等、自由和透明的原则，规定在伙伴关系的多边框架下，以共同参与和集体决议的方式，通过多边交流平台（multilateral thematic platforms）来开展对话与合作；第三，活动领域。东部计划旨在全面提高与东部伙伴国之间的关系，涵盖了经济、金融、政治、法治、文化教育能源环境安全边境管理等领域的活动。

第八节　欧盟与联合国关系

在欧洲一体化发展进程中，欧共体/欧盟及其成员国很早就认识到联合国的重要作用，并逐步将欧盟与联合国的关系法律化和制度化，在欧共体和欧盟发展的历次宪法条约改革中，大都提到了欧共体（欧盟）同联合国关系问题，这就为双边关系的密切发展奠定了基础。

欧共体与联合国关系最初体现在创建欧洲共同体的《罗马条约》第116条中，该条规定要求欧洲委员会在联合国各机构中就经济问题进行投票时向成员国提出统一的立场建议。随着一体化的深入，不断修改的《欧共体条约》首次赋予了欧洲共同体独立的国际法人资格。条约的第302条规定了共同体参与联合国的方式：由欧洲委员会作为欧共体的代表同联合国及其各个专门机构确保一切恰当的关系。据此，欧共体在联合国中就自己所涵盖的领域拥有了能够完全代表各个欧共体成员国的专属权限。1993年《马斯特里赫特条约》的签署标志着欧盟的诞生。该条约在表述欧盟共同外交与安全政策的目标时，强调了联合国宪章原则的重要性，并明确规定了欧盟成员国在联合国中的行为方式——维持共同外交与安全政策的一致性：各成员国应在国际组织内和国际会议期间协调其行动，各成员国应在上述国际论坛上坚持欧盟的共同立场；参加联合国安理会的欧盟成员国应共同商讨问题，并向欧盟其他成员国通报一切情况。任联合国安理会常任理事国的欧盟成员国在行使其职责时，应在不影响其根据联合国宪章所承担的责任的情况下，确保维护欧盟的立场和利益。1999年5月生效的《阿姆斯特丹条约》进一步强化了欧盟共同外交和安全政策：要求欧盟各成员国在共同享有重要利益的地区实施共同战略，并设立了共同外交和安全政策高级代表一职。这一改进进一步提高了欧盟在联合国中，尤其是在安理会上“用同一个声音说话”的能力。此后，在修改了的《欧盟宪法条约》以及《里斯本条约》中，欧盟都明确规定了维护联合国宪章的宗旨和原则的立场，并致力于以联合国作为重要平台实现欧盟在国际舞台上用同一个声音说话的能力。2003年12月，《欧洲安全战略》出台，欧盟正式提出了以“有效的多边主义”为核心的对外战略，把加强与联合国的关系列为重要目标，为欧盟—联合国关系的发展注入了新的活力。如今，欧盟已经把联合国视为发挥全球影响的平台及塑造国际秩序的工具，与联合国在政治、经济、文化等多个领域开展了经常性、制度化的合作，建立了以政治对话、政策协调为手段，以发展援助、人权、贸易、维和、裁军、防扩散和反恐等为具体合作领域的战略伙伴关系。

《联合国宪章》规定联合国是一个以主权国家为参与者的国际政治组织，因此欧盟不具备成为其成员的资格。为此，在参与联合国各项政策运作的过程中，欧盟往往根据自己影响能力的大小和利益相关程度采取不同的身份。

（1）观察员身份

观察员资格是欧盟在联合国各个部门和机构中最常见的身份，权力十分有限，仅限于参加正式会议，也往往只能在所有正式与会成员发表完所有意见之后才有权进行一定程度的干预。观察员不能提出修正案，不能主持会议或做大会报告，更不用说投票权了。当前，欧盟在安理会、联大以及大多数的专门机构中均拥有观察员的身份。

（2）被提升了的观察员

全面参与者是欧盟在联合国的另一种身份，这种身份又被称为“被提升了的观察员”。较之观察员地位，全面的参与者可以提出议案或修改案，在发表自己的意见干预会议时也没有时间或内容长短的限制。同时还可以担任报告人或主持会议。但较之成员国地位，全面的参与者仍然没有投票权，也没有阻碍共识达成的权力。自从 1992 年里约“地球峰会”之后，欧盟开始以这样的身份更积极参与到在许多主要的联合国会议和常设机构的活动中，例如在联合国可持续性发展委员会的政府间论坛中。

（3）正式成员

原则上欧盟作为一个超国家组织是不能成为联合国任何组织中的成员的，因为这与《联合国宪章》规定的原则不符。不过，欧洲共同体被接纳为联合国粮农组织的正式成员是一个特例。这是由于早在 1962 年，欧共体与联合国粮农组织就建立起了紧密的合作关系。而在 1991 年，联合国粮农组织章程的修改也为欧共体获得正式成员身份铺平了道路。自此，欧共体在联合国粮农组织中享有代表各欧盟成员国的资格，各成员国仅保留在联合国粮农组织的组织与预算问题上的决定权。

（4）与联合国各机构建立密切工作关系

2001 年 6 月，欧盟总务委员会决定全面加强与联合国的工作联系，建立多层次的固定会晤和磋商机制。欧盟三驾马车与联合国秘书长每年在纽约举行一次会晤。联合国副秘书长及其他高官定期访问布鲁塞尔、卢森堡和斯特拉斯堡，与欧盟进行政策磋商。联合国秘书长和副秘书长与欧洲议会的接触也在逐步增加。欧盟军事参谋团将联合国维和事务部作为自己的伙伴；欧盟政策单位则把联合国秘书处政治事务部当作合作伙伴。双方还建立了联合工作组，以增进对警察及军事任务团的管理和协调，并加强了对欧盟维和人员的培训。凭借对联合国的巨额资助，广泛的参与，各种形式、各个层次的对话机制及战略伙伴关系的缔结，欧盟在联合国的影响力正在不断增长，欧盟与联合国正在结成致力于多边主义的伙伴关系。

欧盟与联合国的主要合作领域：

（1）发展援助领域

2001 年 5 月，欧盟委员会发表了题为《在发展及人道主义领域与联合国建立有效的伙伴关系》的报告。该报告指出：世界各国经济社会均衡发展是预防武装冲突和建立公正、合理的国际秩序的关键。欧共体应致力于加强联合国发展机构的效能，与联合国机构一道帮助发展中国家消除贫困、实现社会进步和经济发展。

欧盟委员会认为，联合国机构在合法性、人员配备以及专业经验等方面具有欧盟不具备的多重比较优势。双方在发展援助领域开展互利合作，有利于欧共体实现其特定的对外援助目标。为此，欧共体根据联合国各发展机构的专业和特长，结合欧盟对外援助的重点方向，选择了联合国开发计划署、联合国粮农组织、国际劳工组织以及世界卫生组织等 10 余个与发展及人道主义有关的联合国专门机构建立战略伙伴关系。

欧盟对联合国各合作伙伴采取了既扶持、又利用的政策，一方面向它们提供更充裕、更稳定的资金保障；另一方面，则要求参与到这些组织的决策过程中，影响其政策制定。欧盟还对这些组织的财务及资金使用情况进行审计监督，对工作效果达不到欧盟要求的提出改进意见，直至停止资助。

（2）和平与安全领域

冷战后，巴尔干地区爆发了大规模武装冲突，对欧洲的安全、稳定构成了严重威胁。在整个 20 世纪 90 年代，欧盟与联合国围绕巴尔干冲突的解决进行了大量合作。1999 年科索沃战争之后，随着欧盟共同安全与防务政策迅速发展，欧盟逐步具备了处理和应对安全领域危机的手段、能力和必要的机构、程序。这就使得欧盟与联合国在冲突预防、危机处理及维和等领域的合作具有了更多的实际内容。

欧盟明确表示，欧盟支持加强联合国集体安全机制，愿为联合国和平行动提供及时可靠的帮助。“9・11”事件之后，美国忙于发动阿富汗和伊拉克战争，进行地缘战略扩张，无暇顾及联合国和平行动。欧盟则稳步加强与联合国的合作，成为联合国维和行动的主要西方伙伴。从 2003 年 1 月开始，欧盟先后派出警察任务团、军事任务团以及维和部队，赴波黑、马其顿和刚果（金）等地，执行联合国安理会授权的使命。

（3）推动联合国人权政策

在联合国的人权改革中，欧盟更是成为了一个主要的行为者。对于欧盟来说，联合国可能是其寻求提高人权保护水平的最为重要的多边论坛。在欧盟同世界上其他国家进行的政治对话或签署的双边协议中，人权问题总是作为一项“基本条款”居于关键地位。因此，长久以来在人权问题上的坚定态度和欧盟内部在人权认识上的统一立场使得欧盟在成立人权理事会这一问题上发挥出至关重要的作用。在创建人权理事会的过程中，其他积极参与谈判的各方经常将欧盟视为能够调和各种分歧意见的驱动力。

（4）在联合国框架下推动全球环境治理

欧盟在环境保护、国际劳工标准、国际刑事法庭等联合国面临的新问题上也表现出一个“领跑者”的姿态。以环境保护领域为例，欧盟支持在现有的机构，如联合国环境计划的基础上，建立一个更加完整的国际环境治理结构。因此，欧盟积极推动《京都议定书》的生效，并且成为大量有关环境的多边公约与协定的重要一方。欧盟在强调联合国框架的同时，也提出了对联合国环境计划的改革。在 2002 年召开的联合国环境计划治理理事会的会议上，欧盟提议建立一个针对环境问题的联合国专门机构——联合国环境组织。欧盟认为，如果有稳定充分和可预见的财政援助作为支持，这样一个组织将会促使环境领域的可持续发展。尽管会议最后通过的成果报告没有达到欧盟的预期，但各方对欧盟的提议在未来的可能性达成了一致意见。

（欧盟与联合国关系，部分参考了中国国际问题研究所扈大威以及上海社会科学院龙静的成果）

第八编

欧洲联盟

第一章　欧洲一体化概述、欧盟主要条约与机构

第一节　欧洲一体化的历史渊源和条件

以欧共体/欧盟的成立和发展为核心组织的欧洲一体化，是指战后西欧国家，通过建立具有超国家调节色彩的组织机构，不断打破民族国家界限，确立较高层次的统一经济实体，直至实现一定程度的政治统一的历史进程（目前这一进程已扩展到中东欧地区）。其形成时间之早，一体化程度之高，参加成员国之多，总体经济实力之强，对欧洲乃至世界经济、政治格局发展演变的影响之大，都是其他区域集团难以比拟的。欧洲一体化的产生及其种种特点，均根自其独特的历史渊源和条件。西欧发达民族国家群体与区域经济的形成，加之战后特定的历史环境，为一体化组织的最终诞生，提供了必要条件。

一　西欧发达民族国家群体的确立

欧洲一体化的深厚基础，在于区域经济的形成。资本主义生产方式、工业革命与近现代意义上各民族主权国家的出现，构成这一基础形成的三要素。独特的历史文化背景（包括欧洲经济、政治、军事、国际关系、宗教、社会、文化各因素的长期交互作用，文艺复兴以来人文精神、民主思潮的传播，自然科学的发展等方面），使西欧成为三者的发源地。三要素的相互作用与影响，又导致了世界史上特有的发达民族国家群体的形成。

早在14世纪和15世纪，地中海沿岸的某些城市（如意大利北部的威尼斯、热那亚、比萨、佛罗伦萨和米兰等地），即已出现资本主义生产的最初萌芽。其后，随着殖民掠夺与圈地运动，资本原始积累开始，工场手工业得到发展，加之地理大发现的有力推动，终于使16—18世纪300年间成为西欧“从封建社会向资本主义社会过渡的时期”。随着生产力与生产关系的矛盾运动，要求彻底推翻封建制度束缚、确立资本主义经济基础与上层建筑的革命运动，也在西欧逐步兴起，先后导致尼德兰革命（1566至1579年，被视为“历史上最早的资产阶级革命”）、1640年的英国资产阶级革命、1789年具有深远影响的法国资产阶级大革命和1848年的欧洲革命（席卷法、德、奥地利等地，并在爱尔兰、比利时、波兰引起强烈反响）。至19世纪60年代中期，西欧各国都先后实现必要的资产阶级改革，由此标志着封建制度瓦解与资本主义生产方式在整个西欧的确立。

资本主义生产方式确立的直接影响之一，就是为工场手工业最终向机械化生产转变，提供了绝对必要的软环境，西欧也由此成为人类史上“工业革命”的诞生地和世界上率先实现了“资本主义工业化”的地区。工业革命发轫于英国，以18世纪30年代纺纱机的出现为其主要标志。由于同样具备工业革命赖以发展的诸多人文、历史条件，自

1815 年拿破仑战争后至 1914 年第一次世界大战前，工业化进程亦分三个阶段，在整个西欧大陆地区得到了广泛传播。

作为“影响西方世界史最强大的力量之一”，民族主义与近现代意义上的民族国家的出现，有力推动了当时西欧历史发展进程。因为市场经济体制乃至工业化的实现，需要国家统一与国家行为的大力介入。具体说来：

（1）利用国家的最高权威性，消除封建割据状态，以建立统一的民族国家内部市场，促进商品流通。这在意大利、德意志表现得特别明显；（2）彻底打破封建主义旧制度，确立新型的经济基础与上层建筑，同样需要国家权威。例如，通过国家立法消灭封建土地占有制与行会制，保障私有财产制度，调整不合理的税收制度，建立稳定的货币制度，保证可靠的契约制度等；（3）国力强盛与否直接取决于工业化的发展进度。在民族主义日盛、大陆国家私人资本又较弱的情势下，手工业工场时期（即重商主义时期）即有着国家干预传统的大陆各国政府，均加强了对民族经济的干预与扶持，以加速本国的工业化进程。具体方式包括调整税收、津贴、提供优惠贷款、调节关税税率、国家出面资助正规技术教育，乃至直接投资私人企业难以承担的关键部门，如铁路建设等领域。

“民族国家无疑是资本主义发展的最好条件”（列宁语）。正是这种不可替代的历史作用，使得西欧现代民族国家的兴起，具有了极大的历史必然性与“合法性”，成为资本主义实现的基本单位，又最终成为日后区域一体化的行为与利益主体。同时，相近的历史文化条件，决定了资本主义工业化不仅仅限于一两个国家，而是西欧现代民族国家群体的出现。这对于经济区域化的形成，具有重大意义。

二　西欧经济区域化的形成及其历史局限性

发达资本主义国家群体的确立，从根本上决定了西欧经济区域化的地域范围、参与主体与深层动力。工业化大生产的内在需要，使得区域化经济的形成，乃至日后一体化目标的提出，具有了某种历史必然性；但与此同时，也有其不可避免的历史局限性：各民族主权国家的政治意愿与抉择，成为影响区域经济发展演变的关键因素。而作为行为与利益主体，最大限度地维护与扩大自身利益，就成为各国追求的核心目标。因此，只有当特定的历史条件使得各国认为区域化符合其自身当前利益时，后者才能有所进展。反之，则可能出现停滞与倒退。这两种状况，曾先后出现在工业革命直至第二次世界大战前的欧洲历史发展进程之中，进而又在不同意义上，促成了战后欧共体的诞生。

自 1815 年拿破仑战争后至一战前夕，随着资本主义工业化进程的推进，西欧经济的区域化也终于逐步形成。促使其形成的原因，主要包括下列几方面：

（1）生产方式、企业动机与客观条件。从长远看，民族国家经济，仍在相当程度上不能满足资本主义工业化大生产的内在需要：第一，作为一种社会化大生产，随着社会化程度越来越高，最终必然突破国界限制，形成生产与资本的国际化趋向；第二，尽可能获取利润与剩余价值，是各资本主义企业“生产的直接目的与决定动机”。因此，能否以及如何实现其最大化，是企业决定资源配置（包括资本投向、生产要素购置来源）与产品销售市场的主要标准。这种抉择当然包括国际市场在内。而西欧大陆各国所共有的某些客观历史条件，包括地域上的相邻接近，民族国家市场规模的相对狭小，相近的文化背景与经济发达程度，本质上相同的政治与经济体制，特别是源远流长的法律机制的逐步完善，都势必使得以上两点的实现，首先通过经济区域化的形式表现出来。同时，随着工业化进程的发展，西欧率先成为现代化基础设施建设最为发达、集中的地区。技术创新导致的先进交通通信设施，大大缩短了经济活动在时间与空间上的距离，降低了交易成本，有助于各国经济交往的迅速加强。

（2）推进工业革命的需要。当时西欧各国均明确认识到，作为保证国力强盛与提高自身地位的根本途径，尽快实现工业化，符合本国长远利益。为此，必须实施开放性政策，促进生产的区域化进程（这可以说是西欧大陆各国放弃以往重商主义政策的根本原因）。其原因在于，机械化大生产势必迅速提高对市场与资源的需求程度（包括两者的规模、流通速度与复杂程度），仅靠本国的生产社会化远远不能满足这种需求，故要同时依赖经济的区域化，即通过西欧各国之间商品、资本、人员与劳务的大量流动，来启动和完成工业革命扩张（例如，英国与欧洲大陆之间的商品流通，曾对双方的工业化进程都产生了重要影响）。特别是对某些相对落后的国家而言，这种流动，由于构成了工业革命的传导机制和学习渠道，而显得益发重要。因此，19世纪工业革命在西欧大陆的扩张进程，也就是经济区域化的进程（从这个意义上讲，西欧地区的工业化与区域化进程是同时发生的，没有区域化就没有工业化）。

（3）较为有利的政治、经济环境。主要指欧洲无全局性战事，较长的经济繁荣期，英国对欧洲自由贸易和国际货币体系稳定的有利影响等。

上述各种因素的存在，终于促成了西欧经济的区域化进程。对此，西方学者曾明确指出："整个（19）世纪看到了欧洲经济一体化达到了工业化前从未知晓和不可想象的程度"，"事实上，欧洲的经济统一在那时确实形成了"。具体体现在：（1）西欧各国之间已结成相当紧密的商品、劳务、人员与资本的相互流动网络。自由贸易史上"里程碑式的突破"，即1860年英法商约的签订及随后各国间条约网络的缔结，突出说明了各国间商品流通的密切程度（1913年时，在英、法、德、比、意、奥和瑞士的对外贸易中，51%为相互出口）；大量企业家、技术管理人员以及廉价劳动力的跨界流动，则有助于把西欧经济"融为一体"；19世纪急剧膨胀起来的欧洲各国相互投资，终于使欧洲"成为一个单一的资本市场"；而与此同时，西欧运输、保险与银行业的区域化行为，也颇为引人注目。（2）高层次水平分工趋向已开始形成。从19世纪下半叶以来各国间的贸易构成看，消费品方面的产品差异更加明显，反映生产领域深层次分工的资本与机械工程货物的相互输出，如钢材、机械、车辆、化工品的贸易份额，有了显著增长。这与当时宗主国与殖民地之间的垂直型分工贸易，有了明显区别。

从长远看，这种水平分工型的区域化经济，既经形成后很难再彻底割断，迟早要随着生产力提高而进一步发展，因而成为提出经济一体化目标、谋求建立相应组织体制的根本动因。

然而，资本主义工业生产种种内在矛盾的尖锐化，也逐渐成为导致国家间利益冲突的主要因素。抢占商品、资本输出场所与原料产地，经济危机与高失业，"真正的国际经济管理"之缺乏，都使得20世纪上半叶的西欧各国民族保护主义、扩张主义恶性膨胀，开始竞相推行以邻为壑的经济政策，造成争夺逐步升级，直至诉诸战争，从而人为割裂了区域经济的整体性。一战以来欧洲经济开始的"解体化"进程，经"大衰退"和愈演愈烈的"贸易战"与"货币战"，终于在30年代达到顶点。然而，各国的种种利己措施，非但无助于问题的解决，反加速了国际经济秩序的彻底崩溃，促成了第二次世界大战的爆发。这一惨痛教训，成为战后西欧国家谋求建立区域化经济组织的重要动因。

三 战后欧共体诞生的特定历史条件

第二次世界大战后，欧洲乃至世界经济、政治形势中一系列新因素的出现，加上对防止战争再度爆发的强烈愿望，使西欧国家认识到，顺应水平分工趋向，打破民族国家界限，实现区域经济一体化，甚至一定程度的政治一体化，是符合各国的共同与长远利益的。这就使得较高一体化目标的提出，既具备了必要性，又具备了现实可能性，终于导致了区域一体化组织——欧洲经济共同体——的诞生。

促成欧共体出现的特定历史条件较为复杂，主要包括以下各方面：

（1）战后欧洲乃至整个资本主义世界的经济，都开始进入一个全新的发展阶段。其一，从生产力看，西欧经济的恢复与西方经济增长"黄金时代"的到来，第三次科技革命的出现，都对区域化提出更高要求，进而对谋求市场开放提供了新的动力；其二，从生产关系看，随着凯恩斯主义盛行，西欧国家对于经济的宏观调控能力进一步加强，从而为区域调节奠定了基础。

（2）战后以来，美国凭借其经济实力，力主抑制保护主义倾向，恢复世界经济的稳定与秩序，大力促成了新的国际金融与贸易体系（主要指布雷顿森林体系与关贸总协定）。这为西欧经济一体化的启动提供了极为有利的外部条件。

（3）"雅尔塔"体系形成与东西欧对抗，西欧列强国际地位下降，殖民地独立造成的海外市场缩小，都加强了西欧各国的整体认同感，迫切希望借重联合谋求生存与发展。

（4）利用马歇尔计划，美国推动西欧国家建立了战后第一个政府间经济合作组织——欧洲经济合作组织，并建立了相应的组织机构，从而为日后欧共体的建立，在一定程度上起到了表率和促进作用。

（5）通过经济一体化最终实现政治一体化目标，是欧共体产生的重要动因。为了防止战争再度爆发，战后欧洲联邦主义思潮一度盛行，旨在从政治上重新架构欧洲，消除各国利益的对抗，进而消除战争爆发的根源。然而，其难点在于西欧不可能“自上而下”地通过各国政府一举签署条约，直接全部地向一更高权力机构转移主权，来实现政治统一（海牙大会与欧洲委员会的结果、欧洲政治共同体条约的失败都是明证）。为此，欧共体的缔造者如莫内等人认为，应首先在区域化形成的基础上建立经济一体化组织，以不断融合各国间的经济利益，促成主权向共同机构逐步转移，最终实现政治一体化，即建立欧洲联邦。正是在这种思想指导下，莫内先于50年代初倡导创立了“欧洲煤钢共同体”，之后又积极支持了“欧洲经济共同体”的建立。

上述因素的交互作用，最终促成了欧洲经济共同体的建立（1958年1月1日），从而开创了欧洲历史的新篇章。它表明，自从工业革命以来，西欧大陆核心地带的民族国家，终于首次将各国经济视为一个整体，承认“有步骤地连接各民族经济”，符合各国的共同和长远利益。通过缔结条约，正式承担义务，明确提出了经济一体化目标，进而提出了政治目标，并建立了带有超国家调节色彩的区域经济组织，试图以机构化、法律化、制度化的方式，确保目标的实现。随着欧共体的生成与发展，成员国间逐步确立起了一种极为复杂独特、高层次的国际关系体制与组织形态，借此相互作用与相互影响，以保证各国共同利益的实现和特殊利益的协调。这都是历史性的重大飞跃，具有极为深远的意义和影响［参见“欧洲（经济）共同体/欧洲联盟的成立与发展”］。

第二节　第二次世界大战后的欧洲一体化进程

“欧洲（经济）共同体”及在其基础上转化而成的“欧洲联盟”，是欧洲一体化最为重要和最具生命力的组织形态。其成立与发展集中体现了战后欧洲经济、政治一体化的演进历程。欧共体/欧盟的深化与扩大，对欧洲自身乃至世界经济、政治格局的发展演变，都产生了深远影响。

一　欧洲（经济）共同体的成立与发展

20世纪50年代初，为了避免法、德之间再度爆发战争，确保欧洲永久和平，在伟大的欧洲联邦主义者、法国人莫内的积极倡导、推动下，法国、联邦德国、意大利、比利时、荷兰、卢森堡6国首先创立了“欧洲煤钢共同体”。通过建立一系列共同机构，特别是具有较大超国家权力的“高级机构”，对成员国的煤、钢资源实行共管，使法德之间的战争“不仅是不可想象的，而且在物质上也不可能”。这为日后“欧洲经济共同体”的建立，确立了成功先例。

此后，随着欧洲内外形势的发展变化，6国终于决定在更广泛的经济领域实施一体化，以创立更为广阔的统一经济空间，乃至实现一定程度的政治一体化，维护欧洲的世界地位。在此背景下，1955年6月，煤钢共同体6国外长集会意大利城市墨西拿，决定将经济一体化措施从煤钢领域扩展到更多的经济部门，建立“欧洲经济共同体”，并为此通过了著名的墨西拿决议。根据决议，6国政府建立了以比利时外长斯巴克为首的筹备委员会，负责起草条约（同时还负责起草“欧洲原子能共同体”条约）。1956年5月，斯巴克委员会正式向6国外长提出报告。之后，经反复磋商谈判，各国政府终于1957年2月就条约草案达成最后协议。1957年3月25日，6国政府首脑和外长齐集意大利首都罗马，正式签署《建立欧洲经济共同体条约》（同时签署的还有《建立欧洲原子能共同体条约》，两者都可称为《罗马条约》）。

《罗马条约》具有无限期性，规定了共同体实施经济一体化的目标、手段、主要政策措施和机构，并表明了其政治性目标。经6国议会批准后，条约于1958年1月1日生效，标志着“欧洲经济共同体”的成立。自成立以来，欧洲经济共同体的发展进程大致可分为两大阶段。

50年代后期至80年代中期为发展的第一阶段。这一阶段前期，即从1958年到1973年，正值西方资本主义发展史上的“黄金”时期，经济连年增长且势头强劲。在此大背景下，欧共体的机制建设与深化措施，也发展得较为顺利，为一体化向更高层次迈进奠定了坚实基础。1973年至80年代前期，战后西方两次最严重的经济危机先后爆发，内部种种矛盾趋于尖锐化，深化难于推进，但一体化仍在横向上取得重要进展。具体表现在以下几个方面：

①建立了具有超国家调节特征的体制结构。根据《罗马条约》安排，成员国在某些领域和一定程度上自愿限制或向欧洲一级转让了国家主权，主要体现在欧共体专职机构的设置及其相互作用、独特的法律体制和确立“自有财源”三个方面，从而保证了经济一体化的存在与发展。②建立了“关税同盟”。这是欧共体的起点和基石，意义极为重大。为适应区域经济的水平分工趋向，成员国之间从1958年起逐步消除关税壁垒和贸易限额，对外确立统一关税。这一进程至60年代后期完成。随着关税同盟建立，成员国间贸易增长迅速，生产和货币金融领域中的相互依赖也有所加强，为一体化的存在与发展奠定了坚实基础。③实施了“共同农业政策”。这被视为“一体化程度最高的领域”，与“关税同盟”并称为欧共体的两大经济支柱。60年代初期，经过激烈谈判，成员国终于就政策的基本内容达成协议，并逐步付诸实施。该政策三原则的确立（参见“共同农业政策”条目），对于保证农产品自由流通和平衡成员国利益，维持农产者收入，推动农业发展，都起到了相当作用。④“共同贸易政策”、“竞争政策”等也开始在欧共体一级实施。⑤20世纪60年代末起，为了应付国际货币体系危机，巩固乃至推动一体化发展，成员国曾决定建立经货联盟，并拟订方案，着手实施。然而，由于各国主张不尽一致，又受两次世界性经济危机的冲击，致使发展不平衡加剧，计划陷于停顿。但出于维持彼此间币值稳定的需要，成员国于1979年建立了“欧洲货币体系”。

1973年1月，欧共体实现了第一次扩大；英国、爱尔兰、丹麦3国加入。1981年月1月，希腊成为新的成员国。1986年1月，西班牙、葡萄牙被接纳。这样，欧共体由最初的6国发展为12国。

20世纪80年代中期至1993年是发展的第二阶段。这一阶段最重要的进展是实现统一大市场计划。1985年，欧共体提出了计划目标与实施手段，即于1992年底前，通过大量立法消除“三大障碍”，在成员国之间建成商品、服务、资本、人员自由流动的“单一市场”(亦译为“统一大市场”)，以优化资源配置，提高国际竞争力，改变欧洲的不利地位。为保证计划实施，1986年成员国通过谈判首次修改了罗马条约，就《单一欧洲法令》达成协议（1987年7月1日生效）。法令明确肯定了1992年计划的时间表，改革了理事会的决策方式，并扩大了欧共体的活动领域。经过不懈努力，计划取得相当进展。1992年12月底，欧共体举行了庆祝大市场如期建成的活动。

1992年计划的实施，使得欧共体内部的一体化深度出现了质的飞跃。它不仅促使更多的西欧国家谋求加入，而且为成员国拟议建立的“欧洲联盟”奠定了坚实基础。

二 欧洲联盟的成立与发展

20世纪80年代后期，为充分发掘统一大市场潜力，适应成员国经济相互依赖加深的趋向，不少成员国与欧共体执委会主张，应加速深化经济一体化进程，建立“经济与货币联盟”，并随即启动了方案设计工作。欧洲格局的剧变又使得成员国认为不仅有必要，而且也有可能加强外交、防务领域的合作；同时，为了促进单一市场建设中的人员自由流动，也有必要加强政府间的司法与内务合作。在此背景下，成员国终于决定在欧共体的基础上，就建立更高层次、更具政治性色彩的实体举行缔约谈判。

1990年12月，谈判在欧共体罗马首脑会议上正式启动，按照“经济与货币联盟”和“政治联盟”两大议题分别进行（故又称“两个政府间会议”）。在整整一年时间里，成员国频频举行会议。因地位、利益不尽相同，主张各异，谈判进行得相当艰苦。但迫于内外形势压力和维护共同利益的需要，1991年12月，各国领导人经最后谈判，终于在荷兰城市马斯特里赫特就缔结《欧洲联盟条约》（又称《马斯特里赫特条约》，简称《马约》）达成协议。1992年2月，成员国代表在条约的最终文本上签字。1993年11月1日，条约经各国议会（有些成员国还举行了公民投票）和欧洲议会批准后生效，标志着“欧洲联盟”（简称“欧盟”）的诞生。

根据马约规定，欧盟联盟的活动将集中在三个领域，即所谓“三大支柱”，并适用不同的决策机制。

（1）经济领域。这是欧盟的活动重心。主要包括煤钢、经济和原子能三个共同体的活动。三者中欧洲经济共同体仍占有最突出的地位（“欧洲经济共同体”根据《马约》改称为“欧洲共同体”，简称“欧共体”）。根据《马约》规定，实现经货联盟、建立统一的中央银行和单一货币越来越成为90年代以来欧盟的主攻方向。1999年，经货联盟建设如期进入最具实质性的第三阶段，欧元启动，欧央行体系开始运作。同时随着成员国经济相互依赖的加深，越来越多的政策已需要在欧洲一级实施或加以协调。除欧央行体系的单一货币政策实施和各国财政政策的协调外，涉及内容还包括教育、培训、工业、卫生、文化、消费者保护、发展合作、全欧网络系统、加强经济与社会凝聚力、研究与开发、环境等领域。

但条约就此规定了“辅助性原则”，即在不属欧共体专管的领域，只有在所拟议行动的目标不能由成员国充分实现，且在因所拟议行动的规模或影响可由共同体更好实现的领域和限度内，共同体才可以采取行动。条约还强化了超国家调节机制，特别是欧洲议会的权力有所加强。

（2）实施“共同外交与安全政策”。由20世纪70年代初的“欧洲政治合作”机制发展而来，旨在更好适应内外形势变化，提高欧盟的国际地位。除政策目标外，《马约》还规定了实施机制与手段，主要采取政府间合作方式，但在一定程度上允许了欧共体机制的介入。

（3）内务与司法合作。为切实保证人员自由流动，《马约》承认有必要就此加强政府间合作。具体内容包括：避难政策、过境法规、移民政策、反吸毒、反国际性欺诈、民事与刑事事务中的司法合作，海关合作，警务力量的合作等。

此外，《马约》还确立了“联盟公民身份”。

《马约》生效与欧洲联盟的诞生表明，成员国不仅要大大深化经济一体化进程，向着经货联盟的目标迈进，而且建立了政治性联盟，决计在外交安全和内务司法两大领域实行密切合作。这是战后欧洲一体化再次出现历史性飞跃的重要标志。随着《马约》实施，单一货币欧元诞生，在两大政治性领域的合作也得以加强。特别是在内外形势推动下，欧盟成员国又先后缔结了《阿姆斯特丹条约》《尼斯条约》和《里斯本条约》（分别于1999年5月、2003年2月和2009年12月生效），试图不断提升第二、三支柱中的超国家因素。随着《里约》生效，欧盟层面的对外行动能力有较大加强，而司法与内务合作则完全适用了欧盟经济领域的运作机制。

从横向发展来看，1995年1月1日，奥地利、瑞典和芬兰3国正式加入，欧盟从12国发展到15国。雅尔塔格局解体后，欧盟作为冷战后时代欧洲区域核心组织的地位凸显，先后启动了与中东欧10国的入盟谈判进程（获得加入谈判资格的还有地中海的塞浦路斯和马耳他）。2004年5月1日，中东欧八国，即波兰、匈牙利、捷克、斯洛伐克、爱沙尼亚、拉脱维亚、立陶宛与斯洛文尼亚，加上塞、马两国，正式加入，欧盟成员总数从15国跃至25国。随着2007年1月罗马尼亚和保加利亚的加入，成员国扩大为27国。2013年7月克罗地亚入盟，欧盟又扩展至28国。（详见本编第五章有关内容）。

第三节 欧共体/欧盟的主要条约及其谈判

一 《巴黎条约》

《巴黎条约》是战后西欧6国为建立煤钢共同体而缔结的条约。条约正式名称为《建立欧洲煤钢共同体条约》，因于法国巴黎签署，故又名《巴黎条约》。

1951年4月18日，法国、联邦德国、意大利、比利时、荷兰与卢森堡6国政府代表集会巴黎，决定创建战后西欧第一个区域经济一体化组织——欧洲煤钢共同体，并为此缔结条约。条约于1952年7月25日生效。主要内容包括以下几个方面：

（1）条约前言明确指出，为了“维护和平关系”，促进缔约国“经济发展”和“生活水平的提高”，6国“决定创立煤钢共同体”，以实现各国“根本利益的融合”，并“为在由于流血冲突而长期分裂的各国人民间建立一更广泛与更深入的共同体奠定基础”；

（2）6国间创立煤、钢生产与销售共同市场，完全取消彼此间的关税和贸易限额；

（3）建立共同机构以保证条约实施。共同机构包括“高级机构”（委员会）、议员大会（后改称“欧洲议会”）、部长理事会和法院。条约对各机构权限作了明确规定，各国在条约规定的范围内向共同体机构转移了主权。特别是“高级机构”在决定煤、钢的生产与销售方面获得了较大权力；

（4）煤钢共同体拥有自己的税收来源，由执行机构负责管理财政，以保证共同体运转。

《巴黎条约》的签署与实施，为战后西欧第一个经济一体化组织的创立奠定了法律基础，保证了其顺利发展，特别是成功确立了从融合成员国经济利益入手建立共同机构以转让国家主权的先例。这对日后《罗马条约》的签订乃至整个欧洲一体化进程，都产生了深远影响。

二 《罗马条约》

随着欧洲内外形势的发展变化，欧洲煤钢共同体的6个创始国，决计建立“欧洲经济共同体”，将经济一体化扩大到更多领域。经过政府间谈判后，1957年3月25日，法国、联邦德国、意大利、荷兰、比利时和卢森堡于意大利首都罗马，正式缔结《建立欧洲经济共同体条约》，即著名的《罗马条约》。条约于1958年1月1日生效（与该条约同时谈判、签字和生效的还有《建立欧洲原子能共同体条约》；两条约都可称为《罗马条约》，但一般多指《建立欧洲经济共同体条约》）。作为规范战后一体化进程的根本大法，条约具有如下重要内容：

条约宣称，“各缔约国在它们之间建立一个欧洲经济共同体”。共同体的任务是，“通过建立共同市场和使成员国经济政策的不断接近，在整个共同体内促进经济活动的和谐发展，持续和均衡的扩展，稳定日益增长，生活水平的加速提高和成员国间日益密切的关系”。值得强调指出的是，条约还宣布，缔约国“决心为欧洲各国人民之间日益紧密的联盟奠定基础”，从而表明了共同体所具有的政治性目标。

条约明确规定的经济一体化措施包括：（1）建立6国关税同盟，按照规定的时间表，逐步取消各国间的关税壁垒和贸易限额，对外实行统一税率；（2）筹组农产品共同市场，并实行6国共同的农业政策；（3）实现整个共同体范围内人员、劳务和资本的自由流动；（4）建立共同贸易政策和共同运输政策；（5）在共同市场中确立不致歪曲竞争的体制；（6）依靠一定程序，协调成员国经济政策，纠正国际收支失衡；（7）在保证共同市场正常运转的限度内，使各成员国立法趋于接近；（8）创立欧洲社会基金；（9）建立欧洲投资银行；（10）同与成员国保持特殊关系的非欧洲国家和领地建立联系制度。

为保证经济一体化实施，条约参照煤钢共同体模式建立了共同体机构，主要有共同体委员会、部长理事会、欧洲议会和法院。条约规定了各机构的权限和决策程序，指出其将在各自的“权限内行事”。同时规定，各成员国将采取所有一般性或特定措施，确保履行条约义务或共同体机构活动所产生的义务，协助共同体完成其任务；各国将与共同体机构密切合作，在实现条约所规定目标的必要范围内，协调各自的经济政策。

条约规定，共同体建立自己的财政，预算开支由各成员国分摊。但同时又规定，“各成员国的财政分摊额”，“可以由共同体的自有财源取代”。

与《巴黎条约》相比，《罗马条约》为欧洲经济共同体，同时也为整个欧洲一体化（特别是经济一体化）进程提供了更为广阔、坚实的法律基础，意义极为重大、深远。

三 《单一欧洲法令》

（一）首次修改《罗马条约》的政府间会议

80年代中期，随着全球经济竞争的日趋激烈化，历经两次世界经济危机的西欧各国，深深感到了来自美、日乃至新兴工业国家的竞争压力，由此产生了强烈的危机感；同时，复杂多变的国际形势也使各国认识到进一步加强外交政策协调的必要性；再者，当时共同体第三次扩大在即，发展不平衡加剧，决策钝化的矛盾将更加突出。在这种形势下，共同体成员国承认，只有从根本上深化长期停滞不前的一体化进程，特别是启动统一大市场计划，改革和加强欧共体，才是应付挑战的最佳出路。为此，有必要举行政府间会议，就修改《罗马条约》举行谈判，以适应一体化发展的需要。应强调指出的是，就修改《罗马条约》举行谈判，与欧洲议会的积极推动，亦有很大关系。同时需要修改的还有《巴黎条约》。

1985年6月的米兰首脑会议，通过了举行谈判的决定（英国、丹麦和希腊虽曾对此持否定态度，但还是同意参加谈判，同时又坚持有对谈判结果的否决权）。7月22日，召开首次部长级会议。针对是否单独召开政府间会议谈判和起草政治合作条约的争论，会议决定，在单一的外长级会议中讨论两者，即政治合作和《罗马条约》的修改，但由两个工作组各自准备谈判的最终文本。自9月上旬起，两组几乎每周会晤，并向外长理事会提出报告，后者先后举行了7次会议。

（二）谈判进程与法令生效

修改《罗马条约》的谈判主要涉及大市场建设（这是核心问题），扩大欧共体活动领域、权限和决策机制改革；政治合作问题以英、法—德、意、荷四方的建议为谈判基础，围绕着外交政策的协调机制、决策方式等难点展开，并触及安全合作。由于各方主张不同，谈判进展缓慢。只是在1985年12月举行的卢森堡首脑会议上，成员国才就主要问题达成协议。至于谈判结果的表达方式，成员国最终在法国建议的基础上，采纳了共同体委员会的主张，即通过一"单一"的法律文件形式进行表述，由前言、共同条款、罗马条约修改、"外交政策领域的欧洲合作"（此部分后被《欧洲联盟条约》废除）和"综合与最终条款"几部分组成。

1986年2月，文件由12国外长（包括其时刚刚加入欧共体的西、葡两国）正式签署。经12国议会批准后（丹麦、爱尔兰举行了公民投票），《单一欧洲法令》于1987年7月1日生效。

（三）《单一欧洲法令》的主要内容

《单一欧洲法令》分前言和四大部分共34个条款。主要内容包括：

（1）在前言中，各国重申了"继续进行建立在诸条约基础上的工作并将成员国间的整个关系转化成一个欧洲联盟"的决心；

（2）明确规定"共同体将采取措施旨在于1992年12月31日之前逐步建立内部市场"，即"一个没有内部边界的区域，在这一区域中确保商品、人员、劳务和资本的自由流动"；

（3）扩大欧洲经济共同体职能范围，纳入了加强经济与社会凝聚力、货币合作、研究与技术开发、环境等领域；

（4）改革欧共体决策机制，在内部市场建设等方面，部长理事会大多采取多数表决制，欧洲议会参与立法的权力有所加强（参见《欧洲议会》条目）；

（5）在外交政策领域，缔约国表示，应"努力共同制定和实施一项欧洲外交政策"，并专门确认了外交领域合作的内容与机制；

（6）肯定了欧洲理事会的地位，规定每年至少举行两次成员国首脑会议；

（7）欧洲法院建立初审法庭，专门审理某些自然人和法人的申诉。

四　《欧洲联盟条约》

（一）谈判背景

80年代中后期，欧洲形势出现历史性变化，终于推动成员国政府决计深化一体化进程和扩大政府间合作。主要有两个原因：首先是经济一体化基础加强。统一大市场计划的实施，大大深化了各国经济的相互依赖与影响，进而推动成员国：（1）谋求货币一体化和更紧密的宏观经济调节，以促进四大自由完全实现，应付经济全球化挑战；（2）商讨欧共体在更广泛领域的介入和密切政府间合作，以更好保证成员国的共同利益和各自特殊利益的协调；（3）改革欧共体机制，以适应上述两方面举措的需要；（4）在经济利益进一步紧密交织的基础上，加强外交领域的协调合作。其次是欧洲格局剧变的冲击与影响。1989年下半年以来，东欧形势剧变与雅尔塔格局解体，使得约束德国问题与欧共体扩大问题都再度突出。再者，东西方对抗消失，西欧对美军事依赖减低，动用经济手段施加影响的机会增多，这都意味着其自主地位的相对提高，为欧共体国家加强外交、防务领域的合作，提供了某种现实可能性。

在这种背景下，成员国终于决定就加快内部建设步伐举行缔约谈判。1990年12月欧共体罗马首脑会议的召开，标志着谈判正式开始。在欧共体委员会积极参与下，成员国政府代表分别就建立经济货币联盟和政治联盟两大主题频频举行会谈（故又称"两个政府间会议"）。由于各国地位、利益不尽相同，在一体化深化的程度与范围上存在种种分歧，谈判进行得十分艰苦，有时甚至陷入僵局。

（二）经货联盟谈判

经货联盟谈判的主要争议点包括：（1）联盟最终目标。欧共体委员会主席德洛尔极力主张，目标应是建立欧洲央行并用单一货币、即欧洲货币单位取代各国货币。多数成员国赞同，法、意更是态度坚决。德国则表示，统一货币不应通过官方措施硬性规定，而应靠市场自由抉择。英国更是明确提出了实行自由抉择的"硬埃居"方案。（2）联盟模式。如何调控联盟中的货币、财政政策，德国与其他成员国颇有歧异。出于历史与现实原因，德国极为担心未来欧洲央行的货币政策会受种种政治性因素影响，因此坚决主张，拟议中的央行必须以德国的模式为蓝本，即用法律形式明确保障其"独立性"，并以反通货膨胀为首要目标。对此，不少成员国曾表示难以接受。同时，德国认为，为抑制通胀，必须有效控制各国财政赤字，在欧共体一级确立“财政纪律”，规定对赤字国的“约束规则”乃至“制裁措施”。意、希等高赤字国对此颇感为难，法国亦认为赤字过度的标准难以界定，英国则更直接反对在欧共体一级控制财政。（3）分阶段实施联盟的时间表。这是各国争论最激烈的议题。欧共体委员会和法、意等国极力主张，1994 年即开始联盟第二阶段（根据德洛尔方案，第一阶段已于1990 年 7 月开始），建立欧洲央行，之后尽快进入第三阶段，实施统一货币，并力主明确规定第三阶段的开始日期。德国则坚持，只有条件成熟，方可建立欧洲央行和实施货币统一，反对规定明确的时间表。英国亦反对条约硬性规定实施时间。（4）“经济趋同”条件和“两种速度”。德国坚持认为，各国经济状况良好且相互接近，是实施联盟最后阶段的必要条件，因此首先应当明确规定“经济趋同”标准，不达标准者无加入资格。某些南欧成员国，如意、希、葡等国，反应强烈，担心由此形成“两种速度”而被长期排除在外，沦为欧洲的“二等公民”。此外，在谈判中，英国对加入经货联盟最后阶段始终持保留态度。

（三）政治联盟谈判

政治联盟的谈判涉及面更为广泛。联盟发展方向如何，是否以及应在多大程度上加强欧共体机制中的超国家调节因素和扩大这套机制的适用范围，成为成员国各种方案的关注焦点。谈判难点包括：（1）会议轮值主席国卢森堡、荷兰先后提出，联盟的“最终目标”应是建立“欧洲联邦”。此议得到欧共体委员会的坚决支持，德、意、比等国也表示赞同；而英、丹、葡 3 国则持明确反对态度。（2）联盟基本架构。这是最具实质性的重大争议问题。欧共体委员会坚决主张，作为一体化的高级形态，政治联盟应实行所谓“单一架构”，即联盟不仅在经济领域，而且在外交安全和成员国司法与内务合作两大领域，亦应纳入具有超国家调节色彩的欧共体机制，从而为最终走向“欧洲联邦”打下基础。这一主张得到德、意、荷、比等国支持。而法、英、丹、葡则明确反对，力主所谓“三柱架构”；它们认为，在非经济的这两个领域，不能照搬欧共体机制，而应分别确立自己的协调机制。如英国根本反对欧共体机构介入外交政策领域，法国亦称允许委员会的参与权限相当于农业领域并“不现实”。（3）外交与安全防务事务。如何加强该领域的合作，是谈判的重要议题。不少成员国主张，为了更迅速有效地应付世界形势变化，应当允许欧共体机制介入外交合作领域，并将合作从“政府间磋商”提高到“联合行动”水平；英国则坚持认为无此必要。由于防务问题事关欧美关系和欧共体内部力量平衡，因而成为又一争论焦点。法国力主联盟应拥有自己的防务政策和机构，西欧联盟（欧共体大多数成员国参加的防务条约组织）应成为实施防务政策的工具，并最终纳入政治联盟机构；英国、荷兰则担心这会影响北约（主要是美国）在欧洲作用的发挥，表示反对。（4）司法与内务合作。这是为促进欧共体内部人员流动时不能不考虑的问题，在合作领域、协调机制与程度、决策方式等方面，颇有歧见。（5）重新确定和扩大欧共体权限。成员国经济联系的加强，客观上要求欧共体介入更广泛的领域，因此不少成员国同意扩大欧共体权限，但对扩大程度有所争议；英国则根本持否定态度。（6）加强欧共体的超国家调节机制。这主要集中在欧洲议会权力和部长理事会多数表决制的扩大问题上。（7）社会政策。英国坚决反对进一步在欧共体一级决定社会政策，与其他成员国的立场始终难于协调。（8）关于加强对落后成员国的财政援助规定。在西班牙等国的极力坚持下，直至最后才达成妥协。

（四）《欧洲联盟条约》的签署

尽管矛盾重重，但迫于欧共体内外形势的巨大变化，各成员国深知，必须就一体化深化的程度、范围及相应规则做出决断，以保证紧密交织的共同利益。1991 年 12 月，经过艰苦的讨价还价，各国首脑终于在荷兰城市马斯特里赫特就《欧洲联盟条约》内容达成最后协议，标志着两个政府间谈判的完成。1992 年 2 月，各国在条约的最终文本上签字。原定条约经欧共体各国议会（有些成员国还须举行全民公决）和欧洲议会批准后，于 1993 年 1 月 1 日生效，但批准过程一波三折，全部法律程序延续到 1993 年 10 月中旬才告完成。因此，条约的正式生效日期是 1993 年 11 月 1 日。条约的生效标志着“欧洲联盟”的诞生。

（五）《欧盟条约》谈判的主要结果

《欧洲联盟条约》的签署是欧洲经济、政治一体化进程中的一次历史性飞跃，具有里程碑式的意义。由于其主要内容由各国首脑在荷兰马斯特里赫特最后商定，故又称《马斯特里赫特条约》（简称《马约》）。条约谈判的主要结果包括以下诸方面。

（1）条约明确宣称，缔约国决定建立“欧洲联盟”，条约“标志着在欧洲各国人民之间创立一个日趋紧密的联盟这一进程中的新阶段，在此阶段中，决策的作出尽可能地贴近其公民”；“联盟建立在各欧洲共同体的基础之上，辅之以本条约所确立的各项政策和合作形式。其任务是以展示一种始终如一和团结一致的方式，组织成员国及其人民之间的关系”。

（2）联盟的基本架构为所谓“三柱架构”，即在联盟确定的三大活动领域中，具有超国家调节色彩的欧共体机制（根据条约规定，“欧洲经济共同体”改称“欧洲共同体”，亦简称“欧共体”），仅在经济领域（即欧共体自身的活动领域）完全适用。而外交安全和成员国司法与内务合作两大领域（条约明确规定“联盟及其成员国将确定并实施一项共同的外交与安全政策”，在“司法与内务领域”实行“合作”）仍属政府间合作范围，二者分别建立自己的协调机制；同时在一定程度上，也承认欧共体机制的介入（条约各辟一编，规定了两大领域的目标、合作内容与机制——参见《共同外交与安全政策》和《司法与内务合作》两条目）。

（3）建立经济货币联盟。这是条约的重要组成部分，表明了经济一体化的重大进展。要点包括：

——经货联盟目标。条约明确规定，“成员国与共同体的活动将……导致单一货币即欧洲货币单位的实施”，“建立欧洲中央银行体系与欧洲中央银行”。

——经货联盟模式。将按照德国设想行事，以抑制通货膨胀。具体而言有两点：其一，确立了未来欧洲央行的独立地位和以反通货膨胀为首要目标。条约规定，欧洲中央银行体系（由欧洲央行和欧盟各国央行组成）将执行独立的货币政策，其“首要目标是保持物价稳定”（但在不妨碍该目标的前提下，可支持欧共体的一般经济政策）；该体系行使职权时，应不寻求或接受来自任何共同体机构、成员国政府或其他机构的指示。“各成员国将在适当时候开始其导致本国央行独立的进程。”其二，严格“财政纪律”。为控制各国财政赤字，条约规定，在联盟最后阶段，欧共体将在一定程度上获得对各国财政的监管权，如部长理事会以特定多数认定某国财政赤字“过度”，可通告当事国限期采取措施削减；若对方置之不理，共同体有权实行“制裁”，并具体规定了四项制裁措施。

——实施联盟各阶段与欧洲央行建立的时间表。1994 年 1 月 1 日开始实施联盟第二阶段，但届时不建立欧洲央行，而是成立所谓“欧洲货币机构”（参见有关条目），从事必要的准备工作；至迟于 1998 年 7 月建立欧洲央行；1996 年年底前，各国应讨论，是否有条件步入发行单一货币的第三阶段。如认为条件成熟，当规定具体日期。若于 1997 年前仍无法决断，条约硬性规定，联盟的“最后期限将于 1999 年 1 月 1 日开始”，实施单一货币。根据法国要求，条约“郑重声明”了“走向第三阶段的不可逆转性”。

——“经济聚合”标准和“两种速度”问题。根据德国主张，条约确定了各国加入联盟最后阶段时应达到的“经济趋同”标准，即参加国必须在价格、政府财政状况、汇率和长期利率等方面，达到相应的稳定标准。并规定，不符合条件者，将暂时待在联盟外面；但一旦条件具备，应有权加入，不得被拒之门外。

鉴于英国的基本立场，条约承认其拥有是否加入第三阶段的选择权（由于在《马约》批准过程中的投票结果，丹麦亦不参加联盟最后阶段）。

（4）在 11 个领域重新确定和扩大了欧共体权限，分别是教育、培训、工业、卫生、文化、消费者保护、发展合作、全欧网络系统、加强经济与社会凝聚力、研究与开发、环境等方面。条约对欧共体介入的范围与程度，均有所界定。为了防止欧共体越权，条约明确写入了“辅助性原则”。

（5）欧共体的超国家调节机制又有所加强，主要体现在：

——欧洲议会权力又有所扩大，主要是立法领域中共同决策权的扩大，对某些共同体事务获得了否决权或审查控制权，增大了在欧共体委员会成员任命上的发言权等。

——部长理事会多数表决制加强，扩大到环境政策、社会政策的某些方面、教育与职业培训、卫生、泛欧网络、发展政策、消费者保护等领域。

（6）社会政策。此项安排比较特殊。鉴于条约谈判时英国保守党政府始终持否定立场，其他

11 国最终单独就此签署议定书，确定运用共同体机制协调社会政策，但决议不适用于英国。议定书规定，在工作条件和男女平等待遇问题上，11 国根据特定多数表决作出决定；而关于工人社会保障与社会保护等领域的决策，则须一致通过。

（7）确立“联盟公民身份”。规定任何拥有一成员国国籍者，即为联盟之公民，有权利在各成员国领土内自由流动和居住。非所在国国籍的联盟公民居住者，拥有在当地市政和欧洲选举中投票和作为候选人的权利。

（8）建立专门基金，用以扶持发展相对落后成员国的环境与基础设施建设项目。

（9）由于德、意、比、荷、卢等国不满条约在政治一体化方面取得的有限进展，在它们的坚持下，各国同意，将于 1996 年再次召开政府间会议，讨论条约修改问题。

（六）条约的意义

《欧洲联盟条约》是最大程度上平衡各方利益和主张的产物，因此不可能达到某些欧洲联邦主义者所企望的一体化高度。但历史地看，它确实较《罗马条约》前进了一大步，经济领域与敏感的政治合作纳入到一个总的法律框架之内（即“欧洲联盟”的“大屋顶”之下），经济一体化的大大深化（主要是经货联盟目标与实施途径的确定），欧共体活动范围扩大和机制的调整，都是欧洲一体化发展到一个新的历史阶段的重要标志，影响极为深远。

五 《阿姆斯特丹条约》

（一）谈判背景

构成《阿姆斯特丹条约》谈判的背景较为复杂。由于《欧洲联盟条约》的谈判结果远未达到某些成员国所企望的一体化目标，故有些成员国要求，应于 1996 年重开政府间谈判对之加以修改，并将此写入条约；这是启动谈判的直接原因。而从某种意义上说，《马约》谈判后，欧共体成员国所处的内外形势已变得更为严峻：一方面，加强内部市场建设的需要（较为突出的问题是促进人员流动）和共同利益扩大、失业率居高不下、经济全球化进程加快、国际局势的动荡，特别是欧盟对实现东扩的承诺（根据协议，成员国应在此次缔约后半年，与希望入盟的中东欧国家开始谈判），都使得扩大欧共体职权范围、确认欧洲公民权利，尤其是加强欧盟的第二、三支柱和改革决策机制以适应扩大需要，显得愈加必要和迫切，因此也成为谈判的主要内容；另一方面，《马约》批准过程一波三折（主要是在丹麦等国），特别是欧洲民众对一体化表现出的普遍疑虑情绪，使得各国政府必须寻求更为务实的谈判目标，尤其是如何使欧盟“更贴近其公民”，更成为成员国政府力求实现的核心目标。同历次谈判一样，因直接触及主权行使和利益平衡，各国都极力坚持自己的主张，不肯轻易让步，与东扩密切相关的机构改革，更是久拖不决。同时，大国的内政状况，如英国工党取代保守党上台执政，法国提前大选左翼联盟人士出任总理，德国领导人受国内各州权力制约等因素，都对谈判的最终结果产生重要影响。

（二）谈判的准备工作

欧盟对此次谈判相当重视，于 1994 年 6 月决定建立“筹备小组”，负责“检查和阐述有关评审《马约》的主张”，同时要求欧盟委员会、欧洲议会和法院分别提出建议报告。以此三报告为基础，该小组于 1995 年 6 月开始工作。经半年激烈辩论，同年 12 月，向马德里首脑会议提出总结报告，并被会议接受为 1996 年谈判的框架。1996 年 3 月的都灵会议标志着谈判正式开始。15 国外长代表和欧盟委员会委员举行了 40 次会议，为部长级谈判进行准备。出于种种原因，成员国确认，应在 1997 年 6 月的阿姆斯特丹首脑会议上就条约修改达成最后协议，并据此作出了日程安排。经各国阐明立场，确认谈判目标（6 月佛罗伦萨首脑会议）和反复协商后提出“条约草案修改纲要”（12 月都柏林首脑会议），成员国于 1996 年底如期完成了谈判的前期工作。1997 年 1 月，荷兰出任欧盟轮值主席国，谈判进入后期阶段，即所谓“攻坚”阶段。随着谈判深入，不少分歧都突出起来。许多问题都须通过成员国间反复、激烈的讨价还价，才能得到最后解决，从而大大增加了会议难度。特别是对于应作出最终决断的阿姆斯特丹会议而言，任务更显得艰巨、复杂。

（三）谈判要点与条约生效

1997 年以后，特别是在这一年 6 月的阿姆斯特丹首脑会议上，各成员国谈判的焦点与分歧主要表现在以下各方面：

（1）关于建立“自由、安全与司法区域”。推动统一大市场目标中人员自由流动的实施，将使跨国犯罪、毒品偷运和非法移民问题严重化，促成各国必须考虑加强司法与内务合作，由此导致了《马约》中第三支柱的确立。然而，由于民事与刑事领域中主权行使的敏感性，以及任何决定须一致通过，致使这种政府间合作无大进展，人员自由流动也因此未能彻底实现。显然，如能采取措施，切实加强合作，将既有利于内部市场目标的完全实现，又能大大推动欧盟"更贴近其公民"（因为这与普通公民的切身利益直接相关）。因此明确规定创立"自由、安全与司法区域"以使任何人可在区域内完全自由流动，就成为《马约》修改着力最多的领域之一。而围绕着是否使欧共体的超国家调节机制介入第三支柱，成员国间曾产生较大争论，特别是英国在坚持边境管制的例外权方面，态度仍很坚决。

（2）共同外交和安全政策。如何加强欧盟对外行动能力和欧洲"特性"，成员国间历来分歧较大。鉴于90年代前期欧盟在前南斯拉夫、中东和非洲问题上的软弱无力，经法、德等国积极筹划和大力推动，谋求强化马约所确立的第二支柱的问题，不可避免地再度提上会议日程，又引起各国间的"严重不和"和"公开对抗"。一些国家主张在共同外交政策领域改行多数表决制，遭英国等强烈反对；法、德一直极力主张条约作出坚定承诺，将西欧联盟最终并入欧盟，以深化欧洲自身的防务合作，并提出详细的分阶段实施步骤。但遭到英国、丹麦和欧盟内几个中立国的强烈反对。

（3）关于新条约中是否增加促进"就业"的内容。失业率居高不下，已成为谈判时欧盟最突出的社会问题，并与经货联盟"达标"直接相关。因此，应否在新条约中增补就业方面的内容，即将促进就业纳入欧盟的活动领域，成为谈判又一焦点。在工党领袖布莱尔上台后，英对此不再持反对态度的情况下，阿姆斯特丹会议的法德"稳定公约"之争，又使成员国间的分歧表现得相当突出。法国新上任的社会党政府，力主将促进就业作为条约新的活动目标，由欧盟出面采取具体措施，包括确定经济政策与提供资金。德国则强调制定"就业计划必须是（各国）自己的职责"，反对欧盟介入和为此拨款，对法国主张持明确否定立场。

（4）关于"灵活性"原则。随着一体化不断深化与扩大（1995年奥地利、瑞典和芬兰加入，欧盟由12国扩大为15国），加之接纳中东欧国家的前景，致使发展不平衡问题愈加突出，成员国之间将更难于协调一致。因此，是否在新条约中采纳"灵活性"原则，自谈判开始以来就备受关注。"灵活性"原则含义是，如成员国在是否实施一项共同政策方面产生分歧，赞同国可以先行一步，不必等待反对国认可或强求其加入。关键问题在于，该原则固然可以加速先行国的一体化进程，并允许其他国家自愿选择滞后或"例外"，但又很可能使欧盟分裂为"内核与边缘"国家，最终影响到后者利益。因此，尽管大多数成员国都同意确认这一原则，却在将其诉诸实施时是否应由全体成员国同意的问题上，分歧颇大。

（5）机制改革。这历来是成员国争论的核心，在欧盟既要深化又要考虑扩大之际，更是如此。因此，阿姆斯特丹会议上，各国交锋非常激烈。具体而言，又可分为两方面。

一是欧盟主要机构的决策方式和权力问题。在关于部长理事会决策方式的最终谈判中，一贯主张扩大理事会多数表决制的德国总理科尔，因受制于内政因素，反成为抵制扩大的强硬人物，否决了在文化、工业政策、社会保障和移民政策等领域实行多数表决的建议；有的方案提出扩大欧盟委员会在事关服务、知识产权和直接投资方面的贸易谈判中的权力，但因遭一些国家反对而最终未获通过。在通过直接选举获得"民主合法性"以后，欧洲议会一直要求扩大权力，并通过《单一欧洲法令》和《马约》赢得相当进展。在此次政府间会议上，议会又在谈判本身及条约文本上施加了重要影响，要求权力得到进一步扩大，但某些成员国曾对此持保留态度。

二是欧盟委员会构成与重估部长理事会投票权数之争。这是欧盟东扩前必须完成的改革，故成为此次会议讨论的重点。但因直接触及一体化进程中最为敏感、复杂的问题之一——大小国权力与利益的重新平衡，致使成员国之间的争吵，也最为激烈，最终未能达成完全一致（详见"欧盟委员会组成和部长理事会投票权数之争"），成员国不得不商定将在欧盟接近扩大时再举行政府间会议通盘审议此事。这一结果引起了欧盟内外的普遍担忧。

针对以上种种分歧，经过1996—1997年的艰苦谈判，特别是在阿姆斯特丹首脑会议上，欧盟成员国终于就修改《马约》达成最后协议，此即《阿姆斯特丹条约》（简称《阿约》）。1997 年 10 月，各国在条约最终文本上签字；后经有关各方批准，于 1999 年 5 月 1 日正式生效。《阿约》谈判尽管进展仍较有限，但毕竟在《马约》的基础上又前进了一步。它对欧洲一体化进程的长远影响不可低估，因此，这次政府间会议在欧盟发展史上仍占有重要地位。

（四）《阿约》取得的进展

与《马约》相比，《阿约》在以下几个重要方面取得了进展。

（1）规定建立“自由、安全和司法区域”，以使任何人可在区域内自由流动：

——根据条约安排，签证政策、向移民签发居住证、居留证之条件、避难程序和规范民事领域中的司法合作规则等若干方面将移入欧共体机制。但事关移民、签证与政治避难政策的理事会立法仍至少在条约批准后的 5 年内采取一致通过制。其后是否改为多数表决制，仍须经理事会全体同意。同时，在针对刑事犯罪的警务合作领域，依然实行政府间合作体制，各国仅承诺对之加以改进，以提高运作效率；

——将“申根协定”纳入新条约。“申根协定”原为成员国在欧共体机制之外合作的产物，最初由法、德、比、荷、卢 5 国签订，旨在逐步取消彼此之间的边境管制，欧盟已有 13 国加入。将该协定纳入新条约，意味着欧盟的超国家机构，包括欧盟委员会、欧洲议会、欧洲法院等，将正式介入这一领域的管理（这被认为是有利于“一体化的深化”）。但同时承认，英国与爱尔兰在边境管制和共同政策方面，将合法地享有例外权；丹麦亦将不完全受欧共体机制的约束。

（2）共同外交与安全政策。条约规定，在确定共同外交政策的战略方针方面，各国须一致通过，少数成员国可弃权，以不妨碍作出决定；同时弃权国可以选择是否加入行动。至于实施战略方针的具体行动决策，成员国可以通过多数表决制议决。但由于英国坚持，条约又规定，如果一国认为其至关重要的国家利益受到威胁时，可以启用所谓“紧急制动器”，阻止实行多数表决。再者，为了用一个声音说话，今后将设立“共同外交与安全政策高级代表”一职，由部长理事会秘书长担任（即谈判中所谓关乎“共同外交与安全政策先生/女士”的争论。法国曾建议这一角色由“高层政治家担任”，终因其他国家反对未果），对外正式代表欧盟，协助理事会主席实施政策决定。欧盟委员会亦将充分参与这一进程；同时，设立政策设计和分析机构，由来自各成员国、理事会、欧盟委员会和西欧联盟的专家组成。该机构将密切注意国际事态发展动向，分析其影响，预警危机的出现，以使欧洲理事会能够迅速有效地采取行动。条约还规定，将促进欧盟与西欧联盟之间更紧密的联系，“旨在”加强两个组织之间最终实现“一体化的可能性”。前者可请求后者代表其执行维和、人道主义和解决危机的行动（这将使欧盟在军事事务中发挥前所未有的作用）。但两者的最终合并，仍须成员国一致同意。

（3）“就业”内容写入条约。一方面，条约肯定各国仍对就业承担主要责任；但另一方面，又规定各国应使自身的就业政策，纳入到欧洲的相应战略之中。为此，成员国同意：

——以一种与欧盟经济政策相一致的方式，协调各自的就业政策；

——促进有技能和能够调整的劳动力和劳工市场，使之能迅速对经济变化作出反应；

——实行对各国政策的多边监督、协调。

每年的具体做法包括：各国首脑审查就业形势；根据欧盟委员会建议并与有关方面广泛协商后，理事会通过多数表决制为成员国制订出指导方针，并于年底审查方针实施情况。同时，可向有关国家提出建议；理事会和委员会共同向成员国首脑提交年度报告，后者将考虑下一年度的指导方针；欧盟将促进对某些关键就业项目的资助。

（4）关于“灵活性”原则。在阿姆斯特丹会议上，英国最初力主只有经一致通过才能启动“更紧密合作”的机制（即实施“灵活性”原则，允许某些成员国先行一步），后虽对德、法、比、荷、卢等国的要求让步，同意通过多数表决即可决定，但促使条约限定了极为有限的适用范围，同时又规定，任何成员国都可在“国家利益”受到威胁时，享有最终的否决权。同时，为了保证欧共体目标的实现和已取得的成就，并防止后进国与先行国之间的差距永久化，条约还规定了其他“保险机制”。

（5）机构改革。部长理事会多数表决制的扩大范围较为有限，主要涉及研究、海关合作与反财政舞弊行为等领域。欧洲议会在欧盟立法程序中享有的“共同决定”权范围（这一权力实际上可以使它否决掉部长理事会的决议），从单一市场政策协调等方面，又扩展至社会政策、运输、反财政舞弊、统计、公共卫生等领域，以及事关欧盟机构之公开性与透明度的种种措施。议会还获得对成员国商定的欧盟委员会主席提名的否决权。条约还规定，新的欧盟委员会主席将有权与各国政府共同决定委员会委员人选，而不再是仅有受到咨询的权利。

关于欧盟委员会构成与重估部长理事会投票权数的争论，条约同意，委员会人数原则上将不超出20名，欧盟日后扩大时大国将放弃一名委员名额；但条件是，届时关于理事会的投票权数安排，必须作出有利于大国的改革。

除以上五点，还应着重指出的是，条约规定，欧盟应进一步加强欧洲公民的权利。为此规定：（1）联盟建立在“自由、民主、尊重人权、基本自由与法治原则的基础之上”，任何成员国“严重和持久违反”以上原则时，有可能被中止包括理事会投票权在内的某些权利；欧盟可采取某些行动与“性别、种族、宗教和信仰”等“歧视进行斗争”；当欧洲公民认为其“基本权利”受到侵犯时，可向欧洲法院起诉等。（2）欧洲公民有获得欧盟有关信息的权利，如有权接触其主要机构的文件等。同时，理事会立法时将公布投票结果和对投票的解释。

此外，新条约确认各成员国议会应在欧盟决策中发挥作用，规定欧盟委员会提案送交理事会前应搁置6周，为各国议会与其政府对之进行辩论留出时间。再者，成员国议会欧洲事务委员会会议可向欧洲机构送交其建议。

六 《尼斯条约》

关于《尼斯条约》的欧盟政府间会议于2000年2月启动。经过近一年的艰苦谈判，终于同年12月在法国城市尼斯达成最后协议，故称《尼斯条约》。与20世纪80年代中期以来的历次条约谈判相比，本次谈判有其突出特点，对于欧盟东扩与政治体制的未来安排，具有重要意义和影响。

（一）谈判背景

集中讨论机构体制改革以适应东扩需要，是促成本次谈判的直接动因。欧共体所建立的一套组织机构，对于保证一体化实施，维护成员国共同利益，协调其特殊利益，起到了重要作用。随着一体化深化与扩大，其所暴露出的问题，也愈益明显，迫使欧盟不得不进行调整，以适应形势发展要求。20世纪90年代中期以来，推进东扩战略，在其议事日程上，已占有越来越突出的位置，因为无论从历史联系、地缘政治与经济，还是应付全球化挑战、提高自身地位考虑，此举都意义重大。自1998年起，与申请国的加入谈判启动。按照日程安排，在21世纪头10年内，欧盟成员将猛增至27国以上（除中东欧10国外，还至少包括塞浦路斯和马耳他）。面对这一前景，成员国终于承认，如果不拟议机制改革，直至某些根本性改革，欧盟非但无法迎接扩大，而且有瘫痪之虞。究其原因，这既与东扩的特殊性相关，也是一体化发展中的内在、深层矛盾，在机制问题上的集中反映。

其一，发展不平衡与高层次调节的矛盾尖锐化，使得决策机制改革势在必行。东扩新增的成员国数量，超过以往4次扩大之和，计有12国之多；而与欧盟既有成员的发展差距之大，更是前所未有。这无疑将使欧盟的发展不平衡状况，大为恶化。而与此同时，20世纪80年代中期以来，欧盟的深化进程，接连取得历史性突破，单一市场建设与欧元启动，政治联盟的确立（包括欧盟的第二、三支柱，即共同外交与安全政策、内务与司法合作），又使得超国家调节更有必要。显然，在发展不平衡加剧的情势下，调节将更难在成员国间达成一致，严重影响决策效率。因此，如不改革决策机制使之更具灵活性，扩大后的欧盟，确有停滞不前之忧。

其二，使欧盟的权力体制有必要作出结构性调整。欧盟的权力体制，最初仅为6个创始国而设，随着成员国不断增多，其体制中的内在矛盾，也日渐暴露。而东扩后成员的剧增，特别是大量中小国家的加入，除影响决策效率外，还将触及深层的决策“合法性”问题，进而要求就执委会组成和部长理事会的投票权数，重新作出安排，这将是欧盟权力体制的重大结构性调整，自成立以来尚属首次，必须在扩大前得到解决。

因此，举行政府间会议就机制改革进行谈判，以为东扩做好准备，受到了欧盟的高度重视。然而，作为民族国家组成的联盟，改革直接触及一体化的要害，即主权转让、权利与利益平衡（尤其是在大小国之间）等核心问题，特别是高层次调节将涉及成员国敏感的政策领域，而关于委员会、理事会的体制性调整，更关乎权力构成的再分配，致使议决改革殊非易事。早在20世纪90年代中期的《阿姆斯特丹条约》谈判中，成员国就为此进行了激烈交锋，但因未能达成协议，终于决定再次召开政府间会议，专门讨论机制改革问题。

（二）议题、难点与最终妥协

经积极筹划，政府间会议终于2000年2月正式启动。由于涉及问题敏感、复杂，各国的地位、利益又不尽相同，与会方分歧极大，致使谈判在大多数议题上矛盾重重，进展缓慢。只是在12月的尼斯会议上，各国领导人经过极为艰苦的加时谈判，才终于就《尼斯条约》达成协议（会议于12月7日开始，原定9日结束，但因分歧难于协调，不得不延期至11日凌晨。这是20世纪欧盟最长的一次首脑会议）。会议列出的议题、难点与最终妥协，主要集中在以下四方面。

1. 执委会的规模与构成

这是最为敏感的问题之一。执委会是欧盟常设执行机构，负责监督、保证欧盟条约和决议实施，特别是享有立法创议权，故地位十分重要，历来为各国看重。自欧共体成立以来，执委会的组成，始终实行大国2名执委、小国1名的分配原则。随着欧共体几次扩大，执委会人数不断增加，已有20名之多，即德、法、英、意、西五大国各2名，其余小国各1名，人浮于事、运转不灵的矛盾已暴露无遗。如再接纳12国，执委会的规模还将膨胀，最终将臃肿不堪，无法正常工作。毋庸赘言，从长远看，控制执委会人数势在必行。

为此，会议提出的两个主要改革方案是：(1)每个成员国仅保留1名执委（这显然是一种有利于小国的方案。早在《阿约》谈判中，所有小国即都坚持，本国必须有1名执委，如要控制，也应是大国各取消一名）。(2)执委会人数应少于成员国总数。如法国建议称，欧盟扩大后，目前的执委会规模（20名执委）应维持不变，由各国轮流担任。然而，自从谈判一开始，各方就明显划分为两大阵营。法、德等5个最大的成员国，积极主张后一方案；而其余10国则认为，放弃本国执委名额，有损国家形象和利益，故极力坚持前者。经反复争论后，各国开始酝酿妥协方案，提交尼斯会议讨论。其最后的结果是：

直至成员国数量达到27国之时，才考虑实施大国方案。这实际上意味着，自2005年起，执委会将由每国一名成员组成（届时大国将放弃一名执委）。自27国欧盟的首届执委会起，委员人数将少于成员国总数，根据平等原则通过轮换制挑选。但确切数额和轮换次序，将要在各申请国签署加入条约后，理事会以一致通过制决定。

值得注意的是，为保证执委会行动的协调一致、效率，以及集体负责制下决议之实施，主席的权力将增大，有权确定执委会的组织结构和委员职责。在全体委员赞同下，主席还可任命副主席。此外还规定，如经主席要求且得到全体委员同意，执委会委员必须提交辞呈。

2. 关于部长理事会投票权数

这也是谈判中争论最激烈的问题之一。理事会由各国部长组成，代表各成员国利益，负责欧盟决策决定，故更得到各国重视。其表决方式，除一致通过外，多为加权的“特定多数表决制”，即德、法、英、意各10票，西班牙8票，其余各国从5到2票不等，总数为87票。满62票构成“特定多数”，可使决议获得通过。反之，如有26票反对，则构成“特定少数”，将否决掉一项提议。值得指出的是，各国投票权数之分配，并不完全依照人口多寡，还有顾及国家间平等和小国地位的考虑（例如，卢森堡人口不足45万，拥有2票，约合22.5万人1票；而德国以8200万人口之众，也不过10票，既约每800万人才拥有一票）。欧共体初创时，（西）德、法、意三大国在成员国总人口中的比重，约为88%，其加权票数之和占总票数的比重为71%；而由于其后小国数目增加较多，尽管目前法、德、英、意、西仍占欧盟总人口80%左右，五大国加权票数之和的比重，却已降至55%。特别是将来入盟的中东欧国家中，除波兰外，其余均是小国，届时大国票数比重还将大大下降。从理论上讲，将来不足欧盟50%的人口，即可通过或是否决一项决议，由此破坏决议的所谓“合法性”。因此，早在《阿约》谈判时，德、法、英、西等大国，就力主在东扩前，必须确定大国的权数得到增加。但由于这必然导致小国地位的相对降低，故遭后者坚决反对（当时连著名的联邦主义者比利时首相德哈内，都拒绝了按人口比例确定投票权数的主张），终于未能达成协议。

此次会议须解决的基本难点实际上涉及：①条约是否应明确规定，“特定多数”必须包括多数成员国的赞同。10 小国对此都持明确肯定态度，因为这有利于其保持影响；②多少票可以构成“特定少数”。“大国”则希望保持目前票数，这样 3 大国联手就可否决掉一项决议；③目前各组国家的投票权数是否应当调整；④何种模式与票数可构成达成协议的基础。针对以上难点，执委会提出了“简单双重多数制”方案，指一项决议如能获得半数以上成员国支持，且支持国人口又超出欧盟人口半数的话，就可被视为通过。这一方案的好处是，标准简单明了，易于决策时操作。

而成员国的态度则比较复杂。由于各自地位与利益的差异性，不仅大小国之间，而且大国和小国内部，也都存在着种种分歧。首先，法国等大国认为，其各自同意放弃一名执委，已是作出重大让步，而“双重多数制”，并不能给予其“足够的补偿”。故作为交换条件，应大大增加大国的投票权数。因此，法国以会议主席身份于 11 月提出的 3 种替代模式中，都主张 5 大国的权数，应有充分增加。对此，小国则表示难于接受。其次，如要重新调整投票权数的话，不少国家都希望自己的权数有所增加，或至少档次不致降低。例如，同属大国阵营的西班牙，曾坚持它应与德等 4 大国一样，获得同样票数（在 15 国的权数分配中，西比其他大国少 2 票）。而比利时（人口1000万）则希望其票数仍与荷兰（1500万人）相当。最后，也许更重要的是，“简单双重多数制”有可能打破德法间的力量平衡，因为统一后的德国，有近8200万人之众，远高于5800万人的法国，这将使德在欧盟决策中的影响力增加，因此引起法不满。德国总理施罗德还曾要求，其人口分量应当反映在投票权数中（这意味着其票数将多于法国），也遭到法坚决反对。法国总统希拉克一再强调说，法德两国完全平等的原则，是“欧洲和平与民主的根基”，不得改变。以上分歧的存在，导致了各方的激烈争吵，终于成为谈判中最难解决的焦点之一。

在尼斯达成的妥协中，不得不照顾到有关各方的利益。会议决定，自 2005 年 1 月 1 日起，特定多数决策体制将要得到修正。其原则和要点是：①各国的投票权数都将有所增加，但 5 大国与其他国家之间的权数差距，都将加大。同时，对 12 个谈判国加入后的票数，也都作了决定，27 国的总票数为 345 票。根据不同国家人口数量的差别，权数划分的档次，亦将增多，目前的 6 个档次，将在 12 国都加入后，变为 9 个。这里还应指出的是，尽管德国统一后人口已大大超出法国，但在后者坚持下，两国的投票权数，仍然保持相等。②对一项决议通过所需的赞同票数，仍然接近于 15 国的现有门槛（占总票数的 71.26%）。最初，这一门槛还将随着逐步扩大而提高，直至达到 73.4% 的最大限度。此后，一旦 12 国全部加入，特定多数的门槛将为 345 票中的 255 票，即为总票数的 73.91%。③为了同时保证大小国双方对决策的影响力，条约既规定，成员国构成简单多数后（即超出成员国总数的半数以上），可阻止决议的通过（这对小国有利），又规定一成员国可以要求，组成特定多数国家的人口，应至少达到欧盟总人口的 62%，否则决定将不被采纳。而根据这一规定，德、英、法（或者意）3 大国联手，就可达到否决的目的。

（三）扩大特定多数表决制

部长理事会决策中，不少地方仍须一致赞同。这意味着各国都有否决权，只要一国反对，就无法通过决议。而成员国数量的激增，势必使一致通过更加艰难。一些关键性决策，将始终难于作出决断，也影响到执委会权力的发挥。这正是在谈判中，执委会始终力促改革的根本原因。普罗迪主席强调说，各国所享有的否决权，是“欧洲的手铐”，必须尽可能加以消除，这甚至构成了对会议的“主要挑战”。执委会还特别强调指出，希望在某些关键领域，如贸易、司法与内务，避难与移民、税收和区域基金方面，更多适用多数表决，以使“欧洲有效率地运作”。

应当说，与会国都承认，扩大多数表决势在必行。但问题在于，对扩大的范围与程度，各国歧见颇大。一些小国对执委会表示支持，认为这“必须是普遍性的规则”。但多数成员认为，有些否决权不能放弃，特别是在一体化深入背景下，对自身特别敏感的领域。针对 73 处依然适用一致通过的条款，法国经研究后，曾提出了 50 项供成员国讨论，认为其有望获得批准。但事实证明，不少方面要达成一致，仍颇为困难，特别是在5个关键领域，还是难于被某些国家接受。例如，英、瑞、爱、卢等国，坚决反对在税收上实行多数表决；德国则对避难与移民政策，持极为强硬的态度；而身为主席国的法国，至少在知识产权领域，表示坚决不能接受（希拉克强调说，“文化事务对法国具有特别重要的意义”）。对此，法国欧洲事务部长11月下旬曾承认说，谈判“颇有些令人担忧”，其潜台词则被认为是，因不愿在“高度敏感”的问题上“牺牲主权”，与会国“……已到达了一个难于再前进的临界点”。

经过争论的最后决定是，将在30个领域由一致通过改为多数表决（其中大多数条款被舆论认为是“微不足道”的）。值得指出的是，在执委会特别看重的5个领域，各国所作出的让步不大，大都坚持了自己的“红线”（但对贸易政策中的服务业，法国最终作出让步）。

（四）关于“强化合作”

这一问题本不在会议日程上，但基于某些成员国建议，终于得到6月费拉首脑会议的肯定，强调在后半年的谈判中，加强对其可行性之研究。其由来是，《阿姆斯特丹条约》曾提出“灵活性”原则，允许少数成员国可在某些领域“强化合作”，先行迈出一体化步伐，但须获得其他成员国同意。该程序并未被正式启用过。法国等认为，随着东扩和发展不平衡加大，该原则应具有可操作性，主要指愿意先行的国家，可获得更大的自由度。法国欧洲事务部长强调说，我们“需要有灵活性……需要一些国家共同从事进一步的工作”。这一建议，同样引起了某些疑虑，因为它可能使不参与“合作”的成员国，“沦为”“二流”甚至“三流”国家，甚至破坏共同市场的统一性（值得指出的是，执委会对此也不甚赞同，担心一体化的共同性原则遭到破坏）。但鉴于高层次调节与发展不平衡的矛盾日趋尖锐化，成员国也大都承认，为“强化合作”作出某种程序性安排确有必要（事实上，欧元区和申根协议的实施，都已是突出实例）。因此，尽管就此问题的谈判启动较晚，但在尼斯会议前，已基本达成一致。强化合作的条款被重新起草，并在会议上得到确认。

按照规定，如愿意先行的成员国达到8国以上，就可着手推进“合作”。每一国都可向欧洲理事会提交建议，成员国的一票否决机制被取消，将通过特定多数作出决断。但其他国家日后愿意加入合作时，不得被排斥在外。这里应指出的是，欧盟的第二支柱，即共同外交与安全政策领域，也被纳入可实行“强化合作”的领域，以便实现共同行动和共同立场（然而这可不包括军事或防务事务）。但在第二支柱中，最后决定将由欧洲理事会以一致通过作出。

（五）意义与影响

迫于形势压力，欧盟的2000年政府间谈判，尽力克服了种种难点，就极为敏感、复杂的机构改革问题，作出了较为现实的安排。《尼斯条约》经各国批准后，于2003年2月1日正式生效。尽管条约远未达到欧洲联邦主义者所企望的高度，但其对欧盟实行东扩，乃至对欧洲未来政治体制安排的重要意义和影响，都不应低估。

同时，为就欧盟在新欧洲格局中的体制作出进一步安排，成员国还决定，应于2004年再次召开政府间会议，就缔结新的“欧洲宪法”举行谈判。

七 欧盟“制宪”与《里斯本条约》

欧盟“制宪”启动及其演变历程，直至《里斯本条约》诞生，无疑是进入21世纪以来，欧洲最具深远影响的大事之一。它是欧洲一体化与欧盟内外形势不断发展演变的产物。概而言之，这一近10年的发展历程，前后可分为两个时期。先是欧盟在世纪之交明确提出了“制宪”的宏大目标，并于2002年启动了该进程。2003年中，“制宪会议”正式提出了《欧洲宪法条约》草案。2003年10月，成员国就此启动政府间谈判，且于2004年6月达成协议。然而，2005年5、6月法国、荷兰的公投结果，使得宪法条约批准乃至欧盟自身，都陷入“危机”之中；其后，在经过两年的“反思期”之后，欧盟领导人终于2007年6月决定，再次启动政府间会议，谈判一项“改革条约”。2007年7月至10月，谈判正式举行，并于葡萄牙首都达成最后协议，《里斯本条约》文本产生。在解决了爱尔兰公投问题之后，举世瞩目的《里斯本条约》，于2009年12月1日生效。

（一）谋求“制宪”的历史背景与动因

进入21世纪以来，欧盟谋求“制宪”的进程逐步启动。这是在新的历史条件下，其试图从根本上革新自身，应对内外挑战，获取更大历史合法性的重大步骤。

随着一体化的不断深化与拓展，欧盟涉及的权限领域日渐深广。在从关税同盟走向共同市场再到经货联盟的同时，欧共体的农业、外贸、竞争和地区发展等项共同政策先后确立。欧元启动后，作为两大宏观经济调控手段之一的货币政策，已由欧央行在欧元区内统一实施；财政政策的协调力度，也大大加强。此外，在提高竞争力、环境与健康保护、渔业、文化、能源、旅游等方面，还加强了各国政策的一致性。欧盟中“共同外交与安全政策”和“司法与内务合作”两大支柱的确立与发展，更是集中体现出政治一体化的发展趋向。凡此种种，都使得越来越多的政策领域，转移到了欧洲一级来制定或协调。而这种状况，至少从两个方面，促使成员国同意考虑就欧盟未来，从“宪法”层面做出进一步安排：

其一，作为欧盟发展的根本保障，欧盟法的发展演变，集中体现出一体化的发展历程与程度。而其中的所谓“源本法”，即由成员国政府先后缔结的各个条约（及其修订文件），特别是《罗马条约》《单一欧洲法令》《欧洲联盟条约》《阿姆斯特丹条约》和《尼斯条约》等，更就欧盟的发展目标与涉及领域、机构建设（包括欧盟各机构的权力与职能及与成员国关系）等根本性问题，做出了规定，早已有了欧盟“宪法”之称。随着时间推移，欧盟源本法涉及范围，不断趋于深广（斯奈德教授指出，就涉及范围而言，欧盟法与国内法相较，已无明显不同），已不限于经济一体化（虽然这仍是欧盟法的核心内容）范畴，还涉及基本价值观和人权等民族国家宪法中至关重要的内容（如关于欧洲公民身份及其基本权利的规定）。正是在此基础之上，欧盟考虑通过“简化”乃至“重组”“既有条约”，来为“欧洲公民”制定一项更具根本意义的“基本条约”，以集中体现“欧盟的目标、权力和政策手段”，并认真思考这一“宪法”所应具备的“根本特征”。

其二，一体化程度越高，欧洲的政治架构建设与主权权利转让这一难点问题，就越加突出。由于地位、利益与历史文化传统的差异性，各国历来对此存在重大分歧：是在密切成员国合作的同时坚持主权原则，还是不断加强欧盟体制的超国家因素，更多向欧洲一级转让主权权利，正是分歧的核心所在，成为各国之间“政府间合作”与“超国家”主义之争不时尖锐化的重要原因。为此，争论双方都感到，有必要就此做出根本性决断，以明确欧盟未来的发展方向。

其三，冷战后欧盟东扩趋向的重大推动作用。第二次世界大战后的冷战与东西方两大阵营对峙，直接造成了欧洲分裂，也使得欧共体的扩大，只能限于西欧地区。冷战与雅尔塔格局的终结，为欧盟向中东欧地区扩展，提供了历史性机遇。这不仅将结束第二次世界大战后的欧洲分裂状态，而且意味着，数百年来以战争、强权和均势为主要特征的欧洲民族国家关系，将转变为一种以和平和深度一体化为特征的新型关系。一个至少囊括27国、近4.8亿人口且实行共同规则的区域组织，即将在欧洲出现。对于这一特定历史新阶段的认识，有力推动了欧盟各国谋求革新的势头。其原因在于：

①各国都感到，已有必要和可能，以一种更加长远的历史眼光，来审视和规划欧洲的未来。通过“为欧盟建议一个新的框架和结构”，就某种新型的欧洲国际社会组织形态，做出长远和根本性安排；②各国均承认，15国欧盟的现有管理模式，已走到尽头。再不就某些重大改革做出决断，将无法承受新一轮扩大；③此次扩大，将对各国的地位与利益，如各大国在未来欧洲事务中的影响力，大小国之间的关系等，带来种种微妙影响。各方都希望把握时机，及时促成有利于己的规则更新。

总之，正是在上述背景下，欧盟在就其“未来”展开大辩论的同时，启动了自身的“宪政化”进程，谋求“简化”和“重组”欧共体/欧盟的既有条约，乃至走向（制定）一部“欧洲公民的宪法”（这意味着将废除全部现有条约，为单一文本的《欧洲宪法条约》所取代）。

（二）《欧洲宪法条约》的产生与批准危机

《欧洲宪法条约》的最终产生，大致可以分为如下几个阶段。

1. “制宪”进程的逐步启动

欧盟的《尼约》缔结与《莱肯宣言》，为启动制宪进程铺平了道路。

（1）《尼斯条约》的缔结及其相关规定。就欧盟东扩的机构改革做出条约性安排，是“制宪”启动的必要先决条件。针对《阿约》谈判的这一重大“遗留问题”，2000年2月欧盟专门举行政府间会议，就此展开谈判，终于同年12月的法国尼斯首脑会议上，就《尼斯条约》达成最后协议。在此背景下，欧盟立即考虑启动更具深远意义的革新进程，通过条约附录声明的方式规定：应就“欧盟未来发展展开更深入和更广泛的辩论”，为此要求下年度的轮值主席国大力鼓励讨论之展开。声明承诺，欧盟领导人将在2001年12月举行莱肯会议，就“一项包含继续这一进程的适当主动行动的宣言达成协议”，并确定了革新应涉及的问题范围和努力方向，明确称在完成“上述准备性步骤之后”，将于2004年举行新一轮政府间会议，就缔结欧洲宪法进行谈判。

（2）莱肯会议与《莱肯宣言》。2001年12月，欧盟莱肯首脑会议如期举行，并发表《莱肯宣言》，有力推动了“制宪”进程的启动。时任欧盟轮值主席国的比利时，为会议成功举行与宣言发表，发挥了重要作用。其主要工作包括：①组织专门班子，负责宣言起草。执委会前主席德洛尔等一些“重量级人物”，亦在其中；②大力协调各方立场。如同欧盟历次重大决断一样，宣言亦是反复讨论后形成妥协的产物。由于“过于联邦化的立场”，其初稿被证明对“法、英和斯堪的纳维亚国家是不可接受的”；甚至对莱肯会议前夕提出的草案，除德、芬领导人外，其他成员国还都提出过反对意见。为使宣言最后通过，比首相付出极大努力，不断协调各方立场，多次修改草案（曾六易其稿），终使宣言在会上以“相对很少的变动”被采纳。③推动各国较早就一种新型的条约修改方式，取得共识。

与尼斯决议相比，《莱肯宣言》取得了如下重要进展。

第一，强调欧盟处于新的历史关头，应着手进行深度“改革”与“更新”，乃至考虑为“欧洲公民创立一部宪法”。宣言指出，历经半个世纪的欧洲一体化进程，终使欧盟的存在变为现实，“成功”保障了欧洲的和平与繁荣。然而，由于内外形势变化，欧盟正“站在十字路口，处于其存在以来的界定时刻”，迫切需要一个不同既往的“真正转变”，否则无法应付其所面对的内外严峻挑战。

第二，宣言表示，欧盟不应变为一个“欧洲超级国家”，但“共同体模式”还有很大发展空间。为成功应对挑战，其革新目标应是变得“更民主”、“更透明”和“更有效率”。在将尼斯决议拟订的改革范围做出某些调整、深化的基础上，宣言列举出了约50项具体问题，作为讨论革新的切入点，要求今后逐一做出明确回答和选择，制宪由此具有了更为明确的问题指向性和可操作性。

第三，决定创立专门的“制宪会议”。以往欧盟缔结条约，都仅限于各国政府间的非公开谈判（因此缔约谈判被认为是欧洲政治“精英”们的秘密交易）。由于此次缔约的特殊性（包括内容本身与其特定背景），欧盟各国终于较早达成共识，同意此次变更条约的修改方式。《莱肯宣言》称，为尽可能“广泛”和“公开”地为下届政府间会议铺路，将创立为期一年的专门会议（Convention），于2002年3月1日启动，先行讨论宣言规定的一系列具体问题。根据安排，与会者除成员国政府与执委会代表外，还首次包括了欧洲议会与成员国议会议员（由于后两者均经直接选举产生，可被视为欧洲公民的代表，故被认为是一种“创新”）。所有欧盟候选国的政府与议会代表，也将参与讨论（但无否决权）。会议除与欧盟相关机构保持沟通外，还将通过开辟“论坛”方式，与欧洲的雇主协会、工会、商界、非政府组织和学术界等，保持联系。后者将定时收到大会信息，其意见也将被视为对大会辩论之投入，以此形成会议内外的互动。会议工作将使用欧盟的11种工作语言，有关讨论和所有正式文件，都将公开发表。

“制宪会议”经广泛征求意见与认真讨论后，将起草最后文件，提出选择性或结论性意见（如会议不能达成共识，文件将列出各种不同意见，包括各自所获得的支持度；否则将提出建议）。最后文件（连同各成员国关于欧盟未来辩论的结果）将提交2004年的成员国政府间会议，作为后者的“讨论起点”。经过谈判后，将由各国政府代表就欧盟的革新与“制宪”方案，做出最终决议。

第四，确定“制宪会议”主席与副主席人选。法国前总统德斯坦被任命为主席，比利时前首相德哈内和意大利前总理阿玛托为副主席。此外，莱肯会议还就制宪会议召开的其他种种技术性安排，做出规定。

2. 制宪会议与宪法草案的提出

2002年2月底，欧盟制宪会议如期启动，开始工作，至2003年7月结束，历时近17个月。共分三个阶段：

（1）听取意见阶段（2002年2—6月）。在此阶段，会议在欧洲范围内，广泛征求有关方面（包括团体与个人）的意见，进行讨论与磋商。（2）分析阶段（2002年6月—2003年2月）。根据不同领域，会议设立11个工作小组和3个讨论组。各组分别就自身涉及问题进行分析讨论，并向大会提出建议。（3）宪法起草阶段（2003年2月—6月）。此阶段负责主要条款的正式起草工作。逐条讨论草案和附加议定书。6月13日，宪法草案文本基本完成。

2003年6月20日，在萨洛尼卡欧洲理事会会议上，制宪会议主席德斯坦向理事会介绍了宪法草案第一、二部分，并提交了第三、四部分暂定文本。此后制宪会议又根据理事会会议要求，完成了草案的修改和最后定稿工作。7月10日，宪法草案获制宪会议最后通过。7月18日，德斯坦向欧洲理事会轮值主席国意大利正式提交了宪法草案最后文本及主席报告。

欧盟宪法草案分四大部分，共465条。部分一涉及欧盟机构与权限，包括9个标题59个条款，规定事项包括：联盟的界定与目标；基本权利与联盟公民身份；联盟权限；联盟机构；联盟权限行使；联盟的民主生活；联盟财政；联盟与周边环境；联盟成员资格。部分二关乎公民基本权利，欧盟成员国此前商定的“基本权利宪章”纳入宪法草案，部分三关于联盟政策与职能，包括一般适用条款；非歧视与公民身份；内部政策与行动；与海外国家和属地的联系；联盟对外行动；联盟职能；共同条款。部分四为总则与最后条款，包括联盟标志，废除前条约，法律延续性，宪法性条约的适用范围，地区联盟，议定书，条约的修改、通过、批准与生效、有效期间、条约的语言等。

除在诸多方面继承了欧盟现有条约外，宪法草案做出许多变革，以适应欧盟扩大与发展需要。

3. 政府间会议谈判受挫与协议最终达成

2003年10月初，成员国政府于罗马正式开始就条约草案举行谈判。但因成员国之间、特别是大小国之间仍对某些问题存在重大分歧，如欧盟委员会改革、设立欧洲理事会主席席位和扩大部长理事会多数表决制等，尤其是德国、法国等与西班牙和波兰在部长理事会多数表决机制问题上的尖锐对立，致使谈判未能按照计划在12月举行的首脑会议上如期结束。之后，欧洲理事会要求2004年首任轮值主席国爱尔兰征求各方意见，协调立场。后者经多方活动，提出妥协方案。随着形势的发展变化，德、法与西、波立场开始接近。6月18日，25国首脑（其时欧盟已于5月1日实现首轮东扩）就宪法草案达成最后协议。该草案（包括政府间谈判对草案的修改）所规定的主要变革如下：

（1）将全部欧盟条约合并为一份单一的法律文件，正式称为“欧洲宪法条约”。（2）赋予欧盟正式法律人格，使之能够签署国际协定，并在国内与国际法院以自身名义提起法律诉讼。（3）明确指出欧盟法高于成员国法（这项原则此前为欧洲法院裁定所确立）。（4）首次将基本权利宪章纳入欧盟法，涉及诸多社会与政治权利。（5）设立欧洲理事会常任主席，取代现行的半年轮值主席国制度。主席由欧洲理事会以特定多数选举产生，任期两年半，可连任一届。（6）设立欧盟外交部长，负责实施欧盟共同外交与安全政策。外长兼任欧盟委员会副主席，负责处理欧盟对外关系并协调欧盟对外行动其他方面，实际上将欧盟共同外交与安全政策高级代表与欧盟委员会外交委员两职合而为一，统一负责欧盟对外关系。（7）部长理事会采纳新的“双重多数表决制”：如代表欧盟65%人口和55%的成员国表示赞同，决议将获得通过。（8）自2014年起限制委员会规模，届时将摒弃所有成员国必须在所有时刻都须有一名委员之原则。（9）进一步扩大理事会多数表决范围，包括欧盟承诺以多数票创立关于避难和移民的共同规则（但单个国家仍能控制移民水平），在直接税、外交与防务政策、对欧盟预算提供资金等领域，成员国仍保留否决权。（10）扩大欧洲议会权力，其在立法与预算方面的权力将大大加强。共同立法将成为联盟立法一般程序，共同决策程序范围扩展到更多领域。议会还将批准对欧盟外交部长与所有欧盟委员会成员之任命，欧盟委员会主席人选也须得到议会多数票通过。此外，在内务、司法与贸易上，欧洲议会亦获得更多权力。（11）关于辅助性条款，草案规定，如果1/3的成员国议会反对一项欧盟法，委员会必须重新考虑之。（12）为成员国脱离欧盟规定了明确权利。

2004 年 10 月 29 日，成员国首脑于罗马就“宪法条约”举行了签字仪式，标志着其批准进程的启动。根据规定，宪法条约只有在获得所有成员国批准之后方能生效，原计划用时 2 年左右。然而，继不少成员国顺利通过之后，法国与荷兰在 2005 年 5 月 29 日与 6 月 1 日的公投中，先后否决了“宪法条约”，致使批准进程陷入“危机”。6 月 16 至 17 日，欧洲理事会举行会议，宣布欧盟进入关于未来改革的“反思期”。其间所有各方应就此展开“广泛辩论”，但同时各国可自行决定是否继续履行宪法条约批准程序。

（三）《里斯本条约》的缔结、批准波折与最终生效

面对宪法批准危机，欧盟各国领导人在反复协商后，终于决定以“改革条约”取代《欧洲宪法条约》。经过一系列努力，最终促成了《里斯本条约》的缔结与生效。其间的主要关节点，包括以下几个方面。

一是布鲁塞尔首脑会议与新一轮政府间谈判的举行。2006 年 6 月，欧洲理事会曾就“反思期”作出首次评估，并要求下任轮值主席德国就未来行动提交相关报告。在德国相关努力的推动下，欧盟各国领导人终于就宪法危机确定解决方案。2007 年 6 月 21 至 22 日，欧洲理事会布鲁塞尔会议决定，召开新一轮政府间会议，起草一个修改现行诸条约的“改革条约”（Reform Treaty），以取代宪法条约。这意味着放弃用单一文本的“宪法条约”取代既有条约的设想，而是通过“改革条约”对诸项条约作出根本性修订，以提升欧盟的内外行动能力和民主合法性。

不同寻常的是，布鲁塞尔首脑会议并未限于对新一轮政府间会议的一般性指导，而是在宪法条约的基础上，就所要作出修订的结构和内容（甚至包括不少条款的确切措辞）达成了具体协议（主要争议领域包括：联盟与成员国间的权限划分，共同外交与安全政策趋向，一体化进程中成员国议会的新作用，基本权利宪章是否纳入欧盟法及刑事事务中的警察与司法合作等方面）。在此背景下，会议批准了构成政府间会议工作基础的详细授权，并要求继任的轮值主席国葡萄牙根据授权条件，拟定条约草案文本，提交行将召开的政府间会议。

政府间会议于 7 月 23 日启动，10 月 18 日结束。同日举行的欧盟非正式首脑会议就“改革条约”文本达成一致。2007 年 12 月 13 日，欧盟 27 国首脑（保、罗两国已于当年 1 月入盟）于里斯本正式签署了该条约（故称《里斯本条约》），并呼吁各国尽快履行批准程序，使之能于 2009 年 1 月 1 日生效。同时，各国领导人达成默契，除爱尔兰因宪法规定必须举行公投外，其他成员国不再以此形式批准条约。

二是爱尔兰否决问题的解决与《里斯本条约》最终生效。然而，条约批准进程再次出现波折。继 18 国顺利完成之后，2008 年 6 月 18 日的爱尔兰公投，否决了《里斯本条约》，反映出其民众认为条约将不利于爱尔兰的深切疑虑，构成了批准进程中的最大障碍。19 至 20 日举行的欧洲理事会布鲁塞尔会议未能就如何解决确定方案；但一致同意，在尊重爱尔兰人民决定的同时，其他成员国应继续批准条约（而不是再度举行条约谈判。此后至 8 月底，又先后有 6 国通过）。

爱尔兰否决导致条约未能如期生效。为使《里约》得于 2009 年底诉诸实施，欧盟在 2008 年 12 月中旬的首脑会议上，就爱尔兰民众的担忧问题，确定了解决方案。2009 年 6 月 18 至 19 日，欧洲理事会就解决爱尔兰问题的法律保证，最终达成一致，并通过了两项相关文件（“关于爱尔兰人民针对里约所关注问题的决定”和“关于工作人员权利、社会政策及其他事项的郑重声明”）。由此为爱重新举行公投，创造了条件。

2009 年 10 月 2 日，爱尔兰公投再次举行，《里约》终以 2/3 多数票获得通过。爱尔兰问题的解决，为波兰、捷克的最终批准，铺平了道路（两国均以爱公投通过作为本国批准的必要条件。但捷克后又提出自身诉求，成为 27 国中最后一个签署批准文件的国家）。在此背景下，按照规定，《里斯本条约》终于 2009 年 12 月 1 日正式生效。

三是《里斯本条约》中的主要变革。《里约》放弃了“制宪”路径（如同《阿约》、《尼约》一样，依然是一部“修订条约”），由《欧洲联盟条约》和《欧洲联盟运行条约》两项条约组成（后者是《欧洲共同体条约》的更名文本）。两项条约具有同等法律地位，均不具有宪法性（意指前者并非更具根本法性质，后者仅作为前者的执行条约而存在）。两项条约都删除了具有“宪法条约”意味的用语（如欧盟“外长”改称“高级代表”，“普通法律”与“框架法律”的定义也被放弃），也不再包括联盟标志条款（如盟旗、盟歌和盟铭等）。欧盟法的优先地位，亦未在条约中加以明确规定（而仍是援用欧洲法院的判例法，在一项解释性声明中提及）。

但值得强调的是，《欧洲宪法条约》中的重大实质性内容，均在《里约》中得以保留。与以往诸条约相比，《里约》取得的进展主要如下：

（1）“欧洲联盟”取代“欧洲共同体”，全面继承了后者的权利与义务（《欧洲联盟条约》名称不变，而《建立欧共体条约》则变为《欧洲联盟运行条约》。其中的“共同体”称谓全部为“联盟”一词所取代）。欧盟由此获得了单一的法律人格。

（2）欧盟实行“去支柱化”。与第一点相关的是，欧盟自身同时放弃了三大支柱架构。三大支柱原分别为“单一市场与欧共体政策”、“共同外交与安全政策”和“刑事事务中的警察与司法合作”。第一支柱为欧共体涉及领域，决策方式中超国家因素较强，第二、三支柱中的决策则以政府间一致为主。《里约》合并了三大支柱。但条约同时规定，原第二支柱（含欧洲防务）的特别决策程序依然有效（声明附录强调了外交安全领域的特殊性及成员国在其中的特别职责）。

（3）改革内部机制，提高欧盟的透明度、工作效率与民主合法性。具体规定包括：

第一，在讨论立法性事务时，部长理事会应对成员国议会和公民公开。

第二，就欧盟与成员国的权力划分作出更明确规定。共分为三大类：一是欧盟享有排他性权限，如在关税同盟、贸易和竞争政策等领域。二是欧盟可采取支持、协调或补充行动的领域。如在文化、教育或产业政策方面，仅可通过提供资金等方式支持成员国行动。三是共享权力。在环境、运输和消费者保护诸领域，欧盟与成员国以辅助性原则为基础，共享立法权。

第三，部长理事会决策的特定多数表决适用范围，又扩展至40个新领域，包括气候变化、能源安全和紧急人道救助等（但在税收、社会保障、外交、防务等领域，决策仍须一致通过）。

第四，“共同决定秩序（co-decision procedure）”——该程序规定欧洲议会与部长理事会在决策中均享有否决权——扩展至欧盟的绝大多数立法领域（特别是在司法与内务、贸易与农业政策的若干方面）。这一程序也由此改称为欧盟的“普通立法程序”。

第五，部长理事会日后改行“双重多数表决制”。理事会目前投票大多采用“特定多数表决制”，即各国投票权数（由条约做出明确规定，每国最多29票，最少3票）相加达到规定的票数“门槛”后，即可通过决议。而依照《里约》规定，自2014年11月1日起，部长理事会将适用新的特定多数门槛，改行“双重多数表决制”：一项法案之通过，除必须至少获欧盟55%的成员国（27国中的15国）支持外，还须考虑到人口因素，即赞同国的人口数相加，至少要达到欧盟人口总数的65%（同时规定，反对国必须达到4国，才能否决掉一项决议。还规定，在2014年11月至2017年3月之间，如有成员国要求不适用新表决制，则仍将沿用目前的权重体制）。

第六，公民“立法创意权”。如若干成员国公民人数达到100万时，可签署请愿书，提请委员会向欧盟提交政策建议。

第七，欧洲议会权力增大。主要体现在：a. 随着“共同决定程序”适用范围的扩大，议会在绝大多数领域获得了立法否决权，权限与部长理事会相当。b. 在预算领域中，随着《里约》对欧盟“多年度财政框架”做法的肯定，欧洲议会的批准权同时获得确认。此外，由于预算“强制性”与“非强制性”开支区别的取消，议会将与部长理事会共同决定欧盟的全部开支（之前其仅对只占预算很少部分的“非强制性”开支拥有决定权），批准权由此得到了加强。c. 与“普通立法领域”程序相关的所有国际协定，都必须获得议会同意。d. 获得对欧盟委员会主席的选举权，及对委员会整体的投票同意权。

第八，成员国议会将发挥新作用。各国议会在8周内可审查欧盟立法草案，如1/3反对（在司法与内务合作领域为1/4），委员会必须重新审查。再者，若一项适用共同决定程序的法案遭半数以上成员国议会反对，欧盟层面的立法者必须就是否继续立法进程作出决定（若作出肯定决议，须获欧洲议会多数或部长理事会55%票数的同意)。如认为一项法案有悖辅助性原则，成员国议会亦可向欧洲法院提起诉讼。

第九，尤为突出的是，为提高欧盟的国际影响与行动能力，《里约》做出了如下机制性安排。

其一，设立欧洲理事会常任主席一职。旨在保证理事会工作的准备与连续性，促进共识达成，并于欧理会层面在共同外交与安全政策领域对外代表欧盟。常设主席任期两年半，可连任一次。其二，关于“欧盟外交事务与安全政策高级代表”的规定。该代表一身三职：部长理事会共同外交与安全政策代表、外交事务理事会主席和欧洲委员会副主席，负责指导欧盟的外交政策和共同防务政策，并在该政策的国际舞台上代表欧盟。高级代表职位的设计是要扩大欧盟对外行动的协调一致和统一性。人选须由欧洲理事会任命并获委员会主席同意，任期与委员会职位同步。其三，设立“欧洲对外行动署”，负责支持高级代表的工作。行动署由理事会和委员会相关部门官员及成员国外交署指派的工作人员组成，与成员国外交事务署合作采取行动。

（四）意义与影响

与以往诸项条约谈判相同，欧盟“制宪”启动与《里斯本条约》生效，只能是最大限度协调各方利益的产物，既根自一体化自身的长期发展，又与欧洲格局剧变直接相关。作为区域整合的核心组织，自20世纪50年代诞生以来，欧盟首次明确提出“制宪”目标，并在“制宪会议”和广泛参与基础上，完成了“欧洲宪法条约”文本，供各国政府间会议谈判，旨在深化诸多方面的体制改革，有效应对内外挑战。从长远来看，这是欧洲发展史中最具深远意义的大事之一。尽管宪法条约最终未获批准，但却构成了《里斯本条约》的谈判基础，且其绝大部分内容，都在条约中得以保留。《里约》的最终生效，对于明确欧盟的发展方向，调整其机制结构，规范欧洲的“多层治理”，特别是在国际舞台上发挥更大作用，都将产生重要影响。考虑到欧洲一体化发展模式的独特性，欧盟既有成就的深度和广度，条约签署国的广泛代表性，以及欧洲当前发展中的时代特点，“制宪”与《里约》生效所蕴含的深远历史意义，就更加易于彰显出来。

第四节　主要机构及其职权

一　欧盟委员会

欧盟委员会（又译“欧洲委员会”或“执行委员会”）是欧盟（欧盟诞生前为欧共体）的常设执行机构，总部设在比利时首都布鲁塞尔。它被视为欧盟利益的捍卫者，其行为只对欧盟负责，不得接受任何国家政府指示。目前共有委员28名，每一成员国各1名。设主席1名，副主席7名（欧盟外交事务与安全政策高级代表为第一副主席)。议事实行简单多数表决制（至少获15名委员同意)。委员会设33个总司（Directorate-General)，分别负责经济与金融事务、内部市场与服务、竞争、农业与农村发展、贸易、对外关系等诸多领域的政策。此外还包括其他相关机构，承担内部审计、反欺诈、法律咨询、出版、翻译、同声传译等方面的事务。

委员会的主要职权是：①立法创议权，即拥有在条约规定范围内提交立法草案和建议的权利。②作为“条约的守护者”，负责监督成员国对欧盟法律的执行。③管理欧盟日常工作、预算与基金分配。④根据欧盟条约和部长理事会决议，负责欧盟某些政策的实施，如竞争政策中的抑制垄断和监督国家援助等。⑤在国际组织（如世贸组织）中代表欧盟。

应当指出的是，随着条约修订和欧共体/欧盟活动范围的扩大，委员会的职权行使范围也随之不断扩大。例如，《单一欧洲法令》的生效使得委员会介入了研究与技术开发、区域政策、环境政策等领域。再如，根据《欧洲联盟条约》规定，在“共同外交与安全政策”、“内部事务与司法合作”中的6个方面，委员会获得了倡议权（与各成员国分享）和参与实施的权利。

欧盟委员会委员最初任期4年，1995年1月起改为5年一任。随着时间推移，委员会主席与委员的产生方式有所变动。根据《罗马条约》规定，委员会主席最初由各国政府提名并经一致同意后任命。经过《马约》《阿约》和《里约》的修订，超国家机制因素介入并逐步得到加强。依照目前规定，委员会主席经欧洲理事会通过特定多数提名，理事会对委员会其他成员的任命应获提名主席同意。对包括主席在内的所有委员会成员的任命，必须获得欧洲议会批准。委员会任职期间对欧洲议会负责（后者享有解散委员会的专权）。同时，随着条约修订，委员会主席的权力也不断得到加强。

冷战结束后的欧盟东扩前景，使得限制委员会规模问题，成为争论焦点。为提高工作效率，《里约》规定，自2014年11月起，应放弃每国1名委员的惯例，委员数量削减1/3，改由成员国轮流担任；但又规定可以以一致通过方式改变委员会的组成。为解决爱尔兰批准《里约》问题，2008年12月欧洲理事会达成一致，如《里约》生效将通过决定，以使委员会的组成继续为每国1名委员。

从欧盟整体利益出发，委员会凭借自身权限，对欧洲一体化的存在与发展，发挥了重要的保障和推动作用。以德洛尔为首的委员会（1985—1995年）在统一大市场和经货联盟建设中所发挥的作用，就是突出例证。

二 欧盟理事会（部长理事会）

部长理事会由各成员国政府代表组成，是罗马条约确立的欧共体决策机构，负责协调成员国的总体经济政策，讨论并决定欧共体的所有重要问题，特别是对立法草案享有最终决定权。此外，可授权委员会实施由理事会制定的规定，或保留直接行使实施权。《马斯特里赫特条约》生效后，其活动范围扩展到欧盟的另外两大领域，即共同外交与安全政策和司法与内务合作事务（理事会改称“欧洲联盟理事会”）。理事会发挥着协调、统一欧盟各领域之间活动的作用。作为成员国政府代表，理事会势必反映各成员国的立场和受各国政府特殊利益的制约；但作为欧盟机构，各国又被要求顾及整体利益，其职能与活动也受欧共体/欧盟宗旨、章程与法定程序的约束。随着条约规定的不断变动，理事会的立法决定权已越来越与欧洲议会分享。

根据议事内容不同，成员国分别派有关部长出席理事会会议，目前涉及的事务包括：总务与对外关系（由各国外交部长出席。作为“总务理事会”时，负责协调各种部长理事会之间的工作。而作为“外交事务理事会”时，负责协调欧盟的对外行动），经济与财政事务，司法与内务合作，就业、社会政策、卫生与消费者事务，竞争力，运输、电信与能源，农业与渔业，环境，教育、青年与文化。理事会主席由欧盟各轮值国部长轮流担任，任期半年。但“外交事务理事会”主席则由欧盟外交与安全事务高级代表固定担任。随着欧盟活动增多，辅助理事会工作的行政机构也日渐庞大，主要包括常设代表委员会及其下属的工作小组（由成员国官员组成）、理事会秘书处等。

部长理事会的决策方式主要分为一致通过与特定多数两种。一致通过要求决议的通过须所有成员国同意，各国均享有否决权（这意味着只要一国反对，决议即不可能产生）。随着时间推移，这一程序的适用范围在逐步减少。根据《里斯本条约》规定，目前在税收、社会保障、外交、防务等项决策，仍须一致通过。特定多数是一种加权多数表决制。在这种程序下，成员国票数随人口多寡而享有不同权重（但权重安排有利于小国），27国总票数为345票（德国、英国、法国、意大利4国各29票，西班牙、波兰各27票，罗马尼亚14票，荷兰13票，希腊、捷克、比利时、匈牙利、葡萄牙5国各12票，瑞典、保加利亚、奥地利3国各10票，斯洛伐克、丹麦、芬兰、爱尔兰、立陶宛5国各7票，拉脱维亚、斯洛文尼亚、爱沙尼亚、塞浦路斯、卢森堡5国各4票，马耳他3票）。代表成员国多数（有些情况下多数高达成员国的2/3）的至少255张赞成票构成特定多数，可通过一项决议。《里斯本条约》又规定，自2014年11月1日起，部长理事会将适用新的特定多数门槛，实行“双重多数表决制”，即一项法案之通过，必须至少获欧盟55%的成员国（27国中的15国）和65%人口的支持（同时规定，反对国必须达到4国，才能否决掉一项决议）。

特定多数表决适用范围的扩大，经历了曲折、渐进的发展进程。根据《罗马条约》规定，经过一段时间的过渡期后，理事会应扩大特定多数表决制范围，以加快决策速度。但由于法国反对和“卢森堡妥协”（参见《卢森堡妥协》）的影响，在1966—1985年期间，一致通过反而成为通常的议事规则，常出现一项建议因一两国反对而无法决议或遭否决的局面，由此严重阻碍了共同体发展。20世纪80年代中期《单一欧洲法令》的签订和生效，使得部长理事会的特定多数表决范围明确扩大到了与单一市场实施有关的领域，决策效率有较大提高。20世纪90年代，随着《马约》的缔结与生效，理事会事关欧共体经济事务的多数表决制范围又有进一步扩大。但欧盟的第二、三支柱（“共同外交与安全政策”和“内务与司法合作”）属政府间合作性质，仍实行一致通过原则。《阿约》则为多数表决扩展到外交政策行动和民事领域，做出了安排。进入21世纪以来，随着《尼约》特别是《里约》的生效，特定多数终于扩大到欧盟决策的绝大多数领域（关于多数表决的适用范围，可分别参见关于《单一欧洲法令》《欧洲联盟条约》《阿姆斯特丹条约》《尼斯条约》和《里斯本条约》的有关内容）。

作为重要的立法、决策机构，欧盟理事会对于平衡欧盟整体与成员国之间以及成员国彼此之间的特殊利益，保证欧洲一体化顺利发展，发挥着重要作用。

三　欧洲议会

欧洲议会是基于《罗马条约》确立的欧共体议会机构。最初称“议员大会”，后经《马约》正式改称“欧洲议会”。议员原由各成员国议会选派，自1979年起由各国公民直接选举产生（每5年举行一次），被视为欧盟公民的代表。随着《里斯本条约》最终生效，议会已与部长理事会并称为欧盟的两大立法机构之一。

欧洲议会设主席1名，副主席14名。各成员国的议席分配大致按人口比例确定。根据《里约》新规定，一国议员最多不超出96席，最少不低于6席。欧洲议会议员总数上限为751名（由于2009年6月的当选议员为754名，故下届议会人数应稍许下调）。议员按照政治派别而非国籍组成议会党团。除8月份外，议员大会通常每月于法国斯特拉斯堡举行，为期一周。大会表决一般实行绝对多数通过，某些问题须遵循专门规定。议会常设20个专门委员会，负责大会筹备，草拟议会决议，听取专家和利益集团代表意见等。某些短期议员大会和常设委员会会议，则在布鲁塞尔举行，以便于与欧洲委员会和部长理事会进行接触。议会秘书处设在卢森堡。

概而言之，目前欧洲议会的职权主要有三：一是与理事会共同通过欧盟法律。二是对欧盟其他机构实行民主监督，特别体现在对欧洲委员会的任命和要求其辞职方面。三是对欧盟预算的监督权。欧洲议会权限的增加，是一个渐进的发展历程。

根据《罗马条约》的最初规定，欧洲议会不同于各成员国议会，仅为欧共体的咨询、监督机构，拥有对欧盟委员会创议和部长理事会决策发表意见的权力，并有权以2/3多数不信任票迫令委员会集体辞职，但并无立法权。

20世纪70年代，欧洲议会获得对欧盟预算的有限控制权，包括可否决预算草案，拥有对预算“非强制性支出”部分（指欧盟立法外开支）的决定权。20世纪80年代中期以来，随着条约修订与新条约的渐次缔结，议会逐步在愈来愈多的决策领域，获得了“二读”乃至“三读”的权利，从而能够对立法内容施加实质性影响，直至享有否决权。根据《里约》新规定，议会享有否决权的决策程序已成为欧盟的“普通立法程序”，表明其最终获得了与理事会平等的立法地位。此外，根据规定，某些事关欧盟特性与结构的重要立法，包括申请国加入及联系国协定、重要的国际协定、确立欧洲议会选举的统一程序等，如无议会同意，理事会决定亦不具法律效力。

自直接选举以来，随着自身地位逐步加强，欧洲议会在切实履行条约赋予的监督权方面，同样有值得注意之处。1980年和1985年，议会曾驳回欧盟委员会、理事会提交的欧共体预算，并通过深入使用质询权，包括利用预算控制委员会和建立各种调查委员会，对欧盟开支实行了更密切的监督。由于议会积极争取，条约还赋予了其对欧盟委员会主席及其委员任命的参与决定权。在这一背景下，议会更加强调其对委员会的监督作用，1999年，因其指控后者存在“腐败”和“用人不当”等弊端，终于导致了委员会的集体辞职，在欧共体内外都引起了极大震动。根据《里约》规定，议会对于欧盟预算与欧洲委员会的控制权，又有所加强。

同时应指出的是，在促进欧盟通过条约实行机制改革方面，议会的作用颇为突出。1984年，在著名欧洲联邦主义者斯皮内利的积极推动下，议会曾通过著名的“欧洲联盟”条约草案，主张议会在欧共体的所有决策中，享有与部长理事会同样的权利，并实际上提出了“欧洲联邦”的政治架构。尽管限于当时条件，草案不可能为成员国采纳，但却对推动《罗马条约》修订和《单一欧洲法令》的最终签署影响颇大。此后，欧洲议会对于《马约》和《阿约》文本的形成，都通过相关渠道发挥了重要影响，特别是在谋求扩大议会权利方面。

总之，欧洲议会的设立，尤其是其采用直接选举方式后及权力的逐步加强，对于促进欧共体/欧盟决策的“欧洲化”，其机制与决策“民主合法性”的加强，及在欧洲一体化发展进程中产生一种新的政治架构，都起到了极为重要的作用。

四　欧盟法院

欧盟法院（The Court of Justice of the European Union）现包括“欧洲法院”（Court of Justice）、“综合法院”（The General Court）和“专门法院”（Specialised courts），其设立的根本目的是确保解释和适用欧盟条约时使欧盟的法律得到遵守。根据条约规定，欧盟法院的职权包括三个方面：①对某一成员国、机构、自然人或法人提出的诉讼做出裁决。②应成员国法院或法庭要求，就欧盟法的解释或欧盟机构所通过法令之有效性做出初步裁决。③对条约规定的其他案例做出裁决。

“欧洲法院”是在欧盟法事务中最高也是唯一的司法机构。其宗旨是“确保条约解释时法律得到遵守”。具体职责主要包括三大领域：一是监督欧盟法的适用，这既关乎欧盟机构对条约的实施，也涉及成员国和个人的欧盟法义务。二是对欧盟法加以解释。三是对欧盟法的发展演变施加重要影响。

“综合法院”设于1988年，隶属于欧洲法院但在建制上相对独立（它并非是欧盟的新机构，但档案序列编号与程序规则有别于欧洲法院），旨在减轻后者的工作负担。其主要职责包括：①对属于欧洲法院法律性监管范围的案例，拥有做出司法裁决的权限。所涉及的诉讼范围是：自然人或法人对欧盟机构提出的要求废除一项法令或者不作为的诉讼；欧盟或者代表欧盟缔结的契约所包含的仲裁条款；针对欧盟提出的损害诉讼。②针对司法小组（Judicial panels）决定的上诉案件，作为上诉法庭而做出裁决。③根据预定安排，对某些领域的诉讼实行初裁（但目前尚未启动这一权力）。

专门法院根据欧盟理事会决议于2004年建立，附属于综合法院，接手了原属于后者的对欧盟文职诉讼实行初裁的权力，旨在进一步解除欧洲法院负担，改进欧盟中的法律保护。

欧盟法院由每一成员国各推1名法官（目前共28名）和护法顾问（目前为9名）组成。法官与护法顾问均享有“不容置疑的独立性”（这意味着，他们不是任何成员国利益的代表。除经部长理事会特许，法官就任后，不得再担任任何政治、行政或其他专业或非专业性工作，仅仅依靠自身对欧共体法的理解，完全独立地对案件作出裁决）。人选经成员国政府一致同意后任命，任期6年，可连选连任。

欧盟法院的建立及其独立性，对于保障欧盟法实施乃至推动其发展（通过“司法立法”途径），促进区域一体化目标的实现，发挥着至关重要的作用。

五　欧洲理事会

欧洲理事会指已制度化、机构化了的欧盟首脑会议，旨在为欧洲一体化提供最高层面的政治动力，由各成员国元首或政府首脑及其主席和欧盟委员会主席组成。欧盟外交事务与安全政策高级代表参与其工作。根据条约规定，其作用主要有二：一是“为联盟发展提供必要的推动力”（当欧盟面对复杂、敏感问题，无法在较低政治层面解决之际），二是“确定其总体政治方向和优先事项”。欧洲理事会每半年举行两次会议，由其主席负责召集。若议程需要，与会国首脑可各由一名部长协助（欧盟委员会主席则携一名委员）。每当形势需要时，欧洲理事会主席可召集特别会议。欧洲理事会通常以达成共识做出决定。根据《里约》规定，欧洲理事会新设常任主席一职（为欧理会专任主席，不得再担任国家公职。首任主席是比利时人范龙佩），通过特定多数选举产生，任期两年半（可连任一次）。常任主席负责主持和推动欧理会工作，促成共识达成，并于相应层面在共同外交、安全政策领域对外代表欧盟。

值得指出的是，《罗马条约》规定中并无“欧洲理事会”设置。但历史发展表明，作为各成员国的最高政治代表，首脑会议协商对于解决一体化进程中的诸多重大难点问题，发挥了关键性作用，因此越来越得到正式肯定。早在20世纪60年代，法、德等国领导人就曾多次举行会晤，以解决某些双边、涉及各成员国的多边乃至欧共体本身的种种问题。1974年12月，根据法国总统提议，扩大后的欧共体九国领导人在巴黎会议上决定，将首脑会议正式化、定期化，规定每年举行3次，讨论事关欧共体的重大问题。1975年，首脑会议被定名为“欧洲理事会”。与会者除各国元首或政府首脑外，还包括各国外长、欧盟委员会主席和一名委员会委员。会议由欧共体轮值主席国的政府首脑主持，议决方式通常是与会者达成共识。会议次数后改为每年至少两次，即需要时酌情增加，直至召开特别或紧急会议，以商定急需解决的重大问题。

由于欧洲理事会代表着各成员国最高政治层面的努力，议题往往事关一体化发展方向或重大难点，故“在共同体事务中发挥着愈来愈重要的作用”，在一系列“重大问题上”“确定了指导方针”，并为推进欧共体发展提供了根本性的政治动力。早自20世纪70年代后期起，欧洲理事会即已发挥出最高决策机构的作用，如关于欧洲议会直接选举和建立欧洲货币体系等重要决断。20世纪80年代以来，又对农业政策改革、欧共体扩大等难点问题，特别是对《单一欧洲法令》和《马约》、《阿约》谈判启动和条约内容本身，包括对一体化深化程度与范围的重要承诺（如单一市场、经货联盟和政治联盟建设，扩大共同政策的实施范围，财政与决策机制改革，解决欧盟委员会主席人选问题等），都发挥了决定性作用。随着形势的发展演变，欧理会已越来越关注涉外领域，曾多次就国际局势发表政策性声明。

鉴于其作用日大，在《单一欧洲法令》的“共同条款”中，欧洲理事会得到了肯定。其后的《欧洲联盟条约》赋予其“正式地位”，在“共同条款”部分明确指出，“欧洲理事会应为联盟的发展提供必要的推动力，并确定联盟的总体政治方针”。同时规定，每次会议后，欧理会应向欧洲议会提交报告，每年还应就联盟取得的进展提交书面报告；根据对《罗马条约》的修订，欧理会还应以部长理事会提交的报告为基础，商定成员国和共同体各项经济政策的基本方针；在马约确立的“第二支柱”中，又要求欧理会应为“共同外交与安全政策确定原则和总的指导方针”。随后的《阿约》则进一步指出，安全政策应当“包括防务事务”，欧理会“应在成员国有着重要共同利益的领域就将要实施的共同战略作出决定”。根据《里斯本条约》机构条款的最新规定，欧洲理事会终于被正式列入欧盟的七大主要机构之一，但一仍强调其政治性功能，明确指出欧理会“不行使立法职能”。

六 欧洲中央银行

作为欧盟的机构之一，欧洲中央银行于1998年6月建立，1999年1月起开始充分行使权力，享有法人资格。总部设在法兰克福。根据条约规定，欧央行负责管理欧盟的单一货币“欧元”，确定和实施经货联盟的货币政策。它在“欧元体系”（由欧央行和欧元区国家央行组成）和“欧洲央行体系”（包括欧央行和欧盟28国央行）中居突出地位，既在前者中主导欧元区19国央行之间的紧密合作，又于后者中与28国央行共同发挥作用。

欧央行的主要目标是保持物价稳定（控制通货膨胀，特别是在欧元区国家），同时通过确保金融市场和机构的适当监管，保持金融系统稳定。具体职责包括以下诸方面：

（1）为欧元区确定关键利率，控制货币供给。（2）管理欧元区的外汇储备，必要时通过货币买卖保持汇率稳定。（3）促进成员国当局充分监管金融市场和机构，支付系统顺利运行。（4）授权欧元区国家央行发行欧元纸币。（5）监督价格走向，评估其对价格稳定所构成的风险。

根据《马约》规定，欧央行的决策机构包括“管理理事会”（The Governing Council）和“执行委员会”（The Executive Board）。前者由“执行委员会”成员和“欧元区”17国央行所有行长组成（“欧央行体系”包括欧盟所有成员国央行，但仅“欧元区国家”央行才参与欧元运作），系欧央行的最高决策机构，负责“制定欧盟的货币政策”，如关于中期货币目标、关键性利率和央行体系的储备供应决定等，并为“决定的实施确定指导方针”。管理理事会每月举行一次会议，表决一般实行一人一票、简单多数原则。票数相等时，欧央行行长有决定权；执行委员会由欧央行行长、副行长和4名委员组成，代表欧盟成员国的整体利益，依照管理理事会制订的指导方针和决定，负责货币政策实施，向各国央行作出必要指示。欧元区各国央行，被认为是欧央行体系的“有机组成部分”，遵循欧央行统一指示负责本国范围内单一货币政策的实施，但享有政策的具体操作权。依照《里约》新规定，欧央行又增设“欧洲中央银行行长委员会”（The General Council of the ECB）为第三个决策机构，由欧央行行长、副行长和28国央行行长组成，负责加强欧央行的咨询与协调事务，推进新成员加入欧元的准备工作。

欧央行体系享有很大的“独立性”。《马约》明示其行使权力时，“不得寻求或接受”来自任何共同体机构、成员国政府或其他机构的“指示”；后者也“承诺尊重这一原则”，“不寻求影响”前者“履行任务”。这一规定，既适用于欧央行的管理理事会与执行委员会，也适用于央行体系的各国央行。为此，依照条约要求，不具备独立央行体制的成员国，都完成了使本国央行独立于政府的立法进程。同时，在货币政策的具体目标和实施手段方面，欧央行都享有较大权力，如可确定通胀量化指标、政策运作战略与框架、决定利率等。为切实保证其独立性，条约还明确规定，欧央行体系不得为成员国政府等提供透支安排、信贷便利，或直接购进政府债券等，以防止来自各类公共机构的压力。此外，在人事安排上，条约规定，执行委员会成员“应在专职的基础上履行职责”，不得兼任他职，任期为 8 年，不得连任；各成员国央行行长的任期，也不得少于 5 年，以便排除种种政治性周期的干扰。这种独立性，对于保证欧元的稳定性，具有重要意义。

七　经济和社会委员会

经济和社会委员会是根据《罗马条约》设立的欧盟咨询机构（简称“经社委员会”），由成员国经济、社会各界利益集团代表组成。该委员会有权就欧共体的各种决议草案向欧盟委员会、部长理事会和欧洲议会等机构发表意见，以使各利益集团的特殊利益在共同体决议中得到尊重，并在欧洲一级最大限度地协调各方利益。委员会平均每年向欧盟决策机构提供 170 份咨询文件和意见书，均在欧盟官方刊物上发表。委员会委员分属雇主、雇员和其他各种利益集团（如农产者、消费者、运输、手工业等），由各成员国政府提名，欧盟理事会任命，任期 5 年，可以连任。现有委员 344 名，其中德、法、意、英各 24 名，西、波各 21 名，罗 15 名，奥、比、希、荷、葡、瑞、捷、匈、保各 12 名，丹、芬、爱、立（陶宛）、斯（洛伐克）各 9 名，爱（沙尼亚）、拉（脱维亚）、斯（洛文尼亚）各 7 名，卢、塞（浦路斯）各 6 名，马（耳他）5 名。经社委员会主席和执行局成员（30 人）从委员中选举产生。委员会全体会议通常每年召开 10 次，通过有关意见，然后提交给欧盟委员会和部长理事会。

八　地区委员会

地区委员会是根据《马约》建立的欧盟咨询机构，成员来自欧盟各地区和各地方当局。依照规定，在欧盟事关经济与区域政策、促进一般和职业培训、文化、卫生、泛欧网络等领域的决策，必须咨询地区委员会。在所有其他领域，地区委员会也可被请求表达意见，或主动申诉自己的观点。通过这一程序的确立，可以促使地区与地方利益在欧盟的决策过程中得到考虑，由此促进欧盟立法与之“相容”，且“更贴近人民及其关心的事务”。自建立后，地委会曾在诸如共同体结构基金、欧盟公民地方选举权和视听政策等领域内，就某些问题提出了“非常重要”的意见；但它的意见不具有任何法律上的约束力。

委员会目前共有来自 28 国的 350 名代表（《里约》规定上限不得超出 350 名）。委员（及同等数量的候补委员）在各成员国提名的基础上，由部长理事会根据欧洲委员会建议以一致通过方式任命，任期 5 年，可以连任。

地区委员会每年举行 5 次全体会议，确定总的政策并通过意见书。目前依照政策领域设 6 个专门委员会，负责准备意见草案供全会辩论之用。随着一体化深入和欧洲多层面政治架构的发展，地区委员会的作用得到加强，成为欧盟机构中不可忽视的一个组成部分。根据《里约》新规定，欧洲委员会在立法前阶段必须尽早咨询欧盟各国的地方、地区主管机构，而作为后者的代表，地委会已深度参与到这一程序之中；又据规定，若已形成的立法建议直接影响到后者，欧洲委员会必须再度咨询地委会。

九　欧洲投资银行

欧洲投资银行是根据《罗马条约》设立的欧盟金融机构，设在卢森堡。银行具有法人资格，由各成员国担任银行股东，目前成员为 28 国。其基本任务是：利用资本市场或自身资源筹资，促进欧盟内部市场的均衡和稳定发展。为此对各经济部门的相应项目提供融资便利，在非营利的基础上给予贷款和担保（条约对项目范围作了明确规定，如基础设施、能源供给或环境等）。银行 90% 的贷款用于欧盟内部，其余用于面向伙伴国的发展或合作政策。

欧洲投资银行的管理结构分为三层：最高层是由成员国财长组成的理事会（Board of Governors），负责为信贷政策确定指导方针，并授权银行对欧盟外部采取行动。其次是银行董事会（Board of Direntors），由29名全职人员（28国各1名加1名委员会代表）及18名候选代表组成（董事会成员通常为成员国财政或经济部高官），负责就筹款或贷款及担保作出决定。日常工作则由管理委员会（the Management Committee）主持。该委员会由9人组成，任期6年。

十 审计院

审计院为欧盟的专职财政审计机构，1975年设立，1977年升格为欧盟正式机构，总部设在卢森堡。其主要职责是，负责审查欧盟的所有财政收支是否合法和符合常规，以及财政管理是否健全。审计院完全独立于欧盟其他机构，可自行决定财政审查的内容与方式，但无权实施控制措施，或对怀疑违规之处进行调查。每一财政年度末，审计院向欧洲议会和理事会提交关于上一财政年度的审计报告，公布审查结果，并在欧盟官方出版物上发表。审计院也可随时就财政管理的特定领域提出专题报告，同样公开发表。

审计院由每国各出1名成员组成，目前为28人。人选由各成员国提出，部长理事会经与欧洲议会协商后，通过特定多数表决任命，任期6年，可以连任。

第五节 决策机制及其问题

一 决策机制及其发展演变

欧盟的超国家调节性，较突出地体现在其决策机制的安排及其发展演变上。在决策过程中，代表各方利益的欧盟诸机构，遵循复杂的既定程序，按照条约赋予的权力形成互动，对决策内容施加影响，以使最终立法的产生，在尽量协调各方利益的基础上，更多地保证欧盟的整体和长远利益。

根据《罗马条约》的最初规定，欧盟的决策机制可以概括为：委员会享有决策创议权，部长理事会拥有最终决定权，欧洲议会具有咨询权。20世纪80年代中期以来，随着条约规定的改变，理事会特定多数表决制的适用范围逐步扩大，特别是欧洲议会权力不断增大，对决策的影响力越来越大。概而言之，从欧盟决策机制发展演变的总体趋向来看，其超国家调节的因素在逐步增强。

（一）欧盟委员会

在立法创议阶段，欧盟委员会发挥主导作用。作为唯一的立法创议者，委员会享有"欧洲发动机"之称，即任何二次派生立法，均须由委员会提出，如无其建议，欧盟决策进程将不能启动。同时，作为欧盟专职机构，委员会不对任何成员国政府直接负责，其创议的着眼点，在于维护欧盟的整体利益，因此又是所谓"欧洲精神"的体现者。每逢着手创议之际，委员会主管官员先要尽可能广泛地征询各方意见，如委员会有关部门、欧洲各利益集团，特别是各国专家小组的意见（委员会主席主持成员国专家小组集体会议，以协调分歧，拟议立法草案），然后整理、归纳、综合各方意见，经过反复研究、权衡，找出可能为各方接受的共同点，形成议案，在委员会内部以简单多数通过后，选择适当时机，以"委员会建议"形式提交部长理事会。立法建议具体规定了拟议的措施内容及实施方式，同时附有事关建议依据的详细说明。依照条约规定，不少建议应同时送交咨询机构。最初是欧洲议会和经济与社会委员会，自《马约》后纳入了地区委员会。

（二）部长理事会

根据条约最初规定，作为各成员国政府代表，部长理事会是《罗马条约》确立的最高决策机构，对立法建议单独享有最终决定权。部长理事会在接到提案后，一般应先向欧洲议会、经社委员会咨询。被咨询机构经讨论后，分别就提案形成正式书面意见，包括修正建议，分别提交部长理事会和欧盟委员会。但理事会并无法律义务必须采纳其修正。

作为常设专门机构，协助部长理事会工作的"常设代表委员会"在决策过程中，同样可发挥较为重要的作用。该委员会负责部长理事会会议的准备工作（包括讨论欧盟委员会行将提交理事会的建议），决定其议事日程安排，并可就技术性问题，先行按一致通过方式直接达成协议（此类问题部长理事会将不再专门讨论，只要履行批准手续即可）。对不能达成协议的重要争议问题，送交部长理事会讨论、决断。

对于欧盟委员会提交的建议，部长理事会要经过认真讨论，作出最后决断。由于事关成员国利益，讨论往往"十分务实"，有时"甚至很激烈"。除一般程序性问题以简单多数通过外，理事会投票方式一般分为两种：一是一致通过制，即任何成员国都有否决权，只要一国反对，决议就不得通过；二是特定多数表决制。决议一经通过并由部长理事会主席签字后，即具法律效力，立法过程遂告完成。决议内容最后由共同体官方公报发表，或通告决议针对对象。

值得指出的是，20 世纪 60 年代初“卢森堡妥协”后（参见“卢森堡妥协”条目），理事会实际上曾长期坚持一致通过方式，经常出现议决艰难、议而不决的局面。但在一体化进程的推动下，自 20 世纪 80 年代中期以来，随着《单一欧洲法令》《马约》《阿约》和《尼约》的先后缔结，一致通过制的适用范围越来越少，特定多数表决则不断扩大，促成了决策效率的逐步提高。根据《里约》最新规定，多数表决又扩展到约 40 个新领域（如气候变化、能源安全和紧急人道救助等），终于占据了理事会决策范围的绝大多数。目前仅税收、社会保障、外交、防务等领域，仍须一致通过。

另一方面，随着时间推移，部长理事会在立法决策中，也越来越需要倾听欧洲议会的声音。

（三）欧洲议会

欧洲议会被视为欧盟所有公民利益的代言人。20 世纪 50 至 80 年代中期之前，根据《罗马条约》的最初规定，欧共体决策仅是委员会与理事会之间的博弈，即前者提出议案，后者作出决定。议会在其中仅享有咨询权。但自 20 世纪 80 年代中期以来，随着《罗马条约》的修订，《马约》《阿约》《尼约》和《里约》的依次缔结与生效，欧洲议会逐步在一些重要领域，通过各种程序参与了立法进程，从而对决策产生了越来越大的影响。

根据《单一欧洲法令》规定，事关欧共体单一市场建立与运行领域的决策，欧洲议会与欧盟委员会、部长理事会之间实行新的“合作程序”。按照这一程序，欧洲议会在原有“一读”的基础上（指可就委员会提交理事会的立法草案发表意见），又获得了“二读”的权利，即部长理事会就草案以特定多数达成初步协议后，应将协议再送交欧洲议会进一步审议。在规定期限内（一般为 3 个月），如后者表示赞同或未做决定，法案即可正式生效。但如议会以绝对多数票表示根本拒绝或提出修正，理事会只有靠一致通过才能否决掉前者意见；在不能达成一致的情况下，决议将依照欧洲议会意见或被撤消，或得到修正。

《马约》关于“共同决定程序”的规定，又使欧洲议会在文化、教育、卫生、消费者保护、泛欧网络、研究与技术和环境保护诸领域，享有了“三读”的权利。即如果“二读”后理事会与欧洲议会仍存在意见分歧，应启动调解程序，召开由双方成员组成的“调解委员会”会议；如调解失败，议会有权利以绝对多数拒绝该法案。这意味着不经议会同意，法案将无法通过。《阿约》生效后，“共同决定程序”又扩大到社会政策、运输、反财政舞弊、统计、公共卫生等领域，以及事关欧盟机构之公开性和透明度的种种措施。

随着《里约》生效，“共同决定程序”终于成为“普通立法程序”，适用于欧盟的绝大多数立法领域。这表明在欧盟的决策机制中，欧洲议会与部长理事会一道，共同享有了立法、决策权。

此外，根据条约规定，欧洲议会在某些重要领域，虽不能对审议内容施加直接影响（如重要国际协定），但若无议会同意，理事会相关决定不具法律效力（这被称为“批准程序”）。

二 “空椅子危机”与“卢森堡妥协”

“空椅子危机”、“卢森堡妥协”是指因法国抵制共同体活动造成的危机，及随后各成员国为解决分歧而达成的妥协。

1965 年 5 月，欧共体委员会主席哈尔斯坦提出一揽子建议，主张扩大欧洲议会对预算的控制权，同时欧共体拥有“独立财源”。对此，在 6 月底举行的部长理事会讨论中，法国表示强烈反对（法国总统戴高乐明确谴责该建议所蕴含的超国家因素，指出它将使“成员国丧失民族特性”），其他成员国则表示赞同。而根据罗马条约规定，自 1966 年 1 月起，应扩大部长理事会多数表决制范围。为此，法国于 1965 年 7 月初开始奉行所谓“空椅子政策”，即宣布撤回驻共同体的代表，抵制其各种活动，时间长达半年之久，由此形成了“空椅子危机”。

之后，在其他成员国和欧共体委员会积极推动下，法国终于同意参加 1966 年 1 月于卢森堡举行的部长理事会会议，讨论解决分歧。1 月 29 日，各方终于达成协议，即著名的“卢森堡妥协”。其要点包括：

（1）欧共体委员会向理事会提交建议之前，应通过常设代表委员会同成员国政府协商；

（2）部长理事会讨论本应多数表决通过，但在涉及成员国切身重大利益的问题时，应在合理时间内，达成使所有成员国都可采纳的解决办法。因法国坚持在未达成协议前不得放弃讨论，这意味着部长理事会必须坚持一致通过原则，即任何成员国仍都拥有否决权；只要一国反对，决议就无法通过。事实上，这成为其后相当长一段时期内部长理事会的决策惯例。

“卢森堡妥协”在一定程度上限制了欧共体委员会的动议权，特别是通过坚持部长理事会一致通过原则，强调各国在共同体决策中的否决权和维护自身利益的合法性，从而抑制了共同体向超国家方向发展的势头。此后，因各国特殊利益难于协调，理事会会议往往议决艰难，议而不决，造成决策机制钝化，影响到成员国的共同利益，致使欧共体最终不得不进行决策机制改革。

三　德洛尔继任人之争

90年代中期，围绕着欧盟委员会主席德洛尔的继任人选问题，欧盟内部各方展开了一场激烈争论。

根据安排，欧盟应于1994年推出新的委员会主席人选，以于1995年1月接替卸任的德洛尔。由于统一大市场实施和《马约》生效，委员会主席一职显得更加重要，因而受到各国的高度重视。德、法两国经积极磋商后，于5月底明确表示支持“一体化深化的热烈支持者”、比利时首相德哈内作为德洛尔的继任人。在6月下旬的希腊科孚首脑会议上，两国正式联名提出，最终虽获11国支持，但遭英国首相梅杰坚决反对，他认为德哈内联邦主义色彩过重，且其被提名的方式是一种“法德瓜分的做法”，不能接受。会议气氛紧张，最后不欢而散。

面对僵局，将于7月担任欧洲理事会轮值主席的德国总理科尔，出于种种考虑，决定采取妥协态度。他于科孚会议结束之际，即明确表示不再坚持对德哈内的提名，以寻求各国都能接受的“新候选人”，并建议于两周后再次举行紧急首脑会议，确定新人选。为此，德国政府会后与其他成员国广为协商。经多次权衡、筛选后，卢森堡首相桑特被证明是任何一国都未曾提出过反对意见的“唯一候选人”，其人选遂成定局。7月15日，各国在布鲁塞尔举行特别首脑会议，很快通过了对桑特的任命。持续3周之久的德洛尔继任人之争，终于有了结果。

然而，在1994年6月当选的新一届欧洲议会中的不少议员，又对这一结果乃至整个抉择程序表示强烈不满。他们认为，桑特缺乏推动一体化的长远目光与能力，难当重任；并强调在候选人提名问题上，成员国事前未同欧洲议会充分协商，表示要严格履行马约赋予的新权力（按《马约》规定，欧盟委员会主席与其他委员“应作为一整体，经欧洲议会投票表决同意”之后，方能由成员国政府共同任命），认真审查桑特。早在7月中首脑会议召开前，议会各主要党团领导人就会见理事会主席科尔，促使其承诺，如议会投票否决桑特，理事会将撤回任命。7月19日和20日，议会第一大党团社会党团议员和全体议员又分别与桑特会面。7月21日，议会（出席率高达521人）听取桑特关于委员会工作的设想，并提出种种质询，然后就是否投赞成票进行了激烈辩论，最后仅以22票的微弱多数，勉强通过了对桑特的认可（260对238票，23票弃权），但议会仍坚持，在对新的委员会进行最后投票前，要举行“严格的听证会”。欧洲议会的态度与做法，被认为是“表明它意欲得到认真对待”，预示着其与欧盟“其他机构间一场广泛的权力斗争”。成员国政府将必须对一个决心与理事会和委员会平起平坐的机构作出政策调整。

德洛尔继任人之争，是在一体化深化的历史条件下，欧盟内部种种错综复杂矛盾的一次集中反映。一方面，共同利益的扩大，促使成员国更加看重欧盟的机构机制；另一方面，各国特殊利益及欧盟各机构间的权力消长与斗争，又使得一体化进程矛盾重重，往往需要反复平衡后才能达成妥协。

（吴　弦）

第二章　经济一体化

第一节　早期主要举措

一　建立关税同盟

关税同盟是欧洲经济共同体一体化措施的起点与基石，曾与共同农业政策长期并称为共同体的两大经济支柱。

作为两次产业革命的发源地，20 世纪 50 年代初以后，西欧各国经济已恢复至第二次世界大战前水平，并步入迅速发展阶段。为适应经济区域化的发展趋向，提高同美国商品的竞争力，欧共体 6 个创始国决定建立关税同盟。其主要内容是，6 国之间完全取消关税壁垒和贸易限额，对外则实施统一的关税税率，以组成一个内外有别的区域性商品市场。为了切实保证同盟的最终建立，确立两个实施原则。一是所谓“自动性”，指各国政府应自动采取措施，以适应一个开放的市场；二是所谓“不可逆转性”，指贸易障碍既经取消不得重建，关税同盟具有永久性。与此同时，出于经济发展不平衡与顾及弱方利益的考虑，共同体又确定了所谓“渐进性”和“柔和性”两项原则。前者指关税同盟将在较长时期内逐步建立，后者指允许成员国采取某些保护性措施，以缓和市场开放对本国经济造成的冲击。由于措施得当，关税同盟终于提前实现：

①根据最初规定，自 1958 年 1 月 1 日起，成员国经 12 年过渡期，分三阶段逐步削减直至最终取消相互关税。后为提高同非成员国商品的竞争力，各国加快步伐，于 1968 年 7 月全部削减完毕；②原定成员国自 1958 年 1 月 1 日起，在 5 年内逐步放宽直至最终取消贸易限额。后亦提前于 1961 年底全部取消；③6 国商定以各国原有对外关税率的算术平均数作为共同关税率，在 12 年中分三阶段向共同税率靠拢，直至统一。共同税率也于 1968 年 7 月 1 日提前实现。

此后，在欧共体的几次扩大中，新成员国也分别经若干年的过渡后加入了关税同盟。

由于贸易创立与贸易转移的作用，关税同盟的建立，促进了成员国间贸易额的迅速扩大，加强了生产、金融货币领域中的相互联系与依赖，从而为区域经济一体化的形成与发展奠定了坚实基础。

二　共同农业政策的确立

为确保农产品在共同体内自由流通，平衡成员国利益，促进农业发展，《罗马条约》规定在共同体一级实施“共同农业政策”。共同农业政策在很长时期内被视为经济一体化程度最高的领域。该政策的 5 项目标包括：（1）通过促进技术进步，保证农业生产的合理发展，及生产要素，特别是劳动力的最优化使用，提高农业劳动生产率；（2）通过增加农业从业者的个人收入，来保证农业社会良好的生活水平；（3）稳定市场；（4）保证供给；（5）保证消费者以合理的价格获得供给。从政策实施看，通过价格扶持保证农产者收入，曾在很长时间内受到高度重视。

经过艰苦谈判，自 20 世纪 60 年代起，成员国终于就该政策的具体实施达成协议。其基本原则是：

（1）建立农产品单一市场，实行统一的价格管理与价格保证。即各类农产品在共同体内实现自由流通，每个市场年度之前，农业部长理事会根据共同体委员会建议为成员国同类农产品制定共同价格。其中较为重要的是“干预价格”；这是市场价格的下限：当某种农产品供过于求，市场价格跌至干预价格之下时，共同体有义务以干预价格予以收购，以保证农产者收入；

（2）共同体优先原则。成员国对外实行统一的门槛价格（即农产品关税壁垒），使非成员国农产品进口只能以高于共同体的价格出售，由此保证成员国相互贸易可优先于同第三国的贸易；

（3）建立共同农业基金，以保证政策实施。农业基金曾长期占欧共体总开支的 60% 到 80% 不等，大部用于农产品干预收购和出口补贴，少量用于农业结构改革。

共同农业政策对于保证农产品自由流通，维持农产者收入，推动西欧农业发展，起到了一定作用。但在实施中也出现一些难题，如货币汇率变动的冲击，助长地区农业发展不平衡趋势等。尤为突出的是，无产量限制的高价保证制，加剧了农产品“结构性”过剩，导致财政负担过重，造成一系列矛盾，严重影响一体化发展。因此，自20世纪80年代初以来，共同体已着手对政策进行改革（参见“共同农业政策改革”条目）。

三 维尔纳计划

维尔纳计划是欧共体成员国早期谋求建立经济货币联盟的一次尝试。关税同盟与共同农业政策的确立，以及西方国际货币体系危机的出现，促使欧共体成员国谋求通过确立共同货币，以抗衡美元危机冲击，保证内部市场的顺利运行。1969年12月，欧共体6国于荷兰海牙举行首脑会议，决定将建立经济货币联盟作为重要目标之一，并成立了以卢森堡首相维尔纳为首的专家小组，负责拟定实施方案。1970年10月，小组提交了《共同体分阶段实现经济和货币联盟报告》（即所谓的“维尔纳计划”）。1971年3月，部长理事会与各国政府代表终于就方案达成最后协议。主要内容是：

（1）自1971年起，成员国将在10年内，即于1980年时分三阶段逐步实现经济货币联盟；（2）在此期间实现劳务、人员、资本的自由流动；（3）成员国货币逐步实现固定汇率和完全自由兑换，并发展为国际货币体系中统一的货币单位；（4）将在部长理事会一级协调经济政策。

同时，部长理事会就经济货币联盟实施的第一阶段（1971—1973年）作出较为具体的规定，包括央行联合干预以缩小各国货币波幅，设立中期储备基金向收支困难国提供贷款，定期召开各国财长和央行行长会议，协调短期和中期经济与财政政策等。

然而，由于美元危机和整个西方国际货币体系陷入混乱，加之石油危机与战后最严重的资本主义世界经济危机同时爆发，共同体各国经济发展不平衡加剧，纷纷各行其是以自保，致使经济货币政策难于协调，方案推行困难重重。1973年底，理事会未能就进入第二阶段的具体方案达成协议，计划实施不了了之。

四 “洞中之蛇”（“蛇形浮动”制）

70年代西欧一些国家为缩小汇率波幅而实行的货币共同浮动制。根据经货联盟第一阶段方案，共同体成员国的首要目标是缩小各国货币汇率波幅。由于美元危机爆发，该方案只是到了1971年12月的“史密斯协定”之后才开始执行。依照共同体委员会1972年1月12日建议，部长理事会于1972年3月正式达成协议，一致同意缩小“共同市场”货币汇价波幅，将史密斯协定规定的4.5%波幅缩小为2.25%，即所谓“洞中之蛇”（前者被比喻为洞，后者为蛇，两种汇率不同的波幅合称为“洞中之蛇”，又称“蛇形浮动”制）。参加国除欧共体6个创始国外，还有即将加入的英国、爱尔兰和丹麦，以及瑞典和挪威。该协议自1972年4月开始实行。然而，由于受美元剧烈波动的冲击，一些国家先后退出，包括英国、爱尔兰（1972年6月）、意大利（1973年2月）、法国（1974年1月退出，后又加入，1976年3月再次退出）、瑞典（1977年8月）、挪威（1978年12月）等。因此，至1979年筹组欧洲货币体系之际，实行“蛇形浮动”制的国家仅剩下彼此贸易关系较为紧密的德国、丹麦、比利时、荷兰与卢森堡5国。

五 欧洲货币体系

20世纪70年代末，欧共体成员国面临着经货联盟计划停顿和西欧金融货币领域的混乱局面，在法、德倡议下，欧共体决定建立西欧货币稳定区，以维护内部市场运行和发展的需要。为此，1978年7月，成员国不来梅首脑会议决定建立欧洲货币体系，于1979年3月正式运行。其主要内容是：

（1）确定欧洲货币单位（European Currency Unit，缩写为ECU，中文音译为“埃居”）。由成员国货币篮子组成。货币篮子中成员国货币比重根据各国国民生产总值和共同体内部贸易总额中的大小确定。每隔5年研究或调整一次，其间如某种货币（包括英镑）的加权数实际上已发生25%的变化时，也可要求调整。作为欧洲货币体系的核心，其作用具体表现在：①是成员国货币中心汇率的计算标准；②作为成员国信贷活动的结算手段；③用以衡量各国货币强弱，起差异幅度指示器的作用；④有可能成为共同体货币当局的储备资产。

（2）确立汇率稳定与干预机制。为此，成员国确立了货币篮子系统与平价网系统。前者是指各国货币同欧洲货币单位确定中心汇率和实行干预的上下限，如达到上下限，成员国必须进行干预；后者是指根据每一种货币与欧洲货币单位的中心汇率确定各成员国货币之间的相互汇率，各国货币之间保持可以调整的固定汇率，对第三国货币实行联合浮动，各国货币上下限波幅为2.25%，对意大利里拉的规定最初为6%（后对英国英镑、西班牙比塞塔亦如是）。同时采取两种系统，是为使强币国和弱币国同时承担干预责任。成员国规定，当某两国货币达到规定干预点时，双方卖出强币，买入弱币，原则上不使用美元，以削弱美元作用（1987年9月关于欧洲货币体系改革的协议之后，各国央行被授权在波幅内即可进行干预）。如干预不能解决问题，最终将诉诸中心汇率的修正，但这必须通过有关机构和共同体委员会。

（3）建立欧洲货币基金。成员国曾计划在两年内即在1981年以前集中各国黄金外汇储备的20%，设立"欧洲货币基金"，这样可以大大加强共同体提高信贷和维持汇率稳定的能力。然而，由于涉及一系列复杂问题，未能如期实施。

欧洲货币体系的建立，对于维护西欧货币的稳定性，促进欧洲货币单位的使用，保证共同体的存在与发展，起到了重要作用。随着大市场计划实施和成员国资本管制消除，货币投机风潮曾极大冲击了该体系（1993年8月西欧货币危机时，意大利、英国和爱尔兰曾退出该体系；体系内各国货币波幅也被扩大为15%），从而也更坚定了大多数成员国实行单一货币的决心。1999年1月1日欧元启动后，根据1997年6月正式批准的协定，欧盟欧元区成员国与非成员国重新安排的汇率机制开始运行。

六　共同贸易政策的建立与贸易谈判权限问题

共同贸易政策是欧共体完全享有排他性管辖权的少数领域之一。关税同盟和统一对外关税的确立，使得建立共同体一级统一的贸易政策成为必要。根据《罗马条约》规定，其主要内容是，在统一的原则基础上，欧共体从事改变关税税率的谈判，缔结关税与贸易协定，统一贸易自由化措施、出口政策及在面对倾销与补贴时所采取的保护贸易的措施等；相关的决定在理事会通过特定多数表决制作出。

在关税同盟过渡期结束的基础上，共同贸易政策得以最终确立（事实上，早在过渡期结束前，欧共体即已开始出面缔结双边贸易协定和参加多边谈判，如1964年与以色列缔结协定，及参加1963—1967年举行的关贸总协定"肯尼迪回合"谈判）。自1970年1月以来，政策决议在部长理事会内以特定多数方式做出。作为世界最大的贸易集团，共同贸易政策已是"欧盟政策的基石之一"。它有助于加强成员国的"政治分量"和贸易谈判地位，使之能够"作为平等的伙伴"与美、日等世界主要贸易伙伴打交道，由此保证了其在多边、区域和双边谈判中获得成功（如在乌拉圭回合谈判中），并建立了全球贸易网络。在欧盟的"反倾销"实践中，共同贸易政策同样发挥了重要作用。

在经贸结构和全球化的大背景下，贸易构成发生急剧变化，服务贸易、知识产权等也被纳入了多边贸易谈判。由于这已超出《罗马条约》授权范围，引起了共同体委员会与某些成员国之间的争论。委员会认为，为了保持欧盟在世界贸易中的"领头作用"，应将上述领域纳入共同贸易政策的管辖范围，由委员会全权代表欧盟参与多边谈判。但一些成员国认为，这仍应属于成员国的权限。虽然欧洲法院于1978年时对政策适用范围曾作出广义解释，也承认反之将逐渐失去其重要性，但鉴于《马约》批准中的波折，1994年又称，关于服务与知识产权的贸易谈判，不能建立在第113条（《罗马条约》关于共同贸易政策任务的规定。后在《阿约》中改为第133条）的基础上，因此不属欧共体专有权力范围（然而，与此同时，法院还是强调了成员国应与欧共体紧密合作，并建议采纳相应的合作方式）。

为促成这一难点的解决，《阿约》规定，如部长理事会经与欧洲议会协商并以一致通过方式同意，欧共体的贸易谈判权限可以扩展至服务与知识产权领域，从而为不经修改条约（条约修改须召开政府间会议，并须获得所有成员国批准）即扩大共同贸易政策的适用范围，创造了条件。《尼约》终于明确规定，共同体的权限扩大到"与服务贸易以及知识产权贸易有关的协议"（但有例外条款，某些明示领域仍属共享权限）。《里约》又将政策范围扩大到了外国直接投资。

七　"自有财源"体制的确立

欧洲一体化的重要特征之一，是在欧共体一级确立了独立于各国财政的新型财政体制，从而为一体化措施的实施和机构运转，提供了财力保证；同时，它又是一体化发展程度的直接反映，意义十分重大。

（一）“自有财源”体制的建立与早期收支构成

根据《罗马条约》规定，欧洲经济共同体所需资金，最初应由成员国按一定比例分摊，但其后可以建立“自有财源”。1969 年 12 月，随着关税同盟确立和共同农业政策实施，以及由于外来商品存在着转口贸易的可能性，各国保留各自关税与农产品进口税收入已不合理，因而有必要和可能上交欧共体统一支配。在此背景下，成员国首脑会议同意建立共同体的“自有财源”体制。通过艰苦谈判，1970 年 4 月，部长理事会就此作出正式决议。经各国议会批准后，决议自 1971 年 1 月起开始实施，逐步用“自有财源”来取代成员国捐款。1980 年 1 月，这一过程最后完成。“自有财源”主要来自三方面：①欧共体关税；②农产品进口税和食糖税；③成员国部分增值税（起初规定增值税最高不超过计税基础的 1%，后曾于 1986 年上调至 1.4%）。“自有财源”体制的确立，表明欧共体已拥有自己独立的资金来源，意义重大。从“自有财源”构成看，因关贸总协定谈判导致关税的逐步削减及成员国 GNP 的增长，增值税所占比重有了较大增加。至 80 年代中期时，关税和农产品进口税约占 1/3，增值税约占 2/3。

由于自有财源确立和成员国增多，欧共体的财政开支水平也有较大增长，1973 到 1985 年，欧共体财政开支从 46 亿增至 281 亿埃居，年均增长率约为 16%。从开支构成看，农业基金（主要用于农产品的干预收购和出口补贴）占去绝大部分。例如，1984 年，农业支出约为 220 亿埃居，约占当年总支出（272 埃居）的 81%。

（二）预算的制订与管理

根据规定，欧共体机构与活动开支的筹划，是通过预算的形式体现出来的。其预算的确定，又必须遵循三个原则：（1）统一性（Unity）。指所有的收入和开支都必须体现在一个单一文件中（自 1967 年签署合并条约以来，三个共同体，即煤钢、经济与原子能共同体，有一单一的总预算。现已被纳入欧盟的“大屋顶”之下）。但事关欧盟第二、三支柱的实际执行开支，因要成员国负担，可以例外；（2）年度性（Annuality）。即预算的规划与实施，以一个年度为基本时间单位。欧共体财政年度的起讫时间是每年的 1 月 1 日到 12 月 31 日；（3）平衡性（Equilibrium）。预算开支不得超出收入，必须保持平衡。这也适用于欧盟第二、三支柱中的行政支出。

以上原则使得财政预算的制定，成为有关各方的关注焦点，因为它将直接决定每年欧共体实际开支的总体规模和构成。根据规定，年度预算由共同体委员会、部长理事会和欧洲议会协力作出。具体程序是：委员会向理事会和欧洲议会提出初步的预算草案。在此基础上，理事会确定预算草案，然后提交欧洲议会。在随后的程序中，部长理事会和欧洲议会分别享有各自的权力：①对于预算中的所谓“强制性开支”部分（指其原则基础或数额在法律上为有关条约、二次立法、国际法或私法所决定、承担了相应法律义务的开支，如农业基金），欧洲议会可以向理事会提出修改建议，但后者拥有决定权。②在确定“非强制性”开支方面（预算当局可自行决定其认为适当的数额，如结构基金、研究与技术开发政策资金等），欧洲议会拥有最后决定权。它可以修改理事会的开支建议（但须在由委员会计算的年度余额内），并以特定多数通过之，而不论理事会反对与否（由于理事会和欧洲议会确定开支水平的最后决定权，分属“强制性开支”与“非强制性开支”，故两部分开支应如何划分，也常成为两机构间的争论焦点）。

理事会可以在考虑欧洲议会的建议和修改的基础上，通过预算草案。若两者仍不能达成一致，可根据特定的“调解程序”，弥合分歧。如果欧洲议会在“二读”中通过了该草案，预算最终得以确立，并交欧共体公报发表。欧洲议会还享有否决整个预算的权力，并可要求理事会向它提出新草案。1979 年和 1983 年它均行使了这一权力。此外，根据规定，如预算在一个财政年度开始时并未被采纳，关于执行临时预算的安排则生效，使用前一年度的预算作为参考。

年度预算通过后，由共同体委员会负责执行和管理，特别是在欧共体所有重要的政策领域。享有独立性的欧洲审计局，则负责监督整个预算实施，判定财政管理状况是否良好。此外，每年委员会须向理事会和欧洲议会提交上一财政年度的账目。根据理事会建议，欧洲议会在委员会账目和欧洲审计局年度报告的基础上，对委员会预算执行职责的履行，表示认可。

为了适应一体化的发展需要，欧盟的财政体制，包括财源与决策方式、预算的规模与构成等方面，亦在不断做出调整乃至深度改革。

第二节　统一大市场计划的提出与三大改革

一　概述

统一大市场计划指消除成员国之间三大障碍，全面建立商品、劳务、人员、资本自由流动的内部市场计划。欧共体称之为“单一市场”（Single Market）、“内部市场”（Internal Market）或“1992年”计划，国内通常译为“统一大市场计划”。

建立共同市场、实现四大自由，是《罗马条约》早已确定的目标。然而，由于种种复杂因素，自1968年关税同盟建成后，尽管欧共体作出了一些努力，但该目标远未实现。边界、技术与税收三大流通障碍的客观存在，20世纪70年代成员国民族利己主义、经济保护主义在经济危机中的抬头，都是共同体市场依然处于“分裂”状态的重要原因。这种状况造成欧共体企业“交易成本”过重，不利于实现“资源最优配置”和“规模效益”，大大削弱了与美、日的竞争地位，“欧洲硬化症”和“欧洲衰落说”也由此而起。对此，欧共体各界开始认识到问题的严重性，决计从统一内部市场入手，扭转西欧的不利地位。80年代初的两次首脑会议，均作出了“加强内部市场”的决议。1985年6月，以新任主席德洛尔为首的共同体委员会，正式提出了以实现内部市场为目标的“白皮书报告”（参见“白皮书报告”）。报告明确提出，这一市场应于1992年12月31日前建成，并为消除阻碍四大自由实现的“三大障碍”，提出近300项立法草案供成员国讨论通过。该报告在当月的米兰首脑会议上获得认可，成为大市场计划启动的重要标志。为保证计划实施，各国政府经谈判首次修改了《罗马条约》，就《单一欧洲法令》达成协议。除确认实现单一市场目标的时间表外，还扩大了部长理事会多数表决范围（参见“单一欧洲法令”等）。此后，推进统一大市场计划实施，成为欧共体压倒一切的核心目标和首要任务。从总体上看，计划进展较为顺利。截至1992年底，96%的立法提案已获通过，80%转化为成员国立法。1992年12月初，欧共体爱丁堡首脑会议确认大市场将如期建成。1993年1月1日，欧共体举行了隆重的建成庆祝仪式。

统一大市场计划的实施，意义极为重大。它从根本上强化了共同体存在与发展的经济基础，并对推动一体化再度深化产生了深远影响。同时也必须注意到，民族主权国家长期存在所造成的市场分割，以及欧共体内部发展不平衡的影响，都决定了四大自由彻底实现的艰巨性及复杂性，从而也决定了其最终的实现是一个更为长期的历史进程。

二　“白皮书报告”

“白皮书报告”的正式名称为“完成内部市场”报告，又称“考克菲尔德计划”（因报告主持人、负责内部市场与工业事务的共同体委员会副主席考克菲尔德而得名），是1985年6月委员会向欧共体首脑会议提交的一份著名报告，报告提出了建立统一大市场的目标与实施步骤。其要点包括：

（1）明确提出，应实现《罗马条约》早已确立的目标，即“建立一个一体化的内部市场”，共同体成员国之间真正做到商品、人员、服务、资本的自由流动（商品自由流通主要指消除非关税壁垒），在“共同市场内”“确立使竞争不致遭到破坏的体制”及“正常运行所要求的法律一致性”，以实现资源在整个共同体内的合理配置；

（2）指出影响四大自由的根源在于“三大障碍”，即“边界”、“技术”与“税收”障碍的存在，并一揽子提出了消除所有障碍应采取的近300项立法建议，供部长理事会逐项讨论、通过；

（3）规定了计划实施的时间表，即立法工作应于80年代中期至1992年间逐步完成，确定统一大市场的建成日期是1993年1月1日；

（4）强调了创建单一市场对许多政策，包括就业、运输、环境、地区发展、社会事务、农业、竞争和对外关系等方面的影响。

白皮书于1985年6月在米兰首脑会议上通过。其提出与获得批准，对将实现单一市场的目标转化为切实可行的具体方案，起到了重要作用。

三　切克奇尼报告

切克奇尼报告是一份论证统一大市场实施必要性的著名研究报告。由共同体委员会委托意大利人保罗·切克奇尼主持完成，1988年正式发表。报告标题为《1992年，欧洲的挑战——单一市场带来的利益》，除“总结与结论”部分外，主要内容可分为两大部分。前一部分分析造成欧洲市场分割的因素及其对欧共体经济带来的损失；后一部分论证了西欧经济将从大市场实施中获得的巨大利益。报告呼吁欧洲人应当“迎接1992年建立统一市场所提出的挑战”，从而把“欧洲推向90年代的世界大舞台，使自己处于具有竞争力的地位和走上使经济增长持续到下个世纪的轨道”。报告的发表产生了广泛影响，对使欧洲各界明了、支持乃至参与内部市场建设，起到了推动作用。

四 德洛尔计划

德洛尔计划是共同体委员会主席德洛尔提出的著名一揽子建议，旨在为推动《单一欧洲法令》实施创造条件。

《单一欧洲法令》签署后，委员会决定根据文件确认的基本目标和原则，及时将其转化为切实可行的具体建议，以推动成员国逐步实施。经过一年的积极筹划准备，委员会主席德洛尔于1987年2月中旬以《单一法令：欧洲的新领域》为总题，就欧共体日后的工作重心，提出了“一整套政策与建议”。主要内容依次为“引言”、“成功的条件”和“所需要的改革”三部分。

“引言”部分指出，单一法令的签署和即将生效，以及西班牙、葡萄牙继希腊之后的加入，已给共同体结构和成员国义务带来了“根本性的变化”。该法令大大改善了欧共体的机构体制，又为共同体树立了各项新的目标，其中包括1992年前完成内部市场和加强经济与社会凝聚力等。通过《罗马条约》的修改，成员国已为“欧洲一体化确立了新的领域”，由此“实现了（一体化）质的飞跃”。

在第二部分，计划列举了成功实现单一法令的基本先决条件，包括确立共同经济区，促进经济更有力增长，使共同体机构更有效率，加强财政纪律，及实施共同和强有力的对外经济政策等五个方面内容。

计划的第三部分最为详细具体，是文件重要的主体部分，力主解决共同体自身存在的难点问题，切实搞好“三大改革”，即共同农业政策改革、结构基金改革和财政机制改革（分别参见有关条目），以使“旧政策适应新形势”。

五 共同农业政策改革

共同农业政策问题是70年代以来欧共体面临的主要难点之一，对一体化的发展具有重要影响。60年代共同农业政策的确立与实施，推动了一体化进程（参见“共同农业政策”条目）。然而随着时间推移，政策本身所存在的弊端也日渐凸显：无产量限制的高价保证制，使得农产者可以不顾实际市场需求，盲目发展生产，以获取更多利润。在西欧农产品市场“结构性过剩”日趋严重的情况下，必然导致主要用于干预收购和出口补贴的农业基金猛增，长期占去欧共体财政开支的绝大部分（从60%到80%不等），进而引起一系列矛盾，严重阻碍一体化发展。因此，谋求共同农业政策改革，以抑制生产和压缩农业开支，长时间成为欧共体的中心议题。由于直接触及成员国利益平衡和农业结构调整，并招致农产者利益集团的强烈反对，改革矛盾重重，阻力颇大。但随着内外形势的发展演变，特别是统一大市场实施和乌拉圭回合谈判，欧共体仍逐步强化了改革的方式与力度。

（一）20世纪80年代的主要改革举措

（1）废除无产量限制的价格支持政策，建立“门槛保证制”。其原则是，根据共同体内外需求状况，规定对某种农产品产量实行支持的最高限额，即“门槛”。共同体只对限额内的产量提供价格保证。超出“门槛”者，农产者须在某种程度上承担处理过剩生产之费用。具体做法是：

——规定一年中某项农产品生产总额，如超出，则降低其干预价格的增长幅度。例如，由于1982/1983年度的谷物产量超出“保证门槛”，次年度的干预价格增幅降低1%；

——对超产者征税，如对牛奶生产者。所得税收用于过剩产品的储藏；

——实行配额制。即将保证总量明确分配给各成员国或各农场，不对超产提供保证。如1984年各国农业部长达成协议，在决定削减大多数成员国牛奶生产的同时，规定各国牛奶生产的最高限额，新配额制实行5年。

此外，还包括农产品价格与销售挂钩、限制保证基金总额等。

（2）实行“限制性的价格政策”。基于农产品价格在欧共体一级统一制定，而高价又刺激盲目生产这一状况，共同体委员会提出，每年定价时，不宜只考虑农产者收入，还要同时顾及市场形势、共同体预算状况等因素，实行“有限制性的价格政策”，即不宜提价过高，在必要和形势许可时，冻结甚至降低农产品价格。1984年，各国首次达成协议，决定用欧洲货币单位表示的牛肉、猪肉、谷物、酒和橄榄油削价1%，冻结牛奶、糖、黑麦、羊羔和牛肉价格，从而在价格政策上迈出了重要的一步。

1985年，为进一步从根本上促进改革，共同体委员会提出著名的绿皮书，供各界讨论。同年12月，在听取各方意见后，通过备忘录确定了一系列改革指导方针。其核心是，更强调用降低价格的方式来抑制生产；同时主张加强对小农的直接补贴，以解决保证农产者收入的问题。80年代中期以后，统一大市场计划提上日程，欧共体资金需求增大，促使成员国从更高层次上承认改革的必要性与迫切性。1988年2月，共同体首脑会议批准了“德洛尔计划”中的农业政策改革提议，并就加强改革力度，达成了一些具体协议，如实行所谓“财政稳定机制”等。

（二）20世纪90年代的新进展

1991年2月和7月，共同体委员会分别提出备忘录和政策建议，再次强调必须进行“根本性的改革”，主张通过大幅度削价和休耕方式，彻底解决生产过剩，用直接补贴维持小农收入。迫于内外形势压力（包括关贸总协定“乌拉圭回合”谈判形成的压力），1992年5月21日，经过一年半的酝酿与艰苦谈判，各成员国农业部长终于达成原则协议，同意对农业政策进行彻底改革，并决定今后3年内，共同体谷物价格大幅度降低（降价29%，即由每吨155埃居降至110埃居，大致相当于国际市场价格），牛肉15%，黄油7.5%；同时规定实行直接补贴，以弥补削价对农产者带来的损失。但前提条件是，接受补贴者必须将其土地至少休耕15%（最小农户除外），从而揭开了试图真正使扶持价格接近市场价格这一彻底改革的序幕。1997年的共同体委员会文件曾指出，大多数改革部门的市场均衡都有很大改善，过剩农产品积压下降，如在谷物、牛肉等部门。

在“农业战略文件”（1995年12月）、首期“聚合基金报告”（1996年11月）和“2000年议程”（1997年7月）等重要文件中，针对欧盟面临的内外形势，委员会进一步提出了共同农业政策的改革和努力方向，及“重塑”该政策的“具体建议”，并于1999年通过了继续改革的方案，以使之适应21世纪的发展需要。其要点是：

（1）坚持和深化1992年改革模式，提高欧洲农产品竞争力。委员会指出，在“贸易自由化和世界食品需求有望增长”（据世界主要机构预测，主要农产品市场的长期前景有利于出口国）的大背景下（同时考虑到欧盟东扩因素），农业发展战略必须“强调在内部和世界市场上提高欧洲农业和农业食品部门竞争力的重要性”，以赢得日趋激烈的竞争和应付下一轮世贸组织谈判，最终“加强”欧盟“作为世界主要出口者的地位”。为此，应当坚持和深化1992年以来的改革方式。具体做法主要有二种：其一，强调更与实际市场价格接近的价格取向，进一步降低农产品扶持价格（有关文件指出，这不仅有利于“消费者”和增强竞争力，而且为“实施价格差别留出更多余地”，以推动高质特色农产品的生产）。在葡萄酒、谷物、牛肉、小牛肉和牛奶等共同市场组织中，欧共体又作出了相应调整。其二，发挥发达国家农业优势，大力扶持确保“安全”与“高质”的农产品。委员会指出，这两点对提高竞争力“至少同样重要”，将决定“市场形象”，“欧洲农产者能够提供享有世界声誉”的产品。

（2）促进农产者收入稳定，依然是政策的“核心”目标，但促进方式将更趋多样化。为此将进一步转向对农产者的直接支付，以“抵消”降价对“农业社会”的影响，保证其“良好的生活水平”（据统计，自1992年改革至1996年，农业人均收入呈上升趋势，年均为+4.5%）。但出于抑制开支等方面的考虑，又强调直接支付将被置于“一个适当的水平”，避免补偿过量，进而确定了支付的区别对待政策和上限。同时，为农产者及其家庭创造补充性或替代性收入与就业机会，无论是在农业还是“非农业”领域（农业领域本身增加就业的机会正在消失），依然是“未来的一个主要目标”。鉴于农村地区的“多功能性”，应扩大农业经济发展的多样化，鼓励农产者开发农村企业的所有机会。

（3）从经济全局的可持续发展战略出发，愈加重视“环境”问题。委员会强调，随着改革的推进，“农业环境措施”将具有“关键性”意义，是共同农业政策又一“重要性正日趋增加的目标”。有关文件指出，1992年的改革，已将“农业的环境层面作为最大的土地使用者”，应发掘农产者在管理自然资源和地貌保持方面的作用，顾及农业生产方法与环境和动物保护的关系，重视改革努力对环境的影响。

（4）为配合改革深化，保证农业的“可持续发展”，进而加强欧盟的“经济和社会凝聚力”，将根据多年来农业“结构政策”经验，进一步发展出一项真正一体化的“农村政策”，使之逐步“融入到共同农业政策之中”。其内容是，以更为灵活的方式，促进农村经济发展的多样化，作为农业生产的必要补充。主要着眼于具有开发前景的活动，包括高质农产品的开发和上市、农村旅游、与环境或地区文化相联系的投资项目、发展中小企业等。1999 年的改革协议，同意将一项新的农村发展政策，纳入农业政策资金的管理范围之中。

上述四点，成为共同农业政策的发展方向，在未来的政策实施中占有突出地位。同时应指出，乌拉圭回合和世贸组织的多哈回合谈判，亦对进入新世纪后的农业政策改革，产生了重要影响。

六 结构基金改革

结构基金改革是“德洛尔计划”倡导的三大改革之一（参见“德洛尔计划”），是欧共体抑制发展不平衡和增强自身凝聚力的重要举措，旨在保证 1992 年计划的顺利实施。

所谓结构基金是指共同体财政开支中的“地区发展基金”、“农业基金”中的“指导部分”和“欧洲社会基金”，分别用于纠正地区发展不平衡，改革农业生产结构和共同体社会政策之实施。但由于数额较小，所起作用均不大。委员会认为，80 年代中期西、葡加入欧共体是对 1992 年目标的重大挑战。因为成员国经济发展水平接近，是建立大市场的基本前提；而西葡两国经济发展相对落后。为此，委员会提出，应当“改革结构基金使之成为经济发展的工具”，解决共同体内部的各种结构性失衡问题，特别应缩小地区发展不平衡，增强西欧的凝聚力。

德洛尔计划明确提出了共同体结构政策的五大目标。它们分别是：帮助“落后地区经济实现增长与调整”；“改造夕阳工业地区的生产结构”；“与长期失业作斗争”；“为青年人创造就业环境”；“加速农业生产结构调整”。其中，委员会又特别强调第一个目标，认为这是增强“凝聚力”的“真正核心”。为实现上述目标，委员会建议的具体改革方案是：（1）切实加强共同体的财政干预能力，于 1992 年前使结构基金在共同体预算中的比重翻一番，占到 25%（这是其建议的核心内容）；（2）改善干预方式。主要包括两点：一是确保财力集中用于最不发达地区；二是在地区发展规划方面，共同体要与成员国和各地方当局建立更好的协调互补关系，把对后两者的支持置于适当水平。委员会表示，要改变以往共同体过多介入地区具体发展项目的作法，而将着眼点放在统筹兼顾的长期发展规划上，注重协调发展成员国和地方当局的积极性。经过 1987 年 6 月、12 月和 1988 年 2 月三届首脑会议的激烈争论，成员国终于批准了包括结构基金改革在内的三大改革方案，同意于 1992 年使结构基金达到加倍水平，并最终实现了这一目标。1987 年欧共体结构基金的拨款约为 90 亿欧洲货币单位，1992 年增至 186 埃居。占当年财政支出总额的比重，也相应从 17%，上升到 27%。

《欧洲联盟条约》签署后，德洛尔于 1992 年 2 月再次提出欧共体中期预算方案，除依照条约规定，决定增设“聚合基金”加强对西、葡、希、爱 4 国的扶持外，又建议进一步增加结构基金数额及其在财政预算中的比重。经过两届首脑会议争论，1992 年 12 月的爱丁堡首脑会议终于决定，结构基金数额将从 1993 年的 213 亿埃居增至 1999 年的 300 亿埃居，平均每年 250 亿埃居，累计达 1760 亿埃居。结构基金在欧共体预算中的相应比重也从 30% 升至 36% 左右，与农业基金在预算中的比重又有所接近，从而为今后结构政策的顺利实施，打下了基础。

七 财政改革

为了适应形势发展需要，保证一体化的深化与扩大进程，20 世纪 80 年代后期以来，欧共体开始在财政收支构成与机制方面逐步加以改革。

（1）1988 年改革与中期财政框架（1988—1992 年）。为保证大市场计划实施，抑制发展不平衡扩大（因 1986 年西、葡的加入），1987 年 2 月，共同体委员会主席德洛尔提出财政改革方案，旨在“提供一个财政框架”，表明一段时期内可预见开支的最大规模和构成，从而“给予欧共体各机构、成员国一个稳定和协调一致的政策前景，并赋予它们实施政策的手段”。经三届首脑会议激烈争论，各国于 1988 年 2 月在布鲁塞尔达成协议（相关的“机构间协议”则于同年 6 月达成），同意 1988—

1992 年的财政安排，旨在逐步降低农业开支比重，使结构基金达到加倍水平（1987 年欧共体结构基金的拨款约为 90 亿埃居，到 1992 年，增至 186 亿埃居。占当年财政支出总额的比重，也相应从 17% 上升到 27%），并逐渐增加“研究”和其他“新政策”的开支。

根据协议，在财政体制方面也进行了下述改革：

——“自有财源”的总上限（即包括所有财源在内），应最多不超出成员国年度国民生产总值总额的 1.2%（按市场价格计算）；

——为确保这一总上限不致过快达到，逐年确定了年度开支上限；

——确定欧共体应增加第四财源，作为原有三财源不敷需求时的“附加”财源。这一财源将建立在所有成员国国民生产总值总额（市场价格）的基础上，根据统一的基础计算；

——原有三大财源中增值税收入的最大限额，虽仍被保持在 1.4%，但为更公平起见，制定出了新规则，即一成员国增值税的评估基础，不应超出其国民生产总值的 55%。

（2）1992 年改革与第二个中期财政框架（1993—1999 年）。《欧洲联盟条约》签署后，为保证条约实施，德洛尔于 1992 年 2 月再次提出一中期预算框架，建议在经济与社会聚合力、竞争力和对外行动方面，开支幅度应有较大增加。为此应提高“自有财源”总上限占国民生产总值的比重。其中，仍十分强调抑制发展不平衡，以完善内部市场和建设经货联盟。为此，依照条约规定，建议增设“聚合基金”以加强对西、葡、希、爱四国的扶持，主张进一步增加结构基金数额及其预算比重（此外，建议还提及应自 1995 年 1 月起，改变“自有财源”结构，降低增值税收入比重，增加以 GNP 为基础的成员国分摊款）。经两届首脑会议争论，1992 年 12 月成员国终于就 1993—1999 年的财政安排达成妥协，最终决定“自有财源”的上限，应从 1992 年占国民生产总值的 1.2%，增至 1999 年的 1.27%（德洛尔原建议至 1997 年时提高至 1.37%）。结构基金数额（包括“聚合基金”）将从 1993 年的 213 亿增至 1999 年的 300 亿埃居，平均每年为 250 亿埃居，累计达 1760 亿埃居。结构基金在预算中的相应比重，也从 30% 升至 36% 左右，与处于下降中的农业基金比重，又有所接近。

（3）第三个中期财政框架（2000—2006 年）。1997 年 7 月，考虑到欧盟东扩的前景，欧盟委员会又在著名的《2000 年议程》中，就 2000—2006 年间的财政安排提出建议。该建议在 1999 年 3 月的柏林首脑会议上最终得到认同，会议认为这将使欧盟能够吸纳新成员，并可在遵守一个强有力的财政框架的同时，加强其各项政策。根据计划，将通过严格的财政纪律，使 7 年间的财政开支上限，仍保持在欧盟国民生产总值的 1.27% 以下。财政开支的承诺拨款，将从 2000 年的 975 亿欧元，逐年增加至 2006 年的 1145 亿欧元。其中，农业支出、结构政策、其他内部政策、对外行动和行政开支占 2000 年预算的比重，依次约为 45%、36%、6%、7% 和 5%；至 2006 年时，则分别约占 44%、37%、7%、7% 和 5%。

中期框架虽不包括扩大实际发生前的开支，但在计划中已作出了相应的政策调整和财政安排，以为扩大作出准备。主要是：①农业资金被扩大到包容一项新的农村发展政策，中东欧国家加入前的农业财政手段，及留下来用于扩大的小部分资金；②通过使优先资助措施集中于更有限的地区，用于 15 个成员国的结构基金，将自 2002 年起逐步削减。结构政策的运作，也将纳入一个帮助申请国的新财政手段；③分配给对外行动的数额，每年将增加 2%，以便能满足“法尔计划”项下关于“加入前援助”的增加。此外，不论 7 年间申请国实际加入的多寡，分配给“加入前援助”的各类数额（包括 Phare、ISPA 和 Sapard 等项目）将依然不变，以使资源能被集中于最需要的国家。

第三节　消除“三大障碍”的具体进展

一　三大障碍

1985 年 6 月的共同体委员会白皮书明确指出，欧洲内部市场的“分裂”状况，即商品、资本、服务和人员仍不能完全自由流动，是由于种种流通障碍的存在，必须加以消除。这些障碍归结起来，可分为三大类，其存在各有客观原因。因此从根本上讲，消除这些障碍，必须有针对性地通过各种方式，消除其存在的理由，或采取各种变通措施。三大障碍分别是：

边界障碍（Physical Barriers）。指成员国之间边界对商品和人员过境的检查和控制。对商品过境实行检控的原因是：成员国对第三国产品进口保留的国别配额制；实施共同农业政策的货币补偿额制；征收增值税和消费税；卫生控制；实施运输部门的控制；收集统计数字。对人员检控的理由是：通过验证护照、签证和工作许可证的持有者身份，实行移民控制；针对恐怖主义者、毒品携带者和通缉罪犯的安全检查；税收当局对入境个人携带物品征税。

技术障碍（Technical Barriers）。出于各成员国内部法律、标准或实践方面的原因而形成的障碍，影响面极广，实际上对四大自由流动都有妨碍。具体表现在：（1）各国技术规定、标准不同，或须在不同成员国重复检验和证明，或因某些成员国当局不愿向他国公民开放公共采购市场，从而阻碍了商品自由流动；（2）通过不承认资格的方式，限制或阻止了某些专业技术人员（如律师、建筑师等）在其他成员国从业；（3）在服务领域，如银行、保险部门，因不能满足不同成员国规则的需要，或因未在其他成员国建立分支机构或附属机构，从而不能提供服务；（4）限制成员国之间资本流动的障碍，如外汇管制。此外，还涉及与公司法、知识产权法、各种形式的税收（特别是公司税和证券税）有关的种种障碍。

税收障碍（Fiscal Barriers）。因成员国之间间接税——主要指增值税和消费税——税种和税率不同而形成的障碍。根据规定，间接税由商品的最终消费地国家征收。对出口商的出口商品实行退税，进口商在进口地支付增值税和消费税。各国增值税率从0%到38%不等，消费税税率也相差很大（如每瓶酒从0埃居到10.50埃居不等）。由于各国间接税税种及税率之间的差异性，造成了边界控制，以确保本国应有的征税，即所谓“税收障碍”。

关于三大障碍，白皮书都作出了详尽分析，并有针对性地提出近300项立法草案以及立法时间表，旨在加以消除。这对于促进单一市场计划目标的实现，意义颇大。

二 杜松子酒案裁决与“相互承认”原则

杜松子酒案裁决是1979年欧洲法院的一起著名判例，对于促进欧共体内部贸易乃至其他领域中技术障碍的消除，意义颇大。这一案例起源于法国杜松子酒销往德国引起的诉讼。由于该酒酒精含量低于德国法律规定的要求，曾被禁止在德国销售。对此，欧洲法院裁决指出，当一种产品在一成员国属合法生产和销售时，它就应能不受限制地在整个共同体范围内销售。换言之，如果一种产品符合一成员国的法律标准，即应被认定符合在所有其他成员国出售的标准，尽管该产品并不完全具备其他国家的要求。只有当产品影响到某些公共利益时，即在不利于卫生、安全、消费者与环境保护的特殊情况下，来自另一成员国的进口和销售才可被拒绝。因此，由于德国最低限量的酒精含量要求并不是保护公共健康的必要条件，故不能构成禁止法国杜松子酒在德销售的理由。欧洲法院裁决实际上确立了“相互承认”原则，即成员国之间相互承认绝大多数技术标准，仅在涉及公共利益的领域，由欧共体出面立法，确立统一的“最低标准”。这一原则在“1992年计划”中得到广泛应用。例如，在食品立法方面，出于保证安全食用的需要，欧共体负责制定关乎基本消费者保护和安全的规则，如涉及添加剂、防腐剂、包装、商品标签方面的措施，要求各国共同遵守。而与此类要求无关的其他标准，依然由各国自己掌握，彼此相互承认并允许对方食品自由流通。这就避免了欧共体一级许多不必要的烦琐技术协调工作，加速了大市场计划的实现。

三 商品自由流动

商品自由流动是《罗马条约》着力实施的经济一体化目标之一。实际上，自20世纪60年代关税同盟建立后，成员国间的关税壁垒和贸易限额即已取消。此后影响商品自由流通的主要是各种非关税壁垒。20世纪80年代中期，统一大市场计划仍提出实现四大自由，就是要消除影响商品自由流动的“边界”、“技术”和“税收”障碍。为此，“1992年计划”启动以来，欧共体采取了各种措施，促使内部货物贸易得到进一步加强。

（一）消除“边界障碍”

（1）简化商品过境手续。自1988年1月起，欧共体即着手取消各种国别性的边检手续，以达到统一、简化的目的。通过启用“单一管理文件”（the Single Administrative Document），取代了各国边检表格中的大多数（共70多种），以使“货物过境的文书工作……合理化”。共同体委员会还建议，各国间建立共同边界检查点，取消商品进出口的双重检查和控制，旨在为“消除所有系统的边界控制……铺平道路”。

（2）取消各国针对第三国的贸易限额。关税同盟建立后，为顾及某些成员国的特殊需要，允许其保留对第三国某些产品进口的数量限制（即实行所谓“国别进口限额制”）。各国为管理各自限额，须在本国边界设卡，把内外贸易区别开来，以防止第三国进口利用欧共体内部自由流通之便，不受限制地通过其他成员国进入本国。为了建立单一市场，委员会积极主张，应逐步削减直至最终取消国别限额，同时对某些进口产品建立欧共体一级的限额管理体制。迫于形势，成员国终于逐步达成各项有关协议。随着纺织品内部市场完成，部长理事会先是于1993年10月决定更新管理多种纤维协定或普惠制下的纺织品进口规则，取消成员国限额管理程序，代之以欧共体一级的统一管理，即实行统一的进口许可证制。之后，又于1994年3月7日通过518/94、519/94和520/94号条例，最终决定取消成员国保留的所有国别数量限制，同时就7类产品实施少量共同体配额，并相应确立了欧共体一级的数量限额管理程序（属共同体委员会权限范围），规定第三国进口商使用在整个欧共体范围内有效的统一进口许可证，终于从根本上解决了国别进口限额制问题，促进了内部边境管制的取消。

（3）取消运输限额安排。许多成员国对共同体内运输实行“限额”管制，即对外国承运人限定承运里程数；同时，又对运输工人和运输工具，执行不同的国家安全标准。这就要求各国在边境严格审核运营里程，进行安全检查，最终影响到运输和商品流通。为解决这一问题，委员会建议废除所有运输限额。1988年6月，部长理事会批准了以欧共体限额代替国家限额的最后措施，原则上允许承运人在所有成员国自由经营。此外，委员会还就货车安全的共同标准和统一实施方法提出了议案。

（4）针对各国在边境收集进出口数字的需要，着手建立了欧洲一级的统计网络。1988年12月，共同体委员会向理事会提出有关建议以供决断。根据1991年11月决议（该决定于1993年1月生效），欧共体重新安排了数据收集方式，在适应成员国需要的同时，确立了自己的统计手段和管理方式。

（5）为解决“绿色”汇率与实际汇率的脱节，欧共体确立“货币补偿额制”（Monetary Compensatory Amounts），依靠对农产品进出口的边境管制加以实施，以保证共同农业政策的顺利运行。出于消除此类边控的考虑，委员会建议，自1993年1月1日起，引入“新的农业货币机制”（New Agri-Monetary System）。该机制建立在“绿色”汇率“极为接近实际汇率”的基础上，进而达到逐步取消边控的目的。

（二）消除“技术障碍”

根据《罗马条约》规定，共同体委员会自关税同盟建立以来，一直在促进各国技术标准的协调，以推动商品流通，但因涉及领域、部门极为广泛，专业性强，且事无巨细都要由欧共体制定统一标准，故困难重重，进展缓慢。为如期实现“1992年计划”，欧共体终于决定采取“新的方式”，即尽量推行“相互承认”原则。

基于“杜松子酒案”的裁决精神，成员国在大多数情况下已可直接认可彼此的技术标准，从而最大限度地减少共同体一级立法。根据规定，只有事关公众重大利益的技术标准，如卫生、安全、消费者和环境保护等，或当各国技术标准不相容之时（例如在电视和电信领域），才须由欧共体出面协调、统一，且协调方式也趋于简化（“仅限于规定”产品标准的最基本目标与要求。具体实施细则，则交由专门的技术机构——如欧洲标准化局等——制定）。如在食品领域，欧共体仅负责制定涉及卫生、安全等消费者保护方面的“共同规则”，如关于添加剂、防腐剂、包装、标签的规定等（为保护消费者利益，此类规则必须得到各国一致遵守，否则任何成员国都有权拒绝有问题食品入境）；至于各国与此无关的种种规定，尽管名目繁多，千差万别，均可自行保留，彼此间相互承认即可，不应妨碍自由流通。由于相互承认方式避免了共同体一级的烦琐的技术性立法，加之部长理事会多数表决制的采用（这大大有助于“共同规则”之通过），使得商品领域技术障碍的消除取得了突出进展。

（三）税收协调

欧共体实施商品消费地课税原则，两个成员国之间的进出口实行出口退税和进口征税，但各国税率相差甚大。为保证财政收入，防止出口商虚报出口骗取退税、进口商隐瞒进口从中逃税，各国均实行边境管制，以核查出入境商品并进行相应的税收调整。共同体委员会积极主张，出于消除边界障碍的目的必须采取措施，解决税收边控问题；此外，为保证单一市场建成后顺利运行，成员国还应进一步协调增值税（Value Added Tax，缩写为“VAT”）和消费税（Excise duties）税率。因为税差过于悬殊，已严重影响商品价格（各国间的商品差价，远大于一国内部，其中约1/4来自税差），有悖于公平竞争原则。

为此，委员会先后提出一系列解决方案。关于取消税收边控问题，成员国同意的替代方案是，自1993年1月1日起，增值税的税收调整应在正常的纳税过程中进行，同时，在成员国税务当局之间，建立计算机联网的信息交换系统，以加强税务稽查合作，防止进出口商在税收问题上的欺诈行为，借此取代边控。例如，甲成员国某公司向乙成员国某公司出售加工原料，单价为每吨1000欧元。甲国公司须向本国税收当局注册销售额，同时申请零税率；乙国公司则应向本国税收当局注册此次交易，在向甲国公司付款的同时，按照本国税率向当局交付增值税（假定当地税率为15%，每吨应交150欧元）。而两国税收当局，则须将本国公司的注册迅速告知对方，以确定进出口的实际发生及交易总额，防止骗取退税和逃税。消费税的边控也同时取消。成员国间建立保税仓库网相互联结，出口商品在库网内可免税流通，进入进口市场时，由进口国通过贴印花的方式课征，以保证无边控下的征税效果。

关于税率协调，因各国国情不同，税差原本较大，协调又涉及成员国财政收入及社会、卫生政策的相应调整，加之须一致通过（此系大市场建设中规定须一致通过的少数领域之一），故争议、难度颇大，不得不采取具有灵活性、渐进性的解决方案。委员会坚持认为，在增值税问题上，各国税率虽不必统一，但应协调到不致影响公平竞争的程度。为此，针对成员国税率分档不同、各档税率相差悬殊的状况，委员会最初曾建议，成员国应取消高档税率和零税率，一律设低档、标准两个税率带（确定前者为4%—9%，后者14%—20%。各国可从中各选定一个税率，作为本国的低档、标准税率。同时还建议规定两档税率的适用范围），以达到使各国税率接近的目的。此后，经多次争论，各国终于就某种临时性安排达成协议，自1993年1月1日起付诸实施：第一，取消高档税率（如在汽车、香水、家用电器等方面）；但零税率（以及1%—4%的超低税率）可保留至1996年年底。第二，标准、低档税率不再规定税率带，但规定了下限，即分别不得低于15%和5%，后者适用于食品、医药、书籍、报纸、公共交通等生活必需品和服务领域。第三，各国增值税率应于1996年底前充分接近。自1997年起，其课征将实行产地原则。

至于消费税，委员会认为，应统一课税范围（仅对酒类、烟草和矿物油产品征税）和税率。鉴于某些成员国的反对、抵制态度，又主张实行渐进的统一方式，即对不同产品分别规定统一的目标税率，作为各国逐渐接近并最终达到的目标；同时还规定最低税率或税率带，作为1993年1月前各国的调整目标，此后应逐渐向目标税率靠拢。1989年12月，委员会曾公布具体协调方案，对各类烟、酒、矿物油产品分别规定了最低税率（对柴油、重油规定了税率带）和目标税率（后者为前者的2倍）。1991年6月，各国财长达成协议，规定自1993年1月起，各国消费税最低要达到零售价的57%，对葡萄酒和取暖用油免征消费税，汽油和含酒精饮料的税率，提高到欧共体规定的最低税率以上。总之，虽具有相当难度，但税收障碍的排除，还是取得了一定进展。这对消除商品流通边控，意义颇大。

上述种种障碍的逐步排除，对于1993年1月1日起边界管制的基本取消、商品过境自由的实现，起到了很大促进作用。

四　消除资本管制

实现资本自由流动本是罗马条约提出的目标，即个人和企业可在“欧共体的任何地方开设银行账户，将无限额的资金从一成员国转移至另一成员国”。实现资本自由流动首先要求各国放松、最终取消资本和外汇管制，允许其自由出入。然而，由于此举直接关乎各国货币、汇率政策实施，进而影响到增长、就业和国际收支平衡，故极为敏感、复杂，推行起来难度较大。早在1960和1962年，欧共体曾先后通过两项指令，就成员国消除资本流动限制的最初义务，作出过规定。但是70年代以来的世界经济衰退，特别是美元和石油危机，造成了这一进程的“长期停滞和倒退”，许多成员国“重新引入了资本流动管制”，如法、意等。因此，直到进入 80 年代，特别是单一市场计划实施以后，消除资本管制的进程才又重新启动，并获得了最具关键性的动力。

1983 年实现金融一体化通报的发表，表明了共同体委员会再度推动资本管制消除的决心。自 1984 年起，它开始严格把握对实行保护性措施的授权（根据条约规定，成员国实行管制措施，应得到委员会认可），如取消了对丹麦的授权，对法、爱、意 3 国，虽同意延长，但限制了保护措施的范围和期限等。大市场计划白皮书的提出，及单一欧洲法令的签订，为资本管制的全面消除创造了根本条件。前者以建立“欧洲金融共同市场”为目标，概述了资本流动和金融服务领域中的尚待努力之处，表示要对成员国外汇管制实行更加严格的监控，并提出修改 1960 年和 1962 年指令，以扩大流动自由化适用范围；后者则不但从根本法的角度，肯定了四大自由应于 1992 年底前实现，而且规定在事关包括金融共同市场在内的理事会立法中，实行特定多数表决制。这些举措为欧共体推行消除资本管制的新方案奠定了基础。

新方案实施的第一阶段，始于 1986 年 5 月的共同体委员会计划（同年 11 月即为理事会通过，1987 年 2 月以指令形式生效）。计划修改了 1960 年指令，扩大了资本交易放松管制的范围，旨在真正促进单一市场运行和各国证券市场的一体化。其中主要涉及三大类交易：（1）与商贸有关的长期信贷；（2）未挂牌外国证券的获取，含股票、债券，或集体投资机构在可转让证券投资中发行的交易单位（即投资基金）；（3）甲成员国公司发行证券对乙国资本市场的进入。这事关在共同体的股票交易所进行买卖或新近入市的股票和债券，以及投资基金中的交易单位（后者的自由流动，已纳入理事会通过的协调规则）。

“1992 计划”的进一步推进，终于将全面、彻底地消除资本管制提上议事日程。1987 年 10 月，共同体委员会发表通报，表示将积极推动建立“欧洲金融共同市场”。而建立这一市场的“前提条件”和“基石”，必须是资本管制的充分消除。为此，1988 年 6 月 24 日，部长理事会终于通过了 88/361/EEC 号指令，明确规定，欧共体居民间所有形式的资本流动，都将定期实现彻底的自由化。这意味着，成员国间仍然存在着的各种资本管制必须一一取消，具体是指货币或准货币性质的交易，主要是短期交易，此外还包括金融信贷，活期和定期账户的运作，在国外开户和货币市场的证券交易等。根据规定，绝大多数成员国应于 1990 年 6 月 30 日前完全实现自由化（指令仍允许某些例外。如成员国货币和汇率政策因实施自由化计划而受影响时，可针对短期资本流动，采取不超出半年的保护性措施。但条件是，必须通知共同体委员会和其他成员国。经与有关机构协商后，委员会将决定该国是否可继续采用其措施）。考虑到希腊、爱尔兰、西班牙和葡萄牙的特殊情况，4 国可适当推迟，但所有的限制，都应在 1992 年年底前解除。

同时，为了帮助有关成员国克服国际收支危机，确保资金援助及时到位，进而“促进对资本流动自由化决议的实施和……持续遵守”，部长理事会还就确立中期资金援助的新机制达成协议，决定通过 1969/88 号条例（1988 年 6 月 24 日），将已有的两种援助方式合并使用（两种方式一为由成员国向一伙伴国提供 2—5 年的中期信贷；一为欧共体在资本市场，或直接从非欧共体国家和信贷机构筹措资金，然后贷给一特定成员国。贷款总上限为 160 亿埃居。此外还有某些辅助性上限。两种方式都要求受援国确定经济复苏计划）。共同体委员会文件指出，凭借新机制这种“更灵活的安排”，欧共体的“资助能力明显提高”，从而支持了“资本流动自由化”进程。

资本自由化决议的实施相当顺利。至 1990 年年中，大多数成员国（确切地说是 8 国）都如期取消了资本管制；获准可适当延期的希、爱、西、葡 4 国，也都于 1991 年和 1992 年取得较大进展。因此，1993 年时，除希腊仍被允许限制某些短期资本交易外（至 1994 年年中为止），1988 年的自由化指令已在所有成员国得到实施，资本的跨界流动因此而大为增加。

五 “欧洲金融共同市场”建设与“最低限度协调”和“母国控制”原则

在消除资本管制的同时，欧共体必须寻求金融服务一体化，谋求金融产品共同市场的建立。因为，如不能允许一国金融机构在其他成员国享有“开业自由”（freedom of establishment）和“提供服务的自由”（the freedom to provide service），不但有碍资本自由流动（《罗马条约》已提及两“自由”

与放松资本管制的关系。实际上，自20世纪60年代初起，在形势许可时，欧共体也曾就此采取过一些措施），而且不利于各国金融机构和产品实现自由竞争，优化资源配置。故自1987年10月共同体委员会通报以来，欧共体开始大力推动“欧洲金融共同市场”建设，并为此采纳了“新的”推行方式。

所谓新方式，就是将消除商品流通技术障碍中采用的“最低限度协调”与“相互承认”原则，推广到金融服务领域。由于该领域的特殊性，这一做法显得格外重要。一方面，作为具有“巨大市场潜力”，且对“整个经济有效运行至关重要”的金融部门，各国都高度重视对金融机构的监管和金融安全，但标准、方式和做法历来不同，极有必要加以协调。为此，委员会强调，要通过协调来确保各国金融机构间的“公平竞争条件”；并且在制定“高标准的监管与金融安全”规则，以“保护金融服务客户”的同时，还应顾及“消费者不断变化和日益增长的复杂需求”（因此协调难度较大）。另一方面，对于不影响到公平竞争条件的各种规则，成员国之间应在“相互承认”的基础上，在整个共同体范围内推行“母国控制”原则。所谓“母国控制”，是指凡在欧共体内设业与经营的欧洲金融机构，一律由成立地成员国负责批准和监管。这意味着，如其跨境设立分支机构和提供服务，将无须再得到东道国的认可和管制，以此来保证在他国设业和从业自由的真正实现。随着新方式的采用，在建立“欧洲金融共同市场”的三大领域，即银行业自由化、保险业自由化和证券市场服务业自由化方面，欧共体都取得了重要进展。

六　银行业自由化

银行业的自由化是“欧洲金融共同市场”建设中的重要内容。实际上，根据《罗马条约》有关规定，自20世纪70年代起，欧共体即曾通过一些指令，意在消除对欧洲金融机构跨境“设业”与“从业自由”之限制，为银行业建立共同市场创造条件。最初的1973年指令，旨在试图推进设业中“非歧视原则”的实施。此后，欧共体开始着手协调各国的信贷机构规则，于1977年通过“第一号理事会指令”（the First Council Directive，全称是“关于协调信贷机构设业和从业的法律、法规和行政规定的理事会指令”。指令被视为走向“协调”的“第一步”），就信贷机构的授权机制、“充分的最低自有资金”、禁止以经济需要不充分为由拒绝授权，及建立“银行咨询委员会”等项内容，作出了规定。该指令甚至曾提及“母国控制”原则。然而，限于当时一体化的总体形势，加之共同体委员会采用的“完全协调一致”（full harmonization）方针，推行起来极为复杂、烦琐，使得银行业的自由化进程难以有重大进展。具体难点则出自所谓“东道国优先”原则（Host-Country Preference）。依照该原则，一国对其他成员国信贷机构任何跨境分行的设立与经营，仍保留批准权和适用当地监管规则的自由裁量权；而凭借这两点，即可限制他国跨境分行的建立与活动。

1989年12月通过的“第二号银行指令”（the Second Directive on banking，全称为“关于协调信贷机构设业和从业的法律、法规和行政规定并修改77/780/EEC指令的第二号理事会令”），终于实现了“1992年计划”启动以来的重大飞跃，使局面得以根本改观。该指令率先实现了从“东道国优先”向“母国控制”（Home-Country Control）原则的转变，不但奠定了欧洲银行业一体化的“基石”，且成为整个金融服务业自由化的“模式”。这一原则被具体化为“单一银行许可制”（the Single Banking License），即一旦信贷机构获得母国颁发的经营许可证，即可在整个欧共体范围内，通过创立分行或办公网络从事银行业务活动（故又被称为“单一护照”制，the “Single Passport” System）。该制度的推行，对于促进银行业的自由化进程，作用极大。

由于银行业务的特殊性，各国均对金融机构的设立和营业实行严格监控。但出于历史和现实方面的原因，成员国在经营许可条件、业务活动范围、监控的侧重、方式与手段诸方面，都存在着很大不同，由此也构成了资本管制取消后，欧洲银行业实现一体化的主要障碍。因为任何成员国都可以不符合本国规定为由，限制他国银行的跨境服务；因此，如各国能够相互承认彼此规则，障碍将不复存在。而建立在“母国控制”基础上的“单一银行许可制”，是一种最彻底的相互承认，因为它通过“运用一种灵活的法律技巧”，直接“要求东道成员国承认银行成立地成员国现行银行法规的效力”，从而“彻底打破了欧共体内对银行业的地域管制”，为真正的一体化铺平了道路。事实上，自“二号令”颁布以来，欧共体已“不是刻意追求”各国规则的“完全统一”，而是尽可能使“各成员国的银行法得体地予以保留”，因而降低了对千差万别规则的协调需求，加速了欧洲银行业的一体化进程。

与此同时，共同体委员会承认，“母国控制”原则的实施，又必须以欧共体一级“最低限度的协调”为先决条件。主要原因在于：其一，在缺少共同最低标准的情况下，各国很可能在制定“规则”方面展开“竞争”，从而导致“管制套利”；其二，如果母国规则不能在一定基准上保证对该国银行的有效监管，东道国也难于接受，否则极易造成银行业的混乱与不安全。为此，欧共体又在涉及信贷机构的几个“重要”方面，进行了“充分而必要”的协调，大致说来包括：

（1）协调设立条件。根据有关规定，一信贷机构要取得（或持续保有）营业许可证，须至少满足下列条件：①拥有独立的自有资金；②拥有（或持续保有）不低于500万埃居的初始资本；③至少有两名声誉良好、经验丰富的业务管理人员。如各国主管当局不能确证申请设业机构符合上述最低标准，则不得予以许可。

（2）确定应得到一致认可的银行业务范围。“二号令”附录（《相互承认的银行业务活动一览表》）对此逐一列举，涉及范围较为广泛，不仅有传统业务，而且还包括证券交易的所有形式（从而放松了对商业银行业务的限制，淡化了限制性银行制度，为欧共体信贷机构普遍采纳“全能银行”模式提供了指导）。根据规定，凡经母国许可，同时又列于表内的经营活动，均可由信贷机构在整个欧共体范围内自由从事（其例外仅受“公共利益条款”的限制）。

（3）协调银行监管的基本要素。除银行机构许可条件和所有权结构外，已涉及方面还包括：关于信用风险和市场风险的资本要求；大额风险控制；银行财务报表和并表会计的形成和内容；有关并表监管的各种要求和义务，防止利用银行系统洗钱；关于存款保证计划规则，及关于跨境支付的规则等。上述共同体标准的确立，为欧洲的银行业编织了一个“审慎监管的法律网络”。

“最低限度协调”与“相互承认”原则的有效结合，大大推动了欧共体银行业单一市场的建设步伐。1993年1月1日“第二号银行指令”的正式生效，以及其他一系列相关指令的通过和付诸实施，标志着该市场的如期建成。

七　保险业自由化

保险业在金融服务中占有重要地位，其自由化进程曾经受到过欧共体的重视。早在1964年，欧共体曾通过指令，确认应在再保险和再分保领域，消除对设业和从业自由的限制；1975年生效的有关指令，进而要求在除寿险外的直接（财产）保险领域推行设业自由，力主保险商在东道国享有国民待遇；1976年2月，欧共体又一指令生效，开始着手协调各国直接保险业的有关规则（仍不包括寿险），就某些方面（如保险公司的法律形式、对其活动的限制和监管、成员国合作、平衡表和边际偿债能力等）作出了规定。但总的来说，共同体委员会承认，由于在监管和消费者保护方面各国规则的“大相径庭”，协调起来费时费力，致使自由化努力的势头“日渐衰弱”。

1986年12月4日欧洲法院的一项裁决，对于这一进程的再度启动，意义颇大。针对丹、法、（西）德和爱四国对其他成员国保险公司授权方面施加的限制，法院在承认限制如与“消费者保护”相关（这在保险业领域至关重要）即具合法性的同时，又明确指出，凡不存在此类问题的公司和交易方，如知名公司、行业中的领头公司等（两者经常从事大额交易，且具有丰富的专业知识），均应被排除在限制之外，从而为“进一步走向对大额工业风险保险市场管制的放松铺平了道路”。

在法院裁决的影响下，1988年6月，部长理事会终于通过第二号指令（the Second Council Directive，即Council Directive 88/357/EEC），意在协调成员国关于直接保险领域的法律、法规和行政规定（寿险除外），并制订出促使提供服务自由有效实施的条款，决定首先在高产业风险的自由保险市场加以推行。更重要的是，在这一保险业市场中，将首次适用“母国控制”和成员国监管规则的相互承认，同时就大额风险作出了定义。根据定义，专门从事工商业活动的保险单持有人，必须至少符合三项标准中的两项：雇员超出500人；营业额在2400万埃居以上；或资产负债表总额高于1250万埃居。上述规定的数额，将在1992年后减半（这将使大额风险市场自由化的适用范围进一步扩大）。此外，指令还就希、爱、葡、西4国的过渡性安排，作出了具体规定（但事关普通风险保险业务的相互承认，仍有待实行）。再者，欧共体此前还曾就监管保险公司的某些特殊规则，如年度报表、强令停业等，着手进行过协调。

此后在涉及范围极广的人寿和机动车保险两领域内，自由化进程又逐步取得重要进展。1988年12月，共同体委员会就寿险提出建议，主张所有欧共体公民将能主动在非居住地成员国自由获取人寿保险单，但必须接受该国所通行的保护和监管程度（这意味着实施“母国控制”原则）。1990年11月，部长理事会通过第二号人寿保险指令，规定消费者将能主动向任何成员国的保险商寻求寿险；在事关养老金的商业性保险等方面，保险公司将可在任何成员国自由出售其产品，亦可在不于当地设立公司的情况下，在另一成员国招揽生意；又规定，自1996年起，保险业经纪人将能在整个共同体范围内自由经营，向消费者兜售来自其他成员国公司的人寿保险合同。其后，欧共体于1992年年底通过第三号指令（1994年7月生效），旨在进一步推动人寿保险业的自由化。

1988年12月，共同体委员会提出了关于自由提供机动车保险服务的指令建议。根据该建议，将首先对主要工商企业的机动车保险实行“母国控制”原则，即承保人并不需要风险发生国授权，就可依据母国有关规定行事。同时，为促进自由化实施，委员会于1988年12月还曾提出过两项指令建议，意在协调各国关于第三方机动车保险的法律。之后，在此基础上，又就第三号指令提出建议，以求尽力缩小各国在道路事故受害人规定上的差异。

八 证券市场自由化

建立欧洲金融共同市场，意味着各国证券市场必须统一，以使“投资者能够自由地跨界和不受阻碍地发行和进行证券交易”。因此，共同证券市场的确立，势必被提上一体化日程。而成员国出于种种考虑，规范各自证券市场的规则大相径庭，成为影响证券交易自由化的主要障碍。事实上，早自20世纪70年代起，欧共体即曾试图协调各国法规以促进交易自由化。1972年，委员会首次建议，协调各国证券的某些上市条件，确立“保护投资者”的共同规则，消除“资本流动的障碍”。70年代末至80年代初时，又先后通过指令（如1979年、1980年和1882年），在证券发行人条件、信息发布和股票上市公司经营状况公布等方面进行过协调。然而，由于难度较大，进展并不理想。因此，如何克服障碍，势必成为“1992年计划”的主攻方向之一。

共同体委员会白皮书“母国控制”原则的提出，终于促进了证券市场的自由化势头。1985年11月18日部长理事会两项有关指令的通过，被认为具有“里程碑”式的意义，因为它首先在证券领域推行了这一原则，即对成员国的法律法规，一方面坚持“最低限度”的协调，另一方面，又实行注册国“母国控制”基础上的“相互承认”。两指令事关集体投资基金所发行的交易单位的自由买卖问题。一指令明确要求各国消除对所有交易单位自由买卖的限制；另一指令就协调成员国法律规定，使之相互接近的框架作出了规定，以保证各国大致平等的竞争条件，并有效保护欧共体的所有投资者。协调内容包括申请领域、入市条件、投资基金构成和投资政策；还涉及提供给交易单位持有者的信息、基金所必须承担的一般性义务（如禁止借贷，遵守交易单位上市成员国的法律等）、监管当局的权利与义务、创立由各国任命人员和共同体委员会代表组成的“联络委员会”等。

此后，根据白皮书确立的新原则，理事会又通过一系列新指令。1987年6月22日指令（87/345/EEC）协调了对证券正式上市的信息发布要求，规定了关于股票、债券等的出具、审核与推销的各项细则，旨在确保得到一国批准的上市挂牌细则，能自动获得其他成员国的股票交易所承认，而无须额外批准。为加强证券市场透明度，理事会又采取了若干步骤。1988年12月12日，它就一挂牌公司主要股权的收购或抛售时应公布的信息指令达成原则协议，意在确保投资者和公众了解重要股权的变化，并就认定重要股权的“门槛”和该门槛的统一作出规定。1989年4月17日的决议（89/298/EEC指令），则协调了可转让证券出售时对公开说明书拟定、审核和散发的要求。同时，在资本流动管制日益放松、企业间“合并与购并活动已大量增加”且大有加速之势的背景下，欧共体认识到，各国收购法规如不能大幅接近，将不能“确保经济交易的公正性和机会均等”。为此，委员会于1988年12月就公开收购的出价指令提出建议，以“促进证券市场的透明度和工业重组中的机会均等”。最后，委员会的“四个进一步的主动行动”，即关于消除证券交易间接税的指令建议等，终于“使得创建单一欧洲证券市场的计划得以完整”。

此外，为建立统一的证券市场，欧共体始终在努力将各成员国的股票交易所连接起来。各国股票交易所负责人与共同体委员会进行合作（这种合作自1984年即已开始），建立股票交易所连接系统（stock-exchange link-up system。一般称为IDIS，即Inter-bourse data information system）。最迟在1989年以前，委员会已完成了如何在成员国间创立或改善证券交易清偿机制的审查。

九 运输业内部市场的建立

运输业包括空运、海运、陆运和内陆水运，属服务业重要部门，占欧盟国内生产总值的7%强。《罗马条约》曾提出要建立“共同运输政策”，但由于种种原因，未能取得进展。单一市场计划的推行，终于推动了“运输服务”的“自由化”进程。

（一）空运

空运领域的自由化较早于其他运输部门。1988和1990年，成员国曾就航空领域的初步自由化先后通过两项条例；1992年7月，又就第三个条例达成协议。三条例事关航空许可、乘客票价与运费、欧共体内部航线的使用等内容。各条例均定于1993年1月1日生效。在此基础上，部长理事会于1992年就航空权实现的最后阶段达成协议。但根据过渡安排，这一权利至1997年4月1日才能最终实现。

（二）海运

1993年1月1日，欧共体引入了自由海运权，但要适用某些特殊规则，即其自由化将仅针对在某一成员国注册且船只悬挂该国国旗的欧共体船主，条件是该船须满足进入该成员国航行的所有条件，包括在欧洲注册局注册（理事会将批准建立注册局）。

此外，关于船员构成问题，涉及大陆营运和游览的船只，将适用国旗悬挂国规则（除非该船不足650吨注册总吨位，这种情况下可适用东道国法律）；然而，在大陆和沿海岛屿之间的航运，船员配备问题将适用东道国规则。

（三）陆运

由于涉及问题复杂，陆运自由化进程慢于空运和海运。在1992年9月的文件中，共同体委员会曾指出，它已特别关注“国际货物运输和运输权条例的逐步实施”问题，其原因是，尽管有关的协议安排于2年前即已生效（其推行并未扰乱市场，且委员会还就实施的最后阶段引入市场监管和保障机制提出了建议），但因涉及运输部门的税收问题，成员国还不能就1993年1月1日转向全面、确定的道路运输权体制达成协议。但委员会又指出，经过5年的努力，成员国终于就1993年1月1日引入一个陆路客运体制作出了决定，这又可谓一个“成功”。因为对于定期的客运服务而言，该体制的确立要求边境地区的特殊服务立即实现自由化；而对于非定期服务而言，则要求国内服务的立即开放，及自1996年1月1日起所有其他服务的自由化。最后，经过艰苦谈判，1993年10月25日，部长理事会终于通过了关于引入商品陆运确定规则的条例（规定一国公司能够参与其他欧盟国家的营业竞标），这使得陆运终于“达到了在空运和海运部门取得的自由化水平”，标志着白皮书中所有关于运输自由化的措施已被采纳，因而成为“运输领域内部市场完成”的主要“标志”之一。

（四）内陆水运

根据规定，内陆水运领域的货运与客运于1993年1月1日开放，但法、德两国享有直至1995年的过渡期。

十 电信服务自由化

从电信业自身及其对现代经济的重要意义出发（共同体委员会文件指出，作为基础设施部门，高质量和有效率的电信服务，是银行、制造、运输等许多经济部门至关重要的工作手段），欧盟早已承认该领域放松管制和实行竞争的必要性，虽然各类措施的启动时间和实施速度并不相同。

实现电信服务共同市场的关键之一，是在欧洲一级协调提供开放性电信网络（ONP，即Open network provision）的条件。在1990年6月通过框架性指令后，委员会曾拟订出一系列具体建议。就此，1992年6月5日，理事会最终通过了关于将ONP运用到租赁线路的指令（92/44/EEC）。同日，还根据ONP原则通过两项建议（Recommendation），前者（92/383/EEC）事关提供经过协调的ISDN上网安排，后者（92/382/EEC）则涉及协调最低批量信息服务的提供。此后，共同体委员会又向理事会提交了将ONP适用于声音电话服务（占全部电信业的80%以上）的指令。最后，成员国终于同意，各国经营者间的竞争始自 1998 年 1 月，网络基础设施也将同时自由化。

关于视听服务，1992 年共同体委员会文件曾指出，尽管关于“无国界电视”的指令生效已近一年，但转化为成员国法律的“进展令人失望”；有三个成员国尚未知照任何转化措施，在已知照的 9 项措施中，又存在着与指令或条约是否相容的问题，且委员会为此促进成员国对话的效果并不理想。文件还指出，鉴于理事会在讨论“无国界电视”指令时从委员会建议中删去了针对版权的部分（这使版权问题出现了法律上的不确定性），委员会已发现有必要在确认得到有关方面的支持后，就通过电缆与卫星转播和电视广播问题拟订专门建议（该建议的被采纳，将使允许广播台和观众等充分受益于欧洲范围播放的法律框架得以确立）。此后，随着 1993 年关于卫星广播和电缆转播之 93/83/EEC 指令的通过，这一不确定性得以消除。共同体委员会进一步指出，从文化和产业的意义上讲，“无国界电视”之成为现实，将需要引入关于高清晰度电视和 16/9 式的新标准。最后，关于个人信息的保护问题，委员会在 1993 年报告中曾指出，欧共体的启动行动，始于 1990 年 9 月提出的一揽子建议，意在通过协调成员国立法等方式推行此事。后又在与议会和经社委员会协商的基础上，于 1992 年 10 月 15 日提出了修改建议，经理事会审查后，最终形成共同立场。

十一　人员自由流动

消除因税收或安全考虑对过境人员携带物品的检查，进而使各国国民可自由选择其他成员国作为工作地和生活地，并享有同当地公民同等的权利，是欧共体在促进人员自由流动方面试图实现的具体目标。对此，共同体委员会积极加以推动、协调，坚持排除难点，终于一步步取得了进展。促进人员自由流动的最大难点，是彻底消除针对过境人员本身的边控，因为这必须解决身份确认、防范、打击违法行为与犯罪、移民控制等一系列重大问题，颇为敏感、复杂，难于一蹴而就。它也因此成为 20 世纪 90 年代以来欧盟强化政府间合作与一体化框架的重心之一。《马约》中“司法与内务合作”支柱的建立，《阿约》创立“自由、安全与司法区域”目标的提出，以及许多相应举措，都是这一进程的继续。

（一）取消个人携带物品的边境检查

出于税收或安全原因，各成员国均对他国入境人员携带物品实行检查，从而大大延长了过境时间。因此，消除此类边控是欧共体的重要目标。经过努力，有关立法已全部如期完成。

以往各国旅行者携带购得的自用商品过境时，享有一定量的免税额，超出部分则须申报、检查，手续繁杂。在一系列有关安排的基础上，自 1993 年 1 月 1 日起，这类边控已被取消。根据新安排，凡为个人自用或作为礼品（如结婚礼物或向其他家庭赠送的商品）而在另一成员国购买的各种商品，无论其价值如何（包括高保真设备、计算机、录像机、珠宝和古董等），都已无须在边界因增值税问题而停留、申报。此外，从一国到另一国的迁移中（如搬家等）携带过境的继承财产，也已无须任何税收或边界手续。新安排同样适用于须付消费税的烟酒类商品，条件是供携带者自己使用（如超出一定数量，可要求旅行者出示证据，以证明其用于个人消费，但无论如何不得导致边界控制）。此外，为取消针对携带武器的边境控制，欧共体于 1991 年通过指令（91/447EEC 号指令，1993 年 1 月生效），旨在就获得和拥有武器确立共同的规则。由于该指令的实施以各国主管当局的合作为前提条件，共同体委员会曾积极推动引入必要的安排（此外，关于个人携带宠物的检查问题，委员会也曾提出相关建议，意在使之能够在各国国内进行，达到消除边控的目的）。

（二）确立涉及人员流动的各项权利

一系列相应权利的确立，是促进人员流动的深层措施。欧共体的有关立法包括：（1）选择工作地与居住地的权利。即各国国民，无论其何职业、何身份，对此均有自由选择权。这意味着一国国民可选择在其他成员国工作和生活。例如，根据规定，在甲成员国寻找工作者，亦可赴乙国登记求职，只要能够出示身份证、E303 表（由支付失业福利的机构发放）和 E119 表（由健康保险部门发放）即可。关于居住权利，各国仅可以影响公共政策、安全或卫生为由加以拒绝。此外，这一权利可自动扩大至工作者家庭的所有成员。自 1992 年 6 月 30 日以来，居住权利扩大到退休人员（纵然其未曾在希望定居的国家工作过）、学生和其他非劳动人口的指令生效（后两者需提供令人满意的收入证明，以保证不成为“东道国的负担”。因当时大多数成员国的立法转化行动较为迟缓，共同体委员会曾极力加以敦促)。(2)保证流动人员在当地的平等权利。共同体委员会强调指出，这不仅是一个目标，而且是共同体立法的基本原则之一。譬如，在保证外来工人在当地享有平等待遇方面，欧共体的有关规定涉及就业(但事关行使政府权力的职位和护士、火车司机、教师等职业，要受到限制)、工作和生活条件、教育等方面，具体内容涉及禁止聘用期间运用歧视程序、酬金、资历计算、解雇及其后果(失业或再聘用)、住房、社会保障、社会和税收福利、就业时间累计、职业教育、培训和儿童教育等方面。最后，根据马约规定，在地方和欧盟选举中，外来人员享有与所在国国民在同样条件下投票和作为候选人的权利。

(三)学历、文凭与从业资格的相互承认

欧共体早期曾试图通过协调职业资格的方式，促进自由职业者(如医生、牙医和助产士等)在其他成员国开业。事实证明，这种做法极为费时。自1985年以来，欧共体已不着眼于统一的资格协调，而是促使成员国相互承认彼此之间的教育与培训资格，并于1988年和1991年通过了两个重要指令。据此，各国国民可以本国获得的资格和职业经历为背景，在另一成员国从业。共同体委员会文件确认这一相互承认文凭的过程“已取得相当进展”，同时又指出其“将根据自由流动和共同体单一市场的要求进行调整”。在针对需要管制的职业领域(The regulated professions)，理事会及时完成了通过承认文凭促进设业权利的工作。其中较为突出的是于1991年1月生效的指令，该指令首先要求确立相互承认3年以上职业教育、培训的高教文凭机制。为保证其实施效力，委员会还及时分析了成员国已采纳或正在采纳的转化措施质量，与有关成员国积极对话以避免解释差异，并为承认职业文凭的信息交流建立接触网络。在非管制的职业领域中(The non-regulated professions)，根据1985年理事会关于资格可比性的决议，19个行业中的209种职业被列入了必要的信息发布名单，获得其他成员国的资格承认。此外，成员国还与欧洲职业培训中心进行合作，推动了关于资格承认的信息发布活动。在1993年的有关报告中，共同体委员会又提出要克服仍然存在的难点，推动成员国的“相互信任”和“管理合作”，并强调要“巩固关于相互承认文凭的指令”。

(四)促进人员流动的欧共体计划

为促进人员自由流动，欧共体启动了若干具体计划，尤为注重青年之间的交流。主要有：(1)欧洲青年计划(Youth for Europe)，旨在加强15—25岁年龄段青少年的交流，优先考虑因国籍、语言或个人状况原因最不能受益于传统的政府间计划者；(2)欧洲青年工人交流计划(The European young workers' exchange programme)，向18—28岁年龄段的青年提供在另一成员国培训或工作实习的机会。该计划于90年代初向求职者开放；(3)伊拉斯谟计划(The Erasmus programme)，意在增加学生的流动性及学习中欧洲层面的合作，涉及各类活动，如建立大学间的合作体制，采取措施扩大学界的文凭承认，向接受高等教育的学生提供资金使之能够在另一成员国接受培训等；(4)科梅特计划(Comett)。推动大学和公司之间伙伴关系的发展，以及为改善学生新技术高级培训而实行的联合项目，旨在促进后续培训和学生到别国公司的培训；(5)帕特拉计划(Petra)，通过采取跨国伙伴关系、由青年人自己管理的主动行动和项目，以及通过在研究领域进行合作的形式，支持一个欧洲培训实验体制的建立，以促进青年职业培训的现代化；(6)语言培训计划(Lingua)，通过促进学生在中、高等教育领域的交流、教师培训、教材的准备等，提高公民的语言能力；(7)科学计划(Science)，旨在促进欧洲研究者在精密科学(数理化)和自然科学领域的合作与交流。SPES项目还将这些目标扩大到了经济学。

第四节 经济和货币联盟建设与欧元启动

经济和货币联盟建设与欧元启动，是在大市场计划实施的基础上，欧共体深化一体化进程的又一历史性举措，旨在通过实现单一货币，最终大大提高自身的国际竞争力。

一 经货联盟建设再度启动的原因

随着经贸关系的加强，成员国之间货币合作的必要性也在增加。早在20世纪60年代末至70年代前期，在关税同盟与共同农业政策已经实施及美元危机的冲击下，欧共体曾试图建立经货联盟。但由于当时条件尚不成熟，计划未能实现。20世纪80年代中期以来，面对日趋激烈的国际竞争和“欧洲衰落”的危险，欧共体不得不下决心通过深化自身的一体化进程来应付挑战，终使谋求货币统一的条件趋于成熟。为了提高国际竞争力，欧共体内部必须实现四大自由，遂使“1992 年计划”成为压倒一切的核心目标。而进一步实现单一货币，又正是对“有效率的欧洲单一市场的必要补充”。因为在内部市场实施和竞争加剧的情况下，欧盟成员国多种货币的存在，极可能引起各国货币间的竞争性贬值和汇率倾销，导致保护主义蔓延，危及大市场统一。反之，如实行单一货币，则不但可防止大市场分裂，还可消除欧盟企业的汇率风险和兑换成本，且产生“更具活力的一体化效益”：如因价格透明度大大提高，将加强成员国企业成本和价格的横向比较，最终促成竞争更具活力；再如，将促进欧洲资本市场的真正一体化，以及规模经济的进一步扩大，等等。因此共同体委员会一再强调，欧共体应在“一个市场”的基础上，实行“一种货币”。此外，全球化竞争加剧，使得货币一体化在调整宏观经济政策取向（单一市场建设主要着眼于微观经济效应）、加强欧洲货币国际地位方面的作用，显得愈加突出。同时，通过货币统一将走向统一的德国更深地融入欧共体，也是不少成员国同意走向经货联盟的重要原因。正是在这种背景下，经货联盟建设终于再度启动，并获得强有力的发展势头，成为 20 世纪末世界经济中最具影响力的大事之一。

二　三阶段方案的确立与实施

1988 年，欧共体成立了以德洛尔为首的专家小组（由各国央行行长组成），负责就经货联盟建设方案提出建议。翌年 4 月，该小组提交著名的德洛尔报告，主张分三阶段实现经货联盟。基于这一报告，同年的马德里首脑会议决定，联盟建设的第一阶段应始于 1990 年 7 月 1 日，并召开政府间会议，就联盟建设举行缔约谈判。1990 年 12 月，谈判如期在罗马正式开始（即“两个政府间谈判”，同时起步的还有政治联盟谈判）。经过一年的激烈争论，成员国终于就联盟建设的各项难点问题，于 1991 年 12 月在荷兰马斯特里赫特达成正式协议，最终体现在《欧洲联盟条约》之中。

条约明确宣布，缔约国将建立“经济与货币联盟”，其最终目标是，在成员国之间确立“单一货币”，以取代各国货币。单一货币的发行，最迟应于 1999 年 1 月 1 日实现。各国还“郑重声明”了走向这一阶段的“不可逆转性”。为使各国货币、财政政策和经济状况逐步趋同，逐渐向共同体一级转移权力，保证单一货币如期启动和良好运行，在德洛尔小组建议的基础上，欧共体的经货联盟建设实际进程分为以下三个阶段。

第一阶段：1990 年 7 月 1 日至 1993 年 12 月 31 日。属起步和准备阶段，实际上于马约谈判前即已启动。其间最重要的措施是，消除了欧盟各国间及其与第三国间资本自由流动的所有限制。同时，针对成员国距“经济趋同”标准（包括财政赤字、国债总额、通胀率与长期利率）还相差甚远的状况，成员国开始采纳“多年度趋同计划（Multi-annual Convergence Programmes）”，规定了逐步降低通胀率与财政赤字的具体目标，为最终“达标”创造条件。计划实施的进展状况，则由欧盟经济和财长理事会进行评估。

第二阶段：1994 年 1 月 1 日至 1998 年 12 月 31 日。这一阶段的措施力度大大加强。主要包括：

——成功地建立了相应机构。根据安排，1994 年伊始即建立了欧洲货币局（European Monetary Institute）。作为欧央行前身，除负责推进各国货币政策协调、向成员国央行提出建议外，其另一项主要任务是为欧央行在第三阶段的运作确定“管理、组织和后勤框架”。为此，货币局进行了大量工作，特别是就未来单一货币政策的目标量化、实施战略和金融工具等，都进行了认真研究，提出了具体建议。1998 年 6 月，包括欧央行在内的欧洲中央银行体系终于成立，并就货币局关于单一货币政策的实施方案作出了最后决断，为 1999 年 1 月欧央行体系的正式运作，奠定了坚实基础。

——加大“趋同”力度，使绝大多数成员国得以入盟。鉴于成员国财政状况成为达标主要障碍（按规定，在一般情况下，财政赤字不应超过成员国 GDP 的 3%，国债不高于 GDP 的 60%），欧共体加大了推动各国削减赤字的力度，即按照一定程序，由理事会监督各国的财政表现，如被发现存在过度赤字，即提出纠正行动建议，由此促进了成员国财政状况的改善。尽管 1995 年时绝大多数成员国尚未达标（其时仅卢森堡一国符合条件），但经各国不懈努力，1998 年 5 月初，基于欧洲货币局和欧盟委员会关于各国达标状况的评估，及部长理事会的正式建议，欧盟首脑会议终于认定，绝大多数成员国，即德、法等 11 国，已达到趋同标准，将成为欧元区的第一批成员（根据 1995 年马德里首脑会议决议，决定将单一货币正式定名为“欧元”）。而英国、丹麦、瑞典 3 国自愿选择暂不加入；希腊则因未达标尚不能加入（审查程序将至少每两年进行一次，今后凡愿意加入的达标国，都有权加入。同时，为协调欧盟内部欧元区与非欧元区国家之间的关系，在货币汇率与经济政策协调机制方面，也作出了相应安排）。

——采取措施保证各国央行的独立性，为下一阶段欧央行体系保持独立性维持价格稳定创造条件。为此，欧盟在金融、财政领域通过一系列重要立法，明令禁止下列活动：为公共部门活动提供融资和直接由央行购买公债；公共部门对金融机构的特权进入；由共同体或另一成员国承担某一成员国公共部门的债务，等等。此外，按照马约要求，一些成员国通过立法，规定了本国央行的独立性，以确保与欧央行体系章程的规定相容。

——签订《稳定与增长公约》。为积极配合货币政策，马约规定经货联盟实施后，当部长理事会认定一国财政赤字“过度”时，可通告其限期削减；若该国置之不理，共同体有权实行“制裁”，并规定出处罚措施。但德国认为，因此举需要理事会以特定多数表决，故并不能保证处罚提案一定获得通过。为此，1995 年，德国又提出成员国之间签署财政稳定公约，引入自动实行的重罚机制。后经反复争论，各成员国终于在 1997 年 6 月的阿姆斯特丹首脑会议上，批准了《稳定与增长公约》。该公约规定，当经济衰幅不足 0.75% 时，一赤字国将自动接受处罚，从而为 1999 年后欧元区成员国执行更严格的财政纪律，创造了条件。

第三阶段：1999 年 1 月 1 日至 2002 年 6 月 30 日。此为建成联盟的最后阶段，也是最具实质性的阶段，它标志着欧元的正式启动，已自 1999 年 1 月 1 日起如期实施。在此阶段，欧元的法币地位宣告确立，成为德、法等欧盟 11 国的“单一货币”，统一的欧元区得以形成。以欧央行为核心的欧央行体系开始运作，通过公开市场操作，存贷款便利，以及最低存款准备金等金融工具，实行单一的货币政策。同时，《稳定与增长公约》生效，以确保通过严格的财政纪律抑制过度赤字，支持货币政策。联系欧元与欧盟非欧元区国家货币的汇率机制（ERM2）也同时生效（旨在促进后加入国未来趋同计划的实施，亦有助于确保欧盟作为一个整体的汇率纪律）。

鉴于欧元硬币与纸币的真正面世需要巨大的技术与心理准备，根据欧盟安排，在 1999 年至 2001 年底期间，欧元区各国的货币依然流通，但仅作为欧元更小的构成单位而存在（即所谓“成员国货币单位”，National Monetary Units），其各自与欧元的比价已被确定并不可更改（同时，作为一篮子货币的埃居将自动消失；其与欧元的比率为 1∶1）。官方的公债发行，银行、金融市场、大企业之间的大额运作，都将使用欧元计价、结算。在零售业市场，实行双重货币计价制度。根据“不强迫、不禁止”原则，个人和小企业也可要求在银行开设欧元账户。欧元区各国间的支付结算，均须通过欧元套算。为此，欧元区成员国银行间的支付、清算系统已投入运行。鼓励在外汇市场使用欧元。凡此种种，都为欧元履行货币三种基本职能，即计价手段、交换媒介和财富储藏手段，奠定了基础。

按照计划，自 2002 年 1 月 1 日起，欧元的硬币和纸币将投入流通；成员国货币同时全部退出。此步骤至迟于同年 6 月 30 日完成（1999 年下半年成员国经几次讨论于 11 月达成协议，单一货币最终取代各国货币流通的日期，将从原定的 2002 年 6 月 30 日，提前至 3 月 1 日，以避免混乱和节约成本）。届时，欧元将成为欧元区国家的唯一支付手段，经货联盟建设的最终目标，将彻底实现。

随着这一阶段的如期完成（2 月 28 日），2002 年 3 月 1 日，欧元的硬币和纸币完全取代了成员国货币，正式成为欧元区国家的法定和唯一流通货币。这表明，欧洲经济一体化的深化在统一大市场的基石之上，再次实现了历史性飞跃，发展到了单一货币阶段。

尽管由于受到欧盟特定发展模式、发展不平衡规律等因素的制约，欧元的稳定性和欧央行运作，还可能面对种种挑战、风险和不确定性（如非对称性震荡、货币政策传导过程的不确定性、财政政策与货币政策的协调程度等），但在国际竞争压力下产生出来的欧洲货币一体化进程，毕竟符合成员国的整体和长远利益，从而使得欧盟必定要将经货联盟建设继续推向前进。

三　欧洲货币局

欧洲货币局是欧洲央行和欧洲央行体系的前

身。根据马约规定，于1994年1月1日经货联盟第二阶段启动时正式建立，设在德国的法兰克福。其主持和管理机构为欧洲货币局理事会，由主席和欧盟各成员国央行行长组成，比利时人朗法吕西出任首任主席。理事会每年至少会晤10次。通常以简单多数议决，每人1票。但在某些特定问题上，需三分之二多数或一致通过。

货币局的主要职责是为经货联盟向第三阶段过渡创造条件。第一是加强成员国在货币领域的合作。具体包括：(1) 加强各国央行间的合作；(2) 以保证价格稳定为目标，加强各国货币政策协调；(3) 监督欧洲货币体系运行；(4) 就属于各国央行主管范围之内和影响金融机构和市场稳定的事务进行磋商；(5) 接管欧洲货币合作基金的任务；(6) 促进欧洲货币单位的使用，审视其发展，包括欧洲货币单位清算系统的顺利运行。第二是为建立欧央行体系、确立单一货币和实施单一货币政策，进行必要的准备工作：(1) 为单一货币政策的实施，准备必要的手段与程序；(2) 促进协调关于收集、编制和散发银行数据的规则和做法；(3) 制订成员国央行在欧央行体系内的操作规则；(4) 提高跨界支付效率；(5) 监督欧洲货币单位纸币的技术准备工作。马约明确指出，至迟于1996年底，欧洲货币局应确定欧央行体系在第三阶段履行其任务所必需的管理、组织和后勤框架。这一框架的设计应在欧央行成立之日提交其决断。

欧洲货币局较好地履行了其职责，特别是在单一货币政策的设计方面，从而为第三阶段的顺利起步，发挥了其应有的作用。

四 欧盟委员会经货联盟第三阶段实施方案

依照预定计划，欧共体的经货联盟建设应分三阶段实施。1994年后已如期步入第二阶段。此时，如何规划第三阶段，即最后阶段，就成为联盟能否最终成功的关键之一。因为，联盟的最终目标，即用欧洲单一货币取代成员国货币，将在此阶段完成；由于货币作为一般等价物在经济运行中的核心地位，势必使该阶段的推进，影响面既广而又敏感复杂。加之此举在国际货币一体化史上尚无先例可循，且阻力、非议不少，更使得实施难度增大。因此，如果规划不周，不但前功尽弃，还很可能引起混乱。

在此背景下，欧共体决定设计出一套稳妥可行的方案，以求通过其实施，显示出货币联盟的“确定性”与“可信性”，保证该阶段的顺利、平稳过渡。1995年5月，经过积极筹划，欧盟委员会终于提出了著名的绿皮书计划，明确规划了这一方案。其主旨在于，通过一系列“必要举措”，逐步使欧元深入到参加国经济与社会生活的各领域、各层面，为最终取代成员国货币创造条件。根据委员会方案，第三阶段拟分三步完成。

（一）准备阶段

始于1998年初，为期一年。委员会建议，在欧共体层面，此阶段应做到：(1) 确定首批参加国名单（这将涉及哪些成员国能够达标等问题），明确宣布或确认第三阶段的始行日期和向单一货币转变的最后完成期限；(2) 准备建立欧洲中央银行与欧洲中央银行体系，决定实施单一货币政策的具体条件，并开始引入相应的政策实施手段；(3) 主管当局确定欧元技术特征，批准铸造、印制欧元的硬币与纸币，以备日后流通。

同时，各国政府部门亦应做好两个方面准备：(1) 确立下一步实施单一货币的法律框架，内容涉及欧元与各国货币定值的法律体制（包括明确规定成员国货币与欧元的关系，不同部门使用欧元的条件，财政与税收当局在下一步开始之际可用欧元征税等立法），日后单一货币的唯一法币地位，用欧元表示的合同与法律义务的延续性，以及与欧元纸币有关的法律问题（如防止伪钞）等；(2) 建立指导、筹备机构，负责制定国家与地方一级公共机构的调整计划（在欧共体一级也将确立适当的协调方式），监管涉及所有货币使用者（政府、中央银行、私营部门与消费者）走向单一货币的步骤。

各国银行与金融界，也应就技术性调整的速度与范围，各自确定方案，做出有利于顺利过渡的相应安排（指资本市场及其社会基础设施，包括报价、结算、交割、注册与大额支付系统等）。此外，私人从业者可自愿从事准备活动。

（二）实施阶段

按计划，第三阶段应于1999年1月1日正式启动，为期至多三年。在完成准备阶段后进入实施阶段，这时的核心举措是，通过欧洲中央银行体系的政策实施尽快推出欧元，使之在银行与金融业务中处于主导地位，为日后将之全面推向企业与消费者创造条件。为此，将采取以下措施：

（1）依据各国立法规定，欧元立即成为一种独立货币（不再是一篮子货币），各参加国货币将各自与之确定不可更改的永久性固定汇率，即成为单一货币不同的比价单位和完全替代物（固定汇率本身并不影响欧元的对外价值，欧元与埃居的比价为1:1）；

（2）欧洲中央银行与欧洲中央银行体系立即采用欧元实施单一的货币政策。欧央行体系将通过全部手段同涉及货币政策的所有行为者（各商业银行等）从事欧元交易，包括确定短期利率、公开市场活动、融资、各种短期交易等；与货币政策有关的大额交易结算，将通过欧洲货币机构承诺建立的实时清算系统进行。同时，只用欧元从事针对第三国货币的外汇市场干预；

（3）在技术上可行的限度内，用欧元发行新的政府债券，包括机构投资者的债券，以及单一货币完全实施后到期的债券。私人债券发行也可以仿效；

（4）受到单一货币政策影响的各银行之间，以及货币市场与资本市场，将能够通过欧元运作，主要涉及国债券、证券等。这些市场的所有行为者，包括银行、保险公司、机构投资者、中介人等，将通过欧元以及相关的市场机制（报价、结算、交割、注册等）从事交易活动。

总之，为尽量缩小过渡期引起的不便，欧盟委员会采取了单一货币逐步推进战略，这意味着不同的部门或方面，将在不同的时间与欧元发生关系。对此，方案着重指出，在第三阶段启动后首先受到影响并应发挥相当作用的，应是两大部门：（1）成员国与欧共体一级的公共机构。其活动涉及的领域颇为广泛，包括立法转变，在实施阶段开始之际即使用欧元（如安排某些采用欧元的支付，特别是付税），在财政运作方面引入欧元，尤其是系统地通过欧元与成员国货币币值的并列显示以知照公民等；（2）银行与金融机构之间，也将针对单一货币政策而导致的市场活动，做出相应的机制调整，主要涉及“易于确认和操作的”各种大额市场活动。为此，委员会方案逐一审查了种种变化对银行系统的影响，包括资本市场、支付体制、账目以及客户等方面，并主张协调在各国当局与专家主持下制定的转变方案，以确保银行与金融界准备工作的整体性、同步性。

尽管大多数企业和广大消费者将在完成阶段才使用欧元（在实施阶段，各国货币仍是银行、企业与消费者之间的主要支付手段），委员会方案还是就此提出了两个建议：（1）企业界应尽快重视单一货币进展状况，并及时采取对策做好准备，以便日后能在货币交易、售货、记账、经费管理、财务活动、人员管理等方面，顺利实现转变。委员会指出，对某些公司而言（如大量从事欧盟内部贸易者），预期在实施阶段即引入单一货币，特别是介入大规模的资本市场活动，将有利于其发展，因此不妨提前实现转变。委员会主张，应尽快在各企业联合会中任命单一货币官员，就欧元实施知照各会员企业。各国亦应确立相应机制，协调私营部门的有关活动。（2）广大消费者最终能否接受欧元，对经货联盟成功至关重要。因此，委员会主张，必须采取各种方式，促使其对这一“史无前例的变化做好充分准备”，包括鼓励公共部门或私营企业者实行双重标价，提供充分的法律保障（如关于消费者所接受的信息内容、欧元与成员国货币兑换率规则等方面的规定）等。为此，委员会表示，拟与消费者组织实行对话，就欧共体硬性规定双重标价的立法达成共识。

（三）完成阶段

欧元作为唯一的流通法币的地位应在完成阶段里最终得以确立。计划这一阶段至迟将于2002年开始，在几周或至多半年内完成。期间，欧元通过其纸币、硬币与各成员国货币的兑换，全部正式进入流通领域，各国货币则退出流通领域。银行与金融体制的各种转变，均告完成。所有支付手段，包括企业界的业务往来和广大消费者的日常支付，全部改由欧元交易，从而标志着经货联盟第三阶段的完成。

委员会方案的提出，大大增加了第三阶段的可操作性与可信程度，对于促进经货联盟终极目标的实现，意义颇大。

五　经货联盟趋同标准

各成员国财政与金融的稳定与趋同，是单一货币启动后维持稳定的基本条件。马约为此规定了4项要求，作为判定一国是否符合进入经货联盟第三阶段的标准。它们分别是：

（1）实现高度的价格稳定，即通货膨胀率不超出价格稳定成效最佳的3个成员国平均值的1.5%；（2）政府财政地位的可持续性：每年政府财政赤字不超过国内生产总值的3%，国债总额不超出国内生产总值的60%。同时又规定，如果一国总债务正在大幅迅速下降而接近于60%，也可以被视为达标；（3）汇率稳定。即一国货币应在欧洲货币体系规定的正常幅度内波动，其间不对任何其他成员国货币贬值；（4）趋同的持久性。主要反映在长期利率水平不应高于至多3个通胀率最低成员国平均值的2个百分点。

经过努力，1999年5月，德、法等11个欧盟成员国被认为已达标，被选定为欧元区的首批成员。希腊因未达标而暂时不能加入，继续实施趋同计划。

六　《稳定与增长公约》之争

《稳定与增长公约》之争主要发生在法、德之间，争论涉及内容较为复杂，反映出两国在经货联盟目标保证、权力结构、欧盟就业权限等方面的分歧。

马约设计的经货联盟模式主要依照德国的设想构建。它在强调欧央行实施单一货币政策以“物价稳定”为“首要目标”的同时，欧盟（在经货联盟实施后）将实行严格的财政纪律。如部长理事会认定一国财政赤字“过度”，可通告对方限期削减；若该国置之不理，欧盟有权实行“制裁”，并规定出处罚措施。但德国仍认为，由于此举须理事会以特定多数通过，并不能保证处罚提案一定被采纳。为此，德国财长魏格尔主张实行更严格的财政纪律，他于1995年提出，成员国之间在签署财政稳定公约，规定财政赤字过度时，一国应自动交纳罚金，以切实保证约束赤字的目的。法国对于德国主张颇持异议，认为未来的欧央行不能成为制定“所有经济政策”的“唯一”权威，欧盟部长理事会应是未来平衡央行的又一政策权力中心；同时，它强调政策目标亦应顾及“增长”与“就业”，而不仅仅是财政“稳定”。法国总统希拉克曾极力坚持，理事会应在决定是否对赤字“过度国”（即超出3%的成员国）实施处罚时享有最后发言权。在经过艰苦的讨价还价之后，法德双方终于在1996年12月的都柏林首脑会议上就公约条款达成协议，并决定其文本经润色后，交由1997年6月中旬的阿姆斯特丹首脑会议正式签署。舆论普遍认为，公约“倾向于德国的观点”，但也适当顾及了法国的主张（如应希拉克的要求，公约名称中加上了“增长”二字，以避免给人以“财政紧身衣”和“扼杀就业”的印象）。

1997年6月初，法国大选后左翼联盟上台，问题再起波澜。以社会党主席若斯潘为总理的法国政府，明确表示要“重新考虑”公约内容，遂使法德矛盾重又尖锐化。基于法国的一贯立场，新政府同样极力主张，要用“欧洲经济政府”去“平衡”“独立的”欧洲央行。同时，鉴于法国等成员国的高失业率，以及各国为实现经货联盟趋同标准紧缩财政所导致的普遍不满情绪，若斯潘政府强调说：“失业”已是事关“欧洲建设的核心”问题之一，故必须采取行动，以促进“经济增长，提供就业机会”。为此，法国于6月12日正式向德国提出公约修改建议：鉴于公约过于注重严格财政纪律，妨碍了通过扩大公共开支刺激增长和就业，因此在公约文本中应增加社会与保障就业的内容；同时法国还又力主在修改马约时应增加就业条款，由欧盟出面采取“具体措施”，包括确定经济政策与提供资金，以“创造就业”。由于法国态度十分坚决，坚持要在阿姆斯特丹会议上获得结果，从而“极大地震动了”其欧洲伙伴们，一时气氛颇为紧张。

面对法国建议，德国表示难以接受，并在会前与阿姆斯特丹会议谈判中，针锋相对地提出了反对意见。德国认为，保持未来欧洲央行的独立性，同时严格控制财政开支，将创造稳定的宏观经济环境，降低利率，促进成员国之间的贸易与投资，增强欧洲竞争力，最终带来长期的经济增长与就业机会。魏格尔与德国外长金克尔等人都指出，扩大开支并不能保证更多就业，法国所提建议已经过时，甚至对法自身亦无好处。同时，德国坚持认为，制定“就业计划必须是（各国）自己的职责”（魏格尔语），不应再在欧盟一级为此确立新的机构和政策；并且强调，作为欧盟的主要净摊款国，德国“已经支付得够多的了”，反对欧盟为任何创造更多就业机会拨款的新计划。因此，魏格尔坚决反对为稳定公约附加任何条件，强调公约“不能受到任何破坏和影响”，并对将“促进就业”纳入马约持否定态度。

尽管会上法德立场对立，但尽快寻求某种解决方案，却是成员国的共识；如期实现单一货币毕竟符合绝大多数成员国的长远利益（若斯潘本人亦明确表示，他赞同按时启动单一货币），如不能达成妥协，势必导致金融市场剧烈动荡，严重影响向货币联盟第三阶段的冲刺。因此，经过轮值主席国荷兰首相科克的多方斡旋（在会前一周即已开始），会议前夜欧盟财长的紧急磋商，以及会议当天卢森堡首相容克的积极调解，终于使解决方案逐步明朗化，最后在16日会议结束时，促成了双方的妥协。

一方面，法国终于同意签署《稳定与增长公约》（同时签署的还有关于汇率机制与欧元法律地位的两个协定），同意未来的欧元区将实施更严格的财政纪律。根据公约规定，只有当国内生产总值连续4个季度的衰退幅度均为2%时（这种状况相当少见），赤字过度国方可自然免除处罚；衰幅处于0.75%与2%之间时，欧盟财长将有权决定是否施加处罚；而衰幅不足0.75%时，过度国将自动接受处罚。

另一方面，会议在就业问题上也顾及了法国的要求。经过修改的欧盟条约，包括了关于就业的新内容。在肯定成员国仍对就业承担主要责任的同时，条约又规定，各国应使自身的就业政策，纳入欧洲的相应战略。此外，在法国的坚持下，会议还通过了政治决议，承诺采取措施促进增长与就业，辅助稳定公约实施；并定于1997年秋季举行促进就业的特别首脑会议。

七　单一货币政策实施方案

（一）方案提出背景

根据规定，经货联盟建设最迟应于1999年1月进入第三阶段，其时欧元启动，欧央行体系开始正式运作，实行单一的货币政策。政策的有效实施，对于保证欧元顺利运行，直至成为欧元区国家的唯一支付手段至关重要。而如何实施，则是欧元启动前必须解决的具有一定难度的问题。此举并无先例可循，需针对欧盟的发展并不平衡现状，在参照各国不尽相同的货币政策的基础上，设计出一套适合欧洲一级实施的可行方案。为此，按照马约规定，欧洲货币局在成立后，经广泛征求意见、认真筹划和反复权衡，做出极大努力，终于先后就政策目标量化、实施战略和工具等问题一一提出具体建议，并于1998年后期获得欧央行批准，从而为单一货币政策的如期实施创造了条件。

（二）“价格稳定”目标的量化

马约明确规定，单一货币政策的首要目标是维持价格稳定。但何谓实现“价格稳定”，条约并未有明确定义，为使政策具有可操作性，必须加以“量化”。这是欧洲货币局着力解决的问题之一。所须决断处在于，是否除“零通胀率”外，“一定程度的低通胀率”，也可被视为稳定目标的实现？对此，尽管存在争论，从实际出发，欧盟还是选择了后者。货币局认为，如确定为零通胀率，可能会造成种种负面影响：由于不能为商品、劳务市场因“质量改进”造成的提价留有充分余地，而可能形成对实际通胀率的高估；当经济面对震荡时，将使“实际通货紧缩的可能性增加，从而对金融稳定产生潜在的破坏性影响”。反之，如确认“一定程度的低通胀率”同样为目标的实现，却颇有好处。除对恢复经济景气的种种益处外，亦是欧盟面对各国间发展差异的一种必然选择。研究表明，同一国家的各地区之间，都可存在较明显的通胀差异，那么，在发展不平衡更加明显的欧盟一级，由于“巴拉萨—萨缪尔森效应”的作用（简言之，该效应是指，在人均产值远低于欧盟平均水平的成员国中，当其制造业更高的工资增长溢出到服务业部门时，会造成后者产品价格上升，最终形成较欧元区平均水平更高的通胀率），各国的通胀差异可能更大，故更有必要为这种不平衡留有一定余地。

从以上考虑出发，欧洲货币局认定，稳定、适度的低通胀率，亦应被视为价格稳定的实现。而根据几年来各国央行之间达成的共识，这种稳定性应具体表现为每年0%—2%的通胀率。因此，依照1998年欧央行的定义，物价稳定的指标应为，欧元区的“消费者价格协调指数”（the Harmonized Index of Consumer Prices-HICP）的年度增长率，以低于2%为准。

（三）货币政策战略选择

由于货币政策传导机制的复杂性与滞后性，如同任何央行一样，欧央行必须确定货币政策战略，即实现政策最终目标的具体途径。这主要涉及两个方面：一是要选定并监督一定的经济与金融变量指标，以有助于货币政策决定的作出；二是确定直接、间接影响各种变量指标的“明确框架”，用以指导政策工具的使用，最终实现政策目标。因此，关于各种变量指标的选择是否适当，包括其与最终目标的相关度、可度量性和可控性等，就成为战略选择的关键，从而最终对物价稳定目标的实现，具有决定性意义。故从1994年至1998年年中，它始终是欧洲货币局的工作重心。

基于各国央行的实践和经济理论，欧洲货币局首先在供筛选的5项战略中，排除了3项（即汇率目标、钉住利率和名义收入目标的战略，因其与实现物价稳定目标明显不符）。其后，又依据衡量货币战略的6项原则，认真考察、比较了其余两项，即以“货币指标”作为中介目标和“直接盯住通胀指标”战略。在对两项战略的选择上，欧洲货币局颇费斟酌，难以决断。

两战略各自的理论依据，实际涉及通胀根源、货币总量与通胀的关系等问题。从操作角度可以说，如更为强调货币总量与通胀的关系（特别是在中长期内），则适于采纳货币指标战略，因为货币供给对央行而言，显然具有更高的可控性，效果也可能更好；而如注重其他因素对通胀的影响，那么更广泛的经济、金融指标的选择就更为合适，理由是依据对其的监控，明确宣布通胀指标区，更易直接建立稳定的通胀预期（但显然央行对影响通胀其他各因素的控制，不能像控制货币供给那样直接、有效）。然而，面对两种选择，货币局真正感到棘手的是，第三阶段启动后所特有的“不确定性”，对于两战略的实施效果，都可能产生影响。

第一，战略实施所依赖的种种“稳定关系”，无论是货币供给与物价之间（这是货币指标有效的前提），还是各种经济与金融指标之间、其各自与物价之间的稳定关系（此为直接盯住通胀指标战略成功的关键），都可能受到“破坏”或“不复存在”。有关文件强调指出，就货币战略而言，与欧元启动“相关的结构性调整”，包括金融市场重组和金融资产的再配置，“古德哈特定律”效应（Goodhart’s law，该定律指出，任何一个经济变量，一旦成为政策指标，将立即改变其行为。这样，一旦货币总量被央行定为指标，其“稳定性”就有“降低的危险”），以及政策传导机制的不确定性等，都可能会“破坏”货币供给与通胀间的稳定关系，最终“降低”其作为“控制通胀手段的有效性”。此外欧洲货币局和欧盟委员会都认为，“引入单一货币”所造成的“结构调整”，亦可破坏“经济总需求与物价”之间关系的稳定性，从而破坏直接盯住通胀目标的“有效”性。

第二，欧元区内本已存在的种种差异，如各国在发达程度、经济与金融环境、央行调控机制、金融市场完善程度方面的不同，都将影响货币政策的传导机制，加剧种种不确定性。欧洲货币局建立的模型表明，由于欧元区核心国和其他国家之间的区别，使得对前者（含德、法、奥、比、荷、卢和爱尔兰各国）在货币需求方面的预测，要较对整个欧元区的预测（即还计入芬、西、葡、意等国）可靠得多。

由于以上原因，欧洲货币局承认，“第三阶段的开始将使两战略的实施都较困难”，故目前“还不能对欧央行体系的战略给予无条件的推荐”。但另一方面，第三阶段的开始又促使其感到，如能同时兼顾两种战略，却不失为一种更现实、有效的选择：二者虽有纯学理上的差别，但也有不少重要的共同点，如都以价格稳定为终极目标，都具有所谓“前瞻性”，都在政策决定时参考诸多指标等。因此，各国央行的战略选择虽各有不同，但在实践中往往要同时顾及两战略的各项监控指标，以加强战略实施的有效性。一个突出的实例是，尽管德国央行以货币指标作为中介目标，但同时也在“以间接方式实施着”“通胀指标”，即它不仅调控货币供给量，也参考其他经济变量，如通胀预期、经济增长率、失业率等。因此，在不确定性增加的形势下，如能两种战略兼顾，将有助于增强货币政策战略的灵活性、包容性和普适性。

欧央行成立后经讨论，最终采纳了欧洲货币局的建议，于1998年底前正式决定，要兼顾两种战略。一方面，在其“决定采纳的货币政策战略”中，强调要“赋予货币以突出作用”，宣布以广义货币总量增幅作为参考值，1999年M3的年增率被确定为4.5%；另一方面，又公布了通胀的年增率（即HICP每年应低于2%），指出在监控货币供给量的同时，对价格变化的预期和对影响价格稳定因素的广泛考量，也将在央行体系的战略中发挥重要作用。

（四）货币政策工具的统一

货币政策工具是在既定战略指导下，央行用以实现政策目标的直接手段。对此，马约虽有框架性规定，但操作细节亦须由货币局设计。欧盟各国原有的金融市场结构、成熟度和政策重心各异，致使货币政策工具的运用，也不尽相同；种种差异性的存在，亦成为欧洲货币局选择政策工具时，所必须考虑的重要因素，因为欧元区各国利益的平衡与协调，以及政策工具的多样性，是政策奏效的必要条件之一。

另一方面，为确保单一政策有效实施，货币政策工具的运用又必须在欧元区内实现相当的统一。欧央行文件明确规定，欧央行体系货币政策在所有成员国（这里指采纳了单一货币政策的各成员国）内的操作，应在一致的条件和环境下进行。经过货币局的积极筹划和协调，以及欧央行的最后确认，统一的政策工具终于得以确立。具体而言，它包括：

（1）公开市场操作（Open Market Operations）。指央行在金融市场上（证券市场）上买卖有价证券、调节信用与货币供给的业务活动。因具有种种优点，它是西方国家央行最重要、最常用的手段。欧央行文件规定，它将在货币政策中“发挥重要作用”，用于“引导市场利率，管理市场流动性，并传递货币政策取向的信号”。欧央行不仅是操作的启动者，而且将决定金融工具的选择及其运用期限和条件。从目标、操作频率和程序上来看，共确定4种方式（采用的金融工具为5种），分别是：①主导型融资操作（Main Refinancing Operations）。每周通过标准招标和证券回购形式，向金融体系提供为期两周的短期融资；②较长期融资操作（Longer-term Refinancing Operations）。形式与短期融资同，但为每月一次，期限三个月；③微调性操作（Fine-tuning Operations）。央行不定期提供或吸纳资金，旨在稳定市场流动性，使之不致剧烈动荡。所采用的金融工具，除回购性交易外，还包括直接买卖、外汇掉期和吸收定期存款。程序为快速招标或双边交易；④结构性操作（Structural Operations）。指欧央行体系为“调整”自身在“银行业中的结构性地位”所采取的措施，定期或不定期地通过标准招标或双边交易进行，金融工具包括回购交易、债券发行和直接买卖。

每周一次的主导型融资，是欧央行体系“提供融资的主要渠道”，故在“实现公开市场操作目标中起核心作用”。由欧央行统一决定并公布资金总额，以招标方式提供，并规定利率标准和资金分配程序（单一利率还是多重利率）。各商业银行则根据自身的资金需求状况，向各成员国央行投标申请，欧央行再根据申请状况统一分配资金。因是回购性交易（即商业银行向各成员国央行出售金融证券而获得资金融通，但同时承诺两周后再将证券购回），故实际上是央行以金融证券作抵押向商业银行提供短期资金。其所采用的利率，即回购利率（Repo Rate），就成为决定银行同业市场短期拆放利率的主要依据。

（2）存贷款便利（Standing Facilities）。为有效控制隔夜市场利率的波动性，“提供和吸纳”大量资金，表示货币政策的基本立场，以使市场利率不致超出欧央行所确定的范围，决定设立存贷款便利。据此，依照欧央行确定的统一贷款利率（Marginal lending Facility），各国央行可向商业银行提供紧急贷款，但必须有充足的金融资产作抵押。此类贷款利率远高于市场利率，因此形成了后者上限；与此同时，还设有存款便利（Deposit facility），吸纳商业银行剩余资金，但其利率远低于市场利率，遂构成后者下限。由此可见，统一的存贷款便利利率，构成了市场利率的上下限，由此为短期货币市场利率确定了波动范围。同时，通过回购利率的统一规定，欧央行要求各成员国央行通过实施公开市场操作，将市场短期利率控制在这一范围内（回购利率在两者之间波动），以实现指导市场利率、管理流动性的重要目标。这正是欧央行统一调控的基本方式。

（3）最低存款准备金要求（Minimum Reserves）。所谓最低存款准备金要求，是指用法律手段规定，所有金融机构都必须将其一定比例的存款存入央行。央行可通过调整存款准备金比率控制货币流量，进而达到控制信贷的目的。在德国央行的坚持下（它认为这可使央行更紧密地控制信贷，并有助于“熨平”货币市场利率），欧央行最后决定，实施这一制度，并统一规定了准备基数和准备金比率（前者×后者=一金融机构应交纳的存款准备金额）。准备基数包括金融机构的所有存款和发行的债券，含用外币计价的负债（但不包括银行间负债，对欧洲央行体系的负债和资产负债表外的所有项目）。规定欧元区内金融机构，都必须将其存款基数的2%，存入当地央行（但对期限为2年以上的负债和回购协议，准备金比率的要求为0），违规者有可能受到罚款、罚息处罚；但央行对准备金支付少量利息。欧央行明确指出，建立存款准备金的目的，除“稳定货币市场利率”外，就是

“创造（或者）扩大结构性的流动性短缺”，突出地表明了当信用膨胀时，欧央行有可能动用这一工具抑制之（但由于其所带来的震动较大，欧央行会谨慎行事）。

为了保证政策有效实施，欧央行还为欧元区内各商业银行和其他金融机构参与货币政策运作的合格资格（包括关于存款准备金制度的要求），以及能够在整个欧元区内用于抵押的合格资产，规定了统一标准（此外还有一类资产的合格标准，由于其对某一成员国的金融市场具有特殊重要性，由本国央行制定，但也须经欧央行批准）。

单一货币政策方案的适时提出，有助于第三阶段的如期启动，也有利于物价稳定目标的实现。

八　欧央行、欧央行体系与欧元体系

依照《马约》规定，为了实现经货联盟目标，“欧洲中央银行”与“欧洲中央银行体系”于1998年6月建立，1999年1月起开始充分行使权力。欧央行是为启动和管理欧元而创建的专门机构，享有独立的法人资格。欧央行体系则包括欧央行与欧盟全体成员国的央行（目前为28国央行，无论该成员国是否加入了欧元区）。根据规定，欧央行与欧央行体系的首要目标是保持物价稳定。在不妨碍这一目标的前提下，应支持欧盟的一般经济政策。欧央行与欧央行体系的建立与运作，对保障欧元启动和单一货币政策实施，发挥了重要作用。

与此同时，尽管欧央行体系纳入了欧盟所有成员国，并强调28国央行之间的协调，但由于不少成员国仍处于欧元区之外，而欧元区17国央行则事实上构成了欧央行体系中的“关键角色”，因为它们彼此间的一体化程度更高，即均已采纳欧元，实行单一的货币政策，在欧央行主管下作为一相对独立的系统发挥着欧元区央行的功能，故长时间以来被称为“欧元体系”（Eurosystem）。《里斯本条约》首次正式采用了这一称谓，特指欧央行与已采纳了欧元的欧盟17国央行。欧央行在“欧元体系”和“欧央行体系”中居核心地位，它既在前者中主导欧元区17国央行之间的紧密合作，又于后者中与28国央行共同发挥作用。欧央行与成员国央行共同实施它们被赋予的任务（参见《欧洲中央银行》）。

九　“欧元俱乐部”之争

“欧元俱乐部”之争发生在以法、英观点为代表的两派之间，反映出未来欧元区首批成员与非成员之间在经济政策协调和决策机制安排上的分歧。

1997年12月的欧盟卢森堡首脑会议，原定集中讨论欧盟东扩进程的启动问题。但实际上首先进入谈判的却是“欧元俱乐部”之争。其时，随着经货联盟趋同进程的顺利进展，欧元如期启动的确定性已越来越明显。无论从主观意愿，还是从客观条件来看，以法、德为首的欧盟11个成员国，将有望成为货币联盟的首批成员（关于这一问题的最终决定，欧盟将于1998年5月上旬作出）。而英国、丹麦、瑞典和希腊四国，则至少不愿首批加入或不具备加入条件。这样，欧元的启动，将使欧盟成员国有货币联盟成员与非成员之分，进而使得成员之间的经济政策协调，以及成员与非成员之间的关系问题，提上了议事日程。针对这一前景，法国和卢森堡在会前曾主张，应建立一非正式的、由单一货币成员组成的俱乐部，即所谓“欧元俱乐部”，讨论成员之间的经济政策协调，如就业、税收、汇率和宏观经济政策的其他方面等；俱乐部仅对其成员开放，非成员不得参加。这意味着英等4国将被排除在外。

这一主张引起英国强烈反对。布莱尔首相指出，欧盟经济—财长理事会才是所有成员国讨论经济政策的机构，“不能有小型俱乐部来尝试接管欧盟经济政策的管理实施”。如果建立“欧元俱乐部”，处于“加入（货币联盟）前”阶段的国家不应受到歧视，拥有当然的“权利”并参加它举行的任何讨论。否则，俱乐部的建立，只会造成欧盟“分裂”，使非成员沦为欧洲的“二等公民”。布莱尔态度十分坚决，会议召开前除积极争取其他成员国支持外，又明确表示，他将在会议上坚持强硬路线，以“反对双层欧盟的发展”。

法、英双方观点在12日的首脑会议上进行了长时间的激烈交锋。法国领导人坚持，鉴于货币联盟涉及问题的特殊性，其成员应当单独讨论相关的经济政策，非成员不应拥有当然参加的权利；但作为妥协方案，法国又提出，俱乐部成员可以向非成员提供与货币联盟有关的信息，如欧洲央行的汇率政策等；同时，也可邀请非成员参加一般性问题的辩论（如就业问题）。然而，是否发出邀请的决定权，则属于俱乐部成员。法国的主张得到了以德国为首的大多数成员国的赞同，对英国形成了巨大压力。布莱尔在会上反复申述其立场，并获得丹麦、瑞典和希腊3国的明确支持（由于和英国的传统联系，爱尔兰也在一定程度上同意英主张）。

作为欧盟轮值主席国，卢森堡首相容克一直试图协调双方观点，并在会上正式提出妥协方案，供与会国讨论。最后，在德国总理科尔的大力促成下，成员国终于在卢森堡方案的基础上，于12日的会议结束前达成协议。一方面，会议有关决议指出，货币联盟“将使得欧元区成员国的经济更紧密地联系在一起”，它们“之间的经济政策”需要“更密切的协调”，因此，“欧元区参加国的部长们可以在彼此之间举行非正式会晤，讨论他们关于单一货币的共同的和特定的职责”；但决议又指出：货币联盟成员与非成员在“经济与货币事务方面的相互依赖同样是强有力的”，“每当涉及与共同利益相关的事务时，它们将由成员国的所有部长们讨论”，“经济—财长理事会是被授权制订和通过……总的经济政策指导方针的唯一机构”。由此可见，决议试图在双方立场之间寻求某种妥协，英国获得了对欧盟部长理事会地位的保证和对俱乐部的“有限进入”；而法国等则获得了对俱乐部合法性的承认，并对“哪些国家参加，拥有最终的决定权”。法英之争的妥协，不但为各国于次日集中讨论东扩问题，扫清了障碍（此次首脑会议的最终结果，被认为是标志着“欧盟东扩进程的启动”），而且有助于明确未来欧盟欧元区成员内部及与非成员之间的政策协调方式。

第五节 金融危机与欧盟的协调应对举措

2008年9月以来，因住房次贷危机引发的美国金融风暴，迅速席卷全球，至今余波未平，被视为百年所罕见。欧洲则更是首当其冲，银行系统与实体经济均遭重创。先是金融市场剧烈动荡，股市暴跌，市场信心严重受挫，银行系统流动性极为短缺，运行趋于瘫痪；既而经济衰退出现，失业率迅速上升，社会产生剧烈动荡。面对金融与实体经济的双重震荡，欧盟各国无不痛感冲击剧烈，压力巨大，不得不尽快采取措施，全力加以应对。但一贯强调经济政策协调一致的欧盟各国，在救市之初并未协调彼此举措，而因各行其道出现了无序与纷争，引起普遍关注。但在内外因素推动下，特别是经济一体化深层结构性效应的显现，欧盟成员国终于决计谋求共同应对，在金融、实体经济和涉外三大领域，走向了行动协调，直至深化一体化举措。这一进展意义重大。它不但对于欧盟的危机应对，而且对其日后发展，都将产生深远影响。

一 从“各自为战”到谋求协调应对

从根本上讲，成员国危机乍起时选择自行救市，直至最终走向行动协调，与欧盟所处的特定历史阶段、金融风暴来势与应对举措要求，都密切相关。

由于此次危机起自金融部门，且来势凶猛，故各国最初的应对举措，主要是奋力拯救银行系统。其核心做法是，由政府直接出资，购买欧洲重要商业银行股权，为银行中期债券提供担保，提高储户存款保证金额度等。这些举措的实质与最终目的，是要暂时以政府信用保证商业信用，防止银行遭受挤兑和破产，促进同业拆借，以求恢复市场信心，增加流动性，最终恢复金融系统稳定，防止其冲击到实体经济。

成员国最初在行动中互不通气，各行其是，明显缺乏整体协调。在9月底至10月上旬的约10天内，爱尔兰出于对“银行崩溃的恐惧”，“率先打乱了欧盟队形”，决定援手本国六大银行；英国将布拉德福德—宾利银行收归国有；德国政府向地产融资抵押银行注资等，都是突出实例。在欧盟决定走向协调之前，不少成员国已提出了第二轮担保承诺。甚至在谋求合作的4大国会议（10月4日）上，德国不仅明确拒绝了法国有关建议，使之以“失败”告终，且于次日即宣布了本国巨额自救方案。此种自行救市状况的出现，引起了欧洲内外的广泛关注。欧洲有评论指出，“破坏性的不和谐占据了统治地位，欧洲政府宣布了以邻为壑的计划，为它们当地银行的存款提供担保”。情况是“如此严重”，尽管欧盟领导人习惯于谈论“集体行动”，但他们“各自”采取了“五花八门的国家计划”。总之，各国的仓促应对与混乱无序，成为当时事态发展的重要特点之一。

这种状况的出现，并非偶然，而是各种重大、深层结构性因素——包括内外两个方面——交互作用的直接反映。概而言之，有以下几点原因：首先，尽管欧盟一体化已颇具深度，甚至达到经货联盟水平，但从政治上看，民族主权国家仍是其基本构成单位，并无统一的欧洲政府。这意味着，各国政府仅对本国负责，最大限度实现自身利益诉求，仍是各自考虑问题的首要着眼点。其次，从经济角度讲，虽然经货联盟已经建立，货币政策转至欧洲一级，但财政政策仍在各国政府手中。斥资救市涉及财政、金融政策，属成员国权限范围。再次，此次金融危机来势迅猛，冲击力大，各国银行系统随时有崩溃之虞，要求迅速做出反应。因为动作快捷与否，往往是决定成功的关键因素。最后，各国经济与市场结构不尽相同，所需采取举措，必然具有差异性。而只有本国政府，最了解自身状况，有望使措施更具针对性。总之，以上诸因素的存在，使得各国争相自保，亦在情理之中。故法国总理议会演讲时曾辩称，成员国政府在拯救各自银行时“率先行事”，是“符合逻辑”的。

然而，随着形势进一步发展，欧洲经济历经不断整合后的结构性效应，亦开始凸显。如前所述，欧盟的核心目标，是打破民族国家界限，建立统一的经济空间乃至政治实体。半个世纪以来，它已实现了三次重大的历史性飞跃，经关税同盟、共同市场而发展到高级的经货联盟阶段。一体化发展程度越高，成员国间的市场连接越紧密，越有两个支撑点需要得到加强：一是确保欧洲一级的市场秩序，防止竞争扭曲，以维护欧盟赖以存在的基石；二是促进各国经济政策的协调（除某些单一、共同政策之外）。因为在“市场失灵”之处，必然有政府干预。如能加强欧洲一级的协调，除防止竞争扭曲外，还有望放大政策效应。在这两点的交互作用下，一个不断得到丰富、极为庞大复杂的机构、制度、规则、政策的欧洲治理体系（或者说是治理网络），已然得到确立。与此同时，随着不断深化与扩大，欧盟在国际舞台上的地位与作用，也日渐提高。

在这种背景之下，尽管地位、利益不尽相同，分歧、争论在所难免，但危机越是深重，所要求的回应力度越大，越使各国深切感到，在欧洲今日的利益与治理网络之中，任何成员国都已无法置身其外，完全单独应对危机，否则会动摇欧盟存在根基，影响各国的共同和长远利益。反之，若能在欧盟层面加强政策的协调、统一，则不但可抑制各自为战的负面效应，维护共同市场，还将提高成员国的行动效率，加大应对力度，最终使得欧洲能够更快走出危机，进而在国际舞台上发挥更大作用。为此，在委员会的大力推动下，欧盟各国终于决计谋求共同应对，无论是在内部的金融和实体经济领域，还是在推动国际金融体系改革方面，都采取了一系列重要的协调举措。

二　协调救市举措，加强欧洲的金融“规制”与“监管”

危机本身及各国应对均始自金融系统，故在该领域中的协调，就成为各国走向共同应对的起点和两大重心之一。10 月 7 日欧盟 27 国财长会议的举行，通常被视为成员国谋求合作的开始。会议决定指出，成员国将协调各自的救市举措。10 月 12 日，欧元区 15 国于巴黎举行了“有史以来的首次峰会”，发表了著名的《欧洲协调行动计划声明》。声明强调指出，鉴于危机之深重性，各国实行“协调”已“刻不容缓”，应“坚决、全面地采取共同行动”，以“恢复信心和金融系统的正常运行”，避免其“蔓延”到“实体经济”。为此，就各国可以实施的相关举措，做出了明确规定，旨在保证行动的“统一性”；同时声明还呼吁，非欧元区成员应同样“采纳”有关“原则”，以使“欧盟能作为整体统一行事”。据此，委员会于次日即出台了有关规定，力求保证协调力度。15—16 日，欧盟举行布鲁塞尔首脑会议，最终“确认”了欧元区决议的“原则”与“机制”，决计以“一种协调和全面的方式”，显示 27 国的“团结”，并就未来的行动计划，表示了认可。至此，成员国通过不懈努力，终使局面逐步得到扭转，确立了共同应对金融系统危机的基本框架。根据以上安排，欧盟及其成员国的协调举措，主要包括以下两大方面。

（一）协调各国直接救市举措，强调保证市场公平竞争秩序

欧洲救市做法的实质，是各国直接干预金融市场，试图暂时以政府信用保证商业信用，最终恢复金融系统的正常运行。举措力度之大，手段之多样，影响之深广，都属罕见。因此，若不能迅速加以有效协调，制定共同行动框架，各国政策极可能相互制约，效力彼此抵消，特别是严重影响到公平竞争秩序；反之，则不但有助于巩固共同市场，还有望实现良性互补，强化成员国政策的总体效应。欧元区 15 国声明及其得到 27 国认可，被认为是欧盟实现了“联合救市”的标志性步骤。声明“就协调行动的指导方针达成共识”，针对各国举措的

目标、手段、机制、条件与期限等方面，作出了统一规定，具有重要意义。对于共同框架的确立，法国则更是“欢欣鼓舞”，除认为它体现了欧洲的“整体应对”之外，甚至视之为一个“欧洲经济政府”诞生的标志。

与此同时，为保证“危机有效管理”和“经常和即时的监督”，根据欧洲理事会决议，成员国还建立了快速应对“机制”，由欧盟轮值主席国主席、委员会主席、欧央行行长和欧元集团主席组成，以促进各国信息交流，必要时协调彼此行动。

这一协调框架的确立，对于巩固欧盟存在的基石，即维护欧洲市场的公平竞争秩序，具有重大意义。这是因为，《罗马条约》专门就内部竞争政策，作出明确规定。其中为防止竞争扭曲，对所谓“国家援助”（即各国政府对本国企业扶持）的限制，又构成该政策中的核心要求。而各国此次竞相自救，则可能严重违背这一要求。

委员会担心，尽管《罗马条约》允许经济严重动荡时，各国可采取救助举措，但如实施过度，将造成竞争严重扭曲。随着各国措施出台，特别是动用国家财政补贴，为银行提供担保，这种苗头已经出现。例如，仅扶持本国金融机构，势必“不公平地吸引额外的新业务”，对其他成员国银行造成“歧视”（最突出的实例，莫过于爱尔兰最初为本土银行提供担保时，吸引了英国资金大量流入，引起英政府的严重不安）。如再考虑到各国承诺的救助总额，达 2 万亿欧元之多，则问题的潜在严重性，不言自明。为此，欧盟各国承认，应尽快协调成员国救市举措，以维护公平竞争原则，保证单一市场顺利运行。委员会则及时出台了相关规定，旨在使各国在大力救市时，“尊重欧盟的国家援助规则”，“避免竞争过度扭曲”。这也构成了最具实质性、最有法律约束力的协调举措。主要内容包括：

（1）除确认各国可行的救助措施（如政府为银行提供保证或调整其资本结构等）外，为防止竞争扭曲的负面效应出现，委员会明确规定，各项措施必须符合相应条件，以与稳定金融市场的目标相称，并具体列出了 6 项保障性原则。即确保受援资格不以国籍为基础，各国计划应有实施期限，扶持规模不得超出实际需要程度，鼓励私人部门参与，防止受益者滥用国家扶持，金融部门（特别是依赖国家干预的私人机构）应有适当后续性举措以推进结构性调整等。

（2）为保证“遵循”上述规定，各国在制定救助计划时，可咨询委员会。后者将指导前者作出必要调整，以便在计划草拟阶段，就与规定保持一致。尤为重要的是，根据条约赋予权限，委员会拥有对各国计划的监督、批准权，即成员国在计划最终确定之前，应提交委员会进行审核、批准（委员会表示，只要符合条件，批准程序将非常快捷。若情况允许，24 小时内即可完成）。为此，在规定发布后，德、法、英等都迅速递交了本国方案。14 日英国的计划即告获准。值得指出的是，根据委员会要求，爱尔兰修正了自己的方案，包括承诺对所有活跃在本国的成员国银行（当然含英国银行），都给予政府担保，最终也获批准。

（二）启动金融改革，推进欧洲层面的“规制”与“监管”

这是危机推动欧盟走向一体化深化的最突出体现。此次危机直接源于金融系统动荡，进而剧烈冲击到实体经济，对于欧洲而言，可谓创巨痛深。因此，如何防止和应对金融风险，保证危机不再发生，就成为欧盟深入思考的重心所在。欧盟各方均承认，规制失当与监管不力，是风险酿成的要因。而与此直接相关者，是欧洲层面“规制”与“监管”的缺乏：

一方面，随着四大自由（特别是资本与服务自由）的推进，欧洲金融服务市场（包括银行、保险、证券业）的整合颇有进展，大型跨界机构日益增多；而另一方面，欧盟实行“母国控制”原则（即凡建立跨境分支提供服务的金融机构，一律由母国负责规制与监管），并无统一的“规制”与“监管”框架。此次危机表明，这种状况的存在，既妨碍风险防范与危机管理，又有悖市场公平和效率原则，最终影响到金融体系稳定。这是因为：（1）各国管制力度不同，监管制度较为宽松的国家一旦出现问题，会很快波及整个欧盟；（2）即便力度大者，亦常仅严管本土机构，境外监管则流于形式，导致了风险酝酿；（3）东道国与母国纷争日多，因无裁决机制而久拖不决，影响系统稳定；（4）有关报告明确指出，各国规则缺乏协调一致，乃至大相径庭，将直接导致：单一金融市场（这被视为“欧盟的关键特征之一”）“不能适当运行”；金融机构间竞争扭曲，鼓励规制套利。对跨国集团而言，妨害效率和其对风险管理和资本配置的通常做法，且跨国机构的危机管理也更加困难。为此，谋求加强欧洲的“规制”与“监管”，就成为自危机爆发以来，欧盟最为突出的动向之一。

早在2008年10月，委员会即授权一高级小组（即著名的德拉罗西埃小组）研究此事。2009年2月25日，该小组在分析危机原因之后，就规制与监管改革提出一整套建议。3月4日，委员会文件对该小组报告结论表示赞同。与此同时，根据小组意见、各方共识和形势需要，委员会先后提交诸多立法建议，涉及规制改革各个方面，如信用评级机构、保险、巴塞尔Ⅱ的指标要求修订、证券化产品、市场会计规则、投资基金（包括对冲基金）和私募基金、衍生品市场透明度、和金融业高管薪金等。

2009年5月27日，委员会终于提出《欧洲金融监管》行动计划。这一“里程碑”式的文件明确指出，“以国家为基础的监管模式”已落后于现实，导致“金融监管的重大失灵”，以致无力“防止、管理和预防危机”。为此，将通过机构与制度创新，建立欧洲层面的“监管框架”。其核心内容是要建立对欧盟负责的“两大新支柱”，即“欧洲系统性风险理事会”（ESRC）与“欧洲金融监管体系”（对设立两支柱的理由，其作用与职责，构成和职能、运行程序与欧盟法基础等，文件均作出了详尽规定），意在消除现有弊端，真正实现从宏观到微观的全面、有效监管。值得指出的是，2009年6月的欧洲理事会决议，对计划表示了赞同（尽管由于英国等坚持，承认新监管机构的“决定不得以任何方式侵害成员国的财政职责”）。根据计划，关于设立新型监管机构的立法建议，于9月下旬为委员会所提出，并在12月初获部长理事会确认。按照安排，除系统性风险理事会外，为保证欧洲金融监管体系实施，应于2010年设立者，还将包括“欧洲银行业监管局”（The European Banking Authority-EBA），“欧洲保险与职业退休金监管局”（The European Insurance and Occupation Pensions Authority-EIOPA）和“欧洲证券与市场监管局”（The European Securities and Markets Authority-ESMA）三大机构。

三 实体经济危机协调应对计划

继救市举措之后，积极协调应对实体经济危机，很快构成欧盟活动的中心内容。2008年10月上旬，27国财长会议就此达成共识。中旬的首脑会议决定，除金融业外，还将提出经济刺激方案，并要求委员会考虑相关建议。后者于10月29日提出的计划纲要，已涉及“实体经济问题”。此后，欧洲理事会于11月初要求委员会提出正式建议，以供讨论。11月26日，委员会提出了《欧洲经济复苏计划》。在12月11—12日会议上，经理事会讨论后，该计划获得批准，进入了启动、实施阶段。可以说，这是自经货联盟（乃至欧共体）起步以来，欧盟对经济危机作出“协调回应”的首例“全面行动计划”，无论对摆脱当前困境，还是从一体化发展趋向看，都具有重要、深远影响。

值得强调指出的是，这一欧洲层面复苏计划的提出，有其内在的必然性和迫切性。危机影响的深重性（特别是所有欧盟大国都受到强烈冲击），使得欧洲必须动用一切手段，全力加以应对。而任何应对举措，都必然要围绕着一系列重大问题，包括经济发展战略，政策手段（货币或财政政策，以及其他辅助性政策等），资金调配、实施效应与运作机制等，做出相应抉择。在经货联盟框架内（如前所述，联盟的两大支点，将欧盟所有成员紧密联系了起来），因受到其复杂的治理体系及相互影响的制约，任何国家都已无法单独行事，只有谋求欧盟一级的协调，才可望避免相关举措中的负面影响，产生最大应对效果。也正由于这一原因，作为欧盟共同利益的代表，委员会才成为其制订协调计划的最佳机构。

作为谋求共同应对实体危机的核心举措，《欧洲经济复苏计划》集中反映出欧盟一级的行动方案。该计划产生的背景与主要内容如下：

随着金融危机发展，欧洲实体经济所受到的冲击，也日益显现。欧元区继2008年第二季度的负增长之后，第三季度负增长再度出现。这是自1999年启动单一货币以来，经济首次连续两个季度下降（这通常被认为是衰退出现的标志。委员会亦承认，欧元区和几个成员国已经“步入了衰退”）。而衰退威胁在整个欧盟的出现，特别是失业率随之再度上升，引发了欧洲的强烈不安。因为它对其经济发展战略，构成了严重挑战：欧盟《里斯本增长与就业战略》（2000年启动并于2005年修订）的两大核心目标，就是在确立知识型经济的基础上，实现经济持续高增长，最终创造更多的优质就业。显然，衰退与失业压力加大，是对两大目标的直接否定。欧洲汽车和建筑业遭受重创，经济信心指数降至“历史新低”，都使欧盟面临着“最为严峻的形势”。而更令人担忧的是，如任凭事态发展下去，势必触发需求下滑、投资削减、创新萎缩和裁员增加的“恶性循环”，将欧盟“推入更持久的深度衰退之中”。因此，必须立即采取有力措施，遏制形势“进一步恶化”，很快成为欧盟各方共识。正是在这一背景下，谋求协调应对的复苏计划，终于及时提出，并很快获得欧洲理事会的批准。

从欧盟的基本战略出发，将短期需要与长远目标结合起来，是复苏计划最为突出的特点，集中表现为两大“战略性目标”的提出。一方面，针对当前经济形势，委员会建议成员国立即做出回应，实行有力的财政扩张政策，尽快刺激需求和信心回升，遏制衰退趋向进而推动复苏；另一方面，为提升欧洲的长远竞争力，欧盟将以此为契机，大力推动“结构性改革”和“聪敏型投资”，促进创新和知识经济发展，以在未来的全球化激烈竞争中立足，最终实现持续增长和就业。委员会反复强调说，应动员“所有可以利用”的手段，推动“战略性目标”的实现；而保证各种关系的有效“协调”，则又是目标实现之“关键”。其中最为重要者，是力求将欧盟与成员国、各国之间在政策实施、资金配置方面的各项举措，协调为一个相互配合的有机整体，使之达到效应最大化。基于目标的提出，计划的重点内容，特别是涉及协调实施的有关安排，亦分为两大部分。

（一）成员国立即启动并协调财政扩张政策，尽快推动需求增长和恢复市场信心

如何阻止经济不断下滑，缓解失业压力，是欧洲首先必须应对的严重挑战。问题的严重性在于，促进增长的三大部分，即消费、投资与出口，都处于严重萎缩之中；三者中的出口，又因世界性衰退而无力迅速恢复。因此，如何通过政策干预以推动前两者增长，就成为解决问题的关键所在。而在目前形势下，欧洲利用货币政策的空间，亦颇为有限。这是因为：①通过降息增加货币供给的基本条件之一，是商业银行系统的正常运行，因受金融风暴冲击，银行自身遭受重创，流动性极为短缺，难以推动消费和投资。②就欧元区的单一货币政策而言，其首要目标是抑制通货膨胀，尽管欧央行已在降息，但调整空间毕竟有限。因此，选择财政扩张手段，包括减税（有望刺激消费）和增加政府开支（直接促进需求和就业；且因私人投资信心不足，几无“挤出”效应），遂成为委员会建议中的重大举措。

计划指出，“迅速刺激需求和提高消费者信心”，是欧盟计划的首要“战略目标”。在当前形势之下，推动信心的主要手段，是要通过各国的“财政政策”，将“重大的购买力注入经济”，使之在“维持增长方面”，发挥“更为重要的作用”。为此，委员会建议，成员国应即刻启动“协调的财政刺激一揽子方案”：各国在2009年预算框架内，实行刺激性政策，扩张总额应达1700亿欧元（占欧盟GDP的1.2%），使之对欧洲的经济和就业迅速产生重大、积极的影响。

针对财政手段属各国权限，且利益诉求不尽相同的状况，委员会特别指出了方案的可行性。在所有成员国都需采取行动的大背景下，其一，该计划并非“零和游戏”，即由各国向一中央“钱罐”支付，一国支付额少则意味着它国相应增多（德国曾拒绝过法国此类建议），而是欧盟作出回应的总体框架。各国在最大限度支持自身的同时，亦“帮助”了其他成员国。其二，亦非“通用型”（one size fits all）方案，即要求所有成员国采取同样步骤，而是顾及了各国间的差异，如财政地位与前景，金融和经济危机形势，是否要纠正宏观经济失衡等因素。成员国可根据本国状况，自行决定要采取的行动或措施组合（同时应考虑它国诉求）。

但与此同时，委员会又强调说，各国财政扩张时应注重“协调”，极具必要性与合理性，因为它直接关乎政策的联动效应。因此，成员国之间的协调至关重要，特别是在各国财政扩张空间“非常之不同”的情况下。为了实现有效协调，计划明确提出，各国在实行扩张时应遵守下列“共同原则”。

1. “及时性”、“针对性”及“收入与支出手段混合使用”原则。所谓“及时性”是指刺激举措应真正于需求下降之时启动，以能及时起到支持经济的作用；“针对性”则规定扩张行动应指向遭受重创的领域，如用于扶持就业、资金紧缺的公司/家庭或结构性改革等，旨在使有限财源的“稳定效应最大化”。至于扩张手段范围，计划虽认为可以“收入”与“支出”并举，但更强调了后者，因为它有助于：（1）刺激短期需求（减税节余可能被用于储蓄而非支出，除非其具有时限性）：迅速用于遭受重挫家庭的开支（如临时增加对失业者或低收入家庭的转移支付，或延长失业救济期等），可直接促成消费；（2）支持欧盟共同政策的长期目标，如改善基础设施建设、应对气候变化等；（3）提供“担保和贷款补贴”，以补偿信贷风险贴水，资助公司短期运营资本和“融资激励”等。另一方面，委员会指出，亦可考虑“减税”和“降低社会负担费用”等手段，因为前者将提高低收入劳动者的购买力；后者则对雇主保留和创造就业具有积极影响。计划特别提出，可迅速暂时削减增值税以刺激消费。又据委员会称，已就一系列减税计划提出了建议（含永久削减劳动密集型服务增值税指令）；有待提出者则涉及建筑业的绿色产品和服务增值税税率（但因税收不属共同体权限，最终将由成员国决定是否采纳）。

2. 坚持《稳定与增长公约》。这为委员会所一再强调，实际上与诸多要求直接相关（包括“临时性”和“协调性”原则）。众所周知，公约产生于20世纪90年代后半期，规定成员国财政赤字不应超出本国GDP的3%，旨在严格经货联盟的财政纪律。而根据2005年的修订条款，允许成员国在经济低迷时，享有更多的“灵活性”，即赤字可超出3%；但于复苏时必须予以纠正，纪律约束也更趋严格。委员会指出，鉴于目前属“金融与实体经济均遭重创的非常时期”，应“充分利用”灵活性规则，实行财政扩张，进而可能冲破赤字限制；但计划又反复指出，扩张仍以公约规定纪律为框架，即赤字过度国必须适时予以纠正（虽然时限可适当放宽），以确保其财政地位的“长期可持续性”。

计划因而要求，凡将采取反周期措施的成员国，应于2008年12月底前，提交“经过修订的”的“稳定”或者“趋同计划”，阐明扭转财政恶化的具体举措。委员会则根据最新预测，对刺激措施和计划予以评估，并就适当的做法提供指导。评估所依据的标准是：（1）保证短期内赤字扩张的可逆转性；（2）通过加强成员国财政规则及其框架，改进中期的财政政策制定；（3）确保长期财政地位的可持续性，特别是通过改革抑制与年龄有关的开支增长。

3. 辅之以“结构性改革”举措。计划指出，财政手段虽主要着眼于短期效应，但亦可同时发挥长远影响，促进各国的“结构改革议程”（详下），加强欧洲经济的“弹性”与“灵活性”，最终促进竞争力的长久提升。这是因为，某些结构性改革同样有助于：（1）短期内推动总需求；（2）触及当前危机的根源所在，具有了现实“必要”性；（3）强化迅速复苏所需的经济调整能力。

计划建议措施包括：改善市场运行，维持了消费者购买力（因降价而维护了家庭需求）；促使竞争力得到提高：一些成员国有通胀和竞争力不足之忧，需采取紧急措施，加强工资确定机制与生产率提高之间的联系；支持就业和劳动力市场转型（当前的主要问题是，避免某些产业因受短期需求震荡影响而裁员所造成的劳动力浪费。方法是调整劳动时间安排，或增加就业服务中的灵活性）；降低企业规制和管理负担：这有助于提高生产率和竞争力，为此应缩减开办企业所需时间。

（二）启动“里斯本战略”优先活动领域，直接推进“结构性改革”与“聪敏型投资”，加强欧洲长远竞争力

毋庸赘言的是，一项具有深远意义的复苏计划，应将欧盟的当前需要与长远目标结合起来，真正实现其“可持续发展”。故计划的又一“战略目标”和基本内容，就是力求“化危险为机遇”，推进欧洲未来竞争力的提高。如前所述，作为一项发展经济的根本战略，“里斯本战略”力求以知识经济为基础，大力加强欧盟的比较优势，使之成为世界上最具竞争力的实体，相应的行动计划也由此得以制定、推行。经2005年的修订与重启，新战略更是将实现经济持续高增长，创造更多优质就业，作为两大核心目标与实施重心（同时在政策上强调经济、社会、环境三个目标均衡推进）。为此，欧洲拟大力促进“结构性改革”，加强对某些关键产业的投资力度，特别是在极具发展潜力的节能技术、清洁能源和低碳经济领域，以占领未来经济竞争中的制高点，在未来全球化的激烈竞争中立足。

由此亦可看出，“里斯本战略”为欧盟将短期与长远考虑的结合，提供了一个统一的框架，两者在这一框架中，彼此“相互加强”。其一，从目标看，恢复增长与就业以遏制衰退，无疑是复苏计划的直接目标；而这显然与里斯本战略的核心目标相符；反之，使走出危机后的欧盟“更加强大”，亦是复苏计划考虑的长远目标，也同样是“里斯本战略”的目标取向。其二，从手段看，一方面，委员会计划之实施，从“短期”和“长期”两个方面，“广泛加强”了里斯本战略（委员会语），因为它推进需求和维护了工作岗位。其战略领域中的投资，不仅可创造即时就业，且有助于实现可持续繁荣。此外，计划中对研发、创新的投资，还将使里斯本战略的重点（知识经济）得以加强；另一方面，委员会指出，里斯本战略之推行，同样有助于复苏计划的成功：①部分是由于战略实施，许多成员国享有了财政运作空间（欧元区政府的赤字总额，已从 2004 年的近 3%，降至 2007 年的 0.6%），致使“欧洲的基础性竞争力”，在危机前就“得到了加强”。②如前所述，某些战略举措，同样可刺激短期需求，乃至为解决根源性问题创造条件。③更为重要的是，推行里斯本战略的机制性安排，包括委员会评估，成员国彼此监督（多边监管），理事会对国家特定建议的采纳与实施，对复苏计划下的措施协调和充分实施，都具有重要意义。

总之，正是基于两者间的内在统一性，委员会文件一再强调说，计划必须同时考虑到欧洲经济的长远发展，促进“欧洲长期竞争力”的提高，以有力应对“未来”全球的“挑战”。为此，必须按照“里斯本战略”要求（除配合某些短期需要外），实行“必要的结构性改革，扶持创新，建设知识型经济”，并“加速走向低碳经济”。为了实现这一目标，欧盟将支持“聪敏型投资（smart investment）”，作为计划实施的“两大支柱”之一（委员会明确指出：第二根支柱基于“加强欧洲的长期竞争力需要方面”，“将短期行动引导到聪敏型投资”）。这种投资的对象是指代表经济发展方向、具有潜力和远大前途的新兴技术和产业，从而可更好促进经济增长，创造更多的优质就业岗位。计划列举出的领域包括：适用于明天需要的技能，节能技术（以创造需求和提高能源使用效率）；清洁技术（促进未来低碳市场中的建筑业与汽车业）以及提高效率和创新的基础设施与链接项目。

为配合各国政府实现上述目标，复苏计划规定，欧盟将通过自身的“政策”和“基金”，即出资 300 亿欧元（占成员国 GDP 总额的 0.3%，来自欧盟预算与欧洲投资银行），直接推动投资方案实施，主要用于各国财政刺激政策的前期投资（以收“催化剂”之效）；为未来投资创造框架性条件；和降低行政管理成本、加速创新的举措。作为里斯本战略年度计划的组成部分，计划规定，委员会将于 2008 年 12 月 16 日为每一成员国单独颁布报告，就其所应采取的具体措施提出建议。根据该战略所确定的“四大优先行动领域”，委员会共提出了 10 项行动计划。各项行动之间具有内在联系，构成了一个有机整体。

第一，民众。作为战略的核心目标与危机难点，委员会将缓解失业对民众之冲击，置于极为重要的地位。计划指出，欧盟应与成员国积极配合，采取各种行动，如通过激活性措施、再培训和技能升级来促进就业，确保下岗工人迅速回归劳动力市场以避免长期失业等。计划同时指出，提供工作激励的充分社会保护，对于保持购买力亦同等重要。

出于以上考虑，计划拟采取两项重大行动。其一，欧盟将“启动一项重大的欧洲就业扶持计划”：委员会提议简化“欧洲社会基金”扶持标准，自 2009 年初起，提前支付成员国 18 亿欧元，用于各种促进就业举措；还将建议修改“欧洲全球化调整基金”规则，以更迅速地干预众多就业计划；其二，创造对劳动力的需求：要求成员国考虑降低雇主对低收入工人的社会负担费用，以提高后者的可雇佣性；并要求理事会应于 2009 年欧洲理事会春季会议前，通过拟议中的指令，使劳动密集型服务增值税税率的降低持久化。

第二，企业。计划指出，企业同样遭到了金融危机重创。鉴于目前信贷急剧萎缩，促进“企业充分和支付得起的融资”就成为促进私人部门投资、增长与创造就业的先决条件。各国需对银行系统提供财政扶持，确保信贷活动走上正轨。欧盟和成员国将采取紧急步骤，降低中小企业和微型企业的行政负担，特别是要快速实行委员会的有关建议。为此，“欧洲小企业法案”将尽快得到实施。同时，针对欧盟的国家援助规则，委员会指出，鉴于企业当前主要关注于资金获取，委员会将拟订允许国家实行扶持贷款的临时指导方针（见下）。计划建议的行动领域包括：

（1）扩大企业融资通道。欧洲投资银行已集资 300 亿欧元，用于中小企业贷款（较通常借贷增加

100 亿欧元）；同时，每年还将各追加 10 亿欧元，用于为中等规模公司（这被视为“欧盟经济的关键企业”）提供贷款和支持“欧洲投资基金”。再者，委员会还将提出一系列简化程序，旨在“提高涉及国家援助决策的速度”，并“临时授权成员国放宽公司融资的渠道”。

（2）降低行政管理负担，促进企业发展。这是根据“小企业法案”所采取的措施，主旨是促进现金流动，和帮助更多人从事企业经营。具体建议欧盟和成员国应在 5 个领域采取行动。

第三，基础设施与能源。计划认为，世界经济正开始向低碳结构转移，这为欧盟创造新企业、新产业和数百万高收入就业，提供了机遇。其中的“基础设施”和“能源”部门，则更应成为投资重点。关于后者，计划指出，实现效益最大和成本最小化的关键，是促进节能技术的发展，诸如在建筑、照明、降温、加热系统、汽车、机械等领域，而且这对于家庭和企业，短期内就可产生积极效应。至于前者，特别是对环境友好型的运输形式（如泛欧网络、高速 ICT 网络、能源连接和泛欧研究基础设施）的投资，计划强调需要加速，因为它既可缓解危机对建筑部门的重大打击，又将扩大欧洲的可持续增长潜力。特别是能源部门的标志性项目，将强化欧洲的能源系统，并使更多成员国纳入其电力网络。委员会就此提出了三项行动计划，即“加强欧洲企业现代化投资”、“改善建筑能源利用效率”和“促进‘绿色产品’迅速占领市场”。在首项计划中，建议欧盟预算于 2009 年和 2010 年各增拨 5 亿欧元，用于泛欧能源网络和宽带基础设施建设。

第四，研究与创新。发展知识型经济，加大对研究与创新的投资力度，无疑是推行里斯本战略的最根本举措。委员会指出，金融危机对公、私部门财源的挤压，极可能导致相关扶持的“延缓”或“大幅削减”（以往曾有此类现象发生），造成对“资本和知识”的“重大破坏”，最终对欧洲的中长期增长和就业，带来极大的负面影响。反之，历史发展同样表明，如能在“困难时期增加研发与教育开支”，将为“创新中的强有力地位”，奠定坚实基础。委员会所建议的三大行动举措包括：

首先，成员国与私人部门应增加教育和研发计划中的投资（与其各自的国家研发指标相符），以促进增长和劳动生产率提高。同时，成员国应考虑，通过提供财政激励、赠款或者补贴方式，扩展私人部门的研发投资途径。各国还应维持教育投资，提高教育质量。其次，开发汽车业和建筑业中的清洁技术。两者均受危机打击最烈（景气指数下降幅度都为 4%），且在绿色经济转型中都面临严峻挑战。为了支持制造业、特别是建筑业和汽车业中的创新，委员会建议，应就公、私部门之间建立伙伴关系启动三项活动，包括汽车业的“欧洲绿色汽车行动”，建筑业的“欧洲节能建筑行动”（预计将投资 10 亿欧元）和加强制造业技术的“未来工厂行动”。最后，委员会、成员国与利益攸关者将共同努力，发展一项宽带战略，以加强网络的升级与扩展。

依照安排，复苏计划应于两年内付诸实施。2009 年，绝大多数成员国根据自身状况，提出了各自的财政刺激方案，其中力度最大者为西班牙（约占该国 GDP 的 2.2%），其后是奥地利、英国、德国、瑞典等；2010 年的力度则以德国、波兰、奥地利、卢森堡等国为最。在欧盟层面，委员会与欧洲投资银行等自 2009 年起，也如期启动了一系列相关举措。

四　加强涉外领域合作，大力推动国际金融体系改革

欧盟此次危机应对的一大突出特点是，在对外关系领域中，大大加强了内部协调力度，进而发挥了重大国际影响。特别是在推动 20 国集团峰会举行和促进国际金融体系改革方面，表现得尤为突出。

早在 2008 年 10 月中旬，欧盟峰会就开始讨论英国方案，决定推动国际金融改革的启动，并明确表示要采取主动行动，促进全球改革与“治理”。根据决议，欧盟轮值主席国法国总统萨科齐和欧盟委员会主席巴罗佐代表欧盟于 10 月 18 日赴美会晤布什总统，敦促其最终同意以东道主身份召开全球峰会，讨论危机应对与国际金融改革问题。11 月 8 日，欧盟各国首脑就改革方案达成初步协议（包括加强金融监管等项内容）。11 月 15 日，萨科齐和巴罗佐作为欧盟代表和欧盟主要成员国首脑参加了 20 国华盛顿峰会，并为会议就“更新国际金融建构”达成协议作出了积极努力。在 2009 年 3 月春季欧盟首脑会议上，27 国针对伦敦峰会的“欧盟

立场”做出详细规定，强调伦敦峰会应在“重塑全球金融体系”中“发挥关键作用”。力主加强全球国际金融监管，成为欧盟在4月伦敦峰会上大力推动的重心（曾与美产生严重分歧）。关于欧盟对此次会议决议的影响，巴罗佐曾指出，其结果显示出的“雄心远远超出预期”，“欧洲烙印在结论中是明显的。……一个联合起来的欧盟正在推动这一进程”；欧盟经济与货币政策委员阿尔穆尼亚亦强调，“正是因为”“设法实行了统一战线和用一个声音对话”，欧盟才“一直在发挥引领作用”，推动了“里程碑式协议”的达成；进而主张欧盟应实行一项“更强有力”的“对外经济政策”。

在欧洲层面大力促进国际合作，力争化“危”为“机”，在全球化进程中发挥更大影响，构成了欧盟此次对外推行的总体战略。这次危机的特殊性，不但使欧盟更深切感受到战略实施的必要性和迫切性，亦看到了实施的条件与时机。具体到金融领域，其背景与动因主要有以下几点：

1. 大力推进国际金融体系改革，有利于欧洲的金融稳定与发展

此次危机直接源于美国金融系统，却很快冲击到全球金融体系与实体经济。欧洲更是首当其冲（金融部门与实体经济均遭重创），因此痛感“全球化”程度已如此之深，任何地区都无法置身其外。欧盟认为，金融危机的爆发与迅速蔓延，集中暴露出在世界金融市场高度整合条件下，国际金融体系存在重大缺陷，即规制与监管不力，并且缺乏宏观与危机管理。因此只有“在全球层面协调政策回应”，推行国际金融体系改革，才能有效防止此类危机再度爆发，最终保障欧洲的金融稳定与经济发展。因此巴罗佐一再强调，欧盟各方“一致同意”在危机深重之际对金融体系进行“必要”和“迫切”的“重大改革”，包括“全球层面”上的改革。而且，这种改革既要涉及“金融规制与监管”，还应包括“宏观与危机管理”。

2. 条件与时机具备

作为全球最大的经贸实体，加之单一市场与欧元确立，欧洲模式对国际合作的重要借鉴意义，都使得欧盟越加感到，应当“在国际舞台上发挥与其经济分量相一致的作用”；欧盟明确表示当前“欧洲不仅有权利，而且有责任在世界事务”中“更加积极”，进而“在走出全球经济危机的世界中发挥关键作用”。同时，欧盟自身金融改革进程的先行启动以及此次危机所造成冲击的普遍性与深重性，都有助于其在推动改革上“发挥引领作用”。因为这既使欧盟“处于特别有利的地位”“带头提出”有效建议，又更易引起有关各方的认同与回应。

3. 推进欧盟自身改革的需要

这主要体现在：（1）大多数欧盟自身的规制改革建议，或涉及现有国际规则（如巴塞尔Ⅱ、国际会计标准等），或更适于在国际层面开展（如信用评级机构规制，衍生品市场规则，法人治理规则等，故需国际改革的同步甚至先行）；（2）欧盟内部改革往往着眼于“高标准”，而忽视对国际趋同与相关协定的要求，而这同样会引起规制套利和竞争扭曲，有损欧洲竞争地位，因此特别需要凭借“强有力的欧盟机构通过欧盟来大力推行之”。（3）避免规制漏洞和管辖机构之间的摩擦；降低与跨界经济活动有关的遵从负担；促进对全球性公司的监管。（4）就促进规制趋同的渠道而言，无论从双边（加强和扩大主要金融中心间的规制对话），还是多边（如明确授权国际标准制定者）着手实施，显然欧盟都更有优势，也最为合适。

总之，正是出于以上原因，德拉罗西埃小组报告明确指出，“力求塑造国际金融建构之改革明显符合欧盟的利益”。在该报告等文件的基础上，欧盟统一拟定了改革方案。主要内容包括以下几个方面：

1. 大力加强国际“规制”与“监管”

为了弥补这方面的缺失，欧盟强调了三点：（1）规则适用的普遍性。即所有具有系统重要性的金融行为者（包括评级机构等），无论其在何处运作，都应受到规则的约束或监管。实施手段应由有关国家主管部门引入，合适时可由国际金融机构负责监管。（2）负责与透明原则，以保证规则适用的有效性。主要建议包括：建立更全面的信息系统，意在能够审核所有金融交易，确保其透明度；彻查承担过度风险的有关安排，特别是债务证券化程序和薪金政策；修改适用于金融机构的审慎标准和会计标准，抑制投机泡沫或使危机恶化的苗头；改革标准机构（特别是在会计领域），以允许与所有方面的真正对话。（3）促进国际规制向高标准趋同。

2. 推动机构建设，强化“金融稳定论坛”与“国际货币基金组织”的功能

欧盟认为，从代表性与专业知识背景考虑，应依照明确目标与时间表，改革、加强“金融稳定论坛”（FSF，根据伦敦峰会决议，现已更名为“金融稳定委员会”），使之最终能够“负责……国际金融规制趋同”事项（与巴塞尔委员会等国际标准制定者一道）。拟议中的改革步骤应包括：（1）扩大论坛成员，纳入所有重要国家和欧盟委员会；（2）使之与 IMF 建立更紧密联系，以获取更多资源，并强化其治理结构（包括任命全职主席），最终在保持其独立性前提下，实现政治上对 IMF 负责；（3）论坛应就针对危机教训做出的规制改革进展，定期向隶属 IMF 的国际货币与金融委员会（International Monetary and Financial Committee，IMFC）提交报告，以保持其政治动力，确保其对后者负责。（4）应启动 IMF 协定有关条款，将 IMFC 最终转变为论坛的决策理事会。此外，根据德拉罗西埃小组建议，从中期看，可考虑缔结条约，建立专门负责国际标准制定的主管机构。

3. 加强国际监管合作

国际合作缺失与监管“严重失灵”密切相关（后者又促成了危机的爆发与蔓延）。因此，加强合作的意义不言自明。合作针对的主要对象是大型与特大型跨界金融集团。欧盟提出了两项主张：（1）应通过建立国际监管组（使东道国监管者能够介入），对之实行严格监管，内容包括实行全面的风险评估，密切注意银行内部的风险管理实践，并协调私人部门高管薪金水平（以避免规制套利）。（2）金融稳定论坛应与其他相关国际机构密切合作（如巴塞尔委员会），以确保各监管组之间监管实践的协调一致，确认潜在的系统性风险，并促进最佳实践的推行。

4. 宏观监督与危机预防

欧盟认为，国际宏观风险发展和全球性失衡，是导致危机的重要原因，故应加强全球性的宏观监督与危机预防。为此它建议：（1）建立全球宏观早期预警系统。国际货币基金组织应与其他利益相关方（特别是 FSF、BIS、央行和 ESRC 等）密切合作，负责发展和运行保证金融稳定的早期预警系统（包括国际风险图谱和信用记录）；该系统应对政策制定者发出明确信息，并就政策回应提出建议；所有 IMF 成员国应对支持该组织进行独立分析作出承诺（包括金融部门评估计划）。成员国如不履行建议，应公布其理由。国际货币与金融委员会/理事会每年应一至两次接到相关报告。（2）推动各主管机构实行高标准统一监管，避免监管不严或漏洞出现。强化协调努力，鼓励存在问题的管辖机构坚持最高国际标准，及监管者之间的信息交换；鉴于风险增大，集团监管者应提高对监管不力（或缺失）金融机构的资本要求；IMF 和 FSF 与其他相关国际机构合作，评估金融中心的既有规制标准，监督推行国际标准机制的效果，在适用标准仍感力度不够时，就更严格举措提出建议。

5. 危机管理与决策

欧盟认为，考虑到改进预防并不能完全避免危机发生，且目前已显示出有效管理的缺失（并不存在明确协调各国金融危机应对的多边安排），确需“监管者、货币与财政当局实行紧密协调”，因此加强 IMF 的危机救助能力至关重要。鉴于 IMF 当前财力不足，欧盟成员国愿为增加其财源作出贡献（伦敦峰会上承诺 750 亿欧元，用以支持处于“严重金融或国际收支困境”的成员），以“显示对加强 IMF 宏观经济监督作用的支持”。

此外，除多边关系外，欧盟还认为应加强其双边金融关系，与各主要国家（包括美国、日本、中国、巴西、印度，俄罗斯、沙特阿拉伯等）展开金融规制对话，旨在就全球金融改革达成谅解。德拉罗西埃小组报告认为，欧盟“有独特的机会加强其全球影响力”；其监管和规制模式不仅应满足实际目的，而且应“成为全球效力、效用、公平、合作、协调一致和团结的范例”。

事态发展表明，在金融、实体经济和国际金融体系改革领域的协调举措，对于欧盟有效应对危机，维护自身存在根基，进而在世界舞台上发挥更大影响，具有至关重要的作用。委员会文件明确指出，金融危机“明显加强了”欧盟“经济政策协调的理由”，借此成员国“提高了其举措的可信度”，推动了“信心恢复”与“复苏”，“维护”了单一市场，并有助于在全球层面促进危机的“更快结束”与“复苏”。还应强调指出的是，这是自欧洲一体化启动以来，欧共体各国首次实行了如此大规模的政策性协调。尽管这与此次危机的特殊性相关，同时因内部发展不平衡的存在，其深度与广度仍受相当制约。但它反映出一种历史发展的必然。对于欧盟未来的政策实施取向，将具有深远影响。故其历史意义，亦不应低估。

第六节　欧债危机与欧盟加强经货联盟治理

自2008年秋美国金融风暴冲击全球以来，欧洲先后陷入多重危机。继金融遭重创后，实体经济步入衰退，失业率高启，政局与社会剧烈动荡，对外竞争力下滑，造成欧洲至今复苏乏力，未能完全走出危机阴影。其中冲击最大者，莫过于波及全球的欧洲主权债务危机。围绕着是否救助希腊（以及西、葡、意等国的高赤字、高国债问题），櫝国间各有诉求，争论不休，应对方案曾一度难产，引发了列强震荡，暴露出诸多深层结构层弊端，致使“欧元区解体”乃至“欧元垮台”之说不绝于耳。显然，自成功推出欧元以来，这已构成对经货联盟最为严峻的挑战，因为其核心成就即欧元的存亡绝续问题，面临重大考验。而事态发展再次表明，危机推动了经货联盟建设的深化。除改变“不救助”规则援助希腊（导致临时直到永久性救助机制的建立）、欧央行充当最后准贷款人外，更为突出的是，经货联盟的制度性建构，得到大幅加强。面对形势的严峻逼迫，尽管欧盟（首先是欧元区内部）有关各方最初歧异不断，但经反复磋商后终于达成共识：为有效应对危机，防止其再度发生，进而实现“欧洲2020战略”目标，促进欧洲的长远增长与就业，必须提升经货联盟的经济治理水平，加强对财政、经济政策的协商与监管。

一　深层动因与相关法案的通过

欧盟之所以决计加强经济治理，其历史与现实的深层动因主要有二：

其一，通过制度性建设加强经货联盟与欧元，符合成员国的共同和长远利益。利益驱动历来是一体化发展主要动因。欧元实际上是欧盟历经三次历史性飞跃，即经关税同盟、单一市场而发展至经货联盟的产物。这意味着半个多世纪以来，随着一体化程度的不断加深，各成员国之间在市场流通（既包括商品与服务，也包括两大生产要素即资本和人员的流动）与政策层面经济利益的相互渗透、交织、融合与影响，已远甚于同区域外国家，达到“高度相互依赖”的程度。故从根本上讲，欧元稳定与发展所产生的正向效应，有利于所有欧元区乃至欧盟成员国（既包括德、法也包括希、西、葡、意等）；反之，其剧烈动荡造成的巨大负面效应，同样不利于所有成员国。再者，一体化程度越高，退出成本越大，涉及经济、技术、法律和政治等诸多方面（从这个意义上讲，共同利益的解构甚至难于其建构）。因此，为维护共同和长远利益，面对危机寻求协调合作的加强，为此而深化一体化机制建设，必然成为成员国的最终选择。

其二，危机凸显出经货联盟的治理架构“短板”，迫切需要加强强化。“经济与货币一体化”的“持续互动”，导致了经货联盟与欧元的“最终产生”。在经货联盟的建构中，货币联盟的制度设计保证了欧央行独立性及其价格稳定目标的实现（并经受住了危机检验）。而在经济联盟方面，囿于一体化之发展模式，成员国仍拥有财政、经济政策自主权。只有通过制度性安排加以“协调”和“监管”，才有望实现各国政策制定与实施的某种契合性，最终有利于欧元区的稳定。《稳定和增长公约》和《里斯本条约》为此种安排，提供了法律框架。然而，“走和高度统一与发展不平衡加强之间的矛盾，”始终是一体化推进中的基本难点。此次主权债务危机的爆发，直接根源于某些成员国财政、经济政策的持续“失当”。而失当之所以产生并最终酿成危机，又与经济联盟的协调、监管不力直接相关。因此，谋求强化经济联盟的短板，加强财政、经济政策的协调、监管机制，自然成为题中应有之义。同时，危机所造成的巨大冲击，从政治上拼接凸显出改革的必要性与迫切性，也为欧盟各方积极筹划此事，提供了平时所不具备的动力与条件。

正是在上述背景下，欧洲理事会于2010年3月即决定启动工作小组，探讨所有加强治理法律框架的选择方案，欧盟各方也展开了激烈辩论。关于政策协调的规则与程序，委员会认为，尽管《里斯本条约》和《稳定怀增长公约》就此作出了规定，但因欧盟的协调监管机制中存在“缺失”与“薄弱环节”而未“受到充分尊重”，故需要使“现有的手段”得到“修正与补充”，以便“更强有力”和“更早地”进行政策协调，并“增加预防与纠正机制”。为此，根据条约第136条，委员会提出了一整套建议，主张通过采纳或修订二次立法诉诸实施。以此为基础，欧盟各方经反复磋商与谈判，终于就加强欧盟的经济治理，达成最终协议，并通过了一系列相关法律文件。文件于2011年12月13日全面生效。

二 加强财政、经济政策协调、监管法案的主要内容

欧盟加强协调、监管法案的内容，主要包括以下两个方面：

（1）强化《稳定与增长公约》实施机制，深化财政政策协调。委员会文件指出，作为规范财政经委的核心法律文件，公约虽明确规定了“赤字”与“国债”上限（包括违规制裁措施），但鉴于有些成员国在经济发展顺利时，并未“有效遵守”规定或积极整顿财政（以致危机袭来时两者骤增，均远远超出了规定上限，甚至成为促发希腊等国危机的主要诱因），故应从两个方面入手，加强公约的监管机制，深化财政政策的协调力度：

其一是预防机制。旨在对有关国家的财政隐患，能够做到“先期觉察”和采取“先期行动”：现已启动的“欧洲学期”程序规定（参见下文），欧盟层面将对成员国的“预算指导方针”实行先期评议，以便各国在每年通过预算之前，即被告知“欧洲的视角与指导意见”（为此委员会建议，应加强欧洲统计局对成员国统计审计的授权，以确保欧盟的评估依据准确）。再者，在经济发展顺利时，一国如因政策失当而未就实现中期财政整顿目标取得充分进展，委员会将提交建议，要求其缴纳计息保证金，额度为该国 GDP 的 0.2%。此外，鼓励成员国法纳入欧盟条约的预算纪律义务，以保证所应遵循的预算程序到位，也被视为“预防性行动的组成部分”。

其二是纠正机制。根据公约规定，当成员国未能有效遵守赤字标准时，可启动作为纠正机制的“过度赤字程序”，促使对方削减。若当事国置之不理，欧盟可实施制裁。针对此次高赤字导致高国债的深刻教训，纠正机制的强化包括：①对赤字国启用该程序时，可实行“加速程序”（特别是对累犯国），即可跳过程序启动的初始阶段。②鉴于有些国家在经济状况良好时，未能充分降低国债水平，严重抑制了危机应对和长远增长能力（与老龄化造成的税源问题直接相关），故“更加突出”了纠正程序中的“债务标准”：当某成员国债务比率超标时，如在早期阶段的下降低于一适当标准，同时可启动过度赤字程度。③如欧元区国家启动过度程序，可受到缴纳非计息保证金的制裁，额度占该国 GDP 的 0.2%。④未能遵守纠正行动建议的欧元区国家，将被给予罚款。⑤谋求将欧盟预算的聚合基金与过度赤字程序的实施挂钩。

此外，为了保证各国财政的可持续性，还就“成员国预算框架的最低要求”及其保障机制，做出了明确规定。

（2）将经济监管扩大到宏观经济和竞争力失衡领域。近 10 年来欧元集团内部宏观经济与竞争力发展差距持续加大（即所谓的“离散”、“失衡”趋向），是导致主权债务危机爆发的更深层原因。故委员会建议称，为使成员国能及时就此做出政策性回应，应将“经济监管”扩大到财政领域之外，即拓展、深入“宏观经济和竞争力失衡”领域，以确保早期确认潜在风险，防止有害失衡出现，并纠正已存在之失衡。为此，根据“欧洲 2020 战略”及《欧盟运行条约》第 136 条，欧元集团内部关乎宏观经济失衡的同行评议已被“升级为结构性的监管框架”，确立了新的“宏观经济失衡程序”（Macroeconomic Imbalance Proedure-MIP），旨在“预防和纠正”宏观经济和竞争力的离散趋势。其主要做法如下：

确定一系列宏观经济指标（如出口市场份额、单位劳动力成本、生产率、就业、净外国资产地位、私人部门信贷和资产价格等），由委员会针对欧元区整体并同时以国别为基础进行追踪，监督其发展演变，并对是否存在失衡风险进行评估。当一成员国某项指标跨越“警示门槛”时，委员会将进行深度分析，以确定失衡是否有害。此后委员会可采取三种做法：如认为问题不大，程序被终止；若失衡存在，将在欧洲学期中提出行动建议；若认定“存在严重失衡”须及时纠正时，可启动“过度失衡程序”——建议理事会对此作出明确宣布，并通过委员会要求失衡国所应采取行动的建议，后者必须提出纠正失衡的路线图与时间表。最后，如该国不采取纠正行动，可对之实施财务制裁。

值得强调的是，无论是在财政还是经济领域，为了加大推动实施纠正行动的力度，部长理事会就投票程序做出了更新，实行所谓“逆向特定多数表决制”。例如当委员会建议实行财务制裁时，除非理事会以特定多数票反对（仅欧元区成员国具有投票权），否则将被视为通过，由此大大增加了否决难度。委员会的相应作用，也获得了进一步提升。

三　启动“欧洲学期”制，加强对成员国经济决策的协调

委员会明确指出，欧盟从“危机中汲取的重要教训”，就是各国的经济决策，均有（正向或负向的）溢出效应，直接影响到其他成员国。故从长远看，作出机制性安排，在各国作经济决定时即在欧盟层面加强协调，对于促使更多欧洲因素纳入决策，提高协调效率与效果，强化监管力度，最终促进欧洲的增长与就业，都具有明显意义。自 2011 年启动的“欧洲学期”制，正是这一安排的主要体现，被视为加强经济治理的“新路径”。其主要创新点如下：

（1）周期性、先期性与指导力度加大。依照安排，“欧洲学期”以每年上半年为一周期（1—6 月），具有了确定性和常态化特点。值得强调的是，由于协调具有所谓先期性，即发生在成员国下半年决定其预算草案和政策实施（即所谓的“国家学期 the national semester”）之前，遂使其对成员国决策的影响力增大。对此委员会文件指出，“这一‘上游’的政策协调应当使政策指导的贯彻更为有效，有助于将欧盟维度嵌入成员国的政策决定”。

（2）协调“进程”具有“包容性”，即纳入了“所有与经济决策相关的”欧盟机构（欧洲委员会、欧洲理事会、部长理事会、欧洲议会）及各国政策与议会，顾及了决策行为主体的各个方面，有利于各方诉求与利益的平衡。

（3）决策协调的集中性和广泛性。根据委员会建议，每年一度的“稳定与趋同计划”（事关各国财政纪律和政策）审查已从秋季提前至春季，以与对“国家改革计划”（涉及成员国促进增长与就业的经济政策）的讨论同步进行；与此同时，协调还纳入了“先前未受到系统经济监管的政策领域”，如宏观失衡和金融部门等。总之，欧洲学期的“目标是确保所有的政策被同时分析和评估”，这无疑有助于协调效率与效果的提高。

此外，关于欧洲学期的协调机制本身，包括其工作流程与时间进度，各行为主体的互动方式与程序等，均作出了严格规定，以确保欧盟层面的政策导向，能够发挥更大影响力。期间的几个主要关节点是：每年 1 月由委员会发布欧盟的“年度增长纲要”（2011 年发布首份），就欧盟和各国需要采取的优先行动，给予总体性指导意见。纲要经欧洲议会、部长理事会讨论后，欧洲理事会春季年会据此发布欧盟对各国政策的指导意见。此后各成员国将于 4 月提交“稳定”或“趋同计划”和“国家改革计划”。委员会在 5 月根据统一的分析框架（涉及财政、宏观和结构政策诸方面），对提交计划加以评估，并在此基础上，公布针对各国的具体政策建议。建议先经部长理事会讨论，并获 6 月的欧洲理事会认可后，于 6 月底（或 7 月初）由部长理事会正式通过付诸实施（各成员国政府然后在建议基础上，制定本国预算提交各自议会讨论）。

总之，随着欧盟的不断深化与扩大，如何解决走向高度统一与发展不平衡加剧之间的矛盾，势必成为其无法回避的核心难点问题。对此，欧盟一方面强调必须巩固、维护单一市场的统一性（作为经济一体化发展的基石，这始终是委员会的工作重心之一），不应有任何例外存在；另一方面，就更高层面的经货联盟而言，则允许成员国选择例外或多种速度（如对英国、丹麦、瑞典等，及目前的中东欧成员国），以利于一体化深化的推进。值得强调的是，尽管发展不平衡加强构成了严峻挑战，但随着各国经济相互依赖程度的不断加深，加强制度性建构以推动一体化进程深化，毕竟符合其共同和长远的利益。这正是欧债危机中成员国谋求加强经货联盟（首先是欧元区）的经济治理，深化其协调、监管机制的根本原因所在，同时亦为欧元区未来谋求走向“财政联盟”和“银行联盟”，进一步深化“经济联盟”和“政治联盟”建设，提供了踏脚石与深层动力。

第七节　条约变动与社会政策的发展演变

统一市场的建立势必影响各成员国的社会层面。因此，加强欧洲一级的社会政策协调与趋同，就成为题中应有之义。故早在《罗马条约》中，就涉及社会政策领域。在内部市场建设不断深化的基础之上，欧盟的社会政策在目标、涵盖范围、实施手段诸方面，也逐步得到了一定发展和充实，集中体现在对条约的修订与新条约的相关规定之中。同时，由于种种深层原因，欧盟成员国仍然是各自社会政策的制定与实施主体。欧洲层面的相关规定，则以辅助性原则为前提。

一　《罗马条约》与社会政策的由来

继《巴黎条约》之后，以建立共同市场为目标的《罗马条约》，在其“原则”和“社会政策”部

分的“社会条款”中明确提出，需要“改善工人的就业机会”，促进其“工作条件改善和生活水平的提高”。为此，将建立“欧洲社会基金”，并“促进成员国之间在社会领域中的密切合作”。直至70年代前半期，欧共体主要通过社会基金的运用来体现其社会政策，并于1970年前确立了一国社会福利保障能够对来自其他成员国工人开放的机制，以促进自由流动。自1974年起，开始实施有着各种特定目标的“社会行动计划”，如工作地的安全与保护等。根据规定，关于社会政策的决议，须理事会一致通过。

二 《单一欧洲法令》对社会政策的推动

20世纪80年代中期单一市场计划的启动，使得欧共体更加重视欧洲一体化的社会层面，进而推动了社会政策的发展，并在一定程度上反映在《单一欧洲法令》中（由于成员国意见分歧，法令本身关于欧共体社会政策权力机制的规定，并未有重大变化，仅规定通过与欧洲议会的合作程序，理事会可就工作地的健康与安全保护措施，以特定多数通过决议）。这主要表现在以下几方面：

（1）强化欧洲社会基金的作用。为了抑制发展不平衡的进一步加剧，《单一欧洲法令》明确将“加强经济与社会凝聚力”列为一体化的目标之一。为此，共同体委员会推进了“结构基金改革”，大大提高其在欧共体财政预算中的比重，并将“社会基金”确定为“结构基金”的三大组成部分之一（另外两部分是“地区基金”与“农业指导与保证基金”中的“指导部分”），强调其应为“结构基金”五大目标中的4项，特别是其中的第3、4两项，作出贡献。根据欧共体1988/1992年和1993/1999年的财政安排，含社会基金在内的结构基金占当年财政支出总额的比重，也从17%逐步增至36%。例如，1994—1999年期间，社会基金的拨款总额约为400亿埃居，主要用于与长期失业作斗争、促进青年人就业和使工人适应工业现代化进程的措施。

（2）通过“社会宪章”并推动欧共体一级的立法。1989年12月，在共同体委员会推动和经济与社会委员会建议的基础上，欧共体部长理事会讨论了“工人基本社会权利宪章”（the Charter of the Fundamental Social Rights of Workers），即通常所谓的“社会宪章”（the Social Charter）。其目标是保证某些社会权利在有关国家得到尊重，主要涉及劳动力市场、职业培训、机会平等和工作环境等方面内容。尽管主要因当时英国保守党政府的坚决抵制，宪章仅能以其他成员国政治意向性声明的形式通过，但其中也“明确要求委员会提出将社会宪章内容转化为立法的建议”。据此，共同体委员会于同月即提出了含47项具体措施的行动计划，旨在通过“贯彻宪章”来“推进社会政策”，并逐步完成了一系列指令的起草工作。

（3）确立了欧盟一级的“社会对话”机制。所谓“社会对话”，是指欧盟一级包括委员会与其“社会伙伴”在内的共同协商程序，内容涉及社会政策的行动方向与具体内容，以使欧洲各社会阶层和利益集团在欧共体推进单一市场的进程中能够积极合作，并使之更具有社会意义。1985年由委员会所启动的这一做法，在《欧洲单一法令》中得到了正式肯定，明确规定“委员会应致力于发展欧洲一级的劳资对话；如果双方认为可取，这种对话可以达成以协议为基础的关系”。正是在此基础上，其后的《马约》作出了更具体的安排，且规定对话实施“协议”可转化为理事会基于委员会建议作出的决定。这就为“创造”欧盟一级的“社会伙伴”，并使之纳入欧共体社会政策的决策进程，提供了机制性保证。

三 《马约》和《阿约》关于社会政策的规定

20世纪90年代《欧洲联盟条约》和《阿姆斯特丹条约》的先后产生，对欧洲一级社会政策的加强，又有所推动。在意在启动经货联盟建设的《马约》谈判中，尽管其他成员国未能调和与英国保守党政府的分歧，修改欧共体条约正文，但终于通过具有根本法效力的“社会政策议定书”（Social Policy Protocol）和“社会政策协定”（Social Policy Agreement）的形式，将“社会宪章”中所扩大了的社会政策目标纳入《马约》附件。其中除促进就业、改善生活与工作条件外，还包括与被排斥现象进行斗争、开发人力资源等。特别是在事关工人权利的事务中，明确超出了欧共体条约以往的规定，“反映”出其在社会政策领域“取得重要进展的愿望”。根据安排，11国可在不经过英国的情况下（1995年后这一机制又扩大到奥地利、芬兰和瑞典），通过欧共体机制就更广泛的社会政策作出决议，并付诸实施（例如，11 国曾于 1994 年 9 月通过了“欧洲工作委员会”指令，显示了其“在关键的领域里，为欧洲社会政策的最低标准奠定一个基础”的决心）。但与此同时，《马约》的规定，又使得欧盟社会政策的实施具有了不同的法律依据，即欧共体条约本身和不含英国的成员国协定，这又可能造成不便或有违公平竞争原则（如英国因不参加社会政策最低标准的制定，就有可能获得某种竞争上的优势）。《阿约》的签署与生效，则改变了这一状况。1997 年 5 月英工党上台后，决定放弃英国在社会政策中的例外地位，因此在修改马约的政府间谈判中，签署了“社会政策协定”，该协定也随之纳入了欧共体条约（《社会政策议定书》同时废除）。随着 1999 年 5 月《阿约》的生效，终于又确立了单一社会政策的法律依据。此外，《阿约》还“加强”了社会政策的某些“规定”，如关于男女工作的机会和待遇平等问题等，且“关于基本权利的明确提及已为社会政策的目标增加了新的取向”。部长理事会在社会政策领域中的决策方式，大致依照所需解决的问题分为两种，一是在与经社和地区委员会协商后，通过“特定多数表决”做出决断，如在劳动者的建康、安全保护，工作条件信息的获取与咨询、男女同工同酬等方面；二是在与欧洲议会、经社和地区委员会协商后，就欧共体委员会建议以一致通过方式表决，主要涉及社会保障与保护方面（如劳动合同终结，雇主和雇员利益的代表与集体代理，第三国公民工作条件等）。

四　欧盟就业特别首脑会议

1997 年 11 月 20 至 21 日在卢森堡举行了欧盟就业特别首脑会议。由首脑会议集中讨论就业问题，这在欧共体/欧盟史上尚属首次，具体议题涉及《阿姆斯特丹条约》中就业条款的先行启动。

（一）会议召开背景与主要分歧

1997 年 6 月达成最后协议的《阿约》，在承诺推动高水平就业方面前进了一大步，使之成为欧盟的重要目标之一。成员国应依照条约规定，协调各自的就业政策。鉴于降低失业率的迫切性，欧盟领导人经过争论，终于同意在 1997 年秋季召开特别首脑会议，以将阿约中关于就业内容的条款提前付诸实施，而不是等到整个条约批准之后（《阿约》生效有待于各国议会和欧洲议会批准，需假以时日）。据此，阿姆斯特丹会议之后，委员会在与有关各方广泛协商的基础上，根据条约新规定，积极促进“成员国就业政策协调战略”的推行，它起草了《各国在制订与实施 1998 年就业政策时应共同遵循的指导方针》并提交特别首脑会议讨论。这一《方针》草案遂成为会议的讨论中心。

由于仅涉及阿约有关条款的具体实施，故会议进展较为顺利。但各方之间仍存在一定分歧，主要表现在：（1）总的来看，法国态度最为积极，而德、英两国则都强调，制订与实施就业政策，主要责任依然在各国政府。特别是德国，仍担心成员国的相应权力受到侵犯，或各国会因此放松对遵守“财政纪律”的承诺；（2）对于委员会促进就业的量化目标之一，即将失业者中受到欧盟培训和帮助的人数比重，从平均数的 10% 提至 25% 的建议，大多数国家虽赞成提高比重，但在具体增幅方面却争论不休。德国总理科尔“带头反对”委员会的建议“目标”，认为将会造成“成本过高”。最后，与会国一致同意比重下调。再者，鉴于实施难度较大，委员会关于 5 年内将失业率从近 11% 降至 7%、创造 1200 万个就业机会的提议，也未获通过；（3）失业率高达 20% 以上的西班牙，坚持在 5 年内不应被硬性要求实施其他国家承诺的目标；（4）关于“高社会开支与管制工作时间和条件的努力”问题，英与法、比等国意见不同。

（二）会议决议及其意义

经过讨论，各国协调了分歧，通过了 1998 年度欧盟就业指导方针，意在“永久性地较大幅度增加欧洲的就业率”，特别是克服青年人中的高失业率和防止长期失业。作为会议的重要成果，方针为成员国确立了“四条行动路线”。分别是：

（1）提高就业能力。各国应在 5 年内，确保青年人在失业达半年前有一“新的起点”，即能够获得就业培训、其他帮助措施，或实现就业。成年人在失业未满一年时，也应获得同样帮助。同时《方针》承认，失业率特别高的成员国——主要指西班牙——实现上述目标的期限，可以超过 5 年。失业者中欧盟提供培训等措施的受益者占总失业人口的比重，应从目前的 10%，逐步实现 3 个最成功成员国的平均值和至少是 20% 的目标；

（2）促进企业家活动能力的发展。成员国应承诺使开业和经营更趋便利。将通过减少障碍（特别是税收和保险方面的障碍），鼓励独立开展经营活动。欧洲投资银行将提供300亿埃居的新设施，用以扶持投资。在地方一级的社会经济中，及在与尚未满足市场需要有关的新型活动中，应鼓励创造就业的行动；

（3）鼓励调整适应性。指邀请社会伙伴在适当层面上参与谈判，以达成使工作组织现代化的协议。协议可以涉及减少工作时间、推广非全日制工作、终身培训等内容。此外，请求成员国考虑更具适应性的契约。为提高企业技能水平，敦促各国重新审查对人力资源的投资和对内部培训的激励；

（4）加强机会均等。“方针”强调，男女应能在平等的条件下工作，具有平等的职责。鉴于欧洲未来的就业状况的改善，在很大程度上取决于妇女就业率的增长，会议同意，应采取行动，扭转各种职业中妇女从业比重较低的状况。

指导方针的通过，表明欧盟已确定了“共同目标”，各国将据此提出中期就业行动计划，以供1998年6月的卡迪夫首脑会议审查。根据会议决议，“共同目标”将在计划中体现为各国的目标（目标将尽可能地加以量化），随后将通过各自确定的调控、行政等措施促使其实现（各国可根据自身情况确定不同的解决方案），并提出实现目标的具体时间。1998年底的欧盟维也纳首脑会议，将检查计划实施情况，并为1999年确定指导方针。总之，随着特别就业首脑会议的召开，《阿约》确定的在欧盟一级促进就业的新机制已经启动，并通过将“指导方针”纳入各国就业计划的方式，确立了“成员国就业政策协调战略”，以推动欧盟就业状况的改善。这正是会议的长远意义之所在。

（吴　弦）

第三章　政治一体化

第一节　普利文计划与拟定“欧洲防务共同体”和“政治共同体”条约

第二次世界大战后，美国从抗苏全球战略出发，决意重新武装联邦德国并于1950年9月正式提出建议，同时向反对重新武装德国的法国施加压力。对此，法国感到进退两难：它既担心重新武装德国会威胁法国安全，又因经济上依赖美援而无力抗拒。为解决这一难点，法国政府最终提出了一项既能迎合美国需要，又能抑制联邦德国的方案。同年10月，法国总理普利文向参加欧洲煤钢共同体的其他5国正式建议，成立“欧洲防务共同体”，组建可有少量联邦德国军队参加的“欧洲军”。该共同体将置于非德国人的统一指挥之下，并要求英、美在西欧大陆驻军，以便制约联邦德国。经过谈判，1952年5月，法、意、比、荷、卢与联邦德国代表于巴黎正式签署“欧洲防务共同体”条约。联邦德国出于摆脱战败国地位需要，极力主张应同时建立“欧洲政治共同体”，作为防务共同体的领导机构。根据6国外长协议，1953年3月，欧洲煤钢共同体大会临时委员会提出“欧洲政治共同体”条约草案，主张设立：（1）由参、众两院组成的议会；（2）欧洲委员会；（3）部长理事会；（4）欧洲法院；（5）咨询性的经济与社会委员会。该草案并建议“欧洲煤钢共同体”和“防务共同体”将隶属于“政治共同体”。这一方案带有超国家性。为了强调这一点，新机构将被称为“欧洲共同体”。然而，在随后6国外长关于政治共同体草案的谈判中，大多数国家“并不愿将全部主权上交给一个超国家的机构”。而且，问题的关键是，政治共同体条约的批准有赖于防务共同体条约的批准。由于英国政府无意对长期驻军联邦德国承担义务，法国民议会终因担心法国无力独自抗衡联邦德国崛起而于1954年8月拒绝批准该条约，从而使政治共同体计划亦随之流产。至此，50年代西欧的政治一体化陷入低潮。之后，联邦德国重新武装问题通过加入北约才得到解决。

第二节　伏歇计划

1958年戴高乐就任法国总统后，基于维护法国独立及其在欧洲的领导地位、进而发挥大国作用这一总目标，一方面打算倚重共同体，特别是通过某种组织形式倚重并约束联邦德国，以抗衡美国在欧洲的支配地位，建设“欧洲人的欧洲”；另一方面，又担心共同体的超国家方向会使经济上较弱的法国受制于德国。为此，戴高乐试图改造共同体，使6国的欧洲向主权欧洲的方向发展。出于这一考虑，戴高乐倡导建立欧洲政治联盟，实现各国政府在外交、防务领域的合作。

在法国推动下，1961年2月和7月，共同体6国政府首脑两次会晤讨论建立政治联盟问题，并指定以法国驻丹麦大使伏歇为首的特别委员会负责起草联盟方案。1961年11月2日，该委员会根据法国代表团的意见，提出草案，其主要内容是：（1）建立由各国政府首脑或外长组成的理事会，举行定期会议，制定共同的外交政策和防务政策；（2）设立一个咨询性的欧洲议会；（3）设立由各国外交部高级官员组成的政治委员会，协助理事会工作。会址设在巴黎。

此后，1962年1月19日，戴高乐再度提出建议对草案进行修改，进而要求取消共同体委员会的权力，缩小欧洲议会权力，加强理事会职能使之扩展到经济领域等，终于引起其他5国反对。1962年2—4月，经过6国外长的两次讨论，以及戴高乐与联邦德国和意大利政府首脑的双边会晤，双方矛盾趋于公开化。5国要求尊重共同体的现有机构，并担心防务合作会导致西欧脱离北约，加之比、荷等小国担心法、德等大国垄断共同体事务而要求共同体接纳英国，双方立场难于调和，会谈终于4月17日最后破裂。伏歇计划宣告失败，60年代的欧洲政治联合进程又不了了之。

第三节　欧洲政治合作

60年代末，经济一体化的顺利发展与相互依赖加深，开始推动欧共体成员国谋求加强政治联合。根据1969年12月海牙首脑会议决议，各国外长于1970年10月通过了“关于欧洲政治统一的报告”（又称“卢森堡报告”），报告认为“在政治统一方面取得进展的最好方式”，“应当首先特别集中于外交政策的协调”，因此，“各国政府决定在外交政策领域里进行合作”。报告亦规定了合作方式与目标：（1）通过定期交流情报和协商，以确保在重大国际问题上更好地相互理解；（2）通过促进彼此观点和立场的协调，以及在可能或所希望的方面协调共同行动，来加强团结。

根据报告建议，自1970年11月起，成员国开始定期召开外长会议（起初每年两次，后增至四次）和外交部政治司司长会议，以便就外交政策问题交换意见，甚至协调行动。1973年7月，各国外长又通过了“哥本哈根报告”，肯定了“卢森堡报告”在外交领域里所建立的协调机制及其作用，认为它深刻影响了成员国之间以及与第三国的关系。此后，在涉及对美、苏和第三世界关系的一些重大国际问题上，成员国都加强了协调与联合，试图“用一个声音说话”。在1973年1月举行的欧安会预备性会谈中，成员国联名提出议程草案，并始终坚持作为一个整体参与其事。1973年9月，各国外长又联合起草了美欧关系声明，其中包含改善“大西洋关系”指导方针，以及保持“欧洲同一性”的含义，标志着共同体成员国首次协调其与第三国的关系。之后，针对中东、南非、苏联入侵阿富汗、柬埔寨、天然气管道和拉美等重大国际问题，成员国都协调了各自立场，发表了联合声明，表明了西欧的独立立场。此外，欧共体成员国还作为一整体，参加各种国际活动与谈判，如联合国会议、关贸总协定谈判、欧阿对话、南北对话等。

“欧洲政治合作”成为西欧政治联合中的重要内容，加强了欧共体成员国的国际地位。该合作机制在20世纪80年代中期的《单一欧洲法令》中得到确认。但雅尔塔格局的制约，各国地位、利益的差异与矛盾，相关议题的敏感、复杂性，都使得合作难以达到较高水平。之后，随着统一大市场实施和欧洲格局剧变，成员国终于开始谋求合作水平的提升，导致了“共同外交与安全政策”的诞生（参见《欧洲联盟条约》《共同外交与安全政策》等）。

第四节　共同外交与安全政策

《共同外交与安全政策》属欧洲政治联盟建设的重要组成部分，为《欧洲联盟条约》所确立，被视为欧盟的三大活动领域之一。随着内外形势的演变，其在一体化发展进程中的作用也日渐突出。

一　由来与发展概况

早在1970年代初期，欧共体成员国即在《罗马条约》的框架之外，确立了“欧洲政治合作”机制，以加强外交领域的协调与合作。《单一欧洲法令》则确认了这一机制。20世纪80年代中期以来，统一大市场计划和经货联盟建设先后启动，成员国经济利益融合和欧洲认同感加强。而始于80

年代末的欧洲格局剧变，又使各国愈加认为，在对外领域强化合作力度，有望在欧洲和世界发挥更大影响力；同时，仅靠北大西洋联盟，已不能完全实现自身的安全、防务诉求，故有必要加强“欧洲”的“安全与防务特性”。正是在这种背景下，20世纪90年代以来，欧共体成员国先是在《欧洲联盟条约》中建立了《共同外交与安全政策》支柱，而后又通过缔结《阿约》，加强了这一政策领域的机制、手段安排。进入21世纪以来，欧盟《尼约》特别是《里约》的缔结与生效，其机制性安排又取得重要进展。另一方面，由于外交、安全事务属“高层政治”领域，涉及问题极为敏感、复杂，成员国之间的利益协调颇为不易，致使政策发展面临不少难点和矛盾，只能主要依靠政府间合作方式，渐进式地加以推动。在内外形势发展演变的推动下，为了更好捍卫共同利益，成员国不断努力协调分歧，加强合作，导致政策内容的逐步扩展，特别是在安全、防务领域。同时，事态发展表明，因受种种深层因素制约，以成员国双边合作为基础的军事行动，仍发挥着不可替代的作用。

二　目标、机制与手段

《马约》明确规定，“联盟及其成员国将确定和实施一项共同的外交与安全政策”，该政策应“包括与联盟安全有关的一切问题，包括最终制订一项可适时走向共同防务的共同防务政策”。政策的目标是，保卫联盟的共同价值、基本利益和独立；以各种方式增强联盟及其成员国的安全；根据《联合国宪章》的原则等，维护和平和加强国际安全；促进国际合作；发展和巩固民主与法治，尊重人权和基本自由。

根据规定，政策实施仍属政府间合作框架，但又在一定程度上，确认了欧共体机制的介入。欧洲理事会是最高权威机构，为政策“确定原则与总的指导方针”。外长理事会负责就政策的实施作出决定。由各国外长、政治部门负责人组成的“政治委员会”，负责理事会的大量准备工作，并监督政策实施。欧共体机制的参与，除“常设代表委员会”与“政治委员会”有一定协作和分工外（后者负责审查政策内容，而前者则偏重于技术性协调或关注涉及欧共体的方面。两者又受到20多个专家小组的协助），主要体现在共同体委员会获得了政策创议权（与欧共体框架不同的是，该权力并非为委员会专有，而是与各成员国共享），这使其代表可参与欧盟主席（包括前任、现任和继任主席国。主席每半年轮换一次，在政策内部管理和对外形象方面，都影响颇大）的所有对外接触，及欧盟成员国驻外大使事关共同外交与安全政策的协商（此类大使级协商会议亦属政策实施的重要内容之一，通常每月举行一次）。委员会还获准与欧盟轮值主席共同负责知照欧洲议会共同外交与安全政策的发展。依照《马约》安排，欧洲议会享有的质询和定期听取轮值主席报告的权力，也在外交与安全政策领域适用。此外，议会所拥有的预算权（特别是在共同体基金可用于实施政策决议的方面）和批准欧盟对外协定的权力，都有助于它发挥一定影响。

为加大政策协调力度和影响力，在确认欧洲政治合作方式“相互通报和磋商”的基础上，《马斯特里赫特条约》就部长理事会的合作机制、手段做出新安排，规定每当必要时，将根据一致通过程序确定“共同立场”，各国将“确保其国家政策符合共同市场”，并“在国际组织和国际会议中协调行动……在并非所有成员国参加的国际会议上，与会国将维护共同立场”。进而又规定，各国“在有着共同重要利益的领域逐步实施联合行动”，是体现政策“共同性”的主要途径之一。通过行动领域的协调，可动员各国资源（包括人力、技术秘密、资金、设备等），用以实现由理事会确定的特定政策目标。条约还规定，可在“联合行动”的某些领域，实行特定多数表决（这意味着放弃以往一直坚持的“共识原则”）。但同时又规定，关于实施联合行动和适用多数表决的具体范围，均须由成员国一致通过确定。

1993年以来，成员国曾有过一系列早期的“联合行动”，包括1993年10月至11月的合作举措，派观察员赴俄监督大选，推动中东欧“稳定公约”签署（旨在确立谈判机制防止冲突爆发），提供财政援助巩固巴以“自治协定”，助推南非首次大选，进而试图利用援助计划巩固其民主进程等。1994至1996年期间，又就更多的联合行动通过了指导方针或法律文件，并首次直接涉及安全政策，如关于核不扩散条约会议的准备工作，引入对非欧盟国家军民两用品出口的控制体制等。但囿于欧洲一体化的特定发展模式，成员国的合作也暴露出一系列难点问题，包括对国际热点的及时反应与力度、成员国立场的协调、欧共体机制与“第二支柱”的权力划分、财政安排等问题，都显得比较突出。

《阿约》则引入了新的政策手段。较为突出的是：①除确定政策原则和指导方针外，在成员国拥有重要共同利益的领域，欧洲理事会还将决定联盟实施的“共同战略”，即就政策目标、实施期限和欧盟与成员国所能利用的手段等，作出具体规定。部长理事会可以向欧洲理事会推荐“共同战略”，并负责战略的实施，主要是通过采取“共同立场”和“联合行动”等。②“建设性”弃权（又称“积极性”弃权）。为提高决策效率，尽量避免因一、两国否决而使决议不能被采纳，理事会投票中成员国可通过弃权方式，来使决定获得通过。根据规定，通过发表正式声明，弃权国将不会被迫实施该决定，但必须接受对欧盟承担的义务。对基于理事会决定的欧盟行动，该国此后不得采取任何与之相左的行动。③为了凸显在国际舞台上的单一形象和用一个声音说话，保证政策的连续性和一致性，决定设立“高级代表”职位，即所谓“共同外交与安全政策先生/女士”，由理事会秘书长担任。其任务是，在与政策有关的事务中协助欧盟主席；帮助制定、准备和实施理事会的政策决议；代表理事会并在理事会主席的要求下，与第三方进行政治对话等。

《尼约》关于外交安全政策的相关规定，主要体现在“强化合作”机制的适用范围方面。随着东扩加速与发展不平衡问题突出，考虑允许若干成员国在某些领域率先实行合作，终于提上了议事日程。继《阿约》之后，《尼约》再次就此做出了机制性安排。依照条约规定，如在某一领域愿意先行一步的成员国达到八国，即可着手推进所谓“强化合作”。为此每一成员国都可向欧洲理事会提交动议，后者则不实行一票否决制，而应通过特定多数作出决断（同时规定其他国家日后愿意加入合作时，不得被排斥在外）。《尼约》明确将“共同外交与安全政策”纳入了可以实行“强化合作”的领域，以利于实现共同行动和共同立场（军事或防务事务可以排除在外）。但同时规定，在第二支柱中，欧洲理事会的最后决定将以一致通过方式作出。

在内外形势发展演变的推动下，欧盟“制宪”与《里约》谈判对于如何加强欧盟对外的代表性与行动力，给予了高度重视，最终成为《里斯本条约》极为突出的进展之一。其主要进展包括：

条约作出了“去支柱化”安排，即从形式上放弃了欧盟的三大支柱架构（《里约》谈判时三支柱依次为“单一市场与欧共体政策”、“共同外交与安全政策”和“刑事事务中的警察与司法合作”。第一支柱涉及经济政策，机制设计中超国家因素较强，第二、三支柱则属政治范畴，以政府间合作为主导方式）。这至少意味着成员国承认，关乎共同外交、安全政策的机制性安排应向经济领域趋同（尽管条约同时规定了含欧洲防务的原第二支柱的特别决策程序依然有效——声明附录强调了外交安全领域的特殊性及成员国在其中的特别职责）。“去支柱化”对于欧盟今后外交、安全政策机制中超国家因素的逐步加强，构成了有利条件。

更为突出的是，三个方面的职位、机构设置与安排，强化了欧盟外交、安全政策的实施机制，有助于其对外代表性与行动力的提升。其一，设立欧洲理事会常任主席（任期两年半，可连任一次）一职。作为欧盟对外政策指导方针的制定者，欧洲理事会的重要性不言自明。而其常任主席的设置，对于推动理事会方针议决与共识达成，有望发挥重要作用。同时，条约明确规定，常任主席在欧洲理事会层面，即欧盟政治的最高层面，在共同外交、安全领域对外代表欧盟。其二，关于“欧盟外交事务与安全政策高级代表”任职的相关规定。依照《里约》规定（“高级代表”一职始于《阿约》规定。欧盟宪法草案中曾改称“外长”。但由于其敏感性，《里约》中又恢复“高级代表”称谓。规定其人选由欧洲理事会任命并获欧盟委员会主席同意。任期与委员会同步），该代表一身三职，除任部长理事会的共同外交与安全政策代表之外，同时兼任外交事务理事会主席和欧洲委员会副主席，主要负责指导外交政策和共同防务政策，并于共同外交与安全政策领域在国际舞台上代表欧盟。这种安排，显然有助于促进欧盟各部门、各领域及各成员国对外行动的协调与统一。其三，设立“欧洲对外行动署”，负责支持高级代表工作。行动署由理事会和委员会相关部门官员及成员国外交署指派的工作人员组成，与成员国外交事务署合作采取行动。

三 共同防务政策与共同防务

在关于欧盟第二支柱的规定中，“安全”政策，特别是制订"共同防务政策"并最终走向"共同防务",占有突出地位,也是成员国间争论最大、又着力最多的领域之一。《马约》谈判中这一问题的提出,表明绝大多数成员国已认识到,随着冷战结束和欧洲格局剧变,欧洲的安全保障,已不能完全依靠北约,故应推进自身的防务一体化进程。为此,除明确指出该领域的发展方向外,《马约》还试图作出相应的机构性安排,规定"西欧联盟"是"(欧洲)联盟发展的一个有机组成部分",前者将在后者的"要求下详细拟订和实施联盟具有防务含义的决定与行动"(但两组织的机构当时仍然各自保持独立)。据此,自《马约》签署以来,随着形势的发展,在法、德等国的积极推动下,欧洲的防务一体化进程终于逐步取得进展。

1992年5月,法、德两国决定建立"欧洲军团"(Eurocorps),以供西欧联盟调动,用于执行人道主义、撤离成员国国民、恢复和平或维和等项任务(关于西欧联盟政治控制下的欧洲军团义务,曾在1993年9月24日的协定中作出明确规定)。比利时(1993年6月)、西班牙(1993年12月)、卢森堡(1996年5月)3国先后加入。军团共计5万人,自1995年11月以来开始采取行动。1992年6月19日的"彼得斯堡声明"(Petersberg Declaration),则被认为是"在决心发展西欧联盟作为欧盟的防务臂膀和加强北约欧洲支柱的手段方面",起到了关键性作用。声明确定了西欧联盟发展的指导方针,指明其可从事的各类军事任务,除包括欧洲军团的各项任务外,还提出要在危机处理中执行战斗部队任务(这些内容都被称为"彼得斯堡任务",通过《阿姆斯特丹条约》明确纳入《欧洲联盟条约》新的第17条中)。声明指出,西欧联盟准备在个案的基础上并按照自己的程序,支持防止冲突和危机管理措施的有效实施,其中包括欧洲或联合国安理会的维和行动。声明还指出,西欧联盟各成员国的各类常规部队,准备在其指挥之下执行任务。同时,几年来东欧热点地区的出现,"美国防务承诺相对下降"所造成的安全"真空",又使得欧盟国家开始针对北约的"局限性",强调"欧洲的安全与防务特性"(乃至需要一个政治性实体的必要性)。在此背景下,1994年1月召开的北约布鲁塞尔理事会承认了安全、防务上确定欧洲特性的重要性。1996年6月,柏林理事会会议终于迈出了第一步,提出要建立由西欧联盟领导的联合特遣部队,可使用北约的军事设施和能力采取行动。1998年底,英、法又提出了建立欧洲快速反应部队计划。

1999年科索沃战争后,由于深感仍缺少独立处理欧洲危机的军事能力,欧盟成员国决定加快防务一体化步伐,建立自身的防务力量。1999年6月,在科隆召开的欧盟首脑会议通过了《加强欧洲安全和防务政策的声明》,决定将西欧联盟纳入欧盟,使之成为后者的防务支柱,并加强其自行在欧洲大陆执行和平任务和预防冲突的能力(但同时该声明亦表示,北约仍是欧洲集体防御的基础。西欧联盟执行任务时可利用北约设施,获得其后勤支援)。11月中旬举行的欧盟外交和国防部长理事会,又通过三点重要决议,包括:建立欧盟领导下的干预危机的军事力量;建立政治、安全和军事三位一体的指挥机构;加强与北约成员国的磋商机制。12月上旬的欧盟外长会议又进一步决定,欧盟将在4年内建立一支快速反应部队;该部队独立于北约,由6万人组成,并拥有海空力量的支持,以使欧盟有能力在不借助任何外部力量的情况下,针对欧洲爆发的危机,作出迅速反应(根据决议,欧盟成员中的非北约成员国,可不参与共同防务,但无权否决集体行动)。这一决议,在12月10—11日的欧盟赫尔辛基首脑会议上,最终得到批准。此举被认为是"奠定"了"新的欧洲防务战略的基础",欧盟"最终正在走向创立一支适当的安全臂膀",这对其"性质"的发展也"将有深远影响"。

第五节 欧盟国家军事干预利比亚

在2011年的利比亚危机中,法国、英国联合美等西方盟国实行军事干预,对事态发展产生了决定性影响,成为全球瞩目的重大事件。3月19日,法、英、美等国以实施安理会1973号决议,建立"禁飞区"保护平民为由,发动了针对利政府军的空中打击行动,并于一周内有效建立了禁飞区。之后,经过反复协商,由北约全盘接手了战事的指挥、控制权,但法、英仍在其中发挥着政治推手与军事骨干作用,成为北约保持军事高压态势的主导因素,最终促成了利国内政局的根本性变化(卡扎菲政权倒台,反对派控制全国)。历来以"经济整合"和"软实力"见长的欧盟国家,一反冷战后追随美国动武定式，此次反成为军事干预的主要发动者，且不顾军力困境，维持战事至目标最终实现，引起了国际社会的普遍关注。它是冷战结束以来，以法、英为首的欧盟国家，为了应对形势变化，在防务自主性提高的前提下，试图借重美国和北约，直接通过武力影响周边世界，以提高自身国际地位、实现长远利益诉求的首次尝试。干预的实施同时也反映出了欧盟国家推行共同安全与防务合作问题的复杂性。

一　背景与动因

试图通过武力干预，推动阿拉伯邻国的“民主化进程”，以实现欧洲的制度、价值观与长远利益诉求，是推动法、英等国决计动武的深层动因。简言之，要点有三：

其一，出于地缘政治、经济与安全等诸多考虑，以法国为首的欧盟地中海国家历来认为，北非、西亚与欧洲诸多核心利益直接相关，至关重要。为此，欧盟的“新邻国政策”（包括法国极力倡导的“地中海联盟”），曾长期将维持该地区的“稳定”，作为压倒一切的核心目标，谋求在此大前提下，实现欧洲其他领域的利益诉求。

其二，2011 年年初以来，面对“阿拉伯之春”的强烈冲击，欧盟各国终于承认，区域“稳定”已不复存在，但同时认定事态发展具有重大“历史”意义，阿拉伯世界的“民主化”进程已然启动，必将产生“持久影响”，“特别”是对欧洲而言。为此，欧盟对其政策取向作出了方向性调整，将核心目标从维持地区“稳定”，转变为大力促进“深度民主”，以求日后在更高层面上，实现南地中海地区的长久稳定及欧洲的诸多利益诉求。

其三，欧盟认为，利比亚局势发展对其战略调整，提出了根本挑战：之前的突尼斯、埃及革命，以两国政权的和平更替告终。而卡扎菲政权则凭借自身军力，对弱势反对派实施武力镇压，不但将彻底压垮乃至消灭后者，扼杀利比亚的民主化进程，且其一旦成功，会对其他国家当权者，产生“示范”效应，促成更多的暴力镇压行动，最终重挫整个阿拉伯世界的“颜色革命”。因此，要求卡扎菲“立即放弃权力，以使利比亚迅速踏上有序的民主转型之路”，就成为欧盟国家一再明确坚持、具有全局性意义的政治目标。而由于利比亚政府的不妥协态度，试图依靠武力实现该目标，遂成为欧盟军事大国的行动选择之一。

二　法、英联手推动

法、英在对利比亚的军事干预中，发挥了不可替代的重要作用。两国的联合行动，直接促成了干预的发生、推进与最终结果。推动法、英实行密切合作的主要因素包括：

首先，两国都认为，实行武力干预，既符合各自的战略利益，又都具有一定的实施能力。由于地缘政治、历史与现实原因，法国历来将“非洲特别是北非”（地中海地区）视为其传统势力范围，是欧盟“新邻国政策”与“地中海联盟”建设的主要推手（但卡扎菲抵制后者）。利比亚位于法国国防战略的首要关注地带，其局势演变与法诸多关切直接相关。萨科齐政府与利反对派关系密切（最先承认了后者的合法性）。为了重新彰显其大国地位，在重大历史关头把握对事态发展的主导权，法国终于成为主张干预最力者。英国亦同样强调“北非对英国和欧盟的利益至关重要”，“对利比亚采取行动符合”其“国家利益”。同时，从实力和政治地位讲，两国在欧盟国家中军力最强，国防开支分列世界第三、第四位，相加占欧洲防务预算半数，且均具有核威慑能力，同为安理会五常，都希望“置身于欧洲的战略前沿”，并自视为“全球性大国，准备在必要时独立投入军力”。

其次，更为重要的是，随着内外形势的发展演变，法、英的安全诉求有趋同、交织之势，促进双边防务合作的趋势有所加强。双方都认为，当“一国的核心利益受到威胁时，另一国的核心利益能够安然无恙”的局面，将“不会出现”（这被视为“两国合作赖以存在的基础”）。2009 年法国重返北约指挥机构，发展欧盟自身军力的要求减弱，以及高新技术武器成本上升等因素，直接促成了关于合作的具体安排。2010 年 11 月，两国正式缔结“防务合作条约”。条约明确规定，双边合作包括核试验、航母行动和建立“联合特遣部队”，以及至关重要的支持性任务等方面，为联手干预利比亚，提供了某种制度性安排。同时，两国又都承认，此次仅凭一国之力，难于实现行动目标。

最后，难于在欧盟层面就动武达成一致。安全防务合作属欧盟一体化高端领域，历来敏感、复杂，难于达成共识，在是否对利比亚动武问题上亦有鲜明体现。如前所述，自科索沃战争以来，欧盟决计加快建立“共同安全与防务政策”的步伐，但由于种种原因，目前仅限于维和与人道援助领域，难以有更大作为。同时，关于如何应对利比亚局势（欧盟3月11日首脑会议曾专门讨论此事），尽管成员国一致同意，卡扎菲已失去合法性，必须下台，但对法英的动武提议，却远不能达成一致。如德国明确主张政治解决，反对实行武力干预（故对1973号决议投了弃权票，甚至“不允许其舰只实施对利比亚的武器禁运”），意大利最初也持强烈保留态度（特别是在北约框架之外动武——详下），中东欧成员国同样保持了“沉默”。这种状况的存在，也使法英不得不在相关行动中，首先要依靠双边的协调与合作。

法、英两国在干预前后所发挥的具体作用，又主要表现在以下几个方面。

（1）大力展开全方位外交，争取行动的“合法性”。强调“有效多边主义”、国际组织与规则之作用，是冷战结束以来，欧洲安全战略取向的特点之一（这在欧盟与法、英的相关文件中，均有明确阐述）。法、英在从事军事准备的同时，为争取国际社会认可，积极展开游说，构成了其战前活动的重头领域。

其一，强调“人道干预”的必要性和迫切性。在致欧洲理事会主席（3月10日）的联名信中（此信颇为重要，表明了两国的基本态度和主张），萨科齐与卡梅伦强调指出，卡扎菲政权蓄意动用军事力量（包括战机、直升机等）镇压利比亚平民，实际上已构成“反人类罪”，是“完全不可接受”的，必须受到“谴责”，呼吁联合国密切关注利比亚“人道主义形势”（同时支持国际刑事法庭的“调查”活动）。以此为由，联名信提出，为了“立即终止”卡扎菲政权对平民动武，法、英愿意提供支持，采取措施将包括建立“禁飞区或抵御空中攻击的其他选择”。在此基础之上，两国在考虑安理会通过相关决议所应包含的要点时，同样强调了保护平民、实行人道干预的迫切性。

其二，力求获得当事方、阿盟与联合国承认。鉴于北非、西亚问题极为复杂，获得阿拉伯认可的重要性，以及美绕开联合国在伊拉克动武曾招致多方谴责，法、英此次特别强调说，获得“合法性”的重要途径与表现形式，就是阿拉伯地区“主动请求”干预，并最终获得安理会授权。为此，两国先后在三个层面上，逐次展开了外交活动。

首先直指作为当事方的利比亚国内。法与反对派早已保持密切接触。在此背景之下，其领导人贾利勒（全国过渡委员会主席）于3月8日向国际社会明确提出了划定“禁飞区”的请求（这被视为尔后法国、美国、英国采取突袭的法律基础之一）。其次是争取来自阿拉伯国家的支持。这一点尤为法国所强调，并将阿盟作为地区代表和主要游说对象。正是在萨科齐的大力推动下，3月12日阿盟正式向联合国提出建议，主张讨论采取措施保护利比亚平民（故法国外长朱佩表示，与苏伊士运河战争时不同的是，此次获得了阿拉伯人的支持）。最后，法、英两国又联手游说安理会成员，终于促成1973号决议通过，规定将建立“禁飞区”。为了保护利比亚平民，可使用“所有必要手段”（但限于空中打击，不得派地面部队占领）。这被视为“合法性”的最终获得，以及“法国和英国外交之胜利”。

（2）促成“自愿者联盟”建立，保证了打击的及时发动。干预行动由愿意参与其中的国家负责实施，故首先需要组建所谓“自愿者联盟”（coalition of the willing）。在法、英决计联手动武的前提下，能否成功发动战事，关键是要推动美国加入其中，因为后者的作用不可或缺，但对“军事干预却持保留态度”（详下）。为此，卡梅伦积极利用英美“特殊关系”，最终促使奥巴马政府承诺参与。鉴于当时利反对派大本营已危在旦夕，法、英、美三国在1973号决议通过不到48小时内，即发动了空中打击行动（3月19日），由法国直接空袭政府军进击部队，及时阻止了班加西陷落，英、美则负责攻击利防空设施，“禁飞区”于一周内得以有效建立。

（3）始终是政治上的坚定推手，军事行动中的“骨干”力量。为了实现其政治性目标，法、英均调集了可供动用的所有军力。在两国一直削减防务预算的情况下，英国仍派出了十几架战机、几艘护航舰和一艘潜艇（英军高级指挥官称可谓已达最大限度。若有新危机出现，将无剩余军力可言）；法国则投入了更大军力，包括海军航空兵集团和戴高乐号航母在内（被评论为“同样显得力不从心”）。北约接手指挥后，法、英在参与空袭的8国中，始终态度最为强硬，成为保持高压军事态势的主要推手，并承担了重要攻击行动。空袭实施3个月后，尽管其时欧洲各国均已感到财力、军力不足（为此挪威决定削减行动计划，并于8月1日完全撤出），但法、英政府仍高调宣示，“卡扎菲必须立即下台”，已持续数月的（军事）行动“很值得”，且仍在“加强”，甚至不会“定一个最后期限”。此后，打击力度甚至有所加大，包括加强攻击规模和频率，不断扩大目标范围，首次动用攻击直升机，以求更精准攻击地面目标等。据统计，在战事已近“尾声”的9月上旬，北约出击利比亚共约2.2万架次，其中的1/3由英法飞机负责实施；摧毁军事目标约5000个，40%为英法战机所击中。

为此，美国驻北约大使承认，在北约对利空袭中，英法所发挥的作用“非同寻常”。北约秘书长亦指出，空袭行动表明，除美国之外，欧洲仍“拥有世界上最先进的军事能力”，能够“在一项复杂的军事行动中发挥核心作用”。萨科齐则更是强调了这次法英等动武得手于欧洲而言的历史性意义，称“欧洲第一次证明，他们有能力对自家门前发生的冲突进行果断的干预。因为利比亚直接同地中海相连，而地中海首先是欧洲事务，其次才是美国事务”。

三 借重美国与北约

尽管法、英决心联手动武，但两国仅凭自身军力，尚不足以促成目标实现，必须争取盟国支持。为此，谋求适当的组织形式与干预机制，成为法、英发动干预前后的决策重心之一。事态发展表明，由于种种深层原因，美国及以美国为首的北约，仍是此次欧洲国家动武不可或缺的倚重对象。

欧美盟国关于组织机制的选择，先是取“自愿者联盟”形式，又最终确定以“北约”为行动框架，是战略关切与主张存在歧异的欧美各国之间，经多次协调与不断妥协的产物。事实上，作为发动者的法、英两国之间，最初对此就意见相左。英国认为干预可在北约框架下进行（甚至反对法国由欧盟领导海军力量实行武器禁运的企图）。法国则持反对态度，理由是因被阿拉伯世界视为强权政治工具，北约已不再适于直接出面。但法承认美国对启动干预的作用不可或缺，故最初采取了“自愿者联盟”形式，即英国劝说美国加入，三国共同发动了空袭行动。

然而美政府对发动干预并不积极，更不愿在其中始终发挥核心、领导作用。与此同时，由于种种原因，除英国外，其他不少欧盟、北约成员国，如意大利、卢森堡、挪威等，亦力主以北约作为行动框架。为此曾引发北约内部的激烈争论，甚至导致2003年（伊拉克战争）以来“最为激烈的外交对抗”（法国大使退出北约理事会会场以示抗议）。但由于种种深层原因，法国最后做出让步，同意由北约全部接手行动指挥、控制权。根据各方协议，3月24日北约做出参与“自愿者联盟”行动的决定，双方还进行了必要的协调。27日北约“决定接手……所有军事行动”（代号为“联合保护者行动”），称其“目标是保护处于攻击威胁下的平民和平民区”，由加拿大查尔斯·布沙尔空军中将在意大利那不勒斯的北约盟军联合部队指挥部（the Allied Joint Force Command）负责统一指挥。31日北约的接替行动全部完成。这表明，由法、英、美发动的干预行动，已完全纳入了北约作战系统。据统计，北约28个成员国中，约半数为行动提供了军事资产支持，但仅美、法、英、加、意、丹、挪和比8国直接参与了空袭（实际上，北约内部也实行自愿参与原则）。

干预机制的选择及事态发展表明，美国及以美国为首的北约，仍在干预中发挥了不可替代的支柱作用。其主要原因是：

其一，北约自身的调整。作为欧美共同防务组织，针对冷战后的形势变化，北约在实现扩大的同时，先后提出了三个“战略新概念”，就安全战略的目标指向与手段，作出了调整与改革。其中与利比亚干预有重要关联者，包括以下各点：（1）从通过“核威慑”抑制苏联，转为依靠常规力量，预防和处理地区危机与冲突；（2）行动地域扩大到成员国领土之外。（3）更加强调捍卫成员国的共同“利益”和“价值观”；（4）北约内部无法达成共识时，某些成员国可“自愿联合”采取行动，其他国家不得阻挠。以上诸多调整，加之英国在北约中一向追随美国，而法国则于2009年已重返其指挥结构，都为法、英借重美国，特别是以美国为首的北约，提供了框架性条件。

其二，单从军事层面讲，亦有三点必须依赖美国和北约。一是统一的“指挥与控制”。实行空中打击行动，涉及多国空军联合作战。为避免目标遗漏、重复攻击或误伤友机，必须确立统一的“指挥与控制”系统，以实现各国作战的有效配合。而法、英两国则至少无此经验。故在最初的“自愿者联盟”阶段，美国承诺负责指挥（在地中海配有专门操作系统的“惠特尼峰号”战舰上，美军指挥官担当此任）。之后交由北约专门机构负责，但美仍在其中发挥着重要作用。

二是需美直接参与军事行动，因为在诸多高端技术与装备领域，其作用仍不可替代。美国驻北约大使强调说，美“提供了至关重要的资产支持，确保了空袭的成功”，其中包括3/4的加油机、侦察机，无人机提供高精度目标信息，在摧毁利防空体系中，美战机和巡航导弹所发挥的关键作用等。美机出击次数，则高于其他任何国家（五角大楼8月22日称，自北约行动启动以来，美军对利共执行飞行任务5316架次，约占北约行动总数的27%）。

三是维持打击力度问题。冷战结束以来，欧洲普遍削减防务开支，或保持着较低水平，致使各国开支总额占北约比重，已从1991年的34%左右跌至今日的21%。且迫于财政危机压力，支出仍在下降，目前仅英、法、希达到北约规定要求（至少不低于本国GDP的2%，但有几国低于1%甚至更少。这与美国的5%形成鲜明对照）。开支削减导致军力不足，无法长久维持行动力度。空袭进展到11周时，美国防部长即抱怨说，“许多盟国正在开始出现军火短缺，又一次要求美国来弥补不足”。对此欧洲有评论指出，利比亚干预表明，北约的“军力主要取决于美国准备投入多少”，若无美国人，“甚至最具实力”的英、法“军事打击也是有限的”，这一“事实令人不安”。

总之，法、英等欧盟国家在利比亚危机中，一反追随美国动武定式，且不顾金融危机致使军费削减困境，首次成为冷战后军事干预的积极发动与参与者，并坚持至预期目标实现，是由多方面因素促成的。其中地缘政治考虑，法、英的军力优势，欧美的防务契约关系，美国介入与北约的战略性调整等，都起到了重要作用。与此同时，这一干预所反映出来的一系列问题，如欧盟推行安全一体化的复杂性，成员国双边合作与欧盟防务模式的关系，后冷战时代欧美安全战略利益的协调，欧盟防务与北约的关系等，亦将对欧盟安全、防务一体化的未来走向，产生重要影响。

第六节　司法与内务合作

司法与内务合作是《欧洲联盟条约》确立的又一重要活动领域，曾与经济、共同外交与安全政策并称为欧盟的三大支柱。

统一大市场计划导致欧共体内部人员流动加强，促使成员国不能不考虑在司法与内务领域加强“合作”。马约共确定了9个领域为“共同关心的事务”。它们分别是：（1）避难政策；（2）关于成员国外部边界人员出入境的管理规则，以及由此而来的控制实施；（3）移民政策，及关于第三国国民的政策，其中又包括：a. 第三国国民进入成员国领土和在其中流动的条件；b. 在各成员国领土上第三国国民的居住条件，包括家庭团聚与就业条件；c. 在成员国领土上与第三国国民的非法移民、居住与就业进行斗争；（4）与吸毒进行斗争，如其未纳入下面（7）、（8）、（9）条的范围；（5）与国际诈骗行为进行斗争，如其未纳入（7）、（8）、（9）条的范围；（6）民事领域的司法合作；（7）刑事领域的司法合作；（8）海关合作；（9）为防止恐怖主义、非法毒品买卖及其他形式的严重国际罪行并与之进行斗争，各国实行警务合作，必要时包括海关方面的合作，为此将在欧洲警察局内确立联盟范围的情报交流机制。

关于合作的机制与方式，条约规定，各国在部长理事会内交流以便“协调行动”。应成员国或欧盟委员会要求，理事会可采取“共同立场”乃至“联合行动”［委员会的倡议权，不包括上文提及的（7）至（9）条的内容］，理事会通常“以一致通过制行事”，但又“可以决定实施联合行动的措施由特定多数做出”。委员会将“充分参与合作领域的工作”，同时建立由高级官员组成的“协调委员会”协助理事会工作。

条约还规定，理事会主席与委员会定期将合作内容的“讨论”通报欧洲议会；理事会主席将与欧洲议会“协商”“行动的主要方面”，并“确保考虑”后者的“观点”，后者亦可以向理事会“提出问题”或“建议”，以及每年就合作进展状况“举行辩论”。

“阿约”的缔结又使合作得以深化。条约规定，成员国间建立“自由、安全和司法区域”，以使任何人可在区域内自由流动。主要包括两方面内容：

一是“司法与内务合作”中涉及民事领域的部分，将移入欧共体机制（但事关移民、签证与避难的理事会立法，仍至少在5年内采取一致通过制。其后是否改为多数表决，仍须全体成员国同意）。在针对刑事犯罪的警务合作领域，依然实行政府间合作体制；二是将“申根协定”纳入新条约。该协定的主旨在于促进人员自由流动，原纯属成员国自愿合作领域。纳入新条约后，意味着欧盟的超国家机构将正式介入。但同时承认，英国与爱尔兰将合法享有例外权；丹麦亦将不完全受欧共体机制约束。

《里约》生效则进一步推动了这一领域的一体化进程。主要表现在四个方面：

（1）法律框架与立法程序。随着“去支柱化”安排和第三支柱的取消，刑事与警务领域司法合作的法律框架目前已等同于经济领域（即原先属第一支柱的欧共体范畴），致使欧盟与成员国的相应措施置于欧洲法院的司法管辖权之下。同时，该领域诸多方面的立法，如关于短期签证与居留证的部分规则，合法移民，刑事司法合作，欧洲警察，欧洲司法组织，日常警务合作，民事保护等，将转为“普通立法程序”。这意味着部长理事会由实行一致通过转为特定多数表决，同时欧洲议会充分行使共同立法权。

（2）规定可建立“欧洲公诉人办公室”（须经部长理事会一致通过并获欧洲议会同意）。其主要任务是与影响到欧盟金融利益的犯罪行为进行斗争，负责犯罪调查、起诉和推动作出判决，并可在适当情况下与欧洲警察进行合作。在欧盟成员国的主管法院审理此类案件时，该办公室行使公诉人职责。另外规定，欧洲理事会亦可就将该办公室的权力扩展到跨境领域作出决断。

（3）部长理事会内建立“内部安全常设委员会”，旨在便利、促进和加强欧盟成员国之间在内部安全领域的行动协调，包括涉及刑事的警察与海关合作，对外边界保护及司法合作等。此外，欧盟委员会将负责评估行动合作的总体方向和效率，以确认可能存在的不足并就纠正措施提出建议。

（4）“过渡期”安排。依照《里约》规定，欧洲法院与欧盟委员会对第三支柱立法的既有法律行使充分权力应有5年过渡期，即始于2014年12月1日。同时规定，英国仍可就不接受欧盟机构在相关立法方面的权力作出决定，但决定至迟应在过渡期结束的半年之前作出。总之，通过条约规定的变化可以看出，尽管因涉及敏感的国家主权问题，使得司法与内务合作同样是一个渐进的发展进程，但在内外形势的推动下，这一领域合作的诸多扩展与深化表明，它已成为欧盟活动的重头领域之一，且“欧共体方法”在该领域中逐步占据了主导地位。

第七节 《申根协定》与《申根公约》

《申根协定》和《申根公约》是欧盟部分成员国旨在废除彼此边界之间人员流动安全检查的协定。

1984年6月欧共体枫丹白露首脑会议曾原则上同意取消内部边界检查。1985年6月14日，法、（西）德、比、荷、卢在卢森堡小城申根签署《申根协定》（Schengen Agreement），决定正式承担义务，逐步废除五国间边界检查，实现人员自由过境。此后，五国又于1990年6月19日进一步签署《申根公约》（Schengen Convention），共142条，规定了人员自由流动安排的实施条件与保证。公约修正了成员国法律，并获得各国议会批准。1994年2月1日，《申根公约》正式生效。

根据签字国协议，在人员自由流动范围实行非歧视原则，这既包括协定国公民，又包括共同体其他成员国公民和非成员国公民。为使整个申根协议区域的过境程序标准化，对来自非共同体成员国的旅游者、避难者和合法移民都做了安排。同时，又据规定，协议国警察将变换方式继续在本国领土、港口与机场执勤，并将更密切地合作以使对外部边界的控制更加有效。协议为此包括了打击恐怖主义、走私和有组织犯罪以及关于各国法庭、警察部队与政府部门合作措施的共同规则，其目标在于通过新的合作形式，逐步走向内部边控的全面消除。

意大利（1990年）、西班牙（1991年）、葡萄牙（1991年）、希腊（1992年）先后分别加入《申根公约》。此后，奥地利（1995年）及瑞典、芬兰和丹麦三国（1996年。丹麦加入时附有特殊安排）也成为签字国。捷克、爱沙尼亚、拉脱维亚、立陶宛、匈牙利、马耳他、波兰、斯洛文尼亚和斯洛伐克九国于2007年加入。此外，1996年非欧盟成员国冰岛、挪威成为签字国；瑞士和列支敦士登则于2008年加入。

根据《阿姆斯特丹条约》谈判结果，《申根协定》《申根公约》及其有关的声明与决议，均自1999年5月1日起正式纳入欧共体/欧盟管辖范围。但英国、爱尔兰两国仍保留例外权，并未参与事关申根法律的全部条款（参见《阿姆斯特丹条约》条目）。同时，某些公约签字国如达成协议，也可选择加强彼此之间的合作。（吴弦）

第四章 欧盟竞争法

第一节 欧盟法概述

欧洲一体化是建立在法律基石之上的，这是它得以发展的根本保证之一。为了切实保证共同利益与一体化目标的实现，欧盟各成员国在一定程度与范围内自愿限制了主权权力，这就使得建立具有超国家调节因素的法律体系，不仅必要，而且可能。为此，欧盟确立了一套既不同于一般国际法，也有别于各国国内法的独特法律秩序。这对于保障、推动欧共体/欧盟的确立与发展，意义极大。

一 成文法与不成文法渊源

欧盟法渊源可分为成文法与不成文法两大类，前者居于主要地位。

（一）成文法

大体分为以下两种：

（1）“源本法”（Primary Source of EU Law），即由成员国政府直接缔结的、创立欧共体/欧盟的诸条约及关于其修订的一切法律文件（被正式称为“一级立法”，即“Primary Legislation”）。源本法明确规定了一体化的目标、基本领域及实施机制等重要方面，如《欧洲联盟条约》《阿姆斯特丹条约》《尼斯条约》和《里斯本条约》。此外还包括涉及欧盟历次扩大的“加入条约”等。

（2）“派生法”（Secondary Source of EU Law），指欧盟机构根据条约赋予的权力所制定的大量立法，又称“二级立法”（“Secondary Legislation”）。根据立法的适用范围、方式以及是否具有约束力等方面，又分以下四类。

①条例（Regulations，又译“规则”）。其基本特性有三：其一为普适性（general application），指法律效力适用于各类人和具有多重的适用情境；其二为具有全面拘束力（be binding in its entirety），即不仅在立法目标上，而且在目标实现的方式、手段等方面，都有拘束力（在这方面，欧洲煤钢共同体作出的“决定”，相当于欧洲原子能共同体和欧洲经济共同体的“条例”）；其三为直接适用性（direct applicability），指条例在欧盟一切成员国直接适用，无须成员国采取任何措施转化为国内立法，即条例的适用效力不受各国机构、法律或行政措施的限制。条例必须通过“欧盟公报”以11种官方语言发布，并对生效日期有明确规定，如自规定之时起生效；或自公布后20日起生效。

②指令（Directives）。指令在三个基本方面不同于法规。一是仅适用于指令针对国，对象可以是一国或几国，也可是全体成员国。但指令不能针对个人，即一般而言，不能对个人创设义务；二是不具有全面拘束力：仅对立法目标有拘束力，但对目标实现方式，则无拘束力，可由指令针对国自行决定；三是一般非直接适用，需要由针对国转化为国内立法后加以实施。指令由收受国官方语言行文即可，于该国被通知时起生效。亦须经“欧盟公报”发布。

③决定（Decisions）。其特点是：a. 特定的适用对象。即收受者不限于某个或某些欧盟成员国，也可是自然人和法人；b. 在应取得的结果及实施形式、措施方面，对其特定适用对象具有全面的拘束力。后者须完全按照规定内容执行，不得随意行为或违背；c. 直接适用性。即无须国内立法辅助。决定由收受国官方语言行文，自被通知时起生效。亦由“欧盟公报”刊载。

④建议和意见（Recommendations and Opinions）。根据“欧洲经济共同体”与“欧洲原子能共同体”条约规定，其建议与意见都不具有拘束力。而欧洲煤钢共同体条约中的“建议”，对寻求目标具有拘束力，在这点上与其他两个共同体的“指令”相当。建议与意见一般针对成员国作出，

但在某些特定情况下，也可针对个人、群体或企业。前者就接受者的“特定行为方式”提出建议，后者则是应其他方面要求表明欧盟机构观点，涉及对“某种进程的总的评价或是促进进一步立法决议的准备”。

“源本法”构成了欧盟法的基础部分，在效力上具有“本源性和优越性”，因此构成了“派生法”产生效力的根本依据。如后者内容与前者本义不符，则将归于无效。

此外，欧盟成员国之间的协调性条约、与第三国或国际组织间缔结的条约等，既不同于“源本法”，又有别于“派生法”，也可视为“介于二者之间的一类”法律。

欧盟法还包括其他一些“非正式”的成文法渊源（又称“准法律渊源”），指某些无条约明确规定、效力状况不甚清晰、其制定程序与一、二级立法有较大差别的渊源。主要包括：“决议”（Resolutions）、“决议案”（Conclusions）、“声明”（Declarations）、“公告”（Communiqués）等。这些准法律渊源的制定者及其效力又不尽相同。

（二）不成文法

如同所有法律体系一样，欧盟的法律秩序不可能仅包括成文法，亦须由不成文法来弥补其空白。欧盟的不成文法渊源也可分为两类：（1）“一般法律原则”（General Principles of Law）。指反映“法律和正义基本观念的规则”。这是在欧共体条约中得到承认，并在欧洲法院的司法实践中得到运用的，所起作用颇大。如行政管理中的合法性原则、适度性原则（行动力度与所采取的目标相适合）、法律的确定性原则、合法期待必须受到保护原则、非歧视与平等对待原则、基本人权等；（2）“司法立法”（Judicial Legislation）。指欧洲法院在司法活动中的立法作用及其相应结果。主要通过“司法解释”的方式最终实现。

二　欧盟法的效力

（1）欧盟法效力优于成员国国内法（The Supremacy of EU Law in Relation to National Legal Systems），是其主要的原则与特征之一。根据“欧共体条约”规定，当成员国法律与条约规定不一致时，条约规定应予以适用，从而实际上确立了欧共体法的效力优先原则。在司法实践中，欧洲法院亦反复强调、坚持了这一原则，它要求欧盟法规一旦通过，就应被置于优先地位，成员国无权以国内法为由，宣布欧盟法无效或抵制其实施。各成员国均已承认了欧盟法效力的优越地位（欧洲的欧盟法著名专家也曾指出，“共同体法对国家法的优先地位几乎普遍得到确认，尽管有某些微小的抵制”），但具体方式各有不同。

（2）直接效力与间接效力。所谓直接效力（Direct Effect），是指某一欧盟法律规范对其适用主体所创设的权利义务，可无条件地在成员国法院得以强制执行的效力（这里是指“为个人直接创设权利和义务，个人可以要求国内法院保护权利和实施义务”。该概念并非直接产生于《欧洲共同体条约》，而是来自欧洲法院在“司法判例”中的“阐述和发展”）。如不能对适用主体创设由成员国法院无条件强制执行的权利义务，该法律规范就仅具有间接效力（Indirect Effect）。

三　欧盟法的监督实施

监督欧盟法实施的任务，由欧盟委员会以条约监护人身份加以履行。其目的是确保欧盟法在每一成员国得到遵守和真正实施。在行使监督职能时，委员会同时注意保证成员国主管机构，特别是各国法庭作用的发挥。监督法律实施可以采取下列形式：（1）继申诉或认定存在起诉理由时启动违法指控程序；（2）法院针对其他机构的诉讼程序；（3）检查成员国给予的援助是否合法；（4）检查禁止某些协议、决定与联合行动的原则及禁止滥用支配地位的原则是否得到遵守。欧盟委员会每年提交关于欧共体法实施的年度报告。

四　欧盟法的作用

欧盟法对于欧共体/欧盟的建立与发展，保证一体化目标的实现，起到了极为重要和不可替代的作用。首先，作为欧盟法的基础，“源本法”为一体化的目标与领域，从根本上确立了法律规范，保证了欧盟的发展方向（《罗马条约》《单一欧洲法令》和《欧洲联盟条约》对于推动一体化的逐步深化，包括关税同盟和共同农业政策、单一市场、经货联盟与政治联盟建设，都起了至关重要的保障作用）；“源本法”关于欧盟机构权力与职能的规定，又使之成为有别于各国政府的独立机构，欧盟的存在由此获得合法性，为实现一体化目标提供了组织保障。其次，欧盟机构制定出的条例、指令、决定等，既使得“源本法”能够具体转化为大量的“派生法”，又使得任何规定的实施具有约束力与规范性，在相当程度上避免了成员国因自身条件、利益不同而各行其是。最后，欧洲法院的判例法，如关于杜松子酒案、凡·甘案的裁决，对于推动和深化一体化进程，也都有其独到的作用。

（吴弦）

第二节 欧盟竞争法

作为一个由市场经济国家组成的政治、经济联盟，欧盟的基本经济规则是维护自由竞争。从维护有效竞争的原则出发，里斯本条约《关于内部市场与竞争的议定书》规定，欧盟内部市场要建立保护竞争的制度。这一原则性条款的具体化即是《欧盟运行条约》第101—106条（原欧共体条约第81—86条，下同）。这些条款的目的是禁止卡特尔、禁止滥用市场支配地位、消除进入成员国市场的障碍、推动市场竞争、建立由竞争引导的经济秩序。除了上述条款，《欧盟运行条约》保护竞争的规定还见于第107条（原欧共体条约第87条）关于国家援助以及第110条（原欧共体条约第90条）关于税收的规定。但是，这些条款不是规范企业间的关系，而是禁止成员国不正当地干预市场经济活动。因此，狭义的欧盟竞争法一般仅指条约第101—106条，特别是指条约第101—102条。此外，1990年9月21日生效的欧盟理事会1989年第4064号条例，即欧盟企业合并控制条例，也是欧盟竞争法的核心内容。根据欧盟法院的判决以及欧盟委员会和理事会出台的相关条例，欧盟竞争法除了适用于传统的竞争性行业，还适用于传媒、能源、邮政等国有企业占垄断地位的部门。可以从欧盟竞争法适用除外的领域只是农业。欧盟竞争法与成员国竞争法的关系是并行适用；当两者出现法律冲突时，欧盟竞争法有着优先适用的地位。

一 实体法

（一）禁止限制竞争性的协议

根据《欧盟运行条约》第101条第1款，凡企业间的协议、企业集团的决议以及相互协调行为（以下简称卡特尔），如果以妨碍、限制或者扭曲竞争为目的，或者实际上能起到这种后果，从而损害成员国间的贸易活动，须予以禁止。企业间的协调是指企业间有意进行与市场竞争有关的合作，如协调生产计划或商品的价格。在不能证明企业间存在协调，但是没有协调又不能解释企业之间相互一致的行为时，这种行为可视为协调。

根据该条第1款，下列行为须特别予以禁止：（1）直接或间接地固定购买价格或出售价格或其他交易条件；（2）限制或者控制生产、市场、技术发展或者投资；（3）分割市场或者货源；（4）对相同交易适用不同的交易条件，因此将某些交易对手置于不利的竞争地位；（5）订立合同时要求对方接受性质上或商业惯例上与合同标的无关的附加条件。

根据欧盟委员会的决定和欧盟法院的判决，被禁止的限制竞争协议大致分为以下三类：（1）横向协议，即卡特尔。这特别是指企业通过法律手段，分割欧盟市场，从而妨碍内部市场统一大市场的建立；（2）纵向协议。这特别是指合同中限制性或者排他性的条款，如限制出口或者限制再进口；（3）通过专利、商标或者技术秘密等专有权以及著作权限制竞争。欧盟竞争法的目的是开放成员国的国内市场，实现内部统一大市场，所以，适用条约第101条第1款的前提条件是，这些协议直接或者间接地妨碍成员国之间的贸易，从而影响内部市场的有效竞争。

根据条约第101条第3款，如果企业间的协议、企业集团的决议以及企业间的协调行为符合下列条件，则可以根据第1款得到豁免。这些条件是：（1）有利于改善商品的生产或者销售，或者有利于推动技术和经济进步；（2）消费者可以从协议得到适当的好处；（3）为实现上述目的，限制竞争是不可避免的；（4）限制尚未达到严重影响市场竞争的程度。

出于法律稳定性和方便管理的考虑，欧盟委员会在豁免限制性协议方面发布了一系列的集体豁免条例，从而使某些类型的横向协议和纵向协议不适用条约第101条第1款的禁止性规定。例如，符合下列条件的协议一般可以得到豁免：

（1）独家销售和独家购买协议。根据委员会2010年第330号条例，生产商和销售商订立的独家销售或者独家购买的协议，如果其目的是改善商品的销售，这些协议在下列情况下可以得到豁免：协议任何一方当事人的年销售额不超过5000万欧元；双方当事人在各自市场上所占的份额均不超过30%；双方当事人相互不具有竞争关系；协议不得限定最低销售价格等。对某些个别行业，如果欧盟委员会有另行规定的，从其规定。

（2）有选择的销售协议。根据委员会2010年第461号条例，机动车行业中有选择的销售协议可以得到豁免。有选择的销售协议，即约定生产商仅向符合特定要求的零售商供应商品或提供服务，而零售商未经生产商允许不得转售这些商品或者服务。豁免这种协议的目的是实现生产经营合理化和提高企业的经济效益。因为销售商和生产商之间的合作仅限于一定数目的企业时，他们的合作才能实现合理化。根据该条例第4条，机动车维修和零部件的销售协议只要不包含第5条列举的具有本身违法性质的条款时，即可得到豁免。

（3）专门化协议。根据委员会2000年第2658号条例，符合一定条件的专门化协议可以得到豁免。这些条件是：协议当事人的市场份额总共不超过20%。如果当事人共同的份额起初不超过20%，但随后超过了20%而不足25%的，则自超过20%之日起，豁免有效期限为两年。如果开始不超过20%，而随后超过了25%的，则自超过25%之日起，豁免有效期限为一年。该条例有效期限为2010年年底。

（4）研究和开发领域的合作协议。根据2000年第2659号条例，非竞争者之间的研究和开发协议可在研究和开发的整个期间得到豁免；如果协议涉及对研究成果的共同利用，则协议可自销售新产品起，得到7年豁免；7年期限后，如果协议产品没有超过25%的市场份额，协议可继续享受豁免。竞争者之间的合作协议，仅当协议产品的市场份额不超过25%时，方可得到豁免。这个豁免规定同样适用于共同使用研究成果的协议。此外，共同销售研究成果的协议不得含有固定价格、限制产量等本身违法的条款。该条例生效截止日期为2010年年底。

（5）特许协议。特许生产协议、特许销售协议以及与最终消费者相关的特许服务协议可以根据条约第101条第3款得到豁免。豁免的条件是，协议是在合理使用专有权，而且不会严重损害竞争。欧盟委员会关于特许协议的最早规定是1988年第4087号条例。该条例2000年失效后，先后由委员会1999年2790号条例和2010年330号条例所取代。可以获得豁免的特许协议也必须符合欧盟委员会2010年330号条例关于对排他性协议的一般规定。

（6）技术转让协议。根据2004年第772号条例，技术转让协议是指专利许可协议、专有技术许可协议、软件版权许可协议或者包括专利、专有技术或软件版权的混合许可协议。如果协议当事人只是两个企业，协议中的某些限制性条款可以得到条约第101条第3款的豁免。条例区分了当事人之间存在竞争关系和当事人之间不存在竞争关系的协议。根据该条例第3条，存在竞争关系的协议当事人的共同市场份额如果不超过20%，不存在竞争关系的当事人的市场份额如果均不超过30%，这些协议可以适用条例第2条关于豁免的规定。此外，条例第4条规定，在协议当事人存在竞争关系的情况下，如果协议中存在某些核心限制，例如限制价格、限制产量或者分割市场，这些协议不能得到豁免。

上述关于集体豁免的规定说明，欧盟委员会在认定一个限制竞争协议是否可以得到豁免时，主要是使用市场份额、销售额和协议的期限等三个标准。为了更清楚地说明这一点，委员会在1986年发布过一个“宽容”公告，一揽子豁免了对竞争不具有很大影响的卡特尔。根据2001年修订的“宽容”公告，符合下列条件的限制竞争协议不属于条约第101条第1款所禁之列：①根据不同市场的情况，企业所占市场份额分别没有超过5%、10%和15%；②两年中，市场份额的增长没有超过2个百分点。1997年的修订取消了1994年关于企业市场销售额不得超过3亿欧元的限制。2001年的修订还对竞争者和非竞争者的“宽容”进行了细化，不存在竞争关系的纵向协议的当事人可以拥有的最高市场份额从过去的10%提高到了15%。这表明，“宽容”不仅适用于中小企业间的协议，还可适用于大企业间的协议。

2001年的宽容公告第11条还提出不适用上述市场份额标准的情况，即被视为进入了黑名单的协议（即指本身违法的协议）。这样的横向协议是指：固定价格或者限制生产或销售；分割销售市场或者采购渠道。这样的纵向协议是指：固定转售价格；向交易对手或者第三方企业提供地域保护。凡被列入黑名单的协议，即便协议所涉的市场份额没有超过5%、10%或者15%的标准，也将被视为对欧盟市场有着显著的不利影响，从而不能得到条约第 101 条第 3 款的豁免。

（二）禁止滥用市场支配地位

条约第 102 条禁止一个或者几个企业在欧盟市场或其重大领域通过滥用市场支配地位限制或妨碍成员国间的贸易活动。为使这一关于滥用监督的规定具有可操作性，该条以列举方式指出了 4 种滥用行为：（1）直接或者间接地要求不公平的购买或者销售价格，或者不公平的交易条件；（2）限制生产、销售或者技术进步，从而损害消费者的利益；（3）对相同的交易采取不相同的交易条件，从而使某些交易对手被置于竞争的不利地位；（4）订立合同时强迫交易对手接受额外的条件，且这些条件无论在本质上还是根据商业习惯，与合同标的没有关系。

禁止滥用的前提条件是企业取得了市场支配地位。然而，第 102 条既没有对市场支配地位进行规范性的解释，又没有类似德国反对限制竞争法中的法定推断。在 1978 年联合商标公司诉欧盟委员会一案的判决中，欧洲法院指出，如果一个企业凭其市场份额或者与市场份额相关的技术秘密、取得原材料和资金的渠道以及其他重大的优势如商标权等，能够决定相关产品的价格，或者控制其生产或销售，这个企业就是占市场支配地位。在这个案件中，联合商标公司已经在比荷卢三国、联邦德国、丹麦和爱尔兰的香蕉市场上取得 45% 的市场份额，这个份额是其最大竞争者市场份额的两倍。此外，联合商标还拥有高水平的广告、先进的技术、市场运输的控制以及其他优势因素。因此，法院认可了委员会关于联合商标在欧洲某些香蕉市场取得支配地位的决定。还应指出的是，在认定企业市场地位的时候，市场份额虽然非常重要，但不是唯一的因素。根据欧盟法院的判决，这里还应考虑其他的因素：（1）与竞争者之间的差距；（2）与现存或者潜在的竞争者之间的营业关系；（3）筹集资金的能力；（4）技术优势；（5）专利、商标等知识产权方面的优势。司法实践中，执法者有时难以认定占市场支配地位企业的市场行为是正当竞争还是滥用行为，特别当企业实施了与其竞争者相比显著的低价政策。在 1991 年 AKZO 一案中，欧洲法院在其判决确立了一个原则，即除了那些有助于提高企业经济效率的措施，占市场支配地位企业使用的任何竞争手段均可构成条约第 102 条意义上的滥用。

鉴于条约第 102 条是欧盟竞争法的核心内容之一，为了有效执行这个规定，帮助企业提高经济效率和提高消费者的福利，欧盟委员会在总结自己这方面实践经验和欧洲法院的一系列相关判例的基础上，于 2009 年 2 月发布了《委员会适用欧盟运行条约第 102 条查处市场支配地位企业滥用性排他行为的执法重点指南》。这是委员会第一次就适用条约第 102 条，即针对占市场支配地位企业的各种排他行为包括排他性交易、折扣、搭售和捆绑、掠夺性定价、拒绝供货等进行的全面经济分析。指南强调，委员会执行条约第 102 条的目的是保护消费者，保护市场竞争的过程，而不是保护个别的竞争者。

在实践中，欧盟委员会还常常将条约第 102 条和条约第 106 条结合起来，适用于占市场垄断地位的公用企业以及其他享有特权或者专有权的企业，如提供邮政、电信等垄断性服务的国有企业。根据欧盟运行条约第 106 条，成员国授予国有企业某些特权或专有权的时候，应考虑欧盟竞争规则。此外，根据欧盟判例法，享有垄断权的国有企业不得将其在某个市场的垄断地位扩大到与这个垄断的合法目的不相干的其他市场或者其他领域。委员会曾把德国联邦邮政企图将其在电信服务市场的垄断权扩大到电信终端设备市场的行为视为滥用市场支配地位，违反与欧盟运行条约第 106 条第 1 款相联系的条约第 102 条。这即是说，在涉及国有企业以及国家授予特权或者专有权企业的情况下，条约第 102 条和第 106 条的第 1 款常常是并行适用。

（三）企业合并控制

欧盟运行条约没有控制企业合并的规定。在 1973 年著名的大陆罐（Cantinental Can）一案中，委员会适用条约第 102 条（当时为条约第 86 条）首次在共同体市场上禁止了一个企业合并。委员会指出，如果参与合并的企业在共同体一个重大部分取得了市场支配地位，且可以预见合并将加强这个地位，这个合并就构成滥用市场支配地位。由于条约第 102 条只是适用于可加强市场支配地位的并购，而不能干预可能产生市场支配地位的并购，为了有效抵御共同体市场经济集中和垄断的趋势，理事会在 1989 年 12 月 21 日发布了《控制企业合并的第 89/4064 号条例》，该条例于 1990 年 9 月 21

日生效。在实践中，企业合并控制条例是委员会维护市场竞争秩序最常使用的法律武器，它与欧盟运行条约第101和102条共同构筑了欧盟竞争法的三大支柱。

欧盟企业合并控制条例只是适用于具有欧盟意义的企业合并。根据理事会2004年第139号条例第1条，具有欧盟意义上的企业合并应符合下列条件：（1）参与合并的企业在全球的销售额合计超过了50亿欧元；（2）参与合并的企业中至少有两个企业的各自市场销售额超过了2.5亿欧元；（3）参与合并的企业各自在欧盟的年销售额的三分之二以上不是来自一个且同一个成员国。没有达到上述标准，但是符合下列条件的合并也可被视为具有共同体影响：（1）参与合并的企业共同在全球的销售额超过了25亿欧元；（2）参与合并的企业至少在欧盟3个成员国的市场销售额共同达到1亿欧元；（3）参与合并的企业中至少有两个企业各自在上述3个成员国的市场销售额达到2500万欧元；（4）参与合并的企业中至少有两个企业各自在欧盟市场的销售额达到了1亿欧元；（5）参与合并的企业各自在欧盟市场销售额的三分之二不是来自一个且同一个成员国。

根据139号条例的第2条，仅当合并严重损害共同市场及其重大部分的有效竞争，特别当合并导致共同体市场会产生或加强市场支配地位时，合并才将受到委员会的干预。根据第139号条例的第3条，企业合并是指两个或者两个以上相互独立的企业合并为一个企业，或者企业间通过取得股权、财产、订立合同以及其他方式，使一个企业取得对另一企业的支配权。根据第3条第4款，如果建立的合营企业能够长期作为独立的经济实体开展活动，且母公司之间以及母公司与合营企业之间不存在协调关系，这种全功能性质的合营企业的建立可视为企业合并，适用欧盟企业合并控制条例。相反，如果建立合营企业的目的是协调相互独立企业间的竞争，或者能够起到相互协调的作用，这种合营企业的建立不应被视为企业合并，而是应被视为卡特尔适用欧洲内部市场运行条约第101条。此外，理事会2004年第139号条例还规定了委员会控制合并的程序，规定了委员会和成员国在控制企业合并方面的管辖权，以避免双方出现管辖权的冲突。

为了给企业的并购活动提供指导，委员会在2004年发布了一个横向并购指南。这个指南引入HHI作为评估合并对市场竞争影响的技术手段，并指出可抵消合并损害竞争的几种因素，包括市场上的买方势力、市场不存在进入障碍、参与并购的企业濒临破产、经济效率等。指南指出，委员会可以接受的效率辩护必须是企业并购特有的效率，是有益于消费者的效率，而且必须是能够证明的效率。为了填补评估纵向合并和混合合并的空白，欧盟委员会在2007年还发布了一个非横向合并的指南。

二　执法机构和程序法

（一）行政执行机构

欧盟竞争法的执法机构主要是欧盟委员会。欧盟委员会是欧盟的执行机构，被委托实施和执行部长理事会的决定，向理事会提交立法建议。委员会现有28名委员，他们由成员国提名，并经欧洲议会批准。委员会的委员虽然由成员国所选派，但他们不代表成员国的利益，而是各自负责实施一项或几项欧盟的政策。现任负责竞争事务的委员是西班牙人Joaquin Almunia先生。欧盟委员会委员都有一个或几个办事机构，这些机构被称为总局（简称DGs），负责执行欧盟竞争法的总局被称为竞争总局（简称DG Competition）。

竞争总局设一名局长和三名副局长，其任务主要是执行欧盟运行条约第101—109条以及欧盟企业合并控制条例。竞争总局下设9个局，其序号从A局到R局，分别负责竞争政策、竞争立法、各局间的协调、各行业内部限制竞争、卡特尔、企业并购、国家援助等。除上述执法队伍，竞争总局从1982年起还设置了“听审官”（Hearing Officers），以解决欧盟行政执法集检察官和法官的职能于一体的弊端。听审官的职责是保证程序公正，维护被告的正当权益，特别要保证被告有陈述意见的机会。竞争总局从2003年起还设立了首席竞争经济学家，在案件审理和竞争政策制定中提供经济学方面的咨询意见。据2005年资料，竞争总局共有560名全日制工作人员。由于人力严重不足，总局经常请成员国竞争机构的工作人员协助工作。2005年，竞争总局的财政预算为9000万欧元。

欧盟委员会在竞争法领域的行政执法除了委员会的活动，还包括委员会领导下的欧洲竞争网络，即成员国竞争机构执行欧盟竞争法的活动，如德国联邦卡特尔局执行欧盟竞争法的活动。

（二）行政执法程序

欧盟竞争法的程序主要指理事会《关于执行条约第 101 和 102 条竞争规则的第 1/2003 号条例》。该条例规定了认定违法行为的程序，包括立案、调查、审理和结案。此外，欧盟企业合并控制有其专门的程序规定。

1. 立案

根据理事会 2003 年第 1 号条例第 7 条第 1 款，“委员会根据投诉或者自行调查，认定存在违反条约第 101 条或第 102 条的行为时，可以通过决定，责令有关企业或者企业集团停止违法行为”。有权对违反欧盟竞争法的行为进行投诉的，是与被诉行为有合法利益的自然人、法人以及欧盟成员国。在实践中，如果案件开始审理后，委员会发现投诉人与案件没有很大关系，这不影响委员会对案件的继续审理或者做出裁决。委员会经过调查，认为被诉企业存在违法行为，应当立案，它就通知被诉人，以给其陈述意见的机会。如果委员会拒绝受理投诉，它就通知原告不能立案，并说明其理由。委员会对其决定立案的案件都要发布官方公告。

2. 调查

根据理事会第 1/2003 条例，委员会可通过简单询问或者做出决定的方式，要求企业或行业协会提供一切必要的信息。为此，委员会应向对方说明其应当提供的信息、提供的期限，并说明在其提供错误信息或虚假信息的情况下可能给予的处罚。此外，在存在合理怀疑的情况下，经委员会授权的检查人员可进入相关企业或企业协会的董事长、经理或者其他人员的住宅。进入企业场地或者私人住宅进行搜查的前提条件是，委员会掌握了一定证据，有理由怀疑与企业违法行为相关的账册、记录或其他需要检查的客体被保存在这些场所或者私人住宅。在被检查人拒绝提供信息或者提供虚假信息的情况下，委员会有权对违法企业处以不超过上一营业年度销售总额 1% 的罚款，还有权对违法企业处以每日不超过上一营业年度平均日销售额 5% 的延迟罚金。

3. 审理

欧盟理事会第 99/1963 号条例第 4 条规定，不管是法律的还是事实上的问题，当事人未能获得机会就这些问题发表意见的，这些问题不能作为裁决案件的依据。因此，委员会审理竞争法案件时，必须给予被告陈述意见的机会。被告陈述意见有两种方式，一是书面陈述，二是口头陈述。根据理事会第 1/2003 号条例第 19 条第 1 款，委员会应在立案和对案件进行初步调查后，以书面方式要求被告在一定期限就被指控的问题陈述意见。为维护当事人陈述意见的权利，委员会的书面通告必须提及所有于企业不利的重大事实，且应简要说明委员会对这些违法行为的评价，如违法行为的严重程度、违法期限以及委员会根据其评价准备采取的法律措施。被告企业被通告之后，它们应当有机会陈述自己的意见。被告的陈述意见权还表现为阅卷权，即有权查阅指控它们违法的材料。在 1976 年 Hoffmann-La Roche 诉委员会一案中，法院的判决指出，“案件的主要被告必须有机会就委员会宣布他们违反条约的决定所依据的材料发表自己的看法”。在允许企业阅卷的情况下，委员会必须保护企业的商业秘密。

4. 结案

委员会如果在调查和审理的基础上，清楚了案件的是非曲直，也充分听取了被告、原告以及其他人的陈述，就可以对案件进行结案。委员会结案时一般可以做三种决定：一是停止违法行为；二是否定违法行为；三是接受当事人的承诺。如果委员会结案之前，认为某些限制竞争行为有着严重和不可弥补的损害之紧急情况，它有权依据理事会第 1/2003 号条例第 8 条，在停止违法行为的决定中采取某些临时措施。为督促企业尽早停止违法行为，或遵守委员会依理事会第 1/2003 号条例第 8 条采取的临时措施或依第 9 条所作的承诺，委员会可通过决定，要求违法企业每日缴纳不超过上一营业年度平均日销售额 5% 的日罚金。根据理事会第 1/2003 号条例第 30 条，委员会对企业所作的所有重要决定，包括要求停止违法行为、采取临时措施、接受承诺、认定企业没有违法，以及对企业进行罚款或者日罚款的决定，都要通过官方公报予以公告。

根据理事会第 1/2003 号条例第 23 条第 2 款，委员会可通过决定对存在故意或过失的企业或行业协会处以罚款，罚款不得超过上一营业年度总销售额的 10%。

（三）司法救济

出于程序公正的目的，被告或其他当事人对委员会所作决定不服的，可到欧盟法院请求司法救济。理事会2003年第1号条例第31条规定，委员会关于竞争法所作的决定得受欧洲法院的监督。根据欧盟运行条约第261条（原欧共体条约第229条），法院有着不受限制的审查权，以及修改委员会的决定或者发布某些强制措施的权力。欧盟普通法院既可审查委员会对事实的认定，也可审查其适用法律是否得当。对欧盟普通法院判决不服的当事人可向欧盟法院上诉。与普通法院的不同之处是，欧盟法院只从适用法律的角度审查案件。欧盟普通法院和欧盟法院已做出多起举世瞩目的竞争法判决，如2005年12月关于美国通用电气和Honeywell公司的合并案以及2007年9月对微软公司的判决。

第三节　欧盟的国有企业

根据欧盟委员会2006年发布的111号透明指令，欧盟法中的国有企业是指国家凭借其所有权、财政参与、企业章程以及有关企业活动的法规，可直接或者间接对之行使支配性影响的企业。如果国家对一个企业直接或者间接地在企业注册资本中占多数股份，或者拥有与企业股份相关的多数表决权，或者可决定企业的管理机构、领导机构或监事会一半以上的成员，则可推断国家对该企业有着支配性的影响。欧盟国有企业活动的领域主要是电信、邮政、能源和运输业。这些部门是国民经济的要害部门，是国家经济和技术发展的基础。鉴于国有企业在欧盟竞争法中有着重要地位，欧盟运行条约对之作出了专门的规定。

一　国有企业的组织形式

根据欧盟成员国的法律，国家可通过两种方式组织国有企业：一是通过行政法。以这种方式组织的国有企业，其经济活动实际是国家经济管理的一部分，如德国1989年改革前的联邦邮政部，它不是独立的企业，不具有法人资格；另一种是通过公司法，即以股份公司或者有限责任公司的方式组建国有企业。德国的大多数国有企业是以这种方式组建的，因为这便于企业的独立核算，即使企业的财产与国家的财政区别开来。德国电信在1989年改组为股份公司。开始时联邦政府在该公司拥有100%的股份，1997年通过证券交易机构出售了25%的注册资本，由此该公司便转变为私法中的股份制企业。

二《欧洲联盟运行条约》关于国有企业的规定

欧盟成员国对国有企业的态度有很大不同。法国和意大利希望国有企业与私人企业相比可以得到更多的优惠，荷兰、比利时和卢森堡则不愿意将私人企业置于与国有企业相比不利的竞争中。因此，如何使成员国的国有企业参加内部大市场的经济一体化，便成为条约谈判中的一个重要内容。成员国在这个问题上相互妥协的产物便是欧洲内部市场运行条约第106条。

条约第106条有两个重要内容。一是根据该条第1款，“在国有企业以及被授予了特权或专有权企业的问题上，成员国既不得制定也不得强行维持违反条约特别是违反条约第18条、第101条至第109条的任何措施”。据此，欧盟的国有企业以及其他享有特权或专有权的企业原则上得同其他企业一样，遵守条约的规定，特别是遵守条约中的竞争规则。二是根据该条第2款，“对于其服务可带来普遍经济利益的企业或者具有财政垄断性质的企业，如果适用内部市场法特别是适用竞争规则能够在法律上或者事实上妨碍它们完成被委托的特殊任务时，可不适用条约中这些规定。但是，由此不得影响内部大市场贸易的发展，损害欧盟的利益”。然而，在欧盟委员会和法院的司法实践中，很少有国有企业能够依据上述第2款得到了豁免的案例。这一方面是因为该款规定，豁免不得影响欧盟内部贸易的发展，损害欧盟的利益，从而对豁免有着严格的限制；另一方面，欧盟法较成员国国内法有着优先适用的地位，成员国不得出于本国利益损害欧盟的利益。欧盟委员会的观点是，除了绝对必要的情况，任何具有限制竞争影响的特权或者专有权都应予以禁止，电信、邮政、能源等部门的专有权必须是基于这些部门所提供服务的非营利性和社会公共利益。

为监督成员国对条约第106条的执行情况，该条第3款授权委员会在必要情况下对成员国发布适当的指令或者决定。委员会依据该款发布的指令或者做出的决定对成员国具有直接适用的效力。成员国必须遵守这些指令或者决定，且必须依据指令或者决定规定的期限，停止违反条约第106条的行为。成员国的企业或者个人可直接援引指令或决定的内容，作为其提出申诉的法律依据。

条约第106条的适用对象是授予了国有企业垄断权或者特权的欧盟成员国，而不是国有企业本身。由此，成员国便承担着一种义务，即不得对它们的国有企业以及其他享有特权或专有权的企业采取某些措施，由此可以使它们规避欧盟竞争规则。欧盟运行条约第 106 条的规定说明，对欧盟内部市场有效竞争的严重威胁可能来自欧盟成员国，即它们可能利用国有企业作为挡箭牌，干预市场竞争。

三　成员国可能违反条约的行为

要认定成员国违反条约第 106 条，前提条件是认定其国有企业违反了条约的规定，特别是违反了条约中的竞争规则，而且违反竞争规则是因为成员国对它们采取了特殊措施，如授予特权或者专有权。根据欧盟委员会和欧洲法院的司法实践，成员国违反条约第 106 条的行为可能表现在以下方面：

第一，违反条约第 18 条（原欧共体条约第 12 条，下同）禁止歧视的规定。欧盟运行条约第 18 条第 1 款规定，在不违反条约其他规定的条件下，适用条约的所有方面均不得出于国籍原因而进行歧视行为。如果成员国通过特别授权，使企业有权利对其他成员国企业或者公民实施歧视行为，成员国就是违反了条约第 18 条。委员会曾在 1987 年裁定西班牙经其国王批准的航空和航海价目表违反了条约第 18 条。因为根据这些价目表，西班牙大陆和其岛屿之间的票价较西班牙与欧盟其他成员国之间的票价便宜得多。委员会要求西班牙向外国旅行社返还多收的费用，以平衡西班牙国内的票价和西班牙与其他成员国之间的票价。

第二，违反条约第 107 条国家援助的规定。欧盟内部大市场的有效竞争不允许成员国通过对某些企业或者生产部门的财政援助或补贴而遭到歪曲。认定国家援助或者补贴是否违反了条约，决定性的标准是欧盟内部市场的竞争规则。条约第 107 条第 1 款规定，“除本条约相反的规定外，由国家给予或利用国家财源而给予的援助，不论其方式如何，凡优待某些企业或者某些生产部门，以致损害竞争或者可能损害竞争，由此对成员国间的贸易造成不良影响时，应被视为与欧盟市场相抵触”。这个条款没有明确国家援助或者补贴是针对国有企业还是私人企业。由于国家援助或国家补贴的受惠者往往都是国有企业，监督成员国对其国有企业的援助或者补贴又很不容易，欧盟委员会于是在 1980 年发布了对国有企业进行国家援助的透明指令，即欧委会 1980 年第 723 号指令，该指令由前面提及的 2006 年第 111 号指令所取代。国家援助是一个范围很广的概念，不仅包括国家贷款以及给予企业税收优惠，还包括不属于投资行为的国家资本参与。欧洲法院在这方面有许多重要的法律判决。

第三，违反条约第 101 条禁止卡特尔的规定。如果成员国纵容其国有企业从事某些行为，或者通过法律使其国有企业有义务从事某种行为，而这些行为与欧盟运行条约第 101 条不协调，委员会就可认定成员国违反了条约第 106 条。根据条约第 101 条第 1 款，凡企业间的协议、企业集团的决议以及企业行为的相互协调能够损害成员国间的贸易，且以限制、妨碍以及歪曲欧盟市场内部的竞争为目的，或者能够产生这种后果，应被视为与欧盟市场相抵触。这个条款也被称为禁止卡特尔的规定。委员会曾于 1990 年对荷兰作出过这种决定，因为荷兰一个地方政府所属的 4 家电力企业在其协议中规定，除了它们共同的电力销售公司 SEP 外，荷兰的任何其他企业都不得经营电力进出口。一些大工业企业不愿购买 SEP 的电力，便向欧盟委员会投诉。委员会的决定指出，这个限制跨国贸易的行为损害了内部大市场，是非法行为。这个决定打破了欧盟成员国之间的电力贸易障碍，使欧盟的电力市场引入了竞争机制。

第四，违反条约第 102 条禁止滥用市场优势的规定。根据欧盟运行条约第 102 条，一个或几个企业滥用其在内部市场或该市场一个重大部分的市场优势地位，且由此能损害成员国之间的贸易，该行为应被视为与内部市场相抵触。如果企业的滥用行为与国家的行为相关，成员国则可因其国有企业的滥用行为被认定是违反条约第 106 条第 1 款。这主要涉及以下问题：

（1）授予垄断权。国有企业凭借国家授予的特权或者专有权而形成的垄断，可以阻止其他企业进入市场，由此，这种垄断具有与私人垄断相同的危害性。如果国家授予企业垄断权时，不考虑企业的能力和消费者的利益，导致市场不能实现自我调节，这种授权便构成滥用行为。欧盟委员会和欧洲法院一致认为，享有特权或专有权的企业非常可能违反条约第 102 条，因此，国家这种授权行为也极有可能违反条约第 106 条第 1 款。这方面一个重要案例是欧洲法院 1991 年对德国联邦劳动总局的判决。德国联邦劳动总局根据德国法曾享有职业介绍的垄断权。法院判决指出，这个由国家授权的职业介绍垄断机构因为不能满足市场需求，限制人才使用，损害企业的利益，从而构成条约第 102 条意义上的滥用市场支配地位。这种情况下，德国政府授予该机构职业介绍垄断权的事实就构成违反条约第 106 条第 1 款。这个案件的引人注目之处是，德国联邦劳动总局作为德国的民政机构，不是一般意义上的国有企业。然而，因其提供的服务具有经济的性质，欧洲法院便将其视为条约第 106 条意义上的国有企业。

（2）扩大垄断权。如果国有垄断企业或者享有特权或专有权的企业将其垄断势力扩大到相邻市场，或者在相邻市场滥用其垄断势力，这也构成条约第 102 条意义上的滥用行为。这方面一个重要案例是欧洲法院对比利时电报电话公司（RTT）的判决。该公司作为国有电信垄断企业，不仅垄断国家授权的电话电报服务，而且通过搭售行为，将其垄断权扩大到了电信终端设备如电话机、电报机、传真机等市场上，而在这些产品市场上，竞争者已经出现。法院认为，RTT 将其对电话服务的垄断权扩大到电话机市场的做法，与欧盟内部市场公平竞争和机会均等的原则不协调，从而违反了条约第 102 条。因为 RTT 扩大垄断权的行为得到比利时政府的批准，比利时政府从而违反了条约第 106 条第 1 款。

（3）对占垄断地位的企业未行使监督义务。根据欧洲法院的判决，如果成员国批准其国有企业制定不合理高价，或者批准其含有歧视性条件的服务合同，随着认定企业违反条约第 102 条，同时也可认定成员国违反条约第 106 条第 1 款。在欧洲法院 1991 年关于 Merci 一案判决中，法院认定意大利热亚那海港服务公司作为垄断性服务企业违反了条约第 102 条。因为热亚那海港服务公司的特权是意大利政府授予的，这个授权虽然是主权行为，但意大利政府没有对这个特权企业履行其监督的义务，从而违反了条约第 106 条第 1 款。

第四节　欧盟中的国家援助

欧盟国家实行市场经济体制，维护自由和公平竞争是欧盟市场秩序的基本原则。因此，欧盟原则上不允许通过对企业或者生产部门的国家援助扭曲市场有效竞争。然而，现代产业理论又普遍认为，市场本身有着不可避免的缺陷。在市场失灵的情况下，国家援助可以提高企业效率。特别是地区援助和依据社会政策给予的援助，往往有很大的合理性。从上述考虑出发，欧盟运行条约第 107 条至 109 条对国家援助作出了规定，并且根据援助对市场竞争的影响，将它们区分为与内部市场相抵触或者相协调的国家援助。1997 年，欧盟委员会共计作出 1165 件涉及竞争的决定，其中涉及国家援助的有 502 件。这说明，国家援助是欧盟竞争法中非常重要的内容。

一　国家援助的概念

欧盟关于国家援助的概念见于条约第 107 条第 1 款。它指出，“除与本条约相反的规定，国家给予或者利用国家财源给予的援助，不论方式如何，凡优待某些企业或者某些生产部门，以致破坏竞争或者对竞争产生威胁，从而对成员国间的贸易有不利影响时，应被视为与内部市场相抵触”。严格地说，这个条款不是国家援助的概念，而是指出何为被禁止的国家援助。根据条约第 107 条第 1 款以及欧盟委员会的决定和欧盟法院的判决，国家援助包括以下的事实构成：

（1）国家采取了措施。这里除作为独立的主权国家外，国家援助还包括各级地方政府如州政府、地区政府和县政府采取的援助措施，甚至包括国家机构采取的措施，如国家银行；

（2）措施的优惠性。即措施使受援者得到了好处，通常是减少了它们应承受的财政负担。根据欧盟司法实践，这些措施除补贴、低息和无息贷款外，还包括带优惠条件的出售，例如将一块开发好的工业用地以优惠价格出售给某个企业；

（3）措施引起国家财政负担。根据条约第 107 条第 1 款，援助仅当是国家给予或利用国家财源给予的，才得被视为国家援助。有些不是直接以国家资金为手段的措施，如国家要求某些国有企业对另一些国有企业提供无偿给付或者放弃它们应得的报酬，鉴于由此将会减少国家财政收入，故也应被视为国家援助；

（4）受援者为企业。条约第 107 条第 1 款将受援者分为企业和生产部门。企业是指一定行业中的个别企业。生产部门是指根据国家援助规划，对一定部门、一定产品结构、一定地区或者依据其他标准划分的企业群体。在实践中，国有企业虽然不是唯一的受援者，但也是最重要的受援者；

(5) 援助不具有普遍性。即援助只是优待个别企业或者个别生产部门，从而不具有普遍性。普遍性的援助是指适用于整个国民经济即所有的生产部门、地区和所有企业的措施，例如普遍的税收制度和社会保障制度。

二 国家援助的方式

(1) 补贴或税收优惠。补贴和税收优惠是国家援助的直接方式，也是欧盟许多成员国通常使用的方式。在英国、西班牙、卢森堡和荷兰，国家补贴占国家援助总额的60%—80%。在德国，减免税收大约占国家援助总额的60%。

(2) 对国有企业的投资。国家投资不全部是国家援助。国家如果在一定条件下向国有企业投资，但是根据市场原则，国家不可能在这种条件下向这些企业投资，或者私人投资者不可能接受这种投资条件，这种国家投资就是国家援助。这即是说，认定政府投资行为是否为国家援助，应当依据市场经济条件下私人投资的基本原则。随着国有企业逐步民营化，这种国家援助的方式在欧盟越来越不重要。

(3) 低息贷款。国家对个别企业贷款的条件十分优惠，或者贷款时不考虑申请人不具备偿还贷款的能力，或者在对方没有给予担保的情况下提供贷款，都可以认定为国家援助。在丹麦，低息贷款是国家援助的重要方式，约占国家援助总额的37%。

(4) 国家担保。国家担保是否可被视为国家援助，关键是与金融市场的贷款条件相比较。被担保的企业如果没有国家担保不能得到银行的贷款，或者必须支付很高的利息才能得到贷款，这个国家担保就是国家援助。为了进行有效监督，欧盟委员会量化了这种援助，即援助的大小等于企业在国家担保的条件下所支付的利息和在市场上为取得这个贷款所应支付利息的差额，减去该企业为取得国家担保的费用。如果被担保的企业濒临破产，国家援助的金额就等于被担保了的所有贷款。在法国，国家担保占国家援助总额的28%。

三 国家援助的基本制度

(一) 被禁止的国家援助

根据欧盟运行条约第107条第1款，不论国家援助的形式如何，只要它损害竞争或者能够损害竞争，并由此对成员国之间的贸易造成不利影响，就得视为与内部市场相抵触。这即是说，被禁止的国家援助有以下几个条件：

(1) 对竞争有不利影响。国家援助可以人为地改变受援者的市场地位，如可以维护或扩大其市场份额。因为这种维护或者扩大市场份额是以其他企业得不到援助为代价，国家援助对市场竞争就可能有不利影响。国家援助的后果有时不直接反映在产品的价格上。例如，国家援助可以减轻企业的债务，但同时也人为地改变了市场竞争条件，即没有得到援助的企业可能被迫减少生产数量，甚至被排挤出市场。

(2) 对国际贸易有不利影响。欧盟的任务是建立统一的内部大市场。因此，欧盟委员会在国家援助方面的任务是，对损害竞争同时损害成员国间贸易的国家援助进行监督和管制。国家援助对国际贸易的影响是指，援助措施可以改善本国产品的出口或者阻止外国产品的进口。并非所有的国家援助对竞争和国际贸易都会产生不利影响。例如，国家为提高中小企业的国际竞争力而给予的援助，对国际贸易就有积极影响。因为没有这种援助，中小企业就不能进入国际市场。为此，委员会于1992年的通告中首次规定，对中小企业一年不超过5万欧元并且期限不超过3年的国家援助，可以免除条约第108条第3款规定的申报义务。委员会2006年第1998号条例第2款的规定将这个标准提高到20万欧元。作为例外，公路交通领域的援助标准最高为10万欧元，但这个标准不适用于农业、渔业、采煤以及公路和船舶运输业对交通工具的采购，以及直接用于出口补贴的国家援助。

(二) 与内部市场相协调的国家援助

保护竞争是欧盟活动的重要目标，但不是唯一目标。根据里斯本条约修订后的欧洲内部市场条约第3条（原欧洲内部市场条约第2条），欧盟还有其他许多目标政策，如促进和平、内部市场的价值观、人民福祉、促进研究和技术发展、扩大就业、保护环境、建立统一内部市场，等等。出于这些目标政策的考虑，同时为了维护法律的稳定性，欧盟运行条约第107条第3款明确规定，以下类型的国家援助与欧盟内部市场相协调：(1) 为推动生活水平特别低下地区或就业严重不足地区的经济发展而提供的国家援助；(2) 为推动具有欧盟整体利益的重要规划或者为消除成员国经济生活中的严重混乱而提供的国家援助；（3）为推动某些经济部门或经济区域发展的国家援助；（4）为推动文化和保护文化遗产的国家援助；（5）理事会根据委员会建议以特定多数同意的其他国家援助。

（三）程序法和禁令的法律后果

国家援助是欧盟成员国为实现一定经济和社会目的而采取的措施。为了保证这些措施与欧盟内部市场相协调，欧盟运行条约授权委员会对成员国的国家援助进行经常性的检查，并要求委员会向成员国推荐各种有利于发展和维护欧盟内部市场的援助措施。根据第108条第2款和第3款，成员国必须向委员会及时通告它们的国家援助计划。如果委员会依据条约第107条认定一个国家援助与内部市场相抵触，或者认定成员国是以滥用方式实施了国家援助，就应当要求成员国在指定期限内停止或者修改相关的援助。成员国在委员会依照相关程序作出最后决定之前，不得实施计划中的国家援助。

如果成员国不遵守条约的规定，没有向委员会申报就实施了援助，或者虽然进行了申报，但没有等到委员会作出最后决定就实施了援助，委员会以及其他成员国均有权依条约第258条（原第226条）或第259条（原第227条）的规定向欧盟法院起诉。根据司法实践，被认定违反条约的成员国应收回其对受援者的援助。作为法律救济，成员国有权依据条约第263条（原第230条）第2款的规定向欧洲法院起诉，要求收回委员会依据条约第108条所作的决定。根据第263条第4款，相关企业可以就委员会所作的决定向欧洲法院起诉。

四 国家援助的指南

欧盟运行条约第107条仅规定了国家援助的基本原则。为了准确地运用这些原则，委员会在实践经验的基础上，发布了一系列关于国家援助的指南。根据适用对象，它们可分为横向援助指南、部门援助指南和地区援助指南。

（一）横向援助指南

横向指南是指除条约的特殊规定外，可普遍适用于所有经济部门的国家援助指南。这类指南很多，最重要的是关于环境保护、促进研究与开发以及促进中小企业发展的国家援助。

（1）环境保护。欧盟委员会在2008年发布了《欧盟委员会关于环境保护国家援助的指南》，其目的是向成员国推广“环境污染者赔偿”的原则。指南指出，为了保护环境，国家可以采取消极的措施筹措资金，即对环境污染者进行征税或者罚款；也可以采取积极的措施筹措资金，即国家援助。然而，国家援助是第二位的，即仅当污染者赔偿的原则不能有效适用的情况下，方可采用。指南推荐投资援助和销售援助可作为以环保为目的的国家援助方式。投资援助主要用于购买以环保为目的的设备，此外还包括对节能技术和再生能源应用技术的援助。销售援助则是为推动绿色产品的生产。原则上，环保领域合法的投资援助是指严格限制在因环境保护而产生额外费用之内的投资。指南还指出，符合条约第107条第3款的国家援助，应当保证企业的环境标准能够达到委员会规定的标准，以保证企业在内部市场统一的环境标准下公平竞争。

（2）为推动研究和开发的国家援助。欧盟委员会2006年发布了《为研究和开发进行国家援助的共同体规划》，该规划于2007年1月开始实施。规划将欧盟内部的研究分为三类：基础研究、工业研究和应用研究。国家对基础研究、工业研究和应用研究的最大援助金额分别为全部研究费用的100%、50%和25%。相比之下，由于应用研究距市场最近，研究成果能够很快投入市场，它在国家援助中所占的比例最小。此外，对内部市场有特别重要意义的中、小企业研究项目，也可较一般项目多获得10%—20%的国家援助。委员会是否批准研究开发领域的国家援助，取决于援助是否有激励机制。如果没有国家援助，企业不会进行这种研发，或只能在很小范围进行研发，或者只能缓慢地进行研发，这种国家援助就会对企业产生激励作用。

（3）对中小企业的国家援助。2009年，欧盟委员会发布了一个关于中小企业国家援助的手册。手册指出，欧盟的国家援助一般规定适用于中小企业，然而针对农业、渔业、煤炭业、钢铁业、造船业以及人造纤维业的部门援助，则得适用特殊的规定。手册指出，欧盟的中小企业对增加就业机会、推动经济发展以及技术创新有着非常重要的意义。然而，与大企业相比，中小企业在许多方面处于不利的竞争地位，所以国家应给予它们优惠待遇。这种优惠待遇主要表现为对中小企业的投资援助，援助的最高金额一般比大企业高，根据不同行业和援助的内容有所不同。手册还指出，成员国3年内对单个企业的援助如果不超过 20 万欧元，不必进行申报，这样可使中小企业迅速得到所需的资金。

（4）对破产企业和行业重组的援助。欧盟把对陷于经济危机企业的援助分为两类，一类是解困援助，其目的是维持企业的生产经营活动；另一类是重组援助，即出于合理化目的对企业进行资产重组，以恢复其活力。根据欧盟委员会 2004 年发布的《援救和改组困境中企业的国家援助指南》，解困援助的期限限于企业复苏所必要的时间，通常为 6 个月。援助的金额通常限于此期限内为维护企业生产经营活动所必要的资金。委员会批准重组援助的条件是，这个重组可以为企业在一个合理时期内恢复活力创造了良好条件，且数量上不超过企业重组奏效之前所必要的援助。为了减少援助对市场竞争产生的不良影响，特别是在相关产业部门长期存在生产过剩的情况下，委员会一般要求受援企业减少生产能力。

（二）地区援助指南

欧盟委员会 2006 年制订了《2007—2013 年国家地区援助指南》（以下简称《指南》）。该《指南》适用于渔业和煤炭业之外的所有经济部门，因为委员会对这两个部门的国家援助有特殊规定。《指南》指出，成员国不得对钢铁业和合成纤维业进行投资援助。根据该《指南》，条约第 107 条第 3 款 a 项所指的经济不发达地区是，在过去 3 年内，该地区人均生产总值等于或者不足内部市场人均生产总值的 75%。鉴于欧盟近年的东扩导致欧盟整体人均生产总值下降，指南还指出，低于欧盟 15 国（1998 年地区援助指南出台时欧盟的成员国）人均生产总值的 75%，即不超过目前欧盟人均生产总值 82.2% 的地区，仍适用条约第 107 条第 3 款 a 项规定的豁免。关于该条款 c 项为推动某些经济部门和经济地区的发展而给予的援助，委员会在指南中明确了对这些受援地区的审查方法。这个审查分两个阶段，在第一阶段，委员会将根据成员国的人口、社会和经济状况，确定援助的人口覆盖率，这个覆盖率最高为 42%。第二阶段是将该地区状况与所在成员国和整个内部市场的状况作比较，根据受援地区的地理位置、人口和人均收入的多少、失业率等各种因素审查该地区是否合格。此时，将考虑其他的社会经济指数，如对内部市场人口迁徙状况和失业状况的预测，内部市场对某些衰退中的经济部门的依赖程度等。此外，委员会还根据地区的经济不发达程度确定受援的具体标准。

（三）部门援助指南

欧盟委员会只是批准对某些敏感产业的国家援助。敏感的产业部门是指因市场饱和或者生产过剩处于衰退中的产业，在欧盟这尤其是指钢铁业、船舶制造业和汽车制造业。这些国家援助反映了欧盟对这些产业的国际竞争力及其资产重组的极大关注。这些国家援助的显著特点是，它们是为了缩小产业的生产能力。需指出的是，国家对产业部门的援助、地区援助或者水平援助不能完全相互区别开来。一个企业处于经济不发达地区，对这个企业的援助就涉及地区援助。此外，国家对研究和开发的援助、对职工教育和培训的援助以及对企业解困和重组的援助，实际也是对产业部门的援助。因此，欧盟委员会关于部门援助的指南常常涉及地区援助指南和横向援助指南。

第五节 欧盟反倾销法

欧盟反倾销法最早见于欧盟理事会 1968 年第 459 号《关于抵制非欧洲经济共同体成员国倾销和进口补贴的规则》（以下简称《规则》），这个《规则》已经通过理事会 1979 年第 3017 号《规则》、1982 年第 1580 号《规则》、1984 年第 2176 号《规则》、1988 年第 2423 号《规则》、1994 年第 3283 号《规则》，以及 1996 年第 384 号《规则》等，进行过多次修订。现行规定是欧盟理事会 2009 年 11 月 30 日通过的《关于抵制非欧盟成员国倾销进口的规则》，这个规定又称为 2009 年第 1225 号《规则》。欧盟反倾销法包括实体法和程序法两部分。

一 实体法

欧盟反倾销法的实体法是指进口商品违反欧盟反倾销法的实质性要件，它有以下 4 个方面的规定：

1. 倾销存在

根据理事会 2009 年第 1225 号《规则》第 1 条第 2 款，如果一种产品向内部市场的出口价格低于其在出口国正常贸易中的可比价格，该产品即可被认定为倾销产品。可比价格是指产品的正常价值，一般是根据产品在出口国正常贸易中已经支付或者可以支付的价格来确定。如果出口商在出口国不生产或者不销售相同产品，则可根据其他销售商或生产商的价格确定其正常价值，但其国内销量至少应达到被调查产品在内部市场销量的 5%。如果这种产品不在正常贸易中进行销售或者没有足够销量，或者因为市场的特殊情况这种销售没有可比性，该产品的正常价值应根据原产地国的生产成本加合理的销售费用、一般费用和管理费用以及合理的利润进行计算，或者根据在正常贸易中向具有代表性的第三国出口的价格。

2. 损害存在

“损害”一般指对内部市场产业的实质性损害，或者构成对内部市场产业实质性损害的威胁，或者严重妨碍建立这样的产业。为了便于适用法律，规则第 4 条第 1 款指出，内部市场产业指内部市场相似产品的所有生产者，或者共同至少达到内部市场生产总量 50% 的生产者。

确定损害应依据直接的证据，即从倾销进口的数量和价格对内部市场相似产品价格的影响以及随之对内部市场产业所引发的后果两个方面进行审查。关于对内部市场相似产品价格的影响，主要考虑它们是否因倾销进口而大幅度降价，或将要大幅度降价，或是否相当程度妨碍了本来应进行的提价。倾销进口对欧盟产业所引发的后果，则是根据相关经济因素的评估，包括倾销幅度和欧盟产业在销售、利润、产量、市场份额、生产率、投资回收率、生产能力利用率以及在就业、工资、资本或投资增长等方面是否存在事实或潜在的下降。根据《规则》第 3 条第 9 款，这里特别考虑的因素是：①向欧盟市场倾销进口的增长幅度；②出口商是否可随意提高或迅速扩大生产能力；③进口价格是否大幅度压低了内部市场的价格或阻止合理的提价；④倾销产品的存量。根据《规则》第 9 条第 3 款，如果一国进口产品在欧盟市场所占的份额不足 1%，则推断这种进口不会产生损害，除非几个国家的产品共同在欧盟市场的份额达到 3%。

3. 因果关系

根据《规则》第 3 条第 6 款，倾销进口的数量和价格水平与内部市场的产业所受的损害存在因果关系。为了确认因果关系，根据《规则》第 3 条第 7 款，除审查倾销进口对欧盟产业造成的损害外，也应审查正在损害欧盟产业的其他因素，以便对该倾销进口作出正确的评价。这里应特别考虑以非倾销价格进口的产品数量和价格、市场需求变化减少的营业额、外国生产商和欧盟生产商之间的竞争以及欧盟产业的生产效率等。

4. 欧盟整体利益

《规则》第 21 条规定，反倾销措施应基于欧盟整体利益。为此，应将各方面的利益进行总体评价，即不仅考虑欧盟产业的利益，而且也应当考虑欧盟的用户和消费者的利益。该条第 1 款还指出，审查中应特别考虑消除有害倾销对恢复欧盟市场有效竞争的必要性。在实践中，欧盟委员会对欧盟的产业、用户以及消费者等各方面的利益进行权衡的时候，欧盟产业的利益一般被放在第一位。

二　程序法

（1）起诉。根据《规则》第 5 条，任何自然人、法人以及没有法人资格的社团都可以欧盟产业的名义提出书面申诉，要求为确定倾销的存在、倾销幅度及其后果进行调查。诉状应包括倾销、损害以及倾销进口与损害之间存在因果关系的证据，并且包括以下信息：①原告身份以及欧盟内部市场相似产品的生产数量和价格；②对倾销产品的说明，包括原产地国或出口地国的名称、出口商或外国生产商以及欧盟进口商的名单；③该产品在原产地国或出口地国的销售价格或者向第三国的出口价格；④该倾销进口在数量上扩大的情况，对欧盟内部相似产品的价格影响以及对欧盟产业的损害，这些应通过与欧盟产业相关的因素进行说明。如果该投诉至少得到了欧盟相似产品生产 50% 的生产商的支持，就可被视为以欧盟内部市场产业的名义提出。如果支持投诉的欧盟生产商的生产份额不足全部产业的 25%，调查不得开始。

欧盟委员会经与咨询委员会商议，如果认为有充分证据说明应进行调查程序，须在提交诉状的 45 天内启动调查，并通过欧盟官方公报公告调查启动。公告包括该出口产品和出口国名称，利益当事人进行申报以及可接受委员会听审的期限。委员会应将调查启动通告出口商、进口商及其代理机构、出口国代表和原告，并在适当考虑保密的条件下，将诉状全文交付出口商和出口国代表。

（2）调查。调查的内容包括倾销和损害。为使调查结论有说服力，被进行调查的一般至少是启动调查 6 个月前的一段时间。调查一般以填写反倾销调查表的方式进行。当事人收到调查表后，应在 30 天内作出答复。在特殊情况下，此期限可再延长 30 天。委员会可要求成员国提供信息，并可要求它们对出口商、进口商以及生产商进行核实和取证，必要时可要求它们到第三国进行调查。

公告规定的期限内进行申报的利益当事人，可在公告规定的期限以书面的方式请求听审，会见对方当事人，以便提出反驳性意见。但是，对方当事人没有义务出席这种会见。利益当事人也可书面请求调查与案件相关的任何信息。

根据《规则》第 17 条，在原告、出口商或进口商的产品或交易目录数目过大的情况下，可使用抽样方式，将调查限于数目合理的当事人、产品或者交易中进行，或者选择具有代表性的生产、销售以及出口进行调查。

根据《规则》第 18 条，如果利益当事人拒绝接受调查，或者不提供必要的信息，或者严重妨碍调查，委员会可以根据掌握的事实作出临时或者最终结论。利益当事人提供的虚假或者误导性信息不予以考虑。如果利益当事人不予合作，或者片面合作，从而妨碍获得有关信息，将得到一个与其合作相比不利的后果。在当事人不予合作的情况下，委员会可参考其他方面的信息，如公开的价格、官方进口统计、海关统计以及从其他利益当事人获取的信息。

考虑到保护当事人商业秘密的必要性，《规则》第 19 条指出，对机密信息或者当事人以秘密方式提交进行调查的信息，在合理的情况下，委员会应作为机密来对待。机密信息是指那些一经披露即可给竞争者带来重大竞争优势或者给提供信息或已获得信息的人带来重大不利后果的信息。提供机密信息的利益当事人应当对信息作一个非机密性的概述，概述应当详细到使人能合理领会其实质的程度。在例外情况下，当事人也可以不进行概述，但必须说明不能概述的理由。如果委员会认为作为机密的请求不合理，而且信息提供者既不愿公开信息，又不同意以一般或者概述的方式披露信息，该信息就不能予以考虑。反倾销调查一般在一年内结束，且在任何情况下也不得超过 15 个月。

（3）征收临时反倾销税。按规定开始调查程序之后，如果利益当事人已经得到充分机会发表意见，倾销及其对欧盟产业的损害也初步确认，并从欧盟整体利益出发有对之进行干预的必要，委员会可以采取临时反倾销措施，即征收临时反倾销税。征收临时反倾销税不得早于调查开始起算的 60 天，也不得晚于调查开始后的 9 个月。

临时反倾销税的决议由欧盟委员会与咨询委员会商议后作出，并以委员会《规则》（Commission Regulation）的形式在欧盟官方公报上公告。根据规则第 20 条第 1 款，临时反倾销税决议公告后一个月内，利益当事人有权书面请求披露作为决议基础的基本事实和审查细节。临时反倾销税的期限可以是 6 个月，最长为 9 个月。其幅度不应超过初步确认的倾销幅度。征收临时反倾销税不是诉讼的结束，其性质只是要求进口商提供保证金。在这种情况下，被调查的产品是否可进入欧盟市场，须以提供这种保证金为条件。

（4）承诺。如果出口商自愿承诺提高对欧盟市场的出口价格，委员会经商议后对这种结果感到满意，可以在不征收临时或者最终反倾销税的情况下终止调查。承诺的价格应与确保消除倾销幅度的程度相适应。出口商作出价格承诺的时间，最晚不得迟于反倾销调查最终结果作出后允许当事人陈述其意见的最后期限（限于 10 天之内）。如果委员会认为承诺不切实际，比如出口商数目过大或者存在政策方面的原因，委员会将不接受出口商的价格承诺。如果委员会经商议接受了承诺，调查就可以结束。

作出承诺的出口商须定期向委员会汇报其履行承诺的情况，委员会可核实有关数据。不履行承诺即构成违反承诺。在违反或者撤销承诺的情况下，如果与承诺相关的反倾销调查没有结束，违反承诺者可被征收临时反倾销税；如果该调查以最终认定倾销和损害存在而结束，对之可征收最终反倾销税。

（5）征收最终反倾销税。根据规则第 9 条，委员会经与咨询委员会商议后认为有必要征收最终反倾销税，就向理事会提交商议结果并提出终止诉讼的建议。理事会一个月内没有作出其他决定，诉讼即为最终结束。征收最终反倾销税的决议由理事会根据委员会的建议经特定多数同意后作出。该决议以理事会《规则》（Council Regulation）的形式在欧盟官方公报上公告。最终反倾销税的幅度不应超过所测定的倾销幅度。最终反倾销税从征税之日起或从对倾销和损害作出复审结论之日起 5 年内终止。在征收过程中，如果欧盟产业提供的信息说明，实施的反倾销措施没有使倾销产品在欧盟市场的销售价格发生很大变化，委员会经商议后，可对案件重新调查。在必要情况下，可修改现行的反倾销措施，重新计算倾销幅度。

三　“非市场经济国家”的规定

根据2009年第1225号《规则》第2条第7款，进口商品来自“非市场经济国家”的情况下，其正常价值应依据一个市场经济国家相似产品的价格或其结构价值或者该国向其他国家包括向欧盟市场的出口价格来确定。如果这些方法都不可行，还可按照欧盟对相似产品实际支付或可以支付的价格，必要时可以对这些价格或者结构价值进行适当调整。这即是欧盟反倾销法对“非市场经济国家”的替代国制度。中国以“非市场经济国家”的身份加入世界贸易组织以来，欧盟迄今还没有承认中国为市场经济国家。

由于中国被欧盟视为“非市场经济国家”，中国对欧盟的出口产品长期得不到公正待遇。从1979年提出第一个反倾销诉讼到2010年，欧盟对中国出口商品的反倾销调查高达500多项，绝大多数案件以中方败诉终结。欧盟之所以能够对我国的出口产品频频提出反倾销诉讼，且动辄征收幅度很大的反倾销税，主要是依据其反倾销法中关于“非市场经济国家”的规定而对我国进口产品实施了歧视性的待遇。这主要表现在两个方面：第一，不公平地使用替代国制度，不承认我国出口产品的成本优势；第二，不公平地对我国出口产品征收幅度统一的反倾销税，不承认我国企业生产和经营的独立性。根据欧盟理事会2009年第1125号《规则》第9条第5款，征收最终反倾销税时，委员会应对各出口商的反倾销税作出个别规定，但是作为一般规则，委员会对非市场经济国家的倾销产品仅就出口国作出规定。

根据欧盟2009年第1225号规则第2条第7款补充规定的b项和c项，被提起反倾销调查的中国出口企业如果想适用欧盟对一般市场经济国家出口产品的规定，它们必须提出书面申请，且提供足够证据，以证明这些产品基本是在市场经济条件下进行生产和销售。如果生产商能够满足下列条件，可被视为在市场经济条件下进行经营活动：（1）企业关于价格、成本以及包括原材料、技术和劳动力的成本投入、生产、销售和投资的决定，是根据市场信息，反映了市场供求关系，且不存在国家的实质性干预；（2）企业有一个且只有一个清楚的会计账簿，该账簿是经独立机构依据国际通行的审计原则进行审查；（3）企业的生产成本和财务基本摆脱了过去非市场经济制度的干扰，这里尤其应考虑设备的折旧、其他折旧、以物易物以及为抵销债务所作的支付；（4）国家制定了物权法和破产法，从而法律上可以保障企业经营的安全和稳定；（5）企业可以按照市场汇率兑换货币。根据该规则第7款c项，认定这些国家的生产商是否满足了上述条件的决议，须在程序开始后3个月内作出，此期间要听取咨询委员会的意见，且可能征求欧盟产业方面的意见。这个《规则》于2010年11月1日生效。

（王晓晔　周牧）

第五章　欧共体/欧盟扩大与欧洲区域经济一体化

第一节　第一次扩大

1973年1月1日，英国、爱尔兰和丹麦3国正式加入欧共体；欧共体实现了第一次扩大。由于英国在欧洲和世界事务中所处的特殊地位，此次扩大的进程较为曲折。第二次世界大战后，英国曾试图依靠“三环外交”恢复其世界性大国地位，置身于大陆6国的一体化进程之外，并组建欧洲7国自由贸易联盟与之抗衡。然而，由于内受“英国病”（详见国别编“英国”）困扰，外感英美特殊关系不甚可靠及与英联邦经贸关系趋于松弛而更多转向西欧大陆等原因，英国开始重新调整外交战略，并最终决定主动向欧洲靠拢。为此，英国在1961年和1967年两次正式申请加入欧共体。同时提出申请的还有爱尔兰（1961年7月）、丹麦（1961年8月）和挪威（1962年4月）。但因法国总统戴高乐坚决反对英国加入，致使欧共体与各申请国的扩大谈判最后不了了之。之后，欧共体内外形势发生重大变化，终于促使6国在1969年12月的海牙首脑会议上，一致同意扩大。1970年6月，欧共体与英国就加入条件重开谈判，并于次年6月达成原则协议。1972年1月，与爱、丹、挪3国的谈判也达成最后协议。根据规定，欧共体将在《巴黎条约》和《罗马条约》以及由此产生的各种法规、协定的基础上接纳新成员国，但同时允许后者有一定的过渡期，如关于实现9国关税同盟等方面，都作出了如是安排。欧共体也相应调整了组织机构。1973年1月1日，条约生效，英、丹、爱3国成为欧共体成员国（挪威因遭到1972年9月的公民投票否决，最终未能加入）。

首次扩大使得西欧联合"声势大振"。它确立了欧共体在欧洲一体化中的主导地位，扩大了其内部市场，国际地位大大提高，甚至被誉为多极世界中的一极。但由于发展不平衡扩大，欧共体的内部矛盾日后也有所加剧，一定程度上影响了其深化进程。

第二节　第二次与第三次扩大

欧共体实现了第一次扩大后不久，希腊、葡萄牙和西班牙3国政府又分别于1975年和1977年提出加入申请，意在进一步密切与欧共体的经贸关系，寻求政治稳定。出于当时战略、政治和经济等方面的考虑，共同体迅速作出反应，先后表示原则上接受3国申请。然而，因这3个南欧国家经济低于欧共体平均水平，加之西欧经济已进入滞胀阶段，各成员国民族利己主义、保护主义盛行，都担心本国既得利益受到影响，从而使第二次扩大面临相当大的困难。在这种背景下，欧共体一方面坚持实现扩大这一"总目标"，另一方面坚持在"赢得扩大"的同时，不应"削弱（共同体的）现行政策"。为此，欧共体针对具体情况，分别与3国进行谈判，以求"制定出公正和明确的加入条件"，"成熟一个接纳一个"。

欧共体与希腊的谈判始于1976年7月，1978年2月起进入实质性阶段。1979年4月，双方达成最后协议，并于5月在雅典举行了希腊加入欧共体条约签字仪式。条约为希腊规定了基本上为期5年的过渡期，分阶段实施共同市场规则（但在渔业、移民工人、某些农产品方面，过渡期则为7年）。1981年1月1日，希腊成为第10个成员国，欧共体完成了第二次扩大。

1978年和1979年，共同体与西、葡的加入谈判分别开始。然而，由于涉及双方某些敏感的利益争端，如工农业产品竞争、欧共体财政、劳动力自由流动和渔业捕捞水域及限额等，致使谈判进展缓慢。为此，共同体委员会不得不在强调欧共体首先解决内部矛盾以利扩大的同时，主张适当延长两国加入的过渡期，特别是在冲突尖锐的领域，以使双方都有充裕的调整适应时间。因此，直到1984年共同体成员国就调整农业政策、增加共同体财政收入等内部问题达成协议之后，欧共体与两国的谈判才在农业、渔业、社会等几个关键领域里取得进展。1985年3月29日，共同体各国外长终于与西、葡达成协议。

根据协议，共同体与西、葡之间的工业品关税将于7年内逐步取消；尚未在西欧国家定居的西、葡工人的流动，将在7年内受到限制。对于某些敏感农产品，实施为期10年的过渡。关于财政问题，确定了西、葡在共同体预算中的款项和地位。同时，西同意在10年内，对其进入共同体水域的渔船和捕鱼量进行限制。此外，欧共体机构又进一步作出了相应调整。

1985年6月，欧共体与西、葡正式签订加入条约。1986年1月1日，两国正式加入。共同体由10国进一步扩大为12国，第三次扩大完成。

希腊、西班牙和葡萄牙的加入，有助于巩固西欧的防务和战略地位，内部市场再度扩大，密切了共同体与地中海乃至非洲和拉美的关系，国际地位和影响进一步提高。但同时，内部经济、政治发展不平衡又有所加剧，有不利于一体化巩固和深入的一面，并最终促成欧共体"加强经济与社会凝聚力"这一目标的提出。

第三节　西欧工业品自由贸易区

西欧工业自由贸易区是欧共体与"欧自联"国家通过谈判建立起来的。1960年，针对欧共体的成立，英国、奥地利、挪威、瑞典、丹麦、瑞士、葡萄牙创立了"欧洲自由贸易联盟"（简称"欧自联"），至60年代中期，逐步消除了彼此间的关税壁垒和贸易限额（但对外不实行统一税率），与欧共体关税同盟的实现大体同步。两组织内部的一体化进程，尽管都产生了贸易转移效应，但在整个西欧地区早已形成水平分工的基础上，双方之间的经贸关系仍有相当发展，从而为彼此间进一步谋求制度性安排，加强沟通、深化相互关系，创造了条件。

因此，60 年代末欧共体海牙首脑会议在决定与英国等国重开加入谈判的同时，亦决定其后不久，将与欧自联其余 5 国谈判“适当的贸易协定”，建立自由贸易区；并表示，如果可能，协定生效日期应与英国等国的加入时间一致。此后，经过谈判，欧共体与奥地利、瑞典、瑞士、葡萄牙、冰岛于 1972 年 7 月 22 日在布鲁塞尔分别签署工业品自由贸易协定（另外，欧洲煤钢共同体还分别就煤钢产品与上述各国缔结自由贸易协定）。与芬兰的谈判则于当日开始，协定于次年芬兰议会批准后正式签字。因挪威公民投票否定挪威的加入（1972 年 9 月），欧共体亦同意与之缔结自由贸易协定。1973 年 5 月，双方就协定举行了签字仪式。

欧共体与欧自联各国的自由贸易区协定，内容大体一致，都得到了如期实施。要点是：

（1）双方逐步削减工业品关税与贸易限额。根据规定，关税历经 4 年半分 5 次削减完毕，每次下调 20%。绝大多数产品的削减日期始自 1973 年，至 1977 年基本完成。鉴于冰岛工业基础相对薄弱，欧共体同意其关税削减延期至 1980 年。与此同时，双方的贸易限额也分阶段取消；

（2）对于某些特殊敏感产品，则延长了关税保护期。根据欧共体方面提出的清单，铁合金、特种钢、锌、铝等金属的关税削减时间，延期至 1980 年，纸制品到 1984 年。欧自联国家也分别就所需保护的产品，与欧共体做了相应安排。同时规定，关税削减期间，敏感产品还可受到进口上限保护。超出上限者，仍将课以正常关税（为此，自由贸易区的建成被认为是 1984 年，其时对敏感产品的关税和限额完全取消）；

（3）就加工农产品、原产地规则、竞争规则等，作了专门规定；

（4）欧共体与各签字国分别建立“联合委员会”，负责“协定的管理与适当实施”。大多数委员会每年会晤两次。出于实际需要，各委员会还设立了海关专家委员会，改善并简化了原产地规则。此外，奥地利、挪威、瑞典等根据本国具体情况，还分别与欧共体作了某些特殊安排。除欧共体—芬兰协定外，所有协定均表示，愿意考虑将双边经济关系扩大到协定外领域的可能性。

西欧统一工业品自由贸易区的建立，顺应经济区域化趋向，打破了欧共体与欧自联国家贸易安排上的隔绝状态。随着协定实施，两者的贸易往来有了加速发展势头，为双方谋求进一步合作，提供了动力。

第四节　《欧洲经济区协定》谈判

一　启动背景

由于英国、丹麦的加入及自由贸易协定的签署，欧共体与欧自联国家的相互依赖程度又有较大提高，并促使其同意欧自联国家要求加强“经济合作”的主张，双方开始拟议、着手此事。80 年代中期，随着世界经济形势改善、自由贸易区的最终建成和外来竞争的日趋激烈，终于推动双方认真考虑进一步提高合作水平，在著名的卢森堡会议（1984 年 4 月。这是双方首次部长级会议，颇受关注）联合声明中，提出了新的合作方向——建立囊括两组织的统一“欧洲经济区”，意在完善自由贸易体制，同时加强体制外合作。为此，双方建立了高层接触小组，并于 1984 年 9 月举行了首次会晤，确立优先合作领域，及落实相应的一些措施。而欧共体统一大市场计划的启动与实施，日渐成为谋求经济区建设的主要动力与关注焦点。欧自联国家认为，如置身事外，将不能享受“1992 年计划”带来的巨大利益，削弱自身竞争地位。为此，多次强调经济区建设应与“欧共体内部发展同步”，要求同样介入四大自由。为了更专注于内部市场建设，欧共体一度反应冷淡。但鉴于某些欧自联国家因担心不能介入，已在考虑加入欧共体，以德洛尔为首的共同体委员会终于承认，在不能马上考虑扩大的情况下，必须寻求一种满足欧自联国家要求的替代方案。为此，1989 年 1 月，德洛尔提出重要创议，表示要与欧自联“寻求一种拥有共同决策和管理机构、更富有组织结构的新型伙伴关系”，并明确将四大自由与其他领域列入双方合作范围。对此，欧自联方面反应“极为强烈”，同年 3 月的首脑会议即声明愿准备就此进行谈判，“以创立一个富有活力和同质的欧洲经济区”。

二　进程与分歧

双方于 1989 年 4 月建立高级筹划小组，具体研究谈判应涉及内容，包括四大自由、政策性合作、法律与机构诸方面，并提出了研究报告。经积极准备，1990 年 6 月，两组织关于“欧洲经济区协定”的谈判终于正式展开。

谈判最初进展并不顺利。由于原有一体化水平不同，双方曾产生严重分歧，较具根本性者涉及两个方面：第一，欧共体坚持认为，欧自联国家应当遵循所谓“利益与义务均衡”原则，即在分享大市场利益的同时，承担相应法律义务，实施欧共体的某些立法与政策；并尽可能开放自身市场资源，乃至对欧共体某些成员国的经济发展作出“财政上的贡献”，以确保四大自由和公平竞争的实现。而作为一个松散的贸易联盟，欧自联方面则希望，尽可能少地承担义务，要求享有“种种例外”，以致欧共体认为，“如果全盘接受，双方将无真正的欧洲经济区可言”。第二，共同决策权问题。这始终是争论焦点之一。欧自联主张，只要欧共体决策事关整个欧洲经济区，欧自联国家就应被允许直接参与整个决策进程。欧共体则坚决反对，理由是欧自联仍不是欧共体的一部分。

由于分歧难于调和，谈判远未能按预定计划于年底完成。直到进入 1991 年后才逐步取得进展，先后就上述分歧，以及农产品贸易、渔业、货车过境等具体争议问题，找到解决方案，并终于在 10 月 22 日就协定内容达成全面协议。此后又历经周折，双方于 1992 年 5 月 2 日在葡萄牙波尔图签署《欧洲经济区协定》。该协定于 1994 年 1 月 1 日生效，标志着欧洲经济区的正式建立。

三　协定主要内容

协定明确指出，欧洲经济区的目标，是确立富有活力和同质的一体化结构，这一结构建立在共同规则与平等竞争的基础之上，为此，将遵循欧共体现有立法，以使区域内实现四大自由。但同时，针对欧自联国家的要求，协定又承认，必须在经济区建设过程中允许若干“例外和过渡期”（如在渔业、运输、钢铁、食品、能源和煤炭等领域）。协定主要内容是：

（1）自 1993 年 1 月 1 日起（后因故推迟一年），商品、人员、劳务、资本将在整个经济区范围内基本实现自由流通。具体说来是：

①商品。在工业品关税已完全取消的基础上，进一步消除其他障碍，促进商品流通。如禁止任何数量限制或导致同样效果的措施，改善原产地规则（以便引入“产于欧洲经济区”的概念），防止任何形式的国家贸易垄断导致的歧视性实践，经济区内不诉诸反倾销措施，消除贸易技术障碍，简化边界控制与贸易管理程序，创立共同公共采购市场等；

②人员。区域内公民可自由流动，在任何国家求职、就业或开业，工作条件、报酬和社会保障诸方面不得受到歧视。各国的文凭、证书等在整个经济区内一律有效。鼓励一国学生赴其他国家参加学习、培训或研究工作；

③劳务。实施国民待遇原则，即签字国承诺，在非歧视基础上保证提供服务的自由。金融业中，将对经济区内所有信贷机构实施“单一许可证”原则，同时由母国负责监管本国信贷机构活动（“母国控制原则”）。关于证券交易，为保护投资者利益，对资本最低限额、公司与信息公开等，作了严格规定。此外，协定还涉及人寿保险、非人寿与机动车保险、电信、视听和信息业等领域。运输业亦遵循缔约国互惠与市场相互开放原则，将在多边基础上促进服务更趋自由化，协调技术与工作条件，包括陆运、海运与空运（同时，欧共体与奥地利、瑞士分别签订双边协定，决定加强双方合作，促进铁路运输、公路—铁路联运，以便在保护环境与公共卫生的同时，改善市场进入条件）；

④资本。为资本转让、跨界直接和间接投资、贷款等确立了“全面的、非歧视性的框架”，不仅规定消除直接影响外汇转让的资本管制，而且涉及其他间接障碍。各国的资本流动规则，将平等地适用于外国居住者与国民（关于渔业部门的投资与开业，挪威和冰岛可继续实施本国法律。在购买不动产方面，欧自联国家享有保持其法律的过渡期）。

此外，通过双边协定方式，包括欧共体与 6 国分别签署的农产品协定，与冰岛、挪威、瑞典签署的渔业协定，两组织成员国还承诺采取某些具体措施，逐步促进农产品、渔产品贸易自由化。

（2）为切实保证四大自由和公平竞争，在某些属于“平行性”或“辅助性”政策的共同体领域，双方实行“广泛与均衡的合作”。前者如社会政策、消费者保护、环境、统计与公司法等；后者涉及研究与技术开发、教育和培训、中小企业、旅游、视听部门和民事保护等方面。

（3）欧自联国家同意确立为期 5 年的财政机

制，向欧共体某些发展相对落后的成员国，如葡萄牙、爱尔兰、希腊、西班牙等，提供 15 亿埃居软贷款和 5 亿埃居直接赠款，作发展经济之用。

（4）双方决定设立一系列机构，以确保经济区的“同质性”和顺利运行。主要有：①理事会；②联合委员会；③议会联合委员会；④协商委员会。同时，为切实保证区域内的“平等竞争”，协定除纳入共同体有关适用规则外，还决定欧自联国家引入相应监管机制，建立欧自联监督局与法院，负责监督规则实施和司法管制。

关于共同决策权问题，协定规定，今后凡欧共体立法涉及经济区时，欧自联国家可在其“形成”过程中发挥一定作用，即欧共体承诺，将在立法初级阶段充分通报和咨询对方，欧自联拥有发表意见的权利，但最终不能参与立法投票。

四　最终内容的确定及协定的签署与生效

这一进程颇费周折。先是欧洲法院于 1991 年 12 月中旬就协定关于建立联合法庭的条款提出异议，认为该条款不符合《罗马条约》关于欧洲法院在涉及欧共体事务的司法裁决中享有独占权力的规定。为此，两组织曾于 1992 年 1—2 月间就修订协定有关内容重开谈判，结果是欧自联同意今后凡涉及双方纠纷案件均由欧洲法院裁决，终于促成了协定 5 月在葡萄牙波尔图的签署。此后，由于瑞士 1992 年 12 月初的公民投票否决了瑞士政府加入欧洲经济区的决定，协定生效日期（原定经有关各方批准后于 1993 年 1 月 1 日生效）又被迫推迟。1992 年 12 月至 1993 年 3 月，欧共体与其他欧自联国家就由此产生的问题进行了补充谈判，主要讨论解决瑞士决定退出后欧自联方面援助承诺减少等问题。达成协议后，双方又于 1993 年 3 月 17 日签署了《欧洲经济区补充协定》。同时，列支敦士登因已与瑞士结成关税同盟，亦决定不参加欧洲经济区。因此，《欧洲经济区协定》的正式生效延至 1994 年 1 月，欧自联参加国也由 7 国减至 5 国，即奥地利、瑞典、挪威、芬兰和冰岛。

《欧洲经济区协定》的缔结，对西欧经济在更高层面上的统一，具有重要意义。它使欧自联国家跟上了欧共体内部市场建设步伐，大大缩小了两者一体化水平上的差距。事态发展表明，这既为大多数欧自联国家其后谋求加入共同体创造了条件，又为未加入国保持与欧共体的关系，作出了安排。

第五节　欧自联国家加入谈判与第四次扩大

一　背景

《欧洲经济区协定》谈判的直接影响，就是促成不少欧自联国家政府决心申请加入欧共体。它们认为，仅能对欧共体有关立法发表意见，不得参与投票，仍可能损害自身利益；只有真正加入，才能最终解决只承担经济义务而无立法决定权的这种尴尬局面。此外，依照经济区协定，其将逐步履行欧共体 30 多年来制定的 1500 多项立法。这意味着双方的一体化水平差距将大大缩小，从而为加入创造了客观条件。故早在协定谈判之际，奥地利与瑞典就已正式提出加入申请（1991 年 7 月）；芬兰与挪威的加入要求则分别于 1992 年 3 月和 11 月提出。面对申请，完成了《欧洲联盟条约》谈判的欧共体（包括坚决主张先实现内部深化后扩大的共同体委员会在内），也承认着手实现扩大已势在必行，并于马约签字（1992 年 2 月）后，开始考虑接纳的具体问题。欧共体认为，尽管经济区协定实施会缩小双方的一体化水平差距，但对方毕竟未达到欧共体的高度（例如，欧自联未加入关税同盟，也未实施共同农业政策），更何况《马约》的实施，又使一体化进程大大深化，包括经货联盟与政治联盟建设等。因此，欧共体坚决主张，扩大应在欧自联接受其全部条约与二次立法的基础上实现，对方不能享有永久例外，并以此作为举行加入谈判的先决条件。欧自联国家亦表示接受。

二　加入谈判与扩大实现

在此背景下，1993 年 2 月，欧共体与奥地利、瑞典、芬兰三国于布鲁塞尔开始分别举行加入谈判；与挪威的谈判，也于 4 月开始。谈判议题共涉及 29 个领域，既包括关税同盟、科研、环境保护、税收各方面，又含经货联盟建设等项内容。谈判进展状况表明，到 1994 年年初时，大多数问题都得到解决。唯独在共同农业政策和区域政策两项议题上，双方相持不下，陷入僵局。由于两项政策如何实施对谈判双方都影响颇大（出于“战略、环境、社会、文化”等方面的考虑，欧自联四国均将“农业政策作为区域政策的工具”；对于欧共体而言，政策实施大大有助于内部农产品流通和成员国利益平衡，占去“自有财源”大部分），双方原有立场又相去甚远，故分歧难于弥合。最后只是通过艰苦的加时谈判，才达成妥协。具体说来是：

（1）共同农业政策。欧共体坚持，新成员国一经加入即实施该政策。这意味着四国必须迅速降低本国农产品价格，以向欧共体统一价格靠拢。对此，四国都感到难以接受。由于地位特殊，四国农业均得到本国政府的高度保护与扶持，农产品价格甚至远高于欧共体（如挪威、芬兰两国均高出一倍以上）。如果骤然降价，势必严重影响农产者收入。因此，四国强烈要求，农业政策实施后应有一过渡期，同时对农民的收入扶持问题作出新的安排。最后双方同意，四国加入后，将立即实施共同农业政策规定的统一价格。其中，瑞典自加入之日起即完全纳入该政策，允许奥地利、芬兰等给予农民特别收入扶持，为期至多5年（针对北极或亚北极环境中农业生产面临的特殊困难，欧共体亦有条件地允许北欧国家政府给予援助）。同时，欧共体承诺，通过适当方式给予某些国家补偿，以缓解政策实施带来的冲击。例如，芬兰可望在加入头四年获得8.5亿埃居，借此补贴因减价遭受损失的农产者。

（2）区域发展政策与发展援助。区域发展政策是欧共体70年代中期以来形成的一项重要政策，旨在抑制成员国之间的发展不平衡趋向。该政策设有区域发展基金，用于援助相对落后地区。随着统一大市场实施，基金数额也有较大增加，以增强内部凝聚力。谈判中，四国都希望获得基金扶持本国欠发达地区，但遭到基金主要受益国西班牙、葡萄牙等国的坚决反对。最后，欧共体在一定程度上做出让步，同意通过适当途径对四国的某些地区提供援助。例如，奥地利的布尔根兰被宣布为符合“结构基金”援助目标的地区；对于北欧国家的某些特殊地带（这些地带人口稀少，气候条件恶劣，基础设施分散，与欧盟其他地区差别甚大），还专门规定了新的基金援助目标，以促进其发展和结构调整。

此外，对奥地利的货车过境及与挪威的渔业捕捞分歧，也都是谈判中的难点，但通过实行过渡期和协调立法的方式，最终得到解决。

随着分歧消除，1994年3月1日，欧共体与瑞典、奥地利和芬兰终于就加入条约达成最后协议，与挪威的协议也于3月16日达成。同年6月24日，欧共体与欧自联四国于希腊科孚正式签署加入条约。此后，四国曾先后就条约举行全民公决，结果挪威因赞成票再度低于半数而终未通过。1995年1月1日，奥地利、瑞典、芬兰三国正式加入，欧共体由12国增至15国，第四次扩大完成。

第四次扩大的实现，表明欧共体终于通过吸纳绝大多数欧自联国家的方式，基本完成了西欧经济圈的统一（挪威虽未加入，但双方经贸关系受《欧洲经济区协定》规范；瑞士和列支敦士登与欧共体亦仍保持经济区协定前的自由贸易体制。欧共体对三国加入，也始终持开放态度）。这样，就为东欧已发生剧变的背景下欧盟进一步应对东扩问题，创造了条件。

第六节　欧盟东扩的由来、发展与实现

东扩无疑是对一体化发展最具深远影响的历史进程之一，甚至可谓欧盟乃至欧洲步入历史新时期的直接动因与起点。20世纪80年代末期以来，中东欧国家和苏联政治、经济体制发生剧变，最终导致雅尔塔格局解体和冷战结束。在此大背景下，中东欧国家表示出愿意加入欧盟的强烈意向。经过十多年的密切互动和艰苦努力，欧盟终于2004年5月起，先后实现了三次“东扩”，成员国总数也从15国跃升至28国。而与前几轮在西欧地区的扩大相比，欧盟此次东扩的动因、对象与历程，都具有极为突出的特点。正是由于这些特点，其对欧盟与欧洲的未来，均将产生重大、深远影响。

一　历史与现实动因

20世纪80年代末以来的欧洲形势剧变，为欧盟与中东欧国家发展深度关系乃至最终实现东扩，从根本上提供了现实可能性。战后以美苏主导、东西欧分裂为特征的冷战格局，曾从根本上制约了欧共体与中东欧发展关系。因此其前四轮扩大，只能局限于西欧地区。而雅尔塔体系垮台，中东欧国家向西方经济、政治体制认同，苏联、华约与经互会解体，则为欧盟彻底调整对中东欧政策，提供了历史性机遇。面对中东欧各国的强烈加入愿望，尽管内部争论不断，但欧盟走向东扩的政策走向，却表

现得十分清楚，获得越来越强的发展势头。究其深层动因，除地域上紧密相连、同属欧洲大陆外，可从历史和现实两个层面来看。

其一，欧盟承认，西欧与中东欧之间的联系，渊源深远，体现在历史文化、经济、政治、科技、思想与行为模式、生活方式等各个方面。如经济领域，始于18世纪后半期的西欧工业革命，对中东欧各国，都先后产生一定影响（至20世纪30年代，捷克斯洛伐克甚至已步入欧洲10个工业国之列），双方的经济联系趋于紧密化，共同构成了"欧洲经济区域"。一战后至第二次世界大战前，彼此经贸关系又有所发展。上述历史纽带的存在，使得欧共体"始终以整个欧洲的统一为最终目标"，这早在20世纪50年代的"舒曼声明"和《罗马条约》中，就有所体现。而在东欧形势发生剧变的1990年，欧盟委员会文件即明确指出，中东欧在各个方面都同属"主流欧洲"之一部分。仅仅因冷战格局之出现，才造成了欧洲"因意识形态和对峙所强加的非自然分裂"，以致失去了"传统联系"。故中东欧冷战后要求"回归欧洲"的"愿望"，是"合理"的。

其二，实行东扩，符合欧盟自身的根本和长远利益。首先，从地缘政治讲，与欧盟相邻的中东欧地区，历史上各种矛盾错综复杂，动荡不安，巴尔干更是"欧洲的火药桶"。东欧形势剧变后，经济、政治体制改革造成的动荡，包括社会分化和国家解体，各种潜在民族矛盾的再度激化，乃至爆发武装冲突和战争等，都直接、间接威胁到西欧的"安全"与"稳定"（如"政治真空"出现的可能性，巨大难民潮的流动，环境污染与核动力工厂的失控等），影响欧盟自身发展。而接纳中东欧国家，通过增加援助，"移植"欧盟的法律、体制与政策，发挥一体化的市场效应等途径，将大大提高中东欧改革成功的可能性，进而深化共同利益，改善国家间的行为模式，最终有利于欧盟的长远"安全"与"稳定"。

其三，20世纪80年代中期以来，提高经济竞争力以应对全球化挑战，始终是欧盟的核心目标．而进一步向中东欧扩展，则有利于该目标之实现。随着扩大，欧盟人口将从3.7亿增至约4.8亿。这意味着，一体化的种种现有措施，包括商品、服务与要素市场自由化，共同竞争规则，直至最终实施共同货币，都将在"一个更大的经济区域"内实现，进而将"允许更好的资源配置，更好地发掘规模经济"，最终为"整个地区带来更高的增长率，更低的通胀前景"。对此，委员会明确承认，"从更长远看扩大的经济影响将肯定有益于欧盟"。

其四，从政治上看。欧盟通过深化与扩大，已确立了在西欧的主导地位。冷战结束后，如能向中东欧扩展，则其在塑造"新欧洲"中的核心作用，将得到保证，国际地位也将进一步提高。

与此同时应指出的是，由于"东扩"涉及问题的高度特殊、复杂与艰巨性，欧盟此次扩大亦面临严峻挑战，不仅要大力支持中东欧国家的体制转轨和加入步伐，而且要积极协调内部矛盾，改革自身并做出相应安排，由此需要双方的共同努力与密切互动。故东扩问题的提出、进程启动与不断推进，只能是一个逐阶段发展的历史进程。但在内外因素的作用下，其指向性却颇为明显，直至东扩的最终实现。

二　最初的应对举措

欧盟对东欧形势剧变很快作出反应，开始通过"法尔计划"提供财政援助，支持中东欧国家改革，并通过"贸易和合作协定"，特别是"欧洲协定"的签署，给予对方"联系国"地位，旨在推动市场自由化，最终建立"自由贸易区"和加强双边合作，同时也努力进一步制订对中东欧国家的"长期战略"。但是，面对后者的加入意向和申请，欧盟则不得不逐步寻求较为妥当的应对战略与方式。一方面，出于地缘经济、政治、安全和历史文化背景诸方面的考虑，欧盟承认，对于建立统一市场应付全球化挑战，维护欧洲的稳定与安全而言，东扩的积极作用都不容否认，因而有利于自身长远发展，应当加以推动；另一方面，与以往扩大根本不同的是，东西欧发展差距甚大，前者发达程度远低于后者，又处于尚不稳定的转轨阶段，加之扩大涉及欧盟自身体制与政策的根本性改革和成员国利益的重新分配，故难度和争议都较大。因此，欧盟在承诺实现东扩的同时，又坚持制定接纳标准，采取各种措施促进、监督中东欧国家向其"标准"靠拢，并拟订自身的改革方案，以适应日后扩大需要。这就使得东扩进程的启动，成为一个逐步作出决断和向前推进的历程。

1992 年6 月，共同体委员会向里斯本首脑会议提交题为“扩大的挑战”的报告，称“……新的民主国家加入欧洲大家庭是一个历史机会”，这标志着东扩问题已提上欧共体议事日程。次年 2 月欧共体与有加入意向的中东欧国家举行了会谈。这些都表明欧共体已开始认真考虑后者的加入要求。

三 正式承诺接纳与加入“标准”的确定

1993 年6 月，欧盟召开哥本哈根首脑会议，会议对最终接纳中东欧国家作出正式承诺，承认后者“如此渴望加入”，“入盟”最终“将实现”。同时，欧盟又坚持东扩绝不能在“削弱”欧共体或“牺牲深化”的情况下完成，只有当申请国符合以下 3 个标准时才能真正实现：①政治上，应保证稳定的民主机构、法治和人权，尊重少数民族；②经济上，要确保正常运行的市场经济；③接受欧共体的所有立法，包括马约关于政治、经济和货币目标的新规定。为此，欧盟保留了何时接纳新成员的决定权。哥本哈根会议意义重大，因为它肯定了中东欧国家的加入权，会议所确立的标准也成为日后欧盟委员会判断后者是否具备加入资格的依据。此后，如何促进中东欧国家尽快“达标”便成为欧盟的主要任务之一。

四 “加入前战略”与内部改革问题

自 1994 年 4 月至 1995 年 12 月，先后有波、匈等八国正式提出加入申请（捷克、斯洛文尼亚的申请则分别于 1996 年 1 月和 6 月提出），意味着入盟程序正式启动。为此，1994 年 12 月的欧盟埃森首脑会议决定，应帮助中东欧国家尽快达标，并通过了扶持其入盟的“加入前战略”。该战略的目标是，促进欧盟与联系国间的“持续一体化”，特别是在“政治和经济体制”方面，以便最终“创造一个日益统一的区域”。战略实施建立在两块基石之上。一是欧盟机构与作为一个整体的联系国确立“结构性对话”关系，二是帮助中东欧国家纳入单一市场。此次会议的决定及“加入前战略”的实施，为深化双边关系和推动中东欧国家入盟起到了重要作用。同时，欧盟委员会被要求就每个申请国是否达到加入标准，提出评估意见。

在 1995 年 12 月的马德里首脑会议上，除重申加入标准、强调申请国应调整行政结构以为逐步、和谐的一体化发展创造条件外，还开始提出了扩大对欧共体政策影响的问题，要求委员会就欧共体政策的相应调整和 1999 年后的财政安排，从事研究并提出建议。其后，委员会积极着手此事，欧盟内部也就此展开了激烈争论。同样重要的是，会议还提出，与中东欧国家的加入谈判，应于 1996 年开始的马约修改谈判结束半年后开始。这是欧盟首次就加入谈判的启动时间作出承诺。但同时规定，各中东欧国家是否有资格参与谈判，要以欧盟对每个国家作出的评估为准。

1997 年 6 月，欧盟关于《阿姆斯特丹条约》的谈判宣告结束，尽管未能就对东扩至关重要的欧盟机制改革达成一致（详见“委员会组成和部长理事会投票权数之争”），但将确定首批申请国谈判资格及正式启动谈判等事宜提上了议事日程。同年7 月，欧盟委员会又提出著名的“2000 年议程”，建议欧盟在共同农业政策、结构政策和财政安排等领域实行进一步的改革和调整，以为东扩做好准备。根据都柏林首脑会议（1996 年 12 月）要求，委员会同时还拟订出“加强加入前战略”，意在“提出一个统一的计划为中东欧申请国加入欧盟进行准备”，以“解决”在其评估意见中认为申请国仍面临的主要难题。为促进对方采纳欧共体的立法和纪律，方案新举措主要有两点：一是将所有可动用资源“纳入一个单一的框架中”（即所谓“加入伙伴关系”）；二是使申请国参与到共同体的有关计划和机制之中。

五 卢森堡首脑会议

1997 年 12 月举行的卢森堡首脑会议，在欧盟东扩中占有重要地位。经过激烈争论，成员国终于就正式启动东扩谈判进程，包括确定首批入选名单和如何保证后进国的参与地位等议题，达成协议，从而为东扩步入最具实质性的谈判阶段，奠定了基础。同时，会议也从几个侧面，反映出东扩问题的复杂性。

早在 1993 年 6 月的哥本哈根首脑会议上，欧盟即以中东欧国家应满足“必要的经济与政治条件”为前提，对接纳后者入盟作出正式承诺。此后，成员国又达成协议，承诺应在 1997 年 6 月《阿姆斯特丹条约》谈判结束后的半年内，正式启动扩大进程。此次会议的主题，就是最后确定哪些申请国已具备条件，可以参加始于 1998 年 3 月的加入谈判。这一决断意义重大，因而引起高度重视。欧盟委员会主席桑特明确指出，“这是欧盟历史上的重要时刻，将标志着欧洲分裂的结束”，因此“我们必须成功”。

委员会提交首脑会议的有关建议构成了与会国的谈判基础。建议指出，根据各申请国的发展和准备状况，中东欧国家中的五国，即捷克、匈牙利、波兰、爱沙尼亚和斯洛文尼亚，加上早已提出申请的塞浦路斯，已经具备条件，可以成为参与加入谈判的首批国家。而保加利亚、立陶宛、拉脱维亚、罗马尼亚和斯洛伐克五国，则应等待条件成熟时再进入谈判。

针对委员会建议，某些北欧、地中海成员国，对仅有部分申请国将获准参与加入谈判颇感不满，主张所有“候选国”应同时进入谈判，结束日期则视各自的具体情况而定。之所以如此，主张国各有考虑：丹麦、瑞典积极活动并力主此事是希望促成其波罗的海伙伴国——立陶宛和拉脱维亚——也尽早进入谈判，因此两国“强烈反对将波罗的海申请国分为先行国和后进国”（丹麦曾就此提出正式建议，得到某些成员国支持）；西班牙、葡萄牙意在强调扩大成本之高，最终保留自己在欧盟中的受援份额；而希腊则试图借此阻止法国一项建议的通过，因为该建议有利于土耳其将来加入欧盟（土耳其与希腊在塞浦路斯问题上严重对立）。针对这些异议（被划为“慢车道”的中东欧国家，也先后表示失望和不满），委员会为自己的方案进行了辩护，认为丹麦等国的主张会导致谈判拖延，它强调指出，六个先行国都是有望在2—3年内结束谈判的国家。

与上一个问题有关的是，某些成员国提出，对中东欧国家的“区别对待”，有可能导致所谓的“资助差距”，即造成欧盟对先行国的财政援助多于落后国（根据估算，1999—2006年，五个先行国得到的欧盟援助为人均900多欧元，而五个落后国则不足410欧元），从而影响后者加入，有悖于“欧盟对团结和聚合”所作出的“承诺”。对此，欧盟委员会负责东扩事务的委员范登布鲁克指出，对落后国的援助基金有望增加（理由之一是，“先行国”在加入后，将为欧盟预算付款）。

此外，对于扩大“成本”的负担，成员国的着眼点也有所不同。根据委员会建议，应在欧盟财政预算不超出成员国GDP 1.27%的限制下资助扩大，这意味着将开支实际上保持在当时水平。德、法、英、荷等欧盟财政的净摊款国，因担心援助过多会加重自身摊款份额，因此表示支持，特别是德国一再强调不应超出上限。而以西班牙为首的净受益国，则对委员会提出的“上限”持怀疑态度，强调其受益份额不应受扩大影响。

经过争论，成员国协调了上述分歧，最终一致同意了所谓“区别但不歧视”的扩大原则。其具体内容是：委员会选定的捷克等五国（加上塞浦路斯），将于1998年3月开始与欧盟的加入谈判；但与此同时，所有11个申请国，即包括暂不能加入首轮谈判的保加利亚等五国，都同处于“加入前伙伴关系”地位。这意味着，先行国和落后国都将得到欧盟的专门援助，后者也将同样接受欧盟委员会每年一度的审查，如被认为条件成熟，即可加入前者的谈判行列，并将得到额外援助。会议通过的这一方案，也得到了申请国的普遍赞同。谈判结束后，欧盟15国领导人与11个申请国首脑举行了会晤，这被认为是“标志着扩大进程的启动”。

六　与首批申请国谈判的启动

1998年3月，欧盟与首批达标申请国——捷克、爱沙尼亚、匈牙利、波兰和斯洛文尼亚（还有塞浦路斯）——谈判的先期阶段正式启动。根据日程安排，欧盟先对6国立法进行评估，这一过程至少持续到1999年6月，届时再确定谈判立场和具体计划，然后步入正式谈判阶段。谈判采取以欧盟为一方、以每一申请国为另一方的双边政府间会议形式，双方部长每半年举行一次会晤，大使级会晤每月举行。对于尚未“达标”的申请国（保加利亚、拉脱维亚、立陶宛、罗马尼亚和斯洛伐克五国）的政治、经济改革进程和欧共体立法采纳状况，欧盟实行定期监督和评估。当前者被认为符合条件时，加入谈判即可开始。

依照卢森堡首脑会议决定，1998年欧盟与所有中东欧申请国都确定了“加入伙伴关系”。据此，欧盟将协调对每一中东欧申请国的援助，并为其各个部门适应欧共体法确定优先领域。各国随后将制订出采纳欧共体法的详细计划，包括实施时间表及所需的人力、财力资源。欧盟则根据申请对实施方案的坚持，提供财政援助。按照安排，2000年后在“加入前伙伴关系”下用于支持中东欧国家改革的财政手段共有3项，即“加入前农业援助基金”、“加入前结构援助基金”和“法尔计划”。

此外，根据法国提议并经卢森堡会议肯定，1998年还启动了欧盟与中东欧10国进行多边“政治协商”的“欧洲会议”，议题涉及“共同外交与安全政策”、“司法与内务”和“经济事务与地区合作”三个领域。会议在最高级和外长级层面上每年各会晤一次。第一次首脑会晤于3月在伦敦举行，决定建立联合专家小组，负责就有组织犯罪对欧洲社会的影响（特别是在东欧）提出报告。同年10月，又在卢森堡举行了首次部长级会议。

七 中东欧申请国全部加入谈判

1999年的东扩步伐又有重大进展。经过几届首脑会议的激烈争论，成员国终于在3月的柏林会议上，就事关内部政策改革的“2000年议程”，特别是2000—2006年间的资金安排，达成最后协议，从而为东扩的真正付诸实施提供了“强有力的财政框架”。紧接着，由于科索沃战争的爆发，又使欧盟认为，“政治形势”已不同于最初决定将申请者分为“快”“慢”国之时，故有必要加速东扩进程。负责扩大事务的欧盟委员会委员沃荷根明确声称，科索沃危机的教训之一是，“我们仍然必须赢得和平与稳定，而扩大是赢得它们的最好途径”，这已成为“……委员会的首要选择”。为此，根据欧盟委员会10月提议，12月的欧盟赫尔辛基首脑会议终于决定，与保加利亚等五国的加入谈判（此外，还有马耳他将参与谈判；同时，土耳其亦被确认具有候选国资格），也将于2000年早期启动。欧盟轮值国主席芬兰总理帕罗·利波宁表示，各国的加入时间，都将取决于谈判的实际进展。这意味着，如进展顺利，后参与谈判的国家，仍有可能追上首批六国。各国领导人还承诺，在关于机制改革的政府间会议达成协议后（根据规定，机制改革必须在东扩前完成。1999年6月的科隆首脑会议决定，欧盟将于2000年初召开政府间会议，于年底最终完成谈判），对条约修改的批准，必须于2002年底前完成，以为接纳新成员国做好准备。由于欧盟坚持只有在条约修改得到批准后，各成员国才能进一步批准与中东欧国家的加入条约，而这种批准程序又至少需要一年时间，因此，如果加入谈判顺利，中东欧国家中最早加入欧盟的时间，应在2004或2005年。

八 东扩战略强化与欧盟的调整和改革

东扩势头的不断发展，特别是加入谈判的即将启动，推动欧盟既要加大对中东欧国家的行动力度，使之尽可能达到入盟标准，而且自身也必须实行重大改革，主要是在机制与政策领域，以适应扩大后的欧盟。其中着力最多的内外举措，主要包括以下几个方面：

其一，强化东扩战略，加快中东欧采纳欧盟法的步伐。加入时应接受欧盟全部立法，尽快履行成员国基本义务，是欧盟扩大谈判中坚持的根本原则。鉴于各申请国于此尚有较大差距，欧盟决计加强“加入前战略”，正式提出了“强化加入前战略”，自1998年起付诸实施，旨在确保申请国加入前“尽可能多地采纳欧盟全部立法”。其“强化”手段包括：推动中东欧采纳欧盟法时间表的制定与实施，明确指出优先努力之方向，动员各种财政手段对此加以扶持，并邀请申请国提前参与欧盟立法实施的计划与机制等。

其二，着手机制改革，为扩大后的欧盟运行做出安排。欧盟机构如执委会、部长理事会和欧洲议会等，最初仅为六个创始国而设计，已远不能适应15国欧盟的运行状况。东扩将进一步导致成员国激增，需事先就机构改革做出安排，因此构成1996年3月启动的政府间会议之重要内容。但因直接涉及大小国利益平衡，会议虽于次年缔结了《阿姆斯特丹条约》，却在改革上无果而终。成员国遂又决定，东扩前专门就此举行谈判。其后，2000年再次召开政府间会议，终于缔结了《尼斯条约》，涉及执委会规模与构成，部长理事会投票权数，多数表决制扩大和强化合作等内容，机制难点问题得以排除。

其三，改革欧盟政策，做出相应安排。尽管矛盾重重，东扩的特殊性使得欧盟必须就此做出决断，否则无法应对扩大。经过三届首脑会议（1998年6月、12月和1999年3月）的激烈争论，欧盟各国终于达成一揽子协议。具体说来是：

（1）加大共同农业政策改革力度。农业政策现仍占欧盟财政开支半数以上。为抑制生产过剩，缓解财政负担，欧盟曾先后采取措施，谋求政策改革。鉴于中东欧10国农业经济比重远高于现有成员国，有必要进一步加大改革力度，不然农业开支还将剧增，使扩大后的欧盟难以承受。经反复讨价还价，成员国终于再次就较大幅度削减奶制品、谷物和牛肉的干预价格（分别为15%、15%和

20%），做出决定。

（2）推进“结构政策”改革。该政策系维持欧盟“经济与社会凝聚力”的核心举措，主要是向落后地区提供财政扶持，以抑制发展不平衡，维持内部市场统一。政策资金已成为欧盟的第二大财政支出。由于所有中东欧国家都远低于任何欧盟成员国的经济发展水平，结构政策如仍按扩大前的受援标准实施，那么前者都将有资格接受援助，这既使欧盟无力负担，又严重影响到援助的“有效性”。为此，欧盟最终做出决议，决定“将结构基金援助更加集中于最大需要地区”，将以往的6类援助目标，减少到了3类。

（3）财政安排。这是成功实现扩大的财力保证，意义重大。在财源有限和反复协调各方利益的背景下，欧盟精心准备了2000—2006年的中期财政框架，其中设有与15国开支做出明确区分的扩大专款（以防止后者被现有成员国滥用）。扩大支出分为两部分，一部分是“加入前援助”，提供给尚未加入的申请国。每年数额固定为31.2亿欧元。另一部分用于新加入成员国（两部分款项中，农业和结构扶持都是重要组成部分）。此外，为适应形势发展需要，成员国还就自有财源体制，做出若干调整和改革。

值得指出的是，尽管内部改革涉及各国重大利益调整，步履维艰，矛盾重重，但在东扩大势的推动下，经过反复磋商与妥协，终于先后在各相关领域达成一致，从而为扩大扫除了障碍。

九 东扩实现及其意义与影响

尽管双方存在着激烈争论，但在2002年12月的哥本哈根首脑会议上，除保、加两国外，欧盟与中东欧八国就入盟问题取得实质性重大进展，完成了加入谈判（同时还有塞、马两国）。随着加入条约得到各方批准，2004年5月1日，波兰、匈牙利、捷克、斯洛伐克、爱沙尼亚、拉脱维亚、立陶宛与斯洛文尼亚，再加上地中海的塞浦路斯和马耳他，正式加入欧盟。之后，保加利亚和罗马尼亚两国于2007年1月1日加入。克罗地亚亦于2013年7月1日入盟。欧盟东扩的实现，无疑是对欧洲一体化发展最具深远意义和影响的历史进程之一，甚至可谓欧盟乃至欧洲步入历史新时期的直接动因与起点。

首先，从欧洲的组织形态与统一性看。50年前欧共体之建立，可谓欧洲历史新时代的发端标志。六个创始国认为，以承认民族国家的历史合法性为起点，通过和平与自愿方式，打破国家间界限，实行区域经济乃至某种程度的政治一体化，符合其共同和长远利益。为保证一体化实施，各国缔结条约，通过机构化、制度化和法律化的方式，建立了具有超国家调节因素的组织机构。在条约规定的范围与程度内，成员国自愿限制并向欧共体一级转移和共享主权权利。这在欧洲乃至人类国际关系史上，都是带有“革命性”的创举。它突破、补充与超越了欧洲的民族国家组织形式，从而标志着一种独特、新型的国际（乃至人类）社会组织形态之诞生。半个世纪以来，随着时间推移，欧盟的深化与扩大，取得了举世瞩目的进展。然而，因受冷战格局制约，这种进展，只能限于西欧地区。

冷战后东扩的实现，终于使得欧盟首次得以向中东欧扩大，不仅彻底结束了战后40多年来的东西欧分裂状态，而且大大提高了欧洲的统一性。从根本意义上讲，通过一系列举措，欧盟在不太长的时期内，帮助中东欧实现了两项重大转变：一是促进了后者经济、政治体制转轨（这是申请入盟的先决条件）；二是推动其提高到能够被纳入欧盟一体化的水平。这无疑大大缩短了双方之间的差距。进而言之，入盟后，中东欧国家将参与欧盟的一整套机制运作，承担成员国所有义务（欧盟法有8万页之多，均须付诸实施），即不但经济一体化的所有成就，如关税同盟、共同市场和经货联盟，各项政策与规则（虽有时需要过渡期），且政治一体化的两大领域，包括共同外交与安全政策和司法与内务合作，也都将适用于中东欧成员国。这意味着，作为一种国际与人类社会的新型组织形态，一个至少囊括27国（包括罗、保两国）、近4.8亿人口的欧盟，在欧洲出现，其在全欧中的核心组织地位，终于得以确立，并将继续扩展到更广大地区（如欧盟已承诺提供援助，帮助西巴尔干诸国成为候选成员国）。而从更长远的历史眼光来看，随着东扩实现，数百年来以战争、强权和均势为主要特征的欧洲民族国家关系，终于转变为以和平与深度一体化为主要特征的新型组织关系。这无疑将大大提高欧洲的统一性，对成员国的利益融合、思想与行为方式，以及欧盟日后发展，都将产生极其深远的影响。

其次，有力地推动了欧盟“制宪”进程启动

（详见“欧盟制宪”）。

再次，促使欧盟调整、改革运作机制与发展模式。高层次的超国家调节与发展不平衡，历来是一对矛盾。一体化程度越高，发展不平衡越大，越难以在成员国间达成一致，进而推动欧盟发展。中东欧新增成员数量，超过以往扩大总和，计有十国之多（包括罗、保）；而仅从经济角度看，其与现有成员的发展差距之大，更是前所未有。十国人均GDP平均仅占欧盟的32%，甚至远低于后者中的四个最不发达国家（74%）。这无疑将使欧盟的发展不平衡状况，进一步加剧。与此同时，20世纪80年代中期以来，欧盟的深化，接连取得历史性突破，单一市场建设与欧元启动，政治联盟的确立（包括欧盟的第二、第三支柱，即共同外交与安全政策、内务与司法合作），都使得超国家调节更有必要。显然，在这种状况下，欧盟东扩后的决策与管理难度将大大增加。欧盟制宪大会主席德斯坦承认，从15国跃升至27国，将使欧盟到达“崩溃”边缘，如不采取改革措施，届时将“无法管理”。故莱肯宣言明确将“如何组织在一个扩大了的欧盟中的政治和政治领域”（指“欧盟如何更有效地寻求其目标和优先考虑并确保更好执行”），列为必须解决的“三大挑战”之一。因此，为保证日后顺利发展，只有调整、改革运作机制，否则扩大后，欧盟确有停滞不前之忧。而从调整、改革的努力方向看，至少将包括扩大特定多数表决制，更加重视“多种速度”模式，与改革某些政策、管理与运行模式等。

总之，欧盟能够逐步实现东扩，绝非偶然，而是在强有力的历史性因素推动下，尽力采取一系列相应措施，不断克服重要障碍的结果。而扩大实现所带来的影响，也极为重大、深远。在很大程度上讲，这又对欧盟未来发展，提出了新的挑战。因此，如何在新的历史条件下，大力协调内部分歧，尽可能合理地安排未来，以有效应对挑战，就成为欧盟面对的重大新课题。正是从这个意义上讲，它直接推动了欧盟制宪进程的启动。

（吴　弦）

第二部分　各国概况

第一编

欧洲西部国家

第一章　英国

第一节　概述

国名　大不列颠及北爱尔兰联合王国（THE UNITED KINGDOM OF GREAT BRITAIN AND NORTHERN IRELAND），简称联合王国。一般称“英国”。

位置　欧洲西北部。

面积　24.41 万平方公里。

人口　6235 万人（2009 年）。

民族　盎格鲁—撒克逊人，其中包括英格兰人、威尔士人、苏格兰人和爱尔兰人等。

语言　英语。

宗教　多数居民信奉基督新教和天主教。法律上得到承认的国定教派有两个，一个是在英格兰的国教，另一个是在苏格兰的国教。威尔士和北爱尔兰已不再有国教。

政体　君主立宪制。

首都　伦敦（London），人口 775 万人（2009 年）。

国旗　称联合旗（the Union Flag），亦谓“联合杰克”（the Union Jack）。杰克（Jack）一词在 17 世纪时首先应用于皇家海军，用以标志国籍的船首旗。国旗为蓝底长方形，上有红白“米”字，为三个交叉守护神：第一个是在白底上的圣·乔治（St. George）红色交叉，代表英格兰；第二个是在蓝底上的圣·安德鲁（St. Andrew）白色交叉，代表苏格兰；第三个是在白底上的圣·帕特里克（St. Patrick）红色交叉，代表爱尔兰。国旗上没有代表威尔士的标识，因为在国旗出现第一版本时（1606 年），威尔士已与英格兰联合。国旗由原来的英格兰白底红色交叉正十字旗、苏格兰蓝底白色交叉十字旗和爱尔兰白底红色交叉十字旗合一而成，最近一个版本出现于 1801 年。它象征着在一个国王统治下的三岛联合。

国歌　神佑国王（God Save the King or Queen）。这是世界上最古老的国歌之一，自 18 世纪中叶起就成为一首流行的爱国歌曲，一般应用于王室的盛大庆典等场合。1825 年正式定为国歌。

国徽　中心图案是一枚盾徽。盾徽上的图案分四部分：左上、右下两部分图案相同，即红底上绘有三头金色雄狮，用以代表英格兰；右上方部分是金底上红狮行走的图案，红狮周围是双边框架，双边之中点缀着鸢尾花和其他装饰，这些图案代表苏格兰；左下方蓝底上绘有一架金色银弦竖琴，这一图案代表爱尔兰。盾周围是一条喜德勋章的蓝色绶带，绶带上用金色大字书写着英国上层社会的一句格言：“恶有恶报”（Honi soit qui mal y pense）。英国王狮和银色的苏格兰独角狮尾兽分别站立在盾徽两侧，它们的前肢支撑着盾徽。盾徽上方是一顶金、银两色的头盔，头盔上镶着各色珠宝，并绘有貂皮束带的帝国冠冕。冠冕上端是一头戴王冠、面向外侧的小金狮。盾徽的底部是一条白色饰带，上面用金字书写着英王的座右铭："上有天帝，我有权利"(Dieu et mon droit)。国徽的背景是貂皮衬里的红色大帐篷，其顶端为镶满珠宝的大型王冠。1957 年对国徽图案略作修改，即把盾徽上的王冠改为圣·爱德华王冠，这是伊丽莎白二世加冕时戴的王冠。

国庆日 英国没有一个明确的建国纪念日，故没有一般意义的"国庆日"。英国各驻外使领馆都在女王"官方诞辰"这一天举行招待会，并把这一天当作国庆日来庆祝。女王的诞辰是 1926 年 4 月 21 日，而"官方诞辰"则是每年靠近 6 月 11 日的那个星期六。

货币名称 英镑（British Pound：£）。

度量单位 度为哩、码、英尺、英寸；量为夸脱、蒲式耳、配克、加仑、夸脱、品脱（干量），加仑、夸脱、品脱、及耳（液量）；衡为长吨、英担、磅、盎司（英两）、英钱。

时间时区 格林尼治国际标准时间零时零区。实行夏时制。

国花 玫瑰

国鸟 红胸鸲

第二节 自然地理与人文地理

一 自然地理

（一）地理位置

英国地处欧洲西北部，北纬 49°—61°，东经 2°—西经 8°。东面是北海，南面隔多佛尔海峡和英吉利海峡与欧洲大陆相望，西临大西洋和爱尔兰海并与爱尔兰为邻。英国由几个大岛及附近许多小岛组成，最大的是大不列颠岛，包括英格兰、苏格兰和威尔士。其次是北爱尔兰。苏格兰的西部有内、外赫布里底群岛两大群岛，西北部则有奥克尼群岛和设得兰群岛等岛屿，另有怀特岛、安格尔西岛、锡利群岛等小岛。英国国土面积为 244021 平方公里（不包括内陆水域），南北距离长达 1000 公里，东西最宽处为 500 公里。海岸线总长 11450 公里。

（二）气候与降水

全境属海洋性温带气候，气温总的来说比较温和，一般不高于 32℃，不低于 -10℃，较多西南风。英国的降雨量很不平衡。在西部和北部山区，平均年降雨量高达 1600 毫米，而在中部和东部地区则不足 800 毫米。全年降雨情况比较均衡，一般来说，3—6 月是最干的季节，9 月到次年的 1 月为最潮湿的天气。在 5 月、6 月、7 月三个日照最长的月份，苏格兰北部每天日照为 5 个小时，怀特岛每天为 8 个小时；在日照最短的 11、12 和 1 月三个月中，苏格兰北部平均一天日照仅为 1 个小时。

（三）地貌特征

大致而言，西北部是高地，东南部为平原，其间夹有起伏的丘陵。高地中多深沟峡谷，形成众多大小不等的湖泊。有"英国脊梁"之称的奔宁山脉位于英格兰的西北部，南威尔士山地和康沃尔丘陵以东为英格兰东南部平原区，是盆状构造平原。海岸线长而曲折。威尔士境内多山，地势崎岖，坎布连山脉纵贯全境。

（四）山川河流

英国西北部高地中的尼维斯山海拔 1343 米，为英国第一高峰。斯诺登山海拔 1085 米，是第二高峰。著名的尼斯湖镶嵌于西北部的高山峡谷之中。尼斯湖以其怪兽疑踪而闻名遐迩。英国河流众多，流量丰富。主要河流有塞文河、泰晤士河。泰晤士河全长 346 公里，具有较高的航运价值；塞文河全长 354 公里，为英国第一长河。北爱尔兰境内湖泊较多，其中讷湖为英国最大湖泊。

（五）动植物资源

英国有着种类繁多的野生动物资源，据估计，大约有 3 万多种。英国有 2800 个较高级的植物种类和几千种苔藓、真菌和海藻。但是由于气候变化、城市的发展及其他因素的影响，致使一些种类的动植物资源遭到了破坏，约 50 种不同的苔藓已濒于灭绝的边缘。英森林覆盖面积 280 万公顷（2008 年），占国土面积约 11.7%，分别占英格兰面积的 8.7%、苏格兰的 17.2%、威尔士的 13.7% 和北爱尔兰的 6.4%。

（六）矿产资源

英国在欧盟国家中是能源资源最为丰富的国家，是世界上石油、天然气的重要生产国之一。20 世纪 70 年代以前英国的石油供应几乎全部依靠进口。20 世纪五六十年代在北海发现油、气田以来，英国大陆架就成为重要的海上石油和天然气生产基地。据 2009 年 6 月英国官方公布的数据，2007 年底英国石油可能储量的上限为 28 亿吨，其中技术上确系可行、并具有商业开采价值的探明储量为 5 亿吨。2007 年底英国天然气的总储量为近 2 万亿立方米，探明储量为 3430 亿立方米。此外，英国还出产丰富的建筑材料，生产和出口瓷土、盐类和钾碱，还藏有少量的有色和稀有金属。

二 行政区划

（一）历史沿革

行政区划是中央对地方实施管理、体现中央与地方关系的一种形式和手段。英国是个有地方自治传统的单一制国家，其地方自治制度始于中古时期的郡制。英国地方政府向现代方向的变革主要发生在19世纪，是工业化和城市化的产物。特别是19世纪末进行的几次地方政府改革，基本上奠定了现代英国地方政府制度的格局，从而也确立了当代英国行政区划的基本框架：英格兰和威尔士实行郡或郡级市、城区或乡村区二级地方政府设置，在乡区之下设教区议会或教区会议。苏格兰也设立了郡议会，并对市镇管理机构进行了相应的调整。20世纪七八十年代英国又进行了新一轮的地方政府改革。19世纪的地方政府制度改革，曾对英国的现代化进程发挥了重要作用。然而到了20世纪中叶以后，这一陈旧制度结构的弊病日益暴露出来。最大的问题是规模大小悬殊，责任分散，组织重叠现象严重。1972年议会通过了地方政府改革法，并于1974年4月生效。新制度规定，地方行政基本上分为两级，高的一级为郡，在它之下便是区。乡村还下设教区一级，包括一个村庄及其周围的农场。1972年的《地方政府法》废除了英格兰和威尔士原有的83个郡级市，并把58个郡缩减为47个。在各个郡之下原有的1250个郡属市、城区、乡区调整为333个区。同时，在6个大城市地区设立6个都市郡：利物浦（默西塞德）、大曼彻斯特、伯明翰（西米德兰兹）、利兹—布拉德福德（西约克郡）、设菲尔德（南约克郡）和纽卡斯尔—森德兰（泰恩—威尔）。伦敦自古以来就是一个非常特殊的地区。1963年根据保守党政府公布的《伦敦政府法》正式建立了大伦敦议会，下设32个自治市，取代了原来的52个。1972年的改革又把大伦敦划分为大伦敦议会下的32个市区和一个伦敦城。1975年以后苏格兰地方政府也做了相应的调整。除3个岛区实行一级地方政府外，苏格兰其他地方实行两级政府制度：9个专区、下设53个区，区又分为社区。1986年4月1日生效的新的地方政府法案，取消了都市郡议会和大伦敦议会，把它们的职权转交给区议会和新的联合委员会以及其他特定的机构或准政府组织。90年代行政区划又有进一步的变动。议会通过立法对英格兰的25个郡进行了改组，设立了46个新的单一地方政府机构。在苏格兰原由9个专区和53个区所组成的两级地方政府体系被29个新设立的单一地方议会所取代，原有的3个岛区议会则保持不变。在威尔士新设的22个单一地方政府机构取代了原有的8个郡议会和区议会。1997年大选后工党上台执政，通过公决和立法决定建立大伦敦政府，于2000年5月选举产生大伦敦市长和大伦敦议会。工党政府决定在苏格兰、威尔士和北爱尔兰实施权力下放计划的同时，还通过立法把英格兰划分为8个地区，分别设立地区开发机构。

（二）行政区简介

全国分为英格兰、威尔士、苏格兰和北爱尔兰四部分。除英格兰外，苏格兰、威尔士和北爱尔兰都设有地区议会。目前，英格兰被划分为42个郡（含大伦敦与6个都市郡）和46个只设一级地方政府机构的行政区。这42个郡是：贝德福德、白金汉、剑桥、柴郡、康沃尔、坎布里亚、德比、德文、多塞特、达勒姆、东萨塞克斯、埃塞克斯、格洛斯特、大伦敦、大曼彻斯特、汉普郡、赫里福德、伍斯特、赫特福德、肯特、兰开夏、莱斯特、林肯、默西塞德、诺福克、北安普敦、诺萨伯兰、北约克郡、诺丁汉、牛津、施洛普、萨默塞特、南约克郡、斯塔福德、萨福克、萨里、泰恩—威尔、沃里克、西米德兰兹、西萨塞克斯、西约克郡、威尔特郡。根据1998年建立地区开发署的法案，英格兰还被划分为9个地区：伦敦、东部、东南部、西南部、东米德兰、西米德兰、约克与休姆伯、东北、西北与默西塞特。苏格兰被划分为32个设有单一地方议会的行政区。它们是：阿伯丁郡、阿伯丁市、安格斯、阿吉尔与布特、东艾尔郡、南艾尔郡、北艾尔郡、柯莱克曼楠郡、登佛里斯与盖洛韦、丹迪市、东登巴顿郡、西登巴顿郡、爱丁堡市、伐尔科克、费扶、格拉斯哥市、因沃克莱德、南拉纳克郡、北拉纳克郡、东洛衫、西洛衫、米德洛衫、默里、佩思与金罗斯、任扶里郡、东任扶里郡、斯特林、苏格兰边境区、苏格兰高地、奥克尼群岛、设得兰群岛、西部群岛。威尔士划分为22个设单一地方议会的行政区。它们是：加的夫、纽波特、托尔番、布莱诺—格温特、凯尔费里、斯温西、朗达—塞南—塔佛、布里占德、默瑟尔提德维尔、格拉摩根谷地、扶林特郡、尼思—塔尔伯特港、沃里萨姆、登比郡、蒙默思郡、康维、安格尔西岛、彭布鲁克郡、卡马森郡、格威尼德、瑟利迪真、泼威思。北爱尔兰划分为26个设地方议会的行政区。它们是：安特利姆、阿尔兹、阿尔马、拜里米纳、拜里默尼、班布里治、贝尔法斯特、卡里科费噶斯、卡斯勒里、科里雷恩、库克斯汤、科雷噶文、德里、道恩、北道恩、登干南、费尔马纳、拉恩、利马瓦底、里斯波恩、马赫拉费尔特、默尔、纽里与默恩、纽汤纳比、奥马、斯特拉班。

（三）重要城镇

伦敦（London） 英国首都。全国政治、经济、文化及交通中心，同时也是全国最大港口，年吞吐量约达5000多万吨。位于英格兰东南部，地跨泰晤士河两岸，面积1610平方公里。人口775万（2009年），居全国城市之冠。设有12个内伦敦市区和20个外伦敦市区，此外还有一个伦敦城，这里聚集着国内外各种金融机构，是世界著名的金融中心之一。伦敦还是英国最大的加工工业中心，尤以通用机械和电机业著称。其他还有飞机、汽车、精密仪器、炼油、化学、服装、造纸、印刷、食品、卷烟等。舰队街曾以其集中了全国各大报纸及出版中心而闻名遐迩。众多的名胜古迹每年都吸引着成千上万来自国内外的游客，成为英国旅游收入的一个主要来源。

曼彻斯特（Manchester） 英国的棉纺织业中心，重要的交通枢纽及商业、金融和文化中心，素有“工业革命故乡”之称。曼彻斯特兴起于13世纪，16世纪中叶发展成为繁荣的纺织工业中心，19世纪末，由于运河的开通，使其成为全国第四大港口。主要工业有纺织、服装、印刷、食品加工、机械、化学、炼油等，但以金融、信息、旅游和文化产业为中心的服务业在其经济中已占有越来越重要的地位。

利物浦（Liverpool） 曾是英国第二大港口，主要的工业中心。15世纪时即成为英国重要的贸易港口，18世纪中得到了进一步的迅速发展，19世纪成为英国棉花和棉织品贸易的主要港口，目前吞吐量达3000万多吨。其他工业有造船、机器制造、电气仪表、喷气发动机、化学、汽车、食品等。利物浦的海上、陆地和航空交通都很方便。

伯明翰（Birmingham） 英国仅次于伦敦的第二大城市。12世纪时已是英国重要的商业城市，16世纪开始发展工业，17世纪后，随着工业的迅速发展，使其享有“世界工厂”之美称。现尤以中小型工业著称，主要工业有汽车、自行车、摩托车、机床、电器等。颇多名胜古迹。

加的夫（Cardiff） 威尔士首府。位于塞文河河口，是英国西南部的重要港口和工业中心。21世纪初，因其煤产量丰富而成为世界上最大的煤炭出口港。之后由于煤的贸易量急剧减少，使其采煤业迅速衰落。加的夫是威尔士的最大城市，主要的商业和服务中心。拥有较多的著名古建筑，尤以古堡、教堂最为出名。

爱丁堡（Edinburgh） 苏格兰首府。英国主要的财政中心和运输枢纽之一。18世纪时是欧洲文化、艺术、哲学和科学中心，有许多世界著名的诗人、作家、学者、医生和发明家诞生于此或在这里读书、工作，故有“北方雅典”之称。工业有钢铁、化工、轻工、造纸、电子、电缆、玻璃和食品等。

格拉斯哥（Glasgow） 苏格兰主要的海港和工业中心。19世纪时便发展起了造船、钢铁、机器制造和纺织等工业。第二次世界大战后又进一步发展了电子、雷达和炼油及后来的食品、饮料、烟草、工程、印刷等工业。该市的造船业很发达，占全国总量的1/3，为全国第一。

贝尔法斯特（Belfast） 北爱尔兰首府。北爱最大的港口、铁路枢纽，主要的工商业城市，曾以造船和亚麻工业发达著称。贝尔法斯特还是北爱的文化中心，建于1845年、著名的北爱尔兰女王大学（Queen’s University）就设于此。

剑桥（Cambridge） 世界著名大学城。13世纪初建市，市内街道狭窄而幽静，古典式的教堂、博物馆等建筑几乎随处可见。位于本城的剑桥大学创建于1209年，是世界最古老而有名的高等学府之一。工业较少，有建筑、印刷、面粉、水泥等。

牛津（Oxford） 英国著名的高等教育中心，拥有众多的图书馆、天文台、博物馆等。位于本城的牛津大学建校于1168年，历史悠久，历来为各国学子所神往。市内多各种塔状建筑，故又有“塔城”之称。工业有汽车、炼钢和电器等。

设菲尔德（Sheffield） 英格兰南部最具代表性的钢铁城市，不锈钢的发明地。16—18世纪即以制造刀剑著称。19 世纪中期为英国主要的钢铁工业基地，优质钢和特种钢至今仍是其主要的产品，此外还有刀具、餐具、工具等传统工业，以及光学仪器、医疗器材、农业、化学、印刷、衣料、皮革、自行车和铁路器材等。首饰工艺亦很精湛。

朴茨茅斯（Portsmouth）　英国南部沿海的重要商业港口和主要的海军基地，建于 12 世纪。16 世纪中期开始建造军用船只，19 世纪中叶成为重要的海军基地。海军基地和旅游业是其主要的经济来源，此外有造船、航空、化学和服务等工业。

三　人口种族

（一）民族与种族

主要由四大民族组成，即英格兰人、苏格兰人、威尔士人和爱尔兰人。英格兰人的祖先是凯尔特人和盎格鲁—撒克逊人。苏格兰人的祖先则是皮克特人、凯尔特人和日耳曼人。威尔士人则是公元 5 世纪时逃到威尔士山区的凯尔特人的后裔。北爱尔兰的大部分居民是 17 世纪移民到北爱尔兰的英格兰人及苏格兰人的后裔，其余则为爱尔兰人。

英国是一个多民族、多种族混居的国家。据英国国家统计局 1997 年的一项调查，在大不列颠岛的居民中 94% 为白人；其余约 300 万人属于其他种族，主要是由西印度群岛、南亚次大陆、非洲英联邦国家迁移来的黑人和亚洲人。

（二）人口密度

据 2009 年的统计，英国全国人口为 6235 万，其中英格兰占 83.6%，苏格兰占 8.6%，威尔士占 4.9%，北爱尔兰占 2.9%；据 2006 年统计，英格兰人口密度为每平方公里 390 人，苏格兰人口密度为每平方公里 66 人，威尔士人口密度为每平方公里 148 人，北爱尔兰人口密度每平方公里为 134 人。英国全国人口平均密度为每平方公里 249 人。目前，大约有 10% 的英国人居住在乡间，而其余 90% 的人口住在大城市或小城镇。人口最密集的地区是大伦敦和英格兰的南部与东部地区，这些地区的居民占全国人口的 26%，而它们的面积仅为全国总面积的 10%。人口密集度最低的地方是苏格兰北部、湖区及威尔士和北爱尔兰的农村地区。英国人口出生率为 12.5‰（2007 年），死亡率为 9.4‰（2007 年）。

（三）人口结构

年龄结构的第一个特点是老龄化趋势发展迅速。20 世纪，50 岁以上的人口比例从 1901 年的 1/6增加到 1998 年的 1/3。20 世纪末以来，80 岁以上的人数已越来越多，2007 年已达到近 275 万人，占人口总数的 4.5%。第二个特点是 16 岁以下人数所占人口总数的比例正逐渐减少。据统计，1971 年 16 岁以下的人数占英国人口总数的 1/4，到 1997 年已降为 1/5。预计到 2021 年，英国 65 岁以上的人口总数将大大超过 16 岁以下的人口总数。英国男女比例为 100: 104（1995 年），这个比例大体上保持到现在。虽然每年男婴出生的比例较女婴高 3%。然而在英国年龄越大，女性的人数越多。其中 72 岁的年龄是一个重要转折关口，在 72 岁以上的人口中妇女人数就超过了男人。

（四）移民状况

20 世纪 30 年代之前，从英国移居海外的人数远远超过自海外移入英国的居民人数，但 1931 年后英国接受的移民人数开始超过移居海外的英国人数。二战后，特别是 20 世纪五六十年代以来，那些居住在经济困难而又拥有大量过剩劳动力的英属殖民地和新独立的英联邦国家的有色人种居民，纷纷涌入英国谋求生路。1997 年以来，海外向英国移民和英国向国外的移民都保持着逐年增长的势头。2007 年流向英国的移民为 60.5 万人，而英国向海外移民为 40.6 万人，英国净增加的移民数量为 19.9 万人。造成这一情况的一个重要因素是欧盟东扩导致东欧新成员国众多移民涌入英国。2007 年仅波兰公民移居英国的人数就达 9.6 万人。双向移民的国家和地区主要有：欧盟国家、澳大利亚、加拿大、新西兰、南非和其他英联邦国家以及美国和中东国家。

四　宗教与民俗

（一）宗教简史与概况

在中世纪的 800 年中，英国一直只信仰罗马天主教。16 世纪时，由于受德国反对罗马教廷的宗教改革的影响，英也开始对罗马天主教会产生不满。亨利八世国王因婚姻问题，与罗马教廷断绝了一切关系，并于 1534 年敦促议会通过法案。法案规定，英国教会不再听命于罗马教皇，英王自任教会最高首脑，并将英格兰圣公会定为国教。自此，英国国教的世俗首领为英王，宗教首领是坎特伯雷大主教，正式称号是全英首席主教。宗教副领袖是约克大主教，正式称号为英格兰首席主教。这两个宗教领袖在教会审判方面具有仅次于英王的权力。英国国教的大主教、主教和副主教均由英王任命。其最高管理机构为英国国教大会，负责处理有关教会事务、教派关系、神职人员的聘用，以及教会建筑物的维修等事宜。现英国国教有两大主教辖区，即由坎特伯雷大主教掌管的30个主教区（包括一个欧洲主教区），约克大主教管理的14个主教区。每一个主教区有一个主教，两个副主教。主教辖区下又分牧区，现全国有13860个牧区。

在2001年英国进行的人口普查中，就居民的宗教信仰问题进行了询问，所收集到的相关信息显示，英国超过3/4的居民都属某一宗教的信徒。7/10以上（72%）的居民属基督徒。穆斯林占人口的3%。除基督徒与穆斯林之外，其他宗教团体的信徒总共占英国居民人数的3%。英国四大组成部分的宗教信仰总体情况是：北爱尔兰86%的居民为教徒，英格兰与威尔士信教者为77%，苏格兰为67%。全国的非宗教信徒所占的比例约16%。

（二）衣食民风

1. 饮食 早餐大致有英国式早餐和大陆式早餐。前者是传统正规早餐，先是热菜，如煎猪肉和鸡蛋，然后是粥、烤面包和果酱。饮料是咖啡和茶。大陆式早餐为近年来逐渐兴起，比较清淡，通常是水果汁或粗粮，面包卷或烤面包片，果酱和咖啡，没有热菜。午餐已普遍趋于“快餐化”，品种有汉堡包、热狗、三明治及牛奶、咖啡等饮料。晚餐一般有一道热菜，或肉或鱼或鸡，配以土豆、西红柿、豆类或蔬菜。饮料种类较多，英国茶是受到普遍欢迎的一种，据统计，英国年人均消耗茶叶7.5磅，居西方各国之首。饮茶的方式也较独特，一是定时，上午10点半前后，下午4、5点钟；二是喝法不同，茶中加奶较普遍，加糖与否视各人爱好。其他普及的饮料有啤酒，如拉格、苦啤酒、淡啤酒、烈性黑啤酒，以及传统的淡啤酒。此外还有吉尼斯黑啤酒、威士忌、姜汁啤酒、杜松子酒加唐尼克汽水和爱尔兰咖啡等。传统和流行的各种食品有炸鱼和薯片、炸土豆片、咸肉和炸鸡蛋、三明治、吐司、炸蚕豆面包、燕麦烤饼、香羊肚、烤牛肉加约克布丁、圣诞布丁、夏日布丁、葡萄干布丁、果酱布丁卷、肉馅土豆饼、贝克韦尔馅饼、复活节彩蛋、麦片粥等。

2. 服饰 英国目前仍保留着许多传统的服饰。在法院：法官头戴假发，身穿黑袍。在教堂，牧师穿长袍。在议会，女王致辞时头戴王冠，随行女侍身着白色长裙礼服，前排面对女王的是戴假发穿黑袍的司法贵族、红袍白翻领的宗教贵族，周围侍立着身穿红上衣、系白围巾、瘦腿过膝短裤的宫廷侍卫。王宫卫士身穿鲜红的短外衣，腰扣黄束腰，头戴高筒黑皮帽。戴黑帽、着黑衣（上绣红色王冠及红边线）的是伦敦塔楼卫士。近卫骑兵不仅服饰各异，就连马匹的颜色也不一样，有白马、黑马及棕色马等。政府机关或大企业的职员上班时一身公服，以灰暗的颜色为主，白衬衫，打领带，故统称白领工人。工厂工人穿蓝色工作服上班，统称蓝领工人。苏格兰男子穿着的民族服装是苏格兰方格呢裙。传统的礼服有晨礼服，又称大礼服，适用于出席各种仪式、婚庆典礼或上教堂做礼拜。小礼服，又称晚餐礼服或便礼服，适用于参加晚上6点以后举行的晚宴、音乐会、剧院演出等活动。

（三）传统节日和活动

1. 新年 新年与圣诞节相隔不远。在很多地区，新年不如圣诞节重要。但苏格兰地区和英格兰北部的个别地区却是新年比圣诞节更受重视。英国人爱在新年之际预卜来年的吉凶。苏格兰人习惯在除夕守岁，或在自己家中，或与朋友一起举行晚会。午夜12点，各教堂的钟声敲响，人们便互相接吻，不管认识或不认识的，彼此一般都不拒绝，以祝贺新年。更有许多年轻人跑上街头，一边喝酒，一边跳舞，或高唱苏格兰著名民歌《友谊地久天长》。

2. 情人节 每年2月14日是英国的“圣瓦伦廷节”，中文意译为“情人节”。圣瓦伦廷是古代殉教的一位基督教徒的名字。据传，这一天是鸟儿选择配偶的日子，可能基于这个原因，圣瓦伦廷节就成了年轻人选择情侣的情人节。在这一天，青年男女互赠礼品，现改为寄“情人卡”。这种卡片只有收信人的名字，并无寄信人的落款，但多半会在收信人的意料之中，信中言辞大多表达爱情的心声。

3. 大学竞舟 这是牛津和剑桥两所大学每年一次在伦敦的泰晤士河上举行的划艇比赛，从普特尼逆流而上划到莫特莱克。这一比赛吸引着沿河两岸成千上万的观众，成了全国性的重要活动。比赛时间在每年3—4月间。两所高校都把比赛的结果与本校荣誉联系在一起，故双方都十分重视。每队各有桨手 8 人，舵手 1 人，比赛全程为 7.2 公里。

4. 复活节　这是仅次于圣诞节的第二大节日，是基督教为纪念耶稣被钉在十字架死后第三日“复活”而设的节日，日期不固定，根据《圣经》的记载，是按阴阳二历结合计算的。具体是每年 3 月 21 日起第一次满月后的第一个星期日即为复活节，如果月圆正值星期日就顺延至下一个星期日。复活节这天的主要活动是大吃鸡蛋，因为鸡蛋象征死后又要复苏的生命。教堂、学校或家庭在这一天把煮熟的鸡蛋藏在树穴、草丛或山石后面，邀请前来聚会的孩子们四处寻找。亲友之间在节日期间赠送的礼物主要也是鸡蛋。信奉英国国教的人到教堂去做礼拜，领取“圣餐”——一块火柴盒大小的面包，蘸上点红葡萄酒食用，作为纪念耶稣、坚定信念的一种方式。

5. 圣乔治节　每年 4 月 23 日是英格兰地区传统的圣乔治节。圣乔治是英格兰地区的保护神。据有限的资料表明，圣乔治是古罗马帝国的一名军士，英格兰地区一直将他的名字当成民族的象征。每到这一天，富有民族意识的英格兰人都在衣领上佩戴一朵国花红玫瑰，以纪念这位传说中的保护神。

6. 威尔士赛诗节　威尔士人酷爱诗歌，喜欢音乐，几乎人人都能演唱。每年 8 月举行的这一最盛大的民族节日充分表现了威尔士人的这一特点。每年赛诗节的地点并不固定，在威尔士地区的南北两地交替举行。赛诗节开幕式五彩缤纷，主持人身穿法衣，手持和平宝剑向与会群众高呼三次“要和平吗?”群众齐声回应，然后整队退场，接着各种比赛开始。一切仪式、讲话、歌词以及应征诗作，一律使用威尔士语言。

7. 苏格兰高地集会　每年秋季，苏格兰高地的某些城镇都要举行一年一度传统的音乐节和体育节。最著名的是在 9 月举行的布雷玛集会，王室成员的参加更显示出这一集会的重要性。参加集会的人都身着本民族标记的高地服装，男子穿着用苏格兰方格呢制成的褶叠短裙。活动内容有跳轻松活泼的民间舞蹈、吹奏悠扬浑厚的风笛、比试体力的竞争角逐，如摔跤、射箭、掷锤子和铅球，其中最吸引人的便是投松木杆比赛，既需要过人的体力，又要高超的技巧。

8. 烟火节　17 世纪初，有几个狂热的天主教徒，因反对英国国教，阴谋在 1605 年 11 月 5 日英王主持议会开幕时炸毁议会，由一名叫盖伊・福克斯的人点燃火药。后不幸事情败露，盖伊于 11 月 5 日被杀。詹姆士一世命令全国燃放焰火以示庆祝。次年，议会通过法案，规定每年 11 月 5 日为法定节日。此后，每年 11 月 5 日，青年人就自做一个代表盖伊的假人，里面塞满破旧衣服、报纸或牧草之类，在晚间的篝火会上付之一炬，同时放起烟火，欢庆一番。

9. 休战纪念日　又称阵亡将士纪念日。为缅怀在两次世界大战中死难的将士，英国人民每年在离第一次世界大战停战日 11 月 11 日最近的星期日，举行特别的教会仪式和市民仪式，以示纪念。最主要的仪式为王室成员在伦敦第一次世界大战牺牲将士纪念碑前敬献花圈。出席纪念仪式的还有首相及反对党领袖等一些政界要人。在纪念日中，人们普遍佩戴假罂粟花，该假花代表着第一次世界大战时佛兰德战场的玉米地里生长的罂粟花，以此象征一战和二战的士兵。

10. 圣诞节　12 月 25 日是纪念耶稣诞辰的节日。这个日子是罗马教皇在 5 世纪时规定的，选择这一天据说是为了与古代风俗相一致。远在基督教兴起之前，古罗马人和欧洲的其他民族都在冬至前后举行一些重要的庆祝活动，一方面欢送寒冬的终结，另一方面则庆祝阳春已经在望。现在的圣诞节已不再仅是宗教节日，而是普天同庆的世俗节日。

第三节　历史

一　古代

（一）历史起源

据考证，公元前 3000 年前后伊比利亚人开始移居不列颠群岛南部，这便是英国最早的居民。公元前 700—100 年间，原先居住在欧洲西部的克尔特人部落分三批移居不列颠，其中的一支称为“不列颠人”。公元前 1 世纪中叶（公元前 55—前 54 年），罗马帝国的恺撒征服了不列颠，不列颠成为罗马帝国的一个行省。

（二）七国时代

公元 442 年罗马人撤离了不列颠。之后居住在易北河口附近和丹麦南部的盎格鲁—撒克逊人不断入侵不列颠，时间延续达一个半世纪。在这一过程中，不列颠人不断遭到屠杀或沦为奴隶，有一部分被迫迁至西部和西北部山区，但大部分人与入侵者融合。到7世纪初，入侵者先后建立起七个国家，即东部和东北部盎格鲁人的麦西亚、诺森伯里亚和东盎格利亚，南部撒克逊人的威塞克斯、埃塞克斯和苏塞克斯，东南部朱特人的肯特，史称“七国时代”。盎格鲁—撒克逊人在入侵不列颠的过程中，原来的氏族组织逐渐解体，并按地域形成了村社，土地公有，由村社自由农民耕种。随着生产力的发展，土地不断成为私有财产，并由此出现了贵族、大土地占有者、依附农和奴隶。6世纪末，基督教传入英国。7世纪下半叶，英格兰全境几乎都皈依了罗马天主教。

（三）丹麦人的入侵

从8世纪末起，以丹麦人为主的斯堪的纳维亚人频繁入侵英格兰。在反抗丹麦人入侵的过程中，威塞克斯王国的国王埃格伯特于公元829年统一了七国，建立了统一的英格兰王国。9世纪末，丹麦人已在大不列颠岛上建立起大片的居住地。公元879年，阿尔弗烈德大王和丹麦人约定，英格兰东北部归丹麦管辖，又称“丹麦区”。10世纪初，阿尔弗烈德的后继者逐渐收复丹麦区。11世纪初，丹麦人卷土重来，丹麦王克努特大帝及其儿子统治英格兰达25年之久。1042年丹麦帝国瓦解，长期流亡诺曼底公国的原撒克逊王朝王位继承人爱德华回英国即位。在丹麦人入侵期间，英国加速了封建化的进程。由于战争频繁，税收沉重，迫使自由农民纷纷破产，沦为依附民。国王以诏书的形式把土地册封给教、俗贵族，成为封建领地。农民为躲避战祸和捐税，求得自保，便将土地交给大地主，再领回耕种，以示接受地主保护。国王还给教、俗地主以“特恩权”，即对领地内的依附农民实行政治、经济、法律等全面的统治权。

（四）诺曼征服

1066年，法国诺曼底公爵领兵入侵英国，同年10月占领伦敦，并加冕为英王威廉一世，由此建立诺曼王朝。这次入侵和征服加速了早已开始的封建化进程，基本确立了封建生产方式。威廉一世大量没收盎格鲁—撒克逊贵族和自由农民的土地，把全国1/6的可耕地和1/3的山林占为己有，其余分给他的亲信和随从，并根据分封土地的多少来授以贵族爵位。教会同样也由诺曼人接管。在分封的领地上到处都出现封建庄园，成为英国封建社会的基本经济单位，领主是庄园里的最高统治者。大部分农民沦为农奴，为领主服劳役。但庄园里还有不少自由农民。1086年，威廉对全国土地进行调查，并编成土地调查书，详细记载土地的各种归属情况以及农民的各种不同身份。此项活动的目的是为了让国王能掌握封臣的财产情况，并要求他们严格履行各种封建义务。诺曼王朝通过种种措施，建立起强大的中央集权封建统治，并得到中、小封建主及教会和富裕市民的广泛支持。大封建领主反对王权过于集中，但由于其封土分散，难以向王权进行挑战。

（五）亨利二世的改革

1135年，诺曼王朝的第二位国王亨利一世去世，由于争夺王位，引起延续长达19年的内乱，贵族势力乘机得到扩大，并形成各自为政的割据局面。1154年，亨利一世的外甥亨利·金雀花登上英王位，称亨利二世，开创了金雀花王朝（又称安茹王朝）。为加强王权、打击割据的贵族势力，亨利二世采取措施，平毁贵族所建的城堡数百处，并下令以后不得再建。此后又再次平定贵族的叛乱。亨利二世在位期间，对国家的行政、军事及司法等方面进行了重大改革，主要有：(1) 由经过王室培训的人担任郡守，实际上废除了由男爵担任的制度；(2) 每个自由人对国王承担直接军事义务，以保证国王拥有一支“民军”；(3) 实行“盾牌钱”（亦称“免役税”）制度，即骑士每年40天的军役可交钱代替，国王据此可出钱雇用别的骑士服役。这样做，既减少了国王对骑士的依赖，使他们与军队分离，又使骑士的势力受到严格的限制；(4) 加强王室法庭，使其可不经地方法庭直接传讯案犯、审理案件。同时，自由人如对领主法庭的裁决不服，可越过领主向王室法庭上诉，王室法庭可派出巡回法官受理案件等。

（六）大宪章

1199年约翰继承王位。法王腓力二世以约翰不履行封臣义务为借口，派兵占领约翰在法国的大部分领地。约翰积极准备对法作战，为筹措军饷，在国内强征捐税，没收土地，从而侵犯了大批贵族、骑士乃至市民的利益，引起普遍强烈的不满和反抗。1205年，坎特伯雷大主教去世，教皇英诺森三世不承认实际上由约翰国王指定的诺里季为继位者，双方几经斗争，无法达成妥协，终于在1212年兵戎相见。1214年，约翰国王大败于布汶战役，逃回英国。次年春，英国诸侯、骑士纷纷要求约翰颁布宪章，以保障他们的权利和自由。同年6月，在他们的要求遭到国王拒绝后，便在市民的支持下武装进入伦敦，迫使国王在他们事先拟定好的63条条款上签字。条款主要内容有：保障诸侯、骑士的封土及其继承权；非经依法判决，自由人不得被捕和监禁，也不得没收他们的财产以及宣布他们不受法律保护；教会有选举自由；非经主教和诸侯首肯，不得临时征税；不得强迫骑士额外服役；承认伦敦等市市民的自由等。此外，条款还规定选出25名代表来监督国王执行宪章。这便是史称的“大宪章”或“自由大宪章”。当然，以今天的眼光看，这很难称得上是“自由大宪章”。但它以成文的形式确定了这样一条原则：即王权并非是至高无上的，国王也必须服从法律，从而成为英国有限君主制传统的一个重要基石。这在英国历史上无疑具有深远的意义和影响。

（七）英法百年战争

战争的主要原因是由于两国统治阶级之间的联姻而造成对土地、市场和权力的争夺与反争夺。原兼任英王的安茹伯爵的两块领地——基恩和加斯科尼，一直在英国的掌握之中，而法王想据为己有，为此引起双方争执。此外，时为欧洲著名毛纺织业中心的佛兰德靠从英国进口羊毛做原料，而佛兰德伯爵却投靠法王，禁止进口英国羊毛，引起市民反对。英王爱德华三世又以法王腓力四世外孙身份于1337年宣布自己为法兰西国王。同年，法王宣布将爱德华在法国的领地收归法王室所有。种种矛盾愈演愈烈，最终触发了英法两国间的百年大战（1337—1453年）。战争初期，英国依仗武器精良，在1347年大败法军，占领了克勒西以北的加来港。1356年英国在普瓦提埃再次打败法王约翰二世。1360年两国签订和约，法承认英占有基恩、加斯科尼和加来，英便将罗亚河以北的土地归还法国。1415年，英王亨利五世率军再次侵入法国。1428年5月，英军包围了法国南方战略要地奥尔良，法国女民族英雄贞德率军抗英，在1429年5月的一场血战中，一举化解奥尔良之围。这次战役的胜利成了法国转败为胜的转折点，贞德的爱国精神大大激发了法国人民的抗英热情。1439年，法国在武器的质量上已大大超过英国，且拥有了较强的财政作后盾。相比之下，英国却因内争不已，战场上连连失利，最终被迫于1453年结束战争，英国除仍占领加来港外，丧失了在法国的全部领地。

（八）玫瑰战争

英法百年战争结束后，在战争中滋长了好战、贪婪习性并争权夺利的高级军官和骑士回到英国后，为英国社会的动荡增添了很大的不安定因素。1455年，兰卡斯特王朝的亨利六世免除摄政理查的职位，导致理查拥兵夺权，玫瑰战争由此开始。由于兰卡斯特家族使用的族徽为红玫瑰，理查所属约克家族的族徽是白玫瑰，故称“玫瑰战争”（1455—1485年）。5年后，理查阵亡，次年其子爱德华率兵占领伦敦，废除亨利六世，后又宣布取得王位，称爱德华四世。由此，约克王朝正式建立。1483年，爱德华四世去世，其子继位，称爱德华五世，但由爱德华四世之弟理查摄政，不久，理查即位，废幼王五世而自封理查三世，此举引起两大王族内部重新组合。1485年8月，兰卡斯特家族的一名远亲亨利·都铎打败理查，自立为王，称亨利七世。都铎王朝正式取代约克王朝，玫瑰战争宣告结束。这是一场典型的争夺王权的战争，经过近30年的互相残杀，封建贵族大部分被消灭，为都铎王朝实行封建专制主义的统治创造了有利条件。

二　近代

（一）都铎王朝

1485年玫瑰战争结束，亨利·都铎统一英国，建立都铎王朝（1485—1603年）。都铎王朝实行君主专制并为之采取了一系列的措施：继续打击旧贵族的叛乱活动；禁止贵族私自养兵，对拒不解散家兵者予以严惩；建立“五室法庭”，在国王的直接控制下审理贵族、高级军官犯罪及违抗王命的案件；建立枢密院；确立英国国教；扩大议会活动范围；提升一批中产阶级任重要官员并封以贵族；鼓励发展手工业、商业和海上探险，故特别重视造船，凡制造百吨以上船只者可由国库给予津贴；保持对外殖民和海盗活动，加强海军，首次建造了军用舰只“伟大的哈利号”，并由此向建立近代海军发展。从15世纪70年代开始的“圈地”运动，不仅使资本主义租地制农场生产逐渐发展起来，也促进了工业中资本主义因素的增长。随着资本主义经营方式的出现，英国工商业资产阶级逐步形成。16

世纪末、17 世纪初，由于限制资本主义牧场的发展和镇压清教徒的活动，引起逐渐强大的大资产阶级和新贵族的反感与对立。1603 年，该王朝末代君主伊丽莎白一世去世，但身后无嗣，王统中绝，遂被斯图亚特王朝取代。

（二）斯图亚特王朝

1603 年，伊丽莎白女王去世，身后无嗣，根据 1582 年英格兰与苏格兰缔结的同盟协定，由苏格兰国王詹姆士继承英国王位，称詹姆士一世，建立斯图亚特王朝（1603—1649 年；1660—1688 年），同时兼任苏格兰国王。詹姆士一世在英国实行封建君主专制，宣称"君权神授"，君权至上。他残酷迫害清教徒，向宠臣出售专卖权，先后三次解散议会，强行增加新关税，忽视对外贸易以及与英国劲敌西班牙重新修好等政策，不断激起资产阶级和新贵族的强烈不满和反对。1640 年终于爆发了资产阶级革命。

（三）资产阶级革命

英国"资产阶级革命"亦称"清教徒革命"，其间经过两次内战和"光荣革命"，确立了英国资产阶级的统治地位。1628 年查理一世召开议会，企图解决财政困难，但却无意执行与议会之间关于不得强行借债和征税的协议，并于次年解散议会，实行独裁。30 年代末苏格兰爆发人民起义，使局势更为紧张。1640 年查理一世再度召开议会，以筹措军费镇压起义。1641 年，议会提出《大抗议书》，双方矛盾更趋激化。1642 年 1 月 3 日，国王颁发诏书，以叛国罪逮捕议会领袖皮姆和汉普顿等 5 名下院议员，因消息泄漏，国王虽亲自率军士搜捕，但均告失败。此举引起白金汉郡、肯特郡及伦敦市民和农民的不满，群起示威，国王陷于孤立。2 月 10 日，国王前往约克，准备发动讨伐议会的内战。3 月 5 日，议会通过《民兵法案》，紧接着 7 月又通过了"十九条建议"，并据此与国王进行谈判，但被拒绝。同年 8 月 22 日，国王在诺丁汉宣布武力讨伐议会，第一次内战爆发（1642—1646 年）。内战初期，议会军在人力和财务方面均占优势，但因司令埃塞克斯的目的只是要国王遵守宪法，而不是推翻君主专制制度，故而指挥失当，一再延误战机。内战中，议会军中涌现出一位杰出的将领克伦威尔，为扭转战局起了重要的作用。1644 年 7 月，议会军攻占国王军主力据点约克，成为议会军转败为胜的转折点。1646 年 6 月 14 日，两军在纳西比城北进行血战，国王军大败。24 日，议会军攻克国王军大本营牛津，国王化装逃跑。至此，第一次内战结束。

1648 年 2 月，王党分子利用革命队伍的内部分裂，在南威尔士发动兵变并占领彭布鲁克要塞，由此拉开第二次内战的序幕（1648 年 2 月—8 月 17 日）。4 月，克伦威尔决定与平等派联合，于 29 日在伦敦郊区温莎召开军事会议，决定协力平定王党叛乱。5 月，王党在肯特郡再次发动叛乱，准备进攻伦敦，并于同月占领巴尔维克。6、7 月间，议会军平定了东南部的叛乱。7 月 8 日，苏格兰十万大军入侵英格兰，8 月 16 日，克伦威尔亲率大军于普莱斯顿与苏格兰军队进行决战，歼其主力，从而结束了内战。9 月，克伦威尔进军爱丁堡。苏格兰新政府宣布废除与查理一世签订的协定。1648 年 12 月 23 日，议会军将国王押到温莎候审，次年 1 月 1 日，下院通过决议，宣布国王为发动内战和反对议会的罪魁，1 月 27 日，法庭宣读判决书之前，庭长发表长篇演说，指出法律高于国王，议会高于法律。30 日，国王查理被押上了詹姆士宫前广场设置的断头台。议会随即通过决议废除上院和王权，下院成为最高权力机关。1649 年 5 月 19 日，英国正式宣布为共和国。在 1658 年 9 月克伦威尔病殁后不久，1659 年 5 月共和国随之垮台。

1660 年斯图亚特王朝复辟后，查理二世采取一系列的反动政策，引起资产阶级和新贵族的强烈不满，在王位的继承问题上，议会与国王的矛盾日趋激化。同时在议会也分裂成两个党派，一个是托利党，代表土地贵族的利益，主张加强王权；另一个则称"辉格党"，代表资产阶级和新贵族的利益，主张限制王权，扩大议会的权力。1685 年，查理二世去世，詹姆士二世继位。但他积极主张恢复天主教会、允许其教徒任文武官员的政策，引起这两大党派的共同反对，并联合起来策划推翻詹姆士的统治。1688 年 6 月，议会邀请詹姆士二世的女婿、荷兰执政、信奉新教的威廉三世为英国王。11 月，威廉带兵在英登陆，12 月进入伦敦，詹姆士二世逃往法国。1689 年 2 月 6 日，议会正式宣布詹姆士二世退位，立威廉三世为英王，其妻玛利为王后。此次事件史称"光荣革命"。1689 年，议会通过《权利法案》，1701 年又通过《王位继承法》，这两个法律大大加强了议会的权力，确立了英国资产阶级和新贵族专政的君主立宪制。英国资产阶级革命具有很大的保守性和妥协性，但它开创了世界资产阶级革命的新时代，也被认为是世界近代史的开端。

（四）工业革命

资产阶级革命胜利之后，加速了资本原始积累的发展。议会一纸法令不仅使圈地合法化，其规模也迅速扩大，资本主义农场或牧场在被圈占土地上纷纷建立，丧失了土地的农民也就成了“自由”劳动力。此外，政府在国内实行保护关税政策，阻止外国商品输入，同时奖励本国工业品出口，并以低税保护本国工商业的发展。在国外，为争夺殖民地，英法两国在1689—1763年间，屡屡兵戎相见。在整个18世纪，英国成为贩卖黑奴的国际中心。上述种种原始积累手段为工业革命准备了足够的条件。18世纪后半叶，机器开始应用于工业生产中，标志着工业革命的开始。首先在棉纺织业中使用飞梭，60—70年代，又普遍采用纺纱机；80年代，蒸汽机的广泛使用，特别是机器制造业的出现，使工业革命迅速扩大到各个部门。到19世纪30—40年代，各主要工业部门都已广泛应用机器，大机器生产在纺织业中尤占据主导地位。由此，英国从农业国发展成为世界上最早的工业国家。

（五）1832年议会改革

随着工业革命和资本主义经济的不断发展，英国出现了一大批新兴的工业城市和工商业资产阶级，但是，他们被排除在政治权力之外，在议会中没有代表。广大人民也被剥夺了选举权，在二千多万人口中，有选举权的不到50万人（占2.5%），他们强烈要求改变不公正的政治地位。辉格党与托利党在选举改革问题上展开激烈的斗争，托利党反对议会改革，辉格党则坚决支持。1830年和1831年，辉格党三次提出改革方案，均因托利党的反对而遭到议会的否决。此举引起人民的极大不满，纷纷举行示威游行，同时国王扬言要增封足够的贵族来迫使该议案通过，在双重压力之下，上院不得不作出让步。改革法动摇了上院的权力，它首先把投票权扩大到中下层阶级；其次取消上院提名下院成员的权利，使上院失去对下院构成的控制；再次，调整了下院席位的地区布局，同时剥夺了56个腐败的自由市选派议员的权利，一些新兴的工业城市获得了这一权利。这一宪法性改革尽管只初步改变了下院的成分，并未从根本上动摇土地贵族的优势地位，但它暂时调整了统治阶级的内部关系，为工业资产阶级打开了议会的大门，对英国日后的政治生活产生了深远的影响。

（六）宪章运动

1837年，伦敦工人协会向议会提出六点要求的请愿书，主要内容为：成年男子都应有选举权；采取秘密投票方式；取消候选人的财产资格限制；议会每年改选一次；各选区按人数产生代表等。次年5月，请愿书以《人民宪章》的名称得到公布，宪章运动在全国兴起，签名者约达128万人。但议会拒绝了这一请愿，政府派军队对示威群众进行镇压，致使运动一度陷入低潮。1839年宪章派又重新组织起来，并于7月在曼彻斯特成立了“全国宪章协会”。在它的组织和领导下，宪章运动得到更大规模的发展。1842年，在经济危机的影响下，运动再次出现了新的高潮，签名者达350万人，除要求实行《人民宪章》外，还提出限制工作日、增加工资等要求。议会仍予以拒绝。一些城市的工人便纷纷举行总罢工，导致城市瘫痪。但在政府的镇压下，运动又陷入低谷。1848年，在法国二月革命的影响下，全国宪章派逐渐恢复活力并掀起第三次高潮。4月4日，宪章派在伦敦召开全国代表大会，决定继续向议会提出请愿，并举行大规模示威游行。议会第三次拒绝了请愿。由于宪章派缺乏强有力的领导及政府残酷的武力镇压，使长达10年的宪章运动最终仍难逃失败的厄运。但宪章运动作为英国工人阶级第一次独立的政治斗争，毕竟迫使统治阶级作出一定的让步，在英国工人运动史上留下了深远影响。

（七）对外的殖民扩张

从16世纪起到20世纪初。英国一直对外实施殖民侵略与扩张，是近代世界上最大的殖民国家，其殖民地遍布世界各地，号称“日不落帝国”。英国对外殖民扩张的进程同其所经历的资本原始积累、工业资本和金融资本三个发展阶段有着密切联系。

原始积累时期大致是从16世纪起到18世纪后期工业革命兴起这段时间。这一时期的特点是，商业资本起了主要作用，商业资本家成为殖民扩张的主要推动者。其殖民掠夺的方式主要是通过政府特别授权于贸易公司来进行。从16世纪80年代至17世纪初，英国最早在北美东岸进行殖民活动并移民。至18世纪30年代，在北美东岸已建起10多个殖民地。1612年，弗吉尼亚公司在百慕大岛殖民。17世纪20—30年代，英国先后占领了西印度群岛的一些岛屿，并把这些岛屿变成种植园、贩卖奴隶的基地和海盗活动的场所。通过消灭西班牙"无敌舰队"及后来击败荷兰的三次对荷商业战争，英国奠定了其海上霸主的地位。

18世纪，英国开始与法国争夺殖民霸权，在1689—1763年间英、法两国间发生的四次重大战争中，英国均取得胜利，从而大大增加了英国的殖民地。特别是由于"七年战争"的胜利，英国不仅夺得加拿大和密西西比河以东的全部土地，还抢夺了格林纳达等其他一些地方。西班牙的佛罗里达也给了英国。1783年，北美的13个殖民地独立，英国在北美的殖民活动遭到沉重打击，殖民重点开始转向东方，特别是印度。1600年，英国建立了东印度公司，同年12月31日获得伊丽莎白女王颁发的特许状，成为英国在东方的殖民机构。1612年，该公司击败了在印度的葡萄牙人，从印度莫卧儿王朝获得贸易特权，在苏拉特设立商站和货栈，1620年和1633年又分别在马德拉斯和胡格利设立商站。1858年，英国议会通过"改善印度管理法"，宣布解散"东印度公司"，改由英国女王直接统治印度。18世纪初至中叶，英国考察了澳大利亚东岸和新西兰，并向该地移民。在反击拿破仑的战争中，英国抢占了法国、荷兰和西班牙的许多殖民地，如塞舌尔、毛里求斯、锡兰（斯里兰卡）、开普、圭亚那、特立尼达、马耳他等地。

英国工业革命兴起后，代表工业资产阶级利益的政府，执行自由贸易政策，于是开始了用工业资本掠夺殖民地的时期。1843—1849年，英国先后吞并信德、克什米尔、旁遮普，完成了对印度的征服，随后又向印度的周边扩张。1814—1815年，迫使尼泊尔割让其南部土地。1824年和1852年，两次入侵缅甸，将其部分地区纳入英属印度。1824年，荷兰被迫将新加坡转让英国，马来亚也被划入英国的势力范围。1841年和1842年，文莱又先后将沙捞越和北婆罗洲割让给英国。1839年，英国占领了土耳其所辖的亚丁港。1808年、1861年和1874年，非洲的塞拉利昂、尼日利亚和黄金海岸相继成为英国的殖民地。1843年，英国兼并了纳塔尔。1833年濒临南美东岸的马尔维纳斯群岛为英国所强占。经过对中国的两次鸦片战争，英国获得巨额赔款，并强迫中国开放通商口岸，向英国割让香港（1842年）和九龙半岛界限以南的土地（1860年）。

19世纪70年代以后，英国逐渐失去了其工业在世界中的垄断地位，但资本输出和殖民扩张仍然领先，并进入金融资本时期的殖民扩张。

在亚洲，英国于1839年和1878年两次发动侵阿战争，迫使阿富汗实际成为英国的附属国。英国于1886年占领曼德勒，从而完成将缅甸并入印度的计划。1887年宣布哲孟雄（锡金）受其保护。同年，荷属马尔代夫群岛改受英国保护。1876年中国云南被迫向英开放，增辟商埠并扩大领事裁判权。1888年和1904年，英国两次入侵西藏，打开了西藏的大门，并获得领事裁判权。1898年，英国乘中国甲午战争失败之机，强租威海卫。同年又强租九龙半岛北部及其附近岛屿。在大洋洲，1874年英国占领斐济，1884年宣布巴布亚为其保护地。1893—1904年又先后占据所罗门、汤加、吉尔伯特、库克等地。1878年从土耳其手中夺得塞浦路斯岛。在非洲，英国于1868年和1885年先后将巴苏陀兰和贝专纳变成其保护领地，1887年又占领了祖鲁兰。19世纪末，经过与德、法、意等国的激烈争夺，东非的索科特拉岛、索马里、乌干达、肯尼亚、桑给巴尔岛等地先后沦为英国的保护地。1882年，埃及实际上成为英国的殖民地。1899年，苏丹也实际上沦为英国的殖民地。经过1899—1902年的布尔战争，南非也成为英国的殖民地。

到20世纪初，世界可殖民的土地已基本被瓜分完毕，英国所占份额最大。1876年时，它已拥有2250万平方公里的领地和2.519亿人口，到1914年增加到3350万平方公里的领地和3.935亿人口，相当于英国本土面积的137倍和人口的8倍多。

三　现代

（一）英国的相对衰落

英国是欧洲最早的民族国家之一，早在17世纪就进行了资产阶级政治革命，又是产业革命的发祥地，凭借其雄厚的经济实力和强大的海军，曾长期称霸于世，19世纪曾被称为"英国治下的和平"

年代，或者说是“英国世纪”。1860 年前后，英国达到了它历史上极盛时期的顶峰。据统计，1850 年英国生产了全世界 60.2% 的煤，50.9% 的铁，加工了全世界 46.1% 的棉花，被称为“世界工厂”。英国曾是世界上最庞大的殖民帝国。它曾统治着世界 1/4 的人口，其疆域遍及世界五大洲，约占全球陆地总面积的 1/4，号称“日不落帝国”。但由于资本主义经济政治发展不平衡规律的作用，从 19 世纪 70 年代起英国开始逐步丧失其工业优势地位；世界范围内争夺销售市场和原料产地的斗争也严重危及英国的殖民霸主地位。19 世纪末 20 世纪初，英国步入“相对衰落”的时期。临近 19 世纪末，美国和德国在工业产值方面都已超过英国。英国在新兴工业方面已经失去优势。俄国经过近两个世纪的扩张和发展，正在崛起并成为欧亚强国。第一次世界大战，英国虽属战胜国，但代价是 70% 的战舰受损，财政金融实力遭到严重削弱。延续 20 世纪大部分时间的“英国病”于此肇始。第二次世界大战进一步加快了英国衰落的进程。战争期间英国损耗了 1/4 以上国民财富，商船吨位较战前减少 28%，海外投资总额减少约 1/4。战争给英国造成的巨大困难及其对美国在经济、军事方面的严重依赖，使得它不能再像以前那样继续在世界事务中发挥主导作用。事实上 1941 年 12 月美国参战后，它已取代英国成为西方的主要发言人。第二次世界大战及战后高涨的民族解放运动大大加剧了英帝国的解体进程。到 20 世纪 60 年代中期，英国在世界上绝大多数的殖民地附属国都已取得独立地位，英帝国殖民体系土崩瓦解。于 20 世纪 30 年代形成的英联邦二战后急剧膨胀扩大，遂取代迅速解体的英帝国，成为维系英国与其前殖民地附属国联系的一种重要渠道和形式。更为重要的是，从 19 世纪末以来英国经济的增长速度相对缓慢，科技进步滞后。经过两次世界大战和多次经济危机之后，其实力已每况愈下。从 20 世纪 60 年代起，英国经济陷入“走走停停”和通胀与失业并存的滞胀状态。英国早已被美国远远抛在后面，60 年代末其国民生产总值也已落到日本、联邦德国和法国之后。英国已无可挽回地由世界一流大国沦为一个在当代经济和政治事务中只能发挥二流作用的中等工业发达国家。

（二）战后“共识政治”的形成

战后英国政治的一个重要特点，是从二战结束到 1979 年撒切尔政府上台以前的 30 多年内，英国两大主要政党不论哪个在台上执政，都执行大体一致的内外政策，形成所谓“共识政治”局面。

战后英国的基本内外政策，是由 1945 年 7 月大选中获胜上台的艾德礼政府制定的。当时英国面临着与战前迥然不同的世界。在国际上，一个以美苏两大国对立为特征的两极体系取代了战前以欧洲为世界政治经济中心的旧秩序。以苏联为代表的社会主义力量在欧洲和世界范围内享有很高威望和影响。民族解放运动风起云涌，殖民体系危在旦夕。在国内，和平到来，百废待兴，人们不仅期望医治战争创伤，迅速恢复国民经济，而且要求进行社会变革，改善生活条件。正是在这样的背景下，艾德礼工党政府在内政外交上做出了一系列具有决定性意义和影响的重大决策。艾德礼政府内政的重点，是实施工党的“社会主义”政策和凯恩斯主义的经济理论。其主要内容是加强国家干预，实施充分就业，进行大规模的国有化，建立以医疗、养老和失业救济为核心的社会保障制度。在艾德礼政府任内，国家接管了英格兰银行，实行矿山、铁路、民航、通信、电力、钢铁等行业的国有化。它颁布了“国民保险法”、“国民救济法”、“国民医疗保健法”等一系列社会保障法令，并将全国医院收归国有，实行免费医疗，将英国建成了一个涵盖从摇篮到坟墓、涉及生老病死各个环节的“福利国家”。在外交上，艾德礼政府采取联美抗苏政策，积极推动和支持建立北约组织；同时又极力抵制美国对英帝国势力范围的渗透和侵蚀。对于殖民地，工党政府采取灵活、务实态度；从现实出发，能守则守，不能守则退。战后不久，它就撤出了印度次大陆和巴勒斯坦，并争取使印度、巴基斯坦和锡兰留在了英联邦内。

战后英国共识政治局面的出现，在很大程度上也可以说是由保守党的政策思想发展演变促成的。1945 年大选的失败，促使保守党领导层进行深刻的反省。他们感到时代变了，保守党要从失败中振兴，就必须提出适应时代变化的政策纲领。为此，1945 年 11 月组成了一个以巴特勒为首的政策小组，其成员多为具有自由主义思想的年轻保守党人。经过一年多时间的工作，这个小组制定了一个名为《工业宪章》的文件。在这个文件中，保守党表示要把“中央指导的必要性和对私人企业的鼓励协调起来”，从而第一次承认了中央指导和市场机制并存的原则。文件还表示，保守党“决心维持充分就业，保持并改进社会福利事业”，要把“经济战略的控制权掌握在政府手里，而又尽可能保存私人企业的战术作用”，并且认为“煤矿、铁路和英格兰银行的国有化不可逆转”。这实际上是承认了国有化方针、福利国家和充分就业原则。所以1951年上台执政的保守党政府，尽管对工党的价值观念及其政策方针存有根深蒂固的反感和疑虑，但也还是面对现实，把艾德礼政府搞的这一套接过来，稍加修饰和变化（如对钢铁工业重新实行非国有化）作为自己的东西，并在以后的几届政府任期内也大体保持了这一政策方针。人们把这套两党共同推行的大体一致的方针政策，称为“巴茨克尔主义”（这一称谓最先是由《经济学家》杂志使用起来的。它是由当时的保守党政府财政大臣巴特勒和工党影子内阁财政事务发言人盖茨克尔两个人的名字缩略合并而成，着重表明两党在国内基本政策上的相同或近似）。至于外交政策，两党政府在政策上的一致性和连续性更不成其为问题。战后“共识政治”的局面就这样形成了。

（三）撒切尔主义的自由化改革

战后英国两党政府共同实施的“巴茨克尔主义”是建立在工党的“社会主义”政策和凯恩斯主义需求管理学说基础之上的福利资本主义。它曾对医治英国的战争创伤、促进国民经济的恢复和发展发挥了重要作用。它也促成某种程度的社会“平等”和稳定，因此被看成是劳动人民斗争的一种成果。工党领导人曾自豪地声称英国第一个在世界上建成了“福利国家”。然而到了20世纪70年代，“巴茨克尔主义”似乎已经走进死胡同。英国经济陷入了严重的滞胀状态，福利国家所造成的庞大开支和“福利依赖文化”成为英国经济发展的重要制约因素。强大的工潮使社会生活陷入严重混乱状态。与此同时，随着经济全球化的发展，70年代世界石油危机的冲击和布雷顿森林金融体系的解体，也给英国经济提出更加严峻的挑战和问题，进一步加剧了英国相对衰落的发展趋势。面对这种情况，保、工两党内部都发出了要求改变政策方向的呼声，于是“撒切尔主义”便应运而生。1979年5月保守党内以撒切尔夫人为首的新右翼上台执政，开始推行与“撒切尔主义”这一称谓相联系的一系列方针政策。概括说来，这就是在经济上强调发挥市场机制的作用，减少国家干预，推行私有化和货币主义的经济政策；在政治上反对工党的“社会主义”，打压工会和劳工运动，试图削弱福利国家制度；在国际上强调英国的国家利益，推行一种强硬而务实的外交政策。撒切尔主义的实施，引起了英国社会、政治、经济生活的深刻变化。英国治理经济的政策方针较过去有了重大改变，自由竞争的原则和精神已广泛而深入地贯穿于社会经济生活的各个方面；国有企业和公房被大批变卖，私有化的进程似乎已不可逆转；工会的权力和影响受到极大的削弱和限制，英国已成为欧洲工潮最少、工人最安分的国家之一。

撒切尔主义在整治英国经济方面的确取得了某些引人注目的成就，给长期处于相对衰落状态的经济带来了一定转机。但这是以牺牲或损害广大劳动者阶层，包括一部分中产阶级人士的利益为代价的。它使英国社会贫富差距拉大，社会排斥现象异常突出。失业、贫困导致社会矛盾的加剧和犯罪问题的日益恶化，严重危及社会的安全和稳定。如何处理发展与稳定、公平与效益之间的关系，成为20世纪80年代末、90年代以来英国所面临的一个突出而棘手的问题。

（四）布莱尔主义与“第三条道路”

撒切尔主义的实施给英国政治带来一项意义深远的影响，就是刺激英国工党政策的革新和变化。1979年以来，奉行撒切尔主义的保守党连续执政18年，而工党在4次大选中却连续失败。为了改变这一状况，工党自80年代起开始对其政策逐步进行调整。这一调整过程被称为工党的“现代化”。其实质是为了适应发展变化，争取选民的支持，工党采取步骤改变其“过左”的形象，力求使其政策能够被多数选民所接受。1994年布莱尔出任工党领袖后，大大加快了这一进程。他指出，工党要想获胜并上台执政就必须摒弃“过时的意识形态”，从理论、纲领到具体的政策和组织措施进行全面的更新。他主持了对党章第4条“公有制条款”的修改，正式放弃了国有化的目标，对于市场和私有经济给予充分的肯定。在组织上，布莱尔主张扩大工党的群众基础，重视做争取中产阶级人士的工作，立志把工党建设成为一个真正的“人民党”；主张建立激进的“中左”政治联盟，以取得对工党长期执政的广泛支持。他特别期望同工商界搞好关系，主张在政府与产业界、雇主与雇员以及公营和私营部门之间建立“伙伴关系”。布莱尔还竭力摆脱工会对工党的束缚，推动扩大工党“个人党员”队伍，增强了工党组织的活力。总之，工党经过这番政策调整和组织改造，其政策主张更易于被包括中间选民阶层在内的多数英国人所接受，从而增加了工党取代保守党上台执政的机会和可能。

工党作为一个中下层劳动人民的政党，针对撒切尔主义自由化改革给中下层劳动者，特别是贫困阶层所带来的损害和痛苦，以及急剧变化中的世界给人们生活稳定和安全所造成的冲击与威胁，不失时机地提出了“社会公正”的口号，主张将市场与社会正义结合起来，把保护社会的凝聚力和团结作为对市场经济的补充。同时，工党针对“撒切尔革命”的严峻后果和负面影响，还提出了应给工人和贫困阶层提供起码的社会保障的口号。布莱尔在宣布摒弃老工党“过时的意识形态”时，一再重申中左派所主张的社会正义、社会团结等传统的价值观念不会改变，但强调要赋予这些理念以现代的内涵。在总结老工党经验基础上实现“现代化”的新工党，利用人们对右翼新自由主义政策的失望情绪，终于在1997年5月大选中获胜并上台执政。

布莱尔主义是人们对布莱尔为更新工党、治理英国所提出的一套方针、政策、设想的概括性称谓。第三条道路被认为是布莱尔主义的核心和理论基础。根据布莱尔的言论和工党政府近年来的政策实践，第三条道路的主要内容和特征可概括如下：(1) 在基本政治价值观念上，第三条道路在接受社会主义核心价值的同时，奉行实用主义政治哲学，主张超越传统的左右分野，摒弃阶级政治，以寻求更广泛的社会支持。(2) 在经济方面，第三条道路主张既非自由放任，也不是国家干涉主义，而是推行一种新型的“混合经济”模式，力求把经济活动中国家的干预与市场的作用两者有机结合起来。(3) 第三条道路主张推行“积极的”福利国家政策，变福利国家为“社会投资国家”；谋求把解决就业问题与改革社会保障制度相结合，强调加强职业培训、提高就业能力，以创造就业机会代替救济性的福利保障。(4) 第三条道路主张实行新的社会治理方式，建立一个基于伙伴关系和权力下放的现代政府，推动“民主制度民主化”。(5) 第三条道路将生态环境问题也列入了自己关注的社会政治议程，希望探索一条能促进经济增长和生态环境协调发展的道路。(6) 第三条道路的倡导者一般都把他们的战略和策略选择归结为全球化的产物，主张从全球的视角观察社会政治和经济问题。值得注意的是，布莱尔在积极倡导国际合作的同时，积极鼓吹与推行“新干涉主义”的强权政治。

布莱尔执政十年来，其以“第三条道路”为旗号的政策实践，在许多领域取得了明显的绩效，在应对全球化诸多挑战方面有所建树，但也存在不少问题。

在经济方面，英国经济保持稳定增长，年均增长率达到2.8%，超过了战后2.5%的平均水平，在西欧大国中可以算是“独领风骚”。

在社会领域，经济的繁荣带来了英国历史上规模最大的公共服务领域投资，公立学校的学生人均投资在10年中翻了一番，国家卫生服务系统的预算也增加了一倍多。

在政治方面，苏格兰和威尔士的地方议会改革、英国上议院的宪政改革，以及北爱和平进程所取得的历史性突破和最新进展，被认为是布莱尔“不可磨灭”的历史性贡献。

在外交上极为活跃。他所提出和推行的某些政策主张，在欧洲乃至世界范围内都引起了强烈的反响。英国同欧盟、美国、俄罗斯和中国的关系，尽管免不了不时出现曲折与反复，但也都有不同程度的改善和加强。

布莱尔主政十年来也有不少失误。伊拉克战争被认为是布莱尔施政最大的“败笔”，成为日后布莱尔被迫辞职下台的主要原因之一。布莱尔上台之初志向高远，力主通过全面改革解决教育、卫生等方面的问题，减少贫困，推进社会公正。可十年光阴过去，成果并未充分显现。所有这些都使英国民众对布莱尔的“第三条道路”产生了某种“疲劳”感，百姓中普遍存有一种“人心思变”的情绪，迫使布莱尔不得不在2007年6月提前卸任交出英国首相的权柄。

（五）布莱尔政府的宪政改革

1997年上台执政的工党政府，在实施苏格兰和威尔士地方分权、推进英国上议院改革，以及推动北爱和平进程等方面取得了历史性突破和进展。

1. 苏格兰与威尔士权力下放和中央与地方关系 1997 年 9 月，苏格兰和威尔士先后分别就中央下放权力、建立各自的地方议会问题举行公民投票，结果分别以 74.3% 和 50.3% 的票数获得通过。前者还以 63% 的选票赋予苏格兰议会以上下 3% 幅度浮动的税收权力。

1999 年 5 月 6 日，正式举行了苏格兰议会选举。根据规定，在苏格兰议会的 129 名议员中，73 名由简单多数产生并作为英国议会的议员，其余 56 名则采用比例代表方法产生。苏格兰议会将负责苏格兰的保健、教育、内部事务和法律、地方政府、治安、经济发展、农业、道路、交通、环保、体育和艺术等事务，有关外交、政务、社会安全、宏观经济及财政和商业政策等重要事务，则仍由全国议会控制。但在欧盟制定有关共同渔业政策时，苏格兰议会有权协助中央政府共同商讨对策。

1999 年 5 月上旬，威尔士也选举成立了地方议会。威尔士议会设 60 个议席。威尔士议会主要在就业、卫生、教育和环境等问题上拥有决策权，但没有调整税率的权力。

在英国进行改革是很难的，宪政改革更是如此。这次改革的成功是在一些难得的有利条件下促成的：首先，政府拥有一个支持改革的内阁；其次，改革的政治力量有了较大的发展，工党、自由民主党和苏格兰民族党达成了难得的政治共识。而保守党由于在 1997 年 5 月的大选中，在苏格兰和威尔士遭到了彻底的失败，使它无法发挥或施展它的政治影响；第三，对撒切尔政府执政时种种高度中央集权措施的逆反心理，使地方政府对中央下放权力普遍持欢迎的态度；第四，欧洲大陆各国的下放权力运动及其积极效果，无形中增加了对英国进行宪政改革的压力。

这次改革将对苏格兰起到明显的积极效果，缓和了苏格兰历来对中央政府的对立情绪，增强了苏格兰地方政府领导人的责任感，有利于增加苏格兰的自治程度，有利于苏格兰的稳定和发展。当然，对苏格兰改革的初步成功尚不足以掩盖客观存在的一些矛盾，特别是苏格兰与英格兰在政治、经济上的一些明显差距，随着分权进程的发展还孕育着一些新的矛盾和问题。倘若处理不当就有可能对英国现行的政治结构造成严重的冲击。在 2007 年 5 月举行的苏格兰地方议会选举中苏格兰民族党取得重大进展后，时任苏格兰首席部长的苏格兰民族党领袖亚历克斯·萨蒙德曾公开宣称，苏格兰将争取在 2017 年脱离英国，成为一个独立国家。

2. 北爱尔兰问题的历史性突破 北爱尔兰作为大不列颠及北爱尔兰联合王国的一个组成部分，它同苏格兰和威尔士一样也面临着分权和如何处置中央与地方关系这类性质的问题。不过它与苏格兰和威尔士的情况有所不同。北爱尔兰原是爱尔兰的一部分，而爱尔兰又是英国最早的殖民地。北爱尔兰问题是英国历史上爱尔兰问题的延续，因此北爱尔兰问题带有更加鲜明而强烈的争取民族解放和实现爱尔兰国家统一的性质和色彩。北爱尔兰问题在历经 30 年流血冲突之后取得了历史性的突破，由英国、爱尔兰政府和北爱尔兰对立两派 8 个政党的代表，终于在 1998 年 4 月签订了一项和平协议，为在北爱尔兰实现地方自治和分权奠定了基础。有关北爱尔兰地区议会选举和建立地方自治政府的问题，可参见本章第三节政治与法律制度之“六 地方政府”中的“（六）北爱尔兰地方政府”栏目。

3. 重建大伦敦市议会 在英国的历史发展进程中，中央集权不断加强、地方权力受到侵蚀和削弱，这一趋势在保守党连续执政 18 年（1979—1997）期间有所强化。这里有政党政治的因素：保守党利用自己手中的权力，采取强制性手段来削弱乃至消除对手的力量。作为政党政治斗争的产物，1986 年 4 月撒切尔政府一举撤销了由工党控制的大伦敦市等 6 个大都市的郡议会。伦敦成为世界上唯一的一个没有自己市长及市政机构的首都。大伦敦市议会被取消后，与保守党政府原先预言的相反，市政机构设置由简单变复杂，原来的两级地方政府结构变成了多级制度。仅伦敦各机构之间的通信线路就由原来的 44 条猛增到 500 余条。新设置的机构效率低下。此举引起社会各界强烈的反响和广泛的不满。因此 1997 年工党上台执政后，决定通过公决和立法建立大伦敦市政府。根据工党政府的宪制改革安排，1998 年 5 月 7 日伦敦市民举行了全民公决，赞成设立一个拥有直选市长和 25 名议员的大伦敦市议会。2000 年 5 月 4 日选举产生了大伦敦市长和大伦敦市议会。不过伦敦市民违背布莱尔政府的意志，选举前工党左翼人士、1986 年被解散时的大伦敦市地方议会主席利文斯敦（Ken Livingstone）为首任伦敦直选市长。在 2008 年 5 月举行的伦敦地方行政机构选举中，保守党候选人鲍里斯·约翰逊则击败利文斯敦，当选为大伦敦市长。在改革中，大伦敦市政府得到重建。

4. 上院改革问题　工党政府进行的另一场重大宪政改革便是推动上院的改革。1999 年 1 月 20 日，工党政府发表了关于上院改革的白皮书。根据白皮书，改革将分两个阶段进行。第一阶段的主要目标是废除上院现存的贵族世袭制，占上院议员总数近 2/3 的世袭议员将丧失在上院的参政权和投票权。同时，英国王室在上院中的代表席位也将随之取消。第二阶段是上院的重组。工党政府认为，上院议员的组成应反映英国的政治现实，即应包括各地区的代表，以体现和巩固既分权又统一的联合王国；同时还应包括各界人士和各类专家，以便政府在进行决策时能够及时听取各方面的意见。改革旨在使上院更具代表性、更有效率，但又不至于破坏英国的宪政平衡。1999 年 10 月 26 日，上院经过紧张激烈的辩论终于通过了政府提出的改革法案，同意取消世袭贵族的议员身份，废除其在上院所享有的世袭投票权利。工党政府上院改革的第一阶段目标基本实现。

第二阶段的改革主要涉及上院议员的产生方法。英国各政治派别之间和政党内部对此都存在尖锐的分歧与争论。所以，上院第二阶段的改革进程更加困难和漫长。不过，近几年来工党政府还是推动议会在这方面通过了一些具有重要历史意义的议案。2003 年，布莱尔政府曾提出七项上院改革方案，但由于保守势力的强烈反对而不得不暂时搁置。其中，选举上院议长就是计划的一部分。此后经过 3 年的协商，各方终于达成一致，同意上院议长由上院全体议员选举产生，这标志着英国议会制度的改革又前进了一步。2006 年 7 月 4 日，拥有 600 多年历史的英国上院首次以选举的方式产生了一位新议长。这也意味着已延续 1400 年的由首相提名、国王任命的大法官兼任上院议长历史的终结。另一个重要进展是，2007 年 3 月 7 日，英国下院通过一项议案，同意上院议员将从世袭或任命改由选举产生，打破了长期以来上院改革问题上的僵局，使下院首次在这一问题上达成了统一认识。但是 3 月 14 日，上院随即通过了上院议员应通过任命方式产生的方案，显示出两院对上院的改革方式仍存有歧见。虽然不论是下院或上院先后通过的提案，都不具备法律规范效用，只供政府起草相应法律议案时用以咨询参考，不过无论怎样，根据英国的政治制度，只要下院多数支持上院议员由选举产生，贵族们是难以阻止的。因此，下院 3 月 7 日通过的议案，具有重大的历史意义。尽管这项改革可能需要漫长时间来完成，但它毕竟为英国历史上最激进的宪政改革铺平了道路。

第四节　政治与法律制度

一　政治概况

（一）政治生活的基本情况

在 1688 年实行君主立宪以来的几百年中，英国政治生活基本上达到平衡。一方面，由于对国家权力的争夺问题已基本解决，政党只有通过议会斗争的道路才能夺取权力，也就是通过在选举中夺取议会中的多数或绝对多数席位来组织政府，而不再像过去那样通过武装斗争来夺取权力。这为英国长治久安的政治局面奠定了坚实的基础，为国家社会、经济的发展创造了一个良好的环境，同时也为它的对外扩张侵略提供了一个稳定的后方。英国虽处于长期动荡不定的欧洲，却始终维护了其资产阶级的民主传统。另一方面，由于盎格鲁—撒克逊民族的特点及其地理环境、历史和文化等因素的影响，英国整个社会又深深笼罩在严重的保守主义阴影之下，这是导致英国相对衰落的重要因素之一。

（二）英国政治制度的特征

英国的政治生活基本上由它的政治制度所制约和影响，正是由于其政治制度的成熟及其独特性，决定了英国有着与西欧大陆有所不同的历史进程。这主要反映在以下几个方面：（1）英国的政治制度有着持久的连续性。若干世纪以来，英国既没有因遭受外来的入侵而偏离它的历史进程，也没有因国内的革命而造成政治制度的极端化，英国工人阶级的斗争也始终只以经济为目标，争夺控制国家权力的议会程序一直未变，这使得国家始终朝不断改进和巩固其资本主义制度的方向发展，因此，英国的政治制度在经历了许多重要的变化的同时保持了连续性。但也正由于这种连续性，在某些方面又形成了英国政治制度中的顽症，最为典型的例子就是对大臣决策起着重要影响和作用而又被称为“天才的门外汉”的文官制度。（2）英国的政治制度突出反映了较其他资本主义国家少有的、灵活的适应性。英国没有一部成文宪法，宪法性法律的制定、修改或废除都由议会采取与普通法律同样的程序来决定，也没有如其他有成文宪法国家的那种特殊的机构、程序等规定，这样，英国的法律或宪法性的法律能及时适应不断变化的国内外形势。此外，立法与行政机构之间、内阁与首相之间彼此权力的消长，同样是由于没有明确的规定所致，尤其是首相的权力可以不断增加，战后这种趋势尤为明显。(3) 英国的两党制是通过互相竞争来实现轮流执政的，斗争的焦点始终集中在物质利益上，而不是在原则或理论上，因此，特别强调制度的实用性，这就决定了两大政党不仅在彼此的政策上有许多相同的地方，而且在立法领域同样存在着很大的趋同现象，从而形成一种“你中有我，我中有你”的独特景观。(4) 在英国的政治制度及其发展的过程中，实际上包含了两个问题，一是权力问题，二是对权力的监督问题。政治制度清楚地反映了对“权力必致腐败，绝对的权力导致绝对腐败”观念的信守。

二 宪法

（一）宪法简史

英国没有一部成文宪法，它的宪法是由许多成文法与不成文法构成的，因此英国宪法并不是在某一特定时期内形成的，而是几个世纪来政治历史不断演变的产物。战后以来，历届政府曾数次试图改革宪法，但均未取得预期的效果。因为不断有新的成文法和不成文法的出现，适应着不断变化的新形势和新环境，所以在现实与需要之间并没有发生严重而又长期的脱节。

（二）宪法的构成

英国的宪法既有成文的，又有不成文的，且成文的少，不成文的多，因而，宪法的构成不可避免地具有多样性。

第一是惯例，一般都接受它用于约束那些参与政治活动的人，惯例被看作英国宪法“神圣”的法律。其重要性在于，宪法的根本原则，如议会的至尊地位、大臣对议会的负责制等，都是由惯例所规定的。一旦惯例的存在得到法律和司法机构的承认，它们同法律就没有多大区别了。

惯例的来源很广泛，重要的有国王的信件和日记、政治家的声明、退休阁员大臣的回忆录、议会辩论中的一些声明，更有知名作家对宪法的描述等。所以，惯例包括规则、理解、先例、习惯和传统等，由于在实践中得到社会的承认和肯定，因而得到应用并深深扎根于政府和人民的各种行动中。

惯例的种类很多，大致有：与皇家特权和内阁有关的惯例、与政府和议会有关的惯例、有关司法的惯例、影响文官的惯例、影响英国与自治领的惯例，以及影响英国与欧盟的惯例等。

第二是大宪章。这是宪法的第二个重要组成部分，它包含了宪法的根本原则，规定着国王的权力和公民的权利等，已成为重要的历史文件。

第三是成文法。它是议会在各个历史时期通过的立法，以及在母法下的附属法。成文法中宪法性的法律最重要，它涉及国家立法机构的构成和立法权力的法律、中央政府的构成和作用、法院的等级和地位、个人自由及权利的限制、政府与个人之间的关系、公民及侨民的法律地位、某些国家机构的地位（如武装力量和教会等）、中央与地方政府的关系，以及英国与其殖民地及英联邦的关系等。

第四是判例法。法院，尤其是高等法院的一些判决和解释很重要，它对下级法院具有较强的约束力。

第五是习惯法，建立在社会的一些习惯和传统的基础上，并得到法院的承认。这些规则包括很多政府和法律制度上的重要原则，如国王的特权，包括对大臣的任命、签订条约、赦免权、宣布战争状态、言论和集会的自由等。还包括一些司法上的决定，很多宪法性的法律是由法院（一般在上诉法院）在特殊案例上的判决所形成的。

此外，还有权威性的著作。权威性的著作在对宪法的描绘和作用方面具有一定的权威，有些著作由于宪法学者的身份以及著作具有一定的重要价值而受到特别的重视，在没有成文法或其他成文来源的情况下，作者的说明常被假定作为司法裁决的证据而引用，倘若不与正常的理由相违背，一般都被接受。

（三）宪法的特点

英国的不成文宪法与西欧大陆诸国的成文宪法有很大不同。第一是成文与不成文的结合。它充分反映了英国宪法的容量复杂、范围广、时间跨度大的特色。第二，英国很长时间都没有制定出一项有关公民基本权利的法案，直到 1998 年 11 月才颁布了这样一项立法，即《人权法案》（2000 年 10 月生效)。此前,英国公民是通过法律规则来享受他们的各种权利的。这些规则包含在议会的各种立法、司法裁决和习惯法之中。这一点跟其他西方国家早就有的明文规定不一样。第三是议会至尊的特点。英国议会由三部分组成,即国王、上议院和下议院。议会的至尊表现在:在法律上,议会可以制定、修改和废除一般的法律。在宪法上,议会同样有权制定、修改乃至废除具有宪法意义的法律,并无特别程序;议会可以授权,也可以收回权力。在行政上,议会下院是行政权力的最高来源。在财政上,议会下院控制着国家的经济命脉;没有任何法院可以干预议会下院的程序。第四是宪法的灵活性。法律的制定、修改和废除都由同一机构——议会,和同一程序决定,随时适应变化了的形势和环境。宪法甚至还隐含着,在宪法没有作任何修正之前,或在没有先例可循的情况下,允许政府就某些行动作某种适当的变更,久而久之便形成惯例。第五是不明确的三权分立。在英国,行政与立法的联系十分密切,两种权力几乎完全融合在一起:政府大臣全部由立法机构成员担任;行政行使立法的作用,最实质性的领域是授权立法;政府已有效地控制议会,实质上是行政立法,下院只是批准立法。在司法与立法方面,根据规定,全日制法官不得参加竞选议员;作为司法界首领的大法官可以参加议会的立法事务,在议会的辩论中,他的发言限于法律的改革和惩罚的政策;法院无权审查立法的有效性,但法院裁决的影响却可由立法机构(下院)来改变;议会的每一院都有各自的特权并惩罚违反这些特权的人。在行政与司法方面,法官都由大法官和首相推荐,国王任命;地方治安官由大法官推荐和国王任命,但接受由政党占支配地位的地方顾问委员会的忠告;司法机构的成员,有的参与立法,或参与行政,或两者都参与;政府有时利用法官来服务于政府政治目的之调查,以取得一个公正的舆论,从而有悖于法官不参加政治斗争和免于议会批评的宪法惯例;还有许多争端并不交给法院或行政法庭处理,而是由政府的有关部门或大臣去解决,等等。

(四)修宪程序

英国宪法修改的程序跟其他西方国家不一样,宪法性法律的草拟、制定、修改、通过乃至废除,均无特别宪法条文的规定,同普通法律的草拟、制定、修改、通过及废除的程序完全一样,也就是由政府提出议案,经议会下院通过,再经上院通过,最后交国王签字即可。

三　议会

(一)议会发展简史

英国两院制议会的发展和权力转移的演变并不是按事先设想的计划进行,而是一种根据不断变化的环境和需要而简单、自然的演变。议会的发展基本上反映出两个特点:第一,一切变革只限于对国王权力的限制和上、下两院权力的消长,以及议会内部机制的调整,并没有对任何一方予以替代或取消,基本上维持了完整的延续性;第二,在权力转移的过程中,下院是一根主线,它从无到有,从无权到有权,从小有权力发展到拥有至高无上的权力,然后又逐步失去权力,以致成为取得下院多数席位政党的“驯服工具”。

英国议会的发展和演变大致经历了中世纪时期、都铎王朝时期、斯图亚特王朝时期、汉诺威王朝时期等以下六个重要阶段:

1. 中世纪时期的发展　英国议会起源于13—14世纪。诺曼王朝时期的大议会是议会上院的前身,由贵族和教会中人士组成。13世纪时,国王又先后从郡和自治市召集骑士和自由民开会,这常被看作是议会下院的起源。至爱德华一世时,他召集了首次由500多名贵族、牧师、骑士、自由民等参加的大议会,但在对税收问题进行表决时,又把前三者合在一起,即成上院,后者就组成下院。由此发展起议会的两院制。下院的组成、发展和权力的不断增加与国王对税收的迫切需要紧密联系在一起。由于战争频繁,开支浩大,国王不得不扩大税收范围,向新的阶级——郡中的自由民征收额外税收,由此促成产生代表的原则,这样,下院不仅加强了它的地位,同时增加了权力:在财政上,拥有一定的拨款权;在税收上具有对国王要求的否决权;有权审计政府的账目;有权任命政府大臣并可废黜国王等。

2. 都铎王朝时期　下院在玫瑰战争中崩溃后,只有国王才能任命政府。亨利八世时仅把下院作为他所需政策的工具。伊丽莎白女王与下院关系比较和谐,但权力仍控制在她手里。在这一时期,下院程序的轮廓已粗定,并在16世纪中期,在威斯敏斯特宫取得了永久性的立足点。

3. 斯图亚特王朝时期 詹姆士一世坚持神权天赐，结果被下院废黜。查理一世时，一场内战的失败致使他被处死。克伦威尔宣布取消王权和上院，议会于1649年宣布英格兰为一个“共和国”，立法机构改为一院。他死后，英国又恢复了君主制。詹姆士二世又与议会发生争执，导致1688年的“光荣革命”，最终结束了国王与议会对国家权力的争夺，1689年颁布的“权利法案”，确立了议会的最高权力，再次否定国王的征税权和进口权、规定王权的继承办法、禁止重复过去不合法的行动，同时还公布不许侵犯个人自由的条款等。这一法律的颁布标志着英国宪法发展的一个高潮。

4. 汉诺威王朝以后 议会重要的发展有以下几个方面：根据1716年的延续七年法，议会任期从3年增加至7年，并从1771年起下院被允许对政府报告进行辩论。国王实际权力下降，乔治一世、乔治二世对英国政治不感兴趣，到18世纪中期大权旁落到大臣和议会手里。乔治三世曾试图恢复王家原有影响，但毫无结果。内阁制度逐步形成并不断取得发展。下院逐步民主化，其地位越过上院。随着政党制度的出现并逐渐成熟，议会中的少数派不再是国王的敌人，而成为“国王陛下忠诚的反对派”。

5. 上院权力向下院的转移 1832年改革法动摇了上院的权力基础：首先，扩大了公民权；其次，取消上院提名下院成员的权利，从而失去了对下院构成的有效控制；最后，调整了下院的席位布局，撤销56个腐败的自治市选派议员的权利。1909年，上院否决下院“人民的预算”案，导致两院间的激烈斗争，经过长达两年的较量，最终于1911年通过了限制上院的一项至关重要的立法，史称1911年议会法。它明确规定，下院拥有财政立法权，上院不得否决，只能延搁一个月，逾期仍可呈送女王批准；在其他公议案上，上院可延搁两年；下院任期从七年减为五年等。上院的权威由于财政权的被剥夺而大大削弱。1949年的议会法对1911年的议会法又作了进一步的修改，上院对公议案的延搁权减为一年。由此，下院已牢牢控制了财政立法权，并确立了它高于上院的权力。

同时，政府主要官员也从上院转向下院：在18世纪和19世纪初，上院通过任意授予官职、行贿和控制选举等手段，对下院发挥着很大影响。在1832年第一个改革法之前的半个世纪内，内阁成员主要从上院中任命。在1867年第二个改革法之后，便建立起了大臣必须是两院成员的惯例，首相必须在下院服务。20世纪初，内阁成员已只有一半是上院贵族，1911年之后，贵族已很少担任阁员，及至第二次世界大战后，他们在政府中的优势已不复存在。

由于颁布了一系列的改革法，上院权力已受到严重削弱，但还能起一些辅助性作用，以弥补下院和政府工作中的疏漏和不足，使立法和政策更趋完善。

6. 下院权力向政府的转移 在英国的政治制度中，行政与立法是密切结合在一起的，由于种种原因，下院的权力又逐步向政府和内阁转移，从昔日由议会选择政府、控制政府，慢慢发展到基本上由政府可以使用各种方式影响议会。

下院权力向政府的转移具体表现在：（1）政府控制决策权。由于立法量的增加及其复杂化，议员个人的作用和影响不断减少，立法工作便逐步为政府所控制，特别是对财政立法的控制。自1911年议会法以法律的形式确立议会（下院）在财政立法上独一无二的权力以来，财政立法便逐渐向政府财政部和首相转移，下院已只能发挥最低限度的检查作用。（2）政府控制议会。在19世纪30年代到80年代中，议会拥有搞垮政府的权力。19世纪末，政党间的竞争日趋激烈，从而加强了内部的纪律，因为议会中的分歧90%以上已成为政党间的分歧。政府重要的外交文件也不如过去那样再对议会公开。到19世纪末，这种信息公开已所剩无几，1918年之后便完全终止透露。（3）政府控制下院的时间表。政府控制下院50%以上的会议时间，反对党占25%，其余留作处理私议案。政府在控制下院的时间表中享有两项特权：如有必要，在议会辩论中可强加一个时间表；在通过议案的每一个阶段都可以运用截止审议的手段。

由于没有成文宪法的约束，若干世纪以来，议会的作用不断地在演变。

（二）议会

议会是英国最高的立法机构，由三部分组成，即国王、上院和下院。一项议案只有在得到三方同意之后，方可能成为法律。议会可以为整个英国立法，也可以为英国的任何一部分立法，还可以为英国的殖民地立法。由于没有成文宪法的限制，议会既可以根据它的意愿立法，也可以修改或废除已颁布的任何法律，可以改变已确立的惯例或将其改变成法律，甚至可以延长其有效期而无须与选民协商。议案一旦获得通过，任何法院都不能质疑它的合法性。此外，作为欧盟的一个成员国，英国承认欧盟的各种立法与政策。

1. 议会的产生 英国的议会由上议院和下议院两部分构成，上议院由贵族组成，下议院由选民通过直接选举产生。大选时全国被划分成选区，每个选区选举产生一名议员。

2. 议会的职权 主要有以下几个方面：可以通过、修改或废除任何法律，包括宪法性的法律；为政府的工作提供各种手段，尤其是税收；调查政府的政策和行政工作，包括其建议和各种财政开支；就当前的各种重大问题进行辩论；批准重要的国际条约和协议（运用皇家特权而缔结的某些条约除外）。此外，议会还可以授权大臣和地方政府制定各自有关的法规、法令和规则等，称为授权立法。但议会设有一定的程序来监督和防止滥用授权立法，同时法院严格控制授权立法的范围。

3. 议会会议 每届议会的最长任期为五年，但通常在未到届满之时，就会举行大选。立法还允许在国家处于危机状态下（如两次世界大战期间），议会可以延长任期。首相可以请求国王命令解散议会。议会的任期可划分为几个会期，通常每一个会期为一年，从每年的10月或11月开始到下一年的10月或11月结束。在每一个会期中，议会下院开会的天数约168天，上院约为150天。在每一个会期开始时，由国王在议会发表演说，概述政府的政策和拟议中的立法。在议会休会期间，议会的一切工作全部停止，在该会期中未获通过的议案便告失败。

4. 议员的选举、待遇和权利 议员系在大选中由本人所在选区的选民直接选举产生，一般任期5年。议会解散，议员便自动解职。在个别议员死亡、辞职或晋封为贵族后留下的空缺，便在该议员所在选区举行补缺选举，重选一名议员。经选举产生的议员既代表本选区选民的利益，同时还代表其所属的政党，在选区利益与政党的政策发生矛盾时，议员一般站在政党的立场上，但也可以持否定态度。在议会中，执政党的议员数超过反对党议员的总数，有时占绝对多数。议员除参加议会中各种委员会的工作外，还参加对议案的审议、辩论和通过，以及对首相、大臣进行质询等。议员享有在议会中的言论自由、在民事活动中免遭逮捕、免于参加陪审团、免于在法院中出庭作证等。

四 中央政府

（一）政府的产生

英国的行政与立法是重叠的，也就是说，政府各部官员，尤其是内阁成员，均来源于议会议员，而且均属于议会中占多数席位的政党的议员，故英国政府产生于议会。执政党在议会中占有全面多数乃至绝对多数席位，首相便是执政党的领袖。政府实行内阁责任制，即内阁集体负责制和大臣个人负责制相结合，凡不愿意接受这一体制约束的议员不能入阁。

（二）政府机构

在英国，政府与内阁是两个概念。政府是首相领导下的全体大臣的总称，包括内阁及非内阁大臣、国务大臣、各部政务次官、执政党的督导员以及王室官员。内阁是政府的核心领导机构。英国政府设有几十个部，但能入阁的一般在20个左右，有时多一点，有时少一点，并无严格规定。英国政府各部有一个特点，它们的工作对象并不都涉及全国，而是存在着不同的差异，如国防部涉及全国，而社会安全部只涉及英格兰、威尔士和苏格兰，不涉及北爱尔兰，运输和地方政府部主要只涉及英格兰的事务。

（三）首相与内阁

经过几个世纪的历史演变，议会下院的权力逐渐转移到政府，在政府中，首相又逐渐成为大权独揽的中心人物。

首相奉国王之命组织政府，在组阁中他对内阁大臣及政府全套班子的挑选是完全自由的，但实际上事先他要与他的高级同僚进行磋商。在组阁中必须考虑保持党内各派的平衡，不能搞清一色的内阁。在执政期间，首相随时可以改组内阁，其原因是多方面的，或为改变政府形象，或吸收新鲜血液，更重要的是把屡屡向首相发难的“叛逆者”清除出阁。首相的这种“屠夫”作用即是他的重要权力之一，也是对首相能力的要求之一。大臣的辞职实际成为首相改组内阁的另一种体面形式，即“光荣退休”，但不一定会影响他今后的政治生涯。

首相主持内阁会议，在他不在的情况下，也可由一位高级大臣代替。内阁会议的决策往往是由首相最后的总结为准，谁都不能向这种权威挑战。尽量不搞投票的决策方式几乎成了战后以来一条不成文的规定或惯例。

1. 内阁权力　内阁的权力并没有法律的明文规定，随着政府权力的发展和转移，内阁的权力同样经历着这一过程。现在内阁的主要权力有：（1）决定国内外的许多重要政策，如内政、外交、防务、社会，尤其是经济政策、政府预算等；（2）立法作用，管理国家的种种法律，尤其是宪法性的法律，都由内阁起草，或在内阁的监督下进行；（3）承担协调各部门和内阁委员会之间的工作或分歧；（4）对政府的政策进行监督，尤其是对财政的监督；（5）提供政党的领导。内阁成员不仅是政府的核心，同时也是政党的重要领导，对执政党行使着领导权。

2. 责任制内阁的特点　（1）内阁受各种力量的相互制约和监督：内阁与议会互相制约，不致使内阁的权力过于集中；议会通过质询、辩论、批准立法、倒阁等办法对内阁实行监督。（2）决策过程既集中又分散。（3）内阁集体负责制与大臣个人负责制相结合。前者已被纳入了不成文宪法的惯例之中，它意味着内阁成员必须作出妥协，才能决定一项为大多数人所能接受的政策。这一原则既约束大臣，也约束着首相。大臣个人负责制反映在政治责任和法律责任两个方面：一方面，大臣协助政府制定政策、草拟议案；另一方面，主管大臣对本部门的一切工作和活动承担不可推诿的责任，既向首相负责，也向议会负责，如出现严重失误，除承担政治责任外，还有可能承担法律责任。（4）重视对政策的协调。这种协调反映在三个方面：政府各部门之间的协调、政府与社会之间的协调、以及国内外的协调。

3. 内阁委员会　内阁委员会的设置与政府作用的不断增加密切相关，原本是为减轻内阁工作压力、为内阁做一些辅助性工作，后几经改革和发展，已成为完善内阁政府的一个重要组成部分。根据已公开的资料分析，它们可归为三类，即重要问题的常设委员会，一般问题的常设委员会，以及临时性委员会。委员会的成立、成员的选择、主席的任命等均由首相决定。它只对内阁负责，不对议会负责，工作保密，并受内阁集体负责制原则的约束。它的工作有：分担内阁工作；参与决策并草拟议案；进行深入细致的技术性、专业性很强的调研工作；研究和制定长期计划。此外，它同样具有协调和促进、监督各部门工作的作用。但内阁委员会的秘密性正受到人们越来越多的质疑。

4. 首相的权力及其发展　英国首相的权力和作用同样没有任何法律或正式文件予以规定，是在历史的发展进程中逐步形成和积累起来的，并得到议会的默认和内阁同僚的尊重。首相的权力有：（1）政府的首脑。作为内阁主席，他率政府全体官员向议会负责，决定内政、外交的一切重大政策，审查议案，并监督各部门的工作。（2）控制内阁议事日程、主持内阁会议。（3）掌握重大的人事权，并有权增设或合并政府部门。（4）改组内阁。（5）解散议会，提前大选。（6）控制国家预算。（7）宣布紧急状态等。二战后，首相权力又不断有所增加，逐渐形成更高度的集中，比较重要的有：控制内阁委员会，设置内阁秘书处，聘请、任命专家、学者和企业界人士作首相和政府部门的顾问，建立智囊团，直接为首相服务等。撒切尔政府任内进一步加强了中央集权：降低内阁的权力和作用，加强首相对中央各部门的控制，削弱其自主权；控制地方政府，削弱乃至在一定程度上剥夺其自治权；削减教育方面的自主权；加强对议员的控制；对高级文官的任命趋于政治化；改革工会，削弱其权力和作用等。

首相的权力虽大，但仍受很多因素的牵制和约束。如首相虽为内阁领导，但并不能完全控制内阁；同时首相也受到议会和议会党团的牵制；在决策方面更受到诸如压力集团和社会舆论等种种限制。

（四）国家元首

英国是一个君主立宪制国家。君主制是封建制度的产物。17 世纪英国资产阶级革命推翻了君主制，在克伦威尔执政时曾实行了短时期的共和制。但是当资产阶级会同资产阶级化了的贵族地主牢牢掌握了国家实权以后，国王又被请了回来，建立了君主立宪制度。

1. 国王的职权　从法律上看，现在英国国王仍享有至尊的地位和权力，但在政治实践中，国王在行使这些权力时大多由议会或内阁所控制，国王只是照章办事而已。英国君主早已“临朝而不理政”，一切权力实际上都是由政府和议会行使。国王的职权主要有：

（1）按照英国宪法，英王是世袭的国家元首。作为“一切权力的来源”，国王有君临议会和组织或解散政府、任免官员、统帅军队、领导教会、授予荣誉等权力；对外有代表国家宣战与媾和、承认国家和政府、任免驻外使节、签订条约、兼并或割让领土等权力。不过，国王的这一系列特权只有在议会或内阁及其大臣的联合行为下才能行使。

（2）从法律上讲，一切立法权的行使和议会两院的运作都是在国王的意愿下进行的。议会开幕和闭会由国王宣布。在议会开幕式上照例由国王宣读“我的政府”的政策纲领声明。议会两院通过的法案由国王签署才能生效。另外，国王还有制定有法律效力并且对全社会有约束力的命令的权力。不过，所有这些都是应政府的要求或议会的委托而进行的。

（3）在英国，政府被称为“国王陛下的政府”。政府的任何权力行为都是以国王的名义实施的。但实际的行政权完全操在政府及其官员手中。

（4）国王有权大赦、减轻犯人的刑罚甚至停止刑事追诉；有权允许殖民地的诉讼当事人向枢密院司法委员会提出上诉。

（5）除上述权力外，国王还有权召开枢密院会议；听取首相、大臣和其他官员的汇报；阅读公文、签署政府文件；内阁的决议应禀呈国王并得到国王的认可；以及从事其他一系列公务活动的权力。另外，英王还有一些个人特权：除有法律明文规定外，法律一般不适用于国王本人，国王不能被起诉等。

2. 国王的功能与作用　（1）国家统一和民族团结的象征。作为国家元首，国王虽无实权，却处于全国的最高地位。一切最重要的大典均由其主持，外国元首由他/她在白金汉宫招待。

（2）国家政治制度的连续性和稳定性的体现与保证。英国国王虽然实权不大，但其王位世袭的制度使国家权力在形式上得到了代代相转的连续体现。另外，在现代政党政治和代议制政府下，政府和执政党可以不断更换，但名义上的政府首脑则永远是国王。这样，英国政治制度就有了一种稳定存在和发展的外在保证。

（3）协调党派斗争和社会矛盾的工具。国王作为一个超阶级、阶层和党派的“中立人”，可以出面调解对立政党之间的矛盾冲突，从而在“国家利益”的形式下使矛盾得到缓解。

（4）英联邦联系的纽带。英国王作为英联邦的元首，同时兼任加拿大、澳大利亚、新西兰等16个英联邦成员国的国家元首，在维系英联邦团结方面发挥着相当重要的作用。国王和王室成员经常对英联邦国家进行访问，出席英联邦首脑会议，参加英联邦国家的一些庆典活动。

当今英国君主是伊丽莎白二世（Queen Elizabeth II），1952年2月6日登基，1953年6月2日加冕。女王全称为“蒙上帝的恩惠，大不列颠及北爱尔兰联合王国以及她的其他领土和领地的女王、英联邦的元首、基督教的保护者伊丽莎白二世”。

五　司法制度

（一）不统一的司法系统

英国没有全国统一的司法组织系统：英格兰和威尔士、苏格兰、北爱尔兰各成体系。不过，这三个系统中的律师和法官都可被任命到特别法院和法庭中去工作，在全国都有司法权，也可以被派往欧盟的法院中去任职。

1. 英格兰和威尔士系统　1971年，议会通过了法院法，对司法制度进行了初步的改革，大大简化了过去烦琐的司法制度和重叠的裁决权力。在英格兰和威尔士建立了两级刑事法院：一为地方法院，处理较轻的刑事案件；一为巡回刑事法院，处理较为严重的刑事案件。同时建立了两级民事法院，即郡法院和高等法院。此外，还分别设有刑事上诉法院和民事上诉法院，议会上院不仅是立法机构的一部分，而且还是个司法机构，无论民事案件和刑事案件上院都有终审权，所以，它也是个终审机构。

2. 苏格兰和北爱尔兰系统　法院系统的设置基本上与英格兰和威尔士的相同。但是，上院在苏格兰的刑事案件中没有司法权。

（二）特别法院

除民事和刑事法院外，议会有时还组织一些特别法院，来处理一些特殊问题，如专利法院、就业上诉法庭、限制贸易活动法院等。

（三）枢密院司法委员会

处理来自英国殖民地法院、某些自治领法院上诉的最后上诉法院，同样也是英格兰基督教会法院的上诉法院。实际上，它并不进行审判，也不作出判决，只是向国王推荐，或接受，或拒绝上诉，这种推荐，国王一律接受，其实这种推荐或忠告就意味着是一种终审判决。该委员会的成员除英国的法官之外，还包括英国殖民地和自治领的法官。但是，只有在出现长时间严重错误的管理或审判严重不公的情况上，有关案件方可向英国的枢密院司法委员会提出上诉。

（四）独特的陪审团制度

英格兰是陪审团制度的发源地，在司法中实行这一制度迄今已经历了几个世纪。现在，陪审团只限于大的刑事案件，民事案件中已很少应用。在审案中，法官决定法律问题，陪审团决定事实问题，裁定被告是否有罪。在1967年刑事司法颁布以前，陪审团的裁决必须完全一致，之后便改为在某种情况下，可以由大多数决定，根据1971年的法院法，这一原则已扩大到民事案件。陪审团完全独立于司法和行政机构。

公民服务于陪审团是强制性的，凡年龄在18至65岁之间、没有前科的英国公民，以及13岁时移居英国并连续在英居住满5年以上的外来移民均可担任，如没有适当理由而拒不参加服务，将受罚款处分。

（五）行政法庭

大多数行政法庭是根据议会的立法或成文法的授权建立的，其作用主要是司法方面的，其次是行政方面的。行政法庭大致可分成以下几种类型：社会和福利法庭、税收法庭、土地法庭、工业法庭、赔偿法庭、租金与住房法庭、许可证法庭等等。实际上，有什么样的政府规章，就有什么样的行政法庭存在。

行政法庭的一个特点是，它的成员构成采用“平衡的法庭”形式，即法庭主席是独立的，其余成员来自两个不同利益的组织或集团，人数互相对等。这样更有利于达到裁决的公平和公正。

行政法庭享有诸方面的独立性：如大臣不能干预行政法庭的裁决；行政法庭如受任何形式的干预，裁决无效；行政法庭的主席或成员不能有政府官员或服从于政府的人员，如文官等担任。但行政法庭必须置于一定的监督和控制之下，如行政法庭一定要登记，其裁决必须受法院的审查，必须服从高级法院的控制，同时必须遵守“自然公正”的原则，以及受法庭理事会的监督等。

（六）司法制度的特点

长期以来，英国没有单独的司法行政部门。司法职权在英格兰和威尔士由大法官和内政大臣行使；在苏格兰则由苏格兰事务大臣行使。为了适应形势发展、特别是反对恐怖主义斗争的需要，2007年5月英国内政部正式一分为二，改设内政部和司法部两个独立部门。新的内政部专门负责反恐、安全、移民、庇护等英国目前面临的主要安全问题；而司法行政职权则由司法部行使，负责管理监狱、缓刑及审判等事务。

1. 法官的任命制　英国对法官的任用有严格的资历要求。大法官、上院上诉审贵族、上诉法院法官等高级法官均由首相推荐，女王任命。在设立司法大臣之前，大法官拥有对英格兰和威尔士司法人员的任免权。2007年5月英国政府增设了负责司法事务的大臣职位后，司法大臣便通过司法任命委员会任命这些地方的法官、司法行政长官，并向首相、女王推荐任命高级法官。苏格兰的法官是经苏格兰事务大臣提出建议人选，由女王任命。

2. 司法裁决的约束机制　上一级法院的裁决对下一级法院有约束力。反过来，下级法院法官的裁决如存在明显的不公正，要受上一级法院的审查。

3. 司法审理的公开性　原则上，所有民事和刑事案的审理都在法院中公开进行，并可予以充分报道，只有少数例外，如保守工业程序和发明秘密等。

六　地方政府

英国地方政府一般分为郡和区两个层次。地方行政机构实质上是地方议会所设的各种委员会。

（一）地方议会

地方议会同全国议会不一样。在全国议会中，执政党拥有多数乃至绝大多数席位，占微弱多数的情况较少，且不能持久。地方议会中的情况比较复杂，基本上有以下几种情况：（1）某一政党占垄断地位，即长期占有80%以上的席位；（2）某一政党占统治地位，即经常占60%的席位；（3）两党竞争，主要政党所占席位不超过60%，另一政党有力量与它竞争并有可能取胜，造成权力易手；（4）多党相持，即第三党或其他政党只占不到

10%的席位，权力常在各政党中易手，或组成联合政府。如果出现多党互相敌视，不能合作，便称作“悬挂”的（意即悬而不决）地方议会；（5）由独立派掌权，占60%以上的席位，政党只占很少席位。

（二）地方选举

地方议会是由地方选民通过直接选举产生的。法律对地方议员候选人有明确规定。但同全国大选不一样的是，地方议员候选人无须缴纳个人保证金。按规定，郡议会每4年重新选举全部地方议员。在没有郡一级选举的年份里，采取每年选举1/3的地方议员，又称三分之一选举制度。地方选举通常在5月的第一个星期四举行，采取无记名投票方式，且一人一票，但一般情况下，投票率较低，仅在40%左右。

（三）地方政府的作用

从某种意义上来说，英国的地方政府向人民提供各种服务的机构，在历史发展的过程中，它的作用也在不断增加。

按1966年雷德克利夫—莫德的报告，目前地方政府的作用大约有60多种。按性质来分，大致可归纳为三类，即保护、便利和福利。保护方面涉及警察、消防、民防，以及一直处在发展之中的对消费者的保护和对生态环境的控制、规划与保护。便利方面则包括筑路、造桥、码头、港口、公共汽车和停车场等。福利方面覆盖的面更广，如从摇篮到坟墓的个人服务、地方教育、环境服务、自来水、住房和娱乐设施等。20世纪，尤其是战后以来更着重于福利及其效益。

（四）地方政府的特点

首先是充分利用委员会。地方议会的规模较大，且一年只召开几次全体会议，不可能有足够的时间对每一个部门的工作进行决策、检查和监督。作为地方的最终决策机构，它只能把最重要的政策问题留给自己处理，大量工作都委托或授权委员会去做。

其次，高度透明的地方管理。英国地方政府制度以其具有广泛的代表性，选民广泛参与管理，以及地方政府与地方压力集团的密切关系来保持和促进其民主性并增加管理的透明度。

再次，廉政与查弊。法律规定，凡有贪污、腐败及其他不法行为者，不得在地方政府中供职；地方议员要公布他的财产；地方议员的利益与他所代表的社团利益发生冲突时，必须立即声明，同时在言论和投票上必须回避，且必须存档以供地方政府和当地选民检查，如有违反，当以犯罪论处；利用地方议员身份以谋私利同样是犯罪行为等。

为有效地减少弊端的发生并能得到及时纠正，1967年，英国从北欧引进查弊制度，并于1974年正式应用于地方政府。

（五）地方与中央的关系

由于英国没有成文宪法，中央与地方政府之间的关系没有明确的法律规定。中央对地方政府的控制主要通过三种办法进行，即立法控制、行政控制和司法控制。

1. 立法控制　议会通过立法，不仅决定地方政府的生存，而且决定其权力、责任、规模、组成、筹款方式、选区的规模等。其中有的是强制性的，有的则比较灵活。如果地方政府希望谋求一项超出议会法定的或允许的权力，它必须在议会中促进一项议案，并得到议会的通过。但要达到此目的，不仅手续复杂，而且地方所花代价也十分昂贵，关键是中央不愿意让地方拥有过多的权力。

2. 司法控制　地方政府的行动或决定要受高级法院命令的约束，通常有三种方式：（1）训令，要求地方政府执行法律所规定的责任；（2）禁令，禁止地方政府在超越法定权力的情况下继续蛮干而不顾自然合法的原则，或不遵守法定的程序；（3）提审令，适用于地方政府完全违反了行政机构的原则而作为司法或半司法机构行事。在这种命令下，地方政府的行动或决策程序并不是简单的停止，而是必须将其记录或决策送交高级法院接受合法性的调查，凡违法的行动或决策均被宣布为无效而取消。此外，凡地方选民的权益受到地方政府任何形式的侵犯或伤害，受害者可向地方法院、郡法院，直到最高法院提出申诉，或向大臣提出呼吁。

3. 行政控制　范围较广，也比较复杂。主要有以下几个方面：①授权立法，在很多情况下，大臣授权地方政府颁布法律细则或命令，以充实议会立法的条款，或制定新的条款，以确保地方政府服务的标准，但此细则或命令必须得到大臣的批准方能生效；②大臣的代执行权。如果地方政府不同意或不愿意执行议会规定的责任，大臣可以任命一个委员会接过地方政府的这一责任，或由大臣亲自承担，但一切费用仍必须由该地方政府负责；③审查、修改或拒绝地方政府的计划；④人事控制；⑤财政控制，包括开支控制、中央的拨款控制、地方的借贷控制，以及中央对地方财政开支的审计控制等。

（六）北爱尔兰地方政府

1998 年 4 月 10 日，英爱两国政府及北爱冲突各方签署了和平协议，6 月举行了北爱地区议会选举。北爱地方议会拥有 108 个席位，从 18 个选区中各选举产生 6 名议员。1999 年 2 月，北爱地方议会通过地方政府架构决议，规定北爱地方行政委员会由 10 个部门和 12 名部长（其中包括北爱地方议会选举产生的首席和副首席部长）组成。委员会拥有除安全和税收以外的广泛权力。是年 12 月 2 日，北爱地方自治政府正式成立，权力被正式下放给北爱地方议会和行政当局行使。这是自 1972 年英政府对北爱实行直接统治以来，北爱首次拥有自治政府。此后，又分别在 2003 年 11 月和 2007 年 3 月举行了《北爱和平协议》签订后的第二次和第三次地区议会选举。但因北爱各派在缴械等问题上争执不下，北爱和平进程屡遭挫折。北爱地方自治政府曾多次被停止运作，英国政府不止一次地宣布暂时中止其权力的实施。北爱地方政府最后一次停止运作，是从 2002 年 10 月开始的。此后北爱两大对立政党，新教派的民主统一党和天主教派政党新芬党，在英、爱两国政府的推动下，经过持续近 5 年的艰难谈判和讨价还价，终于在 2007 年 3 月达成一份新的权力共享协议，5 月 8 日，由民主统一党的伊恩・佩斯利担任政府首席部长、新芬党的马丁・麦吉尼斯为其副手的新政府正式成立。北爱地方自治政府终于得以恢复行使自治权。

七　政党制度

（一）两党制的发展

政党作为一个得到承认的法定集团早在 17 世纪就已经出现了，最早出现的两大政党是托利党和辉格党。托利党支持皇家君权，是保守党的前身，接受国教。辉格党反对君权，后演变为自由党，它倾向不信国教的新教徒。

1867—1922 年，议会中的席位明显地由保守党和自由党控制（达 98.2%）；1885 年大选后，爱尔兰自由党曾一度崛起，冲击了议会中的两党制；其后，工人阶级队伍日益发展壮大，促使英国政治两极分化，自由党经过两次重大分裂（党内内讧和在爱尔兰自治问题上的分裂），元气大伤。在 1923—1940 年，保守党基本控制着政治舞台，或由它一党执政，或由它控制着国民政府。工党显示出顽强的生命力并拥有广泛而深厚的社会基础。两党制发生了重大的历史转折，工党取代了自由党的位置，为后来 60 多年稳定而持久的格局奠定了牢固基础。在第三阶段中，保守党和工党几乎完全控制了选举和议会政治；自由党和其他小党处于无足轻重的地位。两党制比以前更为稳定和牢固。在广泛的决策范围内，两大政党有着高度的趋同现象，“巴茨克尔主义”尤其充分反映了两党在经济政策上的共同之处。在第四阶段，两党制虽仍是英国政党政治的重要标志，但其稳定和牢固的程度已受到越来越多的冲击。第三政党力量的发展再次显现出向两党制的挑战之势。

（二）两党制长期稳定发展的原因与特点

英国两党制度的形成与长期的发展，主要是受到保守主义的影响。三大保守主义的要素，即人类天生的“守旧”倾向、王党主义和帝国主义，在英国的社会、政治和对外关系中都有深刻的反映。

英国两党制的特点是：第一，产生长期稳定而有效的政府；第二，两党制具有高度的中央集权，为英国提供了强大而负责的政府；第三，两党制有着明显的阶级基础。社会阶级是英国政治活动的最基本的分界线；第四，政策与立法的趋同，其根本原因在于，两党制并不是敌对性的政治制度，而是一种竞争性的、在一定程度上也可以说是相互补充或相互纠偏的制度；第五，对政党领袖的选举不重个人权威而重视其政策主张，尤其是领导能力，最重要的是能否带领全党夺取大选的胜利；第六，政党活动的连续性及其健全、完备的中央和地方组织，严格的纪律。

（三）反对党的作用

反对党是英国政治制度的一个组成部分，被称为“英王陛下忠诚的反对党”。反对党的独特作用与两党制的长期稳定有着非常密切的关系，甚至在一定程度上，反对党的作用恰恰是两党制稳定的一个前提。在英国政治的实际运作中，反对党的重要作用是很明显的：

第一，它是对政府权力的一种有效制衡和监督。它通过议会的辩论和质询，通过中央和地方的组织，以及利用媒体对政府进行监督；

第二，在选民要求改变政策时，反对党便可接过政府的责任；

第三，在下院的某些实际事务上与政府进行合作。反对党议员在一些议会委员会中与执政党议员一起工作，为使立法和财政的完善与可行，反对党与执政党同样负有一定责任；

第四，反对党的存在本身表明了英国宪法中言论自由这一极其重要的原则，一向被看作是其民主、自由的象征。

总之，两党制的实质是用两个政党轮流执政的方式维护资产阶级统治。两党制的灵活性和机动性，有利于调节各政党间、各阶级间、各集团间的矛盾，不致因内部不同集团之间的争夺而导致使大家同归于尽。

（四）主要政党

英国目前存在的主要政党有保守党、工党、自由民主党，以及苏格兰民族党和威尔士民族党等。

1. 工党（Labour Party）　1900 年成立，原名为劳工代表委员会，1906 年改名为工党。在 1922 年大选中工党所得席位首次超过自由党，成为议会中第一大反对党。工党赢得 1929 年大选胜利，组成少数党政府，并由此开创保守党和工党控制议会中绝大多数席位的局面。二战中与保守党组成联合政府。工党曾在战后的 1945—1951 年、1964—1970 年、1974—1979 年和 1997 年上台执政。战后的前几届工党政府都执行了与保守党基本一致的内外政策；“巴茨克尔主义”充分反映了两党在经济政策上的共同之处。在立法上两党也是“你中有我，我中有你”。20 世纪 70 年代末以后，党内左翼势力占上风，各项政策严重左倾，大大脱离了广大选民，造成工党长期在野的局面。1994 年布莱尔出任党的领袖后，大力推进工党的“现代化”，率领工党在 1997 年大选中以压倒多数获胜，重返英国政坛主政。在 2001 年和 2005 年举行的大选中，布莱尔又率工党获胜连任。2001 年有党员近 40 万名，是英国第一大党。2003 年因对伊拉克问题的分歧，有大量党员退党，截至 2003 年 3 月，党员人数下降至约 27 万名。2010 年 9 月 25 日，工党在布朗辞职后选出了新领导人，年仅 40 岁的前气候变化部长埃德·米利班德击当选。

2. 保守党（Conservative Party）　其前身是 1679 年成立的托利党，基本上代表大地主和垄断资产阶级的利益。该党有较强的内聚力，长期活跃在英国的政治舞台上。20 世纪 30 年代的大危机时，它在经济上采取了新的政策，如逐步放弃不干预主义原则，放弃金本位制，采取保护关税等。50 年代又基本执行了凯恩斯主义的经济理论，即政府干预、混合经济、社会福利。20 世纪 70 年代末起，保守党与工党共识政治破裂，严格控制货币供应量、减少公共开支、大搞国有企业私有化、出售公房等。在外交上，加强与欧共体各国合作和协调，改革农业政策，协调欧美立场，加强大西洋联盟等。从 1965 年起保守党领袖实行由议会党团公开竞争选举产生，活动经费也由过去的保密状况转为从 1968 年开始正式公布。现有党员约 30 万人。党的现任领袖是戴维·卡梅伦，他于 2005 年 12 月接替其前任迈克尔·霍华德，当选为新的保守党领袖。2010 年 5 月，卡梅伦领导的保守党与自由民主党击败工党，联合上台执政。

3. 自由民主党（The Liberal Democrat Party）　由原自由党与社会民主党在 1988 年 3 月合并而成。在此之前的 70 多年中，自由党一直是英国的第三大政党。在 1918 年之前，它与保守党轮流执政。1916 年该党发生分裂，之后逐步失去工人阶级队伍中选民的支持。自 20 世纪 60 年代以来，它只能在补缺选举中取得微小的胜利。在大选中，尽管获得的选票占总选票的 20% 左右，但所获席位却从未超过 17 席（1981 年）。1981 年，工党中一些右翼议员越来越不满于工党的“左”倾政策，于是便成立了社会民主党。社会民主党在很多政策上同意自由党的政策，如英国参加欧共体、实行比例代表制（大选）、收入政策、宪法改革等等。1983 年的大选中两党结成联盟，取得了 25% 的选票，非常接近于工党所得的选票，但所得席位却很少。大选之后，两党主要领导人提出合并，并命名为自由民主党。20 世纪 90 年代以来情况发生了相当大的变化。特别是在最近的几次大选中自民党取得了重要进展。在 1997 年大选中它获得了 46 个议席，2001 年获得 52 个议席，2005 大选中更获得 62 个议席。自民党在英国政治舞台上发挥着越来越重要的作用和影响。该党现任领袖是尼克·克莱格（Nick Clegg），系2007年12月接替孟席斯·坎贝尔当选为英国自由民主党领袖。

4. 苏格兰民族党 地区性政党，1934年成立。其政治目标是要争取苏格兰的最终独立，但强调通过宪法手段来达到目的。它是主要由中产阶级组成的非暴力政党。20世纪60年代，仅在补缺选举中取得一点胜利。在20世纪70年代的选举中，席位增至10个左右，加上北海油田的开发成功，大大刺激了该党的民族主义情绪。1975年就英国在欧共体中的去留问题所进行的公民投票中，它的反对立场被58%的苏格兰选民否决。1979年在就中央下放权力问题进行公投中它再次遭受挫折；在同年5月的大选中，又惨遭失败。不久之后，党内在苏格兰的独立问题上发生严重分裂，影响力大为下降。不过，在1997年就中央权力下放问题进行公民投票中，该党与工党和自由民主党结成联合阵线，取得很大胜利，从而成功地组织了苏格兰地方政府。在2001年和2005年的全国大选中，苏格兰民族党分别获得5个和6个席位。该党在2007年5月举行的苏格兰地方议会选举中，更是一举获得47个席位，从而超过工党，成为苏格兰议会的第一大党。

5. 威尔士民族党 1925年成立，是一个地区性政党，强调威尔士的文化和传统，主张威尔士独立。20世纪60年代前，该党未能进入议会。在1974年2月大选中，它获得2个席位；在同年10月的大选中，获得3个席位。70年代该党支持工党对苏格兰和威尔士放权的立场，结果在权力下放的公民投票中，遭80%的威尔士选民反对；在1979年5月的大选和地方选举中，均遭严重挫折。此后，党内产生左、右派之争；同年末党内上层领导发生分裂，大大削弱了该党的影响。威尔士民族党在2001年和2005年的全国大选中，分别获得4个和3个议席。

八 压力集团

（一）压力集团的产生与发展

18世纪七八十年代，英国压力集团大量出现，形成了第一个高潮。当时在法国革命的影响下，社会上出现了一股要求改革社会和政治的浪潮，并先后成立了许多改革集团。但这些集团还只属于地方或地区性的，缺乏全国性的协调行动。19世纪后半期是压力集团发展的又一个高潮。其特点是：地方性集团逐步向建立全国性行业集团发展；其力量明显增强，不再是原先那种思想狭窄、又不开放的组织；在许多产业方面的压力集团纷纷成立的高潮中，各种专业性压力集团也蓬勃兴起。此外，还出现了许多慈善机构和正义事业集团，如反奴隶制协会等。进入20世纪后，压力集团在政治性和社会性方面都发生了质的变化：第一，它与政府的关系有了重大转变，其政治参与程度较过去大为增加；第二，它向政治领域里的发展，无论在广度和深度上都比过去有更深刻的变化；第三，随着社会、经济、文化、科技的不断发展，以及国际形势的变化，压力集团已向国际化方向发展；第四，压力集团向更广泛的社会领域发展，如女权运动、反核运动、环境保护等等。

（二）压力集团简介

1. 职工大会（TUC） 1868年成立。据统计，1982年，TUC下属约100个工会，会员1160万人，约占全国工人总数的48%。它的行政机构是总理事会，由从18个工业集团如钢铁、矿工等行业中选出来的41人组成。在两次世界大战中，它与政府密切合作。1945年以后，政府对国家经济的干预日益增多，TUC的作用和影响也随之不断增强。TUC与工党的关系非常密切，参加TUC的工会约有一半参加了工党，作为工党的集团党员。集团投票制曾使工会在工党年会上拥有90%的投票权（目前已降至1/3）。在工党的全国最高领导机构——全国执委会中，工会仍占相当优势。工党每年的活动经费基本上由工会赞助，约占70%。工会对工党的决策能发挥很大的影响。20世纪80年代，撒切尔政府对工会活动进行了严厉的立法，大大削弱和限制了工会的权利，尤其是罢工活动与参政的影响，致使工会会员急剧减少（目前工会会员人数约在700万人左右）。工党在现代化过程中也与工会拉开了距离，竭力限制和减少工会对工党决策的影响。

2. 英国工业联合会（CBI） 它是在1965年由3个较老的机构合并而成，即全英制造业协会（1915年成立）、英国工业联盟（1916年成立）和英国雇主协会（1919年成立）。CBI的成员主要是工业公司，尤其是制造业公司，约有2500个雇主协会，15000多家公司（1978年）。此外，还有一些金融机构，如商业银行、清算银行和保险公司等，也包括一些国有化企业。CBI 有一个常设机构，另有 34 个常设委员会，处理工资、工作条件、经济、财政和就业等政策。全国还设有 12 个地方理事会。CBI 的主要作用是为其成员提供各种服务，在与政府部门谈判时，在工业问题上提供忠告和协助，提供技术转让服务的信息和国外的信息等。它向许多国家机构派出它的代表，包括许多公共管理部门、顾问委员会，以及全国经济发展理事会等，这使它能在政府的决策过程中发挥很大影响，两大政党的政府都感到在许多政策上有必要听取它的意见。CBI 在政治上跟任何政党都没有正式联系，不过更同情于保守党的政策，跟保守党的关系一向比较融洽。CBI 的主席一般都由保守党中退休或离职的高级官员担任。

3. 核裁军运动　和平运动中最负盛名的一个组织，主张英国应单方面取消核武器、退出北约并采取中立立场。20 世纪 80 年代初，由于东、西方核军备竞赛日趋高涨而引起人们的普遍担心，使这一运动得到很快的发展。从 1957 年成立到 1984 年，全国性的成员有 10 万人，地方成员有近 40 万人。

4. 环保运动　20 世纪 60 年代开始兴起并得到快速发展，到 1980 年，该运动的支持者已有 250—300 万人。据估计，现有 100 个全国性集团和几千个地方性集团。其关心的问题有环境污染、对地球的破坏和对地球资源的过度消耗等。这类运动的组织有皇家保护鸟类协会、地球之友、绿色和平组织等。

5. 伦敦城　英国 200 多年来最大、最有力量，然而并没有组织起来的一个特殊形式的压力集团。由于许多大的金融机构都设在相互只有几分钟路程的区域内，从而形成了一个内聚力很强的共同体。它享有比任何重要的利益集团还要大的自由来管理它自己内部的事务，很少依赖于正式的院外活动。一小部分上层社会的家庭之间被亲戚关系和经济利益紧密联系在一起，对该城的生活起着大得不成比例的影响。这个社团在行动上使该城能采取统一步调。中央银行英格兰银行也设在这里，自然就成了伦敦城的代表。它对这里的经济管理和调节等方面起着政府性的重要作用，同时也代表该城的利益，把各种意见提交给政府。

6. 议员和科学委员会　1939 年建立。其成员除科技界外，还有许多议员和贵族。1981 年，该会中有近 80 名贵族，140 名议员，34 名欧洲议会议员，还有 150 余个科技组织。它不时地向议员提供科技信息，提请议会和政府对科技成果的关注，以及对某些涉及当前公共利益的科技发展项目的关注。

7. 全国禁吸烟协会　1929 年成立。1953 年底，它曾发动一场大规模的运动，要求政府制定严厉的立法，以控制人们吸烟，既保护人体健康，又可减轻环境污染。该组织经过坚持不懈的努力，积极争取议会内外的同情和支持，同时求助于内行和科学家从科学上论证吸烟的危害，终于使议会在 1956 年通过了“净化空气法”。

8. 动物权利协会　在 20 世纪七八十年代，出现了许多激进的直接行动集团，包括动物解放阵线、动物解放联盟、动物援助、反对活体动物解剖协会、动物权利民兵等等组织。还有一些老的组织，如英国取消活体解剖联盟（1894 年建立），在 1980 年之后的 4 年内其成员从 2000 人迅速增至 23000 人。

第五节　经济与社会

一　经济概况

（一）经济发展简史

英国是最早进行工业革命的西方资本主义国家，这场革命导致机器代替了手工劳动，使生产技术有了质的飞跃，同时也使生产关系产生了历史性的变革。由于在国内实行强制性的圈地运动，大量农民被赶出了土地，由此为工业革命提供了巨大的廉价劳动力。对外则实行扩张侵略，在世界各地实行残酷的殖民主义政策，大规模地掠夺殖民地的财富和各种原材料，为其国内生产和对外贸易的迅速发展奠定了基础。到 19 世纪 30 年代，在基础工业部门中，机器生产已占主导地位。经过近百年的努力，英国完成了产业革命，其社会生产力得到了很大的提高，一时被誉为“世界工厂”。

19 世纪末期以来，英国经济像许多西方国家一样，已不再是原先那种单一的私人资本主义经济，而是发展起了社会化的公共经济，出现了公、私经济并存的新格局。第二次世界大战后，工党政府进行了大规模的国有化运动。首先，在 1945—1951 年的艾德礼政府时期，国家出资买下了英格兰银行，接管了钢铁、煤炭、电力、公用事业、邮政、通信、铁路、民用航空以及所有的内陆交通部门。1964年10月威尔逊工党政府上台执政后，又掀起了第二次国有化高潮，把原被保守党政府私有化了的钢铁工业重新实行国有化，将公路运输的骨干企业和部分港口、机场收归国有。在1974—1979年威尔逊—卡拉汉政府实施的第三次国有化高潮中，政府不仅继续扩大“夕阳工业”的国有化范围，同时还积极推进对新兴工业与高科技产业的国有化试验。1977年工党政府成立了“英国宇航公司”，将英国飞机公司等一些航空、动力工业企业收归国有。国家还出资收购一些汽车、造船、电子、仪表、医疗与自动化设备企业。工党政府建立了英国国家石油公司，直接参加北海油田的开发，并将私人所有的商业港口与运输设备置于国家的管理之下。到1979年，英国国有企业的就业人数占全部职工的5.9%，其产值占英国内生产总值的10%以上，固定资产投资占英国固定资产投资总额的15%。这样，英国便成了战后西欧国有化程度最高的国家之一。

但是，从20世纪60年代后期到1980年，高通货膨胀率大大削弱了英国经济的竞争力，其国民生产总值以及在世界贸易中所占的比重很快被其他一些发达工业国家所超过。昔日的“世界工厂”已沦为“欧洲病夫”。1979年保守党重返政坛。首相撒切尔夫人认为，英国国有化企业的长期严重亏损已成为英国经济发展的沉重包袱之一。为了扭转这种不利局面，她力排众议大刀阔斧地推行国有企业的私有化。撒切尔政府大力推行以治理通货膨胀、实施以健康的公共财政政策为中心的经济发展战略。它强调削减政府开支，抑制通货膨胀；致力于改革税收制度，放松政府管制，重视发挥市场机制的中心作用；严厉压制工会和劳工运动，试图扼杀福利国家。经过保守党连续几届政府的努力，英国经济状况有了明显好转，通货膨胀得到了有效的遏制，失业率有所下降，财政状况进一步好转，民众生活也获得一定的改善。

20世纪90年代初英国经济又滑入了20世纪30年代以来最严重的衰退之中，不过很快就比较顺利地实现了复苏并得到较好的发展。这表明20世纪80年代英国经济所进行的全面结构性改革，特别是它所采取的增强市场机能、减少规章条例限制的基本经济战略还是比较成功的。1997年工党政府上台执政后推行了与前保守党政府大体一致的经济发展战略，并在部分公共服务项目中引入了某些私有化举措。在英国经济已经出现“过热”迹象的背景下，布莱尔政府继续推行严格控制财政开支和通货膨胀率、放松市场管制、鼓励竞争的经济政策，使经济的发展从速度放慢到恢复实现了“软着陆”。英国经济即便在21世纪初发展速度放慢的情况下，失业率在欧盟主要国家中仍然是最低的，政府财政状况依然保持良好。数十年来英国经济相对衰落的趋势，似乎已在某种程度上得到遏止。

（二）产业和就业结构的变化

战后以来，英国的经济结构发生了很大变化：首先，第一产业在国民经济中所占比重急剧下降。从1950年到1987年间，它占国民生产总值的比重从5.7%下降到1.7%，目前为1%左右。第二产业的地位同样呈不断下降的趋势，1950年占国民生产总值的48%，1987年已降为37%，目前为24%左右。第三产业却获得了较快的发展，尤其在金融、旅游、海运和空运等方面，占国民生产总值的比重从1950年的大约一半上升至1987年的61.3%和1990年代末的约66%，目前占3/4左右。其次，由于产业结构的变化同样引起了就业结构的变化，第一产业的就业人数迅速减少，从1950年占全国就业总人数的5.6%下降到1987年1.5%。第二产业的就业人数也不断减少。唯有第三产业的就业人数迅速增加，占全国就业总人数的比重从1950年的43.8%上升到1987年的68%。20世纪90年代中期，服务业就业人数占全部就业人口的比重已高达75%。2008年的统计数据表明，服务业就业人口占全部就业人口的83%。

（三）经济体制

英国的经济体制是以私人和私人集团占有与产权商品化为基础，以企业自主分散决策为主，以规范和法制化的市场机制为资源配置的主要手段，并辅之以宏观间接调控来管理经济活动的市场经济体制。英国经济属发达的公、私混合型经济。在第二次世界大战后到20世纪80年代之间英国有化企业一度有较大的发展，但私营部门的公司始终在英国经济中占主导的地位。特别是撒切尔夫人主政时期推行大规模私有化运动，使包括煤气、石油、电力供应、煤炭、宇航、汽车和电信等部门在内的上百个大型国营企业实行了民营化。到1989年，国有部门企业的总资产比1979年减少了45%，1997年更降至不足1%。1990年底国有企业在国内总产值中的比重，已由1979年的10%降至不足5%。在西方主要大国中，英国国有企业在国民经济中所占的比重相对较低。目前英国剩下的主要国有化工业企业还有：邮政、伦敦市政交通、英国核燃料工业和民用航空事业等。英国共有约370万个企（事）业单位。根据《金融时报》的统计，目前在欧洲500家最大的公司中，约有150家是以英国为基地的。雇用500人以上的英国企业有3000家左右，其就业人数占英国企业总就业人口的38%，营业额也占同样的比例。小公司在英国经济中具有重要作用。雇员不足50人的公司所使用的劳动力占全部就业人口的约45%。只有业主及其伙伴或雇用1—4人的小企业和商店共有320万家，占企业总数的89%。值得注意的是，英国还有一种长期存在的地下经济，尤其在运输、旅馆、饮食和建筑行业等方面比较活跃，从事于这类经济活动的大都是些小企业，且能为失业者和季节工乃至家庭妇女提供工作机会。但这种经济活动在官方的统计中难以得到充分显示。

（四）英国经济在世界上的地位

英国曾是世界上的头号强国，二战后已无可挽回地沦为一个二流国家。其中一个重要原因是由于英国与世界其他主要大国相比经济发展速度缓慢。从1950年到1980年，英国工业的年均增长速度只有2.1%。而同一时期，美国的年增长率为4%强，联邦德国是5.8%，法国4.7%，意大利6.5%，日本则高达11.2%。因为增长速度相对缓慢，结果导致英国工业产值在西方工业发达国家中所占的比重急剧下降：1950年为8.6%，1960年为7.4%，1970年为5.4%，1980年已只有4%左右。这样，在这期间英国就由仅次于美国的西方第二工业强国降至第五，落在日本、联邦德国和法国之后。而且意大利也已接近或赶上英国。

不过自20世纪80年代以来，情况有所改善。从1980年到1990年期间，英国经济的增长速度较德、法都快。1981—1989年，英国经济以年均超过3%的速度保持了8年的持续增长。这说明英国与其主要竞争对手相比，竞争力有了明显的增强。数十年来英国经济相对衰落的趋势，似乎已得到某种程度的遏制。90年代初英国经济虽又陷入严重的衰退之中，不过很快就比较顺利地实现了复苏并得到较好的发展。统计数据显示，2007年英国人均国内生产总值较1991年增长达43%，在“七国集团”（G7）中劳动生产率的增幅是最大的。英国经济总量在1997年约翰·梅杰保守党政府执政的最后几个月超过了意大利。1999年英国又超过了法国，成为世界第四大经济强国。在托尼·布莱尔出任首相的大部分时间里，英国一直名列世界第四或第五大经济体。截至2007年底，英国在经济增长速度、人均国民收入水平等方面，在“七国集团”中都名列前茅；通胀率保持低位，就业率也高于其他各主要经济体。

需指出的是，英国经济增长的速度尽管近二十多年来又重新赶上或超过某些西方大国，但时间还不是很长。如果就更长时间（例如自20世纪50—60年代以来）的年平均增长率而言，英国明显低于其主要竞争对手。其劳动生产率也低于许多工业发达国家。另外，英国经济外向型程度高既是优点，但同时也是个弱点，容易受外界的影响和冲击。2007年夏开始的金融危机和随之而来的经济衰退，使英国的经济严重受创，就是一个明显的例子。2008年底的数据显示，英国在世界经济排行榜的名次已被法国挤出了前五名，而且有分析认为极有可能在不久的将来再次被意大利超越。

英国经济相对衰落虽是不争的事实，但它毕竟仍是一个具有相当雄厚工业和科技基础的中等工业发达国家。它有自身的优势和强项，也有其弱点与不足。就优势而言，英国是世界上经济最为开放的国家之一，外向型经济程度高。伦敦是一个全球网络中心、联结欧美之间的桥梁。英国是欧盟最有吸引力的外资投资场所。在朝全球化方向发展方面居于有利地位。英国市场宽松、灵活，自由化程度高。其劳动力市场属条条框框最少的市场之列，使英国在创造就业机会方面与其他欧洲主要大国相比具有竞争力。英国拥有十分发达而富有竞争力的金融、保险、通信、信息、咨询等服务行业，在某些高新技术领域具有相当的优势和潜力。英国有重视科技和教育的传统，从20世纪80年代开始就采取一系列措施推动教育事业与新科技革命的发展，作为在21世纪国际竞争中立足的根本大计。总之，英国对经济全球化和知识经济时代的到来，做出了比较积极而有效的反应与准备。

二　农业、林业和渔业

（一）基本情况

随着资产阶级革命的胜利，到18世纪末期，英国农业中的资本主义生产方式已占主导地位，成为欧洲最先进的大农业生产。但自19世纪初期开始走下坡路。19世纪70年代以来，尤其是谷物生产很不稳定，并呈下降趋势；不过畜牧业和水果、蔬菜等却得到了显著发展。第二次世界大战后，耕地和农业劳动力均有所减少，但由于科技的发展，带动了农业的现代化、机械化和电气化，使农业摆脱了长期的落后面貌，增长的速度在欧洲名列前茅，具体反映在农牧业产品产量迅速增加，单位面积产量有了较大提高，农业结构更趋于合理化，致使农产品的自给率不断提高。

英国的土地约有71%用于农业、12%为林业、14%为城市用地，3%是山地及其他。2007年，英国共有农业用地1746.39万公顷，其中可耕地607.6万公顷，其余为牧场和草场。英国农业人口人均拥有70公顷土地，是欧盟平均水平的4倍。

（二）农业

2007年农业雇用的劳动力为53.3万人，占全国劳动力总数的不到2%。全国农业总产值为157.8亿英镑，占国内生产总值不足1%。全部食品的自给率为59.4%，其中本土能生长的食品自给率达72.4%。全国有23万多个农场，平均拥有土地近180英亩，约2/3的农用土地为自耕。政府坚持执行在环境上有利于保护农用土地的管理政策。英国还是一个畜牧、粮食产品、农业化肥和农业机械的出口大国。

（三）林业

英国是一个缺少森林的国家，约有85%的木材和木制品依赖进口。英国的林地面积达280万公顷，分别占英格兰面积的8.7%、苏格兰的17.2%、威尔士的13.7%和北爱尔兰的6.4%，远低于欧洲和世界的平均水平。大不列颠的用材林面积为230万公顷，其中不足35%由林业委员会负责管理。林业委员会坚持每年都新种植一定数量的用材林；其他林地所有者在林业委员会的资助下，也积极发展林业生产。

1919年以来，英国的林地面积增加了一倍，1980—2008年又新增加林地67万公顷。2006年英国的林业和木材加工业雇用工人17万人。2007年英国林地年产木材900万立方米，相当于国内总需要量的15%。

（四）渔业

英国是个海洋岛国，附近大小岛屿很多，渔业资源很丰富，历来是欧洲渔业发达国家之一。二战后，由于设备陈旧，水域污染，渔业受到很大影响。1977年以来，各国相继实行200海里捕鱼区，英国的捕获量有所下降。

目前英国渔业约为本国提供总需求量的2/3。2007年的捕获量为61万吨，总价值为6.45亿英镑。其中深水鱼占英国渔船队捕获总量的37%、浅水鱼占43%、水生贝壳类占20%。英国鱼类资源主要有鳕鱼、鲽鱼、鲱鱼、鲭鱼和贝类。在2007年所捕获的深水和浅水鱼类中，鳕鱼和黑线鳕鱼分别只占3%和5%。

近年来，英国渔船量与渔民人数不断下降。2007年，英国渔船队拥有注册的船只6763艘，比1997年减少20%，其中包括1527艘长度超过10米的深海渔船。专业渔民有近12729人，比1997年减少32%。为了保护渔业资源，政府提供专项经费用于补贴渔船的退役。英国在1400多处设有水产养殖企业和店铺1000多家，拥有职工3000多人，销售额达3亿英镑。

（五）畜牧业

英国一半以上的全日制农场主要饲养菜牛、羊及从事制酪业。奶制品生产是该部门中最大的部门。绝大部分的牛、羊分布在苏格兰、威尔士、北爱尔兰和英格兰北部和西南部的丘陵和高山沼泽地。英国繁殖的许多种牛、种羊和种猪在世界上享有一定声誉；同时还出口从高质量动物身上攫取的精液和胚胎。

2007年英国存栏牲畜：牛为1030.4万头、羊3394.6万头、猪483.4万头、家禽1.67亿只。畜产品分别为：牛奶134.16亿公升、鸡蛋84.73亿只、牛肉88.85万吨、羊肉32.95万吨、猪肉59.93万吨、火腿19.66万吨、禽肉145.92万吨。

三　制造业和建筑业

（一）制造业

19世纪中期英国已成为世界上第一个工业化国家。早期英国的大量财富就是靠发展钢铁冶炼、重型机械、棉纺、采煤、造船以及贸易积累起来的。近年来，制造业虽呈不断下降的趋势，但在英国的经济中仍起重要的作用。在高科技方面，英国在一些领域里处于领先地位，如制药、电子（包括电脑）、宇航和海洋设备。2007 年制造业的产值按现行价格计算是 1500 亿英镑左右，占国内生产总值的 13.6%；就业人数为 300 万人，占全国就业人口总数的 10%。制造业的一个显著特点是，几乎所有的制造业全部由私营企业经营，而制造业中工作岗位的 20% 左右是由外国公司提供的。

20 世纪 90 年代初，由于英国经济的衰退，曾导致制造业的不景气，1993 年起恢复增长。1998 年的产量较 1991 和 1992 年的年产量增长了 10%。但此后又有所下降，始于 2008 年下半年的经济衰退对制造业影响很大，尤其是汽车制造业和金属行业受到的冲击最大。制造业内部的情况也不一样。化学工业、橡胶和塑料产品、电子和光学仪器，以及交通设备生产，近年来都有发展。而包括棉纺、皮革和木材生产在内的一些部门则远低于它们 1990 年的水平。从总体上看，英国的制造业与服务业相比处于一种不断衰落状态。制造业占国内生产总值的比例已从 1950 年的大约 1/3 降至 90 年代中的 1/6。而服务业所占的比例则从一半左右上升至 2/3。

（二）建筑业

英国建筑业在世界上颇负盛名，英国公司积极参与了世界上一些很有影响的国际建筑工程。2007 年，建筑业占英国国内生产总值的 6%；就业人数为 210 万人，占全部就业人口的 5% 左右。

绝大多数建筑工程由私人公司经营，但是，98% 的公司所雇用的人员不超过 25 人，在总共 19.5 万家公司中，直接雇用 600 人以上的仅 84 家，然而却承担了全国建筑工作量的 20%，有些比较大的公司甚至承担从工程的最初设计到最后施工的全过程。

四　能源工业

（一）基本情况

英国的能源工业居西欧国家首位，是世界上重要的能源生产国。在欧盟中，英国石油和天然气的产量相当可观，其他原生（一次性）能源还有煤、核能和水力，此外还有电力、焦炭和石油产品。20 世纪 70 年代初期，英国能源的进口占其总消耗量的 50%。自 70 年代中期北海油田开始大规模开采以后，英国一度成为燃料净出口国。不过，近几年来随着石油产量的下降，英国又成为能源净进口国。2007 年，英国生产的各种能源总量相当于 2.359 亿吨石油。煤、燃料、原油与天然气的进口量均高于出口量；但英国是石油制品的净出口国。各种能源的总需求相当于 2.357 亿吨石油，但最终的消耗量相当于 1.646 亿吨石油，其中，石油占 48%，天然气占 31%，电力占 18%。从能源消耗的部门构成情况来看，占前几位的分别是：交通部门占 36%，家庭占 27%，工业部门占 19%，商业部门占 6%。各种能源的进口总量相当于 1.475 亿吨石油，出口量相当于 9933 万吨石油。

2007 年英国能源工业雇用的劳动力有 13.78 万人，相当于全国工业雇员总数的 5%，另外还有许多人间接从事与能源有关的工作。能源工业的产值占国内生产总值的 4.8%，占总投资额的 8.6%，工业投资额的 44.3%。

（二）能源政策

英国能源政策的宗旨是确保以竞争的价格向社会提供各种各样的供应，遵守卫生、安全和环境政策，同时遵守欧盟与其他国际规定。其主要目标是：（1）在生产商之间鼓励竞争，同时有一个合法、规范的网络使市场能良好地运作；（2）在商业竞争的环境中确保服务；（3）在有可能的地方将国有工业私有化；（4）能源部门不得对环境造成破坏性影响；（5）促进能源的效益并使资源再生。2009 年 7 月英国政府公布的《英国低碳转换计划》提出，争取到 2020 年使英国发电的 31% 来源于风能、潮汐能等可再生能源，8% 来源于核能。

（三）石油和天然气的勘探及开采

几个世纪来，英国在陆地上开采的石油一直很少。1969 年，在北海近海岸首次发现了石油，并于 1975 年开采成功，从而使英国丢掉了“贫油国”的帽子。1999 年，英国的原油和液化天然气的生产达到顶峰，日产量超过 290 万桶，相当于 38.41 万吨石油，但之后开始下降。2007 年全年的石油产量为 7000 万吨，天然气为 838 百万兆瓦时。目前英国是世界上第九大石油生产国。

（四）煤炭

英国的煤炭工业可以追溯到英国史上的罗马时期，煤炭在很长时间内一直作为英国的主要能源。在 18 和 19 世纪，煤炭在英国工业革命中起了决定性的作用。1913 年是煤炭开采量的高峰年，达

2.92 亿吨，出口 7400 万吨，雇用工人达 100 万人。二战后，煤炭工业被国有化，煤的产量开始有所下降。1947 年（煤炭工业国有化的当年）生产 2 亿吨，至 1955 年尚有 850 家煤矿在生产。但自 20 世纪 60 年代以来，由于其他能源的开发和应用，致使煤炭业迅速走向衰落。由于设备陈旧，80 年代中期政府决定关闭一些不堪使用的老矿井，导致政府与矿工之间爆发了一场尖锐而旷日持久的斗争。尽管如此，煤炭在英国的一次性能源消耗中仍占相当重要的地位。英国的煤炭工业现在全部掌握在私人手里。2007 年英国的煤炭产量为 1703 万吨，到 2008 年 3 月底雇用职工仅 5936 人。

（五）电力

英国的电力生产主要是火力和核能发电，水力与风力发电的产量微不足道。近年来与英国燃料结构的变化相适应，天然气在电力生产消耗的原生能源中所占的比例显著增加，煤炭所占的比重则不断下降。2007 年英国的发电量为 3570 亿度（千瓦小时），生产能力为 82951 兆瓦；主要电力生产中，非核电站所消耗的一次性能源为 3583 万吨石油当量，其中天然气占 43%，煤占 34%，而石油和水力合计为 2%。核能是英国重要的一次性能源来源。英国现有核电站 14 座，所提供电力占英国发电总量的 20% 左右。

英国政府非常重视开发和利用在经济上有良好发展前景、有利于环境保护的能源，并鼓励发展新的和可再生能源。就整个英国而言，新的和可再生能源的发电能力到 2000 年接近 1500 兆瓦，相当于英国所需能量的 3%。2009 年 7 月英国政府公布了国家战略文件《英国低碳转换计划》，计划到 2020 年使英国发电的 31% 来源于风能、潮汐能等可再生能源，8% 来源于核能。

五 交通运输与通信

（一）基本情况

英国交通运输和通信的基础设施发展很快。尤其是英法海底隧道的开通，使英国的铁路运输系统与欧洲大陆直接联系起来，大大提高了它的运输能力。英国的公路四通八达，在全国形成一个广泛而有效的网络，运输效率不断提高。对海港、机场和空中交通控制设备等的投资也有所加强。英国的电信基础设施也在不断得到发展。

1999 年英国交通与通信部门的产值（含仓储费）为 692.08 亿英镑，就业人数为 169.6 万人，占全国就业人口的比例是 6.1%。2007 年整个交通部门就业人数为 133.7 万人，占全国就业人口总数的 4.56%。

（二）交通运输

英国的客运发展非常迅速。在 20 世纪最后的 30 年间，汽车、轿车和出租车的客运量翻了一番。空运，特别是国际航线有持续而较大幅度的增长。火车的客运量在一段时期内曾有所下降，但后来增幅也较大（1999—2000 年增长了 6%）。汽车是居民出行的主要交通工具。1999 年大不列颠客运总里程为 7280 亿公里，其中汽车、轿车和出租车占客运里程总数的 85%、公共汽车约占 6%、铁路约占 6%、空运约占 1%。2007 年客运总里程 8170 亿公里。

英国私人对汽车的拥有量大幅度上升。据统计，1994 年在大不列颠，69% 的家庭拥有 1 辆或 1 辆以上的汽车，其中 24% 的家庭拥有 2 辆或 2 辆以上。2007 年这一比例分别为 75% 和 26%，其中拥有 3 辆或 3 辆以上汽车的家庭占 6%。2007 年底注册机动车辆总数为 3396 万辆，其中私人汽车 2688 万辆。

1. 公共汽车客运 大不列颠拥有 10.9 万辆公共汽车和长途公交机动车辆，其中 32% 为小巴或稍微大一点的中巴，22% 为双层公共汽车。除 17 家由地方当局经营的公司外，几乎所有的公汽服务都由私人部门经营。5 家主要的大公司集团控制着公汽服务，它们中大多都还从事其他交通服务项目，有的还把业务扩展到了海外。不过，也有不超过 5 辆车的小业主。大多数地方提供的公汽服务都是商业性的，地方政府对非商业性的服务会提供一些补贴，因为从社会角度考虑，这类服务还不可缺少。

伦敦运输公司负责为伦敦提供公交运输，不拥有自己的公共汽车，但通过契约组织并负责监督私人部门的 30 家公司经营 750 条公汽线路。伦敦公汽客运宪章规定服务的标准，使公汽享有一些优先，例如，公汽专线，交通信号灯优先等。

长途公汽服务也由私人部门经营，它们行驶的路线和运行的车辆数都没有什么限制，全国快车公司经营着一个全国性的线路网络，大部分是由国家特许。跨国的长途客运需要得到本国的授权和对象国的批准。在欧盟内，大多数旅游服务已实现了自由流动。1993 年实行了旅游客车可以全程运送同一个旅游团，自 1996 年 1 月起，这一规定扩大到所有非定期的服务。

在英格兰和威尔士大约有 6.3 万辆领执照的出租车，主要在市区；在苏格兰约有 9000 辆；北爱尔兰有 1.1 万辆。在伦敦（拥有出租车 1.9 万辆左右）和其他几个大城市，对出租车有严格的要求，如必须能为轮椅上的残疾人提供服务。

2. 公路　2007 年，英国公路总长度达 38.8 万公里，其中 3520 公里为高速公路，承担着 19% 的交通流量；9343 公里为干道，承担着 14% 的交通流量；其余各种公路总共承担的交通流量为 62%。2006 年新增公路 145 公里。

在英格兰，公路干线，包括大多数高速路，由运输大臣负责。在苏格兰由苏格兰事务大臣负责。在威尔士则由威尔士事务大臣负责。中央政府提供公路建筑和养护费用的大部分。运输部下属的公路机构具体负责在英格兰公路的建设、改善和养护，在北爱尔兰，上述任务由北爱尔兰环境部下属的道路服务机构负责。非干线道路在英格兰由郡议会、大城市区议会、伦敦自治市议会等负责，在威尔士和苏格兰则由单一的公路机构负责。

3. 铁路　英国于 1825 年成功地建筑了世界上第一条铁路。1948 年在大不列颠的主要铁路公司被国有化，统一置于英国铁路委员会的管辖之下。在 20 世纪 90 年代保守党执政时期，又被重新私有化。

英国的铁路体系主要包括：铁路轨道公司，负责经营大不列颠所有的轨道与基础设施；3 个铁路车辆公司，出租机车与旅客车厢；25 个客运列车运营公司；4 个货运服务公司；7 个基础设施维修公司和 6 个轨道维护公司。铁路轨道公司拥有的资产包括 3.2 万公里的铁路轨道，4 万座桥梁、隧道和高架桥，2500 个车站，通往 1000 多个货运终端的连接线路。除 14 个主要大站由铁路轨道公司直接经营外，几乎所有的车站都出租给拥有客运服务特许权的 25 家客运列车运营公司管理。

英国铁路运输量的 80% 系大宗商品，主要是煤、焦炭、铁和钢、建筑材料和石油。1994 年英吉利海峡隧道的开通为非大宗货物的运输提供了重要的机会。目前，英国铁路总长 1.66 万公里。2006 年铁路总客运量为 464.97 亿人次公里，总货运量为 221 亿吨公里。全国铁路和伦敦地铁分别承担了铁路运输系统运输总量的 49% 和 44%，其余由轻轨承担。

4. 伦敦地铁　1863 年世界上第一条地下铁路在伦敦开通。经过 100 多年的发展，伦敦地铁如今共有 12 条线路，275 个车站，总长度约 408 公里，是世界上总线路最长的城市地铁。地铁是伦敦交通的大动脉，日客流量约 350 万人次，在 2007—2008 年度共运载乘客 10.96 亿人次。

对伦敦地铁进行重大改造和扩建的计划正在进行中。依据一项被称为“公私伙伴关系”的投资计划，维修和更新伦敦地铁基础设施的责任将交由私人部门负责；而公司将继续承担整个地铁的安全和客运服务方面的责任。遵照同伦敦地铁公司的契约，私人部门将经营 30 年，以后把全部资产交还公共部门。预计该项计划在 15 年期间将为地铁网络提供 80 亿英镑的投资和 50 亿英镑的维修费用。

5. 海运和港口　英国有发展海运的有利条件：其海岸线有许多深海湾与海港；环绕此地区的北大西洋暖流使英国的港湾从不封冻，终年可以航行；不列颠岛的任何地方离海岸都不超过 120 公里，使英国大部分地区都可以利用海运。因此，海上运输业很早就发展起来，并对英国的经济与国防具有重要的作用与影响。英国内河可航行里程约 3200 公里，其中 620 公里用于货运。泰晤士河是最繁忙的内陆水运通道，其次为福斯河。

据统计，英国对外贸易量（按重量计算）的 95% 是通过海上运输完成的（若按价值计算则为 75%）。到 2007 年，英国拥有 500 吨以上的商船 612 艘，其中 23 艘为客运船只，总吨位 1700 万吨。2007 年海运总收入为 65.7 亿英镑，其中货运 40.2 亿英镑，船只出租收入 21.2 亿英镑，客运收入 4.3 亿英镑。

英国具有商业价值的港口约有 100 个，其中有 52 个吞吐量在 100 万吨以上，同时还拥有数百个小港湾供地方货运、渔船停靠、岛屿间的摆渡与游乐使用。1999 年英国的十大主要港口为：伦敦、格里姆斯比·因明翰、蒂斯·哈特普尔、福斯、萨伦·沃、南安普顿、米耳福德·黑文、菲利克斯托、利物浦、多佛。

2007 年，英国主要港口承担的货运贸易量为

4.379 亿吨，其中进口为 2.733 亿吨，出口为 1.645 亿吨。国内贸易量为 1.437 亿吨。

英国国际海运的客运量呈逐年下降趋势。1999 年英国的国际海运乘客曾达 5000 万人次，而 2007 年仅为 2480 万人次。抵离英国的乘客几乎都来自欧洲大陆或爱尔兰共和国。英国南部和东、西部的港口运输繁忙，是来往于英国与欧洲大陆之间的重要交通枢纽。

6. 民航 2007 年，英国航空系统的飞行里程为 19.25 亿航空公里，其中班机为 14.74 亿公里，非固定性飞行的里程为 4.51 亿公里。班机运送的旅客总数为 1.02 亿人次，包机为 2900 万人次。客机座位的使用率达 79%。2007 年，英国航空系统共运输货物 123 万吨。

英国的航空公司全部是私营的，一些重要的空港也如此。英国航空公司（British Airways）是英国最大的航空公司，也是世界最大的国际航空公司之一。英国共有机场 449 个，其中 35 个年客流量在 10 万人次以上。主要机场有伦敦的希思罗机场和盖特威克机场。地区性的空港有曼彻斯特、伯明翰、格拉斯哥等。希思罗机场是世界上最为繁忙的国际旅客集散地之一，也是英国最重要的旅客和货运空港。2007 年这里承运了旅客 6790 万人次，货物 131 万吨。盖特威克机场是世界第六大国际空港，也是世界上最为繁忙的单跑道机场。2007 年盖特威克机场承运的旅客总人数为 3520 万人次。

（三）通信

在英国的经济中，电信业是发展得最快的部门之一。在诸如移动电话和网络服务这样一些新兴的服务业中，增长的势头特别强劲。政府采取促进市场竞争的政策，1984 年把垄断性公司前英国电信公司私有化，鼓励许多新公司提供各种电信服务。1991 年结束了仅有两家公司垄断市场的局面。现在，政府给 300 多家供应商发放了近 400 个许可证。英国还积极推动国际电信市场走向更加自由开放。2007 年英国电信市场的营业额约 388 亿英镑。

电话是英国家庭最广泛使用的消费品之一。全国有固定电话线路 3400 万条。截至 2007 年，拥有电话的家庭达到了 99%；而至少有一名家庭成员拥有移动电话的家庭占 81%。

英国的互联网发展速度相当快。目前，其人均互联网接入率在全世界仅次于美国和北欧国家。据英国国家统计局 2008 年 8 月公布的数字，当年英国已有 1650 万家庭（65%）可以接入互联网，其中宽带上网者占 5/6。

（四）邮政

英国的邮政始建于 1635 年，同时也是世界上第一个发行背面带胶水邮票的国家。2008—2009 年度皇家邮政在每一个工作日里要向 2800 万个地址投放约 7500 万个邮件。其国际邮政服务有着良好的信誉，服务费属于最低行列，在希思罗机场有自己的邮件处理中心，处理 80% 的对外邮件，每周有 1400 个航班向世界范围内的 280 个地点直接发送。皇家邮政集团 2007 年营业收入为 188.41 亿美元。

“世界包裹邮务”提供一种特别服务，在英国全国和世界上 239 个国家和地区内经营直接快速投递业务，一年处理 4.04 亿个邮包。

英国全国邮政网络 2008—2009 年度的收入为 95.6 亿英镑。英国有邮政局 11952 个，其中近 600 个由英国邮政总局直接经营，其他为特许或代理机构。邮政系统的直接雇员有 17.6 万人。

六 金融和其他服务行业

（一）基本情况

在英国的经济统计中，服务业是一个十分宽泛的概念，泛指除第一、第二产业以外的所有非物质生产部门，也即第三产业。它除包括批发和零售业、金融、餐饮、旅游与娱乐业以及商务服务等服务性行业外，还含教育、卫生、政府行政和防务部门等。英国是一个服务业高度发达的国家。2007 年各服务业部门占英国国民生产总值的比重达3/4，占就业人口总数的 76.8%。就业于服务行业的人数为 2244 万人。

英国作为世界上一个重要的金融中心，包揽了世界上相当大一部分银行、投资、保险、期货交易和其他业务。随着居民实际收入的增长，消费者在增加金融投资的同时，用在为个人生活与休闲方面提供服务的开支也越来越多。英国的旅游业非常发达，是世界上重要的旅游国家之一。旅行社、旅馆和餐饮服务得益于迅速发展的旅游业。计算机、商业服务和娱乐业也是重要的非金融服务业部门。商业服务则包括广告、市场研究、管理咨询、展览和会议设施等等。

（二）金融服务

伦敦从 18 世纪起到 19 世纪，逐渐发展成为世界上最大的国际金融中心。在第一次世界大战期间，伦敦的金融地位曾一度下降，美国的纽约开始崭露头角。二战中英国经济虽损失惨重，但伦敦却仍保持了它在国际金融市场中的重要地位。伦敦城现为世界三大金融中心之一，是欧洲最大的金融中心。此外，爱丁堡（欧洲第四位）、曼彻斯特、加的夫、利物浦、利兹和格拉斯哥等城市也是英国重要的金融中心。2005 年，英国金融服务部门的产出占英国国内总产值超过 8.5%，2007 年就业人数 105 万人。2006 年金融业净出口 244 亿英镑。

1. 伦敦城的地位　伦敦城是英国金融业的心脏与欧洲最大的金融中心。这里云集了英国与世界各国数百家重要的金融机构，其中有英格兰银行、伦敦股票交易所和劳埃德保险市场。其重要性突出地表现在以下一些方面：（1）它有着比其他任何金融中心都多的海外银行，2006 年有 450 家外国银行在伦敦设立了分支机构或办事处；（2）它是世界上最大的国际保险中心；（3）它有世界上最大的股票市场，占全球股票交易量的 58%；（4）它是世界上最大的外汇市场，约占全球日净外汇交易量的 30%；（5）它是世界上第三大基金管理中心，2005 年底英国基金管理业负责的各类基金总规模达 3.5 万亿美元；（6）它是世界上最大的金融衍生物市场之一；（7）它是世界最大的黄金现货交易市场、船货市场和重要非贵金属交易中心；（8）它又是从事欧洲货币初次与再次交易的重要国际中心；（9）它可以提供全方位的辅助和支持服务，包括法律、会计和管理咨询等。

造成伦敦具有如此重要的地位且经久不衰的原因有下列一些因素：有着长期的国际金融经营史，对许多外国银行具有特殊的吸引力；拥有大量的金融机构、经验丰富的从业人员和最先进和完备的通信网络；政府的金融管制比较宽松，尽量把限制性的措施减少到最低限度，允许外国银行在同等的条件下与英国的同行进行竞争；在进行欧洲货币交易时，没有必须拥有最低准备金要求的规定，也没有对利率的各种管制；英国政局相对比较稳定；伦敦的地理位置适中，与欧洲其他金融中心处于同一时区；英语更是银行界的通行交易用语等。

2. 银行　英国的金融机构是以作为央行的英格兰银行为中心，包括商业银行和非银行金融机构在内的几个部分组成的完整体系。商业银行包括存款银行（也称“零售银行”或“清算银行”）、商人银行、贴现银行和海外银行分行。此外，来自欧洲其他国家的 103 家权威机构的分支机构也有权在英国从事跨边界的储蓄业务。约有 450 家海外银行在伦敦设有附属机构、分行或代表处。2006 年，银行业产值占英国国内生产总值的将近 5%，就业人口 50 万，占就业人口总数的 1.5% 左右。2006 年底英国银行业资产总额超过 6.2 万亿英镑，其中外国银行管理的资产占 53%；跨境银行贷款业务量达 5.1 万亿英镑，占全球的 20%，位居榜首。

近年来，英国的零售银行业务取得了前所未有的发展，汇丰、皇家苏格兰银行、巴克莱、苏格兰哈里法克斯银行和劳埃德银行等五大银行的业绩表现不俗。在投资银行领域，2006 年英国的投资银行业务收入约为 62 亿美元，欧洲地区一半的投资银行业务是在伦敦进行的。此外，伦敦还是全球私人银行业务主要集中地之一，2005 年由英国金融机构管理的私人客户证券总值达 2760 亿英镑。

3. 保险　伦敦是世界上主要的保险业中心之一。据统计，2005 年它处理着世界海运保险业务总量的 20.2% 和航空保险业务总量的 27%。它也是全球最大的再保险中心。

保险业务分两种：长期的人寿保险和一般保险。在英国大约有 230 家公司从事长期保险，外国公司占 3/4。英国 63% 的家庭都参加了人寿保险。一般的保险业务范围包括火灾、意外事故、普通债务、汽车、航空和运输事故等。2005 年英国在世界范围内的保险费收入总额达 1670 亿英镑，其中海外业务占 21%。保险业从业人数超过 33 万人，占英国金融服务业就业人数的 1/3；管理基金规模达 9020 亿英镑。

伦敦聚集了世界前 20 大保险公司和再保险公司。1688 年开业至今的伦敦劳埃德市场以经营高风险保险业务闻名于世，其业务遍及世界 200 多个国家和地区，92% 的富士 100 指数公司和 93% 的道琼斯指数公司在劳埃德市场投保，2005 年其保费收入在伦敦地区占 52%。

4. 金融监管　为使金融服务部门能进行自由和公平的竞争，为其提供一个适合市场发展需要的规范化机制和适宜的架构，英国政府致力于改善市场的功效，以促进市场的发展，并使社会与投资者的利益得到相应的保护。财政部对金融服务的管理与监督负责，特别是负责对涉及银行、住房互助协会、投资业务等操作规范进行立法，同时对保险和投资委员会实行监督。1997 年英政府还专门成立了主管金融事务的“金融服务局”，2000 年议会通过了“金融服务与市场法案”。法案规定，以完整的条例规章体系取代部分基于自我约束的管理机制。另外，贸易和工业部负责公司法和破产事务，并根据金融服务、破产和公司法进行调查，与反严重欺诈局一起共同负责提出起诉和执行。

国际金融危机爆发后，金融监管的重要性日益凸显。作为国际金融中心，英国在强化金融监管方面做出了相应的努力。2009 年 7 月 8 日，英国财政部发表了题为《改革金融市场》的白皮书，为如何强化金融监管提出政策性建议。白皮书提出成立金融稳定理事会，进一步完善和强化金融服务监管局的职能，密切关注“具有系统重要性的金融企业”，管理系统性风险，保护消费者的利益，加强国际合作等一系列措施。10 月，英国金融服务局出台了相关规定，这些规定旨在迫使银行持有大量“优质”政府债券，以提高各银行应对流动性危机的能力。

（三）金融市场

伦敦城是世界著名的金融市场，包括伦敦股票交易所、外汇交易市场、金融期货交易、欧洲债券和欧洲货币市场、劳埃德保险市场，以及金条和商品市场。证券市场受财政部、英格兰银行、保险和投资委员会、伦敦股票交易所等机构的联合监督。

1. 资本市场　资本市场是中长期资金的交易市场，由直接从事借贷活动的中长期借贷市场与证券市场构成。伦敦股票交易所在保持伦敦作为国际上重要的金融中心地位方面发挥着极其重要的作用，其主要中心在伦敦，此外，在贝尔法斯特、伯明翰、格拉斯哥、利兹和曼彻斯特等地还设有分支机构。伦敦是全球重要的证券和债券交易中心。2006 年底共有 1276 家公司在伦敦交易所主板市场挂牌交易，证券市值达 1.9 万亿英镑；创业板市场挂牌公司 1634 家，证券市值 910 亿英镑；在两市挂牌的外国公司共 649 家，远远超过美国纽约交易所（451 家）和纳斯达克交易所（321 家），交易额达 3.3 万亿美元，占全球市场的 42.4%。在首次公开发行业务领域，2006 年伦敦以 17.2% 的全球市场份额超过纽约（16.8%）。在国际债券交易领域，伦敦占全球市场的份额达 70%，交易量在过去 10 年增长 5 倍以上，2006 年总额达 65 万亿美元。

2. 货币市场　伦敦货币市场包含银行之间的储蓄市场，再加上一定范围通常是短期且可转让的证券交易。在这些市场中，银行是主要参与者，同时受英格兰银行的监督。

货币市场的活动就是将钱借贷或投资于国外市场，尤其是为进行国际贸易和投资而筹措资金。伦敦是欧洲货币市场的中心，容纳了大多数主要的国际银行和证券公司。参与者有多国贸易公司、金融公司、各国政府，以及国际组织，如世界银行和国际投资银行等。

近年来欧洲证券市场已有了相当大的发展，因为证券交易，包括欧洲债券、欧洲中期票据和欧洲商业证券，被看作是比银行贷款更为灵活的一种选择。

3. 外汇市场　由于伦敦在国际贸易和国际金融方面所处的重要地位以及英镑作为一种重要的国际结算货币，使伦敦成为世界上最大的外汇交易中心之一，其每天的交易量超过全球净交易量的 30%。2006 年伦敦日均交易额 1.2 万亿美元。

（四）其他服务行业

1. 商品销售　包括食品与饮料在内的产品分发与销售，是一项重要的社会经济活动。这里主要有批发和零售两大类，构成庞大的销售网络。2004 年英国批发与零售商业的增加值为 1275.2 亿英镑。2005 年批发业营业额达 4691 亿英镑。2006 年零售业的雇员有 300 万人。当年英国零售业部门（包括个人与家庭用品的维修）的营业额为 2550 亿英镑。

近年来随着“电子商务”的发展，绝大多数连锁超市都在不断扩大和改善在线销售与服务。目前英国已成为欧洲最先进的“电子商务”国家之一。2006 年英国零售业在线销售额达 109 亿英镑。

2. 旅馆与餐饮业　英国共有各种旅馆（从大旅馆集团到个人经营的小宾馆）6 万多家。最大的旅馆是格兰纳达集团所拥有的福特旅馆业集团，该集团在英国拥有 323 家旅馆。主要的休假中心系由布特林思、休假俱乐部、派克司中心、沃纳休假中心和庞亭思等旅游服务企业经营。2005 年，英国餐饮业销售额达到 519.75 亿英镑；饭店数量为 26416 家，共提供了 7.34 亿人次的就餐服务。英国人外出就餐的次数比欧洲其他国家以及美国人要多。

3. 旅游与娱乐业　旅游业属英国迅速增长的关键部门之一，现已成为英国经济的支柱产业之一。英国是仅次于美国、西班牙、法国和意大利的世界第五位旅游收入最多的国家，产值占国内生产总值的5%，约有180万人在旅游及相关服务领域就业，其中约有15.5万人为独立经营者。英国约有12.6万家企业（主要是一些独立经营的小店铺），承揽了大量的旅游服务工作。它们包括旅馆、宾馆、招待所、饭店、休假中心、汽车旅馆和野营园地等。英国约有8%左右的小企业专门从事旅游业。2007年从业人员210万人。

2007年来英国的外国游客达3280万人次，旅游收入为370亿美元。英国居民主要选择在国内度假，1999年英国人花在国内旅游方面的费用约为482亿英镑。另外，每年也有大量英国人去海外度假。2007年到海外旅游的英国人为6950万人次，共支出350亿英镑。

4. 展览与会议中心　英国是世界上组织国际会议的主要国家之一。伦敦是世界著名的会议城。英国最著名的会议和展览中心有：伯明翰国际会议中心、伦敦的伊丽莎白二世和奥林匹亚会议中心、加的夫国际竞技场和贝尔法斯特水边大厅。苏格兰的爱丁堡、格拉斯哥和阿伯丁也拥有重要的展览与会议中心。另外，在布莱顿、哈罗噶特（北约克郡）、曼彻斯特、博恩默思、诺丁汉等城市也有设备齐全的展览和会议中心。

5. 租赁业　英国拥有一系列范围广泛的租赁业，包括出租汽车和其他车辆、电视机、录像机和摄像设备、家用器具（如洗衣机）、工具和重型装修设备、录像带和电脑游戏器具等。

6. 计算机服务　计算机服务业包括软件开发、网络整合、信息技术咨询、加工服务以及提供完整的计算机系统。它还包括提供信息技术方面的教育与培训、维修与管理，以及按照合同为客户提供计算机工作人员。2008年英国在计算机服务及相关业务领域内工作的人员有60万人。当年这一部门的产值占GDP的3.3%。

7. 管理咨询　英国有5.5万名从事管理咨询工作的顾问，为商业和政府的委托人提供专门性的帮助与建议。管理咨询协会的60个成员组织，包揽了英国70%的管理咨询工作。2008年，协会成员公司在英国国内外的收入共计90亿英镑，其中海外收入占1/10左右。

8. 广告与公共关系　英国是一个重要的广告创意中心，多国公司常常使用在这里制作的广告，用以在全球范围内推销它们的产品。2007年英国广告业的营业额达190亿英镑。2005年共有企业9900家，雇用员工22.3万人。

七　财政金融体制

（一）财政基本情况及管理体制

英国政府内主管财政的是财政部。政府各部门的概算必须经财政部核准和内阁讨论后，方可提交议会。英议会对国家财政实行监督，由下院具体执行，上院无权过问，也不能否决。对政府预算执行中与执行后的稽核，系由女王任命的下院官员，即督察长和审计长负责。

二战后英国的财政理论和经济宏观调控政策思想发生了重要变化。在二战结束之后的前二三十年内，英国两党政府基本上奉行的是凯恩斯主义的经济理论及其需求管理的政策思想，重视财政政策先于货币政策，热衷于推行宽松的财政措施。20世纪70年代以来，特别是撒切尔保守党政府上台以后，货币主义取代凯恩斯主义成为英国内主导的经济理论与政策思想。货币主义强调货币政策居于优先地位，主张控制货币供应量，削减政府开支，减少需求，解决通胀问题。1997年工党政府上台后，尽管对前任政府的政策作了适当调整，侧重点有所变化，但也十分重视控制通胀率，强调保持经济的持续稳定发展，继续推行适度从紧的、健康的财政政策。

战后英国财政支出长期以来呈快速增长的发展趋势。财政支出占国民生产总值的比例大幅度上升，从50年代的39.4%升至1984年的53.3%。80年代以来英政府实施控制财政开支、压缩公共开支在国民生产总值中所占比例的公共财政战略，情况有所改善。政府总支出占国内生产总值的比例，已由20世纪80年代初期的47%以上降至1990—1991年度的40.5%。20世纪90年代初的经济衰退导致这一比重再次上扬，但情况很快就有了改变。工党政府上台后采取了一系列控制公共开支的政策，收到了一定的效果，在1999—2000财政年度，英国政府的公共开支占国内生产总值的比例降到了不足

38%，这是20世纪60年代以来的最低水平。不过，由于工党政府上台之前的承诺之一是改善公共服务，从2003年开始，政府公共开支不断增加，2007年英国政府财政赤字共计394亿英镑，相当于GDP的2.8%；政府债务总额6188亿英镑，相当于GDP的43.8%。而且2008年以来，受国际金融危机的影响，英国金融服务与住房部门的增长均大不如前，从而导致财政收入增长减缓、财政压力加大。预计在2009年和2010年其财政赤字占GDP的比例，将超出欧盟稳定与增长公约规定的3%的上限。

20世纪70—80年代，英国通货膨胀幅度剧烈波动。通胀率1980年5月曾达到20.8%的最高峰。但撒切尔政府推行的自由化改革对治理通货膨胀产生了一定的效果。自1993年以来，通胀率一直在2%到3.5%的幅度内上下摆动。工党政府1997年上台执政之后的大部分时间里，英国的通货膨胀率（以CPI为标准）也一直保持在较低水平，2002—2005年均在2%这一官方预期目标以下。但从2006年开始，英国的通货膨胀率就开始超出了2%（2006年和2007年均为2.3%）。在2008年开始的全面经济衰退中，英国先是经历了物价急剧攀升（2008年9月份英国通货膨胀率曾升至5.2%）；后在通货紧缩的威胁下，消费物价指数又呈明显下降的趋势（2009年4月英国消费物价指数降至2.3%）。

（二）中央政府的预算及财政政策

英国财政年度的起讫期是从当年4月1日到翌年3月31日。

在2006—2007年度，政府的财政收入为5191亿英镑，占GDP的39.2%，其中所得税占总收入的28%；国民保险费占17%；增值税占14.9%；公司税占8.6%。公共部门的开支为5501亿英镑，其中最大的项目是社会保障，为1318亿英镑，占支出总额的24%；其次是国民卫生保健占17%，再次是教育占13%。资助地方当局的支出为1038亿英镑，约占公共开支的19%。另据英国国家统计局2009年5月公布的数据，2007年英国的经常项目赤字为526亿英镑，占国内生产总值的3.8%。2008年英国财政赤字则降至相当于国内生产总值的1.7%。

工党政府曾为其财政政策提出了两条指导方针：一是在一个经济周期内政府的借贷只能用于投资，而不得用来资助当前的公共开支，这就是所谓的"黄金原则"。二是公共部门的净债务占国内生产总值的比例在该经济周期内应保持在一个稳定、适中的水平上。这就意味着当今的纳税人只支付目前的开支，这样就使公共开支受到严格的控制。

（三）地方财政

英国的财政体制是中央与地方二级预算。按法律规定，地方预算不纳入国家预算，由所在地方政府机关批准，不需要上一级或中央政权机关审批。地方预算有固定的地方税和地方经济收入。但在实际执行中，地方财政对中央的依赖程度不断加深：地方税在地方收入中所占的比重不断下降（从20世纪30年代的55%左右降至目前的10%左右），中央预算下拨给地方的补贴所占比重则大幅度上升（目前为55%）。英国地方政府的开支约占国家公共开支总额的25%。地方政府开支的主要项目是教育、社会治安、个人的社会服务、住房、其他环境服务，以及道路和交通。资金开支的来源除中央政府拨款和地方税收外，系在相关规定的范围内进行借贷，以及出售本地的土地和建筑物之所得。地方政府每年的财政开支都要受到在英格兰和威尔士审计委员会指派的独立审计员的审计，地方选民有权参与并监督地方财政开支的审计工作。

（四）税收

税收是英国政府财政收入的主要来源。据统计，在2006—2007年度的财政预算中，各项税收合计占总收入的76.8%（不含国民保险费，若加上国民保险费则为93.6%）。英国的税收以所得税占首位，增值税第二，消费税居第三位。英国税收名目繁多，除上述种类外，还有公司税、石油收入税、资本收入税、资本转移税、车辆和印花税等。除此之外，作为福利国家重要内容的社会保险，是由政府专门设立的预算外国民保障基金管理。国民保障基金收入的半数以上来自国民保险费，绝大部分系由雇主和雇员交纳。工党政府推行的税收改革，其总的原则是：①鼓励每一个公民就业并积极寻找工作；②促进节约（储蓄）和进行长期投资；③促进社会公平。政府采取的具体措施主要有：①降低所得税率——从1999年4月开始，新的起征税率为10%；而基础税率从2000年4月起降至22%，这是近70年以来的最低水平。自2008年4

月1日起，基础税率又降至20%，个人所得税的年度免税额也从5225英镑提高到5435英镑。②对国民保险费的缴纳作重大改革，从2001年4月起，低于一定收入标准的人（约90万人）可免于支付。③从2001年4月起，实行新的儿童税收津贴。④采取一系列措施帮助领养老金者，包括较高的个人税收津贴，提高冬季燃料津贴（从20英镑增加到100英镑），以及增加领养老金者的最低收入保证。英国与欧盟其他国家相比，税收是较低的。

（五）公共债务

1929—1932年世界经济危机后，英国国债开始激增。二战后在凯恩斯主义赤字财政政策的影响下，政府财政赤字长期化，公共部门的借款需求恶性膨胀。据统计，在1946—1984年的39年中，有财政赤字的年头就有33年。公共部门借款需求是反映国家弥补财政收支差额的重要指标。不断减少公共部门借款需求在国内生产总值中的比重、谋求实现收支平衡是英国政府财政战略的一项重要目标。1979年撒切尔政府上台后强调紧缩财政开支，坚持实施中期财政战略收到一定成效。20世纪90年代中期起公共部门的财政状况开始好转。布莱尔工党政府上台主政后，在债务管理方面推出的一项重要变革，是将债务与现金的管理职责由英格兰银行转交给财政部；并专门成立了联合王国债务管理局，负责金边债券的销售和市场管理。1998—1999年度财政预算的经常项目实现了73亿英镑的结余。公共部门的净债务占国内生产总值的比例从1996—1997年度的44.1%降至1998—1999年度末的40.6%，2001—2002年度更降至29.7%。不过随着2008年金融经济危机的全面爆发，政府不得不实施庞大的救市和财政干预计划，为陷入困境的金融机构大量注资，政府财政赤字迅速飙升。2009年4月底公共部门的净债务为7540亿英镑，占国内生产总值的53.2%；而一年前该项数字则分别为6187亿英镑和42.9%。

（六）投资

资本积累和固定资本投资是扩大再生产的物质基础，也是国民经济各部门发展的基本条件。战后相当长时期内英国经济之所以增长缓慢，同其资本积累较低从而影响了固定资本投资是分不开的。同德国、法国、意大利、日本相比，英国无论在20世纪50年代、60年代，还是70年代，其资本积累率都大大低于这几个国家。不过20世纪80年代开始情况有所好转，这期间英国投资的年增长率达到了4%。在90年代初的经济衰退中投资再度下降，但之后又有所改善，1998年的固定投资增长率为9.9%。从总体上来看，1963—2006年，英国固定资本形成率维持在15%—22%的水平，平均固定资本形成率为18%。2007英国的固定投资总额占GDP的比例为17.8%，欧盟平均水平为21.3%，经合组织国家平均为20.9%。相对而言，英国仍然处于偏低的水平。不过，英国商业投资的增长势头一直比较强劲。例如，1965年英国的商业投资仅为340亿英镑，到1980年时增加到了448亿英镑，1989年达到758亿英镑，1996年超过了800亿英镑，2008年达到1416亿英镑。受全球经济金融危机的影响，2009年伊始英国商业投资出现了下滑趋势。根据英国国家统计局公布的数据，2009年第一季度，英国商业投资为330.4亿英镑，比去年同期下降了6.8%，且服务业、制造业、建筑业等各个部门的投资均有下滑。

（七）货币政策

英国的货币政策是由英格兰银行执行的。

1. 英格兰银行 英格兰银行开始时仅是一家私人银行，于1694年根据一项议会法案和皇家宪章建立，并于同年7月27日正式营业。由于它把全部资本120万英镑都贷给了政府，从而取得了货币发行权。到18世纪80年代，实际上它已成为政府机构的一部分，并成为一个法人团体。1946年政府取得了它的全部股本。作为英国的中央银行，它的任务是：服务于国家经济的有效运转，保持一个稳定而有效的货币和金融框架，支持政府实现持久的低通胀；维护货币的完整和价值；维护国内外金融体系的稳定；保证金融服务部门的有效性等。英格兰银行还以政府的代理人身份来管理国家的黄金、外汇储备；代表政府和其他银行从事外汇交易。1997年5月，工党政府执政后，对英格兰银行迅速进行了大胆改革，授权它独立决定银行利率，不再受财政大臣的控制。

英格兰银行在对英国银行业实施监督和管理方面也具有重要作用。1979年通过的银行法授权英格兰银行审查和批准金融机构的设立。英格兰银行有权对其颁发牌照的所有银行行使监督检查权。1987年通过的新的银行法，又进一步加强了英格兰银行的监管权力和责任。

2. 政策手段　国家为了实现货币政策目标，必须采取一系列的政策手段，这就是所谓的货币政策工具。英国的货币政策工具主要包括下列诸项：（1）公开市场业务。英格兰银行通过在公开市场上买卖政府证券，来影响各银行在该行保持的存款余额，从而影响它们的贷款业务规模。（2）利率。利率是英国又一个传统的货币政策工具。1971 年以前这一工具是英格兰银行的贴现率。贴现率作为官方利率，其升降会引起整个市场利率水平的变化。1972 年英格兰银行的最低贷款利率取代了贴现率，它仍能同贴现率那样起带动市场利率变动的作用。（3）特别存款。特别存款这一政策工具的效果是减少银行的储备资产，降低其流动性比率。银行要恢复其流动性比率，就得卖出证券或紧缩贷款，从而达到控制银行贷款增长的目的。（4）储备要求。这也就是所谓的存款准备金制度。它要求银行按英格兰银行指定的形式保持某种资产即储备资产。英格兰银行通过控制储备资产来控制货币供应量。

八　对外经贸关系

（一）基本情况

几百年来，外贸对英国的经济一直有着极其重要的意义。17 世纪末，英国取得了海上霸权和世界贸易市场上的优势，18 世纪又取得了北美和印度的市场。从 19 世纪到 20 世纪，英国生产和出口的工业品大约各占世界的一半。由此，英国一直把对外贸易看作是它的生命线。第一次世界大战之后，英国在世界贸易中的地位明显下降。到 20 世纪 30 年代，受世界经济危机的影响，英进、出口贸易均有较大幅度的下降。及至二战前，其进、出口都未达到 1928 年的水平。战后随着世界市场的不断扩大，以及在第三次科技革命的推动下，英国的外贸较其过去有了很大发展。但是，由于增长速度仍大大低于其他资本主义国家，致使英国在世界贸易中的地位一降再降。造成这种情况的原因有：原殖民帝国时期形成的产业和贸易结构，已不能适应帝国瓦解之后的新形势；出口商品的生产成本高，竞争力相对较弱；受海外投资丰厚利润的影响，国内资金大量外流，影响国内生产的进一步发展，并转移了本国一部分出口值等。此外除个别年份外，英国外贸也常出现逆差。

2006 年，英国商品与服务贸易的出口值为 3604 亿英镑，其中商品出口值 2445. 42 亿英镑，服务出口收入为 1158. 58 亿英镑；进口值为 4013 亿英镑，其中商品进口值 3282. 33 亿英镑，服务进口支出为 730. 67 亿英镑。在贸易中，商品再出口发挥了极大的作用，英国有将近一半的进口商品会再出口。

（二）贸易政策

鉴于贸易对其经济的重要性，英国历来坚持推行自由、公开、多边以及不断扩大世界贸易的政策。为此，它在世界贸易组织、国际货币基金组织、经济合作与发展组织等一些国际经济组织中积极开展活动，为实现这一政策目标而努力。

（三）贸易结构

英国历史上是制成品出口、半制成品和粮食及原料的进口国。20 世纪 70 年代初，制造业占出口的 85% 左右。由于 70 年代中期北海石油出口开始大幅度增加，制造业在出口中的份额到 80 年代中期降到 67% 左右，但随后又回升到 1995 年的 84%。然而，自 1982 年以来，制造业的进出口从未有过盈余。机器和运输设备约占出口的 43% 和进口的 41%，飞机、化学制品和电子产品在出口中的份额已有了很大的增加，而纺织品的重要性已今不如昔。英国的计算机、电视机等的出口在欧洲均名列前茅。

自 20 世纪 70 年代中期以来，北海石油在英国的进、出口转换中发挥了很大的作用。燃料在出口中的份额到 80 年代中期已从 1975 年的 4% 上升到 22%，但到 1995 年又回落到 6%；进口份额从 1975 年的 19% 下降到 80 年代中的 13%，再降到 1995 年的 3. 5%。从 1980 年起到 2004 年为止，英国的石油出口额持续超过进口。2005 年英国的石油进出口第一次出现赤字，2008 年英国石油贸易的赤字则达 56 亿英镑。

2006 年英国主要出口商品为电机与电气产品、机械设备、矿物燃料、汽车及其零件、药品、珠宝及贵金属、光学仪器、有机化学品、航空航天器及零件和塑料制品等。其中电机、电气、音像设备及其零部件的出口额为 802. 1 亿美元；核反应堆、锅炉、机械器具及零件的出口额为 710. 8 亿美元；矿物燃料、矿物油及其产品、沥青的出口额为 427. 8 亿美元。

2006 年英国主要进口产品为机械设备、电机与电气产品、汽车及其零件、矿物燃料、珠宝及贵金属、药品、光学仪器、塑料制品、航空航天器及零件和有机化学品等。核反应堆、锅炉、机械器具及零件仍占据进口商品的第一位，但同比仅增长 3.1%。电机、电气、音像设备及其零附件进口增长较快，为 22.9%。而珠宝、贵金属及其制品的增幅达 65.2%。

（四）主要商品市场

历史上，英国的殖民地和英联邦国家是其最大的贸易伙伴。1950 年，英国与英联邦国家的贸易占其贸易总额的 39%，西欧国家占 30%，北美为 13%。现在，英国对外贸易的主要对象是发达的资本主义国家。1970 年，与这些国家的进、出口贸易均占其贸易总额的 70%，到 1995 年，这一比例已分别上升到 83% 和 80%。而与非石油生产国的贸易占其贸易总量的比例从 1970 年的 24% 下降到 80 年代中和 90 年代初的 13%。1972 年，英国加入欧共体的前一年，它与 1995 年后至 2004 年前成为欧盟成员国的 14 个国家的贸易，占其外贸总额的 40%。到 1995 年，这一比例已上升到 57%。欧盟目前是英国最大的贸易伙伴，2007 年分别占英国出口额的 57.9% 和进口额的 54.7%。2007 年英国前四位最大出口市场为：美国（13.8%）、德国（13.7%）、法国（7.7%）和爱尔兰（7.4%）；前四位最大进口市场为：德国（14%）、美国（8.5%）、荷兰（7.4%）和法国（7%）。

（五）进出口控制

二战后，英国历届政府始终执行鼓励出口的政策。除签订各种双边和多边国际协定外，英还通过设立专门的贸易机构、提供资金和技术援助、利用政府官员出访、组织各种贸易代表团、考察团出访、举办商品展览会等方式来帮助出口商开发国外市场。1961 年，在贸易部内专设出口信贷保证部，对出口商提供包括客户拒付货款、战争、生产费用意外上涨等各种风险的信贷保证；1964 年，又以出口退税形式给汽车、机械和酒类的出口商退还一部分间接税。

与此同时，为了限制生产和生活资料进口值的大幅度上升，英国于 1948 年实行进口限额和许可证制度，1964 年又对大多数进口制成品和半制成品征收 15% 的临时附加税（1966 年取消）。英加入欧共体后便执行共同体内部的统一规定，放松进口管制。1974 年，由于石油价格大幅上涨及世界经济危机的影响，各国竞争加剧，英国又对一些商品施加进口限制，如食品、钢材、纺织品、服装、电器耐用品等。1979 年，除对少数商品仍实行进口限制外，大部分已取消。

此外，根据联合国的规定，英国或是从制裁、禁运出发，或是以保护人类、动植物的生命和健康名义，把下列物品同样列入禁止或限制进、出口的名单，如军品、核材料、某些毒品、爆炸品，以及某些农产品、园艺品和食品等。

（六）国际收支

英国的国际收支通常以经常项目来衡量，包括商品贸易（又名有形贸易）和无形贸易（劳务出口）两部分。

二战前，英国在商品贸易和劳务出口方面一直名列世界前茅。从 1816 年到 1938 年的 123 年间，英国的国际收支经常项目都是顺差。二战后，由于其经济发展不及其他工业化国家，在世界贸易中的份额日趋下降。从 1946 年到 1979 年的 34 年间，有一半的年份出现逆差。自 1950 年至 1979 年，赤字累计达 280 多亿英镑。1980 年以来，由于北海石油大幅度增产，英国的国际收支状况明显改善。到 1983 年英国的国际收支经常项目连续 4 年出现顺差。从 1984 年到现在，英国的国际收支状况可以分为三个阶段。第一个阶段为 1984—1989 年，经常项目赤字逐步上升，到 1989 年高达 255 亿英镑（占 GDP 的 4.9%）；第二个阶段为 1990—1997 年，这一阶段经常项目赤字逐步减少，1997 年时仅为 100 亿英镑；而从 1998 年开始的第三个阶段，经常项目赤字又节节攀升。2007 年的经常项目赤字达到了 526 亿英镑，创历史最高纪录，但从占国内生产总值的比例来看，低于 1988 年和 1989 年，为 3.8%。其中，商品贸易收支逆差为 893 亿英镑，而服务贸易则为 418 亿英镑的盈余；投资收益为 93 亿英镑；而经常项目中的资金转移则为 137 亿英镑的赤字。

英国经常项目收支的特点是，商品贸易赤字的相当大一部分通常系由无形贸易的收入盈余来弥补。因此无形贸易对英国的国际收支具有重要的意义和影响。战后从 1948 年以来英国无形贸易的净收入持续增加。因此，战后以来英国尽管在商品贸易上的赤字越来越严重，然而无形贸易的大量盈余在相当大程度上抵消或缓解了有形贸易所造成的英国国际收支经常项目逆差。

（七）内外投资

英国是世界上重要的对外投资国，同时也吸引外来投资的主要国家之一。政府鼓励英国企业家投资海外、也欢迎外国企业家来英国投资。

截止于1999年底，英国的海外直接投资累计资产总额为4185亿英镑，外国在英国的直接投资总额为2431亿英镑。到2006年底，英国的海外有价证券投资总额为15600亿英镑，外国在英国的有价证券投资总额为16200亿英镑。据2007年底统计，在英国的对外直接投资中，欧盟所占份额为38.5%，美国为23.4%，亚洲和非洲分别占6.69%和3.43%。而在外国对英国直接投资总额中所占的比例，美国为29.7%，欧盟为41.3%。

始发于2007年的金融危机，使英国的海外资产及外国在英国的投资都被严重殃及，出现了资金的大量逆向流动。英国国家统计局2009年3月提供的数据显示，英国的海外直接投资2007年为1361亿英镑，2008年则缩水为603亿英镑；外国在英国的直接投资2007年为982亿英镑，2008年则降至524亿英镑。英国在海外的有价证券投资2007年为920亿英镑，2008年的净值为1320亿英镑的逆向资金流动；外国在英国的有价证券投资2007年为2087亿英镑，2008年的净值为2575亿英镑。英国在海外的其他投资2007年为7471亿英镑，2008年的净值则缩水为3471亿英镑。

九 社会保障与社会问题

（一）福利国家的形成和发展

英国社会保障制度的缘起和发展有着久远的历史。现代社会保障制度的一些重要内容在英国很早就得到了发展，有人甚至把它的起源上溯至伊丽莎白一世时代的济贫法。不过，真正意义上的福利国家作为传统农业社会向现代化工业社会转型的产物，起源于19世纪初。而英国社会福利制度的基础则是在20世纪初奠定的。较为完整意义上的福利国家是在二战后最终形成发展起来的。20世纪四五十年代是社会福利制度的形成期。二战后工党政府在贝弗里奇报告的基础上先后颁布并实施了《国民保险法》《国民医疗保健法》和《国民救济法》等一系列涉及人民生活福利的法规，以法律的形式进一步健全和巩固了国家的福利制度。20世纪60年代到70年代初，福利制度的发展已达到高峰期。这时随着经济的迅速发展和社会物质文化水平的提高，政府举办的社会福利项目越来越多，社会福利开支空前膨胀。20世纪70年代以来，由于经济危机等国内外因素的影响，政府已不堪承受社会福利开支的沉重负担，致使福利制度陷入前所未有的困境，撒切尔政府在社会福利制度改革中试图引进更多的市场机制与自助原则。继前保守党政府之后，1997年上台执政的工党政府，强调通过改善教育和基础设施来提高人们的就业能力，实施鼓励自立而不是依赖性的税收和福利政策，以创造更多的机会使人们分享生活水平的提高。

（二）社会保障

社会保障制度是英国福利国家的主体部分，包括社会保险、国民保健服务、社会救济和补助、个人社会服务。

1. 社会保险 英国从1948年起实行“国民保险计划”，已逐步形成一个广泛的社会保障体系，旨在保护个人及其家庭免除因失业、年老、疾病或死亡而在收入上蒙受损失，并通过公益服务以提高其福利。按《国民保险法》的规定，所有在离校年龄和退休年龄之间的公民都必须参加社会保险，交纳相当数量的保险费。同时由国家和雇主注入大量资金，以满足社会保障的基本需求。按时交纳社会保障款的人可以享受退休年金、疾病津贴、失业津贴、产妇津贴、寡妇津贴、工伤与伤残津贴和战争抚恤金等方面的福利。

2. 国民卫生（保健）服务（NHS） 凡居住在英国的人，无须取得保险资格即可在免费或低费用的情况下享受相当完善的医疗保健服务。国民保健服务由三部分构成：（1）医院与社区医疗服务；（2）家庭保健服务；（3）保健与杂务服务。这里占主导地位的是第一项服务，它在2006—2007财政年度占到全部医疗保健服务费用的80%左右。国民保健制度所需资金主要由中央财政支付。

3. 社会救济和补助 英国政府在1948年《国民救济法》的基础上于1976年制定了《补充津贴法》，建立了一套比较完整的社会救济制度，旨在满足特殊阶层居民应付特殊困难的需要。救济的方式是发放无捐年金，接受者必须经过严格的资格审查。社会补助制度是对社会保险制度的另一种补充，内容主要包括子女津贴、家庭信贷、住房津贴和病残看护补助等。

4. 个人社会服务 对象主要是老年人、残疾者、失去正常家庭照顾的儿童、精神病患者和有智力缺陷的人，由社会服务部门负责组织所属机构或其他社会团体予以照料。

（三）社会福利制度改革

自20世纪80年代以来，英国对社会福利制度进行了由浅入深的持续改革。保守党政府在位18年间，在福利支付、福利补贴和福利法规三大领域全面让权给私营部门，扩大福利供应领域的市场经济成分。推动英国政府进行改革的主要原因是：(1) 随着经济的发展和福利制度的建立与普及，人民的生活得到改善，人均寿命延长，人口日益老年化。这不仅使退休金和养老金的支付大幅度上升，而且还使得提供社会保险费收入的人数及其能力下降。(2) 老年人保健费用的增加和先进医疗设备的应用，导致国家医疗保健支付的剧增。(3) 大规模、长期失业队伍的存在，使就业培训和失业津贴的费用上升。所有这些导致社会保障支出的扩张快于经济的增长，使社会保障费用占政府预算支出总额的比重不断上升，给英政府造成了难以承受的财政负担。推动英国政府改革社会福利制度的另一个重要原因，是社会保障制度带来的日趋突出的负效应。虽然社会保障制度对保证大多数人民的最低生活需要、维持社会稳定发挥了重要作用，但它也容易造成一种社会观念，即“福利依赖文化”，导致部分社会成员养成坐享其成的心理。这就是所谓的“贫困陷阱”和“失业陷阱”。

英国社会保障制度经过近30年的改革，已发生了相当大的变化。首先，“普遍性原则”有所软化，“有选择性原则”得到加强。以往，不分贫富均可享有社会津贴。如今，政府发放津贴的着眼点是帮助低收入者。而对有工作能力却未从事工作的人则减少津贴，激励人们寻找工作。其次，在“平等”与“效率”的权衡上，强调效率；力图在保障基本社会需要的前提下，提高效率。再次，在福利供应领域更多地发挥市场机制的作用，让企业和个人在社会保障的融资方面承担更多的义务。另外，政府工作的重心已逐渐从发放社会津贴转到为社会提供优质的社会服务方面。30年的改革取得了明显成效。通过开源和节流，英国社会福利开支增长过快的势头已得到一定抑制。

工党上台后，布莱尔政府决心在保守党政府福利改革的既有基础上深化这场“福利革命”，主张推行“积极的”福利国家政策。他们认为改革的方向应是变福利国家为“社会投资国家”，主张把解决就业问题与改革社会保障制度相结合，强调加强职业培训、提高就业能力，以创造就业机会代替救济性的福利保障。但是，为了实现大选时对改善公共服务的承诺，工党政府对公共服务的支出还是呈逐年上升态势，尤其是在社会保障方面。2007—2008年度，英国的社会保障支出已达141亿英镑，是1979—1980年度（69亿英镑）的2倍，占国内生产总值的10%左右，比工党政府上台之初增加了将近14%。

（四）失业问题

英国从20世纪80年代起经历了自30年代大萧条以来最严重的失业浪潮的冲击，造成严重的失业问题。1986年7月英国的失业人口曾达310万人，占劳动力总数的11.2%。之后失业人数有所下降，20世纪80年代末90年代初降至200万人以下。然而1992年又升至近300万人，占劳动力总数的比例又超过了10%。随着经济的复苏和回升，就业状况也得到明显改善。但2008年第三季度，英国经济又步入了新的严重衰退。造成英国严重失业问题的原因，一是经济周期变动的直接影响。80年代以来，英国先后经历了1980—1981年、1990—1991年和2008年下半年开始三次严重经济衰退，这是自30年代以来最为严峻、持续时间最长的衰退，导致大批企业倒闭或裁员，失业人数急剧上升。二是经济和产业结构的调整加剧了失业问题的尖锐性和严重程度。80年代以来，英国产业结构的调整进程加快，一些被称为“夕阳工业”的传统工业部门急剧衰落，而依靠科技进步新兴的工业和服务业部门迅速发展。但这些新兴的部门所创造的就业机会，远远不能弥补传统产业部门所减少或损失的工作岗位。此外，职业培训不够、劳动力素质不能完全适应高新科技和现代社会发展的需要，也是导致失业问题严重的一个重要因素。

不过在1992—2007年的经济连续增长期内，英国在西欧主要大国中，被认为是就业形势较好的一个国家。特别是布莱尔政府上台后，把解决失业问题放在政府议程的突出地位，提出了“从救济到工作”的“新政”计划，所采取的各种政策举措对缓解失业产生了比较明显的作用：2004 年 8—10 月，英国失业人口为 140 万人，失业率为 4.7%。此后英国的年失业率基本上保持在5%左右，低于欧盟国家和经合组织国家的平均失业率。然而，始于2007 年的金融危机使英国经济自 2008 年下半年开始陷入衰退，对英国的就业造成了严重影响。2008 年7—9 月，英国失业人口达到 180 万人，失业率为 5.8%。2009 年第一季度，失业率达到7.1%，环比增长 0.8%，同比增长 1.8%。失业人口达到 222 万人，无论是从绝对人数还是增长率来看，都是自 1981 年以来最高的。2009 年 4 月，领取失业救济金的人数为 151 万人，创 1997 年 8 月以来的新高。

（五）老龄化问题

英国社会的人口结构正日趋老龄化。50 岁以上的居民人数在 20 世纪期间增加了几乎一倍，从1901 年占总人口的 1/6 增至 1998 年的约 1/3。80 岁以上的居民人数也有相当显著的增长。预计到2021 年，80 岁以上居民的人数将达 300 万人，约占人口总数的 5%。与此同时，16 岁以下的人口比例在下降。1971 年英国 16 岁以下的人口约占居民总数的 1/4，1997 年这一比例已降至 1/5 多一点。预计到 2021 年，65 岁以上的居民人口将超过 16 岁以下的青少年人数。人口结构的日趋老龄化，给英国的财政开支与社会保障制度，特别是养老保险制度带来了严峻的考验和问题。资料显示，2007 年领取养老金的人口（男性 65 岁以上、女性 60 岁以上）所占居民的比例，第一次超过了 16 岁以下儿童的百分比（16 岁以下人口的比例为 18.9%，法定领取养老金人口则为 19%）。在英国 2500 万劳动人口中，大约有 600 万人现在受国家养老金保护，1070 万人享受由企业管理的职业退休金，700万人参加个人养老金计划。然而，英国现行的养老保险制度已难以满足相当一部分老年人的基本生活需要。据有关统计，英国现有 1050 万老年人，其中至少有 100 万领取养老金的老人没有其他收入来源。21 世纪英国社会保障制度面临的支付危机，将因人口老龄化趋势的发展而变得更为严重和难以解决。

（六）外来移民与种族问题

英国是一个多民族和多种族混居的国家。据英国家统计局 1997 年的一项调查，住在大不列颠岛的居民 94% 为白人；其余约 360 万人的居民属于其他种族，主要是由西印度群岛、南亚次大陆、非洲英联邦国家迁来的黑人和亚洲人。其中印度人是最大的非白人种族群体，占少数种族居民总数的约 1/4。少数种族居民多集中在英格兰（主要是东南部），少数人居住在苏格兰和威尔士。伦敦辖下的布任特地区是少数种族居民最为集中的地方，该地近 45% 的人口属少数种族居民。约 3/5 的黑人居住在伦敦。在伦敦之外，莱斯特、伍尔弗汉普顿和斯洛是印度人最为集中的地方；而巴基斯坦人则多聚居在兰开夏郡、大曼彻斯特和西约克郡。华人以伦敦的“中国城”为聚集中心。

种族关系问题在英国存在久已。英国原始资本积累的一个重要来源便是贩卖黑奴的肮脏贸易。二战后有大量英联邦移民进入英国，种族关系日益成为英国的一个社会问题。这些移民来自英国的前殖民地，绝大多数人生活贫困，文化水平很低，来到英国从事被白人视为低贱的工作，无论在政治、经济或文化上均低人一等。他们在职业、居住上以及在公共场所都遭受歧视。因此战后几十年来在英国多次爆发种族冲突事件，并呈不断上升趋势。英国政府为改善种族关系进行了多次立法，规定在提供服务、就业、居住、教育和广告等方面存在的基于肤色、种族、民族或种族起源之上的歧视属于非法。依据立法先后建立了种族关系委员会、社区关系委员会和种族平等委员会，负责调节和处理种族关系方面的事务。新的立法把反对种族歧视的范围扩大到间接的歧视方面，规定任何人认为自己受到种族歧视都可以向法院起诉。尽管如此，英国种族歧视的现象仍相当普遍和严重。有色人种居民被殴打、枪杀的事件时有发生。在就业方面存在的事实上的不平等则最为明显，在少数种族居民当中黑人青年失业的比例最高。特别是 2001 年美国“9·11”事件爆发后，“反恐”成为全球范围内的普遍关切。由于英国政府宣布向“邪恶意识”宣战，将反恐的矛头指向穆斯林极端分子，致使英国广大穆斯林群众也因此面临巨大的舆论和政治压力。穆斯林同英国政府和白人及其他族群的关系出现空前紧张的气氛。如何在反恐与缓和紧张的族群关系之间寻求适当平衡，成为英国政治中一个异常敏感的问题。

（七）家庭与婚姻

英国家庭的数目在不断增加，已从 1961 年的 1630 万户增至 2007 年的 2440 万户。与此同时，家庭的平均规模在减小。单人家庭的住户迅速增长，目前占住户总数的近 30%。单亲家庭的比例自 1971 年以来增长了 3 倍（1971 年为 8%，2007 年升至 24%）。

据英国国家统计局公布的有关世纪之交英国家庭生活变化的报告显示，在 20 世纪最后 20 年，英国已婚人数呈大幅度下降的趋势。报告称，2000 年在英国 18—49 岁的妇女中，有 51% 已婚，35% 为单身，9% 离异，5% 与丈夫分居。而在 1979 年的调查结果是，已婚者为 74%，单身 18%，离异者 4%，与丈夫分居者为 3%。在 20 年的时间里，英国女性结婚者的比例下降了 23%。

2007 年的报告显示，在 16—59 岁的人口中，13% 的男性和 14% 的女性选择同居。另外，英国的离婚率也比较高，2005 年每千人为 2.6 人，高于欧盟 27 国的平均水平（每千人为 2.1 人）。这一婚姻家庭状况反映了英国社会变迁的重大趋势，既严重影响英国的时尚、伦理和社会心态，也将影响政府的教育、社会保障和住房建设等社会政策。

第六节　教育与科技

一　教育概况

英国的教育事业相当发达。所有 5—16 岁的儿童、青少年都必须依法接受全日制学校义务教育。16 岁后的青年人可以有多种选择。他们之中约有 83% 的人或留在学校，或到继续教育学院接受全日制教育。16 岁后离校者中间约有 10% 的人走向工作岗位，剩下者可保证在政府的各种培训项目中获得培训机会。英国近 1/3 的青年人能进入高等学校学习。

2007—2008 年度英国有公立幼儿园 3273 所，公立小学 21768 所，公立中等学校 4209 所，各种收费的“独立”学校（私人兴办、收取费用的学校）2527 所，专门学校 1378 所。全国中、小学校共有在校学生 974 万人，其中约有 93.5% 的学生是在公立学校免费就读，其他人则在收费的独立学校念书。2007—2008 年度，全国接受各种继续教育者 360 万人，高校在校人数（含本科生和研究生）为 260 万人。

（一）历史和变革

英国政府是在 1833 年开始资助教育的。1870 年英政府为英格兰和威尔士颁布了教育法，确定了由政府资助实行初级义务教育的原则。当时有两种初级学校，即教会民办学校和由学校董事会提供支持的公立学校。1880 年，政府规定 5—10 岁的儿童必须上学，1918 年，又把孩子的离校年龄提高到 14 岁。

1902 年的教育法第一次规定实行全国统一的教育制度，地方政府对公立学校负责，同时在财政上帮助民办学校，并由教育委员会负责监督这一制度的实施。1944 年颁布的新教育法是规定英国教育制度的基本法规，确立了英国初等教育、中等教育以及继续教育的公共教育体系，为战后的教育发展奠定了基础。在以后的几十年中，英国曾分别于 1964 年、1976 年和 1988 年颁布了教育法和教育改革法，但仅在教育的组织安排、财政安排上有所变动，并未触动 1944 年教育法的基本教育体制。该法将孩子的离校年龄提高到 15 岁，规定所有儿童都要接受中等教育。新设立的教育部被授权制定全国的教育政策，地方政府则仍负责进行管理。儿童到 11 岁时，通过选择测试后再被分配到各类学校，如文法学校、中等技校或中等现代学校。教育部要求地方教育当局向它报告涉及整个初等和中等教育的发展计划，以及通过继续教育计划有计划地发展成人教育和科技教育。到 20 世纪六七十年代，综合性学校开始逐渐取代选择性的制度。在 1972—1973 年度，孩子的离校年龄又提高到 16 岁。

在整个 20 世纪 70 年代，由于人们越来越关心学校的教育质量，以及缺乏一个正式的公立学校课程，政府对教育进行了重要的改革。1988 年的教育改革法对英格兰和威尔士的中小学进行的改革包括实行各种形式的国家课程，家长对学校有更多的选择权，以及要求学校提供更多关于其活动的情况等。该法同时也对英格兰、威尔士和苏格兰的高等教育和继续教育制度进行了改革，特别是在高等教育的结构、管理以及经费的来源等方面。该立法所实施的改革推动了英国教育的发展。

（二）教育经费和管理

教育和就业大臣全面负责英格兰的教育，而苏格兰、威尔士和北爱尔兰事务大臣分别在三地行使同样的职责，但具体的管理工作由三地的地方教育当局执行。中央政府每年都要审核、决定英格兰和威尔士的教育经费开支。这笔经费有以下三个来源：中央政府的拨款、由企业界和商业界提供的非税收捐款，以及地方税收。地方教育当局把中央的拨款主要用于培训以提高学校的教育质量、对信息技术的研究，以及资助有特殊困难的偏远学校。对接受社会资助的学校所进行的基本建设，中央也给予一定拨款支持。

2007—2008 年度英国中央与地方政府的教育支出为 762 亿英镑，占国内生产总值的 5.4%，与 1990—1991 年度相比增加了 69%。

（三）布莱尔政府的教育改革

工党政府 1997 年上台执政后推行的教育改革，包括高等教育、培训以及终身学习等诸多方面，但基础教育改革是其重点。多年来，英国基础教育投资不足，师资短缺，教师收入偏低，教学质量下降。根据英国教育部门的统计，1998 年，在参加水平测试的 11 岁小学生中，主干课程英语、数学和科学的达标率分别只有 57%、62% 和 60%。14 岁年龄组学生考试成绩有所提高，但也只有 60% 的人达标。

1998 年，教育改革全面付诸实施。首先，大规模增加对教育的投资。根据该年 7 月份公布的开支计划，教育部门得到 190 亿英镑的额外投资，其中 1999 年为 30 亿英镑，2000 年 60 亿英镑，2001 年则达 100 亿英镑。

其次，加强基础教学。此为教改的核心内容，主要有如下几个方面：（1）建立质量目标评估体系；（2）改革课程设置。提高主干课程的要求，放宽历史、地理、艺术和音乐等基础课程的尺度；（3）改革教学方法。推行“大课”教学，确保课堂时间得到有效利用；（4）加强校外辅导和督促。政府决定拨款建立学习辅导中心，帮助在家学习有困难的儿童完成家庭作业和复习考试。政府希望通过这些措施，到 2002 年英语和数学达标的比例能分别提高到 80% 和 75%。

最后，推出“教育行动区”试点计划，帮助那些教学质量低劣的地区提高教育水平。政府计划建立 25 个教育行动实验区。在教育行动区里，私营企业可以通过招标同学校、家长和地方教育机构联合办学，可以直接参与教育行动区的管理和领导。除了基础教育，行动区教学实验的范围还包括幼儿教育、技术教育和终身学习等方面，希望在竞争机制下通过相互协调来提高教学水平，并使地区教育充满活力。

政府还采取措施提高教师形象，改善教学条件。如提名教师参加授勋评选，设立“教师奖”；制定明确的教师干预原则，制止校园暴力，保护教师权益；实施学校电子函件计划，5 年内使英国所有中小学校联入因特网等等。

二 基础教育

（一）幼儿教育

英国有将近一半以上的 3—4 岁幼儿上幼儿园或初等学校中的幼儿班，还有许多幼儿则去由家长们组织的学前游戏场。

1995 年 7 月，政府发起一项新计划，为每个学前儿童提供家长们乐于接受的超时托儿所。1996 年 4 月，英格兰有四个地方政府自愿首先实施该计划。1997 年 4 月，该计划便在英格兰全面展开。在该计划下提供的幼儿教育，公、私两部分都必须达到政府关于在文化和社会经验等方面规定的最低要求，同时必须接受正规的定期检查。在威尔士、苏格兰和北爱尔兰也有类似的安排。

工党政府 1997 年上台后，为帮助单亲父母就业，提出了一项开办校外儿童活动中心的五年计划，拟拨款 3 亿英镑开设 3 万个新的校外儿童活动中心，为近 100 万名儿童提供校外活动场所。

2007—2008 年度，英国有公立幼儿园 3273 所。

（二）初等学校

根据 1944 年的教育法规定，5—11 岁的儿童必须接受初等教育，而且是强制性的。5—7 岁的幼儿在幼儿园接受教育，7—11 岁的儿童在小学接受教育。幼儿园和小学或分设，或合一校，但大部分是合校的。小学幼儿部也是男女同校，大部分小学也同样如此。

在英格兰、威尔士和北爱尔兰，通常从初等学校转学到中等学校时的年龄是 11 岁。但在英格兰，有些地方政府为 5—8 岁、9 岁或 10 岁的孩子分设初级小学，为 8—14 岁年龄段的孩子设立中级学校。在苏格兰，初级学校则接收 5—12 岁的孩子。在北爱尔兰，孩子们在 11 岁时便转学到中等学校。

政府规定，初等教育由教育和科学部负责管

理，凡有关教育体制、课程设置、教学要求、师资培训、校舍标准等重大事项均需教育和科学部批准，具体教育工作则由各地方教育当局管理。

2007—2008 年度，英国有公立小学 21768 所。

（三）中等教育

1965 年以前，根据 1944 年的教育法规定，中等教育采用的是文法中学、技术中学和现代中学并存的中等教育制度。1965 年，政府着手对这种制度进行改革，主要措施是：建立、扩充综合中学、打破上述三种学校的界限，小学毕业生统一升入综合中学。到 20 世纪 80 年代初，综合中学已在中等教育中占主导地位，目前已成为英国中等教育的主体。在英格兰和威尔士，主要有三种类型：接收 11—18 岁年龄段孩子的综合中学；与初级小学校相衔接的中级学校；接受 11 或 12—16 岁年龄段孩子的中学。另外，还有一种 16 岁以后升入“第六学级”的综合中学。

苏格兰的中等教育接收 12—18 岁年龄段的孩子，且都是综合性学校，基本上不采用选择程序。

北爱尔兰的中等教育大部分是依据选择程序组织的。文法学校在对英语、数学和科学进行考试的基础上接收学生，但也有一些学校并不进行选择。

2007—2008 年度，英国有公立中等学校 4209 所。

三　高等教育与继续教育

（一）高等教育

英国的高等教育有着悠久的历史，且享有较高声誉。举世闻名的牛津、剑桥大学创建于 12 世纪和 13 世纪，苏格兰的一些大学如圣·安德鲁斯大学、格拉斯哥大学、阿伯丁大学和爱丁堡大学建于 15 世纪前后，其他的大学则大都建于 19 世纪和 20 世纪。第一个专业化的技术学院沃灵顿学院创建于 18 世纪中期。经过 20 世纪 60 年代的改革，英国的高等教育取得了新的发展，不仅新建了一批大学，特别是科技大学，而且原有大学在规模和课程设置上均有所扩大。20 世纪 70 年代以来，英国又开设了开放大学，从而进一步提高了大学教育的普及率，并使英国传统教育中的陈旧课程，以及忽视技术教育的缺点有了明显的改变。1992 年，由于专科大学获得授予学位的权力，并允许采用“大学”的称号，故大学的数目又有较大增加。同时，高等教育学院达到规定的标准，同样可以获得“大学”称号。在 1979—1995 年间，全日制和半日制的大学生几乎增加了一倍，达到 174.8 万人，其中全日制学生自 1989 年以来增加了近 70%。2007—2008 学年，英国共有大学 120 所，其他高等院校 49 所，高等院校注册学生人数为 260 万人，其中半日制学生 100 万人。

在英格兰、威尔士和苏格兰，当地高等教育基金理事会负责对学科教学及其质量进行评估和鉴定，并正式公布在检查中发现的问题，敦促其纠正。政府还建立了一个全国高等教育调查委员会，就高等教育的未来形式、结构、规模和基金等事宜向政府提出建议。

高等教育资金的来源有以下几个部分：政府拨款；高教机构和院校的有偿培训，为商业机构提供咨询，以及从科研合同中所获得的收入；学费及其他收入。

政府鼓励各大学在研究项目方面与工业界建立密切合作。高等教育机构与工业和技术领域里的专家共同建立科学园区，来促使先进技术的发展和在商业上的广泛应用。

开放大学是一种没有校舍，但面向英国、欧盟、瑞士、直布罗陀和斯洛文尼亚等地的所有成年学生，并提供大学学科教学和授予学位的大学。开放大学实施综合性办学，它提供的教学设施包括采用特殊印刷的课本、函授、电视和电台广播、盒式录音和录像，以及计算机等，还有一种为半日制学生提供的学习中心网络。

（二）进修与培训

所谓继续教育，实际范围很广，学校种类繁多，内容和目的也各异。16 岁以上的青年人在义务教育结束后，可以在继续教育学院接受教育（这里学习的课程大多都与工作和就业有关）。继续教育学院也提供政府发起的许多培训项目。此外，还有各式各样适合已工作的成年人的夜校和培训班。2007—2008 年度英国共有继续教育学院 440 所，学生 360 万人。

全国约有 550 个进修机构或学校。进修分全日制和半日制两种。进修制度同商业、工业有着密切的联系，雇主一般都参与进修课程的设置。在英格兰和威尔士，每一个进修机构或学校都受一个自主的公司和来自企业的管理委员会的监控。进修基金理事会负责向进修机构或学校分配基金。在苏格兰则由其教育和工业部负责这一工作。以上三地进修机构或学校都必须公开各自的财务开支情况。

在英格兰和威尔士，基金理事会还向进修机构或学校派出检查员，检查并鉴定它们的教育质量、公布其检查报告。受到严重批评的机构或学校必须说明如何进行纠正。每个进修机构或学校每年还必须公布学生的考试成绩。在苏格兰由女王陛下学校检查员负责，北爱尔兰由教育和培训检查员检查。

（三）国际联系

英国与国外的教学机构联系很广，互派留学生到对方去学习、培训或工作。在欧盟内，互换留学生受欧盟财政拨款的资助。为使英国教育国际化走在世界前列，英国政府于2004年11月公布了英国《教育、技能和儿童服务国际战略》，提出要强化英国和国际教育系统，尤其是与欧盟国家教育的联系。为此，英国将在学校中普及外语教学，提高高校作为国际学习和研究中心的作用，鼓励教育培训和与工商界开展合作，促进教育观念交流，向发展中国家提供教育支持。作为该战略的一项内容，英国教育部要求在此后的5年里，英格兰的每所学校都要和一所外国学校结成"姊妹学校"。2004年英国已和30个国家开展了这种活动。

四 科技发展概况

（一）历史及现状

1. 自然科学、工程与技术 英国的科技发展较早，一些基础雄厚的著名高等学府，如牛津大学、剑桥大学、伦敦大学等都是英国乃至世界有名的重要科研基地。历史悠久的英国皇家学会300多年来更是一直致力于自然科学的研究和发展，享有很高的世界声誉。在历史上，英国科学家人才辈出，如牛顿、达尔文、法拉第等，他们杰出的成就不仅得到世界的公认，并为近代科技奠定了坚实的基础。但是从19世纪末开始，随着英国工业优势地位的逐渐丧失，英国的科技强国也受到挑战。尽管如此，英国目前依然是世界上的科技大国，在许多科学领域仍处于领先地位。英国20世纪末用于科学事业方面的经费占全球这方面开支总额的4.5%，发表的科学著作和出版物占全球总量的8%，被引用的数量占世界总量的9%。根据英国贸工部发表的一份报告，英国2007年这三项数据分别为3.8%，9%和12.9%，后两项指标均在全世界排名第二。这说明英国虽然科技投入较低，但效率很高。

20世纪以来，英国籍科学家获得各种国际公认的奖励者人数占世界总数的10%。自1901年设立诺贝尔奖以来，英国籍科学家获此奖的人数在世界上仅次于美国，居第二位。20世纪以来，英国在科学上的重要贡献涉及射电天文学、高能物理学、固体物理学、神经生理学、分子生物学、原子能、航空、电子技术、化工医学、海洋和环境等广泛领域且数量众多。胆固醇、维生素D、盘尼西林和胰岛素等的发现均出自英国。最近25年中，英国在提高人类对宇宙的本质和起源的了解方面作出了显著贡献；开创了超导技术、无线电天体物理学等。1985年英国南极观察站的科学家发现了南极上空的臭氧洞；此外还有在遗传学方面的重大突破，包括Y染色体在决定性别上的决定性作用，以及剑桥大学的科学家们成功地饲养了世界上第一头通过遗传学的办法修补心脏的猪。这是在把饲养动物用作为人类捐献器官方面所建树的一个重要里程碑。

2. 哲学与社会科学 英国是一个具有悠久灿烂哲学与社会科学历史传统的国家。在欧洲，英国较早出现了唯物主义萌芽。马克思和恩格斯认为，作为英国唯物主义理论主要成分之一的唯名论，是唯物主义的最初表现。当欧洲处在中世纪中期时，英国神学中就闪现出了经验主义之光。16—18世纪，英国哲学上的经验主义经弗兰西斯·培根、霍布斯、洛克、贝克莱和休谟等人的发展，形成了英国的唯物主义理论传统。弗兰西斯·培根被认为是"英国唯物主义和整个现代实验科学的真正始祖"。19世纪，古典经验主义逐渐衰落，以布拉德雷为主要代表的新黑格尔主义在英国兴起。20世纪前半叶，以G. E. 摩尔和伯特兰·罗素为代表的新实证论者同新黑格尔主义者之间的论战居于主导地位。到二战结束时，老一辈的哲学家相继去世或退休，但他们为30年代前后形成的逻辑实证主义、日常语言学派和批判理性主义战后在英国的传播铺平了道路。逻辑实证主义的主要创始人是罗素。维特根斯坦是日常语言学派的奠基人。而批判理性主义的理论体系则是由波普尔创建的。

英国是最早进行资产阶级革命的国家，又是产业革命的发祥地。英国最先发现了适应和推动资本主义发展的政治学和经济学理论。它是产生以亚当·斯密和大卫·李嘉图为代表的自由放任市场经济理论的地方，也是凯恩斯主义国家干预经济学说的诞生地。自由主义、费边社会主义、撒切尔主义和布莱尔主义等等政治理论与政策主张，在英国和欧洲，甚至在世界范围内都产生了相当重要的影响。

（二）科研经费

公共部门是英国基础科学的主要资助者。企、事业则主要承担研究和开发新的与改进已有的产品和服务事宜。政府鼓励工业界在研究与开发方面进行更多的投资。

英国用于科技研究和开发的费用相当可观，1998 年的总额为 156 亿英镑，相当于国内生产总值的 1.8%，其中用于民用方面的科研经费为 132 亿英镑，其余则用于防务方面的科研项目。

2004 年 7 月，英国政府发布了一项十年“科学与革新投资框架”，为英国的科学和创新发展制订了一项长期框架，该框架提出，到 2014 年，将科研和开发经费提高到国内生产总值的 2.5%（公共与私营部门的总和），并将企业的投资从目前占 GDP 的 1.25% 提高到 2014 年的 1.7%。2007 年的财政开支回顾报告提出，2008—2009 年度至 2010—2011 年度的科研经费每年增加 2.2%，即到 2011 年时达到 208 亿英镑。

（三）管理体制

2007 年 6 月以前，贸易与工业部的一位内阁部长在科学部长的协助下负责处理科学、工程和技术发展方面的基础问题。他们得到科学和技术局的支持。政府内设立一个跨部级的科学小组，以确保把科学、工程和技术纳入政府的发展政策。科学和技术局由政府首席科学顾问领导，负责国家与国际方面的科学、工程和技术政策，协调政府各部门之间的科学和技术政策。首席科学顾问直接向首相报告工作。一个独立的科学和技术理事会负责就英国的科技战略及其架构向首相提出建议。科技局通过研究理事会秘书长负责执行科学预算，代表政府对研究理事会进行资助。科学预算还通过皇家学会和皇家工程院向基础科学和工程学的相关项目提供资助。高等教育基金理事会则向大学提供研究资助。

2007 年 6 月，布朗重组内阁，撤销了贸易与工业部，新设立创新、高等院校与技能部，负责管理科学技术与高等教育方面的工作。

（四）研究理事会

英国有许多研究理事会。各种科研组织或机构按照不同的性质或领域分别组成若干理事会作为各方面的代表，同时发挥着与政府及其他相关组织进行协调的作用。每一个研究理事会都是在“皇家特许状”规定下建立的自主机构，其成员来自各大学、专业工作者、工业界和政府。理事会支持大学和其他高等教育机构的科研、学习和培训，并向在自然科学、社会科学、工程和技术等方面的研究生提供各种奖励。这些理事会除了从科技局得到科研经费外（2008—2009 年度各理事会科研预算共 35.54 亿英镑），还从政府部门和私人部门的委托研究中得到资助，而这种委托研究的收入对自然环境研究理事会、生物工艺学和生物科学研究理事会尤其重要。

1. 工程和物理研究理事会　该理事会责任是发展和支持工程和物理科学方面的基础、战略和应用研究，共有八个研究领域，如物理、化学和数学、信息技术和材料科学的一般技术等；三个工程类别的研究，包括一般工程（着重加强与健全工程学科）、制造业工程（以提高工业竞争力）、基础工程、环境和保健工程（以改善生活质量）。该理事会由工业界领头，并与经济和社会研究理事会、生物工艺学和生物科学研究理事会及政府部门进行合作研究。该理事会的开支预算最大，2008—2009 年度为 7.95 亿英镑。

2. 医学研究理事会　该理事会在 2008—2009 年度的经费预算为 6.05 亿英镑，仅次于工程和物理研究理事会。其任务是促进和支持医疗上的研究和培训，旨在维护和改善人们的健康、提高知识和技术水平，以及向社区提供得到良好训练的专业人员，以便满足各方面的需要，如健康保健、生物技术、粮食、医疗器械、药学及其他与生物技术有关的工业。该理事会与大学和医科学校有着密切的联系。它有两个大的科研机构，一个设在伦敦，另一个在剑桥，共有 40 个科研单位和一些小组。科研领域有：分子结构和性能，细胞生物化学和生理学，以及发展生物学；遗传基因图和健康；研究和测试环境与人类身体之间的相互影响；细菌和寄生疾病，以及免疫系统的作用和发展；促进对中枢神经的了解；器官系统和癌症；研究与测试医疗活动和保健的效果等等。

3. 自然环境研究理事会 该理事会的科研领域较广，具体有：理解和保护生物的多样化、环境的危机与公害、全球在时间和空间规模方面的变化、自然资源（包括土地、水和矿区的管理）、废物管理和土地的还原、空气、土地、海洋和淡水的污染等。该理事会还支持其他研究机构，以及大学中的研究和培训，同时还向环境科研团体提供某些领域的设备利用。该理事会下属的机构包括有英国地质调查、英国南极调查、海岸和海洋生物中心、生态和水文中心，还有一些以大学为基地的研究小组。该理事会的许多科研项目对维护和发展环境保护，以及提高生活质量等问题都有着重要意义。该理事会 2008—2009 年度预算开支为 3. 92 亿英镑。

4. 经济与社会研究理事会 该理事会支持高质量的科研和培训，以满足用户的需要、提高英国的经济竞争力、生活的质量，以及公共服务和政策的效率。凡得到该理事会资助的所有科研活动都在高等教育机构或独立的科研机构中进行。列入该理事会优先研究的课题有：经济活动和发展、环境与可持续发展、管理和规则、人类的通信和技术的社会形态、革新和企业发展、知识和技能、寿命、生活方式和健康、以及社会一体化和排斥。该理事会还在曼彻斯特设立了改革和环境研究中心、在谢菲尔德大学设立了制造业组织和改革中心、在布莱顿和苏塞克斯大学设立了综合生产体系改革研究中心。该理事会 2008—2009 年度预算开支为 1. 65 亿英镑。

五 科技发展战略与国际合作

（一）科研战略

第一次世界大战以前，英国的科技事业还处在政府几乎不闻不问的“自然”状态。随着英国工业和技术落伍迹象的日趋明显，英国政府终于抛弃自由放任政策。两次世界大战期间，政府实行以强调应用为特色的科技政策。二战期间以及战后相当长一段时间内，英国奉行带有浓厚军事色彩的科技战略。1979 年撒切尔夫人主政后，把发展科技列为振兴英国的重要措施之一。英国政府曾于 1982 年 4 月正式宣布了一项为期五年的阿尔维高级信息技术计划，从 1983 年开始实施，总投资 3. 5 亿英镑。该计划准备实现三个层次的目标：（1）战略性目标，旨在通过加强英国信息技术研究与开发的基础，提高其在世界信息技术市场上的竞争能力；（2）结构性目标，加强信息技术学术研究与工业界之间的联系与合作，以增强英国在这方面的研究和开发基础；（3）技术性目标。该项计划的主体反映在下列六个子计划中：超大规模集成电路、软件工程、智能知识系统、大规模示范、基础和通信设施。实施的结果绝大多数技术目标都已达到。

继 1988 年完成阿尔维高级信息技术计划之后，政府又于 1993 年发布了一份白皮书，旨在对英国的科技组织及科研经费进行一次重大改革。目的在于增强英国在重要经济领域中的竞争力量，期望在政府、工业界和科研机构之间建立起更紧密的伙伴关系。为此，英政府特地拟订了一项计划，动员公、私两个方面的力量共同研究今后 10—20 年内在市场和技术方面可能出现的机会及如何加以利用的前瞻性研究项目。

该项目由以政府首席科研顾问为主席的工业/学术联合指导小组协调，并已确定如下几个跨部门的研究课题或优先领域，如通信和计算能力（应用于全部经济部门）、新生物和遗传工程（应用于保健、农业、粮食和环境保护）、原材料科学、工程和技术、生产流程和服务、环境监督和控制技术，以及能源和其他资源保护的技术、社会发展趋势、提高生活质量的技术等。

（二）国际合作与交流

1984 年以来欧盟推出并实施了一系列包括众多学科和部门的合作研究与开发计划，以加强欧洲工业的科学和技术基础，支持欧盟的发展政策。英国参加了其中半数以上的项目，它在生物制药、农业、交通以及社会与经济研究方面具有优势。目前，欧盟正在执行第七个框架计划，支持战略性和多学科应用研究，旨在解决诸如陆路交通、海洋技术和“未来城市”这类紧迫的欧洲问题。

800 多家英国组织参加了“尤里卡计划”。这是一项以工业为主导的计划，目的在于推动欧洲国家在开发具有世界竞争力的先进产品和工程技术方面进行合作。约有 700 来个项目正在进行当中，300 多项已经结束。英国公司为成功开发数字无线通信系统作出了贡献。英国还参加了欧洲“科技合作计划”。这是一项鼓励欧洲国家进行跨国科研合作的计划，共有 32 个成员国。英国参加了该计划的 176 项活动中的 157 项。英国也是设在日内瓦的欧洲粒子物理实验室的成员国，并参加了设在海德尔堡的欧洲分子生物学实验室。

英国是经合组织和北约组织属下的一些科学和技术委员会的成员，也是联合国各专门机构的成员。英国研究理事会、皇家学会和英国学术院是欧洲科学基金会的成员。

英国政府还同其他国家的政府订有双边协议，以促进双方在科学、工程和技术领域的密切合作。英国文化委员会及其驻外代表机构（英国各驻外使馆文化处）在这方面扮演着重要角色。

第七节　文化、卫生与体育

一　文学与文化事业概况

（一）发展简史

英国是一个文化大国，是世界上文化和艺术传统最为丰富的国家之一。其最有影响的写作文体——英语文学的起源，可以追溯到中世纪时期，位于欧洲最古老的用方言写作的书籍之列。在过去几个世纪中，英国已积累了大量极为珍贵的艺术精品。其艺术表演同样有着绚丽多彩的历史。

英国文学是世界文学艺术宝库中的一个重要组成部分。数百年来涌现出来许许多多卓越的作家、诗人和戏剧艺术大师，他们的不朽巨著是欧洲乃至世界文学中的杰作。历史上著名的作家有：乔叟（Geoffrey Chaucer，1340—1400，代表作为《坎特伯雷故事集》）、莎士比亚（William Shakespeare，1564—1616，代表作有《哈姆雷特》《李尔王》《罗密欧与朱丽叶》《威尼斯商人》等）、笛福（Daniel Defoe，1660—1731，代表作为《鲁滨逊飘流记》）、斯威夫特（Jonathan Swift，1667—1745，代表作是《格列佛游记》）、菲尔丁（Henry Fielding，1707—1754，代表作是《弃儿汤姆·琼斯的故事》）、司各特（Sir Walter Scott，1771—1832，代表作为《清教徒》《古董家》《米德洛辛之心》《艾凡赫》《罗布·罗伊》）、奥斯汀（Jane Austen，1775—1817，代表作为《傲慢与偏见》）、拜伦（George Gordon Noel Byron，1788—1824，代表作有《查尔德·哈罗尔德游记》和《唐·璜》等）、雪莱（Percy Bysshe Shelley，1792—1822，以诗剧《解放了的普罗米修斯》和《西风颂》等知名于世）、狄更斯（Charles Dickens，1812—1870，代表作为《雾都孤儿》《艰难时世》和《双城记》），夏洛蒂·勃朗特（Charlotte Bronte，1816—1843，代表作《简·爱》）、萨克雷（William Makepiece Thackeray，1811—1863，代表作《名利场》广为流传）、哈代（Thomas Hardy，1840—1928，代表作《远离尘嚣》《德伯家的苔丝》和《无名的裘德》备受世人称赞，其诗作《旅途之后》也很有名）。其中，莎士比亚的戏剧，18 世纪和 19 世纪的现实主义小说，以拜伦和雪莱为代表的浪漫主义诗歌，以及 20 世纪以来的现代派文艺，都给当时和后来的欧洲和世界文学艺术的发展以深远而重要的影响，是人类共同文化的一份宝贵遗产。

英国文化不仅有光辉灿烂的过去，而且许多当代剧作家、作曲家、音乐家、舞蹈家也都享有一定的国际声誉。他们当中有：萧伯纳（George Bernard Shaw，1856—1950，代表作为《皮格马利翁》《伤心之家》《苹果车》《圣女贞德》和《真相毕露》）、艾略特（Thomas Stearns Eliot，1888—1965，其诗作《荒原》被认为是一部具有划时代意义的现代派杰作），以及哈罗德·品特（Harold Pinter）、科林·戴维斯勋爵（Sir Colin Davis）、安德鲁·劳埃德·韦伯（Andrew Lloyd Webber）、戴维·霍克奈（David Hockney）、奈保罗勋爵（Sir Naipaul）、范尼斯·雷德格雷夫（Vanessa Redgrave）、伊恩·麦克伦勋爵（Sir Ian McKellen）、安东尼·霍普金斯勋爵（Sir Anthony Hopkins）等。

（二）文化产业

英国的文化生活丰富多彩。伦敦是世界主要的文化、艺术中心之一。近年来其他一些大城市，如伯明翰、利兹、曼彻斯特、爱丁堡、格拉斯哥、加的夫等，也都在这些方面得到迅速发展并获得了很高的声誉。英国文化艺术部门的产出对整个国民经济做出了重要贡献，它对商业网点的分布和旅游业的发展也具有重要的作用和影响。2006 年，英国的创意工业（包括音乐、电视、广播、软件、戏剧、电影、出版、设计、建筑、时装、工艺品和古玩）年产值为 573 亿英镑（1997—2006 年间年增长率为 4%），就业人数近 200 万人（2007 年夏天）。创意工业的出口产品和服务收入达 160 亿英镑。英国文化产业在国际出口市场上所占的份额在 16% 以上。

（三）管理体制

英国文化、新闻和体育部制定政府的相关政策，负责管理英格兰国家博物馆与画廊、英格兰艺术理事会、不列颠图书馆以及其他国家艺术和文物机构的经费开支。该部的其他职责还包括：管理电影和音乐产业、广播和新闻事业、国家彩票业以及发放文物出口许可证等。威尔士、苏格兰和北爱尔兰地方议会则分别负责管理它们各自的文化艺术事业，包括博物馆、画廊和图书馆以及相应的艺术理事会。政府资金是通过艺术理事会、英国电影研究所和“苏格兰银幕”这样一些机构间接分发给各艺术组织的。

二 艺术

（一）音乐

英国人民对音乐有着广泛的爱好和兴趣，如管弦乐和合唱队音乐、流行音乐和摇滚音乐、爵士音乐、民间通俗音乐、世界音乐、钢管乐队等。流行音乐已成为英国的一个重要产业部门。2006 年英国音乐制品的海外收入达 15 亿英镑。该行业雇佣的职工达 23 万人（2005 年）。

英国每年举办各种艺术节，其中有许多都有着强烈的音乐背景，吸引着成千上万的国内外爱好者及游客。每年在全国许多大城市都举行季节性的管弦乐和合唱活动，活动的主要中心在伦敦的皇家节日大厅（Royal Festival Hall）、伊丽莎白女王大厅、珀塞尔公寓（Purcell Room）、巴比坎艺术和会议中心（Barbican Centre）、皇家艾伯特大厅等。此外，在伯明翰、曼彻斯特和贝尔法斯特等城市也都有音乐大厅。在伦敦的主要交响乐队有伦敦交响乐团（London Symphony Orchestra）、菲尔哈莫尼交响乐团、伦敦爱乐乐团、皇家爱乐乐团和 BBC 交响乐队等。

英国有名的指挥家有科林·戴维斯勋爵（Sir Colin Davis）、费农·汉德利（Vernon Handley）、特雷弗·平诺克（Trevor Pinnock）、约翰·埃利奥特·加德纳（John Eliot Gardiner）、安德鲁·戴维斯（Andrew Davis）、西蒙·拉特尔勋爵（Sir Simon Rattle）等。著名的作曲家有迈克尔·蒂皮特勋爵（Sir Michael Tippett）、彼德·马克斯威尔·戴维斯勋爵（Sir Peter Maxwell Davis）和哈利逊·伯特威斯特尔勋爵（Sir Harrison Birtwistle）等，都享有国际声誉。

（二）舞蹈

英国的舞蹈有着广泛的群众基础。据估计，全国有 600 万人参加这一活动，成为英国人民广泛参与的主要活动之一。英国有许多世界有名的芭蕾舞公司，如皇家芭蕾公司（Royal Ballet）、伯明翰皇家芭蕾公司、英格兰国家芭蕾公司、北部芭蕾剧团、兰伯特舞蹈公司（Rambert Dance Company），它们都配有职业交响乐队。著名舞蹈家有达塞·巴塞尔（Darcey Bussell）、吉尔·克拉克（Gill Clarke）、亚当·库珀（Adam Cooper）、德博拉·布尔（Deborah Bull）等。皇家芭蕾学校、芭蕾中心学校、北部当代舞蹈学校、伦敦当代舞蹈学校等专门承担培训舞蹈生和舞蹈动作设计人才的任务。所有得到政府资助的舞蹈公司都提供舞蹈练习场地和各种教育活动。

（三）电影与戏剧

英国是电影的发祥地之一，不少英国人曾为电影的诞生贡献了自己的聪明和才智。20 世纪 30 年代和二战后的相当一段时间内，英国电影创作极为活跃。20 世纪 70 年代，英国的电影事业曾面对严重的危机形势。一些有识之士认为，英国电影要想生存发展，就必须有英国的特色，不应该一味迎合美国观众的趣味。20 世纪 80 年代，英国的电影业已逐步从不景气中恢复过来。到 1996 年后期，电影观众和国内生产的影片已达到过去 20 年来的最高点。2001—2007 年，英国电影人在各种世界级奖项中共获奖 173 项，占这期间奖项总数的 14%。尤其是海伦·米伦（Helen Millen）凭《女王》一片获得 2007 年学院奖与 BAFTA 电影奖两项最佳女主角（2007 年）桂冠。2007 年电影院的票房收入为 8.21 亿英镑，观众人数 1.62 亿人次。当年英国电影业创造的总附加值为 40.2 亿英镑，从业人员 3.86 万人。英国电影在世界上也受到了广泛欢迎。2007 年电影产业的出口值达 10.5 亿英镑，创造了 2.32 亿英镑的盈余。

戏剧演出有悠久的历史。目前全国大约有 300 多所剧院和音乐厅，其中约有 100 所在伦敦。“老维克剧团”是最大的巡回演出团体，该团在伦敦的基地是“老维克剧院”。“莎士比亚纪念剧院”专在莎翁故乡斯特拉斯福演出他所写的剧目。

三 传媒与出版

（一）广播与电视

在英国，现主要有三家公共机构负责电视和广播，它们播送的内容须是由议会规定或认可的东西，但在处理日常事务上是独立的。这三个公共机构是：英国广播公司（BBC）、独立电视委员会（ITC）和广播局。BBC播送电视和广播节目。ITC负责审批和管理商业电视服务，包括有线电视、卫星电视和独立的文字电视广播服务。广播局负责审批和管理商业电台服务，包括有线和卫星广播。文化、新闻和体育部负责制定政府对广播电视的政策。现共有五家通过地面发射的覆盖全国的电视台，即英国广播公司（BBC）、第3频道（ITV）、第4频道（Channel 4）、第5频道（Channel 5）和专门针对威尔士地区并使用威尔士语的S4C，它们既播送有关戏剧、电影、体育、娱乐、教育、儿童和宗教方面的节目，也播送新闻和时事以及纪录片等综合节目。其中BBC的2个全国网络，几乎完全靠收取许可证费来维持工作；一个属商业频道（ITV）；第4、第5这2个频道靠播发广告和其他赞助来资助其工作；卫星电视和有线电视服务主要靠用户缴费之收入来资助。英国最大的卫星节目播放者是英国天空电视台（British Sky Broadcasting），大约有700万个用户，控制着全英以缴费为基础的电视节目。1998年英国开办了数字卫星和陆基电视服务，1999年又开办了数字有线电视服务，截止到2008年3月底，拥有数字电视的家庭占87%。英国电视业以其创新与高质量的节目享誉世界。2006年英国电视节目出口价值达9.95亿英镑，创造了1.12亿英镑的贸易盈余。

（二）通讯社

在英国运作的主要国际新闻机构有路透社（Reuters）、合众社（United Press International）和美国联合通讯社（The Associated Press）。本国的通讯社除路透社之外还有新闻联合社及交换电讯社。

1. 路透社 创办于1850年，是世界上资格最老、最有名的通讯社之一。开始时，其业务仅限于发布商业新闻，很快便发展成为一个大公司。1916年，路透社将该公司的部分股权出售，并进行改组。之后它又曾进行过多次改组，现为世界五大通讯社之一。目前设在伦敦的总部拥有专职雇员1万多名，在130多个国家设有190多个分社并派驻或雇用了2400名编辑、摄影师和记者等工作人员。路透社每天发稿达百万字，向100多家外国媒体提供一般新闻、新闻图片和电视新闻，包括政治、经济、体育等各个方面，同时也向各国银行、工商企业提供有关各地的交易情况及金融信息。路透社属下的电视新闻社每天的观众估计多达15亿人。

2. 联合通讯社（The Press Association） 1868年英国地方报纸以合作方式在伦敦成立了“联合通讯社”（也译作“报联社”）。它在英国内采集新闻，并负责向英全国及地方媒体提供综合性新闻服务，包括议会消息、法律、财政、商业、体育以及各种图片等。联合通讯社本身拥有路透社的部分股权，它与路透社的区别在于它侧重于国内新闻，路透社则着重于国际新闻报道。该社的总部设在伦敦，在英国内其他城市还设有分社。

（三）报纸

英国是世界上报刊业最发达的国家之一。据1990年的统计，全国共有130多种日报和星期日报，以及1300多种周报，平均日发行量高达3500多万份。不过，由于电视媒体与互联网的冲击，英国人的报纸阅读率在不断下降：1978年，15岁以上的英国人中有72%的人每天阅读一份全国性报纸，而2007—2008年度仅为44%（女性为48%，男性为41%）。

英国全国性的报纸包括10家日报和10家周报。10家日报有《镜报》（*Mirror*，1903年创办，1999年平均日发行量230余万份）、《每日星报》（*Daily Star*，1978年创办，1999年日平均发行量61.5万份）、《太阳报》（*The Sun*，1964年创办，373万份）、《每日邮报》（*Daily Mail*，1896年创办，发行量235万份）、《快报》（*Express*，1900年创办，发行量109万份）、《金融时报》（*Financial Times*，1888年创办，发行量38.5万份）、《每日电讯报》（*Daily Telegraph*，1855年创办，发行量104.4万份）、《卫报》（*The Guardian*，1821年创办，发行量39.8万份）、《独立报》（*The Independent*，1986年创办，发行量22.3万份）、《泰晤士报》（*The Times*，1785年创办，发行量74万份）。10家周报为：《世界新闻》（1843年创刊，发行量420.9万份）、《周日镜报》（1963年创办，发行量198.1万份）、《人民报》（1881年创办，发行量164.3万份）、《周日邮报》（1982年创办，发行量227.9万份）、《周日快报》（1918年创办，发行量100.3万份）、《周日电讯报》（1961年创办，发行量81.6万份）、《周日独立报》（1990年创办，发行量25万份）、《观察家报》（1791年创办，发行量40.4万份）、《星期日泰晤士报》（1822年创办，发行量137.4万份）、《周日商业报》（1998年创办，发行量5.5万份）。2008年，15岁以上的英国人中有47%阅读周日报。读者量最大的前两种的周日报是《世界新闻》和《周日邮报》。

从内容和风格上来讲，全国性的报纸常被称为“质量型”的或是“受欢迎”的报纸，有5家日报和4家周报就被称为是“质量型”报纸。“质量型”的报纸能向读者提供范围广泛而充分的信息。而“受欢迎型”的报纸则更具有娱乐性及更简明。

（四）杂志

英国有7000多种杂志，有向读者提供休闲娱乐信息的，有向读者提供商业或专业信息的，有专门服务于某个特殊专业或爱好的消费群体的，如汽车爱好者、古典音乐爱好者等，还有文学的和政治方面的，以及面向学术界和学校的。这些杂志大部分是周刊、月刊和季刊。此外还有商界或公共服务机构为消费者或是其自家的雇员出版的杂志。有关舆论方面的主要杂志，如《经济学家》（*The Economist*），对国内外事务、财政金融、商业、科技等方面的事务独立地发表评论。《新政治家》（*New Statesman*）则对诸多社会、政治、文化和艺术等方面的事情发表独立的社会观点。《旁观者》（*Spectator*）从一个较为保守的角度来涉及上述各种问题。有关医学、企业管理科学、建筑、社会科学和计算机专业性的杂志也有数千种。2004年，英国期刊业产值达64.44亿英镑。

（五）出版业

英国的出版事业相当发达，全国约有4000家出版社，著名的有英国皇家出版局、麦克米伦出版公司、牛津大学出版社、企鹅图书公司等。据英国官方年鉴 *Britain* 提供的数据，1999年英国国内销售的图书达1.23亿册，出版发行的各类图书有11万种，图书发行业的出口值为8.9亿英镑。英国印刷业的年营业额达118亿英镑。2006年英国图书发行业的出口值增至21亿英镑。另据英国惠特克书目公司的计算机数据库显示，英国现有书店约3.6万多家，年产值达95亿多英镑（2006年）。英国图书出版业就业人数16.4万人，占全国就业人口总数的0.6%。

四　博物馆和图书馆

（一）博物馆和美术馆

英国有大小不等的博物馆和美术馆2500个，其中约有1000个博物馆是独立的，800个得到地方政府的支持。在2006—2007年间，共接待了参观者1亿人次，其中约1/3是外国参观者。国家级博物馆主要从政府得到资助。举世闻名的大英博物馆始建于1753年，它有100多个展厅，展品宛如一部浓缩的世界文明史；其他主要的博物馆还有：泰特现代美术馆、国家美术馆、自然历史博物馆、科学博物馆、维多利亚—阿尔伯特博物馆、国家海洋博物馆、国家肖像博物馆，等等。大英博物馆对游客完全免费开放，维修费用由政府负责拨款。有些国立的博物馆和美术馆过去曾收门票，但从2001年11月开始，所有的国立博物馆与美术馆已免费开放。在英格兰和苏格兰所有国家级博物馆都由独立的管理人管理。在英格兰和苏格兰，所有国家级博物馆都由独立的管理人管理。由地方政府、大学、独立或私人资助机构管理的博物馆和美术馆，可以得到博物馆和美术馆委员会与地区博物馆委员会的拨款来建立自己的收藏。而全国与地区公共或独立的博物馆和美术馆，也会得到艺术委员会以及信托和志愿机构、文物彩票基金会和国家艺术收藏基金会等组织的支持。

（二）图书馆

英国大约有5000个公共图书馆。据统计，英国约有3400万成年人（占居民总数的58%）是地方图书馆的成员，其中约半数每月至少借书一次。2006—2007年度，英格兰的公共图书馆共接待读者2.88亿人次。该年度英格兰的3500家图书馆共藏书8100万册，图书借阅量为2.69亿次，音像材料的借阅量为2700万次。大英图书馆是英国的国家图书馆，其前身是1857年建成的大英博物馆阅览厅，20世纪后期政府出资5.2亿英镑建成新馆。它是世界上最重要的科研收藏保管者，同时也是英国在20世纪得到政府资助的最大的建筑，整个建筑的面积多达10万平方米。该馆共有藏书1200万册，有11个阅览室、3个展览室和一个有200多个席位的会议室。英国的出版商从法律上说有义务将它们新出版的样书送给该图书馆。除此以外，英国在高等教育和进修学院中有近700个图书馆，在其他各类学校里有5600个，另有2200多个特别图书馆设在其他公共部门或私人部门，如商业公司、科研理事会及政府各部门等。牛津、剑桥大学图书馆的藏书分别达700万册和600万册，伦敦大学的各院校总藏书量达900万册。

五 医疗卫生

（一）国民卫生服务体系的形成

英国的国民卫生服务体系是由二战后第一届工党政府创建发展起来的。1946年通过、从1948年开始实施的英国《国民医疗保健法》，把所有的医疗卫生事宜都纳入了英国国民卫生服务体系，对民办和市立医院实行国有化，并在医疗保健事业中实行普遍性原则，规定无论是劳动者还是非劳动者，无论个人的支付能力如何，只要需要都可以得到免费医疗服务。在国民卫生服务之外，只存在很少一些按市场原则运作、由求诊者自付费用的私人医生服务和由护理中心提供的医疗服务，以及由宗教机构管理、被称作独立医院的私立医院等所提供的服务。但其规模很小，只对国民卫生服务体系起补充作用。

（二）经费来源

英国的国民医疗卫生服务费用，主要由国家从税收中拨付，其余则从社会保险基金中以国民医疗保健费的名目支付一部分，再就是就若干项目向求诊者收取的少数费用。国家用这些资金开办医院，雇佣医务人员；或者采用政府购买的形式向私人开业的医师购买医疗服务，向制药公司购买药品，给全体公民提供近乎免费的医疗服务和药品。从总体上说，居住在英国的英国本国和欧盟公民（英国和欧盟成员国订有医疗互惠协议）都可以免费获得医疗保健服务。近年来英国国民医疗服务支出增长较快，2007—2008年度预算支出为900亿英镑，即从1998年以来平均每年增加3%。

（三）国民卫生管理体制的变化

1. 行政管理体制 英国的国民医疗卫生服务体系，总体上系由中央政府直接负责，但在具体运作上则实行分权管理，通过全国各地的医疗卫生当局和相关部门实施管理。英国目前在英格兰设立的医疗卫生管理机构有99个，在威尔士有5个，苏格兰则设有15个相应的部门，北爱尔兰设有4个卫生与社会服务部门。这些机构分别负责验明和确定居住在各相关地区居民的医疗保健需要。它们负责保障医院和社区的医疗卫生服务，组织全科医生、牙医、药剂师和配镜师为居民提供服务，并负责管理国家同这些服务提供者所签订的相关合同。医疗主管机关和相应部门在工作中同负责社会工作、环境卫生、教育和其他服务部门的地方当局密切合作。全国各地还设有社区卫生委员会（苏格兰称“地方卫生委员会”，北爱尔兰则称“地区卫生与社会服务委员会”），代表地方消费者的利益，反映他们对医疗卫生服务的意见和看法。

2. 20世纪70和80年代的管理体制调整 英国国民卫生服务体系建立以来，前30年相对比较稳定，此后20多年来经历了几次比较大的体制改革和变化。国民卫生服务体系建立之初，英国实行的是全科医师、医院和公共卫生三个系统并列的管理体系，在行政上则形成了地域（regional）和区（district）两级管理体制。之后经过20世纪70和80年代几次比较重大的调整，形成了当今英国卫生管理的基本格局。目前英国国民卫生服务体系中传统的三元结构痕迹虽仍然存在，但各部门之间的联系已得到加强，形成了一个以卫生部对医院的管理为核心线索的体系结构，在这个线索的不同环节上建立与其他两条线索的联结。管理的最高权力机构是卫生部，其下设立的卫生服务监督委员会和卫生服务管理委员会负责医疗卫生事务的监督与管理，此外还有一些常设的涉及护理、药品、生育等专门业务的咨询机构。卫生部通过地域卫生署和地段（相当于区，但与区的行政边界不完全一致）卫生处两级机构对医院实行垂直领导。

3. 建立“内部市场”引进竞争机制 英国国民卫生服务体系，具有明显的供给导向，医疗的供方起主导作用。这种体制的优点之一是在享受医疗服务方面的平等，不受个人经济能力的限制，从而使它成为一种普遍主义的福利。但这种制度也存在着一些缺点和问题。普遍主义原则对需求缺乏约束，往往造成过度需求（如大量人排队等候住院），在初级医疗中容易导致对药品的过度依赖和浪费。正是在这一背景下，英国开始对供给导向的国民卫生服务体制进行反思，在撒切尔经济自由化改革的推动影响下设法启动市场机制引入了“内部市场”的概念。从1991年开始医疗卫生的“供方”同其“买方”分离。这样做的指导思想是赋予“买方”以更大的选择自由，置“供方”于竞争的压力之下，从而促使其提供质量高、效益好、与“买方”所付费用相应的服务。卫生当局不再直接管理“服务”，而作为“购买者”通过同供方签订合同代表居民从一系列“供应者”（医院、社区服务机构、救护车服务单位等）那里购买医疗卫生服务。这些供应者反过来则得以成为国民卫生服务体系的“信托人”，有权就员工人数、工薪比率以及如何收费等一类事情自主做出决策。家庭医生在新体系中首次被授权安排经费预算。一些较大开业单位的全科医生可申请成为“经费持有人”，从地方卫生当局那里领取年度预算经费，有权就病人的需要做出决定，并通过同供应商签订相应的合同为病人购买一系列的医疗服务。

培育私营医院，扩大它们的作用，是保守党政府医疗卫生改革的一项重要内容。80 年代以来，英国私立医院有了较大的发展。从 1979 年到 1984 年，私立医院床位增加了 50% 多个。不过这并没能从根本上动摇国民卫生服务体系的绝对优势地位。全国只有约 1/4 的病人自己出资支付个人的医疗费用。私有化政策还表现在商业医疗保险的发展上。人们参加商业医疗保险的主要目的是为了减少手术排队时间，以及获得一些国民卫生服务不提供的服务，例如特殊的老年护理、整容等等。

此外，卫生部门还开始建立一种称为“准市场”的机制，将医院的环境保洁、衣物清洗、餐饮等方面的辅助职能尽量分割出去，按照市场竞争的原则进行招标，由专业公司承担。

1997 年工党政府上台执政后，宣布废止医疗卫生服务中的“内部市场”，拟发展一种新的组织替代模式。与保守党政府相比，工党政府更强调在医疗工作中应贯彻普遍和公平原则，增加国民卫生服务经费的数额，减少医院排队等候的时间。它取消了全科医生“经费持有人”的制度，在每个地区建立“初级医疗小组”（Primary Care Trusts），由其控制地方国民卫生服务约 80% 的经费，负责为地方社区办理医疗卫生服务事宜，使医院与地方卫生小组之间建立起一种经过整合的更加统一的关系。

（四）对国民卫生服务体系的评估

1948 年建立的医疗卫生服务体系，被认为是战后英国历史发展上取得的一项重大成就和宝贵资产。它使每一个英国人，不论男女、老少和贫富，都能免费享受全面的基本医疗保健服务。国民卫生服务体系的实施和医疗水平的不断提高，使英国的医疗卫生事业居于世界的前列。

在福利国家提供的各种福利中，国民卫生服务是最受人关注和欢迎的项目之一。从个人的角度看，它与每一个人息息相关，一个人在其一生的某一时刻总会与医疗服务打交道。患病的风险比较高，难以预料。国民医疗保健制度的实施，免除了个人面临这种风险时的无助状况。从国家的角度看，医疗卫生服务在提高国民身体素质方面起到了关键作用，从而有助于维持和扩大国民再生产，有利于维护社会的稳定和健康发展。因此，国民卫生服务体系建立 60 年来，一直受到大多数居民的欢迎和拥护。撒切尔的自由化改革也未能从根本上触动这一体系。从国际比较的观点看，英国的国民卫生服务体系总的来说效益较好，成本较低。经济合作与发展组织不久前发表的一项报告指出，英国的国民卫生服务体系被公认为是一种“杰出的成本—效益机制”。

六　体育与休闲

（一）体育

英国的全民体育运动十分普及，根据 2007 年的一项统计，有 49% 的 18 岁以上的成年人每年至少到现场观看一次体育比赛。在 2006—2007 年间，英国有 40% 的成年人每周至少参加 30 分钟中等剧烈程度的体育运动；22% 的人每周有 3 天参加不少于 30 分钟的运动。英国的男女运动员在一些世界性运动项目上取得了较好的成绩，在诸如田径、划船、赛艇、职业拳击、射击、自行车、斯诺克及摩托车等竞技运动项目中获得过许多世界冠军。在 2004 年雅典奥运会上英国获得 9 枚金牌、9 枚银牌和 12 枚铜牌；而在 2008 年北京奥运会上，英国代表团取得了历史性的突破，夺得 19 枚金牌、13 枚银牌和 15 枚铜牌，排在金牌榜的第 4 位，并打破两项世界纪录。英国每年都要举行许多重要的国内体育赛事，同时还有许多重要的国际体育比赛，如温布尔登草地网球赛、欧洲足协杯决赛、高尔夫球公开赛，障碍赛马等。尤其是作为老牌体育强国，英国在 1908 年和 1948 年举办过两届奥运会，主办城市皆为伦敦。此外，伦敦在 2005 年以微弱优势击败巴黎，主办了 2012 年奥运会，伦敦也成为有史以来第一个三次举办奥运会的城市。

英国政府对体育运动很重视，1998 年专门建立了一个“体育内阁”，以便确保体育的战略优先项目，该内阁由文化、新闻和体育部大臣主持，同时还包括负责英格兰、威尔士、苏格兰和北爱尔兰各地体育运动的大臣。政府在体育和休闲方面的职责是通过五个理事会予以引导。它们是英国体育理事会、英格兰体育理事会、威尔士体育理事会、苏格兰体育理事会和北爱尔兰理事会。“英国体育研究所”（U. K. Sports Institute）与体育理事会一起协调支持英国参加的国际体育比赛，处理违禁药品，制定把国际重大体育比赛引进英国举行的政策，在海外代表英国的体育利益并增进英国的国际影响。全国有400多个独立的体育管理机构来管理单个体育项目，其中有的具有全国性或属于大不列颠体育机构的结构，多数建立在地区的基础上。它们的作用就是制定规则、举行比赛、决定会员资格以及挑选和培训全国性的运动队。大多数体育俱乐部都属于或是参加某种相应的管理机构。英国体育活动中央理事会（the Central Council of Physical Recreation）是世界上最大的体育活动联合会，包含英国245个机构和61个英格兰的协会；英国奥林匹克协会代表着35个全国奥林匹克体育管理机构，组织英国参加奥林匹克运动的参赛队伍，决定队伍的规模和选择队员的标准，以及筹措资金。该协会接受私人部门和社会公众的赞助和捐款；妇女体育基金组织的目的是促进妇女和女孩在体育和娱乐活动方面的兴趣，鼓励在全国建立妇女体育团体，组织活动和进行比赛。

英国素称“户外运动之乡”，也是许多近代竞技运动的发源地。国际上流行的体育活动项目，绝大部分在英国都有开展。受到广泛欢迎的体育活动有：球类（足球、篮球、网球、羽毛球、冰球、曲棍球、板球、台球、乒乓球、高尔夫球）、田径、体操、游泳、赛艇、赛马、射箭、打猎、钓鱼、拳击、赛车、自行车、登山、徒步、健身操、国际象棋等以及与一些运动项目相结合的博彩活动。

（二）风景名胜

英国作为一个著名的世界旅游胜地，有众多名胜古迹可供游览。如苏格兰的历史名城爱丁堡、阿文河畔的斯特拉特福城莎士比亚故居、索尔斯伯里平原上的古巨石阵遗迹、牛津和剑桥的大学城等等。首都伦敦更是有着许多闻名遐迩的名胜古迹。

1. 大本钟　英国有名的古钟，位于泰晤士河畔，建于1859年，因主持该工程的英政府专员本雅明·霍尔而得名。钟重14吨，直径6.7米，时针长2.75米，分针是4.27米，钟摆重305公斤。1923年起，通过广播将大本钟根据格林尼治时间发出的钟声传播于全世界。

2. 白金汉宫　女王在伦敦的王宫，始建于1703年，因白金汉公爵所造而得名，1761年被英王乔治三世为其妻买下，故称“女王宫”。1838年，维多利亚女王登基，白金汉宫便成为历代君王的住处，后来又成为国王接见和宴请外国元首、政府首脑、外交使节，并召见本国首相和大臣之地。宫前御林军卫士的换岗仪式早已成为吸引海内外众多游客的一大景观。

3. 格林尼治　英国原皇家格林尼治天文台所在地，世界计算时间和地球经度的起点，位于伦敦东南泰晤士河南岸。15世纪初，英国摄政王汉弗莱在当地小山上修建一个瞭望塔，用以观察进入伦敦的船只。1675年，英王查理二世在位时将其改建成英皇家格林尼治天文台。1884年，国际天文工作者在华盛顿的国际经度会议上决定，以经过格林尼治的经线为本初子午线，并以此地为“世界时区”的起点，据以校准时间。1948年皇家天文台迁址，原址改为航海博物馆的一部分。

4. 海德公园　著名的皇家公园，以园内的“演讲者之角”而闻名于世。它位于伦敦市城西威斯敏斯特区，占地340英亩。演讲者可以自由阐述政见、评议乃至批评时政而不受任何限制和干涉，故该角被看作是西方的“民主之窗”。园内的游览点还有艾伯特雕塑像（1876年）等。

5. 伦敦塔　伦敦的著名古迹，于1097年威廉二世时建成，位于伦敦市内泰晤士河北岸、伦敦塔桥附近。它原用于保卫和控制全伦敦市，由占地18英亩的庞大建筑群组成，以27米高的白塔为中心，内城墙有13座塔楼，外城墙有6座塔楼、2座堡垒，四周有护城河，系内外两部分组成的防御要塞。17世纪前为王室住地，后曾作为国家监狱，现为收藏文物的博物馆。

6. 伦敦塔桥　英国著名桥梁之一，位于伦敦泰晤士河上，伦敦塔附近，历史上有“伦敦的门户”之称。建于1886—1894年，因桥身系由4座塔形建筑联接而得名。中间桥墩上的两座主塔高140英尺，两塔之间的跨度为200英尺。桥分上下两层，下层桥面可以自动开合，平时通车，桥桁开启时可通过万吨级船只。上层为一条宽阔的悬空人行道。塔桥和附近的古城堡的塔群交相辉映，成为泰晤士河上有名的一景。

7. 大火纪念碑　为纪念1666年伦敦的一场大火而建，位于伦敦市内大火起始地附近的布丁港，高202英尺。碑柱顶端有一四边形瞭望台，中央的圆柱托着镀铜的葫芦状火苗柱头，象征着当年的火灾之源。

8. 圣保罗教堂　伦敦的著名教堂，位于泰晤士河北岸纽盖特街与纽钱吉街交角处，为公元604年圣奥古斯丁以来的伦敦主教座堂所在地。现有教堂是由英国建筑大师克里斯托弗·雷恩爵士在1675—1710年按竖长横短的十字架形设计建成。教堂的主体是一座两层十字形大楼，中间拱托高100多米的穹隆圆顶。该教堂为英国人的精神支柱，人们把它看作为火焰中飞舞的凤凰再度升起的地方。

9. 特拉法尔加广场　位于伦敦市中心。1840年为纪念杰出海军将领纳尔逊而建，并以他战斗过的地方命名为“特拉法尔加广场”。广场中央矗立着纳尔逊纪念碑，碑为圆柱形，高56米，顶端立着5米多高的纳尔逊身着军装的雕像。在纪念碑周围和喷水池旁的地上，经常有数不清的鸽子与游人嬉戏，故该广场又称“鸽子广场”。

10. 温莎堡　王室行宫，位于伦敦以西22英里的温莎镇，濒临泰晤士河南岸。11世纪“胜利王威廉”在此修建木质结构城堡，即为温莎堡之初，迄今有900多年的历史。亨利一世时首次成为王室住地，后经多次修建和扩建，现已成为英国最大的城堡，占地13英亩。历史上是一些英王的出生地、举行婚礼的场所、囚禁处和墓葬地。1917年起，王室以温莎命名，称温莎王室。

11. 议会大厦　又名威斯敏斯特宫，通称英国议会大厦，是英国上议院和下议院的所在地。自英国君主立宪政体建立以来，这座风格独特的哥特式建筑便成了英国政界商讨国家大事及制定法律的场所，也是英各政党论战的讲坛。该大厦始建于都铎王朝时期，现有建筑是1950年建成的。

12. 马克思墓　卡尔·马克思流亡英国时，长期定居伦敦，逝世后安葬在伦敦市北区海格特小山上的一个公墓内。长方形的墓碑上有青铜雕塑的马克思头像。来自世界各地的进步人士来此向马克思主义的创始人表示敬意。

第八节　军事

一　安全理论与防务战略

英国武装力量训练有素、装备优良。英国是北约组织的重要成员国，是为联合国维和行动提供武装部队最多的国家之一。它还在世界上40多个国家部署或驻扎军队。英国在科索沃战争、伊拉克战争和阿富汗战争中都扮演了重要的角色。英国希望通过多边和集体安全机制，利用其军事方面的某些优势，在世界上发挥超过其经济实力的作用和影响。2007年英国共有海外驻军2.8万人，主要部署在德国、加拿大、塞浦路斯、马尔维纳斯群岛、波斯尼亚、科索沃、塞拉利昂、阿富汗和伊拉克等地。

冷战结束后，英国原防务战略的基础发生了变化，与苏联东欧国家在建立相互合作和安全方面的工作也在不断取得进展。但是，随着东西方军事对峙的结束，欧洲过去长期被掩盖和压抑的各类矛盾日趋表面化和尖锐化，欧洲及邻近地区诸多不稳定因素，成了导致新的紧张局势的重要根源，有可能危及英国及其盟国的安全。因此英国及北约的安全防务战略除实施传统的旨在“保卫领土安全”的“集体防御”之外，把侧重点放在预防和控制地区性危机与冲突方面。在2001年美国“9·11”事件后，特别是2005年7月伦敦连续发生两次地铁和公共汽车连环爆炸案件之后，恐怖袭击已对英国本土安全构成重大威胁。英政府已将反恐列为国家安全防务的一项重要内容。

面对未来不确定的形势，新的安全战略要求改革部队的结构，加强军事行动的机动性和灵活性。部队要具备参加从实施小规模维和与人道主义救援任务到参与大规模高烈度战争等一系列军事行动的能力。从预防和控制地区性危机与冲突的需要出发，政府决定组建规模小、机动性强的快速反应部队。英国除了在1992年10月成立的北约欧洲盟军快速反应部队中担任重要角色外，还于1996年组建了一支从英三军抽调的人员组成的联合快速部署部队。这支部队可以担负作战、维和或从险区疏散平民等各种任务。

北约组织仍是英国防务和安全政策的基石。扩大北约组织并使之成为一个能为欧洲未来的活动提供政治权威和方向的机构，是英国为之努力奋斗的目标。维护和加强北约在冷战后欧洲安全结构中的中心地位，不仅是美国的战略需要，而且也符合英国的战略利益和外交需要。因此英国一直积极参与冷战后北约的调整和改组工作，在这方面发挥着重要的作用与影响。

英国防务政策面临的一个突出问题，是如何处理它与欧洲安全和防务特性的关系。西欧国家在安全和防务方面寻求某种欧洲特性的问题，早在冷战年代就已提了出来，冷战结束后，这一问题正式提上议事日程。英国鉴于它自身在对欧关系上的“超脱”传统和英美之间存在的“特殊关系”，长期以来一直对发展欧洲共同防务持保留和抵制态度。但欧洲安全事态的发展，特别是科索沃战争促使英国的立场发生了重要变化。英国政府表示，在肯定北约仍然是欧洲安全盾牌的前提下，欧洲应具备单独处理危机、实施小规模维和行动以及人道主义救援行动的能力，而不必事事都要求美国参与。英国同意西欧联盟在保持与北约联系的条件下发展成为欧盟的防务组成部分（2000 年底西欧联盟正式并入欧盟成为欧盟防务的组成部分）。

二　三军力量及核力量

（一）三军力量

截至 2006 年底，英国陆军正规部队为 10.62 万人；空军为 4.521 万人；海军为 3.547 万人。此外，还有预备役总兵力 22.5 万人；军中文职人员为 11.51 万人。

现役军人的服役时间分短期、中期和长期三种。各种军人都要受到很好的训练，最初的训练是在皇家海军学院、皇家军事学院和皇家空军学院进行学习，之后便要接受专门训练，甚至包括大学中的学位课程。

陆军和空军中的非授衔军人的服役期从 6 个月到 22 年不等，在皇家海军中的服务期最长可达 37 年（在皇家海军陆战队是 22 年），故选择的余地很大，此类军人同样要接受基本训练和专门训练，政府还鼓励他们得到国家承认的资格证书。

预备役部队是英国武装力量中的重要部分，正规部队的成员在经过一定时期服役后便可转为预备役军人（正规预备役军人）。志愿预备部队则包括海军、海军陆战队、本土军的志愿部队，以及空军辅助部队等。

在战时或危机时期，预备部队随时准备支持正规部队。1996 年颁布的预备役部队法规定，可以更灵活地使用预备部队，尤其是志愿预备队，例如维持和平及救灾等活动。

（二）核力量

英国在实施各项防务任务时，除依靠建立在高新科技基础之上的三军常规力量外，仍把英国的独立核威慑力量作为国家安全的最后屏障。不过，英国的核力量平时划拨给北约指挥和控制。

由于战略环境的变化，英国也在调整它的战略部署。2006 年 12 月，英国发表核威慑政策白皮书，称为保持英国的战略核威慑力量，将斥资 150 亿至 200 亿英镑用于研制新一代战略弹道导弹核潜艇，以取代将于 2020 年前后退役的运载美国生产的“三叉戟”战略弹道导弹的“前卫”级核潜艇（英国自己制造）。英国拟将现有“三叉戟 D5”型弹道导弹服役期延长至 2042 年，并在适当时候决定是否与美国合作研发新型的弹道导弹。它还决定将核潜艇数量由 4 艘减至 3 艘，核弹头由 200 枚减至 160 枚。

（三）北约中的英国武装部队

英国武装力量与北约部队有着紧密的结合，它向北约提供一支数量可观的精锐部队，在各个方面都承担着保卫欧洲的重要任务。

1. 海军　皇家海军的大多数舰艇供北约调配使用，与北约的海军力量一起共同在大西洋、英吉利海峡和地中海执行任务。舰艇的主要构成是：3 艘运载海鹰战斗机和海王反潜艇直升机的航空母舰、32 艘驱逐舰和护卫舰、12 艘核动力攻击潜艇以及两栖部队，包括两艘强击艇和一艘正在建造的直升机母舰。

2. 陆军部队　北约于 1995 年 4 月组建了多国联合快速反应部队，英国是主要参加国。英国向该部队提供了一个装甲师、一个机械化师以及一个空降旅。北约快速反应部队由英国将军指挥，60% 的司令部参谋人员和部队一级的战斗支援与后勤补给部队系由英国提供。

3. 空军部队　皇家空军向北约的快速反应部队派出 100 架固定机翼飞机和 40 架直升机。旋风式 F3 飞机和“轻剑”地对空导弹组成北约快速反应部队的一部分，而鹰式和旋风式 GR1 和 GR1a 式飞机为该部队提供了有效的支持和战术侦察，“印第安人”和美洲狮式直升机向该部队或其他地面部队提供空运设备，旋风 F3 和旋风 GR16 式飞机向北约的海上反应部队提供支持。

（四）国防预算

2007—2008 年度国防预算 320 亿英镑，居世界第二位。但总体来看，英国的防务开支占国民生产总值的比例呈不断下降趋势：1987 年为 4.4%，2007 年仅为 2.5%。

三 军事决策机构

（一）决策体制

女王伊丽莎白二世为英军名义上的最高统帅。最高军事决策机构是“国防与海外政策委员会”，首相任主席，成员有国防大臣、外交大臣、内政大臣和财政大臣等；必要时，国防参谋长和三军参谋长列席会议。国防部为国防执行机构，它既是政府的一个部门，也是最高军事司令部。国防大臣负责制定和执行防务政策，并负责为实施防务政策提供经费。国防参谋长和国防部常务副大臣协助国防大臣工作。国防参谋长是武装部队的首长、国防大臣的首要军事顾问。国防部常务副大臣是政府有关防务的首席文职顾问，对国防部的政策、财政和行政管理负有首要责任。常务副大臣本人要对议会投票通过的用于防务目的的公共开支负责。

在国防部内设有审议防务政策重大问题的国防会议，由国防大臣主持，成员则包括非阁员的国防国务大臣、三军的各政务次官、国防参谋长等。此外还设有由国防参谋长和三军参谋长组成的参谋长委员会，在制定战略、作战计划等方面辅佐国防大臣。但是，由于防务政策同各方面有着广泛的联系，所以，最后还必须交由内阁裁定。

（二）文官控制

文官控制是英国军事方面的一大特色，其根本目的在于防止军队左右政治，保证有效地贯彻资产阶级的民主原则。由此而形成这样的惯例，即军人（含原为军人者）不得介入政治。这一点作为长期的传统早已为全社会所接受。因此，除在滑铁卢作战中打败拿破仑一世的威灵顿公爵担任过首相外，尚无第二例由高级军人任首相，况且威灵顿公爵也是在退出现役并经过相当一段时间后才出任首相的。此外，与陆军相比，英国更重视海军，而由于英国的岛国地理位置又决定了海军历来把注意力集中于海外，这也是使军队本身形成不参与政治惯例的原因之一。

第九节 对外关系

一 二战后英国外交政策的演变

（一）“三环外交”

1. 背景 “三环外交”是丘吉尔根据英国相对衰落的发展趋势和二战后世界力量对比变化的新情况，为谋求继续保持英国的世界大国地位而制定的一项外交总方针。1948 年 10 月 9 日丘吉尔在保守党兰达诺年会上发表演说时提出了“三环”的概念。他说：“在这个关系到人类命运的变化时刻，当展望我国未来时，我感到在自由和民主国家中存在着三个大环。……对于我们来说，第一环自然是英联邦和英帝国及其所包括的一切。其次是包括我国、加拿大及其他英联邦自治领在内，以及美国在其中起着如此重要作用的英语世界。最后是联合起来的欧洲。这三个大环同时并存，一旦它们连接在一起，就没有任何一种力量或力量的联合足以推翻它们，或敢于向它们挑战。现在假如你们想象一下，你们就会看到，我们是在这三个环中的每一个环里都占有重要地位的唯一国家。事实上我们正处在三环的连接点上。”丘吉尔的这席话不只是反映了他和保守党人借助英国同英联邦国家、美国和西欧的联系谋求继续保持英国大国地位的愿望，而且也反映了英国对外关系中客观存在的广泛联系，以及基于此种联系之上的对外政策重点，从而实际上为战后两党一致的外交政策奠定了基础。在丘吉尔看来，英国在战后的世界舞台上扮演三重角色：英联邦和帝国的中心，与美国保有特殊关系的一个主要的大西洋国家，支撑着欧洲大陆均势格局的一个主要西欧大国。依照“三环外交”思想，英联邦和帝国是英国大国外交的资本；英美特殊关系是其政策的基石和重点；借助美国的力量，建立一个包括美国和西欧在内的西方集团同苏联抗衡，以确保英国在欧洲和世界上的切身利益及其大国地位，则是其政策目标。

2. 效果 从二战结束到 50 年代中期，“三环外交”的执行从总体上说还是较有成效的。这突出表现在两个方面。首先，英美特殊关系在冷战格局的确立和形成过程中发挥了重要的作用和影响。1946 年 3 月 5 日丘吉尔的“富尔顿演说”吹响了冷战的号角。贝文外交在促使“杜鲁门主义”和“马歇尔计划”的出笼、推动美国走上同苏联全面对抗的道路中扮演了重要角色。从1948年布鲁塞尔条约组织的诞生到1949年北约组织和1954年西欧联盟的建立，英国和美国一起在组织欧洲军事集团过程中充当了倡导者和推动者的角色。其次，战后初期在处理非殖民化问题上，同其他老牌殖民帝国相比，英国采取了较为灵活、现实的态度，迅速实现了从印度次大陆的撤退，印、巴、缅、锡独立后除缅甸外都留在了英联邦内。此后，直到1956年苏伊士运河危机以前，英帝国和英联邦大体上保持了相对稳定的局面。在这一时期，英联邦于30年代建立起来的帝国特惠制和英镑区这类经济机制，还能较为有效地服务于英国和英联邦国家的利益，促进了英国同英联邦国家间的经济联系。由海外战略要地组成的基地网仍基本保持完整无损。这不仅对维护英国在英联邦内的利益和影响、保障英联邦的战略联系具有重要意义，而且被认为对在全球范围内抗衡所谓的“共产主义扩张”和“威胁”也具有重要的价值。从40年代末到50年代中后期，英联邦联系对于英国推行自己的远东政策也发挥了重要的作用和影响。

3. 英国与欧洲联合 在这一时期，英国在欧洲联合问题上的独特立场和两难处境已初露端倪。英国是一个欧洲国家，其安全与政治经济利益直接与欧洲大陆相关。然而英国又自视不完全属于欧洲，认为它的利益与影响遍及全世界，因此不宜加入一个紧密联结在一起的欧洲一体化组织。不过英国人并不反对欧洲合作的概念，他们甚至表示不反对其他西欧国家组建一体化的组织，但是英国要置身其外，其决策和行动自由不致受到限制。事实上正是丘吉尔在1946年9月的苏黎世演说中率先提出了建立欧洲合众国的设想，呼吁法德和解，在英美帮助下重建欧洲。面对欧洲力量均衡急剧变化的新形势，战后初期执政的工党政府采取实际步骤促使西欧国家组织起来，并拉美国同它们一起与苏联抗衡。然而随着战后欧洲统一运动的发展，英国同一些西欧大陆国家之间就有关欧洲建设方针问题的矛盾和争论变得尖锐起来。英国主张在松散的政府间合作的基础上建立一个邦联主义的欧洲，而大陆一些国家则主张建设一个具有某些超国家性质的联邦欧洲。由于英国等国的坚持反对，20世纪40年代末大陆国家把欧洲委员会建设成为一个政治和经济联盟的设想未能实现。在这之后，欧洲联邦主义者转向积极推行“功能主义一体化”的主张，在20世纪50年代相继提出建立“煤钢共同体”、“欧洲防务共同体”和“欧洲经济共同体”的方案，但都遭到了英国的拒绝。就这样，英国把自己置身于20世纪五六十年代迅速发展的欧洲一体化进程之外。但这并不是说英国完全放弃了对西欧一体化进程施加影响的努力。事实上英国早就感到西欧一体化进程可能给自己带来的冲击和威胁，一直在试图使这一进程按照自己所希望的方向发展。针对西欧六国拟议中建立的共同市场，英国曾提出建立自由贸易区和工业自由贸易区的建议。在这些建议被拒绝后，英国同奥地利、丹麦、挪威、葡萄牙、瑞典和瑞士一起于1960年5月建立了欧洲自由贸易联盟。这样，20世纪60年代初西欧在经济上就形成了欧洲经济共同体“六国”与欧洲自由贸易联盟“七国”并存的分裂局面。

（二）面向欧洲的转变

丘吉尔的“三环外交”思想对于英国战后的对外政策具有长远的指导意义和影响。但是在进入二战结束后的第二个10年以后，随着英国实力的相对衰落及其内外环境的发展变化，英国不得不对其在全球范围内承担的广泛义务和“责任”进行收缩，并对其政策目标及轻重缓急次序加以调整，被迫放弃大国全球外交，实行重点面向欧洲的转变。

导致英国外交政策调整的首要因素，是英国被迫从“帝国环”的撤退。战后初期英国的帝国政策是将“撤退”与“挖壕据守”相结合。这就是说英国一方面从印度次大陆等事实上已难以继续控制的地方迅速撤退；另一方面则步步为营，尽量将剩下的殖民地领土牢牢置于英国的统治之下。但是从20世纪50年代后期开始，英国实力衰落的趋势日趋明显，1956年英、法、以入侵埃及的苏伊士运河战争失败是一个重要标志。为适应形势的变化，英国政府大大加快了非殖民化进程，开始从剩下的殖民地全面撤退。到20世纪60年代中期，英国在世界上绝大多数主要的殖民地都已取得独立地位。在英帝国殖民体系解体的过程中，大批前英属殖民地附属国加入了英联邦，英国试图以英联邦来维系日益瓦解的英帝国。但是随着英联邦规模的急剧膨胀，英联邦国家之间在国际政治和基本战略问题上的政策分歧变得越来越突出。英国不仅不能再任意把自己的意志强加于英联邦国家，相反，英联邦却一再被一些亚非国家用作批评和反对英国政策的论坛。同时，作为英联邦经济联系重要杠杆的英联邦特惠制和英镑区也逐渐走向瓦解。英帝国的解体、英联邦对英国意义和作用的下降，促使英国逐步把同欧洲建立更为密切的联系放在对外政策的突出地位。

另外，英美关系重要性的下降，也是导致英国向欧洲寻求出路的一个重要因素。所谓英美特殊关系本来就是英国提出的，而美国则远不像英国那样频繁地提及。因此，它主要反映了英国借助美国力量实现自己战略需要的愿望。战后绝大多数英国政府都把保持英美特殊关系，作为维护英国大国地位的一种手段。但是随着英国经济、军事实力下降和国际局势的变化，英美关系在美国全球战略中的地位与作用日趋下降。与美国同其他西方国家的双边关系相比，英美关系的“特殊性”也在逐渐减弱。1956年的苏伊士运河战争曾给英美关系造成严重的损害。当时麦克米伦首相把修好英美关系作为英国外交的首要任务。工党威尔逊政府上台后，对苏联在欧洲以外地区的威胁远不像美国看得那样严重，因此对美国在捍卫西方战略利益的旗号下所采取的行动配合乏力。特别是在越南战争问题上，英美时有不谐之音。接着英国政府又作出了从苏伊士以东撤退的决定，直接危及和降低了英国在美国全球战略中的地位与作用。希思较之威尔逊更侧重于西欧，他声称英美特殊关系已变为“自然关系”。所有这些都表明，英国与美国的关系已变得不那么“特殊”，英国在美国国际政策中的地位已非昔日可比。

英国经济利益和外交战略需要的欧洲化，是促使英国对外政策实现从大国全球外交向重点面向欧洲转变的一个根本原因。战后英国的内外环境及其现实利益，以及地理和历史方面的种种因素，曾使英国在20世纪50年代对西欧一体化进程采取一种冷漠、超然的态度。但是迅速发展的欧共体很快就表明，它对英国具有极端重要的意义和后果。英国经济发展缓慢的趋势在20世纪50年代后期已很明显。而欧洲经济一体化的发展，却加快了德法等欧共体国家经济发展的步伐。到20世纪60年代中后期，英国的国民生产总值已由战后资本主义世界的第二位降至第五位。与此同时英国的经济贸易利益却在加速向欧洲转移和集中。为缺乏活力而陷入困境的英国经济寻求一条出路，成为英国向欧共体靠拢的重要推动力量。英国这样做当然并不只是出于经济上的考虑，政治和外交上的需要也是一个重要因素。因为如果英国同西欧联合进程的联系被切断，那么未来世界外交活动的轴心就有可能绕过英国而从欧共体通过，从而给英国的大国地位造成严重的损害。正是基于这样一些考虑，英国在20世纪60年代和70年代初曾三次申请参加欧共体，经过10年多艰难曲折的谈判，终于在1973年正式加入了欧共体。这样，到20世纪70年代初，英国外交就大体上实现了从全球外交向重点面向欧洲的转变。

（三）撒切尔主义外交

英国1973年1月1日加入欧共体，又经1975年全民公决以2∶1的多数表明英国决心留在欧共体内之后，它的欧共体成员资格似乎已不再成为问题。但是英国政治中在欧洲政策上的所谓“欧洲派”与“大西洋派”之争并没有结束。英国是欧洲国家，本是毫无问题的；但它又有别于欧洲大陆国家。英国与美国的传统关系及其广袤的海外联系，使得它比任何欧陆国家都有广泛得多的依托。英国在制定欧洲政策时，必须把这方面的因素考虑进去。欧共体出现后，英国有个次序上的选择问题，这导致了所谓“欧洲派”与“大西洋派”之说。在“欧洲派”看来，英国应该把同欧陆国家的关系放在优先地位，特别是在欧共体已显示其可观的实力和影响之后，英国更不应置身其外；否则，英国就无法在欧洲立足，英美关系和英联邦均不足恃。“大西洋派”则更看重同美国的关系，担心加入欧共体会削弱英国在欧洲的独特地位，从而损害大西洋两岸的关系；即使在英国加入欧共体后，它也应该从维护其海外联系出发，谋求在欧共体内享有特殊的政策利益，反对所谓的布鲁塞尔“过分”集权和官僚化。英国政治中这两种倾向之争在撒切尔夫人主政时表现得十分突出。撒切尔主义外交，从某种意义上说，就是大西洋主义在英国对外政策上的一种集中反映。

1. 撒切尔夫人执政时期的英美关系 撒切尔夫人执政时期一改70年代以来英美两国关系日趋疏远的状况，由希思称之为的“自然关系”重新又回到昔日在英国对外政策中占中心地位的“特殊关系”。撒切尔夫人认为，保守党的对外政策应建立在英美深刻谅解的基础之上，建立在英美盟国关系基础之上，她把此视为盎格鲁—撒克逊传统的一部分，也作为对北约承担义务的一部分。这里有两个方面的因素特别值得注意。首先，英国尽管加入了欧共体，但在相当长一段时间内由于对其实际效果所产生的失望，以及同法国等欧共体伙伴之间的利害冲突，使它难以成为一个全心全意的“欧洲人”。另外，就欧共体的性质而言，它主要是一个经济组织，西欧的安全和防务以及东西方关系这样一些重大问题，仍是通过大西洋联盟来协调的。而英美之间的防务伙伴关系对英国有着特别重要的意义。在这种情况下，撒切尔政府自然不会把重振英国大国地位的希望，寄托在发展同西欧大陆的关系上。其次，美国总统里根推行的新右派内外方针与撒切尔夫人倡导的新保守主义指导原则十分接近。他们在对苏联和共产主义的态度上都持强硬立场。他们的经济政策思想也有许多相同和近似之处。这种意识形态上的共同使命感和内外政策上的广泛一致性，使撒切尔夫人执政期间的英美关系变得又异常密切起来。

2. 英国与欧共体关系　在撒切尔夫人执政的头5年中，英国围绕欧共体预算摊款份额和共同农业政策问题，同法国等欧共体伙伴进行了持续而激烈的斗争，以至于大陆国家普遍把它看成是一个“三心二意”的成员国。不过，撒切尔夫人“本能上”尽管是亲大西洋主义的，但客观形势却使得她的政府逐步而不可挽回地加强了与大陆欧洲的联系。1984年在枫丹白露举行的欧共体首脑会议被认为是一个分水岭。英国政府在会议期间提交了一份题为《欧洲的前途》的文件，呼吁建成一个真正自由的内部统一市场，为确定欧共体的未来议程做出了重大贡献。会议就英国摊款的回扣问题达成协议，消除了英国同其他欧共体国家长期发生争执的一个热点，使英国能够以更为积极的态度参与欧洲建设。然而在建设一个什么样的欧洲以及如何建设的问题上，英国仍与其他大多数欧共体伙伴存在着深刻的分歧。为此撒切尔夫人同欧共体委员会主席德洛尔发生了尖锐的争论。1988年9月撒切尔夫人在布鲁日欧洲学院演讲，提出欧洲建设的五项原则。她主张建设一个基于主权国家联合基础上的欧洲，反对德洛尔建立一个联邦主义的统一的欧洲的设想。在1990年10月举行的欧共体首脑罗马会议上，她不顾其他欧共体伙伴的意愿，单人匹马反对建立欧洲中央银行、实施经货联盟第二阶段建设的计划；在此之前，她还在1989年12月举行的斯特拉斯堡会议上，否决了制定统一的欧洲“社会宪章”的议案。

英国在欧共体内这种空前孤立的状况，使英国政府和执政党内温和的“欧洲派”人士深感不安。他们担心英国有可能被完全排除在迅速发展的欧洲一体化进程之外，从而失去对其进程施加影响的机会和可能。为此外交大臣杰弗里·豪挂冠而去，并进而引发一场全面的政府危机，撒切尔夫人被迫于1990年11月辞职下台。

二　后冷战年代的英国对外关系的走向

（一）英国与欧盟的关系

欧洲是英国生存发展和外交活动的主要舞台，不仅经济上需要倚重欧盟，而且在政治和外交上也不可能离开欧洲而独立发挥作用。面对冷战后急剧下降的国际地位和众多的国内难题，英国只有更多地采取“欧洲解决办法”、更积极地介入欧洲进程、推动欧洲一体化朝着英国所希望的方向发展，才是唯一现实可行的选择和出路。梅杰1990年11月接替撒切尔夫人成为英国首相时所作的一项重要政策声明，就是谋求使英国居于欧洲的中心地位。但是由于梅杰担心欧洲一体化进程走得过远会危及英国的主权和独立，特别是顾忌保守党内欧洲怀疑派的强烈反欧情绪，因此在其执政的最后几年内，往往在一些具体问题上采取消极防守、阻挠反对的态度。1994年梅杰政府曾就欧盟吸收新成员后提高否决的票数问题以及德洛尔去职后的欧委会主席人选问题，先后两度行使否决权。1996年围绕疯牛病导致的对英牛肉出口禁运问题，英国同欧盟之间爆发了激烈的对抗和冲突。在为修改《马约》而于1996年和1997年初举行的欧盟国家政府间会议上，英国几乎对所有加深一体化的建议都持反对或牵制态度，致使会议很难进行下去。保守党政府在欧洲政策上的僵硬立场，使得梅杰“谋求使英国处于欧洲中心”的政策目标，实际上已成为无法兑现的空话。

在这一背景下于1997年5月上台的工党布莱尔政府，决定推行更为积极、更富建设性的欧洲政策，采取措施迅速结束英国的孤立状态。布莱尔政府改变了英国不参加欧洲《社会宪章》的立场，并表示支持在欧盟新约中增加有关就业的章节，还同意就扩大多数表决机制的问题作出有限的妥协。在英国继续保持对其边界实施控制的条件下，布莱尔政府同意将涉及各国司法、内政权限的申根协议纳入欧盟《阿姆斯特丹条约》。正是工党政府这种灵活而富建设性的态度，促使长期陷入僵局的欧盟政府间会议出现了转机，15 国终于就修改《马约》、签署新约问题达成了协议。

在经货联盟问题上，英国的态度也变得更趋积极明朗。财政大臣布朗 1997 年 10 月明确宣布了英国在这一问题上的方针，表示英国虽不会在本届议会任期内加入欧元区，但将加紧准备以便在条件成熟时正式加入。从表面上看，这仍然是英国所惯常奉行的那种“等着瞧”的方针。不过从实质上讲，它和保守党政府原来所推行的欧洲政策有重要的差别。布朗在议会的声明中明确指出，引入单一货币在贸易、金融、投资、就业等方面对英国所具有的潜在好处是明显的。如果单一货币能够成功运作，加入的经济理由又如此明显，那么英国就应该谋求成为其成员。布朗还表示，不存在阻止英国成为欧洲货币联盟成员的宪法障碍。这些政策声明同保守党政府昔日借口国家主权对经货联盟所采取的怀疑主义立场与排斥态度，成为鲜明的对照。工党政府明确宣布支持货币联盟的原则，并在英国担任欧盟轮值主席国期间积极采取行动促进欧元按时启动的实际表现，标志着英国对欧政策的一个重大转变。不过从总体上讲，鉴于英国内对主权问题的传统观念和欧洲怀疑主义情绪的根深蒂固，布莱尔政府对于欧盟进一步一体化的任何步骤和措施，都不得不采取审慎的态度。工党政府之所以决定暂不加入欧洲单一货币，一个重要原因也是出于政治上的考虑：顾忌怀有强烈欧洲怀疑主义情绪的英国公众，一时难以接受带有超国家色彩的欧元。布莱尔表示，英国今后的对欧政策“需要强硬的时候就强硬，需要表现出建设性时就表现出建设性”。

进入 21 世纪以来，英国工党政府的对欧政策基本是沿袭布莱尔的这一思路实施的。2004 年欧盟罗马首脑会议签署的《欧盟宪法条约》在批准过程中，首先于 2005 年 5 月底、6 月初在法国和荷兰举行的全民公决中被否决。英国公众中本来对欧洲一体化进程就存在严重的怀疑情绪，担心接受宪法条约会影响英国的利益。因此 6 月 6 日英国政府借机迅速宣布推迟原定于 2006 年初对《欧盟宪法条约》进行公决的计划。此后在《欧盟宪法条约》基础上修改而成的《里斯本条约》，又被爱尔兰在 2008 年 6 月举行的全民公决中所否决。但是这次英国的态度与三年前有所不同，英国议会于 6 月 19 日投票通过了《里斯本条约》。英国之所以这样做，原因在于各成员国磋商制定新条约的过程中，删去了英国等成员国反对的某些带有宪法意味的内容，并增加了一些“个案处理”的灵活规定。例如，英国反对将警察与司法合作领域的表决机制由“一致通过”制改为“多数通过”制。英国在解决欧盟 2007—2013 年财政年度的中期财政预算危机问题上也做出了相应的贡献。2005 年下半年英国接任欧盟轮值主席国，面对欧盟困难危机的形势它必须有所作为。英国在任期的最后一个月内先后抛出 4 份预算方案，其收紧预算总额的提议迎合了部分成员国的心理，并承诺额外支付 105 亿欧元用于中东欧国家的建设，从而使英国在继续维持其返款特权的同时，巩固了与 10 个新成员国的关系。布莱尔抓住各国、特别是新成员国尽早达成协议的强烈愿望，通过成功化解“预算危机”，树立了英国在欧盟中的“强势”形象。

（二）英美关系

冷战后随着英国力量和影响的进一步削弱，它对美国全球战略，特别是对其欧洲政策的作用明显下降，英美特殊关系的基础遭到削弱。它实际上已被“共同起领导作用”的美德伙伴关系或者更为广泛的欧美特殊关系所取代。尽管如此，作为大西洋伙伴关系的一个重要组成部分，英美之间的“亲密关系”仍将继续保持。就英国而言，它不会放弃利用英美之间尚存的政治经济联系和历史文化传统为自己谋取好处的传统方针。从美国方面来说，在当今世界格局多极化趋势日益发展、西方国家之间矛盾和摩擦上升的情况下，也仍然需要英国的帮助和支持来推行自己的欧洲政策和全球战略。英国自认为它处于一种能够影响大西洋两岸关系发展进程的特殊地位，可以充当欧美之间的某种中介和桥梁。它率先提出了重振和加强大西洋伙伴关系的建议，希望利用自己的影响促进欧美关系的协调，从而加强自己的国际地位和影响。

1997 年工党政府上台执政以来，英美关系得到明显的改善和加强。布莱尔与克林顿之间存在的良好个人关系，固然有助于修补前些年梅杰主政时期不时呈现紧张状态的两国关系。但更重要的是，两国政府在一些重大国际问题和双边关系问题上采取了协调一致或近似的政策立场。英美关系往往在危机时刻会显得更为“特殊”：彼此都会寻求对方给予帮助和支持。这在海湾战争、科索沃战争、伊拉克战争和阿富汗战争中都表现得十分突出和明显。以科索沃战争为例。自科索沃危机爆发以来，布莱尔和英国工党政府一直是美国克林顿政府最忠实的伙伴，甚至在某些方面起着“推动者”与“带头人”的作用。在危机前期，英外交大臣参与主持了朗布伊埃谈判。在 1999 年 3 月 24 日北约开始对南斯拉夫实施空袭后，英国不仅积极为北约提供军事力量，而且它所提出的军事行动方案及其所提供的情报在空袭行动中发挥了重要的作用。英国始终坚持以军事手段解决科索沃问题的强硬立场。在争取派遣和使用地面部队方面，英国最为积极坚决。布莱尔曾为此广为游说，并于 1999 年 4 月 22 日在芝加哥经济俱乐部提出了他关于“主权不及人权重要”的新干涉主义理论。

如果说布莱尔与克林顿之间在政治策略与意识形态方面存在的一致性，是促成英美伙伴关系某种程度“复兴”的一个重要因素。那么被称为“十足”保守的共和党人小布什出掌美国总统的职位，则使大西洋两岸的不少人士担心英美之间往昔的“亲密”关系能否维系下去。但是，决定国家间关系的基础，归根到底是国家和民族的利益。所以小布什还没有入主白宫，英国政府就急着表白，英美之间的特殊关系不会受总统更迭的影响。而“9・11”事件为两国关系的骤然升温提供了适当的机遇。英国作为美国最密切的盟友在其危难时刻提供了全力的支援和帮助，布莱尔亲自赴美，同美国协调立场，并作为唯一外国政府首脑出席美两院全体会议。为组建和巩固美国领导的国际反恐联盟，布莱尔在世界各地奔走游说。同时布莱尔也试图在“反恐”战争导致大国关系急剧变化之际，借重英美特殊关系及英国广泛的国际联系，重塑英国的世界大国地位，使英国再次成为世界上的一个“核心”或“枢纽”国家。

英国外交定位一直面临着两难选择问题。英国既要谋求维护和加强英国在欧洲的领导地位；又要同美国建立强有力的关系，希望借助英美特殊关系加强英国在世界上的地位与影响。这是近 50 年来英国对外战略的重要目标，也是其外交定位所始终面临的一种两难选择。特别是进入 21 世纪后，作为世界上唯一超级大国的美国热衷于推行“单边主义”的外交政策，欧美关系受到了相当严重的损害。在这种情况下，英国既要保持英美特殊关系，又要作为欧盟一员与“欧洲大家庭”保持“一体化”框架下的密切联系，自然困难重重。伊拉克战争就是这方面一个很能说明问题的例子。2003 年 3 月小布什以伊拉克拥有大规模杀伤性武器、与“基地”组织有联系为借口，不经联合国授权就发动了入侵伊拉克的战争。此举遭到包括德法等诸多欧洲国家的强烈反对，欧美关系一时跌入低谷。而布莱尔政府却追随美国派兵参与了伊拉克战争。布莱尔曾声称英国的对伊政策还是有别于美国的，他希望在欧美之间扮演一个搭桥者和调解人的角色：既要向欧洲兜售美国的主张，又想缓和与软化美国立场的强硬程度，以便使美国的作为能够被欧洲所认可。但事态的发展表明，布莱尔作为“掮客”的活动收效甚微。美国当局难以真正听进别人的意见，倒是布莱尔实际上常常被小布什牵着鼻子走。伊拉克战争到头来成为布莱尔 2007 年 6 月被迫提前移交权力下台的导火索。

（三）英俄关系

冷战结束后，俄罗斯作为苏联主要继承国的未来地位与作用，被认为是影响欧洲安全前景的一个重大不确定因素。包括英国在内的西欧一些主要大国从欧洲安全与国内政治经济发展的需要出发，逐步确立了与俄罗斯建立和发展合作伙伴关系的政策，试图影响俄罗斯未来的发展方向。苏联解体不过一个多月，英国就和俄罗斯联合发表了《经济与军事合作宣言》。1994 年 9 月，英俄就一系列国际问题达成共识，其中包括同意在欧洲安全问题上扩大欧盟与俄罗斯的协商与合作。

英俄关系从总体上说是西方同俄国关系的一部分。苏联解体后，俄罗斯一度推行向西方“一边倒”的外交政策方针，企望迅速融入西方。但是后来的事态发展表明，这一政策构想缺乏足够的现实基础。随着西方国家的步步进逼和国内政治斗争的发展，俄罗斯开始对其外交与安全战略进行调整与变革，实现向“全方位”外交的转变。科索沃战争后俄罗斯与西方国家之间的关系一度相当紧张。热衷于在世界舞台上发挥“纽带”和“轴心”作用的布莱尔，敏锐而迅速地抓住普京急于调整俄罗斯与西方关系的时机，试图在西方与俄国之间扮演一种政治“掮客”的角色。2000 年 3 月当普京还是俄罗斯代总统时，布莱尔在西方国家领导人中率先访问了圣彼得堡。4 月普京访英，俄英宣布建立“新型的战略伙伴关系”。“9・11”事件为俄罗斯全面改善同西方的关系提供了契机。2001 年 10 月初，布莱尔访问俄罗斯，力图游说俄国参加美国领导的反恐联盟。12 月下旬，普京飞抵英国进行短暂的旋风式访问。两位领导人同意建立双边工作小组，共同打击国际恐怖主义。双方还表示要随时协调在阿富汗的行动。英俄关系不断升温的动因，在于双方互有所图。从英国方面来说，密切英俄关系有利于增进英国在俄罗斯的商业利益，也有利于加强英国在欧洲的主导地位。这不仅可以牵制欧盟的“法德轴心”，还能向美国显示自己的分量。反之，就俄国而言，俄罗斯希望英国能成为其接近北约、融入欧洲的引路人，并对英国充当美俄关系的桥梁寄予厚望。布莱尔在“9・11”后写信给北约秘书长罗伯逊和所有成员国，倡议建立新的俄罗斯—北约理事会。2002 年 5 月决定设立的北约—俄罗斯“20 国合作机制”就是在此基础上建立的。

当然英国与俄罗斯之间的关系，不只有晴天与合作，也不时会出现阴雨和纷争。由前俄特工利特维年科被杀案引发的英俄外交危机，就是近年来两国关系中的一个突出事件。利特维年科曾是前俄罗斯特工，后因政治上与政府闹翻被开除，逃到英国寻求政治避难，并被接纳为英国公民。2006 年 11 月，利特维年科受到放射性物质毒害身亡。去世前他曾在不同地点与一些人谋面，其中有前俄联邦保卫局人员、俄商人卢戈沃伊。2007 年 5 月英检察部门指控卢戈沃伊涉嫌谋杀，要求将其引渡至英国受审，遭到俄罗斯总检察院拒绝。此事后来不仅酿成英、俄两国之间互相驱除外交官的严重外交纠纷，而且还导致双方高层放出“狠话”，大打“口水战”。围绕利特维年科案引发的英俄外交危机不是偶然的。近年来美国等西方国家持续推动北约东扩挤压俄罗斯战略空间，并在俄周边国家策划“颜色革命”，引起俄罗斯的强烈反弹。特别是进入 21 世纪以来俄经济形势逐渐好转，国力有所增强，俄对西方遏制战略的反制也显得更有底气，致使西方对俄崛起的担忧与日俱增。俄罗斯同包括英国在内的西方国家之间，在意识形态、国家社会政治制度选择等方面的摩擦也更为尖锐频繁。在英国看来，俄罗斯在人权、民主问题上的作为，以及普京对国内舆论的控制政策，都是不可接受的。英国还在车臣问题上对普京横加指责，并收留车臣非法武装头目扎卡耶夫和前俄罗斯金融寡头别列佐夫斯基在英避难。而所有这些，在俄国看来，显然是不公正的，构成了对其国家主权和民族感情的伤害。在这样的背景下由利特维年科被杀案引发的英俄外交危机，就成为俄罗斯与西方关系中轰动一时的一个标志性事件。

（四）同第三世界国家的关系

积极寻求同第三世界国家发展经济合作和政治对话，在更广泛的世界范围内维护和加强英国的利益与影响，是英国外交政策的一项重要任务和目标。

英国与其他任何西方国家相比，有卷入亚洲事务的更为久远的历史。甚至在完成从帝国的撤退以后，英国仍在这里保有相当广泛的存在。当今亚洲的崛起和东亚经济的增长，为英国在商业以及更广泛的全球事务中同亚洲发展伙伴关系提供了新的机遇。前首相梅杰早在 1993 年就曾指出，东亚作为 21 世纪世界经济动力源的崛起，意味着有很多机会应该抓住。布莱尔则声称，在他出任首相 10 天之前，就已发誓要将亚洲置于新工党政府外交议程上的首要位置。英国希望利用它与这一地区的历史传统联系谋求更多的经济实惠，推进它在亚洲和全世界的影响。英国是欧洲在亚洲投资最多的国家，又是亚洲国家在欧洲投资的首选地。在贸易方面，英国在服务领域对亚太地区的出口在欧洲国家中也居首位。英国在积极推进商业联系的同时，也试图在文化、政治和军事领域加强自己影响。英国文化委员会和 BBC 对外广播网积极从事在亚洲促进英国文化和价值观传播的工作。英国十分重视它同马来西亚、新加坡、澳大利亚和新西兰签署的五国防务协定。它在文莱保有驻军，同东南亚国家联盟中的六个国家订有防务协议。英国还谋求以单一国家的身份加入东南亚国家联盟地区论坛。1998 年 4 月由英国在伦敦主办的第二次亚欧会议，被视为它同亚洲国家关系史上的一个里程碑。

在朝鲜半岛问题上，英国支持西方国家在朝核及南北对话问题上的立场；英国曾向朝鲜半岛能源开发组织提供了100万美元启动资金，另通过欧盟每年提供170万英镑。2000年12月，英国与朝鲜发表建交公报；2002年8月25日，英首任驻朝大使到任。英与韩国保持密切关系，1999年4月英女王对韩进行了国事访问。2001年12月，布莱尔会见来访的金大中，对“阳光政策”表示支持。

英国十分重视同中东国家发展关系。欧洲与中东毗邻，历史上关系密切。基于地缘政治和经济与安全利益等多重考虑，欧盟和包括英国在内的一些西欧大国非常重视中东与环地中海地区的和平与稳定，积极推进以解决巴以冲突为中心的中东和平进程。他们既主张确保以色列的生存权，也支持建立独立的巴勒斯坦国家，对美国长期以来偏袒以色列的政策持批评态度。2004年11月巴勒斯坦领袖阿拉法特病逝后，布莱尔表示英国将动员国际社会为巴勒斯坦建国提供帮助。接着布莱尔到中东进行旋风式的访问，同巴以领导人会谈，敲定举行中东问题国际会议。2007年3月由英国出面组织的“支持巴勒斯坦民族权力机构会议”在伦敦举行。国际社会的努力促成了巴勒斯坦领导人阿巴斯与以色列总理沙龙的会晤，双方就实施停火达成了协议。以色列从加沙的撤离行动也于9月11日结束。国际社会对于和平进程取得的进展给予了高度的评价。另外，在伊朗核危机中，英、法、德“三驾马车”还代表欧盟在美国与伊朗之间反复进行斡旋和调解，为有关各方缓和矛盾、力争和平解决分歧，留下必要的周旋余地。

英国政治领导人在后冷战年代更加重视利用英联邦联系推进英国在世界上的利益和影响。前保守党政府外交大臣里夫金德曾指出，在亚洲以及更广泛的范围内，英国应该利用英联邦这一无价之宝。英联邦通过它所体现的历史联系和共同法律框架，可以为英国提供一种进入五大洲国家的独特通道。英国在马来西亚、新加坡、印度和南非市场上所占有的巨大份额表明，它能够从这些联系中获取好处。英国的双边对外援助主要集中在英联邦发展中国家。有资料显示，英国海外援助中约56%是提供给英联邦发展中国家的。英国主办了1997年10月在爱丁堡召开的英联邦政府首脑会议。布莱尔在会上发表讲话称，要使英联邦成为21世纪“民主和经济自由”的联合体。会议通过的《爱丁堡经济宣言》，表示支持能与社会正义保持平衡的自由化和自由贸易原则，鼓吹英联邦应在就有争议的全球性问题达成国际共识方面发挥作用。目前英联邦拥有54个成员国，约占世界民族国家总数的1/4，其人口约占世界居民总数的1/3。英联邦作为英国与其前殖民地附属国联系的一种形式和进行国际对话的一个重要渠道与论坛，为英国提供了一个同广大亚洲、非洲、加勒比海和太平洋地区国家联系的桥梁。特别是在当代南北问题十分突出，英联邦既包含有工业发达国家、又有众多的发展中国家，可以在南北对话中发挥积极的作用。从这种意义上讲，英联邦对于英国来说仍不失为一笔重要的政治资产。

三　对华关系

（一）承认中华人民共和国

1840年第一次鸦片战争，英国用炮舰打开了中国闭关锁国的大门，迫使中国同西方列强签订了第一个不平等条约——《中英南京条约》。从此时起到中华人民共和国成立的109年时间内，中英关系基本上是建立在不平等基础之上的。第二次世界大战后，英国政府虽然口头上表示对中国内战持“中立”和“不干涉”的态度，但实际上奉行支持和袒护国民党政权的政策。随着中国人民革命胜利的前景日益明显，蒋介石政权失败的命运已确定无疑，英国公众和在华拥有重要利益的实业界人士，强烈要求政府改变对华政策。中华人民共和国于1949年10月1日宣告成立后，1950年1月6日，外交大臣贝文照会时任中华人民共和国外长周恩来，在西方大国中第一个宣布正式承认中华人民共和国政府为中国合法政府，并中止了它同国民党政权的正式外交关系。但在随后进行的建交谈判中，由于在台湾问题和中国在联合国的代表权问题上存在严重分歧，双方难以达成协议，致使英中两国并没有立即建交。直到1954年为解决朝鲜和印度支那和平问题在日内瓦召开的有关国家外长会议，才为中英关系出现突破提供了机会。出席会议的中英外长周恩来和艾登在会外举行的会晤中，达成了双方在对方首都互设代办处的谅解。两国关系进入了“半外交关系”阶段。

（二）走向关系正常化

中英达成互换代办的协议尽管是两国建交谈判

过程中的一个突破，但直到1972年以前两国的关系一直停留在半外交关系的水平上。造成这种情况的一个重要原因，乃是处于中美之间的英国在对华关系上充满了矛盾和两面性。英国既想同中国发展关系，又不想冒犯美国，试图在两者之间玩弄平衡；而在一些涉及西方根本战略利益的问题上又要坚决同美国保持一致。例如，在中国代表权问题上，1961年12月英国在联合国首次投票赞成恢复中国的合法席位；但同时又附和美国，同意把中国代表权问题列为需要三分之二多数通过的“重要问题”，实际上是继续支持美国把中国排斥在联合国门外。但是20世纪60年代以来，随着中苏两国之间紧张局势的加剧，美中之间客观的战略关系形势开始发生变化。新中国经过20多年的发展，不仅没有被美国的包围和封锁扼杀在摇篮里，而且已经成长为世界上一支重要的政治力量。与此同时，20世纪60年代前后中苏之间出现的冲突、摩擦和对抗，为美国提供了机会。它开始调整自己的对华政策，希望借助中国的力量增添自己与苏联抗衡的砝码。而中国在面临北方强敌威胁的情况下，为了打破外交上的孤立，也在积极寻求同美国和其他西方国家发展关系，以利于抗衡苏联。基辛格的秘密访华和尼克松对中国的正式访问以及“上海公报”的签署，使中美关系出现突破。中美关系的改善推动了中英关系的正常化。在这样的背景下，中英两国政府于20世纪70年代初就实现两国关系正常化的问题进行了会谈。经过艰苦的讨价还价和反复磋商，双方终于达成实现中英关系正常化的协议公报。公报宣布，两国决定从1972年3月13日起把彼此驻在对方首都的外交代表由代办升格为大使。英国政府表示注意到中国政府关于台湾是中华人民共和国一个省份的立场，决定撤销它驻在台湾的正式代表，承认中华人民共和国为中国唯一的合法政府。中国方面表示赞赏英国政府的上述立场。之后，英国外交大臣道格拉斯—霍姆在英国下院宣布，中华人民共和国政府和台北都认为台湾是中国的一部分。“我们在开罗和波茨坦所持的台湾应归还中国的观点至今未变。我们认为台湾问题是中国的内政，应由中国人民自己解决。”这样，持续达22年之久的中英关系不正常情况，终于结束了。

（三）香港问题的解决

中英关系正常化后，两国之间剩下的唯一重要历史遗留问题就是香港问题。香港自古以来就是中国领土的一部分。香港问题是由英国在19世纪强加给中国清朝政府的三个不平等条约造成的。进入20世纪70年代末、80年代初，随着1997年（新界租约期满的日子）的日渐临近，香港的前途问题提上了议事日程。1982年9月，撒切尔夫人访问中国。邓小平在会见她时表示，中国政府将于1997年恢复对香港行使主权。双方同意就香港前途问题举行会谈。中英两国代表团经过历时两年的艰苦谈判，终于在1984年9月26日草签了关于香港前途问题的《联合声明》。根据这项声明，中国政府将于1997年7月1日对香港恢复行使主权，英国政府将在同日把香港交还给中国，香港将成为中华人民共和国的一个特别行政区。同年12月19日《联合声明》的签字仪式在北京举行。1985年5月27日双方互换了批准书，中英《联合声明》正式生效。

不过，中英关于香港问题《联合声明》的贯彻和落实，并非是一帆风顺。《联合声明》的发表，无疑使两国关系进入了一个新的历史时期。中英两国领导人进行了一系列高层互访，双方的经贸合作关系也出现了新的突破。但是在中国1989年政治风波之后，两国关系急剧恶化，中英双方围绕香港的前途问题发生了激烈的争论和对抗。特别是彭定康1992年出任香港总督后，在没有同中国充分磋商的情况下，抛出了香港的所谓“宪制改革方案”。这一行动违背中英联合声明，背离与香港基本法相衔接的原则，和中英之间已达成的协议与谅解精神背道而驰，改变了英国在香港问题上同中国合作的政策。英国的做法也同当时国际形势密切相关。20世纪80年代末90年代初东欧剧变，使当时西方一些人期待中国也会步苏东的后尘土崩瓦解。英国在香港问题上也转而对中国采取强硬乃至对抗的方针，试图运用港人的所谓“信心牌”和“民意牌”向中国施压，通过加快所谓的“香港民主化进程”，以达到在1982—1984年中英关于香港问题谈判中未能达到的目标。但事态的发展表明，中国作为一个社会主义的大国不仅顶住了西方的压力没有垮掉，而且政局稳定，经济持续高速发展。一些西方大国看好迅速发展的中国经济及其巨大的潜在市场，纷纷寻求同中国改善和发展关系，以争夺中国经济发展所提供的机遇和实惠。而英国在这方面却处于一种被动孤立境地。因此，还在梅杰主政后期，英国政府就已开始谋求改善同中国关系的气氛，为确保香港政权的顺利交接，实现“体面”撤退，加强了同中国的磋商和合作。在 1997 年 5 月举行的大选中工党获胜，布莱尔政府上台后马上表示保证香港政权的顺利移交是其最优先考虑的问题之一。布莱尔首相出席了香港政权的移交仪式，利用这一机会同中国领导人举行了首次高峰会谈。双方表示要结束过去，开辟未来，共同缔造一种健康而富建设性的英中关系。

（四）近十多年来的英中关系

英国政府的更迭和香港政权的顺利交接，为中英关系的调整和改善提供了机遇。以香港的回归为契机，两国关系进入了一个新的发展阶段。

1. 经贸关系稳步发展　两国的经贸合作关系有了迅速而稳步的发展。中英新型伙伴关系发展的基础和根本动力，是双方经济发展的需要和共同利益。对英国来说，中国庞大的国内市场对英国商人和企业家具有巨大的吸引力。改革开放以来，中国经济高速增长。布莱尔认为，就经济增长和随之而来的投资、贸易及服务的发展而言，中国是最有希望的东亚国家。而从中方来说，中国政府对发展两国在经贸领域的合作一直持积极态度。英国在交通、能源、环保、电信、化工、机械制造以及金融服务等领域都具有优势，拥有先进的技术、成熟的管理经验和各方面的专业人才。这些正是中国发展经济、实现四个现代化所需要倚重和借鉴的。中英两国经济互补性强，合作潜力巨大。特别是香港主权回归祖国后，中英经贸关系更是跨入了一个新的发展时期。1992 年双边贸易额为 19. 37 亿美元，1997 年升至 58 亿美元，2007 年达到 394. 3 亿美元，2008 年更达到创纪录的 456 亿美元。2009 年 2 月温家宝总理访英时，双方一致同意 2010 年实现双边贸易额达到 600 亿美元的目标。目前，英国是中国在欧盟的第三大贸易伙伴。在双边贸易增长的同时，英国对华投资也取得了可喜的进展。英国是欧盟最大的对华投资国，中国是英国的第九大投资国。

2. 中英全面伙伴关系的确立　中英作为世界上具有重要影响的国家和安理会的常任理事国，在维护地区和世界和平与人类共同发展方面具有重要的作用和影响。中英在全球事务中的全面密切合作已成为两国新型伙伴关系的一个突出特征。近十多年来两国高层互访频繁，为中英关系的长期稳定发展提供了强有力的指导和动力。1998 年 4 月和 10 月，时任总理朱镕基和布莱尔首相先后到对方国家进行了政府首脑级的互访。1999 年 10 月，时任国家主席江泽民以国家元首的身份实现了 1972 年两国关系正常化以来中国元首对英国的首次访问。2004 年 5 月在时任总理温家宝访英期间中英双方签署了《中英联合声明》，将中英两国全面伙伴关系提升为全面战略伙伴关系。双方领导人还决定从 2005 年开始每年定期举行两国政府领导人会晤。这是英国首次与欧盟和北约以外的国家定期举行首脑会晤。中英两国不仅建立了两国外交部之间的定期磋商制度，确立了中英贸易联委会机制和两国财政金融对话机制，还专门设立了非政府高层接触的“中英论坛”，作为对官方关系的一个重要补充。两国领导人和高层官员的频繁互访与各种磋商机制的确立，表明中英两国对各自和对方在国际上的地位及共同利益都已有了明确而清醒的认知。因此两国政府表示将共同致力于发展面向 21 世纪的中英全面伙伴关系。

3. 全方位多领域合作交流格局的形成　随着中英政治关系的发展，两国在司法、科教、文化、军事等诸多领域的交流也不断向纵深发展，两国关系出现了全面发展的势头。中国司法部与英国司法部门之间、中国劳动部与英国工会之间、两国教育机构以及军事部门之间，等等，都开展了非常具体务实的合作和交流。例如，中英司法机构联合举办了“模拟法庭”，中国每年都派少量的法官到伦敦大学亚非学院接受培训。中国方面对英国的金融监管和社会保障制度也很感兴趣，伦敦大学与中国银行之间已开始了有关的合作。2001 年 11 月中英有关部门就城市社区卫生服务与贫困救助项目达成协议，英国政府向中国提供 714. 9 万英镑的赠款用于项目的实施。近年来中国赴英留学就读人数猛增。1998 年中国赴英留学的各类人员约 6000 人，2001 年已达 1. 7 万人左右，目前已达 7 万人左右，而且学生的层次越来越高，硕士、博士占很大比例。另外，中国海军舰艇“深圳号”于 2001 年 10 月对英国著名海港朴茨茅斯进行了成功的访问，进一步增进了中英两国人民和军队之间的友谊。近年来中国文化在英国的传播也呈强劲的发展势头。有的英国中学在外语教学中将汉语普通话列为必修课。2002年英国政府计划在5年内每年出资42万英镑，资助数百所小学开设中文课程。另外一个突出表现就是英国各大风景名胜区开始纷纷使用中文说明，一些主题公园还设有与中国有关的娱乐项目。每到春节，旅英华人都举行盛大的新春庆祝活动。伦敦市政府还宣布，从2002年开始，中国春节成为英国一个重要的国际节日。

4. 近年来两国关系中出现的麻烦和问题 同德法两国相比较，近年来中英关系相对比较平静，没有出现明显的大起大落。但鉴于中英两国之间社会政治制度和意识形态方面的不同与隔阂，以及不同民族国家之间客观上存在的利益差异和冲撞，两国关系中不时出现一些矛盾、分歧和摩擦也是难以避免的。例如，布莱尔担任首相期间，积极参与美国发动的伊拉克战争，致使中英双边政治关系没有达到同期中德、中法关系的密切程度。在中国发生“3·14”拉萨骚乱事件后，2008年5月，英国议会外委会举办了所谓“中国人权问题听证会”，并邀请达赖到会“作证”，而布朗首相还亲自会见了达赖喇嘛，使中英关系受到一定程度的影响。尤其引世人注目的是，围绕2009年年底英国籍毒品贩阿克毛在华被处决事件，所引发的中英外交风波。英国籍公民阿克毛·沙伊克（Akmal Shaikh），2年前因将海洛因走私到中国被抓获，依法被判处死刑。英国方面曾以犯人“有精神问题”为由要求予以减刑，但拿不出确切的证据。此案本是一个刑事案件，事实清楚，证据确凿，完全属于中国的司法主权管辖范围。但是英国政府却多次干预，欧盟也做出了所谓的强烈反应。当毒贩被处决后，英国外交部曾正式召见中国驻英大使表示强烈的愤怒，指责中国“未能履行基本的人权责任”。布朗首相本人也表示“最强烈的谴责”。另据报道，两国之间包括一年一度的人权会谈在内的多项交流计划“已经取消”，布朗也将推迟访华。当然，中国也不吃英国这一套，进行了有理、有利、有节的反击。

第十节 人物

艾德礼（C. R. Attlee，1883—1969） 1883年1月3日出生，曾就读于牛津大学并取得高级律师资格，后参加独立工党和费边社。在第一次世界大战中，艾德礼服役于陆军，获少校军衔。一战后，他曾任斯泰普尼市市长，1922年当选为工党议员，进入议会。20世纪30年代后半期艾德礼出任议会反对党领袖。1940年以后，他先后任掌玺大臣和枢密院院长。1945年7月，工党在大选中取得了压倒性胜利，艾德礼出任首相，组成二战后第一届工党政府。

工党政府执政后，曾宣布要进行“新的实验——在资本主义范围内建设社会主义”。同年12月开始实行国有化政策，首先把英格兰银行、民航、煤矿、铁路、电力等企业纷纷收归国有。其次，大搞福利国家，逐步建立起一整套“从摇篮到坟墓”的社会福利制度，并颁布一系列立法予以保证，使人民的生、老、病、死都能得到保障。这是二战后英国社会生活中的最大变革之一。

丘吉尔（W. Churchill，1874—1965） 出生于名门家庭。倔强的性格使他从小就不安于现状。青年时期，虽过着军旅生活，辗转各地，但在空余时间练习写作成了他的一大特点。作品质量姑且不论，却屡屡得罪军中领导，不过待从苏丹战场回到英格兰时，他已是一位知名记者了。随后他进入政界，1900年10月以保守党党员身份竞选成功。不久，丘吉尔由于在自由贸易政策上与保守党的立场相左，便脱离了保守党，站到自由党一边，重新进入议会。他于1906年出任殖民事务部次官，1908年任贸易大臣及内阁成员。1911年丘吉尔任海军大臣，颇有建树。当第一次世界大战日趋临近时，他采取果断措施，以保证英国做好一切准备。战争期间他曾到前线担任一个苏格兰皇家明火枪营的指挥官。1917年5月丘吉尔出任军需大臣，后又改任陆军大臣兼空军大臣。在劳合—乔治的联合政府倒台后，他有两年时间没能进入议会，利用这段时间写了五卷战争史。在此期间，自由党因内部派系斗争激化而面临严重危机，丘吉尔重新回到保守党。1924年在鲍德温政府中出任财政大臣。1931年1月在释放印度的甘地问题上与鲍德温闹翻决裂，辞职后他又重新拿起了笔杆子。《马尔博罗的一生》就是这一时期的作品。

二战前他对希特勒的威胁很敏感，曾呼吁全国提高警惕，武装起来，准备战争，可无人理睬。但事实很快证明了他的正确预见。英德战争爆发后，他在内维尔·张伯伦的政府中任海军大臣。1940年5月他接任首相，在国家存亡的危急关头，他挑起了领导英国抗击法西斯德国的重任，使其坎坷政治生涯达到顶峰；他那挑战风格的演讲十分精彩，激励着全体将士的斗志，鼓舞着人民去赢得这场战争的胜利。他为二战的胜利结束付出了巨大的精力，赢得了人民的尊敬。然而，战后大选的惨败使他在精神上遭受沉重打击，尽管女王授予他功臣勋章和嘉德勋章，仍不能使他从消沉中恢复过来。在随后在野的年月里，他完成了撰写有关二战的历史巨著。1951 年 10 月重返政坛后，他把注意力集中在外交上，尤其致力于建立一个能顶住苏联和社会主义国家阵营的欧洲联盟。丘吉尔 1955 年辞去首相职务，1965 年 1 月 24 日在长期的忧郁中去世。

哈罗德·麦克米伦（Harold Macmillan，1894—1986） 麦克米伦出生于伦敦一个出版商家庭，其祖父创办了麦克米伦出版公司，父亲担任过该公司的经理。麦克米伦本人在进入政界前和退出政界后，也曾出任这家公司的总经理。哈罗德·麦克米伦有美国血统，母亲是美国印第安纳州人。他早年求学于英国著名的贵族学校伊顿公学和牛津大学，为其日后进入政界创造了条件。

第一次世界大战中年轻的麦克米伦曾以上尉军衔服役。1924 年他当选为保守党的下院议员。从 30 年代起麦克米伦在保守党内和英国官场中的地位稳步上升。二战中麦克米伦曾担任过军需供应部政务次官、殖民地部副大臣、空军部大臣、联合王国驻法国民族解放委员会代表、盟国驻意大利委员会英国代表等要职。

二战结束后，保守党在 1945 年 5 月举行的大选中失败。包括麦克米伦在内的一些保守党人意识到，保守党要从失败中振兴，就必须提出适应时代变化的政策纲领。为此，保守党 1945 年 11 月组成了一个以巴特勒为首的政策小组，麦克米伦便是其中的一个活跃分子。由这个小组制定的一个名为《工业宪章》的文件，实际上承认了国有化方针、福利国家和充分就业原则，并在随后上台的几届保守党政府任内加以贯彻执行。

1951 年 11 月保守党重新执政后，麦克米伦先后在丘吉尔和艾登内阁中担任住房和地方政府大臣、国防大臣、外交大臣和财政大臣等要职。他在领导解决战后英国住房问题上做出了相当出色的成绩。

1957 年 1 月，艾登在英、法、以入侵埃及的苏伊士运河战争失败后被迫辞职下台，麦克米伦继任首相职位。他利用二战期间同艾森豪威尔结成的亲密关系，为弥补英美之间出现的裂痕做出了努力，签订了《关于两国共同目标的宣言》，为两国关系的修复盖上了最后的印记。麦克米伦主政之时，英国政局正面临多事之秋。英国殖民体系的崩溃是他遇到的最为棘手的问题之一。麦克米伦意识到英国国力急剧下降的严酷现实，决定加快非殖民化进程。到 60 年代中期麦克米伦下台时，英国的大部分殖民地已经取得独立地位。麦克米伦首相任内发生的另一个重大事件，是英国于 1961 年正式提出了加入欧洲经济共同体定的申请。虽几经周折历经十年，但这位英国前首相的夙愿终于在 1973 年得以实现，不过这已是后话。

1963 年 10 月麦克米伦托病辞去首相的职务，从此弃政从商从文。他曾任牛津大学校长、麦克米伦有限公司董事长和总经理，并精心撰写了多部回忆录。麦克米伦于 1986 年 12 月 29 日病逝。

詹姆斯·哈罗德·威尔逊（James Harold Wilson，1916—1995） 20 世纪六七十年代的工党领袖，先后两度担任四届英国首相。

威尔逊出身于一个中产阶级家庭，曾就读于牛津大学。大学期间，威尔逊开始参加政治活动，起初加入自由党俱乐部，后加入工党。大学毕业后，他执教于牛津大学。

第二次世界大战期间，威尔逊进入政府部门工作，获得了大量的行政和经济工作经验。他辞去文官职务后，于 1945 年当选为下院议员，在艾德礼政府中先后出任公共工程部政务次官、海外贸易大臣、贸易大臣。1951 年，为反对财政大臣盖次克尔削减社会福利基金、增加军费开支的预算案，他与劳工大臣比万一起宣布辞职退出内阁，酿成政府危机，名噪一世。

1951 年 10 月大选中工党失败下台，威尔逊成为在野党“影子内阁”阁员。1955 年他被指派领导一个小组考察工党组织情况，发现了党内存在的许多问题和缺陷，并提出一份改进报告。工党全国执委会决定成立一个专门监督工党机构的小组委员会，他被委派为该小组委员会的主席。1961—1962 年威尔逊担任工党全国执委会主席，积极为工党赢得新的大选做舆论准备。1963 年 1 月工党领袖盖次克尔病逝，威尔逊当选为工党领袖。

在1964年大选中工党以微弱多数获胜。威尔逊就任首相后开始着手进行社会改革。继战后艾德礼政府实施的全面国有化之后，该届工党政府又掀起了第二次国有化高潮，把原被保守党政府私有化了的钢铁工业重新实行国有化，还将公路运输的骨干企业和部分港口、机场收归国有。另外，当时英国财政赤字和国际收支逆差严重，英镑面临贬值的危险。威尔逊政府对进口货物增收15%的附加税，削减防务开支，实行通货紧缩政策，并向外国银行大量举债，从而使国家暂时渡过了一场英镑危机。1966年3月提前大选，工党获胜继续执政。不过好景不长，不久英国经济又陷入了严重的危机。1967年11月威尔逊政府被迫宣布英镑贬值，在1970年议会大选中失败下台。

工党在1974年2月大选中又以微弱多数击败保守党重掌政权。威尔逊再次出任首相。为了挽救日益恶化的经济形势，威尔逊政府采取一系列措施，解决工人罢工问题，结束希思政府时期所宣布的紧急状态，停止执行强制性的限制工资政策。与此同时，为了阻止英镑贬值，政府增加税收，大幅度提高煤、电、钢材等产品的价格，使英国又一次暂时渡过了经济困难。1974年10月举行第二次大选，工党得以继续执政。在威尔逊及继承他的卡拉汗政府实施的第三次国有化高潮中，政府不仅继续扩大“夕阳工业”的国有化范围，同时还积极推进对新兴工业与高科技产业的国有化试验。工党政府建立了英国国家石油公司，直接参加北海油田的开发，获取巨额利润以充实国库。不过威尔逊政府的处境并没有得到多少改善。20世纪70年代中期西方世界陷入严重的经济危机，英国自然也不能幸免。1976年工党政府又一次面临英镑危机。在此背景下，1976年3月威尔逊突然宣布辞职，由詹姆斯·卡拉汉接任其首相职务。人们认为，他的辞职是因为感到难以应付面前的三个危机，即经济危机、工党内部左右分化加剧和政府地位日趋不稳的困难局面。从这种意义上讲，威尔逊的辞职也许可以说是英国国势式微、经济相对衰落的产物。当然，也有人称颂这是英国政坛上一个主动引退让贤的值得仿效的范例。

玛·撒切尔（Ma. Thatcher，1925—2013） 出生于杂货商家庭。她曾在牛津大学萨默维尔学院深造，攻读化学，三年级时成为该校保守党协会主席。后为当律师她又攻读法律，开始在法学协会的律师议事处实习刑法业务，继而钻研税务法，1953年成为一名高等法庭律师。1954年她当选为议员，涉足政界。人们很快发现她对社会财政和税收政策有独到见解。在她首次参加议会会议时，便提出了关于记者和公众参加地方及地区公共团体会议权利的提案，并在1960年获得议会通过，使她很快成为议会的知名人物。1961年她被任命为年金和国民保险部政务次官。1970年6月任教育和科学大臣时，她提出了一份教育白皮书，建议增加教育经费，其中包括大量增加中学教师和大学经费，从而赢得很高评价。1974年在影子内阁中负责环境事务时，她宣布计划通过限定抵押贷款利率的办法帮助人们买下自己的住房。1975年6月，通过竞选她出任保守党第一位女领袖。1979年5月大选，保守党取得胜利，从而使她成为英国历史上第一位女首相。

执政后，她坚决执行货币主义政策，实行自由市场经济，大力削减政府开支、关闭多余的陈旧煤炭矿井，导致失业人数激增。同时，她大力推行私有化政策，把许多国有化企业私有化，并大量出售公房；限制工会权力，因此与工会矛盾加深；大力加强中央集权，削弱乃至剥夺地方政府的自治权，限制地方税收，加强对地方的财政控制等。由于执政初期一系列政策的成功，使她个人声誉大增。尽管她独断专行的作风令人生厌，但她领导保守党连续三次取得大选胜利，牢牢控制了保守党的领导地位。

在她执政的后期，由于货币主义政策的后遗症逐渐显露出来，加上保守党内部在欧洲政策问题上的矛盾和分歧日益激化，撒切尔夫人逐渐失去党内上层的支持，被迫于1990年11月辞去了首相职务。2013年4月8日，撒切尔夫人因中风病逝，终年87岁。

托尼·布莱尔（Tony Blair） 1953年5月6日生于爱丁堡市一个中产阶级家庭，毕业于牛津大学圣约翰学院法律系。布莱尔1983年进入议会，1994年通过党内公开竞选当选为工党领袖。此后他对工党进行了一系列改革，从党的纲领、政策到党的政治立场，彻底扭转了七八十年代工党的极左面貌。1997年5月大选，工党取得了压倒性胜利，结束了长达 18 年之久的在野期，从而使他成为英国历史上最年轻的首相。在 2001 年和 2005 年举行的大选中，布莱尔又率工党两次获胜，连任英国首相职务达 10 年之久。

工党新政府上台执政后，在他提出的“第三条道路”的思想指导下，对国内外政策进行了大刀阔斧的改革。在政治上，布莱尔政府致力于使“民主社会主义和自由主义中的主流相结合”，“支持对民主的重建和对政治恢复信心”；在经济领域，促进宏观经济环境的稳定，积极发展新经济；在公共服务方面，投入大量资金对教育进行改革，以便使人民能掌握各项基本技能，提高工作能力；在福利和就业方面，推行“积极的”福利国家政策，强调加强职业培训、提高就业能力，以创造就业机会代替救济性的福利保障；在国际事务方面，主张在对付有组织的犯罪、恐怖主义、毒品和环境恶化等威胁进行国际间更广泛的合作。值得注意的是，布莱尔在强调国际合作的同时，也大肆鼓吹与推行“新干涉主义”的霸权主义和强权政治。布莱尔执政十年来，其以“第三条道路”为旗号的政策实践，在许多领域取得了明显的绩效，在应对全球化诸多挑战方面有所建树，但也存在不少问题。特别是伊拉克战争，被认为是布莱尔施政的最大“败笔”，使其声誉严重受损，怨声四起，最终导致他被迫提前交权，于 2007 年 6 月辞去了首相的职务。

凯恩斯（John Maynard Keynes，1883—1946）　出生于英国剑桥。他就读并任教于剑桥大学，是英国著名的经济学家。他的经济学说被称为凯恩斯主义。凯恩斯主义是 30 年代以来资产阶级经济学说中最有影响的流派之一，对资本主义经济的发展具有重大的作用和影响。（详见经济与社会编第八章第二节凯恩斯条）

萧伯纳（George Bernard Shaw，1856—1950）　英国著名小说家、剧作家和批评家。由于他的作品具有“理想主义和人道主义，其令人激励的讽刺往往浸润着独特的诗意之美”，因此在 1925 年被授予诺贝尔文学奖。萧伯纳出生于爱尔兰都柏林一个农业经纪人家庭，自幼家境贫寒，中学毕业后便从事出纳员工作，同时勤奋自学，练习写作。1884 年成为费边社的创始人之一。他的作品尖锐地揭露了资本主义社会的丑恶，反对帝国主义侵略政策。1917 年出版了他的优秀剧作《伤心之家》，并预言，更强烈的爆炸必然发生，最终将使伤心之家毁灭。1929 年《苹果车》剧本问世，该剧严厉批评资产阶级议会制度。他的《费边主义》一文充分体现了他的思想，主张消灭土地私有，通过立法使社会经营的一切工业转交公社，建立公共利益以代替私人利益，作为调节生产、分配和服务的指导方针。1933 年他曾访问过中国，会晤了宋庆龄和鲁迅等人。他是一位多产的作家，一生共写作 50 多部剧本、5 部小说，还有其他一些政论性文章。

米德（James Edward Meade，1907—1995）　经济学家。1930 年毕业于牛津大学，1940—1947 年任职于政府内阁秘书处经济处，1947—1957 年被聘为伦敦大学经济学院商学教授，讲授国际贸易理论。主要著作有：《国际贸易几何学》《关税同盟理论》《经济增长的新古典理论》《增长经济》《混合经济》。代表作是《国际经济政策理论》。由于他在国际经济学上的卓越贡献，被授予 1977 年度诺贝尔经济学奖金。他主张有监督的、自由的国际经济秩序，认为保护主义不能真正使一国的经济和对外收支都保持平衡，也不能使世界资源得到充分利用。1964—1966 年被选为英国皇家经济学会会长，女王授予他“巴施勋位”。

庇古（Arthur Cecil Pigou，1877—1959）　经济学家，剑桥学派的主要代表，福利经济学创始人。1912 年他出版了《财富和福利》一书，创立了福利经济学的完整体系，故被誉为“福利经济学”之父。他认为，经济学要研究的就是能用货币计量的社会经济福利。社会经济福利有两个标志：一个是国民收入总量愈大，福利愈大；另一个是，国民收入分配愈平均，福利愈大。要增加经济福利，首先必须增加国民收入总量，然后实现国民收入分配的均等化。他认为，资本主义自由竞争可以使消耗一定数量资源所生产出来的国民收入达到极大化。他的福利经济学是资本主义发展到帝国主义阶段，适应垄断资本调和无产阶级与资产阶级矛盾的需要而出现的一种经济理论，对新福利经济学的发展产生了深刻的影响。他的主要著作有《产业变动论》《财政学研究》《失业理论》《静态经济学》《社会主义和资本主义比较》《雇佣与平衡》等。

罗宾逊（Joan Robinson，1903—1983）　1921 年进剑桥大学学习经济学，1965—1971 年任剑桥大学经济学教授，是新剑桥学派的主要代表人物之一。新剑桥学派的一个特点是力图把经济增长理论和收入分配理论结合起来，着重考察在经济增长过程中劳动收入和财产收入在国民收入中相对份额的变化。该派认为，收入分配失调是资本主义社会的症结所在，强调应由国家采取各种措施对国民收入的分配进行调节，以实现收入的“均等化”，甚至主张要对整个工业制度进行一次根本性的变革。她特别强调时间因素和与之相联系的“不确定性”在经济分析中的重要性。主要著作有：《不完全竞争经济学》《资本积累论》《就业理论文集》《发展与不发展》和《经济增长论文集》等。

阿斯顿（Francis William Aston，1877—1945） 化学家。1900 年毕业于梅森学院化学系，1919 年与剑桥大学 J. J. 汤姆生合作，从事放电管中发生的阴极射线实验。他的主要成就是 1919 年发明了聚焦性能较好的质谱仪，并利用这台仪器发现了许多非放射性元素，包括氖、氯等同位素，同时试验了 50 多种元素的同位素组成。这些实验证实，除氢以外的其他元素都具有同位素原子量。以后，在不断改进仪器的基础上，提高了测定的精确度，继续发现了许多元素的同位素，从而肯定同位素的普遍存在，建立了同位素学说。1921 年被选为英国皇家学会会员，1922 年获得诺贝尔化学奖。

玻恩（Max Born，1882—1970） 物理学家。出生于德国，曾先后就学于布雷斯劳大学、海德堡大学、苏黎世大学。1907 年获哥廷根大学哲学博士学位。还获得剑桥大学、牛津大学、柏林大学等 10 多所大学的名誉博士学位。1933 年因受纳粹政权的迫害而迁居英国，先后在剑桥大学、爱丁堡大学任教授。1954 年因提出了量子力学的统计解释而获得诺贝尔物理学奖。他发展了量子力学，用统计学解释了波函数。玻恩在发展三维粒子运动理论方面作出了重要贡献；在晶体点阵动力学中，提出了量子力学中的微扰理论。此外，他还研究了原子结构、流体动力学、非线性动力学和相对论等。他是伦敦皇家学会、爱丁堡皇家学会等许多学会的会员，并是柏林、哥廷根、哥本哈根、斯德哥尔摩等多家科学院的院士。

桑格（Frederick Sanger，1918— ） 生物化学家。出生于伦德库姆，1939 年毕业于剑桥大学圣约翰学院。从 1940 年开始一直在剑桥大学分子生物学实验室从事科研工作。1954 年被选为英国皇家学会会员。20 世纪 40 年代初他就致力于蛋白质的研究，获得了卓越的成就，为此曾两次荣获诺贝尔化学奖。1958 年他最早确定了胰岛素的结构，测定了胰岛素 51 个氨基酸的序列。此后，他又从事 DNA 和 RNA 的结构分析法的研究，并巧妙地设计出一种测定 DNA 内核苷酸排列顺序的方法——直读法，成功地测定了一种噬菌体完整 DNA 分子的全部核苷酸排列顺序。由于这一新的成就，1980 年他再次获得诺贝尔化学奖。

哈特（Basil Henry Liddell Hart，1895—1970） 军事著作家和军事理论家。毕业于剑桥大学。一次大战中赴法对德作战，在 1916 年负伤后的就医过程中，哈特开始研究军事。他在战术上提出过“洪水泛滥式”进攻方法。1927 年他以上尉军衔退役，曾任《每日电讯报》军事记者和《泰晤士报》军事顾问。哈特在军事理论上较早倡议“机械化制胜论”，强调装甲坦克和机构化部队将起决定性作用。他 1937 年任陆军大臣顾问，致力于军事改革。哈特一生致力于军事理论、军事历史和军事人物的研究，著作多达 30 余部。

蒙巴顿（Louis Mountbatten，1900—1979） 海军元帅。1913 年入海军士官学校，后入通信学校、海军学院深造，毕业后在皇家海军服役。第二次世界大战爆发时，任驱逐舰长、驱逐舰分舰队司令，后任航空母舰舰长、盟军联合作战司令，曾指挥英国海军袭击被德军占领的法国和挪威的港口。1943—1946 年任东南亚盟军总司令，指挥反攻缅甸的战役。1946 年晋升为海军少将。1947 年任印度总督，提出“蒙巴顿方案”，使印度和巴基斯坦分治。1948—1954 年先后任地中海舰队总司令、北约地中海舰队总司令。1955—1959 年任第一海务大臣兼海军参谋长。1956 年晋升为海军元帅。1959—1965 年任国防参谋长和参谋长委员会主席。1965 年退休。 （王振华 胡康大）

第二章　爱尔兰

第一节　概述

国名　爱尔兰国家宪法规定国名为 Éire，即英语里的爱尔兰（Ireland）。正式国名爱尔兰共和国（The Republic of Ireland）。

位置　欧洲西北部。

面积　70282 平方公里。

人口统计　423.98 万人（2006 年 4 月）。

民族　爱尔兰人。

语言　官方语言为爱尔兰语（盖尔语）、英语。

宗教　天主教（主要宗教）及基督教新教等。

政体　共和制。

首都　都柏林（Dublin），人口 118.7 万人（2006 年 4 月）。

国旗　从左到右由绿色、白色和橙色三个垂直相等的长方形组成。

国歌　《士兵之歌》。

国徽　盾徽。盾之底色为天蓝色，上面绘有一金色竖琴。蓝色象征大海、天空，竖琴代表爱尔兰人民所喜爱的“天使之琴”。

国庆日　3 月 17 日（圣帕特里克日）。

货币名称　欧元（2002 年 1 月 1 日开始使用），原为爱尔兰镑（Irish pound 或称 punt）。

度量单位　传统上使用英制，现大多转换为十进制。1 爱里 =2240 码；1 爱亩 =7840 平方码。

时间时区　秋冬季以格林尼治时间为准；春夏季实行夏时制，较标准时间提前 1 小时。

国花　萨姆劳克花（白三叶草）。

国鸟　蛎鹬。

第二节　自然地理与人文地理

一　自然地理

爱尔兰共和国位于欧洲西北部爱尔兰岛上，东北与英国的北爱尔兰毗连，东濒爱尔兰海，有圣乔治海峡将其与英国隔开，北、西、南三面濒临大西洋，有“绿宝石岛”之称。爱尔兰是个岛国，海岸线长达 3000 多公里，境内南北高中间低，四周群山环绕。南北长 486 公里，东西宽 275 公里。爱尔兰的中北部为广阔的低地，平均海拔 60—120 米。国土近 15% 在海拔 200 米以上。西南沿海，尤其是石灰岩地区悬崖陡峭，山石秀丽多姿，山中多洞穴、暗流。凯尔西温附近的卡朗图厄尔山海拔 1040 米，为全国最高峰。爱尔兰境内著名的河流有香农河、利菲河和科里布河等，其中最长的是香农河。爱尔兰境内多湖泊，著名湖泊有科里布湖、阿伦湖、里湖、科恩湖和马斯克湖等，其中最大的是科里布湖，面积 168 平方公里。爱尔兰属温带海洋性气候，墨西哥湾暖流带来的温暖海水使全岛气候温和宜人，夏无酷暑，冬无严寒，植物四季常青。日平均气温 1—2 月份为 4℃—7℃，7—8 月份为 14℃—16℃。年平均降水量大多为 800—1200 毫米，雨量充足。由于降水率高和全年低温的双重影响，岛上气候处于极度潮湿状态。该国的普遍潮湿与低洼地势，有利于形成丰富的泥煤蕴藏。爱尔兰 2/3 的土地为可耕地，其中大部分极为肥沃，并有广袤草地可供大量牲畜放牧。森林面积约占国土的 10%。爱尔兰铅锌矿储量丰富，已探明的储量为 9840 万吨，是欧洲最大的铅锌生产国。泥煤分布占全国面积的 16%。天然气储量约为 382 亿立方米。70% 的能源需求依靠进口。

二　人口

爱尔兰虽然在历史上曾先后受到凯尔特人、北欧人、诺曼人、英格兰人和苏格兰人的入侵和殖民，但民族和种族差异在今日几乎不存在。现今的爱尔兰人属于这些先人的后裔。爱尔兰总人口为 423.98 万人（2006 年 4 月），是欧洲人口密度最低的国家之一。25 岁以下年龄段的人口超过总数的 35%，是欧盟国家中年轻居民比例最高的国家。全国人口约 40% 居住在都柏林及附近地区。西部地区及边境人口稀少。不过西部城市戈尔韦是个例外，在 1991—1996 年间其人口增长达 12.3%，2005 年达 20.9 万人，成为仅次于都柏林和科克的第三大城市。20 年来，爱尔兰人口变化呈现两种趋势：第一，在人口出生率从 1985 年的 1.76% 急剧下降至1994年的1.34%之后，近年来经济的快速增长重新带动了人口的增长，至1998年第二季度，人口出生率已升至1.5%；第二，80年代末至90年代初人口曾经大量外移，此后经济的快速增长导致了大量外来人口移居爱尔兰，成为这一时期爱尔兰人口快速增长的一个重要原因。他们主要来自美、英及欧盟国家，其中不少是过去移居海外的爱尔兰人。

三　语言

一种独特的语言是一个民族自主性的标志，而在许多爱尔兰人的心目中，英语过去是和民族压迫连在一起的，况且语言的多样性也是传统和文化多样性的一个重要方面，基于这些考虑，保护和发展爱尔兰语言一直是爱尔兰的一种政策取向。对此，爱尔兰宪法的第8条做了如下规定：

（1）作为民族语言的爱尔兰语（盖尔语）为第一官方语言；

（2）承认英语为第二官方语言。

爱尔兰语是一种凯尔特语。古爱尔兰语作为爱尔兰土语成为凯尔特语最早的一个变种。古斯堪的纳维亚人的入住（公元800年往后）和盎格鲁—诺曼人的殖民（公元1169年往后），把爱尔兰带入了一个语言多样化的时期，但爱尔兰语仍在该岛居民中占支配地位。16世纪初，在一些主要城镇，英语被指定为市政管理和法律事务的正式交往用语。随着历史的发展变化，说爱尔兰语者的数量在总人口中的比例不断减少。目前爱尔兰语仍是西部一些地区如科克、多尼戈尔、梅奥、戈尔韦、凯里等郡的母语。在北爱尔兰也有一部分人使用爱尔兰语。根据2006年的人口普查结果，在3岁以上的爱尔兰人口中，对爱尔兰语有基本认知的人达到165万人，但其中有45万人仅在教育系统内部说爱尔兰语；而每天在日常生活中都说爱尔兰语的爱尔兰人仅为8.5万人左右。国家采取种种措施维持和促进爱尔兰语。在小学和中学，爱尔兰语是必修课。国家还通过国家盖尔语广播电台和一家全国性电视台（TG4）支持爱尔兰语播音。

1169年以后，已在爱尔兰确立自身地位的盎格鲁—诺曼贵族说的是形形色色的法语，但庞大的说英语的扈从和商人群体也陆续相随而来。从此，英语就不断在爱尔兰流行开来，并成为大部分人的第一语言，那些把英语作为第二语言的土生土长、说爱尔兰语的人多数也能流利地说英语。但是，直到18世纪后期它才第一次作为一种本土语言被采用。今天，爱尔兰英语是普通英语的一个变种。不过，像美国英语一样，它继续显示了某种程度的自主性。

四　宗教

对宗教的忠诚是爱尔兰人民生活最显著的特征之一，爱尔兰是世界上经常去教堂做礼拜的人占人口百分比最高的国家之一。自宗教改革以来，在以罗马天主教徒为一方与以英格兰天主教徒和新教徒为另一方之间存在的宗教敌对情绪，促使爱尔兰人对所属教会具有强烈的认同感。这种敌对在19世纪时开始消失，直到20世纪才出现永久的休战状态。爱尔兰独立时，共和国的天主教徒人数远比其他宗教信仰者多，比例为95:5。

2006年爱尔兰人口普查的结果表明，天主教仍占绝对优势地位。在全部人口中，天主教徒的比例占87%（仅就爱尔兰人而言，有将近92%的人为天主教徒），2.85%的人属于爱尔兰教会（包括新教徒）。另外还有少量人口属于长老会、循道宗、东正教、伊斯兰教等。

在爱尔兰（全岛），许多天主教和爱尔兰圣公会（英国国教协会的成员）的主教辖区横跨共和国和北爱尔兰之间的边境。该岛自1921年被分治以来，主教辖区从未变更。天主教地位最高的教区是北爱尔兰阿尔马的圣帕特里克主教辖区。全岛的4位大主教和22位主教定期在基尔代尔郡的梅努斯神学院集会。爱尔兰圣公会全体会议在都柏林的基督会大教堂举行。该教会有2位大主教（分属阿尔马和都柏林）和12位主教。

爱尔兰共和国有许多教会遗迹，宗教改革前的教堂至今仍用来做礼拜的已为数很少。大部分教堂都是爱尔兰圣公会的财产。爱尔兰最著名的两座教堂是都柏林的基督会大教堂和圣帕特里克大教堂，前者为丹麦人所建，后者则为诺曼人所建。两座教堂在19世纪经过精心修整，属于爱尔兰圣公会。

五　行政区划

全国划分为26个郡和4个郡级市，另外还有7个非郡级市。郡下设市区和镇，全国共设49个市区和25个镇。

26个郡为：卡洛（Carlow）、卡文（Cavan）、克莱尔（Clare）、科克（Cork）、多尼戈尔（Donegal)、都柏林（Dublin）、戈尔韦（Galway）、凯里（Kerry）、基尔代尔（Kildare）、基尔肯尼（Kilkenny）、莱伊什（Laois）、利特里姆（Leitrim）、利默里克（Limerick）、郎福德（Longford）、劳斯（Louth）、梅奥（Mayo）、米斯（Meath）、莫纳亨（Monaghan）、奥法利（Offaly）、罗斯康芒（Roscommon）、斯莱戈（Sligo）、蒂珀雷里（Tipperary）、沃特福德（Waterford）、韦斯特米斯（Westmeath）、韦克斯福德（Wexford）、威克洛（Wicklow）。

4 个郡级市为都柏林、科克、利默里克和沃特福德。

第三节　历史

一　古代至中世纪早期的爱尔兰

从文化和血统的特点来看，爱尔兰人的祖先是古代凯尔特人。公元前 7000 年前后，猎人和渔夫已开始来到爱尔兰东海岸定居。公元前 6 世纪，凯尔特人开始入侵爱尔兰岛，并在岛上建立了许多小王国。这些小王国从基督纪元之初就开始臣服于一些较大的王国，即号称五大基督王国的厄尔斯特、米斯、伦斯特、蒙斯特和康诺赫特。他们之间又为争夺爱尔兰的统治权进行持续的竞争并轮番执掌统治权。

公元 5 世纪圣帕特里克来到爱尔兰，将基督教传布到全国。修道院制度的建立和发展，不仅形成了后来的爱尔兰教会，而且使爱尔兰迎来了拉丁文明和罗马文化，宗教、神学、教育、工艺美术和市场都有很大发展，爱尔兰一度成为基督教文明的福地和宝库。被派往欧洲各地传教的爱尔兰传教士又将这些文明传入欧洲。从公元 6 世纪至 9 世纪这一时期，被称为爱尔兰历史上的“黄金时代”。9—10 世纪挪威人和其他北欧人不断入侵爱尔兰。挪威人在当地的统治曾扩展到安纳格森、都柏林、沃特福德和利默里克，但因在 1014 年一次战役中败于爱尔兰“最高国王”布赖恩—博鲁而告终。

11—12 世纪欧洲宗教改革运动的影响波及爱尔兰，导致主教管区教会管理机构的建立。英格兰国王亨利二世于 1169—1171 年率军队入侵爱尔兰，自称是整个爱尔兰岛的最高君主，并获得罗马教皇的认可。盖尔人爱尔兰的独立随即告终。

二　英国统治时期

英国入侵爱尔兰后，开始把盎格鲁—诺曼人的统治强加于爱尔兰。1172 年英王亨利二世被封为爱尔兰君主。爱尔兰各地的政权纷纷宣布臣服于英王。1541 年爱尔兰议会正式宣布英王亨利八世为爱尔兰国王。16 世纪，英国殖民者在宗教改革过程中强迫爱尔兰人接受英国国教，大肆掠夺爱尔兰人的土地，激起爱尔兰人的反抗。1558—1603 年，爱尔兰发生 4 次大规模起义。1641 年爱尔兰爆发人民大暴动。1649 年，英国议会派克伦威尔率大军 1.2 万人和 13 艘炮舰出征爱尔兰。经过 3 年残酷战争，爱尔兰人民的反抗被镇压下去。1652 年 8 月，英国议会颁布了《爱尔兰处理法案》，亦称“殖民法案”。1685 年信奉天主教的詹姆士二世继位英国国王，曾短暂地改变了爱尔兰的局势。但随即在 1690 年的博因河战役中，他被英国议会新拥立的信奉新教的威廉国王所打败，英国国教和新教徒在爱尔兰的统治地位由此得以确立和巩固。仅代表 1/10 人口的新教徒取得了对土地和政府各部门的控制权，不仅剥夺了天主教徒、同时也剥夺了爱尔兰长老会教徒和不从国教者的基本公民权。

在其后的一个世纪中，爱尔兰新教徒也开始积极参与要求减少英国控制的行动。1798 年的一次起义失败后，英国决定采取合并行动，以期一劳永逸地解决爱尔兰人的反抗。1801 年，英国正式通过了与爱尔兰合并的法案，取消了爱尔兰议会，把爱尔兰划入英国版图，更名为“大不列颠及爱尔兰联合王国”。这种合并巩固了英国对爱尔兰的统治，天主教徒与新教徒之间的裂痕日渐加深。联合在经济上造成的不良后果，因 1846—1851 年的灾荒而愈加恶化。据统计，在 1846—1855 年的十年间，先后有 180 万人离开了爱尔兰移居国外。饥荒过后，一场被称为芬尼亚主义的革命运动兴起。它曾推动英国实施某些议会改革措施。但问题并未得到根本解决，民众的不满和反抗仍在继续发展，一些内部自治的措施也未能收到效果。

三　争取独立的斗争

进入 20 世纪以后，爱尔兰人民加强了反英斗争。第一次世界大战期间，1916 年爱尔兰爆发了反对英国统治的“复活节起义”，一个爱尔兰共和国临时政府宣告成立，不过起义很快失败。起义虽然被残酷地镇压下去，但更坚定了爱尔兰人争取独立的决心。1919 年 1 月，爱尔兰共和军成立，发起了同英国殖民者的武装斗争。在爱尔兰人民长期英勇的斗争下，1921年12月6日英国政府被迫与爱尔兰签订了《英爱条约》，宣布承认爱尔兰南部26个郡为“自由邦”，享有自治权；但北方6郡仍处于英国直接管辖之下，成为“大不列颠及北爱尔兰联合王国”的一部分，爱尔兰就此分裂。

《英爱条约》签署后，条约的支持者和反对者之间发生了内战，后者主张由全部32个郡统一组成独立的爱尔兰共和国。1923年，支持条约的派别成为内战的胜利者。内战期间的对立两派后来便发展成为爱尔兰政坛上的两大主要政党。1922—1932年，由支持英爱条约的一派，即统一党的前身“爱尔兰党”执掌国家政权。1926年德·瓦勒拉创建反对党——共和党，并担任该党领袖至1959年。在1932年大选中，共和党提出了主张农业改革、奉行工业保护主义以及进一步消除宪法中有关与英国保留联系条款的竞选纲领，从而获胜上台执政。1937年，爱尔兰议会通过了德·瓦勒拉指导制定的新宪法，宣布爱尔兰自由邦为独立共和国，并更名为“爱尔兰国”，或称“爱尔”，但仍留在英联邦内。新宪法被宣布适用于整个爱尔兰岛，但实际上其适用范围只限于原自由邦。新宪法以及1938年4月的英爱协定大大削弱了英国王权在爱尔兰的势力。1948年12月21日，爱尔兰议会通过《爱尔兰共和国法令》，宣布脱离英联邦成为完全独立自主的国家，正式割断了英爱之间的宪政联系。1949年爱尔兰再改名为“爱尔兰共和国”。同年4月18日，英国承认爱尔兰完全独立，但拒绝归还北方6郡。

第四节 政治体制与法律制度

一 宪法

（一）宪法发展史

1919—1921年英爱战争后签订的条约规定，爱尔兰自由邦须在1年内制定宪法，并得到英国政府接受。新宪法很快草拟完成，于1922年6月15日公布，同年10月25日由众议院批准，伦敦方面也在规定的时间内接受了这一宪法。这是爱尔兰的第一部宪法。爱尔兰自由邦宪法承认英王在爱享有最高王权，并同意英王依据爱尔兰政府建议派遣一位总督为其代表常驻爱尔兰。宪法规定，国会由两院组成，分别是总统任命的参议院和人民选举的众议院。行政权则委托总统和行政会议执行；总统和行政会议的成员由众议院多数党的议员出任。1932年后，在反对英爱条约的共和党执政期间，爱尔兰众议院通过立法，逐步切断了自由邦和英国之间的大部分法律关系。爱尔兰之所以能够成功地做到这一点，是利用了英国议会1931年通过的威斯敏斯特法案。该法案承认，英国的自治纲领作为独立国家有权修改自己的宪法。德·瓦勒拉说服爱尔兰议会于1933年通过有关法律，撤销了政府官员和众议院议员必须向英王宣誓的规定，并废止了英国枢密院司法委员会作为爱尔兰法院上诉法庭的法律规定。他还利用1936年英王爱德华八世逊位而引起的英联邦宪法危机，推动全面修改爱尔兰自由邦宪法，废止了英王和爱尔兰内政之间的所有联系，并于1937年草拟了爱尔兰新宪法。

（二）现行宪法

现行宪法于1937年6月14日经议会通过，同年12月29日生效。宪法规定，爱尔兰是议会民主制国家。立法权属于总统和议会。议会由参众两院组成；下院（众议院）是主要的立法机构，并由其决定政府的组成。宪法规定，立法、行政和司法的所有权力均来自全体国民、基于神的旨意。家庭则被认为是“社会最重要和基本的单位，拥有不可让与和绝对的权利，其地位优于所有现存法律的道德教育机制”。宪法赋予公民的权利包括：言论自由、集会自由、成立社团和工会的权利，所有公民均享有私有财产权以及法律诉讼和人身保护的权利。宪法规定公民有宗教信仰自由，但赋予罗马天主教以国教的特殊地位。宪法的修正在议会两院通过后，还需经全民公决通过。现行宪法已修改20多次，允许国家批准单一欧洲法案、马斯特里赫特条约、尼斯条约、里斯本条约，以及就人工流产及离婚等问题所作的修正。其中一次比较重大的修改是有关爱尔兰主权和领土范围的界定问题。1937年宪法曾明文规定，爱尔兰“国土包括爱尔兰全岛在内”。1998年5月22日举行的全民公决同意国家批准贝尔法斯特和平协议，决定对宪法有关爱尔兰共和国领土范围的界定进行修改。1999年12月爱政府修改宪法，确认北爱尔兰不再属于爱尔兰共和国谋求行使领土主权的范围。英爱之间持续达70多年有关北爱尔兰主权归属的争端终于告一段落。

二 总统

宪法规定总统为国家元首，由选民直接选举，任期7年。总统候选人年龄必须在35岁以上，可连任一次。总统作为国家的象征，兼任军队统帅，有权召集和解散议会，但不拥有实质的行政权力。法律生效之前，须经总统签署。总统根据众议院的提名任命总理，并从总理推荐的人选中任命政府官员。总统一般在政府的协助下主政，但在行使某些权力时也可向咨询性机构国务委员会进行咨询。国务委员会仿效英国王室的枢密院，由7位现任行政官员和数目不定的前任高级官员组成。只有在总理提议的情况下，总统才可以召集或解散众议院。总统在任期内未经政府同意不得离开本国。议会任何一院都有权对总统提出弹劾案。爱尔兰不设副总统。现任总统玛丽·麦卡利斯（Mary McAleese），系北爱天主教民族主义者，于1997年11月当选，并于2004年11月连任。

三 议会制度

爱尔兰为实行议会民主制的共和国。立法权属于由总统和参、众两院组成的议会。

（一）众议院

也称下院。共有议员166人，由全体选民按比例代表制选出，任期5年。选举必须在众议院解散后30天内举行。在两次大选期间，如发生议席出缺情况，则举行中期递补选举。本届众议院于2007年5月24日选出。截至2009年底，众议院议席分配如下：共和党72个议席（不包括议长）、统一党52个议席、工党20个议席、绿党6个议席、新芬党4个议席、独立党派10个议席，另有1个空缺议席。现任议长为共和党人西蒙斯·柯克（Séamus Kirk），2009年10月13日当选。

（二）参议院

参议院共有议员60人，其中11人由总理提名，6人由爱尔兰国立大学和都柏林大学选出，其余43名则由文教、农渔、劳工、工商、公共服务等5个行业选出，每一行业可选出5—11位参议员。参议院每年至少召开一次会议，议员任期不得超过7年。本届参议院于2007年7月24日选出，议席分配如下：共和党27个议席，统一党15个议席，工党6个议席，绿党3个议席，新芬党1个议席，独立派人士7个议席，空缺1个议席。议长为共和党人帕特·莫埃兰（Pat Moylan），2007年9月13日当选。

（三）立法程序

众议院制定法律，参议院则仅能推迟法律的通过。财政法案只能在众议院中提出；众议院一旦通过，参议院无论同意与否都必须在21天内送交总统签署生效。至于其他法案，参议院在众议院通过后有90天的考虑期限；假如在90天内参议院没有新的立法建议，则送交总统签署，再经过180天期满后便可以生效成为法律。由众议院多数表决通过的法案若涉及修正宪法的内容，在法案通过后，必须举行公民投票，经多数公民投票赞成之后方可实施。不涉及修宪问题的公民投票，可由参议院多数议员和众议院至少1/3以上的议员共同联署和向总统提出即可举行。最高法院可判决法律的适宪性。

四 中央政府

国家的行政权力由政府根据宪法或依据众议院的授权行使。政府由大选中获得半数以上议席的政党或几个政党联合组成，任期5年，向众议院负责。政府由7—15位成员组成，分别来自参众两院。总理、副总理和财政部长由众议院议员出任，而且在同一时间内来自参议院的议员不得超过2位。政府成员有权参加议会两院的会议并发表意见。如政府在众议院中未得到信任，总理必须提出辞职，或向国家元首建议解散众议院，重新举行大选。总理辞职将造成整个政府的解体。宪法规定设副总理一职，由总理任命。副总理在总理患病或死亡时，可代行其职务。

2007年6月，共和党、绿党、进步民主党组成联合政府。17名内阁成员中，共和党14名，绿党2名，进步民主党1名。总理是伯蒂·埃亨（Bertie AHERN，共和党领袖），布赖恩·科恩（Brian COWEN）任副总理兼财政部长。

2008年4月埃亨因个人财政问题接受反腐败部门的质询，于5月6日宣布辞去总理职务。众议院随即推举布赖恩·科恩出任爱尔兰新一任总理。

五 司法制度

爱尔兰拥有独立的司法体系。其法律制度由成文宪法予以保障。爱尔兰法律制度缘起于英国习惯法，以大量的司法判例形式存在。司法机构作为宪法的保护人，对行政机构的权力构成一种最重要的制约。它拥有司法审查权，可以在相关法律生效之前或之后，宣布其违宪，所以实际上赋予最高法院以一种准立法性质的功能。

爱尔兰的法院系统由最高法院、刑事上诉法院、高等法院、巡回法院和地区法院构成。地区法院行使小量金额的民事纠纷和较次要的刑事案件的审理权。巡回法院行使较大的民事和刑事案件的审理权，并作为地方法院的上诉法院。高等法院审理最重要和最严重的民事与刑事案件，是巡回法院的上诉法院。最高法院是最高司法机关，行使与宪法有关事项以及所有民事、刑事案件的终审权，但一般情况下它只受理对法律问题的上诉。它针对宪法和法律的解释做出的判决具有终审性。此外，还可以设立特别刑事法院和特别刑事上诉法院，专门审理危害公共安全的案件。

爱尔兰全国共有23个地区法院辖区、8个巡回法院辖区。地区法院可以任命55名法官，巡回法院可任命33名法官，高等法院普通法官最多可有37名。最高法院由大法官和其他7名法官组成。所有法官均由政府推荐，总统任命，终身任职。如法官本人行为不当或工作无能，需由众参两院通过决议，方可解职。现任（2010年）大法官为约翰·穆雷（John L. Murray），高等法院现任院长（截至2010年初）为尼古拉斯·基恩斯（Nicholas Kearns）。

爱尔兰设有检察官办公室。大多数刑事诉讼以及与选举、全民公决有关的诉状均由检察官以国家的名义行使。现任总检察长为保罗·加拉赫（Paul Gallagher），其职责是就法律和立法事务向政府提出建议。

六　地方政府

爱尔兰环境、遗产与地方政府部负责监督地方政府体系的运行，并负责实施与地方政府的结构、职能、人力资源及财政有关的政策。

爱尔兰地方政府分为三个层级，分别为：

郡/市层面：全国设29个郡议会（county councils）、5个郡级市议会（city councils）、5个自治城市议会（borough councils）以及75个镇议会（town councils）。所有这些地方政府机关中的成员每5年按比例代表制选出。

地区层面：1994年，根据国家法令建立了8个地区机构，旨在对郡/市一级地方政府的活动予以协调，特别是对欧盟结构基金的使用情况进行监督。

地区议会：1999年7月成立了两个地区议会，即“边境、中部和西部地区议会”与“东南部地区议会”，目的在于促进对本辖区公共服务的协调；管理欧盟援助框架下实施的新的地区项目，以及监督欧盟援助框架下所有欧盟援助项目所产生的后果和影响。

地方政府提供的服务范围为：住房建设、道路交通和安全、自来水和排水系统、环境保护、文化娱乐、农业、教育、卫生和福利以及其他各种社会服务。

地方政府由两部分人组成。一部分由选举产生，不拿薪酬，只领差旅费和生活津贴。另一部分则为全日制的管理人员。经选举产生的地方政府成员的职权，主要涉及政策和原则性的事物，包括对地方政府财政事务的监控、制定发展规划和地方法规。管理人员是拿薪酬的。他们负责地方议员工作之外的所有其他工作，包括就业、制定契约、管理地方政府的财产、征税和收取租金，以及日常行政事务。

地方政府的财政支出部分由中央政府资助，部分来自当地财政收入，包括机动车税收，地方税（对商业财产征收）和地方收费，比如废弃物处理，租金等等。地方政府为社会提供各项服务的费用，约占国民收入的4.5%。2007年，地方政府财政支出大约为100亿欧元，其中55%为经常项目支出，另外45%为资本项目支出。

七　政党制度与政党

（一）政党制度

爱尔兰的政党政治缘起于英国统治时期爱人民争取民族独立的斗争。1921年英爱条约签订后，条约的拥护者与反对者之间爆发了内战。内战期间的对立两派后来成为爱政坛上的两大主要政党。20世纪二三十年代，爱尔兰由支持英爱条约的一派，即统一党的前身执掌国家政权。1932—1973年，爱尔兰政坛则为反对该条约的共和党所左右（其间在野时间仅为6年）。此后基本上由这两大政党或单独或与其他小党组成联合政府轮流执政。1987—1989年在台上执政的共和党政府，系爱尔兰近年来最后一任单一政党政府。随着爱政坛上最大政党共和党的支持率持续下降和小党的重要性日益增加，从1989年起爱尔兰便开始了联合政府的时代，先后都有小党派参与联合执政。每次大选，欲参加组阁的党派都要就未来政府的计划和政策，进行艰难而反复的磋商和讨价还价。

（二）主要政党

1. 共和党（Fianna Fáil）　1926年成立，党员人数7万—8万人。它原来由1921年英爱条约的反对者组成，在 1932 年大选中获胜后，成为爱最大的单一议会党。该党社会基础广泛，有较强的民族主义色彩，长期以来谋求实现爱尔兰民族统一的政治目标，曾多次单独执政。共和党目前在议会占多数席位，是现政府的主要组成部分。布赖恩·科恩于 2008 年 5 月当选为该党领袖和爱尔兰总理。

2. 统一党（Fine Gael）　1933 年 9 月成立，系由数党合并而成。目前该党的党员约 3.5 万人，主要代表富裕农民、中产阶层和工商业资本集团的利益。它最初由 1921 年英爱协定的支持者组成，现为爱尔兰第二大党。作为一个具有基督教民主传统的中右政党，统一党以其更为自由化的社会政策观念和在欧洲一体化问题上所采取的联邦主义立场著称。20 世纪 70 年代该党逐步演化为社会民主党的一翼，具有了更为明显的中间派别倾向。党的现任领袖为恩达·肯尼（Enda Kenny）。

3. 工党（The Labour Party）　1912 年成立，党员约 7000 人，大多数为工会会员和天主教民族主义者。该党原为工会代表大会的政治机构，1930 年底和工会代表大会分为两个单独的组织。从 1992 年到 1997 年先后参加两届联合政府。1998 年 12 月工党与民主左派党合并组建为一个新的“左翼力量”组织。工党现任领袖为埃蒙·吉尔摩（Eamon Gilmore）。

4. 进步民主党（The Progressive Democrats）　1985 年 12 月 21 日成立，党员约 1 万人，在中产阶层、知识分子和青年中拥有较多的支持者。该党深受 20 世纪 80 年代英国撒切尔夫人政府及美国里根政府自由经济政策的影响，支持大力削减公共开支和减税，实行私有化，严格控制社会福利。它曾先后于 1989—1992 年、1997—2009 年与共和党组成联合政府，从而使其在爱尔兰的政治、经济生活中发挥了超出其政党规模的影响。不过，2007 年的大选对进步民主党而言是一次灾难性的打击，该党仅在众议院获得 2 个议席，包括党的领袖在内的领导人均落选。2009 年 11 月该党正式解散。

5. 新芬党（Sinn Féin）　1905 年成立。1970 年该党分裂为“正式”和“临时”两派。“临时派”即发展成为现在的新芬党。“正式派”于 1977 年另行组织“新芬工人党”。该党所属的军事组织“爱尔兰共和军”因长期进行恐怖活动而被宣布为非法。1997 年大选中，新芬党赢得 50 年来在参议院的第一个席位。在 2009 年的欧洲议会选举中，新芬党又获得 1 个议席（作为北爱尔兰的候选人），这是它首次进入欧洲议会。新芬党长期以来以统一爱尔兰全岛为宗旨。但是，该党政治势力主要集中于爱尔兰岛北部，在北爱尔兰自治政府中拥有 5 个部长职位，在南部的政治地位甚微。党的领袖为格里·亚当斯（Gerry Adams）。

6. 绿党（The Green Party/Comhaontas Glas）　成立于 1981 年，以“和平、民主、保护环境和自然资源、社会公正”为其理念。除传统的“绿色”问题外，绿党的主要政策立场包括：反对更紧密的欧洲一体化；反对爱尔兰参加欧洲安全机构；呼吁进一步限制自由贸易和私有企业。在爱尔兰 1992 年举行的有关《马斯特里赫特条约》的全民公决中，以及后来对《阿姆斯特丹条约》的态度上，该党均持反对立场。在 2007 年的大选中，绿党在众议院得到 6 个议席，并与共和党和进步民主党共同组成三党联合政府。现任领袖为约翰·戈默利（John Gormley）。

第五节　经济

一　经济概况

（一）历史变化

作为传统的农牧业国家，爱尔兰素有“欧洲农村”之称。1922 年“爱尔兰自由邦”政府成立时，它只有少量的工厂企业。为鼓励发展工业，爱尔兰采用了选择性的保护政策。1932 年政府进一步扩大对本国工业的保护，试图通过关税、配额、贷款和优惠等手段促进民族工业的发展。尽管后来工业有了一定的发展，但农业依旧是该国经济的主导。20 世纪 60 年代末，爱尔兰半数以上的出口仍为农产品，出口所赚外汇用来购买重型机械、汽车、石化产品和动力燃料，其经济严重依赖于对外贸易。

20 世纪前半期爱尔兰的经济与其他欧洲国家相比，处于相对落后状态。50 年代年均增长率只有 2%，远低于欧洲的平均水平。在贸易保护主义政策影响下，工业停滞不前，由于过度依赖国内市场，增加就业的机会也十分有限。这一状况加剧了国家的危机感，人们要求放弃贸易保护主义，从这时起政府改行以发展贸易、吸引外来投资为主导的开放政策。为了促进出口和工业发展，20 世纪 50 年代国家设立了出口署和工业发展局，提出了一系列激励工业发展、扩大工业品出口的措施。如：在不发达地区建立工业园区，帮助本土产业发展与鼓励外资公司创建新兴工业等。1958—1963 年和 1964—1970 年，爱尔兰先后实施了两个经济发展计划，成效显著，20 世纪 60 年代的年均增长率达到 4.2%，接近西欧的平均水平。20 世纪 70 年代尽管有国际石油危机和全球经济动荡的影响，但其经济增长仍保持较快速度。1965 年英爱自由贸易协定的签订和 1973 年爱尔兰加入欧洲共同体，也对促进爱经济的对外开放与快速发展发挥了重要作用和影响。从 20 世纪 70 年代早期开始，工业发展局就积极采取措施，鼓励以出口为导向的工业部门，诸如电子、工程和制药业在爱尔兰建厂，促进了经济的开放和出口迅速增长。1973 年，货物和服务的出口占到了国内生产总值的 37%；1983 年增至 56%，1993 年高达 65%。

20 世纪 80 年代以来，爱尔兰以高科技产业带动经济发展，完成了由农牧经济向知识经济的过渡。进入 90 年代后，爱尔兰的国内生产总值以每年 7% 的速度飞快增长。据经合组织的统计数字，以购买力平价计算，1987 年在欧盟 15 国中爱尔兰的人均国内生产总值略高于希腊和葡萄牙，仅相当于英国的 63%。到 1996 年，爱尔兰人均国内生产总值已超过英国，接近于欧盟平均水平。1997—2001 年 4 年间，爱尔兰经济的年均增长率曾高达 9.2%，成为欧盟和经合组织中发展最快的国家。1970—2008 年间，去除价格上涨因素，爱尔兰的国民生产总值增加了 5 倍还多。

（二）现有实力及特点

爱尔兰是工业化国家中经济运行状况较好的国家之一，也是世界上最富裕的国家之一。作为一个小国，爱尔兰的经济总量不过是世界经济大国的一个零头，但 2003 年爱尔兰人均国内生产总值已高达欧盟国家平均水平的 136%。2005 年，爱尔兰的人均国内生产总值为 4.69 万美元，超过美、英、法、德。调查显示，仅仅在此前的 10 年内，爱尔兰人的人均净资产就从 4.6 万欧元增加到 14.8 万欧元。在经合组织国家中，其人均净资产排在美国之前，成为仅次于日本的第二个富裕民族。经过 20 世纪 90 年代近 10 年的高速发展后，爱尔兰经济发展速度已经有所减缓，从 2001—2002 年起进入一个较慢却更加稳定的发展时期。

爱尔兰经济有一些令人瞩目的特点：

（1）外来投资对爱尔兰经济的发展具有关键性的意义。爱尔兰有 1100 多家外资公司。这些公司不仅为爱尔兰提供了 13.3 万个就业岗位、国内生产总值的约 30% 和出口额的约 40%，而且与本土工业有机结合起来，使科技知识与技能在更广泛的经济领域内扩散传播，有助于生产力的提高，并推动整个国家外贸出口的发展。但正由于外资公司控制着大多数以出口为导向的高赢利的制造业企业，将其大部分盈利每年作为红利被转移至国外，所以导致爱尔兰的国内生产总值与国民生产总值之间常常出现巨大的差距。在所有欧盟国家中，爱尔兰是除卢森堡以外唯一国内生产总值和国民生产总值之间的差距超过 10% 的国家。

（2）爱尔兰是一个迅速发展的知识经济型国家。政府对教育的大量投入，使人员的素质与技能得以明显改善和提高，为经济发展创造了有利条件。信息技术、生命科学和医药等高新技术产业部门占有重要的地位。研究与开发创新对于生产力的提高具有重要的意义与影响。

（3）爱尔兰是一个全球化程度很高的经济体。爱尔兰开放的经济与世界经济实现了深度的一体化。2003 年 1 月公布的一份国际咨询组织报告称，以贸易、投资、信用度和旅游的重要性衡量，爱尔兰拥有世界上全球化程度最高的经济。不过从保持经济独立的层面来说，这也表明爱尔兰对外界的依赖程度高，其经济具有一定的脆弱性。

（三）2008 年金融危机对爱尔兰经济的冲击和影响

2008 年由美国次贷危机引发的金融海啸迅速发展成为一次全球性的金融经济危机。由于爱尔兰“出口 + 外国直接投资”驱动的经济模式固有的缺陷，极易受到国际局势变动的影响。曾被誉为“爱尔兰虎”的爱尔兰经济于 2008 年进入衰退，成为欧元区最早陷入衰退的国家。2008 年爱尔兰全年实际 GDP 下降了 3%。2009 年第一季度 GDP 同比下降 9.3%，GNP 的降幅更高达 13.1%。经济低迷给劳动力市场造成了非常明显的负面影响。截至 2009 年 6 月，爱失业率已经达到 11.9%。经济低迷使得税收锐减，致使财政赤字大幅增加。2008 年爱财政赤字占 GDP 的比重达 6.9%。与此同时，爱尔兰一些银行因坏账曝光面临破产的危机，爱尔兰成为欧元区中最早触发金融危机的国家。政府为应对危机采取了以下几方面的措施：向银行提供担保和救助，设立资产管理局，以较低价格收购银行坏账贷款；公布紧急预算，大规模削减开支，提高税收；出台引资优惠政策，加大研发力度，为爱尔兰经济的未来发展注入活力。这些措施逐渐在资本市场获得认可，进入2010年后爱尔兰几次国债发行都较为顺利，国债利率也逐步稳定。不过，到2010年下半年，由于希腊主权债务危机的冲击和影响，外界对爱尔兰偿债能力的担忧剧增，政府只得向欧盟和国际货币基金组织（IMF）申请援助，爱尔兰成为第二个因主权债务危机接受外界救助的欧元区成员国。

二　经济结构

无论是从在全部就业人口中所占的比例还是其在整个国民经济中所占比重来看，爱尔兰国民经济各大类别部门总的发展趋势是：服务业所占比重不断上升，工业部门经过一段时间的稳步增长之后基本保持稳定，而农业所占比重则呈持续下降趋势。1949年农业人口占全部就业人口的比例高达43%，1999年下降到了仅占8.7%，而到2008年只占5.9%。1949年工业（包括建筑业）部门约占全部就业人口的21%，1999年这一比例为29%，2008年下降为25%左右。服务业则呈持续上升趋势，尤其是自20世纪末期以来服务业就业增长速度十分显著，2000—2005年间增长了21%。服务业就业人数占整个就业人口的比例，从1997年的62%升至2008年69.6%。但从在国民经济中所占比重而言，到20世纪末，爱尔兰经济中服务业产出占国内生产总值的比重与其他发达国家相比还是较低的，1998年为54.1%，2006年达到了58%左右。工业在国内生产总值中所占的比重自20世纪90年代以来大体上保持在40%左右，这比其他发达国家都要高。而农业仅占2.2%左右（2004年）。

就经济体制而言，爱尔兰独立以来，经济即以国营企业为主。国营企业生产范围广泛，包括电力设备、海运和铁路、公路运输、农产品加工、纺织、煤炭、钢铁、水泥和工业用酒精等。20世纪80年代以后，爱尔兰逐渐开始了私有化进程。其中1990—2000年这10年是私有化力度较大的时期，包括钢铁与电信在内的某些经济部门实行了私有化。此外，政府还解除了对交通运输和电力生产等部门的控制。但是，总体上看，与其他发达国家相比，爱尔兰企业的国有化程度还是比较高的，诸如能源、交通、公共事业等部门还基本上掌握在政府手中。就企业结构而论，爱尔兰经济由两部分构成：本土企业数量众多，多为技术落后、生产率低的劳动密集型企业；外资企业则是现代化程度和生产率高的资本密集型企业。政府希望通过外资企业带动本国企业的发展。近年来，爱尔兰本地公司在高技术行业正扮演越来越重要的角色。仅1997年，大约20%的外国投资被本地公司所吸收，电子部门中本国企业的产值增长相当于过去10年的总和。可是本土传统的制造业部门则情况较差。一些依赖爱尔兰国内和英国市场的劳动密集型工业部门，如纺织、成衣、制鞋等行业，在外来廉价进口产品的冲击下，其生产不是急剧衰落或停滞，就是只有微弱地增长，就业人数也在大幅度下降。

三　经济和地区发展政策

20世纪80年代末期以来，爱尔兰经济政策主要基于两点考虑：（1）发展经济，减少高失业率和人口外流；（2）实现《马约》为欧盟国家加入经货联盟所规定的达标条件。从1989年起政府实施了一系列“国家发展计划”，对爱尔兰经济的迅速腾飞发挥了重要的指导和促进作用。目前实施的是2007—2013年国家发展计划，旨在通过国家财政拨款来推动重点领域的快速健康发展。该计划以经济可持续发展、更大程度的社会包容和地区平衡发展为主要目标，提出爱尔兰在这7年内的4个战略性框架，并将国家重点战略投资项目划分为“经济基础建设”、“企业、科学与创新”、“人力资本”、“社会基础建设”、“社会包容”五个优先投资领域。此外，为促进国家知识经济的建设，爱尔兰于2006年6月通过了2006—2013年的“科技与创新战略”。这是爱尔兰政府第一次在政府各个部门范围内制定统一的科技与创新战略。

爱尔兰中央政府的权力高度集中，尤其是在政府预算方面，欧盟给爱尔兰的地区拨款也由爱中央政府统一规划使用。其地方政府职能有限，只负责地方水电、卫生服务，城镇规划开发、环境保护及娱乐设施等。为使中央与地方权力保持平衡，1995年政府设立专门委员会，辅助地方当局制定税收标准。随着爱尔兰人均国内生产总值的显著提高，爱尔兰地区之间贫富差距随之加大。政府开始将欧盟基金主要用于西部及边境郡县的发展。为了争取欧盟结构基金的资助，在2000—2006年间，爱尔兰第一次把相关地区划分为两个地区：目标Ⅰ地区（边境和中西部地区）和目标Ⅰ的转型地区。依据欧盟委员会“2000年议程”的谈判结果，爱尔兰在2000—2006年间从欧盟结构基金和聚合基金（包括按人头支付给农民的补贴）中获得了大约43亿欧元的资助。

四 产业结构与布局

（一）农业

爱尔兰气候温和，雨量充足，土地肥沃，为农业生产提供了理想的条件。尽管爱尔兰经历了从农业国向工业国的转换，农业产值在国内生产总值中的比重有所下降，但农业仍是爱经济的重要组成部分，农业及以农业为依托的食品加工产业依然在爱经济中起着重要作用。爱尔兰发达的现代生物科学技术正给它今天的农业和食品加工业注入新的活力，以“绿色爱尔兰”的形象在国际市场上打出品牌，在世界市场上进行着有力而成功的竞争。2007年，整个农业与食品部门的产值为110亿欧元，占国内生产总值的6.6%；出口总额87亿欧元，占爱尔兰出口总额的10.5%。2008年，农业与食品部门的就业人口为17.9万人，占总就业人口的8.5%。爱尔兰加入欧盟使农民大为受益。欧盟的农业补贴、结构基金以及其他资助使爱农产品得以维持高价位，提高了农民收入，加强了农业基础设施的建设和机械设备的更新。20世纪90年代初，针对共同农业政策实施的改革没有对农产品收入产生重大影响。不过随着农业政策改革的进展以及世界贸易组织决定进一步减少农业补贴，爱尔兰农业面临巨大的结构调整。调整的内容包括资本投入、经营品种多样化、发展林业、环保、研究、咨询以及培训等。2008年，欧盟农业保证基金对爱尔兰的直接投资就达14.57亿欧元，占当年爱尔兰政府用于农业（包括林业和渔业）的全部公共支出的41%。

在爱尔兰农业中畜牧业居支配地位。畜牧业用地占农业用地的91%。在畜牧业中，最主要的是牛的养殖业，其次为猪、羊和家禽。从20世纪90年代末开始，各种畜类养殖的数量都呈下降趋势。爱尔兰肉类的自给率比较高，2007年为247%，其中牛肉的自给率高达680%。爱尔兰是有名的活牛输出国。种植业中，主要的农作物是大麦、小麦、甜菜和马铃薯。爱尔兰谷物的自给率为78%。

渔业包括海洋渔业和水产养殖业，是爱尔兰一个重要的产业部门。与其他产业相对而言，其从业人口在居民中所占的比重较大。2008年，在沿海地区大约有1.1万人从事渔业工作。2008年，渔业部门的产值为7.8亿欧元。2007年，爱尔兰鱼类产品的出口额为3.52亿欧元。

爱尔兰的森林覆盖率在西欧曾处于最低水平，1920年仅相当于国土面积的1%。几十年来，政府发起造林计划，情况已有所改变。随着农业补贴的减少，农民可通过私人造林和木材生产取得额外收入。2005年爱尔兰的森林覆盖率已有10%，但是仍低于欧盟25个成员国的平均水平（40%以上）。

（二）工业

工业是爱尔兰经济的主导部门，提供国内生产总值的40%，出口的约90%，占就业人口的25%。高新技术领域的制造业是爱尔兰工业近些年来增长率最高的部门。在高科技部类中，发展最令人瞩目的是信息技术、生命科学和医药部门，数量众多的世界著名公司都在爱尔兰落户。在一些非高新技术领域，与其他欧盟国家相比，爱尔兰的表现也相当出色。

1. 能源工业

爱尔兰国内能源资源十分匮乏，基本上没有具有开采价值的石油或煤炭。其初级能源需求中有90%以上需要靠进口才能得到解决，因此，解决能源供应安全问题比其他西欧国家都更为迫切。与此相应，爱尔兰的能源工业规模很小，而且仅能服务国内市场。1993年以前，爱尔兰的天然气供应能够自给自足，但此后天然气产量开始下降，进口逐年增多，到2007年，其需求的80%需要靠进口。在西海岸发现的气田目前正在开发过程中，应该能够减少爱尔兰天然气的对外依赖度。但爱尔兰泥煤储量丰富，尤其是在西部地区。2005年，在全部能源供应中，石油占57%，天然气占22%，煤占12%，泥煤占5%，水力及其他可再生能源占3%。爱尔兰没有核电站，而且各方非常强烈反对建造核电站。

石油和天然气 20世纪60年代初，爱尔兰开始勘探石油和天然气。1971年发现了金赛尔岬（Kinsale Head）气田。1989年发现规模较小的珀利科特恩（Ballycotton）气田。1996 年又发现了科利布（Corrib）气田。荷尔威克（Helvick）油田的储量估计超过 500 万桶原油，并伴有数量较小的天然气，因而被认为具有商业开采价值。

为了开发天然气和向国内能源市场提供天然气及维护天然气供应网络，成立了爱尔兰燃气局（Bord Gáis Eireann），负责向用户输送天然气。目前，爱尔兰燃气局拥有 1.315 万公里天然气管道，大约有天然气用户 64 万户，电力用户超过 30 万户。

由于金赛尔岬及规模较小的珀利科特恩气田和金赛尔西南（Southwest Kinsale）气田的储量呈不断下降趋势，为了确保爱尔兰的天然气供应，1993 年前后修建了 2 条与苏格兰联网的海底输气管道，目前这 2 条管道为爱尔兰供应超过 93% 以上的天然气。

爱尔兰唯一的炼油厂是位于科克郡怀特盖特（Whitegate）市的一家液态氢化物提炼厂。它归“爱尔兰国家石油公司”所有。该厂目前满负荷生产，每天加工大约 7.5 万桶原油，相当于全国石油产品需求的 40% 左右。

泥煤生产　爱尔兰缺乏成规模的原煤储藏，但它在沼泽地的泥煤是一种很有价值的能源资源，而且遍布国家的广大地区。

泥煤署（Bord na Móna）　作为一个国有公司于 1946 年成立。2005 年它提供了爱尔兰 4.87% 的初始能源，相当于 77.6 万吨原油的需要。苔藓泥煤还被广泛用于园艺部门，在国际市场上销量十分好。泥煤署每年生产大约 400 万吨泥煤，以及 160 万立方米的园艺泥煤。泥煤生产占爱尔兰本国能源自给量的比例达 38%。

电力工业　2007 年爱尔兰供电局拥有的发电站装机能力为 3603 兆瓦。爱尔兰电力生产的能源结构变化很大，实现了由依赖燃油向主要以天然气发电的转变。对燃油的依赖从 1979 年的 70% 下降到 1995 年的大约 16%。到 2007 年，天然气发电的比例已达 54.2%；接下来是煤炭，占 22.3%；泥煤占 7.8%；燃油仅占 7.4%。此外，包括太阳能、风能、生物能源、水能和地热能源等在内的可再生能源所占的比例在不断增加。爱尔兰政府正在大力发展可再生能源，尤其是风能，预计到 2020 年风能发电将占总发电量的 40% 左右。随着时代的发展，爱尔兰电力消费的结构也发生了一定变化。1998 年，家庭需求约占全部用电量的 38%，其余为工业和商业用电。而目前商业/公共用电则成为第一大电力消费者，占全部需求的 33.7%；接下来是工业用电，占 32.8%；家庭用电占 31.2%；其余为农业和交通用电。

2. 建筑业

在通常意义上建筑业虽然有别于制造业等工业部门，但在统计学上有时也把它与制造业一同列入工业。从 20 世纪 90 年代开始，爱尔兰建筑业的发展相当快。建筑业的产出约占国内生产总值的近 1/5，大大高于欧盟国家的平均值。2007 年，建筑业产出为 384.6 亿欧元。不过，受金融危机的影响，建筑业部门从 2008 年开始显著下滑，当年建筑业产出仅为 297.3 亿美元，跌幅高达 38%。

在爱尔兰的建筑业中，住房建设占有相当大的比例。2006 年，居民住房建设的产出占建筑部门产出的 64% 多。当年完工的住房数量达到了创纪录的 8.8 万套。2006 年，爱尔兰每千人占有的房屋建筑面积为 20.8 套，是欧洲人均住房（每千人为 5 套）的 4 倍。受经济衰退的影响，住房市场从 2007 年开始萎缩。至于其他建筑业部门，由于政府不断的投资，特别是用于道路建设方面的投资，促进了公用工程建设的持续发展。但包括商店、办公室和工厂建设在内的其他方面，建筑业总体上表现并不十分强劲，2001 年以来产量就已连续下降。

爱尔兰拥有强大的建筑产品行业，能提供多种产品和服务，从结构和建筑材料、水泥生产、混凝土产品到木材和木材制品。建材业不仅在爱尔兰国内有旺盛的市场需求，发展很快，而且在国际市场上也有相当重要的地位。爱尔兰许多知名的公司在国外设有多家制造厂，其国内企业的产品也出口到很多国家。

3. 制造业

爱尔兰传统工业主要有食品（包括奶制品和肉类加工等）、饮料、烟草、纺织（特别是毛纺）、制衣、制鞋、木材加工、造纸、化工、采矿、金属、机械制造等。制造业部门是造就爱尔兰经济奇迹的一个重要部门。爱尔兰政府在过去的 20 多年里，成功地吸引外资直接投入高附加值的制造业。在爱尔兰运营的跨国公司主要分布在信息技术、制药和化工等现代制造业部门。它们以出口为导向，对于制造业和整个国民经济的迅速发展具有重要的推动作用。爱尔兰的化工、制药、电信设备、光学仪器、数据处理设备等产品在世界上较为先进，计算机及软件的生产和出口在世界上占有相当重要的地位。而传统的纺织、服装、制鞋及皮革等产业所占比重则明显下降。

和大多数工业发达国家制造业与服务业相比呈相对萎缩状态不同，直到20世纪末，爱尔兰的制造业在国民经济中的比重仍在持续上升。只是进入21世纪以后，制造业的增长率才明显放缓，2004年的增长率仅为0.4%。整个制造业在国内生产总值中所占比重也呈下降趋势。不过总体而言，从绝对产出来看，爱尔兰的制造业生产仍在继续增长，2000—2005年间制造业的产量增加了28%。1999—2004年间，制造业产品的出口增加了32%。2007年，爱尔兰制造业总产出为374.82亿欧元，占整个工业产出（不包括建筑业）的91%左右，占国内生产总值的22%左右。与此同时，制造业部门的就业人数也呈不断减少趋势，2000—2005年间减少了3.1万人，降幅高达13%。至于具体部门的就业状况，在化工和医疗设备等“现代制造业部门”就业增长强劲；而办公设备、广播、电视和通信器材、电子器械和计算机、音像制品，以及造纸、纺织等部门，工作岗位则有所减少。

这里着重介绍一下爱尔兰的信息和通信技术产业，以及化学制药与医疗器械工业。

信息和通信技术（ICT）产业　信息与通信技术工业是爱尔兰的一项支柱产业。爱尔兰的电子工业、软件工业和电子商务都相当发达。在欧洲市场上，43%的计算机、60%的配套软件都是在爱尔兰生产的。2000年，爱尔兰超过美国成为世界第一大软件出口国。全世界300多家主要的ICT公司都已在爱尔兰投资。许多最主要的跨国公司，诸如微软、IBM、英特尔、菲利浦、戴尔、摩托罗拉等世界著名信息技术和电信公司，都在爱尔兰设有基地。2006年，信息与通信技术部门就业人数为8.72万人，占工业与服务业总就业人数的8%。该部门的营业额为754亿欧元，占工业与服务业营业总额的24%，其增加值为155亿欧元，占工业与服务业总增加值的19%。

化学制药与医疗器械　爱尔兰的化学制药行业是国民经济中的一支中坚力量。20世纪70年代以前，爱尔兰几乎还没有制药业。随着跨国制药公司的进入和本土公司的逐渐活跃，这个行业不断得到发展。目前排名世界前15位的制药公司中有13家都在爱尔兰设厂生产。爱尔兰已经成为世界上医药产品的第15大出口国，其出口额占到了18.4%。整个化工、制药行业提供了爱尔兰制造业出口总值的约40%。在与制药行业密切相关的一些领域（例如生物技术、医疗设备和国际保健服务），爱尔兰也有很好的表现。

（三）服务业

经济或商业领域的服务业，通常是指诸如金融、咨询、旅游，以及商业销售、交通运输和通信等这样一些服务部门。服务业作为后起的产业，近年来在爱尔兰发展迅速。

爱尔兰的服务业对国家经济产出增长的贡献，自2000年以来大体上一直保持在59%左右，是世界上服务贸易的主要出口国家之一。2009年，爱尔兰的服务业出口达到684亿欧元。2005年服务业的就业人口，占国家就业人口总数的68%。从事国际贸易服务的就业人口在过去的十年间增长尤其显著，从1996年的2.45万人增至2005年的7.13万人。外资机构支持的公司提供了这一领域内65%的工作岗位，占其出口总量的93%。本土软件与计算机的其他相关服务，则是最具出口潜力的本土服务业部门，其产出的60%提供出口服务项目。

1. 金融服务

金融业是爱尔兰的重要服务业部门，近年来发展迅速。截至2007年4月，所有在爱尔兰运营的信贷机构的总资产为12320亿欧元，相当于爱尔兰国内生产总值的7倍多。2006年12月，在银行、建筑协会和保险公司工作的从业人员总数为5.76万人。包括保险业在内的金融服务业部门，2006年在无形贸易出口中获得的净利润为42亿欧元。

爱尔兰银行体系　2006年年底，全国有86家银行和其他信贷机构，其中多数系获准在爱尔兰开展业务的外国金融机构。2005年银行业提供了6.7%的国民生产总值。整个金融服务业的贡献占国内生产总值的8.5%。国内金融市场由两家国有集团控制，一家是爱尔兰银行集团（Bank of Ireland Group），另一家是联合爱尔兰银行集团（Allied Irish Banks Group）。这两家银行集团一起占有爱尔兰全部存款额的3/4。主要商业清算银行除了上述两家银行之外，还有爱尔兰国民银行有限公司、TSB 银行和厄尔斯特（北爱尔兰）银行有限公司。

风险资本　于 20 世纪 90 年代在爱尔兰得到迅猛发展。负责促进本土工业发展的“爱尔兰企业局”启动了一系列项目，帮助和支持具有创造额外就业潜力的小企业。这些项目吸纳国家、欧盟和私有部门参与风险投资，集中投向作为产业孵化器及其早期发育阶段的公司，特别是那些具有高新技术导向的公司。其中之一的“新千年企业家基金”致力于鼓励移居国外的爱尔兰人回国创业。由于风险资本的发展与爱尔兰强劲的经济发展势头，因而也激励着海外的风险资金进入其国内市场。

国际金融服务中心（IFSC）　设在都柏林海关码头地区的国际金融服务中心建立于 1987 年。其主要目标是为了给高素质的年轻人创造大量的就业机会，也是为都柏林海关码头区带来新的活力和复兴。IFSC 作为一个吸引了诸多国际金融贸易机构的服务中心，拥有独立公司 440 多家和外国分支机构 700 多家，雇员有 2.1 万人。其主要业务范围是基金和财政管理，以及融资、保险管理等服务项目。世界上最大的 50 家银行和 20 家最大保险公司中，已经各有一半以上落户爱尔兰。2004 年，约有 190 家保险公司及其附属机构在爱尔兰运营，资产总额约 928.9 亿欧元。在爱尔兰的国际银行总资产价值约 2000 亿欧元。中心管理的基金资产净值为 4000 亿欧元。

爱尔兰金融服务管理局（IFSRA）　这是爱尔兰政府于 2003 年建立的一个统一的金融管理机构。它将过去由包括爱尔兰中央银行在内的几个机构行使的管理职能合并到一起，由其负责统一行使。其双重目标是，既要保持金融机构的稳定，又要促进消费者的利益。2005 年它引入了一种便于顾客在不同银行之间转账的新规则，以促进零售银行的竞争。

国际金融危机对爱尔兰金融银行业的冲击和影响　以金融服务业为中心的新经济部门的迅速发展，曾是爱尔兰经济的一个亮点。2008 年全球金融危机爆发之前，爱尔兰经济持续高速增长，年增长率在 5%—11% 之间。然而金融危机爆发之后，爱尔兰依靠房地产和金融服务业的经济增长模式首当其冲。由于房地产价格急剧下降，爱尔兰的一些大银行濒临破产边缘，政府耗资 500 亿欧元以救助本国五大银行。预计 2010 年财政赤字会骤升至国内生产总值的 32%，公共债务超过千亿欧元。爱尔兰的主权债务问题成为国际媒体关注的热点之一。由于担心爱尔兰爆发债务危机殃及其他欧盟国家，欧盟成员国财长于 2010 年 11 月 28 日通过了总额 850 亿欧元的爱尔兰救助方案。这项救助资金将用在两大方面：一是救助因房地产泡沫破裂而陷入困境的爱尔兰银行业，总计 350 亿欧元，其中 100 亿欧元用来为爱尔兰银行注资，余下 250 亿欧元作为应急资金；二是用于满足爱尔兰政府的财政需要，总计 500 亿欧元。这样，爱尔兰继希腊之后，成为因主权债务危机被迫接受外界救助的第二个欧元区成员国。

2. 旅游服务

爱尔兰有丰富的旅游资源，既有秀丽的自然风光、没有遭到破坏的湖泊、河流和海岸线，又有许多历史古迹，还有多彩的体育、垂钓、巡游及热闹的节庆活动。目前旅游业是爱尔兰的第二大本土产业。其收入占出口的 5%，GNP 的 6.4%，为政府实施平衡增长的经济政策提供了有力支持。

旅游业是爱尔兰发展最快的产业之一。海外游客的数量从 1985 年的 200 万人增至 2002 年的 600 多万人，尽管受 2001 年“9·11”事件的影响，到爱尔兰旅游的海外游客数量 2001 年下半年有所减少，但很快得到了恢复和增长。2007 年，海外游客人数达到了创纪录的 800 多万人，旅游收入达到 49 亿欧元，旅游业就业人数约 15 万人，占就业总人数的 7.5% 左右。但受金融危机影响，从 2008 年开始，海外游客数量有所减少，旅游收入减少到了 47.8 亿欧元。2009—2010 年这一下滑趋势仍在持续。

英国是爱尔兰最大的旅游市场，2007 年，来自英国的旅游者达到了 400 多万人，占全部海外游客的一半左右，为爱尔兰创造财政收入 13.88 亿欧元；来自于其他欧洲国家的游客为 259 万人，创造收入 14 亿欧元；来自北美的游客为 107 万人，创造收入 8.06 亿欧元。

旅游服务机构　爱尔兰旅游局（Board of Tourism Ireland）是一个国家机构，负责向海外推介整个爱尔兰岛（含爱尔兰共和国与北爱尔兰）的旅游业和产品市场的开发，并提供决策信息以改善爱尔兰的旅游业。爱尔兰旅游局在英国、欧洲大陆、美国、澳大利亚和中国都设有办事机构。

爱尔兰全国设7个地区旅游局。它们分别是：都柏林旅游局、西南部地区旅游局、西部旅游局、东部沿海与内陆地区旅游局、西北部地区旅游局、东南部地区旅游局和香农地区发展局。它们构成了全国性的信息办公网络，在爱尔兰境内提供客房预订服务，并为本地区制定旅游发展和市场开发计划，以及为诸多旅游产品和旅游项目提供咨询服务。

此外，爱尔兰还有许多从事旅游服务的专业公司。

3. 零售服务

零售业是爱尔兰服务业经济的最大组成部分。该行业的就业人口为22万人，相当于全国总就业人数的10.7%。2005—2007年3年间，由于内需强劲，爱尔兰零售业表现良好，零售额年均增长率达到了5.9%。但从2008年开始，受国际国内等一系列因素的影响，国内需求不振，致使零售业表现低迷。由于爱尔兰经济到2011年才有望得到好转，因此，零售业的低迷状况将持续相当一段时间。

爱尔兰零售业集中化程度较高。三大零售商占了全部销售额的约41%。尤其是在食品零售业这种情况更加明显，三家最大食品公司的销售量超过整个食品销售额的2/3。非食品零售行业则相对比较分散。在20世纪90年代，大量的、特别是来自英国的国际零售商纷纷落户爱尔兰。马斯葛瑞夫（Musgrave）集团是爱尔兰最大的超市零售集团，至今已有130多年的营销历史。随着一系列放松管制决策的出台，零售行业的结构发生了进一步变化。2006年3月，百货部门被长期禁止的超低价销售予以废止。政府还在2005年宣布，解除对非食品零售业在都市衰败地区房屋建筑规模的限制，从而促成瑞典家具零售商“宜家”（IKEA）在爱尔兰落户。

4. 咨询服务

爱尔兰在国际贸易服务方面享有的良好信誉，这对在各种不同行业内提供专业服务的咨询公司是一种强有力的支持。这些咨询服务涉及财政管理、教育培训、中小型企业的发展以及环境服务等方方面面。爱尔兰咨询公司所提供的特定经验与技能领域，包括数字媒体、电子服务、保健服务和信息技术。提供这些服务的大多数公司规模相对较小，一般通过合同制聘用专家工作，以充实其人力资源并提供高标准的专业化服务。

与其他欧洲国家相比，爱尔兰的咨询行业拥有很大的竞争优势。因为这里的工作人员说的是英语，爱尔兰属于没有殖民背景的中立国家。另一个重要的优势是，爱尔兰咨询公司具有极大的灵活性。爱尔兰的公司在发展私营经济方面享有很好的信誉。许多发展中国家认为，爱尔兰的咨询公司完全有能力帮助他们取得与爱尔兰一样的成功，使其向着建设一个在全球范围内成功运作、高度发展的经济体迈进。爱尔兰的咨询公司在孟加拉、尼泊尔和南美洲，以及整个中东欧等发展滞后的地方开展业务，它们在中欧和东欧国家已经出色地完成了许多工作。

5. 交通和通信

爱尔兰内陆交通以公路和铁路为主。20世纪80年代末以来，公共投资的增加推动了公路和港口建设。爱尔兰公路非常发达，总长9.6万公里，承载着90%的货运和96%的旅客运输。到2008年底，上路的车辆总数达到了250万辆。2008年新注册的运营车辆总数为190多万辆。随着车辆的剧增，交通拥堵现象急待改善，政府设立都柏林交通局，协调公共运输和基础设施的发展。爱尔兰铁路的线路总长3314公里，以都柏林为枢纽形成放射状的铁路系统。全国60%的人口居住在130个火车站附近。专为上下班人员和长期车票使用者提供服务的都柏林通勤铁路线，对缓解交通堵塞发挥了很大作用。2008年，铁路客运量达4460万人次，其中有44.5%为通勤乘客。

爱尔兰的地理位置，决定了它的对外贸易格外高度依赖于海洋运输。1998年经海港进出的货物为4500多万吨，占对外贸易总量的95%；2008年经海港进出的货物达到5100多万吨。都柏林、香农和科克是3个主要的多用途港口。沃特福德港建成新的装卸终端后，成为最大、最新的货运装卸港。

爱尔兰有都柏林、科克和香农3个国际机场。与8个国家的29个城市有定期航班。近年来出入爱尔兰航空港的旅客也急剧增加，2008年爱尔兰各机场共运送旅客3130万人次。爱尔兰航空公司2009年客运量超过1038万人次。瑞恩公司是一家私营航空公司，是欧洲最大的低票价航空公司。

近年来爱尔兰的通信服务及网络开发有了长足的进展。爱尔兰努力使自己成为欧洲的电子商务中心。1999 年 1 月，爱尔兰政府公布了《在爱尔兰实现信息社会的行动计划》。为实现这一目标，爱尔兰政府放宽了对电信市场的限制，决定逐步使国有电话公司私有化，并拟向电子商务项目投资 8000 多万美元。为实现信息社会，爱政府还在教育和培训方面做了大量的工作。

2006 年，爱尔兰拥有固定电话 230 万部，平均每百人拥有固定电话 54 部，与其他西欧国家相比处于较低水平。但是，爱尔兰移动电话的发展却非常迅猛。1998 年，爱尔兰每 100 人仅拥有 20 部移动电话。不过，到 2006 年底，爱尔兰人持有的移动电话已达到了 450 万部，人均一部有余。爱尔兰个人电脑拥有率也稳步上升，2006 年达到 58.5%。2007 年 7 月，宽带接入率已经达到了 15.4%，用户近 70 万户。2008 年爱尔兰通信部部长又宣布了新的宽带基础设施投资计划，目标是到 2012 年，爱尔兰的每个家庭都能接入速度为 100 Mb 的宽带服务网络。

五　财政政策

公共财政与货币政策是国家宏观经济调控的一种重要手段。20 世纪 70 年代末到 90 年代初，爱尔兰曾试行过一段时间的扩张性财政政策，给国家的发展带来了灾难性的后果。1978—1987 年，政府财政赤字一度失控，国债同国民收入的比率从 65% 上升至 136%。在此之后，爱尔兰政府的政策重点发生了重要变化，其目标是恢复和保持宏观经济稳定，实施以供给为导向的政策方针，旨在吸引私人企业、包括出口导向型的跨国公司来爱尔兰投资。

自 1989 年以来，爱尔兰政府致力于使年度财政赤字保持在国内生产总值的 3% 以下，财政政策以减少债务为目标。1989—1993 年，政府紧缩公共开支，加上这一时期经济稳定增长和有效的税收政策，使政府债务自 1993 年以来保持下降趋势，从 1993 年相当于国内生产总值的 94.5% 下降至 1998 年的 56%，2004 年更降至 30%，到 2007 年仅为不足 25%。减税是财政政策的一项重要手段，个人所得税的上限税率已从 52% 降至 46%，基本税率也从 32% 降至 24%。1997 年政府财政盈余达到国内生产总值的 0.9%，成为当年实现财政盈余的少数几个欧盟国家之一。2000 年的盈余更升至国内生产总值的 4.6%。但是由于全球金融危机的影响，从 2008 年开始，爱尔兰保持了近 10 年的财政盈余状况（1997—2007 年，其中在 2002 年曾出现 0.4% 的赤字）被逆转，当年政府预算赤字占 GDP 的比例达到了 6.9%，2009 年这一比例高达 14% 以上，是欧盟成员中最高的，也是欧元区成员国中最高的。

六　货币政策

在加入欧元区之前，爱尔兰货币政策由爱尔兰中央银行调控，主要以达到低而稳定的通货膨胀率为目标。从 1999 年起，爱尔兰作为欧洲经济与货币联盟的成员国之一，货币政策由欧洲中央银行（ECB）的理事会决定。2002 年 1 月 1 日起，爱尔兰开始使用欧元。爱尔兰央行是欧洲央行体系（ESCB）的一员。爱尔兰央行行长是该理事会的成员之一。欧洲央行体系维持价格稳定的法定目标被庄严地载入了爱尔兰法律，作为爱尔兰央行的首要目标。在爱尔兰，欧洲央行体系的货币政策由爱尔兰央行负责执行。

鉴于爱尔兰广义上的货币总量所占欧元区货币总供应量的比重不及 2%，其状况的好坏对欧洲央行货币政策的形成影响不大。相反，欧元区内通行的“对所有国家都一样”的货币政策，却会给小国适时进行政策调整带来一定困难。爱尔兰经济规模小、开放程度高，这意味着国际物价、特别是汇率的压力，对其消费物价会产生强烈影响。20 世纪 90 年代后期，国际环境宽松，爱镑坚挺，爱尔兰享有一段较长的物价稳定期：在 1995—1999 年期间，尽管国内需求旺盛，消费物价上涨的平均指数仍仅为 1.9%。但 2000 年，由于欧元疲软的影响，通货膨胀急剧上升。非贸易领域国内物价上涨的压力，以及间接税和政府控制交易的增加，也是导致通货膨胀的重要因素。2000—2002 年间，爱尔兰的平均通胀率超过 5%。后来随着欧元的走强和国内需求压力的减弱，则使其 2003 年降至 3.5%，2004 年为 2.2%。但是从 2006 年开始，由于个人消费持续增长、工资水平也不断增加，再加上住房市场不断升温，且能源价格上涨迅速，致使爱尔兰通货膨胀严重，2006—2008 年三年的通货膨胀率（CPI）分别达到了 4%、4.7% 和 4.1%。不过，从 2008 年年中开始，受全球经济下滑的影响，爱尔兰通胀压力有所缓解。随着金融危机的加深，2009 年 1 月，CPI 自 1960 年第二季度以来首次出现负增长，2009 全年 CPI 下降了 4.5%。

爱尔兰央行的其他主要目标包括：维持金融体系的稳定，促进收支结算系统的有效运作。央行负责监管爱尔兰的绝大多数金融机构，包括商业银行、建筑协会以及各种各样的非银行公司、交易所和集体投资项目。

七　对外经济关系

（一）对外贸易

爱尔兰经济规模总量小，因而高度依赖对外贸易的发展。400 万人口的国内市场只能为产业扩张提供有限的可能和机遇，而且资源的匮乏也需要大量进口燃料、原材料和其他基本设备。对外贸易在爱尔兰经济中占有举足轻重的地位。自 20 世纪 60 年代实施自由贸易开放政策以来，爱尔兰已越来越深地卷入全球经济一体化进程，既置身于欧洲单一市场之内，又是跨大西洋市场的一个重要中心。20 世纪 80 年代早期开始，爱尔兰的贸易状况不断改善。自 1985 年起和 1991 年以来，商品贸易和支付平衡先后分别有了盈余。出口的增长为这一成就的取得发挥了重要作用，而以出口为导向的外国直接投资的大量涌入，是导致出口贸易迅速发展的一个重要因素。许多跨国公司都利用爱尔兰作为向欧盟和美国出口的生产基地。1997—2001 年，爱尔兰出口额年均增长率为 15.3%，进口额年均增长率 14.3%。2008 年爱尔兰商品与服务业出口总值为 1502 亿欧元，占当年国内生产总值的 88%；同年，爱尔兰的商品和劳务进口总值达 1338.78 亿欧元，约占国内生产总值的 74%。

爱尔兰出口的商品主要有两大类，一类是农牧业和以农牧业为基础的商品，如肉类、奶制品和食物备料；另一类是具有高新技术含量的制造业部门的产品，如计算机、软件、药品及医疗设备、化工、机械和交通设备。后一类商品在出口中占了很高的比例。2008 年，仅医药制品和化工产品就占全部出口总收入的 51%。爱尔兰进口的商品主要是重要设备、加工制品、原材料和燃料，它们占整个进口值的 80% 上下，其中燃料进口增长十分显著。多年来爱尔兰的出口值一直超过进口值，保持了贸易盈余。2009 年的贸易顺差为 244 亿欧元。

英国是爱尔兰最大的贸易伙伴和主要的商品供应国。欧盟内德、法、荷、比等国也加强了与爱尔兰的贸易联系。近年来，爱尔兰同美国和东亚地区也扩大了贸易联系。美国在爱尔兰制造业的投资，大大增强了美国对爱尔兰的进出口比重，使其成为爱尔兰的第二大进出口来源和目的地。

（二）经常项目

在经历 20 世纪 80 年代的巨额赤字之后，90 年代爱尔兰国际收支中的经常项目转为盈余。1992—1999 年间每年都是顺差。但自 2002 年以后（截至 2008 年年底），爱尔兰国际收支的经常项目一直为逆差，且呈逐渐上升趋势。2007 年甚至高达 101 亿欧元，主要原因在于国内需求低迷导致进口减少。

由此看来，爱尔兰与外界的金融关系至今并未发生根本的变化。爱尔兰这种以跨国公司主导的巨额出口为特征的经济结构，导致其国际收支经常项目的组成部分之间形成一种独特的流动格局。商品贸易方面巨额而又不断增长的盈余及其所得到的少量划拨资金，被资本收入和服务业项目方面不断膨胀的巨额赤字所抵消。与商品贸易盈余相比，爱尔兰服务业的贸易赤字巨大。服务业贸易的收支主要由旅游、印花税、财会、咨询和工程设计等项目构成。2004 年爱尔兰服务业的出口值为 422 亿欧元，进口为 519 亿欧元，收支相抵服务业的赤字为 97 亿欧元。由于爱尔兰大约 3/4 的制造业出口来自外资企业，出口增长实质上反映出资本流出的增长。因为商品出口的巨额结余，一部分要作为红利被汇往国外；另外还要向母公司支付管理费、印花税和专利税。

2007 年爱尔兰服务业的出口值为 656.5 亿欧元，进口为 685.19 亿欧元，服务业的赤字为 28.69 亿欧元。

（三）资本流动及外债

进入爱尔兰的外国直接投资可划分为两类：一种为流入爱尔兰国际金融服务中心的资金，另一种则为较为常见的传统的工业投资。进入国际金融服务中心的资金，通常是中心吸引外国公司向其设在爱尔兰的子公司或分支机构划拨大量资本金，其中大多数会重新投入某些项目。2004 年流入爱尔兰的外国直接投资为 90 亿欧元，其中的绝大部分（75 亿欧元）与国际金融中心相关。2007 年曾达到 180 亿欧元，但受金融危机影响，从 2008 年又开始下跌。

爱尔兰的对外投资虽然其历史起点很低，但近年来增长显著。20 世纪 90 年代初期以来，随着爱尔兰经常项目盈余的增长，私人资本的净输出也在不断增加。2007 年爱尔兰的对外直接投资为 154.5 亿欧元，但 2008 年起又开始下降。

20 世纪 90 年代初，爱尔兰政府的外债相对较高，几乎占国内生产总值的 50%，之后逐步下降。2006 年爱尔兰的外债总额为 360 亿欧元（占当年国内生产总值的 20% 左右）。

（四）外汇储备

1990 年代初以来，爱外汇储备相对稳定，仅在 1992 年末到 1993 年初由于在欧洲货币机制中无法有效捍卫爱镑而减少 31 亿美元。根据国际货币基金组织（IMF）的统计，2005 年底，爱尔兰的官方外汇储备（不含黄金）为 7.79 亿美元，较 2004 年有大幅度的下降（当年为 28 亿欧元）。国家外汇储备的大幅度减少，与爱尔兰加入欧元体系密切相关。因为作为外汇储备掌管者的中央银行，已不再需要直接介入外币价值的管理工作。

（五）汇率浮动

爱镑与英镑的联系机制脱钩 20 年后，1999 年 1 月 1 日爱尔兰与欧盟其他 10 国一起进入欧洲经济与货币联盟，以欧元作为本国的正式汇率单位。由于爱尔兰的两大贸易伙伴英国与美国都不属于欧元区国家，因此欧元同英镑和美元之间的互动对爱尔兰具有重要影响。1979—1993 年，爱镑在欧洲货币体系的汇率机制内，在上下各 2.25% 的幅度内浮动。1992—1993 年，由于货币危机，英镑和里拉退出汇率机制，爱镑汇率浮动范围扩大到 15%。从此，爱镑汇率在英镑与其他货币汇率之间浮动。1996 年末以后的一个时期内，爱镑对英镑汇率的浮动起伏很大，从 1 爱镑相当于 1996 年的 1.10 英镑降至 1998 年 3 月底的 0.81 英镑。欧元启动后，欧元对美元的比价不断贬值，从当初的1∶1.16降至 2000 年底的1∶0.85。2002 年第四季度欧元对美元的汇率恢复到当初的正常水平。自 2006 年以来，欧元对美元汇率稳步攀升。但是，近年来由于欧洲主权债务危机的影响，欧元兑美元汇率大幅下跌，于 2010 年 5 月暴跌至 2006 年 4 月份以来的新低 1.2237，后又有所回升。

2002 年 1 月 1 日，爱尔兰开始使用欧元。2005 年欧元与爱镑换算的平均汇率为 1∶0.69。

第六节　公共服务

一　社会就业与收入政策

（一）就业与移民状况

爱尔兰长期以来存在两个传统的社会经济问题——人口外流和失业问题，20 世纪 90 年代中期以来随着经济的高速发展，情况已得到很大程度的缓解与改善。

就业的扩张来自于经济强劲增长的推动。1994—1998 年爱尔兰年均就业增长率几乎达 5%。1999 年第二季度的增长率按年度计算更高达 6.5%，在欧盟居首位，甚至比处于经济迅猛发展阶段的美国还要高。1996—2005 年间，爱尔兰的就业人数以年均 4.2% 的速度增长。整个劳动人口增加了 50% 还多。2008 年 6 月爱尔兰就业人口总数达到 211.28 万人。与此相应，爱尔兰的失业人数在急剧下降。20 世纪 90 年代初，爱尔兰曾是欧盟失业率最高的国家之一。从 90 年代后半期开始，随着经济的强劲增长，失业人数急剧减少。1994—1998 年失业率由 14.8% 降至 7.8%。2001 年，爱的失业率已降为 3.7%，跻身于欧盟失业率最低国家的行列。2008 年开始的金融经济危机给劳动力市场造成了严重的负面影响。截至 2009 年 6 月，爱失业率已经达到 11.9%。

20 世纪 90 年代以来，爱尔兰移民的流向也发生了重要变化。爱尔兰曾是欧洲最贫穷和落后的国家之一，其国民由于不堪忍受这种穷苦而将希望寄托在出国谋生上，纷纷移居海外。近十多年来，随着经济的迅速发展，出现了劳动力短缺现象。过去因生活所迫而流落他乡的爱尔兰人大批回流。在 1999 年移居到爱尔兰的 4.75 万人中，一半以上是居住在国外的爱尔兰人或其后裔。长期以来人口大量外流的爱尔兰出现了外来移民超过外流人口的现象。2007 年移居爱尔兰的外来人口为 10.9 万人，由爱尔兰移居国外的人口为 4.22 万人。

（二）社会保障

爱尔兰的社会保障大体上可包含三种形式：（1）基于与社会保险交费记录相联系的“社会保险”。社会保险金由雇主、雇员和国家分担。对雇员和自营职业者来说，交纳保险费是强制性的；（2）建立在经过某种方式考查基础上的非纳税支付（社会援助）；（3）一种只向相关人群提供的、无条件的普遍性服务。如儿童津贴或老年人的免费出游，则既不取决于社会保险费的交纳，也不需要经过特定的考查。

社会保险计划为患病者、失业者、休产假者或达到退休年龄者提供现金津贴。在这一计划之下，鳏寡遗孤也能够得到补偿。社会援助计划包括对那些失业者、残疾人、孤儿、达到领取养老金年龄的人以及单亲家庭的补贴。对于低收入工作者的家庭则有特殊安排。

2008 年爱尔兰社会福利费用开支共为 178.15 亿欧元，占政府现行开支总额的 33.4%，相当于国民收入的 11.4%。社会福利费用系由财政拨款和社会保险基金支付，它们分别占 52.9% 和 47.1%。社会保险基金系由下列四部分组成：雇主交纳总额的 73%，雇员交纳 20%，自营职业者交纳 5%，投资所得收入 2%。爱尔兰社会福利体系的受益者约 180 万人。2008 年年底，接受每周社会福利支付的人数达 120 多万人。

（三）社会收入政策

在社会收入政策方面，爱尔兰创造了一个不错的方法，这就是政府与社会伙伴——包括雇主团体、工会、农民组织以及社区和志愿者利益集团一起，就经济和社会发展达成一系列社会伙伴关系协议。该方法始于 1987 年，当时为解决经济面临的诸多困难与劳资纠纷，政府与雇主协会、雇员工会达成一项三方协议，商定了社会总体工资调整幅度、税收政策和社会福利等大原则。实践的结果表明，它能够有效地把整体工资上涨的幅度量化纳入可调控的框架，也有助于抑制通货膨胀，还可以减少劳资纠纷。20 多年来，这种办法帮助政府在制定社会收入政策时能更多地吸纳民意。如 1999 年，人们提出经济的快速发展并没有使所有的社会阶层都同等受益，特别是 1998 年对高收入阶层实施的减税和限制社会福利开支增长的政策，导致了收入差距的扩大。政府 1999 年度的财政预算就决定适当调整政策目标，将重点从加快经济增长和创造就业机会，转为改善公共服务、提高基础设施质量、加强“社会包容”和地区发展，还特别强调要大幅度增加对中低收入阶层的社会福利开支和减税政策。爱尔兰从 2000 年 4 月开始在全国实施最低工资制度，每小时工资不得低于 4.4 爱镑（6 美元）。“社会伙伴关系协议”对于维持爱尔兰的社会稳定发挥了重要作用。

但是，近年来经济形势的低迷，使这种“社会伙伴关系”受到了一定程度的威胁。2009 年 2 月初，政府虽然与工会多次谈判，仍没有能赢得后者对削减预算计划的支持。政府随即宣布了多项被工会拒绝的计划，其中包括向公共服务部门员工征收养老金税，致使爱尔兰全国总工会在首都都柏林组织了有 12 万人参加的游行示威。之后，来自税收、福利等政府部门的 1.3 万名公务员又举行了为期一天的罢工，抗议政府提高征税的计划。看来要在促进经济增长、保持社会和谐与保证各方利益这三者之间实现平衡并非易事。

二　教育与培训

早在中世纪，爱尔兰就是西方国家教育界中的佼佼者。19 世纪中叶以来，所有的儿童都可免费接受初等教育。但在过去相当长一段时间内，由于当时国家发展程度的限制，爱尔兰人受教育的水平低于其他经济发达国家。不过随着经济的发展，政府加大了对教育的投入，情况有了相当大的改善。1965—2008 年期间在校大学生的人数增加了 700%。根据经合组织提供的数据，2002 年在爱尔兰 25—34 岁年龄段的人中，拥有第三级（高等）教育文凭者占 36.3%，居于欧洲最高的国家行列。2005 年的世界竞争力年鉴认为，就适应经济竞争的需要而论，爱尔兰的教育制度属于世界上最优秀的教育体系之一。值得注意的是，爱尔兰教育水平的改善，是在教育经费支出相对较低的情况下实现的。据经合组织的统计，2002 年在爱尔兰从初等教育到高等教育每个学生平均费用为 7343 美元，在 15 个欧盟国家中只有希腊低于这个水平。

爱尔兰的教育体系传统上分为三个阶段：初等教育（6 年）；中等教育（5—6 年）；高等教育提供包括职业教育、技术培训、本科和研究生等广泛的课程。爱尔兰政府注重加强高等教育，超过 55% 的中学毕业生都选择到高等学校继续深造。在经合组织国家中，爱尔兰的高等教育入学率最高。大部分爱尔兰人都受过高等教育。在近几年的发展中，爱尔兰人逐渐形成了“终身学习”的理念。

国家教育体系由教育和科学部集中管理，由它提供大部分资金，并制定相关的制度和计划，包括课程设置和全国统一考试的管理。

2008 年，爱尔兰共有近百万名学生在接受全日制教育，其中小学生约 49 万人，中等学校学生近 34 万人，各类高校学生 14.8 万人。2007 年国家用于教育开支的经费总额为 87.05 亿欧元。

（一）初等教育

绝大多数儿童在国家资助的国民教育体系中接受初等教育。每所学校由自己的校董会管理，但从国家接受大部分资金，包括老师的工资。大多数国立学校是由宗教团体组织管理的，具有宗教性质。一个由督导员组成的巡查团，负责确保维持教学的水准。

小学阶段的课程需 8 年完成，开始的 2 年是启蒙教育。课程包括数学、英语、爱尔兰语、历史、地理、艺术、音乐、手工、社会和环境研究以及体育。小学基本上没有正式考试。

大多数小学和国际学校实行走读制，但也有一些是寄宿学校。

少量小学是私立的，不接受国家的资助。

2006—2007 学年，由教育部资助的初等学校共有 3284 所，学生与教师的比例为 16.9∶1。

（二）中等教育

爱尔兰的中学有各种不同类型：普通中学，综合和社区学校，职业学校。

普通中学是私立的，其中许多为宗教团体所有，但它们的大部分开支系由国家资助。接受中等教育的学生大多数（约占 60%）集中在普通中学。

综合和社区学校，是国立的中等学校。

职业学校，由国家通过地方职业教育委员会开设和管理。原先职业学校主要进行技术教育。现在总的说来，它设置的科目与其他中学相似。接受职业教育的中等学校学生约占总数的 29.3%。

爱尔兰的中等教育学制为 5—6 年。前 3 年为初中阶段，学完后授予初级证书。然后学生可以进入高中阶段再学习 3 年，也可以再上 2 年的校外证书科目。这后一种情况也有两种选择，他们或者在校外证书、校外应用证书或校外职业培训证书之中选择一种；或者先过渡一年，再进入他们选定的校外证书项目学习。校外证书是进入高等教育的基本资格证书。

爱尔兰中等教育政策的重要方针之一，是将中等教育和职业教育合而为一，建立更多公立的综合性中等学校。此外，爱尔兰从 20 世纪 30 年代起即由政府出资建立职业学校。这类学校是为了容纳未能进入中学就读的学生，其课程内容不同于普通中学。教育部在 60 年代举行了一次全国中等学校教育评定，随后进行了教育改革，制定了适用于普通中学和职业学校的课程和考试标准。

中学教师必须具有大学学位和教育学研究生文凭。由职业教育委员会聘用的教师则无须教育学研究生文凭。工科老师必须具有其领域内相应的资格证书。

2007—2008 学年，接受中等教育的各类学生总数为 33.868 万人，教师 2.724 万人，学生与教师的比例为 12.4∶1。

（三）高等教育

爱尔兰的高等学校拥有完善而系统的教育体系，几乎包罗了所有常用的专业，教育质量高，职业倾向性强，学术和产业联系紧密。高校根据产业需要不断调整和完善自己的课程，课程内容与实践工作结合紧密。

高等教育包括综合性大学、各种学院和大专学校。所有这些学校都以国家资助为主，实行自治和自我管理。最近几年爱尔兰还开办了数所提供商务课程的独立私立学院。

人们通常说爱尔兰有 4 所大学，它们分别是：都柏林大学（Dublin University），国立爱尔兰大学（National University of Ireland），利默里克大学（University of Limerick）和都柏林城市大学（Dublin City University）。都柏林大学的前身系建立于 1591 年的三一学院，是爱尔兰历史最悠久的著名大学。建立于 1909 年的国立爱尔兰大学是爱尔兰最大的一所联合大学，有许多著名的学院，此外它在都柏林、科克、戈尔韦和梅努斯各设有一个校区，有人将其称为 4 所大学，所以也有爱尔兰拥有 7 所大学一说。

除大学外，爱尔兰还设有 14 所学院和 3 所大专学校。它们包括：技术学院、师范学院、医学院，以及艺术学院和音乐学院等。

技术学院遍布全国各地，提供商业研究、贸易与工业、工程技术和科学，以及准医学教育和训练，包括全日制和半日制形式。都柏林理工学院（Dublin Institute of Technology）是全国最大的技术学院，有 2 万多名学生。它由专攻技术、餐饮、市场营销和设计，以及商业与音乐的诸多学院组成。爱政府在 1997 年专门设立了一项总额为 25 亿爱镑的科技教育基金，以加强最新信息和通信技术的教育培训投入，其中大部分用于地区职业技术培训。学生在校期间还可以获得在大公司带薪实习的机会。

2006—2007 年度，参加全日制大学课程学习的学生总数为 14.96 万人。国家为每个大学生提供的经费达 1.027 万欧元。

（四）继续教育和就业培训

爱尔兰十分重视继续教育。公立和私立学校都提供职业和技术培训类的课程，以帮助那些有了一定工作经验的年轻人或需要继续“充电”的人提高技能。继续教育和培训资格授予委员会（FETAC）负责继续教育的推广和资质认证。一些官方或半官方的机构提供行业培训，如国家培训和就业局（FAS），负责提供众多的就业培训；国家旅游培训局，提供旅游和饭店管理方面的培训；农业与食品研究机构通过提供农业技术顾问来帮助农民，教育和培训青年农场主是它的一项重要工作；教育和科学部负责实施青年发展项目，以帮助和促进青年人、特别是残疾青年的提高和发展。三级学校教育和继续教育的开展，使爱尔兰的人员素质和技能得以明显改善，为国家的经济发展奠定了坚实的基础。

三 科学技术

（一）历史背景

爱尔兰具有优良的科学传统，曾产生过一大批为促进新知识、新发现和新技术应用做出巨大贡献的科学家。他们的代表人物有：罗伯特·波义耳（Robert Boyle），17 世纪著名的物理学家，以提出波义耳定律而知名；约翰·廷达尔（John Tyndall，1820—1893），把他的名字贡献给了一系列科学和技术发现；科尔文勋爵（Lord Kelvin，1824—1907），以其在越洋电缆方面的工作而闻名于世；威廉·罗恩·汉密尔顿（William Rowan Hamilton，1805—1865），是四元数数学理论（quaternion calculus）的发明者；威廉·帕森斯（William Parsons，1800—1867），是世界第一座巨型望远镜的建造者；而阿格尼斯·玛丽·克拉克（Agnes Mary Clerk，1842—1907），则被称为“英语世界最主要的天文学作家”，月球上的一座环形山就是以她的名字命名的。三一学院的恩斯特·T. 沃尔顿（Ernest T. Walton），则因参与原子核裂变研究而于 1951 年获得了诺贝尔物理学奖。

爱尔兰的科学研究机构同样不乏革新者。都柏林学会（The Dublin Society）成立于1731 年，后来改名为都柏林皇家学会（Royal Dublin Society），它是最早的一批科学院之一，并且成了其他这类学会的一个样板。1785 年，爱尔兰皇家科学院的成立为爱尔兰的科学和技术研究提供了一个独立的中心。这些机构加上大学方面的科研工作，使都柏林在 19 世纪成为数学和天文学的一个重要中心。

（二）科技开发管理

在爱尔兰，政府各部分别负责各自相关领域的科学和技术研究开发事务。设在企业、贸易和就业部内的科学和技术办公室，负责为本部及其下属机构制定科学和技术政策。科技办公室也负责在欧盟层面和其他国际论坛上协调爱尔兰对科学和技术的投入。爱尔兰工业发展和科技政策咨询与合作管理委员会（Forfás）是国家有关工业发展和科学技术的政策咨询和协调机构。

为了帮助确定国家科学与技术发展的优先顺序和重点，设计其长期发展战略，促进科技开发计划的实施，政府已经提出了新的结构和程序。一个由科学、技术和商业部部长牵头的科学技术部际委员会已经成立。1997 年，政府又依据工业发展和科技政策咨询与合作管理委员会的立法，成立了爱尔兰科学、技术和革新理事会（Irish Council for Science Technology and Innovation，ICSTI），负责为政府对科学、技术和革新政策的战略指导建言献策。

其他涉及研究与技术开发的部门，包括教育和科学部，农业、食品和农村发展部，卫生与儿童部，以及海洋和自然资源部。

（三）科技创新战略与公共研究机构

政府政策把教育和培养在研究和发展方面具有新技能的人才置于优先地位。国家发展计划（2000—2006），为政府各部和其他机构的研究、技术开发和革新活动，曾提供总额为 24.8 亿欧元的经费。不久前爱尔兰政府又通过了 2006—2013 年间的“科技与创新战略”，到 2013 年政府将拨款 38 亿欧元以促进科技研究，另外还将吸引 25 亿欧元的私营企业研究资金。该战略还将帮助提高学生对科研的兴趣，提高科研人员对政府建立知识经济计划的信心。

在促进经济和社会发展方面，国立的研究机构发挥着重要作用。这些研究机构包括：承担农业和食品部门研究和其他相关活动的农业与食品研究机构；负责本土工业的开发、支持工业部门和大专院校研发活动的爱尔兰企业局；海洋研究所则不断为海事部门提出发展战略和政策；卫生研究署负责资助医学研究；经济和社会发展研究所承担经济和社会科学领域的研究任务；都柏林高级研究所则对理论物理学和宇宙物理学展开深入的研究。

爱尔兰参加了欧盟的研究和技术开发项目。它是尤里卡计划和欧洲空间署的成员。除此之外，爱尔兰也与其他国家、特别是与欧洲国家达成了大量双边科技合作协议，以促进研究机构和个人之间的协作。

（四）高新技术研究与开发

爱尔兰作为欧盟中的后发新兴工业国家，近一二十年来在发展高新技术方面取得了显著的进展和骄人成就。究其原因，注重研究与开发应该说是一个重要因素。2007 年，爱尔兰各部门的企业用于研究与开发的开支为 16 亿欧元。全部研发经费的几乎 87% 由公司自己内部筹集，6% 系由公共基金资助。2007 年爱尔兰参与研发活动的人员近 1.4 万名。为了发展各类学校的技术教育，爱尔兰设立了科学与技术教育（投资）基金会。基金总额为 3.56 亿欧元，主要用于扩大和更新高等技术等院校的基础设施，为中小学提供信息技术设备和师资培训，并为发展新工艺和研发工作提供支持。

这里着重介绍一下近些年来爱尔兰在几个高新科技领域的研究与开发情况。

1. 生物技术

爱尔兰政府将生命科学与信息技术一同列为研发的重点。国家专门拨款 1960 万欧元，在戈尔韦的爱尔兰国立大学建立了生物医学工程研究中心，以促进建立商业生物技术企业的宏伟计划的实施。在 2000—2006 年间，爱尔兰科学基金会为生命科学和信息技术的研究人员以及从事这两个学科交叉研究的人员，划拨了 6.35 亿欧元的基础研究经费，旨在建立以大学为基地、工业界积极参与的创新中心。在爱尔兰的大学系统建立了新的学院，重点集中在基因、细胞生物技术、神经系统、生物医学工程、免疫学、生物制药、分子医学以及食品保健科学等领域。

爱尔兰生物技术发展的特点是跨国合作和交流的程度很高。通过北爱尔兰、爱尔兰共和国的医疗机构与美国国家医疗研究所在研究方面的合作，使爱尔兰的生物技术公司可以利用美国的智力成果，而美国业界的高级管理人员则向年轻的爱尔兰公司传授经验。

2. 纳米技术

爱尔兰企业局与各个公司合作，努力帮助各公司采用该项技术来满足市场的需求，使它们在工程、电子、建筑、医疗设备、医用塑料和普通塑料等领域取得竞争优势。

爱尔兰研究中心高水平的研究，为爱尔兰及早采用这项技术奠定了基础。其纳米技术研究活动的质量和程度，相对于国际标准已经很高。国家最近几年在新研发中心方面的投资，特别是高等教育机构和爱尔兰科学基金会在电子、传感器和材料方面的投资，保证了爱尔兰的公司可以接触到世界级的研究成果，并且拥有了一个经过高级培训的工作队伍，为未来打下了良好的基础。

3. 光子学

爱尔兰光子学研究方面的关键公司是四五家敏锐地意识到这项技术潜力的跨国公司。英特尔是一家研究如何使光子学产品投入批量生产的公司，目前正在努力发展可以用于激光的材料。

大学也起着至关重要的作用。位于科克的国家微电子研究中心（NMRC）重点研究纳米光子学，研究非常小的光子以及半导体方面的光子。都柏林城市大学则重点研究传感设备。沃特福德理工学院正在研究下一代的网络和软件。位于戈尔韦的爱尔兰国立大学，使用激光在玻璃等材料上进行蚀刻。

最近爱尔兰微电子研究中心与美国伊利诺斯的西北大学签署了一项合作协议，其中一项重要的内容就是将建立一个“虚拟”纳米光子学研究室，同时还设立了一个科学家和研究生的交换项目。

四　医疗卫生

爱尔兰的卫生保健体系建立在公共和私人保健相结合的基础上。约有 1/3 的居民持有医疗卡（含全科医生诊卡，2008 年为 32.5%），可免费享受公共医疗保健服务。其余 2/3 的人则只需支付适中的费用便可使用公立医院的设备，到会诊医生和医院就医需缴纳少量费用。约有一半的居民（2007 年为 49%）缴纳私人医疗保险金，可到私立医院就诊。爱尔兰卫生保健体系的资金主要来自税收。政府鼓励自愿参与提供医疗保健服务，很多志愿组织接受国家拨款。

2004年爱尔兰国民卫生保健支出总额占国内生产总值的6.3%。公共卫生支出约占政府经常性开支总额的20%。这部分开支分配给医院、社区保健机构、社区福利机构、社区保护机构、精神病治疗机构和残疾人服务机构。2006年的公共卫生保健经费总额为123.37亿欧元。爱尔兰人均医疗卫生经费开支，按其占国民总收入的百分比计算，1998—2007年增加了一倍。2007年这一数值达到了8.9%，略高于经合组织国家的平均值。

五　新闻出版

报纸在爱尔兰极为普及。据相关调查统计，爱尔兰91%的成年人经常阅读报纸。目前爱尔兰出版4份晨报:《爱尔兰独立报》《爱尔兰时报》《爱尔兰审查员》和《星报》。另外有3份晚报:《先驱晚报》(*Evening Herald*, Dublin)、《贝尔法斯特电讯报》(*The Belfast Telegraph*)和《回声晚报》(*Evening Echo*, *Cork*);以及5份周末报:《周日论坛报》(*The Sunday Tribune*)、《周日独立报》(*The Sunday Independent*)、《周日世界报》(*The Sunday World*)、《周日商邮报》(*The Sunday Business Post*)和《周日爱尔兰报》(*Ireland on Sunday*)。《爱尔兰独立报》是销售量最大的报纸，其周日版《周日独立报》，每周的销售量超过百万份。"独立新闻与媒体集团"在爱尔兰媒体市场、特别是报纸的发行销售方面占有巨大的份额。它拥有《先驱晚报》《爱尔兰独立报》《周日独立报》和《星报》，并对《周日论坛报》具有巨大影响。

爱尔兰无官方通讯社。爱尔兰国家广播电视台(Radio Telefís Éireann, RTÉ)成立于1926年，1961年开始播放电视节目。广播一台(Radio 1)每年以爱尔兰语和英语两种语言播放9500多个小时的节目。2007年爱尔兰成立了国家盖尔语电视台(Telefís na Gaeilge)，以接管原来由国家广播电视台主管的电视TG4频道播出的爱尔兰语电视节目。

随着信息和通信技术的发展，特别是电脑和因特网的广泛开发应用，互联网已成为一种新型媒体的重要传播手段。自2005年以来，采用宽带上网者的人数增长迅速。2005年第二季度宽带用户超过17.6万户，2008年第二季度达到105.5万户。就国际比较而言，爱尔兰居民在家接入互联网的用户所占比例2008年为63%，略高于欧盟27国同期的平均值(60%)。2008年，爱尔兰企业使用宽带链接的比例为83%，而同期欧盟27国的平均值为81%。

兴旺的图书出版行业，是爱尔兰近年来取得长足发展的一个部门。其中大部分是教学出版物，其他则是普通读物。爱尔兰的出版物既有英语的，也有爱尔兰语的。

第七节　教育　科技　文化

目前爱尔兰文化、艺术事务的主管部门是旅游、文化和体育部(该国的文化艺术事务归属及其主管部门的名称曾多次变更)。2008年，爱尔兰用于文化艺术方面的财政拨款总额为2.45亿欧元。艺术协会(The Arts Council)作为一个在政府庇护下独立工作的行业自治机构，是协助政府推动和支持艺术活动的主要渠道。国家拨款及由发行彩票所得注资是协会经费的主要来源。2008年国家为艺术协会的拨款达8210.2万欧元，由它向艺术家、艺术组织，以及地方当局和其他从事艺术活动的组织与个人提供相应的财政支持。

一　文学

(一)历史回顾

爱尔兰拥有丰厚而宝贵的文化遗产。爱尔兰有相当一部分文学是以爱尔兰文(确切地说是盖尔语)撰写的，它起自于公元6世纪，在古爱尔兰民间口头文学的基础上发展而来。当代爱尔兰文学始于乔弗里·基廷(Geoffrey Keating, 1570—1645)，他撰写的《爱尔兰历史》是19世纪以前以手稿形式在欧洲广为流传的最后一部重要著作。从17世纪起，用英语写作开始变得流行起来。18世纪乔纳森·斯威夫特(Jonathan Swift)和奥利弗·戈德史密斯(Oliver Goldsmith)开创了一种被称作"英—爱写作风格"的文学传统。在随后2个多世纪内，爱尔兰出现了许多用英语写作的著名小说家、诗人和剧作家，他们中间有R.B.谢礼丹(Richard Brinsley Sheridan)、O.王尔德(Oscar Wilde)、G.穆尔(George Moore)、W.B.叶芝(William Butler Yeats)、G.奥古斯塔(Augusta, Lady George)、乔治·拉塞尔(George Russell)、J.乔伊斯(James Joyce)、J.M.辛格(John Millington

Synge)、S. 奥卡西（Sean O'Casey)、G. 萧伯纳（George Bernard Shaw）和S. 贝克特（Samuel Beckett)。他们尽管是用英语写作，但从凯尔特的传统和爱尔兰的农村生活中吸取丰富的营养和动力。

19世纪末和20世纪初曾兴起爱尔兰文艺复兴运动。当时伴随着爱尔兰争取民族独立斗争的兴起和发展，一种要求摆脱英国影响、认同其凯尔特传统的民族意识日益增长，一些著名的爱尔兰作家掀起了一场盖尔语文学复兴运动。他们于1893年组成盖尔联盟，试图唤起人们对爱尔兰过去文化、特别是盖尔语言和文学的兴趣，并发表了大量有关的作品。威廉·巴特勒·叶芝（W. B. Yeats，1865—1939）是这一运动中最为杰出的代表人物，也是一位著名诗人和剧作家，1923年被授予诺贝尔文学奖。在一个世纪的时间内，爱尔兰这样一个当时只有400万人口的小国竟涌现了诸如叶芝、辛格、奥卡西、乔伊斯和贝克特这样一大批世界知名的诗人、剧作家和小说家。

（二）现代爱尔兰文学

1. 诗歌

在叶芝去世后，诗歌世界为奥斯丁·克拉克和帕特里克·卡瓦纳二分天下。奥斯丁·克拉克（Austin Clarke，1896—1974）的不少诗歌都针砭了令人窒息的作品审查制度，描写了灵与肉、艺术解放和教会压迫之间的冲突。1936年以其抒情诗集《夜与晨》而进入他的辉煌时期。帕特里克·卡瓦纳（Patrick Kavanagh，1904—1967）以他的《大饥荒》（*The Great Hunger*，1942）及其悲剧性的英雄、一个莫纳亨郡的小农场主，被认为写下了爱尔兰当代最伟大的长诗。

在20世纪50年代，托马斯·金塞拉（Thomas Kinsella，1928— ）以大量的诗歌而名声远扬。到了20世纪60年代，在北爱尔兰出现了一批很有才华的诗人，谢默斯·希尼（Seamus Heaney，1939— ）是厄尔斯特诗派的带头人，也是当代爱尔兰最著名的诗人。他以对厄尔斯特乡村的抒情再现和历史的悲剧性积淀而知名，于1995年荣获诺贝尔文学奖。

2. 戏剧

爱尔兰戏剧的第二个伟大时期，是以20世纪20年代肖恩·奥凯西3部光彩照人的杰作《枪手的影子》（*The Shadow of a Gunman*)、《朱诺和孔雀》（*Juno and the Paycock*）和《犁与星》（*The Plough and the Stars*）开始的。到了20世纪50年代以后，以塞缪尔·贝克特（Samuel Beckett）为代表的一批优秀剧作家更是令人瞩目。贝克特是现代荒诞派戏剧的代表。他扬弃了小说和剧作的传统格局，在作品的结构、语言、人物、情节等方面独出心裁地发挥其怪诞的想象力和表现力。他的经典剧作《等待戈多》（*Waiting for Godot*，1953），并没有多少吸引人的情节，对话也很少，表现了在凄凉、荒诞的世界里人生的短暂而无意义，但却取得了惊人的效果。贝克特是20世纪最有争议的作家之一。有的评论家认为他在戏剧和文学语言上掀起了一场“革命”；有的则认为他把严肃的文学变成了类语叠用的文字游戏。

3. 小说

在小说方面，虽然乔伊斯的《尤利西斯》1922年就已经出版，但20世纪30年代的小说总的说来仍偏向保守。

乔伊斯过世后，在小说方面的杰出人物还是塞缪尔·贝克特。他的第一部小说《墨菲》（*Murphy*，1938）即开始探索一度是阴郁而欢闹的人类的荒谬处境，并且在其三部曲《莫罗伊》（*Molloy*)、《马罗恩之死》（*Malone Dies*）和《不值一提》（*The Unnamable*）之中达到了顶峰。《墨菲》被认为是20世纪的杰作，贝克特因为“那具有新奇形式的小说和戏剧作品使现代人从精神贫困中得到振奋”而获得1969年诺贝尔文学奖。

20世纪70年代见证了弗朗西斯·斯图亚特（Francis Stuart，1902—2000）小说的最高成就，《H部门的黑名单》是其极为强烈的心理自画像。在这之后，约翰·班维尔（John Banville，1945— ）完成了自己的三部曲——《哥白尼博士》（*Doctor Copernicus*)、《克普勒》（*Kepler*）和《牛顿书》（*The Newton Letter*)。在这些作品中，他戏剧性地表现了人类意识中现代主义的诞生。他的小说《证据》（*The Book of Evidence*，1998)、《鬼魂》（*Ghosts*，1993)、《雅典娜》（*Athena*，1995）和《不可触摸》（*The Untouchable*，1997），在国际上都颇受欢迎。

二 绘画与雕刻艺术

爱尔兰艺术的起源，可以追溯到公元前3000年博因河谷沿岸的古墓和避难所。公元前2500—

前2000年的巨石纪念碑上的雕刻品，也属古爱尔兰艺术形式。罗马人的入侵并没能使爱尔兰的社会结构受到相随而至的基督教的强烈影响。艺术家和工匠们继续生产青铜和珐琅制品，以及一些手抄本的彩饰。到了8—9世纪，技术进步和遍布全岛的许多修道院所鼓励支持的学识，把凯尔特艺术推向了最高峰。诺曼人的入侵及后来在英国人统治下修道院的解散，打断并最终改变了过去使爱尔兰的艺术得以繁荣的赞助制度。在英格兰和欧洲大陆的影响下，出现了城市手工艺人的行会。到17世纪中期，在都柏林金匠公司等行会的保护下，金器、石膏制品、银器、玻璃器皿和家具兴盛起来。架上画取代了挂毯和壁画，一个“画家的行会”也于1670年成立。18世纪的繁荣和启蒙运动在哲学、美学等众多领域的影响，产生了一种建设大型公共建筑的氛围。其代表有爱德华·洛弗特·皮尔斯（Edward Lovett Pearce）设计的议会大厦，即现在的爱尔兰银行，以及詹姆斯·甘敦（James Gandon）主持建造的海关大楼和法院。与此同时，1756年出版的埃德蒙·伯克的一部美学著作《对壮美和秀美两种观念之起源的哲学探寻》，在思想界产生了广泛的影响。在当时的两大画家乔治·巴雷特（George Barret，1732—1784）和詹姆斯·巴里（James Barry，1741—1806）的作品中，伯克的美学思想多有体现。伴随着壮美或秀美这类思想传播，绘画的主题扩大了，包括一些历史画和风景画，通常辅以古典的或神秘的暗示。地形标绘也成了一个中心的关注点，詹姆斯·马尔顿（James Malton）于1790—1791年间绘制完成了都柏林的全景图。

1800年的《合并法案》，促使艺术力量的中心从都柏林转移到了伦敦。许多艺术家迁往伦敦，其他人则待在家乡，组成了支持艺术活动的各种组织。其中最有名的当属成立于1823年的皇家爱尔兰学院（Royal Hibernian Academy），它把以前一些分散的艺术家团体合并了起来。学院的年展为其成员建立了一个可靠的市场，促进了对各种绘画论题的讨论。以詹姆斯·阿瑟·奥康纳（James Arthur O' Connor，1792—1841）为代表的主流风景画传统逐步形成发展起来。

随着纳撒尼尔·霍恩（Nathaniel Hone）等一大批画家作品的面世，印象主义开始影响爱尔兰的绘画。这一时期最重要的画家之一是杰克·B. 叶芝（Jack B. Yeats，1871—1957），他的吸引力持续至今。此后，一些艺术家前往海外，去学习借鉴立体主义、未来主义和达达派所取得的令人陶醉的成就。迈尼·杰利特（Mainie Jellett）和伊维·霍恩（Evie Hone）回国后即成为爱尔兰现代绘画运动的领袖。弗朗西斯·培根（Francis Bacon，1909—1992）是20世纪爱尔兰现代艺术的一个代表人物。其他画家则属于学院派现实主义的风景画传统，在这一画派中肖恩·基廷（Seán Keating），摩里斯·麦克戈尼盖尔（Maurice MacGonigal），肖恩·奥沙利文（Seán O' Sullivan）最为重要。

到二战结束时，通过路易·勒·布罗克奎伊（Louis Le Brocquy）和诺拉·麦克吉尼斯（Norah McGuinness）等艺术家，现代派运动开始挑战学院派传统。1943年举行的爱尔兰行动艺术展，为那些不被皇家艺术学院年展所接纳的作品提供了一个“避难沙龙”。日后，爱尔兰行动艺术展变成了受到国际视觉艺术语言影响的艺术家们的一个论坛。行动艺术活动一直持续至今。20世纪80年代，除了绘画和雕塑，“行动艺术展”更将关注的范围扩大到了影像和表演艺术。一股强大的新表现主义运动在独立的艺术家群体中兴起。

三　音乐与舞蹈

（一）爱尔兰音乐发展史

中世纪盖尔—爱尔兰的音乐艺术是口传的。竖琴在早期历史年代中是主要的、最具特色的乐器。由于年代久远，吟诵诗歌体系的音乐已经失传。有作品留存至今的少数几位早期音乐家之一的，是诗人、竖琴演奏家和作曲家的特尔罗克·卡洛兰（Turlough Carolan，1670—1738）。在他过世后，其作品有220件被收集和出版。随着1792年贝尔法斯特竖琴节的举办，爱德华·邦廷（Edward Bunting）改编并发表了参与者的传统曲调。这个作品集，加上后来乔治·佩特里（George Petrie）、P. W. 乔伊斯（P . W. Joyce）与其他人辑录的作品，是19世纪以降在欧洲各地广为传唱曲调的一个主要来源。

对从肖邦到格林卡的浪漫主义作曲家产生了巨大影响的一个爱尔兰人，是约翰·菲尔德（John Field，1782—1837）。他是夜曲的发明者，也是他那个时代最杰出的钢琴家。19世纪爱尔兰有两个著名的作曲家。他们分别是迈克尔·巴尔弗（Michael Balfe，1808—1870），其家喻户晓的作品是《波希米亚姑娘》；文森特·华莱士（Vincent Wallace，1812—1865），他创作了《梅里塔娜》（Maritana）。此外还有查尔斯·维里尔斯·斯坦福（Charles Villiers Stanford），是一个多产的歌剧、交响曲和合唱音乐作曲家。他的许多作品如《爱尔兰交响曲》和《六部爱尔兰狂想曲》，反映了他的独创性。

在20世纪30—40年代，涌现出了像布里安·博伊德尔（Brian Boydell，1917—2000）、弗里德里克·梅（Fredrick May，1911—1985）和阿洛伊斯·福莱西曼（Aloys Fleishman，1910—1992）等一批作曲家，他们把一种更为进步的欧洲乐风带进了爱尔兰的音乐艺术之中，是第一代在爱尔兰生活和工作的作曲家。

（二）当代爱尔兰音乐与舞蹈

作曲家A. J. 波特（A. G. Potter，1918—1980）和杰拉尔德·威克特里（Gerard Victory，1921—1995）各自通过与爱尔兰广播交响乐团（RTÉ Symphony Orchestra）的联系，成为近几十年来在音乐舞台上最有影响的人物。塞瓦思·波德里（Seóirse Bodley）、詹姆斯·威尔逊（James Wilson）和约翰·金塞拉（John Kinsella）等都是爱尔兰乐坛上的资深作曲家。杰拉尔德·巴里（Gerald Barry）已经确立了很高的国际声誉，属于中生代作曲家中的领军人物之一。

近年来，一支由强大的“交叉”作曲家掀起的“第三潮流”正在崛起。他们将风格各异的爵士乐、爱尔兰传统音乐与世界音乐，以及古典和传统音乐融合在一起搬上舞台。比尔·维兰（Bill Whelan）作为《大河之舞》的作曲家举世闻名。《大河之舞》综合了爱尔兰歌曲、音乐和舞蹈的精华，自1994年在爱尔兰举办的欧洲电视歌曲大赛期间作为一支短小的组曲诞生后，就作为一场极为成功的音乐和舞蹈演出在世界各地巡演。爱尔兰现代舞蹈踢踏舞由此风靡全球。

20世纪爱尔兰音乐舞台的一个显著特征，是对爱尔兰传统音乐重新激起的兴趣。50年代音乐节的创办，打开了使古老的乡村音乐传统进入爱尔兰新生城市街道和厅堂的大门。爱尔兰对自身音乐的发现，与一种随着经济增长而产生的自信找到了契合点。这一情形在20世纪60年代肖恩·奥里亚达（Seán Ó Riada，1931—1971）的作品中达到了高潮。奥里亚达一方面参与管弦乐创作，另一方面，通过组建一支高水准的传统音乐家乐队，掀起了一场音乐革命。他们对传统音乐不太妥协的演奏，使其在全世界赢得了声誉。

电声流行音乐元素与传统音乐元素最为丰富的融合，导致了一种新组合的产生。它既是爱尔兰独有的（以传统音乐家原汁原味地演奏传统乐器为代表），又有流行的特点（以流行音乐家演奏拨弦的、刮擦的乐器做伴奏）。所以，现在传统乐器演奏的音乐在爱尔兰极为风行。

在当今流行乐坛上，“乡村”音乐和更为普遍的摇滚乐是两种主要形式。自70年代摇滚乐由越来越多的音乐家作为一种不加修饰的表演形式演出以来，爱尔兰摇滚乐队日益成熟起来。爱尔兰乐队国际性演出的成功带动了音乐产业的成长，目前每年所创造的产值超过2亿欧元，从业者约有1万人。

四　电影

影视产业是爱尔兰创意工业中发展非常迅速的一个重要部门。据统计，2008年这一部门的产值超过5.573亿欧元，占国内生产总值的0.3%，雇员达6000多人。

爱尔兰的电影事业经历了一个漫长的发展历程。1896年4月，都柏林第一次公开放映电影。1897年2月，乔里（Jolly）教授在都柏林展示了爱尔兰的第一批主题影片。1909年，在詹姆斯·乔伊斯的经营下，第一家专门用来放映电影的电影院在都柏林玛丽大街开张。

1910年，爱尔兰接待了一家来自美国的电影巡回演出公司。这家美国公司在凯里郡制作了几个短小的爱尔兰情节剧，从而开创了电影制片人把爱尔兰作为他们作品背景的传统。

在本土制片者中间，从无声电影时代开始最为重要的制片公司是爱尔兰电影公司。该公司由詹姆斯·马克·沙利文（James Mark Sullivan）于1916年创立，制作了许多以爱尔兰为主题的短片和故事片。爱尔兰的第一部本土有声影片《黎明》（*The Dawn*，1936），是由汽车修理厂商汤姆·库克（Tom Cooper）制作的一部有关独立战争的故事片。由乔治·莫里森（George Morrisson）为盖尔·林恩（Gael Linn）导演制作的两个纪录片《密斯·爱尔》(*Mise Éire*, 1959) 和《萨瓦尔斯》(*Saoirse*, 1960), 是最早达到正片长度的爱尔兰语影片。

1961年爱尔兰国立电视台的创办, 为电影制作者提供了训练基地。70年代出现了一批独立的电影制片人, 他们开始比以前更为敏锐地触及社会、经济和政治问题。

成立于1981年、重组于1993年的爱尔兰电影局, 促进了独立的电影制作。爱尔兰的本国影像被一大批导演带到了国际电影界。电影局也鼓励制作纪录片和短片。

近20年来, 爱尔兰涌现了一批享有国际声誉、获得广泛好评的影视产品, 其中有:《义务》(*The Commitments*, 1991)、《迈克尔·科林斯》(*Michael Collins*, 1996)、《将军》(*The General*, 1998)、《玛德琳姐妹》(*Magdelene Sisters*, 2003)、《奥马》(*Omagh*, 2004)、《风吹稻浪》(*The Wind That Shakes The Barley*, 2006)、《汽车修理厂》(*Garage*)、《饥饿》(*Hunger*)、《在布鲁日》(*In Bruges*, 2008)、《艾登》(*Eden*, 2008)、《黯然失色》(*The Eclipse*, 2009)。科林·法雷尔(Colin Farrell)、艾琳·沃尔什(Eileen Walsh)、西雅兰·海恩斯(Ciaran Hinds)、艾丹·魁宁(Aidan Quinn)等爱尔兰男女演员, 因出色表演也在国际电影节上获奖。

每年的10月、3月和7月, 科克、都柏林和戈尔韦的电影节为爱尔兰和来自世界各地新生产的影片提供亮相的机会。一年中无论任何时候, 设在都柏林复建后的巴尔神殿"友人协会会见大厦"内的爱尔兰电影中心, 则为电影制作者展示他们的作品提供永久性的场所。该中心是许多与从事生产、发行和放映电影相关组织的家园, 其中包括爱尔兰电影研究所、电影基地和爱尔兰电影协会同盟(Federation of Irish Film Societies)。爱尔兰电影档案馆(The Irish Film Archive)专门负责保存国家丰富的电影遗产。

五 体育运动

爱尔兰在世界体育中的成就, 远远地超出了与其人口规模相应的比例。

爱尔兰在奥运会和残疾人奥运会上皆有出色表现。爱尔兰自1922年独立以来, 以爱尔兰奥委会的名义, 参加过24次奥林匹克运动会(截止于2010年), 共获得奖牌23枚。索尼娅·奥沙利文(Sonia O'Sullivan)在2000年的悉尼奥运会上赢得1枚女子5000米银牌, 成为爱尔兰第一位在奥运会上赢得田径奖牌的女运动员。凯特卢瓦纳·麦吉尔南(Caitriona McKiernan)则是世界知名的马拉松运动员。爱尔兰还积极参与残疾人奥运会。自1960年首届残疾人奥运会举办以来, 爱尔兰参加了历届残疾人夏季奥运会, 共赢得178枚奖牌, 与其国家规模相比, 爱尔兰残疾人运动队成绩不菲, 排名相当靠前。在1984年的夏季残奥会上爱尔兰曾赢得65枚奖牌(其中金牌就有20枚), 位居第14名。在2008年的北京残奥运会上, 爱尔兰获3枚金牌, 银牌与铜牌各1枚, 排名榜上列第36位。

1998年, 爱尔兰青年足球队获得了16岁以下组和18岁以下组的欧洲冠军。国家足球队获得了1998年欧洲冠军杯和1990年与1994年世界杯的参赛资格, 1990年进入了世界杯的1/4决赛。爱尔兰的许多国际足球明星为欧洲的各个俱乐部做出了重要贡献。

在高尔夫球界, 帕德雷克·哈灵顿(Pádraig Harrington)曾赢得2007年的英国公开赛冠军, 并在2008年又成功卫冕; 另外他还摘取了2008年美国职业高尔夫协会锦标赛的桂冠。

爱尔兰有着悠久的拳击传统, 在历史上出现了多位世界冠军。爱尔兰在历届奥运会上共赢得的23枚奖牌中, 有12块是在拳击项目中取得的。

爱尔兰运动员此前所取得的突出成就还包括: 肯·陶赫蒂(Ken Doherty)获得1997年世界斯诺克职业台球赛冠军; 1999年, 托尼·麦考伊(Tony McCoy)和吉兰·法隆(Kieran Fallon)分别摘取在英国举行的障碍赛马和平地赛马的职业赛马冠军; 约翰尼·默尔塔(Johnny Murtagh)赢得了英爱马术公开赛的冠军; 马克·斯坎隆(Mark Scanlon)获得了世界公路自行车锦标赛初级组冠军。1999年爱尔兰与英国共同举办了橄榄球世界杯赛, 爱尔兰19岁以下组的橄榄球队在世界锦标赛上获得成功。

然而, 在爱尔兰最为普及的体育运动并不是这些国际流行运动项目, 参与者最多的乃是爱尔兰盖尔式足球和曲棍球, 而这些运动几乎只有在爱尔兰才有。许多运动都在全爱尔兰范围内组织举办。来自爱尔兰岛南部和北部的男女运动员的比赛, 在整个爱尔兰共和国会掀起巨大的热情。据统计, 2003

年在爱尔兰出席体育赛事的全部观众中，观看盖尔式足球赛的人数占34%；盖尔式曲棍球比赛的观众占23%。

为提供一系列重要的体育运动设施，1998 年以来爱尔兰完成了 7400 多项工程建设，用于基建的财政拨款达 7.25 亿欧元。2008 年，爱尔兰体育运动基建投资的拨款为 2.09 亿欧元，整个国家体育运动事业预算开支总额为 3.41 亿欧元。

第八节 军事

一 在重大国际问题上的政策立场

（一）外交政策的沿革

爱尔兰自独立以来的外交政策发展轨迹，大致可以分为三个阶段：

1. 从 1922 年到 20 世纪 40 年代末

尽管经过长期的艰苦努力，爱尔兰终于获得了独立，但是，在爱尔兰人看来，这种“独立”是不完全的。第一，北方 6 郡仍留在英国的统治之下，爱尔兰岛分裂为南北两个部分；第二，它的独立地位并不稳固；第三，爱尔兰仍然是英联邦的成员，有很多实质性权力仍然掌握在英国手中。因此，在爱尔兰独立初期，它几乎完全致力于摆脱英国长期统治留下的遗产。其外交努力基本上围绕着获得国际社会的承认展开，在国际事务中力求保持中立。尽管 1923 年爱尔兰加入了国际联盟（League of Nations），其首要目的仍在于通过这一国际组织巩固其独立地位。

第二次世界大战期间，尽管美国和英国极力游说，爱尔兰仍坚持其中立地位。当然，它还是在很多方面对盟军提供了帮助，例如 1945 年设立雷达站，监视德国潜水艇的情况；扣押所有在爱尔兰登陆的德国飞行员，等等。总体来看，在对外经济关系方面，它仍然严重依赖与英国的贸易关系。

2. 从 20 世纪 40 年代末到 70 年代初

1948 年通过的《爱尔兰共和国法案》，宣布脱离英联邦成为完全独立自主的国家，最后切断了与英国的正式联系。爱尔兰开始重新塑造对外政策和对外关系。尽管由于它在经济上对英国的依赖使其无法在英国不加入欧共体的情况下参与欧洲一体化进程，但它仍然积极参与欧洲事务：1948 年成为欧洲经济合作组织（后来的 OECD）的创始成员国；1949 年成为欧洲委员会（The Council of Europe）创始成员国；后来又于 1961 年与英国一道向欧共体提交了第一次入盟申请。

与此同时，爱尔兰逐渐融入国际社会：1946 年爱尔兰申请加入联合国，由于苏联的多次否决，1955 年爱尔兰才最终成为联合国成员。联合国成员国身份很快成为爱尔兰在国际舞台上发挥影响的核心渠道。爱尔兰加入联合国后，在诸如中国的代表地位问题、非殖民化问题、在欧洲设立中立区问题，以及核不扩散等问题上发挥了比较重要的作用。此外，参与联合国的国际维和行动也是爱尔兰的核心外交政策之一，在 1956—1970 年联合国的 12 项维和行动中，爱尔兰参与了其中的 7 项，仅次于丹麦和加拿大。这些行动扩大了爱尔兰在国际舞台上的影响力，爱尔兰也借此将其对外关系扩展到第三世界国家，而不再仅仅局限于西方世界。

3. 加入欧共体以后

1973 年 1 月 1 日爱尔兰正式成为欧洲共同体成员国，这是爱尔兰外交关系史上的另外一个重要转折点。从那时候起，爱尔兰的外交核心逐渐从联合国转向了欧洲共同体/欧洲联盟，参与欧洲一体化进程成为爱尔兰对外关系中最重要的因素。因此，这一阶段也被称为爱尔兰外交政策的“欧洲化”阶段。它不仅极大地增强了爱尔兰的经济实力，扩展了爱尔兰的外交空间，从而完全改变了爱尔兰经济对英国的严重依赖状况，而且增强了爱尔兰对外部世界施加影响的能力。此外，它还为爱尔兰提供了应对外部环境的安全保护伞。

（二）冷战结束后对外交政策的调整

“冷战”结束后，爱尔兰适时对外交政策进行了调整，以顺应欧洲乃至世界形势的发展变化。1996 年，爱尔兰政府发布了题为“海外挑战与机遇”的外交政策白皮书，这是它 1922 年独立以来首次发布的一项全面的外交政策白皮书。白皮书再次强调了爱尔兰一贯坚持的外交政策基础，即致力于在和平与国际公平和道德的基础上发展与其他国家的关系。

爱尔兰强调其外交政策不是以军事防御为核心，而是围绕着发展国内经济这一目标制定和实施。此外，爱尔兰长期反抗殖民统治的历史，以及位于欧洲边缘的地缘政治因素也是决定其对外政策的重要原因。同情受压迫者、反对军国主义、致力于促进和平以及致力于努力减少不平等等诸多因素，在塑造爱尔兰的对外关系中起着基础性的作用。此外，它也清楚地意识到发展地区经济与政治联盟所带来的机遇。在这一背景下，爱尔兰积极推进“小国外交”，既力图有效地维护自身利益，也竭力要在国际事务中占据一席之地以有所作为。

爱尔兰认为“冷战”后世界形势的不确定性在增加。全球化既给世界带来了发展机遇，同时也带来了挑战。它认为，数十亿人在经济上被边缘化是导致恐怖主义、大规模杀伤性武器扩散和有组织犯罪的主要原因。它主张以联合国作为国际集体安全体系的核心，依据国际法以和平方式解决国际争端，并积极参与联合国维和行动，旨在通过这一途径与发展援助等活动扩大自身影响。

爱尔兰重视人权。它认为“对人权的关心不构成对别国内政的干涉”，但避免将人权问题与对发展中国家的援助挂钩。在人权问题上主张对话，不搞对抗。爱尔兰已签署了17个联合国人权公约。1997年，爱尔兰前总统玛丽·鲁宾孙（Mary Robinson）被任命为联合国高级人权委员会专员。2003年8月，爱尔兰宣布提供82.67万欧元帮助发展中国家进行人权和民主建设。

爱尔兰主张裁军、反对核扩散，呼吁销毁所有核武器并永远停止核试验。1998年6月，爱尔兰与新西兰、瑞典、南非、巴西、埃及、墨西哥和斯洛文尼亚一起提出了关于核不扩散的国际动议：《朝向无核武器的自由世界：新议程的必要性》。1999年8月参加日内瓦裁军大会，11月与6个国家在联大第一委员会共同提出彻底核裁军决议并获得通过。2000年爱尔兰还支持中国、俄罗斯和白俄罗斯共同在联大提出的“维护和遵守《反导条约》的决议”，对美国退出《反导条约》表示遗憾。

爱尔兰关心中东问题，支持巴勒斯坦人民的正义事业，主张巴勒斯坦人民应享有充分自决权，认为以色列的安全和反恐关切应得到解决，并多次向巴勒斯坦提供援助。

爱尔兰支持联合国在阿富汗问题上发挥主导作用，支持以卡尔扎伊为首的阿富汗过渡政府，并积极向阿富汗提供人道主义援助。

爱尔兰不赞成美英未经联合国授权对伊拉克动武，呼吁国际社会关注伊拉克人道主义问题，并向伊拉克提供了人道主义援助和重建资金。

爱尔兰重视同发展中国家的关系。它主张加强南北对话，解决南北矛盾，关注发展中国家特别是非洲国家面临的困境。爱尔兰对外援助的总体战略目标是持续减少发展中国家的贫困，并特别关注诸如民主、人权、环境问题、防治艾滋病、性别平等诸领域。在2000年9月召开的联合国千年首脑会议上，爱尔兰政府承诺，到2007年实现联合国规定的发展援助占国民生产总值0.7%的目标。

“9·11”事件后，爱尔兰认为国际形势再次发生重大变化，国际社会面临着诸多挑战，而当务之急是在全球范围内打击恐怖势力。它认为发展中国家面临着在全球化过程中被边缘化的危险。认为加大对发展中国家的援助、消除贫困，对于根除恐怖主义至关重要。

二 与英国的关系

经济关系 英爱具有传统的经贸合作关系。由于历史、地缘政治原因，爱尔兰与英国长期被“捆绑”在一起。两国的经济关系比政治关系更紧密。从1801年英爱合并法案生效开始，双方就结成了自由贸易区，到1824年，爱英之间的关税全部被取消。从那时候起一直到20世纪70年代，爱尔兰的经济地位相对而言非常脆弱，严重依赖于英国市场。据统计，战后初期，爱尔兰与英国的贸易超过爱尔兰对外贸易总额的2/3。正是出于这个原因，爱尔兰独立后一方面希望在政治上完全摆脱英国，另一方面，又不愿意过分疏远英国。50年代末，爱尔兰开始实行全面的经济对外开放政策，其核心是以出口为导向与大力吸引外资。其对外经济关系开始向多样化发展，与此相应，爱尔兰对英国的依赖性开始下降。1965年，对英国的出口占其出口总额的比例降至61%左右。1965年爱英两国签署了自由贸易区协定，两国贸易有所回升。但爱尔兰不久就加入了欧洲共同体。自此之后两国贸易一路下滑。尽管如此，英国目前仍然是爱尔兰最大的贸易伙伴。2005年爱英贸易额约为336亿欧元，占爱对外贸易总额的23%左右。2008年，爱尔兰出口的商品和服务中，1/5的目的地是英国。英国是爱尔兰本地公司产品最大的出口市场，出口值达134亿欧元，占爱这类出口总额的比例高达44%。此外，英国也是爱尔兰的重要投资伙伴。在爱尔兰的英国公司数量占爱尔兰外国公司的20%左右，投资额占爱尔兰吸收的外国直接投资总额的13%左右。英国也是爱尔兰对外直接投资的首选地，截至

2008年，爱尔兰在英国的直接投资达370亿欧元，欧盟其他国家的总额为470亿欧元，美国为175亿欧元。

北爱问题 北爱尔兰问题是长期困扰英爱关系、涉及北爱两大对立教派居民切身利益的一个老大难问题。自从爱尔兰岛被南北分治以来，爱尔兰共和国一直把实现爱尔兰的民族统一视为自己的一项重要战略任务。多年来英国辖下的北爱尔兰分裂为两派，一派为主张与英国实现联合的新教多数派；另一派则为主张建立完整、统一的爱尔兰的罗马天主教少数派。20世纪60年代以来，北爱两大对立教派居民之间的矛盾和冲突急剧恶化。1969年，天主教徒发起了一场争取消除公共住房及就业歧视现象的民权运动，受到英国军队的干涉。这场运动导致爱尔兰共和军向英国军队开火，同时亲英的极端保皇派势力向天主教徒居民发起进攻。1972年，随着政治和安全形势的恶化，英政府宣布撤销北爱议会和地方政府，由中央对北爱实行直接统治。1985年，英爱政府签署《英爱协议》，设立政府间会议，爱政府由此可对北爱事务发表意见。20世纪90年代初以来，爱尔兰政府政策的重点已由寻求重新统一转向提高罗马天主教徒在北爱尔兰的地位，并促进两派的和睦关系。英国政府也决定承认北爱人民选择自己未来归属的权利。英国和爱尔兰政府对解决北爱冲突的关注导致双方合作的加强。1993年，爱总理雷诺兹与英首相梅杰发表关于政治解决北爱问题基本原则的联合宣言。英决定放弃在北爱的经济及战略意图，爱则首次表示接受在解决北爱冲突时以北爱多数人意见为准的原则。1996年6月，北爱各政党在美国参议员乔治·米切尔主持下开始谈判，但新芬党被排除在外。1997年9月，继爱尔兰共和军在7月宣布实现停火后，新芬党被接纳参加多党会谈。1998年4月10日，英、爱政府和北爱有关各方终于达成协议，决定建立3个新的相互联系而又彼此依赖的组织机构。以比例代表制的方式选举产生由108名成员组成的北爱议会，享有广泛而又有限的立法权。其执行机构由第一部长及其副手领导的、由12名部长组成的执行委员会行使职权；建立南北爱部长理事会，成员包括北爱第一部长及其副手以及北爱议会执行机构的相关部长、爱尔兰总理及相关部长，负责南北爱人民的合作事宜；设立英爱理事会，由英国和爱尔兰的议会、北爱议会、苏格兰及威尔士议会等机构的成员组成。此外，一部新的《英爱协定》取代1985年的《英爱协定》，决定设立一个常设政府间会议机构，对在北爱议会尚未达成一致的共同利益，如权利、公正、监狱及安全等问题负责。1999年，北爱终于成立了25年来第一个由统一派和共和派分享权力的地方自治政府。但是由于北爱各派在缴械等问题上长期争执不下，北爱和平进程曾屡遭挫折，英国政府不止一次地宣布暂时中止北爱地方自治政府权力的实施。不过，在英、爱两国政府的推动下，相关各方经过持续近5年的艰难谈判和讨价还价，终于在2007年3月达成一份新的权力共享协议。北爱地方自治政府得以恢复行使自治权。2010年2月，北爱尔兰两大政党又达成历史性协议，同意自4月12日起将警务与司法权从英国威斯敏斯特议会移交给北爱地方议会，北爱和平进程向“圆满”方向又迈进了一步。

三 同欧盟的关系

爱尔兰于1973年加入欧共体，在欧洲议会占有15个席位。在重大国际问题上爱与欧盟的行动保持一致，积极支持欧盟有步骤地扩大与深化，于1999年1月作为首批成员加入欧元区。但出于保持爱尔兰传统中立政策的考虑，它曾表示不赞成欧盟与西欧联盟合并，并在2001年对尼斯条约的第一次公投中多数人投了否决票。只是在2002年欧盟塞维利亚峰会上通过相关决议消除了爱方的疑虑，第二次全民公决才通过了关于欧盟扩大的《尼斯条约》。爱期望借助与欧盟的关系加强自身在国际社会中的作用，注重维护欧盟小国的利益，积极参与了欧盟共同外交与安全政策的制定与实施。欧盟对爱的经济、社会和文化生活有很大影响。爱尔兰是欧盟结构基金的最大受益国之一，1973—1999年共净得欧盟援款274亿爱镑。2000—2006年还获得77亿爱镑。2001年爱与欧盟贸易额为910.09亿欧元，占其外贸总额60.62%。

近年来，在冻结预算、减少农业补贴、保持较低的公司税率及增加共同防务开支等问题上，爱尔兰与欧盟摩擦增多。这在批准《里斯本条约》问题上再次凸现出来。2008年6月，爱尔兰举行的全民公决以53.4%的反对票否决了旨在为欧洲一体化进程提供保障的《里斯本条约》，在诸多因素中军事、社会与税收等问题被认为是公众担心的焦点。2009 年 6 月，欧盟峰会以“具有法律效力的决定”形式，在有关堕胎、社会政策、税收以及确保爱尔兰中立地位等问题上打消了爱尔兰的疑虑。之后，在 2009 年 10 月 2 日爱尔兰举行的公投中，以 67.1%的支持率又通过了《里斯本条约》。

四 与美国的关系

爱尔兰与美国有着深厚的历史渊源和种族、语言、文化等方面的天然联系，从而使两国形成了密切的经济联系和政治关系。爱尔兰还希望借助美国推动北爱尔兰问题的解决。

移民纽带 在美国生活着大量的爱尔兰移民及其后裔，这是爱尔兰与美国形成密切关系的重要原因和天然基础。统计资料表明，美国目前约有 4500 万人拥有某种程度的爱尔兰血统。大约每 6 个美国人中就有一个具有爱尔兰血统，而其中 25% 具有纯正的爱尔兰血统。爱尔兰移民手中拥有的大量选票使他们成为美国各大政党争取的对象。此外，很多爱尔兰移民也逐渐跻身于美国的高层政治领域，许多著名美国政治家均具有爱尔兰血统。个人之间和家庭之间的纽带仍然是维系爱尔兰与爱尔兰裔美国人之间关系的一个重要因素，从而也对爱尔兰与美国两国的关系产生着持续和重要的影响。

政治关系 尽管爱尔兰裔美国人在美国是一支不可忽视的政治力量，但在爱尔兰与美国的双边关系中，两者却始终处于一种非对称状态。美国对于爱尔兰的重要性远远甚于爱尔兰对美国的重要性。爱尔兰与美国的外交关系往往还受制于英美“特殊关系”的影响。

从 20 世纪 70 年代开始，北爱问题成了爱美双边政治关系中的首要问题。卡特总统在 1977 年的声明中承诺，只要能够达成一项全面协议，美国就将为该协议的实施提供财政支持。里根总统在推动爱尔兰和英国达成 1985 年的协议过程中发挥了重要影响，并且对英爱两国 1986 年设立的“爱尔兰国际基金”组织提供了支持。为推动北爱和平进程，美国议员也在国会成立了相应的组织机构。1993 年克林顿当选为美国总统后，对北爱问题表现出了更为强烈的关注。尽管遭到来自国内部分群体和英国的强烈反对，美国政府仍然为爱尔兰共和军领袖亚当斯访美发放了签证。同年 8 月，克林顿任命前参议员乔治·米切尔（George Mitchell）为驻爱尔兰的美国总统“经济特使”，此人后来在达成 1998 年北爱和平协议的多党谈判中发挥了积极作用。1995 年 11 月，克林顿总统正式访问北爱和爱尔兰，这是有史以来第一位美国总统访问北爱。布什总统曾在 2003 年 4 月参加与英国首相布莱尔的峰会时访问了北爱；并于 2004 年 6 月，在参加欧盟—美国峰会期间，与爱尔兰总理埃亨就北爱问题进行了会谈。

爱尔兰与美国的关系总体上说比较友好和稳定，双边关系历来为两国政府所重视。例如，爱尔兰是世界上唯一与美国总统每年定期召开常务会议的国家。自从爱尔兰加入欧共体之后，它与美国的双边关系更多的时候是在欧盟的外交框架下展开。爱尔兰力求在欧美之间发挥桥梁作用。同时，爱尔兰也需要借助欧盟的力量来提升本国在爱美双边关系中的分量，例如，2004 年下半年爱尔兰在担任欧盟轮值主席国期间成功地主持了欧美峰会。欧盟也认识到爱尔兰与美国的文化联系能够给欧美关系带来的利益。2004 年，欧盟任命爱尔兰前总理约翰·布鲁顿（John Bruton）担任驻美国大使。

经济关系 美国对爱尔兰的经济发展有不可替代的作用：美国是爱尔兰的最大投资国、第二大贸易伙伴国。在投资方面，美国公司在爱尔兰的投资额超过 550 亿美元，占美国对欧盟总投资的 1/4，占爱尔兰获得的全部外来直接投资的 45% 左右。这些美国公司大多从事高新技术产业，它们创造了大约 9 万个工作岗位，是爱尔兰全国总工作岗位的 5%。尤其是美国大部分世界级的软件公司，如 IBM、微软等许多公司的欧洲总部都设在爱尔兰。原因有两个：一是两国之间不存在语言和文化差异；二是爱尔兰的欧盟成员国身份可以使美国公司的产品很方便地进入欧洲市场。

爱美两国的贸易关系对爱尔兰也相当重要：2004 年，两国贸易额达 134.7 亿欧元，占爱尔兰外贸总额的 10.05%。同样，爱尔兰公司也在美国从事大量的商业活动：爱尔兰公司在美国的投资超过 250 亿美元，雇佣工人超过 7 万人。

五 对华关系

中国和爱尔兰于 1979 年 6 月 22 日正式建立外交关系。30 多年来两国关系稳步发展，特别是近十年来高层互访频繁，经贸、文化、教育、科技等领域合作不断深化。

1998 年 9 月，爱尔兰总理埃亨访华。埃亨总理回国后，爱尔兰政府制定了第一个“亚洲战略”，将中国确定为其在亚洲的重点合作伙伴。2001 年 9 月，时任国务院总理朱镕基访问爱尔兰。2003 年 10 月，爱尔兰总统麦卡利斯访华。2004 年 5 月，进任总理温家宝对爱尔兰进行正式访问，两国签署了旅游目的地国协议等多项协议。2005 年 1 月，埃亨总理率爱尔兰历史上规模最大的经贸代表团访华，与中方领导人就全面发展政治、经贸等各领域合作深入交换意见并达成广泛共识。会谈期间双方签署了多项协议。埃亨总理回国后，爱尔兰政府发表了新的“亚洲战略”，再次将中国作为其在亚洲的重点合作伙伴，为中爱关系的进一步发展奠定了稳固的政策基础。2008 年 10 月，时任总理温家宝在北京会见了前来出席第七届亚欧首脑会议的爱尔兰总理科恩。双方表示应以中爱建交 30 周年为契机，挖掘合作潜力，推动中爱、中欧关系不断向前发展。2010 年 6 月，爱尔兰总统麦卡利斯对北京和上海进行访问，还参加并主持了上海世博会的爱尔兰馆日活动。当年 9 月，时任中共中央政治局常委李长春访问爱尔兰，会见了爱尔兰政府总理、共和党领袖科恩和麦卡利斯总统，就全面提升两国关系和深入发展各领域的合作交换了意见。

两国的经贸合作关系发展迅速。1979 年建交时双边贸易额仅为 515 万美元，1999 年达到 4. 19 亿美元，2005 年急剧增至 46. 07 亿美元。至此，中国已成为爱尔兰在亚洲的第一大贸易伙伴，同时也是爱尔兰在全球范围内的第八大贸易伙伴。2008 年的双边贸易额达 70. 7 亿美元。爱尔兰在华投资始于 1989 年。截至 2008 年 12 月，爱对华投资项目已达 172 个，协议金额 7. 05 亿美元，实际使用金额为 3. 43 亿美元。但中国到爱尔兰进行投资合作的企业数量还较少，大致可分为生产型、技术型和合作型三类企业。大西洋磁盘技术有限公司和联想集团收购了 IBM 电脑生产公司属下的生产型企业，华为公司则是通过技术合作项目进入爱尔兰市场后建立了分公司，上海外经集团和国航公司还处于开拓合作市场阶段。近年来在严重的金融经济危机冲击下，爱政府机构和企业界加大了吸引中国企业到爱尔兰投资的活动，希望中国企业能够将爱尔兰看作中国进入欧盟和欧洲市场的门户。

除了政治领域的交往与经贸领域的合作之外，中爱双方还在文化、教育、旅游等各个领域开展了全方位的深入合作。

六 防务结构与国际维和行动

（一）武装力量构成

爱尔兰国防力量由常备军和预备役两者组成。截止于 2009 年 12 月 31 日，爱尔兰的国防常备部队为 9933 人。陆军预备役与海军预备役部队的兵力合计为 6644 人。2009 年国防部的雇员共计约 1. 16 万人。

（二）防务预算

爱尔兰用于防务的总支出约占国民生产总值的 0. 92%，相当于国内生产总值的 0. 80%。2005 年的防务总支出为 7. 58 亿欧元。军队退休人员的抚恤金、养老金为 1. 7 亿欧元。2009 年上述两项数额分别为 8. 256 亿欧元和 2. 09 亿欧元。

（三）防务结构

根据宪法，国防力量由总统统帅，所有军官都由其任命。军事指挥权由政府通过国防部行使。防务力量的日常业务监督由总参谋长承担，由其直接对国防部长负责。

爱尔兰全国被划分为由 3 支国土防卫部队——即由东部、南部和西部部队负责的防区。国防力量司令部坐落在都柏林，训练中心则在科拉。

陆军有 3 个步兵旅，总共由 9 个营组成。每个旅有一个炮兵团，一个后勤保障营和一个连规模的支援队（骑兵、工程兵和通信系统，随军警察和训练中心）。防务力量训练中心包括 3 个学院：军事学院，战斗支援学院和战斗服务支援学院。2010 年，陆军常备部队约 8500 人。

陆军预备役建制，分别组成陆军特种侧翼部队、空防团和武装骑兵连。

空军目前（2010 年）约有 750 人。空军部队不久前实现了机群的更新，由 17 架固定机翼飞机、10 架旋转式机翼直升机，以及一些侦察机和教练机组成。警察部队的空援队，由一架固定翼飞机和一架直升机组成，由空军以警察的名义运作。

海军总共装备有 8 艘舰船，包括 1 艘舰载直升机战舰、5 艘近海舰只和 2 艘海岸巡逻艇。全部舰船都以科克郡的豪尔鲍林（Haulbowline）为基地，主要执行渔业保护任务。2010 年海军有 1144 人。

（四）参与国际维和行动

爱尔兰自 1958 年开始承担国际维和使命，当年派出一支 50 人的军官团参与联合国观察团在黎巴嫩的服务。这是爱尔兰参与联合国维和行动持续时间最长的一次。自那时起，截止于2000年1月，爱尔兰总共执行联合国、欧盟、欧洲安全与合作组织以及其他人道主义机构的维和与其他任务51次。进入21世纪以来，爱尔兰继续派出人员参与上述组织和机构的维护与支持和平行动。它所派出的参谋和军事观察人员，在一些国家和地区的维和与支持和平行动中做出了重要贡献：例如参与了在阿富汗、刚果民主共和国、象牙海岸、西撒哈拉、乍得、中东和巴尔干等国家和地区所采取的相关行动。爱尔兰防务部队在支持和平行动方面所采取的一项最富挑战性的举措是，先后在欧盟和联合国的旗帜下参与了在乍得与中非共和国的维和行动，部署了由爱尔兰主导的1个营的兵力，以保护平民，协助运送人道主义援助，并确保联合国人员的安全。

2009年爱尔兰国防军常备部队参与国外维和与支持和平行动的人员达1899人，国防预算中用于此项目的经费支出为1.616亿欧元。

第九节 人物

德·瓦勒拉（Eamon de Valera，1882—1975） 爱尔兰著名的政治活动家。德·瓦勒拉早年积极参加争取爱尔兰独立的民族解放斗争，并数次被捕监禁。1919年他曾出任起义的爱尔兰临时政府首脑。在1922—1923年的爱尔兰内战中，德·瓦勒拉是共和派的主要领导人之一，坚决反对1921年的英爱条约。德·瓦勒拉后来放弃了自己的激进立场，并于1926年创立了爱尔兰最大的政党共和党，担任该党领袖直至1959年。他领导爱尔兰逐步摆脱了同英国之间的宪法联系，使其成为一个完全独立的共和国。从1932年起，德·瓦勒拉长期担任爱尔兰总理；并在1959和1966年两次被选为共和国总统。德·瓦勒拉于1973年退休，1975年逝世。

卡斯蒂罗（John Aloysius Costello，1891—1976） 爱尔兰政治家，律师。在1926—1932年之间曾出任卡斯格瑞夫（W. T. Cosgrave）政府的总检察长。卡斯蒂罗于1948—1951年和1954—1957年两度出任爱尔兰总理，时任统一党领袖。

林奇（John Mary Lynch） 1917年生于科克郡，毕业于科克大学和都柏林皇家法学院。1948至1981年为众议员。他从1957年起先后出任教育部长、工商部长和财政部长。1966年接任共和党领袖，1966—1973年和1977—1979年先后两度出任政府总理。

豪伊（Charles James Haughey，1925—2006） 1925年生于梅奥郡的卡斯尔巴，就读于都柏林大学和都柏林皇家法学院。豪伊1957年当选为议员，1961—1979年先后任司法部长、农业和渔业部长、财政部长、卫生和社会福利部长。1979年出任共和党领袖，并于1979年12月—1981年6月、1982年3—12月、1987年3月—1992年1月先后三次出任政府总理。豪伊是一个充满争议的人物，支持者称他为“天才政治家”，反对者则对他涉嫌以权谋私的腐败行为深恶痛绝。虽然他已经在2006年6月因癌症去世，但2006年12月公布的一份关于他秘密财产的报告，证实他生前曾收受巨额贿赂。

希勒里（Patrick John Hillery） 1923年生于克莱尔郡西部的米尔敦马尔贝，毕业于罗克维尔学院和都柏林大学。希勒里于1951—1973年任众议员，1959—1973年历任教育部长、工商部长、劳工部长和外交部部长。他1973年出任欧共体委员会副主席，于1976年和1983年两度被选为爱尔兰共和国总统。

伯蒂·埃亨（Bertie Ahern） 埃亨1977年首次当选为都柏林众议员，1994年成为共和党领袖，1997年6月大选后出任总理。埃亨在1997—2008年期间一直领导爱尔兰联合政府，连续三次出任政府总理达11年之久。他是共和党左派，但在与右翼进步民主党联合执政的过程中，政策灵活。其政策重点是：促进北爱和平协议的执行，提高公共生活的道德水平，并使已持续十年之久的“社会伙伴关系”得以在21世纪维系下去。在他的领导下爱尔兰经历了一个经济持续发展的阶段，他曾为推进北爱尔兰地区的和平进程做出过重要贡献。2008年4月，埃亨因个人财产问题开始接受反腐败部门的质询，并于5月6日宣布辞去总理职务。他曾承认20世纪90年代中期从商人和朋友手里接受过数笔现金。

玛丽·哈尼（Mary Harney） 哈尼自1977年当选为共和党参议员后开始从政。1985年因支持英爱协议而离开共和党，与奥马利共同组建进步民主党，并于1993年成为该党领袖。自1997年起，她在共和党领导的联合政府中曾多年出任副总理，并兼任企业、就业及贸易部长，对爱尔兰政府推行的新经济政策有很强的影响力，是削减个人所得税的主要倡导人。2007年6月大选后，哈尼在新组成的联合政府中出任卫生与儿童事务部长。

约翰·布鲁顿（John Bruton）　自1990年起任统一党的领袖。1994—1997年在由统一党、工党、民主左派党组成的、被称为“彩虹政府”的联合政府中担任总理。在此期间，布鲁顿的领导艺术广受称赞和推崇。他出身于一个富裕的农民家庭，是一个坚定的欧洲联邦主义者，主张爱尔兰积极参与欧盟事务。2004年布鲁顿出任欧盟驻美国大使。

鲁埃里·奎因（Ruairi Quinn）　1977年首次当选议员。1997年11月奎因接任工党领袖，在由工党与统一党或共和党组成的联合政府中，他曾担任多种部长职务。在1994—1997年的“彩虹政府”中，奎因出任工党人士过去从未担任过的财政部长。

玛丽·麦克利斯（Mary McAleese）　麦克利斯1997年11月以微弱多数当选爱尔兰共和国总统，并于2004年11月连任。她是一位北爱天主教民族主义者，与罗马天主教会关系密切。麦克利斯虽然是一个温和的保守主义者，在离婚、流产等问题上观念保守，但她继续推行总统礼仪的现代化，从而赢得了广泛的尊敬和支持。

（王振华　贵　琳）

第三章　法国

第一节　概述

国名　法兰西共和国（The Republic of France，La République Française），简称“法兰西”或“法国”。

位置　欧洲大陆西部。

面积　543965平方公里（法国本土）。

人口统计　全国6470万人，其中法国本土6280万（2010年1月1日）。

民族　法兰西族，另有阿尔萨斯族、布列塔尼族、科西嘉族、巴斯克族和弗拉芒族等少数民族。

语言　官方语言为法语。

宗教　81.4%居民信奉天主教，3%居民不信教，其余居民信奉基督新教、犹太教、伊斯兰教和佛教。

政体　半总统半议会制的共和政体。

首都　巴黎（Paris）。

国旗　从左到右由蓝、白、红三个垂直相等的长方形组成。法国大革命中，巴黎国民卫队军旗为蓝色和红色，代表共和和革命。1789年拉法耶特把象征王权的白色加在巴黎国民卫队军旗的两色之间。自此，三色旗成为法国大革命的象征。1946年法国宪法正式规定蓝、白、红三色旗为法兰西共和国国旗，1958年法国宪法规定为国家的正式标志。

国歌　《马赛曲》。德·李尔1792年创作，原名《献给吕克内元帅的军歌》（又称《莱茵河军团战歌》或《马赛曲》），1795年被法兰西第一共和国定为法国国歌，并沿用至今。

国徽　没有正式国徽，但1958年法国宪法规定“国家的标志是蓝、白、红三色旗”，可以理解为法国国徽。传统上则采用大革命时期的纹章作为国家标志。纹章为椭圆形，上有大革命时期流行的束棒标志，象征着权威。束棒上饰有绶带，绶带上写着“自由、平等、博爱”。束棒两边是橄榄枝和橡树枝叶。纹章周围环绕着带有罗马军团勋章的绶带。

国庆日　7月14日。

货币名称　欧元（Euro）。2002年前为法郎。

度量单位　公制。

时间时区　比格林尼治时间早1小时；比北京时间晚7小时。有夏时制。

国鸟　公鸡。

国花　鸢尾花、玫瑰。

第二节　自然地理与人文地理

一　自然地理

（一）地理位置

法国位于欧洲大陆西部。它的本土面积为

543965 平方公里（包括科西嘉岛和其他岛屿），占欧洲大陆面积的 5%，在欧洲仅次于俄罗斯居第二位。法国最北端为敦刻尔克东北角，处于北纬 51°5′；最南端在比利牛斯山脉东南，处于北纬 42°20′，科西嘉岛最南端处于 41°20′；最东端在阿尔萨斯东北角，处于东经 8°18′；最西端在布列塔尼半岛最西头，处于西经 4°42′。法国领土除了地中海中的科西嘉岛外，大致呈六边形：三面临海，三面为陆地。东南临地中海，西濒比斯开湾和大西洋，西北隔拉芒什海峡和加来海峡与英国相望。在陆地上，东北部紧靠比利时、卢森堡和德国，东部与瑞士、意大利和摩纳哥相邻，南部与西班牙和安道尔接壤。法国国境线全长 5500 公里，其中海岸线长约 2800 公里，陆地边界长约 2700 公里。法国本土还包括沿海诸岛屿，如地中海的科西嘉岛，大西洋的韦桑岛、贝勒岛、努瓦尔穆捷岛、约岛、雷岛和奥莱龙岛等。

（二）山川、平原、河流

法国整个地势的特点是东南高西北低。占法国本土 4/5 的面积是平原和丘陵，其中海拔 250 米以下的平原地带占法国总面积的 60%，介于 250 米至 500 米的丘陵地带占 20%，500 米以上的山地占 20%。法国是一个以平原为主的国家。

法国的高山大都分布在边境上，山脉的分布和构成对法国农业和交通的发展都没有不利影响。从地形上看，阿尔卑斯山脉和汝拉山位于法国东南部，地势最高。阿尔卑斯山脉的主峰勃朗峰耸立在法国与瑞士和意大利交界的边境上，海拔 4810 米，为欧洲的最高峰。阿尔卑斯山脉的北部是汝拉山，比较低矮，一般高度为海拔 1000 米。孚日山脉位于法国东部阿尔萨斯大区内，平均高度为海拔 500—1000 米。阿登高原位于法国东北与比利时接壤的边境，是古老山地的残余，无明显的山脊，平均高仅为海拔 300 米。比利牛斯山脉横贯法国西南边境，从比斯开湾一直延伸到地中海，总长为 450 公里。它的东西走向把法国与西班牙分隔开来，因而对这两国的交通有较大的影响。中央高原位于法国中南部，一些重要的河流都以此作为分水岭，从而形成中央高原的辐射状水系。巴黎盆地位于法国北部，东西宽约 450 公里，南北长约为 300 公里，大部分属于塞纳河和卢瓦尔河流域。阿摩里康丘陵位于法国西北部，包括诺曼底和布列塔尼。加龙平原位于中央高原的西南部，是河流冲积的一个大三角形盆地。索恩—罗讷谷地位于中央高原和阿尔卑斯山脉之间，谷地宽 20—30 公里，由北向南蜿蜒直达地中海沿岸。

法国全境的河流为数众多，水量充沛，冬季水位较高。这些河流的大部分发源于中央高原并以此为分水岭流向北方或南方。这些河流主要有：（1）塞纳河。它是法国北部最重要的河流，发源于法国东部的朗格勒高原，横贯巴黎盆地，在勒阿弗尔港口注入英吉利海峡。塞纳河全长 776 公里，流域面积为 7. 86 万平方公里，540 公里可通航。塞纳河的主要港口有勒阿弗尔、鲁昂和巴黎，其货运量居全国第一位。塞纳河流域是法国经济发达的地区。塞纳河的主要支流有瓦兹河和马恩河，并通过运河与莱茵河、索恩河和卢瓦尔河连接起来。（2）卢瓦尔河。它是法国最长的河流。卢瓦尔河发源于法国东南部的塞文山脉，穿过中央高原，流经讷韦尔、奥尔良、图尔、昂热、南特，在圣纳泽尔注入大西洋，全长 1012 公里，流域面积约为 11 万平方公里。卢瓦尔河通过运河与塞纳河和索恩河连接起来。（3）罗讷河。它是法国第二条大河。罗讷河发源于瑞士南部的阿尔卑斯山脉，在法、瑞边境形成日内瓦湖，流经法国东南部的里昂，然后向南注入地中海。它全长 812 公里，流域面积 9. 9 万平方公里。在这条河的两岸工厂和企业星罗棋布，是法国重要的工业区。罗讷河的主要支流有索恩河，并通过运河与马赛港以及法国北部和中部的主要水系连接起来。（4）加龙河。它发源于比利牛斯山脉，流经图卢兹、马尔芒德和波尔多注入大西洋。它全长 575 公里，流域面积 4. 48 万平方公里。河谷地带是法国主要的果木和葡萄产地。加龙河与多尔多涅河汇合后形成一个三角口，叫纪龙德河，注入比斯开湾。

（三）气候

法国所处的纬度正是西风终年盛行的地带，又深受大西洋海洋性温暖湿润气流的影响，因此，法国大部分地区具有冬暖夏凉、常年有雨的海洋性气候的特征。法国年平均温度在 10℃—14℃ 之间。但是，法国各个地区的气候差别比较大。法国西部面向大西洋，属于典型海洋性气候：东暖夏凉，温和湿润，适宜农作物的生长。如地处法国西部的布列塔尼半岛 1 月份平均气温为 7℃，8 月份平均气温为17℃。越向东，越向内陆，则内陆性气候的特征越来越明显，夏季和冬季的温度相差越大。例如，巴黎1月份平均温度为2℃，7月份平均温度为19℃，冬季阴天多雨寒冷潮湿，夏季炎热晴朗少雨。东部的斯特拉斯堡1月份平均温度为0℃，7月份平均温度为20℃。法国北部属于温带，海洋性气团和大陆性气团经常在这里汇合，如在布勒斯特，夏季和冬季的温差十分明显。中央高原的气候比较恶劣，夏季多雨，冬季多寒风和霜雪，适作牧场。法国南部受地中海海洋性气候的影响，夏季干热，冬季充满阳光，春季和秋季多雨。法国南部地中海沿岸被誉为“蓝色海岸”，是世界著名的旅游胜地。

法国大部分地区雨量适中，年降雨量一般在600—1000毫米之间，少数地区在600毫米以下。山区降雨量比较多，每年可达1000—2000毫米。降雨量从东向西递减，如斯特拉斯堡的年降雨量为700毫米。总的来看，整个法国在秋季降雨量最大，春季和夏季次之，但在地中海和大西洋的沿岸地带秋季和冬季的降雨量也较多，如尼斯的年降雨量为800毫米。

法国的霜冻期集中在冬季。地中海和大西洋沿岸地区的霜冻期不足1个月，但地处法国东部的洛林的霜冻期可达80天以上。中央高原的霜冻有时也会在春末和秋季出现，对农作物的生长危害极大。法国大部分地区降雪的日子有限，但在500米以上的高原地区如中央高原、洛林、上索恩省等，每年降雪达到20天。在1000—1500米以上的山地以及中央高原1200米以上的地区，积雪可延续3—4个月。

（四）自然资源

法国北部为“灰壤”地带，土壤的质地较差。法国南部为“地中海土壤”地带，土质呈红色或浅红色，是缺钙的黏土。但从整体来看，法国属于“棕色森林土壤”的地带，非常适合于农田耕作。在法国，天然植被以阔叶林为主，主要是栎树，其次是山毛榉、千金榆等。针叶林是滨海松、欧洲赤松、云杉和冷杉。目前，法国的森林面积占全国总面积的26%，其森林总面积及人均占有量在欧洲联盟国家中居首位。为了保护法国生态和绿色资源，从1977年起法国官方规定每年3月为“绿化月”，每年3月31日为“植树日”。法国还设立了6个国家公园，122个自然保护区，430个群落生态保护区，299个沿海自然风景区。

法国的矿藏资源比较丰富。法国的铝土矿和铀矿蕴藏量在西欧各国中首屈一指。铁矿的蕴藏量约为80亿吨，主要分布在法国东北的洛林地区。铝土矿蕴藏量在9000万吨以上，集中分布在地中海沿岸的地区。氧化铀蕴藏量约有8—10万吨，主要分布在中央高原和卢瓦尔河下游地区。煤的蕴藏量约为210亿吨（其中褐煤100亿吨），主要分布在北部的加来海峡省和诺尔省、洛林地区，以及中央高原的东南部。钾盐矿主要分布在孚日山东南部。石油蕴藏量约为3000万吨。天然气蕴藏量3000亿立方米。法国缺乏有色金属矿藏和优质煤。

二　人口种族

（一）人口

根据2010年1月1日统计，法国本土和海外省共有人口6470万人，平均每平方公里为114人（2006年）。其中本土人口6280万人，平均每平方公里为113人（2006年）。在欧洲国家中，法国人口数量仅次于俄罗斯和德国，排名第三位。

1. 人口增长概况　1800年，法国人口按现在的疆界计算在西欧国家中居首位。1801年法国人口2830万人，1851年3650万人，1901年4070万人，1946年4050万人。在近1个半世纪中，法国人口增长缓慢，尤其在两次世界大战之间增长更加缓慢，甚至完全停止增长。在第二次世界大战前夕，法国人口数量已退居西欧的第四位，排在德国、英国和意大利之后。第二次世界大战后，法国政府采取了鼓励生育的措施，人口有较快的增长：1946年3984.8万人，1962年4645.9万人，1970年5050万人，1980年5370万人。20世纪80年代起，法国人口进入稳定增长阶段，1982年5429.6万人，1990年5662.4万人，2000年6075.1万人，2005年6281.8万人，2009年6432.1万人。从1946年至1993年的47年中，法国人口增长40%，年平均增长率为0.85%，而1901年至1946年的年平均增长率仅为0.4%。尽管第二次世界大战后的年份法国人口增长率有高有低，但总的来看其增长率比较高。

2. 性别结构　法国女性无论增长速度和数量都已超过法国男性。法国本土女性占法国总人口比例，1970年为51.2%，1980年为51.2%，1998年为51.3%，2010年为51.6%。20世纪初，法国人平均寿命仅在50岁左右，1950年为66.3岁，2000年增加到79岁，而2007年达到81岁。2007年，男性平均寿命为77.6岁，女性平均寿命为84.5岁。法国女性平均寿命在欧洲国家中高居榜首，在世界上仅次于日本居第二位。

3. 年龄结构 20岁以下的青少年占法国人口的比例，1946年29.5%，1970年33.2%，1980年30.6%，1990年27.8%，2000年25.6%，2007年24.7%；20—59岁占法国人口的比例，1946年54.5%，1970年48.8%，1980年52.4%，1990年53.2%，2000年53.8%，2007年54%；65岁以上占法国人口的比例，1946年16%，1970年18%，1980年17%，1990年19%，2000年20.6%，2007年21.3%。其中，75岁和75岁以上占法国人口的比例，1946年3.4%，1990年6.8%，2000年7.2%，2007年8.4%。自20世纪80年代以来，法国青壮年在人口中的比例不足一半，而60岁以上老人在法国人口中的比例越来越高，法国已经进入了老年化的社会。而根据联合国教科文组织关于65岁以上人口所占比例达到15%以上则为“超老年型”社会的规定，法国也已经进入了超老年型社会。

4. 就业结构 第二次世界大战后，法国人口的就业结构起了很大变化。农业就业人口占就业人口的比例1946年36.4%，1982年8.1%，1990年5.6%，2006年3.4%；工业就业人口占就业人口的比例1946年29.3%，1982年34.2%，1990年30.1%，2006年20.4%；服务业就业人口占就业人口的比例1946年34.3%，1982年57.6%，1990年64.3%，2006年76.2%。可以看出，法国农业人口在急剧下降，工业人口也在逐渐减少，而服务业就业人口在迅速增长。法国已经从工业社会过渡到“后工业社会”，或者称为“服务性社会”或“知识社会”。

（二）种族

法国的主要民族是法兰西民族，约占法国人口的90%。法兰西民族是以高卢人为主体，与伊比利亚人、罗马人、勃艮第人和法兰克人长期融合而形成的。

1. 少数民族 法国的少数民族有阿尔萨斯族、弗拉芒族、布列塔尼族、巴斯克族和科西嘉族等。阿尔萨斯族主要居住在法国东部阿尔萨斯地区，约有140万人。弗拉芒族是日耳曼民族中的法兰克人后裔，主要居住在法国北部和东北部，约有10万人。布列塔尼族主要集中居住在法国西北部的布列塔尼半岛，是公元5—6世纪自大不列颠岛渡海迁居的部分布列通人的后裔，约有125万人。巴斯克族主要居住在法国南部比利牛斯山脉西部，约有15万人。科西嘉族主要居住在科西嘉岛上，约有30万人。

2. 侨民 侨民是法国人口的重要组成部分。法国在西欧国家中是主要的移民国。早在19世纪就开始外国人向法国的移民，第一次世界大战前夕达到一个高潮。当时，比利时人、波兰人、意大利人、北非人和印度支那人大量涌入法国，挖掘战壕备战。20世纪30年代的经济危机和第二次世界大战期间，移民到法国的速度有所放慢。从1954年起，为了弥补在经济发展中劳动力的不足，法国又大量吸收外来移民。为了克服经济危机和解决失业问题，法国于1974年起严格限制向法国的移民。1946年法国有侨民174万人，1954年176万人，1968年262万人，1975年344万人，1982年371万人，2002年431万人，2005年496万人。2002年，侨民占法国本土人口的7.4%。侨民中以葡萄牙人居首位，然后是阿尔及利亚人、摩洛哥人、意大利人、西班牙人、突尼斯人、土耳其人、南斯拉夫人、比利时人和波兰人。这些侨民约有1/3居住在巴黎，其次是罗讷河和阿尔卑斯山脉地区、普罗旺斯—蓝色海岸地区、加来海峡地区以及诺曼底和布列塔尼等地。

三 行政区划

法国的行政区划有大区、省和市镇共三级。法国还有6个海外行政单位：法属波利尼西亚、圣皮埃尔和密克隆群岛、马约特岛、瓦利斯群岛和富图纳群岛、圣马丹、圣巴泰勒米。3个特别海外领地：新喀里多尼亚、法属奥斯特拉勒和安塔尔克地格、克利珀顿岛。

（一）大区

大区是法国第一级地方行政单位。在法国本土共22个，它们是：法兰西岛，香槟—阿登，阿尔萨斯，阿基坦，奥弗涅，勃艮第，布列塔尼，中央，弗朗什—孔泰，朗格多克卢西永，利穆赞，洛林，南部—比利牛斯，北部—加来海峡，下诺曼底，上诺曼底，卢瓦尔河地区，皮卡第，普瓦图—

夏朗德，普罗旺斯—阿尔卑斯—蓝岸，科西嘉，罗讷—阿尔卑斯。在海外共4个，它们是：瓜德罗普、马提尼克、法属圭亚那、留尼汪。

（二）省

法国本土共有96个省。这些省是：巴黎，埃松，上塞纳，塞纳—马恩，瓦勒德马恩，伊夫林，瓦勒德瓦兹，塞纳—圣但尼，阿登，奥布，马恩，上马恩，埃纳，瓦兹，索姆，厄尔，滨海塞纳，谢尔，厄尔—卢瓦尔，安德尔，安德尔—卢瓦尔，卢瓦尔—谢尔，卢瓦雷，北部，加来海峡，默尔特—摩泽尔，默兹，摩泽尔，孚日，下莱茵，上莱茵，杜，汝拉，上索恩，贝尔福地区，卡尔瓦多斯，芒什，奥恩，大西洋岸卢瓦尔，曼恩—卢瓦尔，马耶讷，萨尔特，旺代，阿摩尔滨海，菲尼斯泰尔，伊勒—维莱讷，莫尔比昂，科雷兹，克勒兹，上维埃纳，阿列日，康塔尔，上卢瓦尔，多姆山，夏朗德，滨海夏朗德，德塞夫勒，维埃纳，多尔多涅，吉伦特，朗德，洛特—加龙，阿列，大西洋岸比利牛斯，阿韦龙，上加龙，热尔，洛特，上比利牛斯，塔恩，塔恩—加龙，科多尔，涅夫勒，索恩—卢瓦尔，约讷，安，阿尔代什，德龙，伊泽尔，卢瓦尔，罗讷，萨瓦，上萨瓦，奥德，加尔，埃罗，洛泽尔，东比利牛斯，上阿尔卑斯，上普罗旺斯—阿尔卑斯，滨海阿尔卑斯，罗讷河口，瓦尔，沃克吕兹，上科西嘉，南科西嘉。此外，法国还有四个海外省（既是省又是大区）：瓜德罗普，马提尼克，法属圭亚那，留尼汪。

（三）市镇

市镇是法国的基层行政单位，也是法国最古老的行政区划。中世纪，法国一些较大的城市成立市政府，执行市政管理和司法的职能，市镇的最高行政官吏从居民中选出。这些市镇在反抗封建领主的压迫和剥削的斗争中不断扩大其职能，如享有征税和审判等重要职权。这些拥有不同程度的独立和自治的市镇被称为公社。法国大革命废除了封建制，改革了地方管理体制和制度，重新划分了地方行政区划，建立了新的、统一的市镇组织。这些市镇组织就是当代法国市镇的前身。第二次世界大战后，随着法国经济和社会的发展，农村型的市镇迅速减少，城市型的市镇明显增加。但是，法国市镇无论大小和无论哪种类型（巴黎除外），都一律平等，职权大体相同。

目前，法国本土有36413个市镇，市镇平均面积为14平方公里。大部分市镇人口不超过300人，约有40个城市人口超过10万人。

（四）重要城市

巴黎市 法国首都，是法国政治、经济、交通和文化中心。有着2000多年历史的现代化城市，世界十大名城之一。市内分为20个区，面积为105平方公里，人口215万人。连同市郊7个省，构成法兰西岛大区，面积为12011平方公里，人口1084万人。巴黎市是国际和国内重要的铁路和航空枢纽，是塞纳河的重要港口。它是法国最大的制造业中心，时装业和化妆品工业举世闻名。它是国际活动的重要场所，联合国教科文组织总部的所在地。巴黎市西部是最繁华的地方，塞纳河南岸集中了科学研究机构和高等学府，耸立着现代巴黎的象征——高耸入云的埃菲尔铁塔。塞纳河北岸是贸易、金融和消费中心。这里有巴黎最迷人的风景线——香榭丽舍大街，它西接庄严壮丽的凯旋门和著名的戴高乐广场，东连雄伟壮观的协和广场，广场中央树立着硕大无比的埃及尖顶方碑。巴黎城东有著名的巴士底广场和巴黎公社社员墙。巴黎是世界文化中心之一。古老的巴黎大学、法国科学院、巴黎国家图书馆，以及许多著名的博物馆、美术馆和剧院都设在这里。还有卢浮宫、巴黎圣母院、凡尔赛宫和蓬皮杜文化中心。巴黎还是文学家和艺术家的摇篮，其“街头艺术”——民间文艺活动经久不衰。巴黎人酷爱鲜花，城市绿海如茵，花簇似锦，故有“花都”或“都市中的女王”之美称。

马赛 法国第二大城市，人口约有82万人。它位于法国东南部，濒临地中海。气候宜人，景色秀丽，海上交通便捷，是法国第一大海港。马赛港分为老港和新港。老港港湾呈长方形，航道狭窄，地势险要，为马赛的心脏地带，城市繁华街道都集中在这里。正对着老港的伊夫岛是游览胜地，大仲马在《基督山伯爵》中描写的主人翁所囚禁的监狱就在此。新港是法国最大的对外贸易港口。

里昂 法国第三大城市，人口约有46.6万人。它位于索恩河和罗讷河的交汇处，北欧南下和南欧北上的战略走廊。远在中世纪开始它就逐渐发展成为欧洲纺织业中心和纺织品集散地。里昂是“法国烹调之都”，其美味佳肴久负盛名。里昂市图书馆还珍藏着许多古版书和孤本书。

斯特拉斯堡 地处法国东北部边境，人口约有27.3万人。它是法国东北部水陆空交通枢纽，新兴工业中心。欧洲议会大厦屹立于城市中心。市内哥特式大教堂为该市最高建筑物，有国际博览会和保存完好的古老街区。

尼斯 地处法国东南部的帕隆河河口，濒临地中海，人口约34.7万人。它呈现一派地中海式的旖旎风光：滨海林荫大道长达4千米，彩砖埔地，花坛似锦，棕榈摇曳，入夜灯火辉煌，是有名的游览胜地。

波尔多 地处法国西南部的加龙河下游，人口约23万人。它是法国西南部经济、交通和文化中心，造船业和酿酒业十分发达。尤其是波尔多葡萄酒闻名遐迩，其中红葡萄酒被列为世界葡萄酒的皇后。

戛纳 地处法国东南部，人口约10万人。戛纳面对蔚蓝色的地中海，沿岸耸立着国际会议中心和豪华的大饭店，港湾停泊着大大小小的游艇。这里经常举行文艺活动和召开国际会议，其中以每年一度举行的戛纳国际电影节最为世人瞩目，所颁发的金棕榈大奖是各国电影业人士力争的对象。

第三节 历史

一 上古简史

距今大约50万年前，在法国这块土地上已经有了人类的活动。15000—20000年前，已经有人定居在这里。这些远古居民经历了旧石器时期、新石器时期、金石并用时期、青铜时期和铁器时期。公元前1000年，腓尼基人出现在法国沿岸。公元前600年，希腊人开始向法国移民。与此同时，被希腊人称为“克尔特人”、又被后来罗马人称之为“高卢人”的部族也进入了法国并在此定居下来。最初，高卢人分布在加龙河和塞纳河之间。高卢人来自中欧的多山地区，操印欧语。他们拥有铁制武器、马和战车。他们骁勇善战，其势力一度扩张到中欧，包括比利时、卢森堡、荷兰、德国和瑞士的一部分。在罗马人征服高卢人之前，高卢约有60个小部落，但还没有组成一个国家，各部落之间经常发生战争。公元前1世纪，高卢的原始公社开始解体。公元前2世纪末，罗马人开始入侵高卢，征服了阿尔卑斯山至比利牛斯山的整个地中海地区。公元前58年，罗马帝国派遣大将恺撒率军远征，占领了整个高卢。自此，高卢成了罗马帝国的一部分。罗马帝国给高卢带来奴隶制的模式，使已经处于原始社会晚期的高卢的社会形态彻底解体，使高卢在政治、经济、文化各方面极大程度的罗马化：在高卢社会中出现了奴隶主和奴隶两个敌对的阶级；高卢的克尔特语为拉丁语所代替，并经过长期的演变成法语。罗马帝国还强迫高卢人信奉基督教，严禁其他宗教，违者以死刑论处，从而使高卢人不得不放弃自己的多神教，改奉基督教。罗马帝国对高卢的统治延续了几百年。在此期间，不堪忍受残酷奴役和压迫的高卢人民多次举行起义，沉重打击了占领者。到公元3世纪，罗马帝国的奴隶制度出现危机，其他部落纷纷入侵高卢，从而使罗马帝国在高卢的统治逐渐走向崩溃。

二 中世纪简史

公元375年，匈奴人向西扩张，迫使定居在莱茵河和多瑙河流域的日耳曼部落大举南下，出现了所谓“民族大迁徙”，高卢由此被日耳曼部落逐渐分割。在高卢境内的日耳曼部落中，一支萨利克法兰克人在酋长克洛维的率领下南征北战，逐渐吞并了其他日耳曼部落，占领了整个高卢，从而使克洛维从一个部落的酋长一跃而为法兰克国家唯一的国王，并把部落军事领袖的权力转变为世袭的王权。自此，在高卢建立起法国历史上第一个王朝，即墨洛温王朝（481—751）。墨洛温王朝在打败罗马帝国的军队后，于507年征服了土鲁斯王国，于534年征服了勃艮第王国，挫败了莱茵河东岸的日耳曼各个部族。到公元6世纪中叶，法兰克王国已拥有广阔的疆土，包括今天的法国、比利时、荷兰以及德国的西部地区。

在征服高卢的过程中，法兰克王朝把夺来的土地进行重新分配。一种是在农村建立起农村公社（马克），把土地分给公社社员为集体所有；另一种是把土地赏给贵族和教会。在这期间，农村公社和大地主所有制并存。公元7—8世纪，随着农村公社社员的分化和破产，大地主所有制逐渐占统治地位，从而使封建的生产关系建立和普及起来。墨洛温王朝末期，大权旁落到宫相（即王宫总管）手中。8世纪，宫相查理·马特废除了土地赏赐制度，实行土地分封制度，即把土地分封给大地主，后者必须向分封的王国承担骑兵义务。受封者死后必须将土地交回，不能世袭相传，这种分封制称为

“采邑制”。查理·马特正是依靠采邑制建立起骑兵武装而迅速壮大起来，实际上成了法兰克王国是最高统治者。查理·马特的儿子矮子丕平继任宫相后，利用教会的支持废除了墨洛温王朝，建立了自己的王朝即加洛林王朝（751—987）。为报答教皇，丕平两次出兵意大利打败了伦巴底人，迫使伦巴底国王将所侵占的罗马地区的城镇和拉文那总督区交给了教皇统治，史称“丕平献土”。从此，在法国出现了一个世俗的教皇国。

丕平的继任者查理曼频频发动战争，极大地扩充了加洛林王朝的版图，建立起庞大的帝国。该帝国东部抵达易北河和多瑙河，西部临大西洋，西南部伸到西班牙，北部临北海和波罗的海，南部到意大利中部。800 年，罗马教皇给查理加冕，称为“罗马人的皇帝”，法兰克王国改称查理帝国。查理大帝把土地分封给大封建主和贵族，大封建主和贵族再分封给小封建主和小贵族，如此类推，形成一整套封建等级制度。查理大帝推行爵位制：国王是最高封建主，下面依次是公爵、伯爵、子爵、男爵，边区封为地侯，最低爵位是骑士。下一级封主是上一级封主的附庸，附庸要服从封主，封主也要保护附庸。这样，国家的权力被封建主分割，从而形成了分权君主制。

843 年，查理大帝的三个孙子订立了瓜分帝国的凡尔登条约，将帝国一分为三：莱茵河以东归日耳曼路易，即东法兰克王国；马斯河和斯海耳德河以西归秃头查理，即西法兰克王国：从北海到意大利中部归罗退尔。西法兰克王国由于严重的封建割据使其领地仅限于巴黎一带，叫“法兰西岛”。987 年，西法兰克王国加洛林王朝绝嗣，贵族法兰西公爵休·加佩取而代之。自此，法兰克王国改称法兰西王国。“法兰西”这个词一直沿用至今。

加佩王朝先后分裂为三个王朝，其中的加佩直系王朝从 12 世纪开始努力加强王权，特别是路易九世进行了重大改革：统一币制，控制司法权等，促进了法国的统一。加佩直系王朝千方百计削弱教会的势力，菲利浦四世利用罗马教皇卜尼法斯突然去世的机会怂恿新教皇把教廷从罗马迁至靠近法国边境的阿维尼翁。此后近 70 年，教皇处在法国国王控制之下，史称“阿维尼翁之囚”。

1302 年，菲利浦四世为解决征收新税问题召开了法国历史上首次三级会议。1308 年他再次召开三级会议。三级会议的召开使法国的政权形式发展到一个新阶段，形成了等级君主制。

1337—1453 年，法国与英国进行了百年战争。1428 年，当英军围攻通往法国南大门的奥尔良时，年约 20 岁的姑娘贞德率军驰援，重创英军。贞德不幸被俘牺牲，但她作为法兰西民族英雄永远留在法国人心中。1453 年，法军彻底打败英军，百年战争以法国的胜利而宣告结束。

1562 年，以东北部贵族吉斯公爵和洛林红衣主教查理为首的天主教集团（旧教派）同以中部贵族波旁家族为首的胡格诺集团（新教派）发生宗教战争，即胡格诺战争。战争历时 30 多年。直到 1594 年，胡格诺派的领袖亨利四世放弃新教和改信天主教，宗教战争才宣告结束。1648 年，法国同德国签订了威斯特伐利亚条约。该条约使法国“购得”阿尔萨斯大部分土地，梅斯、土尔和凡尔登并入法兰西版图。自此，法、德边界基本确定下来。

16 世纪，法国封建政体逐渐向专制君主制发展。早在路易十一时期，国王独揽大权，以专制君主的姿态整饬和强化国家的行政、军事、司法和税务机构，并设置 11 个军事管辖区以便控制各个省份。自此，历代君主都在步步加强和集中权力。到 17 世纪下半叶，法国封建专制制度得到高度的发展。路易十四亲政，不再需要首相，自称“代表整个民族”、“法律出自我”。他加强中央对地方的控制，进一步推行重商主义，建立“王家工厂”，修铁路，开凿运河，取消国内部分关卡，降低税率，鼓励工业生产。路易十五继续推行穷兵黩武的政策，使法国对外战争连绵不断。1756—1763 年，法、奥在同英、德的战争中遭到惨败，被英国赶出北美和印度。

16 世纪上半叶，法国资本主义开始萌芽，到 18 世纪取得了进一步的发展。法国大革命前夜，工场手工业发展迅速，其中尤以采矿业、冶金业、奢侈品工业和纺织业为最。对外贸易方面，法国不仅同欧洲国家有贸易往来，而且与西亚、北美、北非、西印度洋群岛的贸易也很频繁。在农村，资产阶级化的地主驱逐佃农以扩大领地，雇佣农业工人，建立资本主义大农场。随着资本主义经济的发展，法国社会结构开始发生变化，出现了新兴的阶级和阶层，如手工业行东、小店主、帮工和工人，统称城市平民。从城市平民中又分化出资产阶级。广大农民（包括农业工人）、城市平民、资产阶级又统称第三等级，占总人口的99%。他们交纳全国绝大部分税收，但没有丝毫的政治权利，是被统治阶级。因此，他们同国王、贵族和教士进行顽强的斗争。

三　近代简史

1789年5月5日，路易十六为解决经济危机和财政危机在凡尔赛宫召集了中断已久的三级会议。在人民的支持下，第三等级于6月17日通过决议，宣布成立国民议会。国王进行反扑，调兵前来镇压。7月14日，巴黎人民举行起义，攻克了象征封建统治堡垒的巴士底监狱。这一天标志着法国大革命的开始。8月4—11日，由国民议会改成的制宪议会陆续通过决议（即八月法令）：废除教会的什一税，减少农民的某些税务，取消封建领主和贵族的特权。8月27日，制宪议会通过《人权宣言》。宣言提倡人权和法治，宣布自由和平等的民主原则，维护资产阶级的地位和私有财产权。宣言沉重地打击了封建制度，启发了人民的革命意识，具有伟大历史意义。

吉伦特派掌权时，废除了君主制，处决了路易十六，于1792年建立了法兰西第一共和国，从而摧毁了数百年来的封建制度。雅各宾派时期，其领袖罗伯斯比尔推行了一系列激进的改革，如制定新宪法、颁布土地法令、扩大人民的民主权利等，把法国大革命推向顶点。反对罗伯斯比尔“独裁者”及其恐怖政策的各派人物结成热月党，发动热月政变并把罗伯斯比尔送上断头台。热月政变标志着法国大革命上升路线的终止，此后法国大革命逐渐走向低潮。

1799年11月9日（雾月18日），拿破仑·波拿巴发动政变，推翻热月党人组成的督政府，任第一执政并建立军事独裁制。1804年，拿破仑加冕当上法兰西第一帝国的皇帝。他果断地镇压国内的反革命，粉碎了封建君主复辟的阴谋，促进了国内的安定。他亲自主持制定《民法典》《刑法典》和《商法典》，统称《拿破仑法典》，把法国大革命成果以法律的形式固定下来。《拿破仑法典》的影响遍及欧洲大陆和世界。拿破仑进行经济和财政改革、振兴民族工商业，使法国的资本主义经济得到进一步的发展。

拿破仑在成立法兰西第一帝国后同英、俄争夺欧洲的霸权。他先后粉碎了欧洲5次反法联盟，兼并欧洲大片领土，掠夺大量财富，奴役欧洲的许多民族，从而激起了欧洲人民的反抗。他终于在第六和第七次反法联盟的战争中惨败，法兰西第一帝国走向灭亡。

1814—1830年是复辟时期。1814年和1815年波旁王朝两次复辟。在第二次复辟后，波旁王朝实行君主立宪制，残酷地镇压人民。1830年7月，巴黎人民举行起义并取得胜利，但法国金融贵族集团乘机篡夺胜利果实，建立起奥尔良王朝，即七月王朝。1845—1846年法国农业歉收引发经济危机并与社会危机和政治危机交织一起。法国工人阶级于1848年2月奋勇而起，和平示威后转变成武装起义。二月革命胜利后后，法国成立了法兰西第二共和国。

法兰西第二共和国实行总统制。拿破仑一世的侄子路易·波拿巴于1848年12月登上总统宝座。他进一步集中总统的权力，取消普选制，限制人民的民主和自由。他于1852年11月强迫人民投票赞同恢复帝制。法兰西第二帝国从此诞生，路易·波拿巴改称为拿破仑三世。法兰西第二帝国完成了工业革命，使法国成为资本主义世界仅次于英国的第二大工业国。证券交易、银行业务、对外贸易空前扩大。1870年，法国是14个国家的债主，对外投资和贷款达130亿法郎。巴黎已成为世界金融中心。拿破仑三世强化军事独裁，扩大国家官僚机构和警察组织。他步其叔父的后尘实行对外扩张，连年发动侵略战争，掠夺殖民地。同时，为消除国内革命危机和满足大资产阶级的愿望，他于1870年7月对普鲁士宣战。但是，战争一开始法军就连连败退，拿破仑三世最终被迫于9月2日竖起白旗投降。

消息传来，法国工人阶级和其他革命群众于1871年3月18日举行武装起义，解放了巴黎。巴黎公社正式成立。公社颁布了一系列旨在打碎旧国家机器的法令，建立起立法和行政合一的新型政权机构——公社委员会。逃亡到凡尔赛的梯也尔政府纠集反革命武装进行反扑。巴黎公社战士为保卫自己的胜利果实，不怕牺牲，英勇地同敌人浴血奋战。直到5月28日最后一批公社战士在拉雪兹神父公墓壮烈牺牲。巴黎公社虽然失败了，但它给人类历史留下了宝贵的财富。巴黎公社的芳名永垂史册。

法国资产阶级在镇压了巴黎公社之后，开始着手解决国家政治体制问题。各种政治力量围绕政治体制展开激烈的较量。在国民议会中，正统派是右翼，他们主张恢复君主制和天主教的统治，拥护被1830年革命推翻的查理十世的孙子尚博尔伯爵为君主。奥尔良派是中间派，他们主张恢复七月王朝的金融贵族的统治，支持路易—菲利浦的孙子巴黎伯爵为政治领袖。奥尔良派在共和制和教会问题上分裂为中左和中右两种倾向。共和派是左翼，但其中大部分是温和派。甘必大领导的激进派宣传共和主义思想，使共和派的影响日益扩大。波拿巴派是极右翼，主张恢复波拿巴家族的一统天下。1875年1月，温和共和派议员瓦隆在宪法草案关于总统选举的方式上提出“共和国总统……由众、参两院选举产生”字样的修正案以一票多数获得通过。共和制就像“从窗户潜入”那样被勉强接受。到1875年7月，法兰西第三共和国宪法全部获得通过。

从法国大革命开始，经过革命和反革命、复辟和反复辟、前进和倒退的激烈较量，经过君主立宪制、帝制、共和制的多次反复变换，法国的共和政治体制直到1875年才最后完全确立。

四　现代简史

19世纪末至20世纪初，法国经济，尤其是冶金、电力、汽车、化学等新兴工业得到迅速发展，如法国的汽车年产量居世界第二位。法国垄断组织的出现和发展，尤其是法国银行资本的集中和垄断使法兰西银行的200个大股东已经控制了法国经济。法国的资本输出占世界第二位。法国已从自由资本主义阶段发展到垄断资本主义和帝国主义阶段。20世纪初，法国的积极对外扩张已使法国的殖民领土面积相当于法国本土面积的20倍，成为仅次于英国的殖民大帝国。这时，帝国主义形成了以英、法、俄协约国为一方和以德、奥、意同盟国为另一方的两大军事集团。它们积极扩军备战，重新瓜分世界。1914年8月，第一次世界大战终于爆发。1916年和1917年，协约国军队和同盟国军队在欧洲的西线进行拉锯战，互有胜负。直到美军参战和协约国军队的增强，在马恩河攻势中击溃德军主力，德国于1918年11月正式投降。第一次世界大战结束。法国作为战胜国，收回了1870年丧失的欧洲领土，扩大了殖民地的范围，获得了巨额战争赔款，从而使战后法国经济得到迅速恢复和发展，从农业—工业国一跃而为工业—农业国。

1918—1939年，法国先后出现了右翼政党组成的“国民联合”政权，激进党和社会党组成的“左翼联盟”政权，法共、社会党和激进党组成的“人民阵线”政权（法共未参加政府）。在30年代法国经济危机的情势下，人民阵线的几届政府在增加工资、推行社会保障制度、部分军事企业国有化、承认工会组织等方面做了许多有益的事，但对法西斯的威胁和侵略扩张却采取“绥靖政策”。

1939年9月，德国入侵波兰，法国等国对德宣战。第二次世界大战在欧洲全面爆发。1940年5月，希特勒在欧洲西线发动强大的攻势，用装甲部队绕过法国的“马其诺防线”从北面长驱直入法国。6月16日，法国贝当政府向德国投降。贝当政府偏安维希，改称“法兰西国家”。法兰西第三共和国存在65年后终于结束。第二次世界大战期间，戴高乐领导的“战斗法国”在海外从事抗德斗争。随后，他又建立了“法国民族解放委员会”并于1943年8月获得苏、英、美等国承认。1944年6月，法国民族解放委员会改称法国临时政府，领导国内外的抗德斗争。1944年8月25日，起义者解放了巴黎，法国临时政府迁往巴黎并继续对德作战，直到1945年法国全部解放。

五　当代简史

二战后，法国制定了法兰西第四共和国宪法并于1946年10月在公民投票中获得通过，成立了法兰西第四共和国。在这时期，法国先后有过社会党、人民共和党和法国共产党组成的联合政权、“第三势力”政权、中右政权。二战后初期，法国推行国有化、计划化、科技革命，并利用美援和实行西欧联合，使法国经济得到恢复和发展。国内生产总值从1950年的1849亿法郎增加到1958年的2603亿法郎。同时工业有了长足的发展，特别是电力、煤炭、石油、汽车和飞机等发展更快，到1957年，发电量为580亿千瓦时，钢产量为1400万吨，化学工业的生产翻了一番，煤炭年产量达到历史最高点。这一时期工业结构发生了变化，劳动生产率有了大幅度提高。农业生产已超过战前水平，畜牧业在农业总产值中的比重有了明显提高。

农业的现代化使法国农业结构和经营方式也发生了变化。

法国于1948年4月在巴黎签订《欧洲经济合作公约》，正式成为“马歇尔计划”的受援国。1948年4月，法国与英、荷、比、卢组织“西欧联盟”。1949年4月，法国加入“北大西洋公约组织”。战后初期，法国推行肢解德国的政策。1947年以后，在美国的压力下，法国对德的态度软化下来。1950年，法国提出“舒曼计划”，使欧洲统一运动具体化。正是在此基础上，签订了《罗马条约》，成立了西欧共同市场，从而使欧洲一体化开始起步。

在这期间，法国殖民者疯狂地镇压法属殖民地的民族解放运动。在越南，法军于1954年在奠边府受到重创后才被迫停战，在日内瓦会议后承认印度支那三国的独立。在中东，法国伙同英国于1956年发动侵略埃及的战争。在非洲和北非，法国积极扑灭民族民主运动的烽火。1956年1月—1958年6月，法国在阿尔及利亚进行旷日持久的殖民战争，耗尽了财力、物力和人力，使法国财政恶化，国内阶级矛盾加深，导致内阁危机和社会危机。在这期间，政府更迭的频率加快，内阁危机的时间延长。政府执政时间短，但组阁所需时间却加长了。在阿尔及利亚的法国殖民军举行叛乱并企图蔓延到法国本土的危急形势下，科蒂总统力请戴高乐出山解救危难。于是，戴高乐组成新政府并获得制订新宪法的权力。第三届国民议会在批准新内阁和赋予它制宪权后立即休会，这标志着法兰西第四共和国寿终正寝。

戴高乐新政府以戴高乐关于法国政治体制的思想和主张为基础，借鉴法兰西第三和第四共和国政治体制在实践中的经验和教训，参照英、美等国政治体制的机制和运行状况，于1958年7月完成新宪法的起草，并于9月28日在公民投票中通过。新宪法的通过标志着法兰西第五共和国的诞生。同年11月23日通过普选产生了法兰西第五共和国第一届国民议会，12月21日戴高乐当选为法兰西第五共和国第一任总统。

戴高乐在第一任总统期间（1958年12月至1965年12月），利用宪法赋予总统的权力，制止了反动军人的叛乱，稳定了国内政局。他于1961年和1962年分别就阿尔及利亚的自决政策和批准法阿共同签订的埃维昂协议举行公民投票，并取得了多数选民的支持。1960年前后，他提出非殖民化—合作政策，使法属非洲国家纷纷取得独立。戴高乐采取紧缩措施、发行公债，克服了财政危机。他还制订短期、中期和长期经济和社会发展计划，使法国国内生产总值年平均保持5%—6%的增长率，农业为5%，人民生活有了明显提高。戴高乐争取法国独立自主和大国的地位，在大西洋联盟内反对美国的霸权，在北大西洋公约组织内反对美国军事霸权，在国际货币体系内向美元的霸主地位挑战。他建立了法国的核威慑力量。在欧洲，他推动法德和解，建立法德轴心，推进欧洲经济共同体的建设。

戴高乐第二任总统期间（1966年1月至1969年4月），法国政治力量围绕着两次议会选举、一次公民投票和第三届总统选举发生剧烈的变动，进一步朝两极化方向发展。戴高乐继续坚持独立自主的外交政策，但国内经济和社会问题逐渐严重起来，终于在1968年爆发了震撼国内外的五月风暴。在五月风暴中，法国学生首先发难，随后工人阶级和左翼政党力量纷纷介入，使这场风暴由社会危机发展到政治危机。从此，戴高乐开始注意国内问题，采取了一系列措施，企图重新控制局势。然而，他在1969年4月关于参议院和地方改革的公民投票中失败，迫使他提前下野。

蓬皮杜在总统任期内（1969年6月至1974年4月），首先保证戴高乐政策的延续性，同时推行“开放”政策，吸收右翼中间派参加政府。他还着力抓经济，编制以调整工业结构为重点的第六个经济和社会发展计划，在经济领域实行分权，加强国家对经济的干预。与此同时，他于1969年12月颁布根据物价上涨幅度确定各行业最低增长工资额的规定。这期间，法国经济发展平稳，法国社会也比较安定。蓬皮杜坚持戴高乐独立自主外交的基本方针，同时也体现开放性。他小心翼翼地维持东西方之间的平衡，于1970年先后访问美国和苏联，并利用各种机会多次同美苏首脑会晤。他以法德为轴心推动欧洲联合，一反戴高乐拒绝英国加入欧洲经济共同体的立场，于1971年同英国就此问题达成协议。他扩大同第三世界合作，多次出访非洲，并加强同中国的联系。

德斯坦总统时期（1974年5月至1981年5

月），正值战后西方出现最严重的经济危机。采取扩大公共开支和增加就业机会的政策造成了更加严重的后果。1976 年出任总理的巴尔采取紧缩政策同通货膨胀作斗争，但收效甚微。1980 年，法国工业生产开始下降，农业生产也停滞不前。外交方面，德斯坦继承了戴高乐外交的基本原则，但根据国际形势的新特点开展多极外交。他维护法国的独立和安全，不接受“超级大国统治”。他根据苏联威胁日益严重的情势，加强同北约的军事合作，把“全面防御”战略改为重点在东方的“前沿战略”，同时以缓和为手段保持法苏“特殊关系”。他推动欧洲经济共同体向政治和军事联合的方向发展。他倡导“南北对话”，并于 1980 年访问中国，加强了与中国的联系。

密特朗在第一任总统（1981 年 5 月至 1988 年 5 月）初期，实施社会党纲领，在“平静的革命”中实现“法国式的社会主义”。他大刀阔斧地改革，推行、扩大国有化进程，实施地方权力下放，对司法制度改革，增加劳动者的权利。在经济政策方面，他推行“膨胀计划”，力图通过扩大公共支出和增加财政赤字刺激国内消费，以达到振兴经济和增加就业的目的，结果造成严重的通货膨胀，财政赤字激增，贸易逆差扩大，经济增长迟缓。1982 年社会党政府被迫转向紧缩。在 1986 年 3 月国民议会选举中，右翼一跃而为多数派。密特朗总统不得不任命多数派领袖希拉克为总理并组成右翼政府，在法兰西第五共和国历史上首次出现左、右翼“共治”的局面。希拉克政府反其道而行之，推行私有化和自由化的经济政策。密特朗推行延续性与现实主义、均势原则与社会民主主义相结合的新色彩的外交政策，在东西方关系中表现为“大西洋主义”，在南北关系中表现为“第三世界主义”，在欧洲要建设“第三种势力”。

在第二任总统时期（1988 年 5 月至 1995 年 5 月），密特朗解散国民议会重新选举，致使左翼再次取胜并组成左翼政府，从而结束了为时两年的左、右翼“共治”。密特朗总统和左翼政府推行“温和的纲领”，强调“全国团结”和“政治开放”，积极向中间思想和路线靠拢，放弃国有化和高税率等社会党原来的主张。但是，由于法国经济仍然不景气，失业日益严重，财政赤字居高不下，致使左翼在 1993 年国民议会换届选举中惨败，右翼一跃而为多数派。法国出现了第二次左、右翼“共治”。

希拉克第一任总统时期（1995 年 5 月至 2002 年 5 月），法国右翼领袖希拉克当选总统后，任命朱佩为总理并组成右翼政府。希拉克及其政府立即大幅度调整法国内外政策。他同失业进行斗争，打算消除各种社会排斥现象。他紧缩公共开支，减少财政赤字，力求达到首批参加欧洲经货联盟的标准。他改革社会保障制度，采取一系列廉政措施。但是，这些措施使法国经济增长速度减缓，失业更加严重，社会保障制度的改革触动了法国中下层的利益，1995 年底爆发了自 1968 年“五月风暴”以来规模最大的罢工浪潮。法国人民对现政府所推行的政策和对朱佩总理腐败行为日益不满，导致右翼在 1997 年国民议会提前的选举中遭到惨败。法国出现了第三次左、右翼“共治”。

希拉克总统调整法国的外交政策。他积极推动欧洲建设，加强同德国的合作，坚持如期实现欧洲经货联盟。他同美国保持既合作又抗争的关系。他加强法俄的政治和经济关系。他推动法国重返中东，力图打破美国垄断中东事务的局面。他发展同亚洲的伙伴关系，尤其通过 1997 年 5 月对中国的访问，建立了法中长期全面的伙伴关系。

希拉克第二任总统时期（2002 年 5 月至 2007 年 5 月），右翼获得 2002 年 5 月总统选举和 6 月议会选举的双胜利，从而结束了第三次左、右“共治”。右翼控制了国民议会、参议院、宪法委员会，以及大区和市镇的大部分地方政权，因此，希拉克是第五共和国政治史中除了戴高乐之外权力最大的总统。在这期间，法国继续推行高科技的经济政策，加强治安，降低个人所得税，改革医疗保险，开展社会对话，积极进行外交活动。

萨科齐总统时期（2007 年 5 月至 2012 年 5 月），组织了开放性、多样性和年轻化的政府。在这期间，法国大力地在政治、经济和社会领域进行改革，并根据已经变化了的国际形势调整对外政策。

第四节　政治与法律制度

一　概况

与二战前比较，法兰西第五共和国的政治生活越来越丰富多彩，具有许多新的特征。

第一，在政治生活中占据主导地位的总统、政府和议会不断开拓其活动范围并加强其干预能力。它们已不囿于政治领域内活动，而是进一步扩大到经济、社会和文化教育等各个领域。它们在干预的过程中，制定有关的法律和法令、颁布行政命令、推行有关的政策和措施，力图振兴法国经济，争取法国独立自主，改变法国“欧洲病夫”的形象。第二，第五共和国虽和第三、第四共和国一样实行多党制，但是，第五共和国政党的地位日益提高，其作用也随之增强。第五共和国时期政党在政治生活和政治舞台上已成为主要角色，它们之间的争斗和力量消长对法国政局、权力机构的组成、政府更迭以及内外政策都有着重大，甚至是决定性的影响。第三，在第五共和国期间，总统选举、立法选举、公民投票、地方选举、欧洲议会选举已成为政治生活的主要内容。总统是国家权力的中心，而议会的组成对总统的地位和权力的行使有着直接的影响，因此，总统选举和立法选举构成了政治生活的头等大事。它们不仅关系到哪派掌权，而且还促进法国政局和党派格局发生变化，有时甚至带来根本性转折。除此之外，市镇选举、省议会和大区议会选举也越来越带有政治色彩，成为反映政治生活的晴雨表。自20世纪80年代起，欧洲议会选举也在法国政治生活带来不可忽视的影响。第四，二战后，尤其是第五共和国期间，阶级矛盾和斗争、社会矛盾和斗争越来越成为政治生活的重要内容。1968年的五月风暴惊心动魄，改变了法国社会的面貌和某些风俗习惯。工运、社会运动以及生态运动连绵不断，推动了法国政治和社会的变化和发展。第五，推行发达的民主政治，从而使民主的外延不断地扩大，内涵也更加丰富。第六，不断扩大人权的范围和内容，从而使公民享受更多的民主自由。

二　宪法

（一）宪法简史

1791年宪法是法国历史上第一部宪法，也是欧洲大陆最早的资产阶级成文宪法。该宪法规定法国为君主立宪制国家。它以《人权宣言》作序言，并宣布废除各种封建制度。它规定国王掌握行政大权，有权任命大臣和最高军政长官，否决议会的决议；立法权属于一院制的立法议会，议员按两级制选举产生，任期两年；公民分为“积极公民”和“消极公民”，只有“积极公民”即有产者才有选举权。这部宪法从法制上确保了法国资本主义制度的建立，但也违背了《人权宣言》的某些原则。

此后，在第三共和国成立前的80多年间，法国先后又出现过9部宪法。它们是1793年宪法、1795年共和三年宪法、1800年共和八年宪法、1802年共和十年宪法、1804年共和十二年宪法、1814年宪章、1830年修正的宪章、1848年宪法、1851年宪法。正是根据这些宪法建立了法国的政治体制。

（二）第三共和国宪法

1875年，国民议会先后制定了《参议院组织法》《国家政权机关组织法》《国家政权机关相互关系法》。这三个宪法性的文件构成了第三共和国宪法。该宪法规定法国为多党议会制共和国：议会由众议院和参议院组成；总统是国家元首，由议会两院选举产生；总统是军队最高统帅，有权任命部长和一切军政要职，有权解散议会；政府由议会中拥有多数席位的政党或政党联盟组成，对议会负责。1875年宪法最终在法国确立了民主共和的政治体制。

（三）第四共和国宪法

二战后制定的第四共和国宪法，即1946年宪法，仍然确定法国为多党议会制共和的政治体制。1946年宪法规定：议会由国民议会和参议院组成；国民议会有权决定法律、预算、是否同意宣战，认可总统批准的国际条约，与参议院共同选举总统，批准总统提名的总理人选，决定政府的组成；政府对议会负责，在国民议会以绝对多数通过对政府不信任案时和否决政府提出的信任案时，政府就要辞职。议会成为国家权力的中心。

（四）第五共和国宪法

法兰西第五共和国宪法，即1958年宪法的最主要特征就是重新调整了总统、政府和议会之间的权力分配关系。该宪法把总统列为第二章，紧排在有关国家主权的第一章之后和在其他各章之前，而第四共和国宪法则把议会安排在该位置。这种结构足以说明，总统已处在不寻常的地位。宪法使总统的权力得到强化，在政治上的地位显著提高。宪法第三章主题是政府，也说明政府与议会相比较其地位优越，其权力亦大大加强，从而使每届政府的寿命有所提高，政府的稳定性有所加强。议会则安排在宪法的第四章，并在第五章中专门规定了议会与政府的关系，特别是规定了议会立法的范围和政府制定法令和行政命令的范围，从而使议会的地位和权力与第四共和国议会相比走向合理化。在总统、政府和议会三者的权力调整后，法国国家权力的中心已由议会转移到总统手中。但是，宪法第 20 条第 3 款同时规定政府必须对议会负责，所以，第五共和国政治体制兼有总统制和议会制的特征，又不属于其中的任何一个模式。因此，多数人把它称为“半总统半议会制”。

1958 年宪法的序言声称忠于 1789 年的《人权宣言》和第四共和国宪法序言所确认和补充的人权原则。《人权宣言》总共 17 条，它规定了法国公民应享受的权利和应尽的义务。第四共和国宪法规定法兰西不仅是不可分的、世俗的和民主的共和国，而且也是“社会的共和国”，这就为二战后法国公民享受第二代人权提供了法律保证。1958 年宪法承认《人权宣言》和第四共和国宪法序言的同时，进一步强调法兰西是“社会的共和国”，保证所有公民不论出身、政治、种族或宗教，在法律目前一律平等。法国公民享有政治权（平等权、参政权和安全权）、公共自由（信仰和宗教自由、表达自由）、人身自由（个人和家庭发展权、迁移和住宅不可侵犯权、交通自由和通信保密权、无罪推定原则、禁止拷问和酷刑）、经济的基本权利（财产自由权、工商业经营权、职业自由）、社会的基本权利（生存权、尊重私生活权、劳动权、社会参与权、受教育权、集会和结社权、罢工权）。与此同时，1958 年宪法第 34 条规定使用立法来建立法国公民权的保障和监督体系，在第 92 条中规定政府可以用行政命令保障公民所享受的权利。

至今，第五共和国宪法已经经过 24 次修改和补充。为了适应欧洲一体化发展新形势的需要，1992 年的修宪增加了第 15 章，章名为《欧洲共同体和欧洲联盟》。2007 年的修宪，将“任何人都不得被判处死刑”写入宪法第 66 条，从而保障了公民的生命权，体现了法国人的宽容和包容的传统，表现了人道主义的精神。2008 年的修宪进一步限制了总统和政府的权力，加强了议会的监督权限，提高了议会的地位和作用，扩大了公民的知情权和参政权，加强了对公民政治权、经济权、社会权和文化权的保障。

三　政府行政双头制

（一）总统

法国总统由法国选民普遍地和直接地投票选举产生，任期 5 年。总统选举按“两轮多数投票制”的方式进行，由政府组织，宪法委员会实行监督，同时还要成立一个五人特别委员会即全国竞选监察委员会负责监督选举的过程。

1958 年宪法第 5 条对总统的地位和作用定义为：“共和国总统监督遵守宪法。他通过自己的仲裁，保证公共权力机构的正常活动和国家的持续性。共和国总统是国家独立、领土完整和遵守共同体协定与条约的保证人。”1958 年宪法不仅赋予总统一般性的职权，如任命文武官员、主持部长会议和签署法令、颁布法律、发布咨文、司法权、军事权和外交权等，而且还赋予许多特殊的权力：（1）任免总理和组织政府的权力。总统根据宪法第 8 条“共和国总统任命总理。总统根据总理提出的政府辞呈，免除其职务”和“共和国总统根据总理的建议，任免政府的其他成员”的规定，在任免总理和政府其他成员时没有义务向议会各个党团征求意见，也无须国民议会多数票的批准；（2）解散国民议会的权力。根据宪法第 12 条的规定，当政府同国民议会发生冲突时，总统在与总理及议会两院议长磋商后，可以宣布解散国民议会，重新进行选举。总统在解散国民议会之前虽然要征求总理和议长的意见，但不受他们意见的约束，再加上解散议会的命令无须任何人的副署，总统实际上拥有解散国民议会的完全自由；（3）举行公民投票的权力。宪法第 11 条规定了总统有权越过议会把某些重要法案直接提交公民投票决定，以便加强总统的地位，也为了避免议会中党派的纠缠和延误决策时机；（4）行使宪法第 16 条的非常权力。宪法第 16 条规定，总统在国家出现“紧急状态”时，有权根据形势采取必要的措施，行使某些非常权力。该条文规定“紧急状态”是“如果共和国制度、国家独立、领土完整或国际义务的履行受到严重的、直接的威胁时，以及宪法上规定的公共权力机构的正常活动受到阻碍时”。该条文规定在宣布紧急状态前，总统应该征求总理、议会两院议长和宪法委员会主席的意见。在宣布紧急状态后，总统还必须以咨文方式通告全国。在紧急状态下，总统所采取的全部措施必须征求宪法委员会的意见。与此同时，议会还可以依法召开会议，对总统所作所为进行监督。

总统府设在爱丽舍宫，其办事机构有总统府办公厅、总秘书处和军事参谋部。

（二）总理和政府

总理和政府成员（包括国务部长、部长、部长级代表和国务秘书）组成法兰西第五共和国中央政府。

总理辅佐总统行使权力，实现政府对议会负责，同时领导政府的活动，实现政府的职能。总理在必要时，可以代理总统主持最高国防会议和国防委员会；在特殊情况下，他还可以代理总统主持部长会议。总理府是总理的办事机构，设在马提翁大厦。总理府设总理府办公厅、军事办公室、总秘书处。

国务部长的地位仅次于总理，在政府决策中拥有较大的发言权，受到总统或总理的青睐。部长主管一个部的工作。他可以根据法令赋予他的职权，在部内作出决定，发布命令。国务部长参加政府的决策，代行总理委托的某些权力，副署由他负责执行的总统或总理的法令。部长级代表的地位仅次于部长。他负责总理或部长委托的某些专门工作。国务秘书的地位次于部长级代表，分为独立国务秘书、总理府国务秘书和部长的国务秘书 3 种。

法国政府成员的任命不受年龄的限制，一般都比较年轻，具有较高文化修养，掌握专业特长，熟悉行政业务。根据宪法第 23 条规定，政府成员不得兼任议员，不得兼任全国性职业代表的职务和其他一切公职，不得从事一切职业性的活动。

法兰西第五共和国中央政府各部的设置数量视情况而定，但随着国家对经济、政治和社会干预活动的增强，国家和政府职能的扩大，中央政府部门也在相应的增加。法兰西第五共和国以来，平均每届政府的部数约为 20 个。部的数量和名称经常变动，有些部时而分散时而合并，有些部时而取消时而恢复。

法兰西第五共和国中央政府是最高行政机构，是一个集体机构。它的重要活动，通常要通过各种会议制度具体体现出来。法律上规定的会议制度有部长会议、限制性部长会议和部际委员会 3 种形式。

总理府设在马提翁大厦，其办事机构主要有办公厅和总秘书处。总秘书处下设行政和公职总局、政府公报局、文献局。

四 议会

（一）议会的“合理化”

法兰西第五共和国创始人戴高乐和宪法制定者吸取了第三和第四共和国议会制度的经验教训，对第五共和国议会的地位、权力和作用进行了限制。1958 年宪法把议会制度安排在第四章，并且专辟第五章明确议会与政府的关系，分清它们的职权范围，使法兰西第五共和国议会走向“合理化”。1958 年宪法规定，议会每年举行两次例会，每次不得超过 3 个月，使议会的活动法制化。1958 年宪法第五章严格划分了法律和条例的区别，使议会不得越权，也让政府拥有条例制定权。1958 年宪法更改议员的质询权为询问权，从而减少了政府更迭的频率。1958 年宪法还加强了参议院的地位和权力，发挥参议院对国民议会的牵制作用。法兰西第五共和国议会制度的“合理化”并不意味着议会无足轻重，它在当代法国政治生活中仍然起着重大的作用。

（二）议会的组织

法兰西第五共和国议会分为参议院和国民议会。参议院设在卢森堡宫，国民议会设在波旁宫。参议长和国民议会议长分别是法兰西第五共和国国家领导层中的第三和第四号人物，排在总统和总理之后。议会两院议长分别由参议院和国民议会选举产生。参议长任期 3 年，国民议会议长任期 5 年。议会两院议长每周召集主席团会议确定每周议会的工作；主持议会会议和组织辩论；负责议会内外安全和维持会议秩序；协调议会内外机构和委员会之间的关系；决定议会党团参加辩论的人数和时间；协调和裁决议会党团之间的争执；就解散议会和实施紧急状态法对总统咨询并进行监督；决定延长或缩短议案辩论的时间交付表决；参议长在总统因故缺位或不能行使职务时代行总统职务。参议院法定拥有 283 名参议员，他们由间接选举产生，任期 9 年，每 3 年改选 1/3。参议员的候选人年龄必须在 35 岁以上。国民议会法定拥有 577 名议员，他们由普选产生，任期 5 年，到期全部更换。国民议会议员候选人必须是年满 25 岁、具有选民资格和已履行服兵役义务者。选举采用“单记名两轮多数制”。议会两院议员享有言论自由，人身不可侵犯，不得因行使职务所发表的意见或所投的票而受到追诉、搜查、逮捕、拘禁或审判。国民议会议员实行“替补制度”。候选人在提出申请参加竞选时要附上“替补”的姓名、年龄和职业等基本情况。如果候选人取得参加第二轮竞选的资格但突然死亡，则由“替补”接替。议会两院议员不得兼任无论是选举产生还是非选举产生的官方职位；不得兼任政府、欧洲联盟、外国和国际组织中的公职；不得兼任宪法委员会委员、经济和社会委员会委员、法官等职务；不得兼任另一议院的职务，不得兼任政治性职业和有利可图的私人职业。

1958 年宪法第 43 条规定，议会两院分别设置 6 个常设委员会。应政府或议会的请求，还可以临时设置其数量不限的非常设委员会，如调查委员会、特别委员会、专门委员会等。常设委员会是议会两院的实际工作机构，它们按照自己的权限审查有关的法案、提案和修正案，对法律和预算法的实施进行监督，举行听证会。议会两院实行议会党团制度。参议院中一个政党至少拥有 14 名参议员、国民议会中一个政党至少拥有 20 名议员才能组成一个议会党团。议会党团是议会两院活动的基础。它们参与议会主席团会议，推荐自己的代表参加委员会的工作，参与议会办公厅的选举，参与决定议会工作日程，提出修正案。

（三）议会的活动

议会两院按照议事日程进行活动。会议有三种形式：一种是例会。1958 年宪法 28 条规定，议会每年举行两次例会：第一次会议的会期 80 天，主要用于讨论预算；第二次会议的会期 90 天，主要用于从事立法。另一种是特别会议。它是在例会闭会期间应多数议员或总理的请求召开的。再一种是两院联席会议。它是为了表决宪法修正案而召开的。

会议的讨论有三种形式：一种是公开的讨论，由发言者事先报名，议长安排发言。另一种是有组织的讨论，由议长按照议会党团的大小和人数比例分配发言时间。再一种是有限制的讨论，只允许有限的人发言。

（四）议会的职权

1. 立法权　1958 年宪法规定，议会是最高的立法机构。该宪法还在第 34 条中规定了议会两院的立法范围。立法程序分为普通立法程序和特别立法程序。在普通立法程序中，由政府提出法案或议员提出提案并在议会办公厅中备案，接着在常设委员会中进行听证和审查。在获得常设委员会的同意后，方可列入会议议程。在会议进行中，首先就法案或提案进行一般性辩论，然后逐条讨论。在辩论中，议员和政府都可以提出修正案和再修正案。辩论结束后进行投票表决。最后由总统颁布正式通过的法律。特别立法程序适用于宪法修正案、组织法性质的法律和财政法案。宪法修正案由议会两院联席会议讨论表决。

2. 财政权　议会的财政权具有立法和监督的职能，即议会对政府的财政法案、财政修正案、财政法规和经济计划大纲进行审议、辩论和表决。财政立法包括预算法、更正的财政法和结算法。在审议预算法方面，首先对财政收入作总体评价并投票表决，然后对支出进行辩论并投票表决，之后对每个篇目进行辩论并投票表决，最后对整个文本进行投票表决。

3. 监督权　议会两院敦促政府对法律的实施；对政府施政纲领和总政策声明进行监督，对政府的活动进行监督；对政府部门的财政开支进行监督；对宪法部分条文的实施进行监督；对公共事业、国有企业和混合公司的行政和财务管理进行监督。为了实施监督，议会有权获得足够的信息，并使用听证、实地调查取证、书面询问和口头询问、弹劾等手段。

五　司法

法国司法机构十分复杂，主要分为普通法院和行政法院两大系统，此外，还有特殊法院体系、权限争议法庭、特别高等法院和共和国法院、检察院。

（一）普通法院系统

法国普通法院系统按审理案件的性质又可分为民事法院系统和刑事法院系统两大类：民事法院系统依照民法审理民事案件；刑事法院系统依照刑法审理刑事案件。

无论民事法院系统或刑事法院系统都分为三级：地方法院，上诉法院和最高法院。

1. 地方法院　是法国基层司法机构。地方民事法院有：大审法院，主要审理家事案件和合同案件，也审理标的额 10000 欧元以上的商事案件。大审法院审理民商事案件原则上实行合议制，简易民事案件实行独任制审判；小审法院，只受理标的额10000欧元以下的合同和劳动争议等民商事案件；近民法院，是近民司法改革的结果，其目的是让法国民众更易接近司法。它对4000欧元以下的小额诉讼、消费者权益案、邻里纠纷，以及前四级违警罪进行简易快捷的审查处理。

地方刑事法院有：预审法院，在严重犯罪案件被正式审理之前，首先经过预审法院预审；违警罪法院，是审理法定刑为2个月以下徒刑或罚金1500欧元以上的第五级违警案件；轻罪法院，是负责处理较轻的刑事犯罪案件的法院，通常审理法定刑为2个月至5年徒刑的犯罪案件；重罪法院，是负责审理法定刑为5年以上徒刑的案件。

2. 上诉法院 是第二级司法机构，是法院体系中主要的二审法院。上诉法院是审理民事和刑事上诉案件的主要审判机构，一般案件的上诉审理均由上诉法院承担，但案件标的必须高于4000欧元，并有权变更下一级法院的判决。上诉法院设有预审法庭、民事法庭、社会法庭、轻罪法庭、未成年人法庭、刑罚适用法庭、征收法庭，分别审理各类上诉案件。

3. 最高法院 是最高一级的司法机构，分为民事审判庭和刑事审判庭。最高法院受理民事和刑事的上诉案件，它审理上诉案件的判决所引用的法律是否准确而不是审查原案的事实。如果最高法院发现下级原判不当，可将原判和法律上应作的“正当解释”一并交由原审判法庭同级的法庭再审；如果最高法院审定原判得当，则维持原判，并最终了结案件。最高法院的结论具有权威性，下级法院必须服从。

（二）行政法院系统

行政法院分为三级：地方行政法院，上诉行政法院和最高行政法院。

1. 地方行政法院 其职权主要有两项：审判和咨询。地方行政法院的审判职权，主要根据事物管辖和地域管辖两个方面来确定。（1）事物管辖，又称级别管辖。一切行政案件除法定由其他法院受理外，均以地方行政法院为第一审法院。不服地方行政法院的判决，可以向上诉行政法院和最高行政法院上诉。（2）地域管辖，地方行政法院原则上对其管辖区内行政机构的决定和行政合同的诉讼有管辖权。

2. 上诉行政法院 于1987年在行政诉讼制度改革中创设。设立该法院的目的是为了减轻最高行政法院的工作负担，加速行政诉讼的进程。上诉行政法院的权限为受理法律规定的地方行政法院的上诉案件。上诉行政法院法官，至少必须具备地方行政法院一级法官资格，而且还需要有6年的工作经验，其中4年必须是从事审判工作。法国共有8个上诉行政法院。

3. 最高行政法院 为中央一级的最高行政诉讼机构，受理、审理中央级行政诉讼案件，并作出终审判决。它还受理上诉行政法院的上诉案件，并充当这些案件的终审法院。最高行政法院受理的行政纠纷案件有一个明确的范围：有关执行性活动的诉讼以及因营业性的活动而要求国家或地方赔偿损失的诉讼，才归行政法院审理。最高行政法院的审判与普通的法院不同之处在于：第一，前者审判案件不是依据基本法，而是行政法。第二，最高行政法院的成员不是法官，而是行政官员。他们由政府部门任命和调动。

最高行政法院对政府的法律、法令、条例以及其他法规草案（如组织法、行政法）提出意见和建议，其中包括审查这些内容是否与现行法的内容协调一致。它还就行政管理和行政改革方面的措施提出意见和建议。它有权监督和检查行政管理措施在各政府部门实施的情况。

（三）特殊法院系统

法国特殊法院系统按案件的性质又可分为特殊民事法院系统和特殊刑事法院系统两大类。

1. 特殊民事法院系统 商事法院，负责审理一审商事纠纷案件。其法官属于非职业法官，由商人选举产生；劳资调解委员会，负责调解劳动合同和试用合同所引起的纠纷案件；社会保险法院，负责处理在社会保险中出现的普通法律问题和技术性问题；农村租约对等法院，审理在履行农村租约过程中产生的纠纷。

2. 特殊刑事法院系统 未成年人法院，法律禁止对13岁以下的未成年人进行刑事处罚，但对13—18周岁的未成年人的犯罪必须进行惩罚；军事法院，又分为和平时期军事法院和战争时期军事法院；海商事法庭，审理海上违法犯罪的案件。

（四）权限争议法庭

为了解决普通法院系统和行政法院系统的争端，

法国在这两个司法系统之上又设置了权限争议法庭。

权限争议法庭的主受职责是处理以下三类纠纷案件：一是当行政法院和普通法院都认为某一案件不属自身管辖范围时，则将该案件转交争议法庭。该法庭对案件本身不进行审理，而只是确定其审理的权限归属问题。二是当行政法院和普通法院都认为某一案件自身有权审理而发生争议时，则应把该案件提交争议法庭，由它确定审理机构。三是当某一案件既与行政部门或某官员有关，又同某个公民有关，而行政法院和普通法院双方作出相互矛盾的裁决时，争议法庭则有权重新审理该案，并作出裁决。

（五）特别高等法院和共和国法院

根据 1958 年宪法第九章和第十章的规定而设置，是有别于普通法院和行政法院的特殊司法机构。

1. 特别高等法院　由国民议会议长担任院长，并从议会两院的议员中选出特别高等法院的组成人员。由于总统在任职期间不承担民事和刑事责任，不得被任何司法机构和行政机构审讯或追诉，普通法院和行政法院都无权受理总统的案件，只能成立这种特别的司法机构进行审理。根据 2007 年 2 月 23 日修改后的宪法规定，特别高等法院只对在任总统具有管辖权，对总统在任期间与其职责不相符的重大失职行为进行审判，只有经特别高等法院全体成员的 2/3 的多数通过，才可以罢免总统职务。

2. 共和国法院　由 15 名成员组成，其中 12 名为国民议会和参议院各选出的 6 名议员，3 名为最高法院的法官。其中 1 名法官任共和国法院院长。共和国法院对包括总理、部长、部长级代表、国务委员在内的政府成员具有刑事管辖权，对政府成员在履行职务中的重罪和严重轻罪进行审理，判明对其职务行为应承担相应的刑事责任，并根据《刑法典》做出判决。

（六）检察院

法兰西第五共和国检察院自成一个单一的和不可分割的组织系统。它与法国各级法院平行存在，如普通法院分四级，检察院也是四级，即初审法庭的检察院、大审法庭的检察院、上诉法庭的检察院和最高法院的检察院。检察院兼有司法和行政两种职能：检察院就刑事案件进行起诉、公诉和执行刑罚，就民事案件作为诉讼当事人或诉讼参与人一方参与诉讼。在行政方面，检察院领导它所属的司法警察的一切活动，对经纪人、拍卖估价人和司法助理人员的活动进行监督和控制，对户籍登记进行检查和核实。检察官具有法官的身份，具备司法人员应具备的条件。但他们又是比较特殊的法官。他们不是独立的，在司法部长领导之下，可以随时被任免，因此，人们称检察官为“站着的法官”。

六　地方政府

（一）大区议会

大区设大区议会，根据“单轮比例代表制”普选产生。大区议会的议员任期 6 年。大区议会是大区的最高自治权力机构。它主要从事大区经济发展以及与此有关的工作，如执行国家中、长期经济和社会发展的计划，促进本地区的经济开发和发展，扶植本地区的中、小企业，支持本地区所管辖的省、市镇的经济活动，推动公私混合经济的发展，制定本地区的经济计划，编制年度职业培训大纲，分配和使用国家调拨的经费。大区设大区经济和社会委员会，作为咨询机构协助大区议会工作。其成员由大区的雇主代表、自由职业代表、工会代表和工薪者代表组成。

（二）大区行政长官和政府

大区议会议长是大区议会选出的大区最高行政长官，他负责执行大区议会的决议，贯彻中央政府有关发展大区经济的法律和政策。他领导大区所属的行政机构和中央派驻大区的机构。

（三）省议会

省议会是省的最高自治权力机构，根据“两轮单记名多数制”普选产生。每个选区产生 1 名议员。省议员任期 6 年，每 3 年改选一半。省议员领取津贴。省议会每年召开两次例会，应省委员会或者 1/3 省议员的请求，可召开特别会议。省议会决定省财政预算，负责地方税收，制定城市规划，管理省内的城市、港口、交通运输、教育等。它主持各种社会救济机构，制定和资助农村的领土整治，讨论和分配中央政府调拨本省的津贴。省议会每年还要专门讨论一次省议长提交的年度特别报告，内容包括本省的形势、省议会决议执行情况和省财政情况、各个行政部门活动和财政情况。省议会每年还专门讨论一次中央政府驻省代表提交的有关派驻机构活动的年度特别报告。

（四）省行政长官和政府

省议会议长是省的行政首脑，主管省议会和省的一切行政事务，领导省的行政部门。他审核省的开支并规定除了税务总法规以外的省的收入，有权动用警察，特别是用于管理本省交通方面。他领导省内各个行政部门，并在他的职责内和监督下委派行政部门负责人代行签字。他必要时可以支配中央的派驻机构及其工作人员，并以发布命令方式使这些机构和工作人员贯彻执行他所委托的任务。他还和共和国专员共同协调省的行政机构和中央派驻机构之间的行动。省议会选出4—7名省议员组成省委员会，负责监督省议会议员的选举，安排省议会讨论和审议的事项，起草省议会的决议，监督省议会决议的实施，分配由省议会通过的对市镇的财政援助，安排公共工程等。

（五）市议会

市议会是市镇的最高自治权力机构。它由普选产生，在5000居民以上的市镇采取多数制和比例制相结合的“混合选举制”，在50000居民以上的市镇采取“两轮单记名多数制”。市镇议员数量按市镇人口数量而定，一般在9—39名之间（巴黎、里昂和马赛例外）。市镇议员任期6年。在任期内领取津贴。市镇议会组织和建立市镇行政机构和其他公共机构，管理生产和公共工程，建立公立公益设施，管理市镇公共机构、医院、公有和私有财产（如地产、森林和牧场等），批准工程计划，负责建设和维修公共建筑，讨论和征收不动产，接收遗产，讨论和通过市镇年度财政预算。

（六）市长和市政府

市长由市镇议会选举产生，任期6年。市长在任期内，市镇议会不得罢免。市长只领取职务津贴。市长既是中央政府代表，又是市镇的最高行政长官。市长作为中央政府的代表，颁布和实施中央政府的法律、规章和法令，维持社会治安，管理户籍，实施市民的社会保障，预防各种灾害，编制服兵役名单，审核并发放各种津贴和补助。市长作为市镇的最高行政长官，执行市镇议会的决议，任命市镇官员，领导市镇工程，主持市镇司法和公安工作。市政府由市长和市长助理组成。市长助理的数量按市镇的大小设置1—12名。市长助理由市镇议会选举产生，任期6年。在较大的市，还要设置由秘书长领导的办公厅。

（七）地方与中央关系

法国是一个实行中央集权制的国家，但自20世纪80年代推行权力下放以来，法国地方自治有了较大发展，从而建立了地方与中央的新型关系。首先，在改革前，省设省长，由中央任命。省长在省内集行政、治安等大权于一身，把地方议会和政府置于自己的监护之下。改革后，省长改称共和国专员，仍由中央任命，但只充当中央驻地方代表，管理警察和中央派驻机构，不再兼任地方行政长官。其次，中央只对地方的行政、法制、财政和技术进行监督。在行政方面，中央驻省代表负责监督地方尊重国家利益、遵守法律和公共秩序，有权为维持地方治安、安全、公共保险和卫生采取相应的措施。在法制方面，中央驻省代表在判明地方议会的决议、决定、法令和所签署的协定不合法时，可以通过司法程序向行政法院上诉。行政法院由此作出的裁决，地方议会必须重新审议和修改。在财政方面，中央政府通过大区审计庭对地方行政单位、公立公益机构的财政进行监督，要它们遵守财政预算条例，如地方议会通过预算的期限、地方行政费和地方投资的平衡。如果发现违反预算条例，大区审计庭有权进行干预，并采取必要的措施来解决出现的问题。在技术方面，中央还可以通过行政法庭在技术上对地方进行监督，审查地方建设计划和方案是否符合部颁标准。只有取得行政法庭的同意，地方才能获得津贴或贷款，才能实施地方建设计划。

（八）巴黎市

1975年12月31日的法律确定，巴黎作为法兰西第五共和国的首都，是一个具有特殊地位的领土单位，它有市和省的权能。巴黎市议会行使巴黎省议会的职权，但巴黎市民只选举市议会。巴黎市议会法定为109名议员，以“两轮单记名多数制”选举产生。议员任期6年，每3年改选其中的一半。巴黎市长是法定的巴黎市议会议长。巴黎市长和市长助理由市议会选举产生，任期6年。巴黎市长作为中央政府的代表，负责颁布和实施法律和法令，任免市政官员，召集和主持巴黎市议会会议，实施市议会所通过的决议。巴黎市长作为巴黎市最高行政长官，全权处理巴黎市的政治、经济、教育、文化和城市规划等问题，领导市政府的各个行政机构。市长助理共18名，分别负责巴黎市的预算、总务、住房、城市规划、路政、运输、社会事务、学校、环保、地方生活、交通、工商业、产业和体育等等。

巴黎市划分为20个区，每个区设置由市长任命的市政主管。市政主管主要负责与户籍有关的事务，也可以代表市长助理处理区里的紧急事务。区设区委员会，由区内的市议会议员、市政主管和巴黎市议会推荐的成员组成。区委员会是咨询性机构，每季度召开一次例会。应巴黎市市长或巴黎市议会的请求，区委员会讨论将提交给市议会的草案。

七　政党和利益集团

（一）政党制度的建立和政党的演变

1958年宪法第4条规定："各政党和政治团体协助选举表达意见。它们可以自由地组织并进行活动。它们必须遵守国家主权原则和民主原则。"该条文确定了法兰西第五共和国政党的组织原则、存在的目的、活动的范围，以及政党的地位和作用。这是首次在法国宪法史上建立起政党制度并使之法制化。法兰西第五共和国初期，政党众多，且左、中、右的政治倾向都有，从而使党派格局复杂化和多极化。随着法国经济、政治和社会的发展，尤其是在选举中采取"单记名两轮多数制"的选举法后，法国政党的数量逐渐减少，中间性的政党走向灭亡，剩下的政党向左右两端集结，到20世纪70年代中期形成了四大政党两大派的党派格局。四大政党即社会党、法国共产党、保卫共和联盟和法国民主联盟，其中社会党和法国共产党为左翼，保卫共和联盟和法国民主联盟为右翼。自20世纪80年代起，法国社会的分化和政治思潮的多样化，以及选举中"比例代表制"的使用，促使诞生了一些新的政党，如国民阵线和绿党等。至今，法国的党派格局仍然朝向多极化和复杂化的方向发展。

（二）主要政党

人民运动联盟　2002年11月18日正式宣告成立。前身系2002年总统大选中为支持希拉克而组成的竞选联盟——总统多数派联盟。其核心是希拉克所属的保卫共和联盟（戴党），并吸收了自由民主党和法兰西民主联盟的主要力量。

2007年有32.4万名党员，党员主要来自工商业雇主、高、中级管理人员、商人、农民、自由职业者。2007年3月萨科齐辞去党主席职务后，该党决定暂时取消党主席职位，实行集体领导。该党党纲是"自由、责任、互助、国家、欧洲"，主张奉行务实、开放的经济政策，重塑社会市场经济理念，推动欧盟建设。现为执政党和议会第一大党，

社会党　成立于1902年，1905年4月与法兰西社会党合并为统一社会党，或称工人国际法国支部。1920年发生分裂，其中少数派仍为社会党。20世纪30年代，它在勃鲁姆领导下与法国共产党结成人民阵线并成立人民阵线政府。1951年参与创建社会党国际。社会党支持戴高乐重返政坛。1959年成为在野党并发生分裂，党员减少。1969年7月，社会党联合其他左翼小党派成立新社会党。1970年，新社会党与共和制度大会党合并。1971年，在埃皮内召开的社会主义者统一代表大会上创立社会党，密特朗任第一书记。新的社会党不再是传统的小资产阶级政党，而是以新中产阶级和知识分子为主体的政党。社会党取得总统选举和议会选举双胜利后，进行了激进的社会民主主义改革。1986年因政绩不佳而下野。1988年重又上台执政，1993年再次成为在野党，1997年在议会选举中获胜，再次上台执政。2002年和2007年在总统和议会选举中连遭失败，再次成为在野党。社会党以民主社会主义作为党的纲领。

据2008年统计，社会党有23.25万名党员。社会党的最高权力机构是全国代表大会，全国指导委员会及其下设的执行局和书记处是常设机构，现任第一书记是马蒂娜·奥布里。社会党的基层组织是地方支部或企业支部。一个省的支部组成省联合会。

法国共产党　1920年12月，社会党在图尔举行的代表大会上发生分裂，以加香为首的多数派另行组建法国共产党。1935年，它与社会党等组成人民阵线。1939年，它被宣布为非法，被迫转入地下。1940年至1945年，它积极参加抗德斗争，赢得了法国人民的同情和支持，并壮大了自己。1946年在议会选举中获得众多选民的支持，成为法国第一大党。1947年5月它被排挤出政府。1968年法国共产党提出通过议会道路向社会主义的和平过渡。1972年，它与社会党等结成左翼联盟。1976年，它宣布放弃无产阶级专政，提出"法国式的社会主义"口号。1979年，它进一步放弃"马克思列宁主义"的提法。1981年，它参加联合政府。1994年，它正式宣布放弃民主集中制。1996年，它进一步抛弃阶级斗争的口号，提出

“公民干预”的理论。

20 世纪 70 年代以来，法国共产党一直在衰退，选民和选票在 10% 以下。直到 90 年代初，它才制止了下滑的势头。1994 年，罗贝尔·于接任法国共产党全国书记的职务。1997 年，它在议会选举中获得 38 席，成为左翼多数派的重要支柱，参加左翼联合政府。2002 年和 2007 年总统选举和议会选举中，法国共产党及其候选人的得票率进一步下降，仍然处在历史性的衰退的过程中。法国共产党以共产主义和社会主义作为党的奋斗目标。

根据 2006 年 2 月统计，法国共产党约有 13.4 万党员。其中工人占 43%，职员占 33%，技术人员、教员和管理人员占 15%。法国共产党的最高权力机构是全国代表大会，全国委员会及其下属的全国局和书记处是执行机构，企业支部、地方支部和农村支部是基层组织。全国书记是玛丽—乔治·比费。

新中间党 前身是法国民主联盟中支持执政党人民运动联盟的派别，于 2007 年 5 月 29 日成立。对内主张进行一定程度的社会改革，提倡在社会、经济、文化等领域实行自由化政策，对外积极主张加强欧盟建设。2009 年拥有党员 11000 名。领导人是埃尔韦·莫兰。

民主运动 前身是法国民主联盟中的偏左派，于 2007 年 5 月 10 日成立，由法国民主联盟前主席弗朗索瓦·贝鲁领导。2009 年拥有党员 15000 名。

国民阵线 成立于 1972 年 12 月，由形形色色的极右组织和极右分子组成。20 世纪 80 年代，在法国经济不景气和极右思潮抬头的情况下，国民阵线有所发展，在选举中取得引人注目的成绩。国民阵线主席勒庞在 1988 年和 1995 年的总统选举第一轮投票中分别获得 14.6% 和 15% 的选票。国民阵线挤进了法国大党的行列，打破了法国党派格局。2002 年国民阵线主席勒庞在总统大选第一轮胜出，第二轮败于希拉克。在 2007 年总统选举和议会选举中，国民阵线遭到惨败。2007 年初，国民阵线宣称拥有 7.5 万名党员，多为中小工商业者。党主席是让—玛丽·勒庞。

绿党 由“生态主义者联合会”和“生态主义绿党”于 1984 年 1 月合并成立。绿党在 1997 年议会选举中获得 7 个席位，并参加左翼联合政府。2002 年议会选举第一轮投票中仅获得 4.4% 有效票，在新国民议会中拥有 3 个席位。2007 年议会选举中，绿党的选票和议员数量有所增长。绿党提倡保护生态和环境。2000 年 9 月 1 日统计，绿党拥有 8500 名党员，其中大多数是高级和中级管理人员、大学和中学教员、研究人员、信息员等知识分子和新中产阶级。全国书记为塞西尔·迪弗洛。

（三）利益集团的制度化

1958 年宪法继承了法兰西第四共和国宪法序言中关于“任何人皆得借职工团体之行动维护其利益，并得加入其所选择之职工团体”的原则，并在宪法中设有专章规定成立经济和社会委员会，把利益集团作为“社会伙伴”，从而使利益集团的活动被纳入官方或半官方的轨道并使之制度化。

1977 年统计表明，占法国人口 52% 的法国人参加了利益集团，远远超过参加政党的比率。1965 年新成立的利益集团有 17450 个，1981 年达到 39000 个。利益集团数量的上升，反映了民间对当代法国经济、社会问题的严重关切。

（四）主要利益集团

1. 雇主组织 主要有法国雇主全国委员会、中小企业总联合会、青年雇主中心、法国基督教雇主中心、冶金公会、工商会等。

2. 工会 目前法国工会拥有 600 万会员，是法国最大的利益集团。主要工会有法国总工会、法国劳工民主联合会、法国工人力量工会、法国天主教劳工联盟、法国企业行政和技术人员总工会、全国教育联合会等。

3. 农民组织 主要有全国农业经营者工会联合会、全国农业青年中心、全国农业互助合作信贷联合会、农业公会常设会等。

4. 非职业性的利益集团 主要有学生团体、退伍军人团体、家长—教师联合会、家庭协会、妇女组织、消费者联盟、环保组织等。

第五节 经济

一 概况

（一）发展简史

法国资本主义发展较早，在 16—18 世纪开始了资本原始积累的过程。法国大革命扫除了资本主义发展的障碍，19 世纪 30 年代工业革命大规模开展起来，到 1870 年代工业革命完成时法国经济实力增强，在资本主义世界中仅次于英国列第二位。19 世纪末，法国向垄断资本主义过渡，形成了以高利贷为特征的帝国主义，“两百家族”控制了法国的经济命脉。二战中，法国遭到极大的破坏。

二战后，法国实行计划化和国有化，并积极利用外资，经济得到迅速的恢复，1950 年国内生产总值接近战前最高的年份。从 1951 年起，法国经济进入高速发展时期，1951—1960 年国内生产总值年均增长 5%。法兰西第五共和国的成立促进了政治和社会的稳定，政府实行扶助农业政策、推进欧洲一体化、大力发展具有特色的工业（如交通、电信、农产品加工和高档消费品工业等），使法国国内生产总值 1960—1973 年平均增速达到 5. 8%。

1974 年爆发经济危机，法国经济出现低速增长，1973—1979 年国内生产总值年均增长 2. 8%，1979—1990 年为 2. 2%，1991 年为 0. 7%，1992 年为 1. 4%，1993 年为 -0. 7%。与此同时，法国通货膨胀和失业日益严重。从 20 世纪 80 年代中期开始，法国政府在推行反通货膨胀的经济政策的同时，实施企业和银行私有化、对经济结构和产业结构进行调整、鼓励自由竞争积极参与国际市场的竞争、取消大宗财产税、全面开放物价、进一步推动欧洲经济一体化，从而遏止了恶性通货膨胀的势头，恢复了外贸和国际收支平衡，提高了投资的积极性。

20 世纪 90 年代中期，法国经济逐渐走出低谷，经济在低速中增长，1994 年经济增长 2. 5%，1995 年为 2. 1%，1996 年为 1. 5%。从 1997 年开始，法国经济加快了复苏的步伐，这年国内生产总值增长 2. 3%，1998 年增长 3. 2%，1999 年为 2. 3%，2000 年 3. 1%，2001 年 2. 1%，2002 年 1%，2003 年 1. 1%，2004 年 2. 5%，2005 年 1. 7%，2006 年 2%，2007 年 2. 2%。

而 2008 年下半年美国的金融危机，很迅速地波及欧洲和法国，从而使法国经济雪上加霜。2008 年法国国内生产总值增长下降到 0. 4%，2009 年则是 -2. 25% 的负增长，失业再次严重起来。

（二）经济体制的特点

法国经济体制有如下主要特点：第一，市场经济与国家干预相结合。二战后，法国历届政府，无论是左翼政府还是右翼政府，也不论推行凯恩斯主义还是自由放任主义政策，都在不同程度上干预经济，从而形成“国家市场经济”的模式。第二，自战后以来大力推行计划化，制定中、长期计划并与短期计划相结合，来指导国营和私营经济的发展方向。20 世纪 90 年代以来，法国通过“计划合同制”，即国家—地区计划合同、国家—企业计划合同来实现国家计划项目，从而使国家计划目标与地区和企业的经济活动协调一致。第三，法国推行混合经济，即私有经济、国有经济、合作经济并存。目前，私有经济、国有经济和合作经济占法国经济的比重分别为 80%—85%、10%—15% 和 5%。国有经济在目前法国国民经济中依然占据十分重要的地位，在西方国家中依然名列前茅。由国有经济、私营经济和合作经济构成的法国混合经济在资本主义世界中具有典型的意义。

（三）经济实力和产业结构

经过半个多世纪的发展，法国已经成为世界经济强国，在西方国家中保持第四经济强国的地位，在欧洲联盟中仅次于德国保持第二位。法国国内生产总值 2008 年为 19501 亿欧元，全球排行在美国、日本、德国、中国之后位居第 5 位。法国人均国内生产总值 2008 年为 27120 欧元，仅次于德国，占第二位。2008 年法国进出口贸易总额达 10794 亿欧元，为世界第 5 大对外贸易大国，其中出口 5156 亿欧元，进口 5638 亿欧元。法国占有的全球市场份额为 4. 8%。在 2006 年营业额最大的前 100 名世界企业集团中，法国占有 9 个名额。法国是世界第四大成品出口国（主要是设备），第二大服务业和农产品出口国（特别是谷物和农业食品）。

法国经济在世界上拥有许多强项和优势，例如农业食品工业、银行、保险、旅游和传统的高档消费品（皮件、服装、香水、酒类等）、军民用飞机、空中客车、高速火车和地铁技术、天文学、生物学、遗传学、神经系统、药品业、化学工程、生物工程、加工技术、土木工程、计算机软件、理论和应用化学、地球物理和地球化学、核动力工程、石油技术、原子物理、高能物理、核物理、固体物理、机器人视觉、综合机器人学、远程通信、火箭和卫星制造技术、卫星遥感和对地观察、核电和核安全、国防电子工业等。

二战后，法国的产业结构发生了巨大变动。从占国内生产总值的比例看：1949 年，第一产业占 12. 8%，第二产业占 52. 7%，第三产业占 34. 5%；2004 年，第一产业下降到 2. 9%，第二产业也下降到 25. 8%，第三产业上升到 71. 3%。正是产业结构变动带动了经济结构的变化，使法国经济朝向现代化的方向发展，经济实力进一步增强。

（四）经济政策

为了促进经济发展，加速欧洲一体化建设，并迎接经济全球化和21世纪的挑战，法国实施新的工业创新政策，谋求工业创新的巨大突破。2005年成立的“工业创新署”，正式公布了未来“工业创新激励计划”。计划拟定选择有限的10多个大型工业研发项目，利用未来5—15年时间，予以重点支持，取得创新突破，获得所处领域技术与市场的绝对优势；建立专业化竞争力创新区，加强创新资源与优势集成；大力推动企业进行研发与创新；把高科技、信息通信作为领头羊的作用；2002年11月，法国政府曾提出过一个“RE/SO2007信息社会数字共和国规划”，目的是想建立一个“数字共和国”。规划希望借助互联网来鼓励公民和企业的创新精神，并以创新来为互联网增值，促进信息社会的发展；建设经济园区；发展理性农业。2007年，法国政府实施可持续发展国家战略，并探索和构筑新的经济增长方式。目前法国官方概括为：发展绿色经济、循环经济、低碳经济。法国决定，把新的经济增长方式，作为重振法国经济的主要动力。

二　农业、畜牧业、林业、渔业

（一）农业

法国耕地平坦，土壤肥沃，雨量充沛，气候温和，有利于发展农业。然而，二战前法国农业一直是国民经济中比较落后和比较薄弱的经济部门。战后，法国政府大力扶植农业，在推进工业现代化时把发展农业机械作为重点，增加化肥生产；与此同时，加大对农业、农村和农业经营者的投入和补助，实行低息贷款的政策，鼓励土地相对的集中，推广农业合作化，保护农产品价格，大力提高农民的文化、科技和经营管理水平，大力培养农业科技人才和技术人员，尤其是欧洲农业共同市场形成后，使法国农业迅猛发展起来，从根本上改变了法国农业和农村的面貌。

法国组织起为农业服务的生产前综合体（包括能源、设备工业、生物工程、农业化学和服务业等）、生产综合体（包括农业和农业食品工业）、销售综合体和国际贸易综合体。在农户内部，组织起了各类专业合作社，如多种经营合作社、农产品生产、加工、贮藏和销售合作社、供应合作社、服务合作社等。正是通过这些管理系统，为法国中小农场主提供一条龙服务，也使农民的利益得到保护。法国还鼓励农民之间的互助与合作，支持他们联合组成生产组合和销售组合。

法国农业发展的最新特点之一是农业经营者大量减少。农业经营者数量，1955年230.7万人，2006年降到75.1万人。2005年农业就业人口（包括农业经营者和农业工人）占全国就业人口的3.6%。特点之二是种植业土地减少和牧地增加。特点之三是农业地区向专业化方向发展。例如，巴黎盆地谷物种植的专业地区；诺曼底、布列塔尼大区、佩伊—卢瓦尔大区、弗朗什—孔泰大区是产奶区；利穆赞大区和奥弗涅大区主要发展养牛业等，朗格多克、普罗旺斯、香巴尼是盛产葡萄的地区。特点之四是法国农业的机械化程度高和农产品的科技含量大。

二战前，法国粮食依赖进口。二战后不久，法国粮食产量自给有余，并有1/3用于出口。法国是仅次于美国的世界第二大农产品和食品出口国。在法国，出口的农产品和农业食品被称为“绿色石油”，为法国带来巨额的外汇收入。2006年，软粒小麦产量为3330万吨，玉米1290万吨。

（二）畜牧业

从20世纪50年代起，法国政府采取措施推动良种繁育，广泛采用人工授精技术来保证畜产品的质量，规定统一的饲料生产标准，不断提高和改进饲养管理水平，从而使法国的畜牧业得到迅速发展，农业生产重点逐步从种植业转向畜牧业。目前，法国用于畜牧业的草地有1307万公顷，占农业用地面积的41%。

在畜牧业中，养牛业十分发达。法国养牛以放牧为主，采取小区围栏和分区轮牧法。全国各个地区普遍放牧牛群，但是凉爽的北部和西北部拥有更集中的养牛业，其中诺曼底的种牛最为著名。2006年，牛肉产量为150万吨，牛奶产量为234.9亿升。牛肉和牛奶在法国农牧业总产值中占35%，在法国畜牧业产值中占1/3以上。

法国全国各地的小农场都有养猪业，猪肉产量2006年为220万吨。法国全国各地的农场普遍饲养家禽，家禽和蛋类的产值占农业总产值的8%。

（三）林业

法国森林资源十分富饶。森林面积总共约有

14 万平方公里，其中的 70% 是阔叶林，30% 为针叶林。根据法国法律规定允许私人占有森林，因此全国森林中国有森林仅占 12%，地方所有的占 18%，其余 70% 分散为私人所有。法国设置“全国森林管理局”负责管理森林并制定有关森林法规和政策。法国年产木材 4000 万立方米，砍伐的森林少于新种的树木。法国森林主要作为风景和旅游景点，严格实行环境保护政策，因此，法国仍需从国外大量进口木材，以满足经济和工业发展的需要。

（四）渔业

法国的捕鱼量在欧盟国家中占第四位。2005 年，法国捕鱼量为 79.9 万吨，主要是沙丁鱼、鳕鱼和鳀鱼。法国捕鱼业主要在沿海地带，特别是西部的布列塔尼、诺曼底以及南部的马赛等地均是著名渔港。但是，法国本土的鱼产量远远不能满足国内需要，还要从国外大量进口。

三　工矿能源

（一）工业

经过半个多世纪的努力，法国在欧洲是仅次于德国的第二大工业大国，在世界上是仅次于美国、日本、德国和中国的第五工业大国。2006 年，法国工业企业总共 19450 家，产值占当年国内生产总值的 15.6%，工业就业人口占就业人口总数的 16%。在国际市场上，法国工业拥有许多强项，如电子产品、通信产品、宇航工业、高速火车、军火等。

法国的工业布局发生了很大的变化。过去，工业部门多集中在北部和东北部某些地区，现在逐渐向西南部和地中海沿岸发展。法国工业发展的另一特点是集中和兼并的速度加快，出现了新的工业集团和公司，它们资本雄厚，经营国际化。

法国工业门类齐全。重要的部门有汽车、机械、化学、纺织、食品、农产品加工、石油提炼、造船、电子、航空、航天和军火工业等。2006 年，农业食品工业产值为 1299 亿欧元，消费品工业产值为 1245 亿欧元，汽车工业产值为 872 亿欧元，设备品工业产值为 1634 亿欧元，中间产品工业产值为 2697 亿欧元。

法国新兴工业如核能、石油化工、海洋开发、航空和宇航等部门发展很快，在工业产值中的比重迅速提高。核电设备能力、石油加工技术仅次于美国居世界第二位。航空和宇航工业仅次于美国和独联体居世界第三位，主要企业是法国宇航集团、达索航空工业公司和马特拉集团。法国纺织业居世界第六位。

但是，经济危机加剧了法国工业的衰退，使法国工业对国内生产总值的贡献率由 1980 年 24% 下降到 2007 年 14%。为应对经济危机、重振工业、挽救就业，法国正在实施振兴工业计划，以便重温昔日的“工业强国梦”。

（二）矿业和冶炼

二战前，法国本土的采矿业十分发达，是法国工业中的一大产业。战后，随着一些自然资源的减少和枯竭，采矿业向第三世界国家的转移和矿石进口量的增加，使法国本土的采矿业日渐萎缩，矿工从战后初期的 60 万人减至目前 3 万人。

法国冶炼业十分发达，多数原料从国外进口。2005 年，法国钢铁工业产值为 129 亿欧元。2006 年，钢产量 1948 万吨。法国钢铁生产均为于西诺—萨西洛国营钢铁公司所垄断，产地已从北部和洛林向马赛、敦刻尔克等港口城市发展。法国铝年产量保持在 70 万吨，占世界铝产量的第三位。此外，法国还生产锌、铅、铜、镍等有色金属。

（三）能源

1973 年石油危机以前，法国能源生产和消费以石油为主。石油危机发生后，法国政府推行能源多样化政策，2006 年法国能源的自给率为 50.5%。目前，法国核能发电已占总发电量的 78%，为 4287 亿度，占法国能源消费量的 30%。1996 年，法国拥有 55 座核电站。

法国发电总量 2006 年为 5488 亿度，在世界排名第七位。2006 年，法国电力在法国能源消费总量中的比例，已经接近石油消费在法国能源消费总量中的比例。在总发电量中，22% 为水力和火力发电。水力发电多设在法国东南部和山区河流地带。法国电力公司是法国电力方面最大的国营企业，全国 95% 的发电、输电、供电和配电由该公司统一管理，是世界上最大的电力公司。

法国石油生产量不大，因此法国石油的生产量远远不能满足需求，需大量进口。法国石油的提炼能力较强，拥有 13 个炼油厂，炼油达 8600 万吨，居世界第九位。法国提炼石油技术仅次于美国，居世界第二位。主要炼油企业是马赛—福斯炼油厂，生产量占法国炼油总产量的31.5%。

法国天然气主要开采地区在西南部的拉克，目前已快枯竭。但是，法国天然气的消费量占能源消费量的13.6%，缺口较大，因此需要大量进口。

法国煤的生产从1950年的6000万吨降到2006年的50万吨。目前，法国煤矿几乎全部关闭。主要产地是洛林和中央高原，大多是劣质煤。为满足国内需要，要从国外进口。

此外，法国大力发展新能源，如太阳能、风能、潮汐能、生物能等。

四 第三产业

（一）服务行业概况

法国服务行业十分发达，从业人员逐年增加，1975年为2237万人（占劳动力总数的51.9%），1985年为2418万人（占59.4%），1996年为2561万人（占69.8%），1998年上升到2576万人（占70.7%），2006年的比例上升到76.2%。它主要包括交通运输、电信、商业、金融、旅馆、餐馆、修理、旅游等众多部门。

（二）交通运输

法国的交通运输业历史悠久，17世纪初出现了内河航运和公路运输，19世纪铁路成为主要的交通工具。自20世纪60年代以来在市镇向现代化和都市化发展的基础上，法国的交通运输业建设发生了深刻而迅速的变化，逐步形成了以公路交通为主体、铁路和其他各类交通为辅的格局。法国的交通运输业直接受政府的指导，并纳入经济与社会发展的计划之中。战后国家制定的第一个装备与现代化计划就把交通运输列入优先发展的重点项目之一，还用大量投资作为保证。以后制定的经济与社会发展计划，都具体规定了交通运输的发展目标。法国交通运输发展的特点之一是国营成分比例大，铁路是100%，航空占80%。特点之二是以公路和高速公路为主，铁路等也处于十分重要的地位。特点之三是以首都巴黎为中心向全国辐射并向欧盟其他国家辐射。2006年，法国交通运输达到8689亿人公里，运货量为2640亿吨公里。

1. 公路 法国是世界上公路交通最发达的国家之一。全国公路总长96.59万公里，其中高速公路为9011公里。目前，法国高速公路总长度在西欧国家中仅次于德国，名列第二位。法国的公路系统是以首都巴黎为中心向四面八方辐射而形成的道路网，公路平均密度为每平方公里有2公里，是世界上公路网最稠密的国家之一，仅次于日本，在欧洲居首位。

2. 铁路 法国从1827年开始修建铁路，1830年在里昂至吉沃尔线上第一次使用蒸汽机牵引。从第二帝国起，法国铁路建设加快了步伐，有了很大发展。目前，法国铁路营运里程长达32727公里，在西欧国家中高居榜首。其中，电气化铁路为14500公里，高速铁路1540公里。80年代，巴黎至尼斯时速为270公里的高速铁路正式投入使用，法国在发展高速火车方面走在世界前列。法国铁路基本上采用单一中心制，即以巴黎为中心呈辐射状向全国分布开来，所有的铁路干线几乎都是从首都出发，然后通向全国各地。目前，法国计划建设巴黎通往某些西欧国家的高速铁路。法国铁路几乎都是由法国政府部门和铁路国有化委员会控制的。早在1973年，铁路国有化委员会出面接管了法国5家最大的铁路运输公司，因此主要的运输业务都是由法国国营铁路公司所控制。2006年，法铁拥有23.8万职工，铁路旅客915亿人公里，其中高速列车440亿人公里，运货量为407亿吨公里，当年的营业额为209.9亿欧元。

3. 水运 法国工业革命的早期，内河航道的开发和利用已经开始。随着法国经济的发展，18世纪上半叶，内河航运事业已十分发达。自19世纪末开始，在铁路的竞争之下，法国内河航运事业逐渐萎缩。但是，目前法国内河航道仍然承担了80%的笨重散装货物如矿物、建筑材料、煤炭和石油等的运输任务。内河航道长8568公里，其中运河航道长4613公里。主要内河港口有巴黎港。2006年，水路运输为79亿吨公里。

法国的沿海运输业十分发达。吞吐量在1000万吨以上的海港有6个：马赛、勒阿弗尔、敦刻尔克、南特、鲁昂和波尔多。它们的吞吐总量占全法国海港吞吐总量的85%以上。马赛是法国第一大海港，是法国通向印度洋和太平洋各国的主要港口。马赛海港全年的吞吐量中，石油占85%以上。马赛海港的专业化程度很高。法国还拥有一支庞大的远洋运输船队，计216艘，总吨位为358万吨。

4. 空运 法国原有法国航空公司、国内航空公司和联合航空公司等3大航空公司，共有904架飞机，每年运送旅客约 1 亿人次，每年运货量 48 亿吨公里。法国航空公司拥有 114 架飞机，航线总长 105 万公里，通向 73 个国家和地区。1991 年，国内航空公司和联合航空公司并入法国航空公司，使其实力更为壮大，竞争力得到加强。2006 年，法国航空国内国际客运量 11838.6 万人次。

（三）电信

自 20 世纪 90 年代以来，法国电信进行了较大的改革，使经营项目更加多样化，除了传统的邮寄外，还经营快件邮寄、金融服务等。2006 年，法国电信公司拥有职工 20.3 万人，营业额 490.38 亿欧元。法国电信公司在 2004 年世界最大的 10 家电信公司排行榜中处于第五位，在 2006 年世界 100 强的工业和服务业集团中排名第 47 位。法国已经建立了一个密集的邮政网，平均 3437 个居民中设有一个邮局，每个居民每年要寄 423 个邮件。

2006 年，法国固定电话线路总数达 3816.8 万条，收入 114.19 亿欧元。电话网络已经完全电子化，是世界上最现代化的电话网络之一。法国移动电话发展十分迅速，2000 年用户为 3040 万人，2006 年上升为 5166.2 万人。移动电话已经超过固定电话。

法国在 20 世纪 80 年代开发出具有本国特色的视频文字终端（Minitel），但是，自 90 年代开始普及国际互联网。根据 2006 年统计，法国拥有网民 1525.2 万人，收入 37.29 亿欧元。

（四）商业

1. 概况　第二次世界大战后，法国商业的结构发生了很大变化。首先，商业开始走向集中，大型超市相继出现。它们的商品价格低廉，品种繁多，而且顾客可以在货架上自由挑选，非常方便，因而受到欢迎。其次，从 20 世纪 60 年代开始，随着商业的竞争日趋激烈，另一种销售形式脱颖而出，即特大型超市，它们不仅销售食品，而且还经营其他商品，从而使商品品种更加多样化，如著名的家乐福超市。此外，还出现专营超市商店。这种专营店专门销售某种商品，如体育用品超市、家用电器超市等。著名的专营超市有大地电器超市、芬纳克休闲用品超市。

1973 年出台的商业法对原有的商业法进行修改和补充，确立了法国商业的管理体制。根据新商业法的规定，法国城市中市场和商业网点的建立、商业布局和商业管理都将依法行事，不得自行其是。每个城市中的商业城市化委员会负责贯彻新的商业法，具体对该城市的商业网点和商业布局进行规划，对商业投资进行安排。

2006 年，法国商业职工总共为 304.74 万人，批发销售额 4901 亿欧元，零售额为 4318 亿欧元。

2. 巴黎商业　巴黎不仅是法国的政治、经济和文化中心，而且也是法国的商业中心。巴黎的商业营业额占全法国商业营业总额的 1/3，每 3.5 个巴黎市民中就有一个商业服务人员，其比例占世界首位。巴黎被称为“购物的天堂”。

在巴黎西部，顺着卢浮宫—协和广场—凯旋门轴线可以看到一片密集的高层楼群，那就是拉德芳斯区，亦被称为“巴黎的曼哈顿”。目前，拉德芳斯已成为法国的经济和商业中枢，上千家跨国公司和法国最大的公司都在这里建立总部或办事处，职工超过 10 万人。来往这里的法国和世界企业家终年不断，商谈业务和进行商业交易。

巴黎城区内副食或食品店有 13000 多家，另有 4000 多家小杂货店和 100 多家超级市场，形成布点密集、品种齐全和十分方便的副食供应网点。每年平均售出蔬菜和水果 150 多万吨、肉类 50 万吨、奶制品 25 万吨、水产品 10 多万吨。为了便于这些数量巨大的商品的集中管理并及时分配到各个商业网点，巴黎南郊建立了巴黎副食供应中心——兰吉斯菜市场，其规模之大在世界上首屈一指。该菜市场由官方、地方和经营者代表组成的行政委员会负责管理。该菜市场 70% 的商品供应给巴黎，其余远销国外。

（五）银行

19 世纪末至 20 世纪初，法国在向垄断资本主义过渡的过程中，形成了强大的金融资本和金融市场，当时以“两百家族”为核心，控制着法国的经济命脉，因此，法国的银行业十分发达。二战后，法国政府把法兰西银行和其他 4 家商业银行国有化，并成立了国家信贷委员会，以便建立和控制一些专业银行并负责许多中、长期信贷。随着法国经济的发展，金融资本和银行走向集中，形成了一些大的银行垄断集团，如法兰西银行、里昂信贷银行、兴业银行、苏伊士财团、巴黎荷兰金融公司和法国商业信贷集团等。在世界银行排行榜上前 25 家大银行中法国占了 4 家：农业信贷银行、蓄积银行集团、巴黎国民银行和巴黎荷兰金融公司。它们直接或间接控制着1/3法国本土的银行，其资本总额占法国全部银行资本的80%。20世纪80年代以来，法国出现了跨国银行垄断财团，如巴黎银行与美洲银行等6家大银行组成“欧洲金融公司”，里昂信贷银行与德国商业银行等成立了“欧洲金融合营集团”。法国银行的另一特点是国有成分的比例很大。

法国银行的最高领导机构是法国的经济、财政与工业部，1945年成立的国家信贷委员会则具体管理信贷业务，审批银行的注册、开业和歇业，拟订银行业务的规章制度，就信贷政策向财政部提供咨询。银行管理委员会确定银行流动资金和准备金的数额，审查银行账目，裁决银行的有关案件。银行协会是法定的银行同业组织，它是银行界与国家信贷委员会和银行管理委员会之间以及银行之间的联络机构。

法国银行可以分为法兰西银行（中央银行）、注册银行（向国家信贷委员会注册）、国库管辖的国营和半国营银行、金融公司等四大类，并由这四大类组成法国的银行体系。

法兰西银行成立于1800年，1806年开始置于国家控制之下。1848年起成为发行货币的唯一银行。1945年法国政府将其国有化，成为中央银行。该银行接受政府的委托发行货币，管理政府部门和国库的开支、外汇，指导银行的金融活动，负责与国际银行机构的联系，制定法国的国际收支计划。

（六）保险

法国保险业具有两个特点：一是国营和私营同时并举，都有权开办保险业；二是保险业向着纵深方向发展，保险范围越来越大。2005年，法国拥有600家保险公司，雇用职工近20.5万人，营业额为1761亿欧元，居世界保险业的第四位。在保险业中，人寿和健康的保险所占的比重越来越大，2005年比1995年增加了7.1%。与此同时，各种损害保险的业务（包括财产和责任）也重新崛起。最后，法国保险业还参与欧洲范围内的兼并和资本集中活动，正是通过这种兼并和集中，法国保险公司的规模和资本日益壮大。法国跨国保险公司正在进一步扩张业务范围，积极向国外投资和开办分支机构。

（七）证券

19世纪末20世纪初，随着法国垄断资本主义的发展，法国的证券市场也十分活跃。第二次世界大战后，尤其是在法国银行体制改革之后，法国的证券业也日益繁荣。法国证券发行者主要是国营和私营的工矿企业，其次是国家或国营、公私合营的其他企业，再就是银行机构和外国企业。

法国证券交易所，2007年达到638个，分布在各大中城市。法国证券交易所都是私营机构，但是它们要接受由经济、财政与工业部指定成员组成的交易所委员会的领导和监督。

巴黎证券交易所是法国最大的证券交易所，在世界证券交易所中排名第四位，仅次于纽约、东京和伦敦的证券交易所。

（八）旅游业

法国西濒大西洋，南临地中海，东有丛山峻岭，风光旖旎，气候宜人；同时作为文明古国，历史遗迹遍布全国各地。法国是世界著名的旅游国。

法国旅游项目丰富多彩，主要有参观名胜古迹，如首都巴黎具有两千多年的历史，既是法国政治、经济、交通和文化中心，也是法兰西文化遗产的荟萃之地。巴黎拥有60多个著名的博物馆和展览中心，还有陈列1.2万件精美艺术品的世界级博物馆卢浮宫、高耸入云的埃菲尔铁塔、肃穆壮观的巴黎圣母院、气魄宏伟的凯旋门、气派非凡的凡尔赛宫、别具一格的现代派建筑蓬皮杜文化中心。巴黎还拥有闻名遐迩的高等学府，法兰西大菜和世界各地的美味佳肴，华丽的剧院等，都极富魅力。巴黎不愧为“世界之都”、“浪漫之都”、“花都”、“时装之都”的称呼。法国拥有许多温泉，可以进行疗浴，矿泉水的生产为法国带来大笔的外汇，中央高原的维希所出产的矿泉水久负盛名。法国地中海沿岸和科西嘉岛通常被称为“蓝色海岸”，这里有充足的阳光、蓝色的海水、金色的沙滩和绿色的棕榈树，是旅游和度假的好去处。此外，还有卢瓦尔河畔的古堡群，布列塔尼和诺曼底的渔村；阿尔卑斯山脉和比利牛斯山脉是从事滑雪和冬季运动的好地方。近年来，法国的森林、自然公园和农村也吸引着越来越多“绿色旅游”的爱好者。

法国人每年有5—6周带薪休假，因此，进入21世纪以来，3/4的法国人每年至少一次在国内旅游和度假，1/4的法国人每年至少一次到国外旅游和度假。2004年，占就业人口65%的法国人在这一年曾经旅游和度假，其中各行业旅游和度假者占该行业就业人口的比例：农民 38%，工人 48%，雇主、手工业者和商人 67%，职员 63%，中间职业者 78%，高级管理人员和知识分子占 90%，退休者 53%，学生 73%。在国内旅游和度假中，44% 左右法国人利用休假探亲或者访问朋友，75% 左右法国人开着自己的小汽车和旅游车，58% 的法国人选择夏天到海边进行日光浴，或者到农村进行绿色度假以便呼吸新鲜空气，或者洗温泉浴进行保健旅游。近几年来，越来越多的法国人选择冬天度假，到高山上滑雪。

外国人到法国观光旅游在逐年增加，21 世纪初保持在 7000 万人和 8500 万人之间。外国旅游者为法国带来巨大的外汇收入。从旅游人数和旅游收入看，法国已经从 20 世纪 90 年代初占世界各国旅游人数和收入的第二位到 90 年代末跃居世界第一位。

法国旅游业兴旺发达，是与它的服务行业密切相关。第一，法国地理位置好，密如蛛网的航空线和铁路线将法国同世界各地紧紧联系起来。巴黎同 80 多个国家的 400 多个城市有定期航班。巴黎和国内各个旅游景点的交通十分便利。第二，法国住宿条件和设施完备。法国拥有 4.08 万家旅馆和饭店，总共有 1730 万张床位。仅巴黎就有 1800 多家旅店和 9 万多张床位。此外，还有分布在乡间的小旅店、野外宿营地、青年之家等 1610 万张床位。旅客可以根据需要和经济条件选择从无星级、一星级直到四星豪华级饭店。第三，法国饮食丰富多彩。除了举世闻名的法国菜外，在巴黎，仅中餐馆就有 4000 家之多，也是旅客喜欢光顾的地方。第四，法国拥有 2.61 万个旅行社，从事旅游业的员工约有 47 万人，其中旅馆员工 32 万人，因此，法国能够以方便和周到的服务吸引世界各国的游客。

五　财政金融

（一）财政

法国实行中央、省和市镇三级公共财政管理体制。各级财政独立，自行安排收支。中央和地方预算由各级政府分级编制，但由于法国是高度中央集权的国家，因此财政立法大权在中央，地方财政严重依赖中央的财政拨款。不过，20 世纪 80 年代以来，由于地方权力下放的结果，地方的财政权有所增加，地方预算支出的比重逐步提高。在国家预算中，中央预算约占 80%，地方预算约占 20%。第二次世界大战后，法国中央财政预算支出持续增长，按当年价格计算，1950 年 36 亿欧元，1960 年 96 亿欧元，1970 年 249 亿欧元，1990 年 1954 亿欧元，2000 年 2623 亿欧元，2008 年 2712 亿欧元，2009 年 2785 亿欧元。

（二）税收

法国财政收入主要来源于各种税收，其中个人所得税、公司所得税、增值税和消费税占所有税收的 80% 以上。法国税收总额占国内生产总值的比例，2005 年为 45.8%，而欧洲联盟 27 国税收占国内生产总值的平均水平为 40.8%。法国政府为了刺激经济、促进消费和提高投资积极性，近几年来采取了紧缩开支、减免税收的措施，从而使税收占国内生产总值的比例有所减少。

（三）财政政策

第二次世界大战前，法国历届政府采取预算平衡的政策。战后，法国政府转向赤字财政政策。法兰西第四共和国的财政几乎年年都有赤字。20 世纪 60 年代至 70 年代初，法兰西第五共和国政府长期采取削减支出和增加税收的办法，达到收支平衡甚至还出现了盈余，并成功的克服了周期性的财政危机。但是，1974 年遭受经济危机的打击之后，法国政府不断出现财政赤字，财政赤字占国内生产总值的比例 1983 年为 3.44%，1990 年为 1.51%，1993 年为 4.47%。为了达到加入欧元区的标准并实现首批加入欧元区的目标，法国政府从 1997 年开始下定决心，通过增收和节支减少财政赤字，从而使以后几年法国的财政赤字有了明显下降，1997 年占国内生产总值的比例为 3%，2000 年为 2%。但是，由于经济不景气导致收入减少和开支增加，法国财政赤字重又抬头，特别是遭遇金融危机的重创，财政赤字进一步增长，2009 年上升到 7.9%。

（四）国债

法国的预算收入经常不能满足庞大的预算支出。为了弥补财政赤字，法国政府经常发行国债。法国国债分为内债和外债。政府主要是发行内债，即采取发行公债的办法。第二次世界大战后，法国国债一直在增加，1950 年为 63 亿欧元，1960 年为 129 亿欧元，1970 年为 151 亿欧元，1980 年为 637 亿欧元，1990 年为 2720 亿欧元，2000 年为 6830 亿欧元，2003 年为 9956 亿欧元，2004 年为 10670 亿欧元，2005 年为 11368 亿欧元，2006 年上升为 11422 亿欧元。法国人每人平均负担的国债，从

1985 年 2881 欧元激增到 2000 年 11265 欧元。法国国债占国内生产总值的比例也在增加，1980 年为 15%，1990 年为 26.9%，2000 年为 48.6%，2006 年为 63.7%，2008 年为 67.4%，2009 年因金融危机影响上升到 84%。可见，法国的债务越来越重，也是欧洲联盟国家中债务最重的国家之一。

六 对外经济关系

（一）外贸

二战后，法国外贸的增长十分迅速，1949 年至 1959 年年均 5.1%，1960 年至 1969 年年均 9.5%，1970 年至 1979 年年均 7.4%，1980 年至 1989 年年均 3.8%，1995 年至 1995 年年均 3.3%，1997 年至 2004 年年均 5.6%，2008 年 3.9%。从二战后法国外贸的增长率可以看出：第一，外贸的增长率往往高于当年的国内生产总值的增长率。第二，1960 年至 1979 年外贸处于迅速增长期，从而使法国变成为外向型经济的国家。第三，在迅速增长期，法国进出口贸易基本上实行了平衡，1993 年至 1999 年走向长期盈余，2000 年起则经常出现逆差。目前，法国对外出口在世界贸易中占第五位，居美国、中国、德国和日本之后。

法国的经济、财政与工业部设有对外贸易国务秘书，领导该部的对外经济关系司。他代表政府进行对外贸易谈判，向政府提出外贸方针和政策并组织实施。法国工商会负责为法国外贸提供国外市场和经济情报及与国外保持联络。此外，法国还设有外贸银行和外贸保险公司，由政府提供信贷和担保来鼓励出口。法国的外贸政策因时间而异，总的来说是积极扶持出口，以便争夺国际市场；同时采取措施来保护国内工业和市场。

随着战后法国经济的发展和产业结构的调整，法国外贸的商品结构也发生明显变化。战后初期法国进出口以中间产品为主，即出口以半制成品为主和进口以原料为主，目前法国进口的商品主要则是能源和工业原料，出口商品主要则是机械、汽车、化工产品、农产品、钢铁、食品、化妆品、服装和军火等。其中，法国的服务业和农产品出口居世界第二位，设备出口占世界第四位。法国是世界第三大军火出口国。

二战后初期，法国的外贸对象主要是法属殖民地国家，其次是美国和其他西方国家。在法属殖民地纷纷独立、欧洲一体化日益取得进展的情况下，法国对外贸易主要欧盟内部进行。2008 年，法国在欧盟内的贸易额为 5408.6 亿欧元，占当年法国对外贸易总额的 61.3%。其中出口 2582 亿欧元，占 63.7%，进口 2826.5 亿欧元，占 59.3%。亚洲地区则是法国第二大市场。2008 年，法国与亚洲地区的贸易额达 1032.7 亿欧元，占法国对外贸易比重 11.7%。其中，法国对亚洲地区出口 383.5 亿欧元，占比重 9.5%；自亚洲地区进口 649.1 亿欧元，占比重 13.6%。中国是法国在亚洲地区最大的贸易伙伴，其次是日本、新加坡、韩国和印度。美洲地区则是第三大市场，2008 年占同期法国外贸比例的 8.7%，非洲地区则是第四大市场，2008 年占同期法国外贸的 6%，中东地区则是第五大市场，占同期法国外贸的 2.9%。

（二）对外投资和外来投资

法国是世界上主要的资本输出国。20 世纪初，法国输出的资本总额居世界第二位。二战后，由于受到战争的破坏等原因，法国资本输出减少。50 年代中期开始，随着法国经济的恢复和发展，资本输出迅速增加。20 世纪 90 年代以来，法国对外投资十分积极，其投资数量增加迅速。从 20 世纪 90 年代初至今，法国对外直接投资存量从 1994 年的 1486 亿欧元，增加到 2006 年 8170 亿欧元。平均年增幅高达 36.4%，远远超过同期国内生产总值的增幅。在对外投资中，直接投资的数额和规模仅次于美国，占世界第二位。法国投资的重点是在欧盟各国，占法国对外投资的 47.7%。其次是对美国的投资，然后是对中东地区、非洲和拉美的投资。法国在这些地区和国家以购买公司股份或开办企业，开发能源，经营服务业。

外国投资者也因人才素质、稳定的货币、经济环境优越和先进的技术而看好法国的国内市场。法国政府也积极鼓励外资进入法国，并放宽投资条例，为外国投资者创造投资条件。因此，20 世纪 90 年代以来，法国吸收外资年平均数额居世界第四位。2008 年，法国吸收外国投资额为 886 亿欧元，在世界各国吸收外国直接投资额排名中提前到第 2 位，仅次于美国。2006 年在外国投资中，在欧洲联盟国家的投资占 77.7%，其他国家占 22.3%。尽管目前中国对法国投资规模还不大，但是投资项目数量增长明显。

（三）对外援助

法国对外援助的目的是维持在该地区的存在，

以及施加和扩大在该地区法国经济、政治、文化的影响。进入21世纪，法国对外援助占国内生产总值的比例：2000年为0.32%，2001年为0.34%，2003年为0.41%。2007年，官方发展援助总额约为91亿欧元，占国内生产总值的0.48%，主要方式为提供贷款、免除债务等。

法国对外援助主要是法语非洲国家，特别是非洲南撒哈拉地区国家，约占法国对外援助总额的50%。大洋洲地区从法国获得17%的援助，主要集中在新喀里多尼亚和法属波利尼西亚等海外领地。

法国还积极减免重债穷国的债务，2001年初宣布提前免除19个穷国经过巴黎俱乐部所借贷的4.7亿美元债务，而在此以前已经免去了重债穷国的98亿美元债务。

第六节　社会与国民生活

一　社会阶级结构和社会关系

（一）社会阶级结构的嬗变及其特征

二战后，随着法国经济生产发展、经济结构、社会分工和职业结构的变动，法国社会阶级及其结构也随之嬗变。这种嬗变大体上可以分为三个阶段：①初期阶段。二战结束至50年代初，当法国经济生产从战争的废墟中重建和恢复时，法国社会阶级及其结构开始发生了变化。②急剧变动阶段。20世纪50年代初至70年代初随着法国经济生产的高速发展，法国社会阶级及其结构也同时发生共振，急剧的变动和重组，从而使法国社会阶级及其结构开始出现了许多二战前未有的新特征。③当代法国社会阶级结构诞生的阶段。20世纪80年代和90年代至今，法国最终形成当代社会结构和社会阶级及其结构，从而诞生了许多新阶级、新阶层、新社会集团和新群体；原有的阶级、阶层、社会集团和群体也发生了“自我扬弃”，以崭新的面貌出现；各个主要阶级、阶层、社会集团和群体之间力量对比也发生了质和量的变化。

当代法国社会阶级结构具有以下的特征：①二战前，旧中产阶级不断地分化和瓦解，极少部分上升为资产阶级，而绝大部分却不断地被抛到工人阶级队伍中来，从而使法国资本主义社会形成了两大营垒，构成两大社会力量，形成了法国工业社会两极化的格局。二战后，在旧中产阶级进一步没落的同时，以专业人员、管理人员和公务员为核心的新中产阶级则迅速地崛起，并与旧中产阶级构成当代中产阶级，他们的数量已经占法国就业人口的1/3以上。法国当代中产阶级的诞生、形成、发展和壮大，推动法国社会阶级结构朝向多极化方向发展。②二战前，法国社会各个阶级内部，存在着一些阶层，但是它们的层次少，比较简单，近代和现代法国的各个阶级内部，也比较简单。二战后，当代中产阶级的诞生使法国新社会增添了一个基本的阶级和基本的社会力量，从而使法国新社会的社会结构复杂化。在各个阶级内部，又新增加了许多阶层，从而使社会阶级走向复杂化、多层次化和多样化。③二战前，法国社会中小生产者是汪洋大海，是小生产者的社会，小资产阶级的社会，农民的社会。二战后，在就业人口中，非领工资者和领工资者的比例，1976年分别为16.7%和83.3%，2006年分别为11.2%和88.8%。领工资者构成汪洋大海，从而使法国社会转变成为领工资者的社会。④由于当代法国中产阶级已经构成法国社会的中坚和核心，在法国的经济、政治、文化、科技、意识形态中起着重要的作用，所以，法国社会已经中产阶级化，已经成为“中产阶级社会”。⑤20世纪50和60年代，法国人认同自己属于某个阶级，具有十分强烈的阶级意识，这似乎构成法国工业社会的主要特征之一。但是，从20世纪70年代起，法国人的阶级意识开始淡化。其中，以法国工人阶级的阶级意识淡漠尤为引人关注。

（二）社会阶级、阶层及其特征

1. 资产阶级、阶层及其特征　二战前，法兰西银行的200个大股东，是二战前法国最大的垄断资本集团。二战后，法国金融业和银行业在国内外扩张的过程中，形成了新的金融寡头，以及新的国际金融家和银行家。2006年统计，法国有金融公司384家，专业金融机构7家，商业银行291家，互助合作银行120家，城市信贷银行19家。二战后，随着法国国家垄断资本主义的发展，资本和生产的高度集中和垄断，大型和特大型公司企业的不断涌现，新一代集团不断地诞生和成长，控制这些集团的垄断资本家大大增加。2003年，法国工业和服务业的集团总数达到85710家，雇佣职工达575.1万人。其中，大型集团（职工在1万人和1万人以上）80家。这些大型集团和公司的资产所有者、董事长和总经理等构成了法国社会中的“超级富翁”。二战后，生产资料所有权与经营管理权分离的迅速发展，公司企业的经营管理日益科学化、专业化和现代化，资产占有者雇佣的总经理、经理、经纪人和代理人等高级管理人员大量繁衍起来，被称为“管理者阶级”。其数量已大大超过传统资产阶级。二战后，随着国家行政职能的扩大，政府的高级官员、资产阶级政党和社会组织的上层人物数量日益增长。他们代表着法国资产阶级的某一阶层或某一政治派别，也是法国资产阶级的组成部分。此外，还有高级教授、高级律师、高级专家、高级顾问等高级知识分子、大量的非垄断的大、中、小资本家。2005 年，法国有企业主约 220 万人，其中绝大多数是小型或微型企业的老板，大集团公司的老板人数仅为 19 万人。

当代法国资产阶级具有许多新的特征：第一，高级管理人员已占主导的地位，在当代法国政治、经济和社会中起着举足轻重的作用。第二，随着欧洲一体化进程的加速和欧元区的建立、以及经济的全球化，法国垄断资本加速与国外资本联合和合作，从而使法国资产阶级与欧洲和国际资本的关系越来越密切。第三，法国资产阶级各个阶层所拥有的财富在最高和最低数量之间的差距越来越大。2005 年，收入最高的 50 位法国大老板的年平均收入（工资、实物优惠，以及激励性股权的增值等各种收入都考虑在内）达 380 万欧元，相当于 316 年法定最低工资。

2. 中产阶级、阶层及其特征 当代法国中产阶级，就是介于当代法国资产阶级和当代法国工人阶级之间的阶级，是介于当代法国富人和当代法国穷人之间的社会集团。它由旧中产阶级和新中产阶级所组成。

二战后，由于农民的锐减使法国旧中产阶级萎缩。与此同时，科研人员、教师、医生、社会福利人员、艺术家、文学家等专业人员的数量剧增。法国专业人员的绝大多数都是雇佣劳动者，都是领工资者，是新中产阶级的重要组成部分。二战后，由于生产进一步社会化，生产和劳动分工更加精细，出现了新的管理工作岗位。在这个职位的部分高级管理人员、中级管理人员和低级管理人员处在资本和劳动之间的中间地位，执行着已成为生产力要素之一的管理职能，属于新中产阶级的范畴。二战后，随着法国国家职能的扩大和国家干预的加强，法国中央政府部门和地方政府部门的增加，使法国公务员的队伍大大地膨胀起来，其中绝大多数公务员属于中级公务员，执行着上级的指令，实施着行政管理的职能，他们也属于新中产阶级。

当代法国新中产阶级具的特征：第一，新中产阶级完全不占有资本或生产资料，但拥有丰富的专业知识和技能，靠出卖脑力劳动来换取工资报酬，因而他们是新型的领工资社会集团。第二，新中产阶级无论在行政岗位上和生产岗位上，都拥有一部分经营权、管理权或处置权。第三，新中产阶级的工资收入、文化程度、消费水平、度假和娱乐方式都处在资产阶级和工人阶级之间的中等水平。第四，新中产阶级和旧中产阶级中的自由职业者所从事的行业都是高级的、最有技能的脑力劳动，因此，知识分子构成了新中产阶级的主体。第五，新中产阶级是当代法国资本主义生产社会化、政治、社会、科技和文化高度发展的产物，因而具有相对的稳定性。

3. 工人阶级、阶层及其特征 当代法国工人阶级由传统工人和新型工人组成。传统工人包括工业和手工业中的熟练工人、非熟练工人、店员和雇农。他们是以体力为主从事直接生产劳动、生产剩余价值的雇佣劳动者，因而被称为“蓝领工人”。二战后，随着法国传统工业的没落，传统工人的数量已经锐减，仅就产业和手工业普通工、农业工人、为个人服务的服务员而言，2007 年占 15 和 15 岁以上人口的 8.8%。

二战后，随着科技在生产中的应用，促使劳动发生了质的变化。工人不再亲自参加到具体生产过程中去，而是以生产过程中的监督者、调节者和操作者的身份同生产过程发生关系，实现了从传统劳动方式向现代化劳动方式的转变，即体力劳动向脑力劳动和脑体双重劳动的转变，从而诞生了新型工人。二战后，随着法国第三产业蓬蓬勃勃的发展，职员数量迅速激增。其中，售货员、出纳员、电话局话务员等低级职员，其收入往往低于职员收入的平均水平，他们属于当代法国工人阶级的一部分。

当代法国工人阶级具有许多新的特征：第一，二战后脑力劳动和脑体双重劳动的工人已经占当代法国工人阶级的绝对多数，从根本上改变了法国工人阶级的面貌。第二，当代法国工人阶级是非物质生产部门的工人占绝对的优势，并构成当代法国工人阶级的核心。第三，绝大多数法国非物质生产部门都是小型企业，这就决定了非物质生产部门工人的分散性，从而造成了这类工人比较落后，组织性差，战斗力弱。第四，在当代法国工人阶级中，妇女的比例大大提高。第五，在当代法国工人阶级中，外籍工人占相当大的比例。他们大多分布在建筑业和为个人服务的服务行业中，从事普通工和勤杂工等最卑贱的职业，进行繁重的体力劳动。第六，从总体来看，当代法国工人阶级不能再等同无产阶级，因为他们中的绝大部分拥有数目不等的动产和不动产，拥有住房、汽车、股票、国债、私人财产。

（三）社会关系

1. 新社会的定型力量、中坚力量、稳定力量和治理力量　法国中产阶级、中等收入的阶层和群体，已经占法国就业人口的2/3。而当代法国资产阶级、高收入的阶层和群体，以及当代法国工人阶级、低收入的阶层和群体，总共占法国就业人口的另外1/3。正是当代法国中产阶级、中等收入的阶层和群体，把法国社会定型为贫富两头小、中等收入大的橄榄形的结构。这样的社会结构，促进了社会在经济、政治、科技、文化和社会事业的发展，有利于社会的稳定和和谐，减少社会的动乱。

在当代法国中产阶级中，新中产阶级在20世纪80年代已经占法国就业人口的30%。他们有文化修养，有专业技能，有社会地位和声望，有相当不错的资产和收入，因而获得社会许多阶级、阶层和群体的认同和向往。他们对法国社会中的主流社会价值观和社会规范起着示范和定型的作用。

以新中产阶级为核心的当代法国中产阶级，通过管理经营、科技革命、革新发明等，创造了新的生产力和提高了生产率，掌握着法国自然科学、哲学和社会科学，主导着法国社会现代化的发展进程。所以，以新中产阶级为核心的当代法国中产阶级，构成了法国新社会的中坚力量。

以新中产阶级为核心的当代法国中产阶级希望保持现有的生存方式和生活方式，维持现有的社会秩序，稳定现有的社会环境。随着当代法国中产阶级、中等收入的阶层和群体的进一步发展和壮大，可以和能够缩小贫富差距，缓解阶级和社会矛盾和冲突，从而起着稳定法国社会秩序和减少法国社会动乱的作用。以新中产阶级为核心的当代法国中产阶级越来越成为稳定法国社会的力量。

2. 工人运动和社会运动　工人运动20世纪70年代以前，法国工人运动风起云涌，汹涌澎湃。从20世纪50年代到70年代，法国的劳资纠纷和冲突，每年平均在2000—4000次之间。每年罢工平均损失的工作日在300万—400万个之间，几乎是“五天大罢工，天天有游行”。

20世纪70年代以后，当代法国工人运动逐渐地走向低迷。罢工损失的工作日，1983年为148万个工作日，1985年为73万个工作日，2000年为226万个工作日，2005年为176万个工作日。当代法国工人运动的特点是：第一，罢工者和游行示威者主要着眼于暂时的和局部具体的利益而斗争，反对解雇、改善就业条件、弥补因通货膨胀造成的生活水平下降，反对触动现有的社会保障制度和体系，反对进行改革。第二，罢工者和游行示威者，在一般情况下，不再采取激烈的斗争手段和方式，不再破坏公共设施和公共秩序。第三，当代法国工人运动采取了新的形式，如怠工、拒绝加班、示威和请愿等，以“冷罢工”代替“热和暴力罢工”的趋势。

当代法国工人运动之所以走向低迷，其主要原因是：第一，当代法国工人阶级的斗争精神和战斗力衰退，阶级意识和历史使命感淡化。第二，随着传统的产业部门走向没落，蓝领工人数量锐减，使其革命精神和战斗力消退。第三，工会组织作为工人运动的主要载体日渐式微。它表现为领工资者参加工会的比例下降。第四，法国拥有众多的工会组织，从而导致工人运动处于分裂状态。

社会运动从二战结束到20世纪60年代，法国社会运动有所发展。50年代轰轰烈烈的反战运动、60年代反战运动、反核运动、生态主义运动、女权主义运动、学生造反等。尤其是1968年“五月风暴”，使工人运动和学潮相结合，从而使阶级斗争和社会革命波澜壮阔，改变了法国社会的面貌，推动着法国从工业社会向知识社会的迈进。

从20世纪70年代起，法国社会运动则向着纵深发展。作为社会运动载体的联合会、协会和社团如雨后春笋地成长起来。20世纪90年代，法国已经拥有70万—80万个之间这类的组织，目前已经达到90万个。平均每两个法国人中，有一个法国人至少参加一个联合会，或协会，或社团。

法国社会运动提出和涉及的社会问题广泛而深刻，其中许多问题实际上是当代资本主义基本矛盾的反映，例如反新自由主义运动就是反对“劫贫济富”、“穷人为富人买单”的政策，反全球化运动就是反对垄断资本向全球的扩张，就是反对垄断资本把触角伸向地球各个角落。

3. 谈判、协商和参与成为解决劳资关系的主要手段 二战后不久，法国政府着手制订法律，应用谈判、协商和参与等手段来调节劳资关系和缓解劳资冲突。1982 年的“奥鲁法”规定：改革集体谈判制度，除了坚持每年劳资双方就工资、工时和职工培训进行谈判外，每两年双方还要签订集体公约；职工除了拥有原先的各种权利外，还享有对劳动条件的发言权；加强劳动者的代表性，企业委员会有权了解本企业经营情况和在企业财政困难时提出“警告和查封权”。2007 年的“社会对话现代化法律”进一步规定，政府在出台有关劳动、就业和职业培训等方面的新政策之前，必须事先与工会和代表资方的雇主协会等进行协商，以便就此展开谈判。该法律还规定，政府每年需与包括工会和雇主协会等在内的“社会伙伴”举行一次会议，介绍政府有关劳动、就业和职业培训等方面的政策走向及相关日程。该法律有利于促进社会对话，有助于解决改革过程中出现的一些障碍，便于法国劳动就业体制改革和保障劳工权益。

经过年积月累的改进，对话、谈判、协商和参与已经法制化和制度化，已经成了政府处理与社会伙伴关系的主要手段，已经成了调节劳资关系和缓解劳资冲突的主要手段，也已经成了法国社会调整各个阶级、阶层和群体之间关系的主要手段。

二 社会保障

（一）社会保障制度及其特点

1945 年 10 月 4 日，法国议会通过的《社会安全保障法》，为每个法国人社会保障提供了法律依据。这一天，被视为当代法国社会保障制度的诞生日。此后的 1945—1947 年间，法国议会通过了一系列有关社会保障的法律，政府也颁布了实施这些法律的法令和条例。从 20 世纪 40 年代末开始，法国社会保障制度逐步在领工资者中普及和推广，60 年代开始在个体经营者中普及和推广，70 年代法国政府把地区、行业和部门的社会保险制度协调起来。1978 年 1 月 2 日法律规定进一步在全国范围内普及社会保险，使每个法国人都能享受医疗和生育保险、退休保险、家庭补助等三大社会保险。这样，在法国形成了完整的当代社会保障制度和体制。到 20 世纪 70 年代末，当代法国社会保障制度已经建立，并基本上覆盖了全民。

当代法国社会保障制度具有如下的特点：第一，法国社会保障制度属于“混合型”的，既具有俾斯麦模式的特点又含有贝弗里奇模式的特点的“中间模式”。第二，已经法制化和制度化。第三，已经普及，几乎覆盖了法国男女老少，它提供的保障标准仅次于比利时、芬兰、丹麦和瑞典，高于美国、日本、英国、德国和南欧国家，高于欧盟国家社会保障的平均水平，满足了社会和人民的基本要求。第三，它占法国国内生产总值的比例也在逐渐提高，1949 年为 12%，1981 年为 29.6%，1997 年为 35.8%，2000 年为 27.7%，2005 年 29.6%。2005 年法国社会保障总开支比 1949 年增长约两倍半，比同期的国民财富增长的速度要快得多。法国社会保障总支出，2006 年达到 6684 亿欧元，高于欧洲联盟国家的社会保障支出的平均水平。

（二）管理体制

法国的社会保障制度根据不同的标准有不同的分类和称呼。根据从属关系和重要性，可分为社会保险制、志愿保险制、直接津贴制、救济制四种体制。其中，社会保险制为主要的制度，其他三种作为补充。根据所保障的人口比例和职业，可划分为普通体制、特别章程体制、专门职业体制和补充体制等四种体制。其中以普通体制为主，其他三种体制为辅。

当代法国社会保障制度从资金来源可以分为两种管理体制：公共财政支出的体制和社会分摊的体制。公共财政支出的体制也称为公共权力干预制度，是由中央和省（以省为主）从税收中拿出一部分对那些特殊的残疾人，或处在贫困线以下的人，或付不起房租者进行补助和津贴。法国公共财政提供的这部分资金约占法国社会保障总金额的 1/5。另一个是社会分摊的体制，它是最主要的社会保障制度。

（三）主要内容

1. 医疗保险 自 2000 年开始，即使是不享有任何社会保障的人员，只要证明自己长期在法国居住即可享受医疗保险待遇。“人人都有权接受医疗”早已成为社会原则和共识。目前，几乎所有的法国人都享有医疗保险，即无论城市和乡村，无论在职或失业，人人都有权利享受。同时，每个人得到的医疗保护水平是平等的，与其收入高低及健康状况无关。生活在贫困线以下的人，以及赤贫者予以免费医疗服务。

2. 家庭保险　目前，法国家庭保险共有八大类、21 种家庭补助金。主要有以下几种：①多子女家庭补助。凡是多子女的家庭，无论其家庭收入情况如何，均可以领取多子女家庭补助。②住房补贴。分为个人住房补贴、家庭住房补贴、社会住房补贴。住房要有客厅、卧室、厨房、浴室、厕所、暖气设备、自来水和电话机，达不到上述舒适标准的家庭也给予补贴。③家庭补充收入。凡有子女的家庭，只要在纳税后的收入低于规定的标准，每月可领取一定金额的补助。除此之外，家庭补充收入还包括学生入学补助、孤儿补助、特种教育补助、父母分居补助、家庭补助和取暖补助等。④生育假和补助。受社会保障的产妇，在生育期间其医疗费和住院费全部报销，并且可以在产假期间领取占工资 90% 的生育补助。产假一般有 16 周，如果需要还可以延长 4 周。目前，每年有约 600 万人享受不同的家庭补助和津贴。

3. 工伤保险　受保障者因工伤事故可以享受医疗费百分之百报销的待遇，可以不必先付款再治疗，直到完全恢复为止，住院费也是百分之百报销，每天的饭费等也不用掏钱。工伤事故造成停工，每天可以领取社会保险发放的补助费，直到痊愈为止。因工伤事故造成永久性残疾，丧失工作能力，社会财富局负责发放残废补助金。

4. 养老保险　根据普通制度的规定，凡年满 60 岁、工龄和缴纳退休金分摊额达 40 年的领工资者均可以退休和领取退休金。退休金相当于 10 年最高工资平均数的 50%。但是，退休金的最高限额不得超过最高工资的一半，也不得超过最低工资标准的 105%，也不能低于政府规定的退休金保底数。工龄不足的领工资者退休金占工资的百分比要降低 10%。交纳退休金分摊额不足 40 年者，则按每季度 1.25% 的比例递减。但是，年满 65 岁者不受这个时间的限制。

除了普通制度外，还有一些领工资者、中高级管理人员参加的“补充退休金”制度，参加者交纳养老金的多少，多交多得。还有“专门退休制度”，交纳养老分摊额的标准按实际工资收入计算，退休金按中止工作时的工资和交纳养老分摊额的年限确定。

（四）失业保险和社会救助

1. 失业保险　1979 年 3 月法国政府与雇主达成协议，建立起一个新的、统一的失业保险制度，调整了雇主、雇员和国家对失业保险承担的比例。失业保险基金由个人、雇主和政府三方负担：受保人交纳收入的 1.92%，雇主交纳工资总额的 4.08%，政府负担综合方案的全部费用。

享受失业保险待遇的条件是：年龄 60 岁以下，非因自动离职、犯错误或拒绝适当工作安置而失业，失业前一年连续工作满 150 天，并已向职业介绍所登记失业，能够工作并愿意接受工作介绍的失业者。失业津贴有：基本津贴，专门发给被迫解雇的失业者。特别津贴，专门发给因经济原因被解雇的失业者。权宜终止津贴，失业者在终止领取特别津贴或基本津贴后仍然找不到工作，可以领取该津贴。定额津贴，专门发给初次进入劳动力市场 25 岁以下的青年、求职的寡妇、求职的原犯人、求职的回国侨民、求职的避难者。

2. 社会救助　根据《家庭与社会救助法典》的规定，当代法国社会救助的对象应该为残疾人、病号、老年人，以及遇到社会困难和经济陷入贫困的群体，如赤贫群体、失业群体和无住房群体等，或者总称为“社会排斥”群体或“新贫困”群体。根据社会救助支出的范围，可以划分为对老年人的社会救助、对残疾人的社会救助和对儿童的社会救助三大部分。法国社会救助的数量，2005 年达到 270 万人。法国社会救助的支出（包括最低融入的补助），2005 年上升到 193.5 亿欧元，而 1984 年仅为 58.6 亿欧元。

（五）作用和存在的问题

1. 作用　①当代法国社会保障制度，几乎对所有的法国人实行从“摇篮到坟墓”的全过程的保障，极大地减轻了后顾之忧虑，极大地打消了对前途的担心，在心理上和物质上满足了劳动力及其家庭的社会需求，从而大大地提高了劳动生产率和附加值的生产能力。当代法国社会保障制度构成了法国经济稳定器。②当代法国社会保障制度对家庭和孩子的津贴补助，使法国新社会中出生人口的数量始终处在欧洲各国的前列，增加了年轻人的数量，改变了法国人口年龄的不合理结构，延缓了法国社会老化的速度。当代法国社会保障制度构成了法国人口增长的安全网。③当代法国社会保障制度所采取的种种措施，基本上能够阻止法国社会进一步两极分化，缩小贫富的差距，减少社会不平等现象，促进社会和谐与公正，因此，当代法国社会保障制度是法国社会不平等的调节器，阻止法国社会矛盾进一步恶化的安全网。④20 世纪 70 年代末起，法国强调当代法国社会保障制度在维护“全国团结”和“社会凝聚力”方面发挥了积极的作用，使法国社会中的阶级矛盾有所缓和，社会冲突的频率有所下降，社会动乱有所减少。当代法国社会保障制度，构成了缓解法国社会和新社会的调节器和稳定器。

2. 存在的问题 ①当代法国社会保障制度是多层次和互为补充的社会保障体制，十分复杂。其主要原因就是在制定当代法国社会保障制度时，必须考虑各个阶级、阶层和群体在社会保险方面的既得利益，从而形成了“等级社会保障制度”。当代法国社会保障制度的宗旨就是要解决社会公平和公正问题，而等级社会保障制度的存在则增加了改革的难度。②随着当代法国社会保障制度覆盖面的扩大和保障水平的提高，导致了社会保障开支年年猛增，1990—2002 年有 7 年出现赤字。2003 年开始赤字增大，为 62.4 亿欧元，2004 年为 119 亿欧元，2005 年为 87.3 亿欧元，2006 年为 29 亿欧元。③随着受保障者享受的社会福利待遇越来越多，从社会再分配中得到的补助和津贴占他们收入或他们家庭收入的比例也越来越大。受保障者对工资依赖的减少，势必降低工作和劳动的热情，从而导致工作效率的下降和劳动生产率的减少。

三 国民生活

（一）收入

1. 家庭收入结构 2006 年，法国家庭毛收入总数达 13285 亿欧元，其中工资占 70.7%，混杂收入（各种津贴补助、其他固定收入）占 20.4%，财产收入占 8.9%。扣除应交纳的部分（社会提成、所得税、财产税、其他的转移支付）11.5%，法国家庭可支配的收入总数达 11753 亿欧元，占毛收入的 88.5%。根据欧洲联盟统计局统计，2005 年法国家庭每个成员的可支配年收入实际为 14537 欧元。

2. 企业工资 2005 年，企业中全日制年毛工资在扣除所有的提成后的平均为 22842 欧元，其中男性为 24446 欧元，女性为 19818 欧元，男女差别为 23.4%。近 30 年来法国领工资者的工资差别幅度通过 1950 年建立的最低工资标准和提高对高收入者的纳税标准有所缩小，最低和最高工资之间的差别幅度 1967 年为 1: 4.5，2005 年降至 1: 2.5。

3. 公务员工资 法国公务员年平均毛工资，2004 年为 29998 欧元，纳税和社会提成后的平均净工资则为 25290 欧元。法国公务员的工资具有两个特点：第一，最高工资和最低工资之间的差别幅度平均为 1.7 倍，比企业中的最高工资和最低各种的差别幅度低。第二，公务员平均净工资比企业平均净工资高出 13%。

4. 各行业应增至的最低工资 20 世纪 80 年代以来，法国各行业应增至的最低月工资以较快的速度增长着，2005 年为 1217.88 欧元，2008 年为 1308.88 欧元，2009 年为 1321.02 欧元。

领取最低工资者的数量和占领工资者总数的比例，1970 年分别为 578.5 万人和 12%，2000 年分别为 374.2 万人和 6.5%，2006 年分别为 421.6 万人和 7.1%。2006 年领取最低工资者大多集中在为个人服务的企业、商业和农业食品加工业。从性别和年龄看，领取最低工资主要是妇女、青年。

（二）消费和价格

1. 消费 2000—2006 年间，法国居民消费总额累计增长了 14.6%。2006 年，法国居民人均消费支出总额约为 3.8 万欧元。

自 20 世纪 60 年代以来，法国家庭的消费结构发生了改变。1960 年与 2006 年比较，食品消费在法国居民整体消费中的比重，从 27% 下降至 16%；服装消费从 12.2% 下降至 5.5%；烟酒消费从 6.3% 下降到 3.6%；住房消费从 20.2% 上升到 25.2%；交通从 10.9% 提升到 17.2%；通信消费（包括邮递、电话、互联网等）从 0.6% 增加到 3.3%；文化娱乐消费从 7.4% 上升到 10.9%。

2005 年，81.2% 家庭拥有小轿车，其中，46.4% 家庭拥有一辆小轿车，29.4% 家庭拥有两辆小轿车，5.4% 家庭拥有三辆或三辆以上小轿车。

家用电器和多媒体迅速地进入法国家庭。2005 年，这类物品在法国家庭的拥有率是：彩电为 96.8%，固定电话为 86.4%，手机 74.3%，录像机为 79.8%，组合冰箱为 99.7%，冷冻柜为 84.1%，微波炉为 78.9%，家用台式电脑为 44.4%，便携式电脑 13.9%，互联网 36.3%，洗衣机为 93.5%，烘干机为 25%，组合音响为 79.8%，常用家庭电器已经很普及。

2. 价格 20 世纪 90 年代以前，法国通货膨胀十分严重，如 1970—1985 年年平均通货膨胀率为 9.6%，成为法国社会动荡的重要原因之一。90 年代以来，法国政府为了加入欧洲经济与货币联盟，采取了一系列措施，如抑制工资增长的速度和促进经济的增长等，取得了明显的效果，使通货膨胀迅速下降，1990—1995 年平均为 2.2%，2000—2008 年年均进一步下降到 2.1%。

90 年代，法国商品中电脑、通信、电子产品、家庭电器、小型家电等的价格下降的幅度大，能源价格、特别是石油产品价格上涨幅度大，而猪肉价格的上涨则是由于疯牛病造成对猪肉和猪肉食品的需求的增加。电器设备、家电、视听设备、微型电脑的降价，给法国家庭带来好处，从而使法国家庭从 80 年代末开始迅速走向电气化和现代化。

（三）居住

二战前，法国人居住条件较差，房屋陈旧，设备简陋，室内人口过密。二战后，法国人的居住条件有了很大的改善。

根据 2005 年 7 月统计，法国已经拥有了 3160 万套住房，比 1946 年 1390 万套住房增加了近两倍。由于战后每年住房建设面积的 1/3 是廉价的和低租金的住宅，从而使低收入的许多法国人也买得起或租得起这类房屋。这不仅改变了战争遗留下来的房荒，而且也改善了 1920 年以来法国人居住条件的落后面貌。在这些住房中，84% 是常住的住宅，10% 是别墅和临时住宅，6% 是空屋。在常住的住宅中，私人住宅占 56%。

伴随着居住条件的改善，法国人的住房面积也逐渐扩大和宽敞了。2000 年，法国家庭平均居住面积达到 90 平方米。法国每套住宅平均拥有四间，近 1/3 住宅拥有五间或五间以上。98% 的住宅设备齐全，舒适安逸。目前，法国政府推出“贫富混居”计划，将廉租房建在普通住区，使低收入者与高收入者“同在一个屋檐下”，以此来解决贫富的差别。

（四）工时和休闲

1. 工时 随着科技和工艺的进步、劳动生产率的提高，以及劳动人民的争取，法国人每周法定的劳动时间在逐渐的缩短，1919 年为 48 小时，1936 年为 40 小时，1982 年为 39 小时，2000 年 35 小时。法国还实行劳动者年带薪休假制度，1936 年的年带薪休假为两周，1956 年为三周，1963 年为四周，1981 年为五周。这样，再加上法国各种节日，法国人全年工作和劳动时间 1996 年总共为 1630 小时。但是，农业经营者、从事运输的司机、小商贩的劳动时间和营业时间要长一些。法国减少工时和增加带薪休假，有益于国民经济的发展。从 20 世纪初至今，法国国内生产总值增加了 14 倍，每小时的劳动率提高了 20 倍。

2. 休闲 法国领工资者在一年中：平均 20% 时间是劳动（或工作）和上下班的路途中，33% 是睡眠时间，47% 用于看电视，或修整花园，或从事家务，或进行体育锻炼，或旅游。2007 年，每个月全国有 4830 万人至少阅读一份杂志，占全国 15 岁以上人口的 97.2%；每天全国有 2270 万人至少阅读一份日报，占全国 15 岁以上人口的 45.7%。74% 法国人一年中至少要阅读一本书，34% 法国人一年中阅读 1—9 本书，23% 法国人一年中阅读 10—24 本书，14% 法国人一年中阅读 25 及 25 本以上的书籍。70% 以上上网。

（五）国民生活存在的问题

1. 贫富差别拉大 20 世纪末至 21 世纪初，法国基尼系数保持在 0.30—0.34 之间，处于相对合理的状态。但是，近几年来由于失业高居不下和财富向富裕群体进一步集中，贫富差距逐渐有所拉大。特别是大型企业的企业家和高管等，其工资、奖金、津贴等收入的总和大大超过领工资者平均收入的几十倍。任何人一旦失业，就要陷入困境，只能领取维持最低生活标准的失业救济金生活。

2. 失业严重 失业一直是法国社会的顽症。自 1974 年经济危机以来直到进入 21 世纪，法国失业率和失业数量一直居高不下，1990 年 9.2% 和 225.4 万人，1995 年 11.6% 和 289.9 万人，2000 年 10% 和 259 万人，2005 年 9.8% 和 271.7 万人，2007 年 8% 和 221.5 万人，2008 年 7.8% 和 223 万人。金融危机发生后，法国失业更加严重，失业率和失业数量2009年9.6%和272.7万人。

3. 不安全感增加　20世纪90年代以来，法国犯罪案件不断地增加，1990年为349万件，2000年为377万件，2001年超过400万件。2000年比前一年上升了5.72%，2001年又比2000年增加了7.7%，为10年来的高峰。法国人日常生活安全是他们最大的担忧。

第七节　教育与科技

一　教育概况

（一）教育制度沿革

法国自拿破仑第一帝国时期开始实行中央集权式的教育制度。当时帝国大学是教育的行政首脑机构，管理所有的国立教育。帝国大学设置总监一人，掌握帝国大学一切权力；另设置帝国大学审议会作为议事机构。全国共分为29个学区，学区设总长和学区评议会。从第一帝国到巴黎公社之前，除了法兰西第二共和国时期学校与教会脱钩外，其他各个时期学校都受到教会的控制。1850年3月颁布的《法鲁法案》规定，神父和教会代表有权任命教职工、指导各级学校教育、监督学校风纪和督察教师。

法兰西第三共和国时期，法国教育制度有所发展。1881年6月和1882年3月通过的两个《费里法案》，确立了法国教育制度“中立（即世俗化）、义务、免费”三原则。根据这些原则规定：6—13岁儿童实行义务教育；国立幼儿园和初等学校免收学费，师范学校免收膳宿费；废除教会监督国立小学和幼儿园及其教士担任教师的特权；以伦理课和公民课代替宗教课。1896年，法国颁布的法令规定，把学院组合成大学，学区总长兼大学校长，各个学院的审议会合并为大学总审议会。1902年，法国政府关闭了3000多所教会学校。1933年，法国政府规定中学实行免费教育。1936年，法国政府又将义务教育延长至14岁。

法兰西第四共和国时期，法国教育制度进一步实行改革。其基本内容是：强调人人都有受教育的机会，实行社会公正的原则。学生有权接受普通教育和专业教育。离开学校后，还有权继续接受社会上的职业培训。社会上的一切工作实行“价值平等”的原则。

法兰西第五共和国成立初期，法国政府先后颁布有关教育的法律和法令，规定3—16岁儿童和青少年一律实行义务教育；确立大学的自主权，院校领导有权挑选教职工、考核业绩、选择研究项目和决定考试；增加教育经费，提高教师待遇，对私立学校也给予财政补贴；提高学生享受奖学金的比例；坚持学校与宗教分离的原则；允许私人办教育；接受国家财政补贴的私立学校必须接受国家有关教育部门的监督；提高职业培训的地位。

（二）教育改革

为了适应法国经济和社会现代化的需要，法国政府自20世纪70年代以来，逐步进行了教育管理体制和教育制度的改革。

1984年1月颁布的《萨瓦里法案》即《高教指导法案》，是第五共和国成立以来最大规模的教育改革。该法案承认法国高等学校是科学、文化和职业的独立实体，享有教学、科研、行政和财务的自主权。该法案指出改革的目的是：加强对学生的指导，使之更快地提高到与美、日和德国等先进国家的水平；坚持在高等教育和中等教育推行“自治、民主参与管理和多学科”三原则，使法国广大青年都机会均等地接受高等教育，并增加对贫苦学生的资助，减少社会不平等现象；学制进一步灵活，对获得每种学位和文凭所需的时间不再作出硬性的规定；高等教育更广泛的对外开放；进一步规定高等教育培养目标的职业化方向，各类高等教育机构统称为“公立科学、文化、职业性机构”；大学的系，统一称为“培养与研究单位”，从而更加突出高校在科研领域内的地位和作用。

进入21世纪，法国加大了教育改革的力度。2007年8月10日通过的大学自治法规定：到2012年，所有大学都将在预算和人力资源管理方面实行自治，并且可以要求拥有大学的不动产。按照LMD学制（学士、硕士、博士）将法国大学文凭与欧洲高等院校通用文凭同步，采用欧洲学分积累和转换体系（ECTS）。2009年，法国进一步提出的名为“大学自由与责任”的教育改革，旨在赋予公立大学更多的自主权，增加大学之间的良性竞争，法国的高等教育与国际上通行的制度相衔接，鼓励学业多样化和学制灵活机动，实行可累积的学分制。

目前，法国的教育制度、教育体制以及教学内容和教学方法仍然存在诸多的问题，如依然有20%的青少年在私立学校就读，而绝大部分的私立学校属于教会学校，与教育“世俗化”的目标不相符合；教育体制缺乏多样性，限制了各个学校之间的竞争；政府行政部门对学校的干预过多过死；学生通过考试的淘汰率较高等。目前，法国政府仍然继续努力，寻求各方都能接受的方案，加速教育制度、教育体制以及教学内容和教学方法的改革，以便迎接21世纪的挑战。

二　教育管理体制和学制

（一）管理体制

国民教育、研究和技术部是法国现行中央教育行政机构，它管辖教职员百万人之多。该部总督学处设有总督学，其使命是判断教学质量，监督教学标准；监督国家文化遗产的保管；检查国民教育部所属机构的行政管理等。该部颁布有关法令，统一安排教育大纲、专业设置、课程设置、财政、人事、考核等问题。

自20世纪70年代以来，法国全国重新划分为26个学区。学区设学区区长，代表教育部长行使区内的职权，是学区内所有大学的总管，主持区内的大学审议会，协调高等教育和其他教育的关系，指导和监督区内的初等教育和中等教育。学区下设省督学和省大学督学。大学督学是学区区长在省内的代表，负责全省教育工作。省以下设县学区，县以下设区学区。

此外，法国还设有中央和地方的审议机构。中央审议机构有“国民教育最高审议会”、“全国高等教育和科学研究审议会”和“大学咨询委员会”等。其中，国民教育最高审议会讨论一切有关的教育问题，并受理纪律和其他问题的申诉。各大、中、小学也都设有审议会。大学审议会由选举产生。它就教学计划、预算分配和颁发文凭的措施提出意见。中学审议会由行政、教师、学生家长和地方代表组成，它讨论和通过学校预算、审议学校规章和确保学校教学正常的进行。小学审议会负责制定学校规章，为教师和家长互通消息。

（二）学制

1. 幼儿教育　幼儿园招收2—6岁儿童。幼儿园不仅看管儿童，还要对儿童进行学前教育即启蒙教育。

2. 小学教育　小学教育是法国义务教育的基础阶段。小学教育的第一学年为预备班，第二和第三学年为基础班，第四和第五学年为中级班。小学的课程有法语和算术等基础课程，还有历史、地理、道德、图画、唱歌、体育和观察实习等。小学由市镇管理。教师都受到过3年的师范教育，并经过考试后录用。

3. 中等教育　法国中等教育的学习年限为7年。它分为前4年和后3年两个阶段，相当于我国的初中和高中。第一阶段从六年级到三年级，第二阶段从二年级到一年级，再加1年结业班。初中学校一般是国立的，由省负责管理，学费基本上由国家负担。法国小学毕业生通过省一级委员会的考试才能升入初中。初中的头两年是观察期。经过观察把学生按两种类型分班：成绩不够理想的学生编入职业预备班或学徒预备班，毕业后进入短期中学即职业高中。成绩良好的学生编入普通班，毕业后可以考长期中学即普通高中。高中分为普通高中和职业高中两类，都由大区管理。普通高中在高一学年时，课程设文科、理科和工业技术三组。高二和高三则要完成六组课程：哲学和文学；经济和社会；数学和物理；数学和自然科学；农业科学和技术；数学和技术。结业后学生要参加全国会考，以取得毕业文凭。通过会考拿到的文凭因考试的科目不同而不同：A类为语言文学文凭，可以升到大学的文学、艺术、哲学等专业；B类为文科文凭，可以升到大学经济、贸易管理专业；C类为数学和物理文凭，可以升到大学理科、工科和医科专业；D类是面向农业院校；E类为数学与工艺文凭，可以升到大学理科和工科。普通高中结业可获得业士学位。

4. 高等教育　法国的大学都是国立学校，兼有教学和科研双重的任务。大学学制一般为5年。第一阶段有两年，结业后获得第一阶段结业证书。第二阶段也是两年，先后获得学士和硕士学位。在第三阶段，学生主要从事研究工作，毕业后可取得博士学位（相当于中国的硕士学位）和大学及中学教师资格。除了一般大学外，还有一种叫高等专业学校，如国家行政学院、巴黎高等师范学院、巴黎军事工程学校和综合工科高等学校等。它们都是专门培养行政、教育、军事和外交的名牌高等学府。它们录取人数少，竞争十分激烈。此外，法国还有短期技术大学，相当于我国的大专。它们是为了满足法国科技和经济发展对中等技术人才的需要而设置的。

5. 巴黎大学 欧洲著名的古老学府，创建于9世纪末，1261年正式使用巴黎大学名称。19世纪，巴黎大学的规模很大，学科也很多。法兰西第五共和国时期，巴黎大学得到了空前的发展，特别是1968年五月风暴后，巴黎大学的院系进行调整，组成了13所大学，即巴黎第一至第十三大学。因此，巴黎大学成为巴黎地区13所大学的总称。新成立的巴黎13所大学具有多学科性，各个大学都保留着自己的特点。

6. 外国留学生 法国是欧洲国家中接受外国留学生最多的国家，2008年约有26万名外国留学生分布在法国各个高等院校。其中，有许多外国留学生享有法国提供的助学金。我国自80年代恢复向国外派遣留学生以来，到法国留学的学生已达数千名。

三 职业教育和培训

在法国的中等教育中，中学第一阶段结业后，可以升到普通高中或职业中专。职业中专分为工科、农科、商科等，学生可以自由选择。职业中专有两种证书：一种是学满3年毕业后获得职业能力证书，作为胜任工作的证明；另一种发给学完两年后不再学习的学生的职业教育证书。80年代以后，法国职业中专教育发展迅速，每年有1/4的初中毕业生约40万名学生获得职业能力证书。

1971年7月，法国颁布了《终身教育法》《学徒制法》《工艺和经济教学法》《雇主以财政参与工艺教育和职业教育的初步培训法》。根据这些法规建立了由国民教育、研究和技术部牵头、中央各部和地方政府、企业共同参加的职业培训的管理体制。

法规规定，所有进入新职业的职工都有义务接受“继续培训”，以适应新工作岗位的需要。对那些义务教育结业后的青年工人，还要进行一般理论和实践技能的培训。一般的理论培训在“艺徒中心”进行，然后到企业中实践，从实践中掌握必要的技能。

20世纪80年代，法国投入巨资进行职业教育和职业培训，开办了许多职业培训学校，新行业和新开办的企业可以在经过培训的职工中招聘。政府行政部门都设有自己的培训学校，对新来的公务员必须进行半年至一年的培训，然后分配工作。在企业中，雇主有义务出资接受学生来企业实习，对新来职工进行培训，对原来的职工进行轮训，以便进一步提高他们的技能。

四 科技发展概况

（一）历史和现状

法国在历史上一向重视和提倡科技的研究，法兰西第一帝国建立起一些机构，集中了当时一大批科学家从事科学研究。在第一次工业革命前后，法国的科技发明和创新，为推动工业革命和加速工业革命的完成作出了巨大的贡献，并诞生了许多著名科学家，如居里和居里夫人等。二战后，法国历届政府也十分重视科技，并为此投入大量财力、人力和物力，使法国在核能利用、航空、航天、铁路、电信、医学和农业等许多方面的技术和科学水平都处于世界领先的地位。但是自20世纪80年代以来，法国深感在许多科技领域与美国等国的差距越来越大，因此，法国制定了《研究和技术发展纲领和方针法》。该法决定：增加民用的科研开支，到80年代中用于民间的科研经费要占国内生产总值的2.5%；健全官方领导机构，在科研和技术部内设置由部长亲自主持的“研究和技术高级委员会”，负责就科研、技术的发展前景、重大政策选择及某些专题研究等提出建议。在法国议会内设置“技术选择评估局”，在大区内设置研究和技术咨询委员会；对国立研究和技术机构进行改革；建立新的规章制度，给予科研人员更优惠的条件和待遇；加紧培养科技人才。自2005年以来，法国对科研和创新体系进行了深入的改革：加强了公私合作伙伴关系，加强了科研机构之间的联系，简化科研人员的行政手续。法国科研和发展经费（包括政府和企业的投入）占国内生产总值的比例2005年为2.13%，仅次于美国（3.06%）和日本（2.84%），在经济合作和发展组织成员国中居第三位。从事科研和发展的工作人员，2007年拥有38万人。法国科研人员数量2004年每千人中平均有7.7人，位居世界第六位。法国科研水平在经合组织中排名第四位，位于美国、日本和德国之后。

（二）科研特点

法国科技发展的特点之一是到今天已形成比较完整和技术发达的科研体系。特点之二是在强调发展尖端和前沿科技的同时，也重视对基础科学的研究，从而使法国在基础科学和理论科学方面，如物理学、生物学、宇宙学、地球学、海洋学、数学等，处在世界领先水平。特点之三是法国政府加强对科技的干预，包括官方参加的科研体制、预算加大对科技的投入、政府制定科技发展计划、政府促进科研成果的推广等。特点之四是各个时期根据国家的需要制定出科技发展战略，如法国政府在世纪之交确定了法国科技发展战略和目标。特点之五是日益扩大与国外的合作和交流，特别加强与欧盟国家的合作和交流。

（三）重大成果

法国的科技研究已取得许多重大成果，为国家带来巨大的经济和社会效益。法国参与研究的阿丽亚娜火箭名扬四海，近10年来承担了世界上50%的卫星发射任务，航天和航空工业成为法国外贸中名列第一的创汇部门。法国参与制造的空中客车大型飞机向美国的波音飞机发起挑战。法国的高速列车是世界上最快的火车，平均时速为350公里，试验速度曾经创造每小时514公里的世界最高纪录。法国的超凤凰反应堆核电站安全可靠，为国家提供80%的电力。此外，法国的深海潜水器、光纤通信等也处在世界前列。

五 科技管理体制与开发体制

（一）科技管理体制

法国的科技机构建设、科技人员的管理、科技发展规划和科技国际交流统一由国民教育、研究和科技部领导，重大的决策经过科学家、工程技术专家、经济学家和社会活动家的代表大会共同讨论决定，或经过国民教育、研究和科技部内的“研究和技术高级委员会”（由科技界、学校、工矿企业代表组成）讨论决定。

法国主要的科研机构都是由国家创办，其中最重要的科研机构为国家科学研究中心。此外，还有从事医学研究的全国保健和医学研究院、从事农业研究的全国农艺研究院、国家空间研究中心、国家海洋开发研究院、国家信息和自动化研究所、从事疫苗研究的巴斯德研究所、从事癌症研究的居里研究所等。

国家科学研究中心创建于1939年。该中心下设核物理学部、数学与基础物理学部、工程物理学部、化学学部、生命科学学部、大地、海洋与空间学部、人文与社会科学学部。该中心配备有1300个实验室，其中许多实验室在国际上享有很高的声誉。该中心拥有2万多名职工，其中科研人员约为1.1万人。该中心确定重大项目和组织攻关，评估科研成果，协调和加强与全体科研机构的联系和合作。

（二）开发体制

法国主要的科研机构都设有科技成果尽快推广应用和尽快转化为生产力的机构。法国国家科学研究中心设有成果推广部。该部门从三个方面来实现科研成果推广的目标：第一，在该中心建立一个数据库，集中了全国各个科研机构的情况，随时满足客户咨询要求。成果推广部还在各地建立办事处，密切与企业和基层的关系。第二，通过与有关企业签订协议的方式推动与生产部门的合作。第三，经常派出科研人员到企业和基层，介绍科研成果和推广应用的价值，并具体指导新产品的开发。

六 科技发展战略与国际交流和合作

（一）科技发展战略

法国把21世纪科技的发展和确定适合法国国情的科技政策摆在了决定国家命运的地位，并以法律形式把科技政策固定下来。这个科技政策主要有五点内容：第一，加大对科技的投入；第二，把科研机构的领导权逐渐下放给地方；第三，扩大民主权利，成立官方、科技名流和企业家代表参加的科研和技术高级委员会，统一规划，采取措施，促进科技的发展；第四，提高科技人员的地位和待遇；第五，成立科技部门和工业部门参加的共同利益小组，沟通信息，互相配合。

法国政府在世纪之交确定了7个优先研究领域和4个大型技术开发计划，以及一部《技术创新与科研法》。7个优先研究领域是农业食品工业、地面运输和航空运输、电子和信息技术工业、组合化学、医学研究、环境与生活质量、产品和工艺技术革新。它们都是技术含量高、具有竞争优势、能够创造就业机会的领域。4个大型技术开发计划是化学应用研究计划、生物技术研究计划、微生物学研究计划、基因图谱测序计划。法国政府宣布，将建立欧洲最大的基因谷，其中包括高技术企业园、世界一流的生物技术综合研究基地和新型的高等教育园区。这些大型技术发展计划涉及法国科研机构和工业部门拥有优势、具有潜在重大经济效益的战略领域。

为保障法国21世纪科技发展战略的顺利实施，

法国于2006年通过的《科研指导法》。其主要内容是加强科技界与企业界的合作，发展公共科研与企业的合作关系，为创新企业提供税收优惠，鼓励创建高技术企业，设立孵化器和启动基金，改革科研税收信贷政策。国家科研署在2006年推出的15个创新项目中，首期6个高新科学技术项目分别是：汤姆逊集团的欧洲搜索引擎计划（QUAERO）、阿尔卡特集团的手机移动电视计划、施耐德电器集团的节约能源计划、西门子集团的医疗图像计划、阿尔斯通集团的高速列车计划和罗盖特公司（ROQUETTE FRERES）的绿色化工计划。

（二）国际交流与合作

目前，法国在以下几个方面加强与国外的科研合作：第一，法国与其他国家共同研究防治艾滋病的疫苗。第二，法国发起并与欧洲19个国家共同参与的、包含近500个高科技研究项目的“尤里卡”计划；法国承担了其中127项研究项目。第三，参加国际组织的环境保护研究。第四，法国参与国际合作，研究南极和南极上空的臭氧层空洞。第五，参与欧洲的空间研究。第六，参与日本提出的“人类极限”的研究，探讨人脑的活动，发展人工智能。自20世纪80年代以来，法国与中国在航天和航空、海洋、交通运输、石油和地质勘探、太阳能、地热等自然科学领域开展了交流和合作，在广度和深度上都在进一步发展。如法国对广东核电站建设和对山西煤炭基地的技术改造等，以及中国在尤里卡项目内的合作研究，等等。

七 哲学与社会科学

（一）历史和现状

法国17世纪前后哲学界主要代表人物是笛卡尔，也是该时期唯理论的创始人。他提出的“我思故我在”，区分开“精神实体”和“物质实体”，在西方哲学史上开创了二元论的传统。法国大革命前夕即18世纪下半叶，法国出现了对中世纪以来的宗教蒙昧主义和封建专制主义展开猛烈攻击的启蒙运动，从中诞生了著名启蒙思想家如伏尔泰、孟德斯鸠、卢梭、狄德罗以及百科全书派的哲学家。伏尔泰认为物质世界是客观存在的，强调人的感觉经验是认识的来源。卢梭则认为感觉是认识的根源，并强调感觉高于理智，精神是自然界的积极的本原。他还把回归自然看作是社会进步的终极目标。18世纪末至19世纪，法国资本主义经济得到了很大发展，其内在矛盾也日益暴露和尖锐。这时出现了一批空想社会主义者如圣西门、傅立叶等。他们发现了资本主义制度的弊端，幻想通过教育、科学和道德的进步来建立一个他们的理想社会即人人平等幸福的新社会。19世纪下半叶和20世纪，法国先后产生了实证主义、直觉主义、存在主义和结构主义等哲学思想流派。以孔德为代表的法国实证主义认为哲学应以主观感觉到的“实证的”和“确实的”“事实”为依据来认识事物的现象，而所谓对事物本质的认识都是不真实的。以柏格森为代表的法国直觉主义主张用直觉去感受世界，唯有依靠本能的直觉才能体验世界的本质。以萨特为代表的法国存在主义把孤立的个人的非理性意识活动作为最真实的存在，并把它作为其哲学的出发点。存在主义是第二次世界大战后50和60年代法国广为流传的哲学。60年代后期在法国出现的结构主义认为认识的对象应该是事物的内在结构而不是现象，而这种内在结构是相互联系的整体。其代表人物有莱维·施特劳斯、福柯和阿尔都塞等。

（二）研究机构

法国国家科学研究中心既包括自然科学，也包括社会科学。该中心下设的部门中有人文与社会科学学部。它负责全国社会科学的规划和领导、对科研成果的评估、开展社会科学的国际交流与合作。法兰西研究院是法国最高权威的学术机构。该院院士为终身制，他们都是学术造诣极深的社会科学家和自然科学家。该院院士经过选举产生，并由总统批准。

此外，还有国家统计与经济研究所，以及大学和有关部门设置的社会科学研究机构。

第八节 文化与艺术

一 文化事业概况

法国文化源远流长，具有优秀的传统，出现过灿烂辉煌的时期，在历史上曾涌现出伏尔泰、卢梭、狄德罗等世界著名的伟大哲学家和思想家，有过雨果、巴尔扎克、左拉、司汤达等杰出的文学家、诗人和作家，以及在世界各国舞台上久盛不衰的喜剧剧作家莫里哀等。法国的文化遗产极为丰富，其精美的古代建筑、珍贵的档案和图书典籍久负盛名。法国文化在世界上占据着极其重要的位置。

法国政府设有文化与交际部，专门负责管理和保护法国文化遗产和发展现代法国文化，扩大法国及其文化在世界的影响。该部的基本任务是保存和利用文化遗产，促进和推动艺术创作，组织各项文化活动，培养文化和艺术人才，协调有关文化各部门的关系。该部下设的档案司、博物馆司、图书阅览司和文化遗产司的主要任务是保存和利用文化遗产，基金处、音乐舞蹈司、戏剧司和造型艺术司主要任务是推动创作。法国文化与交际部还拥有直属机构国家电影中心和乔治·蓬皮杜国家艺术文化中心。此外，该部还设有很多咨询机构、专门协会及其所属专业中心。

法国政府的文化政策主要是：通过立法规定，凡是国家的艺术珍品、纪念建筑、文物遗址和游览胜地等都要受到严格的保护；支持和鼓励自由的创作，强调文艺工作者的社会责任；对文艺工作者提供充分的社会保障，积极改善他们的物质生活条件，如优先贷款、优先预支稿酬、优先提供图书资料；由国家、地方、学校以及有关的单位和企业培养艺术人员，在社会中，特别在青年中普及文艺；整理和继承文化遗产，普及、发展和提高文化艺术。这些政策和措施促使越来越多的法国人关心和爱护文化遗产，探索现代法国文化的发展方向。

根据统计，法国文化与交际部直接管理的国家级文化遗产计有考古点 2 万处，古建筑 3.2 万处，文物 11.2 万件，重要档案 90 万份。各级博物馆收藏的艺术珍品 400 万件，各级图书馆收藏的 18 世纪以前出版的著作 200 万部，全国电影资料中心收藏的影片 40 万盘和旧照片数万张。

二　文学

公元 842 年发表的《斯特拉斯堡誓言》是最早的法国文学作品，公元 11 世纪的《罗兰之歌》则是最早的法国史诗。16 世纪，法国文学的主流是人文主义文学，其代表作有《巨人传》《随笔集》等。17 世纪，法国文学主流是古典主义文学，以古希腊和罗马为典范。其主要成就主要表现在戏剧方面，如高乃依和拉辛的古典主义悲剧、莫里哀的古典主义喜剧，代表作有《吝啬鬼》《伪君子》等。

18 世纪，与启蒙运动相适应，法国诞生了启蒙文学。一些著名的启蒙思想家也都是启蒙文学的作家。他们以创作哲理小说为主，如伏尔泰的《老实人》和《天真汉》，孟德斯鸠的《波斯人信札》，卢梭的《爱弥儿》和《新爱洛绮丝》。狄德罗提倡“严肃喜剧”，打破了喜剧和悲剧的界限，更接近现实生活。受狄德罗的影响，博马舍创作的作品《塞维利亚的理发师》和《费加罗的婚礼》至今仍在法国和世界戏剧舞台上久演不衰。

19 世纪，特别是 19 世纪上半叶，法国出现了浪漫主义文学。浪漫主义文学在小说、诗歌和戏剧方面取得了很大成就。在小说方面，雨果的《巴黎圣母院》《悲惨世界》和《海上劳工》，大仲马的通俗历史小说《三个火枪手》和《基督山伯爵》以及女作家乔治·桑的《魔沼》等田园小说特别受人青睐。在诗歌方面，有雨果的《东方集》《惩罚集》和《秋叶集》，拉马丁的《沉思集》和《新沉思集》。在戏剧方面，大仲马的《亨利第三及其宫廷》，雨果的《欧那尼》都是浪漫主义的代表作。

19 世纪上半叶，法国还诞生了批判现实主义的新文学流派，如斯汤达的《红与黑》和《巴马修道院》，巴尔扎克的《人间喜剧》不仅在法国文学史，而且在世界文学史上也占有极其重要的地位。福楼拜的《包法利夫人》和《情感教育》，梅里美的《卡门》和《高龙巴》，小仲马的《茶花女》《私生子》和《半上流社会》，中短篇小说家莫泊桑的《羊脂球》等，揭露了资本主义社会的丑恶和腐败。

19 世纪末，法国还产生了巴黎公社文学，如公社诗人欧仁·鲍狄埃的《国际歌》。自然主义流派的左拉创作的《卢贡—马卡尔家族》，是继《人间喜剧》之后的长篇巨著。这个时期，还出现了如韩波、马拉美等象征派诗人。

20 世纪初，法国最著名的文学家有罗曼·罗兰和阿纳托尔·法朗士。前者著有具有鲜明时代特征的《约翰·克利斯朵夫》和《母与子》两部长篇巨著；后者著有具有强烈讽刺性的《企鹅岛》和《诸神渴了》。

一战后，法国先是产生了达达主义文学流派，它否定一切传统的写作技巧，企图以文字堆积的方式进行创作。之后，在法国文坛上出现了超现实主义，认为可以不用任何艺术和思维的定式，把梦幻中看到和体验到的一切绝对真实地写下来。这些超现实主义文学家大多是法国年轻的作家，他们写过一些别具一格的作品。在这期间，法国主要的作家有普鲁斯特、马尔罗和纪德。普鲁斯特是法国意识流小说的鼻祖之一，著有长篇小说《追忆似水年华》。马尔罗著有《人类的处境》。纪德著有《窄门》和《伪币制造者》。

二战后至20世纪80年代，称为“现代性文学”时期，多种思潮和流派并存。存在主义文学曾风靡一时，其代表人物是萨特和加缪。萨特著有《恶心》《墙》等小说。加缪著有《局外人》和《鼠疫》等小说。与此同时，法国还出现了新小说流派，认为艺术形式是最根本的。新小说派的作家及其作品有娜塔丽·萨洛特及其作品《陌生者的肖像》，克劳德·西蒙及其作品《风》《草》等，阿兰·罗伯—格里耶及其作品《橡皮》等。在诗歌方面，法国出现了现代派，如被称为人民诗人的雅克·普列维尔著有《歌词集》《故事集》《雨天和晴天》《杂碎集》《树和树》等，在国际上产生很大影响。在戏剧方面，保持古典主义风格的传统戏剧在法国仍然是重要流派之一，如萨特的《秘密审判》《肮脏的手》和《可尊敬的妓女》，蒙泰朗的《死去的王后》和《圣地亚哥的主人》，加缪的《加利居拉》和《正直的人们》等。另外，法国还诞生了新的剧种，即先锋派剧或称之为荒诞派剧，如塞缪尔·贝克特的《等待戈多》和《最后一局》，尤金·尤内斯库的《秃头歌女》《椅子》和《犀牛》等。先锋派剧主要表现人和世界的荒诞性。

20世纪90年代以来，称为“后现代性文学”时期。历史小说在法国又重新崛起，出版了《炼金术》《深宫之夜》《美丽的夫人》等作品。当代法国最著名的诗人有圣琼·拜斯，他著有《流亡》《颂歌》和《阿纳巴斯》。

三　艺术

（一）音乐

中世纪，法国音乐的主要形式是歌唱，叙述爱情、友谊和日常生活。文艺复兴时期，法国音乐的主要形式是歌谣，叙述了当时的战争、集市和大自然。巴黎成为法国的文化和音乐中心。17世纪，法国出现了以歌剧为主的音乐和歌曲，属悲剧性的题材。18世纪，法国音乐转变成喜歌剧的音乐和歌曲。

法国大革命时期，法国音乐发展到了“拯救歌剧”的阶段。拯救歌剧叙述为解除人民苦难向暴君作斗争的英雄，其间还插入了爱情故事。与此同时，法国作曲家创作了大量音乐和歌曲，如士兵音乐家鲁日·德·李尔于1792年创作了闻名世界的《马赛曲》，专业作曲家戈塞克创作了20多部交响曲。他的《7月14日之歌》和《联邦节颂歌》气壮山河、感天动地。他的交响曲对以后法国音乐和交响乐的发展有着很大影响。

19世纪，法国音乐进入了繁荣时期。柏辽兹是标题音乐创作的浪漫派作曲家，著有《幻想交响乐》《哈罗尔德在意大利》《罗密欧与朱丽叶》等交响乐。德彪西是印象派音乐家，著有《牧神午后前奏曲》《佩里亚斯和梅丽桑德》和《大海》等。雅克·奥芬巴赫擅长小型歌剧，如《美丽的海伦》《地狱中的奥菲欧》《格罗什坦公爵夫人》以及浪漫歌剧《霍夫曼的故事》等。此外，这时期著名的歌剧作家及其作品还有古诺的《浮士德》和《罗密欧与朱丽叶》，比才的《卡门》。《卡门》标志着法国现实主义歌剧的诞生。在巴黎公社时期，工人作曲家皮埃尔·狄盖特于1888年谱写了《国际歌》，成为不朽的国际无产阶级战歌。

进入20世纪，法国音乐呈现丰富多彩、不断创新的景象。萨蒂和由著名的青年作曲家组成的“六人团”一反印象主义流派的创作方法，崇尚朴实、自然和简单的音乐。萨蒂著有钢琴曲《诺西昂纳》和《伊姆诺佩迪》，交响戏剧《苏格拉底》等。奥利维埃·梅西昂把本国和外国的音乐，大自然和宗教结合起来，创作出《对三位一体奥义的沉思》《鸟的苏醒》等富于灵感和理论思考的作品。安德烈·若利韦则以无调性音乐为人称道。此外，30年代电子合成音乐开始在法国出现并得到了发展。

二战后，皮埃尔·布莱发明了12音体系音乐，调和音乐的结构、节奏和演奏的关系，创作出许多先锋派的作品。此时，法国轻音乐也发展起来。

目前，法国有4300所专门音乐机构，其中有100所以上各种类型音乐院校，学生约有50万人。共有14个交响乐团，3000个小型乐团，2万多名音乐家、歌唱家和舞蹈家。每年举办250次音乐、歌剧和舞蹈会演。最著名的有巴黎交响乐团、巴黎歌剧院乐团。法国还经常举办各种音乐比赛，其中著名的有每年一届的巴黎国际音乐比赛。

（二）舞蹈

芭蕾是法语“ballet”一词的译音。16世纪以来，法国王宫每逢节日或宴会都要举行舞剧表演。18世纪上半叶，芭蕾逐渐从歌剧中分离出来，成为独立的演出形式。18世纪末至19世纪初，法国诞生了第一部以现实主义为题材的芭蕾舞剧《无益的谨慎》，第一次在舞台上塑造了普通农民的形象。19世纪，法国芭蕾受到浪漫主义的影响，产生了许多流传至今的作品。

20世纪，法国的芭蕾得到长足发展，涌现出一些新剧目。特别是第二次世界大战后，法国官方采取一些支持性政策，进一步推动了芭蕾的发展，诞生了一些著名的编导，开拓了新的芭蕾艺术领域，如马兰及其作品《灰姑娘》等。目前，法国著名的芭蕾舞团有香榭丽舍芭蕾舞团、巴黎芭蕾舞团和巴黎歌剧院芭蕾舞团等。

此外，法国还拥有丰富的民间舞蹈节目，特别是地方民间舞蹈具有乡土气息和独特的地方风格，如布列塔尼的雅布多舞蹈等。

（三）戏剧

法国戏剧有着悠久的历史，曾经诞生许多闻名世界的剧作家和作品，如莫里哀和高乃依等。第二次世界大战后，法国的戏剧除了原有的传统节目（即古典剧目）外，还出现了大量现代剧种，如生活戏剧、荒诞戏剧、边缘戏剧、咖啡戏剧等，反映了法国各种文艺流派和思潮。与此同时，法国诞生了一批优秀剧作家，如阿达莫夫、萨特、萨米埃尔等，还出现了一批著名的导演，如维拉尔、巴罗等。

目前，法国每年大约演出50000场戏剧，定期观众约为800万人次。在巴黎，著名的剧院有：法兰西喜剧院、奥代翁国家剧院、夏约国家剧院等。法国每年还举办国内或国际戏剧艺术节，如阿维尼翁戏剧节等。

（四）美术

法国绘画艺术历史悠久，在世界美术史上占有极其重要的地位。从17世纪至19世纪，法国绘画艺术经历了从古典主义、浪漫主义到现实主义的演变过程，产生了许多流派，涌现了相当数量的世界闻名的绘画大师，创作题材广泛、内容丰富、风格迥异，既有历史画、肖像画和宗教画，也有风俗画、风景画和静物画。这个时期的著名画家有弗朗索瓦·波席、大卫、葛洛、米勒等。名画有《油灯前的马德莱娜》《马拉之死》《幸福家庭》《饭前祷告》《葡萄和石榴》《蒂沃利风光》和《林中》等。20世纪，法国绘画艺术更是丰富多彩，从“立体派”到“野兽派”、从“抽象派”到“超现实主义”、从“现代派”到“传统派”。二战以来，法国的绘画还出现了“造型派”、“几何抽象派”或“线条派”。著名的画家有巴拉克、沙加勒、罗尔特、波纳等。巴黎集中了法国著名的高等美术院校、美术市场和优秀的画家。法国每年都要举行规模盛大的美术展览会。此外，法国的壁画和漫画也在世界美术中占有重要地位。

法国的雕塑艺术同绘画艺术一样源远流长。18世纪，作为古典主义雕塑的代表人物乌东创作了一大批雕塑像，特别是历史名人的雕塑像，如《伏尔泰》《莫里哀》《华盛顿》和《富兰克林》等。19世纪，著名的雕塑艺术家和雕塑作品有弗朗索瓦·吕德及其在巴黎凯旋门上的《马赛曲》浮雕，罗丹的《思想家》等。二战后，法国诞生了新一代雕塑家，如阿依杜、拉尔特拉等。在巴黎，许多建筑，特别是古代建筑如凡尔赛宫、卢浮宫、先圣祠和巴黎圣母院等都有琳琅满目的雕塑，使这些建筑成为十分完美的艺术品。

（五）电影

1895年法国发明了电影，自此以后电影成为文艺和文化的一个重要形式。但是，从70年代开始，法国电影业因电视和美国电影进口的冲击开始走向萧条，法国政府对电影业采取扶植政策，法国文化部所属的全国电影中心代表国家制定具体办法和采取措施，如增加对电影业的资助（电影院门票收入1/5作为税收上缴后资助电影业），对电影的生产、发行、放映和出口给予优惠，规定美国电影放映的比例，同时电视台和一些同文化机构有关的私人公司也提供资助，从而使法国电影在90年代开始走出低谷。法国拥有电影制片公司2091家（2003年），银屏5362个（2006年），仅次于俄罗斯居欧洲第二位。2006年，法国生产了203部影片，其长片的年生产量仅次于美国和印度居世界第三位。电影观众2006年为1.89亿人，每个法国人看电影平均3.2次。2006年，法国影片在国内市场的占有率为44.7%，美国影片占44.2%，国产片的占有率比20世纪七八年代有大幅度的提高。

20世纪20年代，法国电影中先锋派是主流，主张非情节化和非戏剧化，其代表人物是德吕克，其代表作是《贝壳与僧侣》。二战后，法国电影经过改革，建立了以导演为中心的体制，从而使电影业有了较大发展。60年代，法国电影受“新浪潮”和“左岸派”的影响，主要以娱乐片和色情片为主，如《胡作非为》《广岛之恋》等。20世纪70年代，法国生产了许多政治片和惊险片。20世纪80年代以来，法国电影流派纷呈，各自探索不同的表现手法，并开始注重现实和情节，如《最后一班地铁》等。法国南部地中海滨海城市戛纳，每年一度举行国际电影节。

四　广播、电视、新闻与出版

（一）概述

法国大革命前夕，法国启蒙思想家在同法国封建专制制度斗争中，提出了言论和出版自由的口号，与法国封建专制钳制舆论和严密控制报刊新闻相抗衡。法国大革命中的卓越政治活动家罗伯斯比尔提出：“出版自由是鞭挞专制主义的最可怕的鞭子。”法国大革命另一政治活动家米拉波向三级会议呼吁：“让你们法律的第1条永远奉献给出版自由，使它居于神圣的地位。在所有的自由中，它最不能触犯，最不受限制。假如丧失了它，其他自由便永远得不到保障。”正是这些法国革命活动家推动了当时的议会通过许多有关保障出版自由的法律和法令，《人权宣言》便是其中最重要的文件。《人权宣言》第10条明确指出：“意见的发表只要不扰乱法律所规定的公共秩序，任何人都不得因其意见、甚至信教的意见而遭受干涉”，第11条进一步指出：“自由传达思想和意见是人类最宝贵的权利之一；因此，各个公民都有言论、著述和出版的自由……”这两个条文的规定冲破了封建法规的禁锢，从此，报纸、期刊、书籍和宣传品如雨后春笋大量地涌现出来。

随着法兰西第三共和国的建立及其民主制度的加强，1881年7月颁布了《出版自由法》，使法国公民有权建立出版社、经营出版事业和新闻事业、从事出版和新闻活动、自由地从事记者职业。同年，法国报业集团颁布的《记者公约》初步确立了记者的权利和义务。法兰西第五共和国时期，法国的大众媒介又有了新的发展。1973年法国4个主要记者工会通过的《新闻公约》，成为法国新闻工作者和政府共同遵守的准则。1981年颁布法律允许地方设置私营广播电台，1982年又颁布法律决定放弃国家对视听的垄断，保证出版的多样性和透明度，保护记者的地位和采访自由。1986年法国政府决定法国电视一台、法国电视广播公司、法国电视电影摄影公司私有化，重申出版自由，保证出版业财源的透明度，限制报刊的垄断，给予出版和新闻的平等和竞争。这些都标志着法国大众媒介的发展进入了一个新阶段。

在管理上，法国实行文化与交际部制定和实施全国大众媒介发展的总体方针和政策，各大众媒介的公司可自行选择不同的发展方向。

（二）广播

法国国家广播公司决定和指导法国的广播事业。该公司下设6个广播电台，即联播台、文化台、音乐台、蓝色台、7号台和巴黎地区新闻台。法国国家广播公司专门设置独立的法国国际台，全天用17种语言向国外广播，还与68个国家的电台建立了录音资料交换的关系。此外，法国国家广播公司还与地方共同投资建立17个独立的地方台。

1982年法国取消国家对电台的垄断，允许私人和团体设立电台。目前，法国有私营电台约1300家，主要有卢森堡电台、蒙特卡洛电台和欧洲一台。

（三）电视和互联网

目前，法国有7家全国性电视台。电视一台（TF1）是法国最早的私营电视台，全年播放3000小时节目，是法国收视率最高的电视台。电视二台（A2）是法国最早的国营彩色电视台，全年播放3850小时节目，其中新闻和主题时事节目500小时。电视三台（FR3）是国营电视台，建立于1973年。主要任务是管理和促进地方电视台的发展。电视四台（CANAL +）是私营的加密电视台，1984年建立。它收费服务，播放电影和体育比赛节目。电视五台（La《5》）是私营电视台，1986年建立，主要播放电视连续剧。电视六台（TV6）是私营电视台，于1986年建立。它主要用于播放文艺和音乐节目。国际法语电视台（TV5）建立于1984年，用通信卫星转播法语电视节目。

法国进入多媒体时代比美国和周围邻国晚，这是因为法国在相当长的时间一直坚持使用本国开发的视频文字终端，但一旦使用和推广因特网，发展就十分迅速，上网的家庭已占70%。法国已经建立了2.5万个网站，所有全国性的报纸和刊物都已经上网。

（四）主要通讯社

法国新闻社是法国的主要通讯社，简称法新社，是世界五大通讯社之一。法新社原名“哈瓦斯通讯社”，成立于1835年，1944年9月经重新组合后改名为“法国新闻社”。1956年，法国政府确定法新社的独立地位，但其财政管理仍由国家控制，实际上仍是法国官方的通讯社。法新社的领导机构有管理委员会、高级委员会和财务委员会等。该社的内部设新闻部、技术部和总务部。它在国内18个地区设分社，在国外向112个国家和地区设分社。法新社总部每天收到新闻为30万字，通过各条线路用各种文字编发新闻稿约有100万字，向7000种报纸、2500家电台和400多家电视台供稿。

（五）报刊

二战后，法国政党和利益集团控制的报刊数量有所下降，但它们依然是法国重要报刊的后台。2006年，法国各类报纸杂志共有4550种，83亿份，营业额达106亿欧元。《世界报》日报，于1944年创刊。它着重报道政治和外交并加以评论，反映法国外交部的立场和观点。该报的特点是报风严肃，内容丰富多彩。《费加罗报》于1854年创刊，是法国历史最悠久的报纸。该报主要反映传统和保守的观点。《法兰西晚报》于1944年创刊，着重刊登社会新闻，比较适合中下层的口味。此外，还有《解放报》、法国社会党的机关报《晨报》、法共机关报《人道报》《巴黎日报》《震旦报》、天主教的《十字架报》等。

法国期刊众多，重要的期刊有《快报》周刊，于1953年创刊，报道和文章主要反映法国激进党的立场和观点，是法国影响比较大的期刊之一。《新观察家》创刊于1950年，反映法国社会党对国内外问题的观点和看法。《问题》周刊，创刊于1972年。《巴黎竞赛画报》创刊于1949年，是法国最大的新闻画报。《鸭鸣报》创刊于1915年，是讽刺周刊。它是法国为数不多的保持独立地位的期刊之一，不登广告，以“保持自己的独立性”，认为“一切真理都不应该有保留”，“帮助弱小的反对强大的总是正确的”。它以画漫画、起绰号和取笑等方式谈论政治和社会问题，具有较大的政治影响。

（六）图书出版

法国约有500家出版社，重要的出版社有阿歇特出版社、拉鲁斯出版社、博达尔出版社、马松出版社、瑟伊出版社、纳唐出版社等。拉鲁斯出版社出版的《拉鲁斯百科全书》在世界发行。法国出版袖珍图书，其中最著名的有80多家出版社共同经营的《袖珍丛书》《福利奥丛书》《观点——小说丛书》和《我读过丛书》等。

五　博物馆和图书馆

（一）博物馆

法国约有1200家博物馆，每年吸引几千万观众。在巴黎市区，国立和市立博物馆有80家之多。最著名的有卢浮宫博物馆、奥塞博物馆、收藏印象派作品的蒙玛唐博物馆、现代艺术博物馆、罗丹雕塑博物馆、格雷万蜡像馆等。在科技方面，有自然历史博物馆、创造发明馆、人类博物馆、国家技术展览馆等。此外，还有军事、海军、人文、邮政、电影、广播、时装、乐器、钟表、眼镜等博物馆。每年，卢浮宫、凡尔赛宫和奥塞博物馆接待1200万国内外参观者。

1. 凡尔赛宫　凡尔赛宫在巴黎西南18公里的凡尔赛。它原是一个小村落，路易十三在此兴建一个城堡，路易十四予以扩建。凡尔赛宫包括宫殿、花园和其他建筑群。凡尔赛宫陈列着法国国内外珍贵的文物和艺术品。

2. 卢浮宫　卢浮宫最初于1204年修建，是一座存放王室档案和珍宝的城堡。经过几个世纪不断的改建和扩建，特别是法国大革命后经过拿破仑一世和三世统治时期的修建才形成今天这样的规模。卢浮宫以收藏丰富、瑰丽的美术珍品闻名于世。收藏品数量超过40万件，其中油画15000件，雕塑5000件。在油画中，有著名的《蒙娜丽莎》和《岩间圣母》等。在雕塑中，有著名的稀世珍品《维纳斯》和《胜利女神》等。

（二）图书馆

全法国共有1000多个图书馆，分布在各城市中。巴黎拥有国家级和市立图书馆85个，其中有著名的国家图书馆和国家资料中心。此外，法国还拥有阿尔塞纳尔图书馆，它以收藏丰富的文学作品和戏剧资料而闻名。

1. 国家图书馆　法国历史悠久的图书馆，在14世纪是国王查理五世的私人藏书室，法国大革命时期被没收为国家所有并正式成立国家图书馆。它所收藏的古代书籍居世界首位。该图书馆主要供专业人员使用，不对大众开放。全馆拥有1300名工作人员，藏书1500多万册，期刊50多万种，还有30多万卷古代、近代、现代的手稿，1200多件底版和照片。该图书馆实行信息化管理，其主要任务是保护和修复收藏品，在全国范围建立资料收藏中心，为读者提供服务。

2. 国家资料中心 是查阅国家档案的地方。它收藏有35万个卷宗，2400种期刊，35万张幻灯片，11000张唱片，1000部影片。它拥有1300个座位，每年约有450万名读者来这里阅览。

3. 阿尔塞纳尔图书馆 该图书馆主要收藏有文学作品和戏剧资料，尤其是收藏着法国17—18世纪的全部小说。

六 宗教与民俗

（一）宗教

法国宗教的发展有着悠久的历史。公元1世纪，罗马帝国入侵高卢时带来了基督教。法国封建社会初期，天主教利用王权的衰落乘机扩展势力，加佩王朝则想方设法削弱教会的势力。自此，王权和教会的明争暗斗在法国历史上时起时伏，长年不断。11—13世纪，法国封建王朝以保护基督教的名义6次参加了十字军东征。16—17世纪上半叶，以东北部的贵族吉斯公爵为首的天主教集团和以南部、西南部的贵族波旁家族为首的新教“胡格诺派”发生了激烈的宗教战争，史称“胡格诺”战争。直到1598年，“胡格诺派”领袖亨利四世宣布放弃新教，这场持续30多年的战争才宣告结束。亨利四世于同年发布南特赦令，宣布天主教为国教，并承认新教的合法权利。17世纪中叶，法国君主专制进入鼎盛时期，天主教成为国王路易十四的统治工具。法国大革命前，法国启蒙思想家对精神上奴役和麻痹人民的宗教发起猛烈的攻击。从法国大革命以来，法国的无神论者和左翼政治力量不断对法国的宗教进行批判和揭露。现在，宗教已不能像过去那样直接干预和左右法国政治生活了。

目前，法国人中信仰天主教的占81.4%，法国儿童受过天主教洗礼的占80%，但是，真正遵守教规和参加礼拜的虔诚教徒仅占20%。此外，法国人信仰伊斯兰教的占6.89%，约400万人。新教徒占1.64%，约95万人。东正教占0.34%，约20万人。犹太教1.29%，约75万人。佛教占0.68%，约40万人，其他宗教占8.12%，约470万人。无宗教信仰的占3%。

（二）民俗

法国人的姓名通常由一姓一名组成，名在前，姓在后。但是，法国人的姓名也有三个、甚至四个。法国人往往把自己所尊重的名人或家族中某个人的名字加在自己的名字里以示纪念，但人们称呼或书写时往往只用本名，如戴高乐总统一般叫夏尔·戴高乐。法国人的姓没有男女之分，但名字有时可以分出性别来。同一名字妇女使用时有性的变化，如Jacques（雅克）的阴性是Jacqueline（雅克琳）。20世纪以前，法国女子婚后即从夫姓。现在，已婚法国妇女使用夫姓的同时，也可以保留娘家姓。法国人也有用复姓的，复姓一般是将夫妇两人的姓合在一起，夫姓在前，妻姓在后。复姓在书写时用短横线连接起来。

法国人讲究礼仪，常用的称呼是“先生”、“夫人”、“小姐”。对方有职务、学衔、学位，则在姓或姓名之后冠以职务、学衔、学位。初次见面称呼姓，不能随便称呼名字。只有最亲近和非常熟悉的人才能直接称呼名字。在法国，已婚妇女和未婚妇女称为“madame”（夫人、太太、女士）或“mesdames”（夫人们、太太们、女士们）。如果加在某些女子职称前则是尊称，如Madame la Présidente（主席女士）、Madame la Députée（议员女士）。对已婚女子不能称“小姐”，对老年妇女不能称呼“老太太”。为表示对妇女的尊重，法国人在举止行动上讲究“女士第一”，即在走路、入室、就座都让妇女先一步，上菜敬酒先女后男，告别时先向女主人道谢。与法国人初次见面，在通常情况下一边握手一边相互说“您好吗?”或“您身体好吗?”或“见到您真高兴”等寒暄的话。在告别时，相互可以说“见到了您真愉快”，或“希望能再见到您”等客套话。如果是熟人，相互可以简单地打招呼说“您好”。法国人之间见面时则是以亲面颊或贴面颊替代握手。在日常生活中，法国人的礼貌用语是“谢谢”和“请原谅”。对任何人提供的帮助和服务，法国人都要说“谢谢”。对方做错一件事，无论有意或无意，都要主动表示歉意，说“请原谅”。法国人如同其他欧美国家的人一样，在与陌生人交谈时不能打听对方的年龄、收入、婚姻状况、宗教信仰等。他们认为这些都是个人的隐私，不愿意向他人吐露。

在衣着方面，法国人在日常生活中比较随便，以舒服、简便和实用为主。但是，法国人在正式场合十分注重仪表，讲究衣着。在办公室里，法国男士西服革履，女士则穿套装或连衣裙。晚上，法国人在参加社交活动时，都要认真梳妆打扮，换上入时的服装，或者按照要求穿晚礼服。整洁的服饰为法国人带来彬彬有礼和温文尔雅的气派。

在饮食方面，法国人的主食以面包为主，在饭桌上经常放着长形面包（或称棍子面包）。法国人喜欢吃土豆。在肉类方面，法国人爱吃牛羊肉。餐桌上必备蔬菜，水果则在饭后食用。在就餐时喜欢吃奶酪，法国生产的奶酪不仅产量大，而且品种繁多。在饮食方面，法国人还嗜好葡萄酒和其他酒类，并形成了独特的法兰西饮酒文化。从一日三餐安排看，早餐吃面包抹黄油或果酱，喝牛奶加咖啡，或者是可可。午餐比较随便。晚上一般是家庭团聚，吃饭比较讲究，饭菜和饮料都比较丰盛。

（三）传统节日

法兰西第三共和国议会于 1880 年 6 月通过决议，把 1880 年 7 月 14 日法国大革命中巴黎人民攻占巴士底狱的日子定为法国国庆节。在这一天，法国一般要举行阅兵和游行，国家元首要发表演说和颁发奖章。每年 11 月 11 日是法国庆祝第一次世界大战的胜利和纪念第二次世界大战中死亡烈士的停战节。其他主要的节日有圣诞节、复活节和五一国际劳动节等。

七　体育

法国体育实行官方和民间相结合的管理。青年与体育部参考民间体育组织和体育人士的意见，对国家体育事业进行统一规划和领导，负责大型体育场馆设施建设的组织工作；地方政府（主要是省和市镇）和民间团体可开办各类体育场馆和举办各种体育活动。

90 年代以来，法国的体育运动有了很大发展。约有 3/4 的法国男性和 1/2 的法国女性经常从事体育锻炼。法国人喜爱足球、橄榄球等集体体育项目，也喜爱滑雪、赛艇、网球、高尔夫球等竞赛体育项目，还有些法国人爱好探险或冒险性体育项目，如自行车越野、远足、登山、滑翔等。法国的足球运动十分普及，足球场及其设备精良。法国每年还举行许多国际性和全国性的体育比赛，如环法自行车赛、国际汽车越野赛等。

第九节　军事

一　第二次世界大战后的防务政策

在第四共和国时期，法国历届政府主要是追随美国，推行集体防御政策。法国于 1948 年 3 月同英、荷、比、卢四国签订了《布鲁塞尔条约》，组成西欧军事联盟，把欧洲政策的重点放在“遏制”苏联上。法国政府还同英国一起积极推动与美国在欧洲的军事合作，并于 1949 年 4 月签订《北大西洋公约》，成为北约军事组织成员。此外，法国政府在这期间还提出关于建立欧洲防务集团和建立欧洲共同生产武器装备机构的建议。

在第五共和国戴高乐执政期间，法国采取了独立的防务政策。为了保卫法国的独立和安全，戴高乐决心把战略重点转移到法国本土和欧洲方面，并建立以独立核威慑力量为基础的“全面防务”战略。法国于 1960 年 2 月在撒哈拉大沙漠试验场成功地爆炸了第一个原子装置，并于 1964 年建立了第一代核打击力量。与此同时，法国逐步退出北约军事一体化机构，于 1959 年 3 月收回法国地中海舰队的指挥权，同年 6 月要求美国撤走驻在法国领土上的核轰炸机。法国政府于 1963 年 6 月宣布，法国的大西洋舰队在战时不再“自动”归北约司令部指挥；同年 8 月收回在战时“自动”归北约司令部指挥的法国飞机中队的指挥权。它还于 1964 年 4 月撤回法国在北约海军司令部的军官，最后终于在 1966 年 3 月正式退出北约军事一体化机构。

吉斯卡尔·德斯坦总统根据国际形势的变化，以“扩大庇护”替代“全面防务”，即在保卫本国的前提下，设欧洲邻国和地中海为第一道防卫圈，设非洲、印度洋、亚洲、太平洋和大西洋等地为第二道防卫圈，其中以保卫第一道防卫圈为主。根据这种新的战略思想，德斯坦总统主张“三位一体”，即战略核力量、战术核力量和常规力量同时发展，以随时应付来自外部的各种战争。在德斯坦总统任内，法国改善与美国、北约的关系，加强了与北约的军事合作。

密特朗担任总统后提出了“三个防御圈”理论，即第一圈是法国本土，第二圈是欧洲和地中海地区，第三圈是非洲和与法国利益密切相关的其他地区。密特朗认为，自20世纪70年代末以来，苏联和华约在常规武器方面的优势自不待言，在核武器方面也已超过北约。欧洲两个军事集团的均势已被突破。在这种形势下，法国一方面奉行“大西洋主义”以借助美国的力量，另一方面大力发展独立核力量，力图恢复欧洲的均势。

80年代末90年代初，苏联东欧剧变导致华约解体和冷战的结束，法国加速对其军事战略进行重大调整。首先，确定了以核力量为基础的“多方位防御战略”和以“远距离干涉”、“预防危机”为重点的作战方针。法国在核威慑理论上做了很大修正：从冷战时期的“有限、合理的足够”向“严格足够”的核威慑转变。在后冷战时期，法国将严格地拥有最起码的核威慑手段，不再明确针对某个集团和国家，而仅以核武器来确保法国的大国地位和在世界中的影响，同时威慑敢于侵犯法国根本利益的潜在敌人。根据这种新的核威慑理论，法国决定停止S45型陆基战略导弹的发展计划，并把现在服役的S-3型导弹延期到21世纪初退役，海基潜射导弹的发展计划放慢，新一代战略核潜艇的生产推迟，其数量也相应减少，陆军战术核导弹的发展计划也大大削减。尽管如此，法国仍然坚持核力量的独立，继续发展和部署“严格足够”的核武器，以维持核战略的威慑力。在后冷战时期，法国确定了“多向防御”的战略指导思想，特别要加强防范来自北非、中东和地中海的威胁。1993年3月，法国政府公布了未来20年法国防务政策的《国防白皮书》，明文规定在下列情况下可以动用武装部队：在关系到法国切身利益的欧洲、地中海和中东及短期和中期内有可能发生的地区冲突中；从现在起在欧洲和更长期在地中海、近东和中东所能预见到的关系到法国切身利益的地区冲突中；在损害法国本土以外的法国海外省和海外领地的完整时；在非洲，执行双边防务协定时遇到可能性很大的一触即发的事态中；在欧洲、中东和非洲，还可能在远东和拉丁美洲，出现可以预见的调停、控制边界、人道主义行动、监督停火等维护和平和国际法的行动中；在突然出现对西欧构成的重大威胁时。其次，法国进一步加强、推动西欧防务的联合，以确保其在欧洲政治事务和欧洲防务中的主导地位。法国主张以西欧联盟为基础，建成欧洲政治联盟的防务实体，真正担负起欧洲防务的重任。1991年法国与德国共同倡议组建“欧洲军团”，并就“欧洲军团”的编制规模、隶属关系、任务和组建日程等主要问题达成共识。1992年5月，法德首脑批准了两国混合工作委员会提交的“欧洲军团”计划。根据这个计划，在组成3.5万人的法德联合军团基础上，吸收西欧联盟其他成员国参加，最终形成5万人的、由多国部队参加的“欧洲军团”。同时，法国在宣布组建“欧洲军团”时声明无意削弱北约或取而代之，而是作为补充和加强的力量配合盟国参加集体防务，必要时隶属“欧洲军团”的法国部队还可以临时接受北约司令部的调遣，从而改善了法国与北约的关系。

1996年2月，法国宣布了防务改革计划（1997—2002年军事纲领法），主要内容为：武装部队逐步走向职业化，总兵力减至35万人；发挥法国军工和科技的潜力，使之更加适应欧洲防务的具体情况；取消义务兵役制；核威慑是法国防务战略的主要内容，今后将进一步成为欧洲核威慑的一部分；继续履行法国在欧洲军团内的义务。

“9·11”事件后，法国核战略逐渐由威慑向实战方向转变，由“被动式核防御”向“主动式核防御”方向发展，核威慑的范围更加广泛，核打击的门槛进一步降低，实战性大幅度提高。法国重视欧洲独立防务的建设，确立新的欧洲安全机制，谋求在欧洲安全事务中发挥主导的作用。法国继续参与北约的集体防御，力促北约进行内部改革，积极扩大法国的影响和作用。

萨科齐当选总统后则提出，冷战后的“单极世界”已经结束，“超级大国”已经过时，未来世界将是“相对大国时代”的“多极世界”。在新的形势下，“法国与敌国发生大规模军事冲突”的可能性已不复存在，而“弹道导弹的威胁、恐怖主义的蔓延、网络战争的出现”等，使当今世界虽然并不一定“更不安全”，但肯定会“更不稳定”、“更不可测”。故此，法国有必要对国防政策和军事战略作出新的调整，对法国军队进行重大变革。萨科齐指出，核威慑是国家的“人寿保险”，法国将继续奉行核威慑政策。与此同时，萨科齐提出了两个新的核观念：其一是合理足够观念，即在满足战略需求的前提下，尽可能减少核武器储备，提出将法国空基核武器削减三分之一。其二是“核警告”观念，即在核威慑的基础上实施“核警告”，使核武器更具实战意义。

正是根据时任总统的战略思想，法国于2008年6月17日公布了新版《国防与安全白皮书》，对未来15年法国军事发展作出了规划，确立了“预知”、“威慑”、“保护”、“干预”和“预防”等防务与安全重点，并着重强调法国有意重返北约军事一体化机构，凸显了法国军事变革的“新概念”。白皮书计划精兵强武，在今后6—7年内裁减5.4万人，裁员幅度超过16%。军队人数将从27.1万人减为22.4万人（-4.7万人），首当其冲的是空军，减少24%，另外是陆军，减少17%，海军减少11%。其他的裁员涉及军备总代表处和行政总秘书处。法国在外国的军事重心将从黑非洲转移到自大西洋至地中海和自波斯湾至印度洋的一个弧形危机地带，同时还将关闭近50个军事基地或设施，以节省军费开支。但是，在武器装备更新上却大幅增加经费，从目前每年155亿欧元增至180亿欧元。2009年3月17日，法国国民议会通过了法国重返北约的决定，此举目的既为了彰显法国在国际防务中的存在，也是为了使北约更加欧洲化，并确立法国在欧盟防务中的主导地位，进而借北约之巢培植欧盟独立防务之军，实现萨科齐提出的建立“欧洲舰队”的主张。

二　军事机构与军队体制

（一）军事机构

根据法兰西第五共和国宪法第15条的规定，法国总统是军队的统帅，他主持最高国防会议和国防委员会。最高国防会议由总统、总理、国防部部长、外交部部长、内政部部长、财政部部长以及其他有关部门和国防总秘书长组成。最高国防会议是国防政策，包括有关国防的外交、经济和核事务的决策机构。国防委员会负责军事计划、部队配置和武器装备等具体贯彻最高国防会议所决定的政策。

根据法兰西第五共和国宪法第21条的规定，总理对国家防务负有责任；总理任命军职人员；如果情况需要，总理代替共和国总统主持最高国防会议和国防委员会。法兰西第五共和国宪法第20条还规定，政府掌管武装力量。根据这两条规定，总理协调和执行国防政策，管理国防事务。国防总秘书处属总理领导，其主要职责是准备和安排最高国防会议和国防委员会的每月例会，了解和掌握防务政策的贯彻和具体执行情况。国防总秘书处还负责进行国防事务的磋商，收集和传达军事等方面的信息，并负责军火输出等事务。

法国的国防部长负责组织和领导武装部队，筹备军事物资，发布命令，对三军进行动员。国防部长由一名武装部队参谋长、一名行政秘书长和一名军需总署署长协助工作。

武装部队参谋长即总参谋长，负责制定军事战略部署等，并向总统和国防部长汇报工作。法国武装部队设有陆军参谋长、海军参谋长和空军参谋长，分别主管国防部的若干个司和处。总参谋长和各军参谋长组成参谋长委员会，国防部长任主席。参谋长委员会研究和协调总统和政府制定的国防政策，拟订执行这些政策所必需的一切计划，负责对有关预算分配的争议问题提供咨询。

行政秘书长负责统一和协调国防部内的行政和财政管理事务，与各个部门研究和协调有关预算、人事、武器采购等项工作。他是国防预算的主要顾问，并掌管国防部的财务司、司法诉讼行政事务司、军队文职人员司等部门。

军需总署署长负责管理和协调武器研究和制造工作。他具体领导国防部内的研究与试验司、弹药司、武器技术司和国防事务司等。研究与试验司是军事科研中心。国防事务司负责法国军火输出的初审，然后由军火输出部际委员会复审，最后由总统决定。

此外，法国国防机构还有宪兵与军事法庭、对外安全总局、军火安全局、核试验中心等。

（二）兵役制度

法国从1997年开始实行志愿兵役制度。为了防止公民的国防意识的淡化，总统令宣布从1997年1月1日起建立“公民—国家约会”制度，役龄青年必须到国民役选拔中心登记，进行体能、智力检查，进行国防教育。法国采用单一的募兵制和军队职业化，将使法国军队结构发生变化：第一，他将使法国军队的科技和人员素质大大提高。第二，他将使文职人员在军队中的比例有所增加。第三，女性在法国军队中的比例也有所提高。

（三）军事院校

法国军官主要来自军事院校：初级军官来自初级军校，中级军官有中级军官学校。高级军官来自军事研究中心。妇女军官来自妇女军官学校。法国还有许多培养科技军官的学校，如高等军事科技学校、原子能军事应用学校等。这些学校除了学习专业和军事科技外，还十分重视对通用知识、外语和社会科学的学习。法国最负盛名的军事院校是圣西尔军校，为拿破仑于1802年创办，第二次世界大战后迁到布列塔尼。经过改革，该校分成为几个分校，其中圣西尔特殊军校继承了原军校的传统。该军校为法国培养了5.5万名军事人才，有一半法国陆军元帅出自该校，其中有戴高乐、麦克—马洪等。

三　兵力部署与军事装备

（一）兵力编制和部署

法国本土统一划分为东北部、大西洋和地中海3大防区，每个大防区相应设置陆军军区、空军军区和宪兵军区，其中大西洋防区和地中海防区都设置海军军区。法国撤并了原隶属各军种军区的指挥机构和后勤保障单位，简化了防御体系，使之更加合理，更加便于指挥和协调。法国还成立全国统一的领土防御司令部，全面负责法国领土防御的组织。法国总兵力24.49万人，其中陆军13.35万人，空军6.36万人，海军4.62万人。军种有：

1. 陆军　法国陆军以旅为单位。第二级指挥体制负责指挥1万—2万人的部队。部队人数根据执行任务的规模、性质等随时变动。第三级指挥体制统辖新组建的11个后勤旅或混合旅。它们都是常备战斗单位。其中两个后勤旅负责对部队的支援，另外8个多兵种旅有大有小：小部队1000—1500人；大部队2000—6000人。它们是两个装甲旅、两个机械化旅、两个轻型装甲旅、一个空中别动旅、一个步兵强化旅。此外，法国还拥有一个空降机动旅、欧洲军团法德旅。

2. 海军　法国本土划分为大西洋海军军区和地中海海军军区。设有5个司令部：两个本土司令部（大西洋司令部和地中海司令部）、一个战略潜艇司令部、两个海外司令部（太平洋司令部和印度洋司令部）。法国海军按任务编成海上、水下以及反潜和扫雷三大作战集群，并相应成立3个作战集群司令部。其中，海上作战集群主要用于对付突发的危机，还可以配合陆军部队进行海外干预。水下和反潜作战集群主要用于保护海基战略核力量的安全，为其护航。它还与扫雷作战集群共同负责保卫法国海上通道。目前，拥有百余艘舰艇，其中远洋舰为64艘。舰队包括一艘核动力航空母舰“戴高乐”号；一艘直升机母舰；10艘核攻击潜艇，其中4艘战略弹道核潜艇，2艘“可畏”级，2艘“凯旋”级（Triomphant）；3艘登陆舰；15艘大型军舰；28艘中型军舰，其中12艘导弹驱逐舰；28架大西洋反潜巡逻机。

3. 空军　法国本土统一划分为两大防区，旨在使其布局和结构与其他军种一致，以便于联合行动。下设4个司令部：防空司令部，空中作战司令部，空中机动支援司令部，空军训练司令部。目前，法国拥有各种飞机2000架，其中一线作战飞机约为390架。作战飞机编为20个战斗机中队、2个侦察机中队和一个电子战中队。其中，战斗机中队拥有2个“幻影”4P型核攻击机中队共18架飞机，3个“幻影”2000N型核攻击机中队共45架飞机，15个常规战斗机中队（每个中队15—20架飞机）。

4. 宪兵　被称为“第四军种”，平时负责维护社会治安，战时负责执行保卫重要设施和打击小股入侵之敌等任务。法国宪兵分为地方宪兵和机动宪兵两种。它的主要装备有180辆各种新型装甲车，50多架直升机和轻型飞机。

法国的兵种有：

1. 核军事力量　法国的核军事力量包括战略和战术核力量共有4000人，其中海军2200人，空军1800人。在战略核力量方面，有18架幻影4P型中程弹道导弹的核战略轰炸机，18枚射程为3500公里的地对地中程战略弹道导弹，4艘核动力弹道导弹潜艇，共有80枚潜射弹道导弹。在战术核力量方面，有45架幻影2000N型战斗机，36架超军旗型舰载战斗机。法国有500枚左右核弹头。此外，法国还拥有“准战略”核力量人员8450人，其中陆军6100人，海军190人。

2. 情报部队　情报和电子战旅共有4000人，由三军参谋长通过军事情报局进行指挥。此外，法国对外安全局也配合从事军事情报的收集工作。设有情报特工人员培训中心、空中运输大队、蛙人训练中心和无线电监听中心，配有3500—4000名特工人员。

3. 外籍军团　成立于1831年，其成员是职业军人，绝大多数来自外籍人，特别是欧洲人。外籍军团成立的最初目的是用于保护法国在非洲的殖民利益。外籍军团总部设在马赛附近的欧巴涅。外籍军团的主要标志，就是每个成员都穿戴传统的绿色贝雷帽。目前，外籍军团总兵力约为 7700 人。编有 1 个装甲团，1 个空降团，6 个步兵团，2 个工兵团。

4. 法兰西巡逻兵　成立于 1913 年，是世界上资格最老的特技飞行表演队。“法兰西巡逻兵”的队徽涂在飞机座舱的两侧，标志中表示飞机的箭头排成该队常用的 9 机“协和”队形。表演飞机涂饰着与法国国旗一样的蓝、白、红三种颜色。机群也常常把蓝、白、红色的烟迹留在空中，艺术地把法国人民勇敢、浪漫的传统和美好的愿望勾画在蓝天白云之间。到目前为止，该队已经表演 1200 次以上，受到世界各国的广泛欢迎。

（二）军工

法国拥有相当发达、相当完整的和独立的军事工业体系。法国的军事工业分为国营企业和私营企业两种。在国营企业方面，一种是隶属军备署下的 35 个工业企业，其中包括 12 个海军建设用的码头和工厂。军备署雇用职工达 25 多万人。另一种是公用部门的国营公司，如国营飞机发动机研究制造公司、法国国营宇宙航空公司、国营火药和炸药公司。公用部门的军事工业企业雇用职工达 12 万人。法国的私营军工企业约有 1.3 万家。为便于控制和监督，法国政府把国营军工企业和私营军工企业组合成为“法国军工联合企业”。目前，法国军火的出口，国营和私营军工企业各占一半。

（三）军费

法国军费主要分为武器装备费用和部队维持费用两部分。武器装备费用有科研、工业与技术投资、制造、军事设施。部队维持费用有军人薪金、军人维持费、社会负担、设备和行政开支、营房维修、行政补贴和其他费用。军事预算列入法国年度财政预算，每年由政府于 10 月提交议会讨论和通过，成为法律性文件。法国自 1960 年以来即以立法形式制定军备计划，该计划规定 5—6 年间拨给军队费用的总额、每年的费用数量、军费在国家预算和在国内生产总值中所占的比重、武器装备费用和维持费用在军费中所占的比重等。以立法形式制定军备计划使法国军费有了保证。法国国防预算占国内生产总值的比例，2000 年为 2.2%，2004 年为 2.6%，2005 年为 1.9%，2007 年为 1.94%。2009 年国防预算总额为 320 亿欧元。《国防与国家安全白皮书》规定，今后 15 年，法国国防预算占国内生产总值的比例保持在 2% 左右。

第十节　对外关系

一　外交政策

（一）外交政策方针和原则

法兰西第五共和国初期，戴高乐为法国的外交政策奠定了基调，其目标是：维护民族独立，争取大国地位；打破美苏两极的格局，推动世界朝多极化方向发展；坚持独立防务，发展独立的核力量；对美国既联合又独立，对苏联既坚定又对话；既联合美国抗衡苏联，又借助苏联制约美国；建立以法德为核心、以法国为领导的“欧洲人的欧洲”；通过“缓和、谅解、合作”逐步实现“从大西洋到乌拉尔的欧洲”，最终走出雅尔塔体制；在法属殖民地实行“非殖民化”，并以“合作”的名义扩大在第三世界的势力和影响。戴高乐外交思想的基本原则被以后各届政府所接受，但不同时期有不同调整。

在蓬皮杜总统时期，法国对外政策的调整是使之更加务实、更富弹性。法国以实力为后盾，集中关注欧洲和地中海两个地理上接近法国而又生死攸关的地区，尤以欧洲事务为重。在德斯坦执政期间，法国外交政策的特色是带有“世界主义”色彩的“多边合作”，坚持同所有国家发展关系，强调在发展与美苏关系的同时，保持法国的独立，并显示法国的大国地位。密特朗执政期间，根据新的国内外形势和社会党的理论采取了如下基本做法：在东西方关系中坚持“属于西方”的立场，维护大西洋联盟，强调法美关系；反对霸权主义和扩张主义，同时保持与苏联对话和发展经济关系；支持欧洲一体化，提高欧洲在国际政治中的地位，推动世界朝多极化方向发展；重视与第三世界的关系，推进南北对话。希拉克总统的外交政策是：维护和重振法国在世界和欧洲政治中的大国地位和作用；在国际事务中确保法国的国家和民族利益，特别是经济和贸易的利益。其具体做法是：积极推动欧洲一体化进程；对美国保持既合作又抗争的关系；加强与俄罗斯的政治和经济关系；重返中东，力图打破美国垄断中东事务的局面；与亚洲、特别与中国建立长期和全面的伙伴关系。

萨科齐总统基本上没有脱离戴高乐的独立外交和防务的路线，但是他根据变化了的国内外形势推行“萨科齐主义”的外交。他提出“相对大国论”来否定美国的霸权主义理论，以“真正的现实主义”来推行“萨科齐外交”，来调整法国的外交政策。他把欧洲建设视为法国外交重中之重，重新恢复法国在欧洲一体化进程中的领导地位，加强法德轴心，改善法英关系；他重新修复法美关系，在向美靠拢过程中，保持法国独立自主的行动自由；他全面地重返北约军事一体化机构，但保持法国核打击力量的独立；他重返非洲，倡议建立地中海联盟；他在中东和海湾地区采取更加介入的立场；他正视新兴发展中国家崛起的事实，表示要以现实的态度积极地发展与这些国家的外交关系。

（二）对重大国际问题的政策

1. 反国际恐怖主义 “9·11”恐怖袭击发生后，联合国通过了系列决议，以加强反恐的国际合作。法国积极支持和参与联合国反恐委员会的工作。法国本土同国外一样都是国际恐怖主义的受害者，因此，法国在反恐问题上进行专项立法，毫不退让地同恐怖主义作斗争。

2. 核裁军问题 冷战期间，法国积极发展独立的核力量，坚持不参加美苏垄断的禁止核试验条约。冷战后，法国调整核裁军政策，1992 年加入《核不扩散条约》，赞成共同签订全球性的和可核查的“禁止核试验条约”。在签订该条约之前，法国继续坚持核试验，以便维持法国核力量的独立性。

3. 人权问题 法国在国际事务中一贯标榜为“人权卫士”，积极推行人权外交，在科索沃危机中与欧美盟国一起采取对南斯拉夫强硬的外交政策，在非洲努力推动“民主化”进程。90 年代后半期，法国逐步加强了以“现实”的态度和对话的姿态来处理国际社会的人权问题。此外，法国还积极参加国际人道主义行动，为此法国政府设立了一个负责人道主义行动的机构，为遭受自然灾害或政治危机的国家和人民提供援助。

4. 关于联合国和安理会 法国强调联合国和安理会在冷战后应发挥更大作用，联合国秘书长应拥有重大的权威。原则上不反对改革安理会和接纳德国、日本为安理会常任理事国，但主张同时应有几个“南方”国家进入，并且不影响安理会现行的运行机制。法国积极参加联合国的维护和平行动，在前南斯拉夫地区、黎巴嫩、巴勒斯坦、西撒哈拉、安哥拉、格鲁吉亚、科威特—伊拉克边境均派出法国的维和部队。

二 外交关系

1. 法国与欧洲联合 二战后，法国一直积极推进欧洲的联合和欧洲建设，80 年代进一步加强了推动欧洲联合的政策。

密特朗执政后，多次强调要建立一个独立的欧洲，并提高欧洲在国际政治中的地位和作用。在法国的建议下，1984 年 2 月在卢森堡首次召开了欧洲经济共同体和欧洲自由贸易联盟两大经济集团的部长级会议，以对付日益激烈的美日竞争的威胁。同年 6 月，西欧联盟外长会议在法国外长主持下在巴黎举行已停顿多年的欧洲国家防务会议。密特朗认为要保持法德“特殊关系”。根据法国的建议，西欧联盟常设理事会于 1984 年 6 月取消了限制联邦德国制造远程武器和制导武器的禁令。1986 年 2 月，法德两国决定实行战略和军事合作。在法德双“发动机”的努力下，1985 年 3 月共同体部长理事会决定争取在 1992 年建成一个统一大市场，1986 年 2 月共同体部长理事会通过了《单一欧洲文件》并于 1987 年 7 月生效。该文件决定在共同体内实现商品、资本、劳务和人员自由流通的统一大市场；为了统一大市场建设的顺利进行，改革决策机制，将部长理事会“一致通过”原则改为“特定多数表决”制。从此，法国放弃了戴高乐以来一直坚持的“卢森堡协议”所规定的“一致通过”原则。这是法国对欧洲一体化政策的一个重大转变。法国于 1988 年 1 月率先重新提出欧共体货币统一问题，并积极推动经济货币联盟的建立。1989 年 4 月欧共体委员会主席提出的《关于欧洲共同体经济与货币联盟》的报告在很大程度上反映了法国的意见。1991 年 12 月，欧共体首脑会议通过的《马斯特里赫特条约》对经济货币联盟作了具体的规定，并根据法国要求，条约议定书郑重声明，“走向第三阶段是不可逆转的”。

希拉克当选总统后，法国提出建立“欧洲外交和共同安全机制”，重新启动欧洲政治联盟的建设进程。2000 年下半年，法利用担任欧盟轮值主席国的机会大力推动欧洲建设，成效显著。法国积极促使欧盟决策机制改革取得重大进展，欧盟防务联合迈出重要步伐，并使欧盟15国和13个入盟候选国共同通过欧盟基本权利宪章，从而确定欧盟社会一体化的基本标准。

萨科齐走马上任后，意识到欧盟分裂和法国在欧洲地位下降，进一步调整对欧盟的政策，把欧洲建设视为外交中重中之重，力图依托欧盟来恢复法国在欧洲的主导作用。他推出欧洲宪法简化版，并努力说服持有异议的波兰和英国。法国对欧盟扩大要求谨慎，对土耳其入盟持保留态度。在国际金融危机中，法国政府推动欧盟努力采取措施，共同渡过难关。与此同时，法国要求加强欧盟的防务能力。

2. 法美关系　20世纪90年代，希拉克总统根据冷战后的国内外形势调整了与美国的关系，在维持前南斯拉夫地区的和平、中东和平、防止核扩散，以及支持原苏联东欧国家改革方面采取了合作和相互配合的立场。但是，双方在农产品贸易和货币政策等方面原有的矛盾和冲突依然存在，法国强调法美应是平等的贸易伙伴，反对动辄搞经济制裁。在法国第三次左右翼政党共治时期，法国同美国既合作又抗争的关系有进一步发展。一方面，希拉克借参加1997年6月在美国丹佛举行的八国首脑会议和7月北约马德里会议的场合，再次明确法国是“西方联盟忠实的一员”，在共同解决全球性问题和欧洲安全问题方面与美国保持密切合作。另一方面，法国在经济和贸易（如法在伊朗的石油投资、波音和麦道公司合并等）、在西方联盟内（如北约东扩和地中海军事指挥权等问题）、在对待美国发展战区导弹防御系统和美国参议院否决全面禁止核试验条约等问题，以及在世界许多地区（如在非洲）的问题上，与美国的分歧十分明显，双方抗争有所发展。“9·11”事件以后，法国积极支持美国的反恐斗争，但对美绕过联合国单方面对伊动武持坚决反对立场，认为这开创了危险的先例，脱离了国际合法框架，对国际秩序造成严重损害，反对联合国以任何形式使战争合法化。伊战后，法国主张伊经济重建及人道主义援助应由联合国主导，反对美对伊实行军事管制和独家掌管伊石油资源，认为美国和英国应在人道主义援助、维护伊社会治安方面负主要责任。当务之急是建立包括伊各派代表的临时政府，其次是搞好战后重建。支持逐步取消“石油换食品”计划。法对萨达姆政权的倒台表示高兴，并表示将积极务实地参与伊战后重建。

萨科齐总统走马上任后，鉴于法美关系持续不睦和法国外交空间受到挤压，决定调整对美国的政策，努力修补因伊拉克战争而冷淡的法美关系。他宣称法国将回到传统的美国、以色列等盟友的阵营，两国在阿富汗、北约、伊朗等一系列国际问题上“观点一致”，他还对美国政府“乐于倾听盟友意见”表示满意。但是，作为忠实的“戴高乐主义者”，他仍然奉行独立自主的外交，强调法国是美国“独立的朋友和盟友”。他反对北约过度发展并与联合国形成竞争、要求美国在全球气候变暖问题上承担自己的责任、不同意美国在土耳其加入欧盟问题上的支持态度。在伊朗核问题上，他表示伊朗核武计划“不可接受”，国际社会应毫不犹豫地加强制裁措施，但是反对对伊朗动武。

3. 法国与俄罗斯关系（包括与苏联和东欧的关系）　戴高乐担任总统期间，主张“建立一种新秩序来代替冷战”，这种新秩序就是东西方的缓和。他认为缓和的主要内容是改善东西方关系，首先是改善与苏联的关系。从1959年开始，法国采取了一系列行动改善对苏关系。如1960年邀请赫鲁晓夫正式访问法国，并签订两国文化技术协定；1966年建立了法苏大委员会，以促进两国经济贸易的发展；戴高乐作为法国元首于1966年和1968年相继访问了苏联、波兰和罗马尼亚。法国与苏联和东欧国家全面开展经济、贸易、科技和文化交流，一度建立起“缓和、谅解、合作”的关系。但是，1968年苏联入侵捷克斯洛伐克使戴高乐的泛欧设想成为泡影，法苏关系有所冷却。

密特朗执政期间对苏联的扩张主义采取强硬立场。法国明确表示欧洲军事力量的不平衡、阿富汗问题、波兰问题构成法苏关系的三大障碍；如果这些障碍不消除，法国就不会与苏联保持正常关系。法国由此中断了两国首脑定期举行的政治会晤，把两国交往降到最低水平。但是，法国在冻结对苏联政治关系的同时，仍继续开展与苏联的经济、贸易和科技交流。

冷战结束后，法苏关系开始改善。1996年2月，法国总理朱佩访问俄罗斯时强调俄罗斯和地中海是法国的两大邻居，保持这两个地区的稳定对法国至关重要。1997年9月，希拉克总统访问俄罗斯，从而把两国的政治和经贸关系提高到新的水平，并先后建立了“优先伙伴”、“特殊伙伴”的关系。2000年10月，俄总统普京访法，使因车臣问题陷入冷淡局面的法俄关系得到缓解。同年12月，俄总理卡西亚诺夫正式访问法国，双方就两国关系及共同关心的国际问题交换意见。2002年1月15日，俄罗斯总统普京对法国进行闪电式访问，与希拉克总统就反恐和双边关系交换意见。同年7月，希拉克总统也对俄罗斯进行非正式访问。在美国对伊拉克发动战争的问题上，两国均持反对立场。

萨科齐担任总统时期，他认为俄罗斯在国际舞台上正重新发挥“重要国家”的作用，法国希望与一个“强大、繁荣和民主”的俄罗斯建立“长远的伙伴关系”。俄罗斯则认为，法国是西欧大国，同时也是欧盟中具有相当影响力的核心国家，俄罗斯在美国咄咄逼人的战略压力下同欧盟建立稳定的合作关系可以缓解美国的压力、符合俄罗斯的利益，而保持同法国的良好关系将是稳定俄罗斯同欧盟关系的必经之路。正是双方的需要，法俄关系继续升温，在世界格局发生变化的形势下建立起一种互利的新型战略伙伴关系，可以建设“共同的经济空间”。萨科齐表示，法俄在伊朗核问题上的立场有所接近，希望在科索沃问题上找到不伤害任何人的解决办法，鼓励俄罗斯继续与美国进行导弹防御系统方面的谈判。

4. 法国与第三世界关系　密特朗执政时期，法国积极主张和推进南北关系的全球性谈判，建立南北国家在政治上和经济上相互依存的关系。法国政府决定把发展援助资金由1980年占国内生产总值0.35%提高到1988年的0.7%，其中对最不发达国家的援助于1985年达到0.15%。这些措施有助于改善和提高法国在第三世界的形象，促进南北对话，缓和南北紧张的关系。与此同时，法国把保持非洲的传统阵地和开拓非洲其他地区的势力范围作为“第三世界主义”的重点，开展了一系列外交活动。在中东，密特朗一改前任“一边倒”的做法，宣布承认以色列有权在其国境内生存、巴勒斯坦享有自决权、黎巴嫩恢复统一和独立的“存在、平衡与和平的政策”。这项政策扩大了法国在中东的回旋余地，增加了法国在该地区的分量。

希拉克执政后，为打破美国垄断中东事务的局面，法国提出的八点和平方案，得到不少阿拉伯国家的支持。此外，法国在中美洲和东南亚继续加强外交行动，制定了与亚洲国家发展伙伴关系的战略。

萨科齐把重返非洲成为法国对外关系举足轻重的战略目标，于2007年7月先后访问了突尼斯、阿尔及利亚、利比亚、塞内加尔和加蓬。在访问突尼斯、阿尔及利亚和利比亚时，强调地中海应当成为欧洲与非洲的纽带。在访问利比亚时开启了法利两国关系正常化进程。在萨科齐本人的倡议和推动下，苏丹达尔富尔问题的部长级国际会议6月下旬在巴黎举行。此后，法国又在联合国积极斡旋最终使安理会通过决议，决定向达尔富尔地区派遣由联合国和非洲联盟共同组建的维和部队。萨科齐高度关注苏丹问题也是法国维护其自身经济和战略利益的需要。

三　中法关系

（一）发展简史

中法两国有着悠久的传统友好的历史，根据史书记载可追溯到12—13世纪。从12世纪起，法中两国开始有商业往来。从13世纪中期起，法国国王路易九世多次派遣使者前来中国。1253年，路易九世的特使威廉·鲁布吕克出使中国，并带回给法国国王的回信。他归国后，写了一部介绍中国的游记。明朝末年，西方传教士开始来华传教，法国耶稣会士金尼阁是最早来华的传教士之一。他于1610年第一次来华，此后法国有100多人先后到中国传教。这些法国传教士一方面向中国传播西方的科学技术和文明，另一方面也向欧洲和西方介绍中国的东方文明和历史，中国的艺术品、纺织品、地毯等相继流入法国，增进了法中两国民间的友谊。1689年11月，法国商船“昂菲德里特号”抵达广州，从此法中两国开始了海运的直接贸易。从19世纪中叶起，法国资本主义国家继葡萄牙、荷兰、英国和西班牙之后入侵中国，与帝国主义列强一起发动对华侵略战争并参与瓜分中国领土。

中华人民共和国成立初期，法兰西第四共和国政府追随美国敌视新中国，一度对新中国采取孤立的政策。戴高乐重新执政后逐渐改变了法国敌视中国的政策。1961年和1962年，中法两国外长在参加关于和平解决老挝问题的日内瓦会议期间进行了多次会晤，双方都表达了建交的愿望。1963年10

月，法国前总理埃德加·富尔携带戴高乐亲笔信件访问中国，受到中国政府高规格的接待。在访华期间，富尔同中国领导人就建交的条件、规格和方法进行了深入详尽的讨论，从而为两国未来达成协议奠定了基础。1964年1月9日，法国派遣外交部办公厅主任雅克·德博马舍前往伯尔尼与中国驻瑞士大使就建交的具体事宜进行谈判，并于1月18日达成协议。1月27日，中法两国发表建交联合公报。1月31日，戴高乐举行记者招待会，正式宣布承认中华人民共和国并与中国建立大使级外交关系。自此，中法关系日益发展，双方高层互访频繁。在1983年5月密特朗总统对中国进行的正式访问中，法国提出把中国看作是其在亚洲的特殊伙伴。1989年中国政治风波后，法国对华进行“制裁”，使两国关系跌入低谷。90年代初，法国政府不顾中国方面的强烈反对，批准向台湾地区出售战斗机，从而使两国关系雪上加霜。

（二）中法关系现状

1993年3月，巴拉迪尔任总理后，着手调整对华政策。1994年1月，两国政府发表联合公报：法国承诺不再批准法国企业参与武装台湾地区。法中两国关系开始正常化。从此，两国高层互访增加。特别是1995年希拉克当选总统后，大力调整法国外交，开拓以中国作为重点的亚洲“外交新疆界”方针。他主动纠正前任总统对华政策的错误，作出了“无中方同意，不向台湾出售武器”的承诺；在人权问题上，开展建设性对话，扫除了发展两国关系的障碍。1997年5月希拉克总统访华，双方在重大国际事务及双边政治、经贸关系等方面达成许多共识，访问期间中法两国发表了《联合声明》，决定建立面向21世纪的长期、稳定、友好的全面伙伴关系。《中法联合声明》是一份具有历史意义的文件，是两国关系中的一个重要里程碑。1999年10月22—25日，中华人民共和国主席江泽民应邀访问法国，进一步推动了双方在各种领域内的合作关系。双方一致同意在两国元首之间建立热线电话，加强两国常驻联合国代表的磋商机制。

1994年以来，中法两国在政治、经贸、文化、科技的往来和交流十分频繁。特别是两国的贸易得到逐步增长，1994年双边贸易额为33.63亿美元，1996年为41.47亿美元，1998年为60.27亿美元，比1997年增长了8.1%。到1998年底，法国在中国的投资总共有26.8亿美元，中法合资企业约有1500家，如王朝葡萄酒有限公司、上海贝尔电话、大亚湾核电站、富康轿车、大连炼油厂等。有6家法国银行在中国设立了18家营业性机构，1家法国保险公司在中国开业。

截至2002年底，中法共签订了23个财政议定书和2个赠款协议，法方承诺贷款总额约25.7亿欧元，涉及133个项目，其中125项已生效，生效金额约25.3亿欧元。法在华直接投资项目2032个，协议金额71.4亿美元，实际投入56.1亿美元，在欧盟国家中列第三位，主要集中在能源、汽车等行业。1978年以来，中国赴法留学生共计14198人。2002年，中国在法留学人员为3398人，法在华留学1341人。

2004年时值中法建交40周年，中法两国均给予高度重视，在两国互相开展“中国文化年”和“法国文化年”活动，将中法关系推向新的高度。

萨科齐认为，中国是“一个极其重要的国家”，中国在国际事务上的态度对世界和平稳定有关键影响，他要在保持两国传统友好关系的基本框架上，把两国关系推向更加“务实”，造成“双赢”的局面。2007年11月，萨科齐把中国作为出访的第一个亚洲国家。通过访问，进一步扩大了法中两国合作的领域，深化了两国的经贸关系。但是，由于萨科齐和法国的原因，导致法中关系跌入了低谷。2009年4月G20峰会中，萨科齐总统与胡锦涛主席实现了会晤，就法中关系和国际问题交换看法。萨科齐宣称，无论法中关系如何变化，我坚持认为只有一个中国，台湾和西藏都是中国领土不可分割的一部分。希望今后双方关系在政治、经济、外交等各领域稳定和谐地发展。两国高层领导人的会晤，恢复了全面战略伙伴关系，从而使两国关系走上了正常的轨道。

第十一节　人物

一　政治家

戴高乐（Charles André Joseph Marie de Gaulle，1890—1970）　法兰西第五共和国创始人和首任总统。1890年11月22日出生于法国诺尔省里尔市一个教师家庭。1912年毕业于圣西尔军校。同年在第33步兵团服役。1913年被提升为中尉。第一次世界大战期间，他任陆军上尉，多次负伤被俘。战后1920年被派往波兰军中任少校，指挥一个轻步兵营。1921年回国任圣西尔军校讲师。1922—1924年在法国高等军事学院深造。1925—1927年在陆军最高委员会贝当元帅办公室任职。1929—1931年先后任驻伊拉克、伊朗和埃及的法国军事使团成员。1932年在国防委员会总秘书局任职。1933年提升为中校。1937年任第107坦克团代理团长，同年提升为上校。1940年4月，他率第4装甲师积极阻击德军进攻，获得嘉奖。6月提升为准将。6月6日应雷诺总理的要求任陆军部副国务秘书。6月17日雷诺内阁倒台，他飞往伦敦，6月18日通过英国BBC电台发表了著名的"6·18"号召，呼吁法国人民奋起抗战。他成立"自由法国委员会"从事组织工作。1941—1943年，他将"自由法国"改名为"战斗法国"，并先后成立法兰西民族委员会和法兰西民族解放委员会，领导海外和国内的抗德斗争。1944年6月，他将法兰西民族解放委员会改组为法兰西共和国临时政府，并被委任为临时政府首脑。6月14日，他随盟军在法国登陆，8月25日进入巴黎。1946年1月，他因政见分歧而提出辞职，隐居科龙贝。同年6月16日，他发表了"贝叶讲话"，系统阐述了关于法国政治体制的构想。1947年4月创立法兰西人民联盟并任主席，图谋东山再起。1953年5月他确认该组织的影响下降后宣布与该组织脱离关系，退出政治生活。1953—1958年在科龙贝撰写回忆录。1958年6月1日在法国国内政治危机的关键时刻，戴高乐受命组织新内阁。同年12月21日当选为法兰西第五共和国总统。在任期间，他发展了法国政治体制和经济，解决了阿尔及利亚问题和法属殖民地问题，推行独立自主的外交。1964年1月27日，他冲破美国的阻挠承认中华人民共和国。1965年再次当选为总统。1968年巧妙地平息了"五月风暴"。1969年4月因地区改革和参议院改革方案在公民投票中被否决而毅然辞职。返乡后继续撰写回忆录。曾计划访问中国未果。1970年11月9日病逝。著有《剑刃》《建立职业军》《法国和它的军队》《敌人内部的倾轧》《未来的军队》《战争回忆录》《希望回忆录》等。

蓬皮杜（Georges Jean Raymond Pompidou，1911—1974） 法国前总统。1911年7月5日出生于法国康塔尔省蒙布迪夫市一个小学教师家庭。1934年毕业于巴黎高等师范学院和巴黎政治学院。1935—1939年在马赛的圣夏尔国立中学任教。1940—1944年在巴黎亨利四世中学任教，支持戴高乐抗德斗争。1945年任巴黎政治学院讲师。1946—1949年任游览事务总署副秘书长。1946—1954年任法国行政法院审查官。1953年任洛希尔兄弟银行董事。1956—1962年升任该银行总经理。1958—1959年任戴高乐总理办公室主任，参加法兰西第五共和国宪法起草工作。1959—1962年任宪法委员会委员。1962年4月被任命为总理，是法国历史上第一个既非议员又非部长出身的政府首脑。1962—1968年，他连续组织了5届政府。1967年首次当选为议员。1968年"五月风暴"期间，他说服戴高乐通过谈判解决国内危机。1968年再度当选议员，并任议会中"共和国民主人士联盟"议会党团名誉主席。1969年当选为法兰西第五共和国第三届总统。1973年9月访问中国。1974年4月2日病逝。著有《对布列塔尼人的研究》《恢复事实真相》《法国诗歌选集》。

密特朗（Francois Maurice Mitterrand，1916—1996） 法国前总统。1916年10月26日出生于法国夏朗德省雅尔纳克镇一个实业家家庭。1938年毕业于巴黎大学，获得法学和文学学士学位。同年应征入伍，在对德作战中被俘。1941年越狱回国。1942年参加抵抗运动，创立全国被俘者运动。1943年参加戴高乐领导的法兰西民族解放委员会，任驻伦敦和阿尔及利亚代表。1944年调任临时政府的战俘事务秘书长。1945年任《自由日报》主编，并与普利文共同创建"民主与社会主义抵抗联盟"。1946年当选为议员。1947—1948任退伍军人部长，为法兰西第三共和国以来最年轻的部长。1948—1949年任新闻国务秘书。1950年任海外领地部长。1953年当选为民主与社会主义抵抗联盟主席。1954—1955年任内政部长。1956—1957年任司法部长。1958年3月任国民议会中发展法中经济和文化关系的研究小组临时办公室副主任。1958年在公民投票中反对法兰西第五共和国宪法。从此，他开始了长达20多年的反对派政治生涯。1962年当选为议员。1964年创建共和制度大会党，并任该党主席。1965年任社会民主左翼联盟主席，并被推举为左翼唯一总统候选人。1971年，他带领共和制度大会党与社会党合并，并当选为新社会党第一书记。1972 年 6 月，他与法共达成《共同施政纲领》，结成“左翼联盟”。1972 年当选为社会党国际副主席。1981 年5 月，当选总统，是法兰西第五共和国以来第一位左翼总统。1988 年 5 月，他再度当选总统。1995 年总统任期届满。1996 年病逝。著有《在法兰西联邦的边界》《法国的存在和退出》《中国面临挑战》《长期性政变》《我所了解的真相》《可行的社会主义》《拳中的玫瑰》《稻草和稻谷》《蜜蜂和建筑师》《此时此地》。

吉斯卡尔·德斯坦（Valéry Marie René Georges Giscard D'Estaing，1926—　） 法国前总统。1926 年2 月2 日出生于德国的科布伦茨。其父为莱茵区法国高级专员公署财政局长。1948 年毕业于巴黎综合工科学校。1951 年毕业于国立行政学院。1952—1954 年任财政稽核。1956 年当选为议员。1956—1958 年任法国驻联合国代表团成员。1959 年任德勃雷政府财政部负责预算的国务秘书。1962—1966 年任蓬皮杜政府财政与经济部长，年仅 36 岁。1962 年，他组建独立共和党，并成为该党的领袖。1966 年当选为独立共和派全国联合会主席。1967—1968 年任国民议会财政、经济和计划委员会主席。1969—1974 年任经济与财政部长。1974 年5 月当选法兰西第五共和国第四届总统。在任职期间，他实行某些变革，推行独立外交和防务政策。1981 年5 月总统任满下野，组织“法国未来委员会”，图谋东山再起。1988 年 6 月当选为法国民主联盟主席。同年再度当选为议员。1989 年当选为欧洲议会议员。他积极推进与中国的友好关系，1980 年访问中国把法中关系提高到一个新阶段。以后多次访华。著有《法兰西民主》。

希拉克（Jacques René Chirac，1932—　） 1932 年 11 月 29 日出生于一个巴黎资产阶级家庭。毕业于巴黎政治学院和美国哈佛大学暑期班。1955 年再次毕业于索缪尔军校，任骑兵少尉。1957—1959 年在国立行政学院深造。1959 年任审计院助理稽核。1962 年先后任德勃雷总理府总秘书处特派员和蓬皮杜总理府办公厅特派员。1965 年任审计院审核官。1967 年起连续当选为议员，属于保卫共和联盟议会党团。1967—1968 年任蓬皮杜政府社会事务部负责就业问题国务秘书。1968—1971 年先后任几届政府的经济与财政部国务秘书。1971—1974 年先后任总理府负责同议会联系的部长级代表、农业和农村发展部长和内政部长。1974 年5 月被任命为总理。同年当选为共和国民主人士联盟总书记，成为戴高乐政党第三代领袖。1976 年12 月，他宣布解散共和国民主人士联盟，另成立“保卫共和联盟”，并亲自任新党主席。1977 年 10 月当选为巴黎市长。1979 年当选欧洲议会议员。1986 年3 月被左翼总统密特朗任命为总理，首次形成左右翼共治。1995 年在总统竞选中终于战胜左翼候选人，摘取总统桂冠。2002 年5 月以绝对优势蝉联总统。希拉克曾于 1978 年、1991 年和 1997 年 3 次访问中国。著有《希望之光芒》《晚间对上午的反思》等。

二　思想家和哲学家

萨特（Jean Paul Sartre，1905—1980） 哲学家、作家和评论家。1905 年 6 月 21 日出生于法国巴黎一个海军军官家庭。1929 年毕业于巴黎高等师范学院哲学专业。24 岁开始在巴黎等地担任中学哲学教师。1933—1934 年到德国继续哲学学业。第二次世界大战期间，积极参加法国的抵抗运动，并从事文学创作。1945 年创办《现代》杂志。20 世纪 50 年代，他参加左翼政治运动，支持争取和平和反对殖民主义的运动，在哲学上开始倾向于社会现实问题，并提出用存在主义补充马克思主义。在这期间，他创作了大量作品，被誉为法国战后重要哲学和文学流派存在主义的创始人。1964 年被授予诺贝尔文学奖，他以不接受官方的荣誉为由而拒绝接受。1968 年在“五月风暴”的影响下，他转向极端主义。萨特在作品中主张作家干预生活，宣扬个人生活、自由、自我存在等。他在哲学著作中提出“存在先于本质”，人首先存在、出场，然后才说明自身，人的本质是人自己选择的结果。每个人在选定自己形象时，也就选定了人类的形象，它体现了人的尊严和价值。他试图用所谓“人学辩证法”代替唯物辩证法，把存在主义与马克思主义的历史唯物论结合起来，以便“医治”马克思主义的“贫血症”。萨特的哲学思想反映了战后西方社会中知识分子的恐惧、颓废和绝望的心态，但是 20 世纪 60 年代以后，他的思想和存在主义哲学开始走下坡路。著有《恶心》《存在和虚无》《存在主义是一种人道主义》《自由之路》《恭顺的妓女》《恶魔与上帝》《辨证理性批判》等。

阿隆（Raymond Aron，1905—1984） 社会学家、历史学家和国际时事评论家。1905 年 3 月 14 日生于巴黎。毕业于巴黎高等师范学院和巴黎大学，1938 年获文学博士学位。第二次世界大战前，他曾先后担任科隆大学讲师、巴黎高等师范学院社会学研究中心秘书、圣克劳德师范学院和图卢兹大学社会哲学教授。第二次世界大战中，他参加抵抗运动。1945—1955 年任巴黎大学政治研究院和国立政治学院教授。1955—1968 年任索邦文学院社会学教授。1947—1977 年兼任《费加罗报》撰稿人。从 1977 年起为《快报》撰稿人。阿隆被国外许多大学授予名誉博士称号。阿隆在他的著作中否认人类社会发展的规律，宣传“人民资本主义”，批评马克思主义关于物质生活的生产方式在社会发展中的决定性作用的基本原理。著有《历史哲学导论》《知识分子的鸦片》《和平与战争》《社会学思想的阶段》《为颓废的欧洲辩护》等。

阿尔都塞（Louis Althusser，1918—1990） 法国著名的结构主义马克思主义者。1918 年 10 月 16 日生于阿尔及利亚。在第二次世界大战中，他积极参加抵抗运动。战后，他在巴黎高等师范学院学习，1948 年任该校的助教，并参加了法国共产党。1965 年任《理论》刊物主编。阿尔都塞在他的著作中提出，只有掌握背后所隐藏的深层和无意识的理论结构，才能找到决定着马克思主义中每个概念的本质以及各个基本概念相互关系的理论框架。他还认为，社会是各个成分相互依存的结构整体，而整体的各个部分都有自身的发展规律和连续性。阿尔都塞以结构主义观点来解释马克思主义，是对马克思主义的歪曲。著有《保卫马克思》、合著有《读〈资本论〉》等。

福柯（Michel Foucault，1926—1984） 著名的结构主义历史学和文化史代表人物。1926 年 10 月 15 日生于法国普瓦蒂埃。毕业于巴黎高等师范学院和巴黎大学。1960 年获国家博士学位。1960—1962 年任克莱蒙费朗大学系主任。1964—1968 年任巴黎大学哲学教授。1968—1970 年在巴黎万森大学任教。70 年代起任法兰西学院教授。福柯认为，人类社会文化历史的各个阶段都有各自的特定知识结构，它决定着文化历史的更替。由此，他把人类社会的文化历史分为文艺复兴阶段、古典阶段和现代阶段，与此同时，还存在 3 个不同的知识结构。福柯反对主体的概念，主张排除自我。福柯的结构主义历史学和文化史是形而上学和虚无主义的。著有《古典时代癫狂的历史》《知识考古学》《性史（第 1 卷）：知识的意志》等。

三 科学家

居里夫人（1867—1934 年） 玛丽·斯克洛多夫斯卡·居里，法国物理学家和化学家。出生于波兰一个知识分子家庭。1891 年在巴黎大学学习。1895 年与居里结婚。她同丈夫共同研究放射性元素，发现了镭和钋。1903 年获得诺贝尔物理学奖。1906 年任巴黎大学教授。1911 年再次获得诺贝尔化学奖。著有《放射性通论》《放射性物质的研究》等。

内尔（Louis Eugène Félix Néel，1904—2000） 物理学家。1904 年 11 月 22 日生于法国里昂市。就读于巴黎师范学院。1937 年任斯特拉斯堡大学教授。1946—1976 年任格勒诺布尔大学教授、格勒诺布尔原子核研究中心主任、法国物理学会会长等职务。1953 年当选为法国科学院院士。先后获得许多国外大学授予的荣誉博士学位。他在磁学领域发表了 200 多篇论文。由于他开创了固体磁性的研究，和瑞典天文物理学家阿尔文分享了 1970 年度诺贝尔物理学奖。

多塞（Jean Dausset，1916—2009） 医学家。1916 年生于法国图卢兹。1945 年获巴黎大学医学博士学位。曾任巴黎大学血液免疫实验教授。他首次发现了人体组织相容性抗原系统，创立了迅速方便地确定器官移植的相容性抗原系统的组织分类血液试验法，从而有效减少了组织“排异”发生的可能性。由于他在免疫学方面作出的贡献，因而获得 1980 年度诺贝尔生理学和医学奖。

莫诺（Jacgues Monod，1910—1976） 生物化学家。1910 年生于巴黎。在大学就读古典生物学。第二次世界大战期间，他参加抵抗运动。1954 年任巴斯德研究所细胞生化系主任。1971 年任该所所长。1961 年，他与同事就基因的作用提出“运作说”，并因此共同获得 1965 年诺贝尔生理学和医学奖金。

四 文学家和艺术家

阿拉贡（Louis Aragon，1897—1982） 小说家、诗人、文艺评论家和社会活动家。第一次世界大战应征入伍，从事战地医疗和救护。战后开始了文学创作活动，并与他人共同创办《文学》，宣传超现实主义文学流派的理论和观点。1927 年加入法国共产党，从超现实主义向社会主义现实主义转变。第二次世界大战中，他参加抵抗运动，并从事文学创作活动。战后，阿拉贡在文学创作中又转向超现实主义。主要著作有《处死》《白朗诺或遗产》《昂利·马蒂斯》《戏剧小说》《受难周》《现实世界》等。

马尔罗（André Malraux，1901—1976） 作家。1901 年 11 月 3 日出生于巴黎。毕业于国家东方语言学院。1920 年开始从事文学创作。1923—1929 年在东南亚考古，并在西贡主编《印度支那》报纸。在这期间，他曾访问中国。1929 年回国后，他参加《新法兰西评论》文学团体，并从事写作。1933 年出版以 1927 年上海工人起义为背景的小说《人类的命运》，获得龚古尔奖。1934 年当选为“世界争取释放季米特洛夫和台尔曼委员会”主席。1936—1939 年，他率领一支国际飞行中队在西班牙作战。第二次世界大战期间，参加了戴高乐领导的抵抗运动。战后，他当选为法兰西人民联盟主要领导人之一。1959—1969 年先后任新闻部长和文化部长。除了《人类的命运》外，还著有《希望》《征服者》《被砍伐的橡树》《反回忆录》等。

加缪（Albert Carmus，1913—1960） 著名文学家、戏剧家和哲学家。1913 年 11 月 7 日生于阿尔及利亚一个贫困的农民家庭。曾在阿尔及利亚大学就读哲学并获学士学位。1933 年参加了反法西斯运动。1935 年参加法国共产党，但 1937 年退出。1935 年开始从事戏剧活动。在第二次世界大战中，他参加法国的抵抗运动，并任戴高乐派《战斗报》主编。1947 年起成为职业作家。加缪以“荒诞的世界”的观点从事创作，写荒诞的人和事，被称为“荒诞派文学”。50 年代后，他从左翼转向右翼。但是，他在作品中精心塑造人物和安排情节，其语言明朗、纯洁、质朴，具有很强的表现力和感染力。加缪于 1957 年获得诺贝尔文学奖。著有《局外人》《鼠疫》《反抗的人》《堕落》《误会》《卡利古拉》《戒严》《流放和王国》等。

西蒙（Claude Simon，1913—2005） 著名作家，“新小说”派的代表人物之一。1913 年生于马达加斯加，后随家庭迁往法国南部定居。第二次世界大战中，他参加抵抗运动，并开始从事文学创作。战后继续从事文学创作活动。50 年代末以前，西蒙在他的作品中表现出存在主义的思想倾向。在此以后，他转向“新小说”派。他认为世界缺乏理性，现实独立于人的知觉之外，绝不能按人的逻辑来安排。他在艺术上重视布景和现象，在语言上有独特的风格。他在作品中大量揭露资本主义的弊端。西蒙获得了 1985 年度诺贝尔文学奖。主要著作有《历史》《作弊者》《田园诗》《风》《草》等。

（吴国庆）

第四章　荷兰

第一节　概述

国名　尼德兰王国（The Kingdom of the Netherlands）。因南荷兰省和北荷兰省历史上对尼德兰的发展举足轻重，所以荷兰（Holland）亦被当作国名使用。

位置　欧洲西部。

面积　41528 平方公里。

人口统计　约 1652.34 万人（2009 年 7 月）。

民族　80% 以上的居民是荷兰族。

语言　官方语言是荷兰语。主要方言有弗里斯语。

宗教　居民中 31% 信奉天主教，21% 信奉基督教。

政体　立宪议会君主政体。

首都　阿姆斯特丹，为君主居住地；政府机构和议会设在海牙。

国旗　由从上到下的红、白、蓝三个横向长方形组成。

国歌　《威廉颂》。

国徽　盾形，整个背景为一红色大帐篷，顶端有一金色皇冠，帐篷内为白色，有两只金色大狮子共同捧着一个盾牌，盾牌上饰有一只爪举着一把剑、另一只爪抓着一束箭的金色小狮子。盾牌下面有一条蓝色绶带，上面写着威廉大公的格言："JE MAINTIENDRAI"，意思为"我坚持斗争"。

国庆日 4月30日，又为"女王日"，即前女王朱丽亚娜的生日。

货币 荷兰盾。2002年1月1日起使用欧元。

度量单位 国际通用单位（厘米、克、秒体系）。

时间时区 东一区，比格林尼治标准时间早1个小时；有夏时制。

国鸟 琵鹭。

国花 郁金香。

第二节 自然地理与人文地理

一 自然地理

荷兰位于西欧，北纬50°到54°之间。西、北濒北海，东、南分别与德国、比利时接壤。海岸线长达1075公里。全国地势平坦，东西两端最长为200公里，南北两端最长为320公里，最高点为海拔321米，24%的国土低于海平面，过半居民居住在这个地区。尼德兰即为"低地国家"之意。因深受海潮侵袭的危害，早在13世纪时，荷兰人便开始围海造地，与水抗争，建造大量堤坝。荷兰人通过围海造地获取了大片土地，约占今天荷兰国土的20%。例如，整个弗莱福兰省就是这样建造起来的。另外，荷兰人还通过围湖造田获取土地，建有许多著名的水利工程，如艾瑟尔湖大堤坝、莱因河口三角洲工程等。荷兰河流湖泊众多，西欧3条大河莱茵河、马斯河和斯海尔德河都经过荷兰流入大海。

荷兰东部和南部的地层基础主要是沙和砾石组成，地貌为森林和草地相交替组成。西部和北部的地层基础主要是黏土和泥炭组成，围海造田形成的土地是圩田，地貌被大量河流和运河切割成块。

荷兰是典型的海洋性气候，夏季和冬季的平均温度分别为17℃和2℃。年降雨量为760毫米，四季雨水分配均匀。

荷兰自然资源贫乏，但有丰富的天然气。2002年探明天然气总储量为15450亿立方米。气田主要分布在东北沿海地区和北海大陆架，其中有些属世界级的大气田。2008年开采天然气800亿立方米，天然气出口达585亿立方米。

荷兰高密度的人口、高度发达的工业和农业、人口的高度流动性等，都使自然环境承受很大的压力。政府、企业和社会都很重视环境保护，在环境保护委员会的协调下，互相签订协议，以实现可持续的发展。政府制订了各种法规，奖惩分明。征收环境税的原则是"必须让污染者为环境保护付钱"。政府为了鼓励对环境保护的投资，制订了补贴、奖励和税收优惠的政策。政府有庞大的保护自然环境的计划，例如，它买下并管理重要的自然区域，还鼓励私人机构也这样做。目前设有20个全国性自然保护区，还有250个政府资助的较小的民间自然保护区。此外还有各种官方和企业及私人的环保宣传和咨询机构。环保的重要措施有强制性减少私家汽车、发展公共交通、鼓励骑自行车、垃圾分类回收和处理、工农业废物回收及再利用、鼓励节能及发展太阳能和风能等。

二 人口种族

荷兰人口约1652.34万人，集中在西部地区。全国每平方公里平均人口超过400人，是世界上人口最稠密的国家之一。绝大部分居民居住在城镇里。阿姆斯特丹人口70多万人，海牙人口近48万人。人口增长率为0.5%左右，每个育龄妇女平均生育率为1.7胎，65岁以上的人口比重在15%左右。80%以上的居民是荷兰族。此外有弗里斯族和大批来自苏里南、土耳其、摩洛哥的外来移民以及华人。

三 行政区划

全国划分为12个省，省下设443个市镇（2007年6月），另有荷属阿鲁巴和安的列斯两个海外领土。2009年5月15日，荷属安的列斯岛中最大的库拉索岛举行自治公投，52%选民支持该岛成为荷兰王国内的自治属地。按计划，2010年后，荷属安的列斯将完全解体，成立库拉索、荷属圣马丁岛2个自治属地及博纳尔、圣俄斯塔休斯和萨巴3个海外行政区。

荷兰重要的城镇有首都阿姆斯特丹、国际法院所在地海牙、俗称欧洲门户的世界最大港口鹿特丹、飞利浦公司总部所在地艾恩德霍芬，以及乌特勒支、马斯特里赫特、格罗宁根等。

第三节　历史

一　古代

在荷兰东部发现的历史遗迹表明，在石器时代，尼德兰已经有人居住。公元前，巴达维族和弗里斯族人居住在尼德兰土地上。罗马帝国的军队曾经达到过尼德兰南部，建立了现在的马斯特里赫特市。在荷兰北部，在西维利斯领导下，巴达维人曾经进行反对罗马人统治的起义，但没有取得胜利。公元3—4世纪，法兰克人和萨克森人迁移到尼德兰。查理曼一世统治时期，法兰克帝国将尼德兰的大部分地区纳入了自己的版图，同时也将基督教传入尼德兰。古代尼德兰的自由农民曾长期实行民主的农民共和制。

11世纪，尼德兰分为许多封建领地，它们名义上隶属于神圣罗马帝国，但实际上是独立的，其中势力较大的是荷兰伯爵领地。荷兰主要地区的居民大部分是由小的土地所有者和自由农民组成，它们并不拥护封建领主制度，因此，荷兰的封建主义实际上很不巩固。在中世纪，荷兰逐渐发展起来，这与海洋有密切关系。由于荷兰大部分土地地势低洼，几个世纪以来，荷兰人为了保卫家园，向大海夺取土地，建造了无数堤坝和运河，为贸易和运输创造了有利的条件。13世纪尼德兰已经出现许多大城市，成为手工业和商业的中心，经济走向繁荣。15世纪，因内部斗争而削弱的尼德兰被勃艮第大公占领。1477年勃艮第最后一个公爵的女儿嫁给了神圣罗马帝国皇帝之子，尼德兰被并入了勃艮第—哈布斯堡大帝国。16世纪，帝国皇帝查理五世进一步征服了荷兰东北部。

15世纪末至16世纪，随着通达美洲、非洲和亚洲的新航路的开辟，欧洲贸易中心从地中海转移到大西洋。此时尼德兰的经济发展十分迅速，在许多城市里出现了大规模的、集中的资本主义手工工场；在农村，资本主义性质的租佃制取代了农奴制。新兴的资产阶级夺取天主教会的土地和财富，与哈布斯堡王朝统治者存在尖锐的矛盾。1556年，查理五世退位，西班牙国王腓力二世继位后加紧镇压尼德兰新教徒，还大量征税，取消尼德兰与西班牙殖民地通商特权，禁止尼德兰与英国贸易，严重损害了尼德兰的经济发展。为反抗西班牙国王的统治，继1566年发动“破坏圣像运动”后，1572年和1576年又两度爆发人民起义。1581年7月，北方七省宣布废黜腓力二世、脱离西班牙，成立独立的“联省共和国”。又经过20多年武装斗争，在1609年终于迫使西班牙签订《十二年停战协定》，事实上承认了荷兰独立。荷兰人民反抗西班牙统治的斗争延续了80年，史称“八十年战争”，也被称为“尼德兰资产阶级革命”，“联省共和国”也是世界上第一个建立资产阶级统治的国家，但它仍有封建痕迹，如执政官位置是世袭的。1648年，“威斯特伐利亚条约”承认荷兰为独立国家。

17世纪是荷兰的“黄金世纪”，经济社会繁荣。“八十年战争”期间，荷兰经济已奠定很好的发展基础。1602年成立的东印度公司是世界上第一家国家贸易公司，它开展亚洲和非洲的海运和贸易。阿姆斯特丹成为重要的金融和贸易中心，建立了世界上第一个证券交易所。17世纪中叶，荷兰逐渐超过西班牙和葡萄牙，成为世界主要贸易国，商船总吨数超过英国、法国、葡萄牙和西班牙的总和，积累了大量财富。1621年还成立了西印度公司，开展在非洲和美洲地区的贸易。荷兰成为世界主要殖民主义大国之一，今天的印度尼西亚、美国纽约、苏里南、中国台湾省及南非等地在历史上曾为荷兰殖民地。

17世纪以来财产的积累和增长带来了文化的繁荣。荷兰人在欧洲最先发明显微镜和望远镜，发现了光的折射率，建立了欧洲第一个天文台，开展了人体解剖试验，等等，并涌现出许多世界著名的科学家、人文学家和艺术家，如首次用显微镜观察微生物的列文胡克和研究光学的惠更斯等科学家；撰写《论海上的自由》并奠定了国际法基础的法学家格劳秀斯；画家伦勃朗、维尔梅尔、哈尔斯等；人文哲学家伊拉斯谟和斯宾诺莎。著名哲学家笛卡尔也是在荷兰完成其主要著作的。17世纪的荷兰还是欧洲的汉学中心。荷兰不仅大量使用中国青瓷，而且也学会了制作技术，形成了著名的德尔夫特青瓷。著名的诗人冯德尔写了《崇祯和中国皇朝的末日》。

二　近代

在17世纪末和18世纪初，荷兰经济发展速度减缓。东印度公司因内部腐败而破产。在制造业方面，英国迅速赶上和超过荷兰，并向荷兰的贸易主导权发起挑战。经四次英荷战争，英国获胜，荷兰失去一部分殖民地。在拿破仑帝国时期，荷兰与英国共同对抗法国，遭到失败。1810 年法国在荷兰反对政府的资产阶级民主分子配合下吞并荷兰，并实行一些资产阶级性质的改革。但同时拿破仑强迫大批荷兰青年为法国打仗，引起民众的强烈反抗。1813 年，拿破仑军队在莱比锡受到重创，荷兰乘机举行起义，宣布成立尼德兰王国，重获独立。1815 年，维也纳和会承认荷兰为王国，将原奥属比利时并入荷兰王国。第一位国王为威廉一世。1830 年比利时起义，脱离尼德兰王国，获得独立。在 1848 年欧洲革命浪潮的冲击下，威廉二世转变为自由派君主。荷兰王国修改了宪法，大大限制了君主的权力，政权落入大资产阶级手中，荷兰目前沿用的政治体制基本成形，开始实行现代的立宪民主制。

通过在印尼等殖民地实行的垄断贸易、经济作物的强迫种植和保护主义等制度，荷兰积累了巨额财富，促进了国内的工业和交通发展。进入 20 世纪以来，荷兰经济继续发展，飞利浦电器公司、壳牌石油公司、联合利华公司、阿克苏公司等世界级公司脱颖而出。在文化和科技上，荷兰继续处于世界先进行列中，涌现出像印象派鼻祖凡·高那样的画家，还有不少科学家获得了诺贝尔奖。与此同时，国内的工人运动和殖民地的独立斗争也都进入了新的阶段。

三　现代

第一次世界大战期间，荷兰保持中立，少数资产阶级大发战争横财，工人生活贫困，工人运动高涨。在第二次世界大战时，虽然荷兰宣布中立，但仍然遭到德国的侵占。在第二次世界大战期间，荷兰涌现出许多英勇开展反法西斯斗争的英雄，其中女共产党员汉妮·斯哈夫特最为著名。被法西斯杀害的犹太小姑娘安娜·弗兰克以她描绘战争恐怖的日记闻名于世。

战后，荷兰接受马歇尔计划援助，加入北约，与比利时、卢森堡缔结比荷卢关税联盟，并加入西欧共同市场，经济迅速恢复，并且建立了完善的社会福利制度。1949 年荷兰被迫承认印度尼西亚独立。1954 年，荷兰以法令形式规定，苏里南和荷属安的列斯群岛成为与荷兰平等的伙伴，荷兰负责其外交和国防。1975 年苏里南独立。1986 年，荷兰王国协议确定荷兰、阿鲁巴和荷属安的列斯群岛其余岛屿为平等伙伴。战后荷兰一直积极推动欧洲一体化运动，是欧洲联盟前身——1952 年建立的欧洲煤钢共同体——的六个创始国之一，1991 年 12 月，欧洲共同体首脑会议在荷兰的马斯特里赫特召开，会议通过了《欧洲联盟条约》，通称《马斯特里赫特条约》（简称《马约》），《马约》的正式生效宣告了欧盟的诞生。

第四节　政治体制与法律制度

一　概况

女王为国家元首。荷兰实行议会制政府。成员由女王指定的枢密院为最高国务协商机构。君主不可侵犯；内阁对议会负责。从 1813—1890 年，荷兰的君主先后为威廉一世、威廉二世、威廉三世，此后至今的君主均为女王。1898—1948 年的荷兰君主是威廉明娜女王，1948—1980 年是朱丽亚娜女王，目前的第六代君主是 1980 年 4 月 30 日即位的贝亚特丽克丝女王。

二　宪法

宪法是 1814 年颁布的，1848 年做了修改。它规定荷兰是世袭君主立宪王国。立法权由君主和议会行使，行政权和执法权由君主和内阁行使。宪法规定，荷兰政府由君主、首相、大臣和各部国务秘书组成。大臣领导各个部门的工作，向议会负责。君主有世袭特权，但决策权非常有限。

三　议会制度

荷兰实行代议制民主制度。其历史可追溯到 16 世纪，但现代意义上的议会产生于 1815 年。选举权范围最初只包括贵族和其他社会上层人士，后逐渐扩大到包括所有满 18 岁的成年国民，甚至包括一部分在荷兰居住的外国人。

议会有市议会、省议会和全国议会。全国议会分一院和二院，分别由 75 名议员和 150 名议员组成，任期均为 4 年。市、省议会和全国议会的二院均由年满 18 岁的荷兰公民按照“比例代表制”直接选举产生。在市议会选举中，在荷兰合法居住 5 年以上的外国人也有选举权。一院议员由各个省议会选出。二院拥有立法权，一院只能同意或拒绝法案，自身不能提出或修改法案。省议会可以征收地方税。

本届议会一院于 2007 年 3 月产生，二院于 2010 年 6 月产生。

荷兰议会一院席位在各党派中的分布

党派	席位
基民盟（CDA）	21
工党（PvdA）	14
自民党（VVD）	14
社会党（SP）	12
基督教联盟（CU）	4
左翼绿党（GL）	4
66 民主党（D66）	2
社会革新党（SGP）	2
独立议员腾霍夫（Ten Hoeve）	1
动物保护党（PvdD）	1
自由党（PVV）	31
工党（PvdA）	30
新自由党（NPVV）	24
基民盟（CDA）	21
社会党（SP）	15
左翼绿党（GL）	10
六六民主党（D66）	10
基督教联盟（CU）	5
动物保护党（PvdD）	2
政治革新党（SGP）	2

四　中央政府

荷兰宪法规定，荷兰的中央政府由君主、首相、大臣以及各个部的国务秘书组成。内阁是根据每次大选的结果组成的。内阁必须向议会负责。大臣可以提出法案并在议会里发言，但不能担任议员。

近几十年来，荷兰政坛力量比较分散，除4个主要政党自民党、工党、基民盟与新自由党外，还有十几个政党，选举中一直没有一个政党能够获得绝对多数议席而稳固执政。2010年2月，由于执政联盟在阿富汗驻军延期问题上产生严重分歧，第二大执政党工党内阁成员集体辞职。剩余两执政党（基民盟、基督教联盟）组成看守政府。

2010年6月，自由民主人民党领导人马克·吕特在大选中获胜，随后与基民盟组成执政联盟，并在新自由党的支持下组成少数内阁开始执政。该政府是荷兰王国二战以来的第一个少数派政府。2012年4月23日，因削减财政赤字谈判失败，马克·吕特向荷兰女王递交了内阁辞呈，订于2012年9月12日提前举行国会大选。在经历49天的组阁协商后，自民—工党联合政府于2012年11月5日成立，马克·吕特续任首相。

近些年，荷兰政府各部的构成一直小有变动。2010年第一届吕特内阁将前任内阁的13个部减少到11个。现任荷兰内阁即第二届吕特内阁于2012年12月上任，仍由11个部组成，分别为：政府事务部，内政和王室事务部，外交部、国防部，财政部，基础设施和环境部，教育、文化和科学部，社地事务和就业部，公共安全和司法部、经济、农业与革新部，公共卫生、福利与体育部。

五　司法制度

荷兰法院的法官由君主任命，终身主持司法工作，法律审判不采用陪审制度。一般民事和刑事案件首先由基层法院（市镇级法院，全国设62个）审理，然后可向中级法院（地区级法院，全国有19个）、上诉法院（全国有5个）或高级法院上诉或抗诉。较重大的案件可直接由中级法院审理。此外还设有军事法庭、行政法庭等若干特别法庭。各级法院法官均系高等院校法律专业毕业，由女王任命，任期终身（实际到70岁）。

基层法院负责审理一般性民事与刑事案件，中级法院负责审理较重大的民事及刑事案件（上述两级法院均为初审法院）。上诉法院专门负责审理上诉、抗诉案件。最高法院有26名成员，作为最高司法机构，对下级法院的判决有否决权。最高法院院长为哈克（W. E. Haak），最高检察长为德韦得斯坦（L. J. de Wijkersllooth de Weerdesteijn）。

六　地方政府

荷兰地方政府分省、市两级，这种划分已经有200多年的历史。省议会经过全民选举产生，省议会从其成员中选出一名行政官员负责日常工作，同时君主任命各省的总督，他既是省政厅主席又是省议会主席。市镇政府委员会（市议会）通过市民选举产生，但所有的市长都由君主任命。荷兰高度分权，省和市镇自治程度较高。各个市镇政府的地位比省政府重要得多，甚至一些大城市市长的薪水都高于内阁大臣。

荷兰议会二院席位在各党派中分布

职务	党派	姓名
首相	自由党	吕特（Mark Rutte）
副首相兼经济、农业与创新大臣	基民盟	费尔哈亨（Maxime Verhagen）
外交大臣	自由党	罗森塔尔（Uri Rosenthal）
国防大臣	基民盟	希伦（Hans Hillen）
内政与王国关系大臣	基民盟	唐纳（Piet Hein Donner）
财政大臣	基民盟	德亚赫（Jan Kees de Jager）
社会与就业事务大臣	自由党	坎普（Henk Kamp）
安全与司法大臣	自由党	奥普斯特尔滕（Ivo Opstelten）
基础设施与环境大臣	自由党	舒尔茨—范哈根（Melanie Schultz van Haegen，女）
公共卫生、福利与体育大臣	自由党	席佩斯（Edith Schippers，女）
移民与政治避难大臣	基民盟	莱尔斯（Gerd Leers）
教育、文化与科学大臣	基民盟	范贝斯特费尔德（Marja van Bijsterveldt，女）
外交国务秘书	基民盟	克纳彭（Ben Knapen）
经济、农业与创新国务秘书	基民盟	布勒克（Henk Bleker）
财政国务秘书	自由党	威克斯（Frans Weekers）
社会与就业事务国务秘书	自由党	德克罗姆（Paul de Krom）
司法国务秘书	自由党	特文（Fred Teeven）
空间国务秘书	基民盟	阿茨马（Joop Atsma）
教育国务秘书	自由党	泽尔斯特拉（Halbe Zijlstra）
公共卫生国务秘书	基民盟	费尔特豪森（Marlies Veldhuijzen，女）

七 政党

荷兰第一个现代意义上的政党是1879年建立的“反对革命党”。荷兰党派很多，经常有几十个党同时存在。形成这种状况主要有两个原因。第一是荷兰的选举制度很开放，几乎任何人或团体都可以建党并参加大选；第二是规定只有在大选中获得超过半数的议席的政党或政党联盟才可以组阁。这一规定导致了小党只要与大党结盟就有希望入阁，也导致了议席不足半数的大党必须拉小党结盟才能组阁，从而使小党的价值大增，非常有利于小党的发展。这样，实际上鼓励了政治家建立政党，又导致了大党很难形成绝对优势。迄今荷兰议会中还没有过一个党派单独获得多数。荷兰主要政党有8个：基督教民主联盟、工党、社会党、自由民主人民党、新自由党、基督教联盟、绿色左翼联盟、六六民主党。荷政党实行领导人负责制，党主席负责日常党务工作。

1. 基督教民主联盟（CDA，Christen-Democratisch Appel） 由历史上的天主教人民党、基督教历史同盟和反对革命党3个党派于1980年合并组成。现有党员约7.7万人。2002年大选战胜工党成为第一大党。2006年大选再次位居第一。反对过分强调政府或市场的作用，主张维护传统价值和道德观。领导人鲍肯内德（Jan Peter Balkenende），主席范黑斯维克（Van Heeswijk）。

2. 工党（PVDA，Partij van de Arbeid） 1946年成立，前身是1894年建立的社会民主党，现有党员约6.2万人，历史上曾多次执政。2006年大选中名列第二位。主张在实现经济发展和社会公正之间保持平衡，合理分配权力、收入和知识财富。领导人科恩（Job Cohen），主席普劳门（Lilianne Ploumen）。

3. 社会党（SP，Socialistische Partij） 成立于1972年，现有党员约4.3万人。在野党。主张实现求真、平等、互助的人类社会，强调人人拥有良好的工作、收入、福利、教育和健康权利。领导人马莱尼森（Jan Marijnissen）。

4. 自由民主人民党（VVD，Volkspartij voor Vrijheid en Democratie） 成立于1948年，现有党员4.9万人。曾多次参政，2006年大选后成为在

野党。崇尚自由主义，主张充分尊重个人的自由，推动经济自由化和市场化，代表企业主的利益。主席鲁特（M. Rutte）。

5. 新自由党（PVV，Partij voor vrijheid） 成立于2005年，为极右翼政党，系从自由民主人民党中分裂出来。2006年首次参加议会二院选举即获得9个席位，被誉为荷政坛的“一匹黑马”。主张降低税收，提高教育质量，不接受外来移民。主席威尔德斯（G. Widers）。

6. 基督教联盟（Christen Unie） 成立于2000年，2006年议会二院选举取得6个席位，并首次获得参政机会。主张和谐的劳资关系，推迟退休年龄，反对人为堕胎。领导人洛夫特（A. Rouvoet），主席斯劳普（A. Slob）。

7. 绿色左翼联盟（GL，Groen Links） 创建于1990年，现有党员约2万人。在野党。主张实现社会公正，维护中下层人民的利益，特别强调环境保护。领导人费姆克·哈尔斯玛（Femke Halsema）。

8. 六六民主党（D66，Democraten 66） 1966年由工党、自由党中分裂出来的左翼激进分子组成。现有党员约1.3万人。在野党。2006年大选惨败，只获得3个席位。主张对现有的民主模式进行改革，建立开放的民主制度，保障公民的个人权利。领导人范德兰（Van der Laan），主席裴士托特（A. Pechtold）。

八　政治人物

贝亚特丽克丝女王（Beatrix） 1938年1月31日生。1956年入莱顿大学学习，1959年获法律学士学位，有3个儿子。1977年曾以王储身份访华，1999年以国家元首身份再次访华。

马克·吕特（Mark Rutte） 于1967年出生于海牙，1992年毕业于荷兰莱顿大学历史学专业。之后他进入商界，但一直积极参与自民党的政治事务。从2002年开始，吕特先后在巴尔克嫩德内阁中担任社会事务和就业部的国务秘书以及教育、文化和科学部的国务秘书。2006年，吕特成为自民党领导人。

吕特率领自民党在2010年6月的大选中获得议会二院（下院）中的31个议席，使该党自1948年成立以来首次成为第一大党。他也是该党第一位出任荷兰首相的人。2010年10月，正式宣誓就职成为新一任荷兰首相。

第五节　经济与社会

一　经济制度

荷兰是成熟的市场经济国家。其特点是政府、企业界和工会之间有着密切的合作机制。最高的协商机构是社会经济委员会，重大决策都必须由它研究通过。政府、企业界和工会每年都共同制订的中央劳动协议是当年的企业和工资政策的基础。通过这种协商促进了社会安定和经济平稳发展。

二　经济实力

荷兰是发达的资本主义国家，西方十大经济强国之一。经济属外向型，80%的原料靠进口，60%以上的产品供出口。对外贸易的80%在欧盟内实现。商品与服务的出口约占国民生产总值的55%。电子、化工、水利、造船以及食品加工等领域技术先进，金融服务和保险业发达；陆、海、空交通运输十分便利，是欧洲大陆重要的交通枢纽；农业高度集约化，农产品出口额居世界前列。2009年国内生产总值为5740亿欧元，人均国民收入34620欧元，通货膨胀率为1.0%，失业率为4.9%。

荷兰企业以中小型为主，中小企业占90%。但荷兰也有诸如壳牌石油公司、联合利华公司、阿克苏公司、飞利浦公司、荷兰皇家航空公司等属于世界级的跨国公司和大型企业。

三　农牧业

荷兰用于经营农牧业的土地占国土面积64%，其中35.4%是草场，25.4%是有灌溉的农田，3.3%是园艺土地。农业高度集约化，农业产值约占国内生产总值2%，从业人员27.3万人。农业的构成中，畜牧业占50%，园艺业占38%，农田作物占12%。2005年农产品和食品出口额达789.3亿美元，进出口总量仅次于美国位居世界第二位，净出口为全球第一位。花卉生产发达，每年出口约60亿美元，占世界市场的60%。

四　工业

荷兰工业化与邻国相比起步较晚，但发展很快。自20世纪80年代以来，政府逐步减少对传统工业的补贴，积极鼓励发展新兴工业，特别重视发展空间、显微电子和生物工程领域中的高技术。主要工业部门有食品加工、化工、石油化工、冶金、机械制造、电子工程、造船、印刷、钻石加工和飞机制造等。鹿特丹是欧洲最大的炼油中心。荷兰是世界主要造船国家之一。动力有48.6%靠本国天然气发电供给。2004年工业产值2155亿欧元，约占国内生产总值14%。

五 交通运输

荷兰陆、海、空运输均十分发达。2002年陆路公共交通客运量298.7亿人公里，空运3710.4万人次；2003年货运量15.22亿吨，其中国内运输6.15亿吨，国际运输8.8亿吨。管道运输发达，2003年运输量12600万吨。2003年水运总量7.2亿吨，其中海运4.32亿吨，内河运输2.87亿吨。内河总长度5046公里。鹿特丹港曾连续42年名列世界第一大港（按吞吐量计），2004年鹿港吞吐量为3.69亿吨，被新加坡（3.88亿吨）和上海（3.79亿吨）超过，居世界第三位。阿姆斯特丹机场是荷兰和欧洲主要航空港之一，曾多次获世界最佳机场称号，2003年客运量3981万人次，货运量134.1万吨。2003年铁路通车里程2806公里，客运量3.2亿人次，货运量2965万吨。2003年公路通车里程132397公里，其中高速公路2306公里。2003年客运总量7.4亿人次，货运总量5.46亿吨。

六 财政金融及服务行业

20世纪70年代以来，荷兰政府实行高福利政策，致使荷兰财政赤字率逐年上涨，1983年占国民生产总值的比例达10.1%。此后，荷兰历届内阁大多实行紧缩或者稳健的财政政策。2009年中央财政收入1608亿欧元，支出1895亿欧元，外汇储备243亿美元，公共债务3560亿欧元，占GDP比重62.2%，消费者价格指数为106.57，生产者价格指数为114.42。

荷兰的主要金融机构：

荷兰银行（ABN-AMRO BANK） 由荷兰通用银行（ABN BANK）和阿姆斯特丹—鹿特丹银行（AMRO BANK）于1991年合并而成，在世界上拥有3000多家分支机构，是世界上拥有银行网络最多的银行之一。集团资产总额5974亿欧元，在世界银行界居第17位，欧洲排行第8位。2002年营利24亿欧元，比2001年增长2.1%。在上海和深圳设有分行，在北京、天津、广州、武汉设有代表处。

荷兰国际集团（ING） 由荷兰中产—邮政银行集团（NMB POSTBANK GROUP）与荷兰国民人寿保险公司（NATIONALE-NEDERLANDEN）于1991年合并而成。荷兰第一大金融机构，2006年在《财富》杂志评选的全球500强企业中列第13位。该集团下属荷兰保险公司（ING INSURANCE）为欧洲第四大保险公司，在北京、上海设有代表处；集团下属荷兰商业银行为荷第三大银行，在上海、深圳、厦门设有分行，在北京、广州、沈阳、大连设有代表处。2005年3月，与北京商业银行签订战略合作伙伴协定。

荷兰农业合作银行（RABO BANK NEDERLAND） 由荷兰数家农村信用社于1973年合并而成，为荷兰第二大银行，在世界各大银行中居第31位。主要从事农业、农业机械和食品工业等行业的金融交易。在北京、上海等地设有办事处。

阿姆斯特丹是欧洲金融中心之一，有很多外国银行在此建立了代表机构或分行。阿姆斯特丹的证券市场是世界最古老的证券市场。

七 对外贸易和对外投资

外贸在经济中占重要地位。2009年荷兰进出口总额为5854.6亿欧元，其中进口2758.8亿欧元，出口3095.8亿欧元，分别较上年下降16.9%、17.9%和16.4%。进口主要是工业原料、原油、半制成品和机械等；出口主要是石油制品、电子产品、船舶和农产品等。

荷兰为世界主要对外投资大国之一，2005年对外直接投资960.55亿欧元，其中约一半流向欧盟成员国，美、日是其欧盟以外投资的重点。近年来荷加强了对东欧和东南亚国家的投资。

八 对外援助

1985年荷兰规定其外援金额不得少于国内生产总值1.5%，居发达国家前列。2005年用于对外发展合作的资金约为51.31亿美元。主要受援国（按受援金额排列）：印度、坦桑尼亚、津巴布韦、苏里南、玻利维亚、缅甸、尼加拉瓜、莫桑比克、肯尼亚等。

九 社会结构与社会保障

第二次世界大战后，荷兰的社会结构发生较大变化。农民和渔民的比例不到5%，从事服务行业的人数比例为67%，从事工业的28%，其中蓝领工人的人数不断下降，受过高等教育或专门培训的知识分子的比例不断上升，人均寿命大为增长，男性75岁，女性80岁。这使得人口老龄化的速度不断加快，2005年荷兰劳动年龄人口的比重约为67.7%，到2050年将进一步下降到59%。社会结构的调整和相应的利益调整，并没有影响社会稳定，其原因之一在于荷兰建立了较为完善的社会保险网。

荷兰在战后建立了福利国家制度。政府对劳动条件和劳动环境有严格的法律规定，以保护劳动者。失业者可以得到数量可观的失业救济金。丧失劳动能力者可以获得可观的生活津贴。在养老、退休、医疗等方面，老年人和残疾人都受到政府很好的照顾。在65岁以上的人中间，有7.5%的人选择了在敬老院里生活，这在世界上是较高的比例。荷兰有200个专门为残疾人设计和建设的居住区。另外，在子女抚养、住房、教育、培训、娱乐等方面，公民也以各种方式得到政府的帮助。公立学校是免费的。企业破产者也可以得到政府一些帮助。

为了保证上述制度的财政费用，每个雇主和雇员都必须支付各种税和保险费。虽然它们占收入的比重较大，但因为其好处也很明显，多数荷兰人依然自觉支持这种制度。为了使各个阶层和集团的利益得到充分的保证，政府允许并鼓励它们成立自己的利益组织，并定期与它们进行磋商。职工的组织主要是各种工会，如最大的专业工会教师工会，荷兰工会联合会是最大的总工会。雇主协会和企业联合会则代表着雇主的利益。力图广泛代表青年利益的荷兰青年工作联合会与政府和议会保持着紧密的联系。为了保证男女平等，政府各个部都有妇女权利协调委员会负责处理有关问题，它们还全面协调政府的有关政策。

自20世纪80年代以来，由于国际竞争的压力，荷兰不得不考虑降低生产费用，尤其是劳动力的费用，因此，荷兰实际上已长期冻结工资、减少劳动时间并减少一些福利补助。荷兰的福利制度正在面对经济全球化的严峻挑战。

第六节 教育与文化

一 教育概况

荷兰教育事业十分发达。荷兰实行5—18岁义务教育制，最后两年可以半工半读。学校分为幼儿教育（4—6岁）、小学（6—12岁）、中学（12岁以上）、大学。中小学分为公立和私立，后者占75%。残疾儿童有专门学校。成年人识字率99%。政府每年支出教育经费占国内生产总值5%—6%，主要用于支付教师的工资。早在20世纪60年代，荷兰教师队伍已经成为荷兰劳动者队伍中最大的分支。荷兰教育制度的特点是，学校没有统一的教学大纲和统一的教材，原因在于宪法允许人民根据不同宗教和信仰建立学校。通过政府的检查、全国统一考试和学校之间的竞争，教育质量得到了保证。大部分学校是私立学校，公立学校只占25%；但私立学校也得到政府的补贴。

2007—2008学年，荷全国共有8508所各级各类学校，学生总数361万人，教育和科研经费260亿欧元。目前小学在校生共155万余人，中学在校生141万人，成人和职业教育学校在校生约达54万人。荷高等教育分为大学、开放大学和高等职业教育。荷现有13所重点大学，其中9所为综合性大学，1所为理工大学、1所为农业大学，在校生19.9万人。高等职业学校学生34.6万人。著名高等院校有莱顿大学、乌得勒支大学、阿姆斯特丹自由大学、格罗宁根大学、鹿特丹伊拉斯谟大学、代尔夫特理工大学和瓦格宁根农业大学等。

初等教育对象是4—12岁的儿童。完成初等教育的儿童可以接受中等教育。中等教育是多元化的，有各种类型的学校，大部分以培养普通工人和技术员为目标，只有少数学校专门培养未来大学生。但教育不是死板的，即学生能够根据自身的发展转学。高等教育则划分为高等职业教育和普通高等教育，都有全日制和非全日制，18—27岁年龄段的青年人的高等教育普及率为15.2%，非全日制高等教育普及率为6.8%。随着经济全球化的发展，荷兰的学校也加快自身的全球化，即增加为外国留学生设置的课程和增加用外语讲授的课程。荷兰人非常重视外语教育，75%的人都懂1门外语，44%懂2门，12%懂3门。

二 文学

政府的文化政策旨在保护历史遗产的同时鼓励大胆探索和创作。荷兰文属于日耳曼语系，但在尼德兰资产阶级革命后，迅速独立发展起来，而且经过多次语法和拼写法改革。荷兰文学除了受德国文学影响外，还受法、英等国的影响。荷兰语中也有不少来自殖民地语言的外来语。战后，美国文化的影响很突出。

荷兰早期文学遗产主要有各种民间故事，例如关于列那狐的故事。在16和17世纪，荷兰文学发展很快，涌现了人文主义代表人物伊拉斯谟。他的《愚人颂》尖锐地批判了天主教会，在整个欧洲影响很大。荷兰现代文学是从19世纪中叶开始发展起来的。当时最著名的作家是穆尔塔图里即埃德华·道维斯·戴克尔。他的名著《马克斯·哈弗拉尔》是对荷兰在印尼的殖民主义统治的深刻揭露和尖锐批判，产生了很大的社会影响。德弗里斯是战后的著名作家，以爱国主义为其主要题材，著名的作品有《红发姑娘》，描写了第二次世界大战期间荷兰反德女英雄斯哈夫特的英勇斗争和牺牲。作家穆里斯、赫尔曼斯、瑞弗、德弗里斯等人的作品不断被译成外文和搬上银幕，其中根据穆里斯的《暗杀》改编的电影曾获得奥斯卡奖。外交官高罗佩凭借他关于中国的渊博知识而创造的《狄公案》也是荷兰公众喜爱的作品。

三　艺术

荷兰在美术和绘画方面的成就举世闻名。在17世纪荷兰的黄金世纪里，以世界著名画家伦勃朗为代表的荷兰绘画艺术非常成熟和发达。当时的题材已不再局限于圣经故事和人物，也包括大量的风景、人民日常生活等世俗题材。画家不仅接受教会和贵族的订货，而且也为普通商人或其他人作画。荷兰不仅在传统绘画方面取得了伟大成就，如19世纪初的印象派画家凡·高，此后还产生了像蒙德里安、阿佩尔、克莱默、埃歇尔等那样的现代派画家。他们在色彩的选用、绘画技巧、绘画形式等都有重大的革新。

在表演艺术方面，荷兰舞剧院、皇家管弦乐团堪称世界一流。范·马嫩是具有国际知名度的舞蹈编导。北海爵士音乐节的艺术创作表现出当代最前卫的风格。荷兰导演拉德马克尔斯导演的电影《暗杀》在1987年获得奥斯卡奖。女导演葛里斯导演的《安东妮亚的路线》1996年获得奥斯卡奖。荷兰导演尤里斯·伊文斯以其所拍摄的关于中国革命和建设的纪录片在荷兰乃至全世界获得了很高声誉。

四　广播、电视、新闻与出版事业

荷兰的通讯社为半官方新闻机构，全国有5个全国广播电台、10个地区广播电台和150个地方广播电台。电视广播覆盖率100%，其中76%的家庭可接收有线电视。全国有35个广播电视组织，由荷兰广播电视协会根据各组织会员人数分配广播电视的播放时间，其中8大广播电视组织在3套半官方的全国性电视节目中拥有绝大部分播放时间。近年来，商业电视台发展较快。

报刊发行始于1618年。现共有日报近90种（其中全国性日报8种），综合性和专业性期刊约4000种。2004年主要报刊发行量：《电讯报》96万份，《每日汇报》43万份，《人民报》39万份，《新鹿特丹商报》29万份，《誓言报》10万份，《忠诚报》13万份，《金融日报》5.5万份，《埃尔什维尔周刊》12.9万份，《自由荷兰》6.6万份。荷兰出版事业很发达，历史悠久。埃尔斯维尔斯出版社已有几百年的历史，在世界科技图书出版方面占有一定的市场份额。

五　博物馆和图书馆

荷兰有各种博物馆1100多家，历史文化遗址5.5万处，公共图书馆和各类档案馆1200多家，总藏书量近5000万册。最著名的博物馆有位于阿姆斯特丹市中心的国家博物馆，收藏来自世界各地的大量历史文物和珍宝，其中之精华为大量中世纪以来的珍贵油画。凡·高绘画博物馆展示许多凡·高的作品。荷兰是欧洲印刷技术发达最早的国家，出版事业和图书馆事业都具有悠久的历史。创建于1575年的莱顿大学图书馆是世界最古老的图书馆之一。荷兰最大的图书馆是海牙皇家图书馆，建立于1798年，藏书300多万册。荷兰还有各种重要的档案馆，著名的国际社会史研究所的档案馆里收藏有马克思的许多原始手稿。

六　宗教与民俗

荷兰有大约3/4的人信教。主要是天主教和基督新教。但是，信奉宗教的程度和方式很不一样。荷兰是西方国家里不信教的人数量最多的国家之一。虽然去教堂做礼拜的人越来越少，但宗教的许多价值观和伦理原则对社会仍有很深的影响。

荷兰人及荷兰政府都很重视保护历史传统和民俗遗产。主要的做法是赞助一些相关的组织和企业。各地经常举办传统和民俗节活动。一些具有传统特色的村庄、市区街道、建筑物等都受到保护。其中最引人注目的是风车、木头鞋的制作、传统服装、奶酪制作、陶瓷制作、传统乐器等。荷兰人非常喜爱养花，为了方便观赏景色，房子的窗户都建得很宽敞。荷兰人喜爱大自然，虽然农民只占人口的 3%，但居住在农村的人却仍占全部人口的 10%。

七　体育与休闲

荷兰人民热爱体育，政府和企业都资助体育。目前近三分之一的人是各种体育俱乐部的成员，另有同样多的人在俱乐部外从事体育活动。最大的体育组织是荷兰体育联合会，它包括荷兰的奥林匹克委员会。荷兰运动员在足球、网球、排球、滑冰、游泳等项目中都有优异的表现。

荷兰人民的休闲活动也很丰富。职工度假不仅继续领工资，而且经常还得到老板或政府资助。夏天的主要休闲活动是在国内外旅游、海滩游泳、骑自行车旅行等，冬天是滑冰、出国滑雪等。荷兰的饮食业也很发达，到酒吧喝酒消磨时间，在餐馆吃饭会朋友，看电影等都是荷兰人的重要休闲活动。

第七节　军事与外交

一　军事

荷兰在第二次世界大战前为中立国，但仍未能免遭法西斯德国的侵略。战后，荷兰认为，继续执行中立主义行不通，必须通过建立欧洲的安全组织，防止德国重新走向军国主义，并同时对付苏联的威胁，从而保卫自身的安全。1945 年，荷兰加入联合国。1949 年，加入北约，正式与美国结盟，并将北约的集体防卫政策作为荷兰国防政策的基础。名义上女王是全国武装力量最高统帅，实际指挥权掌握在内阁手中。国防委员会是荷最高安全决策机构，首相为委员会主席。负有保卫荷属安的列斯群岛安全的义务。1997 年 1 月 1 日起军队全面实行职业化，通过与志愿者签订合同形式招募人员。2004 年现役部队 6.8 万人。在荷属安的列斯群岛的库拉索建有一个海军基地，驻军 400 人。荷有 2000 人参加联合国维和部队和其他军事行动。

二　外交

（一）外交政策

荷兰为欧盟和北约成员国。对外政策具有大西洋派和欧洲派双重色彩。国家安全、经济利益和民主人权是其外交的三大支柱。视美国为传统盟友，认为世界上任何重大问题的解决均离不开美国的合作，美在欧洲的存在是实现欧洲安全与稳定的保证。认为欧洲一体化进程不可逆转，支持欧盟和北约双东扩。重视联合国等国际组织的作用，支持联合国改革，重视发展与亚洲国家的关系。

（二）荷兰与欧洲一体化

在第二次世界大战期间，荷兰感到为了保障自身的安全和发展，必须考虑与周围国家加强合作。1944 年，荷兰、比利时和卢森堡签订了《关税同盟条约》。1948 年，荷比卢关税同盟启动，开欧洲经济一体化之先河，也是区域经济集团化的典范。1951 年，荷兰与英国、法国、比利时、卢森堡等国在布鲁塞尔签署了《经济、社会、文化合作和集体自卫条约》。当时许多荷兰政治家赞成把权力移交给可能由该条约形成的某种超国家机构。1957 年，荷兰与法国、联邦德国、意大利、比利时、卢森堡六国在罗马签订从 1958 年 1 月 1 日起建立经济共同体和原子能共同体的条约，即《罗马条约》。作为靠自由贸易起家的国家，荷兰对共同体的态度是矛盾的，即一方面支持共同体，另一方面则担心共同体内部产生保护主义，担心自身经济受到共同体内的大国控制。但后来荷兰逐渐增强了对共同体的信心，成为欧洲统一的坚定促进派，提出共同体应该对世界开放、建立超国家机构管理共同事务、实行民主管理等政策原则。在随后的年代里，荷兰积极支持欧共体发展成为欧洲联盟，积极参与经货联盟的酝酿和建立，并积极促进欧盟的扩大和深化。欧盟国家是荷兰重要的经济伙伴。荷赞成扩大欧盟，主张深化并积极推动一体化进程。1997 年上半年，荷在担任欧盟轮值主席国时推动签订了修改《马斯特里赫特条约》的欧盟《阿姆斯特丹条约》。1998 年成为首批欧元成员国之一。2004 年下半年，再次轮任欧盟主席国，积极推动欧盟政治联合和防务建设取得新的进展，历史上首部《欧洲宪法条约》得以正式签署。2008 年，议会通过《里斯本条约》。

（三）对华关系

荷兰是最早与中国建立商贸关系的西欧国家之一。早在 17 世纪，荷兰商人就把我国的陶瓷、丝绸、茶叶等精美产品运到欧洲贩卖。荷兰一度成为欧洲研究中国文化最重要的中心。1950 年 3 月 7 日，荷兰承认了新中国，是西方最早承认新中国的国家之一。1954 年 11 月 9 日，荷兰与我建立代办级外交关系。1972 年，荷兰支持恢复我在联合国的席位，两国关系升格为大使级外交关系。此后双方关系起伏发展。1981 年 5 月，因荷政府批准荷公司售台潜艇，两国外交关系降为代办级。1984 年 2 月 1 日，荷承诺不再对台军售，中荷恢复大使级外交关系。1989 年，荷随同欧共体对我“制裁”，两国关系受到较大影响。1990 年 10 月后，中荷关系逐渐改善。1992 年 2 月荷政府重申不向中国台湾出售潜艇，两国关系进一步恢复，高层政治往来逐渐增多。1997 年 4 月，中荷关系因人权问题再次受到影响。1997 年底，荷改变在涉我人权问题上的立场，表示愿在相互尊重的基础上以建设性的态度同我对话，中荷关系恢复。

近年来两国关系保持良好的发展势头，双方高层互访频繁。时任总理温家宝于 2004 年 12 月，以及时任副总理回良玉在 2007 年 4 月对荷兰进行了访问；荷兰前首相鲍肯内德曾于 2004 年 4 月、2008 年 8 月、2008 年 10 月、2010 年 4 月四次访华，亚历山大王储也分别于 2005 年 10 月、2007 年 5 月、2008 年 8 月、2010 年 5 月对中国进行了访问。中荷经贸关系也发展较快。从 2003 年起，荷已连续 6 年成为我在欧盟的第 2 大贸易伙伴。2009 年，双边贸易额为 418 亿美元。

（施辉业　赵　柯）

第五章　比利时

第一节　概述

国名　比利时王国（The Kingdom of Belgium）。

位置　欧洲西北部。

面积　陆地面积 30528 平方公里，领海及专属经济区 3462 平方公里。

人口统计　1066.7 万人（2008 年）。

民族　主要民族是讲荷兰语的弗拉芒人和讲法语的瓦隆人。

语言　官方语言为荷兰语、法语和德语。

宗教　80% 的居民信奉天主教，另约有 10 万多人信奉基督新教，约 4 万多人信奉犹太教。

政体　君主立宪制。

首都　布鲁塞尔（Brussels），人口 104.8 万人（2008 年）。

国旗　旗面从左到右由黑、黄、红三个相等的垂直长方形组成。黑色表示悼念在 1830 年独立战争中牺牲的英雄，黄色象征国家的财富和丰收，红色象征爱国者的生命和热血。独立前布拉邦、埃诺、弗兰德 3 省人民曾采用黑、黄、红 3 个平行长方形组成的旗帜作为革命的标志。1830 年比利时脱离荷兰获得独立时将这面旗帜定为国旗，把横置的 3 个长方形改为竖置。

国歌　《布拉邦人之歌》，产生于 1830 年反荷兰统治的斗争中。布拉邦省是当时独立斗争最活跃的地方，词作者戎内瓦是起义者，后在战斗中牺牲。1860 年，这首歌被重新填词，正式定为比利时国歌。

国徽　呈盾形，中心图案是一头站立着的雄狮。雄狮为金黄色，饰于黑色盾形之中。雄狮作为王室的象征最早见于欧洲国家的纹徽。1830 年比利时独立时就选定了国徽。布拉邦公国曾是热诚支持人民斗争的公国，因此，比利时的国徽和国旗保留了公国纹徽黑、金、红三色的象征。盾徽的周围是装饰华丽的首任国王利奥波德勋章绶带；雄狮后面交叉的金色节杖象征着君权和正义；顶端是金、红两色的王冠，王冠饰以金、白等颜色的饰带和幔帐。国徽基部有一条红色的饰带，上面用法文和弗拉芒文写着民族格言“团结就是力量”。盾徽左右的狮子各举一面国旗。国徽顶端的 9 面旗帜代表了比利时的 9 个省。

国庆日　7 月 21 日（1831 年确定），亦是国王利奥波德一世登基日。国王日：11 月 15 日。

货币名称　比利时法郎（BEF）。2002 年 1 月 1 日起使用欧元。

度量单位　公制。

时间时区　中欧时区。

国花　虞美人。它是罂粟科一年生草本植物。花朵颜色有朱红、紫红、白色、深紫等，十分艳丽，深得比利时人民喜爱。

国鸟　红隼。是一种小型猛禽，翱翔中进行猎食。喜食大型昆虫、小鸟和一些小的哺乳动物，雄雌两性色型有异，雄性羽毛更加鲜艳，鸣叫声更尖锐，常栖息在村镇附近及有疏林或灌木丛的开阔地。是比利时最普通和分布较广的隼类。

第二节　自然地理与人文地理

一　自然地理

比利时位于欧洲西北部，北邻荷兰，东接德国，东南与卢森堡交界，南和西南与法国接壤，西北濒北海，隔多佛尔海峡与英国相望。海岸线长66.5公里。比利时位居欧洲中部古老山地的末端，地势从西北到东南逐渐升高。全境分为西北部低地平原、中部丘陵、东南部高原三部分。丘陵和平原占3/4，高原占1/4。最高点海拔694米。主要河流有马斯河和埃斯考河。属海洋性温带阔叶林气候。冬季潮湿多雾，夏季凉爽。年平均气温约10.9℃。年平均降水量800多毫米。

比利时煤蕴藏量37亿吨，其中有开采价值的18亿吨，瓦隆地区的煤层已开采完毕。此外，有少量铁、锌、铅、铜等。森林面积约60万公顷，占全国面积的20%，属世界森林覆盖率较高的国家，树木以栎树为主，丘陵全被大片森林覆盖。有核电站7座，发电量占电力总量的57.7%。

二　发展简史

在公元前有许多民族居住在现在的比利时。当时，把今天的比利时、荷兰、卢森堡和法国东北的一部分统称为尼德兰，意为“低地”。公元前57年起长期为罗马人、高卢人、日耳曼人分割统治。9—14世纪被各诸侯国割据。14—15世纪建立了勃艮第王朝。后又被西班牙（16—18世纪）、奥地利（1714—1795）、法国（1795—1814）所统治。1815年维也纳会议将比利时并入荷兰。1830年10月4日独立。翌年，颁布了君主立宪宪法。是年伦敦会议确定其“中立国”地位。第一次世界大战中放弃中立，加入国联。两次世界大战中均被德国占领。二战后接受马歇尔计划，加入北约。1958年加入欧洲共同市场，并同荷兰、卢森堡结成经济联盟。1993年完成国家体制改革，正式实行联邦制。比利时是北大西洋公约组织创始国之一，也是欧洲联盟的成员国。2008年7月，比利时众议院批准欧盟《里斯本条约》。

三　人口种族及语言争端

比利时居民主要由3个语族组成：弗拉芒人、瓦隆人和说法语的居民，其他还有少量的摩洛哥人、土耳其人、爱尔兰人等。其中讲荷兰语的弗拉芒大区616.2万人，讲法语的瓦隆大区345.7万人（包括讲德语的约7.1万人），使用荷法两种语言的布鲁塞尔首都大区104.8万人。每平方公里人口密度为344.32人，是世界上人口密度最高的国家之一。

比利时的民族成分并不复杂，但是，在弗拉芒人和瓦隆人两大民族之间存在语言争端。在比利时版图上，东起林堡省，西迄西弗兰德省的伊普雷，横亘着一条语言分界线，把国家一分为二。分界线以北为佛拉芒语区，包括林堡、安特卫普、东弗兰德、西弗兰德四个省，以及布拉邦省的北部地区，主要居住着弗拉芒人，他们是古日耳曼人的后裔。弗拉芒语实际上是荷兰语的方言，书写使用标准荷兰文，不同省份之间交流也以荷兰语为普通话。分界线以南为法语区，包括埃诺、那慕尔、卢森堡、列日四个省，以及布拉邦省的南部地区，主要居住着瓦隆人，讲法语的瓦隆方言。首都布鲁塞尔位于语言分界线以北布拉邦省境内，被划为双语区。在靠近德国的列日省东部边境，居住着少量讲德语的德意志人。

语言争端严重地表现在政治、经济、文化和社会生活的各个方面。在比利时，非常强调语言的对等。国家规定法语和荷兰语同为官方语言。所有官方文件、出版物、广播、电视，以及公告、路标等，都要使用两种语文。内阁文化教育部门设有两位大臣，分别由弗拉芒人和瓦隆人担任。语言线南北各有一所国立大学，列日大学用法语教学，根特大学则用弗拉芒语教学。坐落在弗拉芒语地区的私立鲁汶大学专用弗拉芒语教学后，就把原有的法语部分南迁到奥蒂尼，建立一所与之对等的新鲁汶大学。在政治生活中，主要政党如全国性的三大政党——基督教社会党、比利时社会党和自由党，因语言冲突均分为两个党，并设两个主席，而实际上两者除在语言问题上有分歧外，内外纲领基本一致。比利时的内阁更迭频繁，除政治、经济原因外，问题主要在于两大语族在内阁成员名额分配上有争议。在经济领域同样也存在语族矛盾。如果政府决定在弗拉芒语区建某个工厂，那么瓦隆人也要求在本语区内建类似的工厂，反之亦然。佛拉芒人和瓦隆人都会到对方地区工作，但无论上下班路途多远、多费时间，他们大多不愿到对方语区内定居。

从历史上看，法国和荷兰都曾统治过比利时，特别是法国统治的时间较长，影响更大，法语在比利时的地位也更为优越。即使在荷兰统治下，法语仍是比利时通用语言。1830 年比利时独立后的《宪法》也是把法语定为全国唯一的官方语言，弗拉芒语基本上是一种地方语言。后经弗拉芒民族主义者的斗争，到 1898 年，政府才正式承认弗拉芒语为比利时的第二官方语言。1932 年比利时颁布了语言法规，正式规定弗拉芒语主要为北方法定语言，法语为南方法定语言，布鲁塞尔为双语区。比利时现有的语言分界线是 1963 年划定的。20 世纪 60 年代后比利时地区自治运动进一步发展。1970 年 12 月修订完毕的《宪法》规定，在原有的省和区、市行政建制以外，再建立三套单位：一是把比利时划分为四个语言区（包括弗拉芒语区、法语区、德语区和布鲁塞尔双语区）；二是全国包括三个文化共同体（法语、弗拉芒语和德语文化共同体），分别设立各自的文化委员会，有权向各自的文化共同体宣布有关文化和教育政策方面的某些法令；三是在此基础上产生了三个政治—经济区，即弗拉芒区、瓦隆区和布鲁塞尔区，凡已委托给文化委员会处理的事务，政府机构就不再承担。1974 年 7 月制定的《宪法》，基本上体现了这种把比利时改造成一个划分为文化共同体、语言区和经济区的中央集权国家。1975 年 5 月，比利时各政党经反复协商，制订了一个《埃格蒙计划》，作为各政党共同遵守的纲领。该计划进一步扩大了三个地区的自治权，成立议会和区政府，被称为“联邦制的雏形”。1980 年 7 月，比利时议会通过了在弗拉芒和瓦隆两大地区自治的初步实施方案，但布鲁塞尔的地位问题仍悬而未决。

四 行政区划

比利时分为 10 个省、589 个市镇，10 个省为：安特卫普、西弗兰德、东弗兰德、林堡、北布拉邦、南布拉邦、列日、埃诺、那慕尔、卢森堡。

第三节 政治与法律制度

一 政治概况

1993 年 2 月 17 日，比利时参众两院通过宪法修正案，决定比利时由中央集权的君主立宪制改为联邦政体。联邦政府共有 15 位大臣、2 位国务秘书。联邦政府下的弗兰德、瓦隆和布鲁塞尔三个地区政府的权力进一步扩大。比利时国家权力机构包括众议院、参议院、联邦政府；四个语言区政府，即法语区、弗拉芒语区、布鲁塞尔双语区、德语区；它们主要负责本区的文化、教育等；三个地区政府，即瓦隆区、弗拉芒区、布鲁塞尔首都区，负责本地区的经济、基础设施、环保等。1994 年比利时开始实行联邦制，地区政府和语言区政府的权力扩大，部分满足了地方分权的要求，地区间、语言区间的矛盾有所缓解。3 月，选出 7 名从中央到地方政府的对外关系大臣并签署协议，确定今后将由这 7 名大臣代表中央和地方政府轮流参加欧盟部长理事会的各种会议，签署有关国家和地区的国际条约。在 1995 年举行的实行联邦制后的第一次立法选举中，原执政联盟各党获胜。

国王为比利时国家元首。现国王为阿尔贝二世，1993 年 8 月 9 日登基。

二 宪法

1994 年 2 月 17 日，比利时参众两院通过体制改革后的新宪法。这是 1831 年以来比利时第一次对宪法进行重大修改。新宪法从原来的 140 条改成 198 条，保留了原宪法有关基本自由、权力分享和国家民主的 2/3 条款。宪法规定，比利时实行世袭君主立宪制。国王为国家元首、三军最高统帅。国王与议会共同行使立法权，与政府共同行使行政权，实权在政府，政府对议会负责。原有的两院议会制改为众议院一院立法制，参议院继续保留，但只起咨询作用，同时扩大了地区政府的对内对外权力。参、众两院任期均为 4 年。新宪法第一次承认女性王室成员的王位继承权。

三 议会制度

议会是比利时王国最高立法机构，实行两院制。主要由众议院行使立法权，参议院只在修宪、外交事务、国家体制改革等方面与众议院享受同等权力，在其他方面仅有立法建议和咨询权。设有议长、副议长、议会执行局、常设委员会等机构。联邦议会由 150 名众议员和 71 名参议员组成，任期 4 年。在 71 名参议员中，地区直接选举 40 名，语言区议会指派 21 名，另外遴选 10 名，年满 18 周岁的国王子女是法定参议员，但不参加投票。

因莱特姆（Yves Leterme）领导的中央政府于 2010 年 4 月集体辞职，国王决定于 6 月 13 日提前举行立法选举。在这次大选中，荷语政党新弗拉芒联盟（N-VA）异军突起，获得众议院 150 个席位中的27席，成为此次选举的最大赢家，取代荷语基民党成为最大党；而法语社会党（PS）获得26席，取代中右翼的法语革新党（MR）成为南部最大党。本次大选的投票率为89.2%。大选结果使得众议院议席分配为：荷语新弗拉芒联盟党（N-VA）27席、法语社会党（PS）26席、法语革新运动党（MR）18席、荷语基督教民主党（CD&V）17席、荷语社会党（SP. A）13席、荷语开放自民党（Open VLD）13席、弗拉芒利益党（VB）12席、法语人道主义民主中心党（CDH）9席、法语生态党（Ecolo）8席、荷语绿党（Green!）5席、Dedecker名单党（LD）1席、民众党（PP）1席；由大选直接产生的40个参议院席位分配为：荷语新弗拉芒联盟党（N-VA）9席、法语社会党（PS）7席、法语革新运动党（MR）4席、荷语基督教民主党（CD&V）4席、荷语社会党（SP. A）4席、荷语开放自民党（Open VLD）4席、弗拉芒利益党（VB）3席、法语人道主义民主中心党（CDH）2席、法语生态党（Ecolo）2席、荷语绿党（Green!）1席。

四　中央政府

近年来，比利时中央政府几经更替。直到2010年底，比利时仍旧由看守内阁执政。因荷语族党派与法语族党派无法就布鲁塞尔大区内布鲁塞尔（Brussels）、哈尔（Halle）和维尔沃德（Vilvoorde）三个行政区的归属问题达成一致，2009年11月刚成立的联邦政府于2010年4月26日集体辞职，莱特姆（Yves Leterme）留任看守内阁首相。为确保7月比利时能够顺利担任欧盟轮值主席国，国王决定于6月13日提前举行大选，组建新政府，但直到2010年底新政府组阁仍旧未果。

五　司法制度

全国设有222个治安审理所，26个初审法院，5个上诉法院，1个最高法院。10省各设一个重罪法庭。三级法院均有相应的检察机构。各级法院的法官均由国王直接或根据政府提名任免，终身任职。各级检察长由国王根据政府提名任免。最高法院院长隆德斯（Ghislain Londers）。最高检察院检察长勒克莱克（Jean-François Leclercq）。

六　政党

比利时主要有10个政党。此外，还有生态党（绿党）、弗拉芒集团、比利时劳动党、比利时进步团结共产党等小党。

1. 荷语新弗拉芒联盟党（N-VA）　于2001年秋由1954年成立的人民联盟（Volksunie）分裂而成，该党继承了其前身的政治传统，主张实行国家改革，逐步实现国家解体，尤其倾向于北部独立。在2010年6月的大选中，该党异军突起，成为比利时国会最大党。现任主席是巴特·德威弗（Bart De Wever）。

2. 荷语基督教民主党（CD&V）　前身是1968年从基督教社会党分裂独立的荷语基督教人民党，其支持者主要是金融和工业资产阶级、教会组织及一些手工业者，后改现名。现任党主席玛丽安娜·蒂森（女，Marianne Thyssen），主张通过深入改革避免国家陷入混乱，决定参加2010年首相竞选。

3. 荷语开放自民党（OPEN VLD）　成立于1992年11月，前身为成立于1972年的荷语自由进步党（Partij voor Vrijheid en Vooruitgang，PVV）。现任党主席伏思达（Guy Verhofstadt）。

4. 荷语社会党（SP. A）　1978年比利时社会党因民族矛盾分裂为荷语社会党（SP）和法语社会党（PS）。2001年SP更名为SP. A。现任党主席卡洛琳·吉奈（女，Caroline Gennez）。

5. 弗拉芒利益党（Vlaams Belang）　1978年12月，弗拉芒国家党（VNP）和弗拉芒人民党（VVP）合并为弗拉芒集团（Vlaams Blok），后更名为弗拉芒利益党。现任党主席布鲁诺·瓦克尼耶（Mr. Bruno Valkeniers）。

6. 法语革新运动党（MR）　前身是建于1846年的自由党（PL），是比利时历史最久的政党，后分裂。2002年3月24日，法语革新自由党（PRL）、法语民主阵线（FDF）、国民革新运动（MCC）合并组成法语革新运动党（MR）。现任主席是联邦政府副首相兼财政大臣迪迪埃·雷德尔斯（Didier Reynders）。

7. 法语社会党（PS）　前身是1885年创立的比利时工人党（POB）和1945年成立的比利时社会党（PSB）。1978年，社会党按语言分裂为法语社会党（PS）和荷语社会党（SP）。现任主席埃利奥·迪吕波（Elio Di Rupo）。

8. 法语人道主义民主中心党（CDH）　1968年由基督教社会党分裂而成法语基督教社会党（PSC），2002年改为现名。党主席为饶埃尔·米勒盖（女，Joëlle Milquet）。

9. 荷语绿党（Green!）　前身为1982年成立的荷语生态党（Agalev），2003年改为现名。党主席维拉·杜阿（女，Vera Dua）。

10. 法语生态党（Ecolo）　成立于1980年。该党实行集体领导。

第四节　经济

比利时是发达的工业化国家。经济高度依赖国际经济环境，80%的原料靠进口，50%以上的工业产品供出口。2003年国内生产总值为2682亿欧元，人均国民收入2.63万欧元；国内生产总值增长率为1.1%，失业率为7.9%，通货膨胀率为1.5%。2008年国内生产总值为3303亿欧元，人均国内生产总值3.09万欧元；国内生产总值增长率为1%，失业率为7%，通货膨胀率为4.5%。

比利时全国耕地面积为137.5万公顷，其中牧场面积62万公顷、谷物种植面积29.5万公顷。1998年牛肉产量295700吨，猪肉产量1076900吨，奶酪制品103600吨，脱脂奶粉制品51400吨。2000年农牧渔业总产值为33亿欧元，农业就业人口2.08万人，约占总劳力5.28%。2008年农牧渔业附加值为23.6亿欧元，约占国内生产总值0.7%。农业就业人口8.1万人，约占总劳力1.8%。

比利时主要工业部门有钢铁、机械、有色金属、化工、纺织、玻璃、能源等。1997年工业产值579亿美元，占国内生产总值的26.7%。当年发电总量789亿度，原油及石油制品消费量2351.2万吨。2000年工业产值为475亿欧元，工业就业人口62.9万人，约占总劳力15.8%。2008年工业附加值548.98亿欧元，约占国内生产总值16.6%。

比利时的交通以公路为主，铁路、水运与空运并举。铁路：1997年铁路总长3422公里，客运量1.46亿人次，货运量5672万吨。2007年铁路总长3374公里，客运量2.06亿人次，货运量5672万吨。公路：1997年公路总长15763公里，其中高速公路1727公里，货运量为4.49亿吨。2008年公路总长15360万公里，其中高速公路1763公里，货运量为4.92亿吨（2007年）。水运：1998年内河航道总长1560公里，年货运吞吐量为1.22亿吨。全国有3个海港，1999年最大的安特卫普港年吞吐能力超过1亿吨。2000年外贸海运装货量6880.1万吨，卸货量1.1亿吨。2006年外贸海运装货量9361万吨，卸货量1.26亿吨。2007年内河航道总长1559.5公里，货运吞吐量1.39亿吨。航空：2001年空中运输网络联系49个国家，74个城市，年客运量2108万人次。2007年客流量2105万人次。布鲁塞尔国际机场经停63家外航班机。

比利时第三产业发展迅速，2000年产值为1661亿欧元。就业人数约194万人，占总劳动人口的49%。2008年附加值为2337亿欧元，2008年就业人数约347万人，占总劳动人口的78.2%。旅游业发达，有许多历史名胜，如布鲁塞尔、布鲁日、根特、安特卫普。濒海的奥斯坦德等城镇及森林覆盖的阿登地区每年都吸引成千上万的游客。截至2007年，拥有旅馆及其他各种旅游设施3521处，37.4万张床位。2000年接待外国游客约近1553万人次。2007年接待外国游客2985万人次。

2003年12月，比利时公共债务达2630.2亿欧元，占国内生产总值98%。截至2004年2月，比外汇储备72.35亿美元，黄金储备32.67亿美元。截至2007年12月，外汇储备62.59亿欧元，黄金储备41.58亿欧元。2006年比利时财政收入1544.80亿欧元，财政支出1535.82亿欧元，公共债务2792.79亿欧元。2007年财政收入1607.91亿欧元，财政支出1614.86亿欧元，公共债务2805.07亿欧元。2008年财政收入1677亿欧元，财政支出1718亿欧元，公共债务3087亿欧元。

外贸是比利时经济的命脉。2001年进出口总额为4073亿欧元。2003年进出口总额为4339亿欧元。2008年进出口总额为6425亿欧元，顺差为41亿欧元，其中出口3233亿欧元，增长2.5%，进口3192亿欧元，增长5.8%。进出口主要产品是原料制品、运输器材、化工产品和食品。主要贸易伙伴是德国、荷兰和法国，其次是其他欧洲国家及北美、亚洲、非洲。

比利时2002年对外投资总额197亿欧元。2007年对外投资总额909亿欧元。重点投资国家：英国、法国、德国、荷兰、美国、西班牙、奥地利和日本。截至2003年底，对华投资项目470个，协议投资额10.38亿美元，实际投入7.37亿美元。截至2008年6月，在华直接投资项目721个，实际投入10.1亿美元。比利时政府对外国资本采取鼓励政策。2007年吸收外资额为663亿欧元，其特点以多国或跨国公司形式居多，对解决就业和扩大出口起到促进作用。

2002 年对外援助总额 11.22 亿欧元，约占 GDP 的 0.43%。2007 年对外援助 14.27 亿欧元，占当年 GDP 的 0.43%。居全球第 14 位。主要受援国：刚果（金）、卢旺达和布隆迪等。

2007 年比利时四大银行：富通银行（Fortis），成立于 2000 年，净资产 341.94 亿欧元。比利时联合银行（KBC），成立于 1998 年，净资产 184.87 亿欧元。德克夏银行（Dexia），成立于 1996 年，净资产 163.94 亿欧元。荷兰国际集团（ING，荷比），成立于 1991 年，净资产 412.15 亿欧元。

第五节 教育与文化

一 概况

比利时实行 6—18 岁免费义务教育制。教育由地区政府管理，政府每年对教育的投资约占政府预算的 13%—14%，这样高的教育投资在世界上实属不多。教育经费占国民生产总值的 5.5%。2005—2006 学年，在校中小学学生 157 万人，在校大学生 31.1 万人。著名高校有：鲁汶天主教大学（荷语），1425 年建校，学生人数 20000 人，外国留学生 2300 人，教师 2000 人。鲁汶天主教大学（法语），1969 年建校，学生人数 20811，外国留学生 4226 人，教师 1089 人。根特大学，1816 年建校，学生人数 12600 人，外国留学生 1253 人，教师 1950 人。

比利时有日报 33 种，周报 1000 多种，其他期刊 4000 多种，主要用法文和荷文出版，有少量用德文出版。主要报刊有《标准报》（荷文）、《自由比利时报》（法文）、《最新消息报》（法文）、《晚安周报》《晚报》（法文）等。《标准报》发行量 30 余万份，居首位，其余 10—30 万份。比利时通讯社成立于 1936 年，国外无分社。1930 年比利时建立了国家广播局，1960 年分为荷语、法语两个独立的广播电视台，分别用法语、荷语广播和播送电视节目，隶属地区政府领导。

二 体育与休闲

比利时人十分喜爱登山、滑雪、网球、高尔夫球、扬帆出海、打猎、钓鱼等运动。此外，还有一些别出心裁的民间娱乐比赛。

信鸽比赛是一项全国性的运动项目。比利时人口仅有 1000 多万人，但登记注册的信鸽比赛者竟有 10 万多人，拥有 600 万—800 万只鸽子。鸽赛时间从每年的 4—9 月。其间，比利时国家电视台每小时都要报告天气情况和比赛地点放鸽的时间。信鸽通常在周四或周五装笼，运到远处的比赛出发点，有时远至法国南部或西班牙。参加比赛的信鸽数量不限。每只信鸽的腿上绑着带编号的小圈，信鸽回窝后，这个圈立即被主人取下放进密封的计时盒，检查每只鸽子飞行所花的时间。鸽子识家的天性使它成为可靠的战士，在战争中它作为“通信兵”传递信息。在布鲁塞尔城中心矗立着一座半裸体的妇女雕像，她张开的一只手上托着一只鸽子，这是为了纪念一只不知名的信鸽，它在第二次世界大战中作出了贡献。

比利时各地每三天必有一个市集、一个节日或一个嘉年华会。比利时人忌讳蓝色，传说中认为梦见蓝色的东西，第二天就不会有好事情；遇到不祥之事时，都以蓝衣作为标志。

三 风景名胜

布鲁塞尔 位于比利时中部森纳河下游，1830 年定为首都。分为上城下城两部分，上城为王宫、议会、政府机关所在地和住宅区，下城则是繁华的商业区。人口 104.8 万人（2008 年）。全国政治、经济、文化中心和交通枢纽。欧盟、北约和 700 多个国际机构设在这里，有“欧洲首都”之称。这里还经常召开各种各样的国际会议，定期或不定期举行的各种国际博览会每年多达 30 多个，布鲁塞尔世界发明博览会是最受世人瞩目的博览会之一。全城平均海拔为 58 米，气候温和湿润，年平均气温为 10℃左右，降水量 700—750 毫米，因而这里冬无严寒，夏无酷暑，几乎终年绿草如茵。美中不足的是天气多变，阴雨较多，光照时间较少，全年仅 1500 小时左右，只有 6—8 月份才有较多的晴朗日子。市中心有著名的大广场和市政厅，大广场面积也不过 3 千多平方米，建于 12 世纪，用花岗岩铺成，周围多是 15—17 世纪的建筑。其中市政厅是典型的哥特式建筑珍品。整个建筑从 1402 年开始，1480 年竣工，前后用了近 80 年时间。而高达 90 米的厅塔，建成于 1454 年，费时 5 年。在 17 世纪，各种行业协会会址多集中在市政厅周围。这里也是布鲁塞尔的第一座市场，历史上曾遭毁坏，17 世纪重建后，规模更大，景致更美，被誉为“建筑艺术的瑰宝”。至今仍是全市的活动中心，每天早晨有花市，星期日则有鸟市。

布鲁塞尔教堂林立，蔚然壮观，大多数是哥特式建筑的艺术瑰宝，较著名的有圣古杜尔教堂、圣尼古拉教堂、圣米歇尔教堂等。圣古杜尔教堂建于13世纪，建筑包括巨塔、大礼拜堂、漂亮的彩色玻璃等，十分壮丽。

布鲁塞尔还有许多收藏丰富的博物馆，如皇家博物馆、自然博物馆、皇家艺术和历史博物馆、古代绘画与雕刻博物馆等，都十分有名。著名的市立博物馆是由旧市政厅改建的，它与大广场周围的行会馆同时作为陈列这个城市历史和文物的场所。在布鲁塞尔的土豆博物馆里，人们可了解土豆育种栽培的全过程，还可以聆听到著名音乐家巴赫专为土豆谱写的神奇歌曲。馆内还备有录像设备介绍各国生产、出口、食用土豆的各种方法。

小于连塑像　位于布鲁塞尔市中心大广场附近埃杜弗小巷有一座青铜小孩雕像，人称“小于连”。建于1619年，是雕塑大师捷罗姆·杜克思诺的杰作。高约50厘米，头发微卷，鼻子上翘，嘴角挂着微笑，赤身露体，挺着肚子旁若无人地不断撒尿（实为自来水）。每年狂欢节的这一天撒的却是啤酒，人们争相痛饮。他被称为布鲁塞尔“第一公民”。关于“小于连”塑像的传说有很多。一说在13世纪中叶的一次反侵略战争期间，暗藏的敌人企图炸毁市政厅及其周围的建筑，便偷偷点燃了通往市政厅地下火药库的导火索，就在这千钧一发之际，小于连无意中发现了燃烧的导火索，他想拔掉导火索，可是拔不动，忽然他心生一计，急往导火索上撒尿，导火索熄灭了，拯救了城市和人民。后人为了纪念小于连的功劳，就雕刻了这座铜像。另一说是，某女神经过布鲁塞尔，见一小孩向出殡的人群撒尿，怒其渎犯神明，罚他撒尿不止。不管说法怎样，几百年来，小于连还是赢得了比利时和世界人民的喜爱，许多国家首脑和官员纷纷给他授予荣誉称号，并赠送最具有本国民族特色的服装给小于连，中国赠送的服装包括一套中国人民解放军军装和一套汉族对襟裤褂。每到某国国庆日时，小于连就穿上该国的民族服装，以示庆祝。小于连俨然成为加强各国人民友谊的小使者，更受到众人的宠爱。

天鹅咖啡馆　位于布鲁塞尔大广场一侧、与市政厅毗邻，是一座5层楼房，大门上方饰有一只展翅高翔的白天鹅。过去为旅馆，1845年2月，马克思、恩格斯先后来此居住和工作，并共同起草了《共产党宣言》的一部分。马克思还在此写出名著《哲学的贫困》。

布鲁塞尔原子塔　位于布鲁塞尔西北郊易多明市立公园内，它造型新颖别致，被称为“比利时的艾菲尔”。建于1958年，是为研究原子能的发展和纪念布鲁塞尔万国博览会而建的。设计者是比利时的著名工程师昂德雷·瓦特凯恩。他根据 α 铁的晶体结构而设计，以此表达各国和平利用原子能的愿望。该塔是一个巨大的钢管构成的正方形，大小相当于 α 铁正方晶体结构的1650亿倍。由9个巨大的银白色金属球所联结构成，每个圆球是一个铁分子的2000亿倍大，直径是18米。这9个大球用钢管连接，这些钢管每根长16米，直径3米。整个塔高102米，从地面通到最高圆球的电梯和通往各个圆球的自动楼梯都设在钢管内。底球是一个圆形的接待大厅，游客可在此购票进塔参观。游客站在最高的圆球里可透过玻璃窗饱览布鲁塞尔的旖旎风光，或可沿金属管道进入其他球内参观，这些球分为2层，内有天文、气象、地理、人造卫星等各种知识的科技展览，十分吸引人。

国家植物园　位于布鲁塞尔和梅瑟附近，是世界上最优秀最美丽的植物园之一。建于1870年，当时建在布鲁塞尔市中心，占地7公顷。自19世纪60年代中期起，逐渐移至梅瑟一处占地93公顷的美丽庄园，规模慢慢扩大。园中占地1公顷的植物宫是世界上最大的温室，内设15个展览厅，展出千姿百态的各种热带植物，尤其注重展示那些商业价值较高的热带植物。植物园的标本室收藏了近200万个植物标本。园中图书馆藏书达15万多册，植物园一贯重视对植物的科学研究，园中共设有22个科研大厅。研究人员除研究比利时植物外，还擅长研究非洲的热带植物。

滑铁卢古战场　距布鲁塞尔市区以南18.9公里。1815年6月20日，英国威灵顿公爵率英、普联军与拿破仑率领的法国军队在此决一死战。结果称雄一时的拿破仑遭到惨败，法军全军覆灭，由此欧洲历史揭开新的一页，默默无闻的滑铁卢小镇也因而举世闻名。在当年有6万名将士葬身于此的古战场上，有一座小土山，山顶上竖立着一尊铁狮子，长 4.5 米，高 4.45 米，重约 28 吨，人称滑铁卢雄狮，象征着当年战胜拿破仑的英普联军。小山下有一所纪念馆，形似一只倒扣的浅口圆铁桶。馆内二楼大厅环型墙壁上有一幅高约 7 米、长约百米的滑铁卢战争主体全景壁画，它完成于 1912 年，作者是法国的油画家路易·迪穆兰及其 5 位合作者。这幅环形全景图，人马栩栩如生，生动逼真地再现了当年的那场激战。在油画的前面，还有实物场景雕塑，如横七竖八躺着战死的人马，丢弃的兵器，皆与真人真物大小一样，令人仿佛回到了那人呼马嘶、刀光剑影的战场。在附近的李格芬村，还有当年的拿破仑司令部，这是一座普通的红顶黄色的二层小楼，当年拿破仑差一点在此被活捉。滑铁卢一带还有许多英国、法国、比利时、德国等国家竖立的各种纪念碑。镇上有一家小电影院，专放一部影片《滑铁卢之战》，全片不到半小时，且从不换片，周而复始地整天放映，守门的查票员则身穿 1815 年的戎装，十分有趣。

安特卫普　位于布鲁塞尔北面 42 公里，是比利时第二大城市和最大的港口。安特卫普横跨斯海尔德河两岸，由两条河底隧道连接，是一座著名的古城。早在 11 世纪，诺曼底人入侵毁灭了原始居民点之后，安特卫普侯爵在此建造港口和城市。到 16 世纪，已发展成为欧洲最繁荣的商业城市和艺术城市。今天，它是比利时的第二大工业中心、世界大海港之一和国际钻石贸易中心。安特卫普的哥特式建筑和文艺复兴时期的艺术是比利时的文化瑰宝，其典型的建筑是安特卫普圣母院，位于由南向北纵贯市区的大道与斯海尔德河之间，其尖塔高达 120 米，里面收藏着佛兰德斯画派大师鲁本斯的几幅杰作。安特卫普大教堂也非常雄伟。它建于 1352 年，里面收藏着一些弗拉芒人的最珍贵的作品，有 1713 年的巴洛克式木雕布道坛。大教堂正面左右两侧各有一个建于 15 世纪的喷泉。圣保罗大教堂也是古建筑中的珍宝，建于 1533—1574 年，里面收藏着鲁本斯的教堂学徒们的名画。安特卫普市中心的大广场和市政厅是文艺复兴时期的著名建筑。大广场上有象征这个城市起源传说的喷泉。安特卫普还有许多博物馆。美术博物馆收藏着安特卫普最珍贵的美术作品，有鲁本斯及其他名画家的杰作，还有荷兰名画家的著名画像等。斯顿博物馆原是建于 13 世纪的城堡，曾长期作为监狱，后改为收藏古代文物的博物馆。安特卫普有鲁本斯故居，1617—1642 年鲁斯本曾住在这幢房子里。画家去世后，这座房子曾经出卖。后来，安特卫普人将此辟为博物馆，恢复了这所住宅的本来面目及内部家具、布置等，故居内还有鲁斯本时期的画展。

根特　是弗拉芒民族的文化中心，其名源于克尔特语的语根“gen”，意思是“河流的汇合处”，因根特位于斯海尔德河与支流利斯河合流的地方，故名。位于比利时西北部，有“北方的佛罗伦萨”之美誉。是比利时第二大商港和比北部的经济文化中心。根特的市街大都建在 7 世纪修道院的遗迹上，到 13 世纪为止，一直保持独立，并且也没有受到后来战争的损害。因此，根特的中世纪文化风貌仍保留完好。根特最有名的哥特式建筑是圣巴文大教堂。这座雄伟的建筑里，收藏着许多名画，如佛兰德斯派大师凡戴克的名画《神圣的羔羊》和鲁斯本的《圣巴文皈依》。教堂内还有很多精美的巴洛克艺术品；钟楼内有个由 52 座钟组成的钟琴。圣尼古拉教堂位于市中心，是 13 世纪的哥特式建筑，乘电梯登上教堂附近的大钟楼楼顶，则可饱览市区的美丽景色。建于 16 世纪的比洛克修道院最吸引人之处是，其院内有著名的壁画《最后的晚餐》。根特市人口不多，但博物馆不少，如宝石雕刻博物馆、考古博物馆、美术博物馆、民间艺术博物馆及贵族公馆博物馆等，其中一些博物馆建在旧修道院内。根特每 5 年举办一次国际草花大会。届时国内外宾客盈门，熙熙攘攘，到处是五彩缤纷的奇花异草，满城飘荡着醉人的芳香。这座充满艺术、运河的花园般的城市更使人流连忘返。

第六节　军事与外交

一　国防

宪法规定国王是武装力量名义上的最高统帅。议会负责批准国防预算和与军事有关的法律。政府负责制定防务政策。内阁防务委员会是最高军事决策机构，同时也是国王的最高防务咨询机构。国防部是国防的最高领导机关，国防大臣在首相的领导下，负责执行防务政策。武装力量由陆海空三军和卫生兵组成。2002 年撤销总参谋部，在国防部下设国防参谋部，是最高军事指挥机构。1994 年取消义务兵制度，实行志愿兵制度。国内服役期 1 年，国外服役期 10 个月。三军总兵力约 3.8 万人

(2007年)，其中一个陆军师，一个伞兵突击旅，一个陆航大队，共2.2万人；海军一个舰队，共1600人，有4艘护卫舰，15艘扫雷舰艇；空军两个战斗机联队，一个运输与通信联队，共8000人，有132架F-16战斗机，28架幻影5型战斗机；卫生兵部队1000人。另有后备役人员3.5万人；医务人员5000人。曾派出1600余人前往前南、索马里等国参加联合国维持和平行动。已派出一个装甲旅共170名官兵参加"欧洲军团"。现在境外执行军务的军人为2000人。2007年国防预算28.45亿欧元，约占GDP的0.8%。

二　外交

比利时是欧洲联合进程的积极推动国家，赞成实现欧洲经货联盟和实施欧洲共同外交与防务政策，反对大国垄断欧洲事务，支持北约东扩。2008年7月完成批准《里斯本条约》国内程序，成为第22个批准条约的欧盟成员国。支持参与联合国维和行动和人道主义援助。在国际事务中主张减轻发展中国家的债务，加强联合国的政治作用。现与约160个国家有外交关系，在90多个国家设有使领馆。

比利时与美国于1832年2月9日建交。二战以来，比利时一直重视保持和发展同美国的全方位合作关系，要求美国与欧盟共同承担欧洲安全的责任。但在经济关系上对美实行"单边国际贸易政策"不满。"9·11"事件后，强烈谴责恐怖分子对美国的袭击，表示要与美保持紧密团结，采取一切手段与恐怖主义进行斗争。认为北约不仅是共同防御组织，而且是欧洲安全的根本保障，也是维系欧美同盟关系的主要保证。

比利时外交政策主张在稳住俄罗斯的同时，重点开展同东欧国家的合作关系，帮助它们向欧盟靠拢。支持并参与北约和联合国在科索沃的维和行动。

在与邻国和其他国家的关系方面，比利时与卢森堡和荷兰的关系尤为密切，1958年三国签署《比荷卢经济联盟条约》。三国之间还有防务协定。比利时外贸的主要伙伴为欧盟其他成员国，2001年从欧盟进口1370亿欧元，约占进口总额的70%，对欧盟出口1581亿欧元，约占出口总额的75%。2008年从欧盟进口2244亿欧元，约占进口总额的70.3%，对欧盟出口2494亿欧元，约占出口总额的77.1%。在欧盟对比贸易和投资中，德国均居首位，荷、法、英次之。

比利时也十分重视发展同非洲国家、阿拉伯国家及亚太国家的关系，并利用与其原殖民国家的历史关系，推动欧盟与中部非洲建立伙伴关系，加强两地区在安全、人权、经贸和发展援助方面的合作。2001年比外交大臣先后访问了刚果（金）、安哥拉、津巴布韦、赞比亚、卢旺达、乌干达、加蓬等非洲国家。比确立了优先向非洲提供发展援助的原则，其65%的发展合作援助流向非洲。2003年比将发展援助受援国从25个减到18个，其中13个为非洲国家。比极为重视刚果（金）对话进程。从人力、财力上大力支持2006年刚果（金）总统、议会选举。关注中部非洲局势，提出"大湖地区和平行动计划"。

三　对华关系

1971年10月25日，比利时与中国建交。两国签有航空和海运、发展经济工业和贷款、文化以及商标注册、投资保护、核能合作、避免双重征税等协定。2000年以来，中比高层政治交往增多，两国国家元首实现了互访。中国出访过比利时的领导人包括：时任总理朱镕基（2000年7月、2001年9月）、时任总理温家宝（2004年5月、2009年1月）、时任副总理曾培炎（2006年9月）、时任副总理王岐山（2009年5月）、时任国家副主席习近平（2009年10月）等。比利时访华的政要有：首相伏思达（2002年3月）、首相莱特姆（2008年8月、10月）、国王阿尔贝二世（1993年、2005年6月）、副首相兼财政大臣雷德尔斯（2006年10月、2008年8月）、众议长德克罗（2006年10月）、副首相兼外交大臣斯蒂文·瓦纳克尔（2010年4月）等。2008年5月12日，四川汶川特大地震发生后，比首相莱特姆和外交大臣德古赫特分别向时任总理温家宝和时任外长杨洁篪致函慰问，比政府向灾区提供116万欧元物资援助。

比利时是中国在欧盟的第7大贸易伙伴。2007年双边贸易额为176.5亿美元，同比增长24.2%，其中中国出口126.8亿美元，进口49.7亿美元，同比分别增长28%和15.5%。截至2007年6月，比在华投资项目共682个，实际投入约9.4亿美元。多为高科技企业，其中西安杨森制药公司最为成功。同期中国从比利时共引进技术项目387个，合同金额 25.24 亿美元，主要涉及机械、城建、纺织、汽车和邮电等领域。

在发展援助方面，1983 年中比两国政府签订了《合作发展议定书》，迄今比对华援助项目共 31 项，总金额约 4000 万美元，涉及运输、邮电通信、能源及人员培训等领域。“中比陕西社会经济综合扶贫发展项目”是两国最近进行的发展合作项目，比向我提供 1000 万欧元的无偿援助。该项目已于 2004 年 12 月实施完毕。财政合作方面，比是最先向我提供政府无息贷款的西方国家。截至 2004 年底，中国与比利时政府共签订政府贷款协议金额 2.28 亿美元，累计生效金额 2.27 亿美元，生效项目 35 个。

在文化、教育和科技领域，2006 年底，中国在比利时有留学生 2000 多人，比利时在华留学生 200 多人。自 2005 年起，中国先后建成布鲁塞尔、列日、鲁汶工程联合大学三所孔子学院。2007 年比鲁汶大学与清华大学互办“鲁汶周”与“清华周”。2008 年，比利时政府首次以政府资助方式支持比利时学者来中国进修，鲁汶大学等 4 所综合性大学在中国设立办公室。2008 年，中比政府间科技合作项目达 23 个，涉及气候变化、能源、生物医学等领域，双方举行建筑节能、环境和能源、遥感技术等多次研讨会。2010 年比利时政府参加了中国上海世博会。

第七节　重要人物

阿尔贝二世（Albert Ⅱ，1934—　）　国王。1934 年 6 月 6 日生于布鲁塞尔，1959 年结婚，育有三子。1993 年获陆军中将和海军中将军衔。1993 年 8 月 9 日登基。

赫尔曼·范龙佩（Herman Van Rompuy，1947—　）　欧洲理事会常任主席。1947 年 10 月 31 日生。1971 年毕业于荷语天主教鲁汶大学经济系。1988 年至 1993 年担任荷语基督教民主党的前身荷语基督教人民党主席。1993 年至 1999 年出任比利时联邦政府预算大臣。2007 年当选为众议院议长。2008 年 12 月出任比利时首相。2009 年 11 月 19 日，欧盟特别峰会一致选举他为首位欧洲理事会常任主席，其职权主要是在欧盟内部协调立场，在国际舞台上代表欧盟各成员国首脑，因此被媒体称为“欧盟总统”。2010 年 1 月，范龙佩就任欧洲理事会常任主席。

（王平贞　赵俊杰　张金岭）

第六章　卢森堡

第一节　概述

国名　卢森堡大公国（The Grand Duchy of Luxembourg）。

位置　欧洲西北部。

面积　2586.3 平方公里。

人口统计　49.35 万人（2008 年）。其中卢森堡人约占 56%，外籍人占 44%（主要为葡、法、意、比、德、英、荷侨民）。

民族　主要为卢森堡人。

语言　官方语言为法语、德语和卢森堡语。法语多用于行政、司法和外交；德语多用于报刊新闻；卢森堡语为民间口语，亦用于地方行政和司法。卢森堡人一般会三四种语言。

宗教　97% 的居民信奉天主教，1.2% 居民信奉基督新教，0.2% 的居民信奉犹太教。

政体　君主立宪制。

首都　卢森堡（Luxembourg）。

国旗　由红、白、浅蓝三个相等的平行长方形自上而下组成。1890 年前卢森堡与荷兰组成联邦，两国国旗相同。1890 年后，卢森堡国旗正式改为红、白、浅蓝，以表示与荷兰国旗的区别（荷兰国旗为红、白、蔚蓝）。

国歌　《我们的祖国》，初次演唱于 1864 年 6 月 5 日，1895 年成为卢森堡国歌，以取代旧国歌《快乐的火车》。

国徽　一枚绘有蓝、白相间条纹的盾徽。盾面上有一头金色王寇的红狮。盾徽上方是一顶公爵金冠。盾徽的周围是一条勋章绶带，绶带下悬挂着十字勋章。两头头戴王冠的红舌金狮守护在盾徽两旁。上述图案象征一切权力归大公。国徽的背景是一个金、红两色的帐篷，其顶部装饰有一顶大型的金色王冠。

国家元首　大公亨利（Le Grand-Duc Henri），2000年10月7日即位。

国庆日　6月23日（大公让的寿辰纪念日）。

货币　卢森堡法郎（简称卢郎，LuxF）。2002年1月1日起使用欧元。

度量单位　公制。

时间时区　中欧时区。

国花　玫瑰。

国鸟　戴菊，又名戴菊莺。体型纤小、玲珑，长约10厘米，全身呈绿色，雄鸟头顶羽毛呈橙黄色，雌鸟头顶羽毛略现黄色，故名“戴菊”。戴菊栖息于山地疏林间，以昆虫为食，对林业有益。戴菊羽毛漂亮，叫声悦耳动听，具有很高的欣赏价值。

第二节　自然地理

卢森堡位于欧洲西北部，东邻德国，南毗法国，西、北与比利时交界，是个内陆国家。资源贫乏，森林面积近9万公顷，占国土面积的30%。地势北高南低，北部是阿登高原，海拔400—500米，布尔格普拉兹峰海拔550米，是全国最高点。这里森林和草地较多，占全国面积的1/3。空气清新，丘陵和河谷交错，风景如画。这里土地比较贫瘠，农业不很发达，但畜牧业占有重要地位。南部是古特兰平原，气候温和，土质肥沃，是重要的农业区。沿摩泽尔河谷和苏尔河谷一带盛产优质葡萄，出产的葡萄酒醇香清甜。古特兰的地方特产是火腿，从罗马帝国时代起就闻名于世。平原的最南部是“红土区”，因土质富含铁，故土壤呈红色。这里蕴藏着丰富的铁矿，储量大约有2.7亿吨，是卢森堡最重要的矿产资源。较大河流有摩泽尔河、乌尔河、苏尔河，摩泽尔河是莱茵河中游左岸的一个支流。属海洋—大陆过渡性气候，北部气候寒冷，南部气候宜人。年平均气温9℃，年平均降水量782.2毫米。

行政区划分为省、专区、市镇三级。有卢森堡、迪基希和格雷文马赫三个省，下设12个专区、118个市镇。省长、市（镇）长由大公任命。

卢森堡人约占全国人口的56%，属于欧罗巴人种大西洋—波罗的海类型。人口平均密度每平方公里161人，城市人口占总人口的67%，首都卢森堡市则集中了全国人口的1/5，有人口8.86万人(2008年)。北部人口每平方公里不超过50人；南部经济发达，人口密度每平方公里1000人。年平均净增长率1.3%。

第三节　历史

公元前50年有高卢人部族居住。公元400年后日耳曼人入侵，先后成为法兰克王国和查理曼帝国的一部分。在10世纪时，卢森堡是“神圣罗马帝国”封给卢森堡侯爵的领地。963—1354年，先后为神圣罗马帝国阿登伯爵、卢森堡伯爵和卢森堡公爵的自治领地。由于卢森堡地处德国、法国之间的交通要塞，加以地形险要，自古以来，这个美丽幽静的小国便成为周围列强称霸欧洲的必争之地。从15世纪到18世纪，先后受西班牙、法国、奥地利和普鲁士统治。1815年维也纳会议决定卢森堡为大公国，由荷兰国王兼任大公，同时又为德意志同盟的成员。1839年欧洲各国签订《伦敦协定》，承认卢森堡为独立国家。在1867年欧洲国家会议上，卢森堡被公认为独立的永久中立国。1868年实行君主立宪制。1890年前拿骚公爵阿道夫成为卢森堡大公，彻底摆脱了荷兰国王的统治。两次世界大战中均被德国占领。1948年放弃传统的中立政策，翌年加入北大西洋公约组织，签订“欧洲防务集团”条约。20世纪50年代参与创建欧共体(后成为欧盟)，并与荷兰、比利时结成经济联盟。1995年成为申根区国家，1998年5月成为首批准备使用欧元的国家之一。

第四节　政治与司法制度

卢森堡是世袭君主立宪国，大公为国家元首，由拿骚家族世袭，拥有立法权和行政权。现任大公亨利，1955年生于贝茨道尔夫古堡。1975年在英国的Sand Hurst皇家军事学院学习并获得军官文凭。1978年在瑞士日内瓦大学获政治学学士学位，1989年，为卢军上校，并被授予英伞兵团荣誉少校军衔。曾获多项荣誉博士学位。1980—1998年，任国务委员会成员。1998年以来为国际奥委会成员。2000年10月7日正式即位。

国务委员会是大公和政府的咨询机构，拥有审议和修正立法及审理行政争端等权力。委员会由大公指定的21名终身委员组成，主席每年由大公从中指定一人担任。大公家族也是国务委员会成员。

政府行使行政权，并对议会负责。政府成员按宪法规定由大公任免，但必须取得议会多数通过。政府首脑为首相，在他主持下由若干大臣组成政府。2009年7月，基督教社会党和社会工人党联合组阁，基督教社会党领袖让—克洛德·容克（Jean-ClaudeJuncker）出任本届内阁首相。

1868年10月17日颁布宪法。1919年第一次修改宪法时，宣布废除一切秘密条约。1948年第二次修改宪法，宣布放弃中立政策。1956年第三次修改，将议员任期由6年改为5年。1972年、1979年、1983年、1988年和1989年又作了数次修改。

议会为一院制。实际上行使立法权，是最高立法机构，有议员60名，由普选产生，任期5年。实行比例代表制和直接选举制。本届议会于2009年6月7日普选产生，各党所占席位如下：基督教社会党24席，社会工人党14席，民主党10席，选择民主改革党（原民主与合理退休金行动委员会）5席，绿党7席。

全国设有1个高等法院、1个行政法院、2个地区法院、3个治安法院。各级法院的法官均由大公任命，终身制。

卢森堡主要政党有：

1. 基督教社会党（Parti Chretien Social-P. C. S.） 简称基社党，执政党，1914年成立。原名“右派党”，1944年改用现名。党员逾万人。主席弗朗索瓦·比尔特根（François Biltgen）。

2. 社会工人党（Parti Ouvrier Socialiste Luxembourgeois-P. O. S. L.） 简称社工党，执政党，1902年成立。原名卢森堡社会民主党，1945年改用现名。党员6900人。主席阿列克斯·波迪利（Alex BODRY）。

3. 民主党（Parti Democratique-P. D.） 1904年成立。前身是自由党，1945年重建，称民主爱国集团，1955年改用现名。党员6600人，主席克劳德·迈施（Claude MEISCH）。

4. 绿党（Parti Vert “Dei Greng”） 1983年成立。1986年分裂，1994年12月又合并成。党员1100人。主席弗朗索瓦·鲍什（François BAUSCH）。

5. 选择民主改革党（Parti réformiste d' alternative démocratique） 1989年成立。原名民主与合理退休金行动委员会，2006年4月改用现名。主席罗伯特·梅伦（Robert MEHLEN）。

6. 卢森堡共产党（Parti Communiste du Luxembourg-P. C. L） 1921年成立，现有党员430余人。主席阿里·吕克尔特（Ali Ruckert）。

第五节　经济

卢森堡是发达的工业化国家。但由于自然资源贫乏，国内市场狭小，经济对外依赖性很大。钢铁业、金融业和卫星通信业是卢森堡经济的三大支柱。人均钢产量一直保持在8—10吨左右，居世界首位。钢铁生产占全国工业总产值的55%左右，钢产量的95%左右供出口，占全国总出口额的50%以上，故此，卢森堡有“钢铁之国”的美称。1998年国内生产总值为170亿美元，人均国内生产总值约4万美元。1999年经济增长率为3.8%。失业率为2.3%。2000年人均国内生产总值约为4.3万美元。2001年国内生产总值为218亿欧元。2008年国内生产总值为372.2亿欧元，人均国内生产总值7.57万欧元，居全球首位。2008年经济增长率为2%，通货膨胀率3.4%，失业率4.4%。

卢森堡农业以畜牧业为主，粮食不能自给。畜牧业产值约占农业总产值的70%以上，畜牧业以养牛为主。1998年牛肉产量7700吨，猪肉产量8900吨，奶酪制品3300吨，脱脂奶粉制品8300吨。2008年农牧业产值13.75亿欧元，约占国内生产总值的0.4%。农业用地13.09万公顷。农业人口约3800人，占全国人口1.1%。主要农产品有小麦、黑麦、大麦和玉米。2008年主要农产品产量：谷物（小麦、大麦、玉米等）19万吨，肉类3.1万吨，奶27.76万吨，葡萄酒1296.7万升。

工业以钢铁为主，化工、机械制造、橡胶、食品工业也较发达。2007年工业产值29.37亿欧元，占国内生产总值的8.6%。从业人员3.57万人，占全国就业人口的11.1%。2007年粗钢产量285.8万吨，轧制钢材产量293.3万吨。

卢森堡著名的企业有：

1. 阿塞洛尔—米塔尔集团 卢森堡第一大企业，世界第一大钢铁集团，总部设在卢森堡市。

2001 年卢钢铁巨子阿尔贝德钢铁集团与法国北方和西班牙阿塞拉利亚合并，形成钢铁巨鳄阿塞洛尔集团（Arcelor）。阿尔贝德钢铁集团创建于 1882 年，年平均产钢 700 万—800 万吨。除在卢设有 4 家钢铁厂外，还在比利时、荷兰、德国、法国、美国、巴西、韩国等国设有分厂，该集团控制了卢森堡钢铁产量的 90%。2006 年 7 月，阿塞洛尔集团又与世界第一钢铁巨人米塔尔合并，成立阿塞洛尔—米塔尔集团。2008 年，集团年产粗钢 1.03 亿吨，占世界钢铁产量 10%，年销售额 1249 亿欧元。在 60 多个国家设有分支机构，员工总数约 32 万人，在卢员工 5870 人。

2. 保尔·沃尔特公司　创建于 1870 年，主要从事工程设计和设备制造，尤其擅长冶金。主要股东是阿尔贝德钢铁工业集团、卢森堡国家信贷和投资公司及卢森堡银行等。有员工 6200 人，在巴西、加拿大、德国、美国和印度设有分公司。自 1986 年起进入中国市场，迄今已获得了 20 多个供货合同，为中国提供高炉和钢厂的专业设备及技术服务。

3. 欧洲卫星公司　成立于 1985 年，总部设在卢森堡。该公司通过运营 ASTRA、AMERICOM 及 NEW SKIES 卫星系统为客户提供电视、广播和多媒体直接到户的信息传送服务，是世界第二大卫星运营商。其卫星信号全球覆盖率达 99.999%，截至 2007 年底，1.22 亿欧洲家庭可接收该公司卫星转播的 2400 套电视、电台节目。该公司拥有卫星数量 40 颗，居欧洲首位、世界第二位，公司计划 2009—2010 年再发射 9 颗卫星。2008 年公司销售额达 16.1 亿欧元，净利润 6.25 亿欧元。公司还参股 SES SIRIUS、QUETZSAT、CIEL 等多家卫星运营商。1998 年 12 月参股亚星公司，与中国的中信公司同为亚星公司股东。

4. 卢森堡货运航空公司　成立于 1970 年，是欧洲最大、世界第十大全货运航空公司。2008 年拥有波音 747—400F 型货机 16 架。经营国际货运线路 90 多条，覆盖全球 50 多个国家和地区。2008 年公司总收入 19.85 亿美元，货运总量 70.36 万吨，全球市场份额 4%，雇员总数 1530 人。目前开通至北京、上海、厦门、香港、台北航线。

截至 2007 年，国家级公路总长 2894 公里，其中高速公路 147 公里，铁路 275 公里。客运航空公司客运量 164.3 万人次；货运航空公司拥有货机 16 架，货运量 85.6 万吨。有 2 家航空公司：卢森堡航空公司和卢森堡国际货运航空公司。摩泽尔河是主要内河航线，境内航段全长 37 公里。

第三产业占国民生产总值的比重很大。截至 2007 年底，在卢森堡注册的银行为 156 家，雇员 3.67 万人，同比增长 10.6%。卢森堡也是仅次于美国的世界第二、欧洲最大的基金管理中心。截至 2007 年底，共管理基金 2800 多个，总额近 2 万亿欧元。卢森堡国家储蓄银行成立于 1856 年，总资产 413 亿欧元。卢森堡通用银行成立于 1919 年，现有雇员 2170 人，总资产 369 亿欧元。此外，还有成立于 1856 年的卢森堡国际银行和成立于 1949 年的卢森堡信贷银行。2007 年接待游客约 98 万人次。现有各类旅馆 273 家，共 7639 个床位；野外宿营地 98 处，可接待游客 47657 人。

2002 年 1 月 1 日起使用欧元。2007 年，卢森堡国家财政收入 148.15 亿欧元，支出 137.43 亿欧元，盈余 10.72 亿欧元，公共债务总额为 16.6 亿欧元。

卢森堡 80% 的产品供出口，主要出口产品为机械设备、钢铁制品、轮胎和塑料等。原料和消费品的 85% 靠进口。主要贸易伙伴是欧洲联盟国家，占其外贸总额的 90% 以上。其中对德、法、比三个邻国出口占出口总额 56%，对三国进口占进口总额 73%。出口到欧盟以外商品只占 15%，主要是美国和一些亚洲国家。2007 年卢森堡进出口总额 280.85 亿欧元，其中出口额 118.23 亿欧元，同比增长 4.6%，进口额 162.62 亿欧元，同比增长 4%。逆差 44.39 亿欧元。

发展援助是卢森堡外交政策的重要组成部分，仅此项支出已超过联合国标准（占国内生产总值的 0.7%）。2007 年度对外发展援助约占国民生产总值的 0.9%，位居世界第三位，援助总额为 3.25 亿美元，同比增长 12%，援助重点为非洲国家。

卢森堡财政收支情况

（单位：亿欧元）

年　份	2004	2005	2006
收　入	113.86	121.36	134.3
支　出	116.96	126.88	132
差　额	-3.1	-5.52	2.3

资料来源：卢森堡统计局。

卢森堡外贸情况

（单位：亿欧元）

年　份	2004	2005	2006
出口额	97.47	103.1	114.4
进口额	136.3	141.8	155.99
差　额	-38.83	-38.7	-41.59

资料来源：卢森堡统计局。

第六节　教育与文化

一　概况

卢森堡法律规定，所有年满6岁的儿童必须接受9年义务教育。学生初小学德语，高小学法语。中等学校毕业后，一般要到国外接受高等教育（卢国内无大学）；1969年建立的一个大学中心只能接收少数学生。2006—2007年度有小学生33136人，中学生11693人，中等技术学校学生23277人，在国外的大学生7222人。2003年建立首所完整的大学——卢森堡大学。国家对文化的投入逐年提高。2007年为1.124亿欧元，占国家支出的1.4%。

重要的科研机构有：卢森堡大学中心，高等技术研究所，大公国研究院，地球动力研究中心等。2007年科研预算达1.42亿欧元，占国内生产总值的0.44%，居欧盟首位。

卢森堡电视台采用德、法、荷、卢语播放，星期日还有意大利语节目。卢森堡广播电台用法、德、英、卢、荷等多种语言广播。有3个广播电台。卢森堡广播电视公司（RTL）有45家电视台和32家广播电台，节目覆盖整个欧洲，是欧洲最大的视听媒体集团，美国本土外最大的独立发行商。

有6家日报：5家德文报，1家法文报，日发行量共约13万份。其中，《卢森堡言论报》（德文）日发行7.5万余份；《日报》（德文）日发行2.5万余份；《新闻》（德文）日发行2万余份；《洛林共和报》（法文）日发行2万余份。

二　民俗与名胜

卢森堡素有“千堡之国”的美称。全国各处有无数的古堡，建筑样式多姿多彩，表现出各个时期和不同设计者的风格特征。首都卢森堡市是一座最大的古堡。卢森堡市是全国政治、经济和国际金融中心，位于南部古特兰平原的中心。建于公元963年，中世纪时曾是欧洲最强盛的城堡之一，至今保存完好。城内有一条长达23公里的地道和暗堡，是从坚硬的岩石壁内开凿出来的，其目的是抵御外敌的入侵。这条暗道既是这个古老小国最具代表性的历史遗迹，也是卢森堡人民英勇抗敌的见证。城内另有一座公园，沿着一条狭窄而深邃的山谷而建，这里满目苍翠，鸟语花香，使人流连忘返，颇具特色。老城区保留着一些古老的宫殿、教堂、炮台和90余座砖桥，充满中古情调，其中较为著名的是拥有两座高高尖塔的大公宫殿（建于1580年）和17世纪前半叶建成的圣母院大教堂。

卢森堡城还有一个古老的风俗——市长喝酒表演。据传说，1637年，卢森堡城被强大的敌军攻占，敌军首领下令烧城，并要杀死市长和其他官员。全城妇孺向敌军首领献上美酒佳酿以求情。敌军首领尝过美酒后，被这琼浆所陶醉，心情愉快，当众宣布：“如果有人能一口气喝下那缸酒，就不杀你们的市长和官员，也不烧城了。”市长听了，毫不犹豫地端起酒缸一饮而尽。这样全城得救了。为纪念这位市长，以后的市长都要表演喝酒。当夜幕降临后，人们纷纷来到市政厅广场上，在钟声敲响九下之后，喧闹的人群立即安静下来，只见市政府楼上的两扇窗户缓缓打开，出现两个身着古装的男子，其一扮武士，代表占领该城的敌军首领，另一个则是市长。武士先喝一小杯酒，然后市长举起大酒缸，一饮而尽。此时围观者欢呼雀跃，掌声雷动。这个表演历时几百年而不衰，深受市民和旅游者的青睐。因此要当该市市长，没有一点酒量是不行的。

在卢森堡市郊有一处风景秀丽的旅游名胜——维安登，它位于厄尔布鲁克东北的乌尔河两岸，靠近德国边境。始建于公元9世纪。有1248年建造的哥特式教堂，它是卢森堡最古老的宗教建筑之一；有世俗博物馆、古代三一修道院及许多中世纪城堡。法国著名文学家维克多·雨果曾于1863年、1865年、1870年被流放此地，他非常喜欢维安登。雨果住过的房子现已被辟为博物馆，内有雨果用过的家具、出版的作品等纪念物。

第七节　国防与外交

一　国防

卢森堡是北约成员国，奉行依靠北约的集体安全政策。北约在卢森堡设有1个预警机基地，驻有18架E-3A型预警机。卢森堡与美国签有共同防务协定，同德国签有共同防卫边境地区领土的协定。大公为武装力量最高统帅，实际由国防大臣直接指挥。卢武装力量总兵力2114人，由陆军、宪兵和警察组成。其中陆军930人，编成一个轻步兵营（辖3个连）和一个独立连，主要装备有5辆装甲运兵车和若干反坦克导弹。宪兵682人，警察502人。陆军实行志愿兵役制，服役期3年。宪兵和警察实行招募制。1999年卢议会通过政府提交的警察局和宪兵署合并法案，旨在提高效率和干预能力。2007年国防预算为6113万欧元。

二　外交

卢森堡在国际关系中奉行平等、不使用武力和武力威胁、反对军备竞赛、遵守国际法、尊重人权、尊重小国利益等准则。卢森堡的外交重心在欧洲，是欧盟的创始成员国之一，积极推动欧洲一体化进程，是第一个批准《马约》的国家，主张欧盟内部权利平等，关注卢森堡的利益；作为北约成员国，主张建立欧洲集体安全体系。强调美国应在欧洲事务中发挥作用，认为俄罗斯的稳定对欧洲安全十分重要。赞成巴以达成的中东和平协议。积极发展同亚太地区国家的关系，赞成欧亚直接对话。重视对发展中国家的援助，决定将从目前占欧洲发展基金的0.18%增至0.22%。卢森堡与146个国家建有外交关系。

卢森堡同比利时、荷兰有着历史悠久的传统关系。1958年与比利时、荷兰结成关税同盟和经济联盟，又与比利时结成货币联盟。作为欧共体创始国之一，卢积极主张和推动欧洲一体化建设进程，1992年7月批准了《马斯特里赫特条约》，1998年5月，被确认为首批使用欧元的11个欧盟国家之一，1998年7月批准了《阿姆斯特丹条约》。1999年1月1日参加欧洲经济货币联盟，实行单一货币欧元。2008年5月批准了《里斯本条约》。

卢森堡与中国的关系十分密切。1972年11月16日，卢中建交。1978年6月中国在卢开设使馆。1979年8月卢森堡在华设使馆。进入21世纪，中卢关系发展顺利，各级别交往不断加深，两国高层互访频繁：时任总理朱镕基（2000年7月）、时任副主席叶选平（2002年10月）、时任副总理黄菊（2004年11月）、时任外长李肇星（2005年3月）、时任副总理曾培炎（2008年1月）访卢；时任卢森堡首相容克（1996年2月、1998年6月、1999年1月、2002年4月、2004年11月和2007年11月）、议长维勒（2005年9月）、副首相兼移民和外交大臣阿瑟伯恩（2006年1月）访华。2008年5月，四川汶川特大地震发生后，卢政府通过国际红十字会等渠道向中国提供多笔紧急援助，总额达60万欧元。同年8月，大公亨利以卢国家元首和国际奥委会委员身份来华出席北京奥运会开幕式及相关活动。9月，菲利克斯王子来华出席残奥会开幕式。10月，卢首相容克来华出席亚欧首脑会议并顺访湖南。

近年来中卢双边贸易呈大幅增长。据中国海关总署统计，2008年中国同卢森堡的双边贸易额为38.5亿美元，同比增长67%，其中，中国出口35.5亿美元，同比增长73%；进口3亿美元，同比增长16.8%。截至2008年底，卢在华投资项目252个，实际投入7.63亿美元。中国从卢引进技术78项，累计合同金额4.3亿美元。总部设在卢森堡的跨国钢铁集团阿塞洛尔集团在上海宝钢新日铁汽车板有限公司中出资3.6亿元人民币，占12%股份。该项目于2005年11月投产。

2005年11月，两国签署《2006—2010年文化合作协定执行计划》。2006年卢大公亨利访华期间，两国签署《中国人民大学和卢森堡大学合作备忘录》。2007年，卢森堡大学正式启动与中国山东大学、人民大学等高校的研究生互换委培项目。

第八节　重要人物

亨利大公（Grand Duke Henri，1955年4月6日—　）　18岁封为卢森堡大公的法定继承人。1974年中学毕业后在英国桑赫斯特皇家军事学院进修军事课程，并成为一名军官。先后在卢森堡、法国和瑞士读书，毕业于日内瓦大学，获日内瓦大学政治学硕士学位。1998年3月被任命为摄政代表，代行大公部分职权。2000年10月7日，正式宣誓即位，成为卢森堡大公国第六任大公，是当时欧洲君主制国家中最年轻的在位君王。

让－克洛德·容克（Jean-Claude Juncker，1954年12月9日—　）　现任比利时首相、欧元集团主席。1954年12月9日出生。1974年加入基督教社会人民党。1984年首次当选为众议员。1995年1月20日任卢森堡首相兼国务和财政大臣。他是目前任职时间最长的政府首脑。2005年1月1日任欧元集团主席。2010 年 1 月，再次当选欧元集团主席。这是《里斯本条约》正式确认欧元集团后诞生的首位主席，任期至 2012 年年中。其主要职责是主持召开每月一次的欧元区财长会，旨在为欧元区成员间的经济政策协调提供一个平台。

（王平贞　赵俊杰）

第七章　摩纳哥

第一节　概述

国名　摩纳哥公国（The Principality of Monaco，La Principauté de Monaco）。

位置　欧洲西南部。

面积　1.95 平方公里，其中约 0.4 平方公里为近年来填海造地所成。是世界和欧洲最小的国家之一。

人口统计　36371 人（2011 年）。

民族　摩纳哥人 8389 人。其余居民来自 125 个不同的国家，其中法籍 10183 人，意大利籍 6183 人。

语言　摩纳哥官方语言是法语，通用意大利语、英语，及英意混合语即一般被称为“摩乃加斯哥”的方言。

宗教　90% 的人信奉天主教。

政体　君主立宪制

首都　摩纳哥城（Monaco-ville）。

国旗　呈长方形，长与宽之比为 5:4。旗面由上红下白两色平行相等的长方形组成。

国歌　摩纳哥公国国歌。

国徽　中心图案为白色盾徽，上有 3 行，每行 5 个红色菱形的图案。盾徽两边各有一持剑的修道士，盾徽下端为绶带悬挂着的圣查尔斯勋章，绶带上书“上帝恩助我治理”。盾徽和修道士的背景是红白色的大帐篷，其顶端为金、红两色的王冠。

国庆日　11 月 19 日。

货币名称　2002 年 1 月 1 日起使用欧元。

时间时区　比格林尼治时间早 1 小时，比北京时间晚 7 小时。

国花　石竹。

第二节　自然地理

摩纳哥位于欧洲西南部，南临地中海，海岸线长 5.16 公里，其他三面与法国接壤。摩纳哥地形狭长，紧贴海岸，东西长约 3.5 公里，南北最窄处仅 200 米，1958 年以来，由于填海造陆，使土地新增 20%。境内多丘陵山地，地势自北向南倾斜，最高点为海拔 573 米。摩纳哥属地中海亚热带气候，夏季干燥而冬季潮湿。年平均温度为 15.5℃。月平均气温 1—2 月为 10℃，7—8 月为 24℃，阳光充足。降雨期仅 60 天，年平均降雨量 260 毫米。主要集中在冬季。摩纳哥气候宜人，背山面海，风景秀丽，有地中海明珠之誉。

摩纳哥人口密度居世界的前列，平均每平方公里 1.9 万人。人口密度居全欧之冠，外来移民很难取得摩纳哥国籍。

第三节　历史

公元前 6 世纪部落民族摩诺尼哥人在此地居住，摩纳哥由此而得名。公元前 1 世纪受罗马人管辖。公元 5 世纪被野蛮人多次洗劫，直至公元 972 年普罗旺斯侯爵击败撒拉逊人（阿拉伯穆斯林）才开始了摩纳哥历史的新纪元。从公元 1297 年起，摩纳哥为热那亚格里马耳迪家族所统治。1338 年成为独立的公国，但受热那亚保护。1525 年受西班牙保护。1641 年 9 月 14 日，摩纳哥同法国签订条约，赶走了西班牙人，遂同法国结盟。1793 年，摩纳哥并入法国，成为法国一个市镇。1814 年恢复了公国。1815 年，根据同年 11 月 20 日的巴黎第二协定，摩纳哥转受撒丁王国保护。尔后，摩纳哥的保护国几经更迭。由于摩纳哥多次受外来者侵占，因此有“戏剧化王国”之称。1860 年再度转受法国保护。1861 年摩纳哥获得独立，但曼托纳、罗克布伦两大城市脱离摩纳哥，使其领土由 20 平方公里缩小到现有面积。1911 年，阿尔贝亲王首次颁布宪法，宣布摩纳哥为君主立宪国，摩纳哥亲王为国家元首。同年，根据《凡尔赛条约》，法国负责保护摩纳哥的独立、主权与领土完整，而摩纳哥则必须依照法国的利益行使主权。1912 年同法国建立关税同盟。1918 年同法国签订确立两国政治关系的条约，法国承认摩纳哥有权派出驻外代表。1919 年，又同法国签订条约，规定一旦摩纳哥王逝世而没有后裔继承王位，摩纳哥将并入法国。对外联系由法国代理，国务大臣由法国公民担任。1954 年同法签订睦邻和行政互助协定。1959 年 9 月，亲王又颁布法令，规定一旦亲王在王储未满 21 周岁时逝世，则由王后摄政。2002 年 10 月，摩法签署了新的双边关系条约，再次确认法摩间传统的特殊友好关系，同时赋予了摩纳哥更多的主权和权力。2005 年摩法又签署一系列条约，再次赋予摩纳哥更多的权力，同时条约对摩纳哥和法国加强司法、行政、税收等领域的合作也做出了规定。

第四节 政治体制与法律制度

一 宪法

现行宪法于 1962 年 12 月 17 日颁布，2002 年 4 月 2 日修改。宪法规定摩纳哥为君主世袭立宪制，亲王为国家元首，王位由亲王的合法直系子嗣继承，按照年龄顺序排列，男性优先。在没有合法子嗣的情况下，过继的子嗣亦可继承王位。继位的法定年龄为 18 岁。2002 年宪法将王位继承人范围扩大至亲王的兄妹及其直系后代，但必须是摩纳哥籍。

亲王对外代表国家，有权签署和批准条约。亲王在政治和刑事上享有不受侵犯权和豁免权，并拥有最终决定权、特赦权、大赦权、批准入籍权及授予勋章和名誉称号的权利。亲王与议会共同行使立法权。亲王有权签署赦令、批准内阁法令并任命法官、外交使节、国务大臣和国务委员，亲王签署并批准对外条约。

亲王得到两个咨询委员会的辅佐：其一是枢密院，有 7 名成员，任期 3 年，可连任，亲王指定主席和 3 名成员，其他成员由议会提名，亲王任命。在签订国际协议、解散议会以及大赦等问题上，亲王必须征求枢密院意见；其二是国务委员会，有 12 名成员，由亲王任命，负责对亲王提出的法律、法令草案提出咨询性意见。

二 议会

摩纳哥议会为一院制，称国民议会。2002 年宪法将议员由 18 人增加到 24 人，通过普选和比例选举产生，任期 5 年。年满 18 岁的公民都拥有选举权。议长和副议长由议员产生，任期均为 1 年。国民议会负责审议和批准税收和预算，并和亲王共同行使立法权和修宪权。在制订和修改宪法时，须经 2/3 的多数议员表决通过。提案须由政府委员会提出，由亲王签署，再经国民议会进行讨论和投票，最后由亲王批准。国家对外签署条约时必须通知国民议会。本届议会于 2013 年 2 月选出，议长洛朗·努维永（Laurent NOUVION）。

三 政府

正式名称为政府委员会，由亲王任命，对亲王负责，在亲王领导下行使行政权。由 1 名国务大臣（Minister of State）及 5 名国务委员组成，国务大臣是政府首脑执掌全面工作及外交并签署政府法令。2002 年以前，亲王须在法国政府提供的候选人名单中任命一名法籍国务大臣，2002 年宪法修改后，国务大臣既可以是法国人也可以是摩纳哥人。其他 5 名国务委员分别负责内政、财政和经济、装备、环境与城市规划、社会和卫生事务以及对外关系。

四 行政区划

摩纳哥全国为一个市镇单位，下辖四个区（非行政单位）：摩纳哥城区、摩奈盖提区、枫维叶区和蒙特卡洛区。市镇委员会由 15 名成员组成，通过直接选举或按照名单投票的方式产生，任期 4 年。市长和副市长由市镇委员会从其成员中选出。

五 司法

亲王拥有司法权，法院以他的名义执法。法院独立审理案件。司法机构分为民事和刑事两大类，民事类设有初审法院、上诉法院、二审法院等；刑事类设有重罪法院、二审法院等。另外还设有一些专门法院，负责审理家庭、工作、住房等方面的纠纷，如劳工法庭、房租仲裁委员会和高等仲裁法院。最高法院负责审理行政诉讼和援引的法律条文是否适当。最高法院有 5 名正式法官及 2 名候补法官，分别由议会、国务委员会、枢密院、法院推荐。最高法院院长由亲王指定。摩纳哥自 1962 年起废除了死刑。

六 政党和社会组织

摩纳哥无固定政治组织和党派，在议会选举期间，一些政见相同或相似的人临时组成政治团体参加竞选。其他社会组织有：摩纳哥雇主联合会，成立于 1944 年，有会员约 750 人。摩纳哥工会联盟，成立于 1944 年，由 35 个工会组成，约有会员

5000 人。

七　重要政治人物

阿尔贝二世亲王（Prince ALBERT Ⅱ）　摩纳哥国家元首。1958 年 3 月 14 日生于摩纳哥，未婚，有姐妹两人。曾在美国马萨诸塞州阿姆赫斯特大学学习并获得政治学学士学位，并获爱尔兰梅努斯教皇大学名誉哲学博士学位。

1976 年起，曾先后在摩政府各部门、法国海军、巴黎和纽约的商业公司、银行、法律事务所工作。2005 年 4 月，前任国家元首兰尼埃三世亲王逝世后，阿尔贝二世亲王摄政，7 月继位。

阿尔贝二世亲王酷爱体育，曾代表摩纳哥参加奥运会比赛。在多个国际组织中都有过任职。1982 年任摩纳哥红十字会主席、1983 年担任摩纳哥游泳联合会主席、1984 年担任摩纳哥游艇俱乐部主席和摩纳哥田径联合会主席、1988 年起担任国际奥委会田径委员会副主席，1990 年被任命为 1996 年亚特兰大奥运会协调委员会委员。1994 年起任摩纳哥奥委会主席。此外，阿尔贝二世亲王还担任出席联合国大会代表团团长。

阿尔贝二世亲王主张积极发展对华关系，1993 年 6 月和 1999 年 6 月曾以国际奥委会委员和摩纳哥王储的身份访华。2002 年 11 月来华出席摩纳哥驻上海名誉领事馆开馆仪式。2004 年 11 月曾率摩经贸代表团非正式访华。2007 年 4 月对中国进行国事访问。2008 年 8 月来华出席北京奥运会开幕式。2010 年 10 月，阿尔贝二世亲王来华出席上海世博会摩纳哥国家馆日活动。

第五节　经济

一　概述

摩纳哥国土面积狭小，自然资源稀少，国内无农业生产，工业也较为薄弱。第二次世界大战以后，摩纳哥经济发展稳定，工商业和旅游业为国民经济的主要产业。从经济发达程度上看，摩纳哥人均国民生产总值居世界前列，人民生活水平很高。

在第二次世界大战以前，赌场收入曾经是摩纳哥经济的主要支柱。自 1861 年摩纳哥当局允许法国人摩里斯·布朗在摩纳哥开设赌场之后，赌博业在摩纳哥便一发而不可收，成为经久不衰的行业，尤其在连接法国与摩纳哥的铁路通车之后，世界各国富豪纷纷来此度假或赌博。赌场收入曾占到国民收入的 75%。赌场的兴盛，使与之相关的旅游业和商业兴旺，也牵动了地产业和工业的发展。二战后，由于国内人民的反对，赌博业日渐衰落，赌场收入占国民收入的比值有所下降。20 世纪 50 年代以来，摩纳哥政府采取多元化、高附加值和无污染的经济发展方针，积极推动第三产业全面发展，取得显著成就。房地产业、广告、保险、咨询业发展迅速。旅游业、金融业发展尤其突出。第三产业营业额占摩纳哥各行业营业总额的绝大部分。

摩纳哥长期习惯使用“国民经济营业额”而不是国际上通用的“国内生产总值”进行国民经济统计。2007 年国民经济营业额为 153.9 亿欧元，同比增长 17.01%，其中贸易和零售业营业额为 69.06 亿欧元；银行业及金融服务业营业额 28.94 亿欧元；公共工程及不动产营业额为 9.04 亿欧元；工业部门营业额为 8.47 亿欧元；旅馆业营业额为 4.99 亿欧元；运输业营业额为 3.13 亿欧元。

2005 年，摩纳哥政府首次公布了国内生产总值为 34.4 亿欧元，人均 49899 欧元。2006 年，摩纳哥国内生产总值为 37.2 亿欧元，同比增长 8%，人均 52752 欧元。2007 年，摩纳哥国内生产总值为 43.65 亿欧元，同比增长 14.58%，人均 52100 欧元。2011 年，摩纳哥国内生产总值为 43.7 亿欧元，人均 51556 欧元（统计人口包括在摩工作的法国人和意大利人）。

摩纳哥有各类从业人员 45636 人（2006 年），其中公务员 3962 人，占总从业人数的 8.68%；私营企业从业人员 41674 人，占总从业人数的 91.32%。摩纳哥采取低税或免税政策，吸引了大量外资，现有 3000 多家外国公司。

二　基础设施

摩纳哥基础设施完善，交通便利。摩境内公路总长约 50 公里，与欧洲高速公路网连接。铁路总长 1.7 公里，由蒙特卡洛通往法国尼斯，东连意大利热那亚，并入法国铁路网，由法国国营铁路公司管理。摩纳哥有两个港口，主要用于停靠各类游艇，商船可在锚地短期停泊。摩有一个直升机机场，直升机航班往返于法国尼斯和摩纳哥之间。

三　财政金融

摩的国民收入主要来自旅游业、不动产、中小企业、银行、保险、邮票、博彩等。烟草、邮票由国家专卖。税收在国民收入中所占比重逐渐增大。

政府不向本国人和外国人征收所得税，对企业征收税率为33.33%的利润税。摩纳哥增值税收入很高，增值税税制与税率与法国相同，增值税普通税率为19.6%，优惠税率为5.5%。

金融业是摩纳哥第三产业中发展最好的行业。除本国17家银行外，许多世界著名的银行均在摩设有分支机构。共有银行和营业所数十个，金融业提供的就业机将近3000个。截至2007年，吸收储蓄额达287.2亿欧元，证券499.6亿欧元，发放贷款72.2亿欧元。

四　工业

摩纳哥工业比较薄弱，政府采取积极措施支持工业发展。除为工业企业提供财政支持外、摩纳哥政府还在土地十分有限的条件下，尽量为企业提供发展所需的土地，鼓励创建高附加值、无污染的出口型企业，并积极发展高技术产业。化工、医药、化妆品工业成为摩纳哥核心工业部门。此外还有塑料加工、电器和电子元件、纺织和服装、食品、首饰制作等工业企业。

五　旅游业

旅游业是摩纳哥的经济支柱，在国民经济中占有特殊重要的地位，旅游业同赌博业收入在国民收入中的比重经常接近一半。摩纳哥是欧洲旅游胜地，2011年接待游客达29.5万人。为吸引世界各地的旅游者，摩纳哥每年都举行许多文体活动，其中蒙特卡洛国际杂技节、国际礼花节、国际汽车“F1（一级方程）”大奖赛等活动世界闻名。摩纳哥娱乐住宿设施十分完善，不到2平方公里的国土面积，却有十几家星级酒店，上百家餐馆。近年来，摩纳哥注重发展商业旅游，兴建了大型会议中心，吸引一些国际会议在摩召开。

六　建筑业

建筑业是摩纳哥经济的重要部门之一，近年来得到迅速发展，完成了地下铁路和三处填海造地等重大工程。

七　对外贸易

在摩纳哥对外贸易中，有一半左右进出口贸易是与欧洲国家进行的。摩纳哥进口的商品主要有：日用消费品、非金属半成品、专业设备、农业食品等；出口的商品主要有：日用消费品、非金属半成品等。2006年摩纳哥进出口总额为14.4亿欧元，其中进口额为7.5亿欧元（从欧洲国家的进口占47.78%），出口额为6.9亿欧元（对欧洲国家的出口占61.94%）。

第六节　文化教育

摩纳哥教育体制与法国相同，对6—16岁的儿童实行义务教育。摩纳哥有公立幼儿园及小学7所、初中1所，高中2所，私立学校有1所小学，1所小学至高中的混合学校。摩纳哥国家大学有工商管理学士和硕士培训课程。在学校教育中，摩纳哥历史是必修课程，小学和初中开设摩纳哥语课程。2007年在校学生5878人，教师439人。入学率和教育普及率均达99%。

摩纳哥有著名的蒙特卡洛电台和电视台，是西欧重要的广播电台和电视台，用36种语言播音，收听、收视率极高。摩纳哥主要报刊有《尼斯晨报摩纳哥专刊》以及《摩纳哥周刊》等。

摩纳哥海洋博物馆和研究所享誉世界，拿破仑纪念馆、国家博物馆、卡罗琳图书馆、蒙特卡洛歌剧院等文化设施也都名声在外。文化艺术在摩纳哥社会生活中占有很重要的地位，在摩上演的歌剧和举办的音乐会也誉满全球，每年有大量的剧目和音乐作品在此发表并演出，演出单位多数来自国外。此外，摩纳哥定期举办国际业余戏剧节、蒙特卡洛国际杂技节、蒙特卡洛国际礼花节等文娱活动。

第七节　对外关系

截至2011年底，摩纳哥与97个国家正式建交。摩纳哥在法国、意大利、中国、西班牙、荷兰、比利时、卢森堡、瑞士、梵蒂冈、德国和列支敦士登等国派有常驻或非常驻大使，并向欧盟和联合国派有常驻代表团，在全球81个国家和地区设立了132个领事代表处。共有83个国家向摩纳哥派驻外交代表，其中75个国家为大使（法国、意大利为常驻大使），其他国家为名誉总领事或兼任总领事。由于地缘和历史原因，摩纳哥同法国和意大利保持特殊的关系。1918年法摩关系条约规定，摩纳哥采取外交行动须事先与法国政府达成协议。2002年10月，摩纳哥与法国签署新的双边关系条约，首次区分摩、法领土，进一步确认摩的独立地位。摩纳哥首次拥有独立建立外交关系的权利，无须征得法国同意。

摩纳哥主张普遍裁军、维护世界稳定、推进经济和社会发展，反对国际恐怖主义。十分重视国际环保事业，特别是海洋、生态保护及研究。1993年5月28日摩纳哥加入联合国，成为联合国第183个成员国。摩纳哥是联合国教科文组织、国际电信联盟和世界卫生组织、联合国下属世界旅游组织等近70个国际组织的成员国，还是1975年欧洲安全与合作会议《最后文件》的签字国。国际海道测量组织、国际体育总会、国际业余田联等10余个国际机构总部设在摩纳哥。蒙塔纳经济论坛、能源峰会等国际会议以及一系列世界性文体赛事常年在摩举行。

摩纳哥努力同远近各国发展关系，重视地区合作。2004年10月，摩纳哥加入欧洲委员会。摩纳哥主张在保护本国经济利益的同时加强与欧洲联盟的关系。摩纳哥不是欧盟成员国，但通过与法国建立的法摩关税同盟而被视作欧盟关税区的实体。

摩纳哥没有军队，只有450名治安警察。根据摩法有关双边条约，法国承诺保护摩独立、主权和领土完整。

1995年1月16日摩纳哥与中国正式建立领事关系。中国驻马赛总领事兼任驻摩纳哥总领事。在1997年香港回归后，中国同意摩纳哥保留驻港名誉领事。2000年5月中国同意摩在上海设立名誉领事馆。2006年2月6日，中摩两国从领事级外交关系升级为大使级外交关系。中国驻法国大使兼任驻摩纳哥大使。2007年2月13日，中国与摩纳哥就摩在北京委派名誉领事达成协议。2007年3月，摩纳哥首任驻华大使安佩尔蒂（非常驻）来华递交国书。2008年10月31日，中方向摩纳哥首任驻北京名誉领事闫兰女士颁发名誉领事证书。中摩建交后，关系发展平稳，双方高层时有互访。值得一提的是，2007年4月，摩纳哥国家元首阿尔贝二世亲王对中国进行国事访问，2008年8月阿尔贝二世亲王来华出席了北京奥运会开幕式。

根据中国海关统计，2012年中摩贸易额约为8982万美元，同比增长152.4%。其中，中方出口额约为8250万美元，同比增长263%；中方进口额约为678万美元，同比下降46.49%。

中国自摩纳哥进口的产品主要包括医药、集成电路及微电子组件、阀门、二极管及类似半导体器件、液泵及液体提升机、变压整流电感器及零件、塑料制品等；中国向摩纳哥出口产品主要包括服装、鞋类、纺织纱线及织物、录放像机、电视机、塑料制品、灯具、复印机、不锈钢及餐具等。

（杨解朴）

第二编

欧洲中部国家

第一章　德国

第一节　概述

国名　德意志联邦共和国（The Federal Republic of Germany）。

位置　欧洲中部。

面积　357104 平方公里（2007 年 12 月 31 日，2009 年《德国统计年鉴》）。

人口统计　8180.2 万人（截至 2009 年 12 月 31 日）。

民族　主要是德意志人，有少数丹麦人和索布族人。有 718.6 万外籍人，占人口总数的 8.9%，其中最多的是土耳其人，共 171 万人。通用德语。居民中 33%（2483.2 万人）信奉新教，32%（2546.1 万人）信奉罗马天主教（2007 年）。

语言　德语。

宗教　主要信奉基督新教路德宗（33%）和天主教（32%）。

政体　议会制共和国。

首都　柏林。

国旗　自上而下由黑、红、黄三个不同颜色的平行长方形组成。

国歌　《德意志之歌》

国徽　盾形。盾面为金黄色，上有一红色鹰嘴和鹰爪的黑色雄鹰。雄鹰双翼展开，代表着力量和勇气。

国庆日　10 月 3 日。

货币名称　欧元。

度量单位　公制度量单位。

时间时区　中欧时区。

国鸟　白鹳。

国花　矢车菊。

第二节　自然地理与人文地理

一　自然地理

德国位于欧洲中部，北与丹麦为邻，西与荷兰、比利时、卢森堡和法国为邻，南与瑞士、奥地利为邻，东与捷克、波兰接壤。德国从最南部的奥伯斯特道夫到最北边济特岛上的里斯特，相距 876 公里，从东端的泰斯特至西端的塞尔夫康特距离 640 公里。地形从北到南包括北德低地、中部丘陵、西南部中等山脉、南德阿尔卑斯山麓和巴伐利亚的阿尔卑斯山区。北部临海，地势低洼，多湖泊和岛屿。最大的湖是位于德国、瑞士和奥地利 3 国交界的博登湖，德国境内湖面为 305 平方公里，其次是米立茨湖（110.3 平方公里）。最大岛屿是吕根岛，面积 930 平方公里，其次是乌泽多姆岛，面积 373 平方公里。主要河流有莱茵河（德国境内 865 公里）、易北河（德国境内 700 公里）、多瑙河（德国境内 865 公里）、美因河（524 公里）。全国海拔 1000 米以上的山峰有：楚格峰（海拔 2962 米）、瓦茨曼峰（海拔 2713 米）、弗尔德贝格峰（海拔 1493

米）、大阿尔伯峰（海拔 1456 米）、菲希特尔山（海拔 1215 米）和勃罗肯山（海拔 1142 米）。

德国地处受大西洋海洋性气候和欧洲大陆东部大陆性气候相互影响下的凉爽的西风带，温差变化不大，夏季平均气温 18℃，南部山谷为 20℃，冬季北部平均温度 1.5℃，南部山区平均零下 6℃，年平均气温为 9℃。降水量四季均衡，南部山区年降水量可达 1800 毫米，低地区仅美因茨盆地为 500 毫米，植物生长期全国均在 200 天以上。自然灾害不多。

二　人口状况

德意志民族又称日耳曼民族，基本上是由法兰克人、撒克逊人、施瓦本人和巴伐利亚人经过漫长的共同生活而形成的，虽然这些古代部族早已不复存在，但他们的许多传统、方言、特性仍延续至今，例如施瓦本人节俭，巴伐利亚人朴实、豪爽，萨克森人机灵等。德国的少数民族主要是居住在劳齐茨山区的索布人，属斯拉夫族后裔。他们是公元 6 世纪民族大迁移过程中移居易北河和萨勒河以东地区的，最早的文献记载源于公元 631 年，在宗教改革的影响下有了索布文字，纳粹统治时期曾惨遭迫害。在莱茵河与埃姆斯河之间还有一个日耳曼人部落后裔的佛里斯兰人，他们有自己的语言。在德国与丹麦接壤地区还有少数丹麦人。德意志民族的语言称日耳曼语，属印欧语系，形成于铜器向铁器过渡时期，从公元 8 世纪起，人们又称日耳曼语为德语。除德国外，在奥地利、列支敦士登、瑞士的绝大部分、南蒂罗尔地区（属意大利北部）、比利时部分地区、法国的阿尔萨斯及靠近德国与卢森堡边境地区的人都讲德语。世界上讲德语的人口有一亿多人。

德国全国有居民 8180.2 万人，是欧盟人口最多的国家，每平方公里人口密度为 230 人，是欧洲人口最稠密的国家之一。人口分布不均，在莱茵—鲁尔工业区每平方公里 1100 人，但在北部低地、东部农业区和艾弗尔山区及巴伐利亚林区人口密度较低。德国有 2600 万居民住在 10 万以上人口的大中城市里，4930 万居民生活在 10 万人口以下的小城镇里，660 万居民生活在 200 以下人口的村庄里。人口较多的城市有 15 个：柏林（343.2 万人）、汉堡（177.2 万人）、慕尼黑（132.7 万人）、科隆（99.5 万人）、法兰克福（66.5 万人）、斯图加特（60 万人）、多特蒙德（58.4 万人）、杜塞尔多夫（58.4 万人）、埃森（58 万人）、不来梅（54.7 万人）、汉诺威（52 万人）、莱比锡（51.5 万人）、德累斯顿（51.2 万人）、纽伦堡（50.4 万人）和杜伊斯堡（49.4 万人）。20 世纪 70 年代以来德国人口出生率下降，2008 年出生率为 1.38%，是世界上出生率最低的国家之一。由于出生率低，人口老龄化严重。

据德国官方统计，2007 年德国的外国人有 718.6 万人，约占居民总数的 8.8%。其中有 171.4 万土耳其人、52.8 万意大利人、38.5 万波兰人、33.1 万塞尔维亚和黑山共和国人、29.5 万希腊人、22.5 万克罗地亚人、18.8 万俄罗斯人、17.6 万奥地利人、15.8 万波黑人、12.8 万荷兰人、12.7 万乌克兰人、11.5 万葡萄牙人、10.7 万法国人、10.7 万西班牙人、10 万美国人、9.7 万英国人。

三　行政区划

（一）概况

德意志联邦共和国是一个联邦制国家，全国由 16 个州组成。

巴登—符腾堡州简称巴—符州，面积仅次于巴伐利亚州和下萨克森州，首府是斯图加特。自治州巴伐利亚，是德国最大和最古老的州，也是一个最有特色的州，首府是慕尼黑。柏林是州级市，是德国的首都。勃兰登堡州是新联邦州中面积最大的一个州，首府是波茨坦。不来梅州由不来梅市、不来梅港两个城市组成，首府是不来梅。汉萨自由市汉堡同不来梅一样，也是一个州级市。它是德国最大的贸易商港和转口基地。黑森州是德国经济实力最强的州，也是欧洲的金融中心之一，首府是威斯巴登。梅克伦堡—前波莫瑞州简称梅—前州，是一个新联邦州，首府为什未林。下萨克森州是德国第二大联邦州，首府是汉诺威。北莱茵—威斯特法伦州简称北—威州，首府是杜塞尔多夫。莱茵兰—法耳茨州简称莱—法州，首府是美茵茨。萨尔州是比较小的联邦州，首府是萨尔布吕肯。萨克森州是新联邦州中人口最多的州，首府是德累斯顿。萨克森—安哈特州简称萨—安州，是一个新联邦州，首府是马格德堡。石勒苏益格—荷尔斯泰因州简称石—荷州，是德国人口密度最低的州，有数百公里的海岸线，首府是基尔。图林根州位于德国中部，是一个新联邦州，林业资源丰富，被誉为“德国的绿色心脏”，首府是埃尔福特。

（二）主要城市

1. 柏林　柏林是德国首都，德国第一大城市，同时也是德国的一个州。柏林有人口340余万人（2007年），面积891平方公里，位于施普雷河畔，建于1244年，1871年德国统一后，成为德意志帝国的首都。1945年德国战败投降，柏林和整个德国一样被分为四个占领区，分别由美苏英法四国管辖。1949年德意志联邦共和国和德意志民主共和国相继成立，苏联占领的柏林东区成为民主德国首都，美英法占领的柏林西区受该三国保护，但外交上由联邦德国代表。1961年8月12日夜间民主德国围绕西柏林筑起一道“柏林墙”（后于1989年11月9日在民主德国剧变中被群众推倒）。1990年10月3日两德实现统一，联邦议院于1991年6月20日通过决议，决定把首都从波恩迁往柏林。从此，柏林再次成为德国的政治中心。柏林也是经济和文化中心，柏林的电子、电器、食品、机械和化工都很发达，闻名世界的西门子集团最大生产基地就在柏林。这里有世界著名的达勒姆民俗博物馆、培加蒙博物馆和古埃及博物馆，此外还有闻名遐迩的柏林爱乐乐团和国家歌剧院以及城市名胜勃兰登堡门、夏洛滕堡宫、菩提树下大街等。

2. 汉堡　汉堡是德国第二大城市，也是德国的一个州，人口177万人（2007年），面积755平方公里。它坐落在易北河出海处两岸，距北海120公里，是德国最大的港口，世界最大港口之一，被称为德国通往世界的“门户”。汉堡建于公元9世纪，1189年升为拥有关税和经济特权的贸易城市，13世纪参加“汉萨同盟”，16世纪成为北海和波罗的海城市贸易同盟“领袖”，1410年和1510年两次被德国皇帝封为御属自由城市，1618年帝国最高法院宣布汉堡为自由帝国城市，所以历史上国王和诸侯的权力都不曾延伸到汉堡。汉堡是一座贸易城市，有3000多家贸易公司，其中有中国公司185家。汉堡传统工业是造船业、炼油业及精加工工业。由于国际贸易和远洋运输业发达，所以汉堡的金融服务业也很发达，是北德地区的银行和保险业中心。汉堡也是媒体经济中心，德新社总部设在那里，德国发行量在百万份以上的21种报纸杂志中，有17种在汉堡出版，尤其值得一提的是汉堡拥有一百多个领事馆，是继纽约之后世界上拥有使领馆最多的城市。

3. 慕尼黑　慕尼黑是德国巴伐利亚州的首府，位于多瑙河支流伊萨河中游，人口132.7万人（2007年），面积310平方公里。慕尼黑是一个古老的城市，初建于13世纪，至今14世纪建的伊萨城门、卡尔城门和森德林格尔城门保存完好。市内巴洛克风格、哥特风格和现代风格建筑并存，最具代表性的哥特式建筑是建于1466年的双塔弗洛恩大教堂。慕尼黑也是德国南部的经济中心，支柱产业有电子、电器、汽车、机器和飞机制造及食品加工，尤其以啤酒酿造闻名于世。慕尼黑是德国著名的科学文化城市，巴伐利亚州立图书馆是欧洲最大的图书馆之一，藏书600万多册。德国最著名的大学之一慕尼黑大学、素享盛名的德意志博物馆、马克斯·普朗克等离子研究所等都在这里。古绘画陈列馆和新绘画陈列馆驰名欧洲，藏有丢勒和鲁本斯等传世之作。宁芬堡宫豪华壮观，是旅游胜地。每年10月的啤酒节是这个季节的重点旅游项目。1972年国际奥运会在慕市举行，新建的奥林匹克体育场结构奇特，规模宏大，能容纳78000名观众。作为巴伐利亚州首府，它也是一个政治中心，历史上希特勒发动的啤酒馆暴动发生在这里，1938年英法绥靖希特勒的慕尼黑协定也在这里出笼。

4. 科隆　德国第四大城市，有人口约99.5万人（2007年），坐落在德国中西部的莱茵河畔，是一座历史名城。城市象征是高耸入云的科隆大教堂，始建于公元1248年，1880年竣工，历时632年之久。大教堂的双塔高150米，是全德最壮观的哥特式建筑。科隆地处德国工业发达的北莱茵—威斯特法伦州，又是该州的第一大城市，德国西部的经济中心。主要工业有汽车制造、石油加工、化工、电器、制药和机器制造等。优越的地理位置和发达的基础设施吸引着许多家外国大企业到科隆投资设厂。在保险业务方面居德国各城市之首。科隆是一座商业与艺术相结合的城市，著名的罗马日耳曼博物馆及路德维希博物馆每年吸引着大量的参观者。创建于1967年的每年一度的“科隆艺术交易会”已成为巴塞尔、柏林和芝加哥及迈阿密竞相仿效的样板。

5. 法兰克福　法兰克福是坐落在莱茵河支流美因河上的一座古城，有1200年历史。从公元12

世纪起，德国的诸侯就在这里选举德国国王；从1562年起德国皇帝在这里加冕。1848年在这里的保罗教堂召开了第一次全德国民大会。2007年有人口66.5万人，是德国和欧洲大陆最重要的金融中心，在法兰克福汇集了300多家国内和国际银行，其中欧洲中央银行、德意志中央银行和德意志联邦银行的总部都设于法兰克福。拥有世界一流的法兰克福证券交易所和欧洲期货交易所（Eurex）期货市场的德意志证券集团也驻扎在此。法兰克福机场是重要的国际交通枢纽，每年输送五千万名旅客，年起降飞机48000千架次。旅客可以选择110家航空公司中的一家从法兰克福前往近300个目的地。法兰克福作为经济中心的地位还反映在其几百年展会城市的地位。市中心有全球第三大展览馆，每年举行约50场展览和交易会，其中包括著名的国际汽车展和法兰克福书展。一年一度的法兰克福图书博览会是世界上规模最大的同类展。作为国家图书馆的德意志图书馆有“德国第一书柜”之称，1945年以来，每一种德文印刷物都有义务提供一份在这个图书馆保存。德国为之骄傲的大诗人歌德就出生在这里。这里还有著名的歌德大学、音乐学院、美术学院和教育学院等多所高等院校。法兰克福也是大企业集中的地方，如赫希斯特、德古萨和吕特格尔斯。主要工业有电子、电器、车辆、机器制造、金属加工、精密机械和光学等。

第三节　历史

传说德国的历史是从公元9年开始的，当时日耳曼人的舍鲁斯克部落首领阿米纽斯在条顿堡森林战胜了三个罗马军团，被认为是日耳曼民族的第一位民族英雄。1838—1875年间，人们在德特莫尔德附近为阿米纽斯修建了一座巨大的纪念碑。实际上德意志民族的形成经历了一个漫长的过程。从10世纪中叶起，使用德语的人被称为“德意志”人。后来“德意志”一词逐渐成为说德语地区的代名词。公元911年，康拉德一世继位。他被视为第一位德意志国王。11世纪称“罗马帝国”，13世纪改称“神圣罗马帝国”，15世纪又在原名称上加上“德意志民族”。帝国是选举制的君主国，国王从与前任国王有血缘关系的高级贵族中选举产生，帝国没有赋税，不设王都，国王的收入主要来自托付他管理的“帝国财产”。奥托一世国王于962年在罗马接受教皇加冕，称德意志神圣罗马帝国皇帝。在历史上，国王权力比较弱，诸侯权力强大，1356年卡尔四世颁布“黄金诏书”，赋予7位地位显赫的侯爵以选举国王的特权，史称“选帝侯”。历史上德国长期处于封建割据局面，直到19世纪中叶普鲁士兴起，并通过对丹麦（1864）、对奥地利（1866）和对法国（1870—1871）三次战争击败了欧洲竞争对手，实现了德国统一（1871）。由于在第一次世界大战中战败，德国皇帝威廉二世逊位，德国改为共和制。短短的魏玛共和国时期（1919—1933）是一段经济、社会大动荡时期，为希特勒夺权创造了条件。1933年1月30日希特勒成为“帝国总理”，对内实行法西斯独裁统治，对外发动侵略战争，导致1945年彻底失败。战后德国被美、英、法和苏联四国共同占领；1949年在美、英、法占领区和苏联占领区分别成立了德意志联邦共和国和德意志民主共和国；1951年，德意志联邦共和国与法国等欧洲六国组建了欧洲煤钢共同体，1957年，通过签署《罗马条约》建立了欧洲原子能共同体和欧洲经济共同体；1990年10月3日，德意志民主共和国按《基本法》第23条加入德意志联邦共和国，遂实现德国重新统一；1999年，德国加入欧洲统一货币区，开始使用欧元。

第四节　政治体制与法律制度

一　概况

德国自1949年起是一个采用议会民主的联邦制国家，联邦拥有一个两院制的议会，各州有在教育、警察和其他方面上高度的独立主权。被称为《基本法》的德国宪法明确规定它是一个议会制的共和国。国家元首是联邦总统。民主制是指国家的权力来自人民，又属于人民。德国实行议会民主制，公民有行使自己民主权利的机会，通过投票选举自己的议员，由议员组成联邦议院，行使国家权力。联邦制是指德国由16个联邦州组成，“联邦的权力置于州的权力之上”，联邦与州的关系明显有利于联邦，但各州也拥有广泛的自治权利，这就既保障了联邦处于主导地位，又保障了州的权力。法治是指国家的一切行为都要依法行事，必须符合《基本法》，并且要受到法律的限制。社会福利制是指国家的任务不仅要保护公民，而且有责任和义务关心公民的社会福利，推动社会福利事业的发展，保障公民的生存条件。

二　宪法

（一）宪法简史

历史上德国曾经是小邦林立的国家，各邦国执行不同的法律。因此，德国的法律来源是继承了德国各个地区的许多法源，部分是继承了古代罗马法律。1794 年普鲁士的普通国家法和 1811 年的奥地利民法典的问世进一步奠定了日耳曼法律思想的基础。1871 年德意志帝国建立后，有了统一的私法、民事诉讼法、刑事诉讼法及包括法院的结构、组织、管辖权等内容的法院组织法等。法治国家在德国宪法史上从此占据了重要地位。1919 年，魏玛国民议会制定了《魏玛宪法》，1933 年纳粹上台，希特勒提出的《授权法》实际上取代了《魏玛宪法》。

1945 年 5 月 8 日，纳粹德国宣布无条件投降。8 月，苏、美、英三国首脑签署了《波茨坦协定》，规定了对德国进行军事管制原则。1948 年 2 月 23 日，美、英、法、荷、比、卢在伦敦举行会议，授权西占区各州总理为西占区起草一部宪法。不久，美、英、法占领国军事长官向西占区各州总理提交了“法兰克福文件”，文件要求各州总理召开国民会议，起草一部宪法。州总理们认为当时德国还处于被占领状态，因此，起草的宪法应称为《基本法》。1948 年 7 月 25 日，各州总理同意召开宪法专家委员会会议，制定起草《基本法》的原则。同年 8 月，宪法专家委员会参照了各州新宪法和魏玛宪法，起草了《基本法》草案。1948 年 9 月 1 日，在波恩召开了由各个州议会选出的 65 名代表参加的议会委员会。基督教民主联盟主席康拉德·阿登纳博士当选为议会委员会主席。在阿登纳领导下，1949 年 5 月 8 日议会委员会以 53 票对 12 票的绝对多数表决通过了《基本法》。5 月 16—23 日，11 个州议会分别投票表决，除巴伐利亚州外，其余 10 个州均以压倒多数通过该法；但巴伐利亚州表示，如 2/3 的州批准《基本法》，它也将承认该法。1949 年 5 月 23 日，在美、英、法占领国代表参加下，议会委员会成员、各州总理、州议会议长以及西柏林市长、西柏林议会议长共同签署了《基本法》，同日公布了该法，《基本法》正式生效。1949 年 8 月 14 日，西占区根据《基本法》举行了第一届联邦议院大选。9 月 20 日，德意志联邦共和国（简称联邦德国）正式宣告成立。

1949 年 5 月 30 日，在苏联占领军当局的安排下，第三届德国人民代表大会通过《德意志民主共和国宪法草案》。10 月 7 日，德国人民委员会举行会议，公布了德意志民主共和国宪法，宣告自己以临时人民议院的名义行使最高立法机关的职权。临时人民议院决议在当天成立德意志民主共和国（简称民主德国），并宣布宪法生效。1990 年 4 月 19 日，民主德国总理德·梅齐埃在民德人民议院发表施政纲领，同意按《基本法》第 23 条加入联邦德国，实现统一。8 月 31 日，民主德国和联邦德国签署了《统一条约》。9 月 19—21 日，民主德国人民议院和联邦德国联邦议院及联邦参议院分别通过《统一条约》。10 月 3 日，民主德国正式加入联邦德国，德国重新统一，《基本法》成为统一德国的宪法。

（二）《基本法》的主要内容

《基本法》规定了德国国家的基本制度、国家政权的组织形式、宪法机关的任务、公民的法律地位和基本权利，以及制定普通法律的基本原则和程序。它具有最高法律效力，是德国立法的基础。《基本法》分序言、11 章、146 条。第一章为基本权利，即人的尊严不可侵犯，基本权利与国家权利的关系等。第二章为联邦和各州，即国家制度的基础，政党，联邦对各州的宪法保障等。第三章为联邦议院，即联邦议院的选举和任期，联邦议长及议院的工作条例等。第四章为联邦参议院，即联邦参议院的任务、组成和工作条例等。第四章 a 为联合委员会。第五章为联邦共和国总统，即联邦总统的选举和职权等。第六章为联邦政府，即联邦政府的组成，联邦总理的选举和任命，联邦部长的任免，联邦政府的职权等。第七章为联邦的立法，即联邦与各州之间立法权限的划分等。第八章为联邦法律的执行和联邦的行政管理，即联邦和各州之间行政权限的划分，各州执行自己的行政事务，联邦的监督等；第八章 a 为共同的任务，即在联邦法的基础上联邦对各州的协作等。第九章为司法权，即法院组织、联邦宪法法院的管辖权和组成等。第十章为财政，即对联邦和各州财政支出的分配，立法的权限和税收的分配等。第十章 a 为国防情况，即指挥权转移给联邦总理，扩大联邦的立法权限，紧急提案的立法程序等。第十一章为过渡性的及最后的条款。

（三）《基本法》的特点

（1）强调公民的基本权利。将其置于至高无上的地位。在基本权利面前人人平等。人的自由与尊严被看作是最高法律准则；（2）削弱了联邦总统的权力。他只有执行礼仪方面的职能和法定的程序，无权干涉立法和政府工作，也没有武装部队的统帅权；（3）加强了联邦总理的地位。总理的人选不再取决于总统，而是由总统在联邦议院多数党的领袖中提出候选人，并经议院投票获得过半数票者方能当选。如果议院对总理不再信任，必须以多数票通过对总理的“建设性不信任案”选出新总理；（4）承认政党的宪法职能；（5）在德国宪法史上，首次出现把自己的主权转让给国际机构的提法；（6）《基本法》与《魏玛宪法》相比，更具有联邦性质；（7）《基本法》不称宪法，是为了表明它的临时性质。

根据《基本法》第79条规定，《基本法》的修改须经联邦议院和联邦参议院2/3以上的议员赞同。从1949年5月23日《基本法》生效起至20世纪末，为适应国内外形势变化的需要，《基本法》前后修改过近50次。

三　议会制度

（一）简史

德国的议会制是在12世纪形成的宫廷大会的基础上发展起来的。15世纪时，称为“帝国议会”。15世纪快结束时，帝国议会演变成为由罗马教皇公使组成的大会。1806年，德意志民族神圣罗马帝国瓦解，帝国议会也自行瓦解。1848年在法兰克福保罗教堂召开的制宪议会是德国议会的最早雏形。1871年德国统一后产生的帝国议会采用两院制。1919年2月6日召开的魏玛国会亦采用两院制。国会为最高立法机关。议员按照比例代表选举制，以普遍、平等、直接、秘密的选举产生。1949年8月，经普选产生的联邦议院继承了19世纪和20世纪德国议会的传统，摒弃了过去议会的“不足之处”。德国联邦议院的组成和职能较德国历史上任何的议会都完善，标志着德国的议会制走上了一个新的阶段。

（二）联邦议院

联邦议院的议员由选民每4年通过普遍、直接、自由、平等和秘密的选举产生。议员享受不予追究权和豁免权。议员不仅意味着一种崇高的荣誉，而且要尽义务，参与联邦议院的各种活动。

议长的候选人由议院中实力最强的议会党团推荐，然后在全体议员大会上以多数票产生。议长是议院中最高的领导人，是仅次联邦总统的国家第二号人物和各种委员会的当然委员及元老委员会主席。从外交礼仪和头衔看，他有显赫的地位和尊严，但没有实权，对议院通过的法律不承担责任。他对内主要对议院的活动行使领导权、行政管理权、人事任免权和安全保卫权；对外则是联邦议院的最高代表。副议长协助议长工作。议长和副议长任期4年，在此期间不能被罢免。

新选出的联邦议院在召开首次会议前要组成各议会党团。议会党团至少要有占联邦议员总数5%的议员才能成立。每个议员都属于一个议会党团。议会党团内选出理事会作为领导机构。理事会负责处理该党在议会内的一切活动和事物。议会党团在联邦议院中是起决定性作用的组织。因此，它要求它的议员与其保持一致，以取得选民的信任。

联邦议院主席团由全体议员大会选出，职能是领导议会的事务工作，维护议会的尊严及权利，保障议会大厦的秩序，确定议会的预算；领导议会全体会议。

联邦议院根据联邦各部业务范围设立相应的常设委员会，其工作领域与联邦各部的任务分工相一致。各种常设委员会表面上是联邦议院的辅助机构，但实际上议会的主要活动都是在常设委员会内进行的。委员会的任务是审议联邦议院交付给它的各种议案、提出修改意见，向议会全体大会汇报工作，起草最后的决议案等。委员会可以代表议会监督政府的工作。外交委员会、国防委员会及内政委员会讨论问题都是保密的。调查委员会的任务是调查丑闻事件及违反规章制度的行为。

由联邦议长、副议长及各议会党团按其席位多少推荐出来的显要议员组成元老委员会。元老委员会商量联邦议院的工作计划、全会的日程、各常设委员会的组成以及联邦议院日常工作中出现的问题。元老委员会不是联邦议院的决策机构，而是联邦议院主席团的顾问机构。它虽然对联邦议院没有约束力，但有很大的影响力，因此各议会党团或工作组都尽可能选派有才干的议员到元老委员会中去。

联邦议院设立一套辅助机构，以协助议会顺利开展工作和活动。如学术服务部、议会图书馆、新闻文献部、新闻中心、议会信息部、议会关系部和群众接待部等。

联邦议院拥有很大的权力：（1）立法权，它可以制定法律；（2）组建政府，新当选的联邦议院的首要任务是选举新的联邦总理；（3）监督联邦政府的工作；（4）讨论国内外重大问题；（5）选举联邦总统等。它与英国的下议院不同，不受政府的控制与支配；也与美国国会相悖，不形成对总统权力的抗衡。

第17届联邦议院于2009年9月27日组成，共有622席。各党席位分配为：联盟党（基民盟/基社盟）239席，社民党146席，自民党93席，左翼党76席，联盟90/绿党68席。议长诺贝特·拉默特（Norbert Lammert，基民盟）。

（三）联邦参议院

联邦参议员必须在一个州政府里任职，并由所在州政府推选和罢免，也可以由本州政府中的其他成员所替换。他们是所在州的行政事务的领导人，在联邦参议院里，又要首先行使国家的立法权。他们有权参加联邦议院及其下属委员会的会议，并随时准备接受质询。

联邦参议院主席团由议长和3名副议长组成。现任议长为延斯·伯尔森（Jens Börhnsen，不来梅市市长，社民党），2009年11月1日就任，任期至2010年10月31日。议长每年由各州的州长中选出一名担任，同时还要选出3位州长任副议长。州长选举的顺序按州的人口多少而定。议长的职责是召集和领导参议院全体会议，代表联邦共和国处理联邦参议院的一切事务。在联邦总统无法行使职权或提前卸任时，在联邦总统到国外访问或休假时，由参议院议长代替联邦总统履行总统职责。副议长协助议长工作，在议长不在时，履行议长的职责。此外，主席团还下设秘书处及顾问委员会、常设专门委员会等机构。

联邦参议院是德国五大常设宪法机构之一，是由各州政府代表组成的联邦机构。联邦各州通过它对联邦范围内的立法、行政管理和欧洲联盟事务施加影响。其特点是：（1）它体现了德国是联邦制的国家原则；（2）它是作为州的联邦机构，而不是政党机构；（3）它不同于联邦议院，没有固定的立法期；（4）它在联邦一级代表和捍卫州的利益，同时又要把各州的实际利益同联邦的利益相协调；（5）许多法律需要联邦参议院通过才能成立。总之，它既是联邦议院和联邦政府的平衡物，又是联邦与各州的联系纽带。

联邦参议院的职权：（1）参与联邦的立法。它拥有立法的动议权，对联邦政府的法律草案有审议权，对联邦议院通过的所有法律有否决权，涉及联邦国家的基础或与各州分管事务有关的一些特殊法律须经它的批准才能生效，对其他一般法案有提出异议的权利；（2）参与联邦政府的行政管理，对联邦政府的工作有监督权；（3）参与欧洲联盟事务，对联邦政府的欧盟政策有共同参与权与监督权；（4）参与其他外交事务，批准某项国际条约，与外国保持接触与往来等。

四 联邦政府

联邦政府亦称联邦内阁，任务是治理国家，负责制定和贯彻内政、外交、国防、财政、经济、科研、文化、社会等各个领域的方针政策。联邦政府有权审查、同意联邦议院和联邦参议院通过的法案，并控制和领导国家军队、情报机关和监狱。在一定范围内和国家处于“紧急状态”下，有发布命令、指示的权力。联邦政府通过各种渠道不断获得大量的信息，及时了解国内外动态和修正自己的政策。联邦政府努力保持政府行动的“连续性”和政局的稳定，促进经济的繁荣，大力发展对外关系。

联邦总理由联邦总统提名、经联邦议院选举产生。联邦总理只要获得联邦议院过半数票就可当选。如无人超过半数，则联邦议院要在投票后两周内进行第二轮选举，以得票最多的人当选。在选举的7日内，由联邦总统任命其为联邦总理。如在头两轮选举中，无人取得过半数票的多数，还要进行第三轮选举，得票最多者即被总统任命为总理。

联邦总理是德国最有实权和最有影响的人物。总理代表政府管理国家，决定内、外政策。联邦总理的职权：（1）掌握治国大权。联邦总统的命令和处分权，须经联邦总理副署，始为有效。（2）行政统帅权。有权任命一位联邦部长为副总理和提出任免联邦政府成员的权力。（3）军事指挥权。在国家宣布处于立法“防御状态”时，有权接管联邦国防部长的指挥权，从而成为联邦国防军的最高统帅。（4）决策权。可以决定联邦政府的机构建制及各部门的职权范围，决定联邦政府的内、外政策方针和各部部长的业务范围，并有权按联邦政府工作条例处理其政务。

联邦部长不仅是政府成员，也是国家行政管理机构的领导。其工作范围和内容由联邦总理来确定。联邦政府一旦作出决议或决定，每位联邦部长必须遵守和执行。他们在公共场合的表态必须同联邦总理及联邦政府的立场相一致，不能有违反联邦政府政策的言行。联邦部长不能担任其他特殊的职务和从事其他职业。此外，每个部设一名或二名国务秘书，国务秘书相当于副部长，任务是协助部长工作。

联邦政府的决策机构是内阁会议，每星期三召开。联邦总理、副总理及联邦各部部长为会议正式成员。联邦总理主持会议，会议内容严格保密。内阁会议的任务是制定共同的政策、决议，向联邦议院提交各种法案，协调各部之间的分歧。内阁成员必须按联邦总理的旨意办事，否则将被总理解职或自行辞职。执行机构是联邦政府各部，它们负责执行内阁会议作出的各项政策决定。

德国政府设联邦新闻与信息局，由联邦总理直接领导。任务是了解和研究国内政治动态、民情民意、舆论动向，及时通报给联邦总统、联邦总理、联邦政府及联邦议员；公布政府工作计划；发表政府声明；出版和发行联邦政府公报和新闻通报；举行记者招待会。

在2010年9月27日举行的德国大选中，安格拉·默克尔（Angela Merkel）领导的联盟党与自由民主党获得联邦议院超过半数议席，赢得大选。默克尔10月24日宣布，她所领导的联盟党将与自由民主党组成德国新一届政府。经议会批准后，基民盟主席安格拉·默克尔（Angela Merkel）任总理。新内阁除联邦总理外，有15位部长。其中基督教民主联盟（CDU）7名，自由民主党（FDP）5名，基督教社会联盟（CSU）3名。内阁主要成员有：副总理兼外交部部长韦斯特维勒（Guido Westerwelle，自民党），总理府部长波法拉（Ronald Pofalla，基民盟），内政部部长德梅齐埃（Thomas de Maiziere，基民盟），司法部部长洛伊特豪泽尔—施纳伦贝格（Sabine Leutheusser-Schnarrenberger，女，自民党），财政部长朔伊布勒（Wolfgang Schäuble，基民盟），经济和技术部长布吕德勒（Rainer Brüderle，自民党），国防部长古滕贝格（Karl-Theodor zu Guttenberg，基社盟）等。

五　联邦总统

联邦总统为国家元首，由联邦大会不经讨论选举产生。联邦大会由联邦议院全体议员和16个联邦州议会选出的同等数量的代表组成。联邦大会由联邦议院召集。总统候选人由各大政党提名；联邦大会任何代表也都可以用书面形式向联邦议院议长提出联邦总统候选人名单。获得联邦大会成员过半数者当选。新当选总统的任期从前任总统任期届满之日开始。联邦总统任期5年，可以连任，但以一次为限。

联邦总统以德国的名义与外国签订条约；接见外国使节递交的国书；委任、派遣驻外使节；代表国家进行国事访问和参加纪念活动。此外，他有立法权，如签署和颁布联邦法律权、解散联邦议院权、立法紧急状态的宣布权。他还有任免权，如任命联邦总理、任免各部部长、联邦法官、联邦官员和高级军官，以及代表联邦行使大赦权。2010年6月30日，克里斯蒂安·伍尔夫当选新一任德意志联邦共和国总统。

六　司法制度

（一）联邦宪法法院

联邦宪法法院由两个审判庭组成，它们各有自己的审判权。第一审判庭负责审理联邦法律和各州法律是否符合《基本法》的要求。第二审判庭负责审理联邦一级之间的争议，联邦与州之间关于权力与义务的争议，州与州之间的公法争议，有关侵犯公民的基本权利的案件，政党违宪案件及国际法的某项规定是否符合联邦法律等。两个审判庭行使的职权均被视为“联邦宪法法院”的权力。联邦宪法法院设院长和副院长，由联邦议院和联邦参议院轮流选举产生。联邦宪法法院的两个审判庭各有8名法官，由联邦议院和联邦参议院各选出一半。法官的任务是裁决刑事案件，判决公法和私法方面的争议。

联邦宪法法院是德国最高权威的宪法机构。它在德国司法机构中具有特殊的地位，它是德国唯一有解释《基本法》权利的最高法院。它不审理诉讼案件，而是根据《基本法》判定某项法律、法规、条例是否违宪；凡违宪者，均被宣布无效。

联邦宪法法院的权威在德国宪法史上是绝无仅有的。联邦议院、联邦参议院、联邦政府等一切宪法机关以及联邦总统、联邦总理都受联邦宪法法院的约束。

联邦宪法法院监督和控制所有国家机关的宪法行为，有权撤销所有其他法院的违宪判决，即使是联邦议院通过的法律，如有违反《基本法》的，该法院有权宣告其无效。它的判决只有一审和终审，没有上诉机关。其具体职权：有司法审查权、对《基本法》的争执有裁决权、对公民的申诉有裁决权，还有特殊的裁决权，如裁决某个政党是否违反《基本法》。此外，对弹劾总统案有裁决权及对联邦法院的法官有判决权。

（二）州宪法法院

州宪法法院在各州的称谓不同，有的叫宪法法院，有的叫国家法庭。其任务是负责审理州内部关于对州宪法的纠纷案件，使州的法律、法规、条例与州宪法相一致，以保证州宪法的正常贯彻执行。德国有15个州设有州宪法法院，石勒苏益格—荷尔斯泰因除外，该州涉及对宪法的纠纷案件须提交给联邦宪法法院审理。

（三）专门法院

德国除设有联邦宪法法院外，还有5类不同性质的专门法院。它们是：普通法院、劳工法院、行政法院、社会福利法院和财政法院。每类法院都有联邦、州和地方法院三级（财政法院不设地方法院）。联邦普通法院、联邦行政法院、联邦财政法院、联邦劳工法院和联邦社会福利法院又组成联邦最高法院联合审判委员会。联邦普通法院设在卡尔斯鲁厄，负责审理民事案件和刑事案件。联邦劳工法院设在卡塞尔市，负责审理劳资纠纷，审理关于参与共决权的案件和执行企业章程法案件。联邦行政法院设于柏林市，负责审理一切行政法方面的案件，主管公民与国家权力之间纠纷。联邦社会福利法院设在卡塞尔市，负责审理一切社会福利保险、公共福利及其他社会案件。联邦财政法院设在慕尼黑市，负责审理有关赋税、财政等方面的案件，主管公民与财税机关的纠纷，与其他法院不同的是，它只设联邦与州两级法院。

（四）法官

德国目前有2万多名专职法官，3/4以上在地方法院工作，绝大部分为终身制。每个法官都要经过2次严格的国家考试，一是大学毕业后的实习考试，二是陪审员考试，才能被任命为法官。根据《基本法》第92条和第97条规定，司法权委托法官行使。法官享有独立的地位，并且只服从法律。法官在履行其职责时，不接受任何指令。法官的工作受到法律保护，人们不能随便解除法官的职务。任何法官不能凭个人意志、情感或接受他人指使行使判决，而要根据《基本法》、联邦法律、州宪法、州法律及根据上述法律制定的法规和条例独立进行审判。法官个人不得兼任联邦或各州的其他公职，也不能从事其他专门职业活动。

（五）审级制度

德国各种类型的法院都有若干审级。原则上分为三级。联邦法院是审级最高的法院，一审和二审法院则是州的法院。普通法院的审级是初级法院、州法院、州高级法院和联邦法院。此外，财税案件的审级是二级；行政案件、劳工案件和社会福利案件的审级是三级。

（六）检察制度

德国各级法院都必须设检察机关，实行“审检合署”。检察机关的任务是对违法犯罪提出诉讼。联邦行政法院设联邦最高检察院，有联邦检察长和数名联邦检察官进行工作。联邦普通法院设总检察院，州高级法院、州普通法院及地方普通法院设有检察院，均有检察官进行工作。检察机关不同于法院，它不能独立行使职权，而要受各级司法部门的领导。联邦总检察长和检察官受联邦司法部门领导，州总检察长和检察官及地方法院的检察官均受州司法部长领导，联邦检察主管机关与州检察主管机关没有隶属关系。各级检察院不受法院的管辖，但也不能干预法院的审判工作。

德国现有5000多名检察官，各级检察官须具备法官的资格。检察官以参与刑事诉讼为主，任务是针对犯罪嫌疑人查明事实，决定是否停止侦察程序或提出控告。在法院诉讼过程中，他们代表控告一方。检察官的工作不像法官那么独立，作为国家公职人员，必须服从司法机关的指令，但检察官上司的指令权受法律的约束。

（七）律师制度

德国现有14万多名律师。他们必须是大学法律系毕业，完成两年多的职业实习，并通过2次国家考试。律师在司法方面起着重要的参与作用。他们以独立的顾问或代表身份在所有法律领域事务中从事自由职业。他们履行律师的职责，并受到法庭的监督。

在民事诉讼程序中，在州法院审理的所有案件都须请律师作为代理人。在初级法院审理的案件中，只有家庭婚姻案件必须请律师作为代理人。在刑事诉讼程序中，一般刑事案件被告有权请律师为自己辩护；在严重刑事犯罪审判中，强制规定必须有律师辩护，法院甚至可以为被告指定律师。

七　地方政府

（一）州议会

州议会是州的最高立法和监督机关，它的主要职权是制定州的法律、法令，审查、批准和通过州政府的财政预算，选举州总理，组成州政府，并对其实行监督。

州议会由普选产生，采用比例选举法和多数选举法相结合的选举原则。州议会和联邦议院一样，有5%的限制性“门槛条款”，即只有获得5%以上选票的政党才能进入州议会。州议会设有议长、副议长及各种常设的专门委员会，各政党议员也组成各自的议会党团。州议会每4年或5年选一次，各州议会选举时间并不统一。各州议会每届任期4年或5年。

（二）联邦与各州的关系

德国的联邦制与美国或瑞士的联邦制相似，联邦政府主管外交、国防、货币、航空和部分税收，同时联邦在民法、刑法、经济法、劳动法、土地法、核能法、外国人法、环保法和交通法规等方面也拥有管理权。各州负责文化、教育、自然保护、土地规划，各州还通过联邦参议院参与决定涉及各州利益的事务。州一级的管理任务分为三部分：一是州本身的任务，如学校、警察、区域规划；二是执行联邦法律，如建筑规划法、工商管理法和环境保护法；三是受联邦委托实施的联邦法，如联邦公路、促进文化教育事业等。

联邦的权力置于州的权力之上，联邦与州的关系明显有利于联邦，但各州也拥有广泛的自治权利，这既保障了联邦处于主导地位，又保障了州的权力，充分体现了联邦制的特点。联邦与州的权限划分是：在立法权方面，联邦拥有《基本法》第73条规定的“专有立法权”，第74条规定的“并行立法权”和第75条规定的“原则性立法权”。州的立法权则体现在联邦不承担或《基本法》没有规定给联邦的立法权，属各州的立法范围。在行政方面，凡属联邦管辖的行政事务皆由联邦及其所属机构直接处理。凡属联邦与各州共同规划、作为法律必须共同完成的任务领域，其行政事务多数由各州负责处理，但联邦政府保留监督权与执行权。在司法权方面，联邦的司法权体现在联邦宪法法院和最高法院的权限上。联邦宪法法院的权限很大。它有权对违反《基本法》的联邦或各州法律，以及州的法律违反了联邦法律的案件进行审理裁决，在联邦与各州之间对权力与义务发生争执，以及在各州执行联邦法律和联邦实施监督方面发生争执时，进行裁决。它还可受州宪法法院委托，裁决州内部的宪法争端。州的司法权体现在各州设有与联邦法院系统相一致的各种法院，它们分别负责审理州范围内相应的有关诉讼案件。但其审理和裁决的案件要受联邦法院的监督。涉及联邦和其他州的案件，须交联邦有关法院审理。总之，无论在立法权、行政权还是司法权方面，联邦都拥有很大的权限，但各州除拥有一定权力外，还可以通过联邦参议院参与联邦立法，对联邦立法和行政管理施加重大影响，以防止州的权利被剥夺。此外，各州政府还可以通过派驻首都的常驻代表及办事处，对联邦立法施加影响、协调预算、商讨联邦对州的财政援助等事务。　　（吕耀坤）

八　政党与利益集团

（一）概况

德国有许多大大小小各种不同的、组织上独立的、代表着各种不同阶级阶层的利益集团及社团组织。按照德国《基本法》的有关规定，各政党必须公开自己的纲领，必须承认《基本法》，必须维护现行国家制度，接受国家有关法律法规的监督和约束，否则就违法并被取缔。政党要参加联邦议会或州议会选举，一个政党在6年内提不出自己的候选人参加选举，就将失去作为一个政党的地位。在联邦议会选举中至少获得5%的选票或有4名“直选议员”才能进入联邦议会并组建各自的议会党团，政党通过议会党团对执政党政府施加影响或压力，在国家政治生活中起着重要作用和影响。

德国主要政党有：社会民主党，基督教民主联盟，基督教社会联盟，自由民主党，联盟90/绿党（以下简称绿党）和左党以及极右的德国国家民主党、共和党等。除社民党外，其他政党都是在第二次世界大战结束后建立的。半个世纪以来，上述前5个政党时而合作，时而分离地相互组成过不同的联合政府。如20世纪50年代联盟党与除社民党以外的各小党组成联合政府。此后，联盟党与社民党组成大联合政府，社民党与自由民主党组成中左联合政府，联盟党与自由民主党组成中右联合政府，社民党与绿党组成“红—绿联盟”左翼联合政府。党的经费主要来自三个渠道：（1）党员交纳的党费。（2）有关财团和机构的捐赠，捐赠超过两万马克必须公开其来源。（3）联邦政府根据各政党在联邦议会选举中得票多少对参加竞选的政党给予财政补贴。

主要的利益集团有：德国雇主协会、德国工会联盟、德国公务员联合会、德国职员工会、德国农民联合会、“被驱逐者联盟”及各种青年组织等。

（二）主要政党

1. 德国社会民主党　简称社民党（SPD），建于1875年。第二次世界大战期间，社民党被德国法西斯取缔后，转入地下活动，进行反法西斯斗争。1946年5月9日，德国西部地区社民党代表在汉诺威举行党代会，选举库尔特·舒马赫为二战后党的第一任主席。在原联邦德国建立初期，社民党一直处于反对党地位。1966—1969年与基督教联盟党组成大联合政府，参与执政；1969—1982年10月与自由民主党组成联合政府。1998年9月27日德国联邦议会举行选举，社民党获胜，赢得40.9%的有效选票，比上届得票率增了10个百分点，在联邦议会拥有298个席位（1994年为252个席位），在野16年后再度夺取联邦政府宝座，遂与绿党组成联合政府，被称为“红—绿联盟”。当前，德国社会民主党是德国第一大反对党。

德国社会民主党是在德国工人运动的基础上建立起来的。1945年8月德国法西斯无条件投降后，社民党拒绝与德国共产党合并，在库尔特·舒马赫领导下，在德国西部地区重建德国社会民主党，试图把社民党建成为一个面向中间阶层的“人民党”。1959年社民党制定哥德斯堡纲领，确立了维利·勃兰特和赫尔伯特·魏纳在党内的领导地位，使社民党处于振兴发展阶段，党员数目从1950年68.4万人增加到1970年82万人。社民党自称为“价值—党员—人民党”，是德国“民主制度的一个稳定因素”。信奉议会民主，同共产主义划清界限，保护个人自由权利，争取社会公正，推行社会市场经济等。1998年联邦议会选举中，社民党把自己称作是“新中间道路”的代表，以示区别于以前的社民党代表的左翼概念。

社民党现阶段的对内政策是：（1）克服失业；（2）减少社会福利开支，减少税收，降低雇主负担，支持中小企业，改善和提高企业的竞争力；（3）打击新纳粹和极右势力，保护在德国的外国人，改善并方便外国人加入德国籍的条件；（4）主张积极实现德国内部的统一；（5）主张采用公民投票或全民公决制；（6）增加对发展科技教育事业的投入，反对在大学里收缴学费。对外政策是：（1）支持欧元，支持欧盟东扩；（2）继续支持欧盟机构改革；（3）主张德国联邦国防军参加联合国维和行动；（4）认为美国在欧洲的存在仍然是德国的安全保障，加强欧美合作，主张与美国和加拿大建立一个“关于经济、贸易、环境和文化的大西洋宪章”来补充原来的欧美战略伙伴关系；（5）积极发展同俄罗斯及独联体其他国家的关系，但不与俄罗斯发展特殊关系；（6）主张建立开放的世界贸易体系，支持德国企业向亚洲和其他新兴市场发展贸易；（7）主张对长期居住在德国的外国人实行双重国籍。

社民党党员成分主要是工人群众，现有党员512520人（2010年5月），是德第二大政党。2009年10月，西格玛·加布里尔（Sigmar Gabriel）担任党主席。

2. 德国基督教民主联盟　简称基民盟（CDU），是二战结束后在德国西部地区建立起来的。1945年下半年，各地方纷纷建立基督教民主小组和组织，1945年12月14—16日各个地方组织派代表在巴德·哥德斯堡召开联合大会，把各地分散的小组建为全国统一的政党——基督教民主联盟。它和巴伐利亚的基督教社会联盟具有基本相同的党纲，执行基本相同的内、外政策，联邦大选时推选一个候选人，共同参加竞选，在联邦议院中组成一个议会党团，人们习惯称之为“基督教联盟党”。基民盟第一任主席康拉德·阿登纳（1950—1966），第五任主席是前联邦总理赫尔穆特·科尔，自1973年起到1998年9月辞职，任期长达25年。基民盟长期处于执政地位。其中阿登纳任联邦总理达13年之久，科尔任联邦总理长达16年。

初期基民盟的政策具有明显的保守色彩。1947年党的《阿伦纲领》是一种“基督教、社会主义和市场经济因素的混合体”；1949年《杜塞尔多夫纲领》决定转向社会市场经济；1978年第一份《原则纲领》决定：面向各阶层的所有人和组织，承认“人的基督信念”，基本价值观是“自由、团结和公正”，承认社会市场经济。随着社会的发展和进步，基民盟的政策也渐渐发生变化，把左翼党和生态党的口号也接受过来。它的对内政策主要是：(1) 主张实行生态社会市场经济；(2) 要求实行医疗保险改革，建立护理保险，实际上增加投保人的经济负担；(3) 主张执行严厉的外国移民政策，限制贫困难民移居德国。反对歧视和使用暴力对待外国人；(4) 主张综合利用能源，反对取消核能；(5) 主张缩短学制，积极促进双轨制教育发展，加强高科技研究。基民盟的对外政策主要是：(1) 主张德国在世界事务中承担其应当承担的全部权利和义务，在联合国宪章内参加联合国、北约、西欧联盟和欧安会的维和行动，强调德国联邦国防军要在这方面做出“决定性”的贡献；(2) 积极推进欧洲联合的进程，主张把欧洲联盟建成一个自由的、民主的、公民的欧洲“联邦国家”，建立一支欧洲军队，并按照德国刑事警察局的做法，赋予欧洲刑事警察局以新的权限；(3) 强调西欧与美国的伙伴关系及美国在欧洲的存在，是欧洲安全的保障。德国必须参加欧洲防务，完成北约联盟范围内的共同防务任务。支持联邦政府向北约派兵武装入侵轰炸南斯拉夫；(4) 主张与东欧国家建立一种“积极的和平伙伴关系”，主张欧盟和北约东扩，积极支持东欧国家加入欧盟；(5) 积极发展与俄罗斯的“战略合作伙伴关系”，积极支持独联体国家的改革进程；(6) 对第三世界，主张通过发展援助达到它们自助的目的。

基民盟下辖的各种附属组织和专业委员会有：全国青年联盟、妇女联合会、全国中小企业协会、全国经济协会、全国社会委员会、全国市镇政策协会、全国被驱逐者与难民联合会。其领导人的任命须经总书记的同意。基民盟没有自己的机关报。它通过两个渠道扩大自己的影响：一个是由新闻中心免费向社会提供各种资料；二是通过倾向基民盟的报纸刊物和媒介，传递和发布基民盟的信息及政策。这些媒介和报纸主要是德国《世界报》《法兰克福汇报》《南德意志报》《图片报》《莱茵信使报》、德意志之声电台和德国第二电视台。阿登纳基金会是基民盟的智囊团。

基民盟主要代表德国的保守势力，党员主要是基督教徒，党员成分主要是企业主、农场主、职员和知识分子。约有52万名党员，193名联邦议员，34名欧洲议员。虽然基民盟党员人数上不及社民党，但仍然是德国政坛上的第一大执政党。现任党主席为联邦总理安格拉·默克尔。

3. 德国基督教社会联盟 简称基社盟（CSU），1946年1月8日成立，其前身为巴伐利亚人民党。自从该党成立以来，除了1954—1957年之外，基社盟一直是巴伐利亚州的执政党。它曾与基民盟达成“君子协议”，基社盟的组织活动只限于巴伐利亚州，而基民盟则不在巴伐利亚州组织活动。两党协议共同组成联邦议会党团，共同进行议会活动，提出共同的竞选联邦总理的候选人，参加大选。除1969—1982年之外，基社盟一直与基民盟联合执政，2009年与基民盟一道赢得大选。

基社盟原来主要代表旧容克地主、大银行和大垄断资本的利益。前主席施特劳斯的直接后台就是当时联邦德国第四大财团巴伐利亚联合银行财团、南方新兴工业和军火工业公司。基社盟在工业界的主要代表有：弗利克康采恩，主要生产豹式坦克；梅塞斯米特—伯尔科—布洛姆公司，生产飞机和导弹；奥格斯堡—纽伦堡机器制造公司和联合汽车厂，制造宝马汽车，以及西门子电器公司等。在对内政策上，基社盟主张加强“联邦主义”，更强调各个联邦州对联邦政府的独立性，所以巴伐利亚州有“国中之国”的称号。它的政策具有明显的基督教色彩：(1) 反对难民流入德国，曾主张对进入巴伐利亚州的外国人进行健康检查，以防止艾滋病的传入；(2) 主张保护家庭，坚决反对堕胎，保护私有财产；(3) 支持中小企业。要求在确定劳动工资时要考虑到工人的劳动效益和公司的收益情况。工人在生病期间所得到的工资应从他休假和加班费中轧平；(4) 对外政策上主要强调加强欧洲联合，促进欧洲一体化建设。

基社盟党员多为天主教教徒，有17万余名党员（2005年）。该党主要受到资本家和劳工、庄园主和农民、独立经营的小业主的支持，在性别基础上主要受到男性选民的支持（女性选民更青睐社民党），但是在党的宣传上希望获得包括家庭主妇、退休群体等社会各个阶层和职业的支持。基社盟的下属组织有：巴伐利亚青年联盟、妇女联盟、基督教社会工作委员会、经济工作委员会、中小企业协会、被驱逐者联盟、巴伐利亚州住房建设城市生活工作委员会等。汉斯·赛德尔基金会是基社盟的政治智囊团。基社盟也是欧洲人民党的成员。现任党主席爱德蒙德·施托伊贝尔。

4. 德国自由民主党 简称自民党（F. D. P），1948 年 12 月原联邦德国各地分散的组织建立的一个联合体，取名为“德国自由民主党”。这些分散的组织主要是：自由民主党、自由民主党人的党、民主党、民主人民党。1949 年6 月在不莱梅召开正式成立大会，建立起自民党中央机构。自民党自称代表德国自由主义，代表中产阶级利益。自从成立以来在德国政坛上一直扮演着“第三势力”角色，在联盟党和社民党之间起着“平衡器”的作用，它的向背可以说决定着两大党谁执联邦政府牛耳的问题。在 1998 年 9 月联邦议会选举中，自民党得票率为6.2%，虽然保住了联邦议会的议席，但再次退居反对党地位。2009 年，德国自由民主党和德国基民盟获得联邦议院超过半数的议席，组建了联合政府。自民党主要代表中产阶级的利益，明确主张经济自由主义，其党员主要是中小企业主、自由职业者和一些官员，有党员约 6.7 万名（2005 年）。该党在德国的政治光谱中居于右翼，是新自由主义的积极推行者。基多·威斯特威勒担任自由民主党主席。

5. 德国绿党 建于 1980 年年初，是一个由各种生态环境保护组织组成的联合体，缺乏严格的组织纪律。1983 年联邦议会选举，绿党获得 5.6% 的选票，首次进入联邦议会并得到 23 个议席。绿党反对两个德国统一，在 1990 年德国统一后首届联邦议会选举中被逐出联邦议会。德国东部绿党获得 6% 的选票，进入联邦议会并取得 8 个议席。1993 年 5 月西部绿党和东部绿党/90 联盟召开联合大会，决定合并成一个绿党，取名为联盟 90/绿党（Bündnis 90 /die Grünen），简称绿党。1994 年十年联邦议会大选，绿党获得7.3% 的选票，得到49 个议席，是绿党自 1980 年问世以来的最佳选绩，从此超过自民党，跃居为第三大政党。1998 年9 月联邦议会选举，绿党获得 6.7% 的选票，同社民党组成“红—绿联盟”的“左左”联合政府，首次参加全国执政。2009 年德国大选，德国绿党得票率为 10.7%，赢得 68 个联邦议会席位。

绿党主要由环境保护主义者、和平主义者、反核能者组成，多为年轻人，还有一些对德国现状不满者。现在约有党员 5 万人。2008 年，德国绿党召开了全国性党代会，选举出了新的党主席。土耳其血统的塞穆—约茨迪米尔以 79.2% 的票数当选该党主席，成为德国历史上第一个具有土耳其血统的政治精英。绿党上届主席克劳迪亚—罗特获得的票数比约茨迪米尔略高（82.7%），继续连任党主席，绿党内形成了两个主席联合掌权的局面。

6. 左党（德语：Die Linke） 左党成立于 2007 年 6 月 16 日，由原左翼党和劳动社会公平党合并而成。现任党主席是原左翼党主席罗他·比斯奇和原劳动社会公平党主席奥斯卡·拉番坦。该党自认为比国会中其他政党更“左”倾，谋求实现民主社会主义。左党目前有约 74500 名党员，其中约 60000 名来自原左翼党，其余来自劳动社会公平党或者是新党员。该党自称要维护全体人民利益。2009 年德国大选，德国左党得票率为 11.9%，赢得 76 个联邦议会席位。

左党的重要前身是德国民主社会主义党。1989 年 12 月 9 日，柏林墙开放一个月后，民主德国的执政党德国统一社会党改名为“德国统一社会党—民主社会主义党”，为了与原德国统一社会党“划清界限”，次年 2 月 4 日又更名为民主社会主义党。同年 3 月 18 日民主德国举行自由选举，民社党竞选失败，从此由执政转变为在野党。1990 年 12 月 2 日，联邦议会举行德国统一后首届选举，民社党只获得 2.4% 的选票，根据德国选举法，未能越过占有效选票率 5% 的限制条款，不能进入联邦议会；只是根据德国统一后首届选举的特殊规定，民社党才得以进入联邦议会并获得 17 个议席，组成“联邦议会民社党小组”。1998 年 9 月联邦议会举行第十四届选举，民社党获得 5.2% 的选票，跨过 5% 的限制条款，正式进入联邦议会。由于历史原因，民社党在德国东部地区新联邦州里仍然是一支强有力的政治力量，是德国东部地区各州政府的执政党不可低估的一支政治力量，但自从问世起就不断遭到前科尔政府和联盟党的非难。联邦宪法法院甚至查抄民社党总部，“审查”民社党议员及其领导人的历史，并欲取消民社党议员小组主席格里高尔·居西的议员豁免权，引发了部分民社党员进行绝食罢工和抗议。民社党在包括柏林东部地区的6个州议会中都占有议席：梅克伦堡—前波莫瑞州由民社党和社民党联合执政；在萨克森—安哈尔特州，社民党在民社党的默契下组成少数党州政府；在柏林郊区的弗里德里希克劳茨城市，民社党人当选为市长。

民社党在对内政策上，主张要为数百万人创造确保生存和面向未来的工作岗位；每一个孩子和所有青年人都享有同等的教育权；要在社会各个领域实现真正的男女平等；对青少年开展反种族主义和反法西斯主义教育，主张全社会都唾弃新法西斯主义，取缔一切新法西斯主义政党及其组织；认为目前的制度不能解决德国东部的问题，也不能使德国内部东西两部分实现完全的统一；提出“不变革，德国就僵死”的主张；主张提高基本财产税和遗产税，使大财团承担更多的纳税义务，对投机暴富者增高税收；在防务问题上，要求减少军备开支，反对建立欧洲军事集团，反对建立一支北约干涉军队，反对向世界各地派遣德国联邦军，反对用军事手段解决冲突。允许在德国的外国人获得双重国籍。在对外政策上，民社党反对北约于1999年对南斯拉夫发动的战争，反对德国联邦军参加这场战争，但不反对参加联合国的维和使命，同时也反对南斯拉夫前总统米洛舍维奇的“蔑视种族政策”；反对俄罗斯在车臣进行的战争。民社党同欧洲左派政党的合作是该党的一个重点工作，民社党与欧洲13个左派政党合作，第一次参加了1999年的欧洲议会选举并获得5.8%的选票，在欧洲议会取得6个席位。

7. 德国国家民主党　德国国家民主党（NPD）1964年成立，该党受到德国联邦宪法维护厅的监视并被归为极右翼政党，它的前身是极右翼的德意志帝国党。国家民主党的指导思想来自所谓的“第三条道路”，即介于共产主义和资本主义之间的选择。在经济领域，该党派支持推行社会保障计划，反对“富人统治”，但是他们并不反对私有制。福格特声称需要“肢解自由资本主义体系”。在对外政策上，国家民主党认为北约没有反映出欧洲民众的利益和诉求。他们认为欧盟仅仅是在金融领域对欧洲进行了重整。尽管对欧盟有诸多不满，国家民主党还是反对土耳其等国家加入欧盟。福格特希望与欧洲各国的民族主义者和民族主义政党结成联盟。国家民主党成员约有7200多名（2007年），现任主席为乌多·福格特。

在1966—1968年，国家民主党在州议会选举中获得了成功。1968年，他们在巴登符腾堡州获得了9.8%的选票。当时该党派成功进入了7个州（黑森、巴伐利亚、下萨克森、莱茵兰—法耳茨、石荷、巴登符腾堡和不来梅）的州议会。当时国家民主党的重点在巴伐利亚州和巴登—符腾堡州，在黑森和下萨克森也有一定实力。在1969年的德国联邦议会选举中，该党派获得了4.3%的支持率，没有达到独立组成议会党团的5%的门槛。随后国家民主党渐渐地淡出了德国的政治舞台，在竞选成绩和成员人数方面都风光不再，在它最鼎盛时期曾经拥有近3万名党员。20世纪60年代末经济形势紧张、政治上出现的“大联盟”政府和当时的社会主义运动以及学生运动共同作用造成了右翼党派的短暂“繁荣”。

在20世纪80年代，另外两个极右翼政党共和党和德国人民联盟建立，国家民主党在其争取的目标群体中遭遇了竞争。国家民主党只在80年代末获得了一次胜利，1988年在巴登符腾堡州州议会选举中获得了2.1%的选票，石荷州获得了1.2%的支持率。整个90年代，该党都在各级选举中默默无闻。

近几年国家民主党重新赢得了一些德国选民支持。在2004年州议会选举中，他们分别在图林根州和萨尔州获得了1.6%及4%的支持率。2004年9月在萨克森举行的选举中，国家民主党获得了9.2%的选票。并且从1968年以来第一次进入州议会，并拥有了12名代表，然而其中4名代表随即选择了退出该党。在乡镇层面上国家民主党比较活跃。2004年该党有市议员96名。2005年的联邦选举中，该党获得了1.6%的支持率。2006年他们在梅克伦堡—前波莫瑞州获得7.3%的支持率，获得了6个议会席位。2009年德国大选，德国国家民主党得票率为1.5%。

目前国家民主党选择了与德国人民联盟结盟的战略，比如在2005年的联邦选举和后来的欧洲议会选举中。而另一支右翼党派德国共和党则始终拒绝与其合作。唯一的一次例外发生在德累斯顿，在当时的地方选举中，国家民主党、德国人民联盟以及部分共和党的成员和德国人党结成了选举联盟。

8. 德国共和党 德国共和党（REP）1983 年在巴伐利亚州建立。1990 年党的“罗森海姆纲领”强调反对移民，反对承认奥斯维辛集中营的罪行，甚至主张复辟德意志帝国。1992 年 4 月巴登—符腾堡州议会选举中，共和党得票 10.9%，进入州议会。在黑森州议会选举中得票 8.3%，得票率比上届增加 0.7%。德国统一后，共和党极右势力和新纳粹分子相互勾结，制造排外事件，袭击外国人，火烧外国人住宅，引起德国人的普遍不满。共和党和新纳粹分子还利用国际互联网进行法西斯宣传，为法西斯头目希特勒歌功颂德。

共和党的倒行逆施已引起德国民众的普遍不满，80% 的德国人认为极右势力对德国是越来越大的威胁。2009 年德国大选，德国国家民主党得票率仅为 0.4%。

（三）主要利益集团与社团组织

1. 德国雇主联合会 德国企业主或资本家的组织，全国至少有 90% 的企业主为其会员，包括工业、手工业、商业、银行、保险业、金融业、交通、农业等几乎所有的经济部门，总部设在科隆。德国雇主联合会向全国各行业企业主通报经济和政治信息，提供企业经营政策的咨询和帮助，并代表企业主向联邦议院、联邦政府提出建议和要求以及反映企业主利益的各种法律提案。雇主联合会还与其对手德国工会联盟进行对话，协调企业与工会的关系。德国雇主联合会向企业提供咨询的主要内容是：劳资合同政策、工人的劳动权利、共同决定权问题、职工教育和社会舆论政策等。

2. 德国工会联合会 建于 1949 年，是代表德国工人利益的群众组织，总部设在柏林。德国工会联合会实行行业工会原则，会员个人身份均属于某个行业工会，会员总人数达到 800 多万人，是德国会员人数最大的组织，其中冶金工会是最大的分会，会员约 300 万人。行业工会可以号召罢工，但没有得到德国工会联合会的同意或默契，下属工会不能举行罢工。德国工会联合会在政治上倾向德国社会民主党，德国工会联合会的主要领导成员几乎都是社民党的领导成员或基层领导成员。德国工人要举行罢工，德国工会联合会先要与社民党中央共同研究罢工的必要性、可能性及罢工结果。在社民党同意下，工会会员进行表决，只有三分之二的会员同意方能举行罢工。所以在德国工人罢工中，常常有社民党领导人走在罢工队伍前列，可以说，德国工会联合会与社民党是一种鱼和水的关系。

德国工会联合会有一套完整的行政机构和研究机构，它通过两条渠道对联邦政府施加影响。一条渠道是联邦议员的工会会员，另一个渠道是联邦议院社民党议会党团。议会党团是联邦议会内的实权机构，对联邦政策具有重要影响。

3. 弗里德里希—艾伯特基金会（Friedrich-Ebert-Stiftung） 德国规模最大的政治基金会，是德国社民党最重要的智囊机构，也是欧洲最大的工人运动基金会。艾伯特基金会是以社民党人、魏玛共和国第一任总统弗里德里希·艾伯特的名字命名的，在第二次世界大战期间被德国法西斯禁止，战后重建。基金会的主要任务是以社会民主主义思想教育人，开展国际活动，在国内外政策上向社民党提供咨询。弗里德里希·艾伯特基金会的国际网络受到波恩与柏林总部的支持。艾伯特基金会的国际工作主要由联邦经济合作与发展部和外交部资助。基金会在 60 多个国家设有代表机构，在 100 多个国家有合作项目。1985 年在上海建立代表机构，1987 年在北京建立项目办公室。

4. 康拉德—阿登纳基金会（Konrad-Adeauer-Stiftung） 以联邦德国第一任总理康拉德·阿登纳的名字命名，是基督教民主联盟的政治智囊团，建于 1964 年。阿登纳基金会的宗旨是，维护基督教教义，维护“自由民主的法治国家秩序”，用“民主、平等、博爱”的思想教育人们。在国内外政策上向基民盟提供咨询，在冷战结束后，阿登纳基金会积极开展在苏联东欧地区的活动，传播西方价值观。阿登纳基金会对中国一直持观望态度，1996 年 2 月才在中国北京设立代表机构。

（冯中林）

第五节 经济与社会

一 经济

（一）概况

德国是高度发达的工业国，是欧洲第一经济强国。经济总量位居欧洲首位，世界第四位，连续六年保持世界头号出口大国地位。2009 年德国国内生产总值24920亿欧元，人均国内生产总值30342欧元。2009年外贸总额为14703亿欧元，其中出口8032亿欧元，进口6671亿欧元，盈余1361亿欧元。国内资产投资4787亿欧元，私人可支配收入15525亿欧元，私人消费支出10203亿欧元，公共支出10706亿欧元。2009年，通胀为0.4%，平均失业率为7.2%。2008年国民总收入18802亿欧元，国家负债总额16320亿欧元，占国内生产总值的65.5%。2009年国家财政预算总赤字为1055亿欧元，占国内生产总值约4.2%。2009年公共财政总收入10211亿欧元，总支出11267亿欧元。2008年人均国民收入22892欧元，雇员平均月毛收入为2318欧元，每小时平均工资为20.52欧元。

（二）资源

德国是自然资源较为贫乏的国家，除硬煤、褐煤和盐的储量丰富之外，在原料供应和能源方面很大程度上依赖进口，2/3的初级能源需进口。天然气储量约3820亿立方米，能满足国内需求量的1/4。硬煤探明储量约2300亿吨，褐煤约800亿吨；其他矿藏的探明储量为：钾盐约130亿吨，铁矿石16亿吨，石油5000万吨，天然气约5000亿立方米。东南部有少量铀矿。森林覆盖面积为1110万公顷，占全国面积约1/3。水域占2%。

（三）工业

2008年，德国工业企业（含建筑业）总产值5724.4亿欧元，占国内生产总值的30.1%。工业就业人数619万人，占国内总就业人数（4017万人）的15%。工业结构及特点：（1）侧重重工业。汽车和机械制造、化工、电气等部门是支柱产业，占全部工业产值的40%以上，2008年销售额分别为3687亿欧元（同比增长7.4%）、2189亿欧元（同比增长11.4%）、1737亿欧元（同比增长7.1%）和1979亿欧元（同比增长3.1%）。其他制造行业如食品、纺织与服装、钢铁加工、采矿、精密仪器、光学以及航空航天业也很发达。（2）高度外向。主要工业部门的产品一半或一半以上销往国外。连续6年保持世界第一出口大国地位，2009年出口8032亿欧元，较上年大幅下降18.4%，进口6671亿欧元，下降17.2%，但外贸顺差仍达1361亿欧元。70%以上的商品进出口额在欧盟内完成，欧盟外最大贸易伙伴为美国。（3）中小企业是中流砥柱。约2/3的工业企业雇员不到100名。众多的中小企业专业化程度较高，技术水平较高，灵活性强。（4）垄断程度高。占工业企业总数2.5%的1000人以上的大企业占工业就业人数40%和营业额的一半以上。

（四）农牧业

德国农业发达，机械化程度很高。2008年共有农业用地1693万公顷，约占德国土面积的一半，其中农田面积1193万公顷。2009年农林渔业产值为国内生产总值的0.9%。农业就业占国内总就业人数的2.12%。2008年有农业企业374514个，以中小企业为主，平均占有土地56.6公顷。

近几年德国主要农牧渔业产品产量如下：

（单位：万吨）

	2006年	2007年	2008年
粮食	4348	4063	5011
马铃薯	1003	1164	1137
水果	130	127	130
葡萄酒（亿升）	9.06	10.37	10.00
蔬菜	311	333	342
鸡蛋（百万枚）	9537	9578	9617
猪存栏数（万头）	2652	2713	2669
牛存栏数（万头）	1275	1269	1297
奶制品（万吨）	2799.5	2840.3	2865.6

（五）服务业

德国服务业发达，包括商业、交通运输、电信、银行、保险、房屋出租、旅游、教育、文化、医疗卫生等部门。2008年，服务业就业人数为2297万人，占总就业人口的59.5%。

近几年德国服务业产值及占国内生产总值比例如下：

（单位：亿欧元）

	2006年	2007年	2008年
服务业总产值	14371.5	16742.9	154177
商业、饭店业、交通	3806.9	4321.9	3998.3
金融、租赁、企业服务	6022.5	7123.6	6550.4
其他公共及私人服务	4542.1	5306.4	4869.0
占国内生产总值比例	62.2%	69.1%	61.9%

（六）旅游业

德国旅游业发达。每年有大量国内外游客在德国旅游，2008 年旅游过夜共 3.7 亿人次，其中国内游客入住约 3.13 亿人次，外国游客约 0.57 亿人次。2008 年，德国有各种旅馆 52143 家，床位 259 万个。著名景点有科隆大教堂、柏林国会大厦、波恩文化艺术展览馆、罗滕堡、慕尼黑德意志博物馆、海德堡古城堡、巴伐利亚新天鹅石宫和德累斯顿画廊等。

（七）交通运输

德国交通运输业十分发达。公路、水路和航空运输全面发展。特别是公路密度为世界之冠。2008 年，德国货运总量 44.6 亿吨，其中公路运输总量 34.30 亿吨，铁路 3.71 亿吨，内河 2.46 亿吨，海运 3.16 亿吨，管道 9106.9 万吨，航空 350.3 万吨。客运总量 111.84 亿人次，其中铁路 22.06 亿人次，公路 88.12 亿人次，航空 1.66 亿人次。

铁路：截至 2005 年底，铁路总长 40412 公里；有机车 15373 辆，客运车厢 12047 节，货运车皮约 102778 节；2008 年客运量 23.30 亿人次，货运量 3.71 亿吨，国内运量 2.39 亿吨。

公路：2008 年等级以上公路 23.12 万公里，其中高速公路 1.26 万公里，高速公路长度居世界第四。2008 年全国注册机动车共 4960 万辆，其中小轿车 4132 万辆，卡车 234.68 万辆。公路货运量为 30.78 亿吨，国内货运量 28.47 亿吨；公共交通客运量为 112.1 亿人次。

水运：2008 年，德国拥有远洋商船 645 艘，总吨位 1581 万吨。2008 年全国海港吞吐量为 3.21 亿吨，其中汉堡港区吞吐量为 1.19 亿吨。2007 年内河航道可运营船舶 2275 艘。2008 年内河货运总量 2.46 亿吨。国内货运量 5755 万吨。

民航：民航运输业发达。2007 年共有各类民航企业 305 家，2008 年共有各种飞机 20916 架。2008 年民航客运量 1.66 亿人次，货运量 350.3 万吨。法兰克福机场是世界主要航空港之一，2007 年进出港旅客和货物吞吐量分别为 5342 万人次和 203.7 万吨。

管道：输油管道总长约 2370 公里，2008 年输送原油 9107 万吨，国内输送量 2269 万吨。

（八）财政金融

2009 年德国家财政预算总赤字为 1055 亿欧元，国家负债总额 16320 亿欧元 2009 年公共财政总收入 10211 亿欧元，总支出 11267 亿欧元。

近三年联邦政府财政状况如下：

（单位：亿欧元）

	2006 年	2007 年	2008 年
收入	9901	10264	10506
支出	10049	10161	10532
余额	-148	+103	-26

截至 2009 年底，德国联邦银行黄金储备约 839 亿欧元，对国际货币基金组织的债权为 16 亿欧元，外汇储备为 256 亿欧元。

德国主要银行有：(1) 德国联邦银行，1948 年成立，是德国的中央银行，决定国家货币政策、负责货币发行并管理外汇黄金储备，2009 年底总资产额为 5880.43 亿欧元。(2) 德意志银行，1870 年成立，德国最大的商业银行。1998 年 11 月该行收购美国信孚银行后，资产总额超过瑞士联合银行，一度成为全球最大的商业银行。截至 2009 年 12 月，资产总额为 15010 亿欧元。(3) 商业银行，1870 年成立。2008 年 9 月收购 1872 年成立的德累斯顿银行，成为德国第二大商业银行。同年 12 月，该行被德国政府部分国有化。2009 年底资产总额约为 8441 亿欧元。(4) 巴伐利亚抵押联合银行（又称德国裕宝联合银行），1997 年 7 月，巴伐利亚联合银行和巴伐利亚抵押和汇兑银行合并后总资产达7430 亿马克。2005 年，被意大利联合信贷银行兼并。2009 年底资产总额达 3634 亿欧元。

（九）对外贸易

德国是世界贸易大国，同世界上 230 多个国家和地区保持贸易关系，全国近 1/3 的就业人员从事出口工作。1986—1990 年，德国的出口额曾为世界第一，从 1991 年起次于美国。自 2003 年起连续 6 年保持世界第一出口大国的地位，2009 年，中国取代德国成为世界出口冠军。德国外贸长期顺差，2008 年德国出口 9949 亿欧元，进口 8186 亿欧元，外贸盈余 1763 亿欧元。

近几年来外贸情况如下：

（单位：亿欧元）

	2006 年	2007 年	2008 年
出口额	8960. 48	9690. 49	9949
进口额	7314. 79	7704. 10	8186
差额	1375. 69	1986. 39	1763

德国出口业素以质量高、服务周到、交货准时而享誉世界。主要出口产品有汽车、机械产品、化学品、通信技术、供配电设备和医学及化学设备。主要进口产品有化学品、汽车、石油天然气、机械、通信技术和钢铁产品。主要贸易对象是西方工业国，其中进出口一半以上来自或销往欧盟国家。

2008 年同主要贸易伙伴国出口和进口情况如下：

（单位：亿欧元）

	出口额	进口额	差额
法国	968. 59	667. 10	301. 49
美国	714. 67	460. 60	254. 07
英国	667. 88	442. 61	225. 27
意大利	640. 03	459. 62	180. 41
荷兰	656. 44	720. 83	－64. 39
比利时	516. 35	397. 35	119. 00
奥地利	538. 40	331. 48	206. 92
西班牙	437. 04	216. 31	220. 73
瑞士	389. 90	311. 60	78. 30
中国	340. 96	593. 78	－252. 82

（十）对外投资

2008 年，德对外直接投资 1068. 13 亿欧元，主要集中在欧洲，为 824. 43 亿欧元，占对外投资总额的 77. 2%，其中在欧盟国家投资 710. 67 亿欧元，占对外投资总额的 66. 5%。

（十一）对外援助

德国官方对外援助主要以财政合作（提供优惠贷款）和技术合作（免费派遣专家、提供设备及培训人员等）方式进行。2008 年德政府为发展中国家提供的发展援助为 96. 93 亿欧元，占国民生产总值的 0. 38%，其中 64. 8% 用于双边援助项目。

（十二）外国资本

2008 年，外国在德国直接投资 256. 31 亿欧元，2/3 来自欧洲，主要来自卢森堡（71. 45 亿欧元）、意大利（49. 24 亿欧元）、瑞士（23. 55 亿欧元）和美国（22. 92 亿欧元）。外国投资主要集中在金融、商业、食品工业、化工、交通、电子技术和机械制造部门。德对外投资总额为 451. 38 亿欧元，绝大多数投往欧洲国家（400. 06 亿欧元），主要是卢森堡（123. 63 亿欧元）、荷兰（101. 93 亿欧元）、美国（27. 10 亿欧元）和中国（24. 85 亿欧元）。

（十三）著名公司

1. 大众汽车股份公司（Volkswagen AG） 成立于 1938 年，主要生产销售各式汽车、发动机和有关配件。2009 年雇员总数 37 万人，销售额为 1052 亿欧元。现任董事长文德恩（Martin Winterkorn）。

2. 戴姆勒股份公司（Daimler AG） 前身为 1886 年成立的奔驰汽车厂和戴姆勒汽车厂。1998 年与美国克莱斯勒汽车公司合并，主要生产各种车辆、飞机发动机和内燃机等。2007 年 8 月，公司将克莱斯勒 80. 1% 的股权出售给美国私募基金泽普世资本管理公司。2009 年 4 月，宣布转让克莱斯勒剩余股份。2009 年公司雇员总数 25. 6 万人，总销售额 789. 24 亿欧元。董事长迪特·蔡彻（Dieter Zetsche）。

3. 西门子股份公司（Siemens AG） 1847 年成立，主要生产经营各类电气设备、电子元件等，2009 年公司雇员总数 40. 5 万人，销售额 766. 5 亿欧元。董事长罗旭德（Peter Löscher）。

4. 巴斯夫集团（BASF AG） 又称巴登苯胺苏打公司，1865 年建立，主要经营石油、化工产品和药品等，2009 年公司雇员总数 10. 48 万人，销售额 507 亿欧元。董事长贺斌杰（Juergen Hambrecht）。

5. 安联保险集团（Allianz Group） 成立于 1890 年，主要提供保险、风险管理咨询及投资理财服务。2009 年公司雇员 15. 45 万人，年销售额 974 亿欧元。董事长米夏埃尔·迪克曼（Michael Diekmann）。

二 社会保障

德国属于高社会福利国家，它的福利主要包括医疗、护理、工伤事故、养老和失业五大保险，此外还有儿童补贴、住房补贴及社会救济等。20 世纪 50 年代初社会保障支出约占 GDP 的 10%，20 世纪60年代超过20%，70年代初已高于25%，而1975年突破30%，此后的30余年，社会保障支出占GDP的百分比一直徘徊在30%左右。

德国的社会保障体系开始于19世纪末期，当时德国的工业化迅速发展，工人队伍迅猛扩大，由于工人处于无保护的雇佣地位，加之收入微薄，遇到疾病和事故就会家破人亡，因此工人运动蓬勃发展。为防止工人运动危及社会稳定，当时的帝国宰相奥托·冯·俾斯麦于1883年制定医疗保险法、1884年制定事故及伤残保险法、1889年制定养老保险法。上述三项保险法奠定了德国社会保障网的基础。1923年手工业者也被纳入法定的社会保障范围。1957年实行农民老年补助，并使养老金的提高与社会工资增长挂钩。

经过二战后的黄金发展阶段，“德国福利国家模式”曾被普遍认为是成功的经济和就业政策的代名词。但20世纪90年代以来，由于经济增长疲软、失业率不断增加，“德国模式”受到质疑。社会人口结构的变化尤其给德国养老保障和医疗保障制度带来挑战。德国社会的老龄人口比例在近几十年持续增加。65岁以上的人口1950年占总人口的9.7%，2000年为16.4%，2005年为18.7%，预计到2050年将达到总人口的31%。在全球化和欧洲一体化的外部压力以及国内经济和社会结构转型的内部压力下，具有传统社会保护色彩的德国福利国家模式正在通过进行现代化改革，从困境中寻求新出路。

为应对人口老龄化，德国采取了延长退休年龄的办法，具体做法是，将法定退休年龄逐步从65岁提高到67岁，从2012年到2035年，德国人的退休年龄将逐年提高一个月。德国还进行了哈茨改革。这项改革是将战后通过失业救济确保失业者拥有“标准的生活水准”降低到仅仅维持“基本生活”的低保水平。这一改革措施偏离了德国传统的社会保护理念，放松了对劳动力市场的管制。

三　移民问题

20世纪50年代中期以后，联邦德国出现“经济奇迹”，经济发展造成劳动力奇缺。当时的联邦政府决定从地中海沿岸国家招募“客籍工人”，与有关国家政府签订了招募合同。这样，意大利的“客籍工人”及土耳其人、希腊人、南斯拉夫人和西班牙人接踵而来。到1973年“客籍工人”人数达到260万人。1973年11月23日，联邦政府决定不再招募“客籍工人”，但“客籍工人”及其家属已形成一个社会阶层。其次是来自一些国家的“政治避难者”。这一群体人数也相当大。例如1992年共有406771人在联邦德国求政治避难，虽然批准率不足5%，但许多人滞留德国。另外是来自苏联及东欧国家的德族后裔，共24万人。据德国官方统计，2007年德国的外国人有718.6万人，约占居民总数的8.8%。

移民的大量涌入刺激了德国经济和社会的发展，但也使德国面临着移民社会整合、教育与福利政策整合等一系列一体化问题。由于文化背景的差异、文化水平高低的不同和不完善的移民政策，使得德国外来移民社会整合的程度较低，从而对德国的社会就业、社会福利政策、社会安全甚至国家主权提出了严峻的挑战。由此，引发了一系列社会问题，特别是针对外国移民的新民族主义——种族主义（新纳粹主义）及其政党，在德国社会和政治舞台上重新崛起，引起了人们广泛关注和担忧。然而，全球经济一体化竞争时代的到来，又迫使德国不得不引进高技术人才。德国政府在对待移民问题上，有限制移民和积极移民两种不同的呼声和倾向。在移民的社会整合和一体化问题上，也有要求移民适应“主流文化”和保持开放的“多元文化”之争。移民问题在德国，从来没有像今天这样被人们广泛地关注和讨论。

四　环境保护政策

德国政府十分重视环境保护工作，公民环境保护意识较高。德国的环境保护技术比较发达，环保技术产品出口占国际环保产品贸易的18%以上。联邦政府内设环境、自然保护及核反应堆安全部，州一级也设相应的环保机构，另外还设有联邦自然保护局和联邦辐射保护局。联邦政府的环境政策遵循下述三项原则：（1）预防原则，即在决策过程中必须考虑对环境的影响，从一开始就采取预防措施，避免因考虑不周造成环境公害；（2）造成环境污染者承担治理责任的原则，即对环境造成影响或损害的人要承担治理所需一切费用；（3）合作原则，即国家鼓励经济界、公民及社会团体参与解决环境问题。联邦政府运用法律和经济双重手段，以贯彻上述原则。

总体来说，德国的环境政策经历了3个阶段：

首先是20世纪60年代，当谈论经济政策时，开始谈论环境政策；其次是从20世纪70年代开始，环境政策和其他政策一起在政府内加以讨论；目前处于第三阶段，环境政策被提高到了最高高度，是一切政策的核心。在经济发展与环境保护方面，经济发展不能以牺牲环境为代价。德国将经济政策与环境政策协调起来，力争实现可持续的经济发展。德国不仅是环境部，交通部、研技部、发展部等其他政府部门都从事与环保有关的政策制定。即便是外交部，也将气候变化与能源课题当作中心工作展开，推动全球减少碳排放。环境问题涉及一切领域。当前，德国在三个方面采取的整治环境措施效果良好：一是空气净化，严格控制温室气体的排放；二是成功的水净化处理；三是垃圾处理。如今，德国的环境保护进入了一个新的阶段，出台了《可再生能源法》。

第六节　教育、科技与文化

一　教育概况

德国的教育事业十分发达。根据德国官方统计，2008—2009年度全国共有各类学校44941所，在校学生1383万人，教师96万人。2009年公共财政用于教育的开支为1000亿欧元，占国内生产总值的8.6%。

德国大、中、小学和职业教育发达，实行从6—18周岁12年制的义务教育，公立学校学费全免，教科书等学习用品部分减免。小学学制4—6年，中学学制5—9年。高等学校享有一定自主权，原则上实行自由入学，对部分学科采取名额限制。职业教育实行“双元制”，即职业学校理论学习和企业中的实践相结合，成人教育和业余教育普及。教师为终身公职人员，必须受过高等教育。德国还有2000多所全日制或寄宿制私立学校。虽然私立学校只占德国学校总数的6%，但却占到所有全日制学校的三分之一。私立学校必须取得州文教部的批准，方可按公立学校的规定进行考试和颁发毕业证书，并能获得州财政的资助。德国的教育体系包括幼儿园、小学、中学（分普通中学、实科中学、高级中学及试验性的综合中学）和职业学校、高等院校。2008—2009年度德国各大学在校学生200万人。高等学校（除私立的、教会办的、联邦国防军办的和联邦行政专科大学外）归州文教部管理，但在新建、扩建大学和经费筹措方面与联邦政府合作。高校内部实行自主管理，全国设大学校长会议，定期讨论有关高等院校的管理问题。德国著名大学有科隆大学、慕尼黑大学、亚琛工业大学、海德堡大学等。德国学术交流中心（DAAD）是高等学校的共同机构，其任务是通过交换大学生、研究生和科学家，促进德国高校与国外联系和学术交流。

德国实行双轨制教育，并获得较大的成功，即除正规学校教育外，也注重职业培训和进修。中学毕业生进企业后必须经过正规的职业培训才能上岗。根据不同的职业，一般需经过2—3年的学徒期。学徒期间只付给徒工津贴。大型企业设有专供徒工实习的劳动车间，中小企业的职工专业培训在工作岗位上进行。某些专业化强的小企业，不利于学徒工获得全面的职业知识，其学徒可到跨企业的培训中心接受培训。学徒期满后通过考试，才能正式上岗。具体做法是：学徒期间，徒工每周必须到职业学校上1—2天的理论课，以便掌握专业理论知识；准备谋职的中学毕业生也可以选择为期一年的全日制职业专科学校或者高一级的职业学校。近年来，企业越来越注重在职人员的再培训，每年约有40%的员工参加再培训。德国把这种职业的培训视为增强经济竞争能力和社会发展后劲的保证。2008/2009年度德国职业学校共有8981所，在校学生281万名，教师12万名。

二　科研

（一）概况

德国的科研方针是“科学和研究自由”，“联邦和各州分权”；“以科技界和经济界为主，以国家为辅”。联邦教育和研究部主管科研。联邦议院的四个专门委员会对科研决策也有重要发言权，它们是：研究与技术委员会、教育与科学委员会、自然环境保护与核安全委员会和联邦预算委员会。1957年成立的“科学会议”是协调联邦与各州科研政策和评估科研活动的常设机构。此外，还有一个由教育与研究部领导的“科学决策委员会”。科研活动主要通过四个层次进行：（1）政府科研机构，即联邦各专业部的科研机构，其任务是从事公益性的基础研究，兼有技术鉴定和检验的职能；（2）非营利性科研机构，即官办性质的独立科研机构，经费全部来自政府拨款。这类机构包括马克斯—普朗克协会、弗劳恩霍夫尔协会和亥姆霍尔茨联盟。16个大研究所是德国科学基础研究的主力军；（3）工业科研机构，其主要组织者是德国工业研究联合会；（4）高等院校的科研。“科研与教育相结合”一直是德国高校的一大特点。在这方面，德意志研究联合会发挥着重要的作用，它的成员包括大学、科研机构、地区科学院和科技协会。2007年德国在研究和开发部门工作的研发人员约有28.6万人，投入的研发活动人力为49.8万人/年，每万名劳动力中拥有69名研发人员。2007年德国发表的由三大系统收录的科技论文14万余篇，位居全球第五位，获得发明专利授权17739件，位居全球第七位。2006年德国高新技术产业总产值为1912亿美元。2007年德国用于研究开发的费用为838亿美元，占国内生产总值的2.53%。

（二）基金会组织

德国的政治基金会在社会科学研究方面起着重要作用。主要有：社会民主党的艾伯特基金会，是目前德国最大的政治基金会之一；基督教民主联盟的阿登纳基金会；基督教社会联盟的赛德尔基金会；自由民主党的诺曼基金会（始建于1958年）；绿党的亨利希·伯尔基金会（原称“彩虹基金会”，建于1988年）和左党的卢森堡基金会。这些基金会的任务是：（1）通过举办训练班、报告会、讨论会、出版刊物，对国民进行政治培训，以增强他们“对未来的责任感和参政意识”；（2）向国内外，尤其是第三世界国家的青年社会科学家提供资助，前往德国了解德国的社会、政治、经济等领域的发展；（3）赞助社会科学课题研究，艾伯特基金会和阿登纳基金会都有自己的研究所；（4）与外国合作伙伴展开合作研究。资金来源主要靠联邦政府拨款，也有部分私人捐助。

著名的洪堡基金会建于1859年，是以德国著名科学家亚历山大·冯·洪堡的名字命名的，当时，这个基金会属于普鲁士科学院。洪堡基金会的资金90%靠政府拨款，主要来自外交部、研究技术部、教育科学部、经济合作部，其次来自其他基金会和科学者协会。它资助的对象主要是外国青年科学家和学者。基金会章程称其宗旨是“不分国籍、不分种族、不分性别、不分宗教信仰和意识形态”，推动外国青年科学家和有成就的学者参加联邦德国的科研项目，在科技方面与联邦德国保持联系。1972年6月5日，德国为感谢美国在第二次世界大战后为帮助德国重建提供“马歇尔计划”援助，在当时的联邦总理维利·勃兰特的支持下，洪堡基金会特设700万马克的专项基金，资助美国科学家、工程师和博士到德国从事科学研究工作。该基金会也资助德国青年学者到国外考察访问。

三 文化

（一）概况

德国文化丰富多彩，从音乐、文学、哲学到戏剧、图书和博物馆等都十分突出。平均而言，德国人一个星期花费19小时在文化活动上，其中电视占据了绝大部分时间，约为13小时，花费在读书报杂志的时间为4个半小时，剩下的时间在剧院、博物馆和音乐会。

德国素有“音乐之国”的美称，如世界著名的作曲家“巴赫三父子”、路德维希·贝多芬、约·勃拉姆斯、里夏德·瓦格纳、里·施特劳斯等，都有传世佳作。目前全国有100多个职业乐队或乐团，其中属世界一流的有柏林爱乐乐团、班贝格交响乐团、慕尼黑交响乐团、莱比锡交响乐团和德累斯顿交响乐团等。著名指挥有赫伯特·冯·卡拉扬、库尔特·马苏尔、克里斯托夫·冯·多纳尼等。2006—2007年度德国剧院接待观众约有2666万人次，其中公立剧院1878万人次，音乐会148万人次。

在德国文坛上，有过像莱辛、歌德、席勒和海涅这些世界级大文豪，也出现过如亨利希·曼和托马斯·曼兄弟、赫尔曼·黑塞、特奥多尔·蒙森、鲁道夫·欧肯、保罗·海泽和格·豪普特曼这些诺贝尔文学奖获得者，自然还有反法西斯的文坛代表安娜·西格斯、贝特霍尔特·布莱希特等。现代文学家中海因利希·伯尔、君特·格拉斯和克丽丝塔·沃尔夫都颇具名气。德国学者在哲学上的造诣和贡献是举世公认的，康德、黑格尔、费尔巴哈和马克思、恩格斯等都对世界哲学的发展产生了巨大影响。以马丁·海德格尔为代表的存在主义哲学和以特奥多尔·W. 阿多尔诺为代表的“法兰克福学派”对德国20世纪的哲学发展也具有重要影响。

德国的图书出版量位居世界前列。法兰克福书展（Frankfurt Book Fair）是德国举办的国际性图书展览，是世界上最大规模、最享盛誉的书展，被誉为“世界出版人的奥运会”。书展由德国书商及出版商协会的子公司法兰克福书展会展公司（AuM）负责筹办。它为来自世界各国的出版商、代理商以及图书馆人员提供了一个洽谈版权交易、出版业务及展书订书的场所。每年，会有100多个国家、7000多家出版商和书商、30多万个新品种参加法兰克福书展。该书展已成为世界最大和最重要的图书贸易中心，是世界书业界的盛会，也被誉为“世界文化风向标”。1990年法兰克福图书馆和莱比锡图书馆合并为“德意志图书馆”，成为国家图书馆，总藏书1.29亿册。德国博物馆数量大、种类多，有国家的、州市和地方的、协会的和私人的，共4747个。每年参观者逾亿人次。

（二）对外文化政策及执行机构

联邦政府没有文化部，文化事务由州文教部处理。对外文化交流由外交部文化司协调各州政府、教会、政党基金会以及其他组织共同进行。1996年初外交部特设一个由文化界、经济界和政界14位知名人士组成的“对外文化政策顾问小组”。截至1997年，德国同世界上96个国家签订了文化协定。对外文化宣传活动主要由下列各组织分别进行：（1）歌德学院和各驻外分院的主要任务是在国外从事德语教育，宣传德国文化，推动国际文化合作；（2）德国学术交流中心（DAAD）负责与国外交换科学家和留学生、派遣德语教员等；（3）洪堡基金会负责资助外国资深科学家，尤其是知名青年科学家到德国参与科学研究活动；（4）国际交流中心（Inter Nationes）邀请并接待外国官方或半官方客人访德，此外还通过赠送电影、音像资料和书籍，介绍德国情况；（5）对外关系学会（IFA）主管在国外组织有关德国文化展览或在德国组织外国的类似的展览。

（三）歌德学院

歌德学院是以德国大文豪约翰·沃尔夫冈·歌德命名的，建于1951年，总部设在慕尼黑。1986年10月，在北京也开设了一所分院。名义上，歌德学院是自主的协会，是独立的，实际上歌德学院是接受德国外交部财政拨款，对外传播德国文化的机构。它的领导机构由外交部、联邦议院各议会党团和部分州政府代表共30人组成。1969年7月1日歌德学院曾与外交部签订一个合作协定。协定规定歌德学院的任务是：（1）在国外从事德语教育；（2）培训外国德文教师和其他德语专业人才；（3）在国外举办文化讲座，宣传德国文化。协定还规定歌德学院在外交部文化政策框架内独立展开工作，每年与外交部讨论两次工作情况，协调立场。歌德学院分院的开设或关闭必须事先得到外交部的批准。根据这些任务的规定，设在国外的歌德学院分院除定期或不定期地举办德语培训班外，还举行报告会、文学作品朗诵会、电影晚会、展览会等，介绍德国文化。歌德学院除获得政府拨款外，还通过开办德语培训收费，支持其文化宣传活动。

（四）博物馆

德国有各类博物馆4747多个，内容从古到今，涉及人类生活的各个方面。从博物馆的所属关系看，有国立、州立和市立的，也有专业协会的和大学或私立的。博物馆属文化事业，归州管辖，联邦政府没有统一的规定。1917年成立的德意志博物馆联合会，协调博物馆的管理工作，如艺术品的修复、博物馆安全、总目录的汇编等。在德国，几乎每一个乡村都有自己的“家乡博物馆”，介绍本地区的历史和风土人情。最重要的艺术博物馆有亚琛的大教堂珍宝馆、柏林的国立普鲁士文化遗产博物馆、波恩的德意志联邦共和国艺术展览馆、科隆的路德维希博物馆、慕尼黑的古绘画陈列馆和新绘画陈列馆、斯图加特的国立美术馆。文化史博物馆中有科隆的罗马—日耳曼博物馆、美因茨的谷滕堡博物馆、慕尼黑的巴伐利亚州立博物馆、纽伦堡的国立日耳曼博物馆、维尔茨堡的美因法兰克博物馆。自然科学和技术博物馆有波鸿的德国矿山博物馆、波恩的亚历山大·科尼希博物馆、曼海姆的技术与劳动博物馆、慕尼黑的德意志博物馆。柏林的达勒姆民俗博物馆是德国最大的民俗博物馆。历史博物馆有柏林的德意志历史博物馆和波恩的“德意志历史之家”。

（五）新闻媒体

德国新闻出版事业十分发达，报刊种类繁多。发行量最大的日报是《图片报》，发行量约为335万份，其他全国性大报发行量如下：《南德意志报》，43.5万份；《法兰克福汇报》，37万份；《时代》周报，50万份；《世界报》，26万份。最大的地方性报纸是《西德意志汇报》，发行量40万份。2009年底，德国各类日报的日销量为2200万份。有各类杂志近万种，总发行量约11464万份；各种专业刊物约3600种，总发行量1220万份。最重要的时事政治周刊《明镜》发行量约101万份，《焦点》58万份。

德国主要的通讯社有：(1) 德意志新闻社，1949年成立，为私营股份有限责任公司，下设报纸、广播和电视新闻200多个部门，属于世界大通讯社之一。总社在汉堡，图片新闻编辑总部在法兰克福，在国内其他50多个城市设有分社或编辑部，在80多个国家派驻记者或聘用撰稿人。是德国大众传媒的主要消息来源，其客户包括500余家国内和750余家国外新闻单位及大量非新闻机构。德新社用德语、英语、西班牙语和阿拉伯语发稿，内容包括国内外政治、经济、科技、文化等各个领域，在德国日报中的采用率达99%。(2) 德意志电讯社：1971年成立，总社在波恩，主要向国内报纸提供新闻稿，对外只用德文向瑞士、卢森堡发消息。德国统一后，该社与前民主德国的德通社合并。此外还有一些专业性通讯社，如福音教新闻社、体育新闻社、联合经济新闻社等。

德国主要广播电台有：(1) 德国广播电台，1994年成立，分别在柏林和科隆进行广播，由联邦政府和州广播电台出资兴办，主要负责对国内广播。(2) 德国之声电台，1960年成立，总部设在科隆，由联邦政府出资兴办，用包括中文在内的31种语言向全世界广播，并用德、汉、英等语言播放电视新闻节目。此外还有11家州电台。

德国主要电视台是：(1) 德国电视一台(ARD)，1950年成立，由各州电台、德国广播电台和德国之声电台组成德国广播协会，共同经营，播放全国性的第一套节目及地方性的第三套节目。(2) 德国电视二台（ZDF），是德国最大的电视台，1961年由各州共同组建，总部设在美因兹，播放第二套节目。另外一些卫星电视节目和私营电视台如SAT 1、RTL、PRO 7也拥有大量观众。

四 宗教

2006年末，基督教仍是德国最大的宗教，有54765265名信徒（占67.07%），第二大宗教是伊斯兰教，有330万名信徒（4%），再次是佛教和犹太教。基督新教教会由24个基本上独立的路德教派、联合教派和新教派的分会组成联盟，其最高立法机构是教会代表会议，最高领导机构是德国基督新教教会理事会。基督新教教会属世界基督教会理事会，与罗马天主教教会保持着密切的合作关系。德国天主教共有7个大主教教区，27个主教教区，全国设天主教中央委员会，下属100多个天主教联合会。两个教会都是每两年举行一次全国性大会。两个教会都有慈善机构，参与某些发展援助工作。教会办有医院、伤残人院、养老院、护理院和学校等。天主教的慈善机构称“德国慈善协会”，基督新教的慈善机构叫“教会救济署”。其他宗教团体还有基督—卫理会教会、浸礼教会、东正教、福音会—自由教会联盟、老天主教、门诺会、贵格会、救世军、犹太教、伊斯兰教等。教会是特殊的公共团体，得到政府的财政支持，支付神职人员的薪水，负担教会部分设施的修缮费用。

在过去数十年间，德国最大的两个宗教团体，新教的德国福音教会（EKD）和罗马天主教，都丧失了大量信徒，下降到只有大约30%（2008年年末）。2008年年末，德国天主教徒占人口的30.7%，低于二战前1939年的数字33%。德国福音教会信徒到2008年年末已经下降到略低于30%。德国其他的教派都非常小（不足0.5%）。两德统一后，由于东部各州不信宗教者占人口多数，德国不信仰宗教者的比例有所上升。在汉堡，天主教徒和新教徒都在下降，已经成为非宗教徒占多数的州。

五 民风民俗

(一)“啤酒王国”

德国是名副其实的啤酒王国，啤酒是大众饮料。1999年统计资料表明：德国有5000多种啤酒品牌，年销售量为10.748亿立升，人均年消费13.2立升，年营业额为200亿马克。人们的印象是慕尼黑人最爱喝啤酒，其实柏林人对啤酒的喜爱并不亚于慕尼黑人。现在柏林有5000家啤酒馆，“4个街角5家啤酒馆”是柏林啤酒业发达的写照。德国最大的啤酒酿造集团是瓦尔斯泰因集团，年产量为5815万立升。

德国啤酒十分注重质量，严格按照1516年发布的“纯度要求”酿造。近年来外国啤酒开始进入德国市场，但份额很小。德国啤酒的研究和咨询机构是VLB，成立于1883年，在科隆和德累斯顿有分支机构。不少大学设有啤酒专业。德国还有啤酒博物馆。每年9月20日开始的慕尼黑啤酒节也称为“10月节”（始于1811年），更是饮啤酒的盛会，是最有吸引力的德国民间节日之一，历时 16 天，吸引着成千上万的国内外游客。期间还举办啤酒研讨会，邀请世界各地的大啤酒厂商参加。

（二）施雷贝尔小花园

德国大城市周围甚至市区都可以看到成片周末简易房园区，称为“施雷贝尔小花园”（Schrebergarten）或称为“花园居住区”。这些地段被分成 200—400 平方米大小地块，租给楼房居民，他们根据自己的情趣和爱好种植花草、蔬菜或果树，在节假日及周末居住，过田园生活，呼吸新鲜空气。这种独特形式起源于 19 世纪中期。一个叫丹尼尔·莫利茨·施雷贝尔的医生（1808—1861 年）看到居住在大城市楼房里的孩子们没有玩耍、劳作空间，于是在 1864 年创建了儿童公共菜地，后来慢慢发展成为家庭小花园。1870 年德国出现了第一个“花园居住区”。这种传统一直保持至今。人们精心管理，相互攀比，看谁的花园更美丽。春季百花争艳，秋季水果飘香，成为德国大城市的一大景观。

（三）协会和联合会

德国人有参加各种协会的传统和偏爱，德语有个成语叫“三人一个会”。每个协会都有自己的章程并在行政法院备案，所以协会又称“注册协会”。协会名目繁多，共同的兴趣爱好、共同的社会追求、甚至共同的生理特点或者面临相同的生活境遇，都可以聚在一起，成为一个协会。德国工程师协会是德国成立最早的协会，成立于 1856 年。目前德国约有各类协会 30 万个，其中各类大小体育协会共有 8. 6 万个，几乎每 4 个德国人中就有一个人是某个体育协会的成员。全国参加歌咏协会的人有 200 多万人。还有集邮协会、故乡之友协会、自然之友协会、动物保护者协会和业余无线电爱好者协会等。协会成员按照章程交纳会费，定期参加活动，对丰富体育文化生活、提高公民的集体意识和对团体的责任感、活跃地方政治生活均有积极作用。甚至还有饮酒者协会、胖女人协会和秃头者协会等。

第七节　军事与外交

一　国防

建立联邦国防军是联邦德国建国初期有严重争议的问题。早在 1950 年 8 月 29 日，阿登纳总理向西方占领国提交的一份备忘录中就提出“如果组建西欧多国部队时，德国可派军队参加”。1952 年 2 月初，联邦议会第一次公开辩论建军问题，阿登纳政府在美国的支持下，决定组建联邦国防军。1955 年 7 月 8 日，联邦德国设立国防部，特奥多尔·布兰克出任第一任国防部长。当时决定在 3 年内组建一支 50 万人的军队（12 个师及 2—4 个师级建制的独立旅），后来因为各种困难，经过 5 年才终于组织起一支 36 万人的军队。当时军队的司令官全部来自第三帝国军队，如豪辛格、斯派达尔、卡姆胡贝尔、鲁格、勒辛格尔等。1990 年 10 月 3 日联邦德国和民主德国统一，联邦德国和民主德国两支军队也实现了“合并”。前德意志民主共和国的人民军为 9 万人，联邦德国国防军为 49. 5 万人。当时名为“合并”，实为联邦国防军“接收了”前德意志民主共和国人民军的部分士兵。当时联邦德国国防部认为“人民军”的将军与前民德统一社会党关系密切，所以全部解除军职。在两德统一 4 个月后，人民军 58% 的职业兵和 67% 的军官已被遣离军队，结果只接收了 3500 名士兵和 3000 名下级军官。根据欧洲安全与合作会议 1990 年 11 月 19 日在巴黎签订的《巴黎宪章》及同年 7 月科尔总理和戈尔巴乔总统在高加索会晤时达成的协议，联邦德国的国防军人数不超过 37 万人。

德国最高军事决策机构是联邦安全委员会，由联邦总理任主席。军队和平时期由国防部长领导，战时由联邦总理任军队最高统帅。联邦国防军总监为军队最高指挥官，现任总监察长福尔克·维克尔（Volker Wieker，2010 年 1 月上任）。德国国防政策的主要内容是：军事战略从本土防御转向危机处置和预防；推动建立欧洲自主的防卫力量，使欧盟和北约在危机处置上成为平等伙伴；拓展德军军事能力建设，积极参与防区外作战行动并确保德军在需要时迅速重建本土防御能力。

德国实行义务兵役制，服役期 9 个月。德军现有 25. 42 万人，其中陆军约 9. 42 万人，海军约 1. 75 万人，空军约 4. 22 万人，其余为技术服务人员。2009 年度国防预算为 311 亿欧元，占联邦政府预算的 10. 7%。北约在德国驻军中美国约 7. 3 万人，英国约 1. 67 万人。

二 外交

（一）概况

德外交政策的总目标是在欧盟和跨大西洋伙伴关系框架内与盟友共同致力于民主、人权和跨文化对话。其首要任务是维护世界和平与安全。当前，以默克尔总理为首的政府立足欧盟，积极开展对外活动，谋求在欧洲和国际事务中发挥重要作用。继续推进欧盟一体化进程，与欧盟大国携手致力于欧盟联合自强；保持与美的紧密盟友关系，并将其视为德外交政策的基石之一；支持北约改革和转型，强调北约应成为欧美战略对话的主要场所；加强与俄的战略伙伴关系，巩固德俄能源合作；继续利用自身地缘和政经优势，深化与中东欧国家的关系，维持德在欧洲的传统影响力；加强与中、印等新兴国家的合作关系；继续谋求争当联合国安理会常任理事国；通过向非洲、拉丁美洲推广德政经模式，谋求扩大影响；积极谋求在气候变化、能源安全等领域发挥作用。目前德与世界上192个国家建有外交关系。

欧盟建设和跨大西洋伙伴关系是德外交政策两大支柱。德积极参与解决地区热点问题，愿在国际事务中承担更大责任，成为欧洲及全球范围内有行动能力、可信赖的合作伙伴。主张建立以联合国为主导的全球合作体系，致力于和平解决国际争端，共同打击国际恐怖主义，促进国际贸易自由化和全球化的公正发展，努力在全球范围内解决贫困问题。

对美关系是德对外关系两大支柱之一，强调德美共同价值观，认为欧美具有诸多共同利益，是世界上相互联系和依赖最为密切的经济伙伴。主张加强德美相互信任与政治协调，以提升德在欧洲及世界上的分量，支持建立“跨大西洋经济区”设想，进一步密切欧美经济联系。默克尔总理上台后，积极改善因施罗德政府坚决反对美对伊动武而一度陷入低谷的德美关系作为其外交政策的一个主要目标，蝉联执政后，德美交往更是明显增强。

德国重视与法、英的合作，推动欧盟内的大国关系均衡发展。德法特殊关系是德欧盟政策的核心和对外政策的基石之一。二战后德主动与法和解，共同致力于欧洲联合进程，德法轴心成为欧盟一体化的“发动机”。德法领导人坚持6—8周会晤一次及每年举行两次联合内阁会议的机制。重视英国在跨大西洋关系中的特殊作用和英国在欧盟的实力和影响，在应对气候变化问题上，德英两国外长曾发起共同倡议，建议采取有效的欧盟和多边战略应对气候变化挑战。

德国视俄罗斯为政治、军事大国，看重俄在解决全球与地区冲突、打击国际恐怖主义以及欧洲政治、安全事务中的作用，认为从地缘和能源战略出发应继续发展欧俄关系。默克尔政府蝉联执政后，致力于继续发展和深化与俄的战略伙伴关系，推动双方在经贸能源领域的合作，成立“德俄能源署”，确立科研战略伙伴关系，实质合作稳步发展。但同时，对俄乌天然气争端深感忧虑，突出对俄民主、人权等问题的关注。双方高层互访频繁。

当前，中德关系处于“平稳健康”的发展阶段。借助上海世博会等契机，两国在各领域的互利合作有望在2010年取得更大进展。虽然中德两国在国际金融危机中均受到不同程度冲击，但双边贸易仍在稳步发展。2009年，中德贸易额略有下挫，但幅度显著低于双方与各自主要贸易伙伴贸易额的降幅，据初步统计，双边全年贸易额已超过1000亿美元。展望未来，两国将继续深化在经贸领域的互利协作，共同反对各种形式的贸易和投资保护主义，发展自身并推动世界经济尽快走出金融危机阴影。

（二）德国统一进程

1. “2+4”外长会谈 1990年2月2—3日，联邦德国外长根舍访美期间与美国商定提出“2+4”外长会议方案，即由两个德国和美、苏、英、法外长为解决德国统一的“外部条件”问题而举行会谈。这一方案在同年2月12—14日华约和北约在渥太华举行的联席会议上被确定。1990年初两德统一出现了不可逆转的态势。1月30日民主德国总理莫德罗访苏，戈尔巴乔夫表示“原则上”不反对德国统一。2月10日联邦总理科尔访苏时也得到了戈氏的类似承诺：苏联尊重德国人愿意生活在一个国家内的选择。3月18日欧共体首脑都柏林会议赞成德国统一。内部条件也比较有利，3月18日民主德国举行全国选举，新政府的政策目标是尽快实现德国统一，联邦德国为推进统一进程决定建立两德货币、经济和社会联盟，签订国家条约（第一个国家条约）谈判取得迅速进展。“2+4”外长会议前后共举行了四轮，会议讨论的议题是：边界问题、政治、军事安全问题和替代四大国对德国的权利和责任的办法。第一轮“2+4”外长会谈于5月5日在波恩召开。民主德国外长梅克尔、联邦德国外长根舍、美国国务卿贝克、苏联外长谢瓦尔德纳泽、英国外交大臣赫德、法国外长迪马与会。讨论的主要问题是统一后的德国是否结盟。虽未取得一致，但达成下述共识：六国外长再次确认了德国人有权自由决定自己的命运；提出了一个与两德“内部”统一进程大体吻合的解决“外部条件”问题的时间表；同时邀请波兰外长参加预定主要解决边界问题的第三轮“2+4”会谈。第二轮会谈于6月22日在民主德国首都东柏林举行，在德国统一后是否应归属北约问题上，没有取得进展，但举行了拆除美、英、法1961年8月设在弗里德里希大街的查里检查站仪式，以示欧洲冷战的结束。1990年7月17日在巴黎举行第三轮“2+4”外长会谈，波兰外长斯比库舍夫斯基应邀参加。主要讨论德波边界问题。七国外长就最终解决波兰西部边界问题的原则、方式和时间等达成协议：未来的德国包括现在的联邦德国、民主德国和柏林，德国统一后，德波之间立即签订边界条约，确认奥得—尼斯河边界的“最终性质”，签订一个解决遗留问题的国际协定替代对德国和约。关于德国统一后结盟问题，7月15—16日科尔访苏时，戈尔巴乔夫已同意让德国自己决定。1990年9月12日第四轮“2+4”会议在莫斯科举行，讨论如何结束四大国对德国的权利和责任。会议签署了《最终解决德国问题的条约》，即《2+4条约》。条约规定，统一后的德国有权决定归属哪个联盟，在内外事务中将享有完全的主权，四大国结束它们对柏林和整个德国的权利和责任，并解散四大国的有关对德管制机构。

2. 德国统一进程　1989年苏联和东欧形势发生急剧变化，为德国统一提供了有利的外部条件。12月4日，美国总统布什提出解决德国问题的四个条件；12月19日，苏联外长谢瓦尔德纳泽作为华沙条约国中的第一位外长访问北约总部，并在欧洲议会政治委员会宣布苏联对德国统一的七点主张。这些外部因素对民主德国政局造成了巨大的冲击，反对派势力高涨。导致德国统一的直接原因是：5月2日匈牙利开放它与奥地利的边界，并于9月11日宣布废除1969年与民主德国签订的领事协定。这样就为民德人绕道匈牙利和奥地利移居联邦德国打开了缺口，逃往那里的人日益增多，到9月底已有3万名民主德国居民取道匈牙利进入联邦德国。与此同时，东柏林、莱比锡、德累斯顿各大城市相继发生要求“旅行自由”的游行示威，“新论坛”、“立即实现民主”和“民主复兴”等反政府组织纷纷出现，并提出“我们是人民”、“要自由”、“要民主”、“要自由选举”等政治口号。此时，戈尔巴乔夫抵东柏林参加民主德国国庆40周年，压昂纳克加速改革，传闻他对民主德国领导人说：“谁来得晚，谁将受到生活的惩罚。”这一消息被反对派视为是戈氏支持他们的信号。接着，10月16日，莱比锡发生了10万人参加的星期一大游行。在内外压力下，10月18日德国统一社会党总书记兼民主德国国务委员会主席昂纳克由于“健康原因”辞去党内外一切职务，11月7日斯多夫政府集体辞职，分别由埃贡·克伦茨和汉斯·莫德罗接替。11月9日，民主德国宣布开放柏林墙，允许公民自由出境。11月17日，莫德罗发表政府声明，建议成立两德“条约共同体”。11月28日，科尔总理抓住时机，提出德国统一的十点计划，表示愿意考虑莫德罗提出的建议，建立邦联结构。虽然这时英国、法国、荷兰、波兰和丹麦等国都对德国统一持极大的保留，甚至公开反对，但统一的趋势已不可逆转。1990年1月30日莫德罗访苏后，于2月1日提出德国统一的四阶段计划，实际上已放弃了原先保持民主德国作为主权国家的想法。3月18日民主德国人民议院选举，得到联邦德国支持的基督教民主联盟获胜，接管了政权。美国国务卿贝克2月7—10日访苏，苏联接受由美、苏、英、法加上两个德国讨论德统一涉外问题的“2+4会议”的建议。3月18日，华约组织外长布拉格会议发表声明，承认两德统一是德国人民自己的事情。4月19日，欧洲共同体委员会制订出分三阶段接纳民主德国的方案。4月28日，欧洲委员会都柏林会议作出决议，欢迎两德统一，认为是欧洲统一过程中的积极因素。5月18日，两德签订《货币、经济和社会联盟条约》，即《第一个国家条约》。7月16日，两德开始谈判《第二个国家条约》并8月31日签字，解决了两德统一的内部问题。期间，民主德国人民议院于8月23日通过决议，按联邦德国《基本法》第23条加入联邦德国。9月12日，第四轮“2+4”会谈结束，签订了《关于最终解决德国问题的条约》，条约规定德国享有完全主权，结束四大国对柏林和整个德国的权利和责任。1990年10月1日，四大国发表声明：从德国统一之日至条约生效，停止四大国对柏林和整个德国的权利和责任。10月3日，民主德国正式加入联邦德国，德国实现了和平统一。沿用“德意志联邦共和国”国名。美英两国分别于1990年10月16日和11月16日批准了该条约，法国和苏联分别于1991年1月3日和15日批准该条约。因此，从国际法意义上讲，德国统一过程是在1991年3月16日完成的。

第八节 人物

阿登纳（Adenauer，Konrad，1876年1月5日—1967年4月17日） 德意志联邦共和国总理兼基督教民主联盟主席。生于科隆一中级官员家庭。先后在弗赖堡、慕尼黑和波恩大学攻读法律和国民经济学，从事律师工作。1906年加入天主教中央党，同年当选科隆市政委员，1909—1917年任科隆市副市长，不久升任市长至1933年。1920年当选普鲁士邦议会议员，1928年当选议长。魏玛共和国期间曾支持莱茵地区脱离德国，建立“莱茵国”。希特勒上台后被免去科隆市长职务。1934年被捕，1944年再次被捕，半年后逃脱。德国投降后，美军任命他为科隆市长。不久占领区调整，英军接管科隆，以“不称职”为由解除了他的职务，并禁止他从事政治活动。12月取消禁令，旋即参与建立基民盟地方组织，1946年任英占区基民盟主席，次年当选北莱茵—威斯特法伦州议员，1948年9月1日当选西占区议会委员会主席，主持联邦德国临时宪法即《基本法》的起草工作，1949年召开西占区基民盟党代会，当选该党主席，同年9月5日，以一票多数当选联邦德国首届总理，连任四届，至1963年10月辞去总理职务。阿登纳是一位富有传奇色彩的人物，任联邦总理时已是73岁高龄，卸职时已步入87岁耄耋之年，他的外交政策目标是：联合西方、与美国合作、同法国修好、遏制苏联、以实力实现德国统一。著有《阿登纳回忆录》（四卷）。

勃兰特（Brandt，Willy，1913年12月18日—1992年10月8日） 联邦德国总理（1969—1974）兼社民党主席。1976年当选为社会党国际主席，以后一再连任，直至去世。1977年发起建立国际发展问题独立委员会，即南北委员会，并任主席。1971年因推行“新东方政策”获诺贝尔和平奖。生于北德吕贝克市，1930年加入德国社会民主党，1931年因不赞成该党领导人的政策而退党，与左翼青年参加新成立的社会主义工人党，任该党青年主席。1933年4月流亡挪威，以记者身份从事反纳粹活动。西班牙内战期间，为《斯堪的纳维亚报》作战地报道。1938年被剥夺德国国籍后加入挪威籍。1940年4月挪威沦陷后，逃往瑞典，继续从事抵抗活动。1945年返回德国，1947年恢复德国国籍后，重新加入社民党。1948年作为社民党理事会代表常驻西柏林，1958年当选西柏林社民党主席，1957—1966年任西柏林市长。1969年任联邦总理，1974年5月因其贴身秘书纪尧姆的间谍案引咎辞去联邦总理职务。在国内政策上，主张改革现代资本主义，实现“充分民主和社会公正”，在对外政策上，推行“新东方政策”。1970年访问华沙时，在被纳粹杀害的犹太人纪念碑前双膝下跪，对死难者表示悼念。著有《欧洲的和平政策》《勃兰特回忆录》等。

施密特（Helmut Schmidt，1918年12月23日— ） 联邦德国总理（1974—1982）、德国社会民主党副主席（1965—1966）。生于汉堡一中学教师家庭。1937年入伍，参加过莫斯科外围战役。1945年4月在布拉格战役中被英军俘虏，同年8月获释，年底入汉堡大学攻读经济学和政治学。1949年获国民经济学硕士学位，在汉堡经济、交通局任职，1952年任交通局长。1964年加入社民党。1961—1965年任汉堡市内政委员，1962年2月汉堡遭洪水，他在救灾中显出非凡的组织才能和协调能力而名扬全国。1965年当选联邦议院社民党议会党团副主席，后任主席。1969年任国防部长，1972年7月改任“超级部长”，负责联邦经济与财政部。1974年接替勃兰特任联邦总理，1982年10月，社民党/自民党执政联盟破裂，被迫下台。执政期间，对内全面调整经济政策，推行以“市场经济为主、国家干预为辅的社会市场经济”，采取果断措施，打击国内日益严重的恐怖活动。对外奉行

"防务加缓和"的双重战略，主张在保持东西方均势的基础上同苏联实行"谅解"；积极推动西欧联合，加强西欧在国际事务中的地位；从事国际政治、军事战略和国际经济研究，被誉为"全才"。先后获牛津大学、剑桥大学、哈佛大学名誉博士。他称中国的改革是"有史以来最伟大的经济试验"。著有《防卫或者报复》《均势战略——德国和平政策和超级大国》《伟大与大国》和《世界经济是我们的命运》等。

科尔（Helmut Kohl，1930 年 4 月 3 日—　） 联邦德国总理（1982—1998），兼基督教民主联盟主席（1973—1998）。生于路德维希港一军官家庭，先后在法兰克福大学和海德堡大学攻读社会学、政治学、法律和历史，1958 年获哲学博士。1947 年加入基民盟，1959 年任基民盟路德维希港主席，1966—1973 年任莱茵兰—法耳茨基民盟主席。1969—1976 年任该州州长。1973 年任基民盟全国主席。1978—1982 年兼任联邦议院基民盟/基社盟议会党团主席。1982 年 10 月 1 日在联邦议会"建设性不信任投票"中战胜施密特，出任联邦总理。随后又在 1983 年、1987 年、1990 年和 1994 年联邦大选中连任联邦总理，在 1998 年 9 月 27 日举行的联邦大选失败后下野。他是联邦德国历史上任职时间最长的总理。他的外交政策基点是以欧盟为基础，以德法合作为核心，积极推进欧洲经济、货币、政治联盟；以北约为依托，维护与美国的关系；积极发展与苏联和东欧国家的关系；大力开拓同发展中国家，尤其是亚洲国家的关系，1994 年 3 月率先提出"新亚洲政策"。1989 年，当苏联内外政策发生大转折时，抓住时机，迅速实现了德国的统一，成为"完成德国统一大业的总理"。他重视对华关系，早在 1974 年就以基民盟主席身份访华，出任联邦总理后，又多次以联邦总理身份访华。著有《新现实主义》等。

格哈德·施罗德（Gerhard Schroeder，1944 年 4 月 7 日—　） 联邦德国总理（1998—2005），德国社会民主党主席（1999—2004）。施罗德 1944 年 4 月 7 日出身于德国北威州德特莫尔德市莫森贝格镇的一个工人家庭，自幼家境贫寒。生活的艰辛磨炼了施罗德自立、自强的性格。施罗德于 1963 年加入德国社会民主党，并于 1978 年成为社民党的青年组织，青年社会主义者的联合会主席。1980 年，施罗德作为社民党于下萨克森州首府汉诺威选区的代表，当选德国联邦议院议员。1986 年他被推举为社民党于下萨克森州州议会选举的主要竞选人，与此同时，他成为社民党的领导人之一。1990 年，社民党在下萨克森州竞选获胜，施罗德担任州总理，并直到 1998 年 3 月，三次连续获得该州选举的胜利。1998 年 9 月，施罗德领导的红绿联盟在大选中获胜，成功当选德国联邦总理。在 2002 年 9 月举行的联邦选举中，联盟再次胜利，连任总理。1999 年 4 月 12 日，施罗德当选为社民党主席。2001 年 11 月 19 日，他再次当选连任。2004 年 2 月，施罗德辞去社民党主席，把精力集中在德国的改革进程上。此时由于内政外交上的一系列问题，施罗德继续执政的前景很不被看好，2005 年 5 月，社民党在传统民意支持地北莱茵—威斯特法伦的州选中失败。作为反映，施罗德迅速声称接受不受民众拥护的事实，于议会中首先通过对其个人的不信任议案，进而根据宪法对总统提请解散议会提前发起联邦选举。同年 9 月，施罗德在大选中失败。施罗德对华态度友好，一直致力于推动中德双边关系的发展。

安格拉·默克尔（Angela Dorothea Merkel，1954 年 7 月 17 日—　） 联邦德国总理（2005—今），1954 年 7 月 17 日生于汉堡。物理学博士。1978—1990 年在民主德国科学院物理化学中心研究所工作。1990 年 8 月加入基民盟。1991 年任基民盟联邦副主席。1991—1994 年任联邦妇女和青年部部长。1994—1998 年任联邦环境、自然保护和反应堆安全部部长。1998—2000 年任基民盟总书记。2000 年 4 月起任基民盟主席，2002 年 9 月—2005 年 11 月兼任联盟党议会党团主席。2005 年 11 月 22 日出任德国第一位女总理，也是德国历史上最年轻的总理。2009 年 10 月连任。已婚，无子女。

瓦尔特·乌布利希（Walter Ubricht，1893 年 6 月 30 日—1973 年 8 月 1 日） 德意志民主共和国国务委员会前主席（1960—1973）、德国统一社会党第一书记、主席（1953—1971）。生于莱比锡市一裁缝家庭，作过木工，1912 年加入德国社民党。1915—1918 年参加第一次世界大战，在军队中秘密进行反战宣传。他是德共第一批党员，1922 年作为德共代表参加共产国际第四次代表大会，

1923 年当选为德共中央委员和书记处成员。1926 年至 1933 年当选国会议员。1933 年希特勒上台，被迫离开德国，第二次世界大战期间，他在苏联从事德国战俘工作。1945 年 4 月率领“乌布利希小组”回到德国，着手恢复德共党组织并筹建反法西斯行政管理机构。1946 年4 月苏占区的共产党和社民党合并组成德国统一社会党，他当选为政治局委员和副主席。1949 年任德意志民主共和国部长会议第一副主席，1953 年7 月当选统一社会党中央委员总书记，1960 年当选国务委员会主席。他主张经济体制改革，认为某些经济模式破坏了经济规律，阻碍了经济发展，提出实行新经济政策。在德国统一问题上他曾提出同联邦德国建立“邦联”。他主张干部年轻化、知识化、要求按经济规律办事，不愿完全听命于苏联，因而得罪了苏联领导人勃列日涅夫，1971 年勃迫其下野。主要著作收集在《乌布利希文集》中。

昂纳克（Erich Honecker，1912 年 8 月 25 日—1994 年 5 月 29 日） 前德国统一社会党中央委员会总书记（1971—1989）、前德意志民主共和国国务委员会主席（1976—1989）。生于萨尔的诺因基辛一矿工家庭，曾为房顶修缮工，1926 年加入共青团，1929 年加入共产党。1930 年到苏联学习，次年回国，从事青年工作。希特勒上台后，秘密进行反法西斯斗争，1935 年被捕，被判处 10 年徒刑，1945 年出狱后在苏占区参加创建自由德国青年联盟工作，并担任联盟主席（1946—1955）。1950 年当选德国统一社会党中央政治局候补委员，1955 年赴苏共中央高级党校学习，回国后任党中央安全委员会书记。1958 年2 月当选政治局委员和中央书记，1961 年负责修建“柏林墙”。1971 年接替乌布利希任中央委员会第一书记，1976 年任国务委员会主席。在外交方面，与苏联保持一致。在德国统一问题上，他主张两个德国并存。当美苏在欧洲加速核扩军时，为了维护德国人民的切身利益，他曾大胆地表示民主德国“不需要那些鬼玩意”（指苏联的核武器）。1989 年 10 月民主德国政局动荡，被迫辞职，同年 12 月 12 日以“滥用职权”为由被开除出德国统一社会党。两德统一后，德国司法部门对昂纳克发出逮捕令，为躲避逮捕，1991 年 3 月经苏联最高当局批准，秘密流亡苏联。苏联解体后，在德国的压力下，俄国政府宣布驱逐昂出境。1992 年 2 月昂纳克和夫人得到智利驻莫斯科大使（这位大使在 1973 年 9 月智利发生军事政变后流亡到当时的民主德国，得到过昂纳克的友好接待）庇护，暂时住进智利大使馆。同年 7 月昂被迫回到德国，被关进柏林莫阿比特监狱，在狱中第二次加入德国共产党。后因癌症，司法当局允许昂离开德国去智利。1994 年 5 月病逝于智利。

（苏惠民　龚荷花　吕耀坤）

第二章　奥地利

第一节　概述

国名　奥地利共和国（The Republic of Austria）。

位置　欧洲中部。

面积　83871 平方公里。

人口统计　833.4 万人（2008 年）。

民族　奥地利民族。

语言　德语。

宗教　天主教。

政体　联邦制。

首都　维也纳（Wien），人口 171.4 万人（2011 年统计数据）。

国旗　由三个横向平行长方形组成，上下为红色，中间为白色，旗中间是国徽，为一只山鹰。据传说奥地利巴本堡公爵在与英王理查一世的战斗中受伤，鲜血染红白袍，唯佩剑处为白色。以后上下红色、中间白色即成为公爵军队战旗的颜色。国旗由此演变而来。

国歌　奥地利国歌是《山的土地，河的土地》，原曲名为《让我们拉起手来》，由保拉・普雷拉多维克（Paula Preradovic，1887—1951）作词，莫扎特作曲，首句是“山峦重重的国土，江河之畔的国家”。

国徽　国徽是山鹰，鹰头上戴着金色皇冠，鹰的两只爪子上各有一段挣断的铁链及一个锤子和一把镰刀。锤子代表工人，镰刀代表农民，金冠代表中产阶级，挣断的铁链表示奥地利的独立，鹰的胸前有一国旗颜色的盾牌。

国庆日　10 月 26 日（1965 年）。

货币名称　奥地利先令（Schilling）。2002 年 1 月 1 日起使用欧元。

度量单位　国际公制。

时间时区　中欧时间，3—9 月间实行夏时制。

国花　高山火绒草（俗称雪绒花）。

国鸟　家燕。

第二节　自然地理与人文地理

一　自然地理

奥地利位于中欧南部，西经 9.3°—17°，北纬 46.2°—49°之间，处于东阿尔卑斯山麓、多瑙河流域。奥地利是一个内陆国家，边境线全长 2704 公里，与 8 个国家接壤，北邻捷克和德国，南靠意大利和斯洛文尼亚，东部与匈牙利和斯洛伐克接壤，西部和瑞士及列支敦士登相连。

奥地利属多山之国，山地约占全国面积的 70%，东阿尔卑斯山横贯全境，境内最高的山峰大格罗克纳海拔 3798 米，被称为“奥地利屋脊”。奥地利地势自西向东逐渐趋平，西部为山地，东部为平原。全国分为五个不同的地形带，即东阿尔卑斯山区，总面积为 52600 平方公里，占全国面积的 62.8%；阿尔卑斯山及喀尔巴阡山前沿地带，总面积为 9500 平方公里，占全国面积的 11.3%；施蒂利亚低地，面积 9500 平方公里，占全国面积的 11.3%；位于北部的花岗岩高地，面积 8500 平方公里，占全国面积的 10.2%；维也纳盆地，面积 3700 平方公里，占全国面积的 4.4%。

奥地利是典型的内陆国度，欧洲第二大河多瑙河流经东北部，是奥地利的主要河流。多瑙河发源于德国南部，向东流经奥地利、斯洛伐克、匈牙利、南斯拉夫、保加利亚和罗马尼亚等国家，最后流入黑海，全长 2850 公里。流经奥地利的部分长 350 公里，河面宽 200—300 米，全年可通航，是奥地利通向外界的重要水路。流经蒂罗尔的因河是奥地利第二大河，水量丰沛，很适宜发展水电。流经克尼特尔费尔和布鲁克的穆尔河是奥地利南部较大的河流。此外，奥地利境内还有恩斯河、萨尔察赫河、莱希河、拉布河、德劳河、莱塔河、斯太尔河、克尔克河等。

奥地利境内湖泊众多，最大的是与德国、瑞士共有的博登湖，其次是与匈牙利共有的新锡德尔湖。博登湖位于奥地利最西部，长 66 公里，宽 14 公里，面积为 541 平方公里，湖水清澈，气候凉爽，是夏季疗养、度假、避暑的胜地。新锡德尔湖位于奥地利最东部，面积为 323 平方公里，湖水很浅，是多种水鸟栖息的场所，也是夏季游泳度假的理想之地。除上述两大湖外，奥地利还有阿特尔、特劳恩、沃尔夫冈、月亮湖、沃尔特尔等湖泊。这些湖区都是奥地利著名的风景旅游区，有些湖水还含有矿物质，可以治疗疾病。

值得一提的还有维也纳附近的亨特尔布吕村地下湖，原为石膏矿井，建于 1848 年，后因地下泉水喷出而停止开采。第二次世界大战期间，希特勒曾利用它作为飞机制造厂。战后又恢复地下湖的本来面目，供人们参观游览。地下湖湖水呈蓝色，清澈见底，水深一米多，湖面水平如镜，总面积为 6200 平方米，是欧洲最大的地下湖。

奥地利的气候属于温和的欧洲型大陆气候，具有从西部温带海洋性气候向东部温带大陆性气候过渡的特点。夏季没有酷暑，冬季没有严寒。冬季最冷（1 月）的平均气温为 2℃，夏季最热月（7 月）的平均气温为 19℃。雨量丰沛，年平均降水量为 800 毫米。西部山区平均气温较低，东部地区温暖、干燥，首都维也纳夏季最炎热的七八月份气温为 29℃。

奥地利动植物的种类丰富多彩，与奥地利的地理和气候的多样性相适应。奥地利海拔较低的地带，是中欧最典型的栎属植物和山毛榉的混合林；海拔 500 米以上的地带是山毛榉和冷杉的混杂林；海拔 1200 米以上则主要是冷杉；在更高的地带是落叶松和意大利五针松。在奥地利的森林草原中生活着多种动物，平原地带有狍子、鹿、兔子、野鸡、狐狸、松鼠等；阿尔卑斯山的高山地区有岩羚羊、旱獭、山穴鸡、山羊等；诺伊齐德勒湖的芦苇地带有紫鹭、琵鹭等。

二　人口种族

奥地利民族大约形成于公元前 1 世纪罗马人入侵的时候。早在太古时期，现在的奥地利国土内就居住着来自四面八方的部落，主要是斯拉夫人和列提人。随着罗马帝国入侵，南部新兴的斯拉夫人和北部的森布里人及后来的马可曼尼人等陆续渗入奥地利。这些部落不分你我，彼此杂居，逐渐融为一体。直到中世纪，奥地利又吸收了法兰克人，终于形成新兴的奥地利民族。

奥地利族人占全国人口的98%以上。主要少数民族为斯洛文尼亚人、克罗地亚人、匈牙利人、捷克人和斯洛伐克人，主要居住在毗邻斯洛文尼亚的克恩滕州、与匈牙利接壤的布根兰德州以及首都维也纳。

奥地利全国人口为833.4万（2008年），女性多于男性。奥地利的出生率在欧洲国家中处于中等水平，平均一名妇女生育1.5个孩子。在奥地利，人口老龄化现象很严重，老年人口已占全国总人口的25%。男子平均寿命为75岁，妇女为81岁。维也纳人口近160万人，是奥地利唯一的大城市，也是欧洲著名的城市之一。人口在10万人以上的城市还有格拉茨（24万人）、林茨（20万人）、萨尔茨堡（14万人）、因斯布鲁克（12万人）。

三　行政区划

（一）概况

奥地利是联邦制国家，由上奥地利、下奥地利、布尔根兰、萨尔茨堡、施蒂利亚、蒂罗尔、克恩滕、福拉尔贝格、维也纳九个联邦州组成。维也纳既是一个独立的联邦州，同时又是奥地利共和国的首都。州以下设专区和市（镇）、乡。专区是州政府的派出机构，全国共有84个专区。奥地利共有14个州辖市，755个市（镇），1531个乡。

（二）主要州市简介

下奥地利州　位于奥地利东北部，多瑙河贯穿境内，面积为19178平方公里，约占全国面积的1/4，人口156万，是全国最大的州。该州农业发达，被誉为奥地利的“谷仓”，葡萄种植占全国葡萄生产的60%；也是全国最大的石油和天然气开采区。下奥地利州分为21个行政区，州首府为圣珀尔滕（St. Pölten），人口约5万人，其他城市有克雷姆斯、魏登霍芬和维也纳新城等。

上奥地利州　位于奥地利北部，多瑙河流经东部；该州北部是由片麻岩和花岗岩石构成的高原，中部是多瑙河谷地，南部是山区，多湖泊，是奥地利风景最美的地区之一。上奥地利州工业和农林业均发达，主要工业包括钢铁、汽车制造、机械、制药、造纸、纺织等，同时也是奥地利第二大石油和天然气开采区。全州面积11981平方公里，人口139万人，分为18个行政区，州首府林茨（Linz），人口约20万人。

布尔根兰州　位于奥地利最东部，与下奥地利州和施蒂利亚州相邻，经济以农林业为主，盛产葡萄酒和玉米。全州面积3966平方公里，人口27万，主要是奥地利人，少数民族有匈牙利人、斯洛文尼亚人和克罗地亚人，分为7个行政区，州首府是埃森施塔特，人口1万人。

萨尔茨堡州　位于奥地利北部，阿尔卑斯山纵贯全境，旅游业和农林业发达。全州面积7155平方公里，人口52万人，分为6个行政区，州首府为萨尔茨堡市。

施蒂利亚州　位于奥地利东南部，是奥地利的“绿色之省”，森林覆盖率为52%，草场和葡萄园占25%。该州不仅畜牧业和木材加工业发达，而且矿产资源丰富，采矿业发达。全州面积16392平方公里，人口121万人，分为17个行政区，州首府为格拉茨市，是奥地利的“汽车城”。

蒂罗尔州　位于奥地利西部，与德国、意大利和瑞士相邻，农林业和水电业发达，最大的工业和出口行业是玻璃和宝石业。该州是世界最著名的度假区之一。全州面积12648平方公里，人口69万人，分为9个行政区，州首府因斯布鲁克位于因河河谷，是奥地利西部重要的政治、经济、文化和交通中心。

克恩滕州　位于奥地利最南端，1/3的面积为高山草场，畜牧业发达，主要资源为木材和水力。该州面积为9536平方公里，人口57万，分为9个行政区，州首府为克拉根福，人口9万，奥地利每年在此地举办木材博览会，向欧洲和世界其他地区推销木材和木材制品。

福拉尔贝格州　位于奥地利最西端，与德国、瑞士和列支敦士登相邻。该州的工业、能源经济和旅游业发达，阿尔贝格山是著名的阿尔卑斯山滑雪中心；该州的牛奶业、饲养业和刺绣业发达，是欧洲生产能力最大的刺绣中心之一；水电业发达，向德国和荷比卢国家出口。全州面积2601平方公里，人口36万人，分为4个行政区，州首府布雷根茨市，位于博登湖畔，人口12万人，是奥地利西部的政治文化中心。

维也纳　位于阿尔卑斯山北麓维也纳盆地之中，三面环山，多瑙河由北向东南穿城而过，市区的西北部延入维也纳森林。维也纳面积为415平方公里，人口161万人，维也纳分为内城、外城和郊区，内城也叫老城，是维也纳城的中心和精华所在。维也纳的著名景点有维也纳国家歌剧院、霍夫堡宫、国家图书馆、圣斯特凡大教堂、圣艾蒂安教堂、卡尔教堂、城市公园、艺术史博物馆和自然史博物馆、国会大厦和市政厅、美泉宫与贝尔维德宫等。自18世纪起，维也纳就是欧洲古典音乐的中心，舒伯特、勃拉姆斯、贝多芬、海顿、莫扎特和施特劳斯父子等音乐大师都曾在此生活和从事音乐活动。维也纳被称为“音乐之都”，金色大厅和维也纳新年音乐会世界闻名，新年音乐会始于1939年，后因战争而中断，1959年重新恢复；音乐会由世界三大交响乐团之一的维也纳爱乐乐团演奏，世界一流指挥大师指挥，维也纳国家歌剧院芭蕾舞团伴舞，维也纳童声合唱团担任伴唱，水平享誉全球。

萨尔茨堡　是萨尔茨堡州的首府，位于海拔420米的高原上，四周环山，气候清凉干爽，萨尔察赫河穿城而过，将全市分为北面的新城和南面的旧城，横跨萨尔茨堡的莫扎特桥是新旧城来往的重要通道。萨尔茨堡是欧洲的旅游名城，名胜古迹大都集中在旧城中，最为著名的有霍亨萨尔茨堡大要塞，已有900年的历史，当时为赖布哈特大主教所建，是中欧地区保存最完整、规模最大的中世纪古堡；旧城的中央是最具罗马特色的瑞士登广场，广场正面的大主教府邸是1628年按照意大利设计师桑蒂诺·索拉里的图纸建造的，为奥地利领土上第一座意大利式教堂建筑；此外，萨尔茨堡还有建于1606年的米拉贝尔宫殿与花园、具有传统巴洛克风格的赫布隆宫以及民俗博物馆和露天住宅博物馆等著名景观。

因斯布鲁克　蒂罗尔州的首府，于1180年由安德克斯伯爵创建；该市最著名的古迹是被称为“金屋顶”的宫殿和它前面的广场，“金屋顶”是哈布斯堡王族一位公爵旧宫的5层楼的屋顶，由3500块镀金银瓦制成。城区的哈伦教堂建于1563年，是一座晚期哥特式建筑，教堂的圣殿中央放着奥地利皇帝马克西米连的巨大石棺。因斯布鲁克周围群山环抱，终年积雪，冬季旅游业十分发达，夏季的凉爽气候又使它成为避暑胜地。

林茨　位于多瑙河与特劳恩河的汇合处，是奥地利北方重要的交通枢纽，也是多瑙河上的重要港口。林茨不仅是一个工农业发达的城市，而且也是一个观光胜地，市中心老城内的古代建筑至今保存完好，如建于8世纪初的马丁教堂，建于15世纪的萨尔教堂，建于1725年的多伊奇奥尔登教堂，建于1678年的古老大教堂和1751年的米诺里滕教堂，建于16世纪的州大厦，此外，还有建于1658年的议会大厦和1836年的马克西米连塔，是一组有32个圆形塔的建筑群。林茨的象征之一是主广场中心处20米高的三位一体的巴洛克柱，它用萨尔茨堡白色大理石建造，于1723年建成。此外，法西斯德国1938年吞并奥地利后建立的茅特豪森集中营也位于林茨附近。

格拉茨　奥地利第二大城市，穆尔河流贯市中心。市北部山区多石灰岩，穆尔河流经山区中央，岩洞很多，是著名的旅游胜地；市西郊的欧根堡是集宫殿、花园、树林和兽苑为一体的建筑群，由欧根堡家族于1625年所建，历时10年。格拉茨有一座建于1645年的巨大兵器库，所藏兵器大都来源于1529年土耳其入侵奥地利时期，总数达3万多件，是世界上最大的古代兵器博物馆。格拉茨还是奥地利的汽车工业中心，占地70万平方米的斯太尔—戴姆勒—普赫汽车制造厂位于该市的东南部。

第三节　历史

一　奥地利的帝国时期

现代奥地利国家的起源可以追溯到976年建立的“巴伐利亚东马尔克”；1156年，巴本堡家族在此基础上建立了以维也纳为首都的奥地利公国，先后把施蒂利亚、蒂罗尔等地区并入版图，标志着奥地利基本形成。1282年，德意志皇帝鲁道夫·哈布斯堡伯爵占领了原来巴本堡家族统治的地区，将奥地利和施蒂利亚作为两个公国分给他的两个儿子，从此奥地利成为“神圣罗马帝国”治下的一个公国；哈布斯堡王朝统治奥地利长达640年，直到第一次世界大战后奥匈帝国解体才宣告结束。

哈布斯堡家族治下的“神圣罗马帝国”是一个包括德国、奥地利广大地区的松散联盟，各德意志诸侯之间处于割据状态。16世纪宗教改革以后，德意志诸侯之间的矛盾以宗教冲突的形式表现出来。1618年，以布拉格起义为导火索，在欧洲范围内爆发了新教和天主教政治势力之间的全面战争，史称“三十年战争”。战争的一方由德意志新教诸侯集团、丹麦、瑞典、法国、荷兰、英国和俄国组成，另一方是罗马教皇支持的德皇、德意志天主教诸侯集团和西班牙。战争最后以天主教集团失败告终，1648 年签署了《威斯特伐利亚和约》，瑞典和法国占领了德国的大片土地，德国新教诸侯取得了更加独立的政治经济地位。此后，哈布斯堡家族虽然名义上还是“神圣罗马帝国”的统治者，但是在德国北部实权已经完全落到了诸侯的手中；普鲁士王国兴起之后，哈布斯堡王朝的统治重心日益向奥地利转移。

“三十年战争”之后，奥地利帝国的版图除本土之外，还包括捷克和匈牙利的部分领土。17 到 18 世纪，哈布斯堡家族不断对外扩张，兼并了全部匈牙利，先后将波斯尼亚、塞尔维亚、斯洛文尼亚、罗马尼亚、乌克兰等地纳入了自己的版图；在西班牙王位继承战争中又获得了西属尼德兰、伦巴底、那不勒斯等地的控制权，建立了一个庞大的中欧帝国。帝国内部危机四伏，同时也由于幅员过于辽阔而受到其他封建王朝的觊觎。1740 年，奥地利国王查里六世去世，由于没有子嗣而将王位留给长女玛丽亚・特蕾西亚。欧洲大陆的其他君主以拒绝承认她的合法继承权为口实，发动了奥地利王位继承战争，战争的结局是特蕾西亚用奥国在西里西亚等地的统治权换取了诸国的承认，成为奥地利历史上唯一的女皇。玛丽亚・特蕾西亚登基后对帝国进行了全面改革，加强了中央集权制，巩固了哈布斯堡王朝在奥地利的统治。

19 世纪前半期，奥地利日益专制落后；在梅特涅的统治下，国内阶级和民族压迫空前残酷。1848 年，维也纳爆发了“三月革命”，奥皇斐迪南一世被迫罢免了梅特涅，宣布实行宪政；此后，匈牙利和捷克先后爆发了要求独立的民族革命，帝国面临崩溃的危险。1849 年，革命最终被镇压下去，奥地利新皇帝弗兰西斯・约瑟夫颁布了新的帝国宪法，维持了哈布斯堡王朝的统治。

1866 年，普鲁士对奥地利宣战，联合意大利对其实行南北夹击；奥地利在南线战胜了意大利，而在北线败于普鲁士，被迫签署《布拉格和约》。和约宣告旧德意志邦联解体，奥地利退出德意志邦联，承认普鲁士建立的北德意志联邦，同意南德诸邦取得独立地位。普奥战争后普鲁士实际上已经基本上统一了德国，哈布斯堡王朝彻底退出了德意志的历史舞台。

在革命和战争的双重打击下，哈布斯堡王朝加速衰落，帝国内部的阶级和民族矛盾日益加剧。1867 年，奥皇不得不接受匈牙利贵族提出的方案，同意匈牙利设立自己的议会和政府，由奥地利皇帝兼任匈牙利国王，组成了二元制的奥匈帝国。奥匈帝国的版图包括现在的奥地利、捷克、斯洛伐克、匈牙利、克罗地亚、斯洛文尼亚，以及西里西亚、加里西亚等地区，成为中欧地区顽固落后的封建堡垒。1914 年 6 月 28 日，奥地利皇太子弗朗茨・斐迪南大公在萨拉热窝被塞尔维亚民族主义者刺杀，奥匈帝国对塞尔维亚宣战，由此引发了第一次世界大战。战争以德国、奥地利、意大利组成的同盟国集团失败告终，奥匈帝国解体。1918 年奥地利临时国民议会宣告成立奥地利共和国，从而结束了哈布斯堡王朝的统治。

二　奥地利的共和国时期

奥地利共和国成立后面临严重的经济困难，国内的社会民主党人与基督教社会党人之间的冲突非常尖锐，社会充满危机。1933 年 3 月 4 日，基督教社会党人恩格尔贝尔特・多尔夫斯发动政变，接管了国家政权，社会民主党被解散，奥地利成为多尔夫斯统治下的一个独裁国家。在德国法西斯的影响渗透下，奥地利法西斯组织的势力越来越大。1934 年 7 月 25 日，多尔夫斯被暗杀；在他的继承人库尔特・舒施尼格统治时期，德国法西斯政权加紧对奥地利进行渗透，授意奥地利法西斯组织进行示威和暴乱，奥地利的国内政局逐渐失控。1938 年 3 月 12 日，希特勒派兵进驻了奥地利，旋即宣布两国“合并”，奥地利失去了独立地位。

1945 年 4 月，盟军解放了奥地利。4 月 27 日，奥地利成立了以卡尔・伦纳为首的临时政府；同年 11 月奥地利国民议会举行了战后的首次选举，组成了人民党、社会党和共产党三党联合政府。1955 年 5 月 15 日，奥地利与美国、英国、法国、苏联签订了《重建独立和民主的奥地利国家条约》，10 月 25 日，四国撤走了在奥地利的全部驻军，结束了战后以来的占领状态。次日，奥地利国民议会通过了关于“永久中立”的宪法条文。从 1965 年开始，这一天（10 月 26 日）被定为奥地利新的国庆日，标志着奥地利第二共和国的诞生。

第四节　政治体制与法律制度

一　政治概况

奥地利是一个联邦制国家，国家的联邦制体现在联邦政府与各州政府之间分权和中央立法机构成员的组成方面。联邦政府拥有比较广泛的立法权和行政权。在其他具体的领域，由联邦制定原则或立法，各州负责执行，剩下的权力均属各州。

二　宪法

1867 年 12 月 21 日，奥地利通过“十二月宪法”，使它从君主专制的国家变成君主立宪的国家，这是奥地利最早的宪法。奥地利第一共和国成立后不久，以社会民主党人卡尔·伦纳为总理的三党联合政府研究制定了一部宪法，并于 1920 年 10 月 1 日经国民议会表决通过。这部宪法后经 1925 年和 1929 年修改后一直沿用至今。奥地利联邦宪法分 7 章 152 条，主要内容为：全国公民不分出身和性别在法律面前一律平等，实行联邦制国家体制和多党制，实行立法、行政、司法“三权分立”制度等。

三　议会制度

奥地利的联邦立法机构由国民议会和联邦议会组成。国民议会即下院，由 183 名议员组成，是奥地利的主要立法机构。奥地利公民年满 19 周岁享有选举权，年满 21 周岁享有被选举权。国民议会每届任期 4 年。国民议会采取比例选举制，议员候选人由参加竞选的党派提出。国民议会由议长、第二议长和第三议长组成领导核心，议长一般由议会中最大的党出任。现任议长海因茨·费舍尔（Heinz Fischer，社民党）。国民议会下设专门委员会负责各项具体工作，现常设委员会有总务委员会、宪法委员会、审计委员会等 21 个。另外还有为审理某一专门问题设立的特别委员会以及为调查某一事件设立的调查委员会。国民议会的职权包括确认和通过法律、监督国家行政管理机构、弹劾总统以及罢免联邦政府成员的建议权等。联邦议会即上院，共有 58 个议席，是州议会在联邦的代表机构，由各州议会选举的代表组成，议员任期分别同各州议会的立法期一致。联邦议会议长由各州代表按州字母顺序排列轮流担任，每半年轮换一次。联邦议会的职能包括参与联邦立法工作，监督联邦行政事务，代表州的利益通过联邦政府向国民议会提出法律议案等。国民议会和联邦议会举行的联合会议是联邦大会，其主要职能是决定宣布战争、接受总统就职宣誓、追究总统的法律责任等。联邦大会根据不同议题分别由总统（例如决定对外宣战）、总理（例如制裁总统）和国会议会代表（例如总统宣誓就职）负责召集。

奥地利历届国民议会议席分配　　（单位：个）

时间	人民党	社民党	自由党	绿党	自由论坛	备注
1971	80	93	10	–	–	
1975	80	93	10	–	–	
1979	77	95	11	–	–	
1983	81	90	12	–	–	
1986	77	80	18	8	–	
1990	60	80	33	10	–	
1994	52	66	42	13	10	
1995	53	71	40	9	10	提前大选
2000	52	65	52	14	–	
2008	51	57	34	20	–	总计 183

四　中央政府

奥地利的联邦政府是最高国家行政机关，是统治国家的“权力中心”。联邦政府由总理、副总理和各部长组成，各政府成员政治上向国民议会负责，有义务随时接受其质询。联邦政府实行部长会议合议制同各部部长分工负责相结合的领导体制。部长会议由全体政府成员组成，是政府的最高决策机构，总理是当然的主席。部长会议在对重大问题形成决议时，往往遵循“协调一致”的原则，一旦形成决议，则由主管部长负责实施，并单独向议会负责。总理是政府中最具实权的人物，起着决定性作用，负责“政府总政策”。奥地利政府现设有14个部，职权范围十分广泛，其中包括根据宪法和法律制定政策、法规和行政措施；发布决定和命令；对重大国防国内问题表态和采取对策；向国民议会提交议案；决定和宣布国民议会和联邦总统的选举日期；对州政府制订的行政法规提出异议；任免中、下级官员；管理国家内政、外交、军事、财政、经济、文化等各方面的事务等。

奥地利历任联邦总理有：利奥波德·费格尔（1945—1953，人民党）；尤利乌斯·拉布（1953—1961，人民党）；阿方斯·戈尔巴赫（1961—1964，人民党）；约瑟夫·克劳斯（1964—1970，人民党）；布鲁诺·克赖斯基（1970—1983，社民党）；弗雷德·西诺瓦茨（1983—1986，社民党）；弗朗茨·弗拉尼茨基（1986—1997，社民党）；维克托·克利马（1997—2000，社民党）；沃尔夫冈·许塞尔（2000—2007，人民党）；阿尔弗雷德·古森鲍尔（2007—2008，社民党）；维尔纳·法伊曼（2008— ，社民党）。

奥地利新一届（2008年）政府由社会党和人民党联合执政。联邦总理：维尔纳·法伊曼（Werner Faymann 社会党），副总理：约瑟夫·普勒尔（人民党）。

五 国家元首

奥地利的国家元首是联邦总统，但不掌握实权。总统由公民直接投票选举产生，任期6年，可连选连任一次。宪法规定，凡享有参加国民议会选举权、年满35周岁的奥地利公民（皇室家庭成员除外）均可竞选总统。联邦总统的职权如下：签署与外国缔结的条约；任命驻外使节；任免总理和其他内阁成员；接受政府成员及州长的就职宣誓；召集联邦大会；签署部队调动命令以及紧急立法权等。联邦总统兼任奥地利联邦军最高统帅，但军队的实际领导权平时归国防部长，战时归联邦总理（国防委员会主席）。

奥地利历届联邦总统有：卡尔·伦纳（1945—1950）；特奥多尔·柯尔纳（1951—1957）；阿道夫·谢尔夫（1957—1963）；阿道夫·谢尔夫（1963—1965）；弗朗茨·约纳斯（1965—1971）；弗朗茨·约纳斯（1971—1974）；鲁道夫·基希施莱格（1974—1980）；鲁道夫·基希施莱格（1980—1986）；库尔特·瓦尔德海姆（1986—1992）；托马斯·克莱斯蒂尔（1992—2004）。现任总统为海因茨·菲舍尔（2004— ）。

六 司法制度

奥地利全国有三个最高级法院，即宪法法院、最高法院和行政法院。宪法法院的主要任务是审核法律、监督国家机构的活动是否符合宪法的基本原则、裁决宪法性纠纷、维护宪法的权威性。宪法法院由院长、副院长及12名法官和6名候补法官组成，其中院长和副院长及法官的半数由联邦政府提名，联邦总统任命。其他法官由总统根据议会的建议任命。最高法院是审理民事和刑事案件的最高机构，其主要职能是监督下属法院的工作。最高法院由一名院长、两名副院长和11名法官及若干辅助人员组成，所有法官均由总统或总统授权的部长任命。行政法院的主要职能是监督各级行政机构执行和遵守国家法律。行政法院由院长、副院长和若干必要的成员组成，所有人员均需由联邦政府提名，联邦总统任命。

七 政党与利益集团

（一）概况

奥地利现有政党6个，其中，影响最大的是奥地利社会民主党、人民党和自由党。

奥地利的利益集团主要包括奥地利工会联合会、奥地利职工协会、联邦商会和奥地利农民协会等。奥地利工会联合会于1945年成立，是全国唯一的总工会，拥有会员164万人，占全国职工总数的60%。总工会下设16个行业工会。奥地利职工协会于1920年成立，1938年被解散，战后重建。职工协会在每个州都有代表机构，会员直接选举领导成员，各州的代表组成奥地利职工协会理事会。联邦商会于1946年重新工作，是奥地利全体独立企业家利益的全法代表。奥地利联邦商会下设州商会，奥地利所有工商企业均为该会会员，是联邦政府重要的咨询机构。奥地利农民协会本为州级组织，代表农民利益，后各州的农民协会在联邦一级联合组成理事长会议，负责联系和处理全国性涉及其利益的问题。

（二）政党简介

1. 奥地利社会民主党 简称社民党，建于1945年，曾称社会党，1993年改现名，前身是建于1889年的奥地利社会民主党。1970—1983年在奥地利单独执政，1983年以来先后与自由党和人民党组成联合政府。社民党现有党员60余万名，主要成分为工人和职员，现任主席是奥地利前总理维克托·克利马。社民党是社会党国际成员，认为社会主义运动的根本价值是实现自由、平等、正义和团结。在对外政策上，强调奥地利作为工业强国应在欧洲联合进程中发挥重要作用；对内政策主张保证就业，提高工人的社会权利，全面实现福利国家的目标。

2. 奥地利人民党　建于1945年，是一个基督教民主党，前身是1887年建立的奥地利基督教社会党，根据“社会一体化和联邦主义”的原则而创建，由职工联盟、经济联盟、农民联盟、妇女运动、青年人民党以及退休人员联盟等组织所组成，主要成分为中小企业主、农场主及知识分子，党员人数近80万人。人民党在二战后直到1970年的20多年里曾是奥地利的主要执政党，1987—2000年一直和社民党一起组成奥地利大联合政府。2000年2月起与自由党组成联合政府。现任主席是奥地利总理沃尔夫冈·许塞尔。人民党主张在欧洲范围内建立一个自由、独立的奥地利，信奉民主、法治和自由的社会秩序，认为保证公民个人的人格尊严是该党的最高义务，致力于实现人民生活的富裕化。该党主张让公民更多地参与国家的决策过程，主张在不损害国民利益的前提下，进行有序的移民和为政治避难者提供帮助。经济上主张自由化，倡导生态社会市场经济。

3. 奥地利自由党　成立于1956年，其创始人是安东·埃恩哈勒，在二战期间曾供职于塞斯—英夸特纳粹傀儡政府。创建之初的自由党是一个较为偏右的“自由主义”政党。但是，由于它强调奥地利属于一个“大德语文化共同体”，反对社民党和人民党的“红黑联盟”，所以在成立之初就吸引了一些前纳粹党人，从而具有一定的“极右翼”色彩。在自由党内部，历来有左右之分；自由党左翼持有较为典型的“自由主义”意识形态，而右翼则具有更加强烈的民族主义色彩。1986年，自由党右翼的代表人物海德尔当选为党主席，民族主义逐渐成为该党的主流意识形态。1993年，自由党内部矛盾激化，左翼自由党另立新党“自由论坛”（Das Liberale Forum），从而宣告了自由党的分裂。海德尔领导下的自由党是一个具有民族主义色彩的右翼政党；该党引人注意的主要原因是它在政策设计上具有明确的反移民倾向，同时海德尔个人几次在言语间“犯规”，有为纳粹翻案之嫌。如他曾宣称：纳粹党中“有很多人是堂堂正正的男子汉”、第三帝国的就业政策“卓有成效”等。1989年3月，海德尔曾出任克恩滕州的州长。1991年6月，他在议会辩论中赞扬第三帝国的就业政策，被社民党及人民党联合弹劾，并因此成为奥地利战后第一位被罢免的州长。1999年，自由党在议会选举中成为第二大党，与人民党联合执政，走向了奥地利政治的前台。世界各国普遍对此表示关注，美国、以色列和欧盟成员国为此对奥地利采取了共同的政治抵制行动，海德尔于2000年2月底被迫辞去自由党主席职务，由副主席苏姗·帕塞尔接任。

4. 绿党　20世纪70年代后期由反对利用核能及保护生态环境运动发展起来的政治组织，80年代初形成规模，1986年11月首次参加大选，初战告捷，获4.8%的选票，进入议会，从而成为第四大党。

5. 自由论坛　1993年2月由5名原自由党议员发起成立，11月成为全国性组织，1994年大选进入国民议会。

6. 奥地利共产党　1918年成立，曾于二战后参加联合政府，后退出。该党实行集体领导。

第五节　经济与社会

一　经济概况

第二次世界大战后奥地利的经济发展大约可分为三个阶段，即战后经济恢复阶段、经济高速发展阶段和经济平稳发展阶段。第二次世界大战中，奥地利的经济受到重创，战争结束时工业体系完全瘫痪，国民经济处于崩溃的边缘。1945—1955年间，奥地利政府利用马歇尔计划的资金重点投资能源、交通、农林、钢铁、旅游等部门，1949年，工业生产已经恢复到战前水平，1955年，《重建独立和民主的奥地利国家条约》缔结后，奥地利恢复了对油田和其他资源的控制权，经过一系列的改革，奥地利经济进入迅速发展时期，被誉为“沙漠中的绿洲”。奥地利经济在长达半个多世纪的发展中，虽然受到过石油危机的打击和世界性经济衰退的影响，但总体保持了不断发展的状态，所以国力不断增强，人民生活水平不断提高。奥地利的人均产值、劳动生产率、经济效益、人民生活质量等指标均已超出欧盟国家的平均水平，是典型的富民小国。

奥地利实行社会市场经济，市场经济和社会伙伴关系制度是奥地利发展经济两个最重要的因素。供求是调节经济的杠杆，但在一定限度内，国家可以通过规定物价、税收、预算等手段，对投资、生产、分配、价格等方面进行宏观调控，保证经济稳定协调地发展。社会伙伴关系制度为奥地利经济提供了稳定的社会条件，这种制度主张政府、劳工界和工业界之间就一切经济政策进行合作。奥地利除邮政、铁路以及矿山、森林等国有资源外，基本上都是私有经济。二战后，奥地利对银行、钢铁、石油、化工等大企业实行国有化，对促进经济的恢复和发展起过重大作用。但到20世纪80年代国有企业出现严重亏损，拖了经济发展的后腿。80年代末90年代初，奥地利对国有企业进行改革，实行私有化，改变了困难局面。80年代以来，奥地利的产业结构调整完成了由第一产业、第二产业到第三产业的转变，第三产业在国内生产总值中的比重为60%，属于高度发达的工业化国家。

近年来受国际金融危机影响，奥地利经济形势严峻，经济状况和前景堪忧。2009年初开始，奥地利出口大幅下滑，随后经济下滑速度明显加快。2009年第一季度国内生产总值环比实际下降2.6%，降幅达到欧元区平均水平（-2.5%）。奥地利的出口市场主要集中在欧美发达国家和中东欧地区。金融危机使这些国家和地区的经济出现衰退，奥地利出口因此受到重创。据奥地利国家统计局2009年8月31日发布的数据，由于受出口萎缩影响，截至2009年5月，奥地利制造业与建筑业的产值较上年同期下降16.4%。其中，产值下降最多的集中在钢铁产业（39.8%）、石油加工业（39.2%）、汽车与零部件制造业（38.9%）和机械制造业（24.7%）。

奥地利最重要产业之一的旅游业，在2009年中因世界金融危机、甲型流感和频发的洪水灾害遭受严重打击。2009年夏季（5月至10月）奥地利旅游业的销售额和旅游过夜数将会较2008年全面下降，其中销售额预计将减少4%。2009年5—6月，奥地利9个行政区中，只有东部布尔根兰州的旅游业呈现正增长，其他地区均为增长停滞甚至负增长。2009年奥地利国内生产总值预计将比2008年实际下降3.4%，2009年秋天将迎来经济危机最严重的局面。受经济不景气的不利影响，许多企业推迟了投资计划。

二 农牧林业

2000年，奥地利农林业产值为40.6亿欧元，占国内生产总值的2%。农林业职工22.3万人，占从业人数的6.3%。奥耕地面积占全国面积的18%，牧场占27%，生产的粮食和肉类能充分满足全国人民的需求。20世纪80年代之前，奥地利部分粮食需要进口，自进入90年代后，由于使用新技术和高度农业机械化，使粮食生产出现了突飞猛进的发展，自给有余。奥地利的粮食生产以小麦、黑麦、燕麦、玉米和土豆为主，产量逐年增加，劳动力逐年减少。阿尔卑斯山北部前沿地带和多瑙河两岸是奥地利的粮仓。畜牧业是奥地利总体农业中十分重要的组成部分，中西部山区是畜牧业中心，生产的牛肉和各种奶制品不仅满足国家需求，还供出口。奥地利全国有15家农业研究所和几百家农业咨询机构，它们使奥地利的农业技术位居世界前列。

奥地利是“森林之国”，森林面积388万公顷，占全国总面积的约46%。按所占比例计算，在欧洲仅次于芬兰，居第二位。奥地利制定的森林法对育苗、植树造林、采伐以及更新等方面都作出详细规定。森林法规定，已有的森林覆盖率不能减少，采伐后必须及时更新，若无正当理由采伐后三年内未更新者要受到法律制裁。奥地利的森林大都属于私有，但私有林也必须按照国家法规进行采伐和更新，违者受罚。木材是奥地利重要的原材料之一，木材蓄积量约9.9亿立方米。每年采伐木材都在千万立方米以上，不仅满足国内木材加工及造纸的需要，而且还大量出口。

三 工业

奥地利属工业发达的资本主义国家，2000年工业总产值610亿欧元，占国内生产总值的29.8%。工业职工人数为83.4万人，占职工总数的21%。主要工业部门有钢铁、化学、机器制造、电力、金属加工、采矿、汽车、纺织、造纸、食品等。其中最值得奥地利人自豪的是钢铁工业，奥地利是吹氧炼钢法的发明者和最先使用者。因为这种新技术首先在林茨（Linz）和多纳维茨（Donawintz）钢厂实验成功，所以也称 LD 炼钢法。使用此技术炼钢快捷便利、质优价廉，早已被世界绝大部分炼钢厂采用。奥地利的汽车工业以生产载重卡车、越野车和各种农用机械为主。斯太尔—戴姆勒—普赫股份公司是奥地利最大的汽车生产厂家，它制造的越野车性能好、速度快、灵活安全，很适合军事作战需要。它生产的发动机省油、轻便、耐磨，在世界市场上很有竞争力。奥地利水力资源丰沛，水电站多达上千个，电力工业十分发达，每年净出口电数 10 亿度。特别特别值得一提的是，奥地利在建设小型、低水位差水电站方面拥有先进的技术和丰富经验。

四　交通运输

奥地利是欧洲重要的交通枢纽，公路和铁路网密布全国，纵横交错。2000 年，全国公路总长度约 11 万公里，其中高速公路 1760 公里；全国铁路总长度为 5683 公里，全部为电气化铁路，年客运量 1.827 亿人次，货运量 8474 万吨公里。此外，奥地利还有内河航运和空中交通。全国可供航运的水路总长度为 838 公里，其中多瑙河流经奥地利部分 350 公里可全年通航。2000 年有客船 315 艘，货船 171 艘，货运量 1098 万吨。奥地利有着发达的空中交通，现有 3 家航空公司：国家航空公司、私营蒂罗尔航空公司和私营劳达航空公司，航空网络覆盖亚洲、美洲、欧洲和非洲，大多数定期航班都可飞抵位于维也纳东南 20 公里的施维夏特机场。奥地利全国在维也纳、林茨、萨尔茨堡、因斯布鲁克、格拉茨和克拉根福有 6 个机场，其中维也纳—施维夏特机场最大，与 57 家航空公司有业务联系，拥有 33 条国际航线。

五　服务业与旅游业

奥地利拥有密集的服务网络，现有银行 1000 余家，近 2 万家批发商业企业，3 万—4 万家零售公司。对外贸易和旅游业是第三产业的主体，奥地利是世界第十大旅游出口国，也是欧洲旅游大国，丰富的旅游资源吸引了国内外大量的游客，旅游外汇收入占国内生产总值的 8%。2000 年全国共接待游客 2638 万人次，其中外国游客 1798 万人次。全国现有各种星级旅馆 80974 家，总床位 113 万张。按游客人数计算，蒂罗尔州居首，其次是萨尔茨堡、克恩滕和维也纳。

六　财政及金融

奥地利政府每年最迟在下一个财政年度开始前十个星期向国民议会提出新一年财政年度预算报告。2002 年政府财政收入预计为 7910 亿先令，支出 8020 亿先令，财政赤字约为 114 亿先令。近年来，奥地利政府逐步放弃了赤字财政政策，是财政状况最好的欧盟国家之一。目前，奥地利的税收主要有工资税、个人所得税、公司所得税、商业税、进口税、增值税等。

奥地利原货币单位是先令，先令以下是格罗申，1 先令等于 100 格罗申。硬币面值分为 10、50 格罗申及 1、5、10 和 20 先令共六种，均使用非贵重金属制造。另外还有用银制造的面值 25、50、1000 和 2000 先令的硬币，以及面值分别为 20、50、100、500、1000 和 5000 先令的纸币。奥地利坚持硬通货政策，先令和德国马克挂钩，可以自由兑换，存款利率较低。从 1992 年起，先令与欧洲货币单位的比价固定在 14.2∶1 上。先令与马克是 7∶1，先令与美元比价不固定，1995 年大约是 11∶1。奥地利国家银行，即中央银行，是国家货币的管理机构，其首要任务是维护先令的稳定。此外，奥地利还有 8 家商业银行，其中最大的两家是信贷联合银行和奥地利州银行。2002 年 1 月 1 日起，欧元成为正式货币。奥地利先令与欧元的固定比价为 1 欧元等于 13.760 先令。

七　对外贸易与对外援助

对外贸易在奥地利国民经济中占有重要地位。奥地利地处中欧，一直为东西方贸易的桥梁。奥地利以外贸立国，出口占国民生产总值的 22%，与 150 多个国家和地区保持贸易关系，主要贸易伙伴是欧盟各国，特别是和德国有着特殊的贸易关系，德国、意大利、瑞士是奥地利最大的三个贸易伙伴。2000 年月平均进口额为 54.9 亿美元，出口月平均 52.7 亿美元，年贸易逆差约为 53 亿美元。奥地利的出口商品以钢材、机械、交通工具、化工制品、纸张、木材、纺织品为主，进口商品以石油、天然气、煤、铁矿砂、小汽车为主。近年来，奥地利加强了对东欧国家的投资，并重视和亚非国家发展贸易关系。2000 年，奥的进口为 1046 亿欧元，出口为 1027 亿欧元。

奥地利把对外援助看作其外交政策的一个重要组成部分。2000 年奥地利对第三世界国家的发展援助为 4.59 亿欧元，约占国内生产总值 0.23%。奥地利发展援助的重点是非洲和亚洲地区最穷的一些国家。援助项目以农业、农村发展、教育卫生等为主。援助的国家包括莫桑比克、突尼斯、塞内加尔、坦桑尼亚、布隆迪、肯尼亚、马里、赞比亚、乌干达、尼泊尔等。

为鼓励企业到东欧国家投资，奥于1991年成立“东西方基金”，由政府担保风险。1999年奥在国外投资额350亿先令，2000年为450亿先令，占奥国内生产总值的1.6%。截至2000年底，奥在国外投资总额达2780亿先令，占奥国内生产总值的9.8%。

八　社会保障制度

奥地利属欧洲福利国家，社会稳定，各种社会保障制度健全，人民生活优越。2000年奥地利国内生产总值为2048亿欧元，人均国民收入21260欧元，是世界上人均收入最高的国家之一。工人月平均净工资1658.6欧元，职员月平均净工资2043欧元。每千人小汽车拥有量为688.5辆，电视机970台，电冰箱980台，电话870部。2000年全国共有医院325家，病床73577张，各类医生34308人（不含牙医）。自1975年起，奥地利实行五天工作周，八小时工作日，职工每年可享受30—36个工作日的假期，夜班职工或重体力劳动者可多享受一星期假。此外，每个职工每年可有一周带薪照顾家人的时间；职工因病不能上班，工资照发；职工休假，领双份工资，过圣诞节，领双份工资。就业妇女可享受产前8个星期和产后8个星期的产假，早产或多胞胎妇女产假可延长至12个星期。初生儿的母亲及父亲可以享受一整年的“哺育婴儿假”，工资由失业保险金支付。

奥地利名目繁多的保险业几乎把一个人从生到死全都“保”起来了，最主要的有医疗保险、事故保险、养老保险和失业保险四种，其中98%以上的奥地利人都参加了医疗保险。奥地利社会保障制度的开支主要来源于国家税收、企业缴纳和雇员缴纳的保险金。此外，许多由宗教机构、政党或非政府组织经营的机构和组织提供包括幼儿园、残疾人之家、特殊教育机构、老年公寓、家庭护理机构等。许多大公司还为自己的雇员开设社会服务机构。

第六节　教育与科技

一　教育

奥地利的国家教育事业可追溯到1774年玛丽亚·特蕾西亚统治时期实行的6年制国家义务教育，当时规定，教育为国家管理的事业，从而结束了教会统治学校的局面。1869年奥匈帝国国民教育法规定了统一义务教育从6年制改为8年制。1918年后，国家再次对教育进行改革，保证所有儿童得到受教育的权利，不分男女和社会地位。1962年实行“全国教育法”，义务教育从8年延长到9年，并采用由师范学院培养义务教育师资的新形式。奥地利全国教育由联邦实行统一领导，具体由联邦教育与艺术部、联邦科学与研究部分别主管基础教育、中等教育和高等教育。奥地利政府特别重视教育投入，2000年教育经费投入为55.63亿欧元，占国内生产总值的2.58%。全国有各类中小学、职业技术学校6768所，在校学生122.8万人。在校大学生22.7万人。

根据奥地利实行9年制义务教育的规定，所有儿童，无论其出身、性别、种族、语言、宗教信仰，6岁以上都必须入学。小学4年是每个儿童必上的，然后分为三种不同的学校，即小学高级班（4年）、初中（4年）和普通教育高级学校（8年）。这三种学校的不同之处是：小学高级班毕业后再学一年综合技术课，然后上职业学校，初中毕业后可上中级职业教育学校或中等师范学校，成绩优秀者也可上高级职业教育学校或文理中学高级班；普通教育高级学校和文理中学高级班毕业后可直接上大学。

奥地利属职业教育较发达的国家，中小学生中3/4以上的人要通过各种职业教育走上工作岗位。奥地利政府对职业教育十分重视，各种职业学校遍布全国各地，长期以来形成了一套独特的职业教育体系。奥地利教育法规定，年满14岁就可以接受职业教育。职业教育分为四种：职业预备班、职业中学、高等职业学校和教育职业学校，前两类学校直接为就业做准备，后两类毕业生也可以上大学。绝大多数职业学校都与企业挂钩，或直接由企业设立。学生们在学习期间，既学理论又学实践，毕业后或直接在本企业工作，或被分配到其他同类企业中去。职业学校的学制一般是2—4年不等。个别中等教育，如护士学校或幼儿师范学校，学制为5年。

奥地利共有12所大学和6所艺术学院，总共430种学科600多种专业。自1972年起奥地利实行免费上大学，家庭经济困难者还可以申请助学金。奥地利大学对第三世界国家的留学生免收学费。奥地利的科学研究分科学性研究和与经济有关的应用性研究两大类。前者主要有大学、奥地利科学院和研究所承担，因此，奥地利的大学既是教学机构，又是科研机构。奥地利大学的学位分为硕士和博士学位两种。硕士学习的期限一般为4—6年，学生通过规定的学位考试，由大学根据专门的大学学习条例授予硕士学位或同等学位；攻读博士学位旨在提高学生独立进行科学研究的能力，学生要参加规定的考试、撰写论文，大学根据其是否具有独立从事科学研究能力而决定是否授予博士学位。奥地利的12所大学是：维也纳大学（1365年）、格拉茨大学（1585年）、因斯布鲁克大学（1669年）、萨尔茨堡大学（1619年，1962年重建）、维也纳理工大学（1815年）、格拉茨理工大学（1811年）、里奥本矿业大学（1840年）、维也纳农业大学（1872年）、维也纳兽医大学（1767年）、维也纳经济大学（1898年）、林茨大学（1962年）、克拉根福大学（1970年）。奥地利的6所艺术学院是维也纳美术学院（1692年）、格拉茨音乐和表演艺术学院（1815年）、维也纳音乐和表演艺术学院（1817年）、萨尔茨堡莫扎特音乐和表演艺术学院（1817年）、维也纳应用艺术学院（1863年）、林茨艺术和工业设计学院（1973年）。

维也纳大学是奥地利各大学中学科最全、建设最早、师资力量最雄厚的大学。作为德语区最古老的大学，维也纳大学创建于欧洲中世纪教会统治的年代。1365年3月12日，哈布斯堡王朝的鲁道夫四世大公为与卢森堡皇帝兼波希米亚国王查里四世争夺神圣罗马帝国的思想统治权而创办了维也纳大学，同年6月18日，教皇下诏批准维也纳大学成立法学、医学和学艺（哲学系）三个系，1384年增设神学系。在16世纪欧洲宗教改革以前，维也纳大学是罗马帝国各地区学生向往的中心；从17世纪到第一次世界大战的200多年内，维也纳大学是东欧和东南欧的核心大学。维也纳大学为人类培养了大批政界风云人物、科学巨匠和艺术大师，其中多普勒、孟德尔、弗洛伊德、兰德施泰纳、赫斯、薛定谔等科学大师最为著名。维也纳大学实行三级管理：学校、系和研究所。全校有8个系，系下设研究所，由一名教授主持工作，是教学、科研和社会服务三重任务集于一体的基层单位。这8个系分别为天主教神学系、基督新教神学系、法学系、社会与经济科学系、医学系、哲学系、基础与综合科学系、人文科学系以及形式与自然科学系。

奥地利十分重视成人教育，目的是提高在职职工的业务和技术水平，并使他们易于改变职业，以解决失业问题。奥地利全国各地都有业余大学或各种培训学校，教员均为有文凭的正式教师。随着广播、电视网的普及和应用，有许多成人教育亦通过广播电视进行。奥地利成人教育协会和联邦教育部共同制订和实施对成年人的各项培训计划。

二　科学技术

1970年，奥地利政府将“科学研究和发展”列为联邦政府的中心任务之一，以后科研经费逐年增加。奥地利的科研分纯科学性研究和与经济发展有直接联系的应用研究两大类。纯科学性研究以各大学、路德维希—特尔茨曼协会的研究所和奥地利科学院下属研究机构为主，与经济发展有直接联系的科学研究以企业研究机构为主。特别值得一提的是1973年在维也纳近郊拉克森堡建立的“国际应用系统分析研究所”。该所主要围绕环境、能源等具有全球性意义的重大问题进行研究。目前在研究所工作的有来自奥地利、德国、俄罗斯、美国、法国、英国、捷克、波兰、日本、保加利亚和加拿大等20个国家和地区的近百名科学家。此外，奥地利还参加了不少国际科研方面的合作项目。

奥地利的科研归联邦科研部领导，创建于1847年的奥地利科学院是奥地利最权威的科研机构。科学院下属单位有比较生态研究所、高能物理研究所、分子生物研究所、信息研究所、宇宙研究所、生物医学研究所、生物物理研究所、湖泊研究所、中世纪文物和制图研究所、城市和地区研究所、人口研究所等。此外，还有各大学的研究机构和路德维希—特尔茨曼协会下属的一些以人文科学、社会科学、医学为主的研究机构以及图书馆和档案馆等。

奥地利科技发达、人才辈出，在世界科技蓬勃发展的长河中，奥地利的科学家占有重要地位，仅获诺贝尔奖的科学家就有16位之多。他们是：诺贝尔医学奖获得者罗伯特·巴拉尼（1914）、尤利乌斯·瓦格纳—约莱克（1927）、卡尔·兰德施泰纳（1930）、奥托·罗维（1936）、卡尔·弗·柯里和盖蒂·柯里（1947）、卡尔·冯·弗利施和康拉德·劳伦茨（1973）；诺贝尔物理学奖获得者埃尔温·薛定谔（1933）、维克托·弗朗茨·赫斯（1936）、沃尔夫冈·泡利（1945）；诺贝尔化学奖获得者弗里茨·普雷格尔（1923）、里夏德·齐克蒙迪（1925）、里夏德·库恩（1938）、马克斯·佩鲁茨（1962）；诺贝尔经济学奖获得者弗里德里希·冯·哈耶克（1974）。

第七节 文学与艺术

一 文学发展概况

奥地利的文学发展可以追溯到10世纪初，基督教的传播导致修道院盛行，修道院成了当时的文化教育中心，形成僧侣文学。奥地利最早的文学作品出现在11世纪，僧侣埃索的《埃索之歌》（1063）是当时具有代表性的作品。接着有《皇帝编年史》和《亚历山大之歌》等。12—13世纪时，奥地利产生了骑士文学和宫廷诗，前者讴歌男女之间纯真的爱情，其代表人物是瓦尔特·冯·弗雷格尔德。《尼贝龙根之歌》是迄今流传下来的最早也是最感人肺腑的伟大英雄诗篇。中世纪的文学作品可以说色彩纷呈，有讽刺宗教的，有反对宫廷的，有对宗教表示虔诚的，有痛斥土耳其侵略的，也有揭露商业中作伪行骗的。它们的代表作是《冯·卡伦贝格》《夏日有闲情逸致的人》《精神十四行诗》《犹大这个大骗子》。

18世纪随着奥地利成为欧洲强国，文学上出现了一个飞跃时期，产生了一批描写历史人物的文学作品。19世纪的文学作品以描写农村生活、反映农村社会矛盾、鞭挞天主教对农村的统治为主题。20世纪以后的文学作品多以揭露、批判社会矛盾和昔日风尘为主，其主要代表作品有《审判》《城堡》《恶魔》《人类的末日》《难以满足的人》，代表人物有卡夫卡、魏斯、韦尔弗、卡尔·克劳斯、胡戈·霍夫曼斯塔尔、多德勒尔、巴赫曼、策兰。20世纪70年代以来，一批青年作家崭露头角，他们运用现实主义手法，反映下层人民的社会状况。代表人物有英纳霍夫、沃尔夫格鲁伯等。

二 艺术发展概况

奥地利的音乐举世闻明。1489年马克西米连一世皇帝创建了“维也纳童声合唱团”，从此奥地利有了真正的音乐。但奥地利古曲音乐的辉煌时期是在18世纪末19世纪初，那时维也纳云集了海顿、莫扎特、舒伯特、贝多芬等世界级音乐大师，使它成为著名的“音乐之乡”。特别值得一提的是莫扎特，他5岁开始作曲，7岁为玛丽亚·特蕾西亚女皇演出，被誉为“音乐神童”；9岁随父遍游欧洲作巡回演出，饮誉全欧。他与萨尔茨堡大主教闹翻后来到维也纳，创作了《费加罗的婚礼》《唐璜》《魔笛》等著名歌剧，把古典音乐推向了一个新的高潮。此外，海顿的《四季》、贝多芬的《英雄交响曲》、舒伯特的《美丽的磨坊女》等也都是脍炙人口的杰作。19世纪奥地利古典音乐的代表人物还有安东·布鲁克纳、胡戈·沃尔夫、约翰内斯·勃拉姆斯和古斯塔夫·马勒。与传统古典音乐相匹配的是维也纳轻音乐。19世纪后半叶，“施特劳斯家族”在奥地利音乐界占据了十分重要的地位。以小约翰·施特劳斯为代表的音乐派提倡的圆舞曲响遍各地，《蓝色多瑙河》的旋律深入人心。除施特劳斯家族之外，这个时期的代表人物还有约翰·奈斯特鲁、弗朗茨·冯·苏波、卡尔·米雷克、卡尔·蔡勒、里夏德·豪伊贝格、弗朗茨·莱哈尔、罗伯特·施托尔茨等。

进入20世纪之后，奥地利古典音乐一直保留着其经久不衰的地位，一些著名剧院和音乐厅仍上演和举行以古典音乐为主的歌剧和音乐会，也培育了如赫伯特·冯·卡拉扬这样的大指挥家。世界驰名的维也纳新年音乐会和歌剧院舞会更是只演奏古典音乐。当然，随着时代的发展变化，奥地利也受到现代音乐的影响，爵士乐、滚石音乐等也充斥了奥地利的一些音乐场所。不过，现代音乐一般还是在那些层次较低的音乐厅、剧场演出，听众多为青年人。

奥地利的建筑、绘画、雕塑艺术最早出现在11世纪，以建筑风格为例，11—13世纪是罗马式，13—15世纪是哥特式，15—16世纪是文艺复兴式，17世纪和18世纪是巴洛克和洛可可式。哥特式的建筑风格以尖顶为其特色，而巴洛克式的建筑以表面花哨为主。在维也纳，巴洛克式建筑特保留下来的最多，其中位于市中心的卡尔教堂、国家图书馆等都是最典型的巴洛克式建筑。巴洛克式建筑大师的代表人物是菲舍尔·冯·埃尔拉赫、鲁卡斯·冯·希尔德布兰特、雅科布·普兰特奥厄和格奥尔格·拉法尔。绘画和雕塑艺术是与建筑密切结合的，许多教堂和著名建筑物上都有精美的雕塑和绘画。

进入20世纪后，特别是近半个世纪以来，现代艺术发展较快，抽象派和印象派艺术在画坛和雕塑界占有重要地位，其代表人物有奥斯卡·科科施卡、阿尔弗雷德·库宾、里夏德·格斯特尔、埃贡·席勒、安东·柯利希、赫伯特·伯尔克等。与此同时，在建筑方面出现了诸如“怪房子”等想象奇特的建筑风格。

奥地利15—16世纪才出现戏剧，17世纪歌剧和舞剧发展较快。由马克斯·安东尼奥·蔡斯蒂创作的五幕67场歌剧《金果》曾给人们留下深刻印象，宫廷乐师约翰·约瑟夫·富克斯创作的《康斯坦察和福尔德察》堪称当时歌剧的顶峰。在约瑟夫二世当政时期，沃尔夫冈·阿马德乌斯·莫扎特奠定了国家轻歌剧的基础，他的名作《后宫的诱逃》可与意大利歌剧媲美。19世纪奥地利受法国革命的影响，大多数剧作家都成了民主主义者，创作出反映民主的“大众剧”，受到欢迎，其代表人物是内斯特罗伊。20世纪歌剧的代表人物是尤利乌斯·比特纳、弗朗茨·施密特、埃里希·科恩戈尔德、戈特弗里德·冯·艾内姆，主要代表作品有《沃策克》《丹东之死》等。

奥地利首部故事影片拍摄于1908年，两年后，“电影伯爵”萨莎·科罗维特创建了电影制片厂，开始了电影繁荣时代。1926年拍摄影片《拿玫瑰花的人》，从此结束了无声电影的时代。二战后，奥地利电影业得到恢复和发展，《诉讼》《最后一幕》等一批揭露希特勒法西斯罪行和反映人民反法西斯斗争的影片问世。20世纪50年代曾拍摄过一些有较大影响的电影，如《茜茜公主》《乌鸦》等。自20世纪60年代以来，奥地利电影业走下坡路。七八十年代政府虽采取鼓励措施，但收效甚微，一些著名电影演员纷纷离开奥地利去国外发展。世界著名的奥地利电影演员有罗米·施耐德、菲舍尔、纳迪亚·蒂勒、奥斯卡·维尔纳、克劳斯·马利亚·布兰道、阿尔诺德·施瓦辛格。

三 广播、电视、新闻与出版

奥地利政府主管新闻工作的机构是联邦新闻局，负责常驻奥地利的外国记者的注册、居留、采访等事宜。各联邦部和州均设有新闻处或新闻发言人，负责和记者联系或向记者发布新闻。奥地利实行新闻和言论自由，禁止任何政府对新闻施加影响的行为。1982年生效的《媒介法》充分保证新闻言论自由和公众获得信息的自由，但在危及国家主权和利益的情况下，新闻自由将受到一定程度的限制。该法保护公民个人免受诽谤、中伤以及保护个人隐私权不受侵犯。任何媒体都必须定期公布它的拥有人、出版人名单和总的政治倾向。《媒介法》适用于包括广播电视在内的所有媒介。1961年由奥地利报纸出版商和记者工会联合创建的奥地利新闻委员会是一个民间组织，主要任务是监督新闻工作者遵纪守法和保障新闻自由。此外，奥地利还有外国记者协会和奥地利记协，分别负责外国记者和本国记者工作。

奥地利的广播事业起步于1924年，1957年成立奥地利广播有限公司（ORF），1966年奥地利国民议会通过联邦广播法，使广播公司保持政治和经济独立，工作人员受宪法保护。奥地利广播有限公司下设一个广播电台和两个电视台。公司领导机构是股东会议以及由其产生的监事会。公司股东是奥地利联邦政府和9个联邦州，联邦政府的股份不少于51%。电视台提供娱乐、新闻、信息和文化节目，有线电视用户可以接受由奥地利广播公司、德国电视二台和瑞士广播电视公司共同经营的卫星电视节目和许多外国电视台的节目。广播电台除4套国内节目外，还设有奥地利国际电台，由政府资助以德语、英语、法语和西班牙语向世界介绍奥地利。

奥地利新闻社〔简称奥新社（APA）〕是奥地利唯一的一家通讯社，建于1946年，是合作社性质的股份公司，股东是各家日报和奥地利广播公司，每天向报纸、广播、电视提供政治、经济、文化、体育等各方面的新闻。它也同政府和政党及团体签订合同，为其播发消息和提供新闻。奥新社下设国内部、国际部、经济部、文化部和体育部，工作人员140余人，在国外十几个国家和地区派有常驻记者。奥新社拥有现代化的信息公司，是奥地利最大的数据提供商。

奥地利的新闻事业很发达，每天有大量的信息通过报纸、刊物、广播、电视等新闻媒体向大众进行传播。2000年全国有各类报纸186种，其中日报、周报和各种刊物共28种。较有影响的日报有《新闻报》（发行量12.9万份）、《信息报》（26万份)、《新皇冠报》(104 万份)、《维也纳日报》(2 万份)、《萨尔茨堡新闻》(10.7 万份)、《标准报》(12 万份) 等。《新闻报》和《萨尔茨堡新闻》是两家较严肃的报纸，有时刊登一些颇具参考价值的文章；《新皇冠报》是发行量最大的报纸，超过 100 万份，占全国报刊发行总量的42%，该报在政治上倾向于社民党，其特点是版面小，国内新闻和消遣性文章多，有地方版。《信使报》发行量居次，该报政治上倾向人民党，其特点是国际新闻报道较多，常有有关东欧国家的独家新闻，有地方版。《维也纳日报》是奥地利政府机关报，多刊登官方消息、公文及外事活动等。主要刊物有《新闻周刊》(33 万份)、《侧面》(11.8 万份)、《犁沟》(12.1 万份) 等，其中《侧面》是影响较大的周刊，报道以国内消息为主，常揭露一些社会丑闻，也发表国际评论。

奥地利出版业发展较早，而且十分发达。全国有 200 余家出版社，各种出版物上万种，出版最多的首先是大中小学课本，其次是文学和历史书籍。较有名的出版社有艺索尔尼出版社、莫尔顿出版社、萨尔茨堡帝国出版社、斯普林格科学出版社、格拉茨大学出版社、国家出版社、联邦出版社和科学院出版社等 30 余家。其中建于 1772 年的联邦出版社主要出版社课本和儿童读物，国家出版社以出版官方、半官方刊物及资料为主，艺索尔尼出版社是一流的文学出版社，莫尔顿出版社、帝国出版社则以出版古书见长。

四　博物馆与图书馆

维也纳素有“博物馆之都”的美称，全市有 100 多家博物馆，其中最著名的有阿尔贝提纳博物馆、自然史博物馆与艺术史博物馆、戏剧博物馆和应用艺术博物馆等。阿尔贝提纳博物馆收藏着世界各国的名画，建于 1781 年，以特蕾西亚女王的女婿阿尔贝特公爵的名字命名。该馆藏有近 4 万幅画的原作和 100 多万件的复制品，其中最杰出的作品是丢勒的绘画。艺术史博物馆是世界上最伟大的艺术博物馆之一，可与巴黎的卢浮宫相提并论。该馆主楼有 4 公里长的回廊和 51 间屋子，收藏了许多欧洲重要的艺术珍宝，尤以佛拉芒和荷兰绘画闻名于世，其中包括伦勃朗的 8 幅画和鲁本斯的精品之作。自然史博物馆收藏了各种地质和古生物珍品，还收集了来自世界各地的 200 万件植物标本，并拥有一个世界著名的史前文物展厅。奥地利戏剧博物馆拥有 140 万件展品，是世界同类博物馆中馆藏最丰富的。建于 1863 年的应用艺术博物馆收藏了来自欧洲和亚洲国家的手工艺品以及当代建筑模型和设计。除此之外，奥地利著名的博物馆还有贝尔维德宫的国家美术馆、犹太人博物馆、人类学博物馆、技术博物馆、军事历史博物馆、维也纳城市历史博物馆、钟表博物馆、弗洛伊德博物馆以及位于萨尔茨堡的民俗博物馆和露天住宅博物馆。

奥地利国家图书馆位于霍夫堡宫的新皇宫内，图书馆的阅览大厅极为华丽，中间是卡尔六世的白色雕像，周围廊柱上有 16 位哈布斯堡王朝皇帝的雕像。图书馆收藏着王宫中最具奥地利特色的古乐器，共有 360 件；还藏有海顿的拨弦古钢琴、贝多芬 1803 年用过的钢琴、舒曼和勃拉姆斯用的 1839 年制作的钢琴。图书馆的阅览大厅有时还被奥地利政府用以招待国宾。

五　宗教与民俗

(一) 宗教文化

奥地利是一个天主教国家，罗马天主教为国教。据调查统计，全国人口中，78% 信仰罗马天主教，5% 信仰基督新教，4.5% 信仰其他宗教，9% 的人不信教，3.5% 的人未表明态度。几乎每个教徒，不分男女老幼，都佩戴一副纪念耶稣受难的十字架项链。但近些年来，随着社会的发展，奥地利青年一代对宗教的虔诚程度已大为减弱，他们把信教、戴十字架项链仅仅看作一种时髦。奥地利儿童宗教教育法律规定，14 岁以上的年轻人有权选择自己的宗教信仰；奥地利学校中的宗教教育也不仅限于罗马天主教，属于较小教派或宗教团体的学生在自己的团体中接受宗教教育。

(二) 民风习俗

奥地利人相互见面时一般握手问候。如果双方或有一方戴帽的话，见面或告别时要用左手脱帽，帽顶对着客人，同时伸出右手同对方握手。男女双方见面时，一般行吻手礼，即男方轻轻拿起女方伸出的手，在手背上吻一下。久别重逢的家人或很熟的朋友之间见面，一般行拥抱礼即相互拥抱、贴脸或吻额。

在家里宴请客人或留朋友吃饭时，女主人坐在上席，其右为女宾客，左为男宾客，男主人坐在下席。当有客人或朋友来访时，孩子们都要走出自己的房间与客人见面。男孩子与客人握手，说声“您好”；女孩子走到客人面前，右腿半蹲，双手交叉放在腹部，身子略微向前弯下，以示对客人表示欢迎。然后方可离去。

在家庭中，孩子在14岁以前，父母管教相当严格，规定不准吸烟、喝酒，放学必须按时回家。14岁被认为是进入青年时期，可以学跳舞、交朋友。16岁以上便可以出入成年人娱乐场所，不受家人和学校的任何限制。18岁便被认为已长大成人，如果不上大学，就该自食其力了，再要依赖父母生活，会被认为“没出息”。即使上了大学的孩子，也要利用寒暑假打工挣钱，部分养活自己。孩子结婚以后，一般自租房子，不再和父母住在一起。

（三）传统节日

奥地利是世界上节日最多的国家之一，有人统计过奥地利一年的节日和假日加在一起超过180天。主要节日有圣诞节（12月25日）、狂欢节（2月）、复活节（4月）、万灵节（11月1日）、主神节（1月6日）、圣灵降临节（6月3日）、耶稣圣体节（6月14日）、圣母玛丽亚升天节（8月15日）、玛丽亚怀孕节（12月8日）以及元旦、劳动节、国庆节（10月26日）等。其中以圣诞节、复活节和狂欢节最为隆重。圣诞节是奥地利一年当中最大的节日，节前的四个星期天，商店破例开门营业，以充分满足人们购物的需求。与此同时，大大小小的圣诞市场争相开放，接待四方顾客购买节日礼品。大街小巷彩灯招展，彩带飘扬。节日晚上，家家户户摆放圣诞树，树上挂满包装得五颜六色的巧克力球和糖果。晚饭后，熄灭电灯，点燃蜡烛，全家人围着圣诞树席地而坐，互赠节日礼物，沉浸在节日的欢乐之中。复活节是纪念耶稣复活的节日，是夜，教徒们点着蜡烛去教堂做祷告，读圣经，唱圣歌，为新教徒洗礼，晚上吃圣餐。复活节之前，为庆祝复活节的到来，大商场、小商店均出售复活节兔和复活节蛋，以渲染节日气氛。狂欢节，也叫“谢肉节”，是奥地利的民间节日。狂欢节一般在每年2月份举行，主要是化装游行，连续几天，庆祝春天的到来。

六　体育与休闲

（一）体育概况

奥地利人是爱好体育运动的民族，开展的体育项目很多，锻炼的内容也很丰富。奥地利人最喜欢的体育运动项目是登山、足球、滑雪、体操、网球、冰球、游泳、自行车和射击。奥地利是开展滑雪运动历史较早的国家之一，1897年就曾出版滑雪教科书，1905年在下奥州举行过滑雪史上首次障碍滑雪赛。此后，奥地利便成为重要的阿尔卑斯山滑雪运动之国。奥地利共修建了3500多个登山索道，1964年和1976年两届冬季奥运会都是在奥地利举行的。同时，奥地利也培养了许多具有世界水平的滑雪运动员，其中有托尼·塞勒、卡尔·施兰茨、安内玛丽·莫泽尔—普勒尔、弗朗茨·克拉莫尔、佩特拉·克罗恩贝格等佼佼者。奥地利足球运动的普及面很广，足球协会是成员最多的体育团体，包括2000个足协分会和25万余名运动员。在世界挂名的足球俱乐部有“勇士—因斯布鲁克”、“奥地利—维也纳”、“快速—维也纳”。赛车是奥地利人最喜欢看的体育运动，也最富刺激性。奥地利人在汽车赛中曾经获得过优异的成绩，约亨·林特在1970年举行的一级方程式赛车中获世界冠军，尼基·劳达在同种比赛中分获1975年、1977年和1984年三次世界冠军。奥地利政府重视体育事业，每年从预算中拨出近10亿先令发展体育事业。奥地利有三个全国性的体育协会，即奥地利体育总会、奥地利体育和身体文化工作组和奥地利体操联盟，有50个专业委员会。全国的体育团体多达1.4万个。

（二）休闲文化

奥地利的休闲文化极具民族特色，这在维也纳表现得极为明显，可谓是奥地利休闲文化的缩影。维也纳的休闲文化主要是咖啡文化、霍里格小酒馆文化和丰富多彩的户外活动。在维也纳，咖啡、音乐和华尔兹被相提并论，称为“维也纳三宝”。维也纳人喝咖啡的历史可以追溯到17世纪，现在已成为人们日常生活不可缺少的一部分。维也纳最著名的咖啡馆是位于市中心区的中央咖啡馆。第一次世界大战前，这里一直是著名诗人、剧作家、艺术家、音乐家和外交官们聚会的地方，当年音乐大师莫扎特、贝多芬、舒伯特和施特劳斯父子都曾是这里的常客。维也纳的咖啡种类繁多，从清咖啡到各种成色的加奶咖啡，各有特色，适合不同人的口味，而且都有各自的名称；而且，咖啡馆还备有报纸、画报和杂志供读者阅览，构成维也纳咖啡馆独特的文化品位。霍里格小酒馆文化构成维也纳休闲文化的另一大特色。在维也纳郊外的小农舍，门上一段松枝、一小枝枞树，或是用冬青编成的花环，外加一块招牌，这是向游客表示该酒馆自酿的新葡萄酒已经上市，这就是维也纳特有的霍里格小酒馆。霍里格小酒馆的历史可以追溯到1874年的《霍里格小酒馆法》，该法规定维也纳人有出售或施舍自产的食品、酒类或果汁的自由。从此，维也纳森林里的农户开办“霍里格小酒馆”，用自产的葡萄酿制葡萄酒卖给客人。时至今日，霍里格小酒馆已经成为奥地利旅游业中一个独特项目。除了咖啡和霍里格小酒馆之外，维也纳人的户外活动也极为丰富多彩。维也纳供人休息的花园、公园和广场特别多，维也纳森林和多瑙河畔是维也纳人传统的消遣场所。到郊外骑自行车、到森林里踏青、狩猎、钓鱼都是维也纳人喜爱的户外活动，他们最擅长的则是登山和滑雪。

第八节　军事与外交

一　军事概况

1955年奥地利在美、苏、英、法四国占领军撤出后宣布“永久中立”，并于次年在实行普遍义务兵役制的基础上建立了联邦军。总统为武装部队的最高统帅，政府通过国防部长对部队实施指挥。奥地利联邦军的主要任务是保卫国家不受外来侵犯。

1993年起，奥地利实行新的义务兵役制，规定17—51岁的男性公民都必须服兵役，服役期总共为8个月。新兵在服完6个月的基本兵役后，进行1个月的综合演习，并在以后的10年里完成为期1个月的复训。对于不能服兵役的青年实行民役制。

联邦军陆军兵力3.4万人，编为3个军及维也纳军区，第一、第二军各下辖3个州军区，第三军下辖2个州军区。空军6000人，属陆军的一部分，编为一个师，下辖3个航空团。此外，奥地利有民兵预备役20万人。奥地利没有海军。2000年，国防预算为16.9亿欧元，占国内生产总值的0.8%。

二　外交

在战后40年的“东西方冷战”期间，奥地利采取了中立和不结盟的政策，永久性的中立政策在奥地利联邦宪法中得到明确规定。冷战结束后，奥地利认为世界各地的区域性战争、国际恐怖主义、各种跨国犯罪活动和内战的危险依然存在，在国际上统一步骤、协调行动同样具有现实意义。奥地利积极参加联合国以及其他国际组织的各项活动：从维持和平部队的活动、拥护裁军、防止核武器扩散，到维护国际生态和环境保护等。在许多国际事务上，奥地利也一贯奉行中立立场，主张和平解决国家间各类政治纠纷和冲突。奥还十分注意积极解决历史遗留问题，与美、波、捷、匈、白俄等国签署二战期间在奥强制劳工赔偿（约为4亿美元）协议。为适应冷战后国际形势的变化，奥调整了其中立政策，于1995年先后加入欧盟和北约和平伙伴关系计划，近年又将“欧洲共同安全防务政策优先于《中立法》”的决议纳入宪法，并允许其军队参加境外维和军事行动，同时还决定向欧洲快速反应部队提供2000名士兵。2001年，奥政府提出新的安全战略草案，把放弃中立，全面参与欧盟联合防务，最终加入北约作为其安全战略目标。

冷战时期，奥地利作为中立国曾为东西方两大阵营理想的国际会议场所，中欧裁军会议、美苏首脑会晤等都曾在维也纳举行。但奥地利从总体上说是西方的一部分，其对外贸易进出口额的2/3以上是同西方国家进行。

奥地利1995年正式加入欧洲联盟，同时也是首批使用欧元的国家之一。奥积极参与欧洲一体化进程，并特别注重与欧盟中小国家的关系。2000年，奥因人民党与右翼政党自由党组成联合政府而受到欧盟制裁，欧盟14国对奥新政府采取了冻结双边高层往来、降低外交接触级别和停止在国际机构中对奥人选支持的政治制裁措施，使奥外交陷入孤立。9月欧盟取消了制裁，奥与欧盟关系逐步恢复正常。欧盟取消制裁后，奥总统、总理、外长等，分别访问了葡、西、意、德等近20个国家。此后奥积极推动修改《欧盟条约》中有关制裁机制的条款，以防止类似对奥制裁重演。2001年，奥利用欧盟东扩的契机，倡议召开了旨在与其东欧邻国建立“战略伙伴关系”的会议，试图在欧盟中形成小国的“利益共同体”，以在扩大后的欧盟中更好地维护自身利益。2000年，奥对欧盟出口额为425.67亿欧元，占其出口总额的 61%；进口额为 495.72 亿欧元，占其进口总额的 66%。

奥地利同德国关系十分密切，德是奥最大的贸易伙伴。2000 年奥与德贸易额占奥外贸总额的 32.4%，奥向德出口 232 亿欧元，从德进口 305 亿欧元。2000 年，德积极参与欧盟对奥的制裁使两国关系一度受到影响，但在同年 11 月两国总理会晤、12 月奥总统克莱斯蒂尔访德后，奥德关系恢复正常。2001 年 5 月德国总理施罗德访问了奥地利。奥同瑞士、法国、意大利、英国、荷兰、比利时、卢森堡、西班牙及北欧诸国亦保持着良好的国家关系。

同美国的关系一直比较好，美是奥在欧盟以外最大的贸易伙伴。1999 年奥对美贸易的出口额为 380 亿先令，进口为 480 亿先令。2000 年为出口 35 亿欧元，进口 41 亿欧元。2001 年 5 月奥副总理里斯—帕塞尔和外长费蕾罗—瓦尔德纳分别访美；11 月总理许塞尔访美，这是 1994 年以来奥总理第一次访美。

奥地利同苏联于 1924 年 2 月 25 日建立公使级外交关系，1938 年中断，1945 年 10 月 24 日复交，1953 年 6 月 12 日升格为大使级。苏联解体后，俄罗斯承袭苏联的对奥关系，在奥地利驻有强大的外交代表机构。两国贸易主要表现在互补性方面，俄罗斯向奥地利提供石油和天然气，奥地利向俄罗斯提供钢材和机械设备。俄是奥第 18 大出口国，第 13 大进口国。奥在俄有合资企业 470 家。2001 年，俄总统普京和奥总统克莱斯蒂尔实现互访；同年，俄总理卡西亚诺夫也访问了奥地利。2000 年奥向俄出口 6.55 亿欧元，进口 12 亿欧元。奥地利同东欧邻国有着传统的历史关系，领导人之间的互访一直很频繁，贸易额也相当高。冷战之后，奥地利向匈牙利、捷克、波兰等国大量增加投入，双边贸易发展很迅速。奥地利同其他东欧国家也保持着良好的关系，经贸关系日趋密切。1989—1998 年，奥对中东欧出口增长 250%，贸易顺差达 140 亿美元。2000 年奥对匈出口已超过其对美的出口，匈成为奥第 4 大贸易伙伴。2000 年奥对中东欧及独联体国家出口额为 114.29 亿欧元，占其出口总额的 16.4%；进口额为 93.84 亿欧元，占其进口总额的 12.5%。

自 20 世纪 70 年代以来，奥地利十分重视发展同第三世界各国的关系，特别是同亚太和非洲地区国家的关系，主要表现在贸易额的增加，以及奥地利领导人到这些地区的出访增多。

奥地利同中国的经济贸易往来已经有 100 多年历史。早在 1868 年，两国就有贸易关系，1873 年，中国曾派团参加在维也纳举行的世界博览会。中华人民共和国建立之后，两国的经济贸易关系进一步发展。1964 年 12 月 7 日，中国国际贸易促进委员会同奥地利联邦商会在维也纳签订了关于促进两国经济关系的协定，双方各自在对方首都设立商务代表处。1965 年，我国从奥地利引进吹氧炼钢技术。1971 年 5 月 28 日，双方建立大使级外交关系，从此，两国的政治、经济、文化等各个领域的关系进一步得到加强。1972 年两国签订贸易与支付协定，1974 年建立政府间混合委员会，1980 年签订经济、工业和技术合作协定，1984 年签订奥中科技合作协定，1985 年签订投资保护协定和民航协定，1986 年 11 月，中奥草签避免双重征税协定。建交 30 年来，两国政治交往不断加强，特别是 20 世纪 90 年代以来，两国领导人经常互访。1995 年，奥地利总统克莱斯蒂尔应邀对我国进行了正式的国事访问，1993 年和 1996 年，奥地利总理弗拉尼茨基两次访问中国；1994 年 1 月，中国人大委员长乔石对奥进行友好访问，1996 年 6—7 月间，时任总理李鹏访问了奥地利，同年 9 月，时任政协主席李瑞环对奥地利进行了正式访问。1997 年 3 月，奥国民议会议长菲舍尔访华。1998 年 3 月，奥副总理兼外长许塞尔访华。1999 年 3 月，时任国家主席江泽民对奥进行正式国事访问，这是中国国家元首首次访奥。两国经济贸易也随着政治交往而不断增加，奥地利出口到中国的主要商品有钢材、铝板、化学品、机械设备以及人造棉，中国出口到奥地利的商品为坯布、羽绒、草编制品、五金工具及瓷器等。据中国海关总署统计，2001 年两国贸易总额为 10.16 亿美元，比上年同期增加 30%，其中中方向奥出口 3.537 亿美元，进口 6.62 亿美元。到 1996 年底，已经有 300 多个奥地利企业在中国大陆进行了投资，总投资额已超过 2 亿美元，还有 43 家企业在中国大陆设立了常设办事处。两国技术合作也进一步加强，中国从奥地利引进的项目主要有重型汽车制造专有技术、柴油机喷油装置技术以及粉末冶金摩擦片喷洒专有技术等。两国的文化交流也不断深化，1996年，在中奥建交25周年之际，维也纳爱乐乐团应邀访问中国；维也纳艺术历史博物馆在中国国家博物馆展出馆藏艺术珍品，1997年维也纳国家歌剧院访问中国，演出了莫扎特的不朽名作《费加罗的婚礼》；与此同时，中国音乐家也在维也纳的黄金大厅展现了中国艺术的风采。

第九节 人物

赫伯特·冯·卡拉扬（Karajan，Herbert von，1908—1989） 管弦乐队和歌剧指挥家，1908年4月5日生于奥地利萨尔茨堡的阿尼弗，是20世纪中世界最杰出的音乐界人物。卡拉扬1929年在萨尔茨堡作首场职业性指挥演出，1948年协助创办伦敦爱乐乐团，1955年成为柏林爱乐乐团总监，后又成为维也纳国家歌剧院和萨尔茨堡音乐节的首席指挥，同时也是米兰斯卡拉歌剧院的主要指挥之一和纽约爱乐乐团的客座指挥。1967年，卡拉扬创办萨尔茨堡复活节音乐节，1969—1970年间指挥巴黎管弦乐队。在卡拉扬的指挥生涯中，柏林爱乐乐团始终是他音乐活动的中心。卡拉扬的音乐演绎以准确、客观著称，而在70—80年代则带有更多的个人风格。

库尔特·瓦尔德海姆（Waldheim，Kurt，1918— ） 1918年12月21日生于奥地利圣安德烈—沃尔登，祖籍捷克，奥地利政治家和外交家，联合国第四、第五任秘书长（1972—1981）。瓦尔德海姆1945年进入外交界，1955年领导了奥地利第一个驻联合国代表团，1956—1958年任奥地利驻加拿大公使，1958—1960年任大使，后任奥地利外交部掌管政务的司长。瓦尔德海姆于1964—1968年、1970—1971年两度出任奥地利驻联合国大使，并被任命为联合国和平利用外层空间委员会主席，1968—1970年任奥地利外交部部长。瓦尔德海姆从1972年起担任联合国秘书长，任职期间以使联合国的效率和充分发挥作用见长，1986年作为人民党的候选人赢得了奥地利总统选举，任期6年，直至1992年。

海因茨·菲舍尔（Heinz Fischer，1938— ） 联邦总统，1938年10月9日生于施蒂利亚州格拉茨。在维也纳大学获法学博士学位，1993年在因斯布鲁克大学政治学担任教授。菲舍尔大学毕业后就作为议会团秘书为奥地利社会民主党工作，1971年被选入议会，1977年担任社民党副主席。1983—1987年任联邦教育、科学和文化部长。1990—2002年担任国会议长。2004年7月8日就任奥地利第八任联邦总统，民意调查反映他在目前所有奥地利政治家中是最受欢迎的。

托马斯·克莱斯蒂尔（Thomas Klestil，1932— ） 1932年11月4日生于维也纳。获商业贸易博士学位。1957年进入联邦总理府工作，1959年起从事外交工作，历任驻洛杉矶总领事、外交部国际司司长、常驻联合国代表、驻美国大使等职。1987年任外交部秘书长。1992年当选总统。1998年7月连任，任期至2004年。曾于1988年、1995年和2001年访华。

维尔纳·法伊曼（Werner Faymann，1960— ） 联邦总理。1985—1994年，法伊曼担任维也纳州议会和市议会议员，同时担任住房建设和城市更新的多项职务。2007—2008年，担任交通、创新及科技部长。2008年6月16日，法伊曼当选为社会民主党主席。2008年12月2日，社会民主党和人民党组成联合政府，法伊曼出任总理。

沃尔夫冈·许塞尔（Wolfgang Schüssel，1945— ） 联邦总理。1945年6月生于维也纳，维也纳大学法律系毕业，博士学位。1968—1975年任国民议会人民党议会党团秘书，1975—1991年任人民党经济联盟秘书长，1979—1989年任国民议会议员，1987—1989年任国民议会人民党议会党团副主席，1995年起任奥人民党主席。1989年起先后担任联邦经济部长、联邦副总理兼外交部部长，2000—2007年出任联邦总理。曾于1995年和1998年访华。

（杨焕勤 杨伟国）

第三章　瑞士

第一节　概述

国名　瑞士联邦（Confederation of Switzerland）。

位置　欧洲中西部。

面积　41284.6 平方公里。

人口统计　永久居住人口为 778.58 万人（2009 年），其中瑞士人 607.18 万人；外籍人 171.4 万人。外籍人口占永久居住人口的比例为 22.0%。

民族　瑞士主要有四个民族，即德意志瑞士人、法兰西瑞士人、意大利瑞士人和列托—罗曼人。

语言　瑞士共有四种官方语言，即德语、法语、意大利语和列托—罗曼语。

宗教　瑞士人主要信仰罗马天主教和基督新教。瑞士的宗教人口分布如下：信奉天主教的居民占 41.8%，新教 35.3%，其他宗教 11.8%，不信教的占 11.1%（2009 年）。

政体　联邦共和制。

首都　伯尔尼（Bern），建于 1191 年，1848 年定为首都。

国旗　呈正方形，为红地白十字旗。从施维茨州州旗演变而来，红色表示“血战到底”，象征奋斗精神与爱国热情；十字源于古代国王出征时佩戴的徽记，象征基督教的信仰。

国歌　《瑞士颂》。莱昂哈德·威德默作词，阿尔布立克·茨维斯克作曲。

国徽　红色盾徽，正中央为白色十字。其来源和含义与国旗相同。

国庆日　8 月 1 日。

货币名称　瑞士法郎（franc）。

度量单位　实行国际公制。

时间时区　东一区。

国花　火绒草。象征至高无上的荣誉。

第二节　自然地理与人文地理

一　自然地理

瑞士联邦位于欧洲中部，是一个内陆国家。东与奥地利接壤 164.8 公里、与列支敦士登接壤 41.1 公里，南与意大利接壤 741.3 公里、西与法国接壤 362.5 公里、北与德国接壤 362.5 公里，总国境线长 1881.5 公里。瑞士全境总面积 41284.6 平方公里，南北最长处 220.1 公里，东西最宽处 348.4 公里。位于东经 5°—11°以内，北纬 45—48°之间。

（一）地貌特征和地质构造

瑞士是一个山国，根据地形，分为三个自然区：阿尔卑斯山区、中央高原和汝拉山区。瑞士位于阿尔卑斯山的中部，占山脉面积的 20%。罗讷河、上莱茵河河谷以及罗伊斯河、提契诺河河谷把瑞士境内的阿尔卑斯山分割为东北群、西北群和南阿尔卑斯山脉。山脉由花岗岩和结晶岩片所构成，覆盖着白垩岩、泥灰岩和其他岩石的沉积物，平均海拔 1700 米，约有 100 个山峰，平均高度 4000 米，最高的杜富尔峰达 4634 米。最低点是马乔列湖，海拔 193 米。瑞士阿尔卑斯山脉占全国面积的 60%。

中央高原介于阿尔卑斯山与汝拉山脉之间，平均海拔 580 米，从西南端的日内瓦湖一直延伸到东北角的博登湖，长约 240 公里，宽约 50 公里。这一地区丘陵起伏，湖泊众多，气候较阿尔卑斯和汝拉山区温和，有极好的草地，适宜发展农牧业和乳制品业，种植葡萄园和果树园，以及甜菜、烟草等经济作物。中央高原占全国土地面积的 30%。

汝拉山区由数条平行的石灰岩褶皱山组成，地质构造不如阿尔卑斯山复杂，平均海拔 700 米。区内一些山峰高 1600 米左右，最高峰唐德尔峰达 1679 米。汝拉山区的地势大致可以分为三种类型：南部褶皱最为明显，称为褶皱汝拉；北部是汝拉高原；偏东部是汝拉台地。汝拉山褶皱的特点是相当规则，平行起伏，在西南边缘最为集中，向东北延伸并逐渐消失。山脉的褶皱部分，历经多年流水的冲刷，形成了深山峡谷。

（二）河湖冰川

瑞士属于欧洲三大大陆水系的一部分。莱茵河是流经瑞士的最大河流，发源于瑞士境内的阿尔卑斯山，穿过博登湖，出巴塞尔市离开瑞士，最终注入北海，在瑞士境内长 375 公里，流域面积为 27963 平方公里，占瑞士河水总量的 67.7%。罗讷河发源于阿尔卑斯山，经过莱蒙湖，出日内瓦市进法国，最后流入地中海，在瑞士境内全长 264 公里，占河水总量的 18%。此外，流向地中海的波河和阿迪杰河在瑞士均有支流，分别占河水量的 9.6% 和 0.3%。多瑙河的一条支流因河，流经瑞士注入黑海，占河水总量的 4.4%。

众多的湖泊是瑞士的一大自然景观。在山区、高原和谷地上分布着 1494 个自然湖泊，主要位于汝拉山脚下和中央高原上，以及前阿尔卑斯山和阿尔卑斯山南北两侧。最大的是日内瓦湖（莱蒙湖），面积 581 平方公里。还有数以百计的小湖泊、人工湖和水库，主要在阿尔卑斯山区。

冰河时期，瑞士几乎完全被冰川所覆盖，如今冰川只剩下一小部分，总面积约 1050 平方公里，占国土面积的 3%。与其他位于阿尔卑斯山脉中的国家相比，瑞士所拥有的冰川面积比重最大。

（三）气候与降水

瑞士地处西欧中部北温带，受海洋性气候和大陆性气候双重影响。阿尔卑斯山为气候分界线，山以南是海洋性气候，温和而湿润；山以北有时受西欧海洋性气候影响，有时受东欧大陆性气候影响，冬季寒冷夏季炎热。外部因素加上自身位置及多变的地形，使瑞士各地气候差异较大，不同地区受到风力、日光、地势高度和其他地理因素的影响不同，形成了许多区域性的小气候。瑞士全年平均气温为 9°。

阿尔卑斯山北坡的低气压与南面的高温气流相遇，形成了瑞士特有的“焚风”。焚风吹起时，阿尔卑斯山北麓的一些山谷和丘陵温度骤增，早春 3 月或晚秋 11 月的天气，会变得像盛夏一般炎热。焚风初起时也会带来大雨，引发山洪雪崩，后来的干热又容易引起森林大火，但也可以促使高山积雪融化，有利于作物生长和牲畜放牧。

瑞士的降水量，受气候和地势的影响，比大部分其他欧洲地区要充沛得多。瑞士年降水量为 1000—2000 毫米，不过，各地的降水量分布不均，地区间差异较大。年降水量在中央高原为 800—1200 毫米，在前阿尔卑斯山和阿尔卑斯山南为 1500—2000 毫米，在高阿尔卑斯山则超过 3000 毫米。

（四）矿产资源

瑞士矿产资源贫乏，只有少量的钨、铀、铁、钼和天然气，但由于开采价值不大或出于保护环境考虑，基本上没有加以利用。岩盐储量较多。目前只有岩盐和建筑材料开采量较大。

（五）动物和植物

瑞士地形、气候、植被的多样性，为动物提供了良好的生存环境。据统计，瑞士有动物 4 万余种，主要属于高山类的，有兔子、狐狸、獾、土拨鼠、鹿、小羚羊、獭等。在阿尔卑斯高山地带生活着旱獭、野山羊、岩羚羊；在河湖湿地中生活着欧洲海狸、水獭等珍贵动物。在汝拉山区的林地有一种野猫，体型较大，以啮齿类动物和地面巢穴鸟类为食。还有各种各样的鸟类，如森林地带有一种珍稀的雷鸟，在海拔很高的松树林里生活着星鸦。湖泊中也有大量的野生鸟类，如白鹳和黑鹳、黑鸫鸟、小麻鸦、大冠阿比鸟等。

瑞士土地上分布着各类花草树木，有 1.1 万余多种植物。从北极严寒地区的苔藓和地衣，到地中海亚热带生长的棕榈和含羞草，一应俱全，百花盛开。在丘陵、耕作地带，地势较低，气候温热，种植小麦、葡萄、玉米、坚果、苹果、梨、烟草、蔬菜等农作物和经济作物。日内瓦湖周围和提契诺州盛产栗子，瓦莱州和提契诺州出产桃、杏，莱蒙湖和纳沙泰尔湖畔遍植葡萄。在阿尔卑斯山区的落叶林地带，山北普遍生长榉树，以及山柽、榆树、阿尔平宁槭、菩提、苏格兰松；山南有胡桃、假阿拉伯橡胶、冬青属林木。在亚高山地带（下阿尔卑斯山）生长着松柏科植物，如云杉、银枞、落叶松。

二 人文地理

（一）居民来源

瑞士有四个主要民族，即德意志瑞士人、法兰西瑞士人、意大利瑞士人和列托—罗曼人。德意志瑞士人主要分布在东北部和中部各州，是由日耳曼部落之一的阿勒曼尼人与罗马化的土著居民同化而来，大多于 13—16 世纪加入瑞士联邦。法兰西瑞士人主要分布在西部的日内瓦、沃州、纳沙泰尔、弗里堡等州和瓦莱州西部以及伯尔尼州的西部边境一带，是由罗马化土著海尔维第人与日耳曼部落的勃艮第人同化而来，他们原为法兰西人的一部分，先是伯尔尼人和弗里堡人分别于14和15世纪加入瑞士联邦，其余大部分人于19世纪初加入联邦。意大利瑞士人主要聚居在东南部的提契诺州，是由罗马化土著人与伦巴德人同化而来，1803年加入联邦。列托—罗曼人聚居在东南部的格劳宾登州，是罗马化列托人的后裔，又分为罗曼什人和拉丁人两支，各有自己的方言，并有五种书写形式。列托—罗曼人于1803年加入联邦。

（二）种族成分

根据2000年全国人口统计，瑞士居民中，讲德语的占63.7%，主要在北部、中部和东部地区；讲法语的占24.4%，主要在西部；讲意大利语的占6.5%，处于南端偏东的提契诺州；讲列托—罗曼语的占0.5%，人数很少，集中于东南部的格劳宾登州；讲其他语言的占9%。根据瑞士宪法，所有法律条文、政府公告、规章制度必须同时用德、法、意三种语言公布。各种工商业产品和商品说明也均用这三种语言标出。在列托—罗曼人聚居的格劳宾登州，官方文件还要同时使用当地的五种方言。

（三）人口密度

瑞士人口密度较高，平均每平方公里居住人数为186人（2008年）。人口分布不均匀，中央高原最为稠密，集中了全国4/5的人口，平均每平方公里250人以上；而阿尔卑斯山区的人口仅是中央高原的八分之一。人口密度最大的地区是巴塞尔城，每平方公里5005人；人口密度最小的地区是格里松，每平方公里27人。

（四）城乡比例

瑞士人口总计770.18万人（2008年），其中，城市人口占67.5%；农村人口占32.5%。

（五）性别比例

自20世纪70年代以来，瑞士总人口中女性所占比例一直高于男性。2009年，瑞士总人口中，男性383.57万人，占49.2%；女性395.52万人，占50.8%。

（六）年龄结构

2009年，瑞士总人口中，0—19岁163.61万人，占21.0%；20—39岁207.42万人，占26.6%；40—64岁276.68万人，占35.5%；65—79岁93.7万人，占12.0%；80岁及80岁以上37.16万人，占4.9%。

（七）出生率

自20世纪70年代以来，瑞士的出生率持续下降。出生率1970年为16.1‰，2007年下降到9.9‰。2009年，出生婴儿78286人，其中男孩40407人；女孩37879人。

（八）死亡率

死亡率1970年为9.2‰，1995年之后一直低于9‰。2007年的死亡率为8.1‰。2009年，死亡人数62476人，其中男性30028人；女性32448人。

（九）移民状况

20世纪90年代以来，瑞士的外籍人口连年增长，外籍人口来自欧洲、亚洲等40余个国家和地区。2009年达到171.4万人，占总人口的22.0%。其中，来自德国25.18万人，占14.7%；法国9.25万人，占5.4%；意大利29.06万人，占16.96%；奥地利36714人，占2.1%；西班牙64974人，占3.8%；葡萄牙20.6万人，占12.0%；塞尔维亚和黑山18.13万人，占10.6%；非洲5.77万人，占3.4%；美洲7.27万人，占4.2%；亚洲和大洋洲10.33万人，占6.0%。来自非洲、美洲和亚洲的人口增加。2007—2008年，瑞士的国际移民出现一个高潮，2009年有所下降。2009年，移入瑞士16.06万人，移出瑞士8.6万人，净移民7.46万人。

第三节　行政区划

一　历史沿革

随着汝拉州于1979年加入联邦，瑞士现有26个自治州，其中6个是半州。12—14世纪，翁特瓦尔登州划分为奥布瓦尔登半州和尼瓦尔登半州；宗教改革之后，阿彭策尔州于1597年被分为阿彭策尔外罗登半州和阿彭策尔内罗登半州；1833年，巴塞尔州爆发了城市与乡村之间的战争，战后分裂为巴塞尔城半州和巴塞尔乡半州。

二　行政区划

瑞士的行政区划分为三级，即联邦、州和市镇。瑞士联邦共有26个州，其中6个是半州。州的下一级行政区划单位是市镇，瑞士全国有 2596 个市镇（2010 年）。

三 重要城镇

瑞士人称市镇为“小小共和国”。市镇的面积大小不一。面积最大的市镇是瓦莱州的巴尼埃，282 平方公里，大于一个小州的面积；面积最小的市镇是提契诺州的蓬泰特雷萨，只有 0.28 平方公里，比一个城市的小区还要小。人口最多的市镇苏黎世市约 37 万人；人口最少的市镇居民只有约 20 人，如格里松州的兰达伦卡、沃州的古莫昂勒斯朱克斯。

瑞士各州统计(2008 年)

州名	面积（平方公里）	人口（人）	州府名
苏黎世	1728.90	1332727	苏黎世
伯尔尼	5959.20	969299	伯尔尼
琉森(卢塞恩)	1493.50	368742	琉森(卢塞恩)
乌里	1076.80	35162	阿尔特多夫
施维茨	908.20	143719	施维茨
奥布瓦尔登	490.60	34429	萨尔嫩
尼瓦尔登	275.90	40737	施坦斯
格拉鲁斯	685.00	38370	格拉鲁斯
楚格	238.70	110384	楚格
弗里堡	1670.60	268537	弗里堡
索洛图恩	790.60	251830	索洛图恩
巴塞尔城	37.00	186672	巴塞尔
巴塞尔乡	517.60	271214	利斯塔尔
沙夫豪森	298.50	75303	沙夫豪森
阿彭策尔外罗登	242.80	53054	赫里藻
阿彭策尔内罗登	172.50	15549	阿彭策尔
圣加仑	2025.70	471152	圣加仑
格里松(格劳宾登)	7105.30	190459	库尔
阿尔高	1403.60	591632	阿劳
图尔高	991.00	241811	弗劳恩菲尔德
提契诺	2812.30	332736	贝林佐纳
沃州	3211.70	688245	洛桑
瓦莱	5224.50	303241	锡昂
纳沙泰尔	802.90	170924	纳沙泰尔
日内瓦	282.30	446106	日内瓦
汝拉	838.50	69822	德莱蒙
全国总计	41284.20	7701856	

数据来源：面积数据来源于瑞士国家形象委员会：《多姿多彩的瑞士》(2009/2010)，第 23 页。人口数据来源于瑞士国家统计局：《瑞士统计年鉴(2010)》，第 39 页。

第四节 历史

一 古代

早期人类足迹 根据考古发掘，在原始社会旧石器时代，瑞士境内就有人类居住。铁器时代后期，克尔特人迁移进来，其中最重要的一支是海尔维第部落，另一支是勒戚亚部落，他们分别居住在中部高原和格劳宾登，在今日的阿旺谢（阿旺蒂库姆）建立了最早的城市。公元前 2 世纪左右，北方的日耳曼人不断向克尔特人的居住地扩张。公元前 1 世纪恺撒时代，由于罗马军团入侵，克尔特人被罗马帝国所统治，这一地区自西向东开始了不同程度的罗马化。

日耳曼族入侵 公元 3 世纪，日耳曼族的阿勒曼尼人迁入瑞士东部和北部，日耳曼族的勃艮第部落占据西部并建立勃艮第王朝。公元 5 世纪末，日耳曼部落之一法兰克人征服整个瑞士地区，阿勒曼尼人和勃艮第人都臣服于法兰克王国。随着法兰克王国的建立和发展，瑞士开始了封建化过程。公元 843 年，法兰克王国查理大帝的 3 个孙子在凡尔登签订划分领土的条约，瑞士再度分裂，西部归罗退尔王国，东部归东法兰克王国。

1033 年，整个瑞士归神圣罗马帝国所统治。实际上，各个地区又分别划归帝国内部不同的王公贵族，其中势力最大的是以奥地利为基地的哈布斯堡家族。瑞士中央圣哥达附近的三个“森林洲”乌里、施维茨和尼瓦尔登都受哈布斯堡家族控制。从 1231—1240 年，乌里和施维茨先后从神圣罗马帝国获得独立诏书，可以实行自治，不直接接受领主哈布斯堡家族的统治。到 1254 年，阿尔卑斯南北两侧的村落和自由城市结成了各式各样的联盟，争取和保护各自的自治权利。1273 年，哈布斯堡的鲁道夫当选神圣罗马皇帝，以皇帝的名义又恢复了本家族在“森林洲”及其他地区的封建特权。

“永久同盟” 13 世纪，瑞士中部卢塞恩湖周围有三个森林州，名字叫作乌里、施维茨和尼瓦尔登，历史上称为“老三州”。1291 年 8 月 1 日，三个“森林洲”缔结了“永久同盟”，反抗神圣罗马帝国哈布斯堡王朝的统治，这就是瑞士联邦的雏形，后来成为瑞士联邦的核心，从此开创了瑞士建国的大业。瑞士这一国名便来自“老三州”之一的施维茨。

1370 年，乌里、施维茨和尼瓦尔登与老卢塞恩、苏黎世、伯尔尼、楚格、格拉鲁斯订立了导致八州统一的《牧师宪章》，结成联邦，此后在与哈布斯堡战争中连战连胜，于 1499 年摆脱德意志帝国，取得事实上的独立。1513 年，联邦成员增加到 13 个。

二　近代

宗教改革　16 世纪，欧洲中部率先进行宗教改革，基督教会分裂为新旧两派。在瑞士德语区，乌尔里希·茨温利是宗教改革的领袖人物。他于 1518 年充任苏黎世大教堂的大众神父，在苏黎世、圣加仑、伯尔尼等城市宣传新教，发起宗教改革运动，对教会制度和宗教仪式进行了一系列改革。法语区的宗教领袖是加尔文。他于 1541 年重返日内瓦，主持宗教改革和政治改革事务。日内瓦被称为“新教的罗马”，成为当时宗教改革的国际中心。宗教改革使瑞士的宗教生活和政治生活发生了很大的变化，对经济发展、城市管理和人们的精神世界产生了深刻的影响。

“三十年战争”与中立开端　1618 年，欧洲爆发“三十年战争”，瑞士保持中立。大批瑞士人在战争中充当雇佣兵，取得大量报酬，成为瑞士经济原始积累的重要来源。1648 年，《威斯特伐利亚条约》结束了“三十年战争”，瑞士摆脱神圣罗马帝国统治，宣布实行独立并奉行中立政策。许多国外宗教难民移居日内瓦、苏黎世等地，将技术和资金带入瑞士，使瑞士在 17 世纪后期，成为当时欧洲工业化先进地区之一。

三　现代

海尔维第共和国　1789 年，法国军队占领瑞士，瑞士被改名为“海尔维第共和国”，实际上是法国的卫星国，并产生了瑞士第一部宪法。15 年后，法兰西第一帝国倒台，瑞士摆脱了附属国的地位，于 1803 年恢复瑞士联邦。

1815 年立法与维也纳会议　1815 年颁布了第二部宪法，称为《瑞士 22 州联邦条约》，各州主权独立，瑞士从统一的国家变为松散的邦联。同年，欧洲列强召开维也纳会议，确定了瑞士的边界，承认瑞士为永久中立国。从此，瑞士的中立成为欧洲公法的一个原则。

1848 年宪法　1848 年瑞士颁布第三部宪法，采取两院制，确立联邦委员会为最高行政当局。从此，瑞士从邦联转变成联邦制国家。

产业革命与工业化　1798—1848 年，瑞士进入工业化的初级阶段。工业发展首先集中在棉纺织业，钟表制造业保持传统的优势。1850 年，联邦政府统一货币制度，之后实行了统一度量衡和税率。1852 年通过了铁路法。全国经济的统一，为工业化的深入扩展铺平了道路。19 世纪后半期，瑞士工业呈现多样化趋势，服务业也得到长足发展。1907 年中央银行成立，形成完整的银行体系，金融在工业化中发挥巨大作用。第一次世界大战之前，瑞士初步完成了工业化。

第一次世界大战中的瑞士　1914 年第一次世界大战爆发，瑞士向交战各国发表中立宣言，宣布瑞士严守中立的原则立场，得到德国、意大利、奥地利、法国的确认。同时进行战争总动员，派 22 万士兵奔赴边境，巡逻和守卫国土，还建造了飞机和空军部队。瑞士成功地贯彻了“武装中立”的原则，在战争期间保存了经济发展和领土完整。

第二次世界大战中的瑞士　1939 年第二次世界大战爆发，瑞士提前发表中立宣言，又照会各国政府，重申中立的原则和立场。1940 年法国被德国军队占领后，瑞士已经陷入轴心国的包围圈，面临生死存亡的紧急关头。瑞士军队和人民决心誓死保卫祖国，随时准备抵抗外来侵略者。纳粹德国最终没有侵犯瑞士，其原因主要涉及轴心国的某些战略和经济利益考虑，瑞士得以再次幸免于战争的灾难。

第二次世界大战以来，瑞士国内政局相对稳定，政治体制很少变化，经济社会持续发展。在国际社会中，瑞士积极参加国际发展与合作。瑞士早在 50 年代就是联合国粮农组织、国际劳工组织等国际组织的成员，后于 1992 年又先后加入了国际货币基金组织、世界银行、世界贸易组织。由于担心损害国家的中立原则和经济利益，瑞士在对待参加联合国和欧洲地区性组织的问题上，一直态度谨慎，采取不介入的政策。1945 年，瑞士自愿放弃加入联合国；1959 年，瑞士拒绝参加欧洲经济共同体；1986 年，公民投票再次否决了瑞士加入联合国的议案；1992 年，公民投票否决了瑞士加入欧盟的议案。随着经济全球化的发展、世界经济的区域一体化趋势及欧洲经货联盟的最终建立，瑞士开始调整对外政策，从更加广泛的角度来解释中立原则，积极融入国际社会。2002 年，瑞士经全民公决通过了加入联合国的议案，成为联合国成员国。目前，瑞士同世界上 192 个国家建有外交关系。

第五节 政治体制与法律制度

一 概况

瑞士实行共和体制。联邦宪法规定，瑞士为立法、行政、司法三权分立的联邦制国家。人民、各州、联邦议会、联邦委员会（政府）和联邦法院共同构成了瑞士联邦。

公民权利 根据宪法规定，瑞士实行“公民公决”（即公民投票）和“公民倡议”形式的直接民主，即瑞士公民通过行使表决权和倡议权，直接参与国家内政外交重大决策，并承担由此而产生的责任。公民表决的议案由政府或议会提出。联邦宪法规定，凡是修改宪法条款和通过与宪法有关的法令，签订 15 年以上的国际条约或加入重要国际组织，必须经过全国公民投票表决，由公民和各州的双重多数通过方能生效。公民倡议的议案由公民提出。政党、团体、公民要求修订法律和宪法，可以发起全国性的公民倡议。倡议书须在 18 个月内征得 10 万名选民的签名，此项提案才能生效，即可递交联邦政府。联邦政府应予受理，并在 1 年之内提交议会。议会有权提出反提案，议会将原提案或对案交付全民公决，须得到选民和各州双重多数赞成方获通过。直接民主制保证公民参与和影响立法，对政府产生监督。

州与市镇 瑞士联邦国家由 26 个自治州和半州组成。各州在政治决策及行政自治方面享有高度的自主权。在联邦的法律框架内，根据本地区的特殊需要，每个州以及许多市镇都制订自己的宪法和法律。各州必须遵守联邦的全国性立法并接受联邦的监督。

“露天州民大会”（Landesgemeinde）“露天州民大会”，音译“兰德斯格曼德”，是瑞士的一种独特制度，起源于旧联邦时代。如今只有阿彭策尔内罗登州和格拉鲁斯州还保持这一历史传统，把“露天州民大会”作为立法与行政合一的机构。露天州民大会有权制订和修改本州宪法，通过预算决算，确定官员设置和薪俸，审议有关本州经济与社会问题的各种议案。大会以举手方式选出“行政委员会”即州政府，由 7—9 人组成，推举主席一人，负责执行大会通过的议案，管理本州日常事务。

联邦议会 联邦议会是国家最高立法机关，分为两院：国民院和联邦院。国民院代表人民，共有 200 个民选议席，每个州和半州至少有一名代表。联邦院代表各州，共有 46 个议席，20 个州各有 2 个议席，6 个半州各有 1 个议席。联邦议会负责监督政府的行政管理和执法工作。议会不能罢免政府或提出不信任案。

联邦委员会 联邦委员会是国家最高行政机构。联邦委员会即联邦中央政府，下设七个部，即外交部；国防、民防和体育部；财政部；司法警察部；经济部；环境、交通、能源和电信部；主管文化、教育、卫生和福利事务的内政部。联邦政府管辖外交、国防、铁路、国家公路、邮电、海关、联邦税收和货币，其他由各州管辖。政府不得解散议会。

联邦法院 联邦法院拥有国家最高司法权，是最高司法仲裁机构。当各州之间，或联邦与州之间发生冲突时，联邦法院承担国家法庭的责任。联邦法院维护宪法赋予公民的权利，制止政府和行政机构的独断专行。

二 宪法

瑞士的第一部宪法产生于 1789 年，第二部宪法于 1815 年颁布。第三部宪法于 1848 年 9 月 12 日由联邦“参政会”通过。1874 年对宪法作了全面修正，在军事与法制方面加强了联邦的权力，1891 年将“公民倡议权”列入宪法，1947 年补充了保护经济的条款。1967 年联邦议会决定再次修改宪法，并成立了工作委员会，启动了全面修订宪法的筹备工作。1987 年，联邦政府受命起草新的宪法，提交国会两院审议。1999 年瑞士公民表决通过新宪法，明确规定瑞士是联邦制国家，各州有自己的宪法。联邦政府管辖外交、财政、金融、联邦税收、货币、国防、海关、铁路、邮电、能源、电视、广播和社会保障等，其他事务由各州管辖。各州必须遵守联邦的全国性法规并接受联邦的监督。新宪法还确定了国际法高于国内法的原则。新的联邦宪法于 2000 年 1 月 1 日正式生效。

三 议会制度

联邦议会拥有国家立法权力，由国民院和联邦院组成。国民院和联邦院具有同等权限，只有两院取得一致，法律或决议方能生效。议会有立法权，制定预算，通过决算，拥有对外宣战、媾和的权力。两院联席会议选举联邦主席、联邦委员，任命联邦法院法官，战时选出全军统帅。

瑞士两院议席分配情况（2010 年）

	国民院	联邦院	总计
瑞士人民党(Swiss People's Party)	57	6	63
瑞士社会民主党(Swiss Social Democratic Party)	42	8	50
自由党(FDP. The Liberals)	35	11	46
基督教民主人民党(Christian Democrat People's Party)	30	15	45
瑞士绿党（Swiss Green Party）	20	2	22
保守民主党(Conservative Democratic Party)	5	—	5
瑞士绿色自由党(Swiss Green Liberal Party)	3	1	4
瑞士福音人民党(Swiss Evangelical People's Party)	2	—	2
基督社会党(Christian Social Party)	1	—	1
提契诺同盟(Ticino League)	—	—	
民主联盟(Federal Democratic Union)	1	—	1
劳动党（Workers' Party）	1	—	1
其他党	3	3	6
总计	200	46	246

资料来源:The Swiss Confederation a brief guide 2010。

各州的议会也称大委员会或州委员会，实行一院制，经普选产生，各州议员的人数差异较大，从58—200 人不等。州议员一般任期 4 年，也有的州例外，如弗里堡州（3 年）、外阿彭策尔（3 年）、格里松（2 年）、内阿彭策尔（1 年）。州议会有立法权和对州政府的监督权，有权决定预算，批准预算，宣布戒严，颁布大赦令，批准州际协议和与外国签协议，审议外国人入籍，负责选举本州法官和政府官员。

国民院（National Council）国民院又称“大院”，由 200 名议员组成，经公民普选产生，各州选举方式不尽相同。根据各州的人口规模按比例确定所拥有的议员席位，每州或半州至少有一个代表。每届任期 4 年。本届国民院于 2010 年选举产生，苏黎世占有 34 个席位；伯尔尼州 26 个席位；沃州 18 个席位；日内瓦州 11 个席位；阿彭策尔内罗登、阿彭策尔外罗登、格拉鲁斯、尼瓦尔登、奥布瓦尔登、乌里分别只有一个席位。女性议员 60 名，占 30%。2010—2011 年度国民院议长是热尔马尼·让—勒内（Germanier，Jean-Rene），来自瓦莱州，是自由民主党人。国民院议长任期一年。

联邦院（Council of States）联邦院又称“小院”，有 46 名议员，20 个州每州选举 2 名代表，6 个半州各选一名。各州选举方式自定，除汝拉州外，均采用多数投票制选举代表。各州议员的任期因州而异，1—4 年不等。本届联邦院于 2010 年选举产生，女性议员 8 名，占 17.39%。2010—2011 年度联邦院议长是因德库姆·汉施里（Inderkum，Hanscheiri），来自乌里州，是基督教民主党人。联邦院议长任期一年。

四　中央政府

联邦委员会即联邦政府，是国家最高行政机关。瑞士不设总统和总理，实行集体领导。联邦委员会共 7 名委员，由联邦议会两院联席会议选举产生，任期 4 年，可连选连任。议会再从 7 名联邦委员中选出联邦主席和副主席各一名。7 名联邦委员协商决定分任 7 个部的部长，并按照其当选为联邦委员的时间顺序轮流担任主席和副主席，任期一年，不得连任。

宪法规定联邦政府的职责是：保障国家内部和外部的安全，保障各州的宪法，保持与外国的双边关系，负责全面处理外交事务，统辖海关、邮政电信、货币控制和武装力量，管理公路和铁路、森林、狩猎、渔业和水利电力，调动军队，制定法律，可强制实行一定的措施，以保证国家的经济发展和社会福利事业。

自 1959 年起，联邦政府一直由社会民主党、激进民主党、基督教民主党和瑞士人民党联合组成，四党在联邦委员会中的比例为 2∶2∶2∶1。这一模式保证了瑞士几十年来政局稳定，被称为“奇妙组合”。瑞士人民党后者居上，成为目前瑞士强有力的政党。

联邦政府下设七个部，分别由 7 名联邦委员会委员负责，如下：

外交部　外交部负责维护瑞士的海外利益，制订和实施瑞士的外交政策，根据以下五项外交政策目标开展工作，即保护瑞士的独立和利益；减少世界贫困；尊重人权和推动民主；人民的和平与和谐；保护自然资源。设秘书处、国务秘书处、政治事务司、国际公法司、发展与合作局、资源司、瑞士海外使馆和领事司。

国防、民防和体育部 国防、民防和体育部设秘书处、武装部队司、国防司、民防司、体育司、装备司、联邦情报服务司。

财政部 财政部设秘书处、联邦财政司、联邦人力办公室、联邦税务司、联邦海关司、联邦信息技术体系和电讯办公室、联邦住宅和物业办公室、瑞士金融市场监管局、瑞士联邦审计署、瑞士白酒管理局、联邦年老金管理局。

司法警察部 司法警察部下设秘书处、联邦司法局、联邦警察局、联邦移民局、瑞士检察总署、联邦计量局、联邦知识产权局、瑞士比较法研究所、联邦赌博管理局。

经济部 经济部设秘书处、国家经济事务秘书处、联邦职业教育和技术局、联邦农业局、联邦兽医局、联邦国家经济供给局、联邦住宅局、价格监管局、竞争委员会、瑞士联邦职业教育与训练研究所。

环境、交通、能源和电信部 环境、交通、能源和电信部设秘书处、联邦交通局、联邦民航局、瑞士联邦能源局、联邦公路局、联邦电信局、联邦环境局、联邦空间发展局、瑞士联邦核安全监察局。

内政部 主管文化、教育、卫生和福利事务。下设秘书处、联邦性别平等办公室、联邦文化局、瑞士国家图书馆、瑞士联邦档案馆、瑞士气象局、联邦公共卫生局、联邦统计局、联邦社会保险局、联邦教育和研究秘书处、联邦技术局、瑞士治疗产品处。

五 司法制度

联邦法院 联邦法院是瑞士联邦最高司法机关，由30名联邦法官和15名助理法官组成。法官经联邦委员会提名，由联邦议会选举产生，任期6年，可连选连任。正、副院长由联邦议会两院联席会议选举产生，任期2年，也可连选连任。凡成年瑞士公民均有资格当选，但联邦议员、联邦委员以及联邦官员不得担任法官，法官也不得兼任任何其他职务和从事任何其他职业。凡有血缘和联姻关系的亲属均不得在法院同时供职。联邦法院以法律为依据，独立审案判决，但受联邦议会监督，每年需向议会报告工作。联邦法院下设3个法庭，即民事法庭、刑事法庭、行政与公法法庭。民事法庭下设民事第一庭和民事第二庭；刑事法庭下设重罪法庭、最高法庭和特别最高法庭；行政与公法法庭下设行政法庭和公法法庭。联邦法院设立陪审团，协助法官审理刑事案件。联邦法院设在法语区的洛桑。

联邦保险法院 联邦保险法院独立于联邦法院，专门审理有关社会保险方面的案件，由9名法官组成，经议会选举产生，正副院长任期2年。该院下设2个法庭，每庭由3人组成。第一法庭由院长主持，第二法庭由副院长主持。联邦保险法院设在德语区的卢塞恩。

联邦刑事法院 为部分减轻最高法院的负担而设立的初审法院，于2004年开始运行，负责对瑞士联邦管辖范围内刑事案件进行初审判决。这类刑事案件包括大的有组织犯罪、经济犯罪、洗钱以及腐败案件。联邦刑事法院位于贝林佐纳。

联邦行政法院 为部分减轻最高法院的负担而设立的初审法院，于2007年开始运行，主要负责裁决对里蓝帮政府政令所提出的投诉。联邦行政法院先期设在伯尔尼，后于2010年移至圣加仑。

各州的司法权 瑞士联邦各州享有司法权，可自行确定司法组织和司法程序。各州法院的组成很不一致，有的州由公民直接选举法官，有的州由议会选举；法官的任期各州也不尽相同，少的3年，多的10年，可连选连任。地方法院设有民事法庭和刑事法庭。民事法庭负责审理一定金额的经济纠纷；刑事法庭负责侦破和审理刑事犯罪案件。

六 地方政府

州政府 州政府由公民投票选举产生，由5、7或9名成员组成，一般为多党联合执政，实行集体领导，按合议制方针运作。州政府任期1—5年不等，可连选连任。州政府的资金来自直接税收。瑞士宪法对联邦与州的各自权限作了明确的划分。联邦保护各州的自由和权利，各州根据联邦宪法享有主权，除委交联邦政府的权力，概由各州行使。各州有立法权，可制定本州的民事诉讼法和刑法；有权设立司法机构，独立行使审判权；有权管辖州内军事力量，承担部分军服和军用器械的供给；有权与外国就公共经济、睦邻关系以及警察事项缔结条约；有权征收直接税，编制本州预算，监督州立银行；管理本州教育，自定学制，自编教材，在兴建公共工程、经营公益事业、促进文化社会发展等方面制定本州政策。

市镇政府 市镇政府由3—5人组成，多数由选民直接选举产生。市镇政府承担各种职责，负责管理公共财产，如森林、水资源、煤气和电力供应；道路和桥梁、市政建设；公立学校；地方警察、消防、卫生部门、民防等，以及社会文化和军事事务，在战争期间或灾害事件发生时采取必要的经济措施。市镇政府制定城镇规划，有征税的权力，并可决定外国人加入瑞士国籍，初步授予申请入籍的外国人公民身份。市镇的权限范围由各自所在的州决定，因而不尽相同。大约1/5的市镇设有自己的议会，负责制订市镇章程，决定税制，批准决算，确定财政开支。另外4/5的市镇不设议会，由居民大会代替，采取直接民主议事制度。

七 政党与利益集团

瑞士人民党（Swiss People's Party） 法语区称中间民主联盟，1917年成立，由农民党和民主党合并组成。1971年由瑞士农商、市民联盟与格拉鲁斯、格劳宾登州的民主党联合组建。1999年大选跃居议会第一大党，成为瑞士最强势的政党。党员8.5万名，成员主要为农民、手工业者、职员和自由职业者。主席滕尼·布伦纳（Teni Brunner）。该党代表并维护中小资产阶级、特别是农民的利益，反对大资产阶级独揽政权，主张采取保护主义，增加国防，走“中间道路”。反对瑞士加入欧盟；限制外来移民，主张减少税收。

社会民主党（Swiss Social Demecratic Party） 法语区称瑞士社会党，1888年成立，是瑞士最早成立的全国性政党。党员3.5万名，主要是工会会员、职工和知识分子。主席克里斯坦·勒夫拉（Christian Levrat）。该党对内主张中央集权，要求通过国家干预，资助困难和弱小企业，主张推行新的税收政策，扩大社会保险，男女同工同酬，工人参加管理，限制军事开支。对外主张全面裁军，在保护武装中立的前提下加入联合国和其他国际组织，无私援助第三世界。主张社会公正，保证未来繁荣；实行高工资和低物价，以提高购买力；推动再生能源，增加能源供给。

自由民主党（FDP. The Liberals） 法语区称激进民主党，1894年成立。1919年以前为瑞士唯一执政党。1983年大选成为议会中第一大党，以后降为第二、第三位。2009年由激进自由民主党与自由党联合组建。党员13万名，主要是企业家、官员和自由职业者。主席富尔维·佩利（Fulvie Pelli）。该党对内主张中央集权、自由经济、保护私有财产，赞成妇女拥有选举权。要求全面修改宪法，增加联邦委员人数。对外强调中立政策，支持自由贸易，主张在扩大人权范围内保卫瑞士，对欧洲一体化持谨慎态度。主张创造更多更好的就业机会，提出到2015年创造20万个工作岗位的目标；改进养老保险、失业保险等，提供长期的社会保障和社会服务；国家应集中于核心活动，增强教育和安全。

基督教民主人民党（Christian Democrat People's Party） 法语区称基督教民主党，1912年成立。前身是“人民保守党”，1970年改为现名。党员10万名，来自各阶层。主席克里斯托夫·达尔贝莱（Christephe Darbellay）。该党主张保护宗教教义，曾提出保护工人利益的口号。推动瑞士作为商业和金融中心，税收水平、完善的基础设施和高标准的教育，通过创新创造就业和繁荣；增强家庭作为社会的基础；确保社会保障体系的长期稳定；采取可持续的气候和环境政策。

瑞士绿党（Swiss Green Party） 1983年成立，党员6500名。主席于尔利·劳伊恩贝格尔（Ueli Leuenberger）。主张保护环境、经济可持续发展、社会公正和国际团结，提出有效保护环境、放弃使用核电站、经济与环境协调发展、增强社会组织、采取积极和平政策的目标。

保守民主党（Conservative Democratic Party） 2008年成立，党员5500名。主席汉斯·格林德尔（Hans Grunder）。主张保守政策，自由讨论任何问题，不搞个人独断专行，寻求非盲目的、结果导向的解决方式。支持瑞士与欧盟建立双边关系，采取可靠的安全政策和关注环境的经济政策。

瑞士绿色自由党（Swiss Green Liberal Party） 2004年成立，党员2000名。主席马丁·博伊姆勒（Martin Baumle）。认为受到完善保护的环境是人类生存的基础，使子孙后代也能享受生活。国家不要积累债务，而应集中于核心活动。个人创造性、企业家精神、责任感和团结都是自由社会的支柱，应当得到支持，并有一个高质量的教育体系。

瑞士福音人民党（Swiss Evangelical People's Party）　1919年成立，党员4800名。主席海纳·施图德（Heiner Studer）。主张给予家庭更多的支持，减轻家庭的财务负担；主张公平经济，减少债务，工资合理，没有漏洞的税收体系和公平贸易；主张健康环境，减少瑞士对于能源资源的依赖，推动环境友好型的税收改革。

基督教社会党（Christian Socail Party）　1997年成立，党员1500名。主席莫尼卡·布洛赫—聚斯（Monika Bloch Suss）。主张每个人都能安全和有尊严的生活，推动可持续的保护环境政策，提供良好的教育机会，保证工作和年老金，有社会责任的经济，保证教育和培训，稳固的社会结构和积极的和平政策。

提契诺同盟（Ticino League）　1991年成立，党员1500名。主席格鲁拉诺·比格那斯卡（Gluliano Bignasca）。主张独立，认为经济和政治全球化正在削弱瑞士，瑞士要在碎片化的欧洲中把握自己，保卫自身的独立和自由；联邦政府必须保证公共服务，为所有人民提供平等条件，尽量避免私有化；提契诺需要更好地联系其他地区，加强流动性。

民主联盟（Federal Democratic Union）　1975年成立，党员2800名。主席汉斯·梅塞尔（Hans Moser）。声称不跟随时代思潮和主流，遵循基本价值观和宗教信仰。鼓励人民为自己的行为负责，主张保护人类生活和生存环境，保护私人空间、传统的婚姻和家庭价值，保护教育和劳动力市场，平衡财政和减少债务。

劳动党（Workers' Party）　始称瑞士共产党，1921年8月成立，参加第三国际。1944年10月同瑞士社会主义联合会合并后改为现名。党员2000名，主要是工人和大学生。主席内莉·邦奇（Nelly Bunschu）。反对资本主义对人类造成的剥削和压迫，目标是创建真正的社会主义社会。主张个人发展为全体人民和保护环境。

瑞士工会联合会　瑞士最大的全国性工会组织，1880年成立。下属冶金、钟表、建筑、铁路、印刷、纺织、化学、纸张、邮政等15个重要行业工会。由社会党控制，参加国际自由工会联合会。

瑞士农民联合会　1897年由苏黎世农民联盟发起，联合所有地方农民组织。联合会的主要成分是富裕农民，要求政府保护农业和土地，限制工业和资本家与农民争地。会员约6万人。

瑞士工商业联合会　瑞士垄断财团和大企业的组织，1869年成立。有100多个行业协会。该会通过各种渠道对联邦政府施加影响，政府制定重要的经济政策要征求工商联的意见；工商联可派人充当联邦官员到瑞士驻外使馆任商务专员；根据联邦的决定，工商联可发放工业专利许可证；某些商品的进口，也受工商联所属一些行业协会的控制。总部设在苏黎世。

第六节　经济与社会

一　概况

经济发展简史　15世纪末16世纪初，瑞士开始出现现代工商业萌芽。18世纪末—19世纪中叶，现代工商业迅速发展，初步实现了工业化。19世纪末20世纪初，瑞士成为世界上最大的资本输出国之一。第二次世界大战之后，瑞士进入长期经济增长阶段。1960—1973年期间，瑞士经济的年平均增长率为4%，经济繁荣，人民生活水平大幅提高。20世纪70年代中、后期，由于世界性经济衰退和石油价格上涨，瑞士经济停滞不前。1974年后出现了第一次严重的经济衰退。1974—1990年期间，瑞士经济的年平均增长率降至2%左右。1983年一度走出低谷，经济得到恢复增长。进入20世纪90年代，受世界经济萧条的影响，自1991年开始，瑞士经济连续7年呈现停滞和衰退，陷入30年来最严重的危机，失业率持续上升，1997年达到5.2%。财政赤字连年膨胀，经济竞争力有所下降。1997年5月，瑞士政府出台了一项经济发展计划，以创造更多的就业机会并实行税制改革，改善投资环境。由于欧盟国家经济的逐步好转和政府治理财政初见成效等原因，1997年下半年开始，瑞士经济缓慢回升，1998年经济状况继续好转，出口增加，内需趋旺，失业率保持下降趋势。1999年经济呈现较好增长势头，国内生产总值增长率达到1.2%，消费物价指数保持较低水平，失业率下降为3.9%。2000年经济增长率约为1.8%。由于经济复苏以及信息技术和电信业的发展，拉动了瑞士投资的增长。2001年，股票市场和房地产市场泡沫双双破灭，许多投资商蒙受巨额亏损。保险公司和养老金同样受到影响，出现了存在养老金缺口的风险。2003 年，政府降低了养老金保证年利率和折算率，从而减轻了养老金方面的负担。自此以后，瑞士经济再次出现增长的势头。2001—2005 年平均经济增长率为 1.3%。

受世界金融危机影响，2009 年瑞士经济增长为 -1.2%，国内生产总值为 5353 亿瑞郎，比 2008 年下降 1.6%，通货膨胀率为 0.28%，失业率为 3.7%。尽管瑞士的失业仍然较高、消费者信心仍显不足，但私人消费已有着明显回升。同期瑞士的进出口贸易总额为 1874.5 亿瑞郎，比 2008 年下降了 13.2%。其中，与欧盟 27 国的贸易额为 1119.3 亿瑞郎；与亚洲的贸易额为 361.1 亿瑞郎。中国排在日本之后，是瑞士在亚洲的第二大贸易伙伴国，2009 年度的中瑞贸易额为 55 亿瑞郎。2010 年已经出现较强的反弹。近两年来，瑞士就业率没有出现较大下降，工资收入还有缓慢的增长。

2010 年 9 月 20 日，瑞士联邦理工学院经济形势研究所（KOF）发布预测报告称，得益于全球经济，特别是亚洲经济的强劲增长，瑞士经济 2010 年明显复苏，可能接近金融危机前水平。KOF 预计，2010 年、2011 年瑞士经济增长率为 2.7% 和 1.8%；2010 年平均失业率为 3.8%；同时，居民可支配收入增长超过支出增长，这将推动 2010 年消费支出大幅上升。但是，因全球经济放缓和瑞郎强势上扬，2011 年瑞士经济将难以保持 2010 年的高速增长。由于在此次金融危机中，瑞士经济表现出比其他工业国家更有弹性；同时瑞郎作为一种避险货币，对投资者来说具有避险功能。这两大因素导致瑞郎兑欧元、美元和英镑不断走强。瑞郎强势将给瑞士出口带来不利影响，KOF 预计，2011 年瑞士出口可能仅增长 3.3%；2010 年出口增长率为 9.3%。不过，2012 年瑞士的出口将可能恢复，达到 6.5% 的增长率。

经济体制及特征　瑞士实行社会市场经济体制，包含社会经济和社会保障的制度安排，兼顾市场自由原则和社会均衡原则，核心内容是经济自由、社会公正和社会安定。联邦宪法规定了瑞士经济制度的准则：第一，联邦和州遵循经济自由的原则；第二，联邦和州共同维护国家的整体经济利益，对私营经济福利和社会保障负有责任；第三，联邦和州在其管辖范围内，为私营经济创造有利的环境条件；第四，偏离经济自由原则，特别是针对自由竞争的措施，只有当其符合联邦宪法或州法律的有关规定，才是被允许的。

瑞士国土面积小，自然资源、特别是生产用原材料匮乏，对国外市场依赖性强，是典型的“大进大出、两头在外”的外向型经济。瑞士的主要工业产业，例如化工、制药、机械、钟表等，几乎都根源于进口技术，并加以改造和完善。几个世纪以来，外籍工人在瑞士经济中一直发挥着重要作用，他们壮大了瑞士的劳工队伍，带来了各国的技术和工艺，如钟表匠和贵金属工匠来自法国，意大利提供了缎带工和织补工，荷兰带来了生产棉花和丝绸的能手，使瑞士得以博采众家之长，形成复合、尖端的工业技术。

经济政策　瑞士实行自由经济政策，政府尽量减少干预，吸收大量外籍工人从事工资较低的劳动。对外主张贸易自由，反对贸易保护主义。联邦宪法规定，政府的经济政策目标是：保证经济活动的均衡发展，尤其要防止和对付失业和通货膨胀。

产业结构　20 世纪七八十年代，由于技术进步和经济全球化，产业结构发生根本性变化，从第二产业为主转变为以第三产业为主的结构。以劳动人口的指标衡量，1960 年，第一产业占 14.5%，第二产业占 46.5%，第三产业占 39.0%。2008 年，第一产业占 3.9%；第二产业占 23.4%，第三产业占 72.8%。第一产业包括农业、园艺、林业和渔业；第二产业划分为采掘、加工制造、能源和水供应；第三产业包括商业、旅游、交通通信、银行保险、企业服务、公共管理、教育、卫生和社会事业等行业部门。2008 年，瑞士国内生产总值 5418.27 亿瑞郎。

国民生活水平　瑞士是一个高收入、高物价、高福利、高消费的国家。居民收入水平和生活水平较高。国内市场物价水平通常高于其他发达国家，但价格相对比较稳定。2005—2009 年，消费价格指数增长 3.8%。私人家庭月平均可支配收入 2007 年为 6280 瑞郎。2008 年月平均工资收入，第一产业 4286 瑞郎；第二产业 5925 瑞郎；第三产业 5774 瑞郎。按地区划分，苏黎世地区最高，月平均工资收入超过 6000 瑞郎。

国民经济实力　2009 年，瑞士国内生产总值

4931 亿美元，人均国内生产总值 41288 美元。2010 年 5 月，瑞士洛桑国际管理发展研究院公布了世界 58 个主要国家和地区的竞争力排名榜，瑞士名列第四位（2010 年）。在各分项指标的评估中，瑞士的“经济表现”名列第十位；“政府效率”名列第三位；“商业效率”名列第七位；“基础设施”名列第三位。综合评估，瑞士的竞争力在全球排名第四位。

二　农、林、牧、渔

农、牧业　在瑞士的经济结构中，农业是一个重要的部门。首先，瑞士农业在食品供应方面起着重要作用，可以满足国内市场 62% 的需求。农产品自给率逐年上升，一方面是由于农业生产率的提高，另一方面是因为需求的减退。其次，农业与其他产业及行业保持着密切的协作关系，它为食品工业提供原料，为农产品销售市场提供产品，为农业教育和培训、基础与应用研究提供场所和基地、为农业科技提供咨询和信息服务，为旅游业提供了优美的环境。再次，由于农业的存在和发展，不仅土地和自然资源得到保护和合理使用，而且保留了农村住宅群落，以及传统的乡土文化生活。

瑞士的全部生产用地，包括农业和森林占地为 27963 平方公里，占国土面积的 67.7%（2004）。其中：农业生产用地 15252 平方公里，包括草原牧场、果园、耕地、阿尔卑斯山牧区，占 36.9%；森林、灌木和树林占 30.8%。瑞士的非生产用地，包括非生产性植被地、湖泊、河流、公路、铁路、建筑物等，占国土面积的 32.3%。

种植业主要农作物有小麦、黑麦、大麦、燕麦、玉米、马铃薯；经济作物有糖用甜菜、油菜、烟叶等。

瑞士的畜牧业十分发达，70% 的农业产值来自于畜牧业。主要饲养牛、猪、羊和马，尤为重视养牛。肉类基本自给；牛奶和奶制品自给有余，可供应出口；禽、蛋类产品基本依靠进口。2007 年，植物食品量的 45% 和动物食品量的 92% 是瑞士本国生产的。

瑞士农业经营的最典型方式是家庭农场。农场绝大多数归农民个人所有，土地由家庭耕种，劳动力由家庭成员组成，农场主拥有财产所有权，农民家庭生产与生活都在农场。农业企业的数量 1990 年是 92815 个；2008 年是 60894 个。农业就业人口 1990 年为 253561 人；2008 年为 168530 人。1990 年和 2008 年，妇女占总就业人数的比例均为 36%。

长期以来，联邦政府对农业采取多方保护政策，农产品补贴是其中最重要的一项措施。1998 年，联邦政府用于农业的补贴达到 39.25 亿瑞郎，占当年财政总支出的 8.4%。由于各行业严格遵守保护农业用地的措施，瑞士的农业生产用地规模基本没有减少。由于农业科技进步、生物工程的应用，以及合理的生产经营组织形式，促进了农业生产率大幅度提高。1999 年，农业产值 73 亿瑞郎。2000 年农业产值 36.6 亿瑞郎，占国内生产总值的 1.1%。2000 年国家对农业的补贴为 24.2 亿瑞郎，占农业总产值的 71%。

瑞士农业结构的变化

名称	单位	1965	1985	1990	1996	2004	2007
农业就业人口	人	229097	300500	113624	225100	193179	77846
农场数量（不包括最小的农场）	个	162414	100200	108296	79500	64466	61764
拥有挤奶设备的农场	个	28260	55200	54207	56300	45900	45900
平均耕种面积	公顷	6.8	10.8	11.4	13.6	19.9	20.9
拖拉机	台	61649	105300	105300	112000	107000	107000
菜牛	头	1796389	1933000	1836973	1748000	1933000	1572000
猪	头	1513845	2191000	1940914	1610000	1498000	1573000

数据来源：“Switzerland in its diversity”（2007/2008，2009/2010）。

1992 年，随着联邦政府第七次农业报告的发布，瑞士开始实施综合农业改革计划。第一阶段的改革是降低农产品的价格和对生态（绿色）产品实行直接补贴。改革的目的是逐步减少农业补贴，取消价格担保和生产费用负担，国家退出农业和恢复市场经济。1996 年 6 月 9 日，大多数选民和各州批准了宪法关于农业的最新条款。这一条款作为第二阶段改革的法律基础，确立了 2002 年农业政策，并对 1951 年的旧农业法做了全面修订。第二阶段的重点是加强农业的市场导向，放开市场价格与利润，降低农业成本，提高农业产业的竞争力，推进农业生产的可持续发展。1999 年 1 月农业法新条款生效，按照新条款的规定，除国家计划的小麦生产外，所有农产品价格保障措施全部取消，完全由市场调控。

林业　瑞士的森林总面积为 1. 27 万平方公里，约占国土面积的 1/4，森林覆盖率达到 30%。森林的 67. 7% 归集体所有，27. 1% 为私人所有，各州政府和联邦政府所有的森林分别占 4. 5% 和 0. 7%。1995—2006 年，每年新增木材产量 970 万立方米，2006 年木材总储量达到约 4. 05 亿立方米。2008 年，木材采伐量 530 万立方米，林业产值 9. 14 亿瑞郎。经营林业的主要是国有企业，林业就业人数 7. 5 万人，主要在乡村地区。

1876 年，瑞士通过了《联邦森林法》，保障森林资源的养护与合理开发，促进了林业生产的良性循环。关于森林的最新立法于 1993 年初生效，将森林作为自然属地，森林及其附属物产均受到保护，规定允许砍伐的树木，必须按相同的面积、相同的生态价值重植补齐。

三　工矿能源

工矿业　工业在瑞士国民经济中占有重要地位。化工医药、机械电子、钟表、纺织、食品是工业的主要支柱。瑞士的工业技术水平先进，产品质量精良，在国际市场具有很强的竞争力。瑞士的企业总数 2008 年 31. 29 万家，其中第二产业部门的企业 7. 31 万家。瑞士 99% 的企业是 250 人以下的中小企业，其中 87% 是小企业。2008 年，第二产业的小企业平均员工 14. 5 人。瑞士有不少著名的跨国公司和大企业，如 ABB、雀巢、诺华、苏尔泽等，瑞士所生产的精密仪器、钟表、纺织机械、发电和输配电设备、低速大功率柴油机、医药和化工产品均在世界上名列前茅。

化学和制药工业　瑞士的化学和制药工业起源于 19 世纪国内的丝绸和纺织业。当年的染料制造发展成为世界著名的化工行业，特别是制药部门。化工行业占据瑞士总出口量的 1/3 以上。巴塞尔是瑞士的化工中心城市。2008 年，瑞士石油加工和化学工业共有 866 家企业，其中，1—9 人的小企业有 476 家，占 55%；1—249 人的企业有 814 家，占 94%；雇员超过 249 人的企业只有 52 家，占 6%，就业人数 71811 人。

瑞士的化学和制药工业集中生产高附加值的产品，在研究与开发上投入大量资金，每年的开支约 90 亿瑞郎，雇用近两万人在世界各地从事研发工作。化工行业是瑞士第一个在海外建立分支机构并将其产品国际化的行业，平均 85% 以上的产品向国外出口，其中 60% 销往欧盟国家。化工、制药产品的进口也主要来自欧盟国家，其次是美国和日本。

机械工程、电力和金属业　机械工程、电力和金属业，习惯上统称机械行业，它长期占到瑞士出口的 45%，并且容纳了几乎 50% 的工业就业人口。由于国内缺少原料、能源和市场狭小，机械行业大力发展高质量、高附加值的产品，三分之二的产品用于出口，主要满足国际市场的需求。为此，机械行业不惜投入巨资，进行研究与开发，发展高精尖技术；同时注重员工培训，造就高素质的员工队伍。瑞士机械行业不乏国际知名的大公司，但众多中小企业构成了行业的主体。

瑞士的机械工程业最初是为满足国内纺织部门机械化生产的需求，以后不断发展壮大，集中代表了“瑞士制造”的品牌。瑞士的机械产品包罗万象：滚轧机、铣削机、精纺机、编织机、抛光机、抽水机、收割机等，可用于轧辊、纺纱、车削、钻孔、碾磨、抛光、转换、能源生产、抽水和收割等各种工艺，且遍布世界各地。在精密仪器生产领域，机械制造与计算机电子技术相结合，富有国际竞争优势。瑞士还在铝制品生产、电线电缆、容器包装、金属加工装配、建筑业加工装修等领域广泛参与国际竞争。

瑞士的冶金工业中，炼铝工业占有重要地位，虽然原料依靠进口，但由于廉价的水力，炼铝业发展迅速，瑞士是世界上第一个使用电解铝的国家，铝产量长期居世界第六位，产品种类齐全。冶金工业主要出口精细产品，如用于手表发条、游丝生产的钢丝等。由于缺乏原料，瑞士只有一些中小型冶炼厂，包括钢铁冶炼厂、有色金属冶炼厂。

钟表业　钟表业是瑞士最著名的产业。16 世纪末，一批胡格诺派教徒因法国的宗教斗争逃亡到瑞士，带来了制造钟表的技术。17 世纪初，邻近法国的日内瓦出现了钟表匠人的第一个行会，钟表业从日内瓦起源，沿着汝拉山脉，一直扩散到沙夫豪森。20 世纪早期，瑞士钟表开始领先于国际市场。第二次世界大战以后，瑞士控制了几乎 80% 的全球钟表生产。1967 年，瑞士制造出世界上第一块石英表。

20 世纪 60 年代末，美国、日本和香港利用石英技术在中低档表上大举进攻，分割市场，瑞士表的国际市场份额跌到 40%，只有豪华型钟表还保持着低速增长。20 世纪 80 年代，瑞士制表商推出一系列价格低廉的塑料石英表，其中最有代表性的是斯沃琪表（Swatch），很快风靡世界，瑞士的中低档表也得以恢复其在世界市场的地位。钟表业是瑞士传统的出口产业，目前约有 600 家制表企业，员工总数 4 万人。2007 年，瑞士的手表生产总量 2590 万只，出口总收入 160 亿瑞郎，其中机械表的收入为 120 亿瑞郎，占总收入的 75%。

瑞士重视对钟表业的技术研究和市场开发，于 1921 年建立钟表研究实验室；于 1962 年成立电子钟表中心；于 1983 年成立电子和显微技术中心，不断推动钟表业的开创性进步与发展。瑞士钟表业的巨大成功源于以下三个重要因素：产品的高质量；不断的改进和完善；良好的售后服务。

纺织服装业　在产业革命时期，瑞士出现了最早的纺织厂，发展起纺织机器。在产业化之前，纺织工业集中于苏黎世、弗里堡和圣加仑。纺织业起初带有村舍手工操作的特点，以后过渡为大规模的分散经营，主要分布在东北部地区。纺织业是瑞士最古老的基础产业，许多产业的出现都与纺织业相联系，以后这些产业发展成为瑞士最富竞争性的产业。染料业因对彩色织品的需求而产生；化工以及后来的医药工业，是从染料工业发展而来；机械工业，最初是根据纺织制造厂的需要产生的，冶金工业则伴随着机械工业自然生长。1850—1880 年，纺织业是瑞士的第一大产业。20 世纪初至 60 年代期间，随着瑞士纺织业转入低成本国家，机械工业等行业后来居上。

瑞士纺织业产品种类繁多，以质地考究、设计新颖、做工精美、技术尖端而闻名于世，织物和绣品在国际上享有很高声誉。在各类纺织品中，服装用纺织面料占 50%；家用装饰品占 30%；高技术工艺织物占 20%。第三类产品增长迅速，发展前景十分广阔，应用范围包括运输工具、医药、体育、环保等多个领域，如耐火座套、飞机火车汽车用地毯、绳索、登山用帆布背包、帐篷、帆篷、劳保服装、安全带、绝缘物品、过滤用品等。圣加仑的花边、苏黎世的丝织品是瑞士纺织业的精品。在服装产品中，60% 为男、女装外衣；30% 为内衣；10% 为服饰，如头巾、领带等。纺织服装业依赖国外市场，所占出口商品总额的比重下降。瑞士与欧盟之间有自由贸易协定，与东欧国家签署的泛欧协定也于 1997 年生效，但瑞士对其他国家的纺织品出口还要受到高额关税等限制。

食品加工业　瑞士的食品加工业起源于 19 世纪的小手工作坊，与钟表、纺织业一样，是最先发展起来的工业部门，它利用本国生产的原料，主要是牛奶，进行食品加工。瑞士生产的奶酪制品、巧克力、速溶咖啡和浓缩食品在世界上享有盛誉。食品加工业以中小型企业为主，目前大约有公司 134 家，下属生产企业 153 家，员工 21880 人。

著名企业

诺华公司（Novartis）　1996 年 3 月由瑞士两家化工制药跨国公司——汽巴（Ciba）和山德士（Sandoz）合并而成，跃居世界第二大医药公司，总公司设在巴塞尔。原山德士公司在染料、颜料、塑料、胶粘剂和纺织化工方面居于世界领先地位。原汽巴公司在制药、保健、燃料、植物保护、添加剂等方面拥有国际市场。合并后诺华公司集中经营医疗保健、农用化学和食品三个核心领域。

罗氏公司（Roche）　世界第六大制药公司，生产批量维生素，也是第二大调味品香料厂商和十大医疗诊断仪器生产厂家之一。按市场价值排列，它名列瑞士公司榜首、欧洲第二位、世界第十位。

ABB 集团（Asea Brown Boveri）　1988 年 1 月 1 日由瑞典的 Asea 公司和 BBC（Brown Boveri & Co.）公司合并而成，是一个业务遍及全球的电气工程设备制造集团，其主要业务包括开发生产和销售发电设备、高压输电设备及系统、中低压配电设备及安装。总部设在巴登。

雀巢公司（Nestle）　成立于 1866 年，是世界上第二大食品工业集团。总部设在韦维，全球员工近23万人。该公司以经营食品、饮料为主，产品有速溶咖啡、牛奶、奶酪、汤料、巧克力、糖果、其他饮料和奶制品、冷冻食品、成品及半成品食物等。

能源　瑞士现行能源政策是：保证能源供应充足、无环境污染；力求能源使用经济、最优化；探寻国内的可再生能源资源。目标是优化能源结构，减少对石油的依赖，利用和开发多种能源。1999年1月1日，瑞士新的能源法生效。瑞士于1990年底制定了“2000年能源计划”，在可再生能源的开发和利用方面，到2000年实现以下目标：将可再生能源供热量提高3%；发电量提高0.5%；水电生产增长5%。

瑞士的最终能源消耗总量为900040万亿焦耳（2008年）。其中，石油燃料占22.0%；碳氢燃料占31.1%；电能占23.5%；天然气占12.3%；其他（木及木炭、远距离热能、工业废料、其他可再生能源等）占9.1%。按照最终能源消费的行业及部门划分，交通占34.5%；家庭占28.2%；工业占19.9%；服务业占15.9%；其他占1.5%。

瑞士能源需求的82%依靠进口来满足，剩余18%国内解决（1998年）。最重要的能源是石油，瑞士没有自己的油田，原油以及不到2/3的成品油完全依靠进口。近一半的原油产自利比亚，1/3产自尼日利亚。原油在纳沙泰尔州的科雷思和瓦莱州的科伦的炼油厂被提炼为成品油，其中50%用做机动车燃料，另外50%用做供暖燃料。

瑞士各类能源进出口情况（2008年）

	原油、石油产品（千吨）	煤（千吨）	天然气（万亿焦耳）	电能（亿度）
进口	12859	260	117530	50273
出口	650	—	—	51408
差额	12209	260	117530	1135

数据来源：《瑞士统计年鉴（2010）》，第205页。

瑞士的发电量为660亿千瓦小时（1999年）。其中，56.3%来自水电站；40%来自核电站；3.7%来自常规热电站。瑞士短缺石油，发电主要靠水力和核动力（只有一家大的发电站是燃油的，在瓦莱州的沙瓦垄）。瑞士的水能资源丰富，可利用水能资源330亿千瓦小时，利用率达95%，是世界上水能资源开发利用程度最高的国家之一。瑞士的水电站已有上百年的历史，目前全国共有1300个水力发电站。第一家核电站于1969年建成使用，至今共有5个核电站运行，分别位于阿尔高、伯尔尼和索洛图恩，其发电量占瑞士总用电量的40%。再建核电站的计划遭到反对而被迫放弃。

自1970年瑞士开始进口天然气，其消费量持续稳定增长。天然气输送管道与欧洲的主要网络相连接，在欧洲9条天然气管线中，有一条荷兰至意大利的管线，从北向南跨越瑞士段为164公里，保证了瑞士的天然气供应。天然气在瑞士总能源消费中1972年只占1.4%，2008年已占12.3%，成为第三大重要能源。

四　交通运输与电信

交通运输　瑞士地形复杂，既有崇山峻岭，也有平原丘陵和高原山地，但水陆交通四通八达，以公路和铁路运输为主，快捷便利。瑞士的铁路总长5041公里，全部电气化，每1000平方公里的铁路拥有量为125公里，居世界首位。2008年，公路总长71384公里，分国道、州道、市镇道，其中国道1766公里；州道18112公里；市镇道51506公里。公路网四通八达，遍及城乡各地。水运现有水道1244公里，商船26艘。在这个多山的国度里，还建有许多隧道和桥梁，其中有名的圣哥达隧道于1980年开通，全长17公里，是目前世界上最长的公路隧道。瑞士航空业发达。航空公司航线总长536147公里，拥有飞机754架，运输能力为52.6亿吨/公里。主要国际机场有苏黎世机场和日内瓦机场。瑞士交通运输的最大特点是安全正点，清洁舒适。

电信　自1998年1月1日起，瑞士邮政公司的两家公司“邮政银行”和“瑞士电信”开始各自独立运营。目前瑞士邮政公司仍然属于联邦政府所有，瑞士电信的1/3股份已于1998年10月出售给个人投资者。

瑞士邮政的员工有4.5万人，每年约分发27.50亿份信函和1.09亿个包裹。邮局2500个，邮箱2万个。自2002年以来，由于电子数据传输工具的普及和使用，采用信函邮寄的数量大为减少，现在瑞士人每年通过邮票邮寄的函件不到5亿份。集邮的人数大约只有1万人。但是，邮政银行仍是经济的一大亮点。每年邮政银行共处理300万个账户，总计1.5亿瑞士法郎的汇款，约占瑞士汇款总额的60%。此外，由黄色邮政巴士组成的邮政巴士运输网，已覆盖大约1万公里的行程，担负运送使用月票的乘客和大量游客的任务，成为瑞士邮政的特殊服务工具。

瑞士电信经历了重大变革，成长为现代化的服务公司，实现了高盈利，2007年营业额达到110亿瑞郎。瑞士电信在全国经营着一个密集的电话、移动电话和数据传输网，电话亭超过8000个，保证卫星通信的最佳效果，ISDN技术的应用十分普遍。瑞士电信的子公司瑞士广播电视公司提供广播和电视传输信号。90%的居民拥有移动电话。短信传输是热门服务项目，每天发送的短信达到上百万条。

五 商业流通

零售商业是瑞士的经济支柱之一。1997年，商品零售总额789亿瑞郎，占私人消费的35%。瑞士人民生活水平较高，消费需求和购买力强，形成零售商业发展的有利条件。瑞士现有20余家零售企业，其连锁店遍布瑞士城乡各地，构成庞大而密集的销售网络。排名第一、第二位的大型零售企业是米格罗（Migros）和科伯（Coop-Group），1997年销售额分别为118.07亿瑞郎和100.80亿瑞郎。

瑞士的零售商品分为食品（含烟酒）和非食品两大类，其中食品类占45.9%，非食品类占54.1%，反映了瑞士人的食品支出比例相当高。食品零售通过大型超市如Migros、Coop；中型超市如Jumbo、Waro；廉价食品店；个体食品零售店及食品零售分店；食品专卖店如面包房、肉店、奶制品店等销售渠道。非食品商品零售通过大型百货商店、非食品商品专卖店及专业市场、杂货亭及自动售货机、邮购业务、药房、化妆品商店等销售渠道。2010年10月，零售额比2009年10月实际增长35%，食品、饮料、烟草类零售额实际增长1%；非食品类零售额实际增长4.9%。

六 服务行业与旅游业

银行 瑞士银行业具有悠久的历史。早在14世纪，商人银行家和货币借贷者就已经活跃在日内瓦。18世纪，瑞士出现了第一批少数的银行。经过几个世纪，瑞士今天已是世界上银行密度最高的国家，人称“银行的王国”。根据历史的和金融的标准，瑞士的银行分为七类：州立银行、大银行、地区和储蓄银行、瑞士贷款协会、其他银行、外国银行分行、私人银行。2007年，瑞士共有银行330家，其中，州立银行24家；大银行2家；地区和储蓄银行76家；瑞士贷款协会1家；其他银行61家；外国银行分行122家；私人银行14家，分支机构和营业网点共3834个，其中国内3517个；海外317个，银行员工136000人，资产负债总额34579亿瑞郎，信托交易额4829.5亿瑞郎，净利润144.58亿瑞郎。银行业所创造的产值占国内生产总值的9%。

保险 瑞士是保险业最为发达的国家之一。联邦政府将1/4的财政预算用于社会保障和其他保险计划。2007年，瑞士有168个保险公司，其中117个经营财产保险业务；26个经营人寿保险业务；25个经营再保险业务。保险业的保费总收入中，财产险收入213亿瑞郎；人寿险收入287亿瑞郎。保险业从业人员47505人。苏黎世集团、瑞士人寿保险公司进入欧洲20大保险集团之列。

旅游业 早在19世纪，瑞士就被称为“欧洲游乐园”。今天，瑞士更是具有“世界花园”的美名。在瑞士41284平方公里的土地上，多种多样的地形地貌，千变万化的自然景观，使瑞士享有丰厚的旅游资源。瑞士的旅游业非常发达，是国民经济的支柱产业，是仅次于化学制药工业和机械行业的第三大创汇行业。瑞士的酒店和餐饮业目前共有3万多家企业，员工225万人。2008年，来自外国游客的收入156.0亿瑞郎，来自瑞士游客的收入118.4亿瑞郎，净收入37.6亿瑞郎。旅游业产值约占国内生产总值的6%。

瑞士旅游业以其高质量著称于世，旅游设施完备而先进，项目内容丰富多彩，服务细致入微。全国拥有大型旅游车10万多辆，登山铁路专线50多条，山区轮齿轨铁路94公里，电缆吊车线400多条，滑雪电缆吊椅线1000多条。旅馆高中低档次搭配合理，可以满足各类旅客的需求。2008年，旅馆和疗养院的床位27万张，床位利用率37.7%。游客过夜数3733.4万人次，其中国内游客过夜数1582.5人次，占42.4%；国外游客过夜数2150.8万人次，占57.6%。外国游客中，来自欧洲1661.2万人次，美洲208.1万人次，非洲30.1万人次，亚洲225.8万人次，大洋洲25.6万人次。

2008年，国际金融危机使瑞士的旅游业受到冲击，游客住宿率大幅下降。2009年全年游客入住酒店3560万人次，其中瑞士人的酒店住宿人次减少至1540万人次，与上年同期相比减少了2.5%；而外国客人的住宿人次为2020万人次，比上年减少6.2%。2009年住宿人次总体比上年减少4.7%，这也是自1990年以来，瑞士旅游业酒店入住率下降幅度最大的一年。

七　财政金融

财政　瑞士的公共财政体制实行联邦、州和市镇三级核算。公共财政收入的主要来源是各项税收。联邦主要征收的税种有：关税、流转税、印花税、预提税、烟草税、酒税、营业和商品进口特别消费税、免服兵役税、联邦直接税；州、市镇主要征收的税种有：个人所得税、净财产税、利润（资本）税、不动产税、交易税、遗产税、赠与税、娱乐税、户税、机动车辆税、中彩税、水利使用税。

公共财政支出的主要项目是学校与研究，经济事务，社会福利，国防、公安、消防和法律保护，卫生事业，行政管理，环境保护，文化、休养与体育，特别服务和对外关系。联邦的支出主要用于经济事务、社会福利和国防，并且承担对外关系和特别服务；州的支出主要用于学校与研究、经济事务、卫生事业和社会福利，以及公安、消防和法律保护；市镇的支出主要用于学校与研究、经济事务、卫生事业以及环境保护。第二次世界大战以后，瑞士联邦长期奉行财政平衡政策，以往多数年份收支相抵，有时略有节余；少数年份出现赤字，但数额不大。20世纪90年代以来，瑞士经济衰退，连年出现财政赤字，如下表：

瑞士联邦政府的财政收支（亿瑞郎）

年份	1995	1996	1997	1998	1999
收入	361.62	384.63	388.52	470.74	423.63
支出	408.56	442.36	443.82	469.64	472.36
盈余或赤字	−46.94	−57.73	−55.30	1.10	−48.73

2009年，瑞士联邦财政收入609.49亿瑞郎，其中增值税占32.5%；直接联邦税占29.3%；矿物油税占8.5%；其他税占8.3%；结算税占7.2%；其他财政收入占6.3%；印花税占4.6%；烟草税占3.3%。当年的财政支出582.28亿瑞郎，其中社会福利占31%；财政及税收占17.6%；交通运输占13.9%；教育和研究占9.8%；其他支出占9.2%；国防占7.8%；农业和食品供应占6.3%；海外支出占4.4%。

金融　瑞士国家银行是中央银行，成立于1907年。根据联邦宪法第39条的规定，瑞士中央银行的职责是：管理货币流通，便利支付交易，保证信贷和货币政策服务于国家的整体利益。其主要任务是：垄断钞票发行，执行货币政策，掌握利率政策，管理国内银行结算体系，管理外汇，代理国库等。瑞士中央银行的货币政策目标是维持中长期的价格稳定，以创造使经济体发挥最大生产能力的环境。自2000年，瑞士中央银行确定其货币政策手段包含价格稳定、通货膨胀预期、利率操作目标区三个要素。瑞士中央银行实施其货币政策，是通过在瑞士法郎货币市场上操纵利率水平，通过短期的货币市场交易来间接影响LIBOR。2007年金融危机爆发以来，瑞士金融中心经历了严峻的考验：金融市场剧烈动荡；世界驰名的瑞士联合银行陷入困境；历史悠久的银行保密法遭遇空前挑战，瑞士金融中心的声誉和地位受到负面影响。为抗击金融危机，稳定银行体系和金融市场，瑞士中央银行大力强化金融稳定职能，采取适度宽松的货币政策，加强对银行部门稳定状况的分析和研究；积极推进金融中心结构的合理化建设；支援流动性，救助困难银行；强化对支付和证券清算系统的监管等，有效地减缓和化解了金融危机的冲击。

金融服务业是瑞士经济的重要支柱产业，提供大量的就业机会，创造价值和大量税收。目前，瑞士有330多家银行，160多家保险公司。包括银行和保险在内的金融服务业产值占国内生产总值的14%左右。瑞士最大城市苏黎世是重要的国际金融中心，是仅次于伦敦的世界第二大黄金交易市场。

2007年，瑞士对金融监管体系进行重大改革，将原来独立的三家监管机构，即联邦私人保险局、瑞士联邦银行委员会和反洗钱管理局合并，组建为瑞士金融市场监管局，从而确立了统一金融市场监管的组织体系。瑞士金融市场监管局设董事会、执行董事会和扩大董事会，下属机构有：银行部、保险部、市场部、战略和中央服务部，员工总数320人（2009年）。瑞士联邦金融市场监管机构法第5条规定了金融市场监管的目标："依据金融市场法，金融市场监管的目标是保护债权人、投资者和被保险人；保证金融市场的正常功能，从而维护瑞士金融中心的声誉和竞争力。”瑞士金融市场监管局的目标和宗旨即是保护债权人、投资者和被保险人的利益，保证瑞士金融市场在符合相关法律的条件下发挥其应有功能和作用。

八 对外经贸关系

对外贸易 瑞士奉行自由贸易政策，其基本特点是采取进口低关税和基本无进口配额制，以鼓励和促进对外贸易的发展。联邦政府对外贸的管理注重于创造自由、平等、互利的国际贸易环境和谈判、签署对外贸易法律协议、文件，并通过贸易促进和服务机构向出口企业提供指导和帮助，而对于进出口商品的市场、种类及价格不加以干预，极特殊的商品除外。对外贸易在瑞士经济中占有极端重要的地位，是瑞士经济的生命线。瑞士95%的原料、能源和60%的消费品依靠进口，工业产品的70%—90%销往国外。

瑞士是欧洲自由贸易联盟的创立国，该联盟成立于1960年5月3日，目前还有4个成员，即挪威、冰岛、瑞士以及列支敦士登。欧自联除与欧盟有自由贸易协议外，与世界各地都在不同的领域中有合作。现在，欧自联与20个国家都有自由贸易协定，再加上欧盟的27个成员国，总共与47个国家没有贸易的限制。这一系列自由贸易协定为瑞士开展转口贸易提供了极大的便利。

2008年，瑞士出口额2159.84亿瑞郎，其中对欧洲的出口1399.98亿瑞郎，占总出口额的64.8%。在出口商品中，以医药化工产品为主，出口额为719.18亿瑞郎，占33.3%，其他还包括农林产品（84.55亿瑞郎，占3.9%）；能源产品（65.13亿瑞郎，占3.0%）；纺织服装（44.68亿瑞郎，占2.0%）等。同期瑞士进口额为1975.21亿瑞郎，其中从欧洲进口1583.49亿瑞郎，占总进口额的80.2%。在进口商品中，以医药化工产品为主，进口额为382.72亿瑞郎，占19.4%，其他还包括农林产品141.99亿瑞郎，占7.2%；能源174.67亿瑞郎，占8.8%；金属和金属制品180.89亿瑞郎，占9.2%；机电产品356.11亿瑞郎，占18.0%；汽车167.50亿瑞郎，占8.5%；仪器、钟表151.39亿瑞郎，占7.7%，等等。

近10年在瑞士出口商品中，增长最快的是医药化工类和仪器仪表类的产品，而在进口商品中，下降幅度较大的也是这两类商品。在进出口商品的地区结构中，欧盟是瑞士最大的贸易伙伴。

瑞士对欧盟的进出口

年度	进口额（亿瑞郎）	占总进口额的%	出口额（亿瑞郎）	占总出口额的%
2002	1077.58	79.3	890.58	62.3
2003	1092.93	80.9	889.74	60.3
2004	1164.70	80.9	960.52	62.9
2005	1263.14	80.2	1024.24	62.8
2006	1393.18	78.6	1140.20	61.6
2007	1535.54	79.5	1277.92	61.9
2008	1556.50	78.8	1316.15	60.9

数据来源：瑞士统计年鉴（2010）。

对外合作与援助 瑞士对外援助的主要目的是扶贫、环保等，同时兼顾国家外贸政策。1960年，瑞士对发展中国家和地区的官方发展援助为1510万瑞郎，仅占总国民收入的0.04%。2008年，瑞士的官方发展援助总额为22.34亿瑞郎，占国民收入的0.42%。瑞士的官方发展援助由联邦、州和市镇三级政府提供，其中联邦政府的援助额占98%。瑞士发展和合作署主要帮助世界上极端贫困人口实行自助，改善其生活条件，所开展的双边发展合作主要集中于17个国家以及7项专门计划。

对外投资 由于国内工业发展空间有限，瑞士早于19世纪末就已开始对外投资。政府鼓励和支持本国企业对外直接或间接投资，银行为对外投资提供了丰富的资本来源。2000年瑞士对外直接投资720亿瑞郎。投资主要在美国、英国、德国、法国、比利时；外国在瑞士直接投资275亿瑞郎。2007年，瑞士企业对外直接投资570亿瑞郎；外国在瑞士的直接投资为469亿瑞郎，其中430亿来自欧盟国家。瑞士一贯重视对发达国家投资，对新兴市场经济国家的投资也在增加。

国际收支 自1953年以来，瑞士定期编制国际收支平衡表。从1984年开始，瑞士公布包括资本往来数据在内的完整的国际收支平衡表，与国际货币基金组织规定的格式相吻合。经常账户持续保持盈余，2008年为129.97亿瑞郎。自2000年以来，服务业的国际收支顺差保持在300亿—500亿瑞郎之间。2008年资本项目逆差为228.49亿瑞郎，比上年的数额减少290.93亿瑞郎。2008年，瑞士的外汇储备 788.87 亿瑞郎。1999—2008 年，瑞士的外汇储备介于 702.87—878.56 亿瑞郎之间。

外汇管理 瑞士联邦委员会制定和颁布有关外汇管理的法律。瑞士国家银行具体执行外汇管理的政策。汇率由外汇市场供求状况决定，中央银行在必要时进行干预。所有的结算都可以按自由市场汇率进行。对外结算可以使用任何货币。除发行外国债券外，资本转移可不经任何手续自由进行。瑞士的黄金不是法币。居民可以在国内外以任何形式自由购买、持有和出售黄金。

九 社会保障与社会问题

社会保障 瑞士的社会保障体系由三个部分构成，被称为“三根支柱”，于 1972 年写入联邦宪法。第一根支柱是强制性的国家养老、遗属以及伤残保险，用于保障基本的生活需要；第二根支柱是职业保险，自 1985 年起强制实行，旨在保证一般生活水平；第三根支柱是私人自愿保险，作为对第一、第二支柱的补充，用于满足个人的特殊需要。20 世纪 90 年代以来，瑞士政府对社会保障体系进行调整和改革，维持和限制第一支柱的发展水平，扩大第二支柱的覆盖面，支持和鼓励第三支柱。

社会问题

失业 瑞士的失业率一直较低。20 世纪 90 年代以来，由于受经济衰退的影响，失业率逐年上升，1997 年达到 5.2%，此后趋于下降。1998 年失业率为 3.9%，失业率男性为 3.5%，女性为 4.4%；瑞士人为 2.6%，外国人（季节工和过境人员不记在内）为 8.1%。2008 年，受全球金融危机影响，瑞士的失业率上升，2009 年达到 4.4%。

老龄化 由于生活和医疗条件优越，社会保障制度完善，人口平均寿命延长，瑞士社会的人口老龄化严重。30 岁以下的年轻人占总人口的比例，1990 年是40.7%，2008 年下降为21.2；而64 岁以上的老年人所占总人口的比例，1900 年是 5.8%，2008 年上升为 16.6%，2009 年进一步提高到 16.8%。

家庭 瑞士法定结婚年龄是男子 20 岁，女子 18 岁。根据 2009 年统计数据，瑞士总人口中，单身男性 1774234 人，单身女性 1572371 人；已婚男性 1742287 人，已婚女性 1725059 人；离婚男性 236619 人，离婚女性 323150 人；鳏夫 72238 人，寡妇 332423 人。单身男性占 53.0%，已婚男性占 50.2%；离婚女性占 57.7%，寡妇占 82.1%。离婚率 1970 年为 1.9%，2009 年为 7.1%。婚姻家庭变化的特点是：男性再婚的机会多，女性寿命较长，离婚率明显提高。

移民 瑞士现有外来移民 100 万人，占到总人口的 1/7，这一比例大大高出欧洲其他国家。瑞士自古就有接纳移民和难民的传统，并于 1890—1914 年和 1946—1974 年形成两个移民高潮。1999 年，北约轰炸南联盟后，有近 20 万科索沃和塞尔维亚难民涌入瑞士，给一向平静的瑞士带来很大冲击，引起当地居民的不满情绪，在沃州和纳沙泰尔州曾发生火烧难民营的事件。1999 年 10 月，人民党将限制外来移民作为竞选纲领之一，赢得了较多选民的支持。2000 年 9 月 24 日，63.7% 的瑞士公民投票反对把外来人口限制在 18%，从而否决了该项提案。2010 年 11 月 28 日，瑞士人选民以 52.9% 的大多数赞成票通过了瑞士人民党提出的一项全民动议，瑞士人民党在该议案中提出：“有严重犯罪行为的外国人一律剥夺在瑞士的居留权，驱逐出境，没有任何例外。”这里所指的严重罪行包括：蓄谋杀人、强奸、抢劫、贩卖人口或毒品、偷盗或者滥用社会福利。

第七节 教育与科技

一 教育概况

瑞士高度重视教育事业，将其视为经济成功与社会发展的基础。教育和研究在联邦政府的财政支出中预算中占 9.8%（2009 年）。瑞士联邦不设教育部，由内政部的科学与技术领导小组和联邦科教局管理教育事务，国民经济部的联邦职业教育和技术局管理全国的职业教育。全国性教育协调机构有：大学联席会议、大学校长联席会议、州教育局长联席会议、瑞士高教中心等。小学、初中和高级中学教育由各州负责，自定学校类型、学制长短、教材和教师薪俸。

20 世纪 90 年代后期，瑞士对高等教育体系进行了彻底改革。在 1999 年《博洛尼亚宣言》的框架内，联邦政府参加了欧洲学术研究一体化计划，引入以学士、硕士和博士为基础的三阶段体系，并采用了学分转移和累积制度，以最大限度地保证学生和教师及管理人员的流动性。

1874 年瑞士宪法中规定了自由和强制教育，

全国实行9年义务教育制，人口识字率为100%。儿童从6岁或7岁开始接受义务教育，包括小学和初中一般为9年，这是基础教育阶段。学前教育1—3年不等。4—6岁的幼儿可以自愿进入幼儿园，幼儿园一般是由社区或私人筹办，在城市里十分普遍。幼儿教育主要通过游戏、歌舞、绘画和手工劳动来启发幼儿智力。大约98%的幼儿至少上过一年幼儿园，接受过两年学前教育的幼儿约占63%。2007—2008年度学前教育学生151699人。

二　义务教育、中等教育、高等教育

义务教育　9年义务教育分为小学、初中两个阶段。小学阶段4—6年不等，大部分州是6年，少数州4年或5年。初中阶段3—5年不等，多数州3年，少数州5年或4年。初中阶段又分为几种类型。一种是按照学生智力水平择校和分班，相当于重点初中，偏重知识的广泛和深入，强调外语和自然科学，为学生今后通过成熟证书考试进入大学作准备。一种是混合学校，将正规课堂教育与实际知识的传授相结合，为学生日后作为学徒学习手工技艺打基础。还有一种是综合学校，不同层次和水平的教育都有。后两种类型的学校在7个法语区和意大利语区实行。2007—2008年度9年义务教育学生788072人。

中等教育　高级中等教育大致分为几类。第一种是中等职业教育，学生通过学徒和技术学校的学习，获得工业技术、商业、贸易、工艺美术或农业技术方面的毕业证书。第二种是比较综合的教育，课程设置2—3年，在医疗护理、社会工作、教师和工艺美术方面进行职业训练。第三种是文法学校，一般是州立或政府的，目标是为大学培养和输送学生。在新的体制下，毕业考试包括7门基本课程和一门选修的主课和一门副课，共9门课程。学生要独立完成论文，由学校和教师作出评语。2007—2008年度，文法学校类学生103122人；职业培训类学生226768人。

高等教育　瑞士有12所普通大学、8所应用科学大学、15所师范教育大学，还有多个高等专业学校，构成其高等教育体系。普通大学的主要目的是进行教学与基础科学研究；应用科学大学和师范教育大学侧重和强调实践为主的学习。这些院校绝大部分都是政府资助的，平均占80%。

普通大学按照大学所在的语区划分，德语区有6所：苏黎世高等理工大学、苏黎世大学、伯尔尼大学、巴塞尔大学、圣加仑大学、卢塞恩大学。法语区有5所：日内瓦大学、洛桑大学、洛桑高等理工大学、纳沙泰尔大学、弗里堡大学。意大利语区有1所大学，在提契诺。12所高等院校中，有两所国立大学，即苏黎世高等理工大学和洛桑高等理工大学，直属联邦；另10所为州立大学。大学的教育经费大部分由各州筹集，来自联邦的款项大约占到40%。大学除了完成传统的教学职责外，大力发展科学研究，为高等教育增添了新的活力，大学提供的信息服务也日益受到重视。

应用科学大学提供实用性的学习课程，包括技术和信息技术、建筑学、施工和规划、化学和生命科学、农业和林业、经济学和服务、设计、健康、社会事务、艺术、音乐、戏剧以及应用心理学和应用语言学等，属于应用学科类的大学教育。进入应用科学大学的途径，一是获得联邦职业教育结业证书；二是持有联邦政府认可的大学入学考试通过证书并拥有相应专业1年实际工作经验。8所应用科学大学中7所为公立学校，1所为私立学校，共有40多个学院，每年学费在800—1000美元之间。

2007/2008年度，普通大学的学生116906人；应用科学大学的学生60809人。

师范教育　瑞士的师范教育分为3个层次或类型：大学、高等教育学院或者专科学校。要取得小学教师资格，必须进入师范学院学习5年课程。要取得中学教师资格，需获得文法学校毕业证书后，在高等师范学院学习2—3年课程。中学教师资格证书要求至少3年大学学历或者相当的教育水平。要取得高等学校教师资格证书，必须在大学学习8个学期，并接受2—4学期专业培训。要取得职业学校教师资格，必须接受该专业学院教育，或者经过该专业课程培训。这一规定同样适用于残疾人学校的教师。2007—2008年度，全国15所师范大学共有1.2万名学生就读。

三　职业教育

在瑞士，非学院设立的专业有400余种，其中大多数专业的职业培训是由私人公司、管理机关、行会和服务机构提供的。接受培训者通常参加非全日课程，一周1—2天；也可以通过学院或实习班接受全日制培训。学习期满被授予联邦技术证书。联邦职业教育和技术局负责制订职称级别和批准有关培训与考试的法规，联邦工商业与劳动局负责检查法规的执行。各州的任务是组织本地必需的职业培训类型，管理学徒和建立必要的机构。专业机构和经济组织在这类培训中发挥重要作用。

高等职业教育通常由高等技术学校、经济和商业管理学校等提供，培养工程师、经济师和商业管理人员。高等职业教育也包括职业培训班，是为高级职业考试如行业技师考试的参加者准备的。

2007—2008 年度，高职教育的学生 48147 名。

四　科技发展概况

历史及现状　瑞士高度重视科技事业发展。由于自然资源贫乏，国内市场狭小，工业向高、精、尖发展，产品主要外销。为了保持市场领先地位和竞争优势，企业不断研究与开发新产品，提高产品的科技含量和工艺水平。大学也积极参与研究开发活动，在知识与技术创新中发挥先锋和主导作用。瑞士的高科技产业实力雄厚，拥有世界一流的生命科学企业以及世界领先的生物技术企业集团。2004 年，瑞士的研发总支出为 131 亿瑞郎，占国内生产总值的 2.9%。

发展特点　瑞士在科学界具有较高的世界声誉，在科技创新和企业理念方面居于前列。瑞士高科技领域的特点是不断增长和多样化发展。它对科技创新给予强有力的资金和人力的支持，并实行严格的知识产权保护，从而为知识创新创造了充满活力和有充分保障的环境，成为国际组织总部、跨国公司总部以及许多研发机构的首选之地。瑞士拥有一支高素质的技术工人队伍。国家于 1930 年和 1964 年先后颁布了《职业培训法》《职业进修法》，企业依法对员工进行职业教育和培训，不断提高工人的技术水平，从而使产品从研究开发到设计生产各个环节都有可靠的质量保证。

重大成果　瑞士在第二次世界大战初期就已开始对原子物理、高能物理和分子生物等尖端科学的研究，并取得了显著成绩。自 1945 年以来，瑞士科学家和学者共获得 12 次诺贝尔奖，其中化学奖 3 项、物理学奖 3 项、医学奖 5 项、文学奖 1 项。据瑞士统计，自 1921 年以来，共有 25 位瑞士公民获得诺贝尔奖；另有 29 位获得诺贝尔奖的外籍人士，在瑞士从事研究的时间超过 5 年。

总体实力　瑞士的科技发展水平较高，总体实力比较强。在 2007 年欧洲科技创新排行榜上，瑞士的总创新指数列欧洲第二名，仅次于瑞典。瑞士 3.1% 的人口拥有高级研究学位（如博士），是经合组织国家中比例最高的（2005 年）。瑞士每百万人拥有的专利数量仅次于日本居世界第二位（2005 年），是欧洲国家中在美国、欧盟和日本这三个全球最大的专利机构中申请专利数量最多的国家（2008）。瑞士在 2009 年全球创新国家排名中名列第二，在世界经济论坛 2009 年发布的全球竞争力报告中，在全球科研机构质量排名中列第一名。

五　科技管理体制与开发体制

科技管理体制　瑞士制定和实施有关科技、创新政策的组织机构是联邦职业培训和技术办公室、瑞士科学厅、瑞士科学顾问委员会。联邦职业培训和技术办公室与瑞士科学厅共同协调并实施一系列的教育、培训、研究和技术政策。瑞士科学顾问委员会是一个独立机构，专门就所有科学政策问题向联邦顾问委员会提出建议。为促进科技发展，联邦政府通过瑞士国家科学基金会资助瑞士的普通大学和独立研究机构从事基础研究；通过联邦技术与创新委员会为企业与大学、研究机构之间的知识和技术转让提供资助。

瑞士国家科学基金会。瑞士国家科学基金会是促进瑞士科学研究的最重要机构。该基金会受联邦政府的委托，主要资助基础科学研究，同时也资助应用科学研究，资助范围包括哲学、生物学、纳米科学、和医学等几乎所有学科的研究工作。每年接受基金会资助的研究人员超过 7000 名。2007 年，瑞士国家科学基金会为瑞士普通大学和独立研究机构共提供了 5.31 亿瑞郎的研究基金。瑞士国家科学基金还负责管理瑞士国家研究计划和瑞士国家研究能力中心。

瑞士联邦技术与创新委员会。瑞士联邦技术与创新委员会是致力于创新的联邦机构，提出“让科学与市场对接”的目标，为大学和私营企业之间的研究合作项目提供资助，主要资助工程、激活科学、微米和纳米科技、生命科学四大领域的研究。2007 年，瑞士联邦技术与创新委员会向大约 530 家公司以及瑞士应用科学大学、普通大学、公共研究机构的 280 个项目提供了资助，为总投资 2.17 亿瑞郎的各个项目提供了大约 9000 万瑞郎的资助。

科技开发体制　瑞士的科技开发主要通过公立

研究和私立研究两个途径。从人力资源和资金使用来看，企业和高等学校是科技研发活动的主要参与者。

国家研究能力中心　瑞士共有20个国家研究能力中心，每个中心都包括一个“牵头单位”和由国内外合作伙伴组成的研究网络。

公立研究机构　瑞士的12所普通大学从事基础科学研究；4所联邦研究机构，即保罗·谢尔研究所、瑞士联邦材料测试与开发研究所、瑞士联邦供水、废水、废水处理与水资源保护研究所、瑞士联邦森林、雪与景观研究所、瑞士政府农业研究机构（三个农业研究站）各自进行专门领域的科学研究；诸多公立或公私合营研究机构，如瑞士电子与微技术中心、SystemsX。Ch（由8所大学和3个研究机构组成的从事系统生物学的研究联盟）、瑞士热带研究所、瑞士国家超级计算中心、瑞士生物信息学研究所、生物医学研究所、瑞士癌症临床研究组、人工智能感官研究所、瑞士艺术研究所。

私营企业　瑞士企业是科技研发的主要力量，其研发成果直接应用于生产过程，转化为市场和经济效益。2004年，瑞士私营企业的研发总投入为96.6亿瑞郎，其中医药化工占37%；机械和金属行业占16%；研究实验室占14%；信息通信技术行业占9%，这四大行业和部门占私营企业研发总投入的3/4。瑞士私营企业在国外的研究开发投入与其在国内的投入大体相当。

六　科技发展战略与国际交流和合作

科技发展战略　瑞士大力支持和鼓励的科学研究主要集中在三方面：第一，为增进知识的研究，其中包括对国家具有极其重要意义的基础性研究；第二，面向生产和服务的研究，包括提高产品竞争力、增强竞争性产品的适用研究；第三，社会福利方面的研究、世界范围的某些专门问题研究。促进科技发展的具体政策是：保证科研自由；允许发表各种科学见解、采用各种科研方法；保证国家资助的科研项目的质量；鼓励科研机构、大学和企业之间的科技合作；培养科技新生力量；鼓励科技著作出版和科研成果的推广应用；积极开展国际科技合作。

国际交流与合作　进入21世纪，瑞士在科技领域开展的国际交流与合作，呈现一个重点，即积极参与欧洲研究计划；和一个特点，即构建广泛的全球知识网络。

参与欧洲研究计划　瑞士积极参与欧洲研究计划。自1987年以来，瑞士开始参与欧盟研究和技术开发框架计划。2004年，瑞士与欧盟签署双边协议，瑞士作为准成员国有权充分参与该计划。在第六个框架计划（2003—2006）期间，瑞士研究人员获得了超过其应有比例的研究资助基金。第七个框架计划（2007—2013）的总预算为546亿欧元，瑞士为其提供的赠款约为24亿瑞郎。欧盟研究和技术开发框架计划的发展前景是建立一个欧洲研究区域。

构建瑞士知识网络　瑞士构建广泛的全球知识网络。在全球建立瑞士知识网络是瑞士对外政策的重要组成部分。为促进教育、科研和创新，瑞士逐步建立覆盖全球的科学、技术和高等教育网络，于2000年设立了波士顿瑞士科学中心；2003年设立旧金山瑞士科学中心；2004年设立新加坡瑞士科学中心；2007年设立上海瑞士科学中心；于2008—2009年在印度开通班加罗尔瑞士科学中心，并在部分瑞士大使馆设立了12个科技顾问处。瑞士知识网络由瑞士联邦政府教育及科研委员会与瑞士外交部共同负责管理，其主要任务是：加强瑞士在高等教育、科研、技术和创新领域的地位；负责所在地区与瑞士的联系与沟通；推动所在地区瑞士机构的国际化；支持所在地区的瑞士学生与学者；为瑞士的科学决策提供服务。

七　哲学与社会科学

重要思想流派

日内瓦学派　让·皮亚杰（Jean Piaget，1896—1980）　发展心理学家，“日内瓦学派”（又称“皮亚杰学派”）的创始人。主要从事儿童认识的发生发展问题研究，建立了“发生认识论”。该学派于1955年在日内瓦建立“发生认识论国际研究中心”，集中各国心理学家、逻辑学家、语言学家等共同研究儿童认识发生发展问题。

学术理论

神学　茨温利（Huldreich Zwingli）　瑞士宗教改革的领袖人物，代表作有《论洗礼》。让·加尔文（John Calvin），瑞士宗教改革的领袖和思想家，代表作《基督教原理》，是阐述新教信仰的最重要著作。

哲学　让·雅克·卢梭（Jean-Jacques Rousseau）　瑞士哲学家，著有《论人类不平等的起源和基础》《社会契约论》《爱弥儿》《新爱洛绮丝》《忏悔录》等。

心理学　卡尔·荣格　分析心理学的创始人，于1913年第一次提出内向和外向两种性格类型，对人的个性进行了科学的解释，提出心理的四种功能，并将其分别与两种基本类型组合，构成八种性格类别。他的分析心理学极大地拓展了心理学的研究领域，并对历史、文学、人类学、宗教以及临床心理学领域都产生了深刻的影响。

语言学　费德南德·索绪尔（Ferdinand Saussure）　瑞士语言学家，早期著作有《论印欧系语元音的原始系统》。他从心理社会学的角度阐述语言理论，在语言结构方面进行了深入研究，创建了心理社会学语言学派，其理论对结构主义语言学派有重大影响。

教育学　裴斯泰洛齐（Johann Heinrich Petalozzi）　瑞士教育学家，提出“初步教育”理论，认为数目、形式和语言是教学的基本要素，并根据这一理论，改进了初等学校各科的教学方法。他的教育思想对近代初等教育的发展具有一定的影响。

经济学　让·沙尔·列奥纳尔·德·西斯蒙第　瑞士经济学家，著有《托斯卡那的农业》《论商业财富》《政治经济学新原理或论财富同人口的关系》《政治经济学研究》等。西斯蒙第在政治经济学史上具有特殊地位，古典政治经济学在法国从布阿吉尔贝尔开始，到西斯蒙第结束。

第八节　文学与艺术

一　文学

发展简史　瑞士分为四个语言区，没有统一的民族文学。语言的多样性使瑞士的文化生活丰富多彩，也造就了文学发展的多样化。瑞士通行的德语、法语和意大利语是欧洲主要文化地区的语言，不同语言区有各自的文学发展道路。

德语区的圣加仑修道院是古代高地德语文学的发祥地之一。19世纪，瑞士涌现出一批著名的德语作家，包括耶雷米阿斯·戈特赫尔夫、戈特弗里德·凯勒等。20世纪初，地区性文学的代表人物是梅因拉德·英格林。现代的瑞士德语作家分为三代。第一代受纳粹和法西斯主义以及二战的影响，其作品既带有强烈的压抑感，又反映了民族爱国主义情结。代表人物有：罗伯特·瓦尔瑟、阿尔宾·佐林格等。第二代作家的杰出代表是马克斯·弗里施和弗里德里希·迪伦马特等，他们的作品享誉世界文坛。第三代作家不仅局限于瑞士的现实状况，而是更多地关注整个人类世界的命运，如阿道夫·穆施格、雨果·勒切尔等。各种不同的文学流派也得到发展。

法语区从16世纪宗教改革时期才开始有独立的文学创作，曾出现过卢梭、斯达尔夫人等著名作家。瑞士法语文学传统上以探索内心世界为主，重点表现作家内心的冲突。20世纪70年代以后，法语文学增添了全新的内容，对现实世界进行了深刻的剖析和描述。值得一提的是，女性作家在推动法语文学发展中发挥了重要作用。

意大利语区的文学以弗兰契斯科·基耶扎的作品为开端，包括诗歌、散文和小说。20世纪最杰出的意大利语作家是弗朗切斯科·奇萨，他为瑞士提契诺地区意大利语文学的发展注入了新的活力。乔尔吉奥·奥雷里被誉为现代意大利最优秀的诗人，荣获卢加诺文学奖。

罗曼什语文学不能简单而论，因为它包含了5种不同的地方方言。各地区作家的文学作品风格迥异，或带有现代印象主义色彩，或具有诗意现实主义特征，而他们创作的首要目的和任务，是捍卫本民族的语言和文化。

现状　瑞士文学档案馆建于1991年，设在瑞士首都伯尔尼，现存有200多件档案、珍贵遗品和收藏品。联邦宪法（2001）确定了联邦促进文化发展的基本原则。联邦政府下属的联邦文化事务办公室负责管理基本文化政策、推动文化交流，保护和弘扬文化遗产的价值。瑞士文化基金会是促进文化交流的主要机构，其职责是推动瑞士各地区之间的文化交流，在国外传播瑞士文化。

著名作品　在当代瑞士德语文学中，马克斯·弗里施和弗里德里希·迪仑马特为杰出代表，他们的作品具有世界影响，中国中央戏剧学院先后将其名剧《贵妇还乡》《安道尔》等搬上中国的舞台。

二　艺术

音乐　从19世纪到20世纪初，一种新的瑞士风格的音乐形式发展起来。瑞士人将法国和德国音乐交融汇合，形成了独特的瑞士音乐。生于19世纪末的一代作曲家，谱写了现代瑞士音乐的篇章。弗兰克·马丹（Frank Martin，1890—1974）和阿图尔·昂纳格尔（Arthur Honegger，1892—1955）享有国际声誉，对当代音乐做出了重要贡献。昂纳格尔、马丹以及后来的维利·布克哈德（Willy Burkhard）对后辈有诸多启迪与教诲，阿曼·席伯尔等许多年轻音乐家都深受这些大师的影响。年轻一代音乐家不仅受到优秀的瑞士传统音乐的教育和训练，而且与国际音乐活动保持紧密的联系，对现代世界所面临的社会和文化问题十分敏感，并创作出想象力丰富的艺术作品。著名指挥家有埃内斯特·安塞尔梅特（Ernest Ansermet，1883—1969）。

瑞士的民间音乐活动非常普及和活跃，丰富的民间音乐传统主要倚靠世代相传。从20世纪30年代，爵士乐在瑞士开始流行并受到普遍欢迎。伯尔尼专门成立了一个培训青年爵士乐手的学校。蒙特勒（MONTREUX）、维利藻（WILLISAU）和卢加诺每年举办爵士乐节。民乐和摇滚乐也拥有众多爱好者，尼翁节的表演场面十分热烈。许多地方、甚至最小的市镇都组织了民间音乐团体，有些还在海外演出获得成功。几乎所有村庄都有自己的歌唱队、管乐队或者变嗓山歌（YODELLERS）歌咏队（变嗓山歌是瑞士山里人反复用长声和假声演唱的一种曲子）。

瑞士现有30个大的专业管弦乐队，40多个音乐团体，15个爵士乐队，22个音乐学院，16个音乐出版商和15个录音制片人。在古典音乐领域，瑞士拥有两个历史悠久的交响乐团，即瑞士罗曼德交响乐团和苏黎世市政厅管弦乐团。瑞士音乐家协会成立于1900年，是全国性的专业组织和民间文化团体。

舞蹈 瑞士在两次世界大战期间是外国舞蹈家的避难之所，也成为古典芭蕾艺术的传播之地，使瑞士公民认识和喜爱这一高雅艺术形式。如今，瑞士全国共有7家专业芭蕾舞团，各种舞蹈团体约为70个。著名的舞蹈艺术家有：海因兹·斯波利（Heinz Spoerli），他率领苏黎世芭蕾舞团，其舞蹈设计常常将古典与现代元素融合一体；莫里斯·贝嘉（Maurice Bejart）曾经指导芭蕾舞50余年，现担任洛桑芭蕾舞团的艺术指导；吉尔·若宾（Gilles Jobin）为舞蹈情景剧《魔童》进行创造性的编舞。瑞士举办的舞蹈节有伯尔尼舞蹈节、奥尔腾舞蹈节、瑞士国际舞蹈节等。瑞士的舞蹈艺术家也在世界各地进行专场表演。目前，大约有40个自由和专业舞蹈团已经在世界五大洲的30多个国家举办了250多场巡回演出。

美术 21世纪初，瑞士涌现出许多喜爱风景、历史、乡村生活题材的画家。这些画家仍然受旧时代的影响，例如阿尔诺德·伯克林（Arnold Bocklin，1827—1901），作品带有深厚的象征派烙印。意大利出生的乔瓦尼·塞甘蒂尼（Giovanni Segantini，1858—1899）的作品开始体现出现代派的萌芽。费迪南德·霍德勒（Ferdinand Hodler，1853—1918），被誉为现代瑞士绘画艺术之父，他创作的民族历史题材的壁画带来了新的艺术活力。

20世纪的瑞士艺术家主要是在国内各自的专业领域进行创作，但他们属于当代艺术的主流派，并做出了自己的创新。乔瓦尼·贾科梅蒂与塞甘蒂尼一道，发展了一种接近法国新印象主义的艺术形式，他的堂兄奥古斯托·贾科梅尼创作出近乎前抽象派绘画法的风景画。库诺·阿米艾特深受戈甘的影响，是野兽派先驱之一。

电影 瑞士电影的发展历史大致分为4个阶段。即瑞士的无声德文电影制作时期（1915—1919年）；瑞士的无声法文电影制作时期（1919—1924年）；瑞士的“老电影”时期（1930—1964年）；瑞士的新电影时期（1964年至今）。1965年后出现的“新瑞士电影”——类似法国的新浪潮派，划分为法语和德语两派。前者集中发展故事片；后者首先发展批评纪录片。20世纪70—80年代，瑞士出现了一批卓有成就的导演。1981年，阿兰·塔奈尔执导的故事片《光明年代》获法国戛纳电影节评委特别奖。艾克萨维尔·科莱尔因其执导的难民题材的叙事片《希望之旅》，成为荣获奥斯卡奖的第一个瑞士导演。瑞士电影业发展规模不大，但内容却很丰富，有故事片、纪录片、传记片、叙事片等所有种类，涉及国家社会生活、国际争端矛盾等多种题材。

进入21世纪，瑞士迎来了“新新瑞士电影”时期，标志着第五个瑞士电影时代的出现。一批年轻的新锐导演尝试探索新的非传统题材、新的故事讲述技法、新的影像表现手法，代表人物有：让·斯特法尼·布宏、乌尔苏拉·梅尔、文森特·普鲁斯等。由法语区的格雷格·泽格林斯基（Greg Zglinski）执导的《无火的冬天》获得2004年威尼斯电影节大奖。

瑞士约有55名导演。1998年，瑞士生产44部短片，37部长片，其中与外国联合摄制的影片11部。1998年，瑞士共有电影院457家，总计100378个座位，电影观众1590万人。影院及座位的1/3集中在苏黎世、伯尔尼、巴塞尔、日内瓦和洛桑五大城市。瑞士每年举办索洛图恩电影节，并自1998年开始在电影节上颁发“瑞士电影奖”。

戏剧 瑞士的戏剧具有悠久的历史传统。中世纪时期，宗教剧《基督诞生剧》《基督受难剧》等在瑞士上演。如今，中世纪和巴洛克时代的宗教剧仍在“世界大剧院”定期演出，每5年一次，使古老的戏剧艺术得以世代相传。自19世纪末，瑞士开始流行通俗戏剧，如根据著名作家弗里德里希·席勒的剧作改编的戏剧《威廉·退尔》，每年都在阿尔特多夫、因特拉肯等地定期演出。1908年创建的若拉剧院，位于洛桑附近的梅茨耶尔村，以演出通俗剧作品而著称。世界驰名的瑞士戏剧家马克斯和弗里德里希·迪伦马特，为瑞士戏剧的创作提供了丰富的源泉，也为当代德语戏剧的发展带来重大而深远的影响。瑞士有约150个剧院分布于各个语区，德语区90个，法语区50个，意大利语区10个。瑞士戏剧家协会是民间文化团体。

三、广播电视、新闻与出版

广播电视 根据联邦宪法，联邦政府负责关于广播和电视方面的立法，必须保证新闻媒体在节目内容选择上的独立和自由。瑞士全国广播电视集团，拥有联邦广播和电视特许权，使用4种官方语言制作广播和电视节目。该公司是一个私营组织，作为公共服务机构运营，不以营利为目的，总部设在伯尔尼。

瑞士全国广播电视公司拥有8家电视台和18个广播电台，以4种官方语言对外播出节目，还拥有1个网站，共10种语言，并以德、法、意三种语言进行文字电视广播。此外，瑞士还有大约40个地方和地区的电视台，以及大约50个地方和地区的广播电台。瑞士绝大多数家庭至少可以接收到50个广播电台和电视台的节目信号，有85%的家庭接通了有线网络。

瑞士国际广播电台通过短波和卫星以及其他广播电台，用德语、法语、意大利语、拉丁罗曼语、英语、西班牙语、葡萄牙语、阿拉伯语等，对世界各地播出节目，主要对象是国外的瑞士侨民。“瑞士资讯”即瑞士国际广播电台，通过互联网信息平台，以文字图片和音像的形式，利用9种语言，向全世界提供关于瑞士政治、经济、文化和科技各方面的内容。

新闻 瑞士虽然是个小国，但由于独特的政治结构和应用多种语言，报刊的种类多，发行量大，所有主要城市都有本地的报纸。目前日报数量为84种，有200多种不同类型的报纸。发行量超过10万份的报纸有9家；发行量不到2.5万份的报纸有200多家。发行量最大的日报是免费通俗小报《20分钟》，其发行量达到53万份。德文报纸《一瞥报》发行量23万份；法文免费报纸《蓝色晨报》于2005年创办，发行量也已达到23万份。苏黎世的《每日导报》发行量21.3万份；《伯尔尼报》发行量21.2万份；《中部报》发行量20.2万份；《24小时报》发行量8.6万份。各种周日报纸也受到读者欢迎，如德文版的《周日一瞥》《周日报》《新苏黎世周报》；在提契诺出版的《咖啡报》，以及法语版的《周日晨报》。

出版 瑞士全国约有400家出版商。1998年出版新书9924种，其中：50%的新书是由瑞士人或者是在瑞士居住的作者写的；18%的新书是以非瑞士本国文字出版的；有937种新书是翻译著作，约占出版总量的10%。在1998年出版的新书中，人文科学类占31.3%；文学、语言类占16.7%；医学、自然科学、技术类占13.6%。2008年出版新书11126种，其中德文书6311种，占56.7%；法文书2416种，占21.7%；意大利文书319种，占2.8%；罗曼什文书31种，占0.27%；英语书1302种，占11.7%。

四 博物馆和图书馆

博物馆 瑞士共有950个博物馆，从大的艺术博物馆、技术博物馆到小的民间艺术博物馆，多种多样。按照类型划分，艺术类占17%；建筑历史类占9%；自然科学类占8%；科技通信类占7%；民俗风情类占1%；其他类占15%；区域类占42%。按照语区划分，德语区的博物馆最多，占72.3%；法语区占22.3%；意大利语区占5.4%。

大博物馆一般是由社区来经管，其中有些是州、大学支持赞助的，或者是私人、半公营基金设立的。瑞士国家博物馆是全国最大的博物馆，位于苏黎世，直属联邦内政部管辖，自1890年成立以来一直收集、保存和集中展示瑞士的文化、艺术和历史。国家博物馆还包括6处分馆，即苏黎世的梅森基尔特会馆和巴朗格斯博物馆、施维茨的“瑞士历史博物馆”、汝拉地区（索洛图恩州）的“希文机械乐器博物馆”、提契诺的“瑞士服饰博物馆”、阿尔高州的“维德格”城堡。

巴塞尔、日内瓦和苏黎世是最重要的艺术中心。巴塞尔专门收藏有从立体派艺术以来的欧洲现代艺术作品。伯尔尼博物馆收藏着15—20世纪伯尔尼人的绘画，鲍·克勒的2000幅素描和200幅绘画大大提高了它的声誉。苏黎世的艺术馆收藏有许多中世纪的珍品，展现了20世纪欧美的不同艺术潮流。温特图尔的艺术馆藏有从普桑到塞尚等许多法国大师的作品。此外还有苏黎世的希特堡博物馆、洛桑的布鲁特艺术馆、日内瓦的艺术历史博物馆等。

另有一些富有特色的博物馆，如伯尔尼和巴塞尔的历史博物馆；温特图尔的科学技术馆展现了19世纪至今国家的技术发展；国际钟表博物馆藏有3000多件珍品，追述了人类测定时间的历史；机械乐器博物馆，一个在索洛图恩的希文，是瑞士国家博物馆的分支，另一个在沃州的罗泊松；伯尔尼的瑞士邮政博物馆；卢塞恩的瑞士交通博物馆；巴林堡的露天博物馆，靠近布根茨，展出全国各地的农舍。

图书馆 瑞士的图书馆事业十分发达，有各类图书馆6000多所。国家图书馆建于1895年，直属联邦内政部管辖，主要收藏并向公众提供关于瑞士的图书，藏书529.6万多册。大学图书馆、州立或市立图书馆，主要为教学和科研服务，面向本地区民众，藏书极为丰富，大多在100万册以上，如巴塞尔大学图书馆藏书691.8万册；苏黎世高工大学图书馆藏书689.4万册，苏黎世中心图书馆藏书516.7万册，伯尔尼大学图书馆藏书453.3万册；弗里堡州和大学图书馆藏书344.1万册；瑞士电影图书馆藏书333.8万册；苏黎世大学图书馆藏书262.9万册；日内瓦图书馆藏书241.8万册；洛桑州和大学图书馆藏书240.6万多册（2008年）。

地区图书馆是区域文化性图书馆，历史悠久，如比恩城市图书馆、西昂图书馆、卢加诺地区图书馆、卢塞恩图书馆等，专门收藏本地区的文化产品，品种繁多，大到本籍人士出版的刊物，小到本地饭店的菜单应有尽有，为研究区域文化提供了方便。地区图书馆的规模不等，视当地文化事业发展状况及出版物数量多少而定。较大的地区图书馆藏书之丰，并不亚于一般大学的图书馆。还有一类市镇图书馆，规模较小，同样有着悠久的历史，如洛桑市镇图书馆、日内瓦市镇图书馆等，主要为一般读者提供图书资料。

五 宗教与民俗

宗教 罗马帝国征服瑞士之后，基督教很快随着商人和罗马军队在瑞士传播开来。日内瓦、马提尼和库尔最早设立了主教府。由于哥伦班、盖洛斯等爱尔兰巡回修道士的广泛传布，以及本地牧师和贵族的努力，到中世纪开端，基督教已经成为瑞士居民的主要信仰。其后，瑞士出现了一些修道院，包括女修道院，拉伯特等著名僧侣做了大量工作，他们积极唤起民众的精神觉悟，逐渐灌输基督教义，丰富了当时的文化生活。

16世纪初，茨温利在苏黎世发起基督教改革运动。茨温利是一个神学家，深受同时代的荷兰人伊拉斯谟的人文主义的影响。他主张建立统一国家，谴责雇佣兵制度，反对出售赎罪券，反对教士斋戒和独身，废除了朝圣活动及天主教中的一切烦琐形式，关闭了天主教的隐修教堂等。茨温利所倡导的新教从苏黎世发源，逐步扩展到除瑞士中部外的德语区各州。

这期间，法语区各州和意大利语区提契诺仍然拒绝宗教改革的思想，直到1536年伯尔尼征服了南部的沃州，法国人加尔文将其宗教改革学说传到日内瓦，对教会组织进行重大改革，建立新教会，废除主教制，实行民主共和的政教合一统治，宗教改革运动在瑞士又有重大发展，法语区及意大利语区不少人也信奉了新教。

至今，新旧教派仍然并存，教区划分不十分清楚。在弗里堡和瓦莱，绝大多数居民仍然信守旧教天主教。在索洛图恩、巴塞尔和格里松，天主教和基督新教的势力不相上下。在格拉鲁斯、图尔高、圣加仑和格里松，信奉何种宗教由各社区自行选择，而非各州决定的，因而在这些地区新旧教堂混合交错出现。

1848年，联邦宪法正式承认公民有选择自己信仰的权利，这一结果来之不易。16—17 世纪的基督教改革运动不是和平进行的：茨温利战死沙场，加尔文屠杀异己，各州新旧教派相互开战，经历了流血牺牲的战斗，才最终换来个人信仰自由和各教派的并存与相容。

如今，新派基督教组织由各州的宗教会议及执委会管理，另外还有几个属于新派的自由教会，它们都属于瑞士福音派教会联合会的成员。罗马天主教则分为 6 个主教管区，主教府设在索洛图恩、弗里堡、锡昂、库尔、圣加仑和卢加诺。此外，在瓦莱州的圣摩里斯、施维茨州的艾因锡戴伦还分别设有两个独立的大教堂。犹太教分布于瑞士各地，至少 20 个城市有犹太人居住和犹太教教会活动，并与瑞士以色列教会联合会（成立于 1904 年）联系密切。

民俗 瑞士是一个多民族的国家，深受不同语言文化的影响，节日活动丰富多彩，加之百年来没有战争，人民安居乐业，诸多传统习俗得以保留和延续。全国共同的节日是新年、圣诞节和国庆节。狂欢节普遍举行，巴塞尔市的大游行最为壮观。各地有许多特殊节日，如弗里堡的圣尼古拉节、日内瓦的登城节、伯尔尼的洋葱节、巴塞尔乡的摇铃节、葡萄产区的葡萄节、阿尔卑斯山的牧人节、温特图尔的阿尔班节、圣加仑的少年节等。

六 体育与休闲

体育 瑞士广泛开展群众体育运动，全国所有的体育场馆均向民众开放，国家免费按期发给居民体育手册及体育知识书籍。瑞士体育联合会成立于 1922 年，拥有 300 万会员，下属 73 个单项运动协会、3 万个俱乐部。最为普及的体育项目是高山滑雪、健身跑、网球、自行车、徒步旅行、足球等。在大城市，还有不少人参加太极拳、太极剑活动。滑雪是全民族最喜爱的运动，参加者达 200 万人。瑞士在冰雪运动以及体操、射击、马术、摔跤、赛艇、女子铁人三项等项目中，曾获得世界金牌。瑞士在 1896—2008 年夏季奥运会上总共获得金牌 43 枚、银牌 69 枚、铜牌 61 枚，奖牌总数 173 枚；在冬季奥运会上获得金牌 37 枚、银牌 37 枚、铜牌 43 枚，奖牌总数 117 枚。国际奥林匹克委员会的总部设在瑞士法语区的城市洛桑。

休闲 瑞士人的休闲活动根据不同的年龄、受教育水平和职业而有所差异，但有些活动是大多数人所喜爱的。据瑞士官方 1988 年的一项调查，80% 的瑞士人每天读报，76% 的人收听广播，超过 60% 的人每天看电视。休闲时间花费在业余爱好、强身健体、社团活动、访亲会友方面的人占相当高的比例。继续教育、剧院、音乐会、电影院吸引了更多的年轻人，年纪大的人则倾向于在家中休闲，或参加俱乐部、社团的活动。随着终身教育重要性的日益增强，瑞士人每年花费在进修方面的支出达到数百亿瑞郎。体育运动也是瑞士人休闲的内容之一，如周末进行健身训练、游泳、山区徒步旅行等。

第九节 军事

一 军事理论与军事政策

军事政策 瑞士保持其“武装中立”的独特地位，奉行总体防御的国家安全政策，综合运用政治、军事、外交、经济等各种手段，捍卫国家主权和领土完整。总体作战思想是防御战。为适应冷战后新的国际形势变化，对军队进行了改革，削减了军人的数量，降低了年龄的要求，将原全面防御方针改为灵活防御方针，注重提高部队的机动性和快速反应能力。瑞士虽免遭两次世界大战的劫难，却始终常备不懈，居安思危，重视军事力量的巩固和发展。瑞士国防开支占财政支出的比重，1998 年为 11.5%，2008 年为 8%。

二 军事机构与军队体制

军事机构 瑞士宪法规定，联邦议会是国家最高权力机构。重大防务与军事问题必须经过议会批准并立法。联邦议会的国民院和联邦院各设一军事委员会，是议会关于军事问题的最高咨询机构。军队的最高指挥权属联邦委员会，联邦政府主席是全国武装力量的统帅。联邦军事委员会由国防部长、司法警察部长和财政部长组成，代表联邦政府处理日常军事问题。联邦国防部是最高军事行政机关，下设军事办公厅、总参谋部、训练部、装备部、空军与防空部队司令部、陆军武装部队司令部，总参谋部是军事最高指挥机构。平时，联邦政府通过联邦国防部和总参谋部领导和指挥全国武装力量。和平时期，瑞士军队没有总司令。战时或紧急情况下，由联邦政府提名，经联邦议会核准任命一名武装部队总司令。并由总司令提名，经联邦政府核准任命一名总参谋长和一名首席军法执行官，协助指挥作战和执行军法。

军队体制　瑞士实行普遍义务民兵制。全军除3500名职业军人外，其余都是非职业军人。非职业军人平时从事民间职业，只是在规定的时间参加新兵训练或复训。瑞士实行义务兵役制。凡20—42岁身体健康的男性公民都有义务服兵役。凡年满19岁的男性青年必须到就近征兵处报名，体检合格者20周岁入伍。新兵基础训练为期18—21周，此后数年之内还要再进行6—7次的复训，每次为期3周。累计服兵役的时间应达到280天，并且必须在34岁之前全部完成。每年瑞士军队总共要完成650万个兵役日。2008年共有1050名妇女志愿参军。

瑞士军队分为旅和营两级。军官最高服役年限：将官52岁，根据需要可至62岁；校官52岁；尉官42岁，上尉根据需要可至52岁。民兵军人退出现役后自动转服民防役。服役期间和退役后，单兵武器装备均归个人保管。妇女可自愿服辅助役。1995年，瑞士颁布了第一部民役法，规定自1997年起公民可在军役和民役之间自由选择。1998年10月，瑞士联邦委员会决定，自1999年1月1日起，公民服民防役的年限由52岁降为50岁。

三　兵力部署与军事装备

兵力部署　瑞士有民兵正规军约3300人，文职人员1.5万人，预备役部队39万人，民防部队35万人。

陆军编有1个武装部队司令部、3个野战军军部、1个山地军军部。司令部直辖2个装甲旅、2个步兵团、1个炮兵团、1个机场警卫团、2个工兵团。野战军各辖2个师、1个国土防卫师、1个装甲旅、1个炮兵团、1个工兵团、1个自行车团、1个边防要塞团。山地军下辖3个山地师、3个边防要塞旅、2个山地步兵团、2个边防要塞团、1个工兵团、1个国土防卫师、2个国土防卫旅。战时经48小时动员后陆军可达35.74万人。

空军与防空部队编有1个航空旅、1个防空旅、1个航空基地旅、1个指挥与控制旅、1个地空导弹团。战时经48小时动员后空军与防空部队可达3.26万人。

陆军野战部队主要部署在北部、东北部、中部和西部地区；山地部队全部部署在阿尔卑斯山地区；4个国土防御师沿北部、东北部和东南部边境地区部署；空军部队的航空兵旅和基地旅驻守中部地区；防空旅部署在重点保护目标、主要军事设施和军用机场附近地区。共有军事基地40处。

民防。瑞士十分重视民防建设，将其作为“总体防御”的重要组成部分。民防有完善的组织机构，定期的训练制度。1962年通过民防法，1963年成立联邦民防局，负责全国的民防组织、训练和物资供应。1971年开始实施总体防御，加速民防设施建设，包括地下防护体、民防地下指挥所、地下医院和救护站，到1991年已实现每个瑞士人都有一个地下掩体的计划。

瑞士参加联合国维和行动，曾经驻克罗地亚联合国民警支助团军事观察员1人；驻格鲁吉亚联合国观察团军事观察员4人；驻中东联合国停战监督组织军事观察员7人；驻马其顿联合国预防性部署部队军事观察员1人；驻韩国中立国监察委员会军官5人；驻波黑欧安组织履约民事行动非武装志愿“黄盔”部队约60人。目前约有20名瑞士官员担任联合国的军事观察员，分别驻扎在中东、刚果和厄立特里亚、埃塞俄比亚。

军事装备　陆军主要装备有：坦克Pz－68型186辆、Pz－68/88型186辆、“豹”2型370辆。步兵战车：M－63/73型192辆、M－63/89型315辆。装甲侦察车：“鹰”式154辆。装甲运兵车：M－63/73型836辆、“剪刀鱼”122辆。牵引炮：105毫米216门。自行火炮155毫米558门。火箭炮：60毫米和83毫米13540门。迫击炮：81毫米1200门、120毫米577门；反坦克导弹：“龙”式2850具、“陶”式303具。高炮：20毫米630门。地空导弹：“轻剑”56部。直升机：“云雀”60架，巡逻艇：“宝瓶座”级10艘。

空军主要装备有：战斗机：“虎”2/F－5E型89架、“虎”2/F－5F型12架、“幻影”3S型29架、“幻影”3DS4架、F/A－18C/D型21架。侦察机：“幻影”3RS型16架。运输机：PC－6型16架、“利尔杰特”36型1架、DO－27型2架、“猎鹰”50型1架。教练机：“隼”MK－66型19架、PC－7型38架、PC－9型12架。直升机：“超级美洲豹”15架、“云雀”12架。空地、空空导弹“小牛”、“响尾蛇”、“猎鹰”若干枚；地空导弹

“警犬”、“轻剑”若干枚。

第十节　对外关系

一　外交政策

瑞士为“永久中立国”，奉行积极的中立政策。“普遍性”、“善良服务”和“国际合作”构成外交政策的三要素。“普遍性”是同世界上一切国家建立外交关系而不管其政治制度和意识形态如何。“善良服务”是利用其中立地位，在国际纠纷中提供服务或充当敌对双方的外交代表。“国际合作”是通过经济、技术和财政合作来促进世界和平与稳定，繁荣国际贸易，保障瑞士有稳定的原料来源和市场。

2000年1月1日正式生效的联邦宪法，确定了瑞士外交政策的主要目标。瑞士政府的文件《2000年外交政策报告——参加与合作：在一体化世界中保护瑞士的国家利益》，阐述了21世纪前10年瑞士外交政策的五大重点领域，即加强促进和平的活动，与世界人民和平共处；继续执行人道主义政策，尊重及维护人权；保障经济利益，维护瑞士在国外的经济利益；增加开发援助的减贫资金，缓解世界危难和贫困；致力于环境和生态的保护。

瑞士认为欧安组织具有广泛性，且大小国一律平等，是讨论全欧安全的理想场所，主张在此框架内加强全欧安全问题的合作。1996年，瑞士利用担任欧安组织主席国之机，频繁进行外交活动，积极参与国际事务。促成俄与车臣达成停火撤军协议，积极筹备并促成9月的波黑选举。

瑞士认为北约在维护欧洲和平稳定与安全方面起着重要作用。对北约东扩持欢迎态度，认为是大势所趋。1996年12月11日，瑞士同北约组织签署了“和平伙伴关系”框架文件，从而成为该计划的第27个成员国。1997年瑞将其空防系统纳入北约体系。同年11月，北约秘书长索拉纳访问瑞士。瑞士政府同时表示，瑞士不会放弃中立原则，也无意加入北约，而是在欧洲新的形势下，为加强和平与安全作出自己的贡献。

瑞士尊重巴勒斯坦人民的自决权，承认以色列在国际承认的边界内生存和安全的权利，认为巴勒斯坦解放阵线组织是解决中东问题的一个重要因素。1994年1月，巴勒斯坦领导人阿拉法特访问瑞士。同年7月，瑞士在杰里科设立了联络处。

瑞士强调大国应率先裁军，主张实现东西方军力尽可能低水平的均衡，裁减核武器、常规裁军和禁止化学武器应同时进行，核查必不可少。1995年4月，在纽约举行的核不扩散条约大会上主张无限期延长核不扩散条约。认为人权是安全不可缺少的内容。

二　外交关系

瑞士对外关系一向立足于欧洲，与欧盟的政治、经济关系密切，与德、法、意、英等国经常进行政治磋商。欧盟国家是瑞士产品进出口的最主要市场。近年来，瑞士大力开拓国际市场，积极向独联体和东欧地区扩展，重视与亚洲国家的联系，同时注意扩展拉美和非洲市场。为适应国际形势的变化，瑞士对其外交政策进行了一定的调整，由传统的保守的中立向积极灵活的中立过渡，改变传统中立的内涵，提出应区分中立地位和中立政策，强调对外开放，以开放促发展。

与欧盟的关系　瑞士赞成西欧联合，希望西欧强大起来。随着欧盟逐步扩大并实行一体化，瑞士担心政治上被孤立、经济上受损失，因此十分重视通过各种灵活方式加强与欧盟的联系。自1992年瑞士公民表决否决政府关于加入欧洲经济区的提案后，为避免被完全孤立于欧洲一体化进程之外，瑞士政府从1994年12月起开始与欧盟就人员自由往来、开放农产品市场等7个专业领域进行双边谈判，以此向欧盟靠拢。1998年12月，瑞士与欧盟就双边合作的7个具体问题达成了协议，清除了双方在贸易、交通和人员往来方面的障碍。2002年6月1日，瑞士与欧盟签署的《双边协定一》正式生效，达成7项子协议，内容包括传统市场准入协议，对瑞士与欧盟在研究、公共采购、贸易、农业、空中和陆路交通中的技术壁垒，以及人员自由流动领域相互关系加以规范。2004年，瑞士与欧盟达成《双边协定二》，包括9项双边协议，解决了上次遗留的问题，如养老金、农业加工品、环境、统计、传媒以及教育等；同时双方针对一些新的问题进行了谈判，包括打击欺诈行为、征收利息税、在治安和政治庇护方面的合作等。瑞士准备与欧盟在一些新的领域开展谈判，探讨进一步的合作，还希望对新加入欧盟的成员国提供支持。2008年12月12日，瑞士正式加入《申根协定》，欧盟申根签证区扩大到瑞士。

与美国的关系 瑞士主张加强西欧与美国的关系，并在欧洲安全政策方面同美开展对话。1996年2月，美国防部长佩里访问瑞士。1997年3月，瑞士外长科蒂访美。同年11月，美国国务卿奥尔布莱特访问瑞士。1998年5月，美国总统克林顿在日内瓦会见了瑞士联邦委员德赖富斯和库什潘。瑞士高度重视发展与美国的关系。美国是瑞士最重要的直接投资目的地，也是瑞士第二大的出口市场。美国居于在瑞士外国直接投资的第二位。为加强在共同利益领域的合作，瑞士与美国于2006年5月签署了谅解备忘录，开启了定期高层政治对话机制，建立了瑞美贸易和投资合作论坛。2009年4月1日，瑞士与美国在华盛顿签署了科学与技术合作的双边协议。

与俄罗斯的关系 瑞士重视同俄罗斯的关系，认为欧洲的安全离不开俄罗斯，北约应与俄罗斯建立双方都满意的关系，俄罗斯最终应纳入西方安全、政治和经济一体化进程。俄罗斯在欧洲的能源供应中占据垄断地位，瑞士从战略重要性的高度认识和发展与俄罗斯的关系。瑞士是在俄罗斯投资的十大投资者之一。2007年11月7日，瑞士与俄罗斯在莫斯科签署了谅解备忘录，内容不仅包含外交政策领域，还包括双方在研究、文化、人权、交通、能源等领域的合作。

与联合国的关系 瑞士长期没有参加联合国，但一直积极参加联合国所属若干专门机构的活动，并且是联合国一些组织机构的成员。1973年，瑞士成立了专家委员会，开始着手加入联合国的准备工作。1981年瑞士政府颁布瑞士加入联合国公告，1986年为此举行公民投票，因2/3的公民反对而被否决。1988年6月瑞士决定参加联合国在世界各地的“维持和平活动”。进入20世纪90年代后，瑞士日益认识到加入联合国的重要性和紧迫感。1998年8月，瑞士联邦议会就瑞士加入联合国问题举行研讨会。2002年3月3日，瑞士在全民公决中以54.61%选民和12个州的赞成通过了加入联合国的议案，并在同年秋天联合国大会上正式成为第190个成员国。在联合国，瑞士致力于促进世界和平、人身安全、扶贫、人权，倡导国际人道主义准则、法治和民主、环境保护和可持续发展，主张对联合国进行改革，加强多边主义的发展。

三 与中国的关系

政治 瑞士于1950年1月17日声明承认中华人民共和国，同年9月14日，瑞士与中国正式建立外交关系，并互派公使。1954年4月，中国在日内瓦设总领事馆。1956年1月和1957年4月，瑞士和中国分别将各自的公使馆升格为大使馆。瑞士是最早承认中国的少数西方国家之一。瑞士与中国建交后，两国关系稳定发展，双边往来不断。1979年改革开放以来，两国关系进入一个新的发展时期，在政治、经济、科技文化方面的交流迅速扩大。中国政府一向珍视与瑞士的外交关系，高度评价瑞士及早与中国建交的果敢之举，赞扬瑞士作为中立国，为维护世界和平做出了积极的贡献。瑞士支持一个中国的原则立场，赞赏中国改革开放政策，愿在平等互利的基础上，推动友好合作的双边关系。

瑞士外交部发表的外交政策报告（2009年）阐明了瑞士对中国的政策框架及重点，瑞士将在政治、经济、科技教育、环境能源四大领域开展和加强与中国的交流和合作。2010年瑞中建交60周年。瑞士联邦主席兼经济部长洛伊特哈德女士访问中国，会见了时任中国国家主席胡锦涛，参加了上海世界博览会瑞士国家馆日活动，出席了首届瑞中经济论坛开幕式，瑞中双方签署了一系列合作谅解备忘录，推动和加强了两国在各个领域的交流与合作。

经济 瑞士是中国在欧洲除欧盟之外最大的贸易伙伴，瑞中贸易多年来呈上升趋势。瑞中进出口贸易额1950年为618万美元，1990年达5.70亿美元，40年增长了近100倍。2009年，瑞士对中国的进口额52亿瑞郎，出口额55亿瑞郎，双边贸易总额突破100亿瑞郎，创历史新高。

瑞士对中国的贸易绝大部分年份是顺差，个别年份出现过逆差。瑞中之间的进出口商品多年来结构变化不大，种类有所增加。瑞士从中国进口的商品主要包括：粮油食品、土畜产品、纺织原料和纺织制品、机电产品、轻工产品、有色金属、化工产品等。瑞士对中国出口的商品，在20世纪50年代最大量为钟表，以后化工和机械产品取而代之，居于主导地位，其他还有成套设备、光学和医疗仪器、钟表、珠宝首饰及贵金属制品、五金矿产、石油及化工原料、轻工业品、纺织品等。

瑞士是中国重要的经济技术合作伙伴，主要的技术来源国之一。瑞士是第一个在中国建立合资企业的国家，中瑞迅达电梯公司早于1980年成立。

著名的雀巢公司 1987 年在华设立了第一家合资厂——黑龙江双城雀巢有限公司。瑞士诺华公司是世界第二大医药集团，对华投资达 1.36 亿美元，在公司的医疗保健、农业和营养品三大核心领域建立了 6 家合资企业。据中国对外经贸部统计，截至 1998 年底，瑞士在华投资项目总计 369 个，遍布北京、上海、天津、广东、河北、江苏、福建等地，其中合资企业占 2/3 强，大多集中在生产领域，累计投资协议金额为 16.32 亿美元，实际投入资金 8.62 亿美元。2009 年，瑞士对中国的投资额达 68 亿瑞郎。

瑞中两国在金融领域的交流与合作也逐步扩大。20 世纪 80—90 年代，瑞士政府分别于 1984 年、1987 年、1991 年和 1993 年向中国提供了 4 笔混合贷款。中国的中国银行、工商银行、农业银行、建设银行、中信实业银行等分别与瑞士有关银行签订了商业信贷协议。1997 年，中国的新华人寿保险公司先后与苏黎世保险集团和瑞士再保险公司签订合作协议；泰康人寿保险股份有限公司与瑞士再保险公司签订技术合作协议，在人寿保险领域进行技术、管理方面的长久合作。1996 年 10 月，中国和瑞士政府签署了《关于建立中瑞合资企业项目融资基金的谅解备忘录》。据此，1997 年 12 月，中国—瑞士合作基金在北京设立，指定国家开发银行为中瑞合作基金管理人。这是在中国注册的第一笔中外合资产业基金。中国的银行与瑞士的银行还合作出版了关于资本市场、金融投资、结算、黄金等方面的著作。瑞士银行、保险业较早就进入了中国市场。瑞士信贷银行于 1992 年在上海开设了分行。瑞士丰泰保险（亚洲）有限公司于 1996 年成立上海分公司，从该地区普通财产保险业务做起，成为在上海经营保险业务的第一家欧洲保险公司。瑞士再保险公司于 1997 年分别在北京和上海开设了办事处。

2000 年 9 月，瑞士与中国签署了关于中国加入世界贸易组织问题的双边协议。世界贸易总部即设在瑞士的日内瓦，瑞士积极支持中国加入世界贸易组织。

文化　瑞中之间的文化交流十分活跃，形式多样，有力地促进了两国人民之间的相互理解和友谊。1988 年，瑞士文化基金会、瑞士大学校长会议和北京外国语大学联合创建了瑞士研究中心，设在北京外国语大学法语系。该中心自成立起，积极介绍和传播瑞士文化，沟通中瑞文化信息，联结了一批瑞士研究的文人学者，成为两国学术界和文化界交流与合作的重要桥梁。瑞士研究中心拥有图书馆，藏书 5000 余册，报纸杂志 29 种，还有多种音像图片资料。

第十一节　著名人物

吉桑（1874—1960）　亨利·吉桑（Henri Guisan），瑞士军事领袖及民族英雄。曾在瑞士和外国大学学习，取得农业专业的学位。曾得陆军上尉军衔，先后任上校、师长、军长。第二次世界大战前夕被推选为上将和瑞士陆军总司令。在瑞士被轴心国包围可能遭到入侵的境况下，他设计和实行的防御计划是放弃边境地区，固守瑞士特有的山间堡垒。由于种种因素，瑞士边境最终未被侵犯。战争结束后退休，并成为瑞典皇家军事科学院院士。

荣格（1875—1961）　卡尔·荣格，瑞士哲学家，分析心理学的创始人。他在 1913 年第一次提出内向和外向两种性格类型，指出，每个人的本性中都兼有内向与外向两个方面，当一种处于意识中即占优势；另一种处于无意识中即占劣势。他对人的个性进行了科学的解释，提出心理的四种功能，并将其分别与两种基本类型组合，构成八种性格类别。他的性格哲学即心理类型理论独树一帜，得到广泛的验证和认可，由此发展而来的性格类型问卷，至今仍然在教育、管理、组织行为学等领域发挥作用，深化了人们对性格差异的研究和了解。他的分析心理学极大地拓展了心理学的研究领域，其中的集体无意识理论可以解释其他心理学流派所无法解释的现象，如宗教问题、神话、象征、超感官知觉等。他的理论对历史、文学、人类学、宗教以及临床心理学领域都产生了深刻的影响。

黑塞（1877—1962）　赫尔曼·黑塞（Hesse Hermann），瑞士文学家。生于德国南部施瓦本地区卡尔夫镇一个牧师家庭。4 岁时跟随父母来到瑞士巴塞尔，15 岁进入毛尔隆神学院，后离去自谋生活，1899 年到巴塞尔书店当店员，熟读了莱辛、歌德和席勒等名家的作品，后开始文学创作并获得成功。1901 年第一部小说《黑尔曼·劳色尔》出版。1904 年其成名之作《彼德·卡门青特》发表。

以后又创作了《在轮下》《盖尔特鲁特》《德米安》《席特哈尔他》《草原狼》《纳尔齐戈斯尔莱特》等多部小说。最后一部长篇小说《玻璃球游戏》历经11年，于1943年出版。第二次世界大战爆发后投身于反战运动。1946年获诺贝尔文学奖。

赫斯（1881—1973） 沃尔特·赫斯，瑞士生理学家。生于弗劳恩菲尔德。曾在伯尔尼大学，柏林大学、洛桑大学学习医学。1906年获苏黎世大学医学博士学位。后任教于苏黎世大学和波恩大学。是瑞士和其他一些国家医学学会和生理学学会的会员。主要著作有《精神生理学》《间脑的功能组织》《下丘脑和丘脑》。主要从事神经系统的研究，提出了自感神经功能原理和交感神经及副交感神经冲动原理。为研究控制人体各种自主功能自主神经的细节，利用微电极来破坏猫和狗脑特定的小片部位，准确地判定自主神经中枢位于下丘脑及延脑。1948年，通过对中脑几百处不同点的试验，发现中脑对内脏器官的活动有调节功能，增进人类对脑功能的深入了解。1949年与葡萄牙医学家埃加斯·切尼兹同获诺贝尔生理学和医学奖。

皮卡尔（1884—1962） 阿格斯特·皮卡尔，瑞士物理学家。生于巴塞尔。曾在苏黎世大学学习机械工程，曾与爱因斯坦合作设计电学测量仪器。1922年成为比利时布鲁塞尔工业大学教授，1954年退休。皮卡尔对宇宙射线和高层大气的电离层很感兴趣。1931年，他与同伴从德国的奥格斯堡乘坐带有密封舱的气球起飞，对舱外的大气进行直接观测，全程历时18小时，上升到51775英尺，打破以前的最高纪录，还超出一半的高度，是人类首次成功穿越平流层的壮举。20世纪30年代末，皮卡尔设计出用于深海行驶的深潜器。1948年造成第一艘深潜器，由两名法国军官驾驶，在非洲沿岸的地中海下潜到13287英尺处，是25年前所达深度的4倍。1960年，两名深潜员驾驶他建造的第二艘深潜器“的里雅斯特号”，下潜到马里亚纳海沟，深度为海平面以下35800英尺，是太平洋中已知的最深处。

卢齐卡（1887—1976） 利奥波德·卢齐卡（Leopold Ruzicka），瑞士生物化学家。出生于南斯拉夫的武柯瓦尔。毕业于德国卡尔斯鲁厄高等技术学校。曾获巴塞尔大学医学博士学位和哈佛大学名誉博士学位。1923年任荷兰乌德勒支大学化学系主任。1929年回国后仍在苏黎世大学任教。1942年被选为英国皇家学会会员。主要研究有机合成，一个贡献是确定异戊二烯规则，即凡符合通式（C5H8）n的链状或环状烯烃类，都叫萜烯。在研究萜烯过程的中，发现了灵猫酮和麝香酮，为香料工业的发展开辟了广阔前景。另一个贡献是首先提出检验性激素制剂的生物学方法，首次把性激素和甾醇合成雄甾醇和睾丸甾醇。1939年与布特南特同获诺贝尔化学奖。

卡勒（1889—1971） 保罗·卡勒（paul karrer），瑞士化学家。生于俄国莫斯科。1899年随父母迁回瑞士。后留校跟随阿尔弗雷德·维尔教授从事有机砷的研究。1912年到德国法兰克福大学，在细菌学家埃尔利希指导下从事研究工作。1918年回到瑞士，在苏黎世大学任教。是美国国家科学院和其他一些国家科学院的院士。主要著作有《有机化学教科书》《类胡萝卜素》。是最早研究类胡萝卜素和维生素的科学家之一。1933—1939年先后与霍沃思·库恩等人合作，合成维生素B2、维生素A、维生素E等。因维生素研究的重大成就，1937年与霍沃思同获诺贝尔奖。

皮亚杰（1896—1980） 让·皮亚杰（Jean Piaget），瑞士发展心理学家，创立“发生认识论”，日内瓦学派（又称“皮亚杰学派”）的代表人物，1955年在日内瓦成立“发生认识论国际研究中心”，长期担任日内瓦联合国教科文组织国际教育处的负责人。主要研究儿童认识的发生发展问题，主要著作有《结构主义》等。

赖希施泰因（1897—1996） 特迪士·赖希施泰因（Tadeus Reichstein），瑞士化学家，生于波兰符沃次瓦维克城的一个书香世家。1905年，全家迁居瑞士苏黎世。1914年获瑞士国籍。1921年毕业于苏黎世高等技术学校，获化学工程博士学位。1938年任巴塞尔大学教授兼药理研究所所长。1946—1960年任有机化学研究所所长。1952年被选为英国皇家学学会员，是美国国家科学院、印度科学院、美国艺术与科学院、纽约科学院的院士。主要研究杂环化合物、糖类、维生素C、泛酸、肾上腺激素、甾族化合物与植物源强心甙和娠烷衍生物。1950年与享奇·肯德尔同获诺贝尔生理学和医学奖。

米勒（1899—1965） 保罗·赫尔曼·米勒（Paul Hermann Muller），瑞士化学家。生于奥尔

腾。毕业于巴塞尔大学。1925年获化学博士学位。后在巴塞尔实验所从事研究工作。是瑞士化学学会会员，瑞士自然科学协会、巴黎工业化学会名誉会员。主要研究领域是化学和植物学。1935年，他开始进行一项研究，旨在发现某种有机化合物，既能很快杀死昆虫又对植物和哺乳动物少有或没有毒效。1939年9月，发现了化合物二氯二苯三氯乙烷（缩写为DDT）。瑞士立即用它来对付科罗拉多马铃薯虫。随即在世界范围内得到推广。美国于1942年开始投入商业生产。1944年1月，DDT被用来消灭传染斑疹伤寒的虱子。第二次世界大战结束后，DDT应用于农业，减少了昆虫侵害。由于这一发现，1948年获诺贝尔生理学和医学奖。

普雷洛格（1906—1998）　弗拉迪米尔·普雷洛格（Vladimir Prelog），瑞士化学家。生于南斯拉夫萨拉热窝。1928年毕业于捷克斯洛伐克布拉格学院。1929年获工程博士学位。1929—1935年在布拉格德里扎实验室从事研究工作。1935—1941年在萨格勒布大学任教，1942年到苏黎世联邦工学院任教。1962年被选为英国皇家学会的会员。是美国国家科学院、美国艺术与科学院、罗马林嗣科学院、苏联科学院的院士。主要研究生物碱、抗生素、酶和其他天然化合物的立体化学。1975年与英国化学家康福思同获诺贝尔化学奖。

米勒（1927—　）　卡尔·亚历克斯·米勒（Karl Alex Muller），瑞士物理学家。曾获瑞士联邦技术学院物理学博士学位。1958年起任日内瓦巴德尔科学院计划科主任。1963年在苏黎世IBM研究室任研究员。1970年在苏黎世大学任教。早年曾研究固体物理学。1983年起与联邦德国的乔治·柏诺兹共同研究物体的超导电性能。1986年，以钡、镧、铜等氧化物的合金研究超导体性质，发现了高温超导材料，将超导温度提高了摄氏12度。1987年与柏诺兹教授同获诺贝尔物理学奖。

阿尔伯（1929—　）　威罗·阿尔伯，瑞士微生物学家。生于格兰尼享的阿尔高。曾在阿尔高大学预科学习，毕业于苏黎世高等技术学校。后任教于日内瓦大学。1970—1971年任美国加利福尼亚大学分子生物系特邀研究员。1971年后任巴塞尔大学微生物学教授。主要研究分子生物学和分子遗传学。他收集的证据表明，细菌细胞可以通过一种“限制酶”的存在保护自身，抵抗噬菌体的侵袭。这种限制酶通过分裂噬菌体的DNA使之大部或全部失活，从而遏制噬菌体的生长。1968年，他证明存在一种特别的限制酶，只分裂那些含有为噬菌体所特有的某种序列的核苷酸。内森斯和史密斯发展了他的成果，为后来伯格等人创造重组DNA技术奠定了基础。1978年与内森斯和史密斯同获诺贝尔生理学和医学奖。

恩斯特（1933—　）　里夏德·恩斯特（Pichard Ernst），瑞士化学家。1933年8月14日生于温特图尔。20世纪60年代研究核磁共振分光法，它是确定溶液中分子结构的一种方法。发现了一种方法可以简化核磁共振分光法，并提高它的灵敏度，对仪器装置和测量方法都作了许多改进，使核磁共振分光法广泛应用到各种各样的化学体制中，包括小分子、蛋白质和核酸等。1966年，改变了传统的逐一用不同频率射频辐射去扫描样品的方法，提高了分析速度，解决了磁场稳定性问题。20世纪70年代做出准核磁共振谱的重大技术发明。1991年10月16日，因高分辨率核磁共振分光法的突出贡献被授予诺贝尔化学奖。

（任丁秋）

第四章 列支敦士登

第一节 概述

国名 列支敦士登公国（The Principality of Liechtenstein，Das Fuerstentum Liechtenstein）。

位置 欧洲中部。

面积 160.5 平方公里。

人口统计 35593 人（2008 年 12 月 31 日）其中外国人 11788 人，约占 33.1%。

民族 日耳曼族。

语言 官方语言为德语。

宗教 天主教为国教。居民中信奉天主教的居民超过 80%，信奉基督新教的约 7%，其他教派约 13%。

政体 实行议会民主的君主立宪制。

首都 瓦杜兹（Vaduz），人口 5221 人（2008 年 12 月 31 日），1938 年定为王家驻地。

国旗 由上蓝下红两色的两个横向矩形组成，左上角有代表神圣罗马帝国的金色王冠图案。蓝色象征蓝天；红色象征地面的火焰。

国徽 为王室会议的盾形纹章。中央有一上黄下红两色的小型盾牌，这是亲王旗的颜色。小盾的下端绘有铜管乐器，象征列支敦士登王室。小盾四周有 4 组图案：左上为一只头戴王冠的鹰，象征萨克森；右上为王冠饰品，象征特罗泡公国；左下为红白两色的盾牌，象征施伦堡男爵领地；右下为一类似人面状的鹰，象征猎人村公园。整个图案的背景是一个顶部绘有大型王冠的帐篷。

国庆日 8 月 15 日。

货币名称 瑞士法郎。

度量单位 实行国际公制。

时间时区 东一区。

第二节 自然地理与人文地理

一 自然地理

列支敦士登是位于阿尔卑斯山中部和上莱茵河东岸的内陆国，与乌兹别克斯坦并列为世界上仅有的两个双重内陆国家。西邻瑞士，以莱茵河作为边界；东接奥地利，以属于阿尔卑斯山脉的山岭地带为边界。领土大致呈长方形，南北长 24.6 公里，东西平均宽 6 公里，最宽处 12.4 公里。森林面积 55.6 平方公里，占领土面积的 34.8%。西部为狭长的冲积平原，是境内唯一的可耕地，集中在莱茵河沿岸，此处曾经是沼泽地，经过人工的抽干后变成农地，约占国土总面积的 2/5，其余部分为山地。

列支敦士登属较温和的温带大陆性气候，虽位于阿尔卑斯山区，有意大利半岛吹来的南风，东部与南部山区的坡面，适合冬季的滑雪活动。境内最高点是南部雷蒂亚山脉的格劳斯皮茨峰（Vorder-Grauspitz），海拔 2599 米，属于三姊妹山脉（Drei Schwestern）之一，海拔 2599 米，是列支敦士登与奥地利的分界。最低点（Ruggeller Riet）海拔 430 米。气候温和，平均温度 1 月 1.2℃，7 月 19.1℃。年均降雨量在 1050—1200 毫米之间。

二 人口种族

列支敦士登全国人口 35593 人（截至 2008 年 12 月 31 日），其中外国人占 1/3，主要是瑞士人、奥地利人、意大利人和德国人。列支敦士登是欧洲地区的袖珍小国，总人口数量仅多于梵蒂冈、摩纳哥和圣马力诺。2000—2009 年，人口年均增长 1%。2009 年 6 月 30 日总人口达到 35789 人，其中外籍人口 11854 人，人口密度 223.7 人/平方公里。

2008 年出生人数为 350 人，出生率 9‰；死亡人数 205 人，死亡率 5.8‰。结婚 114 对，成婚率 3.2‰（2007）。列支敦士登本国人口的种族分布比较单纯，86% 属于日耳曼民族分支的阿勒曼尼人，在少数民族人口中，意大利人与土耳其人占据多数。德语是列支敦士登的官方语言，但大部分的居民却都使用属于德语方言之一的阿勒曼尼语。

三 行政区划

全国划分为 11 个市镇（复数：Gemeinden，单数：Gemeinde），即瓦杜兹（Vaduz）、巴尔策尔斯（Balzers）、普兰肯（Planken）、沙安（Schaan）、

特利森（Triesen）、特利森堡（Triesenberg）、埃申（Eschen）、甘普林（Gamprin）、毛伦（Mauren）、鲁格尔（Ruggell）、施伦堡（Schellenberg）。首都瓦杜兹位于全国正中央，依傍莱茵河河岸，人口5172人（2009年6月30日，下同），是列支敦士登大公的故乡。特利森堡面积最大，为29.77平方公里，人口4766人；施伦堡面积最小，仅3.54平方公里，人口1023人。人口最多的市镇是沙安，有5786人；人口最少的市镇是普兰肯，只有419人。市镇为独立行政单位，选民直接选举市镇政府。

第三节　历史

一　古代

列支敦士登从石器时代便有人迹，有史可查的第一批居民是克尔特人，后来又有列什安人居住。公元前15年，罗马帝国征服了该地区，将其并入瑞特省。5世纪中叶，随着罗马帝国的衰败，在日耳曼民族大迁徙中，阿勒曼尼人自北方进入该地区，取代了罗马人势力，并先后形成施伦堡和瓦杜兹两个领地。16世纪初，在经历了几次战争后，沦为奥地利的附属国。17世纪初，奥地利的贵族查尔斯·列支敦士登晋升为亲王，他一心想获得一块领地，但未能如愿以偿。18世纪初，查尔斯的后人约翰·亚当·安德烈亚斯·列支敦士登亲王先后买下施伦堡（Schnellerberg，1699）和瓦杜兹（Vaduz，1713）这两块领地，于1719年1月23日以自己的姓氏为名建立列支敦士登公国。

二　近代

1806年，列支敦士登迫于拿破仑的压力，作为主权国家加入"莱茵联盟"（1806—1814）。拿破仑失败后，又于1815年加入"德意志邦联"（1815—1866），实际处于邦联主席奥地利的保护之下。1852年与奥匈帝国签订关税条约。1866年"德意志邦联"解体，旋即宣告独立。1868年宣告永久中立。独立后仍与奥地利保持紧密联系。1919年两国关税条约随奥匈帝国崩溃而终止。

三　现代

第一次世界大战之前，列支敦士登一直与奥地利保持非常密切的关系，战争时期因这关系使得列国的经济元气大损，转而寻求与瑞士成立关税与货币同盟。1919年，列支敦士登将外交事务交与瑞士代管。1921年与瑞士缔结邮政同盟。1923年与瑞士签订关税条约，次年条约生效，邮电、关税由瑞士管理。列将瑞士法郎作为官方流通货币。自1924年起，列国与瑞士两国边界开放，组成统一的经济区。列国与瑞士结成中立联盟，两次世界大战期间，列支敦士登均保持中立。1990年列支敦士登加入联合国。1995年加入欧洲经济区和世界贸易组织。

第四节　政治体制与法律制度

一　宪法

1921年10月5日，列支敦士登颁布宪法，20世纪70年代以来做过若干修改。自1995年9月起，汉斯—亚当二世公爵与议会进行修宪谈判，讨论公爵、政府及议会之间的权利分配问题。2003年3月，列国公民投票通过公爵提出的修宪案。2003年8月14日，新宪法正式生效。

宪法共9章114条。规定国家政体为实行议会民主的世袭君主立宪制，公爵拥有国家最高权力，君位的继承问题由王室会议决定。公爵作为国家元首，拥有法律创议和颁布权、国家官吏任免权。不经议会同意，即可通过政府采取一切为实施法律、行使行政和监督权所必需的措施和行动。在紧急情况下，可独立采取保障国家安全和福利的一切步骤。公爵对外代表国家，如长期不在国内，须指定一名王室成员代行其职。人民通过直接选举议员、提出公民倡议、参加公民投票的方式行使政治权利。国家保障公民的人身自由和财产所有权，公民迁徙、集会、结社和信仰自由，其住宅、书信和著作不受侵犯，在法律面前人人平等。遭受非法逮捕和判刑的公民，有权要求国家给予补偿。60岁以下可持械男子，均有保卫国家的义务。2000年生效的新选举法将选民年龄由20岁提前到18岁。

现任元首汉斯—亚当二世是第一位居住在国境之内的列支敦士登统治者。列支敦士登的王室有个特殊之处，由于当初此公国就是由奥地利的贵族为了要能够拥有一块位在神圣罗马帝国境内的属地，而另行购买土地设立，长期以来该国的统治者就一直居于国外，如维也纳的列支敦士登宫。列支敦士登是一个君主立宪国家，且与欧洲其他仅具象征意义却没有政治实权的王室不同，列支敦士登的王族拥有相当程度的实际权力。该国的元首称为大公

（Prince，德文里称为 Fürst），现任元首汉斯—亚当二世是在 1989 年时由他逝世的父亲佛兰兹·约瑟夫二世（Franz Josef II of Liechtenstein）手上继承国家的统治权，并已在 2003 年 8 月 15 日时对外宣布，他将在近期内退位，将国家大权转由他的儿子、王储亚洛伊大公（Prince Alois）继承。

在 2003 年 3 月 16 日举行的全民公投中，汉斯—亚当二世以投票不通过他就要举家迁移到奥地利居住作为要挟，得到国内大部分人民的同意（通过比例 64.3%）通过一项进一步扩张列支敦士登王权的法案。此法案授权赋予统治者必要时得以解散国会，以及拥有国家人事与法案最后通过权的至高力量，相对于大部分只是形式上有王权的君主立宪国家，列支敦士登是非常少见的特例。

二 议会制度

1862 年，列国首度颁布宪法组成议会（Diet，或德文里称为 Landtag）。列支敦士登议会实行一院制。人民直接投票选举议会，议长是人民最高代表。议会是人民的法定代表机关，职责是维护人民的利益，促进王室和国家的福利。议会拥有立法创制权。非经议会同意，不得颁布或修正任何法律。议会参与缔结国际条约、掌管国家财政，监督政府工作。议会任期四年，议长每年改选一次。议长和议员均为兼职。议员享有豁免权：在议会开会期间，除现行罪犯外，非经议会同意，不得逮捕。在议会闭会期间逮捕议员，应立即通知议会全国委员会并说明理由。议会休会、闭会或解散时，由议长和 4 名议员组成全国委员会代行议会职权。议长如不能参加应选派代表，4 名议员应从上郡（瓦杜兹郡）和下郡（施伦堡郡）各选 2 名。议长召集和主持会议，至少 3 人出席，其决议方有效。全国委员会的职权是：保证宪法得到遵守，议会决议得到实施，议会按期复会；审查国库账目、议决应由国库承担的债务；执行议会委托的特别任务，进行有关准备工作，以待议会复会时审议；遇紧急事件报告公爵，必要时建议召集议会。

本届议会于 2009 年 3 月产生，有议员 25 名，其中激进公民党 11 席；祖国同盟 13 席；自由名单党 1 席。现任议长布龙哈特·阿图尔（Brunhart Arthur，祖国同盟），副议长沃尔维尔特·蕾娜特（Wohwerd Renate，激进公民党）。

三 中央政府

政府由首相、副首相和 3 名大臣组成。除首相和副首相外，其余 3 名政府委员均为兼职。根据列国宪法规定，政府成员由公爵根据议会的建议任命，任期 4 年。宪法具体规定了政府的职责范围。政府成员有在议会发言的权利和答复议员质询的义务。本届政府于 2009 年 3 月组成。首相兼财政、家庭事务部长克劳斯·屈策尔（Klaus Tchutscher），副首相兼经济、建设和交通部长马丁·迈耶尔（Martin Meyer），教育、内政和体育部长胡戈·克瓦德勒（Hugo Quaderer），社会、卫生、环境、农业和林业部长蕾娜特·米斯纳（Renate Mussner），司法、外交和文化部长奥蕾利亚·弗里克（Aurelia Frick）。

四 司法制度

法院分为普通法院和行政法院两大系统。普通法院分为三级，即地方法院、高级法院和最高法院。在民事方面，地方法院属于一审法院；高级法院为二审法院；最高法院是三审法院。在刑事方面，郡法院、巡回法庭和刑事法院均属一审法院；高级法院为二审法院；最高法院是三审法院。高级法院和最高法院的法官，都由公爵根据议会的举荐任命，任期 4 年。法官以公爵的名义行使国家司法权。

行政上诉法院受理对政府的政令、决定提出的上诉，由 5 名法官组成。院长经议会提名、公爵任命，副院长及法官由议会选举产生。国家法院处理法院与行政机关之间的纷争，裁决法律是否违宪的诉讼。

五 政党与利益集团

激进公民党（Fortschrittliche Buergerpartei） 成立于 1918 年。主要成员为中产阶级和农民，又称黑党。主席马库斯·沃格特（Marcus Vogt）。

祖国联盟（Vaterlaendische Union） 前身为人民党，1918 年成立，1938 年与“祖国服务”组织合并改为现名，又称红党。成员主要是工人。主席赫普·阿尔道夫（Heeb Adolf）。

自由名单 成立于 1986 年。1933 年首次进入议会。成员为青年知识分子、环保主义者，带有强烈的绿党色彩。理事会主席克劳蒂亚·赫普—弗列克（Claudia Heeb-Fleck，女）。

第五节 经济

一 概况

第二次世界大战以前，列支敦士登是贫穷落后的农业国，大多数人从事畜牧业，只有小规模的纺织和陶瓷工业，有3家工厂。战后逐步发展成为发达的工业国家。工业是国民经济的支柱，工业产品95%以上用于出口。服务业十分兴旺，从业人员12027人，占就业人口的52.5%。人均国民生产总值居世界前列。20世纪90年代初，受西欧经济萧条的影响，列支敦士登经济一度处于停滞状态。1994年，经济开始复苏。1995年多数企业开工充足，外贸出口保持增势，银行业纯赢利2.1亿瑞郎。1996年和1997年经济发展良好，外贸增长迅速，国家财政收支平衡，失业率控制在较低水平。1997年，通货膨胀率0.5%；失业率1.4%。1999年国内生产总值为22.3亿瑞郎。2006年国内生产总值50亿瑞郎，人均国内生产总值14.05万瑞郎；国内生产总值增长率9.8%。2007年，国内生产总值增长3.3%；通货膨胀率2.4%。2008年，国内生产总值增长1.8%；失业率2.3%。1996—2008年，国内生产总值年均增长率为3.3%。

列支敦士登是世界上最富有的国家之一。20世纪八九十人均国民收入为4万瑞郎左右。实行医疗保险制度。全国有正式医生（包括兽医）131人；实习医生58人，约700多人拥有1名牙医。全国拥有固定电话机19518部、移动电话32013部，电视机14845台。每千人拥有小汽车684辆。

农林牧业 全国农业可耕地面积为38.4平方公里，约占全国总面积的22%。农业从业人员372人，占总就业人口的1%。2006年农业产值约3.5亿瑞郎，占国内生产总值的7%。2007年农业产值占国内生产总值的6%。农耕以种植土豆、玉米、葡萄为主，主要农产品有小麦、燕麦、大麦、玉米、马铃薯，还有蔬菜、葡萄等水果。畜牧业饲养牛、猪、马、羊，夏季时，家畜主要以放牧方式蓄养于阿尔卑斯山区的高山草原上。2008年饲养牲畜有：牛6047头；猪1758头；马494匹；绵羊3850只；山羊425只；母鸡12179只。45%的农业毛产值来自牛奶产业。2007年牛奶产量13784吨，2/3用于出口。此外还有酿酒和林业，年酿酒产量约7万—8万立升。森林面积为24000立方米（2008年）。

二 工矿能源

列支敦士登工业发达，2006年工业产值约20亿瑞郎，占国内生产总值的40%。2007年工业产值占国内生产总值的39%；占就业人口的42.4%。工业有金属加工、机械、仪表制造、陶瓷、化工、医药、电子、纺织和食品加工等，金属、机械和精密仪器是最重要的行业。主要产品有：精密工具、光学仪器、牙医用品、罐头食品、小型机器等。真空镀膜产品、用于造船工业和建筑业的射钉枪、钻孔机以及假牙产品在国际上享有盛誉。工业产品质量较高，竞争力较强，出口主要面向欧美国家。全国有工业企业584家。

列支敦士登的矿藏有大理石。2006年，列支敦士登能源需求的90%需要依靠进口。在能源需求中，天然气占28.8%；电力占26.3%；燃油占20.5；石油占14.3%；柴油占7.9%。

三 著名企业

希尔第公司（Hilti AG） 1914年成立，自有资本16.3亿瑞郎。是列支敦士登最大的企业。主要为建筑业、造船业及钢铁工业生产系列配套产品，如钻孔机、火药射钉器、凿破机、电动起子系列等。产品技术水平高，在100多个国家和地区设有生产和销售点。1995年有员工11200人，营业额19.83亿瑞郎。

巴尔策斯公司（Balzers AG） 1946年成立。第二大企业。主要生产光学高真空技术、超高真空技术、电子技术、半导体技术、表面及焊接保护技术等方面的产品。产品质量高，在50多个国家有分厂或代理机构。1994年有员工1354人，营业额4.49亿瑞郎。伊沃克拉公司（Ivoclar-Vivadent AG），1933年成立。主要生产假牙、制造假牙用材料、牙科医疗器材及药物，产品具有世界一流水平，行销约150个国家。1995年有员工600人，营业额1.5亿瑞郎。

四 交通运输

交通运输以公路运输为主，有铁路、隧道、运河。

铁路 从奥地利的法尔德基尔希到瑞士比希的铁路穿过列支敦士登境内，长18.5公里。这段铁路由奥地利联邦铁路局管理，是属于奥地利的福拉尔贝格州（Feldkirch）与瑞士的Buchs线路之间的一部分。列支敦士登境内有四个火车站，分别是Schaan-Vaduz、Forst Hilti、Nendeln、和Schaanwald。连接奥地利的福拉尔贝格州（Feldkirch）与瑞士的 Buchs 之间的列车也通过列支敦士登。从法国巴黎开往奥地利维也纳的“亚尔堡快车”（ArlbergExpress），也穿过列支敦士登。

公路 完备的现代公路网络，约250公里，连接首都与各个城镇及村庄。全国有机动车2万余辆。列支敦士登公共汽车系统隶属于瑞士邮政巴士系统，但保持独立运作，并分别在 Buchs SG 和 Sargans 以及奥地利城市 Feldkirch 与瑞士巴士系统连接。列支敦士登境内有90公里的专用自行车道。有隧道一条，长740米，连接莱茵河流域和萨米纳河流域。

水运 有运河一条，长26公里，自1943年运营，灌溉莱茵河流域。

航空 列支敦士登境内没有机场。离列支敦士登最近的外国机场是瑞士的苏黎世机场，旅客利用该机场进出列支敦士登。在列支敦士登的巴尔采斯有一座小型直升机场，可提供直升机包机服务。

五 服务行业与旅游业

服务业 列支敦士登的服务业发达，2006年产值达26.5亿瑞郎。服务业占国内生产总值的比重连年增加：2006年占53%；2007年占55%，2008年占57%。服务业主要包括旅游业和金融业，从业人员11297人，占总就业人口的56%。旅游业与金融业创造了大量的经济收入。

旅游业 列支敦士登地处欧洲南北交通要道，风光绮丽，民风古朴，珍贵的王室艺术品馆藏、高山滑雪场、山林休养地等为发展旅游业提供了有利条件。列自1912年开始印刷和发行邮票，以其制作精美闻名于世，吸引了世界各地游客，也是国家财政重要来源之一。2007年有45家旅馆，1323张床位，旅馆过夜128619人次。2003年6月，国家旅游局决定以出租方式，吸引商业或其他机构在列支敦士登举办展览、婚礼等活动，来刺激本国的旅游业。

六 金融业

列支敦士登金融业发展很快，拥有五家银行，即“列支敦士登国家银行”（建于1861）、“列支敦士登银行”（建于1920）、“管理和私立银行”（建于1956）、“新业银行”（建于1992）、“中心银行”（建于1993），1996年五家银行的营业总额为273.98亿瑞郎。近年来该国政府积极发展金融服务业，在列支敦士登有四成的工作职位属于金融服务业。在列支敦士登共有15家银行（2008）；有40家保险公司（2010）。

七 财政金融

列支敦士登国家财政稳定，收支大体平衡。财政收入主要来自邮票销售收入、旅游业收入以及在列注册的各国控股公司所交纳的税款。第二次世界大战后，列支敦士登因为其境内的低税率环境、永久中立地位与完美的居中地理位置，成为许多欧洲企业的避税天堂。2007公共财政收入9.92亿瑞郎；支出8.53亿瑞郎；盈余1.39瑞郎。2005—2007年的财政收支情况如下表：

政府财政收支情况

年度（年）	2005	2006	2007
收入（亿瑞郎）	8.58	12.07	9.92
支出（亿瑞郎）	8.19	8.39	8.53
盈余（万瑞郎）	0.39	3.68	1.39

数据来源：列支敦士登2009统计年鉴。

八 对外经贸关系

在对外经贸关系方面，由于列支敦士登国内市场狭小，工业产品大部分用于出口。主要的出口商品是工业制成品、粮食、葡萄酒、水果、木材、畜产品和大理石。进口商品大都通过瑞士转口，主要贸易伙伴是德国、美国和瑞士。2008年进出口总额为67亿瑞郎，其中进口额24.6亿瑞郎；出口额42.4亿瑞郎，外贸顺差17.8亿瑞郎。进出口商品的类别和金额如下：

进出口商品类别和金额

商品类别	进口额（千瑞郎）	出口额（千瑞郎）	差额（千瑞郎）
食品、畜产品和其他农产品	88593	285202	196609
原材料、金属、建筑和化工产品	427290	283347	-143943
交通和运输工具	131703	351142	219439
机械和电子产品	910545	2102880	1192335
金属制造、其他成品和半成品	653158	800216	147058
玻璃、陶瓷和纺织机械	240656	276937	36281
合计	2451945	4099724	1647779

数据来源：数据来源：列支敦士登2009统计年鉴。

列支敦士登与瑞士之间签订有共同货币与关税

条约，因此除了货物能在两国之间的国界自由流通外，瑞士法郎也成为列支敦士登的官方货币。1993年瑞士拒绝加入欧洲货币联盟，由于列支敦士登在外交事务方面早已委任瑞士代执行，本身并无单独与他国签订协约的能力，连带也使该国成为西欧国家中少数仍流通非欧元货币的国家。1995年5月，列支敦士登成为欧洲经济区的成员国。政府正在试图将其经济政策与一体化欧洲的其他国家相协调。

九　社会保障与社会问题

列支敦士登的社会福利项目繁多。1931年实施事故保险。1954年实施养老与人寿保险。1958年实施多子女家庭补贴。1969年实施失业补贴。1971年实施疾病保险。2002年以来列支敦士登的失业率增长，但与其他国家相比仍不算高，2004年第三季度失业率2.2%。此后失业率降到2%以下。2008年总劳动人口33821人，其中就业人数33415人；失业人数406人，失业率为1.2%。

第六节　教育与科技

一　教育

列支敦士登政府是教育事业的最高领导机关，“教育委员会”是政府的咨询机构。实行义务教育制度。学制：幼儿园2年，小学5年，初中4年，高中4年。中学毕业生大都到瑞士或奥地利上大学。职业教育与瑞士合作。建有弱智儿童补习学校、残疾儿童特殊学校、成人教育技术学校。有一所音乐学校。2007—2008年度，在校大学生800人（不包括在国外上大学的学生），中小学及特殊学校在校生总数为5069人，教师639名。

二　科技

虽然是个小国寡民、缺乏天然资源的地方，但是列支敦士登在二战后于经济方面急起直追，从一个原本是以农业为主的山区小国，发展成全世界最高度产业化的富有国家，并以其金融服务部门和可以与周边大国家的城市相媲美的生活水平而自豪。列支敦士登倡导自由市场经济，工业高度发达，鼓励科技创新，企业是科技研发活动的主体，轻工业，包括纺织、陶瓷和电子，是技术投资密集的领域。科技产品的特点是质量高、小而精。列支敦士登的企业长期与世界知名大学和科研机构合作，紧跟科技发展潮流，研发创新型的高科技产品，不少成果在国际市场上处于领先地位。建筑工程科技集团喜利德，为世界各地的建筑工程提供创新产品和解决方案，还在德国、中国设立了研发中心。Ivoclar Vivadent集团投入巨资进行新产品研发，不断实现突破和创新，所生产的先进牙科用具享誉世界。全球科技集团ThyssenKrupp的总部和科研中心设在列支敦士登，ThyssenKrupp Presta是汽车控制操纵系统制造厂商，在中国也建立了装配基地。一些中小企业的产品和技术，如Hoval Group的供热系统；Praeisions-Apparatebau Vaduz的马达和变速杆及真空阀技术，Messtechnik AG的测量技术与服务；Neutrik AG的音频连接器等，均处于世界领先水平。持续的科技创新，促进了企业发展，支持了出口贸易增长，也带来了国内的就业和社会稳定。

第七节　文学与艺术

一　文学艺术

由于列支敦士登的国土狭小，受邻国和其他外国的影响很大，难以产生独自的文学和艺术流派。最著名的古迹是瓦杜兹城堡。列支敦士登国家艺术博物馆位于瓦杜兹市中心，外形为黑色立方体十分醒目，该馆收藏瓦杜兹境内和世界现代及当代的艺术品，以及列支敦士登王室珍藏的艺术品、王族所采集的皇家收藏。列支敦士登公国的历史协会，在保存国家的文化和历史遗产方面发挥重要作用。

二　广播电视

1992年11月，列支敦士登开设一套有线电视新闻节目，以图片和文字形式介绍其国内新闻。1995年建立第一家私营广播电台。1998年3月成立第一家私营电视台。

三　新闻出版

有三家报纸：《列支敦士登人民报》，为“激进公民党”机关报，创刊于1878年，为日报，日发行量9000份；《列支敦士登祖国报》，为“祖国同盟”机关报，创刊于1913年，为日报，日发行量10295份；还有一份《列支敦士登周报》，自1993年开始发行，为周报，发行量32000份。列支敦士登报纸虽少，但人均每千人读报477份，名列世界第一。

四　博物馆和图书馆

列支敦士登有国家图书馆一个，博物馆四个，其中邮票博物馆和国家博物馆闻名于世。邮票博物馆于1930年建成，展出自1912年以来列支敦士登印发的邮票，以及1921年加入万国邮政联盟后收集的各种邮票，从制作邮票的历史，到设计邮票的原作，内容丰富，并出售纪念邮票。国家博物馆收藏有罗马时代的艺术品和反映列支敦士登民情风俗的作品。

五　宗教

2000年的人口普查显示，其中大部分列支敦士登人主要是罗马天主教（78.4%），还包括少部分的新教徒（8.3%），其余的则包括伊斯兰教徒（4.8%），东正教（1.1%），犹太教（0.1%），其他教派者（0.4%）及无正式宗教信仰者（2.8%），此外还有4.1%的居民当局没有给出他们的宗教信仰。

列支敦士登的1921年宪法规定天主教为国教。但近年来天主教在该国的地位有所变化。2007年6月21日，首相Otmar Hasler告知国会一份关于政府和宗教社区之间建立新关系的临时宪法修正案正被起草中，这就使得当局必须就政教分离的问题与天主教会进行国家级层面的对话，而汉斯·亚当二世及王储阿洛伊斯王子均公开表示认同政教分离。但是该国天主教社区反对这项改变关系的建议，当地的新教团体则表示欢迎该法案。2008年6月，列支敦士登政府发布正式公告，宣布新的教会—国家法改革项目将从6月11日启动，预计在同年11月14日结束。

六　民俗

典型的列支敦士登人，是蓄着两大撇八字胡子的硕壮农夫，须子上面是满布皱纹的脸和蓝色的眼睛，口中含着一支曲柄的阿赛式烟斗。列支敦士登人的着装富有民族特色。男子戴细毛呢帽、穿短上衣和紧身裤；妇女爱穿深皱格的连衣裙，戴一种很别致的帽子，在节假日还要穿传统的绣花服装。列支敦士登有新年、劳动节、国庆节、圣诞节等26个公共节日，人们喜欢与家人和朋友会集，聚餐和唱民谣。列支敦士登人爱好音乐，几乎每一个乡村都有音乐团队，如小型的管弦乐团，或铜管乐队。

第八节　军事

在列支敦士登的历史上，军队的含义实际是指向外国提供的兵力。列支敦士登曾经向奥地利皇家军提供5名士兵，向拿破仑提供40名士兵，向德意志邦联主席国奥地利提供80名士兵。在1866年奥普战争中，由这80名士兵组成的列支敦士登军团奉奥地利之命开往前线，却始终未与普鲁士盟国意大利的军队相遇。1868年约翰二世亲王解散了这支部队，从此列支敦士登废除军队，最后一名老兵于1939年病逝，全国已无当过兵之人。列支敦士登奉行中立政策，由于运作成本太高因此在1868年解除武装后就没有再恢复过军备，现在是世界上少数完全没有军队的国家之一。

根据列与瑞士两国协议，平时列支敦士登防务由瑞士承担，但瑞士军队不得进入列支敦士登。瑞士部队担负列支敦士登的防卫工作之外，列支敦士登与奥地利之间的海关，也由瑞士派驻的官员把守。

列宪法规定，在紧急情况下，“每个有持械能力”、60岁以下的公民都有义务保卫祖国。1933年成立“列支敦士登安全团”，即警察部队，现有警察83人。这支小规模的警察部队负责内部安全，同时有一些市镇拥有自己的市政警察。

第九节　对外关系

一　外交政策

列支敦士登外交政策的三大支柱是永久中立、依附瑞士、根据可能和本国利益积极参与国际活动。

20世纪90年代以来，列外交以巩固自主、独立地位为目标，倡导“民族自决权”。在加强同周边国家关系的同时，谋求向全欧拓展，积极参加国际活动。列外交政策的特点主要表现在以下几个方面：

（1）继续保持和优先发展同瑞士和奥地利的传统友谊和双边关系，与两国政府要员频频互访，进一步增强在经济、司法、社会福利等领域的广泛交流与合作。密切同德国的关系，希图借重德国在欧洲日益上升的力量。1996年，列公爵对德国进行国事访问，并邀请德国政治经济要人来访。

（2）努力增强在欧洲的地位。列于1995年加入欧洲经济区后，同欧盟及其主要成员国之间的各种交流与磋商逐步开展。在此基础上，列进一步协调同欧经区的关系，进而参与欧洲一体化进程。列重视利用欧洲委员会的作用，积极参加有关活动，并首次参与其在东欧的人道主义行动。列政府认为，“世纪之交的主要特征是日益增长的经济联系和国家间的相互依赖，列加入经济区后就可以与这种发展同步前进”。

（3）积极参加联合国会议及其他国际会议，同世界各国建立友好关系、利用联合国等国际讲坛，宣扬“民族自决权”的政治主张，将其含义扩展为各民族不仅有权决定“独立”，也有权实行“自治”。强调小国在当今世界也发挥着不可低估的作用，呼吁国际社会建立有关执行保障机制。

二　对外关系

列是联合国、欧洲委员会、欧洲自由贸易联盟和欧洲经济区成员国。同世界上 70 个国家建立大使级外交关系。

列与瑞士保持特殊关系。根据 1919 年两国达成的协议，瑞士驻外机构代表列支敦士登在外国的利益，但列保持与其他国家建立外交关系的权利。根据 1923 年签订的关税协定，两国边界开放，建立共同经济区，使用统一货币——瑞士法郎。

列与奥地利的关系也很密切。1938 年以前，列的历代公爵都在奥地利首都维也纳定居。目前两国除签有国家条约外，在司法合作、教育和社会生活领域也签有一系列的协定。

在 1991 年底之前，列只同瑞士、奥地利和梵蒂冈有大使级外交关系。1991 年上半年，列提出与欧共体和欧洲自由贸易联盟国家外交关系升级的愿望。现已有英国、意大利、葡萄牙、德国、荷兰、希腊、挪威、瑞典以及以色列向列支敦士登派了大使，均由该国驻瑞士大使兼任。有 39 个国家向列支敦士登派总领事或领事，但多数是由驻邻国使节和领事兼任。列向联合国总部、欧洲委员会、欧自联总部、瑞士、奥地利（非常驻）、梵蒂冈（非常驻）派驻大使。

2003 年，列外交活跃，除继续保持与瑞士、奥地利等邻国的传统关系和密切往来，还通过高层互访加强了与古巴、巴拿马、哥斯达黎加等发展中国家的友好关系与合作。进一步加强与欧盟国家的关系，2003 年下半年列轮任欧洲经济区主席国，主持了欧经区扩大谈判和欧经区第 20 届部长理事会。列政府还向国际红十字会、联合国人口基金、伊拉克平民、奥地利援助组织、捷克政府等提供人道主义援助。进一步加强与美国的关系。

近年来，列支敦士登以“小国”和“独立”作为外交的两大基点，积极开展经济外交，讲求实效，继续保持与瑞士、奥地利等邻国的传统关系，同时加深与欧盟的合作，但不愿加入欧盟。2008 年 12 月，列支敦士登与瑞士同时加入《申根协定》。积极参与国际事务，支持联合国改革。向欧安组织、世界粮食计划基金、巴勒斯坦难民援助组织等提供资金援助。

列支敦士登采取税收优惠政策和严格的银行保密法，以吸引大量外国资金。2007 年金融危机爆发以来，欧美各国严厉打击“避税天堂”，以提高国际金融市场透明度为理由，要求列取消银行保密法制度。迫于外部强大压力，列表示将放松银行保密法，愿与有关国家就打击偷税和逃税问题签署合作协议，在双边协议框架下向外国政府部门提供司法协助，但不会彻底放弃银行保密法。

三　与中国的关系

根据列与瑞士 1919 年协议，瑞士与中国于 1950 年 9 月 14 日建交时，中列两国同时亦建立了外交关系。1988 年 9 月 14 日，中国向列支敦士登首次派驻了总领事，是由驻苏黎世总领事兼任。

1990 年 10 月，钱其琛外长在联大会晤列支敦士登首相兼外长布隆哈特。1997 年 3 月，王英凡副外长正式访问列支敦士登，会见了列正、副首相，与外长举行了正式会谈。1995 年 9 月，列外长安德丽亚·维利到中国参加第四届世界妇女大会。1998 年 1 月，公爵汉斯—亚当二世来华私访，与湖南水稻研究中心草签建立合资公司的协议。2000 年 9 月，时任国家主席江泽民与公爵汉斯—亚当二世互致贺电，祝贺中列建交 50 周年。2002 年 10 月，列公爵汉斯—亚当二世对上海进行私人访问。2005 年 5 月，列与中国在浙江举办联合发行《绘画作品》特种邮票的中方首发式；6 月，中国国家邮政局代表团参加在列支敦士登举办的列方首发式，受到阿洛伊斯王储的接见。2006 年 2 月，时任总理温家宝致函列支敦士登王储，邀请列参加 2010 年上海世界博览会。2007 年 10 月，应中国国家杂交水稻工程技术研究中心主任袁隆平的邀请，汉斯·亚当二世公爵对中国进行非正式访问。2008 年 4 月，上海世界博览会代表团访问列支敦士登。6 月，列支敦士登出版以 2008 年北京奥运会为主题的两套邮票。8 月，列支敦士登公主诺拉（Nora）以国际奥委会委员的身份出席 2008 年北京奥运会的开幕式。2009 年 5 月，列支敦士登正式确认参加 2010 年上海世界博览会。

自 20 世纪 50 年代，列支敦士登与中国开始贸易往来，两国贸易额不大，但增长比较迅速。2001 年列中贸易额为 154 万美元，比 2000 年增长 19.2%，其中中国出口 112 万美元，增长 399.8%，进口额 42 万美元，减少 60.7%。2008 年，双边贸易额为 4028 万美元，同比增长 17%。其中，列从中国进口 864 万美元，同比减少 13.1%；列向中国出口 3164 万美元，同比增长 29.2%。

2004 年 6 月，瑞士与中国签署《旅游目的地实施谅解备忘录》，包括列支敦士登在内。9 月，列支敦士登正式成为中国公民出境旅游目的地国。2008 年 1 月，列支敦士登金融管理局与中国证券监督委员会在北京签署《证券期货监管合作谅解备忘录》。

第十节 著名人物

弗朗茨·约瑟夫二世（Franz Josef II） 1906 年 8 月 16 日生，1929 年在奥地利维也纳农业大学获林业工程师学位。1938 年 7 月 25 日袭任公爵。1989 年 11 月 13 日逝世。

汉斯·亚当二世（Hans Adam II） 国家元首。1945 年 2 月 14 日生于瑞士的苏黎世。曾在奥地利维也纳和瑞士圣加仑学习，并在伦敦一家银行受过职业培训。在瑞士经济和社会科学院获经济学学士学位。自 1984 年 8 月其父弗朗茨·约瑟夫二世将大部分权利授予他，由他领导国家事务，但重大政治事务须向其父汇报。1989 年 11 月 13 日约瑟夫二世逝世。同日，汉斯·亚当宣布继位，定名汉斯·亚当二世。他擅长金融经济事务，主张积极参与国际事务。执政后，列先后参加了联合国、欧洲自由贸易联盟和欧洲经济区。已婚，有 4 个子女。

王储阿洛伊斯（Hereditary Prince Alois） 1968 年生于苏黎世，1987 年赴英国桑赫斯特皇家军事学院学习，曾经在香港和伦敦服役。获奥地利萨尔兹堡大学法学硕士学位。1983—1996 年，在伦敦一家经济评估公司工作。1990 年 8 月 15 日，宣誓为公爵继承人。2004 年 8 月 15 日起摄政。已婚，有三子一女。

（任丁秋）

第三编

欧洲南部国家

第一章　意大利

第一节　概述

国名　意大利共和国（the Italian Republic）。

位置　欧洲南端。

面积　301333 平方公里。

人口统计　人口总数为6087 万人（2012 年）。

民族　意大利的居民94%以上是意大利人，此外还有撒丁人、弗留里人、拉丁人、法兰西人、日耳曼人、斯拉夫人和阿尔巴尼亚人等少数民族。

官方语言　意大利语。

宗教　无官方宗教，但87.8%的居民信奉天主教。

政体　议会制共和国。

首都　罗马（Rome）。

国旗　从左到右由绿、白、红三个相等的垂直长方形组成。

国徽　中心图案为镶有红边的白色五角星，象征着意大利共和国；五角星的背景是一齿轮，齿轮象征着劳动者；齿轮两边饰以橄榄枝叶和橡树叶，象征着和平与强盛；整个图案的下端是一条红色绶带，上面书写着："意大利共和国。"

国庆日　6 月2 日。

国歌　《马梅利之歌》，原称《意大利人之歌》。

货币　2002 年1 月1 日以前通用里拉，之后通用欧元。

国花　雏菊。

第二节　自然地理与人文地理

一　自然地理

（一）地理位置

意大利共和国位于欧洲的南端，处于北纬47°06′和南纬35°30′之间，东经6°04′和西经－5°50′之间（数据来源于意大利统计局《意大利数据》2009 年版，下同）。意大利的幅员并不辽阔，领土面积为301336 平方公里，由阿尔卑斯山脉、波河平原、亚平宁半岛、西西里岛和和撒丁岛等组成。北部的阿尔卑斯山是意大利同法国、瑞士、奥地利和前南斯拉夫地区的斯洛文尼亚交界的标志。亚平宁半岛为亚得里亚海、爱奥尼亚海、第勒尼安海和利古里亚海所环绕，半岛最南端的西西里岛与北非的突尼斯隔地中海相望。全国海岸线长达7375 公里，占整个疆界的近80%。

（二）地质地貌

意大利地质结构复杂多变，几乎每一地质年代在这块土地上都有所反映。二叠纪及中生代时期形成的石灰岩主要分布在阿尔卑斯山脉的东南部、亚平宁山脉的中段和西西里岛的西部。第三纪时期形成的砂岩、泥灰岩和黏土主要分布于亚平宁山脉的北段、南段部分地区，以及西西里岛的大部分地区和撒丁岛的南部。在阿尔卑斯山北部是更新世时期形成的结晶岩地区，这里曾受到历次爆发的冰川侵蚀，而亚平宁半岛南端和撒丁岛大部分地区虽然也是由结晶岩构成，但却未曾受到过冰川的侵蚀。意大利北部的低地则是第四纪或更近时期的产物，这里拥有意大利最肥沃的土地。

在意大利国土上，平原占23%，山地占35%，丘陵坡地占42%。意大利境内海拔最高点是与法国接壤的勃朗峰，高4810米，而波河平原最东部的地段，略低于海平面，普遍出现地陷现象。

（三）山川河湖

1. 山脉 意大利的主要山脉有阿尔卑斯山（界山）和亚平宁山两大山系。阿尔卑斯山脉的南坡几乎都在意大利境内，西起利古里亚海滨，沿北部边界一直绵延至亚得里亚海北岸。主峰勃朗峰高4810米，为欧洲最高峰。亚平宁山脉由北向南纵贯亚平宁半岛中央，最高峰为格兰萨索峰，高2914米。西西里岛北部的山脉是亚平宁山的延伸。

2. 平原 意大利最大的平原是波河平原，它北接阿尔卑斯山南坡，南连亚平宁山北麓，东西长约400公里，南北宽80—200公里。这里地肥水美，是意大利农业最发达的地区。亚平宁半岛沿海地区、撒丁岛和西西里岛均有零散的平原地带。

3. 岛屿 意大利最大的岛屿是西西里岛，面积为25426.2平方公里，那里有著名的活火山——埃特那火山；其次是撒丁岛，面积为23812.6平方公里，撒丁岛的地势不高。较小的岛屿主要分布在第勒尼安海。

4. 河流 意大利的河流特征与其地形和气候条件密切相关。全国只有几十条河流的长度达100公里以上，其中最长的是波河（长652公里），其次是台伯河（长405公里）。由于流量有限而且变化多端，所以意大利的河流很少用于航运。

5. 湖泊 意大利境内，特别是北部，湖泊颇多。最大和最深的湖均位于阿尔卑斯山脉与波河平原接壤的大片山谷的底部，其中面积最大的是加尔达湖，约272平方公里，其次是风景最为优美的马焦雷湖。最深的湖为科莫湖，最深处达410米。

6. 冰川 在阿尔卑斯山上有成百上千条冰川。有些冰川颇大，例如位于勃朗峰南坡的米亚杰冰川，长约10公里，又如位于奥特列斯—塞维德尔群山中的威德莱塔德福尼冰川，占地面积达20平方公里。这些冰川是重要的蓄水资源，源源不断地供水给发源于阿尔卑斯山的河流。

（四）气候与降水

意大利国土几乎全部处于温带正中的地理位置，但各地气候特征不尽相同，这是多种因素造成的。地中海的温暖海水使悬殊温差得到缓和，阿尔卑斯山弧形地带组成的一道屏障挡住了寒冷的北风。此外，意大利受来自大西洋的暖湿气流和来自东欧的干冷气流的影响。亚平宁山脉则挡住了来自第勒尼安海的湿风，导致半岛东西两边的气候差别甚大。

意大利北方地区的冬季和夏季较南方和沿海地区更为明显。1月份波河平原的平均气温约为0℃，而在阿尔卑斯山谷，温度可降至零下20℃，地上积雪可保留几个星期。在南方地区，除了内陆山区以外，1月份的平均气温为10℃左右。整个意大利在7月份的平均夏季气温上升至24℃—25℃，唯海拔最高地区气温稍低。

由于山脉和季风的影响，降雨的分布也有很大差异。阿尔卑斯山弧形地带和亚平宁山脉的降水量最大，超过3000毫米1年，而包括波河平原在内的平原地带降雨却很稀少，一般来说每年不足800—900毫米，在南部地区，甚至少于600毫米。阿尔卑斯山谷和第勒尼安海沿岸平原以及撒丁岛的降水量也很少。

（五）矿产和植被

意大利的矿产和能源资源相当贫乏。蕴藏较为丰富的磷矿、汞矿和黄铁矿得到较充分地开采和利用，近年来产量已明显下降。其他已开采利用的矿藏，如锑、锰、铅、锌、钾、铝矾土、菱镁等，产量也不大。意大利的大理石矿藏主要分布在亚平宁山北段，质地优良。水力资源主要分布在北部的阿尔卑斯山麓和北亚平宁山北坡一带，几乎全部得到利用。意大利天然气储量相对丰富，主要分布在波河流域和亚平宁半岛中段的东海岸以及南段的爱奥尼亚海近海一带。意大利的地热资源丰富，特别是托斯卡纳地区，那里建有世界著名的拉尔德雷洛—特拉瓦莱地热发电站。

意大利的森林面积为68571平方公里，占全国总面积的22.8%。全国可分为4个植物区：①在阿尔卑斯山区根据海拔高度的不同出现不同的植物带，由低到高：栎树和阔叶树；栗树和山毛榉；针叶树；草地，牧场和灌木丛；阿尔卑斯苔原，生长苔与地衣。②亚平宁地区植被分布的特点与阿尔卑斯地区基本相同，但山谷底部生长有温带植物，海拔较高的地区，针叶林面积较小。③波河地区主要生长阔叶树，这些阔叶树在河流沿岸形成小森林；④地中海地区主要生长松树、橄榄树和常青灌木。

意大利有5个国家公园。其中历史最悠久、最著名的首先是大帕拉迪索国家公园，占地7万多公顷，建于1922年；其次是阿布鲁佐公园（4万公顷），建于1923年；再次是彻尔切奥国家公园（8400公顷）和斯特尔维奥国家公园（137000公顷），分别建于1934年和1935年。规模最小的一个是卡拉布里亚国家公园，建于1968年。

二　人口状况

1861年，意大利进行了第一次人口普查，当时全国人口为2633万人。100年后的1961年，全国人口为5002万人，几乎增加了一倍。根据意大利国家统计局公布的数据，2010年1月1日，全国总居住人口为60340328人，其中男性为29287403人，女性为31052925人。意大利是个老龄化国家，65岁以上人口与14岁以下人口的比率达144.5∶100。人口寿命，女性为84.3岁，男性为79.1岁。（2012年）。2012年，出生率为9.2‰。2009年，出生人口568857人，死亡591663人，人口自然增长率为负数。意大利的人口密度为198人/平方千米，是欧洲人口密度最高的国家之一。但意大利各地区人口分布悬殊，一般来说，平原和沿海地区人口稠密，山区和丘陵地区人口稀少。

意大利的居民94%以上是意大利人，此外还有撒丁人、弗留里人、拉第尼亚人、法兰西人、日耳曼人、斯拉夫人、希腊人和阿尔巴尼亚人等少数民族。全国绝大多数人讲意大利语，西北部与法国接壤的地区通用法语，东北部与奥地利接壤的地区讲德语。意大利各地均有自己的方言。

第二次世界大战以后，意大利的人口流动有两大特点：（1）农村人口大量涌入城市，南方人口源源不断地流入北方城市。（2）向工业发达国家移民，主要是前往工业化国家如瑞士、联邦德国、英国、法国、比利时、荷兰、卢森堡、美国和加拿大。20世纪70年代末，回国移民人数超过了出国移民人数，成为净移民国家。2000年净移民人口增加169471人（不包括国内移民人口）。自20世纪80年代末以来，在经济全球化的推动下，发展中国家，特别是东欧、北非、亚洲移入意大利的人口大增，根据统计，在意大利居留的外国人，1993年1月有57.3万人（不包括非法居留者，下同），2001年1月增加到146.5万人，2008年1月1日猛增到343.3万人，2011年1月1日增加到456.3万人，占意大利总人口的7.5%。其中人数最多的是罗马尼亚人，达100万人，其次是阿尔巴尼亚人，达49.1万人，摩洛哥人为45.7万人。

三　行政区划

意大利划分为20个行政大区（regioni），其中瓦莱达奥斯塔、特伦蒂诺—上阿迪杰、弗留利—威尼斯·朱利亚、西西里和撒丁五个大区为自治区；110个省（province，2011年），其中撒丁大区根据2001年7月12日大区第9号法律新成立了4个省，于2005年地方选举后运作；根据2004年6月11日第146、第147和第148号法律，伦巴第大区、普利亚大区和马尔凯大区各增加了1个省，于2009年地方选举后运作；共有8092个市镇（comuni，2011年）。根据经济社会发展阶段的差异，全国分为三个部分：北部、中部和南部。

（一）北部

北部是人口稠密、交通发达、现代工农商业发展水平很高的富庶地区。它包括皮蒙特、瓦莱达奥斯塔、利古里亚、伦巴第、特伦蒂诺—上阿迪杰、威尼托、弗留利—威尼斯·朱利亚和艾米利亚—罗马涅8个大区。北部地区又可根据发展的不同特点分为西北部地区和东北部地区。西北地区包括上述前四个大区，是最早发展起来的工业地区。在由米兰、都灵、热那亚相连构成了著名的“西北工业三角区”里，布满了工业重镇。20世纪50年代末，伦巴第大区和皮蒙特大区占全国人口的22%，而它们却占全国纺织业就业人口的66%，冶金部门就业人口的57%。到70年代末，西北老工业区陷入危机，而东北部地区发展迅速，成为新兴的工业区。经过80年代以来的不断调整改造，西北地区有了新的面貌，特别是伦巴第大区旧貌换新颜，继续保持着经济最发达地区称号，但“西北工业三角区”已成为历史概念。东北部地区包括上述后四个大区。在20世纪60—70年代，东北部地区和部分中部地区的经济得到迅速发展，其发展特点既不同于大工业的西北地区，也不同于经济相对落后的南部地区，为此被称为“第三意大利”。2007年，西北部以市场价格计算的国内生产总值在全国的比重为32.0%，东北部为22.6%。两者合计，人口比重低于45.5%的北部国内生产总值的比重高达54.6%。

1. 皮蒙特大区

皮蒙特大区位于意大利的西北地区，面积有25399平方公里，人口4446230人，人口密度为每平方公里173人。大区首府是都灵市。全区划分为都灵、维切利、库内奥、亚历山大里亚、阿斯蒂、诺瓦拉、比埃拉和维尔巴诺—库肖—奥索拉8个省，1206个市镇。

皮蒙特大区西、北、南三面环山，西与法国接壤，北与瑞士为邻。发源于蒙维索峰的波河流经大区，两岸是意大利最富绕的波河平原。这里农业发达，主要农产品有小麦、玉米、水稻、蔬菜和水果，其中稻米产量位居西欧国家第一；饲养业也很发达，皮蒙特牛是世界著名良种牛之一；这里还出产名酒巴罗洛葡萄酒。皮蒙特大区是意大利最早形成的工业区之一，汽车、纺织、精密仪器、机械制造、家具等是这里的支柱产业。著名的工业区有都灵（菲亚特集团总部所在地）、伊夫雷亚（奥利维蒂集团所在地）、比埃拉（纺织工业重镇）、库肖（开关龙头）等。根据当年价格计算，2009年皮蒙特大区创造国内生产总值为1215.63亿欧元（下同），居全国第5位；人均产值达2.74万欧元。

2. 瓦莱达奥斯塔大区

瓦莱达奥斯塔是意大利面积最小、人口最少的大区，面积3262平方公里，人口127866人，平均人口密度只有每平方公里39人，是意大利人口最稀疏的地区。它位于意大利西北部，北与瑞士、西与法国接壤，东部和南部与皮蒙特区毗邻。1948年，瓦莱达奥斯塔特别行政自治区成立，是意大利境内唯一一个大区和省合而为一的大区，首府奥斯塔市是该区的商业和金融中心。全区共有74个市镇。

瓦莱达奥斯塔大区境内山脉纵横，雄伟的勃朗峰、切尔维诺峰和玫瑰峰为其增加了许多神秘的色彩。因受到地理环境的影响，这里冬季寒冷，夏季凉爽，是典型的阿尔卑斯山区气候。瓦莱达奥斯塔大区11%的劳动人口在农业和农产食品生产部门就业，主要从事饲养业和葡萄酒业生产；36%的劳动人口在工业部门就业，主要从事矿业、冶金、建筑材料、水电、纺织等生产。服务业部门的就业比重达53%，主要从事旅游业活动。这里的旅游资源十分丰富，终年开放的高山滑雪场、大帕拉迪索国家公园、中世纪城堡等吸引着世界游客。虽然该大区在全国国内生产总值中所占比重是最小的，2009年仅为0.25%，为38.47亿欧元，然而它却是意大利人均产值最高的地区之一，超过3万欧元，居全国第4位。

3. 利古里亚大区

利古里亚大区位于意大利的西北部，南临利古里亚海湾，西与法国接壤，西北与皮蒙特大区、东北与艾米里亚—罗马涅大区、东面与托斯卡纳大区交界。大区下辖热那亚、因佩里亚、斯佩齐亚和萨沃纳4个省，235个市镇，面积共计5416平方公里，人口1615986人，人口密度高达每平方公里297人。大区首府热那亚市是意大利第一大货运港口。利古里亚大区曾是意大利最发达的西北工业三角区的一角，是造船、炼油、炼钢的最重要基地，著名的安萨尔多集团就诞生在此。自20世纪70年代末以来，这里的工业陷入危机，开始了漫长的结构调整阶段，电子工业、旅游业等得到较快发展。现在，该区工业就业人口比重已降至28%，第三产业就业人口比重上升到63%。尽管如此，利古里亚大区昔日的雄风已不再，2009年，全区国内生产总值为434.4亿欧元，人均产值达2.69万欧元，分别居全国的第10位和第9位。

4. 伦巴第大区

伦巴第大区是意大利最富庶的地区之一。它北与瑞士接壤，东与特伦蒂诺—上阿迪杰大区和威内托大区为邻，南与艾米利亚—罗马涅大区相接。全区面积有23856平方公里，人口共计9826141人，分别居全国第四位和第一位。人口密度平均每平方公里404人，仅次于坎帕尼亚大区而位居全国第2位。该区划分为贝尔加莫、布雷西亚、科莫、米兰、帕维亚、瓦莱塞、克雷莫纳、曼图瓦、松德里奥、列科和洛迪省、蒙扎和布亮察省（2004年建立，2009年地方选举后开始运作）等12个省，1546个市镇。大区首府米兰市是全国最大的工商业中心和金融中心。

伦巴第大区北面是阿尔卑斯山，南部是平原，冬天寒冷，夏天炎热，降雨主要集中在春秋两季。该区的农业也十分发达，全部实现了现代化，主要作物是小麦、玉米和水稻。波河南岸地区是传统的葡萄种植区，那里盛产名酒，饲养业也很发达，其中牛肉、猪肉、牛奶和奶制品产量均占全国首位。水力发电量占全国总量的25%以上，位居第一。伦巴第的交通网络在意大利首屈一指，米兰是公路、高速公路以及国内和国际铁路的最重要的枢纽之一。米兰、瓦莱塞、科莫、贝尔加莫和布雷西亚等城市所形的小三角地带，是意大利工业最集中的地区，冶金、机械、纺织、化工、食品、印刷、玻璃、建筑材料等工业都十分发达。该大区在20世纪70年代也陷入危机，但经过80年代以来的不断调整和创新，该大区保持了全国第一经济大区地位，2009年，全区国内生产总值达到3109.52亿元，在全国的比重为20.4%。人均产值达3.16万欧元，居全国第2位，仅次于特伦蒂诺—上阿迪杰大区。

5. 特伦蒂诺—上阿迪杰大区

特伦蒂诺—上阿迪杰是意大利最北部的一个区，西北与瑞士接壤，正北与奥地利为邻，西南与伦巴第、东南与威内托大区相接。该区划分为波尔萨诺和特兰托两个省，339个市镇。全区面积13613平方公里，人口1028260人。两个省的人口密度相差较大，波尔萨诺省人口密度为67人/平方公里，特兰托省为84人。大区首府是特伦托市。特伦蒂诺—上阿迪杰大区北部是日耳曼少数民族居住区，德语和意大利语同为官方语言。1948年后成立自治区，实施特别行政法。

本区位于阿尔卑斯山区，冬天严寒多雪，夏天凉爽。大区的木材加工业和水力发电业在全国举足轻重，木材产量占全国总产量的15%，发电量居全国第二位。其他主要工业还有化学、冶金、纺织、食品加工业等，旅游业非常发达。特伦蒂诺—上阿迪杰大区在全国国内生产总值中所占比重也不高，2009年仅为2%，达334.36亿欧元，但它的人均产值却高居全国榜首，2009年达3.25万欧元。

6. 威尼托大区

威尼托位于意大利东北部，最北面与奥地利交界，东北面与弗留利—威尼斯·朱利亚大区、西北面与特伦蒂诺—上阿迪杰大区、西南面与伦巴第大区、南面与艾米利亚—罗马涅大区为邻，东南面濒临亚得里亚海。全区划分为贝卢诺、罗维戈、特雷维索、维琴察、帕多瓦、威尼斯和维罗纳7个省，5801个市镇。面积为18364平方公里，人口4912438人，人口密度为263人/平方公里。世界著名的水城威尼斯市是该区的首府。

威尼托大区西北部是山区，东南部是平原，意大利最大的两条河波河和阿迪杰河经该区入海，全国最大的湖泊加达湖位于其境内。这里独具特色的秀美风光，令人倾倒的灿烂文化，吸引着世界各地的观光客和学者，使该区成为最受欢迎的旅游胜地，其旅游收入居全国第一。这里工农业均很发达。农作物主要有玉米（产量居全国第一）、小麦和甜菜，还有蔬菜、饲料和水果；渔业也很发达，产量居全国第五位。工业主要有冶金、造船、石油、化工、木制家具、食品加工和制糖业。企业规模多为中小型，手工业也很发达。2009年，威内托大区的国内生产总值达到1415.3亿欧元，在全国的比重为9.3%，居全国第3位；人均产值达2.88万欧元，居全国第6位。

7. 弗留利—威尼斯·朱利亚大区

弗留利—威尼斯·朱利亚大区地处意大利东北部，北与奥地利交界，东与斯洛文尼亚接壤，西与威内托大区为邻，南面濒临亚得里亚海。根据1963年意大利共和国宪法法令，该区成为享有更多自主权的自治区。全区划分为的里亚斯特，戈里齐亚、波德诺内和乌迪内4个省，218个市镇。面积7846平方公里，人口1234079人，人口密度平均每平方公里156人。大区首府的里亚斯特市是意大利第二大商港，同时是世界著名的物理学、生物学和基因工程学研究中心之一。

弗留利—威尼斯·朱利亚大区北部是低缓的阿尔卑斯山地，易守难攻，是意大利战略防御的重点；南部是威尼托平原，农业十分发达，主要作物有玉米、大麦、蔬菜和水果，以及高质量的酿酒葡萄。主要的工业部门有造船业、化工、石油化工、纺织、造纸、家具制造、制鞋和食品加工。2009年，弗留利—威尼斯·朱利亚大区国内生产总值达348.56亿欧元，人均产值达2.29万欧元。

8. 艾米利亚—罗马涅大区

艾米利亚—罗马涅大区位于意大利中北部，是大陆部分与半岛部分的衔接之处。该区分为波洛尼亚、弗拉拉、帕尔玛、拉文纳、弗利、摩德纳、皮亚琴察、勒佐、艾米利亚和里米尼9个省，341个市镇。全区面积为22123平方公里，人口4395509

人，人口密度平均每平方公里193人。大区首府是博洛尼亚市。

该区东北面是波河平原，西南面是亚平宁山地，属次大陆性气候，冬季寒冷，夏季炎热。平原地区土壤肥沃，耕作技术先进，农业非常发达，是意大利最重要的粮食生产地，其产量约占全国的一半。甜菜产量占全国的20%，水产占全国的28%，猪肉产品占全国的26%，均居全国第一位。养牛业、酿酒业、番茄种植业均超过全国总量的12%。水果产量（梨、桃和苹果）也很高，蔬菜和葡萄的产量丰富。发达的农业为该区的农产食品加工业提供了丰富的原料，这里生产的奶酪、火腿、通心粉、乳酪、蒜叶咸腊肠产品享誉世界。其他工业部门如机械制造、纺织服装、制陶、化工、建筑业等也很发达。这里中小型企业十分活跃，它们相互合作，以不同方式形成中小企业专业区，大大推动了该区的工业化进程和经济发展，使这一大区成为意大利最富庶的地区之一。2009年，艾米利亚—罗马涅大区的国内生产总值为1330.53亿欧元，在全国的比重为8.7%，居全国第4位；人均产值达3.03万欧元，居全国第3位。

（二）中部

意大利中部的经济发展水平低于北部地区，但高于南部地区。与意大利东北部一样，在20世纪70年代以后工业发展迅速，形成新兴工业区。中部包括4个大区：托斯卡纳、翁普利亚、马尔凯和拉齐奥大区。2007年，人口占全国比重19.6%的中部国内生产总值的比重达22.6%。

1. 托斯卡纳大区

托斯卡纳大区像一个三角形镶嵌在意大利的中心，全区划分为佛罗伦萨、比萨、锡耶纳、阿雷佐、格罗塞托、里窝那、卢卡、马萨、皮斯托亚和普拉托10个省，287个市镇。全区面积为22992平方公里，人口3730130人，人口密度平均每平方公里160人。大区首府为文艺复兴的摇篮、世界著名的文化和艺术古城佛罗伦萨市。

本区东部和北部是山地，中部和南部是丘陵，沿海一带是面积狭窄的平原，气候温和宜人。这里的农业发达，其中橄榄油、葡萄酒闻名于世。该区工业主要有冶金、机械制造、纺织服装、石材加工、皮革加工、摩托车制造等工业十分发达，其产品享誉世界。如同艾米利亚—罗马涅大区一样，这里也是中小企业专业区集中的地区。托斯卡纳大区旅游资源十分丰富，佛罗伦萨、比萨、锡耶纳等城市名胜古迹集中，众多博物馆艺术珍品美不胜收，使该大区成为意大利吸引游客人数最多的地区之一。2009年，该区国内生产总值为1040.02亿欧元，在全国的比重为6.8%，为全国第6位；人均产值在2.79万欧元，为全国第7位。

2. 翁普利亚大区

翁普利亚大区是亚平宁半岛上唯一的内陆区，它的东面、北面、南面、西面分别与托斯卡纳区、拉齐奥大区和马尔凯大区为邻。全区划分为佩鲁贾和特尔尼2个省，92个市镇，面积共有8456平方公里，人口900790人，人口密度平均每平方公里105人。大区首府为佩鲁贾市。

翁普利亚大区境内多山地和丘陵，冬季并不寒冷，夏季清新凉爽。该区农业发达，主要产品有小麦、烟草、蔬菜、水果。饲养业也很发达，特别是养猪业。这里有特拉西麦诺湖和台伯河，水力发电充足，为工业发展提供了一定的动力。主要工业部门有冶金、军工、食品加工、石化、印刷等。特尔尼是意大利特种钢生产基地之一。2009年，翁普利亚大区国内生产总值为211.45亿欧元，人均产值为2.35万欧元。

3. 马尔凯大区

马尔凯大区东面濒临亚得里亚海，北与艾米利亚—罗马涅大区和托斯卡纳大区交界，西与翁普利亚大区、南与阿布鲁佐大区为邻。全区划分为安科纳、阿斯科利·皮切诺、马切拉塔、佩扎罗—乌尔比诺和费尔莫（2004年建立，2009年地方选举后开始运作）5个省，246个市镇，面积共有9694平方公里，人口1559542万人，人口密度平均每平方公里160人。首府安科纳市是亚得里亚海沿岸最重要的港口之一。

马尔凯大区内主要是山地，同时又拥有美丽、漫长的海岸，沿海地带属海洋性气候。该区农业在全国占有重要位置，其中甜菜和番茄产量占全国的10%左右，小麦占8%以上。渔业产量占全国的12%左右。马尔凯大区在20世纪70年代以前，工业还很落后。80年代以后，积极学习艾米利亚—罗马涅大区和托斯卡纳大区经验，大力促进中小工业专业区的发展，使该区的经济水平得到较大提高。中小工业专业区主要分布在沿海地区，从事制鞋业、纺织业、家具制造、造纸、机械制造、电子工业等生产。2009年，该区国内生产总值403.97亿欧元，人均产值为2.59万欧元。

4. 拉齐奥大区

拉齐奥大区西面濒临第勒尼安海，与托斯卡纳、翁普利亚、马尔凯、阿布鲁佐、莫里塞和坎帕尼亚6个大区为邻，下辖罗马、弗罗齐诺内、拉蒂纳、里埃蒂和维特尔博5个省，378个市镇。全区面积17203平方公里，人口5681868人，人口密度平均每平方公里323人，是意大利第三大人口密集区。罗马市既是意大利的首都，同时也是拉齐奥大区的首府，还是罗马省的省会。

拉齐奥大区从东向西地势由高向低逐渐伸展，沿海处是狭窄的平原地带。全区气候宜人，但沿海地区和内陆高地的温度和湿度相差较大。农业发达，主要作物有葡萄、蔬菜、水果和谷物；饲养业也在全国占有重要位置，其中饲养羊的数量占全国的10%以上。工业出现较快发展是在20世纪50年代以后的事情。重要工业部门有造纸、石油化工、纺织、机械制造、汽车、食品、电子、建筑等行业。罗马是公共行政管理、银行、旅游、保险和其他服务行业的中心，为此，从事服务行业的就业人口比重高达70%以上。20世纪80年代后，一方面由于公有企业实现大幅度调整改革和私有化，另一方面实现垄断部门的市场自由化，促进了拉齐奥的经济发展。2009年，拉齐奥大区的国内生产总值达1689.07亿欧元，在全国的比重为11.1%，居第2位；人均产值为2.97万欧元，居全国第5位。

（三）南部

从政策意义上讲，意大利南部是指罗马以南30公里处与东部阿布鲁佐大区佩斯卡拉市画一连接线，北面是经济社会均很发达的北部—中部，南面是相对落后的南部。而从统计意义来讲，南部地区包括8个大区：阿布鲁佐、莫里塞、坎帕尼亚、普利亚、巴西利卡塔、卡拉布里亚、西西里和撒丁大区。南部在全国领土中的比重高达40%，在全国人口中的比重为38%，但在全国国内生产总值中的比重仅为23.8%（2007年），经济发展严重落后于北部和中部。

1. 阿布鲁佐大区

阿布鲁佐大区东临亚德里亚海，与马尔凯、拉齐奥、莫里塞3个大区为邻，下辖基埃蒂、特垃莫、阿奎拉和佩斯卡拉4个省，305个市镇。全区面积为10794平方公里，人口1338898万人。大区首府是阿奎拉市，在意大利语中为“鹰”城之意。

阿布鲁佐大区地形由高山和丘陵组成，平原几乎为零。这里有亚平宁山脉的最高峰大角峰（2912米）和苦峰（2795米）。山区有着稀有的动物和植物，1923年就在此设立了阿布鲁佐国家自然保护区。由于环境艰苦、人口外流，所以大区的经济相对落后，农业就业人口比重高于全国平均水平。农业主要产品有水果、甜菜、橄榄、酿酒葡萄等，另外，牛羊饲养业和渔业也很发达。20世纪50年代以后，在意大利政府促进南方发展政策的指导下，该区的工业开始有所发展，主要部门有冶金、机械制造、化工、纺织、建材等。2009年，阿布鲁佐大区国内生产总值为277.03亿欧元，人均产值为2.07万欧元。

2. 莫利塞大区

莫利塞是意大利建区历史最短的行政区，1963年从阿布鲁佐大区分离出来。它位于意大利中南部濒临亚德里亚海，与阿布鲁佐、拉齐奥、普利亚和坎帕尼亚4个大区为邻。该大区下辖坎波巴索和伊塞尔尼亚两个省，136个市镇。全区面积为4438平方公里，人口320229人，是人口密度较低的大区之一，人口密度为72人/平方公里。大区首府是坎波巴索市。

同阿布鲁佐大区一样，莫利塞大区的地形也是由山地（55%）或丘陵（45%）组成，气候变化很大，沿海地区是典型的海洋性气候，内地山区则是大陆性气候。莫利塞大区经济较阿布鲁佐大区更为落后，农业所占比重更高，且是以谷物和普通蔬菜为主的低附加值农业。工业不发达，在国家政策的鼓励下，1985年菲亚特小汽车生产公司在莫利塞大区投资设厂，生产汽车发动机，推动了该大区的经济发展。其他工业部门基本是小型企业，从事木器家具、金银首饰加工、纺织服装等生产。2009年，莫利塞大区的国内生产总值为64.49亿欧元，是在全国所占比重最低的大区之一，仅为0.42%；人均产值为2.01万欧元。

3. 坎帕尼亚大区

坎帕尼亚大区西面濒临第勒尼安海，与拉齐奥、莫利塞、普利亚和巴西利卡塔4个大区为邻，下辖贝内文托、那不勒斯、卡塞塔、阿韦利诺和萨莱诺 5 个省，551 个市镇。全区面积为 13595 平方公里，人口为 5824662 人，是意大利人口密度最高的地区，为每平方公里 428 人。首府那不勒斯市是地中海最重要港口之一，也是全国最大的客运码头。

坎帕尼亚大区沿海地带地势平坦，丘陵和矮山坡地区，气候温和宜人。农业在经济中仍占据重要地位，盛产水果、土豆、番茄、葡萄、橄榄、烟草和大麻，畜牧业和渔业也较为兴旺。20 世纪 50 年代以后，在国家促进南方发展政策的推动下，许多国家参与制企业在此落户，在一定程度上推动了该区的工业发展，主要部门有冶金、造船、汽车、石油化工、食品加工、军火生产等。20 世纪 70 年代末，特别是在 80 年代，这里的造船业和冶金业陷入危机。经过工业结构的调整，纺织服装、皮革加工、木器家具、电子、医药等产业得到迅速发展。坎帕尼亚大区的旅游业非常发达，旅游资源十分丰富：美丽蜿蜒的海滩，神秘的庞贝古城遗址、雄伟的维苏威火山等著名游览胜地吸引着世界各地的旅游者。2009 年，坎帕尼亚大区的国内生产总值为 950.87 亿欧元，在全国所占比重为 6.25%，居全国第 7 位；但由于这里人口密度非常高，人均产值远远落在后边，为 1.6 万欧元，居全国最后 1 位。

4. 普利亚大区

普利亚大区位于意大利这只“长靴子”的后跟部位，东临亚得里亚海，西南濒临塔兰托海湾，西面与莫利塞、坎帕尼亚、巴西利卡塔 3 个大区为邻。下辖巴里、布林迪西、福贾、莱切、塔兰托和巴尔雷塔—安德里亚—特拉尼省（建立于 2004 年，2009 年地方选举后开始运作）6 个省，258 个市镇。全区面积 19347 平方公里，人口 4084035 人，人口密度为每平方公里 211 人。大区首府巴里市享有“南方米兰”的称号，是南方第二大城市、重要的工商业中心。

普利亚大区主要是地势平缓，气候属于地中海类型，冬季温暖潮湿，夏季炎热干爽。农业在该区经济中也占有很重要的位置，主要产品有橄榄、葡萄、水果、蔬菜和谷物。沿海居民从事渔业生产。福贾省的马盖里达盐场是欧洲最大的盐场。20 世纪 50 年代后，国家参与制企业在这里大量投资，建立起现代化的塔兰托钢铁厂和布林迪西化工厂，使巴里—塔兰托—布林迪西形成了“南方工业三角区”。其他工业部门还有食品加工、机械制造、建筑材料和皮革业。2009 年，普利亚大区国内生产总值为 682.93 亿欧元，人均产值为 1.67 万欧元，居全国倒数第 2 位。

5. 巴西利卡塔大区

巴西利卡塔大区位于意大利南部，居“长靴”底的中部。它西临第勒尼安海，南临塔兰托海湾，与普利亚、坎帕尼亚、卡拉布里亚 3 个大区为邻。下辖波坦察和马特拉 2 个省，131 个市镇，面积为 9992 平方公里，人口 588879 人，是意大利人口密度最底的地区之一，仅为 89 人/平方公里。首府是波坦察市。

巴西利卡塔大区境内山地和丘陵的比重达到 90% 以上，沿海狭长地带为平原。该区为意大利经济最不发达地区之一，生活水准远远低于全国平均水平。这里农业就业人口比重居全国之首，谷物、蔬菜、水果收益不错。工业不发达，主要生产部门是与天然气有关的化工、化纤、塑料，还有造纸和制糖等。2009 年，巴西利卡塔大区的国内生产总值为 109.74 亿欧元，人均产值为 1.86 万欧元。

6. 卡拉布里亚大区

卡拉布里亚大区位于意大利“长靴”的靴尖处，即亚平宁半岛的顶端。它三面环海，北面与巴西利卡塔大区交界。下辖卡坦扎罗、勒佐、卡拉布里亚、科森察和科罗托内 5 个省，409 个市镇，面积为 15080 平方公里，人口 2009330 人，人口密度为每平方公里 133 人。首府是卡坦扎罗市。

卡拉布里亚大区境内绝大部分是山地和丘陵，可耕地不多。该区是意大利经济最落后的地区，人均产值是各行政区中最低的，生活水平也远远低于全国平均水平。农业在该区占有相当重要的地位，橄榄油产量占全国的 25% 左右，居第 2 位；其他农产品还有柠檬、橘子、柑子等酸果类，番茄、土豆、做菜用橄榄等。工业依然落后，企业规模较小，主要部门为铅、锌加工，硫酸、化肥生产。该区的自然风光十分秀美，旅游资源相当丰富。2009 年，卡拉布里亚大区的国内生产总值为 339.88 亿欧元，人均产值为 1.69 万欧元，居全国倒数第 3 位。

7. 西西里大区

意大利政府在地中海最大的一个岛屿——西西里岛上设立了西西里自治大区，面积为 25426 平方公里，人口5042992人，人口密度为每平方公里196人。下辖巴勒莫、卡塔尼亚、卡尔塔尼塞塔、恩纳、墨西拿、拉古萨、锡拉库扎、特拉巴尼和阿格里琴托9个省390个市镇。大区首府是巴勒莫市。

西西里岛的内地是山区，沿海是广阔的平原，位于该岛东北部最高的山脉埃特那山（3340米）是欧洲最高的一座活火山。该区属地中海气候，夏季炎热干燥，冬季温暖湿润。这里农业发达，主要农作物有小麦、葡萄、橄榄和柑橘等酸果，其中柠檬产量占全国的90%，柑橘占全国的50%以上。该岛渔业发达，是本区经济的重要支柱，产量占全国的16%左右。岛上蕴藏着丰富的硫黄。20世纪60年代，这里又发现了石油和天然气，同时由于这里距离盛产石油的北非、中东最近，从那里进口的原油相当一部分在西西里东部的西拉古萨进行精炼，因此石油化工是该大区最重要的工业部门。其他工业部门还有建筑业、食品加工业、纺织服装、清洁剂和化肥等。西西里大区不仅风光独特，而且还是东西方文化交汇的地方，历史古迹比比皆是，吸引着世界各地的游客。2009年，西西里大区的国内生产总值为862.75亿欧元，居全国第8位；人均产值为1.71万欧元。

8. 撒丁大区

意大利政府在地中海第二大岛——撒丁岛上设立了撒丁自治大区。它位于亚平宁半岛的西边，面积为23813平方公里，人口1672404人，也是意大利人口密度最低的大区之一，为69人/平方公里。大区下辖卡利亚里、努奥罗、奥里斯塔诺、萨萨里、奥尔比亚—滕飘、奥里亚斯特拉、卡尔波尼亚—依格列侠斯和梅迪奥·坎皮达诺8个省（后4个省建立于2001年，2005年地方大选后开始运作），377个市镇。大区首府是卡利亚里市。

撒丁岛基本属于地中海气候，夏天漫长、干燥和炎热，冬天短暂、温暖多雨。农牧业在撒丁大区经济中占有重要地位，特别是山羊和绵羊的饲养业尤其兴旺，占全国的36%左右。其他作物还有蔬菜、甜菜、葡萄、烟草等。这里矿产资源比较丰富，有铅、锌、铝矾土、铁、锰、锑、褐煤、石油等。主要工业有化工、石化、金属加工、水泥、造纸和食品加工等。手工业产品历史悠久，颇有名气。该岛旅游资源也十分丰富。2009年，撒丁大区的国内生产总值为334.51亿欧元，人均产值为2万欧元。

第三节　历史

意大利是欧洲的一个文明古国，它不仅创造了辉煌灿烂的古代文化，而且在中世纪曾成为东西方贸易的中心。但是它作为一个统一的民族国家却出现较晚，直到19世纪70年代初，民族统一运动才最终完成。意大利的历史大致可做如下分期：古代史，包括公元前8世纪以前的原始社会、古罗马时期的奴隶社会和文艺复兴运动之前的封建社会；近代史，包括封建社会的解体，资本主义的萌芽、发展和进入垄断阶段；现代史，第一次世界大战以后至今。

一　古代史

据考证，早在旧石器时代，亚平宁半岛上已有人类存在。到了新石器时代，整个半岛和大型岛屿上都有人群居住，并开始了种植、放牧和制陶。从这一时代末期，即公元前2000多年，一支属于印欧语系的部族由中欧跨越阿尔卑斯山南进，征服了亚平宁半岛上的土著居民，两个部族的居民融合成了意大利人的祖先。从小亚细亚迁移来的伊特鲁利亚人居住在现托斯卡纳大区一带，他们是半岛最具有古老文化的部族。公元前753年，居住在半岛中部台伯河流域的拉丁人建立了以神话人物罗慕洛命名的“罗马”城。在半岛的南部和西西里岛则居住着公元前1000多年从希腊迁入的移民。公元前8世纪以前，上述各地居民过着以民族部落为单位的群居生活。之后，罗马居民按地域划分部落，部落内的人群被分为五个等级并出现了具有国家权力机构特征“百人团会议”，这表明原始公社开始向奴隶社会过渡。

奴隶社会的古罗马史可划分为三个时期：（1）公元前8世纪至公元前510年是古代罗马从原始社会向奴隶社会过渡的王政时期；（2）公元前510—公元前27年是古罗马奴隶制形成和发展的共和国时期；（3）公元前27年至公元476年是奴隶制由兴旺到衰败的帝国时期。

公元476年，西罗马帝国灭亡，意大利进入了封建农奴制和教会统治的中世纪时期。公元6—9世纪是意大利封建关系确立时期。公元10—13世纪手工业、商业迅速发展，城市公社萌芽。公元

1096—1291年，十字军多次东征促进了城市的进一步发展，但是这一时期，各城邦之间、王国和教皇国之间的斗争十分激烈，人民灾难深重，思想受到严重禁锢，社会发展缓慢。

二　近代史

14—15世纪，在意大利首先出现了资本主义生产关系的萌芽和作为欧洲资本主义萌芽的“文艺复兴”运动。“文艺复兴”运动是人类发展史上第一次思想大解放，它涉及政治、经济、文化、宗教、哲学和自然科学等领域。它对意大利乃至西欧社会的发展都产生了深远的影响。17世纪后半期，意大利仍处于西班牙的统治之下。18世纪初，奥地利从西班牙手中争得了一部分意大利的领土，建立了自己的统治并逐步占了上风，当时只有教皇国和威尼斯王国保持一定的独立。18世纪中叶，资本主义的生产关系又有新的发展，反封建的启蒙思想随之兴起。

18世纪末的法国资产阶级革命推动了意大利资本主义关系的发展，促进了民族意识的形成。民族解放与统一的思想开始出现和传播。为了实现民主的解放和统一，意大利人民奋斗了近一个世纪。其中经历了三次独立战争。第一次是1848—1849年，在法国革命胜利的鼓舞下，马志尼和加里波第领导意大利人民进行了第一次独立战争，但由于教皇的背叛、那不勒斯发生反革命政变，这次革命失败了。革命失败后，以马志尼为代表的共和党人威信下降了，而以加富尔为首的自由派的影响在民族解放运动中得到扩大。1858年7月，加富尔在法国的普伦比尔与拿破仑三世签订了进行反奥战争协定。1859年，意大利爆发了第二次独立战争，但是由于法国的背叛，革命没有达到预期的胜利，只有伦巴第摆脱了奥地利的统治，并入撒丁王国。1860年开始，全国各地的民族解放运动高涨。到了1861年，除罗马、威尼斯以外，意大利基本实现了全国统一。同年1月选举了国会，3月12日维克托·埃玛努尔二世成为意大利王国国王，首都设在都灵（后迁往佛罗伦萨）。1866年10月3日威尼斯归并意大利王国。1862年和1867年，加里波第领导的起义军两次向罗马进军，进行了意大利第三次独立战争。1870年，罗马被攻占，教皇被禁锢在梵蒂冈一隅。根据1871年指定的“保障法”，教皇的世俗政权的特权被剥夺，只保留了在梵蒂冈领土上的权利。意大利民族统一事业终于完成。1871年，首都由佛罗伦萨迁往罗马。

在1914—1918年的第一次世界大战中，意大利开始保持中立态度，后加入协约国，参加了列强瓜分世界的战争。

三　现代史

第一次世界大战以后，意大利国内的阶级矛盾和社会冲突日益尖锐。在俄国十月革命的影响下，意大利出现了工人运动的高潮。在议会，社会党曾经成为拥有最多席位的政党。垄断阶级感到局势难以控制，害怕失去统治地位，所以给法西斯主义提供了诞生和发展土壤。1919年3月，被社会党清除出党的墨索里尼在米兰建立了第一个法西斯战斗队。1921年11月7日，国家法西斯党正式成立。1922年10月28日，法西斯党“进军罗马”。10月29日，国王授命墨索里尼组织新内阁。从此，在意大利逐步建立起了最反动的法西斯独裁统治。

为了巩固法西斯政权，1924年6月，墨索里尼的手下暗杀了社会党领导人马泰奥蒂。1926年，取缔了除法西斯党以外的所有政党，解散或改组了各人民团体，打出了“一切权力属于法西斯”口号。1929年2月11日，墨索里尼同教皇庇护十一世签订了拉特兰条约，意大利同梵蒂冈相互正式承认。对外侵略扩张是意大利法西斯政权对外政策的核心。随着1929—1933年世界性经济危机的爆发和加深，意大利对外侵略扩张的步伐也加快了。1935年意大利入侵埃塞俄比亚。1936年，意、德法西斯在“反对布尔什维克”的口号下结成轴心。1937年11月6日，墨索里尼赴柏林，与德国签订了意大利加入“反共产国际”的协定。1939年，意大利渡海侵占了阿尔巴尼亚。1940年6月10日，意大利对法国宣战。9月24日，德意日三国签署柏林协议，“轴心国”最终形成。1940年10月，意大利侵犯希腊。1941年，意大利瓜分南斯拉夫。1941年6月22日，意大利向苏联宣战。在1942—1943年的斯大林格勒中，德军惨败，意军也损失惨重。从此，意大利法西斯军队在各个战场接二连三出现失败，引起了法西斯政权的内部矛盾。1943年7月25日，墨索里尼被捕并遭监禁。1943年9月3日，意大利同盟军签订了投降书。1944年6月4日，美军进入罗马。

在意大利宣布投降之后，各地的游击队力量

迅速增长。1944 年 6 月，意大利北方民族解放委员会成立，并宣布为最高政府机构。游击队联合成立了“自由义勇军”，人数达 25 万人。1944 年 9 月 11 日，墨索里尼在德军的援救下逃脱，并在萨洛成立了“意大利社会共和党”，企图做垂死挣扎。1945 年 4 月 25 日他又被游击队捕获，28 日被处决。

1943 年，意大利对德宣战，接任巴多里奥的博诺米政府吸收了意共领导人陶里亚蒂和天民党领导人加斯贝利等入阁。1946 年 6 月 2 日全国举行公民投票，决定建立议会共和制。1948 年元月 1 日，意大利新宪法正式生效。萨沃依王朝的历史宣告结束，一个新的资产阶级共和国出现在了欧洲的南端。意大利迈向了经济、社会现代化的历程。

第四节　政治体制

一　宪法

1946 年 6 月 2 日，意大利通过公民投票，选择了多党议会共和体制。意大利全国制宪会议代表在同一天选出，共 556 名。制宪会议在自己的成员中任命了一个代表各个政党和各个政治运动的 75 人委员会，负责宪法的起草工作。该委员会经过了 160 多次会议的讨论，在 1947 年 1 月 31 日向制宪会议提出宪法草案。制宪会议经过了 10 个月的认真讨论，修改了 1663 处，最后于 1947 年 12 月 22 日以 453 票的绝对多数予以通过，并在 1948 年 1 月 1 日正式生效。

意大利宪法全文分三部分：（1）基本原则；（2）第一篇公民的权利与义务；（3）第二篇共和国的机构。共 10 章 139 条。虽然在以后的年份中曾对个别条款进行过部分修改，但其主体没有变化，成为意大利议会共和制政治制度的根本法律基础和保障。

这部宪法宣称：“意大利是以劳动为基础的民主共和国。”为了避免法西斯独裁制度的再度出现，宪法规定了下列原则：（1）国家机构三权分立、互相制约；（2）中央和地方实行分权制；（3）国家元首和政府首脑分开；（4）增设宪法法院，专门监督宪法的实施，维护宪法的尊严；（5）设立最高司法会议，维护司法机构的独立地位；（6）在政府内部设立监督和咨询机构，使政府处于多方面机构的约束和监督之下。

二　国家机构与地方分权

（一）总统

共和国总统代表国家的政治统一，保障宪法“规定的各项宪法权力，并采取一系列符合宪法规定的政治和制度措施来治理国家”。宪法规定“凡是年满 50 岁，并享有公民权和政治权力的任何公民，均有资格当选总统”。总统的任期为 7 年，可以连任。总统应履行所有与共和国宪法权力有关的职责。在议会和立法程序中，总统以“颁布命令”的方式参与法律规定。宪法规定，由总统负责全国武装力量，主持最高防务委员会，并根据两院决定宣布国家进入战争状态。总统的一切行动，包括行使其特有的权力，所受到的唯一政治监督就是社会公众的舆论。

（二）议会

意大利的议会实行两院制，由众议院和参议院组成。参众两院具有相同的职能，权力也基本相当，但它们有各自的特点，是相互独立的两个机构。根据宪法，在选举总统、弹劾总统和总理、部长等情况下，两院方可举行联席会议。

意大利众议院议员共 630 名，参议院议员有 315 名。所有年满 18 周岁的享有公民权利和政治权利的意大利公民，都可以参加众议院的选举，议员的当选条件是上述选民中年满 25 周岁者。参加参议院选举的选民，须满 25 周岁，当选资格是年满 40 周岁。

议会各院的工作由院长主持。议会是立法机构，所以审议和通过（或否决）法案是其最重要的日常工作。但意大利的议会又是“世界上最复杂的议会”，因为除了修、立法之外，它还具有政治导向、确保宪法实施以及监督、协调的职能。

（三）政府

意大利的政府实际名称为“部长会议”（CONGSIGLIO DEI MINISTRI），总理的实际名称为“部长会议主席”。意大利政府是执行议会通过的法律的机关，也是国家最高行政机构，主要包括 3 大部分：总理府、内阁会议和政府辅助机构。政府内可以设副总理，也可以不设，由政府总理决定。

总理府是总理个人的工作班子，总理借此履行宪法赋予的各项职能，协调和推动各部工作。总理府内设立的主要官职有：总理办公室主任、新闻处长、法律处长和不管部长等。

内阁会议由不管部和常规部组成，部的数目、名称和职责在不同时期根据形势发展需要会有所变化。在现任的贝卢斯科尼第四届政府（2008 年 4 月 14 日就职）中，设有 10 个不管部，分别为：与大区关系及地区协调部、贯彻政府计划部、公共管理与创新部、机会均等部、欧洲政策部、联邦体制改革部、与议会关系部、青年部、法规简化部和旅游部；13 个常规部：外交部，内政部，司法部，经济与财政部，经济发展部，教育、大学与研究部，劳动与社会政策部，国防部，农业、食品与林业政策部，环境与国土、海洋保护部，基础设施与交通部，卫生部，文化财富与活动部。总理负责召开并主持内阁会议，制定政府的总政策，并对总政策负责。2011 年 11 月 12 日，因面对债务危机乏术，贝卢斯科尼被迫下台，16 日著名经济学家、欧盟委员会前竞争委员马里奥·蒙蒂受命组成了技术性过渡政府。

政府的辅助机构主要包括全国经济和劳工会议、国务会议和审议院。

（四）地方分权

意大利实行广泛的地方分权制，宪法规定，“共和国划分大区、省和市镇”，并规定大区、省和市镇均为具有自主权力和职能的自治单位。根据宪法法律所规定的特别条例，给予西西里、撒丁、瓦莱达奥斯塔、特伦蒂诺—上阿迪杰和弗留利—威尼斯·朱利亚 5 个大区特殊的自治形式和自治条件。

三　司法系统

意大利主要的司法机关是法院。宪法规定，法院是独立的，在法律面前人人平等，法官判案只服从法律，不受任何其他因素的影响。

意大利司法机关实行复审制，即每一项判决由上级法院进行复审，以避免可能出现的误判。司法机关分为两种：普通司法机关和特别司法机关。前者主要负责处理民事纠纷和刑事案件，后者指国务会议、审计院以及军事法庭。国务会议是政府最大的咨询机构，同时也是最高行政司法机构，它负责解决私人（包括政府职员）同政府机构之间以及国家与公共机构之间的纠纷。审计院的司法职能是对公共财务案件和法律规定的其他有关案件判决。军事法庭在战时享有法定的判决权，在和平时期只对武装部队人员的军事罪行拥有判决权。

在意大利的普通司法系统中，除了审判机关外，还有检察机关，其职能是维护“公共利益”，保证司法工作的独立进行。根据 1958 年 3 月 24 日第 19 号国家法律成立的最高司法会议，是各级司法机关的管理机构。而 1955 年 12 月 15 日组建的宪法法院，则是保障宪法实施、维护宪法不受侵犯、协调国家权力机关关系的机构。宪法法院由 15 名法官组成，任期 9 年，不得兼职，享有豁免权。

四　政党与政局特点

意大利实行多党制，进入议会的政党和政治组织就有 10 个左右。第二次世界大战结束后至今，意大利政党格局发展经历了三个阶段：1946—1993 年为第一个阶段，被称为是“第一共和国时期”，其政党格局特点是：天民党为第一大党，为主要执政党；而第二大党意大利共产党长期被排除在政府之外；1994—2007 年为第二阶段，是向“第二共和国过渡时期”。其政党格局是，由于牵涉腐败，传统执政党天民党、社会党、自由党、社会民主党、共和党在 1994 年的大选中纷纷落马，而后遭到党内群众的离弃，此后，几乎销声匿迹。其他传统政党也都改头换面，并有一批新的政党进入政坛。在这一时期，主要政党的改名、重组不断。自 2008 年 4 月第十六届全国大选以来为第三阶段，其政党格局特点是彻底摒弃了两极政治格局，开始进入两党政治发展轨道。

（一）第一阶段（1946—1993）

第一阶段，也被称为“第一共和国时期”。这一阶段最活跃的政党有 7 个：天主教民主党、意大利共产党、社会党、社会民主党、共和党、自由党和社会运动党等。

1. 天主教民主党　前身为人民党，成立于 1919 年 1 月。1926 年被法西斯政权解散，许多人民党领导人被流放。1943 年，人民党与天主教大学联盟、拥护教皇运动派等其他几个天主教政治组织联合成立了天主教民主党。参加了反法西斯解放战线，并发挥了重要作用。天民党一直以“中间党”自居，既反对共产党等左翼政党参政，也反对与社会运动等极右翼政党组织合作。它执政时间长达 50 年，或者独立承担，或者与中右、中左小党联合执政。在 1981 年以前，天民党始终把持着总理大权。在第一共和国时期，该党一直是意大利最大的政治党派，在议会中所占的席位最多，并得到教会的支持。在国内政策方面，它既维护垄断资本家的根本利益，又适当照顾广大中小企业的需要，同时，还代表着广大自耕农的利益。在对外政策方面，天民党主张加强北大西洋公约组织，积极发展与美国的关系；大力促进欧洲联合，并为欧洲一体化建设做出重要贡献。作为主要执政党的天民党在长期的执政期间聚敛了巨额财产（包括很多不动产）。在1992年发起的以反腐败为宗旨的“净手运动”中，天民党因涉嫌腐败，被大部分党员遗弃，分崩离析，仅剩的小部分人将党名改回到“人民党”。自此，天民党寿终正寝。

2. 共产党　成立于1921年，法西斯统治期间，意共遭取缔而被迫转入地下。随后，意共领导了北方的反德国纳粹占领的斗争，吸引了大量有理想的知识分子。在二战期间，它领导和组织的游击队为最终战胜德意法西斯作出了卓越贡献。战后，意共曾参加过联合政府，但不久冷战开始，意大利共产党自1947年5月以后被排斥在政府之外，此后长期处于反对党地位。在1946年的制宪会议选举中，意共曾获19%的选票，位居全国第三大党，仅次于天民党（35.2%）和社会党（20.7%）。1952年，社会党内部发生分歧，一部分人分裂出去成立了社会民主党，致使社会党的力量被削弱。此后，共产党上升到第二大党地位，也是西欧最大的共产党组织。共产党的选民基础主要是劳动人民，特别是工人。在对外政策上，它主张逐步取消北大西洋公约组织和华约组织，支持欧洲的联合与统一。在国际共运方面，它主张各党独立自主，权利平等，互不干涉内部事务。

3. 社会党　创建于1892年，是意大利政党中历史最悠久的党派。在法西斯统治期间，该党领导人也遭受到迫害，在二战期间。战后，它也曾参加联合政府。作为一个左派政党，同样也于1947年5月以后被排斥在政府之外。1956年苏联共产党第20次代表大会和匈牙利事件发生后，社会党终止与共产党的合作，开始同天民党合作，承认意大利在北大西洋公约组织中所承担的义务。1963年12月，社会党回到政府中。1983年8月，该党领袖克拉科西受命组成第44届政府，成为意大利共和国历史上第一任社会党人总理，并于1986年8月再次组阁，直至第二年4月。社会党的选民基础最初与共产党相差不大，20世纪70年代后，重视在中间阶层和知识分子中间扩大影响，是意大利第三大党。

4. 社会民主党　成立于1952年，由先后从社会党分离出来的两股反对与共产党合作的力量——意大利劳动社会党（成立于1947年）和统一社会党（1949年）——合并而成。该党的选民基础与社会党基本相同，但势力比社会党小很多，所获选票的比重在2%左右。长期以来，它是天民党的执政伙伴之一。

5. 共和党　创立于1897年，是一个历史悠久的政党。二战中，参加了反法西斯解放战线。该党代表中等中产阶级的利益，其主要影响在艾米利亚—罗马涅大区。所获选票比重在2%—3%。战后，该党也是天民党主要执政伙伴之一。1981年，战后意大利最大的政治丑闻——共济会“宣传二号”被曝光后，天民党不得不交出把持了30多年的总理大权。1981年6月至1982年11月，共和党总书记帕多利尼曾两次出任政府总理，扩大了该党在社会上的影响。

6. 自由党　1922年正式成立，是意大利右翼保守势力的组织。由于在法西斯上台问题上，该党负有不可推卸的责任，在社会上声望很低，所获选票比重在1%—2%。它反对土地改革，反对国有化。战后，它也是天民党的执政伙伴之一。

7. 意大利社会运动　创立于1946年2月，基本上由二战结束后的退伍军人组成。该政治势力鼓吹“国家主义”，留恋法西斯专制体制，所以也被称为“新法西斯党”。20世纪50年代，该党提出联合天民党、反对共产党、扩大“国家作用”的新路线。此后，意大利社会运动得到一定的发展，成为意大利第四大党。1987年，该党在众议院获得5.9%的席位。由于它有着法西斯主义背景，长期被拒绝于联合政府之外。

在第一共和国时期，意大利政局有着与其他西方国家极为不同的鲜明特点：

（1）无法实现“和平更替”的两极格局。在第一共和国时期，天民党一直处于第一大党地位，共产党处于第二大党地位。两党在众议院占有的席位比重一直在60%以上，在1976年大选中曾超过73%。其他七八个政党在众议院所占席位的比重合计长期为30%左右，最高时为39%，远远低于两个主要政党。两个主要政党的意识形态截然不同，在天主教会和美国的支持下，战后意大利的国家大权一直掌握在天民党手中，而共产党长期被排斥在政府之外。天民党和共产党之间不具备政权“和平更替”所需的必要条件。

（2）主要执政党地位微弱，不得不同其他小党联合执政。在第一共和国时期，天民党的议席始终没有超过半数。在拒绝第二大党共产党参政的情况下，天民党或一党执政，争取小党支持，形成议会微弱多数派；或吸收某些小党参加内阁，共同执政。这样，只要有一个小党撤回对政府的支持或退出政府，便会引起政府危机。

（3）政府更迭频繁，内外政策基本保持稳定。上述政党体制特点不可避免会影响到意大利政府的稳定性。战后至第一共和国结束，意大利更换了52届政府。这些政府的平均寿命只有10个月。但是，由于天民党一直处于第一大党和主要执政地位，同时，意大利政治体制对政府约束较大，因此，尽管政府更迭频繁，意大利历届政府的内外政策还是具有较大的连续性。

进入20世纪80年代后，意大利各政党的力量对比开始出现重大变化，代表中间阶层利益的政党势力开始增强。在80年代末期，意大利北方几个大区出现了代表本地区政经利益、反对传统体制的新政治联盟，在南方地区也出现了以反对黑手党等黑暗势力为宗旨的网络党，传统政党格局开始受到挑战。

20世纪80年代末90年代初，苏联和东欧国家发生的一系列剧变，从外部对意大利政党格局变化产生了重要影响。首先，使意大利左翼势力全面陷入困境，不得不在1990年3月召开的意共第19届全国代表大会上更名为“左翼民主党”。意共改名后，原意共的一部分党员分裂出去，成立了“重建共产党”。意共的内部分裂，党的名称、党纲、组织结构等的修改，直接导致了得票率的降低。同时，选民对政权结构僵化、官僚主义盛行、工作效率低下已经厌恶，迫切希望改变现状。

1992年2月，米兰一起贿赂大案曝光，以及随后在意大利全境掀起的一场急风暴雨式的反腐败斗争——“净手运动”，彻底改变了传统政党格局。在调查中发现，在政治家、企业家、银行家之间有一个极其庞大的交易网络，而所有执政党领袖均卷入其中。在1992年9月和12月举行的地方选举中，传统政党大幅度损失选票，而一些成立不久的新党势力大增。

在“净手运动”的推动下，意大利人心思变，积极参加了1993年4月18日举行的全民公决，有82.7%的人赞同改革旧的议会选举制度。同年，议会通过了有关参议院与众议院各自选举规则的第276号、第277号法令。新的选举制度规定：参众两院75%的议员由各个单名制选区以简单多数票选出；25%的议席根据各党派得票多少按比例进行分配。新选举制度改变了过去的多党按比例分配制，向以多数制为主的混合选举制度过渡。新选举制度还为参加选举的政党设立了进入议会的“门槛”，即得票不足4%的党派将不能获得议席。

反腐败斗争风起云涌，有关新选举制度全民公决的胜利，敲响了第一共和国的丧钟。

（二）向第二共和国过渡时期（1994—2012）

1994年3月27—28日，意大利按照新的选举制度举行了战后第12届议会选举。在这次大选中，几个传统执政党全面惨败，原有的5个执政党中有4个在议会中不复存在。天民党分崩离析，其主要部分改名为人民党，沦为小党。与此同时，一些新的政党纷纷问鼎政坛。这次大选，标志着第一共和国的结束，第二共和国的开始。

自1994年以来，意大利不仅仍然是党派林立，而且主要政党还处于不稳定状态，改名、重组、分裂经常发生。参与大选的主要政党有：

意大利力量党（Forza Italia） 1994年1月由西尔维奥·贝卢斯科尼（Silvio Berlusconi）等人创立。当时，意大利正处在政治和经济转型期间，战后连续执政近50年的第一大党——天民党已不复存在，而由原共产党改名而来的左翼民主党攻势强大，咄咄逼人。为了阻挡左翼民主党人上台，意大利媒体巨头贝卢斯科尼决定弃商从政，以填补天民党逝去后出现的“右翼真空”。由于组成时间仓促，贝卢斯科尼等人来不及制定党的纲领和深思熟虑党的名称，遂将“捍卫自由、振兴经济、谋求强国地位、加强与美国伙伴关系”确定为该党的奋斗目标，将足球场上球迷为球员鼓劲的“加油”引申到为意大利加油（Forza Italia），以此作为党的名称。“Forza Italia”直译应为“加油！意大利”，因“Forza ”有“力量”之意，故中文译为“意大利力量党”。在1994年3月27—28日战后第12届议会选举中，意大利力量党在北部地区与北方联盟等中右党派结成“自由竞选联盟”，在中部和南部地区与民族联盟等右翼党派组成“好政府竞选联盟”，与以左翼民主党为主要力量的中左党派竞选联盟——进步联盟展开了竞争，取得大选胜利，意大利力量党成为国内第一大党。1994—2008 年 3 月，意大利举行了四次全国大选，以意大利力量党为首的中右翼竞选联盟赢得了第 12 届和第 14 届议会选举胜利，意大利力量党也在这两届议会中成为第一大党。在这一阶段，该党领袖贝卢斯科尼曾三次出任政府总理。

左翼民主党（Partito Democratico della Sinistra）　20 世纪 80 年代末 90 年代初，苏联解体、东欧剧变使西欧最大的共产党——意大利共产党面临严重局面。为了适应形势的变化，在 1991 年 1 月 31 日至 2 月 4 日举行的第 20 届全国代表大会上，意大利共产党通过投票表决，正式宣布将党名称改为“左翼民主党”，同时确定了新党徽，颁布了新党章。该党决定放弃民主集中制和暴力斗争论，而以“民主模式”替代“社会主义”，以“自由民主思想”作为党的重要文化思想。该党表示要在继续坚持维护共和体制、追求民主、反对法西斯主义的基本价值基础上，扩大党的组织基础，规定该党由“信仰自由、平等、互助、和平和保护自然的共同基本价值的妇女和男子”组成，崇尚民主、革新，主张不同政治、文化立场的多元化思想共存。在 1996 年 4 月 21 日举行的全国议会大选中，由左翼民主党、意大利复兴党、绿党以及拥护普罗迪的四个小党（Pop，Svp，Pri，Ud）组成的中左竞选联盟——橄榄树联盟战胜了以意大利力量党和民族联盟为首的中右竞选联盟——自由之家，同时，左翼民主党成为意大利第一大党。这一胜利使左翼民主党冲破了近 50 年的历史阻碍，以 9 人之多的庞大阵容进入了政府，成为主要执政党。该党主要领导人马西莫·达莱马于 1998 年 10 月 21 日至 2000 年 4 月 19 日两次出任政府总理。在 2001 年 5 月 13 日的第 14 届全国大选中，中右竞选联盟击败了中左竞选联盟，左翼民主党变为国内第二大党，并重新处于在野党地位。为了迎接 2006 年 4 月全国大选，在前欧盟委员会主席、无党派人士普罗迪的倡导下，左翼民主党、雏菊党、意大利重建共产党、意大利共产党人党、道德意大利等中左政党和组织组成了“团结联盟”，共同推举普罗迪为总理候选人，最终赢得大选胜利。

民族联盟（Alleanza Nazionale）　由意大利极右翼政党——社会运动党演变过来的新政党。1994 年 1 月 22 日，社会运动党举行全国代表大会。为了改变人们对社会运动继承了法西斯衣钵的看法，达到参政目的，会上决定成立“民族联盟”新政党，并以此名义参加第 12 届议会选举。该党主要在意大利中部和南部影响较大，为了能在此次大选中战胜中左翼，它充分利用反腐败运动之机，与意大利力量党在中部和南部结成了“好政府竞选联盟”。在中右翼获得大选胜利后，民族联盟进入意大利政府，成为执政党之一。在 1995 年 1 月 27 日社会运动——民族联盟代表会议上最终确认，由“民族联盟”取代“社会运动”，并表示要与法西斯历史“决裂”。民族联盟坚持反对社会主义和共产主义运动。在 2001 年 5 月 13 日举行的第十四届全国大选中，民族联盟与意大利力量党等党派组成“自由之家”竞选联盟，取得胜利，民族联盟成为国内第三大党。同年 6 月，民族联盟党主席姜佛朗科·菲尼出任意大利政府副总理。

北方联盟（Lega Nord）　北方联盟是意大利北方经济发达地区建立的谋求“地区自治（或独立）”和“联邦制”的政治性组织。20 世纪 70 年代末 80 年代初，在威内托大区成立了威内托联盟，并开始参加地方选举。在 1983 年全国大选中，威内托联盟获得两个议员席位。1984 年，伦巴第联盟宣布成立，尔后在 1987 年全国大选中，它的领导人翁贝托·博西当选为参议员。在博西等人的积极倡议下，1991 年几个北方地区要求“地区自治或独立”的组织联合为一体，称为“北方联盟”。与其他政党不同，北方联盟谋求的不是某个社会阶级或阶层的利益，而是本地区的利益。在 1994 年全国大选中，曾获得众议院 122 个议席，参议院 58 个议席，成为国内第三大政治力量。此后，博西等人公开提出北方“独立”要求，并于 1995 年 6 月在曼托瓦设立“北方议会”。这一行径不仅遭到其他党派的强烈抗议，而且遭到选民们的反对。在 2001 年全国大选中，因所获选票比重未达到“门槛”标准，被排除在比例分配议席之外。在 2006 年全国大选中，北方联盟在众议院和参议院分别获得 1747730 张选票和 1530366 张选票，均超过全国有效选票的4%以上（分别为4.58%和4.48%），获得了26个众议席和13个参议席。

重建共产党（Partito della Rifondazione Comunista） 1991年1月在意大利共产党第20届全国代表大会上，以阿尔曼多·科苏塔为首的一部分党员，不同意修改党的名称和党章，退出会场，决定成立新的政党。2月10日，他们在罗马举行会议，成立了重建共产党。该党党章明确表示，坚持马克思主义，继续为维护劳动人民的权益而奋斗。1993年，因主要领导人意见不一致，该党发生分裂，科苏塔等人离开重建共产党，成立了意大利共产党人党。在1994年全国大选中，重建共产党获得6%的选票，1996年获得选票的比重提高到8.6%。在2006年全国大选中，获得41个众议员席位，27个参议员席位。

在这一阶段，尽管参加全国大选的政党仍然超过30个，但为了增强各自的实力、在议会选举中取得胜利，中左翼和中右翼的前两名主要政党先后采取了合并措施。

2007年4月中旬，中左翼的第一大党左翼民主党和第二大党“民主即自由——雏菊联盟”分别在佛罗伦萨和罗马召开全国代表大会，就在暂不解散各自组织的前提下进行两党合并、成立民主党（Partito Democratico，PD）达成共识。10月14日，民主党正式成立，并以全民选举的形式推选出党内最高领导人、委员会成员和地区负责人。

为了与民主党形成有力竞争，同年11月，意大利中右翼政党的两个大党——意大利力量党和民族联盟也决定合并，按照美国保守党——共和党的模式创建了自由人民党，最高领导人是贝卢斯科尼。2010年7月，自由人民党内部发生分裂。以众议院议长菲尼为首的一部分自由人民党议员在对经济和财政部副部长贾科莫·卡利恩多进行信任投票时投了弃权票，引起贝卢斯科尼总理等人的不满，该党于7月29日决定将菲尼驱逐出自由人民党；次日，菲尼与退出自由人民党的33名众议员和10名参议员宣布在议会内成立了名为“意大利未来与自由”的新政治派别。不过，菲尼的另起炉灶并不意味转向中左政党，所以，意大利总体政治格局并没有发生太大改变。

2008年1月，因“欧洲民主联盟”（UDEUR）退出执政联盟，继而在议会举行的对政府的信任投票中投下不信任票，最终导致普罗迪领导的中左政府倒台。此后，在野的主要中右党派发起了强大攻势，要求提前大选。2月6日议会解散，提前举行全国大选。按照宪法规定，意大利全国大选每5年举行一次，上次全国大选是2006年4月举行的，寿命如此之短的议会，在意大利选举史上并不多见。

2008年4月13—14日举行了意大利战后第16届议会选举。选民的参与率达到80.4%。选举的形势仍然是党派林立、政见纷纭。其中自由人民党、北方联盟和自治运动—南部联盟组成了以贝卢斯科尼为领导的中右竞选联盟；民主党和意大利价值党组成了以罗马前市长韦尔特罗尼为领导的中左竞选联盟。根据意大利内政部提供的数字，在参议院选举中，中右联盟共获得174个席位，中左联盟获得了133个席位，独立参选的中间联盟获得了3个席位，其余5个席位由一些地区小党获得。在众议院选举中，中右联盟获得344个席位，中左联盟获得246个席位，中间联盟获得36个席位，其余4个席位由一些地区小党获得。从这一选举结果不难看出中右联盟在参众两院的实力明显大于中左联盟，这不仅使其重新获得了执政的权力，而且为日后中右政府的相对稳定创造了条件。

2008年5月7日，意大利总统纳波利塔诺在总统府召见中右联盟总理候选人贝卢斯科尼，授权他组建新一届政府。新政府于次日宣誓就职，并在随后的参众两院信任投票中获得通过。这是贝卢斯科尼第四次出任政府总理。2011年，一场肆虐欧元区的主权债务危机蔓延至意大利，使近年来一直处于低增长窘境的意大利更是雪上加霜。贝卢斯科尼政府面临的压力越来越大，并因应对危机不力受到的指责越来越多，不仅是反对党，就连由他亲自领导的自由人民党内部要求其下台的呼声也日渐高涨。11月12日，贝卢斯科尼不得不向总统纳波利塔诺递交了辞呈。16日由欧盟委员会前竞争委员马里奥·蒙蒂组成了技术性过渡政府。

为了应对经济危机，蒙蒂政府实施了一系列财政紧缩政策，但改革措施尚未取得成效，意大利经济又出现进一步衰退现象，使蒙蒂政府的支持率有所下降。贝卢斯科尼乘机向蒙蒂发难。2012年12月，为了使包括2013年政府预算在内的金融稳定法案获得议会通过，蒙蒂不得不承诺，在该法案被通过后，即提出辞职。12 月 22 日，在蒙蒂政府提出辞呈后，总统纳波利塔诺宣布解散议会。2013 年 2 月 24—25 日，意大利进行了战后第 17 届大选。

2013 年 2 月的大选结果出人意料：贝尔萨尼领导的中左联盟获得了 10353275 张选票，占选票总数的 29.53%，仅比以贝卢斯科尼为首的中右联盟多 0.4% 的选票。这是两个主要竞选联盟获得的选票首次如此接近。更让人惊讶的是，由喜剧演员贝佩·格里洛领导的“五星运动”异军突起，首次参加大选就获了 25.09% 的选票，夺得众议院 109 个席位，参议院 54 个席位，致使意大利政治格局发生重大变化，由两个竞选联盟“争霸”变为“三分天下”。

在遭遇“五星运动”的严峻挑战后，两个主要政党联盟——中左政党联盟和中右政党联盟于 4 月 28 日组成了联合政府，由中左翼最大政党——民主党的副党首恩里科·莱塔出任总理，由中右翼最大政党——自由人民党政治书记安杰利诺·阿尔法诺（Angelino Aefano）出任副总理兼内政部长。

第五节　经济发展

一　经济发展简况

意大利是一个工业发达的资本主义国家。从历史上看，由于自然资源贫乏，在主要资本主义国家中意大利的经济发展相对缓慢。连年的战争和法西斯独裁统治，又给意大利人民带来了深重的灾难。二战结束时，意大利的国民收入只相当于 1938 年的 55%，全国财富损失约 1/3，工业生产下降了 1/3，农业生产也只有战前的 60%。到 1950 年后，意大利完成了经济复苏的任务，国内总产值恢复到了 1938 年的水平。

1950—1963 年是意大利的经济奇迹阶段。“奇迹”的产生与各个产业部门的空前发展密不可分，如能源工业，利用国外廉价的石油资源建立起强大的炼油工业。早在 20 世纪 50 年代，意大利就加入了“欧洲原子能共同体”，开始了核工业的研究与开发，所以尽管意大利是一个资源贫乏的国家，但在“经济奇迹”中它却发展成为一个能源工业大国。

50 年代初，意大利的炼油能力已高达 1.7 亿立方米，居西欧之首。天然气产量从 1950 年的 5 亿立方米增加到了 72.7 亿立方米，增长 13.5 倍。发电量 1950 年为 247 亿度电，1964 年达到了 767.4 亿度，3 倍于 1950 年。1951 年，意大利加入了“欧洲煤钢共同体”，这标志着它的钢铁工业进入了一个重要的发展阶段，60 年代西欧最大的钢铁联合企业—塔兰托钢铁厂建立。1963 年，意大利的钢产量达到 1015.7 万吨，而 1950 年时才 236.2 万吨，增长 3.3 倍。同期国内铸铁产量也从 50.4 万吨增加到 374.1 万吨，增长 6.4 倍多。意大利已经成为世界钢铁生产大国之一。机械工业也是意大利最重要的出口部门之一，在 1951—1963 年经济高速发展时期，机械产品出口平均每年增长 16.4%，对“经济奇迹”的产生作出了重要贡献。意大利是世界第六大化学工业国，化学工业是战后发展最快的部门之一。1957 年，朱利奥·纳塔发明了聚合体催化剂，使聚丙烯成为化工行业中最重要的产品，纳塔本人也因此获得了 1963 年的诺贝尔化学奖。意大利传统的加工工业是纺织服装业，在“经济奇迹”期间，纺织服装成了出口创汇的拳头产品。此外，意大利旅游资源非常丰富。1950 年，意大利的旅游业净收入 417 亿里拉，至 1963 年达到 4659 亿里拉，比 10 年前增加 10 倍以上。其他方面，如意大利的建筑业、基础设施建设等，战后都空前活跃，并带动了许多相关产业的增长，为整个经济发展创造了十分有利的条件。

50 年代至 60 年代初期出现在意大利的“经济奇迹”，有其客观条件和主观因素。从客观上看，第二次世界大战虽然对国民财富进行了残酷的破坏，但相应地也缓解了资本主义生产过剩的矛盾，使得各国资本可以开足马力进行生产；另外，战后出现了有利的国际市场，此外国际经济援助也帮助意大利顺利地开拓了国际化渠道；最后，国内充足的劳动力资源，为意大利经济发展提供了积极条件。在这些有利的客观条件的基础上，意政府又采取了以下几个方面的有效措施：（1）推行对外开放政策，坚持经济国际化原则；（2）大规模进行资本积累，增加固定资本投入；（3）政府通过国家参与制企业对经济进行干预；（4）制定符合国情的科技发展战略；（5）充分发挥传统产业和中小企业的作用。上述经济措施对经济发展的适应性很强，为意大利战后“经济奇迹”的出现创造了条件。经过战后几年的缓慢发展，意大利经济逐步进入了良性的自行运转的体制中。

在这一时期，意大利经济年平均增长率达到5.9%，从而跨入了世界工业大国的行列。居民的收入和消费水平有了明显提高。1952—1963年，意大利人均国民总收入增长134.1%，仅低于日本和联邦德国，高于其他主要资本主义国家。

意大利持续13年的经济“奇迹”时期到1964年经济危机爆发后宣告结束。此后的10年中，虽然意大利经济增长速度有所放缓，但仍处在良性发展时期。1964—1973年，国内总产值年平均递增4.9%，其中1966—1969年年均增幅6%。1973年的石油危机，导致战后资本主义国家长年积累的矛盾大爆发，形成了1974—1975年世界性的经济危机。从此，资本主义世界陷入了长期“滞胀”的泥潭，意大利成为典型的“滞胀”国家。在1974—1975年的经济危机中，工业生产指数从1974年4月的高点126下降到1975年8月的97；1975年的工业生产比1974年下降了9.5%；工业设备利用率只有60%—65%；1974年底失业人数达140万人；消费物价上涨率高达两位数（1974年为19.1%，1975年为17%），远远超过1957—1958年和1970—1971年的两次经济危机（分别为2.9%和6.3%）固定资本投资大幅度下降（-12.7%）。这次危机还伴随出现了国际收支危机。严重的经济危机使意大利国内总产值在战后首次出现绝对下降（-3.6%）。意大利经济在两位数的高通货膨胀率的折磨下，苦苦挣扎了12个年头，直到1985年，通货膨胀率才回落到1位数。

在“滞胀”与周期性危机的打击下，意大利经济周期发生了深刻的结构性变化，即经济上升期缩短、下跌期延长、增幅变缓。与此同时，区域经济和整个国际经济环境也发生重大变化，意大利政府不得不采取措施，对本国经济结构进行调整，以适应新的形势。

意大利经济结构调整自20世纪70年代中期开始，大致可以分为三个阶段：

第一阶段，自70年代中到80年代中，意大利的经济调整改革首先是围绕能源供应形势的剧变进行的。主要采取的措施是：（1）压缩耗能高的工业部门，例如化工、金属矿产及其制品、橡胶、造纸等部门，加强耗能较低的工业部门，例如纺织服装、食品加工、木材加工、机械、仪器仪表等部门。（2）加强中小企业的发展。（3）加强作为出口贸易支柱的加工工业部门。经过艰苦努力，1986年，通货膨胀率终于由连续12年的双位数首次降到1位数（9.2%），1988年，意大利经济增长率达到4.2%，工业增长6.9%，其增长幅度超过欧洲其他主要国家，被称为战后“第二次经济奇迹”。

第二阶段，自80年代中到90年代末。在这一阶段，欧洲经济一体化的步伐加快，意大利的经济调整改革主要是在欧洲统一大市场和经济与货币联盟建设的推动下进行的。1985年12月2—3日在卢森堡首脑会议上，欧共体成员国通过了《单一欧洲法令》，决定在1992年1月1日前建成欧洲统一大市场。1993年11月1日《欧洲联盟条约》正式生效，标志着欧洲一体化进入了一个新的阶段。在经济方面，《欧洲联盟条约》确立了以单一欧洲货币为目标的经济与货币联盟，规定了进入经济与货币联盟的基本标准。在这一阶段意大利经济结构调整改革的主要政策措施是：首先，减少国家对经济的干预，加快市场自由化步伐；其次，公有企业私有化进程加速，大型企业实行强强并购；再次，下大力气降低财政赤字和国家债务；最后，在发展高科技产业与新兴产业的同时，利用新技术装备传统产业，使“夕阳工业”恢复活力。经过多年艰苦不懈的努力，意大利成功地通过了资格审查，与德、法等其他10个国家一起“并肩”成为欧洲经济与货币联盟的创始国。

第三阶段，自2000年至今。在这一阶段，科学技术的突飞猛进和经济全球化趋势的加强，使得全球的商品、人员、资金和信息的流动空前加快。人们的社会经济活动超出了国界，在多国领域里进行生产、交换、分配和消费。经济全球化既给各国带来机遇，同时也提出了挑战。在这一时期，意大利经济增长缓慢，在国际贸易中的份额出现了下降现象。在2008—2013年，意大利受到经济危机的沉重打击，失业率由6.1%（2007年）上升到8.4%（2011年）经济增长乏力，公共债务在2007—2011年上升了17个百分点。2013年第一季度，意大利公共债务累积为国内生产总值的130%。面对新的形势，意大利政府制定了新的经济发展政策：首先，促进网络化和信息化建设；其次，进一步调整产业结构，促进企业创新。在发展新兴产业和先进服务业的同时，大力推进“意大利制造”的发展，特别是集中发展这些产业价值链中的高端，即高附加值的部分；再次，改革劳动力市场，使之变得更为灵活；同时，促进养老金制度的改革和提高公共管理部门的效率。

表 1　2007—2010 年资源和资源利用的经济账目　（单位：百万欧元）

	2007 年	2008 年	2009 年	2010 年
按当年价格计算				
按市场价格计算的国内总产值	1546177	1567761	1519702	1548816
进口物资与服务（到岸价格）	451936	461273	368682	442163
总资源	1998114	2029034	1888384	1990979
国内总消费	1211727	1245527	1238548	1263509
固定资本投资	327908	325507	289680	301286
储备变化与库存	7469	5086	-4424	8845
价值物品	2774	2370	2131	2611
出口物资与服务（到岸价格）	448237	450543	362449	414728
资源使用总计	1998114	2029034	1888384	1990979
按 2000 年不变价格计算				
按市场价格计算的国内总产值	1288953	1271897	1205536	1221159
进口物资与服务（到岸价格）	375442	358817	309590	341998
总资源	1662693	1629016	1512538	1559224
国内总消费	1010565	1006071	994953	1000509
固定资本投资	274853	264338	232970	238817
储备变化与库存	-	-	-	-
价值物品	2774	1190	1031	1019
出口物资与服务（到岸价格）	370594	354669	289423	315823
资源使用总计	1662693	1629016	1512538	1559224

资料来源：ISTAT，Italia in cifre 2011. P. 20。

二　战后经济发展特点与变化

1. 国家干预与市场自由化

国家干预对任何资本主义国家都是重要的。但是，由于国情不同，各国经济对国家干预的广度、深度、强度以及干预手段和形式，却有不同的要求。意大利早在 13 世纪就出现了资本主义生产关系萌芽，但由于地理大发现和世界商业航路的变迁导致意大利商业和经济的衰落，再加上长期分裂和异族占领，使得意大利资本主义生产发展很不充分，私人资本力量十分薄弱。这一特点迫使意大利垄断资本在其成长过程中不得不借助国家力量的支持。特别是在意大利工业化进程中，国家干预所发挥的作用尤为突出。

在意大利工业化进程中，国家对经济的干预是由浅到深、由简单到复杂、由小范围到大规模、由

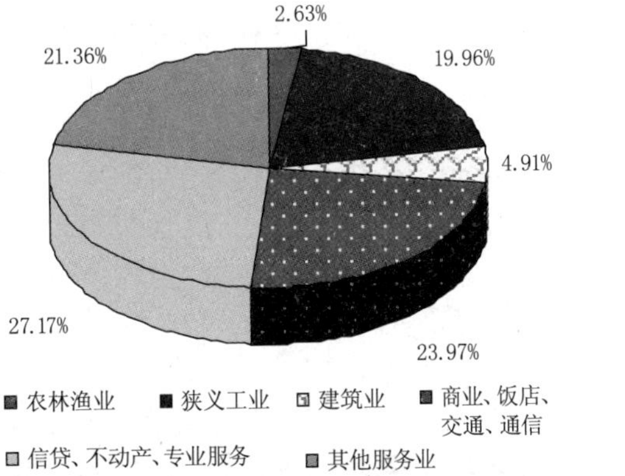

图 1　意大利国内生产总值构成（2010 年，%）

资料来源：作者根据意大利国家统计局（ISTAT）公布的 2010 年数据编制。

低层次向高层次、由单项目标向综合目标不断发展的。到第二次世界大战后，国家干预在意大利经济中无所不在，不仅对经济周期、产业结构、工业分布、价格构成、劳动市场进行干预，而且对市场竞争秩序、对外竞争格局等进行调节。国家为干预经济颁布了无数条法规，建立和完善了国家参与体系和公有经济体系，而且使政府预算达到了惊人的规模。政府每年通过税收及社会缴纳将国民收入的1/3转变为政府财政收入，又以财政支出的形式，对公共部门大量拨款、投资，对私人部门大量补贴、资助和提供贷款以刺激投资和生产，并大力推行公共采购和社会福利以刺激需求。政府财政支出占国内生产总值的比重，20世纪60年代为30%；20世纪70年代末达40%—50%。到1989年，这一指标仍然超过40%。

20世纪80年代上半期，受两次石油危机的冲击，西欧国家经济增长缓慢，失业率居高不下；与此同时，面对美日在高科技方面的优势，西欧明显处于落后地位；此时，欧洲共同体内部也出现了一些离心倾向，成员国对各自市场采取了保护措施。为了走出困境，不使西欧地位衰落，1985年6月在米兰召开首脑会议期间，欧共体委员会主张加快欧洲经济一体化进程，并正式提出了关于建设内部统一大市场的白皮书，提出要在欧共体内部建立“无国界”的统一大市场，真正实行人员、商品、资本、服务的自由流通。要实现这一目标，就需要开放边界、消除技术障碍和财政障碍，要减少国家干预，实现市场自由化。特别值得一提的是，开放公共采购领域。公共采购是国家干预的最重要的手段之一。1986年由公共部门（中央和地方政府、政府的所属机构以及拥有垄断性特许权的企业）所控制的采购价值达5300亿欧洲货币单位，相当于共同体国内生产总值的15%。绝大部分的公共采购项目仅限于各国内部进行，只有占总额很小的部分给予欧共体其他成员国的公司。1988年3月，欧共体委员会通过一项法令，对价值在20万欧洲货币单位以上的公共采购实行自由化，1989—1992年，把公共采购指令的适用范围先后扩大到电信、能源、电力、供水、天然气输送网络等部门。为了推动各成员国间的竞争，欧共体先后决定开放银行业、证券交易业和保险业等金融服务市场，开放电信设备、电信服务市场，实现海运、陆运和空运市场自由化。作为欧共体成员国，意大利执行了上述一系列市场自由化措施，使得国家干预程度大大下降。

2. 公有企业与私有化

公有企业是国家垄断资本主义重要的组成部分，也是政府干预经济的重要手段。意大利的公有企业可分为“直接公有”和“间接公有”。所谓“直接公有企业”就是资本完全属于国家和公共部门，由中央政府和地方政府直接经营的企业；而“间接公有企业”实为国家参与制企业，即政府通过投资、购买私人企业的股权或向私人企业出让股权而建立起来的国家控股公司系统，它是意大利国家垄断资本主义的特殊形式。在意大利，公有企业有着悠久的历史，但它的发展与完善是在第二次世界大战以后。为了挽救1929年世界经济危机引起的银行体系的危机，1933年国家创立了工业复兴公司（IRI，即伊里公司）。起初它只是一个一般的金融持股公司，后来逐渐发展成为控制许多金融持股公司的总公司。该公司在战后得以保留和发展，说明公有企业在意大利国家干预经济方面的作用发生质的飞跃，开始由特殊的干预手段升级为重要的调节工具。1953年国家成立了碳化氢公司（ENI，即埃尼公司），该公司控制着石油化学工业部门的许多企业，是一个规模仅次于工业复兴公司的国家控股公司。1957年，在政府中设立了国家参与部，专门协调管理国家控股企业。根据国家1958年5月颁布的第574号、575号和576号法律，意大利先后成立了采矿企业管理自治公司（EGAM）、电影管理自治公司和温泉管理自治公司（EAGAT）。1962年，为了促进南方工业发展，成立了制造业投资公司（EFIM即埃菲姆集团）。同年，意大利实现了电力工业国有化，成立了全国电力公司（ENEL）。1971年成立了国家工业股份管理公司（GEPI），这是一家由国家控股，专门对危机企业进行改造的“企业病医院”。国家还在著名化学集团蒙特爱迪生公司参股，使该集团成为公私合营最典型的范例。战后，公有企业在邮电、通信、煤气、铁路和航空等部门处于绝对垄断地位，在钢铁、能源和造船等部门也占有极大比重。据1972年统计，意大利公有企业投资占全国总投资的30%；占总生产的11.5%。在工业部门，公有企业的投资和生产占全国工业总投资和生产总量的1/3

左右。在动力部门，公有企业这两项指标分别占全国总额的80%和40%。在运输部门这两项指标分别为75%和60%。此外，意大利的公有银行及公有信贷机构几乎控制了全国所有的信贷和金融业务。在“经济奇迹”时期，以国家参与制企业为主力的意大利公有企业发挥了重要作用。它们为战后经济恢复以及基础工业和重化工业的建立与完善作出了重大贡献；为经济奇迹的出现提供了能源保证，为维护资本主义秩序、缓和社会矛盾发挥了有力的作用。但是在执行国家经济发展战略和推行国家经济政策时，公有企业承担了国家的政策性亏损。由于种种原因，国家参与制企业的亏损越来越严重，给国家财政造成了巨大的负担。同时，它们以往的不少功能已逐渐丧失（例如吸收劳动力等）。在此情况下，自20世纪80年代开始，意大利政府对国家参与制企业进行了深刻的结构性改革。《单一欧洲法令》的颁布和《欧洲联盟条约》的签订，加快了意大利公有企业改革的步伐。1992年是意大利公有企业改革发生转折的关键一年，改革重点由国家参与制企业开始扩大到国家自治公司和国有化企业，即将它们中大部分改为股份公司，股份先为国库部所有，而后根据情况可部分售出。1993年决定清算制造业投资公司（EFIM）。同年决定撤销政府内阁中的国家参与部。1992—2001年，意大利实现私有化共计1120亿欧元，其中由国库部直接操作的有650亿欧元，由伊里公司和埃尼公司直接操作的分别为420亿欧元和50亿欧元。其私有化收入规模仅次于英国，远远超过法国、德国、西班牙等国家。

截至2011年8月，由政府经济与财政部直接控股和独资的企业有31家，分别是：

意大利航空公司(49.90%)

意大利电力有限公司(Enel,31.24%)

埃尼公司(ENI,经济与财政部参股3.93%,由国家控股的储蓄信贷银行参股26.4%)

机械投资公司(Finmeccanica S. p. a. ,30.20%)

国家吸引投资和企业发展公司(Agenzia Attr. Invest. Svil. Impresa S. p. a. ,100%)

国家公路自治公司(ANAS S. p. a,100%)

艺术、文化与戏剧发展公司(ARCUS S. p. a. ,100%)

储蓄与信贷银行公司(Cassa Depositi e Prestiti S. p. a. ,70%)

光辉电影城公司(Cinecittà Luce S. p. a. ,100%)

科尼服务公司(Coni Servizi S. p. a. ,主从有关奥林匹克运动相关组织活动,100%)

孔萨普公司(Consap S. p. a. ,购买不动产担保与团结基金,100%)

孔西普公司(Consip S. p. a. ,信息服务转让公司,100%)

2015年世界博览会公司(Expo 2015 S. p. a. ,40%)

埃纳夫公司(ENAV S. p. a. ,提供航空飞行调度服务,100%)

EUR公司(经济与财政部参股90%,罗马市10%,主管罗马EUR区物业)

国家铁路公司(Ferrovie dello Stato S. p. a. ,100%)

芬台克纳公司(Fintecna S. p. a. ,100%)

GSE S. p. a. (100%)

意大利印钞造币公司(Istituto Poligrafico e Zecca dello Stato S. p. a. ,100%)

意大利劳动公司(Italia Lavoro S. p. a. ,100%)

意大利邮政公司(Poste Italiane S. p. a. ,100%)

意大利广播电视公司(RAI Radio Televisione Italiana S. p. a. ,99.56%)

南方高速公路网公司(Rete Autostrade Mediterranee S. p. a. ,100%)

SACE S. p. a. (主从意大利企业对外贸易和投资保险服务业务,100%)

Sicot S. r. l. (100%)

退休基金市场发展公司(Società per lo Sviluppo del Mercato dei Fondi Pensione S. p. a. ,56.01%)

SOGEI S. p. a. (主从信息通信技术服务业务,100%)

SOGESID S. p. a. (主从对本国土地和海洋可持续发展进行整体干预业务,100%)

SOGIN S. p. a. (主从核能设备管理,100%)

意法半导体控股集团(STMicroelectronics Holding N. V. ,50%)

发展研究责任有限公司(Studiare Sviluppo S. r. l. ,100%)。

另外,经济与财政部还在意大利投资基金公司(Fondo Italiano d' Investimento SGR S. p. a.)参股

12.5%。

3. 中小型企业与产业区、集团化

意大利有98%的经营单位是中小企业，其中雇员不超过10人的小企业占全国企业总数的95%，占全国雇员总数的47%；雇员人数在10—250人的企业占雇员总数的33%；而超过250人的企业仅占雇员总数的20%。意大利的中小企业在进出口贸易中扮演着重要角色，有98%的企业拥有海外业务，在全国出口总额中的比重超过50%。意大利中小企业部门分布较广。在意大利工业联合会研究中心列出的116个工业部门中，以中小企业为主的就有95个，中小企业比重最大的部门是机械、纺织服装、食品加工、木器家具，以及部分化工和非金属矿产加工工业。意大利中小企业发展具有鲜明的特点：①实现了高度专业化。经过多年的发展，意大利形成了70多个中小企业工业区，那里或实现了产品专业化，或实现了零部件专业化，或实现了生产工序专业化，使中小企业获得了外部规模经济效益。②建成了完善有效的社会化服务系统。

专业化生产模式，对于中小企业取得“零部件规模经济”效益和“地区规模经济”效益，增强群体实力，大有好处。但是，这种模式只是促进了中小企业间的分工协作，在产权和风险责任上，中小企业之间并无直接和紧密的联系。随着经济全球化进程不断深化，中小企业面临的风险也在增多。为了壮大自身实力、更有效地抵御风险，越来越多的中小企业开始交叉持股，走上集团化道路。根据意大利国家统计局公布的数据，2009年，意大利共有企业集团8万多个（比上一年度增加了5%），囊括企业18.3万个（占全国企业总数的4.1%），雇员570万人（占企业雇员总数的1/3）。由同一地区企业组成的集团，平均雇员人数为61，由不同地区企业组成的集团平均雇员人数为148。

意大利中小企业的贡献还突出表现在“意大利制造”（Made in Italy）方面。一般来讲，人们最熟悉的“意大利制造”是那些拥有世界顶级品牌，集高级材料、精湛工艺和优秀设计为一体的奢侈品，例如，人们接触最多的服装、手包、皮鞋、珠宝类奢侈品牌有：范思哲（Versace）、古奇（Gucci）、普拉达（Prada）、阿玛尼（Armani）、菲拉格莫（Salvatore Ferragamo）、芬迪（Fendi）、杰尼亚（Zegna）、瓦伦蒂诺（Valentino）、宝格丽（Bulgari等；还有运动员和富豪们喜爱的顶级跑车法拉利（Ferrari）、豪华游艇丽娃（Riva）和费雷蒂（Ferretti）等。在奢侈品输出国中，意大利是主力国家之一。例如，2010年意大利服装类顶级品牌产品的外销十分兴旺，出口持续扩大，仅对俄罗斯的出口就增长了36%。2008年，在中国帆船和游艇的市场份额中，意大利占了36%，已经超过美国，占据中国该市场的头把交椅。

实际上，“意大利制造”不仅仅限于奢侈品，更多体现在细分行业的领军企业中。从自动化产业到航天航空生产部门，从生物制药到化学工业，从农产品加工到木材加工，还有各种加工机械，都有相当一部分中小企业担当着细分行业的“老大”，其产品享誉世界。

总之，“意大利制造”的特点是将传统文化与现代创新相结合，将精细的手工制作与技术领先的机械相结合，将追求个性与高品位生活相结合，将典雅与实用相结合，以信誉和质量为保障。“意大利制造”是意大利的骄傲，更是该国中小企业创新理念和合作精神的体现。

4. 二元经济与区域发展

意大利经济发展不平衡，南北差异巨大，落后地区分布集中，面积广大，发达地区和落后地区正好将国家分成南北两半。罗马以南30公里处与东部佩斯卡拉的连接线成为发达的北方与落后的南方的分界线。南方地区包括8个大区：阿布鲁佐、莫利塞、坎帕尼亚、普利亚、巴西里卡塔、卡拉布里亚、西西里和撒丁，占国土面积的40%，全国人口的38%。意大利国民经济在地区发展方面表现出来的“二元经济”比欧洲其他发达国家更为明显。1960年，各国发展水平最高的地区与最低的地区人均国内产值的比率，意大利为3:1，而荷兰只有1.3:1，英国1.8:1，法国和比利时为1.9:1，原联邦德国2.1:1。造成这种地区发展不平衡的原因是多方面的：①南方自然条件较差；②南方封建残余势力较强；③资本自身的运动规律是造成意大利南北差异的根本原因。

意大利历届政府为解决南北方经济发展的严重不平衡采取了许多措施，特别是在战后。1950年8月10日，国家颁布第646号法律，决定成立“南方公共事业特别工程基金局”，简称“南方基金局”。这对于南方开发，促进南方工业化发展具有十分重要的意义，它标志着政府对南方进行大规模特别干预的开始。根据1953年7月19日共和国总统令，政府内开始设立主管南方基金局工作的不管部部长一职。1959年3月18日第101号法律又决定成立南方开发部长联席会，南方基金局则成为一个专门提供和执行资金保证的执行机构。

经过30多年的努力，南方经济发生了一些明显的变化，如人均基础设施、饮食等消费水平接近北部和中部地区，但从发展水平来看，南北差异依然严重存在。1984年8月意大利议会否决了有关延长南方基金局使命的提案，政府不得不发布政令，清算南方基金局。1986年，根据第64号法令，撤除南方不管部，成立南方司，协调有关南部地区的发展政策。同时成立了国有南方发展促进公司，负责具体项目实施的管理业务。1993年，意大利南方被列为“落后或发展缓慢的地区”，接受欧盟支持。与此同时，意大利决定取消国家对南方的特别干预，清算国有南方发展促进公司。

1988年欧共体决定，在1989年1月1日正式启动结构基金，以支持成员国经济落后地区的发展，以缩小与发达地区的经济和社会差距。结构基金主要用于加强交通、能源、通信、供水、环保等基础设施建设，培训专业人才，发展科研，建立和完善销售网络。1994—1999年，结构基金又向经济落后地区提供了1597亿埃居（约合2076亿美元）的援助，其中意大利得到216.8亿埃居，占13.6%，按这一时期获得结构基金的多寡排列，居第三位，仅次于西班牙和德国。在20世纪最后10年，意大利共获得结构基金援助335亿埃居，55%的居民受益，其中36%为南部居民，受益于目标1（对GDP低于欧盟平均水平75%的落后地区的援助）；19%为中—北部居民，受益于目标2（对出现结构性困难的地区进行经济和社会转型的支持）和目标5b（对与上述两个情况相似的小块困难地区的支持）。

在2000—2006年欧盟结构基金计划中，意大利从目标1受益的大区由8个减少到6个（坎帕尼亚、普利亚、巴西里卡塔、卡拉布里亚、西西里和撒丁），其他14个大区也都从目标2和目标3受益。在这一时期，意大利共获得53.52亿欧元。2007年，欧盟启动了新一轮结构基金计划（2007—2013）。目标仍是三个，但字句和内涵都有所变化，目标1为支持趋同和促进竞争力的加强（仍是对落后地区的主持），意大利受益大区减少到4个（坎帕尼亚、普利亚、卡拉布里亚和西西里），可获得212.1欧元的援助。目标2为增强区域竞争力与增加就业（综合了原目标2目标3），意大利所有其他16个大区都有资格申请项目，可获得53.52亿欧元的援助。目标3为支持欧洲地区合作，包含了欧盟跨区域合作（Interreg）创意的目标，即欧洲地区结成共同项目合作伙伴，意大利受益者主要是与其他成员国交界的地区，可获得援助8.46亿欧元。

经过20年的援助，意大利南方地区有了一定的变化，其中阿布鲁佐、莫利塞、巴西里卡塔和撒丁4个大区的GDP已经超过欧盟平均水平的75%，阿布鲁佐、莫利塞和撒丁的就业率接近全国平均水平。但是它们与意大利北部的差距依然明显。

表2　意大利南方8个大区的差距

大区	人均GDP与欧盟27个成员国平均水平之比(2008)	失业率(2010)	就业率(2010)
阿布鲁佐	85	8.8%	55.5%
巴西里卡塔	76	13.0%	47.1%
卡拉布里亚	66	11.9%	42.2%
坎帕尼亚	66	14.0%	39.9%
莫利塞	80	8.4%	51.1%
普利亚	67	13.5%	44.4%
撒丁	79	14.1%	51.0%
西西里	66	14.7%	42.6%
意大利	104	8.4%	56.9%

资料来源：http://it.wikipedia.org/wiki/Questione_meridionale。

三　产业部门

（一）农业、牧业、渔业

1. 农业　意大利农业生产有着悠久的历史。勤劳的意大利人民开发这块土地已长达3000多年。早在1000多年以前，人们就已经开始在波河上游流域开拓荒地和兴建灌溉工程。波河下游一带，包括威内托大区和艾米利亚—罗曼涅大区，开发较晚，仅有100多年的历史。1870年，意大利实现完全统一时，农业灌溉面积已有300多万公顷，相当于全国农业和林业面积的1/10。在此后的100年间，农业灌溉面积又增加了1倍以上。20世纪初意大利进入垄断资本主义阶段后，它的经济仍然以农业为主，农业人口占全国人口的一半以上，农业部门在国内总产值中的比重在40%以上。由于肥沃的可耕地不足，耕作技术落后，意大利的粮食不能自给。20世纪20年代，全国对小麦的需求量每年为7000万—8000万公担，其中1/4依赖进口。每年进口小麦的开支相当于意大利外贸逆差的一半。法西斯政权为了推行对外扩张的政策，采取了一系列自给自足的经济措施，其中“为小麦而斗争”的运动便是其中的重要措施之一、到1930年，在耕地面积基本没有扩大的情况下，小麦总产量超过了8000万公担，基本取消了小麦进口。“为小麦而斗争”的运动虽然增加了小麦产量，但在耕作制度和生产结构上，并未把意大利的农业推向前进，没有促使农业向混合耕作转变，没有促进动物产品的发展。恰恰相反，这一运动进一步扩大了粮食生产的比重，加剧了从谷物到谷物的简单循环。

第二次世界大战结束以后、无地和少地的农民（特别是南方地区的农民）要求分得土地的呼声很高。为了缓和阶级矛盾，意大利政府于1950年制订了关于土地改革的法律。到1960年为止，将61.8万公顷的土地分配给了10.9万农户。土地改革的结果，虽然使阶级矛盾得到一定程度的缓和，但是小农场的增多；使农业部门总的经营效益下降。农民在土地改革中分到的土地多是零碎地块，且又贫瘠低产，因此，这些在土改中新出现的农场一般生产效率较低。1953年在实行了土改的地区，农民分得的土地每公顷销售值仅为本地区每公顷平均销售值的57%。

为了促进农业的发展，以适应工业化进程的需要，20世纪60年代，意大利政府推行了两个“绿色计划”，即农业发展五年计划。第一个“绿色计划”的总目标是增加农业部门的收入。为此，政府决定向农民提供了优惠贷款。平原地区的大农场一般把贷款用于农业生产水平的提高上，而山地丘陵地区的小型农场则多把贷款用于住宅建设上。小型农场即使把优惠贷款用于购置农业机械、其效果也大大低于大型农场。大型农场采用机器后所需劳动力减少，生产成本降低；而小型农场采用机器后。一方面使农场主减少了劳动时间，加剧了半失业状况，另一方面由于机器利用率较低，造成了生产费用的增加和收入的减少。

根据第一个“绿色计划”的教训，第二个“绿色计划”的做法有所不同。它改变了向各类农场平均提供援助的做法。压缩向小型农场的优惠贷款，同时压缩用于非生产方面的贷款，以有效地增强生产能力。第二个“绿色计划”的结果，使小型农场数目减少，大型农场得到加强。1961—1970年，拥有耕地50公顷以上的较大农场经营总面积增加了76.57万公顷，它们在各类农场总面积中的比重由36.44%上升到41.69%；50公顷以下较小农场的经营面积减少了22.73万公顷，其中10公顷以下小型农场经营面积减少了147.86万公顷，它们在各类农场总面积的比重由50.41%下降为44.93%。1963—1970年，农业机器设备和农产品产量有明显增加，农业劳动力大大减少；农业销售值增加29%，农业增加值增加21.8%，农业纯收入增加19.2%；农业机器设备增加53.6%；农业就业人口平均每年减少51.9%。

欧洲共同体共同农业市场的形成，对意大利农业产生了深刻影响。第一，意大利和共同体各国的农产品贸易明显增加。1956—1967年，意大利农产品向共同体其他成员国的出口增长109%，与此同时，从共同体各国进口的农产品增长了202%。第二，共同市场的形成，使成员国农产品的竞争日趋激烈，从而刺激了意大利农业生产率的提高和农场结构的改善。

随着工业化进程的不断深入，意大利农业增加值的比重逐年下降，2010年为2.63%，农业就业人口也在不断减少，2010年为140万人；农场数目和总体面积在减少，虽然仍然以家庭农场为主，但平均面积有所增加。意大利农场的55%集中在南部，北部和中部分别占28%和17%。

不同的气候和地形条件、多种类型的土壤和耕作传统使意大利的农作物生产多种多样。小麦和玉米是主要谷类作物，大麦种植日益增加。意大利是欧洲最大的稻米生产国，2008年大米产量为1400万公担，皮蒙特大区和伦巴第大区生产的稻米占全国同类产品的95%以上。番茄、豆类和蔬菜也是意大利主要农产品之一。葡萄、橄榄和柑橘是最常见和最出名的水果。其他水果，如苹果、梨、杏、桃、李子、樱桃、草莓等也占有十分重要的地位。甜菜主要用于工业，为制糖工业提供原料。全国广泛种植园艺作物，其中以番茄最为重要。温暖的气候和暖房的广泛使用使花卉栽培业得到了迅速的发展。

意大利使用化肥和杀虫剂水平，在20世纪50—80年代呈现不断上升趋势，随着环境保护意识的增强和对绿色食品需求的增长，自20世纪80年代中期以来，化肥和化学杀虫剂的使用量逐年减少。2009年，意大利施用杀菌剂73147吨，比2004年减少9292吨；施用杀虫剂27542吨，减少1765吨；施用除草剂25680吨，减少66吨。

表3　意大利农业指标的地区比重(2008)

	北部(%)	中部(%)	南部(%)	意大利
农场(万个)	27.1	16.2	56.7	163*
劳动人口(万人)	34.7	17.4	48.0	127.2
产值(百万欧元)	52.1	15.3	32.6	40872
增加值(百万欧元)	48.0	14.7	37.4	23874
劳动成本(百万欧元)	34.8	21.4	43.8	3310

注：*有的农场主拥有多个农场。

资料来源：意大利国家统计局：《意大利统计数据(2011年)》。

表4　　2009年只要农作物种植面积

（单位：千公顷）

作物名称	种植面积	作物名称	种植面积
玉米	916	油料作物	284
软小麦	568	蔬菜	475
硬小麦	1254	葡萄	799
甜菜	61	橄榄	1147
薯类	71	饲料类作物	2005
柑橘及其他水果	632		

资料来源：意大利国家统计局：《意大利统计数据(2011年)》。

2. 畜牧业和渔业

意大利畜牧业具有悠久历史。战后，意大利政府采取了一系列措施，推动饲养业的发展。例如，1957年拨款50亿里拉，设立了发展饲养业的专用基金；免征育种牲畜的进口关税；1959年还制订了肉类产品的最低价格；加强对饲养业技术的指导等。为此，50多年来，意大利饲养业有了很大发展，1994年意大利肉类产量为403万吨，居世界第八位。2008年，意大利畜类肉产量为3909.9万公担，禽类肉产量为1237.1万公担，牛奶12115.7万公担，干酪1211.2万公担，鸡蛋731.9万公担，剪羊毛9217.1万公担（2007年）。

意大利虽然三面临海、海岸线很长，而且渔业具有悠久历史，但渔业并不发达。2007年，水产品产量仅为37444公担，比2004年（51472公担）减少了14028公担。因此，捕鱼量不能满足国内的需求，还须依靠进口水产品。

（二）工业

1. 概述

意大利是最早产生工场手工业和资本主义生产关系萌芽的民族，但它并未能成为第一个资本主义工业民族。14—15世纪，意大利北方一些城市出现了带有资本主义性质的发达手工业。但由于地理大发现和随后出现的欧洲经济中心大转移，意大利的商业和手工业开始走下坡路。意大利长期处于分裂状态，16世纪后处在外族统治下达300年之久。种种的历史原因使意大利不仅缺乏早期的资本积累，还处于早期世界市场牵动的边缘。19世纪60年代，即是英国工业革命结束之时，也是意大利实现民族国家的初步统一之时。此时，工业革命才真正在意大利国内广泛展开。直到19世纪晚期，意大利的工业革命才告结束。

由于工业革命完成较晚，意大利的工业革命与工业化进程紧密地联结在一起。1870年，意大利最终完成民族统一大业，正值整个资本主义世界重工业和交通运输大发展时期。19世纪末20世纪初，意大利重工业发展出现长足发展，垄断资本统治得以确立。在两次世界大战的刺激下，意大利工业，特别是与军工相关的部门和企业出现了异常的活跃和惊人的发展。尽管如此，二战结束时意大利的农业就业人口仍然多于工业就业人口，属于欧洲最贫穷的国家之一。

二战后，意大利选择了共和制和开放经济发展道路，同时，在美国“马歇尔计划”的帮助下，意大利工业得到较快恢复。1948年，主要的工业部门产值超过了战前水平。1958年，意大利的工业就业人口首次超过工业就业人口。1950—1963年期间，意大利工业生产年均增长9%以上。工业的大发展，不仅促使意大利经济在这一时期出现了发展“奇迹”，而且使它得以迅速跻身入西方七大工业国之列。以钢铁、机械、化学和电力四大基础工业发展水平来看，1962年，在西欧市场上，意大利已占这四类产品的16.1%，已接近法国（19.3%）。

意大利工业发展具有鲜明的特点：第一，由于工业发展所需要的能源和原料大多依赖进口，因此它的工业具有明显加工出口特点，机械、纺织服装、皮革鞋袜等是意大利最主要的出口创汇工业部门。第二，意大利是个技术中等国家。1981 年，在它的工业部门中，产品技术含量高的仅占企业总数的 4.9%，产品技术含量中等的企业占 9.3%，而其余 85.8%的企业生产的是技术含量低的传统工业产品。最近 20 年，尽管意大利增加了对高新技术开发的投入，并大力发展能源工业、航天航空工业和信息技术工业，但它更多关注的是将新技术引入传统工业部门。第三，如前所述，意大利工业发展在地区分布方面很不平衡。20 世纪 70 年代以前，工业生产主要集中在位于西北部的都灵—米兰—热那亚工业三角区。70 年代中期后，以轻型工业化道路为特点的东北部和中部经济蓬勃发展，改变了当地的落后面貌。但是，南方工业的发展处于相对落后的局面仍没有得到较大改观。2010 年，意大利工业产值在全国 GDP 中的比重下降到 24.87，其中狭义工业为 19.96%，建筑业为 4.91%。

2. 主要工业部门

采掘业与能源工业　矿产采掘业主要分为三个方面：能源资源开发、金属矿产开发和非金属矿产开发。意大利的能源资源相当贫乏。它的煤炭储量极少，而且品位很低。1979 年，全国煤炭产量曾达 212.3 万吨，而后，由于储量小，开采成本高，产量逐年减少。自 1999 年开始，煤炭生产停止。意大利的石油储量也很少，直到 20 世纪 50 年代才在阿布鲁齐、马尔凯等地发现一些小油田，在西西里岛东南部的杰拉地区发现较大油田。1997 年，意大利的原油产量曾达 589.2 万吨，以后逐年减少，2001 年为 404.5 万吨。意大利曾在 20 世纪 20 年代在波河流域发现天然气田，但直到 1944 年，意大利阿吉普公司在米兰附近的卡维阿杰再次发现较大天然气田，波河流域的天然气勘探工作才真正开展起来。1997 年，全国天然气产量为 191.2 亿立方米，而后也逐年下降，2001 年为 154.4 亿立方米。意大利本国出产的原油和天然气自给率很低，2001 年分别为 4.4%和 21.9%。意大利的石油和天然气勘探、开采技术居世界前列。意大利的金属矿产品种不多，主要有铅、锌、锰，产量不高，且逐年下降。1997 年，铅的产量达 17630 吨，2001 年降至 4016 吨。同期，锰的产量由 2128 吨下降到 803 吨。1997 年，锌产量为 15416 吨，次年降至 5242 吨，自 1999 年开始停止生产。

表 5　1986—2001 年意大利与欧盟其他成员国狭义工业部门生产总体年均增长率比较（%）

国家	1986—1990 年	1991—1993 年	1994—1995 年	1996—1999 年	2000 年	2001 年
意大利	3.3	-1.4	6.2	0.7	4.8	-1.3
德国	3.2	-2.7	2.0	2.5	6.2	0.3
法国	2.6	-1.7	3.3	3.0	3.5	0.9
英国	2.4	-0.3	4.1	1.0	1.6	-2.1
比利时	3.8	-2.5	4.2	2.3	5.5	-0.9
丹麦	1.6	0.1	7.4	2.7	6.3	1.5
希腊	0.6	-1.8	1.4	3.6	5.1	0.3
西班牙	2.9	-3.2	6.2	3.4	4.4	-1.4
爱尔兰	7.5	6.0	16.1	14.9	15.4	10.3
卢森堡	3.3	-1.6	3.1	3.9	5.0	3.2
荷兰	1.9	0.1	3.9	1.7	3.8	-0.9
奥地利	4.0	-0.5	6.8	5.3	8.9	0.2
葡萄牙	6.2	-1.6	2.2	4.1	0.5	2.4
芬兰	2.5	-1.0	8.7	6.6	11.5	-1.1
瑞典	3.3	-2.6	9.7	3.4	7.9	-0.7
欧盟	3.0	-1.7	4.2	2.5	5.0	-0.2

资料来源：意大利工业家联合会研究中心（CSC）：《2002 年意大利工业报告》，第 15 页。

表 6　　1996—2001 年意大利与欧盟部分成员国工业部门年均增长率比较（%）

部门	欧盟	意大利	德国	法国	西班牙	英国	芬兰	爱尔兰
电子	8.8	-4.0	10.8	10.2	-3.8	8.3	27.7	9.9
小汽车	5.8	0.2	7.4	7.5	5.7	0.2	7.0	13.2[a]
精密仪器	4.4	2.0	5.5	0.8	1.2	0.9	9.2	24.8
化工	4.0	0.7	2.6	3.5	2.3	2.5	3.4	26.2
电子仪器	3.7	-1.2	3.9	2.9	5.3	-0.4	7.0	22.4
其他交通工具	2.5	1.5	0.5	3.6	6.5	4.2	-1.1	
橡胶与塑料加工	2.5	1.4	2.5	3.9	5.6	-0.8	4.3	-0.1
狭义工业部门	2.4	1.1	2.7	2.7	2.7	0.6	6.0	14.2
金属加工	2.4	1.3	3.0	3.4	1.6	-0.7	4.6	2.7
电力能源生产	2.2	3.1	0.7	2.0	4.5	2.3	2.8	5.5[b]
机械制造	2.1	1.0	3.4	1.0	3.8	-3.2	5.1	
机械仪器与电力仪器	2.0	1.8	2.4	2.9	3.9	-0.6	3.2	-0.7[c]
纸张、印刷、出版	1.9	2.5	2.1	2.4	2.7	-0.3	1.9	9.7
食品与饮料生产	1.3	1.7	0.9	1.4	1.7	0.2	1.9	3.9
木材加工、家具和装饰	1.1	2.6	-1.0	1.8	0.7	0.3	3.9	7.1[d]
玻璃与陶瓷生产	1.0	2.1	1.2	0.5	0.7	-0.9	3.9	5.3[e]
冶金业	1.0	-1.1	1.4	1.5	3.1	-2.5	4.6	-2.6
基础建设材料	0.2	2.9	-3.4	1.2	5.2	1.4	-	
炼油业	-0.3	0.8	-0.3	1.2	-0.6	-3.7	0.4	-
采掘业	-0.6	-0.3	-4.3	-0.6	0.5	0.6	0.5	1.4[f]
纺织	-1.5	0.1	-2.2	-3.0	-1.8	-5.6	2.7	-0.5
皮革、制鞋	-2.5	-2.1	-3.5	-5.8	1.9	-3.9	-3.3	-7.3
服装	-4.6	0.2	-8.0	-12.9	2.0	-7.5	-4.3	-10.4

注：a. 包括交通工具。b. 包括水的引入、处理和分配。c. 包括机械制造。d. 不包括家具和装饰。e. 包括基础建设材料。f. 包括铀矿和钍矿的开采。

资料来源：意大利工业家联合会研究中心（CSC）：《2002 年意大利工业报告》，第 18 页。

表 7　　意大利专利所占比重与主要发达国家比较（%）

国家	电子部门	化学部门
意大利	2.7	2.9
英国	4.4	7.5
法国	8.5	7.4
德国	16.1	19.9
日本	31.5	19.7
美国	36.5	42.3
其他国家	10.3	0.3
全世界	100.0	100.0

资料来源：意大利生产活动部：《2002 年意大利工业报告》。

意大利的炼油能力和技术居世界前列。2001 年，意大利通过加工原油生产的汽油为 2088.8 万吨，柴油 3675.6 万吨，燃料油 1349.1 万吨，其他产品 1532.6 万吨。同年，意大利通过加工煤生产的焦炭为 473.8 万吨。2000 年，意大利全国发电量共计 2682.24 亿度，其中 70% 为火力发电。意大利水力发电资源丰富，技术名列世界前茅，2000 年水力发电占全国发电量的 22%。20 世纪 80 年代以来，为了降低对外部石油的依赖，同时为了保护环境，意大利大力促进替代能源的研究和开发，新能源的发电量占全国发电量的比重逐步提高，2003—2008 年，意大利新能源发电量由 479.67 亿千瓦小时增加到 597.2 亿千瓦小时，其中，水力发电由 366.7 亿千瓦小时，增加到 416.23 亿千瓦小时，风能发电由 14.58 亿千瓦小时增加到 48.613 亿千瓦小时，光伏发电由 500 万千瓦小时增加到 1.93 亿千瓦小时，地热发电由 53.4 亿千瓦小时增加到 55.2 亿千瓦小时，生物质和垃圾发电由 44.93 亿千瓦小时增加到 75.23 亿千瓦小时。3 为了促进新能源工业发展，意大利出台了一些刺激政策。例如，从2008年起，意大利相继出台了多个光伏能源应用方面的刺激政策和法规，除了欧洲国家普遍采用的优惠上网电价回购政策外，还对光伏应用总成本提供高达20%的资金补贴，从而带动了意大利光伏市场容量的快速增长。其光伏电力安装规模居世界第三位，仅次于西班牙和德国。2010—2014年，意大利还为Terna工业计划追加了9000万欧元，这样一来该项目投资总额达到4.3亿欧元。与此同时，意大利经济发展部还将投资10亿欧元用于加大光伏发电规模，投入建设的设备已有7万多个。

冶金与机械工业　对于一个工业化国家来讲，冶金与机械工业无论在企业数目、雇员人数上，还是在创造产值、平衡外贸赤字等方面都具有十分突出的战略意义。1999年，冶金与机械工业部门有雇员在15人以上的企业6万多家，共有雇员160万人，占整个制造业雇员人数的37%，占全国就业人口的10%。同年，冶金机械部门营业额为700万亿里拉，创造增加值168万亿里拉占整个制造业的39.9%，占国内生产总值的18%。这一年，该部门出口额超过200万亿里拉，占意大利总出口额的50%，为平衡外贸预算作出重要贡献。

在冶金工业中，钢铁工业是最重要的部门。钢铁产量的高低曾是衡量一个国家工业化程度的重要标志之一。意大利既缺乏炼钢所需的焦炭，也缺乏铁矿砂，但战后它的钢铁工业发展十分迅速，其主要原因是：（1）国家对钢铁工业进行了大力干预，国家参与制企业芬西德公司控制了全国75%的钢铁生产；（2）炼钢技术的新发明大大提高了生产效率和产量，降低了生产成本，增强了意大利钢铁产品在国际市场上的竞争力；（3）加入欧洲煤钢共同体大大推动意大利的钢铁工业生产。自70年代中期起，意大利的钢铁生产超过了英国和法国，居西欧第二位，世界第六位。1982年，意大利的粗钢产量和热轧钢材产量在欧共体中的份额分别达到21.9%和21.5%。20世纪80年代以后，需求不足严重阻碍了西欧钢铁工业的发展，1987年欧共体钢铁工业年产量过剩3000万吨，就业人员过剩8万人。为此，意大利不得不同其他成员国一样，对钢铁工业结构进行必要的调整，在裁减工人和压缩产量的同时，削减普通钢的生产，加强新型特种钢的研制和生产。2007年粗钢产量达3150.6万吨，生铁产量1111.1万吨，不锈钢155.8万吨。

机械工业是一个门类十分庞杂的部门，据意大利统计局的调查，全国各个生产部门都已用上了机械和器械。近30年来，随着经济技术的不断发展，机械工业的结构也发生了很大变化，某些原来十分重要的行业失去了优势，而某些新兴行业占据了重要地位。目前，意大利机械行业主要包括有机床、系统设备、交通工具、航天航空设备、信息与设备与器材、电子机械等生产部门。在意大利的机械工业中，汽车工业是最重要的部门之一。意大利的小汽车设计享誉世界，它也是世界汽车生产大国之一，并以生产小汽车为主。2010年，生产小汽车57.32万辆，出口额为164亿欧元。意大利汽车工业基本上被菲亚特集团所垄断。2000年，无论从产量来讲，还是从出口数量来讲，菲亚特汽车公司（FIAT）及其其他控股公司生产的小汽车均占全国的95%以上。2008年，FIAT的小汽车销售量为215.25万辆，2009年销售量与上一年度基本持平，盈利为263亿欧元。

意大利的机床、机器人和自动化系统部门在机械工业中也占有重要地位。2010年，意大利机床、机器人、自动化行业产值达41.96亿欧元，相比2009年增长了2.5%；机床产品出口总额为26.04亿欧元，同比增加3%；机床产品的消费额为24.67亿欧元，同比增加了5.7%；国内市场消费15.92亿欧元，同比增长1.7%。意大利机床、机器人和自动化系统生产主要集中在意大利北部，其中49.4%的厂家集中在经济最发达的伦巴第大区，16.3%在艾米利亚—罗马涅大区，15.7%在威内托大区，11.2%在皮蒙特大区。从营业额来讲，伦巴第大区和皮蒙特大区分别占到33.3%和30.6%。从出口额来讲，皮蒙特大区所占份额最高，达全国同类产品出口总额的46.4%。意大利应用多功能机器人水平很高，2001年底，制造业使用机器人的密度为每1万个雇员拥有100多台机器人，其中汽车工业是使用工业机器人时间较早、密度较高的部门，达每1万个雇员拥有980台机器人。2010年，意大利机床、机器人、自动化行业显示了强劲的复苏势头，行业产值占世界第四，出口总额位列世界第三，再次确立其在世界机床行业中的领先地位。

同样，意大利纺织服装机械、皮革加工机械、石材切割和加工机械、制冷机械、陶瓷制作机械等不仅在机械工业中占有重要地位，也在世界享有盛誉。2001 年意大利纺织机械部门产值达35 亿欧元，居世界第二位。出口达 2.5 亿欧元，为产值的 71%。2009 年，意大利的纺织机械行业就业人口为1.4 万人，出口额达到 14 亿美元，出口收入占该行业工业收入的 80%。出口收入的一半来自于亚洲，其中中国是其十分重要的伙伴。意大利纺织机械向中国的出口占 21.5%，出口额达到 2.50 亿美元。意大利的石材产量和机械技术在世界的影响力也非常大，2008 年意大利石材机械出口额为 8.26 亿欧元。2009 年，印度超过美国成为意大利石材机械的第一大买家。同年，意大利出口加工石材 270 万吨，出口额 14.8 亿欧元。2008 年下半年爆发的全球金融危机，对意大利的实体经济产生了严重的冲击。尽管如此，2008 年意大利的陶瓷机械设备制造业依然巩固了其在全球的主导地位，全行业的出口贸易额达到 13.49 亿欧元，占当年该行业营业额的 73.9%。对欧洲市场的出口比重为 39.3%，排在第二的是亚洲和中东市场为 32.8%，美洲市场为 16.4%，非洲市场为 11.3%。

自 20 世纪 80 年代以来，意大利的电子部门发展迅速。电子部门的主要门类有：电子元件，计量与安全自动化，电子医疗器械，电信产品，信息产品，收音机、电视机和声学电子产品。2001 年，意大利电子部门国内市场营业额达 413.11 亿欧元，与 1996 年（214.35 亿欧元）相比增长了 92.7%。电子元件发展在 20 世纪 80 年代和 90 年代中期速度很快，1996 年国内市场营业额达到了 43.95 亿欧元，但自 1997 年开始急速下降，2001 年国内市场营业额降到了 24.5 亿欧元。电子部门的其他门类仍在不断发展，其中增长最快的当属电信产品和信息产品（主要是硬件产品）。1996—2001 年，电信产品的国内市场营业额由 72.07 亿欧元增加到 106.67 亿欧元，增长了 48%，信息产品由 42.32 亿欧元增加到 55.92 亿欧元，增长了 32%。但是，意大利电子部门的生产远远不能满足国内需求，特别是一些关键电子技术不得不依赖进口。2001 年，电子部门进出口贸易呈逆差，达 41.35 亿欧元，占国内市场营业额的 16.1%。除电信产品进出口贸易呈顺差（5.28 亿欧元）外，其他门类均为逆差。这说明，与其他主要发达国家相比，意大利的电子技术水平还有较大差距。

意大利十分重视航空航天业发展，将其列入国家战略发展的行业之一。意大利每五年制订一个国家空间发展计划，基本上由政府拨款，国家空间局负责实施。该国在运载火箭结构、固体助推器、燃料泵、卫星天线、空间试验室压力舱、温控系统、密封系统等方面具有较高的技术水平，具有较高的国际声望，特别是在直升机制造业中居领先地位，并为国际空间站胚胎空间实验室提供关键部件。在被称为“高精尖技术检验场”的航空航天领域，意大利拥有世界一流的公司，5 万名专家、研究人员和工作人员的一支队伍，并有众多的专业科研院校及国际知名研究中心的支撑。航空航天工业与国防工业的产品主要由最大的国家控股的芬梅卡尼卡集团的下属公司和最大的私人集团菲亚特公司的下属企业生产。芬梅卡尼卡集团是意大利最著名的航天设备（包括载人航天飞机、通信卫星、运载火箭、科学研究卫星）制造厂商。其下属的阿雷尼亚航天公司和其他相关公司（包括微电子技术公司、菲亚尔公司、拉本公司、卡洛·嘎瓦齐公司、达萨公司等）参加了三个多功能后勤飞船（列奥纳多飞船、拉菲尔飞船和多那特洛飞船）的制造。为发展多功能后勤飞船，意大利政府批准在 1999—2001 年投资 5300 亿里拉。阿雷尼亚航天公司、菲亚特飞机制造公司、达塔马特公司、达塔航天公司还参加了欧洲宇航航局的 COF 计划和 ATV 计划，并起到重要作用。该行业年营业额高达 100 亿欧元，年均研发和生产投入超过 13 亿欧元。在欧盟内部居第四位。

化学工业和制药业　化学工业是意大利工业中重要的部门之一。2002 年，化学工业产值达 443 亿欧元，占欧盟化学工业产值的 13%，居欧盟第三位（仅次于德国和法国），居世界的第五位。2000 年意大利主要化工产品产量如下：硫酸 167.6 万吨，硝酸 105.2 万吨，盐酸 56.4 万吨，苛性酸 83.3 万吨，各种合成树脂和弹胶产品 368.8 万吨，氮肥 45 万吨，磷肥 22.1 万吨，合成化肥 102.3 万吨，各种农药 13.3 万吨，各种化学洗涤产品 223.4 万吨，人造纤维和合成纤维共 129.1 万吨。2002 年，意大利化学工业共有雇员 20.6 万人，69.2% 集中在意大利北部，特别是伦巴第大区（占 43%）。近十年来，意大利化学产品出口额逐年增加，1990—2002 年，出口额与营业额的比率由

18%上升到36%。2009年，化学工业产值为455亿欧元，产品出口达17.8亿欧元。在意大利工业中，化学工业是出口企业比重最高的部门，达44%。尽管近几年化学工业不断发展，但仍不能满足国内需求，特别那些技术高新产品不得不依赖进口。2009年，意大利为进口化学产品支付了256亿欧元，造成贸易逆差87亿欧元，除洗涤化妆产品和颜料彩漆产品进出口贸易呈顺差外，其他化工产品均呈逆差，特别是基础化学产品进出口贸易逆差最大，达78亿欧元。同年，化学工业的研发投资占全国制造业的6.3%。

2001年，意大利制药业就业人数共计7.3万人，创造产值118亿欧元，居世界第6位。2009年，就业人数增加到18.5万人，产值增长到705亿欧元。出口达300亿欧元，进口为418亿欧元，贸易逆差达118亿欧元。在制造业中，化工与制药业的研发投资最高，1998年达20967亿里拉，占整个制造业当年研发经费的21.6%；其中制药业研发投入14238亿里拉，在制造业中的比重为14.7%。2009年，意大利制药业的研发投资在全国制造业中的比重为11.1%。

纺织服装工业及其相关工业　意大利纺织服装产业是历史悠久的传统产业，也是国民经济的支柱产业。截至2008年底，意大利纺织服装业共有企业56608家，从业人员50.82万人，销售收入541.16亿欧元，占意大利制造业总生产量的7.3%，创造的附加值占8.4%，从业人员占11.6%。意大利服装以其卓越的设计、精巧的制作和领先的后整理技术而闻名世界，不仅拥有众多顶级奢侈品牌，还拥有许多二三线品牌，成为“意大利制造”的精髓。在欧洲，意大利的纺织服装业一直处于龙头地位，其销售收入占到欧盟27国的26.9%，企业数量占到欧盟27国的40.0%。意大利的纺织服装业在世界同类产品市场上处于领先地位，许多产品的出口额位于前三名。2000年，意大利是世界上纺纱产品和毛、麻、丝织成品的第一大出口国，是棉织成品、女装、男装、服装配件产品的第二大出口国，是化纤织成品、特种纱、针织布匹和非纺织服装产品的第三大出口商。意大利纺织服装产品的出口为平衡国家贸易收支作出重要贡献。2008年，意大利纺织品和服装出口额为277.74亿欧元，进口额为177.74亿欧元，贸易顺差为100亿欧元。纺织品和服装出口额占整个行业销售收入的51.%，占意大利制造业的7.8%。产品主要出口到发达国家，其中欧盟国家占56.9%，非欧盟的西欧国家8.6%，北美国家8.4%。统计显示，近年来中国从意大利进口的服装数量并不大，但进口服装的金额却不断提高，2009年为2.9亿美元，而2010年则升至3.9亿美元（增长34%），达到历史最高。2010年，意大利直接出口到中国的服装总额约占中国进口服装市场的17%，与2009年持平。意大利出口中国的服装、梭织服装约占其出口总额的69%，针织服装占31%。在纺织服装业，中小企业所占比重很高。例如在时装部门，有7万个企业，就业人数共计70万人，平均每个企业10名雇员。随着经济全球化的不断深入，意大利纺织服装业也遇到了严峻的挑战。面对新的挑战，意大利纺织服装也不断改进工艺和技术，降低成本，提高生产效率。1981—1997年，纺织服装业的就业人数减少了22万人，出口额增加了56.3%。

与纺织服装业紧密联系的有皮革、裘皮和制鞋业以及床上用品和家庭布艺装饰品工业。皮革和裘皮制品也是意大利出口的“拳头”产品。2000年，这一行业共有企业2.4万家，就业人数18万人，创造营业额170亿欧元。80%的营业额是在国际市场上实现的，进出口贸易呈顺差。不过，这一行业在国际市场上面临的形势仍然十分严峻。1995—2002年，意大利皮革、皮鞋和裘皮制品的进口额翻了一番，达到60亿欧元，其中50%用于进口鞋类。意大利的皮革和制鞋企业也遇到了来自新兴国家的挑战，为了在激烈的竞争中保持其竞争力，他们更加注重技术创新，不断地与鞋机业进行沟通，由鞋机业提供更多高效率的设备来提升生产力，从而达到降低成本的目的。Rink系统（小组式生产方式）和JIT系统（精益生产方式）在意大利非常普及，以2010年SIMAC意大利博罗尼亚国际鞋机展为例，高科技数控化的机器占据了展出面积的百分之五十以上，产品几乎涉及制革、制鞋、制楦、中底、大底制造、模具、鞋跟、装饰、五金配件等各个相关部门，大大提高了单位时间内的生产效率。如在电脑切割中底部分：意大利一台双刀头电脑皮革切割机12小时产量可以切割1000双左右女鞋，效率是手工裁剪的5—8倍。目前，意大利皮革制鞋业已经从过去的衰退中恢复过来，不仅在产量和价值上保持了比过去更高的水平，整体来讲意大利鞋业出口单价比过去有较大增长。

食品加工工业　随着农业的进步、都市化的扩展和非农业人口的增多，战后意大利食品加工工业十分迅速。以 1995 年生产指数为 100 的话，2001 年食品工业达到 111.6，高于整个工业的平均值 107。2002 年，食品工业有企业 7000 家，共有雇员 27 万人，创营业额 930 亿欧元，在意大利制造业中的比重为 11%，居第 3 位。意大利食品工业分为 10 个部门：肉类加工、鱼类加工、水果和蔬菜加工保鲜、食用油脂生产、牛奶加工和奶制品、粮食加工和淀粉生产、大米加工、饮料生产、糖果甜点、宠物食品等。就营业额而言，排在首位的是牛奶加工和奶制品部门，达 130 亿欧元，占整个食品工业的 14%；而后是甜点加工部门（90 亿欧元，占 9.7%）、肉制品加工部门（80 亿欧元，占 8.8%）和葡萄酒制造部门（70 亿欧元，占 7.5%）。但就出口额而言，情况就大不一样了。2002 年，意大利食品工业出口 139 亿欧元，其中葡萄酒制造部门所占比重最高，达 25%，占葡萄酒产值的 40%。就出口额与产值比率而言，大米出口居第一，达 60%，蔬菜保鲜部门和面食加工部门占 50%，甜点部门占 30%。意大利的食品工业产品主要出口到欧盟其他国家，占总出口额的 65%，其中德国居第一，占 20%。长期以来，食品进出口贸易呈现逆差，2000 年达 80.5 亿欧元。2002 年，在进口额保持稳定、出口强劲增长的情况下，食品贸易出现难得顺差，达 24 亿欧元。意大利还很重视有机农产食品加工业的发展。意大利的有机农业始于 20 世纪 70 年代，至 20 世纪 90 年代已进入快速发展的时期，并一跃成为欧洲最大的有机食品生产国，在全球仅次于美国而居第二位。截至 2003 年底，意大利的有机农业面积达到 104 万公顷，约占农业土地面积的 7%，占欧盟有机农业总面积的 25%；有机农场约占全国农场总数的 20%，其中有 1330 个农场拥有有机食品加工厂；共有有机食品加工和贸易公司 2817 家，另有有机食品进口商 67 家。意大利有机食品销售增长很快，年增长率均在 20% 以上。

建筑业与建材业　一方面是由于大批建筑物和基础设施在战争中遭到破坏，另一方面是由于经济得以恢复和发展，战后，特别是五六十年代，意大利对住宅、其他建筑物和基础设施的需求十分旺盛，所以，建筑业出现了空前发展。1960 年，全国建造住宅 29 万多套，是 1950 年的 4 倍；建造其他用房 21.8 万间，是 1950 年的 6 倍。建造住宅的高峰年份是 1964 年，达 45 万套，而建造其他用房的高峰年份是 1970 年，达 47.2 万间。与此同时，作为经济发展基础设施的公共工程，发展更为迅速。20 世纪 70 年代中期以后，建筑业的发展速度逐渐放缓。特别是在 80 年代上半期，建筑业几乎处于停滞状态。1987 年，为了刺激经济发展，意大利重新增加对公共工程的投资，使建筑业在停滞多年后得以回升。进入 20 世纪 90 年代，意大利公共工程和非住宅建筑业的投资急速下降。以 1991 年为 100 的话，1994 年意大利非住宅建筑投资指数降到了 75，公共工程投资指数降到了 72，1996 年之后一指数甚至降到了 70。建筑业投资大幅度下降的原因主要有两个：一是 1992 年意大利掀起了波澜壮阔的反腐败运动（被称为“净手”运动），对腐败最严重的公共工程部门首当其冲；二是为了首批进入欧洲经济货币联盟，意大利政府连续 5 年大幅度削减公共开支，特别是对公共工程的投资。非住宅建筑部门的投资指数在 1994 年开始回升，2002 年达到 111.5。公共工程部门的投资指数尽管在 1997 开始出现回升，但幅度不大，2002 年仅达到 83。1999 年，意大利建筑业共有就业人数 157.5 万人；建造新住宅 29705 套，建筑体积共 6208 万立方米，扩建住宅 943.4 万立方米；建造非住宅用房 17089 间，建筑体积共 8161.5 万立方米，扩建同类用房 3371.7 万立方米。2001 年，整个建筑业投资恢复到 1991 年的水平。但好景并不长，根据 2011 年 9 月 28 日在罗马召开的意大利建筑业企业年会发布的数字，2011 年意大利公共建设项目支出仅为 231 亿欧元，与 2004 年（339 亿欧元）相比，剧减了 31.9%。

意大利建材业比较发达。它的水泥产量一直很高，2001 年达到 10877.7 万吨（包括水泥制件），居发达国家第四位，欧盟第二位。意大利水泥股份有限公司是该国建材业的龙头企业，该国十大工业巨头之一，年产水泥 7000 万吨，居地中海区域之首，也是世界上第五大水泥制造商。2006 年，整个集团年销售额为 58.54 亿欧元，盈利 6.51 亿欧元。整个集团拥有22850名雇员，遍布世界20多个国家，下辖62个水泥制造厂，15个研磨中心，3个终端和152个聚合采石场，588个混凝土制备中心。2001年，生产各种石灰和石膏541.3万吨，各种玻璃和水晶497万吨。意大利的建筑陶瓷产品享誉世界，产量和在世界同类产品市场上均居第1位。2000年，意大利在国际建材市场上居于第1位的产品有：出口墙地面砖4.3亿平方米，占世界同类产品总出口量的47.4%；出口天然石材694.2万吨，占世界同类产品总出口量的43.1%；出口陶瓷洁具210.5万套，占世界同类产品总出口量的21%。

3. 主要工业集团

意大利资本主义虽然发展缓慢，但它同样在19世纪末20世纪初经历了从自由竞争向垄断阶段的过渡，产生了垄断资本，并由此形成了菲亚特、蒙特卡提尼、爱迪生、奥利维蒂、皮雷利等大型垄断资本企业。第一次世界大战，特别是1929—1933年爆发的经济大危机，促使国家强化了对经济的干预，并创建了伊里公司。战后经济的恢复和大发展，使国家对经济的干预进一步得到发展。埃尼、埃内尔等国家垄断资本企业相继产生，伊里公司也不断发展壮大，它们与私人垄断企业一起成为大力推进意大利经济发展的中坚力量。20世纪90年代以后，随着生产力和科学技术的飞速发展、新自由主义的广泛传播和经济国际化的不断推进，意大利的经济结构发生了重大变化，大型企业集团制度及位次排序也发生相应改变。

菲亚特集团　根据美国《财富》杂志公布的2001年的排序名单，菲亚特集团居世界第49位，欧洲第17位，营业收入达519.442亿美元，是意大利规模最大的企业集团。菲亚特全称为意大利都灵汽车制造厂，由乔瓦尼·阿涅利（1866—1940）1899年创建于都灵。最初该厂仅拥有80万里拉的资本，50个工人。由于重视技术开发和广开销路，菲亚特脱颖而出，不仅迅速成长为对国家经济发展至关重要的企业，而且壮大为世界知名跨国公司。2001年底，菲亚特拥有资本27.53亿欧元，营业收入超过580亿欧元，在61个国家建有1063个下属企业，共有职工198674人，其中6.7万人在意大利，13.1万人在海外。涉及的生产和服务部门主要有：小汽车制造、农用和建筑用机械、工业用车、冶金、汽车部件、生产自动化系统设备、航空航天设备、出版、通信、保险等，其中小汽车生产占整个集团营业额的42.1%。菲亚特集团十分重视研发工作，在不同国家设有131个研发中心，其中61个在国外。2010年，菲亚特集团汽车在欧洲的市场占有率为7.5%，比2009年降低了1.1个百分点；在国内市场的份额为30.1%，降低了2.7个百分点。同年，菲亚特集团汽车交付了208.18万辆乘用车和轻型商用车，与2009年（215.07万辆）相比略有降低，但乘用车交付量（降低8.2%）和轻型商用车交付量（增加27%）之间存在着显著的差异。在欧盟其他成员国市场上的表现也不尽相同。在德国、法国和英国市场因需求剧烈衰退，菲亚特集团的汽车销售份额降低，相反，在西班牙的市场份额增加了0.5个百分点，达到3.0%；在荷兰市场因得益于当地降低二氧化碳排放的激励政策，FIAT的环保型产品销售成绩斐然，市场份额达到了6.4%。

埃尼集团　埃尼公司（ENI）的全称是国家碳化氢公司，创立于1953年，是全国第二大国有控股公司。公司刚成立时控制着3个次级控股公司：意大利石油总公司（简称阿吉普公司）、国家沼气管道公司（简称斯纳姆公司）和国家燃料公司（简称阿尼克公司）。阿吉普公司专门经营石油和天然气的勘探、开采、原油加工和石油产品的销售。斯纳姆公司专门从事原油、石油产品和天然气的运输以及天然气的销售。阿尼克公司主要从事化工生产。随着经营业务的扩大，后来又相继成立了阿吉普核能公司、斯纳姆设计公司、专门从事施工的塞明公司、从事钢管制造的新皮尼约内公司、从事纺织品生产的勒纳罗西公司等。埃尼公司通过这种次级控股公司控制着上百家企业和公司。1992年，埃尼成为股份公司，国库部是唯一的股东。根据政府公布的数据，2011年8月，埃尼公司由经济与财政部参股3.93%，由国家控股的储蓄信贷银行参股26.4%，是国家控股公司。1995年，开始在米兰和纽约上市，收到积极效果。埃尼公司已成为世界知名的能源跨国集团，其下属公司有的活跃在石油和天然气领域，有的涉足电力、石油化工领域，有的从事勘探、开采，还有的从事生产、研究，还提供相关服务。埃尼公司是世界第七大石油集团公司之一，也是世界最大的上下游一体化经营的跨国石油公司之一，在世界大炼油公司中排第8位。埃尼集团有雇员7.6万人，分别工作在世界70多个国家。据2010年度全球企业2000强公布的数据，销售额达1635.17亿美元，净赢利为62.65亿美元，资产1635.17亿美元，市值822.21亿美元。受到世界经济与政治动荡的影响，埃尼集团在美国《财富》杂志世界500强企业中名列第24位，比2009年（第17名）下调了7个名次。

意大利国家电力公司　国家电力公司（ENEL）成立于1962年，是意大利对国内电力部门实行国有化的产物。五六十年代，意大利经济正处于高速发展阶段，然而各家私营电力公司在本地区内实行垄断，造成电价昂贵，成为经济飞速发展的羁绊。1962年，议会通过了对电力部门实行国有化的法律。根据规定，除市政电力企业和自产自销的电厂（指生产的电力至少有70%是工本企业消费的电厂）以外，对其余电力企业一律实行国有化。ENEL公司成立时吸纳了国内1000多家电力企业，尔后大举投资，以满足国内迅速增长的对电力的需求。20世纪80年代初，ENEL公司装机容量由1962年的18GW增长到60GW，共有雇员11.7万人，营业额达6.88万亿里拉，可以满足全国电力需求80%以上。20世纪70年代中期发生石油危机，意大利决定投资兴建装机容量为2万千瓦的核能发电厂，由ENEL公司统一管理。1986年全民投票决定放弃核能发电，从而中断了意大利的核电能发展。1992年7月11日，ENEL公司改制成为国库部为唯一股东的股份公司，自此迈出了私有化的第一步。根据政府公布的数据，2011年8月，ENEL公司由经济与财政部参股31.24%，属国家控股公司。1999年2月19日，意大利政府通过有关开放电力市场的法律，一方面进一步推进了ENEL公司的私有化进程，同时加快了其内部的调整改革。同年，ENEL公司在米兰上市，上市金额达30万亿里拉。筹集的资金用以更新设备，恢复水力发电能力和增强火力发电部门。2000年，ENEL电力生产共计276629GWH，其中火力发电占80%，水力发电占18.4%，地热发电占1.7%，其他占0.2%。自1998年开始，ENEL公司积极开拓新的业务领域，例如进入移动通信部门，2002年底，它下属的WIND公司成为意大利第三大手机生产厂家。为了增强产品的竞争能力，2000年6月30日ENEL公司与美国ECHELON公司签署协议，在ENEL公司的远程抄表管理工程（CONTATORE ELETTRONICO）中使用ECHELON公司的LONWORKS系统。通过这一工程的实施（需要3年），ENEL公司就可以把意大利电网改变成一个智能业务提供平台，向2700万个家庭提供更加准确及时的抄表服务、用户方管理功能和为用户提供增值服务。据2010年度全球企业2000强公布的数据，ENEL公司的销售额达918.72亿美元，净赢利为77.4亿美元，资产2212.61亿美元，市值509.19亿美元。2010年，在美国《财富》杂志世界500强企业中名列第60位，比2008年（第109名）上调了49个名次。

芬梅卡尼卡公司　芬梅卡尼卡集团（FINMECCANICA）原是意大利工业复兴集团（IRI）下属的机械投资公司。IRI集团完成历史使命、被清算后，芬梅卡尼卡集团在体制和业务方面实现了成功转型，现在是意大利最大的工程及航空航天与国防工业集团，目前仍属于国家控股公司（经济与财政部参股30.2%），直接或间接控股的公司达121家，其中63家是意大利公司，另外还占有128家公司的小比例股份，其中42%属于意大利公司。集团主要进行飞机、直升机、卫星、导弹系统、雷达、火车及发电机组的设计和生产，它还拥有世界著名的微电子生产商ST Microelectronics公司22%的股份，公司利润主要也是来自这一公司。芬梅卡尼卡集团总产值占意大利国防工业总产值的70%。芬梅卡尼卡集团的最主要核心公司是阿莱尼亚宇航公司和阿古斯塔公司（Agusta），它们是意大利军民用飞机最大和最主要的研制和生产商。2001年，阿古斯塔公司与英国GKN韦斯特兰公司合并，成为欧洲最大的一家直升机企业，其业务营业额在直升机企业中列世界第二位，仅排在波音公司（The Boeing Company）之后。芬梅卡尼卡集团（Finmeccanic）在航天、国防及安全领域，国际上也享有盛名。是世界十大公司之一，在欧洲位居第二位。该集团的优势源自三种战略性支柱业务：直升机、航空和国防电子，这些业务的营业收入占到公司总收入的65%，并且公司大约70%的人员服务于这些业务领域。2008年，芬梅卡尼卡集团的营业收入为150亿欧元，员工总数超过7.3万人，其中

40%在国外。据2010年度全球企业2000强公布的数据，芬梅卡尼卡公司的销售额达209.43亿美元，净赢利为7.95亿美元，资产406.92亿美元，市值74.89亿美元。2010年，在美国《财富》杂志世界500强企业中名列第310位，比2009年（第399名）上调了89个名次。

（三）服务业与旅游业

1. 概述

战后，随着经济和技术的不断发展，意大利服务业不仅在就业人数和营业额方面迅速增加，而且还创造出新的工种和服务门类。1998年，意大利服务业的就业人数占全国就业人数的54.4%，比1960年增加了25.4个百分点。从广义来讲，服务业包括了除农业和工业以外的所有经济活动部门，所以也称为第三产业。服务业分为可销售服务业和不可销售服务业。前者包括商业、旅馆业、餐饮业、旅游业、交通运输业、电信邮政、金融和保险服务业、租赁业和其他专业服务业等。后者包括公共教育、公立医院和公共管理服务部门。服务业企业的平均规模比工业企业规模还要小。1998年，意大利服务业有企业2852699家，共有雇员7659181人，平均每个企业2.7人，而广义工业的企业规模平均为6.1人。同年，服务业创增加值达475.8万亿里拉，占全国各行业增加值总额的49.6%。随着信息通信技术的飞速发展和企业结构调整改革的不断深入，为企业提供服务的部门（该部门属于知识密集型经济活动，因此亦被称为“先进第三产业”）的企业个数、就业人数、增加值和营业额有较大增长。2002年，先进第三产业就业人数比上一年增加了13.1万人，增幅达8.4%，大大高于工业部门（1.8%）和整个服务业的平均增幅（1.2%）。

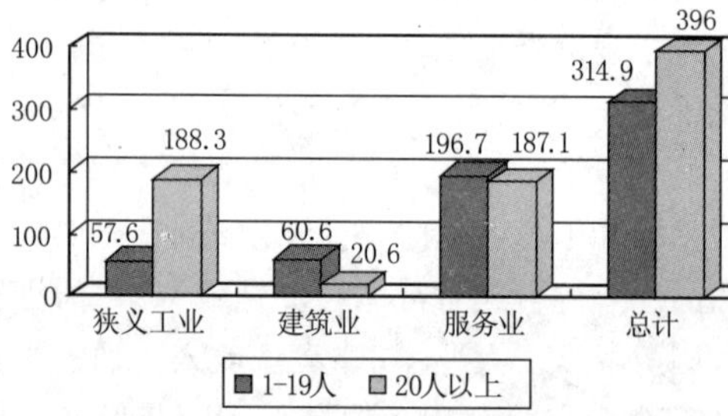

图2　2008年意大利工业和服务业不同规模企业的增加值（百万欧元）

表8　2008年意大利工业和服务业企业雇员人数　单位：人

行业部门	雇员在1—19人的企业	雇员在20人以上的企业	总计
狭义工业	1785885	2915765	4701650
采掘业	13603	24544	38147
制造业	1731896	2675351	4407247
电能、天然气、空调供应	6873	77351	84224
自来水、排水、服务处理	33513	138519	172032
建筑业	1603650	407493	2011143
服务业	6765345	3827815	10593160
商业批发与零售	2582091	975807	3557898
交通和仓储业	362459	789119	1151578
旅馆和餐饮业	959388	304714	1264102
信息和通信	240311	335116	575427
房地产交易	315557	10703	326260
科学技术专业服务业	1033954	196458	1230412
租赁、旅行社和为企业服务	344936	787597	1132533
教育	58119	27025	85144
卫生医疗和社会救助	370323	316318	686641
艺术、体育、娱乐业	120630	48543	169173
其他服务活动	377577	36415	413992
总计	10154880	7151073	17305953

资料来源：意大利统计局：《2011年意大利统计数据》。

2. 服务行业

商业　在意大利国家统计局全国工业、商业和手工业普查中，“商业”包括四个方面：汽车和摩托车的交易、保养和维修；批发买卖和贸易中间商交易；零售（包括流动推销，邮电和电视购物）；修理业。商业是意大利国民经济中一个非常重要的部门，1998年创造增加值163.4万亿里拉，占整个服务业的34.3%。商业网点密度为每1000个居民有9个商业网点。意大利商业的特点很明显：第一，零售业所占比重非常大，而零售企业规模很小，相当一部分是规模非常小的个体商店或家庭式小商店。2001年底，全国商业网点共计644993个，其中零售网点55.6万个，占整个商业网点的86.2%。零售业从业人员140万个，平均每个网点2.5人。第二，在中小型商业企业中，专卖店所占有比重大。同年，在零售网点中专卖网点有482210家，占整个零售网点的86.7%，平均每个专卖店2个从业人员。第三，最近十多年，在政府政策的刺激下，经过结构调整，综合性商场集中程度明显提高。1991—2001年，全国商业企业数目减少了 3.2%，而从业人数增加了 0.9%。这一现象主要发生在经济发达的北部地区，同期西北部商业企业减少了 3.5%，而从业人员增加了 1.9%，东北部的这两项指标分别为 -2.9% 和 +5.6%。2001 年 1 月全国运营的超级市场有 6413 家，其中 53.4% 集中在北方；大型商场 1072 家，北方占 42.3%；特级综合市场 349 家，北方占 34.7%。意大利经济最发达的米兰地区，也是商业最繁荣的地区，在此集中了全国 17% 的超级市场，17.2% 的大型商场和 29.2% 的特级综合市场。随着电子通信技术的普及，意大利的电子商务也悄然兴起。据意大利对外贸易协会 2003 年 3—4 月《意大利电子市场》通报，意大利共有 62 家电子市场，其中 45 家在北部，6 家在中部，9 家在南部。66% 的电子市场面向国际市场，34% 面向国内市场。

交通运输业　第二次世界大战后，同经济的快速发展相适应，意大利的各种运输方式（除内河运输外）均得到加强。交通运输业早已成为国民经济的一个重要部门。90 年代，随着经济全球化的不断深入和准确及时供货方式的普及，意大利同其他发达国家一样，交通运输的需求又一次呈现快速增长趋势。以 1990 年为 100，1995 年客运需求指数达 113.5，货运需求指数达 108；2000 年这两项指标分别增长到 123 和 129.5，远远高于国内生产总值指数的增长幅度（1995 年为 106.5，2000 年为 117.5）。1996 年，意大利从事交通运输及其相关服务业的企业有 150865 家，共有从业人员 783892 人。营业额的指数，1995 年为 100，2000 年达到 138。

铁路　意大利是世界上发展铁路运输较早的国家之一，它的第一条铁路建于 1839 年。战后，铁路运输业有较大发展，特别是在 1950—1970 年间，铁路客运增加了 66%，货运增加了 78%。随后，由于公路运输的竞争，铁路运输的重要性有所降低。在 1970—2000 年的 30 年间，铁路客运仅增加了 34.8%，货运仅增加了 38.3%。长期以来，意大利铁路运输完全由国家铁路自治公司管理。根据欧共体 1991 年、1995 年和 1998 年颁布的有关铁路运输部门自由化指令，意大利在 1999 年和 2000 年对本国铁路运输部门实行了大幅度改革，先将国家铁路自治公司转变为国家铁路股份公司，然后先后成立了意大利火车运输股份有限公司和意大利铁路网股份有限公司，到 2002 年，意大利国家铁路股公司已成为下辖 6 个子公司的总公司。2001 年，意大利国家铁路股份公司控制的铁路共长 16035 公里，其中电气化铁路长 10864 公里，非电气化铁路 5172 公里。复线铁路长 6230 公里。同年，从事铁路运输和相关服务的人员有 14 万人，完成客运 466.75 亿人/公里，货运 243.52 亿吨/公里。2009 年，铁路运送旅客 79987.3 万人次，平均里程 60.2 公里，运送货物 7633.7 万吨，平均里程 233 公里。

公路　尽管意大利境内地形复杂，但它是世界上最早修建公路的国家之一，也是最早建成高速公路的国家之一。2008 年，意大利共有公路 183704 公里，其中高速公路 6629 公里，国家级公路 19290 公里，大区和省级公路 157785 公里。经济相对落后的南部地区，在拥有公路设施方面并不落后。1999 年，占国土面积 40%、占全国人口 30% 的南方，拥有公路 72406 公里，占全国公路的 41.8%。由于汽车工业的大发展和旅游业的兴旺，公路运输日益成为一个繁荣的行业。特别是在 1970—1982 年的 12 年内，公路运输增长了 157%，成为运输业发展的主力。其中公路长途货运发展最快，运量由 443 亿吨/公里增加到 1141 亿吨/公里，增长了 1.58 倍。尔后，公路运输增长幅度开始放缓，2001 年公路货运量为 1865.1 亿吨/公里，与近 20 年前的 1982 年相比，仅增长 63.5%。同公路运输的发展相适应，意大利的注册汽车也有一个先迅速爆涨后增加相对缓慢的时期。2009 年，意大利共有注册车辆 3637.2 万台，其中仅当年注册的小汽车就有 210 万台，停车位增加到 4121 万个。

海运　意大利地处地中海中心，从事海上运输具有十分便利的条件。因此，自古以来海运在意大利货物运输业中占有十分重要的地位。特别是在进出口贸易中海运起着举足轻重的作用。2000 年，意大利海运货物量 44663.8 万吨，其中国内沿海运输 11925.5 万吨，国际运输 32738.3 万吨。二战后，由于石油运输量日增，意大利通往中东的航线越来越繁忙。至今，原油及石油制成品仍然是意大利海运的最重要货物，2000 年运量达 21557.7 万吨，占整个海运的 48%。1999 年，意大利海路客运（包括轮渡和汽艇客运）4274.5 万人次。由于海岸线很长，意大利港口甚多，大大小小的港口码头共有 150 多个，其中商业港口 70 多个，大多从古罗马时期就一直使用。最大的客运海港为墨西那港，2000 年客运 1247

万人次，其次是那不勒斯港，客运人次为792万。最大的货运港口是热那亚，同年运输货物5080万吨，其次是第里亚斯特，运输货物4761.2万吨。2007年，意大利海运货物共计5.37亿吨，其中67.6%是到岸货物，32.4%为离岸货物；海上客运旅客8700万人次，较上一年增长1.1%。

空运　航空运输主要是客运。2009年，意大利航空运输旅客（抵港和离港）共计12979.5万人次，空运货物（包括邮件）75万吨，起降飞机134.9万架次。意大利最大的航运企业是意大利航空公司，拥有飞机180多架，雇员2.2万人。每日发出班机900多架次，不仅穿梭于本国40多个城市之间，而且将意大利与世界60多个国家连接起来。罗马菲乌米齐诺机场是意大利最大的国内和国际客运站，2001年抵港和离港旅客2556.6万人次，占全国的28.4%；其次是米兰马尔本萨机场，抵港和离港旅客1857.1万人次，占全国的20.6%。最大的货运机场是米兰马尔本萨机场，2001年装卸空运货物328241吨，占全国的40%；其次是罗马菲乌米齐诺机场装卸货物176395吨，占21.4%。由于国内经济增长缓慢，且受到世界金融危机的影响，2009年，意大利航运企业的营业额仅为2005年的78.1%，较2008年减少了20.8%。

通信与信息业　通信和信息业包括邮政、电信和信息三大部门。在现代生产和生活中，通信和信息业起着越来越重要的作用。

意大利的邮政业在20世纪20年代已很发达。1926年全国拥有邮政局10692个，电话电报局9805个。战后邮政事业继续得到发展。长期以来，意大利的邮政系统由国家经营，但在90年代下半期，这一行业体制和经营模式均发生深刻变化。遵照欧共体1997年第67号有关邮政服务统一市场发展的指令和2002年第39号关于在2009年完全开放邮政服务市场的指令，1997年，意大利邮政系统改制为股份有限公司，并允许其他企业涉足某些邮政业务（主要是速递）。1999年，全国共有邮政和快递企业1783家，雇员18.8万人。其中最大、重要的企业当属改制过来的意大利邮政股份有限公司，它唯一的股东是国库与经济预算计划部。通信部专门设立了全国邮政通信管理局，负责制定相关规则和标准，检查服务质量和监督相关纪律。2001年，意大利邮政公司有140个分公司，13787个邮局，7.3万个邮箱，157677个雇员。同年，寄送各种信件372163.1万封，商务邮件133194.4万件，寄送书刊杂志160941.1万件，接受国际邮件23170.7万件，电报、电传和传真1944.8万件，快速专递3385.5万件，包裹3261.2万个，共创营业额41亿欧元。受到互联网的挑战，邮政业曾经出现过严重危机。但邮政业很快以新技术武装了自己，从而摆脱了困境。2003年3月，意大利邮政公司将网上邮政服务扩展到全国，居民可以通过自家电脑购买邮票、邮递信件。与此同时，该公司还积极为各级政府的电子政务服务，令其下属的近1.4万个邮局开通了“地方政府网上邮局”专线。

通信和信息业是对新技术最为敏感的部门之一。在电子技术飞速发展的时代，电信部门和信息部门得到了新技术的武装。在20世纪80年代以前，衡量一个国家通信业发展程度的重要标志之一是固定电话的拥有比重，而现在是手机拥有比重和上网比重。2000年，意大利64.8%的家庭拥有1部以上手机，57.9%的11岁以上个人拥有手机。同年，拥有1台以上个人电脑的家庭占家庭总数的29.4%，上网人数占全国总人口的20%以上。在信息与网络部门，2001年有从业人员26.3万人，其中雇员为17.8万人。该部门的企业以中小企业为主，其中2.6万家主要集中于软件开发和提供信息咨询业务，25316家从事电子数据制作。这两类企业占整个信息部门企业总数的76%和雇员总数的83%。信息与网络部门是人均投资最高的部门之一，2001年达6000欧元/人。90年代下半期以来，电信和信息部门发展速度大大高于其他服务部门，在7、8年内营业额翻了一番。2007年，经营固定电话和移动电话企业的营业额达到450.6亿欧元，雇员人均营业额为53.1万元；投资额达到69.64亿欧元，雇员人均8.2万欧元。经营因特网的企业营业额为232.68亿欧元（雇员人均31.2万欧元），投资43.47亿欧元（雇员人均5.8万欧元）。以2005年为100，2007年，邮政服务业的营业额为103.3，但受金融危机的影响，2009年下降到96.2。

旅游业　意大利的旅游资源十分丰富。它风景如画，气候宜人；名胜古迹俯首皆是，截至2010年，意大利共有世界遗产44处，是世界上拥有世界遗产最多的国家；同时宗教圣地梵蒂冈又坐落在意大利首都罗马市内，因此意大利每年吸引着成千上万的游客。战后，随着社会经济的快速发展和人们生活水平的不断提高，意大利的旅游业也逐步兴旺起来，并成为国民经济中最富有活力的一个部门，同时意大利也成为世界旅游大国。2000 年，意大利从事旅游业的企业 40 万个，就业人员 200 万人，创造营业额 692 亿欧元，占世界的 16.1%，创造增加值 583 亿欧元，占国内总产值的 5.7%。2000 年，全国注册的旅馆和其他接待场所 11.5 万多家，接待游客（包括出差者）共计 7911.8 万人次，停留总计 33235.8 万人/日，后两项指标分别比 1961 年增长了 2.58 倍和 39 倍。其中接待外国游客 3459.6 万人次，占意大利境内旅游人次的 43.7%，游客主要来自德国、英国、荷兰、法国、瑞士、奥地利和美国。旅馆接待游客人次最多的大区有拉齐奥大区（占总人次的 12.8%）、威尼托大区（12.7%）、托斯卡纳大区（11.4%）、伦巴第大区（10.3%）、艾米利亚—罗马涅大区（10.2%）；接待游客天数最多的有艾米利亚—罗马涅大区（占总人/日的（12.9%）、特伦蒂诺—上阿迪杰大区（12.7%）、威尼托大区（11.5%）、拉齐奥大区（10.9%）、托斯卡纳大区（9.2%）。在意大利，国际旅游业是平衡国家国际收支的一个重要因素。长期以来，意大利国际旅游业一直呈顺差，2000 年进账 299.19 亿欧元，出帐 170.27 亿欧元，顺差 128.92 欧元。“9·11”事件发生后，意大利旅游业受到很大影响。2002 年，意大利旅馆接待游客的天数比上一年减少了 0.2%。2003—2007 年，意大利旅游业处于增长期，2008 年，受到美国次贷危机的影响，接待人次和天数略有下降，2009 年接待人数和天数较上一年下降更多，分别为 -3.6% 和 -4.1%。

表 9　　2009 年意大利接待游客人次的地理分布

	北部	中部	南部	意大利
意大利人				
人数（千人）	29480	12298	12597	54375
天数（千日）	112865	44852	52551	211268
人均天数	3.83	3.65	4.17	3.89
外国人				
人数（千人）	23642	12704	4779	41125
天数（千日）	96042	42875	20577	159494
人均天数	4.06	3.37	4.31	3.88

（四）财政金融

1. 政府预算

为了便于对成员国政府预结算进行统计和比较，欧洲共同体（欧洲联盟）曾颁布“欧洲结算体系 1979 条例”。1995 年又提出新的结算体系条例，取代了“1979 条例”，并于 1999 年开始实施。意大利经济财政部按照“欧洲结算体系 1995 年条例”分设政府预结算条目，按自然年度编制，并于每年 3 月 1 日之前向欧洲统计局提交上一年度的政府结算报告。政府预算经常项目的支出部分包括政府部门雇员酬金（包括工资、奖金、补贴等）、中间消费、社会福利支出、国债利息、向公共机构的拨款、向私人社会机构的拨款以及国际援助等。其中社会福利支出和雇员酬金是最大的两个开支项目。2002 年，意大利经常项目支出共计 5514 亿欧元，其中用于社会福利保障的支出达 2154 亿欧元，用于政府部门雇员酬金的支出达 1346 亿欧元，分别占经常项目总支出的 39.1% 和 24.4%。经常项目支出与国内生产总值的比率为 43.8%，其中社会福利保障支出和政府雇员酬金支出与国内生产总值的比率分别为 17.1% 和 10.7%。

经常项目的收入包括直接税、间接税、社会福利保障缴纳、政府经营收入、利息收入和接受的国际援助等。其中直接税、间接税和社会福利保障缴纳最为重要。2002 年，意大利经常项目收入总计为 5626 亿欧元，其中直接税收入 1773 亿欧元，间接税收入 1836 亿欧元，社会福利保障缴纳 1593 亿欧元，分别占经常项目总收入的 31.5%、32.6% 和 28.3%。经常项目收入与国内生产总值的比率为 44.7%。

从政府预算中不难看出，社会福利保障支出远远超过社会福利保障缴纳，2002 年超出部分达 561 亿欧元。资本项目的收与支在意大利政府预算中比重都不大，但它曾是造成财政赤字的重要因素。1986 年，在 100 多万亿里拉的财政赤字中，资本项目赤字多达 43 万亿里拉。尽管意大利政府做了很多努力，资本项目赤字仍然很大，2002 年，资本项目收入仅为 27 亿欧元，而资本项目支出达 429 亿欧元，资本项目赤字超过 400 亿欧元。

战后为了刺激国内经济增长，意大利政府根据财政赤字理论曾不断增加政府开支，结果庞大的财政赤字成为阻碍经济发展的沉重包袱，使其在越滚越大的债务中艰难运行。1967—1974 年，意大利财政预算赤字与国内生产总值的比率年平均为 6.7%，1975—1986 年这一指标攀升到了 11.9%。国家债务累计 1980 年为 2126710 亿里拉，1986 年急速提高到 7674330 亿里拉，6 年之内增加了 3.61 倍；国家债务与国内生产总值的比率也由 62.8% 提高到 85.8%。到 1994 年国家债务累积到 2039 万亿里拉，与国内总产值的比率高达 124.3%，陷入了积重难返的困境。《马斯特里赫特条约》的制定和实施为意大利财政改革提供了有利时机。为了能首批进入欧洲经济与货币联盟，自 1992 年开始，意大利各届政府为改善经济和财政、争取达到马约趋同标准作出了巨大而艰苦的努力。1998 年，政府预算赤字降到了 2.7%，新增债务明显减少，国家债务累计与国内总产值的比率也呈快速下降趋势，为意大利首批进入欧洲经济货币联盟创造了条件。自 1996 年开始，如果不计算旧债务利息支付，政府纯预算一直呈现盈余，2000 年，意大利财政赤字为 -0.8%，减去利息支付，财政盈余为 5.5%。到 2004 年，意大利债务与 GDP 的比率下降到 103.9%。

为应对 2008—2010 年世界金融危机影响，贝卢斯科尼政府为了取得百姓的支持，大幅度增加了公共财政，2009 年和 2010 年，其财政赤字超过欧元区标准，分别达到 5.4% 和 4.6%，总债务比率攀升到 116.1% 和 119%。2011 年，意大利的财政赤字虽然预测可降到 GDP 的 4.1%，但仍然大大高于欧元区标准（3%）；总债务与 GDP 的比例预计攀升到 120.4%。同年第四季度，意大利 10 年期国债收益率突破 7%，达到 7.3%，这意味着意大利国债的还本付息压力过大，债务水平已不可持续，致使其在 2011 年成为欧洲债务中最令人担忧的国家之一。造成意大利债务危机的原因既有主观原因，例如其债务总额与 GDP 的比例长期处于高位，也有客观原因，例如近两年欧美市场对意大利产品需求下降；既有其本身经济结构原因，也有金融市场上投机行为的因素。2011 年 11 月 16 日上任的蒙蒂政府于 2011 年 12 月初出台了总额为 300 亿欧元（相当于 GDP 的 1.9%）的财政紧缩和改革计划，其中包括缩减政府规模、提高退休年龄，以削减 120 亿欧元政府开支；通过强制所有超过 1000 欧元的交易必须通过电子汇款方式以防止逃税；向家庭持有的金融资产和全国范围内的金融交易实施征税，并提高营业税两个百分点。蒙蒂政府的紧急紧缩计划获得议会两院的高票通过，由此向世人表达了意大利政府战胜债务危机的决心，对提高商业信心起到了一定的作用。当然，意大利长期积累的问题很难在短期内得到解决，蒙蒂政府面临的任务十分艰巨。

2. 税收制度

税收是意大利政府的主要财政收入。2002 年，根据政府预算税收（不包括社会福利保障缴纳）收入实际为 3639 亿欧元，占整个预算收入的 64.4%，与国内总产值的比率为 28.9%。同其他资本主义国家一样，意大利的税制相当复杂，主要分为三个部分：直接税、间接税和博彩业收入。直接税主要包括个人所得税、法人所得税、地方税、继承税、股息税等，2002 年进入国库的直接税实际达到 1750.27 亿欧元。其中，个人所得税最为重要，1253.19 亿欧元，占直接税的 71.6%。法人所得税次之，为 297.89 亿欧元，占直接税的 17%。间接税主要包括增值税、注册税、印花税、赠与税、汽油税、烟草税等，2002 年共计 1508.08 亿欧元。其中增值税最为重要，达 912.27 亿欧元，占间接税的 60.5%。在意大利的税收中，博彩税不多，2002 年仅为 76.42 亿欧元，占国库实际税收进款的 2.3%。根据新的计算方法，2005 年，税收与 GDP 的比重为 40.4%，2007 年增加到 43.1%，2009 年仍然保持这一水平，在欧盟 27 国中排在第六位，比其高者有丹麦（49%）、瑞典（47.8）、比利时（45.3）、奥地利（43.8%）和法国（43.2%）。2010 年，意大利这一指标下降到 42.6%。

税务方面的诉讼机关则分为三级，基层是初级税务委员会，第二级是高级税务委员会，最高一级是中央税务委员会。偷税漏税现象在意大利广泛存在。

3. 银行信贷体系

最早的银行产生于手工业和商业都很发达的意大利。14 世纪，佛罗伦萨就出现了商人银行。1462 年，在佩鲁贾建立了世界第一家同高利贷对抗、向平民贷款的信贷机构。随着商品经济的不断发展，意大利现代银行业体系逐渐建立起来，为促进资本的原始积累和资本主义经济发展发挥了重大作用。

当代意大利，已形成了庞大的银行信贷体系。在这个体系当中，中央银行是全国货币金融的管理中心，而业务活动极其广泛的商业银行构成了这个体系的主体，另外还有许多专门的金融机构。

意大利的中央银行是“意大利银行”（Banca d’talia），诞生于1893年，最初是股份公司，自1936年开始成为国有金融机构。在欧洲中央银行诞生以前，它参与制订和监督国家的金融政策，并行使国家授予的其他特权，对全国货币金融体系的运转负有责任；它作为发行银行，独享发行纸币的特权；它还是其他银行的银行，对它们承担“最后贷款者”的责任，并督导其日常业务工作。欧洲中央银行诞生之后，如同欧元区其他成员国一样，意大利也向欧盟让渡了货币政策制订权和执行权以及金融监管权。意大利银行行长是欧洲中央银行行长理事会成员，参与制定欧元区的货币政策和实施货币政策的指导纲要，确定欧元区的货币政策目标、主要利率水平和中央银行体系准备金数量等工作。意大利银行根据本国人口和经济总量在欧元区所占比例，向欧洲中央银行捐助外汇储备。

在20世纪90年代以前，意大利银行的种类主要有：

（1）储蓄银行　主要职能是吸收私人小额储蓄，并从事中长期贷款。一般来讲，储蓄银行的规模属于中等，但有些规模较大，例如伦巴第储蓄银行、都灵储蓄银行等。

（2）国民利益银行　其股本全部由国家持有，是意大利国家垄断资本金融组织。在工业复兴公司（即伊里公司）没有被清算前，国民利益银行均由该公司控制。国民利益银行包括意大利商业银行、意大利信贷银行和罗马银行等。

（3）国有专业银行　主要从事农、工、商等不同领域的中长期贷款。它包括有动产银行、国民劳动银行、米兰信贷银行、中期信贷银行等。

（4）区域信贷专业银行　主要为地方发展提供中长期信贷服务。它包括有西西里大区工业资金银行、撒丁大区工业信贷银行等。

90年代以前，意大利银行体系的最大特点是：第一，公有化程度高。1993年，70%—80%的银行为公有；第二，与欧盟其他主要国家相比，意大利的银行数目多且资产分散，每个银行的实力相对弱小，在提供短期信贷的商业银行中，99%是小银行；第三由于意大利股票市场发育不充分，银行信贷系统在支持投资增长和经济发展方面起到极为重要的作用。

90年代以后，在经济全球化、欧洲统一市场，特别是欧元启动的推动下，意大利银行体系发生了重大变化。首先，1990年后，通过私有化运动，国民利益银行均变成股份制银行，银行体系的公有比重由1993年的70%—80%下降到1999年的12%；其次，通过一系列合并、兼并，意大利的银行数目大为减少，1989—2001年底，银行数目由1176家降到830家，减少了29.4%；再次，为了进一步增强竞争实力，意大利银行打破以往的专业和地区分类，通过融合和重组，广泛实现了集团化，集中程度大大提高。2001年底，意大利银行集团达到76个；1995—2002年，最大的3家银行集团的市场份额由24%上升到41%。上述进程加上欧元启动、电子商务等技术革命带来的影响，使意大利银行系统的效率、赢利率得以大大提高。

根据2010年福布斯全球2000强企业排行榜，意大利最大的五个银行、保险公司是：意大利联合信贷银行（UniCredito SpA，排第34位）、联合圣保罗银行（Intesa Sanpaolo，第54位）、忠利集团（Gruppo Generali，第65位）、锡耶纳银行（Banca Monte dei Paschi di Siena，第248位）和伦巴第银行（UBI Banca，第717位）。

（五）对外经济关系

1. 对外贸易

意大利在历史上虽然曾经作为东西方贸易的中心，但由于它的大机器工业建立较晚，卷入国际分工不深，所以它的近代国际贸易活动发展水平较低。法西斯时期的政策甚至使意大利经济开了历史倒车，退回到了自给自足、闭关锁国的状态。

第二次世界大战结束后，不断扩大的对外贸易带动了意大利的经济发展，反过来，经济的发展又为对外贸易活动的扩大增强了实力。广泛的对外贸易活动已成为战后意大利开放型经济体制的主要内容，构成了其经济快速增长的支柱之一。欧洲煤钢共同体，特别是欧洲共同体的建立，对于意大利外贸的发展起到了极其重要的推动作用。欧洲共同体成立之初，共同体的其他5个成员国只吸收了意大利出口的1/5多一点，而共同体成立12年后的

1970 年，这些国家在意大利出口中的份额已经超过42%。1991 年，欧盟其他成员国吸收意大利出口的 63.1%。此后，随着经济的快速发展，亚洲国家，特别是中国吸收意大利出口增加，欧盟其他成员国吸收意大利出口的比重开始下降，2001 年减少到 53.7%。德国是意大利最大的贸易伙伴，2010 年，意大利对德国出口额为 438.15 亿欧元，占意大利出口总额的 14.7%；同年，意大利从德国进口 582.34 亿欧元，占意大利进口总额的 20%。尔后，出口目的地依次为法国、美国、西班牙和英国，分别占意大利出口总额的 13.1%、6.9%、6.6%和6.1%，进口来源国依次为法国、中国、荷兰和西班牙，分别占意大利进口总额的 10.4%、9.8%、6.7%和5.6%。

意大利进口的商品主要有能源产品、矿产品、农产品、食品、信息和通信技术产品、小汽车及其配件、基础化学产品等，而主要的出口产品为机械及其仪表、纺织服装、皮革及其制品、家具、交通工具等。2002 年，意大利进口总额为 2976.09 亿欧元，出口总额为 2917.33 亿欧元，贸易逆差达 58.73 亿欧元。

表 10　2009 年意大利进出口贸易的部门分布　（单位：百万欧元）

部门	进口	出口
农、林、渔业	9706	4614
冶金制品（非机器设备）	24704	32273
矿产采掘业	44951	1024
计算机、电子和光学制品	22853	9650
食品、饮料、烟草	22653	20031
电器	10495	17261
纺织服装、皮革制鞋	21842	33093
机械、仪器	18866	55014
木材加工、造纸、印刷	7952	6157
交通工具	35464	29501
焦炭、炼油	5841	9301
其他制造业产品	8960	16572
化工	25807	17856
电能、天然气、空调	2876	433
医药、生物制品	16185	12151
其他	9086	8593
橡胶、塑料、非冶金制品	9367	18208
总计	297608	291732

资料来源：ISTAT，Italia in cifre 2011.

2. 引进外国直接投资

意大利的工业革命和工业化进程自始至终受到了西欧其他工业先进国家的影响。特别是外国实业家来意投资设厂，对推动意大利工业发展起到了积极作用。早在 19 世纪初，意大利就允许外国人在意大利境内开设毛纺厂和棉纺企业。19 世纪末、20 年代初，在意大利工业化开始初期，德国资本和奥地利资本被允许大量参股意大利银行，并在意大利商业银行和信贷银行享有控股权。这两家银行对于意大利纺织工业和电力工业的发展发挥了促进作用。在这一氛围中，瑞士资本和英国资本也积极入股意大利电力公司和纺织工业企业。二战结束后，为了恢复本国经济，意大利时任总理德加斯贝里积极争取美国马歇尔援助计划的支持，美国资本也凭借其优势地位，大举进入意大利。1944—1952 年，意大利获得美国援助 31.66 亿美元，获得 4.65 亿贷款和其他投资。美国的援助绝大部分用在了电力、钢铁、机械、纺织、石油天然气等工业部门，对促进意大利工业化和整个经济恢复运转起到了相当大的作用。20 世纪 50 年代末至 60 年代，随着意大利经济的快速发展、欧洲经济共同体的建立，外国在意大利的投资呈现较大增长。

自二次大战结束后到 1975 年以前，涌进意大利的外国资本均呈明显上升趋势，1975 年外国在意大利直接投资净额累计为 57220 亿里拉。1976 年，意大利颁布了第 159 号法律，禁绝本国公民利用其外国收入或走私获得的外汇参与本国企业，以享受经济和政治上的优待的做法，使名义上的外国直接投资额下降，当年外国直接投资净额只有 774 亿里拉，大大低于前两年 4000 亿里拉的水平。市场的整顿，增强了外国投资者的信心，1982 年末，外国在意大利的直接投资净额累计达到 101080 亿里拉。20 世纪 80 年代下半期至 90 年代，一方面由于西班牙和爱尔兰经济发展迅速，另一方面由于中国和其他亚洲国家的经济腾飞，意大利吸引外国直接投资的局面受到严峻的挑战。根据 2001 年 1 月的统计数据，在意大利的外国直接投资企业为 1891 家，比 1990 年增加 24%；全部为外资控股，拥有雇员 61 万人，增加 17%；创营业额 1680 亿欧元，增长 38%。在意大利投资的外国企业多是欧美工业国家实力雄厚的多国公司，因此大部分外资企业由外国资本掌握着控股权。60% 的雇员工作在西欧其他国家投资企业中，60%的营业额也是由这些企业创造的；由美国直接投资的企业雇员为33%，营业额的比重为34%。雇员在250人以下的中小企业占外国在意大利直接投资企业雇员总数和营业额的20%左右。

根据2007年10月16日联合国贸易与发展会议（UNCTAD）和意大利对外贸易委员会共同举办的《2007年世界投资报告》发布会公布的数据，2006年，意大利在利用外资方面继续呈现增长，流入意大利的外国直接投资额达到了391.59亿美元，比2005年增长10.2%，在全球外国直接投资流入量最大的10个国家和地区的排列中，意大利位居第九位，比2005年的第12位提升了3个位次，前八位分别是美国、联合王国、法国、比利时、中国内地、加拿大、中国香港、德国。2007年，在意大利的国外控股企业共计14401家，雇员共计120万人，占意大利工业和服务业雇员总数的7.1%；实现营业额4724亿欧元，占意大利工业和服务业当年营业额的16%；增加值为864亿欧元，占意大利工业和服务业当年增加值的12%。这些企业占意大利工业和服务业当年投资的12.9%，研发投资的27.4%，出口的21.5%和进口的38%。

为了进一步吸引国外（特别是新兴国家）的直接投资，意大利政府成立了引进外资及企业发展署（Invitalia），其职责是向外商提供免费咨询服务，包括协助投资者完成相关程序并熟悉法律法规、税收政策，以及与当地管理部门的沟通。2009年，意大利政府出台了一项促进外国投资的金融工具决议，包括无须偿还的激励基金和低利率的优惠贷款，而其申请资格的下限为投资规模达4000万欧元。由引进外资及企业发展署管理这项激励基金的整套审批手续，包括审查申请、可行性评估、款项的发放和监督。

2003—2010年，中国对意大利直接投资呈几何级数增长。根据《2010年度中国对外直接投资统计公报》数据，2010年中国对意大利的直接投资达到1327万美元，是2003年的29万美元的45.76倍。

3. 对外直接投资

当意大利资本主义发展进入垄断阶段后，它开始向国外投资。但是，由于意大利资本实力薄弱，它的对外投资势头较小。20世纪50年代末至60年代，意大利经济得到较快发展，它在国外的投资也有了较大增长。八九十年代后，在经济全球化的推动下，意大利对外投资又有了新一轮的增长。同国外的双向投资成为意大利经济发展的重要动力之一。

2001年，意大利对外直接投资2017.52亿美元，占世界对外直接投资总额的3%，居世界第11位。根据2001年1月的统计数据，意大利对外直接投资的企业共计1220家，是1993年的3倍；在2875家国外企业中拥有股份，其中对2220家企业拥有控股权；有雇员67.6万人，创营业额1270亿欧元。值得一提的是，在1220家对外进行直接投资的企业中，有732家属于雇员在250人以下的中小型“多国”企业，它们占对外直接投资企业总数的34%，雇员的13%和营业额的5%。雇员在5000人以上的大企业，占对外投资企业雇员总数的55%，营业额的74%。意大利对外直接投资的主要部门是运输工具、橡胶、化学和食品。在20世纪80年代末以前，主要投资地区为西欧，1990年，意大利在西欧投资企业的雇员人数占其对外投资企业雇员总数的51%，其次是拉丁美洲国家，这一指标为22%。2000年，西欧和拉丁美洲的这一指标分别下降到了39%和13%，而同期，中—东欧的这一比重由1.5%上升到18%。

2006年，意大利的外国直接投资流入量较快增长，比2004年和2005年分别增长了5.5%和4.7%。同年，意大利对外直接投资额达到了420.35亿美元，比2005年增长10.9%。居全球第11位，前十位分别是美国、法国、西班牙、瑞士、联合王国、德国、比利时、日本、加拿大和中国香港。截至2011年2月，意在华投资项目共计4412个，实际投入累计51.5亿美元。

第六节　就业、福利与国民生活

一　劳动就业

长期以来，就业率低、失业率高、劳动力市场僵化等问题曾严重困扰着意大利各届政府。20世纪末，意大利的劳动就业率仅为53.5%，是欧盟最低的成员国之一。不仅如此，在意大利南部和北部、男人和女人、成人和年轻人之间就业率不均衡的现象尤为突出。据意大利统计局2003年4月份的数字表明，全国失业率为8.7%，但北方失业率为3.7%，中部为6.6%，南方为18.4%；妇女失业率为11.6%，青年失业率为27%，而年轻妇女失业率高达31%，这一指标在欧盟15国是15.9%。更严重的是，意大利长期失业率达到8.3%，处于欧盟最高位，而欧盟平均水平仅为4.9%。20世纪70年代的《劳动法》一直沿用至今，它规定雇员在15人以上的企业单位必须设立工会，而且雇主不得随意解雇雇员。其结果是，一方面使得企业规模难以扩大，最终影响了意大利的竞争力，使经济增长缓慢；另一方面使就业受到限制，劳动市场变得越来越僵化、低效。为此，欧盟委员会多次要求意大利加快劳动市场的改革，增加就业，特别是在南方和其他经济落后地区。

进入21世纪后，意大利政府加紧对劳动市场进行改革，并专门成立了由当时的劳动和社会政策部副部长马乌里齐奥·萨可尼和政府劳动政策顾问、波伦亚大学教授马可·比亚吉领导的劳动市场改革小组。2001年10月，小组提交了《劳动市场白皮书》，对现行劳动法的修改提出了大胆建议。白皮书认为，经济增长与就业增加密不可分，只有将扩大生产基础、提高生产率、在劳动市场中引入灵活机制、将地下经济"地上化"等措施相结合，才能使经济出现飞速发展，使就业率大幅度提高。这是一个系统性战略。白皮书紧急呼吁，必须对意大利劳动市场进行重大改革，特别提出了修改劳动法第18条（即雇主不得随意解雇雇员条款）的建议，要求制定新的规定，使劳动市场的"灵活性"和"安全性"能达到一种新的平衡。《劳动市场白皮书》的公布，使意大利劳资关系顿时尖锐起来，罢工浪潮随之而来，而且一浪高过一浪。极左恐怖组织还枪杀了白皮书主笔者之一的比亚吉教授。然而，欧洲一体化形势的发展，特别是意大利综合竞争力在世界排名不断下滑的现实，已经容不得意大利政府在劳动市场改革方面再有一点迟疑。

近年来，意大利加紧了对劳动市场进行改革。

第一，颁布"比亚吉法律"，以建立一种新的劳动市场。2003年2月5日，以比亚吉教授姓氏命名的有关劳动市场改革的第30号法律得到议会通过，并于同年10月24日正式生效。根据这一法律，意大利要在新进入劳动市场的人中间推行一种新的劳动市场，即向他们大力推广灵活就业机制，创造或引入各种具有较大灵活性的工作形式，例如"长期临时工合同制"、"项目合同制"、"学徒工合同制"、"部分时间合同制"（只在每天的某个时段上班）、"分担式合同制"（一份工作由多人共同完成）、"灵活工作时间合同制"、"临时工合同制"、"人员出租合同制"、"随叫随到合同制"等，并为之提供合同保障。为了使劳动市场变得信息通畅、透明有效，根据"比亚吉法律"，有关人才交流工作改变了以往集权、垄断的做法，取而代之的是权力下放、鼓励各地成立公有或非营利性私营就业服务机构，并将运作形式由"管理"改为"服务"。截止到2006年底，全国共有就业服务机构4200多家，其中公有机构1400多家，私营机构2800多家。公有就业服务机构一律免费，所有费用均由政府承担；私营就业服务机构只向被服务企业收取相当于被推荐成功人才月工资10%的服务费，而对被推荐人（包括被推荐成功人才）实行免费服务。就业服务机构的职责是公开向求职者提供劳动岗位供给信息，提供择业指导、岗位选择、就业培训等服务。

第二，努力解决妇女、青年的就业问题。意大利政府鼓励妇女就业，在要求就业服务机构做到信息公开透明、企业提供机会均等的同时，在南部地区还实施了"玫瑰基金"项目，即凡自主创业的各类女性人才可一次性获得政府10万—15万欧元的创业扶持资金贷款，其中有5万元不用偿还。同时，各级政府大力推行免税或低息信贷的优惠政策，采取"劳动奖学金"、"见习就业培训"等方式，以促进青年就业。

第三，重视保护弱势人才群体的就业权利。意大利法律规定：雇员超过35人的企业，应至少聘用5%的残疾人员，并提供相对稳定的就业岗位，对不执行此规定的企业施以重罚。

第四，努力降低南部地区失业率。为了创造更多的就业岗位，意大利政府每年拨出专款，仅2004年政府用于促进就业的专项经费高达163亿欧元，其中很大部分投到了南部。欧盟为了帮助意大利解决南部就业难的问题，同期也投入了21.68亿欧元。为了解决南部人才资源缺乏问题，意大利政府每年选送5000名南部人才到北部发达地区培训，并每月发给每位学员400欧元的奖学金。

通过几年的努力，意大利劳动市场有了很大改善，灵活性大大增强，就业人数增长较快。根据意大利国家统计局公布的最新数字显示，2006 年，意大利全国的就业人数比 2005 年新增了 42.5 万人，比 1997 年新增了 260.4 万人，其中妇女就业人数增加最多，达 158.2 万人。而 1997—2006 年的失业人数减少了 91.1 万人，其中妇女失业人数减少了 47.9 万人。2006 年，意大利全国就业率上升至 58.4%，就业人口达 2298.8 万人；失业率为 6.8%，是近年的最低水平。

2007 年，意大利的就业形势继续看好。预计全国平均失业率下降到 6.5% 以下。根据意大利国家统计局公布的有关劳动力的最新数据，2007 年第二季度，意大利就业人数达到 2329.8 人，比上年同期增长了 0.5%；第一季度，妇女的就业人数达到了 901.3 万人，比 2006 年同期增长了 0.8%。据意大利商会总联合会和意大利劳动部 2007 年 6 月底共同发布的预测认为，2007 年预计新雇佣就业人员 83.9 万人，减去由于退休和劳工合同到期等因素提供的 75.6 万个就业机会，净增 8.3 万个新就业机会，比 2006 年增加 0.8%。在 2007 年企业所需的 83.9 万就业人员中，有 39.2%（约 32.9 万人）在工业行业就业，其余的 60.8%（超过 51 万人）进入服务行业。

经济发展情况良好的北部地区，就业情况继续得到改善，特别是皮蒙特大区、伦巴第大区、威尼托大区和艾米利亚·罗马涅大区，就业率分别是 64.8%、66.6%、65.5% 和 69.4%，大大高于全国平均水平，而它们的失业率仅为 3.4%—4.1%，也明显低于全国平均水平（6.8%）。在 2007 年新增定期合同制就业人数中，北部地区公司企业招聘比重达到 52.6%。此外，具备较高学历和专业技能的人才需求量在进一步增加，并受到大型企业的青睐。

尽管意大利各级政府做了很多努力，但与欧盟“里斯本战略”提出的目标（2010 年就业率达到 70%）还相差很远，特别是妇女的就业率（45.3%）在欧盟 25 国中名列倒数第二，仅高于马耳他。经济落后的南部地区的就业状况改善不大，南北地区差别依然严重存在。意大利在改善就业方面还任重道远。

为了进一步改善劳动市场，2007 年 7 月 23 日，意大利中央政府、大区政府与各雇主联合会和各工会等社会伙伴签署了《关于社会保障、劳动和竞争力议定书》。对于劳动市场改革提出了新的目标：继续采取措施，促进妇女和青年的就业；加强对 50 岁以上劳动者的专业技能培训，以促进他们的再就业；加强对新劳动形式的推广和给予法律保障。

根据意大利工业家联合会 2010 年 12 月发布的报告显示，2009 年和 2010 年，意大利受国际金融危机的影响，就业压力增大，就业人口分别减少了 1.7% 和 2.6%，

二 社会保障制度

意大利有着广泛的社会福利制度，主要有退休制度、医疗保健制度、工伤事故和职业病保险制度、家庭补助制度、事业保险制度、社会救济与服务制度、教育和住房管理制度等。宪法规定：健康保护是每个公民的基本权利，贫穷者有权得到“免费治疗”；每一个丧失劳动能力和生活无着的公民，都有权获得社会的救济和“抚恤”；每一个劳动者在年老、疾病、残疾、工伤时，都有权及时得到所需要的救济和补助。

退休制度在社会福利制度中占有首要地位，它包括退休保险和残疾补助以及遗属抚恤等项目。根据就业类别与部门的不同，退休保险制度大体可划分为四种：私营部门所属职工退休制度；独立经营者退休制度；公共部门职工退休制度和特别退休制度。

早在 1952 年意大利就规定了最低退休金，并规定确定退休金额数时要考虑通货膨胀和家庭人口变化因素。20 世纪 50 年代后期，福利制度扩大到自耕农、渔民和手工业者。1966 年扩大到商人。90 年代以来，意大利政局发生了变化，政府面临着严峻的财政赤字压力，为了适应新的形势，意大利于 1995 年 6 月颁布了第 335 号法律，对以往实行的退休金制度进行了较大幅度的改革：（1）推迟退休法定年龄，法律规定自 1996 年 1 月 1 日开始，最低退休年龄从 52 岁逐步提高到 57 岁，最高可达 65 岁，退休最低工龄为 35 年。（2）提高雇主为雇员缴纳的退休金比例，法律规定，将雇主为雇员缴纳的退休基金在工资中的比例由 27% 提高到 33%；商人和手工业者交纳的退休基金在其收入中的比例由 15% 增加到 20%。（3）扩大社会保障面。规定：商务代理、律师、医生、记者和证券经纪人等原先没有参加社会保障基金的人将首次参加全国

统一的社会保障制度，享受的社会保障权力与缴纳的社会保障金额挂钩，并建立家庭妇女社会保障基金。（4）采用新的退休金计算方法。退休金额度不再按照雇员退休前5年工资的平均数来计算，而是根据雇员交付的社会福利费计算。（5）修改某些部门的退休金系列，使之更加合理化、规范化。为了避免企业劳动成本过快增加的压力，退休金制度的改革将分期实施。退休金制度的改革可以使意大利在增收和节支方面同时获益。

尽管一直在退休金制度改革，但改革步伐十分缓慢，随着老龄化程度的加重，意大利退休金在GDP中的比重仍在不断上升，2008年达到历史最高点15.38%。

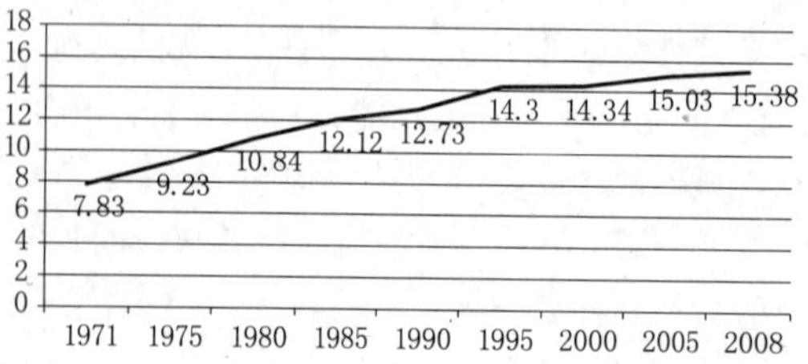

图3 1971—2008年意大利退休金支出占GDP的比重(%)

资料来源：ISTAT, Annuario statistic italiano 2010.

意大利的全国医疗卫生服务（Servizio Sanitario Nazionale，简称SSN）系统是效仿英国的National Health Service建立的，于1980年7月1日正式运行。它通过其在各大区的分支机构、相关的公共机构为保护公民健康提供各种医疗卫生服务。其经费来源主要是相关税收和患者按比例支付的医疗卫生服务直接收入。所有本国居民都可以通过户籍所在地或居住地的地方卫生局注册SSN。长期居住在意大利的外国人（包括受雇者、个体户、家庭团聚者、政治庇护者、正在等待收养者和寄养者、正在申请入意大利籍者等）必须注册SSN，医疗卡的有效期和居留的一样。而非法进入和逗留意大利的外国人不能在SSN注册，但有权因疾病、意外可以在相关机构获得紧急和必要的医疗服务（包括持续性医疗服务）。医务人员不必向有关部门举报这些病人，除非他们有犯罪嫌疑（如枪伤）。

在SSN注册后，注册人及其同住的家属（在意大利可以合法居住）也可以享受SSN提供的医疗服务，不过需要由注册人出示相关证明。注册后可以免费获得实名医疗卡，用于各项医疗卫士服务（如看医生，做检查，住院等）。注册的同时可以选择家庭医生（包括儿医），医生的名字会写在医疗卡上。专科门诊服务包括做各种检查、拍片需要提前预约。预约时需要持有家庭医生开具的申请。不过，牙科，妇产科，儿科，精神病科和眼科（视力测试）的门诊除外。就诊时规定要先支付挂号费。

意大利全国医疗卫生服务是个庞大的系统，其结构包括：

1. 政府卫生部。协调并制定全国医疗卫生计划，根据宪法确定大区的相关职责。

2. 一系列国家级机构，其中主要包括：（1）最高卫生理事会（CSS，卫生部的有关技术科研的咨询机构，根据卫生部的要求检查公共医疗卫生服务的实施，对相关问题进行调研，并提出建议）；（2）高等医疗卫生研究院（ISS，前身是成立于1934年的公共卫生研究院；是个依照公法成立的有关医疗卫生科学技术研究机构，隶属SSN，职责是进行有关公共医疗卫生的研究、试验、疾病控制、咨询、培训、宣传，接受卫生部的监督。）；（3）职业病预防和劳动安全高等研究院（ISPESL，曾隶属SSN，提供有相关研究、试验、疾病控制、咨询、培训、宣传，促进生活和工作环境改善，以达到保护健康的目的。根据2010年5月31日第78号法律，这一机构被撤销，其职能合并到隶属政府劳动和社会政策部的非营利公法机构INAIL——全国工伤和职业病保险机构。该机构在职业病防治和工伤医治方面与SSN合作）；（4）意大利医药管理局（AIFA）；等等。

3. 各大区和特伦托、博尔扎诺两个自治省的医疗卫生服务机构，以及地方卫生机构和医院。通过这些机构由大区和自治省具体实施对公民的健康保护。

根据世界卫生组织2000年的评估，意大利医疗卫生服务是世界最好的系统之一。

根据意大利国家统计局2010年统计年鉴，2007年，全国共有各科医生（不包括儿科）4.7万人，平均每万人有8名医生；有儿科医生7358人，平均每千名14岁以下儿童有1名儿科医生。最近几年，由于意大利经济增长速度缓慢，公共开支受到控制，而用于医疗卫生方面的经费在国家预算中的比例较高。改革公共医疗体系，也纳入了削减公共开支的措施当中。为此，公立医院的医生人数有所减少，而医生的服务时间有所增加，仅 2006—2007 年，平均每个医生增加的服务时间就达 60 小时。同时，减少普通医院的病人床位，增加快速周转的急诊床位。1997—2006 年，意大利普通医院平均每千个居民拥有的床位由 6.1 个下降到 4.5 个，而快速周转的急诊床位，由每百名居民拥有的 8.3 张增加到 14.4 张。为了满足居民（特别是为人数不断增长的 65 岁老人）的需要，意大利大大增加家庭或半家庭病床，并加强了相关的医疗服务。2006—2007 年，家庭医疗床位就从 18.1 万张增加到 18.8 万张，增长了 4%，半家庭医疗床位由 3.8 万张增加到 4.1 万张，增长了近 7%。在家里接受医疗服务和救助的人数也明显增加，由 2005 年的 39.6 万人，增加到 2006 年的 41.4 万人，2007 年的 47.5 万人。

根据 Ote 研究所提供的数据，2004 年，意大利全年用于医疗卫生的经费为 1070 亿欧元，比 1999 年的 609 亿元增加了 75.7%。同期，私人机构用于医疗卫生的经费比重由 17.5% 上升到 22.5%。

随着经济社会的不断发展和人民社会水平的不断提高，意大利对于人民的健康、疾病的预防和控制越来越重视。1958 年，时任政府总理的范范尼设立了意大利历史以来的第一个卫生部（以前卫生事务被纳入内务部管理）。1968 年，意大利通过改革，将属于救济部门的医院改为公共部门机构。1980 年 7 月 1 日正式实施全国医疗卫生服务系统（SSN）。在 SSN 职责中很重要的部分便是通过下属地方机构和合作单位对疾病进行预防和控制。在高等医疗卫生研究院中设有全国传染病预警和促进健康中心，该中心下面设有意大利促进健康卫生企业（PASS），针对国内频发和易发疾病进行预警、防治和控制。

例如，对于新生儿到 14 岁以下儿童，意大利地方卫生企业进行全程追踪服务，包括打各种规定的疫苗和定期体格检查。由此，意大利儿童健康状况有很大改善。2008 年 1 岁以下新生儿的死亡率接近零，为 0.35%，是 1978 年的十分之一。

再如，加强对癌症的预防和教育措施。癌症是意大利人疾病死亡第二大杀手。为了减少发病率，除了实施定期体检制度外，意大利加强了对公民的相关教育，特别是在禁烟方面。意大利禁止在所有公共场合吸烟，使烟民人数大大减少。1980—2010 的三十年间，全国烟民人数占 14 岁以上居民人数的比例由 34.9% 下降到 22.8%。同时，加强了针对女性恶性肿瘤的防治。在意大利妇女中，宫颈癌发病率较高。根据理论，只要早发现，宫颈癌是可以治愈的，因此，意大利规定，至少每三年对 25—64 岁女性做一次巴氏试验，对筛选出来的易发人群，给予定期检查等更多的预防干预。2010 年，主动到地方卫生企业进行巴氏试验检查者达到 25—64 岁妇女的 76%，北部这一比例最高，达到 85%，中部为 82%，南部比较低，只有 62%。有 38% 的接受检查者，被筛选出来，列入需要定期检查和干预的名单中。2007 年，因子宫颈癌死亡的妇女 471 人，比往年有所减少。

为了保障公民的健康，意大利在严格执行欧盟食品标准的同时，制定本国更为严格的健康食品标准，并积极宣传和促进健康饮食习惯。

意大利移民工比较多，他们绝大部分来自贫穷的第三世界国家，在意大利从事比较危险和对身体伤害比较大的工作，因此，移民工的职业病发病率很高，工伤事故发生率也很高。一般患有职业病的移民不到病情严重时不愿意进医院看病。为了保证移民工的身体健康，意大利许多省市专门为移民出台职业病防治计划，以减少职业病的发生人数。

意大利是欧洲疾病预防控制中心（ECDC）成员，建立有早期预警系统，广泛开展对传染病的监测，并对有害健康的环境（包括水、大气和垃圾处理）的监测。

第七节 教育与科技

一 教育

2003 年，根据时任公共教育部长的莫拉蒂（Letizia Moratti）女士主导的改革，取消了“初中”（scuola media）和“高中”（scuola media superior）的说法，取而代之的是“一级中学”（scuola secondaria di primo grado）和“二级中学”（scuola secondaria di second grado）。

意大利现行教育体制分为四个阶段：幼儿园教育阶段、初级教育阶段（primo ciclo di istruzione，包括小学和一级中学）、中级教育阶段（secondo ciclo di istruzione，包括二级中学、技术专科学校和职业专科学校）、高等教育阶段（istruzione e formazione superiore，包括大学及硕士教育、高等技术及职业教育培训）。

意大利的高等学院分综合性大学和专科学院两大类。高等教育历史悠久，创立于11世纪末的波洛尼亚大学是欧洲最古老的大学，这所大学最初是由一批法学学生创办的，1200年建立了医学系和哲学系。波洛尼亚大学的规章制度和教学方法以及学位和职称制度为后来的欧洲的各国大学所仿效。维琴察大学（1104年），阿雷佑大学（1213年）、帕多瓦大学（1222年底）都是从波洛尼亚大学分出来的。意大利其他的古老大学还有那不勒斯大学（1224年），罗马大学（1303年）、都灵大学、帕多瓦大学、比萨大学。

意大利高等学院的学制一般为4年，工程系和建筑系等少数系为5年，只有医科专业是6年，1991—1992年度大学注册人数为1022万人，其中有70%左右的学生能完成学业，毕业后相当于中国的硕士生。

除此以外，意大利还有著名的美术学院、音乐学院、戏剧学院、电影实验中心等艺术专科学校，以及遍布全国的职业学校和技术学校。

除国立学校外，意大利还有私人开办的学校。教会、社会团体和公司企业等也创办了数目可观的学校。这些学校有的得到国家的资助，有的资金完全自理。

2007年，意大利用于小学和中学教育的公共开支在GDP中的比重为4.9%，不仅低于欧盟27国的平均水平（5.2%），更是大大低于教育先进的丹麦（7.1%），瑞典（6.2%）、比利时（6.1%）等国，在欧盟中的排名从2006年的第18名跌落到第21名。在意大利，不仅用于教育的国家拨款不足，而且私人投资也不多，仅占所有教育经费9%，在GDP中的比重更是少之又少，为0.4%，而欧盟27国的这两个指标分别为13.5%和0.7%。至于大学经费在GDP中的比重，意大利的情况更差，为0.9%，名列欧盟的倒数第二位，仅好于斯洛伐克，而欧盟内部情况最好的丹麦、芬兰和瑞典，这一指标分别是1.7%，1.6%和1.5%。不过从绝对值来看，意大利用于每个学生的教育经费还不算低。按购买力平价计算，2007年，意大利用于一个全日制学生的教育经费平均为6205欧元，在欧盟内部（平均为6251欧元）居于中等水平。

表11　2009—2010学年意大利各级学校的基本统计

	幼儿园	小学	一级中学	二级中学
学校数目(班)	24221	17845	7924	6826
班级数目(班)	73111	149845	82682	128606
学生人数(人)	1680987	2822146	1777834	2687094
教师人数(人)	82432	220142	134875	214598
学生与教师比例	12:1	11.7:1	12:1	11.6:1
女生比例(%)	48.1	48.4	47.9	49.0
公费学校学生比例(%)	69.9	93.2	95.9	94.6
外籍学生比例(‰)	80.8	86.6	84.5	53.6
复读率(%)	–	0.3	4.4	7.1

资料来源：ISTAT, Italia in cifre 2011.

最近几年，迫于降低公共债务和财政赤字的压力，意大利大幅度削减了教育经费。根据2010年的预算法案，国家计划拨款为552.5亿欧元，比上一年减少4.09亿欧元。

自2004年开始，意大利各大学开始采取措施向国外青年学生敞开学校大门，外籍学生数目迅速增长。根据CENSIS研究所2009年报告，2007—2008学年，意大利各大学接受外籍学生达51000人，比2000年的20000人增加了一倍以上。在新注册的外籍大学生中，来自阿尔巴尼亚、希腊、罗马尼亚和中国的学生最多。根据教育、大学和研究部2007年报告，2006年，意大利大学毕业生中，有2055人来自非欧盟的欧洲国家，1617人来自欧盟其他成员国，447人来自亚洲，402人来自非洲，111人来自北美洲。比较受外籍学生青睐的意大利大学大多位于北部和中部，例如都灵理工学院、米兰博科尼大学、特里亚斯特大学、米兰理工学院、乌尔比诺大学、博洛尼亚大学、特伦托大学、热内亚大学等。

表 12　　2009 年意大利 15 岁以上居民获得各种学位的人数(单位:千人)及比重(%)

	大学本科以上及博士学位		二级中学毕业证书		职业资格证书		一级中学毕业证书		小学毕业		总计	
	人数	比重	人数	比重	人数	比重	人数	比重	人数	比重	人数	比重
北部	1233	10.8	3264	28.7	918	8.1	3911	34.4	2055	18.1	11381	100
中部	585	12.1	1609	33.2	226	4.7	1584	32.7	847	17.5	4851	100
南部	745	8.8	2387	28.2	247	2.9	3221	38.0	1879	22.2	8479	100
意大利	2564	10.4	7260	29.4	1391	5.6	8716	35.3	4780	19.3	24711	100

资料来源:ISTAT,*Annuario statistico italiano 2011.*

二　科技

意大利的科学研究史可以追溯到文艺复兴时期，从那时候起，就陆续出现了一批著名的数学家、物理学家、天文学家、生物学家和化学家，他们为基础科学的发展做出了重要的贡献。

目前，意大利有从事科研事业的单位数千个，可分为公共研究和企业研究两大系统。公共研究机构包括高等学校、国家研究委员会、政府各部门的研究中心，以及地方公共研究单位；企业研究机构又分为国家企业和私人企业的研究机构。它们进行的研究活动可分为基础研究、应用研究和技术研究。应用研究是中心环节，它把基础研究和技术研究联系起来。高等学校所属的研究所主要进行基础研究。国家和政府部门所属的研究机构主要进行应用科学和专题研究。企业研究所主要进行技术研究。

国家研究委员会是从事公共研究的各研究机构的核心，成立于 1923 年，1963 年改组后成为国家最高科研机构。它的任务有：推动和协调全国各科学领域的研究工作；制定国家科研计划和总的技术规定；对科技事宜进行咨询；代表国家参加国际科技组织、执行国际科技协定和开展国际科技交流活动等。国家研究委员会还直接进行基础、应用和技术研究。

意大利的主要研究机构有：（1）全国核能委员会，建于 1960 年 8 月 11 日，法律规定它的任务是从事核研究；（2）富奇诺卫星通信地面站；（3）罗马航天研究中心；（4）军事化学药物研究所；（5）伊斯普拉研究中心。

意大利在高分子化学、化工、皮革、电子、生物、医学、机械，以及汽车制造业等领域取得的成就，处于世界领先或重要地位。

（一）核物理

20 世纪 50 年代，在费米教授创建的物理实验室基础上，抽调罗马大学、帕多瓦大学和佛罗伦萨大学的核物理学家建立了国家核物理实验室（INFN），它有四个实验站，其中最著名的是位于格朗·萨索（Gran Sasso）的世界上最大的地下实验室之一——宇宙射粒子物理、核物理实验站（LGNS）。该实验室位于山顶下 1400 米的岩石下，拥有三间实验室，每间实验室长 100 米，宽 20 米，高 18 米，总容量为 10800 立方米；还有一条长 10 公里的高速通道，横穿整个巨石山。巨大的山体遮蔽住宇宙射线。来自俄罗斯、美国和中国等 20 多个国家、750 多名科学家长期在那里进行科学实验。

意大利参加了我国西藏羊八井宇宙射线的探测等重大科学研究项目。

（二）空间应用技术研究

意大利在积极发展天体物理、基础物理和核物理的同时，还参加欧洲的空间技术的开发和研究计划，积极支持欧洲的尤里卡空间计划（意大利承担该项目经费的 29%）、伽利略全球卫星导航计划。除参与国际间重大研究项目合作外，意大利还着重于研究应用技术，如对环境保护、服务通信、交通技术、提高预报自然灾害的准确率等领域的研究。意大利在地震检测、预报方面位于世界前列。意大利还与美国国家航天局（NASA）联合开发空间卫星技术，并参与 TSS 卫星的飞行实验；参与联合研制地球动态激光卫星 LAGEOS Ⅱ，并用意大利空间局开发的 IRIS 推进器送入轨道。2001 年 4 月 20 日，意大利宇航员古伊多尼（Umberto GUIDONI）作为第一个欧洲人进入航天空间站工作。意大利还为美国航天局提供了 3 个后勤仓，成为继俄罗斯、美国之后第三个在航天站上有设备的国家。此外，意大利航天局还自主设计开发小型卫星的及小型卫星发射器，并在小型卫星的制造方面居于世界领先地位。

此外，位于意大利中部的佛齐诺（FUCINO）设有世界最大之一的民用卫星导航和数据地面接收站，为一国际移动通信卫星提供服务。

（三）天体物理

开始于1819年观测天象活动的意大利那波利Capodimonte天文台（OAC），是一个集科研、教学、科普于一体的大型科研机构。拥有世界上最大的天体光学望远镜，如用来观测raggi X Beppo SAX射线的哈勃空间望远镜，并利用安装在卫星上的天文望远镜进行空间探测活动。设在那波利Potenza天文观测站使用的镜片为160cm的天文望远镜，是由天文台的工程技术人员自主设计和制造的。意大利在天文观测和空间探测设备以及进行的科研成果方面，都居于世界天文领先地位。它同欧洲天文台（OESCV）合作建造世界最大的2.6米广角望远镜镜片，安装在智利的Cerro Paranal天文台，观察范围将比目前世界上已有的天文望远镜扩大许多倍。

（四）计算机技术

意大利的OLIVETTI是世界计算机开发最早的公司之一。1965年该公司生产出了一种新型的可编程的办公室计算机P101，这是现今使用的个人电脑的前身。1978年出产了第一台电子打字机——ET101。

意大利核物理研究所和欧洲技术集团（GRUPPO EUROTECH）2005年合作研制出的大型计算机APENEXT，每秒运算次数达12万亿次，是欧洲运算速度最快的计算机，也是当时世界计算机的佼佼者。

（五）太阳能技术应用

意大利重视环境保护和清洁能源的开发和利用。经过三年的实验，花费125万欧元，2005年10月，制造出欧洲第一辆太阳能火车（Trenitalia），火车有5节客车厢、3节货车厢，2个牵引车头，全车的空调、照明、安全制动系统的能源，都由安装在火车上的太阳采集板（pannelli solari fotovoltaici）产生的电能提供。意大利对利用太阳能实施财政和税收优惠政策，出台了鼓励在建筑物上安装太阳能板的“市镇计划”，更促进了太阳能的开发和利用。

（六）外科医学和肿瘤医学领域

著名的Telethon基金会将77%的资金投入了建立先进医学实验室、研究所及支持相关的研究活动。1995年，成立了圣拉法艾列基因治疗研究所（Istituto San Raffaele-Telethon）。该研究所发现了一种被称为TEM的血细胞可促使肿瘤生长，而一种特殊基因可以抑制这种血细胞的生长、繁殖。这种方法已经通过动物实验获得成功，至今被认为是治疗恶性肿瘤最有效和最安全的方法，为癌症患者带来福音。

（七）视神经研究

Telethon设在米兰和那波里研究所发现了一种称为Vax2的因子。它的作用是向视网膜细胞通报外界物体所处位置的信息，以便准确向大脑传递，做出对外界影像的判断。因此，这种因子在人体内的缺失或变质，将引起严重的遗传性眼疾。

（八）机器人研制和利用

意大利的工业机器人利用位居欧洲第二，全球第四。根据2004年10月20日UNECE公布的截至2003年底的统计数据：意大利制造业中，每10000名就业者中，拥有工业机器人116台，拥有机器人的密度仅次于德国。在汽车工业中，每10000名工人中拥有1400台工业机器人。2003年机器人最大市场是汽车工业，占机器人总量的36%（约为18000台），其次是化学工业，占27%，排名第三位的是金属加工业，占13%。按当时计划2004—2007年间，工业机器人的利用年增长率为5%，总量达63000台。

（九）建筑领域

意大利在历史的长河中，对人类文明进步、建筑科学、技术作出了巨大贡献，涌现出了许多闻名于世的建筑大师、艺术大师，为人类留下了不朽的杰作。20世纪，意大利建筑艺术也得到发展，在罗马、米兰、佛罗伦萨等城市都建造了一些颇有特点的建筑。例如，著名的罗马体育场（P. L. 内尔维设计，1957）以外露的Y形结构支撑屋顶，空旷明朗，具有代表性。当代，意大利著名的建筑师有伦佐·皮阿诺（1998年获得世界建筑业最好奖项普列次克奖）、阿尔多·罗西（1990年获得普列次克奖）、维多利奥·格莱高蒂等。但当代意大利建筑文化有一个很特殊的现象，即这些著名建筑师的有影响力的作品大部分建造在意大利本土以外。

（参阅本书第七章第三节文学与艺术）

意大利的建筑科学既有对传统的继承，又有设计和建造技巧上创新，因此不断引领世界的建筑科学的不断发展。他们在继承意大利传统的同时，还对各国的古代建筑进行研究和借鉴。意大利的建筑界同我国的建筑界也有很好的合作。

（十）文物修复

意大利是一个文明古国，拥有大量的古老建筑。早在文艺复兴时期就颁布了关于文物保护的法令。战后，意大利迅速颁布了关于文物保护和修复的法令。为此，意大利设立专门的文物修复机构——国家文物修复中心（Centro Nazionale di Restauro）。意大利在长期对文物保护的修复文物方面形成了一套完整的科学理论，掌握了先进技术，并在这一领域一直处于领先地位。在这一领域，意大利同我国有着长期的密切合作。20 世纪 90 年代，两国在西安共同创建了西安文物保护和修复中心。2000 年根据两国合作发展计划，由意大利文物修复中心和中国文物研究所合作，又创建了“中意合作文物保护修复培训中心”，对文物修复和保护技术人员进行培训。中心设有科学技术实验室，修复实验室和技术服务实验室。

第八节　文化与艺术

一　文学

古罗马文学作品使用的语言是拉丁语，流传下来的最早作品是戏剧。古罗马戏剧分悲剧和喜剧。悲剧已经失传，喜剧主要有：提图斯·玛求斯·普劳图斯（公元前254—前184 年），主要作品有《孪生兄弟》《吹牛的军人》《一坛黄金》等；普布留斯·泰伦提乌斯·阿非尔（公元前190—公元前159 年，主要作品有《岳母》《两兄弟》）等。罗马共和国末期和屋大维统治时期被誉为罗马文学的黄金时代。维吉尔是古罗马文学中最重要的诗人，著名的作品是《牧歌》《农事诗》和《伊尼德》。屋大维死后的200 年在文学史上称为“白银时代”，宫廷文学占统治地位，颓废倾向日趋明显，但这个时期反映奴隶和下层平民思想的讽刺文学及反映共和派不满情绪的作品颇有成就。鲁齐乌斯·安奈乌斯·塞内加（公元4—65 年）是古罗马最要的悲剧作家，作品有《美狄亚》《费得尔》和《特洛亚妇女》。

13 世纪末至 16 世纪中期，意大利的文学艺术得到了高度的发展，在欧洲居领先地位，这就是著名的“文艺复兴时期”。但丁、彼特拉克和薄伽丘是这一时期的代表人物。但丁的主要作品《神曲》，是一部三韵句长诗，用佛罗伦萨方言写成，分《地狱》《炼狱》和《天国》三部分。在《神曲》中，但丁巧妙地把幻想和现实结合起来，歌颂了理性、情感和求知的精神。彼特拉克的代表作品是用佛罗伦萨方言写成的抒情诗《歌集》，共有366 篇，大部分是十四行诗，主要歌颂他对女友劳拉的爱情，也包括大量政治抒情诗。薄伽丘的代表作是短篇小说集《十日谈》，宣扬了“人类平等”的思想，歌颂了资产阶级个人主义。

18 世纪末，以实现意大利国家统一为宗旨的民族复兴运动蓬勃发展。这一运动在意大利文坛的反映是出现了浪漫主义文学。浪漫主义者采用诗歌、历史剧和历史小说等文学形式，歌颂爱国主义精神，反映人民对独立自由的向往以及英勇斗争的精神，但大都回避社会现实问题。浪漫主义文学中最有影响的作家是亚历山德罗·曼佐尼（1785—1873），其主要作品是《约婚夫妇》，小说宣扬了天命观和基督教的仁爱思想，反映了自由资产阶级思想上的局限性。

隐逸派盛行于 20 世纪二三十年代，主要代表人物是诗人欧杰尼奥·蒙塔来（1861—1981）、萨尔瓦多雷·夸齐莫多（1901—1968）、朱泽培·翁加雷蒂（1888—1970）。他们回避现实生活的重大题材，着力刻画人物的内心世界，表现人物的忧伤和孤独之情。20 世纪 40 年代，在反法西斯抵抗运动的影响下，一些隐逸派诗人的作品触及社会现实生活，表现了爱国主义的主题。夸西莫多和蒙塔莱分别于 1959 年和 1975 年获诺贝尔文学奖。

20 世纪 30 年代，在意大利文坛上出现了一个新的派别——新现实主义。这一派主要的代表作有阿尔贝托·莫拉维亚的《冷漠的人们》《阿戈斯蒂诺》《罗马女人》，弗朗切斯科·约维内的《阿瓦女士》和《神圣的土地》，瓦斯科·普拉托里尼的《苦难情侣》和《意大利历史》。这些作品大致分为两类：一类是反映意大利人民在二战中反对纳粹法西斯的英勇斗争的小说和回忆录；另一类是反映意大利南方的社会问题。

继新现实主义流派之后，出现了“新先锋派”，主要代表人物是焦尔焦·曼加内利，主要作品有《悲喜剧》和《小说一百篇》。20 世纪 60 年代末，新先锋派也逐渐衰落，从此意大利文学界便不存在一个占主导地位的流派，作家们各自进行艺术探索。

二 艺术

（一）建筑、绘画和雕塑

罗马斗兽场、万神殿、提图斯凯旋门、罗马水道、阿乌雷利奥骑马铜像，以及古城庞贝，无一不体现了古罗马时期意大利的建筑、绘画和雕刻的辉煌。意大利中古时期的艺术以教堂的建筑和装饰为主，绘画和雕刻充满了宗教内容，按其艺术形式而论，可分为拜占庭式、罗马式和哥特式。

16 世纪是意大利文艺复兴的盛期。这个时期的特点是古典主义，艺术形象富有高度的人情味。文艺复兴时期最著名的艺术大师列奥纳多·达·芬奇（1452—1519 年）、拉斐尔·桑齐奥（1483—1520 年）、提香·韦切利奥（1477—1576 年）和米开朗琪罗·布奥纳罗蒂（1475—1564 年）都属于这一时期。壁画《最后的晚餐》和《蒙娜丽莎》使达·芬奇誉满世界，他不仅是一个画家、建筑师、雕刻家，而且是数学家、物理学家。拉斐尔是罗马画派的最突出代表，他的作品充分体现了文艺复兴时期的人文主义思想。他用了十年时间为梵蒂冈画了总题为《教权的建立和巩固》的壁画。提香是威尼斯画派中成就最大的画家，他的画题材丰富，着色鲜艳、布局华丽，他的杰作《圣母升天》展现一个世俗妇女的欢乐情景。米开朗基罗在雕刻、绘画和建筑方面都取得了杰出成就，他以刻画人物为主，赞美人的力量和斗争精神。他著名的雕刻《大卫》和《被缚的奴隶》以及壁画《创世纪》和《末日审判》等，都是传世佳作。宏伟的圣彼得教堂的圆顶也是他的杰作。

从 16 世纪末至 18 世纪中叶是巴洛克式艺术创立和发展时期。这种风格的建筑物以寺院居多，此外还有宫殿和别墅。最著名的代表是雕刻家和建筑师姜·洛伦佐·贝尔尼尼（1598—1680 年）和弗朗切斯科·波罗米尼（1599—1667 年）。巴洛克式艺术始于罗马，后来逐渐扩展到佛罗伦萨、威尼斯、热那亚和都灵等地。

从 18 世纪中期兴起的新古典主义是巴洛克式艺术的一种反抗。著名的米兰斯卡拉剧院就是由新古典主义代表人物朱塞佩·皮埃马里尼（1734—1808 年）设计的。最著名的新古典主义画家是安德雷阿·阿皮阿尼（1754—1814 年）。

19 世纪末 20 世纪初，在意大利产生了印象主义、立体主义、未来主义、分离主义和抽象派等派别。二战以后，写实主义画家的作品具有一定的社会意义。

（二）音乐和歌剧

古罗马时期，以教皇格列高利一世为名的格列高利圣歌是意大利最早的音乐文献。14 世纪上半叶至 15 世纪，在法国“新艺术”的影响下，产生了从游吟诗人的歌词演化而来的舞蹈时所唱的叙事歌和牧歌，以及具有风俗性的轮唱歌曲“猎歌”。其中以牧歌体裁为多，从爱情到寓言，偶尔也唱严肃的人生课题，音乐特征是复调性。佛罗伦萨是当时的音乐文化中心，代表人物是管风琴家弗朗西斯科·米弟诺。

16 世纪是意大利文艺复兴的繁荣时期，牧歌有了新的发展，卢卡·马雷齐奥和唐·卡里奥·杰苏阿乐也出现了一个繁荣发展的局面。“罗马乐派”的代表人物达·帕莱斯特谱写的《马采鲁教皇弥撒曲》成为天主教作曲家的典范。“威尼斯乐派”的安德烈亚和乔万尼也谱写了大量优美的弥撒曲、器乐合奏曲、管风琴曲以及合唱曲等，他们采用的复调式宗教音乐为欧洲多声部器乐曲和声乐的发展做出了贡献。

17 世纪初，在意大利产生了新的艺术形式——歌剧。歌剧的产生与人文主义者的艺术理想和实践有密切关系。它是音乐、诗歌和舞蹈等艺术综合发展的一个戏剧形式。它的发源地在佛罗伦萨。克拉乌迪奥·蒙特威尔第是威尼斯歌剧乐派的重要代表人物，他推动了意大利歌剧的发展。17 世纪末 18 世纪初，歌剧艺术的中心从威尼斯转移到了那不勒斯。这一时期也是意大利器乐创作的繁荣时期，各种不同体裁的器乐曲得到了广泛的发展，涌现出了大批杰出的音乐家。尼古拉·帕格尼尼是 18 世纪末 19 世纪初著名的小提琴家和作曲家，他的小提琴协奏曲和 24 首随想曲是小提琴创作和演奏的经典之作。

19 世纪上半叶在意大利民族复兴运动的高潮时期，产生了两位著名的艺术家焦阿基尼·罗西尼和朱赛佩·威尔第。《塞尔维亚的理发师》和《威尔·退尔》是罗西尼的代表作。威尔第是意大利在歌剧创作方面成就最大的作曲家，早期作品有《纳布科》《伦巴第人》《欧那尼》《阿蒂拉》，表现了强烈的爱国思想和反抗异族压迫的精神；中期作品《弄臣》《游吟诗人》《茶花女》着重揭露了贵族社会的荒淫无耻、腐化堕落和虚伪的道德；后期作品《阿伊达》《假面舞会》《奥赛罗》在意大利歌剧史上有巨大的革新作用，威尔第使意大利歌剧达到了一个新的高峰。

意大利是歌剧的故乡，它拥有许多著名的歌剧院，如米兰的斯兰拉大剧院、那不勒斯的圣卡尔洛歌剧院、威尼斯的凤凰歌剧院、都灵的皇家歌剧院、罗马的罗马歌剧院、巴勒莫的玛西姆歌剧院等。

（三）电影

意大利在1904—1905年间开始生产影片。第一次世界大战以前，意大利电影在欧洲占主导地位，深受欧美各国观众的欢迎。1935年在罗马成立的电影实验中心，为意大利电影艺术培养了许多著名的导演、摄影师和其他电影工作者，1937年设备齐全的罗马“电影城”的出现进一步推动了意大利电影事业的发展。

第二次世界大战后，意大利的电影艺术在新现实主义思潮的影响下呈现了一派繁荣景象，并在国际上获得了较高的声誉，代表人物和代表作品有：罗赛里尼和他的《罗马不设防的城市》；德·西卡和他的《偷自行车的人》《米兰奇迹》《屋顶》；德·桑蒂斯和他的《悲惨的追逐》《橄榄树下无和平》《罗马十一点钟》；维斯孔蒂和他的《大地在波动》《我们是女人》《白夜》；费利尼和他的《甜蜜的生活》《八个半》；杰尔米和他的《希望之路》《以法律的名义》；以及安东尼奥尼和他的《女友》《呐喊》《夜》等。

1946年至今，在意大利创票房纪录影片前五位的是：贝尔托卢奇《巴黎的最后探戈》（1972年）；克拉切《还叫三位一体》(1970;列昂内《为了多几个美元》(1965)和《为了一把美元》(1964)，费里尼《甜蜜的生活》（1959）。

三　文化、宗教与民俗

（一）广播、电视、新闻与出版

意大利广播电视系统由意大利国家广播电视有限公司（RAI）和梅地亚塞特集团（Gruppo Mediaset）两家垄断，控制了全国78.6%的广播电视市场。意大利全国共有电视台400多家，广播电台2500多家，绝大多数为私营。1983年底私营电视台就有300多家，全国性电视台主要有RA1 1，RA12、RA1 3、Canale 5、Italia 1、Rete 4、TMC、Video Musica、Italia 7、Rete A、Odeou等。

据1990年的统计，意大利有报纸和杂志9582种，其中日报118种，周刊626种，半月刊499种，月刊2861种，双月刊4423种，其他不定期刊物1055种。主要日报有《晚邮报》《共和国报》《二十四小时太阳报》《新闻报》《信使报》《新日报》《今日报》《时代报》《晚报》《人民报》《团结报》《前进报》；主要周刊有《快报》《全景》《欧洲人》《时代》《今日》和《时间》等。

意大利共有5563家出版社（1991年），每年首版或重印图书4万多种，产值3.56万亿里拉（1992年）。主要出版社有：蒙达多里、里佑利、埃伊纳乌迪、费尔特里内利和联合出版社等。

（二）博物馆和图书馆

1993年全国共有国立博物馆和美术馆602个，1987—1991年间每年的参观人数在2500万—3000万人次之间。1993年4月，意大利文化遗产部发布条例规定，其所属的各博物馆、画廊、遗址和古迹实行全日制开放，取消午休和每星期一的休息日，开放时间延长为9：00—19：00。梵蒂冈博物院星期日关门，但每月最后一个星期日免费开放。

各个城市里都有设备完善、使用极为方便的图书馆，意大利文化和环境遗产部所属的国立图书馆多是一些著名的私人或皇家收藏的基础上扩建，因此常位于一些著名的巴洛克大厦、城堡和修道院中，环境幽雅，气氛独特。

（三）宗教与民俗

1984年2月以前，天主教一直是意大利的国教。居民中90%以上信仰天主教，只有少数人信仰新教、东正教和犹太教等。意大利宪法规定，一切宗教在法律面前完全平等，只要不违反法律规定，都有权按照自己的教规建立组织。

早在罗马帝国时期，罗马教会就成为帝国宗教活动的中心。君士坦丁在位时，把天主教奉为国教。公元756年，法兰克王丕平把罗马城和意大利中部地区的大片土地送给了教皇。此后教皇权势日增，直辖领土达4万平方公里以上，直到1870年意大利完成国家统一时，才被收回。教皇被迫退居罗马城内西北角的梵蒂冈，教皇的世俗权利被剥夺。

1984 年 2 月 18 日，意大利政府和梵蒂冈正式签署了一项协定。协定规定，终止罗马天主教作为意大利国家唯一宗教的地位，天主教将不再作为意大利国教，原来受协定制约的有关学校教育、婚姻等方面的一些规定也相应作了修改。

然而，教会的势力和影响仍是很大。梵蒂冈在意大利有数百亿美元的投资和不动产，它的资本渗透到各经济部门，特别是银行信贷系统。它在罗马的财产约占这座古城的四分之一。在意大利的许多地方都有开办了医院和学校。在政治上，与梵蒂冈关系密切的天主教民主党在二战后的近 50 年里，一直是主要的执政党。意大利全国共有 281 个教区，有大主教和主教 440 多名，神父约 63000 名，修女约 14 万多名，领薪金的神职人员约 21 万多名。

意大利的主要节假日有 12 月 25 日的圣诞节、在 3 月 21 日—4 月 5 日之间的复活节，还有狂欢节、亡人节等。1 月 1 日为元旦，4 月 25 日是解放日，6 月 2 日是国庆节，还有意大利人民最喜欢的八月节。

（四）体育与休闲

意大利的体育运动水平比较高，在二战后历届奥运会上都有不俗的表现。足球运动在意大利是最广泛、影响最大的体育运动，已经有 100 多年的历史。意大利是足球的超级大国，每个城市都有自己的足球队，足协登记在册的运动员多达 200 万人。曾 3 次夺得世界杯（1934 年、1938 年和 1982 年），两次夺得亚军（1970 和 1994 年），在 1989—1990 年度赛季中一举获得欧洲三大杯，成就辉煌，举世瞩目。

意大利足球队按照实力分成甲、乙、丙、丁 4 个等级，目前意大利共有 18 支甲级队，比赛从每年 9 月至次年 5 月跨年度举行。赛事均安排在周末举行，吸引着成千上万的球迷，广播和电视还进行实况转播，足球比赛的巨额收入用来资助意大利的各项体育运动。

法律规定，意大利体育事业由国家奥林匹克委员会负责，该委员会是附属于政府旅游戏剧部的半官方机构，主要经济来源是出售足球彩票，财政上要受到财政部、国库部和审计院的监督，预算需经议会批准。意奥委会下属有 37 个全国性体育联合会，它们的主席组成了意奥委会理事会。各体育联合会是独立的，运动员的选拔、培训和运动会的组织工作均由各联合会负责，意奥委会只起协调和监督作用，并负责审批参加国内重大比赛的运动员名单。

意奥委会的首要任务是为奥运会和所有国际国内比赛培训业余运动员，也包括培训职业运动员，但职业运动员不能参加奥运会。意大利的职业体育运动有：足球、自行车、拳击、汽车和摩托车。

意大利人民热爱体育运动，游泳、滑雪、网球、自行车、摩托车、长跑和登山等都是人民喜爱的运动项目。体育运动在意大利有着广泛的群众基础。

第九节　军事与外交

一　军事

意大利地处南欧和地中海中部，战略地位非常重要。在南方城市那不勒斯设有北大西洋公约组织的南欧盟军司令部和美国第六舰队司令部，美国在意驻军 1.5 万人。近年来意大利从北向南进行了一系列军事调整，加强了它在地中海地区的军事和政治责任，因为根据北约盟国之间的“分工”，意大利负责地中海地区的安全。北约南欧盟军地面部队司令和海军司令均由意大利人担任。

总统为武装部队最高统帅。总理对国防政策和军队建设负责。最高国防决策机构为国防最高委员会，总统为该委员会主席，总理为副主席。国防部长（文职）、国防参谋部和个军种参谋部对军队实行直接领导。国防参谋部是国防部下属实施作战指挥的主要机构。2004 年 6 月 30 日，意大利政府正式宣布，从 2005 年 1 月 1 日起废除自 1861 年意大利统一后实行的义务兵制度，各军种部队不再征召新的义务兵，完全实施自愿兵役制。与此同时，意大利的适龄青年若准备加入警察部队，如宪兵、财政警察、护林警察和消防警察等，都必须在军队中作为志愿兵首先接受为期 12 个月的训练。

意大利武装部队分为四个组成部分：陆军、海军、空军和宪兵。

意大利陆军成立于 1861 年 5 月 4 日，即意大利王国建立之初，由撒丁部队和其他平原部队共同组建。2009 年共有官兵 111233 人，2010 年减少到

108355人。陆军还包括一支空军陆战队和陆军学校。

海军历史也可以追溯到意大利王国初期。2003年有官兵3.4万人。根据《海军2010年报告》，意大利海军由三个部分组成：核心部分是直属三军参谋长领导的中央机构，包括海军参谋长、海军中央单位、三个监察机构（分别监管后勤和灯塔、教育培训和医疗护理）和舰队长指挥部（统管所有舰队司令部）。最近十年，意大利海军不断进行合理化建设，逐渐形成三个海上航空兵战略中心，分别建在利古里亚、布里亚和西西里三个大区境内。这三个战略中心分别集中了重要的海军基地，支持任务执行、技术和后勤的部门和装备，培训教育和医疗机构和设施。外围部分主要由完成三军司令部交予的体制改革任务的技术和行动部门组成，还包括二等海军基地和提供给养的基地，研究机构和培养海军军官的学校。

意大利空军的前身是意大利王国空军。的根据意大利空军提供的资料，2009年1月1日，意大利空军在编人员共计42960人，其中军官6118人，士官28202人，士兵6640人，拥有国防经费23.4亿欧元。

意大利宪兵曾是国家第四大武装部队。2000年10月5日根据第297号法令，大部分宪兵部队的管理归并到陆军部队，只有武警直属国防部参谋长。

意大利国防经费由两部分组成：国防预算和军费。根据国防部公布的数据，2010年，意大利的国防经费共计203.64亿欧元，其中185.75亿欧元用于本土国防与安全，5970万欧元用于相关研究和创新项目，7730万欧元用于相关教育、培训、管理，165.17万欧元用于其他。2010年的国防经费比上一年增加了0.3个百分点。

1982—2006年，意大利参与国际军事行动（包括维和行动）1800多次。1952—2010年，意大利有100个意大利军人在国际行动中殉职。2011年8月5日，实际在国外执行任务的意大利军人有8135名。根据2011年8月2日颁布的第130号法律，2011年7月1日—12月31日，意大利已经确定参加国际行动的军人达8369人，在27个国家执行30项任务，其中参加北约对利比亚的“统一保护者”（UNIFIED PROTECTOR）行动的军人达到1117人，其中获得授权者为543人；到阿富汗4221人，黎巴嫩1656人，索马里241人。2010年，意大利用于国际军事行动的经费达12.32亿欧元，其中用于阿富汗6.82亿欧元，黎巴嫩2.61亿欧元，巴尔干1.59亿欧元，地中海区域0.52亿欧元，印度洋区域0.51亿欧元。

二　对外关系

意大利的对外政策具有中和性、务实性和多元性。

（一）外交政策

意大利是欧洲联盟的创始成员国，也是北大西洋公约组织、经济合作与发展组织、世界贸易组织、欧洲安全与合作组织、欧洲委员会、欧洲倡议组织等的成员。意大利于1955年加入联合国。它同世界上120多个国家建立有外交关系，在8个国际机构里派有常驻代表。意大利的外交政策可以概括为以下几点：（1）大力加强欧洲的联合和统一；（2）在大西洋联盟内为和平安全进行不懈的努力；（3）加强同世界上所有国家的传统友好和对话关系；（4）发展国际范围内的经济合作。意大利在国际舞台上比较活跃。

①在政治和外交方面，意大利一直重视同美国保持和发展合作关系，在许多重大历史问题上曾被视为美国的“忠实伙伴”。近几年来，意大利为本国和西欧利益考虑，开始明确主张西欧应拥有独立的防务力量和自己的核武器，在政治上要求与美国建立“平等的伙伴关系。”美国则为意大利政局长期动荡不稳和南欧的防务感到担心。

向美国提供军事基地是意美关系的重要内容。第二次世界大战以来，美国为推行其全球战略，逐步建成了以本土军事基地为依托的全球军事“基地网”，大小军事基地（设施）高峰时总数曾高达5000多个，其中近半数在海外。冷战结束后，由于国际形势的变化、美国军事战略的调整以及驻在国人民的反对，美军事基地的数量大大减少。21世纪初，美国共有海外军事基地374个，分布在140多个国家和地区，驻军30万人。从战略的角度看，美国海外军事基地的分布可划分为3个战略区、14个基地群。欧洲、中东和北非地区战略地位十分重要，成为美国海外军事基地的第一战略区，不仅美国驻军较多，而且基地相对集中，占美国海外基地总数的53%。美国在这一战略区中共设有5个基地群，即中欧基地群（由设在德国、比利时、荷兰的基地与设施组成），南欧基地群（由设在意大利和希腊的基地与设施组成），中东、北非基地群，英国、冰岛基地群和伊比利亚半岛基地群。1954年意美双方就建立军事基地达成的一个秘密协议（Accordo bilaterale sulle infrastrutture），规定：在没有得到北约或意大利政府同意的情况下，美国不能将基地用于战争目的；军事设施归意大利指挥，美国各司令部对装备和行动拥有军事控制权；用美国资金在意大利国土上建造的建筑物产权归意大利所有。北约成立以后，美国借北约之名开始在意大利设置军事基地。21世纪初，美国在意大利设立的军事基地有7个，军事设施有40多处，驻军1.33万人。

②意大利是支持欧洲联合最积极、最坚定的国家之一，一再强调西欧的联合与统一是其对外政策的“基本政治选择”。1950年法国外长舒曼提出建立欧洲煤钢共同体计划时，立即得到了意大利的支持。1951年4月，意大利同法国、联邦德国、比利时、荷兰、卢森堡五国一起在巴黎签订了为期50年的《欧洲煤钢共同体条约》。1955年，根据意大利政府的提议和比利时的建议，六国外长在意大利的墨西拿聚会，商讨加强西欧经济联合和建立欧洲共同体的问题。意大利主张六国实现全面的经济联合。1957年3月25日，六国外长在罗马签订了“欧洲经济共同体”和“欧洲原子能共同体”两个条约，统称《罗马条约》。条约于1958年1月生效，欧洲经济共同体和原子能共同体正式成立。欧洲议会是欧洲共同体的监督和咨询机构，原由九国议会所选派的议员组成。意大利积极主张欧洲议会的直接选举。1981年底，意大利和联邦德国提出了“欧洲联盟”的建议，向欧洲议会提交了“欧洲文件”，旨在加强欧共体成员国的政治合作，扩大共同体对外政策的范围，包括安全、文化、司法等各个领域，以便更加接近欧洲目标。

进入21世纪后，随着成员国的不断增加，欧盟20世纪50年代的运行机制已不能适应欧盟发展的需要。为了使欧盟在新一轮扩大后能有效运作，欧盟成员国一致认为有必要制定一部新的欧洲宪法，以保证欧洲一体化进程的顺利进行。2001年12月，欧盟首脑会议通过《莱肯宣言》，决定成立欧盟制宪筹备委员会。筹委会由105人组成，主席是法国前总统吉斯卡尔·德斯坦（Valéry Giscard d'Estaing），副主席是意大利前总理阿玛托（Giuliano Amato）和比利时前首相德阿纳（Jean-Luc Dehaene）。2005年1月12日，欧洲议会批准了《欧洲宪法条约》。仅两周后，《欧洲宪法条约》就获得意大利众议院到会议员的批准（436票支持，28票反对，5票弃权），4月6日，获得参议院到会议员的高票批准（217票赞成，16票反对，无弃权票）。然而，因遭到法国和荷兰全民公决的否决，欧盟宪法陷入危机。在欧盟委员会的建议下，成立了“阿玛托小组”，对《欧洲宪法条约》进行改革。2007年10月19日，欧盟各国领导人在里斯本就阿玛托小组提交的文本达成一致，并将之定名为《里斯本条约》；12月13日，欧盟各国领导人在里斯本正式签署《里斯本条约》。2008年7月23日和31日，意大利参议院和众议院出席会议的议员均以全票赞成（分别为285票和551票）、无反对票和弃权票先后批准了《里斯本条约》。对一项提案，议会两院均以全票通过的现象，在意大利绝无仅有，由此不难看到意大利支持欧洲一体化的一贯而坚定的立场。

（二）对外发展中国家的经济援助

意大利遵循其对外政策的总目标，与发展中国家积极开展国际合作，旨在协助解决严重的经济落后问题，逐渐消除饥饿、营养不良和个别地区的极端贫困现象。为此意大利制定了一系列的援外政策，并于1979年2月在外交部内设立了一个独立的专门机构，即发展合作部。它的职责是集中和协调同发展中国家的一切合作关系，包括技术、财政、双边和多边合作关系。

意大利对外援助包括官方援助（中央政府和地方政府的赠款、无息贷款、低息贷款等）、私人援助（私人、私立机构和私营企业对受援国的捐赠、提供附有优惠条件的直接投资、证券投资和出口信贷等）和非政府组织援助（主要是由志愿者及其组织提供与发展合作活动有关的服务援助），其中以官方援助为主。

1998年，意大利官方发展援助达4.09万亿里拉，相当于23.56亿美元，从绝对值来讲排在日本、美国、法国、德国和荷兰之后，居世界第七位；就官方发展援助在国内生产总值中的比重来讲，意大利为0.20%，远远落后于一些西欧小国，居世界第20位。

官方援助形式有双边援助和多边援助（包括多重双边合作）。1999年，意大利用于多边协议的援助为13.55亿美元，占总额的67.8%，高于经合组织发展援助委员会成员国的平均水平；用于双边协议的援助为6.44亿美元，占32.2%。在多边发展合作方面，意大利主要通过三种渠道提供援助：参与联合国有关机构和其他国际组织的发展合作活动。1998年，意大利向国际组织义务捐款789.23亿里拉，志愿捐款1377.85亿里拉。参与欧洲联盟有关机构的对外发展合作活动。对这方面的捐款是意大利多边合作（包括多重双边合作）的重点，占多边合作总援款的45%，达12390亿里拉（1998年）。参与国际金融机构的发展合作活动。1998年，这方面的捐款占意大利多边发展合作总额的43%，为12020亿里拉，其中最主要是与世界银行的合作。为了使有限资源得到有效利用，意大利双边发展合作援助的对象国比较集中，1998年法律规定的优先受援国（地区）有20个，其中得到赠款最多的是埃塞俄比亚，得到援助信贷最多的是中国，得到其他援助最多的是马耳他。主要运用的工具和干预手段有：紧急援助；医疗卫生援助；支持受援国中小企业发展；对意大利企业在受援国建立的风险投资提供金融支持；在意大利境内对受援国的人员进行培训。

20世纪90年代以后，为了进一步提高本国的国际地位，意大利对具有全球意义的发展合作项目，例如在加强环境保护、文化遗产保护、与艾滋病和毒品作斗争等方面，给予了比以往更多的关注。

（三）对华关系

中意两国之间的友好关系历史悠久，早在公元2世纪，古罗马帝国就曾派使节到中国。公元13世纪著名的意大利旅行家马可·波罗把中意两国人民的相互理解推向了新的高度。中华人民共和国成立以后，两国人民的友好往来不断增加。1964年11月，意大利对外贸易协会和中国国际贸易促进委员会在罗马签订了互设商务代表处的协议。1970年11月，两国正式建立外交关系。从此，两国在政治、经济、军事、文化和科技等方面的联系日益增多。

中国改革开放后，中意双边经济贸易关系发展迅速。1996年的双边贸易额达50.8亿美元，是1970年的42倍，意大利已成为中国在欧洲联盟的第二大贸易伙伴，仅次于德国，超过法国和英国。1981年至1997年6月，中国自意大利引进技术项目772项，总金额达68亿美元。同期，意大利对华投资增长也较快，截至1997年6月，意大利在华投资项目共1055个，协议金额为18.83亿美元，实际投入9.87亿美元，这3项指标分别比1994年底增加了62.3%、72.3%和84.8%。尽管中意经贸关系发展很快，但其他欧洲主要国家的对华经济贸易关系发展更为迅速。特别是在对华直接投资方面，意大利远远地落在了英国、德国和法国之后。为了尽快改善这种局面、加强对中国的投资，1997年，意大利政府在中国开展了一系列不同于寻常的有意义的活动。从1997年6月普罗迪总理访华开始，意大利外交部部长、外贸部部长、国防部部长、交通部部长和劳动部部长也先后到中国访问，这多么高级官员在一年内访华，且外贸部长两次访华，实不多见。这说明普罗迪政府对于发展意中两国关系给予了特别的重视。1997年9月，第四届中意经济合作混合委员会会议在意大利罗马召开，双方在许多方面达成共识，并就有关法律、行政规定、竞争方式和保护知识产权的配套措施等方面的问题坦诚交换了意见，推动了意中合作关系的进一步发展。中意两国政府及有关机构还达成了多项协议；由意大利政府提供1703亿里拉（相当于1亿美元）的混合贷款用于支持中国中小企业的发展；在加强意大利驻上海总领事馆并增设驻广州总领事馆的同时，意大利对外贸易协会将在成都和武汉开设两个新办事处；意大利工业家联合会与中国对外贸易合作部的中小企业协调司签署了合作协议，决定以多种方式推动两国中小企业的合作。

1997年11月25日至12月2日，在意大利政府的赞助下，意大利对外贸易协会在北京举办了“今日意大利”大型展览。该展览占地2.2万平方米，参展商达330多家，参与企业800多家，另外还有工业巨头、雇主协会首脑及三位部长。意大利第一次以宏大的规模、高超的水准，全方位地向中国观众展示自己的经济、文化、传统和生活方式。在举国上下增收节支，资金紧张的情况下拿出1000万美元漂洋过海来华举办展览，充分表明了意大利人拓展中国市场的决心。

进入21世纪，中意关系进一步加强，在2004

年5月时任总理温家宝访问意大利时，双边建立了全面的战略伙伴关系，此后，两国高层互访频繁，2009年9月，国家主席胡锦涛出席在意大利举行的八国集团同发展中国家领导人对话会议，并访问意大利；2010年10月初，温家宝总理访问意大利并出席中意建交40周年暨“中国文化年”开幕活动；同月下旬，意大利总统纳波利塔诺访华；2011年6月，时任国家副主席习近平应邀出席在罗马举行的“意大利统一150周年”庆典并进行了4天的正式访问。中意关系达到历史最好水平。根据中国海关统计数字，2010年，中意两国进出口贸易总额为451.5亿美元，比两国建交时的1.0183亿美元增长了451倍，比中国开始采取改革开放政策的1979年（6.1亿美元）增长了74倍。其中，中国对意大利的出口增长尤为迅速：2010年达311.4亿美元，比1986年的3.63亿美元增长了85.8倍；同年，中国从意大利进口140.1亿美元，比1986年的11.13亿，增长了12.6倍。2011年1—4月，中意进出口贸易累计168.2亿美元，其中对意出口累计114.6亿美元，从意进口53.5亿美元，三项指标的同比增长分别为36.6%、39.7%和30.4%，不仅高于中国与欧盟的平均增长水平，也超过中国与世界的贸易增长速度。意大利对华投资稳步增长，截至2011年2月，意在华投资项目共计4412个，实际投入累计51.5亿美元，是意大利海外投资第三大目的地国，仅次于罗马尼亚和法国。由于意大利拥有我国经济发展所需要的技术，而我国有意大利所需要的原料和产品市场，为此，在技术引进方面，意大利是我国引进技术的重要国家之一，在欧洲联盟中位居前列。为了吸引外国资本投资意大利，意大利政府将“意大利发展局”（Sviluppitalia）改为“意大利投资局”（Invitalia）。2009年，在意大利的外资企业实现生产总值790亿欧元，占该国GDP的比重为5.2%。由于语言不通，投资环境不同，中国企业投资意大利不足，仅占中国投资欧洲的4.05%，而德国和英国所占比重超过50%。

第十节　著名人物

朱塞佩·马志尼（Giuseppe Mazzini，1805—1872）　意大利革命家，民族解放运动领袖，意大利建国三大国父之一。他生于热那亚的一个殷实之家。1827年毕业于大学法律专业。马志尼为祖国的独立、统一、自由而奋斗终生。他参加过烧炭党，因积极开展秘密活动而被流放。他创建过“青年意大利”，受到警方的镇压。他建立的“青年欧洲”，按国别下设分支机构，成为欧洲主义的先声。1848年，他回到意大利，和其他共和主义者一起创建了罗马共和国，把争取意大利的统一、独立提到首位，而把建立共和国看作是统一以后的历史任务。成为建设现代意大利的一次演习。罗马共和国失败后，马志尼发动了多次起义都是以驱逐异族统治者，争取意大利独立、统一为目标的，但都因为他惧怕联合农民力量，寡不敌众，宣告失败。意大利王国建立后，他坚持共和思想，拒不参与君主制国家合作的立场。1872年3月马志尼在比萨辞世。马志尼对意大利的独立与统一，有自己的一套想法和理论，尽管过于理想化，对意大利革命的影响是积极的。

米卡洛·本索·迪·加富尔（Camillo Benso Cavour，1810—1861）　撒丁王国首相（1852—1859，1860—1861），意大利王国第一任首相（1861）、意大利统一时期自由贵族和资产阶级君主立宪派领袖，意大利建国三大国父之一。生于都灵一个贵族家庭，毕业于大学法律系。他曾对巴黎革命满怀热情，企盼欧洲各国的专制政权垮台。后来，他到欧洲其他国家周游，期间，一些思想家对他政治上和文化上的欧洲主义思想的形成产生重要影响。1847年，他进入政坛，并成为温和的历史右翼最权威的代表人物之一。1852年成为撒丁王国的首相。由于加富尔实行一系列重要的改革和大胆进步的经济政策，以及勇敢地坚持反对奥地利的立场，皮埃蒙特在意大利的威信大大提高了。到1856年，它在意大利民族解放运动中实际上已居于领导地位。都灵和热那亚成了民族解放运动的中心。加富尔为意大利的富强与统一日夜忙碌，他认为，要把奥地利从意大利赶出去，单靠皮埃蒙特的力量是不够的，于是他极力拉拢法国以对付奥地利，并使用外交手段促使第二次意大利独立战争爆发。法国军队开进波河平原。前线的胜利激起了意大利民族解放运动的热潮。托斯卡纳和教皇使节管辖区爆发了起义，反对专制统治，要求与撒丁王国合并。显然，意大利中部并入撒丁王国，由此产生一个强大的意大利国家，这不是法皇的目的。于是，拿破仑三世背信弃义，与奥地利媾和，使加富尔遭受沉重打击，提出辞职。在其复职后，经过其运筹，法国同意将意大利中部归并撒丁王国，作为交换条件，撒丁王国将尼斯和萨沃依两地割让给法国。撒丁王国壮大后，先后将意大利除威内托和罗马以外的其他地区并入其中。1861 年 3 月，意大利王国宣告成立，而为意大利操劳终身的加富尔于 3 个月后病逝都灵。

朱塞佩·加里波第（Giuseppe Garibaldi，1807—1882）　意大利爱国志士及军人。他献身于意大利统一运动，是意大利建国三大国父之一。生于尼斯的一个海员世家。1833 年，他追随马志尼参加了“青年意大利”。在 1834 年，热那亚起义计划败露后，他被处于死刑，不得不逃亡国外。1835—1848 年，他在南美居住，参加了那里的反对专制政权的斗争，其军事才能使他名声大振。1848 年回到意大利后，他为国家独立和民族统一事业转战南北，立下赫赫战功。因尼斯被割让给法国，加里波第与撒丁国王和首相发生冲突。1860 年，他率领“千人团”出征，把西西里和整个意大利南方从那坡里波旁王朝的统治下解放出来。尽管加里波第不赞成政府的官方路线，但为了国家统一，他仍能配合作战。在第三次独立战争期间，由加里波第率领的军队战胜了奥军，迫使奥国签订了媾和条约，为意大利统一立下汗马功劳。1882 年在卡普莱拉岛逝世。

葛兰西（1891—1937）　1891 年 1 月 23 日出生于撒丁岛一个小职员家庭，靠勤工和奖学金读完都灵大学。1913 年，他加入意大利社会党。大学毕业后，担任都灵社会周报《人民呼声报》主编。第一次世界大战爆发后，葛兰西发动都灵工人举行反战武装起义，声望大增，被选为社会党都灵支部书记。1921 年 1 月 21 日意大利共产党成立，葛兰西是创始人之一。1922 年 5 月，葛兰西作为意共代表当选为共产国际执委会书记处书记。1926 年 11 月不幸被法西斯政权逮捕。在监狱中，他遭到百般折磨，健康每况愈下，但他仍以坚强的意志研究革命理论，写下了 32 本《狱中札记》，这是意大利现代思想史上的重要著作。

1937 年 4 月 27 日，葛兰西在法西斯狱中与世长辞。

贝内戴托·克罗齐（1866—1952）　1866 年 2 月 25 日生于阿布鲁佐大区的一个富贵望族家庭，从小受到严格的天主教式的教育。青少年时期，他放弃天主教信仰。1883 年，一场地震来袭，夺去了他的父母及姐姐生命。他本人被埋在土里很久后获救。他继承了家产后，将大部分精力投入哲学研究上。他曾不情愿地被任命为公共教育部部长一年。1910 年，他成为意大利参议院终身议员。最初，他曾表示对法西斯政府的支持，但后来他公开反对国家法西斯党，因此也受到了墨索里尼政府的严重威胁。法西斯政府垮台后，克罗齐又被任命为政府的部长。不久他离开政府，但继续出任意大利自由党的主席直至 1947 年。

克罗齐是意大利著名文艺批评家、历史学家、哲学家，一生撰写和发表了 80 多部著作，其中最重要的著作有《美学原理》（1902）、《逻辑学》（1908）、《历史学的理论与实践》以及《实践活动的哲学》（1908），为美学、精神哲学和历史哲学的发展做出极为重要的贡献。1952 年 11 月 20 日与世长辞。

卡洛·阿泽略·钱皮（1920—　）　1920 年 12 月 9 日出生于里窝内，1941 年和 1946 年先后毕业于比萨大学文学系和法律系。他是位经济和金融学家、无党派人士，参加过反法西斯抵抗运动。钱皮 1979—1993 年担任意大利中央银行行长，期间曾两次访华。他 1993—1994 年出任意大利政府总理，1996 年出任国库部长，1999 年 5 月 13 日当选意战后第 10 任总统。

罗马诺·普罗迪（1939—　）　1939 年出生于意大利雷焦艾米利亚市。学习法律，1961 年在米兰天主教大学获法学博士学位，后在英国伦敦经济学院深造。曾赴美国斯坦福大学研究工业政策。曾在博洛尼亚大学、特伦托大学、哈佛大学任教；曾在政府出任过工商手工业部长；1982—1989 年和 1993—1994 年两度出任意大利工业复兴公司（伊里公司）董事长。1995 年 6 月 4 日，被意大利中左翼选举联盟——“橄榄树联盟”推选为总理候选人。1996 年 5 月 16 日，普罗迪出任意大利战后第 55 届政府总理。1999—2004 年，出任欧盟委员会主席。2006 年 5 月—2008 年 5 月，再次出任意大利政府总理。

（罗红波　徐映）

第二章　西班牙

第一节　概述

国名　西班牙王国（España）

位置　欧洲南部。

面积　50.488 万平方公里。

人口情况　4598.9016 万人（2010 年 1 月官方预测数据）。

民族　多民族国家。主要民族是卡斯蒂利亚人，即西班牙人；主要少数民族有加泰罗尼亚人、加里西亚人和巴斯克人等，此外，还有 17 个人数更少的少数民族。

语言　官方语言为西班牙语，另有许多地方语言，其中加泰罗尼亚语、巴斯克语、加里西亚语、巴伦西亚语与西班牙语在当地同为官方语言。

宗教　96% 的居民信奉天主教。

政体　君主立宪制。

首都　马德里（Madrid）。

国旗　由红、黄、红三个平行长方形组成。上下方为红色，各占国旗面积的 1/4，中间为黄色，占国旗面积的一半，旗的左侧绘有西班牙的国徽图案。红黄两色是西班牙人民喜爱的传统颜色，并分别代表组成西班牙的四个古老王国。

国歌　《皇家进行曲》，已有 200 年历史；只有乐曲，没有歌词。

国徽　盾形。盾面上有六组图案。左上角为红底黄色的城堡，右上角为前足腾空戴着王冠的狮子，这是古老西班牙的标志，分别象征卡斯蒂利亚和莱昂，左下角为黄、红条纹，右下角为红底金色链网，分别象征阿拉贡（位于西班牙东北部）和纳瓦拉（位于西班牙北部）。盾面下部为一个红色石榴，象征格拉纳达（位于西班牙南部）；盾面中心红蓝色的椭圆形中绘有三朵百合花。盾徽上端是一顶大王冠，代表着国王。盾徽两旁各是一根海格力斯柱子，柱子缠绕着红色饰带，左柱上端是一顶王冠，右柱子上端是一顶帝国冠冕，柱子的饰带上写着“海外还有大陆”。

国庆日　10 月 12 日。

货币　西班牙比塞塔。2002 年 1 月 1 日起使用欧元。

度量单位　公制。

时间时区　西一区，比格林尼治时间早一小时。

国花　石榴花。

第二节　自然地理与人文地理

一　自然地理

西班牙位于欧洲西南部伊比利亚半岛，地处北纬 36°—44°，西经 9°18′和东经 3°19′之间。北面濒临比斯开湾，西面是葡萄牙，南面隔直布罗陀海峡与非洲的摩洛哥相望，东南和东面临地中海，东北与法国、安道尔接壤。西班牙占伊比利亚半岛面积的 5/6，领土还包括地中海的巴利阿里群岛、大西洋的加那利群岛、西属撒哈拉和北非的休达和梅里亚。国土面积为 504880 平方公里，相当于欧洲总面积的 1/20，是西南欧面积最大的国家。

西班牙境内多山，200 米以上的丘陵和高原面积约为国土面积的 89%，是欧洲境内仅次于瑞士的高山国家。境内山脉多呈东西走向，北部有比利牛斯山脉、坎塔布连山脉，南部主要有安达卢西亚山脉。横亘中部的是梅塞塔高原和围绕高原的中央柯狄列拉山脉、伊贝里卡山脉和摩勒纳山脉。中部梅塞塔高原是一个为山脉所环绕的闭塞性高原，约占全国总面积的 60%，平均高度为 600—800 米。梅塞塔高原向西倾斜，逐渐向大西洋下降。几座山脉从北、东、南三个方面把梅塞塔高原与西班牙其他地方分割开来。中央柯狄列拉山脉把梅塞塔高原分成两半：北部是旧卡斯蒂利亚高原，海拔为 800 米；南半部是新卡斯蒂利亚山脉，海拔在 600—700 米。中央柯狄列拉山脉是由格列多斯山脉、瓜达腊马山脉和加塔山脉等主要山脉所组成。海拔 1000 米以上的陆地占全国面积的 35%。境内大部分的东西走向山脉绵延数百公里，一直延伸到了海岸，因此海岸线多为陡峭悬崖，沿海平原狭窄且分布零散。仅东北部的埃布罗河和西南部的瓜达尔基维尔河中下游平原面积较大，全国 200 米以下的平原面积仅占 11%。

在山地之间、山地与高原之间和沿海地带形成一些盆地和低地。在比利牛斯山地、伊比利亚山地和加泰罗尼亚山地之间是阿拉贡盆地。安达卢西亚低地地处梅塞塔高原和安达卢西亚山地之间。巴伦西亚低地和穆尔西亚低地则以狭长的地带紧接着地中海。

加那利群岛是由 13 个火山喷发岛所组成，总面积为 7273 平方公里，由黑色玄武岩、粗面岩和凝灰岩构成，群岛崎岖多山，海岸多悬崖峭壁。在特内里费岛上有著名的高达 3707 米的特德活火山。群岛分为东西两个岛群，西岛群地势较高，有特内里费、大加那利、拉帕尔马、戈梅拉和费罗岛以及海中一些孤山岩石；东岛群地势相对较低，由兰萨罗特、富韦特高图拉岛和其他 6 个小岛所组成。

西班牙各种地形的地质构造很不相同。梅塞塔高原主要由古结晶岩（花岗岩、片麻岩、页岩）所构成。坎塔布连山地西部最高，由石灰岩和石英岩所组成，山地东部较低，主要有白垩纪石灰岩和泥炭岩构成。伊比利亚山地系由几条平行的山脉组成，在构造上基本是白垩纪石灰岩和侏罗纪石灰岩，其中以砂岩、石灰岩和泥灰岩占有优势。

由于受地形特征的影响，西班牙的气候也呈现出多样性。按气候特征，主要有四大气候区：中部梅塞塔高原为大陆性气候，冬季寒冷，夏季炎热，年温差和日温差均较大，冬季最低气温可达 -25℃，夏季高原气温可达 40℃ 以上。北部和西北部沿海为温带海洋性气候，受大西洋海洋气流的影响，冬季温和，夏季凉爽，冬夏温差不大，1 月平均温度为 9℃，7 月平均温度为 19℃，全年雨量充沛，降水量可达 1000 毫米以上，在山区高达 1500—2000 毫米。南部和东南部为地中海型亚热带气候。夏季酷热，冬暖多雨，由于来自非洲撒哈拉沙漠的热带气团的侵入，该地区大多是酷热、干燥、无云的天气。全年降水量为 350—500 毫米，降水季节主要在冬春季节，而不是夏季。在加那利群岛为亚热带气候，夏季常刮强烈的东北信风，冬季则多东南信风，有时也刮西风。群岛常年不见霜雪，只有群岛最高峰特德山峰上才有积雪。

在西班牙长达 3904 公里的海岸线上（不包括巴利阿里群岛和加那利群岛），天然良港并不多，主要集中分布在西北部，如费罗尔、蓬特韦德腊和维哥等，卡塔赫纳是唯一的地中海天然良港，而东部和南部的大部分港湾是人造港湾。加的斯海湾和巴伦西亚海湾是西班牙两个最大的港湾。

西班牙河流虽然很多，但水量不大。河流的季节性也很强，夏季变浅，小河干涸；冬季水位升高，有时暴雨成灾。主要河流向西流入大西洋，而埃布罗河则流入地中海。由于地形和气候条件的限制，西班牙河流大部分都不宜通航。唯一可通航的河流为瓜达尔基维尔河，能接纳停靠在塞维利亚的海船。在发电和灌溉方面，河流都起着相当重要的作用。全国可利用的水力资源估计达 550 万千瓦小时。

伊比利亚半岛蕴藏着丰富的矿产资源。在西班牙境内的主要矿产资源有煤、铁矿石、汞和黄铁矿石，但石油和天然气却非常贫乏，90% 的石油必须依靠进口才能满足国内工业和交通运输业的需要。目前煤的探明储量为 90 亿吨，主要分布在西北部的坎塔布连山地，但煤质较差，以烟煤和褐煤为主，在年产煤约 1800 万吨中，无烟煤仅占 21%。铁矿石的储藏量约 20 亿吨，主要分布在北部的比斯开湾地区，东北部的奥霍斯—内格罗斯，南部的安达卢西亚地区，中部的萨拉戈萨等省。汞储量为 70 万吨，位居世界第一，是世界上最大的汞生产国和出口国。目前每年生产纯水银为 1000 吨左右，主要产区在中部的雷阿尔城、北部的阿斯图利亚斯和格林纳达等省。黄铁矿石储藏量居世界首位，约为 5 亿吨，主要集中分布在南部地区的韦尔瓦省，年产紫铜 3.2 万吨左右。

森林覆盖率约 30%。林业资源主要集中在北部沿海一带，森林总面积为 1179 万公顷。树种以欧洲栓皮栎为主，其树皮可制软木。西班牙的软木产量仅次于葡萄牙，是重要的出口物资。濒临地中海、大西洋和比斯开湾的优越条件，为西班牙提供了丰富的渔业资源。地中海有 450 种鱼，经济价值最大的是金枪鱼。大西洋沿海和比斯开湾盛产沙丁鱼、 鳀鱼，沿岸地带产牡蛎。

西班牙本土有许多世界珍稀动植物。灵猫、刺猬、扁角鹿、獐、岩羚羊、野山羊、熊和狼等一些罕见的地中海型和非洲型的动物，在西班牙生息繁殖，得到了很好的保护。名贵的植物也随处可见。

二　人口种族

早在公元前 1000 年前后，伊比利亚半岛上就已经居住着加莱克人和瓦斯孔人，他们都是伊比利亚人的分支。据考证，这些人来自地中海东部沿岸。同期，来自地中海地区的腓尼基人、迦太基人也在伊比利亚半岛居住。约在公元前9世纪—7世纪，出现了两次移民大高潮，克尔特人穿过比利牛斯山脉来到西班牙，大部分定居在杜埃罗河和埃布拉河的北部地区。他们与伊比利亚人混居，从而形成了克尔特伊比利亚人。在比利牛斯山地区，巴斯克族人先于伊比利亚人到达伊比利亚半岛。公元前3世纪，罗马人征服了半岛，克尔特伊比利亚人又逐渐罗马化。公元5世纪，罗马帝国衰落，斯维比人、西哥特人、汪达尔人等日耳曼部落，以及萨尔马特部落中的阿兰人侵入半岛。公元711年，伊比利亚半岛又受到了阿拉伯摩尔人的侵入。

西班牙是以卡斯蒂利亚人为主的多民族国家。主要民族是卡斯蒂利亚人，即西班牙人，占总人口的70%以上。主要的少数民族有加泰罗尼亚人、加里西亚人和巴斯克人。加泰罗尼亚人主要居住在东北部，也有少数住在阿拉贡地区，在国外还有约60万人，主要分布在联邦德国、意大利和安道尔；加里西亚人主要居住在西北部加里西亚地区，他们同葡萄牙人在起源方面有亲属关系，文化上也很接近，在国外人数有97.5万人，主要在阿根廷；巴斯克人分布在比利牛斯山的西侧，沿着坎塔布连山麓和比斯开湾移民沿岸居住，约有30万人。根据1991年3月的全国人口普查数据，西班牙总人口为3890万人，比1981年全国人口普查数3770万人增加3.18%。2007年1月的官方人口预测数据，人口总数为4520万人，主要大城市马德里为312.2万人、巴塞罗那为159.5万人，巴伦西亚为79.8万人，塞维利亚为69.9万人口。

西班牙全国人口分布极不均匀。在约占全国面积2/3的内地，居民只有1/3。人口主要分布在大城市。每平方公里人口平均密度为90.9人（2010年1月的官方预测数据）。在阿拉贡、卡斯蒂利亚—莱昂、卡斯蒂利亚—拉曼恰和埃斯特拉曼杜拉四个自治区的人口密度每平方公里不到30人，四个地区占到全国总面积52%，人口占17%。在韦斯卡、特鲁埃耳、瓜达拉哈拉和索里亚等省每平方公里有16—17人。在特鲁埃耳、索里亚和拉曼恰的某些地区人口密度更低，每平方公里只有9—15人。在沿海一带的比斯开省每平方公里263人，巴塞罗那省为598人。在内地，只有首都马德里省的人口密度较高，每平方公里628人。在一些工业区，如阿斯图利亚、巴斯克、加泰尼亚等地，人口密度每平方千米超过500人。

西班牙是一个以城市为主的国家，人口在1万人以上的城镇居住着全国总人口的65%，农村人口比重为17%。全国大城市有六个：马德里、巴塞罗那、巴伦西亚、塞维利亚、萨拉戈萨、马拉加。1万—50万人口的中等城市约有20多个。

根据2009年1月的统计数据，西班牙女性总数为2355.74万人，占了50.5%，男性为2310.44万人，占了49.5%，总人口为4666.19万人。在年龄结构上，16周岁以上人口比例为15.5%，16—44周岁者为43.3%，45周岁以上者，占人口总数的41.2%。

西班牙是人口迁移规模很大的国家，迁移包括国内迁移和向国外迁移。1492年哥伦布发现美洲新大陆后，西班牙开始走上殖民扩张的道路。殖民地的财富吸引了大批西班牙人迁移到中美洲和南美洲，以及北美洲的一部分地区。战后，移民模式发生了根本性变化。1960年以前，有50%—85%的移民迁往美洲，1960年后去美洲的移民比重下降到10%—20%；大量的移民开始迁往西欧国家，主要是法国、联邦德国和瑞士。战后，西班牙迁往国外的人口共约有150万人。据官方资料统计，在国外居住的西班牙人总计约有336万人，其中美洲有220.7万人，欧洲为107.3万人。根据2009年的外来人口统计数据，旅居西班牙的外国公民总数为560万人，其中230万人来自欧盟其他成员国。

国内人口移动的规模也相当大。每年约有30万—50万人在国内移居。人口移动的总趋势是：由农村向城市，特别是向大城市移动；由边远地区、经济落后地区向经济发达和旅游热点地区移动。

西班牙的官方语言（即卡斯蒂利亚语）最早起源于西班牙中部的卡斯蒂利亚王国，属印欧语系罗马语族。除西班牙外，目前全世界共有2.3亿人在使用西语，它是拉丁美洲大多数国家、西非的赤道几内亚以及北非和菲律宾部分地区的通用语言，也是联合国官方语言之一。除西班牙语外，西还有许多地方语言。加泰罗尼亚、巴斯克、加里西亚、巴伦西亚、纳瓦拉和巴利阿里群岛6个自治区宣布本地语和西班牙语同为官方语言，它们是加泰罗尼亚语、巴斯克语、加里西亚语、巴伦西亚语，纳瓦拉部分地区也讲巴斯克语，巴利阿里群岛也讲加泰罗尼亚语。

西班牙的姓名与其他西方人的姓名一样，名在前，姓在后，如“克拉拉·波萨蒂（Clara Ponsati）”，克拉拉是名，波萨蒂为姓。西班牙的姓名一般由三个词组成，依次为本名、父姓和母姓。如“克拉拉·波萨蒂·马拉维尔”，波萨蒂为父姓，马拉维尔为母姓。有些人的姓名由4个或5个词所组成，他们的姓名全称中包括复名与复姓，比如“何塞·玛丽亚·阿斯纳尔·吉雅”，其中“何塞·玛丽亚”为复名，“阿斯纳尔·吉雅”则是复姓。西班牙人的名不分单复数，但有性别之分，男人名一般以“O”结尾，女人名一般以“A”结尾，只有少数例外。西班牙语的先生（SENOR）、女士（SENORA）和小姐（SENORITA），是用于姓的尊称，西班牙还有名的尊称，在男士前加唐（DON），在女士前加唐娜（DONA）。

三 行政区划

（一）概况

西班牙全国分市、省和自治区等行政级别。共有17个自治区、50个省和8000多个市镇。根据议会1978年通过的宪法，各自治区自己的基本法作为国家法律不可分割的部分，得到国家的承认和保护。就地区而言，安达卢西亚人口最多，占全国总人口的1/6以上，拉里奥哈人口最少。面积最大的是卡斯蒂里亚—莱昂，超过巴斯克10倍多，面积最小的是巴利阿里，小于卡斯蒂里亚—莱昂约20倍。工业化程度最高和经济最为发达的地区是加泰罗尼亚和巴斯克。农业人口最多和最为落后的是西部的埃斯特雷马杜拉。加那利是西班牙最大的自由贸易区。巴利阿里群岛是最著名的旅游区。17个自治区及其下属的50个省分别为：巴斯卡克州的阿拉瓦、比斯开、吉普斯夸三省；加泰罗尼亚州的巴塞罗那、塔拉戈纳、赫罗纳、莱里达四省；加利西亚州的卢戈、奥伦塞、拉科鲁尼亚、蓬特维德拉四省；安达卢西亚州的阿尔梅里亚、格拉纳达、马拉加、科尔多瓦、哈恩、塞维利亚、加的斯、韦尔瓦八省；阿斯图里亚斯州的阿斯图里亚斯省；坎塔布连州的桑坦德省；拉里奥哈州的拉里奥哈省；穆尔西亚州的穆尔西亚省；巴伦西亚州的阿利坎特、巴伦西亚、卡斯特里翁三省；阿拉贡州的萨拉戈萨、韦斯卡、特鲁埃尔三省；卡斯蒂利亚—拉曼恰的瓜达拉哈拉、托莱多、雷阿尔城、昆卡、阿尔瓦塞特五省；加那利群岛的帕尔马斯、圣克鲁斯二省；纳瓦拉的纳瓦拉省；埃斯特雷马杜拉的卡塞雷斯、巴达霍斯两省；巴利阿里群岛的巴利阿里；马德里的马德里省；卡斯蒂利亚—莱昂的布尔戈斯、索里亚、塞哥维亚、阿维拉、巴利阿多里德、帕伦西亚、萨莫拉、萨拉曼卡、莱昂九省。

（二）行政区简介

1. 安达卢西亚 现有人口820.6万人（2010年1月人口预测数据），面积87598平方公里，包括南部的韦尔瓦、加迪斯、塞维利亚、马拉加、科尔瓦多、哈恩、格拉纳达和阿尔梅里亚8省。地理条件优越，西南紧靠大西洋，东南濒临地中海，是西班牙最发达的旅游胜地之一。该区农业在国民生产中所占的比重较大，大农场在农业中占支配地位，农业机械化程度较高，农作物有小麦、葡萄和橄榄等。工业相对落后，以农产品加工业和采矿业为主，盛产葡萄酒和白兰地。

2. 阿拉贡 现有人口131.3万人（其中一半人口居住在萨拉戈萨市），面积为47720平方公里，包括东北部的韦斯卡、萨拉戈萨和特鲁埃拉贡尔三省，大致相当于历史上的阿拉贡王国。境内有比利牛斯和伊比利亚山区，埃布罗河流流经大部分地区。除中比利牛斯山区外，年降水量较低，很少超过300毫米，且分布不均。山区以外属地中海气候，大部分耕地为旱地，种植小麦、橄榄和葡萄等作物。灌溉区农业比较发达，种植饲料、棉花、甜菜和水果，产量占阿拉贡农产品总产量的一半以上。工业主要集中在较大城市萨拉戈萨，有榨糖业、金属制造业，生产电气设备、机械和汽车。当地褐煤产量占西班牙总产量的一半。能源主要来自于埃布罗河及其支流的水力发电站。

3. 阿斯图里亚斯 人口105.8万人，面积10604平方公里，包括北部的奥维耶多省等地。公元718—910年曾为一个独立的王国。其中4/5以上地区为山地。属海洋性气候。该地区降水充沛，年降水量超过1000毫米。冬季大片土地被白雪覆盖。人口主要集中在奥维耶多、阿维莱斯和希洪三个工业城市。农作物有小麦、粟、菜豆、玉米和马铃薯等。林业和畜牧业较发达。工业基础较好，主要有铸造、采矿和冶金业。工业产品主要有水泥、玻璃、仪器、饮料、皮革和纺织品。

4. 巴利阿里 位于地中海西部，距西班牙东海岸为80—300公里，人口107.9万人，面积4992平方公里。由东西两大群岛组成，1349年以前为一个独立的王国，1708年被英军占领，1802年根据《亚眠条约》永久划入西班牙版图。旅游业是该岛的主要国民收入。

5. 巴斯克 人口213.8万人，面积7235平方公里，包括阿拉瓦、吉普斯夸和比斯开三省，东北与法国接壤，南连埃布罗盆地，境内河流短而急，雨水充足，年平均降水量为1200毫米，东北部为大西洋气候，阿拉瓦省南部山间盆地属次地中海型气候，沿海城市兴旺发达，内地人口日益减少，约4/5的人口集中在毕尔巴鄂市。比利牛斯山区的巴斯克人传统上为牧民，工业起步较晚，也较发达，有采矿、金属制造、冶金、仪器加工、化工和造纸。

6. 加那利 现有人口208.8万人，面积7447平方公里，位于非洲西北岸的大西洋，群岛分东西两个。西岛地势较高，东岛地势较低，在很早以前柏柏尔人就居住在这里。约公元前40年，毛里塔尼亚国王远征到这里。公元10世纪阿拉伯人来此并经商。15世纪被西班牙征服。加那利群岛原为火成岛，肥沃的火山灰土和温暖的气候对农业发展很有利。在岛上一年四季气候变化不大，年降水量较低，很少超过250毫米，大多集中在11—12月，主要作物有香蕉和西红柿等，花卉和观赏植物种植业也较发达，谷物依靠进口，渔业资源十分丰富，旅游业和服务业为岛上主要的经济来源。

7. 坎塔布里亚 现有人口57.8万人，面积5321平方公里，北临比斯开湾，沿海地带丘陵起伏，高低不平，全境几乎1/2土地位于海拔2000米以上，只有1/4的土地位于700米以下，属海洋性气候，雨水较多，年降水量很高，超过1000毫米。1/3以上人口居住在沿海城市。农业人口分散，大多居住在偏远的庄园或村庄中，草原占耕地面积的3/4，因此农业以畜牧业为主。该区是西班牙主要的产奶区。农作物主要有豆类、马铃薯等。主要工业为采矿业，境内有铅、锌和硫化物等矿物。该区生产的锌占全国总产量的1/2，此外还开采铁等。托雷拉韦加为该区主要工业中心，生产化工品和合成纤维。雷诺萨和桑坦德尔为冶金中心。

8. 卡斯蒂利亚—拉曼恰 该自治区由托莱多、雷阿尔城、昆卡、瓜达拉哈拉和阿尔瓦塞特5省组成。现有人口203.5万，面积79462平方公里。托莱多山脉将该地区一分为二。境内有二条河流：塔古斯河和瓜迪亚纳河。属地中海气候，但受大陆气候影响，气温由东到西、由北到南逐渐升高。年降水量较小，除昆卡省外，年降水量低于500毫米。全区居民主要集中在城镇拉曼恰地区。农业生产在经济中占重要地位。大部分耕地为旱地，生产小麦、葡萄和橄榄，也种葵花、棉花和漆树。畜牧业产值占该区农业生产的1/3，在瓜达拉哈拉省主要饲养绵羊、猪和山羊。全区面积的1/3为林区。雷阿尔城省以采矿为主。昆卡省开采高岭土。另外，该区酿造的葡萄酒占全国产量的1/2。

9. 卡斯蒂利亚—莱昂 现有人口249.9万，面积94225平方公里，由巴亚多利、布尔戈斯、莱昂、萨拉曼卡、萨莫拉、巴伦西亚和塞哥维亚7省组成。西部与葡萄牙接壤。梅塞塔高原位于卡斯蒂利亚—莱昂境内。杜罗河穿过该区。北部是坎塔布连山脉。属大陆性气候，受海洋气候影响，年降水量为400—600毫米。农业在国民生产中所占比重较大。小麦为主要农作物。畜牧业有绵羊、奶牛、菜牛和鸡。布尔戈斯为该地区主要工业中心。该区的无烟煤产量约占全国煤产量的1/4。莱昂省储藏有丰富的滑石矿。萨拉曼卡和萨莫拉两省水力发电量占西班牙水力发电的1/4。

10. 加泰罗尼亚 现有人口730.1万，面积32113平方公里，包括赫罗那、巴塞罗那、塔拉戈纳和莱里达，首府为巴塞罗那。北部以比利牛斯山为界与法国接壤，东濒地中海。全区地势起伏不平，有1/5以上的土地位于海拔700米以上。年降水量很少，一般为50—100毫米，属地中海气候。人口大量集中在地中海沿海一带。农产品主要有葡萄酒、杏仁和橄榄油。农业产值只占全区生产总值的1/10。巴塞罗那、萨瓦德尔和特拉萨均为著名的纺织中心。金属制造、仪器、化学、汽车等工业也十分发达。

11. 加利西亚 现有人口273.8万，面积为29574平方公里。该区由卢戈、拉科鲁尼亚、篷特韦德拉和奥伦塞四省组成，西北和北部濒临大西洋。境内多丘陵地带，有1/2以上地区位于海拔

200—600米之间。河流较多，且水量充足，水力发电供应全国各地。年降水量稍高，多数地区超过1000毫米，地形适合发展畜牧业，不宜发展种植业。主要作物有马铃薯，牲畜以养猪为主。山区盛产大量木材。

12. 埃斯特雷马杜拉　现有人口108.2万人，面积为41635平方公里。位于西班牙西南部，包括卡塞雷斯和巴达霍斯两省。西面与葡萄牙接壤。中部的梅塞塔高原沿伸至该自治区，卡塞雷斯平原是该自治区最大的平原，也是重要的农业产区之一。塔霍河穿越卡塞雷斯省大部分地区。年降水量适中；属大陆性气候，也受大西洋气候的影响。本区自古以来以畜牧业为主。主要农作物有冬小麦。由于地处偏远地区，工业相对落后，主要产业有面粉和纺织业。卡塞雷斯、巴达霍斯和梅里达市为该区商业中心，商店多为家庭小店铺。

13. 马德里　现有人口633.6万人，面积为8028平方公里。位于西中部新卡斯蒂利亚地区，大部分处在瓜达拉马山脉南坡的哈马拉、埃纳雷斯和曼萨纳雷斯河流域。海拔635米，为欧洲最高城市。马德里经济以政府公务、银行、保险、旅游和运输业为主。第二次世界大战后成为重要制造业城市。工业主要有汽车、发动机、电子设备、塑料、橡胶、飞机和光学仪器等。

14. 穆尔西亚　现有人口146.1万人，面积11313平方公里。境内巴埃蒂卡山脉南临地中海，东面有卡塔赫纳平原，北部为胡米利亚和耶克拉台地。塞古拉河由西北向东南流经穆尔西亚大区。年降水量很少，气温较高，季节性变化不大。随着造船业和采矿业的发展，沿海人口迅速增长。该区主要种植大麦、谷类、橄榄、葡萄、柑橘、柠檬、杏和甜瓜等。卡塔赫纳已成为第一流工业中心，开采沿海的铅、锌和盐等资源。

15. 纳瓦拉　现有人口61.9万人，面积10390平方公里，北隔比利牛斯山与法国为邻。9世纪时为巴斯克王国的一部分。中古时代和近代初期是西班牙北部和法国南部的一个独立王国。1512年并入西班牙，人口中有相当数量的巴斯克人，边远地区仍通用巴斯克方言和纳瓦罗语。该区分为比利牛斯山区、中部盆地和丘陵，以及南部高地和大平原三部分。森林覆盖面积较多，是西班牙出产木材的地区之一，经济以林牧业为主，工业有铁矿开采和冶金业，商业集中在省会潘普洛那，那里一年一度的奔牛节吸引着众多游客。

16. 拉里奥哈　现有人口31.4万人，面积5045平方公里，是西班牙最小的自治区。在历史上属老卡斯蒂利亚的一部分。西北部有奥瓦雷内斯山脉，埃布罗河流经其境内。属大陆性气候，受大西洋气候影响，年降水量在400—700毫米之间，人口集中在埃布罗河及其支流地区。以旱地种植业和畜牧业为主，该区以生产西班牙最好的红葡萄酒而闻名，纺织业也很发达。

17. 巴伦西亚　现有人口499.4万人，面积23255平方公里。由卡斯蒂利翁、巴伦西亚和阿利坎特三省所组成。东北濒临地中海。卡斯蒂利翁和巴伦西亚两省沿海为平原，是西班牙主要大米产区。阿利坎特省地形以起伏丘陵为主，全区属地中海气候，温和、多雨，年降雨量400—500毫米，人口集中在沿海城市。巴伦西亚为西班牙第三大城市，农作物有柑橘、水稻、葡萄和橄榄。工业有糖果、鞋子和玩具等。该区家具业发达，旅游业也很兴旺。

（三）重要城市简介

1. 马德里　西班牙首都，位于伊比利亚半岛中部，地处海拔670米的梅塞塔高原的山间盆地上，是欧洲地势最高的首都之一。马德里是欧洲著名的历史古城，2000多年前，马德里曾是曼萨那雷斯河畔一个小村落，先后被罗马人、西哥特人征服和统治过。公元10世纪阿拉伯人在这里修建了一座不大但相当有名的要塞——马德里特，马德里的名字由此而来。1083年，西班牙人民收回了被阿拉伯人占领的伊比利亚半岛，也收回了这座要塞。马德里因位居伊比利亚半岛中心，地势十分重要，在1562年，费利佩二世将首都从托莱多迁往马德里，当时这座城市只有3万居民，此后发展很快，今天马德里已拥有人口325.6万人（2009年1月统计数据），成为西班牙政治、经济、文化、交通和金融中心。

1851年，马德里建成了第一条铁路。如今马德里的交通极为发达，已同周围20多个城市以及世界许多大城市通有航线，四通八达的公路干线延伸到全国各地，地铁长约100公里。马德里是一座现代化城市，工业相当发达，主要有机器制造业、化学工业、建筑业、皮革业及木材加工业、食品工业等，其产值约占全国工业总产值的10%以上。

马德里市中心有三个主要广场：太阳门广场、中心广场和西班牙广场。太阳门广场是马德里的中心广场，有10条街道从广场辐射出来。中心广场也叫哥伦布广场，那里屹立着15世纪发现美洲新大陆的著名探险家哥伦布的雕像。在西班牙广场上，有西班牙著名作家塞万提斯的纪念碑，碑前是其著名小说《堂吉诃德》中的两个主人公——堂吉诃德和桑丘主仆铜像。

位于城西的历代皇宫，又称东方宫，是规模宏大的古典建筑群，由意大利名建筑师设计，建于1764年。皇家宫殿是一幢石头建筑物，门窗栏杆玲珑剔透，楼台雕檐古色古香。宫内有国王及王室成员的起居室、客厅、舞厅、宴会厅、教堂、书房和办公室等大小厅室数百个。1975年，胡安·卡洛斯一世国王登基后，东方宫不再成为王室居住和国王办公的地方，只是在这里举行盛大的庆典活动，并在此接受外国使节呈递国书。

众议院大厦、皇家歌剧院和国立图书馆是马德里富有19世纪浓郁新古典主义风格的三大建筑；首相府所在的蒙克洛阿宫也是国家重点文物博物馆，位于马德里西北郊。宫内除办公区外，还有珍藏着大量古籍和名贵油画等文物的文化区。

马德里共有36个古代艺术博物馆、100多个艺术博物馆、18个大型图书馆和100多个雕像群。包括圣费尔南多皇家美术研究院、皇家语言研究院、国家图书馆和博物馆。普拉多博物馆是世界著名的艺术殿堂，收藏了西班牙历代国王的艺术珍品。这是一座建于1785年的花岗岩建筑物，气势雄伟，馆内有30多个展厅，展出西班牙12世纪至18世纪的名画家格雷科、维拉兹格斯、里维拉、穆里略和戈雅等人的名画。同时还有意大利、德国、英国、法国、荷兰和葡萄牙等国各个流派的名作3000余幅。1986年，在普拉多博物馆附近新落成的“索菲亚王后国立博物馆”正式开放。其建筑面积为4万平方米，是全国门类最多、展品最丰富的博物馆。

2. 巴塞罗那 位于西班牙东北部的地中海之滨，是加泰罗尼亚自治区首府，西班牙第二大城市，也是西班牙东北部的政治、经济、文化中心，全市人口约为162.2万人（2009年1月统计数据）。

巴塞罗那是整个地中海沿岸最美丽的城市之一，气候温和，自然环境十分优越。从古至今，巴塞罗那一直是西班牙重要的商埠，从2世纪起，这里已是一座繁荣的港口城市，到19世纪，它发展成为全国最重要的工商业城市。此外，它还是欧洲第一个发行报纸的城市。目前，巴塞罗那是西班牙工业最发达、生活水平最高的地区之一，传统的纺织、化学、飞机制造和造船工业都十分发达，新兴的电子、电子机械、汽车、精密仪器和塑料制造工业方兴未艾，另外，还有造纸、金属加工、医药等工业。

巴塞罗那是西班牙最重要的交通枢纽之一。这里的水陆空交通四通八达，发达的交通网把这里和西班牙其他城市以及欧洲其他国家和近东、非洲等世界许多地区相连。巴塞罗那港口是西班牙最大的商业港口，每年通过这里的货物总重量达到1000万吨以上，西班牙所需的工业原料几乎都经由此港进口。此外，巴塞罗那还是全国陆上交通要地，它与附近的巴达罗纳、萨巴德尔、达拉萨等形成一个大都会区，巴塞罗那还拥有西班牙最为重要的国际机场，其业务十分繁忙。

巴塞罗那是西班牙历史悠久的文化古城，也是西班牙著名的旅游胜地。相传巴塞罗那是迦太基人哈米尔卡·巴卡将军在公元前218年建造的，城市就以他的名字命名。市内有哥特式教堂、宫殿、城堡以及博物馆、纪念馆，其中著名的有“神圣家族”大教堂、王宫、贝多拉尔比斯城堡、格尔公园和米拉之家等，市内重要的大学有巴塞罗那大学和巴塞罗那自治大学。

离海岸三、四海里就能望见岸上耸立的哥伦布纪念碑。位于市中心的加泰罗尼亚广场的静思女神雕塑和喷泉及西班牙广场上的“光明泉”都喷射出奇妙的彩色水光。最吸引游人的是蒙特韦克公园。整个公园占地不到200公顷，1914年始建，1929年完工，园内的布局清新美丽，有民族宫、展览馆、体育馆、游泳池等。这里还有1929年为举行国际博览会而建设的一座“西班牙村”，村里分布着具有西班牙各地典范风格的各种民族建筑。

3. 巴伦西亚 位于西班牙东部，是西班牙第三大城市。巴伦西亚的工农业均很发达，是西班牙东部沿海重镇。这里拥有造船、机械、石化、纺织、食品等工业，巴伦西亚还是农作物的大集散地，这里盛产稻米、柑橘、橄榄和肉类，农副产品加工业也十分发达。

巴伦西亚是仅次于巴塞罗那的西班牙地中海第二大港，该港每年进出口货物400万吨，巴伦西亚的陆路和空中交通也很便利，与马尼塞斯机场相距很近。巴伦西亚是西班牙的文化中心之一，城内的巴伦西亚大学创立于16世纪，是一所古老的大学，洛普、德·维加、布拉斯科等艺术家曾在巴伦西亚居住过，并在这里创作了他们的作品。市内的大教堂是由古罗马时代的戴安娜神殿改建而成的哥特式基督教教堂。

巴伦西亚保留着许多特殊的风土人情和传统习俗。每年3月12日起，巴伦西亚市内主要活动中心便搭展出各种建造宏伟、精致、逼真、活灵活现的纸人和纸屋。等到节日到来的那天（3月19日），人们先到教堂举行节日仪式，接着身穿节日盛装的青年男女在大街上游行，载歌载舞，尽情欢乐。到了夜晚，全城人走上街头，观看焚烧纸人，以示驱赶寒冬，迎接春天的到来。

4. 塞维利亚　塞维利亚是安达卢西亚最大的城市和中心，也是西班牙最美丽的城市之一。市区包括新城和旧城两部分，旧城较小，街道狭窄而弯曲，新市区范围很大，将整个旧城围住。塞维利亚市内的名胜古迹很多，最著名的是中世纪的希拉尔达大教堂，其建造时间长达100多年。此外，还有黄金塔、阿罕布拉宫、阿尔巴公馆和许多教堂，以及建于18世纪中叶的收藏有关美洲大陆殖民时代历史资料的印第安档案馆，塞维利亚以其具有民族色彩的节目和热情奔放的歌舞闻名于西班牙。

塞维利亚是西班牙唯一的大河港，距海105公里，这里与加那利群岛的港口及其他中心有定期航线，成为安达卢西亚内陆地带与海岸地带之间的要塞。

5. 托莱多　位于西班牙中部，距首都马德里仅70公里，坐落在山丘之上，整个市区被古城墙所环绕。这里是托莱多省省府所在地，也是西班牙历史悠久的著名文化古城。早在罗马帝国时期，这里就是重镇，曾有9个世纪的建都历史。这里的名胜古迹举目皆是，从文艺复兴时期到新古典主义和巴罗克艺术，应有尽有。在托莱多的古城区，人们可以见到古朴雄伟的石筑拱桥，箭楼林立的阿拉伯古城墙，高大肃穆的基督教堂，富丽的贵族宅邸，以及雅致的中世纪庭院，别具风格的阿拉伯清真寺和庄严肃穆的犹太教堂，所有这些都体现了托莱多的多元文化色彩。城内的托莱多大教堂是目前尚存的最坚固、最雄伟的哥特式建筑，也是欧洲最大的教堂之一。

6. 阿利坎特　地处西班牙东部，被誉为“金色海岸——太阳城”，是著名的旅游胜地。阿利坎特终年气候宜人，风光旖旎。阿利坎特的棕榈树之多仅次于有“棕榈树王国”之称的马达加斯加岛。阿利坎特是一座历史悠久的文化古城。8世纪，阿拉伯人曾占领该城，并统治了400年，在老城区的一些建筑中依稀可看出阿拉伯文化的影子。由阿利坎特南行50公里就到了穆尔西亚，那里有古罗马远征军的驿道和拜占庭的城墙。阿利坎特还是著名的“制鞋王国”，是世界制鞋中心之一。这里每年的9—10月份都要举行世界最大规模的鞋类国际展览会。

7. 毕尔巴鄂　西北部最大的经济中心，分为新城和旧城两个部分。旧城区在奈比恩河的右岸，新市区则在左岸。与马德里、托莱多等城市一样，毕尔巴鄂也是拥有大量历史古迹的城市，如建筑在古教堂遗址上的呈八角形的圣尼古拉得帕利教堂，以及具有哥特式走廊与文艺复兴时期样式大门等结构的圣地亚哥大教堂。这里还有收藏着许多古今著名艺术家作品的美术馆。

毕尔巴鄂也是西班牙最重要的工业中心和港口城市之一，沿海和靠近煤产地、铁矿的地理位置以及丰富的水力资源，促进了城市的发展。毕尔巴鄂是西班牙最大的冶金工业中心，其他工业行业有：化学工业、汽车工业、水泥工业、玻璃工业等，毕尔巴鄂还是西班牙最大的银行业中心。

8. 萨拉戈萨　阿拉贡地区的大城市，有新旧市区两个部分，也是西班牙的一座历史名城。市内有建于18世纪的聂斯特拉塞尼拉比尔拉大教堂，教堂内有西班牙著名画家戈雅的壁画。市内还有大主教堂，以及美术馆、文艺复兴时期的交易所、圣巴布罗教堂等。

9. 格拉纳达　位于西班牙南部，曾是伊斯兰教王国的首都。城内有许多历史古迹，最为著名的是阿尔罕布拉宫。该宫殿建于利欧达罗河左岸的丘陵地带，是伊斯兰建筑中的杰作。整个宫殿建造时间很长，从穆罕默德一世在位时开始建造，直到尤斯夫国王（1344—1354在位）时代完工。宫殿主要有三个部分组成，城堡、王宫和附属建筑物。此外，格拉纳达还有许多遗迹，如建于16—17世纪的大教堂及其附设的国王专用礼拜堂、圣亚纳教堂、圣赫罗尼摩教堂、圣萨尔焦多教堂等。

10. 桑坦德城 位于西班牙北部，濒临比斯开湾，居于巴斯克和阿斯图里亚斯之间，海湾深处有天然良港。桑坦德城是西班牙重要港口之一，这里的工业发展较快，有最先进的炼钢厂、化学工业和玻璃工业，桑坦德城也是欧洲的文化名城和著名避暑胜地。

11. 萨拉曼卡 萨拉曼卡位于西班牙西部托尔麦士河右岸，是历史古都。市内至今仍然保留着中世纪时期的风貌，有许多历史遗迹。市内有两座大教堂，展现了西班牙建筑中由罗马式建筑转变为哥特式建筑这一变化的主要特征，此外，格雷西亚神学院、奥古斯丁逊会与卡梅尔会的修道院等都是西班牙艺术和文化的象征之一。城内的萨拉曼卡大学是欧洲最古老的大学之一。萨拉曼卡是西班牙农作物的重要市场，也是西班牙西部重要的交通中心。

第三节 历史

约在公元前3000年前，被希腊人称为伊比利亚人的民族来到西班牙。伊比利亚人到底来自何方，目前在史学界尚未有定论，但考古发现伊比利亚人擅长农业和冶金，表明他们可能来自地中海的东海岸。这些伊比利亚人以小规模的部落形式生活在各个不同的地区，每个群体都建有独特的区域和政治实体。同期来到西班牙的还有位于西比利牛斯山脉地区的少数民族巴斯克人。公元前9世纪和公元前7世纪克尔特人两次大规模穿越比利牛斯山脉来到西班牙，他们大多居住在杜埃罗河和埃布罗河北岸地区，并逐渐同伊比利亚人混合，成为克尔特伊比利亚人。此后腓尼基人、希腊人和迦太基人与伊比利亚人不断争夺对西班牙海岸和内陆资源的控制权。公元前1100—前300年，居住在半岛西南部阿尔加维一带的腓尼基人和东北部埃布罗河流域一带的希腊人之间的商业往来频繁。后来，半岛上这两种类型的文明分别被罗马人和卡塔赫纳人所取代。因此，从公元前12—前6世纪，伊比利亚半岛被分为两个不同的区域，即从东北部的地中海沿岸直到南部的大西洋沿岸为一部分，半岛的内陆地区为另一部分。当时的内陆地区主要居住着特里布西人和克尔特人，他们都过着原始的放牧生活。大西洋沿海地区的伊比利亚人早在公元前4世纪就建立了完整的城市国家，后来又得到东部地中海地区发达的采矿业、农业和商业的影响，从而推动了整个半岛文明的进化，从这个时代起，才有了一些关于半岛文明的史料记载。而伊比利亚半岛逐渐形成一种相对统一的文明，则是在罗马人入侵之后。

公元前218年罗马人开始从南部的加迪斯对半岛进行渗透和征服。公元前218—前206年发生了著名的“罗马—迦太基之战”，最终罗马人战胜了迦太基人，并把他们赶出了伊比利亚半岛，从此开始了对西班牙长达7个世纪的统治，到了公元前133年，罗马人的势力扩展到整个西班牙，直到5世纪蛮族的入侵，罗马人才失去对西班牙的控制。

在罗马人统治后不久，伊比利亚半岛政治、经济、社会文化受到罗马帝国的重大影响。在罗马帝国统治的早期，大部分当地文化传统都消失了，取而代之的是罗马行省的文化模式。罗马人称伊比利亚人为西班牙人，西班牙不再是一个统一的政治实体，而是被分割成3个独立的省，在4世纪进一步被分割成9个省。只有伊比利亚部落领袖才被罗马人看作是罗马贵族阶层。西班牙有400多年历史的城邦模式深受罗马法律、语言和道路建设的影响。建筑业第一次出现了发展高峰。罗马人不断发展现有的城市，建立了萨拉戈萨、梅里达和巴伦西亚城，城镇到处可见寺庙和公共庆典场所，道路的四通八达将边远地区与城镇中心相连接。在罗马人的监管下，西班牙经济得到了发展，西班牙靠近北非地区，成了罗马人的粮仓，那里的港口大量出口黄金、羊毛、橄榄油和葡萄酒。罗马人灌溉系统引入半岛后，农业生产出现了增长。被同化的伊比利亚人和罗马士兵及统治者们的伊比利亚混血儿在公元1世纪末都具有了罗马正式公民的身份。公元1世纪，基督教被引入西班牙，公元2世纪，在西班牙的各个城市得到普及。当时罗马人比较集中居住的城市是萨拉戈萨、卡尔塔黑纳、托莱多、梅里达，迄今这些地方仍完好保留着罗马人的文化遗迹，如塔拉戈纳的沟渠、巴拉和梅地纳塞里的拱门、阿尔坎塔拉的大桥和梅里达的剧场。

在5世纪初罗马帝国逐步走向衰落的同时，公元415年西哥特人在中欧建立了以图卢兹为都城的西哥特王国，随后入侵西班牙，取代了罗马人对西班牙实现封建统治。到484年，西哥特人在中部托莱多城正式建立首都，使伊比利亚半岛首次出现统一的政权，可以说西哥特人是半岛上第一个国家的缔造者，对西班牙的政治、社会和文化产生了深刻影响。

随后西哥特统治者宣布接受基督教，并于公元589年开始信奉，从而达到宗教上的统一。在西哥特人的统治下，建立了一种阶级制度，征服者中的贵族组成一个军事阶级，被征服者还保留着罗马时代所划分的贵族阶层、社会阶层、自由人、半奴隶农民和奴隶。西哥特人在保留其日耳曼民族传统外，逐渐采用罗马的法律，在雷塞斯温斯的统治下，通过了一项诉讼法。当时的西哥特国王规定，国王拥有全国土地，依照罗马的进贡制度和纳税制度以确保公共财政的来源。在公元5世纪时，西哥特王国还不断受到斯维比人、汪达尔人和阿兰人的袭击，6世纪出现了内战，7世纪出现了宫廷纷争。

公元8世纪初，西哥特人后裔维蒂萨家族借助直布罗陀海峡对岸北部非洲的阿拉伯人和柏柏尔人的军队，逐步瓦解了西哥特王国。公元8世纪中叶，阿拉伯的势力占领了伊比利亚半岛。此后在入侵的阿拉伯人中分裂出若干个派系，公元755年也门人依靠阿拉伯嫡系部落在西班牙南部的科尔多瓦建立了独立的埃米尔国，不受阿拉伯大马士革伊斯兰教的控制。公元10世纪30年代，在埃米尔国的基础上，西班牙的欧梅亚人将其扩建为安达卢西亚国，出现了西班牙国土上第一个哈里发君主国。公元927年欧梅亚哈里发王国占领了摩洛哥北部沿海城市梅利利亚。到了10世纪中叶，欧梅亚哈里发政权控制了阿尔及利亚、西伊尔马萨和大西洋三角地带。

当时的欧梅亚哈里发王国以贸易、手工业和农业为主，并出现了货币经济。它的城市建设和商品经济对整个欧洲的繁荣和发展起了积极的作用。在科学技术方面，西班牙—穆斯林思想家们当时最突出的贡献集中在医学、数学和天文学方面。

1009—1090年哈里发君主的39个王子相互争夺王位，政权开始出现分裂，最终出现了一个个分裂的王国。公元13世纪，伊比利亚半岛上的西班牙穆斯林政权仅限于南部格拉纳达的纳萨里王国，该王国一直到1492年才最终覆灭。

公元8世纪，阿拉伯人的势力已扩张到几乎整个伊比利亚半岛。外族的不断入侵，激发起当地土著居民的反抗，由此发生了半岛上先后长达8个世纪的光复运动，在半岛的北部地区逐渐建立起诸多独立王国。从公元8世纪到11世纪末，先后建立起的几个基督教国家是：卡斯蒂利亚—莱昂、纳瓦拉和阿拉贡，以及巴塞罗那郡，1137年阿拉贡与巴塞罗那郡合并。此后这些王国联合起来共同收复被阿拉伯人征服的土地。11世纪在西班牙的诸多王国里存在着封建制度，但它与欧洲其他地区的封建制度有所区别。国王得到由贵族和高级教士所组成的议会的支持。当时西班牙的教堂还保留着莫扎拉布人仪式和西哥特时期的其他特点，并建立了众多的修道院，到圣地亚哥—德孔波斯拉朝圣的人带来了欧洲其他地区的文化和经济发展。与此同时，为了巩固被收复的北方边远地区，国王赋予一些北方地区居民一定的特权，于是出现了自治区。在光复运动的早期阶段，西班牙诸多王国几乎没有农业，工商业也处于不稳定的发展阶段，卡斯蒂利亚—莱昂的工业处于萌芽阶段，其发展水平还不如阿拉伯人的工业，商业也控制在犹太人手中，在纳瓦拉和阿拉贡几乎以农业为主，而在巴塞罗那地区则开始出现了纺织业。

13世纪是欧洲中世纪的黄金时期，也是西班牙的辉煌时期。光复运动获得空前的胜利。阿拉贡王国征服了巴利阿里群岛和巴伦西亚，卡斯蒂利亚攻占了哥多华和塞尔维亚；阿拉伯人只剩下一个格拉纳达王国。基督教势力逐渐扩大到伊比利亚的东南部和南部，并迅速改变着传统的思想观念及经济与社会秩序。阿方索十世继位后，编纂了多部法典。在许多王国里，反对地方自治成为社会发展主流，而在东部王国里，尤其在纳瓦拉王国，自治法依然占主导地位。在基督教的影响下，奴隶反抗和要求自治的呼声日高，下层阶级的状况有所改善。在加泰罗尼亚，奴隶制渐趋消失，而从阿拉伯人手中获得大量土地的贵族们变得更加富有，教会占据了统治地位。此时西班牙王国的农业得到很大发展，并与其他欧洲国家和阿拉伯国家发展贸易往来。

14世纪西班牙各王国内部发生了巨大变化，亨利二世继位后，积极与法国发展关系。此后尽管社会动乱和战争不断出现，但14—15世纪里，西班牙各王国的经济和社会并未停滞不前。在阿拉贡、纳瓦拉和卡斯蒂利亚王国，市场十分繁荣，外国商人不断进入西班牙进行各种商业活动。阿拉贡和卡斯蒂利亚均有十分强大的商船队和海军，西班牙各王国与英国、法国、丹麦和突尼斯等国的贸易往来也在不断扩大，并出口矿产、农畜产品、花纹丝绸、肥皂和糖等。

1469年，卡斯蒂利亚王国的女王伊莎贝拉一世和阿拉贡王国的斐迪南二世结为秦晋之好，两国实现联合标志着西班牙兴盛时期的开始。1492年联合王国的军队攻克了阿拉伯人在西班牙的最后一个入侵地——格拉纳达，由此结束了长达几个世纪的光复运动，实现了西班牙的统一。西班牙君主国从此作为欧洲文艺复兴时的首批新型国家之一出现在欧洲和世界舞台上。

1492年著名航海家哥伦布在伊莎贝拉女王的支持下率领西班牙船队进行航海远征，并意外发现了美洲新大陆。从此西班牙逐渐成为海上强国，并向海外不断扩张势力范围，在美洲建立了殖民地，进行大肆地掠夺。西班牙人在征服美洲之后，运用当年罗马人征服伊比利亚半岛的类似方式，通过语言、文化、宗教和法律管理，对当地居民实现同化，企图将整个美洲大陆永久并入自己的版图。1516年法国国王查理一世继任西班牙王位，后又将王位传给腓力二世。腓力二世在位时期，西班牙国力日趋强盛，殖民地扩张到欧、美、非、亚四大洲。16世纪和17世纪是西班牙帝国发展的鼎盛时期。1580年西班牙将葡萄牙并入版图，成为欧洲最大的国家。

1568年西班牙卷入对荷兰的“80年战争”，特别是在1588年，称雄海上的西班牙“无敌舰队”在英吉利海峡被英国击溃，西班牙从此走向衰落。1640年，由于东部加泰罗尼亚地区发生叛乱和西部的葡萄牙与西班牙关系的紧张，加上国内财政耗竭，一度庞大的海外殖民帝国开始衰落，其强国地位逐渐被法国所取代。1659年，西、法签署了比利牛斯条约，从此西班牙卡洛斯王朝的霸主地位被法国路易十四王朝所取代。当时的西班牙国王卡洛斯二世没有嫡亲后裔，立遗嘱让其妹玛丽亚·特雷莎与法国路易十四孙子费利佩·德安霍结婚接替西班牙王位。1701年费利佩五世国王正式建立了西班牙波旁王朝。在费利佩执政初期保持了与法国的友好关系，此后开始逐步摆脱法国的控制，实现西班牙的独立。

1701年至1714年争夺西班牙王位继承权的战争标志着哈布斯堡王朝的覆灭和波旁王朝的建立。1713年签订的乌特勒支条约使英国对直布罗陀的占领合法化了，西班牙和英国间唯一领土主权的争议迄今为止还未得到真正的解决。

18世纪末19世纪初的西班牙是一个中央集权的君主专制国家，国内保存浓厚的中世纪封建制度残余，天主教会的势力极为强大，资本主义发展的萌芽比较脆弱。1807年拿破仑对西班牙波旁王朝的征服，加速了西班牙资产阶级革命的到来。1804—1814年，在捍卫国家独立中，爆发了第一次资产阶级革命。之后又经历了四次资产阶级革命，在1873年2月宣布西班牙第一共和国的建立。但1874年12月王朝很快就复辟了。1898年美国和西班牙间爆发的战争使得西班牙失去了它在美洲和亚洲的最后几块殖民地——古巴、波多黎各、菲律宾和关岛，西班牙的海外帝国彻底瓦解。

西班牙在第一次世界大战中宣布中立，没有参战。俄国十月革命的胜利，推动了西班牙人民反对复辟制度的斗争。1931年4月12日，共产党在大城市的选举中占了绝对优势，国王阿尔方索十三世被迫离开西班牙。同年4月14日在马德里升起了共和国国旗，宣布西班牙第二共和国成立。1936年2月成立了有社会党和共产党参加的联合政府。1936年7月18日，佛朗哥发动武装叛乱，在希特勒和墨索里尼的支持下，经过三年内战，佛朗哥最终夺取了政权。

佛朗哥于1939年4月任国家元首和政府首脑，开始实行长达36年之久的独裁统治。在佛朗哥专制时代，他独揽国家大权，在内阁的成立和解散上具有最终决策权，即使在他年事已高、身体每况愈下时，仍然掌握重大的政治决策权。作为一个职业军人，佛朗哥在国家制度的建设上缺乏对社会意识形态和政治理论的思考，完全依照军队的做法来建设国家，政治机构的建设存在很大的随意性，他从来没有提出过一套切实可行、完整的宪法制度。佛朗哥统治时期，先后颁布了七项法令，用来替代国家宪法，为其独裁提供“合法”的外衣。这七条法令分别是：1938年的劳动宪章基本法、1942年的议会选举法、1945 年的权力法、1945 年公决法、1947 年的继承法、1958 年的国民运动原则法和 1966 年的国家机构法。上述法令进一步巩固了佛朗哥从西班牙内战中夺取的政权。“国民运动”成了当时西班牙唯一合法的政治组织。佛朗哥政体是建立在反对西班牙人民阵线政府、倾向天主教会的基础上的。天主教会的地位不仅得到了恢复，而且获得政府大量资助，在教育制度上占有主导地位。佛朗哥对地方自治权力进行限制和取消，颁布了禁用加泰罗尼亚语和巴斯克语的政策。概而言之，佛朗哥的统治扼杀了议会民主的发展，是一种彻底的专制和独裁。

在佛朗哥统治的前 20 年里，西班牙经济发展极其缓慢。1959 年实施稳定经济的计划后，经济发展出现重大转机，并对政治和社会带来重大影响，中产阶级和新的城市工人阶级的队伍不断壮大；同时，外国文化的渗透也开始冲击着西班牙的政治和社会的发展。西班牙人开始反抗佛朗哥的独裁统治。60 年代中期，国内出现了的动乱和暴力事件，严重威胁西班牙社会的稳定。在佛朗哥独裁统治的最后几年，这种动乱和暴力活动不断升级，特别是巴斯克埃塔恐怖组织的活动也日见猖獗。1974—1975 年对佛朗哥独裁的反抗达到了高潮，工人大罢工、学校停课等示威活动波及社会各个阶层。1975 年 11 月 20 日佛朗哥死后，西班牙全国很快就陷入危机之中。

1978 年 11 月 22 日，胡安·卡洛斯亲王正式登基。卡洛斯即位后开始推动西班牙政治走上民主改革的道路。1977 年 6 月 15 日，西班牙举行了自 1936 年以来的首次大选，中间偏右的民主中心联盟在大选中获得相对多数并组成政府。由于当时国内经济不景气和党派分裂，使得民主中心联盟的政府地位不稳，并在 1981 年 2 月发生了一起未遂政变。1982 年 10 月，西班牙工人社会党在冈萨雷斯的领导下，赢得了大选的胜利，获得 68% 的选票，并组建了一个一党政府。在 1983 年 5 月的市和区域选举中，工人社会党依然保持较高的声望，赢得 43% 的选票。工人社会党赢得大选的主要原因是该党进行的政治和经济改革已初见成效，获得广大公民的认可。工人社会党采取的经济改革政策是相当务实的。政府并没有沿袭传统的经济政策如企业的国有化、收入的重新分配、国家对经济的过度干预，而是采用了经济紧缩计划，以此来降低通货膨胀和提高劳动生产率。政府的经济改革政策收到很好的成效，通货膨胀率有所下降，经济增长率有了一定的提高。政府在军队的重建和教育制度的改革上也取得相当大的成就。1983 年 10 月，国防大臣提出大规模削减军队的计划，1984 年初通过了规定军队受首相和国防大臣直接控制的法令。1984 年通过了教育体制改革法，提出加强国家对获得政府资助的私立学校的管理，并赋予家长在聘任教师和课程的设置上更大发言权。该法律对社会产生了很大影响，在 80 年代末约有 1/3 的孩子进入私立学校。

工人社会党政府面临的最为棘手的问题是来自巴斯克恐怖主义者的持续威胁。尽管当时的民主化进程已使巴斯克州享有很大的自治权，然而向地方政府转移权力的漫长过程仍使巴州和加泰兰地区强烈不满。埃塔组织的暴力活动成为影响西班牙民主进程的最大的不利因素。在进行国内经济改革和反对恐怖主义的同时，西班牙工人社会党政府采取步骤在国际舞台上积极发挥作用，并为尽快加入欧共体作出种种努力。

1986 年西班牙终于加入了欧共体。但在加入北约问题上社会党的态度却举棋不定。1986 年 6 月工人社会党以绝对多数再次赢得大选，在众议院 350 个议席中赢得 184 席。然而，此时国内对工人社会党的政策和行为强烈不满，1987 年初爆发了西班牙自 30 年代以来规模最大的一次社会动乱。人们上街游行抗议经济紧缩政策带来的高失业和低工资。社会党内部也表现出了对政府的不满，1987 年 10 月，社会党领导的总工会领袖主动辞职，以表示对政府 1988 年预算的抗议，他指责政府偏向雇主的利益而忽视工人的利益。而广大企业界人士则赞成冈萨雷斯政府实行以市场为导向的经济政策，这一政策成功地将通货膨胀率由 1982 年的 15% 下降到 1987 年的不到 5%，年均经济增长率提高到 4.5%，但为此付出的代价则是失业率高达 21%。为此党内外人士呼吁政府放松反通货膨胀的政策，以增加工资和养老金，加快对公共工程的投资和采取有效措施解决失业问题。尽管冈萨雷斯政府的经济政策遭到国内许多人的指责，但政府的对外政策和减少美国在西班牙驻军规模的决定则受到国内人士的广泛支持。西班牙的民主化进程基本站稳了脚跟。

第四节 政治

一 概况

从1976年起，从佛朗哥的独裁统治向西方民主体制过渡，西班牙的政治形势发生了巨变。政党组织恢复了合法地位。1977年6月出现了近40年来首次自由选举。以苏亚雷斯为首的民主中心联盟赢得这次大选。从1982年起，以费利佩·冈萨雷斯为首的工社党开始了长达13年的执政。1996年3月中右的人民党以微弱多数赢得大选，标志着西班牙政治新时代的开始，人民党在三个地区性党派，即加泰罗尼亚民主联盟、巴斯克民族党和加那利联盟支持下执政。2000年3月12日，人民党以议会绝对多数蝉联执政，人民党开始独立执政。新一届政府在2000年4月28日正式宣誓上台。何塞·马利亚·阿斯纳尔担任新政府首相，第一副首相为马里阿诺·拉约伊。

新一届议会中，人民党赢得了350个议席中的183个席位，比上届多了27个席位，工人社会党获得的议席数仅为125个，比上届少了16个席位，联合左翼也仅获得8个席位，下降了13个席位，加泰罗尼亚团结联盟获得15个席位，与上届仅一席之差，基本保持了4年前的实力。其他几个小党的大选结果与四年前基本相似，巴斯克民族主义党、加那利联盟、加里西亚民族主义党获得的议席数分别为7个、4个和3个席位，至于巴斯克民族党、加泰罗尼亚共和党、阿拉贡党、安达卢西亚党和加泰罗尼亚绿党分别仅获一个席位。从得票率来看，人民党得票率提高到了44.54%，工人社会党得票率却下降到了34.08%，人民党超过工人社会党10.46个百分点。

1982—1993年期间，工人社会党四次赢得大选，连续执政长达14年。在执政后期，工社党内高层腐败丑闻不断曝光，在欧洲经济危机的冲击下，国内经济形势每况愈下，失业率持续攀高，工社党逐渐失去选民支持。在1996年大选中工社党失利，人民党以微弱多数赢得大选，并在2000年大选中蝉联执政。执政后的人民党以自由主义原则和基督教人道主义为宗旨，声称在独立、温和和中间原则指导下，争取中间选民。该党提出了一系列国内外政策，经济上主张进一步私有化、降低个人所得税、削减政府开支和预算赤字，扩大对科研设施和科研的开支，为私人投资和发展私人经济创造条件。政治上提出削减政府职能，政府不干预经济生活，该党积极发展对外关系，提出安全上依靠北约，经济上扩大一体化，在道义和文化方面，保持和发展与拉美国家的关系。

2004年3月11日，马德里发生恐怖爆炸事件，对西政局造成深远影响。在2004年3月14日的大选中，工人社会党击败了连续执政8年的人民党，萨帕特罗出任首相。本届政府认真履行竞选诺言，积极推行“对话和协商”。实施以稳定宏观经济、维持公共财政收支平衡为重点的经济政策。颁布了保护妇女权益、简化离婚手续、批准同性恋婚姻合法化的相关法律，修改《外国人》法，使得大批移民身份合法化。加大对教育、医疗、住房等领域的改革力度，提高最低工资和养老金标准等。这些政策赢得了民心，在最近2008年3月9日的全国大选中，工社党赢得大选，蝉联执政。

2008年3月7日巴斯克街头发生的一起地方议员遭袭遇害事件，导致西班牙当年大选前的国内政治气氛有些紧张，然而与上届大选前的马德里3·11恐怖袭击相比，此次事件的规模和影响显然要小得多，对大选结果几乎没有任何影响。2008年3月9日的大选结果与人们预料的基本一致，工社党以低于议会绝对多数的选票蝉联执政，工社党的选民得票率和议席数均略高于上届水平，分别为43.6%和169个席位。与此同时，最大的反对党人民党的选民得票率从上届的37.7%上升到了40.1%，赢得的议席数也从原来的148个席位上升为154个席位，是所有党派中新增议席数最多的党派。从地方党派的得票情况看，一些党派的得票率和议席数均有所减少，部分反映了民众对这些地方党派信任度在下降，其中加泰罗尼亚左翼共和党受到重创，议席数从2004年的8个席位下跌到了2008年的3个席位，巴斯克地区的两个民族主义党派损失不小，其中Eusko Alkartasuna（EA）丢失了仅有的一个席位，巴斯克民族主义党的议席数从原来的7个席位降为6个席位。唯有加泰罗尼亚的团结联盟党的议席数维持在上届水平。

相比上届选举，此次大选主要反对党人民党的得票率和议席数的增幅均超过了工社党，能够蝉联执政的工社党似乎并不是此次大选的最大赢家。工社党未能赢得议席绝对多数的三大主要原因是：

（1）萨帕特罗在国内政治上有两大失误：一是与主张加泰罗尼亚独立的加泰罗尼亚共和党关系过于紧密，二是试图与缺乏和谈诚意的“埃塔”组织进行和平谈判，期间埃塔继续制造恐怖袭击事件，导致萨帕特罗首相的公众支持率一路下滑。（2）西班牙国内经济增长下滑、失业率攀升，被认为是执政党的“软肋”。根据欧盟的最新统计资料显示：2008 年 1 月份，西班牙的失业率高达 8.8%，在欧元区国家中居于首位，在欧盟 27 个国家中，位居第二，仅次于失业率高达 10.4% 的斯洛伐克。（3）萨帕特罗政府对外来移民采取宽松政策，被人民党指责是要将西班牙打造成贫穷外国人的“吸铁石”。过去 8 年来，西班牙的非法移民已超过 300 万人，其中大多来自摩洛哥、东欧国家和拉美，移民数量的激增已成为西班牙社会的不安定因素之一。

新一届政府于 2008 年 4 月 14 日正式宣誓就职。新内阁成员中老面孔居多，所有 17 个内阁成员中，只有 6 个新内阁成员，大多数重要内阁职位仍和上一届相同，如外交和合作大臣米格尔·安赫尔·莫拉蒂诺斯、财政大臣佩德罗·索尔韦斯和内政大臣阿尔弗雷多·佩雷斯·鲁瓦尔卡瓦均留任原职。尽管如此，新内阁总体还是呈现出新旧交替、性别更为平等的格局，并创下西班牙历任内阁中的几项历史之最。最令人瞩目是新内阁中有 9 位女性，在西班牙历任内阁中首次由女性大臣占多数。更为特别的是：首相新任命的国防大臣查孔是西班牙历史上首位女性国防大臣。新内阁还增设了平等事务部，致力于消除性别歧视、实现女性与男性平等，该部女大臣比维亚娜·艾多年仅 31 岁，是西班牙有史以来最年轻的内阁大臣，新内阁中另一匹女性黑马则为住房大臣阿特丽斯·科雷多，她涉足政坛还不到一年。对于新内阁，西班牙媒体普遍评论道：“萨帕特罗想要作为一个伟大的推行现代化的政治家载入西班牙历史。在内阁大臣选用上，他注重社会意义更甚于注重他们处理国家事务的真正能力”，更多的境外媒体则认为，这一内阁安排表明西班牙首相致力于根除性别歧视的竞选承诺开始付诸行动了。

二　宪法

从 19 世纪初到 20 世纪上半叶，西班牙先后颁布过 7 部宪法和出台过一些局部的改革方案，但均因社会动荡而未能付诸实施。西班牙第一部宪法文本是 1812 年在安达卢西亚的加迪斯城颁布的。这部宪法刚一出台即被国王费尔南多七世所废除。历史上只有 1876 年颁布的宪法实施了短暂的时期。

现行宪法诞生于 1978 年 12 月 27 日。该宪法是经过一年多广泛政治协商的产物。1977 年 7 月，一个由 36 名新当选的议员代表组成了宪法事务委员会。1978 年 10 月 31 日该委员会起草的新宪法以压倒多数的票数在众议院和参议院得到通过。这部宪法是西班牙历史上内容最为广泛的一部宪法。该宪法规定西班牙是以维护自由、正义、平等和政治多元化的民主国家。国家政体是议会君主制，国王是国家元首，是国家团结和长治久安的象征。国王负责调节国家机构正常运转，并在国际关系中代表国家。王位是世袭的，长子是国王的第一继承人。佛朗哥时代禁止公主继承王位，但 1978 年的宪法规定，如果没有王子的话，公主也可以继承王位；如果找不到法定的合法继承人，王位的继承人则由议长来最终确定。由政府其他部门提出的法令须经国王批准和正式颁布。国王可以正式召集和解散议会，提出大选和进行公决。尽管国王并没有直接处理外交事务的权力，但国王胡安·卡洛斯在国际事务中发挥着关键的作用。宪法赋予国王为军队最高统帅，虽并不真正掌握实权，但国王胡安·卡洛斯与军方保持着密切的联系，利用他的影响来抵制对民主政体的任何潜在威胁。

宪法还规定了政党的作用和要求各政党恪守民主结构和程序，并规定年满 18 岁的公民拥有选举权、废除死刑等。这部宪法中最长的内容就是确定了基本的公民、政治和社会经济权利，法律面前人人平等，保障公民享有宗教、集会、结社和言论的自由。宪法中还包括削弱军队和罗马天主教会作用的条款。

三　议会制度

由参议院和众议院所组成，行使国家的立法权，审批国家法律、国际条约及财政预算，监督政府工作以及同外国议会进行交往等。众议院有 350 名议员，由省和地方根据人口比例选举产生。参议院由 254 名议员组成，其中 208 名议员经各省选举产生，其余 49 名议员由各自治区任命。参、众两院的议员最多任期 4 年，到期改选。立法权主要掌握在众议院手中，两院均可以提出法案，但是众议院可以以简单多数对参议院的动议行使否决，因此如果一个政党在众议院中拥有稳定多数席位，参议院的否决就失去效力。众议院的主导地位还表现在当两院召开联席会议时，由众议院院长主持会议。众议院还可以批准或否决政府采纳的法令。参议院可以说是区域的代表，唯一的职责是关注自治州事务。如果一个自治州未能履行法律和宪法规定的要求，或有悖于国家利益，经过参议院的多数通过后，可以采取一定措施迫使州政府履行宪法规定的义务。尽管西班牙的参、众两院有明确的职责分工，但许多重要的职责由两院共同执行。

四　司法制度

宪法规定司法权总委员会是西班牙的最高司法权力领导机构，由议会选举产生，并经国王任命的20名成员所组成，其中12名必须具有15年以上的大法官资格。最高法院是西班牙最高司法机关，国家的审判机构。最高法院对议会负责，下设5个法庭：民事法庭、刑事法庭、诉讼法庭、社会法庭和军事法庭。省级法院只设民事和刑事法庭。在省级法院以下设有裁判所，只审理家庭纠纷和未成年人犯罪案件等。西班牙还设有宪法法院和国家总检察院。宪法法院是一个权威性的独立机构，由12名高级法官组成，分别由参、众两院和政府、司法权总委员会推荐，最后由国王任命，任期9年，每隔三年改选其中的1/3成员。其主要职能是对宪法的执行进行监督并对宪法作出解释，维护宪法的最高准则和合法性。当国家、政府和各自治区之间以及各自治区之间的法律发生冲突或因权限问题引起争议时，宪法法院有权作出裁决。国家总检察院是最高检察机关，并领导各级地方检察院的工作以及向各司法部门派驻检察官。法院和检察院分工明确，相互合作和制约，以保障法律的有效执行。

五　中央政府

中央政府主要指由首相、副首相和其他的大臣组成部长理事会。政府负责制定外交、经济和社会政策，担任治理国家的任务，并向议会报告工作和接受其监督。

政府有权颁布有关法令，提出对法令的修改草案，以及向议会提交每年一度的国家预算草案等。由首相、副首相及各部大臣组成的部长理事会，是政府的最高权力机构。一般情况下，理事会每周召开一次例会，讨论和研究政府重要工作，并作出相应的政治决策。紧急状态时，内阁有权发布暂时法令。

中央政府的产生需经过一定的法律程序。议会推举首相，并经国王批准。首相一般来自得票率高的政党，副首相和部长们由国王根据首相的建议任命，首相还有权任命文职官员和选拔各省的政府官员和各自治区的政府代表。政府组成后交由国王正式签署任命书，并在王宫举行手扶宪法的宣誓仪式。首相还有权在执政期间改组政府和解散议会、宣布提前举行大选，或有权同意对政府进行信任投票和对某项国家大事进行全民公决。

六　地方政府

西班牙共有17个自治区和北非沿岸的两块海外领地，即1995年被授予自治城地位的休达和梅里亚。宪法规定中央向各自治区逐步下放权力，这种权力下放对国家的政治和行政管理产生了重大影响。近20年来西班牙已经从欧洲的一个高度中央集权的国家转变成权力最为分散的国家之一。目前自治区政府拥有政府总开支的29%（地方政府占公共开支的13%），每个自治区政府直接拥有自己选举的议会和议会执行委员会。

各个自治区的权力是不同的。宪法第143条和151条规定了两种主要的放权规定。宪法151条赋予了巴斯克、加泰罗尼亚和加里西亚自治权，随后安达卢西亚、纳瓦拉、瓦伦西亚和加那利群岛也因符合该规定而成为自治区。巴斯克和加泰罗尼亚是地方自治呼声最为强烈的地区，拥有强大的地方自治权力，可以自行制定教育和医疗制度。巴斯克州还拥有自身的税收制度。纳瓦拉州享有历史特权，和巴斯克州一样，拥有自身的税收体制。

随着地方权力下放过程的持续进行，17个自治州拥有的权力会不断扩大，预计到2004年，地方政府将拥有制定教育、司法和医疗制度的权力，同时还可以制定各州的就业政策。

七　政党和组织

从佛朗哥独裁向西方议会民主制度的过渡期间，西班牙政党力量终于摆脱了长期禁锢，开始重建工作。西班牙现有的主要政党有中左的西班牙工人社会党、中右的西班牙人民党和联合左翼，主要的地方党派有中右的加泰罗尼亚团结和联合党、中右的巴斯克民族党。

（一）政党简介

1. 人民党　创建于1976年10月，由5个右翼政党联合而成，原名人民联盟，实际奠基人为佛朗哥统治时期的新闻和旅游大臣曼·弗拉加。在1977年的第一次大选中，得到8.2%的选票，16个议席。此后该党为获得更多的选票，不断努力改善其在公众中的印象。1989年党的领导人弗拉加主动将主席职位让位给当时年仅36岁的何塞·马利亚·阿斯纳尔。第二年该党召开第十大，将人民同盟改名为人民党，实行思想、组织的更新，阿斯纳尔正式当选为该党主席。1991年1月该党加入欧洲人民党。改名后，该党逐渐成为西班牙的重要政治力量。在1996年3月大选中，该党获选票34.82%，在众议院中占156个议席，成为西班牙第一大执政党。2000年3月人民党赢得议会绝对多数而蝉联执政。该党自称为改良主义组织，以自由主义原则和基督教人道主义为宗旨，声称在独立、温和和中间原则指导下，争取中间选民。该党经济上主张进一步私有化、降低个人所得税、削减政府开支和预算赤字，扩大对科研设施和科研的开支，为私人投资和发展私人经济创造条件；政治上提出削减政府职能，政府不干预经济生活，该党积极发展对外关系，提出安全上依靠北约，经济上扩大欧洲一体化，在道义和文化方面，保持和发展与拉美国家的关系。

2. 工人社会党　创建于1879年5月2日，1888年召开第一次代表大会，1889年加入第二国际。1890年召开第二次代表大会，决定参加议会选举。1910年同共和党结成竞选联盟，在众议院获1个议席。1920年6月召开特别代表大会，在加入第三国际问题上党内出现分裂，少数主张加入的人分裂出去，与西共合并。1931年4月，西班牙第二共和国宣布成立，该党成为议会中第二大党并成为参政党。1936年1月，同西共等左翼力量组成人民阵线。在佛朗哥独裁统治时期，被宣布为非法，主要领导人流亡国外。1974年在法国举行第二十六次代表大会，费利佩·冈萨雷斯当选为总书记。1977年该党与其他政党获得合法地位，同年在全国选举中获得30%的选票。冈萨雷斯于1979年放弃了该党既定的马克思主义—社会主义方向，转而寻求扩大中产阶级和温和的投票人的支持。在1982年的选举中社会党获得大胜。此后在1986年、1989年和1993年的三届大选中蝉联执政。该党执政初期是一个温和的政党，拒绝大规模的国有化而主张政府计划和干预，以促使收入的公平分配。赞成加入欧共体和北约。然而冈萨雷斯坚持经济现代化政策而非传统的社会党政策却遭到党内保守势力的反对。1993年的大选中，该党失去绝对多数地位。1996和2000年大选中连连失利，得票率不断下降；党内在领袖人选和具体行动纲领上存有很大分歧，在短期内难以提出取悦于民的纲领。

3. 联合左翼　成立于1986年。成员有西班牙共产党、社会民主主义行动党、共和左翼、西班牙共产主义青年联盟和独立人士。这些组织当时是为了反对西班牙留在北约而联合起来的，以后逐渐发展成为竞选联盟。1986年大选中获得了93万张选票，在350个议席的众议院中占了7席。在1989年大选中获得185万张选票，17个议席，成为西班牙第三大政治力量。1990年11月，联合左翼举行了第二次全国代表大会，决定把联合左翼从一个竞选联盟建设成有统一行动纲领和健全组织机构的政党联盟。1992年5月召开的第三次全国代表大会明确规定联合左翼是一个政党联盟，各成员党拥有自主权，但左翼联盟的决议对其成员党均有约束力。在1996年3月的大选中，获得21个议席，开始成为西班牙政治舞台上一支重要力量。联合左翼主张实行国家民主化，进一步下放权力，实行市场经济，经济决策民主化，反对公共部门实行私有化，扩大公民自由，保障公民的经济利益和社会利益；对外主张取消不发达国家的外债，加强同第三世界合作，缩小南北差距，制定新的外贸政策；推动欧洲实行政治联合，打破由美国称霸的世界格局，解散北约。

4. 加泰罗尼亚民主联合　建立于1974年。1977年同本地区一些地区性政党结盟，在同年大选中获11个议席。1979年同加泰罗尼亚民主联盟结成政党联盟。在1980年加泰罗尼亚自治区议会选举中获得27.75%的相对多数，在135个议席的自治区议会中获得43个议席，在加泰罗尼亚共和左翼的支持下组成该党第一届政府。在此后几届选举中均保持了执政地位。在1996年3月的大选中获得16个议席。该党是带有自由主义保守观点的民族主义党，但并不主张加泰罗尼亚从西班牙分裂出去。

5. 巴斯克民族主义党　西班牙巴斯克自治区的执政党。1895年由萨比诺·德阿拉那创建，是各种思想思潮的大联盟，党内既有纯粹的民族主义者也有天主教保守分子，1977 年大选中，在众议院获得 8 个议席，达到与巴斯克的工人社会党同等水平。在以后的大选中全面超过巴斯克工社党，成为巴斯克吉普斯夸省和比斯开省最有影响的政党。该党主张全面实现巴斯克大区自治，包括拥有自己独立的中央银行；要求欧洲委员会有各民族的代表；反对用暴力手段争取巴斯克独立。1996 年 3 月大选，巴斯克民族主义党在众议院中拥有 5 个议席。党的主席是哈维尔·阿尔萨柳斯。

6. 西班牙共产党 成立于 1920 年 4 月 15 日，曾是西班牙政治舞台上一支重要力量。1923 年西班牙发生法西斯政变，西共遭到镇压，被迫转入地下。1931 年，西班牙第二共和国建立后，西共恢复合法地位，1936 年，西共与工人社会党等其他民主政党组成“人民阵线”，并在同年大选中获胜，组成左翼政府，两名共产党人出任部长。在 1936—1939 年的西班牙内战中，西共与其他的左翼势力一起与佛朗哥叛军进行了英勇斗争。1939 年 4 月佛朗哥在全国建立起独裁统治，西共再次被宣布为非法，主要领导人流亡国外。1942 年，党的总书记何塞·迪亚斯在苏联病逝；多洛雷斯·伊巴露丽接任总书记。1956 年，西共提出“全国和解”政策，用“全国和平罢工来推翻独裁统治”；1967 年提出建立劳动力量与文化力量联盟战略，通过多党制和公民自由实现从资本主义向社会主义的过渡。1968 年，西共谴责苏联出兵捷克斯洛伐克并开始疏远苏联。1978 年 4 月举行第九次全国代表大会，确定西共为民主与革命的马克思主义党。1979 年 3 月，西共参加大选，在众议院 350 个议席中占 23 席，成为西班牙第三大政治力量。1981 年 7 月 28 日，西共召开十大确定欧洲共产主义战略。1982 年 10 月，西共在大选中失败，议席降到 4 席。此时党内矛盾激烈，卡里略被迫辞去总书记职务，推荐伊格莱西亚斯继任，1983 年 12 月，西共召开十一大，作出革新西共的决定，卡里略派坚决反对，原西共中央执委加列戈等人于 1984 年 1 月离开西共，另建西班牙人民共产党，反对欧洲共产主义。1986 年西共与其他几个小党组成竞选联盟“联合左翼”参加大选，获得 7 个议席，1989 年 10 月大选获得 17 个议席。

7. 绿党 1993 年 1 月 24 日成立于西班牙的格拉纳达，是 19 个团体（主要是生态主义者和和平主义者）的联合党。该党主张在西班牙建立新的民主道德，恢复“社会发展的生态模式”，建立保护环境的经济模式。它认为国家政治机构存在严重的社会和政治不公平问题，传统政党是代表少数人利益的官僚机器。该党主张取消政府和个人向政党提供财政支持的制度。1996 年大选后进入议会。

8. 埃塔组织 埃塔组织是西班牙著名的恐怖组织“EUZKADI TA AZKATASUNA”的简称（即 ETA），埃塔意指巴斯克祖国和自由。成立于 1959 年，其目的是为建立一个独立于西班牙和法国的巴斯克国家。支持者提出只要政府给予巴斯克地区自治权，西班牙的警察和士兵全部撤离巴斯克地区，释放所有在押的埃塔成员，埃塔的恐怖活动就立刻停止。埃塔的总部设在西班牙的巴斯克省，他们还在阿尔及利亚、阿根廷、比利时、古巴、多米尼加、厄瓜多尔、德国、荷兰、意大利、墨西哥、巴拿马、圣多美和普林西比、乌拉圭、委内瑞拉等国设立分部。

埃塔的活动资金最开始来自巴斯克独立和自由运动的支持者，通过敲诈勒索、贩毒、绑架赎金和持枪抢劫聚敛资金，主要用来进行暗杀、爆炸和游击恐怖活动。自 1961 年埃塔制造第一次恐怖活动以来，到目前为止共残杀了 1000 多人。90 年代以来西政府对埃塔组织的打击力度不断加大，1996 年 3 月新政府上台后，新政府对埃塔采取了比以往任何政府更加强硬的政策，并依靠国际力量、组织、财力、法制等多个层面瓦解和削弱埃塔，政府的措施获得社会的广泛支持。1998 年 9 月 14 日，埃塔首次宣布无期限停火协议。但时隔 14 个月后，1999 年 11 月 18 日，埃塔又重新制造了血腥恐怖活动。为表示抗议，西班牙首都马德里举行了有史以来最大规模的示威游行。2000 年 9 月 15 日，西法两国政府联手逮捕了埃塔的大头目伊格纳西亚，这是近年来西警方严厉打击恐怖活动取得的重大胜利。目前，西政府对埃塔的态度变得更加强硬，并表示不再与埃塔举行任何形式的谈判。

（二）利益集团

1. 工会 1977 年颁布的法令宣布工会为合法组织，有权进行罢工和进行工资谈判。1978 年的宪法明确了工会的权力；工会的利益得到宪法的保护。宪法规定所有公民，除了军人和法官，均有权自由加入和退出工会。1985 年生效的《工会自由组织法》对工会的基本自由和权利作了更为详尽地阐述。西班牙主要有两大工会：西班牙总工会（UGT）和西班牙工会联合会（CCOO）；前者创建于 1988 年，长期以来与工人社会党保持紧密联系。西班牙总工会主张扩大工会在地方的权力，允许地方工会自行开展活动。西班牙工会联合会的成立晚于西班牙总工会，也是按照工人联合会的形式组织起来的，它与西共有着深刻的历史联系，其政治主张带有共产主义的意识形态色彩，20 世纪 80 年代以来随着西共力量的不断削弱，西班牙工会联合会开始调整其行动方向。

2. 商会　在佛朗哥时代，一些有名望的商人和金融家只能通过个人的力量和关系在社会上产生影响。在向西方式民主制度转变的过程中，国内出现了许多地方性的雇主组织，1977 年，这些组织合并为西班牙雇主联合会（CEOE），逐渐在企业界和金融界发挥作用。除了雇主组织外，商会通过提供各种服务给企业和个人，努力实现商会成员的利益。较大的私人银行对政治的影响是相当大的。这些银行直接或间接控制了大的工业部门，与政府机构合作，直接参与西班牙的经济发展进程。20 世纪 70 年代经济萧条时期和政府对银行的不断干预，银行传统上的巨大作用得到明显的削弱。但银行依然是西班牙最大的经济和金融利益集团。

3. 天主教会　几个世纪以来西班牙教会和国家间的关系一直比较密切。15 世纪国家曾颁布严厉的措施通过实现宗教的统一以达到国家的统一。在佛朗哥时代，罗马天主教会为佛朗哥政权效劳，使佛朗哥的独裁统治披上合法的外衣，教会的势力和影响也因此得到巩固和扩大。在 1965 年召开的第二届梵蒂冈会议上，教会提出了人权主张，西班牙教会也从原来对佛朗哥统治的坚决支持者突然转变为佛朗哥政权最为棘手的反对者。佛朗哥去世后，教会与政府的关系得到了协调。1976 年，政府和教会达成了双边协议，该协议明确了梵蒂冈和新的民主国家间的关系。1978 年的宪法进一步确定了教会与国家的分离，同时承认罗马天主教对西班牙社会所起的作用。在政府和教会新的关系框架下，双方长期争议的问题也逐步得到解决。政府顺利地先后颁布了教育改革法、公民离婚法和堕胎法。教会和国家相分离还表现在政府逐步削减和终止对教会财政上的资助。目前教会不再享有社会特权，现在很多年轻人很少去教堂，教堂多用于婚礼、葬礼等正式场合。

但教会在西班牙社会中的作用仍不容忽视。目前西班牙 96% 的居民信奉天主教。全国的天主教会分成 11 个大主教区，最大的是托莱多教区，那里的大主教自西哥特时期起是西班牙的首席主教。在大主教区下，有 2 万多个教区。此外，西约有 3 万名新教徒，还有少数洗礼教派教徒。

4. 天主事工会（Opus Dei）　佛朗哥时代影响最大的教会组织。创建于 1928 年。其成员在佛朗哥时期的经济发展和以后的政治和政府的权力下放中起到关键的作用。在意识形态上持较保守的态度，认为社会的发展无需政治改革，只须经济改革。在 20 世纪五六十年代西经济部及内阁的大部分都是由其成员来担任的。西班牙经济稳定发展计划的基本框架也是由其成员所构思的。他们提出通过经济的快速增长来提高竞争力，主张经济一体化。在向西方民主制度的过渡期间，该会被一些进步势力看成过于保守，影响了社会发展，其社会影响力有所减弱。在教皇保罗二世时期，该组织的社会作用有所提高，在教育和金融界还有不小的影响。

5. 军队　自拿破仑战争结束以来，西班牙军队对政治的干预一直在不断扩大。从 1814—1936 年，军事政变不少于 54 次，其中 12 次成功地推翻了政府或废除了宪法。军队是佛朗哥长达 36 年独裁统治的主要支持力量。佛朗哥死后，卡洛斯国王和首相苏亚雷斯非常谨慎地与军方领导层进行磋商，才实现了向西方民主制度的和平过渡。

第五节　经济与社会

一　概况

19 世纪和 20 世纪初期，正当西欧国家进入经济大转变时期，西班牙却因社会和政治的动荡阻碍了经济发展，错过了工业发展的好时机，经济和社会的发展明显滞后于西欧其他国家。20 世纪初期西班牙是个农业国家，现代工业仅出现在加泰罗尼亚的纺织部门和巴斯克省的冶金工业中。在第一次世界大战时期，西班牙经济曾有较大的发展，特别是在米盖尔·普利马·雷维拉政府执政期间，实施了一些重要的公共工程计划，其中包括建设新干线、灌溉设施和建设现代化的铁路设施。1922—

1931 年，工业和采矿业也得到了迅速发展。

然而西班牙内战和世界经济大危机又减缓了西班牙通向现代化经济体制的步伐。1936—1939 年的西班牙内战导致国内经济陷入困境，当时西班牙的黄金和外汇储备几近枯竭，战争对农业生产破坏相当严重，工农业生产能力迅速下降。第二次世界大战后，西欧各国普遍面临严峻的经济重建问题。但西班牙内政因深受墨索里尼和希特勒法西斯主义的影响，使西欧邻国不愿意将西纳入任何多边恢复经济的计划中，在 1939 年内战结束后的 10 年里，西一直处于严重的经济危机中，佛朗哥采取的自给自足和进口替代政策给西班牙经济带来了灾难性影响，通货膨胀急剧上升，经济出现负增长。50 年代初期人均国内生产总值仅为西欧国家平均水平的 40%。刺激西经济发展的最初动力来自西美联合签署的《马德里条约》，作为同意美军在西驻扎的交换条件，当时美国的艾森豪威尔政府对西政府提供了 10 亿美元经济援助，因此在 1953—1958 年期间西班牙国民生产总值年均提高 5%。同时，政府也开始推行经济改革，1957 年正式建立了经济事务和经济合作和规划局，实行了公司税制度，同时削减政府开支，这次经济改革使得 1958 年西班牙政府多年来首次出现财政盈余。与此同时西班牙积极加强与外部世界的联系，1958 年 1 月，西班牙成为欧洲经济与合作组织的联系国，1959 年加入国际货币基金组织。在法国推出稳定经济增长计划的影响下，西班牙于 1959 年 6 月 30 日颁布了一项稳定计划，该计划有两个目的，采取必要的财政和金融政策，控制需求和通货膨胀，与此同时，开放对外贸易和鼓励外国投资。稳定计划取得了很大成功，计划实施当年外汇账户便出现了 1000 万美元的盈余，1958—1960 年，外国资本投资增长了 7 倍。来西班牙旅游的人数也逐年上升。

20 世纪 60 年代和 70 年代西班牙经济的巨大增长和现代化进程极大影响了西班牙经济。1982 年底，以冈萨雷斯为首的社会党政府上台执政，实施工业改造和现代化计划，同时降低通货膨胀率。1986 年 1 月 1 日，西班牙加入欧共体成为其加速现代化进程的又一巨大推动力。西班牙经济增长持续超过欧盟平均水平，1981 年国内生产总值从占欧共体的 6.8% 提高到 1991 年的占 8.4%，同期人均国民生产总值也从占欧共体平均水平的 73% 提高到接近 80%，是欧盟较贫困的几个国家中增长最快的。外国资本在西的投资率也为欧洲最高。尽管 80 年代末出现了良好的经济发展势头，然而冈萨雷斯政府却无法解决失业率居高不下的问题，西班牙成为欧洲国家中失业率最高的国家。80 年代初期到 90 年代中期，西班牙的失业率始终在 20% 左右徘徊。

90 年代初，由于国内需求扩展过快，出现了经济过热、结构失衡的现象，西经济增长速度明显放慢并逐渐陷入衰退。西班牙银行从 1989 年下半年起采取紧缩的货币政策。GDP 的增长从 1989 年的 4.8% 下降到 1991 年的 2.4%，但通货膨胀却居高不下。1992 年通货膨胀率高达 6%。同期注册的失业率在 1992 年上升到了 17%，自 1991 年西班牙就业率在 6 年持续增长后首次出现下降。1985—1990 年间共创造了 180 万人就业，而在 1991 年和 1992 年却分别减少了 6.1 万和 11 万人，经常项目赤字始终在 GDP 的 3% 左右。

1992—1993 年的经济危机导致西币的严重贬值，促使对经济政策进行重大的调整。从 1994 年起政府开始实施紧缩的财政政策，同时赋予西班牙银行独立制定货币政策的权力，政府的主要目的是重新建立宏观经济的稳定和实现马约提出的趋同指标，与此同时采取了放开产品市场和劳动力市场的措施，财政状况有所改善，通货膨胀的压力也在不断减小，中央银行可以降低利率，促进了经济发展和财政状况的稳定。

1996 年 3 月以何塞·马利亚·阿斯纳尔为首的人民党在大选中获胜，新政府积极进行经济改革，实行紧缩的经济和财政政策，大幅度削减政府开支，鼓励消费和对外投资，大力实行私有化，经常项目账户逐年得到改善，在出口增长强劲的带动下，贸易逆差不断减少，1996 年的贸易逆差只占国内生产总值的 3.4%。近年来为争取首批进入经货联盟第三阶段，西政府为达到《马斯特里赫特条约》所规定的 5 项趋同标准作出了不懈努力，到 1997 年底，西班牙已基本达标，比塞塔在欧洲汇率机制内始终保持稳定，通货膨胀率和财政赤字分别为 1.8% 和 2.6%，公共债务为 68.8%。西班牙终于成为欧元区的首批成员国。

2000 年 3 月 12 日，人民党政府获得议会绝对多数蝉联执政。6 月底政府颁布了全面放开经济的 52 项措施，涉及煤炭、天然气、电力、电信、住房、医药等部门，这是自1959年稳定增长计划执行以来西政府提出的规模最大、范围最广的经济政策，这些新措施旨在打破关键部门被一家或几家企业所垄断的局面，建立更加完善的市场竞争机制。人民党政府除了推行经济开放政策外，还对劳动市场政策进行了全面改革。

第二次世界大战以来，西班牙的经济结构出现了巨大转变，农业部门的重要性逐步下降，服务业成为经济的主要部门，在GDP中所占的比重为65.3%，经济中最为重要的部门是零售业、旅游业、银行业和电信业。工业依然是较重要的部门，占GDP的22.4%，为服务业的1/3左右。西班牙人均国内生产值在欧盟15国中位居倒数第三位，略高于希腊、葡萄牙。2007年西班牙名义国内生产总值为10530亿欧元，GDP的增长率为3.3%。

受全球经济增长普遍放慢步伐，特别是美国次级贷款危机不断恶化对全球性经济和金融冲击的影响，从2007年下半年起，西班牙经济增长开始放缓，2007年第三季度的私人消费仅为3%，下跌到了近四年以来的最低点。在国际油价攀升、美元持续贬值等因素作用下，西班牙近14年强劲的经济增长势头趋于结束，预计2008年国内生产总值增长率将从2007年的3.3%下降到0.3%左右。经济增长趋缓或接近停滞，私人消费不再成为推动经济增长的主要引擎之一，多年来依靠内需推动经济增长的模式正在发生改变。2008年第一季度实际GDP的环比增长率仅为0.3%，创下了自1995年以来的最低季度增幅，据统计，2008年头5个零售业销售额增幅为3.2%，2008年6月的消费信心指数降-38，创下历史新低，新车销售额下降了30.6%，出现了近11年以来的最低增幅。预计2008年私人消费将出现负增长，国内总需求对GDP增长的贡献率仅为0.2%。

面对这一不景气的经济形势，新政府于2008年4月18日推出了一项刺激经济增长计划，政府打算增加100亿欧元的公共开支，重点扶持以下几个方面：（1）所有工人可获免税款400欧元。（2）从2008年6月起，每个家庭可延期支付抵押贷款，免去所有的缴纳金。（3）从2008年1月起，取消财富税的征收。（4）采取税收激励措施，鼓励住房修缮计划。（5）为中小企业的发展提供20亿欧元的信贷担保。（6）每年政府计划建造15万套政府补贴的廉租房。随着房地产危机的加剧，政府在2008年6月初提出了一项新的住房计划，打算对出资对现有250万户房龄超过30年的旧宅进行全面修缮，未来10年累计建造150万套廉租房等措施，设法制止这一危机的继续蔓延。

2009年12月爆发的希腊主权债务危机不断蔓延，加剧了西班牙公共财政困境。据统计，西班牙2009年的财政预算赤字相当于GDP的比重高达11.2%，成为排在爱尔兰、希腊之后财政预算赤字严重超标的国家。面对多方压力，西班牙政府颁布了多项财政紧缩政策。2010年1月底，政府公布了2011—2013年的财政紧缩计划。

然而，这些政策未能产生立竿见影的效果，西班牙的公共财政状况仍在恶化。2010年4月28日，标准普尔（Standard & Poor）评级公司将西班牙主权信用评级从AAA下调到AA+，前景展望为负级。这迫使政府在2010年5月1日提出了结构调整计划。这一计划以大幅度削减公共开支为重点，旨在恢复投资和消费信心，力争将财政预算赤字占GDP的比重从2010年的9.3%削减为2011年的6%。

受公务员工资下调及就业前景暗淡的影响，西班牙的失业问题相当严峻。2010年第一季度的失业率为20.05%，这是该国自1997年以来失业率首次突破20%。2010年第二季度失业率则攀升至20.09%，创13年以来新高，是欧盟平均失业率9.6%的近两倍。2010年底西班牙失业人口为463.24万人。

建筑业依然不景气。第一季度住宅建设下降19.7%，公共建筑项目在头4个月下降了43.7%。房地产业仍在下滑，房价下跌幅度较大。西班牙国家统计局（INE）公布的官方房价指标表明，2009年房价下跌均幅为4.3%，阿拉贡、马德里、纳瓦拉、巴斯克州和加泰罗尼亚州等一线地区的房价降幅均在7%—8%。然而，实际降幅要大得多。因为INE数据来自房产抵押贷款统计数据，存在很多虚假统计成分。实际上，从2006—2007年房价峰值为拐点，目前房价降幅已经高达40%，2009年降幅至少在10%—20%左右。国际著名评级公司惠誉认为，西班牙房价还有更大的下降风险，房价在2012年之前均处在下跌通道。从2008年房价峰值一路下跌，相比2008年第一季度，2010年第一季度的房价同比降幅跌已经达到了11.2%，估计未来跌幅将会超过30%。商品房积压量可能高达100万套左右。

二 农、林、牧、渔业

自从20世纪80年代初期以来农业生产效率得到了明显的改善，1999年从事农林牧渔业的人口从1976年的260万首次下降到100万人以下，占西班牙就业人口的7.3%。2008年农业从业人口在800万以上，从2009年开始，从业人口不足800万人，2010年为793万人。与欧盟其他国家相比，农业产量仍然相对较低。农业生产除受到土壤贫瘠、降水稀少等不利因素的影响外，农用土地的使用结构很不合理，土地的资本投入率较低。农林牧渔业继1995年出现10.1%的负增长后，1996年出现了18.3%的高增长，以后其增长率基本保持在2%左右，1999年出现了2.1%的负增长。近一二十年来西班牙农林牧渔业在整个国民经济中所占的比重在不断缩小，2008年占GDP的比重仅为2.5%，略高于欧盟国家平均水平。2009年，农、林、牧、渔业产值占国内生产总值的2.5%，就业人口占全国就业人口的4.0%。

（一）农业

由于国土面积中很大部分是半干旱地区，冬夏温差大，农业生产的自然条件很不理想，土地贫瘠，与西欧其他国家相比，西班牙适用于农业生产的土地比重相当低。在西班牙全国5050万公顷的土地中，约有2060万公顷土地适合耕作，只有10%是优良土地。土地崎岖不平成为农业现代化和进行农业技术改进的最大障碍，加之多年来政府对农业土地的疏于管理，土壤侵蚀在卡斯蒂利亚—拉曼恰干旱平原地区相当严重。

西班牙土地经营和管理的基本方式是大庄园（latifundios）和小农场（minifundios），客观上造成了土地分割太碎、过分集中在少数人手中。1982年的农业普查发现，50.9%的农田掌握在占地200或200公顷以上的大庄园主手中，这些大庄园的数目仅为全国230万个农场比重的1.1%。普查还发现西班牙5公顷以下的小农场占全国农场总数的61.8%，这些小农场约占西班牙全部农业用地的5.2%。另外还有25%的农场占地面积不到1公顷。小农场主要分布在北方和东北方，而大庄园主要集中在南方的卡斯蒂利亚—拉曼恰、埃斯特莱马杜拉、巴伦西亚、安达卢西亚等地区。

西班牙内战对农业生产造成了极大破坏。20世纪40年代，西班牙的农业生产水平还不及1933年的总水平，农业生产率的低下导致了食品奇缺，居民生活陷入困境。内战以后佛朗哥政府推行的工业自给自足政策严重阻碍了农业现代化进程，政府一方面大力提倡粮食生产，另一方面又严格控制食品价格，致使大批农产品转入了黑市交易。

从20世纪50年代起，随着大批农业剩余人口进入城市和向西欧其他国家移民，农业生产开始出现缓慢的变化，农业的巨大变化则始于60年代。1959年政府制定的经济稳定计划促使更多的农民离开乡村。1960—1973年期间大约有180万农民迁移到城市，1976—1985年西班牙经济困难时期，农业人口每年递减4%。农业人口比重由1960年的42%下降到1986年的15%。农业在国民经济中所占的比重也逐年下降，60年代农业占GDP的23%，70年代下降到15%，1986年降为5%。

从20世纪60年代末起逐步开始了农业现代化进程。政府推行了农场扩大计划，将原来分割过碎的小农场合并为规模较大的大农场，为农业实行机械化和现代化创造了条件。合并农场的计划收到了较好效果，在1964—1967年政府实现了将100万公顷的小块土地合并目标，到1981年已有500万公顷的小块土地实行了合并。随着劳动力成本的不断上升，许多小农场在市场的激烈竞争中自行解体。在农田经营方式的转变过程中，农业机械化程度得到了提高，在1960—1983年，农用拖拉机数量增加了10倍，由原来的5.2万台扩大到了59.3万台，同期收割机和脱粒机也增加了10倍，由4600台上升到了44000台。农业的现代化过程提高了农业生产率，从1960—1978年期间，农业生产率年均提高3.5%。

20世纪80年代中期起，每遇农业丰收年，农业便可基本实现自给自足。每年橄榄油、柑橘类水果和葡萄酒可以大量出口。而在农业歉收年，必须进口少量的谷物作为动物饲料。但总的来说，西班牙是个食品净出口国。根据2011年欧洲年鉴统计资料：2008年主要农作物的产量：谷类作物为2388.9万吨，甜菜为407.4万吨，其他蔬菜类为326.6万吨，其他水果类为1049.4万吨，小麦产量为671.4万吨，甜菜为407.4万吨，土豆为236.5

万吨。

西班牙农业的地区差异明显，内陆地区是半干旱的高原和山地地区，气候变化较大，不适宜发展农业，农业生产基本上集中在沿海地区。北部和西北部地区的气候相对温湿，大量种植玉米、饲料作物、苹果、梨和马铃薯。

加里西亚大部分人口依靠农业为生。与毗连东部的北方各省相比，那里的农业人均收入相当低。而位于东部沿海地区的加泰罗尼亚则因冬暖夏凉的气候适宜多种农作物生长而获得较大发展。20 世纪 80 年代末，畜牧业，尤其是家禽养殖业在该地区得到了很快发展，其农业现代化水平也高于西班牙其他地区。在加泰罗尼亚南部地区，沿着狭长的地中海海岸，是西班牙主要的集约化和灌溉园艺作物区，大量种植柑橘树、果园作物、水稻和蔬菜等作物。安达卢西亚是西班牙另一个重要的农业生产区，大量种植橄榄树、棉花、烟草、甜菜以及葡萄。在西班牙中部，广大的干旱地区农业生产率相当低下，由于雨水稀少，土地贫瘠，农民们只能种植小麦和其他耐旱作物，牧羊和从事其他的农业活动。在巴利阿里群岛和加那利群岛，不定期和稀少的雨量和淡水的短缺，人们主要利用地下水来种植少量农作物。

柑橘类水果、蔬菜、谷类作物、橄榄油和葡萄酒是西班牙传统的农产品。西班牙农业以种植业为主，大片可耕地都种植粮食（1993 年占可耕地的 41.1%）。主要农作物有小麦、大麦、玉米、马铃薯、甜菜、向日葵和各种蔬菜，水果、蔬菜和油料等园艺作物在种植业中占突出地位。西班牙是世界柑橘的主要生产国，20 世纪 80 年代柑橘年产量达 300 万吨，2008 年产量达 534. 1 万吨，葡萄、柠檬的生产量仅次于意大利，是西欧第二大生产国。主要的蔬菜为马铃薯、西红柿、洋葱、洋白菜、辣椒和豆类，西班牙是西欧最大的洋葱生产国，西红柿的产量也仅次于意大利，在欧洲占据十分重要的地位，2008 年西红柿年产量为 384. 8 万吨。西班牙还是世界上橄榄油的主要生产国和出口国，2008 年橄榄油年产量为 622. 2. 7 万吨，

（二）畜牧业

自 20 世纪 50 年代以来，西班牙的畜牧业经历了巨大的发展和现代化过程，但与欧共体其他成员国相比，畜牧业的劳动生产率和产量均很低。随着欧共体对西农业发展的大力援助以及畜牧业现代化进程的不断推进，到 20 世纪 90 年代畜牧业有了巨大发展。1997 年，西班牙肉制品产量达 385. 9 万吨，其中羊肉产量 22. 4 万吨，牛肉产量 54. 3 万吨，猪肉产量 219 万吨，家禽产量 89. 5 万吨。家禽业主要集中在西北部地区。2008 年牛肉产量为 65. 8 万吨，羊肉为 16. 6 万吨，猪肉为 348. 4 万吨。

猪肉是西班牙最重要的畜牧产品，养猪业发展较快。1985—1997 年，猪的存栏数由 1140 万头增加到 1865. 2 万头。2008 年为 2629 万头。家禽业发展也相当迅猛，1970—1985 年间养鸡业实现了翻番，达 5400 万只，1997 年为 1. 26 亿只，2008 年为 1. 37 亿只。其主要饲养地区是北部和西北地区，加泰罗尼亚、巴伦西亚和安达卢西亚地区也是重要的饲养地。养牛业主要分布在北部和西北部、埃斯特里马杜拉、安达卢西亚、杜埃罗河盆地、穆尔西亚—巴伦西亚低地地区，这些地区具有良好的牧场。1982 年政府实行了奶制品现代化发展计划，奶酪业的发展变化很大，产奶量从 1974 年的 540 万吨增加到 1986 年的 640 万吨。1997 年西班牙产奶量为 590 万吨。2008 年为 737. 4 万吨。养羊业主要分布在中部和埃布拉盆地。

（三）林业

由于土壤侵蚀和对森林的破坏，伊比利亚半岛的大部分天然林地早已不复存在。20 世纪 40 年代以来西班牙实行了恢复和保护林地计划，开始大量种植易于生长的桉树、伦巴底杨树和大量针叶类树。到 80 年代林业得到一定发展，占全国土地的 14% 为可用林地，1986 年林木采伐量为 1230 万立方米。近年来在国家和欧盟积极的保护林地政策下，林地面积不断得到恢复和扩大，1999 年林地面积占土地面积的 33%。林木采伐量为 1910 万立方米。2008 年为 1689. 3 万立方米。西是继葡萄牙之后世界上第二大软木生产国。高品质的软木制品主要产自加泰罗尼亚。70 年代软木产量达到顶峰，年产量为 97000 吨。此后由于塑料制品和其他软木替代品的大量使用，软木产量逐年下降。

（四）渔业

西班牙是西欧主要的渔业国家，人均食鱼量为 40 公斤，仅次于日本，在世界排名第二位。西也是欧洲拥有渔船最多的国家，目前拥有的渔船为 17200 艘。自 20 世纪 80 年代中期起，每年的捕鱼

量约在130万吨，渔业约占GDP的1%。渔船大部分是小吨位和较旧的，深海捕鱼船只共有2000艘左右，渔民约为7.5万人，另有约37.5万人的工作与渔业有关。由于历史原因，西渔民在大西洋和北海中捕鱼时经常触犯国际公海捕鱼规则，渔船经常被扣留，给西政府和欧洲其他国家造成了很大麻烦。1986年西加入欧共体后，西渔民的捕鱼区扩大了，但在1995年前，捕鱼的总量受到欧共体捕鱼量的限制。沙丁、贻贝、乌贼、鳕鱼、马鲛鱼和金枪鱼是主要的捕捞品种，大部分来自大西洋。渔业在加里西亚的经济生活中尤其重要，那里有西北地区主要的渔港：维高和拉科鲁尼亚（Vigo and La Coruna），同样重要的南部渔港有沃艾瓦（Huelva）、加的斯（Cadiz）、阿尔黑希拉斯（Algeciras）。加那利群岛的重要渔港有大加那利群岛的巴尔玛斯（Las Palmas de Gran Canaria）和特内里费的桑达克鲁斯（Santa Cruz）。

三　工矿能源

（一）概况

由于历史的原因，西班牙工业落后于西欧其他发达国家。工业的迅速发展始于20世纪50年代末。1959年政府颁布了经济稳定计划，标志着西班牙结束了长期闭关锁国的经济政策。计划的贯彻实施使西班牙工业在60年代出现了结构性转变。1958—1969年期间制造业实际年增长幅度为10.3%。其中汽车业和化学工业的增长幅度最大，年增长率分别为24%和14%。20世纪60年代和70年代国内外需求旺盛带动了工业发展。制造业的出口额从1960年的435亿比塞塔增加到1973年的1910亿比塞塔，由原来占制造业生产比重的30%上升到了63%。

1974年下半年，石油危机严重冲击西班牙经济的正常发展，制造业和纺织业首当其冲，汽车业和造船业销售收入节节下降。工业发展一度处于停滞。在1981年的法律中政府首次提出工业重组计划，但该计划的实施并不顺利，工业重组的大部分资金用以弥补国有工业公司的大量亏损。为此1984年政府颁布了工业复兴白皮书。其宗旨是提高生产率和促进工业恢复和增长，投资集中投放在采用新技术的工业部门，大力发展食品加工业、电子工业、国防工业和其他增长型的工业部门。随着时间的推移，这些工业发展计划也获得一定的经济效益。从1983年起，西的工业生产成功摆脱了多年来停滞不前的发展局面。1984—1987年，工业生产年均增长率为2.83%，成为西欧国家工业发展最为强劲的国家。80年代末到1993年期间，受世界经济衰退的影响，工业生产有所下降，1993年后经济逐渐回升。1995—1999年，工业年均增长率为3.8%。

2000年人民党政府上台执政后，加快了国有企业的私有化进程。2004年，工业就业人口占总人口的30.1%（包括建筑业），工业产量占国内生产总值的29.2%。建筑业作为工业发展的主要推动部门，2004年增长率达到了3.7%，制造业增幅仅为2.1%。2007年西班牙工业增长率为1.3%。2008年受国际金融危机影响，经济陷入衰退，导致工业生产严重下滑，2008年工业出现负增长率1.4%，2009年下滑幅度更大，工业出现负增长10.5%。

西班牙工业布局极不平衡，主要集中在沿海一带和首都马德里及其周围地区，其他地区的工业比较薄弱。五大主要工业区为：北部重工业区，包括毕尔巴鄂、桑巴德尔、希洪、拉斐尔等地，以造船、钢铁工业为主；东北部工业区，以巴塞罗那为中心，主要有汽车、造船、纺织、电子、塑料、制鞋、金属加工、仪器仪表、食品加工、印刷、医药等；东部工业区，集中在以巴伦西亚和穆尔西亚两市为中心的东南沿海地带，主要工业是为机械、轻工和食品等；南部工业区，以塞维利亚为中心，有石油、化学、食品、机械、水泥、纺织和食品等工业；内陆工业区，主要以马德里为中心，主要有汽车、机械、仪器仪表、化学、食品、电子等工业。

（二）钢铁工业

西班牙钢铁工业主要集中在比兹卡亚北部，冈塔比利亚、阿斯土里亚斯和巴伦西亚地区附近的沙甘多。自19世纪中叶以来钢铁工业开始在西班牙经济中占据重要地位，20世纪60—70年代初期，西班牙钢铁工业蓬勃发展，1960—1975年钢产量从190万吨猛增到1110万吨，成为欧洲第五大钢铁生产国和世界第十三大生产国。但到70年代末，由于世界钢铁生产能力的过剩和国内经济的滑坡，钢铁工业陷入严重危机。此后西班牙钢铁生产出现大幅度收缩。但在80年代初期，尽管国内市场的钢铁需求相当疲软，年产钢铁总量仍保持在1300

万吨左右，1985 年还达到了最高值，年产钢铁 1400 万吨。西班牙大部分钢铁制品用于出口。最大的两家钢铁企业为恩西德萨（ENSIDESA）和巴斯克公司（ALTOS HORNOS DE VIZCZYA）。1986 年西班牙成为欧共体成员国后，开始削减钢铁产量和降低过剩的生产能力。1986 年钢铁产量下降了 16%，年产钢铁为 1180 万吨，1987 年又略有下降。20 世纪 80 年代末政府着力对钢铁工业进行重组，创建了阿塞诺（Acenor）企业，确保和进一步巩固了特种钢的生产能力，该企业也成为西欧第六大特种钢企业。在钢铁业重组过程中，政府关闭了位于沙甘多的一台大型高炉，同时还对 2 家从属于国家工业局的企业恩西德萨和巴斯克公司进行控股。1999 年西班牙钢产量为 1497.6 万吨。此后每年钢铁产量不断下降。

（三）汽车工业

西班牙经济发展最大的成功在于大型汽车装配业的兴起。汽车工业始于 1950 年，到 70 年代初就发展成制造业中第二大重要的工业，1960 年汽车年产量为 3.8 万辆。1965—1976 年增加了 6 倍。到 80 年代中期，汽车工业成为西班牙最主要的出口部门。80 年代年产汽车超过 100 万辆，1987 年达 140 万辆。其中很大一部分供出口。1986 年西三大汽车出口企业为西班牙福特公司（FORD ESPANA）、西班牙通用汽车公司（GENERAL ESPANA）和西亚特公司（SEAT）。除了生产小汽车外，西班牙还生产许多商用车辆。80 年代中期，商用汽车产量为 13 万—30 万辆，年产拖拉机 1.6 万辆。汽车工业在西班牙分布较广。西亚特公司位于巴塞罗那，西班牙通用公司在萨拉戈萨和加的斯，西班牙福特公司设在巴伦西亚，还有许多汽车厂分布在马德里附近。外国汽车公司的分公司在西汽车业中占据主导地位。雷诺、大众、福特、通用、尼桑等汽车公司在西汽车业中占有很大份额。自 80 年代末以来，日本汽车投资商开始将西作为打入西欧汽车市场的跳板，在西生产的汽车 75% 用于出口。1987 年，在西销售的外国汽车共 21.1 万辆，此后其比重还略有上升。外国汽车逐渐打入西国内市场的同时，西汽车业将大量投资用于汽车创新技术的研制上，从而提高其竞争能力，以阻止外国汽车对西企业市场的占领。1999 年汽车总产量为 221.6 万辆，其中商用汽车产量为 60.8 万辆。

（四）造船业

造船工业是西班牙的传统工业部门，战后又有了很大发展，60—70 年代经济发展时期，西造船业在世界占有重要地位，1977 年，西的造船吨位已达 181.3 万总吨，成为仅次于日本和瑞典居世界第三位的造船大国。世界性的能源危机对西造船业的冲击极大，生产能力过剩，不少造船厂只得关闭，1975—1985 年期间，能够制造钢体船只的船厂由 43 家下降到 30 家。西在世界造船业的排名也跌到第十三位。在多年萧条和亏损后，1987 年出现新的转机。以后生产规模逐年扩大，国外订单超过国内需求。同时，各造船厂不断采用新技术、新工艺，增强竞争能力。目前，西班牙造船工业发达，自动化程度很高，生产能力远远超过国内需求，不仅能生产各种普通船只，还能生产集装箱船、油轮、特种油轮、客轮、渔轮和各种特殊用途的船舶。西班牙的造船业主要分布在毕尔巴鄂、巴塞罗那、费罗尔、巴伦西亚和加的斯港等地。两家主要国有造船厂是专门生产军用船只的巴赞公司（Bazan）和制造民用船只的埃斯蒂里耶斯（AESA）。

（五）化工工业

70 年代以来，化工工业成为西班牙主要工业部门之一。整个 80 年代，化工工业保持了良好发展势头。80 年代中期，化工工业占工业总产值的 8%、总劳动力的 7% 和全国出口总量的 10%，成为第三大出口工业。1985 年化工出口总额为 18 亿美元，1986 年比上年增长 16%。西化工工业大量引进外资和新技术，到 1987 年其产量的 70% 来自外企。化工工业主要生产塑料、药品、橡胶、化肥、油漆和燃料。为使化工企业在竞争中占据有利地位，1988 年西班牙政府提出化工企业兼并和重组政策，西第一大和第二大两家化工企业 Rio Tinto Explosives 和 Cros 正式实现了合并。

（六）纺织业和制鞋业

纺织业和制造业是西班牙传统工业部门，在 19 世纪初期主要分布在加泰罗尼亚地区。与其他行业相比，纺织业设备陈旧，技术缺乏创新，在制造业中发展最为缓慢。西纺织业规模普遍不大，主要的消费市场在国内。制鞋业主要在巴伦西亚和巴利阿里群岛。制鞋业以小作坊为主体，其中 90% 的制鞋厂雇员人数不到 50 人，大部分属于地下经济。

（七）建筑业

建筑业的兴衰是随着经济发展的进程而起伏的。20 世纪 60—70 年代，建筑业出现了蓬勃发展势头，刺激建筑业发展的主要因素是经济发展带来的旅游业的兴旺，大批旅馆、度假村和休养地的建设，促进了国内建筑业及其相关产业的发展。1974—1984 年期间，建筑业出现萧条景象，1985 年走入低谷。1986 年起开始全面回升，1986 年的水泥生产比上年增长 10.2%，新开业的私人建筑公司增长了 10%，建筑支出上升了 5%。1987 年建筑业保持了更为强劲的发展势头，成为发展速度最快的行业，同年建筑业占 GDP 的比重达到 7%。

80 年代末和 90 年代初，在公有基础设施建设和大量的住宅需求的推动下，建筑业发展迅速，1988—1990 年其年均增长率高于 10% 以上。然而 1992 年在塞尔维亚国际博览会和巴塞罗那奥运会之后，西班牙经济进入萧条时期，建筑业受到严重影响，1992—1993 年建筑业实际产值收缩了 10% 以上。从 1995 年起建筑业略有回升，1997 年起逐年得到改善，1999 年比上年提高了 8%，建筑业已成为推动西经济持续发展的动力之一。然而，从 2007 年下半年起，房地产业开始全线下滑，结束了西班牙建筑业的繁荣景象。根据西班牙国家统计局的资料，2008 年 2 月，新建住宅的销售量环比下降了 24%，同期，西班牙两个最富的城市——马德里和巴塞罗那分别下跌了 29% 和 42%，第一季度新住宅销售额同比下降了 72%。西班牙建筑开发协会（APCE）宣布将大幅削减新建住宅数目，从 2007 年的 70 万套，降低为 2008 年的 20 万套。2008 年 7 月 14 日，西班牙最大的房地产开发商之一的“马田萨—法迪萨公司”正式申请破产保护，西班牙房地产泡沫开始破灭。

（八）酿酒业

地中海沿岸是世界上最大的葡萄生产基地，在西地中海沿岸到处可以见到葡萄园，阿尔梅里亚以北地区是最大的葡萄生产基地。1986 年西班牙的葡萄产量达 578.8 万吨，占欧洲产量的 16.8%，居世界第四位。西也是世界上最大的葡萄酒生产国之一，1987 年生产 39.9 亿公升葡萄酒，仅次于意大利和法国，居世界第 3 位。全国有几百家酿酒厂，其中最大的葡萄酒厂是托雷斯葡萄酒厂，它拥有 500 多公顷葡萄园，年产上百万吨葡萄，其中很大一部分用于酿酒。1985 年生产葡萄酒和白兰地共达 1980 万瓶，销售额达 42.6 亿比塞塔，其中 40% 的产品销往世界 90 多个国家和地区，创汇 750 万美元。

（九）能源工业

除煤炭外，西班牙是个能源匮乏的国家。煤的蕴藏量为 90 亿吨，1/3 分布在奥维耶多和阿斯图利亚地区，褐煤蕴藏量 10 多亿吨，分布在全国各地。战后，煤产量不断增加，从 50 年代的 1000 万吨增加到 1983 年的 4000 多万吨，但煤质较差，60% 为褐煤，每年都要进口很大一部分炼焦煤和焦炭。石油是西主要的消费能源，然而国内产量很小，1987 年仅为 160 万吨，石油消费主要依靠进口，主要进口国为墨西哥、尼日利亚和中东地区。西班牙石油公司是西班牙主要的石油、天然气勘探和提炼公司。为减少对国外能源的过分依赖，西政府大力开采天然气，1986 年第一口天然气井正式投产。90 年代以来，国内天然气产量已占国内消费量的 1/3 以上。水力资源丰富，全国可利用资源达 550 万千瓦小时，现有大小水电站千余个，水力发电占全部发电量的 20%，70% 是火力发电。1987 年全部发电量 1327 亿千瓦小时。70 年代初，西班牙开始发展核电站，1971 年和 1978 年分别建造了 60 万千瓦和 100 万千瓦的两座核电站。目前核发电量约占全部发电量的 10%。西政府正在采取稳步发展核能的战略。80 年代以来，政府还通过保护国内能源、提供财政支持、实行能源替代和减少国内能耗等措施使国内能源得到一定发展。

2008 年西班牙基础能源产量为 30751 千吨，其中核能占了 57.9%，可再生能为 17.6%，煤炭为 16.5%、水电为 7.6%，石油和天然气不及总产能量的 1%。

四　交通运输和电信业

（一）交通运输

西班牙政府一贯重视交通的发展，从 1985 年起，政府先后推行和实施多个以中央为主、地方为辅的交通发展计划，对海陆空交通设施建设进行了大量投入。目前西班牙的公路、铁路建设遍布全国，交通十分便利。

西班牙的铁路建设较早，至今已有 170 多年的历史。1829 年，西班牙南部城市加的斯至葡萄牙的第一条铁路开始修建，但最先投入运行的是1848年巴塞罗那至马塔罗的铁路。1851年马德里至阿拉胡埃斯的铁路也正式建成。战后初期，西交通运输以铁路为主，境内铁路分布以首都马德里为中心，向四周辐射状延伸。主要有6条线路：马德里—布尔戈斯—圣塞巴斯提安、马德里—萨拉戈萨—巴塞罗那—波乌港、马德里—巴达科斯—里斯本、马德里—塞维利亚—加的斯、马德里—法拉多利—费罗尔、马德里—巴伦西亚。目前西拥有铁路14582公里，其中宽轨铁路12570公里；另外还有1222公里窄轨铁路，主要分布在北部一些城市的郊区。西班牙有5条铁路与法国相连，其中2条经过狮湾和比斯开湾的海岸，3条在松勃尔特、萨洛和托萨斯三地，有隧道穿过比利牛斯山脉。1998年客运量为174.75亿人公里，货运量为113.16亿吨公里。西班牙铁路由国有的西班牙铁路公司经营。

20世纪70年代以来，西班牙公路发展很快，铁路运输的比重相对下降，国内运输已以公路运输为主，占全部运输量的87%以上。到1997年底，全国公路总长16.2795万公里，其中高速公路9063公里。全国拥有小汽车1529.7366万辆，公共汽车5.0035万辆，货运卡车320.5974万辆，摩托车132.6333万辆。

西班牙全国海岸线长3144公里，又处于重要的海洋交通线位置，扼地中海通向大西洋的咽喉，因此海上运输十分发达，全国90%的进出口货物靠海上运输。1997年全国拥有运输船只1118艘，客运量和货运量分别为1492万人次和2796亿吨。2008年全国运输船只增加到了1728艘。全国主要港口25个，其中巴塞罗那、毕尔巴鄂、塞维利亚、巴伦西亚、桑坦德等10大港口的吞吐量占全国吞吐量的75%。

西班牙航空业在战后发展较快，全国有50多个机场，其中有29个国际机场，主要有马德里巴拉哈斯机场、帕尔马·德马略卡机场和巴塞罗那机场，1997年客运量和货运量分别为1.08亿人次和5.4亿吨。2007年客运量和货运量分别为2.1亿人次和6.07亿吨。

主要航空公司是伊比利亚航空公司，成立于1927年6月28日，同年12月马德里至巴塞罗那的航线正式开通。1939年伊比利亚公司由国内航空公司发展成为国际航空公司，主要航线是马德里到里斯本。1944年实行国有化后，国家投资促进了航空公司的进一步发展。1946年扩大了航线，开辟马德里—伦敦和马德里—罗马的航线，同年成为欧洲首家拥有欧洲到南美航线的航空公司。20世纪60年代后伊比利亚公司进行了大规模技术改造和采用先进的运输工具，缩短了飞行时间和提高了运载能力。90年代初伊比利亚公司受经济危机等因素的影响，亏损相当严重。从1996年起政府开始分阶段对公司实行私有化，目前私有化已完成。伊比利亚公司现与世界上42个国家开通了航线，拥有200多架飞机，平均日飞行量为900航次，1999年该公司客运量为2600万人次，货运量为22万吨。

（二）电信业

1996年6月政府通过了新的电信法，并在1997年4月成立了电信市场委员会，全面负责电信市场建设和管理。按照欧盟电信法，从1998年11月起，电信市场逐渐开放，过渡期为5年，到2003年将全面放开。1998年1月起，政府批准了第二家公司（Retevision）进入固定电话服务市场，打破了由西班牙电信公司（Telefonica）独家垄断国内移动电话市场的局面，促进了电信市场的竞争，下调了电信资讯费用。目前电信市场上与西班牙电信公司展开竞争的另外三家公司是Amena和Airtel和Jazztel。政府在电信市场上拥有的特权包括：确定西班牙电信公司主要电信服务价格、基础网络费以及固定和移动电话公司进入电信市场的条件。近年来西班牙电信业发展迅速，2008年电话用户总量为2020万户，手机用户为4967万户，网络用户为2524万户，宽带用户为899万户。

五　服务行业和旅游业

（一）服务业

近年来服务业在西班牙国民经济中所占的比重逐年上升，1999年服务业在国民收入中所占的比重达到了65.3%，从业人口达855万人，占就业人口总数62%。2000年西服务业产值占国内生产总值的65.9%。主要的服务行业为零售业、旅游业、银行业和通信业。2007年服务业总产值为1.29万亿欧元，从业人数为960万人。2009年头9个月服务业占GDP的65.5%。

1. 银行业　西班牙虽属欧洲中等发达国家，但其银行体系和金融市场可列入最发达和最为先进国家的行列。西班牙的银行遍布全国各大中城市，形成一种国家与私人、本国与外国及大、中、小银行共存的局面。西班牙的银行根据其不同的职能，可以划分为四大类：第一类为中央银行。西班牙中央银行主要负责西班牙货币政策的制定、监督和执行。该银行以稳定货币为首要目标，控制国家的货币政策和金融体系，作为“银行的银行”，具有发行货币、管理政府基金和对其他金融机构进行监督和管理的职能。第二类为商业银行。商业银行是西班牙银行的主要力量，在金融界发挥着举足轻重的作用。第三类是储蓄银行。在西班牙，储蓄银行仅次于商业银行，也是一个重要的商业网络。储蓄银行拥有更多的股东，其主要职能是面向银行所在地区的广大民众，吸收零散储户的闲置资金，同时向家庭性生产、住宅建设和私人消费提供信贷。第四类是投资银行。投资银行发展较晚，其主要职能是经营长期投资业务，主要是通过购入企业股份、债券进行投资，充当证券发行人和投资者的中介。此类银行在西银行体系中所占比例不高。此外，抵押银行和建设银行也是西银行体系的重要组成部分。1999 年西班牙银行实行两次合并后，形成两大主要银行集团——BBVA 和 BSCH，其中 BBVA 由毕尔巴鄂比斯开银行（Banco Bilbao Vizcaya）和西班牙对外银行（Angentaria）合并而成，BSCH 由中部西班牙美洲银行（Banco Central Hispanoamericano）和圣坦德银行（Banco Santander）合并而成，这两大银行目前占国家金融资产的 80%，BSCH 资产为 39.446 万亿比塞塔，BBVA 资产为 33.917 万亿比塞塔。除此之外，西班牙还有相当发达的区域储蓄网络，两家最大的储蓄银行是巴塞罗那储蓄银行和马德里储蓄银行，近年来两家银行的规模在不断扩大，但其资产规模不到 BBVA 或 BSCH 的 1/4。

在 20 世纪 90 年代银行进行大规模的资产重组后，西班牙的零售金融服务业务非常发达，银行形成了以毕尔巴鄂比斯开对外银行（BBVA）和桑坦德中央银行（BSCH）两大银行为主体的银行体系，这两家银行占了全国商业银行资产总值的 80% 左右，在 90 年代末期起，这两家银行大规模进军拉美市场。在 21 世纪初期，这两家银行进行金融政策调整之后，将商业目光重新瞄准了欧洲。2004 年桑坦德中央银行兼并了一家英国银行（Abbey National），创建了欧洲第四大银行，在 2005 年毕尔巴鄂比斯开对外银行也启动了资产额为 64 亿欧元的兼并行动，兼并意大利第六大银行（Banca Nazionale de Lavoro，BNL）。两大储蓄银行巴塞罗那储蓄银行和马德里储蓄银行近年来发展相当迅速，在 2003 年新的银行监管体制下，这些银行可以发行股票。许多外资银行也试图在西班牙开设零售业务，但还在起步阶段。此外，网络银行在日常生活中的作用在不断提高。

2. 证券交易所　最早的证券交易所是“马德里股票交易所”，成立于 1831 年。1900 年西班牙上市股票的公司从 1874 年的 28 家上升到了 64 家。在第一次世界大战期间，马德里股票交易所不仅没有停止营业，而且业务交易量明显上升。1930 年，发行股票的公司增加到 182 家。1959 年，西班牙推行“经济稳定计划”，使股市直线上升。1986 年加入欧共体，随着大量外资的涌入，西股市再度兴旺起来。西的证券市场主要分为三个方面：初级证券交易所，主要发行证券和公共债券；中级市场，在有组织的市场洽谈证券业务；监督机构由全国证券委员会组成。1995 年西的一级股市发行股票达 4 万多亿比塞塔。经过多年的发展，西班牙的证券交易所在组织形式上早已完全实行了会员制和公司制，有进行集中、固定的交易所和交易时间。交易采用公开竞价的方式进行，即买卖双方公开报价、自由竞争，按照价格优先和时间优先的原则成交。

目前四大证券交易市场是马德里、巴塞罗那、毕尔巴鄂和巴伦西亚，通过国家电子交易系统相连。在大规模私有化计划的推动下，证券交易异常活跃，股民不断增加。尽管马德里是欧盟国家中第五大证券交易中心，但证券资金在 GDP 中所占的比重排名相当靠前，证券市场主要由公用事业、能源、电信和银行系统的证券所控制。

3. 保险业　西班牙银行控制了保险业市场，保险业市场比较分散，10 家大保险公司拥有了 40% 的市场份额，另外 400 家企业拥有 60% 的份额。1991 年西班牙人均保险费在 300 美元左右，还不及欧共体国家平均水平的一半。自从 1986 年加入欧共体后，许多外国保险公司进入西班牙保险业。其中有英国的医疗保险公司桑尼塔斯（SANITAS）等。西班牙保险公司主要从事人寿保险业务，一些国内保险公司与外国保险公司结盟共同经营保险业务，如桑坦德银行与美国的大都会公司，西中美洲银行与意大利的阿西库拉迅公司，西人民银行与德国的安联保险公司。马夫林是西最大的保险公司之一。与欧盟其他国家相同，近年来，西政府对保险业给予越来越多的重视。

（二）旅游业

西班牙经济的重要部门，每年为国家带来大量外汇收入。西班牙拥有十分优越的旅游资源，素有“旅游王国”之称，其大部分国土气候温和，风景秀丽。在3000多公里蜿蜒曲折的海岸线上，遍布着许多天然海滨浴场，其中有著名的三大海滨旅游区：位于西班牙南部的“金色海岸”是各国日光浴爱好者仰慕的旅游胜地；而以“幸福岛”闻名的加那利群岛，则以其壮丽的火山景观吸引了无数游客；以“地中海浴池”而誉满全球的巴利阿里群岛的风光更是令人流连忘返。

西班牙悠久的历史和灿烂的文化，拥有许多堪称欧洲“三绝”的王宫、教堂和城堡，每年都吸引着许多来自世界各地的游人。西班牙有许多古迹在国际上具有十分重要的意义，其中有十多个先后被联合国教科文组织列为重点保护的文化遗产。例如圣地亚哥—德—孔波斯特拉市（即圣地亚哥市）的圣马丁·皮纳里奥大教堂、马德里附近的耶斯科略修道院和阿维拉的古城墙、塞维利亚古老的水道桥、科尔多瓦的大清真寺、格拉纳达的阿尔罕布拉宫、巴塞罗那的格尔公园和艺术家朱拉之家等。

20世纪60年代西班牙的旅游业开始得到发展，到80年代，旅游业出现了良好的发展势头，1981年西班牙外国游客超过4000万人，1986年增至4738万人。到90年代，西班牙旅游业更是如火如荼，1992年举办的塞维利亚世界博览会和巴塞罗那奥运会吸引了大批游客，当年接待外国游客为5500万人，旅游收入首次超过200亿美元，占整个国内生产总值的8.1%。1997年旅游收入达到219亿美元。1998和1999年来西班牙旅游的外国游客分别为7076.7万人和7639.2万人，1998年的旅游收入占GDP的5.1%。2001年外国游客达4950万人，净收入300亿欧元。全国共有各种旅馆16287家，床位约132万张。全国共有1756家旅行社，下设2044家分社。2008年接待外国游客总人数为5731万人，主要来自德国（1006万人）、法国（818万人）、英国（1580万人）。

六　财政金融

（一）财政体制

西班牙的财政体制分为中央财政和地方财政，另外还有一个相对独立于政府财政体制之外的社会保险体系，属于财政体制的组成部分。西班牙的预算分为经常性预算和投资预算，前者反映政府经常性开支，资金来源基本上是税收，后者是基本投资性支出，其基本来源靠发行债券。

中央财政收入包括直接税、增值税、特殊税和其他收入。中央开支部分包括个人收入、购买商品和服务费、支付利息、经常项目支出、投资和资本支出几个部分。1999年财政总收入18.364万亿比塞塔，总支出为19.421万亿比塞塔，财政赤字额为1.057万亿比塞塔。

中央和地方的财政关系比较复杂，中央对西班牙本土上的17个自治州和北非沿岸的海外领地休达和梅里亚实行不同的财政政策。按照宪法规定，巴斯克州和纳瓦拉州享有相当独立的财税制度，它们拥有独立的个人和公司税制度，并征收大部分税收，两地政府还享有大部分财政支出权，只有社会保障费和社会保险费部分上缴国家用于外交、国防事务和交通网络设施等国家级项目的建设。巴斯克州对国家级项目的支出额根据该地区GDP占国家GDP的比重来确定，1997—2001年，巴斯克对政府公共开支上缴的比例为6.24%。巴斯克州享有规定税率、税种和征税的自主权，关税和某些货物税由国家统一征收，增值税和部分所得税由中央政府确定，巴斯克州税务局征收。巴斯克州和纳瓦拉州实行还实行特殊的公司税制，主要特点是：公司赢利的最初四年纳税额分别减免99%、75%、50%和25%，在纳瓦拉州为50%。投资新的固定资产的基本税收贷款为15%，该项投资后扩大了就业，基本税收贷款可提高到20%。固定投资额高于25亿比塞塔，可提供45%的特别税信贷。投资于开发与研究如职业培训和整治环境，税收信贷为30%，公司税率下降到32.5%。

另外三个自治区安达卢西亚、卡斯蒂利亚—拉曼恰和埃斯特拉曼杜拉三州不接受政府提出的1997—2001年中央与地方政府财政关系制度，因而不享有任何征税的权力。其他12个自治区实行统一的财政制度。按照制度规定，自治区政府拥有有限的征税权，收取一定比例的个人所得税、财产税和财产转移税，大部分税款上缴中央政府，由中央政府在各州之间以拨款的形式重新分配。中央政府对各州的直接拨款与该州的经济形势直接挂钩，1997—2001年四年期的共同财政制度规定各州获得中央政府的直接拨款为该州个人所得税的2倍，因此各州获得的政府拨款是不同的，越发达的地区获得的拨款越多。

（二）财政政策

西班牙政府实行严厉的紧缩财政政策。20世纪90年代初期，特别是1992—1993年的经济危机，导致财政严重赤字，1995年和1996年预算赤字分别高达3.164万亿比塞塔和3.683万亿比塞塔。从1996年3月西班牙人民党上台执政后采取了严厉的财政紧缩政策，大力削减政府公共开支，采取大规模的私有化计划，努力实现《马约》所规定的实现欧洲经济与货币联盟的五大趋同指标。从1997年起财政预算赤字逐年下降，1999年为1.057万亿比塞塔，占GDP的比重由1995年的4.3%下降到1.2%。为进一步降低财政赤字，巩固财政收支平衡，1999年政府提出了比欧盟其他国家更加严厉的财政紧缩政策。1999年6月和2000年6月向欧盟提交了1999—2002年和1999—2003年经济稳定和增长计划，其中提出在2002年末使西班牙的人均收入达到欧盟平均水平的82%，通货膨胀率控制在2%的目标以下，2000—2003年政府财政收入由占GDP的40.1%下降到39.8%，财政开支由占GDP的40.8%下降到39.5%。从2002年起实现财政预算顺差为GDP的0.1%，政府债务下降到占GDP的58.1%。2001年，财政赤字相当于国内生产总值的0.03%，外汇储备为388.65亿欧元；2000年公共债务相当于国内生产总值的57.2%。

政府实行严格的抑制通货膨胀政策。1998年12月，通货膨胀率下降到1.4%，是1969年以来的最低水平。2000年因受世界性油价上涨的影响，2000年4月通货膨胀率一度上升到3.4%，出现了自1996年底以来的最高点。2000年全年的通货膨胀率为2.8%。

个人所得税实行累进制，边际税率为18%—48%不等，中央征收的直接税包括个人所得税、公司税、财产税等。1999年1月份政府提出改革所得税制，将最高的所得税率由原来的48%下调到46%，最低所得税率由18%下调到15%。

西班牙是欧元区首批成员国。1999年1月1日起，西班牙比塞塔与欧元以166.386兑换1欧元的汇率锁定。2001年1月比塞塔与美元的兑换率为178.1兑换1美元。

由于受希腊主权债务危机持续蔓延并不断加剧的影响，西班牙公共财政状况持续恶化，财政预算和公共债务均严重超出了“欧盟稳定和增长公约”规定的指标上限。2010年4月28日，国际评级公司标准普尔（Standard & Poor）将西班牙主权信用评级从AAA下调到AA+，前景展望为负级。2010年西班牙的财政预算赤字相当于GDP的9.3%，公共债务总额高达5410亿欧元。

七　对外经贸关系

西班牙是一个较发达的工业化国家，同时也是一个贸易大国。政府实行经济开放政策，在鼓励本国商品出口的同时，放开对进口产品的种种限制，并制定了一系列贸易政策，以保证对外贸易的顺利发展。

关税制度是西调节进出口贸易的主要手段之一。根据西关税法，除欧盟国家外，凡进入西班牙领土的商品原则上必须交纳关税，而所有出口商品则免税，但偶尔对某些商品出口也课税。西班牙还设立退税制度。根据1970年颁布的退税法，凡用于出口的进口原料或半成品时已付税者，再出口时退回原付税金。凡出口商品原则上退回已交的国内商业税。地处非洲地区的加那利群岛和海外的休达和梅里亚地区为自由贸易区，实行特别经济和税收制度。此外在巴塞罗那、加的斯和维戈设有自由加工区，在11个沿海城市设立自由仓库，出口商品均不付税。

凡西班牙有关公司想从“经合组织”国家进口自由贸易项目下的商品，需填写“自由进口声明书”，交商业部进口局后方可进口。西班牙有关公司可与实行自由贸易的100多个国家和地区从事进口贸易，其办法是商业部不定期地公布进口配额，进口商办理进口许可证后即可进口。凡与国计民生有密切关系的商品，如石油、煤炭、棉花、粮食、烟草和咖啡等，其进口办法，或由国家机构直接购买，或委托有关进口公司代购，或采取招标，或以临时发放进口许可证办法进行。除上述有关规定外，西班牙还设有“特殊进口贸易制度”。

为推动经济的进一步开放和出口的不断扩大，

1980年3月政府正式宣布取消出口许可证，只对某些属国家保护或战略物资的原材料和商品，仍需办理有关出口许可证。西班牙提供的出口信贷始于1960年，到1970年出口信贷制度基本完善。信贷制度一般有买方信贷、卖方信贷、商品流动和流动资本信贷等。目前，西出口信贷的方式主要有政府提供软贷款，资助企业出口技术和设备，以带动企业走向国际化。信贷资金来源一般由国家或私人资本银行拨款。

战后初期，西班牙还是一个对外实行封闭的国家。60年代开始对外开放，对外贸易发展很快，1978年，出口额为134亿美元，占世界当年出口总额（11865亿美元）的1.13%，实现出口额为175亿美元，占其国内生产总值的12.67%。1986年西加入欧共体后，对外经济联系得到明显增强。1992—1993年的经济危机和西班牙比塞塔的贬值，提高了西班牙的对外出口能力。1994年，对外贸易总额达到了1703.38亿美元，其中出口为753.53亿美元，进口为949.85亿美元，比1977年增长5倍以上。自1997年起，随着西班牙经济对外开放程度的不断提高和国内需求的强劲增长，进口出现强劲态势，但出口额大于进口额。从1998年起，在连续三年经常项目顺差后，首次出现经常项目账户逆差。同年进出口总额高达2424亿美元，其中出口额为1096亿美元，进口为1328亿美元，

自60年代以来，西班牙对外贸易商品结构也发生巨大变化。1965年各种初级产品出口占出口总额的60%，其中矿产和燃料占9%，而机械、运输设备及其他制成品的出口仅占29%左右。同期，在进口产品中，各初级产品占总进口的45%，其中粮食占19%，燃料和其他矿产品占10%，进口机械、运输设备及其他制成品占55%；到1988年，初级产品出口下降，而各类制成品出口上升，由1965年的29%上升到73%，主要出口产品有小汽车、船舶、钢材、各种机械设备、水泥、化工产品、皮革、纺织品、葡萄酒、橄榄油等。进口主要产品则以工业原料、矿产品和燃料、机械设备、仪器仪表为主。90年代以来，西出口的商品结构逐步趋于合理，制成品出口进一步增加，尤其是非能源产品，如化工、金属制品、机械、纺织品以及葡萄酒和橄榄油等农产品有较大幅度的上升。在进口方面，西班牙主要向国外购买石油、工业原料、矿产品、电气、机械设备以及服装和生活消费品等。

西班牙大部分贸易在欧盟国家内进行，1998年向欧盟其他国家的出口占其出口总额的71.5%，同期进口为67.8%。主要贸易伙伴是法国、德国、意大利、葡萄牙和英国，2000年法国在西班牙进出口贸易中所占的份额达到了19.4%和17.1%。美国和日本也是西班牙的重要贸易伙伴。1997年西班牙对这两个国家的出口分别占其出口总额的4.4%和1.0%，进口分别达到6.3%和2.8%，但比起70—80年代西班牙同美国的贸易比重有所下降。

西班牙与拉美国家有着传统的贸易关系，70—80年代，西对拉美的贸易额一般占其进出口总额的20%，但自加入欧共体后，对拉美国家的贸易幅度有所收缩，大约维持在5%。其中对墨西哥的进出口比例最大，分别占西进出口总额的1.22%和1.88%左右。相比之下，西班牙对亚洲的贸易比重较低，只占其总额的2%左右。

随着西班牙经济的迅速发展，在资本国际流动方面也获得很大发展。战后初期，西经济处在恢复发展阶段，不仅没有力量对外直接投资，而且还接受大量外国投资。60年代起西班牙对外直接投资不断增加，1987年对外直接投资额为1005.9亿比塞塔，比上一年增长50%，当年投资收益达193.24亿比塞塔。主要投资对象是经合组织成员国，占西班牙对外投资总额的78%；其次是对拉美国家的投资，主要是墨西哥、智利、阿根廷等。在美国和加拿大，以及非洲一些国家也有西班牙的私人投资。同时，西班牙也积极引进外国资本，并为外国企业的直接投资大开方便之门，除国防、航空和新闻部门外，外国资本可以自由进入西班牙任何其他部门，形成外国对西班牙的投资热，到1987年吸引外国投资额达90亿美元，占西班牙总投资额的15%，其中40%来自欧共体国家。近年来日本资本也大量涌进西班牙，到1987年在西班牙有75家厂商、银行、贸易公司等，共投资3亿多美元。

继80年代末和90年代初期出现外国在西班牙的大规模直接投资热后，90年代中期以来在西的外国直接投资速度减缓。1995—1997年年均外国直接投资为8800亿比塞塔。1998年有所回升，达1.69万亿比塞塔，1999年基本保持上年水平。西班牙在海外的直接投资高于在西的外国投资，1998

年为5.14万亿比塞塔，主要投资地区是拉美。

除对外投资外，西班牙政府对外援助也不断增加，1988年对外援助总额为570亿比塞塔，占国内生产总值的0.13%，主要受援国为拉丁美洲国家和非洲原西殖民地的几个国家。西班牙在增加对外援助的同时，也接受外国援助，战后初期，按马歇尔计划接受美国的援助，1982年根据美西友好合作协定，5年内美国向西班牙提供4.15亿美元贷款和1600万美元的赠款。

在国际收支及外汇管理方面，1995年西班牙出现了自1986年以来的首次经常项目盈余，国际收支状况得到明显改善。1995—1997年实现了经常项目账户的连续盈余，盈余额分别为5.13亿美元、5.03亿美元和24.86亿美元。1996年和1997年连续两年实现国际收支盈余，盈余额分别为242.78亿美元和117.55亿美元。从1998年起。受主要贸易伙伴内需疲软和世界经济缓慢增长的影响，西班牙的经常项目账户重新出现赤字，1998—2000年经常项目账户逐年恶化，赤字额分别为15亿美元、79亿美元和112亿美元。国际收支状况的恶化导致国际储备（不包括黄金）在1999年为325.7亿美元，黄金储备为49亿美元。2008年的国际储备总额为202亿美元。2009年对外贸易出口额为2149亿欧元，进口额为2560亿欧元。

八 社会保障和社会问题

（一）社会保障

1900年颁布的第一部劳动事故法是西班牙社会保障制度的开端。该法第一次明确了雇主对雇员的工伤事故应负责任。老年退休制度是从1921年实行的。按照当时的规定，凡拥有工资收入的人，退休后均可领取原工资收入50%的退休金。1938—1947年，西班牙政府先后制定了关于家庭救济义务的基本法、疾病保险以及对职业病、老人和残疾人的社会保险。从1963年起实行了对社会保险的统一管理。1984年制定了职业与社会保险改革法。社会保险资金主要有三大来源：一是雇主每月按比例从雇员工资中扣除；二是银行按照企事业单位雇员人数提取社会保险金；三是国家提供一定的预算拨款。

1. 养老金 年龄在65岁以上单身和有配偶的老人每月最低可领取养老金56990和67050比塞塔，年龄不到65岁的分别可领取49735和58690比塞塔，全年可享受14个月的养老金，养老金每年根据当年的消费价格指数进行调整。

2. 残疾金 每月领取56990和67050比塞塔，领取14个月。半残废金相应减少些。

3. 抚恤金 发放给那些病故者的家属，这些亡者包括在过去5年里缴纳了500天社会保险费的病故者、死在狱中的囚犯或者已缴纳了15年保险费的死亡者，抚恤金视亡者家属的情况而定，年龄在60岁以下的配偶（无子女）每月最低可领取37955比塞塔，有子女者可领取45480比塞塔，年龄在60—64岁和在65岁以上分别可领取49735和56990比塞塔。年龄在18岁以下的孩子每月每人至少可领取16860比塞塔；如果是一个孤儿，可领取54815比塞塔，还可领取5000比塞塔的丧葬费。

4. 疾病和生育补贴 病假4—20天领取工资的60%，12个月以上为75%。生育可享受16个月全额工资，如果多胎可享受18个月全额工资。

5. 失业津贴 失业保障制度覆盖到所有的工人，除了公务员和家政工。要领取救济金，工人必须在过去的四年里缴纳6个月或12个月的社会保险。救济金的发放标准是：在失业的头6个月中领取基本工资的80%或70%，从7—12个月领取基本工资的70%—60%，从13个月起领取额降为60%至50%。最高的救济金为最低工资的170%—220%，这取决于有几个未成年孩子。领取救济金的期限取决于缴纳社会保障费的期限，最长的领取期限为2年。领取救济金期满之后，年龄在55岁以上的工人可以获得额外补助。补助额是最低工资的75%，领取期限为6个月，并可顺延直至退休。对农民实行特殊的失业保障项目。如果农民的一年收入低于工人的最低工资，一年至少工作60天，可领取为期6个月，相当于最低工资75%的补助。

6. 家庭补贴 领取条件是孩子不到18岁或者有残疾，或有一个子女但家庭年收入不到1202991比塞塔。年龄低于18岁孩子每年可领取36000比塞塔，如果子女为半残疾，每年可领取72000比塞塔。

（二）失业问题

西班牙是欧盟国家中失业率最高的国家。受20世纪90年代初期经济危机的影响，1991—1994年期间，就业的下降幅度超过了以往任何经济萧条时期，1993年失业率创历史最高纪录，高达24%。

1994年年中经济开始走出低谷，然而在随后的几年中失业率的下降幅度却很小，妇女和年轻人的失业率以及长期失业率尤其高，分别高于平均水平10和20个百分点。为此1992年、1994年、1997年和2000年政府提出了劳动力市场改革计划，增加了劳动力市场的弹性，扩大了就业。从1998年起，西班牙的高失业状况有所改变，失业率出现下降态势。2000年第一季度的就业比上年同期提高5.3%，创下了1420万人就业的最新纪录，2000年5月份登记失业率为9.2%。

当前受欧洲主权债务危机的影响，高失业率和庞大的失业人群仍是西班牙面临的最大社会经济问题。2011年10月11日登记在册的失业人数高达436.1万。劳动力形势如此严峻，其主要原因是长期以来，西班牙的劳动力市场存在严重的二元分隔性，非全日制就业人数比重高达1/3，集体谈判机制缺乏弹性和灵活性等。当前政府进行的新一轮劳动力市场改革力度更大、范围更广。2010年9月17日政府批准了“劳资关系改革法案”；同年10月底，包括政府、劳方、资方三方的社会伙伴对话在搁置多年之后重新开启，2011年2月三方达成了“增长、就业和养老保障的社会和经济协议”（ASE）。从现有的进展看，这一轮改革似乎已初见成效。从2010年10月至2011年3月，大约26.9万名临时工转为了正式工。积极的劳动力市场改革措施也取得了一定成效，就业服务机构的工作效率和管理能力均有所提高。

第六节 教育与科技

一 教育

（一）概况

近20年来西班牙的教育体制发生了很大变化。西班牙的教育体制建立在两个教育法规之上，即1970年颁布的教育总法（Ley General de Educacion）和1990年新的教育法——总的教育管理体制法（Ley de Ordenacion General del Sistema Educativo）。新的教育管理法规从1992年开始逐步实施，而全部贯彻落实则要到1999年底。在新旧教育法规实施的交替时期，西班牙的教育体制呈现出过渡期的特征。新的教育管理法对旧的教育法规进行了重大改革，将1970年教育法规中义务教育的年限由8年延长至10年。在新的教育体制下，政府投入了大量教育资金，实行开放教育，着重培养学生从小养成独立思考的能力，除中、小学教育已普及外，大学教育也相当普及。在90年代初期，年龄在6—14岁的孩子全部入校就读。升学率在20世纪80年代中期不断下滑，以后逐步回升。在1975—1976年，中学生约为110万名，而到1994—1995年超过260万名，1995年接受高等教育的人数也从80年代初期的50万名增加到140万名左右。1998—1999年在校大学生比十年前翻了一番，为156.39万名。近年来政府鼓励发展私立学校，在1998—1999年度，有33%的小学生和29%的中学生进入私立学校。1998年教育经费为GDP的5.8%。

西班牙宪法对中央政府、自治区政府和市政当局在教育方面享有不同权力均有明确的规定。中央政府在教育方面的主要权力有：教育基本立法权、文凭有效期的控制权及课程、课时和教学内容的安排权、总的教学计划权等。其他教育权力分属自治区政府和市政当局管理。加泰罗尼亚、加里西亚、巴斯克、巴伦西亚和巴利阿里5个自治区享有宪法给予的教育转让权。总的说来，自治区和市政府在教育方面虽拥有一定的权力，但仍相当有限，总的教育大权掌握在中央政府手中。

西班牙的各类学校均有学校委员会，它是根据政府的教育确立组织法建立的，该委员会由教师、家长和学生代表组成，每两年改选一次。学校的教学管理、对学生校内外的品德教育以及对少数学生违反校规与社会犯罪活动的处理等均需通过学校委员会讨论决定。

教育经费的来源是多渠道的：一是政府拨款；二是社会公共资金；三是私人提供赞助。教育经费主要用于新建、扩建和修缮校舍、教学与科研开支及教师工资福利、购置教学设备等。

（二）幼儿教育

学龄前教育分托儿所（0—3岁）和幼儿园（3—6岁），一般都是自愿和免费的。幼儿园的教师必须是师范大学的毕业生，托儿所的教员也都是经过幼教专业培训的合格人才。一般说来0—3岁的孩子入园较少，只占总数的15%，但3—6岁的儿童入园率高达95%，西班牙现有幼教教师近5万人。

（三）义务教育

西班牙普及基础教育的对象是年龄在6—16岁

的孩子，不论是公立或私立学校均提供义务免费教育。教育费用由中央政府直接划拨给公立或私立学校。基础教育分小学6年，中学4年。小学细分为初小、中小和高小3个阶段。1998—1999年度，小学学校总数为18661所，教师总人数为162112万人，女教师占66%，学生总人数为256.7万人，学生/教师比为100:17。2008—2009年度，小学教师总数为33.99万人，学生人数为266万人，学校总数为13788所。

中学分为2年制义务必修课和2年制自由学习阶段。中学基础教育的主要课程为自然科学、社会科学、地理和历史、体育、视听和艺术、西班牙语、外语、数学、音乐和技术。除了这些公共课程外，还开设了一些选修课，以培养学生的兴趣，提高学生的接受能力和社会适应能力。学生完成中学学业后获得中学毕业文凭，凭此学生可以进入总计划和中级水平的职业培训计划继续学习，而对于那些肄业的学生，只能纳入特定的社会保障计划，该计划使学生获得基本和职业培训，为今后可能进入中级水平的特定职业培训作准备。每年9月1日到次年6月30日为一学年，学期内逢圣诞节、复活节放假两次。1996—1997年，中学教师总人数为27086人，其中女教师占52%，学生人数为905911人，女生占50%。2008—2009年度，中学学校总数为7428所，教师人数为10787人，学生人数为181万人。2009年，教育费用为518.4亿欧元，占国内生产总值的4.93%。

（四）高等教育

学生在完成职业培训后，大多数学生进入普通高等院校学习。其中96%的学生进入公立大学学习。西班牙的高等教育有着悠久的历史。世界著名的萨拉曼卡大学和格拉纳达大学都是在中世纪前后创立的。目前全国共有30所公立大学，4所私立大学。私立大学大都属天主教会主办。现有的公立和私立大学中，约有一半是1970年以后兴办的，近些年来，各省还办了一些学院。大学里的系除了教学外，还从事学术和科研活动。各系的规模大小不一，系主任由系学术委员会选举产生。公立大学的教员分为教授、讲师、助教和合同教员。在一些大学里，最受欢迎的专业是人文和社会科学，尤其是法学，其次是经济学、历史学、语言学和医学。大学里选修其他学科的次序依次为：企业管理、生物学、工业工程、建筑学等。

为适应国家经济发展需要，1983年通过的大学改革法（Ley de Reforma Universitaria）对原有的大学教育体制进行了重大改革，各个大学纷纷开始教学改革进程，大学社团享有的学习自由、教学自由和大学自治等权利被写进西班牙宪法。凡实行自治的大学，可以自定章程、自选学校领导机构、自定预算和人员编制，在学位的评定和教学方面也有自主权。大学学制根据专业来设定，主要有三种类型：三年制大学，包括的专业有技术类、工程和建筑业、商业、工业关系、护理专业和小学教师专业等。5—6年学制大学，包括的专业有：技术类、工程和建筑（6年制的）、医学类、经济学、工商、法律专业（5年制）、艺术、科学类（5年）等。第三阶段的研究生学习阶段，包括2年的研究生课程和2—3年的论文写作期，论文答辩通过后可授予博士学位。

西班牙大学的录取条件是：第一，进入大学必须通过一年两次的全国大学入学考试，该考试在每年的6月和9月举行；学校不单独进行招生考试。第二，完成高等职业培训的学生可进入三年制大学学习。第三，年龄超过25周岁的人通过专门的成人高考后才可入学。第四，进入研究生阶段学习不需要通过任何入学考试。

1996—1997学年，高校教师为88223人，其中女教师为占总数的32%。高校学生为1684445人，其中女生占53%。2008—2009年度，高校教师为107905人，高校学生为1377228万人。

（五）职业教育

中学毕业后，年龄在16—18周岁学生，可以进入中学学院即大学预科学习，也可以进入职业培训或普通培训。在为期2年的普通培训期间，学生主要学习艺术、自然科学、社会和技术科学。预期实现三大目标：为进入大学作准备，获得特殊的高等职业培训技能和为进入劳动力市场作准备。自1994年起，该计划开始试行，在1998—1999学年和1999—2000学年，这一为期2年的普通培训项目正式实行，学生一旦获得毕业证书可进入高等职业培训和大学阶段学习。特殊的职业培训阶段为期2年，提供高级水平的职业培训，学业结束后颁发技师证书。但那些完成了中等水平职业培训的学生不能直接进入高等水平的职业培训项目，他们必须重新回到普通的中学阶段去学习，获得基本技能，在完成了高等职业培训后，学生才可跨入大学校门。

二　科技

（一）发展概况

在公元前3世纪到公元5世纪罗马统治时期，西班牙已有了科学萌芽，当时著名的科学家有农学家路西·科尔曼拉和自然学家庞波尼·曼腊等。西哥特人统治时期，西班牙产生了经院派学说。在阿拉伯人统治时期，出现了科学繁荣局面，10世纪，哈里发王朝的首都发展成科学研究中心，那里设有专门的研究机构，修建了观象台、图书馆，出现了天文学家马士拉马和医学家阿尔布·卡西蒙等一批著名学者。公元12—13世纪上半叶，托莱多城成为传播西班牙—摩尔文化的主要基地，阿拉伯世界的自然科学家、医学家的著作经此传播到欧洲。公元14—15世纪，西在航海、造船和制图等领域取得巨大成就，对欧洲的科学发展产生了重大影响。16世纪在机械学和航海学领域出现了加布里尔·加莱、安东尼·波特勒尔、胡安·德科多瓦、加尔西·桑切斯等科学家。

从16世纪中叶开始，强大的宗教势力压制了科技的发展，科技界出现了日趋衰落的景象，在医学、生物学和自然科学方面，西班牙远远落后于英、法、荷、意等国，航海学和地理学在17世纪后半叶也陷入一蹶不振的状态。

19世纪末西班牙帝国处于不断衰落的时期，一批知识分子开始倡导建立科学研究机构，在1907年建立了西班牙科学研究委员会，目的在于推动海内外科学工作者间的交流与合作，促进西班牙科学研究和鼓励发展教育研究机构。后因内战的爆发而被迫中断了许多科学研究，大批科学研究工作者流往海外。

1939年成立了科学研究高级委员会，其机构设置和人员基本上与科学委员会相同，当时该机构是除大学之外最重要的研究中心，主要从事化学方面的研究。战后由于西班牙经济发展的缓慢及佛朗哥的专制统治，使大批科学人才外流，该机构的研究一度受到严重影响。

除了科学研究高级委员会和大学之外，政府各大机构下也相应成立一些研究机构，如国家农业研究中心及能源、环境和技术中心等。但实际上，这些机构的研究经费相当有限，难以进行重大项目的研究，经费不足和科研能力的不足使得科研发展极其缓慢，尽管存在为数不少的研究机构，但政府在此方面没有制定统一的政策来协调科研工作。

1958年西班牙成立了国家科技顾问委员会，特别是20世纪70年代末佛朗哥独裁统治结束以后，西班牙的科学研究才开始出现新的生机。1982年末工社党上台执政，将制定科学研究政策和创建科学研究制度作为政策重点之一。1986年颁布了《科学技术研究促进协调法》（简称《科学法》），第一次确立了具体的科技政策和指导思想。《科学法》规定，国内科学技术人员可自由制定科研计划，确定科研项目，也可同国外科研机构进行交流和合作，同时政府投入大量科研经费，扶持技术的开发，并优先考虑对农业、仪器加工、交通运输、自然资源、信息通信、新材料、微电子、生物工程、环保技术等领域的开发。

（二）科研管理和开发体制

1986年《科学技术研究促进协调法》的颁布，使西班牙的科技体制朝规范化方向迈出了决定性步伐。新的科研体制建立在政府机构——国家科研最高理事会基础之上。该机构由政府任命的各部代表组成，开始时由科学部大臣担任主席，1997年后改为首相兼任。理事会主要负责制定国家科研和技术发展计划，其总目标包括进行科技创新，合理使用和保护资源并促进经济的发展，增加就业机会，提高经济竞争力，发展公共服务业、医疗卫生、保护西班牙的艺术和文化资源，并负责有关各项工作的运行和监督检查。1988年开始实行第一个国家科研发展计划（四年期）。1988年和1992年提出的国家科研发展计划的重点是创造和提供科学研究所必须具备的科研条件；1996—2000年的第三个计划直接将科研用于解决西面临的经济和技术问题，以提高国际科技竞争力。科技体制的创立带动了科技人才的培养和促进了科研的发展。1975—1985年，科研人员由原来7924人增加到21455人，1993年又增加到41421人。

一般来说，被列入国家科技发展计划的项目依靠国家预算拨款，各个项目之间经费的发放由该委员会对项目经费申请书进行全面评估后决定，一些基础性的科研项目由政府单独预算拨款，不归入历年的国家科研发展计划的经费中，20 世纪 80 年代末还设立了研究人员培养经费，政府每隔 6 年对国家科研发展计划所有项目的实施情况进行全面的审核和评估。

西班牙主要的科研机构有国家科研最高理事会、全国农业学会（归农业部领导）、能源、环境与技术研究中心、地矿与技术研究所（均属能源工业部领导）。此外还有海洋学研究所和天体物理研究所及各个大学建立的许多科研机构。国家科研理事会是从属于教育科学部的一个自治机构，是西班牙最重要的研究中心，集中了国家科学和技术研究最重要的工作。理事会研究的领域主要有：人文科学和社会科学、生物和生物医学、自然资源和环境、农业科学、物理学、材料科学、食品科技和化学科学。理事会下设的 94 个机构遍布整个西班牙，在 7 个自治州派设了代表机构，并在罗马和布鲁塞尔设有代表处。理事会的一项重要工作是培养博士和青年研究人员。

（三）科技发展战略和国际交流与合作

西班牙的科研机构十分重视开展国内外的科研合作。在国内，各科研机构在国家科研理事会的协调下开展相互间的横向合作，大力促进科技交流。其中，各个大学之间的合作最为频繁，建立有混合科研中心。此外公私企业集团之间也建立科研合作关系，签订科研合同，开发新技术新产品。同时，各自治区之间也进行科研合作与交流，主要是为企业培训科技和管理人才，制定科研计划。西班牙提倡科技为生产实践服务，并以新技术带动经济起飞，政府鼓励各地方政府建立工业技术园区，即科技“苗圃”。目前，全国已建立 10 个规模较大的科技园区。这些科技园区大多在政府的资助下，以科研、生产和商业为一体，成为新兴的工业卫星城，其中以马德里、巴塞罗那和塞维利亚的工业技术开发区为最大。

西班牙积极开展国际的多边和双边合作与交流，特别是积极参与欧盟的科研活动。西班牙参加了研究与开发活动的马科计划和欧洲尤里卡计划，先后加入了工业、航空、信息、交通、农业、医学等技术项目的研究与开发。除与欧盟合作外，西班牙还同 20 多个国家签署了科技合作计划，参与 16 个科技组织的 24 项多边合作计划，大大推动了本国的科技发展。

第七节 文化与民俗

一 文学

西班牙文学具有悠久的历史，深受西哥特人和摩尔人的影响，表现形式丰富多彩。在各个时期的文学作品中，表现出理想主义和现实主义、骑士式的爱情和肉欲、高尚的举止和卑鄙的行径、宗教信仰和功利主义等各种迥然不同的思想风格。

卡斯蒂利亚文学是西班牙主要的文学流派，此外还有始于中世纪的加泰兰文学和加里西亚文学。早期的西班牙文学融合了希腊、罗马文学和阿拉伯文学的精华。最早的文学作品始于公元 10 世纪的史诗，其中流传至今比较完整的《熙德之歌》，创作于 1140 年前后，其他还有一些残缺不全的史诗，如《乔桑二世与萨莫拉之围》《拉腊王子之歌》和《龙塞斯瓦列斯》等，这些史诗都是从行吟诗人口头流传内容经记录加工而成，内容大多是颂扬民族英雄的。

到了 13、14 世纪，西班牙文学不仅吸收了东方犹太人与阿拉伯人神秘色彩浓厚的文学，同时也受到意大利文学的影响。少数教士创作了所谓“教士诗”的诗歌，其特点是精雕细琢，形式严谨，内容多为赞美圣母和圣徒，代表作有《亚历山大之歌》《波罗尼奥斯之歌》《圣母玛丽亚的事迹》等，这一时期的代表作家为贡萨洛·德·贝尔塞奥。《真爱诗集》创作于 14 世纪，是一部教士诗的杰作，作者为伊塔大主教胡安·鲁伊斯。著名的《宫廷诗歌》则是佩洛德·洛佩斯·德·阿亚拉所作。这一时期散文也有所发展，当时出现了许多散文译著，如《卡里来和笛木乃》《法律全书》《天文知识》等。著名的散文作家是胡安·曼努埃尔，代表作为《卢卡诺尔伯爵》。

15 世纪是西班牙历史的重大转折点。受意大利文学流派的影响，人文主义思想开始发展扎根，同时也出现了宫廷文学，这些都改变了教士在文学领域里的主导地位。这个时期的主要代表作品是弗朗西斯科·因佩里亚尔（1373—1408）创作的《七种美德的格言》，开创了但丁式的寓言诗流派。这个时期杰出的诗人还有以《桑蒂利亚纳侯爵的加冕》和《命运的迷宫》而享誉盛名的胡安·德·梅纳（1411—1456），有以写讽刺诗著称的桑蒂利亚纳侯爵（1398—1458）以及以感情炽烈、语言动人闻名的豪尔赫·曼里克（1440—1479）。民间抒情诗“谣曲”在15世纪盛行，同时伤感小说也开始流行，其代表作有胡安·罗德里格斯·德尔·帕德隆（1395—1452）的自传体小说《没有爱情的奴隶》。在散文方面，第一次出现了包含大量格言和谚语的通俗口语的作品。

16世纪中叶到17世纪初期是西班牙文学史上的黄金时期。西班牙伟大作家米格尔·德·塞万提斯·萨维德拉（1547—1616）的创作，达到了“黄金时期”的高峰。他的著名长篇小说《堂吉诃德》是世界文学宝库中的瑰宝。作品本身所包含的意义，远远超出了它原来嘲弄骑士的目的，对当时西班牙社会现实作了极为广泛而深刻的讽刺性的描绘。堂吉诃德这个人物，成为受到嘲弄、遭到打击的理想主义的悲剧性典型。他的短篇小说集《训诫小说》，为后世的现实主义短篇小说提供了优秀范例。他的悲剧《努曼西亚》是一部充满爱国主义精神的杰作。

同时代的剧作家洛佩·德·维加（1562—1653）是杰出的戏剧革新家。他首创三幕喜剧，摒弃刻板的古典戒律，取消悲剧喜剧的严格区分。他一生写过1800部剧本，但完整传世的仅有数百部，他把维护人的尊严和荣誉作为主题写进戏剧，成为西班牙戏剧的一个特点。

17世纪以后的西班牙文学，反映了西班牙王国的衰败和没落，作品中表现出浓重的悲观失望情绪，艺术上追求感性的享受。代表作家是路易斯·德·贡戈拉·伊·阿尔戈特（1561—1627），他创作出一种辞藻华丽而冷僻的风格，被称为“夸饰主义”，他的诗歌既受到赞赏也受到批评。西班牙王位继承战争后，软弱的西班牙，一切都仿效法国，因此当时一些文学评论家认为18世纪的西班牙文学是毫无光彩的。

19世纪30年代以后，一批流亡到欧洲各国的西班牙文化人士纷纷回国，对西班牙浪漫主义文学思潮的出现和发展起到重要作用。在戏剧方面，以弗朗西斯科·马丁内斯·德·拉·罗萨（1787—1862）的《威尼斯阴谋》为代表。其他浪漫主义戏剧还有安东尼奥·加西亚·古特雷斯（1812—1884）的以反封建为主题的《行吟诗人》和胡安·欧亨尼奥·阿尔森布斯（1806—1880）的谴责宗教裁判所的《堂娜门西亚》。这个时期最优秀的浪漫主义诗人是何塞·德·埃斯普龙塞达（1808—1842），其抒情诗表达了对不平的社会的愤恨、对帝制和教权的抗议。由于19世纪的西班牙一直处于资产阶级与封建专制进行殊死搏斗的状态，在文学上表现为各种流派纷呈，但互有消长，均未能得到充分的发展。19世纪后半叶西班牙现实主义小说的杰出代表作家是贝尼托·佩雷斯·加尔多斯（1843—1920），他的46卷巨著《民族轶事》生动再现了19世纪以来70年的西班牙历史。另一位现实主义小说家是克拉林（1852—1901），以长篇小说《女当家》和《独生子》闻名，作品带有自然主义的色彩。与小说相比，现实主义的戏剧和诗歌显得较为逊色，直至著名剧作家何塞·德·埃切加赖（1832—1916）的作品问世，才使得沉寂了半个世纪之久的西班牙戏剧得以复兴。

1898年的美西战争以西班牙失败而告终。对西班牙现状和未来的担忧激励了年轻一代的作家，表现在创作中，形成了一股新的思潮。他们把欧洲的新思想介绍到西班牙，宣扬尼采、叔本华、易卜生、托尔斯泰的哲学思想和艺术观点，与国内陈腐的传统思想相抗衡。他们自称是“98’一代”。1898年成为20世纪西班牙近代文学的开端。与此同时，拉丁美洲现代主义诗歌的浪潮影响到了西班牙，著名诗人萨尔瓦多·鲁埃达（1857—1936）、弗朗西斯科·比利亚埃斯佩萨（1877—1936）、曼努埃尔·马查多（1874—1947）、爱德华多·马基纳（1879—1946）等，以尼加拉瓜诗人鲁文·达里奥为典范进行创作，形成了西班牙的现代主义诗歌流派。

“98’一代”的作家们反对腐败的君主政体，反对科学文化领域中的御用权威，提出创造具有民族风格的西班牙艺术，其作品主要是对西班牙自然景色的讴歌和对西班牙社会的抨击。代表作家是米格尔·德·乌纳穆诺（1864—1936），以散文著称，作品带有悲观主义和神秘主义色彩；何塞·马丁内斯·鲁伊斯（1874—1967），善于捕捉转瞬即逝的事物印象。皮奥·巴罗哈（1872—1956）是以观察敏锐、笔调粗犷著称的小说家，拉蒙·马里亚·因克兰（1869—1936）著名的小说家和戏剧家，以及诗人安东尼奥·马查多（1875—1939），其诗歌情景交融，描绘了卡斯蒂利亚的悲惨景象，反映了人民对自由的向往。继现代主义派和“98’一代”之后，对文学具有重大影响的是诗人胡安·拉蒙·希姆内斯（1881—1958）。

20世纪20年代，出现一批优秀的诗人，被称为“27’一代”。他们的诗歌倾向各不相同，都以自己独特的方式去认识世界和进行创作。20世纪30年代，西班牙文学受到内战爆发的影响，许多作家流亡国外，整个40年代，西班牙文学缺乏生气。从50年代开始，卡米洛·何塞·塞拉（1916—2002）和卡门·拉福雷特（1921— ）的小说使得西班牙文学开始复苏，他们及其他小说家米格尔·德利维斯（1920— ）、安娜·马图特（1926— ）和胡安·戈伊蒂索洛（1931— ）等的创作，形成了西班牙“战后小说”的新浪潮。

何塞·奥尔加特·伊·加塞特（1883—1955）是20世纪以来在散文、哲学和评论方面最有代表性的作家，同时代重要的文学评论家还有格雷戈里奥·马拉尼翁（1887—1960）、欧亨尼奥·多尔斯（1882—1954）和萨尔瓦多·马达里亚加（1886—1978）等。

二 音乐

受希腊和罗马文化、基督教文化、阿拉伯文化以及吉卜赛文化的影响，西班牙的音乐极为丰富多彩，并带有东方色彩。西班牙人能歌善舞，不少民间舞曲都被欧洲艺术音乐所吸收采用，如“恰空”“萨拉班德”“弗拉门戈”“博莱罗”等。西班牙的民间乐器主要是吉他类的拨弦乐器，打击乐器铃鼓、响板、小铃以及各种管乐器，主要是盖塔风袋管。

公元前西班牙处在古希腊、罗马文化圈内。2世纪以来，基督教在西班牙传播。415年西哥特人侵入西班牙，一直到11世纪，西哥特人的仪式和圣歌依然为整个伊比利亚半岛教会采用，被称为“莫萨拉布圣咏”。在12世纪，西北地区的圣地亚哥·德孔波斯特拉大教堂的音乐家们是形成中世纪初期多声部音乐的一个重要乐派，而民间艺人和游吟歌手则发展了单声部音乐。阿尔方索十世（1252—1285）主持编写的《圣母歌集》收集了400首非宗教仪式的单旋律歌曲，法国巴黎圣母院乐派在东北的加泰罗尼亚地区和阿拉贡的宫廷中有很大影响。15世纪，吉普赛人进入南方安达卢西亚地区，又与当地民间音乐结合产生了所谓的“弗拉门戈”音乐。

文艺复兴时期，西班牙最主要的世俗音乐形式是浪漫曲和田园歌。浪漫曲流行于16—17世纪初，为抒情史诗性的，内容多样，常带有哀怨的性质，是有伴奏的带叠歌的独唱歌曲，也有对唱，并带有戏剧形式，可以在舞台上演出。文艺复兴时期西班牙最著名的宗教音乐作曲家是莫拉莱斯（约1500—1553）和他的弟子格雷罗（1528—1599）。西班牙的管风乐在16世纪有了很大的发展，其代表作家为盲人音乐家韦尔松。17世纪中叶，田园歌发展成西班牙民族歌剧，称为“萨拉埃拉”，有前奏、咏叹调、独唱的分节歌、合唱和间奏曲。全国各地的大小教堂都有作曲家创作这类作品为宗教节日演出。18世纪唯一的音乐家是索莱尔（1729—1783），管风琴家，以键盘奏鸣曲著称。

19世纪是西班牙音乐逐渐取得世界影响的时期。19世纪中叶，先后在马德里和巴塞罗那创办了音乐学院，西班牙的传统歌剧“萨拉埃拉”也开始复兴，马德里还有专演萨拉埃拉的剧院。19世纪末和20世纪初，作曲家和音乐家佩德雷利（1841—1922）领导了民族音乐文化的复兴运动，他编辑的《西班牙民间音乐歌曲集》4卷，除收集了民间曲调和配置和声外，还有西班牙古典音乐的范例。他的学生阿尔韦尼斯、格拉纳多斯、法利亚是20世纪西班牙民族音乐派的代表。阿尔韦尼斯的作品达200首以上，最著名的是他晚年所作的钢琴组曲《戈耶斯卡斯》和《西班牙舞曲》。19世纪末到20世纪初西班牙音乐演奏家有萨拉萨特，他是19世纪最出色的小提琴家之一，作有《西班牙舞曲》等。20世纪比较重要的西班牙作曲家还有埃斯普拉（1886—1976）、坎波（1878—1953）。50年代后，涌现出了一批采用各种现代主义音乐创作技巧的、属于先锋派的作曲家，其中最为人所知的是巴勃罗（1930— ）。

三 美术

从15世纪末16世纪初，西班牙完成国家的统一，成为欧洲的强国，开始了文艺复兴的时代。从16世纪中叶起到17世纪中叶，美术方面的主要代表是委拉斯开兹。17世纪下半叶到18世纪下半叶，西班牙美术一直缺乏生气，只是到了18世纪90年代，由于戈雅的出现才使西班牙美术再次吸引了欧洲。19—20世纪西班牙美术界动荡复杂，在法国的影响下，西班牙涌现出一批世界知名的艺术家，其中最著名的是毕加索、米罗、格里斯和达利等人。

在西班牙阿尔塔米山洞发现了旧石器时代晚期的岩洞壁画，这是至今发现的世界上最早的绘画，形象有野牛、驯鹿和野马等，艺术水平很高。类似的壁画，从北部的莱利达到南部的加的斯地区，约有40多处。在中部发现的岩画《战争图》是新石器时代的作品，可能是最早的军事题材绘画。在新石器时代的一些陶器器皿中刻画有各式各样的花纹，其中有一种陶器形状如倒立的钟，这种陶器最早流行在安达卢西亚地区，后流传到西部和北部地区。在青铜时代，阿尔梅里亚地区的艺术很有特色，现在仍有一些建筑遗址被保存下来。

公元前10—9世纪在沿海地区，受腓尼基人的文化影响，南方的塔尔苏斯地区与腓尼基人的殖民地加的斯在文化艺术上交流频繁。随着希腊的强大，在东海岸出现了希腊的殖民地，从而又带来了希腊艺术的影响。罗马人西征又把罗马文化带到伊比利亚半岛，在西部的梅里达至今还保存着罗马风格的剧场和竞技场，在东部的塔拉戈纳保存着凯旋门和奥古斯都宫等。在一座公元前3—前2世纪墓室的壁画中发现了一个画家的名字——席瓦尔，这恐怕是至今知道的最早的西班牙画家。

从5世纪下半叶开始进入中世纪，伊比利亚半岛成为西哥特王国的领地，至今保存下来的西哥特建筑有著名的圣佩德罗·德拉纳韦教堂（8—10世纪）等。711年阿拉伯人开始统治西班牙，此后开始大量建筑清真寺。科尔多瓦大清真寺（786—990）是一座典型的伊斯兰教的建筑。11世纪上半叶在西班牙地区出现了一批罗马式建筑物，如卡斯蒂利亚地区弗罗米斯达的圣马丁教堂（1066）、圣地亚哥·德孔波斯特拉的修道院（约1080—1241）等。13—14世纪是哥特式艺术发展的时代，卡斯蒂利亚王国境内布尔戈斯、莱昂、托莱多3个城市的哥特式大教堂尤为著名。

西班牙中世纪雕塑基本上分成两种形式：建筑物上的浮雕和祭坛上的彩色木雕，如13世纪精美的彩色木雕《悲哀的圣母》，形象十分生动。在哥特式时期，一些教堂建筑物上的浮雕在风格上很接近法国，但西班牙的雕塑比较重视细节的刻画。哥特式时期比较优秀的浮雕作品如莱昂大教堂门廊上的先知像和圣母子雕像，人物自然、朴实、生动。从15世纪开始，教堂里的祭坛木雕开始增多，上面雕刻着各种宗教故事，并涂上色彩。西班牙中世纪的绘画以教堂壁画和作为插图的细密画为主，知名的壁画家是F. 巴萨。

与意大利的文艺复兴略有不同，西班牙的文艺复兴缺乏希腊罗马艺术的传统。受到教会的阻挠和干涉，人文主义思想发展缓慢，西班牙艺术有着浓郁的宫廷主义色彩。

16世纪上半叶西班牙国王查理五世提倡向意大利美术学习，意大利和西班牙两国画家之间的交流增多，同期荷兰的艺术对西班牙也有很大的影响。文艺复兴时期最为著名的建筑物是格拉纳达的查理五世宫（始建于1527年）和在腓力二世在位时建筑的埃尔埃斯科里亚尔建筑群（1567—1583），后一座建筑规模宏大。在这些建筑物上，可以看出注重装饰风格的西班牙宫廷的特色。西班牙文艺复兴时期的著名雕塑家有福门特、西洛埃、贝鲁格特等。

西班牙早期文艺复兴时代在绘画方面的代表是巴伦西亚画派的达尔、巴科和加泰罗尼亚画派的乌格特等人。进入16世纪，西班牙才开始有了架上绘画，很多从意大利回来的西班牙艺术家均从事这类绘画，最为杰出的代表是华内斯、巴尔加斯和费纳德斯等人。费纳德斯的《航海者圣母》（约1531年），反映了塞维利亚海上贸易的情景。

16世下半叶，西班牙宫廷艺术由开放变为保守，在马德里宫廷里最为流行的是王族肖像，著名的宫廷画家有纳瓦雷特、科埃略等。这一时期，在意大利美术的影响下，地方上出现了样式主义美术和乡土风味的现实主义美术，莫拉莱斯是西班牙样式主义美术的代表。另一位大画家是格列柯，但他不同于一般的宫廷画家，他在绘画上独辟蹊径，带着未能进入宫廷的失意的心情在创作中表现自己，也表现托莱多城那些没落的贵族。16—17世纪之交是西班牙流浪汉小说流行时期，在美术上也出现了描绘世俗生活和市井人物的绘画。巴伦西亚的里瓦尔塔、塞维利亚的埃雷拉和帕切科等人都是西班牙第一代现实主义画家，为西班牙17世纪艺术黄金时代的到来做好了准备。

17世纪是西班牙艺术最辉煌的时代之一。这一时期的三大艺术代表是里韦拉、苏尔瓦兰和委拉斯开兹。里韦拉的艺术深受卡拉瓦乔主义的影响，他的一些宗教题材的作品反映了西班牙农民、渔夫所特有的严峻性格和坚韧不拔的气质。苏尔瓦兰主要描述寂静的僧侣世界。委拉斯开兹的作品具有全欧洲的意义。他的作品贴近下层人民生活，大量的肖像画作品体现了他刚正不阿的品德和对下层人民的热爱和同情。塞维利亚的穆里略是这一黄金时代的最后一个代表，善于绘制圣母及流浪儿生活的风俗画。西班牙 17 世纪的雕塑分为南北两派。北派的代表人物是巴亚多利德的费尔南德斯。南派的代表人物有塞维利亚的蒙塔涅斯及其学生卡诺。17 世纪的雕塑大致有 3 个特点：第一，大多为宗教题材；第二，多为彩色的木雕，有祭坛木雕和人像木雕；第三，注重外在的刻画，缺乏人物内在感情的表达。

18 世纪是西班牙艺术的低潮时期。1744 年在马德里成立了圣费尔南多美术学院，成为古典主义艺术中心。到 18 世纪末，由于出现了戈雅（1746—1828），才打破了西班牙美术界的沉闷局面。戈雅的艺术在前期受启蒙主义思想的影响，在他的名作铜版组画《加普里乔斯》中，画家企图唤醒理性来改造西班牙腐败落后的局面。1808 年后，反封建和反拿破仑斗争激发了戈雅的创作激情。西班牙两次革命失败后，戈雅仍坚信光明必将到来。因此他创作了《这是真理》《巨人》《抱水罐的姑娘》等一些充满生气的作品。戈雅作为 18 世纪西班牙著名的油画家和版画家，在当时几乎无人可以与他匹敌。美术史家们认为“近代欧洲的绘画是从戈雅开始的”。戈雅的绘画新鲜热情，代表作有《裸体》，色彩强烈，特别是黑白的对比，美丽绝伦。他是一个极其多产而风格多变的艺术家。其代表作还有《穿衣的马哈》《卡洛斯四世全家像》《狂想曲》《5 月 3 日的枪杀》《斗牛》《卖水少女》等。

受法国艺术的影响，19 世纪西班牙兴起了古典主义，其主要代表人物是阿尔瓦雷斯—库韦罗、马德拉索、洛佩斯—波塔纳等人。19 世纪 30 年代出现了浪漫主义思潮，比较著名的人物有阿伦萨·涅托、卢卡斯·帕迪利亚等人。19 世纪下半叶涌现出描绘历史题材的画家。希斯维特创作的《枪杀托雷哈斯和他的同志们》（1865）一画，以 1831 年的起义为背景，揭露了斐迪南七世继承人的伪善面目。19 世纪的著名雕塑家是马里纳斯和克罗尔等人。

19 世纪末和 20 世纪初在法国的影响下，西班牙先后兴起了印象主义、新印象主义和后印象主义。索罗利亚是一位杰出的印象主义画家，曾在法国和意大利学习绘画，他是一位追求色彩和外光的大师，创作了不少佳作。其他印象主义画家还有雷戈约斯、米尔、贝鲁埃特等。20 世纪的立体主义画家有毕加索、格里斯、阿吉雷等人。

四　戏剧

西班牙戏剧具有 700 多年的历史，最早来源于中世纪的宗教宣传，节日期间在教堂内外演出的圣经故事、圣徒事迹、耶稣生平，后逐渐与庆祝节日的民间歌舞、哑剧、游行、滑稽表演等结合，成为群众性娱乐活动。最早并保存至今的剧本残稿是《三王剧》。

从 15 世纪开始，戏剧逐渐由宗教向世俗方向转移，当时著名的演员兼剧作家 J. 恩西纳（约 1468—1537）把圣礼剧中牧人的情节改变成世俗的牧歌剧，以《三牧人牧歌剧》《克里斯蒂诺和费贝亚牧歌剧》《普拉西达和维克托里亚诺牧歌剧》奠定了西班牙牧歌剧的艺术形式。L. 费尔南德斯（约 1474—1542）的《受难圣礼剧》，使用大量对白描写耶稣受难时的痛苦，以呻吟、抽泣、悲叹为衬托，具有强烈的戏剧效果。

16 世纪中期，西班牙戏剧形成独特的演出风格：一次演出往往表演一出以上的戏，没有严格的悲喜剧区分，两出戏之间有一场短小的“幕间剧”。剧中的滑稽插曲最后演变为成滑稽剧。伴随正剧同时演出的音乐、舞蹈和歌唱，到 17 世纪时与正剧结合，发展成“轻歌剧”。16 世纪 50 年代剧团老板兼剧作家和演员 L. 鲁埃达（约 1510—1565）带领剧团进行巡回演出，他的以民间语言和民间场景组成的插曲剧，推动了民族歌剧的发展。16 世纪末在马德里和塞维利亚等大城市建立了永久性剧场。1579 年建立的克鲁斯剧场、1582 年建立的王子剧场等都是马德里的主要剧场。这个时期的著名剧作家有 J. 德·拉库埃拉（1550—1610），善于运用本国的历史传说为题材；A. 德阿蒂埃达（1544—1613），以《特鲁埃尔的情人》而著称；C. 德维鲁埃斯（1550—1609），创作了 5 出古典悲剧，其中以《埃利萨·迪多》为最佳；M. 德·塞万提斯也对这个时期的西班牙戏剧作出了贡献，写出《阿尔及尔的交易》和《努曼西亚之围》等剧本。

德·维加是黄金世纪西班牙戏剧界最为活跃的人物，他以大量的剧作和独有的戏剧风格为西班牙民族戏剧开辟了道路。他规定的“喜剧”为三幕：既有喜剧因素，也有悲剧因素，主张剧情的自然发展，他的剧作取材于圣经、神话、传说、历史、民歌等，诗句流畅，构思精巧，深受西班牙人的喜爱。与维加同时代的著名剧作家还有：德·莫利纳（1584—1648），他具有高超的创造力和想象力，善于构成戏剧冲突和戏剧高潮、塑造富于个性的人物；德·阿拉尔孔（1581—1963），他的作品更加注重于剧情的结构，以紧凑、简洁的风格来处理社会问题或伦理问题，但缺乏想象力。

波旁王室登上西班牙的王位之后，法国文化对西班牙的影响不断加深，新古典主义思潮成为文学艺术的主流，西班牙民族戏剧大师的作品从戏剧舞台上退下，换上了法国名作的仿制品。从1765年起，圣礼剧的演出被禁止。进入19世纪，黄金时代的戏剧遗产重新受到重视，浪漫主义思潮复苏，其标志是马蒂内斯·德·拉·罗萨（1787—1862）的《威尼斯的魔法》，同年还出现了J. 德·拉腊的著名浪漫主义悲剧《马西亚斯》。1835年，A. 德·萨阿维德拉《命运的力量》的演出，把浪漫主义戏剧推向了高潮，该剧表现出西班牙浪漫主义戏剧的丰富抒情性、崇尚古代题材以及色彩绚丽的特点。

浪漫主义戏剧的另一个重要代表人物是J. 索里拉（1817—1893），他以古代的谣曲和民间故事为题材，主要作品是《胡安·特诺里奥》（1849），以浪漫主义的观点再次塑造了唐胡安的性格。他最好的作品是早期的《鞋匠和国王》。

从1868年开始，轻歌剧开始流行，吸引了许多观众，许多新的短剧讽刺了当时的社会弊病，题材通俗，逗人发笑，大受观众的喜爱。这个潮流的代表人物有塔马约·伊·巴乌斯，代表作是《一种新剧》；路易斯·德·埃吉拉斯，主要写历史剧和当代生活的喜剧，代表作为《婚姻的十字架》。

19世纪与20世纪之交，是西班牙戏剧由浪漫主义向多方面转化的时期。其代表人物是J. 埃切加赖（1832—1916）。埃切加赖的戏剧，被称为新浪漫主义流派，属于这一流派的还有：E. 塞利斯（1844—1926）和莱奥波尔多·卡诺（1844—1934）。与此同时，现代戏剧也逐渐形成为一股浪潮，著名小说家加尔多斯（1843—1920）把小说改写成剧本，坚持现实主义风格，在人物性格的发展方面具有高度的戏剧性，如《祖父》（1904）；E. 加斯帕尔（1842—1902）在问题剧《儿子们的罢工》（1893）、《永恒的问题》（1895）中，揭露了中产阶级道德的堕落。

近代戏剧中最重要的人物是J. 贝纳文特（1866—1954）。他以对欧洲当代戏剧的深刻了解、多方面的才华、敏锐的思考和观察，创作了大量各种不同风格的戏剧，把现实主义和浪漫主义结合在一起，如《利害关系》（1907），既有辛辣的讽刺，也包含抚慰的仁慈，其戏剧艺术和舞台技巧均达到了无懈可击的地步。他的后继者里瓦斯（1878—1938）和西埃拉（1881—1947）在戏剧艺术和题材选择方面均未能有所超越。而堪与贝纳文特相比的唯有阿尔瓦雷斯·金特罗兄弟。他们的剧本偏重于风俗的描绘和人情味的气氛。

另外，以民族史诗和历史逸事为题材的诗剧也在E. 马尔基纳（1879—1946）的笔下得以复苏，他在“98年一代”强调文艺的民族化现代化思潮的影响下，以现代主义的诗风，转向本民族的主题，力图发扬西班牙的民族精神。然而这种思潮，在小说家巴列·因克兰（1866—1936）所作的剧本中，却以完全不同的风格体现。他的剧本重于主题的阐释，而不重于戏剧的技巧，运用夸张、怪诞的手法进行讽刺和嘲笑，从“荒唐”中求得戏剧的效果。

内战爆发后，西班牙的文化活动中断了几乎达10年之久。战前已经崭露头角的戏剧家，多数流亡国外，留在国内的有E. J. 庞塞拉（1901—1952），他主张用荒诞和幻想替代真实的和日常的事务，使观众陶醉于忘情的大笑之中。

40—60年代文化活动开始恢复，出现了一种“通俗戏剧”，它具有批判社会问题的倾向，然而其风格主要以讽刺和嘲笑的手法，题材往往局限于男女爱情、家庭问题、社会弊病。这一流派的代表人物是：J. M. 佩曼，“通俗戏剧”占了他60余部作品中的一半以上；德·特纳（1897），他的两部剧本《没有翅膀的鹰》（1951）、《堂何塞、佩贝和佩比托》（1952）获得了国家戏剧奖；德·拉托雷，运用电影的技巧使戏剧的情节结构更加巧妙，J. 卡尔沃・索特洛，写过 50 多部剧本；卢比奥，其剧本大部分以爱情纠纷为题材，往往现实与幻想相结合；伊里亚尔特以各种混杂的风格写了 30 多部剧本，在闹剧和喜剧中掺以幻景、魔幻和歌舞，其主题却是严肃的；M. 米乌拉・桑托斯，其作品开始摆脱“通俗戏剧”迎合观众趣味的倾向，第一部剧本《三顶高通帽》以悲剧性的幽默、深刻的现实主义以及逗人发笑而深思的情节，超越了“通俗戏剧”；布埃罗・巴列霍，第一部剧本《一座楼梯的故事》的演出，使当代戏剧达到了新的水平，该剧不仅主题贴近现实生活，而且风格趋于多样化，富于独创性，既能为各种观众所接受，也为评论家所称道。1949—1974 年，他一共演出了 18 部剧本，包括现实的和历史的题材。

1973 年以前，尽管存在严格的审查制度，西班牙的当代戏剧仍在迅速发展。一个方向是进行独立的试验性的戏剧革新。活跃于当代西班牙戏剧界的人士，比较突出的有崇尚现实主义的 C. 穆尼斯（1927—　）、L. 奥尔莫（1923—　）、安东尼奥・加拉（1936—　）、带有抽象、寓言、讽刺风格的 J. 鲁伊瓦尔（1925—　）；写试验性闹剧的有 L. 马蒂利亚（1939—　）、L. 莫索（1942—　）、具有强烈社会批判倾向的 A. M. 巴莱斯特罗斯（1929—　），以及专注于探索新技巧、新方法的 M. R. 埃斯特奥（1930—　）等。

五　电影

西班牙电影史始于 1896 年。第一部故事片是《咖啡馆里的争吵》（1897 年），由赫拉贝尔托在巴塞罗那自编、自导、自演。到 1906 年时，他共摄制了 11 部影片，是第一个对西班牙电影业作出贡献的西班牙人。早期无声电影主要是改编话剧，巴尼奥斯兄弟将话剧《唐璜》和《牺牲》等先后搬上荧幕。在无声电影时期，雷依导演的《阿拉贡的阿古斯蒂娜》（1928 年）描写了西班牙反抗法国侵略者的事迹；《邪恶的村庄》（1929 年）反映农民出外谋生的情景。

1929 年底，导演埃利亚斯拍摄了西班牙第一部有声电影《神秘的太阳门》，但由于技术设备不完善，这部电影最终未能拍摄成功。当时有许多导演开始到美国等地拍摄西班牙语电影，严重影响了西班牙有声电影的发展。直到埃利亚斯由法国回到巴塞罗那，在那里成立了奥尔贝阿电影公司，并成功地摄制了第一部有声电影故事片《巴克斯》（1932 年），才使西班牙有声电影走上了正轨。1934—1936 年，美洲西班牙电影公司和西班牙电影公司先后成立，促进了西班牙电影事业的发展。这一时期的影片以民俗片、轻歌剧片和表现农村生活情节剧为主，影片中穿插安达卢西亚舞及斗牛的场面。

在佛朗哥执政时期，从 1940—1950 年，先是由情报部主管电影，后成立了电影总局，制定了严格的审查制度，并强调重视民族电影的发展。而后又成立了电影剧作家协会，创办了圣塞瓦斯蒂安电影节，1947 年开办了西班牙电影研究和试验学院。这一时期，生产的绝大部分是商业片，还有宣传、歌颂长枪党的影片。雷依的无声片《邪恶的村庄》重拍成有声片，在 1942 年的威尼斯国际电影节上获奖。在这个时期，佛朗哥以德安拉德的化名写了电影剧本《家族》，由萨恩斯・雷埃雷迪亚执导，影片通过一个军人家庭的变化，表现半个世纪以来西班牙政治上的重大事件，鼓吹佛朗哥精神。受意大利现实主义电影的影响，从 50 年代初期开始，西班牙拍摄了一批反映现实生活的影片。1951 年，孔德导演的《梨沟》获很高评价。由贝尔兰加导演的《马歇尔，欢迎你》，描写一个小镇为欢迎“马歇尔计划”的一个委员所做的准备，深刻反映了社会现实，对美国所谓的经济援助计划也进行了讽刺，该片获得 1956 年戛纳电影节评委会特别奖。

1962—1967 年是西班牙新电影时期。1962 年西班牙电影和戏剧总局对电影审查宣布了新的严格条例，但对过去禁演的影片放宽了尺度，并鼓励发展民族电影，力争打入国际市场。当时一批在马德里国立电影学校和巴塞罗那电影学院学习和工作的青年人，在法国新浪潮的影响下，对西班牙电影进行革新，他们拍摄了一批反映现实、抨击社会、格调清新的影片，形成了西班牙的新电影风格。代表人物及作品有绍拉导演的《为一个强盗而哭泣》和《狩猎》，后者在西柏林国际电影节上获银熊奖；苏梅尔斯执导的《从玫瑰色到黄色》，获圣塞瓦斯蒂安国际电影节银贝壳奖；皮卡索的处女作《图拉姨妈》也获得了圣塞瓦蒂斯安国际电影节最佳导演奖；迪亚罗的《爱情的时代》和福尔的《燃烧的皮》分别在 1964 年度和 1968 年度在巴利亚多利德电影节获西班牙文化学院奖和最佳作品奖。

1970—1975 年，西班牙电影进入低潮时期，当时政府对电影贷款日益减缩，审查更为严格。1975 年 11 月 20 日佛朗哥去世后，西班牙在政治、经济、文化等各个方面都发生了重大变化，电影业也进入空前活跃的新时期。一些反映社会问题和政治事件，尤其是反思内战题材的影片相继问世，如绍拉的《妈妈 100 岁》和《卡门》、卡穆斯的《圣洁无辜的人》、阿拉贡的《黑帮》、加尔斯的《重新开始》等。这些影片受到了西班牙人的喜爱，并在国际重大电影节上多次获奖。

1984 年 1 月，政府颁布了电影保护法。进入 20 世纪 90 年代后，一批年轻导演执导的影片在电影界引起轰动。其中《蝴蝶的翅膀》在圣塞瓦斯蒂安国际电影节上获金贝壳奖，《死去的母亲》《母牛》《我亲爱的兄弟》以及《变形人的行动》等在国际上获得了较高声誉，为西班牙电影走向世界作出了贡献。目前西班牙每年平均生产 70—100 部影片，每年上映的外国影片高达 350—400 部，美国影片基本上控制着西班牙的电影市场。

六　广播电视

西班牙第一家广播电台建于 1924 年，1936 年因内战爆发中断了广播，1939 年在独裁政府的严密控制下成立了西班牙国家电台，同时宣布禁止非法传播任何信息。1975 年起才逐步恢复了广播自由，1977 年完全开放了调频广播。1977 年政府放弃了对电台新闻发布的垄断，不再要求非国有电台播送政府的新闻。此后新闻发布范围和速度明显加快。目前广播电视总局统管着电台、电视台。全国共有 200 多家电台，最重要的是西班牙国家广播电台和私营的西班牙广播公司、洲际电台和西班牙人民广播电台。电视在西班牙人的生活中占有不可或缺的重要地位，是公民获取信息和新闻的主要途径，西公民看电视的时间要高于大多数欧洲国家。20 世纪 80 年代初期电视台由国家垄断。1986 年 4 月通过的法案，打破了由国家独家垄断的局面，开始出现私人电视台。官方电视台有两个频道——电视一台和电视二台，此外还有一些自治区电视台。1989 年政府批准建立了多频道、天线—3 和电视 5 台三家私人电视台。在新的竞争局面下，90 年代后电视节目日益丰富多彩。1994 年底电台开始通过卫星进行转播。1997 年两大数字电视平台正式运行，它们是普利萨集团下的数字卫星台和数字台。普利萨集团还拥有国家的主要报刊《国家报》和主要电台卡德纳电台。

七　新闻与出版

在佛朗哥统治时期，政府对报纸和杂志的发行实行严格的审查制度，只有对政府有利的新闻才允许发表。1966 年新的新闻法颁布后，新闻出版的自由度比以前扩大了，报纸甚至开始探讨如果佛朗哥去世后如何组建政府机构等问题。1978 年的宪法正式确立了新闻自由，但仍严格禁止新闻记者发表反对政府言论的文章。在佛朗哥长达近 40 年的独裁统治下，公民对新闻的可信度持很大的怀疑，看书读报的人很少。直到 1988 年，报纸的发行量仅为每千人 80 份，远低于欧洲其他国家。目前全国共有报纸 155 多种，但其中大部分是属于自治区的。国内最有影响力的大报是《国家报》，创刊于 1976 年，该报在西班牙民主进程中曾起到重要的舆论导向作用，日发行量为 50 万份左右。其他主要报纸为：《阿贝赛报》（30.2 万份）、《世界报》（27.2 万份）、《先锋报》（21.2 万份）、《加泰罗尼亚报》（20.8 万份），最大的体育报纸是 *MARCA*，日发行量为 41.7 万份。杂志市场十分活跃，各类杂志达 200 多种，其中有关妇女的杂志居多。

西班牙主要通讯社有官方通讯社埃菲社和私营的欧洲通讯社、罗格斯通讯社等。

西班牙于 1896 年加入《伯尔尼公约》，1956 年加入《世界版权公约》，1987 年颁布版权法。1987 年拥有出版社为 1341 家，其中大型出版社为 155 家，中型出版社为 454 家。出版社主要集中在马德里和巴塞罗那。主要的大型出版社有：萨尔瓦特出版社、普拉萨与哈内斯出版公司、行星出版公司、阿利安萨出版公司。政府的出版机构主要有：高级科学研究院和国家函授大学的出版社。全国共有约 4000 家书店。最大的书店是图书之家和水晶之家。全国性行业组织有：西班牙出版商联合会、西班牙出版商工会联合会。西班牙从英国、法国、美国进口书籍；出口主要面向阿根廷、墨西哥和法国。1996 年出版图书总数为 46366 种，其中一般性书籍 1540 种，哲学类 1744 种，宗教类 1941 种，社科类 9324，语言学类 2102 种，自然科学类 3000 种，应用科学类 6907 种，艺术类 3763 种，文学类

11695 种，历史地理类 4350 种。

八　博物馆与图书馆

西班牙主要的博物馆有普拉多博物馆、泰森·波奈明萨博物馆、索菲亚皇后艺术中心博物馆、毕加索博物馆、达利博物馆、国立考古学博物馆、国立雕刻艺术博物馆等。普拉多博物馆是西班牙最著名的艺术博物馆，也是世界上最大的美术馆之一，位于马德里普拉多大街。该馆建成于 1819 年，先作为皇家绘画馆对外开放，1868 年成为国立博物馆。它收藏有世界上最丰富、最全面的西班牙美术作品，还藏有欧洲其他国家的作品，以意大利的最为著名。如 15—17 世纪意大利绘画大师安杰里科、拉斐尔和威尼斯画派的作品，佛兰德斯画派鲁本斯、凡戴克的作品，以及英国、荷兰、德国画家的一些代表作。馆内 100 多间陈列室陈列着 12—18 世纪的西班牙美术作品共 3000 多幅。展品除来自西班牙哈布斯堡和波旁王朝的艺术收藏外，1872 年还收集了西班牙各修道院所存的著名绘画。现代艺术大师毕加索巨幅作品《格尔尼卡》曾于 1981 年 10 月在此展出。博物馆的收藏品还包括古典雕塑、硬币、金、银和陶瓷器皿等。20 世纪，该馆还进一步增加了藏品和扩大了建筑规模。

加泰罗尼亚美术馆位于巴塞罗那，主要收藏加泰罗尼亚地区的中世纪美术作品，特别是罗马式壁画、罗马式祭坛画，还有木雕、石刻、金工等；该馆也收藏西班牙近现代绘画；陶器艺术分馆则收藏了大量的伊斯兰—西班牙陶器。

西班牙的国家图书馆藏书 380.3 万册，其他公共图书馆共有 3380 家，总藏书为 3275 万册。高等院校图书馆 588 家，总藏书为 1687.7 万册，其他学校图书馆总藏书 744.7 万册。

九　节假日与民风民俗

（一）节假日

西班牙法定假期每年有 30 天，通常在 7、8、9 三个月休假，8 月份休假的人最多。全国的法定假日为 1 月 1 日元旦、1 月 6 日（主显节）、4 月 5 日（耶稣受难日）、5 月 1 日（劳动节）、8 月 15 日（圣母升天节）、10 月 12 日（国庆节）、11 月 1 日（万圣节）、12 月 6 日（西班牙宪法日）、12 月 25 日（圣诞节）。除了以上法定假日外，西班牙还有许多重要的节日。

1. 殉难节　为纪念在家乡保卫战中壮烈牺牲的西班牙妇女而设立。相传 1227 年摩尔人攻占了萨马拉的塞哥维亚城堡，在危急时刻，当地妇女圣阿格达率众与入侵敌人展开了殊死搏斗，最终夺回了城堡，战斗中不少妇女不幸牺牲。殉难节为每年 2 月的某 2 天，期间由妇女当政，从公共事务到家庭，凡男人掌管的权力全部移交给妇女，妇女们选出自己的“两位市长”，履行市长权力。妇女们在“女市长”的指挥下，抬着圣阿格达的巨型雕像，向男子们守护的教堂进发，象征当年夺取塞哥维亚城堡。从教堂出来后，再到广场集会，在掌声、笑声、欢呼声中烧掉男子模拟像。男子们则一切听从妇女差遣。

2. 法耶节　西班牙最盛大的节日之一。每年 3 月 12—19 日在巴伦西亚市举行。“法耶节”的主要活动是制造、展出和火烧纸型。一周内，巴伦西亚市展出二三百个建造雄伟、雕塑精细、形象逼真、活灵活现的纸人和纸屋。这种纸型当地称作“法耶”，“法耶节”因此得名。在节日的最后一天，即 3 月 19 日下午，要举行盛大的庆典，给制作纸型的优秀者发奖，入夜后开始燃放焰火。午夜 12 点，开始燃烧纸型，花费约近 200 万美元的巨大纸型便在烈火中化为灰烬。

3. 摩尔人与基督教人节　西班牙独有的节日，通过重现历史的方式来纪念西班牙人民“光复运动”的胜利。摩尔人（即阿拉伯人）自 8 世纪起统治伊比利亚半岛，经过长达 8 个世纪的光复运动，西班牙人终于在 15 世纪光复了祖国。此后，西班牙各地每年都要举行各种形式的纪念活动。其中，东部阿利坎特省阿耳科伊城每年 4 月下旬举行的“摩尔人与基督教人节”场面最为壮观。整个节日持续 3 天：第一天是“入城式”。清晨 7 时许，全城几十支乐队一起奏乐，1800 名青壮年分别装扮成基督教军队和摩尔战士，兵分两路参加节日表演；第二天是“决战前夕”，在人们尽情欢乐时，两军整装待发，作出高度战备的状态；第三天是“激战日”，破晓时分，两军展开“激烈的巷战”，数小时后，节日以基督教军队大获全胜而结束。

4. 鸽子节　在马德里最古老的街区卡拉特拉瓦，每年 8 月要举办为期 5 天的“鸽子节”，向世人展示马德里古老的风土人情。节日期间，家家户户张灯结彩，装饰一新。沿街可欣赏到各种传统杂耍、游艺和手工艺品，品尝各种风味小吃，整个街区熙熙攘攘，热闹非凡。活动期间还精心挑选12对金童玉女。中选者将获得一辆自行车和“地道马德里人证书”。最后还要举行精彩的“马尼拉披肩”比赛，妇女们借此机会向人们展示她们优美的身姿。

5. 三王节　每年的1月6日。节日的规模和隆重程度可与西班牙的元旦相媲美。相传，在1月6日这一天，从东方来了三位国王，他们三人分别是黑脸国王、黄脸国王和白脸国王。他们来到西班牙后，给人们带来了祥和和欢乐。为此，数百年来，西班牙人每逢1月6日就要举行盛大的庆祝活动。节日那天，载有装扮成三位国王的车队浩浩荡荡向市中心广场进发，三位“威严而慈祥”的国王不时地摸摸人群中孩子，给孩子带来快乐。

6. 除夕狂欢节　除夕之夜，人们相聚在马德里的太阳门广场；亲朋好友会聚一堂，畅饮美酒。随着欢快的乐曲，素不相识的人们一起跳舞，太阳门广场成了欢乐的海洋。当广场一侧古老钟楼上的时钟快要指向12点时，天空中燃放出五彩缤纷的焰火。这时，人们就像变魔术一样，转眼间都拿出一串葡萄。据传说，在太阳门的新年之夜，谁能随着12响的钟声吃进12粒葡萄，来年定会万事如意。第十二声钟声余音未落，人群中已欢声雷动，人们怀着美好的愿望跨进了新的一年。广场上欢乐的人群直到次日日出之后才陆续散去。

7. 奔牛节　每年7月7—14日在西班牙东北部的庞普洛那市举行。该节以牛为主角。从清晨奔牛、中午耍牛到晚上斗牛，规模盛大，举世无双。清晨8点，当教堂钟声敲响后，市府附近一条狭窄的小胡同早已人山人海。奔牛就在这条弯曲的小街进行，全程787米，在不到2分钟时间里，牛群便从畜栏经小街跑到市中心的卡斯蒂利亚斗牛场，场面惊心动魄。

（二）民风民俗

1. 扇子和吉他　扇子和吉他是西班牙人用来表示爱情的特殊表达方式。西班牙的扇子大多是丝织制成的，以黑色居多，四周镶嵌着花边，扇面上多为斗牛士或塞维利亚女郎。西南部妇女善于使用扇子来传递爱的信息，据说如妇女打开扇子并把脸的下半部遮起来，意味着“你喜欢我吗”或“我爱你”。如果把扇子一会儿开，一会儿合，表示她非常想念你。与女子使用扇子一样，西班牙男子则用吉他传情。如小伙子爱上姑娘后，在明朗的清晨或月明的夜晚，来到姑娘窗前，弹起吉他，轻轻吟唱，如姑娘有意，就会探出头来，向小伙子投去一束鲜花，以示同意接受他的爱。

2. 肉菜饭　肉菜饭是西班牙人的常用食物，特别西巴伦西亚地区更为普遍。肉菜饭通常采用米、肉、鱼及豆角等制成，颇受外国游客的青睐。在一些地区，每年都要制作这种“大锅饭”来招待游客。最大的一次肉菜饭是在直径为16米、重12吨的巨型锅里烹制而成的，可供6万人食用，可谓世界上最大的“大锅饭”。

3. 哨语　在加那利群岛中有个小岛叫戈缅拉岛。该岛呈圆锥状，中间高、四周低。岛上道路崎岖，交通极其不便。为了及时沟通信息，岛上居民创造了一种传声远又易懂的特殊语言——哨语。岛上居民用吹哨的方法来传达各种信息。他们的口哨与众不同，通常将一两个手指前端放在嘴里，舌的前部不动，两唇后展成固定状，经过练习，便能发出纯正的哨音。哨音有长短和音调高低的变化，音域范围可达3个八度。

4. 穴居　在西班牙中部梅塞塔高原的一些古老村镇中，至今还保留着传统的掘洞穴居的居住方式。西班牙穴居习俗源远流长，与当地的自然环境密切相关。中部高原地区土质坚硬，年降雨量较低，严冬酷暑，季节分明。距首都马德里几十公里远的比亚卡尼亚镇，最盛时曾有1500户人家穴居地下。迄今，镇上还有近50户人家住在地下，其余穴屋已封存不用或改作贮藏室。穴屋绝大部分是平地掘洞建成。地面上或绿草丛中竖立着的高约2米的白色方柱就是连接穴屋的烟筒和通气口。穴屋门前有1尺多高的门槛，用来挡水。跨越门槛后，再经过一条斜坡过道来到穴屋门口。穴屋一般深4米，冬暖夏凉。穴屋普遍都很宽敞、舒适。现在，穴屋都通了电，几乎家家都有电视和冰箱。美中不足是洗衣机尚无法使用。一般说来，住在穴屋的多属低收入家庭。随着政府不断向穴屋人家提供正式住房，目前穴屋居民在日益减少。但仍有许多中老年夫妇舍不得搬离他们亲手建成的穴屋。

5. 斗牛　激烈惊险的斗牛活动是西班牙的“国粹”，西班牙素有“斗牛王国”之称，斗牛史可以追溯到公元前克里特岛的米诺斯文明。斗牛习俗的出现可能与原始人的狩猎有关。人们与野牛展开激烈的搏斗，最终刺杀它来获取猎物。随着时间的推移，人们在高兴之余，以模仿与野牛的搏斗来庆祝胜利，久而久之，斗牛演变成一种娱乐形式而得以保存下来。13 世纪斗牛活动成了竞技性表演。自 18 世纪起，西班牙各地兴建斗牛场，斗牛表演蔚然成风。哥伦布发现美洲大陆后，西班牙的斗牛传到了墨西哥、秘鲁、委内瑞拉、哥伦比亚、厄瓜多尔等地。

6. 母系氏族 西北部的加里西亚，至今仍保留着独特的母系社会。那里母亲是一家之主，所有的财产包括庄园、土地和农具都属于她们。她们还有财产继承权。加里西亚妇女有着独特的持家本领，诸如农活、筑路、建房、伐木等这些重体力劳动都由女人来承担，男人在家庭中仅是个配角。在社交、贸易等重要问题上，决定权在女人手中，男人是做不了主的。女儿结婚时，要把女婿娶过来。女婿“嫁”来后得听从岳母的指挥。如妇女头胎是女孩，表示大福大贵，从此不再生第二胎。一年里只有在国庆节、收获节及大斋节前夜，男人才能活得像个男子汉。

（三）体育

当代西班牙人最喜爱的体育运动是足球、网球和摩托车。特别是足球，属西班牙最大的体育运动，全国有 8 万支足球队，女子足球队 300 多个，跻身世界足球强队的有皇家马德里队、巴塞罗那队和马德里竞技队等多支球队。西班牙的足球联赛是世界上最有影响的联赛之一。

两支最主要的足球队是皇家马德里队和巴塞罗那队。巴塞罗那队创建于 1899 年，获得过 1 次欧洲冠军杯、2 次欧洲超级杯、4 次欧洲优胜者杯、15 次西班牙联赛冠军、24 次西班牙杯赛冠军、5 次西班牙超级杯、4 次欧洲联盟杯、2 次联盟杯。巴塞罗那造就过三位世界足球先生：罗马里奥、罗纳尔多和里瓦尔多。皇马队曾 8 次捧得欧洲冠军杯、2 次欧洲联盟杯、2 次丰田杯、27 次联赛冠军、17 次西班牙杯、4 次超级杯、1 次联赛杯。

西班牙的网球运动相当普及，全国拥有的职业网球协会有 1100 多家，活跃在世界网坛上的著名球星有桑切斯、马丁内斯等。摩托车是西班牙青少年最喜爱的一项运动之一，著名运动员有马丁内斯·阿斯帕尔，他曾经 36 次获得各项世界比赛冠军。其他如狩猎与钓鱼、帆船、高尔夫球也是西班牙人热衷的体育运动。1992 年，西班牙主办的巴塞罗那奥运会获得很大成功，也进一步促进了西班牙体育事业的发展。

第八节 军事与外交

一 军事体制与国防政策

1978 年西班牙颁布的宪法和随后提出的军事改革法，使佛朗哥遗留下来的军事体制开始发生转变。军费开支主要用于购置新军事设备，对军人实行新的培训制度，同时，军人的薪水也提高了。原来独立的陆、海、空三军部队改由国防部统一指挥，国防部长由一名文职官员担任。1982 年以冈萨雷斯为首的社会党上台执政后，军队进行大规模裁减，1982—1991 年，正规军由原来的 28 万人下降到 19.5 万人。1989 年起法律规定允许妇女参军。

在新的体制下，武装力量由正规军（陆、海、空三军）和国家安全部队组成，国王为最高统帅。军队最高指挥机构是三军参谋长联席会议。国防部负责政府的防务政策并领导国防工业。国防委员会是国防事务的最高咨询机构，国王为主席，但通常由首相来主持，成员有副首相、国防大臣、外交大臣、内政大臣、国防参谋长、三军参谋长。西班牙实行义务兵役制和志愿兵相结合的兵役制度。义务兵役制从 1984 年开始实行，凡年满 18 岁的男性公民必须服役两年，服役期间不发工资，只领取少许零用钱。逃避服役者将被判刑。在校大学生可等毕业后再服役；也可中途辍学去服役，校方须为其保留学籍。

1996 年初提出了逐步取消兵役制，建立职业兵制。在 2002 年 12 月之前，西班牙依然实行义务兵役制，为期为 9 个月（原为 2 年）。除正规军外，宪警队和民防军也是西班牙重要的武装力量。宪警队是一支装备精良的防暴警察部队，其主要使命是对付国内的恐怖主义和抑制社会动乱；此外还负责国内桥梁、机场、海岸和边境的管制工作。宪警队受内政部和国防部的双重领导。民防军即国内安全部队，是一支准军事组织，主要任务是负责维护国内的社会治安，保障公民的人身和财产安全，包括收集情报、预防犯罪、技术侦破、研究和处理各种案件等。

1982 年西班牙成为北约成员国后，放弃了长期推行的中立政策。1986 年西班牙就是否继续留在北约的全民公决通过后，明确提出了其在北约中的地位和作用：不参加北约的统一军事行动，保持领土非核化，禁止在领土外动用武力。1997 年 12 月西班牙与北约军事组织完全一体化得到了北约组织的批准。1998 年 8 月西班牙的军人参加了部署在波黑共和国的维和部队，共有 1600 人。1999 年西班牙军队参加了由北约对南斯拉夫的大规模军事打击行动。这表明西班牙已经改变了其在 80 年代中期提出的对北约的立场和作用。

2000 年，西正规军总兵力为 16.6 万人，其中陆军 10 万人，海军 3.69 万人，空军 2.91 万人，三军后备役共 44.8 万人。陆军划为 6 个军区，下辖 5 个师，15 个旅（其中伞兵旅、空降旅和两个骑兵旅为独立旅）。另还有海外军团和特种部队。海军编为 5 个司令部，另有航空兵和陆战队。空军分为作战空军、战术空军、加那利群岛空军、空运、训练 5 个司令部及 1 个空军司令部集群。此外，还有国家安全部队 72708 人。

2002 年西班牙国防预算为 62.23 亿欧元，占国民生产总值的 0.92%。

二 外交政策

西班牙奉行以“和平、裁军、保护人权、国际合作与团结”为主导原则的“欧洲化、西方化和民主化”外交政策；以推动欧洲联合为核心，以拉丁美洲和马格里布为重点，开展全方位外交；主张建立和平、民主和法制的国际新秩序，捍卫联合国等国际组织中所规定的人的基本自由和权利，并在国际关系中优先维护西班牙的经济利益。西班牙积极推动欧洲的一体化进程，是欧元区首批 11 个成员国之一。在政治和经济上，支持俄罗斯和东欧国家的改革进程，重视发展与它们的关系，积极参与寻求和平解决波黑战争后的地区重建工作。主张在中东地区以合作发展代替战争和冲突，大力加强与拉美国家的合作，重视发展与地中海国家的关系，并积极推动欧盟与这些国家和地区发展关系，重视开拓与亚洲国家的关系。

（一）西美关系

西重视同美国的战略盟友关系及在各领域的合作，双方先后签订了防务合作协定、友好合作条约和科技合作协议等。美军从托雷洪和萨拉戈萨两基地全部撤走后，仍保留罗塔和莫隆两个海军基地。近年来，两国高层领导人政治往来频繁，建立了不定期的最高级磋商制度，经常就双边关系和重大国际问题交换意见。美国是西仅次于欧盟的第二大贸易伙伴，双边贸易额近年来一直保持在 100 多亿美元以上，美资占外国在西投资总额的 1/3 以上。“9·11”事件发生后，西班牙积极支持美国的反恐斗争，并在对伊拉克动武问题上不惜与法德分道扬镳而坚决站在美国一边。

（二）西班牙与北约

1982 年 5 月西班牙正式加入北约。然而左翼领导人提出强烈抗议，认为加入北约意味着政府违背了自 1977 年以来实行的所有政党一致通过的原则。工人社会党组织了一次抗议活动，并将北约问题作为赢得大选的竞选宣言，承诺一旦社会党赢得大选要举行退出北约的全民公决。然而当社会党获胜后并没有履行诺言，主要是担心退出北约会影响西加入欧共体。1986 年 3 月 2 日就是否继续留在北约的公决结果是：赞成者为 52.6%，反对者为 39.8%。同时西对其加入北约的立场作了明确阐述，即不参与北约的统一军事结构、保持西领土非核化、逐步缩减美在西领土上的驻军和收回对直布罗陀的主权。在索拉纳担任北约秘书长后，西在北约中的作用得到了加强，西对北约的政策也有所变化，西班牙参与了 1999 年 3 月 24 日西方八国对南联盟的统一军事行动。

（三）西班牙与欧洲

佛朗哥时期，西班牙在欧洲的政治舞台中处于孤立的地位。佛朗哥死后，积极融入欧洲大家庭是西的主要外交目标；迫切希望得到西方社会的承认成为当时西加入欧共体的主要推动力量。在加入欧共体问题上，佛朗哥的独裁统治是主要障碍。在经过长达 6 年的艰苦谈判后，1970 年 3 月，欧共体和西班牙达成了互惠的商业贸易协定。1977 年 6 月，西正式提交了加入申请，得到多数欧共体成员国的同意。1978 年组成的内阁中增加了专门负责欧洲事务的大臣。经过长时期的谈判后，1985 年夏，西签订加入的条约，1986 年 1 月 1 日，西班牙成为欧共体的正式成员国。西班牙加入欧共体后，开始奉行与欧共体其他成员国相一致的新的外交政策。1989 年上半年西班牙首次担任欧共体轮值主席国期间，为欧洲社会宪章、经济与货币联盟和欧洲政治合作等方面作出了必要的努力。同时，比塞塔被纳入了欧洲货币体系。此后西班牙政府为实现欧洲经货联盟作出了不懈的努力，1999 年 1 月 1 日西成为欧元区首批成员国之一。

（四）西班牙与拉美的关系

西班牙外交政策的轴心是欧洲和西方国家，但同时也把同拉丁美洲国家的关系视为外交政策的另一个轴心。由于历史的原因，西班牙在该地区有着特殊的利益。佛朗哥之后，西班牙对前殖民地国家投资和外交往来都有增加，进一步加强了与前殖民地国家的关系。西班牙的拉美政策主要建立在以下几个原则基础上：相互保持独立、平等、非歧视性关系；支持民主化进程和人权保障；在欧共体内从事有利于拉丁美洲利益的活动；在各个领域开展同拉美国家的合作与声援活动。西班牙最终目标是在平等和尊重独立主权的基础上建立一个西班牙和美洲西语国家的共同体（伊比利亚美洲共同体），积极倡导并参与伊比利亚美洲首脑会议；2001 年，西国王和首相出席了在巴拿马举行的第十一届伊比利亚美洲首脑会议。西班牙是联合国拉美和加勒比经济委员会成员、美洲国家组织长期观察员，也是拉丁美洲一体化协会和安第斯条约组织的观察员。

（五）西班牙与阿拉伯国家的关系

西班牙对外政策的另一个重要方面是重视同地中海沿岸阿拉伯国家的关系。1986 年 1 月 17 日，西同以色列正式建立了外交关系，同时声明支持巴勒斯坦人的自决权利，主张正确解决该地区的冲突。在有争议的撒哈拉问题上，西班牙政府表示支持撒哈拉人民的自决权利。因此，西班牙同阿拉伯世界良好的传统关系得到巩固和加强。2001 年，西外交大臣多次访问了埃及、巴基斯坦、以色列等国。

多年来西班牙和摩洛哥存在渔业问题和岛屿争端等矛盾，为消除这些矛盾带来的不利影响，自 2002 年下半年以来，西班牙和摩洛哥为恢复和改善两国关系作出了努力。2002 年 7 月 22 日，在美国国务卿鲍威尔的斡旋下，西班牙和摩洛哥两国外交大臣在拉巴特就解决雷拉岛问题举行首次谈判，双方就“恢复和保持”雷拉岛原来状态达成协议。同年 12 月，摩洛哥外交大臣本·伊萨对西班牙进行正式访问，两国外长签署了两国关系正常化协议，并决定建立一个联合专门工作小组来处理一些与两国关系有关的具体问题，两国关系出现明显好转。2003 年 1 月，两国外交大臣在拉巴特再次会晤后决定恢复两国大使级关系，从而结束了长达 15 个月的外交危机。此后，双方在经济、文化、移民、反恐等领域进行了多方合作，对维护共同战略利益、发展两国间经济互助和睦邻友好关系起到了积极作用。

（六）西班牙与中国

自 1973 年中西两国正式建立外交关系以来，两国间在政治、科技和经贸等领域的友好往来和合作不断加强。1973 年建交前，两国间的贸易额只有几百万美元。而在建交 10 年后，双边贸易额创历史最高水平，为 6 亿多美元。西班牙向我国出口的产品，初期主要是化肥、化工产品、钢铁、塑料产品、纸张、丙烯纤维等，后来逐步扩大到医药品和各类机械，其中纺织机械在我国销路很广。我国向西主要出口产品有：棉花、纺织纤维、石油、铝和锡、各种化工产品、皮革和收音机等各种轻工产品。除了双边贸易，两国在各方面的合作也在逐步展开，西在中国建立的合资企业在不断增多。据中国海关统计，2000 年中国与西班牙的进出口贸易总额达 18.82 亿美元，比上年增加 28.5%，其中中国对西班牙的出口额为 14.72 亿美元，进口额为 4.11 亿美元，分别比上年同期提高了 29.5% 和 25.3%。2001 年，中西两国贸易额为 29.76 亿美元，与 2000 年相比增长 8.3%。其中我国向西班牙出口额 22.62 亿美元，进口 7.14 亿美元。近年来中西经贸关系发展迅速，据中国海关总署统计，2009 年，双边贸易额为 183.64 亿美元，同比下降 30%。

西班牙政府自 1985 年起向中国提供政府贷款。中国是西班牙最大受援国，西班牙是中国第三大援助国。截至 2008 年底，西方共向我承诺了 10 批混合贷款及部分专项贴息贷款，累计承诺贷款总额达 42.8 亿欧元。两国间较大的合作项目有：津沈铁路电气化工程、中小项目一揽子框架协议、国航引进模拟机及车辆、甘肃兰州燃气、新中国展览中心等。截至 2010 年 3 月，西在华投资项目为 1707 个，实际投入 18.19 亿美元，是欧盟第六大对华投资国，主要分布在北京、天津、上海、广东一带，行业涉及金融、能源、电信和运输等。我在西合资或独资企业主要集中在贸易、渔业等领域。

中国对西班牙主要出口商品是：纺织品、服装鞋类、机电产品、家用电器、旅行用品及箱包、陶瓷和药品等。我国从西班牙主要进口商品是：机械设备、钢材、塑料、化工、医药制品等。

第九节　著名人物

胡安·卡洛斯一世（Juan Carlos I，1938—　）

西班牙国王。1938年1月5日生于罗马。系西班牙波旁王朝末代国王阿方索十三世之孙，巴塞罗那伯爵唐·胡安之子。幼年随双亲旅居意大利、瑞士、葡萄牙等国。1947年7月佛朗哥发布《元首继承法》，恢复君主政体，被选定为西班牙未来的国王。翌年11月回国接受专门培养。1954年6月中学毕业，后进行为期四年的军官基本训练，1959年12月被授予陆、海、空三军少尉军衔。1960年10月入马德里大学继续深造。1963—1968年相继在公共工程、农业、工业、财政、司法、内政和贸易等部门实践行政管理，其间随同佛朗哥巡视各地，了解国情。1969年7月22日由佛朗哥提名，经议会通过被确定为国家元首的合法继承人——未来的西班牙国王。次日向议会宣誓，并采用西班牙王储的称号。1974年、1975年佛朗哥患病期间，两次代理国家元首职务。1975年11月27日登基，成为西班牙国王。同时担任武装部队总司令，升为上将。即位以来，结束了佛朗哥的法西斯统治，开放党禁，举行议会普选，逐步建立起议会民主制度。爱好滑雪、狩猎、航海、航空等体育活动。1962年5月在雅典与希腊国王保罗之女唐娜·索菲亚公主结婚，有两女一子。1978年6月17—22日访问中国。

卡雷罗（Luis Carrero Blanco，1903—1973）

西班牙总理（1973年6—12月）。1903年生于桑坦德附近。曾在西班牙海军学校和巴黎海军学校学习，参加过镇压摩洛哥的人民起义。西班牙内战时任装甲师参谋长。以后获海军上将军衔。1941年任首相府副国务秘书，1943年任议会第二副议长，1951—1965年任首相府部长级副秘书，1965—1967年任部长，1967—1973年任副总理。1973年6月出任佛朗哥政权第一任总理。1973年12月20日在马德里市遇刺身亡。生前与佛朗哥共事时间最长，关系最为密切。

阿里亚斯（Carlos Arias Navarro，1908—　）

1974年1月至1976年7月任西班牙总理、首相。西班牙国民运动全国领袖。1908年12月11日生于马德里老城的一个小资产阶级家庭。13岁考入马德里大学。1929年获法学博士学位。1933年在马德里最高法院检察署任职，不久出任马拉加省法院检察官。1936年西班牙内战时，因亲佛朗哥被共和国当局囚禁在马拉加。1938年出狱，在佛朗哥军队军法部门和空军司法部门任职。1944年任莱昂省省长。1949年任纳瓦省省长，之后任加那利群岛圣克鲁斯—特纳里夫省省长。1957—1965年任安全事务总监。1965—1973年任马德里市市长、市议会议长，1973年6—12月任内政部长。1974年1月任总理。胡安·卡洛斯一世担任国王后任首相，1976年7月被迫辞职。

苏亚雷斯（Adolf Suarez Gonzales，1932—　）

1976年7月至1981年1月任西班牙首相。西班牙社会民主中心党主席。1932年9月25日生于阿维拉省塞夫雷罗斯市。毕业于马德里大学法律系，获法学博士学位。当过律师和检察官。1964年任广播和电视局负责人。1969年任塞戈维亚省省长。1973年任国家旅游组织管理委员会主席。1975年后任“国民运动”（原名为长枪党）副秘书长、秘书长，1976年7月被国王指定任首相。1977年6月组织西班牙40年来第一次大选。大选前创建民主中间派联盟，并任主席至1981年2月。1982年7月退出民主中间派联盟，另组社会民主中心党并当选为主席。主张优先发展经济，通过经济、文化和社会改革来稳定西班牙民主。

冈萨雷斯（Felipe Gonzalez Marquez，1942—　）

1982年12月起任西班牙首相、西班牙工人社会党总书记。1942年3月5日生于塞维利亚省一农业工人家庭。1966年毕业于塞维利亚大学法律系。1962年加入社会主义青年联盟。1964年加入工人社会党。1965—1970年当选为该党塞维利亚省委委员和全国委员会委员。1970年当选为工人社会党全国执行委员会委员。1974年当选为第一书记。1977年2月西班牙工人社会党在国内取得合法地位后，于同年6月当选为制宪议会议员。1979年5月在西班牙工人社会党第二十八次代表大会上，因提出否定党的马克思主义性质的主张未获大会通过而拒绝出任党的总书记；同年9月在工社党举行的非常代表大会上，否定党的马克思主义性质的提案获得通过，当选为总书记。以后连任至1993年。1982年10月工人社会党在大选中获胜，同年12月组成了第一届工社党政府，出任首相，1986年和

1989年两次连任。1993年在大选中失利而下台。在位期间主张“社会平等、民族团结进步”，实现地区自治；实行温和的改革措施。对外政策的总原则是“积极争取和平、正义与进步”；奉行“欧洲的、西方的”外交政策，以欧洲为重点，全面开展对外交往。喜欢读书、钓鱼、收集工艺陶瓷和木刻等工艺品。1985年9月曾访问中国。著有《什么是社会主义》《西班牙工人社会党》等书。

伊巴露丽（Dolores Ibaruri Gomez，1895—1989） 前西班牙共产党主席、总书记。1895年12月9日生于西班牙北部比斯开省一个矿工家庭。做过女仆，当过矿工。1917年加入西班牙工人社会党。1918年开始以“热情之花”为笔名在地方报纸上发表文章，宣传革命思想。1920年参加创建西班牙共产党，被选为西班牙共产党比斯开省委委员，参加西共机关报《工人世界》编辑部工作。1934年参加阿斯图里亚斯地区反法西斯起义，同年参加创建反法西斯妇女组织。1931—1936年当选为国会议员，1937年任众议院副议长。1936—1939年西班牙内战时期，她参与领导西班牙人民反法西斯叛乱的斗争。1942年当选为西共总书记。1959年当选为西共主席。她曾任世界和平理事会副主席和国际民主妇女联合会名誉主席。伊巴露丽曾流亡苏联达38年，西班牙军事独裁者佛朗哥死后于1977年回国，同年6月当选为众议员。1956年和1959年先后率团参加中国共产党第八次代表大会和中华人民共和国成立十周年的庆祝活动。生前主要著作有《唯一的道路》《在斗争中》《多民族的西班牙国家》《西班牙战争与革命》等。

阿斯纳尔（Jose Maria Aznar，1953— ） 西班牙人民党主席。1953年出生于卡斯蒂利亚—莱昂自治大区。马德里大学法学系毕业，职业为税收检察员。1987年6月—1989年9月，代表人民同盟在卡斯蒂利亚—莱昂大区政府任主席。1989年受人民同盟主席弗拉加委托担任该党领导职务，1990年在该党的十大上当选为主席，1993年再次当选为该党主席。在担任党主席期间，实现了党内领导班子的新老交替。在同年6月的大选中该党获得了34.82%的选票，取得重大胜利。2000年3月12日人民党赢得大选，蝉联执政，阿斯纳尔继续任首相。阿斯纳尔担任政府首相以来，为改善人民党的形象，将党的政策从右翼向中右翼转移。在对内政策上，阿主张实行公共企业私有化，减税（将个人所得税从56%降低到40%），减少国家政府机构，减少公共企业开支，刺激私人积累，增加投资，创造就业。在国际上，他认为欧洲安全和西班牙不能脱离北约，支持欧洲一体化，与国内主要反对党派和地方党派合作，为达到《马约》提出的五大趋同指标，采取了紧缩经济政策，大力推行私有化，削减政府开支，为西班牙成为欧元区首批成员国作出了努力。在积极主张发展与欧盟成员国关系的同时，努力恢复与进一步发展与西班牙原殖民地国家的关系，积极与拉美国家进行经济、文化等多方面的合作，在解决直布罗陀问题上，与英国方面进行了磋商，取得一定进展。

埃切加赖（1832—1916） 著名剧作家，西班牙第一个诺贝尔文学奖获得者。曾在马德里大学教授微分学，1869年后多次出任政府大臣。1896年当选为皇家语言学院院士。他一生共创作了100多部风格不同的剧本，其中半数是诗剧。其作品情节离奇，从人道主义立场出发，抨击社会不公，同时他运用夸张等表现手法，使戏剧达到了很好的演出效果。其代表作品有：《报复者的妻子》《唐胡安的儿子》《伟大的牵线人》和《不是疯狂，就是圣明》等。

贝内文特（1866—1954） 著名剧作家，1922年获诺贝尔文学奖。早年曾在大学学法律，因喜爱戏剧而中途辍学，并在国内和欧洲各地进行巡回演出，其处女作《别人的窝》上演获得很大成功。贝内文特在创作上主张革新进步，反对因循守旧，以明快流畅、机智幽默的语言，生动地讽刺了贵族和资产阶级上流社会的虚伪和浅薄。他一生共创作了100多部剧本，主要代表作有《熟人》《利害关系》《星期六的晚上》《热情之花》《快乐而自信的城市》等。

希姆内斯（1881—1958） 著名诗人，1956年获诺贝尔文学奖。1896年在塞尔维亚大学攻读法律，1900年开始发表诗歌。他的作品感情真挚，文字优美，充满现代主义色彩。重要作品有抒情诗集《白睡莲》《紫罗兰色的灵魂》《遥远的花园》《牧歌》《新婚诗人的日记》和《石头和天空》等。其长篇自传体抒情散文《普拉特罗和我》堪称散文典范，被译成多种文字。此外，他还有诗歌理论、文学评论和散文等多种作品和译著。

阿莱克桑德雷（1898—　）　最负盛名的当代诗人之一。1898年4月26日生于塞维利亚。初学法律，毕业后当律师并从事诗歌创作。他提倡自由诗体，写作不拘泥于形式，文字精练优美，引人入胜。1933年他的诗集《毁灭与爱情》获国家文学奖。阿莱克桑德雷是个多产的诗人，其作品大多是表现自然、宇宙、生命、爱情、人生和死亡等主题。其主要作品有：《如唇之剑》《天堂的影子》《心的历史》《带名字的肖像》和《终极的诗》。因他的作品继承了西抒情诗的传统和汲取了现代画派的风格，1977年被授予诺贝尔文学奖。

塞拉（1916—　）　现代著名作家，生于1916年5月11日。在大学时攻读法律、哲学以及医学，并从事写作。塞拉一生经历丰富，既当过记者、电影演员，又当过斗牛士、运动员。1942年发表的第一部小说《巴斯库亚尔·杜阿尔特一家》引起文坛轰动，被译成20多种文字。1951年创作的长篇小说《蜂房》，奠定了塞拉在西文学界的地位，1989年获诺贝尔文学奖。其主要作品有：《憩阁疗养院》《小癞子新传》《考德威尔太太和儿子谈心》《圣卡米洛，1936》等。

毕加索（1881—1973）　20世纪最富有创造性、影响最大的西班牙艺术巨匠，出生于西南海岸的马拉加。15岁时他的作品《第一次圣餐仪式》在画展上展出，从此开始蜚声于世。他是一个不断变化艺术手法的探索者。毕加索的早期作品可以分作两个时期，即“蓝色时期”和“玫瑰红色时期”。在“蓝色时期”里，他画了许多凄凉悲哀的蓝色调油画，表现出可怜人物的孤独、失望、灾难和不幸。代表作为《人生》《拥抱》《两姐妹》等。在“玫瑰红色时期”里，他画了许多以玫瑰红色暖调为主的作品，描绘出流浪艺人和马戏演员的世界。代表作为《站在球上的少女》《演员在休息》《江湖艺人》等。1907年，他从非洲原始雕刻中获得灵感，创作了标志着立体主义诞生的《亚威农的少女》。这幅画画了5个裸体的少女，无论是人物，还是背景，全部以几何形的块面组成。虽然此画在1925年才公开发表，但它的影响极其深远。这幅画迈出了向传统挑战的第一步，也是20世纪美术的第一次具有根本性的变革。毕加索是一个爱憎分明的画家，他的巨幅油画《格尔尼卡》强烈谴责了德国法西斯惨无人道的暴行。此外，还有《战争》《和平鸽》《朝鲜的屠杀》等。

达利（1904—1989）　20世纪超现实主义画派的大师，他的作品以描写梦境和潜意识的抽象画而风靡世界。他的画从整体上看似乎矛盾重重，怪象横生，甚至阴森恐怖，但在具体的画法上则十分精细。达利在其漫长生涯中，为世界留下了大量的传世之作。如《记忆的永恒》《追溯往事的女人的半身像》《燃烧着的长颈鹿》《内战的预感》《醒前刹那间的梦》等。　（张　敏）

第三章　葡萄牙

第一节　概述

国名　葡萄牙共和国（The Portuguese Republic，A Republica Portuguesa）。

位置　欧洲西南部。

面积　92090平方公里（包括亚速尔群岛2322平方公里，马德拉群岛828平方公里）。

人口统计　1070万人（2009年），人口增长率为0.09%，人口密度为116人/平方公里。

民族　葡萄牙人96.9%，外国合法移民占3.1%（主要来自非洲、巴西、欧盟及亚洲国家）。

语言　官方语言为葡萄牙语。

宗教　葡萄牙人有93%信仰罗马天主教，另外有48000名新教徒，17000名东正教徒，12000名穆斯林和2000名犹太教徒。

政体　议会民主制。

首都　里斯本（Lisbon）。

国旗　左绿右红两个矩形组成，红色部分的面积为绿色部分的一倍半，红绿连接线的中央为葡萄牙国徽。红色代表对1910年第二共和国的祝贺；绿色代表对航海家亨利亲王的敬意。

国歌　葡萄牙共和国国歌。

国徽　国徽为一个金色的浑天仪，这种古老的航海仪器表现了葡萄牙人引以为骄傲的航海事业的功绩，浑天仪中央为一红色盾徽，盾面正中有一白色盾形，上又有五个蓝色小盾，成十字排列，代表1139年在奥利基战役中打败摩尔人的五个君主。五个蓝色小盾盾面上各有五个白色的圆堡，象征着基督战胜异教徒的力量。浑天仪周边饰以金色橄榄枝叶组成的花环，底部束以白色绶带。

国庆日　6月10日。

其他重要节日　4月25日：纪念1974年4月25日推翻独裁统治，建立民主政治；10月5日：共和国日；12月1日：恢复独立日。

货币名称　2002年1月1日起使用欧元。

时间时区　西一区，比格林尼治时间早1小时，比北京时间晚7小时。

国花　石竹。

第二节　自然地理与人文地理

一　自然地理

（一）地理位置

葡萄牙的领土分为两个部分，大陆部分位于欧洲西南端的伊比利亚半岛西部，地处北纬37°3′—42°、西经6°—9°3′之间，东部和北部与西班牙接壤，陆地边界为1209公里，西部和南部濒临大西洋，海岸线长832公里。另外还包括位于大西洋上的亚速尔群岛和马德拉群岛。两个群岛与大陆的大部分国土形成等腰三角形。这一三角水域东经直布罗陀海峡进地中海；北通西欧、北欧；南达南美、非洲、好望角，以至海湾产油区和远东；亚速尔群岛和马德拉群岛正好沿着直布罗陀海峡排开，具有重要的战略意义。因此，葡萄牙国土虽小，战略地位却十分重要，自古以来就是兵家必争之地。同时，这一地理位置也为葡萄牙15—16世纪的航海事业和海外扩张提供了便利条件。近年来，每天通过这一三角水域的各国各类船只已多达500艘。

（二）地形

从地形特征上看，葡萄牙的大陆部分是一块南北长、东西窄的近似长方形地带，森林覆盖面积为36%，耕地面积为34%，牧场占地为9%。地势呈北高南低，总体由东北向西南倾斜。地形、地貌多样，北部为梅塞塔高原；中部多山地，平均海拔800—1000米。埃斯特雷拉山峰海拔1991米；南部多丘陵；西部沿海一带为沿海平原。特茹河由东向西，把葡萄牙分为南北两大部分：南部大体由平原和丘陵构成，宽阔的河床，稍有起伏的田野，为数不多的小山和一个海拔1000米的山峰；北部90%以上的陆地高出海平面1000米，离西部海面42公里便是一些1000米以上的高原，大面积的高原又被一些深深的山谷分割开来。

葡萄牙的两个群岛南北峙立，两者相距约700公里，距首都里斯本1000多公里。其中，亚速尔群岛由9个岛屿组成，自然地分为东部、中部和西部3组。马德拉群岛由4个岛屿组成，其中有两个岛屿无常年居住人口。两个群岛的各岛屿均是历史上形成的火山岛，共同的特点是海岸陡峭，奇峰绝壁遍布，地震较频繁。

（三）河流、湖泊

葡萄牙水力资源丰富。其大陆西部和南部全部面海，海岸线较长，沿海有许多天然海港，有利于葡萄牙的航海业和渔业。葡萄牙境内河网密布，主要河流都发源于西班牙。流经葡萄牙最长的河流是杜罗河，长度为320公里。源于葡萄牙的最长的河流是蒙德古河，长度为220公里。可通航的河流有沃家河、蒙德古河、萨杜河，及特茹河支流泽济里河。特茹河及其以北的河流由东北往西南走向；而特茹河以南的多数河流却由东南流向西北。葡萄牙的许多河流流经比较艰险和复杂的地形，不利于通航，但河网密布为农业、发电提供了有利条件。其中，蒙德古河及其重要支流阿尔瓦河已建有多处水电站。

（四）气候

葡萄牙气候宜人，北部属海洋性温带阔叶林气候，南部属亚热带地中海式气候。陆地冬季温暖湿润，夏季相对干燥。同时，由于海洋的影响，气候时有变化，大致是海洋性气候向地中海气候的过渡。其中，北部在冬季受大西洋海风控制，常有旋风；夏季，从亚速尔海域过来的高气压向北推进。1月份，平均温度为11℃；由于受来自西班牙梅塞塔高气压的影响，东北部天气较寒冷，平均为7℃。塞拉达、伊斯莱拉地势最高的地区，历史上有记载的最低气温在0℃以下，高山顶白雪覆盖达数十天之久。8月是葡萄牙一年中最热的月份，平均气温为22℃，但常有海上凉爽的海风刮来，并无炎热之感。就湿度而言，葡萄牙北部地区常有雨，湿度比同纬度的世界其他地区高。在西北部，年降雨量超过1000毫米，而其中的许多地区则比这高，有一些山岭地带，可达2000—2500毫米。但是，在东北部和特茹河以南，干旱却时有发生。

马德拉群岛属地中海气候，比较湿润，由于受季风影响，气温较高，夏季少雨，年降雨量低于1000毫米。亚速尔群岛在海湾潮影响下，气候湿润，年降雨量1000毫米以上。

（五）自然资源

1. 矿产资源

葡萄牙的矿藏资源丰富，种类较多，但分布分散，不利于大规模开采。主要矿产有：铜、锡、钨、铀、黄铁、锰、铅、铍、铌、锌、银、金、煤、大理石和宝石，其中钨的储藏量最为丰富，居西欧第一位，黄铁矿的储藏量按目前的开采量仅够开采20—25年。20世纪90年代初期，葡萄牙开始了大规模矿藏开采。

2. 植物资源

葡萄牙是混生植物地带，既有大西洋地区的落叶植物，又有欧洲和非洲的常青植物。其中，约2/3的植物与欧洲相同，约1/3的植物与非洲相同。葡萄牙北部地区以松树、橡树为主，还有海洋地带的大量海生松林。此外，还广泛地分布着椴树、榆树、杨树、橄榄树。在特茹河西南部的阿兰特尤，欧洲的石松取代了海洋松，主要的树种是栓皮栎树，其次是桉树，人工和野生橄榄树也随处可见。在远南部的阿尔加维，以角豆树而闻名，此外，杏树、无花果树也分布较广。历史上集中分布在南方的橄榄树，也早已广泛分布在葡萄牙各地，特别是中部和北部的杜罗河流域。马德拉群岛的植物有着明显的南欧特色，有上百种植物是该群岛特有的。亚速尔群岛的植物与欧洲一般地区相同，最常见的是草类、苔藓、蕨类，高等植物不多。

3. 动物资源

葡萄牙的动物群是欧洲和非洲动物的混合群体，也有一些来自伊比利亚半岛的特有种类。较大的野生动物有野山羊、野猪、鹿、狼和猞猁。狐狸、野兔随处可见。大西洋海域的鱼类十分丰富，其中最著名是欧洲沙丁鱼。葡萄牙的候鸟也较多。亚速尔群岛地区的哺乳动物品种不多，只有野兔、黄鼠狼、白鼬、蝙蝠等。葡萄牙的鸟类包括啄木鸟、石鸡、沙雉鸟。葡萄牙的鱼类较多，金枪鱼、海豚、鲸鱼等高经济价值的鱼类较为常见，而淡水鱼只有鳗鲡。在葡萄牙海豹很常见。在马德拉群岛地区，几乎没有一种是本地特有的陆地哺乳动物，生活在岛上的40多种鸟类中，只有鹧鸪是本地土生的。当地最多的昆虫是甲虫，种类多达695个，其中大多数是当地所特有的。在人们捕捉到的100多种蛾类中，约1/4是当地特有的。

二　人文地理

（一）人口状况

全国平均密度为每平方公里116人；城市人口占总人口40.7%，农村为59.3%；男性47.41%，女性52.59%。人口自然增长率为－0.07%。全国人口分布不均，南方人口密度低，特别是一些乡村地区，海岸地带人口密度高。昔日海岸地带人口密度高是由于同大西洋彼岸贸易往来较多，现在是因为都市生活优越和工业发达，从而使大量人口集中，特别是在里斯本和波尔图一带。此外，科英布拉市和其周围地带，也因旅游事业的兴起而聚集了众多人口。

葡萄牙历来提倡向海外移民。19世纪以后移民浪潮达到高峰。葡萄牙的移民率在欧洲最高。单是米纽一地，在1860—1960年100年间就流出人口100万人。外流人口大部分是流向美洲，以巴西最多。20世纪60年代以后，移民去向为西欧工业发达国家，至1965年，大约有100万劳工移居国外。现在去德、法的移民均有下降，而去美国和加拿大的移民却大幅增加。

（二）民族

葡萄牙的居民中99%以上为葡萄牙人，其余为吉普赛人。凯尔特人、日耳曼人、腓尼基人、希腊人、罗马人和北非人都曾经“入侵”或统治过葡萄牙，因而，葡萄牙人实际上是这些民族经过1000多年的混居融合而成。葡萄牙北部居民更接近于北欧人，而南部居民则类似于摩尔人或北非人。葡萄牙人的大体特征是：身材中等、头发为微卷的深褐色，眼珠多为栗色或棕色，肤色微黑，眉骨突出。在葡萄牙生活的吉普赛人主要居住在阿连特茹，他们大多生活在社会的边缘，往往以乞讨、算命、走私和小偷小摸为生。

（三）宗教

葡萄牙宪法规定，公民有完全的宗教信仰自由。教会与宗教团体完全独立，并且与政权分离。葡萄牙有93%的人信仰罗马天主教，另外有48000

名新教徒，17000 名东正教徒，12000 名穆斯林和 2000 名犹太教徒。由于历史原因，葡萄牙是一个老牌天主教国家，罗马天主教在葡萄牙发挥着重要的作用。全国有 3 个总教区，18 个主教区，4300 多个堂区，1 万多个教堂，约有 30 名主教，1 万多名神父，3 万名修士和修女。另外，葡萄牙的天主教会在教育方面也占有一定的地位，全国设有几百所天主学校和 1 所天主教大学。

（四）语言文字

葡萄牙的官方语言是葡萄牙语，葡萄牙语是一种使用地域广泛的罗曼族语言，已经有 1000 多年的文字记载，现存最早的葡萄牙语文献始于 12 世纪末。标准葡萄牙语以里斯本方言为基础，国内方言差别不大。葡萄牙语作为官方语言在国内外的交往中使用。目前，除葡萄牙外，还有巴西、安哥拉、莫桑比克、几内亚比绍、圣多美和普林西比、佛得角和东帝汶等 7 个国家的官方语言为葡萄牙语，另外，葡萄牙语还是安道尔、卢森堡和纳米比亚的重要的少数民族语言。在中国澳门以及世界各地的葡萄牙海外移民聚集区也有一部分人使用葡萄牙语。

（五）行政区划

在行政区划上，葡萄牙设有行政区、市镇和教区三个等级。葡萄牙全国共分为 18 个行政区，分别为里斯本、波尔图、科英布拉、维亚纳堡、布拉加、雷阿尔城、布拉甘萨、瓜达、莱里亚、阿威罗、维塞乌、圣塔伦、埃武拉、法鲁、布朗库堡、波塔莱格雷、贝雅、塞图巴尔；另有亚速尔群岛和马德拉群岛两个自治区。葡萄牙全国共有 308 个市镇，4000 多个教区。

首都里斯本位于特茹河入海口北岸，人口 49.97 万人（2009 年）。里斯本是葡萄牙的政治、经济、文化中心，是一座历史悠久的城市，自 1147 年葡萄牙首位国王阿封索从摩尔人手里夺取这座城市以后，就一直是葡萄牙的首都。

第三节 历史

一 古代史

葡萄牙建立独立国家之前的历史是与整个伊比利亚半岛的历史相连的。在 100 万年以前，就已经有人类在伊比利亚半岛上居住。而史料记载，葡萄牙最早的居民是旧石器时代的游牧民族，他们以狩猎为生。公元前 6000 年前后，新石器文化传入了葡萄牙。此时的葡萄牙人已经开始饲养牲畜、种植谷物，并且开始打鱼。代表葡萄牙史前历史最大特征的“巨石文化”也出现在这个时期。当时的游牧民族用石头建造房屋，以巨石为其首领建造墓穴。这些石屋和石墓一般用四五块竖石承托一块横石搭建而成。在葡萄牙各地至今仍然可以看到许多石墓的遗址。公元前 2000 年，早期的青铜文化开始出现。来自中欧的游牧部落来到了伊比利亚半岛西部，他们就是后来的凯尔特人的祖先。公元前 1000 年，凯尔特人把制铁技术带到特茹河流域。至今葡萄牙北部地区的家庭结构、村庄组织模式等仍然留有凯尔特人的印记。在罗马人到来之前，凯尔特人一直统治着伊比利亚半岛，他们在山顶修建了城堡，这些城堡后来发展成为周围筑有围墙的城市。

公元前 1000 年开始腓尼基人、希腊人和迦太基人先后来到半岛沿海地带殖民，通过贸易带来了先进的文化。西海岸至今仍留有几处迦太基人的村落遗址。

公元前 2 世纪，罗马人发动了与迦太基人的战争，罗马人很快就击败了迦太基人，迅速占领了葡萄牙中部。此后由于伊比利亚的土著居民对罗马军团的抵抗，罗马人的征服进展得相当慢。但是到奥古斯都皇帝统治时期，罗马人取得了最终的胜利。这块后来的葡萄牙国土，在它隶属于罗马的几个世纪中，发生了很大变化，某些影响一直持续到现在。罗马人兴建城市，凿通山岳，并在山谷里修建罗马式引水渠和道路，现在还留下很多遗迹。另一个重要影响是罗马人带来的拉丁语在逐渐变化后形成了葡萄牙语。

5 世纪，罗马统治衰落。6—8 世纪初，日耳曼人的一个部落西哥特人统治了葡萄牙，与罗马人相比，日耳曼人对葡萄牙的经济模式、行政管理、法律和文化几乎没有产生特别重大的影响。公元 711 年，处于扩张巅峰的阿拉伯人从北非越过地中海占领了葡萄牙，穆斯林人对伊比利亚半岛的影响远远大于日耳曼人，他们不仅带来了地中海文明，还迫使葡萄牙的大部分基督徒背弃了原来的信仰，改信伊斯兰教。穆斯林的入侵开启了葡萄牙人向外移民的传统，很多年轻人到一些大的穆斯林城市寻求发展。穆斯林文化对葡萄牙也产生了强大的影响，通过阿拉伯文的译本，古希腊的哲学和数学重新受到重视，观象仪和指南针被引入葡萄牙，穆斯林的造船技术为葡萄牙后来的航海大发现奠定了坚实的基础。阿拉伯语还大大丰富了葡萄牙语的词汇，葡萄牙语中至今仍有很多来源语阿拉伯语的词汇。此外，阿拉伯文化还对葡萄牙的风俗习惯、服装服饰、音乐、建筑等诸多方面都产生了影响。

葡萄牙的立国是一个历经数十年不断扩张的过程。在穆斯林统治时期，伊比利亚半岛北部始终有一支基督教的力量在活动，这支力量由小变大，逐渐演变成一个小王国。公元718年，这支基督徒的军队与穆斯林军队开战并取得了胜利。公元8—9世纪，反对穆斯林的战争一直在继续。在此期间，伊比利亚半岛北部形成了若干个小王国。9世纪，穆斯林人卷土重来，11世纪，北方的基督徒在法国骑士团的帮助下重新又向穆斯林人发动战争。在持续的战争中，阿斯图里亚斯王国的领土和实力不断扩张，后改名为莱昂（Léon）王国。莱昂王国国王阿方索六世（Alfonson VI）雄心壮志，力求统一伊比利亚半岛。1087年他自封为“西班牙国全权皇帝”，后又改称为“西班牙皇帝”。

阿方索六世将从穆斯林人手中夺来的土地分给了参加光复战争的骑士和贵族，作为对他们的奖励，但后者必须宣誓对其效忠。1096年阿方索六世将波尔图港口周围的被称为葡萄牙（Terra Portucalense）的一片土地赐给了勃艮第（Burgundy）的亨利（Henry）骑士。1097年亨利宣布其领地包括从米纽河到蒙德古河之间的广大平原，这就是葡萄牙王朝的雏形。1109年，阿方索六世去世，他的女儿乌拉卡继承王位，由于一些贵族想获得王位，莱昂王国随即爆发内战，亨利在这场内战中保持中立，但他逐渐不再履行对国王的义务。1112年，亨利去世，其妻也就是阿方索六世的女儿特雷莎（Teresa）继承了葡萄牙省的统治权。

1126年，乌拉卡的儿子阿方索七世在莱昂王国的内战中获得胜利，继承了王位。阿方索七世决心恢复对葡萄牙的宗主国地位，但受到特雷莎的拒绝。1127年，阿方索七世通过战争迫使特雷莎屈服于他。1128年亨利和特雷莎的儿子阿丰索·恩里克斯（Afonso Henriques）与葡萄牙贵族结成联盟，击败母亲的军队，获得了对葡萄牙省的统治权。1135年，阿方索七世在莱昂的主教堂举行隆重的加冕典礼，自封为“西班牙皇帝”，除了阿丰索·恩里克斯，隶属于他的其他王国的国王和伯爵全部出席了典礼。阿丰索·恩里克斯的这一举动被视为葡萄牙开始独立进程的最早和最有代表性的标志之一。此后双方冲突不断。

1143年阿方索七世与阿丰索·恩里克斯缔结和约，阿方索七世承认阿丰索·恩里克斯为葡萄牙国王；同时，阿丰索·恩里克斯宣布对阿方索七世效忠，并向其提供军事援助。至此，葡萄牙诞生了，开始了勃艮第王朝的统治。

葡萄牙立国之初，由于受到穆斯林人和卡斯蒂利亚王国两方面的威胁，局势并不稳定。阿丰索·恩里克斯投入大量的财力训练军队、加固城防。在他统治期间，葡萄牙的领土继续向穆斯林人占领的南部地区扩展。1139年，阿丰索·恩里克斯率军越过特茹河，侵入到穆斯林人的腹地，取得了对穆斯林军队决定性的胜利，1147年借助东征的十字军的帮助葡萄牙人攻占里斯本。此后，阿丰索·恩里克斯迅速扩展疆土，很快就占领了穆斯林人在伊比利亚半岛的绝大部分领土。1179年，阿丰索·恩里克斯将葡萄牙置于罗马教廷的直接统治之下，从而正式取得国王称号，葡萄牙于是成为一个独立的君主制国家。

1185年阿丰索·恩里克斯去世，他的儿子桑绍一世（Sancho I，1185—1211年在位）继位。桑绍一世在位期间继续进行复国运动，葡萄牙的领土继续向南扩张。桑绍一世的儿子阿丰索二世（Afonso II，1211—1223年在位）继位后，继续加强王朝建设。在十字军的帮助下，葡萄牙人从穆斯林人手中夺回了伊比利亚半岛西部的整片领土。阿丰索二世的继任者为其子桑绍二世（Sancho II，1223—1246）。桑绍二世沿袭其父的传统，继续向教会的权威发起挑战，而教会和贵族的势力十分强大，他最终被废除，其弟阿丰索三世（Afonso Ⅲ，1246—1279年在位）接替王位。1249年，葡萄牙人收复了阿尔加维最南端被穆斯林占领的最后一片领土。从那以后，葡萄牙的领土除在东部与西班牙接壤的地方有过非常小的调整外，基本没有变化。1256年，葡萄牙仿效法国模式，建立了“议会”，主要由贵族、骑士、教士和平民组成。虽然这个“议会”与当代西方资本主义国家的议会无法相提并论，但它的进步意义是不容置疑的，它至少对王权起到了一定的制衡作用。

阿丰索三世之后迪尼斯国王（Dinis，1279—1325在位）继位。在迪尼斯统治时期，葡萄牙语有了明显的发展，并且已经被应用于许多场合。迪尼斯国王决定以后一切官方文件必须用葡萄牙语书写，不再使用以前所惯用的拉丁文。这个决定对改进和完善葡萄牙语发挥了积极的促进作用。在迪尼斯统治期间，葡萄牙开始大力发展经济。为鼓励农业生产，迪尼斯把封建主和教会的某些土地分给更会经营的小业主。葡萄牙的粮食产量第一次超过了国内需求，并开始有剩余用于出口。迪尼斯还采取措施鼓励工业发展，也是在这个时期，葡萄牙开始生产优质的亚麻布，并用于外销。葡萄牙海外扩张的历史也可以追溯到迪尼斯统治时期。迪尼斯竭力招雇能干的海员，让他们把最新的航海技术教给他的臣民。这些外来人中，热那亚人埃曼努尔·佩萨格诺（Pessagno）后来成为葡萄牙的第一个海军上将。

葡萄牙领土不断向南扩展的同时，卡斯蒂利亚王国也在从西班牙北部高原向南部扩张。迪尼斯的继任者阿丰索四世（Afonso IV，1325—1357年在位）统治期间，双方发生冲突，但还没有酿成战争。阿丰索四世的儿子佩得罗一世（Pedro I，1357—1367年在位）执政期间，葡萄牙王国与卡斯蒂利亚王国的冲突逐渐激化。佩得罗的儿子费尔南多（Fernando，1367—1383年在位）在位期间颁布了几项重要的法令，包括荒地分配法。此外，在费尔南多统治时期，葡萄牙的商业和海上贸易开始兴盛。

1383年，费尔南多去世，勃艮第王朝因绝嗣而终。此后，葡萄牙陷入王位争夺战中。王后莱昂诺尔·特莱斯（Eleanor Teles）向她的女婿卡斯蒂利亚国王胡安求助，卡斯蒂利亚军队趁乱入侵葡萄牙。1383—1384年，葡萄牙军队和卡斯蒂利亚军队在多次战争中互有胜负，但双方都无法取得决定性的胜利。1385年，葡萄牙议会在科英布拉召开会议，宣布王位空缺并选举阿维什骑士团团长若昂（João I，1385—1433年在位）为国王，开始了阿维什（Avis）王朝。这一时期，由于商业和航海事业的发展，葡萄牙开始了殖民扩张时期。卡斯蒂利亚国王得知若昂执政后，立即进军葡萄牙，双方在阿尔茹巴罗塔平原上展开激战，葡萄牙军队取得了胜利。1411年，葡萄牙与卡斯蒂利亚正式签订和约，建立永久和平。1387年，若昂一世娶英王爱德华三世的孙女菲丽帕（Philippa of Lancaster）为王后，他们的三个王子爱德华（Edward）、佩得罗（Pedro）和恩里克（Henrique）为葡萄牙的发展做出了重要贡献，他们领导葡萄牙进入历史上的第一个黄金时代，即航海大发现时代。

二 近现代史

15—16世纪，葡萄牙开始大规模的海外扩张。其全球范围的扩张史延续了500年之久，其间葡在亚洲、非洲、拉丁美洲等地建立的殖民地面积是葡萄牙本土面积的100多倍，成为当时的海上强国。

非洲大陆的土地、黄金和廉价的奴隶一直吸引着阿维什王朝，1415年，若昂一世率领远征军攻下休达，从此开始了对非洲大陆的征服。15世纪，葡萄牙人在非洲西岸建立了很多殖民据点，如几内亚、刚果、安哥拉等，并从各地劫掠黄金、象牙和奴隶。葡萄牙人把寻找一条通往东方的航道作为国家政策的目标，从非洲西岸一直向南发展，先后发现马德拉群岛和亚速尔群岛。在恩里克王子的倡导下，大量葡萄牙人向这两个群岛移民，并在这两个岛屿上发展农业生产和捕鱼业。1460年，恩里克王子逝世，从那时直到1481年若昂二世继位的20年间，葡萄牙的海外扩张进程几乎陷于停顿。若昂二世（1481—1495年在位）继位后，葡萄牙航海业得到王室的庇护，创造了多次航海大发现。

1495年，若昂二世去世，曼努埃尔一世（Manuel Ⅰ，1495—1521年在位）继位。曼努埃尔一世在位期间，葡萄牙发展成为欧洲最富有的国家。1497年达·迦马率领的远航队出发，同年绕过好望角，次年3月到达东非海岸的莫桑比克，5月到达印度。从此东西方之间的海上航道被打通，葡萄牙人也从东西方贸易中获得巨额利润。从1501年起，葡萄牙先后派出数支船队驶过巴西海岸，到达今天的乌拉圭和阿根廷，开始了对南美大陆的殖民活动。葡萄牙人将非洲的种植技术和统治方式引入巴西。17世纪末，葡萄牙人在巴西找到了黄金，此后，巴西的黄金被源源不断地运往葡萄牙。在葡萄牙人几百年的殖民扩张中，从非洲、亚洲、美洲掠取了大量的财物。

阿维什王朝的第六个国王若昂三世（1521—1557年）在位期间，葡萄牙从扩张路线转向保守路线，建立北非大帝国的梦想彻底落空了。若昂三世去世后，他的儿子塞巴斯蒂昂（Sebastião）（1557—1578）继位，他立志要领导葡萄牙“复兴”，但由于其不切实际的幻想和狂热，葡萄牙在他的统治下一路下滑。塞巴斯蒂昂在阿耳萨基维尔（Alcazar Quivir）战役中战死，他没有子嗣，其叔父里斯本的红衣大主教恩里克（Henrique）接替王位（1578—1580 年在位）。1580 年，阿维什王朝绝嗣而终。西班牙国王菲利浦二世（Philip II）乘机兼并了葡萄牙及其殖民地，开始了哈布斯堡王朝的统治。

菲利浦二世发布了一系列的命令，承诺保证葡萄牙的独立。而菲利浦三世继位后逐渐开始剥夺葡萄牙的自治权。西班牙的统治使葡萄牙被迫卷入与其他欧洲国家的战争。1588 年，在与英国的战争中葡西联军被击败。1594 年，西班牙与荷兰作战，菲利浦二世禁止葡萄牙与荷兰有任何商业往来，致使葡萄牙失去了通过荷兰向欧洲大陆销售其殖民地产品的重要通道，葡萄牙再次成为受害者。西班牙人的统治遭到了葡萄牙人的反抗。1640 年，葡萄牙独立党人发动民族革命，拥戴布拉干萨公爵（Bragança）为国王，即若昂四世（1640—1656 年），结束了西班牙人对葡萄牙 60 年的统治，开始了布拉干萨王朝的统治。

若昂四世统治期间，葡萄牙内忧外患，战争不断，连年的战争消耗了大量的财力物力，从根本上削弱了葡萄牙的实力。1656 年，若昂四世去世，他十三岁的儿子阿丰索六世继位，由于其年纪尚小，王后路易莎（Luisa）摄政。1657 年，荷兰进攻葡萄牙，里斯本被围困。1661 年，葡萄牙与荷兰签订协约，用民族利益换取表面的“和平”。1659 年，西班牙结束了 30 年战争，向葡萄牙大举进攻。1662 年，葡萄牙贵族发动宫廷政变，推翻王太后，将权力移交给阿方索六世。阿方索六世执政期间，葡萄牙的权力实际上掌握在卡斯特罗·梅洛（Castelo Melhor）伯爵手中。梅洛伯爵对军队进行整顿，改革政府部门，提高办事效率，并通过联姻巩固葡萄牙的外交地位。在他的努力下，葡萄牙在与西班牙的战争中取得了一次次决定性的胜利。1668 年，葡西两国签订和平条约，西班牙承认布拉干萨王朝的“合法性”。

1667 年阿方索六世的弟弟佩德罗亲王发动政变，囚禁了阿方索六世，佩德罗以摄政王的身份开始统治葡萄牙。1683 年，佩德罗被加冕为国王，称佩德罗二世（1667—1706 年在位）。佩德罗二世统治期间，葡萄牙效仿法国的王室制度，建立了高度中央集权、高度官僚化的封建君主专制体制。委员会的权力被削弱，议会亦名存实亡。

1706 年，佩德罗二世去世，他的儿子若昂五世接替王位（1706—1750 年在位）。若昂五世统治期间，葡萄牙的政治制度进一步向专制和集权化方向发展，两极分化现象十分严重。若昂五世去世后，其子若泽一世（José）继位（1750—1777 年在位）。若泽一世的政府管理权全部掌控在庞巴尔侯爵（Marquês de Pombal）手中。庞巴尔利用王室的授权操纵政府、独断专行，但确为葡萄牙的发展与繁荣做出过重要贡献。在 1755 年里斯本大地震后，庞巴尔亲自设计了重建里斯本的规划，重建后的里斯本成为欧洲第一座根据完整规划建造起来的城市。深受欧洲启蒙运动观念影响的庞巴尔深刻认识到葡萄牙的落后状况，决心解决葡萄牙的经济问题，为此他重新改革了国家的管理体制。同时，庞巴尔还着手改革教育体制，剥夺了教会对教育的垄断权、建立了覆盖全国的小学教育网络、改革了高等教育的课程设置，将法国的哲学、科学和数学、医药学、天文学等引入大学的课程设置中。另外，庞巴尔还宣布种族歧视为非法，并将宗教裁判所改造为隶属于国王的法院，使之为国家行政管理服务。

在七年战争期间（1756—1763 年），葡萄牙试图保持中立，但由于西班牙和法国联军的入侵，迫使葡萄牙不得不再次与英国联盟。1777 年若泽一世去世，王后玛丽亚一世（Maria Ⅰ）即位（1777—1816 年在位），庞巴尔被罢免，玛丽亚恢复了旧秩序，教会重新获得统治地位。法国大革命后，葡萄牙于 1793 年参加了英国、西班牙反对法国的战争，导致 1807 年拿破仑法国对葡萄牙的占领，玛丽亚一世和她的儿子（即后来的若昂六世，1816—1834 年在位）逃往巴西，在里约热内卢建立了流亡政府。葡萄牙王室流亡巴西期间，贝拉斯福德（Beresford）任葡萄牙的摄政王。1811 年，法国军队从葡萄牙撤退。在 1814—1815 年的维也纳会议上，葡萄牙得以恢复完全独立。

1820 年立宪主义者发动革命，赶走了贝拉斯福德，建立了临时政府，并希望若昂六世返回葡萄牙。1821年若昂六世回到里斯本，1822年制宪会议通过了葡萄牙第一部宪法。该宪法以西班牙宪法为范本，确立了君主立宪制，规定实行立法、司法、行政三权分立；在立法方面，国王只有权推迟法律的通过，而没有否决权；议会为一院制，议员由识字的男性公民通过选举选出。第一届议会曾经试图恢复葡萄牙对巴西的统治，但当时巴西的民族独立意识十分强烈，1822年，在英国的支持下，若昂六世的儿子佩德罗宣布巴西独立。此时的欧洲各国都在恢复或试图恢复君主专制制度，这样葡萄牙的自由主义者就陷入了一种孤立的状态。1823年，里斯本发生军事政变，解散了议会，恢复了君主专制制度。若昂六世承诺制定一部更符合葡萄牙传统的宪法。1825年，若昂六世承认巴西独立。

1826年，若昂六世去世，其合法继承人佩德罗，即巴西皇帝佩德罗一世，放弃王位继承，让位于他的女儿玛丽亚·达·格洛里亚（Maria da Glória，即玛丽亚二世），同时，佩德罗一世为葡萄牙颁布了一部新宪法，即“宪章”。这部宪法以巴西宪法为基础，同时也借鉴了法国宪法。根据这部宪法，葡萄牙设立了两院制议会，上院为贵族院，由终身和世袭的贵族及由国王任命的教士组成，没有数量限制；下院为代表院，由通过地方议会间接选出的代表组成，任期4年。1828年，流亡国外的若昂六世的小儿子米格尔（Miguel）回到葡萄牙，他很快就被专制主义者拥立为国王。米格尔解散了下院，重新恢复了传统的三级议会制度，并宣布国王拥有至高无上的权力，同时废除了宪章。米格尔当政后对自由党人进行了残酷的镇压和迫害，成千上万的人被迫流亡国外，无数人被捕。1832年，佩德罗放弃巴西的王位，回到葡萄牙。在英法两国的帮助下，佩德罗领导自由党人与以米格尔为代表的专制主义者展开内战。这场战争持续了两年，以自由派战胜专制主义者而告终。1834年9月，佩德罗病逝，玛丽亚二世开始统治葡萄牙。1838年，葡萄牙颁布了第三部宪法，这部宪法恢复了三权分立的原则，重新强调主权属于国家而非国王，废除了贵族院，设立参议院和直接选举选出的代表院（下院）。与此同时，在某些方面扩大了国王的权力：国王有权解散参议院和代表院，并可以对议会通过的法令进行否决。1842年，司法部长卡布拉尔（Cabral）在里斯本发动政变，恢复了1822年的宪法，政权又回到右翼手中。1851年，萨尔达尼亚发动起义推翻了右翼政权，提出“复兴”葡萄牙的口号。萨尔达尼亚的统治结束了葡萄牙的动荡局面，为葡萄牙带来了20年的稳定。

从1851年开始，葡萄牙逐渐形成了两大政党，即“复兴党”（后改名为“改革党”）和“历史党”（其前身为“九月党”，后来又改名为“进步党”）。这两个党派从1871年开始轮流执政。由于葡萄牙在与英国争夺非洲殖民地的过程中落败，葡萄牙国内民族情绪被激发，对王室产生了“信任危机”。1891年1月31日，波尔图爆发起义，虽然起义没有成功，却成为1910年革命的导火索。1906年，进步党和复兴党之间的冲突公开化。1907年，政权陷入僵局。卡洛斯国王（Carlos，1889—1908年在位）解散了议会，任命复兴党人若昂·佛朗哥（João Franco）为总理，而佛朗哥执行的是专制、独裁的路线。1908年2月，国王卡洛斯和他的儿子路易斯·菲利浦（Luís Philipe）被共和党人暗杀。18岁的曼努埃尔二世（Manuel Ⅱ，1908—1910年在位）继承了王位，佛朗哥被迫下台。

1910年，葡萄牙发生共和革命，曼努埃尔二世及其王室成员逃到了英国，葡萄牙建立了临时政府。1911年临时政府通过选举成立了制宪委员会，制定了民主宪法，废除了君主制，葡萄牙进入共和国时期（第一共和国）。新宪法规定，议会由参议院和代表院组成。参议院议员通过间接选举产生，任期6年；代表院议员由直接选举产生，任期3年。行政权属于总理和内阁，并对议会负责。议会负责选举总统，总统是国家元首，任期4年，不得连选连任。新宪法强调个人权利，规定政教分离。第一共和国建立了新的货币体系和货币单位，埃斯库多（Escudo）取代了原来的货币。

第一次世界大战中，葡萄牙加入协约国对德作战。一战后，葡萄牙经济长期萧条，政局动荡。第一共和国存在的15年零8个多月的时间内，议会进行了7次选举，先后有八位总统在位，政府更迭多达45次。1926年，右翼发动军事政变，卡尔莫纳（Óscar Carmona）建立军人政府。由于军人出身的政府官员缺乏治国经验，而且逐渐走上独裁的道路，从而导致国内财政严重困难，广大民众强烈不满，到 1931 年，葡萄牙先后发生了多次反对政府的起义。自 1928 年起萨拉查（Salazar）任财政部长，萨拉查上台后，采取了一系列的措施加强对财政的集中控制、增加税收，并削减公共开支，将葡萄牙财政从崩溃的边缘挽救回来，到 1931—1932 年财政年度结束时，葡萄牙已经还清了全部短期债务。萨拉查也因此获得了极高的声誉。

1932 年，萨拉查被任命为总理，开始了独裁统治的时代。萨拉查组建了“全国政治委员会”，负责制定“新国家”的宪法，1933 年 3 月，经过全民公决，通过了这部宪法。该宪法借鉴了 1826 年的宪章、1911 年的宪法以及德国的魏玛宪法的某些规定，是民主原则与专制主义原则相妥协的产物。新宪法规定葡萄牙是一个统一的、以社团为基础的共和国，国家主权分属总统、议会、政府和法院等四机构。新宪法将最高权力赋予政府。总理有广泛的任免权，各部部长对总理负责。总理有权不经议会同意颁布法令，议会的职能仅限于协商性质。作为国家元首的总统实际上只具有礼节性的职能，而选择总统的决定权掌握在萨拉查手中。新宪法将选举权赋予了一家之主，普选权被废除。“新国家”还取缔了一切政党和秘密团体，所有的议员都属于全国唯一的政党——全国联盟，该党负责筛选和指定政府官员的候选人。“新国家”全面否定一切个人自由，取缔所有党派，并且进一步加强了暴力镇压机构。“新国家”专设了一个委员会负责审查所有的出版物，任何有反对政府色彩或有可能唤起公众意识的文章全部被删除。“新国家”重新整顿了学校，课程被重新设置，“学术自由”的精神被完全扼杀。1940 年 5 月，葡萄牙政府与教皇签署了一项协约，教会在第一共和国时期被剥夺的自治权利得以恢复。葡萄牙在二战期间保持中立，葡萄牙经济实现了一定程度的繁荣，赤字减少，国家收入有所增多，埃斯库多也成为坚挺的货币。

三　当代史

第二次世界大战结束后，葡萄牙经济开始依靠美国。在美国的影响下，其经济政策有所松动，向国外投资开放，实行有限的工业化。一些企业家开始在服务业和制造业进行投资。葡萄牙的纺织、酿酒、电子、塑料、建筑材料、食品加工、机械制造等产业的规模和产量快速增长。贸易逆差有所减少，主要出口产品包括葡萄酒、沙丁鱼、水果、软木、铜和盐等原材料和初级产品，钢铁、机械等依然依靠进口。同时开始兴建大量的公共设施和居民区，港口和水利工程也得到改善。尽管如此，葡萄牙经济与欧洲整体经济水平相比，还十分落后，农业依然是葡萄牙最主要的经济支柱，农业人口占全国总人口的 60%，但农民的生活水平依旧很低。

战后 1949 年葡萄牙加入北大西洋公约组织。战后萨拉查政府继续对内实行独裁统治，对殖民地争取独立的斗争实行残酷镇压。1969 年国民议会选举前夕，葡萄牙成立了三个由激进的保守党人组成的反对派竞选联盟，在新一届的议会中，大约有 20% 的议员来自上述的反对派联盟。从这一现象可以看出，在“新国家”后期，萨拉查所实行的独裁政策有所松动。20 世纪 60 年代后，葡属殖民地人民争取独立的武装斗争日益激烈，葡萄牙国内人民也奋起反对独裁统治和殖民主义战争。1961 年 12 月 19 日，印度接管了葡在印的领地果阿、第乌、达曼。1973 年 9 月 24 日几内亚比绍独立。1975 年 6 月 25 日，莫桑比克独立。同年 7 月 5 日佛得角、7 月 12 日圣多美和普林西比先后独立、11 月 11 日安哥拉宣布独立。

1970 年萨拉查去世，其继任者总理马尔塞洛·卡埃塔诺（Marcello Caetano）继续执行萨拉查的政策，但在新闻审查制度上有所放松，还赋予人们一定程度的言论自由。1970 年后以后，卡埃塔诺政府重新恢复了对反对派的镇压。1973 年的立法选举完全由政府操纵。此时石油危机所带来全球性的经济衰退也波及葡萄牙，其国内经济形势急剧恶化，非洲殖民地在 20 世纪 70 年代的独立运动又给葡萄牙独裁政府重重的一击。以上几种因素在很大程度上促进了推翻独裁政府的革命。

1974 年 4 月 25 日，在国内各种反对势力（其中包括基督教民主党和葡萄牙共产党）的支持下，一群厌战的职业军官组成“武装部队运动”发动了政变，占领了里斯本，推翻了统治葡萄牙 40 余年的法西斯政府，总理卡埃塔诺和总统托马斯被流放巴西。由于发生武装政变时群众手拿康乃馨欢迎起义的军队，所以“四·二五”革命又被称为“康乃馨革命”。“四·二五”革命胜利后，全国人民欢欣鼓舞，但由于农业改革计划和城市国有化运动的失败造成左右派之间矛盾激化，葡萄牙全国又很快陷入一片混乱之中。由于国内局势不安定，许多企业主携带大量资本和技术逃往巴西或其他国家。1975 年军队文官左派政府上台，开始了一个革命性的转折时期，主要经济部门如银行、保险、航空、造船等实施国有化。同年 4 月开始实行立宪议会选举制，8 月，社会党和人民党得势，“武装部队运动”和葡萄牙共产党等左翼势力严重受挫，退出政坛。1975 年 11 月 25 日，中右翼士兵发动了第二次军事政变，推翻了“四·二五”革命后建立的临时政府。1976 年 4 月，葡萄牙通过新宪法并举行总统选举和议会选举，安东尼奥·多斯桑托斯·马拉略·埃亚内斯当选为首任总统，7 月，第一届总统就职并成立了宪法政府，马里奥·苏亚雷斯当选为总理。

葡萄政局从此稳定下来，并开始走上民主化道路。1976 年开始的十年间，葡萄牙国内经济情况持续恶化，危机深重，导致葡萄牙在 1979 年和 1984 年两度向国际货币基金组织借款，并实施稳定经济计划。随着葡萄牙政局的平稳，经济也慢慢走上正常发展的道路。1980 年，埃亚内斯继任总统。从 20 世纪 70 年代中后期开始葡萄牙就谋求加入欧洲经济共同体，前后经过 10 年左右的艰苦谈判，葡萄牙终于在 1986 年 1 月 1 日正式成为欧洲经济共同体的成员。1986 年，苏亚雷斯当选为葡萄牙 60 年来第一位文人总统，1987 年总统苏亚雷斯（社会党）和总理卡瓦科·席尔瓦（Cavaco Silva，社民党）宣布开始实施市场经济改革计划，但由于总统和总理在很多意见上的不同，改革收效甚微，1995 年大选，社会党上台执政，总统为乔治·萨姆佩奥，总理为安东尼奥·古特雷斯。1998 年，葡萄牙被确定为首批加入欧元区的国家，1999 年 1 月 1 日成为欧元创始国。2002 年，社民党在议会选举中获胜，接替社会党执掌政府。2005 年，社会党上台，2009 年社会党蝉联执政。2011 年 3 月，由于反对党联合否决社会党政府提出的第四期“稳定与增长”经济紧缩计划，社会党总理苏格拉底宣布辞职，总统宣布提前进行大选。社民党在 2011 年 6 月举行的提前大选中以 38.63% 的得票率胜出，党主席科埃略出任总理，并与人民党组成中右翼联合政府。

第四节　政治体制与法律制度

一　概述

根据葡萄牙现行宪法葡萄牙为统一的单一制民主共和国。宪法第二章规定，葡萄牙共和国以民主、法制原则为根本行动指南；以人民主权、言论自由、政治组织多元化、尊重和保障基本人权和自由等原则为基础。其目标是实现经济、社会和文化民主，并不断深化和加强民主参与。

二　宪法

现行宪法是 1976 年制定的，后来于 1982 年、1989 年、1992 年、1997 年、2001 年和 2004 年先后进行了六次修改。现行宪法不仅借鉴了葡萄牙第一共和国成立以来颁布的多部宪法，还借鉴了欧洲其他国家的宪法，如联邦德国的《基本法》和法国 1958 年的宪法等。该部宪法由七部分内容组成，包括序言、基本原则、基本权利和义务、经济组织、政权组织；宪法的保障和修改、最后和过渡性条款。根据宪法，葡萄牙是一个统一的单一制民主共和国。宪法规定，总统、议会、政府和法院是国家权力机构；还规定经济权力服从于民主政治权力，公有、私有和集体所有多种所有制并存等。

三　总统

宪法规定，葡萄牙总统是国家元首，是国家独立和统一的象征，他代表国家，负责民族独立、国家团结和国家机构的正常运行。总统候选人由选民提名，年满 18 岁的葡萄牙公民通过直接、普遍和不记名投票选出，总统候选人必须赢得一半以上的有效票数才能当选。总统任期 5 年，可连选连任，最多只能连任 2 次，但宪法对于同一个人最多可以担任几届总统并没有做出规定。与欧洲传统的议会制国家总统的职能相比，葡萄牙总统仍拥有一些比较重要的权力。宪法规定，总统为武装部队最高统帅，有权根据政府提名任免陆、海、空三军总参谋长和三军将领。总统在听取各党派、国务委员会的意见后有权解散议会，并重新召集议会选举，在必要时还可以解散政府和罢免总理。现任总统为阿尼巴尔·安东尼奥·卡瓦科·席尔瓦（Aníbal António Cavaco Silva），2006 年 1 月当选、2006 年 3 月就职。任期 5 年。2011 年，获选连任，任期 5 年。

四　议会

葡萄牙议会实行一院制，共有议员 230 人，任期为四年。议会有立法权、监督权和一些其他权力。议会有权对除与政府组织结构和活动程序有关的事项以外的所有事项进行立法。在某些领域只有议会拥有专属立法权，如选举、政党、国民预算、全民公决、国防，等等；而在某些领域政府可通过议会的授权进行立法，如公民权利、自由和基本保证、社会保障、税收和财政体制、农业和货币政策，等等。根据所颁布的法律内容和形式的不同，需经议会分别以简单多数、绝对多数、2/3 多数通过。议会有权监督宪法和法律的执行，以及审查政府和其他行政机构的活动。除对政府进行监督外，议会还有权对包括总统在内的其他国家机构进行监督。此外，葡萄牙议会还拥有通过国家规划和预算等重大决策；实行大赦和一般性赦免；授权政府举债或对外贷款；通过其专属权力范围内的国际公约，等等。

本届议会于 2011 年 6 月 5 日选举产生。社民党人阿松桑·埃斯特维斯（Assunção Esteves）任议长。四位副议长分别为：吉列尔梅·席尔瓦（Guilherme Henrique Valente Rodrigues da Silva，社民党）、费罗·罗德里格斯（Eduardo Luís Barreto Ferro Rodrigues，社会党）、特雷莎·瓦斯康塞洛斯·卡埃罗（Teresa Margarida Figueiredo de Vasconcelos Caeiro，女，人民党）、安东尼奥·费利佩（António Filipe Gaião Rodrigues，共产党）。各党派议席分配如下：社民党 108 席，社会党 74 席，人民党 24 席，共产党 14 席，左翼联盟 8 席，绿党 2 席。

五　政府

葡萄牙宪法规定，中央政府是行政部门的最高机构，负责制定和实施国家的总体政策。政府由总理领导，总理由议会选举产生，内阁由总理、副总理组成，下设十余个部。政府除拥有广泛的行政权外，还可以在得到议会的授权后，在宪法允许的范围内自行立法。在与政府本身的结构和运作有关的事项上，政府拥有排他性的立法权。葡萄牙政府实行集体负责制。

现政府为社民党和人民党联合政府。总理帕索斯·科埃略（社民党），2011 年 6 月 5 日当选，6 月 21 日就职，任期四年。主要成员有国务部长兼财政部长维托尔·加斯帕尔（Vitor Gaspar），国务部长兼外交部部长保罗·波尔塔斯（Paulo Portas），国防部长若泽·佩德罗·阿吉亚尔·布兰科（José Pedro Aguiar-Branco），内政部长米格尔·马塞多（Miguel Macedo），司法部长保拉·特谢拉·达克鲁斯（女）（Paula Teixeira Da Cruz），总理助理部长兼议会事务部长米格尔·雷尔瓦斯（Miguel Relvas），经济与就业部长阿尔瓦罗·桑托斯·佩雷拉（Álvaro Santos Pereira），农业、海洋、环境与土地管理部长阿松桑·克里斯塔斯（女）（Assunção Cristas），卫生部长保罗·马塞多（Paulo Macedo），教育、高教与科学部长努诺·克拉托（Nuno Crato），社会团结与社会保障部长佩德罗·莫塔·苏亚雷斯（Pedro Mota Soares）。

六　司法

葡萄牙法律分为民法、刑法、行政法、劳动法、税法等。司法机构分为初级法庭、上诉法庭和最高法庭等层次。葡萄牙最高司法机构为最高法院，院长由有关法官选举产生。最高法院院长在国家领导人中排名第四位，位于总统、议长和总理之后，如前三位领导人不在国内或无力履行其职责时，最高法院院长可代任国家元首职务。现任最高法院院长为路易斯·纳西门托（Luís António Noronha Nascimento），2006 年就职。共和国总检察院是最高检察机构，总检察长费尔南多·若泽·马托斯·平托·蒙特罗（Fernando José Matos Pinto Monteiro），2006 年 10 月 9 日就职。

七　政党

葡实行多党制，现有各类政党和政治组织 40 多个，葡萄牙社会党（Partido Socialista）和社会民主党（Partido Social Democrata）是葡萄牙政坛的两大主要党派，另外人民党（Partido Popular）、左翼集团（Bloco da Esquerda）、葡萄牙共产党（Partido Comunista Português）、民主团结联盟（União Democrático Popular）也是非常有影响力的大党。其他政党还有：绿党（Partido Ecologista “Os Verdes”）、葡萄牙民主运动（Movimento Democrático de Portugal）、人民君主党（Partido Popular Monárquico）以及革命社会党（Partido Social Revolucionário）等。

社会党，1875 年成立，1926 年军政府上台后被宣布为非法，1972 年在联邦德国重新建党，1973 年在“葡萄牙社会主义行动”的基础上重建，重要成员为小资产阶级知识分子，以及工人、农民和自由职业者。社会党是议会里中左翼势力的代表。党员约 7.3 万人。曾于 1995—2002 年执政，并于 2005 年重获执政地位，2009 年的议会选举中蝉联执政。社会党主席安东尼奥·德阿尔梅达·桑托斯（António de Almeida Santos），2009 年 3 月社会党十六大当选，历任共和国第七届和第八届议长，及第九届政府国务委员；总书记若泽·索克拉特斯（José Sócrates Carvalho Pinto de Sousa），2004 年 9 月就任至今。

社会民主党，1974 年 5 月成立，原名人民民主党，1976 年改为现名。主要成员为中小企业主、知识分子、自由职业者等。在议会中代表中右翼势力，约有党员 15 万人。曾于 1985 年至 1995 年 10 月连续执政 10 年，2002 年 4 月再次上台执政，2005 年 3 月被社会党在议会选举中击败。主席佩德罗·科埃略（Pedro Manuel Mamede Passos Coelho），2010 年 4 月社民党三十三大当选就任。

八 社会团体

葡萄牙共有各种工会组织 384 个，其中初级工会 358 个，以部门为基础的工会联盟 13 个，地区性工会联盟 7 个，总工会 6 个。其中葡萄牙工人总同盟（General Confederation of Portuguese Workers，Confederação Geral dos Trabalhadores Portugueses，CGTP-IN）和工人总工会（General Union of Workers，Uniao Geral de Trabalhadores-UGT）是目前葡萄牙最主要的两个工会组织。在葡萄牙 300 多个工会组织中，这两个全国性工会组织的会员占到 2/3。与西欧其他国家相比，葡萄牙的工会组织算不上强大，组织罢工次数也相对较少。葡萄牙工人加入工会的比例为 25.6%，低于欧盟 26.3% 的平均水平。

在工业部门，葡萄牙最大的雇主组织是葡萄牙工业联合会（The Confederation of Portuguese Industry，Confederação da Industial Portuguesa，CIP），成立于 1974 年。它提倡经济自由，反对政府干预，号召实现工业部门的自由化，并给予企业灵活性。另外还有波尔图工业联合会（Industrial Association of Oporto，Associação Industrial Portuense，AIP）和“中小型贸易与工业公司运动”（Movement of Small and Medium-sized Trading and Industrial Firms，MPM-CI）分列葡萄牙工业部门的第二和第三大雇主联合会，其中后者与葡萄牙共产党关系密切。

在商业部门，葡萄牙最主要雇主组织是葡萄牙商业联合会（Portuguese Commerce Confederation，Confederação de Comércio Portuguesa，CCP），成立于 1976 年。这一联合会组织机构完备，建有全国性网络，与政府和工会有良好的对话渠道，同时在布鲁塞尔欧盟总部设有常驻机构，是葡萄牙非常活跃的一个雇主利益集团。

在农业部门比较活跃的利益集团是葡萄牙农业联合会（The Confederation of Portuguese Farmers，Confederação dos Agricultores de Portugal，CAP），成立于 1975 年，旨在提高农民的生活水平。其主要成员包括葡萄牙中部和北部的中小土地所有者和少量的大土地所有者。

葡萄牙最大的妇女利益集团是妇女民主运动，1968 年成立，它以葡萄牙共产党为核心，成员多为教师、公职人员和自由职业者。

九 主要政治人物

阿尼巴尔·安东尼奥·卡瓦科·席尔瓦：总统 1939 年 7 月 15 日生于葡萄牙南部阿尔加维省洛莱市。1964 年获里斯本技术大学经济学学士，后获英国约克大学经济学博士。席尔瓦先后在里斯本新大学财经学院、葡天主教大学任教，为葡萄牙资深经济学家。1974 年加入葡萄牙社民党。1980 年任财政部长，同年当选议会议员。1985 年起 4 次当选为社民党主席。1985 年 11 月至 1995 年 11 月担任葡萄牙总理。1996 年初竞选总统失败，重返大学任教，并担任葡萄牙银行顾问。2006 年 1 月 22 日当选为葡萄牙总统，3 月 9 日就职。任期 5 年。席尔瓦 1987 年 4 月访华时两国签署《中葡关于澳门问题的联合声明》。1994 年再次访华。已婚，有一子一女。

佩德罗·帕索斯·科埃略：总理 1964 年 7 月 24 日生于科英布拉市。卢济塔尼亚大学经济学学士学位，经济学家。1978 年加入社会党青年组织并历任该组织总书记、副主席和主席。1991—1997 年任全国议员，期间曾任社民党议会党团副主席、发言人。1997—2001 年任阿马多拉市议会议员，2005 年当选雷阿尔城的市议会议长。2005—2006 年任社民党副主席。2010 年 3 月，当选社民党主席。

第五节 经济

一 概述

葡萄牙属于中等发达国家，2011 年葡萄牙国内生产总值为 1711.72 亿欧元，人均国内生产总值为 16150 欧元。葡萄牙农业生产水平较低、工业基础也比较薄弱。纺织、制鞋、酿酒、旅游等是国民经济的支柱产业。软木产量占世界总产量的一半以上，出口位居世界第一。

二战结束后的最初几年里，与其他欧洲国家经济迅速恢复的情况相反，葡萄牙独裁政府实行的闭关锁国政策导致经济基本陷于停顿。1950—1973年，葡萄牙政府开始实行对外开放和经济自由的政策，加上欧洲整体经济状况普遍趋好，葡萄牙经济得到迅速发展。1974年，葡萄牙发生革命，独裁政府被推翻，但此时因受国际能源危机与全球经济衰退以及动荡的国内政局的影响，葡萄牙经济仍然面临严峻挑战。1975—1985年，尽管年均国内生产总值呈正增长态势，但工业生产大幅下降、出口减少、失业增加。1986—1990年，葡萄牙社会民主党组阁成功，政局趋向稳定。葡萄牙作为欧共体的新成员国得到了欧共体的各种援助，也为其经济注入了活力。葡萄牙经济走上正轨，国内生产总值增长率年均都在4%以上，居欧共体国家经济增长率的前列，被称为欧洲“小虎”之一。加入欧共体后，葡萄牙的经济状况明显改善，人民生活水平有了提高。

进入20世纪90年代后，由于受到西方经济衰退的影响和西欧金融货币危机的冲击，加上国内货币贬值、巨额财政赤字的沉重压力，以及为达到欧洲经济与货币联盟趋同标准等种种因素的影响，葡萄牙的经济出现了严重衰退和低速增长的局面。但从1996年起，由于出口增加、私人消费和建筑部门的强劲复苏、投资大幅增加、通货膨胀得到抑制等因素，经济开始逐步好转，失业率大幅下降。1996—2000年，国内生产总值增长率达到年均3.9%。1996年国内生产总值增长率达到2.6%，1997年实际国内生产总值为1495亿美元，增长率达到3.7%，均超过英、法、德等国的增长率。1998年达到顶峰，为4.6%。同年，葡萄牙国内生产总值达到1060亿美元，世界排名第31位，人均收入为10700美元，跻身先进工业国家行列。

1989年以后，葡萄牙一直实施国有企业私有化政策。1991年，政府通过私有化获得利益达到1530亿埃斯库多，1992年增加到3050亿埃斯库多。1993年政府私有化计划政策由于市场环境不佳、政府预算短缺、对外国所有权有25%的限制等原因遭受沉重打击。1994年，葡萄牙政府取消25%的外国所有权限制。1996年政府通过了一项进一步私有化的计划，当年私有化收益达3800亿埃斯库多。1997年又确定了将电信和能源部门私有化的政策，掀起了私有化进程的一个新高潮，仅国家电力公司的部分私有化（出售30%的企业股份），收益就达20亿美元，成为迄今葡萄牙最大的私有化项目。同年，葡萄牙电信公司出售了26%的股份。1998年和1999年则实行工业和交通运输业私有化，其中包括BRISA汽车公司。政府在私有化计划中还包括对17家国有企业进行全部和部分私有化，每年的私有化收益达4000—5000亿埃斯库多。企业的私有化加剧了市场竞争，迫使国有企业采取新的经营策略，增进企业活力。私有化收益主要用于偿还国债特别是外债负担。由于马约规定，私有化收入可以用作降低政府债务，因此，在加入欧元区前，葡萄牙大规模的私有化运动为葡萄牙减少政府债务，顺利达到马约规定的趋同标准从而进入欧元区，起到了积极的作用。

1999年1月1日，葡萄牙作为首批欧盟国家加入欧元区。而加入欧元区并没有使葡萄牙经济继续保持强劲增长的势头。2000年起，经济增长速度开始放慢，2001—2002年，经济开始下滑，不仅国内生产总值增长滞缓、贸易逆差居高不下，而且通货膨胀压力加大，失业人数增加。2003年经济增长率下滑到 -1.3%。2005年社会党政府上台后，为扭转经济停滞不前的局面，采取了一系列的改革措施，实行经济紧缩政策，加大投资力度和私有化进程，扩大基础设施建设，创造就业机会，经济得到复苏。

始于2008年9月的席卷全球的金融危机对葡萄牙经济造成重创。为刺激经济增长，葡萄牙政府自2008年下半年起放弃了紧缩开支的做法，采取宽松的财政政策，但结果不甚理想。随着国内需求下降和对外出口急剧放缓，葡萄牙经济步入欧洲他国的后尘，陷入衰退的泥沼。欧盟统计局的数据显示，2009年12月，葡萄牙的失业率为10.4%，创下了近30年来的新高。实施降低预算赤字的稳定与增长计划。为削减预算赤字、控制公共债务的增长，葡萄牙政府将采取覆盖航空、铁路运输、邮政、能源、造纸以及银行和保险业的大规模私有化措施。预计，这些措施将使葡萄牙政府在3年内增加80亿欧元收入。推动私有化，加快改革进程，是葡萄牙应对危机计划的一部分，同时，也是该国寻求自强、提升经济活力与竞争力的现实抉择。

国际金融危机的冲击导致葡萄牙财政陷入困境。国际信用评级机构惠誉公司（Fitch Ratings）2010 年下调了葡萄牙的主权信用评级，将其从 AA 下调至 AA－，并将其评级前景定为负面。同时持续不断爆出的欧洲其他国家的债务危机使欧债危机引起国际社会高度关注，而处在漩涡中的葡萄牙承受了内部外部的压力，一方面欧洲和国际社会担心希腊债务危机会蔓延至葡萄牙，另一方面，迫于欧盟及欧洲大国的压力，葡萄牙连续紧缩财政、增税节支，对经济增长和民生产生很大影响。政府竭力通过各种措施削减赤字，目标从 2010 年将财政赤字比从 7.3%逐步缩减到 2012 年 3%，2011 年，葡政府提出的第四期“稳定与增长计划”遭到议会否决，政府随后宣布总辞职，财政金融危机同时造成了政治危机，导致葡萄牙国债收益率创出新高，在此背景下，葡萄牙正式向欧盟请求财政援助，成为希腊、爱尔兰之后第三个欧债危机国家。其后，欧盟和国际货币基金组织分别批准了对葡萄牙的援助方案，但葡萄牙必须将其财政赤字降低到规定的水平。2011 年 6 月上台的葡社民党和人民党联合政府不断加大税收，削减公共行政经费、社会领域开支及公众福利，积极推行私有化。

二　农业

农业在葡萄牙国民经济中占有重要地位，全国拥有可耕地约 350 万公顷，但生产水平在西欧各国中处于落后地位。在加入欧共体之前，每公顷土地的产量还不到欧洲平均水平的三分之一。全年农产品的收获只能维持半年的生计，粮食不能自给，每年有 50%—70% 的粮食需要靠进口解决。按照欧共体共同农业政策的规定，农业只有经过十年的过渡期之后才能成为欧共体共同农业政策的成员国。在欧共体的资助下，葡萄牙的农业在整个过渡阶段内的竞争力和产量都有了明显提高。2008 年农林渔业总产值约 49.81 亿欧元，占国内生产总值的 3%。2008 年农业从业人口为 56.2 万人，约占总就业人口的 10%。主要出口农产品是肉类、酒类和加工鱼类产品。主要进口农产品为鱼类、油料和谷物，平均每年食品类的消费总量中，进口占 60% 以上。葡萄牙是葡萄酒的主要生产国和出口国，产量在欧洲居第三位。葡萄牙也是橄榄油的重要生产国，但近年来下降幅度较大。

（一）种植业

1. 粮食作物

葡萄牙的粮食作物产值占国内生产总值的 5%。在主要粮食作物中，裸麦是唯一可以满足葡萄牙国内市场需求的粮食作物，其中 93% 的裸麦产自于北部内陆地区。普通小麦是葡萄牙最重要的粮食作物，但自给率很低，大量依靠进口。玉米也是葡萄牙种植面积较广的粮食作物，但主要用作饲料。相比之下，稻米的种植面积较小，全国只有 2.5 万公顷的土地用来种植稻米，主要集中在蒙德古河岸和里斯本南部的平原地区。

2. 经济作物

葡萄牙的典型地中海气候同样也适合橄榄树的生长。而橄榄油被称为“葡萄牙的黄金”。葡萄牙橄榄树种植面积很广，其橄榄油的主要产区与希腊克里特岛、意大利中部地区并称为世界三大优质橄榄油产区。橄榄油是葡萄牙的重要出口产品，其绝大部分都出口到欧盟国家。葡萄牙大型榨油厂较少，多为小型家族企业，以传统的粗加工散装油为主。针对以上状况，葡萄牙政府近年来采取了一系列措施，鼓励精加工，创造葡萄牙自己的名牌橄榄油。

3. 水果

葡萄牙的自然条件非常适合葡萄生长。葡萄牙是典型的夏季干燥高温的地中海气候，其土壤中含有钙、沙、花岗岩等物质，生产出的葡萄种类繁多，其色、香、酸碱度都是酿造高品质葡萄酒的上乘原料。葡萄牙的葡萄种植区域几乎遍及全国，杜罗河谷一带最适合葡萄生长。葡萄种植业创造的产值占全国食品业生产总值的 40% 左右。葡萄酒是葡萄牙的“国宝”。葡萄酒产业是发展最快的农业部门之一。近年来，葡萄牙也调整葡萄酒的生产结构，淘汰普通葡萄酒，生产优质葡萄酒。葡萄牙每年生产葡萄酒约 762 万升，是世界六大葡萄酒生产国之一。葡萄牙葡萄酒的十大出口市场为英国、美国、安哥拉、德国、西班牙、比利时、卢森堡、意大利、巴西和加拿大。

除葡萄以外，葡萄牙还盛产柑橘和西红柿。另外还种植一些异域品种的水果，如菠萝、香蕉等。近年来，葡萄牙还大力发展杏仁、核桃和板栗等干果的生产。

（二）林业

葡萄牙林业资源丰富，森林覆盖率为 35%，近年因气候变化，连年发生森林火灾，森林面积严重受损，下降到320万公顷。葡萄牙是欧洲林业产品的生产和出口大国，更是世界上最大的软木生产基地和出口国，软木树种植面积占世界种植面积的30%，近年来用于商业用途的林业用地面积也呈逐步增加的趋势。在众多的树种中，松树所占数量最多，占森林总面积的31%；其次是栎树，占森林总面积的23%，栎树是生产软木的原料；数量排名第三的是桉树，占森林总面积的21%，桉树是制造纸浆的上乘原料，葡萄牙生产的纸浆在国际市场上供不应求，由此也带动了葡萄牙的造纸业的发展。

（三）渔业

由于得天独厚的地理位置和自然条件，渔业在葡萄牙国民经济中占有重要的地位。葡萄牙有832公里长的海岸线和170万平方公里的专属经济区。由于临海而居，历史上葡萄牙人就将捕鱼作为重要的谋生手段。葡萄牙海洋捕捞以沙丁鱼、金枪鱼、鳕鱼为主。2004—2007年捕鱼量分别为13.96万吨、14.6万吨、14.1万吨和16.1万吨。1986年加入欧共体以后，葡萄牙开始执行欧盟共同渔业政策，采用通过总可捕量（TAC）配额来限制捕获量的方式，同时捕鱼业的投入加大，设施也逐步现代化。

三　工业

葡萄牙工业基础比较薄弱，工业以轻工业为主。20世纪60年代以来，工业产值在国内生产总值中的比重不断上升。2007年工业产值为425.29亿欧元，占国内生产总值的25.6%。2008年从业人口约169万，约占总就业人口的30%。主要工业部门有电力、纺织、服装、制鞋、食品、化工、造纸、电子器械、陶瓷、酿酒、软木等。汽车、机电、模具、制药和可再生能源等产业发展较快，2006年总发电量490.4亿千瓦小时，其中32.3%为可再生能源发电，2007年这一比例达到39.7%，全年减少930万吨二氧化碳排放量。葡萄牙全国19%的能源供应来自可再生能源，位居欧洲第三，仅次于瑞典和奥地利。

（一）制造业

制造业是葡萄牙最重要的工业部门之一。制造业约占葡萄牙工业总量的89%。主要是服装和纺织，其次是食品加工、软木加工、玻璃和陶器制造、水泥和砖瓦制造。已建立起纸浆和造纸厂、化肥厂、钢厂、机器制造厂、缝纫机厂、打字机厂、工业电器设备厂、汽车厂、石油化工厂和造船厂等工业加工企业。在新兴制造业中，造船业比较发达。目前可建造35万吨级油轮和70万吨级的各类船只，并拥有供修船使用的欧洲最大的干船坞。软木产量15万吨，占世界总产量的一半以上，出口量占世界第一位。

葡萄牙的制造业起步较晚，在20世纪50年代以前，除了拥有五金、化学、采矿业及传统的纺织、软木加工和饮料业以外，大规模的机械制造业以及较为现代化的加工工业部门基本空白。20世纪60年代，随着对外开放和国内需求的迅速增长，制造业得到了较快发展，1961—1973年期间，增长率达到9%，新机器和运输设备增长尤其显著。但1974—1981年受到国内政治动荡、投资停滞、市场需求疲软等因素的影响，制造业的平均年增长率仅为2.4%，1981—1984年，增长率更是降到1.3%。从20世纪80年代中期开始，制造业增长速度加快，然而进入20世纪90年代初期，由于受到西方经济衰退的冲击，葡萄牙制造业的出口成绩不佳，1993年增长率为-1.9%，1994—1995年开始，恢复了强劲增长的势头。1995—1998年制造业迅速发展，年均增长率达到3.1%。1998—2000年，由于葡萄牙国内发生财政危机，加之欧盟主要国家经济增长乏力，葡萄牙制造业遭受严重打击。1999—2003年，葡萄牙制造业的产出年均减少1.5%。近年来，由于受国际经济和金融危机的影响，葡萄牙制造业出口受到严重影响。

（二）采矿业

采矿业是葡萄牙重工业中的一个重要部门。葡萄牙矿产资源较丰富，主要有：钨、铜、黄铁、铀、赤铁、磁铁矿和大理石。葡萄牙钨矿储量约2万吨，占欧洲第二位，大量出口。铁矿石过去全部出口，目前主要供应国内钢铁工业。已探明的铀矿储量为2万吨，占世界第十三位。国营铀矿开采公司每年生产120吨氧化铀，多用于出口。同时，由于葡萄牙矿产资源种类繁多，世界各地的投资者竞相来此投资。但是，根据国际标准，葡萄牙的采矿业规模相对较小，又经过多年开采，浅层资源已经基本耗尽，400—500米以下的深矿层是目前主要开发的目标。1992—1993年期间，葡萄牙采矿业由于受到世界经济衰退的影响而产量下降，但由于尼武斯·考尔沃矿区的开发，葡萄牙采矿业重新获得发展机会。20世纪90年代后半期开始，世界矿产价格下跌，葡萄牙采矿业受到沉重打击。

（三）能源资源与能源工业

葡萄牙能源比较贫乏。20世纪70年代后，葡萄牙能源生产和能源消费水平曾经一直低于欧洲其他国家。已探明的煤矿储量仅3000万吨，而且质量不佳，煤炭消费量的71%靠进口。没有石油、天然气可以开采，石油全部靠进口。水力发电通常可满足国内电力需要量的50%。共有54座水力发电站和7座火力发电站。总的来说，葡萄牙历史上对国外能源的依赖性很高，1990年，基本能源消费的78%依靠进口。1993年葡萄牙开始兴建一座以煤为动力的火力发电站，后由于葡萄牙政府实行国有企业私有化政策，已将该发电厂以及国有石油提炼和销售公司出售给一家外国财团以及国内私营机构经营管理。

近年来，葡萄牙政府将新能源开发作为一项重要任务。2006年葡萄牙政府投入巨资在阳光充足的南部兴建世界上最大的太阳能发电站，2009年，该发电站已经投入使用，预计到2012年该发电站可以提供葡萄牙电力总需求的39%。这是葡萄牙为履行京都议定书所采取的重大举措。与此同时，2006年10月，葡萄牙还开始建造世界上第一座商用海浪发电站。截至2006年，葡萄牙电力生产的66%来自燃煤、燃油电厂，29%来自水力发电，6%来自风能发电。2008年，虽然水力发电因严重旱灾供电量减少，葡萄牙仍旧有43%的电力需求是通过可再生能源提供的。截至2010年6月电力出口多于进口，国内生产70%的电力需求是通过可再生能源提供。

（四）建筑业

由于建筑业需要进口的原材料较少，所能容纳的就业人数较多，所以向来是葡萄牙的支柱产业之一，1983—1985年期间，高利率和紧缩信贷政策使投资减少，建筑市场趋于萎缩，20世纪80年代中期后才开始复苏，80年代末又开始走入低谷。进入20世纪90年代以后，建筑业得到了新的发展机会。从1992年开始，欧共体对葡萄牙实施地区开发基金计划，提供大量的资金援助以修筑公路、桥梁、公用设施和铁路现代化建设，促使建筑业出现了空前的繁荣，而此时私人住宅建筑仍处于萧条状态，直到1993年、1994年才开始复苏，已竣工的住宅分别达到了2.78万套和3.8万套。1996—2000年建筑业的年均增长率达到5.6%，此后的增长速度有所回落。葡萄牙曾于1998年主办世界博览会、2004年主办欧洲杯，政府投入大量的资金用于基础设施建设，从而推动了建筑业的发展。

四　服务业

葡萄牙的服务业主要包括银行、保险、旅馆、餐饮、交通、仓储、通信、房地产、社会救助及其他集体、社会和个人服务。葡萄牙服务业从20世纪90年代开始迅速发展，其产值连年增长。到20世纪末，在国民经济中的比重以及该行业在全国就业人口中的比例已接近欧洲发达国家水平。2008年服务业产值为1187.81亿欧元，占国内生产总值的71.5%。当年从业人数337.2万人，占总就业人口的60%。葡萄牙服务业的地区分布状况极不均衡。里斯本和波尔图两个沿海地区服务业的从业人数加起来占全国服务业从业人员总数的一半以上，而北部和中部内陆地区，服务业从业人员数量就相对较小。

五　交通运输业

葡萄牙陆路运输总里程数超过8万公里，是葡交通运输的主要方式。2005年，国营铁路总长2839公里，其中宽轨2600公里（1350公里为电气化区间），其余为窄轨；全国公路总长78470公里，其中国家级公路12661公里，高速公路2341公里；汽车保有量为609万辆。1966年建成的横跨里斯本入港处的特茹河大桥，中心跨距1031米，是欧洲当时最长的悬索桥。

葡萄牙的水运以海运为主，2006年商船总数13268艘，总吨位1.4亿吨，总吞吐量6653.4万吨。2006年总客运量68.5万人次，总货运量6653.4万吨。主要港口有里斯本、阿威罗、锡图巴尔、锡奈什、丰沙尔（位于马德拉群岛）和蓬塔德尔加达（位于亚速尔群岛）。

葡萄牙有4家航空公司和16条国际航线，有里斯本、波尔图、法罗三个国际机场，全国在用机场66个（2007）。2006年客运量2515万人次，货运量15.9万吨。2005年全国机场进出2000万人次，营业额为2.95亿欧元，盈利2380万欧元，同比增长4.4%。国营葡萄牙航空公司是葡最大的航空公司和主要航运承担者，拥有飞机 40 多架，工作人员 1 万余人，有飞往亚速尔群岛、马德拉岛、葡萄牙前海外殖民地，以及纽约、巴西、南非和欧洲各国首都的定期航班。

六　旅游业

葡萄牙旅游业比较发达。旅游业是葡萄牙外汇收入的重要来源和弥补外贸赤字的重要手段。2007 年旅游业收入为 71.2 亿欧元，占国内生产总值的 4.4%，旅游业从业人员占全国就业总人口的 10%。2007 年葡萄牙接待外国游客 1200 万人，在世界 130 个国家和地区旅游竞争力排名中列第 22 位。葡萄牙旅游设施完备，现拥有各类旅馆 3000 多所。主要游客来自英国、德国、西班牙、荷兰、法国、爱尔兰、意大利、美国、瑞典和比利时等国。主要旅游胜地有里斯本、法罗、波尔图、阿尔加维、马德拉岛等。

里斯本　葡萄牙首都，位于葡萄牙西南部特茹河入海口北岸 7 个山丘上，风光秀丽，有“七丘城”之称。濒临大西洋，面积 82.88 平方公里，人口 100 万。里斯本是葡萄牙政治、文化中心。从公元前 3 世纪古罗马时期就是一个繁华的商贸城市，1147 年成为葡萄牙首都至今。1775 年里斯本发生大地震，城市遭到毁灭，今天的里斯本是在地震之后重建的。总统府、共和国议会、总理府、外交部和国防部等重要政府机构均设在滨河的帝国广场。商业广场一带是古代皇宫。由于里斯本处于地中海—南亚地震带上，城内多为低建筑，但 20 世纪以来，也有不少高层建筑拔地而起。城中最高点为圣乔治城堡，城垛巍峨，墙厚且坚，城顶高矗着圣乔治王子的塑像，保留着 400 年前的炮台，堡内用藤萝装饰了一个大餐厅，还可以看到一个精致的动植园。被称为里斯本露天博物馆的圣若热城堡，游人如织。另外，有建于 1147 年的罗马—哥特式大教堂，弗洛拉的圣文森教堂。有葡萄牙皇室先王祠的奥古斯丁修道院。市郊多点缀着别墅、村舍、葡萄园、花园、公园和林地，更是一派明媚多姿的南国风光。里斯本大学建于 1290 年，是欧洲最古老的学府之一。此外还有高等技术学院，音乐、艺术等学院。市内交通以汽车和地铁为主，距城 7.2 公里处有国际机场。西郊大西洋沿岸有海滨浴场，是葡著名的旅游区。

法罗　阿尔加维区首府，由于其海滨风景优美而著称。法罗有一座中世纪的城墙，众多的纪念碑和博物馆，并且可以通往很多小城镇和小村庄。在这些小城镇和小村庄，可以看到粉白的墙壁、各种颜色的烟囱、花岗岩的宫殿以及罗马时代的废墟。法罗飞机场是葡萄牙第三大飞机场。

波尔图　重要海港。位于西北部的杜罗河北岸。市内宫殿教堂、博物馆、画宫、纪念碑、雕塑群像比比皆是。城市建筑古色古香。有罗马式建筑风格的波尔图大教堂、僧侣塔，著名的公共建筑水晶宫，有波尔图的象征、高 75 米的克莱里科钟楼。波尔图大学、地区档案馆、市立图书馆等是波尔图文化的重要象征。波尔图的葡萄久负盛名，全市有十几家酒厂，酿造的葡萄酒味美醇厚，远销欧洲和世界各地，使波尔图有“酒市”之称。

阿尔加维　位于葡萄牙东南部，是葡萄牙的主要度假地。阿尔加维海水温暖，气候宜人，这里的度假村，酒店，豪华度假胜地都是绝佳的去处。还有特色小渔村、悠闲而宁静的港口。阿尔加维海滩是世界上最好的海滩，且类型众多，如隐蔽海滩、家庭海滩，有的海滩海水很平静，是水上运动的理想场所。阿尔加维有 30 个高尔夫球场，其中有一些在欧洲算最好的高尔夫球场，吸引了许多高尔夫业余爱好者及职业选手。

马德拉岛　有“大西洋明珠”的美誉，位于葡萄牙首都里斯本以南 800 公里，1402 年成为葡萄牙领土。本来靠出口葡萄酒、香蕉及糖维生，近年转以手工业及旅游业为经济支柱。马德拉岛全长 56 公里，内陆地区大都无人居住，北岸以农业用地为主。八成居民集居于岛的南岸。马德拉岛的首府是工商业中心丰沙尔。这儿不但风景秀丽、气候温和，而且是著名的马德拉葡萄酒的产地。丰沙尔有一个多姿多彩的农产品市场，市场里出售的食品应有尽有，包括吞拿鱼、安哥拉鱼及各式价廉物美的蔬菜。与热闹的丰沙尔形成鲜明对比的是岛北岸宁静的圣安娜小镇，是休养生息的好去处。身居小镇，可放眼无垠农田、花卉及红瓦村屋，可在黑色玄武岩建成的海水泳池畅泳或爬上山峡远眺。每年 9 月中旬葡萄成熟时，小镇就热闹起来，人们忙着采摘葡萄，酿制醇酒。由圣安娜镇沿岸西行，便到达莫尼什港。

七　财政金融

（一）财政状况与财政收支

在欧洲主权债务危机爆发后，葡萄牙的财政状况特别是葡萄牙的债务问题受到外界的密切关注。虽然葡萄牙政界在2010年频频出面表示葡萄牙财政状况良好，无须外界援助，但不断增长的高额外债使葡萄牙财政面临艰巨挑战。

1998年，葡萄牙进入首批加入欧元区成员国名单，令许多人大为震惊。原因是1995年葡萄牙通货膨胀率还居高不下，财政赤字占国内生产总值的比例高达5.5%，公共债务占国内生产总值的比例高达64%，与《马约》规定的趋同标准还有很大的差距。为了能够成为第一批加入欧元区的成员国，葡萄牙政府实施财政紧缩政策，大力改革公共开支体系和税收体系，并进一步扩大私有化范围，从而为政府增加了收入，在一定程度上弥补了财政赤字。到1997年底，除公共债务未达标外，其他指标均达到《马约》规定的趋同标准。1998年，葡萄牙的公共债务降低到占国内生产总值的57.8%，终于达到趋同标准。1999年葡萄牙加入欧元区后，仍然面临继续实施财政紧缩政策、控制通胀的巨大压力。

从2001年开始，受全球经济和欧洲经济普遍衰退的影响，葡萄牙经济形势开始恶化，国家财政状况也随之恶化。2001年，葡萄牙政府预算赤字占国内生产总值的比例高达4.1%，政府债务占国内生产总值的比例也增加到55.5%。为避免受到欧盟委员会的处罚，2002年葡萄牙采取了一系列的紧缩政策，使财政赤字占国内生产总值的比例降到2.7%。2003年，葡萄牙预算赤字和公共债务占国内生产总值的比例分别为2.8%和59.4%，控制在《马约》规定的标准内。2004年以后葡萄牙的公共债务水平一直呈上升趋势，远远超过《马约》规定的上限。2005年葡萄牙财政赤字占国内生产总值的比例超过6%，此后葡萄牙政府采取一系列的调控措施，2006—2008年财政赤字明显下降，但2009年葡萄牙财政赤字占国内生产总值的比例超过9.3%，是继希腊、爱尔兰和西班牙之后欧元区第四高。2012年葡财政赤字为83亿欧元，低于调整后的5%财赤目标所要求的90亿欧元的上限。公债总额为2034亿欧元，占国内生产总值的122.5%。

葡萄牙财政状况堪忧的原因是多方面的：加入欧元区后的10年，葡萄牙年均经济增长率仅为1%，同时大举借债维持其传统的高福利、高消费生活模式。葡萄牙产业结构过时，单纯依赖纺织和鞋类等较少门类的产品出口，但由于生产效率低下，无力与近年亚洲等新兴经济体抗衡，而使用单一货币欧元又令葡萄牙无法通过货币贬值来推动出口；国有企业效率低下，总债务规模过大；劳动力市场僵化，公共部门冗员情况严重。面对高额债务和严峻的财政前景，葡萄牙政府决定2011年实施一系列财政紧缩政策，包括增加税收、削减公职人员工资、冻结养老金、增加公共支出透明度等。改善葡萄牙财政状况的核心不仅需要紧缩财政，还要对整个国家的经济发展方式进行调整，加大力度提高生产效率和竞争力，刺激经济增长。

（二）税收

葡萄牙的财政收入主要来源于税收。葡萄牙财政部负责制定和监督税收政策的实施。葡萄牙税收体系分为国家税收和地方税收两种，地方政府在税收方面自主权十分有限。

葡萄牙税收分为三大类，即所得税、财产税和消费税，其中消费税在总税收中所占比例最大，其次为所得税。葡萄牙社会保险税不计算在个人所得税的征税基数内，由雇员和雇主共同缴纳。

所得税分为个人所得税和公司所得税两种。个人所得税每年缴纳一次，缴税期为次年的1—4月。葡萄牙税法还规定了一些可以减免税收的情况，以及可抵消收入的开支情况。例如一次性家庭税收减免、纳税人及其未成年子女教育费的抵免、住房费用的抵免，以及经营活动的正常亏损和不动产所得发生的亏损，等等。公司所得税的征收对象包括居住性和非居住性公司。居住性公司是指公司总部或管理机构设在葡萄牙领土的公司，非居住性公司是指公司总部或管理机构未设在葡萄牙领土的公司。对非居住性公司在葡萄牙的所得不征收个人所得税。根据公司从事业务门类不同，应缴纳的税率也不同。与个人所得税一样，葡税法也规定了公司所得税中可以减免的一些项目，包括私有化过程开始后私有化比例已达1/5的公司的股息、上市公司的股息、非葡萄牙公民从公债中获得的利息、向葡萄牙某些公共机构提供外国贷款的利息、向农业提供的信贷贷款利息、国库券利息等等。

财产税主要包括赠与税和遗产税。赠与税和财产税的税率多少取决于财产的数额以及遗赠者与受益者之间的关系远近，税率从3%—50%不等。除赠与税和遗产税外，财产税还包括交易税和房地产税。

消费税主要包括增值税、货物税、印花税和汽车税。1986年，葡萄牙引入增值税制，标准税率为17%，2002年上调到19%，但对一些基本食品、农产品、某些药物、水、电、公共交通、书籍等只收取5%的增值税；而对某些特别规定的食品、装饰用鲜花和植物，以及向餐馆提供的食品和饮料征收12%的增值税。对出口产品实行零税率。货物税的征收对象包括卷烟、烈性酒和石油产品，货物税的税率依产品门类不同有所差别。印花税是对具有金融性质的交易征收的税，例如贷款、担保、证券和公证书等，印花税的税率取决于交易金额的多少。汽车税包括汽车购置税和汽车使用税，前者属于国家税务，后者属于地方税务。

（三）金融机构

葡萄牙银行业中的各银行机构绝大部分都是混业经营，即各银行机构对银行业务、证券业务、保险业务、租赁业务等均有涉及，这一点与我国银行业的分业经营不同。根据葡萄牙中央银行的统计，截至2004年上半年，在葡央行登记的银行机构和金融公司有716家，其中30家是代表处；银行业共有5389个营业网点，共有从业人员53602人，平均每个分支网点有10名工作人员。

1. 葡萄牙中央银行（Banco de Portugal）

葡萄牙中央银行最早成立于1846年11月19日，最初是兼具商业银行和发钞银行的功能。1887年以前，葡萄牙中央银行一直与其他机构共享发钞权；1891年7月9日，葡萄牙颁布法令，葡萄牙中央银行才开始独家拥有在葡萄牙大陆及马德拉和亚速尔两岛的货币发行权。历经150余年的发展，葡萄牙中央银行现今已是完整的欧洲中央银行系统（ESCB：European System of Central Banks）的一个组成部分。此外，葡萄牙央行还参加了其他一些国际组织，以确保葡政府在这些国际组织中的代表席位。

葡萄牙中央银行负责管理国家的外汇资产，充当政府国际货币关系的媒介，在经济和金融领域向政府提出建议，负责对国家的货币、金融、外汇和支付平衡表等统计数据的采集和编辑，尤其是要符合与欧洲中央银行合作的要求。作为欧洲中央银行系统的一部分，葡央行担负着实现欧洲中央银行系统的目标和完成欧洲中央银行系统赋予的任务的职责。葡萄牙中央银行被赋予的另一个重要使命是保持国内金融系统的稳定，这一使命主要是通过对国内信用机构和金融公司的进行监管来完成。

2. 葡萄牙储蓄总行（CGD：Caixa Geral de Depósitos）

葡萄牙储蓄总行是葡萄牙最大的金融集团，在主要业务领域均保持最高的国内市场份额。2004年末，客户存款占全国的30.3%，贷款占全国的22%，抵押业务占全国的11.6%，保险业务占全国的19.6%，共有基金占全国的19.1%，房地产租赁占全国的14.4%。

3. 圣精银行（BES：Banco Espirito Santo）

圣精银行在里斯本证券交易所位列葡萄牙第三大银行，第二大非国有银行（2004年）。圣精银行在葡萄牙拥有最大的分支网络，共有479个营业网点。圣精银行致力于建立一个综合性的金融集团，已经控股多家银行和公司。在国际市场上，圣精银行目前已在西班牙开办了一家拥有27个分支网络的全资子银行——Banco Espírito Santo S. A.，还在法国Société Bancaire de Paris银行拥有20%的股权。

4. 葡萄牙投资银行（BPI：Banco Português de Investimento）

葡萄牙投资银行是由Banco Fonsecas & Burnay、Banco Borges & Irmão和the Banco de Fomentoe Exterior三家银行于1998年5月25日合并而成的。葡萄牙投资银行拥有130万个客户，包括个人、公司组织，通过500家分行、15家投资中心、家庭银行、电话银行等多种渠道提供服务。BPI在安哥拉与莫桑比克设有全资银行，此外在巴黎、马德里、日内瓦、汉堡、约翰内斯堡、纽瓦克、加拉加斯等城市设有分支机构。BPI还与卢森堡、加拿大、比利时、瑞典、英国、澳大利亚、巴西的银行或邮局或代理等签有协议。

5. 农业互助信用总社（CAG：The Credito Agricola Group）

农业互助信用总社由113家当地银行组成，在葡萄牙全国有620多个营业网点，客户超过100万人，这使其成为葡萄牙领先的金融集团之一，是葡萄牙唯一的一家合作制金融集团。

6. 丰沙尔国际银行（BANIF：Banco Internacional do Funchal，SA）

丰沙尔国际银行在葡萄牙金融舞台上扮演着重

要角色。在葡萄牙大陆，丰沙尔国际银行共有299个电子收款系统、99所分支机构，19家公司中心，1家呼叫中心，10家私人银行部门。在马德拉自治区，丰沙尔国际银行有30所分支机构，1家个人和机构银行中心，1所离岸分支机构。在亚速尔群岛，有38所分支机构，5家公司中心，4家个人和机构网络，1所离岸分支机构，80个保险公司的电子收款系统及10个属于租赁、财务、经纪公司的电子收款系统。丰沙尔国际银行主要业务包括抵押融资、个人贷款和消费信贷，信用卡和借记卡、现金管理账户、股权和房地产投资基金、经常账户和定期存款、储蓄账户、保险、租赁、消费者信贷等。

第六节　外贸与对外经济关系

一　对外贸易

对外贸易在葡萄牙国民经济中占有重要地位。20世纪90年代，葡萄牙进出口总额大约相当于国内生产总值的50%—70%，2000年和2001年，葡进出口总额分别相当于国内生产总值的54%和57%。2009年这一比例约为50%。在对外贸易上，葡萄牙70%左右的能源和50%左右的粮食依赖进口，进口主要产品有机械、仪表、汽车、石油、化工产品、农产品和常用金属等。可以出口的工业产品多属于国际市场上竞争激烈的一般性传统产品，包括机械、仪表、汽车、服装、纺织品、常用金属、鞋类、纸浆、木材和软木等，大理石出口居世界前列，不过大部分出口产品都是外国跨国公司在葡萄牙的子公司所生产。林业产品的出口也因近年来国际市场的需求减少而有所下降。葡萄牙的主要贸易伙伴是欧盟成员国和美国，欧盟成员国中西班牙、德国、法国、英国为葡萄牙最主要的贸易伙伴。

2006—2009年葡萄牙对外贸易

（单位：亿欧元）

	2006	2007	2008	2009
进口额	530.57	570.14	611.75	500.74
出口额	345.03	375.44	379.60	310.85
差额	-185.54	-194.70	-232.15	-189.89

作为欧盟成员国，葡萄牙在对外贸易方面必须执行欧盟制定的统一对外政策和措施。因此，除一些特殊配额的商品，葡萄牙对其余所有商品均实行自由贸易的政策。为促进出口，葡萄牙政府采取了一系列的激励措施，包括：为促进出口市场的多样化，提供由国家担保的贷款；开展各种宣传活动，提高葡萄牙产品的知名度；鼓励对国外大项目投资。即便如此，长期以来葡萄牙对外贸易中一直存在严重的逆差。

在整个20世纪80年代，葡萄牙的贸易赤字一直处于大幅增长的状态之中，其主要原因除了出口增长缓慢以外，也与国内需求增长过快有关，每年进口的机器、运输设备、能源、食品等商品急剧上升。进入20世纪90年代以后，由于葡萄牙货币实际汇率升值，加上海外需求疲软，造成出口贸易萎缩，进口持续增加，贸易赤字进一步增加，1992年达到118亿美元；1994—1996年，贸易赤字又进一步增长。20世纪90年代末以后，葡萄牙贸易赤字更是节节攀升，2008年已经超过232亿欧元，虽然2009年有所回落，但必须看到受经济和金融危机的影响，2009年葡萄牙进出口总额也出现了大幅下跌。葡萄牙的贸易赤字主要集中在机械、交通设备、农业、化学产品、燃料和碱金属等领域，其中农产品和燃料的贸易逆差最大。

二　对外投资和对外援助

1998—2005年，葡萄牙在国外直接投资累计约为870.13亿欧元。从投资地点看，2001年以来，葡萄牙对欧盟成员国的投资额大幅增加，目前已占投资总额的80%以上。从投资领域看，占份额较大的行业依次为金融与保险，加工业、电力、天然气及自来水、科技咨询、零售及批发贸易、建筑业、房地产、计算机及通信等。

葡对外官方发展援助分为单边援助和多边援助两类。

单边援助主要针对非洲葡语国家、东帝汶和少量不发达国家，绝大多数是无息贷款，小部分是专项贷款。多边援助一般通过联合国、欧盟、世界银行和地区发展银行等国际机构进行。2010年葡对外援助额增至6.49亿美元（合4.9亿欧元），增幅达26.6%。占其国民总收入（Gross National Income）之比为0.29%。

2009年和2010年，葡双边援助额分别占葡对外援助总额的54%和61%。2010年，位居前10位的受援助依次为：佛得角（1.03 亿美元）、莫桑比克（9300 万美元）、东帝汶（3400 万美元）、圣多美·普林西比（2000 万美元）、安哥拉（1700 万美元）、几内亚比绍（1500 万美元）、阿富汗（1300 万美元）、摩洛哥（1000 万美元）、塞尔维亚（600 万美元）、科索沃（500 万美元）。葡对外援助领域主要是教育、卫生、工农业生产、减债、人道主义援助和基础设施等。

三　外国资本和外国援助

葡萄牙政府从 1997 年开始加快私有化进程以增加财政收入，并于 1998 年增加发行葡币和外币公债，从而对吸引外资起到了一定效果。近年来，由于受世界经济和金融危机、欧盟经济低迷的影响及中东欧国家廉价劳动力的冲击，外国对葡直接投资开始下降。2005 年，外资主要来源于欧盟成员国和美国等，主要流向加工业（占总投资额 32.9%），商品零售及批发、餐饮、旅馆（28.6%），房地产、租赁及对企业服务（21.6%），金融活动（7.9%），交通、仓储及通信（2.5%），建筑业（0.7%），电力、天然气和自来水（0.6%）和其他领域（5.2%）等。近年来，在葡萄牙的外国投资中对证券市场的投资的比例有所增长，但是外资对有价证券的大量投资也造成利息和红利的大量外流，这也是造成葡萄牙经常项目状况恶化、贸易逆差加大的原因之一。迄今为止，外国在葡最大的投资项目为 1995 年 4 月福特—大众公司（Ford-Volkswagen）在里斯本南郊的帕尔梅拉工业园区投资兴建的欧洲汽车公司（Auto Europa）。

对葡萄牙的外国援助主要来自欧盟内部的各种发展计划和援助计划。1989—1999 年，葡萄牙从欧共体援助框架计划中共获援款 330 亿美元。2000—2006 年，葡萄牙从欧盟获得 255 亿美元。2007—2013 年葡萄牙将从欧盟获得 225 亿欧元，其中获得结构基金 164.2 亿欧元、团结基金 27.22 亿欧元、农村发展基金 31.7 亿欧元、渔业基金 2.2 亿欧元。这些援款对葡萄牙经济持续、稳定的发展起着十分重要的作用。葡萄牙外援的另一个主要来源是美国，美国每年大约提供 2 亿美元的援助。

第七节　人民生活与社会保障

一　人民生活

葡萄牙人口刚过 1000 万人、国土面积只有 9 万多平方公里，同西欧的其他国家相比，葡萄牙在许多方面却是一个“发展中国家”。2009 年国内生产总值为 1635 亿欧元，人均国内生产总值为 15176 欧元。2010 年 12 月欧盟统计局发布的数据显示，在欧盟 27 个国家中，葡萄牙人均 GDP 指数位列第 18 位，低于欧盟平均值，有 13 个欧盟老成员国超过欧盟平均值。人均 GDP 并不是衡量一个国家经济发展程度的唯一指标。在其他指标方面，葡萄牙的排名也不高。如在生活水平指数方面，葡萄牙只相当于欧盟国家平均水平的 75% 左右；再如，在由西欧、北美和大洋洲主要国家组成的经济合作与发展组织（OECD）中，葡萄牙的经济增长幅度目前是最低的。2005 年起，葡最低月工资为 374.7 欧元。2009 年葡萄牙人均工资只有 800 欧元左右，不足西欧国家的 1/3。2004 年，葡有 54% 的人拥有电脑，43% 的人上网。2001 年每千个家庭拥有耐用消费品为：电话 755 部、手机 899 部、电冰箱 971 台、微波炉 333 台、洗衣机 822 台、电视机 979 台、录像机 97 台、收录机 854 台、电脑 220 台、小汽车 599 辆。葡萄牙拥有第二处住房的家庭占家庭总数的 25%。有各类医院 1126 所，每千人拥有 4.2 名医生、3.8 个床位。

葡萄牙人口预期寿命不断增加，2007 年葡萄牙预期平均寿命已经增长到 78.7 岁。预计 2010 年将接近“全国保健计划”的预计目标 81.0 岁的目标，并与欧盟 15 国平均最佳值 81.1 岁接近。从其分布区域来看，葡萄牙五个地区预期平均寿命呈现出上升趋势，这些地区包括北部地区（North）、中心区（Center）、里斯本和塔古斯谷（Lisbon and Tagus Valley）、阿连特茹（Alentejo）、阿尔加威（Algarve）。从性别角度来看，女性预期寿命比男性略高些，但无论是男性和女性，预期寿命不断提高的趋势是不容置疑的。

从整个欧盟的平均情况来看，65 岁以上老年人口占劳动年龄人口的比重，将会从 2000 年的 24% 上升到 2025 年的 36%，继而上升到 2050 年的 49%。葡萄牙政府预测 65 岁及其以上的葡萄牙人占总人口的比重将从 2005 年的 17% 升至 2050 年的 32%。按照 65 岁以上人口占总人口的比例超过 7% 即为老龄社会的标准，葡萄牙已经进入了人口老龄化的社会，老年人口的增多对养老保障和老年医疗照顾提出了更高的要求。

葡萄牙新增人口一直呈下降趋势，生育率已由1976年的一个妇女生育2.6个小孩降至目前只生育1.5个的水平。据预测，葡萄牙在未来十年内人口仍将下降，这会出现葡萄牙65岁以上老龄人口呈不断增加趋势，而15岁以下的新增人口呈不断下降的趋势，从而导致葡萄牙人口结构不平衡趋势加剧。

二　社会保障

葡萄牙是在第二次世界大战后才开始建立普遍性的社会保障体系。由于受自然环境、社会结构、经济发展程度等一些因素的制约，葡萄牙的社会保障制度在覆盖范围、保障水平和支付标准等方面与其他欧盟国家有较大的差别。葡萄牙社会保障制度包括养老（老年、伤残、死亡）保险、医疗（疾病与生育）保险、工伤保险、失业保险和家庭津贴五个部分。

（一）养老保障制度

葡萄牙养老保障实行社会保险制度。1935年葡萄牙首次颁布《养老保险法》。1980年，针对不缴纳保险费者颁布了《社会年金法》，1985年和1989年葡萄牙政府出台了《农业工人和自愿保险者的法案》。1993年，这三部法案合并为现行的《养老保险法》。2002年，葡萄牙又颁布了一部《社会保障法》。

葡萄牙养老保障分为社会保险和社会救济两部分。葡萄牙社会保险实行“一站式”缴费，即雇员、雇主和自雇者按规定的收入比例统一缴纳养老、医疗、失业、职业病和家庭补贴的相关保费。矿工、码头工人、铁路工人、渔民和商船海员适用特殊系统。社会救助由政府负担，为符合条件的人员提供救助。

养老保险待遇分为养老金、残疾养老金、遗嘱养老金和老年人互助补助。其中遗嘱养老金要求投保人符合领取养老金条件或为养老金领取者，标准通常为亡故者养老金的60%。老年人互助补助是通过家计调查支付给80岁以上（包括80岁）或领取永久性津贴且不符合社会救助条件的人，要求申请前6年须居住在葡萄牙。

社会救济包括老年救济和残疾救济。老年救济的领取对象为65岁或65岁以上且未被纳入养老保险计划的老年人。领取条件是其月收入不超过法定最低工资的30%；夫妇不超过最低工资的50%。政府通过家计调查，每月向其支付171.73欧元。残疾救济的领取对象为18岁或18岁以上的没有纳入养老保险方案的残疾人。政府通过家计调查，每月可支付171.73欧元。

（二）医疗保障制度

葡萄牙医疗保障首次立法是1935年的《疾病保险法》。现行立法为1998年的《生育保险法》、2002年的《社会保障法》和2004年的《疾病保险法》。

葡萄牙医疗保障实行社会保险（现金待遇）和普通保险（医疗待遇）制度。其中现金补助包括疾病现金待遇和生育现金待遇，保险费用由雇主和雇员共同缴纳。疾病现金待遇主要提供给雇员；生育现金待遇主要提供给雇员和自雇者；医疗补助则由政府资助，所有本国公民和在本国的互惠国公民都可以享受。

医疗保险待遇中的疾病现金待遇要求投保人必须有6个月以上的缴费记录。发放标准按平均日工资和生病天数确定不同比例。生育现金待遇要求投保人必须缴纳保险费6个月以上，发放标准为平均日工资的100%，可支付120天。医疗待遇包括雇员医疗待遇和抚养人医疗待遇，主要采取医疗卫生服务给付的形式。医疗服务包括普通或专家治疗服务、住院服务、辅助性服务（如X光、化验等）、护理服务、康复服务、预防保健（如妇女生育保健、健康体检等）以及规定药品等。

（三）工伤保障制度

工伤保险首次立法是1913年的《工伤保险法》。此后葡萄牙政府又于1965年、1971年、1992年颁布了多部工伤保险法律，并在1997年实施了《工伤事故赔偿法》。

葡萄牙工伤保险包括工伤事故保险和职业病保险两部分。工伤事故保险通过私营保险公司实行强制性雇主责任保险制，雇主根据风险程度为雇员缴纳费率不同的工伤事故保险。职业病保险实行社会保险制度。

工伤保险待遇分为暂时性伤残待遇、永久性伤残养老金、遗嘱养老金、孤儿年金、父母养老金、丧葬费和死亡津贴。

（四）失业保障制度

葡萄牙失业保障首次立法是1975年的《失业保险法》。现行立法为1999年和2003年的《失业保险法》。

葡萄牙失业保障实行社会保险制度。葡萄牙失业保险待遇包括失业金、失业社会补助和兼职失业待遇。失业金支付水平相当于个人平均收入的65%（个人平均收入是以失业前两个月为起点倒推一年的收入的平均值），最高不能超过法定最低工资的3倍。那些非自愿失业且不符合领取失业金条件的人可申领失业社会补助（social assistance unemployment benefit）。失业社会补助的发放需进行家计调查且失业前12个月内缴费必须超过180天。失业社会补助标准相当于法定最低工资80%，如有被抚养人则按100%发放。兼职失业待遇发放给那些正在领取失业金且已有一份兼职劳动合同的人。

（五）家庭津贴制度

葡萄牙家庭津贴制度首次立法是1942年的《家属津贴法》。现行立法2002年的《社会保障法》和2003年的《家属津贴法》。

葡萄牙家庭补贴实行家庭待遇普及制度。家庭津贴由雇员和雇主共同缴费，待遇形式包括家庭津贴、丧葬补助、特殊教育津贴和终身津贴等。凡符合条件的本国公民的子女、外国公民、难民、居住在葡萄牙的非公民子女都可以享受该待遇。

家庭津贴的发放标准是通过家计调查，并根据家庭收入和子女年龄来确定。另外还有特殊教育津贴支付给小于24岁的残疾青少年，终身津贴支付给需要抚养的24岁以上有身体或精神疾病的家庭成员，丧葬补助支付给已垫付了丧葬费的家庭。

第八节　教育、科技与文化

一　教育

葡萄牙实行12年义务教育，包括基础教育（其中小学4年、中学预备班2年、初中3年）和中等教育（3年，相当于我国高中）。大学教育为4—5年。2008年义务教育总预算为59.85亿欧元，科技和高教预算为25.09亿欧元。葡萄牙人平均受教育水平在欧洲是比较低的，25—64岁的人口中仅有20.6%受过中等教育。文盲率为9%。2004—2005学年，葡萄牙非高等教育学校总数为14401所，其中公立学校12005所，私立学校2396所；高等教育学校301所，其中公立学校167所，私立学校134所。主要高等院校有里斯本大学、科英布拉大学、波尔图大学、里斯本理工大学、米尼奥大学、阿威罗大学、埃武拉大学和国家行政管理学院。

二　科技

在历史上，葡萄牙是“航海大发现”的主角之一，曾经的海上强国，而葡萄牙人对科学发展的贡献主要表现在近代地理学上，这两者是存在明显的互为因果关系的。15世纪，葡萄牙人扎库托创造出的用于精确测量纬度的赤纬表，是当时世界上最先进的测定纬度的仪表，同时，葡萄牙的制图学也很发达，葡萄牙人佩德罗、若热·雷内尔是著名的制图家，他们都为地理大发现作出了贡献。16世纪的葡萄牙人佩罗·努内斯是欧洲著名的数学家、天文学家，他为航海天文学提出了一系列独到的数学理论基础；加西亚·德·奥尔塔是研究印度医药的专家；唐·若昂·卡斯特罗发现了地磁的磁针偏离效应。这些科技贡献标志着葡萄牙在航海大发现时代曾经的辉煌。

随着海上霸权的衰落，葡萄牙与科技发达的欧洲其他国家之间的差距越来越大。18世纪，葡萄牙开始改革教育体制，科研和教育机构，发展科学技术，1779年，成立里斯本皇家科学院。但是受制于政治、经济因素，葡萄牙的科技发展水平仍处于欧洲落后水平。值得一提的是，1949年，著名的神经外科专家、现代神经外科的创始人埃加斯·莫尼兹由于设计了前额叶白质切断手术而与瑞士科学家赫斯共同获得诺贝尔生物学和医学奖。

目前葡萄牙的科研开发主要依赖政府的资金支持，政府对研发的投入比例明显高于欧洲大多数国家，相对于其他发达国家，葡萄牙企业和非政府机构对研发投入比例较低。尽管经过不断的努力，葡萄牙的科学技术在某些领域取得长足进步，但是葡萄牙仍是西方发达国家中科技水平较为落后的国家之一，其科研投入占GDP比重、科研人员占人口比例、在重要国际刊物上发表的论文数、发明专利数量等指标方面，都处于欧盟或西方发达国家中比较低的水平。近年来，葡萄牙政府增设科研管理机构、制定振兴科研战略、加大科研投入，旨在提高科学技术水平，提升未来国家竞争力。

三　文化

（一）文化艺术

15世纪开始的海外扩张和殖民给葡萄牙带来

了财富，文学创作也开始繁荣。吉尔·维森特是葡萄牙戏剧的创始人，在葡萄牙文学史上占据一定的地位。16 世纪的葡萄牙诗人路易斯·德·卡蒙斯是葡萄牙文学的奠基人，被称为葡萄牙最伟大的文学家、葡萄牙"国魂"，其对于葡萄牙文学的影响类似于塞万提斯之于西班牙文学，他描写达·迦马发现印度的史诗《卢济塔尼亚人之歌》对葡萄牙和巴西文学产生了重要影响，成为葡萄牙重要的文化遗产。16 世纪之后，随着葡萄牙海上霸权的衰落，葡萄牙文学也随之进入衰落期，19 世纪，受到法国文学影响，葡萄牙文学兴起浪漫主义风格，代表人物有诗人和戏剧文学家维斯孔德·阿尔梅达·加莱特和小说家埃尔库拉。20 世纪早期，各种风格的现代主义影响葡萄牙文学，其中费尔南多·佩索阿是最有才华的现代主义诗人。1998 年，葡萄牙作家若泽·萨拉马戈获得诺贝尔文学奖，成为第一位获此殊荣的葡萄牙语文学家，他的主要作品有《修道院纪事》《耶稣基督福音》等。曼努埃尔·奥利维拉是为葡萄牙赢得国际声誉的当代电影导演。

葡萄牙还有一种非常有特色的音乐形式"法多"，法多表达一种忧郁的思乡情绪，有一种"甜蜜的忧伤"的特殊情感。

葡萄牙拥有 200 多座各类博物馆，收藏丰富、各具特色，为游客提供普及多种知识、欣赏各类艺术和了解葡萄牙悠久的历史文化的场所。其中最大的有国立古代艺术博物馆、古本江博物馆等。古本江博物馆收藏有古埃及、古希腊、古罗马、古代两河流域、伊斯兰、东方和欧洲不同时期的各类艺术珍品，仅中国瓷器就有 60 多件，其中一只青花高脚瓷杯是 14 世纪中国元朝的珍品。同时，葡萄牙的博物馆还是文化活动的中心，经常举办各类文化活动。

葡萄牙还有近 2000 座图书馆，葡萄牙国家图书馆建于 1796 年，原为皇家公共图书馆，藏书近 200 万册，是葡萄牙最大的图书馆。葡萄牙还有各类电影院、剧院 300 多所，画廊或展览馆 300 多所。

葡萄牙古本江基金会是葡萄牙最大的文化中心，以创建者金融家卡洛斯特·古本江的名字命名，是葡萄牙最大的基金会，也是世界上最大的基金会之一。古本江基金会以促进教育、艺术、科学、学术和慈善事业的发展为宗旨。它拥有完善的各类文化、艺术设施、会议室、博物馆、图书馆（位于里斯本古本江公园），并资助葡萄牙的各类教育事业，为国际文化交流活动提供资金，资助各大学和科研机构的研究活动，古本江科研所还开展多种基础科学和应用科学的研究活动。成立于 1988 年的东方基金会，总部位于里斯本，在中国澳门、北京设有机构，该基金会主要致力于在葡萄牙、澳门和东方国家之间开展文化、教育、科技和慈善活动、促进葡萄牙与东方尤其是中国的文化交流。

（二）媒体

1. 报纸期刊

葡萄牙有全国性报刊 23 家，地方性报纸 216 种，各种期刊 1334 种。主要报刊有：《新闻日报》《快报》《公众报》《晨邮报》和《新闻报》。

《新闻日报》创建于 1864 年，为半官方性质。每天的发行量约为 8 万份。该报以政治新闻见长，政治偏好上倾向社民党，是首都和全国最具影响力的综合性报纸之一。《快报》为私营周报。发行量约为 2 万份，主要资金来源为广告收入。《公众报》为私营日报，发行量约为 7 万份，该报的消息报道较为完整、速度比较快。《晨邮报》为葡萄牙影响较大的私营日报。《新闻报》是由国家投入一部分资本的英文报纸。

2. 广播电视

大多数葡萄牙人通过公共、私营以及教会主办的广播电台或电视收听收看各种新闻和娱乐节目。

葡萄牙有 221 座广播信号发射站。广播电台主要有葡萄牙国家广播电台、复兴电台（宗教背景）、商业电台等。近年来，葡萄牙广播事业权力下放，地方开办了一些新的广播站，如亚速尔、波尔图、科英布拉、阿尔加维和东北部地区都开设了新的广播站。但由于电视的冲击，收听广播的人日渐减少。葡萄牙国家广播电台建于 1930 年，有三个频道，频道 1 是综合台，播放新闻、民俗节目和访谈节目；频道 2 播放古典音乐；频道 3 播放适合年轻人口味的音乐节目。复兴电台主要播放音乐、谈话节目和各种比赛，是听众最多的全国性的广播电台。

葡萄牙全国共有 62 座电视信号发射站以及 166 座转发站。主要电视台有三家，包括葡萄牙国家电视台（分为一套和二套）、独立通信公司（SIC 电视台）和独立电视台（TVI）。在葡萄牙的一些大城市，还能够收看 30 个有线频道，如 BBC、MTV、CNN 等国外频道，以及独立通信公司的 24 小时新闻频道等。

葡萄牙国家电视台由政府掌握。该台有两套节目，一套播放严肃类节目，另一套播放娱乐节目、体育节目以及电影等。该台播放的《每日新闻》为收视率最高的电视节目，该节目服务于政府，是国家电视台与私营电视台争夺观众的重要武器。该台开办的儿童电视新闻节目十分有特色，用浅显的语言为儿童介绍世界各地的大事。

SIC 电视台为私营电视台，成立于 1992 年。每晚 8 时播放新闻节目，其新闻报道较为客观。该台每天播放大量的电视剧，其中以巴西电视剧为主，因巴西环球电视台为该台的重要股东。

独立电视台由葡萄牙天主教会主办，成立于 1993 年，是葡萄牙第二家私营电视台。独立电视台为股份公司形式，认购股票的股东中既有主教也有普通市民。为争夺观众，该台每天除播出大量电视剧外，还播出一些智力抢答和游戏综艺节目。

3. 新闻社

卢萨社是葡萄牙的国家通讯社，1987 年由葡萄牙通讯社和葡萄牙新闻社合并而成，在中国的北京和澳门有常驻记者。

（三）体育

足球运动是葡萄牙最受欢迎的体育运动，号称“体育之王”。全国有职业足球运动员数万人，各类足球俱乐部上千个。葡萄牙国家足球队属世界强队。除足球之外，葡萄牙旱冰球队与西班牙和意大利并称世界旱冰三雄，历届旱冰世界冠军基本被这三支球队包揽。葡萄牙田径运动特别是中长跑也是葡萄牙体育中的强项。近年来，葡萄牙橄榄球发展较快，世界排名一直呈上升趋势。目前葡萄牙政府正大力发展高尔夫运动，以此来吸引更多的旅游者。在葡萄牙，体育彩票收入的近 1/3 用于资助体育运动，是体育经费的重要来源。

（四）民风民俗

葡萄牙人热爱大自然的花草树木，喜莳花弄草。国内花木色泽艳丽，即使在冬季，也到处可见红花绿叶。爱喝葡萄酒是葡萄牙人的又一嗜好。特别是波尔图酒，不论是成年人还是儿童，用餐时都要喝上几杯，它被葡萄牙人列入恢复体力的补酒。每年圣诞节，葡萄牙人还要烤制曾得到王后伊莎白尔赞赏过的 18 英寸的面包分给大家。葡萄牙人爱看只供观赏的斗牛，爱唱最能表现葡萄牙人落寂感受的宿命之歌。

在葡萄牙的民俗中，有从元旦天气看一年年景的习惯。葡萄牙人认为，元旦刮南风，新的一年将风调雨顺；刮西风，是个捕鱼和挤奶的好年景；刮东风，水果丰收。另外，葡萄牙还有从新年头 12 天天气看 12 个月气候的民俗，即 1 月 1 日决定 1 月份的气候；1 月 2 日的天气决定 2 月份的气候……依此类推。

在仲夏时节，葡萄牙各城市都要过“城市节”，里斯本在 6 月 20 日前后过这个节。节日的晚上，居民倾城出动，到午夜时分，节日方酣，游兴方浓，届时礼炮齐鸣，爆竹阵阵，歌声四起，狂欢一直持续到第二天黎明。

在葡萄牙，圣母玛丽亚和圣徒们比基督更受人们崇拜，他们以各种形式敬拜圣母玛丽亚：有幸运的圣母、成功的圣母、安产的圣母，甚至有肚子是透明的圣母像，肚子里可看到婴儿，还有痛苦的圣母。在庆典期间，贝那多卡斯底罗地方的人们会连续跳 3 天 3 夜的舞蹈，一面演奏小夜曲，一面列队抬圣母像。在圣安东尼的节日里，阿连德久地方的农庄人，将火腿和腊肉等挂在教堂前面无花果的树上，象征将化身为猪的恶魔斩首示众。直到数年前为止，一到庆祝圣母的节日，里斯本的居民就要举行游行活动，簇拥着罗马神话中的酒神像、裸体的维纳斯像等，周围人有些跳葡萄牙舞蹈，有些跳阿拉伯舞蹈及犹太舞蹈。

葡萄牙人有尊重宗教的传统，教会在国民日常生活中起着重要的作用，也是维系家庭和睦的主要因素。传说 1917 年在葡萄牙中部的法第玛，圣母玛丽亚在牧童前现身。此后，法第玛便逐渐成为宗教观光的圣地。在葡萄牙，大多数的修道院僧侣们不能穿戴民间服饰，日落后不能举行宗教仪式。

第九节　军事

一　国防体制

葡萄牙宪法规定，总统为三军最高统帅，总统通过总理、国防部长和总参谋部对全国武装力量实施领导和指挥。当然总统的最高统帅权利更多的是名义上的。葡萄牙最高军事决策机构为最高国防委员会，成员包括总理，外交、国防、内政、财政、交通等部部长，总参谋长及海陆空三军参谋长，2名由议会选举的代表，还包括亚速尔和马德拉自治区主席等。委员会的职责是对与国家防务和安全有关的事务，以及与武装力量的结构、功能和制度有关的事务做出决策，同时这一机构也是总统的军事咨询机构，总统任该机构的主席。

国防部是全国武装力量的最高行政领导机关。国防部长通过总参谋部和各军种参谋部领导全国的武装力量。最高军事委员会是国防部长的主要军事咨询机构。总参谋部是最高军事指挥机构。参谋长委员会是审议军队重大事宜的最高咨询机构，其成员包括陆、海、空三军参谋长等，由总参谋长任主席。陆、海、空参谋部平时负责本军种的教育、训练和行政管理，战时协助总参谋部指挥本军种的部队作战。

二 国防战略目标与国防政策

历史上，葡萄牙曾经是殖民大国，因此，葡萄牙的国防战略首要任务是保护葡萄牙的海外殖民地和防范西班牙的入侵。物换星移，如今的葡萄牙是一个欧洲小国，其战略地位和战略目标已不能与大国相比，尤其是“冷战”结束后，葡萄牙的战略思路发生了重大变化。

葡萄牙国防战略的关注点主要集中在欧洲，主要军事关系是与欧洲、与周边国家、与美国及北约的关系，葡萄牙以“合作安全”的国防概念，将联合国、欧盟、北约和欧洲安全组织等国际组织作为安全合作的主要依托。葡萄牙重视联合国在维持国际和平和解决冲突的主导作用，以北约为防务政策的主要支点，同时作为欧洲国家，在欧盟、欧洲安全与合作组织的框架内参与欧洲共同安全和防务事务，积极参与欧洲联合安全部队的组建。

葡萄牙自身的地理位置在美国全球战略中占有重要地位，其大陆部分与亚速尔群岛、马德拉群岛组成的战略三角形是连接美—欧—非、南北大西洋的战略要冲，美军在亚速尔群岛上建有军事基地，因此，葡美军事合作关系，在葡萄牙国防事务中占据重要地位。

三 国防军事战略

在军事防卫战略选择上，葡萄牙主要依托北约，将北约作为葡萄牙防务核心，也是葡萄牙军队担负的最重要的国际义务，北约在里斯本设有大西洋东南区司令部。

在安全观念上，葡萄牙认为传统的军事威胁已经降到次要地位，而一些非军事性的威胁因素却越来越活跃。面对新的安全形势，葡萄牙相应调整了国防战略，尤其是“9·11”之后，军队被首次赋予保卫国家内部安全的任务。为了平衡传统防务和当前新的威胁，葡萄牙在精简军队人数的同时，提出不断加强军队的现代化，提高在现代条件下的作战能力和快速反应能力、协同作战能力等。为此，葡萄牙政府拟分阶段加大军事投入，提升军队现代化水平。

四 军事预算和兵役制度

2008年，葡萄牙国防预算开支21.15亿欧元，占政府预算的3.8%，占国内生产总值的1.2%，在欧洲及北约国家中处于中下水平，无论从绝对数额还是人均数额上比较，葡萄牙都是国防开支最少的北约国家之一。从20世纪90年代开始，葡萄牙的国防开支不断降低，进入21世纪后再次大幅降低。因此，资金短缺成为一直困扰葡萄牙军事建设的一个关键问题，在很大程度上阻碍了军队的现代化建设。近年来，葡萄牙经济发展缓慢，因此短期内几乎没有增加国防预算的可能性。

葡萄牙实行义务兵、志愿兵、合同兵三结合的兵役制。服役期：义务兵4个月，志愿兵8—10个月，合同兵不定期，但至少一年以上。1974年军人政变以来，葡萄牙的正规军队人数一直呈下降趋势，从最多时期的28万人，逐步裁减到不足5万人，根据新的裁军法案，正规军的总人数拟减少到不超过3.4万人。2004年起陆军停止征兵，全部由职业军人组成，开始实行军队职业化。

五 武装力量编制与实力

葡萄牙武装力量由正规军、准军事部队及预备役部队组成，正规军有海、陆、空三个军种，准军事部队包括国民警卫队、警察等。2005年，葡正规军有总兵力4.49万人。其中陆军2.67万人，编为4个军区，各类坦克和装甲车约600辆，各类火炮约250门；海军1.095万人，编为5个海区，各种舰艇50余艘；空军0.725万人，有6个基地，各种飞机180余架。此外，葡还有预备役部队21.093万人，准军事部队4.77万人，其中国民警卫队2.61万人，警察2.16万人。

六　对外军事关系

葡萄牙是北约创始成员国之一，积极参与北约防务，在北约军事框架内部署军队。葡美关系是葡萄牙最重要的军事双边关系。亚速尔群岛上的拉日什美国空军基地是维系这一关系的纽带，美国每年支付5500万欧元租金和军事援助、经济援助。葡萄牙与德国、法国、英国、荷兰等欧洲国家也有军事方面合作，主要是购买军事装备和训练。葡萄牙积极参与海外军事援助和维和行动，尤其是对南部非洲前葡萄牙殖民地国家如安哥拉、莫桑比克等国的人道主义援助和维和行动。

第十节　外交

一　外交理念

1974年以前，葡萄牙在对外关系上奉行孤立和封闭政策，寻求伊比利亚半岛势力平衡以及欧洲与大西洋之间的力量均衡。加入欧洲共同体之后，葡萄牙外交政策开始向欧洲倾斜，但维持均衡的理念并没有改变。

葡萄牙一贯推行稳健务实的外交政策，主张在平等互利的基础上同世界各国普遍发展友好合作关系，葡萄牙外交政策的三大支柱为保持和发展与欧盟、美国和葡语国家的传统关系。其外交政策的核心是积极参加和促进欧洲一体化，2007年下半年葡萄牙成功担任欧盟轮值主席国，推动签署《里斯本条约》，为欧盟一体化进程作出历史性贡献。葡萄牙注重加强同北约的关系，将保持和发展与美国关系视为葡三大外交支柱之一。葡萄牙重视强化与葡语国家、特别是非洲葡语国家的传统盟友关系，大力推进葡语国家共同体一体化进程，完善其运作机制。葡萄牙主张西方与俄接触、合作，支持北约东扩，但认为应顾及俄的安全利益。葡萄牙主张通过政治谈判解决伊核问题。此外，葡萄牙还积极开拓新兴国家市场，重点发展同中、俄、日、印(度)、南非和北非阿拉伯国家的合作关系。加强与委内瑞拉、安哥拉和利比亚等石油大国的经贸往来，为本国经济服务。

葡萄牙与世界上180个国家和地区建立有外交关系，共设146个驻外使领馆。其中使馆70个，职业领馆66个，驻国际组织代表团10个。

二　对外关系

(一) 同中国的关系

中国和葡萄牙于1979年2月8日建交。同年9月，两国互派大使。建交以来，两国在政治、经贸、文化、科技、军事等各个领域的友好合作关系不断发展。1987年4月，中葡两国政府通过平等协商就解决历史遗留的澳门问题达成协议并签署了关于澳门问题的联合声明，中国于1999年12月20日恢复对澳门行使主权。2005年12月，两国建立全面战略伙伴关系。当前，两国关系顺利发展，各级别人员往来密切。2010年11月，中国国家主席胡锦涛访问葡萄牙。胡锦涛主席访葡期间，中葡双方就推动中葡全面战略伙伴关系全面深入发展达成重要共识并签署了经贸、通信、电力、文化等领域双边合作文件，同时还探讨了通过中国—葡语国家经贸合作论坛提升中国同葡萄牙等葡语国家经贸合作水平等事宜。

在经贸领域，中葡双方签有多个双边合作协议，近年来双方还开拓了在金融、新兴能源、海运等领域的合作。据我海关统计，2012年双边贸易额为40.15亿美元，同比增长1.3%，其中我出口25.01亿美元，同比下降10.7%，进口15.14亿美元，同比增长30.3%。中国对葡出口商品主要有：电机电气设备、纺织品、服装、鞋类、塑料制品、音响音像设备、玩具、旅行用品及箱包、地毯、钢材、陶瓷制品、照明器材等。进口商品主要有：电容器及零件、初级塑料、纸及纸板、医药品、纺织品、矿产品等。截至2012年5月底，葡累计对华投资共183项，实际投入1.73亿美元。目前葡在华投资项目主要有：中交虹桥有限公司、烟台麒麟包装有限公司、山东凯威斯葡萄酒业有限公司、辽阳易发式电气设备有限公司、葡萄牙大西洋银行珠海分行等。

中葡建交后，两国在文化、科技和教育方面的交流与往来逐渐增加。两国间签有文化、科技合作协定（1982年）、体育交流协定（1991年）、科技合作协定（1993年）和中国教育部与葡科学和高教部合作备忘录（2002年）。《中葡政府2010年至2012年度在文化、语言、教育、科学、技术、高等教育、青年、体育和传媒领域的合作执行计划》（2010年）。双方已召开5次科技混委会，共确定了97个科技合作项目，执行情况良好。2005年12月，温家宝总理访葡期间，双方共同举办语言教育双向合作研讨会，并举行孔子学院授牌仪式。2008年4月，第二所孔子学院在里斯本大学举行授牌仪式。中葡间已建立北京—里斯本、上海—波尔图、无锡—卡斯卡伊斯、珠海—卡斯特罗布兰科和铜陵—莱利亚五对友城关系。2000 年 12 月 29 日，中国葡萄牙友好协会在北京成立。2006 年 3 月，葡议会成立葡中友好小组。

司法方面，双方签署了《中葡刑事司法协定》《中葡引渡条约》和《中葡移管被判刑人条约》，目前均已生效。中葡两军交往始于 1980 年。近年来中葡军方高层互有往来，其中葡国防部长阿马多 2006 年 1 月访华时，双方签署《两国国防部合作协议》。2009 年，葡海、空军参谋长分别率团出席我海、空军成立 60 周年系列活动。

（二）同欧盟的关系

欧盟是葡对外关系的基础。葡萄牙在 1986 年加入欧共体，1988 年加入西欧联盟，1989 年加入欧洲货币单位，1999 年加入欧元区。在加入欧共体后的很长一段时间里，作为小国的葡萄牙一直处在欧洲大国的夹缝中求生存、求发展。因此，从自身的经济和安全利益考虑，葡萄牙是欧洲一体化的积极支持者和推动者。在欧洲一体化进程中，葡萄牙扮演的是积极的角色，葡萄牙赞成欧盟东扩；反对将国家分成不同等级，反对欧盟决策权过分集中在少数国家手中。同时，欧盟也是葡萄牙最大的援助提供者，每年葡萄牙都从欧盟地区转移支付中得到大量援助拨款，其中主要用于加速葡萄牙农业现代化。欧盟宪法批约进程在法国、荷兰等国受挫后，葡推迟了原定于 2005 年 10 月举行的欧洲宪法公投。葡认为欧盟发展速度和扩大进程应放缓，但不希望停止。2007 年下半年，葡成功担任欧盟轮值主席国，主持完成修订和签署《里斯本条约》，引导欧盟走出“制宪”困境，推动欧盟制定“里斯本战略”第二个 3 年规划，进一步增强欧盟经济活力和竞争力，还完成申根区东扩至中东欧 9 国。在这个过程中，葡萄牙充分发挥自身优势展示其小国办大外交的能力，受到欧盟内外普遍赞誉。同时，葡保持与西、法、德等欧盟大国的高层交往，促进经济和科技合作；积极推进欧盟能源战略规划，积极发展可再生能源；重视与欧盟各国联合打击非法移民和反对恐怖主义，正式启动电子生物指纹护照和签证制度；成功促成欧洲海洋安全局总部落户里斯本。葡对外贸易主要集中在欧盟内部。2008 年，葡向欧盟其他成员国的出口额约占葡出口总额的 73.8%，从欧盟国家进口额占葡进口总额的 73.5%。

（三）同美国的关系

葡萄牙是美国的传统盟国，也是北约成员国，葡萄牙历来把同美国的关系放在优先地位。美国是葡萄牙最大的外援国家之一，1975—1989 年，美国对葡萄牙的直接援助达 12 亿美元，商业贷款 20 亿美元。葡萄牙亚速尔群岛上的拉日什军事基地长期供美国使用，美国则不断提供给葡萄牙军事和经济援助。1993 年，葡美两国签署一项美国向葡萄牙提供 1.73 亿美元军事援助的协定，1994 年葡美签署合作与防务协定，同年签订了两国避免双重征税和防止逃税的协定和海关互助协定。2000 年 5 月，美国总统克林顿访葡，两国签署了有关航空、相互引渡罪犯等三个协议。“9・11”事件后，葡坚决支持美反恐军事行动，并为其执行反恐和救援任务的飞机在拉日什军事基地起降提供便利。葡在保持发展与美政治、经济关系的同时，进一步加强军事合作。2005 年，葡美双方进行了外长级互访，双方重新签署了引渡条约，并表示愿意推动建立葡、美和非洲葡语国家三方合作机制。葡主张欧洲应创造条件，进行更富建设性的跨大西洋合作。同年 9 月，美国遭受飓风灾害后，葡向美援助了大量日用品，并提供了占葡 2% 石油储备量的 50 万桶原油。2006 年，葡继续保持与美国的传统关系。对国际上关注的美中情局运送囚犯的飞机多次过境葡事，葡政府态度谨慎。2006 年 10 月，葡外长阿马多访美，与美国务卿赖斯就葡担任欧盟轮值主席工作等交换意见。两国经贸合作增多，科技合作已扩大到能源、生物工程和人才培训等方面。2007 年，葡继续加强与美在安防领域的实质合作，支持美设立非洲司令部。2007 年 7 月，美国务卿赖斯参加在里斯本举行的中东问题四方会谈并访葡。2008 年，美国务卿赖斯访葡，双方商议美在葡设立非洲司令部事宜。葡继续参与在阿富汗的军事行动。2008 年 12 月，葡外长以公开信呼吁欧盟国家接收关塔那摩监狱在押人员，第一个公开做出积极为美解套的姿态，以期赢得奥巴马新政府的青睐。

（四）同西班牙的关系

作为邻国，葡萄牙与西班牙关系长期以来并不稳定。1974 年葡萄牙发生军事政变后，两国关系一度紧张，但从 1975 年起就开始缓和。1977 年签订友好互不侵犯条约，两国政府首脑定期会晤，就双边关系和共同关心的问题交换意见。在欧洲一体化进程中葡西关系更是不断发展，两国的经贸往来频繁，目前，西班牙是葡萄牙最大的贸易伙伴之一，葡萄牙从西班牙的进口占其总进口额的第一位，出口额占其总出口额的第三位。2003 年 2 月，葡西两国签署了《海事安全事务合作与建立快速报警共同机制的联合声明》。2004 年，葡总理和西首相实现互访。2005 年 10 月，葡议长访问西班牙，呼吁西与葡加强边境合作；11 月，葡西首脑会议在葡举行，两国总理出席，双方签署了边境合作、旅游、就业、建立伊比利亚电力市场、高速铁路、海洋测量等双边合作协定。2006 年 9 月，席尔瓦总统对西班牙进行就职后的首次国事访问。2008 年 1 月，葡总理索克拉特斯和西首相萨帕特罗共同主持召开第二十三届伊比利亚峰会，探讨如何进一步拓展和深化两国各领域合作，包括安防合作，不断密切和提升双边关系。

（五）与其他葡萄牙语国家共同体的关系

葡萄牙语国家共同体（Community of Portuguese-Speaking Countries，Comunidade dos Países de Língua Portuguesa，简称 CPLP，即葡共体）于 1996 年 7 月由葡萄牙和巴西倡议成立，总部设在里斯本。该共同体成员包括巴西、葡萄牙、佛得角、几内亚比绍、莫桑比克、安哥拉、圣多美和普林西比以及东帝汶民主共和国（2002 年），其中莫桑比克、安哥拉、佛得角、几内亚比绍、圣多美和普林西历史上均为葡萄牙在非洲的殖民地。加强与非洲葡语国家的政治、外交、经贸、文化合作是葡萄牙的外交政策的重点之一。由于历史原因，这些国家与葡萄牙关系比较密切并且是葡萄牙石油、天然气的主要供应地。近年来，为了发挥葡萄牙在欧、非两个大陆之间的桥梁作用，葡萄牙积极发展同五国的关系，向他们提供经济援助，积极推动莫桑比克、安哥拉的和平进程。1991 年葡萄牙促成安哥拉政府与反政府武装在葡萄牙签署了安哥拉和平协议，并与美、俄共同组成安哥拉和平进程观察员“三驾马车”。葡萄牙还主动派兵参加在莫桑比克执行维和行动的“蓝盔部队”。葡萄牙每年向非洲葡语国家提供数亿欧元的双边援款，主要用于这些国家的社会、经济发展、基础设施建设及跨领域合作项目。近年来，葡萄牙与非洲葡语国家高层互访频繁，并大量增加在非能源、军事、金融和商贸等各领域投入力度。葡萄牙还成立对非洲葡语国家工作小组，定期召开对非工作研讨会，为葡萄牙企业在非发展牵线搭桥，重点开展能源和基础设施建设方面的合作。2007 年葡萄牙担任欧盟轮值主席国期间，不断加大对非洲葡语国家投入，倡导召开第二届欧非峰会，建立了欧非双方在平等基础上进行战略对话的新型关系，推动佛得角成为欧盟联系国，组织召开几内亚比绍贩毒问题国际会议，与莫桑比克签署多项合作协议，向安哥拉提供 11 亿欧元信贷。

葡萄牙积极推动葡共体发展，充分利用该组织企业论坛和葡语教学计划，希望通过扩大葡共体在世界上的影响，提升其国际地位。2004 年，葡萄牙向葡共体提供了 1056.2 万欧元的援助。2008 年 7 月，第 7 届葡语国家共同体峰会在里斯本召开，发表《里斯本声明》，葡萄牙接替几内亚比绍担任 2008—2010 年葡共体轮值主席国，席尔瓦总统任轮值主席。葡萄牙视葡共体为其外交三大支柱之一，重视推进葡共体内部建设，提高其国际地位和影响。

（六）同巴西的关系

葡萄牙对拉丁美洲的外交政策的重点是发展和巩固与巴西的关系。从历史上看，巴西曾经是葡萄牙的殖民地。葡萄牙国王若昂六世的儿子佩德罗直接领导了巴西的独立，葡萄牙与巴西之间的经济、文化、语言和宗教联系比一般的宗主国和殖民地之间的关系要紧密得多。1974 年葡萄牙革命胜利后到 20 世纪 90 年代中后期葡萄牙忙于内部事务和致力于加入欧洲共同体，其外交政策的重点不在发展与巴西的关系。20 世纪 90 年代中后期以后巴西又重新回到葡萄牙外交的重点关注地区。1995—2001 年被认为是双边历史上最积极的时期。在这一时期，双方高层互访频繁，两国签订了众多的双边协议。2003 年，葡萄牙总统、总理和外长均出席了巴西总统卢拉的就职仪式，足以说明巴西在葡萄牙对外关系中的地位。此后两国将发展经济往来和解决巴西在葡萄牙的移民问题作为两国关系中亟待解决的问题，双方还签署了关于领事签证、便利两国人员来往及预防和打击非法移民的三项协议，这些协议为解决巴西在葡萄牙的非法移民问题规定了一些灵活措施。两国经济往来十分密切。巴西是葡萄牙企业向外投资的优先选择，同时葡萄牙在巴西的投资国中位列第6位（2001年）。葡萄牙电信公司在巴西占据重要的市场份额，44%的巴西移动电话市场被葡萄牙和西班牙的合资企业特勒佛尼卡（Telefonica）控制。葡萄牙电力公司也在巴西有巨额投资。近年来，双方高层互访更为频繁，各领域的交流和合作呈快速发展的势头。2005年5月，葡萄牙外长多阿马拉尔对巴西进行正式访问，重申发展与巴关系是葡萄牙外交重点。10月，巴西总统卢拉访问葡萄牙，与葡萄牙总理共同主持召开第8届葡巴首脑会议和企业家研讨会，双方签署了关于经济、文化、反对贩毒和移民合作协定。2006年8月，索克拉特斯总理率团访问巴西。葡萄牙与巴西在经贸、石油开采和文化艺术交流等方面合作不断加强。2007年担任欧盟轮值主席国期间，葡萄牙全力推动首届欧巴峰会的召开，拉近了欧盟与拉美的距离。近10年来，葡萄牙对巴西投资约90亿欧元，共有600余家企业参与其中。葡萄牙每年进口巴西产品额约7.7亿美元，出口约2亿美元。

（七）同俄罗斯和其他东欧国家的关系

苏联解体后，葡萄牙主张西方世界加强对俄罗斯的援助，帮助俄罗斯从计划经济向市场经济过渡。葡萄牙支持俄罗斯与欧盟改善关系，认为俄罗斯在平衡国际关系中作用十分重要。葡俄两国签署有葡俄友好合作条约以及投资保护、文化、工业技术、公路运输、医药科学等六项合作协议。近年来，俄罗斯依靠石油收入国力迅速回升，政治走向不确定因素增加，集权倾向明显，葡萄牙对俄罗斯动辄使用能源武器“教训”欧盟国家感到担忧，但主张与俄罗斯接触、合作，通过将俄纳入西方设定的轨道，影响俄政治走向，以获取经济实惠。葡萄牙愿与俄罗斯建立全方位合作，在良好的政治基础上，加强双方贸易、文化关系。2001年，葡萄牙总统桑帕约访俄，双方签署了《领事协议》和《外长级政治磋商议定书》。1998—2003年，葡萄牙在俄每年投资46.2万欧元，俄罗斯在葡每年投资约为5.2万欧元。葡萄牙对俄出口仅占俄进口的0.08%。2004年11月，俄罗斯总统普京访葡，系俄最高领导人首次访问葡萄牙。2005年5月，葡萄牙总理索克拉特斯出席在俄罗斯举行的纪念卫国战争胜利60周年活动；2005年10月，葡外长、文化部长和经济部长访问俄罗斯，双方签署了两国大学生交流计划协定，还签署了信息和旅游协定。近年来，葡萄牙与东欧国家的往来有所增加，葡萄牙表示支持东欧国家加入欧盟和北约的要求，但认为应以与俄保持稳定的安全关系为基础。

（八）同东帝汶的关系

东帝汶是葡萄牙前殖民地，1951年名义上改为葡海外省。1974年葡国内发生“四·二五”事件后，葡新政权主张非殖民化，允许东帝汶举行公民投票，实行自决。1975年，成立不久的革阵、民盟和民协三个东帝汶主要政党因权力之争发生内乱，局势失控。同年12月，印度尼西亚趁机出兵东帝汶，并于次年7月宣布东为其第27个省。1992—1999年，在联合国秘书长主持下，葡与印度尼西亚外长就东帝汶问题进行了12轮谈判，最终双方就东帝汶的民族自决问题达成共识。1999年8月，在联合国的监督下，东帝汶进行了全民投票，78.5%的东帝汶人支持独立。同年12月，葡外长伽马访问东帝汶。2000年，葡萄牙总统、总理和议长相继对东进行了访问。2002年5月20日，葡萄牙总统、总理出席了东帝汶建国庆典。1999年以来，葡除向东帝汶提供大量经济和人道主义援助外，还派遣了1000余人的维和部队和警察以及100名教师。葡萄牙是国际社会对东帝汶援助最多的国家。2002年，葡政府与东帝汶政府签署了金额达8048.5万欧元的合作项目，其中包括提供900万欧元的援助。两国签署了2004—2006年合作计划书，根据该计划葡援助东5000万欧元。2005年6月，东帝汶总理阿尔卡蒂里访问葡萄牙，葡同意向东派30名警察帮助其培训地方安全部队。2006年，东局势动荡。葡先后派出200多名国民卫队官兵和警察赴东维和，大力协助东帝汶政府维护社会稳定，并承诺驻东维和部队在联合国任务结束后继续驻留。

（杨解朴）

第四章　希腊

第一节　概述

国名　希腊共和国（The Hellenic Republic）。

领土面积　13.1957 万平方公里。

人口　1128 万人（2009 年）。

民族　98% 为希腊族，其他少数民族有土耳其族等。

宗教　居民中约 98% 信奉东正教，1.3% 信奉伊斯兰教，其余 0.7% 信奉天主教、新教、犹太教等。

语言文字　官方语言和全国通用的语言为现代希腊语。

首都　雅典，面积 412 平方公里，人口 313 万（2001 年）。

国家元首　卡罗洛斯·帕普利亚斯（Karolos Papoulias），2005 年 2 月 8 日当选希腊总统，2010 年 2 月蝉联总统，3 月宣誓就职。

国旗　希腊国旗的旗面由四道白条和五道蓝条相间组成，表示"不自由毋宁死"格言的九个音节。左上方有一蓝色正方形，绘有白十字。蓝色象征蓝天，白色象征对东正教的信仰。

第二节　自然地理与人文地理

一　自然地理

（一）地理位置

希腊，位于欧洲巴尔干半岛最南端，西北紧邻阿尔巴尼亚；北同马其顿共和国和保加利亚相邻；东北与土耳其欧洲部分相接；西南濒临爱奥尼亚海；东临爱琴海；南面隔着地中海与非洲大陆相望。希腊地处东经 19°22′41″—29°38′39″、北纬 34°48′11″—41°45′01″之间，东西最长处有 992 公里，南北最宽处为 793 公里；地处连接欧洲、亚洲和非洲三大洲的十字路口，是东西方文化交汇、融合的门户，地理位置十分重要。

（二）地形

希腊是地中海上的"千岛之国"，岛屿占其国土总面积的 15%。除巴尔干半岛的南端（亦被称为希腊半岛）之外，海域上分布着 2000 余个大大小小的岛屿，它们犹如众星捧月一般环绕着大陆。希腊也是欧洲海岸线最长的国家，如果将这些岛屿计算在内，海岸线总长达到 15021 公里。

希腊地形极为复杂多样，其典型特征是海洋环绕着群山、谷地和平原相间、海岸线绵延曲折，处处皆有深入内陆的海湾。内陆地势由西北向东南倾斜，盆地和平原许多为山地切割成碎片状，沿海地势比较平缓，土壤肥沃的平原主要分布于此。

境内多山，是希腊最为突出的地形特点。其山地面积约占国土总面积的 80%，将近 67% 的面积海拔在 200 米以上，13% 的面积海拔在 1000 米以上。最主要的一支是位于西部的品都斯山脉，被称为希腊的"脊梁"，它从阿尔巴尼亚入境由北而南纵贯整个大陆，越过科林斯湾，一直抵达南部的伯罗奔尼撒半岛，全长 270 多公里，宽 40—60 公里，平均海拔 2650 米。另一支名为罗多彼山脉，位于东北部保加利亚和希腊交界处，山体广阔，呈东西走向，走势相对平缓。希腊山势不高，但海拔 2000 米以上的山峰也有 20 多座。全国最高峰，是位于中部塞萨利盆地的奥林匹斯山，海拔 2917 米，气势雄伟，直插云霄，山顶终年积雪，云遮雾绕。第二高峰斯莫利卡斯山（Smolikas），海拔 2637 米，位于希阿边境；第三高峰沃拉斯山（Voras），海拔 2524 米，位于与马其顿共和国的交界处。希腊的山地崎岖不平，多为岩石地貌，耕作条件比较差。

三面环海、岛屿众多，是希腊地形的第二个特点。希腊大陆坐拥爱奥尼亚海和爱琴海，有 2000 多个岛屿遍布其中，按其地理位置，可划分为两组：大陆以西的爱奥尼亚群岛和大陆以东的爱琴海诸岛。前者包括科孚岛（Corfu）、莱夫卡斯岛（Levkas）、凯法利尼亚岛（Kefallinia）和扎金索斯岛（Zakinthos）以及其他较小的岛屿；后者有西部的埃维亚岛（Evvoia）和北斯波拉泽斯群岛（Northern Sporades group）、北部的萨莫色雷斯岛（Samothrace）、利姆诺斯岛（Limnos）和莱斯沃斯岛（Lesbos），东南部的希俄斯岛（Chios）和佐泽卡尼索斯群岛（Dodecanese Islands，有的译为多德卡尼斯群岛），以及南部的基克拉泽斯群岛（Cyclades group）和克里特岛。其中，克里特岛是希腊最大的岛屿，科孚岛和罗得岛（Rodos）分列第二和第三。希腊三面环海，无论在内陆还是岛屿，任何一地与海洋的距离都不超过100公里。难以计数的海湾、海峡嵌入内陆和岛屿，形成许许多多个小半岛和海角，使希腊在地中海国家中拥有最长的海岸线，在世界上跻身前十位。

平原稀少，多为山地切割，是希腊地形的第三个特点。希腊的平原主要分布在河谷和沿海地带。较大的冲积平原有中部希腊的塞萨利平原，位于品都斯山脉东侧，奥林匹斯山以西；北部希腊有马其顿平原，东北方有西色雷斯平原。伯罗奔尼撒的东南部有斯巴达大平原，位于泰日托斯山脉和帕尔农山脉之间，沿埃夫罗塔斯河谷延伸，是半岛上较大的平原。位于雅典东南方的马拉松平原是较为典型的沿海平原，面积不大，但知名度很高，它是古代著名的马拉松战役的主战场，也是世界马拉松比赛的发源地。

（三）河流、湖泊

山地与盆地、平原相间的地形条件使希腊的河流大多狭窄、曲折、流速急促，少有流量大而流速平缓的长河。而且很多河流是季节性干涸，不具备航行和灌溉的条件。较大的河流主要集中于希腊北部，一些有名的大河大多发源于北部邻国。希腊第一大河是阿利阿克蒙河（Aliakmon），全长297公里，流经塞萨利平原，流入萨罗尼克海湾（Saronic Gulf）；第二大河为阿谢洛奥斯河（Achelous），全长约220公里；第三大河为皮尼奥斯河（Pinios），约长205公里。但名气最大的三大河流却是埃夫罗斯河（Evros）、奈斯托斯河（Nestos）和斯特里亚马河（Strymonas）。埃夫罗斯河是希土边境界河，流经希腊的总长度为204公里；奈斯托斯河源自保加利亚境内的里拉山脉的科拉罗夫峰，流经希腊130公里，从萨索斯岛东北方的陆地入海；斯特鲁马河源于保加利亚，流经希腊的长度为118公里。这三条河流虽然源远流长，但若按希腊境内的长度来计，只能屈居第四、五、六位。

希腊境内仅有21个湖泊，其中14个为人工湖，而且面积都不大，其累积的总和只有598.90平方公里。最大的湖泊名为特里霍尼斯（Trichonis），位于希腊半岛西南部的中希腊大区，面积有95.84平方公里。第二大湖为哈尔基季基半岛上的沃尔维（Volvi），面积为70.35平方公里，坐落于中马其顿大区；第三大湖是弗洛里纳省的韦戈里蒂斯湖（Vegoritis），面积为54.31平方公里，位于西马其顿大区。

（四）气候

希腊属于典型的亚热带地中海气候，夏季炎热干燥，平均气温为23℃—33℃，冬季温和湿润，平均气温为6℃—13℃。年平均降水量400—1000毫米。

具体到各个地域，因为海拔高度的不同和距离海洋的远近，呈现了不同的气候特点。一般来说，以品都斯山脉为分水岭，其西部和东部具有不同的表征：西部四季温暖、年温差小、降雨丰富；东部年温差较大、降雨少、气候较干旱。希腊大陆的北部和中部地区，受大陆型气候的影响比较大。比如马其顿、伊庇鲁斯、色雷斯以及伯罗奔尼撒高地的部分地区属于带有大陆性特点的地中海型气候，这种特点比沿海地区更为明显。大陆性气候的影响主要表现在气温和降水上。一年之中，20—30天的霜冻天气是很常见的，冬季降水比较丰富，气候温湿，夏季温度很高，较为干旱。在山区，更为常见的是寒冷的冬季气候，降雨只发生在秋季和夏季。海上诸岛则呈现另一种气候类型，那里夏季干旱、冬季温暖潮湿，春秋季短暂，四季不甚分明。总的来看，中部和南部的气候特点和海岛相近。全年日照时数可达3000小时以上。在希腊本土，年降水量主要集中于冬季，降水最多的山区可达每年1500毫米。但海岛降水较少，著名大岛克里特岛年降水量只有500毫米左右。

（五）自然资源

1. 矿产资源

希腊非金属矿产资源种类丰富。它是世界上最大的珍珠岩、膨润土（皂土）、火山灰和浮石的供应国之一。大理石品种多样，产量较大，自古以来驰名天下。铝土矿的储藏量也比较大，已探明储量约1.2亿吨，估计储藏总量为5亿吨。希腊还拥有很多稀有金属矿产品种，如镍、铬、镁、铀、金等。在20世纪70年代末，在北部兹拉马附近发现大量铀矿。近年来在色雷斯地区的黄金开采增长也很快。

相对于蕴藏丰富的品种而言，希腊的矿产量不高，但50%以上的矿产品出口海外，目前是欧盟国家中重要的矿产出口国，其中石棉、铀、铝土矿、镍矿产品在西欧及世界居重要地位。

希腊能源资源有限，主要有褐煤和石油两种。其中褐煤已探明储量为58亿吨，估计储藏总量为70亿吨。由于褐煤的品质和热量较低，对环境污染程度高，主要用于火力发电。虽然，海底石油资源较为丰富，主要分布在爱琴海北部和爱奥尼亚海域，但由于勘探和开采能力有限，远不能满足国内需求。

2. 植物资源

希腊的森林主要有松类（如松树和冷杉）和落叶类（橡树、山毛榉树、枫树等）两类树种，占地面积330万公顷，覆盖率为25%。面积较大的森林区分布在希腊的北部，如色雷斯、马其顿和伊比鲁斯的山区，还有爱琴海北部和东部岛屿以及爱奥尼亚群岛。其中65%的森林区为国家所有。据官方统计，全国树种共有200多种，数量最多的是山毛榉树，其次为栗子树，橄榄树和橘子树也十分常见，邻近河流和湿地的地方，则生长着成片的白杨、柳树和松树。

希腊花卉品种繁多，有地中海、中欧和里海三种类型。据最新统计，希腊大陆和诸岛屿的野生花卉共有6000余种，能够确定名称的有5500种，其中较为常见的有：银莲花（anemones）、剑兰（gladioli）、鸢尾（irises）、郁金香、百合、水仙花、番红花、芫荽等，许多野花不知其名。希腊在欧洲享有“花卉的天堂”之美称。

3. 动物资源

在希腊栖息着900多种动物，既有欧洲、亚洲种类，也有非洲类型，许多品种为希腊独有。它拥有欧洲国家中最为丰富的淡水鱼类，共计107个品种，有37种仅发现于希腊；爬行类动物59种，为欧洲之冠；另有18种两栖动物，其中大约有60%是生活在湿地（沼泽）中。鸟类407种，有240种栖息在希腊本土；哺乳动物116种，其中57种属于濒危物种；无脊椎动物更是达到25000种。

为了保护生物的多样性，政府制定了特别保护行动计划，为国内罕有的地中海海龟、僧海豹和棕熊提供自然栖息之地；为北部林区的野猫、貂鼠、狍、狼、山猫等，南部森林的豺、野山羊、刺猬等设立了保护区。

20世纪30年代起，希腊政府已开始致力于建立各种自然生态区域，并将它们纳入专项保护计划。经过60余年的努力，目前已建有七种保护区：11个国家公园，占地65000公顷，最为有名的是位于奥林匹斯山的国家公园；19处森林保护区，占地33000公顷；以及11个湿地、51个自然保护区、113个重要的鸟类保护区和300个生物群落区等。

二　人文地理

（一）人口状况

2001年希腊人口普查结果，全国总人口数为10964020人。2009年6月，希腊国家统计部门公布，全国现有人口估计为11282751人，其中男性5587096人，女性5695655人，女性所占比例略大于男性。相对于其国土面积和经济水平而言，希腊的人口规模偏大，但近年来，人口增长趋缓。1971—1981年期间，人口增长幅度为11.1%；1981—1991年为下降为4.7%；1991—2001年略有上升，达到6.7%。从联合国公布的人口报告来看，从1998年开始，希腊人口年平均增长率出现负值，估计至2015年，每年平均人口增长率仅为-0.1%。

从70年代开始，希腊人口的年龄结构正在经历重要变动，未成年人口的数量不断下降，劳动力人口缓慢增长，老龄人口增长的幅度增大。这对于国内的社会保障、税收、健康医疗体系、劳动力需求以及养老造成了很大的压力。1971年，14岁以下人口占总人口比例为25.36%；2001年下降为15.20%。1971年，15—64岁（劳动力年龄组）人口占总人口的比例为63.72%，2001年仅增加为67.71%。1971年，65岁以上人口占了总人口的10.92%；2001年上升为17.08%，到2010年接近20%。此外，希腊人口分布不均衡，城乡差异悬殊。2008年，全国有60%以上的人口居住在城市，仅雅典和萨洛尼卡两大城市的人口就占了总人口的38%。

（二）民族

希腊是一个民族比较单一的国家，98%为希腊族人。希腊民族是世界上最古老的民族之一，属于欧罗巴人种地中海类型。公元前3000年末至公元前2000年初，讲希腊语的各部族——亚该亚人、爱奥尼亚人和多利亚人相继进入希腊半岛，并于公元前1000年前后定居于此，他们是现代希腊人的祖先。公元前8—6世纪，这些民族征服并同化了当地居民后，逐渐形成希腊民族的自我认同，自称“希伦人”。公元前146年，希腊被罗马征服；公元

395 年后成为拜占庭帝国的一部分，自 15 世纪起又为奥斯曼土耳其帝国所统治。这一期间，希腊民族的成分发生重大变化。公元 6—7 世纪有大批斯拉夫人南下，进入希腊定居，并逐渐被同化，成为希腊民族的一部分；此后，又有保加尔人、瓦拉几亚人以及阿尔巴尼亚人（13—15 世纪）和土耳其人（15—19 世纪）相继融入。

（三）宗教

在历史上，是希腊人就是东正教徒，东正教在希腊享有国教的地位。直到 1975 年颁布的新宪法规定，东正教是希腊传统的主流宗教（established religion），以取代过去的“国教”地位。这表明希腊正式承认宗教的多元化，但在现实生活中，东正教仍然是希腊最主要的宗教，据统计，全国的东正教教徒大约占总人口的 98%。宪法明文规定，东正教享有一定的特权：（1）希腊共和国总统和副总统必须是东正教教徒，他们的就职宣誓应在教堂依据东正教礼仪进行；（2）东正教的宗教节日成为国定的假日及举行重要庆祝活动和仪式的日子；（3）禁止由东正教改信其他宗教，禁止任何对国家宗教造成危害的事情等。教会不仅从法律上得到政府的保护，而且接受政府资助。

国内第二大宗教是伊斯兰教，奥斯曼帝国统治时期传入希腊。国内现有穆斯林大约 13 万人，主要属于逊尼派，约占总人口的 1.3%。其中 83% 的穆斯林为土耳其族人，其余为波马克（保加利亚）人和吉普赛人。

其他宗教还有天主教、新教、犹太教等，其信徒约占希腊总人口的 0.7%。

（四）语言文字

希腊的官方语言和全国通用的语言是现代希腊语，使用人数占全国人口的 98%。古希腊语是世界上最为古老的欧洲语言之一，属于印欧语系的单独语族，距今已有 3000 多年的历史。15 世纪，奥斯曼土耳其帝国占领希腊后，在本土和爱琴海岛屿一带，开始流传由中古希腊语演变而来的近代希腊语。它有两种形式：一种是口语，称为“民间语”；另一种是“纯语”，比较接近古希腊语的书面语，后被定为官方语。1829 年，民族独立战争胜利之后，政府将纯语变化而来的“净化的希腊语”（希腊原文为“Katharévusa”）定为官方语言。政府文件、新闻媒体、教育领域一律使用“净化的希腊语”，民间则用通俗语交谈。1976 年，卡拉曼利斯政府颁布了新的法律，规定由通俗语替代“净化的希腊语”作为标准的现代希腊语，从而确立了民间口语的官方语言的地位。

在希腊境内，仍有一小部分少数民族讲土耳其语、马其顿—斯拉夫语、瓦拉几语（一种罗马尼亚的方言）、保加利亚语、阿尔巴尼亚语等。据 20 世纪 80 年代的统计，全国使用土耳其语的大约有 13 万人，主要分布在色雷斯和爱琴海群岛地区；讲斯拉夫语的大约超过 4 万人，主要居住在马其顿地区；讲瓦拉几语近 10 万人；讲保加利亚语有 3 万人左右。希腊的保加利亚语通常被称作“波马克语”（Pomak），它是保加利亚语在希腊的一种方言，使用者是信奉伊斯兰教的波马克人，分布在色雷斯和马其顿地区。讲阿尔巴尼亚语估计有 15 万人，主要居住在阿提卡和伯罗奔尼撒的东北部和邻近爱琴海岛屿地区。

（五）行政区划

希腊的行政区划有三级：行政大区（Region）、省（Prefecture）和市镇（Municipality）（含村社，Commune）。行政大区属于中央派驻地方的行政单位，在法律上不具有独立法人地位，而是属于中央政府的一个组成部分；地方自治政府分为省和市镇（包括村社）两级，其中省为第二级地方自治政府，市镇为第一级地方自治政府，但它们之间不存在上下级的隶属关系。

希腊共有 13 个行政大区。大区的行政首脑为秘书长，由内阁任命，作为政府在大区一级的代表，贯彻政府发展大区经济的政策，监管省和市镇两级地方自治政府。大区不设政府机构，但设有大区议会（Regional Council）作为最高决策机构，由大区秘书长担任议会主席，其他成员包括大区下属的各省省长，以及来自市镇自治政府以及社会各行业协会的代表。大区的行政事务管理机构是区政委员会（General Directorate），具体执行大区秘书长和大区议会的各项政策。区政委员会下设 10 个司，规划和管理大区的发展、公共建设、医疗卫生、城市建设、环境规划、林业管理、农业生产、地方事务等。该机构由大区秘书长任命的理事长（general director）领导，任期 3 年。

每个大区由相邻 2—7 个省组成，全国共有 54 个省（英文为“Prefecture”，希腊文为“Nomos”，也称“州”)。省自治政府由省议会、省长委员会、省长和省长助理组成。其中，省议会(prefectural council)为一省的最高自治权力机构，按省内的人口规模设置21—43 名议员，并由议员选举产生3 人主席团，任期2 年。省长委员会由省长或省长任命的副省长担任主席，由议会以无记名方式选出4—6 名成员，共同负责编制政府预算和招标事项。省长为省行政管理机构的最高长官，作为省政府的代表，执行省议会的决议。在省一级，一般都设有一个省政委员会(General Directorate)作为最高行政管理机构。省不仅是行政单元，也是选区单位。议会的288 个议席就是根据每个省的人口情况进行分配的。

希腊各大区概况(2001 年)

编号	大区名称	面积(平方公里)	人口(万人)	首府	下属的省/辖区
1	东马其顿—色雷斯大区(East Macedonia-Thrace)	14157	61.11	科莫蒂尼市(Komotini)	埃夫罗斯省(Evros)、罗多彼省(Rodopi)、卡瓦拉省(Kavala)、克桑西省(Xanthi)、兹拉马省(Drama)
2	中马其顿大区(Central Macedonia)	18811	187.20	塞萨洛尼基市(即萨洛尼卡市)(Thessaloniki)	哈尔基季基省(Chalkidiki)、伊马夏省(Imathia)、基尔基斯省(Kilkis)、派拉(佩拉)省(Pella)、皮埃里亚省(Pieria)、塞雷斯省(Serres)、萨洛尼卡省
3	西马其顿大区(West Macedonia)	9451	30.15	科扎尼市(Kozani)	弗洛里纳省(Florina)、格雷韦纳省(Grevena)、卡斯托利亚省(Kastoria)、科扎尼省
4	伊庇鲁斯大区(Ipiros)	9203	35.38	约阿尼纳市(Ioannina)	约阿尼纳省阿尔塔省(Arta)、普雷韦扎省(Preveza)、塞斯普罗蒂亚省(Thesprotia)
5	色萨利大区(即塞萨利大区)(Thessaly)	14037	75.39	沃洛斯市(Volos)	卡尔季察省(Karditsa)、拉里萨省(Larisis)、马格尼西亚省(Magnisia)、特里卡拉省(Trikkala)、
6	伊奥尼亚群岛大区(即爱奥尼亚群岛大区)(Ionian Islands)	2307	21.30	科孚市(Corfu)、(即克基拉岛)(Kerkyra)、	凯法利尼亚省(Kefallonia)、科孚省莱夫卡达省(Lefkada)、扎金索斯省(Zakinthos)
7	西部希腊大区(West Greece)	11350	74.05	帕特雷市(即佩特雷市)(Patras)	埃图罗卡纳尼亚省(Atoloakarnania)、阿哈伊亚省(Achaia)、伊利亚省(Ilias)
8	中部希腊大区(Central Greece)	15549	60.53	拉米亚市(Lamia)	埃维亚省(Evia)、埃夫里塔尼亚省(Evrytania)、福基斯省(Fokida)、弗西奥蒂斯省(Fthiotida)、维奥蒂亚省(Voiotia)
9	阿提卡大区(Attika)	3808	376.18	雅典市	雅典周边大雅典、比雷埃夫斯、东阿提卡、西阿提卡
10	伯罗奔尼撒大区(Peloponnese)	15490	63.89	特里波利斯市(Tripolis)	阿尔戈利斯省(Argolida)、阿卡迪亚省(Arkadia)、科林斯省(Korinthia)、拉科尼亚省(Lakonia)、麦西尼亚省(Messinia)
11	北爱琴海大区(North Aegean)	3836	20.62	米蒂利尼市(Mitilini)	希俄斯省(Chios)、莱斯沃斯省(Lesvos)、萨摩斯省(Samos)
12	南爱琴海大区(South Aegean)	5286	30.26	埃尔穆波利斯市(Ermoupoli)	佐泽卡尼索斯省(Dodekanisa)、基克拉泽斯省(Kyklades)
13	克里特大区(Crete)	8336	60.11	伊拉克利翁市(Iraklio)	干尼亚省(Chania)、伊拉克利翁省、拉西锡省(Lassithi)、雷西姆农省(Rethymno)

市镇和村社是全国最基层的行政单位。市镇的自治行政机构类似于省，一般由市镇议会、市镇长委员会、市镇长组成市自治政府。以市为例，市议会为最高决策机构，对所有市政事务做出决定。

市长作为市政府的代表，由市民直接选举产生，主要执行市议会的决议。同时作为市镇的最高行政首脑，领导本市最高行政管理机构。市一般平均人口在1万人以上，如果超过15万人，可以下分为几个市区，设立单独的市区行政机构。首都雅典作为全国最大的城市，拥有300余万人口，据此，全市又分成7个市区，各区拥有独立的市区议会。

雅典既是国家的政治中心，也是经济和文化中心。全国多数大企业、大银行、大商店都集中于此，主要的高等院校、科研机构和文化娱乐设施、文艺团体的总部也多设于雅典。在经济上，雅典是希腊重要的工业中心，全国53%的工业集中于这个大都市，主要产业有纺织、食品加工、卷烟、化肥和造船业等。此外，它还拥有第一大港比雷埃夫斯港，全国大约有60%的货物在此装卸。

雅典市内古迹众多，知名的有：雅典卫城、奥林匹亚宙斯神庙、古市场遗址、国家考古博物馆、议会大厦和首届现代奥运会会址。其中，雅典卫城是欧洲最古老且保存最完整的古典文明遗迹，被认为是欧洲文明诞生地之一。作为古希腊文明的标志，每年雅典卫城都吸引着超过300万人的游客。

第三节　历史

一　古代史

希腊是希腊人对其居住地的通称，在古代不是一个国家的名称，最初指传说中希腊人始祖所居住的希腊半岛中部偏北地区，后来范围逐步扩大到希腊半岛、爱琴海诸岛，乃至所有希腊人聚居之地。公元前3000年末到公元前2000年初，讲希腊语的各部族，埃奥利亚人、爱奥尼亚人、亚该亚人和多利亚人进入希腊半岛，并于公元前1000年前后定居于此，成为现代希腊人的祖先。

公元前3000年初，希腊爱琴地区进入早期青铜时代。公元前2000年的中、晚期青铜时代，先在克里特岛、后在希腊半岛（迈锡尼）出现了最早的文明和国家，统称爱琴文明，亦称克里特—迈锡尼文明。

（一）爱琴文明

1. 克里特文明

克里特岛的最早居民来自小亚细亚和叙利亚一带，在新石器时代就定居于此。公元前3000年左右，又有一些使用青铜器的部族来到此地，与当地居民混居。此后，克里特岛居民不仅掌握了青铜冶炼技术，在制陶、造船和航海技术上也有了很大的提高。很快克里特就发展为地中海区域的贸易中心。经济的发展带来了阶级的分化，在公元前2000年前后，克里特人从氏族公社进入国家形成时期，有了类似古埃及和古巴比伦那样的社会组织。这是克里特文明的形成和初步发展期。最初的国家主要兴起于克里特岛的中部和东部地区，其中以克里特岛中部北岸的克诺索斯和中部南岸的法埃斯特最强盛，并拥有海港。大概在公元前1700年之前，克诺索斯统一了克里特岛的大部分，并大规模发展海上贸易，成为地中海的霸主。按希腊神话克里特岛有米诺斯王的传说，英国考古学家亚瑟·伊文斯将克诺索斯的王朝称为米诺斯王朝，克里特文化亦被命名为米诺斯文明。克里特此时出现了欧洲地区最早的文字——线形文字A，至今仍未被释读。

这一时期的农业和手工业已有分工。农作物以大麦、小麦、橄榄、葡萄为主。在手工业方面，陶器、青铜器和金银器数量大为增加，工艺日益精美。克里特的造船业也很发达，商船来往地中海各地，还有相当数量的海军舰只，成为各城市的主要防卫力量。克里特的工商业和海运的发达进一步促进城市的兴旺，这是希腊古代文明发展的一个重要特点。

从公元前1700年起，克里特文明进入繁荣期。首都克诺索斯此时拥有8万人口，已成为地中海的最大城市。它不仅是米诺斯王朝的政治、宗教和文化中心，也是经济中心。其王宫建筑堪称克里特文明杰出的代表，在古希腊传说中享有“迷宫”之誉。当时的米诺斯王朝统治奴役大量奴隶和农民，其制度与古代东方各国的奴隶制相似。公元前1450年前后，讲希腊语的亚该亚人占领了克诺索斯王宫，这是克里特文明衰落的标志，也是希腊古代文明史的一个分水岭。自此，爱琴文明的中心便转移到希腊本土的迈锡尼地区了。

2. 迈锡尼文明

迈锡尼文明是希腊本土青铜文明的通称，大约形成于公元前1500年。迈锡尼文明的中心是迈锡尼城，位于伯罗奔尼撒半岛东北部。迈锡尼王国，在希腊诸国中最为强大。其他王国还有伯罗奔尼撒中部的斯巴达和西部的派罗斯，以及中希腊的雅典、底比斯等。迈锡尼文明在充分吸收克里特文明的同时，也具有自己的一些特点，如城堡坚固、陆地作战力强，喜用马拉战车，尚武精神突出等。迈锡尼人使用青铜制造农具和武器，造船业和商业都相当发达。海外贸易也很发达。“国王”（部落联盟首领）和贵族占有大量土地，并为自己修筑大型王宫和陵墓。在迈锡尼时代还出现了线形文字B，从记载这些文字的泥板上来看，当时已出现公有奴隶和私有奴隶，属于奴隶制社会。

到公元前1450年，迈锡尼人入主克诺索斯王宫，克里特处于迈锡尼文明的影响之下。公元前1125年前后，多利亚人逐步征服了雅典以外的中希腊和伯罗奔尼撒各国，摧毁迈锡尼城，迈锡尼文明消逝在黑暗时代。古希腊历史进入荷马时代。

（二）荷马时代

公元前12世纪至公元前8世纪，希腊本土经济衰退、文化落后。迈锡尼时代原有的城邦、豪华的王宫、发达的工商业荡然无存，迈锡尼人使用的线形文字也绝迹了，反映它的历史情况的文献主要来源于荷马史诗，因而又称“荷马时代”。

这一时期，多利亚人将铁器引进希腊，遂使希腊地区进入铁器时代。铁器的使用使当时的农业生产出现很大的突破，希腊出现了农耕经济。到荷马时代后期，经济发展与人口增长皆呈上升趋势，而且速度加快；到荷马时代结束时，希腊在各地建立了古典城邦。

（三）城邦的兴起（古风时代）

公元前8世纪，希腊地区在爱琴文明灭亡后重新普遍出现国家，此时的国家皆以一个城市或市镇为中心，结合周围农村建成，一城一邦，独立自主，故称希腊城邦。在希腊诸个城邦之中，最为强大的是斯巴达和雅典。

这一时期的希腊，手工业和商业已从农业中分离出来，制陶业和外贸发展远远超过了荷马时代。采矿、冶铁、锻造业、造船业发展也很快。城市普遍兴起，并成为各邦的政治文化中心。它外有城墙、塔楼的设防工事，内有祭坛、神庙、集市和集会广场。古风时代新增的半圆形露天剧场，对后世的建筑和艺术影响巨大。

（四）古典时代

公元前5世纪初期，希腊城邦内部虽有争斗，但没有外来威胁，城邦政治和文化得以相对自由地发展，奴隶制经济较为发达。不久，东方的波斯帝国开始强大，开始入侵小亚细亚沿岸的希腊城邦，但遭到了希腊联军的反击。公元前492年，希腊波斯战争爆发，历时43年，以波斯的失败而告终。

希波战争后的和平只持续了50年，随后爆发了伯罗奔尼撒战争（公元前431—公元前404年，其中公元前421—公元前415年一度休战）。战争的起因是科林斯和科西拉（Corcyra）城邦的争斗，雅典支持科西拉，斯巴达支持科林斯。战争席卷希腊全土，历时二十余年。战争最后以斯巴达一方胜利而告终。各国为此筋疲力尽，直接导致了希腊城邦的衰败。希腊古典文明亦由全盛走向衰落。此后，由于斯巴达、雅典和底比斯等城邦因为争夺霸权相继爆发战争。各邦的混战和同盟的分合层出不穷，始终未能找出摆脱战乱和危机之路，而城邦危机却为马其顿王国的兴起及控制希腊提供了机会。

（五）马其顿王朝和希腊化时代

从公元前355年起，马其顿已经开始干预希腊各邦的争斗。公元前337年，腓力二世在科林斯城召开全希腊会议，成立了“希腊联盟”（又称科林斯联盟），奥林匹斯山以南的所有城邦（斯巴达除外）和许多岛国都成了联盟的成员。腓力二世被推选为同盟的最高领袖，全权统帅军队。从此之后，以腓力为首的军事王国的统治取代了各自独立的城邦。

一年之后，腓力之子亚历山大继位，成为全希腊的最高统治者，并且完成了父亲征服东方的遗愿。公元前331年，马其顿军队在高加美拉（Gaugamela）和波斯军队展开决战，波斯全军溃败。亚历山大大军继续攻占巴比伦、苏撒（Susa）和波赛波利斯（Persepolis），并焚毁了波赛波利斯王宫，这是波斯帝国灭亡的标志。亚历山大成为波斯皇朝的实际继承人。公元前323年，亚历山大突染疾病而亡。

亚历山大死后，他的帝国很快就崩溃了。经过长期的纷争，他的几名旧将在帝国的废墟上建立好几个国家，其中三个较大的王国为马其顿王国（公元前276—公元前164年），托勒密王国（埃及，公元前305—公元前30年）和塞琉古王国（叙利亚，公元前305—公元前64年）。

（六）罗马统治下的希腊与拜占庭帝国

公元前215—公元前205年，公元前200—公元前197年和公元前171—公元前168年，罗马发动了三次马其顿战争，随着马其顿的战败，马其顿帝国最终瓦解。公元前148年，罗马将马其顿变成罗马的一个行省。公元前146年，希腊中南部也并入马其顿行省。从此希腊作为罗马帝国的属地，进入一个“罗马治下的和平”时期。公元前27年，希腊成为罗马的亚该亚行省，省会设在科林斯。

公元395年，狄奥多西一世把整个罗马帝国分为东西两部分，东部交给大儿子阿卡丢治理，西部交给二儿子霍诺留掌管。从此，罗马帝国变成两个独立的国家——东罗马帝国和西罗马帝国。东罗马帝国的首都为君士坦丁堡（希腊的拜占庭城），西罗马帝国的首都为罗马。东罗马帝国的疆域包括巴尔干半岛、小亚细亚、埃及、叙利亚、巴勒斯坦、美索不达米亚、昔兰尼加、爱琴海诸岛以及外高加索的部分地区。在后来的1200年中，东罗马帝国——也称为拜占庭帝国——作为罗马帝国的继任者继续发展。在语言文化上，拜占庭帝国继承了希腊的传统，而在法律、军事和行政管理上仍然沿袭了罗马的习惯。

公元4世纪末，狄奥多西一世把基督教定为罗马帝国的国教。罗马帝国分裂之后，基督教也分化为以希腊语地区为中心的东正教派和以拉丁语地区为中心的天主教。拜占庭城的小主教成为君士坦丁堡的牧首（总主教）。在这一时期，希腊语成为帝国的官方语言，希腊文化也成为拜占庭文化的重要组成部分。但是另一方面，君士坦丁堡取代雅典成为希腊人的生活中心，希腊成为罗马帝国的一个省区。希腊人不再将自己称为“希伦人”（hellenes），而改称“罗美伊人”（即罗马帝国臣民）。

1203年，君士坦丁堡被十字军攻陷，拜占庭帝国领土随即被瓜分，整个希腊地区分裂为几个领土大小不一的王国。从1204年起到奥斯曼土耳其来犯，在这段时期里，希腊历史失去了它的统一性，希腊史变成了许多独立国家的国别史。

（七）奥斯曼帝国统治下的希腊

1356年，奥斯曼帝国开始进军欧洲，不久之后开始攻打色雷斯。1453年，土耳其人攻下君士坦丁堡之后，几乎已经统治了整个希腊大陆。一个多世纪之后爱琴海岛屿也被纳入奥斯曼帝国版图。

在奥斯曼土耳其帝国统治时期，希腊地区又恢复了统一局面，它作为土耳其的属地，成为帝国的一个行政省。进入17世纪后，奥斯曼帝国开始衰落。反抗土耳其帝国统治、要求民族独立的运动在希腊开始酝酿。最先起来反抗奥斯曼统治的是被称为“克勒普特”（Klefts）和“阿马托利”（Armatoli）的民间武装力量。随着19世纪独立战争的爆发，这两支武装队伍逐渐成为民族解放的核心力量。

二 近现代史

（一）独立战争和第一共和国的建立

1821年3月25日，帕特雷大主教日尔马诺在伯罗奔尼撒的帕特雷市中心的圣乔治广场宣布起义，从而拉开了希腊独立战争的序幕。1825年，土耳其军队血洗普萨拉岛、镇压希腊起义。俄国、英国和法国决定联手干预。1830年，俄、英、法迫使土耳其签署伦敦协议书，正式承认希腊的独立。

1831年11月9日，第一任希腊总统——卡波蒂斯特里亚被暗杀。1832年5月11日，英、法、俄签署了第二次伦敦协议书，宣布希腊为君主制国家，受三国保护。随后，推选巴伐利亚国王路易一世17岁的奥托王子作为希腊的国王。

（二）君主专制向君主立宪制的转变

奥托在位初期，作为国内经济基础的农业破坏严重，经济上的萧条使国内的财政危机迟迟得不到解决。奥托王朝的摄政者们希望通过税收来缓解困境，转嫁到人民头上的负担使民众生活处境艰难。对奥托国王及其摄政者们的不满引发了武装叛乱，并愈演愈烈。1843年9月，亲俄派和亲英派发动了一场不流血的军队政变迫使奥托制定新的宪法，削减国王的权力。1844年3月，宪法生效，标志着君主立宪制的诞生。1862年1月和10月希腊发生军事政变。奥托国王被迫退位。

1863年，英、法、俄三国选择了丹麦国王的第二个儿子、18岁的威廉姆·乔治王子继任希腊国王。1913年3月18日，国王乔治一世在塞萨洛尼基巡访时遭一疯汉刺杀身亡，康士坦丁王储继任王位，史称康士坦丁一世。

1914年8月，奥地利进攻塞尔维亚，第一次世界大战爆发。亲德的国王被以英法为首的协约国下令退位。1917年6月12日，由其次子亚历山大王子继任王位。1920年10月25日，亚历山大国王意外死亡。12 月 5 日，公民投票赞成亚历山大国王之父康士坦丁一世复位。1922 年，希腊在士麦那与土耳其交战招致惨败，引发了一场军事政变。康士坦丁一世第二次退位，其长子乔治二世继位后，在不到两年的时间内也被迫离位。

（三）君主制的废除与复辟

1924 年 1 月 2 日，希腊召开国民议会，决定废除君主民主制。4 月 13 日的全民公决通过了该项决定，并确认希腊为共和国。自此，希腊进入短暂的第二共和国时期。这一时期的希腊，经济贫困、社会动荡，和土耳其的紧张关系一直未能得到缓解。内忧外患，为潘加洛斯将军（General Pangalos）1925 年的政变创造了机会。但将军专政未满两年，其独裁政权亦因一次军事政变而垮台。希腊随即举行了首次比例代表制选举。新的议会诞生后，随即组成了由自由党以及其他党派联合执政的“多党共治”的政府。1928 年，自由党领袖维尼泽洛斯再度当选总理，任期 4 年。希腊政坛暂时恢复稳定。1935 年 6 月大选后，保王派人民党上台执政，宣布废除共和政体。11 月 3 日，公民投票赞成恢复君主制。在英国流亡近十二年的乔治二世回到希腊，再度登基。

（四）第二次世界大战和希腊内战

1936 年，正值资本主义国家经济大萧条时期，国内的劳工运动风起云涌，政府梅塔克萨斯以解决劳工纠纷为名，建立了独裁政权。1939 年 9 月，第二次世界大战爆发，为乔治国王及其保护国英国支持的梅塔克萨斯政府力图保持中立地位。但是意大利墨索里尼决意占领希腊，向德国希特勒表功。1940 年 10 月 28 日，意大利军队越过希阿边界，希意双方正式交战。一个月之内，得到民众支持的希腊军队将意军逐回阿尔巴尼亚。1941 年 1 月底，梅塔克萨斯逝世，继任者缺少前任强而有力的领导手腕。1941 年 4 月 6 日，德国进攻南斯拉夫和希腊。尽管有英国军队的支援，希腊军队还是很快被击垮。4 月 27 日，雅典沦陷。53 天后，整个希腊被德国、意大利和保加利亚军队占领。

自希腊被占领之日起，自发的抵抗运动开始萌芽。但是真正担负起抵抗重任的唯一的武装力量是共产党。1941 年 9 月，希腊共产党联合了社会党等四个党派建立了左翼民族解放阵线（EAM）。1942 年 2 月，民族解放阵线宣布成立全国人民解放军（ELAS），并很快成为国内最大的抵抗组织，拥有 150 万兵力。1943 年意大利军队投降后，抵抗运动组织陷入内部派系斗争中，希腊内战由此开始。1944 年末，英国的首相丘吉尔前往莫斯科和苏维埃总书记斯大林谈判，希望以承认罗马尼亚为苏联的势力范围来确保英国在战后希腊的地位。10 月，双方签订著名的《“百分比”协定》。同月，德国军队撤出希腊，在苏联的授意下，希腊共产党接受了如下安排：避免冲突，积极参与由乔治·帕潘德里欧（Georgios Papandreou）、一个温和的共和党人组建的联合政府；接受新政府中 6 个并不重要的内阁部长位置。

帕潘德里欧组建新政府后，其首要任务是解散抵抗军事组织（主要是民族解放阵线），以国家正规军取而代之。1944 年 11 月，民族解放阵线代表退出内阁。12 月 3 日，民族解放阵线在雅典发动了一场大规模的示威运动，但遭到政府军包括英国军队的镇压。双方的斗争持续了 33 天，最后于 1945 年 1 月停火，2 月 12 日签署《瓦吉萨协定》。1946 年 2 月 12 日，希腊共产党开始发动武装起义，12 月成立希腊民主军团（Democratic Army）。而政府军在美国的支持下进行反攻。1949 年 10 月，希腊共产党宣布停战。内战最终结束。持续 9 年的二战和内战不仅严重破坏了国内经济，导致 70 万人，即将近全国 10% 的人口无家可归，而且对其政治造成的消极影响一直持续到 70 年代。

三　当代史

（一）非完全议会制的建立（1950—1974 年）

1950 年 3 月大选后产生了一个由察尔扎里斯领导的右翼人民党和三个中间政党组成的联合政府。由于在内战战俘处置问题上存在严重分歧，新政府仅维持了半年即宣告解散。1952 年 11 月再次举行大选，帕帕戈斯将军领导的希腊联盟（Greek Rally）获得压倒性胜利，组成保守党政府。自此，希腊进入右翼政党统治时期，一直持续到 1963 年。在此期间，希腊于 1952 年，加入北大西洋公约组织；1961 年 7 月 9 日，希腊正式成为欧共体的联系国。

1963 年 11 月，希腊举行大选，没有党派获得议会的绝对多数。1964 年 2 月再次举行大选，帕潘德里欧领导的中间派联盟获得多数票，组建了单一政党的政府。1967 年 4 月 21 日，一群军官发动了一场政变。上校执政团由此上台，其头目是帕帕多普洛斯上校（Georgios Papadopoulos）、马卡雷佐斯上校（Nikolaos Makarezos）和帕塔科斯准将（Stylianos Pattakos）。

1967—1973 年，上校军团因袭了以往军事独裁者的作风，压制民主、侵犯人权。其倒行逆施的行径引起了国内民众的不满。1973 年，世界石油危机爆发，国内通货膨胀率急剧攀升。随着国内经济形势的恶化，学生带头抗议、反对军人政权，并于 3 月占领了雅典大学的法学院。5 月，海军发生叛变，帕帕多普洛斯声称此次叛变有流亡海外的国王撑腰，遂宣布废除康斯坦丁二世王位，成立“总统议会制共和国”，并许诺恢复多党制，第二年举行大选。11 月，大学生举行大规模的示威行动，占领了雅典理工学院。学生运动受到军方残忍的镇压，但同时也导致了帕帕多普洛斯的下台，由军人政权中的更为强硬的约安尼季斯准将（Dimitrios Ioannidis）取而代之。1974 年，土耳其率先发兵侵入塞浦路斯，在希腊国内引发了危机。在国内国外均得不到支持的情况下，上校军团政权迅速瓦解。前总理卡拉曼利斯回国执政，恢复民主政体。

（二）第三共和国时期（1974 年至今）

1974 年 11 月，希腊举行大选，卡拉曼利斯领导的新民主党获得绝对多数选票，组成新一届政府。12 月，希腊举行了 20 世纪以来第 6 次针对君主制存废的全民公投（1920 年、1924 年、1935 年、1946 年、1973 年）。结果有 69% 的选民主张废除君主制。这个缠绕希腊政治上的“世纪之结”终于被解开。希腊政权也由军人向民主政府顺利过渡。1975 年，希腊通过新宪法代替 1952 年旧宪法。

1981 年 1 月，希腊正式加入欧共体。同年，安德烈亚斯·帕潘德里欧领导泛希腊社会主义政党击败了新民主党，以 48% 的选票获得了大选胜利。这是希腊政治史上的一个转折点。首先，一个左翼社会主义政党上台执政，在希腊历史上是首次；其次，它表明在恢复民主政体后议会民主制度体现的稳定性。此后，希腊政坛基本上由泛希腊社会主义运动（简称泛希社运）和新民主党两党通过选举上台轮流执政。1985 年，泛希社运党以 46% 的选票赢得大选后继续第二任期的执政。为了削减累积的财政赤字和巨额外债，政府推行了一项严苛的经济紧缩政策。但是，国内的经济形势仍在继续恶化。1988 年，党内的经济丑闻引起了政府信任危机。在 1989 年 6 月的大选中，泛希社运党的落败已成定局。但新民主党只获得 144 席，比过半数所需的议席少 7 席。由于没有任何一个政党获得议会的多数议席，希腊历史上第一次出现左右翼联合执政的局面。经过 1989 年 11 月和 1990 年 4 月两次大选，新民主党勉强组成一个微弱多数的政府。在新民主党执政的 3 年中，遭遇了全球经济衰退，振兴经济不力导致 1993 年大选失利。泛希社运党重新上台执政。由于安德烈亚斯·帕潘德里欧的健康状况恶化，由康斯坦丁·西米蒂斯出任总理。在他的领导下，希腊于 2001 年顺利加入欧元区。

虽然经济形势逐渐好转，但是失业率仍然居高不下，再加上党内的政治丑闻不断，在 2004 年大选中，泛希社运败给了新民主党。3 月 9 日，年仅 46 岁的新民主党主席科斯塔斯·卡拉曼利斯宣誓就任总理并组成由年轻人占多数的新一届内阁，在第一个任期里，新民主党政府获得了较大的成功，并树立了“改革政府”的形象。卡拉曼利斯总理也充分展示了执政能力，不仅使希腊成功举办了 2004 年雅典奥运会，促使塞浦路斯共和国顺利加入欧盟，而且，通过私有化改革和财政紧缩政策减少了政府预算赤字并保持经济高速增长。

2007 年 7 月，希腊发生森林火灾，并蔓延一半以上的国土，引起国内公众对政府应对危机不力的强烈不满。新民主党政府宣布提前举行大选。9 月 16 日大选结果，新民主党以微弱多数蝉联执政。议席的减少致使卡拉曼利斯组建更加强势的新政府的愿望落空。新政府在推行改革政策时遇到更大的阻力。此外，因经济丑闻困扰，多位部长辞职，令原本以透明执政、反腐倡廉等口号上台的新民主党的形象大打折扣，支持率不断下滑。2008 年爆发的全球金融危机使希腊经济遭到重创，导致经济增速减缓，海运和旅游等支柱产业收入大幅下降，全国失业率急速攀升，通货膨胀率居高不下，财政赤字显著增加。为应对危机，希腊政府虽然紧急出台了巨额救市计划，但却遭到了银行的抵制，而政府出台的降低公共部门人员薪水、增税，以及养老金改革等也未获得民众的广泛支持，甚至引发了全国性大罢工和骚乱。反对党泛希社运趁此要求提前大选。

2009 年 10 月 4 日大选结果，泛希社运党击败新民主党，以较大的优势组阁。该党领袖乔治·帕潘德里欧（George Papandreou）出任总理，成为帕潘德里欧家族的第三位总理，2011 年因希腊债务危机而辞职。执政的泛希社运党和反对党新民主党及人民东正教阵线党组成联合政府。经济学家卢卡斯·帕帕季莫斯（Lucas Papademos）临危受命出任希腊联合政府总理。

2012 年 5 月 6 日，希腊举行了自主权债务危机爆发以来的首次大选，但没有一个政党获得绝对多数选票。三次联合组阁尝试，均告失败。6 月 17 日，希腊再次举行大选。支持紧缩改革的新民主党以 29.66% 的选票微弱胜出，与得票率分列第三、第六的泛希社运党和民主左翼党组成联合政府。新民主党领袖安东尼斯·萨马拉斯出任总理。

第四节　政治体制与法律制度

一　概述

19 世纪 30 年代初，希腊经过 7 年的艰苦斗争，建立了独立的民族国家。此后的近两个世纪中，希腊的政体历经数次更迭：1833—1923 年为长达百年的君主政体；1924—1936 年建立了短暂的共和政体；1936—1941 年，梅萨塔克斯将军上台后实施了独裁统治；1946—1967 年恢复君主政体；1968—1974 年为上校军团的独裁政权；直至 1975 年新宪法通过，标志着希腊进入稳定的民主共和国时期。

希腊当代政治体制属于“议会制共和国”。其国家机构由总统、议会、政府及法院组成，实行三权分立。立法权属于议会和总统；行政权属于总统和政府；司法权属于法院，以希腊人民的名义行使审判权。经过 1986 年的宪法修订后，总统的权力大为缩小，行政权基本上集中于总理领导的中央政府。

二　宪法

国家宪法是希腊的根本大法。希腊宪法崇尚司法至上的理念，遵循权力相互制衡的原则。其现行宪法于 1975 年 6 月由第五届修宪议会通过，并于 1975 年 6 月 11 日生效。随后分别于 1986 年和 2001 年进行了两次修订。该宪法分为基本条款、个人和社会的权利、国家的组织和职能以及特别的、最后的及过渡性的条款四个部分，共 120 条。它对希腊的政治制度、个人和社会权利作了基本规定。

在第一编“基本条款”第一章中，宪法规定：希腊的政体为议会制共和国；人民主权为政府的基础；一切权力来自人民和民族，并依照宪法的规定行使；尊重和保护人的价值是国家的首要职责；希腊遵循国际法公认的准则，致力于巩固和平和正义，发展各国人民和国家之间的友好关系。在第二章教会和国家的关系中，明确了希腊的主要宗教为东正教。希腊东正教会独立主持自己的内部事务。

第二编“个人权利和社会权利”规定：尊重和保护人的自由和价值是国家义务的主要组成部分。第三编对国家的基本政治制度和组织作了基本规定。如确认希腊国家机构由总统、议会、政府及法院组成，实行三权分立。立法权属于议会和共和国总统；行政权属于总统和政府；司法权属于法院，以希腊人民的名义行使司法审判权。所有希腊人在法律面前一律平等。第四编由特别条款、最后条款和过渡性的条款构成。主要对宪法修改的条件和程序作了说明。

现行宪法先后经历了 1986 年和 2001 年两次修订。第一次修订取消了 1975 年宪法赋予总统的重大权力，如，总统不再拥有解散政府的权力；只有在政府建议之下，并经议会绝大多数成员的同意，总统才能就国家的重要事项举行全民公决等。总统批准、颁布议会通过的立法和发布设置国家机构和职能的文件的权力也被取消。关于执行和中止国家紧急状态的发布不再通过总统命令来实施，而是在政府建议的基础上通过议会决议实施。通过这次修订，总统的行政权基本上都转移到总理手中。总统不直接介入国家的政治决策，但是签署相关的法律出台、人事任命的总统令。也就是说，根据 1975 年的宪法可以将希腊的政体界定为总统议会共和制，通过这次修订后，已更多地体现为纯粹的议会共和制。总统的角色在很大程度上成为礼仪上的象征。

2001 年修订后的宪法引入了一些新的个人权利，加入了政治生活透明化的新内容，对议会工作程序进行了调整，加强了议会委员会在立法过程中的作用，以此避免集权化的危险等。但是，关于国家政治体制运作方式的条款基本上未作改动。

三　总统

希腊总统作为国家元首，是行政、立法和司法机构的协调人，也是国家政治连续性和稳定性的体现和保证。总统由议会选举产生，任期5年，可连任一次。总统候选人必须至少享有5年公民权、具有希腊血统（父亲或母亲为希腊人）、年满40岁、依法享有选举权。按宪法规定，总统由议长召集议会特别会议以秘密投票方式选举产生。

作为国家元首，总统对外代表国家，宣布战争、缔结和约、盟约、经济合作条约，以及参加国际组织或联盟的条约，但他必须将以上事项通报议会。名义上，总统也是国家军队统帅，军衔由总统授予，但指挥权由政府行使。希腊宪法第二章第30—50条款中列出了总统的各项权力和职责，但实施任何实质性的行政和立法权力的法令都须由总理和议长副署，除了以下内容为总统的专有权力，无须任何个人或权力机构的副署：（1）任命总理；（2）在没有议会政党获得绝对多数议席的情况下，委派获得相对多数议席的政党领袖试探是否有可能组成以他为首的政府；（3）在新总统选举失败需要重组新议会时，或者议会明显违背民意或者无法保证政府的稳定，或议会举行大选时，解散议会；（4）将已通过的法案或提案送还议会；（5）任命总统府的工作人员。此外，总统还拥有赦免权，可以宣布减免刑法等。

四 总理和中央政府

根据希腊宪法的规定，行政权属于共和国总统和政府，政府由包括总理、各部部长和国务部长（不分管具体的政府部门）的内阁组成。政府的主要职责是确定和指导国家的总政策。在国家政治制度中，政府是国家行政权力的核心，它还享有较大的立法权力。在希腊，组成现任政府的执政党一般在议会拥有多数议席，也就是说，多数议员同时又是执政党的成员，多数议案实际上由政府授意。此外，宪法还授予政府提议总统发布紧急法令和解散议会、提前大选的权力。

在希腊政治体制中，总理是政府首脑，也是政治决策的中心。经过1986年的宪法修订后，总统的权力大为削弱，在事实上，使国家行政权力的重心转移到总理手中。据现行宪法规定，总理的基本职责是维护政府的统一，并指导政府行为和公共事务管理活动，使政府的政策在法律规定的范围内得到实施；其最重要的权限是组阁，即提议（事实上是决定）任免政府部长和其他政府成员，并且确定部长们的职能。经总理提名，总统还可以任命一名或数名部长为副总理。在副总理缺位时，总理可根据需要，指定一名部长担任临时副总理。此外，主持政府最高委员会的工作，决定内阁决议框架下政府政策的细节，协调各个部长的工作，弥合他们之间的意见分歧；监督各个行政机构在贯彻政府政策的程序，批准政府公报等。总理和各个部长就政府总政策的制订和实施集体对议会负责，而每个部长对各自职权范围内的活动或失职行为负个人责任。

总理由在大选中获得绝对多数议席的政党或政党联盟的领袖出任。如果没有任何政党获得绝对多数议席，总理人选将由特殊程序产生。

自1928年卡波蒂斯特里亚组成现代希腊的第一届政府以来，已产生了173届政府、92位总理。希腊现政府于2009年10月4日经大选产生，现任总理乔治·帕潘德里欧（George Papandreou），为泛希腊社会主义运动党领袖，兼任外交部部长。政府设有19个部，其中内政、公共管理和权力下放部和国民经济和财政部，这两个属于中心决策部门，其他平行的部门有外交部、国防部、公共秩序部、发展部、环境城市规划和公共工程部、教育和宗教事务部、劳动和社会保障部、卫生和社会互助部、农业发展和食品部、司法部、文化部、交通和通信部、海运部、旅游部、马其顿和色雷斯部、爱琴海和岛屿政策部、国务部。

五 国民议会

希腊实行一院制议会，共有300名议员。共和国议会是国家最高立法机构。

希腊共和国议会由议员、议长和议会常务委员会等组成。

按选举法规定，议会成员名额不得少于200名，不能超过300名。议员候选人可以由个人提名，也可以由政党提名。候选人必须为年满25岁的希腊公民，拥有合法的选举权。议员由享有选举权的公民通过直接、普遍、秘密投票产生，任期为4年。

议长是在每届新议会开始时由议员秘密投票选举产生，获得全体议员的绝对多数票当选。如果没有候选人达到法定人数，则在两个获得相对多数票的候选人中进行再投票。议长任期4年。其主要职责为指导议会的各项事务，保障议会成员发表意见的自由，在总统缺位时，代行总统之职。议长还是议会下设各个委员会的主席，在议会秘书长的协助下监督议会各个工作机构及其工作人员，并主持议会会议。

希腊没有建立专门的选举制度，选举方式由每届议会通过的法律规定。每个选区的议员名额按各区最新的法定人数统计，并通过总统令宣布。从1974年开始，希腊实行了“加强比例代表制”。288席由选区投票直接产生。参加竞选的这些代表必须来自不同的选区。剩下的12席作为“国家代表”，按每个政党在选民总数中的比例，在全国统一选举中产生，最低分配限额为17%。在这种比例分配下，绝大多数席位只能分给最大的两个政党，从而失去了比例代表制的少数代表制的意义。1976年选举法修改后，取消了12席分配的最低限额。但关于单一政党的得票必须超过17%、两党联盟得票必须超过25%，多党联盟得票必须超过30%才能参加第二、第三轮的议席分配的规定，使小党的议席仍然非常有限。

在希腊，法律的提议权属于议会和政府。议会讨论的法案有两个来源：其一，由议员提出制订法律的议案——立法建议，还可以提出修正案和补充修正案；其二，由内阁向议会提交法案（还可以是修正案和补充修正案）。一旦法案或立法建议提出后，交给与其相关的委员会（常设委员会或特别委员会），作进一步的审查和最后的修改，三天后以法案或立法建议提交议会进行讨论。议会的主要职能即是对议案和法案进行投票表决，并实施对政府的制衡权力。新总理宣誓就职后的15天内，其领导的政府必须获得议会的信任投票。议员或者议会以全体成员的名义有权对政府提出不信任议案，但是该决定必须获得1/6即50名议员投票同意。

六　立法与司法

希腊法院分为民事法院、刑事法院和行政法院三类。民事法院和刑事法院系统分初级、上诉及最高法院三级；行政法院系统分行政法院和国务委员会（最高行政法院）两级。

民事法院审理一切民事纠纷和法律规定由它自动管辖的案件；刑事法院的职责是惩治犯罪行为，并依据刑法予以制裁。行政法院是裁决行政争端的专门法庭，主要负责审理国家机构滥用职权的案件，就个人与国家或者其他机构之间的行政纠纷做出判决。希腊各省的首府一般都设有初级法院，各个行政大区设有上诉法院，民事和刑事的最高法院为同一所，设在雅典，全名“Areios Pagos”，意指“战神阿里斯岩石”，相传古代雅典的法官们就是坐在这块岩石上进行审判。

希腊没有宪法法院，但设有特别最高法院，由普通法院最高法院院长、行政法院最高法院院长、审计院院长、4名普通法院最高法院法官、4名行政法院最高法院法官组成。主要职能是仲裁攸关全民公决、立法选举合法性的争议；裁定议员是否违法；调解各级法院和各级行政机关之间的冲突，对普通法院和行政法院之间、审计员和其他机构之间的争议作出裁决；裁定议会制定的某项法律是否根本违宪，或者在普通法院与行政法院最高法院作出不符宪法或和其他法律相抵触的裁决或解释时作出裁定，对有关承认国际法为公认准则的争议作出裁决。所有特别最高法院作出的判决为终审判决。

希腊没有独立的检察机构。地方法院、上诉法院和最高法院都设有检察官，初级治安法院设有公诉人。

七　政党

希腊现有30多个政党，主要有：泛希腊社会主义运动、新民主党、希腊共产党、左翼运动与生态联盟（左翼与进步力量联盟）、人民党、民主社会运动、政治之春等。

泛希腊社会主义运动（Pan-hellenic Socialist Movement）　1974年由安德列斯·帕潘德里欧在泛希腊解放运动基础上成立。其主要成员是自由中间派联盟的左翼分子。该党对内主张在议会制的原则下通过民主程序对国家实行社会主义改造，建立混合经济、鼓励私人企业的积极性；对外强调独立自主和执行多元外交政策。1981—1989年和1993—2004年间为执政党，在2004年3月7日举行的全国大选中失利，成为在野党。2009年10月在大选中击败新民主党重新上台。现有党员20余万人。现任主席为泛希腊社会主义运动党创建人的儿子乔治·帕潘德里欧（George Papandreou），2009—2011年任希腊政府总理。

新民主党（New Democracy Party）　1974年由康斯坦丁·卡拉曼利斯在原国民激进联盟基础上建立。该党宣称信奉“自由市场经济”。对内主张实行国有企业私有化，开放市场；对外主张希腊属于西方，力主加入北约和欧共体，改善同美国和北约的关系；同土耳其对话，消除两国纷争；在此基础上开展多边外交，维护希腊的独立和主权。曾于1974—1981年、1990—1993年和2004—2009年9月执政。现有党员20多万人，现任主席为安东尼斯·萨马拉斯（Antonis Samaras）。

希腊共产党（Communist Party of Greece） 前身是1918年成立的希腊社会主义工人党，1924年改为现名。长期以来是议会中第三大党。1949年武装起义失败后，领导人和大批党员流亡国外，党的活动处于地下状态。1968年，共产党发生分裂，1969年，部分成员另建希共（国内派），1974年军人独裁政权倒台后获得合法地位。1991年12月召开党的十四大，在东欧剧变、苏联解体形势下，仍强调该党应继续坚持社会主义方向，继续斗争；坚持党是"工人阶级先进的、有觉悟和有组织的部队"。在对外政策上主张退出北约，拆除希腊的外国军事基地等。现有党员3.2万人，名誉主席为哈利劳斯·弗洛拉基斯（Harilaos Florakis），现任总书记阿莱卡·帕帕莉卡（Aleka Papariga）。

人民东正教阵线（People's Orthodox Rally） 简称"人民党"，2000年9月成立，党员约1万人。右翼小党，2007年首次进入议会，主席乔治·卡拉扎菲利斯（George Karatzaferis）。

左翼运动与生态联盟（Synaspismos） 原名"左翼与进步力量联盟"。该联盟形成于1989年，为希腊共产党和一些左翼党派如希共（国内派）（KKE-es）、左翼民主联盟（EDA）组建的竞选联盟。1991年希腊共产党退出该联盟后，于1992年6月改为正式政党，仍然沿用了"左翼与进步力量联盟"的名称。2003年，改为"左翼运动与生态联盟"。该党强调社会主义不是通过夺取政权而建立的制度，也不是模式，而是通过民主制推动业已成熟的社会结构改革的过程；赞同民主社会主义、生态运动、女权运动的思想和价值观，主张多元民主、保护人权。它在大选中获得的选票一般为3%—5%。现有党员约1万人，主席为阿莱克斯·齐普拉斯（Alexis Tsipras）。

八 社会团体

希腊的主要社会团体有：

希腊劳工总联合会（General Confederation of Greek Labour，GSEE） 1918年成立。现有成员60万名，其中工薪人员占据多数，其次为自雇者。目前，劳工总联合会共拥有2264个基层劳工组织、82个劳工中心、69个劳工联盟。作为全国劳工的代表，工会在影响全国的经济管理和人力资源发展以及维护职工福利方面，扮演着重要角色。

希腊工业总联合会（SEV） 成立于1907年，前身为希腊工业家和手工业主联合会，1946年改为现名。属于独立的非营利性质的雇主和工业家联合组织。其职能是代表雇主参与劳资双方的谈判，并签署达成的协议。其宗旨是代表希腊工业界，向政府提出建议，创造条件以促进企业的发展，提高企业的竞争力，推动国内的商业和经济的发展。作为国内最重要的雇主联合会，尤为关注反映工商业界的利益的政策的出台和改进。其目标是努力改善经济和商业环境，同时促进企业的发展。希腊工业总联合会同时也是欧洲雇主组织（UNICE）的成员和国际劳工组织希腊雇主的代表。

在商业领域最为重要的有小商业企业总联合会（GSEVE）、希腊商业协会，其他还有希腊银行家协会、希腊船主协会等。

九 主要政治人物

卡罗洛斯·帕普利亚斯（Karolos Papoulias） 希腊现任总统。1926年出生于希北部城市约阿尼纳，毕业于雅典大学和摩纳哥大学法学系并获科隆大学博士学位。律师出身。1974年加入泛希社运党，任中央委员会委员，1977年当选全国议员，1974—1985年担任泛希社运国际关系委员会秘书长，1981年担任外交部副部长，1985—1989年和1993—1996年两次出任外交部部长，2001—2003年期间，连续三届当选议会外交与国防委员会主席。2005年2月8日经议会选举当选共和国总统，2010年2月蝉联总统。对华友好，曾多次访华。

卢卡斯·帕帕季莫斯（Lucas Papademos） 希腊现任总理。1947年生于雅典，毕业于麻省理工学院，获物理学学士、电气工程学硕士、经济学博士学位。先后任教于哥伦比亚大学、雅典大学、哈佛大学等，曾任美联储经济顾问，希腊央行首席经济学家、副行长。1994—2002年任希腊央行行长。2002—2010年任欧洲央行副行长。2010年起任希腊总理经济顾问。2011年11月受命组建联合政府，任总理。

第五节 经济

一 概述

19世纪30年代，希腊独立之初，经济上极为贫困落后。由于地理环境和历史原因，希腊始终与西欧的早期工业化进程无缘，经济模式基本上属于自给自足的农业经济：本土以农牧业为主，海岛则以渔业为主，工业和贸易发展非常有限，交通也很落后。独立之后，在各届政府的努力下，国内经济进入缓慢发展时期。由于农业危机、政府财政赤字和战乱等各种原因，国内工业一直发展迟缓。19世纪后期，希腊主要建立了以烟草、葡萄干、橄榄油等农产品为主的出口导向型经济。

进入20世纪，维尼泽罗斯上台执政后，在国内推行了一系列的改革，有效推动了希腊的经济和工业化的发展。也正是从19世纪末20世纪初开始，希腊移民的国外汇款成为国内主要的外汇收入。然而，好景不长。1931年世界经济的大萧条使希腊以农产品出口和外汇收入为支柱的经济受到重创，国内经济进入停滞时期。1941—1944年，德国纳粹占领希腊期间，掠夺了大量的物资和财富，给原本止步不前的经济带来致命打击，国内赖以生存的外贸和农产品出口几乎全部停止。

第二次世界大战结束后，在英国和联合国重建计划的援助下，希腊经济开始从战争创伤中缓慢恢复。1947年，美国启动马歇尔计划后，希腊开始接受美国的援助，直至1952年，这一阶段可称其为经济重建时期；1953—1974年，为经济复兴时期。1974—1980年，为经济衰退时期，希腊致力于加入欧洲经济共同体。从1981年至90年代中期，为经济滞胀时期。1981年，希腊正式成为欧共体的一员。从90年代中期至2007年，为经济恢复增长时期，希腊于2001年成功加入欧元区。此后，以每年超过3%的GDP增长率持续高速增长，和爱尔兰一道成为欧盟发展最快的国家。据英国经济学家情报社统计，2001—2005年，希腊年均GDP增长率为4.4%，相比之下，欧元区的年均增长率为1.4%。2006年，希腊GDP增长率为4.2%，2007年仍然保持在4%左右，国内生产总值达到3129亿美元，人均国内生产总值接近3万美元，远远高于其巴尔干地区的邻国。近年来各项经济指标参见表2。

表2　　希腊主要经济指标统计　　（单位：亿美元）

主要指标	2005[a]	2006[a]	2007[b]	2008[c]	2009[c]
GDP	2472	2687	3129	3482	3437
人均GDP(美元)	25764[b]	27714[b]	29565	31264	32997
GDP实际增长率(%)	3.8	4.2	4.0	2.6	3.1
通胀率(%)	3.5	3.2	2.9[a]	3.9	2.8
对外贸易额	696.44	848.76	1047.03	1187.37	1086.72
商品出口额(FOB)	176.77	202.84	239.11	289.47	283.50
商品进口额(FOB)	519.67	645.92	807.92	897.90	803.22
外汇储备	158.42	159.97	169.33	188.18	205.17
汇率(美元:欧元)	1.25	1.26	1.37[a]	1.46	1.33

资料来源：The Economist Intelligence Unit Limited, Monthly Report: Greece, April 2008。a—实际数，b—估计数，c—预测数。

2008年，受国际金融危机的影响，希腊经济逐渐开始走下坡路，实际GDP增长率下降一半为2.0%，2009年进一步降至-2.7%，为1993年以来首次出现负增长。国内两个支柱产业同时也是弥补财政赤字的两大主要来源——旅游业和航运业均受到重创，2009年旅游业收入下降了15%，航运业下降了20%。2009年10月，泛希社运党在大选中击败新民主党上台。11月，新政府宣布，2009年政府财政赤字和公共债务占国内生产总值的比例预计将分别达到GDP的12.7%和113%，远超欧盟《稳定与增长公约》规定的3%和60%的上限，其中财政赤字比前任政府公布的6%—8%高出2倍。鉴于希腊政府财政状况显著恶化，全球三大信用评级机构惠誉、标准普尔和穆迪在年底相继调低希腊主权信用评级，希腊债务危机由此拉开序幕。2009年12月11日，希腊政府宣布，国家债务接近3000

亿欧元，创下历史新高；2010 年1 月，受希腊债务危机影响，欧元大幅下跌，欧洲股市暴挫，整个欧元区面临有史以来最为严峻的考验。2010 年 4 月 23 日，希腊正式向欧盟与国际货币基金组织申请援助。5 月 10 日，欧盟批准 7500 亿欧元希腊援助计划，国际货币基金组织同意提供 2500 亿欧元资金救助。5 月 19 日，希腊获首笔 145 亿贷款，债务危机得到缓和。两年来，正是依靠这笔巨额贷款，希腊政府偿还了陆续到期的债务，暂时避免了破产的命运。然而，这项总计 1100 亿欧元的救助计划将于 2012 年到期，希腊国内经济形势却继续恶化，国内生产总值增长率一路下滑，至今未有回升的迹象。政府推行了有史以来最为严苛的紧缩政策，仍然无法将畸高的预算赤字减至预定的目标。欧盟委员会、欧洲央行及国际货币基金三方于 2011 年上半年公布的第四次评估报告认为，从目前情况来看，希腊最早于 2014 年才能回到市场募款，对希腊实施第二轮救助迫在眉睫。在 2011 年 10 月召开的欧元区峰会上，欧元区国家和国际货币基金组织同意向希腊提供总额达 1300 亿欧元的第二轮救助，但要求私营部门债券持有者对希腊国债进行 50% 的减记。

关于希腊债务违约与退出欧元区的争论仍然没有画上句号，而希腊的债务危机已危及整个欧元区的稳定。希腊能否有效实施财政紧缩政策、降低赤字并提高经济竞争力仍有待观望，其真正走出经济衰退的危机尚需时日。

二 农业

希腊是一个典型的地中海国家，气候适于农作物的生长。但是，多山的地形和水源的缺乏成为农业发展的障碍，与农业发达的北欧国家相比，生产成本相对较高，生产效率较低。尽管如此，农业在希腊国民经济中的地位仍然极为重要。一直到 20 世纪 60 年代末，农业仍是希腊的第一大产业；70 年代之后随着工业和服务业的发展，农业产值不断下降，在三大产业中忝列末位。它在国内生产总值中的比重从 1950 年的 32%，下降到 2003 年的 6% 左右，但依然是欧盟平均值的两倍。2010 年，希腊农业产值占 GDP 的 4%，工业占 18%，服务业占 78% 左右。

在 20 世纪 60 年代以前，农业人口占国内就业总人口的一半以上。到了 1982 年，国内仍有 100 多万人从事农业，占经济活动总人口的 28.8%。至 2000 年，国内农业人口仍然达到 67 万人，占整个就业大军的 17%，为欧盟 15 国平均值的 4 倍。2010 年，农业人口占就业总人口的 12.7%，工业人口占 20.2%，服务业占 67.1% 左右。

（一）种植业

从农业结构来看，希腊以种植业为主，其产值在每年的农业总产值中占 2/3。

希腊农业种植面积为 350 万公顷，约占国土总面积的 27%。其中 35%—40% 种植谷物，20% 种植橄榄树，11% 种植棉花，水果和蔬菜种植面积为 8%，酿酒用的葡萄园占 3.5%，烟草种植面积为 1.5%。尽管自然条件并不理想，但农产品基本上能够自给自足，能满足国内 97%—98% 的消费需求。

希腊最为重要的农产品依次为：水果、蔬菜、橄榄油、棉花、小麦和烟草等。其中水果和蔬菜的种植面积达 20%；约占灌溉总面积的 1/3；出口产品占其总额的 7%，农产品出口总量的 30%。橄榄油总产量居世界第三，仅次于西班牙和意大利，其出口占国内食品出口总额的 10%，年出口总量超过 15 万吨，其中 90% 出口到欧盟国家，主要是意大利和西班牙。从 20 世纪 80 年代末开始，棉花享受欧盟的大量补贴之后，产量大增，由此和传统的橄榄油、烟草并列成为国内农业经济作物的三大支柱。

（二）畜牧业

希腊牧场总面积有 520 万公顷，其中每年休牧的面积占 50 万公顷。总的来说，牲畜养殖业规模较小，处于欧盟的平均水平。其总产值仅占农业产值的 30% 左右，农产品和畜产品产量的比例为 7:3，而欧盟相应的比值为 1:1。近 10 年来，肉类产品每年产量为 40 多万吨，牛奶为 200 万吨左右，但仍然不能满足希腊的消费需求。每年需进口部分牛奶和畜产品，进口总量约占消费总额的 20%。由于牧草资源日渐稀少，肉牛的饲养量从 20 世纪 70 年代的近 100 万头下降为目前的 60 多万头。同期，养猪业发展较快，从 50 万头增加为 90 多万头。绵羊和山羊的饲养数量稳步增长。由于畜牧产品不足，希腊人很少食用动物油脂，而一般用橄榄油替代。

（三）林业

希腊的林地面积约占国土总面积的 22%，但由于连年大火，其面积已大为缩减，其林业产值占国内生产总值的比例也非常低。20 世纪 90 年代末，工业用木材、燃料木材和树脂产值所占的国内生产总值不到 1%。1996—1998 年间，圆木材总产量为 18.16 万立方米，其中用作燃料的占 12.57 万立方米，工业用为 5.59 万立方米；林业进出口存在巨额贸易逆差，1996—1998 年间，木材出口总额为 7069.3 万美元，进口总额为 70230.2 万美元，几乎是出口额的 10 倍。

（四）渔业

希腊三面环海、海岛众多、海岸线漫长，而且渔业传统历史悠久，捕捞向来是海岛居民的主要谋生手段。但希腊并不是一个渔业大国，渔业产量仅能满足国内市场的需求。20 世纪 70 年代，国内渔业产量不足 9 万吨，从 80 年代逐渐进入稳步增长期。90 年代中期之后，随着捕鱼船队的数量及规模的缩小，捕鱼量也在逐年下降。据 2004 年统计，渔获量大概为 9.1 万吨。2008 年，渔获量进一步减少至 8.7 万吨。近年来，由于地中海的污染程度日益严重、近海过度捕捞，海洋生物日渐减少，捕鱼成本不断上涨，加上从事渔业人口的减少，直接影响了渔业的发展。希腊渔业已转向远洋捕捞和海上养殖。

目前，希腊的海鱼养殖在欧洲处于领先地位。从 1994 年开始，海鱼养殖的产量不断上升，其年增长率大约为 10%。2000 年年产量达到 8 万吨左右，占欧洲海鱼养殖总产量的 50%，国内养殖的主要海鱼鱼种是海鲤鱼、海鲈鱼和甲壳类动物，淡水鱼种为鲤鱼、鲑鱼和鳗鲡等。在爱琴海的北部和在科林斯湾海峡西口的迈索隆基翁（Messolonghi）泻湖分布着十几个养殖场，并形成了欧洲最大的海鱼养殖集团——“海神”。

渔业产值在国内生产总值中占有很小的比例。1992 年，其渔业产值仅占国内生产总值的 0.7%，1997 年下降为 0.36%。2008 年，渔业产值达到 3 亿欧元，仅占国内生产总值的 0.12% 左右。

三　工业

希腊的工业基础比较薄弱，工业技术落后，门类不齐全、生产规模较小。2006 年，工业产值占国内生产总值的 21%。在工业部门中，占据首要地位的是制造业，2005 年其产值占国内生产总值的 9.7%，就业人口占就业总人数的 12.8%；其次是建筑业，产值占国内生产总值的 7.5%，就业人口占总就业人数的 8%。采矿业排在第三位，产值约占国内生产总值的 0.6%，就业人数占全国就业总人数的 0.4%。制造业主要由大量的中小企业组成，特点是灵活性较高，其中大部分企业为小型的家族企业，主要从事传统行业，如食品、服装、化学和塑料、石油和煤炭产品、玻璃和水泥等的生产。近年来，电信等高新技术行业正在希腊兴起。

（一）制造业

希腊的制造业有 23 个门类：食品饮料、烟草、纺织、服装、皮革制品（含鞋类）、木材加工、造纸、出版印刷、炼焦和石油加工、化工、橡胶和塑料加工、非金属矿石加工、碱性金属、金属制品、办公用品、计算机、电器、收音机电视机和其他通信设备、医疗器械和精密仪器、交通工具、运输设备、家具、回收加工业。其中最大的四个行业分别为食品加工、化工、纺织和碱性金属加工。它们在 20 世纪 90 年代的产值占制造业总产值的 45% 左右。从近 20 年的生产情况来看，传统的劳动密集型行业下降程度较大，如皮革业和鞋类；采用先进技术的行业有所增长，如医药和医疗器械等。最盈利的为消费品行业，尤其是食品饮料和非金属矿物比如水泥、大理石等。其他行业，如炼油和医药品的利润都在增长，但是纺织和造纸已出现亏损迹象。像服装、鞋类等劳动密集型的生产行业曾经占有重要的地位，但由于受到来自低工资的亚洲和东欧国家的竞争，近年来已逐渐衰落。目前，许多希腊企业也已将服装生产转包给劳动成本较低的巴尔干国家。以就业而言，领先的制造行业为食品、纺织、服装和制鞋业以及运输设备业（包括造船）。1988 年，这四个行业提供了 51% 的就业岗位。从产值结构和就业人数可以看出，过去 20 多年来，制造业的构成大体上没有发生很大的变化。

按照欧洲的标准来看，希腊的制造业规模很小，但在国内而言，它依然是第二产业中对国民生产贡献最大的行业。其出口产品约占全国外贸出口量的一半。

（二）采矿业

希腊蕴藏的矿石种类十分丰富，采矿业在传统上是希腊最为重要的工业部门之一。自 1995 年以来，采矿业产值占国内生产总值的比重一直稳定在 0.6% 左右。采矿业基本上由采石（以大理石为主）、工业采矿、金属采掘和冶炼业组成。其中金属采矿业对于国民经济的贡献最大；采石业生产规模比较小，但仍然是工业行业中的一个重要部门。这个行业的生产高度集中，其60%的矿产由5家采矿公司掌控。国内最为重要的矿产品是铝，其次为铬、金、铁、铅、镍和锌。其中，铝产品由国内的铝土矿开采后加工而成，而生产钢铁产品的原料则依赖进口。目前，希腊是欧盟最大的铝土、镁、镍和珍珠岩产出国，其50%的矿产品用于出口。在矿产品对外贸易上，基本上是出口大于进口。在经历了20世纪80年代和90年代早期的低谷后，近年来，矿产品出口开始逐年增长。

2004年，国内开采的主要矿产品有：铝土矿78.6万吨、皂土85.6万吨、石膏91.2万吨、珍珠岩63万吨、火山灰126.8万吨以及褐煤7190万吨等。此外，大理石和铀的开采量也很可观。近年来，北部色雷斯地区金矿的开采量也日益增长。目前，希腊已成为欧盟重要的建材出口国和稀有金属矿产出口国。

（三）能源工业

希腊能源资源主要有褐煤与石油两种。虽然褐煤储藏丰富，其探明储量为58亿吨，可供开采的储量为39亿吨。但品位比较低，大量使用会造成环境的严重污染。目前国内褐煤产量约占能源供应总量的82%，其中64%用于电力供应。石油短缺，原油主要产自位于北爱琴海萨索斯岛周围的普里诺斯（Prinos）油田，产量十分有限，仅能满足国内石油消费的10%。目前，国内石油年生产总量为2200万吨，其中2/3供应国内市场。轻质石油产品基本上能够自给，但原料主要依靠进口。希腊的石油供应国主要是伊朗、沙特阿拉伯等中东国家，近年来和俄罗斯之间开展的能源贸易和合作逐渐增多。而天然气和可再生能源所占比例还比较低。国内可再生能源主要包括风能、太阳能、水力发电和地热，目前可满足近6%的能源需求。虽然风能没有得到广泛的利用，但发展稳定。据2004年统计，风力发电园的装机容量已达到330兆瓦。此外，希腊在欧洲是仅次于德国的第二大使用太阳能集热装置的国家。2004年，全国安装的太阳能集热装置的面积达到300万平方米，主要用于家庭热水供应。

目前，国内能源生产总量只能满足1/3的消费需求。据2000年统计，能源供应总量为2780万吨，其中65.1%从国外进口：原油进口和石油产品占56.3%，天然气占6.1%，煤炭占2.8%；国内生产的能源占35.9%，而以煤炭居多，所占比重为29.5%，石油和天然气为1%，各种可再生能源占5.3%。据经合组织预测，到2010年，希腊的能源需求量将升至4050万吨，进口的比例将达到72.5%。

自签订《京都协议书》以来，为了承诺减少温室气体的排放量，希腊能源政策重点转向，提高国内能源的利用率以降低能耗，引进天然气，减少对进口石油的依赖。预计到2010年，将国内的能源供应量减少27.5%，其中褐煤减少21.8%，进口的天然气的比重将升至17.3%，可再生能源的进口比例则从5.3%下降为4.9%。由于身处地震多发地带，目前，希腊还没有制定发展核能的计划。

四 服务业

服务业是希腊国民经济中规模最大、门类最为繁多的产业，同时也是最为重要、发展最快的产业，20世纪80年代以来一直以高于整个国民经济平均增长水平的速度发展。2006年服务业总产值为1770亿欧元，约占国内生产总值的72%，从业人口占就业总人口的65%。领头行业为旅游业、海运业、银行业和商业贸易。

五 交通运输业

（一）公路

希腊内陆的交通和运输主要依靠公路。

在欧盟的大力资助下，公路建设得到较快的发展，城市间交通状况明显改善。2000年全国公路总长38600公里，其中高速公路和国家级公路长9255公里，省级公路29350公里。不仅在各个大区、省会、大小城市之间，而且在各个大岛上都铺设了比较完善的公路网。2001年，希腊公共汽车的运载量为9.27亿人，其中城区运载量占86%。

（二）铁路

希腊交通规划的重点是发展公路和航空，铁路建设明显受到忽视。目前国内铁路的总长度仅为2548公里，其中764公里标准轨距路段实现了电气化。其分布的网络与二战前相比并无多大的改变。许多铁路设备陈旧，运营成本很高；管理水平落后，电气化路段非常有限，其中质量较高的为连接雅典和比雷埃夫斯的 26 公里路段，全部为高速电气化线路。

2001 年，希腊铁路运载旅客人数达到 1394 万人，货物 278 万吨。

（三）水运

希腊海岛众多，内陆多山，交通不便，传统上依靠海运来连接内陆各地的交通，以及与国外的交通往来。20 世纪下半叶起，随着陆上交通网络发展迅速，沿海航运作为联系国内地方的纽带作用已明显减弱。在本国拥有的 3000 多艘商船中，经营国内沿海海运的商船为 408 艘左右，主要服务于希腊大陆和各大岛屿的交通运输。每年乘客人数达到 5000 万人，外国乘客占 4%；运输货物为 1.2 亿吨，国外货物占 65%。

就远洋航运而言，希腊是世界海运大国，拥有千吨级以上船只 3397 艘，载重量近 2 亿吨，2006 年，希腊海运业收入达到 143 亿欧元，约占国内生产总值的 7%。

希腊国内现有各类港口 444 个，其中 123 个为客运或货运港口，总吞吐量为 8000 余万吨（2004 年统计）。比雷埃夫斯港是国内最大的客货运港口，吞吐量居地中海沿岸各港口之首。萨洛尼卡港口位居第二，帕特雷位列第三。此外，西北的伊古迈尼察港，东部的沃洛斯港和东北的卡瓦拉港也都是重要货运港口。

（四）航空

希腊海岛众多，又是旅游胜地，一直以来对航空业的发展比较重视。国内现有大大小小机场 81 个，其中 2/3 位于海岛上并且大多为军民两用。两个最大的国际机场是雅典国际机场（Hellinikon）和位于萨洛尼卡的萨洛尼卡—马其顿机场。其他国际机场位于亚历山德鲁波利斯、科孚岛、莱斯博斯岛（即米蒂利尼岛）、罗得岛、科斯岛和伊拉克利翁等地。1995 年，这些国际机场抵达和离开的乘客总数，分别达到 1302 万人次和 1306 万人次，机场所承担的货运总量为 149803 吨。目前，新雅典国际机场承担着国内最大的航空交通量。新机场的载客量可以达到每年 1600 万人次，每年的运货量能达到 22 万吨。它所承担的飞机降落和起飞的次数，达到每小时 65 次、每天 600 次。

六　旅游业

旅游业是希腊经济最为重要的支柱产业，也是第三产业中发展最快的行业，它为希腊带来了巨额外汇收入，是维持国际收支平衡的重要经济部门。自 80 年代以来，希腊的旅游外汇收入持续增高。1981 年，旅游业总收入近 19 亿美元；2001 年，旅游收入 106 亿欧元，约占国内生产总值的 8%，就业人数为 35 万多人，占整个劳动力大军的 10%。2006 年旅游收入为 120 亿欧元，约占国内生产总值的 6%。受 2008 年国际金融危机影响，2009 年旅游收入下降 15%。

希腊在世界旅游目的地排行榜中名列第 15 位，旅游景点数不胜数，主要分布在文明古都——希腊、北方重镇——塞萨洛尼基（萨洛尼卡）、狂欢节之乡——帕特雷（佩特雷）、故都——纳夫普利翁、世界奥林匹克运动的发源地——奥林匹亚、中古文化村——阿索斯圣山以及星罗棋布的岛屿。

七　财政金融

（一）财政收入和支出

希腊政府的财政开支包括三部分：（1）中央政府的支出，包括国防、教育、司法、和公共管理等购买公共服务的支出；（2）社会保障的费用；（3）其他部门的预算，比如地方政府的支出，以及公共机构比如医院和大学的费用等。

二战后至 1973 年，希腊基本上执行了谨慎的财政收支平衡政策。因为当时战前的外债没有还清，无法大量举债。然而从 20 世纪 70 年代中期开始至 90 年代初，国内经济形势好转之后，国家财政政策的制定基本上是出于政治考虑，政府预算没有遵循平衡准则，以至于入不敷出的状况日益严重，国内财政赤字和公共债务急剧攀升。财政赤字占国内生产总值的比例从 1976 年的 1.7% 增至 1990 年的 16.1%。90 年代中期开始，为了早日加入经济货币联盟，希腊执行了财政紧缩政策。财政赤字从 1993 年占国内生产总值的 14% 递减为 2000 年的 2% 左右，2002 年降低为 1.2%；公共债务从 1993 年占国内生产总值的 112% 下降为 2000 年的 106%，到 2002 年进一步下降为 105%。2004 年新民主党上台后公布的统计数据与上述数据出入很大，其中 2002 年政府赤字占国内生产总值的比例为 4.9%，政府债务所占国内生产总值的比重为 110.7%。由此，欧盟对希腊加入欧元区以来及批准其加入欧元区的 1999 年财政赤字数据的真实性，产生了怀疑。

2009年底，在国际金融危机和国内政府开支过度的双重影响下，希腊经济遭遇了严重危机，弥补财政赤字的两大支柱产业旅游业和海运业收入双双下滑。欧盟统计局估计，2009年希腊政府财政赤字占国内生产总值的水平已达到13.6%，在欧洲位居第二，债务总额占GDP的124%，年底债务余额达到2800亿欧元。全球三大信用评级机构相继调低希腊主权信用评级。2010年，从希腊爆发的主权债务危机迅速蔓延到欧洲，进而引发了欧洲债务危机。

（二）金融机构

希腊金融系统，除了传统的功能收集存款，然后通过信贷重新分配之外，已经开始提供多种多样的服务，如担保新证券的发行、为收购和重组提供公司服务、财富和投资品类管理以及租赁等。在20世纪90年代初期，证券资本市场也迅速发展起来，股票交易所的交易额和频率成倍增长。

希腊的金融服务主要是通过银行实现的。银行系统有三种机构。一是中央银行（希腊银行），它管理并控制着国家的货币供应，以及与别国货币的兑换利率。该银行实现这些任务的主要办法是管理其他银行的变现，并直接干预货币市场（包括外汇市场）。此外，它还是主要的监督机构，对商业银行的业务品类进行监督，并保护货币系统免遭银行失败累及的影响。从2001年开始，希腊银行已经成为欧洲中央银行体系的成员，不仅独立于政府之外，还要接受欧洲中央银行对欧元的集体管理。

第二类金融机构是商业银行，属于储蓄机构，传统上从事商业和工业信贷。希腊商业银行的业务已扩展到提供广泛的批发和零售性质的银行服务，其贷款包括工商业消费和抵押信贷。此外，商业银行还发行信用卡和旅行支票、买卖外汇并发行信用证，直接参与证券担保，通过下级网点提供经纪人服务，并拥有希腊和国外的共同基金。一般来说，商业银行的资产仍然以私人存款为主。

第三类机构是专业信贷机构，如投资银行、希腊农业银行、抵押银行和邮政储蓄银行。这些机构的传统角色是在指定的专门领域内提供信贷。自银行业实施改革后，专业机构开始实行经营的多样化。如农业银行，过去法律上规定其业务是提供农业信贷，对这些资金分配进行垄断经营。到20世纪90年代经过改革，农业银行已变成完全性质的商业银行。同时，其他商业银行也被准许进入农业信贷市场，抵押银行和投资银行也在发生同样的变化。

目前，在希腊营业的既有本国的也有外国的银行，其数目一直在增加，截止到2001年底，共有61家：国内银行21家、外国商业银行21家、合资银行15家，还有4家特殊的信贷机构，如邮政储蓄银行和抵押银行、欧洲投资银行等。外国银行通过其驻希腊的地方机构，控制了大约希腊银行市场10%的资产和存款。在国内银行中，“希腊国民银行”是最大也是赢利最多的金融机构。

第六节 外贸与对外经济关系

一 外贸

（一）发展概况

希腊拥有悠久的贸易传统。在这个仅有1100万人口的小国，共有10多万家公司和企业，其中95%以上是私营中小型企业，大部分从事进出口贸易。因为资源相对贫乏，工业技术相对落后，国内的产品缺乏竞争力，而且工业门类也不齐全，希腊的商品贸易长期以来一直处于较大逆差状态，其出口仅占进口贸易总额的1/3。据英国经济学家情报社统计，2007年希腊对外贸易总额为1047亿美元，其中出口额为239亿美元，进口额为808亿美元，贸易逆差为569亿美元。希腊的商品贸易逆差主要通过无形贸易收支的盈余弥补。这三大收入来源是旅游业、移民外汇和海运业的收入，近来又增加了金融业的收入。此外，希腊从欧盟获得丰厚的援助资金，这也是弥补赤字的重要来源。

（二）进出口贸易方向及其商品构成

希腊出口产品以农产品和附加值较低、技术含量较少的矿产品与金属制品，如大理石、铝锭等为主，缺少附加值较高的技术密集型产品。出口的产品主要有：食品、棉花、烟草、纺织品（包括成衣）、化学制品、初加工的矿产品和金属产品、水泥等。近几年来，塑料和橡胶制品、电器、通信设备和医药品的出口增长很快。进口主要以能源产品为主，由于国内制造业相对比较薄弱，交通工具和设备，如大型船舶、各种类型的汽车及其零部件、电器以及其他电子产品，绝大部分需要进口，牛奶和肉制品不能自给，也需要大量进口。

希腊同100多个国家建立了贸易关系，其最主要的贸易伙伴是欧盟，亚洲国家主要有韩国、中国和日本等。2004—2006年，每年对欧盟的出口平均占希腊外贸出口总量的53.1%，进口占外贸出口总量的58.5%。欧盟内部，德国是希腊第一大贸易伙伴，意大利位居第二。2006年，希腊从德国进口的数额占希腊外贸进口总量的12.6%，希腊向德国出口的贸易额占希腊出口总额的11.4%。同年，希腊从意大利进口的数额占希腊进口总额的11.6%，希腊向意大利出口的数额占其出口总额的11.2%。近年来，俄罗斯已替代美国成为欧盟之外的最大贸易伙伴，其与希腊的贸易额位列第三。目前，希腊企业正在努力调整自己的出口产品结构，试图通过和国外伙伴的合作提高产品的质量和附加值。而那些没有及时调整产品结构的公司则将目光转向前社会主义国家。1995—2001年，希腊对这些国家的出口额每年增长20%。虽然，和阿尔巴尼亚、前南斯拉夫马其顿共和国以及保加利亚的贸易顺差较大，但由于需要进口大量的天然气、石油，希腊和土耳其、罗马尼亚以及俄罗斯之间仍然存在较大的贸易逆差。

二　外国投资和外国援助

希腊是欧盟国家中经济发展水平最低的国家之一，也是传统上的受援国和资金输入国。但一直以来，因为偏远的地理位置、投资环境和技术水平较差，外国对希腊的直接投资量非常少，2004年，外国直接投资额仅占希腊国内生产总值的9.8%，对欧盟整体投资额则占其GDP的32.8%。

据中央银行统计，1996年，希腊吸引外资的金额为42.5亿美元，投资的外国公司为570家。近十年来，随着希腊经济增长的加速，国外的投资量上升较快。1999年，境外企业来希腊投资的金额达到160.4亿美元，投资的外国公司达到674家。2000年，外国在希腊的直接投资为124.99亿美元，2001年增至152.65亿欧元，投资的主要领域包括制造业、商业、旅馆业、金融服务业、通信以及采矿业等。

进入21世纪后，随着经济形势的好转，希腊对外投资呈现明显增长的趋势。据英国经济学家情报社统计，2006年希腊对外投资总额累计达到413亿美元，估计在2007年接近475亿美元。投资的主要地区是巴尔干和黑海地区；投资的领域主要有银行、电信和信息技术产业、化工医药、矿产、食品加工、服装、包装、服务业等。

在20世纪80年代以前，由于经济落后，希腊是外国援助的主要对象国。1981年加入欧共体后，希腊成为欧共体资金援助的第一大受益国。80年代主要在欧共体共同农业政策框架下从欧洲农业指导和保证基金中获得资金，用于提高国内农业收入和发展落后的农业地区。1988年之后，希腊从欧盟获得的资金主要用以资助基础设施的建设。90年代初，欧盟资金的援助金额达到国内生产总值的4%，21世纪初，其转移支付一直超过国内生产总值的3%。

与此同时，入盟后希腊的对外援助在欧共体发展计划框架下开始发展起来。1996年8月，希腊政府正式出台双边援助的第一个五年计划（1997—2001），援助总金额为4亿美元。2000年，希腊双边援助总金额达到2.26亿美元，占国民总收入的0.2%。2001年，希腊政府制定了双边援助的第二个五年计划（2002—2006），并成立了发展和援助计划的监管委员会，负责在各个部门和机构落实双边援助工作。

第七节　人民生活与社会保障

一　人民生活

希腊是个经济发达国家，人民生活水平在世界名列前茅。据2007年联合国综合国民收入与生活水准等指数的《人类发展报告》显示，希腊的人类发展指数达到了0.942，在182个国家中名列第25位，在巴尔干国家中位居第一。

从20世纪90年代开始，希腊人均收入提高较快，从1960年的500美元，增加到1992年的大约6500美元；2003年人均收入又翻了一番，达到15000美元左右；2008年增至30000美元左右。若以国际标准来衡量，希腊已跻身发达国家行列。若和欧盟国家相比，仍处于偏下水平。2004年希腊人均收入为欧盟15国平均值的58.9%，以购买力平价来计算，相当于75.7%。工薪者月收入始终处于欧盟的最低水平之列。近年来，工业和服务业部门的月收入总额为1400欧元左右，几乎是欧盟高工资国家工资水平的一半。2001年，国内最低月工资额为466欧元，大约占欧盟平均最低月工资额的75%。

长期以来，由于政府对国内生产和货币流通市场的干预力度较大，价格市场缺乏弹性，希腊的通货膨胀率始终居高不下。从20世纪70年代中期至90年代中期，年平均通胀率都在17%以上。自进入向经货联盟标准趋同的过程之后，通胀率得到有效控制，1999年，通货膨胀率35年来首次低于3%。但迄今为止，希腊仍是欧元区中通货膨胀率最高的国家之一，几乎每年都要超过2%的上限。近两年来，政府在市场自由化、控制物价上涨方面取得了良好的成效。2004年，通货膨胀率降至2.9%，为加入欧元区5年来通货膨胀率最低的一年。2008年又回升至4%。

在希腊家庭消费结构中，日常开支主要用于购买食品，该项费用占家庭总开支的17%，其次为交通费用，占13%；排在第三位的为住房和水电费，占11%。用于餐馆、旅馆和咖啡馆的休闲娱乐费用较大，仅次于居住的开支。相对来说，文化娱乐和教育的开支较低，分别占5%和3%。从70年代恢复民主制后，希腊人的生活水平有了较大程度的提高。目前，76%的家庭拥有自己的住房；每三人拥有一辆轿车；每千人拥有607部电话；每千人有电视机320台，手机普及率为77%，互联网的使用率为10%—11%。

二 社会保障

在希腊，社会保障主要指的是社会保险。其社会保障体系主要包括养老保险（老人、残疾人和遗属）、疾病保险（健康医疗、妊娠和分娩）、失业保险（失业、入伍、工伤）、家庭保险（家庭津贴、家庭的额外开支补贴）、住房补贴和社会救助（小范围）六个方面。其社会保障制度属于“南欧模式”，与其他北欧和大陆国家相比，具有发展较迟，保障率较低的特点，主要由各个保险基金组织为参保人员提供养老金和疾病保险的福利待遇，但没有建立起为所有国民提供保障最低收入、维持最低生活水平的“安全网”。其中私有企业雇员的社会保险由最大的“社会保险机构”提供，投保人员共有552万人；农村人口的社会保险由“农民保险机构”提供，投保人员有215万人；自雇者保险由“商人和企业主基金”提供，投保人员有126万人。2001年，这三个机构覆盖的对象，大约占基本保险基金投保人员总数的86%。在希腊，只有公务员的养老金缴费不用个人承担，全部由政府预算支出。

从1983年开始，希腊建立了全国性的医疗卫生体系（NHS），通过增加公共医疗的资金投入，发展初级医疗服务、建立新型的公私混合的医疗服务等为广大国民提供了良好的医疗卫生服务。2004年，希腊的医疗保健开支占国内生产总值的10%，高于经济合作发展组织平均值1个百分点。人均医疗保健开支达到2162美元，稍低于经合组织的平均水平。相对于欧洲国家在公共医疗保健开支中的高比例，希腊用于医疗保健的公共拨款比例处于较低水平，为53%。但在医疗条件和健康指标上，希腊并不比其他发达国家逊色。例如，人均拥有医生数在经合组织国家中位居第一，达到每千人有医生4.9名。用于急性病治疗的病床人均占有量为每千人3.8张，与经合组织国家平均数基本持平。同样，高科技的医疗诊断设备的使用，近年来在希腊越来越普及。例如，电脑X光照射机在2002年达到每100万人拥有17.1台，接近于经合组织国家平均水平。随着生活条件的改善、公共医疗健康投入的增加和医疗水平的提高，希腊的人均寿命已达到79岁，略高于经合组织国家平均值。婴儿死亡率近10年来下降很快，目前为5.08‰，低于经合组织国家的平均值。希腊已成为长寿指标最高、死亡率最低的欧盟国家之一。

第八节 教育 科技 文化

一 教育

和发达的欧洲国家相比，希腊整个教育水平偏低，但在各个年龄段体现的程度不一。随着20世纪70年代义务教育制的普及和政府对教育投入的增加，国内受教育的人口比率有了明显增长。据联合国教科文组织统计，希腊全国识字率为97.3%；文盲率正在稳步下降，估计从2005年的2.3%下降到2015年的1.1%。与此同时，劳动力素质明显改善。2002年，拥有初级教育学历的人员占总就业人数的41.7%，拥有中等教育学历的人员占总就业人数的30.4%，高等教育的占28.0%。儿童上学时间平均为14.29年，在全世界排名中处于中等。

希腊是欧盟中教育支出比例最低的国家。1999年，公共教育支出占国内生产总值的3.6%，欧盟的平均比例则达到5%。2005年，国内教育投入总额为56.92亿欧元，占国内生产总值的4%。

希腊国民教育由国家统一管理，由教育部负责制定教育政策和目标，通过地方教育管理机构对各类学校（主要是初级和中级教育机构）进行管理。学校课程、教学大纲、教材、教师的任命与晋升以及学校经费的配额等由中央政府统一规定，地方教育机构在教育部的监管下，要保证各类学校执行中央制定的教学大纲。在高等教育领域，主要是大学和技术学院根据现有的法律进行自我管理，教育部行使监督之职。希腊实行9年义务教育制，公立中小学和大学免学费。

希腊教育体系分为三级：初级教育、中级教育和高级教育。

1. 初级教育　希腊的初级教育包括幼儿园和小学的教育。在进入小学之前，年满4岁的幼儿，可以由其家长自愿选择进入幼儿园学习，这一阶段也称作学前教育或幼儿园教育，学习时间为二年。国家统计局数据显示，2003—2004学年，在5700余所幼儿园就学的孩子共计14万人，幼儿教师共有1万名左右。

希腊的义务教育始于小学（Dimotiko），并延长至初中（Gymnasio）毕业，共为9年。小学学制为六年，每日5个教学课时，共计160个学日。入学年龄为6岁。小学教育旨在促进学生的智力和身体的健康发展，将儿童的创造性思维和学习的对象相互结合，建立一种有助于知识消化和开发潜能的学习机制。2003—2004学年，希腊小学有近6000所，在校小学生64万名。教师5万多名，教师和学生的比例大约为1∶12。

2. 中等教育　中等教育包括初级中学和高级中学。教育法规定，凡取得小学毕业证书的学生一般自动升入初中就学，学制三年，属于义务普及教育。学校免费发给学生课本。

初级中学分为日校和夜校两种。凡是年满14岁、未完成小学学业、已参加工作的青少年可以进入夜校学习。初中一年共设165个学日，每天安排6个课时。凡是取得初级中学毕业文凭的学生，不经考试可以直接注册任何高级中学，一般入学年龄为15岁。

2000—2001学年，希腊约有351302名初中生，分布于1884所初级中学，其中在私立学校就读的有18895人。

高级中学有两类：综合高中（普通高中）和职业技术学校。职业技术学校是指除普通高中之外的中等教育学校，招生对象为初中毕业生，不属于义务教育范畴，专为学生的就业而设，目标是为他们提供专门的职业和技术教育。

2003—2004学年，希腊约有近57万名中学生，分布于3214所综合中学，中学教师约有6万名；职业技术学校有663所，在校生14万名，职校老师约1.6万名。

3. 高等教育　希腊的高等教育包括大学和职业技术教育学院的学习。这两类学校的区别是职业技术教育学院不享有大学地位，学制三年。大学学制一般为4年。希腊的高等院校都为国家所办，宪法规定，大学具有法人资格，享有行政自主权。与此同时，大学接受国家监护，享受国家财政资助，并依据相关法律实行自我管理。目前国内共有近20所大学，设有237个系。2002年在校大学生有17万名。职业技术教育学院约70所，在校学生14万人左右。

希腊的研究生教育包括硕士和博士研究生两个层次。硕士的学习周期至少为4个学期，博士为6个学期。希腊有许多顶尖的研究机构蜚声海内外，但是大学教育质量和其他欧洲国家相比，普遍偏低，尤其在研究生教育上。能负担留学费用的希腊学生一般选择前往英国或美国深造。目前每4个大学毕业生中就有一个在国外攻读学位。国内知名的大学主要有雅典大学、萨洛尼卡大学、克里特大学、佩特雷大学和雅典工学院等。

二　科技

（一）科学研究的发展

在欧洲，希腊是一个经济相对落后的小国，国家对科研的投入处于较低水平。但希腊的科技发展在周边国家处于领先地位。希腊科技发展起步较迟，大约在20世纪80年代才开始正式出台科技政策。当时政府的目标非常明确，即要在三个方面发展科技潜力：先进技术、科研机构和生产企业的合作以及技术转化。在这一时期，政府专门成立了公共机构，主管国家科技发展。欧洲共同体结构资金也通过EPET和STRIDE计划（后来合并为EPET Ⅱ）向希腊伸出援助之手。这些计划为希腊带来了先进的科技组织结构和技术，不仅使它具备了与其他欧盟国家竞争的能力，而且在日后又成为科研发展的一股强劲的推动力。

从90年代开始，政府持续加大对科研的投入。1991年，希腊用于研究开发的开支仅占国内生产总值的0.46%，远远落后于科技发达国家2%以上的比例，1999年该比例上升为0.68%。从1995年开始至1999年，每年增长8.71%，成为欧盟中科研经费增长最快的国家，其中政府对研究开发的投入占了总额的一半。1992年政府用于研究开发的预算占国内生产总值的0.24%，2000年达到0.35%。公共和私人研发投入总额从1989年占国内生产总值的0.38%增加为2001年的0.65%。此外，科研人员的数量有了明显的上升。1991年，希腊全职科研人员有10905人，占总人口的0.11%；1999年科研人员达到26382人，增加了一倍，占总人口的0.26%。科研机构数量也有了稳定的增长。1991年，全国拥有217家研发型企业；1997年增长为598家，总数翻了近两番。

（二）科学技术基本方针和政策

希腊科技政策的指导方针主要是增加企业对技术知识和科研成果的需求；加强研发组织和生产企业之间的合作；促进国外引进的技术转化；支持发展国内企业的创新能力和运用；对政府资助的科研项目成果引入咨询和评估机制；评估和支持科研人员的培训工作；从文化上吸收技术革新带来的新的交流、信息和表达方式，发展科技文化。为此，希腊科技政策确立了9大优先目标：改善企业经营环境、鼓励和保护企业的积极性、推动企业的技术创新和研究、提升旅游业产品质量和提供旅游胜地服务和设施、保障能源的安全和促进能源市场的自由化、能源和可持续发展、人力资源和技术支持等。优先发展的科技领域为：生命科学、基因科学、医疗生物工艺学、信息社会技术、纳米技术和纳米科学、多功能材料、新的生产流程、航空和空间科学、食品质量和安全、可持续发展、全球气候变化、生态系统、信息社会中的市民和政府治理。

（三）科研机构及科研管理机构

希腊的科研任务主要由研究中心和公立大学承担，后者的作用更为重要。其中被列为国家重要科研基地的大学主要有：亚里士多德大学、雅典卡波蒂斯特里亚大学、国家理工大学、佩特雷大学、克里特大学、色雷斯大学和爱奥尼亚大学。国内主要的研究中心也是设在大城市，并以大学为依托或者和国外的研究所共同创办。最为著名的研究中心有：国家科学研究中心、雅典的国家天文台、科研技术基金会、希腊巴斯德研究所、国家研究基金会、科研技术和培训协会。为推动技术和知识成果的转化，希腊专门成立了科学技术园，全国现有4个，分别设在雅典、萨洛尼卡、伊拉克利翁和佩特雷。

负责科研管理的国家机构最早建立于1971年，1977年成为经济部的科研和技术司，又改为科研总秘书处，于1985年并入工业部。2000年，工业部、商业部和旅游部合并为发展部后，科研总秘书处划归发展部。总体而言，发展部主要负责规划国家科技体制、协调和促进国家科技事业的发展；制定科技政策并建立相应的机制贯彻实施；协调双边和多边的国际科技合作项目，将这些项目纳入国家科技发展的总框架中。它的具体职能是分配科研经费，管理参与科研项目的私人资金；指导全国有关科研人员的培训工作；对于如何促进科研和生产部门的人员流动和就业提出建议；每年向政府和议会递交科技发展的评估报告。发展部下设两个机构：一个是国家研究顾问理事会，另一个是研究和技术总秘书处（GSRT）。后者相当于发展部的职能办公室，是具体负责制订科研计划、协调科研活动的核心机构。

（四）对外科技交流

希腊非常重视对外科技交流和国际科技合作。对外合作的方式主要通过国际机构的多边合作和国家之间的双边合作方式。希腊和许多知名国际科研机构建立了积极的合作关系，其中有欧洲原子能研究中心（CERN）、欧洲分子生物实验室（EMBL）、欧洲中期气象预测中心（ECMMF）、北约下属的科研机构、国际工程研究中心（CISM）、地中海探测国际科学委员会（CIESM）等。除了参加欧洲空间站（ESA）计划，还参与了联合国、经济合作发展组织名下的科研合作项目。除了与国际机构的科技合作之外，希腊还建立了一个在科技领域进行双边合作的框架，主要目标是通过双边合作促进技术知识的交流、拓宽基础科学知识领域、计划共同的研究活动、发展国际研究开发的合作网络、将技术知识转化为产品、加强工业和商业之间的合作、开拓新市场，从而为希腊的科技体制带来更多的利益。

希腊首先和法国、德国、英国、意大利、西班牙等欧盟国家建立了良好的合作关系，其次与中东欧国家，比如阿尔巴尼亚、亚美尼亚、保加利亚、捷克、匈牙利、波兰、罗马尼亚、俄罗斯、斯洛伐克等国以及中国、塞浦路斯、以色列开展了科技合作。最后，通过签订双边协议的方式和埃及、埃塞俄比亚、摩洛哥、南非，最近又和古巴、突尼斯、土耳其建立合作框架。与科技发达的国家，比如美国、加拿大、日本、澳大利亚和韩国等，希腊还采用了一种新型的合作方式建立了科技合作关系。希腊推动的双边和多边合作领域，主要集中于微电子、信息技术、新合成材料、环境学、地球科学、生物学、空间研究等。

三　文化

（一）文学

1. 古代文学

希腊古代文学极为发达，现代西方文学的多数类型是由古希腊人发明或者说定型的，比如诗与散文。

希腊古代文学分为三个时期：第一，早期文学，从荷马时代开始至公元前476年结束。这一时期最盛行英雄诗，抒情诗刚刚出现，散文的形式虽显粗糙，也已在爱奥尼亚和小亚细亚传播了。其间，最有代表性的作品是公元前8世纪盲诗人荷马编辑整理、加工润色的两部著名史诗：《伊利亚特》和《奥德赛》。《伊利亚特》共24卷，记叙了特洛伊战争的战况；《奥德赛》共24卷，主要叙述了伊大卡（Ithaca）国王奥德修斯在特洛伊战争结束后归国途中的种种经历。荷马史诗的人物形象栩栩如生、大量运用了比喻、重复的修辞手法，取得了极高的艺术效果，被认为是世界文学的楷模。当时产生了许多诗人，如赫西俄德著有《工作与时日》和《神谱》；女诗人萨福著有诗9卷；伊索著有《伊索寓言》。公元前534年，悲剧诗人忒斯庇斯第一个把演员引进祭祀典礼上吟唱酒神颂，由此出现了台词，诞生了希腊的悲剧。后来经过埃斯库罗斯和索福克勒斯的丰富和发展，悲剧的艺术形式逐渐完善起来。埃斯库罗斯、索福克勒斯和欧里庇得斯被称为古希腊三大悲剧诗人，其中埃斯库罗斯被誉为“悲剧之父”，有《被缚的普罗米修斯》《阿伽门农》等剧本流传。索福克勒斯流芳百世的7部作品以《安提戈涅》《俄狄浦斯王》最为杰出。到了欧里庇得斯时代，则标志着英雄悲剧的结束，他的创作已转向普通民众的心理描写。公元前487年，喜剧在雅典演出，标志着喜剧正式登上希腊文学的舞台。公元前450年前后，产生了三大喜剧诗人：克拉提诺斯、欧波利斯、阿里斯托芬。他们的出现，不仅标志喜剧发展已经达到了很高水平，也使希腊的文学艺术发展到了第二个时期——雅典文学时期。此时，散文类文章亦出现在历史、哲学等著作之中。

公元前146年，随着“希腊化”时期的开始，希腊文化在东方广泛传播，文化中心逐渐由雅典移至埃及的亚历山大城。至此，古希腊文学已近尾声、进入第三个时期——衰落期文学。这个时期的文学脱离群众，讲究辞藻、有浓厚的感伤情调，比较有成就的有新喜剧、拟剧、田园诗和史诗。公元前100年前，出现现存最早的小说：《凯勒阿斯与卡利罗亚》。

2. 近代文学

近代希腊文学起源于11世纪即拜占庭时期，这一时期出现了寓言诗、劝世诗和民间叙事诗，在语言和文学方面开创了近代希腊文学的先河。在奥斯曼土耳其人统治期间，民间流传的多配以乐曲吟诵的叙事诗成为希腊民族文化的一个重要表现形式。这类民歌在十六七世纪的克里特岛和塞浦路斯臻于极盛，出现了许多水平较高的作品。这一时期，一些希腊文学家为复兴古希腊文学上作出了卓越的贡献。例如，科拉伊斯（Adamantios Korais，1748—1833），专门在巴黎研究希腊语言学和文学、于1788年修订了包括荷马史诗等在内的很多古希腊文学书籍，并编纂出版了一套古典希腊文学丛书，1828—1835年间又编成一部希腊标准话辞典，极大地推动了近代希腊语言的发展。

19世纪30年代，希腊独立后，文学发展进入新的时期。首先诞生了法纳利文学流派（Fanariotic literary school），该流派深受西欧文学尤其是法国文学的影响，在散文、诗歌、史诗和故事叙述上引入了浪漫主义手法，在雅典开启了浪漫主义文学运动。该流派主要代表诗人为苏佐斯（Panayotis Soutzos，1806—1868），他被誉为希腊第一个浪漫主义作家。另一领军人物是索洛莫斯（Dionysios Solomos，1798—1857），最为著名的作品是《自由颂》（His Hymn to Liberty），经作曲家曼特扎罗斯（Nicolaos Mantzaros）谱曲后，成为国歌。

1834年希腊定都雅典后，其文学中心也从君士坦丁堡/爱奥尼亚群岛搬到首都。1880年，在这里诞生了新雅典派文学。它同样继承和发扬了浪漫主义的传统，但有感于使用“纯语”（以古典希腊语为基础）创作带来的形式上的因循守旧和内容上的空洞沉闷，转而寻求在适当保存古典传统的基础上，使用俗语（民间口语）创作文学，让主题贴近现实生活。新雅典派的领袖为帕拉马斯（Kostis Palamas，1859—1943），他是一位多产的诗人、小说家、评论家和剧作家。其作品既有哲理叙事长诗，也有抒情短诗，还有短篇小说和诗剧。帕拉马斯共发表过18部诗集，其著名代表作为长诗《吉卜赛人的十二章》。新雅典派中成就最大的诗人是西凯利阿诺斯（Angelos Sikelianos，1884—1951），他于1917年完成的长诗《上帝的母亲》被认为是自索洛莫斯后用希腊俗语写作的最富有音乐性的诗歌。20世纪初，国内出现了前所未有的崇尚特立独行的文学流派，代表人物有卡夫卡（Kafka）、乔伊斯（Joyce）和卡瓦菲斯（Constantine Cavafy，1863—1933）等人。

同一时期希腊近代文学中最为重要的作家、诗人是卡赞扎基斯（Nikos Kazantzakis，1883—1957），他在自己的作品中对社会问题作了认真探讨，并且赞同和支持布尔什维克革命，后来转而通过形而上学和存在主义的路径，寻求解决现实问题的办法，颇受柏格森主义的影响。卡赞扎基斯于1946年出版的著名长篇小说《佐尔巴斯的一生》，在国际上享有盛誉。

3. 现代文学

20世纪30年代，希腊文坛进入“现代主义”时期，其领军人物为著名诗人塞菲里斯（Giorgos Seferis，1900—1971）。当时的诗坛创作已趋于颓废、缺乏新意。而他的诗作摆脱了传统诗歌的束缚，开始运用自由体的格式和简洁朴素的语言进行创作，为希腊现代诗歌带来了新的表现形式和新的形象。1931年，塞菲里斯发表第一部诗集《转折》，标志着现代希腊诗歌进入新的转折点。1935年，出版诗集《神话和历史》。1963年，“因为在一种对于希腊文化的深挚感情的鼓舞下创作出了光辉的抒情诗篇”，塞菲里斯被授予诺贝尔文学奖。

同一时期的著名诗人还有超现实主义的标志性人物恩比里科斯（Andreas Embirikos，1901—1975）。另一位超现实主义的杰出代表是埃利蒂斯（Odysseus Elytis，1911—1996），他于40年代发表的早期诗集《方向》和《初升的太阳》，以爱琴海风光为主题，展现真实变幻的世界，主题欢快、诗意新奇，具有浓厚的超现实主义的色彩。著名长诗《献给在阿尔巴尼亚牺牲的陆军少尉的英雄挽歌》歌颂反法西斯战士，充满爱国主义精神。1959年发表的《创世颂》《受难颂》《光荣颂》组诗诉说了希腊民族的苦难，歌颂世界光明的未来。这组代表作结构严谨、手法新颖，富有哲理，被称为20世纪的一大杰作。其后期作品则将民族传统和现代精神结合在一起，形成独特的风格。1979年，埃利蒂斯因其突出的诗歌成就被授予诺贝尔文学奖。

现代文学史上最为多产的一位诗人是利佐斯（Yannis Ritsos，1909—1997），他是一位左派诗人，作品富有革命倾向，感情奔放。从1937年至1945年，几乎每年出一部诗集，其代表作有《春天交响乐》《希腊精神》和《流放日记》等，1956年，他的《月光奏鸣曲》获当年苏联诗歌大奖。自1969年起，他的作品被译成各国文字，并于1972年获比利时国际诗歌大奖，1977年获列宁和平奖。

诗歌是希腊20世纪文学发展中的主要代表。在同一时代，无论是长篇、短篇小说抑或是剧本，都没有起到先锋前卫的作用，也缺少诗歌头上的光环。对于散文而言，则经历了从“雅语”占主导转向俗语创作的过程。其代表人物为普叙哈里斯（Yannis Psycharis，1854—1929），他于1888年发表了用俗语撰写的散文集《我的旅行》，标志着希腊进入用俗语创作散文的新时代。

4. 当代文学

20世纪下半叶，关注各种社会问题的左翼文学在国内兴起。在诗歌上的代表人物为阿纳戈诺斯蒂基斯（Manolis Anagnostakis）、帕特里克斯（Titos Patrikios）。还有著名作家齐尔基斯（Stratis Tsirkas，1911—1975），在60年代发表了《迷失城市三部曲》（Trilogy Lost Cities），被誉为希腊当代文学史上第一本小说。

1974年恢复民主政体后，随着现代化进程的发展，希腊社会变得更为开放，国内文学出现了新的气象，新兴作家群普遍非常年轻。其作品的共同特点是，拒绝躺在过去的伤口上叹息，而是努力探讨当下的生活。这一时期的代表人物为塔克基斯

(Kostas Taktsis)，他创作的小说《第三个婚礼》，刻画了许多挣扎在天使和魔鬼之间炼狱生活的人物。其他著名作家有瓦尔蒂诺斯（Thanasis Valtinos）、约安努（Yorgos Ioannou）等人。这一时期的散文通过对过去的反思，找到了前进的方向。在诗歌领域，出现了被称为“倒退的一代”的80后诗人，其作品经常表现出一种深沉的忧郁情结，较少运用讽刺的手法。到了20世纪90年代，诗人们提出了“让诗歌恢复活力”的口号，号召通过多元化的诗歌创作来复兴文坛。

（二）艺术

戏剧作为重要文化遗产，在希腊受到高度的重视。悲剧、喜剧和讽刺剧被认为是古希腊人文化生活的中心。此后，随着古希腊文化的衰落，戏剧进入衰退期。一直到19世纪末，希腊现代戏剧才开始繁荣起来。当时在国内舞台上首次出现职业戏剧表演团体，上演法国的剧本。1894年，在雅典舞台上出现了一种崭新的戏剧类型——“雅典的歌舞剧”，整个演出将音乐、抒情诗、歌曲和舞蹈融为一体，气氛生动活泼。这一时期的戏剧情节基本上是对当时的政治、社会、宗教或道德现实的反映和讽刺，其表演风格主要受到欧洲，尤其是巴黎、伦敦歌舞表演的影响。这些新颖的戏剧在希腊获得很大的成功。

20世纪初，希腊戏剧又迎来一个新的时代。这个时期的戏剧更多地受到西北欧的影响，比如挪威、瑞典和德国等。挪威著名的剧作家易卜生的《玩偶之家》等经典作品常常被希腊导演搬上国内的舞台。一些由著名导演创办的剧院先后在希腊落地开花，如1901年建立的新斯基尼（“NEA SKINI”）、1908年成立的皇家剧院、1932年落成的国际剧院、1942年建成的艺术剧院、1961年建立的北部希腊国家剧院等。在当代希腊的戏剧史上，1957年是一个重要的转折点。被誉为希腊当代戏剧之父的坎巴尼烈斯（Lakovos Kambanellis）创作的《发生奇迹的院子》在艺术剧院上演，标志着国内戏剧史新时代的来临。他们在戏剧的场景、气氛的烘托、剧情的编排和表现中进行了观念性的变革，并从本土的现实中寻找题材，使人物的刻画更为真实、丰满和复杂。与此同时，欧美的主要戏剧流派如现实主义、自然主义、象征主义等，纷纷在希腊的舞台上展现不同的风采。

1900—1960年，希腊的戏剧剧团数量有20—25个，基本上每星期上演2—3场。目前已发展到150多个，如果加上学校和大学以及业余的团体，数量更多。从1981年开始，基本上在各大城市建立了剧院以及下属的剧团，极大地促进了地方戏剧表演事业的发展，也吸引了更多的年轻观众。

（三）媒体

1. 报纸期刊

2000年，希腊每千居民平均拥有63份日报。2002年，全国共有280种日报。全国发行量较大的有23种，总社都设在雅典。其中发行量最大的日报为亲泛希社运党的《新闻报》（Ta Nea），1944年创刊，年均发行量84586份；立场保守的《自由新闻报》(Eleftherotypia)，1986年创刊，年均发行量79296份；亲泛希社运党的《民族报》（Ethnos)，1981年创刊，年均发行量53644份；亲新民主党的《每日报》（Kathimerini)，1919年创刊，年均发行量40431份。

全国期刊共有900多种。其中较有影响的月刊有50种。从销售量来排名，电视游戏和节目类杂志位居第一，紧随其后的依次为女性类杂志（月刊）、消费者杂志（月刊）和生活类杂志等。杂志的总销售量呈上升势头。

2. 广播电视

希腊的广播电视事业起步于20世纪六七十年代，由政府垄断全国的广播电视的经营。从1987年开始，国内出现了多家私营电视台和电台。目前，希腊国营电视台拥有3个频道，归希腊广播电视有限公司所有：（1）希腊电视一台（ET1），覆盖全国，自1997年10月后改为综合性电视频道,更加侧重娱乐性；（2）新希腊电视台（NET），原名希腊电视二台（ET2），也属于全国性的电视频道，每天24小时播报新闻、访谈节目和文献纪录片；（3）希腊电视三台（ET3），建在萨洛尼卡，覆盖希腊北部地区，实际上属于希腊国家电视台的地方频道，侧重播放希腊北部地区的新闻、艺术、文化和其他节目。规模较大的私营电视台有5家。最大的一家是“美格”电视台，东家是最大的“现代印刷”出版集团。实力和它不相上下的是“天线”电视台，这两家电视台一直是国内传媒业中的领军人物，其收视率占全国市场的2/5。这些私营电视台以播放情景喜剧、肥皂剧、电影、电视片、电视游戏、非主流的新闻类节目见长。近年来，娱乐性节目逐渐占据主导地位，教育类和文献纪录片相应减少。

全国电台有三类：国家台、地方台和私营电台，共有270家。大部分设在雅典。自国家放开电台管制后，私营电台在收听率和广告收入上占据了绝对优势。目前，收听率排在前9名的全部是私营电台："天空"（Sky）、"天线"（Antenna）、"塞菲拉"（Sfera）、"笛音"（Melodia）、"乡村"（Village）、"超级体育"（Supersport）、"爱之音"（Love）、"闪光"（Flash）、"再见"（Ciao）电台。挤入第10名的国家电台是体育台。国家电台共有两个，最为重要的是希腊电台（ERA），设在雅典，并通过中继站向全国广播，它拥有5个频道：一台"NET 105.8"，是新闻和信息台；二台是音乐台（ERA2），主要播放希腊音乐和国际流行音乐；三台也是音乐台（ERA3），主要播放古典音乐；四台是体育台（ERA4/Sports）；五台是"希腊之声"（"Voice of Greece"），主要面向海外的希腊人，播放本地节目。还有一个国家电台名为"费里亚"（Filia），用12种语言（英、法、阿拉伯语等）为生活和工作在希腊的外国人播报新闻和其他节目。希腊人每天收听广播的时间大约为4个小时，而且以25—54岁年龄段的人居多。

3. 新闻社

希腊的官方通讯社为雅典通讯社，它于1896年成立，同世界各主要通讯社均有联系；还有一个半官方通讯社是马其顿通讯社，成立于1991年。

（四）体育

希腊是世界奥林匹克运动的发源地。希腊人对体育的热衷可以追溯至古希腊。古代奥林匹克运动会即源于希腊。公元前776年，在伯罗奔尼撒召开了全希腊的和平竞技大会——奥林匹克运动会，此后每隔4年举行一次，整整持续了1000年，直到公元4世纪末，被罗马皇帝狄奥多西所禁止。1896年，在法国学者顾拜旦的倡导下，首届现代国际奥林匹克运动会在雅典举行，古希腊的"奥林匹克"运动的传统和精神得到了延续。奥林匹克运动会中历史最悠久的运动项目马拉松赛跑也是源于希腊。

二战后，体育再次成为深受希腊人喜爱的活动，其中足球、篮球和排球风靡全国，在国人心中占据非同一般的地位。随着经济和社会发展水平的提高，再加上政府的重视，希腊运动员和团队在这几年的国际赛事中也取得突出的成绩。尤其在2004年雅典奥运会上，希腊获得了6金、6银、4铜，共计16块奖牌，在参赛的200余个国家中排名第15，如此优异的战绩是国家独立以来的首次。

第九节　军事

一　国防体制

希腊现行的国防体制是由1975宪法所确立，整个制度是为了保障文官对军队的领导，以防止军人夺权上台执政的历史重演。宪法规定，总统为武装力量的最高统帅，但他的权力在很大程度上只具有象征意义。军事决策权掌握在总理和政府外交与防务委员会手上。政府外交与防务委员会是国防事务的最高决策机构，由总理任主席，成员包括外交、国防、国民经济、内政和公共管理、权力下放和公共秩序部长以及国防总参谋长等。除发生紧急情况之外，一般每年召开一次会议。该委员会有权任命总参谋长和陆海空三军参谋长。国防部是最高军事行政机构，负责国防政策的制定和实施、军队的建设和管理。国防部还设立了国防委员会，作为自己的高级咨询机构，它由国防部长、副部长、国防参谋长和各军种参谋长组成。总参谋长为军队的最高统帅，在国家发生危机或爆发战争时，由他直接指挥军队。在和平时期，三军参谋长直接向国防部长汇报工作。

二　国防战略目标与国防政策

希腊国防战略首要目标是，保护国家利益和主权完整，在军事力量上和土耳其保持平衡，防止土耳其向塞浦路斯希族区发动进攻；其次，作为北约的一员，在军事上阻挡来自巴尔干以及地中海地区的威胁。按照北约的计划，希腊国防政策在战略层面上以防御为主，目标是阻止任何针对希腊的军事进攻和威胁，保护希腊的国家利益。在战术层面，根据形势需要，以防卫或反攻为主。

进入21世纪后，希腊制定的国防政策具有三方面重要内容：（1）继续依靠北约，维护国家安全利益。希腊在地缘政治中具有重要的战略价值，但因国力弱小，无力独自应对可能的外来侵略，因此应坚持依靠北约集体防务，来维护本国的独立和安全；（2）积极推动欧洲防务联合，努力改善与邻近国家的关系，努力营造有利的安全环境；

(3) 增强军事实力，提高军队现代化水平。

三　国防军事战略

希腊的国防与军事在战略层面上以防御为主，目标是阻止任何针对希腊的军事进攻和威胁，保护希腊的国家利益。在战术层面，根据形势需要，以防卫或反攻为主。

四　军事预算和兵役制度

自从1974年土耳其入侵塞浦路斯以来，希腊一直保持了高额的国防开支。1974—2000年间，平均每年的国防开支占国民生产总值（GNP）的5.5%，在北约国家中位居第一。1998年，希腊的国防开支占国内生产总值的4.8%，而欧盟的平均值仅为1.7%。进入21世纪后，国防开支占国内生产总值的比例有所降低，但希腊仍然是北约军费比例最高的成员国之一。2003年，国防开支达到35.86亿欧元，2004年为39.14亿欧元，2005年开支增至49.02亿欧元，约占国内生产总值的3.26%。

希腊实行义务兵役制。宪法规定，自1月1日起年满19岁至12月31日前为45岁的男性公民都有服兵役的义务。义务兵役有两种类型：一种是现役，即征召年轻士兵入伍；另一种是预备役，指服完现役后转入国内的后备军队。现役期限有两种，其一是完全役，原为24个月，按照2004年国防部的最新决议，将它缩短为12个月；其二是非完全役，有9个月、6个月和3个月，视入伍士兵的社会和家庭状况的不同给予缩减。预备役的期限则按照军队人员配备的需要，由国防部发布命令决定。

五　武装力量编制与实力

希腊的武装力量由正规军、准军事部队和预备役部队组成。

国内正规军分为陆军、海军和空军三个军种，军衔分为5等17级：将官4级，分为上将、中将、少将和准将；校官3级，分为上校、中校和少校；尉官3级，分为上尉、中尉和少尉；士官5级，分为准尉、军士长、上士、中士和下士；兵分2级，上等兵和列兵。

自20世纪70年代以来，为了应对土耳其的威胁，希腊一直强调依靠自己发展防务力量，一直到80年代，三军总人数保持在20万人左右，90年代下降为16万人左右。2008年，总兵力大约为15.66万人，其中义务兵接近10万人。

（一）陆军

陆军兵力大约有9万人，集中部署在北部边境一带，其主要编队为旅、师、军团和野战军，具体构成如下：1个集团军司令部、4个军区司令部、1个师部、3个机械化步兵师司令部、7个机械化步兵旅、1个步兵师司令部、5个步兵旅、1个特种部队司令部、1个海军陆战旅、1个炮兵旅、1个空中机动旅、5个侦察营、3个防空营、1个空中补给旅、2个后勤师。主要装备有：各型坦克1620辆、装甲侦察车242辆、步兵战车377辆、装甲运输车2105辆、各类火炮3163门、地空导弹1722枚、反坦克直升机32架。

（二）海军

海军兵力近两万人，主要部署在中南部沿海和克里特岛地区，其主要组织包括海军总参谋部、舰队司令部、海军训练司令部、海军后勤司令部和各类海军指挥部和兵种。具体构成如下：1个舰队司令部、1个训练司令部、1个后勤司令部和4个本土海区司令部。海军舰队根据舰种编成驱（逐舰）护（卫舰）支队、潜艇支队、快艇支队、登陆舰支队、扫布雷支队和直升机支队。按照2002年希军重组计划，舰队司令部成为隶属国防参谋部的五个联合作战司令部之一。此外，通过合并组建了一支强大的舰队，主要由护卫舰、驱逐舰、发射导弹的护卫舰和潜艇组成的突击部队和后勤支援舰只构成。海军航空兵共有250人，编成2个中队，配备P-3B海上巡逻机6架、直升机11架。

海军主要装备有10艘潜艇、17艘水面舰艇、40艘巡逻艇、11艘反水雷舰艇、21艘后勤支援舰艇等。

（三）空军

空军兵力约3万人，集中部署在首都雅典附近及中部地区，编有1个作战司令部、1个训练司令部、10个攻击战斗机中队、8个战斗机中队、1个侦察机中队、3个运输机中队、4个联络机中队、4个教练机中队、1个直升机中队、1个防空营、12个高炮连等。军队重组改革之后，空军作战司令部成为隶属于国防参谋部的5个联合作战司令部之一。与此同时，组成了一支现代化空军编队，将战斗、运输和训练连为一体，设置了现代化的空中管制系统，与分布广泛的防空网络有效地连接起来。空军的组成包括空军总参谋部、常备军司令部、空军支持司令部、空军训练司令部，以及许多相关单位和兵种。

空军主要装备有作战飞机 271 架、攻击战斗机 227 架、侦察机 19 架、反潜机 6 架。

（四）准军事部队和驻外兵力

希腊的准军事部队约有 4 万人，由国民警卫队、公安警察和港警等构成。预备役部队大约有 25.1 万人，其中陆军 19.8 万人、海军 2.3 万人、空军 3 万人。

希腊的驻外兵力主要集中于塞浦路斯，共驻有 950 人、1 个机械化旅、装备主战坦克 61 俩、装甲输送车 80 俩、火炮 24 门。驻阿富汗维和部队 137 人、波黑维和部队 45 人、驻黎巴嫩维和部队 192 人、驻格鲁吉亚军事观察员 4 人、欧安组织观察员 1 人、驻中非和乍得 1 人。外国驻军以美国驻军为主，共计 358 人，其中陆军 8 人、海军 275 人、空军 62 人、海军陆战队 13 人。希腊境内还设有北约海上封锁训练中心和空军联合作战中心，以及北约中南欧次地区联合司令部总部。

六 对外军事关系

作为巴尔干这个战略位置重要而又敏感的地区中唯一拥有北约、欧盟和欧安组织多重身份的国家，加之国力弱小，希腊一直提倡集体安全观念。这在国防部制定的防务外交总目标中具有清晰的表述：促进和保持和其他国家的良好关系，建立建设性的军事合作，通过和平手段解决各种问题和冲突；通过追求促进和支持有关维护和平、重建互信、销毁武器以及发展国家间合作等的倡议和行动，发挥希腊在东南欧的稳定性作用，从而保障该地区的稳定与安全。首先，希腊主张联合国应在维护世界和地区的和平稳定上发挥核心作用；其次，支持北约发挥保障欧洲集体安全的职能和作用；最后，积极推动欧洲共同防务的建设。除此之外，希腊还是其他绝大多数重要的国际组织的成员，并且几乎签订了所有相关的多边武器禁止条约，同时也是所有国际武器输出组织的成员。

第十节 外交

一 外交政策的演变

1974 年之前，希腊一直处于大国的保护之下，其内政和外交受到大国的左右。从 18 世纪末期到 20 世纪 50 年代，英国是希腊的主要保护国。二战和内战结束后，美国取代英国与希腊建立了特殊关系。无论军事还是经济，希腊都严重依附于美国，在外交上推行亲美政策。1974 年建立稳固的民主制度后，希腊进入自主外交的新时代。

由于战略位置重要、国力又弱小、希腊在外交上采取了现实主义的平衡或者说追随的政策。在对外目标上，它强调国家主权和领土的不可侵犯，并重视国际法和国际条约的作用。希腊是联合国的坚定的支持者，主张联合国在维护世界和地区的和平稳定上发挥核心作用。在地区组织中，支持北约发挥保障欧洲集体安全的职能和作用。1981 年，希腊加入欧盟后，发展与欧盟的关系成为其对外政策的重心。

在后冷战时代的新地缘政治背景下，积极促进和维护欧洲一体化进程，依托欧盟维护民族独立和国家安全成为希腊外交政策的基本出发点。与此同时，希腊积极发展同美国和北约的关系，主张北约与欧盟在维护和平与安全上共同发挥作用，支持欧盟建立共同安全和防务政策、组建欧洲多国快速反应部队等，以及欧盟和国际社会在巴尔干与中东和平进程中所发挥的作用。随着 21 世纪的到来和巴尔干地区安全局势的愈益复杂化，希腊期待作为东南欧地区最主要稳定器在国际舞台上发挥更大的作用。

二 希腊与主要国家关系

（一）与中国的关系

希腊和中国于 1972 年 6 月 5 日正式建立外交关系，一直以来两国关系发展顺利。两国同为历史悠久的文明古国，为人类文化和社会进步作出过重大贡献，在许多重大国际问题上有着相同或相似的看法，在联合国及其他重要国际组织中双方一直相互支持。在国际关系方面，希腊主张国家不论大小、一律平等；反对单极世界，主张世界应向多极化发展；坚持一个中国的原则立场，不与中国台湾发展官方关系。在人权问题上，希中两国均反对以人权为借口干涉别国内政，主张以对话代替对抗。希腊曾多次在人权问题上给予中国坚决的支持。所有这些都为中希两国关系的不断发展打下了坚实的基础。30 年来，希腊和中国已签订了 10 多项重要的双边协议，如《中希贸易支付协定》《中希海运协定》《中希文化交流与合作协定》《中希科技交流与合作协定》《中希经济技术合作协定》《中希旅游合作协定》《中希避免双重征税和防止偷漏税的协定》等。

20 世纪 90 年代以来，高层互访次数增加，两国在政治领域的友好合作关系得到进一步发展。进入 21 世纪后，两国高层互访频繁，双边关系进一步发展。2006 年，中希关系全面发展，各领域合作迈上新台阶。2006 年 1 月，希腊总理卡拉曼利斯访华，两国总理签署了《中华人民共和国和希腊共和国关于建立全面战略伙伴关系的联合声明》。中国国家主席胡锦涛在会见卡拉曼利斯时说，中希关系正处在建交以来最好的时期。中希两国没有根本的利害冲突，也不存在任何悬而未决的问题。在新的历史条件下，把两国关系提升为全面战略伙伴关系，对两国关系的发展将产生重要而深远的影响。2006 年 5 月，吴邦国委员长访希，与希腊国家领导人就落实双方北京共识，充实战略伙伴关系进一步交换意见，并在希举办两国建交以来的首次大型经贸论坛。2007 年，希腊文化年在北京拉开帷幕，北京雅典开通直航，为双边关系注入了强劲动力。2008 年 6 月，希腊总统帕普利亚斯访华，11 月胡锦涛主席访希，两国元首成功实现互访使中希全面战略伙伴关系上升到一个新台阶。

中国和希腊在历史上早有贸易往来。新中国成立之后，双边贸易曾一度中断。1955 年中希恢复了民间贸易往来。1972 年两国建交之后，签订了双边贸易协定，自此，两国贸易额增长迅速。据中国统计数据表明，建交初期，双边贸易额仅为 170 万美元，1998 年达 4 亿美元。进入 21 世纪后，随着政治关系的良好发展，中希贸易进入了新的高速增长期。2003 年，中希双边贸易额已突破 9 亿美元大关，接近 10 亿美元。中国已成为希腊在亚洲的重要贸易伙伴。

中希两国的经济技术合作最初主要集中在海运业，造船、修船和海员劳务也是中国与希腊合作的重要领域。目前合作范围已扩展到各个领域。两国已签订多项科技合作协定，涉及农业、化工、生物、能源、地质等领域。从 2005 年开始，奥运、旅游成为两国合作亮点。两国地方城市间友好交流活跃。继 1985 年上海市与希腊比雷埃夫斯市结为友好城市之后，1997 年陕西咸阳市与希腊纳夫普里翁市结为友好城市，2005 年沈阳市与萨洛尼卡市、北京市与雅典市结为友好城市。

目前，中国和希腊正致力于在“建立全面战略伙伴关系”声明框架下，进一步深化政治对话，促进各个领域的合作。2008 年，希腊同中国合作在华成功举办“希腊文化年”。全球金融危机发生后，中希关系的发展，尤其是密切的经贸合作成为希腊对外关系的亮点。2009 年，中希双边贸易受金融危机影响下降了 13.8%，但降幅小于两国各自对外贸易降幅。其中，最为显著的变化是，中国对希腊出口同比下降 15.1%，而希腊对中国出口大幅上升了 14.9%。2010 年 1—3 月，中希双边贸易额明显回升，同比增长 51.1%。其中我国对希腊出口增长 49.3%，而从希腊进口增长 81.9%。此外，2009 年中远集团成功接管比雷埃夫斯港二号码头 35 年的经营权是中希交通运输合作史上的一个重要事件。2009 年，希腊第一家孔子学院在雅典正式成立。

与此同时，饱受债务困扰的希腊经济获得中国的重要支持。2010 年 6 月 15 日，中国副总理张德江对希腊进行为期四天的访问，期间签署了 14 项商业投资协议，主要涉及电信、房地产、造船和农产品出口等行业。10 月 2—4 日，温家宝总理在前往比利时出席第八届亚欧首脑会议和第 13 次中欧领导人会晤前夕的欧亚四国行中，首站访问希腊。期间双方签署了一系列政府间和企业间合作协议，发表了《中希关于深化全面战略伙伴关系的联合声明》。这是近 24 年来中国总理首次访问希腊，选择此地——希腊是欧洲主权债务危机的发源地、此时——希腊仍然深陷经济危机之际，表明了中国正以实际行动支持希腊、欧元和欧盟走出危机、稳步复苏。这也是自 2006 年中希建立全面战略伙伴关系以来，继 2008 年 11 月胡锦涛主席访问希腊之后又一次深化中希关系的重要外交活动，将对中希关系的全面发展带来重要的影响。

（二）与美国的关系

二战结束后，美国通过马歇尔计划向希腊提供经济援助，并且成为希腊最大的军事援助国。自此，美国取代英国成为希腊关系最为密切也是最强大的盟友。20 世纪 60 年代末 70 年代初，由于美国对 1967 年希腊军人独裁政权的暗中支持使希美关系遭受第一次波折。

1974 年土耳其入侵塞浦路斯，由于美国偏向土耳其，不可避免地对希美关系造成损害。经历第二次波折后，卡拉曼利斯政府退出北约军事组织，以示对北约在土耳其入侵塞浦路斯问题上所持立场的不满，并且表达希腊要摆脱在经济和军事上依附美国的决心。自此，希美的亲密关系开始疏远，80年代，泛希社运上台后，其外交政策增加了“反西方”色彩，谴责美国支持独裁军政府如土耳其和拉美国家等；呼吁美国撤出希腊军事基地，并考虑在适当时候让希腊退出北约，希美关系进一步紧张。1989年世界格局发生剧变后，希腊和美国的关系出现转机，因帕潘德里欧政府对美国政策的批评而导致的紧张关系开始缓解。1990年，新民主党政府上台后，着手修复同美国的关系。1990年7月，米佐塔基斯总理对华盛顿进行礼节性访问，这是几十年来第一位造访美国的希腊高级领导人，两国签署了新的希美防务和经济合作协定。1991年，为了对海湾战争表示道义上的支持，希腊向科威特海湾派出一艘护卫舰。1992年老布什总统访问克里特岛，对希腊为海湾战争作出的贡献表示赞许，同时举行美军撤出希腊的庆贺活动，80年代以来的美希紧张关系从此画上了一个完满的句号。1994年4月，帕潘德里欧和克林顿在华盛顿会晤，宣告两国关系发展顺利。

1996年，希腊总统斯特法诺普洛斯和总理西米蒂斯分别正式访问美国。1999年11月，美国总统克林顿访问希腊。2001年6月，希腊总理安德烈亚斯·帕潘德里欧访问美国，双方签署了《全面技术协定》，进一步巩固了希美的防务关系。这个协定连同1990年签署的双边防务合作协定，为希美的新防务合作提供了制度性的框架，该协议因其防务合作向来是希美双边关系的基石而显得格外重要。2004年5月，卡拉曼利斯总理访美，双方就进一步促进希美关系、加强经贸、军事和反恐合作等问题达成一致意见。2005年，卡拉曼利斯总理再次访美，双方就马其顿国名问题、塞浦路斯问题、希土关系、巴尔干局势、反恐合作等共同关心的问题交换了意见，表示将加强伙伴关系、深化合作。继美国务卿赖斯2006年4月访希之后，两国副外长伯恩斯和瓦里纳基斯于2007年7月和10月互访，在促进希美关系、加强经贸、军事和反恐合作等方面达成一致意见。

一直以来，防务合作是希美关系的重要基石。因此相对而言，其经济关系没有像军事防务关系那样占据核心地位。希腊和美国的外贸存在巨额逆差，希腊主要向美国进口机械产品、交通设备和大量的制造业产品，美国则从希腊主要进口少量的工业产品和食品。2003年，希腊与美国的进口贸易总额达到22.42亿美元；出口贸易总额为8.73亿美元，贸易赤字达到13.69亿美元。与此同时，美国对希腊的投资比例也非常低，2003年，其对希腊的直接投资为11亿美元，仅占对外投资总额的0.05%。同期，希腊在美国的投资为5.73亿美元。

（三）与土耳其的关系

希腊和土耳其的不和由来已久。在奥斯曼帝国时期，土耳其人曾统治希腊长达400年，直到1821年希腊爆发民族解放战争，经过7年的艰苦斗争，于19世纪30年代初正式获得独立。此后，因为领土的归属问题，希土两国数次交战。

至今两国在许多领域都有争端，包括爱琴海的开矿权、大陆架和领海、领空的划分、土耳其境内的希腊族人以及希腊色雷斯地区伊斯兰少数民族的地位问题。尤其在塞浦路斯问题及爱琴海部分岛礁的主权归属上，双方立场尖锐对立、积怨很深。

一直到20世纪末期，希土和解前景仍然不明朗。对于希腊而言，两极格局的改变并没有改变其与土耳其的长期纠葛和争端。相反，华沙条约的解除使希腊和土耳其的资源争夺比冷战时期更为剧烈，其中包括争取双方共同的军事保护国美国的支持。而希腊在欧盟中的有利地位更是加深了土耳其的嫉恨。但是，随着欧盟“稳定与联系进程”政策的出台，东南欧也被纳入其中，在该地区加速融入欧盟一体化的大背景下，土耳其寻求入盟步伐正在加快，欧盟对土耳其关系也在改善。据此，希腊也逐渐改变了解决希土争端的方式，力图将这个问题纳入欧盟的共同安全和防务的政策框架。缓和的转机出现于1999年12月举行的赫尔辛基首脑会议。在这次会议上，希腊同意欧盟与土耳其进行入盟谈判。希腊希望不仅从本国安全的角度，而且在欧盟的共同外交与安全框架下发展与土耳其的关系。自此双边关系开始出现缓和迹象。2000年，两国外长开始互访，并就发展经贸、旅游、文化交流等问题达成一系列协议。2004年，土耳其总理埃尔多安对希腊进行了历史性访问，标志着这两个长期敌对国家的关系正在解冻。随后希腊总理对土耳其进行访问就进一步扩大双边合作进行了会谈，希土关系取得一定进展。

近年来，希土关系在经贸、旅游等许多领域得到发展，双边贸易额由 1999 年的 2 亿欧元上升到 2007 年的 30 亿欧元。

2008 年 1 月，希腊总理卡拉曼利斯对土耳其进行了正式访问。这是自 1959 年即近半个世纪以来第一位希腊总理访土，这标志着两国间缓和气氛进一步增加。卡拉曼利斯在访问期间再次表示，支持土耳其加入欧盟，希望这有助于两国的社会繁荣和该地区的稳定。但双方在塞浦路斯和爱琴海问题上的分歧并未弥合。这意味着争端的解决和两国的修好仍然有很长的路要走。　　　（宋晓敏）

第五章　梵蒂冈

第一节　概述

国名　梵蒂冈城国（the Vatican City State）。

位置　意大利首都罗马市区西北角。

面积　0.44 平方公里。

人口情况　居民 793 人，其中梵蒂冈公民 572 人。(2011 年 3 月 1 日)

民族　主要是意大利人。

官方语言　意大利语和拉丁语。

宗教　信奉天主教，是世界天主教中心。

首都　梵蒂冈城。

国旗　正方形，由金黄色和银白色的两个垂直长方形组成。银白色长方形中央绘有教皇保罗六世确定的教皇徽志图案。

国徽　即教皇徽志，盾形，背衬为红色，图案是金色教皇三重冠冕和两把交叉的钥匙。三重冠冕是教皇拥有三种最高权力（立法权、司法权和行政权）的象征。两把钥匙，一把为金黄色，另一把为银白色，传说是基督交给最忠实的门徒彼得的天国钥匙。

国庆日　10 月 22 日。

国歌　教皇进行曲。

货币　2002 年 1 月 1 日以前通用意大利里拉，之后通用欧元。

国花　白色百合花。

梵蒂冈位于欧洲南部，北纬 41°54′，东经 12°27′，确切地说，在意大利首都罗马市区西北角的梵蒂冈高地上，所以梵蒂冈不仅可以被喻为“国中之国”，还是个“城中之国”。

它的国土面积只有 0.44 平方公里，国土形状呈三角形，陆地边界长 3.2 公里，接壤的国家只有意大利。梵蒂冈尽管国土面积最小，但却是全球 7 亿天主教徒的信仰中心。境内主要由著名建筑物组成，其中包括：圣彼得广场、圣彼得大教堂、梵蒂冈博物馆、梵蒂冈宫、梵蒂冈图书馆等。另外，梵蒂冈在罗马应拥有许多不动产，在该市郊区拥有甘多尔夫别墅区，这些被称为“领土外区”，享有外交豁免权。

梵蒂冈的地形多为丘陵坡地，海拔最高与最低点分别是 77 米和 19 米。境内没有草场和牧地，可耕地面积也几乎为零。梵蒂冈属于典型的地中海式气候，全年气候温和，冬季多雨，夏季干燥。

根据 2011 年 3 月 1 日的统计，梵蒂冈城国常住人口 793 人，其中享有梵蒂冈公民身份的有 572 人，包括教皇、73 名红衣主教、306 名教廷外交人员教士、49 名其他教士、86 名教廷瑞士卫队成员、其他非宗教人士 56 人，其中 50% 以上具有双重国籍。没有梵蒂冈公民身份的居民包括 197 名宗教人士和 24 名世俗人士。梵蒂冈公民身份主要授予以下三种人：①受封居住在梵蒂冈和罗马的红衣主教；②在梵蒂冈任职或受雇、长期居住在梵蒂冈的人；③经许可长期居住梵蒂冈的人。在梵蒂冈，凡是公民身份与职务和受雇因素有关的人（占享有梵蒂冈公民身份居民的 50%），均保留有原国籍，当职务和受雇因素不存在时，梵蒂冈公民身份也随之被取消。

2009 年，为梵蒂冈提供服务的在册人员共计 2762 人，其中神职人员 766 人，信徒 344 人，世俗人员 1652 人。

梵蒂冈城国公民均信仰天主教，日常使用语言主要为意大利语，宗教仪式、重要文献使用拉丁语。

第二节 历史

公元前，巴勒斯坦地区盛行犹太教。公元1世纪上半叶，罗马帝国征服了巴勒斯坦，对当地犹太人实行了残酷地统治。为了争取生存，犹太教内代表贫苦百姓的拿撒勒派将耶稣奉为拯救他们脱离苦海的救世主，并提出自己的宗教主张和反抗罗马帝国统治的观点。后来，该派与犹太教分道扬镳，发展成为基督教，并在小亚细亚、埃及等地中海沿岸地区广为流传。

为了巩固自己的统治，313年罗马皇帝君士坦丁承认基督教为合法宗教，并对其大力扶持。330年，罗马帝国分裂为东、西两个部分后，基督教会也分成罗马和拜占庭两个中心。为了争夺对整个教会的最高领导权，他们之间进行了激烈的斗争。392年，西罗马皇帝狄奥多西一世正式宣布，基督教为国教。基督教会在每一个行省都成立了主教区，而主教区又围绕重镇（罗马、君士坦丁堡、亚历山大里亚、安提阿、耶路撒冷）结成牧首区。罗马教会是唯一一个位于西部的牧首区。经过几个世纪的发展，罗马教会的势力和影响逐渐超过东部地区。

8世纪，罗马教会在主教制基础上形成了以教皇为管理教会最高元首的教政制度。同期，它参与了法兰克王国宫相丕平篡夺王位的活动。丕平称王后，将战利品意大利中部和北部一部分土地奖赏给了教皇，教皇国由此形成。

自867年开始，东、西教会围绕教皇和牧首在教区的管辖权、教规礼仪进行了长达近200年的激烈争斗，终于在1054年正式分裂，西为天主教，东为东正教。

13—14世纪，在与世俗封建王国的权力之争中，教皇国的疆域和影响力得到大大扩展。15世纪后，随着封建制度的逐渐崩溃，新兴资本主义的不断发展，欧洲各世俗国家开始谋求摆脱教皇国的控制，从而导致其势力的急剧衰落。16世纪，在欧洲基督教国家发生了反对教皇控制的宗教改革运动，新教分裂出去。与此同时，为了对抗新教，天主教会召开会议，进一步强调必须严格遵守罗马教会的教义和仪式，在组织上，再次强化教皇的最高权威和教会管理机构的权限。

17世纪至19世纪中叶，亚平宁半岛经济衰落，政治分裂，各王国之间的战争连年不断。在这200多年里，教皇国几经兴衰。

19世纪中期，意大利掀起了声势浩大的民族统一运动。1860年，意大利实现初步统一，教皇国的疆域大大缩小，仅限于罗马和周围地区。1870年，意大利王国军队攻进罗马城。根据公民投票结果，罗马并入意大利王国。教皇被迫退避于罗马城西北角梵蒂冈围墙内。1871年5月，意大利议会通过“教皇保障法”，剥夺了教皇的世俗统治权，但保障他享有在位君主的特权，有执行宗教职务的绝对自由。然而，意大利提出的这一解决方案遭到教皇的反对。在此后的58年时间内，梵蒂冈经历了5位教皇，他们均不接受意大利提出的“保障法”，坚持对主权和独立的要求。

为了巩固自己的政权，意大利墨索里尼政府决定改善同梵蒂冈的关系。在经过几年的艰苦谈判后，教皇庇护十一世和墨索里尼在1929年2月11日签订了《拉特兰条约》（同年6月7日获准），使悬置58年之久的“罗马问题”终于得到解决。根据条约，意大利承认教廷在梵蒂冈拥有的独立主权，并确立天主教是意大利国教；教皇承认，罗马为意大利王国首都，教皇国不复存在，并同意建立天主教世界中心——梵蒂冈城国。1929年10月22日，梵蒂冈城国正式建立。

第三节 政治体制

梵蒂冈是一个政体极为特殊的国家：它虽然是一个主权国家，但并不具有完全的主权国家职能，既没有政党、议会，也没有海关、军队；它的国土虽小，但经过十几个世纪形成的教皇体制却赋予了教皇超越国家管理世界天主教会的权力；它的国家体制是专制君主制，但教皇是经过“选举”产生的；它是一个政教合一的政体，但梵蒂冈城国管理府和罗马教廷职责并不完全一致，前者规模很小，且只负责城国内部的一部分民事，后者规模很大，不仅治理着梵蒂冈城国的大部分事务——负责教务和对外关系，而且它们的职权覆盖着世界各地接受教皇领导的天主教会。梵蒂冈的主要机构有：教皇、枢机主教团、教廷各部、梵蒂冈城国圣座委员会、总顾问与国家顾问、城国行政管理府。

教皇（Il Papa） 亦称“教宗”（Il Sommo Pontefice），同时是意大利主教团的当然主席。根据基本法，教皇是当然的梵蒂冈城国君主，任职终身，并拥有最高立法权、行政权和司法权。与传统专制君主体制不同的是，教皇是经过“选举”产生的。教皇由枢机主教团举行秘密会议并进行多次匿名投票，最后以2/3加一票的绝对多数票选出。如果选举发生困难，枢机们可以推荐9名或15名代表继续进行选举，以多数制选出。1978年10月16日当选的教皇约翰·保罗二世（本名卡罗尔·奥伊蒂瓦），出生于波兰的瓦多维策，为首任教皇圣彼得以来的第266位教皇，近400年来第一位非意大利籍教皇，也是20世纪在位时间最长、因改革取得很高威望的教皇。上任教皇本笃十六世（Benedictus XⅥ），1927年4月16日出生在德国的巴伐利亚州，本名若瑟·拉青格（Joseph Alois Ratzinger），2005年4月19日被选为教宗，2005年4月24日正式登基。2013年2月11日，本笃十六世因年事已高决定辞职，成为近600年来首位在有生之年主动退位的教皇。

2013年3月13日，经115名枢机主教秘密选举，76岁的阿根廷总主教豪尔赫·马里奥·贝尔高利奥当选新教皇，称号为弗朗西斯科。这是第一位出自南美洲的教皇。

枢机主教团（Il Collegio Cardinalizio） 由世界各地的枢机主教组成。因枢机主教的服饰为红色，因此亦称“红衣主教团”。枢机主教团最主要的职能有三个：一是在正常会议和特别会议上集体向教皇提供咨询和合作；二是在教皇故去后，选举新教皇；三是在教皇缺位期间，拥有最高立法权、行政权和司法权。枢机主教团的主席和绝大部分成员由教皇任命，任期5年。截至2010年12月3日，枢机主教团共有成员201人，其中超过80岁、不再享有教皇选举和被选举权的枢机主教80人，低于80岁、享有选举和被选举资格的枢机主教为121人，其中欧洲62人，占51%、北美15人、拉美214人、非洲12人、亚洲10人、大洋洲1人。枢机主教团下设秘书处，负责日常工作。

教廷（La Curia Romana） 教廷是罗马教会的中央行政管理机构，除辅助教皇处理整个教会事务外，还承担教廷和城国对外关系的具体工作。教廷中央机构由国务秘书处、圣部、法庭、圣座理事会、事务局、委员会、教廷直属机构组成：

＊国务秘书处（La Segreteria di Stato） 是教廷中与教皇接触最多的部门，受理教皇委派的一切事务，并负责同主教、教会代表、外国代表等进行日常联系。国务卿是秘书处总负责人，由教皇任命的枢机主教担任。对内，他是教廷的第一部长，有权召集中央管理机构各部门负责人会议；对外，他是教皇的首席外交官。2006年教皇本笃十六世任命塔尔齐萧·贝托内（Tarcixio Betone）枢机主教为国务卿。

国务秘书处下设两个组：

1. 一般事务组 负责教皇的日常活动，既包括教皇对世界天主教事务的关心，也包括教皇与教廷各个部门的关系；根据教皇的旨意，起草文件；撰写教廷任命书；保管铅印和做玺印用的教皇戒指；协调教廷派出代表的职能和活动，特别是与地方教会相应部门的关系；协助各国驻教廷使馆处理所遇到的问题；监督教廷官方媒体；编辑、出版《教皇通谕集》（Acta Apostolicas Sedis）和《教廷年鉴》（Annuario Pontificio）。一般事务组由副国务卿直接领导。

2. 对外关系事务组 负责与世俗国家外交关系方面的一切事务，包括签订协议和条约；代表教廷参加国际会议和国际组织活动；在特别情况下，遵照教皇旨意并与教廷相关部门协调一致，对当事地方教会给予帮助；在主教会议的密切配合下，对与教廷建交的国家提出主教任命名单。对外关系组由国务卿直接领导，助理国务卿予以协助。

＊圣部（Congregazioni） 负责有关宗教各项事务。下设9个部门：

教义圣部（Congregazione per la Dottrina della Fede） 主要职能是铲除异端，维护教义的完整性。

东方教会圣部（Congregazione per le Chiese Orientali） 负责管理东方天主教会事宜。

礼仪及圣事圣部（Congregazione per il Culto Divino e per la Disciplina dei Sacramenti） 负责推行和督导教会礼仪及圣事事宜。

圣人事务部（Congregazione delle Cause dei santi） 负责保管圣人物品，处理相关事务及册封圣人事宜。

主教圣部（Congregazione per i Visconi） 负责新教区的建立和主教任命事宜。

万民福音圣部（Congregazione per l' Evangelizzazione dei Popoli） 亦称“宣道圣部”或

“传信圣部”，负责协调全球传信事宜及传教士工作。东方教会的权限除外。

神职圣部（Congregazione per il Clero） 负责有关教区司铎及牧职事宜。

修会圣部（Congregazione per gli istituti di vita consacrata e le societa di vita apostolica） 负责督导使徒团体的活动。

天主教教育圣部（Congregazione per l' Educazione cattolica） 负责促进和管理天主教教育机构的工作和活动。

＊**法庭** 罗马教廷的法庭由圣轮法庭、圣署高级法庭和圣赦法庭组成。

圣轮法庭（Tribunale della Rota Romana） 是教廷的上诉法院，接受和审理信徒和教会所属机构提出的上诉案件；对本法庭和各地教会法庭裁决的婚姻案件，进行三审以上的审判。

圣署高级法庭（Tribunale Supremo della Segnatura Apostolica） 是教廷的最高法院，其主要职责是审理圣轮法庭或各地教会法庭判决的上诉案件和抗诉案件；从司法行政等方面监督教圣轮庭和各地教会法庭的工作。

圣赦法庭（Penitenzieria Apostolica） 其主要职责是负责审理教廷内部有关圣事的或非圣事的可豁免、免除刑罚、减刑、赦免的案件；拥有特许和使用赦罪权，但不包括教义圣部所拥有的相关权力。

根据 1987 年 11 月 21 日颁布的第 CX1X 法律，梵蒂冈城国建立了以民法为基础的司法机构，包括 1 名独立法官（Giudice unico）、法庭、上诉法院、最高法院。这些机构以教皇名义行使其职权。

＊**圣座理事会（Pontifici Consigli）** 教廷共设有 11 个圣座理事会。

普通信徒圣座理事会 主要职责是促进和协调普通信徒的传教活动，同时关注有关普通信徒的天主教生活与事务。

天主教徒统一圣座理事会 主要职能是在世界范围内促进天主教的统一。

家庭圣座理事会 主要职能是促进天主教家庭中的宗教信仰教育。

正义与和平圣座理事会 主要职能是根据福音和教廷的社会理念推进世界的公正与和平。

“一心”圣座理事会 主要职能是通过举办慈善和爱德活动，促进人间兄弟之情，表现基督的仁爱。

移民和游客圣座理事会 主要职能是关注那些被迫离乡背井、流落他乡信徒（包括难民、政治避难者、移民流浪者等）的需求，帮助他们解决问题；关注那些出于朝圣、学习和研究或消遣目的前来观光的人的宗教需求。

医疗卫生圣座理事会 主要职能是从宗教角度关注病人和医护人员事务。

法律条文释疑圣座理事会 主要职能是解释教会的法律条文。

不同宗教间对话圣座理事会 主要职能是促进与不同宗教之间的对话，与它们建立不同形式的关系。

文化圣座理事会 促进教廷与文化界的联系，特别是促进与当代不同文化的对话。按照 1988 年 6 月 28 日颁布的《善牧宪章》，曾设有与无信仰者对话圣座理事会，其主要职能是促进和规范与非天主教人士和团体的关系。后根据 1993 年 3 月 25 日颁布的新规定，与无信仰者对话圣座理事会并入文化圣座理事会。

大众传播圣座理事会 主要职能是关注有关大众传媒工具利用问题。

＊**事务局** 主要由三个事务局组成。

教廷财务局 由教廷主管财政红衣主教主持。在教皇休假、出访期间管理教廷财务。

圣座财产管理局 1967 年 8 月 15 日由原圣座物资局和教廷特别管理局合并而成。这是一个十分重要的经济机构，不仅管理着教廷的财产，还掌握着教廷大部分流动资金，包括股票、证券和债券及部分不动产；同时还拥有制定投资政策的权力，并通过市场运作，为教廷各部和城国机构的正常运转筹集必要的资金。该局高层掌控着“宗教事业银行”（Istituto per le Opere di Religione，简称 IOR 银行，亦称“梵蒂冈银行”）的账目。该银行成立于 1942 年，直接对教皇负责，接受枢机主教团的监督。但实际上它的账目高度保密，只对教皇和极少几个关键人物公开。圣座财产管理局还负责梵蒂冈欧元硬币的发行。

圣座经济事务局 相当于世俗国家的经济预算部，其主要职能是代表教皇监督教廷各部门的收支财务，审查经济和财务报告，包括部门的预算、财务报表和文件。

＊**委员会**　教廷还设有一批委员会，有些是长期性的，有些是临时性的，分别负责一些专项事务。长期性的委员会主要有：教廷文化资产圣座委员会、圣事考古圣座委员会、圣经圣座委员会、国际神学委员会、宗教众神圣座委员会、圣餐大会委员会、历史学圣座委员会、教廷纪律委员会等。

梵蒂冈城国圣座委员会（La Pontificia Commissione per lo Stato della Citta' del Vaticano） 在2001年2月新基本法实施以前，梵蒂冈城国圣座委员会由1名主席和8名成员（均为枢机主教）组成，由教皇任命，任期5年。其主要职能是审查和批准城国预算、重要项目和工程。新基本法颁布后，圣座委员会的权力大大加强，立法权和执法权基本由其具体行使（教皇欲以保留或委托其他机构行使的除外）。2011年10月1日，本笃十六世教皇任命了新的城国圣座委员会，69岁的朱塞佩·贝尔特洛（Giuseppe Bertello）枢机主教出任委员会主席。为了使政教更为合一，任命国务卿安杰洛·索达诺枢机主教为委员会成员。委员会在起草法律草案时，应听取国家顾问和教廷专家、相关机构的意见。法律草案通过国务卿呈交教皇，并由教皇定夺、签发。在现行法律规定框架下，委员会主席还可以颁布行政条例。除外交事务外，城国圣座委员会主席可以在其他方面代表城国。同时，瑞士卫兵也归其领导。

国家顾问团（Consulta di Stato）　1965年由教皇保罗六世成立，由1名总顾问和29名国家顾问（Il Consigliere Generale e i Consiglieri dello Stato）组成，是梵蒂冈城国内部事务的咨询班子。国家顾问团成员或是显贵人士，或是知名专家学者，全部由世俗人士担任，由教皇任命，任期5年。其主要职责是，辅助城国圣座委员会参与城国法律条文的制定，对其他重要事务的处理提出建议和意见。国家顾问会议每3个月举行一次，由总顾问主持，对城国圣座委员会提出的问题提出意见和建议。受圣座委员会主席的委托，总顾问可以行使城国协调人或代表职能。

行政管理府（Il Governatorato）　"行政管理府"相当于其他国家的"政府"。根据1929年基本法，城国内部事务由世俗行政长官（Governatore）负责管理。但在1952年行政长官卡米洛·塞拉菲尼侯爵去世后，教皇没有作出新的任命，这一职位一直空缺，城国内部事务由行政管理府具体管理。2001年2月颁布的新基本法正式废除了这一职位，并规定行政权由圣座委员会主席（同时兼任行政管理府主席）具体行使。重大行政问题要提交城国圣座委员会审议，在征得国务卿的同意后，方可作出最后决定。行政管理府下设9个司（direzioni），包括会计司、总务司、安全与民事保护司、卫生司、博物馆司、技术司、电讯司、经济服务司、教皇别墅司；9个中央办公室，包括司法办公室，人事办公室，民事、户籍和公证办公室，邮票和纪念币办公室，信息体系办公室，国家档案馆，朝圣和旅游办公室及劳动者安全与健康办公室。2009年，在行政管理府工作的人员共计1891人，其中神职人员65人，世俗人员1826人。另外，行政管理府还设有两个自治机构，即1954年成立的医疗救助基金和1992年成立的退休基金，2009年在退休基金注册的有4587人（包括长期为梵蒂冈工作的外籍人员）。

圣座劳动局（L' Ufficio del Lavoro della Sede Apostolica）　成立于20世纪80年代末，主要职能是统管教廷各部、梵蒂冈城国各机构以及电台和电视台等梵蒂冈下属机构和公司雇员的劳动事项，包括人数定编、雇工形式、待遇、纪律、劳动合同等。

第四节　经济

梵蒂冈没有农业、工业，物资由意大利供应。同时，它还是个没有税收的国家，其财政收入主要来源于金融活动、不动产、邮政业、旅游业、小商业和世界各地天主教机构和个人的捐赠。梵蒂冈的财政细目属于高级机密，素不公开。但每年7月，主持圣座经济事务的枢机主教会向新闻界透露一些有关上一年度财政平衡的十分简要的情况。

梵蒂冈的财政收入主要来自以下几个方面：

1. 金融投资部门　梵蒂冈在美国、意大利和其他国家有巨额投资。梵蒂冈的资产主要是由宗教事业银行（简称IOR银行）经管。IOR银行以私营银行方式运营，主要从事信贷业务，经营管理着分布在世界各地的梵蒂冈教区和机构、天主教协会的资产。一些国外的大型财团也充当着梵蒂冈国际金融活动的代理人。根据梵蒂冈公布的数据，2007

年，梵蒂冈在意大利、瑞士、法国和英国的金融资产仅为4.2亿欧元，只字未提它在其他国家和地区的金融资产。根据曾在教廷青年组织长大的著名记者和作家古尔齐奥·马尔特塞的调查，梵蒂冈仅在美国的金融财富就达8亿美元，其中拥有美国国债2.98亿美元，投资合资企业2.73亿美元，股票1.95亿美元，长期债券1.02亿美元。

2. 不动产部门 除了梵蒂冈城国内的不动产外，梵蒂冈在意大利及世界其他国家和地区拥有数不清的不动产，仅地产就超过50万公顷。在罗马地区就有甘多尔夫城堡大楼、巴尔贝里尼别墅、齐波别墅及由拉特兰条约规定的其他不动产；还有坐落在甘多尔夫城堡小镇的梵蒂冈天文台，1993年配备了世界上第一台红外线—光学天文望远镜；占地424公顷的梵蒂冈中央电台，其面积相当于梵蒂冈城国面积的10倍，是1951年意大利政府作为对梵蒂冈的补偿划拨给它的，该地享有治外法权的特殊待遇；还建有一个无污染的大型太阳能发电站。在罗马以外的意大利其他地区，梵蒂冈还拥有2496所不动产，包括免征税收并享有治外法权的特殊待遇的圣所、教堂、修道院、神学院、小礼拜堂；3300个旅馆、学校、招待所等，可以同时接待20万朝圣者。以上房屋建筑占全国不动产财富的22%，价值高达几千亿欧元。另外，梵蒂冈在意大利还拥有11所大学（14个学科和4个跨学科门类）、9所大型医院、1个电视中心，据梵蒂冈官方公布的数据，这些不动产总计价值为500亿欧元。梵蒂冈在全世界还拥有4882处主教府、2812处主教管区、48处高级教士管辖区、11处修道院地产、83处副本堂神父住所、41处宗座监牧、24处圣座特使官邸、35处教廷卫队站点、2.6万多个教会堂区、10万多个教堂、3万多个修会总会院和收藏圣物的圣堂、2300多个博物馆和图书馆、300多个书店、1万多所学校和医院，以及2000多个招待所和膳宿公寓。据梵蒂冈公布的数据，2007年，出租不动产收益为5600欧元，出售不动产收益300万欧元。

3. 捐赠 梵蒂冈接受的捐赠来源于两个方面：一是世界各地天主教教区的捐赠；二是与天主教有关的机构、基金会、协会、企业和个人的捐赠。捐赠的资金主要用于维持教廷所有各部的正常运转。2000年是“大赦年”，为了庆祝这一与千禧年相重的圣年，世界各地对教廷的捐赠大幅提高：教区捐赠达432.19亿里拉，机构、基金会、协会、企业和个人的捐赠达784.17亿里拉。2009年，教廷共收到捐赠6520万欧元（约为8253万美元），主要捐赠者为美国、意大利和法国的天主教徒。随着韩国和日本天主教徒人数的大幅增加，他们给予的捐赠也明显增加。

4. 邮票、纪念币、纪念品和博物馆收入 梵蒂冈是世界天主教中心，是教皇居住之地，每年朝圣的人络绎不绝；梵蒂冈汇集了一批举世无双的艺术珍品、博物馆和建筑杰作，每年吸引着成百万、上千万旅游者来此参观。为此，梵蒂冈的博物馆收入基本是有盈余的。与此同时，梵蒂冈的邮票和硬币也特别受到世界各地收藏家们的欢迎，世界各地的固定客户就有6万多人，还有许多非固定客户通过梵蒂冈网站向集邮和钱币局直接定购。邮票和钱币销售也是梵蒂冈财政收入的重要渠道之一，而且总是有盈余。

梵蒂冈的财政支出主要用于教廷各部事业的发展、城国基础设施的建设和维护、教廷媒体运作、人员工资和退休金等方面。1997年，用于维持罗马教廷各部正常运转的支出（包括办公和管理费用、办公大楼的维护和修理、教廷驻外机构费用和人员开支等）为1509.70亿里拉，2000年“大赦年”增加到1880亿里拉。用于媒体（电台、报刊、电视台等）运作的经费，2000年达到809.17亿里拉。

最近20年来，梵蒂冈教廷和梵蒂冈城国在多数年份财政收支有结余，然而，在少数年份也出现过财政赤字。例如，因受到世界金融危机的影响，2008年和2009年梵蒂冈教廷连续两年出现财政赤字。据圣座经济事务局2010年7月透露，2009年会计年度，梵蒂冈教廷的财政收入为2.502亿欧元，支出为2.543亿欧元，赤字为410万欧元，比2008年的91.1万欧元增加了350%。2009年，梵蒂冈城国的财政赤字为781.5万欧元，比2008年减少了近750万欧元。根据宗教事业银行（IOR）2013年7月初公布的数据，2012年度梵蒂冈教廷财政状况良好，有218.6万欧元的结余，主要归功于金融资产经营较好。梵蒂冈城国行政管理府2012年的财政收支状况也取得不错成绩，收入2308万欧元，较2011年增加了100万欧元。为了增加财政状况的透明度，并加紧与国际预警机构及其他国家相关机构的联系与合作，2010 年成立了教廷和梵蒂冈城财政信息局（AIF）。

在 2002 年 1 月 1 日以前，梵蒂冈通用货币为意大利里拉。根据 1929 年签署的《拉特兰条约》，梵蒂冈无权发行里拉纸币，但每年可以发行 67 万枚硬币，币值与意大利里拉相同，可以流通，但主要供集币者收藏。2002 年 1 月 1 日欧元在法、德、意、西等 12 国正式流通。梵蒂冈虽然不是欧盟成员国，但根据 1998 年签署的协议，梵蒂冈通用欧元，欧盟授权圣座财产管理局发行 67 万欧元的反面刻印有教皇保罗二世头像的硬币，并由意大利造币所为其铸造。

梵蒂冈城国很小，所以其基础设施也不多。有一条 1.2 公里长的铁路（大部分在意大利境内），是世界上最短的一条铁路，一端的终点站——梵蒂冈城国站就建在梵蒂冈城门内 20 米的地方。梵蒂冈有一个直升机场，坐落在梵蒂冈花园内。主要用于教皇的短途旅行和城国其他主要领导人视察梵蒂冈。教皇和教廷其他重要人物的长途旅行，则通过意大利钱皮诺机场。

第五节　教育、研究与新闻媒体

梵蒂冈在意大利境内，特别是罗马城内设有许多中等和高等学校，在世界各地的其他一些国家内也设立学校和文化教育机构。天主教会的教育机构，主要是从事神学和与宗教相关文化（法学、伦理学、文学、音乐、美术等）的教育和研究活动，同时，培养神职人员和从事传教辅助工作的人员。最著名的机构是圣座教会科学院（La Pontificia Accademia Ecclesiastica），专门培养从事教廷外交工作的高级神职人员。一些国家的天主教会也在罗马设立公学，吸引本国学生来此学习神学，使他们能更直接、更深入地了解教廷。梵蒂冈与这些公学关系密切。校长一般由公学所属国主教提名，经教廷天主教教育圣部严格审查后，由教皇任命。来公学学习的学生大部分由各国主教推荐，毕业后获哲学和神学学位，大部分回到自己祖国的教区任职，成为神职人员中的骨干、领导。世界各地有些名称中冠有“天主教”字样的大学，它们虽然最初是由当地天主教神职人员所建，但随着时间的流逝，学校中的天主教色彩越来越淡，它们已被纳入国家教育系统，甚至成为政府公立大学。它们中有些还保留着神学、宗教法学的教育和研究，有些已与世俗大学毫无二致。另外，教廷在意大利境内还开设有 11 座大学。

梵蒂冈除设有宗教教育机构外，还设有三个直接对教皇负责、从事科学研究的机构：教廷科学院、教廷社会科学院和教廷生命科学院。

教廷科学院成立于 1603 年，最初名为“林切奥如姆科学院”（拉丁文为 Linceorum Academia），1847 年改名为“教廷新林琴科学院”，1936 年改为现名。教廷科学院主要从事天文学、化学、地球与环境科学、数学、物理学、生命科学（包括植物学、农艺学、动物学、遗传学、分子生物学、生物化学、神经科学、外科学）、哲学和科学史（认识论）、应用科学等学科研究。教廷科学院院士是终身的，由教皇亲自授予世界上取得独特成就的科学家，他们不一定是天主教徒。教廷科学院共有 80 位院士。在 1978 年 10 月登基之初，保罗二世就发表声明，强调要对发展文化、科学和艺术给予极大的关注。翌年 11 月 10 日，他在圣座科学院全体成员会上讲演时公开承认，17 世纪初教廷对天文物理学家伽利略的审判是不公正的，并高度赞扬伽利略对天文物理学作出的贡献。1980 年 10 月，教皇又在梵蒂冈举行的世界主教会议上提出重新审理“伽利略案件”。1992 年 10 月，教廷为含冤 300 多年的伽利略平反，使这一历史上最著名的信仰与科学冲突得以结束。此后，教皇保罗二世又授予对人类时空观和宇宙观进行根本变革的史蒂芬·霍金教廷科学院院士称号。

教廷社会科学院成立于 1994 年，这是保罗二世的重要功绩之一。其宗旨是推动社会科学研究和进步，主要研究领域为法学、经济学、社会哲学、社会学、政治科学、历史。研究的重点往往集中于当代社会出现的焦点和热点问题上，例如，对全球化、民主、就业、环境等问题的研究。

教廷生命科学院成立 1994 年，宗旨是研究与生物（特别是与人类有关的）医学和权利相关的重要问题，以便在尊重天主教伦理和法律的基础上促进生命发展和维护生命意义。根据规定，教廷生命科学院是直接向教皇负责的独立单位，但它的活动与医疗卫生宗座理事会密切相关，并与教义圣部、家庭圣座理事会紧密合作。

梵蒂冈为研究服务的重要机构有梵蒂冈图书馆

和梵蒂冈秘密档案馆。

梵蒂冈教皇图书馆由教皇尼古拉五世创立于1451年，是世界上馆藏早期手稿、手抄本和古版本最为丰富的图书馆之一。馆藏书籍达90多万册，其中包括近16万册十分珍贵的原稿手迹和手抄本（包括最古老的《圣经》手抄本，四件古罗马诗人维吉尔作品的手抄本等）、8000多卷印刷术发明后50年内印发的珍贵书籍和10万张地图和印画（包括有1612—1659年绘制的“中国地图”）。需要到图书馆查阅资料的意大利青年学者和外国学者，必须有一个与梵蒂冈有关的组织机构或两个意大利教授的介绍，得到批准后，方可进入。为了便于学者查阅该馆保存的珍贵图书和文献，梵蒂冈图书馆与IBM公司、巴西的天主教圣座大学共同合作，利用最新科学技术，对图书和文献逐一进行扫描、数字储存、压缩、成像。现在，只要与梵蒂冈图书馆联网，即可查阅该馆的珍贵典藏。

梵蒂冈秘密档案馆（亦称“天主教会中央档案馆”）原为教皇图书馆的一个组成部分，1610年从图书馆脱离出来，成为一个独立机构。梵蒂冈秘密档案馆是世界上最重要的宗教档案馆之一，主要收藏教皇官方文件，即教皇训谕、敕令和其他文件资料。秘密档案馆所存的可靠历史资料最早可追溯到公元5世纪，但由于种种原因，6—12世纪保存下来的文件很少。拿破仑时期和维也纳会议之后，又有许多重要的教皇档案分别在法国或归还途中丢失（包括审讯伽利略的部分记录）。秘密档案馆中最有价值的是几千卷教皇文件的正式抄本和共约8500件涉及一千多年的外交文献资料。由于教皇和教会两千多年来在宗教信仰和政治舞台上的连续作用，档案馆收藏的文件不仅对研究天主教历史极为重要，而且对于研究整个世界的政治、经济、社会、文化变迁来讲，也是不可或缺的珍贵资料。1978年以前，秘密档案馆的封闭年限为1878年。保罗二世登基后将封闭年限放宽到1903年。为了满足学者研究需要，教皇又批准公开一些有关二战方面的重要文件。通常情况下秘密档案馆不对外开放，只有得到教皇亲自批准的人才能进入查阅所需文献。

梵蒂冈的新闻媒体和出版物主要有：《罗马观察家》（*Osservatore Romano*），是梵蒂冈唯一的官方刊物，创刊于1861年；现在以意、法、英、西、葡、德、波等7种文字出版发行日报、周刊或月刊。《教廷文汇》，是教廷官方月刊。《圣座年鉴》，是教廷官方年鉴，每年2月由国务卿向教皇呈递。《梵蒂冈信息服务》（*Servizio d' informazione Vaticano*，*VIS*）日报，以意、法、英、西四种文字出版发行，专门报道教皇和教廷近期的主要活动。自2007年创办了专门给梵蒂冈雇员阅读的《天主教的庇护》（All' Ombra del Cupolone）消息报，由梵蒂冈城国副秘书长亲自领导，并同时开办了网站。《圣座活动》，是梵蒂冈内外活动的大事记，每年出版一次。国际信德通讯社是梵蒂冈官方通讯社。

梵蒂冈出版社创办于1587年，名称为“梵蒂冈书店及出版社”，同年创办梵蒂冈印刷厂。1926年，梵蒂冈书店和出版社分为两个独立的单位。

梵蒂冈电台是该国功效最大的媒体，经教皇授命，由无线电通信装置发明家马可尼亲自筹建，于1931年正式运营。它拥有200多名记者，遍布61个国家；每天用近40种语言，以不同波段向全球各地广播，年播量达42000多小时；还开办了可用20多种语言查阅的专门网页——“圣座网站”。

梵蒂冈电视中心，成立于1983年。自1996年起，该电视中心全部资产归教廷所有的机构。由四个工作室（直播室、日常播报室、制作室和档案室）组成。档案室收藏的有关保罗二世形象的电视录像带就有1万多盘，共计4000小时。

梵蒂冈电影院建立于1959年11月，搜集和收藏有关教皇和教廷活动、世界各地促进天主教文化活动、反映高水平人文艺术作品的各种影片，并摄制相关的电视片。

第六节 建筑与艺术

梵蒂冈城国面积不大，却集中了一批举世无双的建筑杰作和稀世艺术珍品。为此，1960年联合国把整个梵蒂冈列为战争时期需要特别保护的国际“文物”，1984年联合国教科文组织又将其列入世界文化遗产保护名录。

梵蒂冈供公众参观的最著名的建筑艺术有圣彼得大教堂、圣彼得广场和梵蒂冈博物馆。

圣彼得大教堂是世界上现存建筑最宏伟、艺术瑰宝最为丰富的天主教堂。324年，人们曾在这里建起一座小教堂，以纪念公元64年殉难的耶稣12

门徒中的大弟子圣彼得。1506 年，在教皇的授命下，拆除了旧教堂，开始兴建规模宏大的新教堂。这一工程历时 120 年，终于在 1626 年大功告成。这是意大利文艺复兴时期的建筑家与艺术家布拉曼特、拉斐尔、米开朗基罗、萨迦洛等大师们的共同杰作。教堂长约 200 米，最宽处 130 多米，上有穹窿大圆屋顶，从地面到大圆屋顶外顶尖十字架的高度达 132.5 米。教堂之大，能容 5 万人之众。教堂大厅上的穹窿大圆屋顶，为米开朗基罗晚年的建筑杰作，他去世后又经 26 年才由其他建筑家最终完成。大圆屋顶最大直径近 42 米，圆顶上有色泽鲜艳的玻璃镶嵌画和 12 扇宽大的天窗。堂内有许多文艺复兴时期和巴洛克时期的名家之作，最引人注目的有三件：一是米开朗基罗 25 岁时的名作——大理石雕刻《圣母哀悼基督》。二是著名建筑师和雕刻家贝尔尼尼花费整整 9 年时间建造起来的金色青铜华盖，它位于教堂大厅中央，是一座极为华丽的巴洛克式建筑，高 29 米，栏杆上点着 99 盏长明灯。华盖之下即是圣彼得的陵墓，以及设在陵墓上的一个祭坛。三是圣彼得宝座，这也是贝尔尼尼设计制作的镀金青铜杰作。自 1870 年以后，大部分教皇加冕仪式都在圣彼得大教堂举行。

圣彼得广场是巴洛克式艺术的典范之一，是贝尔尼尼在 1656 年设计，用了 11 年时间建成的。它与圣彼得大教堂浑然一体，气势磅礴。广场呈椭圆形，长 340 米，宽 240 米，南北两边由对称的大理石柱廊构成。南北柱廊各长 148 米，分别与圣彼得教堂南北两侧的建筑物相连。南北柱廊共有 284 根圆柱、88 根方柱，分 4 列排开，朝广场一面的每根柱子顶端都竖立一尊 3.2 米的圣人雕像和教皇阿列桑德罗七世（1655—1667 年在位）的徽志。广场中央，矗立着一座埃及方碑，广场两侧有两座造型讲究的喷泉，均是名家之作。整个广场可以容纳 50 万人，是罗马教廷用来从事大型宗教活动的地方。

梵蒂冈博物馆是世界上馆藏艺术品最多、内容最精美的博物馆之一。建筑面积 5.5 万平方米。它的真正创建者是 1503—1513 年在位的朱利奥二世教皇，他下令广泛收集雕刻艺术精品，并在梵蒂冈宫的中心花园展出。此后的历任教皇不仅到处收集艺术珍品，而且将一些著名艺术家（其中包括米开朗基罗、拉斐尔、焦瓦尼·巴蒂斯塔·维斯孔蒂、埃尼奥·奎里诺·维斯孔蒂、安托尼奥·卡诺瓦）召进教廷，令他们作画、雕刻，以装饰梵蒂冈宫。现在的梵蒂冈博物馆已成为天主教廷博物馆群的总称，它包括庇护—克雷蒙蒂诺博物馆、埃特鲁里亚博物馆、埃及博物馆、贾拉蒙蒂博物馆、格雷高里亚世俗博物馆、园厅陈列馆、新翼陈列馆、奥塔哥诺庭院的雕刻艺术品展廊、挂毯展廊、拉斐尔作品展室、西斯廷礼拜堂、历史博物馆、传教士博物馆（包括有中国厅）、现代宗教艺术收藏馆、绘画馆等。在这些展厅里可以欣赏到举世闻名的巨作：《拉奥孔》（古罗马大理石群雕）、《贝尔维德雷的阿波罗》（古罗马大理石雕像）、《熟睡的阿丽亚娜》（古罗马大理石雕像）、《铁饼投掷者》（古罗马大理石雕像）、《圣礼之争》（拉斐尔的大型壁画）、《雅典学派》（拉斐尔的大型壁画）、《埃利奥多罗被逐出神殿》（拉斐尔的壁画）、《解救圣彼得》（拉斐尔的壁画）、《创世纪》（米开朗基罗的不朽作品，整个画面约 511 平方米，包括 9 幅主体画，共画 343 个人物）、《最后的审判》（米开朗基罗的大型壁画，整个画面为 222 平方米，包括 4 个部分）等。

第七节　武装力量与对外关系

梵蒂冈没有自己的国防部队，其防务由意大利全权负责。唯一的一支武装力量是瑞士卫队，其任务是保卫教廷宫殿和教皇个人的安全。梵蒂冈卫队始建于 1506 年，由瑞士天主教徒组成。之所以专门招募瑞士青年，主要有两个原因：一是因为在所有招募的士兵中，阿尔卑斯山的瑞士青年表现最好，从朱利奥二世教皇开始，就已经在瑞士德语区招募士兵；另一个原因是，1527 年 5 月 6 日克雷蒙特七世教皇的卫队与查理五世的军队在罗马交战，为了保卫教皇，147 名瑞士官兵流尽了最后一滴血。自此以后，梵蒂冈只招募瑞士士兵，每年的 5 月 6 日成为卫队新成员宣誓之日，口号为：“坚强、忠诚”。现在，瑞士卫队由 86 名身高在 174cm 以上的瑞士籍男性信徒组成，其中包括上校衔司令官（卫队长）1 人，4 名军官，2 名“鼓手”和 70 多名士官和戟士。他们的主要任务是把守三个入口，即钟楼的拱门、青铜大门和圣安娜门。

梵蒂冈作为世界天主教中心，对外关系主要以宗教内容为主。截至 2008 年 11 月 4 日，梵蒂冈与

177 个国家、欧洲联盟、巴勒斯坦解放组织、马耳他骑士团建立了外交关系。在所有建交国家中，梵蒂冈与意大利的关系最为密切，因为梵蒂冈的国家安全、财政金融、物资供应都与意大利息息相关。

梵蒂冈与中国没有建立外交关系。罗马教廷与我国的正式交往始于 13 世纪末，方济各会传教士孟特·戈维诺（Monte Corvino）历经千辛万苦，抵达中国，并在北京建立了教堂。1307 年，教皇任命他为北京总主教，统管中国各地教务。此后，登陆中国的传教士不断，16、17 世纪达到高潮，其中包括第一次西学东渐的重要推动者之一的耶稣会士利玛窦（Matteo Ricci）。19 世纪，西方列强公开组织联军，侵略中国，西方传教士也大批来到中国。1943 年，梵蒂冈与中国正式建立外交关系，互建公使级使馆。1949 年，中华人民共和国成立，梵蒂冈拒不承认新中国，而是与逃亡台湾的国民党当局继续保持关系。现在，梵蒂冈是欧洲国家中唯一一个与我国台湾维持“邦交”关系的国家。中国的经济社会飞速发展，国际地位不断提高，使梵蒂冈不能不正视中国的存在，开始通过不同途径表达与我建交的愿望。我国政府明确表态，愿意同梵蒂冈改善关系，但梵蒂冈必须首先断绝同中国台湾的所谓外交关系，并保证不干涉中国的内政，包括不通过宗教活动来干涉中国的内部事务。

梵蒂冈作为正式成员参加了 17 个国际组织，其中包括原子能国际组织、联合国难民署、军事医学国际委员会、联合国贸易与发展大会、国际粮食理事会（以梵蒂冈城国的名义参加）、私法规范化国际机构（以梵蒂冈城国的名义参加）、卫星通信国际组织（以梵蒂冈城国的名义参加）、世界知识产权组织、贯彻全面禁止核武器试验条约组织、禁止使用化学武器组织、电讯国际联合会（以梵蒂冈城国的名义参加）和万国邮政联盟（以梵蒂冈城国的名义参加）；作为观察员参加了 21 个国际组织。梵蒂冈还作为正式成员参加了 4 个地区性国际组织，包括欧洲安全合作组织、欧洲邮政电讯大会、欧洲理事会下属的文化合作理事会、欧洲利用通信卫星组织；作为观察员或特邀宾客参加了 6 个地区性国际组织，包括亚非法律协商委员会、欧洲安全与合作组织议会大会、欧洲理事会、阿拉伯联盟、美洲国家组织、非洲团结组织。

（罗红波　徐映）

第六章　圣马力诺

第一节　概述

国名　圣马力诺共和国（The Republic of San Marino）。

位置　南欧，意大利中—北部。

面积　61.19 平方公里。

人口情况　常住人口 29615 人（2007 年）。

民族　90% 为圣马力诺人，10% 为意大利人。

官方语言　意大利语。

宗教　92.5% 的居民信奉天主教。

政体　一院议会制共和国。

首都　圣马力诺市。

国旗　由上白下蓝两个相等的长方形组成，中央绘有国徽图案。白色象征着白雪、纯洁，蓝色代表蓝天。

国徽　为带王冠的盾徽。王冠象征圣马力诺为拥有独立主权的共和国。盾面中有三座白塔，塔顶上绘着美丽的鸵鸟羽毛。塔下是翠绿的山，象征着海拔有 739 米的蒂塔诺山，首都圣马力诺市就坐落在山上。盾形两旁饰以橡树和月桂树枝。下端的绶带上写着“自由”。

国庆日　共和国建立日为 9 月 3 日。

国歌　圣马力诺共和国国歌。

货币　2002 年 1 月 1 日以前通用意大利里拉，之后通用欧元。

国花　仙客来。

第二节　自然地理

圣马力诺共和国位于北纬 43°56′06″，东经 12°26′56″，是世界上版图最小而历史最悠久的共和国。它地处欧洲南部、意大利中—北部，是个国中之国。圣马力诺从西南到东北长 13 公里，东西宽 8.75 公里，像一个不等边的四边形，总面积为

61.19 平方公里，国境线长 39.03 公里。东北部与意大利的艾米利亚—罗马涅大区交界，西南部与马尔凯大区为邻。

圣马力诺境内多山，海拔最高的是蒂塔诺山，高 739 米。境内水域面积为 0.73 平方公里。马拉诺河和阿乌萨河流入亚得里亚海，另一条圣马力诺河在托雷洛附近，流入马雷基亚山谷。境内可耕地和林区占地 65%，其他占地 35%。

圣马力诺全年气候温和，属地中海气候。冬季多东风、北风，气温为摄氏 -2℃—10℃；夏季以南风、西南风为主，气温为 20℃—30℃，全年平均温度为 16℃。3 月、4 月和 11 月偶尔有雾。自然资源贫乏，主要是建筑石材。

2007 年，圣马力诺的常住人口为 29615 人，加上有选举权的海外侨民，共计 41858 人。2005 年，1—14 岁人口比重为 16.7%，15—64 岁占 66.5%，65 岁以上占 16.9%。男女比例基本上为 1:1，平均寿命 81.62 岁，其中男子为 78.13 岁，女子为 85.43 岁。2007 年，人口增长率为 1.22%（包括外来移民入籍者）。由于国土面积较小，圣马力诺的人口密度达到每平方公里 494 人，是世界上人口密度最高的国家之一。侨居在外的圣马力诺人有 12243 人（2007 年），主要分布在意大利（5724 人）、法国（1881 人）、美国（2910 人）和阿根廷（1489 人）。

圣马力诺共和国的首都是圣马力诺市。它位于蒂塔诺山上，面积 70.9 平方公里，人口 4493 人（2003 年），是全国第三大行政区。圣马力诺市不仅是该国的政治、经济和文化中心，也是其风光最为秀丽的旅游胜地。圣马力诺共和国划分为 9 个市镇，除圣马力诺市外，还有阿瓜维瓦（Acquaviva）、波尔各·马焦雷（Borgo Maggiore）、给埃萨诺瓦（Chiesanuova）、多马尼亚诺（Domagnano）、法埃塔诺（Faetano）、菲奥伦蒂诺（Fiorentino）、蒙特基阿尔蒂诺（Montegiardino）和塞拉瓦莱（Serravalle）。所有市镇均以城堡为中心，因此也被称为 9 座城堡。

圣马力诺以意大利语为官方语言，90% 以上的居民信奉罗马天主教。

第三节　历史

圣马力诺历史悠久，建国于公元 301 年。相传一个名为马力诺的以采石为生的基督教徒与他的同伴从阿尔贝岛来到里米尼海边，在那里修建了码头和城墙。为了寻找大型石源和躲避罗马帝国皇帝对基督教徒的迫害，他们便移居蒂塔诺山上，成立了自己的世俗和宗教团体。

6—7 世纪，圣马力诺曾为拜占庭帝国的领地，在以后的几个世纪中又多次被纳入教皇国辖区。在中世纪，在蒂塔诺山上，修建了修道院、教堂和城堡，并成立了纪念采石匠马力诺的居民社区。最初记入史册的是“圣马力诺的土地”，尔后是“圣马力诺城邦”，最终名为“圣马力诺共和国”。

13 世纪，圣马力诺共和国获得了真正的独立，当时领土面积已扩大到 26 平方公里，人口为 1500 人左右。由各大家族族长组成的名为“阿伦戈”的代表大会成为圣马力诺共和国的权力机构，1243 年首次任命两个执政官，当时主要拥有国家最高职权。1295 年，由 60 人组成的大议会取代阿伦戈成为全国权力机构，而阿伦戈逐渐成为反映民意的特殊机构。

此后的几个世纪，圣马力诺的独立曾多次陷入危险境地，而机智顽强的圣马力诺人民成功地维护了他们的自由：1739 年 10 月，红衣主教阿尔贝罗尼的军队占领了圣马力诺的政府大楼，但仅仅三个月就败给了顽强抵抗的圣马力诺军民；1797 年，拿破仑为了控制圣马力诺，曾许诺给予它扩大领土的好处，被圣马力诺婉言拒绝。出于对它的敬畏之心，同年，拿破仑统治的法国承认了圣马力诺共和国。1815 年，在维也纳会议上它为其他欧洲国家所承认。

1849 年，为意大利统一征战南北的加里波第突破敌军的包围，得到圣马力诺的帮助，躲避到蒂塔诺山上。为了感谢圣马力诺的正义之举，1862 年 3 月 22 日，实现初步统一后的意大利王国与圣马力诺签署了友好条约，这使身处意大利王国之中的圣马力诺减少了遭受外族侵略的危险。

在两次世界大战中，圣马力诺始终保持中立，并救助了 10 万多名避难者。

2001 年 9 月 3 日，圣马力诺人民举行了盛大活动，庆祝共和国成立 1700 周年。

第四节　法律制度、国家体制和政党

圣马力诺至今没有一部成文宪法，但有其宪章和法律法规。其法律规定的制定最早可以追溯到13世纪，即1263年制定的共和国法规。1600年10月8日通过了具有宪法意义的“第一号宪章”。圣马力诺的法律制度属于普通法法系，即法官根据同类的案件总结出来一定的行为方式，然后依此判案。

圣马力诺为一院议会制共和国，实行普选制，凡年满18岁的男女成年人都有选举权。其国家政治主要机构有：大议会、执政官、国务会议和十二人委员会。

大议会（Consiglio Grande e Generale）为立法机构，由全国按比例制普选产生的60位议员组成，任期5年。大议会拥有立法权；选举并任命执政官、国务会议成员、12人委员会委员、大议会常设委员会成员和政府监事；批准与其他国家签订的条约；实行大赦、授予公民权；批准预算等。大议会设有5个常务顾问委员会，各由15个委员组成，分别审议新的法律草案，尔后提交大议会通过。2006年6月4日举行了全国大选。然而，时隔两年，出现政府危机，导致提前在2008年11月9日进行了全国大选。当选大议会议员的必要条件是：①年满25周岁；②为圣马力诺公民（与圣马诺公民结婚的外国女性，必须具有5年以上圣马力诺公民资格）；③会读写；④与大议会其他议员没有直系亲属关系；⑤没有刑事案底；⑥没有被限制参与竞选的精神疾病；⑦享有政治权利；⑧没有在其他国家担任宗教、外交等方面的职务（包括名誉职务）；⑨没有在本国下属城堡议会中担任议员；没有在本国宪兵部队和警察部队任职。

为体现集体治理原则，圣马力诺共和国国家元首是由两名权力完全相同的执政官（Capitani reggenti）共同担任，由大议会从议员中以绝对多数选出，执政6个月。每年4月1日和10月1日换届。两名执政官还共同主持大议会、十二人委员会和国务会议。

国务会议（Congresso di Stato）是共和国的执行机构，行使政府职能。它属集体领导机构，由两个执政官亲自主持，但他们没有投票权。国务会议由10名成员（国务卿）组成，他们均由大议会以超过2/3议员多数选出，分别主持以下10个部：外交部，内政部，财政与预算部，教育与文化部，卫生与社会保障部，国土与环境部，劳动部，工业、手工业与贸易部，司法部和旅游部。

十二人委员会（Consiglio dei Ⅻ）是圣马力诺共和国最高司法机构。它既是司法和行政裁决机构，同时行使最高法院职能。它也由两位执政官共同主持，他们既没有投票权，也无权直接任命委员。委员们从大议会议员中选出。除一般民事诉讼调解法官由圣马力诺人担任外，其他司法权力均委托外国法官行使。2003年10月30日大议会通过45号法律，对国家司法体制进行了新的制度安排，成立了单一法庭。无论是司法案件，还是行政裁决案件，在初审和判决有异议的情况下，提交十二人委员会作最后的裁决。

圣马力诺共和国的主要政党如下表所示。

政党	所获选票(票)	所占比重(%)	所占席位(席)
改革与自由竞选联盟	9602	45.78	25
中间民主党(Democratici di Centro)	1037	4.94	2
社会和民主人士党(Partito dei Socialisti e dei Democratici)	6703	31.96	18
联合左派(Sinistra Unita)	1797	8.57	5
其他	65	0.31	
圣马力诺公约竞选联盟	11373	54.22	35
人民联盟(Alleanza Popolare)	2417	11.52	7
自由名单(Lista della Libertà)	1317	6.28	4
圣马力诺天主教民主党等(Partito Democratico Cristiano Sammarinese)	6692	31.90	22
圣马力诺温和主义者联盟(Unione Sammarinese dei Moderati)	874	4.17	2
其他	73	0.35	
总计	20975	100.00	60

（1）圣马力诺天主教民主党（PDCS），成立于1948年4月9日。该党为圣马力诺第一大党，为主要执政党。该党有着鲜明的天主教传统和保守党色彩，是欧洲人民党团的观察成员。

（2）圣马力诺社会和民主人士党（PSD）为该国第二大党，是由圣马力诺社会党（PSS）和民主人士党（PD）于2005年合并而成的。圣马力诺社会党成立于1892年；民主人士党成立于1941年，是由圣马力诺共产党改弦更张演变过来的。圣马力诺社会和民主人士党主张社会民主与进步。

（3）人民联盟（AP）为该国第三大党，成立于1993年1月，最初名为圣马力诺民主人士人民党，1998年6月改名为圣马力诺共和国民主人士人民党，2006年7月改为现名。该党主张自由民主与改革。

（4）联合左派（SU）为该国第四大党，由重建共产党、自由区党和部分圣马力诺社会和民主人士党人士成立于2005年8月20日。

第五节　经济与社会

圣马力诺共和国属于经济发达国家，特别是在2000—2007年的8年中，该国经济发展迅速，国内生产总值由8亿欧元猛增到15亿欧元，人均国内生产总值近38560欧元。

在圣马力诺60多平方公里的土地上，分布有6000多家各行各业的公司企业，是世界生产和经营单位最密集的国家之一。大部分从事工业、不动产业、信息业和服务业。

经过最近十多年的发展，圣马力诺的产业结构发生了很大变化，由过去很大程度依赖旅游业转型为工业、银行金融业和服务业占主导的经济格局。

圣马力诺共和国的工业主要有机械、包装用品、家具、纺织服装、合成橡胶、玻璃、陶瓷、电子设备等。2006年，工业部门创产值48923万欧元，占国内总产值的41.1%。2007年，工业、建筑业和运输业的产值比重超过国内总产值50%。中小企业和手工业为圣马力诺经济发展发挥着重要作用。

对国内总产值贡献第二大的是银行、金融与保险业。2006年，这一产业部门创产值27036万欧元，比重为17.4%。圣马力诺中央银行，是一个公私合营的金融机构，国家拥有其社会资本的70%，其余30%由圣马力诺的其他银行拥有。圣马力诺中央银行是控制和预警该国保险柜的机构，其主要职能是：为政府机构提供金融咨询，预测经济发展；提供国库、国家税务、保管国家宝物等服务；协调和促进境内银行体系的发展；负责同其他国家银行机构以及同国际货币基金组织的联系；等等。还有其他12家银行，其中成立时间较早、实力较强的有4家，分别为圣马力诺共和国储蓄银行，成立于1880年，2005年有分支机构16家；圣马力诺共和国农业商业银行，成立于1920年，2005年有分支机构10家；圣马力诺银行，成立于1920年，原名为“法艾塔诺农村储蓄与信贷银行”，2001年改为现名，2005年有分支机构10家；圣马力诺工业信贷股份有限公司，成立于1980年，2005年有3家分支机构。自1999年以来，圣马力诺的银行业得到飞速发展，有8家银行获得法人资格，分别是圣马力诺国际银行（1999年），圣马力诺银行股份有限公司（2000年），圣马力诺商业银行（2000年），欧元贸易银行（2000年），伙伴银行（2002年），圣马力诺投资银行（2002年），阿赛特银行（2003年）和圣马力诺信贷银行（2003年）。2005年末，在圣马力诺领土上有42家金融和信托公司，12家信贷机构（共有54家分支机构），平均600个居民有一家银行机构。

2009年，圣马力诺国内总产值为11.02亿欧元，人均产值24990欧元。工业部门在国内生产总值所占比重为33.3%，其次为信贷与保险部门，为17.6%，狭义服务业占13.6%，公共管理部门占12.9%，贸易占13.5%，建筑业占5.9%，交通与通信占2.4%，旅馆和餐饮业占0.6%，农业占0.1%。2011年底，注册企业共计5608家，其中个体户1161家，自由职业者738人，合作社74家，联合体8家。

旅游业仍然是圣马力诺共和国最主要收入来源之一，占财政收入的30%左右。圣马力诺景色秀美，保护完好的中世纪城堡和其他历史古迹宏伟壮观，市镇的街区幽雅、整洁，主要商业街工艺品种类繁多、琳琅满目，富有地方特色。这丰富多彩的旅游资源强烈地吸引着成千上万的旅客。圣马力诺年均接待国外旅游者超过300万人次，是全国居民人数的100倍。

国家财政收入的另一个重要来源是集邮和集币业。圣马力诺的邮票题材丰富、图案别致、印制精美，不仅博得世界各地的集邮爱好者的青睐，而且吸引着众多的来访游客。在2002年1月1日以前，该国通用货币为意大利里拉。根据两国协议，圣马力诺无权发行里拉纸币，但每年可以发行一定数量的硬币，币值与意大利里拉相同，主要为纪念币，供集币者收藏。2002年1月1日欧元在法、德、意、西等12国正式流通。圣马力诺虽然不是欧盟成员国，但根据协议，该国同时正式通用欧元，并由意大利造币所每年为其铸造一定数量的反面印刻有圣马力诺象征图案的欧元硬币，总面值为1944000欧元。每套硬币8枚，面值共计3.87欧元，售价8.87欧元。2002年1月1日发行的圣马力诺欧元硬币，在1个月内全部售罄。在电话卡出现后，圣马力诺不失时机地发展起集卡业。集邮、集币和集卡业占圣马力诺财税收入的10%以上。

农业在国内生产总值中的比重越来越低，2006年仅为0.1%，就业人口比重仅占1.6%。主要农产品有小麦、大麦、玉米、水果、蔬菜和葡萄酒、食油等农副产品。畜牧业在农业中是相对重要的部门，主要饲养牛、猪、羊和马。

圣马力诺共和国的经济命脉主要控制在以下三大国家自治公司手中：

（1）国家集邮和钱币自治公司（Azienda Autonoma Di Stato Filatelica E Numismatica），从事邮票、纪念币和电话收藏卡的设计、制作和发行。

（2）国家生产自治公司（Azienda Autonoma di Stato di Produzione），从事促进旅游业、工业和农业等部门发展的各项工作。

（3）国家公共服务自治公司（Azienda Autonoma di Stato per i Servizi Pubblici），从事能源、水、电设备的安装和维修，公交车辆和线路、缆车及其索道、国有建筑的维修，城市卫生、公共屠宰场服务。

圣马力诺是个无外债、无对外援助款的国家。它最主要的贸易伙伴是意大利，其中对意出口占其出口总额的85%。它的进口渠道除意大利以外，还有东欧、南美和中国（包括港澳台）。

圣马力诺国内无铁路，只有1.5公里长的缆车索道联系着圣马力诺城堡和波尔戈·马焦雷城堡。高速公路总长为220公里。境内无港口和机场。圣马力诺共和国国内电话系统服务完全由意大利电话公司（Telecom）提供。1998年，全国共有13014条主机线，32535部私人电话，近300部公用电话，平均每位居民0.5条主机线，1.3部电话。国际电话系统服务和网络系统服务由圣马力诺本国私营的国际电话公司（INTELCOM）提供。

为了刺激本国的经济发展，圣马力诺一直维持着较低的税率。直接税包括两个部分：其中法人所得税为净利润的17%；个人所得税采取累进税制，最低为月收入总额的12%，最高为征收超出规定部分的50%。间接税只有货物和服务进口税，税率为17%。

根据圣马力诺共和国统计中心公布的数据，2010年10月，就业人口为21731人，其中雇员为19786人，自由职业者1945人。失业率曾长期保持着2%的低水平，因受到2008—2009年金融—经济危机的影响，2011年总失业率上升为5.47%，尽管如此，圣马力诺仍是欧洲失业率最低的国家之一。圣马力诺还为居住在其周边的近6000名意大利人提供了就业机会。

圣马力诺的全体公民享受公费医疗，全国约有140个医疗单位。圣马力诺生物科学股份有限公司是欧洲拥有最先进生物技术的研究机构之一，专长于细胞培植和干细胞（cellule staminali）的冷冻和新的治疗应用。

第六节　文化教育

圣马力诺共和国对公共教育非常重视。全国实行小学5年、初中3年、高中5年（后3年为文、理预科）的13年义务教育，国家对出国上大学者给予补助。除中、小学外，国内还设有综合性大学、工业技术学校、音乐学院、艺术修复中心各一所。圣马力诺共和国大学建立于1985年，目前设有6个系：生物医学、经济与技术、法学、历史、传媒和教育培训；有四个本科专业：工业设计、民用工程、企业经济与管理和旅游经济与服务管理，其中工业设计专业影响比较大。每年还招收硕士研究生和博士研究生。圣马力诺教育体制如下表所示。

义务教育（5+3+2+3=13年）

托儿所	3年	3个月—3岁
幼儿园	3年	3—6岁
小学	5年	6—11岁
初中	3年	11—14岁
高中	2年+3年（文理预科）	14—19岁
专科培训中心	2年	14—16岁

2002—2003年度，全国共有5525名学生。其中幼儿园1070人，小学生1343人，初中生788人，高中生和专科培训中心学生1374人，大学预科和本科生950人。全国有托儿所6所；幼儿园14所，教师145人；小学14所，教师235人；初中3所，教师127人；高中4所，教师61人。此外，

还有一些专业培训班和夜校。高中入学率为94.70%，大学入学率为59.58%。

境内设立有4个剧院，1个国立图书馆，藏书120000多本，拥有各种文字的期刊92288种。圣马力诺有常设博物馆、画廊和手工艺品展共12处。

圣马力诺共和国十分注重体育运动的发展。1959年，成立了圣马力诺奥林匹克全国委员会，并成为世界各国国家奥林匹克委员会协会和欧洲奥林匹克委员会成员。从1960年开始参加奥林匹克运动会和奥林匹克冬季运动会。圣马力诺奥林匹克全国委员会是个国家自治公司形式的组织机构，除组织比赛、促进该国体育运动外，还负责体育设施的经营管理、运动员的培训、赛事前运动器材的置办等。它下设31个运动分部，85个协会，拥有正式会员7500名。根据圣马力诺奥林匹克全国委员的提议和组织，自1985年开始8个人口不足百万的国家轮流举办欧洲小国运动会，每两年举行一次。

圣马力诺只有1个国家广播电视台，负责节目的制作和播送，在意大利东北部地区和前南斯拉夫西海岸地区都可以接收到。《圣马力诺论坛》和《今日圣马力诺》是本国采编、出版的日报，而《圣马力诺信息报》是由意大利采编、出版的日报。另外，意大利博洛尼亚地区的主要日报《古钱报》设有圣马力诺专版。全国只有两种期刊：一是《最新巡视》（Ultimo Giro），内容涉及政治、经济、社会、文化等，是一个综合性刊物；另一个是技术性刊物《装饰》（Fixing）。

第七节　国防和外交

圣马力诺虽是袖珍国，但拥有自己的国防志愿军。圣马力诺不实行义务兵役制，凡年龄在16—65岁的公民都可应召，特别是在国家安全受到威胁的紧急关头。圣马力诺的主要军事组织有：

宪兵部队，承担着维护国家内部安全的重任，其中维护社会治安、刑警侦察、缉毒等工作直属司法部门领导，其他工作归外交部领导。

民事警察和民事保护部队，任务是控制和预防有关贸易、旅游、供应系统、交通运输系统出现意外和事故，维护正常秩序。

要塞卫队，任务是守卫边界，以防外国侵略；负责大议会、执政官大楼等国家机构的保卫工作；同时，被赋予海关警察的监督权。

民兵队伍，主要是参加一些正式仪式活动，配合其他部队维护社会秩序，是其他部队的后备军。

机关保安队，这是一个特别的队伍，主要负责执政官大楼、大议会等国家机关的门卫工作。

圣马力诺共和国奉行中立的外交政策，维护国家的独立和主权，主张大小国家一律平等，反对武装干涉和侵略，致力于促进合作与稳定，为建设和平、公正的世界而努力，主张各国增强相互信任与合作，通过和平方式解决地区紧张局势。重视加强同世界各国建立友好合作关系。截至2008年6月12日，它已同108个国家建立了官方关系，其中与98个国家建立了外交关系，建有15个大使馆和一个领事馆网络。圣马力诺还与30多个国际组织建立了联系（或是成员，或派驻观察员）。1974年，圣马力诺共和国加入了联合国教科文组织（UNESCO），1992年3月2日，作为正式成员加入了联合国，成为第175个联合国会员国。圣马力诺还先后成为世界上许多重要组织（例如国际货币基金、世界银行、世界卫生组织、国际劳工组织、世界知识产权组织、《保护工业产权巴黎公约》和《商标国际注册马德里协定》）的成员。圣马力诺还积极参加欧洲区域的重要组织：1975年，圣马力诺是欧洲安全与合作组织（前身为欧安会）创始国之一；1988年成为欧洲委员会（Congsigno d' Europa）成员。1983年2月与欧盟正式建立关系，1991年12月签署了“合作与关税同盟协定”（2002年4月1日正式实施）。2000年11月，通过意大利共和国与欧盟签订了同意圣马力诺将欧元作为官方货币、可限量发行印有圣马力诺象征图案的欧元硬币的协议。这一协议的签署表明，圣马力诺作为欧盟外国家可以加入欧洲货币联盟。

圣马力诺共和国一直与意大利保持着最为密切的关系。在意大利的复兴运动中，圣马力诺共和国对朱塞佩·加里波第的援救，是它对意大利解放事业最大的贡献。意大利王国从一开始就把圣马力诺视为友邦。1862年3月22日，两国签订条约和通商协定，确定两国货币可以互相通用。1897年，圣意两国签订友好睦邻条约。二战爆发时，两国再次签订友好睦邻条约。1971年又签订补充修改协定，将意大利对圣马力诺的“保护性友谊”改为“永久性友谊”，建立关税同盟，同时两国外交关系由总领事级别升为大使级别。

1971年5月6日，圣马力诺共和国与中国正式建立领事级外交关系。1991年5月8日两国决定自1991年7月15日起将外交关系升格为大使级。从此，双方友好关系和合作不断发展扩大，双方进行了许多外交互访、签订了一些合作协议。中圣两国自1988年起开始直接贸易往来，贸易额不大。2008年中圣双边贸易总额为442万美元，比2005年的162万美元增长了1.7倍。在姜弗朗科·泰伦齐1988年担任执政官期间，作为圣马力诺国家元首首次访问中国，并于当年成立了圣马力诺——中国友好协会，在促进圣马力诺与中国之间在政治、经济、文化、集邮等领域的交流与合作做出了积极的贡献。自2007年11月1日起，我国对进口原产于圣马力诺共和国的货物适用最惠国关税税率。

（罗红波　徐映）

第七章　安道尔

第一节　概述

国名　安道尔公国（The Principality of Andorra）。

位置　欧洲西南部。

面积　468平方公里。是欧洲四个“袖珍国”中最大的一个，它比列支敦士登大近2倍，比圣马利诺大6.7倍，比摩纳哥大245倍。

人口统计　76246人（2012年）。

民族　安道尔人约占总人口的36.6%，属加泰罗尼亚族。外国移民中西班牙人约占33%，葡萄牙人约占16.3%，法国人约占6.3%。

语言　官方语言为加泰罗尼亚语，通用法语和西班牙语。

宗教　以天主教为主。

政体　独立双属公国（法国总统和西班牙乌赫尔地方主教同为国家元首，称为两大公）。

首都　安道尔城（Andorra La Villa）。

国旗　从左到右由蓝、黄、红三个垂直相等的长方形组成。旗面中央绘有国徽。

国歌　安道尔公国国歌。

国徽　盾形。上分四组图案：左上为红色，上绘一顶金色主教冠和一把主教权杖，这代表着西班牙乌盖尔地方主教；左下为金色，上绘四道红色垂直条纹，代表着西班牙的加泰罗尼亚；右上为金色，上绘三道垂直红色条纹，代表着法国福伊克斯伯爵；右下也为金色，上绘两头红牛，象征着贝尔恩伯爵。他们曾先后是法国国家元首委派对安道尔行使宗主权的代表。盾形国徽的上端是一顶王冠；盾形下面的带子上写着“团结增强力量”。国徽图案描绘了安道尔与法国及西班牙的关系。

国庆日　9月8日。

货币名称　无本国货币，2002年1月1日起使用欧元。

时间时区　西一区，比格林尼治时间早1小时，比北京时间晚7小时。安道尔是高山环绕的内陆袖珍国，位于西南欧法国和西班牙交界处，比利牛斯山脉东段的南坡，以瓦利拉河谷地所形成的盆地为中心，东、北与法国交界，西、南与西班牙接壤。境内高山环绕，地形崎岖，北侧山脉高达2900米，南侧以1000米高的谷地与西班牙相连，全国平均海拔1300米，是欧洲地势最高的国家之一。瓦利拉河全长63公里，是全国最长的河流。安道尔属于山地气候，温差变化较大，年平均气温9.9℃，夏季气温干燥凉爽，最高气温是30℃，年平均降雨量低处为400—500毫米，高山地带为1200毫米，大部分地区冬季漫长寒冷，最低气温为-20℃，高山积雪达8个月。高山草地面积占全国面积的44%，森林占37%，耕地仅占4%。

人口密度　每平方公里138人，城市人口占66.8%。性别构成：男性53.7%，女性46.3%；年龄构成：0—14岁为22.0%，15—64岁为70.9%，65岁以上为7.1%。

第二节　历史

公元9世纪，查理曼帝国为了防范摩尔人的骚扰，在西班牙边境地带建立许多小的缓冲国，安道尔便是其中之一。1278年，法、西两国为结束对安道尔的长期争夺而缔结和约，由两国共享对安道尔的宗主权。根据和约，法国获得对安道尔的行政统治权，西班牙获得对安道尔的宗教统治权。双方有权任命自己的代表和接受象征性的贡物。在此后的几百年中，法、西两国争夺安道尔的冲突经常发生。1789 年法国大革命爆发后，安中断与法国的关系。1806 年拿破仑颁布法令，对安道尔的生存权利给予确认，法国恢复对安道尔的宗主权。此后安道尔政局一直较稳定。1868 年安道尔制定新宪法，召开首次议会。两次世界大战安道尔均未卷入。1982 年 1 月 4 日实行体制改革，行政权从议会改由政府行使。1993 年 3 月 14 日，安道尔全民公决通过了新宪法，改变了中世纪以来一直延续下来的体制，成为一个“独立、法制、民主和社会福利的主权国家”，但仍采用“双属公国”即西、法两大公的政治体制。

第三节　政治体制与法律制度

一　宪法

1993 年 3 月 14 日颁布《宪法》，宣告安道尔为独立、法治、民主和社会福利的国家。安道尔新宪法规定，法国总统和西班牙乌赫尔地方主教同为国家元首，通称为“安道尔大公”。国家主权属于人民。宪法共分为九章一百零七条，对安道尔的主权、权力与自由、大公、总委员会（议会）、政府、地方机构、司法、宪法法院和机构改革等方面做了规定。

二　议会

安道尔议会采取一院制，称总委员会，成立于 1419 年，代表安道尔人民行使立法权，通过预算，监督政府行为。总委员会由普选产生，共 28 名委员，其中 14 名委员系由全国选举产生，其余由全国 7 个行政区各选 2 名，任期 4 年，每 2 年改选半数。本届总委员会于 2011 年 4 月成立，议长比森特·马特乌·萨莫拉（Vicenξ Mateu Zamora）。各政党在总委员会中的席位分配情况如下：安道尔民主主义者党 18 席；社会民主党 6 席；劳伦戴安娜联盟 2 席；进步联盟 2 席。

三　政府

行政权由政府行使，首相为政府首脑，由总委员会选举产生、两大公任命，政府由外交、经济、财政、教育体育、地方行政管理、社会文化、卫生福利部长及内政国务秘书等 8 个部门组成。2011 年 4 月，安举行议会选举，在野的安道尔民主主义者党获胜，安东尼·马蒂·佩蒂特当选首相。

四　行政区划

全国划为 7 个行政区：安道尔城（Andorra de rella）、卡尼略（Canillo）、马萨纳（Massana）、圣胡利亚—德洛里亚（Sant Julia de Loria）、恩坎普（Encamp）、莱塞斯卡尔德—恩戈尔达（Les Escaldes-Engordany）和奥尔迪诺（Ordino）。

五　司法

1993 年之前，安道尔司法人员由法国和西班牙两国指派，1993 年之后，安道尔建立了独立的司法体系，该体系由初级法院、中级法院、高级法院组成，另有宪法法院，该体系的最高领导机构是“司法理事会”。

六　主要政党

目前安道尔有两大主要政党，即安道尔民主主义者党（Demòcrates per Andorra），系由自由党等政党组成的中左联盟，现为执政党，领导人安东尼·马蒂·佩蒂特（Antoni Martí Petit），以及社会民主党（Partit Socialdemòcrata），现为最大反对党，领导人豪梅·巴图梅乌（Jaume Bartumu）。

七　重要政治人物

胡安·恩里克·比韦斯：1949 年 7 月生。1974 年 9 月被授予神父职位，并获神学、哲学和教育科学硕士学位。曾担任巴塞罗那大主教管区代理主教、教区神父、神学院神父，加泰罗尼亚神学院及拉蒙·柳利大学教授。1993 年 6 月被任命为诺纳主教和巴塞罗那副主教，2001 年 6 月又被任命为乌赫尔地方主教。2003 年 5 月 12 日被任命为西班牙乌赫尔地方大主教和安道尔大公。

安东尼·马蒂·佩蒂特：1963 年 7 月生。毕业于法国图卢兹大学建筑系，1994 年步入政坛，1994 年当选为议会议员，1997 年落选，2003 年再次当选议员，长期担任安道尔莱塞斯卡尔德—恩戈尔达市市长。2011 年联合安道尔自由党等中右翼党派建立了安道尔民主主义者党，并在 4 月举行的议会选举中大获全胜，获得了全部 28 席中的 18 个，成为新一任安道尔首相。

第四节　经济与社会

一　概述

安道尔为欧洲袖珍山区国家，由于地理相对封闭，地小人少，历史上一直处在欧洲两大国控制之下，经济上则一直单一依靠畜牧业、农业。从 20 世纪 50 年代起，安道尔开始以发展旅游业为主的现代服务业，逐步改变了这个国家的经济结构、就业结构和人民生活方式。安道尔利用其自身地理特点，依靠高山滑雪为主的旅游项目及低价免税商品吸引欧洲各国游客，大力发展旅游业，以免征个人所得税等方式吸引外国资金，发展金融业，大量居民从传统畜牧业和农业转向商业、旅游业和金融业，农业人口大量下降。至 1997 年，从事第一产业的人口占 0.79%，从事第二产业的人口占 22.15%，从事第三产业的人口占 77.6%。2010 年各类从业人员总数为 38552 人。

2010 年，安道尔国内生产总值为 26.36 亿欧元，人均 GDP 约为 3.1 万欧元，其中旅游业收入占 GDP 总量的 80%，2009 年入境游客超过 930 万人次，约为本国人口的 125 倍。

作为袖珍小国，安道尔对外依赖性较强，无法建立大而全的产业，因此寻求适合自身条件的经济支柱是合理的且必然的选择。由于各种历史原因，安道尔经济上严重依附法国和西班牙，独立性较差。安道尔政府采取一些措施保护和扶持本国商业，例如不准外国商人在安道尔设立商业公司、只允许持有安道尔国籍的人在本国经商、外国商人在安道尔投资，其股份不得超过公司股份的 1/3 等。

二　农业、工业及基础设施

安道尔的可耕地为 20 平方公里，占国土面积的 4%，其中 350 公顷用于种植烟草。主要农产品有大麦、小麦、黑麦、马铃薯、烟草和葡萄等，粮食不能自给，但烟草有部分出口。畜牧业则以饲养羊为主，其次是牛、马。牧场占可耕地的 50% 以上。在夏季，除供本国家畜食用外，安道尔还出口牧场，即允许法国和西班牙将成群的家畜都赶来吃牧草。进入漫长的冬季后，安道尔牧民就把本国的牛、羊转移到西班牙邻近的牧场。

安道尔的森林面积为 164 平方公里，占全国总面积的 28.5%，归国家和市政所有。

安道尔主要矿藏有铁、明矾和铅等，但大多没有被开采。安道尔水力资源丰富，利用高山融雪兴建了许多水电站，可满足国内 1/4 的用电，其余从法国和西班牙进口。

安道尔没有现代化的制造业，仅有一些小规模的木材加工、纺织和烟草加工业。

安道尔境内无铁路，公路长 269 公里，有一条由首都安道尔城向东北通向法国和向西南通向西班牙的国际优质公路线以及连接全国各城镇和登上滑雪中心的公路。全国每千人拥有汽车 924 辆，国内有一个私人直升机场。

三　旅游业、商业

安道尔每年接待外国游客近 1000 万人次，其中多为过境游客，特别是法国和西班牙两国周末度假和出国旅游的过境游客。安道尔几乎是“全民”从事旅游业，这里有发展旅游业的优越条件，特别以欧洲别具一格的奇特风光而驰名于世。境内高山环绕，山峰叠起，有 7 座山峰高度为2700—3000 米，最高峰科多佩特罗峰海拔为 2975 米。高山上有天然的滑雪场与狩猎场，冬天山峦白雪皑皑，适合滑雪，夏天林木茂密，山地牧草青青，同时地处高海拔，凉爽舒适，适合避暑。全境还有 8 个湖泊坐落在 2000—2500 米的山间，山谷与湖泊相映，高山与峡谷相间，秀美恬静的乡村与中世纪风格的古堡相伴，加之穆斯林建筑遗址和古老的天主教堂点缀山间，衬托在与世隔绝的山湖峡谷景色之中，使安道尔成为一个完美的高山度假中心，一个未受现代工业和现代城市“污染”的公园式小国。同时，对神秘“袖珍国家”的好奇心理，也吸引着世界各地的游客。

为了发展旅游业，安道尔政府十分重视旅游设施的建设，专门建设了许多高级宾馆、体育场馆、游览区、滑雪场和登山中心。发达的旅游业促进了安道尔商业的发展。20 世纪 90 年代以前，为了发展经济，安道尔采取灵活的全面开放政策，不征收关税，只收税率较低的消费税，从而吸引了大批游客。安道尔是“购物天堂”，对购物种类和数量无限制，在出入境、海关、外汇、货币等方面有很大的优惠。1991 年 7 月 1 日，安道尔加入欧洲关税同盟，从而结束了安道尔无关税的历史，但仍实行低关税政策以吸引游客。

安道尔全国有大小商店 1000 多家，人称“千家商店之国”。首都安道尔城，人口约 2.3 万人，为一小山城，四周高山嵯峨，市内人来人往，熙熙攘攘；夜晚灯火辉煌，霓虹灯光怪陆离，俨然为一个巨大的“国际”贸易市场。便利的交通和廉价精美的商品推动了旅游业的蓬勃发展。

四　财政金融

安道尔的财政收入主要来源于对进口商品和银行的税收、对石油等产品的间接税。安道尔实行以“公民根据自己的经济能力向公共开支作贡献”为原则的税收制度，税率低，不征收所得税，有“无税天堂”之称，因此对外国资金有一定吸引力。2008 年，安道尔实现财政收支平衡。安道尔的主要银行有安道尔私人银行、储蓄银行、安道尔萨巴德尔银行、安道尔信贷银行等。这些银行都与法国和西班牙资本有密切的关系。2009 年以后，在国际金融、经济危机冲击下，安建筑业、服务业等支柱产业全面萎缩，就业形势恶化，银行借贷严重，安经济陷入衰退。

安道尔没有本国货币，曾通用法国法郎和西班牙比塞塔。2002 年 1 月 1 日起使用欧元。安道尔邮票可充当货币流通，每年政府都要发行大量邮票。

五　对外贸易

安道尔对外贸易的主要伙伴是法国和西班牙，两国占安道尔对外贸易总量约 90%，其次是德国、意大利、日本、荷兰等国。2010 年进出口总额为 11.84 亿欧元，其中进口额 11.43 亿欧元，出口额为 0.41 亿欧元。主要进口产品是建筑材料、面粉、酒、橄榄油、食品及生活日用品，多供应给旅游业及外国旅游者消费；主要出口产品是羊毛、牲畜、皮革、香烟、木材、黄油和奶酪等农牧产品和加工品。

第五节　文化教育和人民生活

安道尔实行中小学免费义务教育，全国 33 所学校采取三种不同的教育体制，即安道尔教育体制、西班牙教育体制和法国教育体制。三种教育体制的最大区别就是采用不同的语言教学。安道尔教育体制采用加泰罗尼亚语教学，由安道尔政府负责制订教学计划；西班牙教育体制采用西班牙语教学，由西班牙教育部负责制订教学计划；法国教育体制采用法语教学，实施法国教育部的教学计划。安目前有大学 2 所。2005—2006 学年在校学生共计 11651 人。

全国有 1 家电台、1 家电视台和 2 份报纸。《安道尔日报》为主要报刊，日发行量 1.9 万份。全国有图书馆、博物馆各一所，均设在安道尔城。

安道尔的社会保险制度始建于 20 世纪 60 年代，包括医疗保险、养老保险和失业保险。2008 年全国有医院 1 所，医生 212 人，床位 188 张。

第六节　国防与外交

安道尔没有军队，只有少数维持社会秩序的民警。居民有权携带武器，必要时可动员居民担负警卫勤务。

1993 年安道尔政治体制改革前，对外关系由西班牙和法国两国代管，此后开始逐步建立和发展独立的对外关系。1993 年 6 月 3 日，安道尔与法国、西班牙签署了三方协议，法、西两国承认安道尔为主权国家并同其建立外交关系。在法、西两国积极推动下，同年 7 月 28 日安道尔加入联合国。此后安道尔陆续加入了一些国际组织和欧洲地区组织。安道尔签署了欧洲社会契约条约，还不定期列席欧盟有关会议。目前安道尔与世界上约 80 个国家建立外交关系，但只在西班牙、法国、美国、比利时和斯特拉斯堡设使馆或常设代表处。

安道尔奉行和平睦邻友好政策，将发展同西班牙、法国及欧盟的关系作为其对外关系的重点，谋求进一步改善和加强同欧盟的关系。1994 年 6 月 29 日，安道尔同中国正式建立大使级外交关系，中国驻西班牙大使兼任驻安道尔大使。建交后双方关系发展平稳，2005 年双方签署旅游备忘录，2007 年起安道尔成为中国公民出境旅游目的地。据中国海关总署统计，2012 年，中国向安道尔的出口贸易额为 2717 万美元，进口 32 万美元。

（杨解朴）

第八章 马耳他

第一节 概述

正式国名 马耳他共和国（Republic of Malta）。

位置 地中海中部。

面积 316 平方公里。

人口统计 40.68 万人（2010 年）。

民族 马耳他人占 90%，其余为阿拉伯人、意大利人和英国人。

语言 官方语言为马耳他语和英语。

宗教 国教为天主教，98%的居民信奉天主教。

政体 议会共和制。

首都 瓦莱塔（Valletta）。

国旗 从左到右由白、红两个垂直的长方形组成。白色象征纯洁，红色代表烈士的鲜血。左上方的乔治十字勋章是英王乔治六世于 1942 年 4 月 15 日授予马耳他政府的，以表彰马耳他人民在反对德、意海空战斗中的勇敢精神。1964 年独立时，又在勋章四周加了红色线条。

国徽 盾形，盾面为马耳他国旗。盾徽上端为王冠，两边饰以橄榄枝和棕榈枝；下端为一白色绶带，上书“马耳他共和国”。

国歌 《马耳他颂》。1964 年马耳他独立时定为国歌。由马耳他民族诗人敦·卡尔蒙作词，罗伯特·萨姆特作曲。

国庆日 9 月 21 日。

货币 欧元（2008 年 1 月 1 日加入欧元区之前为马耳他镑）。

第二节 自然地理与人文地理

马耳他为岛国，位于意大利西西里岛南面的地中海上，领土总面积为 316 平方公里，由马耳他岛、果佐、科米诺、科米诺托和菲尔夫拉岛五个小岛组成，海岸线长 180 公里。由于马耳他是群岛中最大的岛屿（245 平方公里），所以群岛统称为马耳他。马耳他岛距西西里岛的最近距离为 93 公里，距北非（突尼斯）的最近距离为 288 公里，西面距直布罗陀海峡 1826 公里，东面距亚历山大港 1510 公里。鉴于所处的地理位置，马耳他有着相当重要的战略地位，自古以来都是兵家必争之地。

马耳他全国共有 68 个地方市政委员会，其中马耳他岛 54 个，戈佐岛 14 个。首都瓦莱塔位于马耳他东海岸，是群岛的政治、文化和商业中心，现有人口约 8000 人。瓦莱塔城始建于 1566 年，在著名的战役“马耳他之围”中，指挥抗击土耳其军的骑士团团长姓瓦莱塔，城市因此得名。它有许多有趣的别名，诸如“圣约翰骑士团之城”、“巴洛克的伟大杰作”、“欧洲艺术之城”等。瓦莱塔也是全国最大的海港，国际机场卢帕距首都 5 公里。马耳他自由港是地中海中重要的集装箱码头之一。果佐岛是最北端的一个，面积仅次于马耳他，有良港，岛上的土质较肥沃，为马耳他解决部分粮食问题。

根据 2010 年 7 月的统计，马耳他群岛全部人口为 40.68 万人，马耳他岛居民超过 32 万人。全国居民中 90% 是马耳他人，其他为阿拉伯人、意大利人和英国人。人口密度为 1287 人/平方公里；平均寿命为 73 岁；人口自然增长率为 9‰。

马耳他的官方语言是马耳他语（90.2% 的人口）和英语（6% 的人口）；国教为天主教。

马耳他群岛的气候可概括为夏季干旱、冬季湿润多雨，属亚热带地中海气候。全年有一半时间天空晴朗、光照强烈，降雨期短，年平均降雨量为 578 毫米。冬季（11 月至次年 4 月）平均气温为 14.1℃，夏季（3 月至 10 月）平均气温为 32℃。一年中最热的季节是 7 月中旬至 9 月中旬。

第三节 历史

公元前 10 世纪至前 8 世纪，腓尼基人曾到马耳他定居。公元前 218 年群岛被罗马人统治，9 世纪起先后被阿拉伯人、诺曼人占领。1538 年，耶路撒冷骑士团由罗得岛移居这里，直到 1798 年。在骑士团统治的 200 多年期间，列岛人口大约增加了 5 倍，新的市镇和村落成批出现，兴办了一些新工业。1798 年，法军将骑士团逐出，拿破仑曾到达马耳他，并在岛上逗留了6天。1800年马耳他群岛被英国占领，1814年正式成为英国的殖民地。1947年马耳他实行内部自治；1959年1月英宣布废除1947年宪法。1961年制定了新宪法，再次获得一定程度的自治。1964年9月21日马耳他独立，成为英联邦成员国。1974年收回英租借的科米诺岛90%的土地，驻留马耳他的英军撤回。

1974年12月31日，马耳他宣布为共和国。

第四节　政治

1964年9月21日颁布的独立宪法规定，马耳他为君主立宪制政体，英国女王为马耳他国家元首。1974年12月13日修改宪法，马成为共和国，但仍保留在英联邦内，总统为国家元首，由总理提名经议会投票同意产生，任期5年。马耳他的政体为议会共和制，实行总理负责制。总统为国家元首，不干预政府工作，由议会选举产生，任期为5年。马耳他现任总统为乔治·阿贝拉（George Abela）。

根据宪法，马耳他议会为立法机构，实行一院制，称众议院，经普选产生，任期5年。议会一般有65个席位。总理和内阁从这些议员中产生，总理由总统任命，执掌国家行政。本届议会于2008年3月8日组成，共69席，其中国民党（执政党）占35席，工党（反对党）占34席。议长迈克尔·弗南多（Michael Frendo，2010年4月就职）。

政府对议会负责，政府的主要部门有：外交司法部、教育和内政部、财政部和农业、渔业部。1987年工党和国民党达成协议：在大选中获多数选票者执政。随后在5月举行的第5届议会选举中，国民党获胜。1987年以后，国民党多次蝉联执政。2008年3月12日，国民党再次执政后组成新一届政府。劳伦斯·冈奇连任总理，并对内阁进行调整。新内阁设8个部，成员由总理、副总理（兼外交部部长）、7位部长和6位议会国务秘书（亦为内阁成员，相当于副部长）共15名成员组成。主要成员有：总理劳伦斯·冈奇（Lawrence Gonzi），副总理兼外交部部长托尼奥·博奇（Tonio Borg），戈佐部长吉奥瓦纳·德波诺（女）（Giovanna Debono），基础设施、交通和通信部长奥斯汀·盖特（Austin Gatt），资源和农村事务部长乔治·普利奇诺（George Pullicino），教育、就业和家庭部长多洛蕾斯·克里斯蒂娜（女）（Dolores Cristina），财政、经济和投资部长托尼奥·芬内克（Tonio Fenech），司法和内政部长卡梅罗·米夫苏德·鲍尼奇（Carmelo Mifsud Bonnici），卫生、老年和社区关怀部长乔·凯萨（Joe Cassar）。

高等法院为最高司法机构，由1名首席大法官和16名大法官组成，由总统根据总理推荐任命，任职到65岁退休。现任首席大法官为文森特·德·加埃塔诺（Dr. Vincent de Gaetano），2002年就任。检察长希尔维奥·卡米莱里（Dr. Silvio Camilleri），2004年5月就任。

在英国统治时期，马耳他的政治家们一直在追求政治上的独立，争取马耳他的自治。马耳他的两大主要政党都组建于这一时期。主要政党有：（1）马耳他国民党（Partit Nazzjonalista，PN），执政党，成立于1921年，有党员3.2万人，主要为工商业者、教职员、律师、农民等。对内主张把马建成信奉天主教、具有欧洲传统和民族精神、自由正义的社会。对外主张加强同欧洲国家和地中海各国的联系和合作。现任领袖劳伦斯·冈奇（Dr. Laurence Gonzi），副领袖托尼奥·博奇（Dr. Tonio Borg）。（2）马耳他工党（Partit Laburista，PL）为主要反对党，成立于1920年，党员3万余人，以工人居多。对内主张“公民第一”，权力一律平等，逐步削弱宗教势力，建立自主经济，工会参与企业管理，出售部分国有企业股份。对外主张中立和不结盟，不参加任何军事集团，反对马加入欧盟，但在马入盟后表示尊重马人民的选择；重视同地中海国家关系。领袖约瑟夫·穆斯卡特（Joseph Muscat）。（3）民主选择党（Alternattiva Demokratika，AD），又称“绿党”（The Green Party），成立于1989年，是欧洲绿党成员，在马议会无席位，注重环境及社会问题。主席阿诺德·卡索拉（Arnold Cassola）。（4）国家行动党（Azzjoni Nazzjonali），成立于2007年6月，主张国家获得最大化收益，以坚持欧盟应分摊非法移民负担立场而出名，现任主席乔西·穆斯卡特（Josie Muscat）。

总统乔治·阿贝拉（George Abela）　1948年4月22日生，就读于马耳他大学，博士学位，曾任职业律师，1975年始任工人总工会法律顾问，1982年任马足球协会主席，1992年任工党负责党务的副领袖，1996年工党赢得大选后任桑特总理的法律顾问，1998 年因反对工党抵制加入欧盟、取消增值税及提前举行大选等辞去工党副领袖职务，2000 年终止与工人总工会的一切关系，2008 年竞选工党领袖输给穆斯卡特，之后接受穆任命任工党在马耳他—欧盟指导行动委员会代表，获总统提名后已辞去该职。2009 年 4 月 4 日任马第八任总统。已婚，有一子一女。

总理劳伦斯·冈奇（Lawrence Gonzi）　国民党领袖，1953 年 7 月 1 日生，1975 年获马耳他大学法学博士学位后开始担任律师。曾长期从事法律、天主教、残疾人、商业等事务。1987 年从政，1988—1996 年任议会议长，随后任议会反对党督导和党团秘书及影子内阁社会政策部长。1997 年起，任国民党总书记。1998 年，任社会政策部长和议会党团领袖。1999 年，当选国民党副领袖，并出任副总理兼社会政策部长。2004 年 3 月，当选国民党领袖，任政府总理兼财政部长。2008 年 3 月大选获胜后再次出任总理。曾 3 次访华。已婚，有两子一女。

第五节　经济与社会

自 2004 年加入欧盟以来，马耳他政府不断大力调整经济结构，推出系列改革措施，宏观经济不断改善。此外，从盟内得到的大笔援款为马耳他经济注入了更多活力，近年实现连续增长，于 2008 年初顺利加入欧元区。马耳他在过去的十几年一直致力于金融自由化改革，而欧盟国家是马金融业重要的投资来源。目前马金融机构 92% 的股份被外国公司持有，这些公司全部来自欧盟国家。在世界经济论坛发布的《2008—2009 年全球竞争力报告》中，马耳他在全球最具竞争力的 134 个经济体排名中名列第 52 位。2008 年，得益于严格的金融管理制度和保守谨慎的信贷投资传统，马金融体系及股市未受国际金融危机直接冲击，但受海外市场不景气、进出口和内需下降影响，马经济增长于第二季度开始放缓并于年底陷入衰退，2009 年持续下滑。2009 年马国内生产总值 57.09 亿欧元（世界排名第 149 位），增长 -1.2%（2007 年和 2008 年分别为 3.8% 和 1.5%），人均 13857 欧元。通货膨胀率 2.1%，失业率 7%；政府债务占国内生产总值的 69%。

马耳他自然资源贫乏，工业基础薄弱，粮食基本依赖进口，对外贸易长期逆差。传统产业主要是旅游业、船舶修造和制造业。

旅游业是马经济支柱和主要外汇来源。但也面临价格和质量等结构性问题。由于政府在 2006 年推出的一些激励措施吸引了一些低价航空公司开始在马运营，使旅游业在 2007 年取得较大增长，赴马游客总数增长 10.3%，总人数达 124 万人；旅游收入占 GDP 的比重达到 23%。2008 年，访马游客人数增加 3.8%，达 129 万人，但受国际金融和经济危机影响，自 2008 年第四季度起，马旅游业出现大幅下滑，2009 年访马游客人数减少 8.4%。英国、意大利、德国、法国等欧盟国家为赴马游客的主要来源国，分别占赴马游客总数的 35.1%、13.4%、10.4% 和 6.1%。

马耳他的工业除修船业和造船业以外，印刷出版业也比较发达，此外还有食品加工、修配、纺织、成衣和制鞋等轻工业。同其他发达国家一样，近年来制造业产值不断下降，2009 年仅占 GDP 的 17.4% 左右，低于西方国家总体水平；从业人员占总劳力的比重为 22.8%。主要产品有电子和化工产品、机械设备、食品饮料等。

对外贸易在马耳他国民经济中占重要地位。马对外贸易长期逆差。欧盟一直保持马最大贸易伙伴，占马对外贸易的近 2/3，其中法国、意大利为马主要贸易对象国。主要进口日用消费品、机械、食品、原材料。主要出口电子、服装、普通机械产品等。2009 年，马进口 27.68 亿欧元，出口 16.29 亿欧元，贸易逆差 11.39 亿欧元，占 GDP 的 19.95%。

马耳他土地贫瘠，可耕地仅有 1.4 万公顷，加之严重缺水，制约了农业的发展。农牧渔业在国民经济中不占主要地位。2007 年，农业和渔业产值占 GDP 的 1.7% 左右；从业人员占总劳力的 1.6%。农业产业主要为猪、禽养殖业，主要农产品有小麦、马铃薯、番茄、卷心菜、西葫芦等。水果以柑橘、葡萄、柠檬、橄榄为主。农副产品自给能力不足，自产比重只占所需的 20%。粮食、牛奶、植物油、水果等主要依赖进口。

马耳他的交通运输不够发达，境内无铁路和内陆水路。全国公路约 2230 公里。马有各类注册车辆 29.5 万辆，其中私人车辆 21.85 万辆，平均 2 位居民拥有 1 辆以上汽车，私车拥有量居世界前列。2010年，注册船只约1571艘，是世界第四大船舶登记国。唯一机场是卢阿国际机场，与欧洲主要城市、北非和中东国家通航。

通信方面，近年来马耳他一直在对其先进的电信系统进行升级改造，包括完全兼容的GSM数码移动通信服务，马国目前拥有欧洲最畅通的有线和无线通信网络，其互联网宽带的普及率也是欧洲最高的。2008年，居民手机拥有率达94.5%，互联网使用率为59%。

社会福利方面，马耳他政府为公民提供全面的免费医疗保健服务，所有的公民都可在政府健康中心和医院接受检查、治疗和康复服务。政府通过8个卫生中心向公民提供检查、治疗和康复初级护理，专门的公立医院执行二级和三级的健康护理。此外，还有两家私人医院，以及一些特殊的护理机构，如老年保健中心、伤残护理中心等。马耳他社会福利制度建于1921年自治政府成立之时。社会福利的执行主要通过3项法律来保证：（1）老年抚恤金法；（2）国民保健法；（3）国民保险法。1987年1月这3项法律并入社会福利法。社会福利方案，主要是为穷人、病人、老人和失业者提供救济、帮助和退休金，为这些人群提供最低生活保障。

第六节　教育与文化

马耳他实行中小学免费教育。共有学校340多所。儿童从5岁到16岁接受义务教育，在公立学校学习的中小学生可以享受免费的教科书和交通。中学毕业后希望接受继续教育和上大学的学生，国家可为其提供助学金。大约有30%的学龄儿童不选择公立教育，而是上宗教团体开办的天主教会学校。1988年马耳他高教法规定：教育和人类资源部应提供有影响和高效率的学校教育体系，保证对相关人员进行教育和培训。马耳他皇家大学是马耳他最好的高等学府，始建于1592年。2004年，马教育支出占其GDP的比重为4.8%，2007年，国民受教育时间为平均14年。

马耳他的主要报刊有：《地平线报》《祖国报》《民主者报》《时报》和《生活报》等。马耳他的广播电视公司受广播局监督。马耳他电视台为国家电视台，1962年开始播放电视节目，由政府公共广播服务有限公司经营。国民党和工党分别开设各自的电视台。私营有线电视台以播放娱乐性节目为主。马广播局成立于1961年9月，现为欧广联和英联邦广播协会及欧洲新闻学会的成员。

马耳他人热情友善，温文有礼。6月28—29日是马耳他最大的土风舞、民间音乐和民谣比赛节，9月有赛船节。每年5—10月，共有大小节日30个。马耳他群岛海岸线曲折，风景优美，是度假休闲的胜地。

马耳他著名的风景名胜有：

（1）圣约翰联合大教堂　即耶路撒冷圣约翰骑士团女修道院教堂，位于瓦莱塔，建于1573—1578年，是一座巴洛克式建筑，部分模仿哥特式。该教堂是基督教世界著名的教堂之一。

（2）本斯塔圆顶大教堂　位于马耳他中部本斯塔镇，1860年修建。教堂圆顶直径35米、高52米，马耳他主要的宗教活动都在该教堂举行。

（3）塔尔新古庙群　位于首都瓦莱塔郊区，是新石器时代晚期的建筑。

第七节　国防与外交

马耳他不实行征兵制度，17周岁半以上的公民即可自愿参军。不设国防部，武装部队由总理府管辖，总司令为卡梅尔·瓦萨洛（Carmel Vassallo）准将，2004年3月就职。现有正规军约1700人，其中军官100人。按照1980年同意大利签订的双边防务协定，由意提供安全保障。马警察力量约1800人，由内政部管辖。现任警察总署署长约翰·里佐（John Rizzo）2001年11月就职。2006年军费开支占GDP的0.6%。

马耳他共和国对外奉行中立、不结盟政策，不允许外国在马建立军事基地，同时积极发展同西方国家的关系。目前马耳他与世界122个国家建有外交关系。

1964年，在马耳他宣布独立以后，立即得到中国、美国和苏联的承认。1965年马耳他加入欧洲议会，1970年开始成为欧共体联系国，通过谈判加入欧洲共同体是马耳他致力发展与西方国家关系的长远目标。1999年2月，欧盟委员会发表对马入盟“意见”的《最新报告》，确认马在为加入欧盟进行行政和政府调整等政治方面没有重大问题。12月的欧盟赫尔辛基首脑会议同意2000年2月开始同马进行入盟谈判。2003年3月马就入盟问题进行公投并获通过。2003 年 4 月，马与欧盟签署加入欧盟条约。根据有关协议，马在欧盟理事会中拥有 3 个投票权，在欧盟委员会中将有一名委员，在欧洲议会中有 5 个席位。

马耳他与意大利于 1964 年 9 月 1 日建交。自 1979 年以来，意马签署了 4 项援助马的协议，帮助马进行基础设施项目的建设。

中马 1972 年 1 月 31 日建交以来，一直保持友好合作关系。双方高层互访较频繁。2001 年 7 月，江泽民主席与德马科总统成功互访。此外，近年我往访的还有：全国人大常委会副委员长王兆国（2004 年 7 月）、全国政协主席贾庆林（2004 年 9 月，过境）、全国政协副主席王忠禹（2005 年 6 月）、国务院副总理回良玉（2005 年 8 月）、中纪委书记吴官正（2005 年 9 月）、国家副主席习近平（2009 年 2 月）等。马方来访的还有：国民党副领袖、副总理冈奇（2000 年 4 月）、议长塔博恩（2002 年 7 月）、总理阿达米（2002 年 10 月）、国民党副领袖、副总理博奇（2005 年 10 月和 2006 年 10 月）、外长弗南多（2007 年 5 月）、总理冈奇（2008 年 10 月）、议会外委会主席弗南多（2009 年 7 月）、副总理兼外长博奇（2010 年 3 月）、工党副领袖穆斯卡特（2010 年 4 月）和总统阿贝拉（2010 年 4 月）。

2008 年 5 月四川汶川特大地震发生后，马耳他总统阿达米、议长加利亚、副总理兼外长博奇分别发来慰问电，总理冈奇、议长加利亚、副总理兼外长博奇亲赴我驻马使馆吊唁地震遇难者。马耳他政府向我提供 100 顶帐篷和 4.6 万欧元捐款。2010 年 4 月青海玉树地震发生后，马总统阿贝拉、议长加利亚和副总理兼外长博奇分别致信中方表示慰问。

近年来，中马在文化、教育、卫生、民政等领域的交流与合作增多，签有多个合作文件。如：《中华人民共和国卫生部和马耳他社会政策部 2009—2013 年度执行计划的协议》（2008 年 12 月）、《中华人民共和国政府和马耳他政府 2009—2012 年文化交流执行计划》（2009 年 2 月）、《中国孔子学院总部与马耳他大学关于合作设立马耳他大学孔子学院的协定》（2009 年 2 月）等。

两国经贸合作发展顺利，签有《贸易和经济合作协定》。2009 年 6 月，商务部副部长姜增伟与马财政、经济和投资部长芬内克在瓦莱塔共同主持召开了中马政府经贸混委会第八次会议，双方就当前两国经济和进一步扩大双边经贸合作等共同关心的问题交换了意见。2009 年 2 月，马基础设施、交通和通信部长奥斯汀・盖特访华，与我交通部领导会谈并探讨两国合作新领域。2009 年双边贸易额为 16.6 亿美元，同比增长 9.7%，其中我方出口额 12.6 亿美元，同比增长 18.4%，进口额 4 亿美元，下降 11.1%。

（徐映）

第四编

欧洲北部国家

第一章 瑞典

第一节 概述

国名 瑞典王国（The Kingdom of Sweden）。

位置 北欧斯堪的纳维亚半岛东南部。

面积 449964 平方公里。

人口统计 937.3 万人（2010 年 6 月 30 日）。

民族 约 90% 为瑞典人（日耳曼族后裔）；瑞典有两个土著少数民族，芬兰人（the Finnish）居住在东北部靠近芬兰边界；萨米人（the Sami）散居于瑞典北部，约 1.5 万人。

语言 官方语言是瑞典语。萨米族人有自己的语言。

宗教 90% 的国民信奉基督新教路德宗。

政体 君主立宪制。

首都 斯德哥尔摩（Stockholm）。

国旗 国旗的底色为蓝色，黄色宽条十字把旗地分为四部分，远离旗杆的十字水平条稍长。十字图案来源于历史上基督教的影响，蓝、黄颜色来自瑞典皇徽。

国歌 《你古老、光荣的北国山乡》（Du gamla, du fria）。

国徽 国徽有两种。大国徽为斗篷式，饰有王冠的蓝盾被黄十字一分为四。左上和右下部绘有 3 顶王冠；右上和左下部绘有戴王冠的金狮。大盾中有一小盾，左面由蓝、银白、红三色斜纹和一个金瓶组成；右面绘有一个城堡式的钟楼和一只金鹰。蓝盾两旁是金狮，下端为勋章。小国徽为带王冠的蓝盾，盾面上的 3 顶金冠是瑞典王国之象征，也象征着当年组成卡尔马联盟的丹麦、瑞典和挪威。

国庆日 6 月 6 日（始自 1983 年，原为国旗日）。

货币名称 克朗（krona）。

度量单位 公制。

时间时区 绝大部分国土在东一区，东部小部分领土在东二区。夏季实行夏时制。

国花 白菊、睡莲。

国鸟 乌鸫。

第二节 自然地理与人文地理

一 自然地理

瑞典位于北欧斯堪的纳维亚半岛东南部，东北部与芬兰接壤，西部和西北部与挪威为邻，东濒波罗的海，西南临北海，海岸线长约 7624 公里，国土面积 44.9964 万平方公里，是欧洲继俄罗斯、乌克兰、法国和西班牙之后的第五大国。

瑞典的地势自西北向东南倾斜。由北向南可分为 4 个地理区域。北部是以山岭和湖泊为主的诺尔兰高原地区，以低地为主的瑞典中部称为斯维阿兰，南部的约塔兰地区则由斯莫兰高原和斯科纳平原组成。全国最高峰克布讷凯塞峰（海拔 2123 米）和萨勒克山（海拔 2089 米）坐落在瑞典北部的拉普兰地区，后者位于一个巨大的自然公园内。海拉格山和叙拉纳山是瑞典的运动胜地，在春、夏两季尤其受欢迎。

瑞典的河流大都发源于诺尔兰高原，向东南入海。许多河流都连接着狭长的湖泊，并且经常有险滩和瀑布，在落差和流速较大的地方都建有水电站。主要河流有约塔河、达尔河和翁厄曼河。

丰富的矿床主要位于瑞典地势稍低的地区。瑞典的高原即使在冰川时期也未曾沉入海平面以下，因此土壤比较贫乏；中部低地则被冰川压到海平面以下，后形成肥沃的平原和湖泊。瑞典的湖泊共约9.2万个。最大的维纳恩湖面积5585平方公里，居欧洲第三位。分支与维纳恩湖相连的约塔河是瑞典南部地区的唯一大河，它向南从哥德堡流入北海。约塔河还以其在特罗尔梅坦的瀑布而闻名。

从维纳恩湖往南，平原逐渐转变为一个稍低的山区——斯莫兰高原。这个高原的海拔一般不超过160米，土壤多石，可耕面积很小。居民靠生产林木产品为生。

斯科纳平原是瑞典农业最为发达的地区，土壤肥沃，得益于海水所带来的富含营养的物质。西北部的某些土地中含有煤，土壤本身还是一种很好的防火材料。

瑞典多岩石的海岸线由成百上千个小岛组成。由于冰川时期的作用，它们有着相同的圆形形状，这种海岸线在东西部都有，特别是在哥德堡和斯德哥尔摩地区。海岸的其余部分则是沙地。最大的岛屿哥特兰岛则布满了石灰岩。

瑞典约15%的土地在北极圈内，但受大西洋暖流的影响，冬季不太寒冷。瑞典的南北气候差异很大，大部分地区属温带针叶林气候，最南部属温带阔叶林气候。它的平均气温，2月北部是-12.9℃，南部是-0.7℃；7月北部是12.8℃，南部是17.2℃。年平均降水量555毫米。

诺尔兰的高山地区的雪季长达8个月，斯莫兰高地的雪季平均为3个月，南方的斯科纳的雪季不到1个月。瑞典的西海岸很少结冰，但巴伦支海的北部则从11月底到第二年的5月因一直冰冻而不能通航。

瑞典北部的植物生长季只有3—4个月，南部的斯科纳则有8个月，这在很大程度上是由日照时间的长短决定的。在靠近北极圈的地区有极昼、极夜现象。

瑞典的植物带按纬度及海拔从高到低可分为：阿尔卑斯山植物区、桦木区、针叶林区以及山毛榉植物区。苔藓、地衣类的高山植被生长在北部海拔500米和西南部海拔1000米以上的地区；北方的高山桦木地区以低矮的白桦为主，也生长着欧洲花楸、樱桃木、柳树和白杨等植物。占瑞典面积58%的针叶林区在北部和斯莫兰高原尤为常见，苏格兰松、云杉常在瑞典北部、中部与低地白桦、花楸及白杨混生在一起，在南部则与栎树、桉树、欧椴、槭树和榆树混生在一起。山毛榉森林主要分布在斯科纳。

在瑞典，濒临灭绝的狼受到法律保护，此外还有只能在北部森林深处发现的熊和猞猁。北部山区有大群的驯鹿，麋鹿更是遍布全国。獾、狐狸、兔子、水獭以及狍等动物可以任意追捕。瑞典有大量的鸟类。鹤生活在北部的沼泽地区；海岸地区则生活着各种鸥类。蝰蛇是瑞典唯一有毒的蛇。鲑鱼、鳟鱼、狗鱼、河鲈等是瑞典江河里的主要鱼类。在瑞典，淡水鱼和海水鱼同样重要，尤其是在西海岸，虾、鲱鱼、鳕鱼、比目鱼、鲭鱼等都被广泛取食。

二 人口种族

据瑞典国家统计局的统计数据，截至2010年6月30日，瑞典的人口为937.3万人，是欧洲人口稀少的国家之一。其中约1/3的人口居住在3个最大的城市：斯德哥尔摩、哥德堡和马尔默。总人口中约90%为瑞典人（日耳曼族后裔），2005年外国移民达到113万人，占当时总人口的12.4%，其中60%拥有瑞典国籍。15%的瑞典人或者本人在国外出生，或者双亲是在国外出生的。传统上来自北欧的移民主要是芬兰人，但20世纪90年代以来，来自前南斯拉夫、东欧的移民和难民人数骤然增加，还有大批移民来自伊朗、土耳其、智利和黎巴嫩。1865—1930年，有140万瑞典人移居国外，主要迁往美国。居住在瑞典北部的萨米人和靠近瑞芬边界的芬兰人是瑞典两个土著的少数民族。目前生活在斯堪的纳维亚北部及俄罗斯北部的萨米人共有5—6万人，其中有1.5万人居住在瑞典境内，至今大部分人依然主要以渔牧为生。

瑞典人口寿命在世界上排名第二，妇女平均寿命81.4岁，男子平均寿命76.3岁（1995年底），

65 岁以上老人占总人口的近 1/5，是世界上人口老龄化最严重的国家之一。

瑞典是世界上妇女地位最高的国家之一。女权运动蓬勃发展，妇女的参政比例是全球最高的。议员中有 40% 以上是女性，在 1994 年和 1998 年两届内阁中，女性都占了一半。1920 年，瑞典妇女获得了全国范围内的普选权，比法国早 25 年。

瑞典家庭的明显特征之一是妇女通常有自己的工作，能够养活自己。妇女在照顾学前儿童和人工流产方面享有的权利居世界第一。瑞典家庭的另一个特征是许多人宁愿不结婚而选择同居方式度过一生。瑞典法律赋予同居者和单亲父母合法的地位。

三　行政区划

传统上，瑞典全国划分为 3 个大区，即哥得兰区（Gotaland）、斯维娅区（Svealand）和诺尔兰区（Norrland）。瑞典的行政区划曾多次变动，2004 年，瑞典全国有 21 个省（län），省下设 284 个市政区（kommuner）。省长由中央政府直接任命。21 个省都有地方选举产生的省议会，但其中哥特兰省有单独的自治政府和自治议会。在议会选举的同时，也举行各市镇、省议会的选举。省议会主要负责医疗保健事宜。

瑞典首都斯德哥尔摩是第一大城市，有“北方威尼斯”之称。第二大城市哥德堡，第三大城市马尔默。

第三节　历史

公元 5 世纪，在今天瑞典的土地上开始有村落形成。8 世纪，维京时代开始，在其后的 250 年里，生活在今天丹麦、瑞典和挪威的维京人，即后人所称的“北欧海盗”在欧洲进行了一系列扩张，其中主要以贸易为主，也伴随着殖民和掠夺。在当时的瑞典，中部居住着斯维阿人，维登湖的东部和西部居住着约塔兰人。11 世纪时斯维阿人中的乌普兰城国王统一了斯维阿和约塔兰，新成立的国家被命名为瑞典。国王乌洛夫于 1008 年受洗，成为瑞典历史上第一个基督徒国王。

1157 年瑞典兼并了芬兰，并于 13 世纪颁布了一系列成文法律。直到 1350 年奴隶制被全面废除。在整个中世纪，瑞典的国王都是靠选举产生。1250 年比尔耶尔被选为国王，他重新制定了法律，并把首都从锡格图纳迁到了斯德哥尔摩。

14 世纪开始，随着欧洲农业和商业的发展，以德国人为首的汉萨同盟渐渐控制了瑞典的商业。为摆脱汉萨同盟的控制，瑞典从 1389 年起加入了有丹麦和挪威参加的卡尔马同盟，该同盟实际从 1397 年起就由丹麦人控制。1520 年丹麦彻底攻占了瑞典，并在斯德哥尔摩大广场上制造了著名的“斯德哥尔摩血案”。血案中，瑞典贵族首领等近 100 人被杀。幸免于难的贵族古斯塔夫·瓦萨在达拉那省率领农民起义，于 1523 年推翻了丹麦人的统治。同年，古斯塔夫·瓦萨被推举为国王，开始了瑞典的强盛时期。

为重振国家经济，古斯塔夫把马丁·路德的新教确立为国教，并没收了原天主教会的财产，获得大量财政收入。1560 年古斯塔夫去世，瑞典从此开始王位世袭制。

在此后很长一段时间里，瑞典对外政策的重点一直放在波罗的海的控制权上。1561 年，瑞典占领了爱沙尼亚，1629 年占领了今天拉脱维亚的大部，并于 1645 年和 1658 年与丹麦签订了两个和约，获得了今天瑞典的南部三省及西部和北部的一些地区。

1611—1718 年在瑞典被称为“强权时期”，它屡次向外扩张，曾占领现在属于俄国、波兰和德国的部分领土。古斯塔夫·瓦萨的孙子古斯塔夫二世·阿道夫于 1629 年卷入了欧洲新教徒与天主教徒之间的所谓“三十年战争”，赢得了一系列胜利。1648 年战争结束时，瑞典已占领了包括德国西部在内的波罗的海南岸的大片土地，在欧洲确立了霸权。

当卡尔十二世即位时，丹麦、波兰与俄国联合起来对付瑞典。这位瑞典历史上最善战的国王于 1700 年夏天始向这 3 个国家发起进攻，并取得了一系列胜利。之后，三国分别被迫与瑞典签订了和约。1709 年，卡尔十二世远征俄国失败，其后战局开始逆转。1718 年，他在攻打挪威的一次战役中阵亡，在此后签订的一系列和约中，瑞典失去了几乎所有在德国的土地和在波罗的海的省份，并开始衰落。

卡尔十二世去世后，新国王开始把一部分权力下放给议会，这标志着瑞典帝国时代的结束和议会制的开始。此后的 53 年在瑞典历史上被称“自由时期”。在该时期瑞典的政治力量分为两派，轮流执政直到1772年。瑞典工业在“自由时期”得到巨大的发展，新的城市建立起来，人口也急剧膨胀。

1770年，瑞典的政治局势开始变得复杂，议会中贵族和其他三派（教士、城市市民和农民）之间的权力斗争日渐激烈。古斯塔夫三世在1772年发动政变，重新改组了政府，把议会的一部分权力夺回到王室手中。由于古斯塔夫三世深受法国启蒙思想与文化的影响，在位期间极大地促进了瑞典文化的发展。1792年，古斯塔夫三世被敌对的贵族势力暗杀。

古斯塔夫四世·阿道夫即位后，瑞典在1806年加入了欧洲反对拿破仑的同盟。1807年，法国和俄国缔结了和约，并要求瑞典断绝与英国的关系。在遭到瑞典拒绝后，俄国出兵占领了芬兰以及瑞典北部的部分地区。在失去1/3领土和1/4人口的同时，瑞典国内再次发生了政变。1809年，一部新的宪法出台，它规定瑞典为君主立宪制国家。古斯塔夫四世在政变中逃往国外，其叔父卡尔十三世即位。由于卡尔没有子女，一位丹麦王子被立为王储，但王子也于1810年去世。

在此之后，拿破仑的一个元帅，一位姓伯纳多特的法国人被请到瑞典当国王，他就是今天瑞典国王的祖先——卡尔十四世·约翰。他先是同俄国结盟对抗拿破仑，之后又同丹麦交战。1814年瑞典战胜丹麦，维也纳会议将挪威赔偿给瑞典，成立了瑞典—挪威联盟。瑞典国王兼挪威国王，直到1905年挪威脱离联盟独立。

从1814年开始，瑞典进入了和平时期，社会发展稳定，加之医学的进步以及农业的发展，19世纪，瑞典的人口从230万人激增到510万人。1850年，瑞典开始了工业革命；与此同时，西欧对木材及钢铁的巨大需求也大大促进了瑞典经济的发展。1860—1920年，伴随着美国经济的高速发展，瑞典出现了移民美国的大潮，先后共100多万人加入了移民队伍。这段时期，瑞典外交奉行中立政策，但国王奥斯卡一世仍为夺回芬兰再次发动了对俄国的战争。由于西欧诸国未施加援手，瑞典最终只从俄国手中夺得了厄兰岛。此后，瑞典远离战争，并将和平时期一直保持到现在。

1842年出台的一部法律规定每个孩子必须上学。教育的普及导致了平民运动的发展。宗教改革运动、禁酒运动以及争取男女平等的妇女运动是这一时期最为著名的平民运动。19世纪，瑞典工人为改善工作和生活条件自发组成了工会，并于1898年成立了全国总工会。1902年，资产阶级也组成了瑞典雇主协会。1866年由各阶层组成的旧议会解体，由两院组成的新议会诞生。但议员的产生并未经过民主选举，而且只有20%的男性公民拥有选举权。此后，瑞典的政党开始产生。1889年，瑞典社会民主工党在亚尔马·布兰廷的领导下成立，该党主张全民普选权和8小时工作日。1900年自由联合党在卡尔·斯塔夫的领导下成立，后演变成人民党，即现今的温和联合党。1913年建立了农民协会（现在的中央党），1921年共产党（现在的左翼党）成立。

瑞典虽然在第一次世界大战中保持了中立，但依然受到很大影响，国内发生了通货膨胀和饥荒。1917年，左派的自由党人和社民党人再次赢得大选。由于自由党反对生产资料社会化，社民党与自由党人联盟不久便解散。

1930年，世界经济危机影响到瑞典，就业问题成为政府面临的首要问题。经济大萧条使得社民党在1932年得以掌权，在“人民之家”的口号下，社会福利制度开始建立。随着右翼党派发出避免出现另一个苏联的警告，国内政治矛盾进一步加深。1931年，厄道仑的工人举行罢工，警察开枪打死了5名工人，成为瑞典历史上唯一一次警察向工人开枪的事件。之后，罢工席卷了全国。1938年，全国总工会与瑞典雇主协会签订了著名的“盐湖协定”，以避免劳资双方的冲突。20世纪30年代，失业保险、全民养老金、年休假等社会福利政策相继出台，人民生活水平得到了显著提高。

1939年第二次世界大战爆发，瑞典再次保持中立。战后瑞典奉行不结盟的中立政策。1949年与英国等国组建了欧洲自由贸易联盟。1969年帕尔梅当选为瑞典首相，增强了瑞典在国际舞台上的作用。瑞典于1971年撤销了要求成为欧洲共同体正式成员的申请。

1974年，瑞典政体再次改革，两院制的议会取消，一个由349个议席组成的新议会出现，国王不再拥有任何政治权力。1978年，使用核能问题导致执政的中央党与人民党及温和联合党发生分歧，最终中央党组成的中右联盟政府被迫辞职。其后，人民党组成了一党少数政府。在 1979 年的大选中，资产阶级政党再度联合，组成了联合政府。1982 年社民党再次赢得大选，在左翼党的支持下，帕尔梅再度出任首相并组成一党少数派政府。1986 年帕尔梅被刺，案件长期悬而未破。英瓦尔·卡尔松继任社民党主席和瑞典首相。1988 年环境党第一次进入议会。1990 年，瑞典经济开始滑坡，维护充分就业和社会福利成为政府的首要任务。虽然社民党在金融政策等方面进行了改革，但经济依然未能好转。1991 年大选，由于环境党未达到 4% 的票数，失去了在议会的席位。社民党与左翼党票数则未过半数，英瓦尔·卡尔松被迫辞职。温和党、人民党、中央党与基督教民主党等联合组成了政府，温和党主席卡尔·比尔特成为首相。同年，瑞典开始申请加入欧共体。由于人民不满右派政府的紧缩政策，1994 年大选社民党以微弱优势夺回了政权。同年，瑞典通过全民公决加入了欧盟。1995 年 8 月，首相英瓦尔·卡尔松辞职，原副首相莫娜·萨林因利用公家信用卡购私物被揭发，失去了成为首相的机会。1996 年 3 月，原财政大臣约兰·佩尔松当选为首相。政府将主要任务确定为减少失业和预算赤字。1997 年瑞典宣布不首批参加欧元区。在 1998 年大选中，社民党虽保持了瑞典第一大党的地位，但得票率为历年最低，在左翼党和环境党的支持下，社民党再次组成了少数派政府。2006 年的瑞典议会选举是 30 年来最势均力敌的大选，最终以保守党为首的中右联盟以微弱优势击败了以社会民主党为首的中左联盟。在 2010 年的议会选举中，极右翼的瑞典民主党首次获得进入议会的资格，执政的中右翼四党联盟与在野的中左翼“红绿联盟”均未赢得多数选民的支持。中右执政联盟虽然获得了连任，但瑞典新政府将在议会中处于少数派地位。

第四节 政治与法律制度

一 概况

瑞典实行的是君主立宪形式下的议会民主制度。国王卡尔十六世·古斯塔夫作为国家元首主要是主持礼仪性活动。现任国王卡尔十六世·古斯塔夫 1946 年 4 月 30 日生于斯德哥尔摩，1973 年 9 月 15 日即位。1976 年 6 月与德国平民希尔维亚结婚，生有二女一子。1981 年、2006 年曾携王后访华。

瑞典议会为一院制，议员由民众直接选举产生的各党派代表按比例组成，每 4 年选举一次。20 世纪 30 年代以来，社会民主党长期执政，瑞典政坛形成了“社会主义集团”与“非社会主义集团”的分野。进入 21 世纪，由社会民主党、左翼党等组成的“社会主义集团”演变为社民党、左翼党和绿党组成的“中左联盟”（即“红绿联盟”），由自由党、保守党—温和党、农民党—中央党、基督教民主党等组成的“非社会主义集团”演变为温和联合党、人民党、基督教民主党、中央党等组成的“中右联盟”（也称“蓝色联盟”）。瑞典是世界上政治比较稳定的国家。长期以来，各党派和政治势力普遍尊重宪法，他们往往通过妥协来解决不同集团、利益之间的分歧，并争取达成共识，形成了瑞典现代政治文化传统——“共识政治”。这一传统有利于政治稳定和经济发展。

二 宪法

瑞典现行宪法由 3 个基本法组成：《政府法典》（1809 年制定，1974 年修改），《王位继承法》（1810 年制定，1979 年修改），《新闻自由法》（1949 年制定）。此外还有介乎基本法和普通法之间的《议会组织法》。宪法规定瑞典实行君主立宪制，国王是国家元首，议会是国家唯一立法机构，由普选产生。国王不得干预议会和政府的工作。国王作为国家的象征履行代表性或礼仪性职责。国王的最年长子女是法定王位继承人。

三 议会制度

瑞典议会实行一院制，共 349 名议员，通过全国大选直接产生，任期 4 年。凡年满 18 岁的瑞典公民都拥有选举权和被选举权。在瑞典居住 3 年以上的移民，可参加省市一级议会的选举。大选后 15 天召集新议会首次会议，选出正副议长，议长提名首相，首相得到议会多数信任投票后组成内阁。若议会有 176 名以上的议员投了“不信任票”，议会可迫使政府辞职或罢免某位内阁大臣，除非首相在一周内提出重新选举。重新选举之前的临时政府的任期不超过该届议会任期的剩余时间。议会每年 10 月初开幕。

包括宪法、财政等在内的议会委员会的工作是议会工作的重要组成部分。委员会会议不对公众公开，但报告必须公开。在很多问题上，议会中各议会党团以及各党派领导人之间的会议发挥了很大作用。议会通过议会巡视员保持对公益事业的监督。

四　中央政府

瑞典的国家行政机关是内阁，由首相和若干内阁大臣组成。首相通常为多数党或政党联盟的领袖，由议长提名，经议会批准任命。之后，首相确定内阁大臣人选，任命各部大臣。根据《政府法典》，内阁受议会委托管理国家，对议会负责。如果议会以绝对多数通过对内阁或某位内阁大臣的不信任案，他就必须辞职。如果首相要求议长解除某位大臣的职务，议长应解除其职务。内阁成员的构成并无法律规定，历届政府的内阁人员人数不等。政府重大决策均经内阁讨论决定。政府有立法提案权。每当遇到重大政策、法律问题，政府往往先任命一个专门委员会进行调查研究、提出报告。政府根据委员会报告起草提案，提交议会审议。调查委员会一般由利益集团代表、执政党和反对党议员、文职人员和无党派专家学者等组成。

五　司法制度

瑞典全国设有平行并相互独立的普通法院和行政法院两大法院系统，但两者职权未明确划分。最高法院和最高行政法院的法官由首相任命。检察总长和首席检察官隶属于内阁。政府司法部主管司法行政，但不得干涉法院独立审判。

瑞典普通法院分为3个级别，1个最高法院、6个中级法院和约100个初级法庭。初级法庭在瑞典司法制度中扮演最重要的角色。大约仅有5%的案件从初级法庭送交高一级法庭审理。除审理民事等案件外，初级法庭还负责处理与权益转让、遗嘱、监护等有关的事宜。瑞典的初级法庭设有一个“顾问团”，“顾问团”的成员并非专业人士，而是由地方政府在有一定从政经验的市民中挑选，任期6年。由于这些人经常连任，因此有丰富的实际经验。与其他国家的“陪审团”制度不同的是，瑞典的“顾问团”只有意见统一，才能推翻法官的判决。皇家最高法院由22名终身法官组成，设专门部门负责判定是否接受中级法院提交的上诉申请。一般只有1/7的上诉案件得到复审。

瑞典行政法院设立较早，随着“福利国家”制度的推行，政府管理社会经济事务日益广泛，行政法院日益重要。它由1个最高行政法院、4个上诉法院组成，还有一些专门法院，如军事法院、土地法院、水政法院、最高租赁法院和保险法院等。行政法院与议会监察官制度相互配合，监督政府行政。

瑞典全国有86个区检察院、各省级检察院和1个国家检察院。检察官的职责是负责提审刑事嫌疑犯以及把他们送到法院。

瑞典立法权由议会和由内阁按议会原则任命的国王理事会共同执行。国王理事会享有制定行政和经济政策等方面法令法规的权力。

瑞典所有法律的制定都是在国家层次上进行的，不存在地方法。法令法规的权限比法律小，制定和修改也较容易。某些有地方特点的法令法规，如停车规则，可以由地方制定。

瑞典法律的修改有很多不同的规则。修改宪法必须得到两届议会的通过，修改期间大选正常进行。民法与刑法的修订则只需得到议会和政府的同意。政府有权修改法令和法规。

六　地方政府

瑞典的行政区划曾多次变动。2004年，瑞典中央政府之下设有21个省级机构，负责执行中央政府的政策。每个省都有一个普选产生的议会，它有权征收所得税，主要负责本省的医疗和卫生保健。包括乡村在内，全国共分284区，各区都有一个普选产生的议会，它征收一定数量的所得税，管理学校、养老院、社会服务、住房规划、文化和业余活动等公共事业。

七　政党与利益集团

瑞典实行多党制。各党派按所得选票分配议会席位。议会组织法规定，政党在大选中只有获得全国选票的4%或一个选区选票的12%才能进入议会。在349个席位中，310个固定议席由直接选举产生，其余39个调节议席则在选举后按比例分配给各个政党。

瑞典政坛主要党派如下：瑞典社会民主工人党，简称社民党，1889年成立；左翼党，1917年成立，原名瑞典社会民主左翼党，后改称瑞典共产党、瑞典左翼党—共产党人，1990年改现名；环境党，1981年成立，又称绿党；温和联合党，亦称保守党，1904年成立；人民党，亦称自由党，1934年成立；中央党，1910年成立，原名农民联盟，1958年改称现名；基督教民主党，1964年成立，原名基督教民主联盟，后改称基督教民主社会党，1996年改称现名。

长期以来，瑞典基本上一直是社会民主党单独组阁或与其他政党联合组阁（1932—1976 年，1983—1991 年，1994—2006 年）。在 1991 年选举中，非社会主义政党联合获得多数选票。在 1994 年与 1998 年的选举中，社会民主党组成了少数派政府。这种状况近年来发生改观。2006 年，以保守党为首的中右联盟以微弱优势击败了以社会民主党为首的中左联盟。在 2010 年的议会选举中，极右翼的瑞典民主党首次获得进入议会的资格，中右执政联盟获得了连任，这是瑞典近一个世纪以来，首个中间偏右政府在完成整个任期后获得连任。

瑞典重要的群众团体包括：瑞典工会联合会（LO），成立于 1898 年，是瑞典最大的工会组织；瑞典职员中央组织（TCO），1944 年成立，是瑞典最大的白领雇员工会组织；瑞典专业人士联合会总会（SACO），1947 年成立；瑞典企业联合会，2001 年成立；瑞典农民联合会（LRF），1917 年成立，是瑞典农场主、林场主和农业合作社的最大组织；合作社联合会（KF），1899 年成立。

第五节　经济与社会

一　概况

19 世纪 50 年代以前，瑞典是欧洲一个落后的农业国。随着二战之后的经济发展和社会改革，20 世纪 60 年代中期，瑞典已经成为世界上经济最发达、社会福利最完备的国家之一。经历 70 年代下半期和 80 年代的缓慢增长和 90 年代初短期的世界性经济衰退，通过福利国家改革、经济结构调整和采用高新科技，瑞典经济在 90 年代中期以后实现了又一次新飞跃。2008 年国际金融危机波及瑞典，2009 年瑞典经济大幅度下滑。

瑞典传统工业主要包括木材、造纸、电力、冶金等，20 世纪 70 年代工业结构向高技术产业转型，20 世纪 90 年代末以来，知识和智力资本在国际竞争中发挥的作用越来越大，目前机械制造和高技术工业在瑞典工业结构中日益重要。瑞典国内市场管制减少，企业形成新的组织结构，跨国公司成长迅速，外资在瑞典企业中的所有权迅速增长，服务业在国内生产总值中比例进一步提高。公共服务部门和社会保障比较完善。在医疗保健、教育和社会服务领域，公共服务约占 90% 以上。在国民生产总值中，出口占 20% 以上，在北欧国家中所占比率最高。2002 年瑞典国内生产总值为 23399 亿克朗（约合 2692.6 千亿美元），人均国内生产总值 261660 克朗（约合 3.01 万美元），国内生产总值增长率（2002 年）1.9%。

瑞典工业是由私有企业和国营企业构成的混合经济。私有企业占全部工业的近 90%，其余 10% 有一半是合作社经济，另一半为国家及地方政府所有。合作社经济是瑞典经济的一个特色，在零售行业影响巨大。国有经济通过国家有限公司的形式在经济中占据越来越重要的地位。

二　农林牧渔

瑞典农业人口占就业人口的 4%，农产品的 4/5 是乳制品和肉类，谷物以燕麦、小麦和大麦为主，蔬菜和水果主要依靠进口，农产品自给率达 80% 以上，农业产值约占国民生产总值的 2%。瑞典耕地只占国土面积的 1/10，大部分为私人所有，大部分农场也由家庭经营。农业合作社很流行。农民主要向高度发达的食品工业提供原料。目前半数以上的农民家庭的收入来自非农业经营。2002 年农、林、牧、渔从业者约 9.6 万人。约占总就业人数的 2.3%，产值约占国民生产总值的 2.0%，其中畜牧业占农业总产值的 80%。

三　工矿能源

瑞典的森林、铁矿、水利资源丰富。至 1995 年，已探明铁矿储量为 36.5 亿吨，铀储量 25 万—30 万吨；页岩储量 490 亿吨；森林覆盖率 58%，蓄材 28 亿立方米。被开发的铁矿大多集中在贝里斯拉根矿区和北部的基律纳矿区，后者是瑞典最大的铁矿，也是世界最富的铁矿之一。此外，谢莱夫特奥地区有富含金、银、铜、黄铁矿等矿床。但瑞典的煤矿稀少，并且多为贫矿。瑞典为世界上森林植被密度最高的国家之一，诺尔兰、斯维阿和约塔兰地区一半以上的土地都覆盖着森林，法律规定砍伐和种植必须同步进行。个人和企业控制着全国至少 3/4 的森林和木材。瑞典的很多河流落差很大，是世界上水利资源最丰富的国家之一。从保护环境的角度出发，瑞典保留了一些瀑布，没有对它们进行开发。火力发电占全国能源的 20%。石油依赖于进口。为了保护环境，瑞典计划以风力发电取代核电站。国家控制着能源生产的 45%。

瑞典工业发达。2001 年从业人员 103.9 万人，工业产值占国民生产总值的 22.6%。主要工业有铁矿、冶金、机电、汽车、造纸、电子、化工和森林工业等，其中机械制造为最重要的工业部门。主要工业产品为铁、铜、纸浆、纸张以及小汽车等。在瑞典创造工作机会最多的是发展迅速的电信、制药、医疗保健以及通信等行业。

汽车制造业是最能代表瑞典工业实力的行业。世界知名的汽车公司有沃尔沃（Volvo）、萨布（Saab）以及斯堪尼亚（Scania）。其中富豪和斯堪尼亚在世界重型货车市场的占有率仅次于奔驰。

瑞典的林木蓄材28亿立方米，超过西欧各国的蓄材量；由于年采伐量只及年种植量的70%，瑞典目前的林木储备量也是世界最高的。在瑞典，木材主要用于建材、包装和家具，森林工业的产品从传统的木材、纸浆、纸、纸箱到具有很高附加值的人造纤维、塑料、染料树脂和松脂等，门类十分齐全。

20世纪90年代，瑞典钢铁业产量和效益获得了极大的改善，赢得了欧洲最有效率钢铁工业的声誉。它在世界普通钢铁市场的占有率虽小，但在某些特殊钢铁市场，其占有率可达20%—40%，产品80%以上出口到欧盟国家。

二战以来，瑞典工业逐渐向知识密集方面转变。1990—2002年，知识密集型生产的年增长率是6%，而制造业其他部分为2%。由于制造业生产率的迅速提高，岗位增加的主要是知识密集型服务行业。90年代后期，瑞典在研发、软件和高等教育方面的投资占国内生产总值的6.5%，而美国为6%，欧盟为4%。

四 交通运输与电信

19世纪中叶，铁路开始在瑞典出现。当时建造铁路有3个原则：不能和已有的水路运输发生重叠；除起止站外，力求通过落后和人口相对稀少的地区；建立一个互相协调的铁路网。正是由于这项政策，瑞典出现了许多新城镇。1997年，瑞典铁路总长10897公里，客运量1.14亿人次，货运量57000万吨。

在瑞典历史上，航运一直占据重要的地位。目前瑞典国内航运的重要性已经减弱，但国际航运却非常繁荣。瑞典每年有95%的有形贸易量以及4000万人次乘客由其港口进出；而每年75亿吨的货物则经由9座主要港口运输，最繁忙的是哥德堡和吕勒奥港。1996年有商船436艘，总吨位294万吨。

目前瑞典国内的航空市场已撤销了管制，以利于各航空公司之间的竞争。北欧航空公司（SAS）为瑞典、丹麦和挪威三国共同拥有，主要业务是国际航线。瑞典最重要的机场是位于斯德哥尔摩、哥德堡和马尔默的机场。1997年瑞典航空客运量为121亿人次，货运量20万吨。

1997年瑞典公路总长21万公里，其中包括大约1350公里的高速公路。公路年货运量2.77亿吨。1997年有轿车370.3万辆，卡车32.2万辆。地方交通工具则主要以公共汽车为主。

瑞典在通信科技与电信领域居世界领先地位，其法令法规对电信市场限制极少，使本国和外国投资者均能顺利地在瑞典进行业务活动。瑞典的爱立信公司是世界最大的移动电话设备制造商之一，也是世界第三大移动电话手机供应商。瑞典拥有世界最高的普通与移动电话线人均占有率，个人电脑的普及化程度也仅次于美国。

五 劳工市场

瑞典政府长期奉行充分就业政策。多年来，劳动市场就业率一直位居世界前列。2006年，在911万瑞典人口中，劳动力占78.7%，其中就业人口434万人，失业人口24.5万人。瑞典被称为全球劳工市场组织最严密的国家。80%以上的劳动力都属于某个工会组织。蓝领工会组成瑞典全国总工会，有会员170多万人；白领雇员分别组成职员联合会（72万人）和瑞典知识分子联合会（约12万人）。大多数私营雇主属于瑞典雇主联合会。他们经营着2.4万多个企业，有120多万名雇员。工会和雇员做出很大努力以保证安全和改善劳动环境。瑞典政府一直实行积极的劳动市场政策，为失业和可能失业者安排培训，以保证充分就业。

六 服务行业与旅游业

瑞典服务业发达。1996年服务业从业人员约290万人，其中医疗、护理业从业人员79.4万人，商业和通信业从业人员76.4万人，金融业和企业服务业从业人员43.3万人，个体从业者、文化服务及家庭服务人员30万人，教育和科研人员31.5万人，公共行政部门20.7万人，旅游、饭店业8.7万人。1997年服务业产值占国民生产总值的60.2%。2001年服务业产值为9740亿克朗，占国民生产总值44.9%，从业人员约238.6万人。

截至1997年，瑞典各类旅游饭店有24.9万个席位。2001 年共接待外国旅客 583 万人次。主要旅游地有斯德哥尔摩和斯科纳省。外国旅游者主要来自北欧邻国、德国、美国和英国。旅游业年创收 500 亿克朗，占国民生产总值的 7.3%。

医疗保健是瑞典目前最发达的行业。拥有阿斯特拉（Astra）及法尔马西来—普强（Pharmacia & Upjohn）两个居世界领先地位的医药集团，以及数家成长快速的医疗设备制造公司。瑞典医疗保健工业的运转基本上依赖科技开发及国内市场。

七　财政金融

和其他国家相比，瑞典的特点是国民的收入和财富占有比较均衡。这在一定程度上是因为公共部门起到了比较大的作用。瑞典国民生产总值很大一部分以税收的形式进入公共部门，其中的大多数又以不同形式的保险费用回流到个体领域。瑞典国家和地方政府的税收占国民生产总值的 40% 以上，是全世界最高的。另外，1/4 的国民生产总值投入公共活动领域，其中相当一部分以服务的形式间接地返回公民手中，如教育、医疗、国防等。

20 世纪 90 年代初期的经济衰退使瑞典政府的财政状况急剧恶化，税收减少，但开支却直线上升。1989 年，瑞典公共部门的财政节余是经合组织 24 个成员国中最多的，但 1993 年，财政赤字却是 24 个成员国中最大的。1994 年 10 月上台的社民党政府开始改革财政政策，主要是节约开支和增加税收。目前，已有一定成效。1997 年，瑞典财政赤字降到占国民生产总值的 1.1%。外汇储备为 900 亿克朗。

瑞典是全世界税收最高的国家，税收主要分为直接税、间接税和社会保险税 3 种。为了防止征税过多，政府规定，税务部门向居民征税的上限为收入的 80%。公司和经济实体向国家上缴的所得税税率不超过其总收入的 52%。

瑞典几大商业银行股市价值排名依次为：投资银行、联合储蓄银行、瑞典商业银行、斯安银行和北欧银行。

八　对外经贸关系

瑞典经济在很大程度上依赖于对外贸易。瑞典工业高度国际化，商品与劳务出口约占国内生产总值的 1/3。瑞典大多数出口产品为制成品。不少公司出口率达 80%—90%。主要出口机械、纸浆纸张、化工医药产品；主要进口石油及石油产品、机械、纺织和化工产品等。瑞典的技术专业知识，如环境保护领域，是具有吸引力的出口产品。1989 年，瑞典正式取消外汇管制，企业可自由向外投资，主要投资对象是美国和欧洲国家。按人均计算，瑞典是目前全球吸纳外国直接投资最多的国家，主要来自美国、德国、英国和北欧邻国。

瑞典在关税和贸易总协定组织及世界贸易组织中积极推进贸易自由，主张加强和扩大开放的、多边的世界贸易体系。支持自由贸易为瑞典国际经济政策的基础。在欧洲实现自由贸易和加强经济一体化，是瑞典外交和贸易政策的中心内容。

瑞典主要的出口厂商有荣生集团、阿法—拉伐公司、国家森林工业有限公司、阿特拉斯—科普柯公司、丽都公司、爱立信公司、发玛西亚公司、萨布—斯堪尼亚公司、山特维克公司、瑞典滚珠轴承公司、瑞典钢铁公司和利乐包装公司等。

九　社会保障

瑞典的福利国家制度全球闻名。1889 年起，瑞典便开始实行综合社会福利政策，1913 年实行养老金制度，20 世纪 30 年代进一步调整了劳务市场和住房政策等，现已建立了一套完备的社会保障体系。瑞典的社会福利制度涉及很多内容，既有社会保险、医疗保险，又有失业救济和住房补贴等。社会保险和社会救济又分为老年保险、医疗保险、失业救济及失业津贴、残疾人社会保障等 4 方面内容。

养老金制度长期以来包括基本养老金和全民附加养老金两项。瑞典公民都可获得基本养老金，其数额与物价总指数挂钩，是老年人的基本生活保证。全民附加养老金则根据每人工作时间中收入最高的 15 年而定，一般是当时平均工资的 60%。但是，随着人口老龄化趋势，养老金支出增长而资金积累趋减，瑞典议会于 1998 年再次立法，进行养老金制度改革。瑞典的养老保障政策目前分为三个部分：一是处于中央财政之外的养老金制度，包括与工资挂钩的附加养老金和基金养老金；二是老年补偿制度，包括附属于养老金制度的养老保障金和老年人住房津贴、生活补贴；三是死亡赔偿制度，包括遗属年金等。瑞典各城市的社会福利局还负责兴办对老年人的多种服务项目，如帮助老年人购买食品和去医院看病等；各城市还兴办了“老年人活动中心”和养老院等，地铁、影剧院等均向老年人提供优惠。病人享受的病假补贴，数额视病假长短而定，相当于工资的 75%—90%。医疗费用和经医生之手的药品开支大部分由国家负担。政府鼓励生育，孩子出生后父母可以得到 15 个月的带薪产假。此外，家庭有 16 岁以下的儿童可以得到政府给予的生活津贴，孩子越多，金额越高。

在失业救济和失业补贴方面，瑞典有许多规定。职工自愿参加失业保险者，具备下列条件的每天可以领取 200 克朗左右的失业救济金：参加失业保险 1 年以上，在失业前 1 年至少工作了 5 个月，不是自动离职或因行为不端而被开除者。失业救济金分若干等级，但不得超过纳税后平均工资收入的 92%，领取时间最多为 300 天。没有参加失业保险的失业者每天也有 85 克朗的失业补贴，一般只给 150 天。失业者的福利通常由工会负责，资金来源为工会会费、雇主缴款和政府补贴。

在残疾人的社会保障方面，残疾人工资的 75% 由政府支付，其余部分由社会相关机构帮助解决。政府拨款为残疾人提供就业机会，以及各种免费公共服务。国家还提前发退休金给那些完全丧失工作能力的残疾人。

家庭福利补贴和免费教育。孕妇的产前检查和住院分娩均免费，夫妇双方在 1 年之内均可领取原工资的 90%。公民结婚可以从政府得到低息贷款。低收入家庭的儿童及其母亲在假期中可免费到国外旅游。瑞典实行 9 年制义务教育，16 岁以下的孩子有统一的免费补助，16—20 岁的学生有助学金。高等学校学生可向政府领取一笔无须偿还的助学金，研究生有特定的薪金。移民子女同样享受以上待遇。

住房补贴分为 3 种：一是中央政府的财政补贴，数额大小以收入和抚养孩子多少而定；二是中央与市政府联合提供的补贴，取决于收入和住房费用的大小；三是政府对老年人的住房有特别的补贴。

瑞典政府实行“充分就业”和国有化政策，通过提供招工补贴、职业培训和公共救济工程等最大限度地减少失业，特别强调运用国家财政补贴解决私人企业亏损的问题。这种财政补贴包括两种：一是普通补贴，凡是符合规定标准的申请者都可以获得；另外一种为特别补贴，即给予特定企业和个人的财政补贴、地区补贴、出口补贴以及科研开发费用补贴等。典型的财政补贴一般采取赠款和贷款两种方式。

瑞典的国有化企业大体有两种形式，一个是包括邮政通信事业在内的公共事业，这些非营利国有企业出现的亏损，一般由国家财政预算补贴；另一个是分属于钢铁、造船、服务业等部门的国有企业，它们大多数被置于由国家设置的“控股公司”之下，成为附属公司或子公司。

瑞典以其完备的社会保障制度在世界上赢得了“人民之家”的称誉，其发展道路亦被称之为“瑞典模式”。但近年来的实践证明，高度的福利制度已经严重阻碍了经济的发展。社会保障费用的连续大幅度上升使得瑞典财政赤字增加，目前其国债居西方国家之首。由于高福利的前提是高税收，平均每个劳动者需将工资的 30% 直接纳税；雇主还需向中央政府缴纳相当于其雇员工资的 40% 的税金，用于雇员的社会福利。此外，每个人需付出食品和服务的增值税 18%—25%。高税收给人民生活带来了沉重负担，目前政府已开始采取措施对现行制度进行改革。

第六节　教育、科技和文化

一　教育概况

瑞典实行 9 年一贯制小学义务免费教育。学校为每位学生免费提供午餐。9 年制教育分为 3 个阶段：低、中、高年级。所有学生前 6 年的课程都一样，第 3 年开始学习第一外语和英语，到了高年级，学生也可以选学德语和法语；中学阶段，俄语、西班牙语、芬兰语和意大利语等都在选学之列。小学七年级以后，学生可以自由选择不同的科目。

瑞典教育制度的一个重要原则，在接受义务教育后任何想继续学习的人都应得到机会。有 90% 的人在小学后直接升入 3 年制的中学或相应的职业学校。之后约有 35% 的学生进高校深造。所有的学校均为男女同校。

大学和高等职业学校也免收学费。学习成绩是获准深造的重要条件，不过也考虑工作经验的多少。为支付生活费用，学生可获得政府的贷款和补贴。

截至 1998 年，瑞典共有国立综合大学 7 所：斯德哥尔摩大学、乌普萨拉大学、隆德大学、哥德堡大学、于密欧大学、林雪平大学和卡尔城大学。瑞典还有 30 多所高等专业院校，其中著名的有皇家工学院、卡洛林医学院和斯德哥尔摩商学院等。

瑞典十分重视成人教育。1968 年以后，免费的学习班一直得到地方政府和国家的支持。成人学校与正规学校开设同样的课程，成年人可以选择其中的某个课程或全部课程。“民间高等学校”是向 18 岁以上的成年人提供高等教育的地方。每年大约有 14000 人参加全国 128 所“民间高等学校”的学习。广播和电视课程在瑞典成人教育中很普遍。瑞典成人教育中最有特点的便是学习会，它通常是由 5 个以上的成年人组成，他们定期在一起学习某项课程。此类活动由非营利性质的教育协会主持，并得到政府有关机构的资助。国家还免费对学生进行职业培训，并对移民进行语言培训。

二　科技概况

瑞典全国科研力量主要集中在国家资助的全国各级高校、专业研究所、皇家科学院和工程院以及企业自主的下属研发部门。所有工业部门都十分重视技术发展和产品开发。国民生产总值的 3% 用于研究开发，位居经合组织成员国之首，每年开发研究项目 5300 多个。研究经费大部分由企业提供，大学和中央政府则提供 1/3。瑞典技术创新、研究开发活动主要集中在以下领域：工程设备行业、林业、信息和通信技术、生物技术和生物科学行业、环保行业和可再生能源、功能食品。

ASEA 是瑞典国家与企业界在科研开发领域进行合作的良好范例。战后时期，国家对大的工业项目一直给予支持，使瑞典公司得以在新技术领域从事探索与开发。由于有瑞典政府对核反应堆的订单，ASEA 开发了自己的核电技术。在 X2000 型高速列车的研制中，瑞典国营铁路公司是最积极的合作伙伴。国营电话公司（TELIA）和爱立信公司一同在电信业处于主导地位。由于有瑞典空军的军用飞机订单，SAAB 公司能够向本公司的飞机生产投资。瑞典是个小国，无力为许多领域的基础研究提供资金，它只能把力量集中在研究项目的国际合作上，例如欧洲航天局的航天项目和欧洲原子能研究组织的核研究项目。

诺贝尔奖是以 19 世纪瑞典化学家和发明家阿尔弗雷德·诺贝尔的名字命名的。诺贝尔的发明涉及炸药、合成橡胶、皮革和人造丝等，在世界各国的专利总数达 355 项。1896 年，诺贝尔去世，他把从发明得到的巨款按当时汇率计算为 8311000 美元留给了诺贝尔基金会，由执行人投资可靠的证券，其利息每年“以奖金的形式授予那些在上一年对人类作出最大贡献的人”。诺贝尔奖最初为 5 种，即物理学、化学、生理学或医学、文学及和平奖。物理学、化学奖的提名由瑞典皇家科学院决定；医学或生理学奖由卡洛林医学院决定；和平奖由挪威的一个委员会决定；瑞典文学院、法兰西文学院和西班牙文学院提名文学奖。1968 年，瑞典中央银行设立了经济学奖，由瑞典皇家科学院负责评选。诺贝尔奖对推动瑞典本国科技创新起了很大作用。

三　文化概况

生活在 19 世纪末的约翰尼·奥古斯特·斯特林堡是瑞典历史上最伟大的作家，他的表现主义戏剧对现代剧作家产生了很大影响，代表作有戏剧《父亲》《到大马士革去》、小说《红房子》等。著名女作家塞尔玛·拉格洛芙（1858—1940 年）于 1909 年获得诺贝尔文学奖，她的《古斯泰·贝林的故事》被列入瑞典文学的最佳作品，而她的《尼尔斯骑鹅旅行记》更是在全世界广为流传。1920 年以来，哈里·马丁松一直是瑞典最受欢迎的诗人。他的题材从浪漫的瑞典乡村到遥远的宇宙，无所不包。在小说家中，威廉·莫贝里撰写的在美国的瑞典移民以及农村士兵的小说在瑞典文学史上占据重要地位。儿童文学作家阿斯特丽德·林德格伦塑造的长袜子皮皮的故事已被翻译为包括中文在内的 60 多种语言。此外，著名的瑞典作家还有获得过诺贝尔文学奖的诗人弗纳·冯·海登斯塔姆和埃瑞克·阿克塞特·卡尔费文特。

瑞典人有良好的爵士乐传统，有众多优秀的世界级流行音乐团体，如阿巴、罗克塞特、爱斯基地等乐队。业余乐队和合唱队也极为普及。斯德哥尔摩皇家歌剧院是被称为“瑞典夜莺”的詹尼·林德初次登台的地方。

瑞典戏剧传统发源于斯德哥尔摩的皇家话剧院，嘉宝和褒曼等演员便是在此受到最初训练。出生在瑞典的英格丽·褒曼是好莱坞历史上最著名的电影演员之一，是北欧女性的代表。瑞典话剧和电影导演伊格马·柏格曼是公认的世界电影史上最著名的导演之一。作为瑞典皇家芭蕾舞团的团长和编导，毕吉特·库贝格由于发展了现代芭蕾而在国内外享有盛誉。

尽管戏剧、舞蹈、音乐和博物馆是以城市为中心，但是巡回演出也将这些艺术送到了其他地区。同时，各地均有各自的地方剧院、乐团和博物馆。

瑞典的绘画和雕塑等艺术基本与国际潮流一致。欧斯特·约瑟夫森是19世纪后期最出色的画家之一，其代表作是肖像画《水怪》。古斯塔夫·塞德斯塔朗以军事历史题材的作品闻名于世。著名现代画家有卡尔·拉尔森等。以制作纪念碑闻名的20世纪20年代的雕塑家卡尔·米勒斯同样蜚声国外。瑞典工艺品设计具有鲜明的民族特色，主要产品为玻璃、陶瓷、纺织品，以及家具和工业品设计。家具和室内装潢以简洁、明快和淡雅为特色。

瑞典农村的民间文化主要有乐器、舞蹈、说唱、编织、木雕和手工艺。随着电视等传媒的出现以及民间对外交流的增强，瑞典城乡生活差别逐渐缩小。瑞典的年轻人开始参与国内和国际的政治事务，关心发展中国家以及周边国家的一些问题，但与此同时，他们对传统艺术的兴趣减弱。传统的文化机构由国王设立并受法律保护。在斯德哥尔摩，有18世纪创建的皇后岛剧院、瑞典皇家歌剧院、皇家话剧院、皇家音乐学院、皇家图书馆等。

文学、语言、历史和考古研究在瑞典具有悠久的传统。瑞典文学院，皇家文学、历史和文物学院，皇家科学院等是著名的科研学术机构。享誉欧洲乃至世界的名牌大学包括乌普萨拉大学、隆德大学、皇家工学院、查尔姆斯工业大学和卡罗林医学院等。在社会科学领域，成就最突出的是经济学中的瑞典学派。该学派是西方世界尤其是北欧有重要影响的经济学流派之一，起源于19世纪末20世纪初，形成于20世纪二三十年代。其中最具影响力的理论有宏观动态经济理论、生产要素禀赋理论和混合经济理论。代表人物有威克塞尔、卡塞尔、戴维森、缪尔达尔、林达尔、俄林、林德伯克等。

在军备控制和国际裁军研究方面，瑞典也处于世界领先地位。斯德哥尔摩国际和平研究所是具有国际影响的研究机构。

四　新闻媒体

1766年，瑞典议会将新闻自由写入宪法。1991年议会又通过一项新的法案——《自由表达法令》，以保障媒介的自由。社会与大众媒介享有的一个重要权利是“公开原则”，即每个公民均有权查阅政府部门的文件，政府机密仅限于国家安全事务和涉及个人隐私的内容。瑞典有专门的委员会监督新闻出版，使其不违背基本的道德准则。

在瑞典，报纸的影响很大，政治和文化杂志的影响力相对较弱。瑞典发行量最大的报纸《快报》和最大的日报《每日新闻》同属斯德哥尔摩一家私营企业。发行量第二大报纸《晚报》属瑞典总工会所有，代表社会民主党。较大的报纸还有《哥德堡邮报》《瑞典日报》和《南瑞典日报》等。

瑞典通讯社于1921年成立，为半官方新闻机构。

1925年瑞典设立了广播股份公司；1956年电视广播实行正规化，成立了瑞典广播电视公司；1993年1月1日，该公司改组为3个独立的公司，即瑞典全国广播电台、瑞典电视台和教育广播电台（负责电台和电视台的教育节目）。1984年开始建立卫星有线电视网。1990年和1991年分别成立了商业性的电视三台和电视四台，而电视一台和二台不允许播放商业性广告。瑞典的广播法规定，广播电视不能有任何政治倾向，必须保持客观。

五　民俗民风

瑞典是世界上外出旅游人数最多的国家之一。季节在很大程度上决定着人们的度假方式。夏季昼长，以室外活动为主。许多瑞典人把每年的假期用在冬季滑雪上。

冬季里，首先到来的是10月10日的诺贝尔日。在这一天，人们举行隆重仪式颁发诺贝尔奖。仪式之后，举行由获奖者和嘉宾参加的盛大宴会。和平奖发奖仪式于同一天在挪威的奥斯陆举行。

此后是露西亚节和圣诞节。露西亚节在每年的12月13日。当天早晨，通常由家中的女孩头戴点着蜡烛的花冠叫醒全家。她便是露西亚，一个希望的象征：漫长的黑夜之后，光明即将到来。瑞典人的圣诞习俗与其他国家相同。

在春天，首先到来的是复活节。复活节保留着异教徒祭春礼仪的遗风，如绘复活节彩蛋和骑扫帚扮成飞翔的女巫。五朔节在4月30日夜，全国用篝火、合唱欢呼春天的来临。

6月下旬，瑞典北方太阳整日不落，南方的夜晚极为短暂。仲夏节人们欢聚在一起围着鲜花装点的木杆跳舞，这是古代祭祀之遗风。此外，在温暖的8月夜晚，人们在彩色纸灯笼前吃凉的煮龙虾，并佐以浓烈的瑞典“白酒”，这已成为一种风俗。狩猎为秋季流行的活动，成千上万的瑞典人在夜晚或者周末参加捕猎。11月11日为圣马丁日，它源自纪念圣马丁的旅行，主要流行于瑞典南方，许多世纪以来这是秋季工作的结束、冬季活动开始的标志。按照传统，人们在这一天吃烤鹅。

六　体育休闲

瑞典人在现代体育兴起之初就投身其中。早在1912年，斯德哥尔摩就举行了奥运会。山地滑雪、足球、冰球、田径和赛车等运动吸引了大量参加者和观众。瑞典以网球著称，还以滑雪和乒乓球享誉世界。北欧特有的运动包括班底球和定向赛跑。瑞典的残疾人运动在国际上成绩显著，集体运动、骑马、高尔夫和跑步也甚为流行。比约恩·博格（1956—　）在1976—1980年间曾连续5次获得温布尔登网球赛冠军，是网球史上最大的奇迹之一。

在瑞典，人人都从事体育运动，群众性的体育比赛在瑞典有悠久的传统。瓦萨滑雪赛始于1922年，每年有1.5万名来自世界各国的滑雪好手参加。

瑞典人有一个独特的传统观念，即“人人有权”到森林和野外远足，采摘野果和蘑菇、游泳或者泛舟，前提是不要侵犯私人财产，不破坏或者污染环境。瑞典乡间有大量自然保护区，面积约占全国土地总面积的8%。法律严禁在湖滨海岸建筑房屋，但景区内有设备齐全的野营地和青年旅馆对不同年龄层次的人开放。

第七节　国防和外交

一　国防概况

瑞典奉行军事不结盟政策，国王为全国武装力量名义上的统帅，内阁为最高权力机构。三军总司令负责提出军事战略，领导部队训练，指挥全军作战。和平时期注重包括军事防务、民防、经济防务和心理防备的总体国防建设。全国划分为4个军区。实行义务兵役制，18—24岁的男子必须服役，服役期为7.5—10个月，此后还要参加5次18—25天的复役。每年参加兵役的人大概有5万人，加上复役的人员共有10万多人。

瑞典有军队6.4万人，战时可动员77.5万人。陆军步兵团除了负责保卫国土外，还负责冬季抗寒的任务。瑞典的军事工业发达，武器出口量较大。90%以上的军事装备由本国生产。1997年出口军品30亿克朗。国防储备很充足，尤其是海军和空军，在战时可以快速紧急动员。

瑞典的国防开支较大，2001年度国防预算为450亿克朗，占财政预算的6.2%。国防研究院负责设计国防科技、医药方面的研究，研究成果也供民用。

民防的主要任务是保护和拯救生命，如负责在战时执行人口稠密地区人民的转移工作和防空洞的修建、管理。民防委员会还负责训练灭火、急救。瑞典政府在和平时期也在山岭地带储藏有关物资，如石油。心理防备由心理防备委员会负责，任务包括战时新闻宣传等工作。

此外，有超过100万的瑞典人是“自愿国防组织”的成员。这一组织属于民兵系统，负责在战时保卫港口、机场、工厂等重要建筑。

二　外交政策

冷战结束前的近两个世纪里，瑞典奉行“平时不结盟，战时守中立”的国家安全政策。但中立政策并不意味着瑞典不介入世界事务。瑞典的中立主义是以积极的国际外交为补充的，即瑞典外交体现合作、安全、稳定的特点，积极参与全球事务，履行国际义务。瑞典还主张发挥联合国作用。促进裁军、改善人权和改善环境也是瑞典外交政策的基本原则。瑞典将国民总收入的1%用于官方发展援助。瑞典的对外援助素以“中立”和“利他”而自诩，是世界上第三大紧急人道主义援助的提供者。1994年1月1日，瑞典正式加入“欧洲经济区”。1994年3月完成了与欧盟的入盟谈判，经全民公决和议会批准，于1995年1月1日起成为欧洲联盟正式成员国。1994年6月，加入北约的“和平伙伴关系计划”。1995年5月1日，瑞典以观察员身份加入申根协定，12月9日，瑞典与申根协定国家签署了入约协定。1996年10月，瑞典当选为联合国安理会1997—1998年度非常任理事国。此外瑞典还是欧洲委员会和北欧理事会成员国。

瑞典“战时守中立、平时不结盟”的安全政策随着冷战结束和加入欧盟而发生一定变化。2002年瑞典议会修正了其安全政策，保留了不加入军事同盟的原则，但中立立场逐渐松动。波罗的海地区在瑞典安全政策中日益重要，2006年瑞典成为波罗的海国家理事会（CBSS，the Council of Baltic Sea States）的主席国，积极推动环境、安全以及贸易投资等领域的北欧—波罗的海地区合作。

瑞典认为保持同美国的密切关系具有重要的战略意义。近年来，瑞美关系发展良好。1996 年，瑞首相佩尔松对美国进行了工作访问。但瑞也批评美拖欠联合国会费等做法。

瑞典强调同俄罗斯保持良好关系的重要性，支持俄的改革，但仍视俄为最大的潜在威胁，主张不要孤立俄，而要把俄纳入全欧政治、经济和安全新体制中，深化与俄的地区合作和国际合作。1996 年3 月，瑞外交大臣瓦伦访俄，10 月，瑞议长道尔、首相佩尔松分别访俄，5 月，俄总理切尔诺梅尔金访瑞。1997 年 12 月，俄罗斯总统叶利钦访问瑞典。

瑞典把对欧盟的关系放在对外关系的首位。认为欧盟在保持欧洲稳定和安全方面发挥着重要作用，支持扩大欧盟，主张欧盟加强预防冲突、促进和平的能力。1999 年 9 月，北约秘书长索拉纳访瑞，此系北约秘书长首次访问瑞典。

瑞典同北欧邻国有着传统的密切合作关系。由于丹麦、瑞典、芬兰都是欧盟成员国，主张改革北欧合作的形式和内容。表示愿在欧盟内照顾挪威和冰岛的利益，力争维持原北欧合作的框架，并在此基础上开展环波罗的海和巴伦支地区合作。

瑞典重视同发展中国家的关系。主张发达国家增加对发展中国家的援助，帮助受援国脱贫，促进其发展民主和人权，加强环保。近年来，外援额有所下降，但仍能达到联合国规定的占国民生产总值 0.7% 的要求。1998 年瑞外援额为 124 亿克朗（约合 16.5 亿美元），主要受援国是前南地区、波黑、伊拉克、毛里求斯、坦桑尼亚、埃塞俄比亚、乌干达等。

瑞典于 1950 年 5 月 9 日与中国建交，是西方国家中第一个与中国建交的国家。建交后两国关系正常。20 世纪 90 年代，两国关系发展较快，高层互访较多。中国副总理朱镕基曾于 1992 年访瑞；瑞典国王卡尔·古斯塔夫、费尔丁首相、卡尔松首相、本特松议长曾先后访华。2000 年是瑞典与中国建交 50 周年，瑞典副首相莱娜·耶尔姆—瓦伦率代表团访华。2006 年 7 月，瑞国王卡尔十六世·古斯塔夫对华进行国事访问并出席瑞典“哥德堡号”仿古船驶抵广州的欢迎仪式。2007 年 6 月，胡锦涛主席对瑞典进行国事访问并出席“哥德堡号”仿古船返航抵达仪式。此访是中国国家元首首次对瑞典进行国事访问。2008 年 4 月，瑞首相赖因费尔特对华进行正式访问并出席博鳌亚洲论坛 2008 年年会开幕式，胡锦涛主席、吴邦国委员长和温家宝总理分别与其会见、会谈。5 月，瑞国王卡尔十六世·古斯塔夫、首相赖因费尔特分别就四川特大地震灾害致信中国国家领导人表示慰问，瑞政府为中国抗震救灾提供了 312 万美元的援助物资。8—9 月，瑞国王和王室成员来华观摩北京奥运会和残奥会。10 月，赖因费尔特来华出席第七届亚欧首脑会议。2009 年 11 月，赖因费尔特来华出席第十二次中欧领导人会晤。2010 年 3 月，习近平副主席访问瑞典。4 月，瑞国王卡尔十六世·古斯塔夫、首相赖因费尔特分别就青海玉树地震灾害致信中国国家领导人表示慰问。5 月，瑞国王和奥洛夫松副首相来华出席上海世博会瑞典馆日和中瑞建交 60 周年庆祝活动。

1957 年中瑞签订贸易协定，这是中国同西方国家签订的第一个政府间长期贸易协定。1979 年双方建立了经贸合作委员会，瑞典开始向中国提供出口信贷；1980 年对中国实行普惠制，1983 年起向中国提供优惠贷款。截至 1997 年底已批准的贷款项目约 56 个，贷款总额为 12.26 亿美元，主要用于能源和环保项目。瑞典还向中国提供赠款 1100 多万美元。

20 世纪 90 年代以来，两国经贸关系飞速发展。1994 年，两国贸易额突破 10 亿美元。2009 年，双边贸易额为 96.1 亿美元，同比下降 5.4%，其中中方进口 54.5 亿美元，出口 41.6 亿美元，同比分别增长 8.3% 和下降 18.8%。中国对瑞典主要出口电器及电子产品、服装及衣着附件、机械设备、金属制品、电话机等，主要进口运输工具、计算机与通信技术、钢材、纸及纸板、仪器仪表、计量检测分析自控仪器及器具等。

瑞典重视开拓中国市场，从 1982 年开始对华投资，截至 2009 年底，中国政府共批准瑞典在华投资项目为 1026 个，瑞方实际投入 19.6 亿美元，行业主要包括电信、汽车及零部件、电器、建材、印刷、制药和造纸等。截至 2009 年 3 月底，中国在瑞典累计投资额为 1.47 亿美元，以服务贸易类企业为主，涉及旅游、贸易、软件开发及航空运输等行业。

1978年中瑞成立科技合作委员会，1981年签订科技合作议定书。中国于1992年10月为瑞典发射科学实验卫星“弗利亚”。双方科技合作已扩大到通信、环保、医疗、航空航天等20多个领域。自1980年起，瑞典为中国培训各类技术和管理人员2000多人。2007年7月，瑞典环境技术中心在北京落成。9月，中瑞科技联委会第一次会议和“中国—瑞典科技周”在京举行。2002年双方签署《2002—2005年中瑞教育与科技合作意向书》。2008年4月，瑞典首相赖因费尔特访华期间，国家发展和改革委员会与瑞环境部、外交部及企业、能源与交通部签署了关于环境与能源技术合作谅解备忘录，环境保护部和瑞环境保护署签署了关于中国环境与发展国际合作委员会的合作协议。2008年，瑞典空间公司北京代表处成立；中瑞环境技术与可持续发展研讨会在北京召开；“气候变化经济学论坛——中国迈向低碳经济”研讨会和中瑞科技合作中期会谈均在斯德哥尔摩举行，双方后3G通信、新材料、能源等领域合作项目启动。2009年，天津市与瑞卡罗林斯卡医学院确定10个合作研究项目。

中瑞1964年起正式交换留学生。20世纪80年代以来，两国教育领域的交往增多。政府教育官员互访频繁。1983年，中国教委和瑞典学会签署了交流协议。2006年，两国签署《关于高等教育合作的框架协议》。目前，中国在瑞有公派和自费留学生约2500名，瑞在华各类留学生约220名，两国每年互派公费留学生约40名。2005年，中国在瑞典斯德哥尔摩大学开办了在欧洲的首家“孔子学院”——“北欧斯德哥尔摩孔子学院”。2007年，该院被评为全球先进孔子学院，已有注册学员1000余人。

1996年11月瑞典驻上海总领馆开馆，1997年4月中国在瑞典第二大城市哥德堡开设总领馆。上海与哥德堡于1996年结为友好城市。1997年双方就瑞保留驻中国香港特别行政区总领馆达成协议并换文。2002年11月瑞在广州开设总领馆。2009年11月，因国际金融危机造成政府财政赤字严重，瑞关闭驻广州总领馆。　　（王洁明　郭灵凤）

第二章　丹麦

第一节　概述

国名　丹麦王国（The Kingdom of Denmark）。

位置　欧洲北部。

面积　43096平方公里（不包括格陵兰和法罗群岛）。

人口统计　552.9万人（2009年）。

民族　丹麦族。另有德意志、瑞典、挪威、犹太等少数民族。

语言　官方语言为丹麦语。

宗教　国教是基督教福音派路德宗。

政体　君主立宪制。

首都　哥本哈根。

国旗　红色长方形旗地上绘有一个白色十字。据丹麦史诗记载，1219年6月15日，丹麦国王瓦尔德玛二世在对爱沙尼亚异教徒进行的战争中陷入困境，随军的大主教向上帝祈祷，一面带有白色十字的红旗从空中飘然而下，士气大振，战况遂转败为胜。因此6月15日被定为丹麦的“国旗日”，又称“瓦尔德玛日”。国旗有两种形式，一种为长方形，一种为燕尾形。

国歌　没有明文规定的国歌，起国歌作用的有两首歌，一首是《基里斯当挺立桅杆旁》，1779年由约翰内斯·埃瓦尔德作词，D. L. 罗埃尔特作曲。另一首是《有一处好地方》，1819年前后，由亚当·戈特罗布·奥伦什雷格尔作词，汉斯·埃伦斯特·克勒叶尔作曲。1844年7月4日，《有一处好地方》在有1.2万人参加的丹麦爱国者集会上演唱，由此闻名全国。

国徽　金色盾形，三只头戴王冠的蓝色狮子横置于盾面，九颗红心点缀于狮子周围，象征“勇敢、忠诚、善良”。盾徽上端为一顶王冠，象征丹麦为一个古老的王国。

国庆日　4月16日（女王诞辰日）。

货币　丹麦克朗（Danish Crone），国际标准代码是DKr.，辅币为欧尔，1 克朗 = 100 欧尔。

度量单位　公制度量衡。

时间时区　比格林尼治时间早 1 小时，比北京时间晚 7 小时。

国花　冬青。

国鸟　云雀。

第二节　自然地理与人文地理

一　自然地理

丹麦位于欧洲北部波罗的海和北海之间。西邻北海；西北隔斯卡格拉克海峡与挪威相望；东隔厄勒海峡与瑞典相对；南与德国接壤。面积 43096 平方公里（不包括格陵兰和法罗群岛）。全境包括日德兰半岛的大部分及西兰、菲英、洛兰等 406 个岛屿。此外，还有两个自治区：北大西洋上的法罗群岛，面积 1400 平方公里；北美洲的格陵兰岛，面积 217.6 平方公里。

丹麦海岸线蜿蜒曲折，长达 7474 公里。陆地距海最大距离不超过 52 公里。地质上属于德国大平原的延伸部分，地形平缓起伏，境内低平，平均海拔约 30 米，海拔最高点 173 米。丹麦与德国的边界线将日德兰半岛划分成了南、北石勒苏益格两部分。北石勒苏益格属丹麦，通称南日德兰，占丹麦总面积的 55%，地势低平。丹麦南部是沼泽地、冰水河沉积平原；西部是起伏低缓的老冰碛带和冰水沙石的冰水沉积平原；东部和中部是冰碛丘陵；北部面向斯卡格拉克海峡。阿里湖是丹麦最大的湖泊，面积 40.6 平方公里。最长的河是古曾河，长 150 公里。丹麦是个多岛屿国家，西兰岛是最大的岛，面积 7548 平方公里，隔松得海峡与瑞典相望。岛的北部为沙质丘陵，中部为冰碛平原。菲英岛是丹麦第二大岛，面积 3486 平方公里，位于日德兰半岛与西兰岛之间，连接着卡特加特海峡与波罗的海的大小贝尔特航道，是丹麦的“核心”部位。洛兰—法尔斯特双岛，面积共计 1795 平方公里，中间为古尔堡海峡。两岛由一座 3 公里长的斯托尔斯特罗姆桥与西兰岛相连。博恩霍尔姆岛远离丹麦其他岛屿，位于哥本哈根东南 240 公里的地方，距瑞典海岸仅 40 公里，面积 588 平方公里，岛上岩石重叠。

由于受大西洋吹来的西南暖风的影响，丹麦气候冬暖夏凉，属海洋性温带阔叶林气候。最冷的 2 月份平均气温在 -0.4℃左右，最热的 7 月份平均气温为 17℃。最潮湿的季节是秋季，最干燥的季节为夏季。全年平均降水量约 600 毫米，由西向东逐渐减少。降水量最少的是卡特加特海峡的南面海岸，在 450 毫米以下。8—10 月是降水量最集中的月份。终年有风，年均风速达 7.6 米/秒。

丹麦矿藏资源贫乏，国内所需 50% 以上的石油和 100% 的煤炭靠进口。1972 年在北海大陆架发现石油，蕴藏量估计为 1.51 亿吨，天然气蕴藏量约 1700 亿立方米。已探明褐煤储量仅为 9000 万立方米，因开采成本较高，已停止开采。其他矿产有：白瓷土、白垩和石炭。在日德兰半岛有约 5 万公顷的泥炭。二战后，在日德兰南部和中部找到了含硫酸盐的沼泽。河流不多，急流更缺，水力资源相应缺乏。自然植被以阔叶林为主，北部地区向针阔混交林过渡。森林覆盖面积 49.3 万公顷，占国土面积的 11%。

二　人口状况

2009 年丹麦人口为 552.9 万人。其中，城市约占 84%，农村约占 16%；男性约占 49%，女性约占 51%。平均寿命男性为 72 岁，女性为 77.7 岁。在总人口中各年龄组所占比例为：1—17 岁者占 21.1%；18—66 岁者占 65.2%；67 岁以上者占 13.7%。人口结构日趋老龄化。人口分布极不均衡，人口密度平均每平方公里为 120 人。63% 的人口集中居住在占全国面积 30% 的岛屿上。西兰岛的人口最稠密，每平方公里 289 人。日德兰半岛的面积虽占全国总面积的 60%，而人口却只占全国总人口的 37%。位于西兰岛东部的最大城市哥本哈根人口为 67.2 万人（2008 年）。

19 世纪的最后 25 年，丹麦经历了严重的经济危机。大量丹麦人口迁往美国和加拿大，在短期内外迁人口达 15 万人。后又有不少丹麦人迁往国外。丹麦在国外人口约有 65 万人，主要分布在瑞典、挪威、德国、美国和加拿大。目前，有 600 多人在中国大陆，加上在香港特别行政区的 580 人，共计 1180 人居住在中国。到 20 世纪 70 年代，出现了人口迁入大于迁出的情况。外国移民主要来自西亚、北非、东南欧和拉美国家。

丹麦民族较单一，主体民族（丹麦人）在全国人口中占 95%，外国移民占 5%。现代丹麦人是由许多种族长期混合而成，从民族成分来看，这些种族均属日耳曼语族。他们主要由古代的丹麦人、森布里亚人、朱特人、盎格鲁人、撒克逊人、格鲁尔人、弗里斯人等日耳曼部落结合而成。日耳曼语族的人数占全国人数的99.4%，其中丹麦人占96.8%，另外还有德意志人（占全国人口的1%）、法罗人（0.8%）、瑞士人（0.3%）、挪威人（0.2%）、犹太人（0.2%）、英格兰人（0.1%）、波兰人（0.1%）。其余0.5%的非日耳曼语族的其他民族有芬兰人、澳大利亚人、美利坚人、法兰西人、意大利人、西班牙人、阿根廷人、匈牙利人和华人等。

国教是基督教福音派路德宗。1849年以前，所有的丹麦人都必须信仰路德教。1849年，丹麦颁布了新宪法，明文规定公民有信仰自由，从此丹麦人有了选择信仰的权利。目前，信奉路德教的占全国人口86.6%，天主教占0.6%，犹太教占0.1%。

官方语言是丹麦语，其他语言有：法罗语、德语、爱斯基摩语、吉卜赛语和英语。丹麦语属北日耳曼语东支斯堪的纳维亚语的分支，大约11世纪时从斯堪的纳维亚语中分化出来而成为独立语言，与英语、德语同属印欧语系日耳曼语族，与瑞典语、挪威语最接近。1948年，丹麦曾进行过一次拼写法改革，废除了像德语那样名词首字母必须大写的规则。法罗语也属印欧语系日耳曼语族，文字以拉丁字母为基础。20世纪30年代以后，法罗语逐步取代丹麦语成为主要教学用语。德语主要用于丹麦的日耳曼人社团，使用者2万多人，主要分布在南部与德国接壤的地区。爱斯基摩语是格陵兰岛的方言，近5万人使用，主要分布在格陵兰岛。斯堪的纳维亚吉卜赛语使用人数很少。

三　行政区划

丹麦行政划分为州、市两级。全国共设14个州、277个市（区）。各州名称是：哥本哈根、菲德烈堡、罗斯基勒、西西兰、斯多斯特罗姆、博恩霍尔姆、菲英、南日德兰、里伯、瓦埃勒、林克宾、奥胡斯、维堡和北日德兰。

1. **哥本哈根**　丹麦首都。原为一个小渔村，1167年阿布萨朗主教在这里修建了第一座城堡。1254年成为重要港口城市。1443年成为首都。位于西兰岛东岸和马尔尼岛北部，隔厄勒海峡和瑞典重要海港马尔默遥遥相望。市区面积88平方公里，人口50万人；大哥本哈根面积620平方公里，人口约138万人。是全国政治、经济、文化中心，丹麦最大海港，也是北欧著名古城，北欧最大城市。工商业发达，机械、造船、电子、食品加工、印染、家具制造、陶器等十分兴盛。哥本哈根与巴黎有许多相似之处：宫殿、博物馆和公园，还有河流（运河）从市内通过，因而被誉为“北方的巴黎”。最著名的克里斯蒂安堡，曾是国王克里斯蒂安六世的宫殿，现在是议会、最高法院和政府各机关所在地。罗森堡宫曾是克里斯蒂安五世的王宫，现为博物馆。市政厅里装饰着丹麦文豪汉斯·安徒生和建筑家马丁·尼拉普等艺术家胸像。市政厅的钟楼高达107米，不仅可供人们鸟瞰全市风光，还是一座世界时钟，它能计算出太空星球的位置，并告诉人们年、月、日、星期和太阳时、中欧时和恒星时，等等。全市有20多个供人们参观的博物馆。建于1740年的国立博物馆是丹麦最大、藏品最丰富的博物馆。滨海公园中的“美人鱼”和趣伏里乐园更是哥本哈根的骄傲。哥本哈根大学是北欧最早的高等学府，创建于1479年，设有社会科学、艺术、神学、医学、数学、化学、物理学、地质学、生物学和计算机等专业。

2. **奥胡斯**　日德兰半岛的首府，丹麦第二大城市。位于日德兰半岛东岸中部，濒临奥胡斯湾，人口21万人。有1000多年的历史，948年设有主教堂，当时叫“亚鲁斯”，是“江”的意思，因为位于两条不大的河流之间而得名。中世纪时，这个城市是主教的驻地。近一个世纪以来，它已发展成为日德兰半岛最大的运输、工业及文化中心。奥胡斯是丹麦第二大港口，港深7.5米，码头长10公里，有欧洲最现代化的中型杂货港口设备。主要进口物资有：汽油、谷物、煤、金属和机械等。出口物资有肉类和奶制品。港口的造船、轮船检修、起重机制造和冷藏设备的生产都很发达。1928年建立了国内第二所综合性大学，即奥胡斯大学。城内有许多名胜古迹，著名的市政厅堪称世界城市建筑的先驱。最引人注目的建筑是13世纪中叶修建的修道院，在宗教改革后，改为医院。还有1201年以罗马式建筑建成、在15世纪改建的大教堂以及后来发现的圣尼古拉地下教堂等。奥胡斯有着许多著名的文化设施，如民俗博物馆等。

3. **欧登塞** 菲英岛的首府，丹麦第三大城市和第四大港口。位于菲英岛东北部，人口18万人。欧登塞有近千年的历史。公元988年7月18日，德意志帝国皇帝奥托三世曾在一份信件中宣布欧登塞归他统辖。这份最早为人所知的文书档案，便被看作是这个城市的“出生证”。11世纪成为兴盛的商业中心。15世纪以后，成为北欧五国举行会议的场所。欧登塞的工农业生产在丹麦占有重要位置。工业有造船、铸铁、烟草、纺织、制糖和食品加工。欧登塞是菲英岛的铁路运输枢纽，有铁路与日德兰半岛相连，有经尼堡的铁路及轮渡与西兰岛相通，还有通向首都及主要城市的飞机场。欧登塞也是丹麦重要的文化中心。1964年创办了丹麦第三所综合性大学欧登塞大学，校内有“安徒生研究中心”。此外，欧登塞还有许多博物馆、图书馆和档案馆。其中最引人入胜的是安徒生博物馆。1805年，安徒生出生在欧登塞。安徒生的故居是丹麦最著名的旅游景点之一。

4. **奥尔堡** 位于北日德兰的中心，在利姆峡湾南岸，离卡特加特海峡23公里。现有人口11万人，是丹麦第四大城市，丹麦重要的工业中心。地处西欧与斯堪的纳维亚地区的交通要道，是重要的交通枢纽，海陆空交通都较发达。旧城区保存了许多古建筑和遗迹，1431年建造的圣灵修道院，是丹麦最古老的社会福利机构。建于1539年的奥尔堡大厅是斯堪的纳维亚最大的会议和音乐厅。还有北欧最大的海盗墓地及博物馆。

5. **埃斯堡** 丹麦新兴的、现代化的工商业大都市，有丹麦“西大门”之称。位于日德兰半岛的西岸，与法诺岛隔海相望。19世纪后期为一个海港城市。现有人口8.2万人。港口终年不结冰，为全国重要的捕鱼基地，全国鱼产量的40%由这里出口，并担负着繁重的旅客轮渡任务，每年过往旅客多达几十万人。

第三节 历史

丹麦虽是欧洲形成陆地最迟的国家之一，但已有1.2万年的文明史。大约在公元前1万—前1800年进入石器时代。箭头、斧头和刀是当时人们制造并使用的日常用品。当时他们修建石室掩埋死者，至今还有不下5000个石室散落在乡村四野。公元前1500年青铜技术从南欧传到丹麦。青铜时代丹麦艺人的杰作之一，就是大约在公元前1500年制作的太阳车。车上有一个金色的圆盘象征给予生命的太阳，车子由一匹青铜马拉着。另一杰作是卢尔号。这种号一般成对，是一种弯曲优美的号角，为世界上最古老的乐器之一。它标志着丹麦及整个斯堪的纳维亚青铜铸造技术熟练程度达到高峰。公元前1000年，当克尔特人闯进希腊、征服罗马、占领高卢时，丹麦进入“克尔特铁器时代”。随着罗马人的强大，罗马文化也波及斯堪的纳维亚，公元前后，丹麦进入了“罗马铁器时代”。罗马帝国衰落后，受条顿人的影响，丹麦进入“条顿时代”。丹麦文化不断从异族文化中吸取充足的养分，但由于特殊的地理位置，并没有被异族文化所同化。在铁器广泛运用的基础上，丹麦进入了历史上最新奇的时代——海盗时代。

公元739年6月，丹麦海盗对英格兰东北海岸林第斯法恩的进攻标志着丹麦进入海盗时代。这次进攻袭击了英格兰著名的寺院和主教邸宅及一些有名的讲学场所，并将俘虏杀戮或掳去当奴隶。事件发生后，整个欧洲为之震惊。后来丹麦又组织了更庞大的海盗舰队从事海盗活动。在此时期，850年法国修道士安斯加尔将基督教带入丹麦，到960年前后，哈拉尔王将整个国家基督教化。10世纪前后，今天的丹麦王国已经基本形成。第一位君主戈胡·奥尔德在10世纪上半叶统治丹麦，940年去世。他的儿子哈拉尔·布鲁图思继位后，在日德兰东部耶林人父母坟上立了一块刻有北欧古文字的石碑，这便是著名的耶林石碑，人们视其为丹麦王国诞生的证明。哈拉尔死后，他的儿子“八字须王斯汶”成了丹麦王。斯汶王首先打败挪威人，然后连续几年多次向西方派遣舰队，1013年占领伦敦，成为丹麦和英国的国王。1014年斯汶从马上坠落身亡，其子卡努特接替父位后，把海盗时代推向全盛期。到1035年，卡努特控制了整个英格兰和诺曼底。同年，卡努特突然死去。1042年，丹麦帝国土崩瓦解，海盗时代也随之结束。

在从瓦尔德玛家族的统治时期（1157—1241年）到克里斯钦四世在位（1588—1648年）的漫长年代里，丹麦有了国旗、国徽，及丹麦的第一部成文法典；北欧三国实现了统一；各地兴建了许多对后世有影响的建筑。

在瓦尔德玛家族统治时期，丹麦深受欧洲主流文化影响，同时也十分注重商业。女王玛格丽特一世在位时，实现了丹麦、挪威和瑞典的统一。玛格丽特是瓦尔德玛四世的女儿，也是挪威国王哈康六世的王妃。瓦尔德玛四世死后，其外孙、玛格丽特的儿子奥拉夫二世即位（1375—1387 年在位），玛格丽特摄政。1380 年挪威国王哈康六世去世，奥拉夫二世作为他的儿子又继任了挪威的国王。这样，丹麦和挪威成为在一个君主治下的联合王国。这个联合王国持续了 434 年，直到 1814 年被英国分裂。1387 年奥拉夫二世去世，玛格丽特以儿子的名义执掌权柄，并于 1389 年兼任瑞典摄政王。1397 年，玛格丽特召开了著名的卡尔马会议，与来自瑞典、挪威、冰岛三国的贵族聚集商议，结成了卡尔马联盟。丹麦在这个联盟中处于领导地位，从而一统北欧。

克里斯钦四世在位 60 年（1588—1648 年），被称为“伟大的建设者”。他对战争少有兴趣，而热衷于各种建设和建筑。在此时期，丹麦建造了许多非凡的建筑物，同时也兴建了当时欧洲最大和最新式的海军兵工厂。在哥本哈根建立了证券交易所；为大学生们兴建了一所有宿舍的大学院；修建了一座“圆塔”天文台等。

历史上的丹麦远大于现在的丹麦。1380—1814 年，挪威附属于丹麦；1658 年以前，瑞典的最南端也属丹麦领土。但后来的一系列战争，特别是 17 世纪中叶瑞典入侵整个丹麦，导致国家领土大幅减少，丹麦由此失去了当年一统北欧三国的辉煌。丹麦领土版图不断缩小的同时，在政治上也经历了从君主专制到君主立宪制度的过渡。克里斯钦四世死后，其次子继位，史称腓特烈三世（1648—1670 年在位）。在他统治期间，着手改组他的两个王国（丹麦和挪威）。1660 年 10 月腓特烈三世受到都市资产阶级和神职人员的拥戴，宣布了王位世袭制度，从而建立了君主专制制度。从前由属于贵族的采邑持有者管理的行政区改为由拿薪金的“文官”来管理。腓特烈三世及其继承者准许一些德国人和其他外国人移住进来，形成一个新的贵族阶级。1665 年 11 月，根据新国王法，规定女性拥有继承王位的权利，腓特烈三世与路德派联合，强调君权神授说，采用专制王权制度。国王掌握了所有的权力，封建领主和贵族的势力再次被削弱，并形成君主和官僚贵族的新的社会关系。克里斯钦七世在位时（1766—1808 年），丹麦进行了一系列根本性改革：1788 年废除农奴制；1797 年制定了新税法，放弃贸易保护政策，扩大自由贸易；1792 年率先停止从西印度群岛输入黑奴，是世界上第一个禁止奴隶买卖的国家。改革之际，丹麦卷入了欧洲拿破仑战争的旋涡，并于 1814 年将挪威割让给瑞典，结束了丹麦对挪威长达 4 个世纪的统治。1848 年 3 月在哥本哈根市民暴动之前，国王腓特烈七世（1848—1863 年在位）宣布废除专制王权，建立了以民族自由党为中心的内阁。1849 年 6 月 5 日通过丹麦第一部宪法，开始实行两院制：下院和上院。君主立宪制取代了已实行 190 年的君主专制政体（1660—1849 年）。

19 世纪后半期，丹麦社会的民主化进一步得到发展。农业实行了品种和技术的改良，产量大幅度提高。以农业和渔业为主的经济活动的发展促成了新政治势力的形成。腓特烈八世（1906—1912 年在位）和克里斯钦十世（1912—1947 年在位）统治期间，继续推行民主政治及社会民主化。1915 年修正宪法，扩大了选举权，同时废除了选举中的特权制度。1940 年 4 月 9 日，纳粹德国入侵丹麦。大战期间，丹麦有成百上千条船只驶出国界，为盟国服务。1944 年 6 月，冰岛脱离丹麦而独立。1945 年 5 月 4 日在丹麦的德军投降。丹麦被承认为同盟国，并成为联合国创始国之一。1953 年 6 月 5 日，腓特烈九世（1947—1972 年在位）批准新宪法。新宪法废除了参议院（上院），成立了一院制议会。1972 年 1 月由已故腓特烈九世的长女玛格丽特继位（即玛格丽特二世）。

第四节　政治体制与法律制度

一　概况

丹麦政体为君主立宪制。议会和国王共同拥有立法权，国王有行政管理权。按照 1953 年修改后的现行宪法规定，女性有王位继承权。现任国家元首是女王玛格丽特二世。1972 年 1 月 13 日，腓特烈九世因病去世，其女儿玛格丽特继承王位，为区别于 14 世纪统治丹麦的玛格丽特一世，更为表示对 500 年前的这位杰出女王的敬意，玛格丽特即位时便将称号定为玛格丽特二世。

玛格丽特二世（Margrethe Ⅱ，1940 年 4 月 16 日—　）不仅是丹麦第一位执政女王，也是丹麦国王宝座上第一位才华横溢的艺术家。她的出世正好在德国占领丹麦一周后，在德国法西斯的铁蹄下，很多丹麦人把她的出生看作是黑暗中的一线光明。她在皇宫及哥本哈根的一所女子中学接受的教育，尔后又在哥本哈根、奥胡斯、巴黎和伦敦的大学里学习历史、政治和经济。除了学习外，她还醉心于考古学，参加了在丹麦和意大利的发掘工作。1972年继承王位，时年31岁。为了做一位称职的君王，她曾进入丹麦军队服役，学习军事。玛格丽特二世把君主政体的豪华和民主的简朴融为一体，在丹麦人眼中成为国家团结统一的完美象征。她卓越的创造力和艺术才能突出表现在插图创作方面。1977—1978年，她为托尔金的《行会首领》画了70幅插图，后来还为圣诞节创作了“圣诞邮票”。她和丈夫亨利克亲王还将波伏瓦的作品《人总有一死》从法文译成丹麦文。玛格丽特二世1967年6月10日与亨利克亲王（Henrik，法国伯爵）结婚。有两子，长子腓特烈王子生于1968年，被确定为王位继承人。

二　宪法

丹麦宪政经历了一段漫长的演变过程。从国王与贵族僧侣共议国事到国王集权专制，然后发展到君主立宪的民主制。1282年，丹麦签署了著名的大宪章，大大限制了国王的权力。大宪章规定每年召开一次贤人会议，对国王加以控制和监督，形成议会的雏形。17世纪60年代，民众对贵族特权日益不满，希望国王权力，对贵族加以遏制，国王腓特烈三世遂颁布一部专制性的王法。1830年，腓特烈六世在全国各地设置了四个由有产阶级选出的议会，但它们并无立法权，只是政府一种咨询机构。1849年6月5日，腓烈特七世召开了民选的制宪会议，通过了新宪法，规定议会采用两院制，上院由间接选举产生，任期8年；下院由直接选举产生，任期3年。这部宪法是19世纪40年代欧洲资产阶级革命的浪潮波及丹麦的产物，标志着丹麦君主专制的时代一去不复返。1953年丹麦修改宪法。现行宪法规定，凡满18岁的丹麦公民均有权在选举日以投票方式参与国家管理；丹麦公民享有一系列个人权利。宪法规定：“人身自由不可侵犯”；“丹麦公民，无论出身何种家庭，无论其政治或宗教信仰如何，绝不能被剥夺自由”；“在遵守法律的前提下，任何人都可在刊物、著作和讲话中自由地发表自己的见解，不再采用审查制度和其他防范措施”。如果对宪法有关规定进行修改则必须经过公民投票表决，若将正式委托给议会和政府的某些权力授给国外权力机构也必须提交公民投票表决。

三　议会制度

丹麦现行宪法规定，国王和议会共同拥有立法权。具体执行程序是一切法规均由议会审议和通过，但必须经国王签署之后才能成为法律。国王将他们的行政权授托给内阁成员，政府向议会负责，国王本人没有政治权力，也不承担义务。议会实行一院制，共179个席位，其中法罗群岛自治区和格陵兰自治区在议会中各有2个席位。议会议员经公民普选产生，采取直接无记名投票方式选举，议员任期4年。议会除法罗群岛和格陵兰之外的175个席位中有135个席位由全国各选区获胜者占据，其余40个席位分配给那些公民投票中获得的票数没达到规定的适当比例的党派。要想进入议会，一个党至少要在全国选举中获得2%的有效选票。议会所在地是克里斯钦堡宫，开会日期为每年10月的第一个星期四，休会日期通常在6月初。在长达8个月的会议期间，通常要处理200余项议案。每一项议案必须经过三读才能成为法律。

本届议会于2007年11月13日大选后产生，席位分配为：自由党46席，社会民主党45席，丹麦人民党25席，社会主义人民党23席，保守人民党18席，激进人民党9席，新联盟党5席，红绿联盟4席。此外，法罗群岛和格陵兰各占2席。议长克托尔·彼泽森（Thor Pedersen，自由党）。

四　司法制度

法院独立行使职权。全国设1所最高法院、2所中级法院和84所初级法院，实行3级终审制。此外，还有海事与商业法庭、特别诉讼法庭、仲裁法庭和宗教法庭等专门法庭。最高法院由1名院长和14名法官组成，院长和法官由政府（司法部长）推荐，女王任命，任职到退休。议会每6年指定15位法官，组成国家国事法院，担任对国家重要人物的审判，这15位法官必须是最高法院的常任法官。检察机构隶属司法部，设检察长1名和检察官9名，均由女王任命，任职到退休。为保障公民权利免受政府机关的不公正待遇，还特别由议会选出巡视官，主要工作是听取公民对政府有关部门的意见，处理官员及公务员的失职行为。

最高法院院长托本·梅尔基奥尔（Torben Melchior，2004年12月1日上任），总检察长约根·斯汀·索恩森（Jørgen Steen Sørensen）。议会监察官汉斯·格莫托夫特—汉森（Hans Gammeltoft-Hansen）。

五 中央政府

政府由国王任命首相组阁，内阁行使行政权力。除首相外，内阁成员包括：外交部长、财政部长、经济部长、司法部长、税收部长、国防部长、教育与宗教事务部长、内政与卫生部长、劳工部长、内政部长、交通部长、工业部长、农业部长、渔业部长、文化部长、社会部长、住房部长、环境与能源部长、科研部长和北欧合作部长。中央各部下设若干部门和理事会。各部部长虽由国王任命，但一定要获得议会信任。法律规定，在议会大多数人投不信任票后部长不得继续留任。议会不信任票对首相来说，意味着如果不要求举行新议会选举，他就得向女王递交辞呈。

本届政府于2007年11月大选后产生，是自由党和保守党联合政府，除首相府外共设18个部，内阁大臣中自由党12人，保守党7人。2009年原首相安诺斯·福格·拉斯穆森因当选北约秘书长而辞去首相职务，原财政大臣、自由党副主席拉尔斯·勒克·拉斯穆森接任首相（Lars Loekke Rasmussen，自由党），其他阁员有：副首相兼外交大臣莱娜·埃斯珀森（Lene Espersen，女，保守党），财政大臣克劳斯·约尔特·弗雷泽里克森（Claus Hjort Frederiksen，自由党），文化大臣佩尔·斯蒂·默勒（Per Stig Moeller，保守党），经济贸工大臣布里安·米克尔森（Brian Mikkelsen，保守党），税务大臣特勒尔斯·隆德·鲍尔森（Troels Lund Poulsen，自由党），内政卫生大臣贝特尔·霍德（Bertel Haarder，自由党），交通大臣汉斯·克里斯钦·史密特（Hans Christian Schmidt，自由党），司法大臣拉尔斯·巴福兹（Lars Barfoed，保守党），社会融合和宗教事务大臣比尔特·伦纳·霍恩贝克（Birthe Roenn Hornbeck，女，自由党），环境和北欧合作大臣卡伦·艾勒曼（Karen Ellemann，女，自由党），气候能源和性别平等事务大臣吕克·芙莉丝（Lykke Friis，女，自由党），就业大臣英格·斯托伊博（Inger Stoejberg，女，自由党），国防大臣吉特·里利隆·贝克（Gitte Lillelund Bech，女，自由党），教育大臣蒂娜·尼热高（Tina Nedergaard，女，自由党），发展援助大臣索恩·平德（Soeren Pind，自由党），食品、农业和渔业大臣亨利克·于耶（Henrik Hoeegh，自由党），社会事务大臣本妮迪柯特·科耶尔（Benedikte Kiaer，女，保守党），科技发展大臣夏洛特·萨尔麦森（Charlotte Sahl-Madsen，女，保守党）。

拉尔斯·勒克·拉斯穆森：首相，自由党人。男，生于1964年。法律硕士。1986年任自由党青年团全国主席，1994年任格斯基莱市（Graested-Gilleleje）第一副市长，同年当选自由党全国议员。1998年任自由党副主席，同年出任菲德烈堡州（Frederiksborg Amt）州长。2001年担任内政和卫生大臣，2007年转任财政大臣。2009年4月接任首相及自由党主席。

六 地方政府

全国共分14个州、277个市（区）。州有州议会和州长。各地有市、镇和乡村区，分别设有议会，各议会或选出市长，或选出主席。州、市议会的选举每四年举行一次。首都哥本哈根是一个特区，设有市议会，市议会任命市执行委员会，执行委员会包括1名总市长、5名市长和5名长老议员。中央政府在哥本哈根设有行政长官。在地方政府中，行政权掌握在市长手中。地方政府的主要任务是负责社会福利、保健、初级教育以及水电供应等公共服务。丹麦行政权力高度集中在中央政府各部，而地方行政机关权力很小，被置于中央政府控制之下。

七 政党和团体

19世纪中叶，丹麦政党已成为政治上的核心，主要分为代表进步势力的社会民主党、激进自由党和代表保守势力的自由党、保守人民党。历史上，前两者执政时间较长，后两者则较短，经常在野。丹麦的小党在过去的上院中常受排挤，1953年取消上院后，在选举上对有地方基础的小党十分有利。现在政坛上活跃着的党派有十余个。

1. 保守人民党 简称保守党。1916年成立，以大、中企业主、大农庄主、高级职员和商人为主。党员约3万人。主张坚持私有制和自由贸易，积极参与国际合作。2001年和2007年大选获胜后两次与自由党组成联合政府。主席莱娜·埃斯珀森（Lene Espersen，女）。

2. 丹麦自由党 执政党，1870 年成立，党的基础以农庄主、工商业主和城市中产阶级为主。是丹麦最古老的政党。党员 8.27 万人。党支持欧盟合作，主张自由竞争，反对中央集权。2001 年和 2007 年大选获胜后两次与保守党组成联合政府。主席拉尔斯·勒克·拉斯穆森（Lars Løkke Rasmussen）。

3. 社会民主党 最大在野党。1871 年成立，以工人、职员、知识分子和退休人员为主。党员约 6.25 万人。从 1924 年以来单独或与其他政党联合执政累计达 40 多年。2001 年 11 月大选中获支持率为 29.1%，比上届大选下降 6.9%。主张保持和发展福利制度，积极参与国际合作。主席赫勒·托宁—施密特（Helle Thorning-Schmidt）。

4. 激进自由党 简称激进党。1905 年成立，以城乡小农、小商、公共雇员和职员等为主。党员约 6000 人。2001 年 11 月大选支持率 5.2%。重视个人尊严、自由及环境问题，主张参与国际合作。主席玛格丽特·伟斯塔格（Magrethe Vestager，女）。

5. 社会主义人民党 1959 年从丹麦共产党内分裂出来，主要是工人和知识分子。党员 6300 人。2001 年 11 月大选中的支持率为 6.4%。重视人权、民主和环保，支持裁军，主张在平等、自愿的基础上参与国际合作。主席维力·须夫丹勒（Villy Søvndal）。

6. 进步党 1972 年成立，以自由职业者、高级职员、工人为主，党员约 9000 人。

7. 人民党 在野党，1995 年 10 月由退出进步党的议员组成。党员 2000 人。2001 年 11 月大选支持率 12%。有强烈的民族主义色彩，反对国际合作。主席皮娅·克亚斯高（Pia Kjaersgaard，女）。

8. 中央民主党 1973 年 11 月由从社会民主党中分裂出来的议员组成，自称是“实用主义党”，以丹麦“沉默的多数”代言人自居。党员约 2000 人。

9. 基督教人民党 1970 年成立，党员 6600 人。

10. 红绿联盟 1989 年由原丹麦共产党、共产主义工人党及反欧盟势力组建。反对加入欧盟，力主裁减军费、降低失业率、加强环境保护等。党员 1500 人。1994 年 9 月第一次进入议会。2001 年 11 月大选支持率为 2.4%。该党采取集体领导制。

11. 总工会 1898 年成立，下属 30 个行业工会，会员 143 万人。与社会民主党关系密切。

12. 雇主协会 1896 年成立，下属 151 个行业协会和 45 家大企业，会员 22600 多人。

13. 青年联合会 1940 年成立，由全国约 50 个青年组织组成，会员约 100 万人。与社会民主党关系密切。

14. 全国妇女联合会 1899 年成立，由全国 39 个妇女组织组成，会员约 50 万人。是国际妇女理事会成员。

15. 丹麦中国友好协会 1952 年成立，原名丹麦中国文化联系协会，1973 年改现名，会员约 1000 人。

第五节 经济与社会

一 概况

丹麦历史上曾长期以农业经济为主，20 世纪 50 年代后期逐步由农业国发展为工业国。20 世纪 70 年代，由于石油危机的影响，丹麦经济陷入萧条。当时政府采取了宽松的经济政策，1983—1986 年，年均经济增长率超过了 3.5%。20 世纪 90 年代初期，经济又一度衰退，出口贸易也不景气，1987—1993 年，年均经济增长率还不到 1%。1994 年回升到 4.4%。90 年代后期丹麦经济较为稳定。1998 年的 GDP 增长保持与欧盟（各国平均增长率）同步，为 2.9%。进入 21 世纪以来，丹麦的经济竞争力快速上升，一直位居世界前列。然而，受美国次贷危机和欧洲债务危机的影响，丹麦经济出现衰退。

丹麦是发达的西方工业国家，人均国内生产总值居世界前列。农牧渔业及食品加工业发达，在许多工业领域有先进的生产技术和经验。近年来，政府坚持适度紧缩的财政政策，采取积极措施稳定金融市场及汇率。2004 年，丹政府实施税收零增长政策，扶持高新技术和生物技术产业发展，刺激市场投资与消费，国民生产总值和外贸额持续上升，国际收支与公共财政盈余不断扩大，通胀率保持稳定。2008 年下半年国际金融危机爆发后，丹股市市值大幅缩水，部分中小银行存在流动性不足问题，罗斯基勒银行宣布破产，丹出口、航运业等受较大影响，丹政府连续两次推出一揽子刺激经济计划，主要用于基础设施建设、减税及注资主要银行等，取得较好效果。丹在2008—2009年度“世界经济论坛”全球经济竞争力排名中名列第三。2009年主要经济指标如下，国内生产总值为3083亿美元。人均国内生产总值为5.6万美元。经济增长率为-4.8%。货币名称是丹麦克朗（Krone），1克朗=100欧尔（Øre），汇率为1美元=5.36丹麦克朗，1欧元=7.45丹麦克朗。通货膨胀率为3.6%。失业率为4.2%。

由于受国土面积和原材料匮乏的限制，丹麦经济在很大程度上依赖于同其他国家的贸易往来，它的进出口额占国民生产总值的1/3。其对外贸易的2/3是与欧盟国家进行的，其中德国是最重要的贸易伙伴，除欧洲之外，主要是美国和日本，近年与中国的往来日益增多。

二　农林牧渔

丹麦农业特点是农牧结合，以牧为主。2008年农牧业总产值（包括渔业、林业）为687.93亿克朗，占当年国内生产总值的4.2%。有耕地271万公顷，农场4.34万个，从业人员8万人，占就业总人数的2.7%。丹麦具有悠久的农业传统和高度现代化的农业技术，在农业科技水平和生产率世界领先的国家之列。每个农民人均生产的食品可供养160人；一年的农牧产品可够全国人民吃3年。因此，每年除国内食用外还有2/3的农牧产品销往世界140多个国家和地区。丹麦是世界猪肉第一出口大国。奶酪和黄油的出口量分别居世界第三和第四位。农畜产品除满足国内市场外，65%供出口，占出口总额的9.8%，猪肉、奶酪和黄油出口量居世界前列。丹麦是世界上最大的貂皮生产国，2007年有貂场1704个，产貂皮约1450万张。

自耕农所有制在丹麦农业占主导地位，90%左右的农场都是个人所有的家庭农场，7%属于各种公司，其余归国家和地方所有。丹麦农业成功的两个重要原因，一是富有特色的农业合作运动显示了强大力量，二是有一支高素质、高科技人才组成的农业大军。种植业在农业中居于从属地位，产量只占全部农业总产值的10%。丹麦已经成为与美国并驾齐驱的世界最大的良种出口国。小麦良种世界闻名。主要品种有大麦、小麦、黑麦、燕麦、马铃薯和甜菜。此外还有油料作物、少量蔬菜和水果。

丹麦渔业历来很发达，是世界十大渔业国之一。捕鱼量占欧盟总捕鱼量的36%，是欧盟中最大的渔业生产国，捕鱼量约占欧盟捕鱼总量的36%。是北欧仅次于挪威的第二大水产出口国。2008年总捕鱼量约59.1万吨，主要有鳕鱼、比目鱼、鲭鱼、鳗鱼和虾等，主要用于生产鱼油和鱼肉。2008年底共有渔船1815艘，总吨位7.2万吨。2008年渔业产值26.24亿克朗。

三　工矿能源

2008年工业总产值达7340亿丹麦克朗，约占国内生产总值的40.4%。从业人数39.6万人，占就业总人数的14%。工业有三个特点：一是中小型企业占绝大多数；二是以进口养出口；三是加工制造业占有举足轻重的地位。制造业主要部门有机器制造业、食品饮料制造业、化工、家具制造业和陶瓷及玻璃器皿制造业等。制造的船舶以油耗低见长。B&W船厂设计制造的以柴油为动力的船享誉世界。目前全世界轮船上使用的柴油发动机有1/3是丹麦生产或使用丹麦专利制造的。食品饮料制造业的产值占工业总产值的1/3，产品的80%出口国外，占全国工业品出口的1/4。制药业的原料基本靠国内供应，大部分产品供出口。人造胰岛素的生产在世界上居领先地位，酶制剂等药品的生产技术也在世界上享有盛名。瓷器业也赢得世界声誉。建于1775年的皇家瓷器厂和建于1853年享有同样声誉的宾·格伦达尔瓷器厂都生产多色品种的瓷器餐具和装饰用品。20世纪80年代以后，大量开采北海石油和天然气，1997年石油和天然气产量共1130万吨，可满足国内需要的90%。由于能源匮乏，风力发电是开发能源的一项重要举措，丹麦风力发电设备制造技术具有较高水平。

四　交通运输

丹麦既是中南欧与北欧之间的桥梁，又是欧洲与大西洋彼岸国家往来的重要交通枢纽之一，同时也是北美到东方的重要中转站。海、陆、空交通都很发达。1992年全国交通运输业产值（含仓储、通信）为675.22亿克朗，占国内生产总值的9%，从业人员18.31万人，占全国就业人员总数的8.12%。航空及大部分铁路、轮渡由国家经营，其他公共交通主要由私人经营。

丹麦公路十分发达，各主要岛屿之间以及与德国、瑞典、挪威之间有轮渡将公路相连。2008 年总长约 7. 32 万公里，其中高速公路 1111 公里。公路国内货运量为 114. 95 亿吨公里，国际公路货运量为 97. 6 亿吨公里。共有各种汽车约 257 万辆，其中小轿车 206. 8 万辆、货车 48. 6 万辆、公共汽车 1. 45 万辆。

丹麦虽为多岛国家，但铁路运输业仍很发达，轮渡和桥梁将丹麦各岛屿之间以及与斯堪的纳维亚半岛和欧洲大陆之间的铁路交通连成一体。2009 年铁路总长 2667 公里，其中私营铁路 514 公里。2008 年客运量 64. 74 亿人公里，货运量 18. 67 亿吨公里。

丹麦航空业担负着较重的国内国际客货运输任务。哥本哈根的卡斯楚普机场是丹麦最大的航空港。在丹麦与瑞典、挪威联合组成“斯堪的纳维亚航空公司”（萨斯公司）内，丹麦占 2/7 的股份。2008 年共有 23 个机场，民用飞机 1077 架。哥本哈根卡斯楚普机场是丹最大航空港，也是欧洲北部重要航空枢纽。空运乘客 1301. 3 万人次，货物 12. 1 万吨。

海运在丹麦国民经济中占有重要地位。商船主要从事国际运输。船队主要由现代化集装箱货船和油船组成。2008 年，20 吨以上船只 1742 艘，总吨位约 1032. 5 万吨。其中商船 503 艘，总吨位 954. 8 万吨，约占全球商船总吨位的 1. 2%，居欧盟第 7 位，世界第 17 位。A. P. 莫勒 · 马士基集团是世界上最大的海运集团之一。丹麦鹏达航运有限公司经营对我国的运输业务。丹麦有 118 个港口，奥胡斯港和菲德烈西亚港货运量居前列。客运量为 3755. 3 万人，货运量为 9260. 8 万吨。

五　电信业、商业、服务业与旅游业

丹麦电信业是世界上电信和信息技术发展最快的国家。对电信市场的开放使得丹麦成为经合组织成员国中电信服务最便宜的国家之一。电脑和网络的使用也名列世界前茅。

丹麦批发零售业的特点是日趋集中，小店减少，较大的批发零售单位增多。中小型零售店通过批发商订购进口货物，大型商场或联合体往往直接从国外进口。

20 世纪八九十年代的十多年里，丹麦旅游业发展很快，是丹麦服务行业中的第一大产业。1978 年旅游收入只有 62 亿克朗，1987 年则已高达 151. 9 亿克朗。2008 年旅游业收入 378. 12 亿克朗，占当年国内生产总值的 2. 3%。旅游业就业人数为 10 万人，是丹麦服务行业中的第一大产业。四通八达的海陆空运输，为国内外旅客提供了方便条件。骑自行车旅游是丹麦的重要特色，也别具风趣。丹麦最佳旅游季节是每年的 5—9 月。游人如织的海滨公园的“美人鱼”是丹麦王国的主要象征。围绕世界著名童话家安徒生的纪念物和纪念品及丰富多彩的儿童玩具，使丹麦有着“童话王国”的美称。此外，还有许多古代宫殿、城堡和教堂，雕像艺术、优秀的建筑，可供游人欣赏、观光，特别是那美丽如画的大自然景色，更使游人流连忘返。丹麦年均外国游客约 200 万人，共有旅馆 550 家，客床 10. 2 万多张。

在向工业化和福利制国家转变过程中，丹麦服务业得到了广泛而迅速发展。多数服务业隶属于公共领域如公共管理、卫生健康、社会福利及文化教育。丹麦属于综合福利国家，存在着广阔的私人服务的空间，私人企业正逐渐成为行业的保障。半数服务行业的从业人员在私人企业工作。2009 年产值达 9613. 54 亿克朗，约占当年国内生产总值的 58. 2%。

六　财政金融

丹麦金融体制主要由中央银行、商业银行、储蓄银行、证券公司、保险公司及其他中小型私营或合作经营的金融机构组成。全国银行金融机构有 400 多家，国民银行行使中央银行的职权，发行货币。主要商业银行有丹麦银行、丹麦商业银行、哥本哈根银行、哥本哈根商业银行、农民信贷银行。金融市场的证券交易规模在世界上居第 9 位。国内从事证券交易的专业金融机构有 46 个。这些金融机构在资金、技术和国际联系方面都具有相当实力，几乎包括了丹麦全部的证券交易业务。全国证券交易市场早在 1988 年就已全部实现电脑控制。自 1993 年以来，境外投资者对丹麦证券市场起了重要的支撑作用，同年，外资在丹麦证券市场上的净投资高达 60 亿克朗（约合 8. 9 亿美元）。

2000 年 9 月 28 日丹全民公决否决加入欧元区后，仍坚持以“汇率挂钩”和“利率紧随”为主要特征的“准欧元政策”。

作为北欧福利国家之一，丹麦实行高收入、高消费、高税收的“三高”政策。公共事业的收入来自所得税和产品与服务的营业税。公共事业支出领域非常广泛：社会福利49%，教育13%，包括公路和海陆在内的商业发展规划为10%，卫生服务10%，欧盟的发展援助和费用5%，国防3%，宗教文化3%，政治法律2%，住宅规划2%，行政开支3%（1994年）。

2008年，国家银行黄金储备约为97亿克朗，外汇储备2607亿克朗。2007年有银行147家，雇员4.5万人。最大的两家银行为丹麦银行（Danske Bank）和诺迪亚银行（Nordea）。2000年，原第二大银行联合银行（Unibank/Unidanmark）与瑞典、芬兰合资的梅丽塔北欧银行（Merita Nordbank）合并，创立诺迪亚银行。2001年，原第三大银行BG银行（BG Bank）加入丹麦银行集团（Danske Bank Group）。2007年4月，BG银行被丹麦银行集团所属丹麦银行兼并。

2008年，内债4295亿克朗，外债1331亿克朗，总债务1947亿克朗，占GDP的11%。

七　对外经贸关系

由于国民经济发展主要依赖对外贸易，因此丹麦历来坚持实行自由贸易和外国投资自由化的政策。但丹麦外贸曾长期处于逆差，只是在1983—1984年后，随着西方经济的好转有所减少。1987年以后基本上均为顺差。2008年外贸总额为11484亿克朗，进口额5617亿克朗，出口额5867亿克朗。对外贸易的商品结构变化很大，尤其出口商品更为显著。战后初期以出口农产品为主，目前以出口工业品为主。对外贸易主要对象是西北欧和美国，其中德国、瑞典和英国是丹麦的三大传统贸易伙伴。

在丹麦的出口产品中，乐高公司的塑料积木很有特色，在125个国家占有市场。乐高积木的创始人是奥勒·基奥克，他于1934年为自己的积木玩具设计了“乐高”商标，在丹麦语中有“玩的快乐”之意，在拉丁文中还有“组合”的意思。乐高积木有1300多种，可以组合成人、动物、房屋、机器、车辆、树木、花卉等各种事物，深受儿童喜爱，估计全世界有3亿儿童购买了乐高积木。目前该公司在20多个国家有自己的推销公司。

丹麦对外商直接投资不予限制。外国公司或个人所获的利润、股利、特许权收入等可以自由汇出丹麦。除纺织品外，从大多数国家进口商品无须申请许可证。在丹麦1/3的股份公司中，外资拥有一半以上的股份。大轿车、饼干、果胶、琼脂、肥皂、化妆品、冰糕和人造黄油的生产主要由外资掌握。石油供应和炼油主要由美国、英国、挪威等国跨国石油公司垄断。政府专门设有一个机构处理外资事务，隶属于丹麦经济委员会。2008年对外直接投资1370亿克朗，外国对丹直接投资510亿克朗。

工业企业在积极发展对外贸易的同时，也积极扩大在国外的投资。丹麦最大的跨国公司是建于1897年的东亚公司（宝隆洋行），在世界各地从事贸易、生产和船运业，拥有122个子公司和分公司，雇员3万人。

丹麦对发展中国家的经济援助，从1978年起就已经达到了联合国所建议的对外援助占国内生产总值0.7%的指标。以后又有所增加，1983年双边援助达2.3亿美元，多边援助1.5亿美元，合计占国民生产总值的0.73%。1986年的对外援助达到0.83%（援助金额为53.5亿克朗）。1987年丹麦对外援助总额为57.51亿克朗。此后数年中按国民生产总值的0.03%的速度稳步增长，1992年达到占国民生产总值的1%。对外双边援助是通过受援国政府与丹麦政府的直接合作来进行，主要为医疗卫生和农村发展等工程与技术项目、救灾和食品等。多边援助主要是通过联合国组织、欧盟和世界银行集团来实施。

2008年丹对外援助总额为126.5亿克朗，占当年国内生产总值的0.8%。援助重点为难民、医疗卫生、农村发展和环保。主要受援国有坦桑尼亚、越南、莫桑比克、乌干达、喀麦隆等。

作为欧盟成员国，丹麦执行欧盟共同对外关税政策。对世界贸易组织的其他成员国及与欧盟缔结最惠国协议的国家给予互惠的关税减让。在欧盟成员国之间，工业品贸易可免税自由入境；对从非欧盟成员国进口的大多数产品，关税为5%—20%；某些食品税率较高，大多数原料的进口免税或征低税。对农产品贸易按欧盟共同农业政策进行。1986年3月26日，中丹两国政府签订了《中华人民共和国和丹麦王国政府关于对所得税避免双重征税和防止偷漏税的协定》，对两国居民的所得税和关税作了规定。

丹麦政府于1988年10月1日取消了所有现行

的外汇法规，居民持有外汇的数量、币种或支付手段不再受限制。丹麦对外汇交易没有限制。由丹麦工业部颁布的1988年1月起执行的外汇管理行政规定中包括居民与非居民间的支付条款。为了统计的目的，这类支付超过6万克朗时须向国家银行申报。国家银行和外汇经纪商负责实施涉及统计需要的存储外国债券和从税收考虑在国外开立账户等方面的外汇管理条例。经纪商包括商业银行、储蓄银行、证券经纪公司及一些金融机构，负责居民与非居民间商业活动账户的支付，或代表外国银行（代理行）进行支付。

八　社会保障

1. 失业保险　受保对象为独立劳动者，以及各产业工会会员自愿建立并批准的失业基金会的成员。失业补助金领到67岁为止。非失业保险基金会会员，失业时不能领取失业补助金，而应向地方政府申请借款，待有工作时归还。

2. 工伤保险　实行普遍医疗补助和直接提供现金补助的双重制度；实行强制保险和私营保险公司相结合的制度。

3. 老年福利政策　65岁以上的老人占总人口总数552万人的15.8%，高于欧盟国家的平均数。老年福利政策包括弹性退休政策、养老金政策、住房政策和关怀政策。政府规定，67岁是法定最终退休年龄，但允许在60—67岁时减少部分工作时间，由半退休逐渐过渡到完全退休。每个公民年满67岁即开始领取政府养老金。老人住房由各市政府修造和管理。对老年人服务的基本内容是医疗护理和家庭服务。老年福利政策是丹麦福利制度的一个重要组成部分，起步早，发展完善。

4. 医疗保健政策　所有医疗保健服务都由政府负责财政支出、制订计划和加以实施。全体公民都免费享受大部分医疗保健服务。

5. 工作许可与移民　斯堪的纳维亚其他国家的公民在丹麦工作无须领取许可证，欧盟国家的公民在丹麦工作时间不超过3个月者，也不用领取许可证。其他国家的公民如想在丹麦工作，事先必须向丹麦大使馆或领事馆申请居住与工作许可证。丹麦外侨局在批准申请后，通知有关丹麦雇主。许可证可在丹麦大使馆或领事馆领取。外籍人员抵达丹麦后，应持护照和许可证向丹麦国家登记处和当地警察局办理登记手续。工作许可证最初有效期6个月，6个月后有效期改为1年。

6. 就业问题　失业者最晚在两年后有权要求得到工作，但同时也有义务接受所提供的工作。从1990年起，丹麦开始搞职业轮换，即失业人员临时替代去接受培训的就业人员进行工作。这些失业人员在工作中取得一技之长后往往被留用，成为正式职工。2009年丹麦的失业率为6.0%，低于欧盟和欧元区的平均水平，失业人数约为11.8万人。

丹麦以高福利、高收入、高税收、高消费为特征。2008年社会福利（教育、医疗卫生、社会保障、住房等）开支为5020.24亿克朗，约占当年国内生产总值的28.9%。2008年人均收入27.85万克朗。全国有医生11351人，病床2.6万张，每千人拥有医生2.1名。

第六节　教育与科技

一　教育概况

丹麦在几十年中，由一个不甚发达的农业国变为一个拥有高科技水平的工业国，重要原因之一就是大力发展普及性教育，建立了一个完整、协调、灵活的教育制度。丹麦从20世纪50年代开始推行政府教育资助制度。资助包括拨款与贷款两种形式，凡满18岁的公民，在校参加考试并基本达到课程要求均可获得政府资助。其中拨款计划建立在机会均等的原则上，符合条件的学生均可得到拨款补助，不用偿还。贷款则需学生申请，并于学习结束后一年内开始偿还，15年内必须还清。无论是拨款补助还是贷款补助都与学生的经济条件相联系，学生年满19岁以前一般根据父母的收入而定，如果年收入超过4万克朗便不再给予资助。从60年代中期到1988年，丹麦一度还实行过政府担保的银行贷款，所有的学生无须任何条件都有资格申请银行贷款。1988年，随着教育资助制度的改革，拨款显著增加，个人担保贷款也略有增加，政府担保的银行贷款遂被取消。在教育拨款和贷款计划下实行免费教育。丹麦1996年教育经费占政府总支出的13%。教育的基本特点是：第一，教育普及，机会均等，每个人都可以免费接受教育；第二，初级教育不设强制性考试；第三，特别重视职业教育和成人职业训练，把增长率与劳动力市场紧密结合起来；第四，以教育为本振兴农业，基本消灭了城乡差别。

丹麦1972年起对7—16岁的少年儿童实行义务教育，采用9年制或10年制。学生可以自由选择民众学校或私立学校就读，但90%以上的儿童都选择了民众学校。目前共有民众学校1800所，在校学生约55万名。此外，还有400多所私立初级学校，家庭承担15%—20%的费用，约每月600克朗，其余由国家承担。目前学生与教师的比例是10∶3。各地共有18所设有师范教育的学校，向民众学校输送训练有素的师资力量。民众学校实行地方自治。近些年来，由于进一步将行政管理权从教育部放权到地方政府，又从地方政府放权到学校，同时不断增强学生和家长对学校管理的影响，这种自治性变得越发突出。

在民众学校完成基础教育之后，学生继续接受中等教育。中等教育分为职业学校和高级中学。职业学校提供多种类型的专业供学生选择。2/3的学生申请贸易或商业等方面的实习培训，其余1/3的学生继续接受中等教育，他们可选择学习文科或理科课程。三年中等教育结束时，学生要进行考试，然后进入大学或其他高等院校。中等教育也是免费的。人民中学的设立是丹麦教育的一大特色，有100余所，办学宗旨是加深学生对社会和人际关系的理解。人民中学设有5—32周的长期课程和1—4周的短期课程，学生为成年人，一律住校。

丹麦大学教育实行免费制度，并有奖学金和助学金，但入学名额有一定限制，学生必须通过中学毕业考试、大学入学考试或高等商业考试及高等技术考试等。每年约有4万人接受高等教育。丹麦有综合性大学5所，学生4万多名。最著名的高等学府有：哥本哈根大学（建于1479年）、奥胡斯大学（建于1928年）及皇家兽医农业大学、丹麦工业技术大学、欧登塞大学。此外还有工学院、医学院、牙医学院、建筑学院、兽医学院等百余所高等院校。

职业教育和成人职业训练是丹麦教育的一个重要组成部分。职业教育强调理论与车间训练相结合，建立在教育部和劳动力市场伙伴的紧密结合之中。成人教育是20世纪60年代发展起来的，先是对半熟练工人进行再培训，接着熟练工人的再培训制度也建立起来。成人教育也以劳动力市场需求为目标。目前，每年参加职业培训者已占丹麦劳动力的5%，在某些部门达到15%—20%。农业教育在丹麦已形成一个完整的体系。自下而上包括初等教育、城市学生的预备课程、农业基础技术教育、高等教育和成人农业连续教育。

2008年全国共有学校2857所，学生116.8万人，其中小学2052所，学生71.8万人；高中156所，学生8.3万人；职业学校535所，学生18万人；综合性大学8所，学生13.1万人；师范、技术、农业、商业、艺术、音乐等院校106所，学生5.6万人。最著名的高等学府有哥本哈根大学（建于1479年，约有学生3.8万人）、奥胡斯大学（建于1928年，约有学生2.8万人）和丹麦技术大学。2009年国家教育经费预算为764.8亿克朗，约占当年国内生产总值的4.6%。

二　科技概况

历史上，丹麦在基础科学领域取得过重大成果：哥本哈根大学教授奥斯特（1777—1851年）第一次确立了电流与磁的联系，我们今天使用的各种各样的电话、收音机、电视机和电信设备等都源于他的发明。第谷（1546—1601年）在松德海峡维恩岛上的天文台做了前所未有的天文观测，因在仙后星座发现了一颗新星而赢得殊荣。哥本哈根大学教授罗默（1644—1710年）第一次测定了光速。芬森（1860—1904年）向世界介绍了治疗皮肤病的光线疗法，1903年获诺贝尔奖。浦耳生（1869—1942年）于1898年发明录音电话，为磁带录音机的问世打下基础，1907年第一次向世人展示了可供实用的广播方式。当代著名的玻尔教授（1885—1962年）是核物理学的鼻祖，他提出了原子核构造和衰变理论。他和他的儿子奥格·玻尔都是诺贝尔奖的获得者。20世纪以来，共有11位丹麦人获得诺贝尔奖。在哲学方面，丹麦神学家和哲学家瑟伦·克尔凯郭尔（1813—1855年）是世界著名的哲学家。他一生著作甚丰，主要涉猎宗教及哲学等问题。他的论著对欧美各国的哲学思想有着很大影响，迄今仍是哲学界研究的课题。

丹麦在应用科技发展农业、畜牧业及食品加工、造船、纺织、服装、制药等工业方面均有显著成绩。在医学方面，丹麦人菲比格是第一个用试验方法诱发癌症的人。国家教学研究医院里戈斯医院的研究已深入到设法抑制艾滋病对患者的影响。对酶和基因重组的研究由两个世界著名的大制药厂诺沃和北欧根托福特制药厂进行。在国际上，丹麦参加了大量科学研究活动，包括欧洲核子研究中心、欧洲空间机构、欧洲天文学研究组织主办的活动以及欧洲高技术合作尤里卡计划。

丹麦科技发展的主要决策机构是议会和政府。议会是丹麦最主要的科技决策机构；政府的职责更多的是协调各部门的研究与开发活动。议会下设科研委员会，其任务是为议会讨论科技政策和有关科研开发问题作准备。科研委员会设有“科学联系小组”，由7名议员、科学政策和计划委员会主席以及6个研究协会主席组成。该小组负责安排议员与科学家之间的各种会议，共同讨论与科学和社会发展有关的重大问题，以便向议会提出议案和建议。科学政策和计划委员会是1972年根据议会的一项法令建立的，它是议会和政府有关科学政策的咨询机构，任务是推动和促进研究为社会发展服务，提供科研开发的统计和预测，对科研开发预算提出建议和意见。委员会共有15名成员，其中7名分别代表6个研究协会和1个设在里斯的原子能研究机构管理委员会，其余8名则根据个人才能选出。70年代初，又建立了科学技术情报和文献委员会。它也是一个咨询机构，负责这个领域的计划与协调任务。科学政策和计划委员会、6个研究协会以及科学技术情报和文献委员会的日常事务，由丹麦研究管理局统一管理。研究管理局归教育部管理，是中央政府部门管理科学研究事务的行政机构，也管理参加国际研究与发展合作事宜。

丹麦有关科学技术的重大决策，都是由议会作出，但是，政府在影响议会决策方面也发挥很大作用。在政府部门中，在科技政策的实施和科技管理中发挥作用最大的是教育部，其次是工业部。教育部对大多数政府研究机构以及负责科技规划和管理的中央机构进行协调，但并不具有全面协调的权力。教育部下设研究管理局。工业部下设工业贸易局，负责技术创新、技术进步和管理工作；能源管理委员会，管理有关能源的研究与开发工作，协助工业部制订能源研究与发展计划。有关科技发展政策方面的工作，主要由科学政策和计划委员会以及一些有关领域的研究协会具体处理。工业企业部门的科研开发工作完全由企业本身提供资金，政府只限于一些比较间接的措施，如政府财政补助的安排等。大学系统的研究与开发工作比较独立，大部分经费由政府预算提供。发展科技领域的国际合作，是丹麦科技政策的重要组成部分。政府十分注重从政策上提高科技合作的灵活性和弹性。

1973年，丹麦建立了技术委员会，属工业部领导。技术委员会负责丹麦以及外国的技术评价和工业发展问题，为丹麦的社会发展需要和工商业谋利益，采取有效措施促进科学技术发展。此外，技术委员会还有制定和协调政府在支持发展科学技术的政策的任务。

丹麦重要的科研机构有：丹麦皇家科学院，1742年成立，是丹麦历史最悠久的自然科学研究机构；技术科学院成立于1937年，是丹麦的应用科学与技术研究的主要机构；尼尔斯·玻尔研究所，以著名核物理学家尼尔斯·玻尔的名字命名，在核物理基础研究方面作出过重大贡献；国家血清研究所等。全国高等学校也是一支重要的研究与开发力量，如哥本哈根大学、丹麦技术学院等。此外，全国的一些大型工业企业也具有较强的研究与开发能力，如诺沃尔（NOVO）药厂正从事酶和基因重组方面的研究工作。

政府对于国际科技合作一贯给予重视，规定对于丹麦参与的国际科技合作项目，在立项时必须给予优先考虑。当前，丹麦的国际科技合作主要还是局限在欧洲，与欧洲大多数研究机构有着合作关系，例如，欧洲空间局（ESA）、欧洲核研究组织（CERN）、欧洲分子生物学实验室等。与北欧的合作历史悠久，重点在长期性合作方面，如基础研究领域的合作。丹麦对于尤里卡计划的技术合作也持积极的态度，目前，丹麦参加了该计划的十多个项目。丹麦参加国际和地区的科技合作的管理机构，主要是研究管理局。但是，政府的一些部以及其他有关机构也参与科技事务，如能源部、教育部、农业部等。

第七节 文化与艺术

一 广播、电视、新闻与出版

丹麦宪法规定公民享有言论及出版自由。同时丹麦刑法典第116条B项规定，无论何人对他人种族、肤色、国籍、信仰及性别发表侮辱性语言文字都将被处以两年以下徒刑。新闻媒介独立于政府，报纸、电台和电视台有权决定宣传什么和为谁宣传，但它们通常奉行的一致原则是全面、客观和公正。丹麦的报纸、广播和电视有责任监督政府、议会和法院的行为，被称为“国家第四种力量”。丹麦记者联合会总部设在哥本哈根市中心，总部内设有国际通信中心，负责为外国记者提供方便，在这里外国记者可以得到来自丹麦外交部新闻文化司的消息。

丹通社是丹麦唯一的全国性通讯社。1866 年创立，是斯堪的纳维亚建立最早的通讯社。1947 年丹麦各日报联合从创办人之手里购得所有权，从此便一直集体拥有丹麦这家最大的通讯社。丹通社的经济收入完全依赖向其消息订户收取订费，现在大约拥有 150 家订户，其 1/3 为丹各家日报，1/3 为广播电台、电视台和杂志，剩下的 1/3 为公司企业和组织机构。每年营业额约为 6500 万克朗。

20 世纪 80 年代以前，无线广播和电视局为政府所垄断，政府控制着拥有三套节目的电台和有两个频道的电视台。80 年代，垄断被打破，私人企业及机构被允许开设地方性电台和电视台，也允许开设商业性电台和电视台，它们主要靠广告维持运作。国营的丹麦电台和丹麦电视台仍在全国独占鳌头。丹麦电台创立于 1925 年，是丹麦最大的全国性广播电台，它负责管理 3 个国内广播电台和 12 个遍及各地的地方广播电台。丹麦电视台开播于 1954 年。在 30 余年间，它只有一个电视频道，直到 1988 年，丹麦议会才通过议案批准于当年 10 月增设一个频道，建立了丹麦电视二台，其部分运营费用来自于商业收入。丹麦广播公司于 1925 年创立，是最大的全国性广播电台和电视台，属非营利的公共服务组织，享有在丹麦向公众进行有声广播和电视播送的独家经营权。它下属的广播电台均不得播放任何商业广告。该公司具有独立的地位，公司总裁对所有的节目负有责任，并负责公司的行政与财政的管理。

丹麦的第一份报纸于 1666 年出版。2001 年，全国有日报 32 种，发行量 145.3 万份，周日报 10 种，发行量 136 万份，期刊 108 种，技术及地方报刊 278 种。主要报纸发行量如下（括号内为创刊年）：《日德兰邮报》（1871 年），平日版 18 万份，周日版 24.3 万份；《贝林时报》（1749 年），平日版 15.2 万份，周日版 18.8 万份；《政治报》（1884 年），平日版 14.2 万份，周日版 18.6 万份。此外还有 12 种画报周刊，总发行量大约为 213.1 万份。每年大约出版 1200 部小说，1000 种儿童读物，7000 种教科书和参考书。最大的出版社是 1770 年成立的基棱道出版社。

丹麦新闻工作者联合会是目前唯一的全国性新闻工作者组织，拥有约 6000 名来自报刊社、广播电视台、出版社等各种大众传播媒介的会员。它起着一种独立的工会组织的作用，其主要任务是，与雇主方面谈判和签订工资和工作条件协定，以及维护其会员在各个方面的权益。它还设有失业基金和罢工基金，以便向失业的会员和参加罢工的会员提供财政支持。该联合会的经济来源主要依赖向会员收取会费。

二　图书馆

丹麦人酷爱读书。每人平均每天用于读书的时间在 45 分钟左右。丹麦图书馆分为研究图书馆和公共图书馆，对任何人都免费开放。皇家图书馆是丹麦的国立图书馆，1653 年由腓特烈三世国王建立，1793 年对公众开放。该馆馆藏甚丰，是丹麦研究东方、犹太和希伯来文化的重要中心。1990 年皇家图书馆与该大学图书馆艺术部合并，归属于哥本哈根大学，馆藏各种书籍达 440 万册。哥本哈根大学图书馆建于 1482 年，它最早的馆藏已在 1728 年的一场大火中被焚毁。1938 年该馆划分为艺术和科学两个部分，后者又称为丹麦国立科学与医药图书馆，馆藏 140 万册。丹麦还有不少专业图书馆，如 1752 年建立的哥本哈根大学中心植物图书馆，馆藏 13 万册；1754 年建立的皇家丹麦美术学院图书馆，馆藏 14 万册；1773 年建立的丹麦兽医与农业图书馆，馆藏 45 万册；1887 年建立的国立教育图书馆，馆藏 85 万册；1992 年建立的哥本哈根商业图书馆，馆藏 25 万册；1942 年建立的丹麦技术知识中心及图书馆，馆藏 73 万册。丹麦公共图书馆，馆内库存共达 3200 万册以上，年平均借出图书近 1 亿册，平均每人借阅近 20 册。2007 年，全国有各类博物馆 249 所。

三　文学

汉斯·克里斯蒂安·安徒生（Andersen，Hans Christian，1805 年 4 月 2 日—1875 年 8 月 4 日）是丹麦历史上最著名的作家、举世无双的童话大师，其作品闻名全世界。他的童话故事被译成 100 多种文字，是世界各国小朋友最喜爱读的书。安徒生出生在欧登塞一个贫苦鞋匠家中，从童年时代就饱尝了生活艰辛。他得到哥本哈根皇家剧院导演 J. 科林资助，才上了中学。1828 年进入哥本哈根大学。翌年《1828 和 1829 年从霍尔门运河至阿迈厄岛东角步行记》一书问世。这是一个幻想故事，出版后立即获得成功。然后他又转向剧本创作。经过两次失败，终于发表了描写奴隶制罪恶的《黑白混血儿》（1840）。他的小说大多是自传性质的，著名的有《即兴诗人》（1835）、《奥·特》（1836）和《不过是个提琴手》（1837）。他还发表了多篇国外游记。他的第一本童话集：《讲给孩子们听的故事集》中有《卖火柴的小女孩》《小克劳斯和大克劳斯》《豌豆上的公主》《小意达的花儿》等篇，于 1835 年出版，但过 8 年左右才真正受到赞扬。1843 年后又有新的童话集《新童话和历史》等作品出版。安徒生的童话体现着现实主义和民主主义精神，在创作上把现实主义和浪漫主义结合为一体，文笔活泼而优美。早在 20 世纪 40 年代，翻译家叶君健先生就开始把安徒生的童话介绍到中国。叶君健先生曾这样描述："北欧在冬天天黑得早，家家户户都挂着手工制作的星星，在夜色中发出闪亮，普遍呈现出一种童话的气氛。在这种气氛中我觉得再好莫过于把这幽静的夜花在翻译安徒生的童话上面了。"

安徒生的创作成就使丹麦文学在世界文学领域内享有盛名。

19 世纪末 20 世纪初北欧文学取得了很大的发展，产生了不少世界闻名的作家。主要作家有雅各布森、赫尔曼·邦·彭托皮丹、1944 年获得诺贝尔奖的扬森以及被称为北欧无产阶级文学奠基者的马丁·尼克索。马丁·尼克索的长篇三部曲《征服者贝莱》《蒂特——人的女儿》和《红莫尔顿》蜚声国际文坛，特别是在苏联大量印刷，被誉为北欧的高尔基。19 世纪末 20 世纪初的盖奥尔格·勃兰兑斯是著名的文学评论家，他的主要贡献是第一次对 19 世纪欧洲文学发展的历史进行了系统研究，《19 世纪欧洲文学中的主要思潮》一书是他文艺批评的最高成就，此外，还著有介绍莎士比亚、歌德、伏尔泰、易卜生等欧洲各国作家的专著。进入 20 世纪以后，丹麦杰出的作家有法罗群岛的威廉·海恩森，他擅长写作以北欧风情为主题的散文；诗人皮埃·海恩则以其简洁明快的四行诗享誉世界。卡伦·布里克森是 21 世纪最著名的丹麦小说家，发表的作品主要有《草原上的阴影》《七个哥特人的故事》以及很多短篇故事集。

四　艺术

丹麦有着相当悠久的艺术发展史，拥有精湛的芭蕾舞艺术，也不乏杰出的雕塑与绘画艺术家，在世界艺术殿堂中占有一席之地。

1. 芭蕾　150 多年之前，法国侨民、芭蕾大师布诺维尔为丹麦的芭蕾奠定了基础。他创作了大量优秀浪漫派芭蕾舞，其中有些剧目至今还在以原有的形式在舞台上演出，这在芭蕾舞史上也是不多见的。20 世纪 60 年代，弗莱明·弗林特担任丹麦皇家芭蕾舞团艺术指导，把全新的现代风格带入舞蹈中，创作了《死亡大胜利》等作品，在当时引起轰动。目前，丹麦皇家芭蕾舞团拥有近百名演员，既能演出古典芭蕾，又能演出现代芭蕾。在皇家芭蕾舞团的赞助下，创立了全新的芭蕾舞奥斯卡奖，即安徒生芭蕾奖，每年奖给世界上最优秀的芭蕾舞表演者，授奖仪式在哥本哈根盛大的国际芭蕾舞节上进行，第一届国际芭蕾舞节于 1988 年 5 月举行。

2. 戏剧与音乐　建于 1722 年的皇家歌剧院是全国歌剧戏剧最重要的舞台，最初几年里演出大量霍尔堡（1684—1754）的喜剧；霍尔堡常被称为"北方的莫里哀"。现在上演的剧目种类繁多，既有丹麦本国的作品，也有许多外国戏剧家的作品。除皇家剧院外，哥本哈根还有近 10 家私人剧院，许多大的州府都有自己的剧院，小的地方则有流动剧团。在音乐领域中，丹麦最伟大、最著名的作曲家是卡尔·尼尔森（1865—1931），其作品包括交响乐、歌剧和管弦乐。丹麦管弦乐团是丹麦第一流的管弦乐团，经常与世界著名的皇家剧院和广播交响乐团联合演出。丹麦的"无线电大乐队"、"新丛林乐队"等爵士乐队在国际上享有一定声誉。在形形色色的音乐节中，有不少是摇滚乐节，其中罗斯基勒音乐节是丹麦最盛大的摇滚乐节。

3. 电影　丹麦是世界上电影事业发展最早的国家之一。第一个制作电影的丹麦人是摄影师皮特·埃尔费尔特。第一部丹麦影片产生于 1906 年。1920 年，丹麦制作了第一部卡通片《三个小男人》。近年来连续有两部丹麦电影获得最佳奥斯卡外语片奖，引起人们对丹麦电影业的兴趣。一部是由加布里埃尔·阿克塞尔导演的《巴贝特的宴会》，根据布里克森的短篇小说改编，1988 年获奖。另一部是由比利·奥古斯特执导的《征服者贝莱》，根据丹麦作家尼克索的同名小说改编，1989年获奖。《征服者贝莱》还获得了世界上包括丹麦的“罗伯特”与“博迪尔”奖、瑞典的金袋奖、法国的戛纳奖、金棕榈奖、美国的金球奖及其他电影节的大奖，影响广泛并给丹麦电影业带来了数百万克朗的收入。1988 年丹麦影片出口收入达 1000 万克朗。为了庆祝丹麦影片荣获奥斯卡奖，1989 年丹麦议会通过一项电影立法，决定把政府每年给电影业的拨款从 9100 万克朗增加到 1.06 亿克朗。同时还决定，每个电影制片人拍新片时只要筹集到一半资金，即可自动从丹麦电影学院获得另一半资金。奥斯卡奖使丹麦电影在世界影坛名声大振。丹麦现有影院 164 所，全年播放国内外电影 192 部。

4. 雕塑与绘画　丹麦历史上最有名的雕塑家是托瓦尔森（1770—1844 年）。他在罗马圣彼得大教堂为保罗七世建造了墓碑和许多古典风格的雕像，他的代表作有“基督和 12 门徒”等，他的作品为许多博物馆所收藏。与托瓦尔森同一时代的还有一群被喻为“黄金时代画家”的丹麦画家。他们中最出色的有埃克斯伯格（1783—1853 年）、科布克（1810—1848 年）和埃克斯纳（1825—1910 年）等。晚些时候较成功的有克罗耶（1851—1909 年）。20 世纪最著名的丹麦画家是阿斯葛尔・约恩（1914—1973），他以生动的色彩描绘神话动物的抽象绘画赢得了国际赞誉。1987 年在慕尼黑举办了大型约恩作品回顾展吸引了众多的参观者。当代雕塑艺术家雅各布森（1912—　）艺术风格独具特色。他擅长用金属切割机和焊枪雕刻来进行创作。丹麦拥有许多博物馆、美术馆，不仅数量惊人而且各具特色。各大城市都有自己的大博物馆，其中哥本哈根国家艺术博物馆的收藏最为丰富。而奥尔堡博物馆本身的建筑就是一件艺术珍品，它是由世界著名的芬兰设计师阿尔设计的；此外还有西兰岛北部的路易斯安娜博物馆，也以建筑和环境的协调而堪称一绝，在那里可俯瞰在埃尔西诺和柯隆堡南面几公里处的松得海峡，人们可以在欣赏馆藏珍品之余得到心旷神怡的视觉享受。

5. 建筑和设计艺术　丹麦以悠久的建筑历史文化传统和优美的建筑风格著称于世。富丽堂皇的腓特烈堡、深沉古朴的柯隆堡和典雅的罗林堡都堪称世界建筑史上的珍品。在丹麦乡村，至今还留有许多中世纪的杰出建筑物，其中不乏富丽堂皇的城堡和贵族庄园。丹麦的建筑家和设计师开创了美观实用的建筑艺术形式。举世闻名、建造奇妙的悉尼歌剧院便是丹麦著名建筑师乌特松的杰作。他还和儿子扬・乌特松一起承担了科威特议会大厦的设计和建筑工作。另一位丹麦建筑师汉宁・拉森由于为沙特阿拉伯首都利雅得修建了一座宏伟而精美的外交部大楼而享誉全球。20 世纪丹麦最大的建筑杰作是哥本哈根的格伦特维教堂。这座教堂于 1921 年开始修建，1940 年竣工，教堂的构思和结构汲取了丹麦古教堂的精华。此外丹麦还有许多设计思想和风格各异的建筑，如建筑师雅各布森教授设计的包括位于哥本哈根市中心的高大的 SAS 饭店、丹麦中央银行总行的新办公大楼和其他几个城市的市政厅。雅各布森的作品还有英国牛津的圣・凯瑟琳娜学院新校园。

五　民俗

1. 饮食　丹麦人对“吃”讲究新鲜、餐饮环境和创意。开放式三明治和冷桌是丹麦饮食的特色。开放式三明治就是只有一片面包，上面摆满各种食物，其基本原料是一片面包和黄油。无论平时还是在圣诞节、复活节的豪华宴会上，开放式三明治必不可少。冷桌就是提供丰富的冷热食品的自助餐，在宽大的餐桌上摆满鱼、肉、蔬菜、沙拉、甜食、奶酪和水果，由用餐者自取。这是丹麦人待客宴请最常见的一种形式。丹麦人不仅在食品颜色上注意搭配协调，而且桌布、餐具、环境也要精心设计，丹麦的瓷器颇负盛名，冷桌会上摆着漂亮的瓷盘，给人以美的享受。吃冷桌先从鲱鱼开始，同时喝点白酒，丹麦民谚称“酒可以让鲱鱼游起来”。吃过鱼后，换个干净的盘子端取些熟肉、沙拉或热的食品，再用甜食、奶酪和水果，最后喝一杯咖啡。丹麦人不常下馆子，因为馆子很贵，特别是酒水更贵。丹麦的餐馆各色各样，既有专门挂着“丹麦菜”招牌、提供两道菜配餐的丹麦餐馆，也不乏各国移民开的意大利餐馆、越南餐馆和中国餐馆。

2. 住房　丹麦民居高楼不多，居民住房不追求现代式的豪华，而是更喜欢纯朴。居民区配套设施十分完善。丹麦人住房十分宽敞，平均每个丹麦人拥有 50 平方米居住面积。买房者与租房者的比例是 55∶45，大约 60% 的人拥有自己的住宅。若想租房，可以通过两种途径，一是找政府，二是找私人。租到房子后，可以到当地政府申请租房折扣，也就是由社会为你承担部分租金。租房者可以到健康与社会安全办公室去提出申请，政府根据租房者的家庭收入及子女多少来决定折扣的数额。丹麦住房十分昂贵。若租住一套两室一厅的房子年租金大约为5000克朗。

3. 交通和辅助设施 丹麦是欧洲的重要交通枢纽之一，也是北美到亚洲的重要中转站，海陆空交通十分发达。哥本哈根的卡斯楚普机场是丹麦最大的航空港，也是欧洲最繁忙的机场之一，坐落在哥本哈根市郊，离市中心仅10公里，乘出租车需20分钟，费用约17美元；乘机场班车、公共汽车费用要便宜得多。丹麦的火车服务周到，城市间列车的头等车厢有分隔间，可以举行商业会议。丹麦的城市间列车和快车上没有餐车，只供应快餐和小吃。好在丹麦乘火车长途旅行往往要乘坐轮渡，而轮渡上有正餐供应。丹麦的公路网堪称世界一流，实行统一的国际公路标志，交通标志醒目，污染少，车流量不大，加油和停车等辅助设施也都十分发达。

4. 传统风俗 丹麦人很喜欢以花做礼物，特别是用3—4朵康乃馨代表感谢的意思。举行葬礼、赠送新娘和接受洗礼时送白花，但其他时候白花被视为禁忌。赠送客人的是黄花；送给起程旅行的人是红花。但红色玫瑰花代表的是浪漫的爱情，而菊花则是丧葬之花。丹麦人喜爱红、白、蓝三色，并喜爱以心形、冬青花作图像。如果被丹麦人邀请去家中作客，一定要带上鲜花，最好是先派人把鲜花送去，也可带上一些非同一般的精美礼品，去时务必准时。

六 体育

丹麦民族是一个热爱体育运动的民族，他们通过参加体育俱乐部来开展运动。丹麦的体育俱乐部不仅仅以锻炼身体为目的，而是一种把人们组织起来的团体，加入其中意味着参加社会交往。健身运动是丹麦最普及的活动，政府从法律上、财政上给予支持。1995年，丹麦用于体育运动的经费达2亿克朗。1992年，丹麦有体育馆1533个、游泳馆289个、足球场5343个、健身房2498个以及为数众多的各种其他体育设施。体育俱乐部更是数不胜数，大约有1/3以上的丹麦人成为俱乐部成员，开展的运动项目有50多种。丹麦是一个酷爱足球的民族。有30万足球爱好者。1984年和1986年丹麦足球队打入了在法国举行的欧洲杯锦标赛和其后的墨西哥世界杯锦标赛的决赛圈。1992年的瑞典欧洲杯赛中，捧回金牌。丹麦是世界羽毛球运动的强国。在游泳、划船和赛艇帆船一类的体育项目中，丹麦也曾多次取得世界级优秀成绩。著名的帆船运动员埃尔维特拉姆因在1948年、1952年、1956年和1960年奥运会上获得金牌而在丹麦享有盛名。丹麦自行车运动比较普及，平均每2个人就有一辆自行车。在1988年汉城奥运会上，丹麦获得自行车赛的金牌。丹麦群众性的体育活动也十分广泛。丹麦每年举行的10公里马拉松赛跑，参加者多达15—20万人。而每年夏季举行的沿风景区60公里的自行车比赛，则更像是欢乐的节日，届时哥本哈根北部比赛路经的街道两侧熙熙攘攘，热闹非凡。

七 旅游设施

在丹麦旅游局的手册上可查到1000多家旅馆，包括饭店、膳宿公寓、小旅店、汽车旅馆和假日中心等。丹麦的饭店不按星级划分档次，所以旅游者得根据价格自己判断。哥本哈根市内的旅馆最低的标准每天也要在200克朗以上，中档为550—760克朗，最高标准达1500克朗以上。在其他城市住宿，价格比哥本哈根便宜数百克朗。丹麦旅馆大多免费提供早餐。旅馆的住宿条件大多十分舒适方便，卧室均有电话、收音机和电视，有时还设有小酒吧。店内通常有餐厅、酒吧、游泳池、桑拿浴和健身房。在海滨，设有自助旅馆，即旅馆不提供服务，这类旅馆价格便宜，是家庭度假的最理想之地。假日农舍是另一种别开生面的度假方式，大受城里人欢迎。假日农舍的价格是统一制定的，每人每天200克朗左右。12岁以下的儿童可享受50%的优惠，4岁以下的儿童可享受75%的优惠。夏屋是斯堪的纳维亚国家独具的旅游项目，专供游客夏季休憩之用。丹麦专门有一个丹麦夏屋局，为游客提供咨询等服务。夏屋多为私人所有。

第八节 国防与外交

一 国防概况

女王为武装力量最高统帅，议会为国防最高决策机构。根据1969年的国防法，丹麦成立国防部。国防部下设国防司令部（由国防司令、国防参谋长和陆海空三军司令等组成)，为最高军事指挥机构。国防司令平时为武装部队最高指挥官，对国防部长负责。战时则只负责后勤及兵员保障，而将军事指挥权移交丹麦作战部队司令兼北约盟军波罗的海通道司令部司令（丹为北约成员，战时主力归北约波罗的海通道司令部指挥)。国防政策由各政党协商制定，列入“国防协定”。丹麦不设专门的军事工业部门，军队所需的武器装备由国防部和陆、海、空三军有关采办部门采用招标方式直接向国内外有关厂商订货获得。国防经费约占国民生产总值2%。2004年国防预算为164.92亿克朗，相当于国内生产总值的1.2%。2005年预算总额为186亿丹麦克朗，约占财政年度预算的4%。丹麦的防务属于北约北欧侧翼的一部分。丹麦加入北约组织的一个条件是和平时期允许在丹麦领土上储存核武器，但不允许盟国在丹麦驻军。然而一旦需要，可立即实施从其他北约国家派遣快速增援部队的计划。丹麦还定期同北约组织成员国，特别是同英国、美国和德国举行海陆联合军事演习。丹麦国防军人数在和平时期约有32000人，战时可达98000人。此外，丹麦还有9200人编制的民兵。

现任国防司令为汉斯·叶斯普·赫尔胥（Hans Jesper Helsoe，2002年5月上任)，作战司令为蒂姆·斯罗特·约恩森（Tim Sloth Joergensen)。

1. 兵力及军事装备　丹麦实行义务兵和志愿兵相结合的兵役制度。义务兵服役期8—12个月，志愿兵服役期为54—72个月。常备军由义务兵组成；服役期满后，义务兵还须待命21个月，此为加强兵力期。志愿兵则是经过9个月义务兵训练后，再至少服役2年。

丹麦武装力量由陆、海、空三军和国民卫队组成，其中陆、海、空三军为现役正规军队。截至2004年底，丹军军队总人数为20550人。其中，陆军装备主战坦克281辆、装甲车732辆、100毫米以上口径的火炮315余门、直升机25架；海军编成水面舰艇部队（下设6个中队）和海防舰艇部队（分辖3个海区)，主要装备舰艇64艘（其中护卫舰7艘、巡逻艇36艘、用于侦察和渔业监护的直升机8架)；空军编为6个航空兵中队（其中4个战斗机中队、1个运输机中队、1个直升机中队)、1个雷达中队（辖6个雷达站)，装备各种飞机111架（其中F—16A/B型战斗机68架、C—130型运输机3架)。

2. 军事工业　总的来说，丹麦军事工业力量比较薄弱，生产能力有限，门类不全，不能形成完整的军工体系。丹麦武装部队所需大部分重要装备均需从国外进口，只有少数几个工厂，如丹斯克工业辛迪加、威嘉公司、黑伦斯工厂等，生产一些轻武器和弹药。在军事工业中，舰船工业和电子工业力量相对要强一些。在现有船厂中，具有建造舰艇经验的船厂有奥尔堡造船厂、腓特烈港造船厂、纳克斯考造船厂、奥胡斯造船厂、斯文堡造船厂和赫尔辛格造船厂等。主要产品为护卫舰以下的各种中、小型舰艇，大体能满足该国海军的需要。电子工业在第二次世界大战后发展较快，建立了一批电子设备生产厂家。其中与国防产品关系比较密切的厂家有乔根·安德森工程公司、克里斯蒂安·罗夫辛公司、SP无线电公司、特玛电子公司等，主要产品有无线电通信设备、指挥控制系统、密码设备、雷达和航空仪表等。

二　外交政策

丹麦是1945年在旧金山签署联合国宪章的50个国家之一。丹麦特别重视联合国在援助发展中国家和促进尊重人权方面做出的努力，并积极支持联合国的各种维和行动（如在中东、刚果地区)，在当前驻塞浦路斯和纳米比亚的联合国部队中派有人员。丹麦每年都派以外交部部长为团长的代表团参加联合国大会。丹麦曾是三届安理会的理事国，是联合国所有专门机构的成员国。

丹麦同世界上154个国家建有外交关系。在外交政策上视北约和欧盟为其安全和经济方面的依靠，同时积极发展北欧地区国家间的合作，并通过联合国在国际上发挥作用。丹麦政府一再宣称，联合国、北约、欧盟和北欧合作为其外交政策的“四根支柱”。丹麦积极支持缓和与裁军。

丹麦同北欧其他国家地理相近，且在文化、语言传统方面有许多共同之处，因此，非常愿意同其他北欧国家保持密切的合作关系。从1952年起，丹麦与瑞典、挪威、芬兰和冰岛等北欧国家在北欧理事会的框架下建立了政治合作关系，5个国家的部长和议员们定期就共同关心的问题进行磋商。自1954年起，北欧国家的公民可以自由地在任何北欧国家里居住和工作，享有同这个国家的本国人一样的社会福利。

自1949年春北约组织成立以来，丹麦一直是该组织的成员国。二战后东西方关系的紧张是丹麦决定参加北约组织的背景。

丹麦于1973年1月1日同英国、爱尔兰一起成为欧共体成员。加入欧共体是丹麦基于经济和政治利益两方面的考虑。在经济上，丹麦通过加入欧共体而获得新的发展前景并实现了战后市场政策的初步目标。参加欧洲政治合作机构的共同体成员国在该机构中就外交政策问题相互磋商，对丹麦决定自己在国际形势发展中的立场越来越重要。但是2002年9月28日，丹全民公决否决加入欧元区，使政府加强欧盟合作的努力遭到打击。

自欧洲经济合作委员会（后改为经济合作与发展组织）成立以后，丹麦一直是其成员国。经济合作与发展组织的第一任秘书长是丹麦前财政部长托基尔·克里斯坦森。

丹麦是欧洲委员会的成员国，也是该委员会人权公约的签约国。

2012年1月1日，丹麦正式接替波兰出任2012年上半年欧盟轮值主席国，丹麦曾经先后六次出任欧盟轮值主席国。丹麦此次接任欧盟轮值主席国恰逢部分欧元区国家深陷债务危机，欧元区国家和非欧元区国家之间出现分歧，如何缓解欧元信用危机成为当务之急。在丹麦担任轮值主席国期间，丹麦工作重点是建立一个“负责任的欧洲”、“有活力的欧洲”、“绿色的欧洲”、“安全的欧洲”。丹麦政府表示，丹麦可以作为欧元区国家和非欧元区国家之间沟通的桥梁，让所有欧盟成员国团结起来，共同积极应对债务危机。

三　对华关系

丹中友好源远流长，对华贸易的历史悠久。早在1674年，丹麦商船“福尔图那号”自哥本哈根港湾驶向中国。船长携带着丹麦国王克里斯钦五世给中国皇帝康熙的一封信，表达了在两国间开展航运的愿望。“福尔图那号”抵达中国，开始了两国间的经贸交往。中华人民共和国成立以后，丹麦政府于1950年5月11日同我国建立公使级外交关系，1956年2月15日由公使馆升格为大使馆。中国实行改革开放政策以后，丹中两国经贸关系在不断加深，中丹关系迅速发展，双方领导人多次互访。

2000年以来，中丹关系良好，高层互访频繁。2002年5月，时任丹麦首相的波尔·尼鲁普·拉斯穆森偕夫人隆娜·迪布凯正式访华。国家主席江泽民、国务院总理朱镕基分别与其举行了会见和会谈。2002年9月朱镕基总理赴丹出席第四届亚欧首脑、第五次中欧领导人会晤并正式访问丹麦。2009年两国关系继续发展。2009年12月，温家宝总理赴丹出席联合国气候变化大会。2010年4月，丹首相拉尔斯·勒克·拉斯穆森访华并出席博鳌亚洲论坛年会。

中国是丹麦目前除欧盟以外第三大贸易伙伴。新中国成立之初，丹中贸易量并不很大。丹中建交后，丹麦对华出口随即得到迅猛增长，从1949年的200万克朗增至1950年的2000万克朗和1951年的6000万克朗。在1978—1989年间，丹麦对中国出口年均7.5亿克朗，从中国进口稳定在年均11亿克朗之上。据中国海关统计，从1990年到2006年，双边贸易进出口额从2.63亿美元增加到49.55亿美元，16年增长了18倍。中国目前已成为丹麦在亚洲的最大贸易伙伴、最大的进口来源国、第二大出口市场。从世界范围看，中国是丹麦第4大进口商品来源地。2009年，丹麦对中国的出口约22亿美元，进口约42亿美元。

目前，丹中关系不仅涉及贸易、投资和船运，还包括文化、教育、环境保护、卫生保健和法律等领域的合作。中丹两国签有民航协定、海运协定、经济技术合作协定、投资保护协定、科技合作议定书和避免双重征税协定及中丹贷款和赠款协定等。

（张桂萍、秦爱华）

第三章　挪威

第一节　概述

正式国名　挪威王国（The Kingdom of Norway）。

位置　欧洲北部。

面积　38.5 万平方公里（包括斯瓦尔巴群岛、扬马延岛等属地）。

人口统计　490.81 万人（2010 年 10 月 1 日）。

民族　挪威人约占居民人数的 95%，北部有萨米族约 3 万人。

语言　官方语言为挪威语。

宗教　90% 的居民信奉国教基督新教路德宗。

政体　君主立宪制。

首都　奥斯陆。

国旗　为红色旗面上绘着蓝、白色十字。

国徽　为盾徽，红色盾面上是持金柄银斧、戴金冠的金狮。银斧是挪威自由的保护者圣奥拉夫的武器。盾徽上端为一顶镶嵌着圆球和十字的王冠。

国庆日　5 月 17 日。

货币　挪威克朗。

度量单位　公制。

时间时区　大部分国土在东一区，少部分在东二区。

国鸟　河乌。

第二节　自然地理与人文地理

一　自然地理

挪威位于斯堪的纳维亚半岛西部，东邻瑞典，东北与芬兰和俄罗斯接壤，南同丹麦隔海相望，西濒挪威海，海岸线长 2.1 万公里。全国面积 38.5 万平方公里（包括斯瓦尔巴群岛、扬马延岛等属地）。斯堪的纳维亚山脉纵贯全境，高原、山地、冰川约占全国面积的 70% 以上。森林面积达 839 万公顷，占全国面积的 1/4。南部小丘、湖泊、沼泽广布，境内有 16 万余个湖泊。属海洋性气候，沿海受大西洋暖流影响，气候温和，大部分海面不结冰；内地山区气候寒冷。首都奥斯陆年平均气温 5.9 摄氏度，年降水量 740 毫米。

斯瓦尔巴群岛位于巴伦支海北侧，由斯匹茨卑尔根、东北地岛、熊岛等岛屿组成，面积约 6.27 万平方公里。群岛多山和冰川，土地大部分为冰层覆盖。气候寒冷、多雾，除 6—8 月外，气候均在零摄氏度以下。

二　人口种族

截至 2010 年 10 月 1 日挪威人口总数是 490.81 万人，其中 95% 为挪威人，北部有萨米族约 3 万人。人口密度为每平方公里 11.7 人，是世界上人口密度最小的国家之一。挪威是一个高度城市化的国家，约有 79% 的人口生活在城市。挪威 67 岁以上人口为 62.5 万人，到 2060 年预计将达到 150 万人。

挪威的人口数量呈持续增加的趋势，预计 2060 年人口总数会到达 700 万人，但人口的增长也有相当的不确定性，特别是取决于未来移民流的发展状况。挪威目前的生育率处在上升阶段，2009 年平均每个孕龄妇女有 1.98 个孩子，而 2002 年仅为 1.75 个孩子。2009 年男性平均寿命为 78.6 岁，女性平均寿命为 83.1 岁。

三　行政区划

全国设 1 市 18 郡（Fylke），郡下设县（Kommune）对地方事务实施具体的管理。

首都奥斯陆是挪威最大城市，位于南部奥斯陆海峡北端。1048 年建成，1814 年成为首都。卑尔根为全国第二大城市，位于西南部，12、13 世纪曾是挪威首都。挪威传统的航运与商业中心，对外通商口岸。特隆赫姆是挪威第三大城市，997 年建立，是中部重要海港和铁路枢纽，挪威皇家科学院设于此。

挪威王国行政区划表

郡名(fylke)	面积(km^2)	首府和主要城市
奥斯陆市 Oslo	427	奥斯陆 Oslo
阿克什胡斯郡 Akershus	4587	利勒斯特伦 Lørenskog 巴伦 Bærum
东福尔郡 Østfold	3889	莫斯 Moss
海德马克郡 Hedmark	26120	哈马尔 Hamar
奥普兰郡 Oppland	23827	利勒哈默尔 Lillehammer
布斯克吕郡 Buskerud	13856	德拉门 Drammen
西福尔郡 Vestfold	2140	滕斯贝格 Tønsberg
泰勒马克郡 Telemark	14186	希恩 Skien
东阿格德尔郡 Aust-Agder	8485	阿伦达尔 Arendal
西阿格德尔郡 Vest-Agder	6817	克里斯蒂安桑 Kristiansand
罗加兰郡 Rogaland	8553	斯塔万格 Stavanger
霍达兰郡 Hordaland	14962	卑尔根 Bergen
松恩—菲尤拉讷郡 Sogn og Fjordane	17864	莱康厄尔 Leikanger
默勒—鲁姆斯达尔郡 Møre og Romsdal	14596	莫尔德 Molde
南特伦德拉格郡 Sør-Trøndelag	17839	特隆赫姆 Trondheim
北特伦德拉格郡 Nord-Trøndelag	20777	斯泰恩谢尔 Steinkjer
诺尔兰郡 Nordland	36302	博德 Bodø
特罗姆斯郡 Troms	25147	特罗姆瑟 Tromsø
芬马克郡 Finnmark (Finnmárku)	45879	瓦德瑟 Vadsø

第三节　历史

公元前8000年前后，挪威就有人类活动，他们以狩猎、捕鱼为主。公元前2500年前后进入新石器时代，随后经历了青铜器时代和铁器时代。公元9世纪形成统一王国。在9—11世纪北欧海盗时期，挪威曾不断向外扩张，并于13世纪进入全盛时期。14世纪中叶开始衰落。1380年与丹麦结成联盟，受丹麦控制。1397年挪威、丹麦、瑞典成立以丹麦为首的卡尔马联盟。1523年瑞典脱离三国联盟后，挪威仍为丹麦统治。1814年挪威被丹麦割让给瑞典，与瑞典成立瑞挪联盟。同年挪威人制定出自己的第一部宪法。1905年联盟解体，挪威独立，选举丹麦国王克里斯蒂安九世的孙子卡尔·达茨基为国王，称哈康七世。第一次世界大战中，挪威宣布中立。第二次世界大战中仍宣布中立，但于1940年4月被法西斯德国占领，挪威政府流亡英国。1945年，挪威获得解放。1949年加入北大西洋公约组织。1957年哈康七世去世，其子继位，称奥拉夫五世。1991年哈拉尔五世即位至今。

斯瓦尔巴群岛于1194年被挪威人发现。1920年2月，挪威、丹麦、瑞典、美国、英国、法国、意大利、荷兰、日本九国于巴黎签订斯瓦尔巴条约，规定该群岛为非军事区，挪威享有主权，缔约各国均有在岛上从事开发资源的平等权利。1925年8月挪威接管该群岛，正式并入挪威版图。1977年6月挪威宣布在该群岛建立200海里渔业保护区。

挪威从30年代中期到60年代中期，除二战期间和战后短期联合政府外，一直由工党执政。1965年9月，工党在大选中失利，由以保守党为首的四党联合政府执政。1971年3月，四党联合政府因在加入欧洲经济共同体问题上发生分歧而下台，工党重新执政。1972年9月，工党政府辞职，由基督教人民党、自由党、中央党组成联合政府。1973—

1981 年，工党重新执政。1981 年，挪威由保守党组成少数政府，1983 年组成由保守党、基督教人民党和中央党参加的三党联合政府。1986 年 4 月，三党联合政府下台后，工党重新执政。1989 年，工党在选举中失利，保守党、基督教人民党和中央党三党组成联合政府。1990 年，三党联合政府因为在谈判建立欧洲经济区协定问题上发生分歧而辞职，工党组成少数派政府。1993 年大选后，工党继续执政。1997 年底，由中央党、基督教人民党和自由党组成的三党联合政府执政。2000 年 3 月，联合政府辞职，工党重新上台。2009 年 10 月，挪工党、社会主义左翼党、中间党联盟在议会大选中胜选连任。新政府提出团结协作、创造价值和社会公平的核心理念，明确任期目标是实现全民就业、加强知识型社会建设和提高社会福利，强调将努力应对人类活动造成的灾害性气候变化。

1949 年挪威参加了北约组织。1959 年加入欧洲自由贸易联盟。1970 年 9 月，挪威就加入欧洲共同市场问题进行全民公决，反对者占 53%。1980 年，挪威政府与欧洲共同体商定，挪威外交大臣同欧共体部长理事会主席定期举行会晤。1994 年 1 月成为欧洲经济区成员；同年挪威政府再度提议加入欧盟，结果又被全民公决否决，此后历届挪威政府对申请加入欧盟之事持谨慎态度。虽两次全民公决否决加入欧盟，但作为申根成员国，挪威支持欧盟一体化，主张积极加强同欧盟国家在各领域的合作。执行欧盟委员会指令比例高达 99.3%。2005 年起派 150 人同瑞典、芬兰等国组成 1500 人的作战部队，于 2008 年 1 月 1 日起执行欧盟军事任务，并且派军舰参加欧盟在亚丁湾的护航行动。

第四节　政治与司法制度

一　概况

挪威现行宪法于 1814 年 5 月 17 日通过，此后又多次修订。宪法规定挪威为君主立宪制国家。国王为国家元首兼武装部队统帅。国王人身不可侵犯，不受谴责或指控。但事实上国王的权力有名无实。自从 1884 年挪威议会制度确立以来，国王的重要权力已经转移到国务委员会（内阁）。国王作出的任何决定均需有内阁大臣的副署才能生效。有关军事指挥的决定应由提出此项议案的大臣副署；其他的决定由首相副署。如果首相缺席，则由出席阁员中地位仅次于首相的阁员副署。因此国王的作用是象征性和礼仪性的。挪威宪法也对国王的地位和权力作了相当大的限制。国王必须信奉福音派基督教路德宗，并维护基督教路德宗。国王应居住在王国境内，没有议会的同意，不能在王国以外一次居住 6 个月以上；没有议会 2/3 多数票同意，国王不能接受其他国家的王位或职务。现任国王为哈拉尔五世，1991 年 1 月 21 日即位。

挪威的行政结构可以划分为三个层次：第一层是国王，国王在名义上拥有行政权，但实际上有名无实；第二层是中央各级机构，包括首相、大臣以及大臣所管的政府各部，他们是行政权力的真正拥有者，具体处理国家的日常事务；第三个层次是郡一级行政机构。郡的最高权力机构为郡议会，由选民选举产生。郡的最高行政首脑是郡长，他是中央政府在郡的代表，负责执行中央政府在郡的政策。郡一级的主要职责是负责社会福利、保健、初级教育以及自来水和电力供应等服务。

挪威妇女在政界和公共事务活动方面表现十分突出，挪威各界领导机构中的妇女人数超过其他大多数国家。从 20 世纪 80 年代以来，女性在政府中所占的比例一直是 40% 以上，国会中的情况也是一样。许多大的政党都有过女领导人，政府各部的行政长官也有相当一部分是女性。1993 年，挪威选出了第一位女主教。根据联合国开发署《2006 年人类发展报告》的计算，挪威的性别平等指数是目前世界上最高的，该指数主要以“妇女政治参与”为衡量标准。

二　中央政府

挪威内阁的形成是在大选之后，通常由国王请在议会中得到最多议席的政党领导人组织内阁。

挪威内阁由首相和至少 7 名大臣组成。虽然宪法规定由国王亲自制定内阁人选，但事实上是由首相决定内阁人选。挪威宪法对内阁人员有许多明确的规定。他们必须是挪威公民，年龄不低于 30 岁。在内阁成员中，信奉国教者必须超过半数，不信奉国教的内阁成员不得参加有关国教教会事务的审议。

内阁对议会负责，必须得到议会的信任。内阁不能解散议会。如果一届内阁得不到议会的信任，这届政府就必须辞职。在挪威，议会对内阁的不信任通常表现在内阁提出的重要建议得不到议会的通过。

内阁的权力和职责是双重的。一方面，所有内阁成员，除首相以外，都是政府各部的首脑。另一方面，内阁集体对内阁作出的政策、计划中的项目负责。内阁的所有重大决策都由内阁集体作出。宪法规定，除由于法律障碍而不得出席者外，全体内阁成员必须出席内阁会议。只有在有半数以上内阁成员出席的情况下，内阁才能作出决定。内阁审议事项通过表决决定。

内阁最重要的职责是向议会提出议案。在现代挪威的立法中，政府提案越来越重要。在向议会提交议案之前，内阁对议案进行全面的考虑。内阁不仅审查议案的内容，还要对议案的政治后果作出评估。

挪威中央行政机构包括首相办公室、内阁秘书处和政府各部。首相办公室和内阁秘书处严格说来不是行政机构，但确实起着协商的作用，对行政有所影响。

首相办公室成立于1953年，有8名专职人员，为首相在司法行政、经济和外交、防务三个方面处理协调和计划活动。办公室的工作人员主要关心首相和内阁面临的政策问题，在行政事务上起着协调的作用。内阁秘书处成立于1909年，其工作人员很少，只有两名职业官员。秘书处的活动限于一般的记录管理，准备内阁报告，在内阁和议会间起联络作用，编辑政府出版物。

政府各部处理具体的行政事务。目前挪威的政府各部有：外交部、农业部、地方政府和劳动部、石油与能源部、环境部、社会事务部、财政部、司法和警察部、贸易和海运部、国防部、教会和教育部、工业部、运输部、消费者事务和公共行政部、渔业部、计划部。由于各部分管的范围不同，部的规模也不完全相同，但基本结构相似。一般都是部下有若干个司，司下面又有若干个处。

大臣是部的政治首脑。大臣下面又有两个高级官员，他们是副国务秘书和顾问。副国务秘书是任命的政治性官员，当内阁辞职时，他也会放弃其职务。顾问有些是部的法律顾问，有些则不是，属于高级公务员，其任期不像政治性官员那样不确定。这两名官员的职责由大臣决定。在正常情况下，副国务秘书充当与大臣的联络者，负责处理部里的日常行政管理事务，并负责监督部里的工作。顾问也有一般的监督权，但还有特殊的顾问职能，特别是在法律和财政问题上。

本届政府于2009年10月16日组成，共20人，其中工党12人，社会主义左翼党4人，中间党4人，女阁员共10人。主要内阁成员为：首相延斯·斯托尔滕贝格（Jens Stoltenberg，工党），教育大臣克里斯廷·哈尔沃森（Kristin Halvorsen，社会主义左翼党，女），地方政府与地区发展大臣利芙·西格纳·纳瓦塞特（Liv Signe Navarsete，中间党，女），外交大臣约纳斯·加尔·斯特勒（Jonas Gahr Støre，工党），国防大臣格蕾特·法雷莫（Grete Faremo，工党，女），财政大臣西比约恩·约翰森（Sigbjørn Johnsen，工党），贸易与工业大臣特龙·吉斯克（Trond Giske，工党），交通与通信大臣芒希尔·梅尔特韦特·克莱帕（Magnhild Meltveit Kleppa，中间党，女），卫生与护理大臣安娜—格蕾特·斯特伦—埃里克森（Anne-Grete Strøm-Erichsen，工党，女），环境与国际发展大臣埃里克·索尔海姆（Erik Solheim，社会主义左翼党），司法与警察大臣克努特·斯托贝格特（Knut Storberget，工党），石油与能源大臣泰耶·里斯—约翰森（Terje Riis-Johansen，中间党），首相府大臣卡尔·埃里克·舍特—彼得森（Karl Eirik Schjøtt-Pedersen，工党），科研与高教大臣托拉·奥斯兰（Tora Aasland，社会主义左翼党，女），文化大臣安妮肯·维特费尔特（Anniken Huitfeldt，工党，女），农业与食品大臣拉尔斯·佩德·布雷克（Lars Peder Brekk，中间党），改革与宗教事务大臣里格莫尔·奥斯鲁德（Rigmor Aasrud，工党，女），劳动大臣汉娜·比由斯特伦（Hanne Bjurstrøm，工党，女，2009年12月21日起），渔业与沿海事务大臣里莉斯贝特·贝格—汉森（Lisbeth Berg-Hansen，工党，女），儿童、平等与社会融合事务大臣艾于敦·吕斯巴肯（Audun Lysbakken，社会主义左翼党）。

三 议会制度

挪威的议会制度始于1814年。议会由169名议员组成，由年满18岁的挪威公民通过直接方式选举产生。每届议会的任期为4年。

与其他北欧国家相比，挪威的议会制度有两个特点：一是议会的任期是固定的。根据挪威宪法，议会在任期届满之前，不能被解散，除了正常的选举年以外，不能进行新的议会选举。二是挪威的议会由上议院和下议院两院组成。但挪威的两院制议会不同于美英等国家的两院制议会。在进行议会选举时，上议院和下议院并不分开选举，而是统一选出 169 名议员。新一届议会当选后，在议会的第一次全体会议上，由议员选举出上、下两院的议员，组成上、下两院。上院由议员的 1/4 组成，共 42 人，下议院由 127 名议员组成。

在议会的运作中，两院制主要体现在立法程序上。根据挪威宪法，任何法律草案应由下议院议员或由政府通过内阁成员首先在下议院提出。经下议院审议后，再提交到上议院讨论。在议会的其他问题上，则由两院合并讨论。因此挪威的议会既不是一般意义上的一院制议会，也不等同于其他西方国家的两院制议会。

宪法规定的最重要的议会权力有：一是通过新的法律，修改或废除现有法律；二是通过财政预算，确定国家每年的收入和支出；三是监督政府和公共行政机关；四是通过对某一政策的讨论，确定政府的行动计划和指导方针，批准政府的重大项目。

立法权是议会最重要的权力。根据宪法规定，任何法律草案均应由下议院议员或由政府通过内阁成员首先在下议院提出。下议院接到议案后，交给议会中适当的委员会审查。委员会在讨论该议案后，提出建议并将它再提交到下议院。下议院对委员会的报告进行讨论，并对议案作出修改，然后将议案送交上议院报批。如果议案在上议院获批后，就会被送交到国王。当国王批准或签署议案后，它便成为有效的法律。

议会的第二项重要权力是通过国家的财政预算。依据宪法，议会在涉及国家财政事务上有最终的权力。

议会的第三项权力是监督政府和公共行政机关。议会从四个方面来监督政府和公共机关的活动。一是议会有权要求内阁提出议事记录以及一切政府报告和文件；二是议员有权就任何问题向任何政府成员提出问题和进行质询；三是议会还通过任命国家审计员检查国家行政机关的活动，以确保国家财产得到合理利用和管理；四是议会任命议会巡视员以确保公民个人免遭公共行政当局的不公正待遇。

新一届议会选举结束后，当选议员在 10 月的第一个星期会集首都参加新一届议会会议。大会的首项任务是选举产生上议院和下议院成员，之后组成议会两院，并选举出议会议长和副议长以及各院的议长和副议长。在完成这些工作后，新一届议会会期正式开始。

两院的 6 名议长和副议长组成议会主席团，负责管理议会的事务，安排议事日程。议长们按月轮流主持会议。

议员并不出席议会的所有会议。议员只有在某项特殊的事情与他相关时，或对一特殊的议案感兴趣时，或想听某位议员对一件事说些什么时，或打算就某一问题发表意见时，才出席会议。

挪威议会有 12 个常设委员会，它们是：能源及环境常设委员会，家庭、文化事务及政府行政常设委员会，财政常设委员会，司法常设委员会，教育、研究和教会事务常设委员会，地方政府常设委员会，审查和宪法常设委员会，商业和工业常设委员会，运输和交通常设委员会，卫生和社会事务常设委员会，外交事务常设委员会。

议会的所有成员都服务于 12 个常设委员会中的一个。委员会的规模不尽相同，通常为 11—20 名成员。常设委员会的成员确定以后，每个委员会立即选出一名主席、一名副主席和一名秘书。

议会及下议院的事务通常先被提交到相关的常设委员会去准备。每个委员会处理与委员会名称相同或相似的有关政府各部的事务。由于议会每一项事务都需先经委员会处理，因此每个委员会各选举出一名发言人，负责向委员会递交报告，并负责收集信息、起草委员会向议会提交的报告。

在委员会审议事务时，大多数时候都通过委员会的全体一致来决定。委员会的报告通常会决定一个议案的最终结果，因为在各委员会中，议员们通常根据其政党的观点投票，这样一个在委员会中获得大多数票的议案，在议会全体大会上一般也能获得大多数票。

除正式议员外，挪威议会还有与正式议员数量相等的候补议员。候补议员在正式议员死亡或不能出席议会时，代表正式议员出席会议。候补议员由各政党在选举时确定。采取候补议员制可以确保议会运作及政策的连续性。当一名正式代表失去能力或死亡后，候补议员可以立即补缺，不会出现议员空缺的情况。而且候补议员与正式议员都是同一个政党的成员，两人是在同一时期选举出来的，有同样的政治纲领，在政治观点上不会有太大的变化，这都保证了公共政策的连续性。

四　选举制度

挪威的议会选举每隔 4 年举行一次，在 9 月份进行。选举包括选民登记、候选人提名、投票以及议席分配四个阶段。

在进行议会选举时，挪威将全国分成 19 个大的选区，选区与郡的大小相一致。各个选区又进一步分成若干个分选区，分选区下面继续划分更小的选举单位。各选区的管理机构是选区委员会，一般由郡议会的成员组成；在某些选区，由来自分选区委员会的代表组成。分选区委员会由负责登记的官员以及地方市议会的代表组成。每个分选区可单独举行选举，对整个分选区的正式议员和候补议员候选人进行投票。选区委员会和分选区委员会有准备选举、统计选票以及正式发布选举结果的责任。各个选区的议席数不等，主要根据各个选区登记的选民总数占全国选民总数的比例而定。

挪威实行普选制。根据法律规定，在选举年前年满 18 岁的所有挪威公民在大选中都有投票权。拥有挪威公民资格是挪威最重要的投票资格之一。

在大选中，全国范围内有资格投票的选民的登记工作是选举过程的第一个步骤。在农村选区，选民登记工作由行政司法长官和农村市长组成的机构来承担。在城市、城镇，这项工作由中央行政部门指定的行政官员来执行。

登记工作在选举年的 7 月 1 日后不久就开始进行，登记工作必须在选举日前大约 42 天完成，并公布有资格投票的选民名单，以便让选民审查登记结果。如果选民发现名单有错或漏掉名字，可以提出申诉。

提名候选人也是议会选举过程的重要一环。根据挪威宪法规定，凡在挪威居住 10 年以上并享有选举权者，均有资格当选为议员。1920 年 12 月 17 日通过的《提名法》规定了候选人的提名程序。这一法律在 1933 年、1949 年和 1953 年被数次修改。

按照《提名法》的规定，只有政党才能提出议会候选人。为了取得提名权，一个政党必须在司法部进行登记。同时，准备提名的政党的中央机构必须使司法部相信该党打算为议会提名候选人。

各政党在实际提名过程中，都采用大会制度提名议会候选人。根据这种制度，在每个分选区，选区的政党代表大会提名该党的该区候选人以及他们在党的提名次序中的排位。在提名程序完成以后，政党会把该党的候选人名单提交给选区委员会，这项工作必须在选举前 32 天完成。名单必须附有由一有资格的投票人团体签名的请愿书，或有一份由它的选区或中央组织出示的一个被官方承认的政党的正式授权。

在得到各政党的提名建议后，选区委员会进行正式审查，并通过媒体公布各个政党的候选人情况。

这样议会选举就进入第二阶段，即正式投票阶段。投票一般在 9 月举行，具体选举日期由国务委员会在选举前几个月确定。在挪威，投票通常在一天内完成，如因天气以及交通条件使得选举无法在一天内完成，也可以在第二天继续进行。

投票采取无记名投票方式。在挪威，宪法允许合格选民委托他人投票。在投票中，选民实际上是对由政党提名的候选人名单进行投票。根据挪威宪法，投票者不仅可以在政党确定的名单中作出选择，而且可以划去名单上的候选人再写上其他人的名字。

投票结束后，通过计算投票结果来确定议席的归属。挪威实行比例代表制，每个党的议席数额由在大选中所得的选票比例来决定。在议席归属各个政党后，选票将再次被计算，以决定在每个党的候选人名单中，哪一个候选人获得了最多数票，以确定谁最终成功当选。

本届议会于 2009 年 10 月选举产生，工党 64 席，进步党 40 席，保守党 31 席，社会主义左翼党 11 席，中间党 11 席，基督教人民党 10 席，自由党 2 席。议长为工党的达格·安德森（Dag Andersen）。

五　中央与地方的关系

挪威的地方实体（郡、市）在总的政治体制中没有独立的地位。挪威宪法也没有提到地方自治。直到 1873 年通过特别立法才建立起地方自治。根据此项法律，中央政府可以相当自由地确定地方行政机构行使权力和地方政治制度组织的界限。但这并不意味着，挪威议会可以随心所欲实行各种措施来影响地方实体（郡、市）。实际上，挪威政治制度有着非常强的地方性。首先，相当多的议员在成为议员之前，都有过作为郡或市的政治领导人的经历；其次，挪威议会议员候选人的提名是在地方上通过选举程序产生的。这样，挪威议员们采取任何违背地方利益的行为的可能性就变得非常有限。但议员们的这种地方性根源并不意味着地方当局可以通过各种方式来否决中央的决定，实际上，地方当局对中央作出的影响各郡、市的决议往往显得无能为力。

二战后，挪威中央与地方的关系朝着这样一个方向发展，即在郡或市的活动中通过全国性立法——即通过议会立法把特定的职责、义务转交给地方政府的方式——加以规定的部分日益增大。地方上发挥首创精神和实行自治的余地正在不断变小。例如，20 世纪 50 年代，郡、市一级财政在国民生产总值中的份额提高到 10% 以上，20 年又翻了一番——接近于占国民生产总值的 20%。这一比例的变化意味着，国家和郡、市政府对国家总财政的控制关系发生了重大变化，地方实体在公共总开支中所占的比例从战后最初几年的 30% 左右增加到了 80 年代初的 45% 上下。从纯粹财政的角度看，地方各市几乎成了“国中之国”。这一变化的主要原因是由于中央政府大规模地将责任转交给郡、市一级政府。这些责任涉及的范围非常广泛，如医院的管理、最基本的医疗服务、小学和中等学校教育、对老年人的照料、文化设施、社会救济安排等，这些责任往往被看作是建设一个福利国家的核心内容。

这种把国家的大量职责转移给地方政府的特别立法，导致了对郡、市一级政府行动自由的束缚，尽管它们在职责范围内可以享有很大程度的自主权来决定每项任务应如何处理。然而，这样做以后，国家也使得自己强烈地依赖于地方政府。为了使中央确定的目标能够在地方上得到完成，国家得依靠地方政府自觉自愿地去执行，也得依靠对双方都有利的合作。

地方自治，作为一种观念和政治原则，在挪威将继续是非常有生命力的。在第二次世界大战以后，地方政府不仅作为挪威政治制度中的一个重要部分，显示出自己正统的合法性和强大生命力，并且按照一个现代化福利国家的发展所提出的目标和要求进行变革和调整，同时又没有从本质上丧失自治权。

六　政党与政党制度

在挪威，所有政党组织都可以分成中央、地区和基层三个层次。基层组织是党的协会，由一个地方的党员组成。在郡一级，各党都有郡的大会。郡的大会由每个地方协会和社会组织的代表组成。郡代表大会选举产生郡执委会来处理大多数日常事务。郡一级党的机构主要负责议会候选人的提名以及领导竞选运动。各政党的最高权力机构为党的全国代表大会。参加全国代表大会的代表由各个郡的代表大会选举产生。全国代表大会最主要的工作是制定党的纲领，另外大会还有两项重要的功能：挑选党的领导和处理影响党的组织、纪律或一般福利的内部问题。全国执委会由全国代表大会选举产生，负责党纲的实施。在挪威政党制度中，党的主席不仅主持全国代表大会，也主持执委会的工作；如果党的主席是议员的话，通常也担当议会党团的领袖。

全国有 20 多个注册政党，但有较大影响力的是下列 7 个政党：

1. 工党（Labour Party）　执政党。1887 年成立。挪第一大党，战后主要执政党，在工会中有较大影响。对内主张实行福利社会，实现充分就业、可持续发展、公正分配和加强社会福利。2005 年与社会主义左翼党、中间党组成联合政府，2009 年三党在大选中获胜，继续执政。目前有 7 万多名党员。主席为延斯·斯托尔滕贝格。

2. 进步党（Progress Party）　在野党，议会第二大党。1973 年成立。对外国移民和申请避难者态度较苛刻，赞成加入欧盟，主张减税。约有 1.2 万名党员。近年来支持率持续上升。主席为西芙·延森（Siv Jensen）。

3. 社会主义左翼党（Socialist Left Party）　执政党。1975 年成立。奉行激进的社会民主主义路线，反对加入欧盟，外交上对美国相对独立，注重环保。现有党员近 1 万名。主席为克里斯廷·哈尔沃森。

4. 保守党（Conservative Party）　在野党。1884 年成立。代表金融、航运和工商业大垄断资本利益，强调自由市场竞争，坚定拥护加入欧盟。

目前有 67000 多名党员。主席为埃尔纳·索尔贝格(Erna Solberg)。

5. 中间党（Centre Party） 执政党。1920 年成立。代表农场主和家庭农户利益，坚决反对加入欧盟。约有党员 2.3 万人。主席为利芙·西格纳·纳瓦塞特。

6. 基督教人民党（Christian Democratic Party） 在野党。1933 年成立。维护基督教传统道德观念，反对加入欧盟，支持向发展中国家提供经济援助。有 5 万余名党员。主席为达格芬·赫布罗腾(Dagfinn Hoeybraaten)。

7. 自由党（Liberal Party） 在野党。1884 年成立，是挪历史上最早成立的政党，曾经历多次分裂。代表中小资产阶级利益，反对极端垄断和社会化，主张国际参与。约有党员 7400 人。主席为特利娜·施·格兰德（Trine Skei Grande）。

其他政党还有：挪威共产党（Norwegian Communist Party）、红色选举联盟（RV）、绿党（The Green Party）等。

第五节 经济与社会

一 概况

挪威是发达的工业国，海上石油开采、航运、水电、电力、冶金、化工、造船和木材加工业较为发达。是西欧最大的铝生产国和出口国，也是西欧最大的石油生产国之一。挪威在 20 世纪 70 年代经济发展速度较快，80 年代有起有落，90 年代初因取消石油生产限额，收入剧增，外贸顺差大幅增加。受西方经济衰退影响和欧洲货币危机冲击，挪威克朗于 1992 年实行自由浮动。1993 年金融形势开始好转，外贸及对外收支继续呈顺差。近年来，世界石油价格高企，挪威石油出口获巨额收益，经济复苏加快，失业率下降，通胀率维持在较低水平。挪威政府“石油基金”2009 年底价值 2.64 万亿挪威克朗，挪威经济仍然存在过分依赖石油收入和福利开支过大等结构性问题，高科技产业投入与产出不足。2009 年国内生产总值为 2.4 万亿挪威克朗，人均国内生产总值为 49.9 万挪威克朗（1 美元约合 6.28 挪威克朗，2009 年平均值），通货膨胀率为 3.4%。

挪威经济政策的一个重要目标是保证充分就业。所有的政党在这一问题上都达成共识。从 1945 年到 20 世纪 80 年代中期，失业率一直维持在较低水平上。即使在 20 世纪 70 年代，世界各国失业率普遍居高不下的时候，挪威仍能向所有劳动人口提供就业机会。2009 年挪威失业率为 3.3%，低于多数欧盟国家。在努力降低失业率的过程中，挪威政府运用了下列手段：金融和信贷政策；工资政策，如雇主与劳工组织之间的合作；结构性政策，如改善工商业的宏观环境，部分通过教育政策和对法律、法规的简化；劳工市场措施，包括职业教育和再培训。

二 捕鱼业

从世界范围来讲，挪威对一些最富裕的产鱼水域享有管辖权。历史上捕鱼业对挪威的经济生活有过重要的影响，今天渔业仍是重要的传统经济部门，2008 年捕鱼量为 210 万吨，占 GDP 0.6%。挪威养殖业发达，以人工养殖大马哈鱼和近海捕捞为主，主要捕捞鱼种是鳕鱼、鲱鱼、鲐鱼、毛鳞鱼等。鱼产品一半以上供出口，2007 年出口额 293 亿克朗，占挪商品出口总额的 4%。在挪威海岸的大部分地区，尤其是北方，渔业对那里人们的安居乐业起着十分重要的作用。大约在 30 个沿海地区，捕鱼和渔业加工都占就业率的 30% 以上。对渔业的依赖，随着纬度的上升而增加。在最北部的芬麦克县，渔业占所有沿海活动的 95%。

1977 年，挪威在其海岸线的 200 海里之内建立了一个经济区；同年，在斯匹次卑尔根群岛建立了一个 200 海里渔业保护区。1980 年，又围着扬马延岛建立了一个 200 海里的渔业保护区。

挪威和苏联、冰岛、欧盟国家以及法罗群岛都签订过有关捕鱼权利的条约。这些条约的主要目标之一是在互惠的捕鱼权中形成合理的平衡。挪威也和邻国瑞典以及芬兰签订了协议，这些协议为以上国家在挪威经济区的居民们保证了有限的捕鱼权利。

挪威水域生产的最重要的鱼种有鳕鱼、鲱鱼、鲐鱼和毛鳞鱼。同时，在这里也能捕到绿鳕、黑线鳕、长身鳕、大比目鱼、对虾、西鲱、鱿鱼、蓝牙鳕、沙鳗和挪威鲶等。主要产品有鲜鱼、冻鱼、鱼干、咸鱼、鱼粉、鱼肝油及各种不同的鱼罐头，尤其是小西鳕鱼罐头。

第二次世界大战以来，四季出海捕鱼的船只和人数稍微有所增长，而渔民总人数及渔船总数却在下降。渔船的平均规模都在增加，再加上一些更为有效的捕捞手段，这使得渔船的生产力成倍地增长。

三　石油产业

早在20世纪60年代，挪威的近海石油资源就已经被发现。此后，挪威国内和国外的一些石油公司投入大量的资金进行开发，石油产业逐渐成为国民经济重要支柱。挪威现为西欧最大产油国，世界第五大石油出口国。2009年石油工业产值4640亿克朗，约占国内生产总值22%。石油产业还创造了许多就业机会，刺激了新科技的发展以及先进产业的建立。

四　交通运输

挪威是一个狭长的国家，山脉和峡湾使得修筑公路和铁路困难重重，而且费用较高。在沿海地区，必须经常使用轮渡，但如今已逐渐为桥梁和隧道所代替。从南部的斯塔万格到北方的布德可以乘火车，但飞机是将全国连接在一起的主要工具，在大城市、斯瓦巴德岛和国家间主要使用大型飞机，国内的地区性短跑道机场则由小型飞机组成航空网。2001年挪威铁路总长为4178公里，年客运量32.1亿人公里，年货运量19.3亿吨公里。2002年公路总长为9.2万公里，车辆总数为364万辆，年货运量133亿吨公里。挪威是世界航运大国，2009年挪威船东共有1800艘商船，总吨位为4800万吨，占全球商船总吨位的10%。挪威有55个民用机场，飞机达900多架，每年运送2700万人次以上的乘客。

五　旅游业

挪威是一个旅游资源比较丰富的国家，主要名胜有布吕根镇、奥尔内斯木板教堂、霍尔门科伦山、海盗船博物馆等。布吕根镇是著名古建筑集中地，位于西海岸第二大镇卑尔根附近，约建于11世纪，镇中大都是三层建筑，狭长的窗户，陡峭的屋顶，甚至其山墙都用木条拼成。已被联合国教科文组织列为世界文化遗产。奥尔内斯木板教堂位于松内湾郡的奥尔内斯，建于12世纪，全部用木材构成，为四方形的三层建筑，每层都有陡峭的披檐，上有尖顶，外形酷似东方古庙。教堂内有中世纪的陈设：一个木制耶稣受难群像和两个利莫格斯的彩饰铜蜡台。教堂目前保护良好，被联合国教科文组织列为世界文化遗产。霍尔门科伦山是挪威滑雪胜地，位于奥斯陆东北约13公里，山峰海拔371米，景色优美。从1892年开始每年3月举行的霍尔门科伦滑雪节为挪威全国仅次于宪法日的第二个盛大节日。海盗船博物馆是挪威有名的航海博物馆之一，位于奥斯陆峡湾北端的比格德于半岛。馆内陈列着三艘8—10世纪出没于北欧海域的海盗船。这些船长20米，船身宽大扁平，首尾尖细，向上翘起（尾部翘得更高），中心高竖一根桅杆。

六　财政金融

多年来，挪威的国家财政状况一直比其他国家好，挪威的国家财产超过了它的负债，利息收入超过了利息支出。然而从1989年开始，经济发展停滞和随之而来的积极稳定政策给挪威国家财政增加了不小的负担。1994年，财政预算开始好转。良好的商业气氛使得国家的直接和间接税收大大增加，也使得付给失业保险的费用减小。2009年挪威国际收支顺差3330亿克朗。截至2010年3月，挪威中央银行国际外汇储备约3183亿挪威克朗。

七　对外经贸关系

20世纪90年代挪威对外贸易出现大量顺差，这主要是由于大量石油的出口收入，而传统商品的出口也取得让人满意的成绩。经过几年的贸易盈余以后，挪威从一个对外资产净负债国变成一个有大量净外汇资产的国家，外贸在经济中地位重要，主要出口石油、天然气、有色金属、各类机械、鱼制品、化工产品。主要进口机械、电器设备、运输工具、石油制品、纺织品、食品。主要进口国包括瑞典、德国、中国等。主要出口国有英国、德国、瑞典等。

挪威是经合组织、世界银行以及世界贸易组织的成员。欧盟是挪威最大的贸易伙伴。同时，挪威也是欧洲经济区的成员国，并于1994年3月与欧盟达成协议，到1995年1月1日加入欧盟。然而在挪威公民投票表决中，这一协定未获通过。尽管如此，欧洲经济区协定已使得挪威成为欧洲统一市场的一部分。挪威以自然资源丰富，受过良好教育的劳动队伍，稳定的政治、社会环境，良好的国家财政，健康的国民经济等优势，成为区内一个有吸引力的商业地区，挪威将继续保持与欧盟国家的经济合作。

八　社会保障

挪威是最早创建现代福利制度的国家之一。福利国家的基础是一套旨在保障社会和经济安全的经济体系。每个公民都是国家福利和劳保组织的成员，享有医疗、退休金、残疾金等一套广泛的经济资助。

20 世纪 90 年代初，挪威将重点放在改善有孩子家庭的生活水平上，除了每个家庭都可以得到儿童抚养费之外，与妇女生育有关的假期条例也都订得非常宽松。90% 以上的挪威儿童都在公立学校免费上学，规定必须接受教育的期限是九年，每个人都有继续深造的权利。

在挪威，各级政府负担着绝大部分医疗卫生服务费用。挪威的医疗制度有别于其他国家的显著特征是，医疗服务是由一个带有强制性的国家医疗保险体系来提供资金，该体系包括全体居民，而且有一项单独的预算。

挪威公共医疗服务制度建设中的一个重要原则是实行规划的区域化和责任的分散化。这意味着医疗服务的经济、规划和经营等各项工作均由地方上的市和郡来承担。责任分散化的最重要原则是：国家、市和郡各级当局之间明确的责任分工。中央当局处理全国范围内的事情，在医疗卫生问题上创造必要的框架条件，并且督促郡、市按照全国性的目标完成各项任务；承担医疗任务的郡、市一级机构，负责为医疗服务筹措资金。为了筹集资金，除了来自国家的一揽子拨款以外，地方可以通过征收地方税款来形成自己的收入来源。

1984 年关于市一级医疗服务的新法律开始生效。该法律赋予地方各市管理基础医疗服务的责任。所有的市负责组织和提供必不可少的普通医生、理疗和护理等方面的服务。预防工作也是市一级医疗服务中法律规定的任务之一。这包括环境方面的卫生保护措施、幼儿保健站的活动、学校中的医疗服务和医疗卫生的宣传活动。郡最重要的任务是提供医疗服务，包括心理发展障碍病人的医疗服务（1991 年以后由市接过这项任务）。此外，郡还负责特殊医疗服务、儿童保健、嗜酒者的戒酒所、救护车服务等。国家则制定全国范围的目标，为医疗服务创造主要的框架条件，提供咨询建议，决定指导方针，以及监督郡、市的医疗服务工作。国家还负责像挪威放射院这样为全国提供服务的医疗机构。

第六节　教育与文化

一　教育概况

挪威的教育制度大致如下：市政当局负责基础教育（小学、初中），郡政府负责中等教育（高中、技校、职业高中、民族高中等），而国家负责高等教育（大学、学院等）。不过，国家为开办基础和中等教育学校提供大量经费。私立学校按照一项特别立法也可以从国家和郡政府那里得到资助。2009 年教育经费 318 亿克朗，约占政府预算的 3.9%。各类在校学生总数约 105 万人，教师 7.6 万人。有高等院校 71 所，学生约 20 万人。

在公立教育系统，中小学生和大学生上学都是免费的，而私立学校在多数情况下收取学费。为了避免社会和地理差异阻碍人们接受教育，挪威为中小学生和大学生建立起广泛的支持体制。

幼儿教育机构依据 1975 年的一项特别立法归市政和私人组织经营，但是国家给予补助资金。幼儿园主要为七岁以下的儿童提供引导性教育。幼儿园并不与学校系统结合在一起，从管理体制上讲，幼儿园隶属于家庭和消费者事务部。

挪威儿童 6 岁入学。1969 年，法律规定对全国所有人实行九年制义务教育。1997 年又延长到 10 年。从 1976 年开始，残疾儿童也有权在普通基础教育学校就读。从 1985 年开始，在萨米族居住地区的儿童有权使用萨米语接受基础教育。基础教育学校分为 7 年的小学阶段和 3 年的初中阶段。目前挪威全国拥有 3250 所小学和初中；在校生约为 62 万人；教师人数为 6 万人左右。基础教育学校的教学内容总体上是通过教育研究部颁布教学大纲和若干条例的形式规定的。基础教育学校一般是按每市的学区组织的，在一所学校的周围地区构成一个学区。

按照法律和教育部章程所列出的指导方针，市政当局对建设和管理基础学校负有全部责任。每个市设有一个学校委员会，学校委员会是该市学校的管理机构，它的任务包括聘请教师。在每个郡，国家派出一名学校督察作为代表，他是教育和研究部同各市之间联系的纽带。基础教育的经费由市政预算中支出。国家也提供财政补助，这笔基础教育款项作为国家整个拨款中的一部分一起下拨给各市政府。

中等教育包括十年义务教育与高等教育之间的大部分领域。依据法律，郡政府对它自己的中等教育学校的计划和运行负有管理和经济上的责任。中央当局仅限于向各郡提出建议，并且指明工作重点、各领域吸收能力和劳务市场的需要。每年，挪威议会把一揽子财政补助全拨给各郡，其中包括用于中等教育的那部分经费，但各郡仍旧可以自由支配全部款项。教育和研究部对教学安排、班级大小和学年长短、各学科的内容等作出规定。

中等教育学校原则上对所有希望获得基础教育以上的人开放。当求学者人数超过学校接纳能力时，便由招收规程决定录取顺序。这一规程还给予需要特殊教学和学习帮助的求学者以一定的优先权。

中等教育学校包括十个学习方向，其中一个是进入大学前的预备课程（普通学习），其余是分成一系列专业和不同课程安排的职业及行业培训。某些专业只提供一年学习（基本课程），而另一些则包括两年或者完整的三年教育。在许多专业，学生可以获取完全的专业技能，并且可以得到行业证明或与学徒工制度有关的证明文件。依据法律规定，课程安排应既照顾学生的愿望，又要考虑到劳务市场的需要。挪威现有 800 多所中等教育学校，在校学生人数约为 24 万人。目前，大约 80% 的学生选择普通高中。

高等教育是指高级中等学校水平以上各种形式的教育。挪威现有 200 多所高等院校，分成两个部分：大学和地区性院校。最近 10 年中，大学生人数和招生能力有了很大增长，尤其女大学生的比例增加显著，她们现在占到学生人数的 50% 以上。绝大多数课程都是用挪威语讲授的，大多数课本也是挪威语的。

绝大多数高等院校完全由议会拨给的国家资金提供经费。私立高等院校也可以得到赞助。各个大学在规定不同学科考试的内容和学位的学术内容方面享有很大的自由，但是举办考试和颁发学位的权力却由国王依据有关法律授予。此外，1990 年 1 月 1 日生效的法律进一步扩大了各大学在学术上和管理上的自治权。

在挪威，取得较低级学位的教育一般需要 3 年半到 4 年，取得较高级学位的教育需要 5—7 年，而博士学位的教育需另外再加 2—3 年。大学的管理形式尽管各不相同，但它们有一个共同的特点，即各种类型的教职员工和大学生原则上都应在决策机构中得到代表。不能不经过选举在任何机构中得到席位。

挪威比较有名的大学有：奥斯陆大学、卑尔根大学、特隆赫姆大学、特罗姆瑟大学。比较有名的学院有：北欧家政科学学院、挪威农业学院、挪威兽医学院、挪威商业学院、奥斯陆建筑学院、挪威体育学院、国家美术学院、西部地区美术学院、挪威音乐学院、国家手工艺学院、国家表演艺术学院、挪威渔业学院。

二　文化艺术

挪威有着丰富活跃的文化生活，许多艺术家都具有相当高的国际水平。挪威最为著名的作家是亨里克・易卜生（1828—1906 年），他的戏剧在世界上具有广泛影响。现在挪威的剧院里还经常上演易卜生的《群鬼》和《玩偶之家》等著名剧作。挪威先后有三位文学家获得了诺贝尔文学奖：比昂斯提尔纳・比昂森、克努特・汉姆生、西格里德・温赛特。比昂斯提尔纳・比昂森生于 1832 年，卒于 1910 年，于 1903 年获得诺贝尔文学奖。他主要写作民间传说、小说、诗歌和戏剧并创作了挪威国歌的歌词。克努特・汉姆生生于 1859 年，卒于 1952 年，1920 年因《土地的成长》一书获得诺贝尔文学奖，而在此之前他已经创作了《饥饿》《潘神》和《维多莉亚》等作品。西格里德・温赛特生于 1882 年，卒于 1949 年，他于 1928 年获诺贝尔奖，其名著是有关克丽斯汀・拉芙朗斯达特的三部曲，该书已被翻译成多种文字出版。

在绘画上，挪威有爱德华・蒙克这样的现代绘画表现主义大师。他生于 1863 年，死于 1944 年，其作品大多收藏在奥斯陆的蒙克美术馆和国家画廊。蒙克的主要作品有创作于 1895 年的版画《带手骨的自画像》和著名的《呐喊》，创作于 1896 年的版画《病室里的死亡》和《嫉妒》，以及创作于 1897 年的木刻《吻》之三。

作曲家爱德华・格里格生于 1843 年，卒于 1907 年。他一生创作了大量的作品，尤以钢琴协奏曲得名，被誉为“北欧的肖邦”。格里格的音乐大量借鉴了挪威民间音乐的音色与和声，他的 A 小调钢琴协奏曲是许多钢琴家的保留曲目。

三　新闻媒体

全国出版各种日报约 60 种，日平均发行量 300

万份。另有其他报刊100余种。主要报纸有《晚邮报》《世界之路报》《日报》《卑尔根时报》等。挪威通讯社为非官方通讯社；挪威国家广播公司（NRK）于1933年建立，分广播、电视两部分，隶属文化部。

四 民俗民风

挪威人偏爱红色，女孩的大衣、儿童的滑雪衫以及男人毡帽的镶边大都是红色。这也许是因为温暖的红色可以帮助人们抵御严冬和度过漫长的黑夜的缘故。挪威人重要的节日有：特罗姆瑟太阳日、奥斯陆滑雪节、解放日、宪法日。

1. 特罗姆瑟太阳日 每年1月21日举行，人们在漫长极夜后，欢迎太阳重新露面，吃“太阳面包”，推选“太阳公主”，游行歌舞，迎接一天天更光明的日子。

2. 奥斯陆滑雪节 每年3月的第一个星期日举行，这一节日开始于1892年，节日当天举行世界闻名的国际滑雪大赛。

3. 解放日 每年5月8日举行，以庆祝1945年5月8日挪威从法西斯德国占领下获得解放。

4. 宪法日 又称国庆日，每年5月17日举行。1814年5月17日通过宪法规定挪威为世袭君主立宪国，所以定该日为国庆日。

第七节 国防与外交

一 国防概况

国王为名义上的最高统帅，内阁通过国防大臣掌握全军。最高作战指挥机构为最高国防司令部，国防司令哈拉尔·桑德上将（Harald Sunde，2009年10月上任）。奉行与美国和北约结盟的防务政策，建有北约军事基地。实行义务兵役制，服役期6—12个月。现役军人和文职人员共约3万人，国民卫队6万人，后勤部门6000人，向波黑、科索沃、阿富汗、伊拉克等地联合国维和部队派驻约1500人。2009年国防预算为335亿挪威克朗，占政府预算的4%。近年来，随着欧洲形势的变化，挪正在调整防务政策，压缩军费开支，削减人员数量，提高装备质量。

武装力量由正规军和预备役部队（包括国民卫队）组成。正规军分陆、海、空3个军种。军官军衔分3等10级。将官分上将、中将、少将、准将，校官分上校、中校、少校，尉官分上尉、中尉、少尉。实行义务兵役制。士兵服役期为12个月。军官最高服役年限均为60岁。

陆军在和平时期约为7500人，战争动员之后可以达到9500人左右。陆军机动化战斗组织包括一个战术陆地指挥部（第6师）、一个独立的机械化旅（北方旅）、一个可以作为北方旅后援的机械化旅（第6旅）、ISTAR部队、国王卫队、边境部队和陆军特种兵部队。

海军和平时期约为3700人，战时可以达到4500人，编制包括海军、海岸警卫队和海岸炮兵部队。

空军和平时期约为2000人，战时可以达到5500人，挪威空军分为12个飞行中队，拥有7个主要的空军基地。

二 对外关系

在对外关系方面，挪威以同北约的合作和欧美团结作为其外交和安全政策的基础，积极发展与欧洲联盟和北约的合作。作为北约成员国，将与北约的合作作为其外交和安全政策的基础。挪威尚未加入欧盟，但积极发展与欧盟的合作，同时与邻国俄罗斯维持睦邻关系，也更加重视发展与亚太国家的联系，努力拓展外交空间，通过联合国积极参与国际事务。挪威与140多个国家有外交关系，对外关系的中心是为共同利益加强合作、为缔造和平与强化人权而努力、投资环保建设和援助最贫穷国家。

数十年来，挪威与其他北欧国家一直在广泛的政治和实际活动中保持密切的合作，这些国家的公民可以在挪威自由旅行，各国间在社会福利方面也有广泛的合作。挪威十分重视有关保护环境和自然资源的立法，积极参加国际环境保护合作。挪威支持世界环境与发展理事会关于可持续发展的建议，并积极参加其他如空气协定和减少氮氧化合物排放条约的谈判。

挪威大约将国民生产总值的1%用于援助世界上最贫困的国家，这些援助或直接输入这些地区，或通过联合国的各种组织提供。挪威强调经援应对最贫困的人们有所助益，支持有利于自然环境的经济发展和经济改革措施。在对外援助中，挪威注重卫生建设、计划生育、科研和企业发展等项目，主张提高贫穷国家的知识和专业技能水平。2008年援外金额占国内生产总值的0.96%左右，达2230亿克朗。主要受援国有阿富汗、坦桑尼亚、莫桑比克、乌干达、埃塞俄比亚等。外援中双边与多边项目约各占一半。多边援助中一半以上通过联合国机构实施。

挪威与中国于1954年10月5日建交。20世纪五六十年代，中挪两国交往不多。70年代后，两国互访增多。80年代，中挪关系进一步发展，高层互访不断。中国总理、副总理、全国人大常委会副委员长等相继访挪，挪首相、议长等先后访华。进入90年代后，两国在各个领域的交往与合作有了进一步发展。2008年，挪外交大臣斯特勒（1月）、外援兼环保大臣苏尔海姆（6月）、高教与科研大臣奥斯兰（11月）等先后访华。5月，四川地震灾害发生后，挪国王哈拉尔五世致信胡锦涛主席表示慰问，首相斯托尔滕贝格等赴中国驻挪使馆吊唁。挪政府通过红十字会等渠道为中国抗震救灾捐赠约400万美元及帐篷等物资。8月，挪国王哈拉尔五世夫妇及哈康王储先后来华出席北京奥运会开幕式并观赛。挪文化与宗教大臣吉斯克来华观赛并出席北京奥运会闭幕式。

中挪经济有一定互补性。建交多年来，双边经济合作已从单纯的商品交换发展到经济、贸易、工业和技术多领域合作的阶段。20世纪80年代中期以来，两国贸易额不断增长。2008年贸易额47亿美元，同比增长23.2%；其中我国出口25.6亿美元，进口21.4亿美元，同比分别增长16.4%和32.4%。2009年1—5月，双边贸易额20.6亿美元，同比增长11.8%；其中我国出口9.1亿美元，同比下降8.8%；进口11.5亿美元，同比增长36.2%。我国主要对挪出口纺织服装、船舶、机电产品、鞋类、焦炭等，从挪进口原油、鱼制品、肥料、铝材、钢材、机械设备及零件等。

（卢春龙　赵柯）

第四章　芬兰

第一节　概述

国名　芬兰共和国（The Republic of Finland）。

位置　欧洲北部。

面积　338424平方公里。

人口统计　543万人（2013年3月）。

民族　芬兰族、瑞典族和萨米人。

语言　芬兰语和瑞典语都是官方语言。

宗教　居民中的89%信奉基督教福音派路德宗，约有1%信奉芬兰东正教。两教都是芬兰国教。

政体　共和制。

首都　赫尔辛基（Helsinki）。

国旗　呈长方形，白地上绘有蓝色十字。蓝色象征湖泊、河流、海洋，白色象征白雪覆盖着的国土。十字表示芬兰历史上与北欧其他国家的密切关系。因靠近北极圈，夏季白昼漫长，冬天多雪，所以，国旗也用蓝白两色以象征其地理特点。

国歌　《祖国》。第一次演唱于1848年5月13日的一次学生集会上。歌词作者卢内堡是芬兰著名诗人。

国徽　红色盾徽，上有一头戴着王冠的金色狮子，狮子右前爪持一把银色宝剑，后爪踩着一把弯刀，金狮周围是9朵白色的玫瑰花。16世纪当芬兰成为瑞典统治下的一个大公国时，约翰三世国王曾授予芬兰一枚盾形红底金狮纹徽。跃立的金狮头上戴着王冠，披着护甲的右前肢挥舞着一把银色的宝剑，象征着要驱赶一切来犯之敌；金狮脚下踩着一把弯刀，表示对来自东方之敌的蔑视；点缀于金狮周围的9朵白色玫瑰花代表芬兰历史上的9个省。1917年12月6日芬兰获得独立，1919年颁布宪法，宣布成立芬兰共和国，并重新确认了原来的纹徽为国徽，但从原来的图案中取消了作为顶饰的公爵冠冕。

国庆日　12月6日。

货币单位　芬兰马克（Fmk）。2002年1月1日起使用欧元。

度量单位　公制。

时间时区　东二区。

国花　铃兰花，别名君影草或草玉铃。百合科，多年生草本植物。夏季开白花，形如钟状下垂，香气袭人，浆果为球形，熟后成红色。另有国花绣球菊。

第二节　自然地理与人文地理

一　自然地理

芬兰位于欧洲北部，在北纬60度到70度，北与挪威接壤，西北邻瑞典，西临波的尼亚湾，南临芬兰湾，东接俄罗斯。芬兰地形南北长，东西窄。南北最长距离达1157公里，东西最宽为542公里。地势北部高、南部低。北部曼塞耳基亚丘陵海拔200—700米，中部是波状起伏的冰碛丘陵。南部沿海一带是海拔50米以下的平原。

芬兰湖泊众多，据统计有187888个湖泊，素有“千湖之国”的美称。湖泊总面积达44800平方公里，大约占全国总面积的1/8，其中有46个面积超过100平方公里的大湖泊。芬兰的湖泊大多是南北伸展的长方形，也有圆形和椭圆形的，主要分布在南部地区，较大的湖泊有塞马湖、派扬奈湖、奥鲁湖、皮埃利斯湖、伊纳里湖等。众多的湖泊蕴藏着丰富的水利资源，为水力发电提供了得天独厚的条件。同时，许多河流从一个湖泊发源，流入另一个湖泊，河湖相通；有的是人工开凿的运河把湖泊一个个地连接起来，形成四通八达的内河航运网络。主要河流有帕茨河、凯米河和科克马基河。

芬兰的海岸线曲折，长达1100公里，占全部国界线的1/3。波的尼亚湾和芬兰湾沿岸，有许多深入内陆的港湾。整个芬兰境内，任何地方相距大海都不超过300公里。沿海岛屿星罗棋布，有75000多个岛屿和明礁、暗礁。

芬兰2008年有耕地229.8万公顷，约占全国面积的7%，多分布在西南部。由于气候寒冷，热量不足，以种植燕麦、大麦、黑麦等生长期短的耐寒作物为主。有2/3的耕地种植饲料，以发展畜牧业。畜牧业产值占农业总产值的3/4。生产的粮食基本能够自给自足，畜产品有一部分出口。

芬兰属亚寒带大陆性气候，纬度很高，全国有1/4的土地在北极圈内，所以全年中大约有2/3的时间是冬季。冬季气候寒冷，西南部平均温度是-4℃，北部的拉普兰地区甚至达到-14℃。夏季，气温逐渐回升，7月份，阳光普照，大地解冻，草木复苏，呈现出一派生机勃勃的景象。平均气温夏季为13℃—17℃，冬季为-14℃—-3℃。年平均降水量400毫米—650毫米。在北极圈以内的地区，有极昼和极夜。极昼也叫“白夜”，即在夏季和夏季前后的一段时间里，大约有73天，每天24小时太阳高挂。极夜也叫“永夜”，就是在冬季和冬季前后的一段时间里，大约有60天，每天24小时不见太阳，但是却有美丽的北极光经常出现于天际。

芬兰是世界上著名的“森林王国”之一，森林资源十分丰富，被誉为“绿色金子”，覆盖率达86%，约2627.5万公顷，木材储蓄量为22.01亿立方米。矿产资源中铜较多，储量约为2000万吨。还有少量的铁、钒、钴、镍、锌等，钒的生产和出口居世界前列。泥炭资源较丰富，储量相当于40亿吨石油。水力总蕴藏量估计约为200万千瓦，每年发电量可达150亿—200亿千瓦小时。有四座核电站。

二　人口种族

主要民族是芬兰族，占总人口93.4%。现今的芬兰族主要由苏奥米部落、哈门部落和卡累亚拉部落这3个古部落形成。瑞典族约占5.7%，还有少量的萨米人（以前称拉普人）。人口密度为每平方公里16人，是欧洲典型的地广人稀国家，城市人口占总人口的62%，乡村人口约占38%。年平均增长率0.4%。目前面临严重的人口迅速老龄化问题，65岁以上人口占总人口的14%，预计这一比例还会不断上升。

三　行政区划

芬兰全国行政分省、市（县）两级。最早有12个省，1997年重新划定行政区后减少到5个省和1个自治区：东芬兰省、拉普兰省、奥卢省、南芬兰省、西芬兰省和享有高度自治的奥兰府。2010年起划为20个行政区：拉普兰、北博滕区、凯努区、北卡累利阿区、北萨沃尼亚区、南萨沃尼亚区、南博滕区、博滕区、皮尔卡区、萨卡昆达区、中博滕区、中芬兰区、西南芬兰区、南卡累利阿区、派亚特海梅区、坎塔海梅区、新地区、东新地区、屈米区和奥兰群岛。相比过去的省，大区能更好地体现方言、文化及经济上的地域差别。

1. 赫尔辛基　首都，2011年人口为58.9万人。全国政治、经济、文化中心和重要港口之一，位于芬兰湾北部维隆奈米半岛上。该城始建于1550年，当时芬兰还在瑞典统治之下，由国王古斯塔夫下令兴建。最初的地址位于现址以北的旺达河畔的小瀑布附近，以当地居民赫尔辛基部落（Helsingi）命名。在瑞典文中写作“Helsingfors”，意思是“赫尔辛基人的瀑布”。1648 年城市扩展到芬兰湾北岸。后经多次战火，1809 年芬兰成为沙俄的辖地，称自治大公国；1812 年沙皇亚历山大一世下令将赫尔辛基作为大公国的首府。1917 年芬兰共和国成立，仍以它为国都，改用芬兰语拼写为“Helsinki”。赫尔辛基是国际航空中心，并建有海军基地，有造船、冶金、机械、化学、食品、纺织等工业。赫尔辛基由半岛和周围数百个岛屿组成。满纳汉大道是赫尔辛基最著名的一条大街。这条街上有一座大运动场，是为纪念著名田径选手努尔米和卡尔波而建的，在运动场入口处，竖着努尔米的裸体铜像。雄伟的议会大厦是一座具有古典风格的优美建筑，高高的柱子立在漂亮的台阶上。离这不远处是有花岗岩围墙的国家博物馆；再过去是奥林匹克体育场，这是为 1952 年奥运会修建的。登上大田径场的楼顶，可以饱览赫尔辛基的美丽市景，如附近的跑马场、蓝色港湾内停泊的各种船只、附近岛屿上的游艇俱乐部等。赫尔辛基有各种博物馆，其中著名的有国立博物馆、动物博物馆、市立博物馆、索门利纳博物馆、雅典珍藏博物馆、航海博物馆等。这些博物馆各具特色，藏品丰富。坐落在亚历山大大街附近的大教堂，是帝俄统治时代的痕迹，为俄罗斯东正教教堂，建于 1868 年。教堂前的大广场是赫尔辛基举行社会活动的会场。广场中央竖着俄国皇帝兼芬兰大公爵亚历山大二世的雕像。赫尔辛基海边的墓地公园全年鲜花不断，夏季盛开的玫瑰和紫丁香更为美丽，冬季之夜则有几千支蜡烛与皑皑白雪交相辉映。这里也是人们喜欢游览的地方。

2. 图尔库（Turku）　位于赫尔辛基西北，是芬兰著名的古老城堡，是图尔库—波里省的首府，是芬兰的第三大城市和第二大港口，人口 17.5 万人，重要的工业中心和交通运输中心，也是仅次于赫尔辛基的重要文化中心。位于奥拉河口。它是由瑞典人建筑的堡垒发展而来。先由古堡发展成商业中心。1525 年瑞典国王古斯道夫·瓦沙授予图尔库都市权。16 世纪中叶成为芬兰公国，接着变成大公国的首府。从 14 世纪到 1812 年前都是一个重要的贸易中心。瑞典语名称奥布，原意是“临水的地方或城镇”。芬兰语名称“Turku”，意为“贸易”、“市场”或“集市”。图尔库建于 12 世纪前后，奥拉河贯穿旧市区，沿河两岸林立着许多几个世纪以来的名胜古迹，如古亚波城堡，它位于河口，现已是历史博物馆，里面陈列着许多珍贵文物。芬兰最大最庄严的大教堂也在图尔库，它建成于 1229 年，是哥特式建筑的又一典型代表。图尔库墓地附近的礼拜堂也很有名气，它是由著名建筑家伊立克·勃利曼设计的，是芬兰近代史上最美丽的建筑物之一。

3. 坦佩雷（Tampere）　位于赫尔辛基西北、纳西湖与哈比湖之间，是芬兰第二大城市，人口 20.4 万人，也是最大的经济中心和工业城市，瑞典语原名是坦墨尔福斯（Tammerfors），因位于坦墨尔瀑布附近而得名。瀑布两侧建有大型水电站，这个工业城市就是以廉价的水电与丰富的森林资源而发展起来的。坦佩雷始建于 1779 年，19 世纪开始繁荣。是全国最重要的工业区之一，有“芬兰的曼彻斯特”之称，有纺织、制革、木材加工、造纸、金属加工等工业。市内有列宁博物馆。

第三节　历史

芬兰（Finland）一名源出瑞典语，意思是“芬人居住之地”；而芬人之族名，可能源于日耳曼语的“finden”一词，意思是“发现”、“游牧者”或“寻觅者”。因芬兰早期的居民是以驯鹿为主的拉普人，系游牧民族，故名。而芬兰人却自称是“Suomi”，意思是“湖沼之国”。芬兰语“suo”一词的意思是“沼泽”或“湖泊”；“mi”源于“maa”，即“土地”或“国家”，这对多湖沼的芬兰来说，可谓名副其实。

芬兰最早的居民是萨米人，后芬兰人迁入，建立芬兰大公国。1155—1293 年，瑞典用武力迫使信奉多神教的芬兰人皈依天主教，臣服瑞典国王。1362 年，芬兰成为瑞典的一个省。1397—1525 年卡尔马联盟时期，丹麦国王成了瑞典的君主，芬兰总督由丹麦国王委任。1434 年，瑞典和芬兰爆发反对丹麦的农民暴动，1532 年，卡尔马联盟解体，瑞典建立瓦萨王朝，重新恢复对芬兰的统治。1556 年，芬兰成为瑞典的一个公国。16—18 世纪，芬兰成为瑞典、俄国等国的争夺战场，反复为瑞典或俄国所占领。1809 年俄国迫使瑞典签订《哈米纳和约》，芬兰成为俄国的一个大公国，沙皇兼任大公，对内实行自治。19 世纪 60 年代，芬兰民族解放运动如火如荼。俄国十月革命后，1917 年 12 月

6 日芬兰宣布独立。苏维埃政权根据民族自决原则承认芬兰为一个主权国家。1918 年芬兰工人发动武装起义，成立革命政权，后被镇压。1919 年 6 月，芬兰颁布共和国宪法，成立芬兰共和国。1939 年 11 月爆发芬苏战争，芬兰战败，1940 年两国缔结和约。1941—1944 年希特勒德国入侵苏联后，芬兰参与了侵苏战争。1947 年 2 月芬兰作为战败国与盟国签订《巴黎和约》。1955 年芬兰加入联合国和北欧理事会，对外奉行和平中立和睦邻友好政策，不介入大国冲突，重视发展与第三世界国家的关系。1995 年加入欧盟。

第四节　政治体制与法律制度

一　宪法

芬兰宪法于 1919 年 7 月 17 日生效，这是芬兰独立后的第一部宪法，共 11 章 95 条。宪法规定：总统与议会共同行使立法权；议会实行一院制，是最高立法机构，有 200 个席位，议员任期 4 年，由全民选举产生，政府必须得到议会的信任。共和国总统为国家元首，由选举产生，任期 6 年，最多连任两届；总统还拥有最高行政权，通过任命的内阁行使行政权，有解散议会的权力；同时兼任武装力量最高统帅，并掌管国家的外交实权。1994 年 1 月，芬兰总统首次实行直选方式。1999 年，芬兰议会通过新宪法，名称由《政府组织法》改为《宪法》。新宪法规定芬兰国家的主权属于全体国民，国民在法律面前一律平等，加强了议会和政府在国家政治生活中的作用，削弱了总统的部分权力。2000 年 1 月塔里亚・哈洛宁（Tarja Halonen，女，社民党人）当选总统，2006 年 1 月获选连任。现任总统绍利・尼尼斯托（Sauli Niinisto），民族联合领袖，2012 年 2 月当选总统。

二　议会制度

20 世纪初以前，芬兰为外国所统治，没有自己的议会。1906 年开始确立一院制议会。1906 年 11 月，芬兰开始实施新选举法，规定凡年满 24 岁的成年男女均获得参政权。芬兰是欧洲第一个赋予妇女投票权的国家。1907 年 3 月 15 日，芬兰国会大选揭晓，19 名女性议员进入国会。当选的议员来自社会各阶层，其中大部分属于社会民主党。1919 年 7 月 17 日通过宪法再次确认一院制。议会可以修改宪法，解散内阁或否决总统的决定，但议会无权改变司法决议。内阁或任意一名议员都可以提出立法动议。凡年满 18 岁的芬兰公民都有选举权和被选举权（现役军人和某些政府高级官员除外）。全国分为 10 多个选区，各选区的议席按人口比例分配。大选在正常情况下每 4 年进行一次。议会设议会会议、大委员、议长会议、13 个专门委员会和议会办公委员会等机构。议会会议一般分为春季会议和秋季会议。议会全体会议一般公开举行。政府成员有权出席并参加讨论，但非议员者不得参加表决。议会选举采取无记名方式。议会设议长、第一副议长、第二副议长各 1 名和议会督察员 5 名，由议会全体会议选出，每年例会开始时改选一次。本届议会于 2011 年 4 月选举产生。目前，中间党占 35 个席位、联合党 44 席、社民党 42 席、左翼联盟 14 席、绿色联盟 10 席、瑞典族人民党 9 席、基督教联盟 6 席、正统芬兰人党 39 席。议长埃罗・海内卢奥马，社民党人，2011 年 6 月当选。

三　政府

本届政府于 2007 年 4 月 19 日由中间党、联合党、绿色联盟和瑞典族人民党四党联合组成。共有阁员 20 名，其中女阁员 12 名。总理马蒂・万哈宁（Matti Vanhanen，中间党），副总理兼财政部长于尔基・卡泰宁（Jyrki Katainen，联合党），外长亚历山大・斯图布（Alexander Stubb，联合党），外贸与发展部长帕沃・韦于吕宁（Paavo Väyrynen，中间党），司法部长图伊亚・布拉克斯（Tuija Brax，女，绿色联盟），内政部长安妮・霍尔姆隆德（Anne Holmlund，女，联合党），移民与欧洲事务部长阿斯特丽德・托尔斯（Astrid Thors，女，瑞典族人民党），国防部长于里・海凯梅斯（Jyri Häkämies，联合党），公共管理与地方事务部长玛利・基维涅米（Mari Kiviniemi，女，中间党），教育部长汉娜・维尔库宁（Henna Virkkunen，女，联合党），文化与体育部长斯特凡・瓦林（Stefan Wallin，瑞典族人民党），农林部长锡尔卡—莉萨・安蒂拉（Sirkka-Liisa Anttila，女，中间党），交通部长阿努・韦赫维莱宁（Anu Vehviläinen，女，中间党），通信部长苏维・林登（Suvi Lindén，女，联合党），贸工部长毛里・佩卡里宁（Mauri Pekkarinen，中间党），社会卫生部长利萨・希萨拉（Liisa Hyssälä，女，中间党），社会服务事务部长保拉・里西科（Paula Risikko，女，联合党），劳动部长塔里娅·克龙贝里（Tarja Cronberg，女，绿色联盟），环境部长保拉·莱赫托迈基（Paula Lehtomäki，女，中间党），住房部长扬·瓦帕沃里（Jan Vapaavuori，联合党）。2010 年 6 月 18 日，总理万哈宁出于身体健康原因，正式向总统哈洛宁提交了辞呈。当选芬兰最大执政党中间党新主席的玛丽·基维涅米（Mari Kiviniemi）6 月 22 日成为万哈宁的继任者，担任新政府总理。她是芬兰历史上第二位女总理。本届政府仍由中间党、联合党、绿色联盟和瑞典族人民党四党组成，在新政府 19 位部长中，除行政与地方事务部长外，其余部长均留任。

四　政党

1. 芬兰中间党（Centre Party of Finland）　在野党，1906 年成立。曾先后称农村居民联盟、农民联盟和中间力量，1988 年 6 月改现名。二战后多次参与组阁。2003 年和 2007 年两次以议会第一大党资格组阁。强调该党追求的目标是建立平等和公正的社会，主张城乡平衡发展，强调保护环境和生态平衡。对内反对政治经济权力垄断，主张保障农林业在国民经济中的地位，维护中小企业和农业生产者的利益；对外主张实行积极的和平外交政策，重视与北欧和波海地区国家的关系。反对欧盟联邦化，认为加入北约应成为芬兰外交安全政策的一种选择，但应就此举行全民公决。现有党员 20 余万人。党的机关报是《芬兰国土报》。现任主席西皮莱（Juha Sipil），2012 年当选。

2. 民族联合党（The National Coalition Party）　简称联合党，执政党，1918 年成立。一战和二战期间为芬兰主要执政党。1987 年起连续三届执政，2003 年下野，2007 年重新入阁，现为议会第二大党。该党称已将其极右翼政党的形象改变为现代化的温和保守党形象，主要代表工商企业界利益。对内主张发展多党合作，维护私有权，充分发挥市场机制的作用，削减开支，减少国债，减轻工人和企业的税负，通过增加对中小企业的投资和缩短工时，改善就业状况。对外主张和平中立和睦邻友好政策，主张同西方国家保持密切的经济和政治关系，赞成芬兰加入欧盟，但仍维护国家的自主权和独立性。现有党员约 4.1 万人。党的机关报有《今日报》《晨报》。主席于尔基·卡泰宁（Jyrki Katainen），2004 年当选。

3. 绿色联盟（The Green League）　在野党。由 20 世纪 80 年代初期的绿色环境保护运动逐步演化为政党，1988 年正式成立。主张保护环境，维护生态平衡，建立社会公正，合理开发和利用能源，取消核电站。支持芬兰政府的和平外交政策，积极参与和平与环保活动。1995 年入阁，2002 年因反对议会通过新建核电站计划退出政府，2007 年重新入阁。现有党员 3800 人。主席维勒·尼尼斯托（Ville Niinist），2011 年当选。

4. 瑞典族人民党（The Swedish People's Party）　执政党。1906 年成立，是芬兰少数民族瑞典族居民的政党。党的宗旨是维护芬兰境内瑞典族和瑞典族居民的社会地位、文化传统和特殊利益，致力于芬兰国家的发展。对内主张实行多党制和市场经济，保护私有财产，实现社会公正和多元文化社会，注重环境保护，反对修建核电站。对外主张加强与北约国家的关系，要求增加对外发展援助，支持芬兰参加由联合国和欧安会安排的维和行动。2007 年入阁。现有党员约 3 万人，党的机关报是《首都日报》。主席斯特凡·瓦林（Stefan Wallin），2006 年当选。

5. 芬兰社会民主党（The Finnish Social Democratic Party）　现为执政党。1899 年成立，原名芬兰工人党，1903 年改现名，简称社民党。1966 年起为主要执政党。1995 年、1999 年两次以第一大党资格与其他左右党派组成联合政府。2007 年 3 月大选失利，成为最大在野党。主张建立民主社会主义社会。政治上实行民主自治管理，反对中央权力过度集中；经济上扩大经济民主，限制资本利润，实现充分就业和公平分配，保障社会福利；社会问题上主张社会成员平等，生活方式多样化；军事上主张建立一支适应芬兰战略形势的必要防务力量，反对同任何军事集团结盟；外交上主张奉行积极的和平中立政策，巩固睦邻友好和发展国际合作，要求建立北欧无核区。现有党员 5.9 万人。党的机关报是《芬兰社会民主党》。主席尤塔·乌尔皮莱宁（Jutta Urpilainen），2008 年当选。

6. 芬兰左翼联盟（The Finnish Left Union）　简称左联，在野党。1990 年 5 月由原芬兰共产党和人民民主联盟合并组成，提出党的宗旨、政治活动和组织形式要适应资本主义社会的变化，不再是夺取政权和实行国有化，而是在资本主义制度内扩大社会主义成分。其主张是：致力于环境保护；反对人压迫人；反对金融统治，改善就业；反对歧视妇女，维护男女平等；反对市场垄断；尊重人的价值和尊重文化。在对外政策上，支持官方的和平中立和睦邻友好政策，特别是维护同北约各国和东方邻国的关系；维护和平与国际合作，反对战争和仇视。1995 年入阁，2003 年成为在野党。现有党员 3.42 万人。党主席帕沃·阿尔欣麦基（Paavo Arhinmaki）。

7. 芬兰基督教民主党（The Finnish Christian Democratic Party）　在野党。1958 年成立，原名芬兰基督教民主联盟，2001 年改现名。以基督教教义为宗旨，宣扬自由、社会公正与平等，强调人在上帝面前的责任。主张实行对社会和生态负责的市场经济，注重环保和可持续发展。要求建立一个开放、安全的欧洲，希望欧盟发展成为各主权国家的联盟，反对发展共同防务及扩大欧洲议会的权力。现有党员 1.8 万人，主席拜依维·莱塞宁（Paivi Rasanen，女）。

8. 正统芬兰人党（The True Finns）　在野党。原名农村党，1959 年从芬兰中间力量分裂出来。主张维护小农、城市贫民和中小企业利益。曾自称是官方政策的坚定反对派，后对政策进行了调整。对欧盟宪法持反对态度。现有党员 2 万人。主席蒂莫·索依尼（Timo Soini），1997 年当选。

9. 芬兰共产党（Communist Party of Finland）　在野党。1986 年 4 月由原芬共中分裂出来的“少数派”组成。1990 年芬共停止活动并入“左联”后，该党以芬共（团结派）的名义继续开展活动，宣称要继承芬兰共产党的传统。1994 年举行党代会，决定重建共产党。现有党员约 3000 人，党主席于尔约·哈卡宁（Yrjo Hakkanen），1990 年当选。

第五节　经济与社会

一　概述

2002 年芬兰国内生产总值为 1397 亿欧元，人均国内生产总值 2.68 万欧元；国内生产总值增长率为 0.7%。1999 年加入欧元区，2002 年 1 月欧元取代芬兰马克，正式流通。2005 年在世界经济论坛被评为年度“世界最具竞争力的国家”，2006—2007 年度排名第二，2007—2008 年度排名第六，2008—2009 年度排名第九，2009—2010 年度排名第六。2008 年，受全球金融危机影响，下半年经济开始下滑，企业倒闭增加，失业上升。为防止经济进一步陷入衰退，芬政府出台了一系列刺激方案。2009 年，芬经济已出现一定复苏迹象，但在国际经济尚未全面恢复的背景下，芬经济要实现稳定增长尚需时日。

二　农林业

战后半个世纪以来，曾以农林业为经济主干的芬兰，经历了工业化和后工业化阶段，现在又进入信息社会。尽管芬兰直接从事农业的人口已降低到 8.6%，但 98.5% 的国土属于农村，有耕地 216.5 万公顷，58% 的人口仍然居住在农村，包括农业在内的农村经济仍然是国民经济中的一个重要支柱，芬兰政府仍非常重视农业。2001 年农林业产值为 40.3 亿欧元，占当年国民生产总值的 3.9%，耕地约 221.9 万公顷，从事农林业的劳动力为 13.5 万人，约占总劳力的 5.7%。农畜产品自给有余，主要生产小麦、大麦、燕麦、黑麦、牛奶、黄油、肉类、鸡蛋等。

芬兰地处北纬 60—70 度高寒地区，农业生产和经营活动历来以独家独户的家庭农场形式进行。围绕这一基本特点，经历了上百年的时间，现在已经形成了一套组织严密、效率高、运转灵活的现代农村经济服务机制。芬兰的农业服务机制主要包括三大渠道：政府部门、农民利益组织和咨询服务机构。政府主管部门农林部的主要职能是通过立法制定政策，为农业生产、农业安全、农村经济结构性调整等创造宏观环境和提供保障。农民利益组织“农林生产者中央联盟”如同工人的工会组织，是芬兰最大的农民利益组织，代表农民参与政府农业政策的制订。咨询服务机构“农村中心联盟”是芬兰最大和最完善的农业咨询服务机构。它通过承包政府项目和商业咨询项目直接面向农民，提供农业技术、经营管理和组织各种培训等实用服务，而且多数为上门的具体服务。这三大渠道分工清晰，运作交叉互补，经济活动独立。它们是不同层次、相对独立的机构，但又相互配合倚重，形成了一种自然的有机服务机制。三大服务系统中除了有限的政府部门，其他两大渠道不享受国家拨款。“农林生产者联盟”以独立的经营和会费收入维持活动。

联盟成员每年会费为800马克，便能获得信息、管理、种子、肥料等农业技术性服务。

在芬兰，森林和经济发展的关系很密切，芬兰的工业化过程，可以说就是从对森林资源进行大规模开发和利用开始的。现在，森林工业，包括木材采伐、加工和造纸工业，仍然是芬兰的重要工业部门，其产值占工业总产值的1/4左右。木材和木材制品的出口值占全国出口总值的一半以上。芬兰每年生产纸张300多万吨，纸浆和纸张的出口量，大约占世界总出口量的15%，其中新闻纸的出口量居世界第二位，纸浆的出口量居世界第四位。芬兰在高效率地开发利用森林资源的同时，十分重视对森林的保护、管理和更新，使森林资源细水长流，永不枯竭。芬兰把支撑芬兰经济发展的森林工业称为“木腿”。为了以“木腿”走向世界，芬兰政府制定了《国民森林纲要》，提出在21世纪保持持续发展的林业先进国地位。到2010年，成材木每年要增长500万—1000万立方米，达到年采伐6300万—6800万立方米，木材工业的加工值要翻一番，森林和木材加工业的出口增长100亿—200亿芬兰马克，增加就业岗位。为此，每年要增加营林投资4亿芬兰马克，加强相关的研究和教育，使“绿色金子”在21世纪仍然造福于芬兰民族。

三　工矿能源与交通运输

近年来，高科技的迅速发展促进了芬兰工业生产结构的变化，在传统的森林工业和金属工业技术密集程度得到提高的同时，电信业发展成为芬兰工业的第三大支柱。2003年工业产值400.12亿欧元，约占国内生产总值31.1%。工业从业人口为64.2万人，约占总劳力的27.1%。有核电站2座（4个核反应堆）和其他发电站。

交通运输业发达。1997年产值为478.46亿芬兰马克，占国内生产总值的8.89%。铁路总长5867公里，37.4%为电气化；公路总长77796公里；水运内河航线长9650公里，沿海航线长7730公里；港口30个，重要港口有赫尔辛基、图尔库、科特卡和波里。航空运输比较发达，有157个机场。大多数城市之间都有空中航线。有数十条国际航线通往世界重要城市，1988年开辟了赫尔辛基—北京航线。

四　信息产业与服务行业

1995年1月，芬兰政府通过并公布了《信息社会的芬兰——国家方针》，提出了在21世纪初使芬兰初步成为网络化的信息社会的目标。这是第一个芬兰信息社会的国家战略。这项战略提出以下方针：一是通过信息技术和信息网络建设促进经济和公共部门的改革；二是使信息工业成为芬兰的重要产业；三是使信息技术达到具有国际竞争力的最高专业水平；四是使所有的公民具有掌握和使用信息社会有关服务的能力；五是具有竞争力和服务能力的全方位信息技术基础建设。政府提出了总的资金保障指导原则，即每年除正常经费外，信息社会建设资金投入不低于国民生产总值的0.2%，根据商业经济的需求确定新的有关项目。国家投资的重点是学校和图书馆必要的技术基础设施。

芬兰国家统计中心在1997年2月首次出版了关于信息社会的统计专刊，它按照信息社会的特征，对各种统计数字重新分类。这一统计包括从信息社会概念的界定、技术基础设施、应用及服务、信息技术教育、带有信息社会印记的企业行为、与就业的关系，到在工作中使用的信息技术和家庭业余生活中的信息技术等方面，共分8章42节，对信息社会做了具体的描述。芬兰国家统计中心还参加了欧盟和经合组织的有关统计合作。

1998年，芬兰政府提出《芬兰人的信息社会——人员网络》，这是第二个芬兰信息社会的国家战略。在这个新战略中，政府并不制定具体的目标，而是通过立法、信贷和税收政策以创造一种环境，成为能够吸引资金、人才和技术的国家。同时，政府还提出了发展电子事业和服务的四项要求：一是从1999年起全国使用电子公民身份证，作为识别人员身份和可代替签字的工具；二是2001年政府和公共部门的诸如登记填表等服务性工作全部上网。现在，政府各部已推出具有查询服务检索功能的电子“公民手册”；三是简化复杂的技术，使普通人能很快掌握；四是要关注那些学习技术有困难的社会群体，避免形成新的社会不平等。

在政府的大力支持和推动下，信息产业发展迅速，现已进入世界上信息化程度最高的国家行列。1995年芬兰每百人固定电话拥有率达到54.5部，大大高于经合组织国家平均45.6部的水平。芬兰从20世纪80年代开始逐步开放电信市场，从而使通信费用大幅度下降，使以电信为载体的信息社会的发展具备了前提和可能。现在芬兰数字通信价格是经合组织国家平均水平的四成，移动电话价格为经合组织国家平均价的一半，是世界上人均拥有手机最多的国家（1998年手机普及率为58%）。1997年信息产业产值为478.76亿芬兰马克，占国民生产总值的8.9%，1998年信息技术商品出口额420亿芬兰马克，占出口总额的20%。1997年，芬兰计算机拥有量平均每百人25台，工作人员每百人60台。国际互联网络千人上网率为100，高于美国，居世界第一。上网费用低廉，1998年每月约为9美元。从1995年起，芬兰政府规定，凡享受9年义务教育的学生，必须掌握计算机和国际互联网络的使用技术。

芬兰服务业较发达，基本可分为私人服务业和公共服务业两大类。主要包括商业、贸易、旅馆、饭店、银行、保险、社会性服务业和公共服务业。2003年服务业产值为780.8亿欧元，占国民生产总值的54.4%，从业人口为69.5万人，占总劳力的31.2%。

芬兰旅游业较发达。每年接待几百万国内外游客。2003年外国来芬旅游者共433万人次，旅游收入16.55亿欧元，占国民生产总值的1.15%。芬兰主要旅游景点是赫尔辛基、图尔库、北部拉毕地区和阿兰岛。

五 财政金融与金融监管

国家财政收入主要靠税收，1998年税收收入为1480亿芬兰马克。1997年底外汇储备为514.54亿芬兰马克（约合87亿美元）。国际收支经常项目顺差391亿芬兰马克。到1998年底，净外债累计4937亿芬兰马克，占国内生产总值的71.9%。1999年财政预算收入1884.99亿芬兰马克。中央银行是芬兰国营银行，负责发行货币。中央银行通过确定和变更基本利率，制约和影响其他各类金融机构的存放款利率。还有其他金融机构：商业银行、储蓄银行、合作银行、抵押银行、发展信贷机构与社会保险机构和私人保险公司。

20世纪90年代初，芬兰爆发了以银行危机为先导的战后最为严重的经济危机。这场危机促使芬兰认识到加强金融监督机制的必要性。1993年，作为治理银行危机的一项重要措施，芬兰成立了金融监督局。议会确立了金融监督局直接向议会负责的独立监督决策地位，目的是促进芬兰的金融市场稳定。金融监督局监督的对象是资金市场的主体：银行体系，融资机构，股票市场和其他证券交易行为。监督的范围主要是以有关法律为依据，监督资金市场的主体所从事的金融活动必须具备的资金状况，内部监督机制建设，遵纪守法情况等。该局和有关政府部门合作，根据需要加强和改进有关金融立法。金融监督局的领导机构有着广泛的代表性，中央银行的代表、负责重要保险行业监督职能的社会卫生部代表、负责金融立法筹备工作的财政部代表均为领导成员，金融监督局局长由总统直接任命。议会对该局的权限也有严格的规定，该局只能在法律允许的范围内，对监督对象守法状况从监督角度提出指导和做出决定，并要求其监督职能具有公开性。经过银行危机之后，芬兰银行体系完成了从管制到有序开放的转变。

2003年芬兰外汇储备80.45亿欧元，其中黄金储备5.15亿欧元；国际收支经常项目顺差105.99亿欧元，净外债累计633.2亿欧元，占国内生产总值的44.2%。

六 对外经贸关系

芬兰的出口在国民生产总值中所占的比例已经从20世纪90年代初的22%增加到1998年的40%。近年来，芬兰高技术产品的出口在芬兰出口总额中所占比例从80年代末的6%增加到目前的20%，仅次于日本、美国和英国。出口的高技术产品主要有电信设备、移动电话、科学仪器以及生物技术产品。

为扩大出口，芬兰形成了以企业为核心，以鼓励企业出口创新能力为目标的市场开拓、技术创新和出口担保配套服务机制。芬兰政府通过向贸促会投资来推动企业的国际化进程。芬兰驻外使馆的商务代表处不是由政府部委派出，而是由贸促会派出的，享有同样的外交豁免权。从1992年开始，芬兰驻外商务代表机构已经不再执行商务政策方面的任务，而是向企业提供市场调研、咨询、寻找贸易伙伴等具体服务。驻外商务参赞都是有经验的企业家，一般任期为5—6年。最近几年，贸促会还推出一种“出口链”服务项目。“出口链”主要谋求开拓新市场，服务对象为没有国外市场经验和准备进入新的国际市场的企业。具体做法是贸促会通过商业服务合同把数家生产相同产品的企业组成一个“出口链”，向它们提供从市场调研、制定产品销售计划、确定销售目标到具体实施出口操作的全套服务。“出口链”中的企业在打入国际市场过程中熟悉和掌握了产品出口运作的整套程序，具备了独立经营和进行出口操作的能力。“出口链”的协议期结束后，企业间是否继续合作和继续要求贸促会提供服务则须签订新的协议来确定。

出口资金担保公司是市场风险担保机构。芬兰政府原来建有出口信贷局和出口担保局两大机构支持企业的出口。随着资本市场的开放和扩大，出口信贷完全转入正常的银行业务，政府不再承担贷款责任。但国家仍然提供出口担保，并在1995年初将出口担保机构和向企业提供风险资金的机构合并，成立了完全由国家投资的出口资金担保公司，每年担保金总额为40亿—50亿芬兰马克。出口资金担保公司的主要职能是支持那些进入高风险地区的企业，体现国家与之共担风险的政策，以激励企业努力开发新的国际市场。该公司在运作中使用的资金主要来自芬兰贸工部的国家担保基金，从政府预算中开支。它还有权以国家名义在国际市场上借低息贷款。这实际上是一种国家经营的不谋求盈利的企业出口保险公司。它向企业提供风险担保服务时收取一定费用，用以维持自己的活动。根据1999年4月出口资金担保公司颁布的最新风险标准，出口国家被分为7类，类别越高表示风险越大。经合组织国家都不在提供风险担保之列，亚非拉发展中国家被列入第二类以上风险地区。俄罗斯、中亚地区、印尼、阿尔及利亚等国被列入风险率最高的第7类国家。

2003年芬兰出口额为463.78亿欧元，占国内生产总值57%。芬兰对外直接投资543.96亿欧元。

在对外援助方面，芬兰的援助对象主要是赞比亚、莫桑比克、肯尼亚、埃塞尔比亚、坦桑尼亚、纳米比亚、埃及、尼泊尔、越南、尼加拉瓜等发展中国家，重点援助项目为农业、交通和水利工程。

七 社会福利

芬兰是典型的高福利国家，社会福利保障体制较完善，总体包括社会保险、社会福利、社会服务和社会补助4个方面的内容。这种从“摇篮到坟墓”的体制为所有公民提供了基本生活保障，对人的生老病死、失业或丧失工作能力都给予社会补助和服务。新生儿一出世就能得到社会福利部门的很好照顾，产妇可得到内有婴儿用品的包裹或760芬兰马克现金。产妇可享受263天的产假，并领取相当其工资66%的产假补助。每一个孩子从出生到年满17周岁每月可领取儿童补贴，单亲家庭的孩子还可获得额外补贴。孩子年满3周岁时可进入市政府办的日托儿所，托儿费根据家长的收入情况而定，低收入者可免费。父母在家照顾3岁以下的孩子可领取补贴，残疾儿童或慢性病儿童的家长还可领到特殊儿童照顾补贴，低收入家庭能获得住房补贴和生活补贴。芬兰实行9年义务教育，学生免缴学费和书本费，并每天享用一次免费午餐。中等和高等院校也免缴学费。大学生可申请学习补助和住房补贴，还可从银行贷款，参加工作后逐步还清。所有公民都享受医疗保险待遇。医疗保险负责病人60%—75%的治疗费和医药费。国家对药品实行补贴，病人每次购药超过50芬兰马克只需付其中的50%，重病和长期患者只需付费25%或全免费。从业者在患病期间可领取病假补贴，由于工伤事故或患职业病，病人不仅可报销全部医疗费，而且在养病期间可拿全额工资。残疾人也能得到很好的照顾，年满16周岁的还可享受养恤金和家庭服务。男女正常的退休年龄为65岁，年满65岁的公民都能领取养老金，没有养老金者可领取国家提供的最低养老金——国民养老金。退休教师还可领取与工资挂钩的职工退休金。通常工龄满40年者的退休金相当于原工资的60%。为保证老人在家安度晚年，社会福利部门向老人提供住房服务、家庭服务和上门保健服务，如需要特殊照顾者则可住进养老院。高福利制度具有保证每一个公民都有可靠的生存条件、有效地消除贫困和不平等现象等积极作用，但也带来了一些问题，如财政开支过大、税收过重、在一定程度上迁就了懒汉等，故政府正对这套福利制度进行改革。

2010年，芬兰劳动力人均年收入为2.86万欧元。全国从事医疗保健的人员共有136386人，其中医生20841人。全国拥有病床43250张，每千人拥有2.5名医生，8.3张病床。

第六节 教育、科技、文化

一 教育

芬兰政府非常重视教育，早在1921年就开始实行义务教育。1980年起在全国实行9年一贯制义务和免费基础教育。每年的教育经费在政府预算中所占的比例超过10%，仅次于社会福利开支。2003

年全国有各类学校5103所，在校学生190.1万人，教师78689人。其中有大学21所，人均拥有大学比例和受教育程度在世界上名列前茅，受过高等教育的人占全国人口11%。在经合组织国家中，芬兰年轻的一代被列入受教育程度最高者的行列。据统计，在25—29岁的年轻人中，90%的人从基础学校毕业后继续进入高中或中等职业学校学习。芬兰还十分重视成人教育和进修教育，通过各种方式为在职人员创造接受文化教育和职业培训的机会。2003年教育预算为57.86亿欧元，占政府预算的15.7%。著名高校有赫尔辛基大学、赫尔辛基技术大学、坦佩雷大学等。

二　科技

芬兰政府非常重视科技对社会、经济发展的促进作用，不断加大投入。1996年底决定，在1997—1999年间大幅度增加科研和产品研制方面的投资。1999年芬兰全国的科研经费达到180亿芬兰马克（约合32亿美元）。1997年芬兰技术开发经费在国民生产总值中所占的比例已达到2.7%。芬兰已跻身世界科研经费投入最多国家的行列。国家和企业共同投资搞研究开发，是芬兰科研的一大特点。目前，在全国科研经费中，国家投入占40%，私营部门占60%。国家投入的重点是基础和应用研究，企业则侧重于新技术和产品的开发。此外，芬兰的高等院校、科研机构和企业共同进行科研和新产品研制工作。近年来在芬兰各地建立了一大批以高等院校、科研机构和公司企业三位一体的科技园。这些科技园以高新技术企业为主，都建设在当地权威大学和研究机构的周围，集科研、生产、销售和服务为一体，将大学、科研机构的科研成果与企业的生产相结合，将科研成果和高新技术迅速转化为新产品并打入国际市场。如北欧地区的第一个技术园就建于高等院校和科研机构实力雄厚的奥鲁市；诺基亚公司就是从这里起家的。芬兰重视开展国际科技合作。除了保持同其他北欧国家的传统合作外，还加强与西欧国家的合作，积极参与欧洲的重大科技项目和计划。1985年，芬兰第一批参加尤里卡计划；1989年参加欧共体科学计划；1995年正式成为欧洲航天局的成员。

20世纪60年代初，芬兰成立了科学技术委员会，后改名为科技政策委员会。其职能是加强对全国科研活动的规划与协调。该委员会主席由历届总理担任，委员由有关部长及大学、科研部门和工业部门的代表担任。该委员会负责制定和修改国家的科技政策，跟踪不同科技领域的研究与技术开发，向政府提出有关计划和建议。

技术开发中心成立于20世纪80年代初，是与市场衔接的技术开发机构，是落实科技产业政策的重要政府机构之一。该中心隶属贸工部，其职能是为技术研究与开发提供资金，推动芬兰技术的发展和产品的研制；对产品的国际市场作出评估，减少产品开发的盲目性，增强芬兰产品在国际市场上的竞争力。该中心除了向高等院校、科研机构和企业联合开发的项目提供资金外，还通过发放贷款等形式支持企业新技术和新产品的研制和开发。1997年政府从预算中拨给该中心的资金达15亿芬兰马克（约合3亿美元）。技术开发中心还组织科研机构参与新技术领域大型技术项目攻关，并负责协调芬兰科研机构参与的国际技术合作项目。

芬兰全国技术研究中心隶属贸工部，是北欧最大的技术研究单位，分电子、信息和自动化技术等9个研究单位，分布在芬兰8个城市。其主要职能是进行经济和社会效益大的技术研究与开发，特别是信息技术的开发。芬兰所有公司都可通过合同的形式同该中心合作，充分利用那里的技术力量。

三　文化艺术

（一）新闻出版

1998年，全国共有报纸220种，各类杂志5078种。主要报刊是《赫尔辛基新闻》《晚间新闻》《晨报》《晚报》《首都日报》和《图尔库新闻》等。

芬兰有5家通讯社。其中最大的是芬兰通讯社，简称芬通社，成立于1915年，具有半官方性质，同世界各大通讯社保持合作关系。芬兰广播公司成立于1926年，1934年改为国营。采用芬兰语、德语、瑞典语、英语和法语广播。1958年开播电视，现有电视台3家。还有私人经营的广告电视台。70年代组建了赫尔辛基有线电视台。

（二）博物馆

1. 航海博物馆　位于芬兰奥兰岛马里姆镇。航海博物馆始建于1946年，1949年竣工，1954年正式对外开放。博物馆内的陈列品丰富多彩，有各式各样轮船的模型、实物、绘画、图片、图书资料、雕像等，还有造船的工具、航海仪表、船用武器、海盗旗帜等。在展览厅四周的玻璃橱柜中，陈列着芬兰各个时期的船只模型，如木壳帆船、渔船、带桅钢壳船、小型客轮、万吨巨轮、油轮、集装箱货轮等，从这些不同时代的船只模型可以看出芬兰航海事业的发展概貌。在展览厅的墙上还悬挂着对芬兰航海事业做出过重大贡献的 30 多位船主的照片。博物馆内部是按照古代轮船式样布置的，有船员的卧室、船长室、起居室及厨房、餐厅等。航海仪器展览室里面陈列着航海座钟、测程仪、望远镜、航海图、航海日记及各种航海仪器，而每种仪器都有其特殊的来历。室内还有一些著名船只的绘画。停泊在博物馆一侧码头上的“波默恩”号最有名气，因为它是世界上最后一艘远洋帆船。“波默恩”号建造于1903 年，是英国产品，载重量为4000 多吨。1923 年，一名芬兰人从希腊买回这艘船，并于 1952 年捐赠给航海博物馆。

2. 家庭博物馆　设在芬兰许温凯的一个农庄里，一位名叫埃莉·希尔文萨洛的老妇人用她几十年时间收集的文物，在自己家里建立了一个家庭博物馆。她所收藏的上千件文物中不乏珍品，不少具有几百年的历史，其中有特大的雪橇，有专门为姑娘制作的小巧玲珑的纺车，有一百多年前农庄姑娘出嫁时的藏衣柜，有封皮上带刀痕的 1683 年的《圣经》，等等。人们在这里可以观赏芬兰的手工艺品，了解芬兰人民过去的生活，分享他们的文明成果。

（三）文学艺术

长篇叙事诗《卡勒瓦拉》（又名《英雄国》）是芬兰著名的民族史诗，记录了公元8 世纪末至10 世纪初前后民族英雄们的传奇事迹。这些英雄们是普通而又平凡的劳动者，其中最主要的三位英雄是：韦奈摩宁——第一个播种大麦的农民、歌手和法师；伊尔马里宁——技术娴熟的铁匠；莱明凯宁——靠“吃鱼过日子”的农夫。史诗描述和歌颂了普通劳动人民的工作、生活。《卡勒瓦拉》对战争的描述很少，而着重描写了法术、咒语和祈祷所发出的超自然的力量。《卡勒瓦拉》歌颂了芬兰的民族精神，对芬兰民族意识的形成产生了深远的影响。《卡勒瓦拉》以口头形成世代相传，到 19 世纪初，这些诗歌只是在芬兰东部卡累利阿地区一些上年纪的老歌手的记忆中保存着，而且有不少诗歌已被人遗忘。后经民俗学者、教授和语言学家利阿斯·伦洛特的抢救整理，才得以重新出版。《卡勒瓦拉》已被译成瑞典语、西班牙语、法语、英语、德语和中文等43 种文字在世界各国出版。

西贝柳斯是芬兰伟大的民族音乐家，生于1865 年 12 月 8 日，卒于 1957 年 9 月 20 日。为纪念他，每年6 月的“西贝柳斯节”都以赫尔辛基西贝柳斯公园为中心，举办为期 1 周或 10 天的各种音乐会。在公园中立有一座纪念碑。这座纪念碑是用600 多根银白色不锈钢管焊接而成，酷似一架巨型管风琴。每当海风吹过，气流穿过粗细不同、长短不一的钢管时，就会发出不同的风鸣声。公园里还竖有他巨大的铜制头像。西贝柳斯的故居以音乐家妻子的名字阿依诺拉命名，已辟为纪念馆。它位于赫尔辛基市郊的一座小镇附近，是一幢二层木质结构小楼，建于 1904 年。整个旧居占地 4 公顷多，青松绿树，花香蝶舞，清远宁静。小楼底层是书房、客厅、餐厅、厨房和西贝柳斯的单人卧室，现开放给游人参观。这里陈列着音乐家使用过的钢琴、友人赠送的油画、手稿复制品、3000 多册图书，以及西贝柳斯生前坐过的座椅、办公桌等。在离住宅不远的地方，还有西贝柳斯夫妇的墓地，方形的大理石墓碑上刻着他们的名字、生卒日期。芬兰的一些城市以西贝柳斯命名街道，并将他居住过的地方辟为博物馆；他的母校赫尔辛基音乐学院改名为西贝柳斯音乐学院；邮电部门发行了多枚西贝柳斯纪念邮票；在首都，每 5 年举办 1 次西贝柳斯国际小提琴比赛。

奥拉维·拉努是芬兰著名雕塑家，出生于1925 年，曾在赫尔辛基艺术学院深造，20 世纪 50 年代赴法国留学。在芬兰南部城市拉赫蒂市有一座以他的名字命名的公园——拉努公园。拉努用 3 年时间为这座公园专门创作了 12 尊雕塑，《灰色一月》《支撑》《柳》和《爱石》等作品直观表达了情感，《穿越》《双石》《旋树》《拱》和《根》等作品则是以变形的人体形态塑造的。这些作品安放在树林或草丛中，由于材质是水泥，日久天长，风吹雨淋，材料的本色渐渐消失，已似石头，更与周围的树林、石头融为一体，艺术效果更佳。

（四）民俗与节日

1. 桑拿浴　即世界闻名的芬兰浴，是一种很特殊的蒸气浴，汉语中多译为“桑拿浴”。对芬兰人来说，桑拿如同空气、水、面包一样不可或缺。

桑拿原意是指洗澡的房子，后来转意为洗蒸气浴。桑拿在芬兰已有2000多年的历史。最初的桑拿，是在地上挖一个洞，在洞的一角放一堆石头，然后用火把含有矿物质的石头烧热，再浇上冷水，坐在旁边的人顿时就笼罩在热气中。到中世纪时又出现了烟桑拿，它是在一座小木屋里进行的，只有一个通风口，里面有用石头垒成的炉子，以干柴为燃料。沐浴者不时用桦树枝拍打身体，以促进血液循环，可解除身上各部位的痛苦。每隔一刻钟或半小时，沐浴者要用冷水冲洗一下身子，甚至跳到河湖中畅游一阵或在雪地中跑步、打滚，用雪擦身子，再回到蒸气室蒸烤，如此反复，直到沐浴者自己感到浑身舒畅为止。这种做法冷热骤然交替，但却会使沐浴者身体强壮。芬兰人在出生、新婚前夜、死前或入葬前都要洗桑拿。现在，每周六的晚上，即基督教安息日的前夕，芬兰人个个都洗桑拿。就连芬兰政府每周三晚例会的内容，也必有桑拿活动。桑拿甚至已成为芬兰社交的一种重要形式。芬兰人请客人洗桑拿已是很平常的事，就连国宾的来访日程表中也必有桑拿这项内容。当国际性谈判或是劳资谈判或是贸易谈判陷入僵局时，芬兰人都会要求暂停谈判，双方一起去洗桑拿，以期打破僵局，化解矛盾。洗桑拿是一种享受，不仅可以洁身，而且可以消除疲劳，强身健体，有一定的医疗作用。常洗桑拿甚至还可以减肥、健美，使皮肤细腻、滑润。而今，桑拿已经成为芬兰的“国宝”。芬兰桑拿协会负责对外宣传介绍桑拿，并对其进行科学研究。在芬兰中部的穆拉梅镇建立了桑拿村——桑拿博物馆——供游人参观。在赫尔辛基经常举办桑拿国际研讨会，探讨其对人体生理、体育运动以及医疗的作用。有专业工厂生产各式各样的桑拿室及整套设备，向世界各地出口，每年都赚取千百万美元的外汇。

2. 新娘花冠　芬兰新娘的花冠很有讲究，大多是镶有小饰物的月牙形花冠，只有高贵的姑娘才能戴上小型银冠或镀金冠。新娘礼服上也镶有各色珠宝，浑身珠光宝气。新娘佩戴的这些饰物，有的是新郎赠送的，但多数是自己制作的。因此，在古代，一个姑娘几乎把整个青春时期都用来准备嫁妆和结婚时必需的礼品。礼品包括衬衣、袜子、手套、腰带等。男子可以从这些东西上看出姑娘劳动技能的优劣。芬兰人一般将圣诞节作为结婚的佳期。

3. 萨米人的风俗　萨米人（原称拉普人）是生活在北极地区、以放牧驯鹿为主的游牧民族。他们长着黑色的头发，高颧骨，皮肤棕黄色，身材不高，有着自己独特的风俗习惯。其一是进入北极圈仪式。当客人来到萨米人家时，首先要为客人举行进入北极圈仪式。按照当地习俗，客人跪在一张驯鹿皮上，先由一位穿着民族服装的姑娘敬献鹿奶，然后这位姑娘在客人的后颈部放上一块冰块，再浇上半杯凉水。据说，鹿奶象征着当地的特产，冰水表示北极圈的寒冷气候。萨米人以放牧驯鹿为主，驯鹿是其生活的主要来源。萨米人每天要吃6次鹿肉，用鹿皮缝制衣服、帐篷，用鹿角和鹿骨头做工具和各式各样的工艺品。鹿拉雪橇是他们的主要交通工具。由于气候的原因，他们每到夏季要将驯鹿带到沼泽地和森林中去放牧；到秋季时，将驯鹿赶回鹿栏，然后清点鹿数，将公鹿和母鹿分隔。再对母鹿及跟随其后的小鹿作相同的标记，以便今后分辨。对公鹿则进行筛选，选出部分优良的作为种鹿，非繁殖后代的驯鹿则被阉割，阉割不是用刀，而是人用牙齿将鹿的睾丸咬扁。被阉割的公鹿有的被作为驮畜，有的养肥之后屠宰。

4. 圣诞老人的传说　1984年12月16日，芬兰拉毕省向世界宣布，拉毕省是圣诞老人的故乡，他的住址在该省北纬66°34′处耳朵山的一个村子里。传说这位圣诞老人心地善良，每年圣诞节夜晚，他就从烟囱进来，给孩子送上一份礼品。据说这位老人已有250多岁了，每次出门时，乘坐的是用8匹驯鹿拉的雪橇。芬兰著名的故事大王玛尔库斯在给孩子们讲故事时说，圣诞老人的故乡在芬兰北部拉毕省内的耳朵山上。这座山有耳朵，因此，圣诞老人能听到全世界孩子们在说什么，想什么。后来，人们信以为真，耳朵山就成了圣诞老人的故乡。

5. 赛鹿节　每年3月15日，是芬兰北部萨米人的赛鹿节。比赛地点设在伊诺里大湖上。赛程为2公里。驯鹿比赛一般有两种，一是夺取锦标的团体赛，一是显示技巧的花样赛。每头鹿代表一个地区，优胜者将得到熏鹿肉、一把刀子、一副手套或一条美味的熏马哈鱼的奖励。同时还设有投掷比赛，即在冰面上竖立一个目标，参赛者从一定距离外向它投掷套索，套索一脱手，随即张开，然后慢慢收缩，最后准确地套住目标。这项比赛是为充分展示拉普人套驯鹿的技术。驯鹿比赛还被冠以不同的有趣的名字，如“暴风”、“拉普兰的火焰”、“丛林里的笑声”等。

6. 娃波节　每年5月1日，又称春节。始于中世纪。“娃波”出自德语“娃尔波丽”，英语为“娃尔波丽丝”。娃尔波丽丝原本是英国的公主，为了向日耳曼民族传播基督教义，来到德国，当了海登海娃修道院院长。她去世后，在公元7世纪末的一个5月1日被封为圣女，这一天恰巧也是世俗的春节。从此，芬兰等斯堪的纳维亚半岛国家和德国都有娃波节的传统。相传，娃波节前夕，在人世传播邪恶与灾难的女巫骑上长柄扫帚，去与魔鬼约会。它们躲在阴暗角落里，向人们发射利箭。因此，人们在春节要洒扫门庭，清洁屋舍，并敲击响器，点燃篝火，以驱邪避灾。现在，春节前夕芬兰人还保持着打扫卫生的良好习惯。到16世纪时，又增加了一个“春神”与“冬魔”搏斗的游戏。每年的这一天，选出两名英俊少年，一个装扮成“春神”，一个装扮成“冬魔”，他们手持利剑，进行激烈的拼杀格斗。得胜者永远是“春神”。这天，对农民来说也是“播种月”的开始，芬兰也有“一年之计在于春”的农谚。春天也给城市带来了生机和活力，露天的饭店和音乐厅开始营业。现在的春节已与大学生节、国际劳动节合三为一。芬兰人传统的“春节”风味小吃，是“滴柱面包”和“西玛”蜂蜜酒，这两种食品还必须搭配着吃。所谓“滴柱面包”，是一掬像筷子一般粗细，又如树根般盘根错节、焦黄松脆的面包。“西玛”蜂蜜酒是一种晶莹透明、芬芳扑鼻的琥珀色饮料，它制作简便，既有“酒”之名，亦有“酒”之味，却无“酒”之实，所以更受到男女老少的欢迎。

7. 白帽节　每年的5月1日，是芬兰大学生的节日。芬兰大学生都有一顶白帽，文科大学生的白帽镶着蓝边，理科大学生的白帽顶上有一条一尺多长的黑穗子。这种戴白帽的习俗开始于1865年。后来戴白帽逐渐成为大学生的一种时尚。到1875年筹备召开北欧学生会议时，正式确定芬兰大学生的制帽是白色平顶帽。这种帽子形如一只古希腊的七弦琴，美观漂亮。每年的5月1日被定为大学生戴帽日，人们也把这一天当作了大学生节。每年的这一天，芬兰各地的大学生都举行戴帽仪式，并以各种形式欢庆自己的节日。首都赫尔辛基的戴帽节仪式是在濒临海湾的艾斯普兰纳登大街南码头广场上举行，该广场有一座著名的“大海女神阿曼达”全身塑像。据说，阿曼达是一位美丽的少女，曾留学巴黎。1905年芬兰著名雕刻家瓦尔格林以她为模特在巴黎雕成塑像，并于1908年把它竖立在赫尔辛基南码头广场上。另一种说法是，阿曼达是个人人都喜爱的姑娘，只因没能升入大学，竟投海自尽了。学生们非常同情她，所以每年要给她戴上一顶白帽。节日当天下午4时起，形形色色的人纷纷从四面八方汇集到广场，他们手拿着帽子、鲜花，身着黑、白、红、黄、绿等各色衣服，标明来自不同的地区、学校，以及表示他们所学的专业和某种愿望。下午6点整，4名男女学生代表拿着大刷子，提着水桶，仔细地给阿曼达塑像擦洗，然后给她披上雨衣，在乐队的伴奏下，1名大学生将一顶白帽戴在女神头上，随后大家也戴上自己的白帽，然后围着塑像尽情唱歌跳舞，甚至通宵达旦。

8. 军旗日　每年的6月4日，是芬兰的建军节。

9. 仲夏节　每年的6月24日，是芬兰人民隆重的节日。这一天，各地悬挂国旗，商店停业，人们盛装打扮，涌到各处的“仲夏之夜”晚会。到午夜，点燃篝火，人们载歌载舞，持续到凌晨。特别是在塞乌拉萨里岛上举行的庆祝活动更具传统的民族特色。该岛位于首都赫尔辛基西郊，面积445公顷，与大陆只有容单人行走的木桥相连。岛上风景宜人。这里还是芬兰的国家露天博物馆，汇集了从全国各地移来的100多座17—18世纪的农舍、庄园、水（风）磨坊、铁匠铺、锯木场、古船坞和秋千等，还有一座16世纪的教堂，呈现出一派古代的田园风光。仲夏节时，按照传统习俗，岛上各处用嫩桦树枝装点起来，象征着生机和兴旺。许多人还穿上了古老的民族服装。届时有大型乐队的演奏，有民间艺人弹着康特林琴演唱民间歌曲；有手工艺人模仿古人的草编、缝鞋、制毡帽等传统手工艺，其中最精彩的是亚麻的制作过程。芬兰人在中世纪时就学会了使用亚麻，到18世纪时已向国外出口亚麻制品。在赛岛，人们能看到加工亚麻的古老方法。装扮成古人的手工艺人先将晾干的麻用木制的碾轧器捣碎，尔后用麻棒敲打，再用栉梳梳通，最后是纺麻和用麻织布。湖上有传统的放木排表演。一个身穿民族服装的小伙子站在水面的一根很窄的木头上，手持撑竿向前划行。芬兰人从15世纪开始就用这种方法放木排，这个表演再现了当年的劳动情景。人们还可品尝用传统方法烤制的香肠。其制作方法非常独特：将整个树干从中心掏空，截成剖面再合拢起来，上下煨着小火，人们用铁叉将香肠伸入火中，不停地转动，直到烤成微泛金黄、发出香味为止。庆祝活动高潮是在晚上10点左右点燃篝火的时刻。据说古代北欧人相信火光能驱走瘟疫，给人以光明和温暖。后来，在每年的仲夏节，青年人便围在一堆堆篝火旁边跳舞唱歌，选择心上人。于是，篝火逐渐成了芬兰人友谊和爱情的象征。仲夏节期间，这个岛四周的岸边和湖中的小岛上设有25个篝火点，篝火的样式各具特色，有桶式的，吊篮式的，空塔式的，等等，并赋予了不同的美好祝愿。其中一个是主篝火，被放置在湖中的一条破船上，它由易燃的劈柴堆成，高达10多米。节日当晚10点20分，岛上教堂的一艘小船带着火种，先将一个个小篝火点燃。10时30分，一对通过篝火舞会而相爱、刚在教堂举行完婚礼的新人，乘着一只小船，在一队穿着民族服装的船夫的护送下，来到主篝火旁，他们从上年点燃篝火的那对夫妇手中接过火把，点燃主篝火。对主篝火还有一个有趣的说法：如果它烧了一半就熄灭，就意味着村里的姑娘有一半难以嫁出去；如果它烧得一下子倒塌，就预示着姑娘们的婚事如意。大家都希望那象征爱情的篝火越烧越旺，直至烧尽。仲夏节原是为纪念基督教施洗者约翰的生日（6月24日）而举行的庆祝活动。后来逐渐演化成民间节日，其原有的宗教色彩已经淡化。自1955年起，改为每年6月20—26日的星期六举行庆祝活动，这样，就使节日和周末相连。从20世纪初开始，芬兰又将仲夏节定为“国旗日”，使两个节日合一，庆祝的气氛更热烈。

10. 独立日　1917年12月6日，芬兰宣布独立。故12月6日被定为独立日，即国庆日。

11. 萨冯林纳音乐节（Savonlinna Music Festival）　1912年为纪念世界著名的芬兰女高音歌唱家艾伊诺·阿克特而创办。节目内容以演唱芬兰民歌为主，每年夏季举行。萨冯林纳是一个小镇，可它的音乐节在世界上却颇有名气。

12. 赫尔辛基周（Helsinki's Week）　每年8月下旬举行。这是一个以音乐为主的艺术节。

（五）风景名胜

芬兰到处有茂密的森林，湖泊星罗棋布，因此，适宜旅游和度假的地方南北都有。南方气候温和，沿海岛屿风光更为迷人，当南方春暖花开时，吸引了不少国内外游客流连忘返。而北方的冰天雪地也引来了不少青睐者，这里有滑雪、滑冰、打冰球、拉雪橇等娱乐项目，特别是在拉普兰的英纳里湖国家公园，人们不但可以滑雪，还可观赏到北极圈的迷人风光。

1. 罗瓦涅米　芬兰北部旅游城市。位于欧纳斯河和凯米河汇合处。始建于1929年。这里的北国风光和北极圈的自然景色，吸引大量游客。在城北8公里处的北极圈上，建有一座小屋为游客拍照留念，并可领取一份迈过北极圈的证书。斯堪的纳维亚半岛冬季运动会每年在此举行。

2. 北极村　这个旅游景点源于美国总统罗斯福的夫人对芬兰的访问。二战结束后，罗斯福夫人访问芬兰，前往北部拉毕省省会罗瓦尼埃米市参观。但该市在战火中已被夷为平地，没有什么优美的景点能使这位尊贵的客人感到赏心悦目。在客人将要横穿该市近郊的北极圈时，主人急中生智，临时在北纬66°33′07″、东经25°50′51″的北极圈内这一点上，修建了一个面积不过10平方米的小木屋，以供罗斯福夫人驻足领略极地的景物。这个小木屋后来就成了北极村的雏形。20世纪60年代，这里设立了标有极圈位置的地图标志板，陆续建成了出售极地旅游纪念品的商店和专门受理圣诞老人邮件的邮政点。如今，在北极村这个小镇的镇口有一块用4国文字书写的北极圈纪念牌。北极村有许多美丽奇妙的自然风光。夏季到这里，你可以观赏难以忘怀的午夜不落的太阳；冬季到这里，你可以在昼夜不见太阳的晴空中，看到世界上罕见的北极光。很多人已认可这里是圣诞老人的故乡，它更成为世界各地孩子们心中向往的圣地，世界各地的游客不断涌到这里来一睹圣诞老人的风采，每当游人来到村子时，圣诞老人就出面接待，领着参观村子，讲述圣诞老人的故事，并与客人合影留念。村里建了一个“圣诞老人作坊”，并在其中辟有圣诞老人办公室，以备圣诞老人在这里会见小朋友和国宾。圣诞老人的助手是一群戴尖顶红帽的“仙童”，俗名“小精灵”，他们整天忙着处理来自世界各地的成千上万的邮件和电话。圣诞老人还制作了电视片，宣传介绍耳朵山和村子的情况，并生产有“圣诞老人”村商标的玩具、画片，为世界各地的孩子们提供他们喜欢的圣诞礼品。

第七节　国防与外交

一　国防

芬兰奉行“军事不结盟和可靠的独立防务”政策，同时不排除随着形势的发展变化而成为西欧联盟正式成员及加入北约的可能性。1956 年起开始参加联合国军事行动，在境外参与有限的国际性军事合作。1992 年作为观察员国加入北大西洋合作委员会，1994 年 5 月参加北约和平伙伴计划，1995 年初正式成为欧洲联盟成员并以观察员身份加入西欧联盟。芬兰已经在北约总部布鲁塞尔正式设立代表机构；1996 年参加了 10 余次北约和平伙伴关系行动，1997 年参加了 60 余次，1998 年参加这类行动的人员过千，其中半数是武装人员。

芬兰实行全国总体国防体制，即全社会各个领域都参与战时国防准备和战时总体防御。总统是全国武装力量最高统帅，政府总理和国防军司令是总统的行政与军事助手。议会作为全国最高政治机构，通过行使立法和预算权力，控制国防活动与国防政策。内阁国防委员会由总理、国防、外交、内政、财政、司法、工商等主要政府部长及国防军司令和总参谋长组成，是全国国防政策和计划的最高协调机构和总统国防决策的咨询机构。国防部是政府从事国防领导工作的行政机关，负责拟定防务政策并为国防及军队建设提供保障。国防军司令是国防军的最高领导，负责国防军的建设和发展。国防军司令部是总统的军事统帅部，也是国防军的司令部和全国武装力量的最高指挥机构。芬兰实行义务兵役制，17—60 岁公民均有参加与支持国防的义务。男性公民必须服兵役，女性公民自 1995 年底开始可志愿服兵役。服兵役时间分别为六个月、九个半月和 12 个月，退伍后分别作为士兵、后备役军士（班长）和后备役军官（排长）编成战时部队，并定期复训。现任国防军总司令海军上将是尤哈尼・卡斯凯亚拉（Juhani Kaskeala），2001 年 6 月 4 日就任。

芬兰武装力量包括陆、海、空三军和准军事力量边防军。边防军平时隶属内务部，战时可部分并入国防军系列。全国划分为 3 个大军区（或称防御区，共下辖 12 个省军区）、3 个防空区（空军军区）和 2 个海防区和 1 个岸防区（海军）。大军区（防御区）直接隶属于国防军司令，是执行独立战役作战的指挥层次，负责指挥区内各军兵种部队。省军区负责辖区内的兵役管理、动员及后勤建设，指挥地方部队。空、海军司令直接隶属国防军司令，负责本军种建设和空海防御作战，支援陆军战役行动。边防军划分为 4 个边防区和 3 个海防区，平时与国防军密切合作，战时接受所在防御区指挥。平时有武装力量 3.48 万人。国防军分为陆军、海军和空军。陆军由步兵、炮兵、防空兵、工程兵、通信兵和后勤兵 6 个兵种组成。平时兵力为 2.73 万人，战时总兵力将达 42 万人，由野战军和地方部队组成。海军平时兵力约为 1 万人，战时兵力达 3 万人，由 2 个海防区、1 个岸防区、1 个海防旅和海军学院组成。空军平时兵力为 4500 人，战时兵力达 3.5 万人，由 3 个飞行联队、1 个支援中队（包括侦察、运输）和 1 个直升机中队及飞行、通信等院校组成。边防军平时兵力为 3520 人，战时总兵力为 2.3 万人，由 4 个边防警备区和 3 个海防警备区组成。边防军在战时可视需要部分或全部转属芬兰国防军。

2001 年芬兰军费开支为 98.28 亿马克，同比增加 8.8%，占政府预算的 4.6%。2010 年芬兰军费开支为 34.6 亿美元，2010 年国防预算占国内生产总值的 1.55%。

二　外交

芬兰正式予以承认的国家有 183 个，已与之建立外交关系的国家 165 个。二战后芬兰长期坚持“积极的和平中立政策”。冷战结束后，芬兰对其外交政策做了重大调整。它认为世界大战的威胁已消失，但政治、民族、经济、生态等矛盾仍然存在，有时还会加剧，局部军事冲突仍有可能发生。因此，要加强欧洲政治经济一体化，构筑欧洲新的安全机制。芬兰认为世界政治格局正向多极化发展，国际关系中合作与发展是主流，经济与科技的作用加大；主张加强联合国在维护世界和平中的作用，赞成建立联合国快速反应部队总部，支持联合国改革。芬兰主张加强与北约的合作；1994 年 5 月与北约签署了“和平伙伴计划”框架协议。1997 年在布鲁塞尔正式设立其驻北约代表处。1998 年芬兰陆海军参加北约和平伙伴计划合作，并参加了北约的军事演习。1999 年芬兰参加了北约在科索沃的维和行动。

1. 与欧盟的关系　芬兰在1995 年加入欧盟后，积极参与欧洲和欧盟的建设，竭力跻身于欧盟的政治核心，以图在欧盟中发挥自己的作用和影响，提出欧盟建设的诸多主张和建议。芬兰强调欧盟成员国之间应加强合作，使欧盟能以一个声音说话，成为当今世界上举足轻重的经济和政治实体；支持对欧盟的机构和决策机制进行改革，赞成实行多数表决制，以提高欧盟的决策效率；极力主张欧盟成员国无论大小地位平等，遵守共同的规则，无论大国小国都能对欧盟的决策施加影响，在欧洲建设中发挥作用。芬兰支持欧盟制定共同的外交和安全政策，加强欧盟在国际事务中和美国抗衡的能力。芬兰支持欧盟东扩，在 1997 年 9 月由总理利波宁提出了“北部延伸”倡议。1998 年欧盟维也纳首脑会议通过了基于芬兰倡议的欧盟北部地区政策报告。1999 年1 月1 日，芬兰正式成为首批加入欧元区的国家。1999 年下半年芬兰出任欧盟轮值主席国，这是芬兰自 1995 年加入欧盟以来第一次担任这一职务。在此期间，芬兰更积极地推动欧盟北部地区政策的落实，并在 1999 年科索沃危机中，以芬兰总统阿赫蒂萨里作为科索沃问题调解人参与外交斡旋，成功地调解科索沃危机，在欧盟内部和国际上都扩大了芬兰的影响。2001 年 3 月 25 日正式实施《申根协定》。

2. 与俄罗斯、独联体和东欧国家的关系　芬兰同俄罗斯有着 1300 公里的共同边界，与俄罗斯继续进行长期的正常合作，是芬兰对俄的方针。1991 年底苏联解体后，芬兰宣布承认俄罗斯是苏联的继承者，将芬俄关系视为芬苏关系的继续，同时承认独联体所有国家为主权国家。1992 年1 月芬俄签署《芬俄两国关系基础条约》，同时宣布废除《芬苏友好合作互助条约》。芬俄领导人多次互访，进一步推动了两国关系的正常发展。芬兰将推动欧盟与俄罗斯的关系视为己任，努力把俄罗斯融入欧洲，纳入欧洲一体化的进程。故此，芬兰早在1997 年9 月就提出了“北部延伸”倡议，要求欧盟制定针对欧洲北部的政策和战略，以维护其在欧洲北部地区的战略利益和促进这一地区的地区性合作。这一计划涉及北欧五国、俄罗斯、波兰和波罗的海三国。在对待被割让的卡累利阿领土问题上，芬兰持慎重态度。位于俄罗斯境内的卡累利阿共和国面积总共为 17.2 万平方公里，其西部与芬兰接壤的所谓卡累利阿地峡（约2.7 万平方公里）原是芬兰的领土，芬兰在芬苏战争中战败后，根据 1940 年芬苏和约，将其割让给苏联，1947 年巴黎和约给予确认。苏联解体后，芬政府明确表示“遵约守信”，目前“没有理由，也不可能向俄罗斯提出领土问题”。芬兰对卡累利阿的现实对策是，以加强多层面的相互依赖代替冷战时的相互对抗，以全面合作促进融合，以经济手段实现政治目的。芬兰努力促进两国接壤地区的经济发展。1992 年以来，芬兰累计向芬俄交界地区提供了 5400 万芬兰马克的援助，其中 20% 流向卡累利阿。芬兰对卡累利阿的定向援助和各种交流也十分活跃，以此等待和创造解决历史遗留问题的时机与条件。芬兰重视发展同东欧国家的关系，向它们提供双边和多边援助，积极推动欧盟接纳东欧国家。同波罗的海三国，尤其是爱沙尼亚的关系密切，支持发展包括北欧和波罗的海三国在内的环波罗的海地区合作。

3. 与周边国家的关系　同北欧国家的传统合作是芬兰外交政策的重要支柱。主张北欧国家应进一步加强在政治、经济、能源、环境保护、军工等方面的合作。1953 年与丹麦、冰岛、挪威、瑞典等 5 个北欧国家以及奥兰群岛（芬）、法罗群岛（丹）、格陵兰（丹）3 个内部自治区域一起成立了北欧理事会，共同维护北欧国家的利益。芬兰积极主张在北欧地区建立无核区。无核区应包括北欧国家的领海领土，在这些领海中，应禁止核潜艇自由航行。2002 年 10 月，北欧理事会第 54 届大会暨成立 50 周年庆典在芬举行。

4. 奥兰群岛问题　奥兰群岛位于瑞典与芬兰之间。该群岛一直属于瑞典，到 1809 年才连同芬兰一起被置于俄国的统治下。1917 年沙俄垮台后，岛上形势比较复杂，除了俄国士兵以外，又先后来了两支白色芬兰军团和红色芬兰军团。1918 年 2 月，瑞典人为了保护当地居民免遭俄国人的侵害，派遣一支瑞典海军远征队到奥兰群岛。但具有反瑞情绪的芬兰人却认为瑞典远征军的目的是要使奥兰群岛脱离芬兰，使其与瑞典合并。结果，瑞典军队被支持芬兰独立的德国军队赶走。1919 年和约签订后，这个群岛的未来便被提交国际联盟。国联于

1921年宣布该群岛仍置于芬兰的主要管辖之下，但应使之非军事化并获得半自治的地位。该群岛的议会于1945年11月投票赞成与瑞典联合，但并未采取行动，瑞典语被认可为官方语言。1921年协定的条款至今仍有效。

5. 与中国的关系　1950年10月28日中芬建交，1951年互设公使馆，1954年升为大使馆。建交以来两国关系一直正常发展。双方签有年度贸易协定和支付协定，航海协定，海运协定，经济、工业和科技合作协定，投资保护协定，避免双重征税协定，开发信贷协定，文化协定，以及专业领域的交流与合作谅解备忘录。多年来双方领导人互访不断，进一步推动了两国关系的健康发展。1999年中芬贸易额为21.96亿美元，其中中方出口额为3.64亿美元，进口额为18.31亿美元。1999年，芬兰在华投资项目19个，协议金额3521万美元，实际投资金额6765万美元，增幅达72.14%。中芬建立的合资企业共20多家，主要有西安维美德造纸机械有限公司、北京诺基亚移动通信有限公司等。2001年中芬贸易总额为32.86亿美元，同比增长3.0%，其中中方出口额为9.10亿美元，进口额为23.76亿美元，同比分别增长8.8%和1.0%。2009年双边贸易额为77.9亿美元。同时，芬兰还是中国在北欧的第二大技术转让方和第三大投资来源地。目前，芬兰在华投资企业约260家，累计投资金额超过78亿欧元，中国已成为芬兰企业重点投资国家。2009年中芬双边贸易额达77.9亿美元。中国国家副主席习近平于2010年3月25—27日对芬兰进行了正式访问。2013年4月，芬兰总统尼尼斯特访华，习近平主席与他共同宣布把中芬关系提升为面向未来的新型合作伙伴关系。

（王平贞）

第五章　冰岛

第一节　概述

国名　冰岛共和国（英语：The Republic of Iceland）。

位置　欧洲西北部。

面积　103106平方公里。

人口统计　317630人（2010年1月1日）。

民族　冰岛人占93%，属日耳曼族。

语言　官方语言冰岛语，另通用英语。

宗教　85.4%的居民信奉基督教路德宗。

政体　共和制。

首都　雷克雅未克。

国旗　旗面为深蓝色，绘有镶白边的红十字。蓝、白两色是冰岛的国色，蓝色表示大海，白色表示白雪。旗上的十字源自丹麦等国旗的图案，以表示冰岛历史上与挪威、丹麦的关系。

国徽　为蓝地绘有白边红十字国旗图案的盾徽。盾徽上端是一只红舌金爪白隼和一条白齿红舌金爪金颈的龙。左边是一头长着金黄色牛角和牛蹄的黑牛，右边是一个身缠金、蓝两色束带，手持蓝色拐杖，身披金色斗篷的老人。白隼、龙、牛和老人都是传说中的守护神。盾徽下端的石块代表冰岛多岩石的漫长海岸。

国庆日　6月17日。

货币　冰岛克朗（国际代码为ISK）。

国鸟　白隼。

国花　三色堇。

第二节　自然地理与人文地理

一　自然地理

冰岛是个岛国，全国面积为103106平方公里。位于北大西洋中部，靠近北极圈，为欧洲第二大岛。从地图上看，冰岛犹如悬挂在北极地区的一座孤岛。冰岛距离挪威（隔着挪威海）1000公里，距离英国805公里，距离格陵兰（隔丹麦海峡）322公里。海岸线长约4970公里，西北部、北部和东部海岸线陡峻，海湾众多。岛的南部海岸是地势低下的环礁海岸，而在岛的西部有巨大的法克萨湾和布莱迪湾向陆地伸入。冰岛的气候属寒温带海洋性气候，变化无常。冬季温暖、潮湿，时而解冻；夏季凉爽、阴暗。夏季日照长，而冬季日照极短。首都1月平均气温0.5℃，7月10.6℃，年平均气温4.3℃。

由于受到这一气候的影响，冰岛的自然植被形成了三个显著特点：没有树林；高大植物种类甚少；大片土地是寒漠或者半寒漠。冰岛的动物种类也很少，哺乳动物主要有：北极鹿、北极狐、雪兔等。冰岛四周的海水中，有海豹、海象、鲸鱼和其他各种鱼类。冰岛的渔业资源十分丰富，是世界上最大的渔业国之一。

冰岛位于北大西洋的洋脊之上，自从第三纪以来，累积的玄武岩厚达3000米。在冰岛的东北部和西南部有很多火山。目前，全国有100多座火山，其中活火山有20多座，华纳达尔斯火山是冰岛境内最高峰，海拔达2119米。2010年3—4月，位于冰岛南部的艾雅法拉火山接连两次爆发，岩浆融化冰盖引发了洪水，火山喷发释放出的大量气体、火山灰对航空运输造成严重影响。此外，冰岛地震也比较频繁，因此，人们把冰岛称为“冰与火”之岛。冰岛多温泉和间歇喷泉，温泉之多居世界首位，较大的间歇喷泉喷出的水汽高达数十米。此外，冰岛的瀑布、湖泊和湍急的河流特别多，最大的河流为肖尔索河，河长237公里。冰岛拥有十分丰富的水力和地热资源。每年可以开发的水力电量为640亿度，其地热能的利用也相当广泛，年发电量达72亿度。

二　人口种族

从岛上有人口定居开始到19世纪中期，冰岛人口维持在40000—60000人，人口增长缓慢。这主要是由于在当时的生产力水平下，岛上恶劣的自然条件，如严寒、火山喷发，不利于人口增长。此外，瘟疫和饥荒也是造成这段时间内人口增长率低的一个原因。据记载，在1500—1804年的300多年间，岛上发生过37次饥荒。1703年冰岛的第一次人口普查数据为50358人。1783—1784年拉基火山的喷发夺去岛上大量居民的生命，1789年时冰岛人口达到最低点，人口数不到4万人（39190人）。从19世纪中期开始，随着科学技术和生产力水平的提高，冰岛的生活条件得到极大改善，这促进了岛上人口的快速增长。1926年，岛上人口首次突破10万人。图1展示了1735—2010年冰岛人口变化的趋势。

截至2010年1月1日冰岛人口总数为317630人，其中男性159936人，女性157694人，男女性别比例为1.01∶1，性别比例基本平衡。就年龄结构而言，15岁以下人口占总人口的比重为20.9%，男女性别比例为1.04∶1，15—64岁人口占67.1%，男女性别比例为1.04∶1，64岁以上人口占总人口的比重为12%，男女性别比例为0.85∶1（见表1）。截至2010年4月，冰岛人口密度为3.1人/平方公里，世界排名第232名，是世界上人口密度最低的几个国家之一。根据2008年的数据，冰岛城市人口占总人口的比重为92%，城市化程度很高。

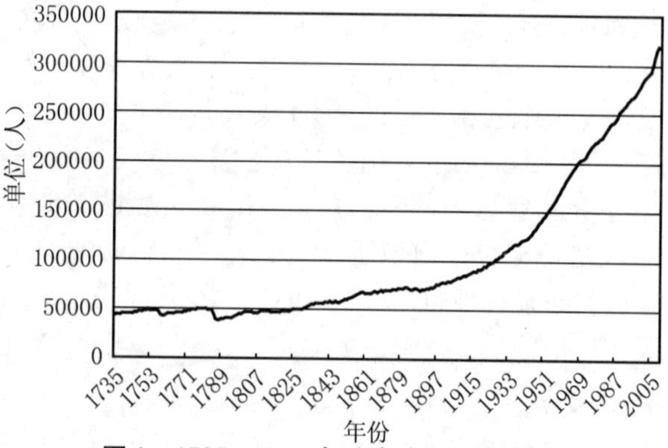

图1　1735—2010年冰岛人口变化趋势

资料来源：根据Statistics Iceland公布的数据绘制。

表1　冰岛人口的年龄结构及男女性别比例

（2010年1月1日）　　（单位：人）

年龄段	男	女	男女性别比例	总计	占总人口的比重（%）
15岁以下	33939	32555	1.04∶1	66494	20.9
15—64岁	108546	104521	1.04∶1	213067	67.1
64岁以上	17451	20618	0.85∶1	38069	12.0
合计	159936	157694	1.01∶1	317630	100

资料来源：根据Statistics Iceland公布的数据整理而得。

2010年，冰岛人口增长率为0.699%，居世界第142位。出生率13.6‰，居世界第154位，死亡率6.9‰，居世界第138位，婴儿死亡率3.21‰，居世界第217位，是世界婴儿死亡率最低的国家之一。人均寿命为80.79岁，居世界第17位，其中男性平均寿命为78.63岁，女性平均寿命为83.04岁。

冰岛人是冰岛的主要居住人口，属日耳曼族。截至2008年1月1日，冰岛人占总人口比重的93.2%。岛上还居住一些外来移民人口，他们来自波兰（2.71%）、立陶宛（0.43%）、德国（0.31%）、丹麦（0.31%）、葡萄牙（0.28%）、菲律宾（0.24%）、前南斯拉夫（0.21%）、美国（0.19%）、泰国（0.17%）、拉脱维亚（0.14%）、英国（0.13%）、瑞典（0.13%）、中国（0.12%）、前捷克斯洛伐克（0.12%）、其他国家（1.26%）。

冰岛语是冰岛国语，属于日耳曼语族的北日耳曼语支，是在古代挪威语的基础上发展起来的。英语为全国通用语言。冰岛绝大多数居民都信奉基督教路德宗。在冰岛，基督教路德宗被视为国教。基督教福音信义会是冰岛的国教会，其教徒占全国总人口的97%，另外还有独立信义会，但其教徒仅有2000人。冰岛设教区，下面设地方教区和教堂，全国共有203个教区。

三　主要城市

1. 雷克雅未克市（Reykjavik）　冰岛首都，也是冰岛第一大城市和港口，面积274.5平方公里，人口118326人，占全国人口的37.3%（2010年3月16日）。位于冰岛西南端的法克萨湾，离北极圈很近，是世界上位置最北的首都城市。根据历史记载，从公元870年起，来自斯堪的纳维亚半岛的人开始在雷克雅未克定居，成为岛上第一个有常住人口定居的聚居点。后来，雷克雅未克一直处于丹麦统治下。1752年，丹麦国王决定于该地发展工业，推动当地经济的发展，由此，毛纺工业、造船业逐渐发展起来，农业和渔业也得到了发展。1786年丹麦王室废除了贸易垄断权，贸易权的获得促进了雷克雅未克的发展，经过几十年的发展，成为岛上贸易、商业和政治中心。1786年也被认为是雷克雅未克的建城市之年。1940年4月丹麦被纳粹德国占领后，冰岛同丹麦的联系被切断，冰岛宣布行使外交权和军事防御权。1944年6月17日，冰岛脱离丹麦独立，雷克雅未克被定为首都。

雷克雅未克西南滨海，北面和东面有高山围绕。虽然雷克雅未克位处北极圈附近，但由于受到北大西洋暖流影响，其气候比起莫斯科以及渥太华等同样位处北极圈附近的城市暖和得多。1月平均气温约为0℃，7月则为摄氏11度左右，年降雨量约850毫米。雷克雅未克的地热资源蕴藏十分丰富，城区温泉很多，市内铺设了长达590公里的热水管道，为全市居民提供热水和暖气。由于温泉之惠，这里的人们很少使用煤，因此，整个城市空气清新，令人心旷神怡。由此，雷克雅未克得到了“无烟城市”的美称。在该市的国家博物馆内陈列着冰岛各个历史时期的珍贵文物，有石器、铁器、铜器、民族服装、雕刻绘画等。

2. 阿库雷里市（Akureyri）　冰岛北部的重要城市和港口，面积125平方公里，人口17573人（2010年3月16日）。位于冰岛最北部的埃亚峡湾的尽头，地处北极圈边缘。因为是冰岛北部最大的城市和港口，因此有“冰岛北部首都”之称。阿库雷里背依雪山，面临碧水，风景秀丽。这里夏秋两季温和湿润，牧草繁茂，景色宜人，被人们称为冰岛北部的“雅典”，成为北方著名的旅游中心。阿库雷里的夜半太阳可谓当地的一大奇景。每年的六七月份，这里几乎可以终日看到太阳。阿库雷里还是一座有百年历史的港口城市，该港口于19世纪末期建成。由于海湾伸入内陆，加上两岸陡壁的屏障作用，这种得天独厚的优越条件使得阿库雷里成为一个风平浪静的天然良港，成为冰岛北部的重要贸易中心。阿库雷里也是冰岛著名的渔业加工工业中心。

冰岛其他主要城市还有科帕沃于尔（Kópavogur，冰岛第二大城市位于首都南面，与中国武汉是姊妹城市）、哈夫纳夫约杜尔（Hafnarfjörður，冰岛第三大城市，位于冰岛西南部）、阿克拉内斯（Akranes，位于冰岛西海岸）等。

第三节　历史

冰岛有着悠久的历史，是欧洲最古老的共和国之一。8世纪末，爱尔兰的修道士最先到这里来居住，后来挪威人、丹麦人、瑞典人等也先后移居到此。公元930年，在这个远离欧洲本土的孤岛上竖起了第一面共和国的旗帜。当时，39个定居的酋长倡议，在雷克雅未克建立议会，成立冰岛联邦。然而，这一联邦缺少明确的执行权力和警察权威。每个人还得依靠自己酋长的帮助来捍卫自己的利益、财产和安全。到了13世纪末，酋长们就转而向挪威国王寻求帮助，来解决他们的争端。1262年，酋长们宣誓向挪威国王效忠。从此，冰岛就长期处在挪威和丹麦人的统治之下。

1871年冰岛人民在民族解放运动高涨的形势下，扩大了自治权。1904年，丹麦被迫承认冰岛内部实行自治。1918年，冰岛与丹麦签订联邦法，规定冰岛为主权国家，但外交事务仍由丹麦控制。

1920 年 5 月 18 日颁布了冰岛王国宪法，其中包含丹麦、冰岛联邦法条款。这部宪法规定，行政权属于国王，但必须通过其大臣行使；除过去已经创立的政府机关外，创设一个由 5 名法官组成的最高法院。1940 年，纳粹德国占领丹麦，冰丹关系中断。同年英、美军队相继进驻冰岛。1943 年 12 月 31 日，冰岛丹麦联盟条约期满，经全体投票决定，于 1944 年 5 月 23 日解除冰丹联盟，建立冰岛共和国。1944 年 6 月 16 日，冰岛议会废除联邦法，同时通过新宪法。6 月 17 日，新宪法正式生效，冰岛成立共和国。

1949 年冰岛加入北大西洋公约组织，成为北约成员国，美国在基夫拉维克设有军事基地，一直到 2006 年 9 月底美军单方面撤出。到目前为止冰岛还没有自己的军队。战后几十年来，冰岛的经济十分依赖于渔业，并因为这一生物资源和周边国家发生过数次冲突，其中包括和英国间著名的“鳕鱼战争”。近年来，由于对重工业的大量投资，经济逐渐多样化，炼铝业发展起来，经济领域不断自由化和私有化。

冰岛通过加入欧洲经济区（EEA，1994 年 1 月 1 日生效，现成员包括欧盟 27 国及除瑞士外的欧洲自由贸易联盟 3 国），使得作为欧洲自由贸易联盟（EFTA，1960 年 5 月 3 日成立，现成员国有冰岛、列支敦士登、挪威、瑞士）成员之一的冰岛，无须加入欧盟也可以参加欧洲共同市场。2009 年 7 月 17 日，冰岛政府向欧盟轮值主席国瑞典和位于比利时首都布鲁塞尔的欧盟委员会正式递交加入欧盟的申请书。

第四节　政治与法律制度

一　宪法

冰岛共和国宪法于 1944 年 6 月 17 日颁布，后经 1959 年、1968 年、1984 年、1991 年和 1995 年（2 次修改）、1999 年 7 次修订沿用至今。该宪法共 7 章 79 条，全文不足万字。宪法规定冰岛为立宪制共和国（第一条），立法权同时属于共和国议会和总统，行政权由总统和政府依法行使，司法权由司法机关行使（第二条）。议会分上、下两院，重要问题由两院联席会议（称联合院）决议。议员由人民以不记名投票方式选举产生。总统由人民普选产生，任期 4 年，可以连选连任。内阁成员由总统根据议会内部各政党力量的对比加以任命。总统有权召集和解散议会，向议会提出法案和议案。议会可以对失职的政府成员提起控诉，由弹劾法院审讯。公民的人身、住宅和财产不可侵犯，非依法律规定不得加以搜查、限制。个人的工作自由不受限制，但因公益事业需要而另有法律规定者除外。凡无力维持本人以及眷属生活，而且没有其他人供应者，均由国家负担。事先经许可，人民可以为合法目的而结社。人民可以通过印刷品发表自己的意见，但必须对自己所发表的文字负法律责任。城镇和乡村社区均有权在政府监督下实行自治。国家不承认任何人享有特权。修改宪法的提案，经议会两院同意后，议会立即解散，重新大选。如果该修正案又经新议会两院不加修改地通过，则由共和国总统批准生效，称为宪法条款。

二　议会制度

冰岛议会（the AlDþingi）是冰岛共和国的立法机关，最早建立于公元 930 年，是世界上最为古老的议会之一。自从 1262 年起，冰岛先后被挪威、丹麦统治，议会被撤销。1845 年，议会作为丹麦国王的咨询立法机构得以重建，1874 年后又取得了一部分立法权和财政权。1904 年，丹麦承认冰岛内部实行自治。1918 年，冰岛与丹麦签订了联邦法，这一法令规定冰岛为主权国家，由此，冰岛议会获得了相当大的权力，冰岛内阁开始向议会负责。

1944 年 6 月的新宪法规定，议会由 52 名议员组成（60 年代以后改为 63 名），在每次选举后召开的第一次全体当选议员大会上，选出 1/3 的议员组成议会上院，其余所有的人组成下院。两院举行联合会议时称为联合院。上院、下院和联合院均选出各自的议长，以主持各自的议事活动。联合院议长为国家重要领导人之一，在总统因故缺位时与国务总理、最高法院院长集体代行总统职权，并且担任会议主席。1991 年 10 月两院合并为一院，共有议员 63 名，任期 4 年。

议会于每年 2 月的第 15 天开始举行常会，如果这一天恰好是节假日，而总统又没有下令提前召开，那么常会就顺延至下一个工作日举行。开会、闭会、休会均由总统来宣布。总统和政府拥有立法提案权，议员也可以提出一般议案。财政法案、对政府的弹劾案等，必须由联合院以三读程序通过，一般法案则由两院先后以三读程序通过。两院各自任命若干委员会，作为立法工作机构。联合院任命若干名审计官，核查政府财政收支，以方便议会审议财政法案。议会开会以及作出表决，必须有过半数议员出席并参加表决。会议一般公开举行。政府成员有权出席议会会议并作发言，但只有兼任议员者才有权进行表决。议员享有豁免权，在议会开会期间，除了现行犯以外，不受拘留或控诉，对本人在议会内的言论不负责任。

议会选举制度自1944年以来几经改变。现行制度为一院制，议会共有63名议员，由直接普选产生。其中54名议员，按比例代表制，由8个选区（1999年宪法修改后变为6个选区）产生。各个选区由于人口数量和密度不等而分得的议席数量不等。在2009年的议会选举中6个选区获得的议席分别是：雷克雅未克北部选区11席，雷克雅未克南部选区11席，西北部选区9席，东北部选区10席，南部选区10席，西南部选区12席。凡年满20岁、品行良好、具有经济责任能力的冰岛公民，都有选举权和被选举权。各政党提出自己的候选人名单，投票人只能投政党名单的票。各政党将本政党争得的议席分配给排列在名单较前面的候选人。选举一般在星期天举行。为了方便选民进行投票，每个选区都设若干投票站。因故不能亲临投票站进行投票者，可在选举日前4周，将选票密封邮寄给选举办公室。议员当选资格由议会本身进行审查，政府官员可以兼任议员。

在正式议员当选的同时，选出替补议员，以便在正式议员缺席时，予以递补。采取候补议员制可以确保议会运作及政策的连续性。当一名正式代表失去能力或死亡后，候补议员可以立即补缺，不会出现议员空额的情况。而且候补议员与正式议员都是同一个政党的成员，两人是在同一时期选举出来的，有同样的政治纲领，在政治观点上不会有太大的变化，这都保证了公共政策的连续性。

本届议会于2009年4月25日选举产生，由5家政党的代表组成，其中社会民主联盟（Samfylkingin）赢得20席，独立党（Sjálfstæðisflokkurinn）赢得16席，左翼绿色运动（简称绿党，Vinstrihreyfingin-grænt framboð）赢得14席、进步党（Framsóknar flokkurinn）赢得9席，公民运动（Frjálslyndi flokkurinn）赢得4席。现任议长为社会民主联盟党员奥丝塔·约翰内斯多蒂尔（Ásta Ragnheiður Jóhannesdóttir，女）。

三　国家元首

总统是冰岛共和国国家元首。根据宪法规定，总统由年满20岁、符合法定条件的选民直接选举产生，年满35岁的男女选民即可获得被选资格。候选人必须由符合法定数量的众多选民联合推荐。如果候选人多于1人，得票最多者当选；若仅有1名候选人，则该人即告当选。新总统于当选年的8月1日就职，4年后的7月31日任期届满。总统有权召集议会举行例会或临时会议，决定休会日期及其时限（最多休会2周，而且每年只能下令休会1次），还有权决定是否解散议会，进行重新选举。总统有权向议会提出法案或议案。经议会通过的法案必须经过总统批准才能称为法律。若总统不批准，法案仍有效，但应交付公民复决。

如果国家遇到紧急情况，且同时议会仍处于休会期间，总统就有权发布紧急命令；但此条令不得与宪法相冲突，而且必须在议会复会后立刻提请追认；如果议会不同意，则该条令立刻失效。总统通过内阁行使行政权，内阁成员由总统根据议会内各政党的力量对比加以任命。总统签署的法案和政府法令，必须有相关阁员副署，然后才能发生效力。总统可以代表国家与外国进行缔约，但如果涉及领土、领海的变动或涉及修改宪法问题，必须事先经过议会同意。

总统享有赦免权，但在没有征得议会同意之前，总统无权赦免对阁员的追诉，不得赦免弹劾法院判处的刑罚。非经议会同意，不受刑事追诉。经议会3/4的议员决定并且由公民复决通过，可以使总统停职；倘若公民投票否决了议会的决议，那么议会就要被解散，重新进行选举以产生新的议会。总统不得兼任议员。

如果总统因故不在时，由国务总理、议会议长和最高法院院长共同代行其职，并由议会议长担任主席。当他们意见发生分歧的时候，实行少数服从多数的原则。

冰岛的现任总统为奥拉维尔·拉格纳·格里姆松（Ólafur Ragnar Grímsson）。格里姆松自1996年就任冰岛总统，已经连任三届，2008年起为第三个任期。

四　中央政府

行政权属于总统和内阁，总统通过内阁行使

政权力；实际行政权力在内阁。冰岛内阁的形成与大多数议会制国家一样。每次大选过后，总统通常根据议会内各政党力量的对比来组织内阁。内阁由总理和各部部长组成。总统签署的法案和法令，必须经相关阁员副署才能生效。

自从 1944 年冰岛共和国成立以来，除了 1949—1950 年期间组成过短暂的一党少数政府以外，其余历届内阁均由占据议会多数席位的若干政党联合组成。内阁对议会负责，并有权向议会提出立法议案。阁员有权出席议会会议并作发言，兼任议员的阁员在议会拥有表决权。

政府各部处理具体的行政事务。目前政府设有 1 个总办公室和财政部，外交部，教育科技文化部，农渔部，工业、能源旅游部，商业部，环境部，司法人权部，交通、通信和地方事务部，社会事务和社会保障部，卫生部 11 个部。

刑事调查和起诉权也是国家行政权的一部分。刑事调查权由国家负责刑事调查的警察部门和地方行政官共同享有。其权力划分要根据犯罪的地点及其严重程度而定。最高刑事调查权和起诉权被赋予负责公众起诉的领导人。警察部门领导人和地方行政官，也被赋予了一些较小的起诉权，而且还要在公众起诉部门负责人的监督之下进行。

本届政府于 2009 年 5 月 10 日由社会民主联盟和绿党联合组成。有阁员 10 名，两党各占 5 名。总理翰娜·西于尔扎多蒂（Jóhanna Sigurðardóttir，女，社民盟主席），财政部长斯泰因格里米尔·西格富松（Steingrímur J. Sigfússon，绿党主席），外交部长奥叙尔·斯卡费丁松（Össur Skarphéðinsson，社民盟），教育科技文化部长卡特琳·雅各布斯多蒂尔（Katrín Jakobsdóttir，女，绿党），渔业和农业部长约恩·比亚尔纳松（Jón Bjarnason，绿党），工业、能源旅游部长卡特琳·尤利于斯多蒂尔（Katrín Júlíusdóttir，女，绿党），商务部长阿米·帕尔·阿马森（Árni Páll Árnason，社民盟）、环境部长斯旺迪斯·斯瓦瓦尔斯多蒂（Svandís Svavarsdóttir，女，绿党），司法人权部长兼交通、通信和地方事务部长奥格慕德·乔纳森（Ögmundur Jónasson，绿党），社会事务和社会保障部长兼卫生部长古尔巴德·汉纳森（Guðbjartur Hannesson，社民盟）。

五 地方政府

冰岛分为大雷克雅未克区、西南区、西部区、西峡湾区、西北区、东北区、东部区、南部区 8 个地区，主要用于统计目的。8 个地区与议会选区一致。为了平衡城市地区和农村地区议会代表人数，1999 年根据冰岛宪法修正案，冰岛选区合并为 6 个：雷克雅未克北部选区、雷克雅未克南部选区、西北选区、东北选区、南部选区、西南选区。

从行政区划上看，冰岛设立地方行政官的历史可以追溯到公元 14 世纪。历史上，冰岛有 23 个郡（county）和 25 个独立镇（independent town），现已不再用于行政管理目的。现在全国划分为 26 个省级地方政府，每个省级行政单位设有一个行政官（magistrate）。他们负责警察事务、社会安全、征税、民事婚姻问题、儿童抚养问题、不动产记录、死亡登记和财产继承以及民风民俗管理等。省级行政单位下辖市，冰岛目前共 79 个市。

六 司法制度

宪法规定，司法独立，法官不具备行政功能，所以不可以解除其职务，除非当重新组织法院系统时。法官年届 65 岁可以离职。

与欧洲大多数国家相比，冰岛的司法系统相对而言比较简单，这表现在两个方面：一是冰岛法院只有两级，即实行地方法院和最高法院两级审判制，而在欧洲其他国家一般至少有三级；二是冰岛的特别法院较少，而欧洲其他国家则相对多一些。

1991 年，冰岛法院系统进行了一次基本的改革。根据新的法律，一般法院包括八个地方法院和一个最高法院。这八个地方法院的区域与选区相吻合（1999 年宪法修改后 8 个选区合并为 6 个，但地方法院仍为 8 个，与原地区相对应）。这些法院都拥有在民事和刑事方面的司法审查权。此外，冰岛还有两个特别法院（劳工法院和国家弹劾法院），它们都拥有一定的司法审查权。

冰岛的最高司法权威是最高法院，它拥有在全国范围内的司法审查权。它的法官是终身任职的，不能被解职，除非法院作出判决。最高法院共有九名大法官，由总统任命，终身任职。最高法院院长由九位法官轮流担任，任期两年。院长英吉比约格·本尼迪克斯多蒂尔（Ingibjorg BENEDIKTS-DOTTIR，女，2010 年就任）。

劳工法院审判关于贸易工会和雇主协会法律方面的案件。只有事关程序性问题的裁决才可以上诉到最高法院。判决方面的任何裁决都不可以进行上诉。国家弹劾法院审理关于政府各部部长的案件，一旦议会决定追述某部部长违权的问题，国家高院就进行调查、审理。国家弹劾法院的决定是最终性的。实际上，这一法院自从成立以来，还没有履行过它的职责。

在司法系统中，还可以加入这样一些准司法机构，比如税务局、儿童福利理事会、公平竞争局、冰岛律师协会，它们也被赋予了一定的半司法功能。

七　政党

冰岛主要政党有社会民主党、进步党、独立党、人民联盟、妇女联盟以及自由和左翼联盟等。

1. 社会民主联盟　社会民主联盟（冰岛语：Samfylkingin，英语：The Social Democratic Alliance）是由冰岛社会民主党（Alþýðuflokkurinn）、人民联盟（Alþýðubandalagið）、妇女联盟（Samtök um kvennalista）与国民运动（þjóðvaki）四个左翼政党于2000年5月合并而成。1999年议会大选中，为了赢得大选，社会民主党（Alþýðuflokkurinn）与其他三个左翼政党人民联盟（Alþýðubandalagið）、妇女联盟（Samtök um kvennalista）、国民运动（þjóðvaki）联合起来参加竞选，但仍未击败右翼政党独立党。为了更好地统一冰岛中间偏左的政治力量，来抗衡右翼的独立党，四个政党在2000年5月正式合并，成为社会民主联盟。提倡加强社会福利制度，主张加入欧盟。

社会民主联盟现已成为冰岛的一个重要政党，其立场中间偏左，信奉社会民主。在2009年4月25日的议会大选中获得29.8%的选票，赢得20席（共63席），与左翼绿色运动组成联合政府。现任党主席翰娜·西于尔扎多蒂（Jóhanna Sigurðardóttir，女）出任政府总理。

2. 左翼绿色运动　左翼绿色运动（冰岛语：Vinstrihreyfingin-grænt framboð，英语：Left-green Movement）是冰岛的一个左翼政党，成立于1999年。左翼绿色运动倡导民主社会价值观、女权主义和环境保护以及加强民主和人民直接参与国家管理。在对外政策上，绿党主张冰岛退出北约和反对美国入侵占领伊拉克和阿富汗，反对冰岛加入欧盟。对外来移民持包容态度，支持接纳和融合外来移民。主张保护低收入者利益。重视环保。现任党主席斯泰因格里米尔·西格富松（Steingrímur J. Sigfússon）。

在2009年4月25日的议会大选中，左翼绿色运动赢得14席，获得21.7%的选票，成为议会中第三大党。与社会民主联盟组成联合政府，现政府阁员中有5位是绿党成员。

3. 独立党　独立党（冰岛语：Sjálfstæðisflokkurinn，英语：The Independence Party）成立于1929年，它是由保守党和自由党合并而成的。1944—1946年同社会民主党和共产党组成联合政府，1947—1949年同进步党和社会民主党组成联合政府，1949—1950年单独组织政府。1950—1978年分别同进步党或社会民主党多次组织过两党政府。1979年，该党发生分裂，以党主席哈尔格林姆松为首的多数派在野，以副主席托罗德森为首的少数派参政。1980年，该党少数派与进步党、人民联盟组成三党联合政府，托罗德森担任总理。1983年5月该党多数派同进步党组成联合政府，哈尔格林姆松担任外交部部长。该党的政策主张是：对内保障私人实业的自由发展和竞争，吸收西方各国的资本，主张经济自由，反对政府干预；对外维护同西方国家的合作关系。防务上依靠美国和北大西洋公约组织。极力反对冰岛加入欧盟。从1929年到2009年，该党一直为议会中的第一大党。在2009年的大选中，独立党获得23.7%的选票，赢得16席，被社会民主联盟击败，成为现议会第二大党，但仍为冰岛第一大党。现任党主席布亚尼·本尼迪克特松（Bjarni Benediktsson）。

党员大多是渔业主、工商企业主、熟练工人、店员、职员和青年学生，选民主要集中在雷克雅未克。其机关报是《萌芽报》。

4. 进步党　进步党（冰岛语：Framsóknarflokkurinn，英语：The Progressive Party），成立于1916年，由当时的两个农民政党：农民党和独立农民党合并而成。1944年冰岛独立以后，它多次同独立党、社会民主党、人民联盟等联合执政。1983年5月，同独立党组成联合政府，在10名部长中，该党占4名，黑尔曼松担任总理。在冰岛政治生活中，它属于自由中间派，代表农民和渔民阶层利益。对内主张进行社会经济改革，实行“混合经济制度”，以合作社为主，合作社、私营和国营三种所有制并存；有条件地吸收外资。对外主张维护同北欧和北大西洋公约国家的关系，赞成冰岛加入北约组织。2009 年 1 月该党声明不再反对冰岛加入欧盟。在 2009 年的议会大选中，获得 14.8% 的选票，赢得 9 席。现任党主席为西格慕德·大卫·古劳格森（Sigmundur Davíð Gunnlaugsson）。党员主要是农民、合作社系统中的中小资本家、企业主、工人、职员等。进步党是自由党国际成员。它的机关报是《时报》。

5. 市民运动 市民运动（冰岛语：Borgarahreyfingin，英语：The Citizens' Movement）是 2009 年建立的一个新生政党。在全球金融危机的冲击下，冰岛爆发了全面的银行危机，其间出现了许多抗议和反对政府的平民组织，该党就是由这些游行示威组织的领导者组建的。在 2009 年 4 月 25 日的议会大选中，该党获得 4 席。这 4 名议员有：冰岛著名导演布莱恩·波泰尔森（þráinn Bertelsson）、包尔·萨利、编辑马格莱特·德里格瓦道蒂尔（Margrét Tryggvadottir）、诗人编辑兼艺术家波黑他·约斯多蒂尔（Birgitta Jónsdóttir）。该党无指定领导人。该党主张为应对经济衰退，应在政府层面进行根本性变革。

2009 年 8 月 14 日，布莱恩·波泰尔森脱离该党。同年 9 月 18 日，其他三名当选党员也离开该党，组织新的政党，成为不结盟运动（冰岛语：Hreyfingin，英语：The Movement）。由此，公民运动在议会也就没有代表了。

6. 自由党 自由党（冰岛语：Frjálslyndi flokkurinn，英语：The Liberal Party）是冰岛一个中间偏右的政党，成立于 1998 年 11 月。该党主张冰岛继续留在北约，但坚决反对美国入侵和占领伊拉克。主张废止现行渔业配额制度和渔业配额交易。反对冰岛加入欧盟和竞选联合国安理会非常任理事国。该党是冰岛唯一主张对移民进行严格限制的政党，因而被指具有仇外心理。现任党主席是古德约恩·克里斯蒂安松（Guðjón Arnar Kristjánsson）。在 1999 年、2003 年、2007 年的议会大选中分别获得 2 席、4 席、4 席，分别占选票 4.2%、7.4%、2.2%。2009 年的议会大选中，未能进入议会。

7. 民主运动 民主运动（冰岛语：Lýðræðishreyfingin，英语：Democracy Movement），成立于 1998 年，现任党主席奥斯特索尔·马格努松（Ástþór Magnússon）。2009 年的议会选举中仅获 0.6% 的选票，未能进入议会。

8. 最棒党 最棒党（冰岛语：Besti flokkurinn，英语：The Best Party）是冰岛新近诞生的一个政党，建立于 2009 年 11 月，创建者是最知名的笑星乔恩·格纳尔（Jón Gnarr）。它用蒂娜透娜的畅销歌曲《Simply the Best》（意为：就是最棒）做党歌。该党有很多具创意的政见，包括主张所有游泳池都应该提供免费的毛巾以及在冰岛的机场开辟一座迪斯尼乐园，为市立动物园增添一只北极熊等。在 2010 年的首都雷克雅未克市议会选举中，该党击败独立党，获得 34.7% 的选票，赢得议会 15 席中的 6 席。2010 年 6 月 10 日，乔恩·格纳尔就任首都雷克雅未克市市长。

除此之外，冰岛还有大大小小十几个政党。

八 政治人物

维格迪丝·芬博阿多蒂尔（Vigdis Finnbogadottir，1930— ） 冰岛共和国第 4 任总统，世界第一位由选民直接选举产生的女总统。1930 年 4 月 15 日生于冰岛首都雷克雅未克市。父为冰岛大学教授兼工程师，母任冰岛护士协会主席 30 余年。1949 年中学毕业后，读了 2 年大学专科后赴法留学，在巴黎大学攻读文学和戏剧。尔后，回冰岛大学修习英国文学和教育学，并曾去丹麦哥本哈根大学研究戏剧。学成后，历任法文教师、旅游局导游和雷克雅未克戏剧公司经理，曾翻译外国剧本。1976 年，成为北欧国家文化事务顾问委员会成员，1978 年成为该委员会主席。她多年热衷于文化艺术事业而不介入政治派别之争，使之赢得众多选民的支持。1980 年以无党派人士身份竞选总统获胜，8 月 1 日就职，并在 1984 年、1988 年和 1992 年三次连任。当政期间，注意维护民族利益，发展国民经济；多次出访他国，提高了冰岛的国际地位和影响。1985 年参加妇女罢工，以纪念 1975 年 10 月冰岛妇女为抗议不平等待遇而举行的大罢工。1986 年 10 月，在雷克雅未克迎接前来进行最高会谈的苏共中央总书记戈尔巴乔夫和美国总统里根，一时使冰岛举世瞩目。

斯坦格尔米尔·黑尔曼松（Steingrímur Hermannsson，1928— ） 冰岛政府第 19 任总理，进步党主席。生于冰岛首都雷克亚未克。1952 年获美国加州理工学院硕士学位。曾任国家电力公司和国家化肥厂工程师、外交部防务司干事、国家研究会主任、联合国经济合作和发展组织技术委员会委员、国家经济研究所领导成员等职。1971 年起任进步党总书记，1979 年改任主席。1971 年当选为议员。1978—1979 年任农业、司法和宗教事务部长。1980 年 2 月，进步党同人民联盟、独立党组成联合政府后，任渔业和交通部长。1983 年 5 月 25 日进步党同独立党组成联合政府后任总理。黑尔曼松主张发展以合作社为主体的经济体制，赞成私有和共有经济并存；对外主张冰岛同北大西洋公约组织保持密切关系，并注意发展同第三世界国家的关系。

奥拉维尔·格里姆松（Olafur Ragnar Grimsson，1943— ） 冰岛共和国现任总统。1943 年生于冰岛西北部冰湾市。1966—1973 年为冰岛年轻进步党人委员会委员，1970—1988 年为冰岛大学政治学讲师、教授。1978—1983 年、1991 年至今为人民联盟党议会议员，1980—1983 年任议会党团主席。1983—1987 年任人民联盟党执委会主席，1987—1995 年任该党主席。1988—1991 年任冰岛财政部长。1996 年 6 月 29 日当选冰岛共和国第五任总统，同年 8 月 1 日就职，任期四年。2000 年、2004 年、2008 年三次连选连任。

达维兹·奥德松（Davíð Oddsson，1948— ） 冰岛政府第 21 任总理。1948 年生于雷克雅未克。毕业于冰岛大学法律系。1974 年当选为雷克雅未克市市政委员，1982—1991 年任市长。1991 年 3 月起任独立党主席，同年 4 月出任总理，并于 1995 年、1999 年两次连任。奥德松在文学方面享有盛誉，是诗人兼剧作家，并写有短篇小说集。

约翰娜·西于尔扎多蒂（Jóhanna Sigurðardóttir，1942 年— ） 冰岛政治家，社会民主联盟党主席，现任冰岛共和国总理。西于尔扎多蒂 1942 年 10 月 4 日出生于冰岛首都雷克雅未克，1960 年获得冰岛商业高等专科学校（Verzlunarskóli Íslands）的商业学文凭。毕业后她就职冰岛航空公司（Loftleiðir），成为一名航空小姐，也是该公司的工会领导人之一。1978 年以社会民主党（Alþýðuflokkurinn）的党籍入选议会，此后一直是雷克雅未克选区的议员，是冰岛任期最长的议会议员。1987—1994 年和 2007—2009 年先后两次出任社会事务和保障部长。西于尔扎多蒂为冰岛经验最丰富的政治家之一，有评论说她作风硬朗。

2008 年 10 月冰岛爆发金融危机，在经济危机的压力下和抗议声中，独立党主席盖尔·哈尔德（Geir Haarde）总理于 2009 年 1 月 26 日宣布辞职，并于 2009 年 5 月 9 日提前进行大选。2009 年 2 月 1 日，由社会民主联盟主席时任社会事务和社会保障部长的约翰娜·西于尔扎多蒂出任政府总理。2009 年 4 月 25 日，冰岛联合执政的社会民主联盟与左翼绿色运动赢得议会选举胜利，西于尔扎多蒂连任总理。约翰娜·西于尔扎多蒂成为冰岛第 24 任总理，也是冰岛历史上的首位女总理。此外她在个人生活方面是位同性恋者，这也是世界各国政府首脑中的特例。

第五节　经济与社会

一　概述

渔业是冰岛的支柱产业，工业基础较为薄弱，主要以炼铝等高能耗工业和渔产品加工业为主。冰岛渔业、水利和地热资源丰富，其他自然资源匮乏，石油等产品需要进口。冰岛的外贸依存度大。冰岛于 1970 年加入欧洲自由贸易联盟，1994 年参加欧洲经济区，1995 年初成为世界贸易组织创始成员国。2009 年 7 月 17 日，冰岛政府向欧盟轮值主席国瑞典和位于比利时首都布鲁塞尔的欧盟委员会正式递交加入欧盟的申请书。

从图 2 可以看出，1946—2009 年冰岛经济增长波动不定。经济增长率最高的一年是 1971 年，该年经济增长率高达 13.1%。经济增长最糟糕的一年是 2009 年，该年冰岛经济衰退 6.8%。1996—2001 年，冰岛经济进入历史上少有的高速增长时期，国内生产总值年均增长约 4.7%，在经济合作组织（OECD）中名列前茅。2002 年起经济增长速度急剧放慢，经济增长率仅为 0.1%，接近停滞状态。自 2003 年起，冰政府通过财政紧缩政策使经济重新稳步增长。2004—2007 年，冰岛年均经济增长率为 6.5% 左右。2006 年冰货币贬值，通胀率持续走高，但在政府干预及国际货币组织协助下，金融市场恢复稳定。2008 年，冰岛三大银行因盲目扩张和受国际金融危机影响而破产，被收归国有，冰陷入深度金融、经济危机，国民经济和对外贸易受到严重影响，该年经济增长率仅为 1%。冰政府被迫同意国际货币基金组织苛刻贷款条件，获20亿美元贷款。2009年，金融危机逐渐影响到实体经济，总体经济形势持续低迷，通货膨胀率高达12%，失业率为8%，经济衰退6.8%。2009年冰岛国内生产总值为15001亿冰岛克朗（约合120.9亿美元），世界排名142位，人均GDP为470万冰岛克朗（约合39400美元），居世界第20位。

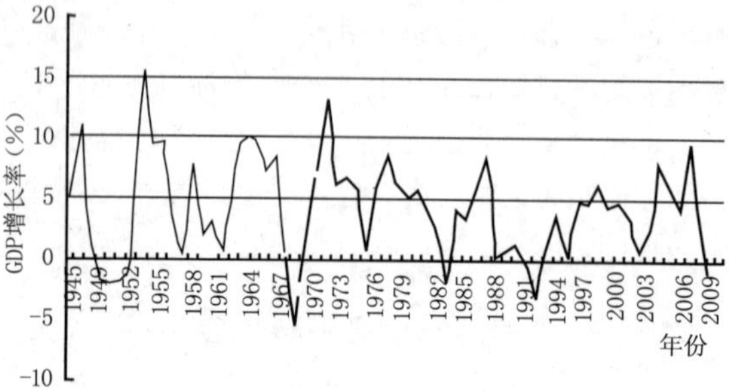

图2 1946—2009年冰岛经济增长率变化趋势

资料来源：根据Statistics Iceland公布的数据绘制。

冰岛是收入分配比较平等的国家，2006年基尼系数为0.28，基尼系数值在世界上排第123位。冰岛也是世界上生活质量很高的国家之一。2010年冰岛的人类发展指数为0.869，世界排名第17位。2008年冰岛全国平均每千人有小轿车656.7辆，电视机450台，电话630部，手机1010部，84%的家庭可上网。全国平均每千人有3.6名医生，8.7名护士。2009年冰岛的社会保障支出金额为1693亿冰岛克朗，占国内生产总值的11.28%。

二 农林牧渔

受自然条件影响，冰岛农业不发达。主要粮食作物有谷物，蔬菜主要有马铃薯、西红柿、黄瓜、辣椒、白菜、胡萝卜等，大部分农业用地被用做饲料草场。冰岛所处纬度高（北纬64.8度），日照量少，仅南部有几个农场，年产400—500吨农作物。可耕地面积1000平方公里，占全国总面积的1%。冰岛许多地区利用充足的地下热水修建了许多温室，不仅种植各种奇花异草和终年常青的蔬菜，而且种植香蕉、橘子、木瓜等热带作物，冰岛的温室管理技术先进，温度、湿度、营养和空气等均由电子计算机控制，由于温室种植业的发展，使荒凉的冰岛能做到夏季主要蔬菜自给有余，但粮食和水果还要基本依靠进口。表2是2009年冰岛各种农产品产量情况。

表2 2009年冰岛农作物产量情况

草料	马铃薯	萝卜	胡萝卜	谷物	西红柿
2105238立方米	9500吨	939吨	720吨	16881吨	1481吨
黄瓜	菜花	大头菜	辣椒	白菜	蘑菇
1452吨	102吨	473吨	177吨	222吨	553吨

资料来源：根据Statistics Iceland公布的数据整理。

冰岛农牧业以牧业为主。畜牧业在冰岛经济占较主要地位，肉、奶、蛋自给有余。2009年畜禽存栏数为羊469429只、牛73498头、马77158匹、猪3818头、蛋鸡199958只。2009年主要畜产品产量如下：羊肉8841吨（出口2339吨）、牛肉3761吨、马肉1018吨（出口343吨）、猪肉6375吨、禽肉7146吨、牛奶约1.17亿吨。畜牧业的发达，相应带动毛纺业和制革业的发展，冰岛毛纺业和制革业发达。2009年冰岛农牧业产值占国内生产总值的1.4%。

渔业在冰岛国民经济中占有十分重要的地位，是冰岛经济的基础和生命线。其他经济部门，如商业、加工业、运输业都与渔业休戚相关，冰岛的繁荣在很大程度上取决于渔业。

第二次世界大战前，由于捕捞设备等方面的落后，渔获量较低。战后，取得了独立的冰岛逐步实现渔船队和捕捞设备的现代化，促使渔业迅速发展。1988年冰岛捕鱼量首次超过170万吨，创历史最高纪录。人均捕鱼量达7000公斤，是世界人均捕鱼量最高的国家。渔业产值占国内生产总值1/5以上，从事捕鱼和鱼类加工人数占总劳动力的14%。主要鱼品有鲱鱼、毛鳞鱼、黑线鳕和鳕鱼，此外还有鲈鱼、马舌鲽、比目鱼等。这些鱼和鱼产品除少量供应国内居民食用外，96%以上用于出口。1990年底共有渔船1005艘，总吨位为12.98万吨。

冰岛鱼类产品的生产和销售是由各种组织和公司进行的。其中最大的是冷藏企业公会、冰岛合作社联合会、冰岛鱼产品生产协会和鲱鱼委员会。

冰岛近海渔业资源丰富，捕鱼成本大大低于深海捕捞，至今近海渔业仍在冰岛渔业中保持着十分重要的地位。由于担心近海鱼类资源枯竭，冰岛正在采取各种措施限制外国渔船在其沿海捕鱼。1964年，冰岛政府宣布把领海扩大为12海里，1972年

9月又宣布把捕鱼区扩大到50海里。英国对此竭力反对，导致与英国发生两次“鳕鱼战”。1975年10月，冰岛推行200海里捕鱼限制区，导致了第三次并且是最严重的“鳕鱼战”。1976年2月冰岛宣布与英国断交，6月在挪威等国家斡旋下，两国又达成临时捕鱼协议，并恢复外交关系。1979年6月，冰岛宣布它对200海里捕鱼区的专有权。只有法罗群岛（丹麦）、挪威和比利时的渔民获准在其200海里捕鱼区内捕鱼，而且给予它们的限额也一年比一年减少，对捕鱼工具也作了限制。

渔业是冰岛的支柱产业。2009年，冰岛渔业从业人口约占就业人数的8.1%，捕鱼量为112.6万吨，主要鱼种有鳕鱼、毛鳞鱼和黑线鳕；产值占国内生产总值的7.7%。绝大部分渔产品出口，出口额占冰外贸出口总额的41.6%。

三　工矿能源

冰岛工业基础比较薄弱。20世纪60年代中期以前主要是鱼产品加工业、纺织工业、制鞋工业和家具工业等一些轻工业部门。其中占有特殊地位的是为外贸出口服务的毛织品工业。冰岛经济受渔业影响很大。70年代以来，由于捕捞作业的不稳定、国际市场鱼产品价格的波动和激烈的竞争，经济很受影响；同时政府禁止为渔船队建造新的船舶，使冰岛的造船业很不景气。造船厂仅从事船舶的修理和使其装备的现代化。有几家生产渔业设备的公司，其中包括利用主要由美国供应的零部件生产现代电子仪器的装配企业。为了摆脱国民经济对渔业的过分依赖，冰岛不断在加速工业化的步伐。除渔产品加工和针织等轻工业外，主要为炼铝业和制药业。近年，炼铝业成为冰岛工业发展热点。2009年，工业产值占国内生产总值的19%（不包括渔产品加工业）。

冰岛是按人口平均拥有能源资源最高的国家之一。水力和地热是两大主要能源，其他自然资源匮乏，石油等产品需要进口。可开发的年水力发电量为640亿度，地热能年发电量可达72亿度。电力生产基本上掌握在本国的电力公司兰德斯维尔基温公司手里，该公司所属各电站生产的电力占全国发电量的90%。地热能主要用于住宅和温室供暖。由于用地热取暖具有廉价、清洁的优点，冰岛有地热的地方都已先后建起了地热供暖工程。20世纪70年代的能源危机，对于广泛应用地热是一个推动。用地热取暖的人口占总人口的90%。各地还用地热建造了80多个公共游泳池和一些室外养鱼池，该国也有水温为200℃—300℃的高热温泉，其蒸气可以用于工业和发电。目前建有地热发电站3座。由于冰岛开发电热历史悠久，且其地热利用技术具有工艺简单、花钱少、收效大等特点，联合国大学与冰岛能源局合作，于1979年在雷克雅未克开办了地热技术培训班，专门为发展中国家培训地热技术人员。

由于冰岛水力、地热资源丰富，电力供应不断增加，冰岛出现了一些耗能高的中小型企业，如：水泥厂、化肥厂、滤净剂厂等。20世纪70年代，还出现了一批与外资合营的能源密集工业部门。如：冰岛铝业公司是瑞士康采恩埃尔克姆公司和日本住友公司合资经营的，冰岛政府还同美国曼维尔公司合资经营硅藻土的生产。

2009年冰岛总发电量为168.4亿度，其中水力发电量为122.8亿度（占72.9%），利用地热发电45.5亿度（占27%），化石燃料发电1000万度（占0.1%）。

四　交通运输

冰岛交通运输业的一个重要特点是没有铁路，海运和空运发达。主要港口有雷克雅未克和阿库雷里。冰岛的航空业战后发展很快，两家本国航空公司和一家外国航空公司在冰岛和大西洋两岸间保持定期服务。

2008年交通运输设施情况如下：拥有国家级公路13048公里，共有机动车30.14万辆（其中客车21.17万辆，货车8.97万辆）。水运方面，共有1122艘船只，总吨位21.18万吨。其中渔船834艘，总吨位9.2万吨。雷克雅未克为主要港口，年货物吞吐量228.7万吨。空运方面，共有飞机405架。凯夫拉维克机场为主要航空港，年运送旅客约202万人次。

五　旅游业

在旅游业方面，冰岛以其得天独厚的地热喷泉、火山地貌和冰川雪景吸引着国外游客。1968—1971年是冰岛历史上旅游业发展最兴旺的时期，来冰岛旅游的人数每年以50%的速度递增，之后旅游人数逐年下降，1980年下降到65900人。从1980年起，政府采取措施，大力发展旅游业，来冰岛旅游的人数又不断增多。1990年外国旅游人数上升到41.17万人，旅游收入为110亿克朗，创历史最高纪录。游客主要来自美国、丹麦、英国、德国、瑞典、挪威和法国。2008 年赴冰外国游客人数达 87.9 万人，旅游收入为 730.6 亿冰岛克朗，旅游收入占 GDP 的 5%。

冰岛主要旅游点有：米瓦登湖和大间歇泉。米瓦登湖位于奥大达伦熔岩带的北缘，是冰岛的第五大湖。湖内分布有许多奇形怪状的熔岩岛，栖息有各种水鸟。在湖东山坡下，有一簇簇黝黑的嶙峋怪石，这些怪石有的状如尖塔，有的又状若城堡，簇拥在一个狭长的谷地周围，远远望去，犹如一个雄伟的黑色城堡，这是米瓦登湖的第一大奇景。米瓦登湖的另一大胜景是地下温泉，地下温泉的水温常年保持在 27℃左右，可以终年沐浴。米瓦登湖的第三大奇观是克拉夫拉热气田，克拉夫拉热气田的水温高达 270℃，是用以发电的最廉价动力。大间歇泉为世界著名的间歇泉之一，位于冰岛西南部奥德恩斯的赫伊卡达伦居民点附近。大间歇泉是一个直径为 18 米的圆池，水池中央的泉眼为一口径十多厘米的"洞穴"，洞内水温在百度以上。每次喷发之前，开始只听洞内隆隆作响，逐渐地响声越来越大，而且沸水也为之升涌，最后冲出洞口，向高空喷射，旋即化为琼珠碎玉，从高空处呼啸而下，每次喷发过程持续 1—2 分钟，然后渐归平息。如此反复不已，景色十分壮美。

此外，冰岛还有三个著名的国家公园：议会旧址国家公园（Thingvellir National Park）、瓦特纳冰川国家公园（Skaftafell National Park）、冰川峡谷河国家公园（Jökullsargljufur National Park）

六 财政金融

在财政金融方面，自 20 世纪 70 年代以来，政府财政连年出现赤字，80 年代以后，财政状况没有改变。从 1980—2009 年的三十年中，只有 1981 年、1982 年、1984 年、2004—2007 年七年中冰岛政府财政差额为盈余状态，其余年份均为赤字状态。2008 年受金融危机影响，冰岛的财政状况急剧恶化，由 2007 年的盈余 707.9 亿冰岛克朗，变为赤字 2001.7 亿冰岛克朗，占 GDP 的 13.5%。2009 年冰岛的财政赤字仍很严重，为 1490.4 亿冰岛克朗，占 GDP 的 9.9%。截至 2009 年 12 月，冰岛外汇储备约合 4900 亿冰岛克朗，净外债为 136269 亿冰岛克朗，为国内生产总值的 908.4%。

近年来，冰岛政府认为，以渔业作为支柱产业，不会使国家富有，靠资源拉动经济增长过于缓慢，于是大力发展金融业。其模式就是利用高利率和低管制的开放金融环境吸引海外资本，然后投入高收益的金融项目，进而在全球资本流动增值链中获利。这导致冰岛的银行过分借贷，财务杠杆达到了惊人的幅度。2008 年 9 月底，并到外债总额达到其 GDP 总量的 804.6%，其出口收入的 19 倍，其中短期外债占外债总额的 37%。在美国次贷危机爆发的背景下，国际金融市场信贷紧缩，货币市场融资停滞。投资者的悲观情绪又引起大量资本抽逃，冰岛危机一触即发。2008 年 10 月，冰岛克朗对美元贬值 63.9%，对欧元贬值 284%。2008 年 10 月中旬，冰岛三大商业银行（Glitnir，Landsbanki，Kaupthing）相继被冰岛货币当局接管，随后，危机向航空业、新闻出版等实体经济蔓延，失业严重，市民抗议不断。2008 年 10 月 6 日晚，冰岛总理希尔马·哈尔德对全体国民发出警报称："在最糟的情况下，冰岛的国民经济将和银行一同卷进旋涡，结果会是国家的破产。"冰岛危机由此爆发，成为第一个在全球金融危机中倒下的国家。冰岛危机对冰岛经济、社会和政治造成巨大冲击。

七 对外经贸关系

由于冰岛经济比较单一（以渔业为主），所以使其对外贸的依赖很大，2009 年外贸额相当于国内生产总值的 63%。就人均对外贸易流转额来说，冰岛是居于世界前列的国家之一。几乎所有的燃料、机器、运输设备、谷物、木材和一些日用品都必须进口；96% 以上的鲜鱼和鱼制品、畜产品依靠国外市场。由于工业化的加强和新的有发展前途的部门的兴起，冰岛出口商品结构发生了变化。最明显的是出口商品中水产品和农畜产品的比重下降，制成品的比重上升，制成品中铝锭、硅铁、毛织品的比重增加幅度较大。水产品占出口总额比重最高的年份是 1965 年，高达 94.5%。而 1990 年水产品的比重下降到 75.5%，工业品的比重上升到 20.4%。2009 年冰岛鱼产品出口约占出口总额的 40%，工业品出口占出口额的比重约为 45%。

冰岛与 100 多个国家和地区有贸易往来。进口商品的主要供应国有德国、丹麦、瑞典、荷兰、英国、挪威、美国和日本；出口商品的主要对象是美国、英国、德国、葡萄牙、法国、日本、丹麦和西班牙。2009 年，冰岛出口贸易额的国别比重排在前三位的国家是：荷兰（29.6%）、英国（10.5%）、德国（9.3%）。进口贸易额国别比重排在前三位的国家是：德国（10.2%）、瑞典（7.2%）、荷兰（7.1%）。

战后以来，冰岛多数年份货物贸易方面是进口大于出口，服务贸易收入一般也难以弥补外贸缺口，因而国际收入经常项目不时出现逆差。20 世纪 60 年代国际收支经常项目有顺差的年份是 3 年，70 年代是 2 年，80 年代只有 1 年。1991 年经常项目逆差为 3.21 亿美元，是战后以来逆差最高的年份。随着冰岛产业结构的调整，经常项目状况有所改变。2009 年冰岛的进口额 4098.74 亿冰岛克朗，出口额为 4970.66 亿冰岛克朗，贸易顺差 871.92 亿冰岛克朗。

第六节　教育与文化

一　教育概况

冰岛全民文化程度较高，早在 100 多年前就已消灭文盲。根据冰岛宪法，国家对 6—16 岁的青少年实行 10 年义务制教育。它是目前世界上唯一真正没有文盲的国家（识字率达 99%）。平均每 1 万人拥有 895 名大学生。冰岛教育分为四个等级：学前教育（幼儿园）、义务教育（小学和初中）、高中教育和大学教育。截至 2009 年 4 月，学前教育机构 270 所，义务教育机构（小学和初中）共 176 所（公立 165 所，私立 11 所）、高中 34 所、大学 7 所、音乐学校 79 所。截至 2009 年 4 月，在校学生总数 108536 人，其中幼儿园学生 17446 人，义务教育学生 43802 人，高中学生 29277 人，大学学生 1811 人。冰岛大学（Háskóli Íslands）是最大的综合性大学，目前在校生约为 1.6 万人。2009 年教育经费总额约为 1169.35 亿冰岛克朗，约占国内生产总值的 8.53%，占政府开支的 16.3%。

2009 年，冰岛有 2129 名学生到国外留学，留学人数最多的国家是丹麦（938 人），其次是美国（282 人），英国（230 人），瑞典（155 人），荷兰（89 人）等国家。2001 年有 1811 名外国学生到冰岛求学，他们大多数来自德国（76 人）、丹麦（598 人）、美国（488 人）、英国（215 人）、瑞典（84 人）、挪威（62 人）、荷兰（67 人）等国家。

二　新闻广播

冰岛的主要报纸有《晨报》（Morgunblaðið）（1913 年创刊）、《新闻报》（Fréttablaðið）（2001 年创刊）、《每日导报》（Dagblaðið Vísir）（1981 年创刊）等。最大的《晨报》日发行量 5.3 万份。

冰岛拥有国家电视台和国家广播电台各 1 家以及数家私人和地方电视台和广播台。

全国最大的和唯一一家国营电视台，名为冰岛电视台（冰岛语：Sjónv arpið，英语：The Television），1966 年建台，由冰岛国家广播服务公司经营（the National Icelandic Broadcasting Service，RÙV）。该频道节目主要是新闻、体育、文化、儿童类节目以及美国、英国和北欧的电影和娱乐节目。其收视率最高的节目是一档名为 Spaugstofan 喜剧小品表演节目和一档名为 Fréttir 新闻类节目。冰岛还有三家规模和影响很大的私营电视台，分别是 Stöð 2（1986 年创台）、Skjár einn（1999 年建台）和 ÍNN（2007 年建台）。此外，冰岛还有很多规模较小的私人电视台和地方电视台。

目前，冰岛的国家广播电台有 2 套节目，分别是冰岛第一广播电台（RÙás 1）、冰岛第二广播电台（RÙás 2），由冰岛国家广播服务公司（RÚV）经营。冰岛第一广播电台（RÙás 1），1930 年 12 月 20 日建台，是冰岛最大的国营广播电台。该台的主要节目主要涉及新闻、天气、时事报道、艺术、历史、冰岛语言文学及社会环境问题等。自 1930 年首次播出以来，该台一直是冰岛最受欢迎和收听率最高的电台。该台可在冰岛全国收听，首都雷克雅未克的接收频率是调频 92.4 兆赫和 93.5 兆赫。冰岛第二广播电台（RÙás 2），1983 年建台，节目主要有新闻、时事和流行音乐和摇滚音乐等。该台可在冰岛全国收听，首都雷克雅未克的接收频率是调频 90.1 兆赫和 99.9 兆赫。冰岛另有数家私人广播电台。

2010 年 6 月 17 日，冰岛议会通过了名为《冰岛现代传媒倡议》（The Icelandic Modern Media Initiative，IMMI）的法律，该法旨在保障言论自由的权利和保护记者及举报人安全，从而使冰岛成为一个言论自由的天堂。该法被称为世界上最严厉的对新闻记者实行保护的法律。

三　文学艺术

冰岛最著名经典文学作品是《冰岛萨迦》（The Icelanders' sagas），一种人们开始定居在冰岛的时代写下的散文史诗，内容主要是英雄故事和家族传奇。其中最著名的是《尼雅尔萨迦》（Njáls saga）和描写发现格陵兰和芬兰以及向那里殖民过程的《格陵兰与埃瑞克》（Grænlendinga and Eiríks）。

哈尔多尔·基尔扬·拉克斯内斯（Halldór Kiljan Laxness，1902 年 4 月 23 日—1998 年 2 月 8 日），本名哈尔多尔·格维兹永松（Halldór Guðjónsson），是冰岛著名的小说家。主要作品有长篇小说《沙尔卡·瓦尔卡》《独立的人民》《世界之光》，长篇历史小说 3 卷《冰岛钟声》等。1955 年小书《渔家女》获诺贝尔文学奖。

冰岛绘画多以冰岛秀美的自然风光为题材，反映了强烈的民族和独立意识。包里宁·包拉克森（1867 年 2 月 14 日—1924 年 7 月 10 日）（Þórarinn B. Þorláksson）是冰岛第一位现代派画家，对冰岛绘画影响很大。冰岛音乐与北欧音乐联系紧密。比约克（Björk，全名 Björk Guðmundsdóttir，1965 年 11 月 21 日生），是冰岛著名的歌手、音乐创作人及演员。以其鲜明的风格著称，在欧美、日本、中国台湾等地极具知名度，故国家地理杂志在 2008 年称其为“冰岛最著名的出口品”。

体育是冰岛文化的重要组成部分，冰岛的传统体育项目是一种源于中世纪被称为格里马（Glíma）的民间摔跤。冰岛受欢迎的现代体育项目有国际足球、田径、手球和篮球。手球被认为是冰岛的国球，冰岛拥有世界一流的手球队。冰岛最著名的足球运动员是埃聚尔·古德约翰森（Eiður Smári Guðjohnsen，1978 年 9 月 15 日— ），司职前锋，也可担任攻击中场，现效力英超球队斯托克城。冰岛拥有滑雪、滑板滑雪、攀冰和攀岩等运动的优良自然条件，冰岛人很喜欢登山和远足。

第七节 国防与外交

一 国防

根据宪法，冰岛不设军队。冰岛于 1949 年加入北大西洋公约组织，1951 年同美国签订防务协定，由美国代表北约在冰岛建立空军基地，负责国家防务。北约在冰设有空军基地，驻美军 1700 余人，并配有 4 架 F－15 型战斗机、猎潜飞机和雷达站等军事装备和设施。2006 年 9 月 30 日，美撤销驻冰军事基地并将协议区域内土地和设施归还冰岛，美在冰的永久性军事存在终止。冰有一支海洋巡逻队，约 100 人，装备 3 艘巡逻艇、两架搜救直升机和一些小型飞机，负责渔区保护和海上救护工作。全国有警察 700 余名。2010 年 3 月，冰政府宣布逐步撤销防务局，其职能将分摊至包括海岸警卫队在内的多个部门。

二 对外关系

在对外关系方面，冰岛通过参加北约和同美国的防务合作以及参加联合国来确保自身的独立和安全。同时，冰岛积极参加北欧合作，发展同北欧邻国的政治、经济、文化关系。与美国进行防务合作并保持与大西洋两岸国家的良好关系是冰外交政策的核心。冷战结束后，为顺应国际形势的变化，冰除继续重点保持与美等西方国家的伙伴关系外，注意加强与亚洲等其他地区国家的关系，注意发展同第三世界国家的关系，支持第三世界关于建立国际经济新秩序的要求，并通过联合国积极参与国际事务。支持联合国全面改革，反对安理会改革阻滞联合国整体的改革进程。主张改革进一步公开化、透明化，认为改革后的联合国应更好地反映国际格局客观实力对比。支持安理会同时增设常任和非常任理事国，同时反对削弱安理会决策和行动能力，反对扩大否决权。主张在国际监督下，实行相互和全面裁军，禁止在冰岛部署核武器。目前冰已同 139 个国家（包括欧盟）建有外交关系，在 18 个国家设有使馆，3 个国家设有总领馆，7 个城市设有常驻代表团。

由于高度依赖海洋资源，冰岛十分重视对海洋资源的保护和防治海洋污染，并积极倡导和参与环保合作，主张可持续发展。认为气候变化问题是全人类当前面临的重大挑战，需各国通力合作，共同应对。同意发达国家和发展中国家应承担共同但有区别的责任，西方发达国家应承担更多责任。2007 年通过气候变化新战略，提出至 2050 年将温室气体排放减少 50%—75%，并考虑通过购买温室气体排放指标或协助他国利用清洁能源等方式来完成减排义务。由于高度依赖海洋资源，非常重视保护海洋环境、防治海洋污染。积极参与环保合作，主张可持续发展。

三 对华关系

1971 年 12 月 8 日，冰岛与中国建立大使级外交关系。1972 年 5 月中国在冰建馆并向冰派出常驻大使。1983 年，中国驻冰岛大使改由中国驻丹麦大使兼任。冰驻华大使则一直由巡回大使或驻第三国大使兼任。1995 年 1 月，冰在华设使馆并派出首任常驻大使。同年 12 月，中国恢复向冰派常驻大使。中国现任驻冰岛大使为苏格（2009 年 9 月到任）。

建交后，我对冰扩大渔区曾给予支持，冰支持恢复中国在联合国合法席位。双边往来逐步发展。20 世纪 90 年代以来，两国互访增多。1996 年，两国政府签署了中冰避免双重征税协定，这是冰岛与欧洲及北美以外的第一个国家签署避免双重征税协定。1994 年冰总理奥德松、外长汉尼巴尔松访华，1995 年议长索凯斯多蒂尔、总统维格迪萨尔·芬博阿多蒂尔（Vigdisar Finnbogadottir）应邀访华，这是冰总统首次访华。近年来，中冰高层互访频繁。2001 年是中国与冰岛建交 30 周年，冰岛外交兼外贸部长奥斯格里姆松于 10 月底访华并参加了中冰建交 30 周年庆祝活动。2002 年 6 月，中国国家主席江泽民对冰进行国事访问。2005 年 5 月，应中国国家主席胡锦涛邀请，冰总统格里姆松对中国进行国事访问。2006 年 9 月，国务委员陈至立访冰，分别与冰总理哈尔德和教科文部长贡纳尔斯多蒂尔会见、会谈。2007 年 10 月，冰岛总统格里姆松应胡锦涛主席邀请对华进行工作访问并应邀出席上海特奥会有关活动。12 月，冰外长斯韦里斯多蒂尔非正式访华，双方签署关于启动中冰自由贸易协定谈判的议定书。2008 年 5 月，冰总统格里姆松和总理哈尔德就四川特大地震灾害致信胡锦涛主席和温家宝总理表示慰问，冰岛政府为我抗震救灾捐助 780 万冰岛克朗（约合 10 万美元）。8 月，冰岛总统格里姆松和夫人来华出席北京奥运会闭幕式并观赛，胡锦涛主席会见。2010 年 4 月，冰岛总统格里姆松和议长约翰内斯多蒂尔就青海玉树地震灾害致信胡锦涛主席和吴邦国委员长表示慰问。

近年来，中国对冰岛出口一直呈增长趋势，但中冰两国贸易额一直很小。据我海关统计，2009 年，中冰贸易额为 8747 万美元，同比下降 31.8%，其中我出口 5422 万美元，进口 3325 万美元。2010 年 1—3 月，中冰贸易额为 2030 万美元，同比增长 44.5%，其中我国对冰出口 1533 万美元，从冰进口 497 万美元。我向冰主要出口焦炭、服装、纺织品、鞋类、船舶等，从冰主要进口鱼制品。截至 2009 年底，我共批准冰企业在华投资项目 23 个，实际投入 1170 万美元。2004 年 4 月，中冰签署《中国旅游团队赴冰岛旅游签证及相关事宜的谅解备忘录》。2009 年冰来华旅游人数约为 2500 人次，我公民首站赴冰 500 多人次。

中冰科技合作主要在地热领域。1986 年 6 月，应西藏自治区政府邀请，冰岛能源局地热专家组曾赴西藏考察，双方就冰岛转让地热技术、合作开发西藏地热资源签订了意向书。20 世纪 80 年代以来，冰先后为我培训地热技术人员 65 名。2005 年 5 月，中冰签署《关于合作开发利用咸阳地热资源协议书》。9 月，中冰签订咸阳地热区域开发合作框架合同。2010 年 3 月，陕西省咸阳市与冰地热能源企业恩莱克斯签署扩大综合开发利用地热资源意向书。

中冰两国于 20 世纪 50 年代开启民间文化交流，1994 年签署文化协定。近年来，中冰文化交流日趋活跃。冰先后在华举办邮票展、画展，派出文艺团体访华演出，并翻译出版了冰岛古代传奇《萨迦（SAGA）选集》及诗集《埃达（EDDA）》。我也在冰举办了邮票展、中国百年版画展和中国传统艺术展，并派出民乐团和杂技团访冰。2007 年共有 84 名冰岛学生在华学习，我在冰留学人员共 23 人，22 人为自费生，1 人为公派留学生。2008 年 5 月，冰岛大学北极光孔子学院成立。

（卢春龙　李罡）

第三部分　文献与附录

第一编

西欧大事记

（公元前150万年至公元2010年）

公元前

150万年

欧洲出现最早的人类。

30000年

欧洲出现岩洞艺术。

约6500年

希腊和爱琴海地区开始出现农业。

约3000年

欧洲出现最早的青铜文化——爱琴文明（亦称克里特—迈锡尼文明）。古希腊的原始社会逐渐解体，出现了奴隶制城邦。

约2600年

希腊早期米诺斯文化。图画文字开始向象形文字演化。

2000年

爱琴文明进入青铜时代，出现了最早的奴隶制国家。

1900年

希腊中期米诺斯文化（至前1700年）。出现线形文字A。氏族社会瓦解。

1700年

希腊中、晚期米诺斯文化（至前1450年）。

1600年

希腊早期迈锡尼文化开始（至前1500年）。出现线形文字B。

1100年

迈锡尼城邦鼎盛时期。亦称荷马时代（至前9世纪）。

1050年

欧洲进入铁器时代。

776年

第一次奥林匹克运动会在希腊伯罗奔尼撒半岛北部奥林匹亚举行。这一年亦被希腊人作为历史纪年之始。

753年

罗马“王政时代”开始，并从原始社会向阶级社会过渡。传说罗马城在这一年建立，罗马人以本年为罗马历史纪年之始。

730年

斯巴达国家初步形成。

由罗马人将希腊字母改造而成的伊特里亚字母进一步发展，从而创造出了拉丁字母。

约700年

雅典形成了统一的奴隶制国家。

约650年

希腊城邦“僭主”兴起。

621年

雅典执政官之一德拉古受命制定第一部成文法。法典以严酷著称。

约600年

希腊发行第一批硬币。

594年

梭伦当选雅典首席执政官。执政期间（至前593年）实行改革，史称“梭伦改革”。

希腊僭主庇西特拉图时代（至前527年）。

509年

罗马人民起义。罗马王政时期最后一个王塔克文政权灭亡。罗马共和国创立。

约505年

雅典民主政体建立（克利斯提尼）。

490 年

波斯人入侵。希腊和波斯之间爆发大规模的战争（至前 480 年），史称“希波战争”。前 490 年 9 月：马拉松战役；前 479 年：普拉蒂亚战役；前 480 年：萨拉米战役。波斯人入侵失败。

479 年

希腊古典文化时期（至 338 年）。

约 450 年

中欧和西欧出现拉泰纳文化。

罗马颁布《十二铜表法》，是罗马法律史上第一部成文法典。

444 年

伯里克利成为雅典的实际统治者（至前 429 年）。当政期间积极推进民主政治。雅典伯里克利时代为希腊繁荣时期，文化艺术达鼎盛。

431 年

为争夺全希腊的霸权，雅典与斯巴达之间爆发“伯罗奔尼撒战争”（至前 404 年）。战争以雅典失败而灭亡。斯巴达统帅山得来进入雅典（404 年），建立“三十暴君”统治。

338 年

马其顿亚历山大大帝进攻希腊，希腊城邦名存实亡。

334 年

马其顿王亚历山大大帝兴兵东征。经 10 年征战，打败波斯，建立起一个横跨欧、亚、非三洲的大帝国，首都为巴比伦。

265 年

罗马基本统一意大利。共和国早期史结束。

264 年

罗马与迦太基第一次布匿战争爆发。罗马胜利（前 241 年）。西西里成为罗马的第一个行省。

218 年

罗马与迦太基第二次布匿战争开始。前 202 年，双方缔结和约，战争结束。

215 年

罗马与马其顿发生战争，史称“第一次马其顿战争”（至前 205 年）。

206 年

罗马统治西班牙。

200 年

第二次马其顿战争爆发。罗马侵入希腊（至前 197 年）。希腊城邦被完全并入罗马帝国。

171 年

第三次马其顿战争爆发。前 168 年，马其顿王伯尔修战败被俘，国土遭分裂，事实上归属罗马。

149 年

第四次马其顿战争（至前 148 年）。

146 年

希腊成为罗马行省。

91 年

意大利同盟者战争（至前 88 年）。罗马虽获胜，但不得不授予意大利人公民权。

81 年

苏拉在罗马建立独裁统治（至前 79 年）。

73 年

斯巴达克奴隶起义（至前 71 年）。

49 年

恺撒征服高卢。

47 年

罗马内战。恺撒成为唯一的统治者。

46 年

恺撒改革历法，史称“尤利乌斯历法”。

44 年

恺撒被任命为终身独裁官，实行政治制度改革。同年恺撒遇刺身亡（3 月 15 日）。

42 年

腓力比之役。安东尼、屋大维、李必达“三头同盟”胜。为罗马走向帝制扫清了道路。

31 年

阿克提翁之战。屋大维占领埃及（30 年）并集罗马大权于一身。

27 年

元老院尊屋大维为“奥古斯都”。罗马共和国灭亡，罗马帝国开始。帝国横跨欧、亚、非。

公元纪年

9 年

条顿堡森林战役，阿尔米乌斯率领日耳曼人歼灭罗马瓦鲁斯军团。

14 年

屋大维（公元前 63 年生）去世。朱里亚·克劳狄王朝统治开始（至 68 年）。

33 年

相传耶稣在这一年（或说 29 年、30 年）因传播新教，被罗马驻犹太行省总督彼拉多钉死在十字架上。

1 世纪中叶

罗马基督教出现。这一时期为基督教的早期阶段，也称原始基督教。

43 年

罗马军团开始征服不列颠。

54 年

罗马皇帝克劳狄被皇后阿格丽品娜毒死，时年 17 岁的尼禄即位。在位期间（至 68 年）成为罗马史上有名的暴君。

68 年

罗马国内大乱，高卢、西班牙驻军起义，元老院宣布尼禄为公敌，尼禄自杀。克劳狄王朝结束。

69 年

罗马克弗拉维王朝建立。

79 年

维苏威火山爆发，庞培等城毁灭。

97 年

弗拉维王朝末代皇帝图密善被杀，弗拉维王朝灭亡，罗马安敦尼王朝建立。

98 年

罗马帝国在图拉真统治下（至 117 年）达到鼎盛时期。

2 世纪后期

罗马基督教组成教会。

166 年

古罗马和中国直接海上交通。

167 年

罗马帝国天花病大规模流行。

212 年

罗马颁布《卡拉卡拉敕令》，允许基督教徒信仰自由。

241 年

法兰克人入侵高卢，法兰克人第一次见于历史。

248 年

戴克里先被拥立为罗马皇帝，在位期间（至 305 年）实行改革，正式建立君主制，是为后罗马帝国之始。

313 年

罗马皇帝君士坦丁颁布米兰赦令，承认基督教合法地位。

325 年

第一次基督教主教会议（尼西亚会议）。

330 年

罗马皇帝君士坦丁一世迁都拜占庭（并将其改名君士坦丁堡），帝国统治中心东移，开始出现东西分裂迹象。

364 年

哥特人入侵罗马帝国，并于 378 年在亚德里雅那堡战役中大败罗马皇帝。

374 年

匈奴人从中亚经里海进入顿河、第聂伯河一带，迫使当地日耳曼民族的一支西哥特人越过多瑙河迁向巴尔干半岛，从而揭开日耳曼民族大迁徙的序幕。

379 年

罗马皇帝狄奥多西一世执政（至 395 年）。

395 年

罗马皇帝狄奥多西一世死于米兰，遗命长子阿卡狄为东部皇帝（至 408 年），首都君士坦丁堡，亦称拜占庭帝国。次子霍诺留为西部皇帝（至 423 年），从此罗马帝国分成东、西两部分。东罗马帝国统治东欧，西罗马帝国统治西欧。

基督教随着罗马帝国的分裂开始分为东、西两大派。

402 年

西罗马移都腊万纳。

406 年

汪达尔人入侵高卢；409 年入侵西班牙。

410 年

西哥特人入侵意大利，阿拉里克洗劫罗马并侵犯西班牙。

449 年

盎格鲁人、撒克逊人、朱特人开始征服不列颠。

阿提拉和匈奴人攻入西欧（至 452 年）。

476 年

西罗马最后一位皇帝被废黜。帝国灭亡。西欧逐渐由奴隶社会向封建社会转变。

486 年

克洛维建立法兰克王国并为王（至 511 年）。是为墨洛温王朝（至 751 年）。

498 年

法兰克国王克洛维受洗。法兰克人皈依基督教。

510 年

法兰克王国首都自苏瓦松迁至巴黎。

527 年

拜占庭皇帝查士丁尼统治时期（至 565 年）。

534 年

查士丁尼颁布法典。《查士丁尼法典》528—529 年完成 10 卷，534 年编成新版 12 卷。是自罗马皇帝哈德良以来历代皇帝所颁布的法律汇编。

542 年

鼠疫肆虐欧洲。

552 年

查士丁尼在意大利恢复罗马帝国。

568 年

伦巴第人进攻意大利，并建立伦巴第王国（至 774 年），首都帕维亚。

571 年

东盎格鲁王国创建。“英格兰”名称由此始。

590 年

格雷戈里一世扩大罗马教皇权力。

597 年

基督教正式传入英国。

600 年

肯特王阿忒尔伯特制定英格兰第一部法典。

610 年

东罗马皇帝赫拉克里乌斯即位；东罗马帝国（拜占庭帝国）开始希腊化时代。

626 年

阿拉伯人和拜占庭人发生首次冲突。

680 年

保加利亚人入侵巴尔干，并在下麦西亚定居。至 1018 年为第一保加利亚王国时期。

687 年

特尔垂之战；加洛林人统治法兰克国家。

711 年

阿拉伯人越过直布罗陀海峡，入侵西班牙。

717 年

阿拉伯人进攻君士坦丁堡（至 718 年）。

732 年

法兰克王国宫相铁锤查理在普瓦提埃战胜阿拉伯人，阻止了其在西欧的扩张。

751 年

法兰克王国宫相丕平（矮子）篡位，墨洛温王朝结束，加洛林王朝始。

756 年

丕平（矮子）将从伦巴第人那里抢来的土地献给教皇（史称“丕平献土”）。教皇国建立（至 1870 年）。

西班牙后倭马亚王朝（至 1031 年）。

768 年

法兰克南部王卡罗曼去世，查理曼成为全法兰克王，史称查理曼大帝（至 814 年）。

774 年

查理曼大帝入侵伦巴第。伦巴第败，被并入法兰克王国，该国遂亡。

793 年

维金人开始袭击西欧。

800 年

查理曼大帝在罗马加冕。法兰克王国遂成查理曼帝国。新的西罗马帝国开始。

829 年

威塞克斯国王埃格伯特征服麦西亚，迫使诺森伯里亚降伏。至此结束七国时代，建立起英国历史上第一个统一的英格兰王国。

843 年

查理曼大帝的三个孙子签订凡尔登条约，将国土一分为三，查理曼帝国分裂。此条约造成了以后的德、法、意 3 国的雏形。

862 年

维金人建立诺夫哥罗德国家。

865 年

保加利亚和塞尔维亚接受基督教。

887 年

法、德、意等地诸侯在特累布尔集会，废黜皇帝查理。加洛林帝国亦随之开始瓦解：阿尔努尔夫成为日耳曼地区的国王；巴黎伯爵厄德成为法兰西国王；帝国的其余地区——勃艮第和意大利等地被分割成一系列相互攻伐的王国。

896 年

阿尔帕德大公建匈牙利国，为第一位马扎尔大公。

900 年

哈罗德一世统一挪威并成为第一位挪威国王。

911 年

法国国王查理三世被迫让地维金人，此地后称“诺曼底”，承认其首领罗洛为诺曼底公爵。

德意志加洛林王朝终。法兰克公爵康拉德被立为东法兰克国王，开始了德意志历史。

919 年

康拉德去世，亨利一世即位，德国萨克森王朝建立（至 1024 年）。

930 年

被认为是最早的欧洲议会（Althing）召开。这是由挪威人于 875 年入侵爱尔兰后复又进入冰岛在那里召开的。

962 年

德意志奥托一世在罗马加冕称帝（至 973 年），建立神圣罗马帝国（至 1806 年）。

966 年

波兰大公梅什科一世（963—992）统一全国，建立早期的波兰封建国家。

972 年

该撒公爵开始建立匈牙利人的国家。

981 年

北欧人发现格陵兰岛，并在西南沿海一带定居。

985 年

丹麦形成统一王国。

987 年

法国路易五世去世，法兰西加洛林王朝结束。法兰西公爵休·卡佩当选为王（至 996 年），卡佩王朝开始（至 1328 年）。

996 年

奥地利国名初见之史书。

1000 年

匈牙利大公伊什特万一世在匈牙利推行天主教，并获天主教教宗加冕成为匈牙利第一位国王。

1014 年

克朗塔夫战役。维金人结束对爱尔兰的统治。

1017 年

丹麦王克努特兼英国国王（至 1035 年）并统治挪威。

1018 年

拜占庭兼并保加利亚（至 1185 年）。

1024 年

德意志法兰克尼亚王朝（至 1125 年）。

神圣罗马帝国皇帝康拉德二世统治时期（至 1039 年）。

1031 年

阿拉伯人在西班牙建立的科尔多瓦哈里发（756 年始）因哈里发希沙木三世被废黜而分裂，遂衰亡。

1053 年

迁入意大利半岛的诺曼人开始逐渐征服南部，并建立诺曼帝国。

1054 年

基督教东、西两派（希腊与拉丁）正式分裂。东部以“正宗”自居，称正教，亦称希腊正教、东正教。

1066 年

哈斯丁战役爆发（10 月），诺曼底公爵威廉征服英国。同年，威廉继英王位（至 1087 年），称威廉一世（绰号“征服者”），诺曼底王朝开始（至 1154 年）。

1071 年

诺曼人完成对拜占庭和意大利的征服。

1073 年

格雷戈里七世当选教皇（至 1085 年）。皇帝和教皇之间的争斗开始。

1077 年

德皇亨利四世被迫前往卡诺萨向教皇“悔罪”。是为“卡诺萨之辱”。

1096 年

第一次十字军东侵（至 1099 年）。

1097 年

卡斯提尔与雷翁国王阿方索六世以明霍和特茹河之间的土地赐其婿亨利，作为他的世袭领地，并命名为“葡萄牙”。亨利乃为后来葡萄牙王朝之始祖。

1100 年

十字军占耶路撒冷。后按欧洲封建国家模式，在占领地上陆续建立耶路撒冷王国（至 1291 年），安条克公国、埃德萨伯国及的黎波里伯国（1190 年）等。

约 1100 年

第一批欧洲大学出现：沙利诺、博洛尼亚、巴黎。

1139 年

葡萄牙建国。至 1383 年为葡萄牙勃艮第王朝。

1147 年

第二次十字军东征开始（至1149 年），法王路易七世及德王康拉德三世统兵，被挫败，未达任何目的。

1156 年

奥地利公国建立。

1157 年

丹麦伐德美尔一世即位（至1182 年），定都哥本哈根。

1176 年

雷那诺战役，伦巴底联盟战败腓特烈一世。1183 年双方签订《康斯坦茨和约》。伦巴德联盟各城市重新获得自治权。

1187 年

第二次保加利亚王国（至1396 年）。

1190 年

拜占庭承认塞尔维亚独立。

1198 年

第三次十字军东征开始（至1192 年）。

1202 年

第四次十字军东征开始（至1204 年）。

1204 年

拉丁帝国建立（至1261 年）。

1215 年

英国约翰王签署《自由大宪章》，对贵族让步。

1217 年

第五次十字军东征开始（至1221 年）。

1228 年

第六次十字军东征开始（至1229 年）。

1248 年

在教皇英诺森四世策划下，第七次十字军东征开始（至1254 年）。

1261 年

尼西亚推翻拉丁帝国，拜占庭在君士坦丁堡复辟。

1262 年

挪威征服冰岛。

1265 年

英国首次召开国会。

1270 年

第八次十字军东征开始。

1271 年

意大利旅行家马可·波罗（约1254—1324 年）随父、叔从地中海东岸的阿克城出发，前来中国。

1273 年

神圣罗马帝国哈布斯堡王朝（至1806 年；1438 年曾一度中断）。

1284 年

英国合并威尔士，英王颁布《威尔士法》。

1291 年

瑞士乌里、施维茨和翁特瓦尔登签订三州同盟协定。瑞士联邦诞生。

罗马教廷教皇特使孟德高维诺经印度抵中国谒见大汗忽必烈于大都（今北京）。后被任命为大都教区大主教（1306 年），最后客死于中国（1328 年）。

埃及苏丹占领十字军最后据点阿克。西方基督教国家在东方的据点，至此全部拔除。起自1026 年的十字军东征，历时195 年，于此年终结。

1300 年

罗马教皇卜尼法斯八世宣布大赦年。

1306 年

苏格兰对英发动全面的独立战争。英败（1314 年），罗伯特·布卢斯自立为王。

1308 年

德意志国王阿尔伯特被杀，卢森堡公爵亨利七世当选为国王和神圣罗马帝国皇帝（至1313 年）。始创卢森堡王朝（至1437 年）。

法国安茹伯爵查理·罗伯特当选为王，称查理一世（至1342 年），始创匈牙利安茹王朝（至1387 年）。

1309 年

罗马教皇克莱门特五世将教廷迁至法国阿维尼翁，为“阿维尼翁教皇”之始（至1377 年）。史称“阿维尼翁之囚”。

1314 年

英王爱德华二世率兵入苏格兰，大败。苏格兰由此获实际独立。

1316 年

欧洲发生饥荒，农业危机。

法国腓力四世（1268 年生）卒，其子那瓦尔王继位（至1316 年），是为路易十世。自此西班牙的那瓦尔王国与法合并。

约 1320 年

意大利文艺复兴始。一说自 1400 年起。

1328 年

法王查理四世去世，无子，由其堂兄腓力六世即位（至 1350 年），瓦洛亚王朝开始（至 1589 年）。腓力六世即位后，入侵佛兰德斯。

1337 年

英王爱德华三世称法兰西王，法王腓力六世宣布没收英在法境内的全部领地，兵发基恩，英法百年战争遂起（至 1453 年）。

1343 年

英国国会分上、下两院，英国议会制度渐趋完备。

1348 年

黑死病流传欧洲，人口锐减。

1356 年

奥斯曼人入侵欧洲并于 1361 年占领亚德里雅那堡。

1360 年

法国与英国签订《布勒丁尼和约》。英法百年战争第一阶段结束。

1367 年

德国汉萨同盟正式成立。

1369 年

英王爱德华三世再称法兰西国王，英法战争又起。

1370 年

丹麦与汉萨同盟订立《斯特拉尔松德和约》，恢复同盟一切特权。至此，汉萨同盟力量达鼎盛。

1378 年

天主教会大分裂开始（至 1417 年）。在教皇格雷戈里十一世去世后，两名教皇当选：乌尔班六世任罗马教皇，克勒门特七世任阿维尼翁教皇。

1385 年

葡萄牙打败卡斯提尔人，确立葡萄牙的独立地位。国王若奥一世即位（至 1433 年），创立阿维斯王朝（至 1580 年）。

1389 年

科索沃之役。奥斯曼胜，获巴尔干统治权。

1396 年

英法签订 20 年停战协定。

1397 年

丹麦、瑞典、挪威 3 国在卡尔玛会议上宣告合并，拥立丹麦的爱利克为王，并加冕为 3 国之王，史称“卡尔玛联合”。

1399 年

英国兰加斯特公爵亨利击败国王查理二世，亨利四世即位（至 1413 年），兰加斯特王朝始（至 1461 年）。

1410 年

坦能堡之役。波兰打败条顿骑士团。

1414 年

康斯坦茨宗教会议（至 1418 年）。基督教和天主教近 40 年的分裂结束。

1415 年

英法阿尔库尔之战。法国战败，英军占领巴黎。

1420 年

法英《特尔瓦和约》。法王以其女嫁给英王，并承认英王为法国王位继承人。

1434 年

佛罗伦萨建立美第奇家族的僭主政治。

1438 年

奥地利公爵阿尔伯特当选德意志和匈牙利及波西米亚国王、神圣罗马帝国皇帝（至 1439 年），由此开始神圣罗马帝国的哈布斯堡王朝统治。

1450 年

丹麦与挪威联合，丹麦国王克利斯钦兼挪威国王。

1453 年

英法百年战争结束，除加来港外，法收回全部失地。

土耳其军攻占君士坦丁堡，东罗马帝国（拜占庭帝国）亡。

1455 年

英国爆发“玫瑰战争”（异译“蔷薇战争”，至 1485 年）。英国约克家族（族徽为红玫瑰）的约克公爵举兵反对兰加斯特家族（族徽为白玫瑰）的亨利六世。

1457 年

丹麦国王克利斯钦继兼任挪威国王之后，又成为瑞典国王。

1461 年

英国约克家族爱德华进占伦敦称王（至 1483 年），

为爱德华四世，约克王朝统治开始（至1485年）。

1464年

丹麦国王克利斯钦被逐出瑞典。

1470年

法王路易十一与瑞士结盟。

1474年

英王爱德华四世与勃艮第公爵查理签订《乌得勒支条约》。

1477年

勃艮第公爵查理（1433年生）在与瑞士军战争中败亡，路易十一合并勃艮第公国。

1479年

卡斯提尔和西西里国王斐迪南二世继承阿拉贡国王（至1516年），卡斯提尔与阿拉贡两国正式实现合并，西班牙基本统一。

1485年

英国都铎家族亨利击败理查三世，自立为王（至1509年）。称亨利七世，都铎王朝统治开始（至1603年）。

1492年

西班牙驱逐阿拉伯人和犹太人。

哥伦布开始发现美洲大陆的航海（至1493年）。

1494年

法国和哈布斯堡王朝在意大利发生战争，开始争夺欧洲霸权。

1497年

丹麦国王约翰入侵瑞典为王，丹麦、挪威与瑞典3国再度一统于其治下。

1499年

瑞士联邦军队击败德意志诸侯军队，自此脱离神圣罗马帝国，获得独立。

1517年

马丁·路德发表《九十五条论纲》，公开反对赎罪券；德意志宗教改革开始。

1516年

西班牙哈布斯堡王朝时期（至1700年）。

1519年

统治西班牙和荷兰的查理一世被选为神圣罗马帝国皇帝（称查理五世）。

麦哲伦开始首次环球航行（至1521年）。

1521年

马丁·路德受迫害，被剥夺公民权；宗教改革继续。

奥斯曼征服贝尔格莱德。

1524年

德国农民战争。

1529年

查理五世制止了土耳其人对维也纳的进犯。

1531年

德意志新教诸侯和帝国城市建立“施马尔卡登同盟”，反对神圣罗马帝国。后于1547年被查理五世打败，同盟遂即解散。

1534年

英王亨利八世与罗马决裂。

1554年

英国女王玛丽与西班牙腓力二世结婚。英西结盟反对法国。

1557年

葡萄牙侵占中国澳门。

1559年

《卡托·坎布里齐和约》签订，意大利战争结束。法国在意大利的势力为西班牙取代。

1566年

尼德兰圣像破坏运动。荷兰反对西班牙腓力二世统治的起义，为尼德兰资产阶级革命的开端（至1609年）。

1571年

勒班陀战役，西班牙和威尼斯联合舰队击败土耳其，结束了其在地中海中部的霸权。

1580年

西班牙吞并葡萄牙。

1581年

尼德兰联省共和国成立。这是世界历史上第一个资产阶级建立的共和国。威廉奥兰治为首任执政者。

1588年

英国战胜远征而来的西班牙“无敌舰队”。

1589年

法国国王亨利三世（1551年生）被刺，由那瓦尔亨利即位（至1606年），称亨利四世，波旁王朝统治自此开始（至1830年，其间1792—1814年、1815年中断）。

1598年

法王亨利四世颁布《南特敕令》。规定天主教为法国国教。1685 年被废除。

1600 年

英国建立东印度公司。

1602 年

荷兰建立东印度公司。

1603 年

英女王伊丽莎白一世（1533 年生）逝世。玛丽·斯图亚特之子、苏格兰国王詹姆士六世继英格兰王位（至 1625 年），称詹姆士一世，开始斯图亚特王朝在英国的统治（至 1714 年；1649—1660 年中断）。

1607 年

英国在美洲建立第一个拓殖地。

1608 年

法国殖民者在北美建魁北克。

1609 年

西班牙和荷兰签订《十二年停战协定》。荷兰共和国独立。

1618 年

三十年战争爆发。战争以德意志新教诸侯、丹麦、瑞典和法国为一方（新教联盟），并得到荷兰、英国与俄国的支持；德意志天主教诸侯、奥地利和西班牙为另一方（天主教联盟）。这是欧洲第一次大规模的战争。

1620 年

白山战役，天主教联盟战败新教联盟。

欧洲第一份周报在阿姆斯特丹出版。

一批英国清教徒（102 人）乘“五月花号”登陆新英格兰。

1623 年

荷兰侵占中国澎湖列岛，第二年侵占中国台湾（至 1661 年）。

1630 年

西班牙与英国签订《马德里和约》。

1639 年

英国苏格兰公约派发动反英起义，触发英国资产阶级革命。

1640 年

英国“短期国会”、“长期国会”（至 1653 年）。英国资产阶级革命开始。

葡萄牙恢复独立。

1648 年

威斯特伐利亚和会签署《威斯特伐利亚和约》，三十年战争结束。各签约国承认瑞士独立地位，承认荷兰联省共和国的政治独立地位。

1649 年

英国宣布成立共和国（5 月 19 日）。克伦威尔掌权。

英对爱尔兰的殖民战争（至 1652 年）。

1652 年

第一次英荷战争（至 1654 年），荷兰战败，被迫接受《航海条例》。荷兰开始衰弱。

1654 年

英护国主政府颁布苏格兰、爱尔兰与英格兰合并的命令。

乌克兰脱离波兰，开始受俄罗斯统治。

1655 年

英、法联合发动对西班牙的战争。

1658 年

瑞典与丹麦签订《罗斯切尔德和约》，丹麦将斯堪的那维亚半岛南部的领地割让给瑞典。瑞典王国开始鼎盛时期。

1659 年

西班牙与法国签订《比利牛斯条约》，将鲁西容、阿图瓦和部分尼德兰割让给法国。

1660 年

丹麦与瑞典签订《哥本哈根和约》，承认瑞典对斯堪的那维亚半岛南部的占领。

斯图亚特王朝复辟（至 1688 年）。英王查理二世发布《不列颠宣言》，英议会通过决议，宣布查理二世为国王。

1664 年

第二次英荷战争。

1667 年

法国在路易十四治下开始扩张。

1668 年

英国、荷兰、瑞典三国同盟迫使法国国王路易十四签订《埃克斯—拉—夏佩尔和约》。

法国和西班牙签订《亚琛和约》，结束两国争夺西属尼德兰的战争。

1672 年

英国与法国一起对荷兰宣战。第三次英荷战争爆发。

1678 年

法国先后与荷兰、西班牙、神圣罗马帝国、勃兰登堡、丹麦在尼曼根（异译“内伊梅根”）签订一系列和约，总称《尼曼根和约》。

1683 年

第一次奥土战争，土耳其围困维也纳。

1684 年

神圣罗马帝国皇帝利奥波德一世与法国签订《累根斯堡停战协定》，承认法国控制斯特拉斯堡和卢森堡。

1687 年

牛顿发现万有引力定律。

第二次奥土战争，奥地利打败土耳其。

1688 年

英国“光荣革命”，建立君主立宪制。

法国和“奥格斯堡联盟”战争（至 1697 年）。

1689 年

英国议会宣布詹姆士二世“自行退位”，立荷兰执政威廉为国王，称威廉三世；玛丽为女王。

1693 年

英国公谊会教徒威廉·佩恩提出建立“欧洲议会”的主张。

1698 年

英国成立伦敦证券交易所。

1699 年

奥、土签订《卡洛威茨条约》，哈布斯堡王朝恢复对匈牙利的统治权。

1700 年

俄国、丹麦、波兰联合发动对瑞典的战争，北方战争爆发（至 1721 年）。

西班牙王查理二世死。西班牙波旁王朝开始（至 1931 年，其间 1808—1014 年、1868—1874 年中断）。

1701 年

勃兰登堡选帝侯国改建为普鲁士王国，弗里德里希三世在科尼斯堡加冕为普鲁士国王，改称弗里德里希一世（亦译腓特烈一世）。

1702 年

西班牙王位继承战争起。奥地利与英国、荷兰、普鲁士等结成反法同盟；法国与西班牙、巴伐利亚等结成反奥同盟。

1707 年

英格兰和苏格兰合并，称大不列颠王国。

1709 年

俄罗斯彼得大帝在波尔塔瓦战役中打败瑞典。

1713 年

西班牙王位继承战争结束，交战双方签订《乌得勒支和约》。

1714 年

法国和神圣罗马帝国查理六世签订《拉斯达特和约》。

英国汉诺威王朝（至 1901 年）。

1721 年

北方战争结束。瑞典和俄罗斯签订《尼斯塔特和约》。瑞典在波罗的海的霸权结束。

1735 年

那不勒斯王国波旁王朝（至 1860 年）。

1739 年

英国向西班牙宣战，爆发所谓“詹金斯割耳之战”（至 1748 年）。

1740 年

奥地利王位继承战争。普鲁士吞并西里西亚。

1743 年

英国和奥地利、荷兰、俄国结成反法同盟，参加奥地利王位继承战争。

法兰西学院院士圣—皮埃尔（生于 1658 年）去世。他生前所著《永恒和平方案》（1713 年）是最早比较完整提出欧洲政治联合思想的文献。

1748 年

奥地利王位继承战争结束。英国、荷兰、法国、奥地利、西班牙、撒丁签订《亚琛和约》。

1756 年

“七年战争”开始。英国与普鲁士签订《怀特浩尔同盟条约》，共同反对法国。法国和奥地利签订《凡尔赛同盟条约》，反对普鲁士。

1761 年

西班牙国王查理三世与法国、意大利签订针对英国的攻守同盟，史称“家族条约”。

1762 年

卢梭发表《社会契约论》。

1763 年

《巴黎和约》和《胡贝尔土斯堡和约》签订，欧洲七年战争结束。

1769 年

瓦特的蒸汽机问世。英国产业革命得到进一步发展。

1771 年

西班牙同意将马尔维纳斯群岛（英国人称福克

兰群岛）割让给英国。

1772 年

波兰第一次被瓜分。

由狄德罗任主编的《百科全书》共28卷出齐。

1774 年

《楚库克—凯纳尔吉条约》，奥斯曼帝国开始衰亡。

1776 年

亚当·斯密《国富论》出版。

1778 年

普鲁士与奥地利发生关于巴伐利亚侯位继承权战争。

西班牙与葡萄牙签订《永久同盟条约》。

1780 年

为争夺海外殖民地，英国与法国、西班牙、荷兰开战（至1783年）。

1781 年

康德《纯粹理性批判》出版。

1783 年

英美《巴黎和约》。英承认美国的主权与独立，英军撤出美国。

英国议会放弃对爱尔兰的立法权，爱尔兰形式上获得自治权。

1789 年

法国大革命爆发。《人权宣言》发表。

1790 年

神圣罗马帝国皇帝约瑟夫二世（1741 年生）去世，其弟利奥波德二世即位（至1792年），宣布废除一切改革。《莱辛巴赫协定》，普鲁士放弃对奥领土要求。

奥属尼德兰（今比利时）宣布独立，奥派兵镇压。

1792 年

法国宣布成立共和国。普奥结成反法同盟。法国向普奥宣战。

卡特赖特发明了蒸汽机推动的纺织机。

1793 年

法国路易十六被送上断头台。法国国民公会通过第一部共和制宪法。实行革命历法（自共和国成立之日起计）。

英、荷、奥、普、俄、西班牙、撒丁和那不勒斯等组成第一次反法同盟。

波兰第二次被瓜分。

1795 年

波兰第三次被瓜分。

康德关于欧洲和平思想的著作《永恒和平论——一个哲学方案》出版。

1796 年

法国督政府任命拿破仑·波拿巴将军为远征意大利方面军司令，法连挫奥军。

1797 年

法奥签订《康波福米奥和约》，拿破仑凯旋巴黎。

1798 年

英国、俄国、奥地利、那不勒斯、土耳其等国组成第二次反法同盟。

英国镇压爱尔兰起义后迫使爱尔兰签订成立《大不列颠及爱尔兰共和国条约》。

1799 年

拿破仑发动“雾月政变”，推翻督政府统治。法国成立执政府，拿破仑任第一执政。

1801 年

英国正式吞并爱尔兰。

1803 年

法英断交。法英战争再起。

1804 年

神圣罗马帝国皇帝弗兰茨二世自称奥地利皇帝。自此，奥地利称帝国。

拿破仑颁布《民法典》。元老院修改《共和十年宪法》，宣布法兰西为帝国，拿破仑为法兰西皇帝。拿破仑在巴黎圣母院举行加冕典礼，称拿破仑一世。

德国哲学家康德（生于1724年）逝世。

1805 年

英、俄、奥、瑞典、那不勒斯等组成第三次反法同盟。

奥斯特利茨战役。拿破仑大败反法同盟。

1806 年

英、俄、普、瑞典等组成第四次反法同盟。

神圣罗马帝国崩溃。德国组成莱茵邦联。

1808 年

西班牙资产阶级革命（至1814年）。

1809 年

英、奥等组成第五次反法同盟。

1810 年

拿破仑与皇后约瑟芬离婚，娶奥地利公主玛丽·路易丝为妻；法、奥结盟。

1812 年

拿破仑进攻俄国。

1813 年

第六次反法同盟。

1814 年

挪威与瑞典、丹麦签订《基尔和约》，挪脱离丹麦，并入瑞典。挪威召开制宪会议，宣布挪威为君主立宪制国家，推举丹麦国王克里斯蒂安八世为国王，并通过《埃兹沃尔宪法》。但遭瑞典武力镇压。

欧洲反法联军攻入巴黎。拿破仑退位，被囚厄尔巴岛。波旁王朝复辟。

英、俄、奥、普等国与法国签订《巴黎和约》。

瑞典与挪威签订合并协定，形成瑞典—挪威二元制君主国，瑞典国王查理十三兼为挪威国王。瑞典承认挪威新宪法和新议会。

1815 年

拿破仑重登皇位。英、俄、奥、普等国结成第七次反法联盟。法军兵败滑铁卢，拿破仑再次退位，被流放到大西洋的圣赫勒拿岛。拿破仑这次复位只维持近 100 天，史称“百日政权”。

俄、英、奥、普等国召开的维也纳会议结束。会议签署《维也纳会议总决议》。会议承认瑞士独立，为永久中立国。

德国成立由 35 个公国和 4 个城市国家组成的德意志邦联。

俄、奥、普签订《神圣同盟条约》。随后法国和其他欧洲国家也纷纷参加。

第七次反法同盟成员国与法国复辟王朝再次签订《巴黎和约》。

1818 年

卡尔·马克思诞生（5 月 5 日）。

1820 年

弗里德里希·恩格斯诞生（11 月 28 日）。

西班牙资产阶级革命（至 1823 年）。

1821 年

拿破仑（1769 年生）病逝圣赫勒拿岛（5 月 5 日）。

希腊独立战争（至 1829 年）。

1822 年

葡萄牙议会通过资产阶级宪法，宣布确立君主立宪制政体。

希腊宣布独立，并通过资产阶级宪法。

1823 年

英国经济学家大卫·李嘉图（1779 年生）去世。生前著有《政治经济学和赋税原理》等。

1825 年

第一条客车铁路在英国建成。

1827 年

俄、英、法代表在伦敦签订《希腊绥靖公约》（亦称《伦敦公约》），规定 3 国采取共同行动迫使土耳其停止对希腊的军事行动，并给予希腊自由。

1830 年

巴黎人民举行起义，推翻复辟王朝的统治，史称“七月革命”。

布鲁塞尔爆发反荷兰统治的革命。比利时宣布独立（11 月 18 日），成立比利时王国，利奥波德一世为国王。

1831 年

比利时通过宪法，确定比利时为拥有两院议会的资产阶级君主国。利奥波德一世宣布即位（7 月 21 日）日被确立为国庆日。

1832 年

英国批准议会改革。工业资产阶级获得参政机会，成为英国统治阶级中的主要成分。

1834 年

意大利革命家马志尼（1805—1872）创立“青年欧洲”，提出建立欧洲合众国。

1836 年

葡萄牙革命。

欧洲经济危机（至 1837 年）。

1838 年

英国宪章运动兴起。

英国发明第一部电报机。

1839 年

荷兰与比利时签订条约，正式承认比利时为“永久中立的独立国家”。

英国对中国发动鸦片战争。

1845 年

爱尔兰饥荒，大量人口移民美国。

1846 年

英国新任首相约翰·罗素组阁，废除谷物法，推行自由贸易政策，由此辉格党（自由党）人长期执政（至 1888 年）。

1847 年

欧洲经济危机。

1848 年

瑞士通过新宪法，瑞士邦联改组为瑞士联邦共和国。

意大利西西里岛巴勒莫爆发起义，揭开 1848 年欧洲革命序幕。

法国爆发“二月革命”。宣布共和并公布《法兰西第二共和国宪法》，即法兰西第二共和国。路易·波拿巴当选总统。

法国外长拉马丁发表《欧洲宣言》。

奥地利公布帝国宪法。

马克思和恩格斯发表《共产党宣言》。标志着科学共产主义的诞生。

1849 年

罗马制宪议会通过成立罗马共和国的通令，宣布剥夺教皇统治罗马国家的世俗权力。

1851 年

伦敦举办世界首次博览会。中国商品参展并获金、银奖。

1852 年

法兰西第二共和结束，路易·拿破仑（拿破仑第三，1808—1873 年）成为法国皇帝。

1853 年

法、英、土和撒丁联军与俄罗斯发生克里米亚战争。至 1856 年结束，俄战败。

1856 年

克里米亚战争双方签订《巴黎和约》，俄在欧洲的势力大为削弱。

1859 年

法国与撒丁王国签订“反奥秘密同盟”。法对奥地利宣战，参加撒丁王国对奥战争。法奥签订《维拉弗朗加协定》。法退出战争。

意大利与法国签订《都灵条约》。尼斯和萨伏依并入法国。

1859 年

达尔文《物种起源》出版。

1860 年

奥地利与法国、撒丁王国签订《苏黎世和约》。

1861 年

撒丁王国统一意大利（除罗马和威尼斯外）。第一届国民议会在都灵召开，宣布意大利王国成立，埃马努埃莱二世为国王，定都佛罗伦萨。加富尔为第一任首相。

1862 年

罗马尼亚王国诞生。

1863 年

英国伦敦建成世界上第一条地下铁路。

1866 年

普奥战争爆发。奥地利战败。普奥签订《布拉格和约》，奥地利退出德意志邦联，旧邦联宣告解散。

意大利对奥地利战争。双方签订《维也纳和约》，威尼斯归还意大利。

列支敦士登宣布独立。

1867 年

北德意志联邦成立（包括 21 个邦和 3 个自由市），为德意志统一奠定了基础。

二元制君主国奥匈帝国成立，奥地利皇帝弗兰茨·约瑟夫一世加冕为奥匈帝国皇帝。

马克思《资本论》第一卷出版。

1868 年

西班牙资产阶级革命（至 1874 年）。

1870 年

普法战争爆发，法军兵败色当，拿破仑第三被俘投降。巴黎工人起义。法兰西第二帝国灭亡，法兰西第三共和国成立（至 1940 年）。

1871 年

意大利王国从佛罗伦萨迁都罗马。

德意志帝国在巴黎凡尔赛宫宣告成立。普王威廉一世成为帝国皇帝，俾斯麦任帝国宰相。

法国巴黎公社。

德意志帝国与法国正式签订《法兰克福和约》，法国将阿尔萨斯—洛林割让给德国；赔款 50 亿法郎。

1873 年

西班牙共和国宣告成立，激进共和派组织新政府，菲圭拉斯任政府总理。议会颁布共和国新宪法，宣布西班牙为联邦共和国。

1878 年

英国侵占塞浦路斯。

《柏林条约》签署。波斯尼亚与黑塞哥维那划归奥地利管辖。罗马尼亚、门的内哥罗、塞尔维亚独立；保加利亚自治。

1880 年

英国首相格拉斯顿提出建立“欧洲协同体”的主张。

1881 年

罗马尼亚王国宣告成立，查理加冕为国王（至1914 年）。

1883 年

马克思在伦敦逝世（3 月 14 日）。

1890 年

俾斯麦辞职。卡普里维将军继任宰相，德国开始转向帝国主义过渡的“新路线”时期。

1894 年

国际奥林匹克委员会在巴黎成立。总部设在瑞士洛桑。

法国“德雷福斯案”。

1895 年

恩格斯在伦敦逝世（8 月 5 日）。

伦琴发现 X 射线（德国）。马可尼发明无线电（意大利）。第一次公开上映电影（法国）。

1896 年

土耳其克里特岛的希腊人发动反土耳其武装斗争。

第一届现代奥林匹克运动会在雅典举行。

1897 年

希腊与土耳其开战。希土缔结《君士坦丁堡和约》，希对土支付战争赔款。

1898 年

西班牙与美国开战，美西战争爆发。

英、法签订瓜分西非势力范围协议。

皮埃尔・居里和玛丽・居里发现镭和放射现象。

1900 年

法国政治科学自由学派在巴黎举行会议（6 月），讨论建立欧洲联盟问题。

1901 年

瑞典皇家科学院诺贝尔奖奖金委员会设立“诺贝尔奖”并开始颁发。法国经济学家、和平主义者帕西与瑞士人杜南同获首届诺贝尔和平奖。

1903 年

法国宣布与罗马教廷断交。

1905 年

爱尔兰“新芬党”成立。

瑞典承认挪威独立。丹麦王子卡尔当选为挪威国王（至 1957 年），称哈康七世。

奥地利议会通过关于克罗地亚与达尔马提亚合并的决议，史称《阜姆决议》。

爱因斯坦提出“狭义相对论”。

1907 年

英国与俄国签订协定。英、法、俄三国协约完全形成。欧洲分成协约国和同盟国两大政治军事集团。

1908 年

保加利亚独立。奥地利兼并波斯尼亚和黑塞哥维那。

1909 年

第一次欧洲联邦大会在罗马举行（5 月16—20 日）。

1910 年

葡萄牙资产阶级革命。

1911 年

意土战争爆发。

1912 年

第一次巴尔干战争爆发。门的内哥罗、保加利亚、塞尔维亚、希腊等巴尔干同盟国先后对土耳其宣战。

意大利与土耳其签订《洛桑和约》，意土战争结束。

1913 年

巴尔干同盟与土耳其签订《伦敦和约》（5 月 30 日），第一次巴尔干战争结束。

第二次巴尔干战争爆发（6 月）。

克里特岛正式并入希腊。

1914 年

“欧洲统一联盟”在伦敦成立。

“萨拉热窝事件”。奥地利皇储弗兰茨・斐迪南夫妇在波斯尼亚的萨拉热窝被刺。奥匈帝国对塞尔维亚宣战（7 月 28 日），第一次世界大战爆发。

英国兼并塞浦路斯。

1916 年

“爱尔兰共和兄弟会”举行“复活节”反英起义，宣布成立爱尔兰共和国。

爱因斯坦发表《广义相对论的基础》。

1917 年

塞尔维亚、门的内哥罗、克罗地亚、斯洛文尼亚等地区代表签订《科尔孚条约》，决定成立以塞尔维亚为首的统一国家。

爱尔兰新芬党代表大会，通过爱尔兰共和国宪法并选举德瓦勒拉任总统。

芬兰宣布独立（12 月 6 日）。

1918 年

匈牙利发生资产阶级民主革命。匈牙利共和国宣告成立（11 月 16 日）。

捷克斯洛伐克宣布独立（10 月 21 日），成立共和国。

南斯拉夫民族议会宣布南斯拉夫独立（10 月 29 日）。

波兰恢复独立（11 月），共和国成立。

日内瓦南斯拉夫会议决定：克罗地亚、斯洛文尼亚和塞尔维亚、门的内哥罗合并。

德国宣布皇帝逊位（11 月 9 日）。共和国成立。

《贡比涅停战协议》。德国投降，第一次世界大战结束。

奥地利共和国宣告成立（11 月 13 日）。

丹麦承认冰岛为独立国家。但两国仍共有一个国王。

门的内哥罗议会表决加入塞尔维亚—克罗地亚—斯洛文尼亚联合王国。塞尔维亚—克罗地亚—斯洛文尼亚王国正式宣告成立。

1919 年

巴黎和会在凡尔赛宫举行（1 月 8 日）。

《凡尔赛和约》签订（6 月 28 日）。

奥地利签订《圣日耳曼条约》。条约规定奥地利不得和德国合并；“德意志奥地利”国名必须改为“奥地利共和国”。

卢森堡宣布成立共和国。

爱沙尼亚成为民主共和国。

1920 年

“国际联盟”成立。

《特里亚农条约》。匈牙利因捷克斯洛伐克、罗马尼亚、南斯拉夫建国而丧失的领土和人口状况被固定下来。

《色佛尔条约》。希腊取得士麦拿、多德卡尼斯群岛（除罗得岛）、东色雷斯、伊姆罗兹岛、特内多斯岛。

斯匹次卑尔根群岛正式并入挪威

1921 年

由捷克斯洛伐克、南斯拉夫、罗马尼亚等国组成的小协约国集团形成。

法国恢复与梵蒂冈的外交关系。

国际联盟确定阿兰群岛主权划归芬兰。

英国与爱尔兰签订条约，同意爱尔兰南部 26 个郡成立自由邦。但北部 6 个郡则成为“大不列颠及北爱尔兰联合王国”的一部分。

比利时和卢森堡建立经济和关税同盟。

国际联盟在海牙设立常设国际法庭。

1922 年

意大利墨索里尼法西斯党上台。

爱尔兰宪法生效；爱尔兰自由邦宣告成立。

1925 年

阿尔巴尼亚国民大会宣布成立共和国。

塞浦路斯成为英国直辖殖民地。

英、法、德、意、比、捷、波 7 国签署《洛迦诺公约》（10 月 16 日）。

希腊入侵保加利亚。

1926 年

德国、法国、比利时、卢森堡 4 国成立欧洲钢铁托拉斯（欧洲经济与关税同盟）。

首届泛欧代表大会在维也纳开幕（10 月 3 日）。

1927 年

泛欧联盟中央理事会在巴黎召开（5 月）。

1929 年

意大利政府与梵蒂冈教廷签订《拉特兰条约》，承认梵蒂冈独立。

法国外长白里安在国际联盟会上提出建立欧洲联盟的倡议（9 月 9 日）。

塞尔维亚—克罗地亚—斯洛文尼亚王国正式改名为“南斯拉夫”。

资本主义世界发生空前严重的经济大危机。

1930 年

荷、比、卢 3 国签署《奥斯陆协定》（10 月 26 日），达成关税协议。

1931 年

西班牙宣布共和。

英国议会通过《威斯敏斯特法案》，并建立英联邦。

1933 年

德国纳粹上台。

英、法、意、德签订四强公约。

捷、南、罗正式签订《小协约国组织公约》。

1934 年

希腊、罗马尼亚、土耳其、南斯拉夫 4 国签署《巴尔干协商公约》（简称《巴尔干公约》）。

立陶宛、拉脱维亚、爱沙尼亚 3 国签署《波罗的海公约》。

1935 年

法意签订罗马协定，即《赖伐尔—墨索里尼协定》。

希特勒宣布废除凡尔赛和约中关于解除德国武装的条款。

1936 年

西班牙人民阵线成立。

德国宣布废除 1925 年的《洛迦诺公约》并出兵占领莱茵区。

法国组成人民阵线政府（至 1939 年）。开始意义重大的社会改革运动。

西班牙内战爆发（7 月 18 日）。德、意武装干涉西班牙。

英国经济学家凯恩斯发表《就业、利息与货币通论》。

第一次向公众传播电视（英国）。

1937 年

爱尔兰议会通过新宪法。宣告独立。爱尔兰自由邦改名爱尔兰共和国。

1938 年

德军入侵奥地利。德奥合并。

第一次德捷危机。

北欧国家同比利时、荷兰、卢森堡 3 国签署《哥本哈根宣言》。

《慕尼黑协定》。德军占领苏台德区。

斯洛伐克获完全自治。捷克斯洛伐克国名改“捷克—斯洛伐克”。

匈牙利在德国和意大利支持下占领斯洛伐克南部。

1939 年

德军强占但泽。

德军侵占捷克。希特勒下令将捷克地区改称波希米亚和摩拉维亚保护区并入德国。捷克斯洛伐克沦亡。

佛朗哥攻占马德里，建立法西斯政权。共和国失败，西班牙内战结束。

意大利侵入阿尔巴尼亚。

法国和土耳其签订条约。法让出亚历山大勒塔给土耳其。

德军进攻波兰。英、法对德宣战，第二次世界大战全面爆发。

苏芬战争爆发。

欧洲联邦同盟在英国成立。

1940 年

德国宣布吞并卢森堡，使其成为摩泽尔兰一部分。

德国入侵保加利亚、丹麦、挪威、比利时、荷兰、卢森堡、法国、罗马尼亚。

英法军队敦刻尔克大撤退。

意大利对法、英宣战。

德、法在贡比涅签订停战协定，法国无条件投降。法兰西第三共和国告终。

德军对英国发动大规模空袭战。

德、意、日在柏林签订《德意日三国同盟条约》。

戴高乐在英国成立流亡的自由法国政府。

意大利入侵希腊遭惨败。

1941 年

德军入侵南斯拉夫、希腊。

德军突袭苏联，苏德战争爆发。

美国总统罗斯福和英国首相丘吉尔签署《大西洋宪章》。

德国、意大利先后对美宣战。

英国著名经济学家凯恩斯提出“清算联盟计划”，通称“凯恩斯计划”。

1942 年

德、意、日三国签订新的《德意日军事协定》。

1943 年

英美首脑举行“卡萨布兰卡会议”。法国抵抗运动领袖戴高乐和吉罗参加。

共产国际宣告解散。

英美加军队攻入西西里岛并沿岛东岸推进。

墨索里尼被迫辞职，意大利宣布无条件投降。

德军救出墨索里尼并宣布成立新的法西斯“社会共和国”，又称“萨罗共和国”。

英、美、苏第一次外长会议。决定成立欧洲咨询委员会以研究战后的和平安排等欧洲问题。

美英苏 3 国首脑德黑兰会议。

1944 年

来自欧洲一些国家的抵抗运动代表发表《欧洲抵抗运动声明》（5 月），并呼吁战后建立欧洲联邦。

诺曼底战役。盟军开始解放法国。

冰岛宣布为独立共和国（7 月 17 日）。

巴黎举行反抗德国占领的起义（8 月 19 日）。巴黎解放（8 月 25 日）。

戴高乐在巴黎宣布法兰西共和国临时政府成立（8 月 30 日）。

盟军解放布鲁塞尔，夏尔亲王任摄政。

保加利亚、希腊解放（9 月）；南斯拉夫解放（10 月）；阿尔巴尼亚解放（11 月）。

美国第一军越过边界攻入德国（9 月 12 日）。

比利时、荷兰、卢森堡 3 国建立关税同盟（9 月）。

盟军占领雅典（10 月 13 日）。

英美苏举行敦巴顿橡树园会议。建议成立联合国。

戴高乐访苏并签订法苏共同安全条约（12 月 10 日）。

1945 年

华沙解放。

“雅尔塔会议”。

芬兰对德宣战。

墨索里尼和“萨罗共和国”的其他头目被处死。

盟军占领奥地利。奥地利共和国重新成立（5 月 14 日）。

苏军占领德国国会大厦，希特勒自杀（4 月 30 日）。德军停止抵抗。

德军最高统帅部代表正式签署《无条件投降书》（5 月 8 日），宣告德国战败投降。投降书从 5 月 9 日零时生效。欧洲战争至此结束。

英、法、苏、美四国发表《关于击败德国并在德国承担最高权力的宣言》《关于德国占领区的声明》《关于德国管制机构的声明》及《关于同其他联合国家协商的声明》（6 月 5 日）。四国组成的盟国管制委员会全面接管德国。

波兰组成“波兰全国统一的临时政府”。

苏、美、英、法签订关于划分奥地利为四个占领区和共同管制维也纳的协定（7 月 9 日）；苏、美、英、法四国开始分区占领奥地利。

盟国管制柏林委员会成立。

英美苏 3 国首脑波茨坦会议召开。会议发表《柏林（波茨坦）会议公报》。

英、法、美、苏四国签署“惩办欧洲轴心国家首要战犯协定”。

联合国正式成立（10 月 24 日）。

南斯拉夫联邦人民共和国成立。

1946 年

英、法、苏、美四国承认奥地利独立，以其 1937 年的边界为准。

第一届联合国大会在伦敦召开（1 月 10 日）。比利时的保罗—亨利·斯巴克当选为主席。挪威的特里格夫·赖伊当选为联合国第一任秘书长。

阿尔巴尼亚人民共和国成立。

匈牙利宣布废除君主制，成立共和国。

丘吉尔发表“富尔顿演说”，被视为“冷战”开始的第一个信号。

意大利经全民投票后宣布废除君主制，成立共和国。

英、法、美、苏签署关于奥地利管制委员会协议，重新规定奥地利政府权限：除有关占领国的特殊事务外，奥地利政府享有充分权力。

美国正式提出合并德国占领区的建议；英国宣布接受，法国声明拒绝。

欧洲 21 国召开巴黎和会，讨论对意大利、罗马尼亚、匈牙利、保加利亚、芬兰等国的和约等问题。

希腊内战。

奥地利和意大利签订协定，南蒂罗尔获相当大的自治权。

保加利亚人民共和国成立。

丘吉尔在苏黎世发表演说，主张建立欧洲联邦。

法国公民投票通过新宪法草案（10 月 13 日）。第四共和国成立。

联合国大会通过禁止西班牙参加联合国一切活

动的决议并呼吁成员国与之断交。

1947 年

欧洲临时统一委员会建立。

对意大利、保加利亚、匈牙利、罗马尼亚、芬兰的和约在巴黎签字。和约要求匈牙利将特兰西瓦尼亚归还罗马尼亚。

英、法在敦刻尔克签订《英法同盟互助条约》。

英国将多德卡尼斯群岛交给希腊政府。

佛朗哥宣布王位继承法案。西班牙重又成为君主制国家。

“欧洲统一运动组织”在英国成立（5 月）。

美国提出《欧洲复兴方案》（即“马歇尔计划”）的建议。英、法表示欢迎。

英国被迫同意马耳他岛自治，但其军事和外交仍由英国控制。

荷兰、比利时、卢森堡三国签订建立关税同盟的协议。

英、法、美等 23 国在日内瓦签订《关税及贸易总协定》。

“欧洲统一运动协调委员会”成立（11 月）。

萨尔议会通过宪法，建立自治政府。

1948 年

荷比卢关税同盟条约正式生效。

英国外交大臣贝文发表演说（1 月 22 日），认为西欧统一的时机业已成熟，建议比、荷、卢应与英、法成为西欧统一的核心；丹麦、瑞典和挪威政府先后声明，不参加贝文建议的关于建立“西欧联盟”的谈判。

英、法、美三国举行伦敦会议，宣布德国境内美、英、法三国占领区合并。

英、法、荷、比、卢五国签订《合作和集体防御条约》（3 月 17 日），通称《布鲁塞尔条约》。

苏联决定对西柏林和联邦德国之间的交通实行为期 10 天的限制（4 月 1 日）。

参加“马歇尔计划”的英、法、意等 16 国代表以及美、英、法驻联邦德国占领区司令在巴黎签署《欧洲经济合作公约》（4 月 16 日），并将“欧洲经济合作委员会”改为常设机构“欧洲经济合作组织”，总部设在巴黎。

英、法、荷、比、卢、美六国举行会议，决定成立联邦德国。

卢森堡议会通过决议，决定建立武装，放弃中立政策。

欧洲统一运动代表在海牙举行会议（5 月），讨论成立欧洲联邦的方案并发表《告欧洲人民书》。丘吉尔为大会名誉主席。

第一次柏林危机（6 月）。

英、法、荷、比、卢 5 国政府官员在海牙召开会议（7 月 20 日），第一次提出官方的欧洲联合建议。

挪威、瑞典、丹麦和冰岛等北欧四国外长举行会议，讨论北欧联盟问题。

丘吉尔在英国保守党年会上提出“三环外交”政策。

爱尔兰总统奥凯利签署《爱尔兰共和国法》。宣布不承认英王为其最高统治者。

1949 年

布鲁塞尔条约委员会讨论成立欧洲委员会问题并发表公报（1 月），决定成立欧洲委员会。

荷兰、比利时、卢森堡三国会议并签订《经济合作协定》

法意两国签订建立关税同盟条约。

《北大西洋公约》签订（4 月 4 日）。

爱尔兰共和国法生效。爱尔兰正式脱离英联邦，成为独立的共和国。

英、法、意、丹、瑞（典）、爱、挪、卢、荷、比等 10 国正式签订《欧洲委员会法规》（5 月 5 日）。

联邦德国制宪议院委员会通过《德意志联邦共和国基本法》并经各州议会批准正式生效。德意志联邦共和国成立，首都为波恩。

英国议会通过《爱尔兰法案》：承认爱尔兰共和国独立。

欧洲委员会在斯特拉斯堡举行首次会议（8 月 8 日）。

英国宣布直布罗陀新宪法。

北约正式成立。

联邦德国议院和参议院联席会议举行选举。豪斯当选为联邦共和国总统，阿登纳被任命为联邦总理。

英、法、美三国宣布，《占领法规》生效，对联邦德国的军管结束。

德意志民主德国正式成立。

历时 3 年的希腊内战结束。

英、法、美高级委员会和联邦德国总理阿登纳在波恩达成《彼得斯堡协议》，同意联邦德国加入一切国际组织并与其他国家建立贸易和领事关系。

1950 年

北约理事会批准《北大西洋区域防御计划》。计划规定要把欧洲当作一个整体来考虑共同防务。

法国外长舒曼与萨尔政府主席豪夫曼签订《法国萨尔协定》，正式吞并萨尔。

阿登纳建议德法建立经济联盟（3 月 21 日）。

欧洲委员会决定邀请联邦德国和萨尔为准会员。

法国外长舒曼宣布关于建立法、德煤钢共同体的“舒曼计划”（5 月 9 日）。

英、法、美 3 国外长发表声明，给予联邦德国北约成员国伙伴的地位。

法、德、意、比、荷、卢 6 国同时发表关于欧洲联合的联合公报（6 月 8 日）。

丘吉尔发表关于建立欧洲军的演说（8 月 11 日）。

英、法、荷、比、卢、丹、冰、意、挪、葡、奥、土、瑞典、瑞士等 14 国政府及的里雅斯特英美占领区司令官的代表，在巴黎签订建立欧洲支付同盟的协定。

北约理事会公报宣布，建立一支统一指挥的军队，并在西欧防务中使用联邦德国的力量。

法国提出关于建立欧洲防务共同体的“普利文计划”（10 月 21 日）。

瑞典、丹麦、瑞士、芬兰与中华人民共和国建交。

1951 年

法国、联邦德国、意大利、比利时、荷兰、卢森堡 6 国在巴黎签订《欧洲煤钢共同体条约》（巴黎条约）。

英、法、美 3 国外长会议，决定与联邦德国缔结《和平协定》，以代替《占领法规》。

马歇尔计划宣告结束。

1952 年

英王乔治六世去世。伊丽莎白二世即位。

瑞典、挪威、丹麦、冰岛 4 国外长签订关于成立北欧理事会的协定。

第二次柏林危机。

欧洲煤钢共同体 6 国签订《欧洲防务集团条约》（5 月 27 日）。又称《欧洲军条约》。

欧洲煤钢共同体条约生效（7 月 25 日）。

欧洲煤钢共同体高级机构成立并召开首次会议（8 月 10 日）。

欧洲煤钢共同体共同大会（欧洲议会的前身）在斯特拉斯堡举行第一次全体会议（9 月 10 日）。比利时前首相斯巴克出任共同大会首任议长。

1953 年

欧洲煤炭共同市场正式开始运作。

欧洲煤钢共同体的共同大会一致通过欧洲政治共同体条约草案（3 月 10 日）。

欧洲钢铁共同市场正式设立。

法国和萨尔签订协定，萨尔区获自治权，但经济上要和法国保持联系。

南斯拉夫、希腊、土耳其就结成防御联盟达成协议。

1954 年

瑞典、挪威、丹麦、芬兰 4 国建立共同劳动力市场。

南斯拉夫、希腊、土耳其签订《政治合作和经济互助同盟条约》。

法国议会否决《欧洲防务集团条约》。欧洲政治和防务一体化计划受挫。

阿尔及利亚战争开始。

英国和中华人民共和国建立代办级外交关系。

挪威与中华人民共和国建交

荷兰与中国互派代办。

1955 年

“巴黎协定”的正式生效；联邦德国获得独立地位。

布鲁塞尔条约组织正式改名为西欧联盟。

华约成立。

英、法、奥、苏、美等国签署《重建独立和民主的奥地利国家条约》，即《对奥和约》；奥地利重新获得主权国地位。

欧洲煤钢共同体 6 国外长墨西拿会议，正式提出建立欧洲经济共同体和原子能共同体的建议。

联邦德国总理阿登纳访苏；双方决定建立外交关系。

芬兰总统巴锡基维访苏；苏联宣布放弃对芬兰领土波卡拉的租界权，并在 1956 年将波卡拉归还芬兰。

让·莫内辞去欧洲煤钢共同体高级机构主席职务，专门从事欧洲合众国行动委员会工作。

奥地利议会通过宪法性法案，宣布永久中立。

1956 年

欧洲合众国行动委员会在巴黎举行第一次会议。

法德总理会谈。双方就解决萨尔问题的办法达成协议。

波兰事件。

英、法对埃及发动战争。

匈牙利事件。

1957 年

萨尔区重归德国。

欧洲煤钢共同体 6 国签订“欧洲经济共同体”和“原子能共同体组织”条约（3 月 25 日），统称《罗马条约》。

1958 年

《罗马条约》正式生效。欧洲经济共同体、欧洲原子能共同体诞生。哈尔斯坦为经济共同体委员会首任主席。

荷兰、比利时、卢森堡签订荷比卢经济联盟条约。

欧共体审议机构成立，舒曼当选为主席。

欧洲经济共同体共同大会决定改名为“欧洲大会”。

欧洲经济共同体农业部长斯特雷扎会议，开始讨论制定共同农业政策。

欧洲人权法院成立。

戴高乐和阿登纳首次会晤（9 月 14 日），宣布“西德和法国的紧密合作是欧洲一切建设的基础”。法德轴心开始形成。

法国举行公民投票通过“戴高乐宪法”。第五共和国宣告成立（10 月 5 日）。

1959 年

戴高乐正式就任法兰西第五共和国总统，并任命德勃雷为总理。

法美在北约问题上产生分歧；美国撤出其驻法国的空军。

法兰西共同体在塞内加尔的圣路易斯举行会议后宣告解散。

1960 年

英国、瑞典、丹麦、挪威、瑞士、奥地利和葡萄牙 7 国正式签订《欧洲自由贸易联盟公约》（1 月 4 日）。欧洲自由贸易联盟正式成立。

欧洲经济共同体与美国关于削减关税谈判的“狄龙回合”。

荷比卢经济联盟条约正式生效。

“经济合作与发展组织”成立，“欧洲经济合作组织”被取代。

塞浦路斯宣告独立。希、土两族组成联合政府。

1961 年

欧洲经济共同体就共同农业政策和主要措施达成一揽子协议。

欧洲经济共同体 6 国在巴黎举行首次首脑会议，讨论加强政治合作问题。

戴高乐粉碎法国极端殖民主义分子在阿尔及尔发动军事政变。法公投支持戴高乐给阿最后自治权的方案。

欧洲经济共同体与希腊在雅典正式签订联系国协议。

爱尔兰、英国、丹麦提出加入欧洲经济共同体的申请。

第三次柏林危机。民主德国修筑“柏林墙”。

英国宣布马耳他实行自治，但英国仍然控制马耳他的外交和军事。

1962 年

欧洲经济共同体 6 国就共同农业政策达成折中方案，通过首批 8 项规则。

关于欧洲政治联盟的“富歇方案”第二稿未能被欧洲经济共同体各国所接受。

英国正式提出加入欧洲煤钢共同体和原子能共同体的申请。

欧洲经济共同体“欧洲大会”正式改名为“欧洲议会”。

英国正式宣布愿意参加西欧政治联盟，并参加欧共体成员国关于建立政治联盟的谈判。这标志着英国第二次世界大战以后对欧洲的“孤立政策”结束。

法国总理德勃雷辞职；新任总理为乔治·蓬皮杜。

欧洲经济共同体关于建立欧洲政治联盟的会谈破裂。富歇计划宣告破产。

挪威、瑞士先后正式申请加入欧洲经济共

同体。

英国、法国、联邦德国、意大利、比利时、荷兰、瑞士、瑞典、奥地利、西班牙10国签订条约（6月14日），成立欧洲空间研究组织。

希腊正式成为“欧洲经济共同体”的联系成员国。

1963年

法国正式否决英国加入欧洲经济共同体的申请。爱尔兰、丹麦、挪威3国的申请也被冻结。

戴高乐与阿登纳签订法德合作条约。

南斯拉夫通过允许铁托总统终身任职的新宪法；同时改国名为“南斯拉夫社会主义联邦共和国”。

法国决定从北约撤出其驻英吉利海峡和大西洋的海军力量。

欧洲经济共同体和18个非洲国家代表签订联系国条约，即“第一次雅温德条约”。

欧洲经济共同体与土耳其签订联系国协议。

欧洲经济共同体农业部长会议，就共同农业政策等问题达成一揽子协议。

1964年

中法发表联合公报，宣布两国正式建交。

欧洲经济共同体开始与美国贸易谈判，即“肯尼迪回合”。

西班牙抗议英国颁布直布罗陀基地新法案。英国与西班牙围绕直布罗陀归属问题的争端趋于尖锐化。

英国大选。工党获胜，威尔逊出任政府首相。

欧洲经济共同体各国就统一谷物价格达成折中协议。

1965年

英国前首相温斯敦·丘吉尔逝世（1月24日）。英国举行隆重国葬。

法国宣布退出美元居垄断地位的金汇兑本位制。

欧洲经济共同体部长理事会会议（3月2日），决定将欧洲经济共同体、欧洲煤钢共同体和欧洲原子能共同体合并，统称“欧洲共同体”（简称“欧共体”）。并正式签订三机构合并条约（4月8日）。

法国因“财政自主原则”和农业政策等分歧而宣布撤回其欧共体的代表（7月5日），并抵制除欧洲法院外的一切活动。史称“空椅子危机”。

1966年

欧共体部长理事会卢森堡会议。各方达成协议，法国回到欧共体。史称“卢森堡妥协”。长达7个月的“空椅子危机”结束。

欧共体6国在布鲁塞尔达成协议，决定设立农业基金和完全取消6国间工业品关税。

法国和中国在巴黎签订商业航空协定，开辟巴黎—上海直达航线。这是中国与西欧国家间的第一条直达航线。

戴高乐访苏。双方签署《法苏宣言》。

法国正式退出北约组织一体化军事司令部和北约军事委员会；欧洲盟军最高司令部从巴黎迁往比利时的卡斯托。北约理事会总部由巴黎迁往布鲁塞尔。

英国和西班牙关于直布罗陀问题的会谈破裂。西关闭拉利比亚的海关并拒绝英国关于把直布罗陀主权问题提交国际法院仲裁的建议。

欧洲自由贸易联盟7国取消相互间的工业品关税。

1967年

联邦德国与罗马尼亚建交。

欧共体部长理事会通过第一个五年经济计划（1966—1970年）。

联邦德国前总理阿登纳逝世。

希腊陆军发动政变，柯里亚斯出任总理。

欧洲经济共同体就农业基金和提前取消工业品关税等问题达成协议。

英国、丹麦、爱尔兰、挪威再次申请加入欧共体。

戴高乐举行记者招待会，再次拒绝英国加入欧共体的申请。

欧洲经济共同体、欧洲煤钢共同体和欧洲原子能共同体3个机构正式合并。新的共同体机构开始运行。让·雷伊担任共同体委员会主席。

欧共体实现农产品统一价格。

直布罗陀公民投票决定继续作为英国领地。

英、法、美照会联邦德国，愿放弃第二次世界大战结束时保留的占领权，恢复其全部主权。

1968年

法国发生“五月风暴”。

欧共体部长理事会以法规形式通过共同海关税则。

欧共体宣布提前一年半完成全面实现关税同盟的目标。

捷克斯洛伐克事件。华约20万军队武装入侵。

欧洲爆发严重金融危机。

欧洲经济共同体委员会提交《关于改革欧共体农业的备忘录》（通常称之为“曼斯霍尔德计划”）。

1969 年

法国宣布，无限期停止其在西欧联盟内的一切活动。

社民党人古斯塔夫·海涅曼当选为联邦德国总统。民主德国和苏联为报复联邦德国在西柏林选举联邦总统，在提出抗议的同时，封锁出入西柏林的公路达7小时之久。

由于行政改革建议在公民投票中被否决，戴高乐总统辞职。

直布罗陀议会通过新宪法，规定直属于英国。西班牙采取其封锁边界等措施。

蓬皮杜当选为法国新总统。

佛朗哥指定卡洛斯王子为其死后的继承人和王位承继者。

欧共体与非洲国家签订第二个雅温得协议。

北爱尔兰贝尔法斯特发生大规模骚乱。更多的英军被派往北爱。

维利·勃兰特出任联邦德国总理。

1970 年

勃兰特发表政策声明，开始推行新东方政策。

英国保守党选举获胜，爱德华·希思出任首相。

欧共体与南斯拉夫缔结贸易协定。

冰岛成为欧自联正式成员国。

两德总理首次会晤（3月19日）。

欧共体6国外长签署《卢森堡条约》(4月22日)。

联邦德国总理勃兰特访苏并签订（西）德苏条约。

欧共体外长会议（10月27日），通过“关于欧洲政治联合的报告”（又称“卢森堡报告”或“达维尼翁报告”），提出有关政治协调和磋商机制的程序。该报告于10月30日公布后立即生效。

意大利与中国建交。

法国前总统戴高乐逝世（11月9日）。

欧共体与马耳他签订联系国协议。

勃兰特访波。联邦德国与波兰签订条约。

1971 年

欧共体《卢森堡条约》生效，欧共体进入逐步扩大自有财源的时期。

冰岛宣布关闭北约在冰岛的基地并要求美军4年内撤走。

英、法、苏、美有关西柏林问题的《四方协定》在柏林签字（9月3日）。

勃列日涅夫访问法国；双方签订关于发展经济、技术和工业协定，并发表《法苏合作宣言》。

奥地利、比利时与中国建交。

1972 年

欧共体与英、丹、爱、挪达成协议，并签署加入协议。

欧共体部长理事会正式达成协议，实行“蛇形浮动”制。

英、法、美、苏4国外长签署关于西柏林问题协定的最后议定书。

西欧17国签订关于建立自由贸易区的协议。

挪威举行公民投票，否决了加入欧共体的提案。

欧共体巴黎首脑会议（10月）。决心把“欧洲经济共同体”建成“欧洲联盟”，以加强和促进西欧国家在经济和政治的联合。

民主德国和联邦德国草签有关两国关系基础的条约。

欧共体与塞浦路斯签订联系国协议。

欧安会筹备会议召开。

中英互派大使。卢森堡、联邦德国与中国建交。

1973 年

英国、丹麦、爱尔兰正式成为欧共体成员国。欧共体成员国扩大为9国。

欧共体签署正式成立欧洲货币合作基金组织条例。

希腊军政府宣布废除君主政体、建立总统制的共和国。

欧共体外长会议（7月23日）通过达维尼翁委员会第二个关于欧洲政治联合的报告（亦称“哥本哈根报告”），在国际上开始加强“用一个声音说话”。

法国总统蓬皮杜访华。

维也纳中欧裁军谈判开始。

欧共体就第四次中东战争发表9国外长联合声

明。这是欧共体第一次用“一个声音”对国际问题表态。

第一届法国—非洲国家首脑会议在巴黎召开。

勃兰特访捷，双方签署建交公报。正式宣布慕尼黑协定无效。

欧共体哥本哈根首脑会议（12 月），决定进一步加强政治合作。会前公布了外长会议通过的“关于欧洲同一性”的文件。

1974 年

英国首相希思辞职。英国工党领袖威尔逊组成新政府。

法国总统蓬皮杜逝世（4 月 2 日）。

葡萄牙发生军事政变，卡埃塔诺法西斯政府被推翻。亦称“石竹花革命”。但不久即告失败。

勃兰特因纪尧姆间谍案辞职，财政部长、社民党副主席施密特接任联邦德国总理。

吉斯卡尔·德斯坦当选法国总统。希拉克担任法国总理并组成新政府。

欧共体外长会议（6 月），就发展与阿拉伯国家之间的关系及加强欧共体与美国的磋商这两个问题达成协议。

北约首脑会议。欧美国家正式签署《北大西洋关系宣言》。

希腊宣布退出北约一体化军事司令部；其后又宣布退出北约防务计划委员会。

联合国大会通过欧共体在联合国中拥有观察员地位的决议。

欧共体首脑会议（12 月），决定将首脑会议制度化，并定名为欧洲理事会。

1975 年

欧共体与非加太国家签订“洛美协定”。

欧共体建立地区政策委员会。

欧共体委员会副主席索姆斯访华（5 月 4 日）。双方建立正式关系（5 月 8 日）。

在活动长达 20 年之后，让·莫内宣布欧洲合众国行动委员会停止活动。

希腊提出加入欧共体的正式申请。

佛朗哥去世（11 月 20 日）。

欧洲议会通过《关于防务问题在欧洲对外政策中的作用》的决议。

1976 年

比利时首相廷德曼斯受共同体首脑会议委托提交“关于建立欧洲联盟的报告”。

由于英国在冰岛海域捕鱼并以武力相威胁，冰岛宣布同英国断交。

欧共体与非加太国家签订的第一个“洛美协定”正式生效。

英国工党领袖卡拉汉出任英国首相。

欧共体与非加太国家举行第一次部长理事会。

欧安会成员国签署赫尔辛基文件。

1977 年

西班牙和苏联恢复自 1939 年中断的外交关系。

葡萄牙、西班牙正式提出加入欧共体的要求。

欧共体 9 国完全实现关税同盟并取消与欧自联大部分工农业产品的进出口关税，形成 16 国的自由贸易区。

欧洲议会通过关于发展欧共体同中国的经济、贸易关系的决议。

西班牙加入欧洲委员会。

1978 年

欧共体通过“民主宣言”。

西欧联盟议会会议通过《中国和欧洲安全》《地中海安全》《欧洲安全和非洲问题》等报告，主张欧洲加强同中国的合作以对付苏联的威胁。

欧共体不来梅首脑会议决定建立欧洲货币体系。

民主德国和联邦德国政府在波恩签订关于两国边界走向的议定书。

1979 年

欧共体首脑会议（3 月）正式宣布实行“欧洲货币体系”；英国暂不参加。

有“欧洲之父”之称的欧洲一体化事业创导者让·莫内逝世（3 月 16 日）。

英保守党选举获胜。撒切尔夫人出任首相并组阁。

欧共体 9 国首次直接选举欧洲议会，议员人数由原来的 198 名扩大到 410 名。

欧洲议会举行，选举法国前卫生部长韦伊担任议长。

欧共体与非加太国家签订第二个洛美协定。

欧共体与东盟原则上达成经济与商业合作协定。

1980 年

欧共体正式开始对中国实行普惠制待遇。

希腊、土耳其同时分别宣布开放爱琴海的空中交通。两国领土、领海争端的解决取得突破。

欧共体外长举行会议（5 月 30 日），就削减英国对共同体预算分担份额达成协议。会议委托委员会全面检查共同体各项政策的发展，此即所谓“5·30委托”。

1981 年

希腊正式成为欧共体第十个成员国。

密特朗当选法国总统。

意大利第一个正式承认欧洲货币单位（ECU）的外汇地位。其后其他成员国也纷纷承认。

1982 年

西班牙首相索特洛访英，宣布解除对直布罗陀的封锁。

格陵兰公民投票要求退出共同体。

英国与阿根廷发生马岛争端。

西班牙教士克龙在葡萄牙谋杀教皇保罗二世未遂。

西班牙正式成为北约成员。

第一届欧洲核裁军大会举行。会议要求美、苏停止生产和在欧洲部署核武器。

欧共体多次呼吁美国撤销不准西欧向苏联供应天然气管道的禁令。多国坚持履行对苏天然气管道合同。随后美欧之间就西欧国家与苏联的经济关系达成协议，美停止对欧制裁。

科尔当选为联邦德国新总理。

1983 年

欧共体就共同渔业政策（“蓝色欧洲”）达成协议。

欧共体批准给英国摊款回扣的折中方案。

密特朗总统访华。

西欧联盟议会第 29 届会议（6 月 7 日）通过《中国与欧洲安全》建议书，要求西欧国家加强同中国的关系，取消对华贸易限制。

欧共体首脑签署（6 月 15 日）“建立一个统一的欧洲”宣言。

西欧 11 国研制的“阿丽亚娜”火箭发射成功。

欧共体斯图加特首脑会议通过“关于欧洲联盟的庄严声明”（6 月 19 日）。

自 1980 年 11 月 11 日开始的欧安会马德里续会通过最后文件后闭幕。

欧洲共同体与中国建立正式关系（11 月 1 日）。

1984 年

撒切尔夫人访问匈牙利。此行被称为撒切尔“新东方政策”的开始。

欧共体通过《信息技术研究与发展战略计划》（ESPRIT）。

欧共体和欧自联举行首次部长级会议。

西欧联盟外长会议（6 月）原则同意法国关于恢复西欧联盟活动的一揽子建议；这是首次没有美国参加的西欧国家的防务会议。

欧洲议会第二次直接选举。

欧共体枫丹白露首脑会议（6 月）。根据密特朗建议决定开展“公民欧洲”活动。

西欧联盟 7 国外长和国防部长联席会议通过《罗马宣言》，决定重振西欧联盟，加强防务合作。

英国内阁批准《中英两国政府关于香港问题联合声明（草案）》；英国外交和联邦事务部就中英香港问题达成协议发表白皮书；英国下院和上院分别通过联合声明草案。中英香港问题联合声明在北京正式签字（12 月 19 日）。

欧共体与非加太国家签订第三个洛美协定。

1985 年

卢森堡、丹麦和爱尔兰等国开始向本国公民发放带有“欧洲共同体”字样的欧洲护照，此举后为其他欧共体国家纷纷仿效。

法国前财长德洛尔就任欧共体委员会主席。

希腊政府通告美国，宣布废除过去同美签订的有关军事、经济合作的 60 项协议。

法、（西）德、比、荷、卢在卢森堡小城申根签署《申根协定》。

欧共体委员会公布关于建立统一大市场的白皮书报告（又称“科克菲尔德报告”），并决定就修改罗马条约进行谈判。欧共体米兰首脑会议通过了这个报告。

欧共体委托法国召集的欧洲 17 国（联邦德国、奥地利、比利时、丹麦、西班牙、芬兰、希腊、爱尔兰、意大利、卢森堡、挪威、荷兰、葡萄牙、英国、瑞典、瑞士、法国）部长会议在巴黎举行，讨论法国倡议的关于加强欧洲在尖端科技领域合作的“尤里卡”计划。会议宣布，“尤里卡”计划正式诞生。

欧共体委员会提出《共同农业政策展望》（即

所谓的“绿皮书”）。

欧共体10国和葡萄牙、西班牙举行首脑会议（12月），通过关于建立统一大市场和关于在对外政策方面合作的条约草案等文件。

1986年

西班牙和葡萄牙正式加入欧共体。欧共体正式成员达12国。

欧共体12国中的9国在卢森堡正式签署《单一欧洲法令》（2月17日）。欧共体12国全部履行了批准修改罗马条约的法律手续。

瑞典首相帕尔梅在斯德哥尔摩遇刺逝世。卡尔松出任瑞典首相。

法国议会选举。法兰西第五共和国历史上首次左右翼共治开始。

12颗金星的蓝色欧共体旗第一次在欧共体布鲁塞尔总部广场上升起（5月30日）。

1987年

英政府宣布魏德巍出任香港总督。

英保守党议员亨利·普拉蒙当选为欧洲议会议长。

欧共体委员会主席德洛尔提出以《单一法令：欧洲的新领域》为总题目的“一整套政策与建议”。史称“德洛尔计划”。

首批欧洲货币单位（ECU）硬币诞生（3月11日）。现任欧共体轮值主席国比利时决定发行5个ECU面值的银币和50个ECU面值的金币。

中国和葡萄牙在北京草签关于澳门问题联合声明（3月26日）。

土耳其申请加入欧共体和西欧联盟。

第12届欧共体—非加太国家部长理事会会议举行。

中国和英国在北京签署关于解决历史遗留的相互资产要求的协定。

英国大选。保守党获胜，撒切尔夫人连续第三次出任首相。

中国和欧共体就恢复关贸总协定席位问题举行首次正式磋商。

欧共体《单一欧洲法令》正式生效（7月1日）。

葡萄牙总统任命梅兰西亚为澳门新总督。

希腊宣布取消对阿尔巴尼亚“战争状态法”的决定。

西欧联盟部长会议举行，通过《欧洲安全宪章》。

葡萄牙议会审议批准了中葡两国政府关于澳门问题的联合声明。

1988年

欧共体布鲁塞尔特别首脑会议就“德洛尔计划”提出的改革建议达成协议。

法德签署关于建立两国防务安全理事会和经济财政理事会两个文件。

欧共体公布题为《1992：欧洲的挑战》的“切克奇尼报告”。

欧洲大会在海牙举行（5月），通过《海牙宣言》，呼吁创建欧洲合众国。

法国大选。密特朗获胜。法国议会选举。前总理法比尤斯当选法国民议会议长。

欧共体和海湾合作委员会在卢森堡首次签署经济和贸易协定。

欧共体和经互会正式签署相互承认并建立正式关系的联合声明。

欧共体汉诺威首脑会议。首次提出建设“社会欧洲”的建议。

南斯拉夫警察部队进驻科索沃。

欧共体首脑会议举行（12月），并发表“关于欧洲共同体国际作用的声明”。

1989年

欧洲议会选举。西班牙社会党人恩里克·巴龙当选欧洲议会议长。

奥地利正式申请加入欧共体，并声明将继续维持其中立的地位。

欧共体与蒙古国建交。

欧共体委员会提出“波兰、匈牙利经济重建计划”（“法尔计划”）。

民主德国宣布开放边界；柏林墙被打开。

世界最大的粒子加速器——欧洲“泼莱”正负电子对撞机落成。

撒切尔夫人在英保守党选举中获胜。

欧共体和非加太地区国家续签《洛美协定》（第四个）。

首届欧—阿外长会议举行。

1990年

欧安会首次经济会议举行。

欧洲委员会部长委员会特别会议举行，保、

捷、匈、波、(东)德、南、苏首次被邀请参加会议。

欧洲复兴开发银行正式成立。

欧共体实行申根协定的法、(西)德、比、荷、卢5国签署取消相互间边境检查的《申根公约》。

欧共体与欧自联开始关于欧洲经济区的谈判。

民主德国和联邦德国关于建立经济、货币和社会联盟的国家条约开始生效。

科尔访苏，苏联同意统一后的德国自行决定其归属问题。

中南欧5国（意大利、奥地利、南斯拉夫、匈牙利、捷克和斯洛伐克）首脑会议，通过5国合作的政治文件和经济文件。

民主德国和联邦德国签署两德统一条约，条约规定统一后的德国首都设在柏林。

“2加4”外长会议最后一轮会议举行，签署《最终解决德国问题的条约》。

民主德国退出华约议定书签字。

英、法、美、苏和两德外长签署宣言，宣布停止英、法、美、苏4国在柏林和德国行使权力。

联邦德国和民主德国正式统一（10月3日）。统一仪式在柏林举行。

英镑加入欧洲货币体系汇率机制。

欧共体决定，取消1989年6月以后对中国的限制措施，恢复同中国在政治、经济和文化领域的正常关系。

波兰和德国在华沙签署边界条约，重申现有的奥得—尼斯河边界无论现在还是将来都是不可侵犯的。

爱尔兰大选。玛丽·鲁滨逊成为爱尔兰第一位女总统。

欧安会第2次首脑会议举行，会议签署《新欧洲巴黎宪章》。

撒切尔夫人辞去首相职务；约翰·梅杰出任英国首相。

全德举行第一次议会选举，执政联盟获胜。

欧共体罗马首脑会议。会议通过关于建立欧洲政治联盟和经济联盟的最后文件。

欧共体和拉美里约集团外长举行会议，签署《关于里约集团和欧共体之间关系的声明》。

欧美签署《欧共体与美国关系宣言》。

1991年

海湾战争爆发。英、法部队参加“沙漠风暴行动”。

科尔当选德国总理；首届全德政府组成。

挪威国王奥拉夫五世病逝。新国王哈拉尔宣誓就职。

华约宣布解散。

英正式移交直布罗陀防务，结束在此长达287年的军事存在。

比利时宣布恢复同中国的正常关系。

德国和波兰签署《睦邻和友好合作条约》。

阿尔巴尼亚与欧共体建交。

葡、西加入《申根公约》。

欧共体和欧自联就建立欧洲经济区达成协议。

南斯拉夫开始解体。克罗地亚武装冲突加剧；欧共体宣布对南实行制裁。马其顿共和国宣布独立。

欧共体马斯特里赫特首脑会议。就政治联盟和经济与货币联盟条约（《欧洲联盟条约》，又称《马斯特里赫特条约》，简称《马约》）达成最后协议。

欧共体同波兰、匈牙利、捷克斯洛伐克签署联系国协定。

1992年

德国同斯洛文尼亚和克罗地亚两共和国正式建交。

欧共体承认斯洛文尼亚、克罗地亚、波黑共和国独立。

欧共体正式签署《欧洲联盟条约》(《马约》)。

波罗的海10国外长会议。决定成立波罗的海沿岸国家理事会。

芬兰正式申请加入欧共体。

塞尔维亚和黑山两共和国组成南斯拉夫联邦共和国。南斯拉夫社会主义联邦共和国彻底解体。

法国政府通过宪法修改草案。

英首相梅杰任命克·帕滕（中文名为彭定康）为第28任香港总督。

欧共体和欧自联正式签署关于建立欧洲经济区的协定。

丹麦就《马约》举行全民投票，50.7%反对，49.3%赞成。

中欧倡议国组织首脑会议。决定吸收克罗地亚、斯洛文尼亚和波黑为正式成员国。

欧共体社会党联盟第18届代表大会决定成立

“欧洲社会党”。

捷克斯洛伐克分裂（12 月 31 日）；分别成立捷克和斯洛伐克两个国家。

1993 年

欧洲统一大市场正式开始运转。欧共体举行隆重庆典活动。

欧共体与奥地利、芬兰、瑞典开始谈判 3 国加入问题，从而拉开欧共体第四次扩大的序幕。

罗马尼亚、保加利亚与欧共体正式签署“欧洲协定”，建立联系国关系。

比利时正式决定由中央集权国家改变为联邦政体国家。

欧共体和中美洲国家签署新的合作协议，以取代到期的“卢森堡协议”。

丹麦就《马约》举行第二次公民投票。56.8%赞成，43.2%反对。

西欧国家和俄罗斯举行会议，决定正式成立“大欧洲委员会”。巴黎市长希拉克当选为该委员会首任主席。

比利时国王博杜安一世在西班牙去世；其弟阿尔贝亲王宣誓登基。

捷克、斯洛伐克分别与欧共体正式签订联系国协定。

《马斯特里赫特条约》开始生效（11 月 1 日），欧洲联盟诞生。

由法、德、比 3 国组成的欧洲军团总参谋部正式成立。

英爱签署关于北爱尔兰和平的共同宣言。

1994 年

欧洲经济区正式成立。

欧洲货币局成立。

中法发表联合公报，宣布两国关系正常化。

《申根公约》正式生效（2 月 1 日）。

芬兰总统选举。芬兰社会民主党候选人马尔蒂·阿赫蒂萨里当选为芬兰共和国第 10 任总统。

历经 45 年的巴黎统筹委员会宣告解散。

匈牙利和波兰正式提出加入欧盟的申请。

波、捷、斯、匈 4 国签署中欧自由贸易区协议的附加议定书。

英法海底隧道正式通车。

“欧洲稳定会议”举行，通过《关于签署欧洲稳定公约》的文件。

欧盟委员会通过“单一签证制”法案和《关于亚洲新战略》政策文件。

中欧倡议国首脑会议举行，通过《政治和经济声明》。

英国首次从北爱尔兰撤军。

挪威举行全民公决，多数人反对加入欧盟。

欧安会首脑会议通过《最后声明》后宣告结束。欧安会（CSCE）将改称为欧洲安全和合作组织（CSCE）。

1995 年

奥地利、瑞典和芬兰 3 国正式成为欧盟成员国。欧盟扩大至 15 国。

雅克·桑特正式就任欧洲联盟委员会第 9 任主席。

波黑再次爆发战事，穆军向塞军发动大规模进攻。

《申根协定》开始实施（3 月 26 日）。

欧盟与爱沙尼亚、拉脱维亚、立陶宛签订“欧洲协定”，建立联系国关系。

雅克·希拉克当选为法兰西第五共和国第五任总统。

欧盟委员会《欧盟对华新政策》。

欧盟和非加太国家签署第四个《洛美协定》修改协议书。

前南三方首脑在美国达成和平协议，即“代顿协议”。波黑战争结束。

欧盟马德里首脑会议（12 月 16 日）决定未来欧洲统一货币的名称为“欧元”。

1996 年

首届亚欧会议在泰国首都曼谷举行。

欧盟政府间特别首脑会议在都灵举行。《马约》修改谈判启动。

北约军事委员会例会，法国自 1966 年退出北约军事一体化机构以来首次参加。

首次葡语国家议会间会议在里斯本召开。正式宣布成立葡语国家共同体。

由 11 个国家组成的东南欧经济合作组织在日内瓦宣布成立（12 月 6 日）。

瑞典、芬兰、丹麦、挪威和冰岛北欧 5 国正式签署《申根协定》。

1997 年

阿尔巴尼亚局势继续恶化，阿议会宣布全国实行紧急状态。

英国在香港，也是在亚洲的最后一个海军基地——香港昂船洲添马舰海军基地正式关闭。

第二次欧洲—地中海合作会议在马耳他举行。

英国大选。工党领袖布莱尔出任首相。

“欧洲—大西洋合作理事会”正式成立。

欧盟首脑会议举行（6月）。就《阿姆斯特丹条约》达成一致并正式批准了《稳定和增长公约》《欧元的法律地位》和《新的货币汇率机制》3个文件。

中英两国政府香港政权交接仪式在香港议会中心隆重举行（7月1日）。

英国王妃戴安娜在巴黎遭遇车祸不幸去世（8月31日），年仅36岁。

英国和新芬党正式签署放弃使用暴力的“米切尔原则”。

欧盟15国正式签署《阿姆斯特丹条约》（10月2日）。

首次巴尔干国家首脑会议，发表推动全面合作的联合声明。

欧洲快速行动部队司令部在意大利佛罗伦萨正式成立。

1998年

欧盟国家全面开放电信市场。

南斯拉夫科索沃地区发生严重暴力事件。

欧盟15国与申请国11国领导人在伦敦正式启动了名为“欧洲会议”的首脑定期磋商机制（3月12日）。

欧盟公布《与中国建立全面伙伴关系》报告。

第二届亚欧会议在英国伦敦举行。

欧盟决定，不再将中国和俄罗斯列入“非市场经济国家名单”。

欧盟特别首脑会议确认欧盟11个成员国为欧元创始国，并同意由现任欧洲货币局局长杜伊森贝赫担任欧洲中央银行首任行长。

英国北爱地区和爱尔兰共和国同时举行全民公决，通过北爱和平协议。

欧盟庆祝欧洲央行正式运作（6月30日）。

德国议院大选。社民党人施罗德出任下届德国总理。

欧盟首脑会议（12月）。一致通过《维也纳欧洲战略》。

欧盟与中国签署第一份独立的科学技术合作协定。

1999年

欧盟11国正式启动欧元。

英国政府发表关于议会上院改革的白皮书，存续几百年的上院议员贵族世袭制将宣告结束。

以桑特为主席的本届欧盟委员会20名委员宣布集体辞职。

北约对南联盟进行大规模空中打击。南联盟军队和警察全部撤出科索沃，北约遂停止对南联盟的轰炸。

中国驻南斯拉夫联盟大使馆遭野蛮轰炸，中国政府发表声明强烈抗议。

欧盟特别首脑会议（3月）。意大利前总理罗马诺·普罗迪就任欧盟委员会主席。

欧盟《阿约》正式生效（5月1日）。

欧盟首脑会议（6月）。通过《欧盟对俄罗斯共同战略》《加强欧洲安全和防务政策的声明》《关于欧洲就业公约的决定》以及《首脑会议结论》等4项文件。

芬兰新宪法。总统部分权力受到削弱，内阁和议会的权力和地位明显加强。

首届欧盟—拉美首脑会议。

英北爱开始实行地方自治。

欧盟赫尔辛基首脑会议（12月11日）。通过《千年宣言》并决定正式接受土耳其为入盟候选国。

中国和葡萄牙两国政府澳门政权交接仪式在澳门举行（12月20日）。

2000年

芬兰总统选举。哈洛宁当选为芬兰第一位女总统。

欧盟委员会公布题为《造就一个欧洲》的文件。

由法国、德国、比利时和西班牙组成的欧洲军团向科索沃派兵。

首届欧洲—非洲首脑会议举行。

德国基民盟主席沃夫冈·朔伊布勒宣布辞职。安格拉·默克尔当选。是该党历史上第一个女主席。

德外长菲舍尔以“个人名义”提出建立欧洲联邦的主张。

欧盟首脑会议（6月）。通过《中小企业宪章》

及建立“电子欧洲”的行动计划和建立欧洲科研区的决定。

法国通过总统任期由 7 年缩短为 5 年的修宪法案。

欧盟与非加太国家签署《科托努协定》。《洛美协定》结束。

北爱暴力冲突愈演愈烈，英军开进北爱首府贝尔法斯特。

卢森堡大公国大公储亨利正式宣誓即位。

第三届亚欧会议在汉城召开。

南斯拉夫成为联合国成员。欧安组织重新接纳南联盟为其第 55 个成员国。南联盟与波黑建交并恢复与西方国家关系。

欧盟首脑会议（12 月）。通过《尼斯条约》草案，就欧盟机构改革达成协议，并签署《欧洲基本权利宪章》。

2001 年

希腊正式成为欧元区第 12 个成员国。

欧盟与北约在布鲁塞尔举行首次联席会议。

欧盟 15 国签署《尼斯条约》。

《申根协定》开始在北欧地区生效。

南斯拉夫联盟前总统米洛舍维奇被警方逮捕入狱。

欧盟委员会通过亚洲新战略。

美国遭“9·11”恐怖袭击。欧盟及欧洲各国纷纷发表声明表示强烈谴责。

欧盟特别首脑会议（9 月 21 日）。对美国遭受恐怖袭击后的国际形势进行评论，并通过欧盟加强打击恐怖主义“行动计划”，将打击恐怖主义列为欧盟今后首要目标。

欧洲 40 个国家在布鲁塞尔举行“欧洲大会”（10 月 20 日）。表示要组成以联合国宪章和联合国决议为基础的反恐怖主义联盟，在实施反恐怖主义措施的同时加强交流与合作。

英国首相布莱尔邀请欧盟国家领导人在伦敦共进晚餐，就联合打击恐怖主义问题协调立场并重申支持美国对阿富汗的空中打击行动。

欧盟布鲁塞尔首脑会议（12 月 15 日）。通过《拉肯宣言》，提出欧盟政治体制改革所需要解决的问题，并决定建立制宪筹备委员会。

2002 年

欧元现钞正式进入流通领域。

欧洲议会选举。欧洲议会自由党党团主席巴特·科克斯当选为新议长。

以法国前总统德斯坦为首的欧盟制宪委员会成立。

瑞士成为联合国第 190 个会员国。

欧盟环境部长会议批准《京都议定书》。

北约和俄罗斯签署关于建立北约—俄罗斯理事会的《罗马宣言》。

西班牙与摩洛哥就摩派兵登陆地中海有争议荒岛引发的争议达成协议。

欧盟委员会在布鲁塞尔总部大厦前举行仪式（7 月 23 日），降下象征欧洲煤钢共同体的蓝黑星旗，升起蓝色金星的欧盟旗帜。这标志着 50 年前成立的欧洲煤钢共同体结束了其历史使命。

欧盟制宪筹备委员会主席德斯坦公布欧盟宪法条约草案（10 月 28 日）。

欧盟—俄罗斯首脑会议就加里宁格勒问题达成协议。

欧安组织通过《预防和打击恐怖主义宪章》。该文件将成为欧安组织 55 个成员国与恐怖主义作斗争的行动准则。

2003 年

欧盟警察部队进驻波黑取代联合国警察部队。这是欧盟警察部队首次进驻欧盟以外地区执行任务。

克罗地亚正式申请加入欧盟。

以美国和英国为主的联合部队对伊拉克开战。波兰派兵参战。

阿尔巴尼亚、保加利亚、希腊、马其顿、罗马尼亚、土耳其、塞黑 7 国举行第六届东南欧合作进程首脑会议。克罗地亚和摩尔多瓦总统分别以观察员和来宾身份参加会议。

欧盟首脑会议发表《雅典宣言》，强调欧盟将确保联合国的合法国际地位，并确保联合国担负起全球责任。

欧盟成员国国防部长会议宣布，欧盟快速反应部队现已具备设计的所有行动能力。这意味着欧盟原则上已拥有在紧急情况下采取军事行动处理危机的能力。

欧盟委员会、欧洲议会和欧盟理事会等 3 个机构的工作人员举行总罢工，导致欧盟总部工作瘫痪。

欧盟决定参与由法国领导的联合国在刚果（金）东部的维和行动。这是欧盟第一次作为整体参与欧洲之外的独立军事行动，也是欧盟不使用北约军事资源的一次独立行动。

欧盟宪法草案最后文本基本完成（6月30日）。随后欧盟首脑会议（6月22日）一致表示支持。欧盟制宪委员会主席德斯坦正式将欧盟宪法草案最后文本以及一份主席报告提交给欧洲理事会轮值主席国意大利（7月18日），这标志着制宪委员会近17个月工作的结束。

欧盟正式实施“便捷过境手续机制”。标志着长期困扰俄罗斯和欧盟的加里宁格勒问题已基本解决。

东南欧和平部队司令部在罗马尼亚黑海港口城市康斯坦察成立。东南欧和平部队的主要任务是，维护东南欧地区和平，打击恐怖主义，确保里海石油顺利向西欧运输。

欧盟委员会通过欧中关系发展战略文件。

瑞典举行全民公决否决政府提出加入欧元区的愿望。瑞典成为继丹麦之后第二个决定不加入欧洲经济货币联盟的欧盟国家。

阿丽亚娜—5型火箭将欧洲第一枚月球探测器“智慧1号”（SMART－1）和两颗地球同步通信卫星送上太空，从而拉开欧洲人探月的序幕。

中国政府发表《中国对欧盟政策文件》。这是中国政府首次制定针对欧盟的对外政策文件。

首届西地中海沿岸各国首脑会议（“5＋5对话”）召开。

欧盟首脑布鲁塞尔会议通过欧盟安全战略文件。这是欧盟第一个安全战略文件。

2004年

欧盟出台与东盟关系新战略文件。

欧盟开始对美实施欧美贸易史上最大规模、数额高达40亿美元的贸易制裁。这是欧盟在世界贸易组织的授权下，首次对美国产品征收惩罚性关税。

西班牙大选；工人社会党总书记萨帕特罗出任新首相并组建新政府。萨帕特罗向西班牙国会发表施政纲领时表示，西班牙将从伊拉克撤回维和士兵。

科索沃6城市发生塞族人和阿族人之间的冲突。

德国总理施罗德正式辞去社民党主席一职。其助手明特费林以高票率通过接任。

欧盟首脑会议（3月）。发表《反恐声明》。任命荷兰前内政副大臣德·弗里斯为首位欧盟反恐协调员。

为庆祝英法两国签署友好协约100周年，英国女王伊丽莎白二世对法国进行访问。

欧盟委员会主席普罗迪在中国社会科学院发表题为“欧盟在全球变革中的作用”的演讲，并为设在中国社会科学院的“中欧：欧洲研究中心项目”揭牌（4月14日）。

《欧盟传统药品法案》生效（4月30日）。《法案》承认的植物药包括中国植物基源的草药，并为中药进入欧洲市场提供了量化标准。

波兰、匈牙利、捷克、斯洛伐克、斯洛文尼亚、爱沙尼亚、拉脱维亚、立陶宛、塞浦路斯、马耳他正式加入欧盟。欧盟在爱尔兰总统府举行新成员国的入盟升旗仪式。10国相继在零点的钟声敲响时开始焰火表演（5月1日）。

欧盟出台《欧洲邻邦政策》。欧盟将依据政治和经济改革步伐，向从摩洛哥到俄罗斯的诸多国家提供目标援助并加强贸易关系。

瑞士与欧盟正式签署双边关系第二阶段谈判一揽子协定。

鉴于塞浦路斯已成为欧盟成员国，塞浦路斯正式宣布退出不结盟运动和小岛国联盟。

国际货币基金组织前总裁霍斯特·克勒当选为德国新总统。

欧盟扩大后的首次欧洲议会选举。人民党和社会党继续保持第一和第二大党团的地位。

欧盟召开25国的首次峰会（6月）。就欧盟首部宪法草案达成一致。

欧盟正式加入世界知识产权组织的《商标国际注册马德里协定》。这是欧盟首次加入世界知识产权组织的有关条约。

欧盟决定正式开始建立欧盟军事装备局。这是欧盟决定组建快速反应部队和建立军事行动计划中心后在独立防务方面的重要一步。

欧盟委员会决定将前欧盟委员、法国前总理克勒松涉嫌滥用职权案提交欧洲法院。这在欧盟历史上尚属首例。

欧盟新一轮扩大后的第一届欧洲议会举行第一

次全体会议（7月20日）。西班牙前内阁大臣何塞·博雷利当选为新议长。

欧洲军团接管驻阿富汗国际安全援助部队的指挥权。这是欧洲军团成立以来首次在欧洲以外的地区执行军事指挥任务。

列支敦士登公国国家元首汉斯—亚当二世宣布向王储阿卢瓦移交管理国家的所有权力。

塞浦路斯希腊族和土耳其族结束两族之间长达30年互不通商的状况。

欧元区财政部长们每月例会（9月10日）决定设立“欧元集团主席”，并任命卢森堡首相兼财政大臣让—克洛德·容克首任这一职务。

受欧盟外交和安全事务的高级代表索拉纳委托，一个由各国高官和学者组成的“欧洲安全能力研究小组”，完成《欧洲人类安全理念》报告。

法国、意大利、西班牙、葡萄牙和荷兰签署组建欧盟宪兵部队的意向声明。

欧盟与瑞士签署包括《申根协定》在内的9项双边协议。

欧盟25个成员国领导人在罗马市政厅签署欧盟宪法条约（10月29日）。

第五次欧盟—印度首脑会议举行。欧盟和印度签署《印欧“战略合作伙伴关系”协议》。

以巴罗佐为主席的新一届欧盟委员会正式就职（11月22日）。

法国执政的人民运动联盟选举现任经济、财政和工业部长尼古拉·萨科齐为新一任主席。

罗马尼亚总统选举。民主党主席、布加勒斯特市长特拉扬·伯塞斯库当选。

2005年

欧洲议会表决批准欧盟宪法条约（1月12日）。

希腊议会选出前外长卡罗洛斯·帕普利亚斯为新一任总统。

塞黑的黑山共和国总统武亚诺维奇和总理久卡诺维奇签署《塞尔维亚和黑山转为国际社会承认的独立国家联合体的协议》草案，正式提议塞尔维亚和黑山两国各自独立成为主权国家。

欧盟决定成立渔政管理中心。中心总部将设在西班牙的维哥。

欧盟春季首脑会议（3月）批准“增长与就业计划”并决定重启“里斯本战略”。

欧盟宣布，由于美国在《伯德修正案》问题上一直未能按照世界贸易组织的裁决履行其国际责任，欧盟决定对部分美国产品征收15%的报复性关税。

天主教罗马教皇约翰—保罗二世因病在梵蒂冈去世（4月2日），终年84岁。

来自德国的枢机主教约瑟夫·拉青格在罗马教皇选举（4月19日）中当选第265任天主教罗马教皇，称为本笃十六世。

贝卢斯科尼组成新政府，成为战后意大利第60届政府。

欧洲委员会第三次首脑会议通过《华沙宣言》和《行动计划》，强调欧洲委员会将在致力于建设统一欧洲等方面发挥更大作用。

欧盟正式成立欧洲疾病预防和控制中心（设在瑞典斯德哥尔摩）。

法国全民公决否决《欧盟宪法条约》（5月29日）。

荷兰全民公决否决《欧盟宪法条约》（6月1日）。

匈牙利总统选举。前宪法法院院长绍约姆·拉斯洛当选。

爱尔兰语——凯尔特语正式被定为欧盟官方语言。这是欧盟的第21种官方语言。

欧盟首脑会议决定延长《欧盟宪法条约草案》的最后批准期。

欧盟委员会宣布，欧盟食品安全管理局在意大利的帕尔马正式成立（6月21日）。

欧盟委员会发表旨在减少欧盟能源消耗的绿皮书，向国家、企业和个人提出节约能源的具体建议和要求，以求在2020年以前将全欧盟的能源消耗减少20%。

欧盟、美国、俄罗斯、日本、韩国和中国的代表在莫斯科达成协议，决定法国南部马赛附近的卡达拉舍将成为国际热核反应堆的建设地。

伦敦发生地铁、公共汽车连环恐怖爆炸袭击（7月7日）。“欧洲圣战组织之基地秘密组织”发表声明称对伦敦爆炸案负责。

国家主席胡锦涛在北京会见欧盟委员会主席巴罗佐；巴罗佐在中国社会科学院发表题为“欧盟与中国——共绘更加美好的未来”的演讲（7月15日）。

英国前首相爱德华·希思逝世，享年89岁（7月17日）。

爱尔兰共和军宣布将停止武装斗争，加入和平进程。

欧盟与土耳其正式签署《安卡拉协定补充协议》。土政府表示签署该协议并不代表土已承认欧盟新成员国、由希腊族控制的塞浦路斯共和国。

匈牙利新当选总统绍约姆·拉斯洛就职典礼在布达佩斯举行。

前欧盟委员会贸易委员帕斯卡尔·拉米正式就任世界贸易组织总干事。

中国和欧盟在北京签署文件，就解决纺织品贸易问题达成一致（9月5日）。

北爱地区爆发近年来最严重的骚乱事件（9月10日）。

德国举行第16届联邦议院选举（9月18日），以基民盟为首的联盟党获胜。

中国与德国签署《中华人民共和国外交部和德意志联邦共和国外交部关于建立中德对话论坛的协议》（9月28日）。

西班牙加泰罗尼亚议会通过法案，宣布该地区为一个独立于西班牙政府的政权。

欧盟委员会通过“欧盟非洲新战略”。

欧盟委员会正式启动旨在缩短与民众距离的“D计划”。

法国、德国相邻两个地区的地方议员签署协议，决定两地区共同建立一个“欧洲县”（10月17日）。

英国第二大城市伯明翰爆发种族冲突（10月22日）。

波兰总统选举。右翼政党法律与公正党候选人莱赫·卡钦斯基当选。

欧盟与东南欧各方签署能源共同体条约。这是东南欧地区各方签署的第一个具有法律效力的多边合作条约。

法国巴黎发生骚乱。受波及的城镇达90多个，并蔓延到周边国家。法国总统希拉克召开特别内阁会议，宣布全国进入“紧急状态”（11月8日）。

中欧签署《中欧政府采购合作协议》并确定建立中欧政府采购对话机制。

默克尔当选为新一届联邦德国总理（11月22日）。

比利时首相伏思达出书呼吁成立联邦制的欧洲合众国。

首轮中欧战略对话在英国伦敦举行。

2006年

欧盟开始实施新的普惠制。

法国政府宣布解除自去年11月为平息骚乱而实施的国家紧急状态（1月3日）。

中欧签署“中欧高速网络基础设施及其重大应用战略合作的联合声明”。

欧盟一个独立专家小组向欧盟委员会递交《建设一个创新欧洲》报告。呼吁欧盟政治、企业、社会等各阶层领导人签署研究与创新公约，实现其对建设创新欧洲的承诺。

葡萄牙总统选举。社会民主党候选人、前总理阿尼巴尔·卡瓦科·席尔瓦当选。

芬兰总统选举。社会民主党总统候选人、现任总统塔里娅·哈洛宁获连任。

科索沃议会选举法特米尔·塞伊迪乌为科索沃新总统。

欧盟负责外交与安全政策的高级代表索拉纳和伊斯兰会议组织秘书长乌迦里共同宣布将致力于缓和并解决由讽刺漫画所触发的危机。芬兰总理万哈宁就芬兰一家网站近日刊载亵渎伊斯兰教先知穆罕默德的讽刺漫画一事正式道歉。

爱尔兰首都都柏林发生骚乱。主张北爱脱离英国的天主教徒为阻挠主张北爱留在英国的新教徒游行，与警察发生冲突，造成数十人受伤。

国际法院开始对波黑控告塞黑对波黑公民实施种族灭绝案进行庭审。

前南联盟总统米洛舍维奇在狱中死于心肌梗死。（3月9日）。

法国全国爆发示威活动。抗议总理德维尔潘提出的一项名为“首次雇佣合同”的新劳工法案。有80多所大学的学生进行了罢课。

意大利前众议院议长、终身参议员乔治·纳波利塔诺当选新一届总统。

欧盟委员会宣布，鉴于美国已按照世界贸易组织的相关裁决，废除了提供“非法出口补贴”的法律，欧盟将取消拟对美国实施的贸易制裁措施。

意大利新总理普罗迪宣誓就职。

格鲁吉亚、乌克兰、阿塞拜疆和摩尔多瓦四国领导人举行“古阿姆”峰会（5月23日）。决定将这一非正式地区联盟变为正式国际组织，命名为“古阿姆民主与发展组织”。

黑山宣布独立（6月3日），结束与塞尔维亚长达88年的结盟关系。此举得到欧盟及包括塞尔维亚在内的各国承认。联大全体会议正式通过黑山加入联合国的申请，成为联合国第192个会员国。

塞尔维亚共和国议会宣布，塞尔维亚将继承原塞尔维亚和黑山国家共同体的联合国席位以及在其他国际组织中的国际法主体地位。

德国联邦议院通过第二次世界大战以来规模最大的联邦制改革法案，对德国《基本法》141项条款中的24项作了修改。

欧盟宣布支持摩尔多瓦领土完整，不承认该国德涅斯特河（德河）东岸地区的全民公决及其结果。

中右联盟领导人赖因费尔特成为瑞典新首相。

爱沙尼亚新总统伊尔韦斯宣誓就职。

法国国民议会通过法案，否认1915—1917年奥斯曼帝国统治下的“亚美尼亚大屠杀”属违法行为。

中欧签署《关于加强知识产权保护合作的谅解备忘录》等协议。

塞尔维亚新宪法草案在全民公决中通过。规定科索沃是塞尔维亚共和国领土的一部分，享有高度自治权。

中国与德国举行首轮战略对话。

欧盟与亚美尼亚、阿塞拜疆和格鲁吉亚分别签署《欧洲睦邻政策行动计划》。

黑山、克罗地亚和波黑签署有关推动地区发展与合作的联合声明。

欧盟委员会发表劳动法修订草案绿皮书。

北爱尔兰成立过渡议会。

德国总理第三次当选为德国基民盟党主席。

首届亚欧信息通信技术部长会议闭幕。

欧洲议会首次成立一个非官方的对华友好议员团体——欧中友好小组。

欧盟各国政府就泛欧《能力发展计划》（CDP）的有关原则达成一致。

中欧自由贸易协定成员首脑会议。决定吸收阿尔巴尼亚、波黑、摩尔多瓦、黑山和塞尔维亚5国以及科索沃为贸易协定新成员。

列支敦士登政府宣布，在更为精确的测量后，该国面积较以前大约增加了0.5平方公里。

2007年

保加利亚和罗马尼亚正式加入欧盟。这是欧盟历史上第六次扩大。保加利亚语和罗马尼亚语成为欧盟官方语言。

欧元开始正式在斯洛文尼亚境内流通，斯由此成为第13个使用欧元的国家。

立陶宛、拉脱维亚和爱沙尼亚三国国防部长决定组建三国联合部队。

法国加入《东南亚友好合作条约》；法国是第一个加入该条约的欧盟国家。

《普吕姆条约》被纳入欧盟法律框架，以改善欧盟内部跨国警务合作。

欧盟委员会通过关于成立欧盟科学研究委员会的决定。

欧盟成立基本权利专门机构的条例今起生效（3月1日）。

首届欧盟青年峰会闭幕。会议通过《罗马青年宣言》。

拉脱维亚与俄罗斯签署两国边界条约。

欧盟委员会通过“黑海合作增效计划”新合作倡议。

欧盟委员会出台市场准入新战略。

欧盟与美国举行首脑会议并签署“跨大西洋经济一体化计划”。

法国总统选举。人民运动联盟主席萨科齐当选（5月6日）。

欧盟委员会主席巴罗佐召开旨在拯救《欧盟宪法条约》的小型峰会。

欧盟峰会就替代《欧盟宪法条约》的新条约草案达成协议（6月22日）。

布莱尔正式辞去英国首相职务，工党领袖布朗接任。

欧盟与巴西首次首脑会议在葡萄牙举行。双方正式确立战略伙伴关系。

中国与瑞士签署《中国商务部与瑞士经济部联合声明》。瑞士宣布承认中国完全市场经济地位。

首届欧洲睦邻政策大会开幕。欧盟27个成员国以及16个睦邻政策框架内国家的代表出席会议。

欧盟各国领导人通过了替代《欧盟宪法条约》的新条约，即《里斯本条约》（10月19日）。

匈牙利加入黑海经济合作组织。

欧盟教育、青年和文化部长理事会通过了有关建立欧盟“资格证书框架”的议案，以促进欧盟范围内的人员流动和终身学习。

教皇本笃十六世召开特别会议促成天主教和东正教重新统一。

欧盟成员国领导人签署《里斯本条约》（12月13日）。

爱沙尼亚、匈牙利、立陶宛、拉脱维亚、马耳他、波兰、斯洛文尼亚、斯洛伐克和捷克等9个欧盟国家正式加入申根区。

2008年

马耳他和塞浦路斯正式加入欧元区。

希腊总理卡拉曼利斯开始对土耳其进行为期3天的正式访问，这是希腊总理近50年来首次正式访问土耳其。

科索沃总理塔奇宣布科索沃从塞尔维亚独立（2月17日）。

欧盟外长会议通过一项决议，原则上认可各成员国自行决定本国与科索沃的关系。西班牙表示将不承认科索沃独立。法国、英国、德国、意大利、匈牙利、保加利亚、克罗地亚、捷克、马其顿等先后宣布承认科索沃独立。美国承认科索沃独立但表示科索沃独立是一个“特例”。俄罗斯议会警告说，西方国家应为承认科索沃独立给“整个国际法体系和全球稳定带来的灾难性后果”负责。欧盟表示，将向科索沃政府提供超过3.85亿美元的资金以帮助其加入欧盟。

欧洲议会全会批准《里斯本条约》（2月20日）。

希腊与马其顿再次为马其顿国名发生争议。

欧盟司法和内政部长会议决定，欧洲刑警组织将成为欧盟正式机构。

欧盟委员会公布关于建立地中海联盟的政策文件。

爱尔兰全民公投否决《里斯本条约》（6月12日）。

欧盟理事会发表声明，宣布取消对古巴的制裁。

首届地中海峰会在法国巴黎召开，与会领导人决定正式启动“地中海联盟”计划（7月13日）。

有关法国经济改革的《经济现代化法》正式付诸实施。

俄罗斯与格鲁吉亚在南奥塞梯地区爆发战争。欧盟介入调解与调查。

英国正式向联合国申请，要求将其领土主权延伸到南大西洋的阿森松岛周围。

世界金融危机对欧洲实体经济的冲击开始显现。欧洲经济陷入衰退，持续多年的经济复苏就此终结。在金融危机袭击下，冰岛面临“国家破产”。10月份，欧盟采取一系列紧急行动以应对金融危机。

芬兰前总统马尔蒂—阿赫蒂萨里，获2008年度诺贝尔和平奖。

格陵兰就争取更大自治权举行全民公投并获得通过。

中国宣布因萨科齐坚持会见达赖而推迟中欧峰会。法国随即宣布取消将同时举办的第5届欧中经济峰会。

欧盟正式启动在索马里海域打击海盗的军事行动。这是欧盟成立以来第一次派出海军执行任务。

黑山向欧盟正式递交加入欧盟的申请。

2009年

斯洛伐克正式加入欧元区。欧元区国家增加到16个。

受俄乌的天然气争端影响，欧洲多国发生的俄罗斯天然气供应危机。

欧盟委员会通过新的全球应对气候变化协定草案。

西于尔扎多蒂被任命为冰岛过渡政府的总理，从而成为冰岛第一位女总理。冰岛大选。联合执政的社会民主联盟和左翼绿色运动获胜继续执政。这是左翼政党在冰岛历史上首次赢得多数席位。

欧洲联盟特别首脑会议在布鲁塞尔召开。欧盟各国领导人一致同意，严守欧盟单一市场规则，团结应对当前的金融和经济危机（3月1日）

国务院总理温家宝访问瑞士、德国、西班牙、英国和欧盟并出席达沃斯世界经济论坛2009年年会。温家宝总理与欧洲领导人就携手应对金融危机达成广泛共识。中方决定尽快派采购团赴欧德，增加进口欧洲商品、技术和设备。

面临国际声讨“逃税天堂”的压力，瑞士宣布，可提供给外国政府的银行客户信息，将从目前仅限于涉税务欺诈案件扩及一般逃漏税。

法国正式提交重回北约军事指挥体系的申请（3月20日）。

因遭到严重信任危机的英国下院议长迈克尔·马丁宣布辞职，成为英国300多年来首位被迫辞职的下院议长。

欧盟委员会出台“欧洲金融监管改革方案”。

欧洲议会选举。欧洲人民党、社会党、民主党团分居第一、二、三位。绿党党团和左翼党团紧随其后。随后波兰前总理布泽克当选为欧洲议会新议长。

克罗地亚总统梅西奇批准任命亚德兰卡·科索尔为总理。这是该国首位女总理，她受命组成中右翼联盟的新政府。

法国国民议会通过“星期天工作权”法案。

冰岛向欧盟正式递交加入欧盟的申请。

欧盟举行特别首脑会议，以协调欧盟国家在20国集团匹兹堡峰会上的立场并发表题为《G20匹兹堡峰会统一口径》的联合声明（9月17日）。

爱尔兰二次公投通过《里斯本条约》。

德国联邦议会选举。默克尔获胜连任。德国联盟党和自民党达成联合组阁协议。

希腊爆发主权债务危机。

2010 年

希腊债务危机引发欧洲主权债务危机给欧洲带来巨大震荡，西班牙、爱尔兰等国相继卷入。欧盟启动援救机制。

波兰总统在赴俄参加纪念卡廷惨案70周年纪念活动途中飞机失事身亡。共有包括总统卡钦斯基在内的96人遇难。

欧盟成员国财政部长会议同意爱沙尼亚加入欧元区。

法国政府宣布退休制度改革计划，在法国引起强烈抗议。

欧盟首脑峰会通过“欧洲2020战略”等未来十年经济发展战略及一系列改革方案，以期引领欧盟经济走出债务危机。

“欧洲对外行动署”正式开始运作。

第八届亚欧首脑会议在比利时首都布鲁塞尔开幕。本届会议主题为“改善民生：提高公民福利和尊严”。

首次中欧文化高峰论坛在欧盟总部举行。

（沈雁南、钱小平）

第二编

基本统计资料

欧盟27国20位主要贸易伙伴

（单位：亿欧元）

国家和地区	出口额			进口额		
	2007年	2008年	2009年	2007年	2008年	2009年
美国	2614.84	2499.48	2045.23	1815.94	1867.72	1599.95
中国（不含香港、台湾）	719.28	784.18	816.38	2326.20	2479.23	2147.05
俄罗斯	891.37	1050.29	656.65	1445.37	1778.70	1153.71
瑞士	928.41	979.89	885.81	768.83	803.36	737.58
挪威	435.55	437.64	375.63	766.25	958.54	686.98
日本	437.45	422.68	359.73	784.26	751.55	558.22
土耳其	526.83	541.35	438.74	469.66	459.82	360.82
韩国	247.84	255.69	215.21	413.65	395.64	320.34
印度	294.72	316.03	275.23	266.04	294.82	253.83
巴西	213.00	263.49	215.70	328.05	358.54	255.97
加拿大	258.63	260.92	224.39	232.85	238.57	177.95
新加坡	205.89	220.58	204.26	184.17	161.15	145.93
阿尔及利亚	112.52	153.61	146.39	206.01	282.47	173.10
南非	204.87	202.22	161.00	209.04	223.60	149.55
沙特阿拉伯	200.97	212.92	194.79	184.64	219.71	110.22
澳大利亚	227.22	251.78	218.08	117.93	111.93	80.69
中国香港	209.02	211.06	196.36	109.79	115.03	95.87
阿拉伯联合酋长国	268.79	317.22	251.48	60.70	58.70	37.92
中国台湾	133.26	115.95	100.04	260.30	240.73	174.93
利比亚	41.62	57.51	64.78	273.98	351.33	200.00

资料来源：Eurostat。

欧洲主要国家国内生产总值（GDP）及增长率

（单位：亿欧元）

国家	项目						
	GDP①				GDP 增长率（%）②		
	2008 年	2009 年	2010 年③	2011 年③	2009 年	2010 年③	2011 年③
比利时	3447	3378	3442	3550	-3.1	0.6	1.5
保加利亚	341	339	342	—	-5.0	-1.1	3.1
捷克	1479	1345③	1390③	1447	-4.8	0.8	2.3
丹麦	2330	2229	2289	2384	-4.9	1.5	1.8
德国	24958	24072	24510	25059	5.0	1.2	1.7
爱沙尼亚	161	137	133	141	-14.1	-0.1	4.2
爱尔兰	1818	1635	1598	1659	-7.5	-1.4	2.6
希腊	2391④	2375④	2400	2471	-2.0	-0.3	0.7
西班牙	10885	10512	10476	10727	-3.6	-0.8	1.0
法国	19501	19434③	19920	20568	-2.2	1.2	1.5
意大利	15679	15209	15595	16098	-5.0	0.7	1.4
塞浦路斯	172	169	175	183	-1.7	0.3	1.3
拉脱维亚	232	188	171	172	-18.0	-4.0	2.0
立陶宛	322	267	253	261	-15.0	-3.9	2.5
卢森堡	393	378	394	412	-3.4	1.1	1.8
匈牙利	1055	931	989	1038	-1.9	0.7	1.6
马耳他	57	57	59	61	-4.0	0.3	1.6
荷兰	5959	5702	5771	5944	2.1	-3.5	-0.4
奥地利	2819	2769	2824	2915	-3.6	1.1	1.5
波兰	3624	3101	3406	3607	1.7	1.8	3.2
葡萄牙	1665	1639	1657	1701	-2.7	0.3	1.0
罗马尼亚	1398	1159	1256	1353	-7.1	0.5	2.6
斯洛文尼亚	371	349	357	371	-7.8	1.3	2.0
斯洛伐克	648	633	664	702	-4.7	1.9	2.6
芬兰	1842	1710	1751	1806	-7.8	0.9	1.6
瑞典	3281	2879	3110	3240	-4.9	1.4	2.1
英国	18189	15667	16217	16854	-4.9	0.9	1.9
欧盟 27 国	125017	118057	120388	124291	-4.2	0.7	1.6
欧元区 16 国	92605	89787	91359	93988	-4.1	0.7	1.5
冰岛	103	87	87	98	-6.5	1.9	2.9
挪威	3093	2759	3124	3264	-1.5	0.6	2.0
瑞士	3413	3547	3616	3673	-1.5	-0.1	1.1
美国	98187	102210	102075	104009	-2.4	2.2	2.0
日本	33133	36383	36407	36372	-5.2	1.1	0.4

注：①按当前价格计算。②与上一年数据相比的百分比变化。③欧盟委员会预测数字。④估算数字。

资料来源：EU Economic data pocketbook，4/2009（published on 21，May 2009）。

欧盟成员国主要经济指标增长率(2010 年①)

（单位:%）

项目	比利时	德国	爱尔兰	希腊	西班牙	法国	意大利	塞浦路斯	卢森堡	马耳他	荷兰	奥地利	葡萄牙	斯洛文尼亚	斯洛伐克
1. GDP 及其构成的增长率															
私人消费	0.6	-0.7	-2.4	-3.5	0.2	0.6	0.8	-1.1	0.5	0.8	-0.4	0.8	1.0	-0.2	0.1
政府消费	1.3	1.4	-2.7	-7.0	1.0	1.4	0.1	1.6	2.7	0.5	2.0	1.2	-0.3	0.4	2.5
总固定资本构成	-1.5	1.2	-17.6	-5.5	-6.3	-2.4	-0.1	-12.9	3.0	6.5	-9.7	-1.4	-4.2	1.6	3.6
设备	-1.2	1.1	-4.9	-5.0	-4.3	-1.2	3.0	-12.0	—	—	-10.4	-2.2	-5.2	10.9	3.5
建筑	-1.8	0.6	-22.8	-6.6	-10.7	-3.2	-2.7	-12.5	—	—	-10.0	-1.3	-4.0	-4.7	4.1
商品和服务出口	4.3	6.2	2.0	2.6	4.4	4.7	3.4	0.6	2.8	4.4	5.9	4.2	3.8	4.3	5.7
商品和服务进口	3.6	4.6	-1.3	-10.5	-1.1	4.1	2.8	-1.3	2.9	5.1	3.1	2.5	1.1	3.4	6.8
GDP	1.3	1.2	-0.9	-3.0	-0.4	1.3	0.8	-0.4	2.0	1.1	1.3	1.3	0.5	1.1	2.7
2. 需求构成:对 GDP 增长的贡献															
消费	0.6	-0.2	-1.7	-3.8	0.3	0.7	0.5	-0.5	0.6	0.7	0.4	0.7	0.6	0.0	0.6
投资	-0.3	0.2	-2.7	-1.0	-2.0	-0.5	0.0	-2.7	0.6	0.8	-1.8	-0.3	-0.8	0.4	0.9
国内需求	0.7	0.4	-3.7	-6.7	-1.7	1.3	0.7	-1.4	1.3	1.6	-0.8	0.4	-0.1	0.5	3.4
出口	3.2	2.5	1.8	0.5	1.0	1.1	0.8	0.3	5.0	3.8	4.1	2.1	1.1	2.6	4.0
最终需求	3.9	2.9	-1.9	-6.2	-0.7	2.3	1.5	-1.1	6.3	5.4	3.3	2.5	0.9	3.1	7.5
进口	-2.6	-1.7	1.0	3.3	0.3	-1.0	-0.7	0.7	-4.4	-4.3	-1.9	-1.2	-0.4	-1.9	-4.8
净出口	0.6	0.8	2.8	3.8	1.3	0.1	0.1	0.9	0.6	-0.5	2.2	0.9	0.7	0.6	-0.7
3. 总储蓄和总投资占 GDP（按当前价格计算）比重															
私人储蓄	25.7	24.5	18.5	13.1	22.8	20.2	17.7	11.3	18.2	10.6	24.3	26.1	14.4	23.2	21.1
家庭储蓄	—	—	—	—	—	—	—	—	—	—	—	—	—	—	—
一般行政储蓄	-2.7	-2.2	-8.1	-6.7	-4.8	-3.8	-1.8	-2.3	1.5	-2.4	-1.6	-2.0	-6.3	-0.9	-2.2
国民储蓄	23.0	22.3	10.4	6.4	18.0	16.4	15.9	9.0	19.7	8.2	22.7	24.1	8.0	22.3	18.9
总资本构成	20.0	17.5	11.7	16.7	22.6	19.7	19.2	16.1	16.1	13.0	16.8	20.9	18.2	23.6	23.8
经常项目	3.0	4.8	-0.9	-10.3	-4.6	-3.3	-3.2	-7.1	3.6	-4.9	5.9	3.1	-10.1	-1.4	-4.5
4. 投资因素															
GDP 差额趋势	-1.8	-2.3	-4.4	-0.7	-1.7	-1.2	-2.4	-1.7	-1.9	-0.9	-3.9	-1.4	-3.0	-4.0	-1.0
潜在 GDP 差额	-2.4	-2.7	-7.3	-2.7	-4.6	-2.7	-3.4	-2.1	-4.1	-1.6	-2.6	-2.3	-2.4	-3.7	-2.3
利润指数(1961－1973＝100)	77.8	110.8	139.2	82.5	104.0	96.3	106.0	—	163.1	—	117.7	109.6	179.7	—	—

（续表）

项目	比利时	德国	爱尔兰	希腊	西班牙	法国	意大利	塞浦路斯	卢森堡	马耳他	荷兰	奥地利	葡萄牙	斯洛文尼亚	斯洛伐克
5. 增长潜力															
净资本存量实际增长率	1.1	0.9	1.0	0.8	2.6	1.6	0.6	—	3.8	—	0.4	1.2	0.4	—	—
净资本/产量实际增长率	2.7	3.3	3.0	3.7	3.6	3.3	3.3	—	2.2	—	2.9	3.4	3.0	—	—
资本密度增长率	2.0	1.3	4.8	2.8	5.2	2.3	1.3	—	3.8	—	2.0	1.4	0.9	—	—
劳动生产力增长率	2.2	1.6	2.6	-1.1	2.1	2.0	1.6	0.3	1.9	0.8	3.0	1.5	1.0	3.5	4.7
生产力增长总要素	1.4	1.1	0.9	-2.1	0.2	1.1	1.1	—	0.1	—	2.2	1.0	0.7	—	—
6. 就业和失业															
就业	-0.8	-0.3	-3.5	-1.9	-2.5	-0.7	-1.0	-0.7	0.0	—	-1.6	-0.1	-0.5	—	-2.0
就业率（基准数据）	61.3	73.9	52.3	58.1	59.1	60.3	61.9	68.1	103.6	—	76.8	71.8	70.3	—	62.3
失业率（按欧洲统计标准计算）	8.8	7.8	13.8	11.8	19.7	10.2	8.8	6.7	6.1	7.3	4.9	5.1	9.9	7.0	14.1
7. 价格和工资															
标准人均工资	1.6	0.7	-2.5	-0.8	1.1	1.6	2.0	3.2	2.5	2.2	1.8	1.6	1.6	2.9	3.5
实际人均工资②	0.0	-0.3	-1.1	-4.1	-0.4	0.3	0.1	0.2	0.4	0.2	0.1	0.3	0.5	1.1	2.0
标准单位劳动成本	-0.5	-0.9	-5.0	0.3	-1.0	-0.4	0.4	2.9	0.5	1.4	-1.1	0.1	0.6	-0.6	-1.1
实际单位劳动成本	-2.1	-1.1	-3.4	-2.6	-1.3	-1.2	-0.9	0.8	-2.2	-0.3	-2.1	-0.5	-0.5	-0.7	-2.3
GDP（扣除通货膨胀因素）	1.6	0.2	-1.7	2.9	0.3	0.7	1.3	2.1	2.8	1.8	1.0	0.6	1.1	0.0	1.3
私人消费（扣除通货膨胀因素）	0.5	1.0	-1.4	3.5	1.5	1.3	1.8	3.0	2.1	2.0	1.7	1.3	1.1	1.8	1.5
8. 一般行政预算占 GDP 比重															
支出	53.7	48.0	47.1	48.4	45.7	56.1	51.3	48.3	43.2	46.0	52.3	52.5	51.0	50.7	40.3
经常性收入	48.7	43.1	35.4	39.0	35.9	48.2	46.0	41.2	39.7	41.7	46.0	47.8	42.5	44.6	34.3
净借款（-）或净贷款（+）	-5.0	-5.0	-11.7	-9.3	-9.8	-8.0	-5.3	-7.1	-3.5	-4.3	-6.3	-4.7	-8.5	-6.1	-6.0
净借款周期性调整	-3.7	-3.6	-8.7	-8.2	-7.8	-6.6	-3.6	-6.3	-1.4	-3.8	-4.9	-3.6	-7.5	-4.4	-5.4
债务（期末数）	99.0	78.8	77.3	124.9	64.9	83.6	118.2	62.3	19.0	71.5	66.3	70.2	85.8	41.6	40.8
9. 货币条件															
标准有效汇率	-1.6	-2.4	-2.0	-1.6	-1.7	-1.9	-2.1	-1.4	—	-2.1	-1.6	-1.8	-1.2	-1.6	-1.8
实际有效汇率（2000 = 100；总经济中的单位劳动成本）	112.5	98.2	123.0	117.3	116.6	112.0	125.1	123.5	—	122.2	114.7	101.9	115.7	113.2	161.0

注：①根据 2010 年 4 月 20 日的数据预测。②人均消费扣除通货膨胀因素。

资料来源：European Commission：European Economy，Spring 2010。

欧盟成员国主要经济指标增长率(2010 年①)

（单位:%）

项目	芬兰	欧元区 16 国	保加利亚	捷克	丹麦	爱沙尼亚	拉脱维亚	立陶宛	匈牙利	波兰	罗马尼亚	瑞典	英国	欧盟 27 国
1. GDP 及其构成的增长率														
私人消费	1.7	0.0	-2.3	-0.8	2.1	-4.4	-6.5	-5.3	-3.2	1.5	0.7	2.4	0.6	0.1
政府消费	0.6	0.9	-1.6	0.4	1.0	-0.9	-10.0	-4.5	-0.4	3.0	-2.5	1.3	1.5	1.0
总固定资本构成	-1.8	-2.6	-6.3	-1.1	-3.7	-2.9	-14.0	-1.8	1.0	3.0	2.3	-1.9	-0.9	-2.2
设备	-4.0	—	—	-4.6	-4.0	-2.0	—	-6.0	—	-1.0	3.0	-4.0	-3.9	—
建筑	-1.4	—	—	0.8	-3.7	-3.5	—	-0.4	—	5.6	1.7	0.4	0.7	—
商品和服务出口	4.8	4.9	4.2	6.5	4.8	6.5	6.0	6.1	6.6	6.0	5.5	3.9	5.2	5.0
商品和服务进口	5.0	2.9	-2.0	5.3	4.9	2.4	-6.5	2.1	5.4	6.3	3.9	5.7	5.3	3.4
GDP	1.4	0.9	0.0	1.6	1.6	0.9	-3.5	-0.6	0.0	2.7	0.8	1.8	1.2	1.0
2. 需求构成:对 GDP 增长的贡献														
消费	1.1	0.2	-1.8	-0.3	1.3	-2.5	-7.4	-4.5	-1.8	1.5	0.0	1.5	0.7	0.3
投资	-0.3	-0.5	-1.6	-0.3	-0.7	-0.8	-3.4	-0.3	0.2	0.6	0.6	-0.3	-0.1	-0.4
国内需求	1.3	0.1	-3.3	0.5	1.5	-2.1	-9.3	-2.7	-1.4	2.8	0.6	2.2	1.4	0.4
出口	1.8	1.8	2.1	4.5	2.3	4.6	2.7	3.2	5.2	2.3	0.7	1.9	1.3	1.8
最终需求	3.1	1.9	-1.2	5.0	3.7	2.5	-6.6	0.5	3.8	5.2	2.3	4.1	2.7	2.2
进口	-1.7	-1.0	1.2	-3.4	-2.1	-1.6	3.1	-1.1	-3.8	-2.4	-1.4	-2.4	-1.5	-1.2
净出口	0.1	0.8	3.3	1.1	0.1	3.0	5.8	2.1	1.4	-0.1	0.3	-0.5	-0.2	0.6
3. 总储蓄和总投资占 GDP														
(按当前价格计算)比重	19.2	21.5	17.1	22.4	24.3	22.3	32.3	22.9	20.2	20.3	24.4	20.9	19.3	21.3
私人储蓄	—	—	—	—	—	—	—	—	—	—	—	—	—	—
家庭储蓄	-1.2	-3.0	1.5	-0.6	-3.2	2.5	-6.1	-5.6	-1.5	-2.1	-3.4	1.4	-7.3	-3.4
一般行政储蓄	18.1	18.5	18.6	21.8	21.0	24.8	26.2	17.3	18.8	18.3	21.0	22.4	12.0	17.9
国民储蓄	17.5	18.9	24.6	22.1	17.1	19.7	17.9	14.5	19.0	21.2	25.2	16.3	14.1	18.4
总资本构成	1.1	-0.4	-6.0	-0.3	3.9	4.9	8.3	2.8	-0.2	-2.8	-4.4	6.1	-1.8	-0.4
经常项目														
4. 投资因素														
GDP 差额趋势	-3.6	-2.1	-2.1	-1.4	-2.3	-5.6	-12.4	-8.6	-3.8	0.0	-2.4	-4.1	-2.1	—
潜在 GDP 差额	-4.6	-3.1	-4.8	-2.7	-3.9	-8.6	-10.7	-8.6	-4.3	-2.1	-3.9	-3.3	-3.9	-2.2
利润指数(1961 - 1973 = 100)	135.5	—	—	—	142.8	—	—	—	—	—	—	130.7	160.3	-3.3

（续表）

项目	芬兰	欧元区 16 国	保加利亚	捷克	丹麦	爱沙尼亚	拉脱维亚	立陶宛	匈牙利	波兰	罗马尼亚	瑞典	英国	欧盟 27 国
5. 增长潜力														
净资本存量实际增长率	0.8	—	—	—	0.4	—	—	—	—	—	—	1.0	1.4	—
净资本/产量实际增长率	2.6	—	—	—	2.5	—	—	—	—	—	—	3.1	2.7	—
资本密度增长率	3.0	—	—	—	2.3	—	—	—	—	—	—	1.9	1.6	—
劳动生产力增长率	3.6	1.9	1.2	3.6	3.6	3.7	4.0	3.2	0.9	2.7	2.5	2.7	1.5	2.0
生产力增长总要素	2.4	—	—	—	2.6	—	—	—	—	—	—	1.9	0.9	—
6. 就业和失业														
就业	-2.1	-1.0	—	-1.9	-1.9	-2.6	—	—	-0.9	0.0	—	-0.9	-0.3	-1.0
就业率（基准数据）	67.6	65.5	—	69.2	73.0	62.1	—	—	57.2	58.3	—	72.8	70.0	65.4
失业率（按欧洲统计标准计算）	9.5	10.3	7.9	8.3	6.9	15.8	20.6	16.7	10.8	9.2	8.5	9.2	7.8	9.8
7. 价格和工资														
标准人均工资	2.6	1.3	4.7	2.3	1.8	-3.3	-8.0	-2.4	-0.3	3.2	2.3	2.1	1.4	1.4
实际人均工资②	1.1	0.0	3.2	1.6	-0.2	-4.1	-4.9	-2.9	-4.3	0.8	-1.6	0.2	-1.0	-0.2
标准单位劳动成本	-1.0	-0.6	3.5	-1.2	-1.7	-6.7	-11.5	-5.5	-1.2	0.5	-0.2	-0.5	-0.1	-0.5
实际单位劳动成本	-2.3	-1.2	2.0	-1.3	-2.8	-5.7	-5.6	-3.5	-3.6	-1.7	-4.6	-2.9	-2.5	-1.5
GDP（扣除通货膨胀因素）	1.4	0.7	1.5	0.1	1.1	-1.0	-6.3	-2.0	2.6	2.2	4.6	2.4	2.5	1.1
私人消费（扣除通货膨胀因素）	1.5	1.4	1.5	0.7	2.0	0.9	-3.3	0.5	4.2	2.4	4.0	1.9	2.4	1.6
8. 一般行政预算占 GDP 比重														
支出	55.9	50.8	39.7	47.0	59.2	45.8	44.8	42.5	48.8	46.0	39.9	55.9	52.6	51.0
经常性收入	52.1	44.2	36.8	41.4	53.7	43.4	36.2	34.1	44.7	38.7	31.9	53.9	40.6	43.8
净借款（-）或净贷款（+）	-3.8	-6.6	-2.8	-5.7	-5.5	-2.4	-8.6	-8.4	-4.1	-7.3	-8.0	-2.1	-12.0	-7.2
净借款周期性调整	-1.4	-5.1	-1.1	-4.7	-3.0	0.2	-5.7	-6.1	-2.1	-6.5	-6.9	-0.2	-10.4	-5.6
债务（期末数）	50.5	84.7	17.4	39.8	46.0	9.6	48.5	38.6	78.9	53.9	30.5	42.6	79.1	79.6
9. 货币条件														
标准有效汇率	-2.7	-4.3	-1.9	2.4	-2.7	-2.3	-2.4	-2.1	3.6	9.8	1.3	6.1	-1.3	-4.5
实际有效汇率（2000 = 100；总经济中的单位劳动成本）	115.0	121.9	164.2	161.9	125.4	146.1	126.6	124.7	128.9	99.4	141.3	94.3	83.4	130.5

注：①根据 2010 年 4 月 20 日的数据预测。②人均消费扣除通货膨胀因素。

资料来源：European Commission：European Economy，Spring 2010。

欧洲主要国家国土面积、人口、人口密度、人口出生率等基本统计

国家	项目						
	国土面积（平方公里）2008 年	年初人口（万人）2009 年	人口密度（人/平方公里）2007 年	人口出生率（%）2008 年	婴儿死亡率（%）2008 年	分娩妇女平均年龄 2008 年	出生时预期寿命 2008 年
比利时	30528.0	1066.7③	350.4	1.820	3.4	29.790②	80.410
保加利亚	111001.9②	760.7	69.0	1.478	8.6	26.840	73.010
捷克	78866.7	1046.8	133.8	1.497	2.8	29.331	—
丹麦	43098.3	551.1	126.7	1.892	4.0	30.410	—
德国	357108.0	8200.2	229.9	1.376	3.5	30.300	—
爱沙尼亚	45288.0	134.0	30.9	1.661	5.0	28.798	74.060
爱尔兰	69797.0	445.0	63.7	2.100	—	31.100	—
希腊	131957.0	1126.0	85.6	1.506	3.5	30.858	79.700
西班牙	505987.0①	4582.8	87.2①	1.461	3.5	30.820	81.967
法国	632833.6	6435.1	100.9	2.018	—	29.900	—
意大利	301336.0	6004.5	201.2	1.998	3.7	31.098	—
塞浦路斯	9250.0①	79.7	83.5①	1.414	5.3	30.400	—
拉脱维亚	64559.0	226.1	36.5	1.460	6.7	28.310	72.660
立陶宛	65300.0	335.0	53.9	1.453	4.9	28.210	71.940
卢森堡	2586.0①	49.4	182.8①	1.470	1.8	31.080	—
匈牙利	93027.6	1003.1	108.1	1.605	5.6	29.310	73.830
马耳他	315.6①	41.4	1281.2	1.352	9.9	28.560	78.670
荷兰	41543.1	1648.6	485.3	1.430	3.8	27.740	80.300
奥地利	83879.0	835.5	99.5①	1.770	3.7	29.470	80.290
波兰	312685.0①	3813.6	122.0①	1.414	5.6	28.100	75.480
葡萄牙	92090.1	1062.7	115.2	1.390	3.3	30.200	78.700
罗马尼亚	238391.0	2149.9	93.7	1.374	11.0	27.100	72.610
斯洛文尼亚	20273.0②	203.2	100.2	1.350	2.1	29.910	78.910
斯洛伐克	49035.0	541.2	110.1	1.528	5.9	28.310	74.790
芬兰	338419.3	532.6	17.4	1.320	2.6	30.080	79.690
瑞典	441369.5	925.6	22.3	1.846	2.5	—	—
英国	243069.0④	6117.9③	250.8	1.907	4.7	—	—
欧盟 27 国	4403356.7①	49764.9③	—	—	—	—	—
欧元区 16 国	—	32712.2③	—	—	—	—	—
冰岛	103000.0	31.9	3.1	1.940	2.5	29.600	81.315
列支敦士登	160.0①	3.6	219.0①	2.140	.0	31.500	—
挪威	323782.0	479.9	15.5	1.400	2.7	30.300	80.670
瑞士	41284.6	770.2	188.8	1.960	4.0	31.000	82.120

注：①2006 年数字。②2007 年数字。③2008 年数字。④2004 年数字。

资料来源：Eurostat。

欧洲主要国家教育支出统计数据（2007 年）

国家	项目			
	教育总支出占GDP 比重（%）	初等教育占政府总支出比重（%）	中等教育占政府总支出比重（%）	高等教育占政府总支出比重（%）
比利时	6.02	1.42	2.58	1.31
保加利亚	4.13	0.82	1.84	0.68
捷克	4.20	0.58	2.03	1.07
丹麦	7.83	1.86	2.80	2.29
德国	4.50	0.63	2.25	1.14
爱沙尼亚	4.85	1.13	2.25	1.07
爱尔兰	4.90	1.72	2.03	1.14
希腊	—	—	—	—
西班牙	4.35	1.10	1.66	0.99
法国	5.59	1.17	2.55	1.23
意大利	4.29	1.08	1.98	0.76
塞浦路斯	6.93	1.95	3.03	1.61
拉脱维亚	5.00	1.24	2.11	0.93
立陶宛	4.67	0.67	2.41	1.01
卢森堡	3.15	1.69	1.46	—
匈牙利	5.20	0.99	2.29	1.03
马耳他	—	—	—	—
荷兰	5.32	1.32	2.16	1.45
奥地利	5.40	0.97	2.52	1.50
波兰	4.91	1.59	1.89	0.93
葡萄牙	5.30	1.48	2.09	1.20
罗马尼亚	4.25	0.84	1.52	1.12
斯洛文尼亚	5.19	2.26	1.16	1.21
斯洛伐克	3.62	0.67	1.69	0.79
芬兰	5.91	1.20	2.52	1.85
瑞典	6.69	1.68	2.64	1.77
英国	5.39	1.65	2.45	0.94
冰岛	7.36	2.52	2.40	1.39
挪威	6.76	1.69	2.36	2.16
瑞士	5.18	1.52	2.01	1.32
欧盟 27 国	4.98	1.16①	2.21	1.11
欧元区 16 国	4.85	1.03①	2.18	1.12

注：①欧盟统计局估算数字。

资料来源：Eurostat。

欧洲主要国家商品和服务贸易收支[1]

（单位：亿欧元）

国家	年份			
	2008	2009	2010[2]	2011[2]
比利时	29.64	94.32	129.89	143.87
保加利亚	-77.72	-26.21	-16.19	—
捷克	67.34	78.51	86.39	85.97
丹麦	62.67	76.76	78.98	78.51
德国	1556.90	1099.30	1101.05	1143.99
爱沙尼亚	-6.70	7.37	10.64	11.40
爱尔兰	188.94	281.82	329.65	353.46
希腊	-244.95	-230.57	-161.64	-122.60
西班牙	-640.36	-215.53	-126.04	-65.45
法国	-433.09	-370.44	-476.22	-483.12
意大利	-90.27	-60.44	-120.12	-89.37
塞浦路斯	-19.81	-9.85	-9.42	-9.35
拉脱维亚	-30.29	-1.76	4.72	6.32
立陶宛	-36.83	-2.94	-1.29	-0.31
卢森堡	128.00	126.83	134.93	142.85
匈牙利	10.31	65.26	75.39	76.97
马耳他	-1.69	1.47	0.65	0.63
荷兰	497.52	411.78	516.22	561.84
奥地利	162.26	116.30	124.11	160.12
波兰	-144.17	3.09	-14.03	-34.25
葡萄牙	-158.99	-124.27	-120.92	-111.66
罗马尼亚	-182.25	-68.85	-63.04	-69.03
斯洛文尼亚	-11.24	5.31	3.17	2.85
斯洛伐克	-14.58	-1.39	-14.95	-11.24
芬兰	73.87	47.21	40.51	43.96
瑞典	227.53	201.14	217.25	220.50
英国	-480.22	-364.53	-435.53	-448.28
欧盟 27 国	394.43	1170.29	1312.13	1599.07
欧元区 16 国	972.96	1193.67	1374.48	1686.05
冰岛	-2.93	6.97	2.62	5.44
挪威	592.48	398.35	482.62	488.34
瑞士	381.56	352.91	350.72	343.52
美国	-4812.35	-2813.31	-3765.47	-3626.47
日本	48.25	109.42	194.42	66.62

注：①按当前价格计算。②2010 年、2011 年为估算、预测数字。

资料来源：Eurostat。

欧洲主要国家商品与服务进出口额[①]

（单位：亿欧元）

国家	进口额 2008 年	进口额 2009 年	进口额 2010 年[②]	进口额 2011 年[②]	出口额 2008 年	出口额 2009 年	出口额 2010 年[②]	出口额 2011 年[②]
比利时	2926.81	2381.38	2534.17	2692.14	2956.45	2475.70	2664.06	2836.00
保加利亚	284.04	195.50	203.43	—	206.32	169.29	187.24	—
捷克	1072.71	875.38	954.76	1004.41	1140.05	953.89	1041.15	1090.39
丹麦	1219.41	976.39	1063.60	1144.75	1282.07	1053.14	1142.58	1223.26
德国	10236.70	8723.20	9434.45	10104.84	11793.60	9822.50	10535.50	11248.83
爱沙尼亚	128.28	89.57	95.42	103.14	121.58	96.93	106.06	114.54
爱尔兰	1330.02	1202.73	1211.76	1267.63	1518.96	1484.55	1541.41	1621.09
希腊	800.23	677.81	631.48	621.50	555.28	447.24	469.84	498.90
西班牙	3530.21	2704.37	2754.21	2845.49	2889.85	2488.84	2628.16	2780.04
法国	5631.99	4766.38	5145.10	5471.56	5198.90	4395.94	4668.88	4988.44
意大利	4617.36	3705.82	4025.88	4235.98	4527.09	3645.39	3905.76	4146.60
塞浦路斯	97.02	76.54	77.99	82.10	77.20	66.70	68.57	72.75
拉脱维亚	126.95	80.91	80.14	84.76	96.66	79.15	84.86	91.08
立陶宛	230.81	146.39	158.10	169.02	193.97	143.44	156.81	168.71
卢森堡	551.97	478.29	503.55	542.45	679.97	605.13	638.48	685.31
匈牙利	856.65	659.55	725.40	803.74	866.96	724.80	800.78	880.71
马耳他	47.78	39.97	43.61	46.19	46.09	41.44	44.27	46.82
荷兰	4075.98	3539.63	3799.60	4055.53	4573.50	3951.41	4315.82	4617.37
奥地利	1510.85	1271.54	1336.31	1407.56	1673.11	1387.84	1460.42	1567.69
波兰	1593.12	1202.43	1374.79	1455.97	1448.95	1205.52	1360.76	1421.72
葡萄牙	707.77	586.45	605.52	624.20	548.78	462.18	484.60	512.54
罗马尼亚	607.57	430.55	467.60	509.09	425.32	361.70	404.56	440.06
斯洛文尼亚	262.58	200.27	214.33	229.01	251.34	205.58	217.50	231.86
斯洛伐克	552.44	445.65	490.63	522.73	537.87	444.26	475.68	511.50
芬兰	793.15	571.75	621.67	678.25	867.02	618.96	662.18	722.20
瑞典	1552.42	1217.82	1352.32	1433.70	1779.95	1418.96	1569.57	1654.20
英国	5784.90	4728.88	5171.32	5535.88	5304.68	4364.36	4735.79	5087.61
欧盟 27 国	51135.94	41991.35	44772.90	47666.95	51530.37	43161.64	46085.03	49266.02
欧元区 16 国	37679.05	31397.33	33467.36	35455.94	38652.02	32591.00	34831.85	37141.99
冰岛	48.66	38.44	38.76	40.90	45.74	45.41	41.38	46.34
挪威	894.20	753.69	815.88	848.13	1486.68	1152.04	1298.50	1336.48
瑞士	1543.32	1428.19	1538.15	1601.18	1924.88	1781.09	1888.87	1944.69
美国	17262.03	14027.82	16723.64	17188.48	12449.60	11214.51	12958.17	13562.01
日本	5756.52	4453.53	5426.28	5761.06	5804.77	4562.95	5620.69	5827.68

注：①按当前价格计算。②2010 年、2011 年为估算、预测数字。

资料来源：Eurostat。

欧洲主要国家卫生保健统计数据（2007 年）

国家	项目			
	人均政府卫生保健支出（欧元）	政府卫生保健支出占 GDP 比重（%）	女性出生时预期寿命	男性出生时预期寿命
欧盟 27 国	—	—	62. 30	61. 60
比利时	2317. 09	7. 35	63. 7	63. 3
保加利亚	146. 51	3. 88	—	—
捷克	681. 87	5. 54	63. 2	61. 3
丹麦	3248. 24	7. 83	67. 4	67. 4
德国	2293. 51	7. 79	58. 4	58. 8
爱沙尼亚	463. 78	4. 07	54. 6	49. 5
爱尔兰	—	—	65. 3	62. 7
希腊	—	—	67. 1	65. 9
西班牙	1363. 78	5. 83	62. 9	63. 2
法国	2510. 22	8. 42	64. 2	63. 1
意大利	—	—	62	62. 8
塞浦路斯	516. 05	2. 58	62. 7	63
拉脱维亚	265. 89①	3. 79①	53. 7	50. 9
立陶宛	349. 94	4. 16	57. 7	53. 4
卢森堡	—	—	64. 6	62. 2
匈牙利	505. 54	5. 01	57. 6	55
马耳他	—	—	70. 8	69
荷兰	2541. 02	7. 34	63. 7	65. 7
奥地利	2330. 01①	7. 53①	61. 1	58. 4
波兰	346. 37	4. 25	61. 3	57. 4
葡萄牙	993. 01①	6. 76①	57. 3	58. 3
罗马尼亚	210. 97	3. 67	62. 4	60. 4
斯洛文尼亚	911. 58	5. 34	62. 3	58. 7
斯洛伐克	405. 52①	4. 91①	55. 9	55. 4
芬兰	1950. 70	5. 74	58	56. 7
瑞典	2580. 40	7. 13	66. 6	67. 5
英国	—	—	66. 2	64. 8
冰岛	3279. 50①	7. 48①	71. 7	72. 8
挪威	3896. 96①	6. 77①	66	66. 4
瑞士	2643. 95	6. 29	—	—

注：①2006 年数字。

资料来源：eurostat。

欧洲主要国家移民状况

国别	外来移民（万人）			外迁移民（万人）		
	2006 年	2007 年	2008 年	2006 年	2007 年	2008 年
比利时	—	14.6	15.1	—	9.1	9.9
保加利亚	—	0.2	0.1	—	0.3	0.2
捷克	6.8	10.4	7.8	3.3	2.1	0.6
丹麦	5.7	6.5	7.3	4.7	4.2	4.3
德国	66.2	68.1	68.2	63.9	63.7	73.8
爱沙尼亚	—	—	—	—	—	—
爱尔兰	10.3	8.9	—	3.9	4.3	—
希腊	—	8.7	—	—	4.6	—
西班牙	84.1	95.8	71.5	14.2	22.7	44.8
法国	18.2	—	—	—	—	—
意大利	29.8	55.7	53.7	7.5	6.5	7.6
塞浦路斯	1.6	1.9	1.4	0.7	1.1	1.3
拉脱维亚	0.3	0.4	0.3	0.5	0.4	0.6
立陶宛	0.8	0.9	0.9	1.3	1.4	1.7
卢森堡	1.4	1.7	1.8	0.9	1.1	1.0
匈牙利	2.2	2.4	—	0.4	0.5	—
马耳他	0.9	0.7	0.9	0.2	0.5	0.7
荷兰	10.1	11.7	14.4	9.1	9.1	11.8
奥地利	10.1	10.7	11.0	7.3	7.4	7.6
波兰	1.1	1.5	1.5	4.7	3.5	3.0
葡萄牙	3.9	4.6	3.0	1.3	2.7	2.0
罗马尼亚	0.8	1.0	1.0	1.4	0.9	0.9
斯洛文尼亚	2.0	2.9	4.4	1.4	1.5	1.5
斯洛伐克	1.3	0.9	0.9	0.3	0.2	0.2
芬兰	2.2	2.6	2.9	1.2	1.2	1.4
瑞典	9.6	9.9	10.1	4.5	4.5	4.5
英国	52.9	52.7	—	36.9	31.8	—
冰岛	1.0	1.0	1.0	0.5	0.7	0.9
挪威	4.6	6.2	6.7	2.2	2.2	2.4
瑞士	12.8	16.6	—	8.8	9.0	—

资料来源：Eurostat。

中国与欧盟成员国进出口贸易（2010 年 1－6 月）

（单位：亿美元）

国家	项目			项目		
	进出口总额	增长率（%）[①]	中国对该国的出口	增长率（%）[①]	中国从该国的进口	增长率（%）[①]
比利时	104.61	41.3	65.09	31.2	39.53	61.9
丹麦	34.18	9.5	22.07	5.8	12.11	16.9
英国	221.02	32.8	170.02	29.5	51.00	45.0
德国	653.00	42.7	307.21	41.8	345.80	43.5
法国	213.31	39.5	132.22	41.5	81.09	36.2
爱尔兰	25.30	6.6	8.44	－12.8	16.87	20.0
意大利	201.01	36.3	134.93	42.0	66.08	26.0
卢森堡	7.67	－52.8	6.43	－58.1	1.24	35.9
荷兰	252.99	46.0	222.55	45.6	30.43	49.2
希腊	24.47	44.0	22.70	42.0	1.77	76.4
葡萄牙	15.21	46.0	11.87	39.6	3.34	74.0
西班牙	112.90	45.4	84.50	41.9	28.39	57.0
奥地利	27.31	20.2	8.15	17.4	19.17	21.4
保加利亚	4.96	37.2	2.99	4.1	1.97	165.2
芬兰	41.71	14.8	25.23	31.0	16.48	－3.4
匈牙利	39.83	35.4	28.24	20.2	11.60	95.4
马耳他	11.06	2.0	8.94	－2.0	2.12	23.3
波兰	53.94	36.6	44.39	38.6	9.55	28.1
罗马尼亚	17.25	55.2	13.74	41.7	3.51	148.6
瑞典	51.76	15.0	25.07	33.2	26.69	1.9
爱沙尼亚	3.11	56.2	2.68	66.6	0.43	12.4
拉脱维亚	3.58	77.4	3.38	79.8	0.20	44.8
立陶宛	4.63	46.5	4.43	49.5	0.20	0.3
斯洛文尼亚	6.23	58.2	5.41	58.1	0.82	58.9
捷克	40.47	60.1	32.57	54.7	7.90	87.0
斯洛伐克	17.16	86.7	8.57	44.7	8.59	162.8
塞浦路斯	5.55	－23.2	5.46	－23.7	0.09	39.2
欧盟 27 国	2194.22	37.2	1407.26	36.0	786.96	39.4

注：①增长率为与 2009 年同期相比的（百分比变化）。欧盟增长率为 27 国平均数。

资料来源：中华人民共和国海关总署《海关统计》，2010 年第 6 期。

中华人民共和国与欧洲国家建立外交关系日期一览表

（以国名简称的英文字母为序）（截至 2010 年 6 月 12 日）

国名	建交日	国名	建交日
阿尔巴尼亚	1949 年 11 月 23 日	卢森堡	1972 年 11 月 16 日
安道尔	1994 年 6 月 29 日	马其顿	1993 年 10 月 12 日
奥地利	1971 年 5 月 28 日	马耳他	1972 年 1 月 31 日
白俄罗斯	1992 年 1 月 20 日	摩尔多瓦	1992 年 1 月 30 日
比利时	1971 年 10 月 25 日	摩纳哥	1995 年 1 月 16 日
波斯尼亚和黑塞哥维那	1995 年 4 月 3 日	黑山	2006 年 7 月 6 日
保加利亚	1949 年 10 月 4 日	荷兰	1972 年 5 月 18 日
克罗地亚	1992 年 5 月 13 日	挪威	1954 年 10 月 5 日
捷克	1949 年 10 月 6 日	波兰	1949 年 10 月 7 日
丹麦	1950 年 5 月 11 日	葡萄牙	1979 年 2 月 8 日
爱沙尼亚	1991 年 9 月 11 日	罗马尼亚	1949 年 10 月 5 日
芬兰	1950 年 10 月 28 日	俄罗斯	1949 年 10 月 2 日
法国	1964 年 1 月 27 日	圣马力诺	1971 年 5 月 6 日
德国	1972 年 10 月 11 日	塞尔维亚①	
希腊	1972 年 6 月 5 日	斯洛伐克	1949 年 10 月 6 日
匈牙利	1949 年 10 月 6 日	斯洛文尼亚	1992 年 5 月 12 日
冰岛	1971 年 12 月 8 日	西班牙	1973 年 3 月 9 日
爱尔兰	1979 年 6 月 22 日	瑞典	1950 年 5 月 9 日
意大利	1970 年 11 月 6 日	瑞士	1950 年 9 月 14 日
拉脱维亚	1991 年 9 月 12 日	乌克兰	1992 年 1 月 4 日
列支敦士登	1950 年 9 月 14 日	英国	1972 年 3 月 13 日
立陶宛	1991 年 9 月 14 日		

注：①1955 年 1 月 2 日，我与南斯拉夫联邦人民共和国（后改称南斯拉夫社会主义联邦共和国）建交。1992 年 4 月 27 日，南斯拉夫联盟共和国宣布成立。中国驻原南斯拉夫大使馆改为驻南联盟共和国大使馆，中国驻原南斯拉夫大使改任驻南联盟共和国大使。2003 年 2 月 4 日，南斯拉夫联盟共和国将国名改为塞尔维亚和黑山。2006 年 6 月 3 日，黑山共和国宣布独立。6 月 5 日，塞尔维亚共和国宣布继承塞黑的国际法主体地位。

资料来源：中国外交部网站。

（钱小平）

后　记

本书是中国社会科学院欧洲研究所与国内其他学术机构通力合作的结晶。在编撰本书的漫长过程中，共有数十位学者参与其中，他们后继前程、数易其稿。对他们的慷慨付出，我们报以发自肺腑的感激。

本书中的大部分稿子都经历了资料更新、修改和再编辑的过程。我们最大限度地尊重第一稿作者的劳动成果和知识产权。但是，由于年代久远，且修改次数过多，所以少数稿件的第一稿作者已无法认定。本书出版后，如有发现漏注明作者的情况，望告知编委会，以便我们在再版时弥补这一不足。

还需要说明的是，出于技术原因，并根据中国社会科学院的相关部署，《简明西欧百科》使用资料截止期为2008年。这些资料主要涉及政治、经济等领域的动态性介绍，并不影响西欧基本情况的呈现。

最后，我们虽然竭尽努力以争取更高质量，但因为工程浩大、耗时过长、作者众多、领导更迭等原因，错漏在所难免。在此，我们诚邀各界读者对本书提出批评建议。

《简明西欧百科全书》编委会

2017年10月